Stammtafel der Vorfahren Friedrichs II.

Friedrich I. Barbarossa (nach 1122 – 1190)
Hg. v. Schwaben 1146 Dt. Kg. 1152 Kaiser 1155
∞
1. um 1149 **Adela v. Vohburg** (um 1128 –1187)
geschieden 1153
2. 1156 **Beatrix v. Burgund** (1140/4 –1184)

aus 2.

Friedrich	Otto	Konrad	Philipp
(urspr. Konrad ; 1167 – 1191) Hg. von Schwaben nach 1170	(1168/71 – 1200) Pg. v. Burgund 1188 ∞ 1190 **Margarethe v. Blois - Champagne** (um 1169 – 1230)	(um 1172 – 1196) Hg. v. Rothenburg 1188 Hg. v. Schwaben 1192	(1176/7 – 1208) Hg. v. Tuskien 1195 Hg. v. Schwaben 1196 Dt. Kg. 1198 ∞ 1195 **Irene v. Byzanz** (1181 – 1208)

Beatrix	Maria	Beatrix	Kunigunde	Beatrix
(1193 – 1231) ∞ 1208 **Otto I.** um 1171–1234) Hg. v. Meranien 1204 Pg. v. Burgund 1208	(1196 – 1235) ∞ 1210/1 **Heinrich II.** (1193 – 1248) Hg. v. Brabant 1235	(1198 – 1212) ∞ 1209 **Otto IV.** (1177 – 1218) Dt. Kg. 1198 Kaiser 1209	(1202 – 1248) ∞ 1224 **Wenzel I.** (um 1205 – 1253) Kg. v. Böhmen 1230	(1205 – 1235) ∞ 1219 **Ferdinand III.** (1200 – 1252) Kg. v. Kastilien und León 1230

Otto II.	Heinrich III.	Beatrix	Ottokar II.	Alfons X.
(1218 – 1248) Hg. v. Meranien Pg. v. Burgund 1234	(1230/1 – 1261) Hg. v. Brabant 1248	(um 1225 – 1288) ∞ 1241 **Heinrich Raspe** (um 1202 – 1247) Lg. v. Thüringen 1231 Gegenkg. 1246	(um 1230 – 1278) Kg. v. Böhmen 1253	(1221 – 1284) Kg. v. Kastilien und León 1252 Dt. Kg. 1257 – 1273

Wolfgang Stürner
Friedrich II.

Teil 1

Wolfgang Stürner

FRIEDRICH II.
TEIL 1

DIE KÖNIGSHERRSCHAFT IN SIZILIEN
UND DEUTSCHLAND 1194–1220

Wissenschaftliche Buchgesellschaft

Verbesserte Sonderausgabe 2003
des 1992 im Rahmen der von Peter Herde herausgegebenen Reihe
Gestalten des Mittelalters und der Renaissance
erschienenen Bandes.

Einbandgestaltung: Peter Lohse, Büttelborn.

Einbandbild: Zweites Siegel König Friedrichs II., Deutschland, 1215.
Umschrift: FRIDERICUS D(e)I GR(ati)A ROMANOR(um)
REX ET SE(m)P(er) AUGUST(us) ET REX SICIL(iae).
Hessisches Staatsarchiv Darmstadt, Signatur A 3 Nr. 242/2.

Das Werk ist in allen seinen Teilen urheberrechtlich geschützt.
Jede Verwertung ist ohne Zustimmung des Verlages unzulässig.
Das gilt insbesondere für Vervielfältigungen,
Übersetzungen, Mikroverfilmungen und die Einspeicherung in
und Verarbeitung durch elektronische Systeme.

© 2003 by Wissenschaftliche Buchgesellschaft, Darmstadt
Gedruckt auf säurefreiem und alterungsbeständigem Papier
Printed in Germany

Besuchen Sie uns im Internet: www.wbg-darmstadt.de

ISBN 3-534-17414-3

INHALT

Vorwort des Reihenherausgebers IX

1. Das Erbe. Imperium Romanum und Regnum Sicilie bis zum Ausgang des 12. Jahrhunderts 1
   Friedrich I. Barbarossa und das Imperium Romanum 2
   Friedrichs I. politisches Handeln in Deutschland 4
   Die Italienpolitik 7
   Friedrichs I. Auseinandersetzung mit dem Papsttum 9
   Friedrich I. und das Regnum Sicilie 14
   Die Anfänge der normannischen Herrschaft in Unteritalien . . 15
   Die Errichtung des sizilischen Königreiches durch Roger II. . . . 18
   Rogers Herrschaftsverständnis, seine administrativen und gesetzgeberischen Maßnahmen 22
   Roger und die Wissenschaft seiner Zeit. Bilanz seiner Herrschaft . 27
   Die Nachfolger: Wilhelm I. und Wilhelm II. 30
   Heinrichs VI. Kampf um das sizilische Regnum 34

2. Wirrnis und Gefährdung. Die Jugend Friedrichs II. im Königreich Sizilien (1194–1208) 41
   Kaiserin Konstanze, die Geburt Friedrichs und sein Taufname . 41
   Regnum und Imperium unter der Herrschaft Konstanzes und Heinrichs VI. 49
   Heinrichs Ringen um die dauerhafte Sicherung seiner Machtstellung 57
   Letzter Sizilienaufenthalt und Tod des Kaisers 63
   Der neue Papst: Innozenz III. Seine Amtsauffassung 67
   Neue Frömmigkeitsformen und Innozenz' Haltung ihnen gegenüber 69
   Innozenz' Stellung zur weltlichen Gewalt, sein Eingreifen in die praktische Politik 73
   Innozenz' Stellung im deutschen Thronstreit 76
   Konstanzes Alleinherrschaft im Königreich Sizilien 80
   Innozenz' erste Maßnahmen als Vormund Friedrichs und Regent des Königreiches; seine sizilischen Gegner 85
   Markward von Annweiler und Walter von Pagliara: Machtkampf und Übereinkunft 89
   Der Fall Palermos und die Auslieferung Friedrichs an Markward . 96

Wachsende Anarchie. Friedrich in der Hand des Wilhelm Capparone und dessen Verdrängung durch Walter von Pagliara ... 99
Friedrichs Lebensweise, Erziehung und Entwicklung bis zu seiner Volljährigkeit 105

3. Erste Herrschererfahrungen. Der Kampf um die sizilischen Kronrechte und der Erwerb der deutschen Königswürde (1208–1215) . 114
Friedrichs schwierige Anfänge im sizilischen Königreich ... 114
Der Aufstieg Ottos IV. zum Kaisertum; seine Wendung gegen Sizilien 122
Die Exkommunikation Ottos und Friedrichs deutsche Kaiserwahl 126
Der Kampf um das Regnum Sicilie: Drohendes Scheitern und unerwartete Rettung Friedrichs 132
Die Annahme des Rufes nach Deutschland 137
Aufbruch nach Norden; die Begegnung mit Innozenz III. ... 141
Die Situation in Oberitalien. Gefahren der Reise 144
Glückliche Ankunft und rascher Durchbruch in Süddeutschland 151
Die königliche Freigebigkeit. Belohnung der Förderer und Anhänger 155
Stillstand 161
Entscheidung im Westen: Ottos Niederlage bei Bouvines ... 163
Friedrich auf dem Weg zur Krönung in Aachen 168
Das Aachener Kreuzzugsgelöbnis 173
Am Ziel: Innozenz' Urteil auf dem Vierten Laterankonzil ... 181

4. Mühsamer Erfolg. Die Rückgewinnung und Sicherung der staufischen Stellung in Deutschland (1212–1220) 185
Ziele und Hindernisse 185
Friedrichs letzte Vereinbarung mit Innozenz und die Übersiedlung seines Sohnes Heinrich nach Deutschland 188
Die Regentschaft der Königin Konstanze in Sizilien 192
Süddeutsche Herrschaftszentren und die Wiederaufnahme der staufischen Territorialpolitik 195
Der Kreis der Berater und Helfer 198
Die Struktur der Territorialverwaltung; Gerhard von Sinzig und Wolfelin von Hagenau 204
Die Rolle der Städte 209
Beharrliche Kleinarbeit und langwierige Konflikte: Die Erweiterung des unmittelbaren Einflusses 212
Der König und die Reichsfürsten 218

Inhalt VII

Königliche Abhängigkeit: Die Sicherung von Recht und Frieden und die Nachfolgefrage 223
Papst Honorius III. und der Beginn des fünften Kreuzzuges . . 227
Päpstliche Kreuzzugsmahnungen und Friedrichs Ringen um die Königswahl seines Sohnes 231
Der Wahlvorgang und die Confoederatio mit den geistlichen Fürsten 235
Die Lage in Reichsitalien 240
Päpstliche Sorgen: Der wachsende königliche Einfluß in Italien und das künftige Verhältnis Siziliens zum Imperium 242
Friedrichs Zug nach Rom, die Klärung der Streitpunkte und die Kaiserkrönung 246

Quellen 255

Literatur 261

Abkürzungsverzeichnis 279

Register 281

Abbildungsverzeichnis 293

Stammtafel der Vorfahren Friedrichs II.

VORWORT DES REIHENHERAUSGEBERS

Das zweite in dieser Reihe erscheinende Werk fällt sowohl im Umfang als auch im wissenschaftlichen Apparat aus dem Rahmen. Der Umfang übertrifft das angezielte Maß um etwa das Doppelte, und der Anmerkungsapparat ist ebenfalls weit umfänglicher als geplant. Dennoch haben sich Herausgeber und Verlag entschlossen, das Werk ungekürzt zu drucken. Denn einmal rechtfertigt die Bedeutung der behandelten Persönlichkeit eine solche Ausnahme, und zum anderen ist seit dem glänzenden und hochgelehrten, in seiner Interpretation freilich umstrittenen Buch von Ernst Kantorowicz über Friedrich II. (1927–31) keine umfassende und hinreichend durch Quellen und Literatur dokumentierte Darstellung des Kaisers mehr erschienen. Am nächsten kam einer solchen noch das Buch von Thomas Curtis Van Cleve (1972), das freilich den Forschungsstand der fünfziger Jahre repräsentiert. In deutscher Sprache erschienen in den letzten Jahrzehnten das sehr knappe, aber auf unübertroffener Kenntnis der Quellen (einschließlich der ungedruckten) basierende Büchlein von Hans Martin Schaller (1964) und das für dieses Genre gute und gut belegte „Sachbuch" von Eberhard Horst (1975), das sich sehr positiv von einem ähnlichen Buch von Georgina Masson abhebt. Dagegen hat die Einzelforschung über Friedrich II., nicht zuletzt in Deutschland, in den letzten 50 Jahren erhebliche Fortschritte in unserem Kenntnisstand gebracht. Der Verfasser des vorliegenden Werkes, der durch seine vom Prooemium zu den Konstitutionen von Melfi ausgehende Untersuchung über 'Peccatum und potestas' Anteil an dieser Erforschung hatte, hat diese neuen Erkenntnisse ausgewertet, darüber hinaus jedoch durch nochmalige gründliche Durcharbeitung der Quellen in manchen Einzelfragen neue Ergebnisse gewonnen oder ältere modifiziert. Das Werk ist daher im Sinne der Programmatik der Reihe im besten Sinne weiterführende Synthese. Die umfangreiche Aufarbeitung und Präsentation der Quellen in dem dadurch stark angewachsenen Anmerkungsapparat wird, so glaube ich, diesem Buch bleibende Bedeutung verleihen. Das alles rechtfertigte es, die Arbeit im vollen Umfang zu publizieren. Das war aber nur möglich, indem sie in zwei Bände aufgeteilt wurde, deren zweiter zu einem späteren Zeitpunkt erscheinen soll.

Würzburg, im Februar 1992   Peter Herde

1. DAS ERBE. IMPERIUM ROMANUM UND REGNUM SICILIE BIS ZUM AUSGANG DES 12. JAHRHUNDERTS

> Eben als im Triumph der Kaiser läßt ruhen die Waffen,
> Wird ihm geboren der Sohn, künftiger Waffentat Held.
> Glücklich preist sich der Vater, doch glücklicher noch wird das Kind sein:
> Diesem Knaben erst wird vollkomm'ner Segen zuteil.
> Fügt doch der Vater zum Ganzen mit siegender Lanze die Teile,
> Schafft dem Reich jenen Rang, den es vordem einst genoß.
> Oh, Du ersehnter Knabe, Du Wiederkehr glorreicher Zeiten,
> Roger und Friederich, eins werden beide in Dir.
> Friede kehrt ein mit Dir, denn Deine Geburt schafft auch uns erst;
> Deine Geburt macht aus uns, was frommes Wünschen erstrebt.[1]

Mit diesen begeisterten Versen feierte der Dichter Petrus von Eboli (bei Salerno) im Frühjahr 1195 die Geburt Friedrichs II., und ähnlich wie er fühlten damals wohl alle Anhänger der staufischen Sache. Am Weihnachtstage des Jahres 1194 hatte Kaiser Heinrich VI. in der Kathedrale von Palermo zum ersten Mal die Krone der normannischen Könige getragen und damit endgültig und für alle Anwesenden sichtbar deren Nachfolge im Königreich Sizilien angetreten. Nur einen Tag später, am 26. Dezember, gebar seine Gattin, die Kaiserin Konstanze, in Jesi bei Ancona den lange ersehnten Sohn und Nachfolger.[2] Fast gleichzeitig war die Ausdehnung der staufischen Herrschaft über Mitteleuropa und ganz Italien, die Vereinigung von Imperium und Regnum Sicilie in staufischer Hand zum Abschluß gekommen und der Fortbestand dieser Verbindung wenigstens in der nächsten Generation des Stauferhauses möglich, ja wahrscheinlich geworden.

---

[1] Petrus von Eboli, Liber II 43, vv. 1369–1374, 1377f., 1381f., ed. Rota 177f., zu Person und Werk des Petrus siehe ebd. XIX–LXXV, sowie Siragusa VIII–XL, Kauffmann 8–13, Daneu Lattanzi 17–22, Schramm-Mütherich I 184, Nr. 184, Gianni-Orioli, Cultura 89–117, Miglio, Momenti 119–146, vgl. Manselli, Premessa 5–16.

[2] Krönung Heinrichs: Annales Aquenses, ad 1193, MGH SS 24, 39, Roger von Howden, ad 1195, ed. Stubbs 3,276 (vgl. 270), s. auch Annales Marbacenses, ad 1194, MGH SS rer. Germ. 19, 65, sowie RI IV 3, Nr. 394; Geburt Friedrichs: Brief Heinrichs VI. an Erzbischof Walter von Rouen vom 20.1.1195 (Radulfus de Diceto, ad 1195, ed. Stubbs 125, HB 1,1 Anm. 1; RI IV 3, Nr. 401), Richard von S. Germano, ad 1194, ed. Garufi 17 (vgl. ad 1233, 186f.), vgl. Friedrichs II. Brief an die Stadt Jesi von 1239, HB 5, 378.

Das Erbe

Friedrich I. Barbarossa und das Imperium Romanum

Die Stärkung des Imperium Romanum hatte schon für Heinrichs Vater, für Kaiser Friedrich I. Barbarossa (1152–1190), unverkennbar eine neue Bedeutung gewonnen; weit offenkundiger als bei seinen Vorgängern, Lothar III. (1125–1137) und Konrad III. (1138–1152), stand sie bei ihm von Anfang an im Mittelpunkt seiner politischen Ziele und Anstrengungen. Er beabsichtige, als Herrscher sowohl die Kirche mit den ihr gebührenden Vorrechten zu schmücken, wie auch „die Hoheit des Römischen Reiches zur früheren Stärke und Vollkommenheit mit Gottes Hilfe zurückzuführen", so schrieb Friedrich I. unmittelbar nach seiner Erhebung zum deutschen König im März 1152 an Papst Eugen III. (1145–1153).[3] Kurz vor seiner Krönung zum Kaiser durch Papst Hadrian IV. (1154–1159) am 18. Juni 1155 trat ihm zwischen Sutri und Rom eine Gesandtschaft des römischen Senats mit der Forderung entgegen, er solle die Kaiserkrone nach eidlicher Bestätigung der Privilegien der Stadt Rom und einer Zahlung an ihre Bürger aus deren Händen entgegennehmen. Ihr antwortete er nach einem sicherlich ausschmückenden, die staufische Auffassung im Kern aber wohl zutreffend wiedergebenden Bericht seines Onkels, des Bischofs und berühmten Geschichtsschreibers Otto von Freising (um 1112–1158), das schwache, schutzlose Rom und sein Imperium seien durch die überlegene Tapferkeit der „neuen Kaiser", „unserer göttlichen Fürsten Karl und Otto", also Karls des Großen (768–814) und Ottos des Großen (936–973), und ihrer Völker für die Franken und die Deutschen gewonnen worden. Als ihr Nachfolger und zugleich ausgewiesen durch seinen eigenen Ruhm, gestützt auf sein eigenes glänzendes Heer, sei er selbst ohne jeden Zweifel der *legitimus possessor*, der rechtmäßige Eigentümer Roms, gewillt und im Stande, Stadt und Reich zu verteidigen, dessen alte Grenzen wiederherzustellen und den Gehorsam seiner Bewohner zu belohnen, aber ebenso auch berechtigt, Gesetze zu erlassen und deren strikte Einhaltung durch seine Untertanen zu verlangen.[4] Der durch göttliche Gnade über die Stadt Rom und den Erdkreis gesetzte Kaiser müsse dem Gang der Zeiten entsprechend Vorsorge für das heilige Reich, das heilige Gemeinwesen (*sacro imperio et divae rei publicae*) treffen,

---

[3] *Romani imperii celsitudo in pristinum sue excellentie robur deo adiuvante reformetur*, DF.I.5, ed. Appelt 1,11; zu Friedrich I. Barbarossa siehe die Biographien von Opll, Pacaut und Munz, sowie die gestrafften Darstellungen von Beumann, Reich 339–362, Haverkamp, Aufbruch 196–208, Appelt, Friedrich 177–198, Fuhrmann, Deutsche Geschichte 151–199, Engels, Staufer 49–107, und Jordan, Investiturstreit 383–413.

[4] Die Schilderung der Vorgänge bei Otto von Freising, Gesta II 31f., ed. Schmale 342–352, zu Otto siehe Wattenbach-Schmale I 48–60.

heißt es schließlich in jenem Brief, in dem Barbarossa eben Otto von Freising im März 1157 zur Teilnahme am geplanten Italienfeldzug aufforderte.[5] Diese wie viele ähnliche Äußerungen zeugen von der hohen Meinung, die der Kaiser von seiner Stellung als Herr des Imperiums hatte: Sie war ihm als dem Erben seiner antiken und mittelalterlichen Vorgänger unmittelbar von Gott verliehen und mit der Hilfe seines Heeres tatsächlich errungen worden, stellte ihn unabhängig und gleichberechtigt neben den Papst, verlieh ihm Macht über Rom und das Römische Reich, ja über den ganzen Erdkreis, gab ihm das Recht und die Pflicht, für die gebührende Größe, den äußeren Schutz und den inneren Frieden seines Gott besonders nahen, geheiligten Reiches zu sorgen.

Freilich gewannen nicht alle Komponenten der in programmatischen Reden und Erklärungen faßbaren kaiserlichen Herrschaftsvorstellungen jener Zeit gleichermaßen Bedeutung für Friedrichs praktische Politik. Den Gedanken der staufischen Weltherrschaft etwa verbreiteten wohl dem Hofe nahestehende oder von Rainald von Dassel (um 1120–1167), dem Reichskanzler und (seit 1159) Erzbischof von Köln, geförderte Dichter, und Rainald selbst betonte den Anspruch des Kaisers auf Vorrang vor den übrigen Königen bisweilen so schroff und herablassend, daß er auf energische Ablehnung in England wie besonders in Frankreich stieß. Andererseits führten derartige Reaktionen wie auch der Einfluß gemäßigterer Berater den Kaiser mit zunehmender Erfahrung deutlicher zu einem eher maßvoll-ausgleichenden Vorgehen. Er anerkannte die christlichen Königreiche grundsätzlich als gleichberechtigte Partner des Imperiums und knüpfte mannigfaltige Beziehungen zu ihnen. Dabei verzichtete er keineswegs darauf, die überlegene Stellung des Reiches zur Geltung zu bringen, wo sich Gelegenheit dazu bot, scheute allerdings ebensowenig die Aufgaben, die ihm nach seiner Überzeugung aus seinem kaiserlichen Rang erwuchsen. Am eindrücklichsten bekundete er seine Verantwortung für die gesamte Christenheit gewiß, als er seit 1188 den Kreuzzug zur Wiedergewinnung des Heiligen Landes vorbereitete, auf dem er am 10. Juni 1190 in Südkleinasien umkommen sollte.[6]

Trotz solch weitgespannter Absichten galt das Hauptinteresse Friedrichs I. indessen ohne Zweifel dem Imperium innerhalb jener verhältnismäßig festen Grenzen, die sich im Laufe der historischen Entwicklung für den Herrschaftsbereich der deutschen Könige und Kaiser herausgebildet hatten: Seine Bemühungen konzentrierten sich in erster Linie auf die Verhältnisse in den Königreichen Deutschland, Italien und Burgund. Dabei suchte er

---

[5] DF.I. 163, ed. Appelt 1,280 (auch MGH Const. 1,224, Nr. 161).
[6] Zur Beurteilung von Friedrichs Herrschaftsvorstellung siehe Kienast 2,270–295, 334–340 (vgl. 1,198–238), Töpfer 1348–1358, Koch, Sacrum Imperium 178–279, Appelt, Kaiseridee 208–244, Herkenrath, Regnum 323–359, Kirfel, bes. 208–213.

durchaus, traditionelle lehnrechtliche Bindungen der Grenznachbarn zu erneuern und zu festigen, so gleich zu Beginn seiner Regierung die Lehnsabhängigkeit des dänischen Königs, später, gleichfalls mit wechselndem Erfolg, die des Herzogs von Polen. Nach seiner Heirat mit Beatrix, der Erbin der Freigrafschaft Burgund (um Besançon) im Jahre 1156, konnte er, gestützt auf deren stattlichen Besitz, dem Einfluß des Reiches im gesamten burgundischen Gebiet, in dem sich östlich von Saône und Rhône bis zum Mittelmeer ausdehnenden Regnum Arelatense also, wieder stärkeres Gewicht verschaffen, als dies bisher üblich und möglich gewesen war. Auf dem Reichstag zu Besançon huldigten ihm 1157 die Mächtigen des Landes, und mehr als zwanzig Jahre später, im Juli 1178, kam er eigens nach Arles, um sich dort zum König von Burgund krönen zu lassen und so seine Herrschaftsansprüche noch einmal auf feierliche Weise zu unterstreichen.[7]

Friedrichs I. politisches Handeln in Deutschland

Die besondere Aufmerksamkeit und Kraft Friedrichs I. beanspruchten jedoch, über Jahre hin fast ausschließlich, die Probleme Deutschlands und Italiens. Die politische Lage in Deutschland war schon seit dem 11. Jahrhundert geprägt vom Auseinanderbrechen der großen Stammesherzogtümer. Bischöfe und Äbte mühten sich um die Mehrung ihrer weltlichen Befugnisse, den Gewinn herzoglicher Rechte. Aber auch die Adelsfamilien, darunter viele neue, sich erst jetzt stärker profilierende Geschlechter, strebten, einander heftig bekämpfend, danach, ihren Besitz zu erweitern sowie Herrschaftsrechte anzusammeln und in einem einigermaßen zusammenhängenden Territorium möglichst vollständig in die Hand zu bekommen. Ihre Anstrengungen galten dem Ziel, in ihrem Machtbereich eine unabhängige und umfassende, von konkurrierender Einmischung freie Herrscherstellung, die allein auf den königlichen Lehnsherrn bezogene und von ihm unmittelbar vergebene Stellung eines Reichsfürsten zu erringen und auszubauen. Das Königtum, das während des Investiturstreits in hohem Maße gebunden war durch die Auseinandersetzung mit dem Reformpapsttum um die Neuordnung des Verhältnisses von Imperium und Sacerdotium, von weltlicher und geistlicher Gewalt, vermochte den Aufstieg dieser neuen Führungsschicht und die ihn begleitenden Konflikte auch nach dem Abschluß des Wormser Konkordats mit der Kirche im Jahre 1122 kaum zu hemmen, zumal eben jenes Konkordat den bis dahin bei der Besetzung der Bistümer und großen Abteien des Reiches meist dominierenden Einfluß des Königs

---

[7] Appelt, Kaiserin Beatrix 275–283, Fried, Friedrich 347–371, Büttner, Friedrich 88–119, Mariotte, Comté, bes. 43–155.

empfindlich beschnitt, in Italien und Burgund fast gänzlich beseitigte und damit die traditionellen Grundlagen und Wirkungsmöglichkeiten der königlichen Politik drastisch einschränkte.

Friedrich hatte, seit 1147 als Herzog von Schwaben, die langwierigen, aufwendigen und am Ende doch vergeblichen Versuche seines Vorgängers und Onkels, Konrads III., miterlebt, den königlichen Willen gegen die Fürsten durchzusetzen, vor allem gegen die Opposition der mächtigsten Familie unter ihnen, der Welfen, deren Führer reichen Besitz in Schwaben, Bayern, Sachsen und Italien, darüber hinaus die Herzogtümer Bayern und Sachsen innehatte und sich ebenso wie der Staufer zur Königswürde berufen sah. Sicher unter dem Eindruck dieser Kämpfe und Streitigkeiten, die das ganze Reich in Unfrieden stürzten, ohne dem Königtum Aussicht auf dauerhaften Erfolg zu bieten, schlug Barbarossa von Beginn seiner Herrschaft an den Weg der friedlichen Einigung und des Vergleiches ein. Dabei kam ihm zweifellos die Tatsache zugute, daß er eng mit den Welfen verwandt, daß Heinrich der Löwe (um 1130–1195), der ihm an der Spitze des Welfenhauses gegenüberstand, sein Vetter war. Dennoch bedurfte es langer Verhandlungen und viel taktischen Geschicks, bis die dauerhafte Aussöhnung zwischen Staufern und Welfen und eine für alle beteiligten Parteien annehmbare Lösung der mannigfachen Streitpunkte gelang. Herausragende Bedeutung erhielt in diesem Zusammenhang die Übereinkunft mit den Barbarossa ebenfalls verwandtschaftlich verbundenen Babenbergern, die nun (1156) zu Herzögen von Österreich aufstiegen und in ihrer neuen landesherrlichen Stellung durch die Gewährung besonderer Privilegien noch zusätzlich gestärkt wurden.[8]

Der Kaiser hielt an seiner Politik des Ausgleichs mit den geistlichen und weltlichen Fürsten, der möglichst friedlichen Regelung der unter ihnen ausbrechenden Konflikte, der Wahrung und sogar Mehrung ihrer Vorrechte, auch künftig fest. Offenbar hoffte er, dadurch die Fürsten für sich zu gewinnen und wieder stärker seiner kaiserlichen Autorität zu verpflichten. Es läßt sich erkennen, daß er dieses Ziel in der Tat vielfach erreichte; so unterstützten etwa gerade die Babenberger und zunächst auch Heinrich der Löwe seine Reichspolitik nach Kräften. Andererseits zeigt das Beispiel Heinrichs ebenso deutlich die Bedingungen und Grenzen des kaiserlichen Entgegenkommens: Gewiß nicht zufällig entzog Friedrich dem Herzog, dessen überlegene Macht im Norden Deutschlands er bisher gegen alle Widersacher gedeckt hatte, von dem Augenblick an seinen Schutz und Rückhalt, in dem dieser ihm seine Hilfe bei der Durchsetzung der Reichsrechte in Italien offen

---

[8] Appelt, Privilegium minus, bes. 32–80, Jordan, Heinrich der Löwe, bes. 48–60, zum Herzogtum Schwaben als Beispiel für die Lage der Stammesherzogtümer im 12. Jahrhundert vgl. Maurer, Herzog von Schwaben 218–268.

verweigerte. Wenn er die dem Welfen daraufhin im Januar 1180 durch Fürstenspruch aberkannten Reichslehen nicht selbst verwaltete, sondern sofort wieder ausgab, so handelte er wohl nicht nur unter dem Druck der Fürsten, sondern folgte zugleich seiner eigenen Grundüberzeugung vom angemessenen Verhältnis zwischen königlicher und fürstlicher Gewalt. Die Teilung der Lehen erlaubte ihm nun zudem, eine ganze Reihe wichtiger Persönlichkeiten zu fördern, sie als Reichsfürsten auszuzeichnen und damit unmittelbar an sich zu binden.[9]

Es versteht sich – und der Konflikt mit Heinrich dem Löwen führt es praktisch vor Augen –, daß der neugewonnene Einfluß des Königs als Lehnsherr, als Schlichter und Richter fürstlicher Streitigkeiten, als den Landfrieden sichernder Gesetzgeber[10] über längere Zeit hin nicht wirkungsvoll ausgeübt werden konnte, wenn er sich allein auf das persönliche Ansehen und das Verhandlungsgeschick des Herrschers gründete. Um gegenüber den selbstbewußten Reichsfürsten des 12. Jahrhunderts dem königlichen Vorrang dauerhaft und zuverlässig Geltung zu verschaffen, bedurfte es vielmehr zusätzlicher, eigenständiger und konkreter Machtgrundlagen, und Barbarossas Fürstenpolitik diente nicht zuletzt eben der Absicht, die Bedingungen für deren Auf- und Ausbau zu verbessern. Zu diesen Grundlagen königlicher Macht gehörten für ihn gewiß die dem König verbliebenen Rechte bei der Besetzung der Bistümer. Er legte auf ihre Wahrung von Anfang an größten Wert, wobei er sich durchaus nicht immer streng an die ihm im Wormser Konkordat gezogenen Grenzen hielt, und erreichte es, daß das Reichsepiskopat im ganzen zu seinen zuverlässigen Stützen zählte.

Mit großer Energie widmete sich Friedrich, vor allem in den Jahren nach 1167, der gezielten Vergrößerung und planvollen Nutzung jenes aus Haus- und Reichsgut bestehenden unmittelbar staufischen Territoriums, dessen Kern in Schwaben, im Elsaß, am Mittelrhein und in Ostfranken lag, und das sich über die Oberpfalz und das Egerland bis Thüringen und zum Harz hinzog. Seine von Burgen und Pfalzen aus geführte Verwaltung war vorwiegend den Ministerialen anvertraut, ursprünglich unfreien Dienstleuten, die gewissermaßen mit den Staufern aufstiegen, sich als eine Art Beamter in immer bedeutenderen Positionen bewähren konnten und bald auch außerhalb des eigentlichen staufischen Machtzentrums als wichtige und zuverlässige Träger der Reichsverwaltung und Reichspolitik wirkten. Mancher von ihnen brachte es zu hochangesehenem, adligem Rang.

Wie der französische König in seiner sich immer weiter ausdehnenden

---

[9] Jordan, Heinrich der Löwe, bes. 165–213, Theuerkauf 217–248, Goez, Leihezwang 226–237; über die Reichsfürsten: Heinemeyer, König 4–39.
[10] Dazu Appelt, Rechtsentwicklung 40–43, vgl. ders., Römisches Recht 58–82, sowie Gernhuber, Landfriedensbewegung, bes. 80–98.

Krondomäne oder die Reichsfürsten in ihren Territorien, so förderte Barbarossa im Bereich des staufischen Haus- und Königsguts intensiv den wirtschaftlichen Ausbau mit Hilfe der damals neu zu Gebote stehenden Möglichkeiten. Angesichts der stark wachsenden Bevölkerung warb er Bauern durch Zusicherung von besonderen Freiheitsrechten für den mühevollen und risikoreichen Start als Neusiedler auf Rodungsland. Er bestätigte die Privilegien einer ganzen Reihe von Städten, gewährte den Bürgern finanzielle Erleichterungen und die individuelle rechtliche Besserstellung, erlaubte ihnen die Ummauerung ihrer Gemeinwesen und erhob mit besonderer Vorliebe Siedlungen, die sich in Anlehnung an staufische Pfalzen gebildet hatten, wie Ulm, Hagenau, Gelnhausen, Chemnitz oder Zwickau, zu Städten mit Marktrecht und oft genug einer Münzstätte. Galt demnach seine Aufmerksamkeit den Städten vorwiegend, insofern sie seine königliche Gewalt militärisch und wirtschaftlich stärken konnten, so suchte er folgerichtig städtische Bemühungen um größere politische Selbständigkeit oder gar weiträumiges Zusammenwirken zu unterdrücken, weil sie seine eigenen Ziele zu bedrohen schienen.[11] Hier schlugen sich negative Erfahrungen nieder, die der Kaiser in Italien, dem wohl überhaupt zentralen Feld seiner Reichspolitik, gemacht hatte.

Die Italienpolitik

Friedrich ging es in Italien darum, die alten Herrschaftsrechte des Königs, die Regalien, wie sie im Jahre 1158 während des Reichstages von Roncaglia (zwischen Piacenza und Lodi) von einer Kommission aus oberitalienischen Städtevertretern und Bologneser Juristen definiert worden waren, ihren unrechtmäßigen Besitzern zu entziehen und sie so vollständig wie möglich wieder unmittelbar selbst auszuüben. Wer immer sonst sich ihrer bedienen wollte, sollte der ausdrücklichen kaiserlichen Verleihung bedürfen. Diese Absicht richtete sich grundsätzlich gegen alle bisherigen Inhaber solcher Rechte, also etwa auch gegen adlige oder kirchliche Große, sie traf mit ganzer Schärfe jedoch in erster Linie die Städte der Lombardei. Gestützt auf ihren seit dem ausgehenden 11. Jahrhundert ständig wachsenden Reichtum als Fernhandelszentren und begünstigt durch die Schwäche ihrer bischöflichen Stadtherren, hatten sie weitgehende Autonomie errungen und die Regalien in einem ausgedehnten Gebiet in großem Umfang in ihre Hand ge-

---

[11] Büttner, Staufische Territorialpolitik 13–27, Stoob, Formen 381–385, 392–409, Maurer, Herzog von Schwaben 268–300, Nau, Staufische Münzpolitik 49–67, Kamp, Münzprägung 519–535, Patze, Kaiser Friedrich 349–408, Bosl, Reichsministerialität, bes. 140–546, 620–632.

bracht, meist ohne die Rechtmäßigkeit ihres Vorgehens durch kaiserliche Privilegien nachweisen zu können. Nun verloren sie oft genug einen erheblichen Teil dieser Rechte wieder. Sofern sie sie, etwa innerhalb der Stadtmauern, behalten durften, mußten sie dem Kaiser dafür Zahlungen leisten und ihre gewählten Amtsträger, die Konsuln oder Podestà, von ihm bestätigen lassen. Barbarossa gelang es so vielfach, große Machtblöcke aufzuspalten und die kleineren Gewalten wieder unmittelbar dem Reich und seinem Schutz zu unterstellen. Außerdem flossen ihm aus dem Regalienzins der reichsunmittelbaren Herrschaftsträger erhebliche Einkünfte zu, die er noch beträchtlich steigerte, indem er jene Regalien, die finanziellen Nutzen brachten, möglichst direkt beanspruchte und ihre Erträge durch seine Beauftragten und die sich nun etablierende Reichsverwaltung einzog. Besonders ergiebig scheinen dabei die Zölle und das Fodrum gewesen zu sein, die direkte Reichssteuer, die der Kaiser während seiner Anwesenheit in Italien erheben konnte.

Natürlich stieß diese Politik auf erhebliche Widerstände. Mailand unterwarf sich Friedrich nach harten Kämpfen erst 1162. Zwei Jahre später schlossen sich drei ostlombardische Städte zum Veroneser Bund gegen den Kaiser zusammen, und nach dem Untergang des kaiserlichen Heeres in der römischen Sommerhitze des Jahres 1167 bildete sich unter der Führung Cremonas der große lombardische Städtebund, in dem bald das mit byzantinischem Geld wieder aufgebaute Mailand eine maßgebliche Rolle spielte. Erst nach langen Jahren militärischer Auseinandersetzungen und mühevoller Verhandlungen gelang 1183 im Konstanzer Frieden der Ausgleich zwischen Kaiser und Lombardenbund. Der Kaiser gewährte den Bundesstädten weitgehende innere Autonomie und anerkannte ihren Zusammenschluß; er setzte ihnen gegenüber aber seine Regalienpolitik in vielen Punkten durch und verpflichtete sie zur Unterstützung seiner lombardischen Unternehmungen. Daneben konnte Barbarossa in jenen Jahren die Reichsverwaltung in Mittelitalien, also in den Markgrafschaften Tuskien und Ancona sowie im Herzogtum Spoleto, entscheidend festigen und ausbauen; hier entstand geradezu ein neuer Schwerpunkt seiner Macht.[12]

Diese im ganzen zweifellos günstige Stellung des Kaisers in Italien während des letzten Jahrzehnts seiner Regierung entsprach dennoch gewiß nicht in jeder Hinsicht dem, was er sich ursprünglich zum Ziel seiner Italienpolitik gesetzt hatte. Sie war schwer erkämpft, mit Zugeständnissen erkauft und

---

[12] Grundlegend für die Italienpolitik Barbarossas: Haverkamp, Herrschaftsformen, zusammenfassend 729–748, vgl. ders., Konstanzer Friede 11–44, ders., Friedrich I. 53–92, ders., Städte 208–244, außerdem Fasoli, Lega Lombarda 143–160, dies., Friedrich Barbarossa 149–183, Appelt, Italienische Kommunen 83–103, Stoob, Formen 385–390.

zudem ständig von Rückschlägen bedroht. Das lag einmal an der weitentwickelten wirtschaftlichen Stärke und politischen Eigenständigkeit der lombardischen Städte, die Friedrich schon vorgefunden hatte, vor allem aber daran, daß neben den Städten selbst eine zweite, eher noch bedeutsamere Institution, das Papsttum, die Maßnahmen des Staufers von Anfang an mit überaus kritischer Aufmerksamkeit verfolgte und bald mit offenem Protest und wachsendem Widerstand auf sie reagierte.

Friedrichs I. Auseinandersetzung mit dem Papsttum

Zu Mißtrauen und Zwist gab es in den Beziehungen zwischen Kaiser und Papst mancherlei Anlaß. Die päpstliche Seite hatte aufgrund der 1153 im Konstanzer Vertrag getroffenen Vereinbarungen gehofft, von Friedrich rasche, durchgreifende Hilfe gegen die Widersacher der päpstlichen Herrschaft in Rom und gegen die den Kirchenstaat vom Süden her bedrängenden Normannen zu erhalten. Sie war deshalb schwer enttäuscht, als Barbarossa nach seiner Krönung zum Kaiser im Jahre 1155 weder die Lage in Rom dauerhaft im päpstlichen Sinne zu ordnen, noch gegen den von Adelsaufständen bedrohten Normannenkönig Wilhelm I. (1154–1166) vorzugehen vermochte. Die Spannungen verschärften sich, als Papst Hadrian IV. im Sommer 1156 eine grundsätzliche Wendung der Normannenpolitik vollzog, den inzwischen siegreichen Wilhelm I. anerkannte und mit seinem Reich belehnte.

Zugleich zeigte sich immer offener, daß die von Barbarossa 1155 eingeleitete und seit 1158 intensivierte Regalienpolitik in Reichsitalien durchaus jene Gebiete einbezog, auf die die Kurie Ansprüche erhob. Das galt etwa für die großen, wertvollen Güter der Markgräfin Mathilde (1046–1115) in der nördlichen Toskana, der Emilia und Romagna (gehäuft insbesondere zwischen Lucca, Modena und Mantua), für das Herzogtum Spoleto, für Sardinien oder Korsika, vor allem aber auch für das Patrimonium Petri, den Kirchenstaat: Der Kaiser stellte auch hier Kirchen und Klöster, Städte und Adlige unter den Schutz des Reiches, dem sie fortan allein zu Leistungen verpflichtet sein sollten, er knüpfte direkte Verbindungen zu römischen Gruppen und machte so deutlich, daß er sogar in Rom selbst dem Reich wenigstens einen gewissen Einfluß zu sichern gedachte.[13]

Schließlich führte die zwiespältige Papstwahl von 1159 zum offenen Bruch: Friedrich entschied sich für den kaiserfreundlichen Viktor IV. (1159–1164), somit gegen den von der Mehrheit der Kardinäle gewählten, außer-

---

[13] Haverkamp, Herrschaftsformen 170–182, 288 f.; vgl. Rahewin, Gesta IV 34–35, ed. Schmale 584–588.

halb des Imperiums bald weithin anerkannten Alexander III. (1159–1181). Er veranlaßte die Bischöfe des Reiches, Viktor auf einer Synode zu Pavia anzuerkennen, und hielt auch nach dessen Tod am Gegenpapsttum fest. Durch feierliche Eide verpflichtete er im Mai 1165 die Reichsfürsten, weltliche wie geistliche, auf seine harte anti-alexandrinische Linie; Bischöfe, die einen solchen Schwur ablehnten, ersetzte er durch Männer seines Vertrauens.

Mit dieser Haltung dem Papsttum und der Kirche gegenüber verließ Barbarossa zweifellos an einem wichtigen Punkt die streng dualistische Auffassung vom Verhältnis zwischen Imperium und Sacerdotium, nach der Gott beide Gewalten unmittelbar eingesetzt und mit der eigenständigen Erfüllung je besonderer Aufgaben betraut hatte. Wie seine Vorgänger bis zum Investiturstreit betrachtete er es offensichtlich als das Recht und die Pflicht des kaiserlichen Vogts der Kirche, bei Gefährdung der innerkirchlichen Ordnung, beispielsweise durch ein drohendes Schisma, einzugreifen und mit dem ganzen Gewicht und den Möglichkeiten seines Amtes die Einheit der Kirche zu wahren oder wiederherzustellen.

Das Papsttum indessen, dem er derart entgegentrat, ließ sich seinem Selbstverständnis und seiner Geltung nach kaum mehr mit jener Institution vergleichen, deren Schwierigkeiten Kaiser Heinrich III. (1039–1056) im Jahre 1046 noch souverän in seinem Sinne hatte regeln können. Die Reformpäpste, am entschiedensten und wirkungsvollsten gewiß Gregor VII. (1073–1085), waren erfolgreich darum bemüht, die einzigartige Stellung des römischen Bischofs als Nachfolger Petri und Erbe von dessen Binde- und Lösegewalt in allen ihren Konsequenzen auszuformulieren und der Christenheit ins Bewußtsein zu rufen. Nach Gregors Überzeugung lenkte der kanonisch ins Amt gekommene Papst, durch Petri Verdienste geheiligt, mit uneingeschränkter Vollmacht die Kirche. Er allein setzte rechtmäßig Bischöfe ein oder ab, sein Urteil behielt letzte Gültigkeit, nur er durfte neue Gesetze erlassen oder die Kirche neu ordnen, erst seine Zustimmung gab Konzilsbeschlüssen allgemeine Geltung, während er selbst hingegen von niemandem, auch von keiner Synode, gerichtet werden konnte. Allein die gehorsame Bindung an ihn, den Christus zum Hirten aller seiner Schafe berief, sicherte das Seelenheil der Gläubigen und gerade auch der Fürsten. Diese bezeugten durch ihre Unterordnung unter die apostolische Gewalt ihre Zugehörigkeit zur Gemeinde Christi und schufen damit die unverzichtbare Voraussetzung dafür, daß ihr Wirken Gott wohlgefällig und ihnen selbst und ihren Untertanen zum Segen zu werden vermochte. Mangelnder Gehorsam gegenüber dem Papst bewies umgekehrt, daß ein Herrscher sich von Gott abgewandt hatte und damit zu den verworfenen Knechten des Satans gehörte. Dem Papst blieb dann in seiner Verantwortung für das Heil der gläubigen Untertanen nichts übrig, als einen solchen Abgefallenen, wenn er den Ermahnungen der römischen Kirche standhaft trotzte, von seinem Amt zu entfernen. Folgerichtig beanspruchte Gregor das Recht, Treueide der Untertanen zu lösen und sogar Kaiser abzusetzen.[14]

Gregors Anschauung begegnet bei den Gelehrten des 12. Jahrhunderts vielfach wieder. Schon der wohl vorwiegend in Regensburg wirkende Enzyklopädist und Theologe Honorius Augustodunensis († nach 1130) hob den überlegenen Rang der Geistlichkeit hervor, die den König in sein Amt einführe und deren übergreifender Kontrolle dieser letztlich unterliege. Deutlicher sah des Honorius Zeitgenosse, der Augustiner-Chorherr Hugo von St. Viktor in Paris (1096–1141), in der geistlichen Gewalt die von Gott unmittelbar erwählte Dienerin, die ihrerseits die weltliche Gewalt der Fürsten einsetze, sie also überhaupt erst zum Dasein bringe und in der Weihe des Herrschers ihren eigenen Vorrang sichtbar mache; ganz entsprechend komme es ihr zu, den versagenden Machthaber, der die von ihm geforderte Gerechtigkeit nicht verwirkliche, zu richten. Der Zisterzienserabt Bernhard von Clairvaux (1091–1153), der einflußreiche Ermahner und Berater der Päpste und Könige seiner Zeit, belehrte Papst Eugen III., nach Christi Willen seien dem Papst beide Schwerter, das geistliche wie das freilich minder wertvolle weltliche, anvertraut; wenn auch der Kaiser die praktischen Maßnahmen des letzteren befehle, so trete es doch auf päpstlichen Wink in Aktion und unterstehe päpstlicher Aufsicht. Für Gerhoch schließlich, den Propst des Regularkanoniker-Stiftes Reichersberg am Inn (um 1093–1169), den Barbarossa aus persönlichen Begegnungen kannte, gehörten die Inhaber der weltlichen Herrschaft als tyrannische Usurpatoren von Beginn an zum Bereich des Bösen. Erst durch ihre Aufnahme in die Schar der Gläubigen und durch die Weihe und das Gebet der Geistlichen gewann ihre herrscherliche Position ihre Rechtmäßigkeit vor Gott. Sie behielt sie freilich nur, solange sich die Herrscher in Demut Gott beugten, sich also der Führung der Kirche anvertrauten. Verweigerten sie ihr den gebührenden Gehorsam, so entzog ihnen der Papst mit Recht Gottes Gnade und damit die entscheidende Basis für ihre Stellung in der Gemeinschaft der Gläubigen.[15]

Die Kanonistik, deren erste große Blüte der Bologneser Magister Gratian um 1140 mit seinem Dekret begründete, äußerte sich eben zur Zeit Friedrichs I. überwiegend in ähnlichem Sinne. In Anerkennung einer übergreifenden, die Übereinstimmung mit Gottes Willen sichernden und kontrollierenden päpstlichen Oberhoheit habe der Kaiser wie jeder andere christliche Herrscher seine sonst selbständige Regierungsgewalt auszuüben, so forderte der Bologneser Magister Rufinus († um 1190) in seiner zwischen 1157

---

[14] Vgl. dazu bes. Gregor VII., Registrum II 55a, ed. Caspar 202–208, VIII 21, 546–562; zur Haltung Gregors und seiner Anhänger siehe Stürner, Peccatum 132–141, mit weiterer Literatur.

[15] Ausführlicher zu den behandelten Autoren Stürner, Peccatum 151–159.

und 1159 verfaßten Summe zum Dekret, und die zehn Jahre jüngere Summa Coloniensis beschied: „Es gibt keinen Zweifel daran, daß die Kaiser den Päpsten in jeder Weise untergeordnet sind, nicht übergeordnet."[16] Andere Summen sprachen dem Papst als dem Nachfolger Petri unumwunden die volle *auctoritas* auch über das weltliche Schwert zu. Der Papst erst verleihe dem Kaiser mit der Weihe seine Exekutionsgewalt, und der päpstliche Spruch hebe infolgedessen alle ungerechten kaiserlichen Entscheidungen auf. Mit großer Bestimmtheit bekannte sich der anfangs des 13. Jahrhunderts in Bologna wirkende Alanus Anglicus zum gleichen Standpunkt: Da der weltliche Herrscher sein Amt rechtmäßig allein aus der Hand des Papstes empfängt, unterliegt er konsequenterweise vollständig dessen Kontrolle als seines *iudex ordinarius* gerade auch in weltlichen Angelegenheiten. Selbst Huguccio (um 1140–1210), der zu seiner Zeit wohl bedeutendste und einflußreichste Kirchenrechtslehrer Bolognas und spätere Bischof von Ferrara, ein Mann, der grundsätzlich auf Ausgleich bedacht war und von der gottgewollten Existenz zweier getrennter, aber aufeinander angewiesener Gewalten in der Kirche ausging, billigte doch den Bischöfen und vor ihnen dem Papst die Vollmacht zu, Kaiser und Könige, sofern sie ihre Untertanen widerrechtlich behandelten und hartnäckig auf ihrem Unrecht beharrten, zu bannen und sie sogar mit Waffengewalt absetzen zu lassen, wenn sie nur so zur Umkehr und Besserung bewegt werden konnten.

Auch Alexander III., dessen Papsttum Friedrich I. mit allen Mitteln zu bekämpfen suchte, hatte zunächst vielleicht als Theologe in Bologna gelehrt, ehe er zum Kardinal und Kanzler der römischen Kirche aufstieg. Als Papst jedenfalls entschied er in einer bislang unbekannten Fülle von Dekretalen Fragen aus den unterschiedlichsten Bereichen, solche der Glaubenslehre, der kirchlichen Verwaltung, der Rangordnung und der Amtspflichten der Geistlichkeit ebenso wie etwa Probleme des Verfahrens- oder Eherechts, und wurde so zum ersten bedeutenden Kanonisten auf dem Stuhle Petri. Noch im Auftrag Hadrians IV. überbrachte er dem Reichstag zu Besançon im Jahre 1157 jenen berühmten, sicher von ihm mitformulierten Brief, der das Kaisertum als päpstliches *beneficium* oder, wie Rainald von Dassel der Versammlung wohl übersetzte, als päpstliches Lehen bezeichnete und damit bei allen Anwesenden ungeheure Empörung hervorrief, denn sie erinnerten sich offenbar durchaus an ähnliche Äußerungen von römischer Seite. Der päpstliche Kanzler trat dieser Entrüstung, soweit wir wissen, keineswegs mit einem versöhnlich-einlenkenden Wort entgegen – vielleicht heizte er den

---

[16] *Nulla iam dubitatio est imperatores summis pontificibus subesse modis omnibus, non preesse*, Summa Coloniensis III 14, edd. Fransen-Kuttner 119; zu den in diesem Abschnitt genannten Kanonisten Stürner, Peccatum 160–166.

Zorn der Fürsten durch eine bekräftigende Bemerkung sogar noch weiter an.[17]

Barbarossa fürchtete nach dieser Erfahrung in Alexander gewiß den entschlossenen Vertreter einer kirchlichen Gegenposition, die seine eigene Anschauung vom Kaisertum im Kern bedrohte, und von daher mag die zähe Unnachgiebigkeit verständlich sein, mit der er dessen Anerkennung unbedingt zu verhindern trachtete, zumal ein von ihm, dem Kaiser, durchgesetztes, auf ihn angewiesenes Papsttum natürlich umgekehrt seinen Einfluß auf die Kirche ganz allgemein verstärkt und abgesichert sowie die Weiterführung seiner Italienpolitik erleichtert hätte. Dennoch widersprach sein Versuch, wie die salischen Kaiser strittige Papstwahlen zu klären, nicht nur fundamental dem Selbstbewußtsein, das das Reformpapsttum seit dem Investiturstreit gewonnen hatte; Friedrich unterschätzte vor allem den Rückhalt, auf den dieses Papsttum inzwischen in Westeuropa, vorweg in Frankreich und England, bauen konnte. Es wurde dort weithin, was immer man über seine Stellung zur weltlichen Gewalt denken mochte, als geistliches Haupt der ganzen Christenheit betrachtet. Eine Spaltung an der Spitze der Kirche betraf aus westeuropäischer Sicht dementsprechend alle Gläubigen gleichermaßen, ging nicht nur den Herrscher eines einzigen Landes an. So schmälerte die Entscheidung des englischen und französischen Klerus für Alexander die Erfolgsaussichten des Kaisers von vornherein, um so mehr, als es ihm nicht gelang, den englischen oder französischen König wirklich von Alexander abzuziehen. Selbstverständlich erhielt dieser außerdem die Unterstützung der antikaiserlichen Städte Oberitaliens und bot ihnen seinerseits Legitimation, Aufmunterung und aktive Hilfe in ihrem Kampf um ihre städtischen Freiheiten.

Zwar beharrte Friedrich dennoch achtzehn Jahre lang zäh und trotzig, zuweilen geradezu rechthaberisch-uneinsichtig, auf seinem Standpunkt und mühte sich, ihn mit allen Mitteln, mit den Künsten der Diplomatie wie mit Waffengewalt durchzusetzen. Am Ende mußte freilich auch er einsehen, daß er der vielfältigen Gegner seiner Kirchenpolitik auf Dauer nicht Herr zu werden vermochte. Mit dem Friedensschluß von Venedig (1177), in dem er Alexander feierlich anerkannte, gestand er das Scheitern dieser Politik ein, schuf er zugleich jedoch die Voraussetzung für sein erfolgreiches Vorgehen gegen Heinrich den Löwen, für den künftigen Ausgleich mit dem Lombardenbund und damit für die im wesentlichen unangefochtene Stellung, die er während der achtziger Jahre im Imperium innehatte, wie für das hohe Ansehen, das er damals über die Grenzen des Reiches hinweg genoß.

---

[17] Vgl. den Bericht bei Rahewin, Gesta III 10–13, ed. Schmale 408–420; zu Alexander III. siehe Pacaut, Alexandre III, bes. 88–105, 210f., der Bologneser Kanonist Rolandus ist nicht mit ihm identisch: Weigand, Magister 3–44, ders., Glossen 389–427.

Das Erbe

Friedrich I. und das Regnum Sicilie

Die für die Zukunft des staufischen Hauses wie des Reiches wohl bedeutendste Entscheidung des Kaisers in jener Schlußphase seiner Regierung betraf die Neuordnung seines Verhältnisses zum Normannenreich in Süditalien und Sizilien. Friedrich hatte von Beginn seiner Herrschaft an immer wieder militärische Unternehmungen gegen das Regnum Sicilie geplant. Damit entsprach er zunächst durchaus den päpstlichen Wünschen nach kaiserlichem Schutz vor der normannischen Bedrohung, später ging es ihm um die Vernichtung eines wichtigen Bundesgenossen Alexanders. Grundsätzlich leitete ihn offenbar wie seine Vorgänger die Überzeugung, das normannische Gebiet gehöre von Rechts wegen seit der Zeit Karls des Großen zum Reich. Zwar verhinderten andere, drängendere Probleme, vor allem die Auseinandersetzung mit den oberitalienischen Städten und mit Alexander, daß es jemals tatsächlich zu einem Kriegszug gegen die Normannen kam. Aber noch die letztlich erfolglosen Verhandlungen, die Friedrich 1171 mit dem byzantinischen Kaiser Manuel I. Komnenos (1143–1180) wegen der Heirat eines seiner Söhne mit einer byzantinischen Prinzessin führte, richteten sich unter anderem gegen das sizilische Königreich.[18]

Schon zwei Jahre später indessen lassen sich Ansätze zu einer veränderten Einstellung erkennen. Wir hören, Barbarossa habe damals dem normannischen König Wilhelm II. (1166–1189) Frieden und Bündnis sowie die Ehe mit einer der kaiserlichen Töchter vorgeschlagen. Scheiterte das Angebot damals daran, daß Wilhelm seine guten Beziehungen zu Papst Alexander nicht gefährden wollte, so lagen die Dinge seit dem Friedensvertrag des Kaisers mit dem Papst, der einen Waffenstillstand mit Wilhelm einschloß, deutlich anders. Für den sizilischen König rückte nun das alte Ziel der normannischen Politik, die Machterweiterung auf Kosten des byzantinischen Reiches, wieder ins Zentrum seiner Bemühungen. Die Umstände schienen günstig: Nach dem Tode Manuels herrschte in Byzanz dessen unmündiger Sohn Alexios II. (1180–1183), den bald ein Verwandter, Andronikos I. (1183–1185), beiseite schob; Aufstände im Inneren und Niederlagen gegen die äußeren Feinde machten die Schwäche Ostroms offenkundig.

Bevor König Wilhelm aus dieser Situation Nutzen zu ziehen gedachte, suchte er sich durch ein Übereinkommen mit Barbarossa den Rücken zu decken. Außerdem galt es freilich, die Königsherrschaft seiner Familie und

---

[18] Zur Tradition kaiserlicher Ansprüche auf Unteritalien siehe Deér, Papsttum 37–50, zu den päpstlich-normannischen Beziehungen ebd. 221–257, zur staufischen Byzanz-Politik Lamma, Comneni, bes. 1,115–147, 2,227–237, vgl. zur Lage in Byzanz ders., Byzanz 37–51, Ostrogorsky, Geschichte 321–342, Beck, Byzanz 227–241, Browning, Byzantine Empire 126–135.

Abb. 1: Kaiser Friedrich I. Barbarossa mit seinen Söhnen König Heinrich VI. und Herzog Friedrich (VI.) von Schwaben.
Repräsentationsbild der Weingartner Welfenchronik, Hess. Landesbibliothek Fulda, Hs D 11, fol. 14r (ca. 1184–1190)

damit den Bestand seines Reiches dauerhaft zu sichern. Seine Ehe war nämlich 1184 nach sieben Jahren noch immer ohne Nachkommen, und manches spricht dafür, daß er sich damals kaum noch Hoffnungen auf die Geburt eines Thronfolgers machte. Als die einzige legitime Erbin der normannischen Krone jedoch blieb, wenn er ohne Kinder sterben würde, seine Tante Konstanze, die 1154, schon nach dem Tode ihres Vaters, geborene Tochter König Rogers II. Ihre Eventualnachfolge mußte er demnach so sorgfältig wie möglich vorbereiten, und auch dieser Absicht mochte eine enge Verbindung mit dem staufischen Kaiserhaus am ehesten dienen.

So stießen die Friedens- und Bündnisvorschläge, die Friedrich I. im Laufe des Jahres 1184 erneut Wilhelm unterbreiten ließ, um auf friedliche Weise doch noch Einfluß im sizilischen Königreich zu gewinnen und damit zugleich seine Stellung in Reichsitalien sowie dem Papst und insbesondere dem krisengeschüttelten Byzanz gegenüber weiter zu festigen, diesmal auf offene Ohren: Am 29. Oktober 1184 wurde in Augsburg die Verlobung König Heinrichs, des neunzehnjährigen Barbarossa-Sohnes, mit Konstanze bekanntgegeben und dabei mit großer Wahrscheinlichkeit das Erbrecht der Braut und ihres künftigen Gatten auf das Regnum Sicilie ausdrücklich festgehalten. Wohl unmittelbar anschließend rief Wilhelm die Barone seines Reiches nach Troia, einer Bischofsstadt westlich von Foggia, und veranlaßte sie, für den Fall seines kinderlosen Ablebens Konstanze und ihrem Gemahl einen Treueid zu schwören. Die Hochzeitsfeier des Paares fand dann im Januar 1186 in der Kirche Sant'Ambrogio in Mailand statt.[19]

Was bei diesen Vereinbarungen offenbar immerhin als eine recht konkrete Möglichkeit behandelt worden war, wurde überraschend schnell zur Wirklichkeit: Schon am 18. November 1189 starb König Wilhelm II., erst sechsunddreißigjährig, kinderlos in Palermo. Frühestens um die Jahreswende erhielt Heinrich VI. diese Nachricht in Deutschland, und er zögerte nicht, seine Ansprüche auf das Erbe Konstanzes anzumelden.

Die Anfänge der normannischen Herrschaft in Unteritalien

Das Reich, das damit, wenngleich nicht sofort und ohne Schwierigkeiten, in die staufische Herrschaft überging, war eine verhältnismäßig junge Schöpfung. Noch am Anfang des 11. Jahrhunderts standen sich in Unteritalien die langobardischen Fürstentümer Benevent, Capua und Salerno, die zeitweise praktisch selbständigen, Seehandel treibenden Städte Gaeta, Neapel und

---

[19] Zur Annäherung zwischen Barbarossa und Wilhelm II. und zum Abschluß des staufisch-normannischen Ehebundes grundlegend Baaken, Unio 219–295, vgl. Zerbi, Papato 49–52, Kölzer, Sizilien 7–13.

Amalfi sowie die zum byzantinischen Reich gehörenden, von griechischen Beamten und Offizieren verwalteten Gebiete Apuliens und Kalabriens gegenüber. Sie lagen untereinander fast ununterbrochen im Kampf und sahen sich überdies ständig bedroht durch die islamischen Sarazenen, die Sizilien erobert hatten und von dort aus vor allem die Küstenstädte des Festlandes mit ihren Raubzügen heimsuchten. Hin und wieder schalteten sich auch die deutschen Kaiser, die Süditalien in der Nachfolge der Langobardenkönige und der karolingischen Kaiser als Teil ihres Imperiums betrachteten, in die Auseinandersetzungen ein.

In dieses so heftig umstrittene Land kamen etwa seit 1015 in immer größerer Zahl Normannen aus dem französischen Herzogtum der Normandie. Angeworben von den örtlichen Machthabern, vor allem von langobardischen Fürsten, beteiligten sie sich zunächst als Söldner in deren Diensten an den regionalen Konflikten. Bald jedoch handelten sie selbständiger, nutzten sie die unübersichtliche Lage entschlossener für ihren Aufstieg. Einzelne ihrer Führer errangen eigene Herrschaftsbezirke. Am unbedenklichsten und erfolgreichsten gingen dabei die zwölf Söhne Tankreds von Hauteville (bei Coutances) vor. Sie wandten sich offen gegen den byzantinischen Machtbereich und eroberten mit ihren normannischen Truppen, auf Melfi gestützt, große Teile Apuliens und Kalabriens. Seit 1057 lag die Leitung dieses Unternehmens nach dem Tod seiner älteren Brüder bei Robert Guiscard (1016–1085), dem schon 1059 die Legitimierung seiner Stellung durch das Papsttum gelang: Er leistete Papst Nikolaus II. (1058–1061) einen Treueid und erhielt aus dessen Händen dafür das von ihm unterworfene Gebiet als *dux Apulie et Calabrie et ... futurus Sicilie* zu Lehen; sein neuer Titel zeigt, daß er mit päpstlicher Einwilligung bereits an ein Vorgehen gegen die Sarazenen Siziliens dachte. Nikolaus II. fühlte sich offenbar aufgrund der Konstantinischen Schenkung und karolingischer wie ottonischer Privilegien zugunsten der römischen Kirche zur Lehensvergabe an die Normannen berechtigt, wohl ohne damit die Ansprüche des deutschen Kaisers auf Süditalien grundsätzlich bestreiten zu wollen. Die päpstliche Rücksichtnahme darauf entfiel vollständig erst seit 1080, also während des Pontifikats Gregors VII.[20]

Herzog Robert Guiscard bemühte sich erfolgreich, seine Herrschaft auf dem süditalienischen Festland auf Kosten von Byzanz weiter auszubauen und gegen Aufstände und byzantinische Rückgewinnungsversuche abzusichern. Kriegszüge führten ihn an die Ostküste der Adria und tief hinein in das byzantinische Reich auf dem Balkan. Auf Vorstößen nach Norden nahm er den Protesten Gregors VII. zum Trotz Salerno, Amalfi und Teile der

---

[20] Siehe dazu vor allem Deér, Papsttum 51–106, außerdem Chalandon, Histoire 1, 42–172.

Markgrafschaft Fermo ein. Daneben unterstützte der unersättliche Eroberer die Anstrengungen seines jüngsten Bruders, des Grafen Roger (1031–1101), Sizilien den unter sich zerstrittenen Arabern abzuringen. Im Jahre 1061 fiel die Stadt Messina in normannische Hände, und kaum mehr als zehn Jahre später, im Januar 1072, brachte die Erstürmung Palermos, damals eine der größten und reichsten Städte Europas, den entscheidenden Durchbruch für Rogers Vorhaben, mochte sich die vollständige Eroberung der Insel auch noch bis 1091 hinziehen. Zwar unterstand der Graf für Sizilien wie für seine südkalabrische Herrschaft formell dem apulisch-kalabrischen Herzog als seinem Lehnsherrn. Doch die rasch sichtbaren und für lange Zeit charakteristisch bleibenden strukturellen Unterschiede zwischen Insel und Festland führten nach dem Tod Robert Guiscards alsbald dazu, daß Roger ein deutliches Übergewicht über seinen herzoglichen Neffen gewann.

Robert Guiscard hatte seine dominierende Stellung in Unteritalien in Konkurrenz mit zahlreichen anderen, teilweise schon vor ihm dort tätigen normannischen Führern erworben. Er brauchte ihre Hilfe bei seinen militärischen Aktionen und mußte sie an seinen Erfolgen beteiligen; natürlich nutzten sie seine Mißerfolge, etwa gegen Byzanz, ebenfalls zu ihrem Vorteil. Unter seinen Nachfolgern, seinem Sohn Roger Borsa (1085–1111) und seinem Enkel Wilhelm (1111–1127), baute diese Schicht – an ihrer Spitze nahe Verwandte des Herzogs selbst – ihre Unabhängigkeit noch bedeutend aus. Die selbstbewußten Grafen Apuliens agierten nach eigenem Ermessen und anerkannten kaum noch die herzogliche Lehnshoheit. Aber auch die großen Städte wie Bari oder Amalfi trieben eine Politik, die vorwiegend ihren kommunalen Interessen diente, und die Langobarden suchten bei jeder Gelegenheit, die alte Freiheit wieder zu erlangen. Außerdem blieb Neapel immer unabhängig, stand Benevent unter lockerer päpstlicher Oberhoheit, banden sich die Normannenfürsten von Capua nur vorübergehend und höchst lose an das apulische Herzogtum. So kennzeichneten zunehmende Ohnmacht der herzoglichen Gewalt und allgemeine Verwirrung die Lage auf dem süditalienischen Festland. Seine Bewohner, Stadtbürger wie Bauern, litten unter Rechtsunsicherheit und Gewalt, und die Bemühungen der päpstlichen Lehensherren um Frieden fruchteten meist wenig, zumal die aufrührerischen Grafen ja keine unmittelbaren Lehnsbeziehungen zum Papst hatten.

Anders die Situation auf der Insel. Ganz eindeutig war deren Eroberung in erster Linie die Leistung Rogers gewesen; weit uneingeschränkter als sein Bruder konnte er deshalb seinen Erfolg zu seinen Gunsten verwerten. Er verteilte verhältnismäßig wenig Land als Lehen an ihm ergebene Mitkämpfer, oft Mitglieder seiner Familie, behielt den größten Teil hingegen als Domäne in seiner eigenen Hand. Von Anfang an stützte er sich auf die einheimische griechische Bevölkerung, die ihn als Befreier von der islamischen

Herrschaft begrüßte. Er schützte ihre Kirchen und Klöster, begünstigte ihre Städte, bediente sich ihrer Kenntnisse bei der Verwaltung des Landes und förderte die Einwanderung weiterer Griechen wie im übrigen auch die anderer Bevölkerungsgruppen, etwa von Langobarden. Besonders bedeutsam erscheint jedoch, daß er den Arabern Siziliens, offenbar aus Einsicht in ihre zahlenmäßige Stärke und ihre Bedeutung für sein künftiges Reich, mit Toleranz begegnete. So duldete er ihre Religion, sicherte er weitgehend ihre gewohnten Lebens- und Arbeitsverhältnisse, übernahm er Einrichtungen ihrer Verwaltung, unter anderem ihr Steuersystem, und verwendete sie als Soldaten in seinem Heer.

Wie die anderen Vasallen des apulischen Herzogs besaß Roger seine Grafschaft Sizilien als erbliches Lehen und konnte deshalb seine Nachfolge völlig frei regeln. Wie jene war auch er kein direkter Lehensmann des Papstes, der deshalb nicht nur keinen Einfluß in der Nachfolgefrage auszuüben vermochte, sondern dem Befreier der sizilischen Christen noch besondere Herrschafts- und Aufsichtsrechte über die Kirche Siziliens zugestehen, ihm schließlich sogar den Rang des päpstlichen Legaten auf der Insel einräumen mußte. Zusätzlich stärkte Roger seine Position, indem er es, wo immer möglich, vermied, sich an langwierigen und riskanten auswärtigen Unternehmungen zu beteiligen – so blieb er etwa dem ersten Kreuzzug fern. Das schwache apulische Herzogtum freilich unterstützte er, nicht ohne sich indessen – etwa durch die Vergrößerung seines kalabrischen Besitzes – dafür bezahlen zu lassen.[21]

Die Errichtung des sizilischen Königreiches durch Roger II.

Als im Jahre 1112 Rogers Sohn Roger II. (1095–1154) nach Jahren der Regentschaft seiner Mutter die Regierung in Sizilien übernahm, begann das wohl bedeutsamste Kapitel in der Geschichte der normannischen Herrschaft über Unteritalien und Sizilien. Der junge Herrscher war offenbar maßgeblich von Griechen erzogen worden; byzantinische Vorstellungen prägten seine Herrschaftsauffassung im allgemeinen wie sein Verhältnis zur Kirche seines Reiches. Er privilegierte mit Vorliebe griechische Klöster und griff, gestützt auf seinen Status als päpstlicher Legat, massiv in das kirchliche Leben Siziliens ein, ohne sich durch päpstliche Ermahnungen beeindrucken zu lassen. Das noch weitgehend islamische Palermo machte er endgültig zur Hauptstadt seines Inselreiches, was den Einfluß der arabischen Kultur und

---

[21] Zur Frühphase der normannischen Herrschaft in Unteritalien und Sizilien vgl. Tramontana, Monarchia 27–128, Deér, Papsttum 143–169, Chalandon, Histoire 1, 173–354, Caspar, Roger II. 3–24.

Lebensform am Hofe zweifellos weiter vergrößerte. Andererseits baute er die sizilische Flotte aus und lenkte sie gegen die Araber Nordafrikas, gegen das Reich der Ziritendynastie im heutigen Tunis; das Unternehmen scheiterte freilich vollkommen.

Seinen entscheidenden Erfolg hingegen erzielte Roger II. auf dem italienischen Festland. Rücksichtslos nützte er die Unfähigkeit Herzog Wilhelms aus, um – wiederum gegen ausdrücklichen päpstlichen Protest – ganz Kalabrien an sich zu bringen und sich in apulische Angelegenheiten einzumischen. Schließlich rang er dem kinderlosen Herzog vielleicht sogar ein Versprechen bezüglich seiner Nachfolge ab. Obwohl Wilhelm auf dem Sterbebett dann sehr wahrscheinlich den Wunsch aussprach, sein Land möge an den Papst als den Stellvertreter Petri und somit an seinen eigentlichen Eigentümer zurückfallen, beanspruchte Roger, normannischen Vorstellungen folgend, als nächster Verwandter das Erbe Wilhelms und begann noch im Jahre 1127, unmittelbar nach dessen Tod, seine Rechte auf dem Festland durchzusetzen. Papst Honorius II. (1124–1130), der dieses Vorgehen als einen usurpatorischen Eingriff in seine lehnsherrliche Verfügungsgewalt über das Herzogtum Apulien aufs heftigste verurteilte und die nun drohende Bildung eines normannischen Einheitsreiches im Süden des Kirchenstaates mit allen Mitteln, durch die Bannung Rogers und den Zusammenschluß aller seiner unteritalienischen Feinde unter päpstlicher Führung, zu verhindern trachtete, mußte wegen der bald sichtbar werdenden Gegensätze in seinem eigenen Lager schon im August 1128 vollständig nachgeben: Er belehnte Roger II. mit dem Herzogtum Apulien. Auch Benevent, das Fürstentum Capua sowie Neapel standen wenig später unter dem beherrschenden Einfluß des neuen Herzogs.[22]

Zur Festigung von Rogers Stellung trug wesentlich bei, daß sich die Kardinäle im Jahre 1130 nicht auf einen Nachfolger für Honorius II. einigten. Innozenz II. (1130–1143), der Kandidat der jüngeren, den damals modernen Reformbewegungen der Regularkanoniker und Zisterzienser nahestehenden Kardinäle, fand bald in Frankreich und England wie auch beim deutschen König Lothar Anerkennung. Deshalb blieb sein Gegner Anaklet II. (1130–1138) ganz wesentlich auf die Unterstützung durch Roger angewiesen, und dieser verstand es meisterhaft, die Situation zu nutzen. Schon

---

[22] Grundlegend dazu wie zum Folgenden: Caspar, Roger II., Chalandon, Histoire 1, 380–404 (Rogers Aufstieg zum Herzog), 2, 1–166 (Rogers Königtum), sowie Deér, Papsttum 169–246, vgl. Abulafia, Frederick 11–62, zur wirtschaftlichen Lage des sizilischen Königreichs bes. 13–19, 43–46 (leider durchweg ohne Belege), Tramontana, Monarchia 129–180, Norwich, Normannen 17–154, Caravale, Regno normanno 32–52, zur Einschätzung Rogers bei seinen Zeitgenossen Wieruszowski, Roger, bes. 53–78.

im September 1130 erlangte er von Anaklet als Preis für seine Hilfe die Erhebung der von ihm beherrschten Gebiete unter Einschluß Capuas, Neapels und Benevents zum „Königreich Sizilien, Kalabrien und Apulien" sowie die Zusicherung der uneingeschränkten Erblichkeit der neuen Königskrone, für deren künftige Träger selbst das Ausbleiben der Investitur durch ihren päpstlichen Lehnsherrn keinerlei Einschränkung ihrer Herrschaftsrechte zur Folge haben sollte. Nach der Leistung von *hominium* und *fidelitas* belehnte ihn der Papst mit seinem Reich, und am Weihnachtstage 1130 ließ sich Roger im Dom von Palermo unter Entfaltung allen Glanzes und Prunkes, der dem Ereignis angemessen schien, zum König erheben; der Fürst von Capua, nunmehr sein bedeutendster Vasall, setzte ihm die Krone auf.[23]

Gestärkt durch den neugewonnenen königlichen Rang und die Abhängigkeit Anaklets ging Roger II. daran, die Organisation der sizilischen Kirche auszubauen und seinen Einfluß in Unteritalien zu festigen. Doch stieß er dort auch jetzt wieder auf den traditionellen Widerstand von Städten und Baronen, machte ihm insbesondere das Bündnis des Grafen Rainulf von Alife (nördlich Capua) mit Robert von Capua, der ihn eben noch gekrönt hatte, und mit Benevent, später Neapel, schwer zu schaffen. Die Lage spitzte sich gefährlich zu, als der deutsche König Lothar III. in Italien erschien, Innozenz II. nach Rom führte und von ihm im Juni 1133 zum Kaiser gekrönt wurde. Freilich zog Lothar dann sofort über die Alpen nach Deutschland zurück, Anaklet konnte sich in Rom behaupten und Roger seine Gegner an der Spitze eines nun vorwiegend sarazenischen Heeres niederwerfen.

Schon wenig später jedoch drohte ihm seine isolierte Position an der Seite Anaklets tatsächlich zum Verhängnis zu werden: Erneut erhoben sich die festländischen Aufrührer, und während sie sich in Neapel verschanzten, brach Kaiser Lothar im Herbst 1136 zu seinem zweiten Italienzug auf, dieses Mal begleitet von einem überlegenen Truppenaufgebot, unterstützt von Venedig und der Flotte Pisas, gefördert vom byzantinischen Kaiser und mit der ernsthaften Absicht, Anaklet und seinen normannischen Beschützer endgültig zu bezwingen. Geteilt in zwei Abteilungen, stieß sein Heer rasch in das Reich Rogers hinein. Im Mai 1137 fiel Bari, und Roger beeilte sich, ein Friedensangebot vorzulegen. Dabei zielte er geschickt auf die zunehmende Kriegsmüdigkeit in der Umgebung des Kaisers wie auf die immer offensichtlichere Uneinigkeit zwischen Kaiser und Papst bezüglich der künftigen Neuordnung Unteritaliens, für das beide die Oberhoheit beanspruchten. Lothar wies Roger zwar zurück, beendete aber bald darauf, nach der Einnahme Salernos, seinen Vormarsch. Mit Innozenz fand er einen Kompromiß: Gemeinsam be-

---

[23] Elze, Königtum 102–116, ders., Ruggero II. 27–39, Schmale, Studien, bes. 29–90, 195–247.

lehnten Kaiser und Papst Rainulf von Alife mit dem Herzogtum Apulien, während Robert von Capua in seinem Fürstentum bestätigt wurde.

Schien damit das Festland fast ganz für Roger verloren, so gab der König doch keineswegs auf. Kaum hatte sich Lothar wieder nach Norden gewandt, eilte er vielmehr mit seinen Sarazenenscharen herüber und begann zielstrebig, die an seine Gegner gelangten Gebiete zurückzugewinnen. Nach dem Tod des Kaisers im Dezember 1137 und dem Anaklets im Januar 1138 suchte er zudem die Annäherung an Innozenz: Er anerkannte ihn als Papst und Lehnsherr. Innozenz indessen gedachte, seinen Hauptwidersacher, den Usurpator und Tyrannen Roger, nicht so leicht davonkommen zu lassen, sondern war fest entschlossen, Süditalien nun endlich dauerhaft in päpstlichem Sinne zu ordnen. Sogar noch, als sein wichtigster Helfer, der Herzog Rainulf, im April 1139 starb, hoffte er, sein Ziel auch allein auf sich gestellt zu erreichen.

Er sollte sich schwer irren: Im Juli 1139 trafen die feindlichen Armeen aufeinander, die päpstliche unterlag, und der Papst selbst geriet in die Gefangenschaft Rogers. Dieser huldigte seinem Lehnsherrn, während umgekehrt Innozenz und damit das rechtmäßige Papsttum notgedrungen Roger II. als königlichen Beherrscher Siziliens, des Herzogtums Apulien und des Fürstentums Capua (des *regnum Sicilie, ducatus Apulie, principatus Capue*) anerkennen mußte, im wesentlichen unter Bestätigung jener großzügigen Bedingungen, die neun Jahre zuvor Anaklet seinem sizilischen Bundesgenossen eingeräumt hatte. Schnell gelang es dem König dann, die letzten Widerstände in seinem Reich beiseite zu räumen. In den folgenden Jahren verstärkten seine Söhne den normannischen Einfluß in den Grenzzonen zum Kirchenstaat, vor allem in den Abruzzen. Seine Flotte brachte das Ziritenreich in Tunesien sowie Tripolis und andere nordafrikanische Küstenstädte unter normannische Oberhoheit. Sie nützte den zweiten Kreuzzug, um im Jahre 1147 das byzantinische Griechenland, namentlich die reichen Handelszentren Theben und Korinth, zu plündern und die dortigen hochspezialisierten Seidenweber nach Palermo zu verschleppen.

Eine solch gewaltsam ausgreifende Politik schuf natürlich Feinde. Sie führte zu einem bedrohlichen Zusammenwirken des byzantinischen Kaisers Manuel I. mit dem deutschen König Konrad III. und Venedig und belastete zugleich schwer das Verhältnis Siziliens zum Papsttum, das sich ohnehin nicht günstig entwickelte: Innozenz wartete vergeblich auf Hilfe seines normannischen Lehnsmannes gegen die sich als Kommune organisierende antipäpstliche Oppositionsbewegung in Rom und beklagte bitter die Kirchenpolitik Rogers, der nun für sein ganzes Reich auf seinem Legationsprivileg bestand und überall Bischöfe nach seinem Willen einsetzte. Zutiefst verstimmt weigerten sich die Nachfolger Innozenz' deshalb, den sizilischen König neu zu belehnen und das päpstliche Privileg von 1139 zu bestätigen, das sie als dem gefangenen Papst abgepreßt und damit ungültig betrachteten. Trotz gelegentlicher Verhandlungen und Teilabsprachen blieb es bis zum Tode Rogers bei diesem Schwebezustand. Mochte die päpstliche Seite auf eine günstige Gelegenheit hoffen, um Süditalien doch noch nach den eigenen Vorstellungen umzugestalten, so suchte Roger die Herrschaft seiner Dynastie zu sichern, indem er 1151 in Palermo seinen Sohn Wilhelm zum König krönen ließ. Er hielt sich aufgrund seiner unabhängigen, allein durch eigene Leistung und Kraft mit Gottes Hilfe gewonnenen Herrscherstellung für berechtigt zu diesem Schritt, während der Papst darin einen neuerlichen massiven Eingriff in seine lehnsherrlichen Rechte erkannte.

Rogers Herrschaftsverständnis, seine administrativen und gesetzgeberischen Maßnahmen

Die hier zutage tretende, selbstbewußte Auffassung von der Gottesunmittelbarkeit und Eigenständigkeit seiner königlichen Würde bestimmte Roger II. zeitlebens. Auf vielfältige Weise suchte er sie zur Anschauung zu bringen, wobei der byzantinische Kaiser, der Gegner seiner praktischen Politik, das eifersüchtig nachgeahmte Vorbild abgab. Am Hof Rogers setzte sich das prunkvolle byzantinische Zeremoniell durch, seine Beamten erhielten wohltönende griechische Titel wie den eines Logotheten, eines Protonobilissimus oder Protonotarius, seine Bauten, vor allem die Cappella Palatina in Palermo und der Dom von Cefalù mit ihren großartigen, von griechischen Künstlern geschaffenen Mosaiken, sollten mit dem Glanz Konstantinopels wetteifern. Der allmächtige Gott habe aus unermeßlicher Güte und Barmherzigkeit das ganze Gebiet Unteritaliens und Siziliens, das Rogers Vorfahren einst den ungläubigen Sarazenen entrissen, nun seiner, Rogers, Macht und Botmäßigkeit unterworfen, so verkündete im April 1140 die Arenga der in Goldschrift auf Purpurpergament verfaßten Stiftungsurkunde des Königs für seine Palastkapelle, und gewissermaßen als die bildliche Vergegenwärtigung dieses Vorgangs zeigt ein berühmtes Mosaik in der Palermitaner Kirche S. Maria dell'Ammiraglio (La Martorana), der Gründung von Rogers erfolgreichem Admiral Georg von Antiochien († 1151/52), den König mit demütig geneigtem Haupt, auf das Christus selbst die Krone setzt.

In bewußter Betonung seiner Gleichrangigkeit mit dem päpstlichen Lehnsherrn knüpfte Roger II. im Jahre 1145, zwei Jahre nach der Beisetzung Papst Innozenz' II. im Porphyrsarkophag Kaiser Hadrians, auch seinerseits an den Brauch insbesondere spätrömischer Kaiser an und ließ aus antikem römischem Material zwei kostbare, nach dem Muster römisch-kaiserzeitlicher Prunkmulden gestaltete Porphyrsarkophage als Grabmäler für sich sowie vermutlich eine künftige Gattin fertigen und im Dom von Cefalù auf-

Abb. 2: König Roger II. von Sizilien wird von Christus gekrönt.

Mosaik in der Vorhalle der von Admiral Georg von Antiochien gestifteten Palermitaner Kirche S. Maria dell'Ammiraglio (La Martorana) (um 1143)

stellen. 1215 von Friedrich II. in den Dom von Palermo überführt, dienen sie dem Willen von Rogers Enkel gemäß bis heute als Gräber Heinrichs VI. und Friedrichs selbst. Wohl vom gleichen Anspruch dem Papst gegenüber geleitet, benützte der sizilische König in seinen Urkunden wie die päpstliche Kanzlei als Beglaubigungsform die oft mit roter Tinte gezogene Rota, ein radförmiges Zeichen mit dem Titel und der Devise des Herrschers.[24]

Roger II. begnügte sich selbstverständlich nicht mit solchen äußerlich-zeremoniellen Formen, um seine überragende Geltung zu dokumentieren. Zielbewußt arbeitete er vielmehr auf die dauerhafte Sicherung seiner Stellung, die konkrete Durchsetzung seines Willens in seinem Königreich hin. Eine wichtige Rolle spielte dabei der Ausbau der Verwaltung. An deren Spitze stand die *curia regis*, ein noch keineswegs fest umgrenzter Kreis von hohen Geistlichen und angesehenen Adligen, dazu einzelnen Angehörigen der Herrscherfamilie und verdienten Beamten, mit denen sich der König beriet und denen er wichtige Aufgaben wie etwa die Entscheidung von Rechtsstreitigkeiten durchaus auch zur selbständigen Erledigung übergab. Diejenigen unter ihnen, die seine besondere Achtung erwarben, zeichnete er mit dem Titel eines Familiaren aus.

Unter den Ämtern des Reiches ragte zunächst das des Admirals hervor. Sein bedeutendster Inhaber, der syrische Christ Georg von Antiochien, den die Urkunden Admiral der Admirale (*amiratorum amiratus*) und Oberster der Obersten (ἄρχων τῶν ἀρχόντων) nennen, kommandierte nicht nur die sizilische Flotte, sondern stand als engster Vertrauter Rogers auch der *curia* vor. Ähnliches Gewicht erlangten bald die Kanzler. Fast nur dem Namen nach und sozusagen nebenbei Leiter der Kanzlei, taten sie sich vor allem als Heerführer, insbesondere bei den Feldzügen auf dem Festland, als einflußreiche Politiker und Diplomaten hervor. Maio von Bari († 1160), Sohn eines Bareser Richters und Laie, der die Funktion des Kanzlers seit 1152 begleitete, stieg unter Wilhelm I. zum ersten Mann nach dem König auf.

Die Kanzlei selbst bediente sich noch meist der griechischen Sprache; drei Viertel aller Urkunden Rogers scheinen in Griechisch verfaßt worden zu sein. Das Gewicht des Lateinischen nahm freilich schon jetzt zu, und am Ende des Jahrhunderts hatte es das Griechische aus den normannischen

---

[24] Zur Rota Brühl, Diplomi 58–63 (= ders., Urkunden 69–75), vgl. Enzensberger, Beiträge 77–86; die Stiftungsurkunde für die Palastkapelle: DRo.II.48, ed. Brühl 133–138 (bes. 135,3–136,12); die Aufstellung zweier Porphyrsarkophage in Cefalù: DRo.II.68, ed. Brühl 197–200, über deren Herkunft, Bedeutung und Geschichte: Deér, Porphyry Tombs, bes. 1f., 42–76, 117–125, 146–154, ders., Grab 361–383; vgl. ders., Kaiserornat 11–17, 73f.

Königsurkunden völlig verdrängt. Als dritte Sprache begegnet in den Urkunden Rogers das Arabische, vorwiegend im Zusammenhang mit sogenannten Hörigenlisten (*platee*) und Grenzbeschreibungen. Die Auswertung dieser Texte zeigt einmal, daß dem König ausgezeichnete arabische Sekretäre zur Verfügung standen, denen vermutlich auch der Schriftverkehr mit islamischen Herrschern oblag. Mit Hilfe von Segensformeln und Titeln, die sie aus der hochentwickelten arabischen Diplomatik entlehnten, wußten sie die Erhabenheit und Unnahbarkeit des Königs ganz in Rogers Sinn, aber auf bislang im Westen unerhörte Weise herauszustellen. Vor allem aber bekunden die arabischen Dokumente, daß unter Roger II. wie unter den arabischen Beherrschern Siziliens eine als Dīwān (lateinisch *doana*) bezeichnete Behörde arbeitete, die mit Wirtschafts- und Finanzfragen befaßt war, und zwar vorweg mit der Verwaltung der königlichen Domänen der Insel und der Besteuerung der darauf lebenden Menschen. Dabei handelte es sich um Bauern, zum Teil auch Handwerker oder sogar Kaufleute griechischer, ganz überwiegend jedoch muslimischer Herkunft. Dementsprechend gehörten die als Stratege oder ʿāmil angeredeten Provinzbeamten oder die Zöllner, an die die Anweisungen des Dīwān ins Land hinaus gingen, in der Regel wohl ebenfalls zur arabischen oder griechischen Bevölkerung, und die Behörde benutzte der Zweckmäßigkeit wegen offensichtlich auch die zur Zeit der Araberherrschaft entstandenen Unterlagen weiter.[25]

Auf eine ähnliche Einrichtung konnte Roger in seinem festländischen Reichsteil nicht zurückgreifen. Er betraute dort seine Söhne mit wichtigen Fürstentümern wie dem Herzogtum Apulien oder dem Fürstentum Capua, mußte im übrigen jedoch den großen Städten, Kirchen und Baronen des Landes mannigfache Sonderrechte bestätigen, etwa für den Bereich der Gerichtsbarkeit. Ebenso scheint im Jahre 1144 ein Befehl zur Überprüfung aller königlichen Privilegien nur Sizilien und Kalabrien, nicht aber Apulien oder Kampanien betroffen zu haben. Dennoch gelang es ihm auch in diesen Regionen zunehmend, seinen Einfluß zur Geltung zu bringen. So suchte er etwa die besonders bedeutsame Strafgerichtsbarkeit bei schweren Verbrechen, namentlich bei Majestätsverbrechen, eigens dafür eingesetzten Beamten, den meist aus dem hohen Adel kommenden *iustitiarii*, zu überweisen. Daneben begann er mit der Berufung von *camerarii*, denen die Zivilgerichtsbarkeit und Verwaltungsaufgaben, vor allem die Kronguts- und

---

[25] Über Rogers Kanzler, seine Kanzlei, die Sprache seiner Urkunden Brühl, Diplomi 11–20, 26–44 (= ders., Urkunden 14–25, 33–54), über die arabischen Dokumente und ihre Bedeutung Noth, Documenti, bes. 200–202, 208–222 (= ders., Arabische Dokumente 231–235, 243–261), über das Admiralsamt Ménager, Amiratus 26–59; Caravale, Regno normanno 187–192, Mazzarese Fardella, Aspetti 27–30; vgl. von Falkenhausen, Gruppi etnici 133–156.

Finanzverwaltung, in den anfangs wohl noch nicht allzu fest umrissenen Amtsbezirken zufielen.[26]

Das Streben Rogers II. nach einheitlicher rechtlicher Durchgestaltung seines Reiches kommt wohl am stärksten in jener Sammlung von Gesetzen (Assisen) zum Ausdruck, die er 1140 auf dem Hoftag von Ariano (östlich Benevent) erließ. Wie einst Justinian eröffnete er sein Werk mit einem Vorwort, worin er den neugewonnenen Frieden und die in den zurückliegenden Kämpfen gewahrte Einheit des Regnum Sicilie dem gnädigen göttlichen Eingreifen zuschreibt und seine eigene gesetzgeberische Sorge um die Gerechtigkeit als eine Dankespflicht dem barmherzigen und gerechten Gott gegenüber bezeichnet. Indem er ihr nachkomme, so verkündet er weiter, biete er dem Schöpfer mit der *iustitia* das diesem Angenehmste, diesen selbst wesentlich Bestimmende dar, er vollziehe damit also gewissermaßen das Amt des Priesters. Der derart in die Sphäre der Heiligkeit und Gottesnähe erhobene königliche Legislator läßt dann 44 Konstitutionen folgen, die streng beachtet werden, die bisher geltenden Gewohnheiten und Gesetze allerdings nur dann aufheben sollen, wenn diese ihnen widersprechen. Die neuen Gesetze lehnen sich im übrigen an ältere Rechtsnormen an: Sie folgen überwiegend dem römischen Vorbild des justinianischen Corpus, daneben dem byzantinischen, langobardischen und kanonischen Recht und formulieren nur relativ selten eigenständige Vorstellungen. Inhaltlich fallen die Assisen zum Kirchen-, Ehe- und Strafrecht sowie besonders jene Vorschriften ins Gewicht, die den König, seinen Besitz und seine Berater schützen und zu diesem Zweck den Begriff des unter Todesstrafe stehenden Majestätsverbrechens einführen. Unmißverständlich heißt es hier etwa: „Einem Sakrileg kommt es gleich, die Urteile, Anweisungen, Taten und Entschlüsse des Königs kritisch zu diskutieren oder darüber, ob derjenige würdig sei, den der König auswählt oder bestimmt."[27] Ob die königlichen Gesetze im ganzen Königreich gleichermaßen praktische Beachtung fanden, muß freilich offen bleiben.

---

[26] Jamison, Norman Administration 265–268, 270–281, 302–408; vgl. außerdem Brühl, Diplomi 44f. (= ders., Urkunden 54f.), Mazzarese Fardella, Problemi 41–45, Caravale, Regno normanno 221–244, Kamp, Episkopat 99–132, Martin, Communautés 73–98, Scheffer-Boichorst, Vorbilder 245f.

[27] *Est enim par sacrilegio disputare de eius (sc. regis) iudiciis, institutionibus, factis atque consiliis, et an is dignus sit, quem rex elegerit aut decernit*, Assisen von Ariano XVII 1, ed. Monti 320, das Vorwort 309f., vgl. I, 311 und zum Majestätsverbrechen bes. XVIII 1–4, 321f., siehe dazu Schminck 28–79; zu Erlaß, Inhalt und Quellen der Assisen Niese, Gesetzgebung, bes. 37–100, Dilcher, Sizilische Gesetzgebung 13–16, 790–792, Zecchino, Assise, bes. 125–188. Zur These von Ménager, Législation 462–496, wonach der vorliegende Assisentext erst 1230 rekonstruiert wurde, vgl. die einleuchtenden Gegenargumente von Dilcher 791f. und Zecchino 32–46, 81–103.

Recht und Gesetzgebung gewannen im 12. Jahrhundert auch außerhalb des Regnum Sicilie eine neue Bedeutung. Schon seit dem Beginn des Jahrhunderts blühte in Bologna die berühmte Rechtsschule, die Studenten aus ganz Europa anzog. Die Bologneser Lehrer entwickelten neue Methoden zur wissenschaftlichen Bearbeitung des römischen Rechts und verbreiteten ihre Ergebnisse im Unterricht und in einer ständig steigenden Zahl von Veröffentlichungen. Als Gratian um 1140 in Bologna mit seinem Dekret eine den modernen Bedürfnissen entsprechende Sammlung des kirchenrechtlichen Materials herausbrachte, wandte sich das wissenschaftliche Interesse sofort auch diesen Texten zu. Zugleich wuchs der Einfluß der Juristen auf die Praxis der Politik, der Verwaltung und des Rechtslebens. Sie begannen, städtische Ämter zu übernehmen, oder berieten Fürsten wie jene Bologneser Professoren, die uns 1158 zu Roncaglia in der Umgebung Friedrich Barbarossas begegneten.

Dieses zunehmende Ansehen und Gewicht von Recht und Gesetz spiegelte sich bald auch in den zeitgenössischen Theorien über die vorbildliche Ordnung des Gemeinwesens wider. So sprach Johannes von Salisbury (1110/1120–1180), damals der führende Denker auf diesem Gebiet, zeitweise Sekretär des Erzbischofs von Canterbury und am Ende seines Lebens Bischof von Chartres, im Jahre 1159 die Überzeugung aus, der Herrscher verdiene seine überragende Würde als Haupt der *res publica*, als Diener Gottes und Abbild der göttlichen Majestät nur dann, wenn er sich ganz der göttlichen Gerechtigkeit unterordne, ihren Willen zu dem seinen mache und gewissermaßen als ihr Sklave, als ein Diener der *iustitia*, wie einst Justinian durch seine allerheiligsten Gesetze die Welt zum Tempel der Gerechtigkeit zu bilden trachte.[28] Vielleicht weniger in solch hehrer Absicht, sondern eher um die im Investiturstreit geschmälerte Autorität der weltlichen Gewalt dadurch zu festigen, hatten sich schon zuvor in der Tat etwa die deutschen Kaiser seit Heinrich IV. wieder der Legislative als ihrer ureigensten Aufgabe zugewandt und einzelne Landfriedens- und Lehnsgesetze erlassen. Erst Roger II. indessen schuf mit dem Corpus der Assisen von Ariano wirklich etwas der gesetzgeberischen Tätigkeit der Karolinger Vergleichbares, erst er suchte die Möglichkeiten, die sich auf diesem Felde zur grundsätzlichen Legitimierung seiner Herrscherstellung, zur Begründung der eigenen Unabhängigkeit und Gottesnähe wie zur praktischen Durchsetzung konkreter Regelungen gegenüber seinen Untertanen boten, ganz bewußt und in großem Stile zu nutzen.

---

[28] Vgl. bes. Johannes von Salisbury, Policraticus IV 1f., ed. Webb 235–239, IV 6, 252f., dazu Stürner, Peccatum 144–150; zu Bologna und zum Recht allgemein Coing, Handbuch 39–90, Otte, Rechtswissenschaft 123–142, vgl. Kuttner, Revival 299–323, Nörr, Foundations 324–338.

Roger und die Wissenschaft seiner Zeit. Bilanz seiner Herrschaft

Noch einer ganz anderen wichtigen Grundtendenz seiner Zeit stand Roger II. in ähnlicher Weise, als Geprägter wie aktiv Fördernder nahe: Er teilte mit ihr das Interesse an der sichtbaren Natur und den ihr innewohnenden Gesetzen, an den greifbaren Dingen und ihren Eigenschaften. Die Neugierde für diesen Wissenszweig erwachte im Abendland um die Wende zum 12. Jahrhundert. Intensiv und erfolgreich betrieben wurde sein Studium über die erste Jahrhunderthälfte hinaus vor allem von einem Kreis gelehrter Geistlicher, den man als Schule von Chartres zu bezeichnen pflegt, weil die meisten seiner Mitglieder an der Domschule von Chartres lehrten oder doch lernten; im übrigen bestanden enge Verbindungen zu anderen Schulzentren, insbesondere zu Paris. Ein wichtiges Anliegen dieser Gruppe war es, die Aussagen des biblischen Schöpfungsberichtes mit der Naturphilosophie der Antike zu verbinden, die man aus Platons Timaios, dem Timaios-Kommentar des Calcidius oder etwa aus dem Werk des Boethius kannte. Außerdem verbesserte sich der Zugang des lateinischen Abendlandes zur griechischen Philosophie, Naturwissenschaft und Medizin gerade damals ständig dank der emsigen Tätigkeit von Übersetzerzentren in Italien, in Südfrankreich und Spanien, allen voran Toledo, deren Übertragungsarbeit allerdings meist arabische Fassungen der griechischen Quellen zugrunde lagen.

Besondere Bedeutung gewann für Chartres die antike Elementenlehre, nach der sich alles wahrnehmbare Sein aus den vier Elementen Feuer, Luft, Wasser und Erde zusammensetzt. Die diesen Basisstoffen innewohnenden Qualitäten deutete man in Chartres als jene Kräfte, die schon während der Schöpfung die Entstehung der sichtbaren Welt bewirkt hatten und, nach festen, der menschlichen Ratio zugänglichen Prinzipien wirkend, auch alle Bewegung und Veränderung in der geschaffenen Natur, sogar im Menschen selbst, hervorriefen. Natürlich mußten sich die Vertreter solcher Vorstellungen immer wieder gegen den Vorwurf wehren, sie mißachteten oder schmälerten doch die Wirksamkeit und Allmacht Gottes. Gottes Größe, so hielt etwa Wilhelm von Conches († 1154), einer der größten Naturphilosophen der Zeit, seinen Kritikern entgegen, werde durch seine und seiner Kollegen Erkenntnisse eher noch deutlicher, habe Gott doch den geschaffenen Dingen jene Natur geschenkt, deren Wesensmerkmale und Gesetze die Wissenschaft erforsche.[29]

Im Bereich des Regnum Sicilie läßt sich eine verstärkte Hinwendung zur

---

[29] Wilhelm von Conches, Glosae 52, ed. Jeauneau 122, vgl. ders., Philosophia mundi I 23, PL 172, 56 AB, dazu Stürner, Natur 36–42, zur Schule von Chartres sowie zur Naturwissenschaft der Zeit ebd. 20–65, Southern, Schools 113–137, Schipperges, Chartres 1753–1759, vgl. d'Alverny, Translations 434–459.

Naturwissenschaft und vor allem zur Medizin am frühesten in Salerno beobachten. Schon in der zweiten Hälfte des 11. Jahrhunderts hatte Constantinus Africanus († 1085), ein hochgebildeter Arzt nordafrikanischer, aber vielleicht christlicher Herkunft, im Kloster Montecassino eine Reihe wichtiger medizinischer Handbücher aus dem Arabischen ins Lateinische übersetzt und so dem Abendland als einer der ersten überhaupt das Wissen der arabischen und damit indirekt der griechischen Medizin vermittelt, vor allem jedoch die Voraussetzung für den Aufstieg der Salernitaner Medizinschule geschaffen. Deren Ärzte genossen im ganzen 12. Jahrhundert weithin einen hervorragenden Ruf. Gerade die führenden unter ihnen veröffentlichten nicht nur eine Fülle von Traktaten zu Problemen der medizinischen Praxis, sondern befaßten sich durchaus auch mit naturphilosophischen Fragen. So suchte Urso († um 1200), der vielleicht bedeutendste Vertreter der Schule, den auch der eingangs erwähnte Dichter Petrus von Eboli rühmend erwähnt, in umfangreichen Abhandlungen sogar den natürlichen Rhythmus komplizierter Lebensvorgänge – die jährlich wiederkehrende Baumblüte etwa oder die Regelmäßigkeit, mit der einzelne Vogelarten ihre Eier legen – mit Hilfe einer verfeinerten Elementenlehre zu erklären und anhand von Tabellen geradezu als rechnerisch erfaßbaren Ablauf verständlich zu machen. Ähnlich kühn hatte wohl keiner vor ihm die in Chartres erarbeiteten Grundlagen der Naturerkenntnis weiterentwickelt.[30]

Roger II. besaß offenbar eine echte Neigung und Begabung für den neuartigen, gewissermaßen rationalen Umgang der zeitgenössischen Wissenschaft mit der Natur. Er scheint sich einige wissenschaftliche Kenntnisse angeeignet und den Städten und Landschaften seines Königreiches ungewöhnlich viel Zeit und Aufmerksamkeit gewidmet zu haben in dem Bestreben, ihre Maße und Eigentümlichkeiten möglichst genau und vollständig zu erfassen. Vor allem zog er fähige Gelehrte an seinen Hof und förderte sie. Zu ihnen gehörte beispielsweise wohl Henricus Aristippus († 1162), der sich als Astronom wie als Übersetzer hervortat und Werke der griechischen Philosophen, Dialoge Platons oder Teile der aristotelischen Meteorika, unmittelbar aus der Originalsprache ins Lateinische zu übertragen vermochte. Er wirkte vermutlich als Erzieher des Thronfolgers Wilhelm und stieg unter diesem zum Archidiakon von Catania und in höchste Regierungsämter auf. Der besondere Liebling König Rogers jedoch war ohne Zweifel der große arabische Geograph Al-Idrīsī († 1165), der in königlichem Auftrag fünfzehn Jahre lang das damals zugängliche Wissen über die Beschaffenheit der Länder und Weltteile sammelte und seine Ergebnisse in einem Buch zur

---

[30] Stürner, Natur 48–55, 190–195, d'Alverny, Translations 422–426; zu Constantinus: Hettinger, Lebensgeschichte 517–529.

vielleicht bedeutendsten mittelalterlichen Leistung auf dem Felde der Geographie zusammenfaßte.[31]

Roger war es gelungen, die normannischen Eroberungen in Unteritalien und Sizilien zu einem Königreich zu fügen, dessen Einheit er gegen alle seine Widersacher zu behaupten vermochte und dessen Anerkennung er zeitweise auch dem Papsttum abtrotzte. Den inneren Zusammenhalt seiner Staatsschöpfung förderte er durch eine Regierungspraxis, die die unterschiedlichen Völkerschaften seines Reiches, Araber wie Griechen, Normannen wie Langobarden, gleichermaßen heranzog, sich ihrer Erfahrungen und Fähigkeiten gleicherweise bediente, sei es im Heerwesen oder in der Verwaltung, auf künstlerischem oder wissenschaftlichem Gebiet. So läßt sich vieles, was sein herrscherliches Handeln auszeichnet, auch anderswo nachweisen. In der Betonung seiner Gottesunmittelbarkeit ahmte er die byzantinischen Kaiser nach, bei seinen Bemühungen um eine zentrale Reichsverwaltung, die er wie andere Normannenherrscher zweifellos mit besonderem persönlichen Geschick betrieb, stützte er sich doch wesentlich auf griechische und vor allem arabische Helfer, seine Gesetzgebung oder seine Neigung zur Naturwissenschaft entsprachen Tendenzen, die das Abendland im 12. Jahrhundert ganz allgemein prägten. Wenn seine Person und sein Reich dennoch schon zu seinen Lebzeiten aufmerksame Beachtung fanden, Neid und Bewunderung hervorriefen, so mag dies an der Offenheit liegen, mit der Roger den gerade ihm zu Gebote stehenden vielfältigen Anregungen, Einrichtungen und Zeitströmungen begegnete, an der Sicherheit, mit der er ihren Wert für seine Absichten erkannte, und an der Klugheit und Energie, mit der er diese Fülle zu einem glanzvollen, für das Abendland zugleich immer auch fremden Ganzen zu verbinden strebte.

Manches indessen blieb unvollendet. Im Innern des Königreiches bewahrten eine Reihe von Bewohnern, Adlige etwa oder die Bürger mächtiger Städte, zäh ihre Sonderrechte. Das gilt zumal für Unteritalien, wo sich die königliche Verwaltung erst in Anfängen auszubilden begann. In Sizilien zeigte sich am Ende von Rogers Regierung schon deutlicher die Gefahr von Gegensätzen zwischen der durch Zuwanderung ständig wachsenden christlichen und der islamisch-arabischen Bevölkerung. Die Päpste verweigerten seit Jahren die Belehnung Rogers und damit die formelle Anerkennung seiner Königswürde, und der deutsche wie der byzantinische Kaiser betrachteten ihn noch immer als einen Usurpator, einen durch nichts als Gewalt legitimierten Eindringling in ihr Imperium. Rogers Nachfolgern glückte die

---

[31] Amari, Storia 3,460–471, 677–704, Haskins, Studies 155–190, Gabrieli, Storia 188, 201–203, 205–208; Jamison, Eugenius XVII–XXI, vgl. Minio-Paluello, Henri Aristippe 62–74, Ménager, Amiratus 56–59.

Die Nachfolger: Wilhelm I. und Wilhelm II.

Rogers Sohn Wilhelm I. reizte den nie wirklich mit dem Königtum versöhnten Adel des Festlandes sofort durch seine Bevorzugung Maios von Bari und der Verwaltungsfachleute um ihn zum Widerstand. Die Barone setzten ihre Hoffnung zunächst auf Friedrich Barbarossa. Als dieser jedoch nach seiner Kaiserkrönung 1155 nicht gegen das Normannenreich, sondern zurück nach Deutschland marschierte, verbündeten sie sich mit Kaiser Manuel I. Komnenos, dessen Flotte eben damals an der apulischen Küste erschien. Mit Hilfe der Aufständischen im Lande selbst brachten die byzantinischen Truppen rasch fast ganz Apulien in ihre Hand. Sie vermochten ihre Eroberungen freilich nicht lange zu halten. Bereits im Mai 1156 gelang es Wilhelm, die Griechen wieder zu vertreiben und die adligen Aufrührer hart zu bestrafen.

Als besonderen Erfolg aber konnte er seine Übereinkunft mit dem Papst verbuchen. Hadrian IV. hatte in Wilhelms Schwäche eine willkommene Gelegenheit erkannt, doch noch die lange erstrebte Neuordnung des Südens im päpstlichen Sinne zu erzwingen. An der Spitze eines Heeres war er durch Kampanien gezogen und schließlich, überall seine Rechte als Oberlehnsherr praktizierend, nach Benevent gelangt. Unvermutet sah er sich dort nun völlig isoliert dem siegreichen Normannenkönig gegenüber und, wie Innozenz II. vor ihm, zum Einlenken genötigt: Noch im Juni 1156 kam es zum Abschluß eines Vertrages. Darin anerkannte das Papsttum endgültig die Existenz des normannischen Königreiches Sizilien in seinem vollen territorialen Umfang, einschließlich der umstrittenen Eroberungen in den Abruzzen und den Marken. Es gestand dem sizilischen König das Recht zu, frei seine Erben zu bestimmen; diese mußten umgekehrt allerdings, wie Wilhelm I. selbst, dem Papst als ihrem Lehnsherrn Treueid und Hominium leisten. Während sich Wilhelm die Vorteile des Legationsprivilegs Rogers I. für die Insel Sizilien weiterhin sicherte, räumte er der römischen Kirche die Möglichkeit ein, in den festländischen Reichsteil Legaten zu entsenden, dort Konzilien abzuhalten, von dort Geistliche vorzuladen und Appellationen anzunehmen. Dagegen sollten im ganzen Reich kirchliche Ämter erst besetzt werden dürfen, wenn der König dem geheim gewählten Kandidaten seine Zustimmung erteilt hatte.

Wilhelm I. und nach ihm sein Sohn Wilhelm II. bauten auf der in Benevent geschaffenen Grundlage ihren Einfluß auf die Kirche ihres Landes zielstrebig aus. Sie kontrollierten die kirchlichen Wahlen, ließen Streitigkeiten zwischen geistlichen Parteien vor ihrem Gericht behandeln und legten trotz päpstlicher Proteste ihre Hand auf die Einkünfte der zuweilen absichtlich vakant gehaltenen Bistümer. Andererseits fiel der Geistlichkeit eine bedeutsame und offenbar gerne wahrgenommene Rolle am Hof zu.[32]

Der Vertrag von Benevent legitimierte nicht nur Wilhelms Königtum und stärkte seine Stellung der sizilischen Kirche gegenüber, er machte ihn auch zu einem wichtigen Verbündeten des Papsttums und der oberitalienischen Städte in ihrem Kampf gegen Kaiser Friedrich Barbarossa. Diese Festlegung der sizilischen Politik trug freilich mit dazu bei, daß die Besitzungen in Nordafrika, in denen im Zusammenhang mit dem Baronenaufstand von 1155/56 ebenfalls lang anhaltende Unruhen ausgebrochen waren, schließlich anfangs 1160 nach nur halbherzigen Gegenaktionen völlig verloren gingen. Vor allem jedoch erregte die in jenen Jahren immer deutlicher zutage tretende Allmacht Maios von Bari erneut und verstärkt den Widerwillen des Adels und nun auch der Städte, wieder vorwiegend des Festlandes. Der Haß gegen den Admiral der Admirale und seine Günstlinge – Beamte, Geistliche oder Eunuchen aus dem Hofdienst – entlud sich in mehreren Aufständen und Verschwörungen zwischen 1160 und 1162. In deren Verlauf wurde der königliche Palast in Palermo erstürmt, die Schatzkammer geplündert, Maio wie auch der älteste Sohn des Königs ermordet und Wilhelm selbst zeitweise gefangengenommen. Gleichzeitig kam es, zum ersten Mal in der Geschichte des Königreiches, zu schweren Ausschreitungen gegen die arabische Bevölkerung Siziliens, vorweg gegen die Muslime am königlichen Hof – die Zeit des friedlichen Miteinanders der unterschiedlichen Völker und Religionen ging offenkundig zu Ende. Wilhelm rettete Leben und Herrschaft zunächst nur dank der Unterstützung einiger hoher Geistlicher wie des Erzbischofes Romuald von Salerno, warf dann jedoch alle Widerstände auf der Insel wie auf dem Festland grausam nieder und belegte die rebellierenden Städte mit hohen Strafgeldern.

Wenig später, im Jahre 1166, stürzte Wilhelms früher und überraschender Tod das normannische Königtum in eine neue Bewährungsprobe. Für den zwölfjährigen Thronfolger Wilhelm II. übernahm zunächst dessen Mutter Margarethe († 1183) die Regentschaft. Sie stützte sich auf persönliche Vertraute, insbesondere auf ihren Vetter Stephan von Perche, und beschwor damit schnell die Feindschaft des Adels, der Prälaten und hoher Beamter herauf; Intrigen, Mordanschläge und Aufruhr zwangen Stephan bereits

---

[32] Zur Regierung Wilhelms I. und Wilhelms II. siehe Chalandon, Histoire 2, 167–418, Tramontana, Monarchia 181–212, Norwich, Normannen 155–319, zum Vertrag von Benevent und zur Kirchenpolitik der Könige außerdem Deér, Papsttum 246–254, 258–260, Pacaut, Papauté 31–61, Enzensberger, Wilhelm 396–432, zur Beurteilung der beiden Wilhelme durch die mittelalterlichen Geschichtsschreiber ebd. 386–396; Text des Vertrags von Benevent: MGH Const. 1, 588–591, Nr. 413f.

1168, Sizilien wieder zu verlassen. Die Regierung fiel an einen Familiarenrat, sie lag tatsächlich jedoch bald bei Matthaeus von Aiello († 1193), einem aus Salerno stammenden Notar, der als Maios Mitarbeiter in der königlichen Verwaltung Karriere gemacht hatte und jetzt Vizekanzler wurde, sowie bei Walter, dem schon bisher als Dekan von Agrigent, Kanoniker in Palermo und Erzieher Wilhelms II. recht einflußreichen neuen Erzbischof von Palermo († 1190). Beide blieben auch die maßgebenden Männer am Hofe, als Wilhelm II. 1171 mit achtzehn Jahren die Herrschaft selbst auszuüben begann.[33]

Wilhelm II. unterstützte zunächst, wie sein Vater, den Papst Alexander III. in seiner Auseinandersetzung mit Kaiser Friedrich I. Nach deren Friedensschluß in Venedig (1177) trat dann aber seine Absicht immer stärker in den Vordergrund, den Kampf mit dem zunehmend gelähmten byzantinischen Kaiserreich wieder aufzunehmen und als machtvoller Beschützer des Heiligen Landes Ruhm zu erwerben. Der Realisierung dieser Pläne und zugleich der Sicherung der Herrschaft seiner Dynastie in Sizilien über seinen Tod hinaus sollte wohl – wie wir schon sahen (oben S. 14f.) – seine Annäherung an das staufische Kaiserhaus dienen, die 1184 zur Verlobung, 1186 zur Heirat seiner Tante Konstanze, der Erbin seiner Königswürde im Falle seiner Kinderlosigkeit, mit Friedrichs Sohn und Nachfolger, König Heinrich, führte. Wilhelms Vorstoß gegen die Griechen begann 1185 zu Land und zur See durchaus erfolgreich, zeitweilig schien sogar die Einnahme der Hauptstadt Konstantinopel möglich; eine Niederlage ließ das Unternehmen dann aber rasch zusammenbrechen. Dennoch verfolgte der König seine Ziele im östlichen Mittelmeer hartnäckig weiter. Noch bevor die Ritterschaft Westeuropas nach dem Fall Jerusalems (1187) zum dritten Kreuzzug aufbrach, leistete seine Flotte den noch übrig gebliebenen christlichen Stützpunkten im Heiligen Land wertvolle Hilfe in ihrem Existenzkampf gegen den Sultan Saladin.

In den fünfunddreißig Jahren zwischen dem Tod Rogers II. und dem seines Enkels, Wilhelms II., festigten die Könige nicht nur ihre Kirchenherrschaft, sie entwickelten auch die Verwaltung des Reiches auf den bewährten Grundlagen weiter und sicherten sich so vor allem einen wertvollen Anteil an der Wirtschaftskraft ihres Landes. Auf dem Festland lassen sich jetzt größere Verwaltungseinheiten oder Provinzen wie die Fürstentümer Salerno und Capua, Apulien, die Capitanata und Kalabrien erkennen, in denen Justitiare für die Strafgerichts-, Kämmerer für die Zivilgerichtsbarkeit, daneben für die Verwaltung der Krongüter und die Kontrolle der Lehnsleute des Königs zuständig waren. Diese königlichen Beamten stammten in der

---

[33] Zu ihnen siehe Kamp, Kirche 1, 1112–1119, 425–428, vgl. Schadek, Familiaren 211–216, sowie Tramontana, Gestione 79–101, d'Alessandro, Corona 63–77.

Regel aus dem Adel, die Kämmerer vielfach aus der niederen, langobardischen Nobilität; es begegnen jedoch auch griechische Kämmerer. Den Kämmerern unterstanden auf lokaler Ebene die meist aus der städtischen Führungsschicht kommenden Baiuli, die mit einer Reihe spezialisierter Helfer die vielfältigen Abgaben und Zölle, die Einkünfte der Domänen und die Gerichtsgebühren einzogen und mit ihren Richtern die unterste Gerichtsinstanz bildeten.

Die zentrale Doana zu Palermo (auch *magnum secretum* genannt), der wie zur Zeit der Araber und Rogers II. die Wirtschafts- und Finanzverwaltung der Insel Sizilien oblag, erhielt wohl unter Wilhelm II. eine zweite Abteilung, die die Tätigkeit der festländischen Kämmerer lenkte und überwachte. An der Spitze der solcherart erweiterten Behörde standen zwei oder drei *magistri camerarii*, wie ihre Mitarbeiter meist Fachleute arabischer, griechischer und zunehmend lombardischer Herkunft. Dazu kam die vorzüglich organisierte lateinische Kanzlei. Als oberster Gerichtshof für die Südhälfte des Königreiches (Sizilien und Kalabrien) wirkte die *magna curia*, zu der meist drei *magistri iustitiarii* gehörten, noch vorwiegend Adlige, oft ehemalige Justitiare, aber auch schon städtische Richter. Die höchste richterliche Gewalt auf dem Festland hingegen lag in den Händen des *magister iustitiarius totius Apulie et Terre Laboris*.

Sieht man einmal von besonders bedrohlichen Situationen oder einzelnen Lieblingsprojekten ab, wie etwa dem Bau des Klosters Monreale (seit 1174) oder dem Krieg gegen Byzanz, so neigten Wilhelm I. und sein Sohn dazu, die Leitung der Regierungsgeschäfte dem Familiarenkreis von hohen Geistlichen, Adligen und Beamten bzw. einzelnen herausragenden Vertrauten zu überlassen. Zu verführerisch lockte sie das orientalisch-luxuriöse Leben des Palastes mit seinen erlesenen Genüssen, dem Heer der Hofbeamten, der Garden und der Dienerschaft unterschiedlichster Rasse und Stellung, dem Harem, den Werkstätten der Seidenweber und Goldschmiede, nicht zu reden von der angenehmen Abwechslung und Bereicherung der sommerlichen Ausflüge zu den königlichen Schlössern rund um Palermo, deren Zahl sie selbst durch glanzvolle Bauten wie La Cuba oder La Zisa noch vergrößerten und in deren Umgebung prächtig gepflegte Gärten und weite Parkanlagen mit Tiergehegen, Pavillons, künstlichen Seen und Inseln jede erdenkliche Kurzweil boten.[34]

---

[34] Caravale, Regno normanno 110–168, 191–217, 244–283, Mazzarese Fardella, Aspetti 30–43, Jamison, Norman Administration 268–270, 282–408, Girgensohn-Kamp, Urkunden Patti 57–59, Kamp, Kämmerer 43–45, 48–54, vgl. Chalandon, Histoire 2, 611–742, Enzensberger, Beiträge 53–68, 101–106, ders., Documento 103–108; einen aufschlußreichen Einblick in die Praxis der Rechtsprechung in den letzten Regierungsjahren Wilhelms II. gibt Girgensohn, Schwierigkeit 415–424. Zur

Heinrichs VI. Kampf um das sizilische Regnum

Als König Wilhelm II. am 18. November 1189 ohne Kinder verschied, hätte sein Reich nach Erbrecht und seinem Willen gemäß an seine Tante Konstanze, die letzte legitime Angehörige des Herrscherhauses, und ihren Gemahl, den Staufer Heinrich VI. fallen müssen. Ihre Nachfolge war wohl in den Heiratsvereinbarungen vom Herbst 1184 eigens festgelegt und außerdem vom sizilischen Adel beschworen worden. Sogar der Papst hatte sie noch kürzlich wenigstens indirekt anerkannt. Im Zusammenhang mit dem Treueid, den Wilhelm erst 1188 vor dem päpstlichen Legaten für sein Königreich ablegte, hatte Clemens III. (1187–1191) auf entsprechende Nachfrage aus Palermo festgestellt, auch von den Erben des Königs werde die Leistung von Hominium und Treueid gefordert. Freilich genüge ein einmaliger Schwur von ihrer Seite, den sie also nicht jedem neuen Papst zu wiederholen brauchten. Im übrigen könne ihnen sogar, unbeschadet ihrer Treuepflicht, das Hominium durch den apostolischen Stuhl erlassen werden. Clemens suchte ganz offenkundig, im Blick auf die zu erwartende Nachfolge Konstanzes und Heinrichs deren künftige Verpflichtungen dem päpstlichen Lehnsherrn gegenüber deutlich zu machen, und war gleichzeitig bereit, alle jene Akte, die ihre lehnsrechtliche Unterordnung nach außen hin dokumentierten, mit Rücksicht auf Heinrichs Stellung zu reduzieren.[35]

Die Entwicklung in Sizilien ging zunächst jedoch über die Ansprüche Konstanzes und ihres Gatten hinweg. Mit dem Tod Wilhelms traten die schon länger bestehenden Spannungen am Palermitaner Hof, vor allem die aus politischen Meinungsverschiedenheiten wie persönlicher Feindschaft herrührenden Gegensätze zwischen Erzbischof Walter von Palermo und Vizekanzler Matthaeus von Aiello mit neuer Heftigkeit zutage. Matthaeus fürchtete wohl, die Herrschaftsübernahme durch Konstanze werde die Position Walters, des Förderers ihrer Heirat mit Heinrich, noch weiter stärken. Um beides zu verhindern, stellte er sich an die Spitze aller derjenigen, die sich, wie zu Zeiten Stephans von Perche gegen den überhandnehmenden französischen Einfluß, nun gegen die drohende deutsche Vorherrschaft und gegen die Auflösung des selbständigen sizilischen Königreiches im staufischen Imperium wandten, und betrieb entschlossen die Kandidatur des Grafen Tankred von Lecce. Tankred, ein illegitimer Enkel Rogers II., der sich am Aufstand gegen seinen Onkel Wilhelm I. beteiligt, später aber Verzeihung erlangt und hohe militärische Stellungen innegehabt hatte, eilte daraufhin nach Palermo, wurde am 8. Dezember 1189 zum König gewählt und,

---

Kunst siehe Krönig, Significato 291–310, Calò Mariani, Fenomeni 215–227, Scerrato, Arte 307–342, 359–398.
[35] Siehe dazu Baaken, Unio 267–270, Deér, Papsttum 253–255.

nachdem die Zustimmung des Papstes vorlag, am 18. Januar 1190 gekrönt. Wie seine Anhänger fühlte er sich augenscheinlich nicht mehr an die wohl einst auch von ihm beschworene Nachfolgeregelung Wilhelms II. gebunden, und Clemens III. nützte sofort die sich mit dem Auftreten Tankreds bietende, kaum mehr erwartete Gelegenheit, doch noch die unerwünschte Vereinigung von Regnum und Imperium in staufischer Hand zu verhindern.

Der neue König stand allerdings von Anfang an vor erheblichen Problemen. In Sizilien kam es wieder zu gewaltsamen Auseinandersetzungen der christlichen mit der schon seit längerem zurückgesetzten muslimischen Bevölkerung. Deren Führer verschanzten sich in den Bergen im Innern der Insel und wurden nur mühsam bezwungen. Vor allem aber bereitete der Adel Schwierigkeiten. Unter den Grafen und Baronen herrschte tiefe Uneinigkeit über das künftige Schicksal des Reiches. Jeder von ihnen suchte aus der unklaren Situation möglichst große persönliche Vorteile zu ziehen, und mancher dachte daran, für sich selbst die Königswürde zu erstreben. Das galt, wie zu erwarten, in besonderem Maße für das Festland, wo Graf Roger von Andria, ein mächtiger, gleichfalls in leitenden Ämtern bewährter Mann, den Widerstand gegen Tankred organisierte, bald unterstützt von einem Truppenkontingent Heinrichs VI. Erst großzügige Zahlungen aus der Palermitaner Schatzkammer an die Schwankenden, Privilegien für die großen unteritalienischen Städte und ihre Führer sowie der energische militärische Einsatz Richards von Acerra, des Schwagers Tankreds, gegen die Aufrührer verschafften Tankred auch hier eine gewisse Anerkennung.[36]

Heinrich VI., der wohl Anfang Januar 1190 vom Tode Wilhelms II. erfuhr, war zwar fest entschlossen, seine und Konstanzes Rechte auf Sizilien durchzusetzen, zunächst jedoch nur zu unzureichender militärischer Hilfe für Tankreds Gegner imstande. Andere, dringendere Aufgaben hielten ihn ab. 1165 geboren, schon vier Jahre später in Aachen zum König gekrönt und seit Mitte der achtziger Jahre, vorwiegend in Italien, selbständig mit der Reichsverwaltung befaßt, hatte er beim Aufbruch seines Vaters, Friedrichs I., zum

---

[36] Über die Ereignisse nach dem Tod Wilhelms II. siehe vor allem Annales Casinenses, ad 1189–1190, MGH SS 19, 314, Richard von S. Germano, ad 1190, ed. Garufi 8–10, die die Eigensucht des Adels herausstellen, sowie Petrus von Eboli, Liber I 2–7, vv. 35–199, ed. Rota 11–32, wo unter anderem auch die Furcht vor der *Teutonica rabies* erwähnt wird (I 5, vv. 120–123, S. 23), diese bezeugt sehr deutlich die Epistola ad Petrum, ed. Siragusa, bes. 171–174; die päpstliche Zustimmung zu Tankreds Erhebung erwähnt neben Richard und den Annales Casinenses auch Arnold von Lübeck V 5, MGH SS rer. Germ. 14, 151 f. (zu Autor und Werk: Hucker, Chronik 98–119); vgl. dazu und zum Folgenden Chalandon, Histoire 2, 419–491, Tramontana, Monarchia 212–220, Norwich, Normannen 320–351, Zielinski, Tancredi diplomata XV–XXVIII, zur Kanzlei Tankreds auch ders., Urkunden 433–458, 475–477, zur Erhebung Tankreds Clementi, Circumstances 57–80, Tramontana, Ceti 157–163.

Kreuzzug im Mai 1189 die Regentschaft im Reich übernommen. Kurz darauf kehrte Heinrich der Löwe unter Bruch seines Eides aus der Verbannung nach Deutschland zurück und begann in der Abwesenheit des Kaisers erfolgreich, seine frühere Machtstellung in Sachsen wieder aufzubauen. Der König sah sich genötigt, dem Welfen an der Spitze eines Reichsaufgebots entgegenzutreten. Die Kämpfe zogen sich hin, erst im Juli 1190 gelang ein friedlicher Ausgleich.

Wohl während des Herbstes traf dann die Nachricht vom Tod des Kaisers am deutschen Hofe ein und zwang Heinrich, seinen Italienzug erneut hinauszuschieben. Im Januar 1191 brach er schließlich auf. Sein erstes Ziel war Rom. Einer Vereinbarung gemäß, zu der sich Clemens III. unmittelbar vor Beginn des Kreuzzuges bereitgefunden hatte, krönte ihn dort der neue Papst Coelestin III. (1191–1198) am 15. April, einen Tag nach seiner eigenen Inthronisierung, zum Kaiser und Konstanze zur Kaiserin. Unmittelbar danach marschierte das kaiserliche Heer trotz päpstlichen Widerspruches nach dem Süden weiter und überschritt die Grenze des Regnum Sicilie.[37] In seiner ersten auf dessen Boden ausgestellten Urkunde betonte Heinrich, sicher in bewußter Reaktion auf die päpstlichen Vorhaltungen und Proteste, die zweifache Legitimation seines Vorgehens: Das Königreich Sizilien und Apulien gehöre sowohl nach altem Reichsrecht wie aufgrund der Erbschaft seiner Gemahlin Konstanze zum Imperium.[38]

Inzwischen hatte Tankred seine Position weiter aufzuwerten vermocht. Auf ihrer Fahrt ins Heilige Land verbrachten nämlich König Philipp II. Augustus von Frankreich (1180–1223) und Richard Löwenherz (1189–1199), der englische König, den Winter 1190/91 in Messina, und der letztere schloß

---

[37] *Tunc Imperator ipse regnum intrat mense Madii, papa prohibente et contradicente*, Richard von S. Germano, ad 1191, ed. Garufi 12, vgl. Arnold von Lübeck V 5, MGH SS rer. Germ. 14, 152, Annales Casinenses, ad 1191, MGH SS 19, 314; zu Heinrich VI. siehe Beumann, Reich 362–366, Jordan, Investiturstreit 413–422, ders., Heinrich der Löwe 219–232, Haverkamp, Aufbruch 208–211, ders., Italien 600–605, Engels, Staufer 107–119, Fuhrmann 199–206, vgl. Seltmann, Heinrich VI., zusammenfassend 69f., 110f., 193–197, 271–277, Csendes, Kanzlei 161–327.

[38] *(Regnum Siciliae et Apuliae) ... tum antiquo iure imperii tum ex hereditate illustris consortis nostrae Constantiae Romanorum imperatricis augustae ad imperium deveniatur*, RI IV 3, Nr. 152 (Acerra, 21.5.1191). Zur Bedeutung beider Rechtsgrundlagen siehe Baaken, Unio 272–295, Deér, Papsttum 37–50, Tabacco, Impero 13–33, Zerbi, Papato 49–61, 70f.; ob Heinrich VI. „sich immer strikt geweigert (hat), das regnum Siciliae zu Lehen zu nehmen" (Baaken, 291, vgl. Zerbi, 56; vorsichtiger Tabacco, 32, vgl. 20 mit Anm. 22, der die Weigerung «forse al principio del 1197» datiert), sollte vielleicht trotz seines Hinweises auf das *ius imperii* offen bleiben, scheint es doch, als ob er dazu wenigstens zunächst von päpstlicher Seite auch gar keine Gelegenheit erhielt, weil diese sich nicht klar auf ihn festlegen wollte.

nach heftigem Streit um die Ansprüche seiner Schwester Johanna, der Witwe Wilhelms II., und nach blutigen Auseinandersetzungen mit der Bevölkerung Messinas ein Abkommen mit Tankred, das ihm und seiner Schwester erhebliche Entschädigungszahlungen einbrachte, ihn andererseits zur Unterstützung seines Vertragspartners während seines Aufenthalts in dessen Reich verpflichtete. Neben das 1187 geschlossene staufisch-kapetingische Bündnis, von dem sich Philipp II. Rückendeckung gegen die übermächtigen, England und ganz Westfrankreich beherrschenden Könige aus dem Hause Plantagenet erhoffte, trat nun also eine englisch-sizilische Allianz. Als Kaiser Heinrich sich dem sizilischen Königreich näherte, verließ Richard Löwenherz freilich gerade wieder Messina, um sein Kreuzzugsunternehmen fortzusetzen, und Tankred mußte seine Krone doch allein verteidigen. Er blieb selbst abwartend auf Sizilien, das er wohl am sichersten glaubte, und übertrug die Verteidigung des Festlandes wie ein Jahr zuvor Richard von Acerra.

Dieser schien zunächst in der Tat auf verlorenem Posten zu stehen. Dem Kaiser fiel der Norden des Reiches fast kampflos zu. Der Adel und die Städte gingen ebenso wie das Kloster Montecassino auf seine Seite über, die Kaiserin konnte ihren Aufenthalt in Salerno nehmen. Erbitterten Widerstand leistete indessen Neapel, das Richard entschlossen verteidigte. Die Belagerung der Stadt kam nicht voran, und als in der Augusthitze Seuchen im kaiserlichen Heer ausbrachen, mußte Heinrich, selbst an Ruhr erkrankt, seinen glanzvoll begonnenen Feldzug erfolglos abbrechen und umkehren. Besatzungen sollten die wichtigsten Eroberungen halten, was ihnen freilich nur zum Teil gelang. Wie viele andere sagten sich die Salernitaner von dem zeitweise sogar für tot gehaltenen Kaiser eilends wieder los und lieferten Konstanze, ihren kaiserlichen Gast, an Tankred aus, um so dessen Gnade zurückzugewinnen.

Tankred begab sich nach dieser für ihn unerwartet günstigen Wendung der Dinge auf das Festland. Dort leitete er den Kampf gegen die Reste des kaiserlichen Anhangs. Vor allem aber nahm er Verbindung mit dem Papst auf in der Absicht, dessen offizielle Anerkennung zu erlangen. Offenbar sah auch Coelestin III. nun, nach der Niederlage des Kaisers, die Zeit für einen solchen Schritt gekommen. Seine offene Parteinahme zugunsten Tankreds konnte vielleicht doch noch Heinrichs sizilisches Königtum verhindern. Zudem gelang es ihm meisterlich, die Stunde im Sinne der Kirche zu nützen, denn Tankred fand sich um der ihm so wichtigen päpstlichen Legitimierung seiner Herrscherstellung willen zu weitgehenden kirchenpolitischen Zugeständnissen bereit: Im Vertrag von Gravina (di Puglia, südwestlich Bari), der im Juni 1192 abgeschlossen wurde, gestattete er Appellationen an die römische Kirche und päpstliche Legationen im ganzen Königreich, also im Gegensatz zu den Vereinbarungen von Benevent (1156) auch auf der Insel Sizilien, und verzichtete zugunsten des Papstes weitgehend auf das im Vertrag von Benevent festgelegte königliche Vetorecht bei kirchlichen Wahlen. Wenig später leistete er vor zwei Kardinälen den Lehnseid.[39] Die Kaiserin Konstanze ließ er auf Bitten Coelestins frei. Sie sollte bis auf weiteres unter päpstlicher Obhut stehen, entkam jedoch auf dem Weg nach Rom ihren Begleitern und reiste unter dem Schutz kaiserlicher Truppen an den Hof Heinrichs zurück.

So wertvoll der päpstliche Rückhalt für Tankred auch sein mochte, im Norden des Königreichs Sizilien blieb doch der hartnäckige Widerstand gegen ihn wach, geschürt von kaiserlichen Heerführern wie rebellierenden Adligen und, trotz der päpstlichen Exkommunikation des Klosters, konzentriert auf das Gebiet um Montecassino. Besonders schmerzlich traf den König gewiß der Tod seines wichtigsten Beraters, des Matthaeus von Aiello, und seines ältesten, soeben mit Irene, der Tochter des griechischen Kaisers, verheirateten Sohnes im Laufe des Jahres 1193. Nicht lange danach, im Februar 1194, starb er selbst. Für seinen unmündigen zweiten Sohn, Wilhelm III., übernahm seine Witwe die Regentschaft, beraten von den königlichen Familiaren Graf Richard von Aiello, Erzbischof Nikolaus von Salerno, beides Söhne des Matthaeus, und Erzbischof Bartholomaeus von Palermo.

Heinrich VI. betrachtete zwar die Übernahme des sizilischen Erbes nach der Niederlage von Neapel nur als aufgeschoben, ein erneutes persönliches Eingreifen im Süden aber erwies sich, trotz der Bekräftigung des Bündnisses mit Philipp II. im Herbst 1191, fürs erste als unmöglich. Das Scheitern seines Feldzuges gegen Tankred führte nämlich nicht nur den Papst endgültig auf dessen Seite, sondern ermutigte auch die antistaufische Opposition in Deutschland. Wohl während der Belagerung von Neapel hatte Heinrich von Braunschweig, der älteste Sohn Heinrichs des Löwen, insgeheim das kaiserliche Heer verlassen, in Rom ein Schutzprivileg des Papstes für seinen Vater erlangt und daraufhin in Sachsen die von dem Löwen unter Bruch der Vereinbarungen von 1190 schon eingeleiteten Bemühungen um die Erweiterung der welfischen Herrschaft sehr intensiv und gewaltsam fortgesetzt.

Noch bedrohlicher für Heinrich VI. entwickelte sich die Lage im Nordwesten des Reiches, wo der Kölner Erzbischof an der Spitze der Unzufriedenen stand. Heinrich suchte seinen Einfluß in dieser unruhigen Region zu festigen, indem er im Bistum Lüttich nach einer Doppelwahl einen dritten, ihm genehmen Kandidaten gegen die anderen beiden Bewerber durchsetzte. Der von der Mehrheit Gewählte hingegen erlangte die päpstliche Bestätigung. Als er kurze Zeit nach seiner Weihe ermordet wurde, geriet sofort der Kaiser, wohl zu Unrecht, in den Verdacht, hinter der Untat zu stecken.

---

[39] Text des Vertrags von Gravina und von Tankreds Lehnseid: DT. 25 und DT. 26 I–II, ed. Zielinski 59–65; zur Bedeutung des Vertrags siehe Deér, Papsttum 260–262.

Der Widerstand gegen ihn wuchs rasch. Seine Feinde am Niederrhein und in Sachsen verbanden sich, viele andere Fürsten schlossen sich ihnen an, das Wohlwollen der Kurie, des mit den Welfen verwandten englischen Herrscherhauses und des sizilischen Königs galt ihrer Sache.

Allein ein glücklicher Zufall, die vielberedete Gefangennahme des englischen Königs, half dem Kaiser aus seiner schweren Krise. Richard Löwenherz war auf der Heimreise vom Kreuzzug Ende 1192 in die Hände des mit ihm zerstrittenen Herzogs Leopold von Österreich geraten. Dieser übergab ihn an Heinrich VI., der ihn erst im Februar 1194 nach Zahlung der riesigen Lösungssumme von 150000 Mark Silber (die Mark, ein Gewichtsmaß, wog etwa 233 g), nach der Ablegung eines Lehnseids für sein Königreich mit der Verpflichtung zu jährlicher Zinszahlung sowie nach der Stellung von Geiseln freiließ. Richards Gefangenschaft entzog den innerdeutschen Gegnern Heinrichs einen wichtigen Helfer und lähmte sie spürbar, während sich umgekehrt der politische Spielraum des Staufers wieder vergrößerte. Die Ehe, die Heinrich von Braunschweig mit Agnes, der Base des Kaisers, einging, ebnete trotz vielfältiger Hemmnisse schließlich sogar den Weg für die Aussöhnung zwischen Heinrich VI. und Heinrich dem Löwen im März 1194.

Vor allem aber setzte das englische Silber den Kaiser in die Lage, nach der Entspannung in Deutschland zum zweiten Male ein Heer für die Eroberung des Königreichs Sizilien auszurüsten und abermals die Unterstützung der Seestädte Genua und Pisa zu gewinnen. Ihre gemeinsame Flotte unterstellte er dem Reichstruchseß Markward von Annweiler († 1202), einem Mann reichsministerialer Herkunft, der nun zu einem seiner wichtigsten Mitarbeiter aufstieg.[40] Im sizilischen Regnum selbst rührte sich kaum noch Widerstand, als er es ziemlich genau drei Jahre nach dem Fehlschlag seiner ersten Expedition und ein halbes Jahr nach dem Tode Tankreds wieder betrat. Seine Anhänger im Norden machten ihm den Zugang leicht, die großen Küstenstädte von Neapel über Messina bis Palermo ergaben sich der kaiserlichen Flotte, dem Heer trotzte lediglich Salerno – aus verständlichem Grunde. Nach seiner raschen Erstürmung und Bestrafung fielen Festland wie Insel fast mühelos dem neuen König zu. Am 20. November zog er feierlich in die Hauptstadt des Reiches ein, am Weihnachtstag 1194 empfing er die Krone des Landes. Einen Tag später wurde – wir erwähnten es schon – sein einziger Sohn und Erbe, der künftige Kaiser Friedrich II. geboren.

Wir sind wieder am Ausgangspunkt unseres Rückblicks angelangt. Er führte uns zunächst in das staufische Imperium des 12. Jahrhunderts, schilderte die Verhältnisse in Deutschland, Ober- und Mittelitalien zu jener Zeit,

---

[40] Über ihn Van Cleve, Markward, bes. 16–46, vgl. Seltmann, Heinrich VI. 134–139, Bosl, Reichsministerialität 228 f., 590–598.

die Ziele und Taten der Kaiser und Päpste, der Fürsten und Städte jener Länder, um dann eingehend das normannische Königreich Sizilien vorzustellen, fremdartig und faszinierend zugleich durch seine Grenzlage am Rande Europas, durch seine vermittelnde und assimilierende Stellung zwischen abendländischer, byzantinischer und arabischer Welt und Lebensform. Mit Bedacht fiel dieser Bericht – besonders im Falle des sizilischen Regnum – relativ ausführlich aus, stellt er uns doch die Menschen vor, die Friedrich II. ihre Anlagen oder Schwächen vererbten, zeigt er uns doch die Wirklichkeit, in die er hineinwuchs, die Gruppen und Institutionen, die sie prägten, die Kräfte und Überzeugungen, die ihr Lebendigkeit und Profil gaben, die Spannungen und Gegensätze, die sie erfüllten. So werden hier zu einem guten Teil die Bedingungen deutlich, unter denen Friedrich sich entwickelte und seine eigenen Erfahrungen gewinnen konnte, die Gegebenheiten, die er antraf und mit denen er sich auseinandersetzen mußte. Dabei standen anfangs, während seiner Jugendjahre, die Einflüsse Siziliens im Vordergrund. Dazu kam jedoch bald das Wirken im weitgespannten Rahmen des Imperiums und die Begegnung mit dessen Eigentümlichkeiten, Traditionen und Problemen, bei deren Darstellung wir einsetzten. Vieles von dem, was für das 12. Jahrhundert wichtig und wesentlich schien, wird uns demnach auch weiter beschäftigen, wenn wir uns nun der Biographie Friedrichs im eigentlichen Sinne zuwenden, und wir werden auf das Gewicht zu achten haben, das ihm dort im einzelnen zukommt. Das heißt selbstverständlich weder, daß sich die mitteleuropäische Gesellschaft zu Friedrichs Zeit nicht geändert hätte, noch daß er selbst während seines ganzen Lebens bei jenen Erkenntnissen und Vorstellungen stehen, an jene Grenzen gebunden geblieben wäre, die seine Vorfahren und die Epoche vor ihm geprägt und bestimmt hatten, ohne die Dinge neu zu sehen, sich neuen Zielen und Lösungen auf neuen Wegen zu nähern. Allein die Kenntnis seiner Vorgeschichte und seines Ausgangspunktes erlaubt uns indessen ein Urteil darüber, ob es sich wirklich so verhielt, ob er dies tatsächlich versuchte und inwieweit es ihm gelang.

Abb. 3: Sizilische Kastelle (oben); Heinrich VI. empfängt in Rogers Sommerschloß Favara vor Palermo Gesandte der Stadt, rechts Sibylle, die traurige Gattin König Tankreds (Mitte); Heinrichs triumphaler Einzug in Palermo am 20. November 1194 (unten).

Petrus von Eboli, Liber ad honorem Augusti; Burgerbibliothek Bern, Cod. 120 II, f. 134ʳ (1194–96)

2. WIRRNIS UND GEFÄHRDUNG.
DIE JUGEND FRIEDRICHS II. IM KÖNIGREICH SIZILIEN
(1194–1208)

Kaiserin Konstanze, die Geburt Friedrichs und sein Taufname

Kaiserin Konstanze, die Mutter Friedrichs II., begleitete Heinrich VI. wie auf dem ersten, so auch auf dem zweiten Zug in das Königreich Sizilien. Gemeinsam brachen sie mit dem Heer am 12. Mai 1194 von der Burg Trifels auf, gemeinsam feierten sie das Pfingstfest Ende Mai in Mailand, und wir hören von einem Besuch der schwangeren Kaiserin im Kloster S. Vittore zu Meda, etwa 30 km nördlich der Stadt. Von Piacenza aus begab sich der Kaiser weiter nach Genua und Pisa, während Konstanze vermutlich den bequemeren Weg dem Apennin entlang nach Osten einschlug und dann auf der Küstenstraße nach Süden zog. In Jesi, etwa 20 km von Ancona landeinwärts gelegen, machte sie Halt, hier brachte sie am 26. Dezember 1194 ihr einziges Kind zur Welt.[1] Warum sie gerade diesen Ort wählte, muß offen bleiben. Immerhin hatte Heinrich VI. – und vielleicht die Kaiserin mit ihm – Ende 1186 einige Tage in Jesi verweilt. Ansonsten jedoch fristete die Stadt damals ein eher bescheidenes Dasein, begünstigt zwar von der Lage im Esino-Tal, einer wichtigen Verkehrsverbindung vom Landesinnern zur Küste, behindert andererseits durch das Fehlen eines eigenen Zugangs zum Meer und die daraus resultierende Abhängigkeit von den Hafenstädten, insbesondere vom übermächtigen Ancona. Es mag indessen gerade die hier vorherrschende Ruhe und Abgeschiedenheit gewesen sein, die Konstanze zu ihrem Schritt bewog.[2]

Über die Jugend der Kaiserin, über das Leben, das sie an der Seite Heinrichs führte, erfahren wir aus den zeitgenössischen Quellen sehr wenig. Diese notieren meist nur die beiden epochemachenden Ereignisse ihrer Heirat und der Geburt Friedrichs. Darüber hinaus wissen wir, daß sie nach dem Tode ihres Vaters, Rogers II. († 26. 2. 1154), im Laufe des Jahres 1154 von dessen dritter Gattin Beatrix († 1185), einer Tochter des Grafen von

---

[1] Zu Friedrichs Geburt siehe die Belege oben S. 1, Anm. 2, zum Italienzug von 1194 RI IV 3, Nr. 349a–381a, vgl. Clementi, Aspects 343–354, zum Besuch in Meda Memoriae Mediolanenses, ad 1195, MGH SS 18, 400; über Konstanze informiert Kölzer, Urkunden 8–30, vgl. ders., Costanza 346–356.

[2] Vgl. dazu Hagemann, Jesi 138–145; der Aufenthalt Heinrichs VI. vom 27. 11. bis 3. 12. 1186 durch drei Urkunden belegt: RI IV 3, Nr. 27–29.

Rethel (nordöstlich Reims), geboren wurde und, wohl erzogen von ihrer Mutter, eher zurückgezogen am Hofe zu Palermo aufwuchs. Während der Wirren im Frühjahr 1168 hielt sich einige Tage das Gerücht, Stephan von Perche, der Günstling der Regentin, wolle seinen Bruder mit der Prinzessin verheiraten, um so seine eigene Stellung im Königreich zu festigen.[3]

Erst sehr viel später traten zu diesen recht dürftigen Nachrichten sagenhafte Ausschmückungen. In ihrem Mittelpunkt stand die Vorstellung, Konstanze sei Nonne gewesen und die römische Kirche habe sie vor ihrer Heirat von ihrem Gelübde entbunden. Sie begegnet uns erstmals, knapp als Tatsache berichtet, in der zweiten Hälfte des 13. Jahrhunderts in dem anonymen Breve chronicon de rebus Siculis. Obwohl es keinerlei entsprechende Belege oder Hinweise aus der Zeit Konstanzes selbst gibt, nahmen andere Autoren die Behauptung rasch auf und reicherten sie phantasievoll mit weiteren Einzelzügen an. Eine Prophetie, so erzählte etwa der Franziskaner Thomas von Pavia um 1280, habe König Wilhelm gewarnt, seine Schwester Konstanze werde dem sizilischen Reiche Zerstörung und Untergang bringen; ihren Tod, für den sich die Mehrheit der königlichen Vertrauten daraufhin aussprach, habe allein Tankred von Lecce verhindert, der riet, die Unschuldige lieber in ein Palermitaner Kloster zu bringen. Guelfisch gesonnene Schriftsteller benutzten die Legende zum Zwecke anti-staufischer Propaganda, während Dante (1265–1321) umgekehrt Konstanze als die leuchtend Reine rühmte, die nur widerwillig das Kloster verlassen und deshalb die Aufnahme ins Paradies verdient habe. Unterdessen sahen sich in der Tat bald verschiedene Klöster Palermos, allen voran San Salvatore, in der Lage, als Beweis für den Aufenthalt der späteren Königin und Kaiserin in ihren Mauern Handschriften und andere Gegenstände aus deren Besitz vorlegen zu können.[4]

---

[3] Hugo Falcandus, ed. Siragusa 150, vgl. die kurze Bemerkung der Epistola ad Petrum, ed. Siragusa 174; über die Geburt und Kindheit Konstanzes außerdem Petrus von Eboli, Liber I 1, vv. 13–21, ed. Rota 8, Gottfried von Viterbo, Pantheon XXIII 50, MGH SS 22, 263, vgl. XXIV 11, 272, Richard von S. Germano, ed. Garufi 6 (*Erat ipsi regi amita quedam in palatio Panormitano*), Burchard von Ursberg, ad 1181, MGH SS rer. Germ. 16, 57.

[4] *Regina Constancia que fuerat monialis et de mandato Ecclesie Romane absoluta ab observantia religionis*, Breve chronicon, ed. Huillard-Bréholles 891 (vgl. im unmittelbaren Kontext die falschen Angaben für Wilhelms II. Todesjahr, 1185, und Friedrichs II. Geburt, 26. 12. 1189, gleich anschließend jedoch 26. 12. 1123 irrtümlich für 1193; alle Daten so schon in der Hs. Vat. Ottobon. lat. 2940, wohl saec. XIV ex., fol. 43r, der zweite Cod. Neapel, Bibl. Naz. VIII C9, saec. XIV ex., fol. 102v, bringt nur die Angabe 26. 12. 1193; zur Abfassungszeit, um 1272, siehe Breve chronicon 901: *nunc ... in anno MCCLXXII*); Thomas von Pavia, Gesta, MGH SS 22, 498 (Wilhelm I. und Wilhelm II. verschmelzen zu einer Person); Dante, Divina Commedia,

Einigermaßen zuverlässig sind wir über die Reise unterrichtet, zu der Konstanze im Jahre 1185 aufbrach, um am 27. Januar 1186 Heinrich VI. in Mailand zu heiraten. Bis Salerno begleitete sie ihr königlicher Neffe Wilhelm II.; mehr als 150 Pferde sollen mit dem Gold und Silber, den kostbaren Tuchen und Pelzen beladen gewesen sein, die er ihr mitgab. In Rieti nahmen Gesandte des Kaisers, ihres künftigen Schwiegervaters, die Braut in Obhut, und sogar dieser selbst kam ihr wohl ein gutes Stück Wegs entgegen. Nach dem glanzvollen Mailänder Hochzeitsfest schweigen die Quellen wiederum lange Zeit fast ganz über das Schicksal der neuen Königin. Erst die Kaiserkrönung und ihre spektakuläre Gefangennahme während des ersten Sizilienzuges Heinrichs VI. im Jahre 1191 fanden größere Aufmerksamkeit.[5]

Auf ungeteiltes Interesse stieß dann natürlich die Nachricht von der Geburt ihres Sohnes in Jesi. Allerdings gab das Alter der 1194 immerhin vierzigjährigen und bisher kinderlosen Konstanze anscheinend bald auch Anlaß zu Mißtrauen und Verdächtigungen. Vermutlich waren es damals umlaufende, Konstanzes Mutterschaft in Zweifel ziehende Gerüchte, die Papst Innozenz III. im Juli 1201 in einem Brief an den unmündigen Friedrich selbst zu der später von seinem Biographen wiederholten Behauptung anregten, Markward von Annweiler, vormals engster Mitarbeiter Heinrichs VI., habe im Sommer 1199 die päpstliche Unterstützung für sein Streben nach der sizilischen Königskrone zu gewinnen versucht und zu diesem Zwecke sichere Belege dafür beizubringen versprochen, daß Friedrich gar nicht das Kind Heinrichs und Konstanzes sei. Ganz offenbar ging es dem Papst in seinem Schreiben in erster Linie darum, Markward mit allen Mitteln als einen machtbesessenen, gewissenlosen Egoisten zu charakterisieren, um so Friedrichs Familiaren zu energischem Widerstand gegen ihn zu bewegen und seinen äußerst unerwünschten Einfluß in Sizilien zurückzudrängen. Das arg-

---

Paradiso III 109–120, ed. Petrocchi 291 f.; vgl. Salimbene, Cronica, ad 1250, MGH SS 32, 358 f., wo die dreißigjährige Konstanze das Leben der königlichen Familie zu Palermo mit ihren Bosheiten so sehr stört, daß sich ihre Brüder gezwungen sehen, sie zu verheiraten, um sie los zu werden. Siehe Kölzer, Urkunden 9 f., ders., Costanza 346 f., Enzensberger, Wilhelm 392 f., zu Dante: Löwe, Dante 291–293, Capitani, Costanza 239 f., Buisson, L'impératrice 56–61, vgl. 41–43, 46–48.

[5] Über die Reise nach Mailand siehe Annales Casinenses, ad 1185, MGH SS 19, 313, Annales Placentini Codagnelli, ad 1184, MGH SS rer. Germ. 23, 13, Annales Placentini, ad 1184, MGH SS 18, 465, zur Gefangennahme besonders Petrus von Eboli, Liber I 15–17, vv. 392–463, ed. Rota 64–71, I 20–25, vv. 549–742, 83–106, I 29–31, vv. 869–964, 121–130, I 33, vv. 1009–1046, 137 f., vgl. Annales Casinenses, ad 1191–1192, MGH SS 19, 315 f., Annales Ceccanenses, MGH SS 19, 289, 292, Otto von St. Blasien 37, MGH SS rer. Germ. 47, 56 f., Roger von Howden, ad 1191, ed. Stubbs 3, 164, Gesta Heinrici VI., vv. 85–92, MGH SS 22, 336; dazu Kölzer, Urkunden 12–16, ders., Costanza 348 f., Chalandon, Histoire 2, 386 f., 454, 456–459, 466–468.

wöhnische Gerede jener Zeit spiegelt sich ganz ähnlich wohl auch in der Meldung eines englischen Chronisten wider, wonach Konstanze Ende 1197 oder Anfang 1198 einem päpstlichen Legaten gegenüber die legitime Geburt Friedrichs durch einen Eid bekräftigt habe.[6]

Die Gegner der Staufer griffen das Thema dann seit den vierziger Jahren des 13. Jahrhunderts begierig auf. Sie würzten den Stoff mit weiteren Entstellungen und Übertreibungen und bauten ihn zu legendenhaften Erzählungen aus. Vielfach den Franziskanern zugehörend, standen sie dabei oft genug unter dem Einfluß jener düsteren Spekulationen, die damals in Anknüpfung an die schwer deutbaren Prophetien des einflußreichen kalabrischen Abtes Joachim von Fiore († 1202) in diesem Kreise umgingen. Schon sechzig Jahre alt sei Konstanze bei ihrer Verlobung mit dem jungen Heinrich gewesen, so berichtete der 1240 zum Franziskanerorden übergetretene ehemalige Benediktinerabt Albert von Stade († wohl 1264) zunächst, um später, im Anschluß an die lakonische Meldung von Friedrichs Kaiserkrönung zum Jahre 1220, ausführlicher auf die wieder und wieder zu hörenden Mutmaßungen über die dunkle Herkunft dieses Kaisers einzugehen. Danach habe dessen Mutter angesichts ihres Alters schon gefürchtet, keine Kinder mehr zu bekommen. Sein Vater Heinrich jedoch konsultierte in der Sorge um einen Erben die Ärzte, und diese versprachen Hilfe. Mit Medikamenten riefen sie in der Tat ein allmähliches Anschwellen der Gebärmutter Konstanzes, also eine Art Scheinschwangerschaft hervor. Als der Zeitpunkt der Geburt gekommen war, raubten sie, wie von langer Hand vorbereitet, ein gerade neugeborenes Kind und brachten es insgeheim in den Palast, wo es für das echte Kind des Kaiserpaares gehalten wurde. Zweifelhaft aber sei nach Aussage der Gewährsleute dieser Geschichte lediglich, ob es sich in Wirklichkeit um den Sohn eines Arztes, eines Müllers oder eines Falkners handle.[7]

---

[6] Roger von Howden, ad 1197, ed. Stubbs 4, 31; hätte die Kurie einen solchen Eid tatsächlich gefordert, wie Van Cleve, Frederick 15, annimmt, hätte Innozenz III. wohl kaum kurze Zeit später Markwards angebliches gleichgerichtetes Mißtrauen anprangern können in der Hoffnung, damit Palermo für die päpstliche Sache zu gewinnen. Zu Markward: Gesta Innocentii, c. 23 bzw. 33, PL 214, XLIII BC bzw. LVII C, siehe dazu Baethgen, Regentschaft 14–16, 128–135, Van Cleve, Markward 108–115, zum Ganzen Kölzer, Costanza 349 f.

[7] Albert von Stade, ad 1184, MGH SS 16, 350, und bes. ad 1220, 357; vgl. Cronica Principum Saxoniae, c. 7, MGH SS 25, 474 (wörtlich auch in der erweiterten Fassung: MGH SS 30, 30), außerdem Cronica Reinhardsbrunnensis, ad 1214, MGH SS 30, 1, 584. – Über Joachim von Fiore und die Joachimiten siehe Lambert, Ketzerei 270–280, Reeves, Influence 3–75, 175–190, 306–314, Grundmann, Biographie 480–507, ders., Neue Forschungen, bes. 31–84, ders., Studien, bes. 56–118, 157–192, ders., Kirchenfreiheit 361–377, 393–396, Pásztor, Joachim 485–487.

Ein anderer Franziskaner, der aus Parma stammende, weitgereiste Salimbene de Adam (1221– nach 1288), wußte in der Chronik, die er in den achtziger Jahren des 13. Jahrhunderts niederschrieb und auch sonst reichlich mit Anekdoten und Fabeln spickte, ähnliches zu melden: Von Friedrich werde verbreitet, er sei in Wahrheit der Sohn eines Metzgers aus Jesi, den die bei ihrer Heirat bereits sehr bejahrte Kaiserin nach einer simulierten Schwangerschaft als ihr Kind ausgegeben habe. Salimbene hält das Gerücht für durchaus glaubwürdig, weil Merlin – der sagenhafte Zauberer, dessen angebliche Prophezeiungen damals in joachimitischen Zirkeln eine gewisse Rolle spielten – die erstaunliche und unerwartete Geburt des Herrschers angekündigt und weil dessen eigener Schwiegervater Johannes von Brienne († 1237) ihn einmal im Zorn tatsächlich als einen „Fi de becer" beschimpft habe.[8]

Die Angabe des Thomas von Pavia, Konstanze habe Heinrich als etwa Fünfzigjährige geheiratet (nach seinen Worten übrigens während der Regierungszeit des Tankred), kehrt um 1282 wieder in der Florentiner Geschichte des Ricordano Malispini, und noch in der Jahrzehnte später entstandenen Chronica des venezianischen Dogen Andrea Dandolo (1306–1354) liest man, sogar der Kaiser selbst habe angesichts des hohen Alters seiner über fünfzigjährigen Frau zunächst nicht an deren Schwangerschaft glauben wollen und sich erst beruhigt, nachdem ihm der berühmte Abt Joachim von Fiore aufgrund von Weissagungen des Merlin und der erythräischen Sibylle versicherte, Friedrich sei in der Tat sein eheliches Kind – wieder tritt die joachimitische Herkunft des Stoffes deutlich zutage. Nach Malispini hingegen hätte Konstanze in der Absicht, von vornherein alles künftige Gerede zu vermeiden, ihren Sohn öffentlich auf dem Marktplatz von Palermo zur Welt gebracht. Auch diese Version fand bald in verschiedenen Varianten Verbreitung. Malispinis Landsmann Giovanni Villani (1280–1348) übernahm sie ebenso wie der eineinhalb Jahrhunderte jüngere Pandolfo Collenuccio (1444–1504), der in seiner Geschichte Neapels wieder von dem Zelt erzählt, das Konstanze – allerdings in Jesi – für die Geburt habe aufstellen lassen, und von ihrer Einladung an den Adel und die Frauen der Gegend, an dem Ereignis als Zeugen teilzunehmen.[9]

---

[8] Salimbene, Cronica, MGH SS 32, 42f., vgl. 359.
[9] Thomas von Pavia, Gesta, MGH SS 22, 499, vgl. Bartholomaeus von Neocastra, Prooem., ed. Paladino 2; Dandolo, Chronica, ed. Pastorello 274; Malispini, Storia c. 81, ed. Costero 88f., Villani, Cronica V 16, ed. Gherardi Dragomanni 1, 202f., Collenuccio, Compendio IIIf., ed. Saviotti 104, 112f., vgl. noch Antoninus (1389–1459), Chronicon XIX 6, Bd. 3, 126, sowie Anonymi Vaticani Historia, Muratori 8, 778f., wo die als Greisin von einem Dämon geschwängerte Konstanze zum Beweis ihrer Mutterschaft ihre mit Milch gefüllten Brüste vor ihren Untertanen entblößt. Zu Villanis

Indessen hielten die normannische Königstochter und römische Kaiserin gewiß schon ihre Erziehung und ihre hohe Selbstachtung von einem solch erniedrigenden Schauspiel ab, das im übrigen den ihm zugeschriebenen Zweck, zumal in dem verhältnismäßig unbedeutenden Jesi, schwerlich hätte erfüllen können: Die unmittelbare Umgebung Konstanzes wurde doch wohl in jedem Fall Zeuge ihrer Schwangerschaft und ihrer Niederkunft, und es erscheint recht unwahrscheinlich, daß darüber hinaus gerade die Aussage von Honoratioren einer kleinen Provinzstadt und ihres Umlandes bei Zweiflern auf besonderen Glauben gestoßen wäre. Vom Eintreten solcher Gewährsleute gegen die umlaufenden Gerüchte hören wir denn auch nichts. Trotzdem begegnet die Geschichte von Friedrichs öffentlicher Geburt noch in Darstellungen unserer Gegenwart.[10]

Friedrichs Geburt rief freilich nicht etwa nur mißtrauisches Gerede, Kern künftiger Verzeichnungen und Legenden, hervor. Die zeitgenössischen Chronisten notierten das Faktum vielmehr, wenn überhaupt, dann knapp und sachlich,[11] und eine Kundgebung überschäumenden Jubels haben wir gleich am Beginn unserer Schilderung gehört: Petrus von Eboli (um 1160– um 1220), vermutlich ein Kleriker, der schwerlich, wie oft angenommen, als Arzt, eher als Lehrer in Salerno wirkte, beschrieb in einem umfangreichen, großenteils wohl im Jahre 1195 abgeschlossenen Gedicht, dem ›Liber ad honorem Augusti‹, die Geschichte des Königreichs Sizilien vom Tod Wilhelms II. bis zur Krönung Heinrichs VI. in Palermo, wobei er leidenschaftlich Partei für die Sache Heinrichs und Konstanzes nahm. So versteht es sich, daß er auch die von der Herrschaft ihres eben geborenen Sohnes zu erwartende Heils- und Friedenszeit in glanzvollen Versen ausmalte, ehe er sein Werk mit dem Lob und Preis Kaiser Heinrichs schloß. Die Dichtung ist uns in einer wertvollen, den Text fortlaufend mit Bildern illustrierenden, vielleicht von Petrus selbst ergänzten Handschrift erhalten und brachte ihren Schöpfer in enge Verbindung zum Hofe. Seine guten Beziehungen bestanden offenbar auch noch zu Zeiten Friedrichs II. Manches spricht näm-

---

Abhängigkeit von Malispini siehe De Matteis, Ancora su Malispini 344–389, sowie dies., Malispini 145–169, 185–220, für das umgekehrte Abhängigkeitsverhältnis Davis, Buon Tempo 51–59, vgl. Aquilecchia, Malispini 791f.; zu den Quellen Collenuccios Baethgen, Mainardino 684–687, der die Thesen von Güterbock, Biographie 35–83, einschränkt, vgl. Schaller, Eustachius 253–257.
[10] Siehe etwa Willemsen, Kindheit 110, Peri, Uomini 122, Norwich, Normannen 348f., vgl. immerhin Van Cleve, Frederick 15.
[11] So Richard von S. Germano, ad 1194, ed. Garufi 17, Burchard von Ursberg, ad 1196, MGH SS rer. Germ. 16, 73, Reineri Annales, ad 1194, MGH SS 16, 651, Annales Casinenses, ad 1194 bzw. 1195, MGH SS 19, 317f., vgl. Annales Marbacenses, ad 1195, MGH SS rer. Germ. 9, 65, Chronica regia Coloniensis, ad 1196, MGH SS rer. Germ. 18, 159.

lich dafür, daß Petrus gegen Ende seines Lebens ihm seinen kleinen, wieder reich mit Miniaturen geschmückten Gedichtband über die Bäder von Pozzuoli bei Neapel widmete.

Noch ein anderer Poet, der anonyme Verfasser der Gesta Henrici VI., gedachte hoffnungsfroh der Geburt und dem künftigen Los Friedrichs. Das Kind, schon jetzt im Besitz des sizilischen Reiches, werde einst, wie längst vorhergesagt, Kaiser sein und Regnum wie Imperium mit seiner Alleinherrschaft umgreifen, so verkündete der auch sonst der kaiserlichen Sache zugetane Autor – eine um 1203/4, der vermutlichen Entstehungszeit der Strophen, wahrlich optimistische Aussage![12]

Über die Reaktion der Eltern selbst erfahren wir leider recht wenig. Immerhin unterrichtete Heinrich seinen „geliebten Freund", den Erzbischof Walter von Rouen, am 20. Januar 1195 in einem relativ kurz gehaltenen Brief nicht nur vom glücklichen Ausgang des Sizilien-Feldzuges und der rechtzeitigen Entdeckung einer Adelsverschwörung, sondern fügte mit spürbarer Freude die Nachricht von der zusätzlichen Erhöhung seines Glückes durch die Geburt seines Sohnes an und forderte Wilhelm zum Mitfreuen auf. Seine Gattin Konstanze scheint das Ereignis im April desselben Jahres den Bürgern der Stadt Lucca wie vermutlich auch anderen Städten des Reiches mitgeteilt zu haben.[13]

Ob die Kaiserin ihren Sohn tatsächlich zunächst Konstantin nannte, muß hingegen mindestens fraglich bleiben. Die Behauptung taucht recht spät erst, in der Mitte des 13. Jahrhunderts, bei Albert von Stade auf, dessen Schwäche für das zu seiner Zeit über Konstanze umlaufende Gerede wir bereits kennenlernten. Sie begegnet ein zweites Mal in der Chronik des thüringischen Klosters Reinhardsbrunn (südwestlich Gotha), die im Jahre 1337, also nach ungefähr neunzig weiteren Jahren, entstand, allerdings zu einem großen Teil auf wesentlich älteren Quellen beruht.[14] Natürlich ist grundsätz-

---

[12] Zu Leben und Werk des Petrus von Eboli siehe die oben S. 1, Anm. 1 angeführten Belege; das Preisgedicht auf Friedrich II.: Petrus von Eboli, Liber II 43, vv. 1363–1396, ed. Rota 177 f., vgl. die Kindheitslegende II 44, vv. 1397–1428, 181 f.; die Bilder des Cod. 120 der Burgerbibliothek Bern veröffentlichen Rota und Siragusa (Bd. 2 Tavole) in ihren Editionen des Liber (Schwarzweiß-Wiedergaben), zu der Hs. vgl. noch Sackur, Petrus 387–393. Über das Gedicht ›De balneis Puteolorum‹ siehe auch Kauffmann 14–39, 45–49, sowie Daneu Lattanzi 23–55, die in einem Anhang die Faksimile-Ausgabe der ältesten Hs. des Werks, des Cod. Rom, Bibl. Angelica 1474 aus dem 3. Viertel des 13. Jhs., bringt. – Gesta Henrici VI., vv. 93–96, MGH SS 22, 336; zum Verfasser und zu den Gründen gegen die Autorschaft Gottfrieds von Viterbo Wattenbach-Schmale 1, 89 f.

[13] Der Brief Heinrichs RI IV 3, Nr. 394, vgl. dazu oben S. 1, Anm. 2; zum Brief Konstanzes an Lucca siehe Dep. Ks. 1, ed. Kölzer 214 f.

[14] Albert von Stade, ad 1198, MGH SS 16, 353, vgl. zum Autor oben S. 44 mit

lich nicht völlig auszuschließen, daß Konstanze in Anlehnung an ihren eigenen Namen oder in Erinnerung an den ersten christlichen Kaiser des römischen Reiches eine so ungewöhnliche Namenswahl traf. Andererseits hätte sie sich damit sowohl von der staufischen wie gerade auch von der Tradition ihrer eigenen Familie sehr deutlich distanziert, ein sonst für sie nicht eben typisches Verhalten, wenig wahrscheinlich zumal in diesem Falle, weil die Berufung auf Konstantin leicht als programmatischer Hinweis auf eine beabsichtigte Auflösung des sizilischen Regnum im Imperium hätte verstanden werden können.

Petrus von Eboli, der seit 1195 gute Kontakte zu Konrad, dem Kanzler Heinrichs und künftigen Bischof von Hildesheim und Würzburg († 1202), besaß, also gerade in den Monaten nach der Geburt Friedrichs einen gewissen Einblick in die Verhältnisse am Hof gewann, charakterisierte in seinem eben damals entstandenen Preisgedicht den Neugeborenen als einen Knaben, der seine beiden Großväter übertreffe, weil er ihre Macht vereine, und rief ihm zu: „Daher wirst Du Roger und Friedrich zugleich sein." Sehr wahrscheinlich gab er damit die Namen wieder, auf die sich die Eltern bereits in jenen Tagen geeinigt hatten und die im übrigen durchaus nahelagen, weil sie, alter Gepflogenheit gemäß auf Vergangenheit und Zukunft gleichermaßen weisend, das doppelte Erbe des Kindes, die zweifache Grundlage der ihm einst zufallenden Machtstellung bezeichneten. So berichtet denn auch ein anderer Zeitzeuge, der anonyme, aber zuverlässige Annalist des Klosters Montecassino, unumwunden, Konstanze selbst habe ihrem Sohn nach der Geburt die Namen seiner Großväter gegeben in der Hoffnung, in ihm möchten beider Vorzüge zu gesteigerter Geltung gelangen. Manche Autoren vorwiegend italienischer Herkunft, wie der Notar Giovanni Codagnello aus Piacenza († nach 1235), nennen den Herrscher damit übereinstimmend *Rogerius Federicus*, und diesen Doppelnamen erhielt er wohl in der Tat bei seiner Taufe, die erst relativ spät, Ende 1196 oder Anfang 1197, stattfand.[15]

Anm. 7 sowie außerdem ad 1195–1196, MGH SS 16, 352 f., mit weiteren ungenauen Nachrichten über Friedrichs Geburt und Verdächtigungen gegen Konstanze, ad 1195, 352, der ungewöhnliche Name Cecilia für Irene, die Frau König Philipps. Cronica Reinhardsbrunnensis, ad 1197, MGH SS 30, 1, 558, vgl. zur Quelle Wattenbach-Schmale 1, 410–413; die Informationen der dort für die Jahre 1180 bis 1217 vermutlich herangezogenen, insgesamt wertvollen zeitgeschichtlichen Historia sind gerade bezüglich der Verhältnisse in Italien durchaus nicht zuverlässig, vgl. etwa ad 1192, 549 f.

[15] Petrus von Eboli, Liber II 43, vv. 1377 f., ed. Rota 178 (*Ex hinc Rogerius, hinc Fredericus eris*); Annales Casinenses, ad 1195, MGH SS 19, 318 (*in auspicium cumulandae probitatis inculcatis avorum nominibus Fredericum Roggerium seu Roggerium Fredericum vocat*); Annales Placentini Codagnelli, ad 1211 f., MGH rer. Germ. 23, 39, ad 1220, 69, ad 1226, 84 (daneben auch bloß *Federicus*, etwa ad 1215, 53, ad 1231,

Die Quellen freilich, die auf die Tauffeier eingehen, erwähnen einhellig ausschließlich den Taufnamen *Fridericus*; er allein findet sich von Anfang an ganz selbstverständlich gerade bei den wohlunterrichteten Geschichtsschreibern und gleicherweise in den Urkunden der Kaiserin Konstanze und Friedrichs selbst.[16] Wie sehr sich der Kaiser später zumindest in den Augen seiner Zeitgenossen mit diesem Namen identifizierte, vermag vielleicht doch eine von Salimbene notierte Geschichte aufzuzeigen, so wenig man ihr, die zusammen mit einer Reihe ähnlicher Anekdoten ausdrücklich die kaiserliche Verworfenheit dokumentieren soll, im einzelnen auch wird Glauben schenken wollen: Friedrich habe, so lesen wir da, einem seiner Notare den Daumen abhacken lassen, weil dieser den Herrschernamen falsch wiedergegeben, entgegen kaiserlichem Befehl *Fredericus* statt *Fridericus* geschrieben habe.[17] Dazu paßt immerhin, daß die erhaltenen Originalurkunden des Kaisers durchweg eben die Namensform *Fridericus* überliefern.

Regnum und Imperium unter der Herrschaft Konstanzes und Heinrichs VI.

Der in Jesi zur Welt gekommene künftige Beherrscher des römischen Imperiums und des sizilischen Regnums wuchs fast von Geburt an ohne seine Eltern auf. Schon zeitig im Frühjahr 1195 begab sich seine Mutter nach Süditalien, um mit ihrem kaiserlichen Gemahl zusammen die Regierung ihres ererbten Reiches zu übernehmen.[18] Ihren Sohn vertraute sie der Gattin

---

110), vgl. Tolosanus, c. 114, ed. Rossini 111, c. 137, 124, Annales Bergomates, ad 1212, MGH SS 31, 331; siehe außerdem Reineri Annales, ad 1194, MGH SS 16, 651, ad 1197, 653, wo der allgemein bei Reiner übliche Name *Fredericus* im Autograph auf Rasur steht und vielleicht ein ursprüngliches *Rogerus* ersetzt. *Rogerus* blieb stehen S. 653, 48; zum Tauftermin: RI V 1, Nr. 511 f., vgl. unten S. 62 mit Anm. 40.

[16] Taufname *Fridericus/Fredericus*: Roger von Howden, ad 1197, ed. Stubbs 4, 24, Albert von Stade, ad 1195, MGH SS 16, 352; zum selben Namen vgl. Richard von S. Germano, ad 1194, ed. Garufi 17, Annales Casinenses, ad 1194, MGH SS 19, 317 (Cod. 3), Gesta Innocentii, c. 19, PL 214, XXXI A, Chronica regia Coloniensis, ad 1196, MGH SS rer. Germ. 18, 159, Annales Marbacenses, ad 1198, MGH SS rer. Germ. 9, 74, Otto von St. Blasien, c. 43, MGH SS rer. Germ. 47, 69, Burchard von Ursberg, ad 1196, MGH SS rer. Germ. 16, 73; erste Nennung *benedicti filii nostri Frederici* in DKs. 42, ed. Kölzer 131 (zwischen 8.10. und 24.12.1197).

[17] Salimbene, Cronica, MGH SS 32, 350.

[18] Sie war wohl mit Heinrich VI. seit dem 30.3.1195 in Bari: RI IV 3, Nr. 413, seit dem 8.4. in Trani: RI IV 3, Nr. 421, und vielleicht seit dem 13.4. in Barletta: RI IV 3, Nr. 426; ihre älteste erhaltene Urkunde, ein Justizmandat, wurde ausgestellt in Palermo am 25.6.1195: DKs. 1, ed. Kölzer 1–3; vgl. Annales Casinenses, ad 1195, MGH SS 19, 318.

Konrads von Urslingen (heute Irslingen, nördlich Rottweil am Neckar) an, eines schwäbischen Adligen, der sich im Dienste Barbarossas in Italien bewährt hatte, von diesem 1176 oder 1177 zum Herzog von Spoleto erhoben worden war und zu den engsten Vertrauten Heinrichs VI. gehörte († 1202). Von seiner Frau, bei der nun die Verantwortung für den Neugeborenen lag, wissen wir leider kaum etwas Sicheres. Die Quellen geben nicht einmal ihren Namen preis, und ob sie aus einer adligen Familie der Gegend um Spoleto oder doch eher aus Deutschland stammte, muß letztlich offenbleiben. Die jüngeren ihrer Kinder waren wenig älter als Friedrich; dieser verbrachte seine ersten drei Lebensjahre also wohl vorwiegend in ihrem Kreise. Zwei von ihnen, Berthold (1190–1251) und vor allem Rainald (1185–1253) von Spoleto, sollten später erneut Bedeutung für ihn gewinnen, zunächst als seine Helfer, dann als Gegner. Der herzogliche Hof hielt sich damals offenbar vorwiegend in Foligno (zwischen Assisi und Spoleto) auf. Jedenfalls erinnerte der Kaiser die Bürger dieser Stadt noch im Jahre 1249 mit eindringlichen Worten daran, daß er hier seine früheste Kindheit erlebt, seine erste Erziehung genossen habe und dem Ort deshalb in besonderer Sorge und Liebe zugetan sei.[19] Wie gerne würden wir etwas Näheres über diese frühe Zeit erfahren, über die Verhältnisse, die Friedrich in dem Haushalt eines deutschen Reichsfürsten auf mittelitalienischem Boden antraf, über die Eindrücke, die das kleine Kind dort empfing, über die Sprache zumal, die es dort vorwiegend hörte – das Italienische in der Färbung der Region oder etwa einem mittelhochdeutschen Dialekt? – und in der es seine ersten eigenen Worte und Sätze formulierte. Aber nichts davon ist uns zuverlässig überliefert.

Daß die Kaiserin ihr so lange erwartetes Kind nach noch nicht drei Monaten anderen, wenngleich vertrauten, zuverlässigen Händen überließ und mehr als zweieinhalb Jahre nicht mehr sah, muß zweifellos befremden. Die überraschende Trennung läßt sich nach Konstanzes dramatischer Gefangennahme auf dem ersten Sizilienzug am ehesten vielleicht doch mit der unsicheren Lage in Süditalien und der Furcht der Eltern vor neuen Aufständen, wie überhaupt mit dem besonderen, unbestimmten Charakter erklären, der die rechtlichen und politischen Verhältnisse im Imperium und Regnum damals kennzeichnete. Die künftige Form des Zusammenschlusses und Zusammenwirkens der beiden Reiche war noch offen; schwer ließ sich

---

[19] Über Konrad von Urslingen und seine Frau siehe Schubring, Herzoge 28–42, über seine Söhne Rainald und Berthold ebd. 42–54, zur Genealogie 40, 296–306, zur These von der italienischen Herkunft der Herzogin RI V 1, Nr. 511c; Brief Friedrichs an Foligno HB 5, 662, vgl. zum dortigen Aufenthalt Breve chronicon, ed. Huillard-Bréholles 892 (*Fridericus qui erat sub tutela et nutritura uxoris Conradi ducis Spletani in civitate Fuligni*).

Abb. 4: Kaiserin Konstanze gibt vor ihrer Abreise nach Sizilien ihren Sohn Friedrich in die Obhut der Herzogin von Spoleto.

Petrus von Eboli, Liber ad honorem Augusti; Burgerbibliothek Bern, Cod. 120 II, f. 138^r (1194–96)

absehen, was der staufische Erfolg in Süditalien für die ohnehin gespannten Beziehungen des Kaisers zum Papsttum bedeuten würde. Heinrich ging es in jener Situation ganz offenbar darum, die Nachfolge seines Sohnes in seinem gesamten Herrschaftsgebiet bei den deutschen Fürsten und dem Papst durchzusetzen, und er mochte sich zunächst Hoffnung machen, sein Ziel ließe sich nach seinem glänzenden sizilischen Sieg recht rasch erreichen. Bis dahin glaubte er wohl die Taufe Friedrichs aufschieben zu können, die dann um so eindrücklicher vom Papst selbst, etwa verbunden mit der Königssalbung, vollzogen werden sollte.[20] Einstweilen blieb Friedrich am besten bei der herzoglichen Familie zu Foligno, nahe der Grenze von Imperium, Regnum und Patrimonium Sancti Petri. Hier war er sicher und vortrefflich versorgt, von hier aus konnte er zudem ohne allzugroße Schwierigkeiten alle jene Orte erreichen, an denen seine Gegenwart in der nächsten Zukunft möglicherweise erforderlich sein würde, sei es Rom, Aachen oder auch Palermo.

Konstanze scheint mit dieser Einschätzung der Dinge durchaus einverstanden gewesen zu sein. Wenigstens deutet nichts darauf hin, daß sie ihr Kind gegen ihren Willen der Herzogin übergeben oder dessen Abwesenheit während der Jahre bis zum Tod ihres Mannes als ihr auferlegte Zumutung empfunden und beispielsweise einen Besuch in Foligno erwogen oder gar verwirklicht hätte.[21] Da die Eltern wie im übrigen auch die Zeitgenossen die fürs erste gefundene Lösung demnach offenbar als naheliegend und angemessen betrachteten, fehlt auch jeder Anhalt, in ihr, wie dies zuweilen geschieht,[22] das Indiz für eine beginnende Entfremdung zwischen den kaiserlichen Ehegatten zu sehen.

Ursache der damals angeblich aufkommenden Spannung sollen die Meinungsverschiedenheiten über die künftige Stellung des Königreichs Sizilien und insbesondere über die Behandlung der Verschwörung gewesen sein, die kurz nach Heinrichs Krönung in Palermo entdeckt wurde. Der Kaiser hatte wohl noch im November 1194 die Unterwerfung der Witwe Tankreds und ihres Sohnes Wilhelm entgegengenommen und diesen daraufhin in feierlicher Form mit Lecce, der Grafschaft seines Vaters, und mit dem Für-

---

[20] Vgl. dazu Annales Marbacenses, ad 1196, MGH SS rer. Germ. 9, 68, und unten S. 61 f.

[21] *Imperatrix Siciliam repetens benedictum filium suum ducisse dimisit*, Petrus von Eboli, Liber II, Tav. XLV (Darstellung der Übergabe Friedrichs an die Herzogin durch Konstanze), ed. Rota 175 (siehe Abb. 4), übereinstimmend noch Collenuccio, Compendio IV, ed. Saviotti 113; die Kaiserin blieb bis zu ihrem Tode auf Sizilien, vgl. ihre Urkunden, ed. Kölzer, sowie ders., Urkunden 18–22, und Ries, Nr. 11 ff.

[22] Siehe etwa Kölzer, Urkunden 18, ders., Sizilien 15–19, Clementi, Aspects 333 f., vgl. 330–335, Winkelmann, Philipp 1, 13.

stentum Tarent belehnt. Schon wenig später jedoch, eben nach dem Bekanntwerden des Umsturzplanes einiger sizilischer Barone, bestrafte er die Verdächtigen schwer und ließ bei dieser Gelegenheit auch Wilhelm mit seiner Mutter und seinen Schwestern in die Gefangenschaft nach Deutschland führen; der kostbare Palermitaner Staatsschatz begleitete sie, angeblich auf 150 reich beladenen Saumtieren. Die Berichterstatter sehen in diesem Ereignis je nach Einstellung entweder ein Beispiel für die betrügerische List Heinrichs, der seine Gegner erst durch scheinbare Nachgiebigkeit zum Aufgeben ihres Widerstands veranlaßt und dann mit Hilfe falscher Anschuldigungen völlig ausgeschaltet habe, oder aber ein Zeugnis für die Ruchlosigkeit der gegen ihn rebellierenden Adligen, die seinen Edelmut hinterhältig auszunützen versuchten, um ihn zu beseitigen.[23] Es versteht sich, daß Heinrich selbst den Vorfall eben so, als einen angesichts seiner Gnadenerweise besonders schändlichen Verrat darstellte. Doch auch aus dem ganzen Verlauf seines zweiten Sizilienfeldzugs gewinnt man den Eindruck, daß er eigentlich nicht gerade auf die Inszenierung einer feierlichen öffentlichen Versöhnung mit anschließendem Komplott angewiesen war, um die letzten Widerstände zu überwinden. Zu denken gibt indessen vor allem die Stellungnahme Innozenz' III. Er rühmte dem siebenjährigen Friedrich gegenüber die Belehnung Wilhelms III. durch Heinrich und Konstanze als Exempel vorbildlichen königlichen Verhaltens und vertrat dann die Auffassung, weder Wilhelm noch seine Schwestern als seine Erben hätten die damals übertragenen Befugnisse durch irgendwelche Untaten gegen Heinrich verwirkt, da ihr jugendliches Alter sie entschuldige. Er bestritt die Existenz einer Verschwörung an sich also nicht, im Grunde nicht einmal die Beteiligung der königlichen Familie.[24] Handelte es sich bei beidem aber um Tatsachen, so fällt es besonders schwer, gerade in

---

[23] Annales Ceccanenses, ad 1192, MGH SS 19, 290, ad 1194f., 292; Annales Casinenses, ad 1194, MGH SS 19, 317 Cod. 3, vgl. jedoch die weit zurückhaltendere Aussage der ausführlicheren Version der Codd. 4.5, ad 1194–1195, 317f., ähnlich Richard von S. Germano, ad 1194, ed. Garufi 17; Thomas von Pavia, Gesta, MGH SS 22, 499. Petrus von Eboli, Liber II 41f. mit Tav. XLIII, vv. 1301–1362, ed. Rota 169–174; Otto von St. Blasien, c. 39–41, MGH SS rer. Germ. 47, 60f., 63, 65f.; Gesta Heinrici VI., vv. 145–152, MGH SS 22, 337. Die Gefangennahme der sizilischen Hochadligen, aber nichts von einer Verschwörung melden die Annales Marbacenses, ad 1195, MGH SS rer. Germ. 9, 65, ebenso Breve chronicon, ed. Huillard-Bréholles 891. Eine ausführliche Beschreibung der nach Deutschland geschafften Schätze auch bei Arnold von Lübeck V 20, MGH SS rer. germ. 14, 184f., wonach Heinrich allerdings den Staatsschatz Rogers der Konstanze überließ.
[24] Heinrichs Schilderung: Brief vom 20.1.1195, RI IV 3, Nr. 401, vgl. dazu oben S. 1, Anm. 2; Innozenz' III. Auffassung: Gesta Innocentii, c. 25, PL 214, XLVII C–XLVIII A, c. 33, LIX CD, vgl. LXI A (Brief vom 3.7.1201, auch HB 1, 82f., vgl. 84f.), siehe auch Gesta Innocentii, c. 18, XXX BC, c. 25, XLVI C–XLVII A; vgl. Cha-

Konstanze, deren Erbrecht durch Wilhelm und seine Anhänger ja doch entschieden bedroht wurde, eine Kritikerin Heinrichs zu vermuten.

Der feierliche Hoftag, zu dem sich an Ostern 1195 (2. April) der Kaiser, die Kaiserin und die Großen des Reiches in Bari versammelten, ordnete offenbar die Regierung des Königreiches Sizilien neu. Vielleicht hier, vielleicht allerdings auch erst bei ihrer Ankunft in Palermo im Mai, wurde Konstanze zur sizilischen Königin gekrönt, in Bari übertrug Heinrich seiner Gattin wohl für die Zeit seiner Abwesenheit die Regentschaft im Königreich. Als dessen neuer Kanzler erscheint seit jenen Tagen Walter von Pagliara († nach 1229), der Bischof von Troia (westlich Foggia), ein bewährter Parteigänger des Kaisers, dem er nach dem Scheitern des ersten Sizilienzuges sogar nach Deutschland gefolgt war. Konrad von Urslingen, der Herzog von Spoleto, trägt nun, erstmals in einer Urkunde vom 23. April, den Titel eines *regni Sicilie vicarius*. Beide begleiteten den Herrscher aber zunächst bis an die Grenze des Königreiches; dann wirkte Konrad bis zur Rückkehr Heinrichs vorwiegend in Mittelitalien, Walter in seinem Bistum.[25]

---

landon, Histoire 2, 488–490, der allerdings auf Innozenz' Epp. I 24–27, ed. Hageneder 35–41, verweist. Erstaunlicherweise erzählt Albert von Stade, ad 1195, MGH SS 16, 352, ohne Umschweife, der Admiral Margaritus habe die Ermordung Heinrichs geplant, sei aber verhaftet und geblendet worden; die Nachricht von der Gefangennahme der Familie Tankreds schließt sich unmittelbar an.

[25] Hoftag in Bari: Brief Heinrichs vom 12.4.1195, RI IV 3, Nr. 425 (Chronica regia Coloniensis, MGH SS rer. Germ. 18, 157), vgl. Annales Casinenses, ad 1195, MGH SS 19, 318; zur Krönung Konstanzes Kölzer, Urkunden 18, 29, 101 f.; Walter von Pagliara Kanzler seit 30.3.1195, RI IV 3, Nr. 412, zur Person vgl. Kamp, Kirche 1, 509–514, 1122–1125, 1210–1215, Kölzer, Urkunden 46–52, zu seinem Aufenthalt 1195/96 bes. 48 f., vgl. RI IV 3, Nr. 412–436, Nr. 559 ff.; Konrad von Urslingen: RI IV 3, Nr. 430, zum Itinerar vgl. Nr. 430–436, Nr. 559 ff., dazu Schubring, Herzoge 38, 271 f., Kölzer, Urkunden 47. – Wohl erst Anfang 1196 erschien der Reichskanzler Konrad von Hildesheim († 1202) in Italien. Er wirkte als *imperialis aule cancellarius et tocius Italie et regni Sicilie et Apulie legatus* zunächst in der Lombardei, eilte dann offenbar seinem kaiserlichen Herrn in das Königreich Sizilien voraus (siehe dazu seinen bei Arnold von Lübeck V 19, MGH SS rer. Germ. 14, 174–183, überlieferten Reisebericht), zerstörte auf dessen Befehl die Mauern Neapels (vgl. Richard von S. Germano, ad 1196, ed. Garufi 18, der ihn mit dem damals schon toten Bischof Heinrich von Worms verwechselt) und saß im Oktober in Brindisi dem Hofgericht vor (Girgensohn-Kamp, Urkunden Patti 60 mit Anm. 12; vgl. Cod. dipl. Barese 6, 5, Nr. 2 vom 20.8.1196, sowie ebd. 9 f., Nr. 3–4 vom 20.3. bzw. 12.5.1197, beide ohne den Legatentitel für Konrad). Seine Hauptaufgabe bestand jedoch vermutlich schon jetzt in der Vorbereitung des von Heinrich geplanten Kreuzzuges, vgl. Arnold von Lübeck V 25, 195, Cronica Reinhardsbrunnensis, ad 1197, MGH SS 30, 1, 555; dazu Bach, Konrad, bes. 22–33, Seltmann, Heinrich VI. 147–154, Kölzer, Urkunden 47 f., Wendehorst, Würzburg, bes. 185 f., Jamison, Eugenius 146–152.

So regierte Konstanze doch recht selbständig, beraten von einem Kreis von Familiaren, zu denen die Erzbischöfe von Palermo und Capua gehörten, und auch sonst gestützt auf die uns bekannten Einrichtungen der normannischen Verwaltung, das Großhofgericht, die Kanzlei und das *magnum secretum*. Deren Wirksamkeit bleibt freilich schwer faßbar. Die Sekretie konzentrierte sich jetzt vorwiegend auf Sizilien, unter den Provinzialbeamten tauchen einzelne deutsche Namen auf. Deutlicher tritt allein die rege Tätigkeit der Kanzlei hervor, dokumentiert durch die relativ hohe Zahl der bekannten Urkunden Konstanzes. Die Kaiserin holte ihr Kanzleipersonal durchweg aus ihrem sizilischen Königreich und scheute sich keineswegs, auch bewährte Notare Tankreds zu übernehmen.[26]

Als selbstbewußte Tochter Rogers II., als rechtmäßige Erbin seines Reiches und der Herrschaftsrechte Wilhelms I. und Wilhelms II. protestierte Konstanze im Oktober 1195 energisch bei Papst Coelestin III. gegen dessen Einmischungen in kirchliche Angelegenheiten des Regnum Sicilie. Sie wandte sich namentlich gegen die Entsendung eines Legaten mit unbegrenzter Vollmacht, gegen die massive Beeinflussung der Abtswahl im Palermitaner Kloster S. Giovanni degli Eremiti zugunsten eines Gegners der kaiserlichen Majestät sowie endlich gegen die Weihe eines ihrer notorischen Widersacher zum neuen Erzbischof von Siponto (bei Manfredonia) durch Coelestin persönlich ohne jede Befragung oder gar Zustimmung des Hofes. Die genaue Analyse ihres Beschwerdebriefes zeigt eindrucksvoll, daß Konstanze sich strikt am 1188 bestätigten Vertrag von Benevent (1156), also an den Vereinbarungen ihres Bruders und ihres Neffen ausrichtete, den von Tankred mit Coelestin in Gravina 1192 ausgehandelten Vertrag jedoch als die rechtlich unwirksame Abmachung eines Usurpators ignorierte. Der Papst umgekehrt legte seinem kirchenpolitischen Vorgehen in Süditalien ganz eindeutig eben dieses Dokument zugrunde. Der Streit mit dem Papsttum um die Anerkennung von Konstanzes Erbrecht verband sich also aufs engste mit der Auseinandersetzung um die Beherrschung der sizilischen Kirche.[27]

Das Vorgehen der Kaiserin stand schwerlich im Gegensatz zu den Absichten Heinrichs. Dessen Verhandlungen mit dem Papst waren gerade damals unterbrochen, wurden also nicht gestört, und er selbst verwahrte sich, trotz der inzwischen wieder aufgenommenen Kontakte mit der päpstlichen Seite, im Juli 1196 ebenfalls namentlich gegen die rechtswidrige Weihe Hugos von Siponto. Das Erbrecht Konstanzes, das sehr wahrscheinlich seit

---

[26] Kamp, Kämmerer 54f., Girgensohn-Kamp, Urkunden Patti 57–60, Mazzarese Fardella, Aspetti 47–52, Kölzer, Urkunden 18 Anm. 63, zur Kanzlei Konstanzes 52–76, 106f., vgl. 24 Anm. 98.

[27] DKs. 3, ed. Kölzer 8–11, vgl. Baaken, Verhandlungen 488–496, Deér, Papsttum 256, 261f.

den bei seiner Verlobung getroffenen Vereinbarungen auch die Rechtsgrundlage für seine eigenen Herrschaftsansprüche im Regnum bildete, gab demnach offensichtlich den Rahmen auch für seine kirchenpolitischen Vorstellungen und Maßnahmen. Das verwundert nicht, betonte er doch in seinen sizilischen Urkunden überhaupt von Anfang an auffallend häufig seine Stellung als rechtmäßiger Nachfolger Rogers II. und der beiden Wilhelme, indem er ausdrücklich die von jenen erteilten Privilegien bestätigte und die unter jenen ausgebildete Rechtsordnung wiederherzustellen und zu schützen versprach. Diese Praxis richtete sich, ganz wie die Konstanzes, gegen das widerrechtliche Königtum Tankreds und seines Sohnes und zugleich gegen die Rechtsauffassung des Papstes. Sie hätte sich jedoch eigentlich verboten, wenn Heinrich seine sizilische Herrschaft primär aus den alten Rechten des Imperiums abgeleitet hätte. In diesem Falle nämlich hätten ihm auch Roger II. und die Wilhelme als Usurpatoren gelten müssen, und er hätte im Grunde ebensowenig den Titel eines *rex Sicilie* neben dem kaiserlichen führen dürfen, wie er dies seit der Einnahme Palermos tat.[28]

Auf das *antiquum ius imperii* bezüglich Siziliens berief sich Heinrich denn auch, soweit bekannt, nur ein einziges Mal: im Frühjahr 1191 bei seinem ersten Einmarsch in das Königreich. Es geschah bezeichnenderweise nach außen, dem Papst gegenüber und offenbar, wir sahen es bereits, veranlaßt durch die besondere Situation, in Reaktion auf das päpstliche Übergehen von Konstanzes Erbrecht. Ganz ähnlich erklärt sich wahrscheinlich Heinrichs Weigerung, wegen der *dignitas imperii* dem Papst den Lehnseid für das sizilische Königreich zu leisten – erst Innozenz III. berichtet davon –, als Antwort auf die päpstliche Hartnäckigkeit, vielleicht auch als ein eher taktisch gemeinter Versuch, in den zähen Verhandlungen mit Rom die eigene Ausgangsposition im Blick auf eine künftige Übereinkunft zu verbessern.[29]

---

[28] Brief Heinrichs vom 25.7.1196: MGH Const. 1, 523f., Nr. 375 (RI IV 3, Nr. 534); dazu sowie zur Situation der päpstlich-kaiserlichen Verhandlungen Baaken, Verhandlungen 483–485, 488f., 395f., dort der Hinweis auf Heinrichs Verbot für die Kleriker Siziliens, nach Rom zu gehen oder dorthin zu appellieren, RI IV 3, Nr. 392, vgl. Zerbi, Papato 68–70; zum Inhalt der Heiratsvereinbarungen siehe oben S. 15 mit Anm. 19 und bes. Baaken, Unio 272–280. Zur Berufung auf Roger II., Wilhelm I. und II. vgl. RI IV 3, Nr. 376ff., zum Königstitel ebd. (zwei Ausnahmen: Nr. 382 und 384) sowie bes. Ries Nr. 4–6.

[29] Berufung auf das *antiquum ius imperii*: RI IV 3, Nr. 152, vgl. oben 36f. mit Anm. 38, auf die *dignitas imperii*: Innocentius III, RNI 29, ed. Kempf 79 (Deliberatio de tribus electis, Jahreswende 1200–1201); daß Heinrich den Lehnseid für Sizilien grundsätzlich und dauernd mit Hinweis auf die *dignitas imperii* verweigert haben soll, verwundert auch deshalb, weil Innozenz im selben Dokument lobend feststellt, eben Heinrich habe eingewilligt, sogar das Kaisertum von Papst Coelestin in einer Form zu empfangen, die dessen Abhängigkeit vom Papsttum besonders zum Ausdruck bringe,

Umgekehrt dachte Konstanze zwar sicher noch weit weniger als Heinrich daran, dem Aufgehen des ererbten Regnum im Imperium Vorschub zu leisten. Mit dem Gedanken einer Vereinigung der beiden Reiche jedoch war sie seit ihrer Heirat wohl vertraut, und sie wußte die Vorteile, die sich aus deren Verwirklichung für ihre Stellung in Sizilien ergaben, durchaus zu nutzen. Bis zu ihrem Tode nannte sie sich, dem Titel ihres Gatten entsprechend, *Romanorum imperatrix semper augusta et regina Sicilie*. Sie berief sich auf Heinrich als den *invictissimus, serenissimus* oder *gloriosissimus imperator*, verwies des öfteren auf ihren eigenen kaiserlichen Rang, erinnerte in feierlichen Arengen einzelner Urkunden an die mit der *imperialis magnificentia* oder dem *sacri nomen imperii* verbundenen Herrscherpflichten und gab ihren Anweisungen zuweilen als *edicta imperialia* besonderes Gewicht.[30] Bezeichnenderweise wertete die Kaiserin schließlich in ihrem bereits erwähnten Protestschreiben an Papst Coelestin dessen Eingreifen im sizilischen Regnum als eine empfindliche Störung der Bemühungen um die Einheit von Imperium und Ecclesia, die Heinrich, der *victoriosissimus imperator et rex Sicilie*, eingeleitet und die sie selbst zu unterstützen beabsichtigt habe. Sie ging hier also ganz selbstverständlich von der außerordentlich engen Verbindung zwischen Imperium und Regnum aus. An deren Ursprung erinnerte sie ihren Adressaten recht deutlich mit der Bemerkung, sie habe ihr Königreich kraft ihres Erbrechts und dank der Hilfe der kaiserlichen Waffen empfangen.[31]

Das alles spricht für die grundsätzliche Übereinstimmung des Kaiserpaares in zentralen politischen Fragen. Heinrich wie Konstanze galt die Vereinigung von Imperium und Regnum offenbar als bewahrenswerte Realität, beide gründeten ihre Rechte im sizilischen Königreich primär auf Konstanzes Erbrecht. Daß dessen praktische Durchsetzung völlig von Heinrichs Kaisermacht abhing, war Konstanze bewußt und erklärt vermutlich auch ihr auffallendes Zurücktreten, sobald ihr Gemahl in Sizilien erschien. Dieser verzichtete seinerseits nicht darauf, dem Papst gegenüber die alten Reichsrechte auf Sizilien ins Spiel zu bringen, wo er dies für angebracht hielt. Nicht

---

RNI 29, 75f., dazu Baaken, Verhandlungen 511f.; für die seit Wilhelm I. dagegen immer mehr schwindende Bedeutung des formalen Belehnungsaktes der sizilischen Könige durch den Papst vgl. Deér, Papsttum 253–255.

[30] Siehe dazu die Belegstellen in den DDKs., ed. Kölzer, Index zu „Constantia" (288), „Henricus" (291f.), „augustalis" (308), „edictum" (320), „imperator" oder „imperialis" (326f.); vgl. Kölzer, Urkunden 92f. bzw. 102f., dazu die Arengen von DKs. 9, ed. Kölzer 31, D 11, 37, D 35, 110, D 43, 134, D 44, 141, oder D 52, 166.

[31] *Regnum nostrum, quod et paterna successione et imperialis adquisitione potentie contra emulorum conatus indebitos Domino largiente suscepimus*, DKs. 3, ed. Kölzer 10, vgl. dazu ebd. 8f., sowie ders., Urkunden 25–29, Baaken, Unio 290, Deér, Papsttum 256, Tabacco, Impero 17 mit Anm. 11, 28–31, Zerbi, Papato 61f., 65–68.

alle Probleme freilich mochten derart einvernehmlich zwischen Heinrich und Konstanze gelöst sein, und unmöglich ließen sich die aus dem Grundkonsens zu ziehenden Folgerungen, ließ sich vor allem das künftige Verhältnis der beiden Reiche zueinander in allen Einzelheiten vorweg absehen und bestimmen. So konnte jeder Tag konkreten politischen Handelns neue Schwierigkeiten ans Licht bringen und die beiden Ehegatten, äußerlich getrennt und in unterschiedliche Lebens- und Gesellschaftsordnungen gebunden, auch innerlich und sachlich auseinanderführen.

Heinrichs Ringen um die dauerhafte Sicherung seiner Machtstellung

Die letzten Jahre Heinrichs VI. waren nach allem, was wir darüber erfahren, eine Zeit hektischer Aktivität mit dem Ziel, Imperium und Regnum dauerhaft in staufischer Hand zu verbinden. Noch im April 1195, gleichzeitig mit den Maßnahmen zur Neuordnung Siziliens, festigte der Kaiser auch seine Herrschaft in Mittelitalien, dem nun aufgrund seiner geographischen Lage zentrale Bedeutung zukam: Neben Konrad von Spoleto sollten hier künftig der bewährte Markward von Annweiler als Markgraf von Ancona und Herzog von Ravenna und der Romagna (des Gebiets um Ravenna, Bologna und Ferrara) sowie Heinrichs jüngster, damals etwa achtzehnjähriger Bruder Philipp, der 1193 seine geistliche Laufbahn aufgegeben hatte, als Herzog von Tuszien (Toskana) und Inhaber der Mathildischen Güter den Einfluß des Reiches sichern. Philipp heiratete zudem wohl am Osterfest 1195 Irene, die Witwe von König Tankreds früh verstorbenem ältestem Sohn und Tochter des byzantinischen Kaisers Isaak II. Angelos (1185–1195). Obwohl ihr Vater in eben jenen Tagen von seinem Bruder Alexios III. (1195–1203) gestürzt wurde, stand diese Eheschließung doch in engem Zusammenhang mit Heinrichs weiteren Absichten, namentlich mit dem ihm jetzt immer wichtiger werdenden Kreuzzugsunternehmen.[32]

Schon bald nach seiner Krönung in Palermo hatte der Staufer durch den Bischof Wolfger von Passau († 1218) die Verbindung mit Papst Coelestin III. wieder angeknüpft, und seine Beziehungen zu Rom rissen dann – wiewohl zuweilen unterbrochen – bis zu seinem Tode nie ganz ab. Um welche Ziele es ihm dabei im einzelnen ging, welche Vorschläge er ins Spiel brachte, das gehört bis heute zu den großen Streitfragen der Forschung. Man darf jedoch

---

[32] Siehe die Urkunden Heinrichs vom April 1195: RI IV 3, Nr. 422ff., vgl. Continuationes Weingartenses, MGH SS 21, 479, Burchard von Ursberg, ad 1195, MGH SS rer. Germ. 16, 72f., Chronica regia Coloniensis, ad 1195, MGH SS rer. Germ. 18, 156f., Annales Marbacenses, ad 1194, MGH SS rer. Germ. 9, 64; zu den Vorgängen in Byzanz: Ostrogorsky 342–359.

sicher annehmen, daß er grundsätzlich für sich und Konstanze die päpstliche Anerkennung ihrer königlichen Stellung in Sizilien als Nachfolger Wilhelms II. und als legitime Erben von dessen Rechten gerade auch über die sizilische Kirche erstrebte, eine Anerkennung, die ihm Coelestin bislang verweigerte: Das Schreiben, in dem der Papst Ende April 1195 dem Kaiser die Entsendung zweier Kardinäle zur Aufnahme direkter Verhandlungen ankündigte, verschwieg gewiß absichtsvoll den von jenem selbstverständlich beanspruchten Titel *rex Sicilie*.[33] Vielleicht hoffte Coelestin noch immer und aus seiner Sicht verständlicherweise auf eine Möglichkeit, die Umklammerung des Kirchenstaates durch die Staufer, die *unio regni ad imperium* zu verhindern. Jedenfalls suchte er seine rechtlich notwendige, von Heinrich gewünschte Billigung der neuen Situation so lange wie irgend möglich hinauszuschieben. Eine solche Haltung mochte wenigstens die Bereitschaft der Gegenseite zu Zugeständnissen, etwa bezüglich der Übernahme der Abmachungen von Gravina, erhöhen.

Ein Versprechen des Kaisers stand in der Tat schon am Beginn seiner neuerlichen Kontakte zum Papst: die Zusage nämlich, aus eigenen Mitteln einen Kreuzzug zu organisieren. Bischof Wolfger hatte sie in Rom überbracht. Die heimliche Kreuznahme des Kaisers aus der Hand des Bischofs Radulf von Sutri am Karfreitag 1195 in Bari, die öffentliche Kreuzzugspredigt am folgenden Ostersonntag sowie der kurz darauf hinausgehende kaiserliche Kreuzzugsaufruf mit Einzelheiten über die Finanzierung des Projektes überzeugten Coelestin von der Ernsthaftigkeit des Vorhabens, das auch ihm außerordentlich am Herzen lag. Nun endlich, Anfang Mai, fand er sich im Gegenzug bereit, an den durch Mittelitalien nordwärts ziehenden Herrscher zwei Legaten abzusenden, also Verhandlungen im eigentlichen Sinne einzuleiten. Diese endeten freilich sehr rasch und ohne greifbares Ergebnis – zu weit auseinander lagen die Standpunkte der Gesprächspartner. Immerhin fand Heinrich vermutlich jetzt Zeit und Gelegenheit, in Foligno seinen kleinen Sohn und Erben zum ersten Mal zu sehen.[34]

Der letzte Aufenthalt des Kaisers in Deutschland vom Juni 1195 bis Juni 1196 galt zunächst der weiteren Vorbereitung des Kreuzzuges, des einzigen Unternehmens, das ihn nach wie vor mit dem Papst verband. Päpstliche Beauftragte forderten in zahllosen Predigten leidenschaftlich zur Teilnahme auf, und ihre deutschen Hörer folgten ihrem Ruf. Mit ähnlichem Eifer warb

---

[33] Grundlegend zum zeitlichen Ablauf der päpstlich-kaiserlichen Verhandlungen 1195–1197 Baaken, Verhandlungen, bes. 477–513; das Schreiben Coelestins vom 27. 4. 1195: Magnus von Reichersberg, ad 1195, MGH SS 17, 524.

[34] Zum Itinerar Heinrichs siehe RI IV 3, Nr. 410–438, zum Kreuzzug bes. 415a, 415b, 425, die Einzelheiten bei Baaken, Verhandlungen 480–485; einen Besuch in Foligno vermutete schon Kantorowicz, Friedrich 16.

Heinrich selbst in seiner Umgebung und bei den Fürsten des Reiches. So nahm auf den Hoftagen, die am 28. Oktober 1195 in Gelnhausen und am 6. Dezember in Worms stattfanden, eine große Zahl geistlicher und weltlicher Großer das Kreuz. Zugleich sorgten kaiserliche Befehle dafür, daß in Italien genügend Geld, Proviant und Schiffe für die Kreuzfahrer beschafft wurden. Schließlich zog Heinrich Vorteile aus dem immer deutlicheren Zerfall des byzantinischen Reiches. Schon 1194 hatte Leo von Kleinarmenien, seit langem ein Gegner des oströmischen Kaisers, sein Kilikien an der Südostküste Kleinasiens umfassendes, um die Städte Tarsus und Seleukia konzentriertes Fürstentum von Heinrich zu Lehen genommen. Ihm folgte nun, ein Jahr später, König Amalrich von Zypern, der so ebenfalls den Rückhalt des Reiches für seine 1191 den Byzantinern entrissene Herrschaft zu gewinnen suchte. Vor allem aber wandte sich Heinrich selbst mit Gebietsansprüchen und wohl auch als Verteidiger der Thronrechte der Familie Irenes, seiner Schwägerin, an den neuen Machthaber in Byzanz, den als Usurpator gebrandmarkten Alexios, und erreichte mit seinen massiven Drohungen, daß sich dieser zu erheblichen Zahlungen bereit fand, die er seinen Untertanen in Form einer „Alamannensteuer" abpreßte.[35]

Trotz ihres gemeinsamen Einsatzes für den Kreuzzug waren sich Kaiser und Papst in den grundsätzlichen Fragen keinen Schritt näher gekommen. Um so intensiver nützte Heinrich deshalb die Monate in Deutschland, suchte er nun zunächst die deutschen Fürsten für seine Absichten zu gewinnen, ihre aktive Unterstützung für seine Bemühungen um die dauerhafte Sicherung seiner Erfolge zu erlangen. Damit tat er sich jedoch unvermutet schwer: Die in Worms versammelten Fürsten lehnten die Wahl seines kaum einjährigen Sohnes zum deutschen König ab. Das überrascht, hatte sich doch etwa noch Barbarossa mit dem gleichen Ansinnen ohne Schwierigkeiten durchgesetzt. Zudem hatten anscheinend viele Fürsten Heinrich gegenüber bereits vorher die Wahl Friedrichs eidlich versprochen. Offenbar begann sich nun aber erneut die reichsfürstliche Opposition gegen die mehr denn je als übermächtig empfundene Stellung Heinrichs zu formieren, und wie 1192/93 ging der Widerstand vom Niederrhein aus: Erzbischof Adolf von Köln (1193–1205, † 1220) verweigerte den Plänen des Kaisers von Anfang an am entschiedensten seine Zustimmung. Er und seine Anhänger mochten nach dem Sieg des Staufers in Sizilien befürchten, mit einem Nachgeben in

---

[35] Annales Marbacenses, ad 1194, MGH SS rer. Germ. 9, 64f., ad 1195, 65–67, Otto von St. Blasien, c. 42f., MGH SS rer. Germ. 47, 66f., 69f., Arnold von Lübeck V 25, MGH SS rer. Germ. 14, 194–196, Cronica Erfordensis, ad 1195, MGH SS rer. Germ. 42, 198, Cronica Reinhardsbrunnensis, ad 1197, MGH SS 30, 1, 554–556; Nicetae Historia, ed. v. Dieten 475, 32–479, 43; vgl. Ostrogorsky 353f., Mayer, Kreuzzüge 142–144, Leonhardt, Kreuzzugsplan 47–63.

der Wahlfrage nicht nur ein wesentliches fürstliches Recht, sondern die fürstliche Position dem deutschen Königtum gegenüber überhaupt zu gefährden. Daß Heinrich grundsätzlich willens war, seine Macht auch in Deutschland und auf Kosten der deutschen Fürsten auszubauen, daran konnte kaum Zweifel bestehen: Nach einem früheren, fehlgeschlagenen Versuch mit der Landgrafschaft Thüringen zog er eben jetzt die Markgrafschaft Meißen unter Übergehung des Bruders des verstorbenen Markgrafen als heimgefallenes Reichslehen ein und vergrößerte damit das in jenem Raum schon ausgebildete bedeutsame Reichsterritorium noch weiter. Im übrigen dürften die Männer um den Kölner Erzbischof die Abneigung des Papstes gegen eine endgültige Festsetzung der Staufer in Regnum und Imperium, seine Furcht vor der daraus resultierenden Gefährdung der Kirchenfreiheit wohl gekannt haben.[36]

Der Kaiser reagierte auf die Schwierigkeiten, die die Fürsten ihm in den Weg legten, mit einem spektakulären Schritt: Er unterbreitete ihnen, wohl im März 1196 in Würzburg, seinen „Erbreichsplan", das heißt: den Vorschlag, die deutsche Königskrone künftig nach Erbrecht weiterzuvergeben. Für den Verzicht auf ihr Wahlrecht sollten die weltlichen Fürsten auch ihrerseits die volle Erblichkeit ihrer Lehen in männlicher wie in weiblicher Linie, nötigenfalls sogar in Seitenlinien, erlangen, den geistlichen Fürsten gegenüber wollte der König seinen traditionellen Anspruch auf die Spolien, auf den Einzug ihres Nachlasses also, aufgeben. Eine so weitreichende Reform der Reichsverfassung hätte – darauf weisen zeitgenössische Quellen ausdrücklich hin – zweifellos die Verbindung des Imperiums mit Sizilien entscheidend gefestigt und zugleich der damaligen Entwicklung in anderen Königreichen, etwa in Frankreich, entsprochen. Sie hätte freilich, das zeigt gerade der Vergleich mit Frankreich, wohl vor allem das Königtum gestärkt. Dem Vorschub zu leisten, waren die Fürsten nur äußerst zögernd bereit, zumal sich die ihnen versprochene Erblichkeit der Reichslehen seit der Mitte des 12. Jahrhunderts ohnehin zu verbreiten begann und das königliche Spolienrecht schon seit längerem umstritten war. Zwar scheint es, daß sich Heinrich in Würzburg schließlich durchsetzte. Die Gruppe um Adolf von

---

[36] Heinrichs Bemühungen um die Wahl Friedrichs: Annales Marbacenses, ad 1195–1196, MGH SS rer. Germ. 9, 67–69, vgl. Otto von St. Blasien, c. 44f., MGH SS rer. Germ. 47, 70f., Burchard von Ursberg, ad 1197, MGH SS rer. Germ. 16, 74f., Chronica regia Coloniensis, ad 1196, MGH SS rer. Germ. 18, 159, Sächsische Weltchronik, c. 339, MGH Dt. Chron. 2, 235, Cronica Reinhardsbrunnensis, ad 1197, MGH SS 30,1, 556–558, zu Meißen ebd. ad 1196, 554, vgl. Chronicon Montis Sereni, ad 1196, MGH SS 23, 166, Sächsische Weltchronik, c. 338, 235, dazu Helbig, Ständestaat 14f., zur Sächs. Weltchr. Herkommer, Überlieferungsgeschichte, bes. VIII (aus der Mitte des 13. Jahrhunderts, nicht von Eike von Repgow).

Köln jedoch versagte sich standhaft seinem Projekt, und andere Fürsten wurden bald wieder schwankend. Immerhin kam es nach intensiven Bemühungen des Kaisers sowie des Mainzer Erzbischofs und Philipps, den sein Bruder im August 1196 mit dem Herzogtum Schwaben belehnte, Ende 1196 in Frankfurt doch wenigstens zur Königswahl Friedrichs, der später sogar der Erzbischof von Köln beitrat.[37]

Die Entwicklung in Deutschland hing aufs engste mit dem Stand der Beziehungen des Kaisers zum Papst zusammen. Offenbar diskutierte Heinrich die mit Rom strittigen Fragen zunächst ausführlich mit einem der päpstlichen Kreuzzugslegaten, der sich während der ersten Hälfte des Jahres 1196 ständig an seinem Hofe aufhielt. Diese Gespräche sowie die zu jener Zeit als sicher angesehene fürstliche Zustimmung zum Erbreichsplan ermutigten den Herrscher dann im Juli, nach Italien aufzubrechen, um unmittelbar mit Coelestin selbst endlich den Frieden zwischen Kirche und Reich zu besiegeln. Er stieß indessen bald auf erhebliche Hindernisse. Nicht nur, daß sich die Streitigkeiten zwischen den großen Städten der Lombardei, zwischen Mailand und Cremona zumal, kaum schlichten ließen. Auch der Papst brachte neue Beschwerden vor über das brutale Verhalten der kaiserlichen Verwaltung einzelnen Geistlichen gegenüber und insbesondere über das rechtswidrige Vorgehen Herzog Philipps im Patrimonium Petri. Dennoch intensivierten sich die Kontakte im Herbst, als der Kaiser im Oktober und November 1196 mehrere Wochen in der weiteren Umgebung Roms verweilte, erst in Montefiascone nördlich von Viterbo, dann in Foligno und endlich in Tivoli, nur dreißig Kilometer östlich der Stadt. Zahlreiche hochrangige Gesandtschaften reisten damals zwischen ihm und Coelestin hin und her.[38]

Über die Vorschläge, die sie austauschten, wissen wir leider kaum mehr, als daß es um die Eintracht zwischen den beiden Parteien, auch um die Stellung des Regnum Sicilie ging. Der Kaiser bot wohl zunächst an, öffentlich seine persönliche Teilnahme am Kreuzzug zu geloben, sich also noch stärker als bisher mit diesem Unternehmen zu identifizieren, und forderte dafür, daß der Papst seinen Sohn taufe und zum König salbe – unklar bleibt, ob zum deutschen oder zum sizilischen. Im ersten Fall hätte sich Coelestin, gerade als der Erbreichsplan des fürstlichen Widerstands wegen fallen gelassen werden mußte, auf sehr eindrückliche Weise zum Verbleib der deutschen Königswürde beim staufischen Haus bekannt, im zweiten zum staufischen

---

[37] Zu Philipps Herzogswürde vgl. RI V, Nr. 10b, RI IV 3, Nr. 542; zum Erbreichsplan und zur Wahl Friedrichs: Schmidt, Königswahl 225–260, vgl. Annales Marbacenses, ad 1196, MGH SS rer. Germ. 9, 68, Sächsische Weltchronik, c. 339, MGH Dt. Chron. 2, 235, Gesta episc. Leodiensium, MGH SS 25, 132.

[38] Zu dieser Phase der Verhandlungen siehe Baaken, Verhandlungen 496–505, vgl. RI IV 3, Nr. 505, 520, 534, 555–572.

Erbrecht auf Sizilien. In jedem Falle aber hätte er praktisch zugleich der fortdauernden Vereinigung von Imperium und Regnum in staufischer Hand Vorschub geleistet. Er lehnte den Vorschlag ab. Heinrich antwortete mit einem zweiten, jenem berühmten „höchsten Angebot", von dem er selbst später sagte, es stehe in der Geschichte der Christenheit beispiellos da. Bedauerlicherweise verrät er uns freilich nichts über seinen konkreten Inhalt. Es mag sich um eine außergewöhnlich hohe finanzielle Verpflichtung der Kirche gegenüber oder – vielleicht doch wahrscheinlicher – um die Bereitschaft gehandelt haben, in einer eindeutigen, dem Lehnsrecht verwandten Form die Bindung seiner kaiserlichen Herrschaft an das Papsttum zu bekunden, um dafür die päpstliche Anerkennung der eigenen Herrscherstellung in ihrem vollen territorialen und rechtlichen Umfang einschließlich ihrer Erblichkeit zu erlangen. Gewiß ist nur dies, daß Coelestin auch darauf negativ reagierte. Die Festsetzung der Staufer im Norden wie im Süden des Kirchenstaates war für ihn ganz augenscheinlich in jeder Form unannehmbar.[39]

Während der Verhandlungen mit dem Papst hatte sich Heinrich Anfang November 1196 für einige Tage nach Foligno und Spoleto begeben, um dort, vermutlich zum zweiten Mal, seinen Sohn Friedrich zu besuchen. Er hoffte damals wohl, daß sich die von ihm gewünschte feierliche und bedeutungsvolle Taufe und Königssalbung seines einzigen Kindes durch Coelestin alsbald durchführen lasse, und nahm Friedrich deswegen möglicherweise sogar mit sich nach Tivoli. Ob dessen Taufe nach der päpstlichen Weigerung dann trotzdem noch in Anwesenheit des Vaters während der zweiten Novemberhälfte stattfand oder erst später in bescheidenerem Rahmen am Hofe der Herzogin zu Foligno oder Spoleto, das entzieht sich unserer Kenntnis.[40]

Mit großem Unwillen sei Heinrich auf den Fehlschlag aller seiner Bemühungen hin von Rom weg südwärts weitergezogen, so berichtet ein mit der Stimmung am kaiserlichen Hof gut vertrauter Zeitgenosse, und des Herrschers eigene Worte aus jenen Tagen lassen seine tiefe Enttäuschung deutlich spüren. Zwar kam es auch noch 1197 zum Austausch von Gesandten mit dem Papst, doch ein greifbares Resultat blieb diesen Bemühungen ebenso wie allen früheren versagt.[41]

---

[39] Taufe und Salbung Friedrichs: Annales Marbacenses, ad 1196, MGH SS rer. Germ. 9, 68; „höchstes Angebot": MGH Const. 1, 524f., Nr. 376 (RI IV 3, Nr. 572), dazu Baaken, Verhandlungen 458–460, 467–473, 509–513, vgl. Schmidt, Königswahl 252 mit Anm. 141.

[40] RI IV 3, Nr. 567f., vgl. RI V, Nr. 511f. die einschlägigen Quellenstellen; für den Dom S. Rufino zu Assisi als Taufort fehlt dort jeder Anhalt.

[41] *Iter cum magna indignatione versus Syciliam movit* (sc. *imperator*), Annales Marbacenses, ad 1196, MGH SS rer. Germ. 9, 68, Heinrichs Brief: RI IV 3, Nr. 572 (vgl. Anm. 39); vgl. Baaken, Verhandlungen 505–509.

Letzter Sizilienaufenthalt und Tod des Kaisers

Sein Hauptaugenmerk wandte der Kaiser in den folgenden Monaten den Kreuzzugsvorbereitungen und den Verhältnissen im Königreich Sizilien zu. Schon Ende Dezember 1196 berief er einen Hoftag nach Capua. Dort ließ er an Richard von Acerra, dem Schwager und wichtigsten Verbündeten Tankreds, der jetzt erst in seine Hand geriet, ein grausames Todesurteil vollstrecken. Mit der Grafschaft Richards belehnte er Diepold von Schweinspoint (östlich Donauwörth; † nach 1221), einen Mann ministerialer Herkunft, der es im staufischen Dienst bis zum Justitiar der das ehemalige Fürstentum Capua umfassenden Provinz Terra Laboris gebracht und Richard gefangen genommen hatte. Schon dies wirkte nicht nur abschreckend, sondern weckte vielfach Unmut. Die Unzufriedenheit wuchs bedenklich, als Heinrich auf derselben Versammlung die Erhebung einer allgemeinen Steuer verkündete und schließlich hier und noch einmal an Ostern 1197 von Palermo aus seinen Untertanen im Königreich befahl, alle von ihm empfangenen Urkunden zurückzugeben, also die Absicht bekundete, sämtliche von ihm erteilten Privilegien zu überprüfen. Zwar hatte schon Roger II. 1144 ähnliches unternommen, und offensichtlich erhielten viele weltliche und geistliche Große die ihnen früher verliehenen Rechte und Besitzungen nach der Überprüfung durch Heinrich erneut zugewiesen. Doch manchen trafen gewiß schmerzliche Verluste. Vor allem verriet die Maßnahme wie auch der in den herrscherlichen Urkunden nun öfters auftauchende allgemeine Widerrufsvorbehalt klar den Willen Heinrichs, die grundsätzliche und ständige Abhängigkeit aller Privilegierten, des Adels, der Kirche wie der Städte, von seiner Herrschervollmacht und seinem Wohlwollen deutlicher denn je zur Geltung zu bringen.[42]

Um diese Tendenz zu durchkreuzen, fand sich eine Gruppe von Verschwörern zusammen, die Ende April 1197 losschlug. Heinrich hielt sich damals gerade zur Jagd in der Gegend von Patti (60 km westlich Messina) auf. Er wurde offenbar gewarnt und konnte vor dem Zugriff seiner Gegner nach Messina entkommen. Von dort aus organisierte er rasch die Gegenwehr. Gestützt auf die Hilfe Markwards von Annweiler, Heinrichs von Kalden sowie der in der Hafenstadt zur Ausfahrt versammelten Kreuzritter schlug er das Heer der Aufständischen bei Catania und nahm schließlich Anfang Juli nach

---

[42] Hoftag in Capua: RI IV 3, Nr. 575, 584, Richard von S. Germano, ad 1196–1197, ed. Garufi 18; in Palermo: RI IV 3, Nr. 583, 586, 587, 588; zu Diepold: RI IV 3, Nr. 413, 426, 576, vgl. Winkelmann, Herkunft 159–162. Zu Heinrichs Maßnahmen siehe Baaken, Salvo mandato 16–23, außerdem Kölzer, Urkunden 19 sowie 44f., Scheffer-Boichorst, Vorbilder 244–249, und Niese, Gesetzgebung 159, mit Hinweisen auf normannische Vorläufer des Widerrufs-Vorbehaltes, zu Roger II. oben S. 24.

mehrwöchiger Belagerung von Castrogiovanni, dem heutigen Enna (80 km westlich Catania), die letzten Rebellen gefangen. Erneut folgte, in Anwesenheit der Kaiserin, ein schreckliches Strafgericht über die Hochverräter, insbesondere über ihren offenbar als künftigen König ausersehenen Führer, den Burgherrn von Castrogiovanni.

Die sizilischen Geschichtsschreiber erwähnen diesen Aufstand kaum, und wenn sie es tun, so schildern sie ihn als die Rebellion eines einzelnen. Aus den Herrscherurkunden jener Tage läßt sich aber doch erkennen, daß die Revolte für Heinrich überraschend kam und zunächst recht bedrohlich aussah, sich allerdings wohl hauptsächlich auf den Osten Siziliens konzentrierte. Für eine Erhebung des ganzen Königreiches, von der deutsche Quellen reden, findet sich hier wenig Anhalt. Die deutschen Chronisten berichten außerdem von dem offenbar auch unter den Deutschen am Hof umgehenden Gerücht, wonach der Papst und selbst die Kaiserin von der Verschwörung gewußt hätten, ja Konstanze sie sogar aus Feindschaft gegen Heinrich angezettelt habe. Welche konkreten Vorgänge zu diesen Verdächtigungen führten, läßt sich heute nicht mehr sicher sagen. Freilich spricht gegen eine wie immer geartete Beteiligung der Kaiserin, daß das geplante Unternehmen, zumal mit einem adligen Thronbewerber an seiner Spitze, doch auch ihre eigene, bewußt auf die kaiserliche Hilfe gegründete Herrscherstellung und die Erbrechte ihres Sohnes entscheidend bedrohte. Das schließt natürlich keineswegs aus, daß Heinrichs harte Maßnahmen und der zunehmende Widerstand der Bevölkerung damals Meinungsverschiedenheiten und Spannungen zwischen dem Kaiserpaar hervorriefen, die ihrer Umgebung nicht verborgen blieben.[43]

Ende Juli hatte sich die Lage in Sizilien offenbar völlig geklärt, und Heinrich kehrte wieder in das bei Patti gelegene Jagdrevier zurück. Schon wenige Tage später jedoch erkrankte er, vermutlich an rezidiver Malaria, an der er seit dem Sizilienzug von 1194/95 litt. Er mußte nach Messina gebracht werden, wohin sich auch Konstanze und ein großer Teil seiner Berater begaben. Nach kurzer trügerischer Besserung verschlimmerte sich sein Zustand infolge einer hinzutretenden Ruhrerkrankung rasch weiter, und am 28. September 1197 starb der kaum Zweiunddreißigjährige. Kurz zuvor legte er noch Richtlinien für die nach seinem Tod zu führenden Verhandlungen nieder. Ihren Wortlaut überliefert freilich allein der Biograph Innozenz' III.,

---

[43] Richard von S. Germano, ad 1197, ed. Garufi 18 (der dort genannte Führer *Guillelmus monachus, castellanus castri Iohannis*, erwähnt in DKs. 58, ed. Kölzer 181); Annales Marbacenses, ad 1197, MGH SS rer. Germ. 9, 69f., Chronica regia Coloniensis, ad 1197, MGH SS rer. Germ. 18, 159, vgl. Arnold von Lübeck V 25f., MGH SS rer. Germ. 14, 196f., sowie Albert von Stade, ad 1196, MGH SS 16, 352f.; RI IV 3, Nr. 592–598, 605; Kölzer, Urkunden 19f., ders., Costanza 352.

Abb. 5: Kaiser Heinrich VI. auf dem Thron sitzend; über ihm die Sapientia, auf deren Wink die Fortuna den König Tankred unter ihr Rad stürzt; rechts und links von ihm sein Kanzler Konrad von Querfurt, Bischof von Hildesheim und Würzburg, sowie Markward von Annweiler; darunter Heinrich von Kalden.

Petrus von Eboli, Liber ad honorem Augusti; Burgerbibliothek Bern, Cod. 120 II, f. 147ʳ (1194–96)

und auch er nur auszugsweise und mit dem wohl unzutreffenden Hinweis, es handle sich um das Testament des Kaisers. Deshalb hat man immer wieder die Authentizität des Textes überhaupt angezweifelt. Er gibt die Vorstellungen des mit dem Tode ringenden Herrschers insgesamt aber doch wohl zutreffend wieder. Ziel seiner Nachfolger, zunächst Konstanzes, sollte es demnach offenbar sein, bezüglich des Königreiches Sizilien mit dem Papst zu einer Vereinbarung zu kommen, die sich unter Anerkennung der päpstlichen Lehenshoheit möglichst an den Verhältnissen zur Zeit der normannischen Könige ausrichtete, vor allem aber das Erbrecht Konstanzes und Friedrichs sicherte. Um vom Papst für Friedrich dennoch zugleich auch die Kaiserwürde zu erlangen, sollten ihm weitgehende territoriale Zugeständnisse vorwiegend in Mittelitalien gemacht, die besetzten Territorien des Kirchenstaates sowie die Mathildischen Güter an ihn zurückgegeben werden, sollte Markward von Annweiler das Herzogtum Ravenna und die Mark Ancona aus päpstlicher Hand zu Lehen nehmen. Bis zuletzt blieb die dauerhafte Vereinigung des Imperiums und des Regnum Sicilie das zentrale Anliegen Heinrichs VI.[44]

Der Kaiser starb, auch für mittelalterliche Verhältnisse noch jung, in einer offenen Situation. Schwer läßt sich deshalb sein Wirken beurteilen, schwer läßt sich absehen, welche Ziele er sich gesteckt hatte und wieviel vom Geplanten er in einem längeren Leben hätte verwirklichen können. Der Kreuzzug, auf den er so große Hoffnungen setzte und der, lange und umsichtig vorbereitet, gerade in den Wochen vor seinem Tod mit dem Auslaufen des Hauptkontingentes von Messina aus im eigentlichen Sinne begann, schien angesichts der Überlegenheit der kaiserlichen Mittel, der Ohnmacht Ostroms und der Zerstrittenheit der Muslime nach dem Tode des Sultans Saladin († 1193), ihres erfolgreichen Führers, des Herrn von Ägypten und Syrien,[45] alle Aussicht auf Erfolg zu besitzen. Ein solcher Erfolg aber, diese Vermutung darf man vielleicht doch wagen, hätte Heinrichs Ansehen und politisches Gewicht sicher noch weiter erhöht, hätte ihn so in den Stand gesetzt, mit seinen Vorstellungen beim Papst und den deutschen Fürsten entschiedener als bisher durchzudringen und auf diese Weise den bereits einge-

---

[44] Annales Marbacenses, ad 1197, MGH SS rer. Germ. 9, 70, vgl. RI IV 3, Nr. 600–614a; dazu Herde, Katastrophe 162–166; „Testament": Gesta Innocentii, c. 27, PL 214, LII A–C, RI IV 3, Nr. 614 (Literaturüberblick), dazu Kölzer, Urkunden 20f., Tabacco, Impero 38f., Zerbi, Papato 72f., Deér, Papsttum 256, Zweifel an der Echtheit vor allem bei Pfaff, Gesta, bes. 90–112, 124–126; zur Überlieferung der Gesta Innocentii vgl. Imkamp, Kirchenbild 10–20.

[45] Über Saladin und die Lage nach seinem Tod sowie den Kreuzzug Heinrichs VI. siehe Mayer, Kreuzzüge 117–129, 139–144, 195f., vgl. Johnson, Crusades, bes. 116–122, Runciman, Geschichte 2, 391–458, und 3, 78–108; zum Aufbruch der Kreuzfahrer vgl. Arnold von Lübeck V 26, MGH SS rer. Germ. 14, 198.

leiteten Prozeß der Vereinigung der verschiedenen Reiche Mitteleuropas unter einer starken, strukturell abgesicherten, unter Umständen sogar erblichen staufischen Kaiserherrschaft energisch weiter voranzutreiben. Daß er das Instrumentarium, das seine Zeit einem entschlossenen Fürsten bereitstellte, zu handhaben wußte, daß er etwa die Möglichkeiten einer auf die Herrschergewalt hingeordneten und von ihr abhängigen Verwaltung, die Bedeutung des Rechts und der finanziellen Mittel für eine effiziente Herrschaftsausübung kannte, das immerhin hatte er schon zur Genüge bewiesen.

Nach dem überraschenden Tod des Kaisers ging die Entwicklung freilich zunächst fast stürmisch in die entgegengesetzte Richtung. Schon die Zeitgenossen waren sich dieses Umschlags wohl bewußt; Verwirrung, Unheil und Krieg habe nun im ganzen Erdkreis geherrscht, so klagt einer von ihnen.[46] Man könnte diese Tatsache als Zeichen einer entscheidenden Schwäche, als Beweis dafür betrachten, daß Heinrichs weitgespanntes Imperium Regionen mit allzu unterschiedlicher wirtschaftlicher, gesellschaftlicher und politischer Ordnung künstlich und gewaltsam zusammenfügte, daß es allzu ausschließlich von seiner Energie, seinem prägenden Willen beseelt und gestaltet war, daß also überholte Formen personaler Herrschaftsausübung offenbar noch allzusehr dominierten. Ganz gewiß hatte die Persönlichkeit Heinrichs für den Zusammenhalt und die einheitliche Entwicklung der von ihm regierten Gebiete entscheidende Bedeutung. Ein Vergleich zeigt indessen, daß dem persönlichen Moment bei allen übergreifenden Reichsbildungen jener Zeit eine ähnlich gewichtige Rolle zufiel – man denke nur an die Herrschaft Heinrichs II. in Westfrankreich und England und den Zerfall des Plantagenet-Reiches nach dem gleichfalls unerwarteten und frühen Tod von Richard Löwenherz, von dem dann der französische König Philipp II. profitierte. Offensichtlich setzte die Zusammenfassung der gesellschaftlichen Kräfte großer Territorien zu einem einheitlichen Staatsgebilde auch jetzt noch, trotz der neuen Formen der institutionellen, finanziellen, juristischen und auch ideologischen Absicherung der Zentralgewalt, wesentlich die Autorität und Phantasie des Herrschers voraus. Ihrer Wirksamkeit aber war im Falle Heinrichs VI. eine allzu kurze Zeit vergönnt, und auf Jahrzehnte hinaus fand sich niemand, der sein Vorhaben weiterzuführen imstande gewesen wäre.

---

[46] Annales Marbacenses, ad 1197, MGH SS rer. Germ. 9, 70, vgl. Otto von St. Blasien, c. 45, MGH SS rer. Germ. 47, 71, Chronica regia Coloniensis, ad 1197, MGH SS rer. Germ. 18, 160, Arnold von Lübeck V 27, MGH SS rer. Germ. 14, 203, Chronica Reinhardsbrunnensis, ad 1197, MGH SS 30,1, 558.

Der neue Papst: Innozenz III. Seine Amtsauffassung

Nur ein gutes Vierteljahr nach Heinrich VI., am 8. Januar 1198, starb 92jährig auch Papst Coelestin III. Noch an seinem Todestag wählten die Kardinäle, kaum war er in der Lateranbasilika beigesetzt, einhellig den Jüngsten aus ihrem Kreis zu seinem Nachfolger, den gerade siebenunddreißig Jahre alten Kardinaldiakon Lothar, der als Papst den Namen Innozenz annahm. Innozenz III. wurde, den Kaiser gewissermaßen ablösend, sehr rasch zur dominierenden Gestalt in Mitteleuropa und wahrte diesen bestimmenden Rang bis zu seinem Tode im Jahre 1216, also während der ganzen Jugendzeit von Heinrichs Sohn Friedrich. So übte er auf dessen Werdegang einen bedeutsamen Einfluß aus als der überragende Führer der römischen Kirche und als großer politischer Lehrmeister. Sein Verhältnis zu dem heranwachsenden Stauferkind hatte jedoch noch einen besonderen, persönlichen Charakter: Schon bald fiel ihm nämlich die Aufgabe des Vormundes für den früh Verwaisten zu.

Innozenz stammte väterlicherseits aus einer um Segni (südwestlich Rom) begüterten Adelsfamilie, mütterlicherseits aus einem römischen Patriziergeschlecht. Mit hervorragendem Gedächtnis und scharfem Verstand begabt, erhielt er nach ersten Schuljahren in Rom eine glänzende Ausbildung an den führenden europäischen Universitäten seiner Zeit: Er studierte Theologie in Paris und Kirchenrecht in Bologna, wo damals Huguccio, der berühmte Kanonist und spätere Bischof von Ferrara, wirkte. Schon 1190 folgte seine Ernennung zum Kardinal. Die römische Kurie bediente sich in den nächsten Jahren vor allem seiner auffallenden juristischen Begabung, seiner von der scholastischen Methode geprägten Kunst des Aufspürens und Abwägens von Argumenten, und befaßte ihn in erster Linie mit Rechtsstreitigkeiten. Daneben fand er aber durchaus noch Zeit, sich theologischen Fragen zu widmen und einige einschlägige Abhandlungen zu veröffentlichen. Auf das besondere Interesse seiner Zeitgenossen stieß dabei offenkundig seine Schrift ›Über das Elend des Menschen‹ – merkwürdig genug, schildert sie doch drastisch und ausführlich allen Jammer, die ganze Trostlosigkeit der menschlichen Existenz: „Aus Erde geformt, in Schuld empfangen, zur Strafe geboren, tut der Mensch Böses, das nicht gestattet ist, Schändliches, das sich nicht geziemt, Eitles, das nichts nützt, und wird schließlich zur Nahrung des Feuers, zur Speise der Würmer, zu einem Haufen Fäulnis", so ruft der Autor zu Beginn aus. Damit weist er programmatisch voraus auf die drei Teile seines Werkes und nennt zugleich schon jene Maßstäbe menschlichen Handelns, an die er sich auch später in entscheidenden Situationen halten wird: das Recht (*quae licent*), die Moral (*quae decent*) und den Nutzen (*quae expediunt*).[47]

---

[47] De miseria humane conditionis I 1,2, ed. Maccarrone 7 f.; zu Herkunft, Bil-

Lebten die Menschen von der Geburt bis zum Tode dermaßen erbärmlich und sinnlos dahin, so hob sich von ihnen in den Augen Innozenz', der hier die Anschauungen Gregors VII. und der daran anknüpfenden Theologie und Kanonistik des 12. Jahrhunderts weiterentwickelte, die Priesterschaft und an ihrer Spitze der Papst um so strahlender ab. Innozenz formulierte seine Vorstellungen von der päpstlichen Würde und Vollmacht besonders glanzvoll, einprägsam und prägnant in einer Predigt, die er an seinem Weihetag oder später zum Gedächtnis an ihn hielt. Gott selbst – dies war der Ausgangspunkt seiner Rede – machte Petrus zum felsengleichen Fundament seiner Kirche und legte auf diese Weise die unverrückbare, unumstößliche Primatstellung des apostolischen Stuhles fest. Wie seinen päpstlichen Vorgängern gelten dementsprechend auch ihm selbst, Innozenz, alle Zusagen, die Christus einst Petrus gab. Aus dieser innigen und unmittelbaren Bindung an Christus erwachsen ihm jene außerordentliche Glaubensstärke und jene übergroße Klugheit, deren er in seinem hohen Amte bedarf, um der schweren Verantwortung für das Heil der Christenheit, über die er von Gott als dessen Sachwalter gesetzt ist, gerecht zu werden. Der Fülle, Wichtigkeit und Schwierigkeit seiner Pflichten entspricht die überragende Bedeutung seines Ranges und seiner Befugnisse. In ihm, dem elenden Knecht, wirkt Gottes wunderbare Kraft. Wie Petrus empfing er persönlich aus der Hand Christi die Schlüssel des Himmelreiches und damit die universale Binde- und Lösegewalt; wie Petrus berief Christus ihn allein zur umfassenden Fülle der Macht, zur *plenitudo potestatis*, während er den übrigen Gliedern der Kirche lediglich einen Anteil an den Lasten und Mühen, die *pars sollicitudinis*, zuteilte. Ihm gilt wie dem Propheten Jeremias (1,10) Gottes Wort: „Ich habe Dich über die Völker und Königreiche gesetzt, auf daß Du niederreißt und zerstörst, aufbaust und pflanzt." So erweist sich der Nachfolger Petri, der päpstliche Diener Gottes, dem dieser seine Kirche anvertraute, als *vicarius Jesu Christi*, als Christi Stellvertreter, als „der Gesalbte des Herrn, in die Mitte gestellt zwischen Gott und Mensch, unter Gott, aber über dem Menschen, kleiner als Gott, doch größer als der Mensch; der über alle urteilt, während über ihn niemand ein Urteil fällt".[48]

Den hier mit dem päpstlichen Amt verbundenen Anspruch suchte Innozenz während seines Pontifikats nach Kräften einzulösen. Noch bewußter und konsequenter als seine Vorgänger setzte er innerhalb der Kirche den

---

dungsgang, Papsterhebung: Gesta Innocentii, c. 1–7, PL 214, XVII–XXI, Innozenz III., Ep. I 1, ed. Hageneder 3–5; vgl. Tillmann, Innocenz 1–15, Imkamp, Kirchenbild 20–46 (zur neuerdings bezweifelten Lehrerschaft Huguccios 38–46), Maleczek, Papst 101–104.

[48] Innozenz III., Sermo II in consecratione pontificis, PL 217, 653–660, vgl. bes. 657C–658A, dazu Tillmann, Innocenz 15–17, Imkamp, Kirchenbild 273–289.

von Gott gewollten Primat des apostolischen Stuhls durch. Energisch korrigierend griff er in die Amtsführung der übrigen Kleriker ein, unnachgiebig beharrte er auf seiner ausschließlichen Zuständigkeit in schwerwiegenden Fällen, etwa bei Absetzungen oder Versetzungen von Bischöfen, mit Strenge kontrollierte er die kirchlichen Wahlen, bestrafte er Verstöße gegen das Kirchenrecht. Die umfassende Verfügungsgewalt über den kirchlichen Besitz übte er ebenso selbstverständlich aus wie das ihm zustehende höchste kirchliche Lehramt. Vor allem anderen jedoch wirkte er als Gesetzgeber der Kirche. Mit einer wahren Flut von Erlassen und Entscheidungen prägte er tief deren inneres Leben. So groß wurde schließlich die Zahl dieser päpstlichen Dekretalen, so schwierig der Überblick über ihren Inhalt aufgrund der immer zahlreicheren, aber keineswegs zuverlässigen privaten Kompilationen, daß Innozenz als erster Papst eine offizielle, bald unter dem Namen Compilatio tertia bekannte Dekretalensammlung anlegen ließ. Als er sie 1210 nach Bologna sandte, betonte er ausdrücklich ihren authentischen Charakter, indem er bestimmte, künftig sollten seine Dekretalen im Universitätsunterricht wie in der Rechtspraxis allein im hier vorliegenden Wortlaut benutzt werden. Auf einem neuen Feld war mit diesem Schritt die überragende päpstliche Zuständigkeit und Verantwortung für das Recht verdeutlicht.[49]

Neue Frömmigkeitsformen und Innozenz' Haltung ihnen gegenüber

Um die Autorität der Kirche, als deren Haupt Papst Innozenz so aktiv und umsichtig wirkte, stand es, als er sein Pontifikat antrat, vielerorts in der abendländischen Christenheit nicht zum besten. Neue religiöse Bewegungen hatten sich dort seit der zweiten Hälfte des 12. Jahrhunderts stark ausgebreitet, neue Formen der Frömmigkeit fanden wachsenden Zuspruch. Bei allen Unterschieden zwischen den einzelnen Gruppen zeichnete sie alle doch das gemeinsame Verlangen aus, sich wieder entschieden am Evangelium in seinem einfachen Wortsinne zu orientieren. Ihre Mitglieder sahen in der Lebensweise Jesu und seiner Jünger das verpflichtende Vorbild, dem sie selbst nacheiferten. Wie die Apostel wollten sie möglichst alle Bindungen an die Welt lösen und sich ganz an den Geboten Christi ausrichten. Dabei erhielt überall neben der Armut die Predigt eine große Bedeutung; die Menschen drängte es danach, sich wie Jesus selbst dem Nächsten zuzuwenden. Das Streben nach der allein Heil gewährenden evangelischen Vollkommenheit, nach der *perfectio evangelica* für die eigene Person umschloß den Ein-

---

[49] Tillmann, Innocenz 27–38, Le Bras, L'âge classique 227–232, Imkamp, Kirchenbild 43f.; vgl. Chodorow, Dekretalensammlungen 656–658.

satz für den Nächsten und seine Vollendung. Ganz offensichtlich trat hier eine weithin empfundene Sehnsucht nach unmittelbarer religiöser Aktivität zutage, die die Amtskirche nicht zu befriedigen vermochte; dieser erwuchs vielmehr in den armen Laienpredigern eine gefährliche Konkurrenz.

Im Unterschied zu den Päpsten vor ihm erkannte Innozenz III. rasch den Ernst und die Tiefe dieser religiösen Entwicklung, und er bemühte sich aufgeschlossen und verständnisvoll, die neuen Gemeinschaften in die Kirche zu integrieren, ihren Eifer und ihre Einsatzfreude für die Sache der Kirche zu gewinnen, wo immer sich dazu die Möglichkeit bot, ohne daß die orthodoxe Lehre und die hierarchische kirchliche Ordnung in Frage gestellt wurden. Das gelang wenigstens zu einem Teil im Falle der Waldenser, einer Gruppe, die sich seit 1176/77 um den reichen Kaufmann Waldes († um 1207) aus Lyon scharte. Ihre Mitglieder gaben ihren ganzen Besitz auf und zogen wandernd durch das Land, um Christi Weisung gemäß das Evangelium zu verkünden. Obwohl sie sich dabei nicht vom kirchlichen Dogma entfernten, sich bald sogar vorrangig der Ketzerbekehrung zuwandten, stieß die Predigttätigkeit von Laien auf den entschiedenen Widerstand der Kirche, die die Waldenser schließlich sogar exkommunizierte. Trotzdem wuchs die Gemeinschaft schnell an und entfaltete insbesondere in Südfrankreich und Oberitalien eine rege Tätigkeit. Erst Waldes' Tod verursachte dann eine gewisse Unsicherheit über den Fortgang der Bewegung, die lombardischen Waldenser entwickelten eigene Organisationsformen, und in dieser besonderen Situation gelang es Innozenz, eine Waldenser-Gruppe um den Spanier Durandus von Huesca in die Kirche zurückzuführen. Mit den Vorschriften, die künftig ihr Leben und Wirken ordnen sollten, anerkannten die „katholischen Armen", wie sie nun hießen, Dogma und Hierarchie der Amtskirche, sowie das priesterliche Monopol der Sakramentsverwaltung, während sie umgekehrt die päpstliche Billigung für ihre Grundanliegen erhielten, mit Erlaubnis des Papstes in Armut und auf Wanderschaft Buße predigen, zur Bekehrung rufen durften. Auf ähnlicher Basis hatte Innozenz schon etwas früher die Gemeinschaft der Humiliaten, die in Oberitalien in Wort und Tat für die Verwirklichung christlicher Normen eintrat, in die Kirche einbeziehen können.[50]

Die offene, zum Entgegenkommen bereite Haltung Innozenz' III. erleichterte es auch jenen Reformer-Gruppen, die sich erst während seines Pontifikats neu zusammenfanden, von Anfang an als Glieder und mit Unterstützung der Kirche zu arbeiten. Dies gilt etwa für die Männer um den nord-

---

[50] Vgl. dazu Selge, Waldenser 1, bes. 17–35, 227–320, Thouzellier, Catharisme 16–79, 169–181, 215–237, Grundmann, Religiöse Bewegungen 18–23, 70–127, Lambert, Ketzerei 108–149, vgl. Manselli, Grundzüge 15–17, 22–26, Maccarrone, Studi 278–300, Maisonneuve, Études 156–158, 173–186.

spanischen Chorherren Dominicus von Osma († 1221), der seit 1205 als einfacher Wanderprediger in Südfrankreich das Vorbild des armen Christus verkündete und 1216 für seinen zunächst noch kleinen Predigerbund, die künftigen Dominikaner, die päpstliche Bestätigung der Ordensregel erlangte. Es trifft in besonderem Maße auf Franz von Assisi (1181/82–1226) zu, den Sohn eines reichen Kaufmanns, der ähnlich wie Waldes auf die ihm sichere glanzvolle Stellung in seiner Vaterstadt verzichtete, um fortan in völliger Besitzlosigkeit seine umbrische Heimat zu durchziehen, Kranke zu pflegen und mit verzehrender, mitreißender Intensität seinen Mitmenschen und selbst den Geschöpfen der Natur die Vollkommenheit Gottes zu rühmen, sie zum Preis ihres Schöpfers anzuspornen, zu Buße und Umkehr zu mahnen. Früh, wohl 1209, wandte er sich mit seinen Gefährten nach Rom, suchte und fand er Verständnis, Billigung und Hilfe bei Innozenz III., unter der Bedingung freilich, daß er dem Papst Gehorsam leiste. Auf dem großen Laterankonzil von 1215 anerkannte dieser dann offiziell die Ordensgemeinschaft des Franziskus und ihre Regeln.[51]

Der Zahl nach das größte Gewicht unter den neuen Bewegungen hatte um 1200 die Sekte der Katharer gewonnen, der Reinen oder der Armen Christi, wie sie sich auch nannten. Erstmals um 1144 in Köln faßbar, waren sie nun besonders in der Lombardei und in Südfrankreich verbreitet, dort nach Albi, einem ihrer Hauptorte, häufig als Albigenser bezeichnet. Obwohl sie sich eifrig auf das Neue Testament beriefen, unterschied sich ihr dualistischer Glaube, vor allem in seiner in Frankreich überwiegenden radikalen Ausprägung, recht deutlich von der christlichen Orthodoxie. Nach ihrer Überzeugung stand dem guten Gott des Lichts und der Reinheit, der im Neuen Testament durch Christus redete, die teuflische Macht des Bösen entgegen, die alles Materielle geschaffen hatte und beherrschte. Von ihr kündete das Alte Testament, das die Katharer deshalb ablehnten. Für die Menschen kam es entscheidend darauf an, geleitet vom katharischen Vorbild aus der Fesselung an die diesseitige Welt und damit an den Teufel auszubrechen, sich in ein Leben strikter Askese einzuüben, um ihre Seele so aus ihrer körperlichen Gefangenschaft zu erlösen und in ihre eigentliche Heimat, zum Gott des Guten und des Geistes zurückzuführen. Deshalb bemühten sich die Bischöfe der Sekte, die es in Nachahmung der katholischen Kirche bald gab, und die *perfecti*, die Vollkommenen, die nach einer Probe-

---

[51] Vicaire, Geschichte; Manselli, Francesco; Esser, Anfänge; Goez, Gestalten 315–330; Grundmann, Religiöse Bewegungen 100–105, 127–169, Lambert, Ketzerei 149–151, Manselli, Grundzüge 28–30, 34f., Tillmann, Innocenz 180–185, Maccarrone, Studi 300–306. – Zu dem damals in Kalabrien für eine demütige und bußfertige Kirche wirkenden Abt Joachim von Fiore († 1202) siehe die oben Anm. 7 angeführte Literatur.

zeit in einer einfachen Zeremonie den Stand der Vollendung empfangen hatten, durch ihr Wort und ihr vorbildliches asketisches Leben die große Zahl der *credentes*, der mehr oder weniger offen mit ihnen Sympathisierenden, ebenfalls für den Eintritt in die Schar der Vollkommenen bereit zu machen. Der Kreis ihrer Anhänger, Helfer und Hörer stammte aus allen sozialen Schichten. Bauern und städtische Arbeiter vorwiegend aus den Textilbetrieben gehörten dazu, aber auch Geistliche und Adlige; eine hervorragende Rolle unter ihnen spielten die Frauen. Sie alle beeindruckte offenbar nicht so sehr die katharische Lehre als vielmehr die Lebensweise der *perfecti*, in der man allenthalben das positive Gegenbild zum Verhalten des verweltlichten Amtsklerus sah.[52]

Innozenz III. wandte sich, wie das seine Amtsauffassung nicht anders erwarten läßt, sofort tatkräftig dem bedrängenden Katharer-Problem zu. Schnell mußte allerdings auch er die Erfahrung seiner Vorgänger machen, daß nämlich der große Rückhalt der Ketzer in der Bevölkerung, daß die engen Kontakte, die insbesondere in Südfrankreich zwischen ihnen und Teilen des Klerus und des Adels bestanden, kirchliche Gegenaktionen ungeheuer erschwerten und immer wieder ins Leere laufen ließen. Die örtlichen Priester und Bischöfe reagierten, wenn überhaupt, nur zögernd, eingeschüchtert und unsicher. Deshalb entsandte Innozenz wie frühere Päpste besonders bevollmächtigte Legaten, mit Vorliebe Äbte und Mönche des Zisterzienserordens, in die von den Ketzern bedrohten Regionen. Sie sollten dort das Evangelium predigen, gegen hartnäckigen Widerstand mit Kirchenstrafen, Exkommunikation und Interdikt, vorgehen, Streitfälle innerhalb der Geistlichkeit und mit der weltlichen Gewalt schlichten oder entscheiden. Aber alle derartigen Bemühungen um die Bekämpfung der Ketzerei, die Wiederherstellung der kirchlichen Autorität scheiterten – zum Teil wegen der Ungeduld und Unfähigkeit der Legaten selbst, die häufig schon mit Spott und Haß empfangen wurden, wenn sie hoch zu Roß im vollen Glanz ihrer erhabenen Würde in den Dörfern und Städten erschienen, zum Teil wegen der mangelnden Unterstützung, ja oft Feindseligkeit der örtlichen Geistlichkeit wie besonders des Adels. Als im Jahre 1208 einer seiner Legaten in Südfrankreich ermordet wurde, griff Innozenz zum äußersten noch verbliebenen Mittel: Er rief zum Kreuzzug gegen die Albigenser und ihre adligen Beschützer auf, um mit Waffengewalt dem christlichen Glauben zum Sieg zu verhelfen. Zwar weigerte sich Philipp II., der französische König, standhaft, angesichts seiner Bedrohung durch König Johann von England an die Spitze des Unternehmens zu treten. Doch eine ganze Reihe nordfranzösischer Adliger folgte der päpstlichen Aufforderung; unter ihrem

---

[52] Lambert, Ketzerei 97–104, 165–189; Borst, Katharer; Manselli, L'eresia, ders., Grundzüge 17–20, 32f., Grundmann, Religiöse Bewegungen 23–38.

Führer Simon von Montfort († 1218) gelang es ihnen tatsächlich, den Süden Frankreichs zu erobern. Rasch stellte es sich freilich heraus, daß es ihnen dabei weniger um die Sache des orthodoxen Christentums ging als um den Erwerb von Besitz und Macht auf Kosten der Einheimischen, seien sie Ketzer oder nicht. Dennoch billigte Innozenz III. auf dem Vierten Laterankonzil im Jahre 1215 im wesentlichen die bis dahin von den Kreuzfahrern geschaffenen Tatsachen. Die Albigensergefahr indessen war damit nicht behoben, der Versuch, geistliche Ziele mit Hilfe des weltlichen Schwertes durchzusetzen, war im Grunde fehlgeschlagen.[53]

Innozenz' Stellung zur weltlichen Gewalt,
sein Eingreifen in die praktische Politik

Dieses Ergebnis führt uns auf die Frage nach Innozenz' Stellung zur weltlichen Gewalt überhaupt. In seiner Weihepredigt hatte er beansprucht, von Gott wie Jeremias auch über die Königreiche gesetzt zu sein, und auf ähnliche Weise betonte er den Vorrang des *sacerdotium* vor dem *regnum*, des priesterlichen Amtes vor dem königlichen, immer wieder. Zwar stand ihm die Existenzberechtigung beider Gewalten in der Christenheit außer Zweifel, gründete sich die Ordnung des Gottesvolkes nach seiner Überzeugung auf beider helfendes Zusammenwirken, auf ihren gemeinsamen Kampf gegen das sonst übermächtige Böse. Dennoch kam der auf Gottes unmittelbare Anordnung hin entstandenen Geistlichkeit ohne Zweifel der Vorrang zu, blieb die nachträglich erst geschaffene, Gott von den Menschen geradezu abgetrotzte und allein für das Irdisch-Körperliche zuständige weltliche Gewalt der überlegenen geistlichen Würde unterworfen. Zur Verdeutlichung verglich Innozenz beide Gewalten mit Sonne und Mond: Diesen Gestirnen gleich leuchten beide nach Gottes Willen am Himmel der Kirche. Wie aber die Sonne, größer und wirkungsvoller als der Mond, jenem erst seinen Glanz verleiht, so empfängt das *regnum* seine Macht und Würde von der priesterlichen Autorität. Es erfüllt umgekehrt seine Aufgabe nur dann vollkommen, wenn es sich dem Papst als dem Stellvertreter Christi und Hirten aller Schafe gehorsam unterstellt.

Man vermag schwer abzuschätzen, welche Bedeutung diesen allgemeinen Grundpositionen im praktischen politischen Verhalten Innozenz' III. zufiel. Immerhin zeigen jene Dekretalen, die der Papst in die von ihm autorisierte Sammlung aufnehmen ließ, die also generelle Verbindlichkeit erhalten

---

[53] Roscher, Innocenz 214–241, Maisonneuve, Études 193–242, vgl. Thouzellier, Catharisme 183–212, 239–249, Lambert, Ketzerei 151 f., Tillmann, Innocenz 170–173, 186–212, Grundmann, Religiöse Bewegungen 135–140.

sollten, doch so viel, daß er die Befugnis beanspruchte, unter bestimmten Bedingungen, namentlich bei unklaren oder schwierigen Rechtsfällen, auch die weltliche Gerichtsbarkeit auszuüben. Insbesondere aber leitete er aus seinem Hirtenamt die Vollmacht, ja die Verpflichtung ab, alle Christen, also auch die Könige, im Falle der schweren Sünde nötigenfalls mit Zwang zur Umkehr zu bewegen. Er hielt sich deshalb konsequenterweise für berechtigt, in ihre weltlichen Angelegenheiten einzugreifen, wo es darum ging, über ihre Sünden zu urteilen. Innozenz begründete demnach mit der Sündhaftigkeit der Menschen und der Mangelhaftigkeit ihrer Rechtsordnung eine zwar nur unter gewissen Umständen sichtbare, letztlich jedoch umfassende und entscheidende Verantwortung und Kontrolle des Papstes auch im nicht-geistlichen Bereich.

Die gelehrten Kirchenrechtler der Zeit griffen die im Kern durchaus traditionellem Gedankengut verpflichteten Anschauungen des Papstes eifrig auf, diskutierten und präzisierten sie. Dabei stimmten sie mit ihm generell darin überein, daß der Papst als Ausfluß seiner höchsten geistlichen Gewalt *ratione peccati*, also um der Sünde willen, ein Aufsichtsrecht über den weltlichen Herrscher innehabe, das ihm, wo jener versage, sich in Sünden verstricke und etwa hartnäckig darin verharre, zum Einschreiten, schlimmstenfalls gar zu dessen Absetzung zwinge.[54] Natürlich verfehlten die päpstlichen Vorstellungen von der rechten Ordnung der Christenheit auf längere Sicht auch nicht ihren Eindruck auf das Mündel Innozenz', den künftigen König und Kaiser Friedrich, sie sollten vielmehr zur großen Herausforderung für ihn werden und ihn veranlassen, in Auseinandersetzung damit theoretisch wie praktisch seine eigene Haltung zu entwickeln, in Wort und Tat den selbständigen Wert der herrscherlichen Gewalt zu erweisen.

Innozenz III. brachte seinen Willen den Königen und Fürsten gegenüber, wo immer dies nach seiner Überzeugung nötig war, unbeirrt und mit größter Entschlossenheit zur Geltung. So bannte er Johann von England und verhängte das Interdikt über die Insel, als der englische König sich weigerte, den auf päpstlichen Rat 1206 zum Erzbischof von Canterbury gewählten Kardinal Stephan Langton († 1228) anzuerkennen. Schließlich drohte er dem Uneinsichtigen, er werde seine Untertanen von ihrem Treueid lösen, und förderte damit indirekt zugleich französische Angriffsabsichten. Jetzt erst, im Sommer 1213, gab Johann nach – nun sogar so vollständig, daß er sein Königreich vom Papst zu Lehen nahm. Weniger Erfolg hatte Innozenz allerdings in Frankreich: Wie wir schon sahen, konnte er weder den französischen König Philipp durch sein wiederholtes Drängen zur Teilnahme am

---

[54] Dazu Stürner, Peccatum 167–170, mit den Belegen und weiterer Literatur, vgl. bes. Kempf, Papsttum 253–325; zur Herkunft dieser Vorstellungen siehe oben S. 10–12.

Albigenserkreuzzug bewegen, noch verhindern, daß dieses Unternehmen selbst von den Teilnehmern vielfach zur Befriedigung sehr persönlicher Interessen mißbraucht wurde. Ähnliches war bereits zuvor in noch drastischer Weise mit einer anderen Kreuzfahrt geschehen: Im Jahre 1203 nämlich glückte es Enrico Dandolo († 1205), dem Dogen von Venedig, die von Innozenz zur Befreiung des Heiligen Landes aufgerufenen Kreuzritter gegen Konstantinopel zu lenken, wo sie 1204 den byzantinischen Kaiser vertrieben und ein lateinisches Kaisertum einsetzten. Die Venezianer sicherten sich bei dieser Gelegenheit den dominierenden Einfluß in der Stadt wie im ganzen östlichen Mittelmeer. Der zunächst empörte und tief enttäuschte Papst sah auch hier schließlich über Betrug und Gewalttaten hinweg in der Erwartung, der mißliche Vorgang werde wenigstens zur Union der griechischen mit der lateinischen Kirche unter römischer Leitung führen – selbst dies eine vergebliche Hoffnung, wie sich nur zu rasch zeigen sollte.[55]

Besonders intensiv bemühte sich Innozenz darum, die Verhältnisse in Mitteleuropa in seinem Sinne umzugestalten, waren hier doch die päpstlichen Belange am unmittelbarsten berührt, ging es hier doch nach seiner Überzeugung um die konkreten Grundlagen, die wesentlichen Voraussetzungen für die Freiheit und universale Wirksamkeit des Papsttums: um den uneingeschränkten Besitz des Kirchenstaates, die Oberhoheit über das Königreich Sizilien und die Einsetzung eines der Kirche genehmen, zu ihrer Verteidigung bereiten Kaisers. Trotz unbestreitbarer Erfolge mußte Innozenz freilich auch auf diesem Felde empfindliche Niederlagen hinnehmen und folgenschwere Fehleinschätzungen erleben – die schmerzlichste wohl im Falle Kaiser Ottos IV. Daß er sich, um diesen zu bekämpfen, gegen Ende seines Pontifikats gezwungen sah, Heinrichs Sohn Friedrich bei der Rückgewinnung der vollen väterlichen Machtstellung entscheidende Hilfe zu leisten, das zeigt auf geradezu tragische Weise die Grenzen, ja letztlich das Scheitern seiner Italien- und Deutschlandpolitik an.

Für die Sicherheit und Ausdehnung der direkten Territorialherrschaft der römischen Kirche in Mittelitalien boten sich nach dem Tode Heinrichs VI. äußerst günstige Aussichten. Es gab niemanden, der die Machtstellung des Kaisers hätte übernehmen und wahren können. Sein Bruder Philipp, eben im Begriff, auf kaiserlichen Befehl den kleinen, unlängst zum deutschen König gewählten Friedrich aus Foligno zur Krönung nach Aachen zu geleiten, geriet mitten in den Aufruhr, der bei Bekanntwerden der Todesnachricht überall in Italien gegen die Repräsentanten der kaiserlichen Gewalt losbrach, und entschloß sich kurz vor seinem Ziel, wohl in Montefiascone,

---

[55] Siehe zu diesen Vorgängen Roscher, Innocenz 51–131, Tillmann, Innocenz 62–67, 186f., 212–223, vgl. Queller, Crusade, bes. 7f., 16–18, 54–57, 68f., 77–81, 85f., 116, Mayer, Kreuzzüge 170–182.

zur Umkehr. Nur mit Mühe konnte er sich durch die Toskana und die Lombardei nach Deutschland durchschlagen.[56]

Innozenz füllte das so entstandene Machtvakuum nach Kräften. Schnell stellte er die uneingeschränkte päpstliche Hoheit in Rom und im Patrimonium Petri, dem Gebiet des Kirchenstaates um Rom, wieder her. Planvoll suchte er darüber hinauszugreifen, leitete er, gestützt auf alte, zum Teil aus der Karolingerzeit stammende Kaiserprivilegien von fragwürdiger Beweiskraft, eine Politik der sogenannten Rekuperationen, der Rückerwerbung mittelitalienischer Länder ein. Es gelang ihm, das Herzogtum Spoleto und die Mark Ancona trotz des Widerstandes Markwards von Annweiler in päpstliche Verwaltung zu überführen und damit das Imperium vom Regnum Sicilie durch ein geschlossenes, von der tyrrhenischen zur adriatischen Küste reichendes Territorium in der Hand der römischen Kirche zu trennen. Weitergehende, auf die Toskana, die Mathildischen Güter und die Romagna zielende Vorhaben scheiterten allerdings, in erster Linie am Selbständigkeitsdrang der betroffenen Städte.[57]

Innozenz' Stellung im deutschen Thronstreit

Inzwischen drohte auch die innere Ordnung Deutschlands zusammenzubrechen. Wirren und Streitigkeiten häuften sich, es kam zu Übergriffen auf kaiserliche Güter. Trotzdem dachte Philipp zunächst nur daran, als Vormund seines Neffen Friedrich bis zu dessen Volljährigkeit die Regentschaft auszuüben. Er stieß damit jedoch offenbar auf Widerstand bei den Reichsfürsten, die sich aus den verschiedensten Gründen nicht mehr an die Wahl des unmündigen Kaisersohnes gebunden fühlten und überdies angesichts der unsicheren Lage im Imperium die uneingeschränkte Übernahme der Herrschaft durch einen erfahrenen Mann für erforderlich hielten. Eine Gruppe um Erzbischof Adolf von Köln, den alten Führer der antistaufischen Opposition, verhandelte zudem tatsächlich bereits mit mehreren Thronkandidaten. So folgte Philipp schließlich den Argumenten seines Anhangs: Am 6. März 1198 wählte ihn die in Thüringen versammelte Mehrheit der deutschen Fürsten zum König und Herrn des Imperiums; erst im September vollzog der Erzbi-

---

[56] Brief Philipps vom Juni 1206, RNI 136, ed. Kempf 316f., Burchard von Ursberg, MGH SS rer. Germ. 16, 75f., Otto von St. Blasien, c. 45, MGH SS rer. Germ. 47, 71f., Continuationes Weingartenses, MGH SS 21, 479, vgl. Annales Marbacenses, ad 1197–98, MGH SS rer. Germ. 9, 71, Innozenz III., Ep. I 27, ed. Hageneder 40.

[57] Gesta Innocentii, c. 9–17, PL 214, XXII–XXX; vgl. Laufs, Politik 5–18, Maccarrone, Studi 9–86, Waley, Papal State 30–56, sowie Tillmann, Innocenz 83–87, Kempf, Papsttum 1–12, Partner, Lands 229–240.

schof von Tarentaise (heute Moutiers im oberen Isère-Tal) in Mainz die Krönung – mit den echten Reichsinsignien, doch an unüblichem Ort und ohne selbst dafür eigentlich zuständig zu sein. Der nach Herkommen zur Krönung befugte Kölner Erzbischof und seine niederrheinischen Genossen hatten damals schon eine andere Entscheidung getroffen. Sie hatten im Juni nach manchen Schwierigkeiten schließlich Otto (1177–1218), den dritten Sohn Heinrichs des Löwen, gewählt – einen Monat später krönte ihn Adolf von Köln, wie es dem Brauch entsprach, in Aachen.

Otto, der den größten Teil seiner Kindheit am Hofe der Plantagenets, der Familie seiner Mutter, in England und Westfrankreich verbracht hatte und von seinem Onkel Richard Löwenherz besonders gefördert, sogar mit der Grafschaft Poitou belehnt worden war, besaß in Deutschland nur sein Erbteil am welfischen Hausgut. Er verdankte seine Erhebung dem niederrheinischen Interesse an guten Wirtschaftsbeziehungen zu England und vor allem dem Einsatz und den Zahlungen des englischen Königs, der sich von ihm Entlastung in seinem Kampf gegen Philipp von Frankreich erhoffte. Auf die diplomatische wie insbesondere finanzielle Hilfe Richards und seit 1199 seines Bruders und Nachfolgers Johann Ohneland blieb Otto dann auch während der erbitterten politischen und militärischen Auseinandersetzung mit seinem staufischen Konkurrenten angewiesen, die sofort begann und bis zu dessen Tod im Jahre 1208 fortdauerte. Die Niederlage Johanns in Frankreich schwächte deshalb seit 1204 zugleich sichtbar die welfische Sache in Deutschland, während umgekehrt Philipp, der noch im Juni 1198 das staufische Bündnis mit Frankreich erneuerte und über den von seinem Bruder angesammelten Kronschatz verfügen konnte, nun mehr und mehr die Oberhand gewann.[58]

Der Kampf um die Krone belastete das Leben in Deutschland schwer. Das Kriegsgeschehen selbst, dazu Doppelwahlen bei der Besetzung von Bistümern, der zum Teil mehrfache Parteiwechsel einzelner Fürsten, belohnt durch großzügige Gegenleistungen, Geld, Güter und Privilegien – das alles führte zu einer tiefen Verunsicherung auch des einfachen Mannes, zu gegenseitigem Mißtrauen, zum Überhandnehmen der Gewalttaten. Walther

---

[58] Vgl. den Brief Philipps vom Juni 1206, RNI 136, ed. Kempf 316–320, sowie RNI 3–5, 10–17, RNI 10, 23–26, RNI 14, 33–38, MGH Const. 2, 1f., Nr. 1; Annales Marbacenses, ad 1198, MGH SS rer. Germ. 9, 71–74, Otto von St. Blasien, c. 46, MGH SS rer. Germ. 47, 72–74, Burchard von Ursberg, MGH SS rer. Germ. 16, 76, 79f., 81f., Continuationes Weingartenses, MGH SS 21, 479f., Chronica regia Coloniensis, ad 1198, MGH SS rer. Germ. 18, 162–164, ad 1204, 173f., Arnold von Lübeck V 1f., MGH SS rer. Germ. 14, 217–220, Cronica Erfordensis, ad 1198, MGH SS rer. Germ. 42, 199f. Zu Otto IV.: Hucker, Kaiser Otto, zum Folgenden bes. 4–94, vgl. Schaller, Geistiges Leben 54–82.

von der Vogelweide († um 1230), vielleicht der größte deutsche Lyriker des Mittelalters und sicher der erste bedeutende politische Dichter deutscher Sprache, gab der weitverbreiteten Stimmung Ausdruck, als er in seinen sogenannten ›Reichssprüchen‹ leidenschaftlich das Elend jener Jahre, das Versagen von Herrschaft, Recht und richterlicher Gewalt, das Schwinden des Ansehens von König und Reich beklagte und verzweifelt ausrief: „Sô wê dir, tiuschiu zunge, wie stêt dîn ordenunge! daz nû diu mugge ir künec hât, und daz dîn êre alsô zergât. bekêrâ dich, bekêre."[59]

Da das unzureichend entwickelte deutsche Königswahlrecht eine eindeutige juristische Lösung des Thronstreites nicht erlaubte, suchten beide Könige von Anfang an, die Autorität des Papstes für ihre Sache zu gewinnen, sich von ihm die Zusage der Kaiserkrönung und damit einen wertvollen, unter Umständen entscheidenden Vorteil über ihren Gegner zu verschaffen. Innozenz aber zögerte eine Festlegung hinaus, ungewiß über die einzunehmende Haltung und doch wohl auch im Bewußtsein der Vorteile, die ihm die offene Situation in Deutschland für den Augenblick bot. Erst um die Jahreswende 1200/1201 erklärte er sich in einer Ansprache vor den Kardinälen unumwunden für Otto. Die Rede, in ihrem logischen Aufbau ein glänzendes Beispiel für Innozenz' scholastische Schulung und juristisch-rationale Schärfe, begründete zunächst das Recht des Papstes zur Stellungnahme in der umstrittenen Wahlfrage mit der besonderen päpstlichen Fürsorgepflicht für das Imperium, das der deutsche König als künftiger Kaiser beherrschen soll. Zu dieser Verpflichtung besteht doppelter Anlaß: Der apostolische Stuhl setzte einst zu seinem eigenen Schutz mit der Krönung Karls des Großen das westliche Kaisertum ein, und er verleiht seitdem durch seine Weihe letztlich die kaiserliche Macht. Angewandt auf den speziellen, in päpstlichen Augen besonders eindeutigen Fall des Kaisertums, allerdings auch mit unmittelbaren, einschneidenden Folgen für das deutsche Königtum, begegnet uns hier wieder die Grundauffassung Innozenz' von der übergeordneten Verantwortung der geistlichen für die weltliche Gewalt.

Ausführlich und mit strenger formaler Objektivität prüfte der Papst dann die Kandidaten, die als gewählte Könige für die Erhebung zum Kaiser in Frage standen, und bezog, formaljuristisch völlig korrekt, neben Otto und Philipp auch den Knaben Friedrich mit ein. Dabei richtete sich seine Analyse ihrer Ansprüche jeweils nach denselben Gesichtspunkten; es sind die

---

[59] Walther von der Vogelweide, L 9,8–12, vgl. L 8,4–9,39, dazu Müller, Untersuchungen 45–55, 342f., 363–365, vgl. Goez, Gestalten 331–350 (Literaturhinweise 404f.), De Boor, Höfische Literatur 277–279, 297–306, Burdach, Walther, bes. 27–89, 135–270; außerdem Otto von St. Blasien, c. 46, MGH SS rer. Germ. 47, 73f., Burchard von Ursberg, MGH SS rer. Germ. 16, 80, 82, Chronica regia Coloniensis, ad 1198, MGH SS rer. Germ. 18, 165f.

uns schon aus seiner Jugendschrift bekannten Maßstäbe des Rechts, der Moral und des politischen Nutzens. Nach sorgsamem Abwägen der Argumente schieden die beiden aus einem *genus persecutorum*, einer Dynastie von Kirchenverfolgern stammenden Staufer als Bewerber aus – Friedrich hauptsächlich wegen der hier erstmals ganz offen ausgesprochenen Gefahr, daß durch ihn „das Königreich Sizilien mit dem Kaiserreich vereint und infolge dieser Union die Kirche in Verwirrung gestürzt würde". Für Otto hingegen sprach einmal die Unterstützung durch die Mehrheit „derjenigen, denen in erster Linie die Wahl des Kaisers zusteht" – ein Hinweis, der wohl Anschauungen Adolfs von Köln aufnahm und ohne Zweifel die Herausbildung eines engeren Kreises von Hauptwählern bis hin zum späteren Wahlmonopol der sieben deutschen Kurfürsten förderte. Vor allem jedoch stand in Innozenz' Augen die höhere Würde und überragende persönliche Eignung des Welfen fest, klar erwiesen durch seine und seiner Familie Ergebenheit gegenüber der Kirche. Nachdem Otto diesen Vorzug noch einmal demonstriert, am 8. Juni 1201 in Neuss dem Papst Gehorsam geschworen und insbesondere seine Unterstützung der päpstlichen Bemühungen um die Rekuperationen und den Erhalt des sizilischen Königreiches eidlich versprochen hatte, anerkannte ihn Innozenz auch öffentlich als zum römischen Kaiser erwählten König und löste die Philipp geleisteten Treueide. Auf die Proteste der staufischen Partei antwortete er im März 1202 mit der Wiederholung und Präzisierung der schon 1200/1201 formulierten Grundsätze. Sein Schreiben, die Dekretale ›Venerabilem‹ nach der üblichen, das Anfangswort aufnehmenden Benennung, fand Eingang in Innozenz' Dekretalensammlung und beeinflußte daher das künftige Urteil des apostolischen Stuhles und der Kanonistik nachhaltig.[60]

Der unübersehbare Zerfall von Ottos Macht zwang dann allerdings selbst den Papst, Kontakt mit Philipp anzuknüpfen. Er weitete sich zu schwierigen Verhandlungen zwischen allen Beteiligten aus, die schließlich offenkundig zu einer Vereinbarung über den Thronverzicht Ottos und die päpstliche Anerkennung Philipps führten. Da wurde dieser am 21. Juni 1208 ermordet.[61]

---

[60] Deliberatio de tribus electis (1200/1201): RNI 29, ed. Kempf 74–91; Neusser Eid Ottos (8. 6. 1201): RNI 77, 207–211, Anerkennung Ottos (1. 3. 1201): RNI 32, 97–101, vgl. 33, 102–110; Protest von Halle (Januar 1202): RNI 61, 162–166, Dekretale ›Venerabilem‹ (26. 3. 1202): RNI 62, 166–175 (= Compilatio III 1, 6, 19 = X 1, 6, 34); vgl. daneben Burchard von Ursberg, MGH SS rer. Germ. 16, 77–79; siehe zum Ganzen und zur weiteren Entwicklung Tillmann, Innocenz 87–114, 120–126, 129, Kempf, Papsttum 12–180.
[61] Annales Marbacenses, ad 1201, MGH SS rer. Germ. 9, 76f., ad 1208, 78f., Burchard von Ursberg, MGH SS rer. Germ. 16, 88–91, Otto von St. Blasien, c. 48, MGH SS rer. Germ. 47, 79f., c. 50, 82f., Continuationes Weingartenses, MGH SS 21,

Konstanzes Alleinherrschaft im Königreich Sizilien

Die Entwicklung im Königreich Sizilien hing selbstverständlich mit den geschilderten Entscheidungen, mit dem Geschehen im übrigen Italien und in Deutschland eng zusammen. So gut wir die Hauptereignisse im Regnum verfolgen können, so unklar bleiben freilich vielfach die Beweggründe der Handelnden. Das gilt leider gerade auch für die Kaiserin Konstanze, die dort nach dem Tod Heinrichs VI. die volle Regierungsgewalt innehatte und nach allem, was wir aus den Quellen erfahren, sehr tatkräftig handhabte. Zunächst bereitete sie die Bestattung ihres Gemahls vor. In einem eigens angefertigten Porphyrsarkophag sollte er im Dom zu Palermo beigesetzt werden. Wohl gleichzeitig aber traf sie eine Reihe wichtiger Entscheidungen, die offensichtlich alle dem Ziel dienen sollten, sich und ihrem Sohn fürs erste wenigstens das sizilische Reich als zuverlässige Machtgrundlage auf Dauer zu erhalten. Zu diesem Zwecke ließ sie Friedrich durch den Grafen Peter von Celano (südlich L'Aquila; † 1212) und seinen Vetter, Graf Berard von Loreto (westlich Pescara; † 1207), beide – dies nebenbei – Parteigänger Heinrichs VI. seit 1191, aus dem ohnehin schon nicht mehr allzu sicheren Herzogtum Spoleto nach Sizilien bringen. Im Oktober 1197 gedachte sie seiner in einem Privileg für die Johanniter, erhoffte sie sich Gottes Schutz für ihren damals vermutlich auf der Reise befindlichen Sohn, den *benedictus filius Fredericus*. Ihre Urkunden aus Messina vom Dezember nennen diesen dann erstmals in der abschließenden Datierungszeile neben ihr selbst als Mitregenten, gewiß ein Anhalt dafür, daß sie den gerade Dreijährigen, fast seit der Geburt von ihr Getrennten, eben jetzt wieder in ihre Obhut hatte nehmen können. Am 17. Mai 1198, dem Pfingstsonntag, fand in Palermo Friedrichs Krönung zum König von Sizilien statt.[62]

480, Chronica regia Coloniensis, ad 1207, MGH SS rer. Germ. 18, 182 f., Annales S. Pantaleonis, ad 1207–1208, ebd. 224–226, Arnold von Lübeck VII 6, MGH SS rer. Germ. 14, 262 f., VII 12, 281–284, Cronica Erfordensis, ad 1207–1208, MGH SS rer. Germ. 42, 204 f.; RNI 152 (Juli 1208), ed. Kempf 347–349; Annales Placentini Codagnelli, ad 1207–1208, MGH SS rer. Germ. 23, 32 f.

[62] Konstanze als Herrscherin, die Sorge um die *incolumitas benedicti filii nostri Frederici*: DKs. 42, ed. Kölzer 129–132, vgl. für Dezember 1197 DDKs. 43 und 44, 133–144; die Abholung und Krönung Friedrichs: Richard von S. Germano, ad 1197, ed. Garufi 19, Gesta Innocentii, c. 21, PL 214, XXXI B, Breve chronicon, ed. Huillard-Bréholles 892, vgl. Annales Siculi, ad 1198, ed. Pontieri 116, dazu Dep. Ks. 21,

Durch andere Maßnahmen aus den ersten Wochen nach Heinrichs Tod, mit denen sie die wichtigsten Vertrauten des Kaisers vom Hof entfernte, gedachte Konstanze offenbar von Anfang an, ihre Selbständigkeit als Herrscherin sicherzustellen. Vor allem enthob sie den sizilischen Kanzler Walter von Pagliara, den Bischof von Troia und Schwager Peters von Celano, seines Amtes – von tiefem Argwohn gegen ihn erfüllt, und dies nicht ohne Grund, wie selbst Innozenz III. eingestand. Offenbar hatte Walter die Möglichkeiten seiner Stellung zum Schaden der Krone mißbraucht. Nun verfiel er deswegen sogar der Kerkerhaft; erst auf den Wunsch des Papstes hin kam er kurz vor Konstanzes Tod wieder frei.[63]

Mit dem Kanzler verschwand damals auch Markward von Annweiler aus Konstanzes Umgebung. Wie Konrad von Spoleto verließ er das Königreich, um seine mittelitalienischen Lehnsbesitzungen gegen die päpstlichen Rekuperationsmaßnahmen zu verteidigen, wobei er wie jener bald scheitern sollte. Richard von San Germano (heute Cassino; † 1243/44), ein königlicher Notar, Beamter in Friedrichs Finanzverwaltung und zuverlässiger Berichterstatter des Zeitgeschehens insbesondere in seiner engeren Heimat im Norden des Königreiches, behauptet in diesem Zusammenhang, die Kaiserin habe Markward und mit ihm alle anderen Deutschen aus dem Regnum ausgeschlossen. Ein solch pauschales Vorgehen erscheint an sich durchaus denkbar angesichts der Haßausbrüche und Übergriffe, zu denen es in jenen Tagen von seiten der sizilischen Bevölkerung gegen die deutschen Begleiter des Kaisers und sogar gegen die aus dem Heiligen Land zurückkehrenden deutschen Kreuzfahrer kam. In dieser gespannten Lage mochte ein Ausweisungsbefehl Konstanzes an die Deutschen die Erregung ihrer Untertanen beruhigen und zugleich ihr eigenes Ansehen, ihre Autorität, aber gewiß auch ihre Handlungsfreiheit stärken. Andererseits freilich, und zumal sie gerade schon den Anhang Walters von Pagliara verprellt hatte, bestand die große Gefahr, daß ihre Anordnung auf Widerstand stieß und damit die Wirrnis im Lande eher noch vergrößerte, die Rückführung ihres Sohnes aus dem Herzogtum Konrads von Spoleto schwer gefährdete, ihre eigene Stellung empfindlich schwächte. So ist es vielleicht doch das Wahrscheinlichste, daß die Kaiserin die deutschen Ritter, sofern diese nicht schon ihrer eigenen Interessen wegen abzogen, durch den Hinweis auf die Not der staufischen Sache und auf Philipps Bedrängnis, wohl auch, wie eine Quelle

---

ed. Kölzer 230–232; die Bestattung Heinrichs VI.: Deér, Porphyry Tombs 83 f., Kölzer, Urkunden 21 f. mit Anm. 79, vgl. unten S. 83 f. mit Anm. 68, zum Ganzen auch Kölzer, Costanza 353 f.

[63] Gesta Innocentii, c. 23, PL 214, XXXVIII AB, c. 33, XLI A (Brief Innozenz' vom 3.7.1201), vgl. Richard von S. Germano, ad 1220, ed. Garufi 91; dazu Kölzer, Urkunden 21 f., 50–52, Kamp, Kirche 1, 511.

meldet, durch Zahlungen zum Verlassen ihres Reiches zu bewegen suchte, jedoch keinen Zwang anwandte. Immerhin kennen wir eine ganze Reihe Deutscher aus Heinrichs Gefolge, die im Königreich blieben. Zwar erzählt Richard von San Germano, einer von ihnen, Friedrich von Malvito († 1200), den Heinrich einst mit der Aufsicht über die Burgen Kalabriens betraute, sei im Auftrag Konstanzes belagert worden. Den Grund für diese Auseinandersetzung läßt er aber im Unklaren, und andere Große wie Wilhelm Capparone († 1208) in Sizilien oder Diepold von Acerra in Kampanien und Apulien konnten sich offenbar völlig unbehelligt halten.[64]

Manches spricht dafür, daß sogar Markward selbst vor seiner Abreise aus Palermo mit der Kaiserin eine Vereinbarung über die Sicherung seiner Rechte auf die im Regnum gelegene Grafschaft Molise (um Venafro und Isernia, östlich Cassino) erreichte. Er gelangte mit Brief und Geleit der Kaiserin versehen dorthin und ordnete, ehe er in die Mark Ancona weiterzog, die Verwaltung der Grafschaft in seinem Sinne, tatkräftig unterstützt von Peter von Celano. Möglicherweise leistete er in jenen Tagen dem neuen, in Peters Obhut zu seiner Mutter nach Süden ziehenden König Friedrich den Lehenseid für Molise, von dem Innozenz berichtet. Recht deutlich wird aus den Quellen allerdings, daß Markward als Preis für dieses Entgegenkommen hatte schwören müssen, das Königreich Sizilien künftig nicht ohne Erlaubnis Konstanzes wieder zu betreten. So sehr fürchtete die Kaiserin den Einfluß und die Macht gerade dieses erfahrenen und ehrgeizigen Mannes, daß sie ihn im Herbst 1198 auf die Nachricht hin, er plane nach dem Verlust von Ancona die Rückkehr in ihr Königreich, sofort als Reichsfeind ächtete.[65]

Zielten Konstanzes erste Regierungshandlungen derart auf das zunächst Erreichbare und Naheliegende, auf die Wahrung der Macht im Regnum Sicilie für sich und Friedrich und die Ausschaltung der in ihren Augen gefährlichsten Konkurrenten, so bedeuteten sie wohl doch nicht eine grundsätzliche und endgültige Abkehr und Ablehnung von Heinrichs Politik der Vereinigung des Regnum mit dem Imperium. Nach wie vor und bis zu ihrem Tode führte die sizilische Königin zugleich ihren Titel als *Romanorum impe-*

---

[64] Richard von S. Germano, ad 1197, ed. Garufi 19, vgl. zum Autor Garufi, Vorwort der Edition, bes. III–XXXIII; Gesta Innocentii, c. 20, PL 214, XXXI AB, vgl. c. 9, XXII–XXV, Breve chronicon, ed. Huillard-Bréholles 891 f., Annales Casinenses, ad 1196, MGH SS 19, 318, zu den Übergriffen gegen die Deutschen Otto von St. Blasien, c. 45, MGH SS rer. Germ. 47, 72, vgl. Chronica regia Coloniensis, ad 1197, MGH SS rer. Germ. 18, 160, Albert von Stade, ad 1199, MGH SS 16, 353; vgl. Dep. Ks. 22, ed. Kölzer 233 f., Kölzer, Urkunden 22, 30, Tillmann, Innocenz 296 f.

[65] Richard von S. Germano, ad 1197, ed. Garufi 19; Lehnseid an Friedrich und Ächtung RNI 15, ed. Kempf 41, Gesta Innocentii, c. 23, PL 214, XXXVIII A, Dep. Ks. 45, ed. Kölzer 256; vgl. Van Cleve, Markward 81–84, der freilich weder auf Brief und Geleit Konstanzes noch auf den Lehnseid für Friedrich eingeht.

ratrix semper augusta, verwies sie auf die Verpflichtung ihrer hohen kaiserlichen Würde, gedachte sie des verstorbenen Kaisers und seiner Maßnahmen mit Worten tiefer Zuneigung und höchster Anerkennung, arbeitete sie mit einer Reihe seiner Anhänger zusammen. Insbesondere jedoch trug ihr Sohn Friedrich in ihren Urkunden vom Dezember 1197 an den doppelten Titel eines *Romanorum et Sicilie rex*. Konstanze hielt also den Anspruch, den Friedrich mit seiner Wahl zum deutschen König erworben hatte, zunächst durchaus aufrecht. Erst seit dessen Krönung in Palermo verzichtete sie auf die Nennung der deutschen Königswürde.[66] Möglicherweise hatte sie eben um diese Zeit von der Wahl Philipps erfahren, die sie nun anerkannte, um eine Spaltung des Stauferanhanges zu vermeiden, aber wohl vor allem, weil sie in der pessimistischen Beurteilung von Friedrichs damaligen Chancen in Deutschland mit Philipp übereinstimmte.

Friedrichs Verzicht auf die deutsche Königskrone entsprach wohl auch den Interessen Innozenz' III. Der Papst arbeitete von sich aus indessen vielleicht nicht einmal besonders auf diesen Schritt hin. Jedenfalls gibt es keinen Beleg dafür, daß er ihn etwa als Voraussetzung für seine Zustimmung zu Friedrichs Krönung in Palermo forderte. Im Gegenteil: Hätte er eine derartige Bedingung durchgesetzt, so schiene es doch einigermaßen befremdlich, daß Konstanze noch kaum zwei Wochen vor dem feststehenden Krönungstermin und in unmittelbarem Zusammenhang mit ihm mehrfach ausdrücklich den praktisch schon aufgegebenen Titel *rex Romanorum* für ihren Sohn verwandte, und Philipp hätte Innozenz' späteren Vorwurf, er habe seinem Neffen unter Bruch seines Eides das deutsche Königtum geraubt, leicht mit dem Hinweis auf das gleichgerichtete päpstliche Bemühen zu parieren vermocht.[67]

Kaum bezweifeln läßt sich freilich, daß die Kaiserin in der Tat sehr früh

---

[66] Zum Kaisertitel Konstanzes DDKs. 41 ff., ed. Kölzer 127 ff., zu Heinrich vgl. die dort im Index, 291 f., unter Henricus genannten Stellen, dazu 146, Z. 17–23, zu Friedrich DDKs. 42–55, 129–173, vgl. DKs. 56, 173–177; vgl. Kölzer, Urkunden 22, 92–94, 100 f.; das Fehlen Heinrichs in der Gedenkformel DKs. 47, 152, Z. 3–6, auf das Kölzer, Urkunden 20 Anm. 73, hinweist, dürfte keine große Bedeutung haben: Wenige Zeilen später (152, Z. 8–10) nennt die Kaiserin ihren *carissimus quondam vir* mit vollem Titel, und in einer ähnlichen Formel in DKs. 59, 186, Z. 37–39, erscheint Heinrich, dagegen fehlt Friedrich. Vgl. noch Cronica Reinhardsbrunnensis, ad 1198, MGH SS 30, 1, 559 f., wonach Konstanze von den heimkehrenden deutschen Kreuzfahrern ein öffentliches Bekenntnis zu Friedrich als dem *universalis Romanorum rex* erzwingen wollte.

[67] Vgl. DDKs. 54–55 (30.4.1198), ed. Kölzer 171–173 (Friedrich als *Romanorum rex*); dazu Tillmann, Innocenz 87 f. mit Anm. 17, vgl. 296, außerdem RNI 29, ed. Kempf 79, 82 f., RNI 33, 106, RNI 136, 317 f.; eine maßgebende Rolle des Papstes sieht Kölzer, Sizilien 20 f.

schon Kontakt zum apostolischen Stuhl aufnahm. Noch zu Lebzeiten Coelestins erschien wohl Erzbischof Berard von Messina († um 1227), ein treuer Anhänger Heinrichs VI. und bis zu dessen Tod an seiner Seite bezeugt, in ihrem Auftrage in Rom. Über den Inhalt seiner Mission sind wir leider nur sehr unzuverlässig unterrichtet. Es mag – so kann man vermuten – ganz grundsätzlich und durchaus im Sinne von Heinrichs „Testament" um die päpstliche Unterstützung für Konstanze und ihren Sohn gegangen sein, in Verbindung damit konkreter unter Umständen bereits um die bislang in Rom verweigerte Anerkennung ihrer ererbten Rechte im Königreich Sizilien, insbesondere über dessen Kirche, um die Zukunft des Imperiums, gewiß auch um das Verhalten Markward und Konrad gegenüber. Die Verhandlungen kamen allem nach auch jetzt, nach Heinrichs Tod, nicht recht vom Fleck. Sie zogen sich in den Pontifikat Innozenz' III. hinein und dauerten noch an während Friedrichs Krönung im Mai 1198. Wenigstens gestattete Konstanze dem Berard, diesem festlichen Ereignis fernzubleiben, weil seine Anwesenheit an anderer Stelle in ihrem Interesse außerordentlich notwendig sei – genauer gibt sie allerdings seinen Aufenthalt nicht an.[68]

Wir dürfen danach vermuten, daß Konstanze, sosehr sie auf die Hilfe des Papstes Innozenz hoffen und angewiesen sein mochte, selbst ihm gegenüber ihren Standpunkt entschieden geltend machte und zäh verteidigte. Dieser Eindruck bestätigt sich später immer wieder. So erfüllte sie erst beim Herannahen ihres Todes die päpstliche Bitte um die Rehabilitierung Walters, des Bischofs von Troia. Die ihr bedenkliche Heimkehr der Familie und Anhängerschaft Tankreds, deren Befreiung Innozenz von Philipp erwirkt hatte, verzögerte sie so lange, bis Tankreds Witwe mit ihren Töchtern nach Frankreich auswich.[69] Vor allem aber bemühte sie sich nach dem Vorbild ihrer Vorfahren und ihres Gatten intensiv um eine Vereinbarung mit dem Papst, die ihre ererbte Herrscherwürde anerkannte und ihr zugleich die traditionellen Sonderrechte der sizilischen Könige gegenüber der Kirche ihres Reiches gewährte.

Gerade in dem für beide Seiten so zentralen zweiten Punkt gab Innozenz freilich nicht nach. Ohne Zögern nützte er vielmehr die einzigartige Gele-

---

[68] DDKs. 54–55, ed. Kölzer 171–173, vgl. DKs. 50, 159–161, DKs. 52, 164–168, sowie Roger von Howden, ad 1197, ed. Stubbs 4, 31, dessen Nachrichten im einzelnen allerdings wohl über die schon von Winkelmann, Philipp 39f., 488–492 geäußerten Bedenken hinaus Mißtrauen verdienen; zu Berard von Messina Kamp, Kirche 1, 1018–1024, zu seiner Gesandtschaft vgl. auch Kölzer, Urkunden 22, 29, 67, 100f.

[69] Gesta Innocentii, c. 23, PL 214, XXXVIII AB, c. 33, LXI A, c. 22, XXXVI f., vgl. Maccarrone, Papato 81–83; zur Besetzung des Erzbistums S. Severina (nordöstlich von Catanzaro) siehe Innozenz III., Epp. I 16–18, ed. Hageneder 27–29, Kamp, Kirche 1, 882f., sowie unten Anm. 70.

Abb. 6: Papst Innozenz III.
Mosaik aus der Apsis der alten Peterskirche in Rom, heute im Museo di Roma.

genheit, die ihm die Schwäche des Königtums im Regnum Sicilie bot, um seine Vorstellungen von der inneren Ordnung der Kirche nun auch dort so vollständig wie möglich durchzusetzen. Seiner apostolischen Würde wie der Freiheit der Kirche wegen, so antwortete er auf die dringenden Bitten der Kaiserin und ihrer Gesandten, könne er die seinen Vorgängern abgepreßten vier Kapitel über die Wahlen, Legationen, Appellationen und Konzilien in ihrem Königreich nicht bestätigen. Nicht einmal Geldgeschenke vermochten ihn umzustimmen, und Konstanze mußte schließlich in die völlige Aufhebung aller einschlägigen Abmachungen, selbst der von Gravina, und damit in die vollständige Beseitigung aller kirchlichen Vorrechte der sizilischen Könige einwilligen. Lediglich bezüglich der kirchlichen Wahlen verstand sich Innozenz zu einem gewissen, im Grunde nur äußerlichen Entgegenkommen: Sie sollten kanonisch vollzogen, ihr Ergebnis sofort veröffentlicht werden; vor der Weihe war dann zwar die königliche Zustimmung zum Gewählten einzuholen, der König durfte diese indessen nicht verweigern. Mit ihrem Nachgeben erlangte Konstanze – ein Trost immerhin, wenngleich ein schwacher – für sich und ihren Sohn die Anerkennung ihrer ererbten Herrscherwürde im territorial ungeschmälerten sizilischen Königreich durch ihren päpstlichen Lehnsherrn. Im November 1198 fertigte die päpstliche Kanzlei, dabei fast wörtlich die Eide der früheren Normannenkönige wiederholend, den Text des Lehnseids, den Konstanze leisten sollte. Doch dahin kam es nicht mehr: Wahrscheinlich am 27. 11. 1198 starb die 44jährige Kaiserin überraschend.[70] Kurz vor seinem vierten Geburtstag hatte ihr Sohn beide Eltern verloren.

Innozenz' erste Maßnahmen als Vormund Friedrichs und Regent des Königreiches; seine sizilischen Gegner

Der Tod seiner Mutter beendete jäh Friedrichs im ganzen doch ruhige und wohlbehütete frühe Kindheit. Für den verwaist in Palermo Heranwachsenden wie für sein ganzes Königreich begann ein Jahrzehnt der Unsicherheit und Gefährdung. In einem oft schwer durchschaubaren, immer wieder durch Phasen eines labilen Gleichgewichts unterbrochenen Kampf suchten sehr unterschiedliche Gruppen und Persönlichkeiten den maßgebenden

---

[70] Verlauf der Verhandlungen: Innozenz III., Ep. XI 208, PL 215, 1524f., ihr Ergebnis: Epp. I 410f., ed. Hageneder 613–618, vgl. Epp. I 412f., 618–622, Gesta Innocentii, c. 21, PL 214, XXXI f., der Lehnseid: DKs. 65, ed. Kölzer 203–205, vgl. Dep. Ks. 41,252f.; dazu und zum Todesdatum Kölzer, Urkunden 23–25, vgl. Deér, Papsttum 256f., 262–264, Tillmann, Innocenz 68–70, 88, Maccarrone, Papato 76–80, 85–103.

Einfluß auf den Thronerben und die Herrschaft über sein Land zu gewinnen. Mehr als einmal schien dabei Friedrichs Leben ernsthaft bedroht.

Konstanze hatte noch zwei Tage vor ihrem Tod ein Testament abgefaßt, ähnlich wie zuvor Heinrich VI. bemüht, durch eine derartige Verfügung künftiges Unheil von ihrem Erben so gut als möglich fernzuhalten. In dem Dokument, das nur zum geringen Teil im Wortlaut erhalten ist, bestimmte die Kaiserin die reich beschenkte Kathedrale von Palermo, die Begräbnisstätte ihres Gemahls und ihrer Vorfahren, auch zum Ort ihrer Beisetzung. Vor allem aber machte sie Papst Innozenz III. zum Vormund ihres Sohnes und zum Regenten ihres sizilischen Reiches und legte sogar die Summe fest, die ihm jährlich als Entschädigung für seine Inanspruchnahme zu bezahlen sei. Den Erzbischöfen von Palermo, Monreale, Capua und wohl auch Reggio di Calabria sowie dem eben erst begnadigten Kanzler Walter von Pagliara sollte als den Familiaren des Königs die Verantwortung für die laufenden Regierungs- und Verwaltungsaufgaben zufallen. Allein vom Rückhalt und Einsatz des Papstes, der eben jetzt energisch und erfolgreich seine Stellung in Mittelitalien ausbaute und als nördlicher Grenznachbar des Regnums wie als sein Lehnsherr gleicherweise unmittelbar an dessen innerer Entwicklung interessiert war, versprach sich demnach Konstanze angesichts der zu befürchtenden Streitigkeiten und Wirren die Rettung der Königsherrschaft für ihren unmündigen Sohn.[71]

Innozenz III. erfuhr schon Mitte Dezember 1198 vom Inhalt des Testaments, wenig später überbrachten ihm sizilische Boten dessen Text.[72] Er übernahm seine neue Aufgabe offenbar ohne jedes Zaudern, und das verwundert gewiß nicht, durfte er doch hoffen, seinen Einfluß in Süditalien nun über das zuletzt von Konstanze auf kirchenpolitischem Feld Erreichte hinaus sogar unmittelbar auf die praktische Politik ausdehnen und damit alle Anstrengungen und Sorgen seiner Vorgänger um das Regnum Sicilie mit einem überragenden Erfolg krönen zu können. Seine weitreichenden Vollmachten als Regent gründeten freilich auf der ererbten, von ihm anerkannten Königswürde seines Mündels Friedrich, und auch auf lange Sicht schien allein dessen Herrschaft die Gewähr dafür zu bieten, daß das Königreich Sizilien weder in inneren Wirren zerfiel, noch in die Hand einer auswärtigen Macht wie der des Imperiums geriet, sondern eine sichere Stütze der römischen Kirche blieb. So hing der Erfolg des Papstes wesentlich davon ab,

---

[71] Konstanzes Testament: Dep. Ks. 71, ed. Kölzer 279–281, vgl. Gesta Innocentii, c. 23, PL 214, XXXVIII f., sowie Richard von S. Germano, ad 1198, ed. Garufi 19; vgl. Schadek, Familiaren 217–219.

[72] Siehe Innozenz' Brief an Cremona vom 15.12.1198, Acta Imperii selecta 617, Nr. 906, sowie die Epp. I 570–572, ed. Hageneder 829–832, vgl. Epp. I 554, 802 f., I 555, 807, I 556, 810, I 558, 814, I 559, 816.

ob es ihm gelang, die Rechte des minderjährigen Königs wirkungsvoll zu verteidigen. Bald genug jedoch sollte Innozenz schmerzlich erfahren, daß dies angesichts der gegebenen Umstände allenfalls unter größten Opfern und Schwierigkeiten möglich sein würde.

Schon die Übernahme der Regentschaft gelang ihm nicht ganz nach Wunsch. Persönlich, so kündigte er an, wolle er in das Königreich kommen, um als Vormund Friedrichs und Reichsverweser dort Friede und Gerechtigkeit zu sichern und die Untertanen in ihrer Treue für ihren König bestärken.[73] Doch fand er dazu weder jetzt noch später so bald Gelegenheit; andere ebenso dringende Geschäfte erforderten seine Anwesenheit in Rom. Erst im Sommer 1208, kurz vor der Regierungsübernahme durch Friedrich, überschritt er endlich die Rom so nahe Grenze jenes Landes, für das er zehn Jahre lang die höchste Verantwortung trug – ohne nun freilich weiter als bis San Germano vorzustoßen.[74] Im übrigen jedoch blieb der abwesende päpstliche Regent auf die Wirksamkeit seiner Kardinallegaten angewiesen, die zwar gehört werden sollten, als rede er selbst, aber doch meist weder seine Autorität noch sein Geschick und seine Energie besaßen, dazu als oft nur kurz im Regnum verweilende Landfremde schwer Einblick und Einfluß gewannen.

Innozenz und seine Abgesandten konnten sich bei ihrem Vorgehen im Regnum einigermaßen sicher lediglich auf den hohen Klerus des Festlandes, in Sizilien auf einzelne Vertraute wie den Erzbischof Carus von Monreale († um 1230) stützen, während ihnen Adel, Städte und die Masse der Einwohner verhältnismäßig selten und unzuverlässig Hilfe boten. Natürlich beggnete die Bevölkerung auch den Truppen, die der Papst zur Durchsetzung seiner Absichten unter hohen Kosten ins Land schickte, und ihren Führern, seinen Verwandten oder Männern seines Vertrauens, wie allen auswärtigen Machthabern vor ihnen mit Zurückhaltung, Mißtrauen und Widerstand. Nicht selten entlud sich ihr Haß auf die Fremdherrschaft und ihre Belastungen sogar in Aufständen. Voller Erbitterung und fast verzweifelt meldete der Kardinaldiakon Gerhard von S. Adriano, apostolischer Legat seit April 1204 und im Sommer dieses Jahres in der Terra di Lavoro (um Capua) tätig, die Hinterlist und Heimtücke der Einheimischen mache alle seine Bemühungen um die päpstliche Sache zunichte, zumal nach seiner Erfahrung – und er führt Beispiele an – die Ungerechtigkeit der Geistlichen noch die ihrer Landsleute übertreffe. Aller Eifer, jede Sorge, so klagt er am Schluß, müsse umsonst sein in einem Land, dessen Bewohner, „der Trägheit ergeben und

---

[73] Innozenz III., Ep. I 558, ed. Hageneder 814, I 571, 831.
[74] Richard von S. Germano, ad 1208, ed. Garufi 26, Annales Casinenses, ad 1208, MGH SS 19, 319, Annales Ceccanenses, ad 1208, MGH SS 19, 297; RI V, Nr. 6019c–6035a.

bar aller Redlichkeit und Wahrheitsliebe, es vorziehen, in der Knechtschaft Ägyptens schändlich bei den Fleischtöpfen zu leben, anstatt sich unter gewissen Opfern ihres Vermögens die Freiheit zu bewahren".[75] Fast unlösbar mochte Innozenz, hielt er solche Berichte in Händen, die ihm gestellte Aufgabe scheinen.

War für den Papst wie für seinen Legaten Gerhard die Freiheit des sizilischen Königreichs allein durch dessen enge Anlehnung an die römische Kirche gewährleistet, so sahen viele Barone und Städte dieses Reiches, aber auch manche Geistliche, die Dinge doch etwas anders. Man gewinnt den Eindruck, daß es ihnen, einer langen, vor allem festländischen Tradition gemäß, in erster Linie darum ging, ihre Unabhängigkeit von jeder zentralen Gewalt, wer immer sie auch ausüben würde, wiederzuerlangen und möglichst auszubauen. Dabei spielten hohe Vorstellungen vom eigenen Recht und Rang, wirtschaftliche Beziehungen, Familien- und Lehnsbindungen, Versprechungen, Geldzahlungen, Verleihungen von Besitz, Recht und Ämtern ebenso eine Rolle wie alte Rivalitäten und Feindschaften zwischen den verschiedenen Adelshäusern, Städten und Bistümern, aber auch persönliche Sympathie und Abneigung. Hören wir dazu noch einmal den päpstlichen Legaten Gerhard: Allein deshalb, so berichtete er im Juni 1204 nach Rom, wende sich der Bischof Gentilis von Aversa gegen seinen päpstlichen Herrn, betreibe er mit allen Mitteln das Geschäft von dessen Gegnern, mißbrauche er das Gut seiner Kirche, weil Innozenz ihn gezwungen habe, dem Erzbischof des benachbarten Neapel einen Treueid zu schwören; damit habe er dem Gentilis nach dessen Überzeugung nämlich bitteres Unrecht zugefügt. Als sich Bischof Gentilis dann im Sommer 1208 doch noch mit dem Papst aussöhnte, nahm dies offenbar der mit ihm zerstrittene Abt Matthaeus des bedeutenden Klosters S. Lorenzo in Aversa zum Anlaß, nun seinerseits entgegen seiner bisherigen Haltung die Gegner Innozenz' zu unterstützen.[76]

Das Streben nach dem persönlichen Vorteil führte also vielfach durchaus wenigstens zeitweilig zum Anschluß an Männer und Gruppen, die übergreifende Ziele im Königreich verfolgten, wie der Papst oder die nach wie vor im Regnum agierenden, zunächst von Markward von Annweiler geführten ehemaligen Heereskommandanten Heinrichs VI., denen es, nicht zuletzt im eigenen Interesse, um die enge Verbindung mit dem Imperium, und das

---

[75] Hampe, Legatenbericht 52–54, zur Identifizierung des Textes 41–49; über die Legaten und den Anhang des Papstes siehe Neumann, Parteibildungen 124–167, vgl. zu Gerhard Maleczek, Papst 78f., zu Carus von Messina Kamp, Kirche 1, 1190–1195.

[76] Siehe dazu die Dokumente bei Hampe, Mitteilungen III 17–31, der Brief des Legaten Gerhard 17–20; über Bischof Gentilis ebd. 3–12, über Matthaeus Baethgen–Hampe, Mitteilungen IV 3–13, dazu Kamp, Kirche 1, 341–344, Neumann, Parteibildungen 68–71; zur Lage vgl. Breve chronicon, ed. Huillard-Bréholles 892.

hieß: mit dem deutschen König, ging. Dazu kamen als ein weiterer Machtfaktor die in Palermo regierenden Familiaren. Unter ihnen dominierte zweifellos, vor allem weil die Erzbischöfe von Palermo, Capua und Reggio di Calabria schon 1199 starben, der Kanzler Walter von Pagliara, Bischof von Troia und altbewährter Anhänger Heinrichs VI. Seine Absichten werden nicht immer völlig deutlich und waren gewiß nicht frei von Eigennutz. Im ganzen strebte er aber doch wohl danach, für Heinrichs Sohn Friedrich das Königtum in einem möglichst unabhängigen, im Innern die Rechte der Großen wahrenden sizilischen Reich zu sichern. So entsprachen seine Wünsche in zentralen Punkten denen des Papstes. Er arbeitete denn auch meist ohne besondere Störungen mit dem päpstlichen Regenten zusammen und genoß dessen Vertrauen, scheute andererseits den Bruch mit Innozenz keineswegs, wo dessen Politik seine eigene Stellung und die künftige Herrschaft des jungen Friedrich zu gefährden drohte.[77] Natürlich ähnelt solche Beweglichkeit der führenden Köpfe des Königreiches zuzeiten stark dem sonst begegnenden blanken Opportunismus, und es fällt bisweilen recht schwer, noch Kräfte zu erkennen, die sich aus Einsicht, geleitet von durchdachten Konzeptionen, für die Sicherung des Ganzen, für den Bestand und die Zukunft des Regnum einsetzten; ja überhaupt eine klare Linie der Entwicklung zu entdecken, wird oft fast unmöglich. Die Krisenzeiten der normannischen Königsherrschaft scheinen wiedergekehrt.

Markward von Annweiler und Walter von Pagliara:
Machtkampf und Übereinkunft

Innozenz III. betrachtete von Anfang an Markward von Annweiler als seinen gefährlichsten Widersacher. Eindringlich warnte er schon im Dezember 1198 in seinen ersten Briefen als Regent Familiaren und Geistlichkeit Siziliens vor diesem „Feind Gottes und der Kirche, diesem Verfolger des Königreiches, der nicht schläft, sondern sich müht, das Königreich zu verwirren, mehr noch, es zusammen mit seinen ungerechten Helfershelfern in seine Hand zu bekommen". Fast beschwörend schärfte er seinen Adressaten ein, sich von dem Heimtückischen, der nur auf Rache und Usurpation der Macht für sich selbst sinne, fernzuhalten, Gregor dagegen, dem päpstlichen Legaten und Kardinaldiakon von S. Maria in Portico († 1202), in allem be-

---

[77] Zu Walter siehe bes. Kamp, Kirche 1, 509–514, 1122–1125, 1210–1215; von ersten Reibungen zwischen dem Kanzler und dem päpstlichen Legaten Gregor von S. Maria in Portico, die schon 1199 zu dessen resignierter Rückkehr nach Rom führten, berichten die Gesta Innocentii, c. 23, PL 214, XLf., vgl. Maleczek, Papst 93 f., Schadek, Familiaren 220 f.

reitwillig beizustehen. Auch später sparte der Papst nicht mit leidenschaftlichen Vorwürfen gegen den Tyrannen Markward, der als ein „zweiter Saladin" mit seinen Spießgesellen in Sizilien das Oberste zuunterst kehre, raube, foltere und plündere. In Wahrheit – dies bleibt Innozenz' Hauptvorwurf bis zum Schluß – gehe es Markward gar nicht um die Verwaltung des Reiches, wie er vorgebe, er ziele vielmehr auf die volle königliche Herrschaft und bestreite deshalb sogar die legitime Geburt Friedrichs.[78]

Wir begreifen den zornigen Eifer, den erbitterten Haß des Papstes rasch, wenn wir uns Markward näher zuwenden. Zwar stammt das wenige, das wir über seine Ziele erfahren, zumeist aus der Feder seiner Gegner. Trotzdem tritt doch immerhin dies einigermaßen klar zutage, daß er eng mit Philipp und der staufischen Partei in Deutschland zusammenarbeitete und wohl die von Heinrich VI. geschaffene Vereinigung von Imperium und Regnum auch für die Zukunft bewahren wollte. Er verfocht damit bezüglich Siziliens also eine Konzeption, die derjenigen des Papstes diametral entgegenstand und aus römischer Sicht die kirchliche Position im Kern bedrohte.

Markward war mit dem Papsttum bereits unmittelbar nach dem Tode Kaiser Heinrichs zusammengestoßen, als er in Übereinstimmung mit dessen letzten Verfügungen versuchte, die Mark Ancona für sich zu retten. Dies gelang ihm jedoch weder in Unterhandlungen, noch führten kriegerische Mittel zum Erfolg. Von Innozenz exkommuniziert, mußte er vielmehr sein Reichslehen verlassen und begab sich kurz nach Konstanzes Tod um die Jahreswende 1198/99 wieder in das sizilische Königreich. Schon während der von Ancona aus mit Rom zustande gekommenen Gespräche wies Markward anscheinend darauf hin, daß Heinrich ihn zum Vollstrecker seines letzten Willens bestimmt habe. Sein Eingreifen im Regnum Sicilie legitimierte er dann offenbar, indem er behauptete, der Kaiser habe ihn auf dem Totenbett zum Vormund des Königs und zum Regenten gemacht. Da wir den Text von Heinrichs letzten Anordnungen, seines sogenannten Testaments, nur auszugsweise kennen, läßt sich diese Aussage nicht überprüfen. Es mag indessen durchaus sein, daß Heinrich seinem Vertrauten die Aufgabe eines Beschützers von König und Reich an der Seite Konstanzes zuwies. Diese Aufgabe wäre zunächst angesichts der Selbständigkeit der Kaiserin und ihres Mißtrauens gegen Markward wie auch angesichts der Gefahren in der Mark völlig zurückgetreten. Nach dem Tode Konstanzes jedoch konnte sie Markward als Verpflichtung und Verlockung zugleich erscheinen.

Nun hatten die stauferfreundlichen deutschen Fürsten inzwischen allerdings Heinrichs Bruder Philipp zum König gewählt, und Philipp bean-

---

[78] Innozenz III., Epp. I 570f., ed. Hageneder 829–831; I 554, 803, II 212, 411f., RNI 15, ed. Kempf 41; Gesta Innocentii, c. 33 (Brief vom 3.7.1201), PL 214, LVII; dazu Baethgen, Regentschaft 132–134, Van Cleve, Markward 97, 104–106.

spruchte in der Nachfolge Heinrichs auch die Regentschaft im Königreich Sizilien – ob als Inhaber des Imperiums und künftiger Kaiser oder aber, wofür päpstliche Äußerungen sprechen, doch wohl eher als nächster Blutsverwandter seines Neffen Friedrich, als welchem ihm die Sorge für dessen Recht und Erbe oblag, das muß letztlich offen bleiben. Wichtig im Blick auf Markward ist vor allem, daß dieser Philipp als König anerkannte, wie umgekehrt Philipps fürstliche Parteigänger in Markward ausdrücklich den Sachwalter der staufischen Interessen in Sizilien sahen. „Wir mahnen und bitten Euch", so schrieben sie Ende Mai 1199 von Speyer aus an den empörten Innozenz, „daß Ihr unserem geliebten Freund Markward, dem ergebenen Gefolgsmann unseres Herrn, des Königs Philipp, dem Markgrafen von Ancona, Herzog von Ravenna, Verwalter des Königreichs Sizilien und Truchsessen des kaiserlichen Hofes, in den Angelegenheiten unseres Herrn Eure apostolische Gunst und Förderung gewährt". Wenn nicht mit der Autorität Heinrichs, so doch gewiß mit derjenigen Philipps durfte Markward demnach sein Vorgehen im Regnum Sicilie rechtfertigen; dieses Vorgehen selbst aber galt grundsätzlich der dauerhaften *unio regni ad imperium*.[79]

Die ersten Kämpfe in dem zehnjährigen Ringen um das Schicksal Siziliens entbrannten um die berühmte und mächtige, den Zugang von Rom her beherrschende Abtei Montecassino im Nordwesten des Königreiches. Markward war aus der Mark Ancona zunächst in die Grafschaft Molise, sein sizilisches Lehen, gezogen. Er fand dort Unterstützung bei den Einheimischen, vergrößerte sein Heer und forderte Roffred, den Abt des Klosters und Kardinalpresbiter von SS. Marcellino e Pietro († 1210), auf, seine Regentenstellung durch einen Treueid anzuerkennen. Dieser hatte jedoch schon dem Papst Treue gelobt und wandte sich nun an ihn um Hilfe. Innozenz reagierte rasch: Unter Führung zweier Kardinäle eilten Truppen aus der Campagna nach dem Süden und besetzten die Stadt San Germano zu Füßen des Klosterberges. Zwei andere päpstliche Gesandte begaben sich, reichlich mit Geld versehen, in die Abruzzen, um die Grafen Peter von Celano, Roger von Chieti und andere Adlige der nordöstlichen Reichsregion zum bewaffneten

---

[79] Zu Markward siehe: Gesta Innocentii, c. 9, PL 214, XXII–XXIV, c. 23, XXXIX, zu seinem Anspruch auf das *balium regis et regni* daneben: Richard von S. Germano, ad 1198, ed. Garufi 19, Breve chronicon, ed. Huillard-Bréholles 892f., vgl. Annales Ceccanenses, ad 1192, MGH SS 19, 291, v. 104–107, Sicardi Cronica, ad 1198, MGH SS 31, 175f., seine Anerkennung Philipps: RI V, Nr. 12167. Der Brief der Fürsten aus Speyer: RNI 14, ed. Kempf 36f., vgl. zur Haltung Philipps: Chronica regia Coloniensis, ad 1199, MGH SS rer. Germ. 18, 167, RNI 29, ed. Kempf 79, 81, 87, RNI 33, 106, RNI 92, 244, Innozenz III., Ep. II 212, ed. Hageneder 413, der Hinweis auf die Vormundschaft für den Neffen: RNI 47, 130f., RNI 64, 184, vgl. auch Ep. I 230, 326, I 236, 336. Dazu Baethgen, Regentschaft 2–5, 119–132, 134f., Neumann, Parteibildungen 40f., Van Cleve, Markward 84–95.

Eingreifen zu bewegen; freilich reagierten die derart Angesprochenen offenbar erst mit einem gewissen Zögern. Dringende päpstliche Ermahnungen zu Treue und aktiver Hilfe gingen außerdem an den Adel und die Geistlichkeit des gesamten Königreichs, und den Familiarenrat zu Palermo bat Innozenz inständig um Übersendung einer ansehnlichen Geldsumme zur Finanzierung der Reichsverteidigung. Besser sei es, so gab er zu bedenken, sich mit einem einzigen hohen Betrag alle Sorgen dauerhaft vom Halse zu schaffen, als viele kleine, aber im ganzen wirkungslose Zahlungen zu leisten. Es scheint indessen, als ob die Palermitaner Regierung nicht die rechten Schlüsse aus solcher Lebensweisheit gezogen hätte.

Trotz der vielfältigen Maßnahmen des Papstes gedachte Markward, sich mit Gewalt durchzusetzen, zumal ihm nun auch die im Lande gebliebenen deutschen Befehlshaber zuströmten, an ihrer Spitze Graf Diepold von Acerra, der die Gegend um Acerra und Salerno in seiner Hand hielt. Schon Anfang Januar 1199 gelang die Einnahme von San Germano, und die Belagerung des Klosters Montecassino begann. Diese allerdings blieb bald ohne echten Erfolg stecken. Zwar litten die Eingeschlossenen Hunger und Entbehrung, aber auch Markward geriet durch schwere Unwetter und die zeitweilige Gefangennahme Diepolds in Schwierigkeiten. So fand er sich schließlich zum Abzug bereit, als ihm Abt Roffred dreihundert Goldunzen als Preis dafür anbot. Recht planlos marschierte er dann durch das Land, stürmte mit wechselndem Geschick gegen Burgen und Städte.[80]

Eine Wendung schien sich im Sommer anzubahnen. Damals kam der Kardinal und Erzbischof Konrad von Mainz auf der Heimreise vom Kreuzzug durch Unteritalien, und Markward ließ durch ihn neue Versöhnungsvorschläge nach Rom übermitteln. Endlich legte er vor einer Kommission dreier einflußreicher Kardinäle sogar den Schwur ab, er wolle dem Papst in allem gehorchen, was seine Exkommunikation verursacht habe, insbesondere auf die Regentschaft im Königreich und dessen Beschwerung verzichten. Gerade dieses entscheidende Versprechen jedoch brach er sofort wieder: Er hängte in seinen Schreiben an Innozenz seinem Titel eines *imperii senescalcus* zunächst ein *et cetera* oder andere vieldeutige Wendungen an, um nach päpstlichen Vorhaltungen dann offen auf seinem Rang als *balius et*

---

[80] Richard von S. Germano, ad 1198–1199, ed. Garufi 19–21, Gesta Innocentii, c. 23, PL 214, XLI–XLIII, Annales Ceccanenses, ad 1198, MGH SS 19, 294f., Annales Casinenses, ad 1196, MGH SS 19, 318, Innozenz III., Ep. I 554, ed. Hageneder 802–806 (die Bitte um eine einmalige hohe Zahlung 804, vgl. dazu Ep. II 268, 521, Ep. III 23, PL 214, 902 B, Brief vom 3.7.1201, PL 214, LVIII AB, LIX AB), Epp. I 555–558, 806–813; Baethgen, Regentschaft 8–14, 19–21, Tillmann, Innocenz 114f., Van Cleve, Markward 98–107.

procurator regni Sycilie zu beharren. Eine Woche nach seiner Absolution verfiel er deshalb erneut dem Kirchenbann.[81]

Es fällt schwer, hinter den geschilderten Aktionen Markwards eine durchdachte Konzeption zu entdecken. Jedenfalls hatte er sich weder am Verhandlungstisch noch auf dem Schlachtfeld durchzusetzen vermocht, und Aussicht auf eine rasche Besserung dieser unbefriedigenden Situation bestand auf dem Festland kaum. Diese Einschätzung der Lage veranlaßte Markward offenbar, Unteritalien nun zu verlassen, um durch den Vorstoß auf die Insel Sizilien und in die Hauptstadt des Reiches eine Entscheidung zu seinen Gunsten zu erzwingen.

Ein Abkommen mit dem Genuesen Wilhelm Grasso, der schon Heinrich VI. als Admiral gedient hatte, ermöglichte Markward die Überfahrt von Salerno nach Sizilien. Im Oktober 1199 landete er in Trapani im äußersten Westen der Insel und wurde nach der Aussage einer Quelle bald „von der Mehrheit der Christen wie der Sarazenen aufgenommen".[82] Offenkundig schlugen sich die Unzufriedenen, die Gegner der Palermitaner Regierung, auf Markwards Seite, darunter wohl auch einzelne noch anwesende deutsche Söldnerführer, vor allem aber die im Innern Siziliens zahlreiche arabische Bevölkerung, die schon seit den sechziger Jahren unter der zunehmenden Zurücksetzung und Anfeindung durch die Christen zu leiden hatte und sich von Markward eher eine Besserung versprechen mochte als vom Papst oder den geistlichen Machthabern in der Hauptstadt.

Deren Situation verschlechterte sich rasch, und erneut war es an Innozenz, sich mit Energie und Tatkraft einzuschalten. Nachdrücklich rief er die Sizilianer zum Widerstand auf gegen den mehrfach gebannten Eindringling, der doch wahrhaft schon genügend Beweise seiner Grausamkeit und Heimtücke geliefert habe; wer gegen ihn kämpfe, verdiene sich den gleichen Sündenablaß wie ein Kreuzfahrer. Ein besonderes Schreiben ging an die Sarazenen des Landes, voller Warnungen vor dem gerade ihnen von dem Truchsessen drohenden Verderben. Das angekündigte Heer jedoch ließ auf sich warten: Erst im März 1200 traf eine kleine Truppe von zweihundert Soldrittern unter Führung eines päpstlichen Legaten und des Marschalls Jakob,

---

[81] Gesta Innocentii, c. 23f., PL 214, XLIII–XLVI, Innozenz III., Ep. II 158, ed. Hageneder 306–311, Ep. II 170, 331–333; Baethgen, Regentschaft 14–18, Van Cleve, Markward 115–123.

[82] Breve chronicon, ed. Huillard-Bréholles 892f.; vgl. zum Folgenden, bes. zur Haltung der Sarazenen, auch Innozenz III., Ep. II 196, ed. Hageneder 373–375, II 212, 411–414, II 217, 421–423, II 236, 451–456, II 268, 520–522, außerdem Gesta Innocentii, c. 24, PL 214, XLVI; Baethgen, Regentschaft 18, 22–25, Van Cleve, Markward 128–135, Abulafia, Frederick 96–100, über die Lage der Sarazenen vgl. Tramontana, Ceti 148–150, 152–156.

eines bald zum Grafen von Andria aufsteigenden Vetters des Papstes, in Messina ein. Trotzdem blieben Innozenz' Schwierigkeiten: Auf dem Festland wahrte Diepold von Acerra seinen Einfluß, begannen mächtige einheimische Adlige wie Peter von Celano eigene Wege einzuschlagen, und auf der Insel kamen zu den durch Markward verursachten Sorgen wachsende Spannungen mit dem Haupt der Familiaren.

Walter von Pagliara nämlich war, wohl ebenfalls im März 1200, eine wertvolle Stärkung seiner Position in Palermo geglückt: Das dortige Domkapitel wählte ihn damals zum Nachfolger des verstorbenen Erzbischofs. Sogleich eilte er daraufhin nach Messina und ließ sich von dem eben gelandeten päpstlichen Legaten in seiner neuen Würde bestätigen. Seine Freude sollte indessen nicht lange ungetrübt bleiben: Innozenz beharrte darauf, daß allein dem Papst das Recht zustehe, einen Bischof von einem Bistum zum anderen zu versetzen, daß der Legat zur Translation Walters also nicht befugt gewesen sei. Als Kompromiß schlug er immerhin vor, der Bischof von Troia solle bis auf weiteres die Palermitaner Kirche mitverwalten, und dieser nahm das Angebot an – mit der guten Aussicht, nach einer gewissen Übergangszeit doch noch zum Ziel zu gelangen.[83]

Kaum war diese Verstimmung zwischen Papst und Kanzler ausgeräumt, da mußte Walter von Pagliara im Mai oder Juni 1200 eine wesentlich herbere Enttäuschung erleben. Eine Tochter Tankreds, des Gegenkönigs Heinrichs VI., hatte in Frankreich den Grafen Walter von Brienne (östlich Troyes) geheiratet. Dieser forderte nun von Innozenz im Namen seiner Frau die Belehnung mit der Grafschaft Lecce und dem Fürstentum Tarent, mit jenen Herrschaften also, die Heinrich 1194 an Tankreds Angehörige vergeben hatte. Wahrlich eine heikle Angelegenheit! Gegen Walters Ansprüche ließen sich durchaus lehensrechtliche Bedenken vorbringen, und natürlich saßen auf den fraglichen Lehen inzwischen neue Inhaber. Vor allem aber bestand die Gefahr, daß die Familie Tankreds nach ihrer Rückkehr in das Königreich ihre Ansprüche auf das ganze Regnum ausdehnte und zum Kristallisationskern der gegen die Palermitaner Zentrale gerichteten Bestrebungen oder antistaufischer Ressentiments wurde, daß in ihr also dem Königtum Friedrichs eine nicht zu unterschätzende, bedrohliche Konkurrenz erwuchs. Wenn gerade der Papst durch seine Entscheidung diese Gefahr heraufbeschwor, so weckte er damit zudem gewiß vielerorts Zweifel an der Ernsthaftigkeit seiner oft bekundeten Sorge um sein königliches Mündel.

Innozenz sah alle diese Schwierigkeiten sehr wohl, er diskutierte sie ausführlich mit seinen Beratern. Schließlich ging er dennoch auf das Ansinnen

---

[83] Gesta Innocentii, c. 29, PL 214, LIII; Kamp, Kirche 1, 1122f., Baethgen, Regentschaft 33–36.

Walters von Brienne ein und belehnte ihn mit Tarent und Lecce. Den Ausschlag gab seine sichere Erwartung, daß sich sein neuer Lehnsmann aus eigenem Interesse energisch und mit allen ihm zu Gebote stehenden Mitteln, etwa auch mit französischer Hilfe, gegen den gemeinsamen Feind, die deutschen Heerführer, wenden werde. Daß er dazu entschlossen sei, mußte Walter ebenso beschwören wie er in einem feierlichen Eid versprach, sich den Weisungen des Papstes zu unterwerfen und nichts gegen Friedrich zu unternehmen, vielmehr dessen Königswürde und Reich gegen alle Feinde zu verteidigen. Danach begab er sich in seine französische Heimat zurück, um sein Eingreifen in Sizilien vorzubereiten.

Walter von Pagliara las die Schilderung der Zusammenhänge, die Innozenz samt einer eingehenden Begründung für seinen Entschluß umgehend den Familiaren übersandte, mit heller Empörung. In aller Öffentlichkeit, vor der Bevölkerung Messinas, äußerte er schärfste Kritik an der päpstlichen Maßnahme. Offenbar sah er als entschiedener Widersacher Tankreds und Anhänger Heinrichs VI. in Walter von Brienne sofort einen verhaßten persönlichen Gegner, dazu einen unerwünschten politischen Nebenbuhler und trotz aller Versprechungen den künftigen Bewerber um den sizilischen Thron. Als der Familiarenrat und das päpstliche Heer im Juli nach Palermo segelten, um die inzwischen von Markward eingeschlossene Stadt zu entsetzen, dachten deshalb er und seine Gesinnungsgenossen schon jetzt ernsthaft daran, mit dem Deutschen, mit dem zusammen er einst dem Kaiser gedient hatte, in Verhandlungen zu treten. Noch konnten die Anhänger des Papstes diesen Schritt verhindern, und es kam am 21. Juli 1200 bei Monreale, südlich von Palermo, zur Schlacht. Markward, dem damals übrigens auch ein Truppenkontingent aus Pisa beistand, unterlag hier wie in einem späteren Treffen bei Taormina, ohne daß dies freilich seine Stellung in Sizilien ernsthaft geschwächt hätte. Im Gegenteil: Geldmangel, fehlende Unterstützung durch die Bevölkerung und die Familiaren sowie Krankheit und Seuchen in seinem Heer zwangen den Marschall des Papstes im Herbst zum Rückzug nach Unteritalien.[84]

Um die gleiche Zeit arbeitete Walter von Pagliara auf den endgültigen Bruch mit Innozenz hin. Er verzichtete auf seine Kirchenämter, nahm seinen Bruder, den Grafen Gentilis von Manoppello (südwestlich Pescara;

---

[84] Zum Auftreten Walters von Brienne siehe: Gesta Innocentii, c. 25–28, PL 214, XLVI–LIII (das ausführliche päpstliche Begründungsschreiben an die Familiaren XLVII–XLIX, vgl. Innozenz' Brief vom 3.7.1201, c. 33, LIX C–LX A; die Schilderung der Schlacht von Monreale durch Erzbischof Anselm von Neapel XLIX–LII), Innozenz III., Ep. III 23, PL 214, 902 BC, Breve chronicon, ed. Huillard-Bréholles 893, Richard von S. Germano, ad 1199, ed. Garufi 22; Baethgen, Regentschaft 26–33, 36–41, Van Cleve, Markward 150–158, Böhm, Johann 16–19.

† nach 1212), in das Kollegium der Familiaren auf, begünstigte auch sonst seine Gesinnungsgenossen und suchte offenbar durch Verhandlungen über eine Ehe Friedrichs seine Stellung zusätzlich abzusichern. Trotz heftiger päpstlicher Mahnungen und Verbote traf er dann tatsächlich im November eine Übereinkunft mit Markward, die jenem die Mitgliedschaft im Familiarenrat und neben Walter den entscheidenden Anteil an der Macht im Königreich verschaffte, Palermo und den König jedoch in Walters Hand ließ. Da wir den genauen Inhalt des Abkommens nicht kennen, muß offen bleiben, ob bereits hier dem Kanzler das Festland als Aktionsschwerpunkt zugedacht war oder ob dieser sich erst später entschloß, dort persönlich den unmittelbar drohenden Entscheidungskampf gegen Walter von Brienne zu organisieren. Jedenfalls vertraute er um die Jahreswende den jungen König und die Hauptstadt seinem Bruder Gentilis an und begab sich über Messina nach Unteritalien, wo er sofort eifrig um Unterstützung für seine Sache warb.[85]

Der Fall Palermos und die Auslieferung Friedrichs an Markward

Der festländische Reichsteil, der nun wieder in das Zentrum des Geschehens rückte, stand seit dem Abzug Markwards unter der fast unumschränkten Herrschaft Diepolds von Acerra. Nur mit Mühe gelang es etwa Rainald († 1212/15), dem erwählten Erzbischof von Capua und treuen Anhänger des Papstes, seinen Vater, den mächtigen Grafen Peter von Celano, zu einem halbherzigen und prompt in einer Niederlage endenden Eingreifen gegen Diepold zu bewegen. Walter von Brienne schien also wenig Aussichten auf Erfolg zu haben, als er im Mai 1201 seine aus eigenen wie päpstlichen Mitteln bezahlte Truppe von Rom her ins Königreich führte. Indessen – schon bei seinem ersten Zusammenstoß mit Diepold im Juni erfocht er eben in der Gegend von Capua einen unerwarteten Sieg und konnte darangehen, seine Lehen in Südapulien zu erobern. Walter von Pagliara, dessen Pläne schmählich zu scheitern drohten, verband sich nun offen mit Diepold. Als Innozenz ihn daraufhin bannte und ihm offiziell seine Bistümer entzog, suchte er noch einmal den Ausgleich. Der päpstlichen Forderung, auf jeden Widerstand gegen Walter von Brienne zu verzichten, verweigerte er sich jedoch leidenschaftlich: Nicht einmal wenn der Apostel Petrus, von Christus selbst gesandt, ihm dergleichen vorgeschrieben hätte, würde er einem solchen Befehl Gehorsam leisten, auch wenn er wüßte, daß er deswegen mit der Hölle bestraft werden müsse – so soll er dem päpstlichen Legaten geant-

---

[85] Gesta Innocentii, c. 31 f., PL 214, LIV–LVI, vgl. c. 29, LIII, Innozenz III., Epp. III 22–23, PL 214, 901–903; Kamp, Kirche 1, 1123, Baethgen, Regentschaft 41–54, 58, 60 f., Van Cleve, Markward 159–164.

wortet haben. An der Seite Diepolds stellte er sich mit seinem Anhang, darunter nun sogar sein Schwager Peter von Celano, im Oktober bei Canne (östlich Barletta), wo Hannibal einst die Römer besiegt hatte, dem Grafen von Brienne. Doch ein zweites Mal behielt dieser die Oberhand, und mit ihm siegte Papst Innozenz. Der entscheidende Feldzug des päpstlichen Heeres gegen Markward schien unmittelbar bevorzustehen.[86]

Natürlich blieben die dramatischen Ereignisse auf dem Festland nicht ohne Folgen für die sizilischen Verhältnisse. Schon die ersten Erfolge Walters von Brienne gaben offenbar der propäpstlichen Stimmung unter den Familiaren neue Nahrung, und Innozenz nützte die Stunde, um ihnen in einem umfangreichen Schreiben ein weiteres Mal die klaren und uneigennützigen Grundlagen und Einzelschritte seiner Sizilienpolitik darzulegen, ihren Egoismus und Wankelmut heftig zu tadeln und sie vor dem zügellosen Machthunger Markwards zu warnen. Seine scharfen Anklagen und sein schroffes Vorgehen gegen die Gesinnungsgenossen Walters von Pagliara führten jedoch nur zu einer Vertiefung der Spannungen innerhalb des Familiarengremiums, das mehr und mehr gelähmt wurde. So sah Markward seine Stunde gekommen. Entschlossen, jetzt die ganze Insel und den König selbst in seine Gewalt zu bringen, belagerte er Palermo, das sich ihm Mitte Oktober ergab. Zwar hatte sich Graf Gentilis mit seinem Schützling Friedrich auf das Castello a Mare, die den Hafen der Stadt beherrschende Burg, zurückgezogen; sie fiel jedoch zwei Wochen später, am 1. November 1201, ebenfalls. Kurz vorher war Gentilis von Manoppello aus ihr geflohen, vielleicht bestochen, vielleicht, um einfach seine Haut zu retten, oder auch tatsächlich, um in Messina Proviant zu besorgen. Der Erbe der Krone aber und Sizilien bis auf Messina befanden sich nun in der Hand Markwards.[87] Verständlich, daß dieser erfolgreiche Handstreich die päpstliche Freude über den Durchbruch auf dem Festland empfindlich trübte.

Friedrich, dem unser besonderes Interesse gilt, blieb bisher völlig im Hin-

---

[86] Gesta Innocentii, c. 30, PL 214, LIII f., c. 33, LVI f., c. 34, LXI f., RNI 56, ed. Kempf 152 f., Richard von S. Germano, ad 1200–1202, ed. Garufi 22 f., Annales Ceccanenses, ad 1192, MGH SS 19, 291, vv. 114–141, ad 1198–1199, 295, Annales Casinenses, ad 1198, 1201, MGH SS 19, 318, vgl. Hampe, Mitteilungen I 3–21, bes. 13–16: Bericht Rainalds von Capua über die Schlacht von Canne, 16–21: Hilferufe Rainalds an seinen Vater Peter von Celano, zu diesem auch Neumann, Parteibildungen 106–110, zum Ganzen Baethgen, Regentschaft 54–57, 60–67, Van Cleve, Markward 175–187.

[87] Gesta Innocentii, c. 33, PL 214, LVII–LXI (mit dem Schreiben Innozenz' vom 3. Juli 1201), c. 34 f., LXII, Bericht Rainalds von Capua über die Eroberung Palermos: Hampe, Kindheit 592–595, vgl. Richard von S. Germano, ad 1199, ed. Garufi 21 f.; dazu Baethgen, Regentschaft 59 f., 67–69, Van Cleve, Markward 188–194, zur Topographie Palermos La Duca, Cartografia.

tergrund. Die Quellen meldeten nichts über ihn als ein lebendiges Individuum, nichts über seinen Alltag, seine nächste Umgebung, sein Denken, Handeln und Fühlen, obwohl doch fast jede der im Königreich agierenden Gruppen sich auf ihn berief, vorgab, letztlich für ihn zu kämpfen, seine künftige Herrscherstellung zu verteidigen, obwohl die königliche Kanzlei unermüdlich Schenkungsurkunden oder Mandate in seinem Namen abfaßte. Wenn Innozenz, der Vormund, sich bisweilen in persönlichen Schreiben unmittelbar an den ihm Anvertrauten wandte, so geschah dies meist, um unter dieser Adresse doch nur den eigentlich gemeinten Familiaren um so deutlicher seine Meinung zu sagen. Selbst sein Kondolenzbrief an den Vierjährigen nach dem Tod Konstanzes findet bei aller spürbaren Anteilnahme mit seinen gewählt-umständlichen Wendungen und Bildern doch keinen besonderen, dem kindlichen Leser angemessenen Ton. Schwer zu sagen, was der kleine Knabe bei der päpstlichen Mahnung empfand, er möge sich glücklich preisen, da er nach dem Verlust seiner leiblichen Eltern durch Gottes Erbarmen im Papst einen würdigeren, geistlichen Vater, in der römischen Kirche eine bessere Mutter erhalte. Immerhin mag Innozenz' Hinweis, wen Gott besonders züchtige, den liebe er besonders, Friedrichs schweres Leid zeige, daß Gott ihn schon jetzt gewissermaßen als seinen Sohn annehme, einigen Eindruck gemacht und Friedrichs früh erkennbares Bewußtsein von der hohen Würde seiner Stellung, von der besonderen Begnadung seiner Person mit geprägt haben.[88]

Erst bei der Eroberung des Castello a Mare zu Palermo tritt der nun fast siebenjährige künftige Herrscher schlagartig zum ersten Mal selbst, als ein aktiv Handelnder vor unsere Augen, und dieses überraschende Erscheinen hat eine besondere Faszination ausgeübt, seit der Bericht darüber bekannt wurde. Ein Augenzeuge der dramatischen Palermitaner Oktoberereignisse nämlich, der als *magister regis*, als Erzieher Friedrichs wirkende Wilhelm Francisius, Sproß einer bei Avellino (östlich Neapel) begüterten Adelsfamilie, informierte unverzüglich Rainald, den erwählten Erzbischof von Capua, und dieser gab die schlechten Nachrichten noch Anfang November an Papst Innozenz weiter. Sein Brief ist uns überliefert. Sichtlich bemüht, den Grafen Gentilis, seinen Onkel, auf Kosten des angeblich verräterischen Kastellans von jeder Schuld an dem unliebsamen Geschehen reinzuwaschen, schildert Rainald dort auch Einzelheiten der Auslieferung Friedrichs. Die Wachmannschaften, so erzählt er, hätten in ihrer Niedertracht dessen Versteck im Innersten der Feste preisgegeben. Als die Leute Markwards daraufhin zu ihm eindrangen, mußte der Knabe schnell erkennen, daß ihn nichts vor dem Zugriff der Barbaren retten könne, und er brach in Tränen

---

[88] Innozenz III., Ep. I 559, ed. Hageneder 815f.; vgl. den Brief vom 3.7.1201, PL 214, LVII–LXI.

aus. „Zugleich aber vermochte er – ein gutes Vorspiel künftigen Herrschertums – die Kraft seiner königlichen Gesinnung nicht zu verbergen, und wie der Berg Sinai nicht einmal von einem Tier berührt werden darf, so suchte er im Angesicht der Gefangenschaft, auf seinen Häscher losspringend, so gut er konnte, die Hand aufzuhalten, die den Gesalbten des Herrn schändete. Darauf öffnete er seinen Königsmantel, zerriß voller Schmerz seine Kleider und zerfetzte sein junges Fleisch mit seinen gleich Messern schneidenden Nägeln."[89]

Gewiß verraten Rainalds Worte eine gewisse rhetorische Übertreibung. Es sieht so aus, als ob er Friedrichs Zorn gegen den barbarischen Markward und seine herrscherliche Haltung besonders habe herausstreichen wollen, um den Papst über das Widrige der Situation etwas hinwegzutrösten und ihm Hoffnung für die Zukunft zu machen. Dennoch darf man seiner Darstellung von Friedrichs Reaktion mit ihrer Mischung aus Angst und Tränen, Stolz, Wut und Verzweiflung im Kern wohl durchaus Glauben schenken. Sie läßt uns zum ersten Mal erahnen, mit welcher Wachheit und regen Empfindung das Kind die politische Entwicklung Siziliens schon miterlebte und ihre Krisen und Wendungen auch miterlitt. Mögen seine Vorstellungen von den gegeneinander ringenden Parteien und ihren Zielen noch unklar und einseitig gewesen sein – die Erfahrung des Betroffenseins, das Wissen darum, daß es dabei letztlich um sein eigenes Schicksal ging, und die Überzeugung von der einzigartigen Bedeutung seiner Person und der Hoheit seiner künftigen königlichen Würde waren bereits tief in den Siebenjährigen eingepflanzt worden und in ihm verwurzelt.

Wachsende Anarchie. Friedrich in der Hand des Wilhelm Capparone und dessen Verdrängung durch Walter von Pagliara

Ende 1201 war das Königreich Sizilien geteilt. Auf der Insel herrschte Markward, nicht ohne Kontakte nach Unteritalien zu spinnen; das Festland dagegen stand unter dem Einfluß des Papstes, der begann, hier Beamte zu ernennen und die Finanzverwaltung auf sich zuzuordnen. Vor allem aber trachtete er, Walter von Brienne zum Entscheidungsschlag gegen Sizilien zu

---

[89] Brief Rainalds von Capua an Innozenz III. vom November 1201: Hampe, Kindheit 592–595, das Zitat 594, vgl. dazu 579–584, Kantorowicz, Friedrich 30, Ergänzungsband 16, Van Cleve, Frederick 46f., 62, Willemsen, Kindheit 117f., eher beiläufig Abulafia, Frederick 100; Wilhelm Francisius wird im Januar 1209 noch einmal erwähnt, als er der Gefangenschaft Diepolds entkam, zu dessen Gegnern er damals offenbar gehörte, siehe Niese, Materialien 388, 399 (Nr. 2), Neumann, Parteibildungen 120f.

bewegen. Über Ankündigungen und Manifeste hinaus gedieh das Unternehmen indessen nicht. Das lag am Geldmangel, daran, daß Diepold von Acerra erneut die Terra di Lavoro unsicher machte, aber wahrscheinlich durchaus auch am Unwillen des Grafen Walter selbst, dem die Sicherung seiner festländischen Lehen zunächst vordringlich erscheinen mochte. Zudem bemühte sich Innozenz gerade damals noch auf einem anderen Wege, das Los des sizilischen Königs zu erleichtern: Er trat in Verhandlungen mit König Peter II. von Aragon (1196–1213), um die Verlobung von dessen Schwester Sancha mit Friedrich ins Werk zu setzen, und erhielt gegen Ende des Jahres 1202 tatsächlich die Zustimmung Peters sowie seine Zusage, bei der Befreiung seines künftigen Schwagers militärische Hilfe zu leisten. Dieses Projekt mußte dem Grafen Walter ganz klar vor Augen führen, daß der Papst am Königtum des Staufers festhielt und ihn selbst nicht allzu weit emporsteigen zu lassen gedachte – sicher eine Erkenntnis, die seine Begeisterung für den Sizilienfeldzug noch weiter schmälerte.

Die Entwicklung auf der Insel selbst machte dann eine rasche Entscheidung ohnehin unnötig. Markward, anscheinend auf den Ruf der Bürger Messinas hin im Begriff, auch diese letzte Stadt zu erobern, erkrankte im September 1202 in Patti und starb dort Mitte des Monats wohl an der Ruhr. Genau fünf Jahre waren vergangen, seitdem er in eben derselben Gegend Siziliens den Tod seines kaiserlichen Herrn miterlebt hatte. Dessen großes Vorhaben, die Verbindung von Imperium und Regnum auf Dauer zu sichern, schien nun endgültig gescheitert.[90]

Philipp dachte offenbar daran, Markwards Position in Sizilien zu retten, und sandte Konrad von Urslingen, den ehemaligen Herzog von Spoleto, auf die Insel. Dieser starb jedoch ebenfalls wohl noch im Jahre 1202, und nun riß Wilhelm Capparone, vermutlich ein deutscher Heerführer, der nach dem Tode Heinrichs VI. auf der Insel geblieben war und später dort Markward unterstützte, das Gesetz des Handelns an sich. Er eilte nach Palermo, bemächtigte sich Friedrichs und suchte als „Wächter des Königs und Großkapitän Siziliens" die Herrschaft auszuüben, ohne freilich eine andere Legitimierung für sich geltend machen zu können als die mit den Waffen erzwungene Verfügungsgewalt über den unmündigen Thronfolger. Manche Genossen Markwards verweigerten ihm denn auch die Gefolgschaft. Des Truchsessen

---

[90] Breve chronicon, ed. Huillard-Bréholles 893, vgl. Innozenz III., Ep. V 89, PL 214, 1075f., IX 195, PL 215, 1033A, Gesta Innocentii, c. 35, PL 214, LXII, Richard von S. Germano, ad 1202, ed. Garufi 23, Brief Rainalds von Capua, ed. Hampe, Kindheit 596; zu den Umtrieben Diepolds von Acerra siehe auch die Briefe Rainalds bei Hampe, Mitteilungen II 30, 36, 39f., zu den päpstlichen Aktivitäten Innozenz, Epp. V 38–39, PL 214, 993–998, V 51, 1018f., V 76, 1060f., V 84–87, 1070–1073, RNI 80, ed. Kempf 218f.; Baethgen, Regentschaft 72–80, Van Cleve, Markward 195–202.

oberitalienische Helfer aus Pisa und Genua gedachten ohnehin, sich ihren Lohn auf eigene Faust zu holen: Beide Städte hatten es dabei vor allem auf Syrakus abgesehen, wo sich schließlich, trotz mancher Pisaner Gegenstöße, die Genuesen behaupteten. Messina wurde unter seinem Erzbischof Berard zum Zentrum der propäpstlichen Kräfte. Fast überall aber litten die Inselbewohner unter der wachsenden Anarchie.[91]

In dieser Situation brachte sich Walter von Pagliara wieder ins Spiel. Nachdem er mit seinen Absichten auf dem Festland ebenso wie Markward auf der Insel gescheitert war, sah er offenbar keine andere Möglichkeit mehr, als sich mit Innozenz auszusöhnen; vielleicht war er inzwischen zudem auch zu der Überzeugung gelangt, daß Walter von Brienne tatsächlich keine allzu schwere Bedrohung seiner eigenen Politik darstellte. So unterwarf er sich in allen Streitpunkten dem Papst, und Innozenz, anscheinend froh, ihn für seine Seite zurückgewinnen zu können, erteilte ihm im Mai 1203 die Absolution. In der Folgezeit wirkte Walter eifrig im Dienste der päpstlichen Sache, immer darauf bedacht, mit der Schwächung Capparones zugleich seinen eigenen Wiederaufstieg zu befördern.

Allerdings fehlte es Wilhelm Capparone keineswegs an Einsicht in die Unsicherheit seiner Position. Vielmehr hielt er es im Laufe des Jahres 1204 für angezeigt, seinerseits gleichfalls Verbindungen mit Rom anzuknüpfen. Auch er stieß dort auf die Bereitschaft zum Ausgleich, und nach erfolgversprechenden Vorverhandlungen kam im Oktober der uns schon bekannte päpstliche Legat Gerhard von S. Adriano, der sich im Sommer zunächst mit den unteritalienischen Konflikten herumgeschlagen hatte, auf die Insel. Er erreichte, daß Capparone, den er dafür vom Bann lossprach, eidlich die päpstliche Regentschaft anerkannte. Dann zog er feierlich in Palermo ein und übernahm als Vertreter des Papstes die Regierung. Sogar den nun fast zehnjährigen König Friedrich konnte er besuchen und offenbar frei und ungestört sprechen. Die persönliche Begegnung mit Friedrich sei geradezu der Hauptzweck seines Aufenthalts gewesen, so hören wir dazu von Innozenz' Biographen; Friedrich habe sich über die Anwesenheit des Legaten denn auch herzlich gefreut und aus seinen Worten Trost empfangen.

Nur kurze Zeit indessen dauerte das Einvernehmen Gerhards mit Capparone. Bald führte dessen Weigerung, die Kirche Siziliens zu entschädigen, zu Mißhelligkeiten; zudem gelang es nicht, eine Form des Zusammenwirkens zwischen ihm und Walter von Pagliara zu finden. Müde des Streits zog sich

---

[91] Gesta Innocentii, c. 36, PL 214, LXIIf.; RNI 80, ed. Kempf 218f. (zu Konrad von Spoleto), Innozenz III., Epp. VI 52–54, PL 215, 54f. (die Rolle Berards von Messina), Ep. VI 93, 97f., VI 159, 172f. (zur Situation auf der Insel), Annales Ianuae, ad 1204–05, MGH SS 18, 121–124, ad 1207, 126 (zu Genua und Pisa); dazu Baethgen, Regentschaft 80–82, 87–90.

Gerhard deshalb nach Messina zurück. Jede Hoffnung auf ein Ende der die Insel zermürbenden Kämpfe und Wirren schien vergeblich.[92]

Nicht besser standen die Dinge jenseits des Faro, der Meerenge von Messina. Dort entlud sich Ende 1203 auf die Nachricht von der schweren Erkrankung Innozenz' und auf das Gerücht von seinem Tod hin der offenbar tiefe Unmut des Adels und der Städte Apuliens über die bedrückende Fremdherrschaft Walters von Brienne in einem heftigen Aufstand. Nur mit Mühe gelang es, die Erhebung niederzuwerfen. Kaum jedoch hatte Walter wieder einigermaßen freie Hand gewonnen, um sich gegen seinen nach wie vor gefährlichsten Feind Diepold von Acerra zu wenden, da verließ ihn nach ersten Erfolgen das Kriegsglück aufs neue. Aus Leichtsinn und Unachtsamkeit geriet er im Juni 1205 in Diepolds Gefangenschaft und starb im gleichen Monat an seinen Verletzungen.[93]

Dieser Schlag drohte die päpstliche Sache im Kern zu treffen, denn gerade damals begann König Philipps Bemühen um größeren Einfluß in Italien Früchte zu tragen. Wohl um sich den Herzog von Brabant fester zu verpflichten, aber gewiß ebenso in der Absicht, die Verbindung Siziliens mit dem Imperium zu stärken, hatte der Staufer zum größten Ärger Innozenz' auf eine Verlobung seines Neffen Friedrich mit der Tochter des Herzogs hingewirkt. Gleichzeitig machte Lupold, der Bischof von Worms († 1217), als sein Vertreter seit Herbst 1204 auch in Mittelitalien energisch und erfolgreich die Reichsrechte geltend und drang Mitte 1205 sogar in das sizilische Königreich ein. Kurz danach freilich brach er seinen Feldzug ab. Wohl gegen Ende des Jahres kehrte er nach Deutschland zurück – ob einer Niederlage wegen oder weil ihn Philipp im Blick auf die sich damals von Ferne anbahnende Übereinkunft mit dem Papst abberief, das bleibt unklar.[94]

Lupolds Abzug und die Anzeichen für eine Verständigung zwischen Philipp und Innozenz gaben vermutlich den Ausschlag dafür, daß nun auch Diepold, bisher der zäheste Gegner des Papstes in Unteritalien, auf eine nachgiebigere Linie einschwenkte, um nicht in völlige Isolierung zu geraten. Er versprach die Unterwerfung unter Innozenz' Regentschaft und den Ver-

---

[92] Gesta Innocentii, c. 36, PL 214, LXIII–LXVI, Innozenz III., Ep. VI 71, PL 215, 67f. (an Walter von Pagliara), VII 36, 317–319, VII 124, 409f., VII 129–131, 419f., VII 135, 425f.; Baethgen, Regentschaft 82–87.

[93] Gesta Innocentii, c. 37f., PL 215, LXVI–LXVIII, Innozenz III., Epp. VI 191–192, PL 215, 209–213; vgl. Richard von S. Germano, ad 1204–1205, ed. Garufi 24, Annales Ceccanenses, ad 1192, MGH SS 19, 292, vv. 155–180, Annales Casinenses, ad 1204–1205, MGH SS 19, 318f.; Baethgen, Regentschaft 90–92.

[94] RNI 111, ed. Kempf 276–278, vgl. RNI 128, 307; Innozenz III., Ep. VII 228, PL 215, 549, VIII 83–84, 651f., 653f., Brief Papst Honorius' III. (Mai 1226), MGH Epp. saec. XIII 1, 218, Nr. 296, RI V, Nr. 12286a, 12290, 12292d–e, Chronica regia Coloniensis, ad 1203, MGH SS rer. Germ. 18, 172f.; Hampe, Angriffe 473–479.

zicht auf jede Unterstützung von Projekten Philipps, die sich gegen das Königreich richteten. Dafür erlangten er und seine deutschen Genossen die Absolution und, so darf man annehmen, Garantien und Zusagen bezüglich ihrer künftigen Stellung. Diepolds Beziehungen zum Papst verbesserten sich nämlich bald noch weiter. Im Herbst 1206 begab er sich nach Rom und von da aus im November nach Palermo, offensichtlich um im päpstlichen Auftrag Friedrich zu befreien. Mit ihm fanden sich dort der päpstliche Legat Gerhard und Kanzler Walter von Pagliara ein. Die folgenden, dramatischen Ereignisse werfen trotz mancher offenen Fragen noch einmal ein grelles Licht auf die labilen Verhältnisse im sizilischen Reich und die in seiner Führungsschicht vorherrschende Neigung zu Mißtrauen, Eigennutz und Verrat.

Diepold bestimmte den ziemlich verunsicherten Capparone anscheinend ohne große Schwierigkeiten zur Übergabe Palermos mit dem königlichen Palast und dem jungen König selbst. Er führte Friedrich aus dem Palast in die Stadt, wo er den Erfolg seines Unternehmens mit dem Legaten und dem Kanzler bei einem Festmahl feierte. Schon hier brach dann der Kampf um die Macht zwischen ihm und seinem Konkurrenten offen aus. Sei es, daß er tatsächlich plante, bereits bei dieser Gelegenheit Walter von Pagliara gefangenzusetzen, sei es, daß der Kanzler selbst – wie offenbar sofort viele glaubten – dieses Gerücht nur ausstreute, um einen Vorwand für seinen eigenen Coup zu haben –, jedenfalls nahm Walter den Diepold wegen des von ihm angeblich beabsichtigten Verrats fest. Zwei Jahre lang, bis zu Friedrichs Volljährigkeit, stand der König nun wieder ganz unter seiner Obhut, blieb seine Stellung als Kanzler des Königreiches und maßgebender Familiar unangetastet.[95]

Sein Handlungsspielraum war freilich empfindlich eingeschränkt. Mühsam mußte er Palermo vor den Angriffen Capparones und der zeitweilig mit jenem verbündeten Pisaner verteidigen; die Sarazenen erhoben sich gegen ihn, und damit nicht genug: Diepold hatte aus seinem Kerker fliehen und nach Salerno entkommen können. In wilder Rachsucht griff er nun mit seinen Genossen erneut raubend und plündernd in die mannigfachen Streitereien auf dem Festland ein.

Um wenigstens der wachsenden Unruhen unmittelbar südlich der Grenze des Kirchenstaates Herr zu werden, entschloß sich Innozenz Anfang 1208 noch einmal zu einer energischen Anstrengung. Päpstliche Truppen räumten die nordwestliche Grenzregion des sizilischen Regnums, mit der der Papst seinen Bruder Richard Conti belehnte.[96] Dann endlich, im Juni 1208, kam

---

[95] Gesta Innocentii, c. 38, PL 214, LXVIII f., Innozenz III., Ep. IX 195, PL 215, 1033, IX 249, 1081, Richard von S. Germano, ad 1206–1207, ed. Garufi 24, Annales Casinenses, ad 1205–1206, MGH SS 19, 319; Baethgen, Regentschaft 93–96.
[96] Gesta Innocentii, c. 38–40, PL 214, LXIX–LXXIV, Innozenz III., Ep. X 141, PL

er zum ersten Mal persönlich ins Land. In San Germano legte er einer großen Versammlung von Adligen und Städtevertretern wohl vornehmlich aus dem nördlichen Gebiet des Königreiches seine Friedensordnung vor und verpflichtete die Anwesenden eidlich darauf. Ihr zufolge sollten im Nordteil des Regnums, in einem Territorium, das nach Süden bis zur Höhe von Salerno reichen würde, die Grafen Peter von Celano und Richard von Fondi als *magistri capitanei* oder Großkapitäne für die Wahrung des Friedens verantwortlich sein. Jedermann war gehalten, sich nicht selbst Recht zu schaffen, sondern seine Klage vor sie zu bringen und ihr gemäß den Gewohnheiten des Königreichs gefälltes Urteil anzunehmen. Auf Kosten der Städte und des Adels sollte den Großkapitänen eine Truppe von Soldaten zur Verfügung stehen, sollten außerdem zweihundert Ritter dem König zu Hilfe gesandt werden. An den päpstlichen Legaten Gregor von S. Teodoro erging Weisung, die gleichen Maßnahmen in Apulien durchzuführen. Innozenz selbst nämlich zog schon nach wenigen Tagen wieder ins Grenzgebiet im Norden zurück.[97]

Es verwundert angesichts der Verhältnisse im Regnum Sicilie sicher niemanden, daß die Verfügungen des Papstes offenbar kaum Beachtung fanden. Die von ihm zu Hütern des Friedens bestellten Großkapitäne, ohnehin seit je alles andere als verläßliche Stützen der römischen Politik, stritten sich, bezeichnend genug, schon im Herbst erbittert um die Herrschaft über die Stadt Capua. Um so größere Genugtuung empfand Innozenz gewiß darüber, daß es ihm kurz vor dem Ende seiner Regentschaft am 26. Dezember 1208 noch glückte, wenigstens seinen alten Plan einer Eheverbindung Friedrichs mit einer aragonesischen Prinzessin zu verwirklichen. Schon 1207 hatte er die Verhandlungen darüber mit Peter von Aragon wieder aufgenommen, wobei als Braut jetzt eine andere Schwester des Königs ausersehen war, die um 1183 geborene, in erster Ehe mit dem ungarischen König verheiratete und seit November 1204 verwitwete Konstanze. Im Sommer 1208 fuhr der Bischof von Mazara (im Südwesten Siziliens) in päpstlichem Auftrag nach Spanien, um die offenbar nicht ganz einfachen

---

215, 1235f., XI 66, 1382, Richard von S. Germano, ad 1207–1208, ed. Garufi 25f., Annales Casinenses, ad 1208, MGH 19, 319, Annales Ceccanenses, ad 1208, MGH SS 19, 296f., vgl. Maccarrone, Studi 181–199; zu Pisa: Annales Ianuae, ad 1207, MGH SS 18, 126, Innozenz III., Ep. X 117, PL 215, 1215f., vgl. XI, 80, 1396, zu Capparone: Hampe, Kindheit 596f. (Brief vom Frühjahr 1207).

[97] Gesta Innocentii, c. 40, PL 214, LXXIV–LXXX, Innozenz III., Epp. XI 130–133, PL 215, 1447–1449, Richard von S. Germano, ad 1208, ed. Garufi 26–28, Annales Casinenses, ad 1208, MGH SS 19, 319, Annales Ceccanenses, ad 1208, MGH SS 19, 297; Baethgen, Regentschaft 97–106, vgl. Abulafia, Frederick 104, zu Gregor: Maleczek, Papst 151–153.

Fragen der Ausstattung Konstanzes und der Innozenz so wichtigen militärischen Unterstützung Aragons für Friedrich zu klären. Spätestens im Oktober schloß der Gesandte in Vertretung Friedrichs die Ehe.[98]

Friedrichs Lebensweise, Erziehung und Entwicklung bis zu seiner Volljährigkeit

Inmitten fast zehnjähriger Kämpfe und Wirren wuchs derjenige heran, dessen Erbe im Ringen der unterschiedlichen Kräfte und Gruppen zerrissen zu werden und unterzugehen drohte: der künftige König Friedrich. Mehrfach erlebte er den leidenschaftlichen Streit der Menschen und Parteien um die Macht im Königreich am eigenen Leibe im strengsten Wortsinne, als gewaltsamen Zugriff auf die eigene Person. Wir haben schon gehört, wie tief das erste derartige Vorkommnis, der Handstreich Markwards von Annweiler am 1. November 1201, den Siebenjährigen erschütterte. Möglicherweise spielte sich die Machtübernahme durch Capparone ein knappes Jahr später ruhiger ab; dramatisch genug verlief dann aber wieder die Auslieferung an Diepold mit dem anschließenden Gewaltakt Walters von Pagliara im November 1206. Friedrich, dessen hohe Meinung vom eigenen Königtum schon der Bericht von 1201 bezeugt, mußte derartige Szenen, die ihn in besonders drastischer Weise zum bloßen Werkzeug fremder Interessen, oft des puren Eigennutzes einzelner machten, mit zunehmendem Alter und Bewußtsein immer schmerzlicher als entwürdigend und untragbar empfinden. Leicht läßt sich vorstellen, daß diese schlimmen Erfahrungen Zorn und Erbitterung gegen seine Umgebung, sogar Mißtrauen gegen die Menschen überhaupt in ihm weckten, daß sie zugleich durchaus sein Gefühl für den eigenen Wert stärkten und seinen Willen, sich als Herrscher um so unbedingter durchzusetzen. Immerhin bewiesen ja die Auseinandersetzungen um den unmündigen König neben allem Peinlichen und Demütigenden, das sie mit sich brachten, grundsätzlich doch auch ständig die zentrale Bedeutung des königlichen Amtes.

Was wissen wir über solche Vermutungen hinaus von der Lebensweise, der Erziehung und den Vorstellungen des Heranwachsenden? Man darf wohl mit einigem Recht die Zeit zwischen 1202 und 1206, während der Wilhelm Capparone das Regiment in Palermo führte, als jenen Abschnitt der Kindheit Friedrichs ansehen, in dem er die größte Unsicherheit über sein künftiges Los durchlebte und zugleich am wenigsten persönliche Zuwen-

---

[98] Innozenz III., Epp. XI 4–5, PL 215, 1342f., XI 134, 1449, RI V, Nr. 5550c, vgl. Nr. 5980, RNI 111, ed. Kempf 277 mit Anm. 3; Baethgen, Regentschaft 107, Kamp, Costanza 356f.

dung und Fürsorge empfing. Mehr, Konkreteres verraten uns unsere Quellen freilich nicht. Gewiß warten manche moderne Darstellungen mit farbigen Einzelheiten auf: Der heruntergewirtschaftete königliche Haushalt sei damals außerstande gewesen, Friedrich auch nur mit dem Lebensnotwendigen zu versorgen; Palermitaner Bürger hätten den „schönen Knaben" mit den „heiteren, strahlenden Augen" deshalb aus Mitleid abwechselnd in ihren Häusern ernährt; unbeaufsichtigt sei er durch die bunten, vielfältige Anregungen bietenden Gassen und Märkte der Hauptstadt, durch die Gartenanlagen rings um sie gestreift und habe sich in wacher Beobachtung und regem Gespräch auf eigene Art sein Wissen angeeignet, erzogen wesentlich vom Leben selbst.[99] Diese plastische Schilderung stützt sich offenbar vor allem auf das Breve chronicon de rebus Siculis. Dort heißt es indessen lediglich, der Mangel sei im Verlaufe der sizilischen Wirren so groß geworden, daß Friedrich kaum etwas zu essen hatte. Der unbekannte Autor des Chronicon schrieb zudem erst relativ spät, um 1272, und bietet für die Kindheitsjahre des Staufers wie für die davor liegende Zeit bloß einen knappen, manches Wesentliche auslassenden und keineswegs besonders zuverlässigen Überblick.[100]

Gegen die Vorstellung vom völlig auf sich selbst gestellten, ohne Begleitung und Kontrolle in Palermo umherschweifenden Königskind gibt es jedoch auch gewichtige sachliche Einwände. Die Autorität jeder Palermitaner Regierung hing entscheidend davon ab, daß ihre Befehle, Mandate und Privilegien im Namen des Königs ergingen, daß dieser sich also in ihrer Hand befand. Das gilt ganz besonders von Capparone, dessen Machtausübung sonst ja keinerlei rechtliche Grundlage hatte und der sich gewiß nicht zu-

---

[99] Kantorowicz, Friedrich 30–32, ähnlich Schaller, Friedrich 14, Horst, Friedrich 26; vorsichtig Koch, Friedrich 934.

[100] *Ad tantam devenit inopiam quod vix haberet quid comederet*, Breve chronicon nach Cod. Neapel, Bibl. Naz. VIII C 9 (saec. XIV ex.), fol. 102v (vgl. ed. Huillard-Bréholles 892); die zweite, wohl gleich alte Hs. der Chronik, Vat. Ottob. lat. 2940, fol. 43v (vgl. die Abschrift im Vat. lat. 7145, fol. 3r) setzt übrigens alle Verben in den Plural, so daß sich die Aussage dort auf die unmittelbar zuvor erwähnten rebellierenden Sarazenen bezieht. Im vorhergehenden Satz ein Zitat aus den von Salimbene, Cronica, MGH SS 32, 359f., überlieferten Dicta Merlini, dazu Holder-Egger, Prophetien I 149–151, 174–177. Das Breve chronicon erwähnt Wilhelm Capparone überhaupt nicht, ebensowenig die Eroberung Palermos durch Markward; Friedrichs Notlage fiele danach also in die Zeit der Regierung Walters von Pagliara, dessen Sorge für den Knaben aber ausdrücklich als *prudenter et feliciter* gerühmt wird. Zu der Aussage des Breve chronicon über Konstanzes Nonnenstand und zu seiner Abfassungszeit siehe oben S. 42 mit Anm. 4. Die Erzählung von der abwechselnden Hilfe der Palermitaner bringt inmitten anderer unzutreffender Nachrichten das aus dem 14. Jahrhundert stammende Chronicon Siciliae, c. 22–24, ed. Muratori 10, 816.

fällig ausdrücklich *custos regis* nannte. Wir sahen denn auch, wie Gentilis von Manoppello im Oktober 1201 nach dem Fall Palermos mit Friedrich, den offenbar eine Art Leibwache umgab, ins Meereskastell flüchtete, ohne den König damit freilich vor Markwards Ansturm zu retten. Ganz entsprechend fand sich Capparone drei Jahre später erst nach der empfindlichen Schwächung seiner Position und nach langen Verhandlungen bereit, dem päpstlichen Legaten Gerhard die Anwesenheit in Palermo und den Kontakt mit Friedrich zu gestatten, und Gerhard, dem doch anscheinend gerade an diesem Umgang besonders lag, konnte seinerseits offenkundig nicht daran denken, den Knaben bei seiner Abreise einfach mit sich nach Messina zu nehmen. Als sich Capporone schließlich zu Friedrichs Auslieferung bereit fand, scheute Walter von Pagliara allem nach weder Betrug noch Gewalt, um den Grafen Diepold auszuschalten und die alleinige Verfügungsgewalt über den König zu erringen. Der Bericht über die Vorgänge vom Herbst 1206 spricht im übrigen dafür, daß sich Friedrich auch zur Zeit Capparones gewöhnlich wohl im königlichen Palast am Westrand der Stadt aufhielt.[101]

Papst Innozenz III. verglich das Schicksal Friedrichs unter dem Regiment Markwards und Capparones mit dem eines Lammes, das seiner Mutter von einer Wölfin entrissen wurde. Er betrachtete ihn eindeutig als einen Gefangenen und setzte es sich seit 1202 zum wieder und wieder verkündeten Ziel, ihn seiner mißlichen Lage und Bedrängnis zu entreißen und gegen künftige Übergriffe zu schützen. Voller Freude und Erleichterung beglückwünschte er ihn im Februar 1207 zu seiner endlich gelungenen Befreiung aus der unwürdigen Haft der Gewalttäter.[102] Gewiß war das Urteil des Papstes wesentlich geprägt vom Haß auf seine politischen Gegner, von der Furcht, mit der Obhut über den König auch den Einfluß auf das Königreich zu verlieren, und von der Überzeugung, der Anschlag auf Friedrich zerstöre die gottgewollte Ordnung und erweise sich schon deshalb als Tat tyrannischen Zwangs. Trotz solcher Voreingenommenheit zeigen Innozenz' Worte indessen klar, daß die Palermitaner Machthaber seine Verbindung zu seinem Schützling abgeschnitten hatten, also doch wohl dessen Umgang beaufsichtigten, seine Bewegungsfreiheit begrenzten.

Bemerkenswert erscheint andererseits, daß der Papst weder von Mißständen bei der äußeren Versorgung Friedrichs redet noch etwa Mängel und Unregelmäßigkeiten seiner Erziehung beklagt. Ganz im Gegenteil. Als im Herbst 1204 die Verhandlungsdelegation Wilhelm Capparones in Rom ein-

---

[101] Gesta Innocentii, c. 38, PL 214, LXIX A; vgl. dazu und zum Folgenden Van Cleve, Frederick 61–63, Willemsen, Kindheit 123.
[102] Innozenz III., Ep. IX 249, PL 215, 1081f., der Vergleich vom Lamm unter Wölfen auch bei Nicolaus de Jamsilla, ed. Del Re 105, sowie in der Stilübung HB 1, 78; vgl. Ep. V 38, PL 214, 995 A, V 51, 1018 C, X 141, PL 215, 1235 B.

traf, gehörte zu ihr auf ausdrücklichen päpstlichen Wunsch auch der von der Kurie hochgeschätzte Großhofjustitiar Thomas von Gaeta († nach 1226), der Innozenz über die Verhältnisse am Palermitaner Hof gewiß aus eigener Anschauung aufs beste unterrichtete. Gestützt auf diese Information, so muß man annehmen, äußerte der Papst daraufhin in einem an Friedrich abgehenden Brief eigens seine Freude darüber, daß der König wie an Alter so an Weisheit und Tüchtigkeit ständig zunehme. Der päpstliche Legat Gerhard, der kurz darauf in Palermo anlangte und Friedrich mehrfach sprach, fand an seiner Ausbildung offenbar gleichfalls nichts auszusetzen, wenigstens hören wir nichts von einer diesbezüglichen Kritik.

Ganz ähnlich standen die Dinge zwei Jahre später. Vermutlich reiste damals Thomas von Gaeta, etwa im Zusammenhang mit Diepolds bevorstehendem Sizilienzug, erneut nach Rom und brachte von dort jenen Brief vom September 1206 mit, in dem sich Innozenz wieder direkt an Friedrich wandte. Tief beglückt, so schrieb er darin, habe er vernommen, daß der König, dessen Weg er von der frühesten Kindheit an mit so vielen Sorgen bewacht und begleitet habe, sich nun schon dem Pubertätsalter nähere, glänzend gedeihe und durch Tugenden und Klugheit weit über sein Alter hinaus vor Gott und den Menschen hervorrage. In einem gleichzeitigen Schreiben rühmte er den Sarazenen Siziliens voller Optimismus die bereits erkennbaren Qualitäten ihres künftigen Herrschers. Daß sich wie bei den Cäsaren so bei Friedrich die Tugend und Begabung vor der Zeit einstelle, das verkündete der Papst Anfang 1208 schließlich auch dem mit einer Ehevereinbarung für seine Schwester noch immer zögernden König Peter von Aragon.[103]

Innozenz gewann demnach aus den Schilderungen seiner Informanten den Eindruck, daß Friedrichs Entwicklung und Bildung im ganzen durchaus erfreulich und zügig, jedenfalls ohne allzu auffällige oder gar in seinen Augen besorgniserregende Ungereimtheiten vorangehe. Mehr verraten seine knappen und etwas pauschalen Bemerkungen indessen nicht. Um so willkommener sind uns deshalb zwei andere Dokumente, die das in der päpstlichen Korrespondenz entworfene Bild bestätigen und durch wertvolle Details ergänzen. Es handelt sich um zwei vermutlich 1207 entstandene Schreiben wohl desselben unbekannten, aber offensichtlich am Hof in Palermo, in der Umgebung Walters von Pagliara und Friedrichs lebenden Verfassers an einen ebenfalls unbekannten, einflußreichen Freund Walters.[104]

---

[103] Innozenz III., Ep. VII 129, PL 215, 419 B, IX 157 (= Kehr, Briefbuch 42f., Nr. 2), IX 158, PL 215, 985 B (= Kehr, Briefbuch 69, Nr. 19), Ep. XI 4, 1343 A, vgl. zur Mission Gerhards Ep. VII 130, 420 B, Gesta Innocentii, c. 36, PL 214, LXV A; zu Thomas von Gaeta siehe Neumann, Parteibildungen 168f., 178–180, Enzensberger, Beiträge 70f., Kehr, Briefbuch, bes. 34–38, vgl. Kantorowicz, Ergänzungsband 122f.
[104] Hampe, Kindheit 596–598 (Nr. III und bes. Nr. IV), vgl. dazu 589–592 sowie

Abb. 7: Normannischer Königspalast in Palermo, Hauptaufenthaltsort Friedrichs während seiner sizilischen Kindheit und Jugend; die sog. Torre Pisana wurde von König Roger II. wohl 1130–40 errichtet.

Das erste hebt in Übereinstimmung mit dem Papst und ebenso lapidar wie jener Friedrichs Wissen und Tatkraft, seine *sciencia* und *virtus* hervor, worin er bereits einem erwachsenen Mann gleichkomme, daneben seinen scharfen Blick für Gut und Böse und seine untrügliche Menschenkenntnis. Ausführlicher beschäftigt sich der zweite, oft behandelte Bericht mit der Person und Lebensweise des künftigen Königs. Dieser sei von mittlerer, seinem Alter gemäßen Größe, so lesen wir da zunächst in der frühesten Beschreibung seines Äußeren, die wir besitzen. Von Natur gesund und robust, widme er sich mit Geschick und Ausdauer vielfältiger körperlicher Betätigung, suche er insbesondere durch unermüdliche tägliche Übung seine Kraft und Gewandtheit im Umgang mit den Waffen zu steigern. Mit Hingabe, ja Leidenschaft schule er sich in dem ihm bestens vertrauten Kampf mit dem Schwert, fleißig betreibe er das Bogenschießen, begeistert und mit vollendeter Kunstbeherrschung reite er auf schnellen Pferden. Nach einem Tag solch rastlosen Trainings vertiefe er sich am Abend noch in Werke der Kriegsgeschichte – vorwiegend römischer Herkunft, wie wir annehmen müssen. Unser Gewährsmann preist dann Friedrichs anziehende, sofort für ihn einnehmende Erscheinung, die Schönheit und Anmut seiner Gesichtszüge, seinen fröhlichen, munteren Blick und seine heitere Stirn, hinter der ein wacher, scharfer Verstand, reiche Anlagen und eine rasche Auffassungsgabe wohnten. So verfüge er in Miene und gebieterischer Haltung schon jetzt vollkommen über die königliche Würde des Herrschers, wie er ebenso – hier kehren Formulierungen des ersten Briefes wieder – weit vor der Zeit die gewöhnlich erst dem Mann zu Gebote stehende *virtus*, *sciencia* und *sapientia* erworben habe.

Eine wahrhaft glänzende Gestalt steht da vor uns, ein früh gereifter Jüngling von gewinnendem Äußeren, körperlich durchtrainiert, meisterhaft ausgebildet im Waffenhandwerk, wie es sich für einen Hochadligen und zumal den künftigen Regenten eines Königreichs gehörte, dazu außerordentlich intelligent, wissensdurstig und gelehrig, im Besitze vielfältiger Kenntnisse und Fähigkeiten, voller Unruhe und Tatendrang, dem Alter nach ein Knabe, nach seinen Eigenschaften jedoch bereits ein König! Mißtrauisch möchte man angesichts solcher Makellosigkeit die Glaubwürdigkeit der Darstellung bezweifeln, und eine gewisse Idealisierung mag bei ihrer Niederschrift durchaus im Spiel gewesen sein. Andererseits verbietet sich allzu große Skepsis ihr gegenüber, wie man mit Recht einwandte, schon deshalb, weil kritische Töne in ihr keineswegs fehlen. Friedrich, so hören wir nämlich, lege zuweilen ein recht befremdliches, unpassendes Verhalten an den Tag. Das sei die Folge rauher Umgangsformen, fügt der Briefschreiber erklärend

Kantorowicz, Friedrich 32–34, Van Cleve, Frederick 63f., Willemsen, Kindheit 120–123, Neumann, Parteibildungen 169–172, Abulafia, Frederick 106–108.

hinzu und spielt damit wohl auf die Jahre an, während derer Capparone und seine Söldner im Palermitaner Königspalast das Sagen hatten. Zwar dürfe man angesichts der natürlichen Veranlagung des Königs grundsätzlich auf Besserung hoffen. Doch neige Friedrich leider dazu, taub für jede Ermahnung allein seinem Willen zu folgen und jedes lenkende Wort eines Betreuers als kränkende Schmälerung seiner königlichen Ehre anzusehen. Frei setze er sich sogar in der Öffentlichkeit über das einem König geziemende Betragen hinweg und mindere damit die Ehrfurcht vor seiner Majestät.

Deutlich fiel den Zeitgenossen demnach Friedrichs hohe Begabung auf, die glückliche Vereinigung der reichen geistigen wie körperlichen Anlagen seiner mütterlichen und väterlichen Vorfahren in seiner Person. Ebenso klar jedoch zeigte sich offenkundig die Prägung durch sein persönliches Lebensschicksal, durch die besonderen Umstände, unter denen der jung Verwaiste aufwuchs, durch die Gefährdungen, denen er immer wieder ausgesetzt war. Sie schärften sein Urteil über Menschen und Verhältnisse, machten ihn mißtrauisch gegen fremden Rat, weckten in ihm früh ein starkes Bewußtsein seiner eigenen Fähigkeiten und seiner überlegenen Stellung.

Trotz dieses in den letzten Jahren der Unmündigkeit zuweilen anscheinend sehr schroff hervortretenden Sinns für den eigenen Wert gab es indessen gewiß Menschen, die Einfluß auf Friedrich ausübten, die seine vielfältigen Gaben auszubilden suchten, ihm halfen, die ebenso anregende wie verwirrende Buntheit des Lebens am Palermitaner Hof sinnvoll für die eigene Entwicklung zu nutzen. Wie seine täglichen Waffenübungen eigentlich nicht ohne kundige Anleitung denkbar sind, so bedurfte erst recht die Aneignung jener Wissensfülle, die einhellig an ihm gerühmt wird, der sachverständigen Unterweisung. Das gilt zumal von der Einführung in die politische Praxis. Die Zielstrebigkeit, mit der Friedrich von der Regierungsübernahme an sein königliches Amt verwaltete, setzt eine eingehende Unterrichtung über die Rechtsgewohnheiten, die Verwaltungsorgane, die außenpolitischen Beziehungen seines Reiches ebenso voraus wie die Belehrung über seine ererbten Ansprüche, über seine Aufgaben, Möglichkeiten und Grenzen als Herrscher.

Nun können wir in der Tat davon ausgehen, daß eine planmäßige Erziehung des Thronfolgers am sizilischen Hofe durchaus üblich war. Wir wissen etwa, daß König Wilhelm II. von Walter, damals Archidiakon in Cefalù und wohl Mitglied der Palermitaner Hofkapelle, später Erzbischof von Palermo, in die Anfänge der Dichtkunst und Grammatik eingeführt wurde und dann von dem gelehrten französischen Geistlichen Petrus von Blois († nach 1204) eine vertiefte, wohl gleichfalls vorwiegend literarische Bildung erhielt.[105] Unter Friedrichs Mentoren kennen wir mit Namen zwar nur jenen Wilhelm Francisius, der die Auslieferung des Siebenjährigen an Markward von Ann-

---

[105] Petrus von Blois, Ep. 66, PL 207, 198 BC, vgl. dazu Kamp, Kirche 1, 1114f.

weiler als *magister regis* miterlebte. Der uns so anschaulich geschilderte Widerstand des Dreizehnjährigen gegen das *regimen tutoris* bezeugt aber doch immerhin, daß es am Hof auch damals Männer gab, die sich um die Erziehung Friedrichs bemühten, und solche Tutoren haben vermutlich ihre Tätigkeit, von Unterbrechungen in Krisensituationen einmal abgesehen, selbst zu Zeiten Markwards und Capparones einigermaßen regelmäßig ausgeübt. Die Hofkapelle zu Palermo jedenfalls, deren Personal wegen seiner traditionell engen Bindung an das Königshaus für diese Betreuungsaufgabe besonders in Frage kam, versah während der fraglichen Jahre durchaus ihren Dienst. Einige ihrer Mitglieder lassen sich namhaft machen, manche scheinen sogar tatsächlich in naher Beziehung zu Friedrich gestanden zu haben. Zu ihnen gehört Bartholomaeus († wohl 1227), der seit 1200 als Kantor den höchsten Rang innerhalb der Cappella Palatina innehatte, 1215 Bischof von Syrakus wurde und in den zwanziger Jahren offenbar zu Friedrichs angesehensten Beratern zählte. Ganz ähnlich erwarb der 1211 zum Erzbischof von Palermo gewählte Parisius († wohl 1237), den der König ungefähr gleichzeitig zu seinem Familiaren ernannte und großzügig privilegierte, das Vertrauen Friedrichs wohl bereits als Hofkaplan während der Regentschaft.[106]

Kaum anders als mit der Hofkapelle verhielt es sich mit der königlichen Kanzlei, die damals trotz aller Störungen im ganzen gedeihlich weiterarbeitete und, aufbauend auf dem normannischen Erbe, eben jetzt die Grundlagen für die sprachliche Meisterschaft ihrer späteren Erzeugnisse entwickelte.[107] Die beiden Großhofjustitiare schließlich, die wir 1209 in Friedrichs Umgebung treffen, der Richter Andreas aus Bari und Wilhelm von Partinico, gelangten schon in den Jahren 1202 bzw. 1200 in ihr Amt, und zumindest der letztere übte seine Funktion offenbar während der gesamten Vormundschaftszeit aus.[108] Vor allem aber müssen wir in diesem Zusammenhang an ihren Kollegen, den uns bereits bekannten Thomas von Gaeta denken. Wie Wilhelm adliger Herkunft, hatte er sich in wichtigen Missionen der Kaiserin Konstanze bewährt und wirkte 1199 und 1200 als Notar in der Palermitaner Kanzlei, um 1202 zum Großhofjustitiar aufzusteigen. Als Gegner Mark-

---

[106] Siehe dazu grundsätzlich Schaller, Hofkapelle 469–471, 483–495, 502; zu Bartholomaeus Kamp, Kirche 1, 1238–1240, zu Parisius ebd. 1127–1129 sowie HB 1, 182f., Friedrichs Hinweis auf die seit frühester Kindheit erwiesenen Dienste, vgl. Neumann, Parteibildungen 173–176; zu Wilhelm Francisius siehe oben S. 98f. mit Anm. 89.

[107] Dazu Schaller, Kanzlei 1, 209–214, 2, 296–301 (298f. der Hinweis auf die interessante Urkunde vom Juli 1205, die Friedrich ungewöhnlich offen die Gottesunmittelbarkeit seiner Herrscherstellung betonen läßt, RI V 4, 14f., Nr. 89, Text: Baethgen, Regentschaft 151f.); vgl. Kölzer, Kanzlei 537–539, 556.

[108] Girgensohn-Kamp, Urkunden Patti 57–67, 123–128 (Nr. 3f.), zu Andreas von Bari vgl. Niese, Gesetzgebung 133–135.

wards zog er sich zwar zeitweilig nach Gaeta zurück, nahm dann jedoch seit 1204 wieder aktiv am politischen Geschehen in der Hauptstadt teil, ein literarisch gebildeter, frommer Mann, hoch angesehen beim Papst, allem nach dennoch akzeptiert auch im Kreis um Capparone und vermutlich so gut als möglich um das Wohl des Reiches und seines künftigen Königs bedacht. Zwischen 1212 und 1215 betrauten Friedrich und seine Gattin Konstanze den nun zum königlichen Familiaren Gewordenen mehrmals mit diplomatischen Aufgaben, und Thomas seinerseits wandte sich noch Mitte der zwanziger Jahre in hohem Alter aus Liebe und besorgter Treue für seinen kaiserlichen Herrn, wie er schreibt, wiederholt mit Mahnung und Rat an Friedrich. Mochten seine mit Zitaten aus der Bibel, antiker und mittelalterlicher Dichtung und Philosophie gespickten, durch Verweise auf das Beispiel der königlichen Vorfahren untermauerten Appelle damals auch kaum mehr irgendeinen Einfluß auf seinen Adressaten gehabt haben, so fassen wir in ihnen vielleicht doch einen Nachklang jener Bemühungen, die Männer wie er oder die von ihnen beauftragten Erzieher einst dem unmündigen König angedeihen ließen, gehörten biblische Weisheit, philosophische Lehren und historische Exempla tatsächlich zu ihrem pädagogischen Rüstzeug.[109]

Es kann gewiß nicht darum gehen, das Gemälde vom allein auf sich gestellten, abenteuerlich-unabhängig sich selbst bildenden staufisch-normannischen Königssohn durch die ebenso unrichtige Vorstellung von einer idyllisch-behüteten oder doch wenigstens geordnet-normalen Kindheit

---

[109] Zu Thomas von Gaeta siehe oben Anm. 103, die letzten Briefe an Friedrich bei Kehr, Briefbuch 53–56 (Nr. 10f.), 61–63 (Nr. 15), die Bezeichnung als *regius familiaris* ebd. 64 (Nr. 15) und 44 (Nr. 4); vgl. außerdem Girgensohn-Kamp, Urkunden Patti 66f., Schaller, Kanzlei 1, 212, 283f.; zur Echtheit der von Thomas geschriebenen Urkunde RI V, Nr. 532 (Januar 1199) siehe RI V 4, 143. – Daß zu Friedrichs Lehrern an führender Stelle ein Muslim gehörte, ist angesichts der positiven Einschätzung von Friedrichs Erziehung durch Innozenz III. äußerst unwahrscheinlich. Dagegen spricht ebenso die stark geschwundene Bedeutung des Arabertums in den Städten Siziliens, besonders auch in Palermo und am Hofe, nach dem fast vollständigen Rückzug der arabischen Bevölkerung in das westsizilische Bergland des Val di Mazara zwischen 1189 und 1198, vgl. Kölzer, Kanzlei 559f., allgemein Amari, Storia 3, 582–595, Gabrieli, Friedrich 76–81. Nicht ausschließen läßt sich natürlich, daß Friedrich etwa Grundkenntnisse der arabischen Sprache und Kultur durch einen Muslim vermittelt erhielt, der dann bei dem Chronisten Ibn Said (1214–1286), dem Verfasser einer kurzen, „reichlich anekdotenhaften Vita al-Kāmils" (Gottschalk, Al-Kāmil 12), zum „Kadi der Muselmanen" wurde, der Friedrich erzog, siehe Gabrieli 77f. und 92 (zu Friedrichs Kenntnis wohl vorwiegend des gesprochenen Arabischen); zu bedenken bleibt allerdings, daß 1202 der adlige Großhofjustitiar Wilhelm von Partinico den Titel eines *archadius Sarracenorum*, also eines Kadi oder Richters der Sarazenen trug, Girgensohn-Kamp, Urkunden Patti 63f., siehe zu Wilhelm außerdem oben mit Anm. 108; vgl. noch Niese, Geschichte 497.

Friedrichs zu ersetzen. Diese Kindheit war geprägt von dem frühen Verlust beider Eltern, von kriegerischen Unruhen und ernsten Bedrohungen, von zeitweisen Einschränkungen der Bewegungsfreiheit, vom vielfachen Wechsel der Bezugspersonen, die sich wohl selten um Wärme und Herzlichkeit bemühten, meist einen eher nüchternen, sachlichen Umgang pflegen mochten, zuweilen sogar einen groben Ton anschlugen. Die Folgen solcher äußeren Umstände lassen sich freilich nicht eindeutig bestimmen. Immerhin führten Friedrichs harte Kindheitserfahrungen vermutlich dazu, daß sich Züge wie sein außerordentlich großes Selbstbewußtsein und Selbstvertrauen oder sein kritisch-eigenständiges Urteil, aber auch ein schnell erwachendes Mißtrauen den Absichten anderer Menschen gegenüber, besonders zeitig und prägnant ausformten. Desgleichen begünstigten die Wirren jener Jahre sicher nicht gerade die planmäßige Erarbeitung eines umfassenden Erziehungsprogrammes für den künftigen König, zu schweigen von dessen langfristiger und ruhig-konsequenter Umsetzung. Dennoch rühmten diejenigen, die den Heranwachsenden kennenlernten, einhellig seine erstaunliche, vielfältige Begabung, seine große körperliche Gewandtheit wie seine überraschenden Kenntnisse, seine überragenden geistigen Fähigkeiten, und gute Gründe sprechen dafür, daß zumindest einzelne Mitglieder des Palermitaner Hofes auch unter widrigen Verhältnissen immer wieder bereit und imstande waren, sich um die Schulung Friedrichs, um seine Vorbereitung auf sein Herrscheramt zu kümmern. Gerade ihr wohl eher seltenes Beispiel mochte dem künftigen Regenten die Augen öffnen für den unersetzlichen Wert zuverlässiger Helfer und vertrauenswürdiger Gefolgsleute.

3. ERSTE HERRSCHERERFAHRUNGEN. DER KAMPF UM DIE SIZILISCHEN KRONRECHTE UND DER ERWERB DER DEUTSCHEN KÖNIGSWÜRDE (1208–1215)

Friedrichs schwierige Anfänge im sizilischen Königreich

Als Friedrich am 26. Dezember 1208 mit der Vollendung seines 14. Lebensjahres der Lehnsvormundschaft des Papstes Innozenz entwuchs[1] und selbständig als König in seinem sizilischen Reich zu herrschen begann, stand er vor einer schwierigen Aufgabe. Gewiß arbeiteten nach wie vor die von seinen normannischen Vorgängern in Palermo geschaffenen zentralen Institutionen und Verwaltungsbehörden, Familiarenrat und Hofkapelle, Kanzlei, Großhofgericht und Doana, amteten auf dem Festland die *capitanei et magistri iustitiarii Apulie et Terre Laboris*, gab es als ausführende Organe in den Provinzen und Städten Justitiare und Kämmerer, *baiuli* und *iudices*.[2] Doch konnte der neue Herrscher der vorbehaltlosen Unterstützung durch dieses Personal, das zwar in seinem Namen, aber nicht von ihm selbst, sondern von recht unterschiedlichen Mächten und Parteien eingesetzt worden war, allenfalls bei einer Minderheit von vornherein sicher sein. Bei den meisten Beamten mußte er vielmehr damit rechnen, daß ihre Bereitschaft zur loyalen Kooperation davon abhing, inwieweit seine Politik ihren eigenen Interessen und Vorstellungen bzw. den Absichten derjenigen entsprach, die hinter ihnen standen. Abgesehen davon vermochten sie selbst ihre Autorität bei den örtlichen Gewalten, bei Adel und Städten, Bischöfen und Äbten, natürlich meist keineswegs selbstverständlich durchzusetzen. Teile des Landes befanden sich noch immer in den Händen der Genuesen, der Sarazenen oder von Leuten wie Diepold von Acerra oder Wilhelm Capparone, der allerdings

---

[1] Das Ende der Lehnsvormundschaft *pubertate superveniente* nach Konst. III 30, ed. Conrad 286, Eintritt der Pubertät mit 14 Jahren nach Inst. 1,22 pr, vgl. Dilcher, Gesetzgebung 645 f., sowie RI V, Nr. 598 a; zur gewöhnlichen Volljährigkeit mit 18 Jahren Konst. II 42, 234, in diesem Alter trat König Wilhelm II. sein Amt an, siehe oben S. 32.

[2] Zu den Zentralbehörden siehe oben S. 111 f. mit Anm. 106–109, zur Kanzlei vgl. Zinsmaier, Beiträge 125–136; eine Liste der *capitanei et magistri iustitiarii* des Festlandes bei Baethgen, Regentschaft 136–139, vgl. ebd. 42, 71 f., mit Verweis auf Gesta Innocentii, c. 31 und 33, PL 214, LIV f., LVIII f., sowie Innozenz III., Epp. V 21 f., PL 214, 973 f., V 76, 1060 f., V 87, 1073, dazu auch Kamp, Kämmerer 54 f.

offenbar schon Anfang 1209 starb.³ Überall zeigten sich zudem die unseligen Folgen der Wirren und Kämpfe des letzten Jahrzehnts, Zerstörungen, wachsendes gegenseitiges Mißtrauen, ein schwindender Glaube an das Recht und die Wirksamkeit der staatlichen Organe.

Fast schwerer noch als der Zerfall der auf die Zentrale hingeordneten Verwaltung traf den neuen König die während der Regentschaft eingetretene, besorgniserregende Schmälerung seines Domänenbesitzes und seiner Einkünfte. Nicht wenig davon hatten sich die Großen des Landes widerrechtlich angeeignet. Vor allem jedoch waren Markward und Capparone, aber ebenso auch der Kanzler Walter von Pagliara und der Familiarenkreis um ihn eifrig bemüht gewesen, Anhänger zu gewinnen und zu halten durch Verleihung königlicher Burgen und Güter, durch die Vergabe staatlicher Einnahmen und Hoheitsrechte, durch den Verzicht auf Abgaben und Leistungen. Das mochte vielfach durchaus in der ernsthaften Absicht geschehen sein, die bedrohte Sache des Königs zu befördern, diente aber gewiß nicht selten auch vorrangig dem persönlichen Interesse der derart Freigebigen. Innozenz jedenfalls tadelte schon im Herbst 1199 sehr heftig die skandalöse Verschleuderung des königlichen Domänegutes durch die Palermitaner Familiaren und wiederholte diesen Vorwurf später noch des öfteren – offenbar ohne viel Erfolg.⁴

Dem Papst selbst scheint es nur zeitweise geglückt zu sein, sich aus den festländischen Einkünften des Königreiches wenigstens eine gewisse Entschädigung für die Kosten zu verschaffen, die ihm bei dessen Verwaltung und Verteidigung anfielen. Ständig beklagte er die Höhe seiner finanziellen Aufwendungen, erreichte aber erst mit Friedrich eine Vereinbarung über deren Rückerstattung. Dagegen gelang es ihm wohl, die Unabhängigkeit der sizilischen Kirche weiter auszubauen, indem er den Anspruch der Geistlichkeit auf Exemtion vom weltlichen Gericht und Befreiung von öffentlichen Abgaben und Diensten durchsetzte. Desgleichen erhöhte die Belehnung des Papstbruders Richard Conti mit der neugeschaffenen Grafschaft Sora, der wichtigen nordwestlichen Grenzregion des Königreiches einschließlich ihrer Burgen, die Sicherheit an der Südgrenze des Kirchenstaates ganz erheblich und öffnete dem Papst zugleich einen bequemen Zugang ins Regnum.⁵

---

³ Vgl. Neumann, Parteibildungen 49 f.
⁴ Siehe etwa Innozenz III., Ep. II 178, ed. Hageneder 342 f., V 21, PL 214, 973 f., VII 124, PL 215, 409 f., dazu Gesta Innocentii, c. 32, PL 214, LVI, Richard von S. Germano, ad 1209, ed. Garufi 30 (Brief Friedrichs vom 14. 1. 1209), Brief Honorius' III., MGH Epp. saec. XIII 1, 219, Nr. 296; zum Ganzen Baethgen, Regentschaft 110–115.
⁵ Klagen Innozenz': Ep. VII 129, PL 215, 419, IX 249, 1081 CD, Brief vom September 1206, Kehr, Briefbuch 42 (Nr. 2); zur kirchlichen Unabhängigkeit: Ep. II

Diese Einzelzüge verdeutlichen noch einmal die Maxime, die der päpstlichen Regentschaftspolitik im ganzen zugrunde lag. Innozenz verteidigte und förderte die Position Friedrichs in Sizilien gewiß, so gut er konnte, aber nicht um ihrer selbst willen, sondern in der Überzeugung, daß eine solche Politik am besten dem Wohl der römischen Kirche diene. Nur sie konnte nach seiner Überzeugung die Verbindung von Regnum und Imperium dauerhaft verhindern und würde zugleich den sizilischen König der Kirche verpflichten und zu ihrem treuen Verbündeten machen.[6]

Doch in beidem sollte er sich schwer irren. Friedrich sah die Dinge, sicherlich beeinflußt und bestärkt von Erziehern und Beratern in seiner Umgebung, offenbar von Anfang an anders. Er maß die Einschränkungen seiner Gegenwart am Ideal der glanzvollen Herrschaft seines Großvaters Roger und dessen Nachfolger und strebte danach, die ihm als ihr Erbe rechtmäßig zukommende Machtfülle möglichst im ganzen Umfang zurückzugewinnen. Einen wesentlichen Anteil an der Schwächung der königlichen Gewalt aber schrieb er der römischen Kirche und seinem päpstlichen Vormund zu. Die Kirche habe schon in seiner Jugend stets ihren eigenen Vorteil verfolgt und sogar seine Feinde unterstützt, so beklagte er sich später einmal bei Innozenz' Nachfolger Honorius III. Doch alles spricht dafür, daß diese Einschätzung bereits bei der Übernahme der Herrschaft für ihn feststand. Jedenfalls richtete sich gleich seine erste Maßnahme als selbständiger Monarch ausgerechnet gegen Innozenz und die in dessen Augen wohl bedeutsamste Errungenschaft seiner Sizilienpolitik, gegen den 1198 mit Konstanze ausgehandelten völligen Verzicht auf alle königlichen Vorrechte der sizilischen Kirche gegenüber. Mochte der Papst die frühere Geltung dieser Vorrechte als erzwungen betrachten und grundsätzlich bestreiten, so konnte Friedrich seinerseits gewiß mit nicht weniger Recht die Meinung vertreten, jener Verzicht seiner Mutter sei gleichfalls das Ergebnis äußeren Drucks und deshalb nichtig, er sei im übrigen seiner Form wegen für ihn selbst ohnedies nicht verbindlich.[7] In dem Augenblick, in dem das sizilische Königtum wieder einen selbstbewußten Vertreter seiner Ansprüche besaß, brachen zwischen ihm und dem römischen Papsttum also sofort auch wieder die alten Gegensätze auf, zurückzuführen letztlich noch immer auf ihre völlig unterschiedliche Ansicht über die Rechtsstellung des Regnum Sicilie.

Konkret ging es um die Besetzung des erzbischöflichen Stuhls von Palermo,

---

153f., ed. Hageneder 302–304, XI 208, PL 215, 1524; dazu Baethgen, Regentschaft 70–72, 115–118.

[6] Vgl. dazu Baethgen Regentschaft 117f., Maccarrone, Papato 106–108.

[7] Deér, Papsttum 264; die Beschwerde an Honorius (RI V, Nr. 14 696, nur teilweise bei Richard von S. Germano, ad 1226, ed. Garufi 141–145) rekonstruierbar aus dessen Antwort vom Mai 1226: MGH Epp. saec. XIII 1, 217f., Nr. 296 (RI V, Nr. 6630).

der im Dezember 1208 wohl schon einige Zeit vakant war. Als Friedrich auf die mehrfach vorgetragenen Bitten der Kathedralkanoniker hin die Wahl eines neuen Erzbischofs gestattete, verband er damit vermutlich den Hinweis auf einen ihm genehmen Kandidaten. Gegen diese Einmischung wandten sich jedoch drei Palermitaner Domherren. Sie appellierten an den Papst und blockierten damit das Verfahren. Darüber heftig erzürnt, griff der König um so energischer ein und verbannte die Übeltäter aus seinem Reich; nur seine Verehrung für den Papst, so äußerte er dazu, habe ihn von schärferen Schritten abstehen lassen. Friedrich war es, wie sich ohne weiteres versteht, darum zu tun, den 1198 verlorengegangenen königlichen Einfluß auf die Kirche des Reiches wiederzuerlangen, und er nahm dabei augenscheinlich den Vertrag zur Richtschnur, den Wilhelm I. 1156 in Benevent mit dem Papst abgeschlossen hatte.

Natürlich erkannte Innozenz dies sofort. In einem langen Brief bekundete er seine tiefe Verwunderung über die königliche Rechtsauffassung und belehrte Friedrich dann ausführlich über die Unhaltbarkeit jener erpreßten früheren Vereinbarung sowie über das Zustandekommen und den Inhalt der jetzt allein maßgebenden Abmachung zwischen ihm und der Kaiserin Konstanze. Streng ermahnte er den Herrscher, sich künftig nicht mehr länger die Verwaltung von Spiritualia anzumaßen, wozu nach seiner großzügigen Definition auch jedes Urteil über Geistliche gehörte; nebenbei, aber unüberhörbar, erinnerte er seinen Adressaten zudem daran, daß er auch seine weltliche Macht ihm, dem Papst, verdanke. Hart in der Sache, schlug der Papst einen geduldigen, väterlich ratenden Ton an und wies die Hauptschuld an dem unliebsamen Zwischenfall den üblen Beratern des Königs zu. Ob er diesen damit freilich zum Einlenken bewegte, ob sich dessen Standpunkt deswegen nicht eher noch verhärtete, das muß offenbleiben, weil wir über den weiteren Verlauf der Kontroverse nichts wissen.[8]

Friedrichs größte Sorge galt denn auch bald einem noch zentraleren Problem, nämlich der Rückgewinnung des während der Regentschaft drastisch zusammengeschmolzenen Domanialgutes, der seit je wichtigsten Basis der königlichen Gewalt im sizilischen Reich. Ohne daß sich ganz sicher sagen ließe, ob ein förmliches Revokationsedikt erging, begann er doch offenbar schon im Frühjahr 1209 zunächst in Sizilien und Kalabrien damit, planmäßig Privilegien zu überprüfen und königlichen Besitz aus den Händen seiner neuen Besitzer zurückzufordern.[9] Dabei konnte er sich auf Adlige und

---

[8] Innozenz III., Ep. XI 208, PL 215, 1523–1525 (9. 1. 1209; *Temporalibus enim debueras esse contentus, quae tamen habes a nobis*, 1524 A); vgl. Kamp, Kirche 1, 1127, zur Wahl des Parisius im Jahre 1211 ebd. 1127–1129, vgl. dazu oben S. 111 mit Anm. 106, zu Innozenz' Vorstellung von Kirchenfreiheit oben S. 115 mit Anm. 5.

[9] Brief vom 14. 1. 1210 an Abt Roffred von Montecassino, Richard von S. Ger-

Geistliche stützen, die sein Vertrauen in den letzten Vormundschaftsjahren gewonnen hatten oder nun ihre Zusammenarbeit anboten. Zu ihnen gehörte etwa Paganus de Parisio, der Sproß einer um Messina begüterten Familie, damals Graf von Butera im Süden Siziliens und Herr von Paternó westlich von Catania. Da er während der Vormundschaftsregierung zum Feind Walters von Pagliara geworden war, signalisiert seine Aufnahme in den Familienkreis im März 1209 zugleich besonders deutlich die beginnende Entmachtung des Mitte 1208 zum Bischof von Catania erhobenen Kanzlers, gegen dessen Maßnahmen sich Friedrichs Revokationspolitik im Grunde ja vor allem richtete.[10] Daneben standen dem König auf der Insel anscheinend noch einzelne Bischöfe nahe wie Anselm von Patti oder Johannes von Cefalù aus der kampanischen Adelsfamilie der Cicala, die ihren Aufstieg Heinrich VI. verdankte. Auch manche sizilischen Städte wie Nicosia (südöstlich Cefalù) bewährten sich in königlichem Dienst.[11]

Auf dem Festland begegnet uns im Januar 1209 überraschenderweise neben dem Grafen Richard von Fondi der Graf Diepold von Acerra als Kapitän und Großjustitiar Apuliens und der Terra di Lavoro „von Gottes und des Königs Gnaden". Friedrich scheint also zunächst daran gedacht zu haben, diesen bewährten Mitarbeiter seines Vaters für sich zu gewinnen, trennte sich jedoch, ohne daß wir seine Gründe wüßten, bald wieder von ihm: Spätestens Anfang August 1209 amtete der Graf Matthaeus Gentilis von Lesina (im nordöstlichen Apullien: † 1223) vermutlich an seiner Stelle. Manches spricht dafür, daß der einflußreiche Abt Matthaeus des Klosters S. Lorenzo in Aversa zu Beginn des Jahres im königlichen Auftrag nach Aragon reiste, um die künftige Königin nach Sizilien zu holen.[12] Vor allem jedoch taucht bereits jetzt jener Mann unter den Helfern Friedrichs auf, der den Staufer bis zum Tod als einer seiner engsten Vertrauten, als verläßlicher Freund und Berater auch in schwierigsten Zeiten begleiten sollte: Berard, der künftige Erzbischof von Palermo. Aus abruzzischem Adel stammend und vielleicht studierter Jurist, hatte er seine Laufbahn in der Umgebung

---

mano, ad 1209, ed. Farufi 30f., vgl. Holtzmann, Papsturkunden 2, 10–12 (mit Nr. 2), 17f. (mit Nr. 3); dazu Neumann, Parteibildungen 230, 234, 284f., zu ähnlichen Maßnahmen Rogers II. und Heinrichs VI. siehe oben S. 24 und S. 63f.

[10] HB 1, 145, Acta Imperii 1,89f. (Nr. 102); dazu Neumann, Parteibildungen 52–54, 221f., Kamp, Kirche 1,1211f., Niese, Catania 51–53.

[11] Patti: Acta Imperii 1,90 (Nr. 103), Kamp, Kirche 1,1082f.; Cefalù: Innozenz III., Ep. XII 85, PL 216,90, Kamp, Kirche 1, 1049–1054; Nicosia: RI V 4,17 (Nr. 107), Neumann, Parteibildungen 231.

[12] Diepold und Matthaeus Gentilis: Niese, Materialien 387f., 399–401 (bes. Nr. 2 und 5), Kamp, Kirche 1,271, 724, vgl. Baethgen, Regentschaft 138f., Neumann, Parteibildungen 113f., 222, 235f.; Matthaeus von S. Lorenzo: Hampe, Beiträge 165f., 170f. (Nr. 2), Neumann 68–70, 222f., vgl. oben S. 88.

Walters von Pagliara begonnen; mit jenem kam er wohl an den Hof nach Palermo, und Walters Empfehlung, so dürfen wir annehmen, erleichterte auch seine Erhebung zum Erzbischof von Bari im Jahre 1207. Im Juli 1209 privilegierte ihn der König seiner wertvollen Dienste wegen, bald darauf machte er ihn zu seinem Familiaren und ein Jahr später erneuerte er, sicherlich im Blick auf die Revokationen, seine Verleihung vom Vorjahr wiederum unter ausdrücklicher Hervorhebung der Treue und Ergebenheit des Erzbischofs.[13]

Ohne Zweifel trat Friedrich den in seinem Königreich maßgebenden Gruppen und Persönlichkeiten in den ersten Monaten seiner Regierung nicht ohne eine gewisse Voreingenommenheit gegenüber, das zeigt der Fall Walters von Pagliara recht klar. Andererseits kennzeichnet sein Vorgehen, soweit wir das aus den angeführten Beispielen erkennen können, doch auch eine grundsätzliche Offenheit, der Wille zum Neubeginn. Ein entscheidendes Kriterium für seine Beurteilung der Großen seines Königreiches war offensichtlich deren Bereitschaft, mit ihm zusammenzuwirken, und das hieß letztlich allerdings: sich ihm unterzuordnen und ihr eigenes Machtpotential zu seiner Verfügung zu stellen. Von dieser Bereitschaft sollte, wie er ganz offen schrieb, gerade auch die Schärfe abhängen, mit der er ihnen gegenüber seine Revokationen betrieb.[14]

Nun erfüllte natürlich keineswegs alle diejenigen, die Einfluß im sizilischen Regnum besaßen, die loyale Gesinnung eines Berard von Bari. Vielmehr überwog unter ihnen, überwog vor allem im Adel offenbar das Mißtrauen gegen den neuen Herrscher, die Furcht, das im zurückliegenden Jahrzehnt durchaus nicht immer rechtmäßig Errungene nun wieder an ihn zu verlieren. Einzelne trieb ihre Entschlossenheit, sich unter allen Umständen gegen königliche Eingriffe zu wehren, sogar zur gewaltsamen Erhebung. Schon im Mai brach im Nordosten Siziliens ein Aufstand aus, an dem sich nach Friedrichs eigenem Hinweis die zwischen Cefalù und Nicosia begüterten Grafen Paul von Cicala, der Bruder des Bischofs von Cefalù, und Roger von Geraci beteiligten. Der König scheint dieser ersten Rebellion jedoch, über Nicosia nach Catania ziehend, ohne viele Mühe Herr geworden zu sein. Die genannten Barone unterwarfen sich ihrem Herrscher und ver-

---

[13] Kamp, Kirche 1, 576–581, 1129–1137.
[14] *Nec quicquid ab eis nisi demanium nostrum exegimus, et ipsum non totum, sicut apparet in hiis quibus reddidimus gratiam nostram, qui cognoscentes in se misericordiam nostram in serviciis nostris fideliter se exercent*, Brief vom 14. 1. 1210, Richard von S. Germano, ad 1209, ed. Garufi 31, vgl. das dort Folgende. – Zu starr von der Zugehörigkeit der Handelnden zu festgefügten „Parteien" her, mit zu wenig Rücksicht auf die Vielfalt und den Wechsel ihrer individuellen Motive sieht die Dinge hier wie allgemein Neumann, Parteibildungen.

dienten sich kurz darauf noch dessen besondere Gunst, indem sie ihn vor einem neuen Komplott ihrer Standesgenossen warnten. Von Gott sichtbar begünstigt, habe er seine Macht in Sizilien glanzvoll erwiesen und seine Feinde zu demütiger Unterwerfung gezwungen; Friede und Sicherheit seien dort nun allenthalben eingekehrt, so verkündete Friedrich im August von Messina aus voller Optimismus seinen Untertanen auf dem Festland.[15]

Der damals geplante Zug nach Unteritalien hinüber[16] kam freilich nicht zustande. In Messina erfuhr der König nämlich, daß seine Gemahlin Konstanze von Aragon, die er bereits im März erwartet hatte, endlich am 15. August in Palermo angelangt war, begleitet von ihrem Bruder, dem Grafen Alfons von Provence, und von der vereinbarten stattlichen Streitmacht. Eilends kehrte Friedrich in die Hauptstadt zurück und feierte noch im August seine Hochzeit. Fehlt es auch nicht an späteren Zeugnissen dafür, daß er für seine wenigstens zehn Jahre ältere, schon verwitwete erste Frau Zuneigung und Achtung empfand, daß sie einen gewissen Einfluß auf ihn auszuüben vermochte, so scheint ihm zunächst vor allem daran gelegen zu haben, mit ihrem spanischen Heer möglichst rasch und um so wirkungsvoller den aufgeschobenen Marsch auf das Festland durchzuführen. Das Unternehmen scheiterte freilich wie so viele ähnliche zuvor an der klimatischen Ungunst des Südens: In der Sommerhitze brach eine Seuche aus, der Graf Alfons und ein großer Teil seiner Truppen in Palermo selbst oder in dessen Umgebung zum Opfer fielen.[17]

Schnell verdüsterte sich Friedrichs Lage weiter. Ein Teil der Großen, die sich der Hochzeit wegen am Hofe aufhielten und dort das Hinscheiden der aragonischen Ritter unmittelbar miterlebten, sah nun nämlich offenbar die kaum mehr erwartete Gelegenheit gekommen, das schon so bedrohliche Erstarken der königlichen Gewalt doch noch zu verhindern, und traf geheime Abreden zu diesem Zweck. Allerdings zeigte sich bald, daß die Verschwörer die Situation falsch einschätzten. Friedrich, ohnehin argwöhnisch, erhielt Warnungen von Mitwissern und durchschaute die Zusammenhänge, wie er selbst berichtete, vollends, als der Führer der Unzufriedenen, Amfusus de

---

[15] Hampe, Beiträge 171 f. (Nr. 3, Brief Friedrichs; nach 18.8.1209), vgl. ebd. 167 f., Richard von S. Germano, ad 1209, ed. Garufi 29 (Brief Friedrichs vom 14.1.1210), zum Itinerar RI V 4,17 (Nr. 107–111), zu den erwähnten Grafen Kamp, Kirche 1,361, 1051, vgl. ders., Cicala 318–320, Neumann, Parteibildungen 24 f.

[16] Vgl. neben Hampe, Beiträge 169, 172 (Nr. 3), noch HB 1,144 (18.3.1209).

[17] Hampe, Beiträge 163–172 mit den Dokumenten Nr. 1–3, Richard von S. Germano, ad 1209, ed. Garufi 28–30, Breve chronicon, ed. Huillard-Bréholles 893, Annales Siculi, ad 1209, ed. Pontieri 116, Chronique d'Ernoul, c. 34, ed. Mas Latrie 398 f., L'estoire de Eracles XXX 2 f., Recueil 2, 298 f.; vgl. Kamp, Costanza 356 f., Baethgen, Regentschaft 109 f., Neumann, Parteibildungen 25 f., Willemsen, Kindheit 124–126.

Roto († 1216), der Graf von Tropea (an der kalabrischen Südwestküste), vor ihm erschien, damals der mächtigste Mann Kalabriens und seiner Übergriffe wegen auch bei der Kirche gefürchtet. Stolz und selbstbewußt, als ob er sagen wolle: „Ich gedenke, meinen Sitz in Kalabrien aufzurichten, und werde dem König gleich sein", habe er seine Forderung nach dem Admiralsamt und weiteren Burgen vorgebracht und auf ihre Ablehnung mit heftigen Drohungen reagiert, einhellig unterstützt von seinen Genossen. Er, Friedrich, habe sich daraufhin für berechtigt gehalten, gegen die offensichtlich Treubrüchigen vorzugehen und sie zu verhaften, ehe sie ihrerseits losschlugen. Sein entschlossener Zugriff brachte ihm bis zum Jahresende einen erheblichen Gewinn an Krongütern in Sizilien und Kalabrien, weckte andererseits gerade bei den diesmal noch verschonten Baronen des Festlands auch erhebliche Besorgnisse und Irritationen. Das ausführliche Rechtfertigungsschreiben, das er um die Jahreswende zu ihrer Information und Beruhigung an sie versandte – unsere einzige, angesichts ihrer Herkunft gewiß nicht über jeden Zweifel erhabene Quelle zu den Vorgängen –, vermochte ihre Bedenken, wenn überhaupt, schwerlich ganz zu zerstreuen.[18]

Gerade die Haltung des festländischen Adels indessen gewann damals ausschlaggebende Bedeutung, erwuchs dem sich festigenden sizilischen Königtum doch eben jetzt ein neuer gefährlicher Gegner von außen: das Imperium. Von dem Augenblick an, in dem dessen Führer unverblümt das alte, von Innozenz gefürchtete und erbittert bekämpfte Vorhaben der Vereinigung von Imperium und Regnum wieder aufnahm, drohte nicht nur dem in diesem Punkt bisher so erfolgreichen päpstlichen Bemühen die entscheidende Niederlage, drohte vielmehr auch der königlichen Stellung Friedrichs ein frühes Ende. Eine Zeitlang schien es in der Tat, als ob die Verwirklichung des zentralen politischen Gedankens Heinrichs VI. durch einen Dritten, den Welfen Otto, zugleich die Vernichtung von Heinrichs eigenem Sohn mit sich bringen würde. Näher als je vorher führte die gemeinsame Gefährdung den Papst und den König zusammen.

---

[18] Friedrichs Schreiben an Abt Roffred von Montecassino (14.1.1210): Richard von S. Germano, ad 1209, ed. Garufi 29–31, zu seiner im ganzen wohl glaubwürdigen Schilderung vgl. Innozenz III., Ep. X 112, PL 215, 1207f., zu Amfusus auch Kamp, Kirche 1, 818f., 838, 996, außerdem Neumann, Parteibildungen 93f., 231f., Tillmann, Innocenz 137 mit Anm. 230.

Erste Herrschererfahrungen

Der Aufstieg Ottos IV. zum Kaisertum; seine Wendung gegen Sizilien

Die Ermordung des unmittelbar vor dem endgültigen Durchbruch in Deutschland stehenden Staufers Philipp im Juni 1208 hatte seine Anhänger zunächst wie ein Schock getroffen, während Papst Innozenz in dem Ereignis zurückhaltend, aber spürbar erleichtert das gerechte, seine eigene Haltung bestätigende Gericht Gottes erkannte. Energisch ergriff er sofort die Möglichkeiten, die sich nun, da fast alles Hoffen bereits aufgegeben war, seinem Kandidaten Otto so unvermutet boten. In geradezu hektischer Aktivität verfaßte seine Kanzlei Schreiben um Schreiben, in denen er die Fürsten Deutschlands, die geistlichen wie die weltlichen, einzeln und insgesamt unter Hinweis auf seine apostolische Würde und Androhung von Kirchenstrafen dringlich ermahnte, jede Neuwahl zu verhindern und dem von Gott so eindrucksvoll bestätigten Welfen um des Friedens willen ihre volle Unterstützung zu gewähren. Den englischen König Johann forderte er auf, seinen Neffen großzügig zu unterstützen, das Ansinnen Philipps von Frankreich dagegen, von Otto abzulassen, wies er empört zurück. Mit Warnungen und Ratschlägen suchte er schließlich Otto selbst auf die ihm zufallende hohe Verantwortung vorzubereiten – angesichts dessen schroffen, unausgeglichenen Charakters eine durchaus sinnvolle Maßnahme.[19]

Der Papst mühte sich nicht vergeblich, vor allem weil unter den deutschen Fürsten, unter denen der staufischen Seite zumal, der Wunsch nach Eintracht und innerer Ruhe des Reiches überwog. Otto gewann nach einer Vereinbarung mit Albrecht, dem Magdeburger Erzbischof († 1232), im September die sächsischen Großen und wurde dann am 11. November 1208 in Frankfurt einmütig zum König gewählt. Während in Sizilien Friedrich selbständig zu regieren begann, wirkte in Deutschland ebenfalls wieder unangefochten ein einziger Herrscher, kein Staufer freilich, sondern zum ersten Mal ein Welfe. Die am Sonntag nach Pfingsten 1209 feierlich vollzogene Verlobung Ottos mit Philipps Tochter Beatrix sollte die Versöhnung der Parteien besiegeln. Sie erleichterte zweifellos vielen Reichsministerialen und Gesinnungsgenossen Philipps den Übertritt zu seinem früheren Rivalen und verschaffte diesem zugleich einen Anspruch auf das staufische Erbe, das er offenbar ohne langes Zögern oder irgendwelche Rücksicht in Beschlag nahm. Mancher Betroffene störte sich dabei an seinem harten, hochmütigen Wesen, an seiner Vorliebe für Mitarbeiter aus Sachsen oder gar England.[20]

---

[19] RNI 154–158, ed. Kempf 352–358, RNI 163 f., 365 f.; RNI 159, 359, RNI 165, bes. 369–371; RNI 153, 350–352, RNI 161 f., 363 f., vgl. RNI 180, 388 f. Dazu und zum Folgenden Hucker, Kaiser Otto 95–110.
[20] Annales Marbacenses, ad 1208, MGH SS rer. Germ. 9, 80, Otto von St. Blasien, c. 50 f., MGH SS rer. Germ. 47, 83–86, Burchard von Ursberg, MGH SS rer. Germ.

Nach seiner Anerkennung in Deutschland lag dem König daran, möglichst umgehend die Kaiserwürde zu erlangen und, die Nachfolge der Staufer vollendend, seine Herrschaft über Italien aufzurichten. Schon Anfang Januar 1209 erschienen bei Innozenz, dem er nach wie vor geradezu überschwenglich seine Dankbarkeit und Ehrerbietung bekundete, zwei königliche Boten, um über die Kaiserkrönung zu verhandeln. Voraussetzung dafür, so informierte sie der Papst, sei lediglich, daß Otto noch einmal die Aufrichtigkeit seines Willens zum Frieden zwischen Ecclesia und Imperium beweise, indem er bestimmte kirchliche Grundforderungen akzeptiere. Zwei Legaten erläuterten dem König die fraglichen Punkte im einzelnen, und dieser erklärte im März 1209 in Speyer in einer feierlichen Urkunde, ohne allerdings fürstliche Zeugen hinzuzuziehen, sein Einverständnis. Wie acht Jahre zuvor in Neuss anerkannte er die päpstlichen Rekuperationen einschließlich des Exarchats Ravenna und der Mathildischen Güter, versprach er der Kirche seine Hilfe bei der Behauptung des Königreiches Sizilien und ihrer sonstigen Rechte, verzichtete er auf die Spolien und Regalien, räumte er den Geistlichen freie Appellation nach Rom ein; außerdem sicherte er die freie und kanonische Wahl der Bischöfe zu.[21] Bereits im August stand er dann mit einem großen Heer in Oberitalien und kündigte dem Papst die Ankunft einer hochrangigen Gesandtschaft an. Im September traf er den Papst selbst in Viterbo, und am 4. Oktober 1209 empfing er in der Peterskirche zu Rom die Kaiserkrone.[22]

Der Glanz der Krönungsfeier, die ohnehin in einem verlustreichen Gemetzel mit den Römern endete,[23] verdeckte freilich nur notdürftig die seit längerem vorhandenen, sich nun dramatisch weiter zuspitzenden Spannungen zwischen dem Papst und dem neuen Kaiser. Schon im Januar 1209 hatte Otto den Patriarchen Wolfger von Aquileia zu seinem Legaten für Italien bestimmt. Wolfger sollte dort die Reichsrechte wieder zur Geltung

---

16, 96f., Conradus de Fabaria, c. 13f., 168–175, Continuationes Weingartenses, ad 1208, MGH SS 21, 480, Arnold von Lübeck VII 13–17, MGH SS rer. Germ. 14, 284–291, Cronica Erfordensis, ad 1208, MGH SS rer. Germ. 42, 205f., RNI 160, ed. Kempf 359–363, vgl. MGH Const. 2, 30–32, Nr. 26; über den wegen zu naher Verwandtschaft nötigen päpstlichen Ehedispens: RNI 169f., 375f., RNI 177, 382–385, RNI 181f., 390–392; vgl. Tillmann, Innocenz 129–131.

[21] RNI 189, ed. Kempf 399–403, vgl. RNI 177, 382f., RNI 179, bes. 387.
[22] RNI 190–192, ed. Kempf 403–406; Arnold von Lübeck VII 18f., MGH SS rer. Germ. 14, 291–294, Otto von St. Blasien, c. 52, MGH SS rer. Germ. 47, 86–88, Annales Ceccanenses, ad 1209, MGH SS 19, 298.
[23] Burchard von Ursberg, MGH SS rer. Germ. 16, 98, Reineri Annales, ad 1209, MGH SS 16, 662, Annales Casinenses, ad 1209, MGH SS 19, 319, Richard von S. Germano, ad 1209, ed. Garufi 29 bzw. 31.

bringen, wobei als Bereich seiner Zuständigkeit ausdrücklich auch die Mark Ancona und das Herzogtum Spoleto aufgeführt waren, jene Gebiete also, deren Rekuperation durch den Papst der Welfe kurz darauf erneut anerkannte. Innozenz, der im Februar auf Wolfgers Wunsch Empfehlungsschreiben an die tuskischen und lombardischen Städte hinausgehen ließ, wußte wohl nichts von diesem Umfang des königlichen Auftrags. Er erfuhr von Wolfger aber immerhin, daß der König die Mathildischen Güter beanspruchte, und schärfte dem Patriarchen deshalb ein, er könne auf der Terra Mathildis Rechte nur im Namen und zugunsten der Kirche einfordern, da Otto auf sie verzichtet habe; den entsprechenden Auszug aus dem Neusser Eid legte er seinem Brief bei. Dennoch bildete die Behandlung dieser Güter durch Wolfger offenbar bald einen Streitpunkt mit dem König. Anderes trug zu weiterer Verstimmung bei, etwa die Gefangennahme heimkehrender französischer Kreuzfahrer bei Cremona auf Wolfgers Befehl oder die päpstliche Kritik an Wolfgers Behandlung der Stadt Florenz. Vor allem jedoch machte Otto selbst während der unmittelbar vor der Kaiserkrönung über die Territorialfragen geführten Gespräche dem Papst mit schonungsloser Offenheit klar, daß er sich nicht mehr an seine früheren Versprechen gebunden fühle und sie zum gegenwärtigen Zeitpunkt auch nicht zu wiederholen gedenke. Zu Recht baute er wohl darauf, daß sein päpstlicher Gönner ihn nun, vor den Toren Roms, nicht mehr zurückweisen könne. Nach der Krönung aber verschob Innozenz neue Verhandlungen, bis sich Aussichten auf eine Annäherung bieten würden.[24]

Nur allzu rasch sollte sich die Vergeblichkeit solcher Hoffnungen herausstellen. Zwar entließ der Kaiser die meisten der ihn begleitenden Fürsten und zog selbst über Siena, San Miniato und Lucca zurück nach Pisa, in zahlreichen Privilegien und Schutzbriefen an die Maßnahmen Friedrichs I. und Heinrichs VI. anknüpfend. Dann jedoch, zu Beginn des Dezembers, bog er plötzlich nach Florenz ab und wandte sich erneut nach Süden, um bis Mitte Januar in Foligno und Terni im Herzogtum Spoleto zu bleiben. Am

---

[24] MGH Const. 2, 33, Nr. 28, RNI 185f., ed. Kempf 394–396; Innozenz III., Epp. XII 75–78, PL 216, 80–83, Chronica regia Coloniensis, ad 1209, MGH SS rer. Germ. 18, 185, Annales S. Pantaleonis, ad 1209, ebd. 229f., Annales Placentini Codagnelli, ad 1209, MGH SS rer. Germ. 23, 37, RI V, Nr. 12340; die Gespräche vor der Krönung und ihr Ausgang: Brief Innozenz' an Philipp von Frankreich (1.2.1210), Acta Imperii selecta 629f., Nr. 920, Braunschweigische Reimchronik, vv. 6625–6670, MGH Dt. Chroniken 2, 542, RNI 193f., 406–408, vgl. Reineri Annales, ad 1209, MGH SS 16, 662f., Cronica Reinhardsbrunnensis, ad 1209, MGH SS 30, 1, 576f. (= Cronica Erfordensis, ad 1209, MGH SS rer. Germ. 42, 208), wo vermutlich Ottos Sicherheitseid (RNI 192, 405f.) mit dem Speyrer Versprechen (RNI 189, 399f.) vermischt wird; dazu Tillmann, Innocenz 131–136, Laufs, Politik 180–205, vgl. Hoffmann, Unveräußerlichkeit 409–411.

20.1.1210 verlieh er dem in Ferrara residierenden Markgrafen Azzo VI. von Este (zwischen Padua und Ferrara; † November 1212) die Mark Ancona und wohl gleichzeitig dem Grafen Diepold von Acerra das Herzogtum Spoleto.[25] Damit bekräftigte er nicht nur unmißverständlich seine Herrschaftsansprüche auf die vom Papst rekuperierten Gebiete. In jenen Wochen entschloß er sich, fasziniert von dem *antiquum ius imperii* auf Unteritalien, ganz offenkundig auch zur Eroberung des Königreichs Sizilien. Mit ihr sollte ihm die Machtstellung Heinrichs VI. endgültig und in ihrem vollen Umfang zufallen, durch sie hoffte er gewiß zugleich auch die Gefahr zu bannen, die für ihn noch immer von Heinrichs Sohn Friedrich, von dessen Anrecht auf das Stauferebe und der Anziehungskraft seines staufischen Namens ausging.

Dennoch überrascht die unvermittelte Schwenkung Ottos, hatte doch sogar der Papst zunächst seinen friedlichen Rückmarschabsichten getraut. Innozenz erfuhr dann freilich sehr schnell von dem sich anbahnenden, ihn zutiefst bestürzenden Kurswechsel der kaiserlichen Politik und seinen Hintergründen. Schon Ende Dezember berichtete er einem Vertrauten am Palermitaner Hof, vielleicht dem Kanzler Walter von Pagliara selbst, Verräter hätten den Kaiser in Pisa aufgesucht, wo er um den 20. November verweilte, und von ihren Einflüsterungen verführt, bereitete dieser nun mit allen Mitteln eine Aktion gegen das sizilische Reich und seinen König vor. Er, Innozenz, habe schon vielfältige Maßnahmen zur Unterstützung des Königs getroffen, bitte diesen jedoch dringend, auch seinerseits alles zu tun, um seine Untertanen zum Kampf gegen die feindlichen Eindringlinge möglichst vollzählig um sich zu scharen. Demnach suchten jene Großen Apuliens, die sich durch Friedrichs erste energische Regierungshandlung bedroht fühlten, unmittelbar nach der Krönung des neuen Kaisers den Kontakt zu ihm. Es gelang ihren Boten offenbar leicht, sein Interesse an einem Unternehmen gegen das sizilische Reich zu wecken, zumal die Pisaner ein solches Projekt wohl in der Erwartung begünstigten, dadurch den an die Genuesen verlorenen Einfluß auf der Insel zurückzugewinnen.

Nach den Vorgesprächen in Pisa kam es um die Jahreswende auf dem Boden des Herzogtums Spoleto, also an der Grenze zum Königreich, zu direkten Verhandlungen des Kaisers mit Diepold von Acerra, Peter von Celano, dessen Sohn Thomas von Molise und ihren Anhängern. Diese schworen Otto Treue, huldigten ihm als ihrem Lehnsherrn und forderten ihn zum Einmarsch nach Apulien und zur Unterwerfung des Regnums auf. Niemand, so bezeugten sie unter Eid, dürfe dort herrschen, der nicht seine Krone vom römischen Kaiser empfangen habe. Sie anerkannten also den

---

[25] RI V, Nr. 304–348, zur Erhebung Diepolds RI V, Nr. 350a, vgl. aber RI V, Nr. 14633, sowie Hampe, Beiträge 174–176, außerdem Hilpert, Briefe, bes. 123–126, 137–140, Hucker, Kaiser Otto 194–196.

alten Anspruch des Imperiums auf das Regnum und bestätigten damit Otto die Legalität seines Vorgehens. Schon der mittelalterliche Chronist der Szene bezweifelt allerdings die Aufrichtigkeit ihrer reichstreuen Gesinnung, und man darf sich seinen Bedenken gewiß anschließen. Den meisten apulischen Überläufern wird es vor allem darum gegangen sein, den Kaiser gegen ihren König auszuspielen, ihre mühsam errungene, durch Friedrich gefährdete Selbständigkeit mit der Hilfe Ottos zu retten und sich diesem zugleich als unentbehrliche Ratgeber und Stützen seiner sizilischen Herrschaft zu empfehlen. Selbst den Deutschen Diepold, der sich seit März 1210 zu seinen anderen Würden auch *capitaneus magister totius Apulie et Terre Laboris* von Gottes und des Kaisers Gnaden nannte, mag in erster Linie dieses Motiv bestimmt haben.

Fest entschlossen zum Kriegszug gegen Sizilien, sammelte Otto in Reichsitalien Truppen, warb er bei den Städten der Lombardei um Hilfe, sicherte er sich vertraglich die Unterstützung durch eine Pisaner Flotte. Bald begannen erste Kämpfe in Unteritalien, und im November 1210 überschritt der römische Kaiser mit seinem Haupttheer die Grenze des Königreichs Sizilien bei Rieti, seinem Vorgänger Heinrich VI. nachstrebend, freilich gegen einen unbestreitbar rechtmäßigen und zudem staufischen König gewandt.[26]

Die Exkommunikation Ottos und Friedrichs deutsche Kaiserwahl

Der Papst hatte Otto nach seinen eigenen Worten früh, vielleicht schon während der ernüchternden Verhandlungen in Viterbo, vor Übergriffen auf die von der römischen Kirche beanspruchten Gebiete und auf das sizilische Reich gewarnt, ihn wieder und wieder ermahnt und ihm die unausweichlichen Folgen seiner Politik der Undankbarkeit und des Verrats vor Augen geführt. Als der Kaiser dennoch immer deutlicher auf die Bahn seiner stau-

---

[26] Brief des Papstes vom Dezember 1209: Hampe, Beiträge 193f., vgl. ebd. 176–185; die Verhandlungen im Herzogtum Spoleto: Chronica regia Coloniensis, ad 1210, MGH SS rer. Germ. 18, 186; vgl. zum Ganzen Annales S. Pantaleonis, ad 1210, ebd. 230, Burchard von Ursberg, MGH SS rer. Germ. 16, 98, Annales Marbacenses, ad 1210, MGH SS rer. Germ. 9, 81, Richard von S. Germano, ad 1210, ed. Garufi 32, Annales Ceccanenses, ad 1210, MGH SS 19, 300, vgl. ad 1209, 298, Annales Casinenses, ad 1209, MGH SS 19, 319, Annales Placentini Codagnelli, ad 1210, MGH SS rer. Germ. 23, 38; RI V, Nr. 12362 (Titel Diepolds), RI V, Nr. 411 (Vertrag mit Pisa); vgl. Tabacco, Impero 42–48, sowie Hucker, Kaiser Otto 142–155, für den Ottos „Eroberungsplan schon längere Zeit gereift" (S. 145) war und unter anderem auch im Zusammenhang mit kaiserlichen Kreuzzugsabsichten stand, der aber auf Ottos dem doch widersprechendes Verhalten nach der Kaiserkrönung (Abzug nach Norden, dann erneute Südschwenkung im Dezember) nicht eingeht.

fischen Vorgänger einlenkte und dadurch vom willigen Gefolgsmann rasch zum Hauptgegner Roms wurde, wandte sich Innozenz in der Tat sofort energisch gegen ihn, suchte nach Mitteln, um ihn aufzuhalten, nach Verbündeten, um ihn zu bekämpfen. Am 1. Februar 1210 unterrichtete er Philipp von Frankreich, den alten Widersacher Ottos, ausführlich von seiner eigenen tiefen Enttäuschung und Erbitterung über den Welfen, gab ihm Kenntnis von Äußerungen des Kaisers, die dessen Herrschaftsanspruch über alle Könige der Erde und seine nach wie vor bestehende Feindseligkeit und Kriegsbereitschaft gegen Philipp verrieten, und steigerte so geschickt die Entschlossenheit des französischen Königs zum Kampf gegen Otto.

Wenige Tage vorher ging aus der päpstlichen Kanzlei vermutlich an alle deutschen Bischöfe ein umfangreiches Schreiben, in dem Innozenz seinen Schmerz über die von Otto erlittenen Kränkungen nicht weniger offen bekundete. Das Schwert, das er geschaffen habe, verwunde nun ihn selbst, so klagte er, um dann in aller Breite zu berichten, wie der undankbare Kaiser plötzlich, alle früheren Versprechungen vergessend, mit der Verfolgung der Kirche begann. Er strecke seine Hand sogar nach dem Königreich Sizilien aus, wolle dem verwaisten König Friedrich nach dem väterlichen also auch das mütterliche Erbe rauben. Angesichts solchen Betrugs und Verrats scheine es mehr als fraglich, ob er seine (von Innozenz wörtlich aus der Speyrer Urkunde vom März 1209 zitierten) Zusagen bezüglich der kirchlichen Wahlen und überhaupt der Freiheit der Kirche einhalte. Für den Fall aber, daß er fortfahre, die Kirche zu peinigen und zu berauben, habe er ihm bereits unmißverständlich den Kirchenbann und die daraus folgende Lösung seiner Untertanen von ihren Treueiden angekündigt. Recht offen bereitete der Papst die deutsche Geistlichkeit damit schon jetzt auf den drohenden völligen Bruch des apostolischen Stuhls mit dem Kaiser vor, machte er klar, welche Haltung er in der bevorstehenden Auseinandersetzung von ihr erwarte.[27]

Innozenz' weitere Maßnahmen lassen sich leider trotz sehr scharfsinniger neuer Analysen der spärlichen Quellen nicht mit völliger Klarheit erkennen. Allem nach war es ihm einerseits darum zu tun, bei Otto jeden Zweifel über die Entschiedenheit seines Widerstandes zu beseitigen und mögliche Bundesgenossen von dem Welfen fernzuhalten. Andererseits hoffte er offenkundig noch lange auf ein Einlenken des Kaisers und suchte ihm deshalb den Weg zur Umkehr nicht ganz zu verstellen. Begreiflich, daß diese aus seiner Sicht klug abgewogene Vorgehensweise selbst bei ihm Wohlgesinnten

---

[27] Brief an Philipp (1. 2. 1210): Acta Imperii selecta 629f., Nr. 920; Brief an Bischof Konrad von Regensburg (18. 1. 1210): Acta Imperii 2, 676–678, Nr. 1009, vgl. Ep. XIII 210, PL 216, 375f.

durchaus nicht immer Verständnis fand, sondern im Gegenteil Mißtrauen und Unsicherheit über seine wahren Intentionen hervorrief.[28]

Wohl noch im Frühjahr 1210, spätestens beim Einmarsch einer Vorhut der kaiserlichen Truppen in das sizilische Königreich, mußte der Papst erkennen, daß Otto aufgrund seiner andauernden Übergriffe auf das Territorium der römischen Kirche und insbesondere wegen seiner aggressiv gegen das Regnum Sicilie gerichteten Politik dem angedrohten Bann verfallen war. Er setzte den Kaiser davon durch Brief und Boten ausdrücklich in Kenntnis und warnte gleichzeitig die deutschen Fürsten bei Strafe der Exkommunikation vor einer Zusammenarbeit mit ihm. Im Juli befahl er offenbar darüber hinaus den Bischöfen Oberitaliens, wo Otto sein Sizilienheer hauptsächlich anwarb, dessen Exkommunikation und ihre Konsequenzen, die Lösung der Treueide und die Bannung aller Förderer der kaiserlichen Untaten, den Gläubigen feierlich zu verkünden.[29]

Den letzten Schritt, die offizielle Publikation von Bann und Eidlösung in der ganzen Kirche, schob Innozenz indessen weiter auf, freilich ohne dadurch bei Otto irgend etwas zu erreichen. Vielmehr sah er sich im September 1210 gezwungen, König Philipp von Frankreich um Hilfe gegen den mit seinem Heer in das Patrimonium Petri einrückenden Kaiser zu bitten und ihn gleichzeitig aufzufordern, er möge die deutschen Fürsten ebenfalls zu Rüstungen veranlassen, um so indirekt Otto zum Rückzug aus Italien zu nötigen. Philipp aber antwortete ihm kühl, solange sich die Kirche nicht völlig vorbehaltlos gegen Otto festgelegt habe, sehe er sich nicht zum Angriff auf das Imperium imstande. In Deutschland habe er schon längst nach Kräften den Widerstand gegen den Kaiser geschürt. Doch auch die Reichsfürsten seien erst dann zur offenen Empörung bereit, wenn Papst und Kardinäle in feierlichen, zur Veröffentlichung bestimmten Briefen jede künftige Verständigung mit Otto ausschlössen, die Lösung der dem Kaiser geleisteten Treueide bekanntmachten und den Fürsten die Wahl eines neuen Herrschers gestatteten.

Als zudem kurz darauf Otto die Grenzen des Regnum Sicilie überschritt, gab Innozenz seine Zurückhaltung endlich auf. Unmittelbar nach dem kai-

---

[28] Zum Folgenden siehe die insgesamt überzeugenden Ergebnisse von Haidacher, Zeitpunkt 132–185, ders., Exkommunikation 26–36, vgl. ders., Zeitpunkt. Replik 206–209, sowie Tillmann, Datierungsfragen 34–85, bes. zu Einzelproblemen wie der Bedeutung der sizilischen Frage für Innozenz (48–51) oder der Datierung einzelner Dokumente (vgl. dazu unten Anm. 32); dazu wie vor allem zum Inhalt der päpstlichen Schreiben auch Laufs, Politik 206–288, der freilich Innozenz' Zögern Otto gegenüber nicht erklärt.

[29] Acta Imperii selecta 631–633, Nr. 922, Tarlazzi, Appendice 92 f.; die Warnung an die deutschen Fürsten: Reineri Annales, ad 1209, MGH SS 16, 663.

serlichen Einmarsch in Friedrichs Königreich, am 18. November 1210, verkündete er öffentlich die Exkommunikation Ottos und seines Anhangs sowie die Eidlösung und befahl die Publizierung seines Urteils in der ganzen Kirche. In dem wohl aus diesem Anlaß an die Fürsten Deutschlands abgesandten Schreiben beklagte er sich bitter über den Undank und die Frieden und Recht verwirrenden Übeltaten des „sogenannten Kaisers". Um die Stimmung gegen Otto weiter anzuheizen, prophezeite er, das schon vorhandene Mißtrauen geschickt nutzend, dieser werde, habe er sich erst gegen Rom und Sizilien erfolgreich durchgesetzt, alles tun, um auch die Reichsfürsten so fest seiner Gewalt zu unterwerfen, wie dies den englischen Königen, seinen Verwandten, Erziehern und Vorbildern, mit ihren Baronen gelungen sei. Schließlich verwies er vielsagend auf das Beispiel Sauls: „Ihn ließ Gott zum König erheben. Dann aber verwarf er ihn seiner Schuld wegen und setzte an seine Stelle einen gottesfürchtigen Jüngling, der die Königsherrschaft erwarb und behielt. Der Vorgang spiegelt die gegenwärtige Lage wider ... Bei der Vergebung der Sünden fordern wir euch deshalb auf, euch zu beeilen, um diesbezüglich Vorsorge zu treffen, solange ihr dazu noch Zeit und Gelegenheit habt!"[30]

Selbst jetzt zauderte Innozenz indessen, alle Brücken zum Kaiser abzubrechen, gab er den Glauben an einen Ausgleich mit ihm nicht ganz auf. Mehrfach eilte in jenem Winter sein Botschafter zwischen Rom und Capua, wo sich Otto damals häufig aufhielt, hin und her, um nach Wegen zu einer friedlichen Übereinkunft zu suchen. Näheres will der Propst Burchard von Ursberg (zwischen Ulm und Augsburg; † 1231) erfahren haben, der in jenen Monaten gerade Rom besuchte: Unter der Bedingung, daß Otto von seinem Angriff auf Sizilien und von der Bedrohung Philipps von Frankreich abstehe, sei Innozenz sogar zum Verzicht auf die vom Kaiser besetzten Gebiete der Kirche bereit gewesen. Doch Otto, seines Erfolges bereits vollkommen sicher, dachte nicht mehr an irgendein Nachgeben und wies alle Angebote zurück. Schweren Herzens verschärfte der Papst daraufhin seinen Kampf. Am 31. März 1211 bekräftigte er die Exkommunikation des Welfen und exkommunizierte außerdem die Kanoniker Capuas, weil sie es gewagt hatten, in Anwesenheit des gebannten Herrschers die Messe zu feiern.[31]

---

[30] Acta Imperii selecta 630f., Nr. 921, vgl. Ep. XIII 193, PL 216, 361, sowie Richard von S. Germano, ad 1210, ed. Garufi 33, Annales Ceccanenses, ad 1210, MGH SS 19, 300, Annales Casinenses, ad 1210, MGH SS 19, 320, Chronica regia Coloniensis, ad 1210, MGH SS rer. Germ. 18, 186; Brief König Philipps an Innozenz: Delisle, Catalogue 517f., Nr. 1251 (= RI V, Nr. 10722), vgl. ebd. 287f. (Nr. 1251), dazu Cartellieri, Philipp 4, 286–298.

[31] Burchard von Ursberg, ad 1211, MGH SS rer. Germ. 18, 100f., zum Autor: Wulz, Burchard, bes. 14–26, 176–180; Richard von S. Germano, ad 1211, ed. Garufi

Das vorsichtige päpstliche Agieren ermutigte jene antiwelfische deutsche Fürstengruppe, von deren Existenz der französische König schon im Herbst 1210 berichtet hatte, verständlicherweise nicht eben dazu, sich ihrerseits rasch und energisch gegen Otto und seine mächtige Anhängerschaft zu wenden. Zwar trafen sich die zum Widerstand Entschlossenen, an ihrer Spitze die Erzbischöfe Siegfried von Mainz und Albrecht von Magdeburg, König Ottokar von Böhmen und Landgraf Hermann von Thüringen, in der ersten Hälfte des Jahres 1211 mehrmals insgeheim, unter anderem in Bamberg, um ihr weiteres Vorgehen zu diskutieren. Noch aber gab es Meinungsverschiedenheiten zu überwinden, blieben unter ihnen offenbar erhebliche Bedenken vor allem hinsichtlich der Haltung des Papstes bestehen. Wohl auf ihre Nachfrage hin äußerte sich Innozenz schließlich allgemein zur Wahl und Krönung des Kaisers und erteilte dabei, wie schon im Vorjahr gewünscht, den deutschen Fürsten ausdrücklich „die Erlaubnis, schon vor der Absetzung Kaiser Ottos einen anderen Kaiser zu wählen". Jetzt erst wagten sich die Verschwörer an die Öffentlichkeit: In Nürnberg sagten sie sich, wahrscheinlich im September, von Otto als einem Ketzer los und wählten den von König Philipp von Frankreich seit langem favorisierten, ihnen inzwischen vermutlich auch vom Papst als Kandidaten nahegelegten Friedrich von Sizilien, den Ende 1196 bereits einmal zum König erhobenen Sohn Heinrichs VI., zum Kaiser – mit dem Innozenz' Formulierung aufnehmenden ungewöhnlichen Titel suchten sie wohl von vornherein klarzustellen, daß der Staufer den Welfen vollkommen und in jeder Hinsicht ersetzen sollte. Die vier bereits genannten Wortführer, dazu Bischof Ekbert von Bamberg († 1237) und Herzog Otto I. von Meranien († 1234), die Brüder aus dem Andechser Fürstenhaus, zeigten die Wahl eigens in Rom an, worauf sie Innozenz eindringlich ermahnte, das begonnene Unternehmen, dessen gefährlichster Abschnitt erst bevorstehe, mit Klugheit und Energie voranzutreiben im Vertrauen auf Gott, „der den Satan unter euren Füßen zermalmen und euch den Triumph über jenen Tyrannen schenken wird, der euch und andere in die tiefste Knechtschaft zu zwingen trachtete".[32]

33f., Annales Casinenses, ad 1211, MGH SS 19,320, vgl. Innozenz III., Ep. XIV 74, PL 216, 437f., Ep. XIV 78f., 439f.

[32] Bretholz, Schreiben 293; für dessen Datierung auf 30. 10. 1211 überlegenswerte Gründe bei Tillmann, Datierungsfragen 83–85; für sie spricht außerdem, daß Innozenz die ihm im Herbst 1210 vom französischen König übermittelten präzisen Forderungen der deutschen Fürsten (siehe oben S. 128f. mit Anm. 30) Ende Oktober 1210, also unmittelbar vor der öffentlichen Bannung Ottos, wohl kaum vollkommen übergangen hätte; überdies scheint Bischof Ekbert erst auf dem Bamberger Fürstentreffen im Frühjahr 1211 vom Verdacht der Beteiligung am Königsmord von 1208 losgesprochen worden und Kreis der Opponenten gestoßen zu sein, Annales S. Pantaleonis, ad 1211, MGH SS rer. Germ. 18, 232. Päpstliche Wahlerlaubnis und

Die Wahl vom September 1211 leitete den eigentlichen Aufstieg Friedrichs II. ein und beeinflußte damit die politische Entwicklung in Mitteleuropa grundlegend. Ihre Wirkung ließ sich zunächst jedoch nur schwer abschätzen. Für die Beteiligten barg sie mancherlei Risiken, und ihre zögernde Vorsicht erscheint durchaus verständlich. Die deutschen Wähler mochten sich der künftigen Absichten des Papstes auch jetzt noch nicht ganz sicher sein, hatte dieser Otto doch schon einmal nach Jahren der Anerkennung und Unterstützung seine Gunst entzogen, um dann um so beharrlicher an ihm festzuhalten; vielleicht gedachte er nun lediglich unter Hinweis auf ihren Abfall noch größeren Druck auf ihn auszuüben. Zudem mußten sie mit dem entschlossenen Widerstand des Welfenanhangs rechnen, und schließlich könnte es manchem von ihnen durchaus Unbehagen bereitet haben, daß sie mit ihrem Tun, gewann es seine Rechtfertigung doch allein aus der Exkommunikation Ottos, zugleich den päpstlichen Anspruch auf eine nicht klar definierte kontrollierende Überordnung über das Kaisertum und die sich daraus ergebenden Folgen für die deutsche Königswahl akzeptierten.

Dem Papst seinerseits drohte zwar wie zuvor durch den Staufer Philipp, so jetzt von dem allezeit begünstigten Otto das Scheitern seiner zum Heil der Kirche auf die Trennung von Imperium und Regnum und die Beherrschung des Regnums angelegten Politik, und dies um so vollständiger, als ein in ganz Mitteleuropa siegreicher Welfenkaiser, verwandt und verbündet mit dem englischen König wohl auch das französische Königtum als letzte Gegenkraft und Stütze des Papsttums überwinden und damit die Freiheit der Kirche im Kern treffen konnte. Doch die einzige Alternative, die sich Innozenz bot und die er endlich ergriff, brachte kaum geringere Gefahr: Indem er Friedrich den Weg zum deutschen Königtum ebnete, setzte er nun alles auf einen Sproß des so gefürchteten Geschlechts der Kirchenverfolger und schaffte diesem geradezu die Voraussetzung, auch in Deutschland sein Erbe einzufordern und die von der Kirche immer als existentielle Gefährdung

---

fürstliche Wahlanzeige: Auszüge Nr. CCLXXVIII und CCXCIII aus dem verlorenen Thronregister, Haidacher, Beiträge 61, vgl. 55–58, 62, die frühe Datierung der Stücke ist allerdings nicht zwingend, die Annahme eines ersten Wahlaktes vor Nürnberg keineswegs einleuchtend. Zur Wahl: Cronica Reinhardsbrunnensis, ad 1211, MGH SS 30,1, 578f. (vgl. Cronica Erfordensis, ad 1211, MGH SS rer. Germ. 42, 208f.), Annales S. Pantaleonis, ad 1211, MGH SS rer. Germ. 18,232, Magdeburger Schöppenchronik, ad 1211, ed. Janicke 135f., Burchard von Ursberg, ad 1210, MGH SS rer. Germ. 16,99; vgl. Hampe, Beiträge 185–193, Tillmann, Innocenz 136–143, Mitteis, Königswahl 145f. Zum Haus Andechs siehe Bosl, Europäischer Adel 35–52; vgl. Hucker, Kaiser Otto 291–303, der sich insgesamt Haidacher anschließt, im übrigen die Rolle der „Meranierbrüder" (S. 292) wohl etwas zu sehr betont: Konnten sie der Gnade Friedrichs, des Neffen des ermordeten Philipp also, tatsächlich vorweg so sicher sein? Immerhin waren beide im Frühjahr 1212 wieder auf Ottos Seite.

empfundene väterliche Politik der Vereinigung Mitteleuropas wiederaufzunehmen. Das fast tragisch zu nennende Dilemma, vor dem Innozenz stand, macht deutlich, auf welch starke Widerstände seine Politik der Überordnung und Kontrolle bei den auf ihre Selbständigkeit bedachten, ihre Stellung und ihr besonderes Recht wie er von Gott ableitenden weltlichen Herrschern stieß. Es zeigt insbesondere, welch große Anziehungskraft in jener Zeit das von ihm stets bekämpfte Ziel der Zusammenfassung von Imperium und Regnum in einer Hand ausübte: Deren Vereinigung galt offenbar gleichermaßen Heinrich VI. wie seinen Nachfolgern als die naheliegende und erstrebenswerte politische Ordnung für Mittel- und Südeuropa, und ihre Verwirklichung schien nach Heinrich nun auch Otto ohne allzu große Mühe zu gelingen.

Der Kampf um das Regnum Sicilie:
Drohendes Scheitern und unerwartete Rettung Friedrichs

Nicht nur seiner Befürchtungen für die Zukunft wegen fiel es Innozenz freilich schwer, die deutsche Thronkandidatur Friedrichs von Sizilien zu betreiben. Auch seine bisherigen Erfahrungen mit dem König veranlaßten ihn vermutlich zur Zurückhaltung. Wir wissen bereits von den Mißhelligkeiten bei der Besetzung des Erzbistums Palermo. Neuer Konfliktstoff braute sich um die Person des Kanzlers Walter von Pagliara zusammen. Friedrich stand ihm als dem führenden Repräsentanten der dem Königtum schädlichen Vormundschaftsregierung offensichtlich von Anfang an mit großen Vorbehalten gegenüber. Daran änderte sich auch nichts, als der Graf Paganus von Parisio, den er gegen Walter favorisierte, in Überschätzung seiner Stellung seine Angriffe auf die Kirche von Catania, Walters Bischofssitz also, verstärkte, sich nach königlichem Einspruch sogar zum bewaffneten Widerstand gegen den Herrscher selbst hinreißen ließ und daraufhin von Friedrich gestürzt wurde. Trotz dieser enttäuschenden Erfahrung trennte sich der König vielmehr kurz darauf, wohl im Februar 1210, auch von seinem Kanzler; er entfernte ihn aus dem Kreis seiner Familiaren und verwies ihn vom Hofe. Sein Drang, die Regierungsgeschäfte vollkommen selbständig zu führen, mag ihn vor anderem zu dieser Entscheidung bestimmt haben. Vielleicht kam dazu nun noch sein Argwohn gegen einen Mann, dessen Freunde und nahe Verwandte wie sein Schwager Peter von Celano sich soeben mit dem Kaiser zur Vernichtung von Friedrichs sizilischem Königtum verbanden.[33]

---

[33] Zum Vorgehen gegen Paganus: HB 1, 253f. (Urkunde Konstanzes für Walter von Pagliara vom März 1213; bessere Editionen nennt RI V 4,242, Nr. 3838); zum Sturz Walters: Breve chronicon, ed. Huillard-Bréholles 893; vgl. Kamp, Kirche 1,

Ob die Entlassung Walters von Pagliara angesichts der angespannten Verhältnisse auf dem Festland tatsächlich geeignet war, die Position Friedrichs zu stärken, ob sie nicht doch allzu jugendlich-optimistischem Vertrauen in das eigene Vermögen entsprang und eher nachteilig wirkte, das bleibe dahingestellt. Der Papst jedenfalls, ein erfahrener Politiker mit freilich sehr eigenen Ansichten über die wahren Interessen des sizilischen Königreichs, tadelte Friedrichs Verhalten gegenüber dem Kanzler, Bischof und bewährten Vertrauensmann der römischen Kurie sofort aufs heftigste. Es entspringe nicht nur grobem Undank, da sich Walter stets und oft unter großen Opfern als zuverlässiger Helfer von König und Königreich erwiesen habe; es verrate auch erhebliches politisches Ungeschick, denn es werde andere, ähnlich verdiente Adlige enttäuschen und zum Abfall vom König veranlassen, und dies in einer Zeit höchster Gefahr, die ganz und gar nicht für kindische Spielereien tauge, in der vielmehr alles darauf ankomme, die ganze Stärke Siziliens hinter seinem König zu sammeln.[34] Trotz solch scharfer Worte folgte Friedrich der päpstlichen Aufforderung, seinen Kanzler zurückzurufen und auf seinen bewährten Rat zu hören, nicht.

Die weitere Entwicklung bestätigte indessen sehr rasch Innozenz' düstere Gesamtbeurteilung der Lage. Die Bereitschaft des Kaisers zum Einmarsch in das Regnum Sicilie trat immer deutlicher zutage, seine Rüstungen kamen zügig voran, und als er schließlich im November 1210 seinen Angriff tatsächlich begann, fielen ihm dank der Unterstützung seiner einheimischen Verbündeten sofort eine Reihe wichtiger Plätze zu, so Capua, das zunächst eine Art kaiserliches Hauptquartier wurde, und Salerno. Erfolgreichen Widerstand leisteten überhaupt nur Richard Conti, der sich in Sora verschanzende Bruder des Papstes, die dem König treu gebliebenen Herren von Aquino, die sich gegen die Truppen Diepolds zu behaupten wußten, sowie Graf Richard von Fondi in Sessa und Teano. Noch bedeutungsvoller war vielleicht, daß sich zwar Neapel Otto unterwarf, um einen Vorteil über die verhaßte Nachbarstadt Aversa zu erlangen, daß Aversa selbst jedoch um so standhafter der Belagerung durch den Kaiser trotzte – von Innozenz hoch gelobt für seine Treue zum König und zu weiterem Widerstand angespornt. Die Zeit, die der Papst so für seinen diplomatischen Kampf gewann, verlor Otto. Wohl erst im Mai 1211 konnte er die Übergabebedingungen mit Aversa aushandeln und nach Apulien weiterziehen. Dort allerdings stieß er offenbar kaum noch auf Schwierigkeiten: Teils aus Furcht vor seiner Macht, teils frei-

---

1212f., Schaller, Kanzlei 1,214f., Niese, Catania 54f., Neumann, Parteibildungen 29f., 224f., 237–239 (gegen seine Datierung von Walters Sturz vor dem des Paganus spricht, daß nach Konstanzes Worten Walter selbst Friedrich um das von Paganus konfiszierte Kastell Calatabiano bat).

[34] Innozenz III., Ep. XII 83, PL 216, 280f.

willig und aus Sympathie schlossen sich ihm überall Städte und Adel an. Über Melfi und Barletta erreichte er Anfang August Bari, danach Tarent. Von hier aus der Golfküste entlang nach Südwesten marschierend, plante er wohl, sich von einer Hafenstadt an der kalabrischen Westküste aus durch die pisanische Flotte nach Sizilien übersetzen zu lassen. Auch dort standen die Dinge günstig: Schon forderten ihn die Sarazenen, die noch beachtliche Teile des bergigen Hinterlandes der Insel beherrschten, aber wohl auch einzelne Adlige zum Eingreifen auf.[35]

In dieser aufs äußerste zugespitzten Situation, als dem Kaiser der vollständige Sieg, der päpstlichen Italienpolitik dagegen und mit ihr dem eben erst als Herrscher angetretenen König Friedrich das totale, endgültige Scheitern bereits sicher schien, da führte in der letzten Minute gewissermaßen der von der päpstlichen Diplomatie geförderte Gang der Ereignisse in Deutschland doch noch einen kaum mehr erwarteten, aber grundlegenden und, wie sich zeigen sollte, alles entscheidenden Umschwung auch im sizilischen Königreich herbei. Während Otto nämlich nach Kalabrien vordrang, meldeten ihm Mitte Oktober Boten seiner Brüder sowie seiner deutschen und oberitalienischen Anhänger die Königswahl Friedrichs durch die oppositionellen Fürsten und baten ihn dringend, in seine Heimat zurückzukehren. Tatsächlich brach der Welfe sein so aussichtsreiches Sizilienunternehmen sofort ab. Noch einmal scharte er seine apulischen und kampanischen Gefolgsleute um sich und versicherte sich ihrer Freundschaft und Treue. Dann verließ er im November eilends das Königreich.[36]

Mochte der schmerzlich enttäuschte Kaiser damals vielleicht wirklich hoffen, Friedrich auf seinem Weg nach Deutschland durch einen Hinterhalt abzufangen, wie ein Chronist behauptet[37] – grundsätzlich stand für ihn offensichtlich von Anfang an fest, daß seine unangefochtene Position in Deutschland und im Imperium die unverzichtbare Voraussetzung für jedes weitere Ausgreifen bilde, daß es deshalb vordringlich darum gehe, diese

---

[35] Richard von S. Germano, ad 1210, ed. Garufi 32f., Annales Ceccanenses, ad 1210–1211, MGH SS 19, 300, Annales Casinenses, ad 1210–1211, MGH SS 19, 320, Chronicon Suessanum, ad 1210–1212, ed. Pelliccia 52, Annales Placentini Codagnelli, ad 1210f., MGH SS rer. Germ. 23,38, Annales Ianuae, ad 1210–1211, MGH SS 18,129f., Sicardi Cronica, ad 1210–1211, MGH SS 31, 180; zu Bari: Acta Imperii 1,60f., Nr. 63, vgl. RI V, Nr. 445k, 446; zu Aversa: Hampe, Angriffe 479–482, 485 (Nr. 2); die Lage auf der Insel: Annales S. Pantaleonis, ad 1211, MGH SS rer. Germ. 18,231, vgl. Thomas von Pavia, MGH SS 22,509, über die Aktivitäten des Grafen Rainer von Manente, dazu Neumann, Parteibildungen 50–52, 223.

[36] Annales Ceccanenses, ad 1211, MGH SS 19,300, Richard von S. Germano, ad 1211, ed. Garufi 34, Annales Placentini Codagnelli, ad 1211, MGH SS rer. Germ. 23, 38f.

[37] Annales Ceccanenses, ad 1211, MGH SS 19, 300.

Basis seiner Macht vollständig wiederherzustellen und zu sichern. Diesem Ziel galten wohl die mehrwöchigen Verhandlungen, die er noch während des Novembers in Montefiascone mit Gesandten des Papstes führte, ohne allerdings zu einer Vereinbarung zu kommen. Zeit nahm er sich auch, um seine Parteigänger in Mittelitalien und in der Lombardei durch Privilegien enger an sich zu binden, seine Gegner auszuschalten. Im Februar 1212 endlich war er wieder in Deutschland. Am Palmsonntag traf er sich in Frankfurt mit den zu ihm stehenden Fürsten, darunter seiner Exkommunikation wegen kaum geistliche, zu einer ersten Beratung.[38]

Friedrich hatte zu seiner glücklichen Rettung wenig beigetragen und konnte wohl auch wenig dazu beisteuern angesichts der Schwäche des von ihm ererbten Königtums, die zu beheben er gerade erst sich anschickte. Immerhin scheint es um die Jahreswende 1209/1210 Kontakte zwischen ihm und Otto gegeben zu haben. Selbst wenn er dem Kaiser dabei, wie wir aus einer freilich schwer zu beurteilenden Notiz erfahren, den Verzicht auf sein deutsches Erbe und eine stattliche Geldsumme als Preis für dessen uneingeschränkte Anerkennung seines sizilischen Königtums anbot, so war der Welfe seiner Sache doch viel zu gewiß, um darauf einzugehen.[39]

Trotzdem entwickelte sich Friedrichs Verhältnis zu Papst Innozenz, seinem engsten auswärtigen Verbündeten, auch weiterhin durchaus nicht ungetrübt. Zwar zeigte der König nun Verständnis für das päpstliche Verlangen nach Erstattung der während der Regentschaft entstandenen Kosten. Er verpfändete dem apostolischen Stuhl im Dezember 1210 in Erweiterung einer bereits im Juni getroffenen Vereinbarung bis zur Zahlung der keineswegs hoch auf 12 800 Goldunzen festgelegten Gesamtschuld den Landbesitz des Klosters Montecassino, des Grafen Richard von Sora, der Herren von Aquino und des Wilhelm Paganus samt allem ihm daraus zustehenden Recht und Nutzen; die betroffenen Lehnsleute wurden verpflichtet, dem Papst wie dem König Treue zu schwören und Friedrich nur auf päpstlichen Befehl

---

[38] Annales Placentini Codagnelli, ad 1211, MGH SS rer. Germ. 23,39 (gegen die Vermutung von Tillmann, Innocenz 143 Anm. 250, die Initiative zu Gesprächen sei vom Papst ausgegangen, spricht doch, wie schon der Herausgeber vermerkte, daß Codagnello in dem ganzen fraglichen Satz wie überhaupt im Kontext Otto als den Handelnden schildert), vgl. RI V, Nr. 448–454, 456–469, zu der Schwächung von Ottos Stellung in Unteritalien und seiner Betroffenheit durch den Tod Peters von Celano siehe Hampe, Angriffe 482 f., 487 (Nr. 4), vgl. Kamp 1,116, zum Zeitpunkt des Todes nach August 1212 ebd. 1272; Chronica regia Coloniensis, ad 1212, MGH SS rer. Germ. 18, 188, Reineri Annales, ad 1212, MGH SS 16,664, Annales S. Pantaleonis, ad 1211, MGH SS rer. Germ. 23,232, Annales Marbacenses, ad 1212, MGH SS rer. Germ. 9,81.

[39] Innozenz' Brief vom 18.1.1210, Acta Imperii 2,676, Nr. 1009; Continuatio Admuntensis, ad 1210, MGH SS 9,591 f., dazu Wattenbach-Schmale 1, 224–226, 228 f.

Kriegshilfe zu leisten. Der neue Pfandbesitz im umkämpften Nordwesten des Königreiches brachte dem Papst zunächst indessen wohl mehr Sorgen als Annehmlichkeiten, und in anderen Fragen von gemeinsamem Interesse blieb der König unnachgiebig. So verharrte er in seiner Ablehnung Walters von Pagliara und setzte seine Versuche fort, Einfluß auf die Bischofserhebungen zu nehmen. Er nötigte etwa die Kanoniker der Küstenstadt Policastro im äußersten Süden Kampaniens, von ihrem einstimmig gewählten Kandidaten abzulassen und seinen Leibarzt Jakob zum Bischof zu wählen; der damals in Messina weilende päpstliche Legat Gregor von S. Teodoro befahl sogar Jakobs Weihe. Es bedurfte des energischen Eingreifens des Papstes selbst, um diese offenkundige Verletzung des Konkordats von 1198 rückgängig zu machen. Innozenz hob die unfreie Wahl auf und setzte Jakob ab, anerkannte ihn aber vielleicht später auf Drängen Friedrichs doch noch als Bischof.[40]

Das zähe Festhalten Friedrichs am Ideal des Kirchenregiments seiner normannischen Vorfahren, ungeachtet der dadurch hervorgerufenen Spannungen mit Innozenz und gerade auch während der Bedrängnis durch Otto, wird verständlicher, wenn man sich vor Augen hält, daß der König damals, sogar auf der Insel Sizilien zeitweise empfindlich eingeschränkt, sein Vertrauen allem nach vorwiegend auf einige wenige geistliche Große setzen konnte. Seine Privilegien galten Berard, dem Erzbischof von Bari, der allerdings bald genug gezwungen war, aus seiner Otto zufallenden Residenz an den Königshof zu fliehen. Weiter förderte er die Palermitaner Kirche, der in jenen Monaten Parisius, vermutlich ein Mitglied seiner Hofkapelle, als erwählter Erzbischof vorstand, ohne sich freilich auf Dauer halten zu können. Außerdem suchte Friedrich, Carus von Monreale gegen die aufrührerischen Sarazenen zu stärken und erfuhr offenbar besondere persönliche und sachliche Unterstützung durch Berard von Messina.[41] Daneben durfte er sich, weil Otto mit Pisa zusammenarbeitete, wohl noch auf die Syrakus beherrschenden Genuesen verlassen. Jedenfalls bezeichnete sich deren Führer Alamannus de Costa, der Graf von Syrakus, im Juni 1210 als Familiar des Königs, und der Rückhalt, den er am Hofe genoß, ermutigte ihn anscheinend zu seinen Vorstößen gegen seinen nördlichen Nachbarn, den in Ungnade gefallenen Bischof Walter von Pagliara in Catania.[42]

---

[40] MGH Const. 2,541, Nr. 410, vgl. 540f., Nr. 409; Innozenz III., Ep. XIV 81, PL 216, 440–443, dazu Kamp, Kirche 1,470f., 1302.
[41] Bari: HB 1,173–176, vgl. Kamp, Kirche 1,580; Palermo: HB 1,180–184, 186f., 191–195, vgl. RI V, Nr. 648f., Kamp 1,1128; Monreale: Acta Imperii 1,93–95, Nr. 107f., vgl. HB 1,204f., Kamp 1,1194; Messina: HB 1,185, vgl. Kamp 1,1021.
[42] HB 1,172f. (RI V, Nr. 12370, vgl. Nr. 12372 und RI V 4,19, Nr. 121); Niese, Catania 55f., Neumann, Parteibildungen 238,240.

Friedrich selbst hielt sich 1210 wie 1211 längere Zeit über in Messina auf. Wir erfahren, daß er die Befestigungsanlagen dieser Stadt intensiv ausbauen ließ und etwa die dortigen Templer deswegen mit ungewohnten Abgaben belastete. Offenbar rechnete er hier mit der Landung Ottos und beabsichtigte durchaus, sich dessen Angriff zu stellen. Angesichts der Gesamtsituation blieb ihm, den seine Feinde schon als einen *regulus*, als machtloses „Königlein" zu verspotten begannen, freilich trotzdem wenig Aussicht, sich gegen seinen Rivalen zu behaupten. So mag durchaus zutreffen, was eine ihm allerdings feindlich gesonnene Denkschrift später vermerkte, daß nämlich für den Fall seiner Niederlage bereits ein Schiff zur Flucht, vielleicht in das Königreich Aragon an den Hof seines Schwagers, bereitstand.[43]

Die überraschende, nach dem Stand der Dinge keineswegs unbedingt naheliegende Umkehr Ottos befreite Friedrich fast von einem Augenblick zum anderen aus seiner verzweifelten Lage. Er nutzte die so unvermutet zurückgewonnene Handlungsfreiheit, um die wenigen ihm treu Gebliebenen zu belohnen, sie für den Kampf gegen die noch allenthalben herrschenden Anhänger Ottos zu stärken und weiterhin an sich zu binden. Zu den derart Privilegierten gehörten die Erzbischöfe Siziliens, aber auch einige Adlige des Festlandes wie Simon Gentilis († 1213), der 1212 die Grafschaft Nardò (südwestlich Lecce) erhielt, seine Söhne Berard und der zum *magister comestabulus* erhobene Walter, oder der aus der Gegend von Saulgau stammende, mit Heinrich VI. ins Regnum gekommene Deutsche Hermann von Striberg, der sich in einer Urkunde vom März 1212 kaiserlicher Hofkämmerer und Graf von Gesualdo (südöstlich Benevent) nennt.[44]

Die Annahme des Rufes nach Deutschland

Schien damit fürs erste alles auf eine geduldige Politik der Konsolidierung der sizilischen Königsmacht, auf eine Anknüpfung an die vor Ottos Eindringen in das Regnum begonnenen und geplanten Maßnahmen hinauszulaufen, so sah sich Friedrich sehr rasch – Stribergs Titel zeigt die Wendung bereits an – vor eine neue, ungleich größere Herausforderung gestellt, mit der

---

[43] Messina: Acta Imperii 1,473, Nr. 586; *regulus*: Thomas von Pavia, MGH SS 22,509; Flucht: Albert Behaim (von Beham), ed. Höfler 74, Nr. 5, vgl. XXII, dazu Neumann, Parteibildungen 32 mit Anm. 42, zum Autor († 1260): Herde, Albert Behaim 288.

[44] Familie Gentilis: Holtzmann, Nardò 58–65, vgl. 35–44, 69f., sowie HB 1,211f., HB 1,233 (= Cod. dipl. Barese 1,159 unten); Hermann von Striberg: Acta Imperii 1,473f., Nr. 587, vgl. ebd. 95, Nr. 109; dazu Neumann, Parteibildungen 211, 228, 263; zu den Erzbischöfen siehe oben Anm. 41.

verlockenden Möglichkeit konfrontiert, seine herrscherliche Aktivität auf den umfassenden Bereich des Imperiums auszuweiten. Die deutschen Fürsten, die sich in Nürnberg zu ihm als dem künftigen Kaiser bekannt hatten, wünschten nämlich ganz offensichtlich, daß ihr Schritt sofort zu greifbaren Veränderungen führte. Sie beauftragten deshalb zwei Gesandte, die schwäbischen Adligen Heinrich von Neuffen (nordöstlich Reutlingen) und Anselm von Justingen (westlich Ulm), die Nachricht von ihrer Wahl nach Rom sowie zu König Friedrich zu bringen und diesen nach Deutschland zu geleiten. Während Heinrich in der Lombardei blieb, um die dortigen Städte und insbesondere Verona zu gewinnen, gelangte Anselm unter erheblichen Schwierigkeiten zunächst nach Rom, wo er Innozenz' Bestätigung von Friedrichs Wahl empfing und dank päpstlicher Intervention sogar eine zustimmende Erklärung der Bürgerschaft erreichte. Um die Jahreswende traf er dann, wohl in Messina, den sizilischen König und bat ihn im Namen seiner fürstlichen Auftraggeber, seine Wahl anzunehmen und nach Deutschland zu kommen.[45]

Angesichts der gegebenen Umstände konnte eine positive Antwort auf das deutsche Angebot gewiß nicht leicht fallen. Eine längere Abwesenheit des ohnehin außerordentlich geschwächten Königs drohte sein sizilisches Reich erneut in chaotische innere Wirren zu stürzen, während derer die politische Macht endgültig an die dominierenden Adelsfamilien und einige große Städte fallen mußte. Andererseits ließen sich die Erfolgsaussichten Friedrichs in Deutschland, die Wirkung seines Auftretens, die Entschlossenheit und Verläßlichkeit seiner Anhänger, aber auch die Widerstandsbereitschaft und Stärke Ottos und seiner Partei vorweg, zumal von Sizilien aus, kaum auch nur einigermaßen sicher abschätzen – ganz zu schweigen von der Entwicklung in Oberitalien. Friedrichs Umgebung riet ihm denn auch unter Hinweis auf die Tücke der Deutschen dringend von dem riskanten Unternehmen ab, allen voran die Königin Konstanze selbst. Sie hatte wahrscheinlich in der ersten Hälfte des Jahres 1211 Friedrichs ältesten Sohn Heinrich geboren und mochte nun eine Wiederholung der schmerzlichen Ereignisse nach dem Tod ihres ersten Mannes, des ungarischen Königs Emerich († 1204), fürchten, als sie gezwungen gewesen war, mit ihrem kleinen Sohn Ladislaus, der kurz darauf (1205) starb, vor ihrem Schwager, König Andreas II. (1205–1235), aus dem Lande zu fliehen. Trotz all dieser berechtigten Bedenken und düsteren Warnungen aber entschied sich Friedrich schließlich doch dafür, das deutsche Abenteuer zu wagen.[46]

---

[45] Burchard von Ursberg, ad 1210, MGH SS rer. Germ. 16,99; der Hof war mindestens seit Januar 1212 in Messina: RI V 4,19, Nr. 121, vgl. RI V, Nr. 652–657; zu Anselm von Justingen: Schaller, Justingen 709f.

[46] Burchard von Ursberg, ad 1210, MGH SS rer. Germ. 16,99f., zur Geburt Hein-

Zu seiner folgenschweren Zusage mag ihn die Überzeugung geführt haben, daß Otto, sollte es ihm gelingen, die Widerstände in Deutschland zu brechen, zweifellos genau wie einst Heinrich VI. zurückkehren und ein zweites Mal die Eroberung des Königreichs Sizilien versuchen würde – aufgrund seiner früheren Erfahrungen und alten Verbindungen im Regnum und nach seinem Erfolg im Imperium nun erst recht ein fast unüberwindbarer Gegner; der Verzicht auf das aktive Eingreifen nördlich der Alpen hätte dem sizilischen Reich demnach allenfalls eine knapp bemessene Frist der trügerischen Ruhe und Sicherheit verschafft. Dazu kam, daß Friedrich während seiner ersten Regierungsjahre zwar, im Staat seiner normannischen Vorfahren wirkend, vor allem deren herrscherlichem Vorbild nacheiferte, dabei indessen offenbar das staufische Erbe, auf das er als Sohn Heinrichs VI. insbesondere nach Philipps Tod einen klaren Rechtsanspruch besaß, und die hohe kaiserliche Würde und Geltung seines Vaters nie ganz aus den Augen verlor. Er gedachte nicht nur regelmäßig in seinen Privilegien des Seelenheils seiner erhabenen und verehrungswürdigen kaiserlichen Eltern, der „göttlichen, glückseligen Augusti", des *dominus imperator* und der *domina imperatrix*.[47] Vielmehr scheint er sofort nach der Ermordung seines Onkels in Bamberg auch ganz konkrete Schritte getan zu haben, um seine Erbrechte geltend zu machen.

Dabei wandte er sich möglicherweise zunächst an den noch als seinen Vormund wirkenden Papst. Jedenfalls warnte Innozenz den Welfen Otto Anfang August 1208, bei ungeschicktem Verhalten erwachse ihm leicht ein neuer Gegner, da „der Neffe jenes Philipp sich dir schon feindselig entgegenstellt". Im Februar des darauffolgenden Jahres beklagte sich Otto dann seinerseits beim Papst über Friedrich, der, wie er sicher erfahren habe, Übles gegen ihn plane und durch Bitten und Versprechungen dazu aufhetze, die Ruhe des Reiches zu stören; Innozenz möge diesen Umtrieben seine Unterstützung verweigern, er selbst sei gerne bereit, nach päpstlichem Rat mit dem Knaben, dessen Königstitel er im ganzen Brief vermeidet, über eine Vereinbarung zu verhandeln.[48] Wie sich Friedrichs Verbindungen zu Deutschland in den folgenden Monaten im einzelnen weiterentwickelten, ob es dem Staufer dabei tatsächlich bereits um mehr als sein Erbe im engeren Sinne ging, das muß offenbleiben. Fest steht nur, daß es Kontakte über die Alpen hinweg etwa mit Anhängern im Herzogtum Schwaben gab. So bestätigte

---

richs auch Breve chronicon, ed. Huillard-Bréholles 893, 895, vgl. RI V, Nr. 3835b; Konstanzes Flucht aus Ungarn: Continuatio Admuntensis, ad 1204–1205, MGH SS 9,590f., vgl. Bogyay, Grundzüge 54f., Kamp, Costanza 356.

[47] HB 1,129, 130, 154, 157, 162–164, 166f., 176–178, 181, 187, Acta Imperii 1,86, Nr. 97f., 91, Nr. 104, 93, Nr. 106.

[48] RNI 153, ed. Kempf 350f., RNI 187, 397f., vgl. RNI 188, 398f.

Friedrich im Januar 1210 auf Wunsch des eigens nach Sizilien gereisten Salemer Mönches Konrad in drei Urkunden Privilegien der Zisterzienserabteien Salem (östlich Überlingen) und Tennenbach (bei Emmendingen), wobei er sich zum Teil stark an Vorurkunden seines Onkels Philipp anlehnte[49] – zweifellos ein Indiz für Herrschaftsansprüche wie für deren Anerkennung.

Demnach war dem König die Vorstellung, an seine staufischen Väter anknüpfend Einfluß und politische Wirksamkeit über die Grenzen seines sizilischen Regnums hinaus in den weiteren, bedeutsameren Raum des Imperiums auszudehnen, durchaus nicht fremd, als die Botschaft der deutschen Fürsten nun die konkrete Gelegenheit zu ihrer Verwirklichung bot. Überraschen mußten ihn vielmehr allein Zeitpunkt, Schnelligkeit und Vollständigkeit des Umschlages, der den eben noch mit dem Rücken zur Wand Kämpfenden, fast Verlorenen zum künftigen Kaiser der Römer erhob. Gerade das Ungewöhnliche, alle menschliche Erwartung Sprengende des Vorganges indes gab für Friedrich wohl den Ausschlag. Es bewies ihm – und Zeitgenossen empfanden offenbar ähnlich –, daß Gott selbst ihm hier seinen Weg und Auftrag zeige, ihn in besonderer Weise auswähle und berufe. Noch lange später deutete er das Geschehen derart: „Kein anderer fand sich nämlich, der die angebotene Würde des Reiches gegen uns und unseren gerechten Anspruch empfangen wollte. Als die Fürsten, durch deren Wahl uns die Krone des Reiches gebührte, uns riefen, da war es folglich der im Boot schlafende, von den Schreien seiner Jünger aufgeweckte Herr selbst, der durch uns, den Verlassenen, den er wunderbar gegen alles menschliche Erwarten aufgespart hatte, indem er den Stolzen niederwarf und den Demütigen erhöhte, gewissermaßen den Winden Ruhe befahl und das Schifflein nicht nur aus den Wogen befreite, sondern auch wunderbar an einem sichereren und erhabeneren Ort anlegen ließ."[50] *Mirabiliter*, einem Wunder gleich durch die alles menschliche Planen umstürzende, gnädige göttliche Vorsehung geleitet zu werden und vor anderen zu Außerordentlichem bestimmt zu sein, dieser Glaube sollte Friedrich fortan weit tiefer noch als bisher erfüllen, wieder und wieder durch neue Erfahrung bestätigt, der Grund selbstgewisser Tatkraft und Entschlossenheit ebenso wie gefährlicher Fehleinschätzung und Überhebung.

---

[49] HB 1,160–164, vgl. RI V 4,147, Nr. 622–624; dazu Neumann, Parteibildungen 225, 282f., Tillmann, Innocenz 129 mit Anm. 190, Hampe, Beiträge 2,185.
[50] Rundschreiben vom 6.12.1227, MGH Const. 2, 150, Nr. 116, vgl. den Kontext 149f., sowie: *Fredericus ... sola misericordia Dei vocatus in Alamanniam*, Annales Ceccanienses, ad 1212, MGH SS 19,300; Willemsen, Kindheit 127f., Kantorowicz, Friedrich 52.

Aufbruch nach Norden; die Begegnung mit Innozenz III.

Zum ersten Mal, seit seine Mutter den noch nicht Dreijährigen von Foligno nach Palermo geholt hatte, verließ Friedrich im März 1212 die Insel Sizilien, um erst nach fast neun Jahren Ende 1220 in sein Königreich zurückzukehren. Die Länge seiner Abwesenheit zeigt eindrücklich, welche Bedeutung sein Schritt für seine eigene Entwicklung wie für die seines Königreiches gewann. Sie beweist den Ernst, mit dem er daran ging, sozusagen in staufischen Bahnen, auf dem Weg über das deutsche Königtum und das römische Kaisertum schließlich auch das Regnum Sicilie ganz an sich zu binden, sie offenbart zugleich jedoch die Schwierigkeiten dieses Unterfangens.

Natürlich galten die Wochen vor Friedrichs Abreise der wenigstens notdürftigen Sicherung der königlichen Macht. Wie einst die Kaiserin Konstanze suchte nun ihr Sohn, Stabilität für das sizilische Königtum durch die Anlehnung an den päpstlichen Lehnsherrn und die Anerkennung von dessen Rechtsauffassung bezüglich Siziliens zu erlangen. Im Februar leistete er in Messina dem päpstlichen Legaten Gregor als dem Vertreter Innozenz' den Treueid, wörtlich so wie einst Wilhelm II. und wie für Konstanze vorgesehen. Dazu stellte er dem Papst zwei Urkunden aus. In der einen bestätigte er für sich und seine Erben, daß er sein Königreich vom Papst zu Lehen erhalten habe, und versprach, den üblichen Lehenszins zu zahlen. In der anderen akzeptierte er jene Regelung der Bischofswahlen, mit der sich 1198 schon seine Mutter hatte abfinden müssen und die den König verpflichtete, dem vom Kapitel frei gewählten Kandidaten seine Zustimmung zu geben, ohne die dieser allerdings – wie Friedrich betonte – nicht inthronisiert werden durfte.[51]

Kurz darauf, wohl Anfang März, ließ Friedrich seinen damals kaum einjährigen Sohn Heinrich zum König krönen. Damit entsprach er gleichfalls einem Verlangen des Papstes, der in dieser Maßnahme gewiß einen ersten Schritt zur Wahrung der von ihm so dringend gewünschten Unabhängigkeit des Regnum vom Imperium auch in der Zukunft sah. Heinrich erschien fortan in den königlichen Urkunden als *rex Sicilie* neben der Regentin, seiner Mutter Konstanze von Aragon, während sein Vater damals begann, seinen sizilischen Königstitel durch die Bezeichnung „zum Kaiser der Römer Erwählter" zu ergänzen. Schließlich zog Friedrich den Kanzler Walter von Pagliara, dessen Ausschaltung dem Papst so viel Verdruß bereitet hatte, nun offenbar wieder zur Beratung seiner in Sizilien zurückbleibenden Gattin an den Hof, und Walter nahm während der folgenden Jahre in der Tat einigen Anteil an den Regierungsgeschäften.[52]

---

[51] Texte: MGH Const. 2,540–544, Nr. 411–413, vgl. RI V 4,147f., Nr. 651–653; dazu Deér, Papsttum 265.
[52] Krönung Heinrichs: MGH Const. 2, 72, Nr. 58, zum Datum Fried, Königs-

Recht klein war die Schar derer, die ihren König begleiteten, als er Mitte März von Messina aus zu seiner Fahrt ins Ungewisse aufbrach. An seiner Seite treffen wir den vielleicht mit der Würde eines päpstlichen Legaten betrauten Erzbischof Berard von Bari, den erwählten, aber umstrittenen Erzbischof Parisius von Palermo, die Grafen Roger von Chieti (südlich Pescara) und Robertus de Say von Loritello, dessen Lehen in Südkalabrien lagen, dazu den *magister comestabulus* Walter Gentilis sowie den im August 1212 erstmals genannten *camarlengus* oder *camerarius* Richard, den Nachfolger des damals vielleicht schon verstorbenen Hofkämmerers Hermann von Striberg also, einen bei Catanzaro begüterten Adligen, einflußreich besonders durch seine Einheirat in die mächtige südkalabrische Familie Altavilla und angesehen auch am päpstlichen Hofe. Außerdem zog Andreas mit seinem Herrscher nach Norden, ein vielleicht aus Salerno stammender königlicher Notar, der seit Ende 1212 den klangvollen Titel eines Logotheten trug, somit das von den normannischen Königen aus Byzanz übernommene Amt des öffentlichen königlichen Sprechers innehatte und, ähnlich wie der Kämmerer Richard, bis zu seinem Tode eine wichtige Rolle im Königreich spielen sollte. Schließlich kennen wir aus der Reisebegleitung Friedrichs mit Namen noch wenigstens vier Notare seiner Kanzlei, unter ihnen den wohl mit Thomas von Gaeta verwandten Bonushomo von Gaeta, später Dekan von Messina und am Ende seines Lebens vielleicht Bischof von Capaccio (südlich Salerno), oder Philippus de Matera, seit 1219 *regni Sicilie scriniarius* und noch in den vierziger Jahren als Leiter des königlichen Archives tätig. Natürlich kehrte auch Anselm von Justingen, der Bote der deutschen Fürsten, jetzt in seine Heimat zurück.[53]

urkunde 571, vgl. RI V, Nr. 3835c, erste Urkunde: Acta Imperii 1, 371, Nr. 438; Friedrich als *rex Sicilie ... et in Romanorum imperatorem electus* erstmals HB 1,204; zu Pagliara: Schaller, Kanzlei 1,219–222, Kamp, Kirche 1,1212–1214, vgl. Niese, Catania 57–59.

[53] Siehe die Zeugenlisten Acta Imperii selecta 772, Nr. 1074 (25. 8. 1212) sowie HB 1,233 (Dez. 1212 = Cod. dipl. Barese 1, 159 unten); daneben zu Berard: Kamp, Kirche 1, 580 (Berards Legatenwürde bezeugt allerdings nur Conradus de Fabaria, c. 14, ed. Meyer von Knonau 177, vgl. immerhin noch Annales Placentini Codagnelli, ad 1212, MGH SS rer. Germ. 23,40); zu Parisius: Kamp 1128f. sowie HB 1,210f. (Brief Innozenz' vom 10. 5. 1212, der nahelegt, daß Parisius mit Friedrich nach Rom kam und mit ihm weiterzog, ohne, wie es der Papst wünschte, das Ende des gegen seine Wahl eingeleiteten Verfahrens abzuwarten), vgl. HB 1,228f. (Brief des *Parisius, Panormitanus electus*, aus Worms, 3. 12. 1212); zu Roger: Neumann, Parteibildungen 204f. mit Anm. 908; zu Robert: Kamp 266, 816, Neumann 189f.; zu Walter siehe oben S. 137 mit Anm. 44; zu Richard: Heupel, Großhof 45–47, 111f., Schaller, Kanzlei 1,225f., 231, vgl. dazu Neumann 160 Anm. 693, Kamp 984, 988–991, Kehr, Briefbuch 44f. (Nr. 5, Papst Honorius III. an Richard, Ende 1216); zu Andreas: Schaller 259f.

Zu Schiff gelangte Friedrich mit seinem bescheidenen Gefolge zunächst nach Gaeta, wo er verhältnismäßig lange verweilte. Offensichtlich benutzte er die Zeit, um sich mit seinen bewährten Mitstreitern in jener Gegend, vor allem mit dem Grafen Richard von Fondi, dessen Sohn gerade damals zu Otto abfiel, sowie mit den Herren von Aquino über deren künftige Stellung zwischen der sizilischen Krone und der römischen Kirche zu verständigen. Wiederum auf dem Seeweg erreichte er dann im April Rom, wo ihn der Papst und die Kardinäle, Senat und Volk feierlich empfingen. Weder von ihm selbst noch von Innozenz, seinem Lehnsherrn und einstigen Vormund, kennen wir eine Äußerung darüber, was ihnen diese erste Begegnung bedeutete, die ja zugleich ihre einzige bleiben sollte. Als Friedrich Jahrzehnte später, unter gänzlich veränderten politischen Umständen seines ersten Romaufenthaltes gedachte, rückte er die Stadt und ihre Bewohner ganz in den Mittelpunkt seiner Erinnerung: Rom, so schrieb er, habe ihn, den um sein zweifelhaftes Schicksal Bangenden, damals einer Mutter gleich, die ihren Sohn aus ihren Armen entläßt, nach Deutschland gesandt, damit er dort die hohe Würde des Kaisertums erlange.[54]

In jenen Apriltagen des Jahres 1212 hing freilich alles von Innozenz III. und seiner Unterstützung ab. In seine Hände leistete Friedrich, wie es der normannischen Tradition entsprach und wie er im Februar gelobt hatte, das *ligium hominium*, den die Lehensbindung besonders klar verdeutlichenden Mannschaftseid. Ihm verpfändete er bis zur Rückzahlung der während der Regentschaft entstandenen Unkosten zusätzlich zu dem schon Ende 1210 übergebenen, aber nicht ausreichenden Besitz die Grafschaft Fondi und das ganze Gebiet nördlich des Garigliano (bei Minturno) mit allen Rechten und Einkünften; ihm gestattete er zudem, über dieses neu verpfändete Land nach dem Tode Richards von Fondi frei zu verfügen. Dafür bestärkte ihn der Papst in seinem gegen Kaiser Otto gerichteten Unternehmen durch Wort und Tat. Nicht nur, daß er in Rom selbst für alle Ausgaben des Königs aufkam, er gab ihm auch Empfehlungsschreiben und Geld für seine weitere Reise mit und besorgte ihm Schiffe zur Fahrt nach Genua. Das hinderte ihn indessen nicht, gleichzeitig streng gegen einen Begleiter und Vertrauten Friedrichs vorzugehen, gegen Parisius nämlich, den erwählten Erzbischof

---

(Nr. 4), Girgensohn-Kamp, Urkunden Tarent 158f., Kamp, Kämmerer 60f.; zu Bonushomo: Schaller 215, 227f., 260f. (Nr. 8), Kamp, Kirche 1, 457f., Neumann 182; zu Philipp: Schaller 278f. (Nr. 65), Kamp 864f., Neumann 280f., vgl. Heupel 116. Zu Almannus de Pancaldo, Bürger von Messina, siehe RI V 4,19, Nr. 125, die Urkunde setzt doch wohl eine schon beendete Reise des Almannus nach Deutschland voraus; zu dem Genuesen Guilielmus de Marino vgl. die Bedenken RI V 4,149, Nr. 684.

[54] Richard von S. Germano, ad 1211, ed. Garufi 34f., Annales Ceccanenses, ad 1212, MGH SS 19,300; HB 5,162 (RI V, Nr. 2311, wohl Anfang 1238).

von Palermo. Innozenz nutzte des Parisius Anwesenheit in Rom, um die gegen ihn von Palermitaner Kanonikern erhobenen Vorwürfe prüfen zu lassen, und als Parisius Ende April mit seinem königlichen Herrn, gegen den päpstlichen Befehl und ohne das Ende des Verfahrens abzuwarten, nach Norden weiterzog, setzte er ihn kurzerhand ab. Darin sah nun allerdings umgekehrt Friedrich wenigstens fürs erste keinen Grund, den Parisius nicht dennoch weiterhin in seinem hohen geistlichen Amt anzuerkennen.[55] Die Verfügung über die sizilischen Bistümer blieb also selbst jetzt, in einer Phase engster päpstlich-königlicher Interessengleichheit und Zusammenarbeit ein gefährlicher Streitpunkt.

Noch in Rom traf eine Gruppe oberitalienischer Adliger, an ihrer Spitze der wegen seines Abfalls von Otto im Januar mit der Acht belegte Markgraf Azzo VI. von Este und Graf Petrus Traversarius von Rimini, mit Friedrich zusammen, um ihr eigenes Vorgehen mit ihm und dem Papst abzustimmen. Dann endlich brach der König selbst nach Norden auf. Am 1. Mai landete er in Genua, auch hier von Adel und Volk glanzvoll aufgenommen.[56] Die mit den Genuesen schon in Sizilien geknüpften regen Kontakte trugen offenkundig erneut wertvolle Früchte. Bis in den Juli hinein blieb Friedrich in der Stadt, um den gefährlichsten Teil seines Zuges nach Deutschland, den Marsch durch die Lombardei, vorzubereiten.

Die Situation in Oberitalien. Gefahren der Reise

Zum ersten Mal kam der Staufer nun also unmittelbar in Berührung mit den Menschen und Verhältnissen, mit den besonderen wirtschaftlichen und gesellschaftlichen Bedingungen, mit der Dynamik und den spannungsreichen Gegensätzen jener Landschaft, um die seine Vorfahren so erbittert gekämpft, der sie so zentrale Bedeutung für ihre Politik zugemessen hatten. Die Situation Oberitaliens zu Beginn des 13. Jahrhunderts läßt sich nur schwer mit wenigen Strichen einigermaßen zutreffend kennzeichnen.[57] Zu

---

[55] Hominium: MGH Epp. saec. XIII 2, 90, Nr. 124 (= HB 6,322; Absetzungsurteil, 17. 7. 1245), vgl. MGH Const. 2,543, Nr. 412 (3); Fondi: MGH Const. 2,544–546, Nr. 414f., vgl. aber den Treueid Graf Rogers von Fondi für König Friedrich im August 1215, Richard von S. Germano, ad 1215, ed. Garufi 59, daneben Maccarrone, Studi 199–204; päpstliche Hilfe: Annales Ceccanenses, ad 1212, MGH SS 19,300, vgl. Breve chronicon, ed. Huillard-Bréholles 894; zu Parisius siehe oben Anm. 53.

[56] Annales Placentini Codagnelli, ad 1211–1212, MGH SS rer. Germ. 23,39, Sicardi Cronica, ad 1211–1212, SS 31,180, Annales Ianuae, ad 1212, MGH SS 18,131, RI V 4,8f., Nr. 52; zu Azzo VI. bzw. Petrus Traversarius: Salzer, Signorie 31–38, Chiappini, Estensi 28–35, vgl. Haverkamp, Herrschaftsformen 2, 541f.

[57] Zum folgenden Abschnitt siehe Waley, Stadtstaaten, bes. 24–221, Pini, Città

rasch änderten sich die Machtverhältnisse in den einzelnen Städten, zu stürmisch wechselten infolge solch innerer Umwälzungen wie äußerer, ökonomischer, politischer oder sozialer Wandlungen die Bündnisse der Kommunen mit anderen Gemeinden, Städtegruppen oder mächtigen adligen Herren, zu vielfältig waren die Anlässe, die immer neue Streitigkeiten und Kämpfe unter ihnen hervorriefen.

Dennoch fehlt es an gemeinsamen Grundlinien der städtischen Entwicklung keineswegs ganz. Immerhin stand an der Spitze der Städte jetzt meist ein von auswärts berufener, oft adliger Podestà mit einjähriger oder noch kürzerer Amtszeit. Von seinem überparteilichen Regiment erhoffte man ganz offenbar eine mäßigende und ausgleichende Wirkung auf die zahlreichen, heftigen Konflikte, die das Leben in den Stadtgemeinden so tief beeinträchtigten. Vor allem unter den mächtigen Adelsfamilien, deren innerstädtische Führungsrolle auf Grundbesitz im Umland, überlegener militärischer Erfahrung, hohen Ämtern, gesellschaftlichem Einfluß, aber durchaus auch auf wirtschaftlicher Tätigkeit basierte, brachen ständig neue Rivalitäten, Feindseligkeiten und blutige Fehden aus. Sie störten nicht nur sehr empfindlich den inneren Frieden der Kommunen, sie gefährdeten auf Dauer natürlich auch die Vorrangstellung dieser Magnatenschicht. Mit wachsender Intensität drängte damals nämlich eine andere soziale Gruppe nach Mitsprache und Teilhabe an der Lenkung der städtischen Angelegenheiten: die vermögende, sich von der Masse der Stadtbewohner deutlich abhebende Oberschicht des *popolo*, zu der etwa reiche Bankiers und Geldwechsler, Großkaufleute, Tuchverleger und Reeder, aber auch Notare oder Ärzte gehörten. Sie organisierte sich, nicht selten unter adliger Führung, in eigenen, vielfach *artes*, also Zünfte oder Gilden genannten Verbänden, trug ihren Anspruch auf politische Macht, insbesondere auf Vertretung im zentralen Kollegium der Konsuln, immer entschiedener vor und setzte ihre Forderung schließlich oft genug tatsächlich durch, gestützt etwa auf unzufriedene Handwerker und Gewerbetreibende. Diese ahmten ihrerseits das erfolgreiche Vorgehen ihrer vornehmen bürgerlichen Vorbilder bald nach. Auch sie schlossen sich zu Zünften zusammen, erhoben den Ruf nach politischer Mitsprache und suchten Schwächen und Gegensätze unter den herrschenden Gruppen zum eigenen Vorteil zu nützen. Ein dauerhafter Durchbruch blieb ihnen allerdings in der Regel versagt.

Die Bischöfe, bis ins 11. Jahrhundert die eigentlichen Stadtherrn, hielten zu Beginn des 13. Jahrhunderts höchstens noch einen kümmerlichen Rest ihrer alten Verfügungsgewalt in Händen. Sie vollzogen bisweilen etwa die formale Bestätigung städtischer Beamter, klärten gewisse Rechtsfragen

18–55, 81–95, 140–218, vgl. Fasoli, Federico II 41–43, Dilcher, Stadtkommune 128–177, Bordone, Società 26–42, 78–98, 140–154, 188–215.

oder repräsentierten ihre Stadt bei Festen, Empfängen und Vertragsabschlüssen. Dagegen trachteten ihre Rechtsnachfolger, die adligen und großbürgerlichen Führungsschichten der Kommunen, folgerichtig danach, ihrem Einfluß auch die ländliche Umgebung der Städte, also den Bereich der Diözese, des meist als *contado* bezeichneten bischöflichen Amtsbezirks, zu unterwerfen. Diese Politik bescherte den Siegern erhebliche und rigoros genutzte militärische, finanzielle und wirtschaftliche Vorteile. Sie beendete andererseits gewaltsam die Selbständigkeit der unterlegenen kleineren Gemeinden, vergrößerte die Abhängigkeit der bäuerlichen Landbevölkerung von den übermächtigen Kommunen und führte oft genug zu heftigen Auseinandersetzungen zwischen konkurrierenden Nachbarstädten.

Mochte die politische Bedeutung der Bischöfe in den oberitalienischen Städten weithin geschwunden sein, so sorgten doch zahlreiche Streitpunkte nach wie vor auch für Konflikte zwischen Kommune und Kirche. Das Streben der Städte nach Ausdehnung und Vervollkommnung ihrer Zuständigkeiten und Befugnisse machte vor den Privilegien, dem Besitz und Recht der innerhalb ihrer Mauern wie im *contado* gelegenen Stifte und Klöster keineswegs halt, und selbst scharfen päpstlichen Mahnungen und Verboten gelang es nicht, ihre auf kirchliche Einrichtungen zielende Begehrlichkeit dauerhaft einzudämmen. Umgekehrt richtete sich wachsender städtischer Unmut gegen das Ansinnen des Klerus, nicht nur vom Waffendienst, sondern auch von der Steuerzahlung für die Kommune befreit und allein dem geistlichen Gericht unterworfen zu sein. Diese Sonderstellung wurde vor allem dann zum Ärgernis, wenn sich geistliche Institute wirtschaftlich betätigten oder wenn Kaufleute die niederen Weihen offenkundig allein in der Absicht empfingen, sich dadurch einen Vorteil im Konkurrenzkampf mit ihren laikalen Berufsgenossen zu verschaffen. Neben den sozialen Spannungen und den gewaltigen ökonomischen Gegensätzen unter den Stadtbewohnern trug sicherlich der solcherart genährte Antiklerikalismus mit dazu bei, daß die in jener Zeit weitverbreiteten, neue Formen der Frömmigkeit praktizierenden, aber vielfach auch häretische Glaubensvorstellungen propagierenden Bewegungen der Waldenser, Humiliaten oder Katharer, die die Kirche als Ketzer verdammte, gerade in den lombardischen Städten besonderen Zustrom und Rückhalt fanden.

Zweifellos zeichnet sich die Entwicklung Oberitaliens in den ersten Jahrzehnten des 13. Jahrhunderts wesentlich durch die erstaunliche Lebendigkeit und Dynamik aus, die alle Bereiche des gesellschaftlichen Lebens erfaßte und ständig veränderte, oft so rasch und auf im einzelnen so verwirrende Weise, daß sich der Eindruck des Chaotischen aufdrängt. Näheres Zusehen läßt aber doch auch hinsichtlich der politischen Gesamtsituation jenes Gebiets einige prägende Tendenzen und feste Größen erkennen.[58] So verstanden es im Westen der Poebene adlige Machthaber wie die Markgrafen von Montferrat (um Asti, westlich Alessandria) oder die Grafen von Savoyen (um Aosta und Susa, westlich Turin), erheblichen Einfluß zu bewahren und auf manche Kommune auszudehnen. Ezzelino II. da Romano (nordöstlich von Vicenza; † 1235) übte zwischen Verona und Treviso eine deutliche Vorherrschaft aus, die Grundlage für die zeitweise über Padua und Trient hinausreichende, die Städte der Region einbeziehende und mit eiserner Gewalt verteidigte Stellung seines gleichnamigen Sohnes (1194–1259). Im Osten dominierte der uns als früher Überläufer zu Friedrich schon bekannte Markgraf Azzo VI. von Este, danach sein Sohn Azzo VII. († 1264). Begütert vor allem im südlichen Venezien, hatten die Este schon früh Ferrara zum Zentrum ihrer politischen Aktivitäten gewählt; Azzo VII. brauchte dann aber doch die Hilfe Venedigs, um sich dort 1240 endgültig gegen die erbitterte Rivalin seines Hauses, die Familie Salinguerra, durchzusetzen.

Die Führung unter den Städten fiel seit dem Anfang des 13. Jahrhunderts recht deutlich einer relativ kleinen Gruppe zu. Ihre Mitglieder verdankten diesen Vorrang ihrer günstigen Lage an der Küste, an den großen Handelswegen oder am Ausgang der wichtigen Alpenpässe, ihrer daraus resultierenden wirtschaftlichen Überlegenheit, aber natürlich auch dem Geschick und Durchsetzungsvermögen der in ihnen maßgebenden Kreise. Als bestimmende Zentren brachten sie ihre weniger bedeutenden Nachbarn in eine gewisse Abhängigkeit oder banden sie fest an sich. Unter ihnen selbst gab es jahrzehntelange Zusammenarbeit ebenso wie traditionelle Gegnerschaft oder den Hang zur Neutralität. Venedig etwa vermied, wo immer es ging, eine dauerhafte Festlegung, während in der Toskana Florenz sowohl Siena wie Pisa als Konkurrenten bekämpfte und Pisa seinerseits alle Mittel daransetzte, von Genua als Hafenstadt und Flottenmacht nicht überrundet und ausgeschaltet zu werden. Die Lombardei hingegen spaltete der alte Gegensatz zwischen Mailand und Cremona in zwei Lager. Hielten sich Piacenza, Brescia und Bologna gewöhnlich zu Mailand, so standen Pavia und die entlang der römischen Via Emilia am Fuße des Apennin aufgereihten Städte Parma, Reggio und Modena in der Regel Cremona bei.

Wie alle wichtigen Entscheidungen dieser Kommunen hing auch ihre Stellung zu Kaiser und Papst ganz wesentlich davon ab, welche Haltung die Gruppierung, der sie zuneigten, beziehungsweise ihre Gegner einnahmen.

---

[58] Zum Folgenden siehe auch Voltmer, Formen 104–107, Simeoni, Note 282–293, sowie Haverkamp, Zentralitätsgefüge 48–72; zu Ezzelino III.: Fasoli, Ezzelino III. 196f., Manselli, Ezzelino 35–79; zu Azzo VII. von Este: Chiappini, Estensi 35–41, vgl. Bocchi, Este(d') 27f.; zu Graf Thomas I. von Savoyen (um 1178–1233): Cox, Eagles 7–32.

So veranlaßte die Annäherung Heinrichs VI. an Cremona Mailand zur Erneuerung des Lombardenbundes im Juli 1195. Nach dem Tod des Kaisers organisierte Mailand ein zusätzliches Bündnis zum Schutz der beteiligten Städte und der gemeinsamen Wahrung ihrer Rechte dem Reich gegenüber, und im Erstarken König Philipps darf man wohl den Anlaß für die abermalige Bekräftigung des Lombardenbundes im Juni 1208 sehen, auf die Cremona sofort mit der Bildung einer Koalition unter seiner Leitung reagierte. Bürger aus Mailand und Piacenza gehörten dann nicht zufällig zu jenen Gesandten, die Otto IV. die Nachricht von der Wahl Friedrichs II. zum künftigen Kaiser überbrachten und seine Rückkehr aus Kalabrien erbaten; unter die Genossen Friedrichs zählten sie dabei neben Azzo von Este auch schon Cremona. In der Tat arbeiteten Cremona, Pavia, Verona und Azzo im Einvernehmen mit Innozenz III. offenbar bald intensiv gegen Otto zusammen.[59]

Ein schon traditionelles Beziehungsgefüge, lange eingespielte Bindungen und generationenalte Feindschaften erneuerten und verfestigten sich demnach mit dem Auftreten Friedrichs in Oberitalien. Der welfisch-staufische Gegensatz an der Reichsspitze belebte und verschärfte nur jene Gegensätze, die längst zwischen den Mächten des Regnum Italicum und insbesondere zwischen den führenden Städten und den in ihnen herrschenden Gruppen bestanden, er machte sie gewissermaßen auf einem neuen Felde sichtbar. Das zeigte sich etwa, als während einer Fehde zweier Florentiner Adelsfamilien im Jahre 1216 die mit den Streitenden verbündeten Geschlechter erstmals „Partei des Guelfen" bzw. „Partei des Ghibellinen" (nach dem staufischen Besitz Waiblingen) genannt, also als Anhänger Ottos bzw. Friedrichs charakterisiert wurden. Diese Bezeichnungen deuteten die ganz anders gerichteten Absichten der Kontrahenten als Einsatz für eine große und gerechte Sache und verdeckten so geradezu deren eigentliche, recht egoistische, teilweise sogar verbrecherische Motive. Fast ebenso wie beim ersten Auftauchen der Namen „Guelfen" und „Ghibellinen" verhielt es sich bei ihrer späteren Verwendung, auch als sie sich seit der Jahrhundertmitte über Florenz hinaus verbreiteten. Sie und alle ähnlichen Zuordnungen zum Kreis der Staufer-Sympathisanten und damit zum Kreis derer, die sich für Recht und Stärke von Kaiser und Reich einsetzten, oder aber zur pro-welfischen beziehungsweise pro-päpstlichen Partei, zu jener Richtung also, die die Stellung der Kirche verteidigte und sich an das Papsttum anlehnte, erfassen in der Regel allenfalls ein einzelnes Element aus dem komplexen, schwer überschaubaren Bündel von Zielen und Interessen, das die Entscheidungen der politisch handelnden Individuen und Gruppen tatsächlich zu beeinflussen

---

[59] Annales Placentini Codagnelli, ad 1211, MGH SS rer. Germ. 23,38f., Sicardi Cronica, ad 1211, MGH SS 31,180, Annales Cremonenses, ad 1211, MGH SS 31,12.

pflegte – und oft genug galt diesen gerade der solcherart betonte Aspekt nicht einmal als besonders wichtig.[60]

Wie die Dinge lagen, durfte Friedrich von vornherein höchstens mit begrenzten Erfolgen rechnen, als er von Genua aus direkte Beziehungen zu den Mächten der Lombardei anknüpfte, um ihre Unterstützung zu gewinnen. Immerhin konnte er der Hilfe Azzos und jener Städte um Cremona, die sich schon bisher klar gegen Otto gestellt hatten, auch künftig sicher sein. Daneben gelang ihm jetzt wohl eine Verständigung mit Wilhelm († 1225), dem wichtigen Markgrafen von Montferrat, und mit Graf Richard von S. Bonifacio (östlich Verona). Großzügig schenkten ihm die Genuesen bei seinem Aufbruch die Kosten seines zweieinhalbmonatigen Aufenthaltes, für die sie 2400 Pfund anschlugen. Die Kommune, vertreten durch ihre Konsuln, ließ sich dafür allerdings urkundlich versprechen, daß er ihr innerhalb von 15 Tagen nach seiner Kaiserkrönung alle von seinen kaiserlichen Vorgängern für sie ausgestellten Privilegien bestätigen, verschiedene Kastelle übereignen und genau aufgelistete Zahlungen leisten wolle.[61]

Begleitet von Bürgern Genuas, Abgesandten aus Cremona und Pavia sowie Markgraf Wilhelm und Graf Richard zog Friedrich mit seinen sizilischen Getreuen dann, den Einflußbereich der ihm feindlich gesonnenen Städte westlich umgehend, durch das Gebiet des Markgrafen über Asti nach Pavia. Dort entfalteten Klerus, Adel und Bürgerschaft ihm zu Ehren das prächtige Zeremoniell, das eigentlich nur dem Kaiser gebührte, und bekräftigten in aller Öffentlichkeit ihre feste Absicht, ihn im Zusammenwirken mit den Cremonesen und dem Markgrafen von Este über Cremona nach Verona zu führen, was immer die Anhänger Ottos dagegen versuchen mochten. Sichtbar spornte sie ihre grundsätzliche Gegnerschaft gegen die bei dem Welfen verharrenden Kommunen zu besonderem Eifer für Friedrich an. Die provozierte und erwartete Reaktion der verhaßten Nachbarn Mailand und Piacenza ließ denn auch nicht auf sich warten. Tief in ihrem Stolz verletzt und zugleich von dem Bewußtsein erfüllt, für die kaiserliche Würde zu streiten, zogen sie mit ihrer ganzen Heeresmacht, eingeschlossen sogar der *carroccio*, der ehrwürdige Fahnenwagen, aus, um den Durchgang von Pavia nach Cremona zu Land wie auf dem Po zu sperren und den vermessenen

---

[60] Herde, Guelfen, bes. 11–25, vgl. Voltmer, Formen 110f.
[61] HB 1,212–214; siehe dazu und zum Folgenden: Annales Ianuae, ad 1212, MGH SS 18,131, und bes. Annales Placentini Codagnelli, ad 1212, MGH SS rer. Germ. 23,40f., daneben Sicardi Cronica, ad 1212, MGH SS 31,180, Annales Placentini Gibellini, MGH SS 18,468, Guillelmus Armoricus, ad 1211, ed. Delaborde 238f. (c. 158), Breve chronicon, ed. Huillard-Bréholles 894; zum päpstlichen Vorgehen gegen Otto vgl. Innozenz III., Epp. XV 20, PL 216,559, XV 31,566, XV 36,570, XV 84f., 603, XV 122,635, XV 138,650, XV 189,710–715.

Herausforderer Ottos, den „Knaben", wie man Friedrich bei ihnen doch wohl eher abschätzig nannte,[62] unter allen Umständen gefangenzunehmen. Doch dies sollte nicht gelingen.

Insgeheim nämlich hatte Friedrich, gedeckt von der Reiterei Pavias, am späten Abend des 28. Juli in höchster Eile die Stadt verlassen. Der Trupp blieb die ganze Nacht zu Pferde und erreichte am frühen Morgen den Fluß Lambro etwa halbwegs zwischen Pavia und Cremona. Wie zuvor verabredet, warteten dort bereits Markgraf Azzo von Este und die Cremonesen, um den Schutz des Königs zu übernehmen und ihn weiter in ihre Heimatstadt zu geleiten. Offenbar waren sie kaum nach Osten entschwunden, als die Mailänder heransprengten und bitter enttäuscht erkennen mußten, daß ihnen der „Zaunkönig" entwischt war. Wutentbrannt wandten sie sich daraufhin gegen die Schar aus Pavia, zwangen sie nach heftigem Kampf zur Flucht und nahmen eine ganze Anzahl vornehmer Bürger Pavias gefangen; Ende Oktober forderte Papst Innozenz dringend die Freilassung der noch immer Festgehaltenen. Wohl in dramatisierender Zuspitzung des Sachverhalts und um vom Fehlschlag des eigenen Unternehmens etwas abzulenken, spottete man damals in Mailand, Friedrich habe „seine Hose im Lambro gebadet", und Thomas von Pavia schmückte das Geschehen später noch weiter aus: Der König entkam nach seinen Worten den Mailändern, indem er im allerletzten Moment auf ein ungesatteltes Pferd sprang und mit ihm den Lambro überquerte.[63]

Am 30. Juli traf Friedrich jedenfalls wohlbehalten in Cremona ein. Augenscheinlich ohne weitere ähnlich bedrohliche Zwischenfälle führte ihn sein Weg dann über Mantua und Verona nach Trient.[64] Gerade vier Monate hatte

---

[62] De Stefano, Fridericus 23–30, weist sicher zutreffend darauf hin, daß das Mittelalter, mit Altersbezeichnungen großzügig, auch noch einen fast Dreißigjährigen als *puer* bezeichnen konnte und daß dieser Begriff im Falle Friedrichs meist positiv dessen Frühreife, die Übernatürlichkeit seines Erfolgs hervorheben sollte. Andererseits scheint Codagnello Person und Vorhaben Friedrichs doch eher schmälern zu wollen, wenn er ständig vom *dictus puer de Scicilia* redet (siehe Anm. 61), zumal er fast im gleichen Atemzug Nikolaus, den Führer des Kinderkreuzzugs, ebenfalls als *quidam puer Theotonicus* einführt (42), und eine ähnliche Absicht darf man wohl auch bei Otto IV. vermuten (siehe oben S. 139 mit Anm. 48). Zur Sperrung des Po: Acta Imperii selecta 828, Nr. 1142.

[63] Zum Treffen am Lambro siehe Anm. 61, daneben Annales Cremonenses, ad 1212, MGH SS 31,13, Notae S. Georgii Mediolanenses, ad 1212, MGH SS 18, 388 (der „Zaunkönig"), Memoriae Mediolanenses, ad 1212, MGH SS 18,401, Annales Mediolanenses Minores, ad 1212, MGH SS 18,398 (das Bad im Lambro), Thomas von Pavia, MGH SS 22,511, bes. jedoch Innozenz III., Ep. XV 189, PL 216,712 CD, auf dessen Bedeutung Neumann, Parteibildungen 278–280, wohl zu Recht hinweist.

[64] Privilegienbestätigung für Cremona, ausgestellt in Mantua, 22.8.1212, ausge-

seine erste Begegnung mit der vielschichtigen und verwirrenden, so sehr vom überlegenen Gewicht der großen Städte und dem Stolz ihrer reichen Oberschicht geprägten Welt Oberitaliens gedauert. Sein Auftreten veränderte dort kaum etwas Wesentliches, gab höchstens hie und da dem gewohnten Bild schärfere Konturen. Andererseits war der Aufenthalt sicher lange, bedeutsam und intensiv genug, um Friedrich selbst eine Fülle von Einblicken und Erkenntnissen zu vermitteln, in ihm über den Tag hinaus wirksame Urteile und Grundsätze reifen zu lassen. Möglicherweise ist also tatsächlich etwas Wahres an des Thomas von Pavia Behauptung, der Versuch der Mailänder, den Staufer am Lambro zu fassen, habe dessen lebenslangen Haß gegen die Stadt zur Folge gehabt.[65]

Glückliche Ankunft und rascher Durchbruch in Süddeutschland

Zunächst freilich forderten neue, andersartige Verhältnisse und Schwierigkeiten Friedrichs ganze Aufmerksamkeit. Kaum nämlich schickte er sich an, das deutsche Königreich zu betreten, als ihm auch hier Widerstand begegnete. Er kam nun aus dem Kreis der in Deutschland seit geraumer Zeit neben dem König maßgebenden Reichsfürsten, deren Selbstbewußtsein und Macht in den Jahren des Streites zwischen Philipp und Otto auf Kosten des Reiches weiter gewachsen war. Zwei von ihnen, die zwar bald in das staufische Lager überwechseln sollten, sich im September 1212 aber auf der Seite des Welfen hielten, versperrten den bequemsten Zugang nach Norden: die Herzöge Ludwig I. von Bayern († 1231) und der Andechser Otto I. von Meranien, der den Herzogstitel seinem Besitz um Rijeka (Fiume) im Norden Kroatiens verdankte, dessen Familie daneben jedoch unter anderem auch die Brennerstraße kontrollierte.[66] Einmal mehr galt es also, einen mühsamen Umweg einzuschlagen. Nach Westen abbiegend, sei der König durch wild-abweisende, kaum bewohnte Alpengegenden, über hoch aufragende Bergjoche schließlich nach Chur gelangt, so erzählt Buchard von Ursberg, und wir können nur vermuten, daß Friedrich durch das Tal der Etsch und

---

händigt in Verona, 25.8.: Acta Imperii selecta 772, Nr. 1074; vgl. Annales Placentini Codagnelli, ad 1212, MGH SS rer. Germ. 23,41, Sicardi Cronica, ad 1212, MGH SS 31,180, Annales Parisii, ad 1213, MGH SS 19,6.

[65] Thomas von Pavia, MGH SS 22,511.

[66] Ludwigs Vertrag mit Otto (20.3.1212): MGH Const. 2,49f., Nr. 40, vgl. RI V, Nr. 471, 479, bei Friedrich: HB 1,233 (Dez. 1212 = Cod. dipl. Barese 1,159 unten); zu Otto I.: RI V, Nr. 487, 488 (5.9.1212), HB 1,252 (24.2.1213), vgl. dazu RI V 4,150, Nr. 694; über die Herzöge siehe Spindler-Kraus, Handbuch 2,19–36, zum Haus Andechs auch oben S. 130 mit Anm. 32.

über den Reschenpaß ins Engadin, von da über einen weiteren Paß, den Septimer etwa, ins Rheintal durchstieß. Auf deutschem Boden stellten sich ihm unter dem Eindruck der entschlossen anti-welfischen Haltung des Papstes zunächst vorwiegend geistliche Fürsten als Helfer zur Verfügung – angesichts der großen politischen Bedeutung dieser Gruppe in Deutschland zweifellos außerordentlich wertvolle Verbündete. Der Bischof von Trient führte den Staufer wohl auf der beschwerlichen Route durchs Gebirge, Bischof Arnold von Chur und Ulrich von Sax, der Abt der ehrwürdigen Reichsabtei St. Gallen, nahmen ihn auf und gaben ihm Geleit bis vor die Tore der Stadt Konstanz.[67] Dort aber spitzten sich die Dinge noch einmal dramatisch zu, stand Friedrichs Schicksal noch einmal auf des Messers Schneide.

Schon im Herbst 1211 hatte der Bruder Kaiser Ottos, der rheinische Pfalzgraf Heinrich († 1227), zusammen mit dem gleichnamigen Herzog von Brabant († 1235) und anderen lothringischen Adligen den Kampf gegen die vom Welfenherrscher abgefallenen Reichsfürsten begonnen. Raubend und brandschatzend zogen ihre Truppen durch das Gebiet des Erzbischofs von Mainz; dem Brabanter glückte Anfang Mai 1212 nach der Vertreibung des Bischofs von Lüttich sogar die Einnahme dieser Stadt, die eine mehrtägige Plünderung über sich ergehen lassen mußte. Unterdessen suchten Ottos Gefolgsleute in Sachsen offenbar nicht ohne Erfolg, seine dortige Stellung zu sichern, gegnerische Plätze einzuäschern und thüringische Adlige durch Geldzahlungen von ihrem Herrn, dem Landgrafen, abzuziehen.

Der Kaiser selbst berief nach dem Frankfurter Treffen einen zweiten Hoftag zu Pfingsten nach Nürnberg, um die anwesenden Fürsten von seinem Recht im Kampf gegen den Papst und dessen Kandidaten zu überzeugen. Bündnisverträge sollten ihm einzelne von ihnen wie den Herzog von Bayern oder den Markgrafen von Meißen besonders eng verpflichten, seine Kontakte zu König Johann von England, seinem Onkel, intensivierten sich. Im Juli wandte er sich dann mit einem stattlichen Heer gegen Landgraf Hermann von Thüringen, von dem er wohl die unmittelbarste Gefahr für sein sächsisches Machtzentrum fürchtete. Bald konnte er stolz von der Zerstörung landgräflicher Burgen, von der Verwüstung des Thüringer Landes berichten – wie üblich stürzte das Kriegsgeschehen vor allem die Masse der einfachen Leute in Not und Unheil. Nach seinen eigenen Worten hoffte Otto, sein energisches Vorgehen werde seine Feinde zu schnellerer Unterwerfung bewegen. Zugleich feierte er in Nordhausen mit großem Prunk den Vollzug seiner 1209 geschlossenen Ehe mit Beatrix, der nun vierzehnjährigen

---

[67] Burchard von Ursberg, ad 1212, MGH SS rer. Germ. 16,108f., Conradus de Fabaria, c. 14, ed. Meyer von Knonau 175f.; vgl. die Zeugenliste MGH Const. 2,55, Nr. 43 (26. 9. 1212).

Tochter König Philipps, in der festen Erwartung, dieses glanzvolle Ereignis sichere ihm auch künftig die Treue seiner staufischen Parteigänger. Die nächsten Wochen brachten dem Welfen indessen eine Fülle herber Rückschläge und Enttäuschungen. Schon am 11. August starb seine junge Frau. Daraufhin und vermutlich bestärkt durch das Gerücht vom Herannahen Friedrichs, verließen ihn viele seiner bayerischen und schwäbischen Mitstreiter. Allzu großes Ansehen hatte er unter ihnen ohnehin nie genossen; dem stand von Anfang an die schroff-gewalttätige Art entgegen, mit der er von Beatrix' staufischem Erbe Besitz ergriff. Die allgemeine Stimmung kehrte sich noch heftiger gegen ihn, als der eben damals von ihm abgefallene Reichskanzler Konrad, Bischof von Speyer und nun auch von Metz († 1224), öffentlich von Plänen Ottos berichtete, eine neuartige, regelmäßige Grundsteuer zu erheben oder den kirchlichen Besitz zu seinen Gunsten zu beschneiden. Ende August schließlich brach der Kaiser die so optimistisch begonnene, zuletzt aber mit den zusammengeschmolzenen Truppen kaum noch aufrechtgehaltene Belagerung der thüringischen Feste Weißensee (am Unstrutbogen südöstlich Nordhausen) ab und zog rasch nach Süden.[68]

Zu seiner Eile trieb ihn die Nachricht, daß die Ankunft Friedrichs in Süddeutschland unmittelbar bevorstehe. Mit allen Mitteln trachtete Otto nun, dem Staufer den Zutritt in das Herzogtum Schwaben, in das Stammland seiner Familie also, zu verwehren, ihn von vornherein am Gewinn einer Basis für irgendwelche weiteren Operationen im deutschen Reich zu hindern. Von Überlingen aus verhandelte er deshalb mit Bischof Konrad von Konstanz über seine Aufnahme in dessen Stadt, durch die er seinem Gegner möglichst früh den Weg zu sperren gedachte. Nach einem gewissen Zögern erklärte sich Konrad offenbar tatsächlich bereit, dem Wunsch des Kaisers nachzugeben. Schon hätten die Diener und Köche des Welfen die Vorbereitungen für den standesgemäßen Empfang ihres Herrn in der Bischofsstadt getroffen, da sei Friedrich mit seiner Begleitung vor deren Mauern erschienen, so meldet ein Chronist jener Tage. Mag ihm dabei auch die Lust am phantasievollen Ausschmücken der Szene die Feder geführt haben, deren Dramatik und Bedeutung erkannte er doch richtig. Ein paar Stunden

---

[68] Annales S. Pantaleonis, ad 1211–1212, MGH SS rer. Germ. 18,232–234, Chronica regia Coloniensis, ad 1211–1212, ebd. 188f., Cronica Reinhardsbrunnensis, ad 1211–1212, MGH SS 30,1,579–581, ad 1214, 583f. (vgl. Cronica Erfordensis, ad 1211–1212, MGH SS rer. Germ. 42,209–211), Annales Marbacenses, MGH SS rer. Germ. 9,82f., Reineri Annales, ad 1212, MGH SS 16,664; Acta Imperii selecta 231f., Nr. 257, Cronica ducum de Brunswick 15, MGH Dt. Chroniken 2,583; MGH Const. 2,48–51, Nr. 39–41, RI V, Nr. 10730, 10735–10738, 10744; zu Konrad von Speyer: Schaller, Kanzlei 1, 216f.

später wäre Konstanz fest in Ottos Hand und Friedrich damit, wie schon Zeitgenossen vermuteten, der Möglichkeit mindestens fürs erste fast vollkommen beraubt gewesen, sich von Süddeutschland aus einen nennenswerten Einfluß im Reich zu verschaffen. Jetzt aber bestand noch Aussicht, den Bischof auf die staufische Seite herüberzuziehen, und das gelang; vielleicht wirkte das Beispiel seiner geistlichen Kollegen ermutigend auf Konrad. Er ließ die Rheinbrücke gegen Otto befestigen und gestattete dem Erzbischof Berard von Bari, in Konstanz öffentlich die Exkommunikation des Kaisers durch Papst Innozenz zu verkünden. Während Otto vor einer sofortigen Auseinandersetzung zurückschreckte, sich vielmehr, auf bessere Bedingungen hoffend, nach Breisach wandte, stand Friedrich die Route entlang des Rheins nach Westen offen.[69]

Die Konsequenzen der wohl auf Mitte September anzusetzenden Ereignisse in Konstanz zeigten sich rasch. Auch weltliche Große des deutschen Südwestens wie Graf Ulrich von Kyburg (südlich Winterthur) stießen nun zu dem Staufer. Bei seinem feierlichen Einzug in Basel empfing ihn neben dem Bischof der Stadt der Bischof Heinrich von Straßburg, der angeblich die stattliche Streitmacht von 500 Rittern mit sich führte, Graf Rudolf von Habsburg (an der Aare, westlich Baden; † 1232), Landgraf im Elsaß und Großvater des gleichnamigen späteren Königs, sowie eine ganze Reihe weiterer adliger Herren der Region. So verwundert es nicht mehr, daß Kaiser Otto seinen Nebenbuhler von Breisach aus ebensowenig wie zuvor in Konstanz aufzuhalten vermochte. Im Gegenteil: Er geriet in einen Aufstand der Breisacher Bürger, die sich über das zügellose Benehmen seiner Soldaten empörten und ihre ganze Hoffnung auf den nahenden Friedrich setzten. Auf recht klägliche Weise, durch eine kleine Seitenpforte der Burg, mußte der Kaiser fliehen und eilte daraufhin ohne weiteren Halt nach Norden, um sich seiner niederrheinischen Anhänger zu versichern.

Friedrich hingegen traf kaum mehr auf nennenswerte Gegnerschaft, als er seinen Weg rheinabwärts fortsetzte. Lediglich die Pfalz Hagenau im Zentrum des unteren Elsaß wurde von einigen Getreuen Ottos ernsthaft verteidigt; auch sie fiel jedoch bald in die Hände des Staufers. Am 5. Dezember versammelte sich eine große Zahl von Fürsten in Frankfurt, um ihn in Anwesenheit französischer und päpstlicher Gesandter noch einmal in eindeutiger Form zum König zu wählen. Am Sonntag darauf (dem 9. 12.) krönte ihn Erz-

---

[69] Guillelmus Armoricus, ad 1211, ed. Delaborde 239f. (c.158), Conradus de Fabaria, c. 14, ed. Meyer von Knonau 176–179, vgl. Burchard von Ursberg, ad 1212, MGH SS rer. Germ. 16,109. Die weitverbreitete, durch die Erzählung des Conradus jedoch nicht gedeckte Behauptung, der Hinweis des päpstlichen Legaten Berard auf Ottos Exkommunikation habe den Konstanzer Bischof zum Umschwenken auf Friedrichs Seite veranlaßt, wieder bei Abulafia, Frederick 117.

Abb. 8: Dom zu Mainz, Stätte der ersten Königskrönung Friedrichs II. in Deutschland am 9. Dezember 1212; der Westchor entstand zwischen 1200 und 1239, das gotische Glockengeschoß des westlichen Vierungsturms zwischen 1480 und 1490, seine Bekrönung wie die der beiden kleinen Türmchen zwischen 1769 und 1774.

bischof Siegfried, von Anfang an das Haupt der anti-welfischen Opposition, in Mainz. „Friedrich, durch Gottes Gnade König der Römer, allzeit erhaben, zugleich König Siziliens", so lautete fortan sein offizieller, den Anspruch auf das Kaisertum wie die Herrschaft über sein unteritalienisches Reich einschließender Titel.[70]

Die königliche Freigebigkeit. Belohnung der Förderer und Anhänger

Zweifellos hing Friedrichs erstaunlich schneller Erfolg damit zusammen, daß Otto seines harten, gewaltsamen Regiments wegen gerade in den bis dahin unter unmittelbarer staufischer Herrschaft stehenden Gebieten nie sonderlich beliebt gewesen war. Vor allem die Reichsministerialen anerkannten deswegen offenbar sehr bereitwillig den Staufererben als ihren rechtmäßigen Herren.[71] Entscheidendes Gewicht kam indessen wohl der aktiven Förderung zu, die dieser vom Papst erhielt, denn sie führte einen großen Teil der geistlichen Fürsten Deutschlands in sein Lager, vorderhand die wichtigste Stütze der staufischen Sache. Friedrich selbst schätzte ähnlich hoch offenbar die Bedeutung der französischen Hilfe ein. Bereits Mitte November, noch vor seiner Frankfurter Wahl also, hatte er sich von Hagenau aus nach Toul (bei Nancy) begeben, unweit westlich in dem Grenzort Vaucouleurs (an der Maas) den französischen Thronfolger Ludwig (VIII.; † 1226) getroffen und bei dieser Gelegenheit mit König Philipp von Frankreich ein Freundschaftsabkommen gegen „den vormals Kaiser genannten Otto" und gegen König Johann von England geschlossen.[72] Er mag im Zusammengehen mit Philipp, für das er sich im übrigen ausdrücklich auf das Beispiel seiner kaiserlichen Vorfahren berief, die willkommene Möglichkeit gesehen haben, seine allzu einseitige Abhängigkeit von Rom wenigstens

---

[70] Burchard von Ursberg, ad 1212, MGH SS rer. Germ. 16,109, Annales Marbacenses, MGH SS rer. Germ. 9,83f., Reineri Annales, ad 1212, MGH SS 16,665, Richer Senoniensis III 13, MGH SS 25,293, Chronicon Ebersheimense, c. 36, MGH SS 23,450, Chronica regia Coloniensis, ad 1212, MGH SS rer. Germ. 18,189, Annales S. Pantaleonis, ad 1212, ebd. 234; MGH Const. 2,621f., Nr. 451 (Brief des Kanzlers Konrad über Friedrichs Wahl, Dez. 1212); vgl. HB 1,217f. (Zeugenliste zu Basel, 26.9.1212), zum Titel: HB 1,231, vgl. schon Acta Imperii 1,98, Nr. 114 (21.11.1212).
[71] Burchard von Ursberg, MGH SS rer. Germ. 16,97, vgl. Annales Marbacenses, MGH SS rer. Germ. 9,83 (über die *tenacitas* Ottos), Conradus de Fabaria, c. 13f., ed. Meyer von Knonau 168–175, Cronica Reinhardsbrunnensis, ad 1212, MGH SS 30,1,580.
[72] MGH Const. 2,55, Nr. 44 (19.11.1212); Guillelmus Armoricus, ad 1211, ed. Delaborde 240 (c. 159), Reineri Annales, ad 1212, MGH SS 16,665; vgl. Cartellieri, Philipp 4, 330–336.

etwas zu verringern. Darüber hinaus beruhte sein Einvernehmen mit dem Kapetinger natürlich auf der weitreichenden Gemeinsamkeit der politischen Interessen: Es drohten keinerlei ernsthafte, Grundpositionen betreffende staufisch-kapetingische Konflikte, vielmehr einte die beiden Könige die für sie beide gleich fundamentale Gegnerschaft zu den nah miteinander verwandten Bundesgenossen Otto und Johann.

Die enge Anlehnung an Philipp brachte Friedrich denn auch, und darin lag für ihn zunächst gewiß ihr größter Wert, rasche und konkrete Unterstützung in seinem Ringen um die Gunst der deutschen Fürsten. Während er versprach, er werde weder mit Otto, Johann und ihren Helfern ohne den französischen König Frieden schließen, noch einen von Philipps Feinden bei sich aufnehmen, übersandte ihm dieser eine stattliche Geldsumme, angeblich 20000 Mark Silber. Friedrich zögerte keinen Augenblick, seinen neuen Reichtum so effektvoll als möglich zu seinem Vorteil einzusetzen. Die Silberstücke nicht lange aufzubewahren, soll er seinem Kanzler befohlen haben, sie vielmehr sofort unter die Großen des Reiches zu verteilen, zur Entschädigung für ihre früheren Ausgaben im Dienste des Reiches wie als Anreiz, die staufische Sache auch fernerhin zu fördern.[73]

Damit setzte er nur auf besonders spektakuläre Weise jene Politik fort, die sein Auftreten in Deutschland von Anfang an kennzeichnete. Sehr schnell hatte er sich nämlich auf die deutschen Verhältnisse eingestellt und in großzügigem Entgegenkommen das wirksamste, ihm freilich auch allein zu Gebote stehende Mittel erkannt, die Fürsten zu gewinnen. Schon in Basel begann er, seinen Wählern und Parteigängern seinen Dank in Form von Schenkungen und Privilegien abzustatten, allen voran Ottokar I. von Böhmen. Ihm und seinen Nachfolgern bestätigte er die bereits von König Philipp vollzogene Erhebung zum König. Er begrenzte die Pflicht der böhmischen Herrscher zum Besuch der Reichstage, legte fest, in welcher Weise sie sich künftig an der Romfahrt des deutschen Königs zur Kaiserkrönung beteiligen sollten, und beschenkte Ottokar zudem mit Gütern und Burgen aus staufischem Besitz – in der ausdrücklichen Hoffnung, durch dieses Beispiel andere ebenfalls zu sich herüberziehen zu können. Kurz darauf sicherte er Erzbischof Siegfried von Mainz und Bischof Lupold von Worms die ungehinderte Ausübung ihrer Rechte insbesondere in ihren Bischofsstädten zu und verzichtete auf die Lehen, die seine Vorgänger von deren Kirchen empfangen hatten. Auch hier scheute er sich nicht, in seinen Urkunden eigens auf seine Großzügigkeit, seine *regia munificentia* vornehmlich der Geistlichkeit gegenüber hinzuweisen und an das im krassen Gegensatz dazu stehende Verhalten seines Widersachers Otto zu erinnern, der sich damit

---

[73] Cronica Reinhardsbrunnensis, ad 1213, MGH SS 30,1,581f., Cronica Erfordensis, ad 1212–1213, MGH SS rer. Germ. 42,212.

freilich Gott und die Menschen zu Feinden gemacht habe. Schließlich versprach er dem eben zu ihm übergetretenen Herzog Friedrich III. von Oberlothringen († Oktober 1213) als Ersatz für die zu erwartenden Kriegskosten über 3000 Mark Silber, für die er Bürgen stellte und Rosheim im Elsaß verpfändete. Ähnliche Zusagen und Geschenke erleichterten vermutlich anderen wie etwa den Herzögen Ludwig von Bayern, Leopold VI. von Österreich († 1230) oder Berthold V. von Zähringen († 1218) den Schritt auf die staufische Seite.[74]

Ganz offenkundig fand die uneigennützige Haltung des Königs rasch auch über den Kreis der Fürsten hinaus Aufmerksamkeit und Beifall. Walther von der Vogelweide etwa, der wohl eben um 1213 oder 1214 von Otto zu Friedrich wechselte, warf dem Welfen vor allem seine fehlende *milte*, also Freigebigkeit, vor: „Waer er sô milt als lanc, er hete tugende vil besezzen"; tatsächlich aber sei er mit dem Maß der *milte* gemessen ein Zwerg. Anders hingegen der Stauferkönig: „Dô ich dem künege brâhte dez mez, wie er ûf schôz! ... nu seht waz er noch wahse: erst ieze übr in wol risen gnôz." Die königliche Tugend bewährte sich schließlich sogar am Dichter selbst. Noch während seines ersten Deutschlandaufenthaltes erfüllte Friedrich Walthers langen, dringenden Wunsch: Er übergab ihm ein Gut und sicherte ihm damit wenigstens eine gewisse wirtschaftliche Unabhängigkeit. Die von Walther dankbar gefeierte Tat weist im übrigen zum ersten Mal auf das Verständnis, auf die persönliche Aufgeschlossenheit des Herrschers für das künstlerische Schaffen seiner Zeit, auf jene intellektuelle Offenheit und Vielfalt der Interessen also, die ihn später so deutlich und weit stärker noch als seine Vorfahren auszeichnen sollte.[75]

Wie Walther rühmte man bald allenthalben in Deutschland die *innata liberalitas* Friedrichs, die ihm angeborene Freigebigkeit, eine Eigenschaft, die seinen sizilischen Baronen gewiß weithin verborgen geblieben war. Jetzt jedoch vermochte sie, gebührend herausgestrichen und ins rechte Licht gerückt, die anziehende, oft geradezu faszinierende Wirkung noch deutlich zu erhöhen, die zweifellos ohnehin von der jugendlichen Gewandtheit und rasch auffassenden Intelligenz seiner Person, vom Glanz seiner Herkunft und von dem glückhaften Fortgang seines wagemutigen Unterneh-

---

[74] MGH Const. 2,54f., Nr. 43, HB 1,218–220, vgl. HB 1,220f.; HB 1,223–226; HB 1,222f., vgl. Richer Senoniensis III 19–21, MGH SS 25,298; vgl. HB 1,233, RI V, Nr. 688–692.

[75] Walther von der Vogelweide, L 26,23–27,6 (Zitate: 26,35; 27,4.6), L 28,31–29,3 (Dank an Friedrich), vgl. L 28,1–10, L 27,7–16; zur Kunstförderung der Staufer: Schweikle, Stauferhof 246–250, ders., Staufer 122–125, Bumke, Mäzene 148–154, 248–252, ders., Höfische Kultur 642–654, vgl. oben S. 78, Anm. 59, zu Roger II. oben S. 28f.

mens ausging, der vielen nur mit Gottes unmittelbarer Hilfe erklärbar schien.[76]

Indessen konnte die königliche Gebefreudigkeit natürlich auch Bedenken erwecken. Zwar waren die Reichsfürsten seit je darauf bedacht gewesen, vom Herrscher für ihre Dienste belohnt zu werden, und umgekehrt hatte schon Friedrich I. aus Einsicht in die Macht und Bedeutung der Fürsten deren Recht und Stellung im Reich anerkannt und gewahrt. Sein Enkel knüpfte also bis zu einem gewissen Grade an traditionelle staufische Politik an. Es stellte sich aber doch die Frage, ob ihm die Fürsten, seit fünfzehn Jahren an ähnlich großzügige Herrschergaben gewöhnt, tatsächlich dankbare, zuverlässige Helfer in seinem Kampf mit dem Welfen und dauerhafte Stützen seiner Königsgewalt sein würden, ob ihm selbst nach den alten und neuen Verlusten ausreichende herrscherliche Befugnisse und genügend Territorialbesitz blieben, um eine solche Gewalt aufzurichten. Welche Bedeutung er diesem Ziel zumaß, welche längerfristigen und grundsätzlichen Vorstellungen er überhaupt mit seiner Herrschaft in Deutschland verband, das mußte sich freilich erst noch zeigen. Zunächst richteten sich seine Gedanken ganz auf die Erfordernisse der Gegenwart, und hier gab es angesichts der Schwäche seiner Ausgangsposition wohl keine Alternative zu seinem Vorgehen.

Süddeutschland mit den traditionellen Zentren staufischer Macht blieb in der ersten Hälfte des Jahres 1213 der Wirkungsbereich Friedrichs. Wir hören von Aufenthalten des Königs in Hagenau und Konstanz, in Nürnberg, Augsburg und Worms. Seine Urkunden bestätigten Bischöfen und vor allem Klöstern aus jener Region ihre Privilegien und Besitztümer und gewährten ihnen seinen Schutz. Meist knüpfte er dabei an Verfügungen seiner Vorfahren an. Er betonte also – bis hin zur äußeren Form des nun benutzten Siegels – die Kontinuität der staufischen Herrschaft und fand weiterhin Zustimmung und wachsendes Vertrauen.[77] Zur Festigung seiner Position über die Reichskirche hinaus trug vor allem der im Februar zu Regensburg begangene Hoftag bei. Dort erschien der böhmische König und leistete ihm zusammen mit anderen Fürsten den Treueid. Außerdem versprachen ihm die Anwesenden für den kommenden Sommer offenbar so ansehnliche Waffen-

---

[76] Chronica regia Coloniensis, ad 1212, MGH SS rer. Germ. 18,189, vgl. Annales S. Pantaleonis, ad 1212, ebd. 234, Reineri Annales, ad 1212–1213, MGH SS 16,665 f., Annales Marbacenses, ad 1212, MGH SS rer. Germ. 9,84, Conradus de Fabaria, c. 14, ed. Meyer von Knonau 175 sowie Anm. 73.

[77] RI V, Nr. 686–688, 690 f., 694–704, 708–712 (vgl. HB 1, 235–240, 243–249, 251 f., 255–265, 268, 274–277, 915–917; Acta Imperii 1,99 f., Nr. 116–118, Acta Imperii selecta 233, Nr. 259); zu den Siegeln: Zeit der Staufer 3, Abb. 14–17 (nach S. 32), dazu ebd. 1,29–32, Nr. 43, 45–47 (R. Kahsnitz).

hilfe, daß Friedrich daran dachte, einen Teil der zu erwartenden Truppen den Cremonesen zu Hilfe zu senden, denen er damals als Lohn für ihre Treue auch seine früheren Zusagen verbriefte. Die Leitung des Italienkontingents sollte dem Reichsmarschall Heinrich von Kalden und Friedrich, dem Bischof von Trient († 1218), zufallen, der in Regensburg zum Generallegaten des Königs in Oberitalien einschließlich der Toskana sowie zu dessen *vicarius*, zu seinem Stellvertreter im Vorsitz des dortigen Hofgerichts also, ernannt wurde und sich im Frühjahr tatsächlich, allerdings wohl allein, nach Cremona begab.[78]

Trotz der für ihn insgesamt günstigen Entwicklung hing König Friedrich in dem bevorstehenden, durchaus noch offenen Entscheidungskampf mit Otto natürlich ganz wesentlich vom Beistand der Kirche, und das hieß: von der Unterstützung Papst Innozenz' III. ab. So führte kein Weg an der Notwendigkeit vorbei, schließlich auch seinem ersten und nach wie vor wichtigsten Förderer den schuldigen Dank zu erweisen. Dabei lag Innozenz augenscheinlich daran, die Zugeständnisse, die ihm Otto eingeräumt hatte, nun auch von Friedrich zu erlangen, sich darüber hinaus jedoch nach den üblen Erfahrungen mit dem Welfen möglichst gegen alle denkbaren Ausflüchte, Umdeutungen und Umgehungen zu wappnen. Die umfangreiche Urkunde, die Friedrich am 12. Juli in Eger ausstellte (wegen ihrer Besiegelung mit einer heute verlorenen Goldbulle vielfach „Goldbulle von Eger" genannt), und der Eid, den er am gleichen Tage schwor, liegen in drei bzw. zwei unterschiedlichen Versionen vor, deren Abweichungen das Ringen der päpstlichen Unterhändler um Klarheit bis ins letzte Detail sehr eindrücklich widerspiegeln.

In seinem Privileg rühmte der König zunächst „die ungeheuren und zahllosen Wohltaten" Innozenz', seines „Beschützers und Wohltäters", „durch dessen Gunst, Mühe und Schutz wir gleicherweise aufgezogen, beschirmt und gefördert wurden". Er wiederholte dann wörtlich das Versprechen, das Otto IV. im März 1209 dem Papst gegeben hatte. Wie jener gestand er die freie Wahl der Bischöfe durch das Domkapitel, die ungehinderte Appellation an den Apostolischen Stuhl in kirchlichen Angelegenheiten, den Verzicht auf das Spolien- und Regalienrecht sowie Hilfe im Kampf gegen das Ketzerunwesen zu und anerkannte den Besitz der römischen Kirche einschließlich der Rekuperationen, also des Herzogtums Spoleto und der Mark Ancona, aber ebenso der Pentapolis (des Küstengebiets von Ancona bis Rimini), des Exarchats Ravenna und der Mathildischen Güter; lediglich

---

[78] Sicardi Cronica, ad 1212, MGH SS 31, 180, Annales Rudberti, ad 1213, MGH SS 9, 780; Acta Imperii selecta 772 f., Nr. 1075, 635–637, Nr. 925 f., MGH Const. 2, 56 f., Nr. 45; vgl. RI V 4, 20 f., Nr. 133; zum Hofvikariat: Ficker, Forschungen 1, 327–348, bes. 338–340, vgl. unten S. 243 mit Anm. 76.

beim Romzug zur Kaiserkrönung und bei Unternehmungen im Auftrag des Papstes sollte ihm aus diesen Gebieten das Fodrum gemäß päpstlichem Befehl zustehen. Wie Otto im Jahre 1201 gelobte Friedrich außerdem eidlich, der Kirche beim Gewinn wie bei der Wahrung der genannten Territorien und ebenso bei der Verteidigung der Oberherrschaft über das Regnum Sicilie beizustehen. Anders als bei Otto wurde nun allerdings die rechtliche Geltung der königlichen Handlung durch die Mitwirkung der Reichsfürsten unbezweifelbar sichergestellt: Die letzte Fassung des Urkundentextes erwähnt ausdrücklich die fürstliche Zustimmung zum Gesamtinhalt; darüber hinaus zählen Urkunde wie Eid die Namen der fürstlichen Zeugen auf. Daneben achtete die päpstliche Seite mit peinlicher Sorgfalt auf die Trennung von Regnum und Imperium, weshalb sie die Sizilianer Berard von Bari und Walter Gentilis wieder aus der Zeugenliste streichen ließ, und ebenso auf die genaue und umfassende Bestimmung des vom König garantierten kirchlichen Territorialbesitzes, in den sie jetzt auch Sardinien und Korsika einreihte.[79]

Angesichts seines uneingeschränkten diplomatischen Erfolges mochte Innozenz glauben, am Ende doch die territoriale Selbständigkeit des Apostolischen Stuhls in Mittelitalien, für ihn die Voraussetzung der kirchlichen Freiheit, durchgesetzt und damit zugleich eine breite, kaum überwindliche Barriere zwischen Regnum und Imperium aufgerichtet zu haben. Freilich konnte er bei weitem nicht in allen beanspruchten Gebieten an tatsächliche Herrschaftsausübung denken. Noch hielt sich Diepold von Acerra in Spoleto; der Markgraf Aldobrandin von Este zögerte anderer Bedrängnisse wegen zunächst, in die ihm verliehene Mark Ancona einzumarschieren, und stieß dort dann auf erheblichen Widerstand; in Oberitalien schließlich galt es, die vielfältigen Wünsche und Interessen verbündeter Adliger und Städte, so etwa Cremonas, zu berücksichtigen.[80]

Wie Friedrich damals seine Zugeständnisse beurteilte, ob er sich mit dem Unvermeidlichen des Vorgangs, mit dem im Augenblick ohnehin fragwürdigen Wert der dem Reich verlorenen Gebiete tröstete oder etwa mit der Hoffnung auf eine künftige Gelegenheit zur Revision, wissen wir leider nicht. Ganz im Vordergrund stand jedoch zweifellos die ihn unmittelbar be-

---

[79] MGH Const. 2,57–63, Nr. 46–51, vgl. 84–86, Nr. 72, zu den entsprechenden Leistungen Ottos siehe oben S. 79 und 123, zum päpstlichen Vorgehen gegen Ottos Anhänger Innozenz III., Epp. XVI 50, PL 216, 853 f., XVI 70 f., 871–873; vgl. Tillmann, Innocenz 146 f., Laufs, Politik 289–310.

[80] Vgl. dazu Innozenz III., Epp. XVI 102, PL 216,900, XVI 117,913 f., Suppl. 188 f., PL 217,228 f., Suppl. 192 f., 232 f., Suppl. 196,235 f., Rolandinus Patavinus I 12, MGH SS 19,45, Annales Patavini, ad 1213, MGH SS 19,150 f., sowie RI V, Nr. 6137, 6166, 12444; Acta Imperii selecta 638, Nr. 928; außerdem Waley, Papal State 62–67, Leonhard, Ancona 114–118, vgl. 93–114, Krabbo, Bischöfe 279 f.

drängende Sorge um seine nächste Zukunft und die Befriedigung darüber, auch in den kommenden Auseinandersetzungen mit seinem welfischen Gegner der Rückendeckung und tatkräftigen Hilfe Roms gewiß sein zu können.

Stillstand

Otto hielt sich bis in das Frühjahr 1213 hinein am Niederrhein, im Raum um Aachen und Köln auf, um von hier aus den Aufstieg Friedrichs zu hindern. Als diese Bemühungen fehlschlugen, wandte er sich nach Sachsen, sammelte in Braunschweig ein Heer und zog im Juni zunächst gegen seinen gefährlichsten sächsischen Widersacher, den Magdeburger Erzbischof Albrecht. Er schlug die erzbischöflichen Truppen und verwüstete die Gegend um Magdeburg, vermochte Albrecht selbst jedoch nicht in seine Hand zu bekommen. Danach führte er seine Scharen an den wohlbefestigten Städten Halle, Zeitz und Naumburg vorbei in das Gebiet des Landgrafen von Thüringen. Überall ließ er Dörfer anzünden und Burgen zerstören, suchte er seinen Feinden – und das hieß, wie gewohnt, vor allem: deren Untertanen – so großen Schaden, wie irgend möglich zuzufügen. Als er im Oktober nach Braunschweig zurückkehrte, war ihm freilich kein wesentlicher Durchbruch gelungen. Eine Zeitlang schien es vielmehr sogar, als solle er selbst in ernste Bedrängnis geraten.

Friedrich nämlich glaubte sich gerade damals stark genug, um mit böhmischer und thüringischer Unterstützung gegen das Zentrum der welfischen Macht vorzustoßen. Er berief im September einen Hoftag nach Merseburg und beabsichtigte offenbar, von dort aus unmittelbar Braunschweig, den Hauptsitz seines Rivalen, anzugreifen. Sein Unternehmen kam indes schon auf halbem Wege ins Stocken. Otto hatte kurz zuvor die Quedlinburger Stiftsdamen, deren adlige Verwandte angeblich den Staufer begünstigten, aus ihrem Stift vertrieben, die Anlage befestigt und mit einer starken Besatzung versehen. Dieses Hindernis trotzte nun der Belagerung Friedrichs. Seine Truppen fielen dem schwer heimgesuchten Land bald ebenso zur Last wie vorher die des Welfen; Hunger verbreitete sich unter ihnen, und der anbrechende Winter zwang sie schließlich zum Rückzug.[81]

So stand die Auseinandersetzung um die deutsche Krone und die Herr-

---

[81] Reineri Annales, ad 1212–1213, MGH SS 16, 665f., Chronica regia Coloniensis, ad 1213, MGH SS rer. Germ. 18,189f., Magdeburger Schöppenchronik, ad 1213–1214, ed. Janicke 137–140, Sächsische Weltchronik, c. 350, 352, MGH Dt. Chroniken 2,239f., Cronica Reinhardsbrunnensis, ad 1214, MGH SS 30,1, 584 (Cronica Erfordensis, ad 1214, MGH SS rer. Germ. 42,212f.), Annales Rudberti, ad 1213, MGH SS 9, 780; Annales Marbacenses, ad 1213, MGH SS rer. Germ. 9, 84f., Albert von Stade, ad 1213, MGH SS 16, 355.

schaft im Imperium an der Jahreswende von 1213 auf 1214 unentschieden, der fruchtlose und lähmende, letztlich auf dem Rücken der Bevölkerung ausgetragene Streit zwischen Philipp und Otto drohte seine unselige Fortsetzung zu finden. Allerdings hatte Friedrich in kurzer Zeit Erstaunliches erreicht. Innerhalb eines Jahres war er gewissermaßen aus dem Nichts zum ebenbürtigen, in der Südhälfte des Reiches weithin anerkannten Gegner Ottos aufgestiegen, geschickt die Reichsfürsten für sich gewinnend und, anders als sein Onkel, der Hilfe von Papst und Kirche von Anfang an gewiß. Mit seinem ersten Auftreten in Deutschland hatte er die Initiative des Handelns ergriffen, während Otto zunehmend in die Rolle des eher passiv und bisweilen planlos Reagierenden geriet. Vieles sprach demnach doch dafür, daß sich der Staufer am Ende völlig würde durchsetzen können.

Friedrich suchte seine Sache auch während der winterlichen Kampfespause nach Kräften zu fördern. In diesem Bestreben ließ er den Leichnam König Philipps von Bamberg nach Speyer überführen und dort an Weihnachten 1213 feierlich beisetzen. Er folgte damit sicherlich einem Wunsch und Ratschlag seines Kanzlers, des Bischofs Konrad von Speyer, für dessen Dienste er sich außerdem noch dadurch erkenntlich zeigte, daß er der Speyrer Kirche am gleichen Tag die ihm kraft Erbrechts gehörende Kirche in Eßlingen samt allem Zubehör übertrug.

Der Akt von Speyer bedeutete jedoch mehr als nur die Abstattung einer Dankesschuld: Durch ihn bekannte sich Friedrich unzweideutig zum Königtum seines Onkels; er betonte mit ihm ausdrücklich die Kontinuität der staufischen Herrschaft, die zu sichern er sich anschickte, und wies zugleich auf ihren engen Zusammenhang mit der Herrschaft der salischen Kaiser, die in Speyer begraben lagen. Dabei mag ihn in erster Linie die Absicht geleitet haben, das Vertrauen seines staufischen Anhangs zu stärken und darüber hinaus die Verhältnisse in Deutschland noch wirkungsvoller in seinem Sinne zu beeinflussen. Dennoch entsprach sein Handeln zweifellos zugleich seiner echten Überzeugung; es bekundet, wie vollkommen er sich schon staufische Anschauung und Tradition zu eigen gemacht hatte. Persönliches Mitgefühl, aufrichtige Betroffenheit und Sorge meint man denn auch zu spüren, wenn er in seiner Speyrer Schenkungsurkunde von der dringenden und heilsamen Pflicht der Christen redet, eine etwa verbliebene Schuld ihrer Toten um des Seelenheils willen durch Gebet und Almosen tilgen zu helfen, und die Domherren zu Speyer auffordert, deswegen künftig den Todestag Philipps, „unseres allerliebsten Onkels, des ruhmreichen und erhabenen Königs der Römer", sowie denjenigen „unseres geliebten Vaters Heinrich, des berühmten und erhabenen Kaisers der Römer und Königs von Sizilien", mit besonderer Hingabe zu begehen.[82]

[82] HB 1,283–285; Reineri Annales, ad 1214, MGH SS 16,670, Burchard von

Entscheidung im Westen:
Ottos Niederlage bei Bouvines

Über alles Erwarten rasch gelang Friedrich in den folgenden Monaten dank außerordentlich glücklicher Umstände der endgültige Durchbruch in Deutschland. Dabei kam erneut jene Verflechtung der deutschen Verhältnisse mit dem Geschehen in Westeuropa ins Spiel, die schon zu Zeiten Friedrich Barbarossas spürbar und im Thronstreit zwischen Philipp und Otto von maßgebender Bedeutung gewesen war. König Johann von England, der Onkel Ottos IV., hatte 1206 nach seiner Niederlage gegen den französischen König Philipp II. in den Verlust seiner französischen Lehen nördlich der Loire einwilligen, also die Normandie, die Bretagne, Anjou und Maine sowie die Touraine abtreten müssen. Während er die Rückgewinnung dieser Gebiete vorbereitete, geriet er bald in einen erbitterten Streit mit Papst Innozenz III. um die Besetzung des Erzbistums Canterbury. Da er den vom Papst unterstützten Kandidaten, den englischen Kardinal Stephan Langton († 1228), nicht ins Land ließ, verhängte Innozenz 1208 das Interdikt über England, 1209 den Bann über den englischen König. Dennoch verharrte dieser bei seiner Weigerung und ging gewaltsam gegen die zu Rom haltende englische Kirche vor. So drohte Innozenz schließlich ultimativ, die Untertanen Johanns von ihrem Treueid zu entbinden. Johanns Lage verdüsterte sich noch weiter, als der französische König Philipp in der festen Absicht, die Schwäche seines Gegners zum entscheidenden Vernichtungsschlag zu nützen, auf einem Hoftag zu Soissons im April 1213 seine Barone für das Projekt einer Invasion Englands gewann.

Wohl unter dem Eindruck dieser dramatischen Zuspitzung lenkte Johann dem Papst gegenüber vollständig ein. Im Mai gab er ihm in allen strittigen Punkten nach und nahm sein Reich von ihm zu Lehen. Dafür löste ihn der Erzbischof Langton vom Bann. Zugleich raubte sein Schachzug Philipp von Frankreich den Vorwand für sein England-Unternehmen. Philipp wandte sich statt dessen mit der schon versammelten Streitmacht nach Norden gegen seinen Vasallen Ferrand, den Grafen von Flandern (1212–1233). Auf seine Unabhängigkeit bedacht und mit Rücksicht auf die engen flandrisch-englischen Bindungen und Wirtschaftsbeziehungen hatte Ferrand nämlich die Beteiligung an dem Angriff auf England verweigert. Zur Strafe überzog der König nun sein Land mit Krieg. Er erreichte trotz einiger militärischer Erfolge freilich nur, daß der Graf, bestärkt von seinen Untertanen, offen auf Johanns Seite trat, ihm im Januar 1214 sogar den Lehenseid leistete. Johann konnte in jener Region damals außerdem auf die Hilfe der Grafen von Boulogne und Holland rechnen und sah offenbar die Stunde des Gegenstoßes gegen das französische Königtum gekommen. Im Februar begab er sich nach Südfrankreich. Von hier aus gedachte er, in die kapetingische Krondomäne vorzudringen, während gleichzeitig seine Verbündeten von Norden her in die Ile de France einfallen sollten.[83] Das Gelingen des Unternehmens schien gewiß, als Kaiser Otto die Leitung der Nordarmee übernahm.

Otto hatte sich im Frühjahr 1213, genau zur Zeit der höchsten Bedrängnis seines Onkels also, merkwürdigerweise aus Nordwestdeutschland weggegeben und es vorgezogen, seine sächsischen Gegner zu bekriegen, anstatt jenem oder doch dem von England unterstützten Grafen Ferrand beizustehen. Jetzt, eben im Februar 1214, kehrte er an den Niederrhein zurück. Die dringende Aufforderung Johanns und seiner festländischen Genossen, begleitet wohl von des Königs Hinweisen auf seine reichlichen bisherigen Zahlungen wie von neuen Geldsendungen und Versprechungen, mochte den Kaiser ebenso zum Eingreifen in die sich anbahnende Auseinandersetzung bewegen wie die Zuversicht, angesichts der großen Zahl der Verbündeten und ihrer wohlabgestimmten, das französische Machtzentrum gewissermaßen in die Zange nehmenden Taktik werde der Kapetinger unweigerlich eine vernichtende Niederlage erleiden. Ein Sieg der welfisch-angevinischen Sache in Westeuropa aber mußte ihm, dem Welfen, auch in Deutschland wieder die Oberhand verschaffen.

Allzu eilig hatte es Otto im übrigen nicht, aktiv die Kriegsvorbereitungen im Westen voranzutreiben. Erst nach Vorstößen gegen den Bischof von Münster und den Grafen von Geldern überschritt er, mißtrauisch vom Lütticher Bischof Hugo beobachtet, die Maas. Westlich von Maastricht traf er mit seinen Bundesgenossen zusammen, um die Einzelheiten des gemeinsamen Feldzuges zu klären. Dabei fand sich neben den Grafen von Flandern, Holland und Boulogne auch Herzog Heinrich von Brabant ein. Gerade ein Jahr zuvor hatte er zur Bekräftigung seines dem König Philipp von Frankreich damals gegebenen Beistandsversprechens dessen Tochter geheiratet. Eine schwere Niederlage gegen den Bischof von Lüttich im darauffolgenden Oktober und der Druck des Grafen Ferrand veranlaßten ihn nun wohl zu seinem neuerlichen Frontwechsel. Obwohl er selbst demnach geradezu als lebender Beleg dafür gelten konnte, wie wenig gleichzeitige Eheabsprachen

---

[83] Innozenz III., Ep. XV 234, PL 216, 772f.; RI V, Nr. 10762, Roger de Wendover, ad 1212–1213, ed. Hewlett 2, 63–80, ad 1214, 99, Guillelmus Armoricus, ad 1212–1213, ed. Delaborde 242–247 (c. 162–166), 249–255 (c. 169–172), Genealogiae com. Flandriae, c. 16–20, MGH SS 9, 331f., Reineri Annales, ad 1213, MGH SS 16, 666, ad 1214, 671, Chronica regia Coloniensis, ad 1213, MGH SS rer. Germ. 18, 190; Cheney, Pope Innocent 147–154, 298–343, Tillmann, Innocenz 63–68, Kienast, Deutschland 565–569, de Hemptinne, Ferrand 384.

die Dauer von politischen Bündnissen zu gewährleisten vermochten, sollte auch diesmal eine Heirat die Ernsthaftigkeit seines Schrittes bekunden: Am Pfingstmontag feierte Kaiser Otto in Aachen die Hochzeit mit Heinrichs Tochter Maria.[84]

Während sich Ottos Heer, einschließlich eines englischen Kontingentes unter Graf Wilhelm von Salisbury, einem Halbbruder König Johanns, endlich im Juli 1214 bei Valenciennes an der Grenze zwischen Hennegau und Flandern, zwischen dem Imperium also und dem französischen Königreich, versammelte, während die beteiligten Fürsten die fest erwartete Beute im voraus unter sich aufteilten, wobei Ferrand von Flandern für sich vielleicht an Paris und die Königswürde dachte, war im Süden schon die Vorentscheidung gegen sie gefallen. Dort hatte Johann zwar zunächst die Stadt Angers besetzt und befestigt, dann jedoch Anfang Juli vor dem mit einem Entsatzheer hereineilenden Thronfolger Ludwig die Flucht ergriffen, um sich fortan nicht mehr ernsthaft in das Geschehen einzuschalten. Sein Versagen durchkreuzte den Plan der Angreifer natürlich an einem wesentlichen Punkt: König Philipp besaß nun Rückenfreiheit für seine Aktion im Norden. Er rückte denn auch unverzüglich nach Flandern ein und brachte die Stadt Tournai in seine Hand. Kurz darauf näherte sich indessen von Valenciennes her die Streitmacht Ottos und drohte seine Verbindung nach dem Süden abzuschneiden. So entschloß er sich zum Rückzug in eine günstigere Stellung. Am 27. Juli 1214, einem Sonntag, begann das Absetzmanöver seiner Truppen. Doch eben als sie sich auf ihren Weg westwärts in Richtung Lille an der Marquebrücke bei Bouvines stauten, überraschte sie der Angriff der an Zahl wohl stärkeren gegnerischen Armee. Sofort entbrannte ein heftiger Kampf, in dessen Verlauf Philipp, vom Pferd gerissen, nur mit knapper Not dem Tode entging. Dennoch behaupteten sich die Franzosen, und Otto hielt seine Sache offenbar schließlich für verloren. Nachdem sein Pferd tödlich verwundet unter ihm zusammengebrochen war, ließ er sein Heer samt dem stolz auf einem Wagen mitgeführten vergoldeten Reichsadler im Stich und wandte sich eilends zur Flucht.

Philipp aber fiel ein glänzender Sieg von weitreichender Bedeutung zu.

---

[84] Guillelmus Armoricus, ad 1214, ed. Delaborde 266 (c. 181), (vgl. RI V, Nr. 10750–10753), Richer Senoniensis III 14, MGH SS 25, 293, Genealogiae com. Flandriae, c. 20, MGH SS 9, 332, Chronica regia Coloniensis, ad 1214, MGH SS rer. Germ. 18, 191 f., Annales S. Pantaleonis, ad 1213–1214, ebd. 235, Reineri Annales, ad 1213, MGH SS 16, 667–670 (Niederlage Heinrichs von Brabant gegen Lüttich), ad 1214, 671, vgl. HB 1, 266 f., Vita Odiliae III 9–14, MGH SS 25, 181–187. Hucker, Kaiser Otto 215, 217, geht nur kurz auf Ottos Verhalten gegenüber Johann und Philipp zwischen 1212 und 1214 ein, dessen Zögern, seine Unentschlossenheit sieht er nicht.

Im Triumph kehrte er nach Paris zurück, die Grafen von Flandern, Boulogne und Salisbury als Gefangene mit sich führend, von der Bevölkerung überall jubelnd gefeiert. Glorreich hatte er die Feinde Frankreichs verjagt und sein Ansehen als Schützer des Königreichs gefestigt, vor allem jedoch mit der Sicherung seiner Eroberungen, mit der Vergrößerung der Krondomäne um das Vierfache, den Grundstein gelegt für die dominierende Rolle der Monarchie in Frankreich und ihre künftige Bedeutung in Europa. Johann hingegen sah sich 1215 gezwungen, die in der Magna Carta Libertatum zusammengefaßten Bestimmungen über die Freiheit der englischen Kirche, über die Rechte seiner Vasallen sowie den Schutz aller freien Leute seines Königreichs zu bewilligen.[85]

Natürlich beeinflußte die Niederlage Kaiser Ottos und seiner Verbündeten bei Bouvines nachhaltig auch die Situation in Deutschland. Einmal mehr und deutlicher vielleicht als je zuvor zeigte sich, wie sehr der Aufstieg Englands und Frankreichs seit dem Ende des 12. Jahrhunderts die Verhältnisse in Europa verändert und kompliziert hatte, wie eng, vielfältig und gewichtig die wechselseitigen Beziehungen zwischen dem Imperium und jenen Königreichen geworden waren. Tradition, Verwandtschaft und Interessengleichheit wiesen beiden, Otto wie Friedrich, unterschiedliche westeuropäische Bündnispartner zu, mit denen sie sich von Anfang an fast selbstverständlich um ihres Vorteils, um der Stärkung ihrer eigenen Position willen verbanden. Dabei verzettelte Otto, wie es scheint, die englischen Subsidien lange Zeit allzu kurzsichtig in regionalen Auseinandersetzungen mit seinen niederrheinischen und sächsischen Gegnern, ohne sich planvoll und zielbewußt um die Zusammenfassung und Stärkung des Widerstands gegen Philipp zu bemühen. Offenbar mehr von außen gedrängt als aus eigenem Willen warf er 1214 dann das Steuer herum, setzte nun gewissermaßen alles auf die westeuropäische Karte und hoffte, im direkten Einsatz für die Sache seines Onkels, durch einen Sieg über den französischen König zugleich die entscheidende Wende zu seinen Gunsten in Deutschland herbeizuzwingen. Das schmähliche Scheitern dieses Unternehmens aber mußte fast zwangsläufig auch zum endgültigen Zusammenbruch seiner ohnedies wankenden

---

[85] Guillelmus Armoricus, ad 1213–1214, ed. Delaborde 255 (c. 173), 260–299 (c. 178–204), Genealogiae com. Flandriae, c. 20–23, MGH SS 9, 332 f., Vita Odiliae III 15, MGH SS 25, 187 f., Roger de Wendover, ad 1214, ed. Hewlett 2, 104–111, Richer Senoniensis III 14–16, MGH SS 25, 293–296, Chronica regia Coloniensis, ad 1214, MGH SS rer. Germ. 18, 192, Annales Marbacenses, ad 1214, MGH SS rer. Germ. 9, 85, Burchard von Ursberg, ad 1214, MGH SS rer. Germ. 16, 110 f.; siehe Duby, Bouvines, bes. 24–36, 128–161, Hucker, Kaiser Otto 303–319, Baldwin, Government 207–219, Schnith, Bouvines 522 f., Ehlers, Geschichte Frankreichs 132–135, Kluxen, Englische Verfassungsgeschichte 47–63, Cheney, Pope Innocent 357–382, Kienast, Deutschland 569–584, Cartellieri, Philipp 4, 341–500.

Stellung im Reich führen. In der Tat trat diese Konsequenz sehr schnell ein, und die meisten zeitgenössischen Beobachter übergehen denn auch Ottos letzte Lebensjahre mit Stillschweigen, vermerken allenfalls noch kurz seinen Tod.

Lange, wohl bis über Ostern 1215 hinaus, hielt sich der Kaiser in Köln auf, der deutschen Öffentlichkeit fast verborgen und wie gelähmt durch seinen raschen Fall. Wir hören in all den Monaten nichts von Versuchen des Welfen, seine restlichen Getreuen zu sammeln oder zu ermutigen, dagegen einiges über seine wachsenden finanziellen Sorgen, zu denen die Spielleidenschaft seiner Brabanter Gemahlin anscheinend nicht wenig beitrug. Als sich Friedrich näherte, beschlossen die Kölner, auf das ihrem kaiserlichen Gast geliehene Geld zu verzichten, und dieser verließ daraufhin ihre Stadt – vermutlich nicht gerade verkleidet und als Flüchtender, wie man da und dort behauptete, aber doch heimlich und ohne viel Aufhebens.[86] Ottos Wirkungskreis blieb von da an hauptsächlich auf den welfischen Besitz um Braunschweig beschränkt. Nur selten noch griff er darüber hinaus – am bedeutsamsten wohl mit dem vielbeachteten, aber fehlgeschlagenen Versuch, auf dem Vierten Laterankonzil im November 1215 seine Absolution zu erlangen.

Verlor Otto auf dem Schlachtfeld von Bouvines zugleich jede Aussicht auf die dauerhafte Wahrung seiner Position in Deutschland, so zog umgekehrt selbstverständlich Friedrich den größten Vorteil aus der Tatsache, daß die westeuropäische Bündnispolitik seines Rivalen, lange Zeit mit zu wenig Klarheit und Entschiedenheit betrieben, dann plötzlich ins Zentrum aller Hoffnungen gerückt, in einem militärischen Desaster endete. Die deutsche Königswürde war dem Staufer jetzt kaum mehr zu entreißen. Besorgt, ihm diese hocherfreuliche Wendung der Dinge unverzüglich zur Kenntnis zu bringen, ließ König Philipp denn auch Ottos zerschlagenen Reichsadler sofort nach der Schlacht reparieren und seinem deutschen Verbündeten zusenden. Mochte er damit noch einmal ohne viele Worte, aber eindrücklich auf seinen Anteil am Aufstieg Friedrichs hinweisen, so stellt sein Hofkaplan und Vertrauter, der Bretone Wilhelm († nach 1225), doch einen anderen Aspekt der königlichen Geste in den Vordergrund: Friedrich sollte, so berichtet er, auf diese Weise erfahren, daß nach der Vertreibung Ottos die Insignien der Herrschaft nun ihm *divino munere*, als ein Geschenk Gottes,

---

[86] Reineri Annales, ad 1214–1215, MGH SS 16, 672f., Guillelmus Armoricus, ad 1215 bzw. 1218, ed. Delaborde 300f. (c. 207), 316 (c. 228), Cronica Reinhardsbrunnensis, ad 1214, MGH SS 30, 1, 584 (vgl. Cronica Erfordensis, ad 1214, MGH SS rer. Germ. 42, 213), vgl. außerdem Annales S. Pantaleonis, ad 1215, MGH SS rer. Germ. 18, 236, ad 1218, 246, Chronica regia Coloniensis, ad 1218, ebd. 195, Vita Odiliae III 17, MGH SS 25, 190, Richer Senoniensis III 16, MGH SS 25, 296.

übertragen seien. Ein Gottesgericht, ein weiteres unbegreifliches und wunderbares Zeichen dafür, daß Gott ihn unmittelbar leite und zum Erfolg führe, sah wohl auch Friedrich selbst in dem Geschehen zu Bouvines.[87]

Friedrich auf dem Weg zur Krönung in Aachen

Friedrich hielt sich in den ersten Monaten des Jahres 1214 in Süddeutschland auf, darum bemüht, die geistlichen und weltlichen Repräsentanten dieser Region durch die Entscheidung von Rechtsstreitigkeiten, die Ausstellung von Schutzurkunden und Besitzbestätigungen noch enger an sich zu binden. Gleichzeitig intensivierten sich wohl seine Kontakte zu Philipp von Frankreich: Die Heerfahrt nach Aachen, zu der er die im März in Koblenz versammelten Fürsten verpflichtete, sollte gewiß nicht nur den Lieblingssitz Karls des Großen, die traditionelle Stätte der deutschen Königskrönung in seine Hand bringen, sondern ganz allgemein die staufische Stellung am Niederrhein stärken und damit zugleich den französischen König in den sich anbahnenden Auseinandersetzungen entlasten. Wahrscheinlich dienten der Vorbereitung dieses Unternehmens, das nach einer etwas unbestimmten Quellenaussage zunächst vielleicht für die Zeit „nach Pfingsten", also ab Ende Mai geplant war, auch noch spätere Hoftage, wie sie etwa im Juni in Eger und Ulm stattfanden.[88] Jedenfalls überschritt das staufische Heer erst Mitte August, drei Wochen nach Bouvines also, die Mosel, und so mochte die Kunde von den Ereignissen in Flandern mindestens ebensosehr wie die Furcht vor Friedrichs offenbar recht stattlicher Streitmacht dazu beitragen, daß sich die Grafen der Gegend bis hinunter nach Jülich und Berg alsbald zum Friedensschluß bei ihm einfanden. Freilich brachen einige von ihnen dann ebenso rasch wieder ihr Versprechen – mit einem reinen Triumphzug

---

[87] Guillelmus Armoricus, Philippidos XII 41–50, ed. Delaborde 350, vgl. XI 20–31, 318f., zum Werk Duby, Bouvines 161–169; vgl. Reineri Annales, ad 1214, MGH SS 16, 672, die das nach Bouvines mögliche Eingreifen Friedrichs am Niederrhein unmittelbar auf Gottes Willen zurückführen, sowie Vita Odiliae III 16, MGH SS 25, 189, wo die Niederlage Ottos und Friedrichs anschließender Erfolg wie überhaupt sein Aufstieg *non virtute propria, sed pii prece martyris* (sc. *S. Lamberti Leodinensis*) begründet werden. – Die oft zitierte Aussage des Chronisten von Stift Lauterberg (Mons Serenus, Petersberg nördlich Halle), seit Bouvines hätten die Gallier begonnen, die Deutschen gering zu achten, ad 1214, MGH SS 23, 186, scheint isoliert und doch etwas übertrieben zu sein, vgl. zum Echo, das Bouvines in den Quellen fand, Duby 153–161.

[88] Chronica regia Coloniensis, ad 1214, MGH SS rer. Germ. 18, 191, vgl. Cronica Reinhardsbrunnensis, ad 1214, MGH SS 30, 1, 584 (*Rex augustus et rex Francie ... provincialibus Reni et fautoribus Ottonis inminent*); RI V, Nr. 715–743.

durfte Friedrich demnach trotz der so günstigen Voraussetzungen nicht rechnen. Dies zeigte sich gleich darauf auch vor Aachen, das ihm seine Tore versperrte.

Über die Maas rückten die königlichen Truppen weiter nach Westen vor, überall Getreide und Vieh raubend, Häuser zerstörend und das Land ausplündernd, wie der Friedrich an sich sehr wohlgesonnene Lütticher Propst Reiner als selbst betroffener Augenzeuge ihres Durchmarsches vermerken muß. Schon wenig später fiel ihnen dann, sogar kampflos, ein wichtiger Erfolg zu. Als sie sich Brabant näherten, entschlossen sich der dortige Herzog, der ewig wankelmütige Heinrich, und sein gleichnamiger Standesgenosse von Limburg (südwestlich Aachen), beide eben noch Ottos Kampfgefährten in Bouvines und immerhin Herren bedeutender Territorien des Nordwestens, nun aber offenbar tief beeindruckt von Friedrichs Stärke und Schnelligkeit, zum Einlenken. Sie unterwarfen sich dem König und schworen ihm Treue. Der Brabanter stellte überdies noch seinen Sohn als Geisel – eine in seinem Fall gewiß besonders angebrachte Sicherheitsmaßnahme. Friedrich seinerseits lag an der dauerhaften Gefolgschaft Heinrichs doch so viel, daß er ihm Maastricht, das er selbst erst wieder einlösen mußte, zu Lehen gab. Nicht die Überlegenheit der militärischen Macht allein sollte diesen Fürsten demnach an seine Seite zwingen, auch ihn hoffte er anscheinend darüber hinaus durch seine königliche Freigebigkeit auf unmittelbare und persönliche Weise zu verpflichten.

Mit der Gewinnung Heinrichs von Brabant war das Hauptziel des Feldzuges offenbar erreicht, Friedrich kehrte um. Unterstützt von den Kontingenten des Bischofs von Lüttich, die nun erst zu ihm stießen, bestürmte er noch einzelne Widerstandsnester, namentlich Jülich, dessen Graf sich ihm, neben dem Grafen von Kleve und anderen, zum zweitenmal beugte. Dann zog er nach Süden ab. Aachen und die ihm gleichfalls verschlossene, seinen Gegner Otto beherbergende Stadt Köln ließ er ungeschoren, sei es aus Scheu vor den Risiken einer Belagerung oder im optimistischen Vertrauen darauf, daß die ihn begünstigende Entwicklung Gewalt ohnehin bald entbehrlich mache.[89]

Friedrichs wichtigstes Mittel, die unangefochtene Königsherrschaft rasch vollends zu verwirklichen, blieb weiterhin die großzügige Belohnung seiner Getreuen und Bundesgenossen. So vermochte er, ohne Schaden für das Reich, seine Stellung am Rhein zu stärken, indem er Anfang Oktober die Pfalzgrafschaft nach dem kinderlosen Tod des Pfalzgrafen Heinrich, des Neffen Kaiser Ottos, dem Bayernherzog Ludwig verlieh. Ludwig trat dabei

---

[89] Chronica regia Coloniensis, ad 1214, MGH SS rer. Germ. 18, 192, Annales S. Pantaleonis, ad 1214, ebd. 235, Reineri Annales, ad 1214, MGH SS 16, 672; HB 1, 311–313.

wohl als Vormund für seinen Sohn Otto auf, der Agnes, die Schwester Heinrichs, heiratete.[90] Die Belehnung des Wittelsbachers erwies sich im übrigen als eine Entscheidung von seltener Tragweite, denn wie in Bayern sollten dessen Nachfahren auch im pfälzischen Gebiet links des Rheins bis zum Jahre 1918 regieren.

Weit weniger unproblematisch lagen die Dinge im Falle des tatkräftigen, im skandinavischen Raum damals dominierenden Königs Waldemar II. (1202–1241). Zwar gab es seit 1208 erhebliche Spannungen zwischen ihm und dem bis dahin unterstützten Welfen. Trotzdem mußte Friedrich, zumal der staufischen Sache im Norden des Reiches der Rückhalt noch fast ganz fehlte, eine neuerliche welfisch-dänische Zusammenarbeit fürchten, und er tat deshalb alles, um die Gunst Waldemars zu gewinnen. So wertvoll schien sie ihm, daß er die Hauptforderung des Dänen erfüllte und das von jenem besetzte Reichsgebiet jenseits von Elbe und Elde Ende 1214 förmlich an Dänemark abtrat. Wie den Egerer Abtretungen an den Papst stimmten auch diesem Verzicht die Fürsten des Reiches zu; wie in Eger konnte Friedrich auch hier der Auffassung sein, für im Augenblick ohnehin Verlorenes unentbehrliche Unterstützung eingehandelt und sich so dem ihm von Gott bestimmten Ziel auf friedliche Weise ein gutes Stück weiter genähert zu haben.[91] Das muß freilich nicht heißen, daß ihn diese Verluste des Reiches völlig ungerührt ließen. Sein späterer Versuch, sie rückgängig zu machen, weist doch wohl eher auf das Gegenteil. Von Anfang an mochte er seine Einwilligung dazu als durch die Umstände erzwungen und deshalb nicht endgültig empfunden haben.

Der Sorge für das Reich im weiteren Sinne, vor allem für das zum Imperium gehörende Königreich Arelat, galt denn offenbar auch ein zu eben jener Zeit, im November 1214, in Basel stattfindender Hoftag. Dabei knüpfte Friedrich, soweit die erhaltenen Urkunden eine Linie erkennen lassen, bewußt an die Politik seiner staufischen Vorgänger an und wiederholte vielfach wörtlich deren Privilegien, insbesondere solche seines Großvaters Friedrich Barbarossa. Wie jener arbeitete er vornehmlich mit der hohen burgundischen Geistlichkeit zusammen, die ihn anerkannte, aber natürlich auch seine Förderung erwartete, allen voran die Erzbischöfe von Vienne und Arles, deren Stellung als Primas der burgundischen Kirche, als „Führer unseres Rates, Erzkanzler im Königreich Burgund und Erster am Königshof" bzw. als Inhaber der Hauptkirche der Provence und „des vornehmsten Sitzes des Imperiums und des Herrn Kaisers" neben vielen anderen, unmittelbarer einträglichen Vorrechten ausdrücklich Bestätigung

---

[90] Ludwigs erste Nennung als *comes palatinus Reni et dux Bavarie*: MGH Const. 2, 63, Nr. 51 (6.10.1214), vgl. HB 1, 318f.; RI V, Nr. 10779a.

[91] MGH Const. 2, 64f., Nr. 53, vgl. RI V, Nr. 773; Lammers, Verzicht 303–337.

fand. Etwas überraschend belehnte Friedrich kurz darauf den Wilhelm von Baux († 1219), einen mächtigen Adligen der Provence, mit dem Königreich Arelat. Vermutlich wollte er auf diese Weise ein gewisses Gegengewicht gegen die aus dem Hause Barcelona, dem aragonesischen Königshaus, stammenden Grafen von der Provence schaffen. Er ließ seine Absicht dann jedoch offenbar rasch wieder fallen, wohl angesichts des Widerstandes der burgundischen Großen und Wilhelms Mißerfolg.[92]

Die tiefe Überzeugung, von Gott auserwählt und geführt zu sein, mit seiner Hilfe alle Gegner, unabhängig fast von ihrer militärischen Stärke, ihrer wirtschaftlichen oder politischen Bedeutung, am Ende zu überwinden, erfüllte und bestimmte Friedrich auch in den folgenden Monaten. „Obgleich alle Könige dem König der Könige dienen sollen, geziemt dies doch uns um so viel mehr, je mehr wir aus der Fülle seiner Gnade empfangen haben; denn in uns richtete er die Wunder seiner Macht auf, als er, die Absichten der Fürsten und die Gedanken der Völker verwerfend, den Mächtigen stürzte und uns erhob", so demütig und selbstsicher-überlegen zugleich leitete er im April 1215 ein Privileg für Erzbischof Berard, seinen altbewährten sizilischen Begleiter und verdienten Ratgeber ein, und die dem eng vertrauten Manne zugedachten Worte offenbaren zweifellos einen wesentlichen Zug seiner damaligen Gesinnung. Die Dankbarkeit des von Gott reich Beschenkten, zum höchsten Herrscheramt Berufenen veranlasse ihn, so fuhr er fort, aus der erlangten Fülle nun seinerseits vor allem die Kirche und in ihr Gott selbst freigebig zu beschenken. In den Genuß seiner Förderung und Zuwendung kamen dabei zumal jene Geistlichen, die früh seine gottgewollte Sendung erkannt und ihre Person wie ihre Mittel in seine Verfügung gestellt hatten, denn „nichts strahlt heller im Fürsten, nichts vergrößert den Ruhm des Herrschenden mehr, als wenn er die Dienste seiner Getreuen durch den gebührenden Dank anerkennt". Derart Gott wohlgefällig und wirkungsvoll unter den Menschen konnte seine *liberalitas* – ferne, seiner Sache zu schaden – ihm und seinem Reich auf Dauer nur Nutzen und Erfolg bringen.[93]

Friedrichs Zuversicht fand im Frühjahr 1215 durch den Übertritt weiterer, vermutlich meist sächsischer Großer neue Bestätigung. Zwar widersetzten sich im Nordwesten noch immer Aachen und Köln. Doch beschloß eine Fürstenversammlung Anfang Mai zu Andernach (nordwestlich Koblenz), im

---

[92] HB 1, 325–344 (die Zitate 325 und 335), Acta Imperii 103f., Nr. 122, dazu RI V 4, 154f., BF. 755–766; MGH Const. 2, 65f., Nr. 54, dazu RI V, Nr. 776, 14653, RI V 4, 21, Nr. 139, Scheffer-Boichorst, Erhebung 1235–1254, Baethgen, Burgund 47, vgl. Kienast, Deutschland 581f. mit Anm. 1664.
[93] Zitate: HB 1, 365 (2.4.1215, für Erzbischof Berard von Palermo), HB 1, 378f. (3.5.1215, für Erzbischof Albrecht von Magdeburg), vgl. etwa HB 1, 361, 363, 371.

Sommer militärisch gegen die beiden Städte vorzugehen – und selbst dies erwies sich dann als unnötig. Es formierte sich nämlich in Aachen neben der bislang dominierenden stauferfeindlichen Partei eine Gruppe, die die Fortführung des Widerstandes für sinnlos, ja schädlich hielt und, eingedenk der guten Aachener Erfahrungen mit früheren Stauferherrschern, Friedrich zuneigte. Möglicherweise stand dieser mit ihr in Verbindung oder wußte wenigstens von ihren Aktivitäten und wurde dadurch in seinem geduldigen Zuwarten bestärkt. Jedenfalls gelang es der pro-staufischen Opposition, die Führer des Welfenanhangs auszuschalten. Sie bemächtigte sich der Stadt und rief Friedrich auf, dort friedlich die Herrschaft zu übernehmen.

Der Staufer nützte sofort die Gunst der Stunde. Ohne einen Schwertstreich zog er, begleitet von zahlreichen Großen des Reiches, feierlich in Aachen ein. Einen Tag später, am 25. Juli, ließ er sich vom Mainzer Erzbischof am rechten, durch eine lange Tradition bestimmten Ort, in der Marienkirche, der Pfalzkirche Karls des Großen, krönen und weihen und zu Karls ehrwürdigem Thronsitz geleiten. Endgültig und in aller Form hatte er durch diese glanzvolle Zeremonie die deutsche Königswürde erlangt. „Nachdem er dort (in Aachen nämlich) einmal die Krone trug, fehlt nur noch, daß er in Rom vom Papst zum Kaiser gekrönt wird", so unterrichtete der Bretone Wilhelm, der Biograph des französischen Königs, seine Leser; die entscheidende Rolle gerade Aachens aber gründe sich auf „die Ehrfurcht vor der Hoheit Karls des Großen, dessen Körper eben dort ruht".[94]

Friedrich selbst, der damals eigens einen neuen, die Majestät seiner Herrschaft künstlerisch meisterhaft zur Darstellung bringenden Siegelstempel anfertigen ließ,[95] empfand Sinn und Tragweite des Geschehens besonders tief. Nach mehr als drei Jahren war sein waghalsiges Unternehmen glücklich ans Ziel geführt, sein unerschütterlicher Glaube an die ihm von Gott zugewiesene hohe Bestimmung entgegen aller Skepsis bei Freund und Feind wunderbar gerechtfertigt. So bestand Grund genug zu aufrichtiger Dankbarkeit gegen Gott wie zu Freude und Stolz über den neugewonnenen Rang, der den Erben der Staufermacht zugleich in die Nachfolge und besondere Nähe Karls des Großen, des Neubegründers des Kaisertums und erhabenen Vorbildes jedes christlichen Herrschers, stellte. Beides, echte Frömmigkeit und das sichere Bewußtsein seiner überlegenen Würde und Berufung,

---

[94] Guillelmus Armoricus, ad 1215, ed. Delaborde 301 f. (c. 208 f.); zu den hier und im Folgenden geschilderten Vorgängen in Aachen siehe Reineri Annales, ad 1215, MGH SS 16, 672 f., daneben Chronica regia Coloniensis, ad 1215, MGH SS rer. Germ. 18, 193, Annales S. Pantaleonis, ad 1215, ebd. 235 f., Annales Marbacenses, ad 1213, MGH SS rer. Germ. 9, 84; vgl. zu Karl d. Gr.: Petersohn, Saint-Denis 420–454, bes. 452.

[95] Siehe die Umschlagabbildung nach: Zeit der Staufer 3, Abb. 19 (nach S. 32), dazu ebd. 1, 32 f., Nr. 48, vgl. Posse, Siegel I 28,1.

prägten dann auch die Handlungen und Entscheidungen, zu denen Friedrich das Außerordentliche von Ort und Stunde drängte. Trotz allem Sinn für öffentlich wirksame Inszenierung ohne Zweifel vollkommen ernsthaft gemeint, erweisen sie einmal mehr seine Bindung an die Werte und Vorstellungen seiner Zeit.

Das Aachener Kreuzzugsgelöbnis

Das demütig-ehrerbietige Bekenntnis zur staufisch-karolingischen Vergangenheit und den Anspruch auf die künftige Wahrung ihrer Größe verband der König in einem eindrücklichen Akt zwei Tage nach seiner Krönung. Sein Großvater Barbarossa hatte 1165 Karl den Großen heilig sprechen lassen und bei diesem Anlaß die Gebeine des Herrschers wohl eigenhändig aus ihrem Grab erhoben. Nun befahl Friedrich, die kostbaren Reliquien in einen 1165 auf kaiserlichen Wunsch begonnenen, teilweise vielleicht erst im Auftrag Ottos IV. gefertigten und reich mit Goldschmiedearbeiten geschmückten Schrein aufs neue zur Ruhe zu betten, den Lebenden damaliger Sitte gemäß zur ständig sichtbaren Erinnerung. „Nach der feierlichen Messe", so erzählt der uns bekannte, wohlunterrichtete Reiner von Lüttich weiter, „ergriff der König selbst einen Hammer, legte seinen Mantel ab, bestieg mit einem Handwerker das Gerüst und nagelte mit dem Meister zusammen vor aller Augen das Behältnis fest zu. Der Rest des Tages verging über der Predigt."[96]

---

[96] Reineri Annales, ad 1215, MGH SS 16, 673. Zum Karlsschrein zuletzt Hucker, Kaiser Otto 570–575, der ihn (mit Ausnahme der auf Barbarossa zurückgehenden, Karl den Großen darstellenden Giebelseite) der Zeit nach 1209 und Otto IV. zuschreiben will. Da Otto nach Hucker (bes. 115–179) sich die Ziele seiner staufischen Vorgänger grundsätzlich völlig zu eigen machte, paßt freilich das Programm der Dachreliefs des Schreins auch dann zu der von Otto geplanten Politik, wenn diese Reliefs schon in staufischem Auftrag entstanden. Auch die Reihe der an den Längsseiten des Schreins dargestellten Herrscher weist nicht unbedingt auf Otto. Neben drei der Aachener Kirche offenbar besonders nahestehenden karolingischen Herrschern sehen wir dort in lückenloser Reihenfolge die deutschen Könige und Kaiser von Heinrich I. bis Lothar III., sofern man die namenlose Figur, die Hucker nicht erwähnt, als Konrad II. deutet. Schließlich begegnen uns Heinrich VI. und Otto IV. sowie Friedrich II. Hucker (574) erwägt, ob nicht König Philipps Figur im Juli 1215 einfach den Namen Friedrichs erhielt. Das ist denkbar. Waren Umbenennungen freilich so einfach, hätte Friedrich sie auch an anderen Stellen befehlen können, wenn die „Kaiserreihe", die er vorfand, tatsächlich „so, wie Otto IV. sie sich wünschte" (Hucker 573), und daher unvereinbar mit staufischen Vorstellungen gewesen wäre. Allem nach fehlten in ihr jedoch nur Konrad III. und Friedrich I. Letzterer galt indessen wohl als in der Gestalt Karls des Großen mit präsent, und beide finden sich, entgegen Huckers

Sehr viel schwerer wog ihrer bedeutenden praktischen Folgen wegen gewiß eine andere Tat des Staufers: sein wohl impulsiv unter dem Eindruck der großen Ereignisse gefaßter und schon am Krönungstage verwirklichter Entschluß, das Kreuz zu nehmen, also seine persönliche Teilnahme am Kreuzzug zu geloben. Auch damit trat er in die Bahnen seiner staufischen Vorfahren, starb doch sein Vater bei der Vorbereitung eines Kreuzzugs, sein Großvater auf diesem selbst, und das Beispiel Karls des Großen, des unermütlichen Streiters gegen die Ungläubigen, mochte ihn in seinem Vorsatz bestärken.[97] Zugleich jedoch bekannte er sich zu einer Aufgabe, die die westliche Christenheit nach wie vor anging und beschäftigte, trotz des fehlgeleiteten, mit der Eroberung von Konstantinopel endenden Unternehmens von 1204 und gerade auch nach dem ruhmreichen Sieg der spanischen Könige über die islamischen Almohaden bei Las Navas de Tolosa (nordöstlich Córdoba) im Juli 1212.

Schon im Frühling desselben Jahres waren in Nordfrankreich und insbesondere in Lothringen und am Rhein ohne erkennbaren Anlaß, ohne einen Aufruf Geistlicher etwa, unzählige Kinder und Jugendliche, aber auch etliche Erwachsene, von Acker und Weide weggelaufen und hatten sich in der festen Überzeugung zusammengefunden, ihnen, den Armen und Unschuldigen, werde das gelingen, was den Königen und Mächtigen bisher versagt blieb: die Wiedergewinnung von Christi Grab. Ihren Eltern und Verwandten, die sie verzweifelt von einem derart aussichtslosen und törichten Vorhaben abzuhalten suchten, antworteten sie, sie gehorchten einem göttlichen Befehl und seien bereit, alles zu erdulden, was Gott beschließe. Ein

---

Behauptung, auf dem 1165 entstandenen Armreliquiar Karls, das also durchaus im Zusammenhang mit der Schreins-Reihe gesehen worden sein mochte. Gewiß bleibt mancherlei Unsicherheit. Nichts jedoch spricht gegen die Annahme, daß Friedrich den Karlsschrein als ein programmatisches Vermächtnis seiner staufischen Vorfahren auffaßte und sich mit dessen Vollendung zu deren Leistungen und Zielen bekennen wollte. Vgl. Grimme, Karl 234–255 (mit Abb. 7–14), zum Armreliquiar auch Zeit der Staufer 1,398f., Nr. 538 (D. Kötzsche).

[97] Hucker, Kaiser Otto 575, sieht in Friedrichs Kreuzzugsversprechen vor allem den Versuch, der Öffentlichkeit nachzuweisen, „daß er in die volle Nachfolge des Kaisers (sc. Ottos) eingetreten sei". Ottos Kreuzzugsgelübde war jedoch nur dem Bischof von Cambrai bekannt, seine Kreuzzugsvorbereitungen der Öffentlichkeit, sofern sie sich ihr überhaupt je als so zielgerichtet und umfassend darstellten, wie Hucker 115–187 sie schildert, im Jahre 1215 wohl kaum als seine wesentliche Leistung im Bewußtsein. Friedrich war deshalb schwerlich genötigt, im Blick auf Ottos Bemühungen auf diesem Felde – wenn er denn von ihnen erfuhr – öffentlich aktiv zu werden. Wie bei der Schließung des Karlsschreins berührte sich sein Handeln auch hier mit dem des Welfen, weil sich beide gleicherweise an ihren staufischen Vorgängern ausrichteten.

ähnlich leidenschaftlicher Wille, sich Gott zu unterwerfen, sich unter Aufgabe jeder irdischen Bindung ganz für Gottes Sache einzusetzen, begegnete uns als ein wesentliches Merkmal der neuen religiösen Bewegungen jener Zeit überhaupt, und im Zusammenhang mit ihnen wird man den Kinderkreuzzug in der Tat sehen müssen.

Während man die nach St. Denis gekommenen Kinder offenbar doch noch zur Aufgabe bewegen konnte, zogen die deutschen Scharen, von der Bevölkerung mit dem Nötigsten versorgt und vielfach in ihrem Glauben ernstgenommen und bewundert, über die Alpen nach Oberitalien – in eben den Sommertagen, als sich dort ihr Altersgenosse Friedrich mühsam nach Norden durchschlug, von seiner gottgewollten Sendung überzeugt auch er. Die Spuren der jugendlichen Kreuzfahrer verlieren sich dann freilich. Einige scheinen tatsächlich wenigstens auf Schiffe gelangt zu sein; die meisten jedoch mußten sich als Knechte und Mägde verdingen oder erlitten ein noch schlimmeres Schicksal, wenige kehrten enttäuscht und verspottet zurück. Neugierige Aufmerksamkeit und heftige Diskussion aber löste ihr Marsch allenthalben aus. Viele Chronisten berichten recht ausführlich über ihn, oft zusammen mit Nachrichten über die gleichzeitigen Erfolge der ritterlichen Kreuzfahrer in Südfrankreich und Spanien. Sie gestehen zuweilen ihre Ratlosigkeit dem unerhörten Phänomen gegenüber ein; häufiger allerdings verurteilen sie den Zug der Kinder, der unüberlegt, ja auf teuflische Einflüsterung begonnen, übel habe enden müssen.[98]

Inzwischen hatte Papst Innozenz III., dessen wichtigstes Anliegen nach seinen eigenen Worten neben der Reform der Kirche von je die Rückeroberung des Heiligen Landes gewesen war, seine Kreuzzugspläne keineswegs aufgegeben. Vielmehr ging er unmittelbar nach der Stabilisierung der Lage in Spanien an die Vorbereitung eines neuen Projekts, für das er im Frühjahr 1213 mit einem langen, eindringlichen Aufruf an die gesamte Christenheit zu werben begann. Jeder Gläubige, so schrieb er, sei um seines Heiles willen zur Mitwirkung verpflichtet. Wer sie verweigere, der lade schwere Schuld auf sich, dem drohe das gerechte Verdammnisurteil des Jüngsten Gerichts.

---

[98] Chronica regia Coloniensis, ad 1213, MGH SS rer. Germ. 18, 190f., Annales S. Pantaleonis, ad 1212, ebd. 234, Annales Marbacenses, ad 1212, MGH SS rer. Germ. 9, 82f., Gesta Treverorum cont., MGH SS 24, 398f., Chronicon Ebersheimense, c. 36, MGH SS 23, 450, Reineri Annales, ad 1212, MGH SS 16, 665, Sicardi Cronica, ad 1212, MGH SS 31, 180f., Annales Placentini Codagnelli, ad 1212, MGH SS rer. Germ. 23, 42, vgl. Continuatio Admuntensis, ad 1212, MGH SS 9, 592, Annales Rudberti, ad 1212, ebd. 780, Richer Senoniensis IV 3, MGH SS 25, 301, Albert von Stade, ad 1212, MGH SS 16, 355; Miccoli, Crociata 407–443, Raedts, Children's Crusade 279–323, siehe dazu und zum Folgenden auch Mayer, Kreuzzüge 188–194, 170–178, Tillmann, Innocenz 220–233.

Aufgrund seiner Binde- und Lösegewalt verspreche er allen, die selbst und auf eigene Kosten auszögen, die volle Verzeihung der in aufrichtiger Buße bereuten Sünden, ebenso – eine wichtige Neuerung – denjenigen, die ihrem Vermögen gemäß geeignete Männer für den Zug ausstatteten, und den auf fremde Kosten Aufbrechenden. Doch auch die Gebrechlichen und völlig Mittellosen schloß Innozenz keineswegs vom großen Werk aus: Ihnen befahl er, Gott in monatlichen Prozessionen um die Befreiung der heiligen Stätten zu bitten. Das gleichzeitig für den November 1215 angekündigte allgemeine Konzil sollte als einen Hauptpunkt die weitere Förderung des Kreuzzugs behandeln; schon jetzt würden sich indessen päpstliche Beauftragte um seine Organisation kümmern.[99]

In der Tat traten päpstliche Kreuzzugsprediger bald in den meisten Diözesen des Reiches auf. Am Niederrhein und in Friesland wirkte offenbar mit besonderem Erfolg der Kölner Domscholaster Oliver († 1227), der später, in den Jahren 1217 bis 1222, die Kreuzfahrer aus seinem Zuständigkeitsbereich auch persönlich nach Akkon und Damietta (im Nildelta) führte, eine Geschichte dieses Kreuzzuges abfaßte und nach seiner Rückkehr Bischof von Paderborn und Kardinal wurde. Reiner von Lüttich, der Oliver und sechs von ihm berufene Prediger drei Tage lang bei ihrer Tätigkeit in seiner Heimatstadt beobachtete, erzählt von dem dabei herrschenden unglaublichen Gedränge und von der Bereitschaft des in Massen herbeieilenden Volkes zur Kreuzesnahme, allerdings auch davon, daß Oliver die leichtfertigen, allzu maßlosen Ablaßversprechungen seiner Helfer zu beanstanden hatte. Nicht nur von ihm, auch von dem in der gleichen Gegend aktiven Magister Johannes von Xanten, damals Kanoniker und später Dekan an der Aachener Marienkirche, ging die Kunde, ein über ihm am Himmel erscheinendes Kreuz habe zuweilen die Aufmerksamkeit der Menge plötzlich und sehr ausschließlich vom Markttrubel weg auf seine Rede hingelenkt.[100]

Derartige Berichte veranschaulichen die Intensität und die Methoden der päpstlichen Kreuzzugspropaganda ebenso gut, wie die besondere, aus Sensationslust, religiöser Aufgewühltheit, Bußfertigkeit und kämpferischem Tatendrang gemischte Stimmung, die sie unter den Menschen hervorrief.

---

[99] Innozenz III., Epp. XVI 28–30, PL 216, 817–825, vgl. Burchard von Ursberg, ad 1212, MGH SS rer. Germ. 16, 101–107, Richard von S. Germano, ad 1212–1213, ed. Garufi 43–55; zum 5. Kreuzzug siehe auch Roscher, Innocenz 140–169, Powell, Anatomy 15–120, Maccarrone, Studi 86–122.

[100] Reineri Annales, ad 1215, MGH SS 16, 672f., Chronica regia Coloniensis, ad 1214, MGH SS rer. Germ. 18, 192f.; zu Oliver: Wattenbach-Schmale 1, 367–369, zu Johannes: Meuthen, Urkunden 268, 281f., Crusius, Konrad 463f., vgl. Pixton, Anwerbung 169f., 174, 177f., 182–185; Kritik an der päpstlichen Kreuzzugsfinanzierung: Walther von der Vogelweide, L 34,4–23, vgl. L 33,1–34,3 und L 34,24–33, dazu Siberry, Criticism, bes. 10, 66f., 128f.

Ganz offenbar machten die Kreuzzugswerbung und die offene Aufnahme ihrer Botschaft bei der Bevölkerung, aber auch bei manchen Fürsten wie Herzog Ludwig von Bayern, einen starken Eindruck auf Friedrich, zumal sich einzelne Prediger, Abt Eberhard von Salem etwa oder Bischof Konrad von Regensburg, als hohe Geistliche des Reiches relativ häufig an seinem Hof einfanden. So darf man annehmen, daß er, im Innersten durchdrungen von dem Glauben, Gott selbst habe ihn auf den Aachener Karlsthron erhoben, im Ruf der Kreuzzugsprediger die unmittelbar ihm selbst geltende Aufforderung Gottes erkannte und sich entschloß, Gott den ihm gebührenden Dank in Form seiner für die ganze Christenheit beispielgebenden Verpflichtung zum Kreuzzug abzustatten. Mit feierlich-eindringlichen Worten gedachte er noch zwölf Jahre später des Vorgangs: „Voller Demut sannen wir darüber nach, was wir dem Herrn für die uns erwiesenen unendlichen Wohltaten darbringen sollten. Als wir dann sofort nach Empfang der Krone des Reiches zu Aachen unsere Schultern mit dem Kreuzeszeichen schmückten, boten wir damit, obschon es keine gleichwertige Gegenleistung des Geschöpfes an seinen Schöpfer gibt, unsere Person und unsere Macht demütig und reinen, aufrichtigen Herzens dem Herrn dar, nicht als ein gewöhnliches Opfer, sondern als ein *holocaustum*, als echte, vollständige Hinopferung."[101] Gewiß verleitete die hochdramatische Gegenwart des Dezembers 1227 den Zurückblickenden zu mancher rhetorischen Zuspitzung und Übersteigerung; seine fromme Ergriffenheit stellte er grundsätzlich wohl dennoch zu Recht als das ihn seinerzeit Bestimmende heraus.

Dieselbe Gesinnung veranlaßte ihn damals, an dem auf seine Krönung folgenden Tag, einem Sonntag, bis in den Spätnachmittag hinein in der Marienkirche den Kreuzzugspredigten zu lauschen. Sie bewegte ihn vor allem – mit gutem Grund hat man auf diesen Zusammenhang immer wieder hingewiesen –, vier Wochen später die sich alljährlich im September zum Generalkapitel versammelnden Zisterzienseräbte um die Aufnahme in ihre Gebetsgemeinschaft zu bitten. Überzeugt, daß ihr Flehen vor Gott Gehör finde und den gerechten göttlichen Zorn vom Sünder abzuwenden vermöge, rief er sie geradezu inständig an, ihm durch ihre fromme Fürsprache bei Gott die einem christlichen Herrscher nötige, friedenstiftende Urteilskraft und Wahrheitsliebe zu erwirken. Daneben aber sollte ihr Gebet seinem am Krönungstag gelobten Einsatz für die Befreiung der heiligen Stätten gelten. Dafür versprach er ihrem Orden seinen Schutz und seine besondere Fürsorge. Die Verehrung und hohe Wertschätzung des Königs für die Zister-

---

[101] Manifest nach der Exkommunikation durch Gregor IX., MGH Const. 2, 150, Nr. 116(5) (6.12.1227); Kreuzesnahme Ludwigs von Bayern auf dem Hoftag zu Andernach, 1.5.1215: Annales S. Pantaleonis, ad 1215, MGH SS rer. Germ. 18, 235f., vgl. Pixton, Anwerbung 179f.

zienser, die in dem sehr persönlich gehaltenen, im übrigen bald positiv beantworteten Dokument sichtbar wird, beruhte wohl auf deren eigentümlicher Lebensform, die strenge Einfachheit und Askese mit Handarbeit, vor allem handwerklich-technischer Betätigung verband. Sie spornte die Mitglieder dieser im 12. Jahrhundert geradezu stürmisch wachsenden Mönchsgemeinschaft in vielen praktischen Bereichen, etwa in der Landwirtschaft, im Bergbau, in der Baukunst oder der Verwaltung, zu vorbildlichen Leistungen an und bescherte ihr rasch größtes Ansehen und reiche Wirkungsmöglichkeiten überall in Europa. [102] Friedrich blieb ihr bis zu seinem Tode eng verbunden, während er zu den in seiner Zeit neu entstehenden, also eigentlich modernen Bettelorden bezeichnenderweise in keine vergleichbare Beziehung trat.

Wie beim Schließen des Karls-Schreines verwob sich bei Friedrichs Kreuzesnahme ernst gefühlte Religiosität untrennbar mit dem Sinn für die Hoheit der ihm zugefallenen Stellung, begründete doch eben sie die Größe seiner Dankesschuld. Überlegene herrscherliche Würde erwies sich in beispielhaftem Verhalten, und ein solch bestimmendes Zeichen seiner Führerschaft wollte Friedrich seinen Untertanen mit seiner Kreuzesnahme zweifellos geben. In der Tat bewirkten sein Vorbild und Zureden, seine mehrtägige, geradezu demonstrative Anwesenheit bei den Predigten und nach seiner eigenen Aussage wohl auch seine Versprechungen und Schenkungen, daß sich eine große Zahl geistlicher und weltlicher Fürsten, hoher Adliger und einfacher Ritter entschloß, es ihm nachzutun und ebenfalls die Kreuzfahrt zu geloben.

Gewiß traf Friedrich seine Entscheidung sehr kurzfristig, so daß nur wenige schon vorher um sie wußten. Sie fiel aber vermutlich nicht erst am Krönungstage selbst. Der König machte sie ja gleich nach der Krönungsmesse bekannt, also offenbar noch vor dem Einsatz der Kreuzzugsprediger und nicht unter ihrem unmittelbaren Einfluß. Außerdem trat in Aachen neben Johannes von Xanten und anderen, wie jener wohl ohnehin für die Region zuständigen Kreuzzugspredigern anscheinend auch der Speyrer Domdekan Konrad auf, der spätere päpstliche Pönitentiar und Bischof von Hildesheim († 1248), ein hochgebildeter Mann, der während seiner Studienjahre in Frankreich schon Erfahrungen bei der Bekämpfung der Albigenser gewonnen hatte. Papst Innozenz hatte ihm jetzt als Aktionsfeld für die Kreuzzugswerbung die Erzdiözese Mainz zugewiesen. Sein Erscheinen in Aachen

---

[102] Statuta Ordinis Cisterciensis 1215, ed. Canivez 431–434, vgl. Acta Imperii 1, 110f., Nr. 131, sowie ebd. 109, Nr. 129, 126, Nr. 149, HB 1, 412, 471; vgl. Schaller, Kanzlei 1, 250–255, allgemein Lekai-Schneider, Geschichte 21–89, 232–242, sowie Elm, Zisterzienser, bes. 31–242, zum Verhältnis Staufer – Zisterzienser: Rösener, Zisterzienserklöster 29–35, 41f., 45–47, 50–52, Schulz, Zisterzienser 165–193.

könnte also, wenn ihn nicht etwa der ihm bekannte Johannes zu seiner Unterstützung herbeirief, auf die Aufforderung seines Bischofs, des Reichskanzlers Konrad von Speyer, und indirekt des Königs selbst zurückzuführen sein. Es wäre dann ebenfalls ein gewisses Indiz dafür, daß Friedrich, seitdem sich der friedliche Gewinn Aachens abzeichnete, im Zusammenhang mit seiner dortigen Krönung eine Kreuzzugsinitiative plante.[103]

Kaum glaubhaft erscheint indessen, daß Friedrich mit seiner Tat nicht nur Dankbarkeit gegen Gott abzustatten und seinen Getreuen als vorbildlicher Herrscher voranzugehen dachte, sondern durch einen „genialen diplomatischen Zug" zugleich „sich selbst an die Spitze der Kreuzzugsbewegung (stellen)" und „dadurch dem päpstlichen Imperator die Führung und Leitung der Kreuzfahrt unversehens aus den Händen (nehmen)" wollte, so daß Papst Innozenz „peinlich berührt" gewesen wäre.[104] Noch mußte der Staufer mit der Macht und dem Einfluß Kaiser Ottos im Norden Deutschlands rechnen, wohin sich dieser damals gerade zurückzog; noch stand die endgültige Entscheidung der Kirche zugunsten von Friedrichs künftigem Kaisertum aus; noch immer stützte sich Friedrich vor allem auf die hohe Geistlichkeit seines Reiches und den wohlwollenden Rückhalt des Papstes. Tatsächlich unternahm der König denn auch weder sofort noch in den folgenden Jahren allzuviel, um das Papsttum als überragender und bestimmender Vorkämpfer des Kreuzzugsprojektes auszustechen. Ganz im Gegenteil: Gerade sein geringer Ehrgeiz, sein halbherziges Engagement in dieser Sache sollte in Rom wachsende Ungeduld und Verärgerung hervorrufen.

Über die Reaktion von Papst Innozenz auf Friedrichs Kreuznahme wissen wir gar nichts – vielleicht sind Briefe mit einschlägigen Bemerkungen wie so viele Schreiben aus seinen letzten Jahren verlorengegangen. Gewiß zielten Innozenz' Kreuzzugsaufrufe vor allem auf die Gefolgschaft breiter Volksmassen. Überzeugt von der Dringlichkeit eines neuen Unternehmens blieb ihm freilich auch kaum eine andere Möglichkeit nach seinen schlechten Erfahrungen mit den gekrönten Häuptern Europas, denen wie fünfzehn Jahre früher so auch jetzt wieder der Kampf um ihre eigenen Länder weit näher lag als die Sorge um das Heilige Land. Trotz dieser Enttäuschungen lehnte er

---

[103] Siehe Friedrichs eigene Schilderung, MGH Const. 2, 150, Nr. 116(5) (*quam cito imperii diadema recepimus ..., personam ... obtulimus Domino*), vgl. Reineri Annales, ad 1215, MGH SS 16, 673 (*nec mora, post missam idem rex ex insperato signum ... crucis accepit*); außerdem Annales S. Pantaleonis, ad 1215, MGH SS rer. Germ. 18, 236, Annales Marbacenses, ad 1213, MGH SS rer. Germ. 9, 84, dazu Crusius, Konrad 434–444, bes. 441, und 463f., Meuthen, Urkunden 268.

[104] Kantorowicz, Friedrich 71; ähnlich Van Cleve, Frederick 96f., ders., Crusade 430f., Mayer, Kreuzzüge 194, vgl. Abulafia, Frederick 120–122; siehe dagegen schon Tillmann, Innocenz 232 mit Anm. 57.

ihre Teilnahme indes keineswegs grundsätzlich ab. Eher resigniert klingt vielmehr seine Aufforderung vom April 1213, „die Könige und Fürsten, die Grafen, Barone und andere Magnaten, die vielleicht nicht in eigener Person in den Dienst des Gekreuzigten eintreten", sollten wenigstens eine angemessene Zahl von Bewaffneten ausrüsten. An der Hoffnung auf eine unmittelbare königliche Mitwirkung hielt er jedoch fest: Wenn es sinnvoll scheine, so erklärte er im November 1215 vor dem Laterankonzil, werde er sich selbst „zu den Königen und Fürsten, den Nationen und Völkern" begeben und sie aufrufen, „daß sie sich erheben, um den Kampf des Herrn zu kämpfen, das am Gekreuzigten begangene Unrecht zu rächen".[105]

Damals hatte neben dem ungarischen bereits ein zweiter abendländischer König das Kreuz genommen: Johann von England. Sofern er, wofür vieles spricht, diesen Schritt vornehmlich tat, um sich des päpstlichen Schutzes gegen seine innenpolitischen Widersacher noch wirksamer als seither zu versichern, dann ging seine Rechnung voll auf. Mehr als einmal erinnerte Innozenz die englischen Barone eindringlich daran, daß ihr König als Kreuzfahrer seine, des Papstes, besondere Protektion genieße, weil er von ihm wertvolle Hilfe für das Heilige Land erwarte. Ihre Feindschaft gegen Johann aber drohte nach seiner Meinung den Kreuzzug zu vereiteln, sie waren in seinen Augen deshalb schlimmer als die Sarazenen und verfielen schließlich der Exkommunikation.[106] Nichts hindert die Annahme, daß der Papst das Kreuzzugsgelübde Friedrichs mit ähnlicher Zuversicht begrüßte wie das Johanns, ohne auf der Höhe seines Ansehens und Einflusses von dem jungen, vielfach auf ihn angewiesenen Herrscher eine Konkurrenz zu fürchten.[107]

---

[105] Innozenz III., Ep. XVI 28, PL 216, 819 C, vgl. 817 (April 1213), vgl. ders., Expeditio pro recuperanda terra sancta, Conciliorum decreta 244 (14.12.1215, ähnlich Roger de Wendover, ad 1215, ed. Hewlett 2, 156f.; zu Entstehung und Zusammenhang der beiden Texte: Kuttner-García, Eyewitness 133f., 156, 174–177); ders., Sermo in concilio generali Lateranensi habitus, PL 217, 676 A (= Richard von S. Germano, ad 1215, ed. Garufi 65); vgl. ders., Ep. I 336, ed. Hageneder 499,26–500,24, 501,14–502,4 (15.8.1198); siehe dazu und zum Folgenden Roscher, Innocenz 148, 153–158, Powell, Anatomy 43, 108f. – Über die verlorenen Jahrgänge 17 bis 19 von Innozenz' Register vgl. Haidacher, Beiträge bes. 44–51.

[106] Roger de Wendover, ad 1215, ed. Hewlett 2, 114, 139f., 142f., 145, 151f., 168; zur Exkommunikation auf dem Laterankonzil vgl. den Augenzeugenbericht bei Kuttner-García, Eyewitness 128, 159–168 (*Proposuitque dominus papa quam potens esset idem rex tam in persona quam in rebus terre sancte prebere subsidium*), siehe dazu ebd. 156–158; vgl. Cheney, Pope Innocent 260–263, 387–391.

[107] Van Cleve, Frederick 96f., führt als Indiz für Innozenz' Unwillen die Bemerkung Papst Gregors IX. an, Friedrich habe das Kreuz *sponte, non monitus, sede apostolica ignorante* genommen. Sie stammt aus jener Enzyklika, mit der Gregor Friedrichs erste Exkommunikation bekanntmachte (10.10.1227; MGH Epp. saec.

Am Ziel: Innozenz' Urteil auf dem Vierten Laterankonzil

Die Autorität, die Innozenz zu jener Zeit in der abendländischen Christenheit genoß, zeigte sich nirgends eindrucksvoller als auf dem Vierten Laterankonzil, das nach langer Vorbereitung im November 1215 unter seiner Leitung tagte. Kaum ein zeitgenössischer Chronist versäumte, das bedeutende Ereignis zu würdigen oder wenigstens auf seine große Teilnehmerzahl hinzuweisen. In der Tat führte es die Repräsentanten der lateinischen Kirche so zahlreich wie selten zuvor zusammen. Über vierhundert Kardinäle, Erzbischöfe und Bischöfe, an ihrer Spitze die Patriarchen von Konstantinopel und Jerusalem, dazu ungefähr doppelt so viele Äbte, Prioren sowie Delegierte von Domkapiteln und Stiften, schließlich die Gesandten weltlicher Herrscher, Friedrichs II. etwa oder des lateinischen Kaisers von Konstantinopel, der Könige von Frankreich, Ungarn oder Aragon, aber auch Konsuln italienischer Städte – sie alle fanden sich in drangvoller, hin und wieder geradezu lebensgefährlicher Enge zu den drei feierlichen Plenarversammlungen in der Lateranbasilika ein. Die auf dem Konzil gefaßten Beschlüsse betrafen, Innozenz' Absicht gemäß, vor allem die Reform der Kirche und den Kreuzzug. Sie definierten den Glauben, behandelten dogmatische und kirchenrechtliche Fragen, trafen Vorkehrungen für eine wirkungsvollere Ketzerbekämpfung, schärften die Rechte wie die Aufgaben und Pflichten der Geistlichen ein, äußerten sich zur Zuständigkeit der weltlichen Gerichte gegenüber Klerikern, bekräftigten die Immunität der kirchlichen Güter,

---

XIII 1, 282, Nr. 368), und trifft wohl, wie wir sahen, bezüglich des *sponte* völlig zu. Gregor betonte die absolute Freiwilligkeit von Friedrichs Entschluß, um die Geduld der Kirche mit ihm und die Berechtigung ihres Bannspruches um so eindrücklicher vor Augen stellen zu können; er sagt jedoch nichts von päpstlichem Unmut darüber, im Gegenteil: Die Kreuznahme erscheint als *iucundum auspicium*, und die Kirche überschüttet den König mit Gnadenerweisen, um seine Kreuzfahrt zu beschleunigen – ärgerlich ist allein, daß dieser sein Vorhaben wieder und wieder aufschiebt. Andererseits läßt Gregors Behauptung, Friedrich habe *sede apostolica ignorante* gehandelt, doch sehr zögern, in der leicht aus ihrer politischen Stellung erklärbaren, sich auch nach Juli 1215 fortsetzenden Anwesenheit bestimmter Kreuzzugsprediger am Hofe, auch aus dem einmaligen Erscheinen des damaligen Meißener Domherren, päpstlichen Subdiakons und Kreuzzugslegaten Nikolaus in Eger im März 1215, auf das vorausgehende päpstliche Einverständnis zu schließen, geschweige denn darauf, „daß Innocenz den Staufer ... zum Kreuzzug aufrufen ließ", Roscher, Innocenz 154, vgl. Powell, Anatomy 23, 43, 74f., 108f., Pixton, Anwerbung 181f., Schaller, Kanzlei 1, 257, dagegen Crusius, Konrad 441, siehe dazu Stürner, Kreuzzugsgelübde 303–315. Engels, Staufer 131, bezeichnet den Kardinalbischof Hugo von Ostia als den Empfänger von Friedrichs Kreuzzugsversprechen in Aachen; Hugo war damals jedoch in Rom, siehe Maleczek, Papst 130, 390f.

legten Einzelheiten fest über die weitere Werbung für den Kreuzzug, über seine Finanzierung und Organisation, über den Ablaß und den besonderen Rechtsschutz für die Kreuzfahrer, die am 1. Juni 1217 von Brindisi und Messina aus in Anwesenheit des Papstes und mit seinem Segen nach Osten absegeln sollten. Außerdem nützte Innozenz das Forum des Konzils, um eine ganze Reihe anderer das Abendland damals bedrängender Probleme zu klären und damit der von ihm beanspruchten übergreifenden Verantwortung für die Christenheit vor deren vornehmsten Vertretern gerecht zu werden. Zu seinen Entscheidungen gehörte die Exkommunikation der englischen Barone, die gegen ihren zum Kreuzzug bereiten König revoltierten, oder die Bestrafung Raimunds VI. von Toulouse, der seine Grafschaft wegen seiner Duldung, ja Förderung der dortigen Ketzer an seinen Gegner Simon von Montfort, den Leiter des Albigenser-Kreuzzuges, verlor.[108]

Die zweite Vollversammlung des Konzils am 20. November widmete der Papst indes ganz der Frage des Kaisertums. Unklar bleibt, von wem die Initiative dazu ausging. Natürlich lag Friedrich II. nach der Aachener Krönung an einer festen Zusage Roms bezüglich der Kaiserwürde. Ebenso selbstverständlich mußte man auf staufischer Seite jedoch damit rechnen, daß Otto im Konzil die wohl letzte Gelegenheit zu seiner Rehabilitierung sah und entsprechende Schritte unternahm – vermutlich wußte man sogar um seine Aktion und stellte sich auf sie ein. Ottos Vorstoß war ja trotz seiner jüngsten Mißerfolge keineswegs völlig aussichtslos, verwandte sich für ihn doch sein Onkel Johann von England, der bei Innozenz wieder Ansehen genoß und zudem über einigen Einfluß im Kardinalskollegium verfügte. Erreichte der Welfe aber erst einmal die Aufhebung seiner Exkommunikation, konnte auch seine erneute Anerkennung als König und Kaiser denkbar erscheinen.

Von der Beratung des Gegenstandes auf dem Konzil berichten zwei Augenzeugen, Richard von San Germano und ein unbekannter deutscher Beobachter. Zwar gehen ihre Schilderungen im einzelnen vielfach auseinander. Einhellig aber zeigen sie, welch großes Gewicht man der Angelegen-

---

[108] Die Canones des Konzils: Conciliorum decreta 206–243, die Kreuzzugsbeschlüsse: Expeditio pro recuperanda terra sancta, ebd. 243–247; über die Teilnehmer vgl. Werner, Teilnehmerliste 584–592, Hucker, Kaiser Otto 327–330, 650 f.; siehe die Augenzeugenberichte Richards von S. Germano, ad 1215, ed. Garufi 61–73, sowie eines deutschen Anonymus, edd. Kuttner-García, Eyewitness 123–129, Kommentar ebd. 129–167, außerdem etwa Roger de Wendover, ad 1215, ed. Hewlett 155–161, Annales Marbacenses, ad 1215, MGH SS rer. Germ 9, 86, Burchard von Ursberg, ad 1215, MGH SS rer. Germ. 16, 111 f., Reineri Annales, ad 1215 (vgl. ad 1216), MGH SS 16, 674, Cronica Reinhardsbrunnensis, ad 1215, MGH SS 30, 1, 588, Chronicon Montis Sereni, ad 1215, MGH SS 23, 186, Richer Senoniensis IV 1, MGH SS 25, 300 f.; Foreville, Latran 245–317, vgl. Tillmann, Innocenz 152–170, 184, 199.

heit beimaß, wie leidenschaftlich man sie noch immer diskutierte, zumal wenn die oberitalienischen Parteigegensätze die Meinungsverschiedenheiten verschärften. So wild und wirr wechselten zuweilen Rede und Widerrede, daß niemand mehr etwas verstand und Innozenz selbst den Tumult beruhigen mußte. Berard, Friedrichs bewährter Begleiter und Helfer, seit 1213 Erzbischof von Palermo, verlas zunächst ein Schreiben des Königs und stellte ihn offenbar als den rechtmäßigen künftigen Kaiser vor. Schon die Bitte einiger Mailänder, als Vertreter Ottos dem Konzil auch dessen Brief zur Kenntnis bringen zu dürfen, rief dann einen Sturm der Entrüstung hervor. Markgraf Wilhelm von Montferrat, der eigentliche, sichtlich wohlvorbereitete Anwalt der staufischen Sache, bestritt ihnen als Eidbrüchigen und Ketzerfreunden das Rederecht und legte sieben Gründe dar, die die Absolution Ottos verböten, darunter seine Meineidigkeit, den Raub der Länder der Kirche in Mittel- und Süditalien sowie seine Gewalttaten gegenüber dem Bischof von Münster und dem Damenstift Quedlinburg. Dennoch gab Innozenz der Abordnung des Welfen das Wort – die Hitze des Streits erhöhte ja nicht zuletzt auch den Wert seines Spruches. Ottos Botschaft richtete sich anscheinend an die Konzilsväter; er flehte sie an, beim Papst seine Absolution zu erwirken, da er ernstlich bereue und sich vollkommen den päpstlichen Weisungen unterwerfe. Anschließend entspann sich eine heftige Debatte, die allem nach chaotisch und ohne Ergebnis endete. Innozenz deutete hier seine negative Haltung gegenüber Otto bereits an, verkündete sein Urteil jedoch erst zehn Tage später, auf der Schlußsitzung des Konzils: „Niemand soll daran zweifeln: Was die Fürsten Deutschlands und des Imperiums hinsichtlich Friedrichs, des Königs von Sizilien, getan haben, halten wir für rechtskräftig; wir wollen und werden ihn gewiß in allem begünstigen und fördern."[109]

Friedrich stand am Ziel. Die päpstliche Prüfung hatte seine Erhebung zum deutschen König als korrekt und gültig erwiesen. Nichts mehr vermochte jetzt ernsthaft seine Kaiserkrönung zu gefährden. Über Otto hin-

---

[109] Die Berichte: Richard von S. Germano, ad 1215, ed. Garufi 71–73, deutscher Anonymus: Kuttner-García, Eyewitness 126f., 128 (hier das Zitat), vgl. dazu ebd. 147–153, 161–163, außerdem Annales Placentini Codagnelli, ad 1215, MGH SS rer. Germ. 23, 53; Tillmann, Innocenz 149; Hucker, Kaiser Otto 319–326; Baaken, Thronstreit 509–521. Hucker betont, Otto habe an die „Kardinäle und Konzilsväter in einer zentralen politischen Frage als besondere, ja sogar letzte Instanz neben dem Papst" appelliert (321). Nach des Anonymus Worten (126) flehte Otto die Konzilsväter aber lediglich an, sich beim Papst für seine Absolution einzusetzen, und auch nach Richard (71) enthielt der kaiserliche Brief zwar eine Art Klage oder Beschwerde gegen den Papst (*in modum querele contra dominum papam*), forderte Otto die Konzilsteilnehmer jedoch vor allem auf, beim Papst für ihn zu bitten und seine Absolution zu erwirken. Nach beiden Quellen blieb der Papst für Otto also die alles entscheidende, letzte Instanz.

gegen war nach seinem politischen und militärischen Scheitern nun auch rechtlich unwiderruflich entschieden. Die abschließende Äußerung des Papstes verrät durchaus seine Zufriedenheit mit der Entwicklung in Deutschland, seine Zustimmung und sein unverändertes Wohlwollen für Friedrich, auf dessen Dankbarkeit er rechnen, mit dem er manche Hoffnung gerade auch im Blick auf den ihn so stark beschäftigenden Kreuzzug verbinden mochte. Den Gedanken an eine Verstimmung über dessen Kreuznahme legen seine Worte jedenfalls nicht nahe. Von der Person des Staufers abgesehen, gab es für Innozenz freilich einen wohl noch wesentlicheren Grund zur Genugtuung: Sein Anspruch auf ein Prüfungs- und Kontrollrecht bezüglich der deutschen Königswahl, seit 1198 unermüdlich erhoben, erst zugunsten Ottos, dann Friedrichs, schien durchgesetzt und anerkannt. Eben hier lag denn auch aus königlicher Sicht das Bedenkliche der Entwicklung. Die jahrzehntelangen Thronstreitigkeiten mit ihren erbitterten Kämpfen und ihrer Rechtsunsicherheit hatten die Fürsten und Könige Deutschlands immer wieder veranlaßt, in Rom Hilfe für ihre Position zu suchen, das päpstliche Wort, sofern es nur die je eigene Seite begünstigte, als willkommenes und maßgebendes Urteil zu begrüßen und als Waffe dem Gegner gegenüber zu benützen. Wie viele von ihnen den damit unterstützten, grundsätzlichen Anspruch Innozenz' tatsächlich bejahten, bleibe dahingestellt. Fest steht, daß der Apostolische Stuhl seinerseits entschlossen war, die einmal erreichte, auf dem Vierten Laterankonzil so eindrucksvoll sichtbar gewordene Geltung der päpstlichen Rechtsauffassung auf Dauer zu wahren. Dreißig Jahre später sollte sie sich gegen Friedrich selbst wenden.

4. MÜHSAMER ERFOLG. DIE RÜCKGEWINNUNG UND SICHERUNG DER STAUFISCHEN STELLUNG IN DEUTSCHLAND (1212–1220)

Ziele und Hindernisse

Nach Friedrichs Krönung klärte sich die Lage am Niederrhein rasch vollends zu seinen Gunsten. Noch während seines Aachener Aufenthalts fiel ihm die wichtige Pfalz und einträgliche Zollstätte Kaiserswerth (nördlich Düsseldorf) zu. Unterdessen eilten der Trierer Erzbischof und der Herzog von Brabant nach Köln, der bis dahin mächtigsten und zuverlässigsten Stütze Ottos im Nordwesten des Reiches, voraus und erreichten endlich auch dort den Umschwung. Zwar verharrte eine starke pro-welfische Gruppe noch immer bei Ablehnung und Widerspruch. Die Mehrheit der Bürgerschaft und der Geistlichkeit jedoch empfing den Stauferkönig, wie es sich gebührte, mit allem Gepränge, mit festlicher Musik und Preisgesängen, sogar mit den Reliquien der Heiligen in ihrer Stadt. Eine Woche hielt er sich dort auf, suchte Falschmünzerei und ungerechte Besteuerung abzustellen und den Frieden zu sichern. Dann zog er nach Süden zurück, um zeitlebens nie wieder so weit rheinabwärts zu erscheinen.[1]

Volle fünf Jahre, bis zum August 1220 blieb Friedrich dann noch in Deutschland. Das mag verwundern, hatten sich doch die einst mit seinem Aufbruch nach Norden verbundenen Hoffnungen schon jetzt in einem kaum zu erwartenden Maße erfüllt: Nicht nur, daß Kaiser Otto längst keine Gefahr mehr für das Königreich Sizilien darstellte – Friedrich war der Herr des deutschen Staufererbes wie der deutschen Krone geworden und stand selbst vor dem Erwerb der Kaiserwürde. Gewiß, die seltenen Aktionen des Welfen erforderten weiterhin Aufmerksamkeit, so Ende 1215 sein Zug gegen Hamburg nach einem Vorstoß des Dänenkönigs Waldemar und vor allem sein Unternehmen vom Sommer 1217. Damals überschritt Otto im Bunde mit zwei Askanierfürsten, mit Markgraf Albrecht II. von Brandenburg († 1220) und Herzog Albrecht I. von Sachsen († 1261), die mittlere Elbe, um einmal mehr das Gebiet des Erzbischofs von Magdeburg zu verheeren. Greifbare Erfolge brachte ihm jedoch auch diese letzte größere

---

[1] Chronica regia Coloniensis, ad 1215, MGH SS rer. Germ. 18, 193f., Annales S. Pantaleonis, ad 1215, ebd. 236f., Reineri Annales, ad 1215, MGH SS 16, 673, Cronica Reinhardsbrunnensis, ad 1214, MGH SS 30, 1, 584.

Anstrengung nicht ein. Im Gegenteil: Auf die Nachricht, der Stauferkönig komme dem Erzbischof zu Hilfe, eilte er schleunigst nach Braunschweig zurück, um dort eingeschlossen zusehen zu müssen, wie die gegnerischen Truppen seine Lande bis vor die Mauern seines Herrschaftszentrums verwüsteten. Der Sturm auf die Stadt selbst blieb zwar aus, doch schmolz der ohnehin klein gewordene kaiserliche Anhang nun drastisch vollends zusammen. Wenig später schon, im Mai 1218, starb Otto auf der Harzburg an einer Ruhrerkrankung. Friedrichs Verhalten ihm gegenüber in der Zeit nach dem Laterankonzil zeigt, daß er den Einfluß seines Vorgängers zwar nach wie vor zu kontrollieren und, wenn möglich, weiter einzuschränken suchte. Es erweckt aber keineswegs den Eindruck, als sei die von dem Welfen ausgehende Gefahr damals seine Hauptsorge, dessen endgültige militärische Niederwerfung seine vordringlichste Absicht gewesen. Wenn Ottos Bruder Heinrich nach des Kaisers Tod ungeachtet königlicher und zuletzt sogar päpstlicher Drohungen die Herausgabe der Reichsinsignien bis in den Sommer 1219 hinauszögerte, um als Gegenleistung dafür am Ende offenbar das Reichsvikariat zwischen Elbe und Weser sowie die Herzogswürde für sich zu ertrotzen, so rief diese Halsstarrigkeit wohl des Staufers Ärger hervor, sie beunruhigte ihn aber sicherlich kaum mehr ernsthaft.[2]

Im Zentrum von Friedrichs Bemühungen stand damals vielmehr, soweit sich dies erkennen läßt, die möglichst umfassende Wiedergewinnung und dauerhafte Sicherung der Macht und Herrschaft in Deutschland, im Imperium und im Regnum Sicilie, wie sie sein Vater Heinrich VI. innegehabt hatte und wie sie ihm, so seine unverrückbare Überzeugung, nach Gottes Willen gleichfalls zukam. „Wir bedenken", so schrieb er an Papst Honorius III., „mehr noch: wir stellen uns eindrücklich vor Sinn und Herz, was und wieviel die gütige Rechte Gottes für uns bewirkte, die uns, als wir ohne

---

[2] Reineri Annales, ad 1216–1218, MGH SS 16, 675f., Cronica Reinhardsbrunnensis, ad 1215, MGH SS 30, 1, 587, 589 (vgl. Cronica Erfordensis, ad 1215, MGH SS rer. Germ. 42, 214, 216), Sächsische Weltchronik, c. 353f., MGH Dt. Chroniken 2, 240f., Magdeburger Schöppenchronik II ad 1215, ad 1218, ed. Janicke 141–143, Albert von Stade, ad 1215–1218, MGH SS 16, 356f.; zu den Reichsinsignien vgl. Ottos Testament MGH Const. 2, 52, Nr. 42(1), Acta Imperii 1, 128, Nr. 151 (Brief Friedrichs vom 12.1.1219), MGH Epp. saec. XIII 1, 66, Nr. 92 (Brief Honorius' III. vom 8.2.1219), Chronica regia Coloniensis, ad 1219, MGH SS rer. Germ. 18, 196, Annales Rudberti, ad 1219, MGH SS 9, 781. Vgl. Hucker, Kaiser Otto 331–357; nicht ganz zutreffend sind dort die Angaben 348 Anm. 176: Heinrich heißt in RI V, Nr. 1026 und 1031 (vom Juli 1219 wie Nr. 1025) *comes palatinus Rheni*. Im übrigen begegnet er in Nr. 1618 (Mai 1226) zwar als *dux Saxonie*, kurz darauf in Nr. 1646–1649 aber als *dux de Brunswic*. Eine gewisse Unsicherheit der kaiserlichen Kanzlei bestand also, während Albrecht durchweg als *dux Saxonie* erscheint, mit Ausnahme von Nr. 1024 (doch vgl. zur Zeugenreihe RI V, 4, 170) und Nr. 3889 (Mandat Heinrichs VII.).

jeden Trost waren, nicht aufgrund unserer Verdienste, sondern allein aus Barmherzigkeit zu unserem großväterlichen Regnum und zum Imperium emporhob." Ganz entsprechend erinnerte er die Großen Italiens selbstbewußt daran, daß die unfehlbare göttliche Vorsehung die vielfältigen Wirren im Reich beruhigt habe, „indem sie uns mit aller königlichen Erhabenheit friedlich auf die väterlichen Throne setzte".[3]

Das Ziel, die ihm in seinen Augen rechtmäßig gebührende Stellung auch tatsächlich zu erlangen und seinem Hause zu wahren, verband alle Anstrengungen des Königs in den Jahren bis zu seinem Aufbruch aus Deutschland, mochte er sich als Territorialpolitiker in Süd- und Mitteldeutschland, als Verhandlungspartner und Lehnsherr der deutschen Fürsten, als Schützer des Rechts im deutschen Reich oder als künftiger Kaiser und Kreuzfahrer im diplomatischen Ringen mit dem Papst betätigen. Indessen konnte die Verwirklichung seines Vorhabens nicht auf allen Ebenen gleich vollkommen gelingen, obwohl oder vielleicht gerade weil sie sich so nah berührten. Erfolge bei der Verwaltung und beim Ausbau des Haus- und Reichsgutes etwa stärkten einerseits das staufische Gewicht in Deutschland und bildeten die nötige Basis für eine wirksame, kontinuierliche Ausübung des königlichen Amtes. Häufig genug unmittelbar auf Kosten der Fürsten erzielt, mußten sie andererseits sofort deren Mißtrauen und Widerstand wecken. Auf die fürstliche Zustimmung aber gründete sich von Anfang an ganz entscheidend Friedrichs Königtum und damit sein Anspruch auf die künftige Kaiserkrönung – ganz abgesehen davon, daß allein die Fürsten auch seinem Sohn die Königswürde zu verleihen und damit die Voraussetzung zu schaffen vermochten für den Bestand der staufischen Herrschaft über das Imperium wie das sizilische Regnum. Jeder Erfolg in dieser Richtung drohte freilich die erbitterte Gegnerschaft des Papsttums hervorzurufen, die das bereits Erreichte und alle weitergehenden Absichten im Kern gefährdete. Sehr rasch nämlich erfuhr Friedrich, daß Papst Innozenz nach wie vor die Vereinigung von sizilischem Regnum und Imperium als die Hauptgefahr für die kirchliche *libertas* betrachtete und mit allen Mitteln zu verhindern gedachte. Unversöhnlich schienen sich die päpstliche und die friderizianische Ansicht über die wünschenswerte Ordnung Mitteleuropas gegenüberzustehen, beriefen sich doch beide Seiten auf den Willen Gottes, die beste aller denkbaren Rechtfertigungen. Leicht konnte sich dieser Konflikt im übrigen zu dem grundsätzlichen und ebensowenig entscheidbaren Streit über das rechte Verhältnis der weltlichen zur geistlichen Gewalt ausweiten.

Daß Friedrich seine Vorstellungen trotz solch enormer Schwierigkeiten

---

[3] Acta Imperii 1, 127, Nr. 151 (12.1.1219), MGH Const. 2, 83, Nr. 71(1) (17.4.1220); vgl. etwa noch Acta Imperii 1, 128, Nr. 151, 111, Nr. 131, 123, Nr. 147, HB 1, 429, 660f., 662.

schließlich in hohem Maße durchzusetzen verstand, hatte mancherlei Gründe. Er selbst brachte die in jener Lage zweifellos wichtige Gabe mit, beweglich, mit raschem Sinn für das jeweils Mögliche und der Bereitschaft zum vorläufigen Verzicht auf das Unerfüllbare, zu agieren, ohne daß er dabei in seinem optimistischen Vertrauen auf seine gottgewollte Sendung schwankend geworden wäre oder sein zentrales Grundanliegen, die Sicherung der staufischen Herrschaft in Imperium und Regnum, aus dem Blick verloren hätte. Dabei bot ihm natürlich gerade die Vielschichtigkeit der politischen Situation einen offenbar willkommenen und gern genützten Handlungsspielraum. Freilich werden seine Absichten keineswegs immer ganz deutlich. Zuweilen wirken seine Argumente wie ein bloßer Vorwand, und manches mag tatsächlich unausgegoren und in der Schwebe geblieben, durch neue Entwicklungen und Überlegungen überholt worden sein.

Friedrichs letzte Vereinbarung mit Innozenz und die Übersiedlung seines Sohnes Heinrich nach Deutschland

Sicher erleichterte es das Vorgehen Friedrichs, daß Papst Innozenz III., sein früherer Vormund und vor allem sein wichtigster Förderer auf dem Weg zum deutschen Königsthron, dem er sich persönlich besonders verpflichtet fühlen mußte, früh und überraschend am 16. Juli 1216, kaum sechsundfünfzigjährig also, in Perugia starb. Doch scheute sich der Staufer, wie genaueres Zusehen wahrscheinlich macht, durchaus nicht, schon zu Lebzeiten und gewissermaßen unter den Augen seines großen päpstlichen Führers und Gönners seine Absichten der Verwirklichung näher zu bringen.

Bald nach dem Laterankonzil begannen die Verhandlungen über Friedrichs Krönung zum Kaiser. Innozenz sandte wohl zu diesem Zweck noch im Februar 1216 den Kardinal Petrus von S. Pudenziana als seinen Legaten nach Deutschland; im April treffen wir den Petrus in Bayern, im Mai bestätigte er in Würzburg den neugewählten Erzbischof Engelbert I. (1216–1225) von Köln.[4] Seine schwierige Hauptaufgabe bestand aber wahrscheinlich darin, mit dem Königshof als Voraussetzung für die Kaiserkrönung eine Einigung über die künftige Beziehung des Imperiums und des Kaisers zum sizilischen Königreich herbeizuführen. Dies gelang.

Friedrich bekundete der Kirche gegenüber gerade damals mehrfach seinen guten Willen. Bereits im Oktober 1215 hatte er, damit man ihn nicht der Undankbarkeit gegen Innozenz schelten müsse, die Grafschaft Sora im

---

[4] Chronica regia Coloniensis, ad 1216, MGH SS rer. Germ. 18, 194, Annales S. Pantaleonis, ad 1216, ebd. 237; RI V, Nr. 6183, Nr. 10797, vgl. Maleczek, Papst 163 f.; Tod Innozenz': Richard von S. Germano, ad 1216, ed. Garufi 74 f.

Abb. 9: Friedrich II., zweite Goldbulle als deutscher König (1212–1220); Stempel nach der Aachener Königskrönung zwischen 1216 und 1218 angefertigt und bis zur Kaiserkrönung in Rom am 22. November 1220 in Gebrauch.

Umschrift der Vorderseite (oben): + FRIDERIC(us) D(e)I GR(ati)A ROMANOR(um) REX (et) SEMP(er) AUGUSTUS (et) REX SICILIE; Rückseite (unten): + ROMA CAPUT MUNDI REGIT ORBIS FRENA ROTUNDI (im Torbogen: AUREA ROMA), Staatsarchiv Basel.

Nordwesten des Regnum Sicilie, das Lehen von Innozenz' Bruder Richard und seit 1210 Pfandbesitz des Apostolischen Stuhls, ganz der römischen Kirche geschenkt. Im darauffolgenden Mai löste er dann auf dem Würzburger Hoftag, also wohl in Anwesenheit des päpstlichen Legaten, sein zwei Jahre zuvor in Eger dem Papst gegebenes Versprechen ein: Er verzichtete unter ausdrücklichem Hinweis auf seine Kreuzesnahme den geistlichen Fürsten gegenüber verbindlich auf das Spolien- und Regalienrecht. Als schlüssige Weiterführung dieser kirchenfreundlichen Politik konnte die Vereinbarung gelten, zu der er sich schließlich am 1. Juli 1216 in Straßburg bereit fand: Unmittelbar nach seiner Kaiserkrönung, so gelobte er dort Innozenz, werde er seinen schon zum sizilischen König gekrönten Sohn Heinrich aus seiner väterlichen Gewalt entlassen, ihm das sizilische Reich als päpstliches Lehen übergeben und selbst auf die sizilische Königswürde verzichten; bis zur Mündigkeit seines Sohnes wolle er im Einverständnis mit Rom einen Regenten für Sizilien bestimmen, der alle Verpflichtungen gegenüber der Kirche erfülle. Das alles geschehe, „damit nicht deswegen, weil wir durch göttlichen Gnadenerweis zum Gipfel des Imperiums berufen sind, die Meinung aufkäme, es gebe zu irgendeiner Zeit irgendeine Form der Union des Regnum mit dem Imperium, wenn wir beides zugleich innehätten; dadurch könnte nämlich sowohl dem Apostolischen Stuhl wie unseren Erben irgendein Nachteil entstehen".[5] Das königliche Entgegenkommen schien vollständig, die päpstliche Auffassung auf der ganzen Linie durchgedrungen, selbst bezüglich der Gefahren, die der staufischen Dynastie künftig drohen mochten.

Indessen plante Friedrich vermutlich schon zu Beginn der Gespräche mit dem päpstlichen Unterhändler, das ganze ihm gebührende Erbe, mochte denn sein förmlicher Verzicht auf Sizilien um des Kaisertums willen unvermeidbar sein, wenigstens in den Händen seines Sohnes zusammenzuhalten. Eben damals nämlich, nicht erst nach dem Tode Innozenz' III., traf er wohl Anstalten, Heinrich zu sich kommen zu lassen, um ihm die deutsche Königskrone zu verschaffen, und im Blick auf dieses Vorhaben, in der Hoffnung auf dessen Gelingen, hätte er dann die allein seine eigene Machtfülle ansprechende Straßburger Erklärung unterzeichnet.

Für diese Annahme sprechen zunächst die Aufbruchstermine der beiden Vertrauensleute, denen der König das Geleit von Frau und Kind auftrug. Der eine, Erzbischof Berard von Palermo, begab sich offenbar gleich nach dem Abschluß des Laterankonzils in das sizilische Königreich. Vielleicht sollte er im Falle einer stauferfreundlichen Konzilsentscheidung sofort die Deutschlandreise Konstanzes und Heinrichs vorbereiten. Jedenfalls könnte

---

[5] MGH Const. 2, 72, Nr. 58; Schenkung Soras: ebd. 546f., Nr. 416; Spolien- und Regalienverzicht: ebd. 67–70, Nr. 56.

die Tatsache, daß von den elf aus den Jahren 1212 bis 1216 erhaltenen Urkunden der Königin und ihres Sohnes allein vier zwischen Februar und Juni 1216 entstanden, durchaus mit dem damals ins Auge gefaßten Aufenthalt im Norden zusammenhängen. Der andere Abgesandte Friedrichs, Graf Albert von Everstein (bei Holzminden, obere Weser), sein zuverlässiger Gefolgsmann von der ersten Stunde an und regelmäßig an seinem Hof anzutreffen, erscheint dort zum letzten Mal Ende Dezember 1215. Er verließ Deutschland demnach Anfang 1216, und spätestens er muß die Heinrich und Konstanze betreffenden Wünsche des Königs überbracht haben. In der Tat stellten die beiden im Juni in Messina ihre letzte Urkunde aus, im Juni oder Juli traten sie nach dem einzig verfügbaren, hier insgesamt vertrauenswürdigen Bericht des Breve chronicon ihre Fahrt von der Hafenstadt aus an.[6] Ein erst durch den Tod des Papstes ausgelöster Befehl Friedrichs aber hätte sie selbst bei größter Eile doch wohl schwerlich vor den ersten Septembertagen erreichen können.[7]

Friedrichs Schachzug haftet, selbst wenn man seine hohe Meinung von der ihm gebührenden Machtstellung einmal außer acht läßt, auch insofern nichts ganz Ungewöhnliches an, als es seit je das Bestreben der deutschen Könige gewesen war, ihren Thron möglichst früh dem eigenen Sohn zu sichern. Innozenz mußte also eigentlich mit einer entsprechenden Anstrengung des Staufers rechnen, und man mag sich fragen, ob und wie er sich dagegen zu wappnen suchte. Seine gerade aus jenen letzten Jahren nur sehr unvollständig überlieferten Briefe geben darüber leider keine Auskunft. Es gilt freilich zu bedenken, daß er auf Friedrichs Straßburger Urkunde, die er schwerlich noch zu Gesicht bekam, nicht mehr reagieren konnte. Vielleicht hätte er sie als ungenügend abgelehnt, vielleicht erschien ihm eine Königswahl Heinrichs gegen seinen Willen aufgrund seines Einflusses bei den geist-

---

[6] Breve chronicon, ed. Huillard-Bréholles 894f.; der Bericht verbindet die Absendung von Friedrichs Boten nach Sizilien unmittelbar mit dem Ende des Laterankonzils; als Aufbruchstermin Konstanzes nennt die Hs. Neapel, Bibl. Naz. VIII C 9, fol. 103v, *mense Julii*, der gleichzeitige, wohl ebenso zuverlässige Cod. Vat. Ottob. lat. 2940, fol. 44r, liest *mense Junii*. Die sizilischen Urkunden von 1212–1216 RI V, Nr. 3836–3838, 3840–3844, 5551, RI V 4, 80, Nr. 552, 552A, Druck der letzten: Acta Imperii 1, 376f., Nr. 443 (Nachdruck: Codice dipl. Salernitano 1, 107–109, Nr. 43). Zu Berard: Kamp, Kirche 1, 1131; zu Albert: RI V, bes. Nr. 808, 813–815, 818, 822f., 827, 829, 834f., 840 (22.12.1215), Nr. 854 ist eine Fälschung, siehe RI V 4, 160, zur Verwandtschaft Alberts mit Konstanze neben Breve chronicon 894 auch Magdeburger Schöppenchronik, ad 1212, ed. Janicke 136, vgl. Meuthen, Pröpste 60–62, Stoob, Doppelstädte 167–171, Crusius, Konrad 461f.

[7] Welchen Grund sollte nun freilich eine derartige Eile des Boten wie dann der Reisenden selbst (Konstanze war im Oktober in Verona, Annales Mantuani, ad 1216, MGH SS 19, 20, vgl. unten S. 194 mit Anm. 13) haben?

lichen Fürsten Deutschlands ausgeschlossen; möglicherweise vertraute er auch zu sehr auf die Ergebenheit Friedrichs ihm gegenüber, unterschätzte er dessen religiös motiviertes herrscherliches Sendungsbewußtsein. Unter Umständen aber hielt er am Ende tatsächlich die strikte Trennung der Kaiserwürde vom sizilischen Königtum für ausreichend oder doch auf Dauer allein durchsetzbar.[8]

Andererseits bleibt Friedrichs Verhalten in mancher Hinsicht gleichfalls etwas rätselhaft. Schon sein Vater hatte erfahren, wie widerstrebend sich die deutschen Fürsten selbst einem recht starken Herrscher gegenüber dazu bereit fanden, zu seinen Lebzeiten seinen Sohn zum Nachfolger zu wählen. Nun stand zu gewärtigen, daß das Auftauchen Heinrichs in Deutschland sofort den größten Argwohn bei Innozenz wecken und daraus der geplanten Königswahl ein zusätzliches schweres Hindernis erwachsen würde, von der Gefahr für Friedrichs eigene Kaiserkrönung zu schweigen. Offenkundig nahm der Staufer diese Risiken in Kauf. Er mochte hoffen, durch eine weiterhin kirchenfreundliche Politik, durch großzügiges Entgegenkommen auf

[8] Vgl. Winkelmann, Philipp 2, 437–440; nach seiner Vermutung, an die Van Cleve, Frederick 105–108, anknüpft, hätte Abt Ulrich von St. Gallen Anfang 1216 in königlichem Auftrag mit Innozenz III. in Rom die Hauptlinien der Vereinbarung vom 1. Juli 1216 ausgehandelt und so „die Hindernisse beseitigt, welche die Übersiedlung der Königin und ihres Sohnes bisher verzögert hatten" (S. 439). Dagegen spricht einmal, daß die Gefahr, die aus päpstlicher Sicht mit dieser Übersiedlung allein verbunden sein konnte, die Königskrönung Heinrichs, durch die Straßburger Vereinbarung gerade nicht gebannt wurde. Vor allem jedoch sagt der einzige Gewährsmann für Ulrichs Gesandtschaft, Conradus de Fabaria, c. 15, ed. Meyer von Knonau 179–182, weder etwas über deren Zweck noch über ihren Zeitpunkt, vgl. schon die Einwände Meyer von Knonaus, Fabaria-Edition 180f. Anm. 126, gegen Winkelmann. Es scheint in der Tat unwahrscheinlich, daß Friedrich den Abt kurz nach Abschluß des Laterankonzils eigens nach Rom gesandt hätte, nachdem sich zum Konzil selbst und oft noch Wochen darüber hinaus ohnehin die ihm vertrauten Führer der deutschen und sizilischen Kirche dort aufhielten, vgl. Krabbo, Bischöfe 280–300, Foreville, Latran 252f., 391–395. Weiter hätte Ulrich, um auf die Formulierung des Straßburger Versprechens Einfluß zu nehmen, im Mai oder spätestens Juni 1216 an den Stauferhof zurückkehren müssen, wofür jeder Nachweis fehlt. Sein Erscheinen in Überlingen und Ulm im Juli 1216 aber entspricht völlig seinem auch sonst beim Durchzug des Königs durch seine engere Heimat üblichen Verhalten (RI V, Nr. 869f., 873f., vgl. zum November 1215 Nr. 838, dazu RI V 4, 156 und 158f., Nr. 788 und 838). Möglicherweise fällt seine umstrittene Romreise in die Zeit zwischen September 1214 (RI V, Nr. 747) und November 1215, während der er Friedrich gegen seine Gewohnheit weder in Basel (November 1214), noch in Augsburg (April 1215) und Ulm (April 1215, Juni 1215) aufsuchte. Zur unsicheren Notiz über seine Anwesenheit bei einem Brand in St. Gallen im Mai 1215 vgl. Meyer von Knonau 187 Anm. 142; das Unglück könnte allenfalls sein Fehlen im Juni begründen.

anderen Gebieten, etwa beim Kreuzzugsunternehmen, schließlich doch Innozenz' Wohlwollen zu bewahren und wenigstens die päpstliche Duldung seiner umfassenden Herrschaftspläne zu erreichen. Vor allem aber erfüllte ihn wohl die Zuversicht, daß sich wie bisher so auch künftig der ihm von Gott vorgezeichnete Weg unvermutet und wunderbar öffne. Erscheint dieser Optimismus Innozenz gegenüber doch etwas leichtfertig, so sollte Friedrich bei dessen Nachfolger in der Tat damit recht behalten. Im übrigen blieb infolge seiner Entschlüsse fürs erste das Imperium der Schwerpunkt seines politischen Wirkens.

Die Regentschaft der Königin Konstanze in Sizilien

Leider wissen wir über die Tätigkeit Konstanzes als Regentin des Königreichs Sizilien bis zu ihrem Aufbruch nach Deutschland nicht sehr viel. Die wenigen Urkunden zeigen immerhin, daß sich der Hof nun meist in Messina oder doch im Osten der Insel, selten nur noch in Palermo aufhielt. Als Kanzler erscheint wieder der bereits vor Friedrichs Abreise rehabilitierte Bischof von Catania, Walter von Pagliara, dessen Treue und Verdienste Konstanze im März 1213 in einer feierlichen Urkunde mehrfach hervorhob und mit der Bestätigung des Besitzes der Burg Calatabiano (südwestlich Taormina) belohnte. Offenbar widmete sich Walter in jenen Jahren jedoch mit besonderem Eifer der Verwaltung seines Bistums, während sein Anteil an den Regierungsgeschäften nicht recht faßbar bleibt. In der Kanzlei selber wirkte das frühere Personal zu einem großen Teil weiter, so Aldoin, der im Mai 1217 Bischof von Cefalù wurde, oder der aus Deutschland heimgekehrte Philippus de Matera. Wenn neben ihnen ein Richter aus Messina und ein Notar des dortigen Erzbischofs arbeiteten, so spiegelt sich auch darin die wachsende Bedeutung dieser Stadt wider. Vor allem aber bot wohl deren Erzbischof Berard, der Familiar Friedrichs, der Königin wertvolle Unterstützung.[9]

Daneben festigte sich die Position Konstanzes auf Sizilien sicherlich durch die Berufung Berards von Bari zum Erzbischof von Palermo. Der dort zunächst gewählte Parisius war vom Papst abgesetzt worden. Da der König

---

[9] Zu den Urkunden siehe oben S. 190 mit Anm. 6; sieben stammen aus Messina, zwei aus Catania, je eine aus Caltagirone (südwestlich Catania) und Palermo, irrtümlich die Angabe bei Fried, Königsurkunde 571 mit Anm. 20. Zu Walter: HB 1, 253–255 (bessere Edition siehe RI V 4, 242, Nr. 3838), vgl. Holtzmann, Papsturkunden 3, 92f., Nr. 2, Kamp, Kirche 1, 1212f., Niese, Catania 57–59; dazu und zur Kanzlei: Schaller, Kanzlei 1, 220f., 258f., 263, zu Aldoin vgl. Kamp 1055–1061, zu Philipp oben S. 142 mit Anm. 53, zu Berard Niese 62.

trotzdem weiterhin an ihm festhielt, drohten die Dinge in eine Sackgasse zu geraten. Eine dauerhafte, alle Teile befriedigende Lösung kam erst zustande, als sich Innozenz im September 1213 zur Translation Berards nach Palermo entschloß. Er hatte damit seinen Rechtsstandpunkt vollkommen gewahrt, und Friedrich durfte dennoch über die Erhebung seines vertrauten Gefolgsmannes auf den vornehmsten Bischofsstuhl seines Königreiches glücklich sein. Zwar blieb Berard nach der Übernahme seiner neuen Würde nicht allzulange im Land, bereits im Mai 1214 eilte er über Rom wieder zurück nach Deutschland. Er vergaß indessen auch in der Ferne die Sorge für das Wohl seiner Kirche keineswegs. Im April 1215 erlangte er von Friedrich die Bestätigung ihrer Rechte und ihres Besitzes sowie zusätzliche Schenkungen; die entsprechenden Urkunden gedenken dabei ausführlich der aufopferungsvollen und bewährten Treue der Palermitaner Kanoniker und natürlich Berards selbst. Vermutlich wiederum auf dessen Drängen hin erging dann kurz darauf, vielleicht nach der Aachener Krönung, der Befehl des Königs, jene beiden kostbaren, noch immer leeren Porphyrsarkophage, die einst sein Großvater Roger II. als seine Grabstätte und zu seinem Andenken in der Kirche von Cefalù hatte aufstellen lassen, nunmehr in die Kathedrale von Palermo zu überführen und darin seinen Vater, Kaiser Heinrich VI., und künftig einmal ihn selbst zu bestatten. Verständlicherweise reagierte Bischof Johann von Cefalù, obwohl ihn eine königliche Schenkung entschädigte, tief enttäuscht und verärgert auf den schweren Prestigeverlust, den sein Bistum mit diesem Akt erlitt. Berard aber hatte für Palermo endgültig den so begehrten Rang der Grabkirche der sizilischen Herrscher gesichert.[10]

Carus von Monreale, der dritte sizilische Erzbischof, Familiar des Königs auch er, stand wohl gleichfalls auf Konstanzes Seite und förderte ihre Sache, so gut er konnte, etwa indem er Anfang 1215 gegen genuesischen Widerstand die Wahl des Bartholomaeus, des Kantors der Palermitaner Hofkirche, zum Bischof von Syrakus durchsetzte. Er sah sich freilich auf seinem eigenen Kirchengut nach wie vor gefährlichen Widerständen und Rebellionen der sarazenischen Bauern gegenüber, die seinen Handlungsspielraum offenbar empfindlich einschränkten. Dieser Aufruhr machte zugleich die Grenzen deutlich, die auch der königlichen Gewalt auf der Insel gezogen waren, in jener Region also, auf die sie sich, unter Einschluß des traditionell eng mit Sizilien verbundenen Kalabrien, ganz überwiegend konzentrierte. Verstand es Konstanze hier immerhin, gestützt auf die hohe Geistlichkeit und erfahrene, verläßliche Beamte wie den Familiaren Thomas von Gaeta, die Kron-

---

[10] Innozenz III., Ep. XVI 110, PL 216, 906; HB 1, 365f., 372–374, 426f.; Kamp, Kirche 1, 1127–1131, 1054, Deér, Porphyry Tombs 16–23, ders., Grab Friedrichs, bes. 368–370.

Mühsamer Erfolg

rechte gegen kirchliche Übergriffe und zuweilen vielleicht sogar gegen verräterische Adlige wenigstens einigermaßen zu wahren, so läßt sich über ihren Einfluß im übrigen Königreich, von einer Schenkung für den Erzbischof Nikolaus von Salerno abgesehen, nichts Sicheres sagen.[11] Hilfreich war dort gewiß ebenfalls der Einsatz papst- und königsfreundlicher Kleriker, der Erzbischöfe Anselm von Neapel und Bartholomaeus von Trani etwa oder der Bischöfe Philipp von Troia und Basuin von Aversa. Die meisten Adligen werden freilich wie Graf Matthaeus Gentilis von Lesina die Gelegenheit zum rigorosen Ausbau ihrer eigenen Macht benutzt haben, ohne daß die Legaten König Friedrichs, Aldobrandin, der Markgraf von Este und der Mark Ancona, und der 1215 in Apulien auftretende Bischof Lupold von Worms, allzuviel dagegen vermochten.[12]

Nach Deutschland begleiteten Konstanze und ihren Sohn neben Berard von Palermo und Graf Albert der aus Genua stammende sizilische Admiral und Familiar Guilelmus Porcus und der dem König ergebene apulische Adlige Berard Gentilis, Graf von Nardò, auf der ersten Etappe vielleicht auch Thomas von Gaeta, der sich dann im Auftrag der Königin zu dem neuen Papst Honorius III. begeben hätte. Zunächst segelte man wohl nach Santa Eufemia (westlich Catanzaro) hinüber. Während der fünfjährige Heinrich von da aus mit dem Schiff weiter nach Genua oder Pisa gelangte, wählte seine Mutter den mühseligeren und langwierigeren Landweg, ohne daß wir ihre Route verfolgen könnten. Möglicherweise schloß sich ihr nun noch der eben erst erhobene Erzbischof Rainald von Capua († 1222) an. Im Oktober 1216 traf sie in Reggio nell' Emilia wieder mit ihrem Sohn zusammen, und spätestens Anfang Dezember kam die ganze Gruppe endlich am Hofe Friedrichs in Nürnberg an.[13] Dankbar nahm dieser das glückliche Ende der Mis-

---

[11] Carus: Kamp, Kirche 1, 1193f., 1238–1240, vgl. zu Erzbischof Lukas von Cosenza 838f.; Thomas von Gaeta reiste 1215 in Konstanzes Auftrag zum Papst, um dort für die Sache ihres 1213 umgekommenen Bruders, Peters II. von Aragon, zu wirken: Kehr, Briefbuch 64, Nr. 16 (Brief Konstanzes an den Bischof von Urgel); Wahrung der Kronrechte: HB 1, 265f. (gegen Berard von Messina), RI V 4, 80, Nr. 552A (ed. Fried, Königsurkunde 574, vgl. 571–573; daß die Königin, die die treuen Dienste des privilegierten Bischofs Philipp von Martirano [südlich Cosenza] rühmt, selbst gegen den Verräter Nikolaus einschritt, geht freilich aus dem Text nicht hervor); Schenkung für Nikolaus: Acta Imperii 1, 376f., Nr. 443, vgl. Kamp 431f., Fried 572f.

[12] Zu den Bischöfen: Kamp, Kirche 1, 315, 553f., 520f., 344f.; zu Matthaeus Gentilis ebd. 271, 724, Neumann, Parteibildungen 244, Holtzmann, Nardò 62–65, sowie oben S. 118, zu Aldobrandin: Rolandus Patavinus I 15, MGH SS 19, 47, Annales Patavini, ad 1215, ebd. 151, vgl. RI V, Nr. 12457f., 12462f.; zu Lupold: RI V, Nr. 12475 (Bari, 28.4.1215; HB 1, 375–377), RI V, Nr. 12481, vgl. 12501a (Tod Lupolds am 17.1.1217 in Süditalien), Kamp 7 (zu 1216).

[13] Zur Reise: Breve chronicon, ed. Huillard-Bréholles 894f., Richard von S. Ger-

sion zum Anlaß, ein weiteres Mal die Kirche Berards von Palermo zu beschenken und den Erzbischof selbst zu rühmen als „unseren geliebten Getreuen und Familiaren, der uns sowohl außerhalb des Königreiches treu folgte wie auch im Königreich ergeben und wirksam diente, der uns in allen unseren Schwierigkeiten beistand und dabei viele Einbußen an materiellen Gütern und Gefahren für seine Person erduldete". Für die bevorstehende Zeit der Abwesenheit des Herrscherpaares scheint Berard damals zum Vertreter des Monarchen auf Sizilien bestellt, sein Amtskollege Rainald von Capua mit ähnlichen Vollmachten für das Festland versehen worden zu sein.[14] Beide kehrten dann offenbar bald in das sizilische Reich zurück. Das Hauptaugenmerk ihres Königs aber galt noch dem Norden seines Machtbereichs.

Süddeutsche Herrschaftszentren und die Wiederaufnahme der staufischen Territorialpolitik

Die Lage in Deutschland begann sich damals merklich zu beruhigen und zu festigen. Von einzelnen Ausnahmen abgesehen, dem gegen Otto gewandten Zug in den braunschweigischen Raum vom Spätsommer 1217 etwa oder einem Unternehmen gegen den Herzog Theobald I. von Oberlothringen (1213–1220) im Mai 1218, war Friedrich zu keinen weiteren militärischen Aktionen mehr gezwungen. Er führte sein Regiment fast ausschließlich von den großen, innerhalb des unmittelbaren staufischen Einflußbereiches gelegenen süd- und mitteldeutschen Zentren aus. Wir hören von häufigeren Aufenthalten und Hoftagen in den Bischofsstädten Speyer, Augsburg und Würzburg. Mindestens ebenso oft besuchte der König die großen Pfalzen in Nürnberg, Ulm und Frankfurt, allesamt wichtige Mittelpunkte der königlichen Verwaltung schon unter den früheren Staufern, die jene Plätze glanzvoll ausgebaut, die dort entstandenen Marktsiedlungen – vor allem auch in ihrem eigenen herrscherlichen Interesse – nach Kräften gefördert und

---

mano, ad 1216, ed. Garufi 73f., Reineri Annales, ad 1216, MGH SS 16, 675, HB 1, 483–485, die Zeugenlisten ebd. 489, 492 (RI V, Nr. 886f.; die Listen von Nr. 922 und 924 wiederholen nur Vorlagen vom Dezember 1216, siehe Kamp, Kirche 1, 119 Anm. 78, 80), vgl. RI V, Nr. 3845a–d; zu Guilelmus Porcus: Annales Ianuae, ad 1205, MGH SS 18, 123, ad 1211, ebd. 130, RI V, Nr. 12465, Neumann, Parteibildungen 91f.; zu Berard Gentilis oben S. 137, zur Teilnahme des Thomas von Gaeta Kehr, Briefbuch 7–11, 36 (vgl. 43–45, Nr. 3–5), zu Rainald von Capua Kamp 116–120, bes. 119; ein Aufenthalt Konstanzes in Capua, wie er RI V, Nr. 6214, vgl. 5552d, angenommen wird, läßt sich nicht nachweisen, vgl. Kamp 7 mit Anm. 23, 191 Anm. 28.

[14] Zitat: HB 1, 491; zur Regelung der Vertretung Kamp, Kirche 1, 1131 mit Anm. 151, 119 mit Anm. 79.

privilegiert, mit einträglichen Münzstätten und dem von den Einwohnern begehrten Stadtrecht versehen hatten.

Zu Friedrichs Lieblingssitz, zu seiner Residenz geradezu, entwickelte sich indessen die Pfalz Hagenau, auf einer Insel des Flüßchens Moder von Friedrich Barbarossa einschließlich einer prächtigen, doppelgeschossigen Kapelle wohl nach 1160 völlig neu errichtet. Manches mag zusammengekommen sein, um die Vorliebe des Enkels für den bereits von Vater und Großvater geschätzten Ort zu begründen: die Bindung an die Tradition der Vorfahren, die Freude an der Größe und dem erlesenen Reichtum der Anlage, die bequeme, Versorgung wie Sicherheit gewährleistende Nähe der am Südufer der Moder gleichfalls von Barbarossa gegründeten Stadt, die Weite des umliegenden sogenannten Heiligen Forstes, eines idealen Jagdreviers, die günstige Lage des Ganzen inmitten des umfangreichen nordelsässischen Haus- und Reichsgutes, das der Burgvogt und seit 1214 der vom König aus den Bürgern Hagenaus ausgewählte, bis dahin nur für städtische Angelegenheiten verantwortliche *scultetus* oder Schultheiß verwaltete. Jedenfalls verbrachte Friedrich, von kürzeren, gleich im Oktober 1212 einsetzenden Besuchen einmal abgesehen, hier einen großen Teil der Herbst- und Wintermonate 1215/16 sowie der Winter- und Frühjahrszeit in den Jahren 1218, 1219 und 1220. Hier fertigte er fast ein Viertel seiner Urkunden aus jener Zeit aus, und hier hielt er während eines längeren, von Ende August bis Anfang Oktober 1219 dauernden Aufenthaltes einen offenbar vorwiegend oberitalienischen Fragen gewidmeten Hoftag ab. Als er 1235/36 zum zweiten Mal in Deutschland erschien, diente ihm die Pfalz wiederum als bevorzugte Residenz und eine Art Winterquartier. Die im April 1237 von Wien aus angekündigte neuerliche Reise ins Elsaß kam dann aber nicht mehr zustande. Wenn der Kaiser damals, auf Gottes Vorliebe für Israel anspielend, bekannte, er wolle jenen Landstrich vor den übrigen deutschen Provinzen durch seine Anwesenheit ehren, weil er ihm teurer als alle anderen Besitztümer seines väterlichen Erbes sei, so war dies dennoch keine leere Floskel, sondern offenkundig der Ausdruck echter Verbundenheit.[15]

Zweifellos hatte die den Stauferherrschern im Laufe des 12. Jahrhunderts zugewachsene Machtfülle während Philipps Kampf gegen Otto IV. spürbare

---

[15] HB 5,60f. (RI V, Nr. 2243), zur Wendung *hereditatis nostre funiculus* vgl. Deut. 32,9; zu den Daten von Friedrichs Itinerar 1215–1220 siehe RI V, Nr. 823–1153. Nürnberg: Bosl, Nürnberg 16–21; Ulm: Maurer, Herzog von Schwaben 91–104, Baaken, Pfalz 36–45, vgl. 46–48; Frankfurt: Schwind, Frankfurt 735–740; vgl. Hotz, Pfalzen 34–36, 47–53, 90–93, Arens, Königspfalzen 134–137, zur Münzpolitik: Nau, Staufische Münzpolitik 49–53, 56. Hagenau: Maier, Stadt 56–62, vgl. 8–12, Fein, Städtegründungen 13–18, Schneider, Friedrich II. 137–139; Hotz 61–73, Arens 137; vgl. zum Folgenden insgesamt Goez, Friedrich II. 5–20 (mit Karten zum Itinerar und zur Herkunft der Urkundenempfänger Friedrichs 1212–1220).

Einbußen erlitten, und Friedrich seinerseits suchte in Deutschland, wie wir sahen, von Anfang an durch eine wahrhaft königliche Freigebigkeit seine Anhänger noch fester an sich zu binden und neue Freunde zu gewinnen. Wie bei seinem Verzicht auf die von Innozenz in Mittelitalien rekuperierten Gebiete oder auf das vom Dänenkönig besetzte Land nördlich der Elbe blieb ihm gewiß auch in den meisten anderen Fällen großzügigen Nachgebens, beim Verzicht auf Kirchenlehen, bei seinen Schenkungen an große und kleine weltliche Herren, schwerlich eine andere Wahl, hätte er doch ohne die tatkräftige Unterstützung der derart Privilegierten keinerlei Aussicht gehabt, im Reich überhaupt je Fuß zu fassen.

Das Ergebnis solcher Politik und ganz allgemein der seit 1198 herrschenden Wirrnis und Unsicherheit mochte freilich noch an manchem Ort sonst ähnlich ernüchternd ausgesehen haben wie in dem Amt oder *officium* von Pfullendorf (nördlich Überlingen), über das wir durch einen glücklichen Umstand genauer Bescheid wissen: Auf einem Pergamentblatt ist uns ein um 1220 angelegtes Verzeichnis überliefert, das die in diesem Bezirk dem Reich durch die Könige Philipp, Otto und Friedrich sowie durch die dortigen Minsterialen entzogenen Güter und Rechte aufführt. Sein Verfasser, vermutlich ein von Friedrich mit der Verwaltung seiner Einkünfte betrauter Ministeriale, vielleicht Konrad von Winterstetten (südlich Biberach), vermerkte zu jedem einzelnen Posten den Ertrag, den er einzubringen pflegte, und bezifferte abschließend den Gesamtverlust des Reiches im Amt Pfullendorf auf 190 Mark Silber jährlich. Lediglich ein paar Zentner Getreide standen dem König nach jener Abrechnung dort noch zu.[16] Zugleich bezeugt indessen gerade die Pfullendorfer Aufstellung doch ein wachsendes Bewußtsein für die Bedeutung von Geldwert und Schriftlichkeit in der königlichen Verwaltung; sie verrät ein offenbar starkes Interesse des Königs und seiner Umgebung an einem Überblick über Bestand und Entwicklung des staufischen Haus- und Reichsgutes und der daraus fließenden Einnahmen.

In der Tat mühte sich Friedrich, sobald und wo immer sich Gelegenheit dazu bot, Besitz und Rechtsstellung seiner staufischen Vorgänger wieder in seine Hand zu bekommen, diese Basis durch zusätzliche Gewinne zu erweitern und das Ganze durch eine leistungsfähige Administration zusammenzuhalten und zu nützen. Dieses Bestreben scheint im Gegensatz zu seiner so oft bewiesenen und eigens betonten Großzügigkeit zu stehen. Allem nach

---

[16] Text des Verzeichnisses: Schmid, Graf Rudolf 297, Nr. 112, dazu ebd. 219–223, Metz, Güterverzeichnisse 94–97 (Faksimile 156), sowie Dreher, Herkunft 321–323, vgl. RI V 4, 242 (BF. 3845). Zu Friedrichs Freigebigkeit siehe oben S. 156–161, 169f., außerdem etwa noch RI V, Nr. 695, und Burchard von Ursberg, ad 1212, MGH SS rer. Germ. 16, 109, zu Philipp ebd. 91f., dazu Niese, Verwaltung 55f., Bosl, Reichsministerialität 157, vgl. Schwarzmaier, Ende 115f.

aber gehörte für Friedrich beides untrennbar zusammen. Zwar war der Herrscher in seinen Augen, von den Zwängen bestimmter Notsituationen einmal ganz abgesehen, auch grundsätzlich gehalten, seine erprobten und verdienten Helfer nach Gebühr zu belohnen. Er hatte andererseits jedoch ebenso klar das Recht und die Pflicht, das ihm selbst Zukommende als Fundament seines Herrschertums und Voraussetzung für die gebotene Freigebigkeit zu beanspruchen und zu ergreifen. „Es scheint uns angemessen und vernünftig, daß wir, die wir auf dem Thron der Gerechtigkeit sitzen und allen Menschen fest und beständig ihre Rechte wahren, unser eigenes Vermögen nicht vergessen, sondern es wieder in unseren Besitz zurückbringen", so bekannte er später im Blick auf die sizilischen Verhältnisse der dreißiger Jahre.[17] Doch bereits in Deutschland leitete ihn eine im Kern verwandte Vorstellung. Ihre Offenheit erlaubte ihm – darin bestand gewiß ihr Reiz – die bewegliche Anpassung an veränderte Gegebenheiten. Die dabei notwendige ständige Neubestimmung des Verhältnisses der Rechtsansprüche und Interessen des Herrschers zu denen seiner Untertanen bot freilich auch ihre Schwierigkeiten.

Der Kreis der Berater und Helfer

Friedrichs Vorhaben kam sicher entscheidend zugute, daß sich der altbewährte Kreis der Anhänger, engen Mitarbeiter und Diener der staufischen Sache in Süddeutschland schnell und ziemlich vollständig auf seine Seite begeben hatte und sich fortan für ihn einsetzte. Zu seinen treuesten Begleitern aus dem hohen Adel jener Region während der Jahre bis 1220 gehörte ohne Zweifel Markgraf Hermann V. von Baden († 1243), dessen Familie, eine Seitenlinie der Zähringer, sich nach ihrer Stammburg oberhalb von Baden-Baden nannte. Ihr Besitz freilich lag nur zum kleineren Teil in deren Umgebung, überwiegend hingegen im Breisgau und vor allem am mittleren Neckar und an der Murr. In Backnang hatte schon zu Beginn des 12. Jahrhunderts ein Vorfahre Hermanns ein Augustiner-Chorherrenstift als Grablege seines Geschlechts gegründet, und dem Raum zwischen Backnang und Stuttgart, das Hermann selbst vielleicht um 1219 zur Stadt erhob, galt zunächst auch sein eigenes Hauptaugenmerk. Darüber hinaus aber verkehrte er regelmäßig an Friedrichs Hof, sein Name gehört zu den meistgenannten in den Zeugenreihen der königlichen Urkunden. Offenbar wußte der Staufer seine Anwesenheit und seinen Rat zu schätzen. Jedenfalls überließ er ihm im Jahre 1219 die Königsstädte Lauffen am Neckar, Sinsheim und Eppingen im Kraichgau als Pfandschaften für 2300 Mark Silber, insbesondere aber im Rahmen eines Gütertausches gegen braunschweigischen Besitz

---

[17] Konst. III 4,1, 250.

Durlach als Eigentum und Ettlingen als Lehen. Der Raum um diese beiden vermutlich von Heinrich VI. gegründeten städtischen Verwaltungs- und Wirtschaftszentren, der Uf- und Pfinzgau, sollte künftig immer stärker in den Mittelpunkt der markgräflichen Aktivität rücken.[18]

Nicht so häufig wie den Markgrafen Hermann, doch ebenfalls einigermaßen regelmäßig sehen wir die Grafen von Württemberg in Friedrichs Umgebung, in erster Linie den Grafen Ludwig, aber auch seinen Bruder Hartmann. Sozusagen als Nachbarn der Badener auf dem Rotenberg über Untertürkheim (heute ein Stadtteil von Stuttgart) sitzend, verfügten die Württemberger, Erben der Herren von Beutelsbach und alte Parteigänger der Staufer, im Umkreis ihrer Burg an Rems und Neckar über reichen Eigen- und Lehensbesitz, darunter wertvolle Zollrechte. Ähnlich oft wie sie verweilten bei dem Stauferkönig noch der auf der Schwäbischen Alb und um Sigmaringen begüterte, zudem den einträglichen Zoll am Geislinger Albübergang kontrollierende Graf Eberhard von Helfenstein (über Geislingen an der Steige), daneben Graf Gerhard II. von Diez an der Lahn (westlich Limburg), dessen Vater Heinrich schon als zuverlässige Stütze staufischer Politik und Sachwalter der staufischen Interessen im Raum nördlich Frankfurts von Friedrich Barbarossa beim Ausbau seiner Herrschaft im Lahntal und in der westlichen Wetterau gefördert worden war, und Graf Sigbert von Werd (Wörth, Ortsteil von Matzenheim südlich Straßburg), den einst Heinrich VI. 1196 zusätzlich zu seinen ausgedehnten Gütern im Elsaß mit der damals allerdings nicht mehr sehr bedeutsamen Landgrafschaft im unteren Elsaß belehnt hatte; nun scheint Sigbert, zuweilen begleitet von seinem Sohn Heinrich, vor allem während Friedrichs Aufenthalten in Hagenau fast ständig um den König gewesen zu sein. Einen guten, wiewohl im Vergleich mit dieser Gruppe loseren Kontakt zum Hof unterhielt eine Reihe anderer Grafen wie Konrad I. aus dem Hause Zollern (südlich Tübingen), der Inhaber der seinem Vater von Heinrich VI. verliehenen Burggrafschaft Nürnberg, Rudolf I. († 1219), Pfalzgraf von Tübingen und Gründer des Zisterzienserklosters Bebenhausen, Ernst von Filseck (westlich Göppingen) oder Heinrich von Zweibrücken.[19]

---

[18] Zum Tausch von 1219: HB 4, 500f.; vgl. Schwarzmaier, Baden 1337f., Schäfer, Reichslandpolitik 216–229, vgl. 204–216. Siehe dazu und zum Folgenden RI V, Nr. 824–1153, dazu RI V 4, 22–28, Nr. 143–178.

[19] Decker-Hauff, Anfänge, bes. 30–62, Weller, Württembergische Geschichte 83f.; Eberl, Helfenstein 2118f.; Schwind, Diez 1039f.; Eyer, Landgrafschaft 164f., 172–176; Wendehorst, Hohenzollern 83f.; Sydow, Tübingen 1, 106, 110–112, Schmid, Geschichte 105–134. – Offen muß wohl bleiben, ob Friedrich, etwa auf Wunsch Graf Rudolfs II. von Habsburg, im Frühjahr 1218 dessen Enkel, den künftigen König Rudolf I. († 1291), aus der Taufe hob, wie dies recht spät erst, um 1350, Mathias von Neuenburg, c. 2, MGH SS rer. Germ. N. S. 4, 9 (vgl. dort Anm. 3), behauptet.

Sie alle übertraf offenkundig Anselm von Justingen mit seinem Engagement für den Staufer, jener adlige Herr aus Schwaben also, der Friedrich an der Jahreswende 1211/12 die Kunde von seiner deutschen Königswahl überbracht und ihn auf seiner abenteuerlichen Reise nach Norden begleitet hatte. Nur selten einmal verließ er von da an das königliche Gefolge. Im Herbst 1212 und endgültig wohl im Frühjahr 1215, nach dem Tode Heinrichs von Kalden († 1214), mit dem Amt des Hof- oder Reichsmarschalls belohnt, gehörte er zu den wichtigsten Männern der zentralen königlichen Verwaltung mit vielfältigen Aufgaben. In seine Verantwortung fiel unter anderem die Oberaufsicht über das Personal, das für die Unterkunft des Hofes, für den Schutz des Königs und für die Einquartierung und Verpflegung des Heeres zu sorgen hatte. Heinrich von Neuffen, einst Anselms Genosse auf dem ersten Teil der Italienfahrt, war zwar nicht ähnlich dauerhaft an den Hof gebunden; er legte jedoch gleichfalls großen Wert auf engen, kontinuierlichen Kontakt mit dem Herrscher und erschien, hin und wieder zusammen mit seinem Vater oder Bruder, recht eifrig bei Hofe. Seinen edelfreien Standesgenossen begegnet man dort seltener. Erwähnung verdienen immerhin Gerlach II. von Büdingen (nordöstlich Frankfurt; † nach 1240) aus einer traditionell stauferfreuen, in der östlichen Wetterau sehr einflußreichen Familie, die Herren Heinrich und Rudolf von Rapperswil am Züricher See und der sich manchmal bereits wie dann seine Söhne mit dem Grafentitel schmückende Eberhard von Eberstein (über Baden-Baden); dessen Vorfahren hatten im 12. Jahrhundert eine zielstrebige Rodungs- und Erschließungsarbeit im Nordwestschwarzwald betrieben, und auf umfangreiche Güter und Rechte dort und in der angrenzenden Rheinebene sowie auf vielfältige Verbindungen mit bedeutenden Adelsdynastien gründete sich seine eigene hervorragende Geltung.

Aus dem Kreis der Äbte Süddeutschlands fand sich Kuno (1188–1221), der Abt des damals seine Hochblüte erlebenden Benediktinerklosters Ellwangen und seit 1218 zugleich Abt von Fulda, besonders regelmäßig beim König ein, während Abt Ulrich von St. Gallen und mit kleinen Abstrichen auch Abt Hugo von Murbach im Elsaß zum mindesten Friedrichs Hoftage in der weiteren Umgebung ihrer Klöster ziemlich zuverlässig besuchten.[20]

Zu allen diesen adligen und geistlichen Vertrauensleuten Friedrichs treten als eine weitere, vielleicht die wichtigste Gruppe die Reichsministerialen, schon im 12. Jahrhundert die wirkungsvollsten Träger der staufischen Terri-

---

[20] Zu Anselm und Heinrich siehe oben S. 138 mit Anm. 45; Gerlich, Gerlach 1336, Schwind, Landvogtei 27–29, 51–55, 83–86; Schäfer, Reichslandpolitik 229–244, vgl. Wunder, Otto von Eberstein 93–99; Fik-Häfele, Kloster Ellwangen 152–165; zu Ulrich von St. Gallen siehe oben S. 191, Anm. 8. – Zu den Hofämtern Rösener, Hofämter, bes. 499–510, mit weiterer Literatur.

torialpolitik. Ihre führenden Repräsentanten stellten sich jetzt dem jungen Stauferherrscher zur Verfügung, an ihrer Spitze die Brüder Werner III. und Philipp III. von Bolanden (beide † um 1221). Bahnbrechend für den Aufstieg ihres Geschlechts war die energische und erfolgreiche Wirksamkeit ihres Großvaters Werners II. († um 1190) gewesen. Als entschiedener Gefolgsmann Friedrich Barbarossas hatte er seinen ursprünglichen Herrschaftsbereich um die Burg Bolanden (westlich Worms) mit kaiserlicher Unterstützung beträchtlich zu vergrößern vermocht. Das berühmte, in seinen wesentlichen Teilen wohl auf Werners letzte Lebensjahre zurückgehende Bolander Lehnbuch zeigt ihn als Lehnsmann des Kaisers und über vierzig weiterer Herren, darunter Herzöge, Erzbischöfe und Bischöfe, Äbte und Grafen, der in seiner Hand einen weitgespannten, relativ geschlossenen Komplex von Gütern und mannigfaltigen Hoheitsrechten vorwiegend im pfälzisch-rheinhessischen Raum vereinte. Von Barbarossa geradezu als sein *procurator* bezeichnet, durfte er als dessen maßgebender Vertreter in der für die Reichspolitik zentralen Region um den Mittelrhein gelten. Angesichts solcher Machtfülle verwundert es kaum noch, daß sein Sohn zum ersten Mal in der Geschichte der Reichsministerialität die Standesgrenze zum Adel zu überwinden und eine Frau aus dem edelfreien Hause Eppstein (westlich Frankfurt) zu gewinnen vermochte. Die beiden Enkel Werners hielten sich in den Wirren des deutschen Thronstreites zeitweise zusammen mit ihrem Onkel, dem Mainzer Erzbischof Siegfried II. von Eppstein, auf Ottos Seite, um dann jedoch wie jener sehr früh zu Friedrich überzuschwenken. Seither blieben sie offenbar bis zu ihrem Tod fast ununterbrochen in dessen Nähe, der den älteren, Werner III., bereits 1212 mit der Würde des Reichstruchsessen und damit also einer der zentralen Verwaltungsfunktionen am Hofe betraute.[21]

Ein weiteres wichtiges Hofamt, das des Reichsschenken, pflegte schon im 12. Jahrhundert die Reichsministerialenfamilie von Schüpf (Oberschüpf, westlich Bad Mergentheim) zu versehen. Walter II. von Schüpf, mit einer Schwester der Bolander verheiratet und als Schenk im Dienste Philipps sowie seit 1208 Ottos, fand sich wohl kurz nach seinen Schwägern bei Friedrich II. ein. Er behielt sein Amt und läßt sich gleichfalls bis zu seinem Tode Anfang 1218 regelmäßig beim König nachweisen. Danach ging die Schenkenwürde an seinen Bruder Konrad über, um 1226 an seinen Sohn Walter, den Erbauer der Limpurg bei Schwäbisch Hall, zu fallen. In ähnlicher Weise gelang es den Repräsentanten des mächtigen Dienstmannengeschlechts von Münzenberg (südlich Gießen) als unentbehrlichen, in der Wetterau und in dem riesigen Reichsforstbezirk Dreieich südlich von Frankfurt dominie-

---

[21] Eckhardt, Bolander Lehnbuch 317–344, Metz, Güterverzeichnisse 52–76, Bosl, Reichsministerialität 260–274.

renden Sachwaltern der frühen Staufer, geradezu einen Erbanspruch auf die angesehene und einflußreiche Stellung des Kämmerers zu erringen und unter Friedrich II. zu bewahren. Wie zuvor sein Vater und Bruder, beide mit Namen Kuno, so trug den Kämmerertitel nun Ulrich I. von Münzenberg, der im Februar 1213 zu Friedrich stieß.

Neben diesen in langem Reichsdienst, oft schon zur Zeit der Salier, aufgestiegenen Familien besaßen in Friedrichs Beraterkreis noch eine Reihe jener ehemals welfischen Ministerialen beachtliches Gewicht, die mit dem Welfenerbe in Oberschwaben endgültig erst 1191 unter die Herrschaft der Staufer gelangt waren. Aus ihrer Mitte ragen besonders Eberhard von Tanne-Waldburg († um 1234) und Konrad von Tanne-Winterstetten († 1243) hervor. Eberhard von Tanne (Alttann, nordöstlich Ravensburg), 1197 als Schenk Herzog Philipps von Schwaben bezeugt, 1214 erstmals bei Friedrich faßbar und danach häufig am Hof zugegen, stand offenkundig von Anfang an in königlicher Gunst. Er konnte zunächst sein schwäbisches Schenkenamt weiterverwalten und rückte dann in die Position des 1210 in männlicher Linie ausgestorbenen, ebenfalls ursprünglich der welfischen Ministerialität zugehörenden Hauses Waldburg ein. Friedrich übertrug ihm sowohl deren herzoglich-schwäbische Truchsessenwürde wie die östlich von Ravensburg gelegene Waldburg selbst, nach der sich Eberhard seit 1219 zu nennen pflegte. Seine Nachfolge als Schenk des schwäbischen Herzogs trat sein Neffe Konrad an, dem daneben die Burg Winterstetten (südlich Biberach), deren Namen er übernahm, und beträchtlicher weiterer Besitz in der Umgegend zufielen. Kaum weniger eifrig setzte sich Dieto von Ravensburg für den Stauferkönig ein. Aus einem Ministerialengeschlecht stammend, das seit langem die oberschwäbische Stammburg der Welfen verwaltete, vielleicht ein Enkel der Adelheid von Vohburg, Barbarossas erster Frau, die nach ihrer Scheidung vom Kaiser einen Dieto von Ravensburg geheiratet haben soll, erschien er des öfteren am Hof, hin und wieder als Kämmerer, vermutlich des schwäbischen Herzogs, im Mai 1216 auch einmal ausdrücklich als *camerarius imperii* bezeichnet.[22]

Damit überblicken wir zu einem wesentlichen Teil die Menschen, mit denen Friedrich während seiner Jahre in Deutschland besonders eng zusammenarbeitete, mit denen er bisweilen fast täglich verkehrte und deren mittel-

---

[22] Bosl, Reichsministerialität 376–383 (Schüpf; vgl. Wunder, Schenken 14–21), 289–297 (Münzenberg; dazu Keunecke, Münzenberger, bes. 15–25, vgl. Schwind, Landvogtei 44–47, 75–77), 428–439 (Tanne–Waldburg–Winterstetten), 412–417 (Ravensburg; Dieto als Reichskämmerer: HB 1, 465, zu RI V, Nr. 859, siehe RI V 4, 160), vgl. über die welfischen Ministerialen in staufischem Dienst Bradler, Studien 402–404, 409–412, 429–436, 465–470, 480–488, 496–500, 582f., zu den Hofämtern Niese, Verwaltung 22–24.

hochdeutsche Sprache er, so dürfen wir angesichts der praktischen Notwendigkeit wie seiner Intelligenz und raschen Auffassungsgabe doch vermuten, bald verstehen und wohl auch einigermaßen benutzen lernte.[23] Diesen Männern gräflicher, edelfreier und vor allem ministerialer Herkunft verdankte er erste Informationen über die Herrschaftsverhältnisse und Machthaber im deutschen Reich, insbesondere aber seine Kenntnisse der Gegebenheiten im unmittelbaren staufischen Einflußgebiet Süd- und Mitteldeutschlands. Sie vermochten ihn aufzuklären über Personen und Gewohnheiten, über seine Rechts- und Besitzansprüche, über deren vielfältige Herkunft und Tragweite, ihren etwaigen Verlust und die Aussichten auf ihre Rückgewinnung. Wichtiger noch: Indem sie ihn anerkannten und sich in seinen Dienst stellten, schufen sie – das gilt vorzugsweise für die Ministerialen – überhaupt erst die konkrete territoriale und personelle Basis, die wirtschaftlichen und verwaltungstechnischen Voraussetzungen für seine Wirksamkeit als Herrscher.

Im übrigen vergaß Friedrich bei der Wiederaufrichtung und Neugliederung der staufischen Verwaltung natürlich keineswegs seine eigenen Erfahrungen im Königreich Sizilien, zog er Nutzen aus der sachkundigen Unterstützung einzelner sizilischer Getreuen, so offenbar vor allem des königlichen Kämmerers Richard, jenes kalabrischen Adligen, der ihn nach Deutschland begleitet hatte und seither fast immer in seiner Nähe blieb.

Außerordentlich positiv für den Staufer schlug endlich ohne Zweifel zu Buche, daß ihm nach dem frühen Übertritt des Kanzlers Konrad, des der Reichsministerialenfamilie von Scharfenberg (südlich Annweiler am Trifels) angehörenden Bischofs von Speyer und Metz, in Deutschland sofort nicht nur der gewichtige Rat Konrads selbst, sondern auch geschultes Personal der Reichskanzlei zur Verfügung stand. Als eigentlicher Leiter der Kanzlei mit dem Titel des Protonotars fungierte zunächst Berthold von Neuffen, zuvor Kanoniker in Speyer und Trient, vom König in Verona im August 1212 ernannt und seit 1217 Bischof von Brixen. Seine Nachfolge trat Heinrich von Tanne († 1248) an, ein Bruder des Truchsessen Eberhard von Tanne-Waldburg, der bisher Domherr in Konstanz gewesen war und nach langen Jahren in staufischem Dienst 1233 Bischof von Konstanz werden sollte. Auch hier begegnen wir in den Spitzenpositionen also Vertretern der uns schon bekannten, traditionell staufertreuen Adels- und Ministerialenfami-

---

[23] Zu Friedrichs Kenntnis der italienischen, französischen, lateinischen, griechischen, arabischen und deutschen Sprache: Malispini, Storia c. 107, ed. Costero 106, Villani, Cronica VI 1, ed. Gherardi Dragomanni 1, 223, vgl. Collenuccio, Compendio IV, ed. Saviotti 146; dazu Winkelmann, Philipp 2, 87 mit Anm. 4, Schneider, Friedrich II. 148f., Kantorowicz, Friedrich – Ergänzungsband 143f., zur Originalität Malispinis die oben S. 45, Anm. 9 genannten Arbeiten.

lien Süddeutschlands. Daneben kennen wir die Namen dreier führender Notare und Schreiber, die sich durchweg mindestens bis in die Kanzlei Philipps zurückverfolgen lassen. Es handelt sich dabei in der Mehrzahl um süddeutsche Geistliche, und aus dem Klerus dieser Region warb Friedrich offenbar vorwiegend auch neue Kräfte für seine Kanzlei. Zu deren deutschen Mitgliedern, denen der größte Teil der Arbeit zufiel, traten meist noch einzelne sizilische Schreiber. Erstaunlicherweise entstand indessen trotz des relativ großen Kanzleiapparats mehr als die Hälfte der königlichen Urkunden aus jener Zeit bei Gelegenheitsschreibern oder in den Schreibstuben der Empfänger. Insbesondere die Zisterzienserklöster fertigten die ihnen zugedachten Privilegien in der Regel selbst.

Wenn ungefähr jede zehnte Urkunde Friedrichs eine deutsche Zisterze bedachte, so bezeugt dieser Sachverhalt im übrigen nicht nur einmal mehr die uns schon bekannte Hochachtung und Vorliebe des Herrschers für jenen Orden. Wie seinen Vorfahren brachte ihm dessen Förderung durchaus auch greifbare Vorteile bei seinen territorialpolitischen Bemühungen. Den Zisterziensern nämlich lag in ihrem Streben nach Unabhängigkeit von adligen Vögten seit je am Schutze des Königs. Als Friedrich nun seinen Städten gezielt die Protektion der in ihrer Umgebung gelegenen Zisterzen zu übertragen begann, intensivierten diese gerne die sich daraus entwickelnde Zusammenarbeit. Sie unterstützten den König ihrerseits nach Kräften, und Friedrich zog aus ihrer regen und vielseitigen wirtschaftlichen Tätigkeit in enger Nachbarschaft und Beziehung zu den Mittelpunkten seines unmittelbaren Einflußbereiches mannigfaltigen Nutzen.[24]

Die Struktur der Territorialverwaltung;
Gerhard von Sinzig und Wolfelin von Hagenau

Gestützt auf den ihm verbundenen Kreis erfahrener, mit den Verhältnissen vertrauter Mitarbeiter zog Friedrich die Verwaltung des staufischen Haus- und Reichsgutes bald energisch an sich. Deren damalige Struktur, ihre allmähliche Straffung und zunehmende Effektivität lassen sich aus seinen Mandaten wenigstens in groben Umrissen durchaus erkennen. Den einzelnen Verwaltungsbezirken, den *officia*, standen königliche Amtleute vor, Vögte, Burggrafen oder Schultheißen genannt. Zuweilen adliger, meist

---

[24] Zu Richard: oben S. 142 mit Anm. 53; zu Reichskanzler Konrad: oben S. 153 und S. 162, sowie Bosl, Reichsministerialität 230–233; zur Kanzlei insgesamt: Schaller, Kanzlei 1, 216–219, vgl. ders., Heinrich 365, Zinsmaier, Untersuchungen 377–461, ders., Reichskanzlei 136–142; zu den Zisterziensern: Schulz, Zisterzienser, bes. 166, 176–186.

aber ministerialer Herkunft, erhielten sie ihre Stellung verhältnismäßig selten als Lehen übertragen. In der Regel setzte sie der König vielmehr als eine Art Beamte ein und auch wieder ab. Ihm hatten sie einen Treueid zu schwören und Rechenschaft abzulegen, er gewährte das Entgelt für ihre Dienste. Zu ihren Amtspflichten gehörten bei aller regionalen Vielfalt gewöhnlich gerichtliche, administrative und militärische Aufgaben. Sie führten den Vorsitz in dem den einzelnen Dorfgerichten übergeordneten zentralen Gericht ihres Bezirks; sie nahmen in Vertretung des Königs dessen grundherrliche Rechte wahr und schützten seine Forste und Güter sowie die darauf wirtschaftenden Bauern, aber auch jene Kirchen und Klöster, die seine besondere Protektion genossen; sie zogen die dem König zustehenden Natural- und Geldabgaben ein, die Einkünfte aus Grundzins, Mühlen, Berg- und Hüttenwerken, aus Zoll, Münze und der als Bede oder *exactio* bezeichneten, immer stärker in den Vordergrund tretenden Steuer, die insbesondere die Stadtbürger und Juden an ihren königlichen Schutzherrn zahlen mußten. Aus diesen Einnahmen bestritten sie die Kosten ihrer Amtsführung, die Entlohnung ihrer Untergebenen und Diener, die Aufwendungen für Gebäude und Burgen, Brücken und Wege, die vom König geforderten Zahlungen und Leistungen. Die Ämter oder *officia* ganzer Regionen zusammenfassend und übergreifend, finden sich darüber hinaus größere, mit Provinzen vergleichbare Verwaltungseinheiten, deren Leiter den Titel eines Provinzrichters (*iudex provincialis*) oder Prokurators, vereinzelt auch schon den eines Landvogts (*advocatus provincialis*) trugen und als Statthalter des Königs dessen Anordnungen durchführten.[25]

Ein anschauliches Beispiel für die Verwaltungspraxis jener Jahre bietet die Stellung des Reichsministerialen Gerhard von Sinzig (an der Mündung der Ahr in den Rhein), der, wie dann seit den dreißiger Jahren sein gleichnamiger Nachfolger, wohl sein Sohn, eine bedeutende Rolle unter den Beamten Friedrichs II. spielte. Als Anhänger König Philipps, für den er die strategisch wichtige Burg Landskron bei Sinzig erbaut hatte, erhielt Gerhard I. von dem Staufer 1214 das Amt Sinzig, das neben Sinzig selbst noch fünf weitere Dörfer umfaßte. Er durfte in Erfüllung seiner administrativen und richterlichen Funktionen über die Einkünfte in jenem Bezirk verfügen, mußte dem König allerdings jährlich eine feste, offenbar bereits seit langem fixierte Zinssumme bezahlen. Friedrich übertrug ihm außerdem die hier wie zum Teil auch sonst deutlich vom Schultheißenamt getrennte Burghut der Feste Landskron mit der Sorge für deren Bewachung und bauliche Unterhaltung und lenkt unseren Blick damit auf die entscheidende Rolle der Reichsburgen für die Sicherung des Reichsgutes. Er versprach, die auf der Burg

---

[25] Dazu grundlegend Niese, Verwaltung, bes. 87–113, 136–221, 262–289; zur Bede vgl. Brunner, Land und Herrschaft 273–297.

wohnenden, dem Gerhard eng, oft verwandtschaftlich verbundenen Burgmannen oder *castellani* dort zu lassen.

Diese Mitglieder der Burgbesatzung, die Gerhard befehligte, gehörten in Landskron also offenbar wie überwiegend im deutschen Reich der Ministerialität an. Sie waren zu ständiger Anwesenheit auf der Burg verpflichtet und lebten dort in von ihnen selbst errichteten Häusern. Offen bleibt, welche Art der Entschädigung sie für ihren strengen Burgendienst empfingen. Vielleicht gehörte dieser Dienst einfach zu ihren Obliegenheiten als Reichsministerialen; dann bestand ihr Entgelt aus den Einkünften der ihnen vom Reich anvertrauten Güter. Wahrscheinlich jedoch hatten sie, wie dies seit Anfang des 13. Jahrhunderts in Deutschland in solchen Fällen rasch üblich wurde und für ihre Burg Landskron 1242 tatsächlich nachweisbar ist, bereits spezifische Burglehen inne, das heißt: sie erhielten eine feste Geldsumme, deren Höhe den Umfang der von ihnen erwarteten Leistung widerspiegelte. Diese Summe pflegte in zwei verschiedenen Formen ausbezahlt zu werden. Floß sie dem Burgmann sofort bar zu, so mußte er davon Güter in der Nähe der Burg erwerben und vom Burgherrn zu Lehen nehmen, während ihm deren Erträge blieben. Meist aber zog es der Burgherr aus Mangel an Barmitteln zunächst vor, seinem *castellanus* jährlich einen Betrag von gewöhnlich zehn Prozent der vereinbarten Summe aus seinen Einkünften so lange anzuweisen oder zu verpfänden, bis er ihm diese Summe selbst, wieder zum Zweck des Güterkaufs, zu geben vermochte.

Der Reiz dieser neuen Rechtsform lag für jene Zeit wohl in ihrer sinnvollen Verbindung bewährter Grundzüge des althergebrachten Lehnswesens mit den Vorteilen der Geldbesoldung, die sich den vielfältigen praktischen Erfordernissen beweglich anpassen ließ. Zu Gerhard von Sinzig aber bleibt noch anzumerken, daß ihn der König schon im April 1216 – wie zwei Jahre zuvor in schriftlicher Form – zusätzlich mit dem Amt eines Prokurators des linksrheinischen Gebiets nördlich der Mosel betraute, ihm also die übergeordnete Verwaltung der Reichsrechte am gesamten Niederrhein übertrug.[26]

Als eine der hervorragendsten Gestalten aus Friedrichs Beamtenschaft darf gewiß Wolfelin von Hagenau gelten. Einfachen bäuerlichen Verhältnissen entstammend, stieg er im Reichsdienst dank seiner bald auffallenden und gerühmten Klugheit und Geschicklichkeit zum maßgebenden, aktiv

---

[26] Gerhards Bestallung: HB 1, 315f. und 451 (= MGH Const. 2, 66f., Nr. 55), Burglehen 1242: MGH Const. 2, 447, 8–10, Nr. 338; dazu Niese, Verwaltung 138–140, 154f., 160f., 172f., 254–256, 282f., Bosl, Reichsministerialität 323–327; zum Burglehen: Schwind, Verfassung 119–121, Maurer, Rechtsverhältnisse 135–190, Niese 225–262; zur Burgbauwelle in der ersten Hälfte des 13. Jahrhunderts vgl. Maurer 85, 89.

mitgestaltenden Vertreter Friedrichs im wichtigen Elsaß auf. Schon 1214 sehen wir ihn im Amt des *cellerarius*, des Kellermeisters am königlichen Hof in Hagenau. Ein Jahr später erlangte er die Stellung des *scultetus*, des Schultheißen von Hagenau, und übernahm als solcher zugleich die Verwaltung des außerordentlich großen und wertvollen Reichsgüterbezirks um die Stadt, die bisher bei dem nun aus den Quellen verschwindenden Hagenauer Vogt gelegen hatte. Dementsprechend fungierte fortan das Schultheißengericht unter seiner Leitung und besetzt mit Hagenauer Bürgern als höchste richterliche Instanz des gesamten Amtes Hagenau.

Nicht genug damit weitete Wolfelin seine Wirksamkeit in den nächsten Jahren auf das ganze Elsaß aus und scheint, von einem zeitgenössischen elsässischen Chronisten als *Alsatie prefectus* vorgestellt, in der Tat Friedrichs Prokurator in jener Landschaft gewesen zu sein. Ohne Zweifel mit dessen Wissen und Willen sorgte er, insbesondere mit Blick auf die Hauptkonkurrenten der staufischen Territorialpolitik im Elsaß, den Herzog von Lothringen und den Bischof von Straßburg, intensiv für den ausreichenden militärischen Schutz des dortigen königlichen Besitzes. Diesem Ziel diente die Anlage mehrerer Burgen, vornehmlich jedoch die Befestigung und der Ausbau städtischer Zentren. Sehr früh bildete dabei Schlettstadt einen Schwerpunkt seiner Bemühungen, bis dahin ein kleiner Marktort, auf den die Staufer als Vögte des von ihrer Familie gestifteten Klosters St. Fides einen gewissen Einfluß ausübten. Friedrich erwarb nun im April 1217 von Propst und Konvent dieses Klosters im Tausch gegen die ihm in Schlettstadt und zwei umliegenden Dörfern verbliebenen Hörigen und Güter den Anspruch auf Weinbau, Schankrecht und bestimmte Fronen der Einwohner, vor allem aber auf die Hälfte der Einnahmen von Zöllner und Schultheiß zu Schlettstadt, die beide künftig von ihm und dem Propst gemeinsam eingesetzt werden sollten. Mit dieser Vereinbarung wurde der König zum eigentlichen Herrn des Gemeinwesens, das er übrigens schon ausdrücklich *civitas*, eine Stadt also, nannte, ohne daß wir Näheres über deren innere Ordnung und die Stellung ihrer Bürger wüßten. Zugleich aber war jetzt der Weg geebnet für Wolfelin, der die weitere Entwicklung Schlettstadts energisch und erfolgreich vorantrieb. Er ließ eine weitläufige Mauer um die Stadt errichten, förderte offenbar nach Kräften ihr Wachstum durch den Zuzug neuer Bürger und setzte sich für die Mehrung der städtischen Freiheiten ein. Schließlich erhielt Schlettstadt damals, versorgt aus den Silbervorkommen im nahen Lebertal, eine Münze – sehr zum Verdruß des Straßburger Bischofs, dem damit neben Hagenau eine zweite Konkurrentin für seine eigene Prägestätte erwuchs.[27]

---

[27] Zu Wolfelin: HB 1, 342, 392f., 666–668, 786–788, Richer Senoniensis IV 6, MGH SS 25, 302f.; dazu Maier, Stadt, bes. 113–115, Bosl, Reichsministerialität 194

Ganz ähnlich gestalteten sich die Dinge in Kolmar. In langwierigem Ringen, vornehmlich mit dem Bischof von Straßburg, brachte Friedrich hier, aufbauend auf seine ererbte Stellung, die ihm noch fehlenden Vogteirechte vollends an sich. Auch hier trat Wolfelin als der praktische Vollstrecker des königlichen Willens auf den Plan und leitete die Ummauerung der Gemeinde in die Wege. Bereits 1219 konnte ein strenges Mandat des Königs an „seine Getreuen, die Schultheißen von Breisach, Kolmar und Schlettstadt" bezüglich des Vogesenklosters Pairis (westlich Kolmar) ergehen; wie seine benachbarten Kollegen verwaltete damals also der Kolmarer Schultheiß Stadt und umgebenden Amtsbezirk in königlichem Auftrag. Etwa zur gleichen Zeit, spätestens 1226, erwirkte die seit langem sehr aktive und selbständige Bürgerschaft Kolmars das Stadtrecht.[28]

Wolfelins Tätigkeit endete zunächst Anfang der zwanziger Jahre. Von 1227 bis gegen 1237 aber erscheint er wieder in seiner alten Position. Nun baute er neben anderem die Burg Kaysersberg, die König Heinrich 1227 von den Grafen von Horburg und Rappoltstein erwarb, zu einer mächtigen, den vielbegangenen Bonhomme-Paß nach Lothringen beherrschenden Feste aus und verstärkte sie noch durch die Anlage der gleichnamigen Stadt, in der schon 1230 ein Schultheiß amtierte. Sein Einsatz für Neuenburg (östlich Mülhausen) zeigt im übrigen, daß seine Aktivität nicht am Rhein endete. Offenbar vermochte Wolfelin indes den Verführungen, die Rang und Einfluß ihm boten, nicht zu widerstehen. Weil er die Menschen seines Amtsbereiches mit ungerechten und übermäßigen Abgaben bedrückte, habe ihn der Kaiser, wohl 1237, gefangengesetzt und ihm an die 16 000 Mark Silber abgenommen, so hören wir. Als er daraufhin freikam, soll ihn seine eigene Frau umgebracht haben aus Furcht, er verrate dem Kaiser auch noch das Versteck ihrer Reichtümer. Man mag an der Richtigkeit dieser Behauptung zweifeln – wie stark der ungewöhnliche Aufstieg Wolfelins und sein Fall die Gemüter beschäftigte, das verdeutlicht sie immerhin.[29]

---

bis 198, Niese, Verwaltung 145–147, 173f., 273f.; zu Schlettstadt: HB 1, 505–507, vgl. Maier 84–89, Fein, Städtegründungen 27–32, Knöpp, Stellung 17f.

[28] Mandat Friedrichs: Acta Imperii 1, 138, Nr. 161, vgl. 104, Nr. 123; zu Kolmar: Maier, Stadt 46–54, Fein, Städtegründungen 22–27, vgl. Niese, Verwaltung 39f.

[29] Wolfelins Ende: Annales Marbacenses, ad 1236, MGH SS rer. Germ. 9, 98f., Richer Senoniensis IV 6, MGH SS 25, 302f., letztes Zeugnis: HB 5, 1173f. (von 1237); zu Wolfelins Einfluß auf König Heinrich vgl. noch Conradus de Fabaria, c. 38, 241f. Zu Kaysersberg: HB 3, 333f., 405f., dazu Maier, Stadt 62–64, Fein, Städtegründungen 46–48.

Die Rolle der Städte

Die verhältnismäßig gut belegbare Tätigkeit des Hagenauer Schultheißen beleuchtet einige für Friedrichs Vorgehen charakteristische Grundzüge. Er scheute sich, beispielsweise im Falle Schlettstadts, nicht, Grundbesitz abzugeben, um dafür Herrschaftsrechte zu gewinnen. Aktiven und einfallsreichen Mitarbeitern ließ er recht freie Hand, solange sie sich innerhalb des von ihm gesteckten politischen Rahmens bewegten. Entfiel diese Voraussetzung, zögerte er allerdings keinen Augenblick, sie, wo immer möglich, als weisungsgebundene Beamte abzusetzen. Sein Territorium überzog er mit einem Netz befestigter Städte, von denen aus das Umland durch die dort von ihm ernannten Schultheißen wirksam geschützt und verwaltet werden konnte. Die politischen Mitsprachemöglichkeiten der Stadtbewohner hielten sich vermutlich meist in Grenzen. Immerhin bildeten die Hagenauer Bürger das Gericht ihres Bezirks. Die ganz zweifellos große Anziehungskraft der Neugründungen beruhte aber wohl wesentlich auf den persönlichen Freiheitsrechten ihrer Einwohner sowie darauf, daß sie sich, durchaus mit königlicher Förderung, meist rasch zu Zentren der Gewerbeproduktion und des lokalen Handels, des Warenverkehrs mit ihrem ländlichen Umfeld, zum Teil sogar zu Fernhandelsmärkten entwickelten. Die beachtlichen Steuereinkünfte, die das Reich etwa nach Ausweis der Steuerliste von 1241 aus seinen Städten bezog, führen deren wirtschaftliche Bedeutung für die Stauferherrscher des 13. Jahrhunderts einprägsam vor Augen.[30]

Zwar läßt sich Friedrichs Wirken nicht in allen Regionen so gut verfolgen wie im Elsaß. Dennoch sehen wir, daß er auch anderswo im Kern die gleichen Ziele verfolgte, die gleichen Methoden anwandte. Unter seinen zahlreichen städtefördernden Maßnahmen in Schwaben, die neben anderen Eßlingen oder Biberach, Lindau oder Wangen im Allgäu zugute kamen, verdient die Gründung Pfullendorfs spezielle Erwähnung, da uns seine diesbezügliche Urkunde vom 2. Juli 1220 besonders ausführlich über Einzelheiten unterrichtet. Der Reichsbesitz um das Dorf Pfullingen sei durch schwere Verluste drastisch geschmälert, so klagt der König zunächst, und wir erinnern uns der entsprechenden Aufstellung seines dortigen Amtmanns; außerdem litten die Dorfbewohner unter den Folgen eines verheerenden Brandes und seien wehrlos den Übergriffen von Räubern und Friedensstörern ausgesetzt. Deshalb befehle er, auf seinem Eigengut unmittelbar neben dem Dorf eine Stadt zu errichten, die unter seinem Schutz stehe und die gleichen Gewohnheiten, Einrichtungen und Vorrechte wie alle anderen königlichen Städte besitzen solle. Nach dem Privileg zu schließen, das er kurz

---

[30] MGH Const. 3, 1–4, für das Elsaß bes. Nr. 25–48, vgl. Metz, Güterverzeichnisse 106f., 113f., Niese, Verwaltung 114–117, vgl. Fein, Städtegründungen 73f.

vorher für seine „getreuen Bürger zu Molsheim" (westlich Straßburg) ausgestellt hatte, brauchten demnach auch die Pfullendorfer Bürger niemandem außerhalb ihrer Stadt Dienste und Abgaben zu leisten, mußten auch sie nur vor dem Gericht des vom König gesetzten Stadtschultheißen erscheinen, genossen auch sie gewisse Begünstigungen an den Zollstätten des Reiches. Das Bürgerrecht stand nach dem königlichen Willen allen Pfullendorfern, gleich welchen Standes zu, vorausgesetzt freilich, daß sie ständig in der Stadt wohnten und ihren Verpflichtungen als Bürger nachkamen. Dazu gehörte die unverzügliche Überbauung noch freier Grundstücke, die andernfalls nach einem Jahr an den König zurückfielen, vor allem jedoch die finanzielle Beteiligung an der Stadtbefestigung. Um der Bürgerschaft diese vordringlichen Aufgaben zu erleichtern, befreite Friedrich sie sechs Jahre von der Steuerzahlung, verpflichtete sie dafür jedoch, gemeinsam jährlich zwanzig Mark Silber für den Mauerbau aufzubringen.[31]

Ähnliche bürgerliche Rechte, Abgaben- und Zollbefreiungen erlangten bereits 1219 die Einwohner von Annweiler, denen der Staufer außerdem eigens zubilligte, ein in ihre Bürgergemeinschaft aufgenommener Höriger könne nach Jahresfrist nicht mehr von seinem Herrn zurückgefordert werden, und denen er überdies – ein Novum überhaupt – das Betreiben einer eigenen Münze erlaubte. Deren Gewinn sollte allerdings dem Unterhalt der über der Stadt gelegenen Burg Trifels dienen, und dem dort sitzenden Burggrafen oblag vermutlich neben der Verwaltung seines Amtsbezirks auch die der Stadt Annweiler. Derart enge Beziehungen von Stadt und Burg mit vergleichbaren Verflechtungen ihrer wirtschaftlichen und militärischen Funktionen entwickelten sich damals etwa noch in Friedberg (nördlich Frankfurt) oder in Oppenheim.[32]

Über seinen neuen Projekten vergaß Friedrich durchaus nicht die Sorge für schon bestehende, bewährte Zentren. So bestätigte und verbesserte er zwischen Sommer 1219 und Sommer 1220 mit teilweise sehr ins einzelne gehenden Privilegien die Rechtsstellung der Bürger und die innere Verfassung von Goslar, Nürnberg, Dortmund oder Gelnhausen. Nürnberg, das uns als Beispiel dienen möge, hatte während des 12. Jahrhunderts unter dem Schutz des von den Staufern eingesetzten hochadligen Burggrafen wachsende Bedeutung erlangt. Von der durch Barbarossa neu aufgeführten mächtigen

---

[31] Schmid, Graf Rudolf 298f., Nr. 113 (= HB 1, 790–792), zu Molsheim: HB 1, 736–738; zur Aufstellung des Pfullendorfer Reichsgutes siehe oben S. 197 mit Anm. 16; vgl. Weller, Städtegründung 203–222 (zu Pfullendorf 208–211).

[32] Annweiler: HB 1, 680f., dazu Knöpp, Stellung 22, Niese, Verwaltung 181f., vgl. Nau, Staufische Münzpolitik 195 (Diskussion), dies., Münzen 89; Friedberg, Oppenheim: Schwind, Verfassung 101–112, ders., Friedberg 918, ders., Landvogtei 29–35, vgl. Niese 243–250.

Reichsburg aus verwaltete zur Zeit Friedrichs II. dann offenbar der zur Ministerialität gehörende Reichsbutigler (Reichsschenk) in einer gewissen Konkurrenz mit dem Burggrafen das wertvolle Reichsgut im weiten Umkreis um Nürnberg. Dessen Bürgern nun bewilligte der König in seiner Urkunde vom November 1219 erneut alle schon von seinen Vorgängern erteilten Vergünstigungen und suchte darüber hinaus, wie er sagte, etwa noch bestehende Mängel abzustellen. Die dann folgenden detaillierten Regelungen sicherten vornehmlich die rechtliche Unabhängigkeit und die freie wirtschaftliche, besonders die kaufmännische Betätigung der Nürnberger Bürger, deren Herr allein der König und für die allein das Gericht des königlichen Schultheißen ihrer Stadt zuständig sein sollte. Niemand durfte sie an irgendeinem Ort des römischen Reiches zum Zweikampf fordern. Alles geschah, um ihnen den ungestörten Besitz ihrer Pfandschaften oder ihrer Lehen, die Wiedererlangung ausgegebener Pfänder zu gewährleisten. Aufs genaueste wurden endlich – unter ausdrücklicher Erwähnung eines Privilegs des Nürnberger Münzmeisters – ihre Vorrechte auf den ihnen wichtigen Märkten und ihre Zollvergünstigungen aufgelistet, wurde festgehalten, daß der König seine Steuer nicht unmittelbar vom einzelnen, sondern von der Stadt als Gesamtsumme fordere, zu der der einzelne nach seinem Vermögen beitrage.

Nichts hören wir indessen von Organen städtischer Selbstverwaltung. Es zeigt sich also ein weiteres Mal, wie sehr Friedrich daran lag, die Städte als die militärischen und administrativen Mittelpunkte des königlichen Territoriums in seiner Hand zu behalten. Ebenso klar aber tritt noch einmal zutage, wie hoch er deren wirtschaftliche Bedeutung einschätzte, wie ernst er deshalb die Aufgabe nahm, die wirtschaftliche Aktivität des Bürgertums zu fördern – auch durch den zunächst mißlichen, langfristig aber vorteilhaften Verzicht auf eigene Güter, Einkünfte und Rechte. Daß er grundlegende ökonomische Zusammenhänge tatsächlich kannte und sie bewußt berücksichtigte, verrät eine Bemerkung am Eingang unseres Privilegs. Gerade Nürnberg, so heißt es da nämlich, brauche die königliche Gunst und Hilfe ganz besonders dringend, „denn jener Ort hat weder Weinberge noch Schiffsverkehr, er liegt überdies auf äußerst kärglichem Boden".[33]

---

[33] Nürnberger UB 111–114, Nr. 178 (das Zitat 113), dazu Bosl, Nürnberg 21–24, ders., Reichsministerialität 482 f., 490–492, Schwind, Verfassung 115–117, Niese, Verwaltung 284–286, Maschke, Bürgerliche Welt 13 f.; vgl. HB 1, 643–649 (Goslar), 777 f. (Dortmund), 816 f. (Gelnhausen), daneben HB 1, 659 f. (Frankfurt), 673 (Freiburg i. Ü.), 812–814 (Donauwörth), vgl. zu Frankfurt und Gelnhausen Schwind, Landvogtei 11–29, zum Ganzen Stoob, Formen 401–403.

Mühsamer Erfolg

Beharrliche Kleinarbeit und langwierige Konflikte:
Die Erweiterung des unmittelbaren Einflusses

Friedrichs Territorialverwaltung scheint damals im Streben nach größerer Übersichtlichkeit, besserer Planung und wirkungsvollerer Kontrolle, anknüpfend an das in Sizilien Übliche wie an erste deutsche Ansätze, zunehmend schriftliche Unterlagen benutzt zu haben. Als ein Hinweis auf solche Tendenzen werteten wir bereits die Notiz über die Pfullendorfer Einkünfte. Ähnliches kann etwa für die Bestallungsurkunden Gerhards von Sinzig gelten. Doch auch das Pappenheimer Urbar weist offenbar in diese Richtung. Es entstand vermutlich 1214, unmittelbar vor dem Tode des Reichsmarschalls Heinrich von Kalden (bei Monheim, nördlich Donauwörth), jenes hervorragenden Vertreters der Ministerialenfamilie von Pappenheim (westlich Eichstätt), der als zuverlässige Stütze der staufischen Sache Barbarossa, dessen Söhnen und zuletzt noch Friedrich II. diente. Das Verzeichnis listet den Pappenheimischen Besitz auf, soweit er zu Burg und Amt Neuburg an der Donau, zur Herrschaft Rechberg (östlich Burgau) und zur Burg Pappenheim gehörte. Dabei informiert es so präzise über die einzelnen Höfe, ihre Leistungsverpflichtungen und die auf ihnen sitzenden bäuerlichen Hörigen, aber etwa auch über handwerklich tätige Eigenleute des Burggrafen, daß man hier mit einer gewissen Berechtigung das Vorbild der sizilischen Finanzverwaltung wirksam sah und schloß, Friedrich selbst habe die Aufstellung im Rahmen seiner Bemühungen um eine feste Basis für sein Königtum veranlaßt.[34]

Beinahe von Anfang an war Friedrich darauf aus, verlorenes Gut zurück-, neues hinzuzugewinnen. Er trachtete insbesondere danach, Kirchenvogteien und Kirchenlehen in seine Hand zu bekommen, schaltete sich aber energisch auch beim Aussterben reicher Adelsdynastien ein, um ihre Reichslehen zu sichern oder Erbansprüche als Verwandter anzumelden. Natürlich setzte er sich damit nicht überall ganz nach Wunsch durch. In einzelnen Fällen zogen sich die Verhandlungen mit vielerlei Rückschlägen und Unterbrechungen sogar über Jahre und Jahrzehnte hin. Dennoch konnte Friedrich am Ende meist wenigstens einen Teilerfolg für sich verbuchen.

Schon im Frühjahr 1213 empfing der König vom Bischof von Chur Vogtei und Lehen, wie sie seine Vorgänger innegehabt hatten, darüber hinaus immerhin vom Abt von Kempten die Klostervogtei und die Lehnsgüter, die vorher an den 1212 verstorbenen Markgrafen von Ronsberg (nordöstlich Kempten) ausgegeben waren. Um die gleiche Zeit fiel ihm nach dem Tode

---

[34] Metz, Güterverzeichnisse 77–93, vgl. Bosl, Reichsministerialität 103f., 483–488, Kölzer, Heinrich 2094; zum Pfullendorfer Verzeichnis oben S. 197 mit Anm. 16, zu Gerhards Bestallung oben S. 206 mit Anm. 26.

des letzten Grafen von Lauffen a. N. neben dessen Reichslehen die Vogtei des Klosters Odenheim (nordöstlich Bruchsal) zu. Als er zwei Jahre später mit einigem anderen ungesicherten Außenbesitz des Klosters Hirsau auch dessen Güter in Heilbronn samt den Rechten und Einkünften aus Markt, Münze und Fähre in seinen besonderen Schutz nahm, geschah dies offenbar gezielt im Blick auf den beabsichtigten großzügigen Ausbau der dortigen Siedlung. Freilich weigerte sich Bischof Otto von Würzburg, den für dieses Projekt unentbehrlichen Heilbronner Besitz seiner Kirche, bis 1201 schon einmal staufisches Lehen, von König Philipp jedoch an Würzburg zurückgegeben, erneut, diesmal an Friedrich, zu verlehnen, und es kam zum Streit darüber. Trotzdem entwickelte sich Heilbronn unterdessen zur Stadt, und Ottos Nachfolger mußte schließlich 1225 in die Belehnung König Heinrichs einwilligen.

Ähnlich lagen die Dinge im Falle der spätestens in den Jahren vor 1220 vollendeten Pfalz zu Wimpfen: Sie stand auf Grund, den die Staufer als Lehen des Wormser Bischofs hielten, auf den Friedrich selbst also 1212 seinem Vertrauten Lupold von Worms gegenüber verzichtet hatte. Bald suchte er indes den wertvollen Platz, wenn er ihn überhaupt je tatsächlich räumte, zurückzugewinnen. Nach dem Tode Lupolds (1217) bedrängte er dessen Nachfolger Heinrich massiv in diesem Sinne, verhinderte vermutlich seine Weihe und setzte ihn so sehr unter Druck, daß Heinrich schließlich Domkapitel, Ministerialen und Konsuln seiner Bischofsstadt um Rat anging. Man empfahl ihm, dem König das Wimpfener Lehen erneut zu gewähren, um endlich sein Wohlwollen zu erlangen. Erst 1227 erfolgte dann die entsprechende Belehnung König Heinrichs, der damals immerhin als Gegenleistung die ratenweise Zahlung von 1300 Mark Silber versprach.[35]

Am längsten und erbittertsten rang Friedrich wohl mit den Bischöfen von Straßburg um die Lehnsgüter dieser Kirche, unter anderem Mülhausen, Molsheim und Mutzig, die einst Barbarossa erworben, Philipp 1199 dann aufgegeben hatte in der Hoffnung, sich dadurch die Unterstützung des Straßburger Bischofs einzuhandeln. Friedrich selbst stand anfänglich in recht gutem Einvernehmen mit Bischof Heinrich II. von Veringen (1202–1223). Das änderte sich erst, als er wohl gegen 1219 dringende Ansprüche auf die Straßburger Lehen erhob und damals offenbar sofort seine Hand auf

---

[35] HB 1, 915f. (Chur), HB 1, 263–265 (Kempten), HB 1, 623–626 (Odenheim; zu Lauffen siehe oben S. 198); HB 1, 391f. (Hirsau), HB 2, 848f. (Heilbronn, vgl. HB 2, 814f., sowie RI V, Nr. 58); HB 3, 332f., Acta Imperii 2, 680, Nr. 1012 (zu Wimpfen; zu Heinrich siehe Krabbo, Besetzung 1, 53–57, zu Lupold oben S. 156). Dazu und zum Folgenden: Schwarzmaier, Ende 117–120, Weller, Städtegründung 197–202, 215–218, Niese, Verwaltung 39–41, 46–49, Werle, Hausmachtpolitik, bes. 362–367; zu Wimpfen auch Arens, Wimpfen 21–38, ders., Staufische Königspfalzen 138f., vgl. Hotz, Pfalzen 54–61.

sie legte, wie das schon erwähnte Privileg für seine Bürger von Molsheim zeigt. Heinrich weigerte sich freilich standhaft, zurückzuweichen und so dem Durchbruch der staufischen Macht im Elsaß selbst noch Vorschub zu leisten. Die Angelegenheit, im Grunde ein Kampf um die führende Position im Elsaß, verquickte sich zudem mit anderen Zwistigkeiten, etwa dem Streit um das Erbe der Zähringer und des Dagsburger Grafenhauses, und immer wieder scheiterten die Ausgleichsversuche.

Das gilt schon für den Schiedsspruch, den Friedrich 1221 auf Drängen des Papstes herbeiführte und der ihn zum vollständigen Verzicht auf Mülhausen, Wasselnheim (Wasselonne, westlich Straßburg) und die Münze zu Schlettstadt verurteilte, ihm andererseits aber „um des Friedens und seiner Gunst willen" die als Ursache der Zwietracht bezeichneten Lehen in Molsheim, Mutzig und Bischoffsheim zusprach, weiter die bischöflichen Hörigen zu Rosheim und – in der Nachfolge des Herzogs Berthold von Zähringen – die von Straßburg zu Lehen gehende Gerichtsbarkeit in Offenburg. Ebensowenig führten die verschiedenen Abmachungen zu einer dauerhaften Lösung, die Bischof Berthold von Teck (1223–1244) mit König Heinrich beziehungsweise mit der Reichsregierung traf; der ferne Kaiser scheint sie allesamt nicht gebilligt zu haben. Erst als er während seines zweiten Deutschlandaufenthaltes wieder selbst mit Berthold verhandelte, glückte schließlich im März 1236 die Einigung. Sie orientierte sich an dem seit 1221 grob abgesteckten Rahmen. Friedrich erreichte jedoch eine Reihe wertvoller Verbesserungen. Er erhielt nun zusätzlich insbesondere die Stadt Mülhausen zu Lehen, in der im übrigen wohl bereits seit Anfang der zwanziger Jahre ein königlicher Vogt amtete, daneben Nimburg, Emmendingen und Teningen mit zugehörigen Klostervogteien. In anderen Fällen waren umfangreiche Gütertauschaktionen oder die Teilung der Einnahmen vorgesehen, und seine Rechte in Offenburg sicherte sich der Staufer durch die Zahlung von 1000 Mark Silber. Die Attraktivität der neuen Stadtgründungen für die Menschen jener Zeit machen die Abreden am Ende des Vertrages noch einmal sichtbar. Sie regeln umständlich die Behandlung jener Ministerialen oder Hörigen, die aus dem Herrschaftsbereich der einen Partei in eine Stadt der jeweils anderen übergesiedelt waren oder dies künftig tun würden.[36]

---

[36] HB 4, 814–818 (März 1236), zum Nimburger Besitz HB 1, 322f. (Verzicht von 1214), dazu Niese, Verwaltung 47, Bosl, Reichsministerialität 150f.; Acta Imperii 1, 482–484, Nr. 603 (Spruch von 1221; vgl. Nr. 604), die folgenden Absprachen RI V, Nr. 3890, 3932f., 4029; Verzicht Philipps: Annales Marbacenses, ad 1199, MGH SS rer. Germ. 9, 74; zu Molsheim HB 1, 736–738 (4.2.1220), vgl. oben S. 209f. Dazu Maier, Stadt 12–23 (nicht immer zuverlässig), 65–70 (Molsheim, Mülhausen), Fein, Städtegründungen 32–39.

Abb. 10: Staufische Pfalz Wimpfen, Fensterarkaden der nördlichen Außenmauer des Palas; die größte deutsche Pfalz wurde vielleicht noch von Friedrich Barbarossa errichtet, spätestens jedoch von Friedrich II., der den Platz vom Wormser Bischof zurückgewann, in den Jahren vor 1220 vollendet.

Als fast ebenso mühselig und langwierig wie dieser Konflikt erwies sich die Auseinandersetzung um das reiche Erbe des im Februar 1218 verstorbenen letzten Zähringerherzogs Berthold V. Sein Allodialgut teilten sich im wesentlichen seine Schwäger, die Grafen Ulrich von Kyburg und Egino IV. von Urach, einiges ging an den Markgrafen von Baden. Doch auch Friedrich schaltete sich von Anfang an energisch ein. Er sicherte sich durch Kauf den Anteil der Herzöge von Teck und zog, das zähringische Reichsfürstentum auflösend, die Reichslehen der Zähringer ein, unter anderem Zürich, Bern, Interlaken, Solothurn, Murten, Rheinfelden, Schaffhausen, Neuenburg am Rhein, Villingen sowie die Vogtei über St. Blasien. Unter den zähringischen Kirchenlehen lag ihm besonders an den vom Bamberger und Straßburger Bistum stammenden Vogtei- und Herrschaftsrechten in der Ortenau, die den Zähringern die Gründung der Stadt Offenburg ermöglicht hatten. Ganz augenscheinlich trat er dort sofort die Nachfolge der Zähringer an und drängte die betroffenen Bischöfe, ihn in dieser Position förmlich anzuerkennen. Die beiden Geistlichen sträubten sich lange gegen sein Ansinnen, ehe schließlich der Bamberger nachgab und dem König 1225 sein Lehen gegen Zahlung von 4000 Mark Silber übertrug. Das zur Ergänzung notwendige und Friedrich im Schiedsspruch von 1221 auch schon zugestandene Straßburger Lehen fiel – wie wir sahen – erst 1236 endgültig an ihn.[37]

Auch die Haupterben, Egino von Urach-Freiburg und vor allem sein gleichnamiger Sohn Egino V., wandten sich im übrigen von Anfang an entschieden gegen einzelne Ansprüche des Staufers. Das wohl im September 1218 zu Ulm erreichte Einvernehmen über die strittigen Fragen überdauerte kaum das nächste Frühjahr. Bald darauf führte die Unzufriedenheit der Uracher sogar zu Kämpfen zwischen den beiden Parteien, und eine Reihe von Bewohnern Freiburgs und anderer gräflicher Orte benützte damals die Gelegenheit zur Übersiedlung in die anscheinend attraktiveren königlichen Städte. Obwohl sich die Dinge demnach für Friedrich keineswegs schlecht entwickelten, suchte er doch rasch den Ausgleich mit Egino V. – ob im Blick auf dessen Bruder Konrad, den Kardinalbischof von Porto, also in Wahrheit aus Ehrfurcht für den Apostolischen Stuhl, wie er später dem Papst beteuerte, oder aber einfach in dem Bestreben, einen wichtigen Fürsten Süddeutschlands wieder an sich zu binden, mag dahingestellt bleiben. Jedenfalls nahm er Egino im September 1219 erneut in seine Gnade auf, befahl die Rückführung der aus dem Gebiet des Grafen Abgewanderten und überließ

---

[37] Niese, Verwaltung 24f., 75f. (dazu HB 1, 539f.), 179, 269; zu Bern siehe RI V 4, 24, Nr. 154, zur unechten Berner Handfeste ebd. 164f. (BF. 935), zu Neuenburg oben S. 208; vgl. Weller, Städtegründung 201f., 219–222, Büttner, Egino 1–13, Bosl, Reichsministerialität 151. Zum Erwerb Offenburgs: Schäfer, Offenburg, bes. 49–55, 62, vgl. HB 2, 512–514, vgl. 514f. (Bamberger Lehen), sowie oben S. 214.

ihm sogar den von den Tecker Herzögen erworbenen Teil der zähringischen Erbschaft. Dafür sollte ihm der Graf allerdings die stattliche Summe von 25000 Mark Silber bezahlen, die er ihm dann bis auf 3000 Mark erließ, weil Egino versprach, mit einer ansehnlichen Ritterschar am Kreuzzug teilzunehmen. Damit war der Fall freilich längst nicht erledigt – noch 1235 gehörte Egino zu denjenigen, die sich mit König Heinrich gegen den Kaiser erhoben.[38]

Der Streit um das Zähringer Erbe zeigt deutlich wie kaum ein anderes Beispiel, mit welchem Geschick, mit welcher Geduld und Zähigkeit Friedrich in mühevoller Kleinarbeit den staufischen Territorialbesitz ausdehnte. Andererseits fehlte ihm keineswegs die Bereitschaft zum Kompromiß und selbst zum Verzicht, gewiß ein Zeichen dafür, daß er seine Territorialpolitik immer im Zusammenhang mit seinen anderen, weiter gespannten Zielen sah und wohl zurecht glaubte, diese ohne solche Rücksichtnahme nicht erreichen zu können. Hier jeweils die rechte Balance zu finden, war um so schwieriger, als Friedrichs Bemühen um die Ausdehnung seines unmittelbaren Einflusses in Deutschland in ganz erheblichem Maße zu Lasten gerade der Gruppe ging, die ihn grundsätzlich stützte und von der er besonders abhing: zu Lasten der geistlichen Fürsten. In erster Linie der Kirche trotzte er ja jene wichtigen Vogtei- und Herrschaftsrechte ab, mit deren Hilfe er den Ausbau und die Sicherung seiner herrscherlichen Position hauptsächlich betrieb. Dafür ließe sich leicht noch manches zusätzliche Beispiel anführen. Erinnert sei der Abrundung halber nur an Nördlingen und Öhringen, die der Staufer im Dezember 1215 vom Regensburger Bischof im Tausch gegen die Reichsstifte Ober- und Niedermünster in Regensburg erwarb. Zwar erwirkten die betroffenen Äbtissinnen bereits 1216 einen Spruch der Fürsten, wonach kein Fürstentum ohne den Willen seines Inhabers sowie ohne die Zustimmung seiner Ministerialen dem Reich entfremdet und irgendeiner anderen Person übertragen werden dürfe, und der König, der dieses Urteil ausdrücklich billigte und bekräftigte, machte daraufhin die Vergabe der beiden Stifte rückgängig. Er blieb jedoch im Besitz Nördlingens, ohne daß wir wüßten, ob und wie er den Regensburger Bischof anderweitig entschädigte. Sehr rasch brachte er ungefähr zur gleichen Zeit offenbar die Vogtei über die Bischofsstadt Konstanz in seine Hand und schuf damit die Basis für ein engeres Zusammenwirken mit der dortigen Bürgerschaft: Diese durfte jetzt zur Vertretung ihrer Interessen einen Rat bilden und zahlte Steuer an das Reich.[39]

[38] HB 1, 671f., 682f. (September 1219), dazu Acta Imperii 1, 157f., Nr. 180 (Juli 1220); zu Ulm (September 1218): RI V, Nr. 946a, Egino als Zeuge: HB 1, 613, Acta Imperii 1, 137, Nr. 159, HB 1, 621 (alle März 1219), MGH Const. 2, 79f. (Nr. 65f.), HB 1, 679 (alle September 1219), 702 (November 1219); vgl. zum Fortgang des Streits Acta Imperii 1, 158, Freiburger UB 1, 27f., Nr. 41 (8.7.1226), 40–42, Nr. 53f. (15.2. bzw. 14.7.1234), HB 4, 734 (1235), zum Ganzen Büttner, Egino 13–24.

[39] Nördlingen: HB 1, 433f. (vgl. RI V, 4, 159 [BF. 840]), MGH Const. 2, 70–72,

Friedrichs Politik gegenüber der Kirche, die auch in ihrer da und dort spürbaren Aggressivität an staufische Tradition anknüpfte, entbehrte durchaus nicht einer gewissen Berechtigung und Folgerichtigkeit. Das Königtum zog damit sozusagen die Konsequenz aus den seit dem sogenannten Investiturstreit eingetretenen Veränderungen. Zu jener Zeit hatte die Kirche, bis dahin reich begünstigte Stütze der königlichen Gewalt, begonnen, sich aus der nun als bedrohlich empfundenen Bindung an die weltliche Herrschaft zu lösen und sich in neuer Weise auf ihre besondere seelsorgerliche, heilsvermittelnde Aufgabe und ihre darin begründete überragende Würde zu besinnen. Von derartigen Reformidealen umgeprägt, mußte sie dem weltlichen Herrscher fortan freilich als eine unsichere, oft problematische und ihrem innersten Wesen nach nur noch bedingt geeignete Sachwalterin seiner Interessen erscheinen, der gegenüber er seinen eigenen Anspruch auf diesseitige Machtausübung um so unzweideutiger zur Geltung zu bringen trachtete und von der er jene Güter und Herrschaftsrechte, die ihr einst unter ganz anderen Umständen zugefallen waren, wenigstens zu einem Teil zurückzugewinnen suchte, um sie seiner unmittelbaren Verfügung zu unterstellen. Die hohe Geistlichkeit hingegen sah sich dadurch in ihrem Recht bedroht und leistete, wir sahen es, zuweilen über Jahrzehnte hinweg heftigen Widerstand.

Daß Friedrich seinerseits in solchen Fällen seinen Standpunkt auch nach 1220 von Italien aus zäh weiterverfocht, beweist sein fortdauerndes, wenngleich von anderen Fragen nun zweifellos stärker überlagertes Interesse an der staufischen Territorialpolitik in Deutschland. Seine unbestreitbaren Erfolge auf diesem Felde führten im übrigen keineswegs nur zur merklichen Stärkung seiner herrscherlichen Stellung und zur Verärgerung einiger Kirchenfürsten. Vielmehr verbesserten seine Verwaltungsmaßnahmen offensichtlich auch die Lebensbedingungen der einfachen Bevölkerung spürbar. Klug und umsichtig habe er Räuber, Brandstifter, Diebe und andere Übeltäter verfolgt und die einmal gefaßten Verbrecher schonungslos bestraft, so lobt ein elsässischer Zeitgenosse und fährt dann fort: „Die Kaufleute aber liebten ihn deshalb von ganzem Herzen, weil er das Königreich mit allen Wegen und Straßen so befriedet hatte, daß sie sicher reisen konnten, wohin auch immer sie wollten. Und so verbreitete sich überall die Kunde von seinem guten Beginn."[40]

Nr. 57, HB 4, 607f., 715, vgl. Bosl, Reichsministerialität 153, Weller, Städtegründung 200f., 214f.; Niese, Verwaltung 41; zu Konstanz: Maurer, Konstanz 82–86, Möncke, Bischofsstadt 68–78, 105–108, vgl. ebd. 79–86 sowie Niese 77f. zu Friedrichs Stellung als Stadtvogt über Basel, anders Patemann, Stadtentwicklung 454f., 462f.

[40] Richer Senoniensis IV 2, MGH SS 25, 301; vgl. Chronicon Ebersheimense, c. 36, MGH SS 23, 450.

Der König und die Reichsfürsten

Zwar prägten Friedrichs Maßnahmen schwerlich – wie der zitierte Chronist behauptet – das ganze Reich gleich tiefgreifend; doch reichte sein Einfluß zweifellos vielfach und eindrücklich über die im engeren Sinne staufische Herrschaftszone hinaus. Von wesentlicher Bedeutung war dabei sein Zusammenwirken mit den weltlichen und geistlichen Reichsfürsten, also mit jenem unmittelbar vom König belehnten Kreis der in ihrem Land eigenständig herrschenden Herzöge, Mark-, Pfalz- und Landgrafen, der Erzbischöfe, Bischöfe und reichsunmittelbaren Äbte und Äbtissinnen, der sich im Laufe des 12. Jahrhunderts herausgebildet hatte und sich nun immer klarer vom übrigen Adel abhob.[41] Unter den weltlichen Fürsten unterhielt Herzog Ludwig von Bayern allem nach die besten Beziehungen zu Friedrich. Er begleitete ihn fast ständig und kann wohl als sein wichtigster Berater aus diesem Kreis, ja als einer seiner engsten Vertrauten überhaupt gelten. Auf den Hoftagen des Staufers erschienen indessen wiederholt auch König Ottokar von Böhmen, zum Teil zusammen mit Markgraf Heinrich von Mähren, die Herzöge Leopold VI. von Österreich und Steiermark († 1230), Bernhard II. von Kärnten († 1256), Otto I. von Meranien, Heinrich I. von Brabant und Berthold von Zähringen, weiter Markgraf Dietrich von Meißen († 1221), Landgraf Hermann von Thüringen und seit 1217 dessen Sohn Ludwig IV. († 1227), Anfang 1219 schließlich noch Herzog Albrecht I. von Sachsen († 1261) und im Juli desselben Jahres Markgraf Albrecht II. von Brandenburg († 1220). Erwähnung verdient in diesem Zusammenhang daneben vielleicht doch die regelmäßige Präsenz des Grafen Adolf III. von Schauenburg (Schaumburg an der Weser, nordwestlich Hameln) am Hof sowie die Anwesenheit der Grafen Wilhelm I. von Holland († 1222) und Gerhard IV. von Geldern († 1229) in den Jahren 1215 und 1220, obgleich sie nicht zu den Reichsfürsten zählten.

Entscheidendes Gewicht aber kam bei der Durchsetzung des königlichen Willens auf Reichsebene natürlich der Haltung der hohen Geistlichkeit Deutschlands zu, die Friedrich grundsätzlich unterstützte und auf breiter Front mit ihm zusammenwirkte. Bischof Konrad von Speyer und Metz, der Kanzler, hielt sich offenbar meist an seiner Seite auf. Wir sehen die Erzbischöfe Albrecht von Magdeburg und Siegfried von Mainz sehr häufig um ihn, namentlich bei allen großen und bedeutenden Versammlungen, fast ebenso oft Dietrich von Trier und Eberhard von Salzburg und nicht selten Engelbert I. von Köln. Gerhard I. von Bremen, 1210 gegen den Willen Ottos IV. erhoben und seitdem heftig von ihm bekämpft, fand zwar bis zu

---

[41] Zum Folgenden siehe die Zeugenlisten RI V, Nr. 671–1153; vgl. Boshof, Reichsfürstenstand 46–58.

des Welfen Tod wenig Gelegenheit, den Stauferkönig aufzusuchen, reiste dann jedoch im Dezember 1218 zu ihm und starb im August 1219 während eines neuerlichen Aufenthalts am königlichen Hof zu Frankfurt. Unter den übrigen Bischöfen gehörten Konrad von Regensburg, Ulrich von Passau, Siegfried von Augsburg, Otto von Würzburg und Heinrich von Basel zu den eifrigsten Teilnehmern an Friedrichs Hoftagen, gefolgt von Ekbert von Bamberg, Otto von Freising oder Heinrich von Worms. Eine gewisse Zurückhaltung bei Heinrich von Straßburg überrascht kaum, eher schon das verhältnismäßig seltene Auftreten Konrads von Konstanz. Andererseits begegnen in Friedrichs Umgebung wiederholt die Bischöfe von Naumburg, Halberstadt und Cambrai, daneben diejenigen von Lüttich, Utrecht, Merseburg, Hildesheim und Havelberg und je einmal immerhin Konrad von Minden und Theodor von Münster.

In das hier gewonnene Bild fügt sich gut, daß fast die Hälfte aller aus den Jahren 1215–1220 bekannten Urkunden Friedrichs Schenkungen für Klöster und Kirchen Deutschlands enthält oder deren Güter und Rechte bestätigt. Beinahe ein Viertel davon gilt den Zisterziensern, um deren gutes Verhältnis zum Herrscher wir bereits wissen. Fast ebenso zahlreich vertreten sind freilich Privilegien, die die Stellung des Deutschen Ordens in Deutschland, in Italien und Sizilien stärken sollten. Diese Gemeinschaft war 1189 oder 1190 in Anknüpfung an eine ältere Jerusalemer Spitalbruderschaft entstanden, um das damals von Bremer und Lübecker Kaufleuten zu Akkon gegründete Hospital zu betreuen. Der Papst hatte sie 1196 mit wichtigen Vorrechten versehen und drei Jahre später auf Wunsch führender deutscher Kreuzfahrer und hoher palästinensischer Geistlicher zum Ritterorden ausgestaltet, zu dessen Aufgaben nun neben der Krankenpflege nach dem Vorbild der Templer der Kampf gegen die Ungläubigen gehörte.

Wuchs der Orden danach zunächst eher langsam, so brachten die Jahre von Friedrichs deutscher Königsherrschaft seine rasche Entfaltung. Die Zahl seiner Mitglieder adliger, seltener bürgerlicher, meist aber ministerialer Herkunft stieg an. Großzügige Stiftungen des Hochadels, daneben Schenkungen edelfreier und bürgerlicher Familien oder von Seiten der Ministerialität, der staufischen wie der landesfürstlichen, ermöglichten die Einrichtung einer stattlichen Reihe von Ordenshäusern vorwiegend in Mitteldeutschland, am Rhein und im Südwesten des Reiches. Das sind keineswegs zufällig zugleich Zentren staufischer Territorialpolitik, denn der König betätigte sich nicht nur selbst als eifriger Förderer des Ordens, sein Vorbild veranlaßte manchen aus dem Kreis seiner Anhänger zu ähnlichen Anstrengungen. Dabei mochte Friedrichs Haltung von dem Bewußtsein mitbestimmt werden, daß der Deutsche Orden von Anfang an die Gunst und tatkräftige Hilfe der Staufer genossen und seinerseits ihn selbst offenbar sofort unterstützt hatte. Ganz gewiß beeindruckte ihn wie im Falle der Zisterzienser die den Ordensrittern eigentümliche Lebensform mit ihrer Verknüpfung von Frömmigkeit und praktischem Tun. Immerhin gehörte zum Kernbestand vieler Stiftungen jener Jahre, auch der unmittelbar staufischen, ein Spital. Diese Tatsache zeigt, welch hohen Rang die Armen- und Krankenpflege des Deutschen Ordens damals in den Augen des Königs und seiner Zeitgenossen durchaus noch besaß. Hervorragende Bedeutung aber mußte für Friedrich das enge Zusammenwirken mit dem durch ihn gestärkten, ihm verpflichteten Ritterorden natürlich im Blick auf seine Kreuzzugspläne erlangen, lagen auf diesem Felde doch die Vorteile eines gemeinsamen Vorgehens für beide Seiten besonders klar zutage.[42]

Als außerordentlicher Glücksfall durfte es deshalb gelten, daß der Hochmeister des Ordens, der aus einer thüringischen Ministerialenfamilie stammende und seit 1210 in seinem hohen Amt tätige Hermann von Salza († 1239), die Dinge nicht nur grundsätzlich ebenso einschätzte wie der König, sondern offenbar auch schnell dessen persönliches Vertrauen gewann. Im Dezember 1216 erschien er, vielleicht zusammen mit Königin Konstanze und Heinrich, am Hof zu Nürnberg und traf dort wohl zum ersten Mal mit dem Staufer zusammen. Schon in einer damals für den Deutschen Orden ausgestellten Urkunde hob dieser dann eigens Hermanns Frömmigkeit und Ehrenhaftigkeit hervor,[43] und die erste Begegnung der beiden Männer sollte in der Tat eine lange, erst mit Hermanns Tod endende Zeit intensiver Zusammenarbeit einleiten, während der der Hochmeister seiner Besonnenheit und seiner weitgespannten Kontakte, seiner guten Beziehungen insbesondere auch zur päpstlichen Kurie wegen zu einem der wichtigsten und einflußreichsten Ratgeber Friedrichs wurde.

Das Verhältnis des Königs zu den deutschen Fürsten war sicherlich alles andere als frei von Störungen. Wir erlebten bereits, mit welcher Zähigkeit er gegenüber nicht wenigen unter ihnen seine Territorialpolitik verfolgte. Den Herzog von Oberlothringen, Theobald I., bekämpfte er sogar an der Spitze eines Heeres. Theobald hatte, vielleicht weil er in Bouvines auf der Seite Ottos stand, die Verfügung über die seinem Vater verpfändeten staufischen Güter in Rosheim verloren und aus Empörung darüber die elsässische Siedlung im Handstreich erobert. Seine Truppen genossen im Siegestaumel dann allerdings allzu begierig den in den Kellern der überfallenen Gemeinde reichlich lagernden Wein. Sie wurden von den Bewohnern Rosheims erbarmungslos niedergemetzelt, und der Herzog mußte sich enttäuscht zurückziehen. Als er daraufhin versuchte, seine Position im Westen, an Marne und Maas, auf Kosten der Gräfin Blanche von Champagne und ihres unmün-

---

[42] Boockmann, Orden, bes. 17–65, Wojtecki, Orden 187–218.
[43] HB 1, 488, vgl. 488–490 (wiederholt 3.1.1218: Acta Imperii 1, 123 f., Nr. 147), sowie HB 1, 918–920; dazu Kluger, Hochmeister 6–9.

digen Sohnes Tedbald IV. († 1253) auszubauen, griff Friedrich selbst ein, um abermals einen Erfolg des beunruhigend aktiven Lothringers zu vereiteln. Er belagerte ihn im Mai 1218 in seiner Festung Amance (nordöstlich Nancy), nahm den von seinen Anhängern Verlassenen gefangen und zwang ihn zum Verzicht auf seine Expansionspläne.[44]

Zuweilen suchte Friedrich, wie er selbst einräumt, auf Bischofswahlen durch Empfehlungen Einfluß zu nehmen. Auch scheute er sich, wie das Beispiel Heinrichs von Worms nahelegt, zumindest in einzelnen Fällen nicht, die nach der Mannschaftsleistung, also dem symbolischen Akt der Übergabe an den königlichen Lehnsherrn, und nach der Ablegung des Treueids übliche Belehnung eines zum Bischof Erwählten mit den Regalien und damit zugleich dessen Weihe hinauszuzögern, wenn es galt, ihm Zugeständnisse abzutrotzen. Die zeitweiligen Spannungen mit dem bischöflichen Stadtherrn erleichterten dem König überdies gewiß die Ausstellung jenes Privilegs vom April 1220, in dem er die von seinem Großvater bewilligte Friedensordnung und Gerichtsverfassung der Wormser Bürgerschaft bestätigte.[45]

Ganz ähnlich wiederholte er knapp sechs Jahre zuvor zugunsten der Bürger von Cambrai die ihnen bereits 1205 von König Philipp gegebene Garantie ihrer hergebrachten Rechte und Freiheiten. Damals, im Jahre 1214, stand der Bischof von Cambrai, Johannes III. von Béthune (1201–1219), noch immer wie von Anfang an auf der Seite Kaiser Ottos, der ihm seinerseits die volle Herrschaft über seine Stadt zurückgegeben und über deren Bewohner wegen ihrer Übergriffe gegen die Kirche die Reichsacht verhängt hatte – mit der Stellung des Bischofs zum Herrscher entschied sich also fast zwangsläufig die herrscherliche Haltung der Stadtgemeinde gegenüber. Dabei sollte es auch weiterhin bleiben. Kaum nämlich war Bischof Johannes im Juli 1215 zu Friedrich übergetreten, kaum hatte er ihm Mannschaft und Treueid geleistet und von ihm die Regalien empfangen, da versprach ihm der Staufer mit ausdrücklichem Hinweis auf diese Wendung der Dinge seinen besonderen Schutz und bestätigte ihm nach einem entsprechenden Urteil der Fürsten die Privilegien Ottos einschließlich der Ächtung der Bürgerschaft.

Ein merkwürdiger Vorgang schloß sich an: Nur zwei Monate später – der Bischof machte sich eben auf den Weg zum großen Laterankonzil in Rom – erlangten die Bürger von Cambrai von Friedrich die erneute Bestätigung

---

[44] Richer Senoniensis III 21–23, MGH SS 25, 298–300, Reineri Annales, ad 1217, MGH SS 16, 676; HB 1, 543–550; dazu Parisse, Noblesse 571, 741–748, vgl. Fein, Städtegründungen 43–46.
[45] Bischofsempfehlung: RI V, Nr. 744, vgl. Brief vom Mai 1219, ed. Theiner, Codex 1, 51 (Nr. 74). Worms: HB 1, 925–927, zu Bischof Heinrich siehe oben S. 213 mit Anm. 35.

ihrer alten Freiheiten. Schon im April 1216 indessen konnte Johannes auf seine Klagen hin und einem fürstlichen Spruch gemäß beim König den förmlichen Widerruf dieser städtefreundlichen Entscheidung durchsetzen. Ihr Zustandekommen erklärte Friedrich entschuldigend damit, daß die Bürger ihm die Wahrheit verschwiegen hätten. Es fällt freilich schwer, ihm hier zu folgen, war doch die Entwicklung zu Cambrai in jenen Monaten am Hof mehrfach erörtert worden. Möglicherweise muß man in seiner Aktion zugunsten der Stadt tatsächlich einen etwas halbherzigen und letztlich untauglichen Versuch sehen, den Bürgern die von seinen kaiserlichen Vorfahren erworbenen Vorrechte doch noch zu retten und ihren von ihm nach wie vor mit Mißtrauen betrachteten Bischof zu schwächen. Dieser Versuch scheiterte, so lassen die betreffenden Urkunden wenigstens vermuten, an der Parteinahme der Fürsten. Er ermutigte andererseits aber wohl die Bürgerschaft zur Fortsetzung ihres Kampfes, bis sich 1227 Gottfried, Johanns Nachfolger, endgültig durchsetzte.[46]

Unter unbekannten Umständen, vielleicht um seinen Einfluß in Basel auf Kosten des unkanonisch gewählten und deshalb vom Papst schließlich abgesetzten Bischofs Walter (1213–1215) auszudehnen, gestand Friedrich der dortigen Bürgerschaft die Einrichtung eines städtischen Rates zu. Walters Nachfolger, der tatkräftige Heinrich II. von Thun († 1238), gewann jedoch offensichtlich rasch das Vertrauen und die Unterstützung des Königs. So kam es, daß ihm Friedrich im September 1218 die seinen bischöflichen Vorgängern gerade auch in der Stadt Basel eigenen Rechte verbriefte sowie eine neue städtische Abgabe übertrug. Außerdem aber bekräftigte er feierlich einen auf Heinrichs Anfrage ergangenen Fürstenspruch, wonach niemand, auch nicht er, der Herrscher, berechtigt sei, den Baslern ohne Zustimmung ihres Bischofs einen Stadtrat zu geben. Sein diesbezügliches Privileg kassierte er. Grundsätzlich der gleichen Rechtsauffassung hatte er sich im übrigen schon im März 1214 angeschlossen, als es galt, einen um die Bildung eines Ratsgremiums ausgebrochenen Streit zwischen der Bürgerschaft von Straßburg und Bischof Heinrich, damals eine seiner wichtigsten Stützen, zu entscheiden.[47]

Nicht nur als Territorialpolitiker, sondern auch bei der Ausgestaltung seiner Beziehungen zu den deutschen Fürsten blieb sich Friedrich demnach

---

[46] Siehe dazu HB 1, 310 (vgl. Acta Imperii 1, 8f., Nr. 11); Acta Imperii selecta 206f., Nr. 230f., HB 1, 403–405 (vgl. Acta Imperii selecta 215f., Nr. 238); HB 1, 402–408, 425f., 449–451 (durchweg mit dem Hinweis *per sententiam principum*), vgl. HB 1, 694f., sowie HB 2, 629–632, 892–895; Platelle, Luttes 51–55, Moreau, Histoire 3, 158–166.

[47] Basel: MGH Const. 2, 75f., Nr. 62, HB 1, 560, vgl. RI V, Nr. 947; dazu Möncke, Bischofsstadt 89–97, sowie 82–85, Patemann, Stadtentwicklung 447–451, 463f., Rütimeyer, Stadtherr 196–202, vgl. Wackernagel, Geschichte 17–22; Straßburg: HB 1, 292, vgl. HB 1, 582f., 677–679, dazu Rütimeyer 203–205.

der wachsenden Bedeutung der Städte, des zunehmenden Gewichts ihrer Bürgerschaft wohl bewußt, und wo sich Gelegenheit dazu bot, suchte er zumal bischöfliche Städte zu fördern und an sich zu binden. Doch trugen solche Maßnahmen niemals ihren Zweck in sich selbst, entscheidend war stets die Wirkung auf die betroffenen Fürsten. Ihre Schwäche suchte Friedrich auf diese Weise zum eigenen Vorteil zu nutzen, seinen Gegnern Schwierigkeiten gewissermaßen im eigenen Haus zu bereiten. Aufs Ganze gesehen jedoch bedurfte er der Hilfe der Fürsten und ihrer wohlwollenden Kooperation. Wo sie sich dazu bereit fanden, aber auch wenn sie energisch und einhellig ihren Willen bekundeten, zögerte er deshalb meist nicht, sich gegen die Städte auf ihre Seite zu stellen.[48]

Königliche Abhängigkeit: Die Sicherung von Recht und Frieden und die Nachfolgefrage

Wie die Dinge lagen, ließ sich gerade eine zentrale herrscherliche Aufgabe wie die Sicherung von Recht und Frieden im Reich nicht meistern ohne die Bereitschaft der Fürsten zur Mitarbeit. In der Tat beauftragte Friedrich offenbar vorwiegend geistliche Fürsten seines Vertrauens immer wieder, in seinem Namen Streitigkeiten unter den Großen ihrer Region zu schlichten, so etwa im Jahre 1219 den Erzbischof Albrecht von Magdeburg und die Bischöfe von Naumburg und Merseburg anläßlich eines Zwistes zwischen dem Markgrafen von Meißen und dem Abt von Pegau (südlich Leipzig). Umgekehrt lud er Erzbischof Gerhard I. von Bremen vor sich, um Frieden zwischen ihm und Heinrich von Braunschweig, dem Bruder Kaiser Ottos, zu stiften. Den Erzbischof von Vienne wies er an, gegen die Erhebung ungerechter Weggelder durch die Adligen seiner Diözese vorzugehen, erreichte dadurch allerdings wohl keine allzu spürbare Besserung der dortigen Verhältnisse. Mehr Erfolg hatte er vermutlich, als er dem Bischof von Osnabrück auf die Klage eines betroffenen Grafen hin direkt befahl, an seinen Zoll- und Münzstätten widerrechtliche Praktiken abzustellen. Die Durchführung eines im April 1220 unter seinem Vorsitz von den Fürsten gefällten Urteils, das dem Grafen von Geldern vielfältiger Beschwerden wegen jede Zollerhebung am Rhein verbot, übertrug er dem Erzbischof Engelbert von Köln. Engelbert indessen gewann während seiner diesbezüglichen Bemühungen anscheinend ein neues Bild von der Sachlage und erwirkte bei Friedrich eine für den Grafen günstigere Regelung, die der Protest des Bischofs von Utrecht dann noch einmal für kurze Zeit außer Kraft zu setzen ver-

---

[48] Siehe dazu noch Acta Imperii 1, 111 f., Nr. 132, HB 1, 706, 752; vgl. Stoob, Formen 396 f.

mochte, ehe ihr ein kaiserliches Privileg mit Zustimmung der Fürsten im März 1223 dauernde Geltung verschaffte.[49]

Eine entscheidende Rolle bei der Klärung von Rechtsfragen und bei der Weiterentwicklung des Rechts fiel schon seit dem 12. Jahrhundert dem Urteil der auf den königlichen Hoftagen versammelten Fürsten des Reiches zu. Dabei blieb es auch jetzt, wie wir schon mehrfach sahen. Auf die Klage oder dringende Nachfrage des Betroffenen forderte der König den Spruch der anwesenden Fürsten zu dem vorgetragenen Fall, wobei er meist wohl die Ansicht des vornehmsten unter ihnen zuerst erbat, danach die der anderen Fürsten, um sich schließlich, wie er hin und wieder eigens betont, noch der Zustimmung der übrigen Adligen und der Ministerialen zu versichern. Er selbst bekräftigte und verkündete daraufhin das *rationabiliter*, also vernünftig, zustande gekommene Urteil und traf die zu seiner Vollstreckung nötigen Entscheidungen und Anweisungen. Leider verraten seine darüber ausgestellten feierlichen Urkunden in aller Regel nichts über Meinungsverschiedenheiten und Diskussionen, die die Urteilsfindung etwa erschwerten. Hingegen führten der erneute Einsatz einer Partei, das Auftauchen bisher unberücksichtigter Gesichtspunkte oder eine veränderte Interessenlage nicht selten wie im Falle der Gelderner Zölle oder des Stadtrechts zu Cambrai zur Revision eines bereits ergangenen Spruches. Zu einer solchen hielt sich Friedrich im übrigen offensichtlich auch ohne neuerliche Anhörung der Fürsten berechtigt, wo die Billigkeit – die *equitas iuris*, wie er schreibt – ihm dies nahelegte. So erklärte er ein im April oder Mai 1220 gefälltes fürstliches Urteil, das der Gräfin Johanna von Flandern und Hennegau ihre Reichslehen entzog und dem Grafen Wilhelm von Holland zusprach, vermutlich noch im Sommer des gleichen Jahres „aus gerechten und gesetzmäßigen Gründen" für ungültig und nichtig. Die Gräfin habe nämlich wegen der zu befürchtenden Gefahren einer derartigen Reise nicht vor ihm erscheinen können; ihr Gemahl aber, der Graf Ferrand, befinde sich noch immer – wie seit der Schlacht von Bouvines – in der Gefangenschaft des französischen Königs. Der ernsthafte Wille des Herrschers, „aufgrund der uns angebotenen königlichen Umsicht als gerechter Richter" verantwortlich und maßgebend zu wirken, bildete demnach doch immerhin eines jener vielfältigen Elemente, die die Rechtsetzung in seinem Reiche damals prägten.[50]

---

[49] Schlichtungen: RI V 4, 25f., Nr. 162A, vgl. Acta Imperii 1, 104f., Nr. 124; Gerhard von Bremen: Albert von Stade, ad 1219, MGH SS 16, 357, Sächsische Weltchronik, c. 360, MGH Dt. Chron. 2, 242; Vienne RI V, Nr. 757, Nr. 938; Osnabrück: RI V, Nr. 1129; Geldern: MGH Const. 2, 92f., Nr. 74f., vgl. HB 2, 242f., 290–292, Grafen 309–322, 334f., 365–367, Klingelhöfer, Reichsgesetze 139–142.

[50] Zum Verfahren: MGH Const. 2, 75, Nr. 62, 70f., Nr. 57, 77, Nr. 64; Johanna von Flandern: HB 1, 821f., vgl. etwa noch HB 1, 769.

Inhaltlich ging es den Fürsten bei ihren Entscheidungen häufig um die Sicherung ihrer dominierenden Stellung. Sie bekräftigten ihre Reichsunmittelbarkeit und gestalteten ihre lehnsrechtlichen Befugnisse aus. Die Bischöfe suchten die Kontrolle über die Bürgerschaft ihrer Städte zu wahren oder der Entfremdung von Kirchengut, gerade auch während Zeiten der Sedisvakanz, einen Riegel vorzuschieben. Eine nicht unwichtige Rolle spielte in diesem Zusammenhang natürlich die fürstliche Sorge um den ungestörten Ausbau der wirtschaftlichen Macht. So verpflichtete ein Fürstenspruch den König, er dürfe weder Zoll- noch Münzrechte vergeben, wenn dadurch ein Dritter Verluste oder Nachteile erleide. Eine andere Entscheidung legte fest, sobald der König jemandem einen Jahres- oder Wochenmarkt verliehen habe, stehe an dem betreffenden Ort neben diesem weder dem Grafen noch sonst einem Richter der Region Gerichtsbarkeit und Strafgewalt zu.[51] In die gleiche Richtung zielten vielfach auch die Privilegien, die Friedrich auf Wunsch einzelner Fürsten ausfertigte: Sie regelten Fragen der Münzprägung, bestätigten Zollfreiheiten, gestatteten die Einrichtung eines Marktes oder die Verlegung einer Zollstätte. Verhältnismäßig oft ließen sich Bischöfe oder Herzöge auch die Eigentumsrechte an den Salz- und Metallvorkommen ihres Territoriums verbriefen – ein Indiz für die damals merklich zunehmende Bedeutung der metallverarbeitenden städtischen Gewerbe und des Bergbaus in Deutschland.[52]

Überblickt man Friedrichs Beziehungen zu den Reichsfürsten in jenen Jahren im ganzen, so bemerkt man zunächst durchaus seine Absicht, die ihm kraft Erbrechts wie durch seine herrscherliche Würde gebotenen Möglichkeiten ihnen gegenüber auszuschöpfen, um seine Position zu stärken und glanzvoller zur Geltung zu bringen. Zäh rang er mit ihnen um den Ausbau seiner territorialen Machtbasis, gerne betonte er die Bedeutung und Verantwortung der königlichen Majestät für Friede und Recht im Reich. Die Fürsten besuchten denn auch rege seinen Hof, mühten sich dort um die Bestätigung alter, die Gewährung neuer Privilegien, um die Klärung grundsätzlicher und allgemeiner Probleme. In seinem Auftrag wirkten sie als Friedensstifter oder als Vollstrecker am Hofe gefällter Entscheidungen; er entzog einzelnen von ihnen mit seiner Gnade auch ihre Vergünstigungen. Freilich bildeten Konfrontation und Zerwürfnis, Feindschaften oder gar kriegerische Gewalt, zumal in Reichsangelegenheiten, doch eher die seltene Ausnahme. Friedrich blieb sich stets der Grenze bewußt, die ihm durch die über Jahrhunderte behauptete und gerade in der Zeit vor seiner Ankunft in

---

[51] Vgl. MGH Const. 2, 70–72, Nr. 57, 77, Nr. 64, vgl. 73f., Nr. 59; 75f., Nr. 62 (vgl. HB 1, 292), 80f., Nr. 67f., vgl. 76f., Nr. 63; 92f., Nr. 74f., 74f., Nr. 61.
[52] HB 1, 769f., 756f. (vgl. 452–456), 754f., Acta Imperii 1, 121, Nr. 144; HB 1, 526f., 706f., 708f., 788f.

Deutschland stark gewachsene Bedeutung der Fürsten gesetzt war, ohne deren Unterstützung er selbst weder König geworden wäre, noch auf Dauer königliche Macht auszuüben vermochte. Aus klarer Einsicht in diese Sachlage und überdies wohl ernsthaft der Überzeugung, daß zuverlässiger Dienst zu königlicher Belohnung verpflichte, anerkannte er die deutschen Fürsten als seine Partner im Reichsregiment und bemühte sich, jede ernsthafte Störung des Einvernehmens mit ihnen zu vermeiden, auch wenn dies Opfer von seiner Seite forderte.

Zu gleicher Rücksicht veranlaßten den Staufer im übrigen auch seine weiter gesteckten, eng zusammenhängenden und ständig im Auge behaltenen Ziele. Nach wie vor ging es ihm letztlich um die dauerhafte Sicherung der ihm nach seiner Auffassung gebührenden, von Gott zugedachten Herrschaft im Imperium wie im sizilischen Regnum. Schon der erste Schritt in diese Richtung aber bedurfte ebenfalls der fürstlichen Zustimmung: Anders war an die Königswahl seines Sohnes Heinrich nicht zu denken. Darüber hinaus mußten natürlich das Wohlwollen und die Hilfe der Fürsten – zumal angesichts der zu erwartenden päpstlichen Widerstände – auch für seine Bemühungen um die wie immer geartete Verbindung der Kaiserwürde mit dem sizilischen Königtum und die Aufwertung beider Institutionen von kaum zu unterschätzendem Nutzen sein.

Friedrich lag offensichtlich daran, seinen Sohn Heinrich möglichst rasch als den künftigen Erben der traditionellen staufischen Position in Deutschland einzuführen und bekannt zu machen. Deshalb ernannte er ihn unmittelbar nach seiner Ankunft aus Sizilien zum Herzog von Schwaben. Schon in einer Urkunde vom Februar 1217 trägt Heinrich zum ersten Mal den Titel *dux Suevie*. Sein sizilischer Königstitel, der hier noch vorweg erscheint, entfiel fortan – die Erinnerung an seine ererbte Stellung im Süden sollte wohl zurücktreten, um seinen weiteren Aufstieg im Norden nicht zu behindern. Der ließ denn auch nicht lange auf sich warten. Nach dem Tode Bertholds V. von Zähringen im Jahre 1218 kam die nun freigewordene Würde des *rector Burgundie*, des Stellvertreters des Königs in ganz Burgund, an den Königssohn; spätestens seit Januar 1220 ergänzte sie seinen herzoglichen Rang.[53] Nur drei weitere Monate später stand Friedrich schließlich am Ziel aller seiner Bemühungen, er erreichte die Wahl Heinrichs zum deutschen König, korrekter: zum *Romanorum rex*.

Dahin zu gelangen, war gewiß nicht einfach gewesen. Heinrich VI. hatte einst sogar in ungleich stärkerer Stellung erfahren müssen, daß die Fürsten nur äußerst ungern daran dachten, seinen Sohn, also eben Friedrich, bereits zu Lebzeiten des Vaters zu seinem Nachfolger zu bestimmen. Damals wie jetzt

---

[53] HB 1, 499f., vgl. Acta Imperii 1, 123, Nr. 147, HB 1, 555, dazu Maurer, Herzog von Schwaben 274f.; *rector:* HB 1, 718.

drohte dieser Schritt die Bedeutung ihres Wahlrechts empfindlich zu schmälern, erbrechtliche Ansprüche der herrschenden Familie aber und damit die Position des Königtums ganz allgemein zu stärken, zu schweigen vom päpstlichen Unmut über die solcherart verlängerte und befestigte Umklammerung des Patrimonium Petri durch die Staufer. Zudem stand Friedrich unter wachsendem Zeitdruck. Seine Absicht ließ sich wohl am ehesten durchsetzen, solange er noch selbst in Deutschland anwesend war und ihre Verwirklichung energisch, in ständigem persönlichen Kontakt mit den Fürsten, in genauer Kenntnis der eigenen Möglichkeiten wie der fürstlichen Vorbehalte, betreiben konnte. Umgekehrt mußte es auch seinen Verhandlungspartnern grundsätzlich einleuchten, daß er noch vor dem Verlassen seines deutschen Königreiches dort eine den Frieden sichernde, klare und dauerhafte Nachfolgeregelung treffen wollte. Das galt zumal dann, wenn es sich um einen Aufbruch zum Kreuzzug handelte. Auf die Einlösung des königlichen Kreuzzugsversprechens aber drängte Papst Honorius III. († 1227) immer ungeduldiger.

Papst Honorius III. und der Beginn des fünften Kreuzzuges

Der Nachfolger Innozenz' III., ursprünglich Cencius geheißen, stammte aus Rom und war als Geistlicher im Dienst der römischen Kirche aufgestiegen. Dabei hatte sich offenbar bald seine spezielle Begabung für Fragen der Verwaltung und des Finanzwesens gezeigt. Jedenfalls war er 1188 zum Kämmerer ernannt worden und in diesem Amt mit der Abfassung des Liber censuum, einer umfangreichen Übersicht über die der römischen Kirche zustehenden Einkünfte, besonders hervorgetreten. Seine Leistung fand die gebührende Belohnung: 1193 erhob ihn Papst Coelestin III. zum Kardinal, und Cencius blieb bis zu dessen Tod einer der führenden Männer an der Kurie, ebenso aktiv als Leiter der päpstlichen Kanzlei und Organisator kirchlicher Bauten wie bei wichtigen Verhandlungen oder am päpstlichen Gericht. Wesentlich zurückgezogener und unauffälliger verlief sein Leben dann während des Pontifikats Innozenz' III. Erwähnung verdienen immerhin seine zahlreichen, von ihm selbst später veröffentlichten Predigten aus jener Zeit, denn sie rücken das Bild des einseitig am Konkret-Praktischen interessierten Verwaltungsfachmannes doch ein wenig zurecht. Seine etwas überraschende Wahl zum Papst am 18. Juli 1216, zwei Tage nur nach dem Tod seines Vorgängers, verdankte er wohl einem gewissen Unwillen der Mehrheit der Kardinäle über ihre Zurücksetzung durch Innozenz und über dessen Bevorzugung einer kleinen Gruppe vertrauter Ratgeber. Deren dominierende Stellung wollte man jetzt beseitigen, ohne freilich verhindern zu können, daß Männer wie die Kardinalbischöfe Hugo (Hugolinus) von Ostia und Pelagius von Albano auch künftig einen maßgebenden Einfluß an der Kurie ausübten.[54]

Honorius scheint bei seiner Berufung an die Spitze der Kirche schon in höherem Alter gestanden zu haben. „Körperlich schwach infolge seines Alters und außerordentlich gebrechlich" sei er damals gewesen, schreibt Burchard von Ursberg, und Jakob von Vitry († 1240), der erwählte Bischof von Akkon, den seine Reise an seine künftige Wirkungsstätte eben im Juli 1216 nach Perugia führte, schildert den neuen Papst, dessen Erhebung er also unmittelbar miterlebte, als „einen guten und frommen, sehr schlichten und gütigen Greis, der fast seine ganze Habe den Armen gespendet hatte".[55]

Honorius vertrat denn auch die päpstliche Position ganz gewiß nicht so scharfsinnig durchdacht, so offensiv und entschieden-kompromißlos wie Innozenz. Insbesondere hielt er offenbar anders als jener, wohl unter dem Einfluß der Römerbrief-Kommentare seiner Zeit, die weltliche Gewalt für eine nach dem Sündenfall notwendige Institution von eigenständiger Bedeutung, die Gott selbst in seiner Gnade bei allen Völkern, bei Heiden wie Christen, einsetzte, damit sie dem ungezügelten, in den Untergang führenden Hang der sündigen Menschen zu Untat und Verbrechen entgegenwirke und sie zwinge, ihre im Kern bösen, Gottes Willen zuwiderlaufenden Absichten fallenzulassen. Den Herrschenden war demnach von ihrem göttlichen Schöpfer aufgetragen, unter ihren Untertanen für Frieden und Gerechtigkeit zu sorgen, sie so in die von Gott stammende Ordnung zurückzuführen und vor der Selbstzerfleischung zu retten. Als Sachwalter Gottes verdienten sie andererseits die besondere Achtung ihrer Völker.[56] Diese Einschätzung der weltlichen Obrigkeit durch Honorius traf sich durchaus mit den Vorstellungen, die seit je staufisch gesinnten Kreisen lebendig waren, und sogar Friedrich selbst konnte deshalb ihre Grundgedanken aufnehmen, als er 1231 im Vorwort der Konstitutionen von Melfi seine eigene Auffassung zu dem Thema formulierte.

So unverkennbar sich Honorius freilich in vielem von Innozenz unterscheiden mochte – dessen kirchenpolitischen Hauptanliegen blieb er doch stets eindeutig verpflichtet. Während seines immerhin fast elf Jahre dauernden Pontifikats gelang es ihm, den Platz und die Funktion der Bettelorden

---

[54] Maleczek, Papst 111–113, 354–358, Roberg, Honorius 120f., Powell, Anatomy 110f.

[55] Bernhard von Ursberg, ad 1217, MGH SS rer. Germ. 16, 113, vgl. 112f.; Jakob von Vitry, Ep. 1, ed. Huygens 74, vgl. 73f., 52, über Jakob: Bourgain, J. von Vitry 294f., Paravicini Bagliani, Cardinali 99–109.

[56] Brief Honorius' III. an die kastilischen Großen (wohl 1218) bei Heller-Schaller, Frage 446–448, zur Interpretation siehe Stürner, Peccatum 180f., vgl. 176–179 sowie ders., Rerum necessitas 517–520.

innerhalb der Kirche mit der Bestätigung ihrer Regeln und Lebensformen endgültig zu bestimmen, und schon 1216 schuf seine mündliche Billigung den von Jakob von Vitry dringend erbetenen Rückhalt für jene neuen, zunächst hauptsächlich im Herzogtum Brabant und um Lüttich verbreiteten Gemeinschaften frommer, bald Beginen genannter Frauen, die ohne ein förmliches Gelübde ihr Leben in Armut und Keuschheit führen und ganz der religiösen Besinnung und dem Gebet, der Handarbeit und den Werken der Nächstenliebe widmen wollten.[57] Zur zentralen Sorge aber wurde ihm die Verwirklichung und glückliche Vollendung des von Innozenz geplanten und so tatkräftig vorbereiteten Kreuzzuges.

Das Kreuzzugprojekt war nach Innozenz' Tod zunächst etwas ins Stocken geraten. Doch der Entschlossenheit des Honorius gelang es bald, die da und dort spürbare zögernde Unsicherheit zu überwinden. Zwar begaben sich die Kreuzfahrer nicht, wie ursprünglich festgelegt, allesamt zum Juni 1217 nach Unteritalien, um von dort in Anwesenheit und mit dem Rat des Papstes gemeinsam in See zu stechen. Immerhin aber brach im August eine ansehnliche österreichisch-ungarische Streitmacht unter der Führung von Herzog Leopold und König Andreas von Split aus nach Osten auf. Die niederrheinischen und friesischen Teilnehmer, an ihrer Spitze Graf Wilhelm von Holland, segelten sogar schon vorher, im Mai, von Vlaardingen an der Maasmündung ab, griffen dann allerdings südlich von Lissabon auf Bitte des dortigen Bischofs in die Kämpfe mit den Sarazenen ein und stießen deshalb erst im folgenden Frühjahr in Akkon zu den übrigen, inzwischen bereits etwas zerstrittenen und nicht mehr ganz vollzähligen Kreuzrittern. Die maßgebenden Leiter des Unternehmens entschlossen sich, ihre vereinigten Kontingente gegen Damietta im östlichen Nildelta zu lenken, also Ägypten anzugreifen, das Zentrum jenes bis nach Syrien und Nordmesopotamien reichenden islamischen Großreiches, das damals der Ayyubide Al-ʿĀdil, der Bruder und Nachfolger Saladins, zusammen mit seinen Söhnen beherrschte. Damietta, eine bedeutende, außerordentlich stark befestigte Hafenstadt, leistete den christlichen Belagerern indessen hartnäckig Widerstand, so daß sich die Lage auf beiden Seiten rasch verdüsterte.[58]

Dennoch ließen die Kreuzfahrer die Gelegenheit zur friedlichen Lösung des Konflikts ungenützt. Nach dem Tode Al-ʿĀdils im August 1218 nämlich waren seine drei Söhne zu selbständigen Herrschern in ihren jewiligen Teil-

---

[57] Elm, Beg(h)inen 1799f., Grundmann, Religiöse Bewegungen, bes. 170–198; Bitte Jakobs: Ep. 1, ed. Huygens 74.
[58] Zum fünften Kreuzzug: Powell, Anatomy 113–118 (Führung), 123–172 (Verlauf), Mayer, Kreuzzüge 195–203, Kluger, Hochmeister 9–20, Van Cleve, Fifth Crusade 377–428, Böhm, Johann 38–64, vgl. 11–38, Gottschalk, Al-Kāmil 19–115; zu den arabischen Quellen: Gabrieli, Kreuzzüge 313–325.

reichen geworden, und Al-Kāmil (1218–1238), der von mancherlei Schwierigkeiten bedrängte Erbe Ägyptens, bot den gefährlichen Eindringlingen im Laufe des Jahres 1219 mehrfach gegen die Räumung seines Landes die Rückgabe fast des gesamten Königreichs Jerusalem an. Verständlicherweise drang Johann von Brienne († 1237), als Vater der minderjährigen Thronerbin Isabella Regent dieses Königreiches beziehungsweise des den Christen davon gebliebenen schmalen Küstenstreifens und zugleich militärischer Führer des Kreuzheeres, auf die Annahme des gegnerischen Vorschlags. Aber auch andere Große, Deutsche, Franzosen und Engländer vor allem, rieten, auf ihn einzugehen, schien damit doch das eigentliche Ziel des Ägypten-Zuges erreicht, während die Aussichten auf noch größere Erfolge angesichts der bisherigen Erfahrungen, angesichts der rasch wechselnden Zusammensetzung des Heeres, der ständigen Unsicherheit über seinen Bestand und der zunehmenden Spannungen unter seinen Anführern in der Tat eher skeptisch beurteilt werden mußten. Dennoch wandten sich die Italiener, die Templer und Johanniter sowie die Geistlichkeit gegen ein Einlenken. An der Spitze dieser Gruppe stand der Kardinal Pelagius von Albano, jener enge Vertrauensmann Innozenz' III., dessen Zähigkeit ebenso wie seine Arroganz schon bei seinen früheren Missionen aufgefallen war. Seit Herbst 1218 wirkte er als päpstlicher Legat unter den Kreuzfahrern, mit leidenschaftlichem Eifer bemüht, alles Zweifeln und Zagen unter ihnen zu überwinden und sie zu immer neuen Anstrengungen anzuspornen, unbekümmert darum, daß sein fanatischer, alles erfassender Einsatz ihm durchaus auch Gegner schuf und insofern das gemeinsame Unternehmen gefährdete. Nun setzte er sich mit seiner Ansicht durch, vor jeder Verhandlung sei Damietta einzunehmen.[59]

Die Belagerung der Stadt ging also weiter, und es sah zunächst ganz danach aus, als sollte Pelagius recht behalten: Anfang November 1219 fiel Damietta endlich in die Hände der Christen. Sie merkten freilich nach kurzer Siegesfreude rasch, daß sie nichts Wesentliches gewonnen hatten. Al-Kāmil verschanzte sich nilaufwärts in Mansura, um Kairo zu decken; unter ihnen selbst aber brach ein heftiger Streit um die Verteilung der Beute aus. Johann von Brienne, dem Pelagius die Herrschaft über die eroberte Stadt verweigerte, zog schließlich im Frühjahr 1220 sogar verärgert nach Palästina ab, wo Al-Muʿaẓẓam, Al-Kāmils Bruder, die kärglichen Reste seines Reiches bedrohte. Den sinkenden Mut der Zurückbleibenden suchte der päpstliche Legat durch die Verbreitung von Prophetien zu stärken, die ihnen die machtvolle Hilfe zweier Könige sowie die baldige Eroberung ganz Ägyptens ankündigten. Er selbst vertraute diesen Weissagungen offenbar vollkommen,

---

[59] Gibb, Aiyūbids 693–699; Maleczek, Papst 166–169 (Pelagius), vgl. Van Cleve, Fifth Crusade 402f., 409f., 414–417, 423, Gottschalk, Al-Kāmil 84f., 110f.

und einen bescheidenen Bezug zur Realität besaßen sie ja immerhin insoweit, als König Friedrich sein Eingreifen wiederholt versprochen hatte. Von der Unsicherheit über Zeitpunkt und Umfang seines Engagements im Osten einmal ganz abgesehen, stand allerdings sehr zu befürchten, daß die Ankunft des Staufers den Streit um die Führung und das strategische Ziel des Kreuzzuges nur neu und verschärft würde aufleben lassen.

Päpstliche Kreuzzugsmahnungen und Friedrichs Ringen um die Königswahl seines Sohnes

Papst Honorius war offenbar rasch nach seiner Erhebung mit Friedrich in Verbindung getreten. Er teilte ihm das Ereignis selbst mit und lenkte seine Aufmerksamkeit wohl wenig später sehr eindringlich auf die bewährten Dienste des getreuen königlichen Familiaren Thomas von Gaeta. Gleichzeitig knüpfte er Kontakte zu einflußreichen Beratern am Hofe, zu dem ihm schon von früher her bekannten Erzbischof Berard von Palermo etwa oder zu dem Kämmerer Richard. Friedrich seinerseits sandte dann Anfang 1217 eine offizielle Delegation nach Rom, die seine Glückwünsche überbrachte und Vorschläge zur Entwicklung der gegenseitigen Beziehungen unterbreitete. Möglicherweise kam dabei auch die künftige Kaiserkrönung zur Sprache – etwas Handfestes erfahren wir freilich nicht. Der Papst kündigte immerhin an, zur weiteren Behandlung der aufgeworfenen Fragen einen Legaten zu entsenden, und fügte dem zu erörternden Problemkatalog die Hilfe für das Heilige Land hinzu – Friedrich selbst hatte das Kreuzzugsthema also nicht angeschnitten.[60]

Es wurde zwischen ihm und Honorius zunächst offenbar auch nicht intensiv weiterverfolgt. Ohnehin scheint der königlich-päpstliche Briefwechsel in den folgenden Monaten nicht sehr rege gewesen zu sein. Wir hören lediglich, daß die schon zu Innozenz' Zeiten von Friedrich geplante Vergabe der Aachener Stiftspropstei an Alatrin, einen päpstlichen Subdiakon und Kaplan, den der Staufer selbst allem nach hoch schätzte, Anfang 1218 auch des Honorius Billigung fand.[61] Alatrin kam in Aachen dann zwar

---

[60] Kehr, Briefbuch 43–45, Nr. 3–5, dazu 7–11; MGH Epp. saec. XIII 1, 22, Nr. 26, vgl. 22 f., Nr. 27. Powell, Anatomy 112, vgl. 125, geht sicher zu weit mit der These, Honorius habe von Friedrich schon im Sommer 1217 die Zusage zur Übernahme der Führerrolle im Kreuzzug erhalten; andererseits widerspricht die päpstliche Formulierung der Behauptung Van Cleves, Frederick 113, ders., Fifth Crusade 432, Honorius habe das Kreuzzugsgelöbnis des Königs zunächst ignoriert und dessen entsprechende Diskussionswünsche zurückhaltend aufgenommen.

[61] MGH Epp. saec. XIII 1, 34 f., Nr. 45 (= Meuthen, Urkunden 257 f., Nr. 64, vgl. 258–260, Nr. 65), dazu Meuthen, Pröpste 59 f. Alatrins Kandidatur entsprach freilich

trotzdem nicht zum Zuge; dafür sollte ihm indessen bald die Rolle eines vielbeschäftigten Kuriers zwischen dem deutschen Hof und der Kurie zufallen.

Der unbefriedigende Verlauf des Damietta-Feldzuges nämlich, dessen Führer schon im Sommer 1218 zusammen mit einem langen Bericht ein dringendes Hilfsgesuch unter anderem auch an Friedrich richteten, veranlaßte den gut über den Stand der Dinge informierten Papst, sich um den November 1218 ebenfalls an den König zu wenden. Wir besitzen leider nur Friedrichs Antwort vom Januar. Sie ist freilich aufschlußreich genug, läßt sie doch bereits deutlich jene Grundsätze und Ziele erkennen, die die Politik ihres Verfassers dem Papst gegenüber bis zur Kaiserkrönung und noch darüber hinaus bestimmen sollten.[62]

Zunächst äußerte sich der König tief betroffen über die Not der Kreuzfahrer im Osten und betonte erneut seine besondere, einer persönlichen Dankesschuld gegen Gott entspringende Verpflichtung zum Kreuzzug. Er bekannte sich also zu seinem Aachener Gelöbnis, zu der religiösen Überzeugung, die ihn damals erfüllt hatte, und es war ihm wohl auch jetzt durchaus ernst damit. Unübersehbar aber traten für ihn nun – Ergebnis seiner gewachsenen Erfahrung und gestärkten Stellung – sofort andere Gesichtspunkte hinzu. Das Kreuzzugsunternehmen erfuhr eine nüchternere, sachliche Behandlung als ein, wenngleich wichtiges Element im Rahmen seiner politischen Gesamtkonzeption – eine bei weltlichen Herrschern zumal seit dem Ausgang des 12. Jahrhunderts weithin übliche Betrachtungsweise, die auf einem besonderen Feld die damals allgemein schärfer werdende Abgrenzung des Regnum vom Sacerdotium bezeugt.

Er habe, so eröffnete der Staufer seinem Adressaten selbstbewußt, alle Fürsten des Reiches bindend, unter Androhung schwerster Strafen, für Mitte März zu einem großen Hoftag geladen, wo über den Termin seines Aufbruchs ins Heilige Land wie über seinen Nachfolger im Reich beschlossen werden solle. Bislang sei seine Überfahrt an den schändlichen Machenschaften derjenigen gescheitert, die, indem sie die königliche Abreise verhinderten, zugleich um ihre eigene herumzukommen hofften. Er bitte deshalb den Papst, ihm, dem König, wie allen geistlichen und weltlichen Großen des Reiches schon jetzt die Exkommunikation anzukündigen für den Fall, daß sie bis zum 24. Juni 1219 nicht zum Kreuzzug aufbrächen. Honorius möge ferner ihn und seinen Nachfolger im Reich, daneben das Im-

---

in erster Linie wohl doch dem Wunsche von Friedrich selbst; der spätere Sinneswandel des Königs scheint denn auch keine negativen Folgen gehabt, insbesondere sein gutes Verhältnis zu Alatrin nicht getrübt zu haben, vgl. MGH Epp. saec. XIII 1, 109, Nr. 154 (vom 11.12.1220), zu Alatrin: Mansilli, Federico 649–658, bes. 650f.

[62] Acta Imperii 1, 127–129, Nr. 151, vgl. Acta Imperii selecta 642, Nr. 934, MGH Epp. saec. XIII 1, 54–57, Nr. 77f., sowie 58–60, Nr. 80.

perium wie das Regnum mit ihren Rechten in seinen besonderen Schutz nehmen, niemanden von seinem Kreuzzugsgelübde entbinden und dafür sorgen, daß Heinrich, Kaiser Ottos Bruder, die Reichsinsignien endlich herausgebe. „Das ist der Weg, auf dem Ihr, Vater und Herr, wenn es beliebt, schreiten solltet, auf dem die über dem Meer die erwünschte Hilfe der Deutschen haben können", so schloß der Brief mahnend, fast schon drohend.

Die Absicht Friedrichs ist deutlich: Da das Gelingen des Kreuzzugs ein Herzensanliegen des Papstes war, zugleich aber von Tag zu Tag mehr von seinem, des Königs, Eingreifen abhing, schien es ihm nur recht und billig, wenn sich Honorius bemühte, die Voraussetzungen für dieses Eingreifen zu schaffen, wenn er also mit seiner päpstlichen Autorität half, eine breite fürstliche Beteiligung zu gewährleisten, die dem Königtum von einzelnen Widersachern drohenden Gefahren zu beseitigen und vor allem die Dauer der staufischen Herrschaft zu sichern. Grundsätzlich sprach in der Tat vieles für diese Auffassung. Entscheidend mußte freilich sein, wo der Papst im konkreten Einzelfalle die Grenze für sein Entgegenkommen ziehen und ob der König sie anerkennen würde. Die von Friedrich vorgeschlagene, recht kurz bemessene Frist bis zum gemeinsamen Aufbruch nach Palästina sollte wohl die Ernsthaftigkeit seiner Absichten beweisen und den Druck auf die Fürsten noch erhöhen. Sie verrät aber auch seinen optimistischen Glauben an die rasche, relativ problemlose Verwirklichung seines Planes.

Trotz des gelegentlich beinahe herablassenden Tons des königlichen Briefes ging Honorius auf dessen Forderungen ohne Zögern ein: Gleich zu Beginn des Februars sandte er die entsprechenden Schreiben nach Deutschland.[63] Sie führten zwar zur Aushändigung der Reichsinsignien. An anderen, wesentlicheren Stellen aber zeigten sich bald Hemmnisse und Widrigkeiten.

Von Peregrinus, dem Erzbischof von Brindisi (1216–1222), der sich im Frühjahr 1219 am Stauferhof aufhielt, erfuhr Friedrich nämlich, man erhebe an der Kurie verschiedene Anschuldigungen gegen ihn, tadle etwa, daß er die Ansprüche Rainalds, des Sohnes Konrads von Urslingen, auf das Herzogtum Spoleto stütze, verüble ihm insbesondere jedoch, daß er die deutsche Königswahl seines eigenen Sohnes betreibe, also entgegen seinem Versprechen das sizilische Regnum mit dem Imperium zu vereinen trachte. Damit war zweifellos der heikelste Punkt seiner Strategie berührt. Die Nachfolgefrage drohte, wie sich sofort zeigte, Papst und Reichsfürsten gegen ihn zusammenzuführen. Andererseits hielt er gerade sie für entscheidend. Während er in seiner Antwort alle anderen Vorwürfe abwies, bekannte er sich denn auch offen zu seinen Bemühungen um Heinrichs Wahl: Sie stärke das Reichsregiment während seiner Abwesenheit und sichere, sollte er selbst im Osten sterben, seinem Sohn sein Erbe. Friedrich gedachte also, unter Hin-

---

[63] MGH Epp. saec. XIII 1, 66, Nr. 92 (vgl. dazu oben Anm. 2), 67–69, Nr. 93–95.

weis auf die besonderen Erfordernisse des Kreuzzuges seinen Willen durchzusetzen. Im übrigen gab er sich unverändert zuversichtlich und kündigte ein weiteres Mal seine nächstens bevorstehende Romfahrt an. Daß er seinen Kreuzzug im Anschluß an einen Rombesuch und die Kaiserkrönung antreten würde, darüber herrschte demnach wohl bereits damals grundsätzliches Einvernehmen.[64]

Der Papst trug Friedrich in den folgenden Monaten mancherlei Klagen vor. Immer häufiger rügte er zum Beispiel dessen angebliche Übergriffe auf kirchliche Gebiete und Rechte in Ober- und Mittelitalien. Zu Heinrichs Wahl jedoch äußerte er sich , soweit wir wissen, nicht – trotz der klaren Worte Friedrichs und seiner gewiß auch in Rom bekannten unverminderten Aktivität in dieser Angelegenheit. Vielleicht hatte sich Honorius insgeheim schon jetzt damit abgefunden, als Preis für den Kreuzzug unter Umständen Heinrichs Königtum auch in Deutschland hinnehmen zu müssen. Friedrich mochte die päpstliche Zurückhaltung jedenfalls so deuten, und die Erkundigungen, die sein Kanzler, Bischof Konrad von Metz, in Rom einholte, bestätigten durchaus diesen Eindruck. Er erhielt von Honorius selbst, woran er ihn später ausdrücklich erinnerte, auf seine Frage nach der päpstlichen Haltung zu einer etwaigen Wahl Heinrichs überhaupt keine Antwort; von einem eng befreundeten Kardinal erfuhr er dann, der Papst sei der Meinung, die deutsche Königswahl gehe ihn nichts an.[65] Trotzdem war natürlich zu erwarten, daß der Unwille der Kurie gegen das Vorhaben bestehen blieb und fürstlicher Widerstand dagegen mindestens mit Verständnis, wenn nicht mit Unterstützung aus Rom rechnen konnte.

Auch die plangerechte Organisation des Kreuzzuges stieß von Anfang an auf Schwierigkeiten. Zu knapp für ihre Vorbereitungen sei den Reichsfürsten der vorgesehene Termin, so meldete Friedrich wohl Ende April 1219 dem Papst, und die von jenem erlangte Fristverlängerung bis zum Michaelistag (29. 9. 1219) schuf ihm spürbar große Erleichterung. Sie entzog nach seinen Worten allen Ausflüchten von fürstlicher Seite die Grundlage.[66] Außerdem bestätigte Honorius damit grundsätzlich des Königs Ansicht, wonach sein Kreuzzugsaufbruch nur zusammen mit einem stattlichen fürstlichen Aufgebot denkbar war und hauptsächlich durch das Zögern der Fürsten verhindert wurde.

---

[64] Brief vom Mai 1219, ed. Theiner, Codex 1, 50f., Nr. 74. Zu Peregrinus: Kamp, Kirche 1, 667–671, vgl. Acta Imperii 2, 11f., Nr. 10; zur Spoleto-Frage: Schubring, Herzoge 42–44, vgl. MGH Epp. saec. XIII 1, 64f., Nr. 87f.; zu Romzug und Kaiserkrönung: Acta Imperii 1, 129, Nr. 151, MGH Epp. saec. XIII 1, 68, Nr. 95, Z. 34, eindeutige Aussage des Papstes in Ep. IV 19 an Pelagius vom 1. Oktober 1219, Honorii Opera, ed. Horoy 3, 301.

[65] Brief Konrads vom 31. 7. 1220, MGH Epp. saec. XIII 1, 93, Nr. 127.

[66] MGH Epp. saec. XIII 1, 70, Nr. 97; HB 1, 637f.

Friedrichs Klage über die Säumigkeit und Unlust der Fürsten verstummte auch künftig nicht. In der Tat dominierte unter ihnen wohl eine eher abwartende Haltung, und der Staufer befürchtete gewiß mit einigem Recht, manche Große könnten seine Abwesenheit nutzen wollen, um ihre eigene Position auf seine Kosten auszubauen. Andererseits wünschten auch die ernsthaft zur Palästinafahrt entschlossenen Fürsten verständlicherweise genau wie er selbst, vor ihrer Reise ins Ungewisse offene Konflikte oder Rechtsstreitigkeiten möglichst günstig abzuschließen und ihre Stellung zu sichern. Wenn nun Friedrich im Zusammenhang mit dem Kreuzzug seit Anfang 1219 intensiv für die Königswahl seines Sohnes arbeitete, so lag es für sie nahe, hier gewissermaßen den Hebel anzusetzen und als Gegenleistung für die Konsolidierung des Königtums entsprechende Garantien für ihre eigene Herrschaft zu verlangen. So wurde das zähe, Monate dauernde Ringen um Heinrichs Wahl und die damit verbundenen fürstlichen Forderungen zu einem Hauptgrund für die schleppende Vorbereitung des Unternehmens, die den immer widerwilligeren Honorius noch mehrmals zwang, dem König und seinen Fürsten Aufschub zu gewähren, zunächst bis zum 21. März, dann zum 1. Mai 1220.[67]

Die zuweilen kaum mehr möglich scheinende Klärung der schwebenden Fragen gelang schließlich doch noch im April 1220 auf einem großen Hoftag zu Frankfurt. Diese bedeutende Versammlung, deren rege Geschäftigkeit schon unverkennbar auf den in Kürze bevorstehenden Italien- und Romzug Friedrichs vorauswies, wählte seinen Sohn Heinrich zum König, gewährte ihm also endlich die lang gewünschte Kontinuität der staufischen Herrschaft in Deutschland. Ihr Beschluß schuf die Voraussetzung dafür, daß das seit 1212 zur Stärkung des deutschen Königtums Erreichte ebenso Bestand haben würde wie die Verbindung des Imperiums mit dem Regnum Sicilie und damit die nach Friedrichs Überzeugung ihm und seinen Erben von Gott zugedachte Stellung in Mitteleuropa.

Der Wahlvorgang und die Confoederatio mit den geistlichen Fürsten

Die Hintergründe des Wahlvorgangs lassen sich einigermaßen deutlich erkennen. Friedrich selbst machte in seinem Bericht an den Papst zwar erneut keinen Hehl aus seinem intensiven, bislang freilich vergeblichen Mühen um die Erhebung seines Sohnes, stritt seine Beteiligung an dem unmittelbaren Geschehen in Frankfurt jedoch rundweg ab. Ausführlich schilderte er, dort

---

[67] Acta Imperii 1, 151f., Nr. 173, vgl. 157f., Nr. 180; MGH Epp. saec. XIII 1, 75–77, Nr. 106f., 79f., Nr. 112; vgl. zur damaligen Situation Walther von der Vogelweide, L 29, 15–24.

sei zwischen dem Erzbischof von Mainz und dem Thüringer Landgrafen ein schwerer Streit ausgebrochen, dessen Heftigkeit bei den Fürsten größte Befürchtungen für die Zeit seiner, des Königs, Abwesenheit verursacht und sie völlig unerwartet zur Wahl veranlaßt habe. Vergeblich habe er, von dem Vorgang unterrichtet, widersprochen und auf die fehlende päpstliche Zustimmung verwiesen. Die königliche Darstellung soll, man durchschaut es leicht, ihren Verfasser in ein günstiges Licht bei seinem Adressaten rücken und verteilt die Rollen und Gewichte entsprechend. Dennoch braucht sie nicht völlig aus der Luft gegriffen zu sein. Immerhin stimmt die Aussage des Kanzlers Konrad von Metz in den wesentlichen Punkten mit ihr überein. Vor allem aber hätte ein Mann wie der päpstliche Kaplan Alatrinus, auf den sich Friedrich ausdrücklich als Zeugen beruft, diesen in Rom rasch der Lüge überführen können. So mag jenes Zerwürfnis, zumal zwischen zwei engen Vertrauten des Königs, in der Tat letzte Zweifel bei einzelnen noch zögernden Fürsten vollends ausgeräumt, mag der zunächst vielleicht wirklich nicht anwesende König mit den Wählern durchaus über die zu erwartende Reaktion des Papstes gesprochen und ihnen Schritte zu dessen Besänftigung nahegelegt haben, die sie dann ablehnten.[68]

Gewiß aber waren damals die entscheidenden Hürden für Heinrichs Wahl bereits überwunden, die wesentlichen Zugeständnisse und Absprachen ausgehandelt, durch die sich die Fürsten zu dem wichtigen Schritt bewegen ließen. Dabei spielten die geistlichen Fürsten die führende Rolle – verständlicherweise, da sie, zahlenmäßig den weltlichen ohnehin weit überlegen, immer die Hauptstütze des Staufers gewesen, zugleich jedoch von dessen Territorialpolitik am empfindlichsten getroffen worden waren. Das Privileg, mit dem der König ihre Anliegen erfüllte, seit dem 19. Jahrhundert ›Confoederatio cum principibus ecclesiasticis‹ genannt, erging denn auch nur wenige Tage nach der Wahl, und sein Aussteller bekannte gleich zu Beginn, er löse damit eine Dankesschuld ein gegenüber seinen „geliebten und getreuen geistlichen Fürsten", die nicht nur ihn selbst allzeit gefördert und gestärkt hätten, sondern sich endlich auch „unseren Sohn Heinrich wohlwollend und einträchtig zum König und Herrn wählten". Mit „Wohltaten seiner Gunst"

---

[68] Acta Imperii 1, 156f., Nr. 180, MGH Epp. saec. XIII 1, 92f., Nr. 127; vgl. außerdem Reineri Annales, ad 1220, MGH SS 16, 677f., Chronica regia Coloniensis, ad 1220, MGH SS rer. Germ. 18, 196, Sächsische Weltchronik 359, MGH Dt. Chron. 2, 242, sowie RI V, Nr. 1098–1129, zu Alatrin siehe Manselli, Federico 651–654; von Friedrichs „politischer Amoral" (so Goez, Gegeben 33, vgl. ders., Friedrich II. 19: „ein geschicktes, aber skrupelloses und letztlich verderbliches Intrigen- und Diplomatenspiel") kann im Zusammenhang mit Heinrichs Wahl allem nach schwerlich die Rede sein, vgl. dazu oben S. 232–234, unten S. 245f., 248–250. Zur denkbaren Verkündung eines Landfriedens im April 1220: Angermeier, Landfriedenspolitik 176f.

wollte er nun seinerseits für das Gedeihen der Kirche wie für den Schutz und Nutzen ihrer Fürsten sorgen.[69]

Gänzlich neu unter den Bestimmungen des zu diesem Zweck formulierten Dokuments waren wohl nur die Maßnahmen zur Verschärfung der Exkommunikation, vor allem die Ankündigung, künftig solle dieser kirchlichen Strafe nach sechs Wochen die Reichsacht folgen. Es handelte sich dabei indessen um einen offenbar alten kirchlichen Wunsch, und schon König Philipp wäre 1203 um der päpstlichen Anerkennung willen zum gleichen Zugeständnis bereit gewesen.[70] Weiter wiederholte der König, interessanterweise ohne die Regaliennutzung zu erwähnen, seinen 1213 und 1216 ausgesprochenen Verzicht auf das Spolienrecht, auf den Nachlaß verstorbener Kirchenfürsten also, und verbot nun zusätzlich allen Laien generell den Zugriff darauf. Er versprach ferner, künftig keine neuen Zoll- und Münzstätten auf dem Gebiet der geistlichen Fürsten gegen deren Willen einzurichten. Außerdem erfuhren die Befugnisse, die seinen Amtleuten in den Bischofsstädten während der dort abgehaltenen Hoftage zufielen, in Anlehnung an Regelungen Friedrich Barbarossas eine genaue zeitliche und sachliche Begrenzung.

Deutlicher auf die Methoden der staufischen Haus- und Reichsgutpolitik zielten die übrigen Punkte der Vereinbarung. Friedrich sicherte dort zu, Hörige der geistlichen Fürsten nicht mehr in seinen Städten aufzunehmen, verlangte freilich gleiches Handeln von allen Laien, aber auch von den Kirchenfürsten selbst. Er garantierte den letzteren die ungehinderte Verfügung über frei werdende Kirchenlehen, die er seinerseits nicht gewaltsam, sondern nur auf deren Wunsch und mit ihrer Erlaubnis zu übernehmen gelobte, und er untersagte schließlich jeden Übergriff von Vögten auf Kirchengut, insbesondere jedoch den Bau von Burgen und Städten auf kirchlichem Boden ohne Genehmigung des Grundbesitzers.

Die Confoederatio zeigt den König, den Inhaber des weltlichen Schwertes, als den Helfer des geistlichen Schwertes, wie er an einer Stelle selbst sagt. Im ganzen stärkte sie sicherlich die Rolle der Kirche, sie vergrößerte speziell den Einfluß des kanonischen Rechtes in der deutschen Gesellschaft des 13. Jahrhunderts. Der Herrscher band sich in ihr an genau bestimmte, recht eng bemessene Grenzen bei der Handhabung einzelner Regalien auf dem Gebiete der Geistlichen, er verzichtete ihnen gegenüber vor allem auf die

---

[69] Text der ›Confoederatio‹: MGH Const. 2, 86–91, Nr. 73, zu dessen Entstehung: Zinsmaier, Diplomatik 82–106, zum Inhalt: Weller, Städtegründung 205f., Kirn, Verdienste 204–212, Klingelhöfer, Reichsgesetze 1–60, 130–149, 165–192, Schrader, Deutung 424–428, 435–441, 451–454, Maurer, Rechtsverhältnisse 93–96, Goez, Fürstenprivilegien 1358f., ders., Friedrich II. 19, Abulafia, Frederick 124f., 129f.

[70] MGH Const. 2, 9, Nr. 8 (§ 9).

weitere Anwendung wesentlicher Methoden und Elemente seiner Territorialpolitik gegen ihren Willen. Dies geschah nun erstmals, darin liegt wohl das für die Zukunft eigentlich Bedeutsame, nicht mehr in Einzelprivilegien, sondern in einer für alle geistlichen Fürsten insgesamt ausgestellten Verfügung. Die *principes ecclesiastici* traten dem Königtum hier als geschlossene Gruppe gegenüber, deren Glieder sich der Gemeinsamkeit ihrer Position, ihrer Schwierigkeiten und Forderungen bewußt geworden waren und nun zusammen mit größerem Gewicht als bisher ihre Vorstellungen durchzusetzen suchten. Die ständische Gesellschaft begann sich zu formieren, und Friedrichs Privileg anerkannte diese Entwicklung.

Inhaltlich bestätigten die meisten Punkte indessen lediglich Gewohnheiten und Einzelzugeständnisse der vergangenen Jahrzehnte, ohne irgendwelche Hoheitsrechte der Krone völlig aufzugeben. Der Staufer bemühte sich dabei, soweit als möglich die generelle Verbindlichkeit der erlassenen Normen wenigstens für alle Laien hervorzuheben, also den Eindruck eines einseitigen königlichen Verzichts zu vermeiden, den König vielmehr auch in diesem Falle als den Wahrer der allgemeinen Rechtsordnung handeln zu lassen. Wenn er insbesondere seine Territorialpolitik dort, wo sie die Kirche zu beeinträchtigen drohte, von deren Zustimmung abhängig machte, so gab es nach wie vor durchaus Möglichkeiten, auf diesem Felde trotzdem ans Ziel zu gelangen, und Friedrich – wir sahen es bereits – war willens, sie weiterhin zu nutzen.

Wie immer man die Confoederatio am Ende beurteilen mag – sie stellt gewiß das Ergebnis langer und zäher Verhandlungen dar. Anders, mit bescheideneren Zugeständnissen, ließ sich demnach die Wahl Heinrichs und die damit erstrebte Sicherung des dem Königtum in Deutschland seit 1212 wiedergewonnenen Handlungsraumes ganz offensichtlich nicht erreichen. So spiegelt das Dokument zumindest das Verhältnis von König und geistlichen Fürsten im Deutschland des Jahres 1220 in aller Klarheit wider.

Die Frankfurter Beschlüsse öffneten dem Herrscher den Weg nach Italien. Daran änderten grundsätzlich auch jene neuerlichen Widrigkeiten nichts, von denen er entschuldigend dem Papst berichtete. Ein ärgerliches und bedenkliches Beispiel hochadligen Verhaltens war es freilich doch, wenn sich Graf Egino von Urach, obwohl er dem König bei seiner Aussöhnung erhebliche Kreuzzugshilfe versprochen hatte, nun mit anderen zusammen bei seinem Bruder, dem Kardinal Konrad von Porto, die Lösung vom Kreuzzugsgelübde verschaffte oder wenn vorwiegend elsässische Große vom selben Kardinal die Erlaubnis einholten, statt nach Palästina gegen die Albigenser im ungleich näheren südlichen Frankreich zu ziehen. Honorius hielt das Vorkommnis immerhin für so wichtig, daß er sich selbst um die Einhaltung der ursprünglichen Gelöbnisse kümmerte. Dennoch traf nach seiner Meinung auch den König wegen seiner über den Maitermin hinaus anhaltenden Untätigkeit schwere Schuld. Er erlegte ihm deshalb eine Buße auf, der sich jener nach eigenen Worten gewissenhaft unterzog, obwohl ihn die nach Rom gemeldeten Hinderungsgründe in seinen Augen eigentlich freisprachen. Immerhin hören wir von keinem neuen Kreuzzugstermin mehr. Der Papst spornte den Staufer mit Hinweis auf die prekäre Lage in Damietta weiterhin zur Eile an, drängte ihn nun jedoch insbesondere dazu, wenigstens den anderen deutschen Kreuzfahrern die Überfahrt zu gestatten, wenn er schon selbst nicht an ihr teilnehmen könne. Im gleichen Sinne sollte der päpstliche Kaplan und Pönitentiar Konrad, Domscholaster in Mainz, auf ihn einwirken, der seit dem Frühjahr 1220 auf päpstliches Geheiß die Kreuzzugspredigt in Deutschland neu und intensiv betrieb.[71]

Wie Friedrich seine Vertretung in Deutschland regelte, vermögen wir nicht mehr ganz klar zu erkennen. Jedenfalls betraute er zunächst den bewährten Heinrich von Neuffen mit der Sorge für seinen Sohn und mit der Verwaltung des Herzogtums Schwaben. Wohl Ende des Jahres, vielleicht nach der Kaiserkrönung, erfolgte dann die Bestellung Engelberts, des Kölner Erzbischofs, zum Reichsverweser, dem mit der Leitung der Regierungsgeschäfte in Deutschland zugleich die Verantwortung für Heinrich zufiel. Heinrichs eigentliche Erziehung aber lag nun offenbar in den Händen des einflußreichen Ministerialen Konrad von Winterstetten, und Konrad tritt fortan neben seinem Onkel Eberhard von Waldburg, seit 1221 Bewahrer der Reichsinsignien, auch als Prokurator des schwäbischen Herzogtums auf. Beide gehörten außerdem vermutlich ebenso wie ihr Standesgenosse Werner von Bolanden, wie der Kanzler Konrad von Metz und Speyer, der Bischof Otto von Würzburg, Graf Gerhard von Diez oder Heinrich von Neuffen zu jenem engeren Beraterkreis, den Friedrich seinem Stellvertreter Engelbert an die Seite gab. Gewiß nicht zufällig bevorzugte er dabei erneut die Gruppen, auf die er sich in Deutschland vorwiegend gestützt hatte.[72]

---

[71] Acta Imperii 1, 157f., Nr. 180, MGH Epp. saec. XIII 1, 99, Nr. 137, vgl. 96–98, Nr. 131 f., Nr. 134; zu Egino vgl. oben S. 215 f.; Acta Imperii selecta 244 f., Nr. 276, MGH Epp. saec. XIII 1, 83 f., Nr. 117 f., vgl. ebd. 90, Nr. 124, 92, Nr. 126; zu Konrad von Mainz: Crusius, Konrad 434, Pixton, Anwerbung 188 f., sowie oben S. 178 f. mit Anm. 103.

[72] Heinrich: MGH Epp. saec. XIII 1, 97, Nr. 133; Engelbert: HB 2, 233, 853, Caesarius, Vita I 4 f., ed. Zschaeck 241 f., Reineri Annales, ad 1220, MGH SS 16, 678, vgl. Wisplinghoff, Engelbert 30–39, Engels, Stauferzeit 244, 247–254; außerdem: Burchard von Ursberg, ad 1221, MGH SS rer. Germ. 16, 114 f., Annales Marbacenses, ad 1220, MGH SS rer. Germ. 9, 89, Sächsische Weltchronik 361, MGH Dt. Chron. 2, 243, Gesta Treverorum cont., MGH SS 24, 399; zu den Ministerialen: Bosl, Reichsministerialität 271, 432–435, Niese, Verwaltung 269 f., siehe auch oben S. 200–202.

Die Lage in Reichsitalien

Als der Staufer Anfang September 1220 nach acht Jahren Oberitalien zum zweiten Mal betrat, hatte sich die Situation dort nicht grundlegend geändert. Innere Unruhen in den Kommunen, Machtkämpfe unter den städtischen Adelsparteien oder zwischen Adel und übriger Bevölkerung bestimmten noch immer ebenso das Bild wie die Kämpfe der Städte gegeneinander, in die die Nachbargemeinden je nach Interessenlage, nach traditioneller oder neu geknüpfter Bindung einzugreifen pflegten. Natürlich versuchten die großen Fürstenhäuser, ihren Einfluß zu halten und zu erweitern, und die nicht seltenen Übergriffe auf Kirchengut führten zum Protest der Geistlichkeit, zu Ermahnungen, Drohungen und Bestrafungen durch den Papst, zur Entsendung päpstlicher Legaten.

Piacenza etwa, das 1212 mit Mailand zusammen gegen Cremona und Pavia gefochten und Friedrichs Durchzug zu vereiteln gesucht hatte, wandte sich noch Ende desselben Jahres gegen das 45 Kilometer südlich gelegene Städtchen Bobbio, verwüstete dessen Weinberge und Baumgärten und zwang seine Bewohner zur Unterwerfung. Ein Jahr darauf kämpften Reiter und Bogenschützen aus Piacenza sowie Truppen aus Lodi, Vercelli und Novara erneut an der Seite Mailands gegen Cremona, das einem Mailänder Angriff auf Pavia zuvorkommen und zugleich die seit dem Vorjahr gefangenen Bürger Pavias befreien wollte. Die Schlacht, am Pfingstsonntag 1213 ausgetragen und weithin in Oberitalien beachtet, endete mit einer Niederlage Mailands und seiner Verbündeten. Sie leitete jedoch eine Kette jahrelanger Auseinandersetzungen ein, an denen sich nach und nach fast alle bedeutenden Städte der Lombardei beteiligten, Alessandria und Tortona ebenso wie Mantua, Reggio nell'Emilia, Modena oder Parma. Über Seiten hinweg berichtet der zeitgenössische Piacenzer Chronist Giovanni Codagnello wie selbstverständlich von den Kriegszügen seiner nach wie vor eng mit Mailand kooperierenden Heimatstadt, bei denen mit trauriger Regelmäßigkeit auf feindlichem Gebiet die Saat vernichtet, die Ernte angesteckt, das Vieh weggetrieben, die Häuser geplündert, die Dörfer zerstört, die Menschen gefangengenommen wurden. Wir hören von der mühseligen und aufwendigen, aber wohl auch faszinierenden Belagerung und Erstürmung gegnerischer Burgen und Ortschaften, von zahllosen Gefechten und Überfällen, von den bis ins einzelne gleichartigen Gegenzügen Cremonas und seiner Alliierten, von dem Stolz der Menschen auf ihre jeweilige Vaterstadt und deren im Fahnenwagen verkörperten, im Sieg glanzvoll bestätigten Ruhm. Als es dann seit Ende 1218 unter päpstlichem Druck zu einer gewissen äußeren Beruhigung kam, brach prompt ein schwerer Streit in Piacenza selbst aus wegen bestimmter rechtlicher Forderungen des *populus*, die die adlige Führungsschicht nicht anzunehmen gedachte. Beide Parteien verharrten unversöhnlich auf ihrem Standpunkt, und die Ritter der Stadt zogen sich im Sommer 1220 schließlich auf ihre Burgen und Dörfer im städtischen Umland zurück.[73]

Kaum besser sah es in anderen Teilen Oberitaliens aus. Im Nordosten mußte sich damals die Kommune Padua, zeitweise unterstützt von Ezzelino da Romano und seinem knapp zwanzigjährigen, energischen Sohn Ezzelino III. († 1259), mit Heeresmacht gegen den Markgrafen Aldobrandin von Este († 1215) behaupten, und ihr Verhältnis zum benachbarten Venedig war so angespannt, daß ein harmloser Zwischenfall während eines Festes in Treviso zum ernsthaften Konflikt, zur Sperrung der Grenze für Menschen und Waren und sogar zu einem erfolglosen und äußerst verlustreichen paduanischen Einfall in das Gebiet von Chioggia (südlich Venedig) führte.

Im Südosten brachte Imola, das unter dem gemeinsamen Zugriff von Bologna und Faenza seine Freiheit zu verlieren drohte, im Juli 1215 einen Pakt mit Ravenna, Forlì und einigen kleineren Kommunen der Romagna zuwege. Durch eine Handelsblockade wollten die Bündispartner Faenza in die Knie zwingen, mußten aber nach massivem Einspruch Bolognas auf ihr Vorhaben verzichten. Daraufhin ergriff Faenza unter Anwendung der uns bekannten Methoden die Initiative: Es überfiel 1216 ein zu Imola gehörendes Dorf, verwüstete dessen Felder und äscherte die Häuser ein. Die Eroberung zweier von Imola unterstützter Burgen und ein von Bologna mitgetragener Plünderungszug gegen Rimini schlossen sich an. Obwohl Papst Honorius die Einwohner Bolognas wie die Faenzas dieses Friedensbruches wegen exkommunizierte, setzten letztere ihre militärischen Aktionen gegen störende Adelssitze und Gemeinden in ihrer Nachbarschaft fort und befestigten zahlreiche Plätze, um ihren Einflußbereich zu sichern. Der Bau eines großen Entwässerungskanals rief dann den Protest Forlìs hervor, dessen Territorium angeblich durch das Unternehmen verletzt wurde. Zwar mußte die Stadt, von der vereinigten Heeresmacht Faenzas und Bolognas bedroht, bald einlenken, doch an Anlaß und Vorwand zum Streit fehlte es auch künftig nicht.

Darin machten im übrigen natürlich die großen Hafen- und Seehandelsstädte keine Ausnahme. Für sie ging es ja nicht nur um den Ausgleich innerer Spannungen und, wie wir im Falle Venedigs bereits sahen, um die Behauptung ihres Einflusses zu Land, sondern vor allem um den Schutz und Ausbau ihrer über das ganze Mittelmeer reichenden Handelsbeziehungen. Dabei standen sie miteinander in scharfem Wettbewerb, der insbesondere zwi-

---

[73] Annales Placentini Codagnelli, ad 1212–1220, MGH SS rer. Germ. 23, 42–69, vgl. Sicardi Cronica, ad 1213, 1216, 1218, MGH SS 31, 181 f., Annales Cremonenses, ad 1213–1220, ebd. 13 f., Annales Mediolanenses Minores, ad 1213–1219, MGH SS 18, 398, Memoriae Mediolanenses, ad 1213–1219, MGH SS 18, 401, Chronicon Parmense, ad 1213–1219, ed. Bonazzi 8 f.

schen Genua und Pisa zu tiefer Feindschaft geworden war. Voller Mißtrauen beobachtete jede Stadt die Pläne, Rüstungen und diplomatischen Schachzüge der anderen, und kaum ein Jahr verging ohne Zwischenfälle, sei es, daß die Pisaner ein genuesisches Schiff kaperten, die Genuesen die Arnomündung zu sperren suchten oder eine Gesandtschaft die Herausgabe geraubter Waren oder gefangener Mitbürger bei der Konkurrentin einforderte. Das ganze Land rang offensichtlich mit Leidenschaft und unter schmerzhaften Verlusten um die angemessene Ordnung seines wirtschaftlichen, sozialen und politischen Lebens.[74]

Päpstliche Sorgen: Der wachsende königliche Einfluß in Italien und das künftige Verhältnis Siziliens zum Imperium

Des Kreuzzugs wegen hatte sich schon Innozenz III. energisch um den Frieden in Oberitalien bemüht, auf dem Weg dorthin war er in Perugia gestorben. Sein Nachfolger Honorius knüpfte sofort an diese Politik an. Eines seiner ersten Schreiben suchte den Podestà und das Volk von Mailand zum Verzicht auf alle Feindseligkeiten gegen Pavia und zu einem Waffenstillstand zu überreden. Gleichzeitig bestätigte und verschärfte er die bereits früher wegen des Bruchs des konziliaren Friedensgebotes über Mailand und Piacenza verhängten Strafen der Exkommunikation und des Interdikts. Dennoch sollten über zwei Jahre vergehen, mußten neue, eindringliche päpstliche Mahn- und Drohbriefe folgen, ehe das persönliche Auftreten eines päpstlichen Legaten, des außerordentlich erfahrenen und einflußreichen Kardinals Hugolinus von Ostia, endlich auch hier zum Durchbruch führte.

Hugolin hatte während einer ersten Friedensmission in die Toskana und nach Ligurien im Laufe des Jahres 1217 Genua und Pisa zur Unterwerfung unter den päpstlichen Schiedsspruch bewegen können. So erhielt er im nächsten Jahr von Honorius abermals den Auftrag, sich als Schlichter und Friedensstifter nach Norden zu begeben. Er reiste zunächst wieder in die Toskana, dann jedoch weiter in die Poebene. Dort nun gelang ihm Ende 1218 tatsächlich das Kunststück, den maßgeblich an der regionalen Dauerfehde beteiligten Städten Mailand und Piacenza sowie Cremona und Parma nach zähen Einzelverhandlungen die Zustimmung zu einem Versöhnungs- und Friedensvertrag abzutrotzen.[75]

---

[74] Padua: Annales Patavini, ad 1213–1215, MGH SS 19, 150f., Rolandinus Patavinus I 12–16, MGH SS 19, 45–47; Faenza: Tolosanus, c. 143–153, ed. Rossini 127–134, vgl. c. 158–160, 136f., c. 169, 143; Genua: Annales Ianuae, ad 1213–1219, MGH SS 18, 132–142.

[75] Roscher, Innocenz 167f., Maccarrone, Studi 123–163; Honorius: MGH Epp.

Seine Gespräche überkreuzten sich allerdings auf etwas peinliche Weise mit der gleichgerichteten, aber im Namen König Friedrichs unternommenen Initiative des Bischofs Jakob von Turin († 1226). Dieser begleitete seit August 1218, wohl in der Nachfolge des damals zum Kreuzzug aufgebrochenen Bischofs Friedrich von Trient, das Amt des Hofvikars für Italien und wirkte seitdem, zeitweise auch als Legat tituliert, in der Lombardei auf königliche Weisung für die Sache des Reiches. Die Cremonesen hatte er bereits vier Wochen vor Hugolins Erscheinen auf den Spruch des Königs und seiner Boten verpflichtet; der Kardinal brachte die unsichere, widerstrebende Bevölkerung deshalb nur mit einiger Mühe und dank des Zuredens des noch in der Stadt anwesenden königlichen Kaplans und Vertrauensmannes Nikolaus dazu, jetzt sein Schiedsgericht anzuerkennen. Offensichtlich kam es dann rasch zu einer Verständigung zwischen königlichem und päpstlichem Friedensvermittler bezüglich der Behandlung Mailands. Jedenfalls blieb das Ereignis ohne erkennbare Folgen, nicht zuletzt wohl, weil Hugolin sich beeilte, es König Friedrich ausführlich zu schildern und um Nachsicht für sein Verhalten zu bitten.[76] Dennoch wirkt die Episode wie ein erster, noch unbedeutender Hinweis auf die künftige Auseinandersetzung zwischen Papst und Kaiser um den führenden Einfluß in der Lombardei.

Das aktive Vorgehen Jakobs von Turin bezeugt ohne Zweifel die wachsende Aufmerksamkeit, die Friedrich angesichts des geplanten Romzugs Oberitalien zuwandte. Sie war damals auch sonst kaum mehr zu übersehen. So erfahren wir, daß mit Jakob zusammen der Markgraf Wilhelm von Montferrat als königlicher Gesandter in der Lombardei auftrat, um die Rechte des Reiches zu sichern, Streitigkeiten zu schlichten und Treueide der Bevölkerung einzufordern. Im Gebiet westlich von Pavia agierte seit dem Frühjahr 1219 als bevollmächtigter Bote des Königs außerdem Eberhard von Lautern († nach April 1222), ein aus der Reichsministerialität der Pfalz Kaiserslautern stammender, im Dienst für die Krone in Italien wie in Deutschland vielfach erprobter Mann. Wohl schon früher hatte Friedrichs Kanzlei gleichlautende Schreiben an alle Städte Reichsitaliens versandt, ver-

---

saec. XIII 1, 2–4, Nr. 2 f., 44 f., Nr. 61, 50–52, Nr. 71 f.; Hugolin: Ebd. 9 f., Nr. 12 (vgl. dazu Annales Ianuae, ad 1217, MGH SS 18, 138, sowie RI V, Nr. 6252), Acta Imperii selecta 647–650, Nr. 939 f., 651–653, Nr. 942, vgl. Annales Placentini Codagnelli, ad 1218, MGH SS rer. Germ. 23, 67 f., Annales Cremonenses, ad 1218, MGH SS 31, 14, RI V, Nr. 6318, siehe auch Maleczek, Papst 130 f.

[76] Jakob: RI V 4, 24, Nr. 155, Acta Imperii selecta 643–647, Nr. 937 f., 650 f., Nr. 941, RI V, Nr. 12546 f., vgl. Ficker, Forschungen 1, 340–342, Scheffer-Boichorst, Urkunden 1, 219–222, zu Friedrich von Trient oben S. 159 mit Anm. 78; Nikolaus: Acta 649, Nr. 939, vgl. 774, Nr. 1077, 776, Nr. 1080 f., sowie HB 1, 526, und oben S. 181, Anm. 107.

mutlich mit der Aufforderung, den demnächst eintreffenden Gesandten Gehorsam zu leisten.[77] Umgekehrt erschienen auf dem Speyrer Hoftag vom Februar 1219 eine ganze Reihe lombardischer Bischöfe und Städtegesandtschaften. Kommunen wie Cremona und Parma, Imola und Asti oder bewährte geistliche und adlige Anhänger des Staufers erlangten die Bestätigung ihrer Privilegien; der König gab Befehle, etwa bezüglich des freien Straßenverkehrs zwischen Modena und Ferrara, oder beauftragte Vertreter mit der Untersuchung von Streitigkeiten. Das gleiche wiederholte sich im August und September auf dem Hoftag zu Hagenau bei eher noch stärkerer Beteiligung vorwiegend westlombardischer Geistlichkeit.[78]

Dieses zunehmende königliche Interesse an Italien rief bald Unruhe und Besorgnis bei der Kurie hervor. Erregte dort zunächst der Herzogstitel Rainalds von Spoleto Mißtrauen, so mußte Friedrich kurz darauf, im Juni 1219, gegen die von „schmähsüchtigen Neidern" verbreitete Behauptung protestieren, er verleihe Kirchengut. Niemals habe er etwas derartiges willentlich getan, so beteuerte er; Honorius möge deshalb doch künftig sein Ohr vor den Einflüsterungen derjenigen verschließen, die lediglich auf Verwirrung und Spaltung hinarbeiteten.

Bereits im September freilich, während der Hagenauer Versammlung also, gab ein anscheinend über und über mit Sorgen, Vorwürfen und Zweifeln gefüllter Papstbrief Anlaß, die gleiche Bitte erneut vorzutragen. Zugleich äußerte sich Friedrich nun zu einzelnen Anklagepunkten. Dabei ging es durchweg um Übergriffe auf die Güter und Rechte der römischen Kirche in Italien, um Schenkungen in Medicina (östlich Bologna), Belehnungen in Montefiascone (nördlich Viterbo), Herrschaftsansprüche in Ferrara und endlich erneut um die Vergabe Spoletos. Der Staufer gestand einzelne Fehler ein und entschuldigte sie mit seiner eigenen Unkenntnis oder der seiner oft aus Sizilien kommenden Notare. Er betonte dann jedoch seine feste grundsätzliche Absicht, die Ehre und Stellung der Kirche nicht herabzusetzen, sondern zu mehren, und erklärte, offenkundig auf päpstliches Verlangen, ausdrücklich alle seine etwa Spoleto, die Mathildischen Güter oder andere Teile des Patrimonium Petri berührenden Rechtsakte vorsorglich für ungültig. Einer päpstlichen Bitte folgte er auch, als er noch in Hagenau die im Juli 1213 in Eger an Innozenz III. gegebenen Zusagen fast wörtlich für Honorius wiederholte,

---

[77] Acta Imperii 1, 146, Nr. 167; zu Eberhard: RI V 4, 25, Nr. 157 (Ernennung am 9.3.1219), Acta Imperii selecta 826f., Nr. 1141, 242, Nr. 273, MGH Const. 2, 623–625, Nr. 453, RI V, Nr. 12569, vgl. Epp. saec. XIII 1, 74, Nr. 102; Bosl, Reichsministerialität 243–247.

[78] Acta Imperii selecta 241f., Nr. 272f., 775–779, Nr. 1078–1082, Acta Imperii 1, 129–131, Nr. 152–155, 139–145, Nr. 163–166, RI V 4, 26, Nr. 164f., HB 1, 593–600, 602f., 606–610, 669f., 686–690; vgl. Acta Imperii 1, 131–137, Nr. 156–160, sowie HB 1, 629f., RI V 4, 25f., Nr. 158f., Nr. 167.

also neben der Freiheit der Kirchenwahlen und der Appellationen nach
Rom, neben seinem Verzicht auf das Spolien- und Regalienrecht und seiner
Hilfe im Kampf gegen die Ketzerei insbesondere versprach, der römischen
Kirche ihre genau bezeichneten Territorien, einschließlich der vom Reich
wiedererlangten Gebiete, zu wahren und zu verteidigen.[79]

Friedrich erstrebte gewiß eine möglichst umfassende Wiederbelebung
und Stärkung der Reichsgewalt in Italien. Angesichts der Ortsfremdheit
eines Teils seines Personals, angesichts vor allem aber der wohl auch bei unparteiischer Betrachtung oft reichlich unklaren und verwickelten Rechtslage, mußte eine auf dieses Ziel gerichtete Politik immer wieder zu Meinungsverschiedenheiten und Konflikten gerade mit der Kirche führen, und die
Kurie beobachtete deshalb die Maßnahmen der königlichen Legaten ganz
verständlicherweise äußerst kritisch und mißtrauisch. Trotzdem verdienen
die Erklärungen und Bestätigungen des Königs generell wohl Glauben. Es
gab für ihn in der Tat eigentlich keinen vernünftigen Grund, gerade jetzt in
offenem Wortbruch die Rückgewinnung des an die Kirche verlorenen
Reichsgutes zu versuchen und sich damit neue Schwierigkeiten aufzuladen,
während wichtigere, das Fundament seiner Stellung berührende Probleme
noch einer Lösung harrten. Dazu gehörte insbesondere die alte Frage nach
dem künftigen Verhältnis von Imperium und sizilischen Regnum, und hier
hielt der Staufer mit seinen Vorstellungen durchaus nicht hinterm Berg.

Honorius wünschte nämlich im September zu den bereits genannten, sofort zugestandenen Sicherheiten noch die Erneuerung jenes Dokuments
vom 1. Juli 1216, in dem Friedrich gelobt hatte, unmittelbar nach der Kaiserkrönung auf die sizilische Königswürde zugunsten seines Sohnes zu verzichten und das Regnum bis zu dessen Volljährigkeit einem dem Papst
genehmen Verwalter anzuvertrauen. Doch die Bekräftigung dieses Versprechens zögerte der König nun, kurz vor dem Ernstfall gewissermaßen, hinaus. Er beauftragte vielmehr den eben durch Rom bestätigten Erzbischof
Nikolaus von Tatent († 1248), einen Mann seines besonderen Vertrauens,
den Papst dahin zu bringen, daß er ihm die Herrschaft in Sizilien auf Lebenszeit überlasse. Der Widerstand des Honorius gegen dieses Ansinnen
muß allerdings entschieden und sehr eindrücklich gewesen sein, denn Friedrich lenkte bereits im Februar 1220 ein. Er fügte an sein abermaliges Gelöbnis lediglich den Zusatz, er behalte sich, sollte sein Sohn erbenlos vor ihm
sterben, dessen Nachfolge im Regnum kraft Erbrechtes vor. Der Papst
suchte demnach, mochte auch das Doppelkönigtum Heinrichs absehbar
sein, wenigstens die vor allem gefürchtete Vereinigung von Imperium und
Regnum in der Hand des gekrönten Kaisers zu verhindern und damit zu-

---

[79] HB 1, 638; Acta Imperii 1, 145–147, Nr. 167; MGH Const. 2, 77–80, Nr. 65 f., vgl.
ebd. 84–86, Nr. 72 sowie RI V, Nr. 1095 f.; zu Rainald von Spoleto vgl. oben S. 233.

gleich dem Kirchenstaat immerhin die sofortige Umklammerung zu ersparen, also Zeit zu gewinnen. Friedrich hingegen blieb voller Zuversicht, doch noch in den dauernden Besitz beider Reiche zu kommen, und bekannte dies dem Honorius ganz offen: Im Vertrauen auf das päpstliche Wohlwollen wie in Anbetracht seiner eigenen Devotion gegen die Kirche hoffe er sehr, die Erfüllung seines sehnlichen Wunsches zu erlangen, stehe er ihm nur erst persönlich gegenüber, so schrieb er dem Papst, um ihm dann in den glühendsten Farben die Vorteile einer solchen Entscheidung für die römische Kirche auszumalen – gleichsam als Vorgeschmack auf die Intensität und das rhetorische Geschick seiner künftigen Überzeugungsbemühungen.[80]

Friedrichs Zug nach Rom, die Klärung der Streitpunkte und die Kaiserkrönung

Nach der zumindest vorläufigen Klärung der zwischen König und Papst offenen Fragen nahmen die Vorbereitungen des Romzuges greifbare Formen an. Im zeitigen Frühjahr 1220 reiste Abt Kuno von Fulda nach Rom, um als offizieller Bote Friedrichs dessen baldigen Aufbruch zur Kaiserkrönung zu melden. Senator und Volk von Rom hießen ihn ebenso freudig willkommen wie Honorius selbst. Dieser deutete zwar mit vorsichtigem Tadel an, frühere Herrscher hätten bei gleicher Gelegenheit wesentlich hochrangigere Delegationen entsandt; er stellte vor allem jedoch die hohen Erwartungen heraus, die er für den Fortgang des Kreuzzuges, für die Freiheit und Ruhe der Kirche und ganz allgemein für den Frieden in der Welt mit Friedrichs lange gewünschtem Kaisertum verbinde.

Von jenem Frankfurter Hoftag im April, der endlich die für den Staufer entscheidend wichtige Königswahl seines Sohnes Heinrich brachte, ging dann zugleich eine feierliche Erklärung des Herrschers an alle Großen Reichsitaliens hinaus. Er wolle, so kündigte er darin an, nach der Befriedung Deutschlands nun auch ihre Länder zu der dem Reich dringend nötigen Eintracht zurückführen. Zu diesem Zweck schicke er zunächst seinen Kanzler, den Bischof Konrad von Metz, als seinen Legaten voraus, damit er als sein Stellvertreter mit umfassenden Vollmachten die Verhältnisse ordne, Gericht halte und den Ansprüchen und Rechten des Reiches neue Geltung verschaffe. Mit einer anscheinend teilweise durch Krankheit bedingten Verzögerung traf Konrad denn auch im Juli in Oberitalien ein und begann sofort, seinem Auftrag gemäß energisch in die dortigen Verhältnisse einzugreifen.[81]

---

[80] Acta Imperii 1, 150f., Nr. 173, MGH Const. 2, 82, Nr. 70 (vgl. dazu 72, Nr. 58, und oben S. 189); zu Nikolaus von Tarent: Kamp, Kirche 1, 698–701.
[81] MGH Epp. saec. XIII 1, 82f., Nr. 116, 92–94, Nr. 127, MGH Const. 2, 103f.,

Etwa sechs Wochen nach Konrad überquerte der König selbst die Alpen. Durch Bozen und Verona zog er das Etschtal herab, verweilte etwas länger im Raum von Mantua, wandte sich dann bei Modena auf der Via Emilia ostwärts, um bei Bologna, Faenza und Forlì noch einmal innezuhalten. Überall bemühte er sich, entfremdete Reichsrechte zurückzuerlangen, die königliche Herrschaft sichtbar zu machen, wichtige Positionen für Männer seines Vertrauens zu sichern – den Eberhard von Lautern etwa ernannte er nun zu seinem Bevollmächtigten in der Toskana. Er erneuerte das Abkommen seiner Vorgänger mit Venedig und die früheren Privilegien Genuas, ohne allerdings zur Enttäuschung der eigens angereisten hochrangigen Genueser Delegation irgendwelche Zusagen hinsichtlich der Vorrechte der Stadt in Sizilien zu machen. Auch seine Eingriffe in örtliche Streitigkeiten führten keineswegs immer zu dauerhaftem Frieden; so verstimmte offenbar seine Begünstigung Imolas und Forlìs die Einwohner von Faenza. Doch zu gründlicher Behandlung der Probleme fehlte die Zeit. Im November verließ der Herrscher Oberitalien bereits wieder und erschien, wohl die alte Via Flaminia von Fano durch den Apennin einschlagend, endlich vor Rom.[82]

Seitdem der Reichskanzler und bald darauf auch der König in Oberitalien anwesend waren, verstärkte Honorius seine Bemühungen um die Sicherung des dortigen Kirchenbesitzes. Insbesondere die wertvollen Mathildischen Güter lagen ihm dabei am Herzen. Früh ging deshalb die Anweisung an den Kaplan Alatrin hinaus, er möge sich diese Güter unmittelbar vom Kanzler, wenn er mit ihm durch Italien reise, aushändigen lassen, und Kanzler Konrad bestätigte seinerseits, daß er eben dazu beauftragt sei. Trotzdem liefen die Dinge lange nicht nach päpstlichem Wunsch. Noch immer, so mahnte er Konrad im August voller Ungeduld, habe er nichts von der Übergabe der Güter gehört, und sein Subdiakon Rainald erhielt gleichzeitig den Auftrag, Konrad nicht nur an die Exkommunikation zu erinnern, der er wegen des nicht wahrgenommenen Kreuzzugstermins am 1. Mai verfallen sei, sondern bei ihm auch inständig auf die Übereignung der Mathildischen Güter zu drängen. Vier Wochen später verwahrte er sich erneut scharf gegen Konrads Politik des Hinhaltens und der leeren Versprechungen und wandte sich nun direkt an Friedrich. Vielleicht hatte er indes die Schwierigkeiten, die der Verwirklichung seines Verlangens entgegenstanden, doch etwas unterschätzt und deshalb den Kanzler zu kritisch beurteilt. Jedenfalls kam der

Nr. 82, 83 f., Nr. 71, vgl. 112 f., Nr. 89 sowie RI V, Nr. 12613–12622, 12626 f., 12629–12632, 12635–12638, 12645–12647, sowie Tolosanus, c. 173 f., ed. Rossini 144 f.; vgl. Fasoli, Federico II 43 f.

[82] Venedig, Eberhard: MGH Const. 2, 93–99, Nr. 76–78; Genua: HB 1, 868–872, dazu Annales Ianuae, ad 1220, MGH SS 18, 145 f.; Faenza: Acta Imperii selecta 245 f., Nr. 277, Tolosanus, c. 174, ed. Rossini 145 f.; vgl. RI V, Nr. 1154–1200a.

König den päpstlichen Forderungen zwar sofort in vollem Umfang nach, nicht nur hinsichtlich des gewünschten Verbots kirchenfeindlicher, ketzerischer Städtestatuten, sondern gerade auch bezüglich der Mathildischen Güter. Der praktische Vollzug seines Entschlusses stieß jedoch nach wie vor auf Grenzen. Vor allem die Besatzung des wichtigen Kastells Gonzaga (südlich Mantua) trotzte wie früher dem Kanzler so jetzt der königlichen Ächtung und Strafdrohung und verweigerte erfolgreich die Auslieferung ihrer Burg an die Kirche.[83]

Neben diesem territorialen Anliegen beschäftigte Honorius damals unter anderem überraschend stark die Sorge um das Geschick des toskanischen Grafen Rainer von Manente, dem Friedrich vorwarf, er halte als ehemaliger Parteigänger und Mitstreiter Ottos IV. auf Sizilien noch immer königliche Güter besetzt, und den er deshalb festnahm, als er Anfang 1220 ohne Geleitbrief in Deutschland erschien.[84] Nichts freilich äußerte der Papst anscheinend auch jetzt zur Königswahl Heinrichs. Möglicherweise blieben die ausführlichen Darstellungen des Ereignisses, die Friedrich und sein Kanzler im Juli auf die Nachricht von der Erregung der Kurie an ihn sandten, doch nicht ganz ohne Wirkung. Außerdem fürchtete er wohl ohnehin nicht so sehr die von ihm früh als unvermeidbar angesehene Wahl, sondern, was Friedrich selbst offen ansprach, die Vereinigung der beiden Reiche, das Aufgehen Siziliens im Imperium. Dieser Verschmelzung aber gelobte der König mit allen Kräften zu widerstehen[85], und sie konnte in der Tat kaum in seiner Absicht liegen, drohte sie ihm doch zu der Feindschaft des Papstes auch noch einen Mitspracheanspruch der deutschen Fürsten im Regnum zu bescheren.

Daß Friedrich die Sizilien-Frage anläßlich seiner Kaiserkrönung, wie angekündigt, wieder aufrollen würde, daran ließen vermutlich bereits die Verhandlungen keinen Zweifel, zu denen königliche Delegierte, unter ihnen Hermann von Salza, im Oktober in Rom eintrafen. Die päpstlichen Legaten, die sich ihrerseits im November in das königliche Lager auf dem Monte Mario nordwestlich der Stadt Rom begaben, der Kardinal Nikolaus von Tusculum und der inzwischen mit der Problematik der königlich-päpstlichen Beziehungen bestens vertraute Kaplan Alatrin, erhielten gewiß deshalb von Honorius die Instruktion mit auf den Weg, besonders sorgfältig die ernsthafte Bereitschaft des Königs zur Trennung von Regnum und Imperium

---

[83] MGH Epp. saec. XIII 1, 85, Nr. 119, 93–95, Nr. 127–129, 99f., Nr. 138f., 101, Nr. 141; MGH Const. 2, 100–103, Nr. 79–81, vgl. Epp. saec. XIII 1, 106f., Nr. 150f., 115f., Nr. 165.

[84] Acta Imperii 1, 153f., Nr. 176, MGH Epp. saec. XIII 1, 85f., Nr. 120f., vgl. RI V, Nr. 12650, vgl. zu Rainer: Neumann, Parteibildungen 50–52, 223f.

[85] Acta Imperii 1, 157, Nr. 180, vgl. MGH Epp. saec. XIII 1, 92f., Nr. 127, sowie oben S. 233f. und S. 235f.

zu prüfen. In diesem Zusammenhang sollten sie ihm eindrücklich vor Augen führen, daß die Wahl des sizilischen Königs Heinrich zum *rex Romanorum*, aber ebenso die Aufforderung an sizilische Große zum Besuch der Kaiserkrönung und zur erneuten Ableistung von Treueiden seinen Versprechungen zuwiderlaufe, weil beides die Verbindung Siziliens mit dem Reich zu fördern scheine.

Hier also kam Heinrichs Wahl noch einmal zur Sprache, der Hinweis darauf diente offenbar vornehmlich dem verhandlungstaktischen Ziel, den Ernst des kurialen Hauptanliegens, der Verhinderung jener verpönten Union, zu demonstrieren und auf diesem Felde möglichst große Sicherheiten zu erlangen. Friedrich bekannte denn auch in einer eigenen, nach der Kaiserkrönung wiederholten Erklärung, daß es keinerlei Rechte des Imperiums am sizilischen Königreich gebe, daß er dieses vielmehr kraft Erbrechts durch seine Mutter und wie sie von der Kirche als der eigentlichen Eigentümerin zu Lehen besitze. Um dies ganz deutlich zu machen, werde er künftig das Regnum durch eigene Beamte verwalten und für sizilische Angelegenheiten ein spezielles Siegel verwenden. Damit war allerdings zugleich gesagt, daß er seinen Herzenswunsch durchgesetzt, daß der Papst tatsächlich auf die Einlösung der früheren Zusagen des Staufers verzichtet und ihm die gleichzeitige Herrschaft in Imperium und Regnum auch nach der Kaiserkrönung zugestanden hatte.[86]

Dieser Schritt war nach der deutschen Königswahl Heinrichs keineswegs schon selbstverständlich oder gar unvermeidlich.[87] Nach wie vor wäre mit der Übergabe Siziliens an einen der Kurie genehmen Gubernator im Anschluß an die Kaiserkrönung die Unabhängigkeit des Regnum vom Imperium für jedermann am eindrücklichsten sichtbar geworden. Zudem hätte die faktische Trennung der beiden Reiche während der nächsten neun Jahre wenigstens den unmittelbaren Druck vom Patrimonium Petri genommen, sie hätte die Selbständigkeit des sizilischen Königreichs unter Umständen sogar gestärkt; zumindest aber wäre die Entwicklung nach der Mündigkeit Heinrichs offen, dessen Entscheidung für ein vom Vater unabhängiges Wirken in Sizilien möglich geblieben. Trotzdem gab Honorius dem sicherlich äußerst intensiven Drängen Friedrichs nach, vielleicht überzeugt von dessen erneut wirkungsvoll vorgetragener Versicherung, die grundsätzlich-staatsrechtliche Trennung der Reiche liege auch in seinem Interesse, ihre Vereinigung in seiner Person aber schaffe der Kirche einen um so wertvolleren, weil dankbareren Diener, vielleicht gewonnen durch das Argument, erst die

---

[86] MGH Const. 2, 104f., Nr. 83f., vgl. 110f., Nr. 87, sowie Acta Imperii 1, 161, Nr. 185, dazu Kluger, Hochmeister 21.
[87] So etwa Van Cleve, Frederick 125, Kantorowicz, Friedrich 93f., Lammers, Friedrich 209.

Basis Siziliens und seiner Mittelmeerhäfen garantiere den vollen Erfolg der kaiserlichen Kreuzzugsanstrengungen.

Der Gedanke des Kreuzzuges stand bei Honorius jedenfalls auch jetzt ganz im Vordergrund, vor ihm trat offenbar selbst ein traditioneller Grundsatz der päpstlichen Territorial- und Sicherheitspolitik in den zweiten Rang zurück. Die Not des Heiligen Landes und die Wichtigkeit der Hilfeleistung vor allem anderen beim König auf dem Monte Mario hervorzuheben, ihm zu eröffnen, er werde in erster Linie der Kreuzfahrt wegen derart ungeduldig zur Krönung nach Rom berufen, so gebot der Papst seinen Legaten; wie Friedrich sich zu diesem Thema äußere, möge man ihm eilends zurückmelden. Was Honorius darüber dann erfuhr, befriedigte ihn offenbar; der König kündigte wohl für die nahe Zukunft seinen Aufbruch nach Osten an. Schließlich versprach er allem nach, einen ihm vorgelegten Gesetzesentwurf zugunsten der Kirche und ihrer Rechte ohne größere Änderungen in Kraft zu setzen.

Nun endlich konnte die Kaiserkrönung stattfinden. Ihren Ablauf ordnete ein wohldurchdachtes, umständlich-bedeutungsschweres Zeremoniell, dessen glanzvoll-festlicher Gang freilich nur noch an wenigen Stellen erkennen ließ, daß der Gekrönte aus dem Stand der Laien herausgehoben war, daß ihm ein gewisser geistlicher Rang zukam. Am 22. November 1220, dem Sonntag vor dem 1. Advent, zogen Friedrich und Konstanze vom Monte Mario herab, bei der Engelsburg die römische Leostadt betretend und von da an in feierlicher Prozession durch Klerus und Volk von Rom geleitet, zur Peterskirche, wo Papst Honorius sie empfing. Friedrich wurde unter die Kanoniker von St. Peter aufgenommen und gesalbt. Während der dann beginnenden Messe krönte ihn der Papst mit Mitra und Kaiserkrone und überreichte ihm die übrigen Insignien seiner neuen Würde, Zepter, Reichsapfel und Schwert. Die Krönung Konstanzes schloß sich an. Danach nahm der Kaiser aus der Hand des Kardinals Hugolin von Ostia das Kreuz und heftete es sich, die Geste der Aachener Krönung wiederholend, ein zweites Mal an die Schulter mit dem Gelöbnis, im kommenden August selbst die Überfahrt anzutreten. Seinem Beispiel folgten der Kanzler Konrad, Herzog Ludwig von Bayern, der Truchseß Werner von Bolanden und über vierhundert andere Große, die mit ihren Rittern, von Kaiser und Papst großzügig finanziell unterstützt, sogar schon im März aufbrechen wollten.[88]

---

[88] Zum wahrscheinlichen Ablauf der Krönung siehe Ordo XVII f., ed. Elze, Ordines 61–87, dazu ebd. XII f., XXIII–XXVI, sowie die ausführliche Schilderung bei Elze, Kaiserkrönung 365–373; vgl. MGH Epp. saec. XIII 1, 98 f., Nr. 136 (Teilnahme Konstanzes), 104–106, Nr. 146–149, 111, Nr. 157, MGH Const. 2, 150, Nr. 116, Reineri Annales, ad 1220, MGH SS 16, 678, Burchard von Ursberg, ad 1220, MGH SS rer. Germ. 16, 114.

Abb. 11: Krone im Domschatz zu Palermo, aller Wahrscheinlichkeit nach kurz vor 1220 in der sizilischen Hofwerkstatt gefertigt und von Friedrich bei seiner Kaiserkrönung am 22. November 1220 getragen; der Kaiser gab die Krone seiner 1222 gestorbenen und im Dom von Palermo beigesetzten ersten Gemahlin Konstanze mit ins Grab.

Noch am Krönungstag verkündete Friedrich verabredungsgemäß auch jene Serie von Gesetzen, deren Wortlaut – im wesentlichen wohl ein Produkt der Kurie – er bereits während der Vorverhandlungen gebilligt hatte. Diese Konstitutionen bekräftigten die Ungültigkeit aller gegen den Klerus und die kirchlichen Privilegien gerichteten städtischen Statuten, die Steuerfreiheit der Geistlichen und ihre Befreiung von der weltlichen Gerichtsbarkeit; sie drohten allen die Reichsacht an, die länger als ein Jahr wegen eines Verstoßes gegen die kirchliche *libertas* in der Exkommunikation verharrten, legten in enger Anlehnung an die entsprechenden Bestimmungen des Vierten Laterankonzils Strafmaßnahmen des Kaisers gegen die Ketzer fest und gewährten Schiffbrüchigen, Reisenden sowie der bäuerlichen Bevölkerung mit ihrem Vieh und Gerät den besonderen kaiserlichen Schutz. Wie einst Friedrich Barbarossa sein sogenanntes Scholarenprivileg, so sandte jetzt sein Enkel seine Krönungsgesetze den „Doktoren und Scholaren der heiligen Gesetze zu Bologna", den Juristen der Bologneser Universität also, mit der Weisung, sie in den Text des justinianischen Corpus iuris aufzunehmen, was tatsächlich geschah, und sie künftig in der Lehre zu berücksichtigen. Damit bekannte er sich nicht nur unzweideutig zu ihrem Inhalt; er stellte sich so zugleich, staufischer Tradition gemäß, bewußt in die Nachfolge des großen kaiserlichen Gesetzgebers Justinian.[89]

Drei weitere Tage hindurch lagerte der Kaiser auf dem Monte Mario, danach bis zum Monatsende bei Sutri – wie die Fülle der damals entstandenen Urkunden lehrt, vollauf beschäftigt mit den Sorgen und Wünschen der offenbar zahlreich anwesenden Städtevertreter und Großen des Adels und der Kirche vornehmlich Italiens. Dann zog er über Tivoli nach Süden ab, um, wie Papst Honorius hoffte, im Regnum die nötigen Vorbereitungen zur Unterstützung des Heiligen Landes zu treffen. Kurz vor Mitte Dezember überschritt er die Grenze seines sizilischen Königreiches.[90]

Wenig mehr als acht Jahre nach seinem gewagten Aufbruch aus einer fast hoffnungslosen Lage war Friedrich in jene glanzvolle Stellung gelangt, die ihm nach seiner innersten Überzeugung als sein Erbe gebührte und zu der ihn, wie er wieder und wieder betonte, Gott selbst auf wunderbare Weise erhoben hatte.[91] Wie sein Vater Heinrich VI. stand er an der Spitze von Imperium und Regnum, in beiden Positionen jedoch anders als jener anerkannt

---

[89] MGH Const. 2, 106–110, Nr. 85 f., vgl. Richard von S. Germano, ad 1220, ed. Garufi 82–87; dazu Selge, Ketzerpolitik 316–321, Abulafia, Frederick 137–139.
[90] Richard von S. Germano, ad 1220, ed. Garufi 87, Chronicon Suessanum, ad 1220, ed. Pellicia 52, MGH Epp. saec. XIII 1, 111, Nr. 157; vgl. RI V, Nr. 1205–1257.
[91] MGH Const. 2, 115 f., Nr. 92 f., vgl. oben S. 171 mit Anm. 93, S. 186 f. mit Anm. 3, sowie das Vorwort der Konstitutionen von Melfi, ed. Stürner, Rerum necessitas 552.

auch vom Papst. Die ihm damit gegebenen, in den einzelnen Regionen seines Herrschaftsbereiches gewiß sehr unterschiedlichen Wirkungsmöglichkeiten hatte er allerdings erst zu einem Teil ausgeschöpft. Es war ihm gelungen, das staufische Haus- und Reichsgut weitgehend zurückzugewinnen, es mit Hilfe einer modernen Verwaltung auszubauen und auf dieser Basis dem neu gestärkten deutschen Königtum ein Maß an Einfluß zu verschaffen, das angesichts der traditionell bedeutsamen, in den letzten Jahrzehnten noch weiter gewachsenen Geltung der Reichsfürsten und der von Anfang an bestehenden vielfältigen königlichen Abhängigkeit von ihnen wohl dem damals überhaupt Möglichen entsprach. Auch die weitere Konzentration auf Deutschland hätte hier vermutlich keine allzugroße Steigerung mehr herbeizuführen vermocht, ganz abgesehen davon, daß sie Friedrichs Selbstverständnis, seiner Sicht von der ihm zugewiesenen Rolle und Aufgabe nicht entsprach.

Nun aber stellte sich die Frage, welche konkreten Vorstellungen der Staufer mit seiner Kaiserwürde verband und wie sich diese auf seine Beziehungen zu den anderen Reichen der Christenheit oder auf sein künftiges Engagement für den Kreuzzug auswirken würden, vor allem aber auf sein Verhältnis zum Papsttum, das bisher ähnlich dem zu den deutschen Fürsten aus zuvorkommender Kompromißbereitschaft und Unnachgiebigkeit in einigen ihm wesentlichen Punkten gemischt und nicht durch grundsätzliche Konflikte belastet gewesen war. Zudem mußte sich zeigen, ob und in welcher Form es dem Kaiser gelingen würde, die ebenso reiche und schöpferische wie unruhig-chaotische Welt Oberitaliens zu erfassen, ihre selbstbewußten, auf Unabhängigkeit bedachten Kommunen und ehrgeizigen adligen Machthaber zur Zusammenarbeit zu gewinnen und in sein Imperium zu integrieren. Vordringlich und besonders reizvoll erschien ihm selbst indessen, wie sich bald ergab, die Wiederaufrichtung der Königsmacht in Sizilien, dort also, wo seine Vorfahren am uneingeschränktesten geherrscht hatten und wo sich dem durch Erbrecht legitimierten königlichen Handeln deshalb auch jetzt, trotz oder gerade wegen der gegenwärtigen Unübersichtlichkeit, der freieste Gestaltungsspielraum bot, kaum eingeengt durch die Abhängigkeit von übermächtigen, geschlossen auftretenden sozialen Gruppen und die Rücksichtnahme auf deren wohlerworbene, lange ausgeübte Rechte. Selbstverständlich stand im übrigen zu erwarten, daß jeder Erfolg oder Mißerfolg des Staufers auf einem begrenzten Feld Folgen für die innere Situation und seine Autorität in seinem gesamten Herrschaftsgebiet haben würde, also etwa auch für das Ansehen des staufischen Königtums in Deutschland. Dort hatte der Sechsundzwanzigjährige eindrucksvoll seine Herrscherbefähigung bewiesen, seine mannigfaltige Begabung und seine jugendlich-gewinnenden Umgangsformen, seine Bereitschaft zum Verzicht auf das nicht Erreichbare und seine Zähigkeit im Festhalten des

Unabdingbaren, seinen Sinn für eine leistungsfähige Verwaltung und seine Wertschätzung der Gerechtigkeit, beides für ihn die Grundlagen einer friedlichen Gesellschaftsordnung. Nun galt es, diese Eigenschaften in einem größeren Rahmen, an einer umfassenderen herrscherlichen Aufgabe zu bewähren.

QUELLEN

Acta Imperii inedita seculi XIII et XIV. Urkunden und Briefe zur Geschichte des Kaiserreichs und des Königreichs Sizilien, 2 Bde., ed. E. Winkelmann (Innsbruck 1880–1885).
Acta Imperii selecta. Urkunden deutscher Könige und Kaiser mit einem Anhang von Reichssachen, edd. F. Böhmer – J. Ficker (Innsbruck 1870).
Albert von Beham und Regesten Pabst Innocenz IV., ed. C. Höfler (Stuttgart 1847).
Albert von Stade, Annales, ed. J. M. Lappenberg, MGH SS 16 (Hannover 1859) 271–379.
Annales Aquenses, ed. G. Waitz, MGH SS 24 (Hannover 1879) 33–39.
Annales Bergomates, ed. O. Holder-Egger, MGH SS 31 (Hannover 1903) 325–335.
Annales Casinenes, ed. G. H. Pertz, MGH SS 19 (Hannover 1866) 303–320.
Annales Ceccanenses, ed. G. H. Pertz, MGH SS 19 (Hannover 1866) 275–302.
Annales Cremonenses, ed. O. Holder-Egger, MGH SS 31 (Hannover 1903) 1–21.
Annales Ianuae, ed. G. H. Pertz, MGH SS 18 (Hannover 1863) 1–356.
Annales Marbacenses, ed. H. Bloch, MGH SS rer. Germ. 9 (Hannover–Leipzig 1907).
Annales Mediolanenses Minores, ed. Ph. Jaffé, MGH SS 18 (Hannover 1863) 392–399.
Annales Parisii de Cereta, ed. G. H. Pertz, MGH SS 19 (Hannover 1866) 2–18.
Annales Placentini Gibellini, ed. G. H. Pertz, MGH SS 18 (Hannover 1863) 457–581.
Annales Placentini Johannis Codagnelli, ed. O. Holder-Egger, MGH SS rer. Germ. 23 (Hannover–Leipzig 1901).
Annales Siculi, ed. E. Pontieri, Muratori² 5,1 (Bologna 1925–1928) 109–120.
Annales S. Iustinae Patavini, ed. Ph. Jaffé, MGH SS 19 (Hannover 1866) 148–193.
Annales S. Pantaleonis, ed. G. Waitz, MGH SS rer. Germ. 18 (Hannover 1880) 197–299.
Annales S. Rudberti Salisburgenses, ed. W. Wattenbach, MGH SS 9 (Hannover 1851) 758–810.
Anonymi Vaticani Historia Sicula ab ingressu Normannorum in Apuliam usque ad a. 1282, Muratori 8 (Mailand 1726) 741–780.
Antoninus archiepiscopus Florentinus, Chronicon sive opus historiarum sive summa historialis, 3 Bde. (Lyon 1586).
Appelt, H., (Hrsg.), Die Urkunden Friedrichs I. (Friderici I. Diplomata), MGH Diplomata. Die Urkunden der deutschen Könige und Kaiser 10,1–4 (Hannover 1975–1990).
Arnold von Lübeck, Chronica Slavorum, ed. J. M. Lappenberg, MGH SS rer. Germ. 14 (Hannover 1868).
Assisen von Ariano, ed. G. M. Monti, in: Ders., Il testo 309–344.

Bartholomaeus von Neocastro, Historia Sicula, ed. G. Paladino, Muratori[2] 13,3 (Città di Castello 1921/22).
Braunschweigische Reimchronik, ed. L. Weiland, MGH Deutsche Chroniken 2 (Hannover 1877) 430–574.
Breve chronicon de rebus Siculis, ed. J.-L.-A. Huillard-Bréholles, HB 1,2 (Paris 1852) 887–908.
Brühl, C., (Hrsg.), Rogerii II. Regis diplomata latina. Codex diplomaticus regni Siciliae. Series prima, Tomus II/1 (Köln–Wien 1987).
Burchard von Ursberg, Chronik, edd. O. Holder-Egger und B. von Simson, MGH SS rer. Germ. 16 (Hannover–Leipzig 1916).
Caesarius von Heisterbach, De vita et actibus Domni Engilberti Coloniensis archiepiscopi et martiris, ed. F. Zschaeck, Publikationen der Gesellschaft für rheinische Geschichtskunde 43,3 (Bonn 1937) 223–328.
Chronica regia Coloniensis, ed. G. Waitz, MGH SS rer. Germ. 18 (Hannover 1880) 1–196.
Chronicon Ebersheimense, ed. L. Weiland, MGH SS 23 (Hannover 1874) 427–453.
Chronicon Montis Sereni, ed. E. Ehrenfeuchter, MGH SS 23 (Hannover 1874) 130–226.
Chronicon Parmense, ed. G. Bonazzi, Muratori[2] 9,9 (Città di Castello 1902–1904).
Chronicon Siciliae auctore anonymo, ed. L. A. Muratori, Rerum Italicarum Scriptores 10 (Mailand 1727) 800–904.
Chronicon Suessanum, ed. A. A. Pelliccia, Raccolta di varie croniche, diarj ed altri opuscoli appartenenti alla storia del Regno di Napoli 1 (Neapel 1780) 49–78.
Chronique d'Ernoul et de Bernard le Trésorier, ed. L. de Mas Latrie (Paris 1871).
Codice diplomatico Barese. Bd. 1: Le pergamene del Duomo di Bari (952–1264), edd. G. B. Nitto de Rossi – F. Nitti di Vito (Bari 1897; Nachdruck Trani 1964).
Codice diplomatico Barese. Bd. 6: Le pergamene di S. Nicola di Bari. Periodo svevo (1195–1266), ed. F. Nitti di Vito (Bari 1906).
Codice diplomatico Salernitano del secolo XIII a cura di C. Carucci, 1(1201–1281), Fonti per la Storia d'Italia 1 (Subiaco 1931).
Collenuccio, Pandolfo, Compendio de le istorie del regno di Napoli, ed. A. Saviotti, Scrittori d'Italia 115 (Bari 1929).
Conciliorum oecumenicorum decreta, ed. C. Leonardi (Freiburg i. Br. 1962).
Conradus de Fabaria, Continuatio Casuum S. Galli, ed. G. Meyer von Knonau, Mitteilungen zur vaterländischen Geschichte 17 (St. Gallen 1879) 133–252.
Constitutiones et acta publica imperatorum et regum (1198–1272), ed. L. Weiland (MGH Const. 2; Hannover 1896).
Continuatio Admuntensis, ed. W. Wattenbach, MGH SS 9 (Hannover 1851) 579–593.
Continuationes Weingartenses Hugonis et Honorii Chronicorum, ed. L. Weiland, MGH SS 21 (Hannover 1869) 473–480.
Cronica ducum de Brunswick, ed. L. Weiland, MGH Deutsche Chroniken 2 (Hannover 1877) 574–585.
Cronica Reinhardsbrunnensis, ed O. Holder-Egger, MGH SS 30,1 (Hannover 1896) 490–656.

Cronica Principum Saxoniae, ed. O. Holder-Egger, MGH SS 25 (Hannover 1880) 468–480 (Cronica ampliata, ed. O. Holder-Egger, MGH SS 30, Hannover 1896, 27–31).

Cronica S. Petri Erfordensis moderna, ed. O. Holder-Egger, MGH SS rer. Germ. 42 (Hannover–Leipzig 1899) 117–398.

Dandolo, Andrea, Chronica per extensum descripta, ed. E. Pastorello, Muratori² 12,1 (Bologna 1938–58).

Dante Alighieri, La divina commedia, ed. G. Petrocchi, La commedia secondo l'antica vulgata (Turin 1975).

Elze, R., (Hrsg.), Die Ordines für die Weihe und Krönung des Kaisers und der Kaiserin, MGH Fontes iuris 9 (Hannover 1960).

Epistola ad Petrum Panormitane Ecclesie Thesaurarium, ed. G. B. Siragusa, Fonti per la storia d'Italia 22 (Rom 1897) 167–186.

Epistolae saeculi XIII e regestis pontificum Romanorum selectae, ed. C. Rodenberg (MGH Epp. saec. XIII 1–3; Berlin 1883–1894).

Freiburger Urkundenbuch, Bd. 1 Texte, ed. F. Hefele (Freiburg i. Br. 1940).

Genealogiae comitum Flandriae, ed. L. C. Bethmann, MGH SS 9 (Hannover 1851) 302–336.

Gesta episcoporum Leodiensium abbreviata, ed. J. Heller, MGH SS 25 (Hannover 1880) 129–135.

Gesta Heinrici VI., ed. G. Waitz, MGH SS 22 (Hannover 1872) 334–338.

Gesta Innocentii papae III, PL 214, XVII–CCXXVIII.

Gesta Treverorum continuata, ed. G. Waitz, MGH SS 24 (Hannover 1879) 368–488.

Gottfried von Viterbo, Pantheon, ed. G. Waitz, MGH SS 22 (Hannover 1872) 107–307.

Gregorii VII Registrum. Das Register Gregors VII., ed. E. Caspar, MGH Epistolae selectae 2 (Berlin 1920–1923).

Guillelmus Armoricus, Gesta Philippi Augusti, Œuvres de Rigord et de Guillaume le Breton, ed. H.-F. Delaborde, 1. Chroniques (Paris 1882) 168–333.

Guillelmus Armoricus, Philippidos Libri XII, Œuvres de Rigord et de Guillaume le Breton, ed. H.-F. Delaborde, 2 (Paris 1885).

Honorii III Opera omnia que exstant, ed. C. A. Horoy, 5 Bde. (Paris 1879–82).

Hugo Falcandus, Liber de regno Sicilie, ed. G. B. Siragusa, Fonti per la storia d'Italia 22 (Rom 1897) 1–165.

Huillard-Bréholles, J.-L.-A., (Hrsg.), Historia diplomatica Friderici secundi sive Constitutiones, privilegia, mandata, instrumenta quae supersunt istius imperatoris et filiorum eius. Accedunt epistolae paparum et documenta varia. 6 Bde. (in 11 Teilen) sowie ein Bd.: Préface et introduction (Paris 1852–1861; Nachdruck Turin 1963).

Innocentius III, Das Register Innozenz' III. Bd. 1: 1. Pontifikatsjahr 1198/99. Bd. 2: 2. Pontifikatsjahr 1199/1200, edd. O. Hageneder u. a. (Graz–Wien–Köln 1964–1979).

Innocentius III, Regestorum sive epistolarum libri XVI, PL 214–217 (Paris 1889–1891).

Innocentius III, Regestum Innocentii III papae super negotio Romani imperii (RNI), ed. F. Kempf, Miscellanea historiae pontificiae 12 (Rom 1947).

(Innocentius III), Lotharii Cardinalis De miseria humane conditionis, ed. M. Maccarrone (Lucca 1955).

Innocentius III, Sermones, PL 217,309–688.

Jakob von Vitry, Lettres de Jacques de Vitry (1160/70–1240), évêque de Saint-Jean-d'Acre, ed. R.B.C. Huygens (Leiden 1960).

Johannes von Salisbury, Policraticus sive de nugis curialium et vestigiis philosophorum, ed. C.C.I. Webb, 2 Bde. (London–Oxford 1909).

Kölzer, Th., (Hrsg.), Die Urkunden der Kaiserin Konstanze (Constantiae Imperatricis diplomata), MGH Diplomata. Die Urkunden der deutschen Könige und Kaiser 11, 3 (Hannover 1990).

(Die) Konstitutionen Friedrichs II. von Hohenstaufen für sein Königreich Sizilien, edd. H. Conrad, Th. von der Lieck-Buyken, W. Wagner (Köln–Wien 1973).

L'Estoire de Eracles Empereur, Recueil des Historiens des Croisades. Historiens occidentaux 2 (Paris 1859) 1–481.

Magdeburger Schöppenchronik, ed. K. Janicke, Die Chroniken der deutschen Städte 7 (Leipzig 1869).

Magnus von Reichersberg, Chronicon. Continuatio, ed. W. Wattenbach, MGH SS 17 (Hannover 1861) 523–534.

Malispini, Ricordano, Storia fiorentina, ed. F. Costero (Mailand 1927).

Mathias von Neuenburg, Chronik, ed. A. Hofmeister, MGH SS rer. Germ. N.S. 4 (Berlin 1940).

Memoriae Mediolanenses, ed. Ph. Jaffé, MGH SS 18 (Hannover 1863) 399–402.

Nicetae Choniatae Historia, ed. I.A. van Dieten, Corpus Fontium Historiae Byzantinae 11,1 (Berlin 1975).

Nicolaus de Jamsilla, Historia de rebus gestis Frederici II. imperatoris eiusque filiorum Conradi et Manfredi Apuliae et Siciliae regum, ed. G. del Re, Cronisti e scrittori sincroni napoletani editi e inediti 2 (Neapel 1868) 101–200.

Notae S. Georgii Mediolanenses, ed. Ph. Jaffé, MGH SS 18 (Hannover 1863) 386–389.

Nürnberger Urkundenbuch. Quellen und Forschungen zur Geschichte der Stadt Nürnberg 1 (Nürnberg 1959).

Otto von Freising und Rahewin, Gesta Frederici seu rectius Cronica, ed. F.-J. Schmale, Freiherr vom Stein-Gedächtnisausgabe 17 (Darmstadt 1974).

Otto von St. Blasien, Chronica, ed. A. Hofmeister, MGH SS rer. Germ. 47 (Hannover–Leipzig 1912).

Petrus von Blois, Epistolae, PL 207,1–560.

Petrus von Eboli, Liber ad honorem Augusti, ed. E. Rota, Petri Ansolini de Ebulo De rebus Siculis carmen, Muratori² 31,1 (Città di Castello 1904–1910).

Petrus von Eboli, Liber ad honorem Augusti secondo il cod. 120 della Biblioteca civica di Berna, ed. G.B. Siragusa, Fonti per la storia d'Italia 39,1–2 (Rom 1905–1906).

Radulfus de Diceto, Ymagines Historiarum, ed. W. Stubbs, RS 68,2 (London 1876) 3–174.

Rahewin: siehe Otto von Freising.

Reineri Annales, ed. G.H. Pertz, MGH SS 16 (Hannover 1859) 651–680.

Richard von San Germano: Ryccardi de Sancto Germano Notarii Chronica, ed. C.A. Garufi, Muratori² 7,2 (Bologna 1936–1938).

Richer, Gesta Senoniensis ecclesiae, ed. G. Waitz, MGH SS 25 (Hannover 1880) 249–345.
Roger de Wendover, Flores Historiarum, ed. H. G. Hewlett, RS 84,1–3 (London 1886–1889).
Roger von Howden, Chronica, ed. W. Stubbs, RS 51,1–4 (London 1868–1871).
Rolandinus Patavinus, Chronica, ed. Ph. Jaffé, MGH SS 19 (Hannover 1866) 32–147.
Sächsische Weltchronik, ed. L. Weiland, MGH Deutsche Chroniken 2 (Hannover 1877) 1–384.
Salimbene de Adam, Cronica, ed. O. Holder-Egger, MGH SS 32 (Hannover 1905–1913).
Sicardi episcopi Cremonensis Cronica, ed. O. Holder-Egger, MGH SS 31 (Hannover 1903) 22–183.
Statuta Capitulorum Generalium Ordinis Cisterciensis 1 (ab anno 1116 ad annum 1220), ed. J.-M. Canivez (Louvain 1933).
Summa „Elegantius in iure divino" seu Coloniensis, edd. G. Fransen – S. Kuttner, Monumenta Iuris canonici, A I 1–2 (New York 1969–1978).
Thomas von Pavia (Tuscus), Gesta imperatorum et pontificum, ed. E. Ehrenfeuchter, MGH SS 22 (Hannover 1872) 483–528.
Tolosanus: Magistri Tolosani Chronicon Faventinum, ed. G. Rossini, Muratori² 28,1 (Bologna 1936–1939).
Villani, Giovanni, Cronica, ed. F. Gherardi Dragomanni, Collezione di storici e cronisti italiani 1–4 (Florenz 1844–1845).
Vitae Odiliae Liber III. De Triumpho S. Lamberti in Steppes, ed. J. Heller, MGH SS 25 (Hannover 1880) 169–191.
Walther von der Vogelweide, Die Gedichte, edd. K. Lachmann – C. von Kraus – H. Kuhn (Berlin[13] 1965).
Wilhelm von Conches, De philosophia mundi libri IV, in: PL 172,39–102.
Wilhelm von Conches, Glosae super Platonem, ed. E. Jeauneau, Textes Philosophiques du Moyen Age 13 (1965).
Zielinski, H., (Hrsg.), Tancredi et Wilhelmi: III Regum diplomata. Codex diplomaticus Regni Siciliae. Series prima, Tomus V (Köln–Wien 1982).

LITERATUR

Abulafia, D.: Frederick II. A medieval emperor (London 1988).
Amari, M.: Storia dei Musulmani di Sicilia, 3 Bde. (Florenz 1854–1872; Catania ²1933–1939, a cura di C. A. Nallino).
Angermeier, H.: Landfriedenspolitik und Landfriedensgesetzgebung unter den Staufern, Vorträge und Forschungen 16 (Sigmaringen 1974) 167–186.
Appelt, H.: Friedrich Barbarossa und das römische Recht, Römische Historische Mitteilungen 5 (1961–62) 18–34, Nachdruck: Friedrich Barbarossa, hrsg. von G. Wolf, Wege der Forschung 390 (1975) 58–82.
–: Friedrich Barbarossa und die italienischen Kommunen, MIÖG 72 (1964) 311–325, Nachdruck: Wege der Forschung 390 (1975) 83–103.
–: Die Kaiseridee Friedrich Barbarossas, SB Wien 252, 4. Abh. (1967) 3–32, Nachdruck: Wege der Forschung 390 (1975) 208–244.
–: Privilegium minus. Das staufische Kaisertum und die Babenberger in Österreich (Wien–Köln–Graz 1973, ²1976).
–: Kaiserin Beatrix und das Erbe der Grafen von Burgund, in: Aus Kirche und Reich, Festschrift für F. Kempf (Sigmaringen 1983) 275–283.
–: Friedrich Barbarossa und die Rechtsentwicklung des 12. Jahrhunderts, in: Domus Austriae. Eine Festgabe H. Wiesflecker zum 70. Geburtstag (Graz 1983) 36–44.
–: Friedrich Barbarossa, in: Kaisergestalten des Mittelalters, hrsg. von H. Beumann (München 1984) 177–198.
Aquilecchia, G.: Malispini, Ricordano, Enciclopedia Dantesca 3 (Rom 1971) 791 f.
Arens, F.: Die staufischen Königspfalzen, in: Die Zeit der Staufer. Geschichte – Kunst – Kultur 3 (Stuttgart 1977) 129–142.
Arens, F. – R. Bührlen: Wimpfen. Geschichte und Kunstdenkmäler (Bad Wimpfen a. N. 1980).
Baaken, G.: Die Verhandlungen zwischen Kaiser Heinrich VI. und Papst Coelestin III. in den Jahren 1195–1197, DA 27 (1971) 457–513.
–: Unio Regni ad Imperium. Die Verhandlungen von Verona 1184 und die Eheabredung zwischen König Heinrich VI. und Konstanze von Sizilien, QFIAB 52 (1972) 219–295.
–: Pfalz und Stadt, in: Südwestdeutsche Städte im Zeitalter der Staufer, hrsg. von E. Maschke – J. Sydow (Sigmaringen 1980) 28–48.
–: Salvo mandato et ordinatione nostra. Zur Rechtsgeschichte des Privilegiums in spätstaufischer Zeit, Zs. für Württembergische Landesgeschichte 40 (1981) 11–33.
–: Der deutsche Thronstreit auf dem IV. Laterankonzil (1215), in: Ex ipsis rerum documentis. Festschrift für H. Zimmermann zum 65. Geburtstag (Sigmaringen 1991) 509–521.
Bach, G.: Konrad von Querfurt, Kanzler Heinrichs VI., Bischof von Hildesheim und Würzburg (Hildesheim 1988).

Baethgen, F.: Zu Mainardino von Imola, NA 38 (1913) 684–687.

–: Die Regentschaft Papst Innozenz III. im Königreich Sizilien (Heidelberger Abhandlungen zur mittleren und neueren Geschichte 44, Heidelberg 1914).

–: Das Königreich Burgund in der deutschen Kaiserzeit des Mittelalters, Jahrbuch der Stadt Freiburg i. Br. 5 (1942) 73–98, Nachdruck: Ders., Mediaevalia. Aufsätze, Nachrufe, Besprechungen, Schriften der MGH 17 (Stuttgart 1960) 25–50.

Baethgen, F. – K. Hampe: Mitteilungen aus der Capuaner Briefsammlung IV, SB Heidelberg 1912, 14. Abhandlung (Heidelberg 1912).

Baldwin, J. W.: The Government of Philip Augustus. Foundations of French Royal Power in the Middle Ages (Berkeley–London 1986).

Beck, H.-G.: Byzanz und der Westen im 12. Jahrhundert, Vorträge und Forschungen 12 (1968) 227–241.

Beumann, H.: Das Reich der späten Salier und der Staufer 1056–1250, in: Handbuch der europäischen Geschichte 2, hrsg. von F. Seibt (Stuttgart 1987) 280–382.

Bocchi, F.: Este (d'), Lexikon des Mittelalters 4 (1987) 27 f.

Bogyay, Th. v.: Grundzüge der Geschichte Ungarns (Darmstadt 1967).

Böhm, L.: Johann von Brienne, König von Jerusalem, Kaiser von Konstantinopel (um 1170–1237) (Heidelberg 1938).

Boockmann, H.: Der Deutsche Orden. Zwölf Kapitel aus seiner Geschichte (München 1981).

Bordone, R.: La società urbana nell'Italia comunale (secoli XI–XIV) (Turin 1984).

Borst, A.: Die Katharer (Stuttgart 1953).

Boshof, E.: Reichsfürstenstand und Reichsreform in der Politik Friedrichs II., BDLG 122 (1986) 41–66.

Bosl, K.: Die Reichsministerialität der Salier und Staufer, 2 Bde. (Stuttgart 1950–1951).

–: Europäischer Adel im 12./13. Jahrhundert. Die internationalen Verflechtungen des bayerischen Hochadelsgeschlechtes der Andechs-Meranier, Zeitschrift für bayerische Landesgeschichte 30 (1967) 20–52.

–: Bayerische Geschichte (München 1971).

–: Das staufische Nürnberg, Pfalzort und Königsstadt, in: G. Pfeiffer (Hrsg.), Nürnberg – Geschichte einer europäischen Stadt (München 1971) 16–29.

Bourgain, P.: Jakob von Vitry, Lexikon des Mittelalters 5 (1990) 294 f.

Bradler, G.: Studien zur Geschichte der Ministerialität im Allgäu und in Oberschwaben, Göppinger Akademische Beiträge 50 (Göppingen 1973).

Bretholz, B.: Ein päpstliches Schreiben gegen Kaiser Otto IV. von 1210, Oktober 30, Lateran, NA 22 (1897) 293–298.

Browning, R.: The Byzantine Empire (New York 1980).

Brühl, C.: Diplomi e cancelleria di Ruggero II, con un contributo sui diplomi arabi di A. Noth (Palermo 1983), deutsch: Urkunden und Kanzlei König Rogers II. von Sizilien. Mit einem Beitrag: Die arabischen Dokumente Rogers II. von A. Noth (Köln–Wien 1978).

–: (Hrsg.): Rogerii II. Regis diplomata latina. Codex diplomaticus regni Siciliae. Series prima, Tomus II/1 (Köln–Wien 1987).

Brunner, O.: Land und Herrschaft (Wien ⁵1965).

Buisson, L.: L'impératrice Constance au paradiso: Dante et les canonistes, Revue de droit canonique 28 (1978) 41–61.

Bumke, J.: Mäzene im Mittelalter. Die Gönner und Auftraggeber der höfischen Literatur in Deutschland 1150–1300 (München 1979).

–: Höfische Kultur. Literatur und Gesellschaft im hohen Mittelalter, 2 Bde. (München 1986).

Burdach, K.: Walther von der Vogelweide (Leipzig 1900).

Büttner, H.: Egino von Urach-Freiburg, der Erbe der Zähringer, Ahnherr des Hauses Fürstenberg (Donaueschingen 1939).

–: Staufische Territorialpolitik im 12. Jahrhundert, Württembergisch Franken 47, N. F. 37 (1963) 5–27.

–: Friedrich Barbarossa und Burgund, Vorträge und Forschungen 12 (1968) 79–119.

Calò Mariani, M. S.: I fenomeni artistici come espressione del potere, in: Potere, società e popolo tra età normanna ed età sveva (1189–1210) (Centro di studi normanno–svevi. Università degli studi di Bari. Atti 5; Bari 1983) 215–250.

Capitani, O.: Costanza d'Altavilla, Enciclopedia Dantesca 2 (Rom 1970) 239 f.

Caravale, M.: Il regno normanno di Sicilia, Ius nostrum 10 (Mailand 1966).

Cartellieri, A.: Philipp II. August. König von Frankreich, 4 Bde. (Leipzig 1899–1922).

Caspar, E.: Roger II. (1101–1154) und die Gründung der normannisch-sizilischen Monarchie (Innsbruck 1904; Nachdruck: Darmstadt 1963).

Chalandon, F.: Histoire de la domination normande en Italie et en Sicile, 2 Bde. (Paris 1907; Nachdruck: New York 1960).

Cheney, C. R.: Pope Innocent III and England (Stuttgart 1976).

Chiappini, L.: Gli Estensi (Varese 1970).

Chodorow, St.: Dekretalensammlungen, Lexikon des Mittelalters 3 (1986) 656–658.

Clementi, D. R.: Some Unnoticed Aspects of the Emperor Henry VI's Conquest of the Norman Kingdom of Sicily, Bulletin of The John Rylands Library Manchester 36 (1953/54) 328–359.

Clementi, D.: The Circumstances of Count Tancred's Accession to the Kingdom of Sicily, Duchy of Apulia and the Principality of Capua, in: Mélanges Antonio Marongiu. Études présentées à la Commission Internationale pour l'Histoire des Assemblées d'États 34 (Brüssel 1968) 57–80.

Coing, H.: Handbuch der Quellen und Literatur der neueren europäischen Privatrechtsgeschichte 1. Mittelalter (1100–1500) (München 1973).

Colliva, P.: Ricerche sul principio di legalità nell'amministrazione del regno di Sicilia al tempo di Federico II. (Seminario giuridico della Università di Bologna 39, Mailand 1964).

Cox, E. L.: The Eagles of Savoy. The House of Savoy in Thirteenth-Century Europe (Princeton, N. J. 1974).

Crusius, I.: Bischof Konrad II. von Hildesheim: Wahl und Herkunft, in: Institutionen, Kultur und Gesellschaft im Mittelalter. Festschrift für J. Fleckenstein (Sigmaringen 1984) 431–468.

Csendes, P.: Die Kanzlei Kaiser Heinrichs VI. (Wien 1981).

D'Alessandro, V.: Corona e nobiltà nell'età dei due Guglielmi, in: Potere, società e popolo nell'età dei due Guglielmi (Università degli studi di Bari, Centro di studi normanno-svevi. Atti 4; Bari 1981) 63–77.

D'Alverny, M.-Th.: Translations and Translators, in: Renaissance and Renewal in the Twelfth Century, hrsg. von R. L. Benson – G. Constable (Oxford 1982; Paperback 1985) 421–462.

Daneu Lattanzi, A.: Petrus de Ebulo. Nomina et virtutes balneorum seu De Balneis Puteolorum et Baiarum. Codice Angelico 1474 (Rom 1962).

Davis, C. T.: Il buon tempo antico, in: Florentine Studies. Politics and Society in Renaissance Florence, hrsg. von N. Rubinstein (London 1968) 45–69.

De Boor, H.: Die Höfische Literatur. Vorbereitung, Blüte, Ausklang. 1170–1250, Geschichte der deutschen Literatur, hrsg. von H. de Boor – R. Newald, 2 (München ^{10}1979).

Decker-Hauff, H.-M.: Die Anfänge des Hauses Wirtemberg, 900 Jahre Haus Württemberg, hrsg. von R. Uhland (Stuttgart 1984) 25–81.

Deér, J.: Der Kaiserornat Friedrichs II. (Bern 1952).

–: The Dynastic Porphyry Tombs of the Norman Period in Sicily (Cambridge, Mass. 1959).

–: Papsttum und Normannen. Untersuchungen zu ihren lehnsrechtlichen und kirchenpolitischen Beziehungen (Köln–Wien 1972).

–: Das Grab Friedrichs II., Vorträge und Forschungen 16 (1974) 361–383.

Delisle, L.: Catalogue des actes de Philippe-Auguste (Paris 1856).

De Matteis, M. C.: Ancora su Malispini, Villani e Dante: per un riesame dei rapporti tra cultura storica e profezia etica nell'Alighieri, BISI 82 (1970) 329–390.

–: Malispini da Villani o Villani da Malispini? Una ipotesi sui rapporti tra Ricordano Malispini, il ›Compendiatore‹ e Giovanni Villani, BISI 84 (1972–1973) 145–221.

De Stefano, A.: Fridericus, puer Apuliae, Archivio storico Pugliese 4 (1951) 23–30.

Dilcher, G.: Die Entstehung der lombardischen Stadtkommune (Aalen 1967).

Dilcher, H.: Die sizilische Gesetzgebung Kaiser Friedrichs II. Quellen der Constitutionen von Melfi und ihrer Novellen (Köln–Wien 1975).

Dreher, A.: Über die Herkunft zweier Güterverzeichnisse der späteren Stauferzeit, ZWLG 29 (1970) 321–325.

Duby, G.: Der Sonntag von Bouvines. 27. Juli 1214 (Berlin 1988; frz. Original: Paris 1973).

Eberl, I.: Helfenstein, Gf. en v., Lexikon des Mittelalters 4 (1989) 2118f.

Eckhardt, A.: Das älteste Bolander Lehnbuch. Versuch einer Neudatierung, Archiv für Diplomatik 22 (1976) 317–344.

Ehlers, J.: Geschichte Frankreichs im Mittelalter (Stuttgart 1987).

Elm, K.: Beg(h)inen, Lexikon des Mittelalters 1 (1980) 1799f.

Elm, K. – P. Joerißen – H. J. Roth (Hrsg.): Die Zisterzienser. Ordensleben zwischen Ideal und Wirklichkeit, Schriften des Rheinischen Museumsamtes 10 (Bonn 1980).

Elze, R.: Zum Königtum Rogers II. von Sizilien, in: Festschrift Percy Ernst Schramm zu seinem siebzigsten Geburtstag von Schülern und Freunden zugeeignet (Wiesbaden 1964) 102–116.

–: Eine Kaiserkrönung um 1200, in: Adel und Kirche. G. Tellenbach zum 65. Geburtstag dargebracht (Freiburg 1968) 365–373.

–: Ruggero II e i papi del suo tempo, in: Società, potere e popolo nell'età di Ruggero II (Università degli studi di Bari, Centro di studi normanno-svevi. Atti 3, Bari 1979) 27–39.

–: (Hrsg.), Die Ordines für die Weihe und Krönung des Kaisers und der Kaiserin, MGH Fontes iuris 9 (Hannover 1960).
Engels, O.: Die Staufer (Stuttgart–Berlin–Köln–Mainz 1972, ^{4}1989).
–: Die Stauferzeit, in: F. Petri – G. Droege (Hrsg.), Rheinische Geschichte, Bd. 1,3 (Düsseldorf 1983) 199–296.
Englebert, O.: Vie de St. François d'Assise (Paris 1972).
Enzensberger, H.: Beiträge zum Kanzlei- und Urkundenwesen der normannischen Herrscher Unteritaliens und Siziliens, Münchener historische Studien, Abtl. Gesch. Hilfswiss. 9 (Kallmünz 1971).
–: Der „böse" und der „gute" Wilhelm. Zur Kirchenpolitik der normannischen Könige von Sizilien nach dem Vertrag von Benevent (1156), DA 36 (1980) 385–432.
–: Il documento regio come strumento del potere, in: Potere, società e popolo nell' età dei due Guglielmi (Università degli studi di Bari, Centro di studi normanno-svevi. Atti 4, Bari 1981) 103–138.
Esser, K.: Anfänge und ursprüngliche Zielsetzung des Ordens der Minderbrüder, Studia et Documenta Franciscana 4 (Leiden 1966).
Eyer, F.: Die Landgrafschaft im unteren Elsaß, ZGO 117 (1969) 161–178.
Falkenhausen, V. von: I gruppi etnici nel regno di Ruggero II e la loro partecipazione al potere, in: Società, potere e popolo nell'età di Ruggero II (Università degli studi di Bari, Centro di studi normanno-svevi. Atti 3, Bari 1979) 133–156.
Fasoli, G.: La Lega Lombarda – Antecedenti, formazione, struttura, Vorträge und Forschungen 12 (1968) 143–160.
–: Federico Barbarossa e le città lombarde, Vorträge und Forschungen 12 (1968) 121–142, deutsch: Friedrich Barbarossa und die lombardischen Städte, Wege der Forschung 390 (1975) 149–183).
–: Federico II e la Lega lombarda. Linee di ricerca, Annali dell'Istituto storico italogermanico in Trento 2 (39–74.
–: Ezzelino III. da Romano, Lexikon des Mittelalters 4 (1987) 196f.
Fein, H., Die staufischen Städtegründungen im Elsaß (Frankfurt a.M. 1939).
Ficker, J., Forschungen zur Reichs- und Rechtsgeschichte Italiens, 4 Bde. (Innsbruck 1868–1874; Nachdruck: Aalen 1961).
Fik, K. – H. Häfele: Kloster Ellwangen in der frühen Stauferzeit, Ellwanger Jahrbuch 25 (1973/74) 140–166.
Foreville, R.: Latran I, II, III et Latran IV (Paris 1965).
Fried, J.: Eine unbekannte sizilische Königsurkunde Konstanzes von Aragon und Heinrichs (VII.), DA 36 (1980) 567–574.
–: Friedrich Barbarossas Krönung in Arles (1178), HJb 103 (1983) 347–371.
Fuhrmann, H.: Deutsche Geschichte im hohen Mittelalter (Göttingen 1978, ^{2}1983).
Gabrieli, F.: Federico II e la cultura musulmana, Rivista storica italiana 64 (1950) 5–18, deutsch: Friedrich II. und die Kultur des Islam, in: Stupor mundi. Zur Geschichte Friedrichs II. von Hohenstaufen, hrsg. von G. Wolf (Darmstadt ^{2}1982) 76–94.
–: Die Kreuzzüge aus arabischer Sicht (Zürich–München 1973).
–: Storia, cultura e civiltà degli Arabi in Italia, in: Gabrieli, F. – Scerrato, U., Gli Arabi in Italia (Mailand 1979) 15–269.
García y García: siehe unter Kuttner, S.

Gerlich, A.: Gerlach II. v. Büdingen, Lexikon des Mittelalters 4 (1989) 1336.
Gernhuber, J.: Die Landfriedensbewegung in Deutschland bis zum Mainzer Reichslandfrieden von 1235 (Bonn 1952).
Gianni, M. – R. Orioli: La cultura medica di Pietro da Eboli, in: Studi su Pietro da Eboli (Rom 1978) 89–117.
Gibb, H. A. R.: The Aiyūbids, in: A History of the Crusades, hrsg. von K. M. Setton, 2 (Madison, Wisc.–London ²1969) 693–714.
Girgensohn, D.: Über die Schwierigkeit, sein Recht zu bekommen. Lateinische Landbesitzer im Streit mit dem griechischen Abt von Santa Maria del Patire bei Rossano (1187–89), in: Institutionen, Kultur und Gesellschaft im Mittelalter. Festschrift für J. Fleckenstein (Sigmaringen 1984) 415–430.
Girgensohn, D. – N. Kamp: Urkunden und Inquisitionen der Stauferzeit aus Tarent, QFIAB 41 (1961) 137–234.
–: Urkunden und Inquisitionen des 12. und 13. Jahrhunderts aus Patti, QFIAB 45 (1965) 1–240.
Goez, W.: Der Leihezwang. Eine Untersuchung zur Geschichte des deutschen Lehnrechtes (Tübingen 1962).
–: Fürstenprivilegien Friedrichs II., Handwörterbuch zur deutschen Rechtsgeschichte 1 (1971) 1358–1361.
–: Friedrich II. und Deutschland, in: K. Friedland, W. Goez, W. J. Müller (Hrsg.), Politik, Wirtschaft und Kunst des staufischen Lübecks (Lübeck 1976) 5–38.
–: „Gegeben zu Borgo San Donnino". Aussteller und Ausstellungsort des Freiheitsbriefes von 1226, in: Lübeck 1226. Reichsfreiheit und frühe Stadt, hrsg. von O. Ahlers u. a. (Lübeck 1976) 21–48.
–: Gestalten des Hochmittelalters (Darmstadt 1983).
Gottschalk, H. L.: Al-Malik al-Kāmil von Egypten und seine Zeit (Wiesbaden 1958).
Grimme, E. G.: Karl der Große in seiner Stadt, in: Karl der Große. Lebenswerk und Nachleben, hrsg. von W. Braunfels, Bd. 4 (Düsseldorf 1967) 229–273.
Grundmann, H.: Studien über Joachim von Floris (Leipzig–Berlin 1927).
–: Neue Forschungen über Joachim von Fiore (Marburg 1950).
–: Zur Biographie Joachims von Fiore und Rainers von Ponza, DA 16 (1960) 437–546.
–: Kirchenfreiheit und Kaisermacht um 1190 in der Sicht Joachims von Fiore, DA 19 (1963) 353–396.
–: Religiöse Bewegungen im Mittelalter, mit Anhang: Neuere Beiträge zur Geschichte der religiösen Bewegungen im Mittelalter (Darmstadt ⁴1977).
Güterbock, F.: Eine zeitgenössische Biographie Friedrichs II., das verlorene Geschichtswerk Mainardinos, NA 30 (1905) 35–83.
Häfele, H.: siehe unter Fik, K.
Hagemann, W.: Jesi im Zeitalter Friedrichs II., QFIAB 36 (1956) 138–187.
Haidacher, A.: Über den Zeitpunkt der Exkommunikation Ottos IV. durch Papst Innozenz III., Röm. Hist. Mitt. 3 (1960) 132–185.
–: Zur Exkommunikation Ottos IV. durch Papst Innozenz III., Röm. Hist. Mitt. 4 (1961) 26–36.
–: Beiträge zur Kenntnis der verlorenen Registerbände Innozenz' III., Röm. Hist. Mitt. 4 (1961) 37–62.

–: Zum Zeitpunkt der Exkommunikation Kaiser Ottos IV. Replik zu: H. Tillmann, Datierungsfragen, Röm. Hist. Mitt. 11 (1969) 206–209.
Hampe, K.: Beiträge zur Geschichte Kaiser Friedrichs II. 1. Über die erste Vermählung Friedrichs. 2. Zur Entstehung des Konflikts zwischen Otto IV. und Friedrich II., Historische Vierteljahrschrift 4 (1901) 161–194.
–: Aus der Kindheit Kaiser Friedrichs II., in: MIÖG 22 (1901) 575–599.
–: Deutsche Angriffe auf das Königreich Sizilien im Anfang des 13. Jahrhunderts, Historische Vierteljahrschrift 7 (1904) 473–487.
–: Mitteilungen aus der Capuaner Briefsammlung I–II, SB Heidelberg 1910, 13. Abhandlung (Heidelberg 1910).
–: Mitteilungen aus der Capuaner Briefsammlung III, SB Heidelberg 1911, 5. Abhandlung (Heidelberg 1911).
–: Ein sizilischer Legatenbericht an Innocenz III. aus dem Jahre 1204, QFIAB 20 (1928/29) 40–56.
–: siehe auch unter Baethgen, F.
Haskins, C. H.: Studies in the History of Mediaeval Science (Cambridge, Mass. 1924).
Haverkamp, A.: Herrschaftsformen der Frühstaufer in Reichsitalien. 2 Teile (Stuttgart 1970–1971).
–: Friedrich I. und der hohe italienische Adel, Vorträge und Forschungen. Sonderband 9 (Sigmaringen 1971) 53–92.
–: Das Zentralitätsgefüge Mailands im hohen Mittelalter, in: Zentralität als Problem der mittelalterlichen Stadtgeschichtsforschung. Städteforschung A 8 (1979) 48–78.
–: Die Städte im Herrschafts- und Sozialgefüge Reichsitaliens, HZ Beiheft 7 (1982) 149–245.
–: Aufbruch und Gestaltung. Deutschland 1056–1273 (München 1984).
–: Italien im hohen und späten Mittelalter 1056–1454, in: Handbuch der europäischen Geschichte 2, hrsg. von F. Seibt (Stuttgart 1987) 546–681.
–: Der Konstanzer Friede zwischen Kaiser und Lombardenbund (1183), Vorträge und Forschungen 33 (1987) 11–44.
Heinemeyer, K.: König und Reichsfürsten in der späten Salier- und frühen Stauferzeit, BDLG 122 (1986) 1–39.
Helbig, H.: Der Wettinische Ständestaat. Untersuchungen zur Geschichte des Ständewesens und der landständischen Verfassung in Mitteldeutschland bis 1485 (Münster–Köln 1955).
Heller, E. – H. M. Schaller: Zur Frage des kurialen Stileinflusses in der sizilischen Kanzlei Friedrichs II., DA 19 (1963) 434–450.
Hemptinne, Th. de: Ferrand v. Portugal, Lexikon des Mittelalters 4 (1987) 384f.
Herde, P.: Albert Behaim, Lexikon des Mittelalters 1 (1980) 288.
–: Guelfen und Neoguelfen. Zur Geschichte einer nationalen Ideologie vom Mittelalter zum Risorgimento (Stuttgart 1986).
–: Die Katastrophe vor Rom im August 1167. Eine historisch-epidemiologische Studie zum vierten Italienzug Friedrichs I. Barbarossa, Sitzungsberichte der Wissenschaftlichen Gesellschaft an der Johann Wolfgang Goethe-Universität Frankfurt a. M., Bd. 27, Nr. 4 (Stuttgart 1991).

Herkenrath, R. M.: Regnum und Imperium in den Diplomen der ersten Regierungsjahre Friedrichs I., SB Wien 264, 5. Abh. (1969).

Herkommer, H.: Überlieferungsgeschichte der ›Sächsischen Weltchronik‹. Ein Beitrag zur deutschen Geschichtsschreibung des Mittelalters (München 1972).

Hettinger, A.: Zur Lebensgeschichte und zum Todesdatum des Constantinus Africanus, DA 46 (1990) 517–529.

Heupel, W. E.: Der sizilische Großhof unter Kaiser Friedrich II. Eine verwaltungsgeschichtliche Studie, MGH Schriften 4 (Stuttgart 1940).

Hilpert, H.-E.: Zwei Briefe Kaiser Ottos IV. an Johann Ohneland, DA 38 (1982) 123–140.

Hoffmann, H.: Die Unveräußerlichkeit der Kronrechte im Mittelalter, DA 20 (1964) 389–474.

Holder-Egger, O.: Italienische Prophetien des 13. Jahrhunderts I., NA 15 (1890) 141–178; II., NA 30 (1905) 321–386; III., NA 33 (1908) 95–187.

Holtzmann, W.: Papst-, Kaiser- und Normannenurkunden aus Unteritalien, 1: QFIAB 35 (1955) 46–85, 2: QFIAB 36 (1956) 1–85, 3: QFIAB 42/43 (1963) 56–103.

–: Aus der Geschichte von Nardò in der normannischen und staufischen Zeit, Nachrichten der Akademie der Wissenschaften in Göttingen. Phil.-hist. Kl. (Göttingen 1961) 35–82.

Horst, E.: Friedrich II. der Staufer. Kaiser – Feldherr – Dichter (Düsseldorf 1975, ^{5}1986).

Hotz, W.: Pfalzen und Burgen der Stauferzeit. Geschichte und Gestalt (Darmstadt 1981).

Hucker, B. U.: Die Chronik Arnolds von Lübeck als ›Historia Regum‹, DA 44 (1988) 98–119.

–: Kaiser Otto IV., MGH Schriften 34 (Hannover 1990).

Imkamp, W.: Das Kirchenbild Innocenz' III. (1198–1216) (Stuttgart 1983).

Jamison, E. M.: The Norman Administration of Apulia and Capua more especially under Roger II. and William I. 1127–1166, Papers of the British School at Rome 6 (London 1913, Nachdruck: Aalen 1987).

Jamison, E.: Admiral Eugenius of Sicily. His Life and Work and the Authorship of the Epistola ad Petrum and the Historia Hugonis Falcandi Siculi (London 1957).

Johnson, E. N.: The Crusades of Frederick Barbarossa and Henry VI., in: A History of the Crusades, hrsg. von K. M. Setton, 2 (Madison, Wisc.-London ²1969) 87–122.

Jordan, K.: Investiturstreit und frühe Stauferzeit (1056–1197), in: Gebhardt, Handbuch der deutschen Geschichte 1, hrsg. von H. Grundmann (Stuttgart ⁹1970) 323–425.

–: Heinrich der Löwe. Eine Biographie (München 1979).

Kamp, N.: Münzprägung und Münzpolitik der Staufer in Deutschland, Hamburger Beiträge zur Numismatik 17 (1963) 517–544.

–: Kirche und Monarchie im staufischen Königreich Sizilien. I: Prosopographische Grundlegung. Bistümer und Bischöfe des Königreiches 1194–1266. Teil 1–4 (München 1973–1982).

–: Vom Kämmerer zum Sekreten. Wirtschaftsreformen und Finanzverwaltung im staufischen Königreich Sizilien, Vorträge und Forschungen 16 (1974) 43–92.

–: Der unteritalienische Episkopat im Spannungsfeld zwischen monarchischer Kon-

trolle und römischer 'libertas' von der Reichsgründung Rogers II. bis zum Konkordat von Benevent, in: Società, potere e popolo nell'età di Ruggero II (Università degli studi di Bari, Centro di studi normanno-svevi. Atti 3, Bari 1979) 99–132.
–: Cicala, Paolo di, Dizionario biografico degli Italiani 25 (1981) 318–320.
–: Costanza d'Aragona, Dizionario biografico degli Italiani 30 (1984) 356–359.
–: siehe auch unter Girgensohn, D.
Kantorowicz, E.: Kaiser Friedrich der Zweite (Berlin 1927). Ergänzungsband (Berlin 1931) (Nachdruck: Düsseldorf–München 1963).
Kauffmann, C. H.: The Baths of Pozzuoli. A Study of the Medieval Illumination of Peter of Eboli's Poem (Oxford 1959).
Kehr, P.: Das Briefbuch des Thomas von Gaeta, Iustitiars Friedrichs II., QFIAB 8 (1905) 1–76.
Kempf, F.: Papsttum und Kaisertum bei Innocenz III. Die geistigen und rechtlichen Grundlagen seiner Thronstreitpolitik (Rom 1954).
Keunecke, H. O.: Die Münzenberger. Quellen und Studien zur Emanzipation einer Reichsdienstmannenfamilie (Darmstadt–Marburg 1978).
Kienast, W.: Deutschland und Frankreich in der Kaiserzeit (900–1270). Weltkaiser und Einzelkönige, 3 Bde. (Stuttgart 1974–1975).
Kirfel, H. J.: Weltherrschaftsidee und Bündnispolitik. Untersuchungen zur auswärtigen Politik der Staufer (Bonn 1959).
Kirn, P.: Die Verdienste der staufischen Kaiser um das deutsche Reich, HZ 164 (1941) 261–284, Nachdruck in: Stupor Mundi. Zur Geschichte Friedrichs II. von Hohenstaufen, hrsg. von G. Wolf (Darmstadt ¹1966) 194–221.
Klingelhöfer, E.: Die Reichsgesetze von 1220, 1231/32 und 1235. Ihr Werden und ihre Wirkung im deutschen Staat Friedrichs II., Quellen und Studien zur Verfassungsgeschichte des Deutschen Reiches in Mittelalter und Neuzeit 8, 2 (Weimar 1955); Teil-Nachdruck mit Nachtrag 1979 in: Stupor Mundi. Zur Geschichte Friedrichs II. von Hohenstaufen, hrsg. von G. Wolf (Darmstadt ²1982) 161–202.
Kluger, H.: Hochmeister Hermann von Salza und Kaiser Friedrich II. Ein Beitrag zur Frühgeschichte des Deutschen Ordens (Marburg 1987).
Kluxen, K.: Englische Verfassungsgeschichte. Mittelalter (Darmstadt 1987).
Knöpp, F.: Die Stellung Friedrichs II. und seiner beiden Söhne zu den deutschen Städten, Historische Studien 181 (Berlin 1928).
Koch, G.: Auf dem Wege zum Sacrum Imperium. Studien zur ideologischen Herrschaftsbegründung der deutschen Zentralgewalt im 11. und 12. Jahrhundert (Wien–Köln–Graz 1972).
Koch, W.: Friedrich II., Lexikon des Mittelalters 4 (1988) 933–938.
Kölzer, Th.: Urkunden und Kanzlei der Kaiserin Konstanze, Königin von Sizilien (1195–1198) (Köln–Wien 1983).
–: Costanza d'Altavilla, Dizionario biografico degli Italiani 30 (1984) 346–356.
–: Die sizilische Kanzlei von Kaiserin Konstanze bis König Manfred (1195–1266), DA 40 (1984) 532–561.
–: Heinrich v. Kalden, Lexikon des Mittelalters 4 (1989) 2094.
–: Sizilien und das Reich im ausgehenden 12. Jahrhundert, HJb 110 (1990) 3–22.
–: (Hrsg.): Die Urkunden der Kaiserin Konstanze (Constantiae Imperatricis diplo-

mata), MGH Diplomata. Die Urkunden der deutschen Könige und Kaiser 11,3 (Hannover 1990).

Krabbo, H.: Die Besetzung der deutschen Bistümer unter der Regierung Kaiser Friedrichs II. (1212–1250), Historische Studien 25 (Berlin 1901).

–: Die deutschen Bischöfe auf dem Vierten Laterankonzil von 1215, QFIAB 10 (1907) 275–300.

Kraus, A.: siehe unter Spindler, M.

Krönig, W.: Sul significato storico dell'arte sotto i due Guglielmi, in: Potere, società e popolo nell'età dei due Guglielmi (Università degli studi di Bari, Centro di studi normanno-svevi. Atti 4, Bari 1981) 291–310.

Kuttner, S.: The Revival of Jurisprudence, in: Renaissance and Renewal in the Twelfth Century, hrsg. von R. L. Benson – G. Constable (Oxford 1982; Paperback 1985) 299–323.

Kuttner, S. – A. García y García: A New Eyewitness Account of the Fourth Lateran Council, Traditio 20 (1964) 115–178.

La Duca, R.: Cartografia generale della città di Palermo e antiche carte della Sicilia, 2 Bde. (Neapel 1975).

Lambert, M. D.: Ketzerei im Mittelalter. Häresien von Bogumil bis Hus (München 1981, engl.: London 1977).

Lamma, P.: Comneni e Staufer. Ricerche sui rapporti fra Bisanzio e l'Occidente nel secolo XII, 2 Bde. (Rom 1955–1957).

–: Byzanz kehrt nach Italien zurück, Vorträge und Forschungen. Sonderband 9 (Sigmaringen 1971) 37–51.

Lammers, W.: Verzicht auf Reichsgebiet. Friedrichs II. Urkunde von Metz 1214, Frankfurter Historische Abhandlungen 5 (Wiesbaden 1973) 56–89; Nachdruck: Vestigia Mediaevalia. Frankfurter Historische Abhandlungen 19 (1979) 303–337.

–: Friedrich II. (1212–1250), in: Kaisergestalten des Mittelalters, hrsg. von H. Beumann (München 1984) 199–239.

Laufs, M.: Politik und Recht bei Innozenz III. (Köln–Wien 1980).

Le Bras, G. – Ch. Lefebvre – J. Rambaud: L'âge classique, 1140–1378. Sources et théories du droit (Paris 1965).

Lekai, L. J. – A. Schneider: Geschichte und Wirken der Weißen Mönche. Der Orden der Cistercienser (Köln 1958).

Leonhard, J.-F.: Die Seestadt Ancona im Spätmittelalter. Politik und Handel (Tübingen 1983).

Leonhardt, W.: Der Kreuzzugsplan Kaiser Heinrichs VI. (Borna–Leipzig 1913).

Löwe, H.: Dante und die Staufer, in: Speculum historiale. Festschrift für J. Spörl (Freiburg–München 1965) 316–333, Nachdruck: Ders., Von Cassiodor zu Dante. Ausgewählte Aufsätze zur Geschichtsschreibung und politischen Ideenwelt des Mittelalters (Berlin 1973) 277–297.

Maccarrone, M.: Studi su Innocenzo III (Padua 1972).

–: Papato e Regno di Sicilia nel primo anno di pontificato di Innocenzo III, in: Potere, società e popolo tra età normanna ed età sveva (1189–1210) (Centro di studi normanno-svevi, Università degli studi di Bari. Atti 5, Bari 1983) 75–108.

Maier, W.: Stadt und Reichsfreiheit. Entstehung und Aufstieg der elsässischen

Hohenstaufenstädte (mit besonderer Berücksichtigung des Wirkens Kaiser Friedrichs II.) (Zürich 1972).

Maisonneuve, H.: Études sur les origines de l'inquisition (Paris ²1960).

Maleczek, W.: Papst und Kardinalskolleg von 1191 bis 1216. Die Kardinäle unter Coelestin III. und Innocenz III. (Wien 1984).

Manselli, R.: Federico II ed Alatrino, diplomatico pontificio del secolo XIII, Studi Romani 6 (1958) 649–658.

–: Ezzelino da Romano nella politica italiana del sec. XIII, Studi ezzeliniani. Istituto storico italiano per il medio evo, Studi storici 45–47 (1963) 35–79.

–: L'eresia del male (Neapel 1963).

–: Grundzüge der religiösen Geschichte Italiens im 12. Jahrhundert, in: Vorträge und Forschungen. Sonderband 9 (Sigmaringen 1971) 5–35.

–: Premessa ad una lettura di Pietro da Eboli, in: Studi su Pietro da Eboli (Rom 1978) 5–16.

–: S. Francesco d'Assisi (Rom ²1981).

Mariotte, J.-I.: Le comté de Bourgogne sous les Hohenstaufen, 1156–1208 (Cahiers d'Études comtoises 4, Paris 1963).

Martin, J.-M.: Les communautés d'habitants de la Pouille et leurs rapports avec Roger II, in: Società, potere e popolo nell'età di Ruggero II (Università degli studi di Bari, Centro di studi normanno-svevi. Atti 3, Bari 1979) 73–98.

Maschke, E.: Bürgerliche und adlige Welt in den deutschen Städten der Stauferzeit, in: Südwestdeutsche Städte im Zeitalter der Staufer, hrsg. von E. Maschke – J. Sydow (Sigmaringen 1980) 9–27.

Maurer, H.-M.: Rechtsverhältnisse der hochmittelalterlichen Adelsburg vornehmlich in Südwestdeutschland, Vorträge und Forschungen 19, 2 (1976) 77–190.

Maurer, H.: Der Herzog von Schwaben. Grundlagen, Wirkungen und Wesen seiner Herrschaft in ottonischer, salischer und staufischer Zeit (Sigmaringen 1978).

–: Die Bischofsstadt Konstanz in staufischer Zeit, in: Südwestdeutsche Städte im Zeitalter der Staufer, hrsg. von E. Maschke – J. Sydow (Sigmaringen 1980) 68–94.

Mayer, H. E.: Geschichte der Kreuzzüge (Stuttgart ⁴1976).

Mazzarese Fardella, E.: Aspetti dell'organizzazione amministrativa nello stato normanno e svevo (Mailand 1966).

–: Problemi preliminari allo studio del ruolo delle contee nel Regno di Sicilia, in: Società, potere e popolo nell'età di Ruggero II (Università degli studi di Bari, Centro di studi normanno-svevi. Atti 3, Bari 1979) 41–54.

Ménager, L.-R.: Amiratus. L'émirat et les origines de l'amirauté (XIe–XIIIe siècles) (Paris 1960).

–: La législation sud-italienne sous la domination normande, in: Settimane di Studio del Centro Italiano di Studi sull'alto medioevo 16 (Spoleto 1969) 439–496.

Metz, W.: Staufische Güterverzeichnisse. Untersuchungen zur Verfassungs- und Wirtschaftsgeschichte des 12. und 13. Jahrhunderts (Berlin 1964).

Meuthen, E.: Die Aachener Pröpste bis zum Ende der Stauferzeit, Zs. des Aachener Geschichtsvereins 78 (1966/67) 5–95.

–: Aachener Urkunden 1101–1250, Publikationen der Gesellschaft für Rheinische Geschichtskunde 58 (Bonn 1972).

Miccoli, G.: La «crociata dei fanciulli» del 1212, Studi Medievali, 3. Serie 2 (1961) 407–443.
Miglio, M.: Momenti e modi di formazione del ›Liber ad honorem Augusti‹, in: Studi su Pietro da Eboli (Rom 1978) 119–146.
Minio-Paluello, L.: Henri Aristippe, Guillaume de Moerbeke et les traductions latines médiévales des Météorologiques et du De Generatione et Corruptione d'Aristote, Revue Philosophique de Louvain 45 (1947) 206–235, Nachdruck: Ders., Opuscula. The Latin Aristotle (Amsterdam 1972) 57–86.
Mitteis, H.: Die deutsche Königswahl, ihre Rechtsgrundlagen bis zur Goldenen Bulle (Brünn–München–Wien ²1944).
Möncke, G.: Bischofsstadt und Reichsstadt. Ein Beitrag zur mittelalterlichen Stadtverfassung von Augsburg, Konstanz und Basel (Berlin 1971).
Monti, G. M.: Il testo e la storia esterna delle Assise normanne, in: Studi di storia e diritto in onore di C. Calisse I (Milano 1940) 293–348.
Moreau, E. de: Histoire de l'église en Belgique 3. L'église féodale 1122–1378 (Brüssel 1945).
Müller, U.: Untersuchungen zur politischen Lyrik des deutschen Mittelalters, Göppinger Arbeiten zur Germanistik 55/56 (Göppingen 1974).
Munz, P.: Frederick Barbarossa. A study in medieval politics (London 1969).
Nau, E.: Münzen und Geld in der Stauferzeit, in: Die Zeit der Staufer. Geschichte – Kunst – Kultur 3 (Stuttgart 1977).
–: Staufische Münzpolitik, in: E. Maschke – J. Sydow (Hrsg.), Südwestdeutsche Städte im Zeitalter der Staufer (Sigmaringen 1980) 49–67.
Neumann, R.: Parteibildungen im Königreich Sizilien während der Unmündigkeit Friedrichs II. (1198–1208) (Frankfurt a. M. 1986).
Niese, H.: Die Verwaltung des Reichsgutes im 13. Jahrhundert (Innsbruck 1905, Nachdruck Aalen 1969).
–: Die Gesetzgebung der normannischen Dynastie im Regnum Siciliae (Halle/Saale 1910).
–: Das Bistum Catania und die sizilischen Hohenstaufen, Nachrichten der K. Gesellschaft der Wissenschaften zu Göttingen, Philol.-hist. Kl. 1912, 42–71.
–: Materialien zur Geschichte Kaiser Friedrichs II., Nachrichten der K. Gesellschaft der Wissenschaften zu Göttingen, Philol.-hist. Kl. 1912, 384–413.
–: Zur Geschichte des geistigen Lebens am Hofe Kaiser Friedrichs II., HZ 108 (1912) 473–540.
Nörr, K. W.: Institutional Foundations of the New Jurisprudence, in: Renaissance and Renewal in the Twelfth Century, hrsg. von R. L. Benson – G. Constable (Oxford 1982; Paperback 1985) 324–338.
Norwich, J. J.: Die Normannen in Sizilien 1130–1194 (Wiesbaden 1971, engl.: The Kingdom in the Sun 1130–1154, London 1970).
Noth, A.: I documenti arabi di Ruggero II di Sicilia, in: Brühl, Diplomi 189–222, deutsch: Die arabischen Dokumente König Rogers II. von Sizilien, in: Brühl, Urkunden 217–261.
Opll, F.: Friedrich Barbarossa (Darmstadt 1990).
Ostrogorsky, G.: Geschichte des Byzantinischen Staates (1940; Sonderausgabe: München 1965).

Otte, G.: Die Rechtswissenschaft, in: Die Renaissance der Wissenschaften im 12. Jahrhundert, hrsg. von P. Weimar (Zürich 1981) 123–142.

Pacaut, M.: Alexandre III – Étude sur la conception du pouvoir pontifical dans sa pensée et dans son œuvre (Paris 1956).

–: Frédéric Barberousse (Paris 1967), deutsch: Friedrich Barbarossa (Stuttgart 1969).

–: Papauté, royauté et épiscopat dans le royaume de Sicile (deuxième moitié du XIIe siècle), in: Potere, società e popolo nell'età dei due Guglielmi (Università degli studi di Bari, Centro di studi normanno-svevi. Atti 4, Bari 1981) 31–61.

Paravicini Bagliani, A.: Cardinali di curia e „familiae" cardinalizie dal 1227 al 1254, Italia Sacra 18–19 (Padua 1972).

Parisse, M.: La Noblesse Lorraine. XIe–XIIIe siècle. 2 Bde. (Paris 1976).

Partner, P.: The Lands of St. Peter. The Papal State in the Middle Ages and the Early Renaissance (Berkeley–Los Angeles 1972).

Pásztor, E.: Joachim von Fiore, Lexikon des Mittelalters 5 (1990) 485–487.

Patemann, R.: Die Stadtentwicklung von Basel bis zum Ende des 13. Jahrhunderts, ZGO 112 (1964) 431–467.

Patze, H.: Kaiser Friedrich Barbarossa und der Osten, Vorträge und Forschungen 12 (1968) 337–408.

Peri, I.: Uomini, città e campagne in Sicilia dall'XI al XIII secolo (Bari 1978).

Petersohn, J.: Saint-Denis–Westminster–Aachen. Die Karls-Translatio von 1165 und ihre Vorbilder, DA 31 (1975) 420–454.

Pfaff, V.: Die Gesta Innocenz' III. und das Testament Heinrichs VI., ZRG Kan. Abt. 50 (1964) 78–126.

Pini, A. I.: Città, comuni e corporazioni nel medioevo italiano (Bologna 1986).

Pixton, P. B.: Die Anwerbung des Heeres Christi: Prediger des Fünften Kreuzzuges in Deutschland, DA 34 (1978) 166–191.

Platelle, H.: Les luttes communales et l'organisation municipale (1075–1313), in: Histoire de Cambrai, hrsg. von L. Trenard (Lille 1982) 43–59.

Posse, O.: Die Siegel der deutschen Kaiser und Könige 751 bis 1913, 5 Bde. (Dresden 1909–1913).

Powell, J. M.: Anatomy of a Crusade. 1213–1221 (Philadelphia, Penn. 1986).

Queller, D. E.: The Fourth Crusade. The Conquest of Constantinople 1201–1204 (Leicester 1978).

Raedts, P.: The Children's Crusade of 1212, Journal of Medieval History 3 (1977) 279–323.

Regesta Imperii IV 3, Die Regesten des Kaiserreiches unter Heinrich VI. 1165 (1190)–1197. Nach J. F. Böhmer neubearbeitet von G. Baaken, 2 Bde. (Köln–Wien 1972–1979).

Regesta Imperii V 1–3, Die Regesten des Kaiserreiches unter Philipp, Otto IV, Friedrich II, Heinrich (VII), Conrad IV, Heinrich Raspe, Wilhelm und Richard 1198–1272. Nach der Neubearbeitung und dem Nachlasse J. F. Böhmers neu herausgegeben und ergänzt von J. Ficker und E. Winkelmann, 3 Bde. (Innsbruck 1881–1901; Nachdruck Hildesheim 1971).

Regesta Imperii V 4, Nachträge und Ergänzungen, bearbeitet von P. Zinsmaier (Köln–Wien 1983).

Reeves, M.: The Influence of Prophecy in the Later Middle Ages. A Study in Joachimism (Oxford 1969).
Ries, R.: Regesten der Kaiserin Constanze, Königin von Sizilien, Gemahlin Heinrichs VI., QFIAB 18 (1926) 30–100.
Roberg, B.: Honorius III., Lexikon des Mittelalters 5 (1990) 120 f.
Roscher, H.: Papst Innocenz III. und die Kreuzzüge (Göttingen 1969).
Rösener, W.: Südwestdeutsche Zisterzienserklöster unter kaiserlicher Schirmherrschaft, ZWLG 33 (1974) 24–52.
–: Hofämter an mittelalterlichen Fürstenhöfen, DA 45 (1989) 485–550.
Runciman, S.: Geschichte der Kreuzzüge, 3 Bde. (München 1957–1960); engl.: A History of the Crusades, 3 Bde. (Cambridge 1951–1954).
Rütimeyer, E.: Stadtherr und Stadtbürgerschaft in den rheinischen Bischofsstädten. Ihr Kampf um die Hoheitsrechte im Hochmittelalter, Vierteljahrschrift für Sozial- und Wirtschaftsgeschichte. Beiheft 13 (Stuttgart 1928).
Sackur, E.: Zu Petrus von Eboli, NA 15 (1890) 387–393.
Salzer, E.: Über die Anfänge der Signorie in Oberitalien. Ein Beitrag zur italienischen Verfassungsgeschichte (Berlin 1900).
Scerrato, U.: Arte islamica in Italia, in: F. Gabrieli – U. Scerrato, Gli Arabi in Italia (Mailand 1979) 271–570.
Schadek, H.: Die Familiaren der sizilischen und aragonesischen Könige im 12. und 13. Jahrhundert, Spanische Forschungen der Görresgesellschaft, 1. Reihe: Gesammelte Aufsätze zur Kulturgeschichte Spaniens 26 (1971) 201–348.
Schäfer, A.: Staufische Reichslandpolitik und hochadlige Herrschaftsbildung im Uf- und Pfinzgau und im Nordwestschwarzwald im 11.–13. Jahrhundert, ZGO 117 (1969) 179–244.
–: Offenburg, eine zähringische Stadtgründung?, ZGO 123 (1975) 47–64.
Schaller, H. M.: Die staufische Hofkapelle im Königreich Sizilien, DA 11 (1954/55) 462–505.
–: Die Kanzlei Kaiser Friedrichs II. Ihr Personal und ihr Sprachstil. Teil 1, Archiv für Diplomatik 3 (1957) 207–286; Teil 2, ebd. 4 (1958) 264–327.
–: Kaiser Friedrich II. Verwandler der Welt (Göttingen–Frankfurt a. M.–Zürich 1964, ²1971).
–: Heinrich I. v. Tanne, NDB 8 (Berlin 1969) 365.
–: Justingen, Anselm von, NDB 10 (Berlin 1974) 709 f.
–: Das geistige Leben am Hofe Kaiser Ottos IV. von Braunschweig, DA 45 (1989) 54–82.
–: Eustachius de Matera und Pandolfo Collenuccio, in: Tradition und Wertung. Festschrift für F. Brunhölzl zum 65. Geburtstag (Sigmaringen 1989) 245–260.
–: siehe auch unter Heller, E.
Scheffer-Boichorst, P.: Die Vorbilder für Friedrichs II. Constitutio de resignandis privilegiis, in: Ders., Zur Geschichte des XII. und XIII. Jahrhunderts (Berlin 1897) 244–249.
–: Urkunden und Forschungen zu den Regesten der staufischen Periode, 1: NA 24 (1899) 123–229; 2: NA 27 (1901) 71–124.
–: Die Erhebung Wilhelms von Baux zum Könige des Arelats, SB Berlin 1901, 1231–1254.

Schiffer, P.: Die Grafen von Geldern im Hochmittelalter (1085–1229). Ein Beitrag zur Geschichte des unteren Rheingebietes (Geldern 1988).
Schipperges, H.: Chartres, Schule von, Lexikon des Mittelalters 2 (1983) 1753–1759.
Schmale, F.-J.: Studien zum Schisma des Jahres 1130 (Köln–Graz 1961).
Schmid, K.: Graf Rudolf von Pfullendorf und Kaiser Friedrich I., Forschungen zur oberrheinischen Landesgeschichte 1 (Freiburg i. Br. 1954).
Schmid, L.: Geschichte der Pfalzgrafen von Tübingen (Tübingen 1853).
Schmidt, U.: Königswahl und Thronfolge im 12. Jahrhundert (Köln–Wien 1987).
Schminck, C. U.: Crimen laesae maiestatis. Das politische Strafrecht Siziliens nach den Assisen von Ariano (1140) und den Konstitutionen von Melfi (1231) (Aalen 1970).
Schneider, A.: siehe unter Lekai, L. J.
Schneider, F.: Kaiser Friedrich II. und seine Bedeutung für das Elsaß, Elsaß-Lothringisches Jahrbuch 9 (1930) 128–155.
Schnith, K.: Bouvines, Schlacht v., Lexikon des Mittelalters 2 (1983) 522f.
Schrader, E.: Zur Deutung der Fürstenprivilegien von 1220 und 1231/32, in: Stupor Mundi. Zur Geschichte Friedrichs II. von Hohenstaufen, hrsg. von G. Wolf (Darmstadt ¹1966) 420–454.
Schramm, P. E.: Kaiser Friedrichs II. Herrschaftszeichen (Göttingen 1955).
Schramm, P. E. – F. Mütherich: Denkmale der deutschen Könige und Kaiser (Bd. 1): Ein Beitrag zur Herrschergeschichte von Karl dem Großen bis Friedrich II., 768–1250 (München 1962, ²1981).
Schubring, K.: Die Herzoge von Urslingen. Studien zu ihrer Besitz-, Sozial- und Familiengeschichte mit Regesten (Stuttgart 1974).
Schulz, K.: Die Zisterzienser in der Reichspolitik während der Stauferzeit, in: Die Zisterzienser. Ordensleben zwischen Ideal und Wirklichkeit. Ergänzungsband, hrsg. von K. Elm, Schriften des Rheinischen Museumsamtes 18 (Köln 1982) 165–193.
Schwarzmaier, H.: Das Ende der Stauferzeit in Schwaben: Friedrich II. und Heinrich (VII.), in: Bausteine zur geschichtlichen Landeskunde von Baden-Württemberg (Stuttgart 1979) 113–127.
–: Baden, Mgf.en von, Mgft., Lexikon des Mittelalters 1 (1980) 1337f.
Schweikle, G.: Die Staufer und der Minnesang, in: Auf den Spuren der Staufer, hrsg. von O. Müller (Gerlingen 1977) 117–127.
–: Der Stauferhof und die mhd. Lyrik, im besonderen zur Reinmar-Walther-Fehde und zu Hartmanns 'herre', in: Stauferzeit. Geschichte, Literatur, Kunst, hrsg. von R. Krohn u. a. (Stuttgart 1978) 245–259.
Schwind, F.: Die Landvogtei in der Wetterau. Studien zu Herrschaft und Politik der staufischen und spätmittelalterlichen Könige (Marburg 1972).
–: Zur Verfassung und Bedeutung der Reichsburgen, vornehmlich im 12. und 13. Jahrhundert, Vorträge und Forschungen 19, 1 (1976) 85–122.
–: Diez, Lexikon des Mittelalters 3 (1986) 1039f.
–: Frankfurt am Main, Lexikon des Mittelalters 4 (1989) 735–740.
–: Friedberg, Lexikon des Mittelalters 4 (1989) 918.
Selge, K.-V.: Die ersten Waldenser. 1. Untersuchung und Darstellung – 2. Der Liber Antiheresis des Durandus von Osca (Berlin 1967).

Selge, K.-V.: Die Ketzerpolitik Friedrichs II., Vorträge und Forschungen 16 (Sigmaringen 1974) 309–343.

Seltmann, I.: Heinrich VI. Herrschaftspraxis und Umgebung (Erlangen 1983).

Siberry, E.: Criticism of Crusading 1095–1274 (Oxford 1985).

Simeoni, L.: Note sulla formazione della seconda Lega Lombarda, Memorie della R. Accademia delle scienze dell'Istituto di Bologna. Classe di scienze morali, 3. ser. 6 (1931–32) 3–52, Nachdruck: Studi su Verona nel Medioevo di L. Simeoni, Bd. 4, Studi storici Veronesi 13 (1962) 281–353.

Siragusa, G. B.: siehe unter Petrus von Eboli, Liber.

Southern, R. W.: The Schools of Paris and the School of Chartres, in: Renaissance and Renewal in the Twelfth Century, hrsg. von R. L. Benson – G. Constable (Oxford 1982; Paperback 1985) 113–137.

Spindler, M. – A. Kraus (Hrsg.): Handbuch der bayerischen Geschichte 2: Das Alte Bayern. Der Territorial-Staat vom Ausgang des 12. Jahrhunderts bis zum Ausgang des 18. Jahrhunderts (München ²1988).

Stoob, H.: Formen und Wandel staufischen Verhaltens zum Städtewesen, in: Festschrift H. Aubin zum 80. Geburtstag (Wiesbaden 1965) 423–451, Nachdruck: Ders., Forschungen zum Städtewesen in Europa 1 (Köln–Wien 1970) 51–72, sowie: Ders. (Hrsg.), Altständisches Bürgertum 1, Wege der Forschung 352 (Darmstadt 1978) 380–413.

–: Doppelstädte, Gründungsfamilien und Stadtwüstungen im engrischen Westfalen, in: Kunst und Kultur im Weserraum 800–1600. 3 (Münster 1969) 113–147, Nachdruck: Ders., Forschungen zum Städtewesen in Europa 1 (Köln–Wien 1970) 138–186.

Stürner, W.: Natur und Gesellschaft im Denken des Hoch- und Spätmittelalters. Naturwissenschaftliche Kraftvorstellungen und die Motivierung politischen Handelns in Texten des 12. bis 14. Jahrhunderts (Stuttgart 1975).

–: Rerum necessitas und divina provisio. Zur Interpretation des Prooemiums der Konstitutionen von Melfi (1231), DA 39 (1983) 467–554.

–: Peccatum und potestas. Der Sündenfall und die Entstehung der herrscherlichen Gewalt im mittelalterlichen Staatsdenken (Sigmaringen 1987).

–: Kreuzzugsgelübde und Herrschaftssicherung. Friedrich II. und das Papsttum im letzten Pontifikatsjahr Innozenz' III., in: Papsttum, Kirche und Recht im Mittelalter. Festschrift für H. Fuhrmann (Tübingen 1991) 303–315.

Sydow, J.: Geschichte der Stadt Tübingen 1. Von den Anfängen bis zum Übergang an Württemberg 1342 (Tübingen 1974).

Tabacco, G.: Impero e Regno meridionale, in: Potere, società e popolo tra età normanna ed età sveva (1189–1210) (Centro di studi normanno-svevi, Università degli studi di Bari. Atti 5, Bari 1983) 13–48.

Tarlazzi, A.: Appendice ai Monumenti Ravennati dei secoli di mezzo del Conte M. Fantuzzi 1 (Ravenna 1869).

Theiner, A.: Codex diplomaticus dominii temporalis S. Sedis 1–3 (Rom 1861–62).

Theuerkauf, G.: Der Prozeß gegen Heinrich den Löwen. Über Landrecht und Lehnrecht im hohen Mittelalter, in: Mohrmann, W.-D. (Hrsg.), Heinrich der Löwe (Göttingen 1980) 217–248.

Thouzellier, C.: Catharisme et Valdéisme en Languedoc à la fin du XIIe et au début du XIIIe siècle (Louvain-Paris ²1969).

Tillmann, H.: Papst Innocenz III. (Bonn 1954).
- : Datierungsfragen zur Geschichte des Kampfes zwischen Papst Innocenz III. und Kaiser Otto IV., HJb 84 (1964) 34–85.
Töpfer, B.: Reges provinciales. Ein Beitrag zur staufischen Reichsideologie unter Kaiser Friedrich I., ZfG 22 (1974) 1348–1358.
Tramontana, S.: Gestione del potere, rivolte e ceti al tempo di Stefano di Perche, in: Potere, società e popolo nell'età dei due Guglielmi (Università degli studi di Bari, Centro di studi normanno-svevi. Atti 4, Bari 1981) 79–101.
- : Ceti sociali e gruppi etnici, in: Potere, società e popolo tra età normanna ed età sveva (1189–1210) (Università degli studi di Bari, Centro di studi normanno-svevi. Atti 5, Bari 1983) 147–163.
- : La monarchia normanna e sveva (Turin 1986).
Van Cleve, Th. C.: Markward of Anweiler and the Sicilian Regency (Princeton 1937).
- : The Fifth Crusade, in: A History of the Crusades, hrsg. von K. M. Setton, 2 (Madison, Wisc.-London ²1969) 377–428.
- : The Crusade of Frederick II, in: A History of the Crusades, hrsg. von K. M. Setton, 2 (Madison, Wisc.-London ²1969) 429–462.
- : The Emperor Frederick II of Hohenstaufen. Immutator Mundi (Oxford 1972).
Vicaire, H.-M.: Geschichte des heiligen Dominikus, 2 Bde. (Freiburg 1962/1963), frz.: Histoire de Saint Dominique (Paris 1957, ²1982).
Voltmer, E.: Formen und Möglichkeiten städtischer Bündnispolitik in Oberitalien nach dem Konstanzer Frieden: Der sogenannte Zweite Lombardenbund, Vorträge und Forschungen 33 (1987) 97–116.
Wackernagel, R.: Geschichte der Stadt Basel, 3 Bde. (Basel 1907–1916).
Waley, D.: The Papal State in the Thirteenth Century (London 1961).
- : Die italienischen Stadtstaaten (München 1969; engl.: The Italian City Republics, 1969).
Wattenbach, W. – F.-J. Schmale: Deutschlands Geschichtsquellen im Mittelalter. Vom Tode Kaiser Heinrichs V. bis zum Ende des Interregnum 1 (Darmstadt 1976).
Weigand, R.: Magister Rolandus und Papst Alexander III., Archiv für Katholisches Kirchenrecht 149 (1980) 3–44.
- : Glossen des Magister Rolandus zum Dekret Gratians, in: Miscellanea Rolando Bandinelli Papa Alessandro III, hrsg. von F. Liotta (Siena 1986) 389–427.
Weller, K.: Die staufische Städtegründung in Schwaben, Württembergische Vierteljahrshefte für Landesgeschichte 36 (1930) 145–268.
Weller, K. und A.: Württembergische Geschichte im südwestdeutschen Raum (Stuttgart–Aalen ⁷1972).
Wendehorst, A.: Das Bistum Würzburg 1: Die Bischofsreihe bis 1254, Germania Sacra NF 1,1 (Berlin 1962).
- : Hohenzollern, Lexikon des Mittelalters 5 (1990) 83 f.
Werle, H.: Staufische Hausmachtpolitik am Rhein im 12. Jahrhundert, ZGO 110 (1962) 241–370.
Werner, J.: Die Teilnehmerliste des Laterankonzils vom Jahr 1215, NA 31 (1906) 584–592.
Wieruszowski, H.: Roger II of Sicily, 'Rex-Tyrannus', in Twelfth-Century Political Thought, Speculum 38 (1963) 46–78.

Willemsen, C. A.: Über die Kindheit Friedrichs II., in: Potere, società e popolo tra età normanna ed età sveva (1189–1210) (Università degli studi di Bari, Centro di studi normanno-svevi. Atti 5, Bari 1983) 109–129.

Winkelmann, E.: Philipp von Schwaben und Otto IV. von Braunschweig (Jahrbücher der Deutschen Geschichte) 2 Bde. (Leipzig 1873–1878).

–: Über die Herkunft Dipolds des Grafen von Acerra und Herzogs von Spoleto, Forschungen zur deutschen Geschichte 16 (1876) 159–163.

Wisplinghoff, E.: Engelbert I. von Berg, Erzbischof von Köln (etwa 1182–1225), Rheinische Lebensbilder 1 (Düsseldorf 1961) 30–48.

Wojtecki, D.: Der Deutsche Orden unter Friedrich II., Vorträge und Forschungen 16 (Sigmaringen 1974) 187–224.

Wulz, W.: Der spätstaufische Geschichtsschreiber Burchard von Ursberg. Persönlichkeit und historisch-politisches Weltbild (Stuttgart 1982).

Wunder, G.: Otto von Eberstein. Bemerkungen zu seiner Biographie und Genealogie, ZGO 123 (1975) 93–101.

–: Die Schenken von Limpurg und ihr Land (Sigmaringen 1982).

Zecchino, O.: Le Assise di Ruggiero II. Problemi di storia delle fonti e di diritto penale (Pubblicazioni della Facoltà Giuridica dell'Università di Napoli 185, Neapel 1980).

Zeit der Staufer, Die: Geschichte – Kunst – Kultur. Katalog der Ausstellung Stuttgart 1977, 5 Bde. (Stuttgart 1977–1979).

Zerbi, P.: Papato e Regno meridionale dal 1189 al 1198, in: Potere, società e popolo tra età normanna ed età sveva (1189–1210) (Università degli studi di Bari, Centro di studi normanno svevi. Atti 5, Bari 1983) 49–73.

Zielinski, H.: Zu den Urkunden der beiden letzten Normannenkönige Siziliens, Tankreds und Wilhelms III. (1190–1194), DA 36 (1980) 433–486.

–: (Hrsg.): Tancredi et Wilhelmi III Regum diplomata. Codex diplomaticus Regni Siciliae. Series prima, Tomus V (Köln–Wien 1982).

Zinsmaier, P.: Untersuchungen zu den Urkunden König Friedrichs II. 1212–1220, ZGO 97 (1949) 369–466.

–: Zur Diplomatik der Reichsgesetze Friedrichs II. (1216, 1220, 1231/32, 1235), ZRG Germ. Abt. 80 (1963) 82–117.

–: Die Reichskanzlei unter Friedrich II., Vorträge und Forschungen 16 (1974) 135–166.

–: Beiträge zur Diplomatik der Urkunden Friedrichs II., DA 41 (1985) 101–174.

ABKÜRZUNGSVERZEICHNIS

Im allgemeinen werden die im Lexikon des Mittelalters 1 (1980) XVIIff. angeführten Abkürzungen benützt. Auf die folgenden Abkürzungen sei eigens hingewiesen:

BDLG	Blätter für deutsche Landesgeschichte (Wiesbaden 1937ff.)
BISI	Bollettino dell'Istituto storico italiano per il medio evo (Rom 1886ff.)
Ep(p.)	Epistula(e)
HB	Huillard-Bréholles, J.-L.-A. (Hrsg.), Historia diplomatica Friderici secundi, 6 Bde. (in 11 Teilen, dazu ein Bd. Préface et introduction) (Paris 1852–1861; Nachdruck Turin 1963)
Inst.	Corpus iuris civilis. Institutiones
Konst.	Die Konstitutionen Friedrichs II. von Hohenstaufen für sein Königreich Sizilien, edd. H. Conrad, Th. von der Lieck-Buyken, W. Wagner (Köln–Wien 1973)
MGH SS rer. Germ.	Monumenta Germaniae Historica. Scriptores rerum Germanicarum in usum scholarum separatim editi
NDB	Neue deutsche Biographie 1ff. (Berlin 1953ff.)
PL	Patrologiae cursus completus, Series latina, ed. J.-P. Migne, 221 Bde. (Paris 1844ff.)
RI	Regesta Imperii
RNI	Innocentius III, Regestum super negotio Romani imperii, ed. F. Kempf (Rom 1947)
Röm. Hist. Mitt.	Römische Historische Mitteilungen (Graz–Köln 1956/57ff.)
RS	Rolls Series. Rerum Britannicarum medii aevi Scriptores
SB	Sitzungsberichte der Akademie der Wissenschaften. Philosophisch-historische Klasse
UB	Urkundenbuch
Vorträge und Forschungen	Vorträge und Forschungen, hrsg. vom Konstanzer Arbeitskreis für mittelalterliche Geschichte 1ff. (Sigmaringen 1955ff.)
ZWLG	Zeitschrift für Württembergische Landesgeschichte

REGISTER

Das Register erfaßt sämtliche topographischen Begriffe, Familien-, Personen- und Ortsnamen. Der Häufigkeit der Belege wegen fehlen allerdings „Friedrich II.", „Deutschland", „Italien" (bzw. „Süditalien", „Unteritalien"), „Sizilien" und „Staufer". Auf Belege, die sich nur in den Anmerkungen finden, verweist ein A nach der Seitenzahl.
Abkürzungen: Bf. = Bischof, Ebf. = Erzbischof, Gem. = Gemahlin, Gf. = Graf, Hg. = Herzog, K. = Kaiser, Kd. = Kardinal, Kg. = König, Ldgf. = Landgraf, Mkgf. = Markgraf, P. = Papst, Pfgf. = Pfalzgraf.

Aachen 35. 51. 75. 77. 161. 165. 168f. 171f. 176–179. 182. 185. 193. 231f. 250
Abruzzen 21. 30. 91. 118
Acerra s. Diepold, Gf. von Acerra
Adelheid (Adela) von Vohburg, erste Gem. Barbarossas 202
Adolf, Ebf. von Köln 59–61. 76f. 79
Adolf III., Gf. von Schauenburg 218
Adria 16. 76
Agnes, Gem. Heinrichs von Braunschweig 39
Agnes, Tochter Heinrichs von Braunschweig 170
Agrigent 32
Ägypten 65. 88. 229f.
Akkon 176. 219. 229
Al-ʿĀdil, Bruder und Nachfolger Saladins 229
Alamannus de Costa, Gf. von Syrakus 136
Alanus Anglicus 12
Alatrin, päpstl. Subdiakon und Kaplan 231f. 236. 247f.
Albert von Stade 44. 47
Albert von Everstein, Gf. 190. 194
Albert Behaim 137A
Albi, Albigenser; Katharer 71–73. 75. 146. 178. 182. 238
Albrecht, Ebf. von Magdeburg 122. 130. 161. 171A. 185f. 218. 223

Albrecht I., Hg. von Sachsen 185. 186A. 218
Albrecht II., Mkgf. von Brandenburg 185. 218
Aldobrandin von Este, Mkgf. 160. 194. 241
Aldoin, Bf. von Cefalù 192
Alessandria 240
Alexander III., P. 10. 12–14. 32
Alexios II., K. von Byzanz 14
Alexios III., K. von Byzanz 57. 59
Alfons, Gf. von Provence 120
Al-Idrīsī 28
Al-Kāmil, Sohn Al-ʿĀdils 112A. 230
Almannus de Pancaldo 143A
Almohaden, islam. Reformbewegung 174
Al-Muʿaẓẓam, Sohn Al-ʿĀdils 230
Alpen 139. 147. 151. 175
Altavilla, kalabr. Adelsfamilie 142
Amalfi 16f.
Amalrich, Kg. von Zypern 59
Amance (bei Nancy) 221
Amfusus de Roto, Gf. von Tropea 120f.
Anaklet II., P. 19–21
Ancona 8. 41. 57. 65. 76. 82. 90f. 124f. 159f. 194
Andechs, bayer. Adelsfamilie 130. 151
Andernach 171
Andreas II., Kg. von Ungarn 138. 229

Andreas, Logothet 142
Andreas von Bari, Großhofjustitiar 111
Andria 37. 94
Andronikos I., K. von Byzanz 14
Angers; Anjou 163. 165
Annweiler 203. 210
Anselm, Ebf. von Neapel 95 A. 194
Anselm, Bf. von Patti 118
Anselm von Justingen 138. 142. 200
Aosta 147
Apennin 41. 147. 247
Apulien 16–21. 24. 30. 32 f. 36. 82. 96. 102. 104. 114. 118. 125 f. 133 f. 194
Aquino, unterital. Adelsfamilie 133. 135. 143
Araber 17–19. 24. 29. 31. 33. 40. 93. 112 A
Aragon 105. 118. 120. 137. 171. 181
Arelat s. Burgund
Ariano, Assisen von 25 f.
Arles 4. 170
Arno 242
Arnold, Bf. von Chur 152
Askanier, sächs. Adelsfamilie 185
Assisi 62 A. 71
Asti 147. 149. 244
Augsburg 15. 158. 191 A. 195
Avellino 98
Aversa 88. 133
Ayyubiden, islam. Dynastie 229
Azzo VI. von Este, Mkgf. 125. 144. 147–150
Azzo VII. von Este, Mkgf. 147

Babenberger, österr. Herzogsfamilie 5
Backnang 198
Baden-Baden 198
Balkan 16
Bamberg 130. 139. 162. 215
Barbarossa s. Friedrich I., K.
Barcelona 171
Bari 17. 20. 23. 53. 58. 119. 134
Barletta 134
Bartholomaeus, Ebf. von Palermo 38
Bartholomaeus, Ebf. von Trani 194
Bartholomaeus, Bf. von Syrakus 111. 193
Basel 154. 156. 170. 191 A. 217 A. 222

Basuin, Bf. von Aversa 194
Bayern 5. 152 f. 170. 188
Beatrix, Kaiserin, zweite Gem. Barbarossas 4
Beatrix, erste Gem. Ottos IV. 122. 152 f.
Beatrix von Rethel, dritte Gem. Rogers II. 41
Bebenhausen 199
Beginen 229
Benevent 15. 17. 19 f. 30 f. 37 f. 54. 117
Berard, Ebf. von Messina 84. 101. 136. 192. 194 A
Berard, Ebf. von Palermo, zuvor von Bari 118 f. 136. 142. 154. 160. 171. 183. 189. 192–195. 231
Berard Gentilis, Gf. von Nardò 137. 194
Berard von Loreto, Gf. 80
Berg (nordöstlich Köln), Grafschaft 168
Bern 215
Bernhard von Clairvaux 11
Bernhard II., Hg. von Kärnten 218
Berthold von Teck, Bf. von Straßburg 214
Berthold von Neuffen, Bf. von Brixen 203
Berthold V. von Zähringen, Hg. 157. 214 f. 218. 226
Berthold von Spoleto (von Urslingen) 50
Besançon 4. 12
Bettelorden 228 f., s. auch Franz von Assisi, Dominicus von Osma
Beutelsbach (östlich Stuttgart) 199
Biberach 209
Bischoffsheim (südwestlich Straßburg) 214
Blanche, Gräfin von Champagne 220
Bobbio 240
Boethius 27
Böhmen 130. 156. 158. 161
Bolanden (bei Worms) 201
Bologna 7. 11 f. 26. 67. 69. 147. 241. 247. 251
Bonhomme-Paß (Südvogesen) 208
Bonushomo von Gaeta 142
Boulogne 163 f. 166

Bouvines 165–169. 220. 224
Bozen 247
Brabant 167. 169. 185. 229
Braunschweig 161. 167. 186. 195. 198
Breisach 154. 208
Breisgau 198
Bremen 219
Brennerstraße 151
Brescia 147
Bretagne 163
Breve chronicon de rebus Siculis 42. 106. 190
Brindisi 53 A. 182
Brixen 203
Burchard von Ursberg 129. 151. 228
Burgund, Königreich (Arelat) 3–5. 170 f. 226 – Freigrafschaft 4
Butera 188
Byzanz (Konstantinopel, Ostrom) 8. 14–18. 20–22. 25. 29 f. 40. 59. 65. 75. 142. 174. 181

Calatabiano 133 A. 192
Caltagirone 192 A
Calcidius 27
Cambrai 219. 221 f. 224
Capagna 91
Canne 97
Canterbury 26. 163
Capaccio 142
Capitanata 32
Capparone s. Wilhelm Capparone
Capua 15. 17. 19–21. 24. 32. 54. 63. 84. 89. 96. 104. 129. 133
Carus, Ebf. von Monreale 87. 136. 193
Cassino s. San Germano
Castrogiovanni (heute: Enna) 64
Catania 28. 63. 118 f. 132. 136. 192
Catanzaro 142
Cefalù 22. 110. 119. 192 f.
Cencius s. Honorius III., P.
Chartres 26–28
Chemnitz 7
Chioggia 241
Chur 151. 212
Cicala, kampan. Adelsfamilie 118

Clemens III., P. 34–36
Codagnello, Giovanni 48. 135 A. 150 A. 240
Coelestin III., P. 36–38. 54. 55 A. 56–59. 61 f. 67. 84. 227
Collenuccio, Pandolfo 45
Constantinus Africanus 28
Cremona 8. 61. 124. 147–150. 159 f. 240. 242–244

Dagsburg, Grafen von 214
Damietta 176. 229 f. 232. 239
Dandolo, Andrea, Doge von Venedig 45
Dandolo, Enrico, Doge von Venedig 75
Dänemark 4. 170. 197
Dante Alighieri 42
Deutscher Orden 219 f.
Diepold, Gf. von Acerra 63. 82. 94. 96 f. 99 A. 100. 102 f. 105. 107 f. 114. 118. 125 f. 133. 160
Dieto von Ravensburg 202
Dietrich, Ebf. von Trier 218
Dietrich, Mkgf. von Meißen 218
Dominicus von Osma; Dominikaner 71
Donauwörth 211 A
Dortmund 210. 211 A
Dreieich, Reichsforst 201
Durandus von Huesca 70
Durlach 199

Eberhard, Abt von Salem 177
Eberhard, Ebf. von Salzburg 218
Eberhard, Gf. von Helfenstein 199
Eberhard von Eberstein 200
Eberhard von Lautern 243. 247
Eberhard von Tanne-Waldburg 202 f. 239
Eger; Egerland 6. 159. 168. 170. 181 A. 189. 244
Egino IV., Gf. von Urach 215
Egino V., Gf. von Urach 215 f. 238
Ekbert, Bf. von Bamberg 130. 219
Elbe 170. 185 f. 197
Elde 170

Ellwangen 200
Elsaß 6. 154. 196. 199. 207. 209. 214. 217. 220. 238
Emerich, Kg. von Ungarn 138
Emilia 9
Emmendingen 214
Engadin 152
Engelbert I., Ebf. von Köln 188. 218. 223. 239
England 3. 13. 19. 37. 39. 66. 77. 122. 129. 131. 163–166. 180–182
Enna s. Castrogiovanni
Eppingen 198
Eppstein 201
Ernst von Filseck, Gf. 199
Este, Markgrafen von 125. 147. 149. 194
Eßlingen 162. 209
Etsch 151. 247
Ettlingen 199
Eugen III., P. 2. 11
Ezzelino II. da Romano 147. 241
Ezzelino III. da Romano 147. 241

Facnza 241. 247
Fano 247
Fermo 16
Ferrand, Gf. von Flandern 163–165. 224
Ferrara 12. 67. 125. 147. 244
Fiume s. Rijeka
Flandern 163–166. 168
Florenz 124. 147f.
Foligno 50f. 58. 61f. 75. 124. 141
Fondi 143
Forlì 241. 247
Franken 6
Frankfurt 61. 122. 135. 152. 154f. 195. 199. 201. 211A. 219. 235. 238. 246
Frankreich 3. 6. 13. 19. 27. 37. 60. 66. 70–74. 77. 84. 94f. 131. 154–156. 163–166. 168. 174f. 178. 238
Franz von Assisi; Franziskaner 44f. 71
Freiburg i. Br. 215
Freiburg i. Ü. 211A
Friedberg (nördlich Frankfurt) 210
Friedrich I. Barbarossa, K. 2–15. 26. 30–32. 35f. 43. 48. 50. 59. 124. 158. 170. 173f. 196. 199. 201f. 210. 212f. 221. 237. 251
Friedrich, Bf. von Trient 159. 243
Friedrich III., Hg. von Oberlothringen 157
Friedrich von Malvito 82
Friesen; Friesland 176. 229
Fulda 200

Gaeta 15. 143
Garigliano 143
Geislingen 199
Geldern, niederrhein. Grafschaft 164. 223f.
Gelnhausen 7. 59. 210. 211A
Gentilis, Bf. von Aversa 88
Gentilis von Manoppello, Gf. 95–98. 107
Genua 39. 41. 101. 114. 125. 136. 143f. 147. 149. 193f. 242. 247
Georg von Antiochien, Admiral 22f.
Gerhard von S. Adriano, Kd. 87f. 101–103. 107f.
Gerhard I., Ebf. von Bremen 218f. 223
Gerhard II., Gf. von Diez 199. 239
Gerhard IV., Gf. von Geldern 218
Gerhard von Sinzig 205f. 212
Gerhard von Reichersberg 11
Gerlach II. von Büdingen 200
Gesta Heinrici VI. 47
Gesualdo 137
Ghibellinen 148
Gonzaga 248
Goslar 210. 211A
Gottfried, Bf. von Cambrai 222
Gratian, Kanonist 11. 26
Gravina di Puglia, Vertrag von 37. 54. 58. 85
Gregor VII., P. 10f. 16. 68
Gregor IX., P., vorher: Hugo(linus) von Ostia, Kd. 180A. 227f. 242f. 250
Gregor von S. Maria in Portico, Kd. 89
Gregor von S. Teodoro, Kd. 104. 136. 141
Griechen; Griechenland 16–18. 21. 24. 29f. 32f.
Guelfen s. Welfen

Guilelmus Porcus, Admiral 194
Guilielmus de Marino 143 A

Hadrian IV., P. 2. 9. 12. 30
Hadrian, röm. K. 22
Hagenau 7. 154f. 158. 196. 199. 207. 209. 244
Halberstadt 219
Halle 79 A. 161
Hamburg 185
Hartmann, Gf. von Württemberg 199
Harz 6
Harzburg 186
Havelberg 219
Heilbronn 213
Heiliges Land 3. 32. 36. 75. 81. 175. 179f. 231f. 250f.
Heinrich III., K. 10
Heinrich IV., K. 26
Heinrich VI., K. 1. 15. 23. 32. 34–39. 41. 43–67. 75. 80. 82–84. 86. 88–91. 93–95. 100. 118. 121. 124–126. 130. 132. 137. 139. 148. 162. 173 A. 174. 186. 191. 193. 196. 199. 212. 226. 251
Heinrich (VII.), deutscher Kg. 138. 141. 189–191. 194. 208. 213f. 216. 220. 226. 233–236. 238f. 245f. 248f.
Heinrich II., Kg. von England 66
Heinrich III., Bf. von Basel 219. 222
Heinrich von Tanne, Bf. von Konstanz 203
Heinrich, Bf. von Straßburg 154. 213f. 219. 222
Heinrich, Bf. von Worms 213. 219. 221
Heinrich der Löwe, Hg. von Bayern und Sachsen 5f. 13. 36. 38f. 77
Heinrich I., Hg. von Brabant 102. 152. 164f. 169. 185. 218
Heinrich von Braunschweig, Hg. und rhein. Pfgf., Bruder Ottos IV. 38f. 134. 152. 186. 223. 233
Heinrich, Hg. von Limburg 169
Heinrich, Mkgf. von Mähren 218
Heinrich, rhein. Pfgf., Sohn Heinrichs von Braunschweig 169
Heinrich, Gf. von Diez 199

Heinrich, Gf. von Werd (Wörth-Matzenheim) 199
Heinrich, Gf. von Zweibrücken 199
Heinrich von Neuffen 138. 200. 239
Heinrich von Rapperswil 200
Heinrich von Kalden, Reichsmarschall 63. 159. 200. 212
Hennegau 165
Henricus Aristippus 28
Hermann von Salza, Hochmeister des Deutschen Ordens 220. 248
Hermann I., Ldgf. von Thüringen 130. 152. 218
Hermann V., Mkgf. von Baden 198f. 215
Hermann von Striberg, Gf. von Gesualdo 137. 142
Hildesheim 219
Hirsau 213
Holland 163f.
Honorius Augustodunensis 11
Honorius II., P. 19
Honorius III., P., vorher: Cencius 116. 186. 192. 194. 227–229. 231–235. 238f. 241f. 244–251
Horburg, Grafen von 208
Hugo, Bf. von Lüttich 164. 169
Hugo, Abt von Murbach 200
Hugo von St. Viktor 11
Hugo(linus) von Ostia s. Gregor IX., P.
Huguccio, Bf. von Ferrara 12. 67
Humiliaten 70. 146

Ibn Said, arab. Chronist 112 A
Ile de France 164
Imola 241. 244. 247
Innozenz II., P. 19–22. 30
Innozenz III., P. 43. 44 A. 52. 55. 64. 67–76. 78f. 81–105. 107–109. 112. 114–117. 121–136. 138f. 141. 142 A. 143f. 148. 150. 154f. 159f. 163. 175f. 178–184. 187–193. 194 A. 227–231. 242. 244
Interlaken 215
Irene, Gem. Kg. Philipps 38. 48 A. 57. 59
Isaak II. Angelos, K. von Byzanz 57

Isabella II. von Brienne, Königin von Jerusalem, zweite Gem. Friedrichs II. 230

Jakob von Vitry, Bf. von Akkon 228f.
Jakob, Bf. von Turin 243
Jakob, gewählter Bf. von Policastro 136
Jakob, Gf. von Andria 93–95
Jerusalem 32. 181. 219. 230
Jesi 1. 41. 43. 45f. 49
Joachim von Fiore 44f. 71A
Johann von Brienne, K. von Byzanz, Kg. von Jerusalem 45. 230
Johann Ohneland, Kg. von England 72. 74. 77. 122. 152. 155f. 163–166. 180. 182
Johanna, Gem. Kg. Wilhelms II. 37
Johanna, Gräfin von Flandern und Hennegau 224
Johannes III., Bf. von Cambrai 221f.
Johannes, Bf. von Cefalù 118f. 193
Johannes von Salisbury, Bf. von Chartres 26
Johannes von Xanten 176. 178f.
Johanniter 80. 230
Jülich (westlich Köln), Grafschaft 168f.
Justinian, röm. K. 25f. 251

Kairo 230
Kaiserslautern 243
Kaiserswerth 185
Kalabrien 16–20. 24. 32f. 44. 82. 117. 121. 134. 142. 148. 193. 203
Kampanien 24. 30. 82. 118. 134. 136
Kapetinger 156. 164
Karl der Große, K. 2. 14. 78. 168. 172–174. 177f.
Katharer s. Albi, Albigenser
Kaysersberg (westlich Kolmar) 208
Kempten 212
Kilikien 59
Kirchenstaat s. Patrimonium Petri
Kleinasien 59
Kleve, niederrhein. Grafschaft 169
Koblenz 168
Kolmar 208

Köln 3. 38. 71. 77. 161. 167. 169. 171. 185
Konrad III., K. 2. 5. 21
Konrad von Porto, Kd. 215. 238
Konrad, Ebf. von Mainz 92
Konrad, Bf. von Hildesheim und Würzburg, Kanzler 48. 53A
Konrad, Bf. von Hildesheim, vorher Speyrer Domdekan, Mainzer Domscholaster, päpstl. Kaplan 178f. 239
Konrad, Bf. von Konstanz 153f. 219
Konrad, Bf. von Minden 219
Konrad, Bf. von Regensburg 127A. 177. 219
Konrad, Bf. von Speyer und Metz, Kanzler 153. 156. 162. 179. 203. 218. 234. 236. 239. 246–248. 250
Konrad von Urslingen, Hg. von Spoleto 50. 53. 57. 81. 84. 100. 233
Konrad I., Gf. von Zollern 199
Konrad von Schüpf 201
Konrad von Tanne-Winterstetten 197. 202. 239
Konrad, Salemer Mönch 140
Konstantin 47f.
Konstantinopel s. Byzanz
Konstanz 8f. 152–154. 158. 203. 216
Konstanze, Kaiserin, Gem. Heinrichs VI. 1. 15. 32. 34–38. 41–58. 64f. 80–86. 90. 98. 111. 116f. 139. 141. 249
Konstanze, Kaiserin, erste Gem. Friedrichs II. 104f. 112. 118. 120. 132A. 138. 141. 189f. 191A. 192–195. 220. 250
Korinth 21
Korsika 9. 160
Kraichgau 198
Kroatien 151
Kuno, Abt von Ellwangen und Fulda 220. 246
Kuno von Münzenberg 201

Lahn 199
Lambro 150f.
Landskron 205f.
Langobarden 15–18. 25. 29. 33
Las Navas de Tolosa 174

Lauffen a. N. 198. 213
Lecce 51. 94 f.
Leo von Kleinarmenien 59
Leopold V., Hg. von Österreich 39
Leopold VI., Hg. von Österreich 157. 218. 229
Ligurien 242
Lille 165
Limpurg (bei Schwäb. Hall) 201
Lindau 209
Lissabon 229
Lodi 240
Loire 163
Lombardei (Oberitalien) 7f. 13f. 39. 53A. 61. 70f. 76. 123f. 126. 128. 134f. 138. 144–151. 159f. 175. 183. 196. 234. 240–244. 246f. 252
Lothar III., K. 2. 19–21
Lothringen 152. 174. 207f. 221
Lübeck 219
Lucca 9. 47. 124
Ludwig VIII., Kg. von Frankreich 155. 165
Ludwig I., Hg. von Bayern 151 f. 157. 169f. 177. 218. 250
Ludwig IV., Ldgf. von Thüringen 218. 236
Ludwig, Gf. von Württemberg 199
Lukas, Ebf. von Cosenza 194 A
Lupold, Bf. von Worms 102. 156. 194. 213
Lüttich 38. 152. 169. 219. 229
Lyon 70

Maas 164. 169. 220. 229
Maastricht 164. 169
Magdeburg 161. 185
Mailand 8. 15. 41. 43. 61. 147–151. 183. 240. 242 f.
Maine 163
Mainz 61. 77. 152. 155. 178. 236. 239
Maio von Bari, sizil. Kanzler und Admiral 23. 30–32
Malispini, Ricordano 45
Mansura 230
Mantua 9. 150. 240. 247

Manuel I. Komnenos, K. von Byzanz 14. 21. 30
Margarethe, Gem. Kg. Wilhelms I. 31
Maria von Brabant, zweite Gem. Ottos IV. 165. 167
Markward von Annweiler 39. 43. 44 A. 57. 63. 65. 76. 81 f. 84. 88–101. 105. 106 A. 107. 110 f. 114
Marne 220
Mathilde, Markgräfin von Canossa 9
Mathildische Güter 57. 65. 76. 123 f. 159. 244. 247 f.
Matthaeus, Abt von S. Lorenzo in Aversa 88. 118
Matthaeus von Aiello, sizil. Kanzler 32. 34. 38
Matthaeus Gentilis, Gf. von Lesina 118. 194
Mazara 104
Meda, Kloster S. Vittore 41
Medicina (bei Bologna) 244
Meißen 60. 152. 223
Melfi 16. 134. 228
Merlin 45. 106 A
Merseburg 161. 219. 223
Mesopotamien 229
Messina 17. 36 f. 39. 63 f. 65. 80. 94–97. 100–102. 107. 118. 120. 136–138. 141 f. 182. 190. 192
Mittelitalien 8. 39. 57 f. 65. 81. 102. 135. 160. 183. 197. 234
Mittelmeer 4. 75
Mittelrhein 6. 201
Modena 9. 147. 240. 244. 247
Molise 82. 91
Molsheim 210. 213 f.
Monreale 33. 86. 97
Montecassino 28. 37 f. 48. 91 f. 135
Montefiascone 61. 75. 135. 244
Monte Mario (nordwestlich Rom) 248. 250 f.
Montferrat, Markgrafen von 147
Mosel 186. 206
Moutiers s. Tarentaise
Mülhausen 213 f.
Münster 164. 183

288 Register

Münzenberg, Reichsministerialenfamilie 201
Murr 198
Murten 215
Mutzig (westlich Straßburg) 213 f.

Naumburg 161. 219. 223
Neapel 15. 17. 19 f. 37–39. 45. 53 A. 88. 133
Neckar 198 f.
Neuburg a. d. Donau 212
Neuenburg am Rhein (östlich Mülhausen) 208. 215
Neuss 79. 123 f.
Nicosia 118 f.
Niederrhein 39. 59. 77. 154. 160. 164. 166. 168. 176. 185. 206. 229
Nikolaus II., P. 16
Nikolaus von Tusculum, Kd. 248
Nikolaus, Ebf. von Salerno 38. 194
Nikolaus, Ebf. von Tarent 245
Nikolaus, Domherr in Meißen und Cremona, päpstl. Subdiakon, königl. Kaplan 181 A. 243
Nikolaus, Führer des Kinderkreuzzugs 150 A
Nil 176. 229 f.
Nimburg (bei Emmendingen) 214
Nordafrika 19. 21. 28. 31
Nordhausen 152
Nördlingen 216
Normandie 16
Normannen 9. 14. 16 f. 29 f. 85. 89. 114. 139. 142 f.
Novara 240
Nürnberg 130. 138. 152. 158. 194 f. 199. 210 f. 220

Oberitalien s. Lombardei
Oberpfalz 6
Odenheim, Kloster 213
Offenburg 214 f.
Öhringen 216
Oliver, Bf. von Paderborn 176
Oppenheim 210
Ortenau 215

Osnabrück 223
Österreich 5. 229
Ostrom s. Byzanz
Otto I., K. 2
Otto IV., K. 75. 77–80. 121–139. 143 f. 148–157. 159–167. 168 A. 169. 173. 174 A. 179. 182–186. 195–197. 201. 218. 221. 223. 233. 248
Otto I., Bf. von Freising, Chronist 2 f.
Otto II., Bf. von Freising 219
Otto, Bf. von Würzburg 213. 219. 239
Otto II., Hg. von Bayern 170
Otto I., Hg. von Meranien 130. 151. 218
Ottokar I., Kg. von Böhmen 130. 156. 158. 218

Paderborn 176
Padua 147. 241
Paganus de Parisio, Gf. von Butera 118. 132
Pairis, Kloster 208
Palästina 230. 235. 238
Palermo 1. 15. 17 f. 20–23. 31–35. 39. 42. 44 A. 45 f. 51–55. 57. 63. 80. 82 f. 85 f. 89. 92–98. 100 f. 103. 105–108. 110 f. 112 A. 114–120. 125. 132. 136. 141. 144. 192 f.
Pappenheim 212
Paris 11. 27. 165 f.
Parisius, gewählter Ebf. von Palermo 111. 117 A. 136. 142–144. 192
Parma 45. 147. 240. 242. 244
Paternò 118
Patrimonium Petri (Kirchenstaat) 9. 21. 51. 58. 61. 65. 75 f. 128. 227. 244. 246. 249
Patti 63 f. 100
Paul von Cicala, Gf. 119
Pavia 10. 147–150. 240. 242 f.
Pegau, Kloster 223
Pelagius von Albano, Kd. 228. 230. 234 A
Pentapolis 159
Peregrinus, Ebf. von Brindisi 233
Perugia 188. 242

Peter II., Kg. von Aragon 100. 104. 108. 194A
Peter von Celano, Gf. 80–82. 91. 94. 96f. 104. 125. 132. 135A
Petrus von S. Pudenziana, Kd. 188
Petrus von Blois 110
Petrus von Eboli 1. 28. 46–48
Petrus Traversarius 144
Pfalz; rhein. Pfalzgrafschaft 169f.
Pfinzgau 199
Pfullendorf 197. 209f. 212
Philipp, deutscher Kg. 57. 61. 75–79. 81. 83f. 90f. 100. 102f. 122. 131. 139f. 148. 151. 153. 156. 162f. 173A. 196f. 201f. 204f. 212f. 221. 237
Philipp II., Kg. von Frankreich 36–38. 66. 72. 74. 77. 122. 124A. 127–130. 155f. 163–165. 167f. 172. 224
Philipp, Bf. von Martirano 194A
Philipp, Bf. von Troia 194
Philipp III. von Bolanden 201
Philippus de Matera 142. 192
Piacenza 41. 48. 147–149. 240–242
Pisa 20. 39. 41. 97. 101. 103. 124–126. 136. 147. 194. 242
Plantagenet, englische Königsfamilie 37. 66. 77
Platon 27f.
Po 149. 242
Poitou 77
Polen 4
Policastro 136
Pozzuoli 47
Provence 170f.

Quedlinburg 161. 183

Radulf, Bf. von Sutri 58
Raimund VI., Gf. von Toulouse 182
Rainald von Celano, Ebf. von Capua 96. 98f.
Rainald II. Gentilis, Ebf. von Capua 194f.
Rainald von Dassel, Ebf. von Köln 3. 12
Rainald, päpstl. Subdiakon 247

Rainald von Spoleto (von Urslingen) 50. 233. 244
Rainer von Manente, Gf. 134A. 248
Rainulf von Alife, Gf. 20f.
Rappoltstein, Grafen von 208
Ravenna 57. 65. 91. 123. 159. 241
Ravensburg 202
Rechberg (östlich Burgau) 212
Regensburg 11. 158f. 216
Reggio di Calabria 86. 89
Reggio nell'Emilia 147. 194. 240
Reiner von Lüttich 49A. 169. 173. 176
Reinhardsbrunn, Kloster 47
Reschenpaß 152
Rhein 152. 154. 169f. 174. 208. 219
Rheinfelden 215
Rhône 4
Richard Löwenherz, Kg. von England 36f. 39. 66. 77
Richard Conti, Gf. von Sora 103. 115. 133. 135. 189
Richard von Acerra, Gf. 35. 37. 63
Richard von Aiello, Gf. 38
Richard von Fondi, Gf. 104. 118. 133. 143
Richard von S. Bonifacio, Gf. 149
Richard von S. Germano 81f. 182
Richard, Kämmerer 142. 203. 231
Rieti 43. 126
Rijeka (Fiume) 151
Rimini 144. 159. 241
Robert, Fürst von Capua 20f.
Robert Guiscard 16f.
Robertus de Say, Gf. von Loritello 142
Roffred, Abt von Montecassino 91f. 117A. 121A
Roger II., Kg. von Sizilien 1. 15. 18–30. 32–34. 41. 48. 54f. 63. 116. 118A. 193
Roger I., Gf. von Sizilien 17f. 30
Roger Borsa, Hg. von Apullien 17
Roger von Andria, Gf. 35
Roger von Chieti, Gf. 91. 142
Roger von Fondi, Gf. 143. 144A
Roger von Geraci, Gf. 119
Roger von Howden 44

Rom 2f. 9. 20f. 36. 38. 51. 57f. 61f. 67.
76. 84. 87f. 90. 92. 96. 101. 103. 107f.
123f. 127. 129f. 138. 142A. 143f. 155f.
160f. 163. 172. 179. 181A. 182. 184.
189. 191A. 193. 221. 231. 234–236.
239. 243. 245–248. 250
Romagna 9. 57. 76. 241
Romuald, Ebf. von Salerno 31
Roncaglia 7. 26
Ronsberg, Mkgf. von 212
Rosheim (südwestlich Straßburg) 157.
214. 220
Rotenberg (bei Stuttgart-Untertürkheim) 199
Rudolf I. von Habsburg, Kg. 199A
Rudolf I., Pfgf. von Tübingen 199
Rudolf II., Gf. von Habsburg 154
Rudolf von Rapperswil 200
Rufinus, Kanonist 11

Sachsen 5. 36. 38f. 122. 152. 161. 164.
166. 171
Saladin, Sultan 32. 65. 90. 229
Salem, Kloster 140
Salerno 15f. 20. 28. 32. 37. 39. 43. 46.
92f. 103f. 133. 142
Salimbene de Adam 45. 49
Salinguerra 147
Sancha von Aragon 100
San Germano (heute: Cassino) 87. 91f.
104
San Miniato 124
Santa Eufemia 194
Saône 4
Sarazenen 16. 20–22. 93. 103. 108.
112A. 114. 134. 136. 180. 193. 229
Sardinien 9. 160
Saulgau 137
Savoyen, Grafen von 147
Schaffhausen 215
Scharfenberg, Reichsministerialen 203
Schlettstadt 207–209. 214
Schwaben 5f. 61. 139. 153. 200. 202.
209. 226. 239
Schwäbische Alb 199
Segni 67

Seleukia 59
Septimerpaß 152
Sessa 133
Sibylle, Gem. Kg. Tankreds 38. 51f. 84
Siegfried II., Ebf. von Mainz 130. 152.
155f. 172. 201. 218. 236
Siegfried, Bf. von Augsburg 219
Siena 124. 147
Sigbert, Gf. von Werd (Wörth-Matzenheim) 199
Sigmaringen 199
Simon Gentilis, Gf. von Nardò 137
Simon von Montfort 73. 182
Sinsheim 198
Sinzig 205
Siponto 54
Soissons 163
Solothurn 215
Sora 115. 133. 188f.
Spanien 27. 104. 120. 174f.
Speyer 91. 123. 124A. 127. 162. 195. 203.
244
Split 229
Spoleto 8f. 50. 62. 76. 80. 124f. 159f.
244
S. Severina, Erzbistum 84A
St. Blasien 215
St. Denis 175
St. Gallen 152. 191A
Stephan Langton, Ebf. von Canterbury
74. 163
Stephan von Perche 31. 34. 42
Straßburg 189f. 191A. 207f. 213–215.
222
Stuttgart 198f.
Summa Coloniensis 12
Susa 147
Sutri 2. 251
Syrakus 101. 136
Syrien 65. 229

Tankred von Hauteville 16
Tankred von Lecce, Kg. von Sizilien
34–39. 42. 45. 54f. 57. 63. 84. 94f.
Taormina 97
Tarent 52. 94f. 134

Tarentaise (heute: Moutiers) 77
Tarsus 59
Teano 133
Teck, Herzöge von 215f.
Tedbald IV., Gf. von Champagne 221
Templer 137. 230
Teningen (bei Emmendingen) 214
Tennenbach, Kloster 140
Terni 124
Terra di Lavoro, Terra Laboris (um Capua) 33. 63. 87. 100. 114. 118. 126
Theben 21
Theobald I., Hg. von Oberlothringen 195. 220
Theodor, Bf. von Münster 219
Thomas von Celano, Gf. von Molise 125
Thomas von Gaeta, Großhofjustitiar 108. 111f. 142. 193f. 231
Thomas von Pavia 42. 45. 151
Thüringen 6. 60. 76. 152. 161. 220. 236
Tivoli 61f. 251
Toledo 27
Tortona 241
Toskana (Tuskien) 8f. 57. 76. 124. 147. 159. 242. 247f.
Toul 155
Touraine 163
Tournai 165
Trapani 93
Treviso 147. 241
Trient 147. 150. 153. 203
Trier 185
Trifels 41. 210
Tripolis 21
Troia 15. 53. 81. 84. 89. 94
Tunis; Tunesien 19. 21
Tuskien s. Toskana

Überlingen 153. 191 A
Ufgau 199
Ulm 7. 168. 191 A. 195. 215
Ulrich, Bf. von Passau 219
Ulrich von Sax, Abt von St. Gallen 152. 191 A. 200
Ulrich, Gf. von Kyburg 154. 215
Ulrich I. von Münzenberg 201

Umbrien 71
Ungarn 180f. 229
Urso von Salerno, Arzt 28
Utrecht 219. 223

Val di Mazara 112 A
Valenciennes 165
Vaucouleurs 115
Venedig; Venezien 13. 20f. 32. 75. 147. 241. 247
Vercelli 240
Verona 8. 138. 147–150. 190 A. 203. 247
Via Emilia 147. 247
Via Flaminia 247
Vienne 170. 223
Viktor IV., P. 9f.
Villani, Giovanni 45
Villingen 215
Viterbo 123. 126
Vlaardingen 229

Waiblingen 148
Waldburg (bei Ravensburg) 202
Waldemar II., Kg. von Dänemark 170. 185. 197
Waldenser; Waldes 70f. 146
Walter, Ebf. von Palermo 32. 34. 110
Walter, Ebf. von Rouen 1 A. 47
Walter, Bf. von Basel 222
Walter von Pagliara, Bf. von Troia, dann von Catania 53. 81. 84. 86. 89. 94–97. 101. 103. 105. 106 A. 107f. 114. 118f. 125. 132f. 136. 141. 192
Walter von Brienne, Gf. 94–97. 99–102
Walter Gentilis 137. 142. 160
Walter II. und III. von Schüpf 201
Walther von der Vogelweide 77f. 157. 235 A
Wangen im Allgäu 209
Wasselnheim (Wasselonne) 214
Weißensee (bei Sömmerda, Thüringen) 153
Welfen, Guelfen 5. 36. 39. 42. 77. 79. 121f. 124. 127. 130f. 134f. 139. 148f. 151–153. 157–159. 161. 164. 167. 170. 172. 174 A. 182f. 185f. 202. 219

Werner II. von Bolanden 201
Werner III. von Bolanden 201. 239. 250
Weser 186
Wetterau 199–201
Wien 196
Wilhelm I., Kg. von Sizilien 9. 22f. 28. 30–34. 42. 54f. 117
Wilhelm II., Kg. von Sizilien 14f. 30–35. 43. 46. 54f. 58. 110. 114A. 141
Wilhelm III., Kg. von Sizilien 38. 51–53. 55
Wilhelm, Hg. von Apulien, Enkel Robert Guiscards 17. 19
Wilhelm, Mkgf. von Montferrat 149. 183. 243
Wilhelm I., Gf. von Holland 218. 224. 229
Wilhelm, Gf. von Salisbury 165f.
Wilhelm von Baux 171
Wilhelm, der Bretone, französ. Chronist 167
Wilhelm Capparone 82. 100f. 103. 105–107. 110–112. 114f.
Wilhelm von Conches 27
Wilhelm Francisius 98. 99A. 110
Wilhelm Grasso, genues. Admiral 93
Wilhelm Paganus 135
Wilhelm von Partinico, Großhofjustitiar 111. 112A
Wimpfen 213
Winterstetten (bei Biberach) 202
Wittelsbacher, bayer. Herzogsfamilie 170
Wolfelin von Hagenau 206–208
Wolfger, Bf. von Passau, dann Patriarch von Aquileia 57f. 123f.
Worms 4. 6. 59. 158. 213. 221
Würzburg 60. 188f. 195. 213

Zähringer, schwäb. Adelsfamilie 198. 214–216
Zeitz 161
Ziritendynastie 19. 21
Zisterzienser 11. 19. 72. 140. 177f. 199. 204. 219f.
Zürich 215
Züricher See 200
Zwickau 7
Zypern 59

ABBILDUNGSVERZEICHNIS

Abb. 1 (nach S. 14): Kaiser Friedrich I. mit seinen Söhnen König Heinrich VI. und Herzog Friedrich von Schwaben (nach: Die Zeit der Staufer. Geschichte – Kunst – Kultur. Katalog der Ausstellung Stuttgart 1977, Bd. 2, Abb. 166)
Abb. 2 (nach S. 22): König Roger II. wird von Christus gekrönt (nach: W. Krönig, Kunstdenkmäler in Italien. Sizilien. Darmstadt 1986, Abb. 196)
Abb. 3 (nach S. 40): Kaiser Heinrich VI. empfängt Gesandte Palermos und zieht in die Stadt ein (nach: G. B. Siragusa, Hrsg., Petrus von Eboli, Liber ad honorem Augusti, Fonti per la storia d'Italia 39,2. Rom 1906, Tav. XL)
Abb. 4 (nach S. 50): Kaiserin Konstanze übergibt ihren Sohn Friedrich der Herzogin von Spoleto (nach: Siragusa, wie Abb. 3, Tav. XLIV)
Abb. 5 (nach S. 64): Kaiser Heinrich VI., sein Kanzler Konrad, Markward von Annweiler und Heinrich von Kalden (nach: Siragusa, wie Abb. 3, Tav. LIII)
Abb. 6 (nach S. 84): Papst Innozenz III. (nach: H. Fuhrmann, Von Petrus zu Johannes Paul II. München 1980, Abb. 77, S. 119)
Abb. 7 (nach S. 108): Palermo, normannischer Königspalast: Die sog. Torre Pisana (nach: Krönig, wie Abb. 2, Abb. 217)
Abb. 8 (nach S. 154): Dom zu Mainz, Westchor (nach: F. Arens, Der Dom zu Mainz. Darmstadt 1982, Abb. 18, S. 54)
Abb. 9 (nach S. 188): Friedrichs zweite Goldbulle als deutscher König (nach: Zeit der Staufer, wie Abb. 1, Bd. 3, Abb. 18, nach S. 32)
Abb. 10 (nach S. 214): Pfalz Wimpfen, Palasarkaden (nach: W. Hotz, Pfalzen und Burgen der Stauferzeit, Geschichte und Gestalt. Darmstadt 1981, T 11)
Abb. 11 (nach S. 250): Palermo, Domschatz: Friedrichs Kaiserkrone (nach: Krönig, wie Abb. 2, Abb. XVI, nach S. 14)

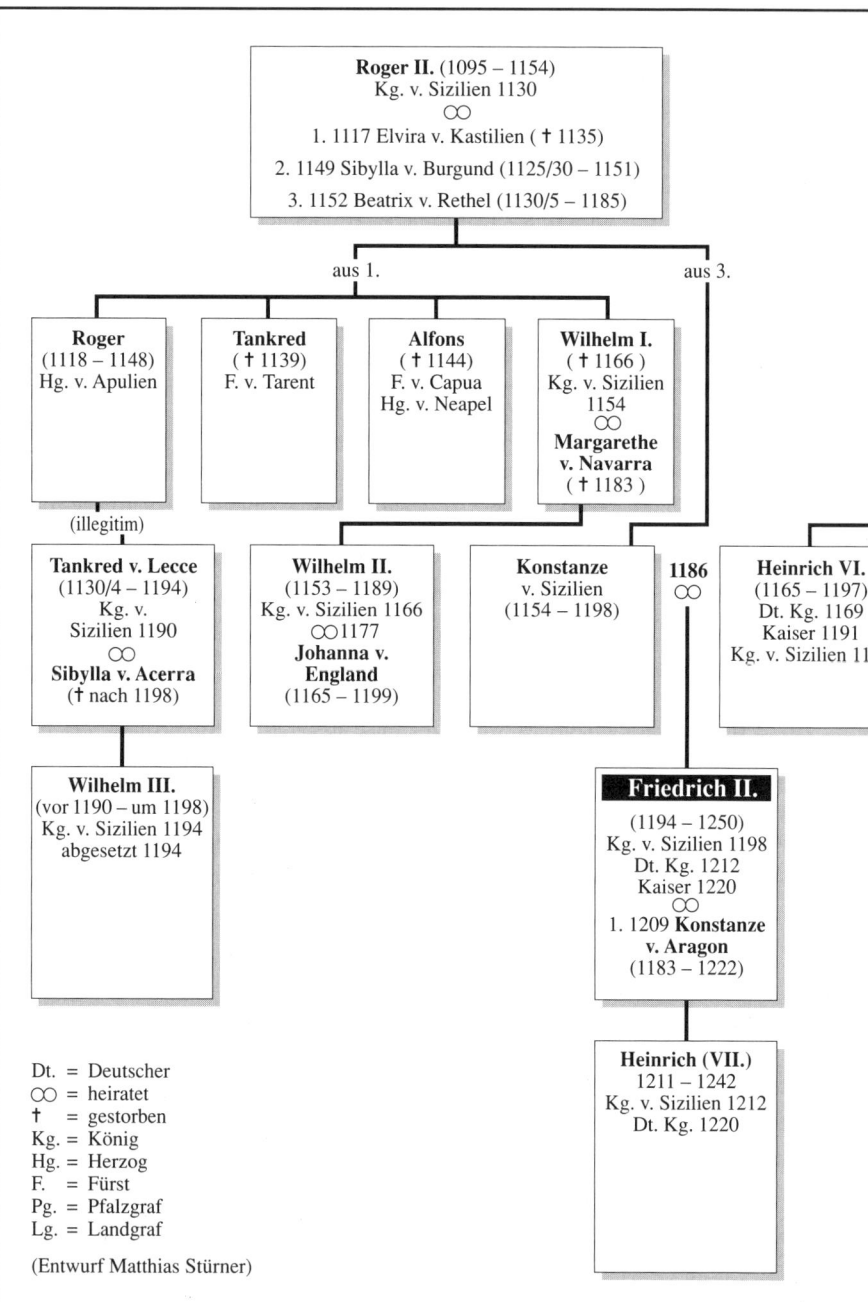

Stammtafel der Vorfahren Friedrichs II.

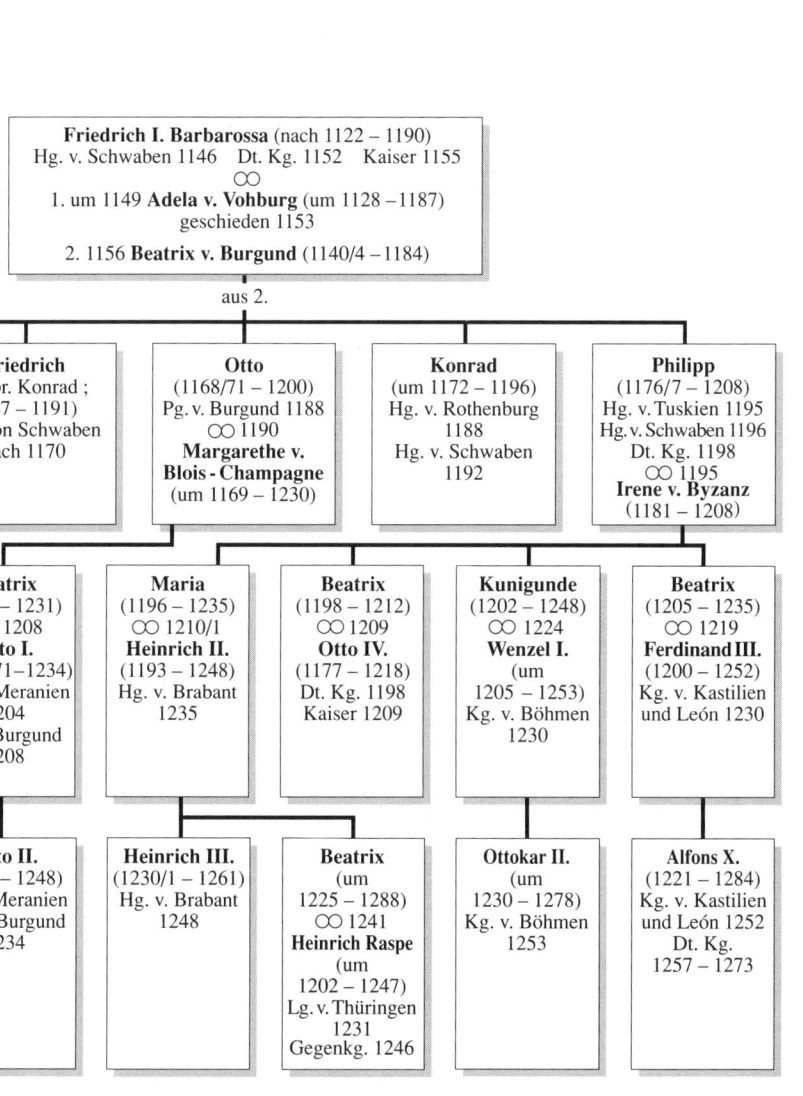

hs II. aus ehelichen Verbindungen

Konstanze von Aragón (1183-1222)
Isabella, Kgn. von Jerusalem (1212-1228)
Isabella von England (1214-1241)
ht 1234/35) Bianca Lancia († vielleicht 1234/35)

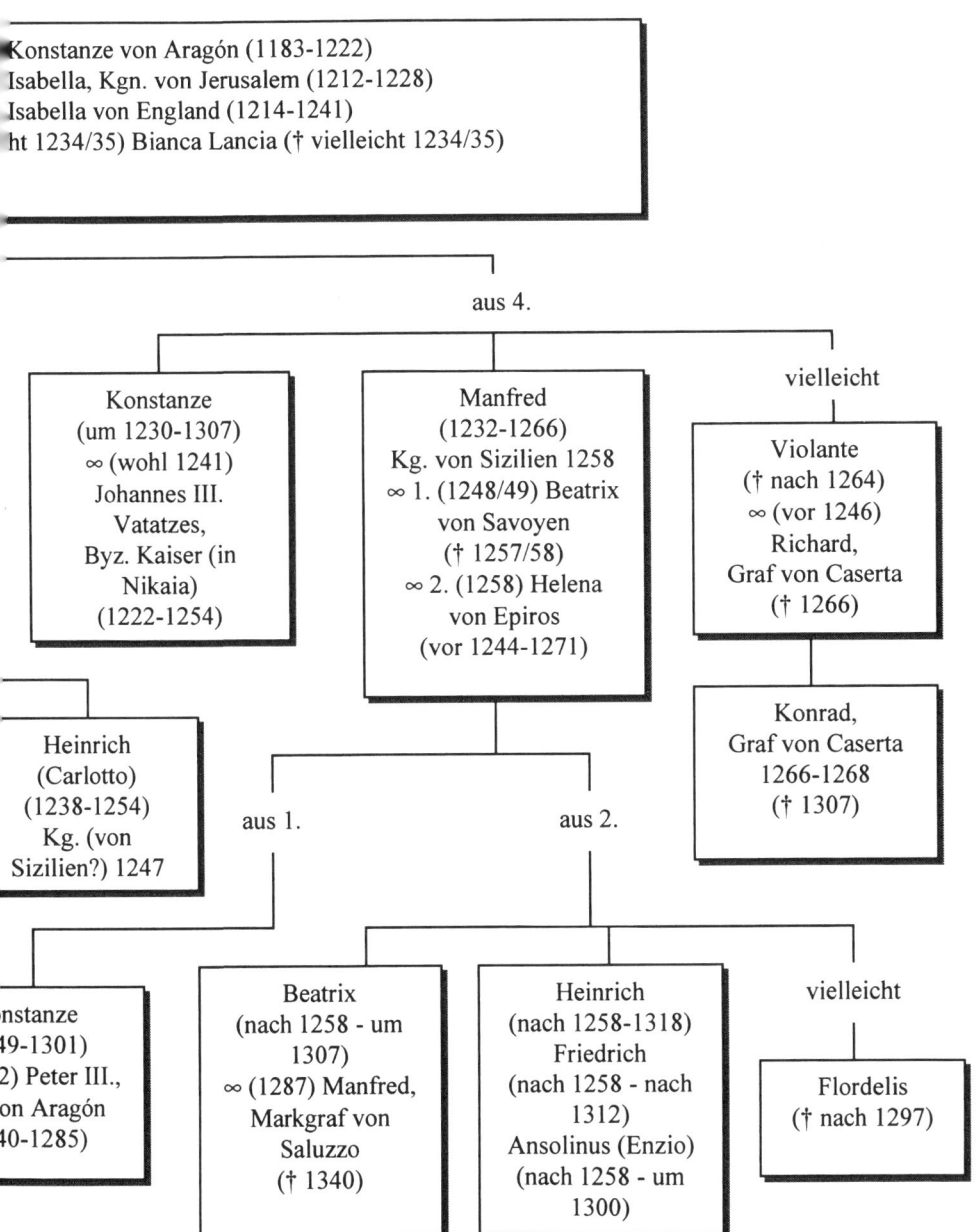

Wolfgang Stürner
Friedrich II.

Teil 2

Wolfgang Stürner

FRIEDRICH II.

TEIL 2

DER KAISER 1220–1250

Wissenschaftliche Buchgesellschaft

Verbesserte Sonderausgabe 2003
des 2000 im Rahmen der von Peter Herde herausgegebenen Reihe
Gestalten des Mittelalters und der Renaissance
erschienenen Bandes.

Einbandgestaltung: Peter Lohse, Büttelborn.

Einbandbild: Kaiserportrait aus dem *Liber de arte venandi cum avibus.*
Foto: bpk.

Das Werk ist in allen seinen Teilen urheberrechtlich geschützt.
Jede Verwertung ist ohne Zustimmung des Verlages unzulässig.
Das gilt insbesondere für Vervielfältigungen,
Übersetzungen, Mikroverfilmungen und die Einspeicherung in
und Verarbeitung durch elektronische Systeme.

© 2003 by Wissenschaftliche Buchgesellschaft, Darmstadt
Gedruckt auf säurefreiem und alterungsbeständigem Papier
Printed in Germany

Besuchen Sie uns im Internet: www.wbg-darmstadt.de

ISBN 3-534-17414-3

INHALT

Vorwort des Reihenherausgebers IX

Vorwort des Autors XI

5. Herausforderung und Bewährung. Die Umgestaltung des sizilischen Königreiches und die Durchsetzung der Krongewalt (1220–1225) 1
   Der ferne König und das Regnum Sicilie 1
   Der Hoftag von Capua 9
   Die Verwirklichung der Capuaner Beschlüsse: Privilegienrevokation und Widerrufsvorbehalt 17
   Kaiserliche Baumaßnahmen: Kastelle, Schiffe und der neue Palast zu Foggia 26
   Wirtschaftspolitik und Münzprägung 30
   Die Verwaltung des Königreiches: Kanzlei und Finanzbehörden . 34
   Das Großhofgericht 39
   Die Gründung der Universität zu Neapel 47
   Kritik und Widerstand 57
   Der Kampf gegen die sizilischen Sarazenen. Lucera 66
   Spannungsreiche Beziehungen: Friedrich, der Papst und die sizilische Kirche 75
6. Umwege zum Heiligen Land. Die verwickelte Vorgeschichte und der ungewöhnliche Verlauf des kaiserlichen Kreuzzuges (1220–1229) 85
   Das Scheitern des fünften Kreuzzugs. Die Schuldfrage und erste Neuplanungen 85
   Aufschub und Verpflichtung. Friedrichs Ehe mit Isabella von Jerusalem 91
   Das Ringen um die Einbindung Oberitaliens 98
   Die Erneuerung der Lombardischen Liga. Fruchtlose Verhandlungen und unrühmlicher Abzug 104
   Der Papst als Schiedsrichter 111
   Friedrichs Einfluß in Deutschland. Der Konflikt mit dem dänischen König und das Preußen-Privileg für den Deutschen Orden 116
   König Heinrichs Heirat und Stellung; die Beziehungen zu England und Frankreich 126

Der mißlungene Kreuzzugsaufbruch und des Kaisers erste Exkommunikation 130
Neue Vorbereitungen und endgültige Abreise. Die Lage im Osten 139
Von Zypern nach Akkon und Jaffa. Die schwierigen Verhandlungen mit al-Kāmil und ihr glücklicher Ausgang 147
In Jerusalem 157
Friedrichs künftige Sorge um das Heilige Land 167
7. Norma regnorum. Die sizilischen Reformen der dreißiger Jahre . 170
Der Einfall päpstlicher Truppen in das Königreich Sizilien 170
Friedrichs Rückkehr, sein Sieg über die Widersacher 174
Der Frieden mit dem Papst 181
Der Kaiser als Gesetzgeber. Die Konstitutionen von Melfi 189
Anspruch und Realität. Die Verwirklichung der kaiserlichen Gesetze 201
Die Wirtschaftsreform und ihre Träger 210
Die Steigerung der staatlichen Einnahmen 218
Siedlungsprojekte und neue Wege der Domänenbewirtschaftung 222
Friedrichs wirtschaftspolitische Initiativen: Versuch einer Bilanz . 231
Die Kastellbauten, ihre Verwaltung und ihr Zweck 234
Entscheidungen und ihre Umsetzung: Die Bedeutung und Arbeitsweise der kaiserlichen Kanzlei 243
Des Kaisers Augustalen 250
Von den Vorteilen und Beschwernissen des friderizianischen Staatswesens für seine Bewohner 253
8. Versagen und Triumph. Friedrichs Zerwürfnis mit seinem Sohn Heinrich und die Konfrontation mit dem Lombardenbund (1231–1238) 263
Der Aufstand in Messina 263
Kaiser, Papst und Lombardische Liga. Friedrichs Aufenthalt in Ravenna und in der Grafschaft Friaul 266
König Heinrich als selbständiger Herrscher; des Kaisers Begegnung mit seinem Sohn 275
Zwischen Einvernehmen und Zwist: Die wechselvollen päpstlich-kaiserlichen Beziehungen 286
Wachsender Ärger über König Heinrich 296
Heinrichs Empörung und Sturz 302
Friedrich in Deutschland. Seine dritte Heirat und der Mainzer Hoftag 309
Die Vorbereitung des Italienzuges 316
Deutsche Probleme. Der Fuldaer Judenmord und der Tag in Marburg 321

Vergebliche diplomatische Aktionen und erste militärische Erfolge in Oberitalien 326
Kampfpause: Der Aufenthalt in Wien; Werbung um Hilfe 331
Im Glanze des Sieges: Der Triumph von Cortenuova 334

9. Der Kaiser und sein Hof. Friedrich und sein Gelehrtenkreis, seine künstlerischen und wissenschaftlichen Interessen 342
Das Bild des Herrschers; Alltag und Festzeit am Kaiserhof ... 342
Der Kaiser als Bauherr 352
Der Literatenkreis um Friedrich. Troubadours, Minnesänger und die Sizilianische Dichterschule 361
Die Rolle der Medizin und die Neuordnung der Ärzteausbildung in Salerno 375
Kaiserliche Wißbegier: Die Kontakte zu Leonardo von Pisa und die Sizilianischen Fragen 385
Der Einfluß jüdischer Gelehrter 397
Michael Scotus und seine Übersetzungen des Aristoteles, Avicenna und Averroes 400
Michael als Hofastrologe und selbständiger Autor 408
Des Kaisers Wissenshorizont und der Rang von Michaels Werk . 416
Theodor von Antiochia 422
Jagdleidenschaft 429
Die Arbeit am Falkenbuch 433
Beizjagd als Wissenschaft: Aufbau und Ziel des kaiserlichen Werkes 440
Friedrichs Vorgehensweise und Naturauffassung 447

10. Kampf ohne Entscheidung. Die Endphase des kaiserlichen Konflikts mit dem Papsttum und dessen oberitalienischen Verbündeten (1238–1250) 458
Friedrichs Scheitern vor Brescia und sein Griff nach Sardinien . 458
Die zweite Exkommunikation des Kaisers 466
Der Kampf der Propaganda. Die eschatologische Dimension des Streits und seine Wirkung 470
Kriegsvorbereitungen. Friedrichs Einzug in den Kirchenstaat . . 480
Die neue Verwaltungsstruktur Reichsitaliens und die Reformen im Regnum 488
Der Fall Faenzas und die Gefangennahme der Konzilsbesucher . 496
Die Mongolengefahr, die Verhärtung der Fronten und Gregors Tod 502
Die Zeit ohne Papst und die Wahl Innozenz' IV. 509
Mühseliges Ringen um Frieden. Die päpstliche Flucht nach Lyon 518
Letzte Vermittlungsversuche; militärische und publizistische Aktionen 525
Das Konzil von Lyon. Die Absetzung des Kaisers 533

Friedrichs Reaktion. Sein Ruf nach der armen Kirche und sein
Verhältnis zu den Bettelorden 539
Innozenz' Aktivierung von Kirche und Öffentlichkeit. Die Wahl
des Gegenkönigs Heinrich Raspe 548
Die Adelsverschwörung von 1246. Erneute Reformen im Regnum
und die wachsende Bedeutung der Kaisersöhne 555
Die Entwicklung in Deutschland. Der Plan des Zuges nach Lyon
und die vergebliche Belagerung Parmas 564
Erfolge und schmerzliche Enttäuschungen. Der Verrat des Petrus
de Vinea, die Gefangenschaft Enzios und der Aufstieg Uberto
Pallavicinis 577
Das hoffnungsvolle letzte Jahr. Der Tod des Kaisers 585

Epilog 593

Quellen- und Literaturverzeichnis 597

Abkürzungsverzeichnis 635

Karten 636

Register 639

Abbildungsverzeichnis 661

VORWORT DES REIHENHERAUSGEBERS

Als 1992 der erste Band des vorliegenden Werkes vorgelegt wurde, glaubte ich ankündigen zu können, daß der zweite rechtzeitig zum 800. Jahrestag der Geburt Friedrichs II. 1994 erscheinen werde. Es sind sechs Jahre mehr geworden. Sie sind jedoch dem Bande zugute gekommen. Denn einmal konnte der Verfasser die Ergebnisse seiner ersten kritischen Edition des großen Gesetzgebungswerkes des Kaisers, der „Constitutiones regni Sicilie", die in der Zwischenzeit erschienen ist, einarbeiten, und zum anderen hat das Gedächtnisjahr zu einer Intensivierung der Forschung geführt, deren Resultate er ebenfalls berücksichtigen konnte. Während sich in Deutschland 1994 nur wenige Tagungen mit Friedrich II. beschäftigten, trat in Italien unter der Präsidentschaft von Senator Prof. Ortensio Zecchino ein Organisationskomitee zusammen, dem nicht weniger als 79 Mitglieder der internationalen Gelehrtenwelt angehörten und das zahlreiche größere und kleinere Kongresse organisierte, deren Vorträge mittlerweile, wenn auch noch keineswegs vollständig, in stattlichen Bänden publiziert wurden. In Rom fand zudem unter der Schirmherrschaft des Präsidenten der Republik eine große Ausstellung „Federico II e l'Italia" statt, zu der ebenfalls ein Begleitband veröffentlicht wurde. Dazu kommt eine wachsende Zahl von Einzeluntersuchungen, die längst fächerübergreifend so gut wie alle Aspekte des Kaisers und seiner geistigen und sozialen Umwelt zum Gegenstand haben. Das scheint auf ein Abflauen jener Tendenzen in der Geschichtswissenschaft hinzudeuten, „um abstrakter Phänomene von langer Dauer willen der Persönlichkeit ihre Freiheit zu nehmen, sie faktisch aus der Geschichte zu verbannen, indem sie in Graphiken und Tabellen auf dritte oder vierte Stellen hinter dem Komma reduziert wird" (Heribert Müller über die Kritik Theodor Schieffers an derartigen gegenwärtigen Tendenzen der Mittelalterhistoriographie). Über all dem schwebt immer noch die glänzende Biographie Friedrichs II. von Ernst Kantorowicz, über den ebenfalls in den letzten Jahren Symposien von Posen bis Princeton abgehalten wurden und zahlreiche Publikationen erschienen, deren Tenor von verständnisvoller Deutung seines Werkes aus zeitgenössischen Auffassungen bis zu scharfer Kritik reicht. Wolfgang Stürner hat in seinem Vorwort seine Sicht in fairer Weise von Kantorowicz abgesetzt. Wie bereits der erste Band so beruht auch der vorliegende zweite auf ständigem Bezug auf die Quellen und auf der umfassenden Rezeption der vielfältigen neuen Fragestellungen, wobei besonders die Forschungsergebnisse der Geschichte der Naturwissenschaften, der Kunstgeschichte, der Kanzlei- und Verwaltungsgeschichte und der Prosopographie den Blickwinkel gegenüber früher nicht unerheblich erweitern.

Würzburg, im Februar 2000   Peter Herde

VORWORT DES AUTORS

Wer darangeht, eine Biographie Friedrichs II., des letzten Stauferkaisers, zu schreiben, der sieht sich noch immer unweigerlich mit Ernst Kantorowicz' vor über siebzig Jahren erschienenem wirkungsmächtigem Werk „Kaiser Friedrich der Zweite" konfrontiert und einem gewissen Zwang ausgesetzt, ihm gegenüber das eigene Tun zu rechtfertigen. Tief und nachhaltig beeinflußte Kantorowicz' Darstellung dank ihrer mitreißenden Sprachgewalt, durch ihre ungemein lebendige Vergegenwärtigung ihres Helden und die begeisterte Feier seiner Größe das Friedrich-Bild der interessierten Öffentlichkeit. Freilich tadelten einzelne Kritiker schon früh den suggestiven Überschwang ihres Tones wie ihrer Argumentation, eine gewisse Einseitigkeit ihres Urteils, und in der Tat prägen zeitgebundene Züge unübersehbar Kantorowicz' Friedrich-Deutung. Im festen Vertrauen auf die Richtigkeit und umfassende Geltung seiner Grundpositionen ließ sich der Autor überdies mehr als einmal auch dort zu konkreten Aussagen hinreißen, wo die Quellen nur dürftige, dunkel-unklare oder gar keine Angaben machen. Seine Neigung aber, den Staufer zum herausragenden Repräsentanten eines überzeitlichen, allgemein vorbildlichen Herrschertypus zu stilisieren, ihn zum glänzenden Exempel menschlicher Genialität und Schaffenskraft schlechthin zu verklären, bestätigte und bestärkte ohne Zweifel viele seiner Leser in ihren eigenen Idealvorstellungen von Menschentum, Herrschermacht und gesellschaftlicher Ordnung, und dieser Zusammenklang erklärt sicher zu einem nicht geringen Teil die außerordentliche Wirkung des Kantorowicz'schen Buches.

Am Ende des 20. Jahrhunderts wird man Kantorowicz' vorbehaltlose Bewunderung für die sich unbeschränkt entfaltende Herrschaft eines überragenden Individuums allerdings kaum noch teilen können. Wer sein Thema wiederaufnimmt, wird sein so überaus erfolgreiches Werk trotz der ihm eigenen gestalterischen Brillanz und staunenswerten Gelehrsamkeit vielmehr zuallererst als ein eindrückliches und zugleich warnendes Beispiel dafür betrachten, wie leicht Historiker der Gefahr erliegen, ihre persönlichen Ideale und Motive ohne weiteres auch bei den Menschen einer vergangenen Epoche vorauszusetzen und deren Denken und Handeln mit Hilfe ihrer modernen Vorstellungen und Überzeugungen zu beschreiben und zu erklären. Sie demonstrieren den überragenden Rang und die generelle Bedeutung der ihnen vertrauten und wichtigen Werte damit natürlich auf eine recht anfechtbare Weise und drohen zudem den Zugang zur Vergangenheit zu verfehlen, deren Eigenart gar zu verfälschen. Gewiß schaffen solche Einsichten die Abhängigkeit des Historikers von seiner Gegenwart mit ihren spezifischen Erfahrungen und Normen nicht einfach aus der Welt; seine Arbeit verlöre sonst wohl auch jede Beziehung zu seinen zeitgenössischen Lesern und jeden Reiz für sie. Der Blick auf Kantorowicz' Friedrich-Biographie sollte ihn jedoch immer wieder zur kritischen Besinnung auf die Voraussetzungen seines Tuns, zur distanziert-sachlichen Überprüfung seiner Grundannahmen und Bewertungen anhand der ihm zu Gebote stehenden Quellen veranlassen. Die so verstandene Nüchternheit muß keineswegs gleichbedeutend sein mit Langeweile. Gerade sie öffnet im Gegenteil erst recht eigentlich die Augen für das Charakteristische und Wesentliche einer vergangenen Zeit, für deren faszinierende Züge und Leistungen, für ihre Buntheit und ihren Reichtum und durchaus auch für das, was sie vielleicht tatsächlich mit uns verbindet.

Zu den grundsätzlichen Vorbehalten gegenüber Kantorowicz' Ansatz und Vorgehensweise kommt der gewichtige Umstand, daß die wissenschaftliche Beschäftigung mit Friedrich II. in den letzten fünfzig Jahren eine ganze Reihe neuer Themenbereiche und Fragestellungen einbezog und viele neue, wertvolle Erkenntnisse zutage förderte. Erinnert sei etwa an die intensive Erforschung der Naturphilosophie und Naturwissenschaft zu Friedrichs Zeit und an die ungemein lebhafte, gerade in unseren Tagen wieder zu überraschenden Resultaten führende Debatte über das kaiserliche Falkenbuch, seine Quellen und etwaigen Vorbilder; erinnert sei an die Bemühungen um die korrekte Erfassung, Rekonstruktion und Interpretation der kaiserlichen Bauwerke wie überhaupt um die angemessene Beurteilung des künstlerischen und literarischen Schaffens aus Friedrichs Umkreis im Kontext der zeitgenössischen Entwicklung. Zu denken wäre ferner an die abgeschlossenen oder noch laufenden großen Editionsprojekte, an die eindringlichen Untersuchungen der Struktur und Arbeitsweise zentraler Institutionen wie Kanzlei oder Großhofgericht und der sozialen Herkunft, Ausbildung und fachlichen Kompetenz ihres Personals, an die grundlegende und umfassende Prosopographie der sizilischen Kirche in der Stauferzeit, aber ebenso beispielsweise an die immer wieder Neuland erschließenden jüngeren Studien über Friedrichs gesetzgeberische, administrative, wirtschafts- und finanzpolitische Maßnahmen, über deren konkrete Folgen und ihre sozialgeschichtliche Bedeutung. Vor kurzem erst erschien aus Anlaß des besonders in Italien glanzvoll gefeierten Gedenkjahres zum 800. Geburtstag von Friedrich II. überdies eine wahre Flut resümierender und weiterführender Publikationen zu allen nur denkbaren Aspekten des Friedrich-Themas, und nichts deutet bislang auf eine schwindende Attraktivität des Gegenstandes.

Die fast unübersehbare, ständig noch weiter wachsende Zahl der Forschungsbeiträge dokumentiert nicht nur eindrucksvoll das anhaltende Interesse an der Gestalt Kaiser Friedrichs II. und an seiner Zeit. Ihr inhaltlicher Reichtum spiegelt zugleich ganz zutreffend die erstaunliche Vielfalt der kaiserlichen Aktivitäten wider. Des Staufers wacher Sinn für so unterschiedliche Gebiete wie Kunst, Dichtung und Literatur, Naturwissenschaft und Beizjagd, Bildungs- und Umweltpolitik, Recht und Gesetzgebung, Wirtschaft und Herrschaftspropaganda, seine neugierige Offenheit für moderne Tendenzen und Strömungen auf allen diesen Feldern, seine stete Bereitschaft, mit deren Vertretern in Kontakt zu kommen, sie wenn möglich in seine Umgebung zu ziehen, von ihnen zu lernen, ihre Kenntnisse und Fähigkeiten für sich, auch zum politischen Vorteil, zu nutzen, auf ihren Erfahrungen da und dort sogar selbständig weiterzubauen – dies alles macht ihn zweifellos zu einer der faszinierendsten geschichtlichen Persönlichkeiten. Vor allem bringen es seine weitgespannten, mannigfaltigen Initiativen, Tätigkeiten und Beziehungen mit sich, daß die Beschäftigung mit ihm geradezu zwangsläufig den Blick auch auf die wesentlichen Entwicklungen, Neuerungen und Besonderheiten seiner Zeit lenkt. Sie erschließt zugleich also die charakteristische Eigenart einer ganzen Epoche, läßt die wechselseitigen Abhängigkeiten zwischen dem herrscherlichen Individuum und seiner gesellschaftlichen Umgebung erkennen, macht Handlungsspielräume und Grenzen des einzelnen sichtbar.

So lohnend, ja fesselnd die Auseinandersetzung mit Friedrich aus allen diesen Gründen ist – sie bereitet zugleich doch ungewöhnliche Schwierigkeiten. Nicht nur, daß der Biograph des Kaisers wieder und wieder fürchten muß, in der Masse der Forschungsliteratur endgültig unterzugehen, ohne Hoffnung, das Wichtige vom weniger Wichtigen je auch nur einigermaßen zuverlässig scheiden zu können. Vor ein eher noch größeres Problem stellt ihn eben die so bewundernswert weit gefächerte Tätigkeit des Herrschers, denn sie zwingt ihn zur Einarbeitung in ganz unterschiedliche Quellengattungen mit ihren spezifischen Eigenheiten und vor allem zur Aneignung von Fachwissen auf einander so fremden Gebieten wie Vogeljagd, römisches Recht, Münzpolitik und Liebeslyrik. Sicher gibt es kaum jemanden, der sich die wünschenswerte Kompetenz für alle diese Bereiche gleichermaßen anzueignen vermöchte. Dazu werfen die für Friedrich einschlägigen Quellen besonders heikle Echtheits-, Datierungs- und Bewertungsfragen auf, und schließlich gilt es einen ebenso reichen und reizvollen wie auf seine Art problematischen Stoff mit seiner engen Verzahnung der verschiedensten Sachverhalte, Vorhaben und Entwicklungen anziehend, nachvollziehbar und unter wohlbedachter Herausstellung des Wesentlichen darzubieten.

Am Ende meiner weit über ein Jahrzehnt währenden Arbeit an der vorliegenden Friedrich-Biographie kann ich nur hoffen, daß es mir gelungen ist, der geschilderten Widrigkeiten des Unternehmens wenigstens einigermaßen befriedigend Herr zu werden. Ich wünsche mir, daß meine Schilderung ihrem Leser etwas von jener Neugierde, Spannung und Bereicherung weitergibt, die ich selbst bei der Beschäftigung mit Friedrich II. und seiner Welt erlebte, daß sie ihn etwas von jener fesselnden Wirkung spüren läßt, die von der Person des Kaisers und von seiner Zeit, von ihrer Lebendigkeit und Eigenart auch heute noch immer auszugehen vermag.

Mein herzlicher Dank gilt an dieser Stelle Peter Herde, Würzburg, dem Herausgeber der Reihe „Gestalten des Mittelalters und der Renaissance", der mir die Lebensbeschreibung Friedrichs II. anvertraute und ihre langwierige Entstehung engagiert und mit förderndem Verständnis begleitete. Der Wissenschaftlichen Buchgesellschaft, ihrem Lektoratsleiter Martin Bredol sowie Verena Artz, der zuständigen Lektorin, gebührt Dank für ihre Geduld angesichts der ungewöhnlich großen Zeitspanne zwischen dem Abschluß des ersten und des zweiten Teiles sowie für ihre zuvorkommende und umsichtige Handhabung der mit der Veröffentlichung der beiden Bände zusammenhängenden editorischen Probleme. Ganz besonders tiefen Dank schulde ich schließlich meiner Frau für manches klärende und ermutigende Gespräch und vor allem für die ausdauernde Hilfe beim zeitraubenden Korrekturlesen.

Stuttgart, im Dezember 1999   Wolfgang Stürner

5. HERAUSFORDERUNG UND BEWÄHRUNG. DIE UMGESTALTUNG DES SIZILISCHEN KÖNIGREICHES UND DIE DURCHSETZUNG DER KRONGEWALT (1220–1225)

Der ferne König und das Regnum Sicilie

Friedrich hatte während seines Aufenthaltes in Deutschland die Verhältnisse im Königreich Sizilien nie ganz aus den Augen verloren. Schon in den Jahren bis 1216, als seine Gemahlin Konstanze und sein Sohn Heinrich noch in Sizilien lebten und Konstanze dort als Regentin wirkte, nahm er immer wieder energisch und ohne erkennbare Rücksprache mit der im Lande selbst tätigen Regierung Einfluß auf die Geschicke des Regnums. So hörten wir von der Verpfändung der Grafschaft Fondi und weiterer Gebiete an Papst Innozenz III. im Jahre 1212, von der ebenfalls dem Papst zugedachten Schenkung der Grafschaft Sora im Jahre 1215 oder von der Berufung Aldobrandins von Este und später Lupolds, des Bischofs von Worms, zu königlichen Legaten in Apulien. Im gleichen Zusammenhang sei an jene Vereinbarung erinnert, die der König im Juli 1216 mit Innozenz über die Zukunft Siziliens nach seiner Kaiserkrönung traf, oder an die großzügigen Privilegien, die er dem damals mehrfach zwischen Sizilien und Deutschland hin- und herreisenden Erzbischof Berard von Palermo und seiner Kirche ausstellte.[1] Kaum weniger aufmerksam kümmerte er sich etwa um die Capella Palatina, die königliche Hofkapelle in Palermo, insbesondere um die Besetzung ihrer Kanonikate, sorgte er für den Schutz der Hofkirche S. Nicola in Bari als seiner *specialis capella*, setzte er sich für die Belange des Deutschen Ordens wie auch der Johanniter im Königreich Sizilien ein.[2] Umgekehrt leistete Roger von Aquila, nach dem Tode seines

---

[1] Siehe dazu oben Bd. 1, S. 143, S. 188 f., S. 193, S. 194 f; zur Entwicklung des sizilischen Königreiches von 1198 bis 1220 vgl. auch Caravale, Istituzioni 395–422, Martin, Administration 124–138, die freilich auf die im folgenden geschilderten, seit 1217 sichtbaren Tendenzen nicht eingehen.

[2] Capella Palatina: HB 1, 229 (3.12.1212, vgl. ebd. den gleichzeitig in derselben Sache aus Worms abgehenden Brief des *Parisius, Panormitanus electus*), HB 1, 394 (15. 7. 1215), S. Nicola: Cod. dipl. Barese 6, 53 f., Nr. 33 Anm. (November 1215), vgl. ebd. 57 f., Nr. 35 (10. 6. 1218), dazu Schaller, Hofkapelle 486–488, 490–497, 516 f., Nr. 29 und 34; Deutscher Orden: Acta Imperii 1, 102 f., Nr. 121 (7. 7. 1214), Cod. dipl.

Vaters Graf von Fondi, im August 1215 vor Innozenz III. den Treueid für König Friedrich, und ganz ähnlich hielt es einen Monat später ein Mann wie Stephan, der neue Abt des Klosters Montecassino, für angezeigt, seine Erhebung dem König nach Deutschland zu melden, während wir von einer Benachrichtigung der in Sizilien weilenden Regentin nichts erfahren.[3]

Alle diese Vorgänge zeigen im übrigen, daß Friedrich es schwerlich nötig hatte, Sohn und Gemahlin, wie jüngst behauptet wurde, eigens deshalb nach Deutschland zu rufen, um sich ihrer zu „bemächtigen", ihnen dann umgehend ihre sizilischen Herrscherwürden zu entziehen und so im Königreich Sizilien endlich freie Hand zu bekommen.[4] Die Quellen schweigen denn auch vollständig über einen derartigen förmlichen Entzug der Königstitel. Zudem stammen die einzigen Urkunden Friedrichs, die ausdrücklich die Zustimmung Heinrichs und Konstanzes zu seinen Maßnahmen im sizilischen Regnum erwähnen und die er offenkundig sogar allein des entsprechenden Zusatzes wegen neu ausstellte, gerade aus der Zeit nach 1217.[5]

In Sizilien veränderte sich die Situation mit der Abreise Heinrichs und Konstanzes zunächst offenbar nicht grundsätzlich. So spärlich die Infor-

---

Barese 10, 83 f., Nr. 59 (= HB 1, 410 f.; Juli 1215), HB 1, 429 f. (20. 10. 1215); Johanniter: Acta Imperii 1, 107–109, Nr. 127 (17. 3. 1215), 112–114, Nr. 134 (Juli 1216); vgl. noch für S. Salvatore in Messina: HB 1, 447 (März 1216, vgl. RI V 4, 159, Nr. 850).

[3] Richard von S. Germano, ad 1215, ed. Garufi 59, 61.

[4] Baaken, Ius imperii 226–228, vgl. ders., Erhebung 106–108, sowie die Einwände von Thorau, Rezension 492–494.

[5] 3. 1. 1218: Acta Imperii 1, 123 f., Nr. 147; HB 1, 531, vgl. 510 f.; siehe auch: Acta Imperii 1, 204, Nr. 220, April 1221. Konstanze als *illustris regina* Siziliens: Höflinger – Spiegel, Stauferurkunden 94, Nr. 8 (April 1219), Holtzmann, Papsturkunden 2, 15, Nr. 2 (Friedrich II., 20. 10. 1220), vgl. ihre Grabschrift: *et regine Sicilie*, RI V, Nr. 1396a (= Camera, Memorie 1, 409), sowie die zusätzliche Inschrift auf ihrem Sarkophag: *Sicanie regina fui* (Camera 409 Anm. 1, Winkelmann, Friedrich 1, 199 Anm. 3, Abbildung: Krönig, Sizilien Nr. 175, vgl. ebd. 450). Heinrich als *rex* des sizilischen Königreichs: MGH Const. 2, 82, Z. 20, Nr. 70 (Friedrichs Hagenauer Promissio vom 10. 2. 1220; gegen Baaken, Ius imperii 236, kommt deshalb dem Ausfall der Wörter *in regem*, ebd. Z. 16, kaum große Bedeutung zu, zumal auch die neue Schlußpassage der Promissio Heinrichs sizilisches Königtum voraussetzt); im Königreich selbst war die Datierung nach Heinrichs Königsjahren neben denen Friedrichs oder doch ein zusätzlicher Verweis auf Heinrich als *rex Sicilie, ducatus Apulie et principatus Capue* offenbar durchgehend bis 1235 üblich, vgl. Camera, Memorie 1, 403 f. (4. 10. 1216), 404 f. (5. 6. 1218), 409 (16. 4. 1222, Urkunde des *Philippus de Vallone, imperialis magister camerarius*), 416 f. (1234), außerdem Ughelli 7, 329 (September 1220), HB 1, 798 (Januar 1221), Höflinger – Spiegel, Stauferurkunden 97, Nr. 9 (August 1221).

mationen nach wie vor fließen, läßt sich doch erkennen, daß nun Erzbischof Berard von Palermo als Vertreter des Königs auf der Insel Sizilien fungierte. Zeitgenossen blieb seine damalige Stellung als die eines *preses provincie Sycilie* oder eines *balius Sicilie generalis* in Erinnerung, und in der Tat scheint er etwa die Rechte der Krone in Stadt, Hafen und Kastell von Cefalù dem dortigen Bischof Aldoin gegenüber ziemlich entschieden wahrgenommen und damit einen Konflikt ausgelöst zu haben, der Friedrich selbst noch lange beschäftigen sollte.[6] Auf dem unteritalienischen Festland fiel wohl Rainald Gentilis, dem neuen Erzbischof von Capua und Familiaren des Königs, seit seiner Rückkehr aus Deutschland Anfang 1217 eine ähnliche Position zu. Die freilich wenig präzisen Zeugnisse für seine statthalterliche Tätigkeit nennen zunächst Walter von Pagliara, den Kanzler des Königreiches und Bischof von Catania, an seiner Seite, später dann mehrfach den Logotheten Andreas, der damals, seit 1219, Protonotar, also der eigentliche Leiter der sizilischen Kanzlei war.[7] Walter seinerseits bemühte sich während des Sommers 1217 auf königlichen Befehl im Gebiet der Terra di Lavoro, in Amalfi und gewiß auch andernorts, seiner Kanzlei oder der königlichen Kammer entfremdete Güter wieder einzuziehen.[8] Ebenfalls einem Mandat des Königs folgend, setzte Jakob von San Severino, seit 1217 Graf von Avellino (südlich Benevents) und zugleich *capitaneus et magister iustitiarius Apulie et Terre Laboris*, im Jahre 1218 seinen eigenen Schwiegervater, Diepold von Acerra, gefangen – jenen alten Gefolgsmann Heinrichs VI., der es trotz vieler Rückschläge verstanden hatte, sich im Regnum zu halten, und der eben jetzt, aus römischer Haft dorthin zurückgekehrt, dessen Bewohner wieder zu drangsalieren begann – *more solito*, wie er dies seit je zu tun pflegte, so fügt Richard

---

[6] Über den Konflikt mit Aldoin Winkelmann, Bischof Harduin, bes. 298–301, in den ebd. 307–358 edierten Prozeßakten siehe zu Berard 308f., 311, 319, 327 (*preses erat tunc provincie Sycilie*), 339, daneben HB 2, 920 Anm. 3 (Zeugenaussage von 1266: *Panormitano archiepiscopo, tunc temporis balivo Sicilie generali*), vgl. Kamp, Kirche 1, 581 mit Anm. 99, 1057, 1131 mit Anm. 151f., ders., Episkopat 105f.

[7] Handeln des Familiaren Rainald *pro parte nostro* (d.h. des Königs) in einer Lehensangelegenheit: Scheffer-Boichorst, Staufische Urkunden 378 (April 1219; vgl. ebd. 379, vom Januar 1221); mit Walter von Pagliara im Bistum Troia, allerdings *auctoritate apostolica*: Vendola, Documenti 77, Nr. 79 (päpstliche Weisung vom 29.7.1217), vgl. die Beschwerde des dortigen Bischofs: Kamp, Kirche 1, 521 Anm. 93, sowie das Großhofgerichtsurteil vom März 1221: Niese, Urkunden 9, 250f., Nr. 7; mit Andreas (*regni Sicilie prothonotario, dilecto logothete*): Acta Imperii 1, 147, Nr. 168 (20.9.1219, vgl. ebd. 209, Nr. 226), Ignoti cist. S. Mariae Chronica, ed. Gaudenzi 7 (Friedrich II., Tarent, April 1221); siehe dazu Kamp 119, 521f., 1213f., zu Andreas auch oben Bd. 1, S. 142 mit Anm. 53.

[8] Siehe RI V, Nr. 12514f., vgl. dazu Schaller, Hofkapelle 503f.

von San Germano seinem Bericht hinzu. Erst 1221, nach der Übergabe seiner letzten Burgen an den Kaiser, kam Diepold frei, spielte nun allerdings im sizilischen Reich keine Rolle mehr.[9] Wir dürfen derartige Nachrichten über königliche Eingriffe sicherlich ebensowenig überbewerten wie den Umstand, daß wir weder bei Richard noch in den ganz knappen Notizen der übrigen sizilischen Chronisten jener Jahre sonst etwas von inneren Gefahren und Unruhen lesen.[10] Ganz offenbar schalteten andere hohe Amtsträger wie der Graf von Lesina, Matthaeus Gentilis, der damals ebenfalls erneut als Kapitän und Oberjustitiar Apuliens und der Terra Laboris (um Capua) auftrat und wohl vorwiegend im südlichen Teil des Festlandes, seinem Haupteinflußgebiet, amtierte, weit selbstherrlicher und eigennütziger als Jakob, und mancher Große ohne besondere Stellung in der Verwaltung des Reiches tat es ihnen nach.[11] Andererseits aber arbeiteten die überkommenen Institutionen dieser Verwaltung nach wie vor[12] und boten ebenso wie die Präsenz

---

[9] Richard von S. Germano, ad 1216, ed. Garufi 73, ad 1217, 78 (dort das Zitat), ad 1218, 81, ad 1221, 93f., vgl. Kölzer, Diepold 1009, zu Jakob außerdem Ughelli 7, 329 (September 1220) sowie Kamp, Kirche 1, 204 mit Anm. 14. Wohl auf königliches Drängen hin verzichtete am 10. Juni 1218 Erzbischof Andreas von Bari auf die Verfügungsrechte über die Hofkirche S. Nicola in Bari, die ihm der Papst kurz zuvor verliehen hatte, siehe Kamp 583, Schaller, Hofkapelle 494f. Vgl. zur Gefangennahme des Grafen Rainer von Manente Anfang 1220 oben Bd. 1, S. 248, zu seiner Freilassung nach der Kaiserkrönung Acta Imperii 1, 480f., Nr. 599.

[10] Vgl. Richard von S. Germano, ad 1216–1220, ed. Garufi 73–82, daneben Breve chronicon, ed. Huillard-Bréholles 895, Ignoti cist. S. Mariae Chronica, ad 1218–1220, ed. Gaudenzi 37, Chronicon Suessanum, ad 1212, ad 1220, ed. Pelliccia 52.

[11] Matthaeus Gentilis als Kapitän und Oberjustitiar von April 1218 bis 28. 2. 1220: RI V, Nr. 12525, 12599 (mit dem Zusatz *dei et regia gratia*, vgl. HB 2, 597 Anm. 1), 12602, 12604, zu seiner Kirchenpolitik: Vendola, Documenti 95, Nr. 102, 103–106, Nr. 113f., vgl. Holtzmann, Nardò 53, 62–65 (bes. 63 Anm. 2), Kamp, Kirche 1, 271 mit Anm. 2, 697 mit Anm. 59, 724, zu adligen Übergriffen auf die Kirche ebd. 163, 776, 781f.

[12] Siehe dazu noch die Belege für Berardus Gentilis: *Dei et regis gratia comes Nereti, capitaneus et magister iustitiae Apuliae et Terrae Laboris* (August 1217; Ughelli 10a, 299 = RI V, Nr. 12510, vgl. dazu Niese, Nardò 59f., zur Person ebd. 64f. sowie oben 1, 137); Stephanus de Partenico: *magnae regiae curiae magister iusticiarius* (Palermo, Juni 1216; HB 2, 198 Anm. 2 = RI V, Nr. 12497; vgl. bereits RI V, Nr. 12482, Palermo, August 1215, dazu Girgensohn – Kamp, Urkunden. Patti 67 mit Anm. 37); Simon de Calvellis: *magne regie curie magister iusticiarius* (1216; HB 1, 934f. = RI V, Nr. 889, vgl. jedoch zur zweifelhaften Echtheit Kehr, Urkunden 396 Anm. 1, Girgensohn – Kamp 67 Anm. 37); Guilelmus Porcus: *admiratus*, zum Ende seiner Laufbahn Annales Ianuae, ad 1221, MGH SS 18, 146f., vgl. oben Bd. 1, S. 194 mit Anm. 13; Paulus de Cicala: *regie private masnade magister comestabulus* (Juni

engster Vertrauter Friedrichs im Regnum immerhin eine gewisse Gewähr für die Verwirklichung des königlichen Willens. Mit dem Jahr 1219 mehren sich dann auffallend die Anzeichen für das ständig wachsende Interesse des Staufers an seinem sizilischen Erbe. Die Zahl der Urkunden, die er für sizilische Empfänger, für Bischöfe und Klöster vor allem, aber auch für Adlige etwa in Lehnsangelegenheiten ausstellte oder mittels deren er Güter und Rechte in Sizilien beispielsweise dem Deutschen Orden sicherte, wuchs nun merklich an.[13] Im Mai 1219 setzte er sich bei Papst Honorius III. – zum ersten Mal überhaupt in einer derartigen Angelegenheit intervenierend, wie er schrieb – entschieden und erfolgreich dafür ein, daß dieser schließlich des Nikolaus Wahl zum Erzbischof von Tarent anerkannte. Der Schritt des Königs galt einem Mann, den er allem nach seit seiner Jugend hoch schätzte, dem er damals offenbar bedeutsame Vollmachten in der sizilischen Kastellverwaltung übergeben hatte und der auch in den nächsten Jahren zu seinen wichtigsten Ratgebern gehören sollte.[14] Wenig später, im Juli, meldete Friedrich den Palermitanern fast drohend seine alsbald zu erwartende Rückkehr, um sie damit desto wirkungsvoller zur Befolgung seines Mandats anzuhalten.[15] Daneben erfahren wir beinahe zufällig aus einer im Dezember 1219 in Augsburg ausgestellten Schenkungsurkunde, daß damals wenigstens zwei junge Adlige aus bekannten sizilischen Grafenhäusern als *regis vallecti*, als Valets oder Knappen also, am Hofe ihres Königs in Deutschland dienten und dort ihre ritterliche Erziehung und Bildung empfingen.[16]

1216; HB 2, 198 Anm. 2 = RI V, Nr. 12497, vgl. Kamp, Kirche 1, 1051 mit Anm. 46, dort ein weiterer Beleg vom März 1218, siehe auch oben 1, 119f.); Philipp von Matera: *regni Sicilie scriniarius* (Dezember 1219, HB 1, 717, vgl. RI V 4, 173, Nr. 1078, sowie oben Bd. 1, S. 142 mit Anm. 53); Malgerius de Altavilla: *magister capitaneus et magister iustitiarius totius Calabrie et Wallis Gratis* (Januar 1220; RI V, Nr. 12600, vgl. Kamp 986, 990 mit Anm. 60); Matheus de Romania: *Magister doane de secretis et questorum* (6. 10. 1220; Höflinger – Spiegel, Stauferurkunden 95, Nr. 9; vgl. zu Matheus unten S. 7 mit Anm. 19); *iustitiarius ... et secretus Panormi*, außerdem *doanerii et cabelloti* (22. 7. 1219; HB 1, 653, vgl. Kamp, Kämmerer 55, 91).

[13] Vgl. dazu RI V, Nr. 974–977, 1009, 1011, 1016f., 1020–1022, 1026, 1030, 1058f., 1064, 1068, 1070, 1077, 1113, 1120, 1139–1142, 1185f., 1194; RI V 4, Nr. 160, 162, 168–173, 175–178, 181f., 184.

[14] Brief vom Mai 1219: Theiner, Codex 1, 51, Nr. 74, Anerkennung durch den Papst am 20. 11. 1219: Vendola, Documenti 103, Nr. 112, zur Kastellverwaltung: Richard von S. Germano, ad 1226, ed. Garufi 142f. (Brief Friedrichs), zu Nikolaus' Stellung: MGH Epp. saec. XIII 1, 219, Z. 36–39, Nr. 296, vgl. Kamp, Kirche 1, 698–700, sowie oben Bd. 1, S. 245.

[15] *Coram nostra celsitudine de ipsis recipiet rationem in adventu nostro, qui erit citius*, HB 1, 653 (22.7.1219).

[16] Urkunde des Andreas Lupinus, Graf von Conversano, für Bischof Richer von

Doch die Großen des Regnum Sicilie schickten nicht nur ihre Söhne über die Alpen. Vor allem hohe Geistliche suchten jetzt weit mehr als bis dahin auch selbst die unmittelbare Gegenwart ihres Herrschers. Vom Besuch des Erzbischofs Peregrinus von Brindisi im Frühjahr 1219 war bereits früher die Rede. Als ein Mann mit großen, bei dieser Gelegenheit ausdrücklich anerkannten Verdiensten um die Sache des Königs hoffte er – mit Recht, wie sich zeigte –, die königliche Unterstützung für seine Pläne zum Ausbau seiner erzbischöflichen Stellung zu gewinnen. Zur selben Zeit wie er hielt sich ein weiterer Erzbischof aus Apulien an Friedrichs Hof auf, Tankred von Otranto († 1235/36), der bald zum engeren Beraterkreis des Staufers gehören sollte, und schließlich bemühte sich eben damals eine Delegation der bedeutenden Benediktinerabtei Montevergine (bei Avellino, östlich Neapels) beim König erfolgreich um die Bestätigung der Besitzrechte ihres Klosters.[17] Wenige Monate später, im September, trafen Erzbischof Berard von Messina und Graf Simon von Chieti (südwestlich Pescaras; † 1243) mit Friedrich in Hagenau zusammen, im November kam Bischof Walter von Penne (westlich Pescaras; † 1238) zu ihm nach Nürnberg, im Dezember erschien am Hof zu Augsburg Bischof Richer von Melfi († nach 1232), bereits Familiar des Königs und künftig eine der Hauptstützen seiner sizilischen Herrschaft. Außerdem fand sich Bischof Aldoin von Cefalù vermutlich ebenfalls während der Herbstwochen des Jahres 1219 in Deutschland ein, um dem Monarchen persönlich seine Klagen über Berard von Palermo vorzutragen; allem nach brachte ihm seine Unternehmung wenigstens die Erhebung zum Familiaren ein.[18]

Zweifellos verfolgten die Genannten, wie ähnlich wohl noch eine Reihe anderer Männer von Rang, mit ihrer beschwerlichen Reise nach Norden meist in erster Linie das Ziel, den König zur möglichst zuverlässigen und dauerhaften Garantie ihrer gewohnten Stellung und ihrer alten Privilegien zu bewegen. Die sizilische Führungsschicht sah eine solche Absicherung in jenen Tagen offenbar für dringlicher an als früher; begreiflich genug ange-

---

Melfi, unterschrieben unter anderem neben Andreas selbst (als *domini regis vallectus*) von *Benedictus de Anglona domini regis vallectus*, Mercati, Pergamene 305–307, vgl. ebd. 307–310 die Bestätigungen Friedrichs (Dez. 1219, Dez. 1220, Febr. 1221), zu den beiden Valets siehe Kamp, Kirche 1, 535, 625, zu Andreas auch: Holtzmann, Nardò 67f., vgl. allgemein Kantorowicz, Friedrich 289–293, daneben ebd. Ergänzungsband 273f., Nr. 2f.

[17] Zu Peregrinus siehe oben Bd. 1, S. 233f. mit Anm. 64; zu Tankred: HB 1, 638–643, außerdem Kamp, Kirche 1, 717–719; zu Montevergine: HB 1, 631–633.

[18] Berard und Simon: HB 1, 689, vgl. 699, 764f., dazu Kamp, Kirche 1, 1021 (und 1019); Walter: HB 1, 709–711, vgl. Kamp 43–45; Richer: Mercati, Pergamene 307, vgl. oben Anm. 16 sowie Kamp 489f.; Aldoin: vgl. oben S. 3 mit Anm. 6 sowie Kamp 1057.

sichts der vermehrten Hinweise auf Friedrichs bevorstehenden Aufbruch nach Italien und der dadurch hervorgerufenen Sorge um seine künftigen Absichten im Königreich Sizilien. Diejenigen, die derart beunruhigt zu ihm eilten, erwirkten indessen nicht nur persönliche Zusagen, sondern erfuhren sehr wahrscheinlich auch konkrete Einzelheiten über die für Sizilien insgesamt vorgesehenen Maßnahmen. Denn gewiß nutzte der König die Anwesenheit einflußreicher Persönlichkeiten aus seinem sizilischen Regnum dazu, ihnen seine Pläne für dessen Neuordnung vorzutragen und sie mit ihnen zu besprechen, zumal, wenn es sich bei seinen Besuchern um bewährte Helfer, um Männer seines Vertrauens handelte, denen bei der Durchführung seiner Vorstellungen eine wesentliche Rolle zufallen mußte.

Manches Vorhaben nahm der Staufer im übrigen mit ihrer Unterstützung ganz augenscheinlich bereits von Deutschland aus in Angriff. So verraten uns jüngst erst aufgefundene Urkunden, daß er spätestens zu Beginn des Jahres 1220, an die entsprechenden Bemühungen des Jahres 1209 anknüpfend, ein allgemeines Revokationsmandat für das Königreich Sizilien herausgab. Darin befahl er seinen Beamten, entfremdetes Krongut zurückzufordern und gewisse frühere Bewilligungen zu widerrufen. Zumindest der wohl in Messina residierende, zuweilen kurz und bündig mit dem Titel *secretus* bezeichnete Leiter der Finanzverwaltung von Ostsizilien und Kalabrien, der aus Scala bei Amalfi stammende Matheus de Romania hielt sich strikt an die Weisung seines Herrn: Wie wir hören, zog er unter Berufung auf sie neben anderem Güter des angesehenen Klosters S. Giovanni in Fiore (östlich Cosenzas) für den König ein. Die betroffene Abtei wandte sich daraufhin, um die Rechtsverhältnisse zu klären und Hilfe zu suchen, unmittelbar an Friedrich, und dieser beauftragte in der Tat im Oktober 1220 schon von Bologna aus anstelle des eigentlich zuständigen, jedoch eben an den Hof abgereisten Sekreten Matheus den Erzbischof Lukas von Cosenza sowie die Justitiare und den Kämmerer jener Stadt, für die Rückgabe des umstrittenen Besitzes an das Kloster zu sorgen; im August 1221 war die Angelegenheit seinem Wunsch gemäß geregelt.[19] Gleichzeitig, also ebenfalls im Oktober 1220, bekräftigten zwei königliche Privilegien für S. Giovanni in Fiore, daß dessen Besitz und Stel-

---

[19] Restitutionsurkunde des Erzbischofs Lukas und des Kämmerers Richard vom August 1221: Höflinger – Spiegel, Stauferurkunden 95–98, Nr. 9, dort (95f.) inseriert das königliche Mandat vom 6. 10. 1220, vgl. ebd. 102–104, Nr. 13 (bes. 102 die knappe Zusammenfassung der Vorgänge); der Sekret Matheus ist bis 1228 in seinem Amt nachweisbar, siehe Kamp, Kirche 1, 1240f. mit Anm. 56 und 58, ders., Ascesa 38f., ders., Amalfitani 21–23, ders., Kämmerer 85, 89, Heupel, Finanzverwaltung 483f., Niese, Catania 65 mit Anm. 5.

lung ungeachtet des vorliegenden Revokationsmandates in vollem Umfang gewahrt bleiben sollten. Eine ähnliche Zusicherung mit fast wörtlich wiederholter Garantieformel erwirkte damals die Abtei Fonte Laurato (südwestlich Cosenzas), wie S. Giovanni ein wichtiges Zentrum der Florenser Ordensgemeinschaft.[20]

Die Linie, die Friedrich in Sizilien zu verfolgen gedachte, zeichnete sich demnach für die maßgebenden Kreise des Königreiches seit etwa Anfang 1220 recht deutlich ab. Wer sich darüber nicht vom König selbst oder doch von jemandem, der den Hof aufgesucht hatte, informieren ließ, der konnte unter Umständen in seiner eigenen Umgebung beobachten, wie eifrig und wirksam Beamte oder sonstige Beauftragte den königlichen Willen durchzusetzen begannen. Vielleicht beeindruckt von dieser Entwicklung entschloß sich ein Mann wie Philipp, der Bischof von Troia, seinem von Norden nahenden Herrn im Sommer 1220 bis nach Innsbruck entgegenzuziehen, um seine Gunst und Hilfe noch einigermaßen frühzeitig zu gewinnen, und Abt Stephan von Montecassino fand es immerhin angebracht, bereits in der Mark Ancona zu ihm zu stoßen.[21]

Zusammen mit vielen anderen Großen des Regnums war Stephan dann bei der Kaiserkrönung persönlich anwesend. Friedrich hatte den Hochadel und die hohe Geistlichkeit Siziliens eigens zu dem bedeutsamen Ereignis nach Rom gerufen und den Anlaß benutzt, die Erneuerung der Treueide zu verlangen. Darüber hinaus aber ging es ihm wohl darum, seinen sizilischen Untertanen im Prunk der Krönungsfeierlichkeiten sein Einvernehmen mit dem Papst, den Glanz seines Kaisertums, seine überlegene Autorität und Machtstellung ganz plastisch und unmittelbar vor Augen zu bringen. Diese bemühten sich ihrerseits eifrig um das kaiserliche Wohlwollen; dabei setzten sie besonders auf die Wirkung der kostbaren Präsente, die sie überreichten, darunter viele wertvolle Streitrösser, die der Kaiser allerdings zum Teil gleich an seine in die Heimat zurückkehrenden deutschen Begleiter weiterschenkte. Daß er im übrigen beabsichtigte, seine Revokationspolitik energisch fortzuführen, und selbst ergebene Anhänger damit nicht verschonte, mußte in jenen Tagen beispielsweise Stephan von Mon-

---

[20] Holtzmann, Papsturkunden 2, 12–19, Nr. 2 und 3 (für S. Giovanni; die Passagen über die *revocatio generalis* ... *in regno Sicilie*: 12 bzw. 18); Höflinger – Spiegel, Urkunden 114–117, Nr. 3 (für Fonte Laurato; der Schutz vor der *revocatio*: 114); als Beleg für die Revokation von 1209 bleibt allein Friedrichs Brief vom 14.1.1210, vgl. oben Bd. 1, S. 117 mit Anm. 9.

[21] Philipp in Innsbruck: Scheffer-Boichorst, Urkunden 2, 121–123 (RI V 4, 27f., Nr. 175f.), zu Philipps Schwierigkeiten vgl. Kamp, Kirche 1, 521f.; Stephans Reise *usque in Marchiam*: Richard von S. Germano, ad 1220, ed. Garufi 82. Präsenz der Grafen Simon von Chieti und Thomas von Aquino beim König am 25.10.1220 (nahe Forlì): Acta Imperii 1, 169f., Nr. 190.

tecassino erfahren. Der Abt sah sich nämlich offenbar noch in Rom genötigt, umfangreichen Besitz seines Klosters, Verleihungen Kaiser Heinrichs VI., an dessen Sohn zurückzugeben. Gleichfalls noch auf päpstlichem Boden ergriff der Staufer schließlich allem nach sogar erste gesetzgeberische Maßnahmen für das Regnum Sicilie. Jedenfalls begründete der öffentliche Notar Homodei aus Ravello die Neuausstellung einer älteren Urkunde am 11. Dezember 1220 mit dem ausdrücklichen Hinweis auf jene neue Verfügung, jene *nova constitutio*, mit der der Kaiser die bis dahin in der Gegend von Neapel, Amalfi und Sorrent übliche, schwer lesbare Urkundenschrift verbiete; die entsprechende Vorschrift findet sich, fast wörtlich wie von Homodei zitiert, 1231 in den Konstitutionen von Melfi wieder. Doch auch künftige Konflikte kündigten sich in Rom bereits an: Graf Thomas von Molise aus dem Hause Celano erbat durch seinen dorthin entsandten Sohn vergeblich die kaiserliche Gnade und verschanzte sich nach diesem Mißerfolg, den militärischen Widerstand gegen den Staufer organisierend, auf seinen Burgen zwischen Isernia und Campobasso (östlich Cassinos).[22]

Der Hoftag von Capua

Am 10. oder 11. Dezember 1220 betrat Friedrich sein sizilisches Königreich, am 14. wurde er festlich von Abt Stephan in Montecassino empfangen, vorher oder vielleicht eher danach, auf dem Wege nach Capua, besuchte er die Stadt Sessa Aurunca (westlich Teanos). Auch jetzt bemühte er sich überall wach und, so scheint es fast, mit ständig wachsender Intensität darum, alte Güter und Rechte der Krone unmittelbar in seine Hand zurückzubekommen. So mußte Abt Stephan seiner großzügigen Gastfreundschaft ungeachtet erneut schmerzliche Einbußen hinnehmen und auf weitere dem Kloster einst von Heinrich VI. überlassene Rechte wie die hohe Gerichtsbarkeit verzichten. Roger von Aquila, der Graf von Fondi, übergab die Städte Sessa und Teano und leistete seinem Herrn

---

[22] Ruf der *prelati et magnates regni* nach Rom: MGH Const. 2, 105, Nr. 83, vgl. dazu oben Bd. 1, S. 248 f.; Bericht über ihr Auftreten in Rom (mit Nennung einiger Namen): Richard von S. Germano, ad 1220, ed. Garufi 82 f. (auch über Thomas von Molise, siehe dazu unten S. 61–64), vgl. Chronicon Suessanum, ad 1220, ed. Pelliccia 52, Ignoti cist. S. Mariae Chronica, ad 1220, ed. Gaudenzi 37, über die Geschenke Reineri Annales, ad 1220, MGH SS 16, 678, Conradus de Fabaria, c. 18, ed. Meyer von Knonau 191 f. Zur Constitutio über die Urkundenschrift: Stürner, Konstitutionen 253 f. (zu Konst. I 80) mit Belegen; allein schon ihre Wiederholung 1231 spricht dagegen, sie mit Pitz, Papstreskript 238 f., als ein bloßes „Reskript" aufzufassen, an dessen Durchsetzung der Kaiser keinerlei Interesse hatte.

zudem die erforderliche Hilfe, als es Mitte des folgenden Januars galt, die letzten Widerstände des Kardinals Stephan von S. Adriano, eines Sohnes des Grafen Richard Conti, gegen die Einziehung der wichtigen Grenzgrafschaft Sora (nordöstlich Cepranos) zu brechen.[23]

Das bedeutsamste und folgenreichste Ereignis jener Wochen aber erlebten ohne Zweifel die Teilnehmer des feierlichen allgemeinen Hoftages, den der Kaiser um den 20. Dezember in Capua abhielt. Friedrich verkündigte dort nämlich zwanzig Assisen, also ein Bündel von zwanzig kurzen Gesetzen, die als eine Art Programm die Ziele seines Regiments, seine Vorstellungen von der künftigen Ordnung des Königreiches klar und umfassend beschrieben und die zugleich grundsätzlich vor Augen führten, welch hervorragende Rolle für ihn gleich seinen normannischen Vorgängern die Gesetzgebung bei der Herrschaftsausübung spielte – unter den andersartigen Bedingungen Deutschlands hatte er dies bisher kaum sichtbar machen können. Er mag Sinn und Zweck der Assisen vor ihrer Veröffentlichung zwar noch einmal mit den anwesenden Großen diskutiert haben; im wesentlichen blieben sie dennoch Ausdruck seines Willens und allein durch ihn legitimiert. Das lehrt schon ein Blick auf ihre äußere Form: „Wir befehlen, wir ordnen an, wir wollen, wir verbieten", so beginnen die meisten von ihnen.[24]

Inhaltlich knüpfte die Gesetzgebung an die im Königreich bereits von ihm eingeleiteten Maßnahmen an, er fügte sie jedoch in einen übergreifenden Gesamtzusammenhang.[25] Als eine zentrale königliche Aufgabe er-

[23] Siehe dazu Richard von S. Germano, ad 1220, ed. Garufi 87 f. bzw. 83, ad 1221, 93 (zu Sora), außerdem Chronicon Suessanum, ad 1220, ed. Pelliccia 52; Richard erwähnt Friedrichs Besuch im Dezember in Sessa nicht, er legt dessen direkte Reise von Montecassino nach Capua nahe (bes.: *se recto tramite Capuam conferens*, 83); das Chronicon berichtet vom dreitägigen Besuch in Sessa im Anschluß an den Aufenthalt in Montecassino (bei der offensichtlich falschen Angabe des Ankunftstages: *in die S. Ambrosii*, 7. 12., könnte es sich um eine Verwechslung mit S. Eusebius, 16.12., handeln). – Die Grafschaft Fondi, 1212 an Innozenz III. verpfändet (vgl. oben Bd. 1, S.143), war möglicherweise inzwischen ausgelöst worden, vgl. oben S. 1 f. mit Anm. 3, Kamp, Kirche 1, 76; über die Rechtsgrundlage für die Rücknahme der 1215 der römischen Kirche geschenkten Grafschaft Sora (vgl. Bd. 1, S. 188 f.) wissen wir ebensowenig wie über etwaige Widersprüche der Kirche, vgl. Maccarrone, Studi 209–212, zu Kardinal Stephan Maleczek, Papst 195–201, bes. 197 f., daneben schon Winkelmann, Friedrich 131 mit Anm. 4.

[24] Ihren Text überliefert nur Richard von S. Germano, ad 1220 (ältere Fassung), ed. Garufi 88–93. Der Hoftag von Capua wird nirgends genau datiert; er kann, hielt sich Friedrich tatsächlich unmittelbar vorher drei Tage in Sessa auf (vgl. dazu oben Anm. 23), kaum vor dem 20. 12. stattgefunden haben.

[25] Vgl. Abulafia, Herrscher 146–150, Tramontana, Monarchia 232–235, Van Cleve, Frederick 139–143, Powell, Monarchy 453–472, Kantorowicz, Friedrich 104–112; die

scheint nun zunächst die Wahrung von Frieden und Recht für die Untertanen. Der Herrscher nimmt die Güter, Einkünfte und Rechte der Kirche in seinen Schutz; er untersagt die Fehde, also jede Art der gewaltsamen rechtlichen Selbsthilfe, ferner die Unterstützung oder das Verbergen von Verbrechern, das öffentliche Waffentragen sowie das Auftreten der Burgenbesatzungen außerhalb ihrer Kastelle, von genau definierten Sonderfällen abgesehen. Nur er ernennt in Zukunft die Justitiare, die – eidlich zur zügigen, unparteiischen Prozeßführung verpflichtet – dem einzelnen sein Recht verschaffen sollen; an sie allein und an niemanden sonst darf sich fortan wenden, wer Unrecht fürchtet oder gar erleidet. Die Urteile der Gerichte müssen sich an eben jenen „guten Gewohnheiten aus der Zeit König Wilhelms", des 1189 gestorbenen Wilhelm II., ausrichten, die Friedrich gleich zu Beginn seines kleinen Gesetzbuches als Grundnormen für das Leben im sizilischen Reich überhaupt festlegt und auf die er dann die meisten Einzelbestimmungen noch einmal eigens zurückführt. Auf sie verweist er etwa auch, um vom Zuständigkeitsbereich der Justitiare den der Baiuli abzugrenzen, der ausschließlich von den königlichen Kämmerern einzusetzenden Leiter der unteren Verwaltungsbehörden und Gerichte, die in den Städten an die Stelle der Konsuln, Podestà oder Rektoren zu treten haben. Lediglich bei der Beurteilung der vielfältigen Straßen-, Markt- oder Hafenzölle und der neuen Märkte geht der Staufer von einem etwas späteren Termin aus: Er hebt sie auf, sofern sie nach dem Tod seiner Eltern eingerichtet wurden.

Zum herrscherlichen Bemühen um den Schutz der Untertanen kommt, als Voraussetzung für dessen Effizienz gewissermaßen, die Sorge um die Rückgewinnung und Sicherung der Rechte und Güter der Krone. Wieder beruft sich Friedrich dabei auf die Zeit Wilhelms II.; die damalige Stellung des sizilischen Königtums dient ihm als Maßstab für sein eigenes Planen und Fordern. Das gilt etwa für sein Verhältnis zum hohen Adel. Weder die an die Grafen und Barone ausgegebenen Baronien noch die Leistungen in Form von Geldzahlungen und persönlichen Diensten, die dem König aus diesen großen Lehen von alters her zustehen,[26] dürfen der Krone nach seinem Willen auf irgendeine Weise entzogen oder auch nur, durch eigenmächtige Schenkungen beispielsweise, geschmälert werden. Alle derartigen Entfremdungen sind ungültig; er befiehlt deshalb, sie rückgängig zu machen. Ganz ähnlich ordnet er an, Befestigungen jeder Art, die seit 1189 auf adligem Grund entstanden, seinen Beauftragten anzuzeigen, damit sie zerstört werden können. Im übrigen untersagt er den Kronvasallen die

---

Prägung der Assisen durch Friedrichs Willen zur Neuordnung und seine Möglichkeiten, diese durchzusetzen, verkennt Pitz, Papstreskript 239–244.

[26] Zu den Begriffen Baron und Baronie siehe Jamison, Administration 2, 22–26.

Heirat, ihren Kindern die Übernahme ihres Erbes ohne königliche Zustimmung und droht denjenigen mit dem Entzug ihres Lehens, die sich nicht auf seinen Ruf hin zum altgewohnten Waffendienst zu Pferde bereit halten.

Als besonders einschneidend empfanden viele Bewohner des sizilischen Königreiches indes sicher die Bestimmungen über die Domänen- und Privilegienrevokation.[27] Sie griffen die Vorschriften jenes früheren Mandats auf, das manche Beamte – wie wir wissen – schon recht eifrig befolgten, und ergänzten sie wohl aufgrund der inzwischen gewonnenen Erfahrungen durch präzise Einzelregelungen. Friedrich bekräftigte noch einmal unmißverständlich seine feste Entschlossenheit, das Domanialgut oder *demanium*, also alle einst nicht zu Lehen ausgegebenen, sondern unmittelbar von königlichem Personal verwalteten Städte und Burgen, Dörfer und Höfe, und alle in den Tagen Wilhelms dem König zufließenden Einkünfte so uneingeschränkt und vollständig wie damals in seine direkte Verfügung zurückzuführen. Durch irgendwelche Privilegien wollte er sich dabei nicht hindern lassen. Dementsprechend forderte er seine Untertanen auf, dem Hofe bis zu genau fixierten Terminen im Frühjahr 1221 sämtliche Urkunden vorzulegen, die sie von ihm selbst oder von seinen Eltern erlangt hätten, sei doch gerade mit den Siegeln Heinrichs und Konstanzes nach ihrem Tod von Leuten wie Markward von Annweiler großer Mißbrauch zu seinem, Friedrichs, Schaden getrieben worden. Nicht präsentierte Dokumente verloren ohne weiteres jeden Wert, ihren Besitzern drohte zudem Strafe und kaiserliche Ungnade.[28]

Nur wenige Monate später, im Mai 1221, erließ Friedrich auf einem Hoftag zu Messina noch vier weitere Assisen,[29] die sich indessen recht deutlich von den Capuaner Texten unterschieden. Während er sich dort knapp auf das Wesentliche konzentriert hatte, begründete er seine Edikte nun ausführlich, in zuweilen gehobenem, schon an die Konstitutionen von Melfi erinnerndem Ton. Vor allem aber galt seine Aufmerksamkeit jetzt einem speziellen, in Capua überhaupt nicht zur Sprache gekommenen gesellschaftlichen Problem: Er suchte darauf hinzuwirken, daß seine Unter-

---

[27] Dazu grundlegend Scheffer-Boichorst, Gesetz 132–151.

[28] Ein vielleicht ebenfalls in Capua, sicher aber vor 1228 publiziertes Gesetz verpflichtete Templer und Johanniter, von Untertanen des Königreiches ohne königliche Zustimmung erlangte Güter nach einem Jahr wieder an solche Untertanen zu veräußern; es wiederholte entsprechende Bestimmungen der Könige Roger und Wilhelm und begegnet in verschärfter Form als Novelle Friedrichs (Konst. III 29, ed. Stürner 396 f.), vgl. dazu Stürner, Konstitutionen 84 mit Anm. 343.

[29] Text: Richard von S. Germano, ad 1221 (ältere Fassung), ed. Garufi 94–97; vgl. dazu Abulafia, Herrscher 150 f., Van Cleve, Frederick 144 f., Kantorowicz, Friedrich 113 f.

tanen ein Leben nach den Geboten der christlichen Religion führten und vor Einflüssen, die dieses Ideal gefährdeten, bewahrt blieben. In dieser Absicht belegte er die Lästerung Gottes, Marias und der Heiligen, zu der nach seinen Worten vor anderen die Würfelspieler zumal beim Verlust großer Geldsummen neigten, mit drastischen Strafen, die sich mit absteigender sozialer Stellung der Delinquenten bis hin zum Abschneiden der Zunge verschärften; die Priester schloß er unter Hinweis auf entsprechende kirchenrechtliche Satzungen und die besondere priesterliche Verpflichtung zu vorbildlichem Verhalten ausdrücklich in seine Verfügung ein. Weiter befahl er allen Juden unter Androhung der Güterkonfiskation, sich durch Barttracht und ein himmelblaues Übergewand den Christen gegenüber zu kennzeichnen; die jüdischen Frauen hatten statt dessen ein himmelblaues Band auf ihrer Kleidung oder am Kopf anzubringen. Über vergleichbare Auflagen für die Sarazenen schwieg sich der Gesetzgeber aus, wohl mit Blick auf den gerade erst beginnenden Kampf gegen sie. Dagegen wies er, gleichfalls um die schädliche und ansteckende Wirkung des schlechten Beispiels einzudämmen, die Dirnen an, ihre Wohnungen in den Städten aufzugeben, in der Öffentlichkeit stets Mäntel einer ganz bestimmten Form zu tragen und öffentliche Bäder – von einem einzigen Wochentag, dem Mittwoch, abgesehen – zu meiden. Endlich sollte nach seinem Willen straffrei ausgehen, wer Spielleute ihrer Spottlieder wegen angriff.

Gewiß glaubte Friedrich, wie es die Assisen von Messina nahelegen, als von Gott gesetzter Herrscher dafür verantwortlich zu sein, daß christliche Vorstellungen und Normen das ihm anvertraute Gemeinwesen erfüllten und prägten und daß denjenigen, die ihres Verhaltens oder ihrer Religionszugehörigkeit wegen im Widerspruch zur bestimmenden christlichen Ordnung standen, dort keine Daseinsberechtigung oder allenfalls eine klar begrenzte und kontrollierte Existenz am Rande eingeräumt war. Dieselbe Überzeugung leitete ihn noch bei der Abfassung des Gesetzbuches von Melfi – sie erklärt die Behandlung etwa der Ketzer, der Gotteslästerer, der Juden und Sarazenen in jenem Werk.[30] Dennoch erinnert im Corpus von 1231 lediglich die kurze Konstitution, die für Blasphemie die Strafe des Zungenabschneidens vorsieht, an die Messineser Assisen. Alles, was diese sonst dekretierten, fand zehn Jahre später keinerlei Berücksichtigung mehr, auch nicht ihre Kleidervorschriften für Juden und Dirnen. Umgekehrt nahmen die zu Messina publizierten Regelungen ihrerseits mehrfach entsprechende Vorgaben des Kirchenrechts auf; gerade die For-

---

[30] Vgl. Konst. I 1–3, ed. Stürner 148–153 (Ketzer), Konst. III 91, 450f. (Gotteslästerer), Konst. I 28, 182 (halbe Strafsumme bei Mord an Juden oder Sarazenen im Vergleich mit Mord an Christen), dazu unten S. 198 mit Anm. 68f.

derung nach einer Kennzeichnungspflicht für Juden beispielsweise erhob wenige Jahre zuvor bereits ein Kanon des Vierten Laterankonzils.[31] So scheint die Vermutung angebracht, die Gesetze vom Mai 1221 verdankten ihre Veröffentlichung und ihre charakteristischen Schwerpunkte in erster Linie dem damaligen Zustand des päpstlich-kaiserlichen Verhältnisses, sie seien vor allem als ein Versuch Friedrichs zu werten, Kirche und Papst in Reaktion auf des Honorius Kritik am Capuaner Revokationsprogramm[32] vom eigenen Glaubenseifer und Engagement zugunsten kirchlicher Belange zu überzeugen. Solches Bemühen konnte im übrigen auch angesichts der immer wahrscheinlicher werdenden erneuten Verzögerung des kaiserlichen Kreuzzugsaufbruchs[33] nicht schaden.

Tiefgreifende Veränderungen in der Gesellschaftsordnung des Regnum Sicilie bewirkten jedenfalls allein die Assisen von Capua. Mit ihnen, durch ihre Form wie durch ihren Inhalt, machte Friedrich unmißverständlich klar, daß er das Königtum, wie es sich bis 1189 entfaltet hatte, in vollem Umfang, mit allen seinen Machtmitteln wie mit seinen Verpflichtungen, als das ihm zustehende Erbe betrachtete, das zurückzugewinnen er entschlossen war. Er übernahm damit die Ziele für sein künftiges politisches Handeln aus dem vergangenen Jahrhundert, wählte also einen grundsätzlich konservativen Ansatz. Andererseits kam jenen Zügen des normannisch-sizilischen Staatswesens, die er in seinen Capuaner Gesetzen mit sicherem Gespür als wesentlich, als maßgebend für sein eigenes Tun hervorhob, auch zu seiner Zeit zweifellos hohe Bedeutung und Aktualität zu. Ein Königtum, das über umfangreiche Krongüter und über alle Herrschaftsrechte von Belang unmittelbar verfügen und sich bei deren Verwaltung auf ein zuverlässiges, weisungsgebundenes Personal stützen konnte, das dem Selbständigkeitsdrang des Adels durch ein straffes Lehnsrecht enge Grenzen zog und letztlich in eigener Verantwortung die Rechts- und Friedensordnung des Reiches prägte: dieses Ideal sollte selbst nach des Staufers Tod noch lange seine faszinierende Wirkung auf die Monarchen Europas ausüben.

[31] C. 68, Conciliorum decreta 266; andere dort, c. 67–70, 265–267, den Herrschern nahegelegte Maßnahmen gegen die Juden erwähnt Friedrich nicht, über die unter Umständen für die jüdische Bevölkerung nicht gar zu einschneidenden Folgen seiner Kleiderordnung siehe Abulafia, Herrscher 150; vgl. noch 4. Laterankonzil, c. 16, 243 (Verbot des Würfelspiels, des Besuchs von Gaststätten und von Darbietungen der Spielleute für Geistliche).
[32] Siehe dazu MGH Const. 2, 547f., Nr. 417 (Friedrichs Antwort vom 3. 3. 1221 auf die päpstlichen Unmutsäußerungen), sowie unten S. 21 mit Anm. 48.
[33] Vgl. den Brief des Honorius vom 13. 6. 1221 über diesbezügliche Gerüchte: MGH Epp. saec. XIII 1, 122, Nr. 175, außerdem ebd. 122–124, Nr. 176f. (vom 20. 6. 1221).

Der Hoftag von Capua 15

Das Todesjahr Wilhelms II. konnte als Anknüpfungspunkt für das kaiserliche Vorgehen in Sizilien an sich durchaus einleuchten. In der Tat war dem Königtum während der nach 1189 ausbrechenden Wirren und Kämpfe, wie Friedrich im Gesetzestext und dann etwas ausführlicher in seinem erklärenden Schreiben an den Papst[34] darlegte, vieles unrechtmäßig entzogen worden, häufig wohl unter Mißbrauch oder Fälschung der herrscherlichen Siegel. Indessen gedachte der Kaiser offenbar keineswegs, sich mit dem Aufdecken und Rückgängigmachen derartiger Fälle zu begnügen. Bereits sein Vater, so bemerkte er in seinem Papstbrief, habe den künftigen Widerruf vieler seiner Schenkungen geplant, und er selbst hielt in seinem Capuaner Edikt über die Domänenrevokation zumindest für die Einkünfte der Krone ausdrücklich fest, daß bei ihrer Rückforderung die nach 1189 darüber ausgestellten Urkunden ausnahmslos keine Rolle spielten. Solche Privilegien hatten für ihn allem nach ungeachtet der Frage ihrer Echtheit schon kein Gewicht, als er die Abtei Montecassino zur Rückgabe der Verleihungen Heinrichs VI. nötigte.

Friedrich ging somit wie Heinrich und nach seiner Überzeugung teilweise als später Vollstrecker des väterlichen Willens davon aus, daß der Herrscher grundsätzlich befugt sei, seine Privilegien jederzeit wieder zurückzunehmen. Das aber bedeutete für diejenigen, die ihren Besitz und ihre Rechte zu einem wesentlichen Teil derartigen Verfügungen verdankten, also für die Großen seines Reiches, daß sie ihrer führenden Position in Zukunft niemals wirklich sicher sein konnten, vielmehr ständig an ihre tiefe Abhängigkeit vom Wohlwollen des Herrschers erinnert wurden und dessen Verlust fürchten mußten. Um eben diesen Sachverhalt ganz unzweideutig herauszustellen, befahl der Kaiser folgerichtig, in seine nach dem Capuaner Hoftag ausgefertigten Privilegien regelmäßig jene bereits in Heinrichs Urkunden begegnende Klausel einzurücken, die die Geltung der betreffenden Dokumente dem Vorbehalt seiner künftigen Verfügungen unterwarf.[35]

Sicher steht die Wiedereinführung der allgemeinen Widerrufsklausel in engstem Zusammenhang mit der Güter- und Privilegienrevokation und

[34] MGH Const. 2, 547f., vgl. oben Anm. 32.

[35] *Illa clausola, quam generaliter iussimus universis privilegiis regni nostri apponi, scilicet „salvo mandato et ordinatione nostra"*, Urkunde Friedrichs für das Kloster Fonte Laurato, Dezember 1222, Höflinger – Spiegel, Urkunden 122, Nr. 7, vgl. schon Acta Imperii 1, 221, Nr. 239 (Juni 1222, für das Kloster Casanova). – Zum Widerrufsvorbehalt bei Friedrich II. siehe bes. Baaken, Salvo mandato 22–27 (zu Heinrich VI. ebd. 16–22, vgl. oben Bd. 1, S. 63), vgl. ders., Widerrufsvorbehalt 47–51, sowie schon Scheffer-Boichorst, Gesetz 252f., Winkelmann, Friedrich 133, 530; grundsätzlich zur Entwicklung des Vorbehalts, ohne Berücksichtigung der sizilischen Verhältnisse: Krause, Dauer, bes. 228–239, 244f.

mit der Capuaner und Messineser Gesetzgebung überhaupt. Alle diese Maßnahmen dokumentieren gleicherweise den Anspruch des Staufers, so wie die normannischen Könige und anknüpfend an das von ihnen Geleistete die Ordnung des sizilschen Königreiches unabhängig, im wesentlichen den eigenen Vorstellungen gemäß zu gestalten. Vermutlich fühlte er sich damals wie einst Heinrich VI. zur Machtausübung in eben den Formen, die seine normannischen Vorgänger in bloßer Nachahmung der Kaiser entwickelt hatten, als ihr kaiserlicher Erbe gewissermaßen doppelt legitimiert. Jedenfalls orientierte er sich bei der praktischen Umsetzung seiner Herrschaftskonzeption außerordentlich stark an der Tradition des normannischen Regnum Sicilie. An sie hielt er sich mit seinem Gesetzgebungs- und Revokationsvorhaben;[36] sie beeinflußte ihn aber wohl auch – und sei es indirekt über das Vorbild seines Vaters – beim Rückgriff auf den Widerrufsvorbehalt. Auch er findet sich nämlich, sprachlich fast in der späteren Form und inhaltlich seiner künftigen Bedeutung zumindest nahe, bereits in Privilegien aus der Zeit Wilhelms II.[37] Ganz entsprechend befahl Friedrich seine Einfügung ausdrücklich allein für Urkunden des sizilischen Regnums und hielt sich, von ganz vereinzelten Ausnahmen abgesehen, konsequent an diese territoriale Beschränkung.[38]

---

[36] Siehe dazu oben Bd. 1, S. 23–25 (zu Roger II., vgl. ebd. 63, 117), zur Gesetzgebung Rogers II. und Wilhelms II. auch Stürner, Konstitutionen 69–77.

[37] *Salva in omnibus fidelitate, praecepto et ordinatione nostra et heredum nostrorum* (Juni 1172, Salerno), in: Chronicon Casauriense, ed. L. A. Muratori, Rerum italicarum scriptores 2,2 (Mailand 1726) 1015, vgl. 1017 E (1161), siehe dazu schon Niese, Gesetzgebung 159, vgl. Enzensberger, Documento 129, sowie Kölzer, Urkunden 44f. (bes. zum Gebrauch bei Konstanze, auch nach dem Tod Heinrichs VI.), ebd. Addenda (202); auf das direkte Vorbild des Papsttums und eine neue Sicht des Kaisertums führt Baaken, Salvo mandato 21f., 23f., ders., Widerrufsvorbehalt 49, das Auftauchen des Vorbehalts bei Heinrich und Friedrich zurück. Basis für die dem Vorbehalt zugrundeliegende Herrschaftsauffassung ist letztlich zweifellos das römische Recht, etwa Cod. 1, 14, 12.

[38] Zur Beschränkung auf das Regnum vgl. das Zitat oben Anm. 35, Ausnahmen: RI V, Nr. 1278 (Januar 1221), Acta Imperii 1, 258, Nr. 283 (Juni 1226). Verwendung schon vor der Kaiserkrönung: HB 1, 652 (Juli 1219), Friedrich übernimmt dabei mit weiten Teilen des Kontexts auch den Vorbehalt aus der Vorurkunde Heinrichs VI., RI IV 3, Nr. 601 (Hennes, Urkundenbuch 1, 3, Nr. 2); dies geschah wohl bewußt: Cod. dipl. Barese 10, 83 f., Nr. 59 (Juli 1215 = HB 1, 410 f.; vgl. Cod. dipl. Barese 10, 69 f., Nr. 47, Oktober 1205, und HB 1, 919, 17. 2. 1217) läßt den Vorbehalt der Vorurkunde, RI IV 3, Nr. 593 (Hennes 1,1, Nr. 1) weg.

Die Verwirklichung der Capuaner Beschlüsse:
Privilegienrevokation und Widerrufsvorbehalt

Das Capuaner Edikt über die Privilegienrevokation sah feste Vollzugstermine vor und zwang damit die Betroffenen zur Eile. Nun wissen wir freilich nicht, wie viele von ihnen ihre einschlägigen Urkunden in sicherer Erwartung einer Zurückweisung erst gar nicht einreichten, oder wie vielen die erwünschte Bestätigung der vorgelegten Dokumente verweigert wurde. Wir dürfen aber wohl vermuten, daß sich die Krone auf derartige Vorgänge berufen konnte, wenn sie Leistungen ihrer Untertanen, etwa zugunsten der königlichen Flotte, auf die sie nach 1189 verzichtet hatte, nach 1220 wieder in vollem Umfang beanspruchte.[39] Andererseits erlangten zahlreiche Große vom Hof tatsächlich die erneute Anerkennung ihrer seit 1189 erworbenen Privilegien. Sofort nach dem Tag von Capua, im Januar 1221, setzt die dichte Folge der uns erhaltenen Schriftstücke entsprechenden Inhalts ein, und erst nach der Jahresmitte ebbt ihre Zahl merklich ab; einzelne stammen aber sogar noch aus viel späterer Zeit.[40] Als ihre Empfänger erscheinen Adlige wie der Ritter Rao d'Accia aus Capua oder die Bürger Palermos und Ebolis,[41] meist jedoch Bischöfe und Äbte. Friedrichs Weisung gemäß enthielten die neu ausgestellten Urkunden nun allerdings für gewöhnlich die Formel *salvo mandato et ordinatione nostra*, sie galten also nur, solange keine gegenteilige herrscherliche Anordnung erging. Lediglich in besonderen Fällen, vorwiegend Klöstern gegenüber, verzichtete der Kaiser von sich aus auf diesen Vorbehalt – aus gnädigem Wohlwollen, wie er bei Gelegenheit ausdrücklich betonte.[42]

---

[39] Siehe die Beispiele bei Scheffer-Boichorst, Gesetz 136–139.

[40] Siehe etwa HB 2, 203 (September 1221), 313–315 (Februar 1223), 342–345 (März 1223), Scheffer-Boichorst, Urkunden 2, 96 (Dezember 1225 = RI V 4, 42, Nr. 278), zu den bei Scheffer-Boichorst, Gesetz 251 Anm. 15 (= 252) angeführten, noch wesentlich später datierten Bestätigungen vgl. RI V 4, 45, Nr. 303 (August 1229), 51, Nr. 343 (Oktober 1233), 62, Nr. 420 (Mai 1241).

[41] Scheffer-Boichorst, Staufische Urkunden 379 (Januar 1221, für Rao d'Accia); Acta Imperii 1, 197, Nr. 215 (Februar 1221, für Eboli); HB 2, 203 (September 1221, für Palermo).

[42] *De gratia nostre plenitudine, quam pluribus iam monasteriis fecimus de clausula supradicta*, Acta Imperii 2, 17, Nr. 16 (Juli 1223), vgl. HB 2, 199 (dazu RI V, Nr. 1350); die Klausel fehlt etwa Acta Imperii 1, 191–194, Nr. 213 (Februar 1221, für Kloster S. Maria del Monte Drogo, nordwestlich Benevents), ebd. 194–197, Nr. 214 (Februar 1221, für Kloster S. Sophia in Benevent, vgl. aber ebd. 233–235, Nr. 257, dazu Kamp, Kirche 1, 535 mit Anm. 45), ebd. 1, 221 f., Nr. 239 (Juni 1222, für Kloster Casanova), ebd. 202–204, Nr. 219 f., HB 2, 163–166 (alle April 1221, für den Deutschen Orden), Acta Imperii 1, 197 (wie Anm. 41; bestätigt die Zugehörigkeit Ebolis zum Demanium).

Welche Tragweite man dem kaiserlichen Revokationsverfahren in den führenden Kreisen des sizilischen Reiches zumaß, welche Sorgen und Beschwernisse es für den einzelnen mit sich bringen konnte und welche Mühen man teilweise auf sich nahm, um sich ihm gegenüber möglichst umfassend abzusichern, das lehrt recht eindrücklich das Beispiel des Abtes und Konvents von S. Giovanni in Fiore. Ihr Kloster litt zur Zeit des Capuaner Hoftages noch unter den Folgen der in Kalabrien bereits früher angeordneten Revokation, und sie gehörten wohl deshalb zu den ersten, waren vielleicht überhaupt die ersten, die sich gegen die nun von seiten der königlichen Verwaltung drohende neue Unbill zu schützen suchten.

Tatsächlich kamen sie mit ihren Absichten auch erstaunlich rasch und vollständig zum Ziel: Bereits am 26. 12. 1220 nämlich nahm der Kaiser ihr Kloster seiner besonderen Stellung wegen von allen zu Capua beschlossenen Maßnahmen aus und verbot allen geistlichen und weltlichen Machthabern in Kalabrien, S. Giovanni oder seine Tochterklöster unter Berufung auf die Ungültigkeit der von ihm oder seinen Eltern stammenden Schenkungen zu behelligen. Dem durch schlechte Erfahrungen offenbar mißtrauisch gewordenen Abt Matthaeus genügte dieser Erfolg jedoch nicht; er begab sich vielmehr im März 1221 persönlich an den Hof nach Brindisi, um zwei Privilegien der Eltern Friedrichs eigens bestätigen zu lassen, und kurz darauf, im Juli 1221, erwirkte er die zusätzliche Erneuerung der beiden erst im Oktober 1220 von diesem selbst ausgestellten Urkunden. Friedrich reagierte auf solchen Eifer mit wohlwollendem Spott: Matthaeus handle zwar gewiß im Vertrauen auf die Echtheit seiner Dokumente und die kaiserliche Gnade, treffe aber doch fast überreichliche Vorsorge hinsichtlich des Capuaner Edikts, das für sein Kloster aufgrund der speziellen kaiserlichen Verfügung ja ohnehin keine Geltung habe – so bemerkte er, als er die Wünsche des Abtes erfüllte. Die niedere Gerichtsbarkeit, die er dem Kloster damals als weiteres Zeichen seines Wohlwollens gewährte, stellte er freilich unter den Widerrufsvorbehalt. Im übrigen erkannte er grundsätzlich durchaus an, daß den Abt von S. Giovanni in Fiore handfeste Schwierigkeiten zu seinen Bittgängen trieben. In einem Mandat, das gleichzeitig an die Justitiare und Kämmerer Kalabriens hinausging, wiederholte er dessen Klagen über die Großen jener Region, Bischöfe wie Äbte, Burgherren wie Stadtbürger, die offen die dem Kloster gewährten königlichen und kaiserlichen Privilegien mißachteten, ihm die dort bewilligten Rechte und Freiheiten streitig machten und gewaltsam in seinen Besitz eindrangen; umgehend sollte nach seinem Befehl dieser Mißstand beseitigt, die Geltung jener Urkunden durchgesetzt werden. Trotz seiner ersten pauschalen Weisung vom Dezember hatten die Mächtigen Kalabriens also versucht, aus den Capuaner Beschlüssen auf Kosten von S. Giovanni für sich selbst Vorteile zu ziehen, und man versteht des Matthaeus Bestreben, mittels ganz konkreter Zusagen neuesten Datums alle rechtlichen Unsicherheiten zu beseitigen.[43] Andere Klöster des Königreichs standen vielfach vor ähnlichen Problemen und machten ähnliche Anstrengungen, ihrer Herr zu werden. Abt und Mönche von Montevergine etwa erlangten, offenbar in mehreren Schritten und teilweise mit Widerrufsvorbehalt, schließlich zwar die kaiserliche Bestätigung jener Privilegien, die unter das Gesetz von Capua fielen. Dennoch gerieten sie bald in heftige Bedrängnis: Adlige zogen mit dem Hinweis auf die zu Capua befohlene ungeschmälerte Wiederherstellung der Lehen nach Gutdünken Güter wieder an sich, die sie einst dem Kloster verkauft oder geschenkt hatten, und die Kämmerer und Baiuli der königlichen Verwaltung benutzten die nun da und dort in den Urkunden Montevergines auftauchende *salvo mandato*-Formel als rechtliche Basis für schwere Eingriffe in das Klostervermögen. Verzweifelt wandten sich die Mönche deshalb erneut mehrfach an den Kaiser und bewegten ihn immerhin dazu, den Baronen die Rücknahme von Lehnsgütern nur unter der Bedingung zu gestatten, daß sie ihrerseits das Kloster für seinen Verlust angemessen finanziell entschädigten. Vor allem aber gab Friedrich Montevergine gegenüber die Anwendung der Widerrufsformel vollständig auf; nachdem er zuvor bereits in Privilegien für das Kloster besonders vermerkt hatte, er lasse den Vorbehalt bewußt und aus gütiger Zuneigung weg, verfügte er jetzt ausdrücklich, die *salvo mandato*-Formel solle Montevergine nicht schaden, folglich auch in jenen Urkunden, wo sie noch stehe, keinerlei Bedeutung besitzen.[44]

---

[43] Vgl. RI V, Nr. 1304 (= 14674; März 1221) und dazu RI V 4, 184; Holtzmann, Papsturkunden 2, 20f., Nr. 4 (Juni 1221; bestätigt ebd. 12–19, Nr. 2f.); dazu die das bekannte Material aufs beste ergänzenden Neufunde: Höflinger – Spiegel, Stauferurkunden 98f., Nr. 10 (26.12.1220; pauschale Exemtion), 99–101, Nr. 11 (13.6.1221, Befehl an die Beamten Kalabriens; vgl. die neuerliche Weisung vom 18.8.1222: Acta Imperii 1, 223, Nr. 241), vgl. Höflinger – Spiegel 111, Nr. 16, die im Dezember 1250 bestätigte Zollbefreiungsurkunde für S. Giovanni vom 24.7.1221 (ausgestellt in Caltagirone), die den Widerrufsvorbehalt enthält, während die Urkunde gleichen Inhalts vom 7.9.1222, ebd. 101f., Nr. 12, ihn wegläßt; zur 1220 bereits laufenden Revokation siehe oben S. 7 mit Anm. 19f., zu Abt Matthaeus (1202–1234), dem Nachfolger Joachims von Fiore, Kamp, Kirche 1, 902–904.

[44] HB 2, 436 (Mai 1221) und 205f. (Oktober 1221; je mit *salvo*-Formel); HB 2, 280f. (18.12.1222; Privilegienbestätigung, Schutz vor Lehnsentzug); HB 2, 304f. und 313–315 (Februar 1223; Privilegienbestätigung je mit ausdrücklichem Verzicht auf die *salvo*-Formel; Echtheit von HB 2, 313 bestritten von Baaken, Widerrufsvorbehalt 73); Acta Imperii 2, 17, Nr. 16 (Juli 1223; Wirkungslosigkeit einer vorhandenen *salvo*-Formel); vgl. noch HB 2, 435–438 (Juni 1224), außerdem HB 2, 404–409 (Februar 1224; zur Problematik der Echtheit: RI V, Nr. 1515, Niese, Gesetzgebung 122 Anm. 5, Stürner, Konstitutionen 84 mit Anm. 343, Baaken 73–75; das Regest bei

Gerade der für Montevergine so unangenehme Widerrufsvorbehalt scheint auch sonst des öfteren Anlaß zu Übergriffen von Amtsträgern, zu empörten Klagen der Betroffenen und zu Bittgängen an den Hof gewesen zu sein. Unter den derart Hilfesuchenden treffen wir sogar einen Mann wie Johannes, den Abt des angesehenen und reichen Klosters Casamari und seit Frühjahr 1222 zudem in der Vertrauensstellung des kaiserlichen Siegelbewahrers. Selbst er war genötigt und andererseits angesichts der Bedeutung der Sache durchaus bereit, sich im Juli 1222 an den Kaiser zu wenden mit dem dringenden Anliegen, dieser möge die lästige *salvo mandato*-Formel in der ein Jahr zuvor für Casamari ausgestellten Privilegienbestätigung streichen. Tatsächlich erfüllte Friedrich seinen Wunsch. Er ließ den beanstandeten Urkundentext Wort für Wort, aber ohne die störende Formel, in ein neues, den Vorgang dokumentierendes Privileg einfügen und begründete dort sein Entgegenkommen eigens mit den besonderen Verdiensten des Johannes.[45] Dessen Unterstützung verdankte es ein halbes Jahr später der Abt von S. Maria di Arabona (südwestlich Chietis) zu einem guten Teil, wenn nun seinem Drängen auf Tilgung der bedenklichen Formel aus der Bestätigungsurkunde seines Klosters gleichfalls, und wieder mit genauer Erklärung der Umstände, nachgegeben wurde. Einen ähnlichen Erfolg hatte das Kloster Fonte Laurato indes ohne des Johannes Eingreifen schon kurz vorher errungen.[46]

Aus Furcht vor den schwer absehbaren Folgen des kaiserlichen Revokationsprogramms gingen nicht wenige unter den Großen Siziliens noch weiter, als in Capua befohlen, und ersuchten sicherheitshalber auch um die Bestätigung ihrer Privilegien aus der normannischen Königszeit. Für gewöhnlich wurde sie wohl anstandslos gewährt, sollten doch die Verhältnisse vor 1189 die unverrückbare Grundlage der geplanten Neuordnung bilden, wie Friedrich wieder und wieder bekräftigte.[47] Die Freiheit, die er bei

Mauri Mori, Real Casa 36–38, basiert auf einer notariellen Kopie, nicht auf dem Original, wie RI V 4, 39, Nr. 259, und ebd. 192, BF 1515, angegeben), HB 2, 197–199 (zur Echtheit: RI V, Nr. 1350; nach Baaken 72 Fälschung).

[45] HB 2, 259f., die ursprüngliche Urkunde: HB 2, 117f. (Februar 1221), vgl. RI V 4, 36, Nr. 235 (Juli 1222, ohne *salvo*-Formel, dazu ebd. 185, BF 1333) und Acta Imperii 1, 222f., Nr. 240 (3. 8. 1222; ohne *salvo*-Formel; vgl. Baaken, Salvo mandato 29f., zu Johannes als Siegelbewahrer auch Schaller, Kanzlei 1, 236f., Heupel, Großhof 47–49, sowie Kamp, Kirche 1, 241f.

[46] S. Maria: Scheffer-Boichorst, Urkunden 2, 75–77 (Januar 1223); Fonte Laurato: Höflinger – Spiegel, Urkunden 122, Nr. 7 (Dezember 1222), vgl. ebd. 119–121, Nr. 5f. (März 1221 bzw. 6. 12. 1222). Vgl. die Klage über das *magnum damnum ecclesiarum* durch Friedrichs Revokationen: Ignoti cist. S. Mariae Chronica, ad 1220, ed. Gaudenzi 37.

[47] Zur Bestätigung von Urkunden aus der Zeit vor 1189 vgl. etwa Acta Imperii 1,

Die Verwirklichung der Capuaner Beschlüsse 21

der Beurteilung der späteren Entwicklung beanspruchte, gab freilich selbst dem Papst zu denken.

Honorius III. mußte sich in der Tat fragen, was jene Zusagen noch wert waren, die der Staufer vor seiner Kaiserkrönung der Kirche hinsichtlich des Regnum Sicilie gemacht hatte. Seine Unruhe blieb dem Kaiser keineswegs verborgen, sie veranlaßte ihn vielmehr im März 1221 zu dem uns bekannten Brief über die Hintergründe der Capuaner Privilegienrevokation – offenbar bereits seinem zweiten in der Angelegenheit. Als Beweis für seine gänzlich unveränderte Haltung Papst und Kirche gegenüber führte er dort am Ende die schon seit Anfang des Jahres in Rom vorliegenden Bestätigungen der einschlägigen Privilegien ins Feld.[48] Gerade die Art und Weise dieses Bestätigungsaktes war indessen wohl nicht unbedingt geeignet gewesen, die päpstlichen Sorgen zu zerstreuen. Friedrich hatte den Text seines Hagenauer Eides vom September 1219, seines Schutzversprechens für den Territorialbesitz und die Rechte der römischen Kirche also, zwar wörtlich in eine neue, den Inhalt bekräftigende Urkunde inseriert, dabei jedoch den Satz gestrichen, der ihn zur Verteidigung des Regnum Sicilie für die römische Kirche verpflichtete, und es im übrigen offenbar unterlassen, seinen Schwur, wie am Schluß des Dokuments vorgesehen, nach der Kaiserkrönung zu wiederholen. Seine unmittelbar vor der Krönung in St. Peter abgegebene Erklärung über das vom Imperium unabhängige, ihm allein kraft Erbrechts zustehende sizilische Königreich aber erneuerte er nach dem Capuaner Hoftag lediglich in gekürzter Form; er tilgte jene Passagen, die das Eigentumsrecht der römischen Kirche am Regnum anerkannten, ebenso wie die Zusicherung, er werde das Königreich ausschließlich mit sizilischen Beamten verwalten und für sizilische Angelegenheiten ein besonderes Siegel benutzen.[49]

Man darf diese Veränderungen gewiß nicht überbewerten. Trotz ihrer

206 f., Nr. 223 (die Verleihung von Grafschaften betreffend), ebd. 215–218, Nr. 233–235, ebd. 219 f., Nr. 237, ebd. 224 f., Nr. 244, HB 2, 119–122 (vgl. jedoch HB 2, 196 f., mit *salvo mandato*-Formel); Verpflichtung der Beamten auf die Zeit Wilhelms II. z. B. Scheffer-Boichorst, Urkunden 2, 104 f., HB 2, 239 f., Höflinger – Spiegel, Urkunden 120 f., Nr. 6, vgl. Scheffer-Boichorst, Gesetz 261.

[48] MGH Const. 2, 547 f., Nr. 417 (3. 3. 1221), vgl. oben S. 14 mit Anm. 32, S. 15 mit Anm. 34.

[49] MGH Const. 2, 113 f., Nr. 90 (Januar 1221), Bekräftigung des Hagenauer Eids (MGH Const. 2, 79 f., Nr. 66; vgl. oben Bd. 1, S. 244 f.); MGH Const. 2, 110 f., Nr. 87 (Ende Dezember 1220), Erneuerung der November-Erklärung (MGH Const. 2, 105, Nr. 84; vgl. oben Bd. 1, S. 249); vgl. Baaken, Ius imperii 253–259, mit der unzutreffenden Behauptung, Friedrich habe „die seinerzeit zugesagte Leistung von iuramentum fidelitatis und hominium nach der Kaiserkrönung" verweigert (258, vgl. 50); sie wurde nie gefordert (so richtig ebd. 193 f.).

verwandte Friedrich zeit seines Lebens für Regnum und Imperium verschiedene Siegel,[50] bediente er sich im Regnum tatsächlich weitgehend sizilischen Personals, und nach wie vor blieben die grundsätzliche Lehensbindung und die daraus resultierende Zinspflicht des sizilischen Königs dem Papst gegenüber unumstritten. Zweifellos aber suchte der Staufer durch seine Eingriffe die Erinnerung an die ihm von Rom zusätzlich abgerungenen konkreten Einschränkungen seiner Herrscherbefugnis im Regnum und insbesondere an die päpstlichen Eigentumsansprüche auf dieses Regnum möglichst zu vermeiden. Auch in seinem Verhalten zum Papsttum bestimmte ihn demnach offenkundig das Bestreben, seinen Capuaner Maximen gemäß die selbständige Position seiner normannischen Vorgänger wiederzugewinnen. Die empfindliche Reaktion des Honorius zeigt, mit welcher Wachsamkeit er schon die ersten Ansätze dieser Politik registrierte. Er war sich dessen wohl bewußt, daß sie, konsequent verfolgt, über kurz oder lang auf die Rückforderung jener Vorrechte hinauszulaufen drohte, die einst die normannischen Könige in der Kirche ihres Reiches ausgeübt hatten.

Während Friedrich in der Praxis der Jahre nach 1220 die Rechtspositionen im allgemeinen respektierte, die seine Untertanen bis 1189 erworben hatten, handhabte er die Anerkennung von Privilegien aus späterer Zeit offenkundig recht beweglich, mit Rücksicht auf die im Einzelfall ins Spiel kommenden Personen und Interessen. Einer Stadt wie Palermo erneuerte er durchaus die im Jahr 1200 von ihm ausgestellte Zollbefreiungsurkunde,[51] und insbesondere den bedeutenden, angesehenen Klöstern seines Reiches trat er ausgesprochen großzügig gegenüber, wohl doch aus echter Hochschätzung ihrer ehrwürdigen Tradition und des verdienstvollen Wirkens der in ihnen Lebenden.[52] Alles in allem führten seine Maßnahmen sicherlich keine grundsätzliche Veränderung der Gesellschaft des sizilischen Königreiches herbei, im Sinne einer völligen Ausschaltung etwa des Adels oder gar der Kirche. Zweifellos aber stärkten sie das Gewicht des Königtums relativ schnell ganz entscheidend. So energisch der Staufer sofort beim Betreten des Regnums im Grenzgebiet begonnen hatte, alte königliche Güter und Rechte wieder an sich zu zie-

---

[50] Vgl. Baaken, Erhebung 114f., Kölzer, Kanzlei 557, dazu Zeit der Staufer 1, 34–37, Nr. 50–53 (die Abbildungen ebd. 3, XX–XXIII, Abb. 20–23).

[51] HB 2, 203 (September 1221) erneuert HB 1, 55–57 (September 1200), vgl. RI V 4, 40, Nr. 264 (September 1224; bestätigt die Freiheiten der Münze von Messina), sowie Acta Imperii 1, 211, Nr. 229, dazu Powell, Monarchy 467f.

[52] Vgl. dazu noch die Urkunden des sonst teilweise so streng behandelten Montecassino: HB 2, 101–103 (4. 1. 1221; 102: Zivilgerichtsbarkeit über die *homines abbatie* liegt beim Kloster). Die Vorzugsbehandlung gerade der Klöster läßt sich kaum mit Powell, Monarchy 465f., mit Rücksichtnahme auf den Papst erklären.

Die Verwirklichung der Capuaner Beschlüsse 23

hen, so zielstrebig wird er seine diesbezüglichen Anstrengungen fortgesetzt haben, als er im Februar 1221 über Salerno zum ersten Mal in seinem Leben überhaupt nach Apulien kam, um durch seine künftige Lieblingslandschaft, die spätere Kernregion seiner sizilischen Herrschaft, von Foggia über Bari und Brindisi bis nach Tarent zu gelangen, oder als er dann im Mai nach Messina übersetzte und im weiteren Verlauf des Jahres wie zuvor das Festland nun die Insel Sizilien geradezu planmäßig bereiste, also hier wie dort seine kaiserliche Macht unmittelbar zur Anschauung und Geltung brachte.[53]

Im übrigen stand Friedrich natürlich beileibe nicht allein. Die Nachrichten über die mancherlei Besorgnisse, Verwirrungen und gewaltsamen Übergriffe, zu denen die Gesetzgebung von Capua Anlaß oder Vorwand gab, verraten uns ja nicht nur etwas über die unseligen Folgen, die die kaiserliche Politik für die Bewohner des sizilischen Regnums haben konnte. Sie belegen zugleich doch auch sehr eindrücklich, daß die Beamten dieses Regnums, die Justitiare, Kämmerer und Kastellane, die Baiuli und Richter, an die der Kaiser meist pauschal und fast formelhaft seine zahlreichen Mandate richtete, die er wieder und wieder an ihre Pflichten erinnerte, zur Befolgung seiner Gesetze und Anweisungen, zum Schutz des Rechts, der Kirchen und Klöster aufforderte – daß diese Beamten also die Befehle ihres Herrschers tatsächlich empfingen und in ihren Amtsbezirken zu verwirklichen suchten, gewiß mit viel Übereifer, Unverstand und häufig genug sogar mit eigennützigen Motiven, aber im Ganzen durchaus wirkungsvoll.

Als ihr führender Vertreter profilierte sich rasch Thomas († 27. 2. 1251) aus dem alten langobardischen Adelshaus von Aquino (westlich Cassinos). Er hatte Friedrich zusammen mit anderen Mitgliedern seiner Familie schon im Kampfe gegen Otto IV. unterstützt und sollte bis zu dessen Tod einer seiner engsten Vertrauten bleiben.[54] Wohl unmittelbar nach der Kaiserkrönung erhielt er – als Nachfolger des endgültig entmachteten Diepold gewissermaßen – die Grafschaft Acerra (nordöstlich Neapels) zu Lehen und bewirkte vielleicht kurz darauf, Mitte Dezember, durch seine Fürsprache, daß sein Verwandter und Mitstreiter gegen Otto, Landulf von Aquino, der Vater des berühmten Dominikanertheologen Thomas von Aquino (1225–1274), zum Justitiar der Terra di Lavoro ernannt wurde. Graf Thomas von Acerra selbst aber stieg noch im Januar 1221 zum Ka-

---

[53] Vgl. dazu RI V, Nr. 1280–1371; erster Aufenthalt in Foggia im Februar 1221: HB 2, 135–137.
[54] Über Thomas von Aquino und seine Verwandten: Maccarrone, Studi 167–181, 204–217, dazu Kamp, Kirche 1, 98f., 207, außerdem Torrell, Initiation 1–3, Ohlig, Studien 43–45; vgl. oben Bd. 1, S. 133, 135, 143.

pitän und Oberjustitiar Apuliens und der Terra di Lavoro auf, also zum Vertreter des Kaisers auf dem Festland außer Kalabrien, und setzte sich in diesem hohen Amt offenbar sofort mit aller Kraft für das Revokationsprogramm seines Herrn ein.[55] Dabei machte er nicht einmal vor der Stadt Benevent halt, die als Enklave im Regnum päpstlicher Oberhoheit unterstand, sondern forderte auch von ihren Bewohnern und insbesondere von jenen, die erst jüngst aus dem Regnum dorthin umgezogen waren, eine ganze Reihe von Gebühren und Abgaben. Er mochte sich in seinem Vorgehen durch die Capuaner Assisen gedeckt fühlen, denn das einschlägige Privileg Friedrichs für Benevent vom November 1220 blieb allem nach – aus Gründen, die wir nicht kennen – ohne Erneuerung. Ganz frei von persönlichen Rachegefühlen gegenüber jener Stadt, die ihn 1213 eine Zeitlang gefangengehalten hatte, wird Thomas indessen schwerlich gewesen sein. Jedenfalls schaltete sich schon Mitte Mai 1221 Papst Honorius ein und nahm Benevent ausdrücklich unter seinen Schutz; Friedrich forderte er auf, den Sonderstatus der Stadt zu respektieren und dem Grafen von Acerra und seinen Baiuli weitere Übergriffe zu untersagen.[56] Wir hören dann nichts mehr über die Angelegenheit – sie verlor angesichts des Kampfes gegen Thomas von Molise wohl bald jede Bedeutung.

Ähnlich eifrig wie Thomas und sehr gewissenhaft bemühte sich offenbar Philippus de Vallone, von 1222 bis 1226 Oberkämmerer in der Terra di Lavoro und dem südlich anschließenden Prinzipat (dem ehemaligen Fürstentum Salerno), um die Umsetzung des herrscherlichen Willens. Im April 1222 sei er im Zuge seiner Bemühungen um Domänenrevokationen nach Amalfi gekommen, um dort Anzeigen und Hinweisen auf entfremdete Krongüter nachzugehen, so berichtet er in der zufällig erhaltenen Urkunde, die sein Vorgehen in einem Einzelfall dokumentiert. Er schildert dann, wie er einen Beschuldigten vor sein Gericht lud und die Angelegenheit zusammen mit dem Stratigoten, dem Leiter der städtischen Verwaltung, sowie mit den Richtern und Notabeln Amalfis gründlich untersuchte; schließlich bekräftigt er das Urteil, welches den Beklagten als Eigentümer des umstrittenen Gutes anerkannte.[57]

---

[55] Thomas' Aufstieg: Richard von S. Germano, ad 1221, ed. Garufi 93f., erste Nennung als Graf: Acta Imperii 1, 185, Nr. 207 (13.–15. 12. 1220); Landulf als Justitiar: Richard, ad 1220, 88, vgl. ebd. ad 1229, 153; zu Diepold von Acerra siehe oben S. 3f. mit Anm. 9.

[56] Briefe des Honorius vom 14. 5. 1221: MGH Epp. saec. XIII 1, 119f., Nr. 172f.; Privileg Friedrichs: HB 1, 882f.

[57] Druck der Urkunde: Camera, Memorie 1, 409f., zu Philipp vgl. Kamp, Kämmerer 74. Ebenso ging der Justitiar Theodinus von Pescolanciano vor: Jamison, Conti 164f., Nr. 9 (Isernia, Dezember 1221).

Die planmäßigen Nachforschungen oder Inquisitionen, wie sie Philipp durchführte, galten vermutlich ganz allgemein vorwiegend der Rückgewinnung königlicher Güter, Einkünfte und Lehen. Wenigstens hin und wieder jedoch bezweckten sie darüber hinaus auch die Einschärfung der sonstigen kaiserlichen Assisen. So sollte beispielsweise eine Inquisition, die Richard von San Germano im Mai 1224 in seiner Heimatstadt erlebte, neben der Steuer- und Abgabenzahlung Fälle des Landfriedensbruches oder das Verhalten der Würfelspieler erkunden und außerdem noch, wie Richard leider nur pauschal anmerkt, die Befolgung anderer Vorschriften kontrollieren. Der Geschichtsschreiber aus San Germano verrät uns im übrigen, daß Friedrich zusätzlich zu den ordentlichen Beamten zuweilen Sonderbeauftragte oder *executores* ins Land hinaussandte mit der einzigen Aufgabe, für die praktische Durchsetzung der Edikte von Capua zu sorgen. Richard lernte im Jahr 1223 in dieser Position Roger von Pescolanciano (nordöstlich Isernias) kennen, einen Mann, der nach dem Zeugnis einer Urkunde vom Dezember 1221 Hofkaplan Friedrichs war und bereits damals in dessen Auftrag in den nördlichen Regionen des Regnums dafür sorgte, daß die zu Capua befohlene Revokation der Domänengüter und Lehen vorankam.[58]

Häufiger traten indessen wohl Mitglieder des Hofgerichts als Sonderkommissare für die Revokation auf. Einer von ihnen, der Großhofrichter Petrus von San Germano, durchreiste im Jahr 1226 Kalabrien, um zurückgehaltenes Domanialgut aufzuspüren. Das Dokument, dem wir unsere Kenntnis seiner Mission verdanken, informiert ausführlich über den Verlauf und Ausgang eines Streits um einen Weinberg in Stilo (Südostkalabrien). Petrus ließ es von dem ihn begleitenden Notar ausfertigen und unterschrieb es zusammen mit einer Reihe teilweise hochgestellter Zeugen. Wir erfahren, daß er sich bei seiner Arbeit auf die Aussagen vereidigter Zeugen aus den einzelnen Gemeinden stützte und offenbar sehr um ein juristisch korrektes Verfahren bemüht war. Da in dem beschriebenen Fall nämlich allein die Angaben eines einzigen, dazu bereits verstorbenen Zeugen auf etwaige Ansprüche der Krone hindeuteten, beendete er die Sache zugunsten des privaten Weinbergbesitzers. Einen anderen Großhofrichter, Peregrin von Caserta, sehen wir 1239 in der Terra di Lavoro mit Revokationsfragen beschäftigt; auf Bitten seiner Unterbeamten gibt er genauer Auskunft über die vom Kaiser für ihre Tätigkeit formulierten Grundsätze und über deren Anwendung in der Praxis. Großhofrichter war schließlich auch Leo Mancinus aus Bari, an dessen Wirken als *revocator demaniorum*

---

[58] Inquisition: Richard von S. Germano, ad 1224, ed. Garufi 113, vgl. ebd. ad 1223, 110; Roger von Pescolanciano: ebd. ad 1223, 109, außerdem RI V, Nr. 12815 (Dezember 1221), zur Person, Schaller, Hofkapelle 509, 520.

sich die älteren Einwohner Nardòs in Südapulien selbst noch zur Zeit Karls I. von Anjou erinnerten.[59]

Den von Revokationsmaßnahmen Betroffenen stand der Klageweg offen, und einzelne einschlägige Urteile sogar des Hofgerichts blieben erhalten.[60] Wenn sie sich ebenso wie alle anderen uns bekannten Entscheidungen strittiger Revokationsfälle, mögen sie von ordentlichen Beamten oder von delegierten Revokatoren stammen, durchweg gegen die Krone richten, dann muß man das sicher dem Zufall der Überlieferung zuschreiben. Dennoch zeigt der Befund zweifellos, daß die Bewohner des sizilischen Königreiches nach den unguten Anfängen der Wirrnis, der Rechtsunsicherheit und der illegalen Übergriffe relativ rasch darauf vertrauen konnten, mit ihren Sorgen und Klagen in einem geordneten Verfahren vor Gericht Gehör und Recht zu finden – freilich auf der vom Herrscher bestimmten Gesetzesbasis.

Kaiserliche Baumaßnahmen:
Kastelle, Schiffe und der neue Palast zu Foggia

Mit einem gewissen zeitlichen Abstand ging Friedrich anscheinend an die Verwirklichung der Capuaner Beschlüsse zum Befestigungswesen. Im Jahre 1223 hören wir dann aber vom Abbruch zahlreicher nach 1189 errichteter Kastelle und Stadtmauern. Offenbar versuchten am Hof geachtete Leute angesichts solcher Maßnahmen genau wie bei drohenden Revokationen, dem Kaiser Ausnahmeregelungen abzuringen, und wie dort erreichten sie ihr Ziel hier wohl gleichfalls immer wieder. Erfolgreich agierten dabei allem nach durchaus auch die Repräsentanten der städtischen Führungsschicht, zumal wenn sie ihrer juristischen Bildung wegen Friedrichs Hochschätzung und Förderung genossen. In San Germano etwa hatte die Schleifung der Mauern im Juni 1224 auf ausdrücklichen kaiserlichen Befehl bereits begonnen, als sich der uns von seiner Revokationstätigkeit her bekannte Großhofrichter Petrus und dessen Bruder und Amtskollege Roffrid, beide Bürger der betroffenen Stadt, an ihren Herr-

---

[59] Petrus: Niese, Materialien 404f., Nr. 11, vgl. HB 2, 497 (= Heupel, Großhof 141, Nr. 7), Kamp, Kirche 1, 968, zur Person: Heupel 86–88, 94 Anm. 1, Ohlig, Studien 127f.; Peregrin: Niese 411, Nr. 14, vgl. HB 5, 705f., zur Person: Heupel 91, Ohlig 138f.; Leo: Sthamer, Bruchstücke 97–99, Nr. 9, c. 2, 7, 11, zur Person: Heupel 84.

[60] HB 2, 431–434 (= Heupel, Großhof 140, Nr. 4); Pergamene Capua II 2, 56f., Nr. 18; vgl. HB 2, 541 Anm. 1 (RI V, Nr. 12938 = Heupel 141, Nr. 8), außerdem HB 2, 379–383 (= Heupel 140, Nr. 5), wo Bauern aus der Umgebung von Sorrent ihre Aufnahme in das Demanium erreichen wollen.

scher wandten. Sie stellten ihm beredt die bewährte Königstreue San Germanos sowie den Nutzen einer ihm derart ergebenen, stark befestigten Stadt an der Nordgrenze seines Regnums vor Augen und vermochten ihn so tatsächlich zur Rücknahme seines Abrißmandates zu bewegen. Den Brief, mit dem er die Bewohner San Germanos am 20. Juli von seinem Sinneswandel informierte, übernahm Richard von San Germano im vollen Wortlaut in sein Geschichtswerk.[61]

Zur Niederreißung unerwünschter Wehranlagen kam ergänzend die Reparatur vorhandener und der Bau völlig neuer Burgen an geeigneten Plätzen im Domänengebiet. Auch dies geschah in größerem Umfang vermutlich seit 1223. Damals ordnete Friedrich die Instandsetzung und Verstärkung der aus normannischer Zeit stammenden Kastelle in Gaeta, Neapel und Aversa an; seine Aufmerksamkeit galt zu allererst also Hafenstädten oder doch seenahen Orten. Das deutet darauf hin, daß ihn bei seinen Planungen sehr wesentlich die Absicht bestimmte, sein Reich vor äußeren Feinden zu schützen, wie wichtig ihm daneben auch die Vorsorge gegen innere Widerstände gewesen sein mag.[62]

Außerordentliche Bedeutung aber gewann, obwohl er keinem dieser Ziele diente, der gleichzeitige Entschluß des Staufers, einen Palast in Foggia zu errichten, in jener Stadt im Zentrum der Capitanata, die seit der Mitte des 11. Jahrhunderts zu beachtlicher Geltung gelangt war und die er gut zwei Jahre zuvor zum ersten Mal betreten hatte. Was er damals vielleicht schon als eine Möglichkeit erwog, sollte nun Wirklichkeit werden: Hier sollte eine Art Residenz, sein bevorzugter Aufenthaltsort im sizilischen Königreich entstehen. Die Inschrift, die neben einem fein skulpturierten Torbogen von dem ausgedehnten Gesamtkomplex allein erhalten blieb, meldet, daß der Baumeister Bartholomeus im Juni 1223 mit den Arbeiten begann; im Laufe des Jahres 1225 vollendete er das Werk vermutlich im großen und ganzen. Von dessen Aussehen können uns die überaus kärglichen heute noch sichtbaren Reste zwar keinen Eindruck mehr vermitteln. Glücklicherweise gibt es jedoch zeitgenössische Berichte, die uns die prächtigen Empfänge und glanzvollen Feste schildern, die dort stattfanden, die reichen Gelegenheiten zu Spiel, Kurzweil und Unterhaltung, die sich dort boten. Wir wissen zudem, daß Friedrich relativ oft und sehr

---

[61] Richard von S. Germano, ad 1224, ed. Garufi 116 f., vgl. ad 1224, 113, sowie ad 1223, 109 (Beginn der Schleifungen); zu Petrus vgl. oben S. 25 mit Anm. 59, zu Roffrid: Heupel, Großhof 87–91, 94 f., 101 f., Ohlig, Studien 127.

[62] Richard von S. Germano, ad 1223, ed. Garufi 109, vgl. Ignoti cist. S. Mariae Chronicon, ad 1224, ed. Gaudenzi 38; siehe dazu Licinio, Castelli 138–141, Bocchi, Castelli 55–57, 64 f., Fasoli, Castelli 31 f., 34 f., Willemsen, Bauten 148 f., Haseloff, Architettura 14–19.

gerne in Foggia verweilte, daß er, seine Söhne und noch seine angevinischen Nachfolger in der Tat wichtige Hoftage dorthin beriefen und im dortigen Palast des öfteren besonders denkwürdige Familienereignisse, etwa Hochzeiten, feierten. Demnach müssen wir uns wohl eine weitläufig um eine Reihe von Innenhöfen gruppierte, von Gärten umgebene und vielleicht von einer Mauer umschlossene Palastanlage vorstellen, deren Hauptgebäude zumindest äußerst sorgfältig und geschmackvoll, mit großem Aufwand und mit allen Bequemlichkeiten ausgestattet waren, die jene Zeit kannte.[63]

Mit der Wahl Foggias hatte Friedrich eine folgenreiche, seine künftigen Absichten bezeichnende Entscheidung getroffen. Mit ihr sagte er sich nun doch an einem sehr sichtbaren und wesentlichen Punkt los vom Vorbild der normannischen Tradition. Er wandte sich ab von Palermo, der Hauptstadt des normannischen Regnum Sicilie, der Residenz seiner Vorgänger, der Stätte seiner eigenen Kindheit und seiner ersten Jahre als Herrscher. Nur recht selten noch kehrte er künftig dahin zurück, nach dem Oktober 1233 überhaupt nie mehr – wie er im übrigen die Insel Sizilien im Februar 1234 gleichfalls für immer verließ. Umgekehrt machte die Bevorzugung Foggias seinen Willen deutlich, das sizilische Königreich näher als bisher an das übrige lateinische Europa heranzurücken, konkreter ausgedrückt: über seinen Aufgaben im Regnum seine Rechte und Pflichten als deutscher König und römischer Kaiser, seine Stellung im Imperium also, nicht zu vernachlässigen. Dieses Vorhaben konnte er von einem Zentrum im Norden des Königreiches aus natürlich wesentlich leichter verwirklichen als in Palermo. So bot Foggia ebenso gute Straßenverbindungen entlang der Adriaküste nach Apulien und Oberitalien wie über das Gebirge hinweg nach Kampanien und von da aus nach Norden.[64] Daß Friedrich aber nicht etwa eine kampanische Stadt wie Capua oder Neapel aussuchte, sondern sich gerade auf Foggia festlegte, dazu mag ihn bis zu einem gewissen Grade durchaus der Reiz des dort möglichen vollkommenen Neuanfangs, vielleicht außerdem die Nähe der für den geplanten Kreuzzug wichtigen apulischen Häfen bestimmt haben. Den Ausschlag aber gab wohl doch die

---

[63] Text der Inschrift zum Baubeginn: Haseloff, Architettura 72 (das *R* nach *Imperatore* muß wohl mit *Romanorum* aufgelöst werden), vgl. Richard von S. Germano, ad 1223, ed. Garufi 109; Festberichte: Matthaeus Parisiensis, Chronica maiora, ad 1241, ed. Luard 4, 147, Saba Malaspina II 1, edd. Koller – Nitschke 119f., benutzt (neben späteren, schon verklärenden Schilderungen) bei Kantorowicz, Friedrich 297f., vgl. unten S. 347f. mit Anm. 8f.; zu Foggia: Leistikow, Residenz 1–12, ders., Bemerkungen 66–78, Radke, Palaces 180–183, Haseloff 67–78, vgl. Calò Mariani, Prefazione zu Haseloff XLIf., zur Häufigkeit der kaiserlichen Aufenthalte Brühl, Itinerario 41f., 43, 45.
[64] Siehe dazu Sthamer, Hauptstraßen 97–112, bes. 106–110.

Abb. 1: Torbogen und Inschrift vom Palast Friedrichs II. in Foggia, die einzig erhaltenen Reste der Anlage. Die Inschrift nennt den Baumeister Bartholomeus und als Datum des Baubeginns den Juni 1223.

Abb. 2: Ruine des kaiserlichen Palastes in Lucera. Mit dem Bau wurde wohl 1233 begonnen; die turmbewehrten Ringmauern ließ erst Karl I. von Anjou errichten.

landschaftliche Schönheit und Eigenart der Capitanata, die damals noch viele fischreiche Seen, von Wasservögeln belebte Teiche und Sumpfgebiete sowie Wälder voller Wild besaß, also zur Jagd geradezu einlud. Bei sommerlicher Hitze ließ sich von hier überdies ohne große Umstände in die nahen Berge um Melfi ausweichen. Tatsächlich begründete Friedrich selbst seine Vorliebe für die Capitanata ausdrücklich mit der Entspannung und Erholung, die diese Landschaft schenke. Dementsprechend sorgte er bald nach Fertigstellung des Palastes in Foggia für den Bau des wegen seines großen Tierparks berühmten Jagdschlosses San Lorenzo in einem Sumpfgebiet unmittelbar südlich der Stadt, und im Laufe der Jahre entstand eine ganze Reihe weiterer, meist kleinerer Jagdschlösser in der näheren und weiteren Umgebung. Auf den Bergen rings um die Capitanata schützte eine Kette von Kastellen diese zentrale Region, während die direkte Verteidigung Foggias der spätestens seit 1233 knapp zwanzig Kilometer westlich errichteten Feste Lucera oblag.[65]

Dem Ausbau der sizilischen Flotte widmete sich Friedrich augenscheinlich ebenfalls sofort nach 1220 recht energisch. Es fällt nicht nur auf, daß er die aus der normannischen Zeit stammenden mannigfaltigen Verpflichtungen seiner sizilischen Untertanen zu persönlichen Diensten und finanziellen Beiträgen für die Flotte offenbar besonders konsequent wieder einforderte;[66] wir hören darüber hinaus sehr schnell von konkreten Baumaßnahmen und greifbaren Ergebnissen. In der Absicht, das Kreuzfahrerheer in Ägypten zu unterstützen und sobald als möglich selbst zu ihm zu stoßen, befahl der Kaiser nämlich bereits zu Beginn des Jahres 1221 die Konstruktion einer ansehnlichen Zahl neuer Galeeren. Wohl gleichzeitig entzog er dem Genuesen Guilelmus Porcus das Amt des Admirals und ernannte dessen Landsmann Heinrich, den Grafen von Malta, zu seinem Nachfolger – auch dies, ohne daß wir die Gründe für sein Vorgehen im einzelnen kennen, zweifellos ein Zeichen dafür, welche Bedeutung er Flottenfragen nun zumaß. In der Tat standen vermutlich schon im April Herzog Ludwig von Bayern für die Überfahrt von Tarent nach Damietta wenigstens zum Teil neue Schiffe zur Verfügung. Als dann Ende Juni der Marschall Anselm von Justingen aufbrach, um Nachschub, Truppen und Lebensmittel nach Osten zu transportieren, stammte sein Geschwader aus jenem damals gerade fertiggestellten Verband, mit dem Friedrich ur-

---

[65] Bevorzugung der Capitanata: HB 5, 943; zu S. Lorenzo: Haseloff, Architettura 79–88, zu Lucera ebd. 99–135 (vgl. Calò Mariani, Prefazione, ebd. XXV–XXXV, und unten S. 235 mit Anm. 137), zur Capitanata ebd. 45–63, vgl. Leistikow, Burgen 416–441, außerdem unten S. 430f. mit Anm. 178.
[66] Siehe dazu oben S. 17 mit Anm. 39, sowie Girgensohn – Kamp, Urkunden. Patti 99–110.

sprünglich seine eigene Kreuzfahrt durchzuführen gedachte. Dessen Hauptkontingent, immerhin vierzig Galeeren, stach unmittelbar nach Anselm unter dem Befehl Admiral Heinrichs in See.[67]

Wirtschaftspolitik und Münzprägung

Spezifisch wirtschaftspolitische Entscheidungen standen gewiß nicht im Zentrum der Maßnahmen, die Friedrich seit Ende 1220 im sizilischen Königreich beschäftigten; sie fehlen dort aber durchaus nicht völlig. Zu ihnen gehört ohne Zweifel die in Capua verfügte Abschaffung aller nach 1189 gegründeten Märkte und der danach neu erhobenen Wege-, Markt- und Hafenzölle. Die Wirkung dieser Vorschriften läßt sich freilich der Quellenlage wegen schwer abschätzen. Vermutlich brachten sie, trotz der auch hier denkbaren Ausnahmeregelungen des Herrschers, nicht wenigen Adligen, Kirchen oder Städten Einbußen. Anderseits verringerte sich durch sie die finanzielle Belastung des Warenverkehrs, was den Handel im Lande eigentlich erleichtert und angeregt haben müßte. Die Chancen der sizilischen Kaufleute verbesserten sich zudem, weil die Capuaner Assisen künftig Fremde in gleicher Weise wie Einheimische zur Zahlung von Zöllen und Hafengebühren verpflichteten und alle Sonderbestimmungen zu deren Gunsten aufhoben. In Einklang damit räumte Friedrich denn auch jenen Städten, die den Außenhandel des Regnum Sicilie bislang praktisch beherrscht hatten, nämlich Venedig, Pisa und allen voran Genua, nach 1220 fürs erste dort keine Vorrechte mehr ein. Er verweigerte insbesondere die Erneuerung der alten, sehr weitreichenden Privilegien Genuas, obwohl Podestà und Rat der Stadt noch einmal drei angesehene Mitbürger entsandten, um ihn darum zu bitten. Damit verlor die ligurische Seemacht unter anderem den ihr einst zugewiesenen Palast in Palermo, die wichtige Basis ihrer Aktivitäten im Norden Siziliens, außerdem aber – und dies war noch weit einschneidender – ihre führende Stellung an der Ostküste der

---

[67] Befehl zum Schiffsbau: MGH Const. 2, 115, Z. 42–44, Nr. 92, ebd. 117, Z. 1–3, Nr. 93 (10. 2. 1221), vgl. Reineri Annales, ad 1220, MGH SS 16,678; Überfahrt Ludwigs, Anselms, Heinrichs (mit 40 Galeeren): MGH Const. 2, 150, Z. 40–151, Z. 9, Nr. 116 (6. 12. 1227), vgl. die Briefe des Honorius: MGH Epp. saec. XIII 1, 122, Z. 8–19, Nr. 175 (13. 6. 1221), ebd. 124, Z. 3–11, Nr. 177 (20. 7. 1221), dazu Richard von S. Germano, ad 1221, ed. Garufi 95 bzw. 98; letzte Nennung Ludwigs vor dem Aufbruch: RI V, Nr. 1312, 1314 (April 1221, Tarent), Anselms: RI V, Nr. 1341 f. (Juni 1221, Messina); zu den beiden Admiralen: Annales Ianuae, ad 1221, MGH SS 18, 146 f., 149, vgl. oben Bd. 1, S. 194, zu Heinrich: Cohn, Geschichte 21–24, 92–106, Abulafia, Henry 104–125, Schroth-Köhler, Diplome 512–515, Houben, Enrico 746–750.

Insel: Der Kaiser entzog Alamannus de Costa aus Genua seine Würde und Funktion als Graf von Syrakus. In all dem sahen die Genuesen den Beweis krassester Undankbarkeit; sie reagierten tief gekränkt und verärgert, ihr Verhältnis zu dem Staufer blieb auf Dauer gestört.[68]

Natürlich kam auch der Umgestaltung des sizilischen Münzwesens hervorragende ökonomische Bedeutung zu. Zwar sollten die Goldtari oder Tarenen, die die Münze von Amalfi seit September 1221 herausgab, offenbar in erster Linie den Ruhm von Friedrichs kaiserlicher Würde verkünden. Anders verhielt es sich jedoch mit der gleichzeitigen Reform der Silberwährung: Die umlaufenden Silbermünzen, zumal in Unteritalien von sehr verschiedener, meist ausländischer Herkunft, verloren jetzt durchweg ihre Geltung. Sie mußten gegen die neuen kaiserlichen Silberdenare eingetauscht werden, mit deren Prägung damals die Münze zu Brindisi nach über zwanzigjähriger Pause ihre Arbeit wiederaufnahm; gleichzeitig versorgte wohl die Münze von Messina die Insel Sizilien mit dem neuen Geld. Eine aus den achtziger Jahren des 13. Jahrhunderts stammende Kostenrechnung verrät uns, daß der bei solchen Münzverrufungen üblicherweise erstrebte Gewinn auch bei dieser Aktion anfiel und reichlich in die Kasse der Krone floß. Den Bewohnern des Königreiches aber verschaffte der Eingriff immerhin den nicht zu unterschätzenden Vorteil, künftig über eine einheitliche, in der Praxis leicht zu handhabende Währung zu verfügen.[69]

Ein Jahr später, im September 1222, gab der Kaiser die Tariprägung in Amalfi auf und schloß die dortige Münze. Die Produktion der Goldtarenen lief in den nächsten neun Jahren anscheinend allein – vielleicht sogar in eingeschränktem Ausmaß – in Messina weiter. Ganz offenkundig sollte die neue Silberwährung den eindeutigen Vorrang im Regnum erhalten, und in der Tat sicherte Friedrich mit einer Reihe damals verkündeter ergänzender Statuten ihre vollständige Durchsetzung. Er wies dort zur Begründung seiner neuerlichen münzpolitischen Aktivität zunächst auf den

---

[68] Capuaner Assisen: Richard von S. Germano, ad 1220, ed. Garufi 90 (Nr. VIII–X); Behandlung Genuas: Annales Ianuae, ad 1221, MGH SS 18, 146f., vgl. oben Bd. 1, S. 247, die Neuausfertigungen für Pisa betreffen das Imperium: HB 2, 20–24 (24. 11. 1220), Acta Imperii 1, 213–215, Nr. 232 (17. 11. 1221); vgl. Powell, Monarchy 468–471, zum Begriff „Wirtschaftspolitik": Maschke, Wirtschaftspolitik 349–351, 392–394.

[69] Richard von S. Germano, ad 1221, ed. Garufi 97; die Kostenrechnung in dem wohl um 1285 auf Veranlassung des päpstlichen Legaten Gerhard von Parma zur Vorbereitung einer Münzreform verfaßten sog. Marseiller Formular: Acta Imperii 1, 763, Nr. 1002, 1; siehe dazu Travaini, Federico 340–362; Beschreibung von Friedrichs Denaren mit Abbildungen: Kowalski, Münzbildnisse 56f., zu seinen Goldtari Ders., Augustalen 78–81 (Abbildungen 80).

Schaden hin, der seinen Untertanen durch die Einführung des neuen Geldes, insbesondere durch die anfängliche Unsicherheit über seinen Wert entstanden war. Strenge und sehr detaillierte Regelungen, bei deren Mißachtung hohe Strafen drohten, schafften diesen Übelstand nun aus der Welt. Fortan, so bestimmten sie unzweideutig, durften die Bewohner des Königreiches unter sich nur noch mit den neuen Silberdenaren bezahlen; für deren Erwerb oder Umtausch schrieben sie verbindliche amtliche Wechselkurse vor, abweichende private Vereinbarungen, etwa auf der Basis von Wägungen, verboten sie ausdrücklich. Vor allem jedoch hatten sich zwei Beauftragte des Kaisers, Paganus Balduinus, Bürger aus Messina und Leiter der Münze zu Brindisi, sowie der uns bekannte Notar und Geschichtsschreiber Richard von San Germano, in die einzelnen Gemeinden zu begeben und vor Ort, beraten von den ansässigen Richtern und von ausgewählten Honoratioren, die Warenpreise unter Berücksichtigung der bisherigen Verhältnisse in der neuen Silberwährung festzulegen sowie zu gewährleisten, daß jeweils vier oder sechs eidlich verpflichtete Männer die Einhaltung der neuen Währungsgesetze überwachten. Vermutlich beschränkte sich der Zuständigkeitsbereich der beiden Kommissare auf die Nordhälfte des Reichs, während in Kalabrien und auf Sizilien zwei andere kaiserliche Vertrauensleute mit der gleichen Aufgabe beschäftigt waren.[70]

Der Bericht Richards von San Germano, eines unmittelbar Beteiligten also, über die Währungsumstellung von 1221/1222 informiert uns detailliert wie kaum eine Quelle sonst über die praktische Seite, die konkreten Umstände einer derartigen Reform. Wir erfahren etwas von den Schwierigkeiten, die ihre Realisierung mit sich brachte, und erahnen das Mißtrauen und die Widerstände, auf die sie bei der Bevölkerung stieß. Friedrich antwortete mit drastischen Zwangs- und Kontrollmaßnahmen und setzte sich damit offenbar durch – darauf deutet jedenfalls die Struktur der Münzfunde aus jener Zeit.[71] Wenn er so den zentralen Bereich der Währung seiner ausschließlichen Zuständigkeit unterwarf, ging es ihm gewiß ganz wesentlich darum, die Einkünfte der Krone zu erhöhen. Die von ihm erstrebte Einheitlichkeit, Ordnung und Übersichtlichkeit des Münzwesens entsprach darüber hinaus jedoch zutiefst seiner Vorstellung vom Sinn und Ziel der Herrschaft überhaupt. Daß sie außerdem auch sei-

---

[70] Richard von S. Germano, ad 1222, ed. Garufi 103–106, zu Paganus vgl. HB 2, 170f. (April 1221; der Kaiser schenkt Paganus den unbewohnten Ort Viareggio, westlich Luccas); siehe dazu Maschke, Wirtschaftspolitik 356f., Powell, Monarchy 506–510.

[71] Siehe dazu Travaini, Federico 350–357; zur Denar-Neuprägung von 1225 vgl. ebd. 349 sowie Richard von S. Germano, ad 1225, ed. 122 bzw. 128, Acta Imperii 1, 763f., Nr. 1002, 2.

nen Untertanen, zumal den handeltreibenden, wenigstens längerfristig Nutzen brachte, war durchaus dieser Herrschaftskonzeption gemäß, hatten doch bereits die Capuaner Assisen die herrscherliche Sorge um die eigene Stärke eng mit jener für das Wohl des Volkes verbunden.

Mit der Förderung gerade der Silberwährung zielte Friedrich vermutlich darauf ab, sein sizilisches Königreich den Silberwährungsgebieten des übrigen Europa anzupassen und damit stärker an den kontinentaleuropäischen Wirtschaftsraum heranzuführen. Tatsächlich leitete ihn dieses Motiv wohl immer wieder bei seinen künftigen wirtschaftspolitischen Aktivitäten, und aus einer ganz ähnlichen Absicht heraus verlegte er fast zur gleichen Zeit ja auch den Regierungsschwerpunkt des Regnums nach Foggia. Unter Umständen sah er, von Fachleuten beraten, überdies, daß der Goldwährung angesichts des expandierenden Warenverkehrs zumindest im internationalen Handel ganz allgemein die Zukunft gehören werde, und er bereitete, um auf diese Entwicklung von Anfang an bestimmenden Einfluß zu gewinnen, schon jetzt die Prägung einer vertrauenswürdigen, schweren und hochkarätigen Goldmünze vor. Da sie sich auf Dauer nur behaupten konnte, wenn genügend Gold zur Verfügung stand, mochte der Kaiser hoffen, indem er seinen Untertanen das Silbergeld aufzwang, um so leichter an ihre Goldvorräte zu kommen.[72]

Freilich läßt sich dieses Bestreben aus seiner Münzverordnung nicht so deutlich, wie manchmal behauptet, ablesen. Die dort angedrohten Strafen etwa sollten in erster Linie durch ihre Höhe abschrecken. Ob die dafür im einzelnen vorgeschriebenen Maße zwingend auf ausschließliche Goldzahlung in der Praxis verweisen, scheint doch eher fraglich: Immerhin gab sich Friedrich bei völliger Zahlungsunfähigkeit des Delinquenten ersatzweise auch mit Güterkonfiskationen oder sogar mit Körperstrafen zufrieden, und wo er – selten genug – die Zahlungsform für die Strafgelder genau festlegte, verlangte er zweimal Goldtari, einmal aber ausdrücklich Silberdenare. Schlecht zu einer ausgeprägten Goldbegierde des Kaisers paßt wohl auch, daß er zwar die Ausfuhr von Silber, nicht hingegen diejenige von Gold verbot. Schließlich gestattete er ausländischen Kaufleuten – er hebt die Venezianer besonders hervor –, im Königreich Waren gegen Gold zu kaufen und zu verkaufen, wohl ohne sie dazu im übrigen bindend zu verpflichten. Da diese Ausnahmebestimmung – als solche wird sie eigens gekennzeichnet – offenbar durchaus auch mit Goldzahlungen Einheimischer an die Ausländer rechnete, taugte sie gleichfalls kaum zum Aufbau einer Goldreserve; viel eher dürfte man sich von ihr eine Belebung des Außenhandels versprochen haben.

---

[72] So Powell, Monarchy 508f., vgl. Abulafia, Herrscher 228.

Die Verwaltung des Königreiches: Kanzlei und Finanzbehörden

Mit seiner Umgestaltung des sizilischen Königreiches bürdete Friedrich dessen Verwaltungspersonal eine Fülle oft genug völlig neuartiger Verpflichtungen auf. Sonderaktionen wie die innerhalb knapper Fristen durchzuführenden Privilegienerneuerungen, aber ebenso der intensive und ständig noch anwachsende allgemeine Schriftverkehr einschließlich der in großer Dichte an die Beamten ins Land hinausgehenden Mandate: dies alles erforderte enorme Anstrengungen der für Regnum wie Imperium zuständigen kaiserlichen Kanzlei. Die Zahl ihrer Mitglieder wuchs denn nach 1220 auch ganz erheblich. Anstelle von vier bis fünf Schreibern wie während Friedrichs Deutschlandaufenthaltes arbeiteten hier nun zeitweilig mehr als zwanzig Notare. Allein sechzehn neue Kanzleikräfte fanden sofort nach der Rückkehr des Herrschers Anstellung, weitere traten seit 1223 hinzu; allerdings blieben viele von ihnen bloß relativ kurze Zeit.[73]

Die Tätigkeit einzelner Personen vermögen wir leider oft nur unzureichend zu bestimmen und zu bewerten: Der Gebrauch feststehender formelartiger Vorlagen drängte die stilistische Individualität zusehends zurück, und die Schreiber selbst nannten sich in den Urkunden jener Jahre recht selten. Immerhin kennen wir neben anderen den meistbeschäftigten unter ihnen, den Magister Johannes de Lauro aus einer vornehmen, um Caserta begüterten Adelsfamilie. Bereits Mitte 1220, also noch in Deutschland, in der Kanzlei nachweisbar, wirkte er dort bis 1229. Die letzten Urkunden im kaiserlichen Dienst schrieb er zu Akkon, er begleitete seinen Herrn also auf dem Kreuzzug, und dieser belohnte ihn 1231 für seinen vielfältigen Einsatz mit einem Lehen, und zwar mit eben jenen Gütern, die zuvor der Großhofrichter Petrus von San Germano innegehabt hatte.[74] Aus Kampanien wie Johannes stammte im übrigen die größte Gruppe unter den Kanzleinotaren. Das war schon früher ähnlich gewesen und verwundert nicht, denkt man an den hervorragenden Ruf der Sprach- und Stilschule zu Capua, eines damals führenden Zentrums der Notarsausbildung und der Pflege des gehobenen, ja kunstvollen Lateins der Urkunden und Briefe.[75]

Ungefähr gleichzeitig mit Johannes arbeitete Jacobus von Catania in der Kanzlei, ein Sizilianer also wie eine ganze Reihe seiner Kollegen und ein

---

[73] Grundlegend Schaller, Kanzlei 1, 222–237; siehe ergänzend Zinsmaier, Reichskanzlei 142–149, Kölzer, Kanzlei 539 f., 545–558.

[74] HB 3, 275 f., vgl. zur Person: Zinsmaier, Reichskanzlei 144 f., Schaller, Kanzlei 1 230 f., 269, Nr. 34, daneben Baaken, Widerrufsvorbehalt 75 f., zur Familie: Kamp, Kirche 1, 169.

[75] Siehe dazu Schaller, Kanzlei 2, 283–287.

offenbar geschätzter Fachmann; jedenfalls faßte er nach Johannes die meisten Schriftstücke ab. Außer Kampaniern und Sizilianern begegnen uns unter dem Kanzleipersonal der zwanziger Jahre noch mehrere Kalabresen. Sie kamen, wie etwa Procopius und die anderen Mitglieder der vornehmen Notarsfamilie de Matera, auffallend häufig aus Cosenza.[76] Auf Oberitaliener oder Deutsche stoßen wir indessen höchstens vereinzelt. Zu den ersteren zählt Guido von Caravate (östlich des Lago Maggiore), Kanoniker in Chiavenna und als päpstlicher Subdiakon ohnehin ein Sonderfall in Friedrichs Kanzlei. Um einen Franken hingegen handelt es sich wohl bei dem 1223 und 1224 faßbaren Notar Heinrich, nämlich um den Magister Henricus de Bilversheim, den Sproß einer Ministerialenfamilie aus Pülfringen (südwestlich Tauberbischofsheims), der 1231 mit kaiserlicher Unterstützung zum Bischof von Catania gewählt, vom Papst jedoch abgelehnt wurde, trotzdem 1239 zum Propst des Aachener Marienstifts und drei Jahre später schließlich zum Bischof von Bamberg aufstieg.[77]

Obgleich wir über die soziale Herkunft der Mitglieder von Friedrichs Kanzlei meist nichts erfahren, dürfen wir doch generell annehmen, daß sie zum Teil wie Johannes de Lauro Adlige waren, häufiger aber wie die de Matera dem führenden Bürgertum der Städte im Regnum angehörten. Zwar bezeichnete sich fast jeder zweite unter ihnen als Magister, dennoch absolvierte vermutlich allenfalls eine Minderheit ein Rechtsstudium an einer Universität wie Bologna oder, nach 1224, Neapel. Die meisten verdankten ihr literarisches Wissen und ihre sprachliche Gewandtheit, ihre Rechtskenntnisse und die sonst benötigten Fähigkeiten – Kanzleinotare erledigten ja nicht selten zusätzliche Aufgaben in Verwaltung und Diplomatie – offenbar dem Besuch einer städtischen Rechtsschule oder der Ausbildung als öffentlicher Notar. Im übrigen beschäftigte der Staufer anders als seine normannischen Vorgänger eine beachtliche Anzahl von Klerikern in seiner Kanzlei, ein Mann wie Guido von Caravate war sogar Mitglied der Hofkapelle. Diese auffallende Präsenz geistlicher Kanzleikräfte paßt sicher gut zu dem Bemühen um ein enges Zusammenwirken, das in jenen Jahren bei Kaiser und Papst schon des Kreuzzuges wegen

---

[76] Zu Person und Tätigkeit des Jacobus: Zinsmaier, Beiträge 151–156, ders., Reichskanzlei 145f., Schaller, Kanzlei 1, 266, Nr. 26; zur Familie de Matera: Schaller 232f., 280, Nr. 68 (Procopius), 284f., Nr. 81 (Thomasius), zu Philippus de Matera siehe unten S. 36 mit Anm. 80, vgl. zu Wilhelm von Cosenza Schaller 233, 263f., Nr. 18.

[77] Guido: Zinsmaier, Reichskanzlei 146f., ders., Beiträge 164–174, vgl. Schaller, Kanzlei 1, 234f., 262, Nr. 14f.; Heinrich: Kamp, Kirche 1, 1217–1221, Schaller 235, 265, Nr. 20.

grundsätzlich vorherrschte; die Kleriker der Kanzlei konnten bei der Ausgestaltung der kaiserlichen Beziehungen zur römischen Kurie zweifellos hilfreich sein.[78] Ob sie sich allerdings als eine eigenständige Gruppe begriffen und derart verbunden bestimmenden Einfluß im kirchlichen, etwa gar im päpstlichen Sinne ausübten, das scheint doch eher ungewiß: Mehrfach hören wir, daß Friedrich mit seinem Versuch, einen von ihnen zum Bischof zu machen, am päpstlichen Widerstand scheiterte, und im Konfliktfall, beispielsweise nach seiner ersten Exkommunikation, blieben sie – man denke an Johannes de Lauro – in aller Regel auf seiner Seite. Davon abgesehen, hielten sich die kaiserlichen Notare auch bei der sprachlichen Gestaltung ihrer Produkte allem nach keineswegs besonders ausgeprägt an das päpstliche Vorbild.[79]

Die Leitung der Kanzlei lag nominell noch bis 1221 beim Kanzler Walter von Pagliara, danach berief der Kaiser keinen neuen Kanzler mehr. Wer nach 1220 tatsächlich an der Spitze des Instituts stand, das läßt sich schwer erkennen. Verschiedene, uns durchweg bereits bekannte Persönlichkeiten übten dort anscheinend neben- oder nacheinander eine führende Funktion aus, so Ende 1220 der Kämmerer Richard und mindestens zwischen 1219 und 1221 der Logothet Andreas, der damals zum Zeichen seiner Überordnung über die gewöhnlichen Notare zusätzlich den Titel eines Protonotarius trug. Als Protonotare könnten zeitweise außerdem Philippus de Matera, der Leiter des königlichen Archivs, oder sein Bruder Procopius gewirkt haben. Während der Jahre 1222 bis 1224 aber fiel wohl Abt Johannes von Casamari als dem Siegelbewahrer des Kaisers der entscheidende Einfluß auf die Kanzlei zu; sehr wahrscheinlich seit 1226 Bi-

---

[78] Zu Stellung und Ausbildung: Schaller, Kanzlei 1, 228–233, 239f., sowie das Verzeichnis 258–285, ders., Kanzlei und Kultur 526–529, vgl. ders., Hofkapelle 508, außerdem Kölzer, Kanzlei 548–552.

[79] Die These von „der Beherrschung der Kanzlei durch eine kirchliche Gruppe": Schaller, Kanzlei 1, 223–232 (das Zitat 229, vgl.: „eine päpstliche oder zumindest sehr kirchlich eingestellte Gruppe", 224). Vom Papst als Bischöfe abgelehnt: Johannes de Traiecto (Traetto, heute Minturno östlich Gaetas), vgl. Kamp, Kirche 1, 671f., Schaller 230; Heinrich von Bilversheim, vgl. oben S. 35 mit Anm. 77; Notar Petrus (Perrone) von Venafro gegen päpstliches Sträuben von Friedrich als Bischof von Nola (östlich Neapels) durchgesetzt: Kamp 365–368, vgl. Schaller 235. Gegen die Identität des Kämmerers Richard mit dem gleichnamigen Templer und Kämmerer Innozenz' III. (Schaller 225) spricht an sich seine Verheiratung, gegen seine Stellung als „Vertrauensmann der römischen Kurie" (Schaller 226), als „Führer der kirchlichen Gruppe am Hofe" (Schaller 235) aber sein brutales Vorgehen gegen den Bischof von Squillace, vgl. Kamp 988–991, ders., Kirchenpolitik 952, und oben Bd. 1, S. 142. – Zum päpstlichen Stilvorbild: Schaller, Kanzlei 2, 305–307, vgl. Zinsmaier, Beiträge 169–171.

schof von Bojano in der Grafschaft Molise (östlich Cassinos), hielt sich Johannes anfangs auch jetzt noch häufig am Hof auf.[80]

Wenigstens ebenso dringlich wie die Anwerbung fähiger Spezialisten für seine Kanzlei mußte Friedrich zu Beginn der zwanziger Jahre ohne Zweifel der Aufbau einer leistungsfähigen Finanzverwaltung erscheinen. Einerseits wuchsen gerade ihr infolge der nun anlaufenden Reform- und Revokationsmaßnahmen eine Menge wichtiger neuer Aufgaben zu, andererseits befand sie sich in einem alles andere als befriedigenden Zustand. Zwar arbeitete auf Sizilien nach wie vor die Doana. Sie hatte jedoch ihre überregionale Kompetenz völlig verloren, ihre Wirksamkeit beschränkte sich auf die Insel und Kalabrien. Spätestens seit 1219 teilten sich die Verwaltung dieses Gebietes überdies offenkundig zwei gleichberechtigte Behörden: Zu der weiterhin in Palermo ansässigen, aber nur noch für Westsizilien verantwortlichen Sekretie kam damals eine weitere in Messina, die neben Ostsizilien auch Kalabrien betreute und dort, etwa im Val di Crati (nördlich Cosenzas), über besondere Kämmerer verfügte. Sonst finden sich auf dem Festland nach 1202 indes weder Spuren einer für das Finanzwesen zuständigen zentralen Institution, noch übten königliche Kämmerer damals in den dortigen Provinzen irgendeine faßbare Tätigkeit aus. Einzig die städtischen Baiuli zogen einigermaßen regelmäßig die gewohnten Gebühren und Abgaben ein – zur Deckung der unvermeidbaren Verwaltungskosten, doch sicherlich auch zu ihrem eigenen Vorteil, im Interesse der Erzbischöfe und Bischöfe, die meist den Zehnten aus den Einkünften der Baiulation beanspruchen konnten, oder zugunsten anderer lokaler Machthaber.[81]

Friedrich baute seine Finanzadministration denn auch auf der Baiulation als kleinster örtlicher Einheit auf; allem nach ließ er sie, wie schon seit den Tagen Wilhelms II. üblich, an einzelne oder eine Gruppe vermögender Bürger verpachten. Er ordnete die Baiuli freilich jetzt wieder den Kämmerern unter, die wohl seit 1221 überall in den Provinzen Unteritaliens

---

[80] Siehe Schaller, Kanzlei 1, 221, 235, 236f., 240f.; daneben zu Richard: Acta Imperii 1, 186f., Nr. 208, vgl. oben Anm. 79; zu Andreas vgl. oben S. 3 mit Anm. 7; zu Philippus vgl. oben Bd. 1, S. 142, 192, er wurde nicht Bischof von Martirano: Kamp, Kirche 1, 864f.; zu Procopius: siehe oben S. 35 mit Anm. 76; zu Johannes oben S. 20 mit Anm. 45, als Bischof von Bojano: Kamp 241 f., vgl. ebd. 584 (zur gescheiterten Wahl in Bari); zum Schicksal Walters von Pagliara siehe unten S. 60f.

[81] Dazu bes. Martin, Administration 123, 132f., 137, Kamp, Kämmerer 54f.; zu den beiden sizilischen Sekretien siehe HB 1, 653, und Höflinger – Spiegel, Stauferurkunden 95–97, Nr. 9, 102, Nr. 13, die Nennung des *Riccardus camerarius Cusentie*, der sich selbst stets als *camerarius Vallis Gratis* bezeichnet, auch bei Höflinger – Spiegel, Urkunden 117–119, Nr. 4, vgl. dazu oben S. 7f. mit Anm. 19f. und schon S. 4, Anm. 12, zur Vorgeschichte der Doana oben Bd. 1, S. 24, 33.

oder, mit dem Titel eines Oberkämmerers (*magister camerarius*) versehen, in großen Regionen wie Apulien zu arbeiten begannen. Sie kamen zum Teil aus adligen Familien wie der Salernitaner Philippus de Vallone oder Petrus de Logotheta, dessen um Reggio di Calabria begütertes Geschlecht eine ganze Reihe von hohen kaiserlichen Beamten hervorbrachte. Fast noch zahlreicher aber, so scheint es, waren unter ihnen Männer bürgerlicher Herkunft. Dazu zählten etwa Matheus und Johannes de Romania oder Bartholomaeus de Flicto, alle drei Angehörige reicher Kaufmannsfamilien aus Scala (nördlich Amalfis), doch ebenso die im Richteramt ihrer Heimatstädte bewährten Honoratioren Florius aus Cosenza, Ludovicus aus Aversa oder Sindolfus aus Trani. Wie wir das von Philippus de Vallone bereits hörten, betrieben die Kämmerer in ihren Amtsbereichen zunächst mit einem gewissen Vorrang die Revokation der königlichen Güter, Rechte und Abgaben. Daneben widmeten sie sich vermutlich im großen und ganzen den gleichen Aufgaben wie einst ihre Vorgänger. Sie verwalteten also, unterstützt von den Baiuli, die königliche Domäne, sorgten dafür, daß die Barone die ihnen als Lehnsleuten obliegenden Leistungen erbrachten und die Kirchen die ihnen gebührenden Zehnten empfingen, und fungierten schließlich in zivilrechtlichen Verfahren als Appellationsinstanz für Urteile der städtischen Gerichte der Baiuli. Abgesehen von den kalabrischen Kämmerern, die zeitweise noch der Sekretie in Messina unterstanden, erhielten sie alle genauso wie nun auch die Sekreten Siziliens ihre Weisungen unmittelbar vom Herrscher.[82]

Am Hofe leitete der seit 1212 in Friedrichs engster Umgebung faßbare Kämmerer Richard die mit dem Kaiser durch das Reich ziehende Kammer. Von seinem Herrn großzügig belehnt, hochgestellt überdies durch seine Einheirat in die vornehme, mit dem normannischen Königshaus verwandte Familie de Altavilla, gehörte er zweifellos bis zu seinem Tod im Jahre 1239 zu den wichtigsten Beratern des Staufers. Dennoch vermögen wir seine Tätigkeit in den zwanziger Jahren nicht allzu klar zu überblicken. Wahrscheinlich flossen an die Hofkammer die der Krone zustehenden Gelder, soweit sie nicht sofort wieder in den Provinzen selbst ausgegeben wurden, was wohl in erheblichem Maße der Fall war. Die Kammer führte

---

[82] Kamp, Kämmerer 51, 55, sowie das Verzeichnis 73–91, zu den genannten Kämmerern siehe noch ebd. 65f., außerdem ders., Verwaltungsreformen 133f. (zur Entwicklung der Provinzen und Regionen ebd. 127, vgl. ders., Friedrich 5–11, Martin, Organisation 83), ders., Kirche 1, 417f. mit Anm. 14 (Bartholomaeus), 700 mit Anm. 81 (Sindolfus), 1064f. mit Anm. 139 (de Logotheta), 1240f. mit Anm. 58 (de Romania, vgl. auch oben S. 7 mit Anm. 19), zur Tätigkeit von Philippus siehe oben S. 24 mit Anm. 57; vgl. zur Baiulation Kamp, Kämmerer 53f., Martin, Organisation 97f., zum Ganzen oben Bd. 1, S. 32f.

über diese Zahlungen Buch und stellte Quittungen darüber an die Provinzkämmerer aus. Den derart bei ihr zusammenkommenden Staatsschatz hatte sie zu verwalten, mit ihm hatte sie den Unterhalt des Hofes im weitesten Sinne zu bestreiten, also die persönlichen Wünsche des Kaisers und der Kaiserin zu erfüllen, das Hofpersonal, unter Umständen mehrere hundert Menschen, zu versorgen, die großen Empfänge und Festlichkeiten zu organisieren, aber etwa auch Gehälter oder Heeressold auszuzahlen. Ihr oblag es, im Notfall Anleihen aufzunehmen und sich um ihre Tilgung zu kümmern. Sie trug schließlich die Verantwortung für das Archiv des Königreiches. Gewiß verfügte Richard zur Bewältigung dieser vielfältigen Verpflichtungen über kompetente, auf einzelne Geschäftsbereiche spezialisierte Mitarbeiter und ebenso über eigene Kanzleinotare, die den gewaltigen Schriftverkehr mit seiner Fülle von Berichten, Belegen, Listen und Abschriften erledigten.[83]

Das Großhofgericht

Als dritte Zentralbehörde neben Kanzlei und Kammer wirkte an der *magna curia*, am Großhof Friedrichs, das Großhofgericht, die höchste Gerichtsinstanz des Königreichs. Offenbar maß ihr der Kaiser eine ganz herausragende Bedeutung zu; jedenfalls galt ihrer grundlegenden Neugestaltung seine besondere Aufmerksamkeit. Zwar schien es mit der Ernennung des Thomas von Aquino zunächst, als wolle er in normannischer Tradition die Zweiteilung und kollegiale Struktur der obersten richterlichen Gewalt beibehalten, also dem für Sizilien und Kalabrien zuständigen drei- oder vierköpfigen Gremium gleichberechtigter Großhofjustitiare auf dem Festland weiterhin wenigstens einen eigenen Oberjustitiar an die Seite stellen.[84] Sehr rasch entschied er sich dann jedoch für einen völlig andersartigen, hierarchischen Aufbau der Institution: An der Spitze des nunmehr zentralen, für das gesamte Regnum verantwortlichen und von vier bis fünf Großhofrichtern gebildeten Hofgerichts stand künftig ein einziger Großhofjustitiar. Bereits im März 1221 hatte Richer, der Bischof von Melfi, diese neuartige und bedeutsame Position inne. Kurz danach, vielleicht im Spätherbst desselben Jahres, erhielt er einen uns namentlich nicht bekannten Nachfolger, und wohl im Herbst 1222 fiel das Amt an

---

[83] Siehe Heupel, Großhof 110–118, Kölzer, Magna curia 302–308 (vgl. ebd. 290–292 zur Definition des Begriffs Hof oder *curia*), Kamp, Verwaltungsreformen 128; zum Kämmerer Richard siehe oben S. 36 mit Anm. 80, außerdem Bd. 1, S. 142, 203.

[84] Vgl. dazu oben Bd. 1, S. 111, 114, sowie Bd. 2, S. 3 f. mit Anm. 9 und 11 f., zur Ernennung des Thomas S. 23 f. mit Anm. 55.

Heinrich von Morra, der es bis zu seinem Tod im September 1242 ausübte. Heinrich, Sproß einer östlich von Avellino begüterten Adelsfamilie, genoß zeit seines Lebens das volle kaiserliche Vertrauen. Zusätzlich zu seiner Hauptfunktion übertrug ihm der Staufer des öfteren wichtige Sondermissionen, wiederholt beauftragte er ihn sogar mit seiner Stellvertretung im sizilischen Königreich. Von adliger Herkunft wie er und überdies ein als Justitiar in verschiedenen Provinzen des Regnums erprobter Mann war Richard von Montenigro (bei Arpino, nordwestlich Cassinos), den Friedrich – offenbar nach einer längeren Vakanz – im November 1246 zum Großhofjustitiar berief. Er blieb auch unter Konrad IV. in Rang und Würden, verließ dann jedoch die staufische Sache; 1256 wurde er ermordet.[85]

Zur äußeren Neustrukturierung des obersten Gerichtshofes kam als ein Vorgang von eher noch größerer Tragweite der Wandel in seiner personellen Zusammensetzung: Hatten dort bislang lediglich einzelne gelehrte Rechtskundige bürgerlicher Abstammung gewirkt, so gab ihm Friedrich zwar in der Regel noch einen adligen Vorsitzenden; zu Hofrichtern aber bestellte er künftig ausschließlich angesehene juristische Fachleute, zunächst vorwiegend Angehörige der städtischen Richterschicht, bald jedoch allein Juristen mit einem Universitätsstudium. Nur sie schienen ihm offenkundig imstande, der Gerechtigkeit jene überragende Geltung zu verschaffen, die ihr nach seinem in den Capuaner Assisen formulierten Willen in seinem Reiche zufallen sollte.

Der Kaiser verdankte die folgenreiche Einsicht, daß Recht ohne die Hilfe der einschlägigen Wissenschaft und eines in ihr geschulten Personals nicht zu verwirklichen sei, vermutlich zu einem guten Teil der Begegnung mit Roffred von Benevent († nach 1244), einem der herausragenden Legisten, also auf das römische Recht spezialisierten Juristen jener Zeit. Bereits während seines Zuges zur Kaiserkrönung nach Rom war er offenbar mit dem Gelehrten in Verbindung getreten, der damals nach einer Studienzeit und Lehrtätigkeit in Bologna als Rechtsberater in Arezzo und Pistoia lebte. Friedrich lag wohl daran, Roffreds Meinung über die für Sizilien geplante Reform des Justizwesens zu hören, und dessen Stellungnah-

---

[85] Richer: Niese, Urkunden 9, 250f., Nr. 7, vgl. HB 5, 719, Acta Imperii 1, 215, Nr. 232, zur Person oben S. 6 mit Anm. 18; zu Heinrich: Holtzmann, Papsturkunden 2, 80f., Nr. 14 (Nov. 1222), Richard von S. Germano, ad 1223, ed. Garufi 108, sein Tod: Richard, ad 1242, 216, vgl. Kamp, Morra 845, Heupel, Großhof 85–94; Richard: Acta 1, 341, Nr. 389 (November 1246), Nicolaus de Jamsilla, ed. Del Re 122f. (Abfall 1254), vgl. Kamp, Kirche 1, 1195f., Heupel 61, 95; vgl. zur Arbeit des Hofgerichts Heupel 83–109, zu seiner Umformung nach 1220 bes. Kamp, Verwaltungsreformen 128–131, ders., Friedrich 14–19, daneben Kölzer, Magna curia 300–302.

me, die gewiß auch den unverzichtbaren Wert gründlich ausgebildeter juristischer Experten herausstrich, beeindruckte ihn allem nach so sehr, daß er ihm anbot, in seinem Dienst an der Realisierung des Vorhabens mitzuarbeiten. Anfang Dezember 1220 begegnet uns Roffred jedenfalls in der engsten kaiserlichen Umgebung nicht nur als Professor des Zivilrechts, sondern zusätzlich mit dem Titel eines Magisters und Richters am kaiserlichen und königlichen Hofe. Im darauffolgenden März fällte er als kaiserlicher Hofrichter mit vier Kollegen zusammen das erste uns bekannte Urteil des neu formierten, von Richer von Melfi geleiteten Großhofgerichts. Freilich bekleidete er sein hohes Amt nicht allzu lange, er zog sich vielmehr bald in seinen Geburtsort Benevent zurück. Dennoch blieb er in engem Kontakt mit dem Kaiser, und dieser wies ihm bei der Gründung der Universität Neapel erneut eine wichtige Rolle zu.[86]

Drei der vier Kollegen Roffreds aus dem Jahre 1221, von Haus aus wohl durchweg Richter in ihren apulischen Heimatstädten, schieden gleichfalls rasch wieder aus dem Hofgericht aus. So gehörte dem Gremium lediglich der Bareser Richter Leo Mancinus über diese Phase des personellen Umbaus hinaus an; er allerdings hielt sich dort mehr als ein Jahrzehnt lang: 1232 nennen ihn amtliche Dokumente unverändert Großhofrichter und Richter in Bari, und beide Funktionen übte er augenscheinlich so wie bis dahin auch noch gegen Ende der dreißiger Jahre abwechselnd oder nebeneinander aus.[87]

Sonst aber stoßen wir seit 1223 am Hofgericht auf völlig neue Namen, auf jene Männer, deren Arbeit die Institution dauerhaft prägen sollte. Zu ihnen gehören ganz gewiß Petrus und Roffrid von San Germano, die wir bereits erfolgreich für den Erhalt der Mauern ihrer Heimatstadt streiten sahen. Als Magister ausgewiesen, wirkten beide noch in den vierziger Jahren in ihrer bedeutsamen Stellung, Petrus mindestens bis 1241, Roffrid sogar bis 1247; daneben betraute sie der Kaiser mehrfach mit wichtigen politischen Missionen. Gleichzeitig mit ihnen nahmen zwei andere Brüder,

---

[86] HB 2, 73 (3.12.1220; *iuris civilis professor et imperialis et regalis curie magister et iudex*), Niese, Urkunden 9, 250, Nr. 7 (März 1221), HB 2, 433 (Mai 1224, Roffred als *procurator pro parte curie*); zur Person: Ferretti, Roffredo 238–271 (vgl. 276–287: Quellenauszüge), Santini, Giuristi collaboratori 334–338, Kuttner, Canonisti 16–19, Kamp, Roffredus 936, Lange, Römisches Recht 314–323, vgl. unten S. 52f. mit Anm. 110.

[87] Die Hofrichter von 1221: Niese, Urkunden 9, 250, Nr. 7, vgl. ebd. 238, zu Leo außerdem MGH Epp. saec. XIII 1, 160, Nr. 232 (27. 6. 1233), HB 4, 369 (18. 7. 1232), Kamp, Kirche 1, 1133 Anm. 163 (Dezember 1232), Cod. dipl. Barese 6, 76f., Nr. 49 (5.5.1229), 6, 103f., Nr. 67 (16.9.1237), vgl. ebd. 1, 135, Nr. 70 (3.8.1201), 176, Nr. 94 (8.7.1228), dazu Heupel, Großhof 84.

die Magister Simon und Heinrich von Tocco (Tocco Caudio, westlich Benevents) ihre Arbeit als Großhofrichter auf. Simon, der zuvor offenbar an der Spitze der Richterschaft Capuas gestanden hatte, läßt sich bis 1235 im Amt nachweisen, Heinrich zum letzten Mal im März 1247 an der Seite Roffrids von San Germano. Ihrer Familie, aus der schon der renommierte Rechtsgelehrte Karolus von Tocco, der Lehrer des Roffred von Benevent hervorgegangen war, entstammte im übrigen auch der Magister Wilhelm von Tocco. Wilhelm fertigte zwischen 1223 und 1233 als Notar des Hofgerichts einen erheblichen Teil von dessen Urkunden. Er erscheint daneben vereinzelt als Richter, gehörte dann seit 1239 zu den führenden Kräften der sizilischen Kanzlei und bewährte sich gegen Ende seines Lebens in hohen Verwaltungsposten des Königreiches, unter anderem als Kontrolleur der Lehen Siziliens und Kalabriens. Mehrfach lobte ihn der Kaiser ausdrücklich seiner Zuverlässigkeit und seiner geradezu vollkommenen Pflichterfüllung wegen. Ebenso eifrig wie den Staufern dienten die Mitglieder der Juristendynastie von Tocco später den Herrschern aus dem Hause Anjou, um als Lohn schließlich fürstliche Würden zu ernten.[88]

Neben den genannten, über Jahre hinweg am Hofgericht bestimmenden Gestalten tritt uns dort erstmals im September 1224 der berühmte Petrus de Vinea († 1249) entgegen. Aus Capua gebürtig, vielleicht Angehöriger einer aufstrebenden bürgerlichen Familie und jedenfalls durch die Capuaner Stilschule stark beeinflußt, hatte er vermutlich in Bologna studiert, ehe er zu Beginn der zwanziger Jahre, offenbar auf Empfehlung des Erzbischofs Berard von Palermo, eine Notarstelle in der kaiserlichen Kanzlei erlangte. Freilich hinterließ er keinerlei Spuren einer Tätigkeit als gewöhnlicher Urkundenschreiber; von Anfang an scheint er vielmehr mit anspruchsvollen Sonderaufgaben betraut worden zu sein. Ganz ähnlich entwickelten sich die Dinge auch nach seiner Aufnahme ins Hofgericht: Obgleich er den Titel eines Hofrichters bis November 1246 trug, beteiligte er sich an der höchstrichterlichen Rechtsprechung im Regnum Sicilie ziemlich sporadisch, etwas häufiger nur in den Jahren zwischen 1230 und 1232. Danach fungierte er zusammen mit Thaddaeus von Sessa wohl überhaupt

---

[88] Vgl. die Belege bei Heupel, Großhof 139–149; zu Petrus und Roffrid außerdem oben S. 25 mit Anm. 59 sowie S. 26f. mit Anm. 61, zu ihren politischen Missionen etwa MGH Epp. saec. XIII 1, 405, Nr. 505 (26. 1. 1233), bzw. HB 5, 206 (1238); zu Simon, Heinrich und Wilhelm: Heupel 37–39, 56f., 86–91, 94 mit Anm. 1, Holtzmann, Unbekannte Stauferurkunden 177–180, 188 (Nr. 5; vgl. 189f., Nr. 6), ders., Papsturkunden 2, 80f., Nr. 14 (Nov. 1222), vgl. Schaller, Kanzlei 1, 264, Nr. 19, Ohlig, Studien 128f., 142f., zu Karolus siehe Lange, Römisches Recht 305–310, Weimar, Tocco 821f., D'Amelio, Carlo 304–310, zum späteren Aufstieg der Familie Nicol, Tocco 821; zu Petrus von Caserta, Wilhelms Nachfolger als Hofgerichtsnotar: Heupel 94f., 104, Ohlig 139.

Das Großhofgericht 43

nur noch in speziellen Einzelfällen auf ausdrücklichen kaiserlichen Befehl als letzte Appellationsinstanz. Im Zentrum seiner Arbeit stand damals vielmehr die Abfassung wichtiger Schriftstücke und Briefe, auch von Privatschreiben des Kaisers; er übernahm schwierige diplomatische Missionen und wuchs mehr und mehr in die Rolle von Friedrichs maßgebendem politischen Berater hinein. Äußeres Zeichen dieser herausgehobenen Position war der Rang des Protonotars des königlichen Hofes und Logotheten des sizilischen Königreiches, also des kaiserlichen Kanzleileiters und Sprechers, zu dem er im April 1247, wenn nicht bereits im Mai 1243 aufstieg.[89]

Der Magister Thaddaeus von Sessa, der im August 1239 an des Petrus Seite in kaiserlichem Auftrag einen Rechtsstreit abschloß, begegnete Friedrich zum ersten Mal wohl im Oktober 1229 bei San Germano, um ihm an der Spitze einer Bürgerdelegation seine Heimatstadt Sessa Aurunca (östlich Gaetas) zu übergeben. Seit 1228 oder auch schon länger als juristischer Assessor, also beisitzender Richter im Dienste des Justitiars der Terra di Lavoro tätig, vermochte er nun offenbar rasch die Gunst des Kaisers zu gewinnen, denn knapp anderthalb Jahre später treffen wir ihn bereits als dessen Familiaren und Gesandten in der Lombardei. Ähnlich bedeutsame Aufträge folgten. Seit Ende der dreißiger Jahre leitete und kontrollierte Thaddaeus dann mit Petrus de Vinea zusammen, und kaum weniger einflußreich und angesehen als jener, weitgehend die laufenden Geschäfte der Hofverwaltung und Kanzlei, wie Petrus zur endgültigen Entscheidung und Beantwortung von Anfragen und Petitionen überall dort befugt, wo der Kaiser nicht persönlich gehört werden mußte. Schon früher, anscheinend etwa Anfang 1236, erhielt auch er den Rang eines Großhofrichters, ohne daß er sich deswegen freilich, nach den erhaltenen Dokumenten zu urteilen, je an Sitzungen des Hofgerichts beteiligt hätte.[90] Allem nach betrachtete man den Hofrichtertitel in seinem Falle wie in dem des Petrus durchaus als angemessenen Ausdruck für den dominieren-

---

[89] Die Belege zur Biographie des Petrus bei Huillard-Bréholles, Vie 289–434, vgl. dazu ebd. 1–90; Empfehlung Berards: Hampe, Beiträge 124, Nr. 12; Hofrichter: Pergamene Capua II 2, 56f., Nr. 18 (September 1224), Heupel, Großhof 141–144, Nr. 7, 9–12, 14, 18f. vgl. 150, Nr. 29d; zum Datum der Protonotars- und Logothetenwürde: Stürner, Konstitutionen 92 mit Anm. 371, vgl. ebd. 3–5; zu Petrus siehe außerdem Heupel 9, 58–60, Schaller, Kanzlei 1, 242–249, ders., Della Vigna 776–784, vgl. Kamp, Kirche 1, 124, 579, Ohlig, Studien 133–137.

[90] Urteil von 1239: Heupel, Großhof 144, Nr. 19, vgl. Nr. 18; Begegnung 1229: Richard von S. Germano, ad 1229, ed. Garufi 162; Assessor: Kamp, Friedrich 15 mit Anm. 38 (Belege für 1228 und 1232); Gesandter im März 1231: MGH Epp. saec. XIII 1, 350f., Nr. 435; Hofrichter ab März 1236: Annales Placentini Gibellini, ad 1236, MGH SS 18, 471; vgl. Heupel 9–11, 56–61, 80f. 110f., Ohlig, Studien 130–133.

den Rang seines Trägers, und dies mag immerhin als Indiz für das hohe Ansehen des Hofrichteramtes gelten; welche Aufstiegschancen sich bei exzellenter juristischer Qualifikation im sizilischen Regnum boten, das zeigen die Karrieren der beiden Männer ja in der Tat.

Mit Benedikt von Isernia gehörte noch ein weiterer außerordentlich fähiger und renommierter Jurist zu Friedrichs Hofrichtern, wenngleich wohl ebenfalls nur für relativ kurze Zeit. Nach Abschluß seines Rechtsstudiums in Bologna im Jahre 1221 hatte ihn der Staufer vielleicht schon 1224 an die neu gegründete Universität Neapel berufen; unbezweifelbar in der Position eines Professors der Rechtswissenschaft erscheint er indes erst 1231 und 1233. Es spricht gewiß für den ausgezeichneten Ruf, den er damals genoß, daß das Hofgericht während seiner Sitzung im August 1231 zu Melfi seinen Rat einholte. Da in jenen Wochen am selben Ort die Arbeiten am kaiserlichen Gesetzbuch für Sizilien zu Ende geführt wurden, liegt überdies die Annahme nahe, auch dabei sei sein Sachverstand zum Zuge gekommen. Jedenfalls schätzte man seine Fähigkeiten in der Umgebung Friedrichs sehr, denn bereits im Laufe des nächsten Jahres erfolgte seine Ernennung zum Hofrichter. In dieser Stellung reiste er Ende 1232 als Mitglied einer hochrangig besetzten kaiserlichen Gesandtschaft zu Papst Gregor IX., fällte er im darauffolgenden Sommer zusammen mit dem Großhofjustitiar Heinrich von Morra ein Urteil. Zwar fehlen weitere Zeugnisse für seine höchstrichterliche Tätigkeit, er blieb aber offenbar in engem Kontakt mit dem Hof: Im Mai 1240 erlangte er zu Foggia ein kaiserliches Privileg für ein Kloster seiner Heimatstadt; er könnte also durchaus an der Abfassung der kurz zuvor, Anfang April, publizierten Novellen beteiligt gewesen sein, und während der folgenden Jahre wirkte er anscheinend als Rechtslehrer in der damals zur staufischen Sache übergetretenen Stadt San Gimignano.[91]

Unter den Männern, die seit 1239 neu in das Hofrichteramt berufen wurden, verdienen zwei besondere Erwähnung, weil sie in jenem letzten

---

[91] Bologneser Studienabschluß: Santini, Giuristi collaboratori 339 Anm. 40, zur Berufung nach Neapel 1224 siehe unten S. 53; Hofrichter: MGH Epp. saec. XIII 1, 405, Nr. 505 (26. 1. 1233; vgl. Richard von S. Germano, ad 1232, ed. Garufi 184), Heupel, Großhof 143, Nr. 15 (Juli 1233, als *professor legum*, so auch Cod. dipl. Barese 6, 85, Nr. 54, 14. 4. 1231), vgl. 142 f., Nr. 13 (August 1231, Melfi); Privileg Mai 1240: HB 5, 1228; zur Gesetzgebung von 1231 und 1240 vgl. Stürner, Konstitutionen 5, 87, sowie unten S. 191 mit Anm. 53, zur Tätigkeit als Richter in Aversa (vor 1234) bzw. als Rechtslehrer in S. Gimignano Martino, Federico 120 mit Anm. 6 bzw. 121; zur Person siehe Martino 119–122 (zum Werk 122–131), außerdem Santini 338–340, Walter, Benedetto 432 f., Meyers, Iuris interpretes 1–5 (Benedikts Glossen 7–76). Konrads IV. Schreiben vom Sommer 1253 (HB 2, 449 f., RI V, Nr. 4601) richtet sich doch wohl an Petrus von Hibernia, vgl. zu ihm unten S. 56 mit Anm. 120.

Abschnitt von Friedrichs Herrschaft die Hauptlast der am Hofgericht anfallenden Arbeit trugen: Johannes von Martirano (südlich Cosenzas) und Wilhelm de Vinea. Von Johannes wissen wir freilich nur, daß er spätestens seit Oktober 1243 und noch im Dezember 1250 seine hohe Stellung bekleidete; wohl Anfang der fünfziger Jahre flüchtete er an die päpstliche Kurie und Mitte 1255 wurde er bei der Rückkehr in seine kalabrische Heimat gefangengenommen und erschlagen. Kaum besser sind wir über die Lebensumstände Wilhelms unterrichtet, obwohl es sich bei dem seiner subtilen juristischen Fähigkeiten wegen berühmten Magister um den Neffen des Petrus de Vinea handelt. Anfang August 1239 begegnet er uns erstmals, bereits im Range eines Großhofrichters und in kaiserlichem Auftrag am Hofe des Markgrafen von Montferrat tätig. Mindestens bis zum März 1247 blieb er im Amt, danach hören wir nichts mehr von ihm. Wie er seinen Aufstieg vermutlich nicht zuletzt seinem Onkel verdankte, so könnte ihn dessen Sturz im Frühjahr 1249 mit in die Tiefe gerissen haben.[92]

Wenn uns die recht lückenhaften Quellen nicht ganz in die Irre führen, dann nahm Friedrich in seinem Todesjahr noch einmal eine tiefgreifende personelle Umbildung des Großhofgerichts vor. Neben Durandus von Brindisi, über den wir außer seinem Namen leider nichts erfahren, erhielten bei dieser Gelegenheit immerhin zwei weitere Hofrichter, die Magister Robert von Palermo und Andreas von Capua, ihre Ernennung. Beide dürften ihr Jurastudium während der dreißiger Jahre in Neapel abgeschlossen haben. Der eine, Robert, trat danach zunächst als Richter in die sizilische Provinzverwaltung ein; er rückte dann in den unmittelbaren Hofdienst auf, wo er sich so gut bewährte, daß der Kaiser seine Zuverlässigkeit im Herbst 1241 mit einer Besitzverleihung belohnte. Wie seine Beförderung zum Hofrichter zeigt, genoß er auch fernerhin das volle Vertrauen und die Hochschätzung seines kaiserlichen Herrn, und daran sollte sich bis zu dessen Ende nichts ändern: Robert gehörte zu den Persönlichkeiten, die Friedrichs Testament als Zeugen unterschrieben. Sein Kollege Andreas von Capua wirkte bereits seit 1240 als Advokat am Großhofgericht, ehe er dort zum Richter avancierte. Er verlor diesen Posten zwar zur Zeit Konrads, weil er damals auf der päpstlichen Seite stand, gewann ihn unter Manfred jedoch wieder zurück; auch unter Karl I. von Anjou und dessen Sohn blieb er als Anwalt und später als Richter dem höchsten Gerichtshof verbunden.[93]

---

[92] Siehe Heupel, Großhof 93–96 sowie die Belege 145–151 (Nr. 21–30); daneben zum Ende Johanns: Nicolaus de Jamsilla, ed. Del Re 184f., vgl. Ohlig, Studien 129; zu Wilhelm: Acta Imperii 1, 527, Nr. 661 (4. 8. 1239), Huillard-Bréholles, Vie 98–103, ebd. 291, Nr. 2, das Lob von Wilhelms Fähigkeiten, zu seiner Tätigkeit als Glossator der kaiserlichen Konstitutionen Stürner, Konstitutionen 44–46, 52 mit Anm. 175.
[93] Die Hofrichter von 1250: Heupel, Großhof 151, Nr. 30, vgl. 94 Anm. 1, 95 f.; zu

Das Großhofgericht bemühte sich, soweit unsere spärlichen Belege darüber Auskunft geben, im ganzen gewissenhaft um gerechte, an den geltenden Rechtsnormen orientierte Urteile. Wir hören von ausführlichen Zeugenvernehmungen, gewinnen eine Ahnung von dem umfangreichen Aktenmaterial, das sich während der zum Teil komplizierten und langwierigen Verfahren anhäufte, und stoßen durchaus auch auf Entscheidungen gegen die Krone. Grundsätzlich handelte das Gericht stets als Organ des Kaisers und in seinem Namen. Es entlastete ihn von alltäglichen Fällen, befragte ihn jedoch bei unklarer Gesetzeslage und trug ihm Vorgänge von besonderer Bedeutung regelmäßig vor, zumal solche, die unmittelbar seine Interessen berührten; überdies konnte er seinerseits natürlich Prozesse jederzeit an sich ziehen. An seine Weisungen hatten sich die Hofrichter zu halten, an ihn durfte die vor dem Hofgericht unterlegene Partei appellieren.[94]

Friedrichs intensive Sorge um das Recht veränderte nicht nur Struktur, Personal und Arbeitsweise des obersten sizilischen Gerichtshofes; ihr umgestaltender Einfluß machte sich auch bei den Gerichten der Justitiare in den Provinzen geltend. Zum einen nutzte der Kaiser jede Gelegenheit, um ihnen, wie zu Capua bestimmt, das strafrechtliche Gewaltmonopol in den jeweiligen Justitiariaten zu verschaffen.[95] Zum anderen betätigten sich als Richter nun auch hier, an der Seite der durchweg aus dem höheren Adel des Regnums ausgewählten Justitiare, zunehmend qualifizierte, durch ein Rechtsstudium ausgewiesene Juristen wie Thaddaeus von Sessa oder Robert von Palermo. Wie sie konnten ihre Kollegen hoffen, bei Be-

---

Robert außerdem: Scheffer-Boichorst, Urkunden 2, 107–109, MGH Const. 2, 387f., Nr. 274 (Friedrichs Testament); zu Andreas: Kamp, Kirche 1, 171f., vgl. ders., Kämmerer 73, Kantorowicz, Friedrich. Ergänzungsband 271, je mit Belegen.

[94] Vgl. dazu die Belege bei Heupel, Großhof 139–151 (Urteile gegen die Krone: 140, Nr. 4; 141, Nr. 8; 148, Nr. 28; vgl. oben S. 26, Anm. 60), außerdem ebd. 97–103. Zur Kritik des Terrisius von Atina siehe unten S. 206f.

[95] *De criminalibus vero coram iustitiariis et officialibus nostris et coram nostra curia cogantur* (sc. *Riccardus de Anglone et heredes sui*) *ad iusticiam faciendam sicut alii barones regni nostri*, Acta Imperii 1, 235, Nr. 257 (Juli 1223, dazu unten S. 69, Anm. 145), vgl. ebd. 196, Nr. 214 (Februar 1221), wo die Inhaber der fraglichen Baronie Finocchio bei Benevent noch *plenam iustitiariam ... tam in criminalibus quam in civilibus* erhielten, vgl. zur Familie de Anglone oben S. 5f., Anm. 16. – Ähnlich wird Erzbischof Nikolaus von Salerno die ihm am 3.7.1220 verliehene Stellung eines Justitiars auf seinem Kirchengut (HB 1, 799, vgl. 797–800) im Februar 1221 nicht mehr vergeben (HB 2, 111–115, vgl. Niese, Materialien 401 f., Nr. 7), siehe dazu Kamp, Kirche 1, 431 f., Niese 388–390. Zum Justitiariat des Bischofs von Catania siehe Niese, Catania 66 f., 70, zur Grafschaft Molise unten S. 62–64. – Zur Herkunft und Stellung der Justitiare vgl. Kamp, Verwaltungsreform 137–141, ders., Friedrich 12, Martin, Organisation 83–86.

währung weiter aufzusteigen; dabei bot ihnen in den vierziger Jahren der Dienst in der Reichsverwaltung Oberitaliens noch zusätzliche Aussichten auf eine erfolgreiche Karriere.[96] So spielten die gelehrten Juristen ganz offenkundig eine immer wichtigere Rolle im Staatswesen Friedrichs. Der Staufer förderte diese Entwicklung, weil er glaubte, nur sie werde dem Recht in seinem Königreich auf Dauer die erwünschte Autorität und den gebührenden Rang sichern.

Die Gründung der Universität zu Neapel

Angesichts des wachsenden Bedarfs an juristischen Fachleuten stellte sich natürlich die Frage, wie und woher sie gewonnen werden könnten, mit besonderer Dringlichkeit. Das Regnum war von Bologna oder vergleichbaren, ähnlich renommierten und leistungsfähigen Studienzentren relativ weit entfernt. Andererseits hatte der Kaiser – auch dies mochte bei seinen Überlegungen eine Rolle spielen – dem Papst gelobt, mit der Verwaltung Siziliens ausschließlich Einheimische zu betrauen. Da lag der Gedanke zweifellos nahe, die für den Staatsdienst benötigten Kräfte im Lande selbst auszubilden, und Friedrich entschied sich in der Tat sehr rasch für diese Lösung: Im Juli 1224 gab er in einem umfangreichen Rundschreiben, vielleicht einem der ersten Dokumente, das Petrus de Vinea in seinem Auftrag formulierte, den Einwohnern des Königreiches Sizilien, den Großen aus Adel und Kirche, der Beamtenschaft wie allen seinen sizilischen Untertanen überhaupt seine Absicht bekannt, in Neapel eine Universität zu gründen.[97]

[96] Vgl. dazu etwa Magister Philipp von Brindisi, Richter des Pandulf von Fasanella, Reichsvikars der Toskana: RI V, Nr. 13318 (24. 2. 1240), HB 6, 252 (10. 2. 1245), Acta Imperii selecta 274f., Nr. 310 (18. 6. 1245), Schneider, Toskanische Studien 337f., Nr. 10 (25. 3. 1248), vgl. Heupel, Großhof 149f., Nr. 29a, b, d, Ohlig, Studien 12, 36f.; Magister Petrus von Capua, Richter des Justitiars des Prinzipats (um Salerno): HB 6, 561 (18. 7. 1247), vgl. Ohlig 104, 113, Schaller, Kanzlei 1, 277f., Nr. 62; zu Thaddaeus siehe oben S. 43 mit Anm. 90, zu Robert S. 45 mit Anm. 93, vgl. Kamp, Verwaltungsreformen 130f. mit weiteren Beispielen.

[97] Text: Richard von S. Germano, ad 1224, ed. Garufi 113–116 (datiert: Syrakus, 5. 6. 1224; publiziert: Juli 1224); etwas weniger zuverlässig: HB 2, 450–453, nach der Fassung in der sog. Briefsammlung des Petrus de Vinea (Druck: Iselius, Petrus III 11, 402–406); zur Verfasserschaft Petrus' zuletzt Schaller, Della Vigna 777. Zur Gründung und Geschichte der Universität Neapel: Verger, Politica 129–143, Bellomo, Federico 135–145, Arnaldi, Fondazione 81–105, Classen, Universitätsreformen 178–195, vgl. Torraca, Origini 3–13, Monti, Storia 8–37 (Quellenanhang 38–59), Meyers, Iuris interpretes XVII–XXXIX.

Mag die eine oder andere Schule Neapels damals auch bereits einen gewissen Ruf besessen haben, so handelte es sich nun ganz offenkundig um ein völlig neues Unternehmen, und Friedrich strich diese Tatsache gebührend heraus.[98] Was die nach gelehrtem Wissen Dürstenden bisher nirgends im Königreich fanden, was sie vielmehr unter großen Mühen, Kosten und Gefahren in weiter Ferne suchen mußten, das sollte ihnen nach seinen Worten künftig in jener Stadt bequem erreichbar zu Gebote stehen: eine blühende Ausbildungsstätte, in der die verschiedensten Wissenschaften auf höchstem Niveau gelehrt wurden. Freilich lag ihm, auch daraus machte er von Beginn an keinen Hehl, die Jurisprudenz vor allem am Herzen, gefalle die Sorge für das Recht doch gleicherweise Gott wie ihm, dem Herrscher, als dem Wahrer der Gerechtigkeit. Den auf diesem bedeutenden Felde Beschlagenen, den des Rechtes Kundigen stellte er bei Bewährung denn auch besonderen Lohn und Erfolg in Aussicht, Einfluß und Aufstieg bis in die höchsten Ämter. In glühendsten Farben rühmte der Universitätsgründer dann die hervorragenden Bedingungen, die die Stadt Neapel dank ihrer Lage und ihres natürlichen Reichtums für sein Projekt biete. Er berichtete von ersten erfolgreichen Schritten zur Gewinnung angesehener Professoren und kündigte außerdem an, er werde auf jede denkbare Weise für das Wohl der Studenten sorgen. Dafür nannte er gleich noch einige tatsächlich eindrucksvolle Beispiele. So versprach er Stipendien für Begabte, formulierte klare und angemessene Regeln für die Darlehensnahme durch Scholaren, schrieb für ihre Wohnungsmiete einen Höchstbetrag vor, vertraute die Festlegung der Einzelmieten einem Ausschuß von zwei Neapolitaner Bürgern und zwei Scholaren an und bestimmte, daß Zivilklagen gegen Studenten allein von deren Professoren zu entscheiden seien. Freilich war den Bewohnern des Regnum Sicilie ein wissenschaftliches Studium fortan nur noch in Neapel gestattet, weder an einem anderen Ort des Königreiches noch irgendwo außerhalb; bereits auswärts Studierende hatten sich spätestens am Michaelstag, am 29. September 1224 also, in Neapel einzufinden.

Als Vorbild und Herausforderung stand Friedrich bei seinen Gründungsaktivitäten – wie bei seinen späteren Bemühungen um das Studium zu Neapel – gewiß vielfach die Universität Bologna vor Augen. So knüpften beispielsweise seine fürsorglichen Maßnahmen zugunsten der künfti-

---

[98] Die These, Friedrich habe lediglich die bestehenden Schulen Neapels durch seine Neuordnung zu einem einheitlichen Ganzen geformt und seiner Kontrolle unterworfen, jetzt wieder bei Bellomo, Federico 137–145; dagegen überzeugend schon Monti, Storia 13–33, insbes. auch bezüglich der Autorschaft von HB 2, 447f. und 449f. (= Monti 49–52, Nr. 10f.; beide Konrad IV., wohl Sommer 1253), zu HB 2, 453 (= Monti 52f., Nr. 12) vgl. schon RI V, Nr. 4680 (wohl Manfred, 1258).

gen Neapolitaner Scholaren wohl nicht zufällig in wichtigen Einzelheiten an das berühmte Scholarenprivileg seines Großvaters Barbarossa an, das in erster Linie den Studenten Bolognas gegolten hatte.[99] Vor allem aber sollte in Neapel wie in Bologna der Rechtswissenschaft eine zentrale Bedeutung zufallen, und die häufig aus Bologna kommenden Professoren lehrten das römische Recht in Neapel vermutlich methodisch und didaktisch in der Tat ganz ebenso, wie sie dies von dort gewohnt waren.[100]

Andererseits unterschied sich des Staufers Neapolitaner Schöpfung von Bologna wie von den anderen etablierten Zentren der Gelehrsamkeit wie Paris oder Oxford, aber etwa auch von dem damals aufstrebenden Salamanca, dadurch ganz wesentlich, daß es sich hier um einen Neubeginn von Grund auf, um ein Produkt allein des herrscherlichen Willens handelte. Friedrich arbeitete weder mit längst aktiven und erfahrenen Professoren- oder Scholarenkorporationen zusammen, noch zog er das Lehrpersonal einer Kathedralschule heran, er vermied vielmehr strikt jeden kirchlichen Einfluß überhaupt. Eng und unmittelbar, wesentlich tiefer auch als im Ansatz möglicherweise vergleichbare Versuche oberitalienischer Städte wie Modena, war sein Unternehmen verbunden mit dem Zweck des Staatsganzen, wie er ihn sah, mit seiner Überzeugung, daß der Herrscher seinen Untertanen Recht zu verschaffen habe.

Weniger der Drang zu perfekter staatlicher Kontrolle als vielmehr eben die besondere Ausgangssituation in Neapel veranlaßte den Kaiser im übrigen wohl dazu, seine sizilischen Untertanen zum ausschließlichen Besuch der dortigen Ausbildungsstätte zu zwingen. Ohne die Gewähr einer solchen Monopolstellung hätte das Wagnis eines vollständigen Neuanfangs angesichts altbewährter konkurrierender Institutionen in der Tat kaum irgendwelche Erfolgschancen gehabt, ohne sie hätte sich schwerlich ein Studienbetrieb auf dem angestrebten Niveau im sachlich erwünschten wie ökonomisch sinnvollen Umfang, also mit Aussicht auf die erhoffte ansehnliche Zahl qualifizierter Absolventen entwickeln können. Desgleichen machten es die speziellen Neapolitaner Gegebenheiten fast unumgänglich, daß der Staufer die Professoren selbst berief, daß er ihnen attraktive Arbeitsverhältnisse anbot und vor allem eine angemessene Bezahlung garantierte.

Natürlich wüßten wir gerne, ob die Magister und Studenten im Neapel Friedrichs neben persönlichen Vorteilen irgendwelche körperschaftliche Autonomierechte ähnlich denen ihrer Kollegen in Bologna oder Paris ge-

---

[99] Vgl. dazu Stelzer, Scholarenprivileg 123–165.
[100] Über Friedrichs Verhältnis zu den zeitgenössischen Universitäten und die Besonderheiten Neapels siehe Verger, Politica 130–143, vgl. Arnaldi, Fondazione 88–103.

nossen. Leider äußern sich unsere Quellen nicht eindeutig zu dieser Frage, und sie wird deshalb in der Regel negativ beantwortet.[101] Freilich hören wir umgekehrt auch nichts von konkreten Maßnahmen staatlicher Aufsicht und Einmischung oder von ihren Auswirkungen auf das Neapolitaner Universitätsleben. Selbst die eigentlich naheliegende Beteiligung königlicher Beamter an den Abschlußprüfungen können wir für Neapel lediglich aus den Salernitaner Verhältnissen erschließen.[102] So sollte man die Möglichkeit vielleicht doch nicht ganz von der Hand weisen, daß Friedrich und seine Söhne, wenn sie die Freiheiten, Vergünstigungen und Privilegien der zu Neapel Lehrenden und Lernenden priesen, keineswegs nur individuelle Vorrechte der einzelnen Personen meinten, daß die vom Kaiser da und dort erwähnten Gemeinschaften der Professoren und der Scholaren vielmehr durchaus Korporationen mit gewissen Befugnissen waren; das *generale* bzw. *universale studium* Friedrichs, von dem Konrad und Manfred sprachen und das sie zu erneuern beabsichtigten, hätte dann den an Bologna oder Paris erinnernden Namen immerhin wenigstens zu einem Teil verdient.[103] Die dort Tätigen fühlten sich jedenfalls ganz offenbar wohl; anders läßt sich die dringende Bitte um Fortführung des Lehrbetriebs, die sie – allem nach geschlossen und gemeinsam handelnd – dem Kaiser im Jahre 1239 vortrugen, kaum verstehen.[104]

Wie immer es um die Korporationsrechte an der Universität Neapel bestellt gewesen sein mag – völlig unbestritten kam dort der herrscherlichen Initiative und Absicht stets das entscheidende Gewicht zu. Gerade dieses

---

[101] So zuletzt Verger, Politica 138f., vgl. schon Monti, Storia 9–12; positiver wenigstens hinsichtlich der Studenten Arnaldi, Fondazione 101–103.

[102] Über die Salernitaner Prüfungen: Konst. III 45, ed. Stürner 412, Z. 23–25, Konst. III 47, 415, Z. 17), zur Medizinschule von Salerno siehe unten S. 377–385. Vgl. zur Prüfung bei der Einstellung von Richtern und Notaren in den Staatsdienst: Konst. I 79, ed. Stürner 253, Z. 9–21, bzw. bei der Zulassung der Rechtsanwälte: Konst. I 83, 257; unter Umständen konzentrierte sich die staatliche Kontrolle der Juristenausbildung auf die genannten Situationen.

[103] *Libertates, immunitates, privilegia, consuetudines* der *doctores* und *scolares*: HB 4, 497f. (= Monti, Storia 40, Nr. 2; Frühjahr 1234), HB 5, 494 und 495 (= Monti 43 und 46, Nr. 4f.; beide: 14. 11. 1239), HB 2, 448 (= Monti 51, Nr. 10; *universis et singulis*), Monti 56, 57f., 59, Nr. 15–17 (alle drei: Manfred, wohl 1258). *Doctorum societas*: Monti 39, Nr. 1 (wohl nach Juli 1226, vgl. RI V 4, 43, Nr. 288), *universitas* bzw. *cetus scolarium*: HB 4, 498 (davor die Vorteile der *singuli studentes*), HB 5, 494; Privatunterricht außerhalb der Universität bedurfte der Genehmigung des *cetus doctorum omnium*: Monti 54f., Nr. 14 (= Huillard-Bréholles, Vie 382, Nr. 85; Bitte des Nicolaus de Rocca). *Generale* bzw. *universale studium*: HB 2, 449, 453, Monti, Storia 56, Nr. 15, 59, Nr. 17; vgl. HB 5, 495: *scolae generales*.

[104] HB 5, 493–495 (= Monti, Storia 42–44, Nr. 4): Friedrichs Antwort *ad magistros et scolares Neapolis*; vgl. unten S. 52 mit Anm. 108.

für Friedrichs Vorgehen charakteristische Prinzip scheint nun auch in der Folgezeit, etwa 1245 beim Aufbau des päpstlichen Studiums in Rom oder danach in der Bildungspolitik Alfons X. von Kastilien, eine maßgebende Rolle gespielt zu haben – von den Universitätsgründungen Kaiser Karls IV. und Späterer ganz zu schweigen. Zum mindesten in dieser einen, allerdings sehr wesentlichen Hinsicht tritt demnach die Aktualität und zukunftsweisende Bedeutung der staufischen Konzeption sehr klar zutage.[105]

Für die neue Universität Neapel bestand die wichtigste Konsequenz ihrer starken Bindung an den Herrscher vermutlich darin, daß sich dessen politische Erfolge, aber ebenso die Rückschläge, die er erlebte, unmittelbar auf ihre Entwicklung auswirkten. So schien des Kaisers Streit mit dem lombardischen Städtebund Neapel unverzüglich Vorteile zu bringen: Wohl kurz nach der Ächtung der Bundesstädte, darunter Bolognas, im Juli 1226 verbot Friedrich nämlich allen Bewohnern des Imperiums und des Regnums eigens das Studium in Bologna; er forderte Professoren wie Scholaren auf, ihre Arbeit an Neapels Universität fortzusetzen, die zu schwächen und lahmzulegen die neidischen Bologneser vergeblich versucht hätten. Große Wirkung vermochte seine Strafaktion indes kaum zu entfalten: Bereits am 1. Februar 1227 mußte er sie wieder zurücknehmen.[106] Die während seines Kreuzzuges im sizilischen Königreich ausbrechenden Unruhen und Kämpfe störten dann umgekehrt das universitäre Leben in Neapel offenbar ganz empfindlich, wenn es nicht zeitweilig sogar völlig erlosch. Jedenfalls entschloß sich der Staufer im Jahre 1234, nach der Konsolidierung der sizilischen Verhältnisse nun energisch auch die neuerliche Blüte seiner Neapolitaner Schöpfung in die Wege zu leiten. Fast zwangsläufig fiel sein Blick damit sofort wieder auf die große Konkurrentin im Norden: Bei der Studentenschaft zu Bologna warb er besonders dringlich für sein Anliegen, gerade sie hoffte er mit dem Hinweis auf die Vorzüge Neapels, auf die natürliche Gunst der Stadt, die dort gebotenen Privilegien und die alsbald in ihr wirkenden, sämtliche wichtigen Fächer vertretenden Professoren zu gewinnen.[107]

---

[105] Vgl. dazu Verger, Politica 143.

[106] Ächtung der Ligastädte: MGH Const. 2, 136–139, Nr. 107 (139, Z. 21–25 [c. 9]: allgemeines Studienverbot); Studienverbot für Bologna: Monti, Storia 38f., Nr. 1 (vgl. RI V 4, 43, Nr. 288); Rücknahme: MGH Const. 2, 144, Z. 19, Nr. 112 (5. 1. 1227), 145, Z. 19, Nr. 113; vgl. zum Geschehen unten S. 110f., 113f.

[107] HB 4, 497f. (= Monti, Storia 39f., Nr. 2), vgl. dazu Richard von S. Germano, ad 1234, ed. Garufi 189, der an einen völligen Neubeginn denken läßt, während andererseits etwa Benedikt von Isernia anfangs der dreißiger Jahre anscheinend durchaus als Professor tätig war, vgl. dazu oben S. 44 mit Anm. 91.

Allem nach kam die Arbeit in Neapel tatsächlich rasch wieder erstaunlich gut in Gang, um dann freilich bereits 1239 in eine neue Krise zu geraten. Angesichts seiner zweiten Exkommunikation durch den Papst und der sich daraufhin schnell zuspitzenden Lage in der Lombardei mit ihren absehbaren enormen finanziellen Belastungen befahl Friedrich damals, das Neapolitaner Studium aufzulösen. Zutiefst bestürzt reagierten die dortigen Professoren und Studenten: Sie entsandten zwei Boten, der eine ein Magister, der andere vielleicht ein Student, an den Kaiser mit der inständigen Bitte, er möge seinen Entschluß revidieren, sein großes Bildungswerk nicht aufgeben; gleichzeitig ersuchten sie wohl brieflich einflußreiche Männer des Hofes um Unterstützung für ihr Anliegen beim Herrscher. Ihr Einsatz hatte Erfolg. Friedrich ließ sich umstimmen und versprach im November, sich weiterhin nach Kräften für das Wohl und Wachstum seiner Gründung einzusetzen. Sofort erging eine Reihe von Mandaten mit entsprechenden Regelungen, und auch später blieb es augenscheinlich bei der jetzt festgelegten herrscherlichen Linie.[108]

Leider verrät die kärgliche Überlieferung außer einigen wenigen Namen nichts über die zu Friedrichs Zeit in Neapel Studierenden.[109] Dagegen kennen wir doch eine ganze Reihe von Gelehrten, die mehr oder weniger lange dort unterrichteten. Die kaiserlichen Bemühungen um renommierte Professoren führten gleich anfangs zu einem beachtlichen Erfolg mit der Berufung Roffreds von Benevent. Der angesehene Jurist, der sich bereits bei der Umgestaltung des Hofgerichts bewährt hatte und nun durch sein Beispiel und seine Kontakte vielleicht weitere Fachleute an das neue Studienzentrum zog, blieb in Neapel vermutlich bis zum Ausgang der zwanziger Jahre. Wiederholt, unter anderem 1227 nach der Exkommunikation des Kaisers, reiste er damals zudem im Auftrag seines Herrn und um dessen Standpunkt zu Gehör zu bringen an die päpstliche Kurie. Nach 1230 wandte er sich dann freilich der päpstlichen Sache zu und war seit 1234 als ein gesuchter Anwalt und exzellenter Kenner nun auch des kano-

---

[108] Vgl. die Dokumente vom 14. 11. 1239: HB 5, 493–496 (= Monti, Storia 42–47, Nr. 4–7); die Bittschrift der Neapolitaner Magister an einen beim Herrscher Einflußreichen (Text: Hampe, Gründungsgeschichte 14f. = Monti 41f., Nr. 3) gehört wohl doch nicht zu 1234 (so Hampe 6–8), sondern eher ins Jahr 1239: Sie setzt einen laufenden, bisher von oben geförderten Studienbetrieb voraus, den der Herrscher nun aufgeben will, was die Autoren verhindern möchten; ihre Formulierung: *Cum ... tanti principis tantum opus non ... perire debeat*, scheint Friedrich aufzunehmen: *ne ... opus manuum nostrarum laudabile penitus deperiret*, HB 5, 495 (= Monti 45); es handelt sich jedoch nicht um die an Friedrich direkt gerichtete Botschaft der beiden Neapolitaner Abgesandten (so Monti 35).

[109] Siehe die Zusammenstellung bei Kantorowicz, Friedrich. Ergänzungsband 270–273, vgl. oben S. 45 (Robert von Palermo, Andreas von Capua).

nischen Rechts vorwiegend in Rom tätig. Friedrich bedauerte den Verlust dieses außergewöhnlich befähigten Mannes offenkundig sehr. Kaum hatten nämlich seine Truppen 1241 Roffreds Heimatstadt unterworfen, sandte er ihm eigens einen Brief mit der Aufforderung, er möge gleichsam als ein verlorenes Schaf in den Schutz, Gehorsam und Dienst seines Herrn zurückkehren – angesichts der Situation in Benevent sicher ein bemerkenswertes Zeichen der Anerkennung und Hochachtung. Der Umworbene scheint indes seine letzten Lebensjahre ohne verpflichtende Bindungen an Kaiser oder Papst in seiner Heimat verbracht zu haben, um die Vollendung seines wissenschaftlichen Werkes bemüht, ein scharfer Beobachter und geistreicher Kritiker der Mißstände und Schwächen seiner Zeit, der Verweltlichung des Klerus ebenso wie der Eitelkeit und Geldgier seiner Berufsgenossen.[110]

Wie Roffred wirkte unter Umständen Benedikt von Isernia bereits seit 1224 in Neapel – immerhin führen ihn manche Handschriften des kaiserlichen Gründungsmanifestes neben dem Beneventer Gelehrten als zweiten für die neue Universität gewonnenen Legisten von Rang an.[111] Nun gibt dieser Beleg gewiß Anlaß zur Skepsis. Dennoch wird man in ihm wenigstens ein Indiz dafür sehen können, daß Benedikt seine für die beginnenden dreißiger Jahre gut belegte Neapolitaner Lehrtätigkeit recht früh, bald nach 1224 aufnahm. Einer seiner Schüler, Nicolaus Rufulus, hatte während der ersten Phase der Anjou-Herrschaft ebenfalls eine Professur in Neapel inne, ein zweiter, Johannes Faseolus aus Pisa, möglicherweise in den Jahren um 1250.[112]

Spärlicher fließen die Nachrichten über andere Zivilrechtler Neapels aus der Zeit Friedrichs. Wohl seit 1234 gehörte Matheus von Pisa zu ihnen; um die Jahreswende 1240/1241 nämlich verlieh ihm der Kaiser selbst nach siebenjährigem Aufenthalt im Königreich das sizilische Bürgerrecht, so daß er nun zusätzlich als Anwalt zugelassen werden konnte – ein ein-

---

[110] Roffred in Neapel: Richard von S. Germano, ad 1224, ed. Garufi 114; als Gesandter: MGH Epp. saec. XIII 1, 212, Z. 12f., Nr. 290 (24. 1. 1226), ebd. 235, Z. 21f., Nr. 309 (Sept.–Okt. 1226; *R. iuris civilis professorem*), Richard, ad 1227 (November), ed. Garufi 149; Brief Friedrichs: HB 5, 1115, vgl. das etwa gleichzeitige Schreiben des Petrus de Vinea, Ep. III 81, ed. Iselius 1, 520, zum Datum 1241: Richard, ad 1241, ed. Garufi 208. Vgl. Ferretti, Roffredo 254–273, Meyers, Iuris interpretes XXIII–XXV, Bellomo, Intorno, bes. 161–181, vgl. oben S. 40f. mit Anm. 86.

[111] Vgl. die Übersicht über die in den Hss. gebotenen Namen: HB 2, 451 Anm. b; Richard von S. Germano, ad 1224, ed. Garufi 114, nennt nur Roffred.

[112] Vgl. zu Benedikt oben S. 44 mit Anm. 91; zu Nicolaus: Meyers, Iuris interpretes XXVII, 93–95 (seine Glossen: 97–149), vgl. Martino, Federico 56f., 80f.; zu Johannes: Meyers XXVIII–XXX, Santini, Giuristi settentrionali 67, vgl. jedoch Martino 121 Anm. 10.

drucksvoller Hinweis im übrigen auf die streng praktizierte administrative Trennung von Imperium und Regnum. Gleichfalls aus Oberitalien und wie Matheus ungefähr um die Mitte der dreißiger Jahre kamen Martin von Fano und vermutlich Hubertus de Bonocurso aus Modena nach Neapel.[113] Aus Benevent stammte dagegen jener Richter Saductus, den das Hofgericht 1224 als Sachwalter des Fiskus und 1231 zusammen mit Benedikt von Isernia als Ratgeber zu seinen Sitzungen heranzog und der offenbar 1229 und ebenso noch 1239 zur Professorenschaft Neapels zählte. Schließlich fand sich im Kreis der zu Neapel Lehrenden vielleicht schon unter Friedrich wie dann sicher während der ersten Regierungsjahre Karls I. von Anjou der gelehrte Jurist Andreas Bonellus aus Barletta, der neben Arbeiten zum römischen und langobardischen Recht wohl am Ausgang der Stauferherrschaft in Sizilien als erster namentlich bekannter Kommentator Glossen zu Friedrichs Konstitutionen verfaßte.[114]

Neben die Kenner und Lehrer des römischen traten solche des kirchlichen Rechts. Als bedeutendster unter ihnen darf gewiß Gottfried von Trani gelten. Der Traneser Kanoniker hatte in Bologna studiert und bereits erste Erfahrungen im Professorenamt gesammelt, als er wohl 1234 den Ruf nach Neapel erhielt. Er lehrte dort bis gegen 1240 und beschäftigte sich dabei offenbar nicht nur mit dem Kirchenrecht, sondern auch mit zivilrechtlichen Fragen. Sein Hauptwerk, eine Summe zur Dekretalensammlung Papst Gregors IX., die ihn bald berühmt machte, entstand freilich erst während seines Dienstes an der päpstlichen Kurie, also nach 1240. Kaum ein Jahr nach seiner Erhebung zum Kardinal starb Gottfried im April 1245.[115] Zwei andere Kanonisten, Salvus und Petrus Paparonus, lassen sich schon 1225, also in der Anfangsphase der Universität, in Neapel

---

[113] Matheus: Acta Imperii 1, 656, Nr. 855, vgl. Meyers, Iuris interpretes XXIII; Martin: Meyers XXVI–XXVIII, Santini, Giuristi settentrionali 63 f.; Hubertus: Meyers XXXf., vgl. Santini 57–60 (sollte Friedrich mit HB 4, 498 f. Hubertus von Neapel nach Vercelli berufen haben, so könnte dies um 1240 geschehen sein; Acta Imperii 1, 333, Nr. 378 und 560 f., Nr. 706, beweisen keinesfalls dessen Anwesenheit in Grosseto im Februar 1244); siehe noch Santini, Giuristi collaboratori 342, 346–350.

[114] Saductus: HB 2, 432 (Mai 1224), Heupel, Großhof 142 f., Nr. 13 (August 1231), Ferretti, Roffredo 254 mit Anm. 2 (*Saductus legum doctor*, 1229 und 1239), ebd. 282, Nr. 18 (April 1230), Meyers, Iuris interpretes XXIII, 89 f. (5 Glossen); Andreas: Stürner, Konstitutionen 46–48 mit ergänzender Literatur. Zu weiteren Neapolitaner Legisten aus der Zeit Friedrichs vgl. Meyers XXIII f., Santini, Giuristi settentrionali 57, 60 f.; siehe außerdem den Gesamtüberblick bei Kantorowicz, Friedrich. Ergänzungsband 266–270.

[115] Kamp, Kirche 1, 555 f., vgl. Meyers, Iuris interpretes XXV f., Kuttner, Canonisti 19–22, Paravicini Bagliani, Medicina 74 f., vgl. ders., Cardinali 1, 273–278.

Die Gründung der Universität zu Neapel

nachweisen. Salvus könnte identisch sein mit dem seit 1238 in der kaiserlichen Kanzlei faßbaren gleichnamigen Notar und Prior der Hofkirche San Nicola in Bari. Den Petrus hingegen ernannte Gregor IX. 1227 zum Erzbischof von Brindisi; er hielt sich jedoch allem nach auch in seiner neuen Stellung auf der Seite des Kaisers, den er vielleicht um wenige Monate überlebte. Als seinen Schüler aus seiner Neapolitaner Zeit und einen seiner späteren Mitarbeiter können wir vermutlich den Bartholomaeus Pignatellus († 1270) ansehen. Friedrich holte ihn seines ausgezeichneten wissenschaftlichen Rufes wegen im November 1239 von Brindisi als Kirchenrechtler an die Universität in Neapel. Nach 1250 entschied sich Bartholomaeus dann allerdings zum Frontwechsel und trug, seit 1254 Erzbischof von Cosenza, seit 1266 von Messina, ganz entscheidend zur Herrschaftsübernahme Karls von Anjou im Königreich bei.[116]

Offenkundig fehlte es auch den *artes liberales*, den Grundwissenschaften wie Grammatik und Rhetorik, Logik und Naturphilosophie in Neapel durchaus nicht an fähigen Vertretern.[117] Terrisius von Atina (nördlich Cassinos) etwa, der in Bologna bei dem angesehenen Bene Florentinus Rhetorik studiert hatte und seit 1237 verschiedentlich als Literat im Dienst und in der Umgebung des Kaisers erscheint, vermittelte den Neapolitaner Scholaren seine Kenntnisse und Erfahrungen in der *ars dictaminis*, der Kenntnis des angemessenen, elegant-gehobenen Formulierens von Prosatexten, vor allem Briefen und Urkunden. Als sein Fachkollege begegnet uns Nicolaus de Rocca, der begabte Schüler des Petrus de Vinea und führende Kanzleinotar während der letzten Jahre Friedrichs wie noch zur Zeit Konrads IV. und Manfreds. Ein Kondolenzbrief des Terrisius macht uns überdies auf den damals eben verstorbenen Neapolitaner Philosophieprofessor und Magister Arnaldus Catalanus aufmerksam und legt die Vermutung nahe, der Genannte sei vorwiegend mit naturwissenschaftlichen Problemen befaßt gewesen.[118]

---

[116] Siehe Kamp, Kirche 1, 674–676 (Paparonus, zu Salvus 675 Anm. 95), 399f., 849–853, 1037–1041 (Bartholomaeus; seine Ernennung in Neapel: HB 5, 496, vom 14.11.1239); Meyers, Iuris interpretes XXIII (Bartholomeus); Schaller, Hofkapelle 521, Nr. 62, ders., Kanzlei 1, 282f., Nr. 76 (Salvus).

[117] Die *liberalium artium studia* sollten in Neapel blühen, so erwartete Friedrich 1239 (HB 5, 494); im übrigen sah bereits das Gründungsrundschreiben allgemein die Lehre der *artes et cuiuscumque profesionis ... studia* vor, Richard von S. Germano, ad 1224, ed. Garufi 113, und 1234 wollte Friedrich nicht nur für Theologen, Kanonisten und Legisten sorgen, sondern auch für *magistri quarumlibet artium liberalium*, HB 4, 497 (= Monti, Storia 40, Nr. 2).

[118] Terrisius: Torraca, Maestro Terrisio, bes. 234–241, Text seiner Briefe ebd. 243–251 (Kondolenzbrief zum Tod des Arnaldus Catalanus: 247f., Nr. 3), Edition seines Preisgedichts auf Friedrich: Schaller, Preisgedicht 97–101, vgl. dazu unten

Schließlich erfahren wir von Wilhelm von Tocco († um 1323), dem Biographen des Thomas von Aquino, daß dieser wohl berühmteste Absolvent der Universität Neapel während seiner ungefähr zwischen 1239 und 1244 anzusetzenden Studienzeit den Grammatik- und Logikunterricht eines Magisters Martinus genoß und bei Petrus de Hibernia Vorlesungen zur Naturphilosophie hörte. Im Unterschied zu dem sonst unbekannten Martin kennen wir Petrus de Hibernia recht gut. Konrad IV. lud ihn im Sommer 1253 dringend ein, für das beachtliche Jahresgehalt von zwölf Goldunzen[119] an die nach Salerno verlegte Universität zu kommen; dabei äußerte er sich voll des Lobes über die wissenschaftliche Arbeit des Gelehrten und seine dem verstorbenen Kaiser geleisteten Dienste. Tatsächlich scheint Petrus dann zum mindesten unter König Manfred wieder in Neapel gewirkt und in hohem Ansehen am Hofe gestanden zu haben.

Seinen hervorragenden Ruf bezeugt der Verlauf jenes Streitgespräches, das Neapolitaner Magister um 1260 in Anwesenheit des Königs führten, um eine naturphilosophische Grundfrage zu klären, mit der sich Manfred selbst an sie gewandt hatte: Am Ende entschied die eingehende Stellungnahme des als *gemma magistrorum*, als Perle unter den Professoren gepriesenen Petrus die Sache. Seine Ausführungen erweisen ihn denn auch als einen guten Kenner sowohl des Aristoteles wie des seinerzeit überaus geschätzten arabischen Aristoteleskommentators Averroes; sie werden uns im Zusammenhang mit Friedrichs Falkenbuch noch einmal beschäftigen.[120]

Gewiß behielt der Staufer die Ausbildung der Ärzte der bereits länger als ein Jahrhundert blühenden, in ganz Europa anerkannten Medizinschule von Salerno vor, und aller Wahrscheinlichkeit nach konnte man an der

---

S. 206f.; Teilnahme an einer von Thaddaeus von Sessa geleiteten Untersuchung im Juli 1237: Richard von S. Germano, ad 1237, ed. Garufi 193. Nicolaus: Schaller, Kanzlei 1, 244f., 248, 275f. (Nr. 55), vgl. ders., Entstehung 258, Huillard-Bréholles, Vie 132–139, Text der Nicolaus-Briefe ebd. 368–394, Nr. 73–97; vgl. ebd. 394–396, Nr. 98 (ein Kondolenzbrief vielleicht von Petrus de Vinea an die *Neapolitani studii doctores* anläßlich des Todes ihres für die *ars grammaticae* zuständigen Kollegen G.).

[119] Friedrich sah 1240 für die Richter im Dienste der Sekreten und Oberkämmerer acht Goldunzen, für ihre Notare vier Goldunzen Jahresgehalt vor, vgl. etwa HB 5, 952, 955, 958, dazu Stürner, Konstitutionen 94 mit Anm. 376.

[120] Wilhelm von Tocco, Vita c. 5, ed. Prümmer, Fontes 70, vgl. die Angaben des Petrus Calo, Vita c. 4, ebd. 20; Konrads Einladung: HB 2, 449f. (= Monti, Storia 51f., Nr. 11, vgl. ebd. 29–31 und RI V, Nr. 4601); Text der Stellungnahme des Petrus zu Manfreds Frage: Baeumker, Petrus 40–49, zu Petrus siehe ebd. 3–13, zu seiner Antwort 13–28, 33–40, vgl. Schneider, Petrus 1975f., Torrell, Initiation 7–12, sowie unten S. 451.

von ihm ins Leben gerufenen Hohen Schule, von einzelnen Ausnahmesituationen vielleicht abgesehen, Theologie ebenfalls nicht studieren, sondern war dafür in der Regel auf das Neapolitaner *Studium generale* der Dominikaner angewiesen.[121] Trotzdem läßt der Blick auf die an Friedrichs Universität Lehrenden und ihre mannigfaltigen Aktivitäten, so zufällig und eingeschränkt er sein mag, doch sehr zögern, in ihr, wie dies immer wieder geschieht,[122] lediglich eine Art Kaderschmiede, eine eng und einseitig der Heranziehung tüchtiger Staatsbeamter verpflichtete Ausbildungsstätte von zweifelhafter Effizienz zu sehen. Vermutlich hatte der uns als Nicolaus de Jamsilla bekannte Mitarbeiter König Manfreds doch nicht völlig unrecht, als er, Salerno in sein Urteil einbeziehend, Friedrich das Verdienst zuschrieb, alle anerkannten Studiengänge in seinem Königreich etabliert sowie Professoren aus den verschiedensten Ländern angeworben zu haben, und ihn zudem rühmte, weil er mit seiner großzügigen Stipendienvergabe gleichermaßen armen wie reichen Studenten den Zugang zur *philosophia* ermöglichte.[123]

Kritik und Widerstand

Die Gründung der Universität Neapel bildete den vorläufigen Abschluß der vielfältigen Maßnahmen, mit denen Friedrich seit Ende 1220 die Neugestaltung seines sizilischen Königreiches betrieb. Eine ganze Reihe von ihnen, zumal jene, die der Organisation der Zentralverwaltung, dem Hofgericht oder eben der Universität galten, sollten das Regnum dauerhaft prägen, und zu Beginn der zwanziger Jahre blieb kaum ein Landesbewohner von ihren Auswirkungen unberührt. Der Herrscher hatte von Anfang an keine Zweifel daran gelassen, daß er die Dominanz seiner eigenen Position, die Sicherung seiner eigenen Rechte als die wesentliche Voraussetzung und entscheidende Gewähr für eine gerechte Ordnung der Gesellschaft betrachte. Nun konfrontierte er seine Untertanen mit den Konse-

---

[121] Zur Theologie in Neapel: Monti, Storia 61–82; die dort 83f., Nr. 1, abgedruckte, auf 1240 datierte Bitte der *Universitas doctorum et scholarium Neapolitani studii* an den Theologieprofessor Erasmus von Montecassino, er möge in Neapel lehren, ist schwer zu beurteilen: Der institutionelle Rahmen für die geplante Lehrtätigkeit bleibt unklar, die Gemeinschaft der in Neapel Lehrenden und Lernenden war kaum, und gar allein, zur Berufung von Professoren befugt, sie agiert zudem sonst nirgends als *universitas*, vgl. Arnaldi, Fondazione 96f. Über Friedrichs Verhältnis zur Medizinschule von Salerno siehe unten S. 377–385.
[122] Siehe etwa Verger, Politica 139f., Abulafia, Herrscher 256f., Colliva, Strutture 150–153, vgl. Kölzer, Verwaltungsreformen 307.
[123] Nicolaus de Jamsilla, ed. Del Re 106, Z. 37–47.

quenzen dieser Auffassung immer wieder aufs neue, mochte er 1221 zehn Prozent, von den Geistlichen fünf Prozent, ihrer Jahreseinkünfte einziehen, um die Summe den Kreuzfahrern in Damietta zu übersenden, oder im November 1223 den Städten des Regnums je einen festgelegten Geldbetrag abverlangen, um damit seine auf Sizilien gegen die Sarazenen kämpfenden Truppen zu entlohnen, oder etwa, wie offenbar 1224 geschehen, zeitweise die Ausfuhr von Lebensmitteln verbieten, um selbst von dem dadurch ausgelösten Preisverfall zu profitieren.[124]

Die empörten Proteste vorwiegend kirchlicher Würdenträger gegen den Verlust liebgewordener Besitzstände, gegen die oft genug tatsächlich übereilten oder willkürlichen Eingriffe der kaiserlichen Beamten registrierten wir bereits. Wir erfuhren freilich auch, daß durchaus Hoffnung bestand, wenigstens vor dem Hofgericht sein Recht zu bekommen oder beim Herrscher selbst eine günstige Ausnahmeregelung zu erwirken. Nach der problematisch-unsicheren Zeit des Übergangs traten dann wohl ganz allgemein die Vorteile deutlicher hervor, die die relativ stabilen Verhältnisse der Gegenwart, vorweg ihre zunehmende Rechtssicherheit, im Vergleich mit den vergangenen Jahrzehnten boten. Die Bereitschaft wuchs, sich mit den veränderten Gegebenheiten abzufinden und die sich neu eröffnenden Möglichkeiten zu nutzen. Positiv konnte sich für die einheimische Wirtschaft beispielsweise die Währungseinheit auswirken, ebenso der Wegfall mancher bislang im Landesinneren erhobenen Zölle oder die Gleichstellung der inländischen mit den fremden, insbesondere oberitalienischen Kaufleuten. Zwar blieben den Städten Autonomierechte, die sie im übrigen schon vor 1220 kaum genossen hatten, weithin verwehrt;[125] andererseits standen für die Angehörigen ihrer Führungsschicht die Chancen, nach einem erfolgreichen Universitätsstudium eine glänzende Karriere im Staatsdienst zu machen, jetzt erheblich besser als früher.

Solche Erfahrungen und Erwartungen, dazu die Tatsache, daß Friedrich seine Reformen bereits von Deutschland aus umsichtig vorbereitet, daß er sich seit 1219 zunehmenden Einfluß und wichtige Anhänger im Regnum gesichert hatte, daß er dorthin dann als gekrönter Kaiser und künftiger Kreuzfahrer mit genereller Unterstützung des Papstes kam – dies alles

---

[124] Richard von S. Germano, ad 1221, ed. Garufi 95 bzw. 97 f.; ad 1223, 111 f. (Mandat vom 20. 11. 1223) bzw. 110, wiederholt: ebd. ad 1224, 113 bzw. 119; vgl. ad 1225, 122 bzw. 126 f.; Ausfuhrsperre (sowie Abgaben für den Burgenbau): Ignoti cist. S. Mariae Chronicon, ad 1224, ed. Gaudenzi 38, vgl. Maschke, Wirtschaftspolitik 369, Haseloff, Architettura 23.
[125] Richard von S. Germano, ad 1220, ed. Garufi 91 (Capua, Assise 14); siehe dazu Martin, Città 181–188, ders., Administration 117 f., 122, 135–137, ders., Organisation 80, Fasoli, Organizzazione 168 f., Bocchi, Castelli 57–64.

mag die im Grunde doch überraschende Schnelligkeit erklären, mit der er sich im sizilischen Königreich nach 1220 durchsetzte. Auf Einzelvorstöße zur Sicherung individueller Interessen reagierte er offenbar verhältnismäßig beweglich, das früh aufkeimende Mißtrauen des Papstes suchte er mit Beschwichtigungen zu zerstreuen. Freilich sollte das Problem der Bischofseinsetzungen sein Verhältnis zu Honorius immer stärker belasten, und eben die sich häufenden Konflikte mit der Kirche beunruhigten einen Mann wie Thomas von Gaeta, den vertrauten Berater und bewährten Helfer aus Friedrichs Jugendjahren, so sehr, daß er sich – wohl um 1225/26, in bereits vorgerücktem Alter und ohne noch irgendein öffentliches Amt zu begleiten – mehrmals schriftlich an seinen kaiserlichen Herrn wandte, um ihn zu einer fundamentalen Änderung seiner Regierungspraxis zu bewegen.[126] Liebevoll eindringlich und fast rührend besorgt, dabei reichlich die Gebote der Bibel wie die Spruchweisheit der Gelehrten zitierend, ermahnte er den Staufer, an sein Seelenheil zu denken und sich in allem Gottes Willen zu unterwerfen. Insbesondere solle er das Einvernehmen mit dem Papst suchen und so den Frieden in der Christenheit sichern und befördern; desgleichen rate er ihm, seine sizilischen Untertanen, und zumal die Armen unter ihnen, nicht länger mit Abgaben, Dienstverpflichtungen und Bauprogrammen zu belasten, sondern, anstatt weitere Burgen aufzurichten, lieber wie seine Vorfahren zunächst einmal Kirchen oder Klöster zu stiften. So nämlich erwerbe er sich die Hilfe Gottes und die Liebe des Volkes. Damit aber gewinne seine Herrschaft das sicherste auf Erden überhaupt denkbare Fundament, erlange sein Regiment Festigkeit und Dauer in einem Maße, wie dies durch Gewalt und Einschüchterung niemals möglich wäre.

Mit seiner Kritik an den ständigen Belastungen des sizilischen Königreichs durch die immer wirkungsvoller arbeitende königliche Verwaltung sprach Thomas gewiß den meisten Einwohnern des Regnums aus der Seele. Das bedeutet indes nicht unbedingt, daß sie sich tatsächlich bedeutend schlechter stellten als vor 1220 oder daß sie dies auch nur so empfanden. Inwieweit des Thomas Aufforderung zum Kirchenbau – schon der daraus resultierenden Kosten wegen – allgemeine Erwartungen und Wünsche widerspiegelt, mag offenbleiben. Eindeutig der Welt der Theorie, dem gelehrten Nachdenken über das Gemeinwesen verpflichtet ist jedoch seine Vision des Fürsten, der sich durch Frömmigkeit und Milde die Herzen der Untertanen erobert und, von ihrer Liebe getragen, für seine Gegner unüberwindlich wird; bereits Johannes von Salisbury etwa hatte eine

---

[126] Text der Briefe: Kehr, Briefbuch 53–56, Nr. 10 f., 61–63, Nr. 15, dazu ebd. 18–20, 22 f., vgl. oben Bd. 1, bes. S. 111 f.; über Friedrichs Verhältnis zum Papst siehe unten S. 75–84.

ähnliche Herrschaftskonzeption entworfen.[127] Als ein von seinem Gewissen getriebener Intellektueller also wandte sich Thomas an den Praktiker der Politik, und wie häufig in solchen Fällen – vergleichbare Situationen sind ja bis heute durchaus nicht selten in der Geschichte – faszinieren seine Vorschläge einerseits gleicherweise durch ihr geistiges Niveau wie durch ihre moralischen Grundsätze, haftet ihnen andererseits freilich ebenso unbestreitbar eine gewisse Realitätsferne und Einseitigkeit an, die ihre Tauglichkeit als Leitfaden für das politische Handeln deutlich begrenzen. Friedrich mochte sich wundern, daß Thomas über den Theorien so rasch seine eigenen praktischen Erfahrungen vergessen hatte. Er selbst glaubte es sich – von seiner andersartigen, auf das Recht setzenden Herrschaftsvorstellung einmal abgesehen – schon angesichts der konkreten Verhältnisse im Regnum, wie er sie seit seiner frühesten Jugend kannte und täglich neu erlebte, ganz offenkundig nicht leisten zu können, dem wohlmeinenden Rat aus Gaeta zu folgen. Zumindest hören wir weder von einer Antwort darauf, noch zog er sonst greifbare Konsequenzen.

Eine echte, unmittelbare Gefahr für sein Reformvorhaben, ja für seine herrscherliche Stellung überhaupt hatte der Kaiser am ehesten vom hohen Adel des Regnums zu befürchten, dem mit der Wiederaufrichtung der königlichen Gewalt der völlige Verlust seiner in Jahrzehnten gewonnenen Unabhängigkeit drohte.[128] Freilich war spätestens seit dem Erscheinen vieler wichtiger Repräsentanten dieser Schicht bei der Kaiserkrönung in Rom deutlich geworden, daß sie sich nicht zu geschlossenem Widerstand zusammenfinden würde. Offenbar hielt es mancher Große sogar für angezeigt, dem Staufer von vornherein aus dem Wege zu gehen. Matthaeus Gentilis etwa, der während der Abwesenheit des Herrschers in Apulien dominierende Graf von Lesina, stach noch im Sommer 1220 mit acht Galeeren in See, um den Kreuzfahrern in Damietta zu Hilfe zu kommen. Trotzdem zog der Kaiser die gräflichen Lehen ein, möglicherweise bereits vor Matthaeus' Tod im Jahre 1223; danach jedenfalls gehörte die Grafschaft Lesina zur Krondomäne.[129]

Weniger aus eigenem Antrieb, sondern auf kaiserlichen Befehl segelte 1221 ein anderer Mächtiger des Königreiches nach Osten: Walter von Pa-

---

[127] Siehe bes. Johannes von Salisbury, Policraticus IV 3, ed. Webb 241, Z. 30–242, Z. 7, IV 4, 246, Z. 10–15, IV 8, 264, Z. 29–31 (zum Wert des *amor subiectorum*, vgl. Kehr, Briefbuch 53f., Nr. 10, 56, Nr. 11), dazu Stürner, Natur 124, ders., Peccatum 145–150.

[128] Vgl. dazu Cuvillier, Milites 640–664, außerdem Martin, Organisation 89–91, Tramontana, Monarchia 232–237, Mazzarese Fardella, Feudi 24–37.

[129] HB 2, 1 Anm. 2, HB 2, 406, 597, HB 5, 756, vgl. dazu bes. Holtzmann, Nardò 63 Anm. b, Kamp, Kirche 1, 271 mit Anm. 2, außerdem oben S. 4 mit Anm. 11.

gliara, der Bischof von Catania und sizilische Kanzler, seit Jahrzehnten einer der wendigsten, erfahrensten und einflußreichsten Politiker des Landes. Nun übertrug Friedrich ihm neben Admiral Heinrich von Malta die Leitung der Kreuzfahrerflotte und nutzte seine Abwesenheit dann – ähnlich wie im Falle des Matthaeus von Lesina –, um in seinem Bistum Revokationen vorzunehmen. Vermutlich schon damals verbot er ihm überdies, das Regnum je wieder zu betreten. Spätere Äußerungen zeigen in der Tat, daß ihn dazu keineswegs der Zorn über Walters Mißerfolg als Flottenchef bestimmte – Admiral Heinrich kehrte denn auch unbehelligt nach Sizilien heim –, daß er dem Kanzler vielmehr weit grundsätzlicher die Verschwendung der Krongüter während der Zeit seiner Regentschaft zur Last legte. Er sah in ihm ganz offensichtlich einen der Hauptverantwortlichen für eben jenen Zerfall der königlichen Gewalt, den er selbst mit aller Kraft rückgängig zu machen sich anschickte. Walter begriff die Tiefe des Gegensatzes; er verzichtete auf die direkte Konfrontation und suchte zunächst in Venedig, dann in Rom Zuflucht. Zwar konnte er nach wie vor über die Einkünfte aus seiner Diözese verfügen, die Rückkehr dorthin aber blieb ihm trotz entsprechender Bitten des Papstes und der Kardinäle bis zu seinem Tode (vermutlich 1230) verwehrt.[130]

Zum Mittel der offenen, militärischen Gewalt gegen Friedrichs Politik der Zentralisierung griff allein Thomas von Molise, ein freilich besonders gefährlicher Widersacher. Bereits 1210 war er zusammen mit seinem Vater, dem Grafen Peter von Celano, ein entschiedener Helfer Kaiser Ottos IV. gegen den Stauferkönig gewesen. Nach Peters Tod im Jahre 1212 hatte er dann nicht nur die Grafschaft Molise erlangt, sondern außerdem ganz oder teilweise wohl auch das Erbe seines Bruders Richard, die Grafschaften Celano und Albe, an sich gerissen. Leider wissen wir nichts Genaueres über diese Vorgänge; einigermaßen fest steht jedoch, daß der Bruderzwist die ganze Region schwer erschütterte. Sogar Kardinal Thomas von Capua († 1239), ein stets auf Ausgleich zwischen Papst und Kaiser bedachter und deshalb zeit seines Lebens bei Friedrich hoch angesehener Mann, scheint sich aus Sorge um die Verhältnisse in seiner Heimat an die Streitenden gewandt und sie vergeblich zur Versöhnung aufgerufen zu haben.[131]

---

[130] Richard von S. Germano, ad 1221, ed. Garufi 98 und 100, vgl. 95, zu Heinrich, wohl zutreffender: Annales Ianuae, ad 1221, MGH SS 18, 149, vgl. ad 1223, 153; Walters Güterverschwendung und Ausweisung: Richard, ad 1226, 142f. (Brief Friedrichs), MGH Epp. saec. XIII 1, 219f., Nr. 296 (Antwort Honorius' III., Mai 1226); dazu Kamp, Kirche 1, 1214f., Niese, Catania 59–63, zu Heinrich auch: Cohn, Geschichte 100–102, Houben, Enrico 748.

[131] Text der Briefe: HB 1, 931f., Nr. 3f., zu Thomas von Capua siehe Schaller, Stu-

Natürlich konnte das Entstehen eines großen, zusammenhängenden fürstlichen Herrschaftsraumes an der Nordgrenze des Königreiches, von dessen Kastellen aus sich wichtige Zugänge und Pässe kontrollieren ließen, auch Friedrich nicht gleichgültig sein. Richard tat offenbar ein übriges, um den Staufer gegen seinen Bruder einzunehmen; jedenfalls hielten es Kardinal Thomas wie Papst Honorius persönlich für dringend angebracht, dem eben von Deutschland nach Italien und Sizilien aufbrechenden Monarchen wiederholt Nachsicht und Milde gegen den Grafen von Molise anzuraten.[132] Wie wir bereits sahen, kam es anders. Während Graf Richard zur Kaiserkrönung in Rom erschien und huldigte, blieb Graf Thomas den Feierlichkeiten fern und hoffte, sein Sohn Roger werde beim Kaiser trotz allem die Anerkennung seiner Position durchsetzen. Diese Hoffnung aber trog. Woran die Einigung damals im einzelnen scheiterte, ob an territorialen Fragen oder etwa am Anspruch des Grafen auf die altgewohnte Hochgerichtsbarkeit des Justitiariats, das entzieht sich unserer Kenntnis.[133] Im Kern freilich handelte es sich bei der Auseinandersetzung zwischen Kaiser und Graf um den auf Dauer wohl ohnehin kaum vermeidbaren grundsätzlichen Konflikt zweier gänzlich verschiedener, doch gleicherweise mit tiefer Überzeugung vertretener Konzeptionen von gesellschaftlicher Ordnung.

Der Kampf[134] zog sich erstaunlich lange hin, konzentrierte sich allerdings rasch auf die Belagerung der wenigen Hauptstützpunkte des Grafen Thomas. Im Mittelpunkt des Geschehens standen zunächst seine Kastelle Bojano und Roccamandolfi in der Grafschaft Molise, wo im übrigen bereits seit Ende 1221 ein kaiserlicher Justitiar die Revokation der Domänengüter vorantrieb. Nach dem Fall Bojanos verließ Thomas denn auch im Frühjahr 1222 den Südteil seines Herrschaftsbereiches und schlug sich zur

---

dien 373–394 (zu Herkunft und Leben; über die den Celano-Streit betreffenden Stücke und ihre unsichere Autorschaft 396 Anm. 119 und 401), vgl. Kamp, Kirche 1, 315–317, Maleczek, Papst 201–203; grundlegend zur Geschichte der Grafschaften Molise und Celano: Jamison, Conti, siehe bes. 103f., 108–110, 117–132.

[132] Papstbriefe: Acta Imperii 1, 479, Nr. 597 (= HB 1, 930f., Nr. 2), Acta 2, 681, Nr. 1014; daneben: Acta 1, 478, Nr. 596 (= HB 1, 929f., Nr. 1; vermutlich von Kardinal Thomas).

[133] Richard von S. Germano, ad 1220, ed. Garufi 83, vgl. oben S. 9; Streit um Gebietsansprüche: Jamison, Conti 121 mit Anm. 4, vgl. 122, um das Justitiariat: Niese, Gesetzgebung 173 mit Anm. 3.

[134] Bericht bei Richard von S. Germano, ad 1221–1223, ed. Garufi 94, 101–103, 107–110, vgl. Annales Siculi, ad 1222, ed. Pontieri 117; kaiserlicher Justitiar für Molise: Jamison, Conti 164f., Nr. 9, vgl. zum Folgenden ebd. 122–125, zum an der Belagerung Celanos beteiligten Erzbischof Rainald von Capua Kamp, Kirche 1, 116–120, sowie oben S. 3 mit Anm. 7.

Stadt Celano durch, deren Bewohner zwar wenige Monate zuvor zum Kaiser übergegangen waren, nun jedoch wieder ihren alten Herrn unterstützten. Der Graf plünderte und brandschatzte das Umland Celanos, sammelte soviel Proviant wie irgend möglich in der Stadt und verschanzte sich hinter ihren Mauern. Obwohl die kaiserliche Seite unter Führung des Thomas von Acerra seine Feste bald einschloß und energisch bestürmte, gelang ihr kein Durchbruch. So begann Friedrich im Frühjahr 1223 Verhandlungen mit dem Grafen, wohl um endlich alle seine Kräfte für die vollständige Niederwerfung der sizilischen Sarazenen freizubekommen, vor allem aber gedrängt vom Papst, dem an der Vernichtung seines Schützlings Thomas von Molise wenig, an der baldigen Kreuzfahrt des Kaisers hingegen alles lag. Möglicherweise vermittelte Honorius denn auch zusammen mit dem von gleichen Kreuzzugswünschen erfüllten Hochmeister des Deutschen Ordens Hermann von Salza die ersten Kontakte zwischen den feindlichen Parteien. Jedenfalls konnte ihm der Kaiser bereits am 25. April 1223 den Text des mit Thomas abgeschlossenen Paktes und das Gelöbnis seiner Vertragstreue übersenden, nicht ohne zu betonen, daß ihn keineswegs die militärische Situation, sondern allein die päpstlichen Bitten und das anstehende Kreuzzugsunternehmen zu dem Schritt bewogen hätten.[135]

Die Übereinkunft sah vor, daß Thomas von Molise und seine Anhänger die Verzeihung und Gnade des Kaisers erlangten sowie ihre Eigengüter und Lehen zurückbekamen; insbesondere erhielt Thomas für sich und seine Erben die Grafschaft Molise einschließlich der eigens genannten Justitiariatsgewalt, die freilich zugunsten der kaisertreuen Barone eine gewisse Beschränkung erfuhr. Seinerseits hatte der Graf die von ihm noch gehaltenen Kastelle auszuliefern, dem Kaiser die Zerstörung von Befestigungen in Molise nach dessen Ermessen zu gestatten und zu schwören, daß er für drei Jahre das Königreich verlassen und sich ins Heilige Land oder aber in die Lombardei begeben werde; überdies verpflichtete er sich, zur Sicherheit seinen Sohn dem Hochmeister Hermann von Salza als Geisel zu übergeben.

Von einem Kardinal geleitet, begab sich Thomas mit seiner Familie zunächst nach Rom. Er lebte dann zeitweise in Ceccano unmittelbar an der Grenze zum Regnum oder in Perugia. Seinem Versprechen gemäß in die Lombardei oder gar ins Heilige Land zu reisen, dazu machte er allerdings keine Anstalten. Vermutlich deshalb rief ihn Heinrich von Morra zur Rechenschaft vor das Großhofgericht. Als er sich weigerte, dort zu erscheinen, ließ Friedrich die Grafschaft Molise kurzerhand dem Krongut

---

[135] Text des Vertrages und des kaiserlichen Gelöbnisses gegenüber Papst und Kardinälen: MGH Const. 2, 548–550, Nr. 418 f., vgl. das erklärende Schreiben Acta Imperii 1, 232, Nr. 255.

zuschlagen und vom Justitiar der Terra di Lavoro mitverwalten. So hatte er, formal wohl durchaus im Recht, seine Absicht am Ende durchgesetzt, sich zugleich freilich künftige Schwierigkeiten eingehandelt. Doch weder die wiederholten, wenn auch sachlich kaum berechtigten päpstlichen Klagen über seinen Vertragsbruch noch die militärischen Vorstöße des Grafen Thomas († 1254) änderten etwas an der Lage der Dinge, und bezeichnenderweise hütete sich später selbst Karl von Anjou, die strategisch so wichtige Region aus der Hand zu geben.

Hart mußten die Einwohner der Stadt Celano für ihren Abfall vom Kaiser büßen. Ihre Häuser wurden zerstört, sie selbst in die Verbannung nach Sizilien geschickt; erst 1227 durften sie heimkehren. Die Grafschaft Celano gelangte wie das benachbarte Albe an zuverlässige staufische Gefolgsleute, 1252 kam sie sogar, wie zuvor bereits Albe, an den Kaisersohn Friedrich von Antiochia. Der neue Anjou-Herrscher aber belehnte mit ihr im Jahre 1270 Roger von Celano († 1282), den Sohn des Grafen Thomas, der damit schließlich wenigstens einen Teil seines väterlichen Erbes zu retten vermochte.[136]

Während sich die endgültige Entmachtung des Grafen von Celano im Sommer 1223 erst anbahnte, gelang es Friedrich damals offenbar, eine Gruppe anderer bedeutender Hochadliger ohne große Schwierigkeiten sofort ganz auszuschalten: Roger von Aquila, den Grafen von Fondi, Thomas, den Grafen von Caserta (nördlich Neapels), Jakob von San Severino, den Grafen von Avellino, und den Sohn des 1210 verstorbenen Grafen Jakob von Tricarico (östlich Potenzas), also vielleicht den 1218 als Graf von Tricarico belegten Robert. Er hatte die vier Herren gegen die Sarazenen Siziliens aufgeboten; als sie daraufhin ihre Lehnspflichten nur sehr ungenügend erfüllten, verhaftete er sie und zog ihre Güter ein. Zwar erhielten sie auf dringende Bitten des Papstes Anfang 1224 ihre Freiheit zurück, sie mußten jedoch Söhne oder Verwandte als Geiseln stellen und das Königreich verlassen. Jakob von Avellino starb gegen 1226 im Heiligen Land, wo er sich auf kaiserlichen Befehl aufhielt; seine Grafschaft blieb bei der Krondomäne. In Tricarico indes scheint die angestammte gräfliche Familie später immerhin für einige Zeit wieder geherrscht zu

---

[136] Richard von S. Germano, ad 1223, ed. Garufi 108–110; vgl. ebd. ad 1228/1229, 152f., ad 1240, 206 (Vorstöße des Thomas); ebd. ad 1224, 112f., ad 1227, 146 (Exil der Einwohner Celanos, siehe dazu Kantorowicz, Friedrich. Ergänzungsband 46); päpstliche Klagen: MGH Epp. saec. XIII 1, 220, Nr. 296, 287, Nr. 370, 289, Nr. 371, 318f., Nr. 399, dazu zutreffend schon Winkelmann, Friedrich 1, 203f., 550f.; zum Ganzen Jamison, Conti 126–133, 140–150, vgl. 166f., Nr. 10 (Mai 1226; Anweisungen des Justitiars der Terra di Lavoro, Roger de Galluccio, für Molise, zu Roger vgl. Kamp, Kirche 1, 802 mit Anm. 30.

haben, in Caserta tat sie dies auf Dauer: Der 1232 erstmals auftretende Graf Richard († 1266) war allem nach ein Sohn von Thomas; mit der Kaisertochter Violante verheiratet, zählte er zu den engsten Vertrauten Friedrichs und seiner Söhne. Graf Roger von Fondi aber, der wie Thomas von Celano in Rom Zuflucht gefunden hatte und sich von dort aus um die Rückgewinnung seines Besitzes bemühte, erlebte tatsächlich noch selbst die Erfüllung dieses Wunsches: 1230 übertrug ihm der Kaiser den päpstlichen Friedensbedingungen gemäß erneut die Grafschaft Fondi. Nach des Grafen Tod im Jahre 1232 gab er sie allerdings nicht mehr heraus; bis 1266 sollte Rogers Sohn Gottfried im Exil an der päpstlichen Kurie warten müssen, ehe er das Lehen seines Vaters empfing.[137]

Friedrichs Maßnahmen gegen den Hochadel trafen durchweg führende Vertreter und Nutznießer der ihm verhaßten alten, vor 1220 das Königreich prägenden Ordnung. Die Männer, gegen die er sich 1223 wandte, verdienten in seinen Augen zudem gewiß als Verwandte König Tankreds oder Diepolds von Acerra und als einstige Anhänger Ottos IV. besonderes Mißtrauen.[138] Er hegte wohl den Verdacht, daß sie nur auf eine Gelegenheit warteten, um wie Thomas von Celano gegen ihn loszuschlagen und ihre frühere Stellung wieder aufzurichten, und fühlte sich deshalb berechtigt, ja gezwungen, beim geringsten Anzeichen der Unbotmäßigkeit sofort gegen sie einzuschreiten.[139] Damit handelte er zweifellos in völligem Ein-

---

[137] Richard von S. Germano, ad 1223, ed. Garufi 109f., vgl. das Zeugenverhör bei Winkelmann, Friedrich 1, 204 Anm. 2; Richard, ad 1224, 112, päpstlicher Dankesbrief: HB 2, 427f.; Jakob von Avellino: Kamp, Kirche 1, 203–205, 234, vgl. oben S. 3f. mit Anm. 9; die Grafen von Tricarico: Kamp 799, dazu 1324 (Graf Robert), 460 (Besitz der Grafschaft Marsico, südlich Potenzas); die Grafen von Caserta: Tescione, Caserta 55–77, zu Richard auch: Ohlig, Studien 53–56, erste Erwähnung: Acta Imperii 1, 293, Nr. 329; Roger von Fondi: Richard, ad 1228–1230, 153, 156, 161, 169, 171 (vgl. Hampe, Aktenstücke 52, Nr. 18; HB 3, 239), ad 1232, 182, dazu Kamp 76, Jamison, Conti 128, vgl. oben S. 1f. mit Anm. 3, S. 9f. mit Anm. 23, außerdem Bd. 1, S. 143.

[138] Vgl. dazu noch die Notizen bei: Ignoti cist. S. Mariae Chronicon, ad 1224, ed. Gaudenzi 38, Breve chronicon, ad 1221, ed. Huillard-Bréholles 895, Annales Patavini, ad 1220, MGH SS 19, 152, Annales Placentini Gibellini, ad 1220, MGH SS 18, 469, Collenuccio, Compendio IV, ed. Saviotti 121.

[139] 1223 entzog Friedrich auch dem Grafen Heinrich von Malta († vor Mai 1232), ebenfalls einem Exponenten der alten Ordnung, wegen ungenügenden Einsatzes gegen die Sarazenen seine Grafschaft, rehabilitierte ihn jedoch bald: Heinrich blieb Admiral, erhielt vielleicht Calatabiano, aber wohl nicht mehr Malta, Annales Ianuae, ad 1223, MGH SS 18, 153, vgl. Richard von S. Germano, ad 1221, 95, 110, dazu Niese, Catania 59 Anm. 7, 65, außerdem Cohn, Geschichte 101f., Abulafia, Henry 121–124, Kamp, Kirche 1, 1164, Houben, Enrico 748. – Richard von Aiello

klang mit seiner Herrschaftskonzeption, die ihn im übrigen zu keiner Zeit hinderte, die Nachkommen der alten Adelsgeschlechter in ihrem ererbten Rang anzuerkennen und als seine Mitarbeiter zu fördern, wenn sie sich nur unbedingt für seine Sache einsetzten.[140] Wahr bleibt freilich auch, daß die sicher nicht in jedem Fall angemessene oder kluge Härte seines Vorgehens gegen alle, die zu Zweifeln an ihrer Treue Anlaß boten, ihm selbst zuweilen ohne Not gefährliche und entschlossene Gegner verschaffte, der päpstlichen Seite hingegen neue Anklagepunkte und Bundesgenossen.

Der Kampf gegen die sizilischen Sarazenen. Lucera

Der Feldzug gegen die Sarazenen, der 1223 den vier Grafen zum Verhängnis wurde, beanspruchte Friedrich persönlich ungleich stärker als der Konflikt mit Thomas von Celano, in dem er sich nur für kurze Zeit unmittelbar engagierte. Die muslimische Bevölkerung Siziliens war in den letzten Jahrzehnten des 12. Jahrhunderts auf zunehmende Abwehr und Feindschaft bei den christlichen Bewohnern der Insel gestoßen und hatte sich aus den Städten in das bergige Innere Siziliens zurückgezogen, soweit sie nicht lieber gleich nach Nordafrika, Ägypten oder Südspanien auswanderte – viele und gerade auch die Angehörigen der wirtschaftlich und kulturell führenden Schicht gingen vermutlich diesen Weg. Der übriggebliebene Rest lebte um 1220 vorwiegend in der Gegend des Val di Mazara (südwestlich von Palermo) beziehungsweise des Val di Noto (zwischen Agrigent und Syrakus) in abgelegenen Bergdörfern und schwer befestigten Kastellen, stolz auf die dort gewonnene Unabhängigkeit und entschlossen, sie mit allen Mitteln zu verteidigen. Das Gebiet, das die Sarazenen derart besetzt hielten, gehörte größtenteils freilich längst christlichen Herren, dem Bischof von Agrigent etwa, vor allem aber dem Erzbischof von Monreale. Der beklagte denn auch heftig den Verlust von Städten, Burgen und Dörfern, von Gehöften, Besitz und Einkünften aller Art und ließ sich seine Ansprüche von Friedrich wiederholt, zuletzt noch 1221, eigens bestätigen. Zu solchen schmerzlichen Einbußen kam die Bedrohung durch Gewalttaten und Überfälle, vor denen sich nicht einmal der Agrigenter Bi-

---

(vgl. oben Bd. 1, S. 38) verlor die ihm 1220 bestätigte Grafschaft (Ughelli 9, 209) offenbar vor seinem Tod 1226, Kamp 425 Anm. 21, 830, 1140 Anm. 221, 224.

[140] Vgl. etwa zu Graf Walter von Manoppello: Ohlig, Studien 98–100, Kamp, Kirche 1, 514 mit Anm. 46; zu Graf Simon von Chieti: Ohlig 52f., Kamp 4. – Daß Friedrich keineswegs, wie Kantorowicz, Friedrich 110, behauptet, Machiavellis Rat vorwegnehmend erst seine Hauptgegner, dann seine Helfer beseitigte, zeigen schon Thomas von Acerra und Heinrich von Morra.

schof Urso zu schützen vermochte: Im Jahre 1221 drangen Sarazenen in seine Bischofsstadt ein, besetzten seine Kirche und umliegende Häuser und führten ihn schließlich als Gefangenen davon; erst nach über einem Jahr konnte er sich freikaufen.[141]

Natürlich standen diese Verhältnisse in krassem Widerspruch zu Friedrichs Vorstellungen von der inneren Ordnung seines Königreiches. Bereits während seines Sizilienaufenthaltes vom Mai bis Dezember 1221 traf er deshalb gewiß Vorbereitungen zum militärischen Einsatz gegen die Sarazenen, und im nächsten Jahr machte er Ernst. Offensichtlich suchte er eine schnelle Entscheidung durch die Einnahme der Festung Jato (bei S. Giuseppe Jato, südwestlich Palermos) herbeizuzwingen, wo sich der Sarazenenführer Ibn ʿAbbād verschanzt hatte. Es dauerte jedoch fast drei Monate, ehe ihm der zäh verteidigte Platz mit seiner Besatzung Ende August in die Hände fiel. Ein arabischer Chronist wartet mit dramatischen Einzelheiten der Übergabe auf. Ibn ʿAbbād, so berichtet er, sei nach dem Verrat einiger seiner Anhänger zur Unterwerfung bereit gewesen und vor dem Kaiser erschienen. Dieser aber habe ihn niedergestoßen und durch einen Tritt mit seinem gespornten Stiefel verletzt. Nach siebentägiger Gefangenschaft habe er ihn dann umgebracht, indem er ihm den Leib aufschlitzte, während die Söhne Ibn ʿAbbāds auf seinen Befehl an die Schwänze von Pferden gebunden und zu Tode geschleift worden seien.[142]

Der Staufer hätte sich also nicht nur, wutentbrannt über den beharrlichen Widerstand der Sarazenen, vor aller Öffentlichkeit zu einer gemeinen Affekthandlung hinreißen lassen, sondern seinen Gegner eine Woche später auch höchstpersönlich auf grausame Weise getötet – man zögert doch etwas, dies alles ohne weiteres zu glauben. Unser Gewährsmann ver-

---

[141] Monreale: HB 1, 880f. (Juli 1220), HB 2, 150–152 (März 1221), vgl. MGH Epp. saec. XIII 1, 127f., Nr.182 (Honorius; 4. 11. 1221), HB 4, 909 (20. 9. 1236), dazu Kamp, Kirche 1, 1184f., 1194f.; Agrigent: Kamp 1152f. (bes. die Zeugenaussagen Anm. 51), vgl. 1155 mit Anm. 77; vgl. zur Situation HB 5, 251 (Friedrich; 28. 10. 1238), zur wenigstens in Sizilien bereitwillig bezahlten Sarazenensteuer Winkelmann, Bischof Harduin 343 (Aussagen aus Cefalù); siehe zum Ganzen Amari, Storia 3, 602–620, Winkelmann, Friedrich 1, 187–189, 206–210, Gabrieli, Friedrich 79–81, ders., Colonia 170, Pontieri, Lucera 6f., Maurici, Emirato 27–72.

[142] Belagerung Jatos: Richard von S. Germano, ad 1222, ed. Garufi 101 und 102 bzw. 103 (Name des Sarazenenführers hier: Mirabectus/Myrabettus), vgl. Annales Siculi, ad 1221, ed. Pontieri 117 (Führer: Benaveth); arabischer Chronist: Ibn Naẓīf, at-Taʾrīḫ al-Manṣūrī, ad 1223–24, ed. Amari, Biblioteca. Appendice 43f. (italienische Übersetzung, Führer: Ibn ʿAbbād), zum Autor, einem sonst unbekannten syrischen Hofbeamten, dessen Werk 1233 endet: Gabrieli, Kreuzzüge 30f., ders., Friedrich 78f., Gottschalk, Al-Kāmil 11; erste Ortsangabe *in obsidione Iati*: Kehr, Otia 286, Nr.2 (3. 6. 1222), letzte: Acta Imperii 1, 223, Nr.241 (18. 8. 1222).

dankt seine Informationen allem nach dem Anführer einer sich gegen 1230 noch auf Sizilien haltenden muslimischen Gruppe, der damals den Hof al-Kāmils aufsuchte, um des Sultans Hilfe für die nach seinen Worten vom Kaiser betrogenen und unterdrückten Glaubensgenossen zu gewinnen. Ein Mann wie er hätte Details vom Ende Ibn ʿAbbāds wie die geschilderten wohl kaum zuverlässig erfahren können. In seiner Situation als Bittsteller mußte es ihm jedoch darum gehen, möglichst rasch und wirkungsvoll das Interesse und die Anteilnahme seiner östlichen Zuhörer für sein Anliegen zu wecken, und er glaubte offensichtlich, diesem Ziel mit dramatischen Schilderungen der kaiserlichen Brutalität ebenso näherzukommen wie mit überhöhten Zahlenangaben oder etwa auch mit der gleichfalls zumindest dichterisch ausgeschmückten Geschichte von der blutigen Rache für Ibn ʿAbbād: Sie gelang angeblich einem Verwandten des Toten, der die 115 engsten Vertrauten Friedrichs in eine Falle lockte und umbrachte.[143]

Anders als unser arabischer Erzähler meldet eine sizilianische Quelle über das Schicksal Ibn ʿAbbāds kurz und bündig, der Kaiser habe ihn und seine Söhne in Palermo aufhängen lassen. Das dürfte denn auch stimmen, zumal Friedrich nach dem Fall Jatos tatsächlich Anfang September 1222 einige Tage in der alten Hauptstadt des Regnums verweilte.[144]

Mit der Aktion von 1222 war das Sarazenenproblem freilich keineswegs gelöst. Schon im nächsten Jahr kam es zu neuen Erhebungen, mit denen Admiral Heinrich von Malta allein offenbar nicht fertig wurde. So setzte der Herrscher selbst Ende Mai 1223 wieder auf die Insel über. Er belagerte im Juli ein zweites Mal Jato, operierte hier wie an anderen Orten anscheinend recht erfolgreich und fing wohl damals an, einzelne Gruppen unterworfener Sarazenen nach Lucera in der Capitanata umzusiedeln. Überdies vermochte eine Abteilung seiner Flotte die Insel Djerba (in der Kleinen Syrte vor Südtunesien) zu überfallen und einen Teil ihrer Einwohner zu rauben. Muslimische Hörige aus Djerba treffen wir später auf Krongütern Maltas, von dort stammende Juden in Palermo und anderswo auf Sizilien. Vermutlich wollte Friedrich mit dieser Attacke die nordafrika-

---

[143] Ibn Naẓīf, ad 1229–30, ed. Amari, Biblioteca. Appendice 63f. (Hilfersuchen aus Sizilien, vgl. zur damaligen Lage im Osten Gottschalk, Al-Kāmil 172–174; Ermordung von 170000 Sarazenen, Vertreibung von ebenso vielen durch Friedrich, vgl. dazu unten S. 72 mit Anm. 150), ad 1223–24, 43–45 (Friedrichs Belagerungsheer: 2000 Pferde, 60000 Fußsoldaten; Dauer der Belagerung: 8 Monate; Rache für Ibn ʿAbbād).

[144] Annales Siculi, ad 1221, ed. Pontieri 117, ebenso Alberich von Troisfontaines, ad 1212, MGH SS 23, 894, und noch Collenuccio, Compendio IV, ed. Saviotti 121; Friedrich in Palermo (Sept. 1222): Höflinger – Spiegel, Stauferurkunden 101, 104, Nr. 12f., Koch, Urkunden 476, Nr. 6.

nischen Machthaber von Hilfeleistungen für ihre sizilischen Glaubensbrüder abschrecken, und er erreichte sein Ziel wohl auch. Guten Mutes behandelte er in einem Brief nach Deutschland die Räumung der letzten muslimischen Bergstellungen Siziliens bereits als eine feste Tatsache.

Doch solcher Optimismus war verfrüht. Nach wie vor trotzte dem Kaiser eine ganze Reihe sarazenischer Höhenburgen und Widerstandsnester, und er sollte sich gezwungen sehen, noch bis zum Frühjahr 1225 auf Sizilien auszuharren. Wenn er zunächst ein ganzes Jahr an der Ostküste, in Catania und Syrakus verbrachte, ehe er Ende 1224 nach Palermo wechselte, so liegt die Annahme nahe, daß sich die Kämpfe nun auf das Hinterland dieser beiden Städte, auf den Raum des Val di Noto konzentrierten. Zugleich bekamen die Bewohner des Regnums die unangenehmen Folgen der langwierigen Auseinandersetzung jetzt deutlich zu spüren. Um sein Heer bezahlen zu können, mußte der Staufer seine sizilischen Untertanen nämlich zweimal mit einer Abgabe belasten, Ende 1223 und dann noch einmal im September 1224, nachdem sich seine Hoffnung auf eine rasche und völlige Unterwerfung der Sarazenen erneut zerschlagen hatte. Selbst als er die Insel schließlich verließ, hielt er es für nötig, eine Armee der Barone und Vasallen des Königreiches dorthin zu beordern mit der Aufgabe, sein Vorhaben weiterzuführen und zu vollenden. Offensichtlich gelang dies bald darauf, denn wir hören lange Jahre hindurch nichts mehr von Revolten der sizilischen Sarazenen.[145]

Friedrich hatte im November 1223 öffentlich seine Absicht verkündet, alle Sarazenen von der Insel Sizilien zu vertreiben. Dennoch konnte ein beachtlicher Teil von ihnen auch nach 1225 in der alten Heimat bleiben. Die Muslime mußten allerdings durchweg von den unzugänglichen Berghöhen herabsteigen und wieder in die tiefer gelegenen Weiler und Gehöfte ziehen, also zurückkehren in die Hörigkeit der Grundherren, der Kirchen von Monreale oder Agrigent etwa, aber gewiß ebenso in die der Krone.[146] In der Tat klagte der Justitiar Westsiziliens im Herbst 1239 beim

---

[145] Richard von S. Germano, ad 1223, ed. Garufi 109, 110 bzw. 111f. (Lucera; erste Kollekte), ad 1224, 113 bzw. 119 (zweite Kollekte), ad 1225, 120; Itinerar Friedrichs: RI V, Nr. 1497–1558, Jato: Acta Imperii 1, 235, Nr. 257 (vgl. zur Datierung jedoch RI V 4, 192, BF. 1502, sowie ebd. 36, Nr. 234, 236f.), Acta 2, 17, Nr. 16; Admiral Heinrich: oben S. 65, Anm. 139; Djerba: Annales Siculi, ad 1223, vgl. ad 1224, ed. Pontieri 117, die geraubten Bewohner: Acta 1, 714, Nr. 938, HB 5, 572–574, zum ähnlichen Vorgehen Rogers II.: Houben, Roger 82, 87; Brief nach Deutschland: HB 2, 393 (zur Datierung RI V, Nr. 1507), vgl. Acta 1, 238, Nr. 261, Annales S. Pantaleonis, ad 1224, MGH SS rer. Germ. 18, 253. Siehe außerdem die oben in Anm. 138 genannten Belege.

[146] *Fecit illos morari in plano Siciliae in casalibus*, Annales Siculi, ad 1224, ed. Pontieri 117, vgl. Richard von S. Germano, ad 1225, ed. Garufi 120, sowie HB 2, 393; völlige Vertreibung: Richard, ad 1223, 111 (Friedrich; 20.11).

Hof über Sarazenen, die Schafherden vom Fiskus gepachtet hätten, ihm teilweise aber die Pacht nicht bezahlten und hohe Geldsummen schuldeten. Der Kaiser wies ihn daraufhin umgehend an, die Güter der Säumigen zu beschlagnahmen, diese selbst, wenn nötig, zur Zwangsarbeit zu verpflichten und auf alle Fälle durch äußerste Strenge die Genossen der Delinquenten abzuschrecken. Wenige Wochen später lobte er denselben Beamten, weil es ihm gelungen war, die gefährlich hohe Verbrechensrate unter den Sarazenen seines Amtsbereiches merklich zu senken, und weil er eine offenbar vom Lande stammende Gruppe von Sarazenen dazu überredet hatte, die ihnen zugewiesenen Wohnungen vor den Mauern der Stadt Palermo nach einigem Widerstreben zu renovieren und zu beziehen. Sie trafen in jener Gegend allem nach schon auf Glaubensgenossen, denn der Kaiser regelte unmittelbar anschließend die Verpachtung der sogenannten Sarazenen-Baiulation, also der Einkünfte, die dem Staat von ihrer Seite wie von den anderen am Rande Palermos angesiedelten Sarazenen zuflossen. Eben in jenen Tagen befahl er zudem auf eine besorgte Anfrage des Leiters der staatlichen Bauten hin dem Sekreten von Messina, wie bisher aus seiner Kasse die Kosten für die Ernährung und Kleidung jener Sarazenen zu bestreiten, die beim Bau der Kastelle in Syrakus und Lentini beschäftigt seien. Im übrigen lebten damals nicht nur auf Sizilien Muslime, sondern auch auf Malta und Gozo. Auf Malta stellten sie noch Anfang der vierziger Jahre weit mehr als ein Drittel der Einwohner, auf der kleinen Nachbarinsel gab es sogar fast so viele Sarazenen wie Christen.[147]

Warum sich die Sarazenen Siziliens nach einer zwanzigjährigen Phase der Ruhe zu einem letzten Aufstand entschlossen, wissen wir nicht. Möglicherweise reagierten sie damit auf eine besonders harte Strafmaßnahme oder Umsiedlungsaktion der kaiserlichen Verwaltung. Die tiefere Ursache für ihre Empörung aber lag wohl darin, daß sie ihre unfreie und rechtlose Stellung ganz grundsätzlich als unerträglich empfanden. Jedenfalls verließen sie im Juli 1245 ihre Siedlungen und verschanzten sich wie einst auf den Bergen; Jato scheint noch einmal zum Zentrum ihres Widerstandes geworden zu sein.

---

[147] HB 5, 505 (17. 11. 1239), vgl. HB 5, 824f. (12. 3. 1240); HB 5, 595f. (16. 12. 1239), dazu HB 5, 427 (wohl Okt. 1239); HB 5, 509–511 (durchweg 17. 11. 1239), vgl. Amari, Storia 626–628; Malta, Gozo: Luttrell, Giliberto 1–29 (Neuedition des Berichts von 1241 [Acta Imperii 1, 713f., Nr. 938] mit ausführlicher Interpretation), vgl. zu den Zahlenangaben Houben, Möglichkeiten 192f., Abulafia, End 114–117, Luttrell, Approaches 36–40 (die Verbannten aus Celano lebten wohl allerdings in Sizilien, sie kehrten jedenfalls schon 1227 nach Celano zurück, vgl. oben S. 64 mit Anm. 136); zur muslimisch bewohnten Insel Pantelleria: Houben, Neue Quellen 340–342.

Für Friedrich kam die Erhebung zu einem denkbar ungünstigen Zeitpunkt. Im selben Monat hatte ihn Papst Innozenz IV. abgesetzt, und sein Hauptaugenmerk mußte zunächst diesem Vorgang und seinen Folgen, der Sicherung seiner Position in Oberitalien gelten. Nach der Aufdeckung einer gefährlichen Verschwörung unter seinen engsten Mitarbeitern im März 1246 stand dann verständlicherweise der Kampf gegen die Rädelsführer des Komplotts im Vordergrund; es dauerte immerhin bis zum Juli, ehe sie in seine Hände fielen. Bedrängt von solch schweren Sorgen suchte der Staufer die Muslime auf der Insel anfangs offenbar durch bloße Worte zum Einlenken zu bewegen: Innerhalb eines Monats sollten sie von ihren Bergen herabsteigen, sonst verscherzten sie sich jede Aussicht auf Vergebung, so drohte er ihnen. Doch sein Appell fruchtete nichts, und so entsandte er im Laufe des Jahres 1246 doch noch ein Heer nach Sizilien. Graf Richard von Caserta befehligte die Truppen, und ihm gelang es kurz nach dem kaiserlichen Triumph über die Verschwörer, also Ende Juli oder im August, die Sarazenen gleichfalls zur Aufgabe und Unterwerfung zu zwingen. Wie früher bereits ihre Glaubensgenossen wurden nun auch sie von der Insel vertrieben und nach Lucera deportiert. Die Geschichte des sizilischen Arabertums war zu Ende.[148]

Da die Sarazenen, zahlenmäßig offenbar von relativ begrenzter Stärke, nur in bestimmten Regionen gewohnt hatten, berührte ihre Abwanderung keineswegs ganz Sizilien in gleicher Weise. Zu den direkt davon Betroffenen gehörten zweifellos in erster Linie der Erzbischof von Monreale und, eher noch vor ihm, der Bischof von Agrigent. Freilich hatten die Muslime ja bereits seit langem kaum mehr oder gar nicht für ihre Herren gearbeitet, statt dessen sie und viele andere Menschen mit ihren Revolten und Überfällen geängstigt, bedroht und nicht selten empfindlich geschädigt. So schaffte ihr Abzug in der Tat einen gefährlichen Unruheherd aus der Welt, wie Friedrich bei Gelegenheit eigens herausstrich. Er bemühte sich im übrigen nach Kräften, den Bevölkerungsverlust Siziliens etwa durch die Anwerbung von nordafrikanischen Juden oder von Lombarden wieder einigermaßen auszugleichen. Als einen Rückschlag für die Gesamtentwicklung der Insel wird man die Wegführung der Sarazenen demnach, alles in allem genommen, schwerlich ansehen können. Dem Königreich insgesamt blieb das sarazenische Potential ohnehin erhalten, es kam ihm nun an einem neuen Ort so ungeschmälert zugute wie seit langem nicht.[149]

---

[148] Annales Siculi, ad 1243, ed. Pontieri 118 (zutreffend wohl *mense iulii eiusdem* [sc. *tertiae*] *indictionis*, Juli 1245), ad 1245, 119; HB 6, 456f. (Friedrichs Drohung, undatiert), Acta Imperii 1, 339, Nr. 387 (1246; als Ergänzung zu HB 6, 438–440 [vom 21.7.1246] datierbar auf Ende Juli/August); HB 6, 471f.; vgl. Amari, Storia 63–633.

[149] Zu Monreale und Agrigent: Kamp, Kirche 1, 1194f., 1153, 1155; zur Anzahl

Wir dürfen annehmen, daß die Umsiedlung der Muslime nach Unteritalien, die mit dem Schub von 1246/47 ihren Abschluß fand, Ende 1223 oder 1224 begann und Mitte der zwanziger Jahre ihren Höhepunkt erreichte. Friedrich erwartete von ihr gewiß in erster Linie die dauerhafte innere Befriedung Siziliens. Daneben aber beabsichtigte er offenkundig, die Arbeitskraft und die besonderen Fähigkeiten der von dort weggeführten Sarazenen durch ihre Konzentration an einem gut kontrollierbaren Platz künftig wirkungsvoller als bisher für sich zu nutzen. Von Anfang an nämlich ließ er die Vertriebenen hauptsächlich, seit 1239 wohl ausschließlich, in die fruchtbare, aber damals verwilderte und fast menschenleere Umgegend von Lucera bringen, wo ihm ihre Dienste, wenn er mit seinem Hof im benachbarten Foggia residierte, in der Tat leicht und unmittelbar zu Gebote standen. Wie viele Menschen insgesamt sein Eingriff erfaßte und ihrer Heimat beraubte, läßt sich leider nicht sicher sagen. Ein Zeitgenosse berichtet, der Kaiser habe über 15000 Männer mit ihren Frauen und Kindern in die Ebene um Lucera verpflanzt, zusammen also ungefähr 60000 Sarazenen. Diese Zahl scheint allerdings doch etwas zu hoch gegriffen; vermutlich hätte Luceras Umland unter den wirtschaftlichen Bedingungen jener Epoche so vielen Neusiedlern kaum Nahrung und Auskommen bieten können.[150]

Die in die Capitanata verschlagenen Sarazenen lebten überwiegend von bäuerlicher Arbeit, sie betrieben auf dem ihnen von der Krone zugeteilten Land sowohl Ackerbau wie Weidewirtschaft. Daneben jedoch gab es in Lucera durchaus auch eine Reihe von Handwerkern, die – nicht zuletzt im Auftrag des Hofes – Keramik-, Holz- und Metallwaren, Stoffe und Waffen,

---

der Sarazenen vgl. das Folgende mit Anm. 150; Friedrichs Argumentation: HB 4, 831 (16. 4. 1236), HB 5, 251 (28. 10. 1238), seine sizilische Ansiedlungsförderung: HB 5, 128–131 (Nov. 1237), HB 6, 695–697, bes. 696 (20. 2. 1249), HB 5, 505, 536, 572–574, 668f. (alle Nov. 1239–Jan. 1240), vgl. dazu unten S. 223–226 mit Anm. 118–120, 122f.

[150] Ignoti cist. S. Mariae Chronicon, ad 1224, ed. Gaudenzi 38 (15000 Sarazenen), siehe daneben Matthaeus Parisiensis, Chronica maiora ad 1255, ed. Luard 5, 497f. (mehr als 60000 Sarazenen; vgl. ad 1254, 473 f.: 60000 Bewaffnete), Malispini, Storia c. 118, ed. Costero 113 (20000 *uomini*, ebenso Collenuccio, Compendio IV, ed. Saviotti 122), Richard von S. Germano, ad 1237, ed. Garufi 195 (10000 Sarazenen kämpften 1237 in der Lombardei, vgl. Annales Veronenses, ad 1237, MGH SS 19, 10: 7000 sarazenische Bogenschützen), at-Taʾrīḫ al-Manṣūrī, ad 1229–30 (170000 Sarazenen, vgl. oben S. 68, Anm. 143); vgl. (ohne Zahlenangaben) Nicolaus de Jamsilla, ed. Del Re 105, Z. 38–45, Annales Patavini, ad 1220, MGH SS 19, 152; zur Konzentration nach 1239: HB 5, 590 (16. 12. 1239), HB 5, 626f. (25. 12. 1239). Dazu Pontieri, Lucera 8–11, Haseloff, Architettura 99–108, Egidi, Colonia 36, 621–624; 37, 71–89, 664–675, Amari, Storia 607f., vgl. Göbbels, Krieg 362.

Sättel und Pferdegeschirr, Teppiche und Zelte in der ihnen vertrauten, typisch arabischen Technik herstellten. Sarazenische Händler vertrieben die Produkte ihrer Glaubensgenossen in die umliegenden Provinzen des Königreiches. Von Anfang an und im Laufe der Jahre eher noch deutlicher hoben sich von der Masse der Zuwanderer die Angehörigen der führenden Familien ab. Sie unterhielten Kontakte zum Hof und zu den Repräsentanten der königlichen Administration und nahmen die den Muslimen zugestandenen Befugnisse der Selbstverwaltung und Rechtsprechung wahr. Wie günstig sich die Kolonie wirtschaftlich bald entwickelte, bezeugt am besten vielleicht der Umstand, daß in Lucera nach dem Willen Friedrichs alljährlich Ende Juni einer der im Jahre 1234 eingerichteten großen Regionalmärkte des Königreiches stattfinden sollte.

Alle Sarazenen schuldeten dem Herrscher hohe Abgaben. Vor allem aber waren sie ihm zum Heeresdienst verpflichtet. Aus ihren Reihen rekrutierten sich also jene Verbände sarazenischer Fußsoldaten und Bogenschützen, die uns erstmals 1228 und 1229 als Streiter für die kaiserliche Sache begegnen und die dann allenthalben große Aufmerksamkeit auf sich zogen, als sie im Jahre 1237 in eindrucksvoller Zahl zu des Kaisers Armee in Oberitalien stießen. Dem Staufer unbedingt ergeben und unempfindlich gegen päpstliche Drohungen und Bannsentenzen, gewannen sie in der Tat – wie einst die arabischen Untertanen König Rogers II. – erhebliche militärische Bedeutung. Ihre Präsenz in Lucera machte diese Stadt, die seit 1233 durch den Palast- und Mauerbau noch eine zusätzliche Verstärkung und Aufwertung erfuhr, zu einem kaum überwindbaren Hindernis auf dem Weg nach Foggia ins Zentrum der Capitanata und weiter ins südliche Apulien.[151]

Nach allem, was hinter ihnen lag, überrascht natürlich der radikale Gesinnungswandel der Muslime zugunsten des Kaisers. Friedrich verpflichtete sich die durch ihr Schicksal Verunsicherten und isoliert in einer fremden Umgebung Lebenden gewiß sehr, indem er ihrer Gemeinschaft Autonomierechte einräumte. Der ausschlaggebende Grund für ihre bemerkenswerte Anhänglichkeit und Einsatzbereitschaft ihm gegenüber aber war

---

[151] Innere Struktur: HB 5, 628 (25. 12. 1239; vgl. HB 5, 764 bzw. 891, Handwerker; Konst. III 54f., ed. Stürner 423–426, Landwirtschaft in Apulien); Acta Imperii 1, 606, Nr. 763 (Händler, vgl. ebd. 619, Nr. 792, dazu Egidi, Colonia 36, 635 Anm. 1); Richard von S. Germano, ad 1234, ed. Garufi 187 (Marktort); ebd. ad 1228, 152, ad 1229, 161, ad 1237, 195 (Heeresfolge; vgl. oben Anm. 150); ad 1233, 184 (Befestigung Luceras, vgl. unten S. 235 mit Anm. 135); außerdem Annales Marbacenses, ad 1220, MGH SS rer. Germ. 9, 88. Siehe dazu bes. Egidi, Colonia 36, 604–626, 632–640, daneben Martin, Colonie 798, 805f., Pontieri, Lucera 12–17, Göbbels, Militärorganisation 489, Meier-Welcker, Militärwesen 20, Houben, Roger 158.

ohne Zweifel sein Entschluß, ihnen weiterhin die ungehinderte Ausübung ihrer islamischen Religion zu erlauben. Er tat diesen Schritt wohl ganz undogmatisch in der Überzeugung, daß sich nur so sein Ziel erreichen lasse, auf Dauer Konflikte mit den Sarazenen zu vermeiden, sie in sein Staatswesen zu integrieren und ungestört von den Vorteilen ihrer Anwesenheit zu profitieren.

Eine besondere Schwierigkeit für das kaiserliche Erschließungsprojekt ergab sich daraus, daß in Lucera bereits ein Bischof residierte und eine gewisse, wenngleich wohl nicht allzu große Zahl von Christen wohnte. Man kann sich lebhaft vorstellen, welche Unannehmlichkeiten der Zustrom der Sarazenen für sie mit sich brachte, welche unliebsamen Veränderungen er ihnen aufzwang. Nach dem Einsturz der offenbar ohnehin baufälligen Kathedrale sah sich der Bischof am Ende sogar genötigt, gegen eine Entschädigung die Stadt zu verlassen und vor ihren Mauern eine neue Wirkungsstätte aufzubauen. Papst Gregor IX. war selbstverständlich nicht der Mann, schweigend über solche Vorfälle hinwegzugehen. Als empörend lasch für einen christlichen Kaiser empfand er zudem des Staufers Bemühungen, die unmittelbar vor seinen Augen angesiedelten Ungläubigen zum Christentum zu bekehren. Friedrich verwies dagegen auf durchaus vorhandene diesbezügliche Erfolge – möglicherweise des Ortsbischofes – und lud die angekündigten päpstlichen Missionare freudig nach Lucera ein. Wenn sie denn kamen, so bewirkten sie wohl wenig, und ganz sicher beförderten sie mit ihrem Einsatz nicht gerade ein kaiserliches Herzensanliegen.[152]

Auch für Friedrichs Sohn Manfred und noch für seinen Enkel Konradin blieben Luceras sarazenische Bewohner verläßliche Anhänger und leidenschaftliche Mitkämpfer. Als sie sich schließlich doch Karl von Anjou beugen mußten, verschärfte sich zunächst vor allem der Druck der Steuerlast. Erst Karls gleichnamiger Sohn entschloß sich dann, die Kolonie zu vernichten – ob aus den öffentlich propagierten religiösen Motiven oder der bedrückenden Leere seiner Staatskasse wegen, darüber zu streiten scheint müßig. Jedenfalls fiel die Stadt im August 1300 nach zehntägigem Widerstand. Die überlebenden Sarazenen wurden als Sklaven verkauft, ihre Habe und ihre Güter konfisziert.[153]

---

[152] MGH Epp. saec. XIII 1, 398f., Nr. 494 (3. 12. 1232), ebd. 447f., Nr. 553 (27. 8. 1233), ebd. 574f., Nr. 676 (29. 2. 1236); HB 4, 457f. (3. 12. 1233), HB 4, 831 (16. 4. 1236), HB 4, 906 (20. 9. 1236), HB 5, 254 (28. 10. 1238); Vita Gregorii IX. c. 32, edd. Fabre – Duchesne 31; vgl. zum Bischof von Lucera: Kamp, Kirche 1, 277, Haseloff, Architettura 100f., 106, Egidi, Colonia 36, 626–631, bes. 628 mit Anm. 3.

[153] Egidi, Colonia 36, 641–694; 37, 676–696; 38, 115–144, 681–707; 39, 132–171, 697–732; Pontieri, Lucera 17–26, Haseloff, Architettura 120–126, vgl. Göbbels, Krieg

Spannungsreiche Beziehungen:
Friedrich, der Papst und die sizilische Kirche

Nicht die Muslime zu Lucera, sondern andere, gewichtigere Probleme prägten und beschwerten in den Jahren unmittelbar nach der Kaiserkrönung Friedrichs Beziehungen zum Papsttum: der Bestand des vergrößerten Kirchenstaates oder die Lage der sizilischen Kirche etwa, die Entwicklung in der Lombardei und vor allem natürlich das Kreuzzugsunternehmen. Honorius III. ließ es der kaiserlichen Seite gegenüber durchaus nicht an Zeichen der Hilfsbereitschaft und des Entgegenkommens fehlen. So bemühte er sich noch im Dezember 1220, den finanziellen Forderungen der Kaiserin Konstanze an König Andreas von Ungarn, den Bruder und Nachfolger ihres verstorbenen ersten Gatten, bei dem Monarchen wirksam Gehör zu verschaffen. Fast gleichzeitig ermahnte er die burgundische Geistlichkeit, den Markgrafen Wilhelm von Montferrat, dem Friedrich eben damals offenbar die Verwaltung des Königreiches Arelat anvertraute, wo immer angebracht, mit Rat und Tat zu unterstützen. Aus besonderem Wohlwollen, jedoch – wie er eigens betonte – ohne dazu verpflichtet zu sein und gegen alle Gewohnheit, gestand er dem Staufer überdies zu, daß er das Fodrum, also die Unterhaltszahlungen für sein zur Kaiserkrönung ziehendes Heer, nicht nur wie üblich, von den Gemeinden im nördlichen Teil des Patrimonium Petri erhielt, sondern auch aus dem Gebiet südlich Roms; die Beiträge durch eigenes Personal einzutreiben, das verbot er ihm allerdings streng.[154]

Dankbar schilderte Honorius andererseits Anfang 1221 in aller Öffentlichkeit die wertvollen Dienste, die ihm der Kaiser bei der praktischen Durchsetzung der päpstlichen Hoheit im Herzogtum Spoleto, ganz besonders aber im Bereich der Mathildischen Güter und in der Mark Ancona geleistet hatte. Freilich vermochte er seiner Herrschaft dort auch künftig gegen ihre zahlreichen Widersacher oft genug nur schwer Geltung zu ver-

---

363–401, Gabrieli, Colonia 171–175, Abulafia, End 129–132, sowie bes. Martin, Colonie 799–810, dessen Analyse die expansive Aktivität der Sarazenen und die Reibungen mit den einheimischen Christen belegt, nicht aber die behauptete Überbevölkerung (dazu ergänzend Houben, Neue Quellen 340; 351f., Nr. 9).

[154] Konstanze: MGH Epp. saec. XIII 1, 107f., Nr. 152f. Wilhelm von Montferrat: ebd. 110, Nr. 156; Wilhelm ging allem nach gar nicht nach Burgund, sondern entschloß sich im Mai oder Juni 1221 unter dem Einfluß Kardinal Hugos von Ostia, eine kirchliche Kreuzritterschar nach Osten zu führen, vgl. ebd. 123, Nr. 176, und bes. Levi, Registri 10f., Nr. 8; 13, Nr. 10; 101, Nr. 77; 118, Nr. 95; 123, Nr. 98; 132–135, Nr. 105–107; 141, Nr. 113; 153, Nr. 124; dazu Winkelmann, Friedrich 1, 119 mit Anm. 1, 151f. Fodrum: MGH Epp. saec. XIII 1, 108–110, Nr. 154f.

schaffen, und dies war für Friedrich vielleicht der Anlaß, ihm im April 1222 die Übergabe wenigstens Spoletos in kaiserliche Verwaltung vorzuschlagen – schon damals beschäftigte den Staufer also die Rückgewinnung jener früher zum Imperium gehörenden Regionen Mittelitaliens, die sich nun als störende Sperre zwischen Imperium und Regnum schoben. Sein offenbar recht hartnäckiges Bitten und Fordern stieß freilich auf die unerbittliche Ablehnung des Papstes, wie wir aus dessen knappem Bericht an die Einwohner des Herzogtums Spoleto, unserer einzigen Quelle von dem Vorfall, erfahren. Um so aufmerksamer und argwöhnischer wachte Honorius fortan über die Unversehrtheit des Kirchenstaates. Sie schien ihm in jenen Monaten in der Tat ernstlich bedroht durch des Kaisers Eintreten zugunsten der mit Rom zerstrittenen Stadt Viterbo und vor allem durch das Agieren Gunzelins, des kaiserlichen Bevollmächtigten vor Ort, dem es offenbar wenigstens zeitweise gelungen war, die Bürger Viterbos ganz für seinen Herrn zu gewinnen.[155]

Gunzelin von Wolfenbüttel, der hier erstmals im engeren Umkreis Friedrichs auftritt, stammte aus einer begüterten welfischen Ministerialenfamilie und gehörte in seinen früheren Jahren als Truchseß zu den wichtigsten Ratgebern Kaiser Ottos IV.; noch des Welfen Testament unterschrieb er als Zeuge. Nach Ottos Tod baute er seine Stellung im Raum um Wolfenbüttel aus, knüpfte zugleich aber wohl, um seine Reichslehen zu sichern, Kontakte zu Friedrich. Nur so läßt es sich jedenfalls verstehen, daß dieser ihm nicht nur seine Würde als kaiserlicher Hoftruchseß bestätigte, sondern ihn darüber hinaus Ende April 1222 zum Nachfolger Eberhards von Lautern mit dem Rang eines Reichslegaten für die Toskana ernannte.[156] Vermutlich zwang die dortige Situation den Neuberufenen dann auch recht schnell, sich aus Viterbo wieder zurückzuziehen.

Die Erleichterung, die der Papst darüber empfinden mochte, währte allerdings nicht sehr lange. Bereits im folgenden Herbst nämlich ließ sich Gunzelin, angestachelt von Berthold, dem jüngsten Sohn Konrads von Urslingen, des einstigen Herzogs von Spoleto, dazu verleiten, den päpstlichen Rektor im Herzogtum Spoleto, Kardinal Rainer von Viterbo, beisei-

---

[155] Friedrichs Dienste: MGH Epp. saec. XIII 1, bes. 115f., Nr. 165, zu den bleibenden Schwierigkeiten: ebd. 729f., Nr. 829f., ebd. 134, Nr. 191, ebd. 142, Nr. 203, Theiner, Codex 1, 67, Nr. 108, 68, Nr. 110, 71, Nr. 114; vgl. dazu Partner, Lands 245f., Waley, Papal States 125–134; Friedrichs Bitte, Gunzelin und Viterbo: Brief Honorius' vom 5.5.1222 (erweitert: 13.5.1222) bei Ficker, Forschungen 4, 334f.; vgl. Winkelmann, Friedrich 1, 183–186.
[156] Ottos Testament: MGH Const. 2, 53, Nr. 42; *totius Tuscie legatus*: HB 2, 248 (28.4.1222), *imperialis aule dapifer* sicher HB 2, 273 (= Theiner, Codex 1, 71, Nr. 115; 22.11.1222); zu Gunzelin: Hucker, Otto, bes. 389–392.

te zu drängen, dort wie in der Mark Ancona eine kaiserliche Verwaltung zu etablieren und von der Bevölkerung Treueide einzufordern. Zwar wies Friedrich auf den scharfen Protest Honorius' III. hin seinen Legaten sofort an, alle diese Maßnahmen ohne Aufschub rückgängig zu machen und der Kirche gebührende Genugtuung zu leisten; zwar führte er gleichzeitig Berthold eindringlich die Torheit seines unbedachten Vorpreschens vor Augen und informierte noch am selben Tag, dem 22. November, den Papst, einzelne Kardinäle sowie die Einwohner der betroffenen Regionen über seine Anweisungen mit der Beteuerung, er sei der römischen Kirche unverändert treu ergeben, Gunzelin habe nicht nur gegen seinen kaiserlichen Willen, sondern sogar gegen seinen ausdrücklichen Befehl gehandelt. Doch an der Kurie erinnerte man sich natürlich noch gut seines eigenen, kaum ein halbes Jahr zurückliegenden Vorstoßes zur Wiedererlangung Spoletos und hegte nun großes Mißtrauen hinsichtlich der Glaubwürdigkeit seiner Verlautbarungen in dieser heiklen Angelegenheit. Ganz offen, so berichtete der eben damals aus Rom am Kaiserhof anlangende Hermann von Salza, beschuldige man dort den Kaiser, er treibe ein doppeltes Spiel. Unverzüglich mußte sich Hermann daraufhin zusammen mit dem Missetäter Gunzelin erneut nach Rom begeben, um gegen einen derartigen Verdacht energisch zu protestieren und, gestützt auf Gunzelins eidliches Zeugnis, die Dinge richtigzustellen. Anfang Januar 1223 ging zudem eine letzte Serie von Briefen an den Papst, ins Herzogtum Spoleto und in die Mark Ancona hinaus, die die früheren Versicherungen der beständigen kaiserlichen Kirchentreue und den bedingungslosen Widerruf aller Eingriffe Gunzelins und seiner Helfer abermals bekräftigten. Gunzelin verlor seinen Posten in Italien, spielte freilich in Deutschland, und durchaus auf staufischer Seite, weiterhin eine wichtige Rolle.[157]

Die Konflikte um Viterbo und Spoleto führen eindrücklich vor Augen, welche Bedeutung die päpstliche wie die kaiserliche Seite den Verhältnissen in Mittelitalien zumaß. Selbstverständlich wußte um Friedrichs diesbezüglichen Wünsche spätestens seit dem Frühjahr 1222 auch seine Umgebung, und so mochten sich Berthold und Gunzelin bei ihrer Aktion durchaus von ihm gedeckt glauben. Daß er sie tatsächlich insgeheim dazu veranlaßt oder sie darin, im Widerspruch zu seinen öffentlichen Bekundungen, wenigstens bestärkt hätte, erscheint indes eher unwahrscheinlich angesichts seines raschen und vorbehaltlosen Eingehens auf die massiven

---

[157] Friedrichs Schreiben vom 22. 11. 1222: Theiner, Codex 1, 71, Nr. 115 (= HB 2, 273f.), ebd. 71–73, Nr. 116–121; Brief an Honorius, 20. 12. 1222: ebd. 73, Nr. 123, Briefe vom 1. 1. 1223: ebd. 74f., Nr. 124f. (vgl. HB 2, 286–289); über Berthold von Urslingen und seinen älteren Bruder Rainald: Schubring, Herzoge 42–54, bes. 44f., vgl. oben Bd. 1, S. 50, 233; zu Rainer von Viterbo: Maleczek, Papst 184–189, bes. 186.

päpstlichen Beschwerden. Mit derart geharnischten Protesten von Honorius gegen einen Übergriff wie den Gunzelins mußte er nach den Erfahrungen vom April ja doch von vornherein rechnen.

In den ihm wesentlichen Fragen beharrte der Kaiser denn auch offen auf seinem Standpunkt, und an Gelegenheiten, seine feste Haltung zu demonstrieren, fehlte es wahrlich nicht. Von der mehr als einmal vergeblich vorgetragenen päpstlichen Forderung, er möge den aus dem Regnum verbannten Walter von Pagliara in sein Bistum Catania zurückkehren lassen, war schon die Rede. Nach 1224 führte der plötzliche Fall des bis dahin am Hofe außerordentlich geschätzten und einflußreichen Erzbischofs Nikolaus von Tarent zu einer zusätzlichen Eintrübung der päpstlich-kaiserlichen Beziehungen: Friedrich sperrte Nikolaus damals seine Einkünfte und verbot ihm, weiterhin seine Bischofsstadt zu betreten, weil er – so der allem nach keineswegs unbegründete kaiserliche Vorwurf – in der Zeit vor dem Dezember 1220 seine Vertrauensstellung um des persönlichen Gewinnes willen mißbraucht, zudem die Autorität seines königlichen Herrn durch herabsetzende Äußerungen und verschwörerische Machenschaften schwer geschädigt habe. Nikolaus suchte Hilfe bei der römischen Kurie und durfte in der Tat seit 1231 wieder in Tarent amtieren, ohne indessen Friedrichs Mißtrauen ihm gegenüber je ganz zerstreuen zu können.[158]

Anlaß zu päpstlichem Einschreiten gab mehrfach auch des Staufers langer und erbitterter Streit mit Bischof Aldoin von Cefalù († 1248). Aldoin wehrte sich offenbar bereits vor der Kaiserkrönung energisch gegen die Versuche Berards von Palermo, in Cefalù im königlichen Namen Abgaben zu erheben sowie den Hafen und das Kastell der Stadt zu kontrollieren. Der Zwist verschärfte sich dann rasch, als Friedrich seine Revokationspolitik selbst vorantrieb, das ihm im Sarazenenkampf unentbehrliche Kastell von Cefalù mit päpstlicher Billigung endgültig besetzte und unter anderem des Bischofs Handelsbeziehungen zu Genua unterband. Aldoin seinerseits bestritt die Rechtmäßigkeit der kaiserlichen Maßnahmen auch dort, wo darüber kaum ein Zweifel möglich war, und suchte sie mit allen Mitteln zu behindern. Bald freilich geriet er in die unangenehme Lage, von Mitgliedern seines eigenen Domkapitels der Mißwirtschaft und eines liederlichen Lebenswandels beschuldigt und deswegen vor Friedrich geladen zu werden. Er aber dachte nicht daran, dort zu erscheinen, klagte statt dessen vielmehr beim Papst gegen seine Bedrücker, worauf ihn der Kaiser im September 1222 ohne Bezüge aus dem Regnum wies. Ein kaiserliches

---

[158] Zu Walter von Catania siehe oben S. 60f. mit Anm. 130 (bes. Kamp, Kirche 1, 1215 mit Anm. 91 und 95). Zu Nikolaus von Tarent: Richard von S. Germano, ad 1226, ed. Garufi 142f. (Brief Friedrichs), MGH Epp. saec. XIII 1, 219, Nr. 296 (Honorius; Mai 1226), dazu Kamp 699–701 sowie oben S. 5 mit Anm. 14.

Empfehlungsschreiben stärkte zudem die Position der Domherren von Cefalù, die ihre Beschwerden gegen Aldoin nun gleichfalls unmittelbar in Rom vorbrachten.

Honorius, dem augenscheinlich in erster Linie daran lag, das Bischofsamt vor staatlichen Eingriffen zu schützen, erlangte am Ende tatsächlich die Zusage des Kaisers, daß Aldoin ohne Einschränkung wieder in sein Amt und seine Rechte eingesetzt werde; daraufhin versprach er selbst, unmittelbar anschließend eine Untersuchung der gegen Aldoin erhobenen Vorwürfe zu veranlassen. So kehrte der Bischof schon im Frühjahr 1223 in seine Diözese zurück, allerdings nur, um fortan desto hartnäckiger für seine Sicht der Dinge zu kämpfen. Er benutzte das von Honorius befohlene Verfahren vor einem geistlichen Richter dazu, seine alten Rechtsansprüche zu bekräftigen und durch überhöhte Entschädigungsforderungen für die Zeit seines Exils zu ergänzen, lehnte alle Kompromißangebote der kaiserlichen Verwaltung ab und hoffte, auf diese Weise zugleich die rechtsgültige Feststellung seiner vollkommenen Restitution wie auch die erst danach mögliche Untersuchung gegen seine Amtsführung zu blockieren. Als der Richter schließlich dennoch begann, die schweren Vorwürfe der Zeugen gegen ihren Bischof zu Protokoll zu nehmen, schaltete sich im Sommer 1224 überraschend Honorius ein und erklärte den ganzen Prozeß eines Formfehlers wegen für nichtig. Der Streit schwelte jedoch weiter. Ein päpstliches Schreiben legt die Vermutung nahe, Aldoin sei 1226 erneut wenigstens für kurze Zeit aus seiner Diözese verbannt gewesen. Seit 1234 lebte er dann auf Dauer im Exil an der Kurie, vom Kaiser nicht nur der Untreue, sondern später sogar des Verrats und des Mordes bezichtigt.[159]

Zweifellos verwundert die geduldige Nachsicht, mit der Honorius seine Hand ausgerechnet über Aldoin von Cefalù hielt, einen rechthaberischen Mann mit einer unübersehbaren Neigung zum Querulantentum und mit gerade im Bischofsamt äußerst störenden moralischen und charakterlichen Schwächen. Man versteht die überreizte kaiserliche Gegenreaktion doch wenigstens zum Teil, zumal der Papst im Einsatz für seinen problematischen Schützling bisweilen in der Tat zu höchst fragwürdigen Mitteln griff. Andererseits riefen Friedrichs Maßnahmen im sizilischen Königreich bei Honorius offenkundig von Anfang an tiefes Mißtrauen hervor. Sie stellten in seinen Augen eine ständige, ernsthafte Bedrohung für die Freiheit der dortigen Kirche dar, und er glaubte deshalb wohl, dieses schwer

---

[159] Edition der Prozeßakten bei Winkelmann, Bischof Harduin 307–358, vgl. außerdem Acta Imperii 1, 223, Nr. 242, MGH Epp. saec. XIII 1, 182f., Nr. 256, Richard von S. Germano, ad 1226, ed. Garufi 141 und 143, HB 4, 911f. und MGH Epp. XIII 1, 603, Nr. 703, HB 5, 251 und 575; zum Prozeßverlauf siehe Winkelmann 299–307 sowie Kamp, Kirche 1, 1057–1061.

errungene, verletzliche Gut selbst dann entschlossen verteidigen zu müssen, wenn die Person, in der es gefährdet war, dem Ideal des Seelsorgers nicht im wünschenswerten Maße entsprach.

Als Kernstück kirchlicher Unabhängigkeit galt der päpstlichen Seite selbstverständlich auch im Regnum Sicilie die Freiheit der Bischofswahlen. Eben an diesem empfindlichen Punkt aber suchte Friedrich, ganz wie Honorius befürchtet hatte, seinem Einfluß schon früh verstärkt Geltung zu verschaffen. Sein Privileg von 1212, die Rechtsgrundlage für die Erhebung der sizilischen Bischöfe, sah die freie Wahl einer geeigneten Persönlichkeit durch das zuständige Domkapitel sowie die sofortige Veröffentlichung des Wahlergebnisses vor, danach dessen Meldung an den Herrscher mit dem Ersuchen um seinen *assensus*, seine Zustimmung; sie war erforderlich, durfte andererseits nicht versagt werden. Sein Bistum konnte der Neugewählte indessen erst nach der päpstlichen *confirmatio*, der Prüfung und Billigung des Verfahrens durch den Apostolischen Stuhl übernehmen. Diese Regelung wies dem Monarchen unverkennbar nur eine recht bescheidene Rolle zu – nach dem Verständnis der römischen Kurie hatte seine Mitwirkung wohl kaum mehr Gewicht als das eines rein formalen Akts. Umgekehrt allerdings lag es für Friedrich angesichts der eminenten Bedeutung eines ihm verbundenen, zuverlässigen Episkopats für die Stabilität und Wirksamkeit seines Regiments natürlich sehr nahe, den ihm verbliebenen eingeschränkten Spielraum wenigstens optimal zu nutzen, das hieß: einem ihm nicht genehmen Kandidaten mit dem Hinweis auf seine fehlende Idoneität die Zustimmung zu verweigern. Ein solches Verhalten mochte zur Not immerhin vom Wortlaut seines Privilegs gedeckt sein; vor allem aber stellte es das Papsttum jedes Mal aufs neue vor die schwierige Frage, ob sich aus übergeordneten Gesichtspunkten ein gewisses Einlenken empfehle, oder ob allein Grundsatztreue und Entschiedenheit, also die Durchsetzung des eigenen Kandidaten gegen den kaiserlichen Willen mittels der *confirmatio* am Platze sei.[160]

Offenbar nutzte der Staufer die ersten sich bietenden Gelegenheiten sofort, um die Wiederbesetzung sizilischer Bischofsstühle nach seinem Willen zu steuern. Bereits im August 1221 nämlich beklagte sich Honorius bitter bei ihm über entsprechende Einmischungen im Bereich der Erzdiözese Salerno und insbesondere in Aversa. Beschwörend erinnerte er seinen Adressaten an seine einschlägigen Zusagen, an sein Privileg von 1212 zumal, dessen Text er ihm zur Erinnerung eigens zusandte; warnend wies er ihn auf die negativen, ja verhängnisvollen Folgen hin, die die Feind-

---

[160] Text des Privilegs von 1212: MGH Const. 2, 544, Nr. 413, vgl. 543, Nr. 412 (c. 5); dazu Baaken, Ius 198–203, vgl. 70–73, Kamp, Episkopat 93f., 100f., siehe auch oben Bd. 1, S. 141.

schaft einer zum Zorn gereizten römischen Kirche für die kaiserliche Stellung haben müßte.[161]

Doch allem nach fruchteten derartige Mahnungen nichts, denn bei der persönlichen Begegnung, zu der sich Kaiser und Papst im April 1222 in Veroli an der Südgrenze des Kirchenstaates (östlich von Frosinone) trafen, stand neben anderem erneut das Wahlproblem auf der Tagesordnung. Honorius erklärte sich jetzt immerhin zu einem gewissen Entgegenkommen bereit: Er berief für die großen Regionen des Königreiches je eine vierköpfige Kommission dort amtierender und meist dem Herrscher nahestehender Erzbischöfe und Bischöfe mit der Aufgabe, etwaige herrscherliche Verdachtsgründe oder Vorwürfe gegen einen neu gewählten Amtsbruder gründlich zu untersuchen; ihre Erkenntnisse sollten dem kirchlichen Vorgesetzten des Erwählten als Basis für die freilich allein ihm zufallende Entscheidung dienen. Wohl im Gegenzug wies Friedrich die Adligen und Beamten wie alle übrigen Einwohner des sizilischen Regnums in einem später des öfteren fast wörtlich wiederholten Erlaß an, die Rechte und Freiheiten, die die dortigen Kirchen zur Zeit Wilhelms II. genossen hätten, unbedingt zu wahren und zu schützen. Damit bekräftigte er allerdings lediglich seinen in Capua verkündeten und schon seither durchaus auch Klöstern und Bistümern gegenüber befolgten Grundsatz der Rückkehr zu den bis 1189 gültigen Normen, also eigentlich eben jenes Regierungsprogramm, dessen für sie bedrohliche Konsequenzen die päpstliche Seite so entschieden bekämpfte.[162]

Leider scheinen sich die von Honorius eingerichteten Wahlprüfungskommissionen nicht bewährt zu haben, vielleicht nahmen sie ihre Arbeit sogar überhaupt nie ernsthaft auf. Jedenfalls fochten Kaiser und Papst ihren Streit um die Besetzung des Bistums Aversa nach Veroli eher noch hartnäckiger aus als vorher: Honorius lehnte die dort Gewählten samt und

---

[161] MGH Epp. saec. XIII 1, 125f., Nr. 178 (21. 8. 1221), dazu Baaken, Ius 261–263, zu Aversa Kamp, Kirche 1, 346, vgl. zu Acerno ebd. 451 mit Anm. 10.

[162] Veroli: Richard von S. Germano, ad 1222, ed. Garufi 101, Breve chronicon, ad 1222, ed. Huillard-Bréholles 896; Einsetzung der Wahlprüfungskommissionen: MGH Epp. saec. XIII 1, 136f., Nr. 195; Friedrichs Erlaß: ebd. 135, Nr. 193 = HB 2, 239f. (zu den Verhältnissen unter Wilhelm II.: Konst. I 45, ed. Stürner 204, vgl. ebd. 75, sowie Friedrichs Mandat vom 26. 1. 1224: Richard ad 1224, 118f.); siehe dazu Kamp, Kirche 1, 100, Baaken, Ius 263–269. Nach Baaken ist der kaiserliche Erlaß ein „wesentliches Zugeständnis" (267), Ausdruck einer „neuen Haltung ... gegenüber den Kirchen des Regnum" (268; eine Zusammenstellung der späteren Wiederholungen des Erlasses 267 Anm. 31), vgl. jedoch bereits die beiden ersten Capuaner Gesetze, Richard von S. Germano, ad 1220, ed. Garufi 88f., und dazu die entsprechenden kaiserlichen Privilegien von 1221: Acta Imperii 1, 189, Nr. 211, 193, Nr. 213, 196, Nr. 214, HB 2, 151; siehe schon Scheffer-Boichorst, Gesetz 261.

sonders ab, Friedrich bestand auf der Durchsetzung ihm genehmer Personen. Zudem blockierten sich die beiden Kontrahenten in ähnlicher Weise bald auch in den Erzbistümern Capua, Salerno und Brindisi. Während der Papst überall streng darauf achtete, unbedingt Herr der Wahlverfahren zu bleiben, und um dieses Zieles willen zuweilen fast pedantisch auf die strikte Einhaltung der kirchenrechtlichen Vorschriften drang, reagierte sein kaiserlicher Widerpart tief gekränkt, wenn seine Bitten zugunsten von Männern seines Vertrauens kein Gehör fanden. Er suchte die Wahlgremien zu beeinflussen und drohte am Ende, Geistlichen, die ohne seine Zustimmung erhoben worden seien, den Zutritt zu ihren Kirchen zu verwehren. So zog sich der Konflikt hin, bis Honorius schließlich glaubte, die überlange Vakanz derart wichtiger kirchlicher Positionen nicht mehr weiter dulden zu dürfen, und den Kaiser vor vollendete Tatsachen stellte: Im September 1225 besetzte er die offenen Stellen im Alleingang, ohne Friedrich darüber vorher zu Rate zu ziehen oder auch nur zu informieren. Wie angekündigt, verbot dieser den so zu Amt und Würden Gekommenen daraufhin umgekehrt den Aufenthalt in ihren neuen Wirkungsstätten – selbst für seinen bestens bewährten Helfer, den damals an die Spitze der Erzdiözese Capua versetzten Bischof Jakob von Patti, machte er darin keine Ausnahme.[163]

Die Maßnahmen vom Herbst 1225 hatten die beiden Konfliktparteien in äußersten Gegensatz zueinander gebracht – die Lage schien ausweglos, eine Verständigung zwischen ihnen kaum mehr möglich. Zwar tauschten sie auch während der nächsten Monate manches umfangreiche Schreiben aus. Doch setzte ihre Diskussion, die nun alle offenen Streitfragen einbezog und dazu ausführlich die jeweils für schlagend angesehenen Argumente wiederholte, nicht nur da und dort etwas einseitig auf den äußeren Glanz der Form, auf die bloß rhetorische Wirkung; sie führte vor allem zu keiner Annäherung ihrer Standpunkte, sondern ließ im Gegenteil ihre unterschiedlichen Positionen und Grundsätze, das Mißtrauen und die Vorbehalte, die sie trennten, eher noch deutlicher hervortreten als bisher. Eingehend schilderte der Papst, welche Mühen und Lasten die römische Kirche um Friedrichs willen seit dessen frühester Kindheit auf sich genommen habe, um nun statt des verdienten Dankes, statt der zu erwartenden Demut Feindseligkeit und krassen Undank von ihm zu ernten. Erneut er-

---

[163] Siehe Kamp, Kirche 1, 120–126 (Capua; vgl. Acta Imperii 1, 224, Nr. 243), 346 (Aversa), 437–439 (Salerno), 671–673 (Brindisi; vgl. Acta 242–244, Nr. 265, 267), außerdem 744f. (Conza); MGH Epp. saec. XIII 1, 160–162, Nr. 232 (27. 6. 1223; Friedrichs Klagen, seine Aussperrungsdrohung, der päpstliche Protest), ebd. 204f., Nr. 283 (25. 9. 1225; päpstliche Provisionen, vgl. Acta 485f., Nr. 606); Richard von S. Germano, ad 1225, ed. Garufi 122 bzw. 127 (Provisionen; Aussperrung); dazu und zum Folgenden Kamp, Episkopat 100f., Baaken, Ius 269–277.

innerte er den pflichtvergessenen Herrscher an sein Versprechen, im Einklang mit den Konzilsbeschlüssen die Freiheit der Kirche gerade auch hinsichtlich der Bischofswahlen zu gewährleisten, jenes unverzichtbare Gut also zu schützen, das er in Wahrheit jedoch mit seinem brutalen Vorgehen gegen die sizilische Kirche zu zerstören im Begriffe sei. Umgekehrt äußerte Friedrich in jenen Tagen ganz unverblümt die Ansicht, Innozenz III. habe einst seine Stellung als Vormund gröblich mißbraucht, um aus der Schwäche des sizilischen Königtums Vorteile für das Papsttum zu ziehen. Unter dem Vorwand, er sorge für die Verteidigung des Regnums, habe er die Feinde des Herrschers ins Land geholt und ihn, Friedrich, besonders schwer geschädigt, indem er sein väterliches Erbe seinem Gegner, dem Welfen Otto in die Hände spielte. Offenkundig betrachtete der Staufer jetzt auch sein 1212 für Innozenz ausgestelltes Privileg über die sizilischen Bischofserhebungen – wie im übrigen vermutlich den Verzicht auf Spoleto und Ancona – als ein Dokument, das ihm in schwerer Zeit unter Ausnützung seiner Notlage und deshalb im Grunde zu Unrecht abgepreßt worden war. Er beanspruchte folgerichtig wieder jenen Einfluß auf die kirchlichen Wahlen, den seine Vorfahren – gemäß den Wilhelm I. 1156 für ewige Zeiten gewährten Vergünstigungen – seit alters ausgeübt hatten, als sein ererbtes Recht, das ihm nicht einmal Konzilien rauben konnten, weil es ihm, wie er aus seinem Lebensgang schließen mochte, von Gott selbst zugedacht war.[164]

Die gefährlich angewachsene Spannung löste sich recht unvermutet, als Friedrich im August 1226 den bis dahin ausgesperrten Erzbischöfen und Bischöfen endlich doch den Zugang zu ihren neuen Amtsbereichen gestattete.[165] Angesichts seines eben noch so entschieden erhobenen Anspruchs auf die althergebrachten herrscherlichen Befugnisse bei Kirchenwahlen

---

[164] Siehe Richard von S. Germano, ad 1226, 138–141, bes. 140f. (Honorius, etwa März 1226; Schluß fehlt); ebd. 141–145, bes. 142f. (Friedrich, etwa April 1226; Fragment, fehlende Passagen zum Teil aus Honorius' Antwort vom Mai erschließbar); MGH Epp. saec. XIII 1, 216–222, Nr. 296, bes. 217, Z. 7–45, 218, Z. 26–36 (vgl. schon ebd. 160, Z. 36–161, Z. 4, Nr. 232), 219, Z. 21–220, Z. 23 (Honorius, wohl Anfang Mai 1226; wohl von Thomas von Capua verfaßt, vgl. Schaller, Studien 390f., zur Verbesserung einzelner Lesarten 468–470, daneben 471–476).

[165] Rücknahme der Aussperrung: Richard von S. Germano, ad 1226, ed. Garufi 138, dazu schon Winkelmann, Friedrich 1, 304f.; vgl. das wohl Anfang Juni abgefaßte, einlenkende kaiserliche Schreiben Acta Imperii 1, 261f., Nr. 286, sowie Richard ad 1226, 136 (*rescribit humiliter*). – Eine überaus positive Beurteilung der von Friedrich der sizilischen Kirche zur Zeit des Honorius gewährten Freiheit und die Klage über ihren Mißbrauch durch Geistliche: Ignoti cist. S. Mariae Chronica, ad 1227, ed. Gaudenzi 38, vgl. Friedrichs bestätigende Angabe: Richard, ad 1226, 143, Z. 16–27.

erstaunt dieses Einlenken gewiß. Es überrascht freilich weit weniger, wenn man sich vergegenwärtigt, welche Sorgen dem Kaiser inzwischen die Situation in Oberitalien bereitete. Seine dortigen Mißerfolge zwangen ihn geradezu, seine Beziehungen zum Papst wieder zu verbessern, und dessen Wohlwollen hoffte er vermutlich mit seinem spektakulären Nachgeben in der Wahlfrage am ehesten zurückzugewinnen. Aus den Schwierigkeiten der Zeitumstände erklärt sich also seine Wendung, sie deutet schwerlich auf einen grundsätzlichen Wandel seiner Anschauungen hin.

6. UMWEGE ZUM HEILIGEN LAND.
DIE VERWICKELTE VORGESCHICHTE
UND DER UNGEWÖHNLICHE VERLAUF
DES KAISERLICHEN KREUZZUGES (1220–1229)

Das Scheitern des fünften Kreuzzugs.
Die Schuldfrage und erste Neuplanungen

Öfter noch und dringlicher fast als die sizilischen Bischofswahlen brachte Papst Honorius III. in seiner Korrespondenz mit dem Kaiser das Kreuzzugsproblem zur Sprache. Gewiß hatte Friedrich bei seiner Kaiserkrönung gelobt, im August 1221 endlich selbst zur Kreuzfahrt aufzubrechen. Dennoch scheint Honorius – mißtrauisch geworden nach den zurückliegenden Enttäuschungen – früh an der pünktlichen Einlösung dieses Versprechens gezweifelt zu haben. Jedenfalls befahl er bereits Anfang Januar Kardinal Pelagius von Albano, seinem Legaten bei dem in Damietta festliegenden Kreuzfahrerheer, er solle im Hinblick auf die unsichere künftige Entwicklung mit dem Sultan al-Kāmil von Ägypten einstweilen hinhaltend verhandeln und weitere Instruktionen aus Rom abwarten. Abzuwarten, nichts Entscheidendes vor seiner Ankunft zu unternehmen, dazu ermahnte auch der Kaiser die Kreuzfahrer wieder und wieder. Darüber hinaus förderte er indessen nicht nur ohne Zögern den im päpstlichen Namen in der Lombardei für den Kreuzzug werbenden Kardinal Hugolinus von Ostia, sondern ließ dem Unternehmen seine Unterstützung zudem auch ganz unmittelbar in beträchtlichem Ausmaß zugute kommen: Im Laufe der ersten Hälfte des Jahres 1221 entsandte er nacheinander Herzog Ludwig von Bayern, Anselm von Justingen und schließlich seinen Admiral Heinrich von Malta sowie den Kanzler Walter von Pagliara jeweils mit einer stattlichen Zahl von Schiffen, Rittern und Hilfsgütern nach dem Osten.[1] Daß er aber seine eigene glanzvolle Fahrt dorthin am angekündigten Termin antreten würde, damit war angesichts seines intensiven Bemühens um die Neuordnung des sizilischen Königreichs nach päpstlicher

---

[1] MGH Epp. saec. XIII 1, 112, Nr. 159 (Honorius; 2. 1. 1221); MGH Const. 2, 150f., Nr. 116 (Friedrich; 6. 12. 1227); Const. 2, 114–117, Nr. 91–93 (Friedrich für Hugolinus; 10. 2. 1221). Zum fünften Kreuzzug: Powell, Anatomy, bes. 172–193, Van Cleve, Fifth Crusade 422–428, sowie schon Winkelmann, Friedrich 1, 145–162, vgl. oben Bd. 1, S. 229–231, 250 (Kaiserkrönung), sowie hier, S. 29f. (Kreuzzugshilfe).

Einschätzung spätestens im Juni kaum mehr zu rechnen. Zwar erinnerte Honorius den Herrscher damals noch einmal ernstlich an sein in der Öffentlichkeit weithin bekanntes Versprechen und an die überaus heikle Lage in Damietta, die seine Präsenz bitter notwendig mache; er drängte ihn dann jedoch recht unverblümt dazu, dem Heer im Nildelta schleunigst wenigstens alle verfügbaren Schiffe zu Hilfe zu schicken, wenn er schon die Erfüllung seines Gelübdes zu verschieben gedenke.

Friedrich nahm die päpstlichen Wünsche und Andeutungen sofort auf, hieß Heinrich von Malta mit der bereitstehenden respektablen Flotte in See stechen und bat in Rom um Verständnis für seine Absicht, erst im kommenden März persönlich zum Kreuzfahrerheer zu stoßen; seine bisherigen Kreuzzugsanstrengungen hätten ihn im Augenblick nämlich aller Geldmittel für die seinem Auftreten als kaiserlicher Kreuzfahrer angemessenen zusätzlichen Rüstungen beraubt. Wie kaum anders zu erwarten, reagierte Honorius dann doch etwas verstimmt auf diese Ankündigung – er tadelte des Kaisers Unaufrichtigkeit und warnte ihn davor, Gott täuschen zu wollen. Weiter ging er freilich nicht, dankte ihm vielmehr sogar ausdrücklich für das neuerdings nach Ägypten abgeordnete Flottenkontingent. Seine Verärgerung hielt sich also einigermaßen in Grenzen. Ganz offenkundig hoffte er, der demnächst erwartete neue päpstliche Heerführer Wilhelm von Montferrat werde, gestärkt durch den vom Kaiser kommenden Nachschub, die Dinge bald energisch zum Besseren wenden, was im Falle von Friedrichs Fernbleibens zudem allein als das Verdienst der Kirche erscheinen würde. Voller Zuversicht gab er seinem Legaten Pelagius nun jedenfalls freie Hand zu selbständigen Entschlüssen.[2]

Der längst schon ungeduldige Pelagius hatte darauf nur gewartet und sah endlich den Zeitpunkt für den entscheidenden Schlag gegen al-Kāmil gekommen. Herzog Ludwig von Bayern war ungeachtet des anders lautenden kaiserlichen Befehls zum Mitmachen bereit, das Friedensangebot des Sultans wies man ab. Am 17. Juli brach das Kreuzfahrerheer, verstärkt durch die Mannschaft des eben wieder in Damietta eingetroffenen Königs Johann von Brienne, nach Süden auf. Sein Unternehmen stand freilich unter keinem guten Stern. Bald nämlich schwoll der Nil wie alljährlich um diese Zeit stark an, und al-Kāmil ließ sofort das Land im Aufmarschgebiet unter Wasser setzen; überdies erhielt er gerade jetzt beachtliche Militärhilfe von seinen beiden Brüdern. So fanden sich die Kreuzfahrer nach wenigen Wochen vor der Stadt Mansura von Wasser, Morast und feindlichen

---

[2] MGH Epp. saec. XIII 1, 121–124, Nr. 175–177 (Honorius; 13. 6., 20. 6., 20. 7. 1221), vgl. ebd. 125, Z. 12–21, Nr. 178 (21. 8. 1221); zu Wilhelm von Montferrat († 1225) siehe oben S. 75 mit Anm. 154, außerdem, bes. über seine vergeblichen Bemühungen um Thessalonike: Wellas, Kaiserreich 19–48, 53–55, 108–110.

Truppen vollständig eingeschlossen, unfähig zu irgendeinem sinnvollen Manöver. Notgedrungen akzeptierten sie deshalb Ende August al-Kāmils Angebot und versprachen, nach dem Austausch aller Gefangenen und der Gewährung freien Abzugs Damietta und ganz Ägypten zu räumen. Den anschließenden achtjährigen Waffenstillstand sollte nur der Kaiser brechen dürfen.

Die Bedingungen des Sultans erscheinen angesichts seiner Überlegenheit recht gemäßigt. Er fürchtete wohl, die in Damietta Verbliebenen könnten sich, ermutigt durch Zuzug aus dem Westen, zur Fortführung des Kampfes entschließen. In der Tat war dort inzwischen Heinrich von Malta eingetroffen und beabsichtigte, dem bei Mansura stehenden Heer zu Hilfe zu eilen. Als er von dessen Niederlage und dem Abkommen mit al-Kāmil erfuhr, erwog er mit den anwesenden Großen die Chancen weiteren Widerstands, fügte sich dann jedoch in das Unvermeidliche. Am 8. September 1221 zog der Sultan in Damietta ein, während die Kreuzfahrer vereinbarungsgemäß Ägypten verließen. Nach langen Mühen hatte ihr Feldzug ein unrühmliches Ende gefunden.

Die Verantwortung für das Scheitern des fünften Kreuzzuges tragen gewiß zu einem guten Teil der päpstliche Gesandte Pelagius und jene Männer, die wie Herzog Ludwig von Bayern sein Vorhaben billigten und sich bereit fanden, den Marsch auf Kairo zur Unzeit, kurz vor dem Eintritt des Nilhochwassers, und mit zu schwachen Kontingenten zu wagen, ohne die kaiserliche Hilfsflotte oder Wilhelm von Montferrat abzuwarten. Den letzten Ausschlag für ihren verhängnisvollen Entschluß gab zweifellos der kaum verständliche Optimismus, mit dem damals Papst Honorius trotz der neuerlichen Absage des Kaisers die Situation beurteilte.

Und der Kaiser selbst? Friedrich war grundsätzlich sicher ernsthaft zur Teilnahme am Kreuzzug bereit und unterstützte ihn einstweilen nach Vermögen. Für vordringlich hielt er zunächst allerdings ganz offenkundig die Sicherung seiner Stellung in seinem unmittelbaren Herrschaftsbereich. Für seine Auffassung sprach in der Tat manches und nicht zuletzt gerade auch der Blick auf das Kreuzzugsprojekt: Erst als in Europa unangefochten regierender Monarch nämlich konnte er sich mit ganzer Kraft auf dessen Leitung konzentrieren und seinen Erfolg einigermaßen gewährleisten. Über die Schwierigkeiten, die ihn von diesem Ziel trennten, sah er indessen allzu leicht hinweg, täuschte er sich selbst und andere. Die ständige Ungewißheit über sein persönliches Erscheinen aber erschwerte natürlich die Planungen der Kreuzfahrer. Sie ließ ihre Zuversicht immer wieder in tiefe Enttäuschung umschlagen und förderte so wohl jene Stimmung der Unzufriedenheit und der Ungeduld, in der sich Pelagius mit seiner unbedachten Initiative schließlich durchsetzen konnte. Ob Friedrich, wäre er im Sommer 1221 zu Damietta präsent gewesen, dem Unternehmen eine glücklichere Wendung gegeben hätte? Seine rückblickende Äußerung vom Dezember 1227 deutet darauf hin, daß er in diesem Fall anders als Pelagius vermutlich für die Annahme von al-Kāmils Vorschlag, also für den Tausch der eroberten Stadt gegen Jerusalem eingetreten wäre; der Führungsstreit im Kreuzfahrerheer hätte sich dann aber vielleicht eher noch verschärft.[3]

Im Abendland registrierte man die Nachricht vom schmählichen Fall Damiettas mit Trauer und Erbitterung. Vielfach suchten die Chronisten das schwer begreifliche Unglück pauschal mit der Sündhaftigkeit der Christenheit zu erklären.[4] Andere bemängelten präziser das hochmütige Vertrauen der Kreuzfahrer in ihre eigene Stärke oder tadelten sogar offen die Unbesonnenheit ihrer Anführer, insbesondere die des Pelagius. Am eindrücklichsten erfaßte wohl der Notar und Geschichtsschreiber Richard von San Germano die Empfindungen seiner Zeitgenossen, als er sich seinen Schmerz und seine Bestürzung über das unfaßbare Ereignis in einem umfangreichen Gedicht von der Seele schrieb und darin zutiefst die Schande und Schuld der Christen beklagte, aber auch die für den Zug gegen Mansura Verantwortlichen ihres Leichtsinns wegen kritisierte.[5]

Friedrich erfuhr vom kläglichen Zusammenbruch des Kreuzzugs im Oktober 1221. Von Palermo aus informierte er den Papst, bekundete Ratlosigkeit, Schmerz und Scham angesichts des Geschehenen sowie seine Bereitschaft, sich bezüglich der nun angezeigten Maßnahmen ganz nach den päpstlichen Vorstellungen und Wünschen zu richten. Sicher war ihm die fürs erste zu erwartende weitere Verzögerung seiner eigenen Kreuzfahrt

---

[3] MGH Const. 2, 151, Z. 16–20, Nr. 116 (Friedrich; 6. 12. 1227). Zur Frage der Verantwortung: Powell, Anatomy 77f., 112–118, 184f., 188, 191, 201–203; Mayer, Geschichte 203, Van Cleve, Crusade of Frederick 436f., sehr ausgewogen schon Winkelmann, Friedrich 1, 152, 156–159.

[4] Vgl. etwa Breve chronicon, ad 1221, ed. Huillard-Bréholles 895; Annales S. Rudberti, ad 1220, MGH SS 9, 782; Reineri Annales, ad 1222, MGH SS 16, 678, Annales S. Pantaleonis, ad 1221, MGH SS rer. Germ. 18, 252; dazu Siberry, Criticism 85f.

[5] Richard von S. Germano, ad 1221, ed. Garufi 95–97 bzw. 98–100. Vgl. Burchard von Ursberg, ad 1222, MGH SS rer. Germ. 16, 120, Ignoti cist. S. Mariae Chronica, ad 1221, ed. Gaudenzi 38; Annales Ianuae, ad 1221, MGH SS 18, 149; Reineri Annales, ad 1222, MGH SS 16, 678f., Tolosanus c. 176, ed. Rossini 147, Richer Senoniensis IV 4, MGH SS 25, 303, Estoire d'Eracles XXXII 17, RHCOc 2, 352 (zur Quelle und ihrem Zusammenhang mit der Chronique d'Ernoul: Morgan, Chronicle 9–21, 137–148, 179, vgl. Edbury, Lyon 139–144, 152f.). Zur Kritik in der Dichtung siehe: Peirol, ed. De Bartholomaeis, Poesie 2, 13f. (III–V: Kritik auch an Friedrich), Guilhem Figueira, ebd. 99 (V: Kritik am Papst), vgl. Brucker, Personnage 33f., Siberry, Criticism 66, Mayer, Geschichte 200, Van Cleve, Crusade of Frederick 437.

nicht unwillkommen. Andererseits mußte er damit rechnen, daß ihm die kirchliche Seite noch heftiger als bisher seine Hinhaltetaktik und ungenügende Hilfe vorwerfen würde. Das Desaster im Nildelta drohte seine Beziehungen zu Papst und römischer Kurie zusätzlich zu belasten.

Honorius sparte in der Tat nicht mit Klagen über die kaiserliche Säumnis und Nachlässigkeit in der Kreuzfahrtfrage; er räumte sogar ein, die allenthalben in der Öffentlichkeit gegen ihn, den Papst, erhobenen massiven Anschuldigungen seien immerhin soweit berechtigt, als er Friedrichs Ausflüchte allzu nachsichtig wieder und wieder hingenommen, ihn über alles Maß geschont habe. Recht schnell wandte er sich dann jedoch der künftigen Entwicklung zu, der Darlegung jener Schritte, die er angesichts der dramatisch veränderten Situation für notwendig erachtete. Vor allem müsse der Kaiser als Mitschuldiger an der ägyptischen Katastrophe ohne Zaudern und Vorbehalt, mit Ernst und Eifer darangehen, seine überlegenen Machtmittel zu bündeln, um sie dann vollständig in einem neuen Kreuzzug unter seiner persönlichen Leitung einzusetzen. Widme er sich dieser Aufgabe mit der gebührenden Demut, dürfe er der Förderung der Kirche und Gottes Hilfe gewiß sein; leicht könne er dann von den ohnehin schon geschwächten Feinden die Heiligen Stätten zurückerlangen und so das Christus und dem christlichen Namen zugefügte Unrecht rächen. Wenn er sich allerdings dem Projekt verweigere, verfalle er unausweichlich der Exkommunikation.[6]

Kardinal Nikolaus von Tusculum, der die päpstliche Botschaft nach Sizilien überbrachte, fand den Kaiser zu jedem Entgegenkommen bereit. Man vereinbarte eine persönliche Unterredung des Herrschers mit dem Papst, die Klarheit über den Termin und die Einzelheiten seiner Kreuzfahrt schaffen sollte. Als Nikolaus während seiner Rückreise am 30. Januar 1222 die wiederaufgebaute Kathedrale von Cosenza dem Wunsch des dortigen Erzbischofs Lukas gemäß im Beisein zahlreicher Erzbischöfe und Bischöfe des Regnums weihte, war Friedrich gleichfalls zugegen und schenkte der Kirche bei diesem Anlaß wahrscheinlich jenes kostbare Kreuzreliquiar, das, wohl zur Zeit König Wilhelms II. in einer Palermitaner Goldschmiedewerkstatt gefertigt, noch heute zu den wertvollsten Stücken des Cosentiner Domschatzes zählt.[7]

Vereinbarungsgemäß trafen sich Kaiser und Papst dann vom 12. bis 14.

---

[6] Acta Imperii 1, 213, Nr. 231 (Friedrich; 25. 10. 1221); MGH Epp. saec. XIII 1, 128–130, Nr. 183 (Honorius; 19. 11. 1221).

[7] Gesandtschaft des Nikolaus: MGH Epp. saec. XIII 1, 130f., Nr. 184f. (Honorius; 10. bzw. 19. 12. 1221), Kirchenweihe: HB 2, 229f., vgl. Breve chronicon, ad 1221, ed. Huillard-Bréholles 896; zum Reliquiar: Federico II e l'Italia 190 (mit Abbildung), vgl. Rösch, Kaiser Friedrich 74, Kamp, Kirche 1, 839.

April 1222 in Veroli zu einem ausführlichen Gespräch über wichtige Themen von gemeinsamem Interesse. Sie erörterten, wie wir schon sahen, die Zukunft von Spoleto und Ancona und die Frage der sizilischen Bischofseinsetzungen. Den Kernpunkt ihrer Beratungen aber bildete zweifellos das Kreuzzugsproblem. Friedrich bekräftigte seine feste Absicht, keine Mühen und Kosten zur Befreiung der Heiligen Stätten zu scheuen, und Honorius stellte die Reiche und Herrschaftsrechte des künftigen Kreuzfahrers vorsorglich schon jetzt unter seinen Schutz. Um das Unternehmen so gewissenhaft wie möglich vorzubereiten und ihm eine denkbar breite Basis zu sichern, kamen beide Seiten allerdings überein, sich am Martinstag, also dem 11. November, erneut in Verona zusammenzufinden und dorthin auch alle maßgebenden Persönlichkeiten der Christenheit zur gründlichen Besprechung des weiteren Vorgehens zu rufen. Entsprechende Einladungen sandte Honorius unter anderem nach Akkon an Kardinal Pelagius von Albano und König Johann von Brienne, die Führer des eben gescheiterten Zuges.[8]

Mag der Ärger über Gunzelins Eingreifen in Spoleto und Ancona die Ursache dafür gewesen sein oder die Säumnis der aus Akkon heransegelnden Repräsentanten des Heiligen Landes, die Friedrich wohl erst um den 10. November in Brindisi empfing[9] – jedenfalls erschienen weder Kaiser noch Papst zu der Konferenz von Verona, für die doch beide so dringend geworben hatten. Offenbar war es ihnen nicht einmal möglich, die schon zur Tagung anreisenden geistlichen und weltlichen Großen noch früh genug über ihr Fernbleiben zu informieren. So warteten diese eine Zeitlang vergebens am vereinbarten Ort und zogen schließlich wieder ab, teilweise an die päpstliche Kurie, vielfach jedoch an den kaiserlichen Hof nach Apulien. Dort bot sich reichlich Gelegenheit, kaiserliche Privilegien zu erwirken, deutsche und Reichsprobleme zu behandeln und unter dem Vorsitz des Kaisers sogar Rechtsstreitigkeiten zu entscheiden. Eine schwere Erkrankung des Papstes verzögerte nämlich die als Ersatz für Verona geplante Versammlung immer wieder.[10]

---

[8] Richard von S. Germano, ad 1222, ed. Garufi 101, genaue Daten: HB 2, 235f., 240 (nach dem Chartular von Casamari), vgl. Breve chronicon, ad 1222, ed. Huillard-Bréholles 896; zum Inhalt: MGH Epp. saec. XIII 1, 136, Nr. 194, und bes. 137f., Nr. 196 (an Pelagius bzw. Johann), vgl. ebd. 134f., Nr. 192, sowie oben S. 75f. und 81.

[9] Breve chronicon, ad 1222, ed. Huillard-Bréholles 896, Chronique d'Ernoul c. 39, ed. Mas Latrie 449 (zur Quelle siehe oben S. 88, Anm. 5); zum Datum: Friedrich war am 4. 11. 1222 noch in Cosenza: Höflinger – Spiegel, Stauferurkunden 105 (Mandat eingerückt in Nr. 14); zu Gunzelin siehe oben S. 76f.

[10] Chronicon Montis Sereni, ad 1222, MGH SS 23, 199f., Annales S. Rudberti, ad 1222, MGH SS 9, 782, Annales Mediolanenses Breves, ad 1222, MGH SS 18, 391,

Aufschub und Verpflichtung. Friedrichs Ehe mit Isabella von Jerusalem

Erst im März 1223 begegneten sich Honorius und Friedrich erneut persönlich, dieses Mal in Ferentino (zwischen Anagni und Frosinone), also wie ein knappes Jahr zuvor in der südlichen Grenzzone des Patrimonium Petri. Mit ihnen zusammen erschienen eine Reihe von Kardinälen und andere kirchliche Würdenträger aus der päpstlichen Umgebung, zahlreiche Bischöfe, Äbte und Adlige aus Deutschland – allerdings offenbar kein weltlicher Reichsfürst –, einzelne Große aus Reichsitalien und sogar aus dem Arelat, dazu König Johann von Jerusalem, Radulf, der dortige Patriarch und die Vorsteher bzw. Vertreter der Ritterorden, darunter Hermann von Salza. Eingehend erörterte man die vielfältigen Fragen, die mit der Organisation des vorgesehenen Kreuzzuges zusammenhingen, die Schwierigkeiten, die sich seiner Durchführung entgegenstellten, und am Ende schien man seiner Verwirklichung einen entscheidenden Schritt nähergekommen: Friedrich verpflichtete sich durch einen Eid, am Johannisfest, also am 24. Juni 1225 die Kreuzfahrt anzutreten. Um jeden Zweifel an der Ernsthaftigkeit seiner Absichten auszuräumen, schwor er überdies, Isabella, die Tochter König Johanns von Brienne und Erbin des Königreiches Jerusalem, zu heiraten, so daß ihn, wie er selbst sagte, die Verantwortung für das Heilige Land künftig ebenso fest und dauerhaft binde wie seine Ehe.[11]

Des Kaisers erste Frau Konstanze war am 23. Juni 1222, während er selbst die Sarazenenfeste Jato belagerte, in Catania gestorben und wenige Wochen danach in einem römischen Sarkophag in der Kathedrale zu Palermo bestattet worden. Die Wahl gerade dieses Begräbnisortes – keine seiner späteren Gemahlinnen ruht dort – darf gewiß als Zeichen der besonderen Hochachtung Friedrichs für die Verstorbene gelten, der er immerhin für Jahre die Regentschaft seines sizilischen Königreiches anvertraut hatte. Fast noch unmittelbarer und anschaulicher kommt seine Wertschätzung in der ungewöhnlichen Grabgabe zum Ausdruck, die er ihr zudachte, jener prachtvollen und vielbeachteten Krone aus der Palermitaner Hofwerkstatt, die zur Kaiserkrönung von 1220 geschaffen und bei die-

---

Richard von S. Germano, ad 1223, ed. Garufi 107, HB 4, 873f. (Friedrich; Mai 1236); deutsche Fürsten am Kaiserhof: RI V, Nr. 1423–1426, 1431–1443, 1447, 1449–1451.

[11] Über die Ergebnisse von Ferentino siehe bes. MGH Epp. saec. XIII 1, 152, Nr. 225 (Honorius; Ende April 1223), vgl. ebd. 149, Nr. 220, 157, Nr. 227, 158, Nr. 229, Acta Imperii 1, 237, Nr. 261 (Friedrich; 5. 3. 1224), MGH Epp. 1, 282, Z. 38–43 (Gregor IX.; 10. 10. 1227); außerdem Richard von S. Germano, ad 1223, ed. Garufi 107, Breve chronicon, ad 1222, ed. Huillard-Bréholles 896, Ignoti cist. S. Mariae Chronica, ad 1223, ed. Gaudenzi 38; zu Dauer und Teilnehmern vgl. RI V, Nr. 1455 (5. 3. 1223) – 1472a, sowie RI V 4, 38, Nr. 248 (= Cod. dipl. Barese 1, 167f., Nr. 89; 15. 3. 1223).

sem denkwürdigen Ereignis vielleicht in der Tat von Konstanze selbst und wohl doch nicht vom Kaiser getragen worden war.[12]

Mit diesen wenigen Indizien müssen wir uns allerdings bescheiden; sonst verraten uns die Quellen nichts über das Zusammenleben des Kaiserpaares oder über das persönliche Verhältnis der Ehegatten zueinander, nichts Konkretes auch darüber, welchen Einfluß die Herrscherin auf ihren um so viel jüngeren Mann etwa auszuüben vermochte. Von intimen Beziehungen zu anderen Frauen ließ sich Friedrich jedenfalls durch seine Ehe nicht abhalten. Bereits in deren Anfangszeit wurde ihm möglicherweise von einer sizilischen Adligen sein erster Sohn Friedrich geboren, der heute gewöhnlich nach dem Abruzzenkastell Pettorano (südlich Sulmonas) benannt wird. Die spärlichen, eher zufälligen Nachrichten über ihn verraten uns nämlich immerhin, daß er im Jahre 1240 mit Frau und Kindern dort wohnte, allem nach wenig glücklich über seine Lebensumstände, deren standesgemäße Ausgestaltung die kaiserlichen Mandate mit distanzierter Korrektheit zu gewährleisten suchen.[13] Aus Friedrichs Verbindung mit einer vornehmen deutschen Dame namens Adelheid ging wohl noch während seines Deutschlandaufenthaltes Enzio oder Entius hervor, wie er bei seinen Zeitgenossen häufig verkürzt statt Heinrich heißt. Im Oktober 1238 schlug ihn sein Vater zum Ritter und verheiratete ihn mit der Erbin eines Großteils der Insel Sardinien, ein dreiviertel Jahr später legitimierte er ihn förmlich, wobei wir Herkunft und Namen seiner Mutter erfahren. Bald darauf sehen wir Enzio in führenden Positionen des Reichsdienstes, seiner Tapferkeit wegen vom Kaiser auf das höchste geschätzt und ausgezeichnet, bis er 1249 in die Gefangenschaft Bolognas geriet – ihr sollte er bis zu seinem Tod 1272 nicht mehr entrinnen. Denkbar scheint, daß seine Schwester Katharina gleichfalls von Adelheid abstammte und mit jener illegitimen Kaisertochter identisch ist, die im Mai 1247 den Markgrafen Jakob von Carretto (nordwestlich Savonas) heiratete.[14]

---

[12] Todesdatum nach der Grabinschrift, vgl. die zusätzliche, als Wort der Verstorbenen an den überlebenden Gatten eigentümlich berührende Inschrift auf dem Sarkophag, die Belege oben S. 2, Anm. 5, außerdem Breve chronicon, ad 1222, ed. Huillard-Bréholles 896; dazu Kamp, Costanza, bes. 358f. Palermitaner Krone: Siehe zu den früheren Thesen von Deér, Kaiserornat, bes. 11, 19–32, 57–68, 77f. Schramm, Kaiser Friedrichs Herrschaftszeichen 11–15, ders., Herrschaftszeichen 3, 884–886, jetzt Wessel, Insignien 387–397, bes. 396f., vgl. 458–461, Petersohn, Insignien 103 mit Anm. 148, Rösch, Herrschaftszeichen 42–45; Abbildung: Bd. 1, Abb. 11, vgl. Krönig, Sizilien, Abb. XVI (vor S. 31) sowie 450f.

[13] Mandate: HB 5, 747, 849, 864f. (Febr., März, Okt. 1240), vgl. Thomas von Pavia, MGH SS 22, 517; dazu RI V, Nr. 2805.

[14] Winkelmann, Leben 311f. (Legitimierung; Juli 1239), vgl. 308–313; Ritterschlag, Heirat: Annales Placentini Gibellini, ad 1238, MGH SS 18, 480, Richard von

Der Vorschlag, Friedrich möge sich in zweiter Ehe mit Isabella vermählen, stammte sehr wahrscheinlich von Papst Honorius, der wohl hoffte, auf diese Weise im Kaiser einen um so eifrigeren Kreuzfahrer zu gewinnen.[15] Friedrich war bereit, das offenbar recht dringend gewünschte Zeichen seines guten Willens zu geben, legte seinerseits aber besonderen Wert darauf, daß Papst und Kardinäle ihre in aller Öffentlichkeit ausgesprochene Zusage gleichfalls einhielten und ihm als Ersatz für die von seiten der mittellosen Braut nicht zu erwartende Mitgift dauernde und angemessene Hilfsleistungen für das Kreuzzugsprojekt gewährten. Tatsächlich hatten die zu Ferentino Versammelten beschlossen, die abendländische Christenheit drei Jahre lang mit einer Kreuzzugssteuer zu belasten, und allem nach sollte ein Teil dieser Einkünfte unmittelbar dem Kaiser zufließen. Jedenfalls begann er bald, einzelne Reichsfürsten durch erhebliche Zahlungsversprechungen für den Kreuzzug zu werben – anders waren demnach viele von ihnen nicht zur Teilnahme zu bewegen; zugleich intensivierte er den Flottenbau.[16]

Auch die Kurie ging daran, die Abmachungen von Ferentino zu verwirklichen. Honorius schilderte den Großen Europas deren Inhalt und bat sie dringend, mit allen Mitteln zum Gelingen des großen Vorhabens beizutragen. Er beschwor sie – insbesondere die Könige Englands und Frankreichs –, Frieden untereinander zu schließen, und forderte sie auf, in ihren Reichen die vorgesehene Kreuzzugssteuer einzuziehen. Überdies reiste Johann von Brienne persönlich an die Höfe Frankreichs, Englands und

---

S. Germano, ad 1238, ed. Garufi 198; zur Person vgl. Thomas von Pavia, MGH SS 22, 515, Salimbene, Cronica, ad 1249, MGH SS 32, 329; Erwähnung der Schwester in Enzios Testament: RI V, Nr. 14576 (vgl. ebd. 14577, 14578a), zu ihr auch Thomas von Pavia 517, Ann. Plac. Gib., ad 1247, 494, Annales Ianuae, ad 1247, MGH SS 18, 223. Vgl. Maschke, Geschlecht 110–113; Pini, Enzo 1 (ohne Berücksichtigung der Legitimierungsurkunde).

[15] Acta Imperii 1, 237, Nr. 261 (Friedrich; 5. 3. 1224), vgl. MGH Const. 2, 151, Nr. 116 (8) (6. 12. 1227), MGH Epp. saec. XIII 1, 163f., Nr. 234 (Honorius; 5. 8. 1223); Ignoti cist. S. Mariae Chronica, ad 1224, ed. Gaudenzi 38; die Rolle des Patriarchen Radulf betont Honorius: MGH Epp. 1, 153, Z. 32–36, Nr. 225 (27. 4. 1223); vgl. Estoire d'Eracles XXXII 20, RHCOc 2, 358: Einsatz Hermanns von Salza für die Ehe, seine Zusage an Johann von Brienne, der Kaiser werde ihm das Königreich auf Lebenszeit überlassen – Johann hatte damals freilich ständig persönlichen Kontakt mit Friedrich, brauchte sich also kaum mit Auskünften Hermanns zu begnügen, siehe Kluger, Hochmeister 36f.

[16] Mitgift vom Papst, kaiserliche Kreuzzugsvorbereitungen: Acta Imperii 1, 237f., Nr. 261, Annales S. Pantaleonis, ad 1224, MGH SS rer. Germ. 18, 253, vgl. MGH Epp. saec. XIII 1, 157, Nr. 227, ebd. 159, Nr. 230; Kreuzzugssteuer: MGH Epp. 1, 151f., Nr. 224, vgl. Anm. 182.

Spaniens, um das Projekt voranzutreiben. Dort gewann er zwar für sich selbst in Berengaria, der Schwester des kastilischen Königs, eine neue Gemahlin; für den Kreuzzug aber erreichte er in jenen Ländern wenig, allenfalls Geldzusagen. Die Bereitschaft, sich persönlich zu engagieren, war dort wie anderswo enttäuschend selten. Hermann von Salza mußte 1223 und 1224 während zweier Aufenthalte in Deutschland ähnlich deprimierende Erfahrungen machen. Selbst als sich nach heftiger kaiserlicher Kritik an der mangelhaften päpstlichen Aktivität und der Unfähigkeit der Kreuzzugsprediger Kardinalbischof Konrad von Porto in päpstlichem Auftrag in seine deutsche Heimat begab, um zum Einsatz für den Kreuzzug aufzurufen, vermochte er kaum etwas an der gänzlich unbefriedigenden Situation zu ändern.[17]

Der Kaiser erfuhr aus erster Hand vom nach wie vor mißlichen Stand der Dinge. Im Dezember 1224 hielt sich der Meister des Johanniterordens, spätestens seit März 1225 Hermann von Salza an seinem Hof in Palermo auf.[18] Als er zwei Monate später auf das Festland übersetzte, erwartete ihn dort bereits Johann, der König von Jerusalem. Grundsätzlich lag gerade diesen Besuchern zweifellos besonders viel an der geplanten Kreuzfahrt. Dennoch waren sie damals offenkundig mit Friedrich der Meinung, angesichts des bisher eher bescheidenen Erfolgs der Kreuzzugswerbung in den Königreichen Europas sei es ratsam, für den Beginn des Unternehmens einen späteren Zeitpunkt vorzusehen. Jedenfalls begaben sich Johann von Brienne und Hermann von Salza zusammen mit Gerold, dem neuen, eben am Kaiserhof eingetroffenen Patriarchen von Jerusalem, noch im Juni in kaiserlichem Auftrag zu Papst Honorius, um ihn zur Verschiebung des Kreuzzugstermins zu bewegen. Wohl aus Unsicherheit über den Ausgang dieser Mission erlaubte Friedrich den Großen der sizilischen Kirche, die er schon Ende Mai wegen der mit seiner bevorstehenden Kreuzfahrt verbundenen Probleme zu sich gerufen hatte, die Heimreise erst, als er die Nachricht vom päpstlichen Entgegenkommen empfing. Was er sich freilich für den entgegengesetzten Fall von der Prälatenversammlung versprach, ob er sich einfach ihres Rates und ihrer weiteren Unterstützung versichern oder

---

[17] Päpstliche Schreiben: MGH Epp. saec. XIII 1, 149f., Nr. 220, ebd. 153–155, Nr. 225, ebd. 155f., Nr. 226, ebd. 158f., Nr. 229, ebd. 160, Nr. 231; Friedrichs Kritik: Acta Imperii 1, 238f., Nr. 261 (5. 3. 1224); neue päpstliche Aktivität: MGH Epp. 1, 172f., Nr. 244, ebd. 174f., Nr. 247 (Berufung Konrads von Porto), vgl. ebd. 176–178, Nr. 248f., vgl. zu Konrad: Neininger, Konrad 229–257, dazu oben Bd. 1, S. 215, zu Johann von Brienne: Böhm, Johann 70–73, zu Hermann: Kluger, Hochmeister 39f., 41f., 45f., allgemein: Van Cleve, Crusade of Frederick 439f.

[18] Acta Imperii 1, 244, Nr. 268 (Friedrich; 25. 12. 1224); HB 2, 475 (März 1225), vgl. für Hermann HB 2, 493 (Juni 1225).

sie etwa an der Verkündigung einer befürchteten Exkommunikation hindern wollte, das bleibt völlig im dunkeln.[19]

Honorius machte sich seine Entscheidung nicht leicht. Er führte lange Gespräche mit den Abgesandten des Kaisers und vor allem mit den Geistlichen seiner Umgebung und seines Vertrauens, ehe er sich auf ihr Zureden hin den Gegebenheiten beugte und eine Fristverlängerung bewilligte. Zum Einlenken mochte ihn indes nicht zuletzt auch die augenblickliche Ungunst seiner eigenen Lage bewogen haben. Durch einen Aufstand aus Rom vertrieben, sah er sich nämlich genötigt, in Tivoli und dann in Rieti zu residieren. Von dort entsandte er denn auch eine Delegation zweier Kardinäle, darunter der uns von Damietta her bekannte Pelagius von Albano, ins sizilische Regnum. Sie trafen Friedrich in San Germano und gelangten wohl auf der Basis seiner Vorschläge schnell zu einer Übereinkunft mit ihm. Am 25. Juli 1225 schwor der Kaiser feierlich, er werde im August 1227 ins Heilige Land aufbrechen, tausend Ritter sowie hundertfünfzig Transportschiffe und Kriegsgaleeren mit sich führen und dort zwei Jahre lang unterhalten, außerdem für die Überfahrt von zweitausend Rittern mit ihrer Begleitung sorgen, schließlich als Unterpfand seiner absoluten Aufrichtigkeit hunderttausend Goldunzen hinterlegen, die zum Nutzen des Heiligen Landes auszugeben seien, wenn er, aus welchen Gründen auch immer, die Kreuzfahrt an dem genannten Datum nicht antrete. Insbesondere aber sollte er selbst in diesem Fall ohne weiteres der Exkommunikation verfallen. Die päpstlichen Legaten ihrerseits lösten ihn daraufhin von seiner Kreuzzugsverpflichtung für den Sommer 1225.[20]

Zweifellos bürdete Friedrich sich und seinen Untertanen in San Germano eine schwere Last auf, denn erstmals wurde ein Kreuzzugsprojekt nun allein zur Aufgabe eines einzigen Monarchen. Im Unterschied zu anderen Herrschern machte er überdies erstaunlicherweise die Erfüllung seines Eides von keinerlei Vorbehalten oder Bedingungen abhängig.[21] Dennoch

---

[19] Richard von San Germano, ad 1225, ed. Garufi 120–122; Teilnahme Hermanns an der Mission: MGH Const. 2, 131, Nr. 103 (Friedrich; 28. 7. 1225), Richard 130 (Honorius; 21. 10. 1225, vgl. RI V, Nr. 6620); zu Gerold: Kluger, Hochmeister 45 f.

[20] MGH Const. 2, 129–131, Nr. 102, vgl. ebd. 131, Nr. 103, MGH Epp. saec. XIII 1, 198 f., Nr. 276; Richard von San Germano, ad 1225, ed. Garufi 120–125, 130–132 (Honoriusbrief, vgl. Anm. 19); Breve chronicon, ad 1225, ed. Huillard-Bréholles 896. – Zur damaligen Stimmung in Teilen der Öffentlichkeit vgl. die Kreuzzugsmahnungen der Troubadours Elias Cairel, ed. De Bartholomaeis, Poesie 2, 28–31 (zu Friedrich: 30, VI), Folquet von Romans, ebd. 2, 41 f. (V), 87 f. (V–VII), vgl. 2, 90 f., sowie Elias de Barjols, ebd. 2, 94 (V), dazu De Bartholomaeis, Osservazioni 103–105, 107 f., Siberry, Criticism 67 f., Brucker, Personnage 34, zu Folquet auch unten S. 367 mit Anm. 39.

[21] Vgl. etwa die Verpflichtung König Waldemars von Dänemark, MGH Const. 2,

gab dessen Wortlaut in allen zentralen Punkten vermutlich durchaus seinen Willen wieder. Unter Anrechnung des bereits Geschaffenen und Vorhandenen überstiegen die zugesagten Leistungen denn auch schwerlich die Möglichkeiten seines Reiches. Dazu entsprach die neue Kreuzzugskonzeption der mit seiner Wiederverheiratung entstehenden neuen Rechtslage: Er würde der erste abendländische Herrscher sein, der nicht nur als Kreuzfahrer nach Osten zog, sondern zugleich als rechtmäßiger König des zu erobernden Landes.[22] Vor allem jedoch war Friedrich wohl ernsthaft und aufrichtig entschlossen, Gott sein längst versprochenes Dankopfer endlich abzustatten und sich mit ganzer Kraft dieser Aufgabe zu widmen. Daß ihm ihre Erfüllung nach zwei zusätzlichen Jahren der Vorbereitung tatsächlich ohne jedes Hindernis gelingen werde – und zuvor sogar noch der Rückgewinn seines oberitalienischen Erbes –, daran glaubte der durch unerwartete Erfolge immer wieder in seinem frommen Optimismus Bestärkte offenbar fest. Wenigstens die übliche Vorsicht walten zu lassen, dazu hätte freilich nach seinen bisherigen Erfahrungen gerade mit der Kreuzzugsplanung durchaus Anlaß bestanden.

Bereits im August 1225 suchte der Kaiser der Öffentlichkeit unmißverständlich sichtbar zu machen, welche hervorragende Bedeutung er der Sache des Heiligen Landes künftig zuzumessen gedachte: Er sandte zur Einlösung seines bis dahin eher schleppend behandelten Eheversprechens von Ferentino Bischof Jakob von Patti mit einer ansehnlichen Flotte unter Leitung des Admirals Heinrich von Malta nach Akkon. Noch im selben Monat fand dort seine Ferntrauung mit der knapp vierzehnjährigen Isabella von Brienne in der Weise statt, daß Jakob von Patti während der kirchlichen Zeremonie als sein Vertreter fungierte. Wenig später folgte in Tyrus im Beisein der Großen des Landes die Krönung Isabellas zur Königin von Jerusalem. Daraufhin segelte die kaiserliche Gesandtschaft zusammen mit Isabella und Repräsentanten ihres Reiches rasch nach Unteritalien zurück, wo Friedrich am 9. November noch einmal persönlich in der Kathedrale von Brindisi die Ehe mit der Erbin des Königreichs Jerusalem schloß.[23]

127, Nr. 101 (4. 7. 1224; *Si vero morte preventus fuerit vel alia causa legitima prepeditus*).

[22] Dazu bes. Hiestand, Friedrich 135 f.; zur Leistungsfähigkeit des Regnums siehe etwa die am 4. 1. 1238 geforderte Jahreskollekte von 100 000 Goldunzen, Acta Imperii 1, 630–632, Nr. 812; zur vermutlich ersten Kreuzzugskollekte im August 1225: Richard von S. Germano, ad 1225, ed. Garufi 122 bzw. 126 f.

[23] Estoire d'Eracles XXXII 20, RHCOc 2, 357 f., Philipp von Novara 13, 20, ed. Melani 70, 76, Breve chronicon, ad 1225, ed. Huillard-Bréholles 896 f. (die ohnehin nicht recht glaubwürdige Nachricht von Friedrichs Krönung zum König von Jerusalem [vgl. dazu Mayer, Pontifikale 202 Anm. 259] nur im Cod. Vat. Ottob. lat. 2940,

Aufschub und Verpflichtung 97

Zur Überraschung und Erbitterung Johanns von Brienne beanspruchte sein Schwiegersohn sogleich nach der Heirat als Gemahl Isabellas den Titel und die vollen Herrschaftsrechte eines Königs von Jerusalem. Die an seinem Hof anwesenden Vasallen aus dem Königreich huldigten ihm denn auch ohne Zögern; die Lehnseide der daheim gebliebenen Barone für ihren neuen kaiserlichen Herrn empfing kurz darauf Bischof Richer von Melfi, der sich um die Jahreswende, begleitet von einer Gruppe sizilischer Ritter, als Sachverwalter der kaiserlichen Interessen nach Akkon begab.[24] Friedrich war mit seinem Vorgehen zweifellos im Recht und offenbar willens, nachdem er für das Heilige Land eben umfangreiche Verpflichtungen übernommen hatte, dort von Anfang an auch uneingeschränkt die königliche Gewalt auszuüben und so nicht zuletzt jedem Streit um Kompetenzen den Boden zu entziehen. Daß Johann ernsthaft auf anderslautende Andeutungen Hermanns von Salza baute, ja daß solche Andeutungen überhaupt fielen, erscheint äußerst unwahrscheinlich. Ganz gewiß aber hoffte er fest darauf, im Osten weiterhin die eigentlich maßgebende Persönlichkeit mit königlichem Rang zu bleiben. Seine abrupte und vollkommene Ausschaltung verletzte ihn zutiefst. Er ließ sich zu einem heftigen Wortwechsel, zu Drohungen, vielleicht sogar persönlichen Kränkungen des Staufers hinreißen und machte damit den Bruch rasch unheilbar; eilends flüchtete er über die Grenze des sizilischen Regnums.[25] Der Kaiser hatte einen unversöhnlichen Gegner mehr, der Papst einen Schützling. Wortreich bedrängte Honorius noch im Januar 1227 seinen kaiserlichen

---

fol. 44v, nicht im Cod. Neapel, Bibl. Naz. VIII C9, fol. 104r; Erzbischof Lando wird sonst nirgends als Gesandter erwähnt, zu Bischof Richer vgl. das Folgende mit Anm. 24); das Hochzeitsdatum: Annales Scheftlarienses, ad 1225, MGH SS 17, 338; zu Jakob von Patti vgl. Kamp, Kirche 1, 126; zur Vorgeschichte der Heirat: MGH Epp. saec. XIII 1, 163f., Nr. 234, ebd. 171, Nr. 242, vgl. Acta Imperii 1, 239, Nr. 261.

[24] Vasalleneide: Estoire d'Eracles XXXII 20, RHCOc 2, 358f., zu Richer vgl. außerdem RI V, Nr. 10983 (Tripolis; März 1227), sowie Kamp, Kirche 1, 490. Die Erweiterung des Herrschertitels *Jerusalem et Sicilie rex* erstmals im Dezember 1225 belegt, vgl. HB 2, 526f.; entsprechend wurde jetzt bei Wachssiegeln wie bei Goldbullen auf der Vorderseite *et Rex Jerusalem* hinzugefügt, vgl. HB 1, XCV–XCVII, CIII, Nr. 10 (Introduction), außerdem die Abbildung: Zeit der Staufer 3, XXI, Nr. 21 (dazu ebd.1, 34f., Nr. 50f.). Die päpstliche Kurie verweigerte Friedrich den neuen Königstitel bis zum 12. 8. 1231, vgl. dazu unten S. 267 mit Anm. 7.

[25] Estoire d'Eracles XXXII 20, RHCOc 2, 358–360 (siehe dazu oben S. 93, Anm. 15); weitere Ausschmückungen: Chronique d'Ernoul c. 39, ed. Mas Latrie 451–453, Chronicon Turonense, ad 1225, MGH SS 26, 471f., Malispini, Storia c. 119, ed. Costero 113f., Salimbene, Cronica ad 1229, MGH SS 32, 43 (vgl. oben Bd. 1, S. 45); knapp: Richard von S. Germano, ad 1226, ed. Garufi 136, Ignoti cist. S. Mariae Chronica, ad 1224, ed. Gaudenzi 38. Zur Rechtslage: Mayer, Pontifikale 201 f., vgl. Böhm, Johann 77–81.

Adressaten, er möge doch einem so überaus fähigen und bewährten Manne wie seinem Schwiegervater, überdies einem der besten Kenner der Verhältnisse im Osten, das Königreich Jerusalem anvertrauen,[26] und in der Tat versprach die Zusammenarbeit mit Johann durchaus auch Vorteile für Friedrich. Sie aber mit dem Verzicht auf die Königsherrschaft in Jerusalem zu erkaufen, das kam für ihn aus rechtlichen Gründen wie praktischer Besorgnis wegen allem nach nie in Frage.

Das Ringen um die Einbindung Oberitaliens

Noch im Juli 1225 sandte Friedrich in Absprache mit den nach San Germano gekommenen Fürsten an die Großen Deutschlands und Reichsitaliens die Aufforderung, sich am Osterfest 1226 in Cremona einzufinden. Gewiß mit Bedacht erinnerte er seine Leser an die bewährte Reichstreue jener Stadt. Gegenstand der Beratungen dort sollte nämlich sowohl der geplante Kreuzzug wie die Reform der Verhältnisse im Imperium sein. Die Verehrung für Christus und die Ehre des Reiches geboten demnach gleichermaßen das Erscheinen, obwohl als Ansporn dazu, wie der Kaiser am Ende seines Ladungsbriefes in einem Anflug spöttischer Heiterkeit behauptete, ohne Zweifel allein schon die Freude am Wiedersehen mit ihm genüge.[27]

Natürlich lag der Versuch nahe, für den Kreuzzug die Kräfte des Imperiums möglichst vollständig zu gewinnen, und deren Mitwirkung konnte man in der Tat nur erwarten, wenn es zuvor gelang, für Frieden und klare Rechtsverhältnisse zu sorgen. Dies galt vor allem für Oberitalien. Mit päpstlichen wie kaiserlichen Vollmachten versehen, hatte dort Kardinal Hugolinus von Ostia bereits während des Jahres 1221 in diesem Sinne für die Kreuzfahrt gewirkt.[28] Bald nach seiner Abreise waren die Streitigkeiten an den uns bekannten Brennpunkten freilich wieder ausgebrochen. Zwar setzte der Kaiser wohl Ende April 1222 in Veroli Erzbischof Albrecht von Magdeburg als seinen bevollmächtigten Vertreter und Reichs-

---

[26] MGH Epp. saec. XIII 1, 256f., Nr. 338 (27. 1. 1227), vgl. schon ebd. 221, Nr. 296 (Mai 1226), sowie Richard von S. Germano, ad 1226, ed. Garufi 143f. (Friedrich; etwa April 1226).

[27] Richard von S. Germano, ad 1225, ed. Garufi 125f., vgl. 121 (= MGH Const. 2, 644, Nr. 103a), vgl. den Befehl an Cremona: Acta Imperii selecta 254, Nr. 288, sowie ebd. 782, Nr. 1088 (beide 29. 8. 1225).

[28] Vgl. Hugolins Briefregister über seine Legation: Levi, Registri 1–154, dazu Maleczek, Papst 131, und ausführlich schon Winkelmann, Friedrich 1, 167–177, außerdem oben S. 85 mit Anm. 1 sowie S. 75, Anm. 154.

legaten in der Lombardei, der Romagna und der Mark Treviso ein und ernannte ihn ein Jahr später überdies zum Grafen der Romagna. Doch Albrecht vermochte beispielsweise Imola trotz ernsten Bemühens nicht vor den Zugriffen Bolognas und Faenzas zu schützen, und anderswo agierte er offenbar kaum erfolgreicher; er verließ zudem gegen Ende 1224 seiner Magdeburger Verpflichtungen wegen Oberitalien.[29] Seine für die Toskana zuständigen Amtskollegen übten wohl gleichfalls einen höchst bescheidenen Einfluß aus.[30]

So bestimmten wie seit eh und je die Rivalitäten der regionalen Führungsmächte das Bild. Im Sommer 1222 fügte das mit Florenz verbündete Lucca den von Siena unterstützten Pisanern eine schwere Niederlage zu, zwei Jahre später erkämpfte sich Siena durch die Eroberung Grossetos den Zugang zum Meer. Mehrfach, allerdings stets vergeblich, suchte in jenen Jahren Markgraf Azzo VII. von Este die Stadt Ferrara seinem Gegner Salinguerra Torelli zu entreißen und in seine Gewalt zu bringen. Im Gegenzug ermunterte Salinguerra seinen Schwager Ezzelino III. da Romano dazu, Azzos Verbündeten, den Grafen Richard von San Bonifacio, aus Verona zu vertreiben, und dieses Vorhaben glückte tatsächlich: Ende 1225 fiel Verona in die Hand von Ezzelinos Genossen, kurz darauf Vicenza in die seines Bruders.[31] Genua focht während der Jahre 1224 und 1225 einen erbitterten, für die unmittelbar betroffenen Landstriche verheerenden Streit mit Alessandria und Tortona aus, in dem sich auf seiner Seite Graf Thomas von Savoyen einschaltete, auf der seiner Gegner Vercelli und das damals allerdings vorwiegend mit inneren Auseinandersetzungen beschäftigte

---

[29] HB 2, 255–257: Friedrich bestätigt das Vorgehen seines Legaten zugunsten Imolas (17. 6. 1222), vgl. dazu Tolosanus c. 177–184, ed. Rossini 147–152, allgemein oben Bd. 1, S. 144–151, 240–242; HB 2, 238 (20. 4. 1222): Albrecht noch ohne Legatentitel, seine Ernennung erfolgte wohl gleichzeitig mit der Gunzelins für die Toskana nach der Zweiteilung der Legation für Reichsitalien (siehe oben S. 76 mit Anm. 156); vgl. Chronicon Montis Sereni, ad 1224, MGH SS 23, 213, Magdeburger Schöppenchronik, ed. Hegel 145 f. (145 Anm. 3: Albrecht am 3. 12. 1224 in Magdeburg). Graf der Romagna: MGH Const. 2, 119–121, Nr. 97 (S. 120 Anm. 1: Bestellung eines Stellvertreters wegen dringender Pflichten in Deutschland).

[30] Bischof Albert von Trient als *Tuscie legatus*: Ficker, Forschungen 4, 339 f., Nr. 306 (28. 4. 1223); Rainald von Spoleto als sein Nachfolger: ebd. 342, Nr. 310 (18. 5. 1224).

[31] Lucca, Siena: Annales Senenses, ad 1222 bzw. 1224, MGH SS 19, 227 f. Ferrara, Verona: Rolandinus Patavinus II 2 und 4–8, MHG SS 19, 48–50, Annales Patavini, ad 1224, 1225, MGH SS 19, 152, Annales Veronenses, ad 1226, MGH SS 19, 7, Annales Veronenses Antiqui 58, ed. Cipolla 56 f., Annales Mantuani, ad 1225, MGH SS 19, 21, vgl. Acta Imperii 1, 240, Nr. 262 (Friedrich für Salinguerra; März 1224), zu den Akteuren siehe oben Bd. 1, S. 147, 149, vgl. Voltmer, Formen 100 f.

Mailand.³² Cremona schließlich schuf sich mit dem wohl seit 1223 schiffbaren, bei Guastalla (südlich Mantuas) vom Po nach Osten abzweigenden, bei Bondeno wieder in ihn zurückführenden Kanal zwar eine schnellere, zudem eine Reihe von Zollstätten meidende Verbindung zum Meer; zugleich jedoch trug ihm sein eigennütziges Vorgehen nicht nur die Feindschaft der durch den Bau geschädigten Nachbarn wie Mantua ein, sondern auch diejenige des Papstes, der um kirchliche Zolleinnahmen fürchtete, vor allem aber energisch die seiner Ansicht nach von den Cremonesen grob mißachteten Besitzrechte der Piacentiner Abtei S. Sisto zu wahren trachtete. Da der Kaiser in diesem Punkt anderer Meinung war und den Cremonesen überdies förmlich das Recht auf freie Nutzung ihrer neuen Wasserstraße verlieh, belastete die Angelegenheit sogar die päpstlich-kaiserlichen Beziehungen.³³

In einer anderen der Kirche äußerst wichtigen Frage leistete ihr der Kaiser dagegen bereitwillig Hilfe, nämlich bei der Bekämpfung der lombardischen Ketzer. Papst Honorius mochte sich insbesondere die schweren Übergriffe gegen die Geistlichkeit von Brescia und Mailand nur mit dem dominierenden Einfluß der Häretiker in diesen Städten zu erklären. Er hielt deshalb intensive Gegenmaßnahmen für dringend geboten und beauftragte zwei oberitalienische Bischöfe eigens damit, für die Ausmerzung der Häresie in der Lombardei zu sorgen. Einer von ihnen, Wilhelm von Modena, erbat wohl eine über die Krönungsgesetze von 1220 hinausgehende kaiserliche Unterstützung und erhielt sie offensichtlich umgehend: Im März 1224 sandte Friedrich an Albrecht von Magdeburg, seinen Legaten in der Lombardei, den Text einer neuen, in dessen Amtsbezirk ab sofort anzuwendenden Ketzerkonstitution. Kraft seiner kaiserlichen Autorität schrieb der Herrscher darin den weltlichen Behörden der lombardischen Städte und Diözesen vor, sie hätten künftig jeden vom zuständigen Bischof zweifelsfrei der Ketzerei Überführten entweder zu verbrennen oder, sofern ihnen dies zur Abschreckung anderer geeigneter erscheine, mit dem Verlust seiner Zunge zu bestrafen.³⁴

---

³² Annales Ianuae, ad 1224–1225, MGH SS 18, 155–159; zu Mailand vgl. Notae S. Georgii, ad 1221, 1222, ebd. 389, Memoriae Mediolanenses, ad 1222, ebd. 401, MGH Epp. saec. XIII 1, 170f., Nr. 241 (27. 2. 1224).

³³ Friedrichs Haltung: Acta Imperii selecta 781f., Nr. 1086–1088 (März 1223); Honorius: Ficker, Forschungen 4, 311, Nr. 269 (3. 1. 1220), ebd. 335–337, Nr. 302 (26. 5. 1222), Acta selecta 663, Nr. 955 (17. 5. 1223), vgl. ebd. 342–345, Nr. 311–314 (Febr.–Mai 1225), sowie RI V, Nr. 6576, 6588; außerdem Salimbene, Cronica ad 1220, MGH SS 32, 33, ad 1223–1225, 35, ad 1269, 482f., Annales Mantuani, ad 1223 und 1224, MGH SS 19, 21.

³⁴ MGH Const. 2, 126f., Nr. 100, vgl. zu den zeitgleichen Kontakten Wilhelms von Modena mit dem Hof HB 2, 420f. Die Maßnahmen des Papstes: MGH Epp. saec.

Angesichts des noch offenen Ausgangs seines Sarazenenfeldzuges und vor allem angesichts der mancherlei Meinungsverschiedenheiten mit Honorius III., etwa hinsichtlich der Kreuzzugsvorbereitungen, der sizilischen Bischofswahlen oder auch der Behandlung Cremonas, bot das Ketzergesetz von 1224 dem Staufer zweifellos eine höchst willkommene Gelegenheit, der Kirche seinen guten Willen, seine Bereitschaft zur Förderung ihrer Interessen eindrücklich vor Augen zu führen und sich so den Papst zu verpflichten. Das konnte er im vorliegenden Falle um so leichter tun, als die Ketzer mit ihrem Angriff auf den christlichen Glauben nach seinem Verständnis durchaus auch den Sinn und die Legitimation seiner herrscherlichen Stellung bedrohten. Darüber hinaus aber erhielt der Kaiser, wenn er, wie in der Eingangspassage seines Gesetzes angekündigt, als von Gott gesetzter und beauftragter Verteidiger von Kirche und Glauben pflichtgemäß gegen die Häretiker der Lombardei vorging, damit zugleich die Möglichkeit, die selbständige Autorität und den Einfluß der Reichsgewalt in Oberitalien auf neue, von der Kirche schwerlich zu beanstandende Weise zur Geltung zu bringen und vielleicht sogar zu stärken.

Mit der auffallenden Härte seiner Strafvorschriften wollte Friedrich gewiß die Ernsthaftigkeit seiner antihäretischen Gesinnung unterstreichen. Seit Papst Innozenz III. die Ketzerei als eine gegen die göttliche Majestät gerichtete und deshalb das gewöhnliche Majestätsverbrechen an Schwere weit übertreffende Untat bezeichnet hatte, lag es andererseits nahe, für sie die für jenes Delikt übliche Todesstrafe und keinesfalls eine geringere Sühne vorzusehen. Friedrich, der Innozenz' Vergleich bereits in seinen Krönungsgesetzen übernahm und später des öfteren wiederholte, mochte dementsprechend auch zur Wahl gerade der besonders grausamen Strafe des Feuertodes durch das römische Recht, etwa durch dessen Bestimmungen gegen Magier und Astrologen, veranlaßt worden sein. Vielleicht bestärkte ihn darin die in Frankreich verbreitete Gewohnheit der Ketzerverbrennung oder das schon 1197 erlassene Gesetz König Peters II. von Aragón, das die nach einer bestimmten Frist noch im Land angetroffenen Ketzer mit der Verbrennung bedrohte.[35]

XIII 1, 189–191, Nr. 264–266 (9. 1. 1225), vgl. ebd. 170f., Nr. 241 (27. 2. 1224), 197, Nr. 275 (15. 7. 1225).

[35] Siehe vor allem Selge, Ketzerpolitik 321–331 (326f.: Verbrennung des *haruspex* nach Cod. 9, 18, 3, des Falschmünzers als Majestätsverbrechers nach Cod. 9, 24, 2; 328: Gesetz Peters II., Text bei J. D. Mansi, Sacrorum Conciliorum nova et amplissima collectio 22, 673–676 [bes. 674]; 327: Vermutung eines byzantinischen Vorbilds für die Strafe des Zungenverlustes; sie steht auf Gotteslästerung beim Kartenspiel schon im ersten Messineser Gesetz, Richard von S. Germano, ad 1221, ed. Garufi 95, vgl. oben S. 12f., ebenso in Konst. III 91, ed. Stürner 451, vgl. Dilcher, Gesetzgebung 754f.); Gegenüberstellung von kaiserlicher und göttlicher Majestas bei Fried-

Fand Friedrichs Ketzerkonstitution in Oberitalien zunächst offenbar wenig Beachtung, so rief dort die Ankündigung seines baldigen persönlichen Erscheinens gleichfalls erst nach einer gewissen Zeit eine greifbare Wirkung hervor. Bereits im Sommer 1225, als der päpstliche Streit mit Cremona immer weitere Kreise zog, hatte Honorius allerdings, um nicht jeden Einfluß in der Lombardei zu verlieren, ein gewisses Entgegenkommen Mailands und dann auch Brescias genutzt und sich wieder diesen Städten angenähert. Friedrich seinerseits aber hielt nach wie vor zu Cremona, wo er folgerichtig seine Reform- und Kreuzzugstagung zu veranstalten wünschte. So begannen sich die bis dahin so unübersichtlichen Verhältnisse in den folgenden Monaten doch allmählich wenigstens insofern zu vereinfachen, als spätestens zu Beginn des Jahres 1226 die aus der Zeit Barbarossas bekannten Gruppierungen und Fronten erneut dominierend hervortraten. Das den Kaiser unterstützende, von ihm Förderung erwartende, vom Papst aber gebannte Cremona stand mit seinen Verbündeten Mailand und dessen Genossen gegenüber, die, mit dem Papst einigermaßen versöhnt, vom Kaiser voller Mißtrauen die Beschneidung ihrer lange gewohnten Rechte fürchteten. Solche Einbußen drohten in der Tat schon dann, wenn der Staufer seines Großvaters Konstanzer Frieden vom Jahre 1183 zur Grundlage seiner eigenen Oberitalienpolitik machen würde, ganz abgesehen von der Möglichkeit, daß er, als Ketzerverfolger und Kreuzfahrer der wohlwollenden Hilfe der Kirche sicher, die Gewichte noch weiter zu seinen und seiner Anhänger Gunsten zu verschieben gedachte.[36]

Friedrich äußerte sich offenbar nicht über konkrete Einzelheiten seiner

---

rich: Stürner, Rerum necessitas 477 mit Anm. 23, außerdem von Anfang an in Konst. I 1, ed. Stürner 150, Z. 20–23 (vgl. unten S. 198 mit Anm. 69), ihre Basis: Innozenz III., Dekretale „Vergentis" (25. 3. 1199) = Comp. III 5, 4, 1 (= X 5, 7, 10). Vgl. noch Maisonneuve, Études 244f., Dilcher 68–74 (zu Konst. I 1).

[36] Zu Mailand und Brescia: MGH Epp. saec. XIII 1, 197f., Nr. 275 (15. 7. 1225), vgl. ebd. 216, Nr. 295 (6. 5. 1226), zum Cremona-Konflikt s. oben S. 100 mit Anm. 33 (bes. die Papstschreiben von Febr.–Mai 1225). Zur die Regelungen des Konstanzer Friedens längst nicht mehr beachtenden Praxis der großen Städte Fasoli, Federico 42. – Nach Simeoni, Note 322f., 340–343 (vgl. Fasoli 45f.), begann die Aktivität der künftigen Ligastädte erst mit Friedrichs Aufgebot des sizilischen Heeres Anfang 1226, das den Städten eine bedrohliche Änderung der kaiserlichen Pläne angezeigt habe. Friedrich erwartete von den Großen Deutschlands und der Lombardei freilich bereits im Juli 1225 deutlich genug, daß sie *in armis decenter armati* nach Cremona kämen (Richard von S. Germano, ad 1225, ed. Garufi 126); die relativ späte Bildung der Liga wird also eher mit den langwierigen Vorverhandlungen zusammenhängen, die wegen der vielfältigen Spannungen und Interessengegensätze unter den künftigen Bündnern nötig waren.

Pläne. Man mag sich fragen, ob er nicht gut daran getan hätte, auf die Durchsetzung überkommener Rechtsansprüche des Reiches von vornherein großenteils zu verzichten und unter grundsätzlicher Anerkennung der bestehenden Machtstrukturen als überparteilicher Schiedsrichter und Friedenswahrer aufzutreten. Freilich spricht alles dafür, daß ein solcher Versuch, so wie die Dinge gerade in Oberitalien lagen, schnell zu Enttäuschung und Widerstand bei allen wichtigen Kräften und zum Verlust jeder Herrschaftsbasis geführt hätte. Zudem kam für Friedrich ein genereller Verzicht auf Reichsrechte kaum ernsthaft in Frage, galt ihm doch eben die Durchsetzung und Sicherung des Rechts als die Herrscheraufgabe schlechthin.

Möglicherweise ging es ihm einfach darum, den Glanz, die überlegene Macht und weitgespannte Geltung seines Recht schaffenden, Schutz gewährenden Kaisertums, dazu sein Engagement für den Kreuzzug nun auch in Oberitalien überzeugend zur Anschauung zu bringen und die dort Herrschenden mit dieser Demonstration fürs erste immerhin zur pauschalen Anerkennung der Reichshoheit zu bewegen. Vielleicht dachte er präziser sogar daran, wenigstens eine grundsätzliche Verständigung auf den Konstanzer Frieden als alle Seiten bindenden Rechtsrahmen zu erreichen.[37] Jeder Erfolg in dieser Richtung mußte seine kaiserliche Autorität stärken, zugleich jedoch in der Tat die Stabilität und den Frieden in der Region fördern und damit den Entschluß zur Teilnahme am Kreuzzug erleichtern. Traditionelle Beziehungsgefüge, seine persönlichen Erfahrungen seit 1212 und die aktuellen Entwicklungen und Bindungen bestimmten den Staufer bei der Wahl der Partner, mit deren Hilfe er vorzugsweise seine Ziele zu verwirklichen hoffte. Daß dafür allerdings weder seine Koalition stark genug, noch die Situation besonders günstig war, sollte sich bald herausstellen.

Honorius hatte zwar immerhin das Interdikt über Cremona aufgehoben[38] und damit die Beratungen dort erst ermöglicht. Als Friedrich jedoch mit Hinweis auf seine Würde als Vogt der Kirche trotz des unmißverständlichen Einspruchs aus Rom mehrfach auch von den Bewohnern des Herzogtums Spoleto und der Mark Ancona Kontingente und Unterstützung für seinen Zug in die Lombardei einforderte, reagierte der Papst äußerst scharf und ungehalten. Friedrich suchte sich zu verteidigen, und es kam

---

[37] Friedrichs Anerkennung des Friedens von Konstanz zu erschließen aus Acta Imperii 1, 179f., Nr. 200 (28. 11. 1220, für Lodi), außerdem aus dem Widerruf der 1183 garantierten städtischen Rechte MGH Const. 2, 137 und 139, Nr. 107 (3 und 8) (12. 7. 1226); vgl. die Argumentation bei der Bundeserneuerung am 6. 3. 1226, ed. Simeoni, Note 345. Siehe schon Winkelmann, Friedrich 1, 97.
[38] Klage des Abtes von S. Sisto in Piacenza darüber: RI V, Nr. 12947.

zwischen ihm und der römischen Kurie im Frühjahr 1226 zum Austausch jener umfangreichen Schreiben, deren wir schon gedachten und die die ganze Fülle der zwischen Papst und Kaiser offenen Fragen, der sie trennenden Streitpunkte zur Sprache brachten, neben dem Spoleto- und Ancona-Problem natürlich den Kreuzzug und die sizilischen Bischofswahlen, aber ebenso die Vertreibung von Bischöfen und Adligen aus dem Regnum, die Behandlung Johanns von Brienne und noch manches andere.

Der Kaiser hob seine bisherige Geduld, Ergebenheit und Nachgiebigkeit der oft genug sehr eigensüchtigen Kirche gegenüber hervor und machte andererseits darüber, was er von Rechts wegen eigentlich beanspruchen zu können glaubte, teilweise ziemlich weitgehende Andeutungen. Honorius dagegen warnte ihn eindringlich davor, aus der überreich genossenen Gunst und Nachsicht der Kirche zu folgern, die päpstliche Liebe zum Kreuzzug sei so groß, daß sie sich um dieses Unternehmens willen zu grenzenlosen Zugeständnissen bereitfinde. Zwar beendete der Staufer den Schriftwechsel schließlich mit einem ironisch-einlenkenden, konkrete Punkte nicht mehr berührenden Brief; er blieb jedoch, wie er betonte, bei seiner Meinung. Ebensowenig hatte er bis dahin von seinem Vorhaben abgelassen, noch vor dem Kreuzzug dem Reich in der Lombardei die gebührende Geltung wieder zu verschaffen.[39]

Die Erneuerung der Lombardischen Liga.
Fruchtlose Verhandlungen und unrühmlicher Abzug

Nicht nur um das Verhältnis des Kaisers zum Papst stand es freilich in den ersten Monaten des Jahres 1226 äußerst schlecht. Auch die Situation in Oberitalien entwickelte sich damals rasch zu seinen Ungunsten. Am 8. März brach er mit seinem sizilischen Heer von Pescara auf und zog die Adriaküste entlang in die Romagna. In Rimini kam es zu der für lange Zeit einzigen bekannten Anwendung seines Ketzergesetzes von 1224: Der dortige Podestà übergab ihm – offenbar gegen den Willen einflußreicher

---

[39] Zum Briefwechsel siehe oben S. 82 f. mit Anm. 164 (dort die Belege; Friedrichs Schlußbrief: Acta Imperii 1, 261, Nr. 286); zu Friedrichs Forderungen an Spoleto und Ancona: Richard von S. Germano, ad 1226, ed. Garufi 135–138, sowie ebd. 140, Z. 27–141, Z. 14, 144, Z. 46–145, Z. 20, MGH Epp. saec. XIII 1, 221, Z. 32–39, zur Beteiligung der Mark: Tolosanus, c. 191, ed. Rossini 154. – Vgl. zum Kaiser als *advocatus ecclesiae* Goez, Imperator 323–328 (zu 326–328: die „unklaren" Äußerungen der Kanonisten um 1210–1220 zeigen doch wohl eine gewisse Unsicherheit hinsichtlich des Begriffs auch „im Süden", die Friedrich, vielleicht bewußt auf das Verständnis des „Nordens" hoffend, zu nutzen suchte; vgl. Richer, Gesta IV 5, MGH SS 25, 302).

Die Erneuerung der Lombardischen Liga 105

Kreise der Stadt – häretische Bürgerinnen zur Verbrennung, und Friedrich versäumte es wohl kaum, sich gerade jetzt der Kirche erneut als entschiedener Verteidiger der Orthodoxie zu empfehlen. In Ravenna stieß eine ganze Reihe lombardischer Bischöfe und Großer aus Deutschland zu ihm, und dort, nicht seiner Planung gemäß in Cremona, feierte er am 19. April das Osterfest.[40]

Bereits am 6. März hatten sich nämlich an einem kleinen Ort zwischen Mantua und Verona Vertreter von Mailand, Bologna, Brescia, Mantua, Padua, Vicenza und Treviso getroffen, um unter Berufung auf das im Konstanzer Frieden verbriefte Recht, und wie nach 1183 schon mehrfach geschehen, ihre „Gemeinschaft und Liga" zu erneuern.[41] Kurz darauf beschworen sie zu Mantua feierlich ihre Vereinbarung: Die beteiligten Städte sollten sich durch Eide von Podestà und Bevölkerung auf 25 Jahre zur Mitgliedschaft im Bund und zum Gehorsam gegen dessen Rektoren verpflichten. Das geschah offenbar schnell und mühelos, denn am 7. April tagten die neu gewählten Rektoren der Bundesstädte, darunter jetzt auch Vercelli, Alessandria und Faenza, in Brescia und schworen ihrerseits, sich ausschließlich für den Nutzen ihrer Liga einzusetzen und allen Schaden von ihr abzuwenden, insbesondere jedoch die Freiheit der einzelnen Bundesstädte zu wahren und ihre Güter gegen jeden Widersacher zu verteidigen. Nicht um das ihnen einst in Konstanz Zugestandene, sondern um die Sicherung der wesentlich günstigeren aktuellen Verhältnisse ging es den Bundesgenossen damals also. Kein Wort fiel denn auch über den Kaiser oder den Besuch seiner Reichsversammlung.

Der Umschwung der Machtverhältnisse in Verona stellte zunächst den wichtigen Beitritt dieser Stadt zur Liga in Frage und dämpfte überdies die Kooperationsbereitschaft Vicenzas und Paduas. Doch die eindringliche

---

[40] RI V, Nr. 1595, 1597–1602, 1604f., RI V 4, 42, Nr. 283; Richard von S. Germano, ad 1226, ed. Garufi 135f., Breve chronicon, ad 1226, ed. Huillard-Bréholles 897. Ketzerverbrennung: MGH Epp. saec. XIII 1, 259, Nr. 341 (Honorius, 27. 2. 1227), siehe dazu Selge, Ketzerpolitik 329–331.

[41] Die Akten zur Entstehung der sogenannten „Zweiten Lombardischen Liga" in der allein bekannten, den Text offenkundig zusammenfassenden Version: Baroni, Atti 236–240, Nr. 158; die im wesentlichen damit übereinstimmende italienische Fassung nach B. Corio, Historia di Milano (Mailand 1503) bei Simeoni, Note 344–349 (vgl. HB 2, 924–932); vgl. Annales Placentini Codagnelli, ad 1225, De colloquio 1–9, 74f. (Gründung der Liga gegen das heimtückische Cremona, das den *cum furore sue ire More Theotonico* vorgehenden Kaiser ins Land ruft); Tolosanus, c. 187f., ed. Rossini 153. Siehe dazu Simeoni 300–307 (Quellenübersicht), 308–315 (Interpretation der Gründungsakten), 321–343 (Gesamtdarstellung der Bundeserneuerung), vgl. 282–293 (frühere Erneuerungen), außerdem Fasoli, Federico 40–42, 45–47, Vallerani, Leghe 394–401, und bes. Voltmer, Formen 101–109.

Warnung der Bundesgesandten vor dem notwendig auf Zwietracht und Eigenbrötelei folgenden Verlust der erreichten Freiheit und vor der statt dessen drohenden, aus Sizilien sattsam bekannten Knechtschaft[42] führte, schwerlich ohne die Einwilligung Ezzelinos da Romano, schon am 11. April zur dringend erhofften Entscheidung Veronas zugunsten der Liga. Neun Tage später versammelten sich dort deren Rektoren, unter ihnen erstmals die Piacenzas, freilich nicht diejenigen Mantuas und Paduas – die Spannungen zwischen Verona und den Anhängern und Beschützern des aus Verona verjagten, in Mantua aufgenommenen Grafen Richard von San Bonifacio belasteten von Anfang an den inneren Zusammenhalt des Bundes.[43] Immerhin begann dieser nun offen, seine militärische Stärke gegen den Kaiser auszuspielen: Gedrängt und unterstützt von den Bundesgenossen, sperrte Verona das Etschtal und hinderte so Friedrichs Sohn, König Heinrich, am weiteren Durchzug nach Oberitalien. Heinrich war, von Ulm über den Brenner kommend, mit zahlreichen fürstlichen Begleitern und einem wohl recht ansehnlichen Reiterheer eben am 22. April in Brixen angelangt, dann aber gezwungen, sechs Wochen lang in Trient haltzumachen, ehe er Mitte Juni, ohne irgend etwas ausgerichtet zu haben, wieder nach Deutschland zurückkehrte.[44]

Friedrich spürte die ihm feindselige Stimmung und erfuhr von den gegen ihn gerichteten Maßnahmen, wenn nicht eher, so gewiß während seines Aufenthalts in Ravenna. Als er dort eintraf, gelang es eben den Boten der Liga, das benachbarte Faenza zum Beitritt zu bewegen. Kurz darauf empfing jene Stadt feierlich seinen Schwiegervater, den mit ihm zerstrittenen Johann von Brienne; zudem hielten sich dort offenbar nicht selten Vertreter der Liga auf, um sein Vorgehen zu beobachten.[45] Um so

---

[42] Acta Imperii 1, 517f., Nr. 643; einleuchtende Datierung auf Frühjahr 1226 sowie Interpretation bei Voltmer, Formen 98–102.

[43] Vgl. dazu die Interpretation der Beschlüsse vom 20. und 28. April (Baroni, Atti 239f., Nr. 158, HB 2, 929) bei Simeoni, Note 312–314, allgemeiner Fasoli, Federico 49; siehe auch Annales Veronenses Antiqui 62, ed. Cipolla 58.

[44] Zum Zug Heinrichs: Annales S. Pantaleonis, ad 1226, MGH SS rer. Germ. 18, 258 (zur dort behaupteten, gänzlich unwahrscheinlichen Rolle des päpstlichen Kaplans Alatrin als Anstifter zur Gründung der Liga: Manselli, Federico 655f., vgl. oben Bd. 1, S. 231f.); Burchard von Ursberg, ad 1226, MGH SS rer. Germ. 16, 121 (zu der unglaubwürdigen These, Kardinäle und römische Kurie hätten das Treffen von Cremona verhindert, siehe oben S. 103 mit Anm. 38, außerdem Simeoni, Note 292–299); Annales S. Rudberti, ad 1226, MGH SS 9, 783; Annales Placentini Gibellini, ad 1226, MGH SS 18, 469; Annales Placentini Codagnelli, ad 1225, De colloquio 22f., 45f., MGH SS rer. Germ. 23, 77, 80f. (vgl. De coll. 14–16, 76, die Rüstungen Bolognas); Tolosanus, c. 191, ed. Rossini 155f.

[45] Tolosanus, c. 188, 190, ed. Rossini 153f., c. 191, 155, Z. 5.

dringender mußte er die rasche Ankunft seines Sohnes und des deutschen Heeres wünschen – vielleicht mahnte er Heinrich um Ostern tatsächlich noch einmal zur Eile.[46]

Kam es damals, was durchaus denkbar erscheint, zu ersten Kontakten zwischen dem Kaiser und Abgesandten des Lombardenbundes, so werden diese von ihm vermutlich schon jetzt wie dann später die Garantie der gegenwärtigen Stellung der Ligamitglieder gefordert haben, außerdem den weitgehenden Verzicht auf die Anwendung seiner Strafgewalt und auf die Begleitung durch ein größeres Heer, insbesondere durch das aus Deutschland herannahende.[47] Da dies alles jedoch seinen Vorstellungen von kaiserlicher Herrschaft vollständig widersprach, konnte er nichts davon zugestehen, zumal nachdem für ihn seit der Blockade des Etschtales Ende April der rebellische Charakter der Liga gewiß endgültig feststand.

Angesichts seiner militärischen Unterlegenheit wie auch seines heftigen Streites mit dem Papst blieb dem Staufer freilich nur die Hoffnung, daß ihm die Vereinigung mit seinen Anhängern aus dem Raum zwischen Pavia und Modena, die sich in der Tat bei Modena bewaffnet sammelten, wieder mehr Handlungsfreiheit verschaffen und daß dann auch die Kirche dem Kreuzfahrer ihre Hilfe nicht versagen werde. So verließ er am 7. Mai Ravenna, umging Faenza und Bologna und erreichte über Modena am 18. Mai Parma, seine Aktionsbasis für die nächsten vier Wochen. Jene Teile seines Heeres aber, die in Faenza und, eines schweren Unwetters wegen, in Bologna Quartier nahmen, stießen dort auf deutlichen Widerstand; es kam zu Überfällen und Gewalttaten und am Ende zu einer fast fluchtartigen Absetzbewegung der kaiserlichen Truppen in Richtung Modena. Wie gleichmütig sich Friedrich mit den bisweilen recht peinlichen Umständen auch abzufinden vorgab, gerade ihn mußte die erneute Mißachtung seiner herrscherlichen Würde und Rechtsstellung und die Erfahrung seiner Machtlosigkeit besonders erbittern.[48]

---

[46] Darauf könnte die an sich unrichtige Nachricht bei Richard von S. Germano, ad 1226, ed. Garufi 136, Z. 28–30, deuten, Friedrich habe damals Heinrich in die Lombardei gerufen.

[47] Die späteren Forderungen schildern die Geistlichen im Gefolge Friedrichs: MGH Const. 2, 133, Nr. 105 (10. 6. 1226), siehe dazu unten S. 108f. Nach Tolosanus, c. 191, ed. Rossini 155f., verweigerte Friedrich den Bundesstädten die Bestätigung des Konstanzer Friedens, solange sie nicht seine volle Gnade erlangt und Geiseln gestellt hätten, worauf diese das Etschtal sperrten; um den Konstanzer Frieden ging es der Liga jedoch bereits seit dem 7. 4. nicht mehr, siehe oben S. 105, ebenso Simeoni, Note 328f., Fasoli, Federico 47f.; im übrigen lassen des Autors Angaben, die er erst anläßlich des kaiserlichen Aufenthalts in Parma einfügt, auch manche chronologische Unklarheit.

[48] Annales Placentini Codagnelli, ad 1225, De colloquio 24–36, MGH SS rer.

Die ersten praktischen Konsequenzen aus dem Erlebten werden im übrigen bald faßbar: Der Kaiser begann nun wohl dem Papst gegenüber einzulenken und hob künftig deutlicher als zuvor die Beförderung des Kreuzzuges als das Hauptziel seines Auftretens in Oberitalien hervor. Ganz folgerichtig fiel während seiner intensiven Bemühungen um einen Ausgleich mit der Liga zu Beginn des Juni den in großer Zahl um ihn versammelten Vertretern der Kirche die zentrale Botschafter- und Vermittlerrolle zu. An führender Stelle engagierten sich jetzt jene Männer, denen die Kreuzfahrt besonders am Herzen lag: Kardinal Konrad von Porto und der erfahrene Kreuzzugsprediger und päpstliche Kreuzzugslegat Bischof Konrad von Hildesheim, die beide eben am Hofe eintrafen, dazu der Patriarch Gerold von Jerusalem und der Ordensmeister Hermann von Salza. Doch auch die geistlichen Häupter der Ligastädte Mailand und Brescia gehörten offenkundig zu jener kaiserlichen Delegation, die sich vom 2. bis 5. Juni in Mantua mit den dort schon seit einiger Zeit tagenden Rektoren des Lombardenbundes traf.[49]

Die Liga, deren Selbstbewußtsein und Kampfbereitschaft mit ihren Erfolgen stetig wuchs, hatte Ende Mai bei Mantua beachtliche Heereskräfte zusammengezogen und den Bürgern ihrer Mitgliedsstädte zugleich jeden eigenmächtigen Kontakt mit dem Kaiser und seinen Verbündeten sowie die Wahl eines Podestà aus einer dem Bund nicht angehörenden Gemeinde streng verboten.[50] Jetzt antworteten ihre Repräsentanten auf die kaiserliche Hauptforderung, wonach der Städtebund gegen die Zusage der Straflosigkeit dem Heer Heinrichs VII. den Durchzug zur Reichsver-

---

Germ. 23, 77–79 (De coll. 20f., 77: Truppenkonzentration bei Modena); Cronica Reinhardsbrunnensis, ad 1226, MGH SS 30, 1, 603–605; vgl. Tolosanus, c. 191, ed. Rossini 154–156, Annales Placentini Gibellini, ad 1226, MGH SS 18, 469, Bestätigung der Zwischenfälle in Faenza noch im Herbst 1240 durch Friedrich: HB 5, 1051f. Dazu Simeoni, Note 329–331.

[49] Hauptquellen dazu und zum Folgenden: Bischöflicher Bericht vom 10. 6. 1226, MGH Const. 2, 132–134, Nr. 105; kaiserliches Rundschreiben vom 12. 7. 1226: ebd. 136–139, Nr. 107; siehe zu Konrad von Porto: Neininger, Konrad 273–275, ebd. 494f., Reg. 357 (Hermann von Salza; 2. 6. 1226, Mantua; Zeugenliste mit den aus kaiserlicher Umgebung Anwesenden, Aufenthalt Heinrichs von Mailand und Alberts von Brescia am Hof bereits im Mai: RI V, Nr. 1606, 1608, 1613), vgl. ebd. 495f., Reg. 358f. (Konrad; 3. und 5. 6., Mantua); zu Konrad von Hildesheim: Crusius, Konrad 433–438 (bes. zur Bischofswahl 1221), vgl. Neininger 249–251 sowie oben Bd. 1, S. 178f.; außerdem Kluger, Hochmeister 65–68. Zum Einlenken gegenüber dem Papst siehe oben S. 104 mit Anm. 39 sowie S. 83 mit Anm. 165.

[50] Ligabeschlüsse vom 29. 5.: Baroni, Atti 240, Nr. 158, vgl. HB 2, 929f.; Tolosanus, c. 192, ed. Rossini 156 (Truppenkonzentration); vgl. Simeoni, Note 314, 332, Fasoli, Federico 49f.

sammlung öffnen, seine Behinderung der Kreuzzugsvorbereitungen also endlich aufgeben sollte, damit, daß sie ihrerseits sehr ungewöhnliche und umfassende Sicherheitsgarantien begehrten. Der Kaiser, so verlangten sie, müsse während seiner Anwesenheit in Oberitalien auf seine Banngewalt den Bundesstädten gegenüber ebenso verzichten wie auf das Herbeischaffen von Lebensmitteln für seine Begleitung oder auf die Gegenwart von Bewaffneten in seiner Umgebung. Heinrich aber und die mit ihm in die Lombardei einreisenden Fürsten dürften insgesamt höchstens 1200 Pferde mit sich führen, überdies hätten sich Kaiser, König und Fürsten für den Fall eines kaiserlichen Angriffs auf die aktuelle Stellung der Bundesstädte, sei er militärisch, juristisch oder wie immer sonst geartet, vorweg dem strengen Urteil des päpstlichen Legaten zu unterwerfen. Augenscheinlich hielten die Führer der Liga die Stunde für gekommen, die weitgehende politische Unabhängigkeit ihrer Gemeinschaft beim Kaiser durchzusetzen und zur Anerkennung zu bringen. Um deren Zusammenhalt für die kommende Bewährungsprobe noch zu stärken, erließen sie sofort nach der Abreise der kaiserlichen Abgesandten strenge Regeln zur Schlichtung interner Streitigkeiten, schärften die Pflicht zur gegenseitigen Hilfeleistung ein und stellten den Abfall zum Gegner oder die Kollaboration mit ihm unter schwere Strafen.[51]

Des Kaisers geistliche Botschafter und Berater betrachteten das Ansinnen der Liga wie er selbst als teilweise praktisch undurchführbar, vor allem jedoch als mit der kaiserlichen Aufgabe und Würde unvereinbar und deshalb völlig unannehmbar. Sie bestätigten deshalb dem Bischof Konrad von Hildesheim einhellig, das widerrechtliche, maßlose und ungeheuerliche Verhalten der Lombarden berechtige ihn ohne weiteres, die Verbrecher mit Interdikt und Exkommunikation zu bestrafen, wie dies der ihm von Papst Honorius ausgehändigte Schutzbrief zugunsten Friedrichs für die Feinde des zum Kreuzzug rüstenden Kaisers sowie seiner Reiche und Rechte vorsehe. Derart bestärkt, doch nach wie vor gewissenhaft den päpstlichen Vorschriften folgend, setzte Konrad daraufhin der Liga eine Frist, wohl den 24. Juni, bis zu der sie durch ihre Vertreter vor dem Kaiser Genugtuung für das ihm zugefügte Unrecht zu leisten habe, wolle sie nicht den verdienten Kirchenstrafen verfallen. Der Herrscher wiederholte die Vorladung in einem eigenen Schreiben. Die Liga aber, noch zusätzlich bestärkt durch Heinrichs eben erfolgenden Abzug nach Deutschland, ließ den ihr bestimmten Termin unbeachtet verstreichen.

Zwar erklärten die anschließend vom Kaiser befragten Geistlichen und Fürsten, Hofrichter und Gelehrten seines Gefolges übereinstimmend und

---

[51] Ligabeschlüsse vom 5. 6. 1226: Baroni, Atti 240, Nr. 158, HB 2, 930f., vgl. die in Anm. 49 genannten Hauptquellen; dazu Simeoni, Note 314f., 332–335.

ohne jeden Vorbehalt, er könne und müsse gegen die Bundesstädte nach dieser neuen schweren Beleidigung wie gegen Majestätsverbrecher vorgehen, er müsse sie mit dem Bann belegen und ihnen alle ihre Rechte entziehen. Dennoch gab er Kardinal Konrad von Porto Gelegenheit zu einem letzten Verhandlungsversuch, und diesem gelang es, unterstützt von oberitalienischen Bischöfen sowie Hermann von Salza und dem päpstlichen Kaplan Alatrin, tatsächlich, mit den Rektoren der Liga eine Friedensvereinbarung auszuarbeiten, die nicht nur die Zustimmung der Bundesstädte fand, sondern trotz manch eigener Bedenken und Warnungen aus seiner Umgebung auch die Friedrichs. Leider kennen wir ihren Inhalt nicht. Daß das Problem der Etschtalblockade inzwischen weggefallen war, erleichterte wohl die Einigung. Sie mochte etwa darin bestanden haben, daß man die Hauptgegensätze unberührt ließ, der Staufer sich mit gewissen, vielleicht nur äußerlichen Gesten des Einlenkens, der Anerkennung seiner kaiserlichen Stellung von städtischer Seite begnügte und die Städte schließlich – gewiß das dringendste Anliegen der geistlichen Vermittler – den Kreuzzug zu unterstützen versprachen. Wie dem auch sei, die Rektoren der Liga weigerten sich am Ende doch noch, zu dem in Borgo San Donnino (heute Fidenza, westlich Parmas) vorgesehenen offiziellen Vertragsabschluß zu erscheinen, obwohl sie sich bereits in dem nur 14 Kilometer entfernten Fiorenzuola aufhielten. Am 10. Juli reisten sie unverrichteterdinge in ihre Heimat zurück.

Beide Seiten schoben einander die Schuld am Scheitern zu, ohne freilich konkrete Einzelheiten zu nennen. So bleiben nur Vermutungen. Angesichts des gegenseitigen Mißtrauens der Vertragspartner und der vermutlich beide gleicherweise erfüllenden Unzufriedenheit mit dem Abkommen genügte ohne Zweifel eine Kleinigkeit, etwa eine Frage des Protokolls, vielleicht Friedrichs Weigerung, die Rektoren förmlich als Repräsentanten der Liga zu empfangen, um den endgültigen Bruch herbeizuführen.[52]

Bereits am 12. Juli wandte sich der Kaiser in einem ausführlichen Rundschreiben an die Öffentlichkeit. Im Anschluß an die bewußt sachlich gehaltene, auf die Wirkung der bloßen Fakten zielende Darstellung der Vorgeschichte gab er darin bekannt, am Vortage seien die einzeln aufgeführ-

---

[52] Vgl. zum Ganzen auch HB 2, 676f. (Friedrich; 29. 8. 1226), Richard von S. Germano, ad 1226, ed. Garufi 137f., Annales Cremonenses, ad 1226, MGH SS 31, 14f., Annales Placentini Codagnelli, ad 1225, De colloquio 44–59, MGH SS rer. Germ. 23, 80–83 (De coll. 59 zur Schuldfrage; die kaiserliche Sicht MGH Const. 2, 138, Nr. 107 [5]); siehe Simeoni, Note 335–339, der wohl mit Recht anders als Winkelmann, Friedrich 1, 295f., weder in der Berufung des Thomas von Savoyen (siehe unten mit Anm. 53) noch in der Bestätigung früherer Zusagen an Cremona durch Friedrich während der letzten Verhandlungsphase den Grund für deren Scheitern sehen will; RI V, Nr. 1652, könnte zudem auch nach dem 10. 7. 1226 entstanden sein.

ten Lombardenstädte und ihre Bürger ihrer illegalen, gegen Kaiser und Reich gerichteten Verschwörung wegen zunächst vom Hildesheimer Bischof kraft päpstlicher Vollmacht exkommuniziert und mit dem Interdikt belegt, danach aufgrund des einstimmigen Urteils der versammelten weltlichen und geistlichen Fürsten von ihm als Reichsfeinde und Majestätsverbrecher geächtet worden unter Aberkennung aller ihrer Rechte, Ämter und Lehen, insbesondere auch aller Ansprüche, die sich aus dem Konstanzer Frieden herleiteten. Wenig später verließ er die Lombardei, wo in der Nachfolge Albrechts von Magdeburg nach seinem Willen künftig Graf Thomas von Savoyen als Reichslegat wirken sollte. „Durchaus nicht heiteren Sinnes", wie ein Chronist wohl zutreffend bemerkt, durchzog er die Toskana; im August betrat er wieder sein sizilisches Königreich.[53]

Der Papst als Schiedsrichter

Nach dem völligen Fehlschlag seines Oberitalienunternehmens setzte Friedrich alles daran, den Papst von seiner Sicht der Ereignisse zu überzeugen und ihn auf seine Seite zu ziehen, um auf diese Weise eine völlige Isolierung zu vermeiden, vielmehr die eigene Position, so gut es ging, wieder zu stärken. Als greifbares Resultat seiner Bemühungen mochte er sich die päpstliche Bestätigung seiner Rechtsauffassung erhoffen, zum mindesten jedoch erwarten, daß mit päpstlicher Hilfe die Teilnahme der ebenso reichen wie aufrührerischen Lombardenstädte an seinem näherrückenden Kreuzzug sichergestellt werde. Um die nun so wichtige Unterstützung des Papstes möglichst schnell zu gewinnen, änderte er mit einer trotz seines ersten Einlenkens im Juni überraschenden Radikalität den bisher so beharrlich gesteuerten Kurs seiner sizilischen Kirchenpolitik. Er ließ die von Honorius im September 1225 erhobenen, von ihm aber ausgesperrten Geistlichen nun an ihre neuen Amtssitze reisen und schaffte damit einen Streitpunkt aus dem Weg, der sein Verhältnis zum Papst besonders stark belastet hatte.[54]

[53] Tolosanus, c. 191, ed. Rossini 156 (dort das Zitat); Annales Placentini Codagnelli, ad 1225, De colloquio 60f., MGH SS rer. Germ. 23, 83; Annales Placentini Gibellini, ad 1226, MGH SS 18, 469; vgl. Breve chronicon, ad 1226, ed. Huillard-Bréholles 897; Thomas als Reichslegat erstmals HB 2, 664 (Juli 1226). – Zum wohl im Juli 1226 eigens über Bologna verhängten Studienverbot siehe oben S. 51 mit Anm. 106.
[54] Siehe dazu oben S. 83 mit Anm. 165. Vgl. zu den damaligen päpstlichen Klagen wegen der von Berthold von Urslingen angestifteten Übergriffe auf päpstliche Boten: MGH Epp. saec. XIII 1, 233f., Nr. 306f., HB 2, 674f., zu den Protesten Friedrichs gegen das Vorgehen König Ludwigs VIII. von Frankreich in Avignon, also auf

Am 29. August wandte er sich dann unmittelbar an Honorius. Er erinnerte ihn an das widerrechtliche, verschwörerische, den Kreuzzug schwer gefährdende Vorgehen der Lombardenstädte, an die Vereitelung der Reichsversammlung zu Cremona durch ihre Gott, Kirche und Reich beleidigenden Machenschaften, an ihre Ablehnung aller, auch der von den päpstlichen Vertrauensleuten ausgehandelten Abkommen und stellte dem sein eigenes, von jeder Rachsucht freies, friedfertig einzig der Förderung des Kreuzzugs gewidmetes Auftreten gegenüber. Um des Kreuzzugs willen verzichte er nun auch auf die ihm durchaus mögliche Bestrafung der Missetäter, überlasse er die Entscheidung der Angelegenheit vielmehr, vorweg zur Anerkennung ihres Spruches bereit, vertrauensvoll dem Papst und den Kardinälen. Als Zeichen seines unverminderten Engagements für die Sache des Kreuzzuges entsandte er wenig später eine Anzahl Ritter ins Heilige Land und kündigte an, er werde über seine frühere, begrenzte Zusage hinaus allen überhaupt zur Kreuzfahrt Bereiten einen Platz auf seinen Schiffen zur Verfügung halten.[55]

Was immer Honorius über den Gesinnungswandel des Kaisers und über die Glaubwürdigkeit seiner Argumente denken mochte, so nötigte ihn sein vitales Interesse am Kreuzzug in der Tat dazu, sich als Schiedsrichter intensiv um einen Ausgleich zwischen den Ligastädten und dem Staufer zu bemühen und dabei die Lombarden vor allem zur Aufgabe der ihnen vom Kaiser mit guten Gründen vorgeworfenen Obstruktionspolitik und zur aktiven Mitarbeit am Kreuzzugsprojekt zu bewegen. Zügig suchte er denn auch das Schiedsverfahren in Gang zu bringen. Der Lombardenbund folgte freilich erst nach einem gewissen Zögern seiner Aufforderung und nominierte Ende November jene Prokuratoren, die die Sache der Liga an der Kurie vertreten sollten. Den Kaiser repräsentierten dort die Erzbischöfe Simon von Tyrus und Lando von Reggio di Calabria sowie – offenbar mit besonderen Verdiensten um den Fortgang der Unterhandlungen – Hermann von Salza.[56]

Reichsgebiet, während seiner Albigenserkreuzfahrt im Sommer 1226: MGH Epp. 242–244, Nr. 322f., vgl. HB 2, 612–614, HB 2, 681–685; siehe dazu Winkelmann, Friedrich 1, 303f., 307–310.

[55] HB 2, 676f. (29. 8. 1226); HB 2, 679f. (1. 10. 1226; mit dem erweiterten Passageangebot); Richard von S. Germano, ad 1226, ed. Garufi 138 (Entsendung der Ritter, vgl. dazu MGH Const. 2, 153, Z. 39–41, Nr. 116: 250 Ritter, zunächst von der Kirche, 1227 vom Kaiser bezahlt).

[56] MGH Epp. saec. XIII 1, 234–236, Nr. 309f. (Honorius; Sept. 1226); ebd. 240–242, Nr. 319–321 (Bestellung der Prokuratoren der Liga; 21./22. 11. 1226); HB 2, 691f. (Friedrichs Vertreter; 17. 11. 1226), vgl. Richard von S. Germano, ad 1226, ed. Garufi 139; zu Lando siehe Kamp, Kirche 1, 926–930, über die Verdienste Hermanns: MGH Epp. 253, Nr. 335 (Honorius; 11. 1. 1227), eine Beteiligung des Rof-

Am 5. Januar 1227 verkündete Honorius dem Kaiser und den Rektoren des Lombardenbundes seine Entscheidung. Er verpflichtete den Kaiser, des Kreuzzuges wegen dem Bund allen Haß, alle Untat und Rechtsverletzung zu verzeihen, die gegen ihn verhängte Acht wie sämtliche anderen Strafmaßnahmen, darunter besonders auch das Studienverbot für Bologna, aufzuheben, die Bundesstädte wieder in Gnaden anzunehmen und Frieden mit ihnen zu halten. Ganz entsprechend sollten die Mitglieder der Liga ihrerseits den Anhängern des Kaisers Haß und Unrecht vergeben, alle gegen sie gerichteten Verfügungen rückgängig machen und Frieden mit ihnen schließen. Darüber hinaus mußten sie zusagen, die Rechte und Freiheiten der Kirche künftig zu wahren, die Ketzer zu verfolgen, die dafür einschlägigen kirchlichen und kaiserlichen Gesetze von ihren Podestà und Konsuln durch Eid bekräftigen zu lassen, sie in ihre Satzungen einzufügen und dort alles dem Entgegenstehende zu streichen. Vor allem aber hatten sie dem Kaiser für seinen Kreuzzug zwei Jahre lang auf eigene Kosten vierhundert Ritter zu stellen. Schließlich forderte Honorius die Kontrahenten auf, bis zum 28. Februar ihm und der jeweiligen Gegenseite die Anerkennung seines Spruches unter Verwendung der dafür an der Kurie formulierten Textvorlagen zu bestätigen.[57]

Der Papst nutzte die Situation also geschickt, um zentrale Anliegen der Kirche zu fördern, um ihre Stellung in den lombardischen Städten zu stärken, die Ketzerbekämpfung dort voranzubringen und vor allem den termingemäßen Beginn des Kreuzzuges zu sichern. Er nahm den Kaiser mit seiner Beteuerung, der Kreuzfahrt alles andere unterordnen zu wollen, beim Wort und zwang ihn, eben zur Rettung dieses großen Projekts einstweilen auf die Durchsetzung seiner politischen Ziele in Oberitalien zu verzichten und sich mit den in jener Region bis zum Frühjahr 1226 herrschenden Verhältnissen auch weiterhin abzufinden, ohne daß über die Reichsrechte irgend etwas Konkretes gesagt, ihr Bruch durch die Städte etwa getadelt oder gar ein diesbezüglicher Schuldspruch gefällt worden wäre.

Immerhin gestand Honorius, wenn er vom Kaiser Nachsicht gegenüber den Rechtsbrüchen seiner Widersacher forderte, mittelbar ein, daß die Liga tatsächlich kaiserliches Recht gebrochen hatte, während er umgekehrt nur vom Unrecht der kaiserlichen Parteigänger redete. Andererseits

---

fred von Benevent (siehe oben S. 52) erwähnt Honorius: MGH Epp. 235, Nr. 309. Zum Verlauf der Verhandlungen siehe neben Richard: Annales Placentini Codagnelli, ad 1226, MGH SS rer. Germ. 23, 83f.

[57] Päpstliche Entscheidung: MGH Epp. saec. XIII 1, 246–248, Nr. 327 (an die Liga), ebd. 249, Nr. 329 (an Friedrich); Antwortvorlagen: ebd. 248f., Nr. 328 (= MGH Const. 2, 143, Nr. 111), ebd. 250, Nr. 330 (= Const. 2, 142, Nr. 110), MGH Const. 2, 141f., Nr. 109; vgl. noch MGH Epp. 250f., Nr. 331f.

erkannte er die Lombardenliga ohne weiteres als eine legitime Vereinigung an und erwartete das auch vom Kaiser. Ansonsten aber wahrte er in den eigentlichen Streitpunkten strikte Neutralität, um seine Friedensmission und damit den Kreuzzug nicht zu gefährden, aber wohl ebenso, weil er hinsichtlich Friedrichs künftiger Absichten ein gewisses Mißtrauen hegte und dem Papsttum deswegen die Verbindung zu den Ligastädten offenzuhalten gedachte.[58]

Friedrich hatte sich von Honorius zweifellos größeres Entgegenkommen erhofft. Als erklärter Freund der Kirche und Kämpfer für den Kreuzzug mußte er sich nun freilich dennoch dem päpstlichen Urteil beugen. Er konnte dies im übrigen gerade deswegen ohne allzu große Bedenken tun, weil die ihm wesentliche Frage der Reichsrechte davon kaum berührt war, seine Einwilligung ihn also keineswegs hinderte, sie nach dem Kreuzzug erneut ohne Einschränkung aufzuwerfen. So fertigte er umgehend die verlangten Anerkennungsurkunden aus, änderte allerdings den dafür vorgesehenen Text bezeichnenderweise derart, daß er durchweg, anstatt vom Bund oder der Liga der Lombarden zu sprechen, die einzelnen Bundesstädte anführte und die Vorgänge in der Lombardei nicht wie der Papst als Zwist zwischen ihm und der Liga bezeichnete, sondern als Beleidigung seiner Würde durch die genannten Städte.[59] Weder Honorius noch sein Nachfolger Gregor IX. beanstandeten seine Eingriffe; er war also um die Anerkennung der Liga, und sei es eine bloß formale, schließlich doch herumgekommen.

Allerdings erwuchs ihm auch aus der einzigen für ihn günstigen Regelung des Honorius am Ende kein greifbarer Nutzen. Die Liga nämlich zögerte die Annahme des päpstlichen Spruches mit den fadenscheinigsten Entschuldigungen hinaus. Honorius sah sich noch kurz vor seinem Tod († 18. 3. 1227) genötigt, sie deswegen heftig zu tadeln und auf die Gefahren hinzuweisen, die sie mit ihrem törichten Verhalten – zumal wenn der Kaiser davon höre – für den Kreuzzug heraufbeschwöre. Sein Nachfolger Gregor IX. wiederholte die Ermahnung. Als die ersehnten Dokumente Mitte April dann tatsächlich bei ihm eintrafen, fehlten die Siegel einiger Bundesmitglieder, und er mußte auf die umgehende Übersendung korrekter Texte dringen, allein schon, damit der Kaiser nichts von dem äußerst mißlichen Vorgang erfahre. Trotzdem meldete er diesem, um ihm ja keinen Anlaß zur Verzögerung seiner Kreuzzugsvorbereitungen zu geben, noch am gleichen Tag nicht ganz wahrheitsgetreu die Einwilligung der Lombarden in das Vertragswerk.[60] Die dort für die Kreuzfahrt zugesagten Ritter

---

[58] Vgl. Fasoli, Federico 31 f.
[59] MGH Const. 2, 143–145, Nr. 112 f. (1. 2. 1227).
[60] MGH Epp. saec. XIII 1, 259 f., Nr. 342 (Honorius; 10. 3. 1227); ebd. 263, Nr. 345

aber enthielten die Ligastädte dem Kaiser vor. Statt dessen kämpften sie bald an der Seite des Papstes gegen ihn.

Der Oberitalienzug des Jahres 1226 bescherte Friedrich seinen ersten vollkommenen Mißerfolg auf einem ihm entscheidend wichtigen Felde. Zu viel von der Wirkung seines Auftretens als Kaiser und Führer des Kreuzzuges erwartend, hatte er den Unabhängigkeitswillen und die Widerstandsbereitschaft der Lombardenstädte unterschätzt, dazu erleben müssen, wie der Kreuzzugstermin, der die Lombarden zum raschen Nachgeben bewegen sollte, bald ihn selbst in Bedrängnis brachte und daran hinderte, seine Vorstellungen mit militärischer Gewalt durchzusetzen. So endete das Unternehmen für ihn ohne jedes politische Ergebnis und mit einer empfindlichen Schmälerung seines Ansehens. Sein fester Wille, die ihm angetane Schmach zu rächen, stieß künftig auf einen Gegner, der ihm, stolz auf das Erreichte, mit gestärktem Selbstbewußtsein und gesteigertem Kampfesmut entgegentrat. Die Fronten begannen sich gefährlich zu verhärten.

Als bedenklich, ja unglücklich muß man im übrigen auch den Umstand ansehen, daß das in Cremona geplante Treffen Friedrichs mit seinem Sohn Heinrich, dem deutschen König – es wäre das erste nach sechs Jahren gewesen –, nicht zustande kam. Der junge Herrscher, der als Neunjähriger ohne seine Eltern in Deutschland zurückgeblieben und dessen Mutter schon 1222 gestorben war, sollte seinen Vater nun erst nach weiteren sechs Jahren im Frühjahr 1232 wiedersehen. Die Gefahr lag ohne Zweifel nahe, daß eine solch lange Zeit ohne persönliche Begegnung und Aussprache, ohne die unmittelbare Kenntnis des anderen, seines Wesens und Verhaltens, seiner Erfahrungen und Überzeugungen zu wachsender Fremdheit und zunehmenden Schwierigkeiten zwischen Vater und Sohn, schließlich zum grundsätzlichen Konflikt über die Ziele und Wege ihres politischen Handelns führen würde. Dies gilt zumal deshalb, weil Heinrich sich aus seiner Kindheit wohl allenfalls eine blasse und recht allgemeine Vorstellung von der Persönlichkeit, den Gedanken und Absichten seines Vaters bewahrt hatte. Um so weniger hätte es dieser, legte er auf das Verständnis und die Unterstützung des heranwachsenden Sohnes Wert, an direkter väterlicher Lenkung und fürsorglichem Rat fehlen lassen dürfen.

(Gregor; 27. 3. 1227); ebd. 265–268, Nr. 349–351 (16. 4. 1227); MGH Const. 2, 145–147, Nr. 114 (Schreiben der Liga, vgl. die Vorbemerkung).

Friedrichs Einfluß in Deutschland.
Der Konflikt mit dem dänischen König und das Preußen-Privileg für den Deutschen Orden

König Heinrich hielt sich nach 1220 zunächst fast ausschließlich in den traditionellen Zentren staufischer Macht in Schwaben und Franken auf, für gewöhnlich umgeben und gewiß wesentlich beeinflußt und geführt von Männern aus jenem Kreis staufertreuer Bischöfe, Adliger und Ministerialer, den sein Vater zu seiner Erziehung bestimmt hatte, etwa von Eberhard von Waldburg oder Konrad von Winterstetten, Heinrich von Neuffen, Werner von Bolanden oder, besonders nach Werners Tod (um 1221), Graf Gerhard von Diez. Neben ihnen kümmerten sich offenbar der Kanzler Konrad, Bischof von Metz und Speyer, und Bischof Otto von Würzburg mit einer gewissen Regelmäßigkeit um den Gang der Regierungsgeschäfte am königlichen Hof. Auf den großen Hoftagen traten darüber hinaus natürlich noch andere, allerdings wiederum vorwiegend geistliche Reichsfürsten hervor, dazu zahlreiche Adlige und Ministeriale. Der eigentliche Leiter des Reichsregiments und Beschützer des Königs aber, der Kölner Erzbischof Engelbert, begegnet uns anfangs überraschenderweise nicht sonderlich häufig im Zusammenhang mit Reichsangelegenheiten – allem nach befaßte er sich mit diesem Aufgabenbereich intensiv erst seit Mitte 1223. Unter den früheren Ausnahmen fällt ein zentraler Akt besonders ins Auge: Auf Weisung des Kaisers vollzog Engelbert am 8. Mai 1222 in Aachen die feierliche Krönung des jungen Königs.[61]

Heinrich führte bald ein eigenes Königssiegel. Etwas später verfügte er außerdem über eine kleine Kanzlei, besser gesagt: ein Schreibbüro zur Ausfertigung seiner Urkunden. Dessen Mitglieder, zunächst nur ein einziger, dann zwei und ab 1230 immerhin drei bis vier Notare, standen weder nach Herkunft und Laufbahn, noch hinsichtlich ihrer formalen oder stilistischen Eigenheiten in irgendeiner Beziehung zur kaiserlichen Kanzlei. Der Kaiser gewährte seinem Sohn also eine gewisse, wenngleich recht eng bemessene Selbständigkeit, denn die Entscheidung aller wichtigen Fragen fiel – vom Einfluß der Reichsfürsten einmal abgesehen – nach seinem Wil-

---

[61] Zu Engelbert von Köln und dem Beraterkreis um Heinrich siehe Thorau, König Heinrich 99–121, Lothmann, Engelbert, bes. 286–375, außerdem, auch zu Heinrich allgemein Stürner, Staufer Heinrich 20–33, ebd. 13 Anm. 1 die ältere Literatur, vgl. die Zeugenlisten RI V, Nr. 3854 ff., sowie oben Bd. 1, S. 239; zum Itinerar Heinrichs: Vogtherr, König, für 1220–1227 bes. 401–409. Krönung: Annales S. Pantaleonis, ad 1222, MGH rer. Germ. 18, 252, kaiserliche Weisung: Richer, Gesta IV 5, MGH SS 25, 302, Aegidius, Gesta 94, ebd. 119, Chronicon Turonense, ad 1223, MGH SS 26, 470; vgl. Thorau 180–189, Baaken, Erhebung 118f.

Friedrichs Einfluß in Deutschland

len ja den von ihm bestimmten Betreuern beziehungsweise dem Reichsverweser Engelbert zu, sofern er sie nicht weiterhin selbst traf.[62] In der Tat informierte Friedrich den Gubernator und die maßgebenden Männer des Imperiums über seine Absichten und Wünsche durch Boten, Briefe und Mandate,[63] während sich die Großen Deutschlands umgekehrt nicht selten an ihn wandten und zuweilen durchaus persönlich über die Alpen an seinen Hof reisten, um von ihm direkt Zusagen und Privilegien zu erwirken. Fast wie die Kaiserkrönung Ende 1220 führten bestimmte Ereignisse von allgemeiner Bedeutung auch in den folgenden Jahren immer wieder eine recht ansehnliche Zahl von Fürsten, vor allem Bischöfen, von vornehmen Adligen und Ministerialen aus dem Reich oft sogar für Wochen gleichzeitig beim Kaiser zusammen. Man denke nur an seine Begegnung mit dem Papst zu Veroli im April 1222, an den zum November desselben Jahres geplanten Tag zu Verona und die anschließenden Bemühungen bis zum Treffen von Ferentino im März 1223 oder an die Verhandlungen zu San Germano im Juli 1225, vom kaiserlichen Zug in die Lombardei im Frühjahr 1226 ganz zu schweigen. Hier bot sich reichlich Gelegenheit zum Meinungsaustausch, zur Abstimmung des politischen Handelns wie zur Absicherung individueller Interessen. Desgleichen aber nutzten Kaiser und Fürsten Zeit und Anlaß vielfach, um zu den ihnen vorgelegten allgemeinen Rechtsfragen oder zu aktuellen Streitfällen ein möglichst von allen Anwesenden gebilligtes und vom Kaiser zu verkündendes Urteil zu sprechen. Ausdrücklich stellten sie denn auch im Sommer 1226 auf eine entsprechende Beschwerde hin fest, Kaiser und Reichsfürsten bildeten, selbst wenn sie außerhalb Deutschlands tagten, das rechtmäßig für Deutschland zuständige Hofgericht.[64] Daß der Kaiser mit den Reichsfürsten zusammen Deutschland repräsentiere und regiere, war damit natürlich ebenfalls erneut deutlich ausgesprochen.

Engelbert von Köln, weniger ein Seelsorger, sondern eher ein umsichti-

---

[62] Zinsmaier, Reichskanzlei 163–165, vgl. Baaken, Erhebung 114–118 (daß Friedrich hoffte, päpstliche Bedenken hinsichtlich der sizilischen Selbständigkeit durch Einrichtung einer unabhängigen Schreibstelle beim deutschen König zu zerstreuen, scheint doch sehr fraglich, vgl. auch Thorau, König Heinrich 115–118).

[63] Siehe etwa die Weisungen an Engelbert: HB 2, 232 (März 1222; zugleich könnte der Befehl zur Krönung Heinrichs ergangen sein, vgl. schon Winkelmann, Friedrich 1, 351 Anm. 3), HB 2, 351f. (März 1223); an Heinrich: HB 2, 319f. (23.2.1223; Achtspruch und Verkündungsbefehl), HB 2, 487–489 (5.6.1225, zugleich an Engelbert), Acta Imperii 1, 256f. (Juni 1226), vgl. HB 2, 797f. (Mai 1224); außerdem Acta 1, 254, Nr. 278 (26.5.1226), HB 2, 574 (Mai 1226), HB 2, 637–639 (6.7.1226), Acta 1, 268, Nr. 294 (7.9.1227). Vgl. dazu Goez, Friedrich 20–24.

[64] MGH Const. 2, 134f., Nr. 106 (Juni 1226, Borgo San Donnino; siehe bes. 135, Z. 3f.); vgl. die Urteile ebd. 117–119, Nr. 94–96 (5.2.1223; Capua).

ger, begabter Politiker, kümmerte sich auch als Reichsverweser engagiert und recht erfolgreich um die territorialpolitischen Belange seiner Erzdiözese, das heißt: Er suchte dort, wo immer er eine Möglichkeit dafür sah, den Einfluß seiner erzbischöflichen Herzogsgewalt gegen die Konkurrenten in der Region, an deren Spitze die Herzöge von Limburg, durchzusetzen und auszuweiten. Diesem Ziel dienten seine Bemühungen um die Schlichtung von Fehden und die Sicherung des Friedens ebenso wie der planmäßige Bau und Erwerb von Burgen, eine geschickte Bündnispolitik oder die Erneuerung seiner stadtherrlichen Gewalt in Köln selbst. Freilich schuf ihm sein entschiedenes Zugreifen auch eine wachsende Zahl von erbitterten Gegnern.[65]

Die in die Zeit von Engelberts Regentschaft fallenden Maßnahmen des Königshofes standen meist in grundsätzlichem Einklang mit den Absichten des Kaisers, knüpften oft sogar unmittelbar an dessen frühere Initiativen an. Das gilt etwa für den im Sommer 1224 unternommenen Versuch, durch Vermittlung Kardinal Konrads von Porto und Hermanns von Salza endlich ein Einvernehmen mit Bischof Berthold von Straßburg über die staufischen Kirchenlehen im Elsaß zu erreichen, wenngleich Friedrich die damals getroffenen Regelungen dann offenbar doch nicht billigen mochte. Dem Ausgleich aber, den der Kardinal zwischen seinem Bruder Egino von Urach und König Heinrich im immer wieder neu aufbrechenden Streit um das Zähringererbe zuwege brachte, stimmte er zwei Jahre später zu – aus Liebe und Wohlwollen für Konrad, wie er allerdings eigens betonte.[66] Ganz seinen Wünschen entsprach es indessen gewiß, daß sich die Bindung Wimpfens an das staufische Königshaus weiter festigte und Ende Juli 1225 Heilbronn endgültig als würzburgisches Kirchenlehen gewonnen wurde – wenige Tage später sicherte er selbst sich und seinem Sohn in einer Übereinkunft mit Bischof Ekbert von Bamberg gegen eine respektable Geldsumme dessen wichtige Lehen in der Ortenau.[67] Engelberts massive Unterstützung des Grafen Gerhard IV. von Geldern, seines Vetters und Verbündeten, zwang den Herrscher zwar wiederholt, Urteile abzuändern, die er zuvor gegen den Grafen zugunsten des Bischofs von Utrecht gefällt

---

[65] Dazu Thorau, König Heinrich 133–148, Lothmann, Engelbert 66–259, Wolter, Engelbert 1917f., Engels, Stauferzeit 247–254, Wisplinghoff, Engelbert 33–43.

[66] Straßburg: RI V, Nr. 3932 = Neininger, Konrad 419f., Nr. 226, dazu RI V, Nr. 3933, Acta Imperii selecta 279f., Nr. 319 (28. 11. 1226), HB 4, 814–818 (März 1236); Egino: RI V, Nr. 3935 = Neininger 421, Nr. 229, RI V, Nr. 1663 (dazu RI V 4, 198: 8. 7. 1226) = Neininger 498, Nr. 363. Dazu Thorau, König Heinrich 155–162, 218–221, Neininger 79–82, 231–233, 275, und oben Bd. 1, S. 213–216.

[67] Wimpfen: HB 2, 786f. (8. 1. 1224), vgl. HB 2, 868 (7. 9. 1226), HB 3, 332f. (29. 4. 1227); Heilbronn: HB 2, 814f. (4. 12. 1224), HB 2, 848f. (27. 7. 1225); Bamberger Lehen: HB 2, 512–515 (Aug. 1225). Dazu oben Bd. 1, S. 213, 215.

Abb. 3: Königssiegel Heinrichs (VII.); der Stempel war seit Dezember 1220 in Gebrauch.
Umschrift: + HENRICVS D(e)I GR(ati)A ROMANORVM REX (et) SEMP(er) AVGVSTVS.

Abb. 4: Grabeskirche in Jerusalem, zwischen 1130 und 1149 neu errichtet. Hier trug Friedrich II. am 18. März 1229 die Krone des Königreichs Jerusalem.

hatte. Doch scheint das generelle Einverständnis zwischen ihm und seinem Sachwalter in Deutschland, den er im Juli 1225 seiner treuen Dienste wegen besonders lobte und belohnte,[68] unter diesem Umstand ebensowenig gelitten zu haben wie während der langwierigen Auseinandersetzungen mit dem dänischen König Waldemar II.

Waldemar war zusammen mit seinem Sohn im Mai 1223 von seinem Vasallen, dem Grafen Heinrich von Schwerin, gefangengenommen worden, weil dieser sich von ihm in seinen Rechten geschmälert und bedrückt fühlte. Davon erhielt Friedrich im fernen Sizilien anscheinend recht schnell Kenntnis, und er sah in der neuen Situation sofort eine günstige Gelegenheit, um die 1214 an Waldemar abgetretenen Reichsgebiete jenseits der Elbe zurückzugewinnen. Die Wiedererlangung verlorener Güter für das Imperium gehöre zu den zentralen Anliegen seines herrscherlichen Wirkens, so bekannte er damals, ohne auf die rechtliche Problematik des vorliegenden Falles näher einzugehen. Vermutlich aber bestimmte ihn hier bereits dieselbe Auffassung, die er wenig später dem Papst gegenüber ziemlich unverblümt vertreten sollte, daß ihm nämlich alles, was ihm in seiner Jugend unter rücksichtsloser Ausnutzung seiner Schwäche und Notlage von seinem rechtmäßigen Erbe und Herrschaftsbereich entzogen worden sei, als widerrechtlich und gewaltsam abgepreßt im Grunde nach wie vor zustehe. Offenbar leitete er aus dieser Ansicht die Berechtigung, ja dem Imperium gegenüber sogar die Verpflichtung ab, derart geraubtes Gut an sich zu bringen, wo immer sich eine Möglichkeit dazu bot.[69]

---

[68] HB 2, 505f.; zum Grafen von Geldern siehe oben Bd. 1, S. 223 mit Anm. 49 (dort die Belege); ähnliches Schwanken gab es auch schon früher, etwa bezüglich Cambrais (Bd. 1, S. 221f.), es beruhte auch jetzt nicht auf dem Gegensatz von kaiserlichem und königlichem Hof (so Winkelmann, Friedrich 1, 357, 359), vielmehr änderte der Kaiser selbst seine Meinung.

[69] HB 2, 393f. (Friedrich; wohl Aug. 1223, vgl. RI V, Nr. 1507); siehe zur Abtretung von 1214 oben Bd. 1, S. 170, zur Argumentation gegenüber Honorius oben S. 83 mit Anm. 164, vgl. S. 103f. mit Anm. 39; im Blick auf Friedrichs Grundüberzeugung wie auf sein weiteres Verhalten wird man RI V, Nr. 1507 schwerlich wie Pitz, Papstreskript 194f., als reines Reskript bezeichnen können, das allein den Willen von „Mitgliedern des Regentschaftsrates" ausdrückt, dessen Inhalt dem Kaiser aber weithin gleichgültig war; dementsprechend vereinfacht auch die bloße Feststellung eines Desinteresses Friedrichs an Nordalbingien (siehe Boockmann, Reichsfreiheitsprivileg 103) den Sachverhalt. Zu Waldemars Gefangennahme und ihren Folgen: Sächsische Weltchronik, c. 365–367, 370–372, MGH Dt. Chron. 2, 244–247, Albert von Stade, ad 1223–1227, MGH SS 16, 357–359, Annales S. Pantaleonis, ad 1222–1225, 1227, MGH SS rer. Germ. 18, 252–254, 257, 259; dazu Thorau, König Heinrich 202–226, 245–251, 302–319, Lothmann, Engelbert 315–334, 339–343, 355f., 369f., Winkelmann, Friedrich 1, 418–446, 479–486.

Der deutsche Königshof folgte ohne Zögern den kaiserlichen Wünschen. Die von Friedrich beauftragten Bischöfe von Würzburg und Hildesheim verhandelten mit Heinrich von Schwerin, und auf einem großen Hoftag zu Nordhausen verpflichtete sich dieser im September tatsächlich in einem umfangreichen, sehr detaillierten Vertrag zur Auslieferung seiner wertvollen Gefangenen an Kaiser und König. Dafür sagten ihm jene eine hohe Geldsumme zu und gaben ihm die erwünschten Garantien über seine und seiner vertriebenen Verwandten künftige Stellung im Land jenseits der Elbe; vor allem jedoch sollte Waldemar erst freikommen, wenn er mit Heinrich von Schwerin Frieden geschlossen und auf das frühere Reichsgebiet südlich der Eider förmlich verzichtet hatte. Inzwischen erfuhr nun freilich Papst Honorius von dem Geschehen und setzte sich unverzüglich für den dänischen König ein. Voller Empörung über den heimtückischen Anschlag des eidbrüchigen Grafen auf seinen Lehnsherrn, auf einen der römischen Kirche eng verbundenen Herrscher zumal, der überdies bereits die Kreuzfahrt gelobt habe, forderte er neben anderen den Kaiser selbst und seinen Statthalter in Deutschland Engelbert von Köln dringend auf, bei Heinrich von Schwerin die sofortige und bedingungslose Freilassung Waldemars zu erwirken.[70]

Damit gerieten sowohl der Kaiser, seiner schon bestehenden mancherlei Spannungen mit dem Papst wegen, wie natürlich auch die am Reichsregiment beteiligten geistlichen Fürsten, an ihrer Spitze der Erzbischof von Köln, in eine heikle Situation. Friedrich entschloß sich allem nach Honorius gegenüber zu einem gewissen Entgegenkommen, und Hermann von Salza erhielt den Auftrag, in Rom und Deutschland zusätzlich zu seinen sonstigen Verpflichtungen für die Annahme der modifizierten kaiserlichen Pläne zu wirken. Tatsächlich führte des Ordensmeisters Verhandlungsgeschick im Juli 1224 zu einer neuen Vereinbarung zwischen den Vertretern des Kaisers, denen des dänischen Königs und dem Schweriner Grafen. Wohl um dem Dokument die päpstliche Zustimmung zu sichern, legten seine Verfasser als zentrale, gleich zu Beginn ausführlich behandelte Bedingung für Waldemars Freilassung nun seine künftige Kreuzfahrt sowie erhebliche weitere Leistungen von seiner Seite zugunsten des Kreuzzuges fest. Erst danach forderten sie von dem König den Verzicht auf seine Herrschaftsrechte im Land südlich der Eider und schließlich die Anerkennung der Lehnshoheit des Imperiums über sein dänisches Reich; außerdem wurden wie in Nordhausen Sicherheiten für den Schweriner Grafen vereinbart, nicht mehr allerdings für seine adligen Verbündeten. Bereits

---

[70] MGH Const. 2, 121–125, Nr. 98 (24. 9. 1223); Papstbriefe: MGH Epp. saec. XIII 1, 166–168, Nr. 238 (1.–4. 11. 1223), vgl. ebd. 183f., Nr. 257 (31. 7. 1224).

Ende Juli, so scheint es, stimmten Engelbert und die in Nürnberg um ihn versammelten Fürsten dem Vertrag zu.[71]

Anders entschieden überraschenderweise die Großen Dänemarks. Auf einem Hoftag König Heinrichs in Bardowick (nördlich Lüneburgs), wo mit ihnen Ende September 1224 die Einzelheiten der Freilassung Waldemars besprochen werden sollten, lehnten sie das ganze Abkommen rundweg ab. Die Erfolge Heinrichs von Schwerin und seiner Bundesgenossen in den anschließenden Kämpfen zwangen sie dann aber doch zu neuen Verhandlungen mit dem Grafen. Im November 1225 kamen sie mit ihm überein, daß er seine Gefangenen gegen hohes Lösegeld freigeben und Waldemar seinerseits auf das Reichsterritorium südlich der Eider verzichten werde; von dessen Kreuzzugsverpflichtungen war nun nicht mehr die Rede.[72] Vielleicht lag darin ein wesentlicher Grund für die schroffe Ablehnung des Paktes durch den Papst.

Kaum nämlich befand sich Waldemar wieder in Freiheit, da wandte er sich an Honorius mit der Bitte, ihn von den gegenüber Graf Heinrich von Schwerin eingegangenen Verpflichtungen zu lösen, weil sie ihm in der Gefangenschaft gegen jedes Recht abgezwungen worden seien. Honorius schloß sich seiner Auffassung sofort völlig an; er entband ihn, wie gewünscht, von dem Eid, den er Heinrich geleistet hatte, befahl diesem unter Androhung schwerer Kirchenstrafen, alle seine Forderungen an den dänischen König gänzlich aufzugeben, und ermahnte den Kaiser, gleichfalls in diesem Sinne auf den Grafen einzuwirken.[73]

Als ausschlaggebend erwiesen sich indessen die Unnachgiebigkeit und der Kampfeswille von Waldemars norddeutschen Gegnern und die militärische Unterlegenheit des Dänenkönigs. Es gelang seinem Hauptwidersacher, dem Grafen von Schwerin, und dessen engstem Bundesgenossen Adolf IV. von Schauenburg, den Beistand nicht nur Lübecks und Hamburgs, sondern auch des Erzbischofs Gerhard von Bremen und des Herzogs Albrecht von Sachsen zu gewinnen und mit ihnen gemeinsam Waldemar am 22. Juli 1227 in der alles entscheidenden Schlacht bei Bornhöved (südlich Kiels) zu besiegen. Endgültig fand sich der König daraufhin mit dem Verlust der Gebiete südlich der Eider ab.[74]

---

[71] MGH Const. 2, 127–129, Nr. 101 (4. 7. 1224; neben Hermann von Salza erscheinen als kaiserliche Gesandte unter anderem Gunzelin von Wolfenbüttel und Eberhard von Waldburg); zur Anwesenheit Hermanns sowie des Kardinals Konrad von Porto in Nürnberg siehe HB 2, 802 (23. 7. 1224); vgl. Kluger, Hochmeister 39f., 42–45, Neininger, Konrad 234f.

[72] MGH Const. 2, 625f., Nr. 454 (Entwurf), ebd. 626–628, Nr. 455 (Vertrag vom 17.11.1225).

[73] MGH Epp. saec. XIII 1, 228–231, Nr. 301f., Nr. 304 (9., 25., 26. 6. 1226).

[74] Siehe dazu wie zum Vorhergehenden die oben in Anm. 69 genannten erzählen-

Weder das Reich noch der Kaiser leisteten gegen Waldemar wirksame Waffenhilfe. Friedrich war dazu, während sein Oberitalienzug scheiterte und seine Kreuzfahrt näher und näher rückte, in der Tat nicht imstande. Dennoch störte ihn der Verlust der Reichsgebiete jenseits der Elbe gewiß ebensosehr wie derjenige Spoletos oder Anconas, und er bemühte sich ernsthaft um ihre Rückgewinnung, zumal sie zunächst unter Ausnutzung von Waldemars Gefangenschaft allein mit diplomatischen und juristischen Mitteln erreichbar schien. Bemerkenswerterweise hielt er an seinem Ziel grundsätzlich auch dann weiter fest, als der Papst Widerspruch einlegte. Mit dem berühmten Privileg für Lübeck vom Sommer 1226 schließlich suchte er auf dem einmal eingeschlagenen Kurs selbst in schwierigen Zeiten voranzukommen und die Geltung des Imperiums in Nordalbingien wenigstens mit den ihm verbliebenen bescheidenen Mitteln zu fördern – indirekt billigte er damit im übrigen zugleich das Vorgehen des vom Papst so heftig getadelten Schweriner Grafen.

Die Entstehung des kaiserlichen Diploms für Lübeck hing eng mit dem Widerstand gegen den dänischen König zusammen. Im Frühjahr 1226 reiste eine Delegation von Lübecker Bürgern an den Hof Friedrichs in der Lombardei und erbat von ihm zunächst die Bestätigung einer für diesen Anlaß wohl zumindest verfälschten Urkunde Barbarossas aus dem Jahr 1188, die zentrale stadtrechtliche Fragen regelte. Wenig später, im Juni, ließ der Kaiser dann in Borgo San Donnino jenes große Privileg ausfertigen, das Lübeck zur freien Stadt erklärte, das heißt: als *Civitas Imperii*, als Stadt des Reiches, auf Dauer und unwiderruflich allein der unmittelbaren kaiserlichen Herrschaft unterstellte. Fortan sollte die Stadt nur dem Reich durch Eid zur Treue verpflichtet sein, von einem kaiserlichen Rektor regiert werden und als Gegenleistung für das ihr zugestandene Münzrecht dem kaiserlichen Hof jährlich eine festgelegte Geldsumme zahlen. Die Bürger Lübecks, die ihre eben gewonnene Unabhängigkeit von dem damals noch um Holstein kämpfenden dänischen König, aber offenbar ebenso von künftigen Ansprüchen des ins Land zurückkehrenden Grafen Adolf von Schauenburg bedroht sahen, scheuten also keine Mühen und Kosten, den Kaiser als Garanten und Beschützer ihrer neuen Stellung zu gewinnen; sie versprachen sich demnach doch konkrete Vorteile von seiner Parteinahme und von der Wirkung seines privilegierenden Wortes. Friedrich seinerzeit aber ergriff die Gelegenheit, um in dem noch immer umstrittenen nordelbischen Gebiet ein weiteres Mal gegen die dänischen Ansprüche das Imperium als die maßgebende, Recht setzende und sichernde Macht ins Spiel zu bringen. Er mochte – von den aus Lübeck zu

---

den Quellen. Zu dem möglicherweise als Entlastung von Waldemars Gegnern gedachten Zug Heinrichs (VII.) nach Sachsen siehe unten S. 275 f. mit Anm. 26.

erwartenden Geldeinkünften einmal abgesehen – vielleicht sogar hoffen, über den von ihm zu berufenden Rektor in gewissem Umfang direkten Einfluß ausüben zu können. Das gelang ihm freilich, wenn überhaupt, dann allem nach nur höchst selten. Die seit 1226 mit der Reichsunmittelbarkeit Lübecks verknüpften Zahlungen jedoch flossen offenbar tatsächlich regelmäßig an die Krone.[75]

Nicht nur für ihre städtischen Belange im engeren Sinne setzten sich die Lübecker am Kaiserhof ein, sichtbar wurden zugleich ihre lebhaften Beziehungen zum baltischen Raum. Seit Anfang des 13. Jahrhunderts begannen deutsche Kaufleute, Ritter und Geistliche in größerer Zahl in Livland an der unteren Düna und nördlich anschließend bis nach Südestland zu siedeln. Zwei aus der Bremer Kirche stammende Geistliche, Bischof Albert von Livland, der Gründer von Riga, und sein Bruder, Bischof Hermann von Dorpat, übten dort den maßgebenden Einfluß aus. Schutz sollte der Schwertbrüderorden gewähren, der Bischof Albert zum Gehorsam verpflichtet war, Konflikte mit ihm deswegen freilich keineswegs scheute.[76]

Als es dann 1219 dem dänischen König gelang, in Estland Fuß zu fassen und damit seine ohnehin starke Stellung an der Ostseeküste weiter auszubauen, geriet das Livländische Unternehmen der beiden bischöflichen Brüder in erhebliche Bedrängnis. Erst die Gefangennahme Waldemars im Mai 1223 schuf ihnen eine gewisse Erleichterung, und sie suchten nun ihre Stellung gegenüber Dänemark und anderen Rivalen möglichst wirksam abzusichern. Hermann erreichte zu diesem Zweck im Spätherbst 1225 für sich und seinen Bruder, daß König Heinrich ihre Diözesen in den Rang von Marken erhob und ihnen dort alle Herrschaftsrechte eines Reichsfürsten verlieh; Hermann selbst empfing zudem wie ein Reichsbischof die Regalien für sein Bistum aus der Hand des Königs und leistete dafür den üblichen Treueid.[77] Die Bischöfe erhofften und erwarteten offensichtlich

---

[75] Edition des Privilegs mit Übersetzung, Beschreibung der beiden Ausfertigungen und Abbildungen: A. Grassmann, in: Lübeck 1226. Reichsfreiheit und frühe Stadt (Lübeck 1976) 9–19; Bestätigung der Urkunde Barbarossas: HB 2, 577–583 (Mai 1226). Zur Interpretation und Bedeutung des Privilegs: Boockmann, Reichsfreiheitsprivileg 97–113 (das Dokument ist hier freilich allein „Aktionsprogramm der Stadt", 110), vgl. Boshof, Reichsfürstenstand 59f., Thorau, König Heinrich 306–309.

[76] Dazu Benninghoven, Schwertbrüderorden 1645f., Angermann, Livland 2045–2048 (je mit Spezialliteratur).

[77] HB 2, 865–867 (Einrichtung der Marken; 1. 12. 1225), Liv-, Est- und Kurländ. Urkundenbuch 1 (1852) 69, Nr. 64 (Regalien-Investitur; 6. 11. 1225), vgl. RI V 4, 250, Nr. 3991, 3995f. Dazu Pitz, Papstreskript 195–200, seiner Reskripttheorie gemäß mit einseitiger Betonung der Interessen Hermanns; daß diese vor allem in

wie die Lübecker die dauerhafte Zurückdrängung Waldemars zugunsten des Imperiums und setzten auf diese Entwicklung. Ihr Wille, sich förmlich an das Reich zu binden, konnte umgekehrt dessen Ansehen und Gewicht in jener Region nur mehren; darauf einzugehen lag also für Heinrich und seine Berater nahe und entsprach im übrigen der von ihnen Waldemar gegenüber betriebenen Politik. Ob der Schritt irgendwann einmal konkrete rechtliche Folgen haben und tatsächlich zu einer praktizierten Reichszugehörigkeit der fraglichen Gebiete führen würde, das hing allerdings wesentlich vom weiteren Verhalten und Erfolg der Privilegierten selbst ab.

Wie der deutsche Königshof beurteilte grundsätzlich der Kaiser die Dinge, als ihn die Lübecker Gesandten im Mai 1226 im Auftrag des Schwertbrüderordens baten, er möge jenem Orden die ihm von Albert und Hermann zu Lehen gegebenen Besitztümer und Rechte bestätigen: Er bewilligte das Gewünschte.[78] Wenngleich dies im einzelnen nicht ganz mit dem harmonierte, was die Bischöfe kurz vorher von seinem Sohn erlangten, so waren sich Orden und Bischöfe doch grundsätzlich einig in ihrem Streben nach Rückhalt bei den Repräsentanten des Imperiums, Kaiser wie König aber bereit, solchen Rückhalt über die bisherigen Grenzen des Imperiums hinaus zu gewähren und damit dem Reich dort ohne allzu präzise Festlegungen immerhin die Möglichkeit verstärkten künftigen Wirkens offenzuhalten.

Derselbe Leitgedanke bestimmte Friedrich im übrigen offenbar auch schon, als er im März 1226 die sogenannte Goldene Bulle von Rimini für den Deutschen Orden ausstellte, zumal sie einem höchst verdienten, ihm unentbehrlichen Mann und einer seinem Herrscherhause eng verbundenen Institution galt. Hermann von Salza, der Ordensmeister, entschloß sich Anfang 1226 nach dem Scheitern des Ordensprojektes in Ungarn, auf das Angebot des polnischen Herzogs Konrad von Masowien einzugehen, wonach der Deutsche Orden gegen die Überlassung des Kulmer Landes (an der unteren Weichsel) Hilfe gegen die heidnischen Prußen leisten und deren Territorium erobern sollte. Die kaiserliche Urkunde billigte und bekräftigte die Schenkung Konrads sowie das dauernde, durch keinerlei Dienste, Abgaben oder Abhängigkeiten eingeschränkte Eigentumsrecht des Ordens an dem ihm künftig zufallenden Gebiet der Prußen, wo dem Ordensmeister und seinen Nachfolgern die ungeschmälerten Herrschaftsrechte eines Reichsfürsten zuständen.[79]

---

der Verleihung des „Königsrangs" und der Legalisierung seiner Unterjochung der Landesbewohner (198f.) bestanden, will nicht recht einleuchten.

[78] HB 2, 583–585 = Liv-, Est- und Kurländ. Urkundenbuch 1 (1852) 107, Nr. 90 (ebd. 3, 16: Bestätigung, Jan. 1227); vgl. ebd. 1, 118 (Heinrich für den Schwertbrüderorden; 1. 7. 1228).

[79] Ausführliche Angaben zu den Editionen (vgl. HB 2, 550–552), den Positionen

Gewiß entsprach diese Regelung vor allem den Intentionen Hermanns. Sie gab der von seinem Orden dann ab 1231 aktiv betriebenen Unterwerfung Preußens in seinen Augen offenbar die nötige und erwünschte Rechtfertigung. Der kaiserliche Spruch mochte ihm zur Legitimierung und Absicherung seines Vorgehens nach den schlechten ungarischen Erfahrungen besonders dem Herzog von Masowien gegenüber wünschenswert und sinnvoll erscheinen, aber vielleicht ebenso angesichts der Konkurrenz des bereits in dem anvisierten Land wirkenden Bischofs Christian von Preußen.

Wenn Friedrich seinerseits die in der unsicheren Rechtslage wie in der Person Hermanns und im Wesen seines Ordens begründete primäre Bindung des Preußen-Unternehmens an Kaiser und Reich guthieß, so entsprach dies seiner aktuellen Absicht, wenigstens den mittelbaren Einfluß des Imperiums an der Ostsee zu stärken, wo immer sich Gelegenheit dazu bot. Darüber hinaus freilich wurde er mit seinem Handeln jener generellen Vorstellung gerecht, die die Arenga seiner Urkunde formuliert und die in anderen kaiserlichen Dokumenten wiederkehrt, daß nämlich Gott das römische Imperium geschaffen habe, um die Predigt des Evangeliums zu ermöglichen. Die dem Reich benachbarten heidnischen Völker, so schloß er daraus, gehörten zur *monarchia imperii*, worunter er offenbar einen die eigentlichen Reichsgrenzen übergreifenden Verantwortungsbereich des Kaisers als speziellen Verteidigers und Förderers des christlichen Glaubens verstand.[80] Ganz entsprechend hatte er bereits im März 1224 die Verleihung der kaiserlichen *monarchia* als Verpflichtung gedeutet, den Glauben zu mehren, und aus ihr die Berechtigung abgeleitet, den Völkern Livlands, Estlands und Preußens den Status von freien Reichsbewohnern zu geben, sie also allein der Zuständigkeit des Imperiums und der Kirche zu unterstellen. An präzise verfassungsrechtliche Konsequenzen war bei jenem Manifest, vermutlich einem frühen Versuch des Kaisers, den dänischen Einfluß im Baltikum zu schwächen, allem nach ebensowenig gedacht wie dann im Falle des Privilegs für den Deutschen Orden.[81] Ob sie sich einstellten, mußte vielmehr die Zukunft zeigen.[82]

der Forschung, zur Vorgeschichte und Bedeutung des Dokuments bei Kluger, Hochmeister 54–65, vgl. 50f., außerdem Boockmann, Deutscher Orden 66–92.

[80] Vgl. zur imperialen Aufgabe der Predigt des Evangeliums (wie schon in den Kaiserordines, z.B. Ordo XVII 22, XVIII 23, ed. R. Elze, MGH Fontes iur. Germ. ant. 9 [1960] 66, 77, vgl. 210 s.v. imperium romanum) noch HB 5, 283 (10. 3. 1239), HB 5, 1099 (27. 2. 1241), HB 5, 1148f. (3. 7. 1241), HB 5, 1166 (Aug. 1241), dazu Schaller, Frömmigkeit, bes. 496f., 501, 505f. mit Anm. 74, und schon Kantorowicz, Friedrich. Ergänzungsband 40; außerdem übernimmt die einschlägigen Passagen der Rimini-Bulle auch HB 6, 303f. (für den Ordensmeister Heinrich von Hohenlohe; Juni 1245).

[81] Manifest von 1224 : HB 2, 423f. (*obtinuimus monarchiam dignitatis et imperii*

*König Heinrichs Heirat und Stellung;
die Beziehungen zu England und Frankreich*

Im Gegensatz zur Dänemark- und Ostseepolitik herrschten hinsichtlich der Heirat König Heinrichs und ganz besonders in der aufs engste mit diesem Problem zusammenhängenden Hauptfrage der Beziehungen des Imperiums zum englischen und französischen Königshaus erhebliche Meinungsverschiedenheiten und Spannungen zwischen dem Kaiser und dem Regenten Engelbert in Deutschland. Friedrich hatte unmittelbar nach dem Tod König Philipps II. von Frankreich († 14. 7. 1223) im November 1223 mit dessen Sohn und Nachfolger Ludwig VIII. († 8. 11. 1226) den Pakt von 1212 erneuert und unter anderem zugesagt, kein Bündnis mit dem englischen König einzugehen und nach Kräften zu verhindern, daß jemand sonst aus seinem Herrschaftsbereich ein solches Bündnis schließe.[83] Engelbert aber, der über den kaiserlichen Schritt im übrigen wohl nicht vorher informiert wurde, sprach sich bald offen gegen die damit vollzogene Festlegung aus, sei es, weil sie ihm die alten, vorwiegend wirtschaftlichen Verbindungen Kölns und der niederrheinischen Region mit Eng-

Romani suscepimus diadema); dazu Kluger, Hochmeister 43 f. (mit weiterer Literatur). – Allein als „Fiktion" Hermanns von Salza betrachtet Pitz, Papstreskript 202 f., die Konzeption der Arenga bzw. der *monarchia imperii* in der Rimini-Bulle, während er, ebd. 120–131, annimmt, das Manifest von 1224 sei wie das gleichzeitige Ketzergesetz (siehe oben, S. 100) erwirkt und weitgehend formuliert worden von Bischof Wilhelm von Modena, der damit also vorsorglich schon seine übernächste Aufgabe in Livland vorbereitet hätte. Der Kaiser sah trotz unveränderter Grundkonzeption 1226 anders als 1224 die Unterwerfung der Heiden gewiß einfach deshalb vor, weil diese nun von seiten des Deutschen Ordens möglich und beabsichtigt war. – Zur *Romane monarchia dignitatis* vgl. noch MGH Const. 2, 192, Nr. 156, ebd. 312, Nr. 224.

[82] Die Offenheit der Situation im Sommer 1226 zeigt sich auch darin, daß der von Hermann am Kaiserhof eingeführte Landgraf Ludwig von Thüringen gewiß mit Hermanns Zustimmung im Juni vom Kaiser vorweg mit den Teilen Preußens belehnt wurde, die er erobern würde, Cronica Reinhardsbrunnensis, ad 1226, MGH SS 30,1, 605, vgl. 603 f., dazu Kluger, Hochmeister 63 f. – Als sich Papst Gregor IX. zur lange hinausgezögerten Billigung des Ordensprojekts durchrang, erklärte er das künftige preußische Ordensgebiet zum Eigentum des hl. Petrus und unterstellte es dessen Schutz, Preußisches Urkundenbuch 1 (1882) 83 f., Nr. 108 (Rieti; 3. 8. 1234), vgl. Kluger 151 f. Trotz des Widerspruchs zur Goldbulle von Rimini ließ sich Hermann wohl eben damals auch diese neu ausfertigen (vgl. Zinsmaier, Reichskanzlei 147 f.; RI V 4, 195, BF 1598) – vermutlich auch jetzt in der Meinung, erst die künftige Entwicklung werde über die tatsächlichen Rechtsverhältnisse in Preußen entscheiden.

[83] MGH Const. 2, 125, Nr. 99, zu 1212 vgl. oben Bd. 1, S. 155 f.

land zu gefährden und ein bedrohliches französisches Übergewicht in Westeuropa zu begünstigen schien, sei es tatsächlich deshalb, weil sie sich – wie er dem Papst schrieb – gegen einen Lehnsmann und Schutzbefohlenen der römischen Kirche und damit nach seiner Meinung gegen diese selbst richte. Da der Kaiser auf Wunsch König Ludwigs und möglicherweise sogar mit Wissen des Papstes seinen Sohn in Deutschland zum Abschluß eines dem seinen entsprechenden Paktes drängte, kam es schließlich im November 1224 trotz der erzbischöflichen Vorbehalte zu Verhandlungen zwischen dem französischen und dem deutschen Königshof bei Toul an der Reichsgrenze. Es gelang Engelbert dort jedoch, unterstützt von dem gleichfalls anwesenden Kardinal Konrad von Porto, sowohl die Unterzeichnung eines Bündnisvertrages zu verhindern wie auch die von der französischen Seite zu dessen Ergänzung und Vertiefung vorgeschlagene Übereinkunft über eine Ehe Heinrichs mit einer französischen Prinzessin.

Um so aktiver betrieb König Ludwig danach die Realisierung seiner Pläne bei Papst und Kaiser, bei diesem nicht zuletzt wohl, indem er für den Erfolgsfall großzügige Geldgeschenke versprach. Engelbert dagegen förderte nun nach Kräften den englischen Vorschlag, dem zufolge nicht nur, wie seit längerem beabsichtigt, der englische König Heinrich III. eine Tochter Herzog Leopolds von Österreich heiraten sollte, sondern überdies der deutsche König eine Schwester des englischen, wohl die 1214 geborene Isabella. Zwar wurde es um das französische Eheprojekt seit Anfang 1225 recht still, doch das englische erhielt andere gefährliche Konkurrenz: König Ottokar von Böhmen empfahl, sekundiert vom bayrischen Herzog, seine eigene Tochter als künftige Gattin Heinrichs, worauf dieser allerdings sofort mit heftigster Ablehnung reagierte; zugleich warb der ungarische König für seine Tochter.[84]

Schließlich hing alles von Friedrich ab, der seine Entscheidung zunächst aufschob. Unmittelbar nach der neuen Kreuzzugsvereinbarung mit dem

---

[84] Ausführliche Darstellung des Geschehens, bes. von Engelberts Vorgehen, im Bericht des englischen Legaten Bischof Walter von Carlisle: HB 2, 834–839 (wohl Febr. 1225; siehe auch die Zitate 836 Anm. 1, 838 Anm. 2), vgl. HB 2, 824f., RI V, Nr. 10935, 10938f., 10941, 10947–10950, 10954; Toul: Alberich von Troisfontaines, ad 1224, MGH SS 23, 914, Chronicon Turonense, ad 1224, MGH SS 26, 470, dazu Neininger, Konrad 429, Nr. 242, sowie ebd. 235–237; Anfang 1225: Hoftag in Ulm (13.1.1225 nach HB 2, 814), zum Verlauf HB 2, 837, vgl. zu Frankfurt (wohl August): Annales S. Pantaleonis, ad 1225, MGH SS rer. Germ. 18, 255; zu Leopold und seinen Kontakten zu England seit 1221: Hausmann, Kaiser Friedrich 233–242, bes. 238, 240f., Lechner, Babenberger 194–217, bes. 214f.; zum Ganzen siehe Thorau, König Heinrich 227–245, 253–258, Lothmann, Engelbert 343–347, 350–355, 357–363, und schon Winkelmann, Friedrich 1, 447–446, 539–541.

Papst Ende Juli 1225 bekräftigte er dann aber nicht nur seinen Pakt mit König Ludwig, sondern fand auch für das Eheproblem eine überraschende Lösung: Er beschloß, Margarete, die Tochter Herzog Leopolds von Österreich, seinem sieben Jahre jüngeren Sohn zur Frau zu geben. Dabei mag ihn die Absicht bestimmt haben, ganz im Sinne seiner kapetingerfreundlichen Politik Leopolds Kontakte zum englischen Hof zu stören und ihn statt dessen stärker an seine Seite zu ziehen. Außerdem spielte vermutlich der bestärkende Rat mancher damals wie Leopold selbst am Kaiserhof weilenden Fürsten aus dem deutschen Südosten eine Rolle und wenigstens bei der ausdrücklichen Zurückweisung des böhmischen Vorschlags vielleicht sogar die Rücksicht auf Heinrichs so deutlich bekundete Abneigung. Engelbert fügte sich dem Gang der Dinge ohne erkennbaren Widerstand. Am 29. November schon feierte der König in Nürnberg seine Hochzeit, im März 1227 vollzog Erzbischof Heinrich, Engelberts Nachfolger, die Krönung der Königin in Aachen.[85]

Nicht nur die Krönung Margaretes, sondern bereits Heinrichs Hochzeit erlebte Engelbert nicht mehr. Drei Wochen vorher wurde er von einem Großneffen, der ihn an sich wohl nur gefangennehmen wollte, erschlagen. Hinter der Untat standen offenkundig die um den Herzog von Limburg gescharten Gegner der rigiden erzbischöflichen Territorialpolitik. Zwar sprach das königliche Gericht unter Heinrichs Vorsitz sofort die Acht über den flüchtigen Mörder aus, zwar wurde er schließlich wie seine unmittelbaren Helfer hingerichtet – die Stellung aber, die Engelbert in der Stadt Köln wie in der Region zu gewinnen verstanden hatte, vermochte der neue Erzbischof Heinrich von Müllenark (1225–1238) dem Erzbistum auf Dauer nicht zu bewahren.[86]

---

[85] HB 2, 515f. (4. 8. 1225; Friedrich an Ludwig VIII.); Cronica Reinhardsbrunnensis, ad 1226, MGH SS 30,1, 602f. und 607, vgl. Notae S. Emmerammi, ad 1228 bzw. 1225, MGH SS 17, 574, Gotifredi Continuatio, ad 1225, MGH SS 22, 343, Annales S. Rudberti, ad 1225, MGH SS 9, 783, Annales Scheftlarienses, ad 1225, MGH SS 17, 338, Burchard von Ursberg, ad 1223, MGH SS rer. Germ. 16, 121; Annales S. Pantaleonis, ad 1227, MGH SS rer. Germ. 18, 259; siehe noch Heinrichs Bündnis mit Ludwig VIII.: HB 2, 875f. (11. 6. 1226), sowie zur Bündniserneuerung Friedrichs mit Ludwig IX.: MGH Const. 2, 147, Nr. 115 (Aug. 1227), ebd. 215f., Nr. 174 (Mai 1232).

[86] Caesarius, Vita II 1–17, ed. Zschaeck 249–281; Annales S. Pantaleonis, ad 1225–1226, MGH SS rer. Germ. 18, 255–259; Cronica Reinhardsbrunnensis, ad 1226, MGH SS 30,1, 603; Sächsische Weltchronik, c. 369, MGH Dt. Chron. 2, 245; Gesta Treverorum, Cont. IV, MGH SS 24, 400; Reineri Annales, ad 1225, MGH SS 16, 679; dazu Thorau, König Heinrich 262–267, Neininger, Konrad 244–247, Lothmann, Engelbert 387–390, Matscha, Heinrich 86–92, 185–203, vgl. Engels, Stauferzeit 253f., Wisplinghoff, Engelbert 43–46.

Friedrich beriet die veränderte Lage vermutlich im Frühsommer 1226 mit den nach Oberitalien gekommenen Reichsfürsten. Jedenfalls gab er dem im Juli nach Deutschland zurückreisenden Landgrafen Ludwig von Thüringen den Auftrag mit auf den Weg, er möge den bayrischen Herzog Ludwig dazu bewegen, künftig die Sorge für König Heinrich wie die Leitung der Regierungsgeschäfte am deutschen Hof zu übernehmen. Noch immer sollte der nun fünfzehnjährige Kaisersohn also sein Königsamt nicht selbständig ausüben. Friedrichs Entschluß bedeutete gewiß keinen Rechtsbruch, schließlich war er, von seiner Kaiserwürde abgesehen, rechtmäßig zum deutschen König erhoben worden wie sein Sohn. Die Schroffheit aber, mit der er angesichts dieser problematischen Dualität seine Vorstellungen durchsetzte, ohne das Einvernehmen mit Heinrich zu suchen, barg zweifellos schwere Gefahren für die Zukunft. Dem Herzog von Bayern, einem altbewährten Anhänger der Staufer und vertrauten Helfer Friedrichs, fiel denn auch die Entscheidung offenbar keineswegs leicht. Vor den Fürsten, die Anfang Juli nach der Sperrung des Etschtales wieder in Augsburg eintrafen, erklärte er sich jedoch, wenngleich nach langem Zögern, schließlich in der Tat bereit, den kaiserlichen Wunsch zu erfüllen.[87]

Statt eines Bischofs stand damit ein weltlicher Reichsfürst an der Spitze des Königshofes, statt eines Mächtigen aus dem Nordwesten des Reiches ein Repräsentant des deutschen Südostens. Grundsätzlich aber änderte sich zunächst – und bis zum Herbst 1228 – kaum etwas an der Struktur und Praxis der Regierung. Anders als Engelbert blieb Ludwig fast ständig am Hof, der jetzt selten einmal den schwäbisch-fränkischen Raum verließ. Neben dem Herzog tat weiterhin der alte Beraterkreis mit Männern wie Eberhard von Waldburg oder Konrad von Winterstetten seinen Dienst, außerdem übten offenbar die Bischöfe von Eichstätt und Würzburg sowie des Königs Schwiegervater Herzog Leopold von Österreich besonderen Einfluß aus. In aller Regel verstanden es die Fürsten, ihren Interessen Geltung im Königreich zu verschaffen, so wenn sie einen für den Mainzer Erzbischof recht bedrohlichen Bund rheinischer Städte, wohl den ersten überhaupt, auf dem Würzburger Hoftag vom November 1226 für ungültig erklärten und auflösten. Im Streit der Bürger der Stadt Verdun mit ihrem Bischof aber schlugen sich König und herzoglicher Regent trotz mehrfa-

---

[87] Cronica Reinhardsbrunnensis, ad 1226, MGH SS 30,1, 605, vgl. Gesta Treverorum, Cont. IV, MGH SS 24, 400, Burchard von Ursberg, ad 1225, MGH SS rer. Germ. 16, 121, Conradus de Fabaria c. 23, ed. Meyer von Knonau 202. Vgl. Thorau, König Heinrich 267–271, 277–282, Flachenecker, Herzog Ludwig 838–843, zu Ludwig ebd. 836–838 sowie Spindler – Kraus, Handbuch 2, 19–36, vgl. oben Bd. 1, bes. S. 169f., 218.

cher anderslautender fürstlicher Beschlüsse überraschenderweise am Ende auf die Seite der Bürger.[88]

Der mißlungene Kreuzzugsaufbruch und des Kaisers erste Exkommunikation

Der Kaiser widmete sich nach seiner Rückkehr in das sizilische Regnum und nach der vorläufigen Schlichtung der Lombardenfrage offenkundig mit ganzer Kraft der Kreuzzugsvorbereitung. Zugleich suchte er mit dem Papsttum im Einvernehmen zu bleiben: Auf Honorius' Bitte wies er etwa den Großhofjustitiar Heinrich von Morra sofort an, Getreide nach Rom zu senden, als dort im Januar 1227 ernste Versorgungsengpässe auftraten; im Juli darauf sorgte derselbe Heinrich auf kaiserlichen Befehl dafür, daß die von Gregor IX. wohl in seiner Eigenschaft als Lehnsherr des Regnum Sicilie beanspruchte Fodrumzahlung unverzüglich an den päpstlichen Sommersitz nach Anagni hinausging.[89] Umgekehrt arbeitete vor allem Honorius gleichfalls engagiert auf das Gelingen der Kreuzfahrt hin und würdigte seinerseits lobend Friedrichs große Anstrengungen für das Unternehmen, worüber ihm zuverlässige Gewährsleute glaubwürdig berichtet hätten, zumal über seine Bemühungen um den Bau einer ausreichenden Zahl von Schiffen.[90]

Friedrich glückte es in der Tat, sein Versprechen von 1225 einzulösen.[91]

---

[88] Zum Itinerar: Vogtherr, König 406–410 mit Abb. 3, vgl. die Zeugenlisten RI V, Nr. 4010–4120; Verbot des Städtebundes: MGH Const. 2, 409f., Nr. 294 (27. 11. 1226); Verdun: Const. 2, 410, Nr. 295; HB 3, 327–332; Acta Imperii 1, 391f., Nr. 460; Acta Imperii selecta 281, Nr. 322; Zustimmung Herzog Ludwigs: ebd. 663f., Nr. 956 (alle April–Juni 1227), vgl. MGH Epp. saec. XIII 1, 326, Nr. 407; dazu Thorau, König Heinrich 295–298.

[89] Getreidelieferung: HB 2, 710f. (päpstl. Bitte), Richard von S. Germano, ad 1227, ed. Garufi 146; Fodrumzahlung: Richard ad 1227, 146 (Juni und Juli); auch die an die Assisen von Messina (siehe oben S. 12–14) erinnernden Statuten des Großhofjustitiars gegen Geächtete, Würfelspieler und nächtliche Wirtshausbesucher (Richard ad 1226, 141) gehören wohl in diesen Zusammenhang.

[90] MGH Epp. saec. XIII 1, 253, Z. 34–38, Nr. 335 (Honorius' Lob; 11. 1. 1227), vgl. den ganzen Brief ebd. 253f. sowie ebd. 251f., Nr. 333, 255f., Nr. 337 (päpstl. Schutz für Kaiser und Reich), siehe daneben ebd. 236–238, Nr. 312–316, 252f., Nr. 334, vgl. schon Richard von S. Germano, ad 1225, ed. Garufi 132–135 (Honorius; 21. 10. 1225), vgl. RI V, Nr. 6620); zu Gregor: MGH Epp. 261f., Nr. 343, bes. 262, Z. 15–21 (dazu RI V, Nr. 6671), ebd. 268f., Nr. 352–354.

[91] Hauptquellen für das Folgende bis zum September 1227: Bericht Friedrichs, MGH Const. 2, 151, Z. 35–154, Z. 13, Nr. 116 (6. 12. 1227), Cronica Reinhardsbrun-

Siebenhundert Ritter vermochte Hermann von Salza, den er eigens zu diesem Zweck im Januar 1227 noch einmal nach Deutschland sandte, auf kaiserliche Kosten für den Kreuzzug anzuwerben. Großzügige Zahlungen, Geschenke und Zusagen des Kaisers bewegten überdies Landgraf Ludwig von Thüringen, Herzog Heinrich IV. von Limburg sowie die Bischöfe von Passau und Augsburg zur Teilnahme. Dazu entschlossen sich, vielleicht angelockt von der Aussicht auf kostenlose Überfahrt mit der kaiserlichen Flotte, nun doch auch viele Nichtadlige zum Wagnis der Reise ins Heilige Land. Allein vierhundert Bürger aus Worms sollen damals aufgebrochen sein. Die Angabe dürfte freilich ebenso stark überhöht sein wie jene andere, wonach sich im Sommer 1227 40000 Engländer nach Brindisi, dem Ausgangspunkt der Kreuzfahrt, aufmachten – ganz abgesehen davon läßt sich natürlich kaum feststellen, wie viele Bewaffnete es unter diesen Pilgerscharen gab. Aus seinem sizilischen Königreich folgten Friedrich immerhin mehr als 100 Ritter, deren Unterhalt er ebenso bezahlte wie seit Anfang des Jahres den jener 250 Ritter, die sich bereits seit Herbst 1226 im Osten befanden.[92] Die letzte Rate der von ihm zu hinterlegenden Geldsumme kam wahrscheinlich durch die im Juni im Königreich angeordnete Kollekte zusammen; die Galeerenflotte lag, wie vorgesehen, bereit, lediglich die zugesagte Zahl von Lastschiffen wurde zum geplanten Termin nicht ganz fertig.

So schien alles auf dem besten Wege. Im Juli segelte Graf Thomas von Acerra gewissermaßen als Vorbote und Stellvertreter des Kaisers nach Syrien ab, zur gleichen Zeit trafen die Kreuzfahrer aus dem Norden in Apulien ein. Dem mit großem Gefolge anreisenden Thüringer Landgrafen Ludwig eilte Friedrich sogar bis Troia entgegen, um ihn nach Brindisi zu geleiten. Anschließend brachte er seine Gemahlin nach Otranto und beaufsichtigte dann, nach Brindisi zurückgekehrt, persönlich das am 21. August beginnende Beladen und Auslaufen der Kreuzfahrtschiffe. Währenddessen aber war unter den Pilgern, die in der Hafenstadt zusammenström-

---

nensis, ad 1227, MGH SS 30,1, 611f. (vgl. ad 1228, 612f.); vgl. Richard von S. Germano, ad 1227, ed. Garufi 146f., Breve chronicon, ad 1227, ed. Huillard-Bréholles 897f., Ignoti cist. S. Mariae Chronica, ad 1227, ed. Gaudenzi 38, Annales Marbacenses, ad 1227, MGH rer. Germ. 9, 91, Annales Placentini Codagnelli, ad 1226, MGH SS rer. Germ. 23, 85f.; die päpstliche Sicht: MGH Epp. saec. XIII 1, 238, Z. 20–43, Nr. 368 (10. 10. 1227).

[92] Hermann in Deutschland: MGH Epp. saec. XIII 1, 253, Nr. 335, HB 2, 909 (15. 3. 1227); Worms: Annales Wormatienses, ad 1227, MGH SS 17, 38; Engländer: Roger von Wendover, ad 1227, ed. Hewlett 2, 323f. Zur Stärke des Kreuzfahrerheeres: Neumann, Untersuchungen 5–8, vgl. Meier-Welcker, Militärwesen 22, 25, zu den Schiffstypen ebd. 26f. und ausführlich Pryor, Crusade 124–127; zu den 250 Rittern im Osten siehe oben S. 112 mit Anm. 55.

ten und bei sommerlicher Hitze auf ihre Einschiffung warteten, eine Seuche ausgebrochen, vielleicht die gefährliche Malaria tropica, vielleicht infolge verdorbener Nahrung oder schlechten Trinkwassers Typhus, vielleicht beides.[93] Jedenfalls starben viele Menschen; viele Kranke entschlossen sich zur Umkehr. Auch der Kaiser fühlte sich schon seit Mitte August ernstlich unwohl, und seine Ärzte drängten ihn, sich zu schonen. Trotzdem organisierte er den Aufbruch der Kreuzfahrer und stach, noch keineswegs genesen, am 8. September zusammen mit Landgraf Ludwig selbst in See. Bereits zwei Tage später freilich erlitt er einen schweren Rückfall, der ihn zwang, in Otranto wieder an Land zu gehen; am nächsten Tag starb dort Ludwig von Thüringen.[94]

Tief erschüttert und verunsichert beriet Friedrich mit den noch anwesenden Großen, darunter Patriarch Gerold von Jerusalem und Hermann von Salza,[95] was zu tun sei. Da sie offenbar alle seine sofortige Überfahrt für zu riskant hielten, vertraute er das Kommando des Kreuzfahrerheeres Herzog Heinrich von Limburg an und ließ den Patriarchen und den Ordensmeister fürs erste allein ins Heilige Land fahren. Mit zwanzig Kriegsgaleeren eilten sie der Hauptflotte nach. Er aber bekundete seinen festen Willen, ihnen nach neuerlichen Rüstungen im Mai des nächsten Jahres zu folgen. Zunächst allerdings begab er sich, wohl im Oktober, nach Pozzuoli (westlich Neapels), um dort völlig zu genesen,[96] während zwei Mitglieder des Hofgerichts den Papst umgehend über die widrigen Ereignisse informieren sollten.

Der Staufer betrachtete sein einstweiliges Zurücktreten vom Kreuzzug allem nach als einen zwar äußerst betrüblichen, ja ärgerlichen, aber eben zugleich so unvorhersehbaren wie unvermeidbaren Zwischenfall, der grundsätzlich weder den erfolgreichen Fortgang des großen Unternehmens noch, auf längere Sicht, seine eigene Teilnahme und Führungsrolle in

---

[93] Als Krankheitsursache erscheinen gewöhnlich Hitze und Unreinheit der Luft, daneben nur bei den Annales Scheftlarienses, ad 1227, MGH SS 17, 338: *corruptio ciborum*, bei Gregor IX. MGH Epp. saec. XIII 1, 283, Z. 29, Nr. 368: *sitis ariditas*; die Krankheit selbst wird allenfalls als Erschöpfungszustand (*languor*) beschrieben, nur die Cronica Reinhardsbrunnensis, ad 1227, MGH SS 30,1, 611, meldet die heftigen Fieberanfälle des Landgrafen; vgl. zu den hier vermuteten Krankheiten Herde, Katastrophen 150–152, 154–156.
[94] Dazu noch Annales Erphordenses, ad 1227, MGH SS rer. Germ. 42, 81, Cronica S. Petri Erfordensis, ad 1227, ebd. 227, Cronica Minor Erphordensis, ad 1227, ebd. 653 f.; zum ganz unglaubwürdigen, aber auch von Gregor IX. aufgegriffenen Gerücht von einer Vergiftung Ludwigs siehe schon Winkelmann, Friedrich 1, 330 Anm. 5.
[95] Vgl. die Zeugenliste HB 3, 23 (Sept. 1227).
[96] Richard von S. Germano, ad 1227, ed. Garufi 148.

Frage stellte. Vom Papst erwartete er eine ähnliche Einschätzung der Dinge und sogar ein gewisses Mitgefühl für seine persönliche Lage. Doch diesem lag nichts ferner.

Am 19. März 1227, einen Tag nach dem Tode Honorius' III., war Kardinalbischof Hugolinus von Ostia, damals wohl knapp über 60 Jahre alt und ohne Zweifel die dominierende Gestalt des Kardinalkollegiums, zum neuen Papst gewählt worden und stand fortan als Gregor IX. an der Spitze der römischen Kirche († 22. 8. 1241). Aus der Stadt Anagni stammend, der er zeitlebens verbunden blieb, hatte er seine Ausbildung mit einem Studium an der Pariser Universität abgeschlossen und dann, gefördert von seinem Verwandten Innozenz III., im päpstlichen Dienst rasch Karriere gemacht. Ende 1198 erhielt er die Würde eines Kardinaldiakons, 1206 stieg er zum Bischof von Ostia, also in das angesehenste Kardinalsamt auf. Hochgeschätzt als ein versierter Kenner des Kirchenrechts, bewährte er sich zur Zeit Innozenz' III. und, eher noch engagierter hervortretend, während des Pontifikats Honorius' III. vor allem als päpstlicher Legat in schwierigsten Missionen, mochte es dabei um Zwistigkeiten im sizilischen Regnum gehen, um delikate Verhandlungen in den Tagen des deutschen Thronstreits oder später um wiederholte, äußerst mühsame, aber durchaus nicht ganz vergebliche Versuche, die Städte der Toskana, Liguriens und der Lombardei zur Ketzerbekämpfung, Friedenswahrung und Kreuzzugsaktivität zu veranlassen. Darüber hinaus erfaßte Gregor früh die Bedeutung der neuen Bettelorden, den Wert und die Möglichkeiten der in ihnen lebendigen dynamischen Frömmigkeitsformen für die Kirche. Er kannte Dominikus wie Franz von Assisi persönlich, förderte und schützte ihre Gemeinschaften; andererseits nahm er als Protektor der Franziskaner auch starken Einfluß auf deren Entwicklung und innere Ordnung.[97]

Der Kaiser hatte es auf päpstlicher Seite in Zukunft also mit einem glänzenden Juristen und außerordentlich erfahrenen Diplomaten und Politiker zu tun, mit einem Mann, dem die modernen religiösen Strömungen ebenso vertraut waren wie die gesellschaftlichen Verhältnisse im Imperium und Regnum, der insbesondere über die selbstbewußte Kraft der lombardischen Städte wie über ihren Hang zum Eigennutz und ihre verderbliche Streitsucht aus langer Erfahrung bestens Bescheid wußte. Gregors entschlossenes Wirken als Kardinal ließ erwarten, daß er als Papst, Innozenz III. vergleichbar, seine Verantwortung für die Christenheit und die daraus sich ergebende Verpflichtung zur übergreifenden Kontrolle auch der weltlichen Mächte und des Kaisers wieder stärker als Honorius in den Vordergrund rücken würde. Der prunkvolle Aufwand, mit dem er in

---

[97] Maleczek, Papst 126–133 mit weiterer Literatur; bes. über das Verhältnis zu Franz von Assisi: Feld, Franziskus 322–351.

Rom seine Erhebung feierte und sich dem Volk als *pater Urbis et Orbis* präsentierte, wies denn auch bereits deutlich in diese Richtung.[98]

Gregors Beziehungen zu Friedrich während seiner Tätigkeit als Kardinal kann man als durchaus freundlich bezeichnen. Im November 1218 etwa versicherte er dem Stauferkönig, er werde sich, voll des unbedingten Vertrauens, wie in der Vergangenheit auch weiterhin für seinen herrscherlichen Aufstieg einsetzen. Aus des Kardinalbischofs Hand empfing Friedrich anläßlich seiner Kaiserkrönung zum zweiten Mal das Kreuz, kurz darauf unterstützte er seinen „väterlichen Freund" Hugolinus bei dessen Friedensmission in Oberitalien mit kaiserlichen Vollmachten.[99] Sehr entschieden und bestimmend klang dann freilich das Schreiben, in dem der neue Papst dem Kaiser seine Erhebung mitteilte. Er möge, so beschwor er seinen Adressaten dort dringend, um seines Seelenheiles willen dem Apostolischen Stuhl stets demütig, ergeben und gehorsam Hilfe leisten und insbesondere das bevorstehende Kreuzzugsprojekt mit aller Ernsthaftigkeit und Energie betreiben; im andern Falle nämlich werde er, Gregor, sich zu keinerlei Nachsicht mehr bereit finden können. Im Juli darauf erinnerte er den Staufer, wiederum aus Besorgnis um sein Seelenheil, ausführlich an die Insignien der Kaiserkrönung, die ihn als den ersten unter den weltlichen Großen vor anderen auf die christlichen Herrschertugenden verpflichteten und in ihm jene bußfertige Liebe zu Christus wecken sollten, welche allein den Weg zum ewigen Leben öffne.[100] Aus seelsorgerlicher Verantwortung hielt es Gregor offenkundig für seine Aufgabe und sein Recht, prüfend über das kaiserliche Tun zu wachen, es mahnend zu lenken, den einem christlichen Kaiser geziemenden Gehorsam gegenüber dem päpstlichen Wort einzufordern.

Entscheidend für das Urteil des Papstes war schon im März die Frage, ob sich Friedrich tatsächlich aufrichtig und mit ganzer Kraft für die Sache des Kreuzzuges einsetze, und von Anfang an erfüllte ihn gerade in dieser Hinsicht besonders tiefes Mißtrauen. So verwundert es grundsätzlich nicht, daß er auf die erste Nachricht von Friedrichs Umkehr und seiner

---

[98] Vgl. die Schilderung der Vita Gregorii IX., c. 4, edd. Fabre – Duchesne 19, ebd. c. 1–3, 18f., die Karriere des Hugolinus; zum weithin kritiklos auf Gregors Seite stehenden Verfasser, wahrscheinlich sein Neffe, der spätere päpstliche Kämmerer Nikolaus: Paravicini Bagliani, Storiografia 53 Anm. 25, vgl. ders., Cardinali 2, 531 f., Maleczek, Papst 127.

[99] Hugo, Nov. 1218: Acta Imperii 2, 651, Nr. 941, zum Hintergrund siehe oben Bd. 1, S. 243, zur Kaiserkrönung ebd. S. 250; Vollmachten (10. 2. 1221): siehe oben S. 85 mit Anm. 1 (*karissimo in Christo patri et amico suo*: MGH Const. 2, 114, Z. 25, Nr. 91).

[100] MGH Epp. saec. XIII 1, 261 f., Nr. 343 (23. 3. 1227), ebd. 278–280, Nr. 365 (22. 7. 1227).

Der mißlungene Kreuzzugsaufbruch

abermaligen Verschiebung der kaum begonnenen Kreuzfahrt mit äußerster Schärfe reagierte und den Eidbrüchigen am 29. September 1227 exkommunizierte. In seinem Argwohn gegen den Kaiser bestätigt und sofort völlig von dessen schwerer Schuld überzeugt, empfing er nicht einmal die aus Otranto zu ihm eilenden kaiserlichen Boten. Vielmehr übersandte er Anfang Oktober den Bischöfen der lateinischen Christenheit einen umfangreichen Bericht über das Vorgefallene, in dem er zunächst die Verdienste der römischen Kirche um die Erziehung und den Schutz des ohne Eltern heranwachsenden Staufers ins Gedächtnis rief, danach auf dessen Undank, seine ständige Säumnis in der Kreuzzugsangelegenheit und die unendliche kirchliche Geduld mit ihm zu sprechen kam, um schließlich seine mangelhafte aktuelle Kreuzzugsplanung zu brandmarken, vor allem jedoch seine ebenso leichtfertige wie verantwortungslose Flucht zurück zu den Annehmlichkeiten seines sizilischen Königreichs, mit der er seinen Schwur gebrochen, dem Kreuzfahrerheer aber und dem Heiligen Land, ja der ganzen Christenheit unermeßlichen Schaden und größte Schande zugefügt habe. Dreifacher Schuld wegen, weil er nämlich die Frist zum eigenen Aufbruch versäumt und weder, wie vereinbart, die vorgeschriebene Geldsumme noch 1000 Ritter ins Heilige Land gebracht habe, sei er nun der Exkommunikation verfallen.[101]

Zur Besprechung seines weiteren Vorgehens lud Gregor im November die Bischöfe Italiens zu einer Synode nach Rom, und Friedrich hoffte, bei dieser Gelegenheit endlich Gehör zu finden. Seine hochrangige Delegation kam allerdings erst zu Wort, als der Papst die Synodalen bereits auf seine Sicht der Dinge eingeschworen hatte. Infolgedessen fruchteten die minuziös geführten Nachweise über die vom Kaiser in voller Höhe im Osten abgelieferte Geldsumme und über die auf seine Kosten dort stehenden mehr als tausend Ritter genausowenig wie die Beteuerungen hinsichtlich des Ernstes seiner Krankheit, obwohl die meisten Abgesandten Friedrichs, Männer wie etwa die Erzbischöfe Lando von Reggio und Marinus von Bari, während der dramatischen Septembertage in Otranto selbst zugegen gewesen waren.[102] Ihre Aussagen stießen auf Unglauben und taube Ohren; unbeachtet blieb dementsprechend auch ihre Bitte, Gregor möge den Staufer von dem Kirchenbann, dessen formale Berechtigung er an-

---

[101] MGH Epp. saec. XIII 1, 281–285, Nr. 368, vgl. ebd. 280f., Nr. 367. Siehe dazu und zum Folgenden den Bericht des Kaisers: MGH Const. 2, 153f., Nr. 116 (c. 14–18; 6. 12. 1227), sowie Richard von S. Germano, ad 1227, ed. Garufi 147–149; Vita Gregorii IX., c. 5f., edd. Fabre – Duchesne 19f.; Breve chronicon, ad 1227, ed. Huillard-Bréholles 897f.

[102] Neben den Genannten (vgl. zu ihnen Kamp, Kirche 1, 585–592, 926–930) sicher noch Rainald von Spoleto: HB 3, 23 (Sept. 1227).

erkenne, gegen eine angemessene Bußleistung lösen.[103] Am 18. November wiederholte der Papst in der Peterskirche feierlich die Exkommunikation des Kaisers.

Erst jetzt wandte sich auch Friedrich mit einem großen Rundschreiben an die Öffentlichkeit, an die Könige Europas, die Fürsten und Städte des Imperiums. Erneut machte er keinen Hehl aus seiner Meinung, daß die Kirche entgegen der Behauptung Gregors ihn selbst in seiner Kindheit schlecht beschützt, sein sizilisches Reich dem Zerfall preisgegeben, das ihm gebührende Kaisertum an seinen Gegner Otto ausgeliefert habe, so daß sein gänzlich unerwarteter Aufstieg allein dem wunderbaren Eingreifen Gottes, allenfalls der Mithilfe der Reichsfürsten zu verdanken sei. Dann schilderte er seine vielfältigen Bemühungen um den Kreuzzug seit seiner ersten Kreuzesnahme in Aachen. Betont sachlich und im ganzen wohl durchaus zutreffend, stellte er Punkt für Punkt die päpstlichen Anschuldigungen richtig und bekräftigte am Ende seinen Entschluß, im kommenden Frühjahr trotz allem selbst in den Osten aufzubrechen. Seine Adressaten bat er um Werbung und Hilfe für das Vorhaben, die Reichsfürsten forderte er überdies zum Besuch eines Hoftages auf, den er für den März in Ravenna plante, um Reichsangelegenheiten und die Sicherung des Friedens in Italien zu besprechen.[104] Die Absicht, vor dem Kreuzzug in Oberitalien einzugreifen, um dort die kaiserliche Autorität zu erhöhen und zugleich Verstärkung für das Kreuzfahrerheer zu gewinnen, beschäftigte ihn also trotz des Fehlschlages vom Vorjahr noch immer. Freilich fand das Treffen, obwohl einige deutsche Fürsten bereits dorthin abgereist waren, dann doch nicht statt – vielleicht weil Mailand und Verona wieder Zugangssperren vorbereiteten, vielleicht auch nur, weil dem Kaiser die Zeit zu knapp wurde.[105]

Sollte Friedrich damals wie mancher seiner Zeitgenossen argwöhnen, Gregor selbst habe die Lombardenstädte zu ihren Gegenmaßnahmen ermuntert, so mußte dies eine Verständigung zwischen der römischen Kirche und ihm ebenso erschweren wie umgekehrt seine offenbar guten Kontakte mit der wachsenden Zahl innerrömischer Papstgegner: Immerhin konnte sein Gesandter, der berühmte Neapolitaner Professor Roffred von Benevent auf Wunsch des römischen Senats auf dem Kapitol öffentlich die kaiserliche Dezember-Enzyklika verlesen lassen. Jedenfalls blieben die Verhandlungen, die zwei Kardinäle im Januar zu Foggia über die Bedingun-

---

[103] Zu erschließen aus MGH Const. 2, 292, Z. 1–6, Nr. 215 (20. 4. 1239), vgl. ebd. 167, Z. 34–37, Nr. 123 (Hermann von Salza; März 1229).
[104] MGH Const. 2, 148–156, Nr. 116 (6. 12. 1227).
[105] Aufbruch von Fürsten: Annales S. Rudberti, ad 1228, MGH, SS 9, 784; Zugangssperren: Burchard von Ursberg, ad 1228, MGH SS rer. Germ. 16, 124f.

gen für eine Absolution des Kaisers führten, vollkommen erfolglos. Der Hauptgrund dafür lag vermutlich darin, daß Gregor nun jene bislang nirgends vorgebrachten Klagepunkte nachschob, die er auch in einem etwa gleichzeitigen Schreiben an den Kaiser aufzählte: die unrechtmäßige Vertreibung der Grafen Thomas von Celano und Roger von Fondi sowie allgemein die Bedrückung der Einwohner des Regnum Sicilie, das Eigentum der römischen Kirche sei.[106]

Friedrich verweigerte eine Diskussion dieser Vorwürfe gewiß schon deswegen, weil er sie für sachlich falsch hielt und das hier von Gregor beanspruchte Kontrollrecht über Sizilien grundsätzlich ablehnte; vor allem jedoch handelte es sich um völlig neue Anschuldigungen, die bei seiner Exkommunikation keine Rolle gespielt, in seinen Augen also nichts mit der anstehenden Frage seiner Absolution zu tun hatten.[107] Gregor aber beharrte gleichfalls auf seiner Position und verkündete am 23. März 1228, dem Gründonnerstag, ein weiteres Mal die Exkommunikation des Kaisers, der verstockt und unbußfertig zu seinen alten Sünden ständig neue häufe; alle Orte, an denen er sich aufhielt, sollten künftig dem Interdikt unterworfen, Gottesdienste dort also verboten sein. Neben den bereits früher nach und nach zur Begründung der kirchlichen Strafmaßnahmen angeführten Vergehen nannte der Papst nun noch die Ausweisung des Erzbischofs Nikolaus von Tarent sowie die angebliche Enteignung der Templer und Johanniter im Königreich. Unumwunden drohte er, dem Staufer sein sizilisches Lehnsreich zu entziehen, wenn dieser in seiner Gehorsamsverweigerung der Kirche gegenüber und in der Bedrückung seiner sizilischen Untertanen fortfahre.[108]

Zweifellos war Gregor über Friedrichs Verhalten in der Kreuzzugsfrage ernstlich und bitter enttäuscht. Dessen Versuch, seine Versäumnisse zu bagatellisieren, dazu das Selbstbewußtsein, mit dem er seine Macht unmittelbar auf Gottes Wollen und Handeln zurückführte und darin begründete,

---

[106] MGH Epp. saec. XIII 1, 286 f., Nr. 370 (zu Thomas und Roger siehe oben S. 61–65); Gesandtschaft der Kardinäle, Roffred in Rom: Richard von S. Germano, ad 1227, ed. Garufi 149; päpstl. Ermunterung für Mailand: vgl. oben Anm. 105, dazu HB 3, 59 (Friedrich, April 1228: Papst für Mailand und andere Verräter).

[107] *Deficientibus iustis causis rem inconvenientem assumpsit* (sc. *romanus pontifex*) *singularem de nostris proditoribus faciens mentionem*, HB 3, 59 (Friedrich; April 1228), vgl. den Kontext und noch MGH Const. 2, 291, Z. 35 f., Nr. 215 (20. 4. 1239).

[108] MGH Epp. saec. XIII 1, 288 f., Nr. 371. Zu Nikolaus siehe oben S. 78; der Enteignungsvorwurf rührt wohl daher, daß Friedrich im Frühjahr 1228 ein älteres Gesetz erneuerte oder neu einschärfte, das Templer und Johanniter zum Verkauf neu erlangter Güter verpflichtete, vgl. oben S. 12, Anm. 28, außerdem Cleve, Kaiser Friedrich 43 f.

beides paßte ganz und gar nicht zu jener demütigen Unterordnung unter die apostolische Autorität, die der Papst von einem christlichen Kaiser erwartete, und erfüllte ihn, gerade auch angesichts der territorialen Gegebenheiten in Italien, wohl tatsächlich mit schlimmsten Befürchtungen für das künftige Los der Kirche. Dem entschlossen gegenzusteuern, den Kaiser mit allen Mitteln zur Umkehr zu zwingen, dazu glaubte er sich als Seelsorger wie als Haupt der Kirche verpflichtet, dazu schien ihm offenbar jetzt, wo sich Friedrich ganz klar ins Unrecht gesetzt hatte, die vielleicht letzte Gelegenheit gekommen.

Freilich standen die strengen päpstlichen Strafmaßnahmen in starkem Mißverhältnis zu der bei näherem Zusehen doch relativ geringfügigen aktuellen kaiserlichen Schuld. In einer gewissen Realitätsblindheit weigerte sich Gregor, dies anzuerkennen, und erhob statt dessen der eigentlichen Streitsache immer fernere, im übrigen meist kaum besser fundierte Anklagen. So beschritt er einen Weg, der später zur Dämonisierung seines Gegners führen sollte,[109] der rechtlich zumindest problematisch war und der es Friedrich verhältnismäßig leicht machte, das päpstliche Vorgehen als parteiisch und gänzlich unangemessen, weil von persönlicher Willkür statt von Vernunft geleitet, zu kritisieren. Indem der Papst auf sein formales Recht pochte, Verständnis und Barmherzigkeit dagegen vergaß, tat er genau das, wovor er den Kaiser eben noch dringend gewarnt hatte.[110] Ein solches Verhalten mußte gerade beim Stellvertreter Petri verwundern.

Seinem Ansehen drohte jedoch vor allem zu schaden, daß er mit seinem harschen Eingreifen und seiner Unnachgiebigkeit den erfolgreichen Fortgang des Kreuzzugs gefährdete und die Kreuzfahrer verunsicherte. Ehe Friedrich aber nicht bußfertig einlenkte, war seine Kreuzfahrt nach päpstlicher Auffassung natürlich in der Tat undenkbar und, wenn irgend möglich, zu verhindern. Vermutlich deshalb verbot Gregor beispielsweise der sizilischen Kirche streng, dem Staufer die damals geforderten Zahlungen zu leisten, und verurteilte ihre Erhebung scharf als ein Zeichen für die unveränderte kaiserliche Kirchenfeindlichkeit.[111] In Deutschland vertrat denn auch mancher sogar die Ansicht, es geschehe mit ausdrücklicher

---

[109] Vgl. schon jetzt die Stilisierung Friedrichs zum Freund der Muslime: HB 3, 74f. (Gregor, 5.8.1228) = Roger von Wendover, ad 1228, ed. Hewlett 2, 344–346 (*servis Christi servos praefert Machometi; minister Machometi*).

[110] *Iudicium sine misericordia multum destituitur*, MGH Epp. saec. XIII 1, 279, Z. 42f., Nr. 365 (22.7.1227), vgl. den Kontext; Friedrichs Kritik z.B. HB 3, 59f. (vgl. oben Anm. 107), ähnlich MGH Const. 2, 159, Nr. 119 (c. 2–3; Juni 1228).

[111] Richard von S. Germano, ad 1228 (April), ed Garufi 150; MGH Epp. saec. XIII 1, 289f., Nr. 372 (7.5.1228), vgl. ebd. 731, Z. 35–40, Nr. 831 (30.8.1228; Gregor über Friedrichs Aufbruch: *diabolica fraude deceptus ... portum Brundusii ... egrediens*).

päpstlicher Erlaubnis, daß die Bewohner der Lombardei oder des Patrimonium Petri, wie es offenbar des öfteren vorkam, den Kreuzfahrern die Durchreise verwehrten und sie ihres Guts beraubten. Die Behinderung des Kreuzzuges durch den Papst wurde jedenfalls allenthalben beklagt und zuweilen heftig getadelt.[112] Sie war sicher etwas gänzlich Neues und Befremdendes und markiert wohl ebenso wie das Auftreten des gebannten Kaisers im Osten einen deutlichen Einschnitt in der Geschichte der Kreuzfahrt.

Neue Vorbereitungen und endgültige Abreise. Die Lage im Osten

Friedrich mußte im Frühjahr 1228 durchaus damit rechnen, daß Gregor IX. aufs Ganze gehen und versuchen würde, seine Herrschaft im sizilischen Regnum tatsächlich zu beseitigen. Für die Entschlossenheit des Papstes sprach etwa, daß er seine Kontakte zu Mailand, der gerade jetzt in Oberitalien wieder sehr aktiven Kapitale der Lombardischen Liga, intensivierte. Zugleich gelang es ihm, Graf Thomas von Savoyen, eben noch kaiserlicher Reichslegat, als Lehnsmann an sich zu binden.[113] Überdies erhielten die beim späteren Aquila, also in dem immer unruhigen Grenzgebiet zum Kirchenstaat begüterten Herren von Popleto, als sie sich gegen ihren kaiserlichen Herrn erhoben, aus dem Patrimonium Petri Zuzug und Unterstützung – auf päpstlichen Befehl und um sein Königreich zu zerstören, wie Friedrich zu wissen meinte. Zur Gegenwehr schickte er Trup-

---

[112] Burchard von Ursberg, ad 1228, MGH SS rer. Germ. 16, 125 (Pilgersperre), vgl. ebd. ad 1227, 122 (Bannung durch den *Gregorius superbus ... pro causis frivolis*); Notae S. Emmerammi, ad 1225, MGH 17, 574f. (*ipso papa diabolo instigante omnes signatos a voto suo revocante*); Annales Scheftlarienses, ad 1229, ebd. 339, Z. 9–11; Chronicon Wormatiense, ad 1227, ed. Boos 167; Annales S. Rudberti, ad 1229, MGH SS 9, 784; Freidanks Bescheidenheit 157, 17–28, 162, 4–25, ed. Spiewok 132, 138; Ignoti cist. S. Mariae Chronica, ad 1227, ed. Gaudenzi 39 (Unmut gegen Papst und Kaiser); zur scharfen Kritik des Guilhem Figueira siehe unten S. 368 mit Anm. 40; weitere negative Stimmen bei Siberry, Criticism 176–178; vgl. unten S. 278 mit Anm. 32.

[113] Mailands Schlichtung des Streits zwischen Genua und Alessandria: Baroni, Atti 278–287, Nr. 189 (9. 11. 1227), vgl. ebd. 299f., Nr. 198, ebd. 300–303, Nr. 200, ebd. 305–317, Nr. 202–211; Vergrößerung der Liga: ebd. 288–290, Nr. 191 (Vigevano, 18. 11. 1227), 318, Nr. 213 (Testona, 24. 5. 1228); der aus Mailand kommende Kardinal Gottfried von Castiglione, päpstl. Legat in Oberitalien: Paravicini Bagliani, Cardinali 1, 32–39, Verteidigung Mailands durch Gregor: HB 3, 59 (Friedrich, April 1228). Thomas: Theiner, Codex 1, 86f., Nr. 147 (10. 4. 1228), kaiserl. Legat zuletzt am 5. 5. 1227, RI V, Nr. 12965, vgl. oben S. 111 mit Anm. 53.

pen in die Abruzzen.[114] Vor allem jedoch knüpfte er seinerseits enge Beziehungen zu führenden römischen Adelsfamilien und gewann sie durch Zahlungen zum Teil vielleicht sogar als seine Vasallen. So ermutigt vertrieben die Römer einen Tag nach Ostern ihren päpstlichen Stadtherrn, möglicherweise aus Unmut über die neuerliche Bannung Friedrichs, doch gewiß ebenso aus Zorn über Gregors Bevorzugung der Nachbarstadt Viterbo. Fast zwei Jahre hindurch mußte dieser in Perugia residieren.[115]

Die unsichere Gesamtlage und speziell wohl die immer deutlichere Neigung vieler Städte in der Mark Ancona, dem Werben Venedigs zu folgen und sich von der päpstlichen Herrschaft zu lösen, veranlaßte den Kaiser im Juni 1228, unmittelbar vor dem Aufbruch zum Kreuzzug, zu einem etwas rätselhaften Schritt: Er verfaßte ein Schreiben, in dem er bekanntgab, er habe Herzog Rainald von Spoleto, den Reichslegaten in der Toskana also, der während der Kreuzfahrt auch sein Vertreter im sizilischen Königreich sein sollte, nun außerdem noch zum Reichslegaten in der Mark Ancona, in den Mathildischen Gütern sowie im Norden des eigentlichen Patrimonium Petri und um Perugia ernannt, habe ihm dort umfassende Vollmacht verliehen und fordere die Bevölkerung zum Gehorsam auf. Gleichzeitig stellte er für die Stadt Civitanova Marche (an der Küste südlich Anconas) wie wahrscheinlich für viele andere Kommunen in der genannten Region eine Urkunde aus, in der er ihre einstige Übergabe in die päpstliche Gewalt als einen der römischen Kirche zugedachten freiwilligen Gunsterweis von seiner Seite bezeichnete, durch den die Gemeinde gleichwohl des kaiserlichen Schutzes nicht beraubt worden sei. Da sich nun aber die Leitung der Kirche nicht nur völlig unfähig zur Verwaltung der ihr seinerzeit anvertrauten Gebiete erwiesen, sondern auch die ihm daraus nach wie vor zustehenden Dienste verweigert, ja von dort aus sogar die Rebellion gegen ihn geschürt und unterstützt habe, widerrufe er deren Abtretung und nehme sie wieder in die unmittelbare Herrschaft des Reiches.[116]

---

[114] Rebellion: Richard von S. Germano, ad 1228, ed. Garufi 151; Einschätzung Friedrichs: MGH Const. 2, 159, Nr. 119 (5) (Juni 1228), vgl. dazu HB 3, 75 (Gregor, 5. 8. 1228, vgl. oben S, 138, Anm. 109).
[115] Burchard von Ursberg, ad 1227, MGH SS rer. Germ. 16, 124; Vita Gregorii IX., c. 6, edd. Fabre – Duchesne 20, vgl. c. 13, 23 (Rückkehr Ende Febr. 1230); Richard von S. Germano, ad 1228, ed. Garufi 150f.; vgl. Annales S. Rudberti, ad 1228, MGH SS 9, 784. Dazu Thumser, Rom 258–262, ders., Friedrich 427–430.
[116] MGH Const. 2, 156–158, Nr. 117f. (21. 6. 1228; *concedendo sperantes, quod ... rectores ecclesie fierent huiusmodi beneficii non ingrati*, 157, Z. 18–20); neue Edition der Ernennungsurkunde: Hagemann, Herzog Rainald 455, Nr. 3 (inseriert). Zu den Zusammenhängen und zur Beurteilung vgl. bes. Hagemann 437–444, außerdem Schubring, Herzoge 45–51, bes. 49f., und schon Winkelmann, Friedrich 2, 17–20.

Zog Friedrich die genannten Territorien – und zugleich gewiß das Herzogtum Spoleto, wo er Rainald, den Sohn Konrads von Urslingen, vermutlich ohne besondere Bevollmächtigung als Erben anerkannte – damit tatsächlich ohne weiteres für das Imperium ein mit der Absicht, seinen Willen sofort durch Rainald verwirklichen zu lassen? Der Buchstabe spricht dafür, bei genauerer Überlegung wird dies freilich eher unwahrscheinlich. Der Staufer hätte seine bisherige Strategie der Zurückhaltung, der streng sachlichen Argumentation und der Betonung seiner friedfertigen Absichten aufgegeben und eine höchst riskante, den Konflikt mit dem Papst dramatisch verschärfende Aktion ausgerechnet in dem Augenblick begonnen, wo der Kreuzzug die Mittel und Truppen seines sizilischen Reiches in erheblichem Umfang band und er selbst zudem im Begriffe war, für längere Zeit außer Landes zu gehen. Er konnte sich eigentlich keinen echten Gewinn oder auch bloß momentane Vorteile von einem derartigen Vorstoß versprechen.[117] So bleibt nur die Erklärung, daß er es angesichts der ungewissen Zukunft Mittel- und Unteritaliens Rainald ermöglichen wollte, in bestimmten, wohl mündlich klar definierten Situationen der Zuspitzung, etwa beim Einfall eines päpstlichen Heeres in das Regnum, mit kaiserlicher Autorität, legitimiert durch die ihm vorsorglich übergebenen Dokumente, wirkungsvoll zu reagieren und unverzüglich mit einem Angriff auf päpstliches Gebiet zu antworten.

Seine Planung verrät sehr deutlich, wie stark ihn der Wunsch nach wie vor erfüllte, die ehemaligen Reichsgebiete in Mittelitalien zurückzugewinnen. Nicht mehr als Vogt der Kirche wie Anfang 1226 gedachte er dabei jetzt allerdings aufzutreten, sondern gestützt auf das römische Recht, das die Rücknahme einer Schenkung bei Undank des Beschenkten vorsah. Seine Argumentation wurde überhaupt erst möglich und ist einigermaßen verständlich, weil Innozenz III. einst in der Endphase der Verhandlungen des Jahres 1213, möglicherweise sogar erst 1214, offenkundig großen Wert darauf gelegt hatte, die Übertragung der Reichsterritorien an die Kirche als völlig freiwillige Leistung und als Geschenk des dankbaren Königs zu deklarieren – wohl in der Überzeugung, mit der Beweiskraft der bislang angeführten Urkunden früherer Herrscher sei es nicht allzu weit her.[118]

---

[117] Als seinen *procurator* für Versöhnungsverhandlungen empfahl der in Syrien weilende Friedrich dem Papst noch im November 1228 Rainald, er ging also sicher nicht von dessen zwischenzeitlichem Einfall in den Kirchenstaat aus, MGH Epp. saec. XIII 1, 294, Z. 10–12, Nr. 376; vgl. Friedrichs Versicherung, dieser Einfall sei *preter conscienciam et voluntatem nostram* erfolgt, MGH Const. 2, 292, Z. 16, Nr. 215 (20. 4. 1239).
[118] Gleiche Argumentation August 1239: *exigente ingratitudine presidentis ecclesie*, MGH Const. 2, 303, Z. 8, Nr. 218; Betonung der *mirabilis ingratitudo* des Papstes auch schon HB 3, 59 (vgl. 60; April 1228). Text der Schenkung von 1213 ebd. 61,

Wenn Friedrich seine Vollmacht nun gerade Rainald von Spoleto aushändigte, so zeigt dies, wie sehr er ihm vertraute. Er durfte im übrigen davon ausgehen, daß der Herzog, auf den Rückgewinn des väterlichen Erbes ebenso erpicht wie sein Bruder Berthold, davon im Ernstfall besonders entschlossen Gebrauch machen würde. Andererseits barg die Wahl eines Mannes mit derart engen persönlichen Bindungen an die in Frage stehenden Territorien natürlich zugleich ein außerordentlich hohes Risiko, stand doch zu befürchten, er werde allzu einseitig auf seine eigenen Interessen achten und deswegen unbesonnen und zum falschen Zeitpunkt vorpreschen.

Der Kaiser suchte demnach im Frühsommer 1228 durchaus seine Position in Italien zu sichern und beabsichtigte auch generell keineswegs, sich den Vorstellungen Gregors IX. zu beugen. An ein gewaltsames Vorgehen aber dachte er wohl doch nur für den äußersten Fall, er setzte vielmehr ganz auf den Erfolg seiner Kreuzfahrt. Mit dem lange gelobten und vorbereiteten Zug in den Osten wollte er seine gewiß noch immer ernsthaft empfundene Dankesschuld gegenüber Gott endlich einlösen; er hoffte nun aber zugleich, der Welt so seine Glaubwürdigkeit beweisen und den Papst nach seiner Rückkehr zu einer annehmbaren Übereinkunft bewegen zu können. Im übrigen legte auch seine Stellung und Verantwortung als König von Jerusalem sein persönliches Erscheinen in jenem Königreich dringend nahe.

Freilich hatte sich gerade in dieser Hinsicht kurz vor des Staufers Ausfahrt noch eine Veränderung ergeben: Wohl am 26. April 1228 gebar die Kaiserin Isabella zu Andria (südlich Barlettas) einen Sohn, der nach seines Vaters Willen den Namen Konrad erhielt. Zehn Tage später starb Isabella im Wochenbett und wurde feierlich im Dom zu Andria bestattet. Friedrich war zum zweiten Mal Witwer geworden und zugleich im Königreich Jerusalem, obwohl er dessen Königstitel weiterhin trug, streng rechtlich nur noch Regent für seinen Sohn Konrad.[119]

Natürlich fand Konrads Geburt bereits Berücksichtigung in jenem Testament, das der Herrscher im Mai den zu Barletta versammelten Großen Siziliens verkünden ließ und dessen Beachtung sie wie anschließend alle übrigen Bewohner des sizilischen Regnums beschwören mußten. Er verpflichtete seine sizilischen Untertanen darin auf die Friedens- und Rechts-

---

Nr. 48 (c. 7, vgl. c. 1), sowie 63, Nr. 51, dazu oben Bd. 1, S. 159 f., sowie Laufs, Politik 289–307; römisches Recht: Cod. 8, 55, 10, vgl. Inst. 2, 7, 2; zur Argumentation von 1226 oben S. 103 f.

[119] Breve chronicon, ad 1228, ed. Huillard-Bréholles 898 (Cod. Neapel, Bibl. Naz. VIII C 9, fol. 104v: Geburtstag nicht am 26. 4., sondern 27. 4.; vgl. allerdings ebd. fol. 107r zu Konrads Todesdatum, 21. 5. 1254, die Altersangabe 26 Jahre und 26 Tage); Richard von S. Germano, ad 1228, ed. Garufi 150; dazu Mayer, Pontifikale 202.

ordnung der Zeit König Wilhelms II., machte Rainald von Spoleto zu seinem Statthalter und bestimmte für den Fall seines Todes seinen Sohn Heinrich zu seinem Nachfolger in Imperium und Regnum; diesem sollte, wenn er kinderlos stürbe, hier wie dort Konrad folgen. Da uns nicht der volle Text des Dokuments, sondern nur der zusammenfassende Bericht Richards von San Germano vorliegt, verbieten sich allzu weitreichende Folgerungen. Recht klar erkennen wir zweifellos, daß der Staufer ganz selbstverständlich von der Erblichkeit der sizilischen Krone ausging und die Herrschaft über Regnum und Imperium auch künftig in der Hand eines einzigen Nachkommen vereinigt sehen wollte. Schwerlich aber glaubte er, allein durch eine testamentarische Willenserklärung vor der Führungsschicht des Regnums – und womöglich mit deren späterer Hilfe – das Imperium in ein Erbreich verwandeln und das Wahlrecht der Reichsfürsten abschaffen zu können; sein bisheriges wie sein künftiges Verhältnis zu dieser Gruppe spricht denn auch gegen alle derartigen Absichten.[120]

Als sich Friedrich am 28. Juni 1228 von Brindisi aus wirklich und endgültig zu seiner Fahrt ins Heilige Land einschiffte, trat er, obgleich vom Papst gebannt, nach eigener Überzeugung einen wahrhaften Kreuzzug im Dienste Gottes an. Zugleich aber befand er sich als König oder immerhin Regent der angesteuerten und teilweise den Muslimen wieder zu entreißenden Territorien auf dem Weg in sein eigenes Herrschaftsgebiet, stand er gewissermaßen als ein gewöhnlicher Monarch im Begriff, sein eigenes Reich, vor allem dessen Hauptstadt, zurückzugewinnen, und konnte als solcher im übrigen völlig selbständig über die Art und Weise seines Vorgehens entscheiden – auch dies ein Novum in der Geschichte der Kreuzzüge.[121]

Die Stärke des Heeres, das dem Kaiser im Osten zur Verfügung stand, läßt sich schwer genau bestimmen. Viele der 1227 dort angekommenen Pilger kehrten schon im Herbst jenes Jahres enttäuscht in ihre Heimat zurück. Etwa 800 Ritter blieben und suchten sich, gleichfalls höchst unmutig wegen der ihnen aufgezwungenen Passivität, während des Winters wenigstens mit dem Bau von Befestigungen um das Heilige Land verdient zu machen. Sie errichteten eine große Inselburg im Hafen der für den Verkehr nach Damaskus wichtigen Stadt Sidon oder beteiligten sich unter der Leitung Hermanns von Salza am Bau der mächtigen Ordensburg Montfort bei Akkon. Im folgenden Frühjahr konzentrierte sich ihre Arbeit auf

---

[120] Richard (wie Anm. 119) 151; dazu Hiestand, Friedrich 139, Baaken, Ius 277–279 (das Imperium als Erbreich).
[121] Vgl. zu Friedrichs Doppelstellung Hiestand, Friedrich 143. – Kreuzzugsbericht eines Teilnehmers mit genauen Reisedaten: Breve chronicon, ad 1228, ed. Huillard-Bréholles 898–902, vgl. Richard (wie Anm. 119) 151.

die Sicherung Caesareas. Danach aber segelten offenbar viele, wenn nicht die meisten von ihnen auch nach Hause; ihren vom Kaiser bestimmten Befehlshaber Herzog Heinrich von Limburg treffen wir jedenfalls im September 1228 wieder in Deutschland.[122]

Andererseits hatte Friedrich, wie angekündigt, seine Rüstungen für die eigene Überfahrt ständig fortgesetzt. So verpflichtete er auf einem Hoftag im November 1227 seine sizilischen Vasallen zu erheblichen Geldzahlungen und zur Stellung von Rittern. In den folgenden Monaten befahl er den Kirchen des Königreiches, Geld für die Ausstattung und den Unterhalt je einer bestimmten Zahl von Söldnern aufzubringen – allein das Kloster Montecassino war gehalten, immerhin hundert solcher Krieger für ein Jahr zu versorgen. Dazu strömten im Frühjahr 1228 über Erwarten viele ritterliche Kreuzfahrer aus Deutschland nach Unteritalien. Der Kaiser mußte ihnen zwar zunächst geeignete Pferde und Waffen sowie Lebensmittel beschaffen, er konnte dann jedoch bereits im April fünfhundert Ritter unter Führung von Richard Filangieri, seit 1224 Marschall des Königreiches, nach Syrien vorausschicken. Ihn selbst begleiteten im Juni dann wohl nochmals um die hundert sizilische Ritter, ungefähr zweihundert weitere Ritter aus Zypern folgten ihm von dort aus. Seine recht große Flotte von etwa 40 Galeeren und zahlreichen zusätzlichen Lastschiffen läßt außerdem vermuten, daß er darüber hinaus dreitausend oder mehr Fußsoldaten mitbrachte, die noch von den üblicherweise ebenfalls in die Kämpfe eingreifenden Seeleuten verstärkt wurden. Gewiß durfte der exkommunizierte Herrscher der Ritterschaft in Palästina selbst, der Templer und Johanniter zumal, alles andere als sicher sein. Dennoch befehligte er im ganzen eine Flotten- und Truppenmacht, die den Vergleich mit früheren Kreuzheeren keineswegs zu scheuen brauchte. Da wenigstens ein Teil seiner Schiffe zudem wohl, anders als die im Jahre 1221 verfügbaren, eigens für Landemanöver im Nildelta ausgerüstet war, bedeutete sein Erscheinen speziell für Ägypten offenbar tatsächlich eine echte Bedrohung.[123]

[122] Roger von Wendover, ad 1227, ed. Hewlett 2, 324–327 (Brief des Patriarchen Gerold von Jerusalem, Ende Okt. 1227), vgl. ebd. 327f., sowie Ignoti cist. S. Mariae Chronica, ad 1227, ed. Gaudenzi 39; Estoire d'Eracles XXXII 23–25, RHCOc 2, 363–365, ebd. XXXIII 4, 369, Chronique d'Ernoul c. 40, ed. Mas Latrie 458–460; dazu Kluger, Hochmeister 71–78 (bes. zu Montfort), Neumann, Untersuchungen 8, 10 mit Anm. 54 (zu Heinrich von Limburg), 23f.

[123] Rüstungen, Überfahrt Filangieris: Richard von S. Germano, ad 1227–1228, ed. Garufi 148–150, vgl., auch zu den deutschen Rittern: HB 3, 58 (Friedrich; April 1228); zu Richard Filangieri, dem Bruder des Erzbischofs Marinus von Bari: Kamp, Kirche 1, 585–587, vgl. Ohlig, Studien 89f. Friedrichs Begleitung: Estoire d'Eracles XXXIII 1 und 4, RHCOc 2, 366, 369; Philipp von Novara 30 (126), 31 (127), 39 (135), ed. Melani 82–84, 86, 100; Breve chronicon, ad 1228, ed. Huillard-Bréholles

Der Staufer wußte über die politische Situation im östlichen Mittelmeerraum gut Bescheid, erhielt er doch laufend zuverlässige Informationen von ausgezeichneten Kennern der Region, von Hermann von Salza beispielsweise oder von den geistlichen und weltlichen Großen des Königreiches Jerusalem, die seinen Hof aufsuchten. Überdies war er ja nicht nur deren König, sondern als Kaiser streng rechtlich auch Oberlehnsherr des Königreichs Zypern und der Fürstentümer Kleinarmenien und Antiochia, die bereits zu Zeiten seines Vaters die Lehnshoheit des Imperiums anerkannt hatten. Diese Beziehungen gewannen durchaus schon vor dem Kreuzzug hin und wieder eine konkrete Bedeutung, so als Friedrich um 1225 auf seine durch Reichsrecht legitimierten Regentschaftsansprüche in Zypern hinwies und sich heftig darüber beschwerte, daß der damals achtjährige zyprische König Heinrich ohne seine Einwilligung gekrönt worden war.[124]

Sobald die kaiserlichen Kreuzzugsvorbereitungen im Osten deutlicher sichtbar wurden, kam es dann auch zum unmittelbaren Kontakt mit den Führern der islamischen Welt: Anfang 1227 sandte al-Kāmil, der Herr Ägyptens, seinen geschätzten und bewährten Helfer, den Emir Faḫraddīn, an Friedrichs Hof. Er fürchtete damals einen gemeinsamen Vorstoß seiner Brüder al-Muʿaẓẓam von Syrien und al-Ašraf von Nordmesopotamien gegen Ägypten und wollte sich wenigstens gegen einen gleichzeitigen Angriff von christlicher Seite absichern, wenn möglich sogar den Rückhalt des Kaisers gegen seine Brüder gewinnen. Um dahin zu gelangen, versprach er Friedrich anscheinend die Rückgabe großer Teile des Königreichs Jerusalem einschließlich der Hauptstadt selbst. Der Staufer ergriff gerne die Chance, die sich ihm hier bot. Im Sommer begab sich Erzbischof

---

898; Annales Placentini Codagnelli, ad 1227, MGH SS rer. Germ. 23, 86; vgl. die gegnerischen Angaben: Matthaeus Parisiensis, Chronica maiora, ad 1229, ed. Luard 3, 179 (Patriarch Gerold; Mai 1229), Annales Patavini, ad 1227, MGH SS 19, 153 (*ad modum pirate mare transisset*); außerdem Burchard von Ursberg, ad 1228, MGH SS rer. Germ. 16, 125 (zur Haltung der Templer und Johanniter, vgl. Cleve, Kaiser Friedrich 50, 57). Dazu Neumann, Untersuchungen 2–4, 8–18; Pryor, Crusade 127–132 (131f. und 113f. zu Flottenmanövern im Nildelta mit Verweis auf Annales S. Pantaleonis, ad 1224, MGH SS rer. Germ. 18, 253).

[124] Philipp von Novara 14 (110), ed. Melani 70 (vgl. 258 Anm. 38), vgl. Estoire d'Eracles XXXII 1, RHCOc 2, 367, MGH Epp. XIII 1, 213f., Nr. 292 (Honorius empfiehlt dem König den kaiserl. Schutz; 17. 2. 1226); dazu Edbury, Kingdom 48–51; vgl. oben Bd. 1, S. 59, und zum Ganzen Hiestand, Friedrich 140–143; ebd. 141 der Hinweis auf die Übertragung des freilich schon 1224 von Theodor von Epirus eroberten Königreichs Thessalonike durch Demetrius von Montferrat († 1230) an Friedrich im Jahr 1227, vgl. dazu Wellas, Kaiserreich 113–153, mit bedenkenswerten Zweifeln an dieser Abtretung.

Berard von Palermo, also ebenfalls ein bei Hofe höchst angesehener und einflußreicher Mann, in seinem Namen mit wertvollen Geschenken, darunter wohl sogar des Kaisers Reitpferd, nach Kairo, um die Verhandlungen weiterzuführen. Als er zu Beginn des Jahres 1228 wieder in Foggia eintraf, brachte er nicht nur ungewöhnlich prächtige Gegengaben des Sultans mit – man bestaunte vor allem einen Elefanten –, sondern außerdem vermutlich erfreuliche Nachrichten vom Fortschritt der Beziehungen. Günstige Auswirkungen auf die eigene Position erwartete der kaiserliche Hof auch vom Tod al-Mu'aẓẓams (am 12. November 1227), über den ein im März 1228 eintreffender Brief des Grafen Thomas von Acerra informierte. Das Ausscheiden des eigentlichen Herrn von Jerusalem und vermeintlichen Hauptgegners der christlichen Sache gab Anlaß, das Osterfest besonders hochgestimmt zu feiern, war zugleich jedoch der Grund dafür, daß jetzt die schon erwähnten fünfhundert Ritter unter Richard Filangieri nach Osten abgingen. Der Kaiser wollte offenbar stark genug sein, um dort etwa sich eröffnende neue Möglichkeiten rasch nutzen zu können. Entscheidende Bedeutung kam freilich der Frage zu, ob al-Kāmil angesichts der veränderten Situation an einer weiteren Kooperation mit ihm noch Interesse haben oder sich nun nicht vielmehr gegen ihn wenden würde.[125]

Al-Mu'aẓẓams Nachfolger, sein einundzwanzigjähriger Sohn an-Nāṣir, erkannte den Vorrang seines Onkels in Kairo sofort an. Doch diesem ging es um mehr; er trachtete danach, seine Überlegenheit auch in greifbaren Gewinn umzumünzen. So zog er im September 1228 ein großes Heer bei Gaza zusammen und nahm von dort aus, allem nach ohne auf Widerstand zu stoßen, die wichtigsten Städte Palästinas, darunter natürlich Jerusalem, in seinen Besitz. Sein Triumph schien vollständig, als es ihm gelang, al-Ašraf auf seine Seite zu bringen und sich mit ihm im Laufe des Novembers auf eine Neuordnung des Aiyūbidenreiches zu verständigen. Sie sah vor, daß die beiden Brüder und ihre Bundesgenossen ihren Einfluß auf

---

[125] Mission Berards, Tod al-Mu'aẓẓams: Richard von S. Germano, ad 1228, ed. Garufi 149f., vgl. HB 3, 58 (Friedrich; April 1228); Chronique d'Ernoul c. 40, ed. Mas Latrie 458; Übersetzung einschlägiger arabischer Quellen: Ibn Wāṣil, ed. Gabrieli, Kreuzzüge 326f., History of the Patriarchs, transl. Khater 104f., Ibn Naẓīf, at-Ta'rīḫ al-Manṣūrī, ed. Amari, Biblioteca. Appendice 49–53 (auch über die kaiserl. Kontakte zu den Assassinen; vgl. zum Autor oben S. 67, Anm. 142), vgl. unter den späteren Autoren aṣ-Ṣafadī († 1363), ed. Amari, Appendice 17f., al-Maqrīzī († 1442), ed. Amari, Biblioteca 2, 259–261. Ausführliche Schilderung der Auseinandersetzungen in der Aiyūbiden-Dynastie auf der Basis der arabischen Quellen: Gottschalk, Al-Kāmil 132–145 (über die Kontakte Friedrichs zu den islam. Herrschern 141–145; zu den arabischen Autoren 6–19), vgl. Neumann, Untersuchungen 18–22, zu den Assassinen: Hellmuth, Assassinenlegende 29–36, 155–159.

Kosten ihres Neffen erheblich ausbauten, bevorzugte dabei aber al-Kāmil, so daß dieser endgültig zum mächtigsten Herrscher der Region aufstieg. Er mußte allerdings damit rechnen, daß ihm die Verwirklichung seines Planes die Feindschaft der Zu-kurz-Gekommenen eintrug.[126]

Von Zypern nach Akkon und Jaffa.
Die schwierigen Verhandlungen mit al-Kāmil und ihr glücklicher Ausgang

Während sich diese einschneidenden Veränderungen anbahnten, segelte Friedrich an der Westküste Griechenlands entlang nach Süden und gelangte über Kreta und Rhodos nach Zypern. Am 21. Juli, knapp dreieinhalb Wochen nach seinem Aufbruch, landete er mit seiner Flotte in Limassol an der Südküste der Insel und damit, wie wir sahen, in einem Königreich, das seiner kaiserlichen Lehnshoheit unterstand. Sein über sechswöchiger Aufenthalt sollte diesem Vorrang tatsächliche Geltung verschaffen und zugleich die Ritterschaft und die Finanzmittel Zyperns dem Kreuzzugsunternehmen zuführen.[127]

Die Regentschaft im Königreich übte damals nach dem Tod Philipps von Ibelin († 1227) dessen Bruder Johann von Ibelin († 1236) aus. Der in Syrien wie auf Zypern reich begüterte Herr von Beirut verdankte sein Amt allerdings wohl nur der Zustimmung einer Minderheit unter den Adligen der Insel. Eine oppositionelle Gruppe war Friedrich sogar entgegengefahren, um sich bei ihm schon vorweg über Johann zu beklagen, und Friedrich seinerseits mochte seit der eigenmächtigen Krönung des unmündigen zyprischen Königs ebenfalls gewisse Vorbehalte gegenüber den Ibelins hegen. Johann hatte ihn denn auch nicht in Limassol erwartet, eilte dann aber, vom Kaiser aufgefordert, mit dem jungen König Heinrich von Nikosia im Norden der Insel doch dorthin, um mit dem Staufer zusammenzutreffen. Den Verlauf dieser Begegnung schildern die Quellen allerdings je nach Standpunkt leider unterschiedlich, und Philipp von Novara († um 1270), der Geschichtsschreiber, versierte Jurist und leidenschaftliche Anhänger des Hauses Ibelin, belebt seine Darstellung, um die Spannung zu erhöhen, gar mit romanhaften Zügen.[128]

---

[126] Gottschalk, Al-Kāmil 145–152, vgl. Neumann, Untersuchungen 22f.

[127] Genaue Reisedaten eines Teilnehmers: Breve chronicon, ad 1228, ed. Huillard-Bréholles 898–900.

[128] Philipp von Novara 27 (123), 30 (126)–40 (136), ed. Melani 82–102; Breve chronicon, ad 1228, ed. Huillard-Bréholles 900 (knapper Bericht eines kaiserlich Gesinnten); Estoire d'Eracles XXXIII 1–4, RHCOc 2, 367–369. Dazu Edbury, Kingdom 51–59, Melani, Lotta 91–105.

Dennoch scheint einigermaßen sicher, daß Friedrich die nach Reichsrecht geforderte Regentschaft ohne große Schwierigkeiten erhielt und ebenso problemlos die Lehnseide König Heinrichs und seiner zyprischen Vasallen empfing. Zu einem schweren Zusammenstoß kam es dann aber, als er, wohl während eines Gastmahls, wieder unter Berufung auf das Recht des Imperiums auch noch die königlichen Einkünfte aus der zurückliegenden Regentschaftszeit, also aus den vergangenen zehn Jahren, für sich beanspruchte und von Johann Rechenschaft über ihre Verwendung verlangte. Johann lehnte dieses Ansinnen unter Hinweis auf die ganz andere gewohnheitsrechtliche Regelung in Zypern ab. Der Kaiser drohte ihm mit dem Entzug seiner Beiruter Herrschaft, vielleicht strömten auf seinen Wink am Ende sogar Bewaffnete in den Saal. Ob sich Johann nach diesem Zwischenfall tatsächlich ernsthaft in Lebensgefahr wähnte oder ob er nicht doch eher ein schlechtes Gewissen hatte, das muß offenbleiben. Jedenfalls floh er in der folgenden Nacht und verschanzte sich auf einer Burg bei Nikosia.

Friedrich ließ daraufhin seine Flotte die Küste entlang nach Famagusta voraussegeln und nahm mit den ihm ergebenen zyprischen Adligen und den zu seinem Empfang unter Führung des Grafen Thomas von Acerra und Richard Filangieris aus Syrien herübergekommenen Gefolgsleuten durchs Landesinnere die Verfolgung Johanns auf. Unterwegs stieß noch Bohemund IV., der Fürst von Antiochia und Graf von Tripolis, zu ihm. Beide Seiten vermieden dann jedoch eine langwierige Auseinandersetzung und einigten sich friedlich. Johann blieb bis zur gerichtlichen Klärung seiner Position Herr von Beirut und stellte Friedrich während dessen Syrienaufenthalts seine Dienste zur Verfügung. Dem Kaiser flossen die Einkünfte des zyprischen Königs zu, und dieser begleitete ihn mit der Ritterschaft des Landes auf seiner Kreuzfahrt; kaiserliche Vertrauensleute aus dem Adel Zyperns verwalteten unterdessen die königlichen Burgen und Güter. Nichts mehr hielt den Staufer nun zurück – am 3. September stach seine Flotte von Famagusta aus endlich wieder in See.

Friedrichs Verhalten befremdet zweifellos etwas: Obwohl die unübersichtliche Situation in Syrien seine Gegenwart eigentlich dringend erforderte, zögerte er nicht, über Wochen hin auf Zypern zu verweilen und dort beharrlich das durchzusetzen, was er für sein herrscherliches Recht ansah. Wie in Sizilien und wie bei seinen Bemühungen in der Lombardei folgte er damit freilich erneut seiner Grundüberzeugung, daß der Herrscher berechtigt, ja verpflichtet sei, seine eigenen Rechte zu beanspruchen und wahrzunehmen, weil er nur auf dieser Grundlage die Rechte anderer zu sichern, seine Aufgaben zu erfüllen vermöge. Fürs erste gelangte er mit seinen Absichten auf der Insel durchaus ans Ziel, und dies in vielleicht gerade noch vertretbarer Zeit, wenn man berücksichtigt, wie wertvoll die dort gewonnene Unterstützung seinem Kreuzzug werden konnte.

Festlich und seiner hohen Würde gemäß empfingen Geistlichkeit und Einwohnerschaft von Akkon sowie die dort zusammengeströmten Pilger und Kreuzfahrer den Kaiser, als er am 7. September in die Stadt einzog. Die Templer und Johanniter taten sich mit Ehrenbezeugungen ganz besonders hervor; alle Anwesenden aber erhofften sich nun den großen Durchbruch für die Sache der Christen. Friedrich selbst hielt es sogar für angemessen und aussichtsreich, den Papst unmittelbar nach seiner Ankunft im Heiligen Land noch einmal um Verhandlungen über eine Aussöhnung zu bitten. Seine Gesandten, Erzbischof Marinus von Bari und Admiral Heinrich von Malta, hatten jedoch angesichts der dramatisch zugespitzten Lage in Mittelitalien keinerlei Erfolg. Schlimmer noch: Schon bald nach dem Kaiser trafen in Akkon zwei Franziskanermönche mit päpstlichen Briefen ein, worin Gregor den Patriarchen von Jerusalem anwies, die Exkommunikation des Herrschers bekanntzumachen, und den drei Ritterorden verbot, mit ihm fortan zusammenzuarbeiten oder ihm gar zu gehorchen. Die Spaltung des Kreuzheeres in eine kaiserliche und eine päpstliche Partei nahm ihren Anfang. Während Hermann von Salza den schwierigen Balanceakt zwischen Papst und Kaiser wagte, während er die für seinen Orden so wertvolle enge Bindung an den Staufer trotz des ausdrücklichen päpstlichen Mandats keinen Augenblick aufgab und versuchte, dennoch in der päpstlichen Gunst zu bleiben, wandelte sich Patriarch Gerold zum erbitterten Gegner Friedrichs. Die Templer und Johanniter aber ließen sich zur Kooperation mit den übrigen Kreuzfahrern zeitweilig nur unter der Bedingung bewegen, daß die Befehle an das Heer nicht im kaiserlichen Namen, sondern in dem Gottes und der Christenheit ergingen.[129]

Friedrich schlug sein Lager zunächst südlich von Akkon auf und erneuerte von dort aus seine Kontakte mit dem ägyptischen Sultan al-Kāmil.[130]

---

[129] Roger von Wendover, ad 1228, ed. Hewlett 2, 351; Estoire d'Eracles XXXIII 4f., 7, RHCOc 2, 369f., 372f. (zur Leitung des Heeres auch Richard von S. Germano, ad 1229, ed. Garufi 159); Chronique d'Ernoul, ad 1228, ed. Mas Latrie 462; Breve chronicon, ad 1228, ed. Huillard-Bréholles 900f.; Burchard von Ursberg, ad 1228, MGH SS rer. Germ. 16, 125; MGH Epp. saec. XIII 1, 294, Nr. 376 (Gregor IX., 30. 11. 1228; Gesandtschaft Friedrichs). Dazu Neumann, Untersuchungen 25f.; Kluger, Hochmeister 78–82, Hiestand, Friedrich 143f. – Zur Fremdheit Akkons in den Augen eines deutschen Pilgers: Freidanks Bescheidenheit 154,18–157,8; 159,15–160,5, ed. Spiewok 130–136.

[130] Zum Folgenden: Estoire d'Eracles XXXIII 4, 6–8, RHCOc 2, 369–374; History of the Patriarchs, transl. Khater 106–108; Friedrich, MGH Const. 2, 163–165, Nr. 122 (c. 2f.; 18. 3. 1229); Hermann von Salza an Gregor IX., MGH Const. 2, 161, Z. 21–162, Z. 5 (März 1229; zitiert von Richard von S. Germano, ad 1229, ed. Garufi 158f.,

Er blieb also auf dem schon betretenen Verhandlungsweg, sicher in dem Bewußtsein, daß ein Krieg für ihn trotz seiner respektablen militärischen Mittel unter den herrschenden Verhältnissen doch ein sehr hohes Risiko bedeuten würde. Graf Thomas von Acerra und Balian, der Herr von Sidon, begaben sich in seinem Auftrag mit großem Gefolge und den üblichen reichen Geschenken, edlen Pferden, kostbaren Stoffen und prächtigen Juwelen, nach Nablus im Westjordanland, wo sich al-Kāmil damals nach der Eroberung Palästinas aufhielt. Er war freilich eben im Begriff, die für das künftige Schicksal des aiyūbidischen Großreiches so folgenreichen Vereinbarungen mit seinem Bruder al-Ašraf in die Wege zu leiten, und in dieser Situation kam es ihm reichlich ungelegen, daß die kaiserlichen Gesandten sein früheres Angebot bezüglich des Königreiches Jerusalem wieder zur Sprache brachten und ihn aufforderten, er möge es nun doch einlösen. Einerseits mußte er bis zur endgültigen Sicherung seiner Vormachtstellung auf gute Beziehungen zum Kaiser achten, jedenfalls vermeiden, daß dieser sich aus Enttäuschung und Ärger, die Konflikte unter den Aiyūbiden ausnutzend, mit seinen, al-Kāmils, Gegnern verband und ihn gar angriff. Andererseits würde die Übergabe gerade Jerusalems an die Christen seinem Ansehen bei seinen islamischen Glaubensgenossen gewiß schaden, und ganz davon abgesehen wollte er die kaum gewonnenen Gebiete ungern sofort wieder völlig verlieren. Da er über die Schwierigkeiten Friedrichs, die Spannungen in seinem Heer und sein tiefes Zerwürfnis mit dem Papst bestens informiert war, da er über die Gewagtheit des kaiserlichen Unternehmens und den enormen Erfolgsdruck, unter dem dessen Leiter stand, durchaus Bescheid wußte,[131] suchte er in einer geschickten Verzögerungstaktik, einer außerordentlich hinhaltenden Verhandlungsführung sein Heil. Damit hoffte er, Zeit zu gewinnen, in deren Verlauf entweder der Kaiser zur Resignation und Heimkehr gezwungen oder aber er selbst in die Lage versetzt würde, seine Opfer auf ein Minimum zu reduzieren.[132]

ähnlich Roger von Wendover, ad 1228, ed. Hewlett 2, 352); Breve chronicon, ad 1228, ed. Huillard-Bréholles 901; Chronique d'Ernoul, ad 1228, ed. Mas Latrie 460 (erste Kontakte von Zypern aus), 461, 463f.; Ibn Wāṣil, ed. Gabrieli, Kreuzzüge 326–329, 338f.; Ibn Naẓīf, at-Ta'rīḫ al-Manṣūrī, ed. Amari, Biblioteca. Appendice 55–57. Dazu Neumann, Untersuchungen 24–27, Gottschalk, Al-Kāmil 152–156.

[131] Die von Ibn Wāṣil (wie Anm. 130) 329, und ausführlicher später etwa von aṣ-Ṣafadī, ed. Amari, Biblioteca. Appendice 18f., dem Kaiser selbst zugeschriebenen entsprechenden Eingeständnisse wird er so nicht gemacht haben; die Stellen zeigen aber den guten Kenntnisstand der islamischen Seite, vgl. dazu auch noch Chronique d'Ernoul, ad 1228, ed. Mas Latrie 463, Richard von S. Germano, ad 1229, ed. Garufi 159, Z. 25f.

[132] Vgl. bes. die Analyse bei Ibn Wāṣil, ed. Gabrieli, Kreuzzüge 327, 328f.

So begann für beide Teile eine Gedulds- und Nervenprobe. Zäh zogen sich die Gespräche hin. Umständlich reisten die Delegationen von Hof zu Hof und übergaben ihre prächtigen Geschenke, darunter von ägyptischer Seite Rennkamele und ein weiterer Elefant, angeblich der letzte des Sultans. Man tauschte Höflichkeiten, Botschaften und Meinungen aus, ohne daß man sich in der Sache näherkam – wohl aber menschlich. Während nämlich an der Spitze der kaiserlichen Gesandtschaften in aller Regel Thomas von Acerra auftrat und allmählich offenbar die Achtung und das Vertrauen al-Kāmils gewann, begegnete der Kaiser umgekehrt mit wachsender Zuneigung dem Emir Faḫraddīn, der als engster Berater des Sultans gewöhnlich dessen Abgesandte anführte. Zwischen den beiden Männern entwickelte sich nach und nach ein fast freundschaftliches Verhältnis, und wenn es zeitweise auf dem Felde der Politik nicht viel zu bereden gab, so lenkte der Kaiser die Unterhaltung unter Umständen wohl auf Eigenheiten der islamischen Welt oder auf wissenschaftliche Themen. Überforderten seine Fragen bei solchen Gelegenheiten die Kenntnisse des Emirs, beschaffte dieser seinem wißbegierigen Gegenüber doch immerhin Antworten kundiger arabischer Gelehrter. Daß Friedrich dem Faḫraddīn unmittelbar nach seiner Rückkehr in seine sizilische Heimat zwei Briefe schickte, in denen er ihn über die Lage im Regnum und seine raschen Erfolge unterrichtete, aber auch um Antwortschreiben bat, darf gewiß als Beweis dauernder Wertschätzung und echter Verbundenheit gelten.[133]

Al-Kāmil hatte sich schon im November in seine Stellung bei Gaza zurückbegeben, um sich dort mit al-Ašraf vollends über die Neuordnung ihres väterlichen Reiches zu einigen. Mitte des Monats rückte Friedrich mit seinem Heer ebenfalls weiter nach Süden und lagerte in Jaffa. Hier war er dem Sultan wieder so nahe wie zuvor, und zugleich fanden die Kreuzfahrer beim Neubau der zerstörten Stadtbefestigung eine sinnvolle, den ersehnten Zug nach Jerusalem unmittelbar vorbereitende Beschäftigung; im Februar schlossen sie ihre Arbeiten erfolgreich ab.

Des Kaisers Verhandlungen mit dem Sultan aber steckten um die Jahreswende offenbar in einer Krise. Al-Kāmils Position war durch das Ab-

---

[133] Wissenschaftliche Gespräche: Ibn Wāṣil, ed. Gabrieli, Kreuzzüge 329, daneben 338f. über den Kalifen (Inhalt dem Autor nur vom Hörensagen bekannt; die negativen Bemerkungen über den Papst, die er Friedrich in den Mund legt, stammen zum mindesten in ihrer Schärfe sicher von ihm selbst: Er schätzt den Kaiser und seine Söhne als Freunde des Islam, die als solche vom Papst gehaßt und verfolgt werden, vgl. unten S. 164 mit Anm. 157); vgl. Ibn Naẓīf, at-Ta'rīḫ al-Manṣūrī, ed. Amari, Biblioteca. Appendice 56f., dort 57–62 Friedrichs Briefe (ital.; dt.: Gabrieli 339–342). Siehe außerdem, auch zu Thomas: MGH Epp. saec. XIII 1, 300, Z. 20–27 (Patriarch Gerold; 26. 3. 1229).

kommen mit seinem Bruder gestärkt, und er ließ dies seinen christlichen Gegenspieler wohl auch spüren.[134] Dazu erhielt Friedrich äußerst beunruhigende Nachrichten über die Entwicklung in Italien; vermutlich erfuhr er jetzt vom Einfall Herzog Rainalds von Spoleto in die Mark Ancona und von den intensiven päpstlichen Rüstungen.[135] Jedenfalls erforderte die Situation dringend seine Gegenwart – mit jedem Tag, um den er seine Heimfahrt hinausschob, schien die Gefahr für seine Herrschaft im sizilischen Königreich zu wachsen. Eilte er freilich als ein im Heiligen Land Gescheiterter zurück, stand es um seine Erfolgsaussichten auch in der Heimat von vornherein äußerst schlecht.

So verdoppelte der Staufer seine Bemühungen um einen Pakt mit al-Kāmil, und er kam damit in der Tat im Februar 1229 doch noch zum Ziel. Diese alles andere als selbstverständliche Wendung hatte sicherlich mehrere Gründe. Ohne Zweifel förderte das enge persönliche Verhältnis, das die unmittelbaren Verhandlungspartner inzwischen verband, das hohe Maß an Sympathie, das unter ihnen herrschte, eine einvernehmliche Lösung der ihnen gestellten Probleme, und Friedrichs Verzicht auf die Durchsetzung von Maximalforderungen erleichterte gewiß ebenfalls den Weg dahin. Großes, vielleicht entscheidendes Gewicht aber fiel vermutlich dem Umstand zu, daß für al-Kāmil und al-Ašraf die kriegerische Auseinandersetzung mit ihrem übervorteilten Neffen dicht bevorstand und für die beiden Sultane durchaus ihre Risiken barg – die Belagerung von Damaskus, dem Sitz an-Nāṣirs, begann im März und sollte erst im Juni mit der

---

[134] Vgl. den Bericht des Patriarchen Gerold: MGH Epp. saec. XIII 1, 300 f., Nr. 384 (26. 3. 1229); er geht wohl von einzelnen wahren Begebenheiten aus, schildert sie freilich, von Friedrichs Verworfenheit überzeugt, mit dezidiert antikaiserlicher Tendenz: Der völlig machtlose Herrscher biedert sich in demütigender Weise bei den Sarazenen an und wird deswegen sogar von ihnen verachtet – unerklärt bleibt, warum sie ihm dann dennoch Jerusalem auslieferten. – Siehe zur unsicheren Stimmung unter den Kreuzfahrern auch Freidanks Bescheidenheit 158,4–159,14, ed. Spiewok 134.

[135] Estoire d'Eracles XXXIII 7 f., RHCOc 2, 373 f., zu den Unstimmigkeiten bei Eracles siehe Winkelmann, Friedrich 2, 493–495; Friedrich erhielt damals jedoch auch schwerlich, wie Winkelmann vorschlägt, die Nachricht vom päpstlichen Einfall in das Regnum am 18. 1. 1229, er hätte nach ihrem Eintreffen kaum Zeit gehabt, wie Eracles berichtet, seine Friedensverhandlungen zu intensivieren, die ja am 11. 2. bereits beendet waren. Daß er auf die schlechten Nachrichten hin 20 Galeeren zur Heimfahrt anforderte (so Winkelmann 493, vgl. 105 Anm. 3), sagt Eracles nicht, dazu hatte der Kaiser in der Tat genügend Schiffe zur Verfügung; die Flottenverstärkung sollte ihn also wohl befähigen, für den Fall weiterhin unbefriedigender Verhandlungen zusätzlichen militärischen Druck auszuüben, vgl. Pryor, Crusade 130 f.

Kapitulation der Stadt enden. In dieser kritischen Phase empfahl es sich unbedingt, einen gleichzeitigen Zusammenstoß mit dem Kaiser zu vermeiden, zumal dessen militärische Stärke al-Kāmil offenbar ohnehin von Anfang an Respekt einflößte – keineswegs ohne Grund, wie wir sahen. Möglicherweise machte sich Friedrich die Sorge seines Kontrahenten zunutze, indem er gerade jetzt seine Kampfkraft und Angriffsbereitschaft besonders betonte und dabei etwa auf die mit seiner Flotte technisch jederzeit durchführbaren Operationen im Nildelta verwies sowie auf die aus Sizilien befohlene Verstärkung von zwanzig Galeeren, die er unter Führung des Admirals Heinrich von Malta zu Ostern erwartete.[136]

Leider kennen wir den Text des Abkommens nicht, auf den sich Kaiser und Sultan schließlich einigten und den Friedrich am 11. Februar zunächst vier hohen Adligen aus dem Königreich Jerusalem vorlegte. Nach den übereinstimmenden Angaben des Herrschers selbst und Hermanns von Salza verzichtete al-Kāmil zugunsten des Kaisers und der Christen vor allem auf die gesamte Stadt Jerusalem, nicht freilich auf irgendwelche Gebiete in ihrer Umgebung und auch nicht auf den Tempelplatz mit dem prächtigen Felsendom und der Al-Aqṣā-Moschee. Der Bezirk war den Muslimen als Ausgangspunkt der visionären Himmelfahrt Mohammeds heilig, er sollte deshalb weiterhin von unbewaffneten islamischen Lehrern nach ihrem Gesetz verwaltet werden und ihren Glaubensgenossen ungehindert zum Gebet offenstehen. Andererseits kontrollierten – wie Hermann betonte – Leute des Kaisers den Zugang dorthin und stellten sicher, daß sich Christen gleichfalls völlig frei in den Felsendom begeben und an jener Stelle beten konnten, die sie als den Ort der Darbringung Jesu im Tempel (nach Lukas 2,22–24) verehrten. Auch die dort niedergelegten Spenden würden den Christen zufließen.

Dazu erhielt der Kaiser Bethlehem mit allen Dörfern zwischen Bethlehem und Jerusalem sowie zwischen Jerusalem und Jaffa, darunter die eigens genannte Gemeinde St. Georg (vielleicht Lydda oder eher Ramla, beide östlich von Jaffa), ferner Nazareth (südöstlich Akkons) mit einer Landverbindung nach Akkon, die Baronie Toron (östlich Tyros') und das

---

[136] Zu den Kämpfen um Damaskus: Gottschalk, Al-Kāmil 160–167; al-Kāmils Respekt vor Friedrichs Stärke: Ibn Wāṣil, ed. Gabrieli, Kreuzzüge 327, 328 f., vgl. Chronique d'Ernoul, ad 1228, ed. Mas Latrie 463 f. Zur Flotte vgl. Philipp von Novara 41 (137, 4), ed. Melani 102 (der Kaiser hielt durch den ganzen Winter Kriegsgaleeren einsatzbereit); eine Demonstration der Kampfbereitschaft könnte auch hinter Gerolds Nachricht stehen, der Kaiser habe seine Schiffe vor Weihnachten klar zum Auslaufen machen lassen, MGH Epp. saec. XIII 1, 301, Z. 6 f., Nr. 384 (vgl. dazu oben Anm. 134); zur Anforderung der 20 Galeeren: Estoire d'Eracles XXXIII 8, RHCOc 2, 374, siehe dazu Anm. 135. Zum Ganzen vgl. Neumann, Untersuchungen 27–30, Pryor, Crusade 129–132.

gesamte Gebiet Sidons einschließlich des Umlandes. Überdies gestattete der Sultan die Befestigung von Jerusalem, Jaffa, Caesarea und Montfort, während er selbst keine Festungsanlagen bauen durfte. Endlich vereinbarte man den Austausch aller Gefangenen, auch derjenigen aus dem Damietta-Kreuzzug, und einen Waffenstillstand für die Dauer von zehn Jahren.[137]

Während die vier syrischen Adligen billigten, was sie erfuhren, mochten sich die danach konsultierten Meister der Templer und Johanniter sowie die englischen Bischöfe ohne Beratung mit dem Patriarchen Gerold nicht äußern. Auf dessen Meinung legte nun allerdings Friedrich, wie er unmutig bekannte, keinerlei Wert. So beschwor er am 18. Februar das mit al-Kāmil ausgehandelte Dokument vor dessen Gesandten, an deren Spitze sicher noch einmal Faḫraddīn erschien. Vielleicht bereits am selben Tag leistete al-Kāmil einen entsprechenden Eid, und unmittelbar darauf vermochten Hermann von Salza und die erfahrenen kaiserlichen Unterhändler Thomas von Acerra und Balian von Sidon sogar al-Ašraf zum gleichen Schritt zu bewegen. Sie erreichten freilich nicht, daß an-Nāṣir ebenfalls dem Vertrag beitrat, was kaum verwunderte, hatten dessen Onkel darin doch zu seinem Ärger über seinen Kopf hinweg über sein Erbe verfügt.[138]

Offenkundig bemühte sich Hermann in jenen Tagen überdies darum, auch dem nach wie vor in Akkon verharrenden Patriarchen von Jerusalem die Zustimmung zu dem Einigungswerk oder wenigstens die Bereitschaft abzuringen, das Kreuzfahrerheer nach Jerusalem zu begleiten. Gerold aber lehnte beides strikt ab. Statt dessen übersandte er dem Papst nach gewissenhaftem Studium des Vertragstextes eine eingehende Begründung für seine gewiß von seiner Umgebung geteilte, durch und durch negative Haltung, wobei er die ihm wichtigen Regelungen im Wortlaut wiedergab

---

[137] Hermann von Salza: MGH Const. 2, 162, Z. 3–23, Nr. 121 (7.–17. 3. 1229), zusätzliche Information: ebd. 168, Z. 19–28, Nr. 123 (nach 19. 3. 1229); Friedrich: ebd. 165, Z. 6–31, Nr. 122 (18. 3. 1229); vgl. den Bericht des Patriarchen Gerold MGH Epp. saec. XIII 1, 301, Z. 8–20, Nr. 384 (26. 3. 1229), und die Auszüge, die er an Gregor IX. sandte, ebd. 297 f., Nr. 380; daneben History of the Patriarchs, transl. Khater 109. Dazu Kluger, Hochmeister 87–95; Winkelmann, Friedrich 2, 113–117. – Die islamischen Nachrichten gehen auf Ibn Wāṣil, ed. Gabrieli, Kreuzzüge 328 f., zurück, der sich freilich fast ganz auf die Vereinbarungen über Jerusalem beschränkt und von einem Befestigungsverbot für die Stadt redet, vgl. Gottschalk, Al-Kāmil 156–158. Gegen dieses Verbot spricht jedoch der Artikel I in Gerolds Auszügen ebenso wie Friedrichs Verhalten, der noch in Jerusalem die Wiederbefestigung der Stadt in die Wege leitete, vgl. Hermann 162, Z. 23–26, 168, Z. 18 f., sowie Gerold 303, Z. 26–43.

[138] Bericht Gerolds: MGH Epp. saec. XIII 1, 301, Z. 28–302, Z. 12; vgl. Friedrich, MGH Const. 2, 165, Z. 31–34, Nr. 122 (Datum der Eide).

und kommentierte.[139] Zunächst einmal beunruhigte ihn die in seinen Augen völlig unzureichende Sicherung der an den Kaiser abgetretenen Gebiete. Er tadelte die fehlende Zustimmung an-Nāṣirs als des eigentlichen islamischen Herrn der fraglichen Territorien und äußerte die Befürchtung, Jerusalem werde, da allein die Eide von Kaiser und Sultan seine Freiheit schützten, den Christen sofort wieder verlorengehen, sobald Friedrich das Land verlassen habe. Nach der Niederlage an-Nāṣirs im Sommer 1229 und dank der Vertragstreue beider Seiten erwies sich diese Sorge indessen als unbegründet. Stärker bekümmerte den Patriarchen wohl ohnehin, daß sein geistlicher Rang und besonders seine Stellung in Jerusalem nicht die gebührende Berücksichtigung gefunden, daß zudem weder er selbst noch etwa die Chorherren vom Heiligen Grabe und andere große Stifte und Klöster oder die Templer und Johanniter irgendeines ihrer Besitztümer außerhalb Jerusalems zurückgewonnen hatten. Aber konnte er es dem Kaiser wirklich verdenken, wenn dieser die Interessen seines erbitterten Widersachers höchstens mit gedämpftem Eifer verfolgte, zumal selbst ein intensiverer Einsatz kaum mehr Erfolg versprach?

Was Gerold darüber hinaus und vielleicht am meisten ärgerte und erbitterte, das war die von ihm bereits während der Verhandlungen ständig beobachtete und nun den Pakt nach seiner Ansicht prägende kaiserliche Nachgiebigkeit, ja Unterwürfigkeit den Sarazenen gegenüber. Friedrich, so sein Vorwurf, habe sich dem Sultan von Anfang an auf würdelose, der christlichen Sache zur Schande gereichende Art angedient. Er habe, seine schon bestehende Vorliebe noch steigernd, geradezu muslimische Lebensformen übernommen und dementsprechend jede kriegerische Auseinandersetzung gescheut; nicht einmal zehn gefangene oder tote Sarazenen seien auf seinem Kreuzzug zu verzeichnen. Ganz folgerichtig verpflichte er sich in dem Abkommen mit al-Kāmil zum Schutz von Muslimen gegen angreifende Christen – Gerold meint das kaiserliche Versprechen, für die Wahrung des Waffenstillstandes zu sorgen – und liefere überdies Bethlehem und vor allem den Felsendom, zwei den Christen besonders teure Stätten, an die Ungläubigen aus. Das bedeute zum Beispiel, daß christliche Besucher, um in das *Templum Domini* zu gelangen, ihren Glauben verleugnen müßten. Der Abschluß einer derartigen Übereinkunft durch einen christlichen Herrscher könne nur als ein ungeheuerlicher, abstoßender, zutiefst empörender Vorgang bezeichnet werden.

Friedrichs Bemühen, statt im Kampf durch Verhandlung und Kooperation zum Ziel zu kommen, und seine Bereitschaft, von Christen wie Musli-

---

[139] MGH Epp. saec. XIII 1, 296–298, Nr. 380, vgl. den zugehörigen Brief ebd. 301, Z. 20–27, 302, Z. 13–303, Z. 10, Nr. 384 (26. 3. 1229). Dazu Kluger, Hochmeister 90–95, vgl. 83 f.; Hiestand, Friedrich 146–148.

men verehrte Orte beiden Religionen zugänglich zu machen, ihnen dort ein Mit- oder wenigstens Nebeneinander zu ermöglichen, stießen also auf Gerolds heftigen Widerstand. In den Augen des streng und unnachgiebig die kirchlichen Normen verfechtenden Mannes entlarvte sich der verstockt in der Exkommunikation verweilende und schon deshalb äußerst verdächtige Herrscher damit endgültig als ein auf den Weg des Unglaubens Geratener. Überzeugt von seiner Einschätzung, war der Patriarch wohl zu leicht bereit, auch Gerüchte und Halbwahrheiten für bare Münze zu nehmen, wenn sie sein Urteil stützten, Handlungen oder Texte wie etwa Friedrichs Vertrag umzudeuten, bis sie seine Meinung bestätigten. Dies konnte weitreichende Folgen haben, weil Gerolds Anschuldigungen genau zu dem Bild paßten, das Gregor IX. seit seinem Bannspruch vom Kaiser entwickelte, weil sie dem Papst neue Gründe lieferten, auch in Zukunft bei seiner kompromißlosen Haltung dem Staufer gegenüber zu bleiben. Nahm er sie auf, drohten sich die Fronten in dem Maße weiter zu verhärten, wie sich die Argumente von der Realität entfernten.[140]

Friedrich seinerseits legte während der Kreuzfahrt zwar eine unverkennbare Neugierde auf die islamische Welt und Wissenschaft an den Tag. Trotzdem dachte er gewiß weder daran, sich persönlich stärker dem Islam zuzuwenden, noch entsprach wohl seine Einstellung zu den Muslimen dem, was wir Toleranz nennen. Bei den Lösungen, die er billigte, handelte es sich um Kompromisse, die ihm die spezielle Situation, insbesondere seine Exkommunikation, aufnötigte, und Hermann von Salza, der seine Entscheidungen, obwohl gewiß ein der Kirche sehr verbundener Mann, ohne Einschränkung mittrug, sprach dies auch offen aus.[141] Sie lagen dem Denken des Staufers indessen nicht allzu fern – die wohlwollende Duldung der Muslime, soweit sie seinen Interessen diente, praktizierte er wie in Jerusalem schließlich bereits in Lucera. Außerdem hatte es, worauf wiederum Hermann von Salza verwies,[142] im Heiligen Land während des 12. Jahrhunderts durchaus ein vergleichbares Zusammenleben von Christen und Sarazenen gegeben.

Den Kampf aber durch Gespräche und Abkommen mit den islamischen Machthabern zu ersetzen, das versuchte – von Waffenstillstandsabschlüssen wie dem des Richard Löwenherz abgesehen – schon Innozenz III. Schon dieser Papst forderte nämlich 1213 und erneut 1216 Sultan al-'Ādil

---

[140] Vgl. zu Gerolds Bericht an Gregor IX. oben S. 152, Anm. 134, zu Gregors früher Tendenz, Friedrich zum Sarazenenfreund zu stempeln, oben S. 138, Anm. 109.

[141] MGH Const. 2, 162, Z. 17–19, Nr. 121, vgl. Friedrichs Andeutungen ebd. 167, Z. 39–42, 168, Z. 31–34, Nr. 123, außerdem Richard von S. Germano, ad 1229, ed. Garufi 159, Z. 15–26, Chronicon Wormatiense, ad 1227, ed. Boos 167.

[142] MGH Const. 2, 168, Z. 28–31, Nr. 123.

auf, das Heilige Land, um einen drohenden Kreuzzug und eine blutige Niederlage zu vermeiden, freiwillig herauszugeben, und versprach den dortigen Sarazenen für diesen Fall sogar gleichfalls eine weiterhin ungestörte Existenz. Friedrich für ein ganz ähnliches Vorgehen anzuprangern, dafür gab es demnach gerade von kirchlicher Seite eigentlich keine Berechtigung.[143] Allerdings waren die Ansätze und Möglichkeiten, die er aufgriff, im Abendland bisher fast unbeachtet geblieben. Deshalb verwundert es nicht, daß er allenthalben Aufmerksamkeit und je nach Standpunkt Bewunderung oder eben auch Anstoß erregte, als er sie energisch aufgriff, weiterverfolgte und am Ende tatsächlich erstmals verwirklichen konnte.

In Jerusalem

Die Nachricht von der bevorstehenden Übergabe Jerusalems rief im Lager der Kreuzfahrer unbeschreiblichen Jubel hervor. Zwar behauptete der Patriarch mit schwer überhörbarer Mißbilligung, nur die Deutschen hätten sich über den kaum mehr erwarteten Glücksfall gefreut, weil sie in ihrer Einfalt überhaupt nur an den Besuch des Heiligen Grabes gedacht und die trügerischen Machenschaften, die ihn ermöglichten, nicht durchschaut hätten. Doch in Wahrheit war die Grabeskirche in Jerusalem, war das Gebet an dieser hochverehrten, geheiligten Stätte das ersehnte und eigentliche Ziel aller Pilger. So folgte dem Kaiser gegen Gerolds ausdrückliches Verbot das ganze Kreuzfahrerheer, schlossen sich auch die Engländer und sogar Templer und Johanniter an, als er von Jaffa in das etwa 50 Kilometer entfernte, inzwischen von den Muslimen geräumte Jerusalem aufbrach. Am 17. März, einem Samstag, zog er in die Stadt ein, die ihm der Kadi von Nablus auf Befehl des Sultans in aller Form übergab. Noch am Abend suchte er die Grabeskirche auf, um dort zu beten und mit diesem Akt zugleich der Pilgerschar wie der ganzen Christenheit demonstrativ seine Stellung als rechtgläubiger christlicher Imperator vor Augen zu führen.[144]

[143] Innozenz III., Ep. 16, 37, PL 216, 831 f., vgl. Ep. 16, 36, 830 f., und schon Ep. 14, 69, 434; dazu Maccarrone, Studi 120–122, Roscher, Innocenz 137, 147 f., 286 f.
[144] Dazu wie zum Folgenden: Gerold an den Papst, MGH Epp. saec. XIII 1, 301, Z. 44–302, Z. 4, 303, Z. 9–22, Z. 29–31 (die Teilnehmer), Nr. 384 (26. 3. 1229); Briefe Hermanns: MGH Const. 2, 162, Z. 23–27, Nr. 121 (7.–17. 3. 1229), ebd. 167, Z. 20–28, 168, Z. 6–8, Nr. 123 (nach 19. 3. 1229); Friedrich: ebd. 166, Nr. 122 (5) (18. 3. 1229); vgl. Estoire d'Eracles XXXIII 8, RHCOc 2, 374; Chronique d'Ernoul ad 1229, ad. Mas Latrie 465 f.; Breve chronicon ad 1228, ed. Huillard-Bréholles 901; Ibn Wāṣil, ed. Gabrieli, Kreuzzüge 329, 330 (Räumung Jerusalems). – Zur Stimmung der Pilger: Freidanks Bescheidenheit 160, 6–17, 161, 7–22, ed. Spiewok 136.

Am Morgen des folgenden Tages, des Sonntags Oculi, beabsichtigte der Kaiser offenbar zunächst, von Männern aus seiner Umgebung darin bestärkt, an der Meßfeier in der Grabeskirche teilzunehmen. Jene Berater glaubten wohl wie viele andere, wie etwa auch der süddeutsche Dichter und Kreuzzugsteilnehmer Freidank,[145] mit der endgültigen Einlösung seines Kreuzzugsgelöbnisses sei Friedrich sofort und ohne weiteres vom päpstlichen Bann gelöst. Dem besonnenen Hermann von Salza gelang es dann aber, wie er selbst berichtet, den Herrscher von seinem Vorhaben abzubringen, weil es den Bruch mit dem Papst unheilbar zu machen drohte. So begnügte sich Friedrich mit einer Geste, durch die der Erfolg und glanzvolle Abschluß seiner Kreuzfahrt eindrücklich sichtbar werden sollte, von der zugleich zu hoffen war, daß sie bei der Kirche keinen allzu großen Anstoß erregen würde. Er betrat nach dem Gottesdienst die Kirche, setzte sich ohne Weihe oder sonst eine geistliche Handlung die auf dem Hauptaltar liegende Krone auf und schritt derart geschmückt und ausgezeichnet zu seinem Thronsessel.

Über die an sich bescheidene, von Friedrich wie Hermann von Salza fast wortgleich, aber leider nur äußerst knapp geschilderte Zeremonie ist viel gerätselt worden, sogar eine alle mittelalterlichen Herrschaftsvorstellungen vollkommen sprengende Selbstkrönung wollte man in ihr erkennen.[146] Heute herrscht freilich weithin Einigkeit darüber, daß davon kaum die Rede sein kann,[147] und schon Kaiser und Ordensmeister suchten offenkundig gerade dieser Deutung von vornherein den Boden zu entziehen, indem sie beide das Tragen der Krone als das Entscheidende herausstellten. Natürlich kam eine ordnungsgemäße Krönung des gebannten, unter dem Interdikt stehenden Herrschers schon wegen der strikten Weigerung des dafür zuständigen Patriarchen von Jerusalem nicht in Frage. Aber selbst eine eigenmächtige herrscherliche Selbstkrönung konnte die Tatsache nicht aus der Welt schaffen, daß gar nicht mehr Friedrich, sondern sein Sohn Konrad der rechtmäßige König von Jerusalem war. Um so leichter ließ sich dagegen voraussehen, daß eine solche Krönung, obwohl rechtlich völlig irrelevant, neben der Geistlichkeit des Königreichs auch dessen Adel ernstlich gegen den Staufer aufbringen würde. Gleichwohl lag diesem aus verständlichen Gründen daran, seinen königsgleichen Rang als eigentlicher Inhaber der Herrschaft, das Faktum seiner königlichen

---

[145] „Got und der kaiser hânt erlôst ein grap, deist aller kristen trôst. sît er daz beste hât getân, sô sol man in ûz banne lân", Freidanks Bescheidenheit 160, 16–19, vgl. das Folgende, ed. Spiewok 136.

[146] Kantorowicz, Friedrich 183, vgl. 186–188.

[147] Grundlegend Mayer, Pontifikale 200–210; siehe außerdem Kluger, Hochmeister 95–113, Hiestand, Friedrich 146.

Macht, dazu seine Leistung als Kreuzfahrer, seine überragenden Verdienste um das Königreich Jerusalem den in der Hauptstadt Anwesenden wie der Öffentlichkeit überhaupt unmißverständlich einzuprägen, und eben dies wünschte er mit seinem Gang unter der Krone zu erreichen. In der Grabeskirche vollzogen, sollte dieser Gang zugleich eindrücklich seine Dankbarkeit gegen Gott bekunden.[148] Die Barone des Königreiches fanden an seinem Auftreten als Gekrönter denn auch nichts auszusetzen – wenigstens kennen wir keine Stimme der Kritik aus ihren Reihen. Der Patriarch freilich stellte das Ganze als eine jeder Ordnung widersprechende, dem kaiserlichen Ansehen abträgliche Selbstkrönung dar, und Papst Gregor IX. übernahm diese Interpretation zunächst. Er erwähnte die Angelegenheit dann aber bald nicht mehr, vielleicht weil die Erläuterungen Hermanns von Salza bei ihm ihre Wirkung taten.[149]

Von der Grabeskirche aus begab sich der Kaiser wohl in das unmittelbar südlich gelegene Haus der Johanniter, wo er vielleicht auch wohnte und nun jedenfalls die Großen des Kreuzfahrerheeres und des Königreiches empfing.[150] Vermutlich im Anschluß an diese Zusammenkunft ließ er Hermann von Salza vor einer großen Menschenmenge, vor hochrangigen Persönlichkeiten wie den Erzbischöfen von Palermo und Capua, aber auch vielen einfacheren Leuten, eine vorbereitete Erklärung in lateinischer Sprache verlesen und danach auf deutsch erläutern.[151] Nach Hermanns eigener Schilderung hob der Herrscher darin seine langen Bemühungen um den Kreuzzug hervor und entschuldigte dessen wieder und wieder nötigen Aufschub. Er äußerte zugleich Verständnis dafür, daß der Papst ihn gebannt und streng behandelt habe, sei ihm doch seines Rufes und der Würde seines geistlichen Amtes wegen gar keine andere Wahl ge-

---

[148] Möglicherweise trug Friedrich die Krone noch anschließend auf dem Weg zum Haus der Johanniter, Roger von Wendover, ad 1229, ed. Hewlett 2, 373; die Annales Marbacenses, ad 1229, MGH SS rer. Germ. 9, 13, verwechseln wohl Grabeskirche und *templum Domini*.

[149] Gerold: MGH Epp. saec. XIII 1, 303, Z. 21f., Nr. 384 (26. 3. 1229), Matthaeus Parisiensis, Chronica maiora, ad 1229, ed. Luard 3, 180 (Anfang Mai 1229; = HB 3, 136); Gregor IX.: MGH Epp. 309, Z. 17f., Nr. 390 (13. 6. 1229), vgl. Roger von Wendover, ad 1229, ed. Hewlett 2, 373; zur Anerkennung von Friedrichs Königstitel siehe unten S. 267 mit Anm. 7.

[150] Estoire d'Eracles XXXIII 8, RHCOc 2, 374, vgl. oben Anm. 148.

[151] Bericht Hermanns: MGH Const. 2, 167f., Nr. 123 (nach 19. 3. 1229); dazu Kluger, Hochmeister 113–117, vgl. dort 113f. zur hier übernommenen Schilderung von Hermanns Funktion; Hermanns unklare eigene Formulierung (167, Z. 30f.) schließt freilich nicht aus, daß Friedrich seine Verlautbarung zunächst tatsächlich selbst vortrug (vielleicht auf italienisch). Vgl. noch Roger von Wendover, ad 1229, ed. Hewlett 2, 373; Gerold, MGH Epp. saec. XIII 1, 303, Z. 22–26, Nr. 384.

blieben. Zudem werde gewiß manche im Heiligen Land geschehene Kränkung der kaiserlichen Majestät Gregors Mißbilligung finden, wenn er nur erst davon erfahre. Im übrigen wolle er, Friedrich, sich nicht brüsten, weil ihn Gott so außerordentlich erhebe, sondern sich im Gegenteil vor Gott und dessen irdischem Stellvertreter um so tiefer demütigen und fortan seine ganze Kraft für die Eintracht zwischen Kirche und Imperium einsetzen – zum Schaden der Feinde Christi, die als einzige aus dem gegenwärtigen Streit Nutzen zögen.

Die Szene machte den Augenzeugen wie heute noch uns schon äußerlich, sozusagen mit einem Blick, das enge Vertrauensverhältnis deutlich, das damals zwischen dem Staufer und dem Leiter des Deutschen Ordens herrschte. Hermanns Einfluß prägte denn auch den Inhalt der kaiserlichen Botschaft ganz wesentlich und ließ dort wie beim morgendlichen Besuch der Grabeskirche das Bemühen um Versöhnung mit der Kirche die Oberhand gewinnen. Gewiß verhehlte Friedrich keineswegs seine hochgemute Überzeugung, daß Gott selbst ihm seinen unerwarteten Kreuzzugserfolg geschenkt und sein Tun damit auf die klarste überhaupt vorstellbare Weise gerechtfertigt habe. Er glaubte indessen wohl, Gregor könne sich dieser Erkenntnis auf Dauer gleichfalls nicht verschließen und müsse deshalb die Unhaltbarkeit der bisherigen päpstlichen Position am Ende einräumen. Mit der Ankündigung der eigenen Nachgiebigkeit hoffte er, den Prozeß der Annäherung und Aussöhnung zu beschleunigen und zu erleichtern. Um den Ausgleich zwischen Kirche und Imperium aber ging es ihm wie dem Ordensmeister sicher mit vollem Ernst. Hermann wußte, daß seiner Ordensgemeinschaft nur so die gewonnene Geltung langfristig würde gesichert bleiben, und offenkundig hatte er auch den Kaiser in der Einsicht neu bestärkt, die staufische Herrschaft in Regnum und Imperium lasse sich ohne das Einvernehmen mit dem Papst oder gar in Gegnerschaft zu ihm nur sehr schwer bewahren, keinesfalls festigen und ausbauen.

Noch unter dem Datum des Sonntags und mit dem Ehrfurcht gebietenden Vermerk „Gegeben in der Heiligen Stadt Jerusalem" sandte Friedrich ein umfangreiches Rundschreiben in die Welt hinaus, an den Papst, an seinen Sohn Heinrich und seine Vertrauten im Reich wie an die Großen des Imperiums insgesamt, aber ebenso etwa an den englischen oder den französischen König.[152] Ausführlich erstattete er darin Bericht über den Verlauf seiner Kreuzfahrt seit der Ankunft in Jaffa, über ihre mancherlei Krisen und

---

[152] MGH Const. 2, 162–167, Nr. 122 (18. 3. 1229), unter Benutzung der verschiedenen noch erhaltenen Versionen; zum Brief an Heinrich und den französischen König: Chronique d'Ernoul, ad 1229, ed. Mas Latrie 466. Zum Inhalt: Hiestand, Friedrich 145 f.; Kluger, Hochmeister 117–122 (117–119 zum Anteil Hermanns von Salza an der Formulierung); Kantorowicz, Friedrich 183–186.

In Jerusalem

Gefährdungen wie über ihr alles menschliche Erwarten übertreffendes glückliches Ende mit dem Vertragsabschluß und dem feierlich-erhebenden Einzug in Jerusalem. Er betonte sein tiefes Vertrauen zu Gott und Christus während aller Phasen des Unternehmens, den festen Glauben an ihre Hilfe, mit dem er alle Widrigkeiten geduldig ertragen habe, sein stetiges Ausharren in ihrem Dienst als Führer der Streiter Christi. Diesem demütig-frommen Sinn von Herrscher und Heer, ihrem Beten und Flehen antwortete nach des Kaisers Worten das verzeihende Erbarmen Gottes, der die Kreuzfahrer in seiner Milde zuweilen geradezu wunderbar errettete und führte, der an ihnen schließlich das größte Wunder vollbrachte, ihnen das kostbarste, zu höchstem Dank und Lob verpflichtende Geschenk anvertraute, indem er ihnen Jerusalem öffnete. Zur Ehre und zum Ruhm Gottes habe er, Friedrich, denn auch in der Grabeskirche die Krone getragen.

Die Hochstimmung des Kaisers und seiner Begleiter, ihre echte Ergriffenheit angesichts des Erlebten und der Gegenwart der heiligen Stadt Jerusalem, aber ebenso ihre Freude und Genugtuung über die allerhöchste Bestätigung des eigenen Weges, ihre dadurch neu bestärkte Selbstgewißheit – alle diese Empfindungen bringt am glänzendsten die Eingangspassage der kaiserlichen Enzyklika zum Ausdruck. Sie wurde seit je mit Recht gerühmt als ein großartiges Beispiel für die meisterliche Sprachkunst der führenden Mitarbeiter des Kaisers, und ihr Autor nutzte in der Tat souverän alle damals in lateinischer Sprache zu Gebote stehenden Möglichkeiten, um überschwenglichen Jubel und Lobpreis, fassungsloses Staunen und Dankbarkeit so gültig auszudrücken wie es dem einzigartigen Festtag angemessen war.[153] Er bediente sich mit Vorliebe des biblisch-theologischen Wortschatzes, ließ Psalmzitate und Wendungen aus der Liturgie anklingen, mischte die vielfältigen Farben der Vokale und Konsonanten geschickt zu hellem, fröhlichem oder dunkel-geheimnisvollem Wohllaut und achtete mit feinfühligem Gespür für sprachliche Wirkung auf den lebendigen Rhythmus der Satzschlüsse. So gelang ihm ein Text von erlesener Gehobenheit des Ausdrucks, von geradezu tänzerischem Schwung und an Musik erinnernder Klangfülle, der seine zeitgenössischen Leser mit sich fortzureißen, sie einzubeziehen suchte in das Freudenfest der Kreuzfahrer, in ihr Entzücken über das aktuelle, die biblischen Wunder erneuernde Geschehen und ihr Preisen Gottes.

Überraschenderweise findet sich nur in einer einzigen Fassung des Schreibens, der dem englischen König zugedachten nämlich, in dem dort ähnlich wie der Eingang pathetisch gehobenen Schlußabschnitt eine Anspielung auf das Königtum Davids. Am eben Erlebten, so heißt es da, soll-

---

[153] Vgl. aber doch die bei Kluger, Hochmeister 119 Anm. 176, angeführten Parallelen.

ten die Gläubigen erkennen, daß Gott wahrhaftig sein Volk erlöst und ihm im Hause Davids ein Horn des Heils aufgerichtet habe. Der Verfasser zitiert hier Zacharias' prophetische Ankündigung der Geburt Christi im Lukas-Evangelium (1,68f.), und man kann seine Worte in der Tat als eine Aufforderung an die Christen lesen, sich durch den Einzug des Kaisers in Jerusalem an das göttliche Heilswirken erinnern und im Glauben daran bestärken zu lassen. Gleich nahe legt die Stelle freilich den Gedanken, im Schreiten Friedrichs unter der Krone Davids werde ein zweiter, Christi Geburt gewissermaßen bestätigender göttlicher Heilsakt sichtbar; stiege der Staufer damit auch noch nicht geradewegs zur Gleichheit mit Christus auf, so erhielte er doch eine überragende Rolle im Heilsplan Gottes.

Der Geschichtsschreiber, dem wir die fragliche Version verdanken, geht mit dem Wortlaut des kaiserlichen Briefes teilweise allerdings recht großzügig um, so daß wir nicht ganz sicher sein können, bei ihm überall den ursprünglichen Text der staufischen Kanzlei wiederzufinden.[154] Davon abgesehen: Wenn Friedrich die an das Haus Davids erinnernde Passage nur vereinzelt benutzte und vor allem gegenüber Empfängern aus seinem eigenen Herrschaftsgebiet völlig auf sie verzichtete, dann legte er doch wohl kein allzu großes Gewicht auf sie, ganz gleichgültig wie er sie verstanden wissen wollte.[155] Zu welch gefährlichen Höhenflügen und Übersteigerungen aber das kaiserliche Selbstbewußtsein getrieben werden konnte, sofern es sich zu Unrecht verketzert glaubte, das immerhin deutet sich hier bereits an.

Die kaiserliche Jerusalem-Enzyklika kündet von der überwältigenden Erfahrung des Herrschers, erneut am eigenen Leibe ein Wunder Gottes erlebt zu haben, und von seiner tiefen Dankbarkeit darüber. Sie knüpft mit diesen Schwerpunkten zweifellos an die Rede vom selben Tag an; anders als dort fehlt in ihr allerdings die ausdrückliche Hinwendung zum Papst, die Ankündigung der eigenen Bußbereitschaft. Trotzdem steht das Dokument keineswegs im Gegensatz zu dem kaiserlichen Bemühen, Frieden mit der Kirche zu erlangen. Jede seiner Zeilen spiegelt vielmehr die Erwartung Friedrichs wider, mit dem ganzen Abendland werde auch Gregor IX., sei er erst vom wahren Gang der Dinge unterrichtet, seine, des

---

[154] Roger von Wendover, ad 1229, ed. Hewlett 2, 365–369, das dort fehlende Stück über die Ankunft der Kreuzfahrer in Jaffa ist ebd. ad 1228, 352, eingeschaltet, vgl. dazu Kluger, Hochmeister 119–121.

[155] Erwähnungen Davids begegnen bei Friedrich auch später eher selten, sie bewegen sich inhaltlich ganz im üblichen Rahmen, vgl. HB 4, 528, HB 6, 28, 31 (vgl. HB 6, 32; durchweg der Konflikt David – Absalom als Parallele zum eigenen mit Heinrich VII.), außerdem HB 6, 2, Acta Imperii 1, 299, Nr. 338; zur Rolle des Davidkönigtums im allgemeinen vgl. Kantorowicz, Friedrich. Ergänzungsband 73f.

Kaisers Frömmigkeit und die Gnade, die er vor Gott gefunden habe, klar erkennen und dann einlenken. Die restlichen Stunden des Sonntags gingen offenbar hin mit Unterredungen des Kaisers über die Verwaltung und vor allem über den Wiederaufbau und die Befestigung der Stadt Jerusalem. Die Frage der Finanzierung bereitete erhebliche Schwierigkeiten – wie andere zögerten die Templer und Johanniter mit Zusagen und erbaten Bedenkzeit. Erst am nächsten Morgen erklärten anscheinend wenigstens die Templer ihre Bereitschaft zur Mithilfe. Jetzt trübte freilich bereits ein anderes Ereignis die Stimmung der Kreuzfahrer schwer: Der Erzbischof von Caesarea hatte, eben in der Stadt eingetroffen, auf Geheiß des Patriarchen sofort die Grabeskirche und alle anderen Gotteshäuser Jerusalems mit dem Interdikt belegt. Groß war die Enttäuschung der Pilger, groß ihr Unwille gegen diese kirchliche Maßnahme, die in ihren Augen, ohne Grund befohlen, nur Unschuldige traf. Der Kaiser konnte, da der Erzbischof nicht bei ihm erschien, nur vor der übrigen Geistlichkeit seinen Unmut und sein Unverständnis darüber bekunden, daß die gerade befreiten Heiligen Stätten nun von der Kirche selbst den Gläubigen schon wieder versperrt würden. Am selben Tag noch reiste er nach Jaffa zurück und eilte von dort nach Akkon weiter.[156]

Friedrich hielt sich nur relativ kurz in Jerusalem auf, fast ständig beschäftigt mit öffentlichen Auftritten, Empfängen und Verhandlungen. So blieb für die Begegnungen und Ereignisse, von denen arabische Autoren noch zusätzlich berichten, nicht gar zuviel Zeit, und schon deswegen kann sich nicht alles genau so zugetragen haben, wie sie es schildern. Zudem waren sie allesamt keine Augenzeugen, zwei von ihnen jedoch immerhin Zeitgenossen, und sie bieten auch die wichtigsten Informationen.

Der eine, Ibn Wāṣil, beruft sich überdies auf einen guten Gewährsmann, nämlich jenen Kadi von Nablus selbst, der Jerusalem an Friedrich übergab und den er persönlich kannte. Freilich gilt es bei ihm wie bei den anderen muslimischen Geschichtsschreibern zu bedenken, welche Trauer und Bestürzung die Auslieferung Jerusalems an die Christen in der islamischen Welt auslöste. Die aus der Stadt vertriebenen Sarazenen fanden in ihrem Leid und mit ihren Klagen allenthalben Gehör; empört wandte sich die Öffentlichkeit vielerorts gegen al-Kāmil, und die Entwicklung drohte ihm insofern ernsthaft gefährlich zu werden, als sein gegnerischer Neffe an-Nāṣir die allgemeine Verbitterung noch schürte, um im Volke größeren Rückhalt gegen den Onkel zu gewinnen. So mußten Autoren, denen am Wohlwollen des Sultans oder seiner Umgebung lag, versuchen, dessen

---

[156] MGH Epp. saec. XIII 1, 303, Z. 26–304, Z. 5, Nr. 384 (Gerold; 26. 3. 1229); MGH Const. 2, 168, Z. 19f., Nr. 123 (Hermann; nach 19. 3. 1229); ebd. 166, Z. 22–27 bzw. 36–44, Nr. 122 (Friedrich; 18. 3. 1229).

Schuld an dem Geschehen wie überhaupt die Bedeutung des Falls von Jerusalem möglichst herunterzuspielen.

Ibn Wāṣil betonte zu diesem Zweck einmal die schwierige Lage des Sultans bei der Ankunft des Kaisers. Er benutzte zum andern – darin übrigens grundsätzlich dem Patriarchen Gerold vergleichbar – des Staufers neugierige Offenheit und pragmatische Unvoreingenommenheit dem Islam gegenüber, um ihn seinen Lesern als einen Mann zu präsentieren, der, ohnehin aus einem großenteils islamischen Land stammend, mit dem Papst, dem Kalifen des Christentums, in tiefer Feindschaft lebe und selbst als ein verständiger, aufgeschlossener Freund des Islams, ja eigentlich fast als echter Muslim gelten dürfe. An den Verhältnissen in Jerusalem ändere der Machtwechsel deshalb aller Voraussicht nach kaum etwas.

Sieht man von dieser Tendenz ab, die Ibn Wāṣil beispielsweise auch dazu bestimmte, den Kaiser beim Sultan ausdrücklich um Erlaubnis für seinen Jerusalembesuch bitten zu lassen, so erscheint seine Darstellung in ihrem Kern durchaus glaubwürdig. Er beschreibt einen kurzen Rundgang des Kaisers durch den Tempelbezirk, wie Friedrich ihn wohl in der Tat, etwa im Laufe des Samstag- oder Sonntagnachmittages, in sein dichtes Programm einschob. Der Staufer zeigte bewunderndes Interesse für die Schönheit der Bauwerke, sorgte für die Zurückweisung eines christlichen Priesters, der entgegen der Vereinbarung mit al-Kāmil die Al-Aqṣā-Moschee betreten wollte, und bekannte bei Gelegenheit, er werde vom Gebetsruf des Muezzin keineswegs gestört – um ihn zu hören, brauchte er indessen nicht eigens nach Jerusalem zu kommen, wie er nach Ibn Wāṣil vorgab, offenbar ohne dabei an die angeblich so starke islamische Prägung seiner Heimat zu denken.[157]

In der Person unseres zweiten zeitgenössischen arabischen Gewährsmannes Sibṭ Ibn al-Ǧauzī tritt jener Prediger vor uns, der im Auftrag an-Nāṣirs mit einer großen öffentlichen Klagerede über das Schicksal Jerusalems die Stimmung gegen al-Kāmil in Damaskus noch weiter aufheizen sollte. Er ging dabei allerdings offenbar eher vorsichtig zu Werke, denn er stand nach an-Nāṣirs Vertreibung auch bei al-Ašraf in Gunst. Dementsprechend verfolgte er bei der Schilderung Friedrichs eine ganz ähnliche Grundlinie wie Ibn Wāṣil.[158] Seine Kenntnisse scheinen freilich schlechter

---

[157] Ibn Wāṣil, ed. Gabrieli, Kreuzzüge 327, 329, 331 f. (Friedrich und al-Kāmil; Trauer der Muslime, vgl. dazu noch al-Maqrīzī, ed. Amari, Biblioteca 264; Agitation an-Nāṣirs), 330 f. (Friedrichs Besuch); zur Stilisierung Friedrichs und seiner Söhne zu engen Freunden der Aiyubiden und der Muslime und gehaßten Gegnern der Päpste siehe auch ebd. 335–337, 339, daneben Ibn Naẓīf, at-Taʾrīḫ al-Manṣūrī, ed. Amari, Biblioteca. Appendice 63.
[158] Sibṭ Ibn al-Ǧauzī, ed. Gabrieli, Kreuzzüge 332–334 (vgl. zur Rede in Damaskus Ibn Wāṣil, ebd. 331 f.); dazu Gottschalk, Al-Kāmil 158–160.

In Jerusalem

fundiert – er verdankt sie den ihm zu Ohren gekommenen Erzählungen von Aufsehern im Felsendom –, und er neigt außerdem zur phantasievollen Ausschmückung seiner Informationen. So stößt der Kaiser bei ihm den Priester im Felsendom mit der Faust zu Boden, und aus der kurzen kaiserlichen Bemerkung über den Ruf des Muezzin wird eine lange, sich über den ganzen Jerusalemaufenthalt hinziehende Geschichte. Ein großes, weitgehend aus Muslimen bestehendes herrscherliches Gefolge schließlich, das, wie Sibṭ Ibn al-Ǧauzī behauptet, auf den Ruf des Muezzin hin geschlossen in aller Öffentlichkeit sein Mittagsgebet verrichtete, hätte zu dem Auftreten des frommen Kaisers in der Grabeskirche ebenso schlecht gepaßt wie zu seinen feierlichen Verlautbarungen über die wunderbare göttliche Führung seiner Kreuzfahrt, und seine christliche Umgebung wäre gewiß kaum stillschweigend über einen so eklatanten Widerspruch hinweggegangen.[159] Doch niemand aus diesem Kreis erwähnt etwas davon oder spricht überhaupt von Friedrichs Kontakten mit den Muslimen in Jerusalem – nicht einmal Patriarch Gerold, der gerade diesbezügliche neuerliche Verfehlungen Friedrichs doch gewiß nicht verheimlicht hätte.[160]

Als Friedrich am 25. März 1229 wieder in Akkon eintraf, erfuhr er, daß Gerold Truppen werbe, um, wie er erklärte, das Königreich vor einem Angriff an-Nāṣirs zu schützen.[161] Den belagerten inzwischen freilich seine beiden Onkel, und der Kaiser fürchtete mit einem gewissen Recht, Gerolds Rüstungen richteten sich im Grunde gegen ihn selbst, sie gefährdeten jedenfalls seine königliche Stellung im Reich. Seinem Verbot verwei-

---

[159] Friedrichs Bemerkungen zu Einrichtungen des Felsendoms haben auch so, wie sie Sibṭ Ibn al-Ǧauzī zitiert, nicht ohne weiteres eine antichristliche Tendenz. Der berühmte Satz über den geringen Wert des kahlköpfigen, kurzsichtigen Kaisers auf dem Sklavenmarkt aber verdient schon deshalb Mißtrauen, weil Friedrich, der bis zu seinem Lebensende jagte, vom Falkner ausdrücklich scharfe Augen für die Ferne forderte, De arte venandi 1, 162, Z. 27–30. Aus dem Haus, das der Kadi seinem kaiserl. Gast bei Ibn Wāṣil zur Verfügung stellt (wie Anm. 157, S. 331), wird bei Sibṭ Ibn al-Ǧauzī des Kadis Haus (wie Anm. 158, S. 334); der Kaiser wohnte vielleicht im Haus der Johanniter, siehe oben S. 159 mit Anm. 150.
[160] Vgl. Gerolds Briefe MGH Epp. saec. XIII 1, 303, Z. 20–44, Nr. 384 (26. 3. 1229), Matthaeus Parisiensis, Chronica maiora, ad 1229, ed. Luard 3, 180f. (Anf. Mai 1229; = HB 3, 136f.). – Zur kaum zutreffenden Nachricht des Matthaeus Parisiensis, ebd. 177–179, über die Mordabsichten der Templer am Kaiser: Cleve, Kaiser Friedrich 58f.
[161] Hauptquelle zum Folgenden Gerolds Brief an Gregor IX.: Matthaeus Parisiensis (wie Anm. 160) 181–184 (= HB 3, 137–140), vgl. Gregor selbst: MGH Epp. saec. XIII 1, 316f., Nr. 397 (18. 7. 1229); außerdem Richard von S. Germano, ad 1229, ed. Garufi 159f.; Breve chronicon, ad 1228, ed. Huillard-Bréholles 902.

gerte Gerold jedoch, da es von einem Exkommunizierten stamme, den Gehorsam. Danach verschärften sich die Vorwürfe und Gegensätze rasch. Der Kaiser griff auch die Templer an, der Patriarch bedrohte alle Helfer des Herrschers mit seinem Bann, und schließlich sah Friedrich kein anderes Mittel mehr als die Belagerung von Patriarch und Templern in ihren Häusern zu Akkon. Sein bis dahin friedlicher Kreuzzug endete mit einem Kampf unter Christen.

Der bewaffnete Konflikt dauerte indes nicht allzu lange. In den letzten Apriltagen brachte Admiral Heinrich von Malta nämlich mit den angeforderten Galeeren wohl auch äußerst schlechte Nachrichten über die dramatische Zuspitzung der Lage im Regnum Sicilie. Friedrich hielt es daraufhin für dringend geboten, sofort dort einzugreifen, und gab seinen ohnehin nicht recht erfolgversprechenden Kleinkrieg in Akkon auf; bereits in der Frühe des 1. Mai stach er in See. Zuvor hatte er mit einer ganzen Reihe von Privilegien den Einfluß des Deutschen Ordens im Heiligen Land, besonders aber seine Präsenz in der Stadt Jerusalem wesentlich gestärkt und den bewährten Balian von Sidon sowie Werner von Egisheim, einen lange schon in Palästina lebenden, einflußreichen Deutschen, mit seiner Stellvertretung im Königreich Jerusalem betraut. Während eines kurzen Zwischenhaltes auf Zypern besorgte er die Heirat des zyprischen Königs Heinrich und setzte zudem einen fünfköpfigen Regentschaftsrat ihm nahestehender Adliger auf der Insel ein, den er unter anderem anwies, mit einem Teil seiner Einkünfte die beiden Regenten im Königreich Jerusalem zu unterstützen.[162] Dann segelte er endgültig nach Unteritalien zurück, am 10. Juni ging er in Brindisi an Land. Seine Kreuzfahrt hatte der Christenheit zur überschwenglichen Freude der Pilger die Heiligen Stätten Palästinas wiedergewonnen. Ihm selbst aber blieben an ihrem Ende kaum zu meisternde neue Aufgaben im Osten, und die Kluft, die ihn nun von Kirche und Papst trennte, schien eher noch unüberbrückbarer als bei seinem Aufbruch.[163]

---

[162] Siehe dazu auch Estoire d'Eracles XXXIII 9, RHCOc 2, 375; Philipp von Novara 42 (138)–43 (139), ed. Melani 102–104, vgl. Melani, Lotta 105–107. Zu den Urkunden für den Deutschen Orden: Kluger, Hochmeister 123–140, zu Werner von Egisheim: Winkelmann, Friedrich 2, 135 mit Anm. 5.

[163] Vgl. zur Reaktion etwa noch Annales Scheftlarienses, ad 1229, MGH SS 17, 339 (*Hic annus generationibus futuris memorialis erat, cum gloriosus imperator ... terram sanctam intravit*); Burchard von Ursberg, ad 1229, MGH SS rer. Germ. 16, 125 (*imperator super hoc laudabili et glorioso facto rescriberet ... et gaudium annuntiaret christianitati*); Alberich von Troisfontaines, ad 1229, MGH SS 23, 925; aber auch Reineri Annales, ad 1228, MGH SS 16, 680 (*pacem ignominiosam et abhominabilem fecit cum eis*).

Friedrichs künftige Sorge um das Heilige Land

Über den Problemen, die den Kaiser nach seiner Rückkehr vom Kreuzzug in der Heimat erwarteten, verloren seine Verpflichtungen als König von Jerusalem zweifellos stark an Relevanz, er vergaß sie indessen keineswegs völlig. Schon im Januar 1231 gebot er seinen weltlichen wie geistlichen Lehnsleuten im Regnum Sicilie, Ritter für das Heilige Land zu stellen, und im folgenden Sommer brach tatsächlich ein Heer unter Führung des Marschalls Richard Filangieri dahin auf.[164] Die Truppe geriet bereits vor Zypern in erste Schwierigkeiten. Dort war es nämlich Johann von Ibelin rasch gelungen, den kaiserlichen Regentschaftsrat wieder zu vertreiben. Seit Frühjahr 1230 beherrschte er die Insel weitgehend selbst und verhinderte nun die Landung der kaiserlichen Flotte. So segelte Richard nach Tyrus weiter, das ihm in den nächsten zehn Jahren als sein Hauptstützpunkt diente, zugleich jedoch neben Jerusalem der einzige Ort bleiben sollte, über den er uneingeschränkt verfügte. Die Barone des Königreiches erkannten ihn zwar vermutlich formell als Friedrichs Statthalter an, sie wandten sich in ihrer großen Mehrheit dennoch bald gegen ihn. Die meisten von ihnen befürchteten wohl, eine starke staufische Regierung werde einen dezidiert antiadligen Kurs einschlagen; manche grundsätzlich eher stauferfreundliche Männer wie Balian von Sidon oder Odo von Montbéliard verstimmte offenbar Richards selbstherrliches Auftreten.

Das Zentrum des Widerstands bildeten, zu einer Kommune zusammengeschlossen, Adel und Bürgertum der Stadt Akkon; als Haupt der Opposition aber agierte auch im Königreich Jerusalem Johann von Ibelin. Obwohl Richard ihn im Mai 1232 besiegte, vermochte er sich nicht wirklich gegen ihn durchzusetzen. Sein anschließender Versuch, Zypern zurückzuerobern, scheiterte völlig, und nach dem endgültigen Verlust der Insel im Sommer 1233 fehlte der staufischen Partei ohne Verstärkung aus dem Westen die Kraft, ihre relativ bescheidene Position auf dem syrischen Festland noch nennenswert auszubauen.

Wohl seit dem Frühjahr 1233 bemühte sich Friedrich, auf dem Verhandlungswege zu einem Ausgleich mit den syrischen Baronen zu kommen. Der Papst, der damals auf seine Hilfe hoffte, unterstützte ihn dabei; Gre-

---

[164] Richard von S. Germano, ad 1231, ed. Garufi 173, 175, Breve chronicon, ed. Huillard-Bréholles 904, vgl. Acta Imperii 1, 607f., Nr. 766, MGH Epp. saec. XIII 1, 363f., Nr. 450. Hauptquellen für die Entwicklung der Königreiche Zypern und Jerusalem nach 1229: Philipp von Novara 44 (140)–138 (234), ed. Melani 104–242 (bis 1243; ausschweifend, anekdotenhaft und einseitig für das Haus Ibelin); Estoire d'Eracles XXXIII 10 – XXXIV 1, RHCOc 2, 376–439. Vgl. Edbury, Kingdom 59–69, 80–86, 90; Mayer, Geschichte 213, 224–234, Melani, Lotta 107–109.

gor beorderte zeitweise sogar den Patriarchen Gerold, Friedrichs erbitterten Feind, nach Rom, um das Klima im Königreich Jerusalem zu entschärfen. Doch der dort im Auftrag des Kaisers tätige Bischof von Sidon scheiterte ebenso wie der Ordensmeister Hermann von Salza, der vielleicht bereits zusammen mit ihm und dann vermutlich noch einmal ungefähr vom Herbst 1233 bis ins Frühjahr 1234 hinein als kaiserlicher Friedensvermittler im Osten wirkte. Desgleichen blieb schließlich Hermanns neuerlicher Versuch vom Jahreswechsel 1235/36 ohne Erfolg: Der von ihm an der päpstlichen Kurie in Viterbo unter päpstlichem Beistand mit zwei Abgesandten aus Akkon ausgehandelte Vertragstext kam zwar den kaiserlichen Vorstellungen sehr entgegen, stieß gerade deswegen jedoch in Akkon auf empörte Ablehnung und hätte seinen Überbringern fast das Leben gekostet.[165]

Als Johann von Ibelin 1236 starb, rückten Nachkommen und Verwandte in seine Stellung und wahrten die dominierende Rolle des Hauses. Doch auch das Auslaufen von Friedrichs Waffenstillstand mit al-Kāmil im Jahre 1239 veränderte die Verhältnisse zunächst nicht wesentlich, da sich damals die Söhne des Sultans († 1238) um dessen Nachfolge stritten. Die Lage im Königreich spitzte sich erst zu, als die Ibelin-Partei wohl im April 1242 mit Hinweis auf die Volljährigkeit Konrads IV. alle ihre Verpflichtungen gegen Friedrich und seinen Statthalter in Tyrus für erloschen erklärte und als Regenten, solange der neue König nicht persönlich im Lande erscheine, allein seinen nächsten dort anwesenden Verwandten und Erben anerkennen wollte. Die Barone übertrugen die Regentschaft daraufhin in der Tat Alice von Zypern, danach 1246 ihrem Sohn König Heinrich I. und hielten bis zum Tode Konradins († 1268) an diesem Verfahren fest, ohne daß allerdings die beherrschende Position der Ibelins dadurch je gefährdet gewesen wäre. Noch im Jahre 1242 begann unter ihrer Führung die Belagerung von Tyrus, und Richard Filangieri sah sich mit seinen Helfern bald gezwungen, zu kapitulieren und das Königreich zu verlassen.[166] Am endgültigen Fall Jerusalems im Jahre 1244 konnten freilich weder die Ritter des Landes selbst noch der 1248 zur Kreuzfahrt aufbrechende König Ludwig IX. von Frankreich etwas ändern.

---

[165] Bischof von Sidon: Philipp von Novara 109 (205)–112 (208), ed. Melani 202–208; Hermann von Salza: MGH Epp. saec. XIII 1, 471, Nr. 578 (22. 3. 1234), ebd. 481 f., Nr. 594 (8. 8. 1234), vgl. HB 4, 479–481, zur Abberufung Gerolds: Epp. 1, 376–379, Nr. 467–469, 382–385, Nr. 474–478 (Juni–Juli 1232), ebd. 430 f., Nr. 534 (10. 6. 1233); Abkommen von 1235/36: ebd. 570–573, Nr. 673–675 (19.–23. 2. 1236), dazu Estoire d'Eracles XXXIII 40 f., RHCOc 2, 406 f. Eingehende Analyse der Quellen bei Kluger, Hochmeister 177–184.

[166] Absage an Friedrich: Philipp von Novara 129 f. (225 f.), ed. Melani 226–230; der Fall von Tyrus, das weitere Schicksal Richards: ebd. 126 (222)–138 (234), 222–242; zu Richard vgl. Kamp, Kirche 1, 587, sowie oben S. 144 mit Anm. 123.

Friedrichs künftige Sorge um das Heilige Land

Auf den heimwärts segelnden Richard Filangieri wartete ein bitteres Los: Kaum war er am Hof seines kaiserlichen Herrn eingetroffen, da warf ihn dieser seines Versagens wegen in den Kerker. Zwar erlangte er 1244 auf Bitten Graf Raimunds von Toulouse seine Freiheit wieder, er mußte Sizilien jedoch den Rücken kehren und nach Toulouse ins Exil gehen. Erst 1251 gelangte er nach Neapel zurück, in dessen Umgebung er vor 1263 wahrscheinlich auch starb. Den Staufer aber beschäftigte der Gedanke an das Heilige Land weiter. Fürs erste entsandte er 1242 als seinen neuen Statthalter und Legaten einen bewährten Helfer und ausgewiesenen Kenner dorthin, den Grafen Thomas von Acerra nämlich, den die verfahrene Situation, die er antraf, indessen weithin zur Passivität verurteilte. Im Jahre 1246, also kurz nach seiner Absetzung, bot der Kaiser dem Papst dann offenbar an, er werde sich selbst in den Orient begeben und dort bis zu seinem Lebensende für die ungeschmälerte Wiederherstellung des Königreiches Jerusalem kämpfen, wenn nur seinem Sohn Konrad an seiner Stelle die Kaiserwürde zufalle. Dahin kam es dann allerdings nicht, Friedrich machte sich kein zweites Mal auf den Weg nach Jerusalem. Doch wie er bis zu seinem Tod auf den Königstitel jener Stadt nicht verzichtete, so erfüllte ihn noch in seinen letzten Tagen die Sorge für das nach ihr benannte ferne Reich: Nicht weniger als 100 000 Goldunzen sollten gemäß einer Verfügung seines Testaments um seines Seelenheiles willen der Sache des Heiligen Landes zufließen.[167]

---

[167] Thomas von Acerra: Richard von S. Germano, ad 1242 (Juni), ed. Garufi 215, HB 6, 117 (31. 8. 1243), MGH Epp. saec. XIII 2, 399 f., Nr. 564 (25. 5. 1248; = HB 6, 623), vgl. oben S. 23 f. mit Anm. 54; kaiserl. Angebot: Matthaeus Parisiensis, Chronica maiora, ad 1246, ed. Luard 4, 523, vgl. die Wiederholung ad 1250, ebd. 5, 99; Testament: MGH Const. 2, 386, Nr. 274 (6), vgl. den Titel, den Konrad IV. bis 1250 führte: *heres regni Ierusalem*; dazu Hiestand, Friedrich 148 f.

7. NORMA REGNORUM.
DIE SIZILISCHEN REFORMEN DER DREISSIGER JAHRE

Der Einfall päpstlicher Truppen in das Königreich Sizilien

Schon bald nach Friedrichs Abreise in den Orient Ende Juni 1228 hatten sich die Gegensätze in Italien verschärft. Sein Statthalter Rainald von Spoleto bekämpfte den Aufstand der Herren von Popleto in den Abruzzen mit einem ansehnlichen Heer und schürte, da die Rebellen von Rieti aus unterstützt wurden, seinerseits die Unruhe auf päpstlichem Gebiet. Umgekehrt suchte Papst Gregor IX. mit der Heiligsprechung des Franz von Assisi am 16. Juli 1228 und der Grundsteinlegung zur Kirche S. Francesco in Assisi seine Autorität im Kirchenstaat wie in der Christenheit überhaupt zu erhöhen und zugleich natürlich seine von Anfang an engen Beziehungen zu den Franziskanern weiter zu intensivieren, ihre Gemeinschaft noch enger an sich zu binden.[1] Außerdem führten seine Kontakte mit der Lombardischen Liga wohl damals zu einer Absprache, wonach sich die Bundesstädte zur militärischen Hilfe bei der Verteidigung kirchlichen Territoriums gegen sizilische Truppen bereit erklärten, sofern der Papst ihr Vorgehen gegen den Kaiser eindeutig legalisiere.[2] Derart gestärkt, löste Gregor am 31. Juli die Untertanen des Staufers im Imperium wie besonders im sizilischen Regnum von ihren Treueiden, weil ihr Herrscher als beharrlicher Feind und Verfolger der Kirche, Bedroher des Patrimonium Petri und Diener Mohammeds nicht länger das Regiment über Christen führen dürfe. Dieser päpstliche Schritt kam praktisch der Absetzung Friedrichs gleich; er sicherte der römischen Kirche im übrigen endgültig die Unterstützung des Lombardenbundes.[3]

[1] Die Aktionen Rainalds und seines Bruders Berthold: Richard von S. Germano, ad 1228, ed. Garufi 152f.; dazu Hagemann, Herzog Rainald 439f., 443–452. Heiligsprechung des Franziskus: Richard 151, vgl., auch zum Kirchenbau und der Rolle der Franziskaner für Gregor: Feld, Franziskus 362–375, Schenkluhn, San Francesco 189f., 199–203, 208–216, Maier, Preaching 26–29, vgl. unten S. 173, Anm. 11.

[2] Zu erschließen aus: MGH Epp. saec. XIII 1, 304f., Nr. 385 (15. 5. 1229), 313–315, Nr. 395f. (26. 6. bzw. 13. 7. 1229), 327, Nr. 409 (10. 11. 1229), vgl. Annales Placentini Codagnelli, ad 1228, MGH SS rer. Germ. 23, 87f.; dazu Winkelmann, Friedrich 2, 487–489.

[3] MGH Epp. saec. XIII 1, 731f., Nr. 831 (30. 8. 1228), vgl. Roger von Wendover, ad

Rainald fühlte sich daraufhin zu entschiedeneren Maßnahmen berechtigt, ja vielleicht verpflichtet. Er warb nun auf päpstlichem Boden intensiv für den Abfall zum Kaiser und bediente sich dabei allem nach auch jener Schreiben und Privilegien, in denen Friedrich die Schenkung des mittelitalienischen Reichsgebiets an die Kirche widerrufen, die er aber wohl nur für den äußersten Fall einer direkten Bedrohung des Regnums vorgesehen hatte.[4] Rainalds Bruder Berthold setzte sich in Norcia (östlich Spoletos) fest, sein Mitstreiter Konrad von Lützelhard fand Aufnahme in der vom Papst abgefallenen Stadt Foligno (nördlich Spoletos).[5] Bei der Erstürmung einer Burg kam es zu ersten grausamen Übergriffen der von Berthold aufgebotenen Sarazenen aus Lucera. Ende September oder eher im Oktober stieß Rainald dann selbst mit seinem Heer in die Mark Ancona vor und leitete damit endgültig und offen die Rückeroberung der ehemaligen Reichsgebiete ein, begünstigt durch die gerade in der Mark sehr starke antipäpstliche Bewegung, jedoch wohl ohne kaiserliche Vollmacht.

Gregor warnte den Herzog ebenso dringend wie erfolglos und bannte ihn und seine Anhänger schließlich Ende November.[6] Vor allem aber suchte er jetzt energischer als bisher die militärische Gegenwehr zu organisieren. Er forderte von der abendländischen Christenheit Zehnt- und Vorschußzahlungen für seinen Kampf gegen den Kaiser als den eigentlichen Hauptwidersacher der Kirche, ließ das Geld, da sich die Laien oft sperrten, besonders von der Geistlichkeit streng eintreiben und nahm zudem fürs erste wohl Anleihen auf.[7] Eine Abteilung des so bezahlten Söldnerheers unterstellte er Johann von Brienne, dem Schwiegervater und alten Feind Friedrichs also, der seit Anfang 1227 als päpstlicher Gubernator den Norden des Patrimonium Petri verwaltete, in dieser Stellung offenbar bereits über ein gewisses Truppenkontingent verfügte und sich nun mit verstärkten Kräften gegen Rainald wandte. Um dessen Rückzug aus der Mark Ancona noch zu beschleunigen und vor allem seinem kaiserlichen Herrn die sizilische Königsmacht auch tatsächlich zu entziehen, sollte ein zweites Heer, befehligt von Thomas von Celano und Roger von Aqui-

---

1228, ed. Hewlett 2, 344–346 (5. 8. 1228), Alberich von Troisfontaines, ad 1228, MGH SS 23, 921.

[4] MGH Epp. saec. XIII 1, 731, Z. 43f. (Gregor; 30. 8. 1228); vgl. dazu oben S. 140.

[5] Vita Gregorii IX., c. 10, edd. Fabre – Duchesne 21, vgl. c. 8f., ebd. 20f.; zu Konrad: Schubring, Brief 408–411, 424–426.

[6] MGH Epp. saec. XIII 1, 292, Nr. 375 (7. 11. 1228); Bann: ebd. 293–295, Nr. 376f. (30. 11. bzw. 3. 12. 1228), vgl. Richard von S. Germano (wie S. 170, Anm. 1).

[7] Siehe dazu RI V, Nr. 6751, 11084; MGH Epp. saec. XIII 1, 295f., Nr. 378; zu England ausführlich Roger von Wendover, ad 1229, ed. Hewlett 2, 373, 375–378, ergänzend Matthaeus Parisiensis, Chronica maiora ad 1229, ed. Luard 3, 188f., ad 1230, 194.

la, den von Friedrich einst aus dem Regnum ins Exil getriebenen Grafen, unmittelbar in das sizilische Königreich eindringen.[8] Allerdings fiel der lombardische Bund als Helfer zunächst aus. Ein Streit zwischen Bologna und Modena nämlich rief schnell beider Verbündete auf den Plan, an der Spitze auf der einen Seite Mailand, auf der anderen Cremona. Ende Oktober 1228 führte die Auseinandersetzung zu einer heftigen Schlacht, und diese endete mit empfindlichen Verlusten der Liga. Deshalb begannen deren Mitgliedsstädte erst im folgenden März, dem Papst Truppen zuzusenden – viel zu zögernd und viel zu wenige nach Meinung Gregors, der mehr als einmal voller Ungeduld einen energischeren Einsatz forderte.[9]

Die „Schlüsselsoldaten", wie man die päpstlichen Truppen ihres Feldzeichens wegen nannte, überschritten am 18. Januar 1229 die Grenze des Regnum Sicilie bei Ceprano.[10] Ihr erster Vorstoß scheiterte jedoch bald. Aufgehalten bereits vor der entschlossen Widerstand leistenden Stadt Fondi und abgeschreckt durch die Verteidigungsmaßnahmen, die Heinrich von Morra um Aquino, Montecassino und San Germano organisierte, wich das Heer Gregors wieder auf den Boden des Kirchenstaates zurück. Erst Anfang März erschien es erneut, seit April betreut vom päpstlichen Legaten Kardinal Pelagius von Albano, dem umstrittenen Führer des Damietta-Kreuzzuges, und dieses Mal gelang ihm der Durchbruch. Entscheidend war, daß ihm Abt Landulf von Montecassino unter dem Druck der Mahnungen und Drohungen der päpstlichen Seite sein Kloster auslieferte. Darauf brach die grenznahe Verteidigungslinie rasch zusammen. Zwar hielt sich Heinrich von Morra in Capua, zwar verteidigte sich die nordöstlich der Stadt gelegene Feste Caiazzo erfolgreich; sonst aber fiel die Terra di Lavoro, also das Land im Nordwesten des Königreiches, bis hin nach Benevent in die Hand des Papstes. Dazu verbreitete sich, offenbar von Anhängern der Kirche ausgestreut, das Gerücht, der Kaiser sei tot oder doch in Gefangenschaft geraten, und Franziskanermönche warben in enger Verbundenheit mit ihrem päpstli-

---

[8] Johann als Gubernator: MGH Epp. saec. XIII 1, 257f., Nr. 339 (27. 1. 1227), vgl. Böhm, Johann 81–84. Zum päpstl. Heer: Richard von S. Germano, ad. 1228f., ed. Garufi 152f.; zu den beiden Grafen siehe oben S. 61–65.
[9] Annales Placentini Codagnelli, ad 1228, MGH SS rer. Germ. 23, 87–90; zur Schlacht vom 23. 10. 1228 auch: Tolosanus c. 202, ed. Rossini 159–162 (Truppenhilfe für den Papst: c. 194, 197, S. 155f., 158), Albertus Milioli c. 230, MGH SS 31, 506f., Annales Cremonenses, ad 1228, MGH SS 31, 15, Chronicon Parmense ad 1228, ed. Bonazzi 9f., Annales Veronenses, ad 1225, MGH SS 19, 7; zum Tadel Gregors vgl. seine oben S. 170, Anm. 2 genannten Briefe.
[10] Ausführliche Schilderung der folgenden Kämpfe und Maßnahmen bei Richard von S. Germano, ad 1229, ed. Garufi 153–157, vgl. Vita Gregorii IX. c. 10, edd. Fabre – Duchesne 21f.

chen Gönner allenthalben für die Unterwerfung unter Gregor. Obwohl Rainald von Spoleto ihre Ausweisung aus dem Regnum befahl, führte ihre Agitation, gepaart mit der Hoffnung auf das Ende der straffen kaiserlichen Ordnung und den Gewinn größerer Selbständigkeit, zum Abfall mancher Kommune Apuliens vom Kaiser.[11] Gregor selbst tat ein übriges, um diesen Schritt nahezulegen. Er empfahl seinem Legaten Pelagius die schonende Behandlung der sizilischen Gefangenen, führte die Städte des bereits eroberten Gebietes, beispielsweise Gaeta oder Sessa, feierlich unter die Herrschaft der römischen Kirche zurück und verlieh ihnen großzügig den päpstlichen Schutz sowie jene Selbstverwaltungsrechte, die die Gemeinden des Patrimonium Petri genossen, insbesondere die freie Wahl der Konsuln und Rektoren; die Oberherrschaft und Freiheit der Kirche und die ihr gebührenden Dienste und Einkünfte sollten davon allerdings unberührt bleiben.[12]

Die bedrohliche Lage im Regnum veranlaßte Rainald von Spoleto, der sich vorwiegend im Süden der Mark Ancona aufgehalten, dort freilich keinen wirklich durchschlagenden Erfolg erzielt hatte, Anfang April 1229 endlich zur Aufgabe seiner Eroberungspläne und zum Abzug. Sein Versuch, sich nach Capua durchzuschlagen, scheiterte jedoch. Vermutlich verlegten ihm die aufs neue ausgebrochenen Aufstände im ehemaligen Einflußgebiet des Grafen Thomas von Celano den Weg durch die Abruzzen, so daß der von Norden hinter ihm hermarschierende Johann von Brienne ihn in Sulmona (östlich Avezzanos) einschließen konnte. Johann trat von seiner neuen Stellung aus wohl in Kontakt mit wichtigen Zentren Apuliens, entsandte vielleicht sogar bewaffnete Kundschafter in die Hafenstädte jener Region, um den dort etwa landenden Kaiser abzufangen.[13]

[11] Vgl. Friedrichs Brief an Faḫraddīn (23. 8. 1229), ed. Gabrieli, Kreuzzüge 340 f.; MGH Const. 2, 292, Z. 17–21, Nr. 215 (20. 4. 1239); dazu Burchard von Ursberg, ad 1229, MGH SS rer. Germ. 16, 126; Sächsische Weltchronik c. 373, MGH Dt. Chron. 2, 248. Franziskaner: Richard (wie Anm. 10) 156, vgl. Fonseca, Federico 168–171, Maier, Preaching 27–29, Berg, Herrschaftsideologie 28–31, Barone, Federico 614.
[12] MGH Epp. saec. XIII 1, 305–308, Nr. 386–388 (19. 5. 1229); Hampe, Aktenstücke 85–89, Nr. 1–4 (19.–21. 6. 1229; teilweise = Epp. 1, 309–313, Nr. 391 f., 394), vgl. die etwas späteren Urkunden Epp. 1, 321 f., Nr. 401 f. (29. 8., für Sora; 7. 9. 1229, Plan einer Stadtgründung an der Stelle des späteren Aquila).
[13] Roger von Wendover, ad 1229, ed. Hewlett 2, 360 (Warnung des Thomas von Acerra an den heimkehrenden Kaiser, vgl. Winkelmann, Friedrich 2, 497–499; der Brief enthält sonst angesichts der dramatischen Lage allerdings merkwürdig unpräzise und allgemeine, teilweise bereits bekannte Informationen, vgl. 358 f.); Belege zum Abruzzenaufstand: Winkelmann 52 Anm. 2. Vgl. zu Rainald: Hagemann, Herzog Rainald 444–451, 453–457; Böhm, Johann 85–87.

Friedrichs Rückkehr, sein Sieg über die Widersacher

Friedrichs Rückkehr kam für viele äußerst überraschend. Sie hatten der Nachricht von seinem Tod oder doch lang andauernden Fernbleiben geglaubt und fürchteten den lebenden und so unerwartet gegenwärtigen Kaiser nun um so mehr. Selbst Pelagius, die maßgebende Persönlichkeit des in der Terra di Lavoro stehenden Heeres, mußte dem Stimmungsumschwung Tribut zollen. Er entschloß sich zur Aufgabe der bis dahin gewonnenen Positionen, sandte einen entsprechenden Befehl auch an Johann von Brienne und konzentrierte die vereinten päpstlichen Heere um die bereits belagerte Feste Caiazzo bei Capua. Eine päpstliche Einheit bemächtigte sich zudem der wichtigen Grenzstadt Sora und ihres Hinterlandes.

Der Kaiser seinerseits machte den Bewohnern des Königreiches seine glückliche Heimkehr bekannt und forderte ihre Treue und Unterstützung. In der Tat verbesserte sich seine militärische Lage zusehends. Er erhielt Zuzug aus dem Regnum, die Kontingente Rainalds von Spoleto eilten aus dem befreiten Sulmona herbei. Außerdem stellten sich die meisten der nach und nach aus dem Heiligen Land in Brindisi anlangenden deutschen Kreuzritter zu seiner Verfügung, und schließlich folgte ihm auch eine Gruppe von Deutschen, die schon auf der Heimfahrt in Richtung Venedig gewesen und von einem Sturm nach Brindisi zurückgetrieben worden war. Gleich die ersten verfügbaren Truppen führte Graf Thomas von Acerra nach Capua, um die dort ausharrenden kaiserlichen Gefolgsleute zu verstärken. Friedrich indessen verbrachte die Juli- und Augusttage vorzugsweise in Barletta. Er beendete seine Rüstungen und gewann wohl damals bereits jene apulischen Städte zurück, die sich im Frühjahr für den Papst erklärt hatten.[14]

Möglicherweise stammt aus den dramatischen Sommerwochen, da der Kaiser als Befreier Jerusalems nach Apulien heimkehrte und dieses Land rasch wieder seiner Herrschaft unterordnete, eine geradezu hymnische Lobrede auf den Staufer. Leider wissen wir über ihren Autor außer seinem Namen Nikolaus ebensowenig Sicheres wie über Zeit und Anlaß ihrer Entstehung. Dennoch verdient ihr Inhalt Aufmerksamkeit. Nikolaus geht aus von einem Psalmwort Davids (Ps. 146,5), das Gott preist, nach des Redners Überzeugung aber gleicherweise auf Friedrich gemünzt ist und

---

[14] Richard von S. Germano, ad 1229, ed. Garufi 157f., 160, vgl. Breve chronicon, ed. Huillard-Bréholles 902, Estoire d'Eracles XXXIII 12, RHCOc 2, 378; Burchard von Ursberg, ad 1229, MGH SS rer. Germ. 16, 126, Friedrich an Faḫraddīn, ed. Gabrieli, Kreuzzüge 341. Zu Kurzaufenthalten in Andria und Canosa di Puglia sowie zur Unterwerfung von Bari: RI V, Nr. 1760, 1760a.

ihm wie dem Schöpfer selbst Größe, überragende Macht und Weisheit zuschreibt. In drei Abschnitten sucht er dann die Geltung seiner These darzulegen, verkündet er den Ruhm seines kaiserlichen Helden. Der muß als groß und übermächtig gelten seiner Abstammung aus der staufischen Kaiserdynastie wie seiner eigenen Stellung wegen. Seine Familie erwarb sich in dauernder Steigerung das Kaisertum, die sizilische Königskrone und schließlich durch ihn selbst den Königsrang in Jerusalem. So verkörpert er, der alle diese Würden in seiner Hand vereint, den glanzvollen Höhepunkt der Entwicklung des staufischen Hauses. Sein derart von Gott erhobenes Geschlecht aber entspricht nach Meinung unseres Redners demjenigen Davids. Der Autor bezieht Friedrich deshalb, an eine Fülle von Parallelen und Verbindungen erinnernd, auf vielfältige Weise in den Gang des biblischen Heilsgeschehens von den Patriarchen bis auf Christus und seine Apostel ein. Der Kaiser ist ihm ein neuer David in seiner Stärke und in seiner verständigen Klugheit „unser allerweisester Salomon". Nikolaus wagt ihn mit dem Gruß des Erzengels Gabriel für Maria zu empfangen, seinem Sohn Konrad die Segensworte zuzusprechen, die Elisabeth einst dem kommenden Jesus zudachte. Er sieht in Konrad einen zweiten Joseph, dem ebenso wie jenem der Segen Jakobs zufließt. Wie Isaaks Zuspruch für Jakob, so gilt Jakobs Segen für Juda jetzt freilich Friedrich selbst, und dies bedeutet, daß ihm und seinen Erben die Dauer der Herrschaft bis zur Wiederkehr Christi verheißen ist, daß die Kaiserherrschaft bis zum Ende der Zeiten bei den Staufern, dem neuen Haus Davids bleiben wird.[15]

Es erscheint in der Tat durchaus denkbar, daß unser Nikolaus seine Preisrede unter dem unmittelbaren Eindruck des kaiserlichen Kreuzzugstriumphes verfaßte, daß ihn die großen Begebenheiten im Heiligen Land, in Jerusalem zumal, ähnlich tief berührten wie den Herrscher, und daß er nun, vielleicht Anregungen aus dessen Kreuzzugsenzyklika aufgreifend, sich aber weit kühner vorwagend, weit deutlicher und profilierter aussprechend, die Folgerungen beschrieb, die aus den fast unbegreiflichen Ereignissen in seinen Augen zu ziehen waren: Sie erwiesen die staufische Dynastie als ein von Gott einzigartig bevorzugtes und gleich dem Geschlecht Davids auserwähltes Herrscherhaus, seinen gegenwärtigen Repräsentanten als den Erfüller alter Kreuzzugserwartungen, als den in Christi Nähe aufgerückten, lange ersehnten Friedensbringer und Gerechtigkeitsspen-

---

[15] Text: Kloos, Nikolaus 134–146 (Übersetzung 543–551), vgl. bes. c. 6–8, S. 135 f., c. 11, S. 138 (zur Stauferdynastie); c. 13, S. 139, c. 20, 22, 24, S. 144 f. (Identifizierung mit David und Salomon); c. 14, S. 140 f. (Gruß Gabriels, Segen für Konrad), c. 19, S. 143 (Segen Isaaks). Zu Autor und Interpretation: Kloos 151–160 und bes. Schaller, Relief 9–22.

der, dessen Nachkommen als die Kaiser des letzten Weltzeitalters. Im selben Augenblick, in dem Papst Gregor IX. den Staufer der Christenheit noch einmal eindringlich als Verfolger und Zerstörer der römischen Kirche, Verräter des christlichen Glaubens und Verbündeten der Sarazenen im Kampf gegen die göttliche Majestät vorstellte,[16] hätte dann der Redner Nikolaus als Anhänger und Verehrer des Kaisers die beispiellose Kreuzzugsgeschichte auf seine Weise überhöht und die Stilisierung des Kaisers und seiner Nachkommen zu zentralen Figuren des göttlichen Heilsplanes einen entscheidenden Schritt vorangebracht.

Wer war jener Nikolaus? In unmittelbarer Nachbarschaft zu seiner Rede bewahrt die handschriftliche Überlieferung einen ganz ähnlich gearbeiteten Brief zum Lobe des Petrus de Vinea. Als sein Absender nennt sich gleichfalls ein Nikolaus; wir erfahren von ihm jedoch zusätzlich, daß er Abt und Dekan der Kirche zu Bari sei. Tatsächlich läßt sich ein Mann namens Nikolaus in dieser Stellung in Bari zwischen 1230 und 1245 nachweisen. Er könnte also 1229, etwa anläßlich der Unterwerfung Baris, durchaus auch die uns beschäftigende Ansprache vor dem Kaiser gehalten haben.[17]

Freilich bringt man den Redetext heute meist mit einem Relief in der Kathedrale zu Bitonto (westlich Baris) in Verbindung.[18] Es wurde dort wohl nicht lange nach dem August 1229 am Aufgang der eben vollendeten, damals an einer Mittelschiffsäule stehenden Kanzel angebracht und zeigt unter aufsteigenden Bögen vier Gestalten.[19] Die erste links sitzt gekrönt auf einem Thron und überreicht der zweiten ein Zepter. Die dritte, vielleicht etwas hervorgehobene, trägt wie die erste eine Krone, die vierte vermutlich einen Kronreif. Nach fast einhelliger Meinung der Forschung handelt es sich dabei sozusagen um eine bildliche Bekräftigung der Kernpunkte unserer Ansprache. Wir hätten also Friedrich Barbarossa, seinen Sohn Heinrich VI., Friedrich II. und dessen Sohn Konrad IV. vor uns, die

---

[16] MGH Epp. saec. XIII 1, 315–319, Nr. 397 und 399 (18.7. bzw. ca. 20. 8. 1229); ebd. 323, Nr. 403 f. (28. bzw. 30. 9. 1229); vgl. Roger von Wendover, ad 1229, ed. Hewlett 2, 374 (*ecclesiae persecutor*).

[17] Kloos, Nikolaus 130 f., 146–151 (Brief an Petrus de Vinea), 152–154; Schaller, Relief 9–11 mit Anm. 30 (Belege zu Nikolaus).

[18] Grundlegend Schaller, Relief 1–21, vgl. Rösch, Kaiser Friedrich 94–97, zurückhaltend dazu Willemsen, Bildnisse 32 f.; gegen die Verbindung: Neu-Kock, Kanzelrelief 258–267, ähnlich Claussen, Bitonto 77–84.

[19] Abbildungen von Kanzel und Relief: Calò Mariani, Federico 384 und 388; vgl. Pace, Apulien Abb. 53 f. (dazu 397–399). – Die Kanzel stammt von einem *Nicolaus sacerdos et magister* und entstand 1229 (vor dem 1. 9.); bei ihrer Aufstellung am heutigen Platz im 17. Jahrhundert wurde der Aufgang verändert, Schaller, Relief 1, 5, 7, vgl. Neu-Kock, Kanzelrelief 256–258. Die ursprüngliche Zugehörigkeit des Reliefs ist also nicht ganz zweifelsfrei gesichert.

vier von Nikolaus herausgestellten Hauptvertreter des nach seiner Ansicht bis zum Ende der Menschheitsgeschichte regierenden staufischen Kaisergeschlechts, dargeboten, wie dies seine Schilderung nahelegt, in der Form eines Jessebaumes. Der Bareser Geistliche Nikolaus, so müßte man demnach vermuten, hielt seine Rede 1229 in Bitonto, wohl bei der Rückkehr der Stadt unter die kaiserliche Gewalt, und zur dauernden Erinnerung an dieses Geschehen, an die von ihm gerühmte überragende, ewige Stauferherrschaft fertigte man die Reliefplatte.

Gewiß spricht zumal im Vergleich mit anderen Erklärungsversuchen viel für die vorgetragene Deutung. Einige Bedenken bleiben jedoch auch ihr gegenüber. Vor allem erstaunt, daß Nikolaus im Sommer 1229 zwar ausführlich des gerade einjährigen Kaisersohns Konrad, mit keinem Wort aber des älteren Heinrich gedacht haben sollte, der – längst zum sizilischen und deutschen König gekrönt – von seinem Vater ja noch 1228 in aller Öffentlichkeit zu seinem Nachfolger im Imperium wie im Regnum bestimmt worden war,[20] der deshalb bis zu seiner Absetzung im Jahre 1235 zuerst und eigentlich die vom Redner prophezeite Dauer des staufischen Kaisertums verkörperte. Womöglich konzipierte Nikolaus seine Ansprache also doch erst nach 1235, zumal er auch nirgends auf Friedrichs Kreuzzug, auf die gerade vollzogene Unterwerfung oder das Schuldbekenntnis irgendeiner apulischen Stadt anspielt. Nichts im Text hindert uns andererseits, ihn in die Jahre des Kampfes gegen die lombardische Liga seit 1237 zu setzen.[21] Das Kanzelrelief zu Bitonto aber läßt sich unabhängig von jener Rede dennoch verstehen als eine Huldigung für den glanzvoll aus Jerusalem heimgekehrten Kaiser, der, die Krone auf dem Haupt, zwischen seinen beiden damals lebenden Söhnen vor den Thron Davids tritt. Konrad wäre dann als noch ungekrönter Erbe Jerusalems im Begriff, das Zepter

---

[20] Vgl. dazu oben S. 142f., zur Bekanntheit seines sizilischen Königtums im Regnum oben S. 2, Anm. 5.
[21] Anders Schaller, Relief 11. Bei den mehrfach erwähnten Rebellen, ungetreuen Vasallen und *filii alieni* (vgl. Kloos, Nikolaus 139f., c. 12 und 14, 142, c. 17) kann es sich jedoch durchaus um Friedrichs lombardische Gegner handeln; wenn diese Gegner pauschal als *filii alieni* bezeichnet werden, die ihrer Treuepflicht nicht nachkamen, so müssen wir darunter ganz offenbar „feindliche Söhne", also von ihrem Vater, dem rechtmäßigen Herrscher Abgefallene verstehen, keine Fremden. Siegeszuversicht und Friedenserwartung erfüllten einen Verehrer des Kaisers auch während der Kämpfe gegen die Lombarden. Friedrichs dritte Salbung (Kloos 137, c. 9) muß nach dem Wortlaut der Rede nicht unbedingt kurz zurückliegen; daß der Autor sie aus mangelnder Kenntnis mit Jerusalem verbindet, erscheint nach 1237 sogar eher denkbar als 1229, wenn er dabei nicht überhaupt nach Palermo und Aachen die Salbung in Rom anspricht – wichtig ist ihm ja nur die Entsprechung der drei Salbungen Friedrichs mit seinen drei *dignitates*.

Davids zu übernehmen, rechts stünde Heinrich, der König Siziliens wie Deutschlands und künftige Kaiser.[22] Am 31. August 1229 brach Friedrich mit seinem Heer in Barletta auf. Ein unliebsamer Zwischenfall – ein Streit zwischen deutschen Söldnern und Einwohnern Foggias führte zur Empörung der ganzen Stadt und zur Erhebung auch Troias, San Severos und anderer Ortschaften der Capitanata – vermochte ihn nicht aufzuhalten. Schon nach einer guten Woche traf er in Capua ein, wo er seine Truppen mit tatkräftiger Hilfe der Bürger Neapels noch weiter verstärkte. Im päpstlichen Heer hingegen mehrten sich die Zeichen der Unsicherheit. Seine Führer gaben beim Herannahen des Kaisers die Belagerung Caiazzos auf und zogen ihre Armee auf eine nördlichere Position zurück.[23]

Fast verzweifelt, aber aufs Ganze gesehen wohl vergeblich befahl Gregor IX. den burgundischen und französischen Bischöfen, Hilfskontingente zu sammeln und ihm alsbald zur Verfügung zu stellen. Zudem forderte er die Lombardische Liga noch einmal dringend auf, die versprochene Unterstützung endlich zu gewähren. Doch im Bund begann sich damals eine Städtegruppe um Verona, Padua und Mantua abzusondern, während Mailand und Piacenza eben im September Bologna bei dem Versuch beistanden, an Modena Rache zu nehmen. Dieses Unternehmen endete freilich wie im Jahr zuvor mit schweren Verlusten für die Städte der Liga, und ihre Bereitschaft zu verstärktem Einsatz für die Sache des Papstes hielt sich danach offenbar sehr in Grenzen.[24]

[22] So bereits Neu-Kock, Kanzleirelief 262–267, ähnlich Claussen, Bitonto 82–84 (die sitzende Gestalt: Jerusalem oder Isabella von Brienne). – Gegen die Heranziehung der Rede als Deutungsmuster für das Relief spricht, daß Friedrich II. als dessen wichtigste Gestalt steht, während er in der Rede als neuer Salomon sitzend die Vivat-Rufe empfängt (Kloos, Nikolaus 145, c. 24). Außerdem: War zu erwarten, daß die Betrachter, die von der Rede doch vermutlich meist nichts wußten, ohne weiteres einen Herrscher wie Barbarossa und damit den Sinn des Denkmals erkannten? Als Friedrich, der im übrigen wohl weder Relief noch Rede in Auftrag gab, zwischen 1226 und 1229 sich am Dom von Cefalù mit seinen normannischen Vorgängern abbilden ließ, bezeichnete eine Inschrift eindeutig seine Person, vgl. Schaller, Relief 16f.
[23] Dazu wie zum Folgenden (Hauptquelle): Richard von S. Germano, ad 1229, ed. Garufi 160–164; außerdem Breve chronicon, ed. Huillard-Bréholles 902f., Estoire d'Eracles XXXIII 12, RHCOc 2, 378f.
[24] Gregor: MGH Epp. saec. XIII 1, 322–324, Nr. 403–405 (28. und 30. 9., 9. 10. 1229); Lombardenliga, Kampf Bolognas gegen Modena: Annales Placentini Codagnelli, ad 1229, MGH SS rer. Germ. 23, 93–99, Acta Imperii 1, 495f., Nr. 617, Tolosanus c. 195f., ed. Rossini 157f., Albertus Milioli c. 231, MGH SS 31, 508, Annales Cremonenses, ad 1229, ebd. 15, Chronicon Parmense, ad 1229, ed. Bonazzi 10, Alberich von Troisfontaines, ad 1229, MGH SS 23, 925f.

Abb. 5: Relief an der Kanzel der Kathedrale von Bitonto. Entstanden wohl im Sommer 1229, stellt es möglicherweise Friedrich II. dar, der mit seinen Söhnen Heinrich (rechts von ihm) und Konrad (links) vor den Thron Davids tritt.

Abb. 6: Castel Ursino in Catania. Der Kaiser gab Ende 1239 den Befehl zum Baubeginn.

So hatten Pelagius und Johann von Brienne dem entschlossen vorrückenden Kaiser keinen ernsthaften Widerstand entgegenzusetzen. Um seine Söldner zu bezahlen, sah sich der päpstliche Legat sogar genötigt, den Kirchenschatz des Klosters Montecassino zu beschlagnahmen. Unter diesen Umständen löste sich die Armee der Schlüsselsoldaten unaufhaltsam auf. Mit ihr floh auch Johann von Brienne über die Grenze in den Kirchenstaat, darum besorgt, dem Zorn seines Schwiegersohns zu entrinnen. Bereits im April 1229 war er mit päpstlicher Vermittlung zum Regenten des lateinischen Kaiserreiches Konstantinopel erhoben worden und hatte sich dabei – seiner schlechten Erfahrungen mit Friedrich gedenkend – Titel und Rechte des Kaisers ausdrücklich auf Lebenszeit gesichert. Nun begab er sich nach sorgfältigen Vorbereitungen in sein schwer bedrängtes neues Herrschaftsgebiet († 23. 3. 1237).[25]

Sein kaiserlicher Gegner Friedrich aber verkündete schon Anfang Oktober seinen oberitalienischen Anhängern nicht nur seinen mit Gottes Hilfe errungenen triumphalen Sieg, sondern in überbordendem Optimismus auch seine Absicht, zur Befestigung des Friedens bald zu ihnen und nach Deutschland zu reisen. In der Tat fielen ihm die Städte und Burgen des sizilischen Regnums im Laufe des Oktobers mit wenigen Ausnahmen vollends zu. Am Ende des Monats flüchtete die päpstliche Besatzung schließlich auch aus der zäh verteidigten Grenzstadt Sora, die dabei in Flammen aufging und nach der Einnahme durch die kaiserlichen Truppen vollständig eingeäschert wurde. Viele Einwohner kamen im Kampf und im Feuer um, andere gerieten in Gefangenschaft. Sie erhielten zwar bereits an Weihnachten ihre Freiheit zurück, ihre Stadt aber sollte wie einst Karthago zerstört bleiben. Offenbar sah nicht nur der Kaiser selbst, sondern beispielsweise auch ein Mann wie Richard von San Germano darin eine durchaus gerechte Strafe für ihre Rebellion gegen den Herrscher.[26]

Etwas besser erging es den meisten aufständischen Orten der Capitanata. Ohne noch an weiteren Widerstand zu denken, unterwarfen sie sich und erlangten die kaiserliche Gnade wieder, allerdings erst nach der Schleifung ihrer Mauern, der Einebnung ihrer Gräben und Wälle; dazu mußten sie hohe Strafgelder bezahlen und zur Sicherheit einstweilen Geiseln stellen. Die Bewohner von San Severo aber traf ein wahrhaft hartes Los: Weil sie den kaiserlichen Baiulus grausam ermordet hatten, wurde

---

[25] RI V, Nr. 6758 (9. 4. 1229), vgl. Böhm, Johann 89–92, ebd. 92–97 zu Johanns Zeit in Konstantinopel, daneben Wolff, Latin Empire 216–220.
[26] Richard von S. Germano, ad 1229, ed. Garufi 163; vgl. HB 4, 909 (20. 9. 1236), HB 5, 254 (28. 10. 1238). Wilhelm von Sora, der die ihm vom Kaiser anvertrauten Plätze den Feinden ausgeliefert hatte, wurde mit anderen, wohl ähnlicher Vergehen Beschuldigten vor der Stadt gehängt, Richard ebd., vgl. 156.

ihre Heimatstadt dem Erdboden gleichgemacht.[27] Überdies nahm Friedrich fürs erste das Land der Abtei Montecassino in seine Verwaltung, und den Templern und Johannitern entzog er gleichfalls wenigstens einen Teil ihres Besitzes im Regnum, vielleicht zur Strafe für ihr Verhalten im Heiligen Land, eher wohl der Unterstützung wegen, die von den betroffenen Gütern aus seinen Feinden zuteil geworden war.[28]
Der rasche Erfolg des Kaisers tat seine Wirkung über das sizilische Regnum hinaus. Er veranlaßte etwa Senat und Volk von Rom, die früheren Kontakte mit ihm zu erneuern; drei Tage blieben ihre adligen Botschafter bei ihm in Aquino. Doch auch Theodoros Angelos, Fürst von Epiros und seit 1225 Kaiser von Thessalonike († um 1254), legte Wert auf gute Beziehungen zu ihm und schickte im Oktober Graf Maio Orsini, den Herrn Kephallenias und anderer Ionischer Inseln, mit reichen Geschenken an seinen Hof. Eher noch kostbarere Gaben, dazu unzählige Goldmünzen brachte einige Wochen später eine weitere Gesandtschaft, die wohl von Johannes III. Vatatzes († 1254), dem Kaiser von Nikaia, kam. Offenbar erhofften beide griechischen Kaiser von Friedrich Unterstützung gegen den neuen Kaiser Johann von Brienne in Konstantinopel.[29]
Als der Staufer in Capua Weihnachten feierte, bestand für ihn demnach aller Grund zur Freude und Zuversicht. Kurz zuvor hatte er dem Pelagius von Albano, dessen letzten ritterlichen Beschützern und zwei zu ihnen geflüchteten Bischöfen aus der Umgegend gestattet, Montecassino in Richtung Kirchenstaat zu verlassen. Neben einigen wenigen anderen Plätzen verweigerte ihm allein die Stadt Gaeta jetzt noch die Unterwerfung. Ihre Einwohner waren erst nach einem gewissen Zögern auf die päpstliche Seite übergetreten und nun desto fester entschlossen, die neu erlangten

[27] HB 5, 252 (28. 10. 1238), zum Mord an Paulus de Logotheta siehe auch Richard (wie Anm. 26) 161; zur Unterwerfung und Mauernschleifung vgl. ebd. ad 1230, 166f., ad 1233, 184, sowie Breve chronicon, ed. Huillard-Bréholles 903; Freikauf der Geiseln: HB 4, 780–783 (5. 10. 1235, Troia), vgl. RI V, Nr. 13181 (Febr. 1235; Foggia), Richard ad 1235 (März), 190, dazu De Troia, Foggia 28, vgl. ebd. 26 Anm. 23 den Text von Friedrichs Privileg für das offenbar treu gebliebene Apricena (März 1230; RI V, Nr. 14711).
[28] Chronique d'Ernoul, ad 1229, ed. Mas Latrie 466f., vgl. Acta Imperii 1, 604f., Nr. 759 (1230), aber auch HB 3, 240f. (Sept. 1229; Bestätigung des Templerbesitzes in Kalabrien und Sizilien); dazu Cleve, Kaiser Friedrich 45f. – Zu Montecassino: Richard (wie Anm. 26) 162.
[29] Richard (wie Anm. 26) 162 (Maio), 163 (Römer; beide Okt.), 164 (wohl Vatatzes; 29. 11.). Zu Theodoros Angelos und Vatatzes: Wolff, Latin Empire 212–217, zu Maio: Longnon, Frankish States 239, 243; vgl. Tinnefeld, Byzanz 122f., und zur unsicheren Datierung von HB 6, 921 f. (RI V, Nr. 3405; Friedrich an Vatatzes, 1232–1234) auch Wellas, Griechisches 23 f. (dazu Dölger, Regesten 24, Nr. 1737 a, 1738 a).

Freiheitsrechte mit allen Mitteln gegen ihren angestammten Herrscher zu verteidigen.[30] Dieser aber stand siegreich an der Grenze zum Patrimonium Petri, das fast schutzlos vor ihm lag. Dennoch folgte er der Versuchung zum Einmarsch nicht. Vielmehr erstrebte er von Anfang an die friedliche Einigung mit Gregor IX., gewiß selbstbewußt überzeugt, daß der Papst sie ihm nach seiner neuerlichen glanzvollen Bewahrung und Leitung unmittelbar durch Gott nicht verweigern könne, aber wohl doch auch erfüllt von aufrichtiger Hochachtung für das von Gott eingesetzte Amt des Stellvertreters Petri.[31]

Der Frieden mit dem Papst

Friedrich hatte sofort bei seiner Ankunft in Brindisi seine Bemühungen um die Versöhnung mit der Kirche intensiviert und zunächst zwei Brüder des Deutschen Ordens zum Papst gesandt, kurz darauf Hermann von Salza, den Ordensmeister, sowie die Erzbischöfe Lando von Reggio und Marinus von Bari. Zwar schlugen diese Missionen noch völlig fehl, doch unter dem Eindruck seiner militärischen Niederlage begann Gregor IX. offenbar umzudenken. Jedenfalls brachte Hermann Mitte November von einer zweiten Reise an den päpstlichen Hof bessere Nachrichten. Der Papst willigte nun in die Aufnahme von Friedensverhandlungen ein, und als weiteres gutes Zeichen konnte sicher gelten, daß in seinem Auftrag gerade Kardinal Thomas von Capua ins sizilische Regnum reiste, ein Mann also, der aus dem Königreich stammte und beim Kaiser ebenso großes Vertrauen genoß wie an der Kurie. Er hatte Vollmacht, den Staufer vom Bann zu lösen, sobald dieser die ihm vorgelegten Forderungen bedingungslos akzeptierte. An deren erster Stelle stand die ungehinderte Rückkehr des Legaten Pelagius in das Patrimonium Petri und die Gewährung der früheren Rechtsstellung für das Kloster Montecassino. Ferner sollte der Herrscher die Freiheit der Kirche, genauer wohl: der sizilischen Kirche, garantieren, das hieß: der Geistlichkeit kirchliche Gerichte gewähren und auf ihre Besteuerung wie auf jede Einmischung in kirchliche Wahlen verzichten. Schließlich wurde von ihm verlangt, daß er allen Anhängern der päpstlichen Seite vollständig verzieh und insbesondere seine aus dem Königreich vertriebenen Gegner, Erzbischof Nikolaus von Tarent, Bischof Walter von Catania sowie die Grafen Roger von Fondi und Thomas von

---

[30] Gregor für Gaeta: MGH Epp. saec. XIII 1, 309–313, Nr. 391f., 394 (19.–21. 6. 1229), vgl. Richard (wie Anm. 26) 155f., 160, 162. Zur gleichfalls zum Papst haltenden Stadt Sant'Agata de'Goti (östlich Casertas): Richard 161; zum Abzug des Pelagius: unten S. 182 mit Anm. 34.
[31] Vgl. Friedrichs spätere Äußerung HB 5, 708 (2. 2. 1240).

Celano, wieder in ihren alten Positionen duldete. Als Sicherheit erwartete Gregor nicht nur einen kaiserlichen Eid, sondern außerdem die Überlassung von sieben grenznahen Kastellen. Eine zusätzliche, von Thomas offenbar erst im Verlauf der Unterredungen zu verwendende Klausel sah neben der Stellung hochrangiger Bürgen, die die Kirche benennen würde, überdies vor, daß die Städte Gaeta und Sant'Agata für unbestimmte Zeit in päpstlicher Hand blieben.[32]

Gregor glaubte demnach, seine mit der Exkommunikation des Kaisers verbundenen Ziele ließen sich trotz des kaiserlichen Kreuzzugserfolges und seiner eigenen Niederlage doch noch erreichen, er könne trotz allem sowohl seine Vorstellungen von der Unabhängigkeit der sizilischen Kirche verwirklichen wie auch in weltlichen Angelegenheiten des Regnums seinen maßgebenden Willen gegen ausdrückliche Entscheidungen und fundamentale Interessen des Herrschers durchsetzen und den derart geschwächten Hauptgegner der Kirche zudem mittels eines ausgeklügelten Systems von Kautionen dauerhaft in seine Schranken verweisen und kontrollieren. Dabei spielte für ihn die Lombardische Liga, ungeachtet der Enttäuschungen, die sie ihm eben erst bereitet hatte, nach wie vor eine bedeutsame Rolle als entschieden antikaiserliche Kraft und insofern die gegebene Partnerin der Kirche in der wichtigsten Region Reichsitaliens. Er dachte nicht nur an Friedensbürgen unter anderem aus ihren Städten, sondern benachrichtigte ihre Rektoren vor allem sofort vom Beginn der Verhandlungen mit dem Kaiser, übersandte ihnen dessen Friedensvorschläge und bat für sein weiteres Vorgehen um ihren Rat.[33]

Kardinal Thomas von Capua erreichte in seinen ersten Begegnungen mit Friedrich tatsächlich, daß dieser dem damals bereits todkranken Pelagius von Albano und seiner Begleitung freien Abzug von Montecassino zugestand, daß er Abt und Mönchen des Klosters Verzeihung für ihren Verrat versprach und den Klosterbesitz dem Deutschen Orden zur vorläufigen Verwaltung übergab.[34] Weitere Fortschritte aber drohten eben an der

---

[32] Richard von S. Germano, ad 1229, ed. Garufi 160, 163f. Die Dokumente über die Verhandlungen von 1229/1230 sind ediert von Hampe, Aktenstücke, die Briefe aus Thomas' Legationsregister ebd. 1–19, Thomas' Vollmacht, Gregors Begleitbrief an Friedrich, seine ersten Friedensbedingungen mit Zusatzklausel ebd. 24–26, Nr. 1f., 27–32, Nr. 4 (10./11. 11. 1229); zu Thomas siehe oben S. 61 mit Anm. 131. Zu den Verhandlungen: Kluger, Hochmeister 146–162.

[33] Hampe, Aktenstücke 26f., Nr. 3 (10./11. 11. 1229), vgl. zu den Bürgen ebd. 31, Nr. 4.

[34] Richard (wie Anm. 32) 164, vgl. ebd. 166 (Schreiben vom 18. 4. 1230); Bericht des Thomas: Hampe, Aktenstücke 2, Nr. 1, ebd. 4–7, Nr. 3f. (Wende Nov.–Dez. 1229); Pelagius' letzte Unterschrift: 26. 1. 1230 in Perugia, er starb am 30. 1. 1230

Einbeziehung der Lombarden durch Gregor zu scheitern, über die der Staufer offenbar aufs beste informiert war. Sie legte die Entscheidung über den Frieden nach seiner Ansicht in die Hände seiner erbittertsten Widersacher und ließ ihn am Versöhnungswillen des Papstes grundsätzlich zweifeln. Thomas von Capua beurteilte die Dinge seinerseits ganz ähnlich: Er sah sich veranlaßt, seinen päpstlichen Herrn vor den Folgen eines neuerlichen Krieges und vor dem Einfluß der auf Konfrontation setzenden Partei an der Kurie zu warnen, und forderte ihn wiederholt und dringend, ja manchmal geradezu verärgert und ungehalten auf, sich für zügige Verhandlungen mit einer klaren Zielrichtung zu entscheiden.[35]

Obwohl auf beiden Seiten großes Mißtrauen herrschte und der Friedensprozeß des öfteren gefährlich ins Stocken geriet, brachen die Kontakte in den nächsten Wochen und Monaten nicht mehr völlig ab. Achtmal reiste Hermann von Salza, immer mehr die zentrale Figur des komplizierten diplomatischen Ringens, in kaiserlichem Auftrag an die seit Ende Februar 1230 wieder in Rom residierende Kurie. In der Regel begleitete ihn Erzbischof Lando von Reggio, während neben Thomas von Capua als Überbringer päpstlicher Botschaften und Verhandlungspartner seit Februar Kardinal Jakob von Tusculum, der ehemalige Bischof von Akkon, wirkte.[36]

Friedrich bewies seinen durch Thomas von Capua bestätigten Friedenswillen eindrücklich, als er sich im Laufe des Januars bereit erklärte, alle ihm bis dahin bekannten päpstlichen Bedingungen zu erfüllen und damit eine gewiß schmerzliche Schmälerung seiner herrscherlichen Gewalt im Regnum in Kauf zu nehmen. Dennoch blieb Gregor zu Thomas' großem Kummer bei seinem hinhaltenden Kurs. Die immer neuen Übergriffe des Staufers, so verteidigte er sich, zwängen zu Mißtrauen und äußerster Vorsicht; vor entscheidenden Schritten wolle er deshalb unter anderem die Gespräche mit einer Delegation des Lombardenbundes abwarten. Seine Legaten aber wies er an, dem Kaiser unterdessen die bisher noch zurückgehaltenen Forderungen nach der Stellung von Bürgen und der Abtretung

---

also wohl dort, vgl. Paravicini Bagliani, Cardinali 1, 12 und 2, 410, Maleczek, Papst 169 Anm. 344.

[35] Lombarden: Hampe, Aktenstücke 4 mit Anm. 4, Nr. 3, ebd. 13 mit Anm. 3–5, Nr. 10, vgl. ebd. 34, Nr. 5; Thomas' Mahnungen und Unmut: ebd. 6, Nr. 3, 8 f., Nr. 5 f., 11–18, Nr. 8–14; ähnliche Einschätzung: Alberich von Troisfontaines, ad 1230, MGH SS 23, 926 f.
[36] Richard von S. Germano, ad 1230, ed. Garufi 165–171; zu Jakob von Vitry, seit 1229 Kardinalbischof von Tusculum: Paravicini Bagliani, Cardinali 99–109, vgl. oben Bd. 1, S. 228 ff., seine Sendung ins Regnum: Hampe, Aktenstücke 32, Nr. 5 (4. 2. 1230).

Gaetas und Sant' Agatas vorzutragen. Diese neuen Auflagen stießen nun freilich auf Friedrichs schroffe Ablehnung; insbesondere in der Frage nach der Zukunft Gaetas schien jede Einigung unmöglich.[37] Angesichts der sich abzeichnenden Schwierigkeiten bat der Kaiser damals ihm vertraute Reichsfürsten aus dem Südosten Deutschlands um ihr vermittelndes Eingreifen in die Verhandlungen, und die derart Angesprochenen – der Patriarch Berthold von Aquileia († 1251) und sein Bruder, Herzog Otto von Meranien aus dem Hause Andechs, die Herzöge Leopold von Österreich und Bernhard von Kärnten sowie Erzbischof Eberhard von Salzburg († 1246) und Bischof Siegfried von Regensburg († 1246) – folgten ohne Zögern seinem Ruf, mußte eine Verschärfung des päpstlich-kaiserlichen Konflikts doch auch für sie höchst unerwünschte Folgen haben. Bereits im März konferierten sie mit dem Papst in Rom, Ostern feierten sie Anfang April beim Kaiser in Foggia.[38] Mit dessen umfassender Vollmacht ausgestattet, schalteten sie sich während der nächsten Monate energisch in den Gang der Dinge ein und suchten durch eigene Vorschläge den Weg zur Einigung zu ebnen. Als Friedrichs Strafgericht über San Severo die kirchliche Seite tief verschreckte, waren es dann allerdings der Einfluß und die Überzeugungskraft Hermanns von Salza, die dem Herrscher neue Zugeständnisse abrangen und so den Fortgang der Gespräche retteten. Die Einwohner Gaetas mochte indes weder Hermann noch Thomas von Capua oder der zeitweise ebenfalls um ihr Einlenken bemühte Petrus de Vinea zur freiwilligen Rückkehr unter die kaiserliche Gewalt zu überreden. Anders aber wollte Gregor sie nicht aus seiner Obhut entlassen und drohte deswegen schließlich sogar mit dem Abbruch aller Kontakte. Erst die offenbar recht unmißverständlich formulierte Empörung der deutschen Fürsten über diese kompromißlose päpstliche Haltung, dazu wohl die zunehmende Furcht der römischen Kurie vor den Rüstungen des Kaisers und vor seinen Aktivitäten in Oberitalien brachten die Wende und ermöglichten die endgültige Verständigung der Streitparteien auf eine für beide akzeptable Lösung.[39]

[37] Hampe, Aktenstücke 33–36, Nr. 5 f. (4. 2. 1230; vgl. 33 Anm. 3, 6; 34 Anm. 1); ebd. 36 f., Nr. 7 (1. 3. 1230); 38 f., Nr. 8 (Ende März 1230).
[38] Siehe neben Richard (wie Anm. 36) 165 f.: Burchard von Ursberg, ad 1229, MGH SS rer. Germ. 16, 126 f., Annales Scheftlarienses, ad 1230, MGH SS 17, 339, Breve chronicon, ed. Huillard-Bréholles 903, vgl. HB 3, 187, 190, 193 (alle April 1230), Hampe, Aktenstücke 39, Nr. 8, 43 f., Nr. 12 (15. 4. 1230).
[39] San Severo, deutsche Fürsten: Hampe, Aktenstücke 40 f., Nr. 9 (29. 5. 1230), 40–43, Nr. 9–11 (29. 5., 6. 6. 1230), 44–47, Nr. 13 f. (3. 7. 1230); vgl. Richard (wie Anm. 36) 167. Einigung: Hampe 48 f., Nr. 15 (12. 7. 1230), zu den *pericula imminentia* (48, Z. 7) vgl. Richard 165 f. (Rüstungen), Acta Imperii selecta 788 f., Nr. 1092 (April 1230; Einfluß in Oberitalien).

Der Frieden mit dem Papst

Am 18. Juli erklärte der Kaiser in San Germano förmlich sein Einverständnis mit dem Verhandlungsergebnis, am 23. Juli schwor er in der Hauptkirche der Stadt in Anwesenheit der Friedensvermittler beider Seiten, geistlicher und weltlicher Großer des Regnums wie auch vieler einfacher Leute feierlich, in allen Punkten, derentwegen er exkommuniziert worden sei, den Weisungen der Kirche, wie sie der während der Verhandlungen modifizierte kirchliche Vertragstext vorsah, Folge zu leisten. Noch am selben Tag tat er die ersten diesbezüglichen Schritte: Er verzieh öffentlich allen, die gegen ihn auf die Seite der Kirche getreten waren, darunter ausdrücklich den Lombarden und seinen sizilischen Untertanen. Weiter gelobte er, weder in das Herzogtum Spoleto oder die Mark Ancona noch in sonstige kirchliche Territorien einzudringen, und hinsichtlich des künftigen Status von Gaeta und Sant'Agata legte er sich auf das vereinbarte Verfahren fest, wonach zunächst in Gesprächen, nach Jahresfrist durch ein Schiedsgericht eine Möglichkeit gefunden werden sollte, diese Städte ohne Schaden für die Ehre der Kirche wieder seiner Herrschaft zu unterstellen. Mit Goldbullen besiegelte Urkunden hielten seine Zusagen fest, überdies bekräftigten die sechs Reichsfürsten durch Eid und Urkunde ihre Bürgschaft für den Kaiser sowie ihre feste Absicht, der Kirche gegen ihn Hilfe zu leisten, wenn er sein eben gegebenes Wort brechen würde. Am Ende verpflichteten die Kardinallegaten Thomas von Capua und Johannes von Abbeville den Herrscher noch ausdrücklich, den Templern und Johannitern sowie der Kirche und ihren Anhängern überhaupt ihre noch besetzten Güter zurückzugeben und Erzbischof Nikolaus von Tarent wie den anderen exilierten Geistlichen den Zugang zu ihren alten Wirkungsstätten zu gestatten. Friedrich scheint umgehend damit begonnen zu haben, ihren Aufforderungen nachzukommen.[40]

Um die noch offenen Fragen rascher klären zu können, schlug Friedrich Anfang August sein Lager unmittelbar an der Grenze des Regnums gegenüber Ceprano auf, während Gregor IX. sich in das nahe Anagni begab. Die päpstlichen Legaten trugen jetzt die letzte Gruppe der vereinbarten Friedensbedingungen vor, wonach der Kaiser der sizilischen Geistlichkeit

---

[40] 18. 7. 1230: Hampe, Aktenstücke 50f., Nr. 16, vgl. 51f., Nr. 17; 23. 7. 1230: Hampe, Aktenstücke 57–60, Nr. 1–3, ebd. 61–66, Nr. 5f., vgl. Richard (wie Anm. 36) 167–169; kaiserl. Vollzug: Acta Imperii 1, 604f., Nr. 759 (wohl Aug. 1230; Templer, Johanniter), vgl. Hampe 52f., Nr. 18, zur Wiedereinsetzung des Grafen Roger von Fondi auch oben S. 65 mit Anm. 137, zur Rückkehr Nikolaus' von Tarent: Girgensohn – Kamp, Urkunden. Tarent 182–186, Nr. 5–7, Kamp, Kirche 1, 700, vgl. oben S. 78 mit Anm. 158; Bischof Walter von Catania (Hampe, Aktenstücke 30, Z. 6, Nr. 4, vgl. oben S. 181f. mit Anm. 32 sowie S. 60f.) starb wohl vor seiner Restitution. Zu Kardinal Johannes († 1237): Paravicini Bagliani, Cardinali 1, 21–29. Tod Herzog Leopolds am 28. 7. 1230: Richard 169.

Steuerfreiheit, die Freiheit vom weltlichen Gericht in Zivil- wie Strafsachen und die Freiheit der kirchlichen Wahlen einzuräumen hatte, dem Grafen Thomas von Celano und seinen Anhängern im Rahmen des einst mit ihm geschlossenen Vertrags Genugtuung leisten und dem Papst, den Templern, Johannitern und anderen Geistlichen die durch ihn verursachten Schäden und Unkosten ersetzen mußte. Für die Erfüllung aller ihm auferlegten Pflichten sollten der Kirche genehme Persönlichkeiten bürgen, bis zu ihrer Bestellung eigens genannte sizilische Kastelle als Pfand in der Hand Hermanns von Salza bleiben. Im Gegenzug gab der Herrscher an die Beamten und Adligen des sizilischen Königreiches sofort Mandate aus, die die Gerichts- und Steuerexemtion der Kirchen einschärften. Er vermochte dabei allerdings eine Vorbehaltsklausel durchzusetzen, die sicherstellte, daß die traditionell bestehenden besonderen Dienst- und Zahlungsverpflichtungen bestimmter Kirchen fortdauerten; die Neuregelungen dürften demnach im großen und ganzen der ohnehin üblichen und zu Veroli bekräftigten Praxis entsprochen haben. Gleichzeitig übernahm Hermann von Salza die ihm zugewiesenen Pfandburgen, und der Weg für die offizielle Lösung des Kaisers vom Bann war frei. Am 28. August vollzogen die beiden Kardinallegaten den entscheidenden Akt in einer Kapelle des kaiserlichen Lagers.[41]

Mit der bescheidenen Zeremonie ging eine dreijährige Auseinandersetzung zu Ende, die das Kreuzzugsunternehmen schwer behindert, die Christenheit tief gespalten, das Ansehen von Papst wie Kaiser geschmälert und ihre Stellung ernstlich gefährdet hatte. Die Erleichterung über das Ende dieser äußerst belastenden und sorgenvollen Zeit scheint denn auch auf beiden Seiten recht groß gewesen zu sein. Mit Worten höchster Freude begrüßte Gregor in einer Art Willkommensbrief den zur Mutter Kirche zurückgekehrten Sohn, den reuigen Sünder und vor den Königen dieser Welt Ausgezeichneten, voller Dankbarkeit pries er Gottes Barmherzigkeit, die den Kaiser auf den Weg des Lebens und Heils zurückgeführt, der Christenheit nach den Tagen des Schreckens und der Dunkelheit wieder Licht und Heiterkeit beschert habe.[42]

Friedrich aber entschloß sich zu einer wohl auch für den Papst zunächst überraschenden Geste, um seine Ehrerbietung, die Aufrichtigkeit seiner

---

[41] Kaiserl. Verpflichtungen: Hampe, Aktenstücke 70–72, Nr. 12, vgl. 73, Nr. 13 f.; 74, Nr. 15; Gewährung: 75 f., Nr. 16 (der Vorbehalt 76, Z. 2 f.), 77, Nr. 18, vgl. die Abmachungen von Veroli (1222), oben S. 81 mit Anm. 162, sowie Friedrichs Mandat vom 26. 1. 1224, Richard von S. Germano, ad 1224, ed. Garufi 118 f. Pfandburgen: Hampe 60 f., Nr. 4, 67, Nr. 8. Vgl. Richard ad 1230, 169–171.
[42] Hampe, Aktenstücke 78 f., Nr. 19 (Gregor IX., 28. 8. 1230), ganz ähnlich 81 f., Nr. 21.

Absichten und seine Bereitschaft zum engen künftigen Zusammenwirken demonstrativ zum Ausdruck zu bringen. Er zog mit großem Gefolge nach Anagni und wurde in der Tat am 1. September, vom Papst eingeladen, feierlich in die Stadt geleitet. Gregor empfing ihn mit dem Friedenskuß und bat ihn zu einem Mahl in sein elterliches Haus. Fast erstaunt berichtete er später von der unerwarteten Zuvorkommenheit, Gelöstheit und Einfachheit des Kaisers, der ihm ohne jedes äußere Zeichen seiner Würde gegenübergetreten sei. Auch aus dem langen und durchaus angenehmen Gespräch, das den festlichen Tag beschloß, habe er den ermutigenden Eindruck gewonnen, daß sich der Herrscher künftig in allen religiösen Fragen wie auch hinsichtlich der Belange des kirchlichen Territoriums nach den päpstlichen Vorstellungen richten werde. Friedrich seinerseits bekannte bestätigend, die eingehende Schilderung der päpstlichen Beweggründe habe seinen eigenen Zorn über die Geschehnisse der unmittelbaren Vergangenheit vollends besänftigt und ihn dazu bestimmt, Gregor neuerlich entgegenzukommen, um sich seiner Gunst ganz zu versichern und das Band der Liebe, das Imperium und Sacerdotium verbinden müsse, weiter zu stärken.[43]

Kaiser wie Papst erfüllte demnach am Ende ihrer Unterredung gleichermaßen die Überzeugung, sie hätten ihr Gegenüber für die in Zukunft notwendige gedeihliche Zusammenarbeit gewonnen. Freilich blieb sehr zu befürchten, daß sie mit der angestrebten Kooperation in zentralen Punkten unterschiedliche Erwartungen verbanden. Die Tiefe ihrer Gegensätze und ihres gegenseitigen Mißtrauens hatte sich während der zurückliegenden Verhandlungen ja noch einmal überdeutlich gezeigt, und mit den Friedensvereinbarungen waren diese Grundspannungen gewiß nicht einfach verschwunden. Das zeigte sich denn auch bereits in jenen Tagen. Zwar erfüllte Friedrich weitaus die meisten päpstlichen Auflagen schnell und äußerst korrekt.[44] Dem Thomas von Celano jedoch versagte er nach wie vor die Rückkehr in die Grafschaft Molise. Immerhin mochte er in diesem Fall mit einigem Recht wie von Anfang an der Meinung sein, Thomas habe eben jene Absprachen selbst gebrochen, deren Einhaltung der Papst erzwingen wolle. Schwer wog indessen zweifellos, daß er es augenscheinlich

---

[43] Richard von S. Germano, ad 1230, ed. Garufi 171f., Breve chronicon, ed. Huillard-Bréholles 903f., Vita Gregorii IX., c. 11, edd. Fabre – Duchesne 22; Gregors Bericht: HB 3, 228f.; Friedrich: Hampe, Aktenstücke 80f., Nr. 20.

[44] Vgl. etwa noch zu den Entschädigungszahlungen: Annales Placentini Gibellini, ad 1227, MGH SS 18, 470; zur Stellung der Burgen: Im Oktober 1231 scheint Friedrich die Pfandburgen wieder in seiner Hand zu haben: Richard von S. Germano, ad 1231, ed. Garufi 176, vgl. MGH Epp. saec. XIII 1, 341, Nr. 422, 343, Nr. 424, 345, Nr. 426 (20. 1. 1231), dazu Winkelmann, Friedrich 2, 287f.

auch vermied, die von ihm verlangten freien Bischofswahlen im Regnum seinerseits offen und ohne Umschweife zuzugestehen; wenigstens kennen wir, anders als bei den übrigen päpstlichen Postulaten, keine förmliche diesbezügliche Versicherung von ihm.[45] Möglicherweise hoffte er, Gregor durch seinen Kreuzzugserfolg wie durch seine anschließende Demut tief beeindruckt und ganz für sich gewonnen zu haben, so daß in der Wahlfrage durchaus ein päpstliches Entgegenkommen denkbar schien. Andererseits mußte er bei jedem Bruch seiner Versprechen damit rechnen, sofort wieder der Exkommunikation zu verfallen mit wahrscheinlich noch unangenehmeren Folgen als beim ersten Mal. Er beschritt also, so gut er seine Position alles in allem zu behaupten gewußt hatte, einen nicht ungefährlichen Weg.

Das gleiche gilt allerdings für Gregor IX., der nicht nur seine engen Kontakte mit der Lombardischen Liga aufrechterhielt, sondern deren Rektoren, wohl auf ihre kritischen Fragen hin, ausdrücklich versicherte, in den Verhandlungen mit dem Kaiser seien ihre Interessen klug vertreten und in befriedigender Weise gewahrt worden. Der Kaiser habe ihnen etwaige Verfehlungen vergeben, jedes künftig an ihnen begangene Unrecht aber richte sich zugleich gegen die römische Kirche.[46] Der Papst hatte eben Friedrichs Stellung im Regnum und seine überragende kaiserliche Würde neu bestätigt und dadurch mittelbar auch das glänzende Ergebnis seiner Kreuzfahrt anerkannt. Es stand zu erwarten, daß der derart in seinem Selbstbewußtsein bestärkte Herrscher bald energische Initiativen auch zur Durchsetzung der Reichsrechte in Oberitalien entwickeln würde. Wenn sich Gregor in dieser Situation so eng mit den antikaiserlichen Städten verband, nahm er wohl bewußt das hohe Risiko auf sich, an ihrer Seite in einen neuen Konflikt mit dem Kaiser zu geraten.

Gregor und Friedrich zogen zu ihrem intensiven abendlichen Meinungsaustausch in Anagni allein Hermann von Salza hinzu.[47] Dieser Umstand führt sicher sehr einprägsam die einzigartige Vertrauensstellung vor Augen, die der Ordensmeister inzwischen bei ihnen genoß. Vielleicht aber dokumentiert die denkwürdige Szene nicht weniger deutlich, daß das Einvernehmen zwischen den beiden Führern der abendländischen Christenheit jetzt wie fernerhin eines genialen Vermittlers bedurfte und sich ohne ihn nicht erreichen ließ.

---

[45] Zu Thomas von Celano: Jamison, Conti 128f., vgl. oben S. 61–64; Bischofswahlen: Baaken, Ius imperii 281–288, Kamp, Episkopat 94.

[46] Hampe, Aktenstücke 83f., Nr. 22 (10. 10. 1230); obwohl Hampe dies bestreitet (84 Anm. 1), stellt Gregor die kaiserlichen Amnestiezusagen wohl doch großzügiger dar, als sie tatsächlich waren (vgl. ebd. 58, Z. 18–20, Nr. 2).

[47] Richard von S. Germano, ad 1230, ed. Garufi 171.

Am Morgen nach der Unterredung begab sich der Kaiser wieder in sein Lager außerhalb der Stadt und blieb dort noch zwei Tage. Letzte Fragen waren mit dem Papst zu klären. Außerdem wünschten die deutschen Fürsten, ehe sie nun endlich ihre Heimreise antraten, mit ihren eigenen Problemen Gehör zu finden und etwaige kaiserliche Zusagen durch Urkunden zu sichern. Dann eilte Friedrich in sein sizilisches Königreich zurück.[48]

Der Kaiser als Gesetzgeber. Die Konstitutionen von Melfi

Die knapp einjährige Abwesenheit des Staufers im Heiligen Land hatte gewisse Schwächen seines Regiments im Regnum sichtbar gemacht, die er nun auszumerzen suchte. Zunächst forderte er von allen Beamten Rechenschaft über die Verwaltung ihrer Ämter. Besonderen Anlaß zur Unzufriedenheit gab ihm dabei, offenbar wegen seines Umgangs mit den ihm anvertrauten staatlichen Geldern, Rainald von Spoleto, sein Stellvertreter während der Kreuzfahrt. Der Herzog wurde verhaftet, vergeblich setzte sich der Papst für seine Begnadigung ein, weil er fürchtete, in der Öffentlichkeit als derjenige dazustehen, der die Strafaktion in Wahrheit veranlaßt habe. Erst 1233 kam Rainald wieder frei, mußte jedoch zusammen mit seinem Bruder Berthold, der sich bis dahin erfolgreich in Antrodoco (östlich Rietis) verschanzte, das Land verlassen. Ihre Güter fielen an die Krone, sie selbst spielten bis zu ihrem Tod (kurz nach 1250) keine große Rolle mehr. Natürlich liegt die Vermutung nahe, daß sich Friedrich hier eines Vorwandes bediente, daß er mit seinem energischen Vorgehen eigentlich Rainalds unzeitigen und verhängnisvollen Einmarsch in das Territorium der römischen Kirche bestrafen wollte. Allerdings erklärte er damals zugleich alle von dem Urslinger während seiner Statthalterzeit im eigenen oder kaiserlichen Namen ausgestellten Urkunden für ungültig, er mag also tatsächlich ernste Gründe für sein Mißtrauen gegen dessen Amtsführung gehabt haben.[49]

Es ging in jenen Tagen freilich um weit mehr als bloß die Überprüfung und Absetzung von Personen. Friedrich beabsichtigte, die in der ersten

---

[48] Richard (wie Anm. 47) 170f. (bes. die jetzt vollzogene Lösung der sizilischen Geistlichen vom Bann); RI V, Nr. 1823–1832 (erste Nennung Bischof Siegfrieds von Regensburg als Reichskanzler: MGH Const. 2, 185, Nr. 150, Sept. 1230; vgl. dazu Heupel, Großhof 44f.).

[49] Richard von S. Germano, ad 1230–1231, ed. Garufi 172 (zur weiteren Karriere des Marclafaba: Kamp, Kämmerer 61f., vgl. unten S. 215), 173–175, vgl. ad 1232, 181, ad 1233, 185, dazu Schubring, Herzoge 50–54, 56f.; Ungültigkeit der Urkunden: Konst. II 29, ed. Stürner 333f.; vgl. jedoch MGH Const. 2, 292, Z. 15–17, Nr. 215 (20. 4. 1239). Päpstl. Bitten: MGH Epp. saec. XIII 1, 356, Nr. 441; 359, Nr. 445.

Hälfte der zwanziger Jahre eingeleitete Neustrukturierung seines sizilischen Reiches jetzt durch eine zweite Welle von Reformmaßnahmen weiterzuführen und zu vollenden. Indem er das Land noch stärker als bisher durch seine Vorstellungen prägte, gedachte er seiner Herrschaft dort eine noch festere Basis zu geben. Wie zehn Jahre zuvor stand dabei erneut die Gesetzgebung als ein für ihn ganz wesentliches Element der Herrschaftsausübung im Mittelpunkt seiner Planungen. Setzte er seinerzeit mit den Assisen von Capua die ersten entscheidenden Akzente, so bildete nun ohne Zweifel das als „Konstitutionen von Melfi" berühmte Gesetzbuch von 1231 das Kernstück seiner Reformen, wie jene Assisen darum bemüht, die angemessene Stellung der Krone und den Schutz der Untertanenrechte gleichermaßen zu gewährleisten. Auch zu Beginn der dreißiger Jahre griffen die herrscherlichen Neuregelungen daneben ebenso in das Wirtschaftsleben und die Münzverhältnisse des Landes ein wie in das System seiner militärischen Verteidigung. Die Umgestaltung all dieser Bereiche geschah jetzt indessen weit konzentrierter und systematischer, sie erfaßte sie viel tiefer und vollkommener als in der ersten Phase. Das bedeutete notwendigerweise zugleich, daß der Wille des Herrschers die Lebenswirklichkeit seiner Untertanen noch deutlicher bestimmte als zuvor. Anders aber ließ sich eine gerechte Gesellschaftsordnung gerade im Regnum Sicilie nach Friedrichs Grundüberzeugung nicht verwirklichen, und die Erfahrungen der jüngsten Vergangenheit hatten ihn in dieser Ansicht gewiß zusätzlich bestärkt.

Der Kaiser begann die Vorarbeiten zu einem umfassenden Gesetzbuch für das sizilische Königreich spätestens, als sich das glückliche Ende der Friedensverhandlungen mit dem Papst abzeichnete. Wohl Ende August oder im September 1230 befahl er den Justitiaren des Regnums, in jeder Provinz sorgfältig vier ältere Männer, Kenner der Assisen König Rogers II. sowie des zu jener Zeit und unter Wilhelm II. geltenden Gewohnheitsrechtes, auszuwählen und unverzüglich an den Hof zu senden.[50] Offenkundig sollten deren Aussagen Grundlage und Ausgangspunkt für die geplante Kodifizierung bilden.

Zugleich berief Friedrich vermutlich ein Gremium juristischer Experten, die die am Hof zusammenkommenden Praktiker über die alten örtlichen Rechtsgewohnheiten zu befragen und danach das im Königreich künftig geltende Recht schriftlich zu formulieren hatten. Wie diese Kommission im einzelnen arbeitete und wer mit welchen Befugnissen in ihr wirkte, ist leider fast völlig unbekannt. Zu denken wäre natürlich an rechtskundige Berater aus der engeren Umgebung des Kaisers, vor allem an die Mitglieder des Hofgerichts. In der Tat hielt sich dessen Leiter, der Großhofjustitiar Heinrich von Morra, zwischen Juli 1230 und Ende 1231

---

[50] Acta Imperii 1, 605f., Nr. 761. Vgl. zum Folgenden Stürner, Konstitutionen 1–8.

wohl ständig am Hofe auf, und auch die vier Hofrichter Simon und Heinrich von Tocco, Roffrid von San Germano und Petrus de Vinea lassen sich in dem entscheidenden Zeitraum zwischen den Sommern 1230 und 1231 recht gut dort nachweisen.[51] So könnten sie alle mit ihrem theoretischen Wissen oder ihrer praktischen Erfahrung zum Entstehen des kaiserlichen Werkes beigetragen haben. Dafür, daß einem unter ihnen und insbesondere Petrus de Vinea dabei eine hervorragende oder gar bestimmende Rolle zugefallen wäre, gibt es freilich keine Anhaltspunkte.[52]

Offenbar zog der Staufer daneben wenigstens zur Klärung schwieriger Rechtsprobleme auch erfahrene städtische Richter und Professoren aus Neapel heran. Jedenfalls erzählte Benedikt von Isernia, der damals wohl in Neapel wirkte, seinen Schülern später von seiner Teilnahme an einer entsprechenden Diskussion. Er berichtete in diesem Zusammenhang interessanterweise außerdem, daß sich der Kaiser selbst in das Gespräch eingeschaltet, nach dem Sinn bestimmter Regelungen des römischen Rechts gefragt und, da sie ihn nicht befriedigten, für sein Königreich eine neue, stärker differenzierende Lösung befohlen habe.[53]

Die Bemühungen um das neue Gesetzbuch waren im Frühjahr 1231 anscheinend verhältnismäßig weit gediehen, einzelne Konstitutionen erhielten bereits jetzt Rechtskraft.[54] Dennoch trat das Kodifizierungswerk als Ganzes wohl erst Ende Mai 1231 in seine entscheidende Phase. Von da an bis weit in den September 1231 hinein blieb Friedrich mit seinem Hof, dem Kämmerer Richard, dem Großhofjustitiar sowie vermutlich sämtlichen Hofrichtern in Melfi. Dorthin begaben sich in jenen Wochen und Monaten intensivster Aktivität außerdem viele andere einflußreiche Persönlichkeiten des Königreiches. Friedrich erwähnt pauschal die anläßlich eines für Anfang Juni einberufenen Hoftages wohl besonders zahlreich um ihn versammelten Prälaten, Grafen, Adligen und Stadtbürger. Urkunden aus jener Zeit bezeugen die Anwesenheit so wichtiger Ratgeber wie die Erzbischof Jakobs von Capua, seiner Amtskollegen Lando von Reggio di Calabria und Marinus von Bari und Bischof Richers von Melfi, daneben der Erzbischöfe Cesarius von Salerno und Petrus von Brindisi, des Bischofs Petrus von Ravello, des königlichen Marschalls Richard Filangieri oder des Thomas von Aquino, Grafen von Acerra.[55]

---

[51] Hauptbelege bei Heupel, Großhof 142f., vgl. ebd. 89f., sowie Kamp, Morra 845, außerdem Winkelmann 2, 269f.
[52] Ausführliche Diskussion des Problems bei Stürner, Konstitutionen 3–5.
[53] Druck: Meyers, Iuris interpretes 143, Nr. 97, sowie Martino, Federico 56f., vgl. zu Benedikt oben S. 44 mit Anm. 91.
[54] Acta Imperii 1, 612, Nr. 780 (25. 5. 1231).
[55] Hoftag zu Melfi im Juni 1231: Acta Imperii 1, 615, Nr. 787; vgl. RI V, Nr. 1870–1903, sowie die Zeugenlisten HB 3, 285, 295, 297.

Mit ihrer Hilfe bekam das Gesetzescorpus in jenen Wochen seine endgültige Form. Richard von San Germano nennt den Juni als den Zeitpunkt seiner Abfassung.[56] Vermutlich wurde sein Inhalt also, etwa anhand eines Kommissionsentwurfes, auf dem damals stattfindenden Hoftag ausführlich besprochen und in den wesentlichen Punkten festgelegt. Seine Autoren standen damit im Begriff, ein ganz ähnliches, gleichzeitig begonnenes päpstliches Unternehmen zu überrunden.

Eben im Jahre 1230 nämlich hatte Gregor IX. dem bedeutenden Kanonisten Raimund von Peñafort († 1275) die Aufgabe übertragen, die päpstlichen Dekretalen in einer neuen Sammlung zusammenzufassen, die künftig an den Universitäten wie vor Gericht allein maßgebend sein sollte. Raimund neigte mit anderen Kirchenrechtlern seiner Zeit dazu, an die Anschauungen des Papstes Innozenz III. anknüpfend, aus der menschlichen Sündhaftigkeit die umfassende Zuständigkeit des päpstlichen Richters auch in weltlichen Angelegenheiten abzuleiten. Wie alle Menschen seien selbst Kaiser und Könige um der Sünde willen dem Gericht der Kirche unterworfen, so verkündete er schon um 1220, und Gregor war in diesem Punkt gewiß einer Meinung mit ihm. Als Raimunds Werk 1234 vollendet war, schrieb der Papst denn auch, offenkundig im Blick auf Friedrichs Anspruch und Vorgehensweise, ausdrücklich seinen eigenen, den päpstlichen Gesetzen die Funktion und Wirkung zu, dem gegen Gottes Ordnung gerichteten Drang der Menschen nach Streit und Entzweiung Einhalt zu gebieten und das Menschengeschlecht derart zu formen, daß der einzelne anständig lebe und seinen Mitmenschen das Ihre zugestehe.[57]

Der Papst erhob also gleicherweise wie der Kaiser Anspruch auf die primäre Zuständigkeit für den seit dem 12. Jahrhundert immer bedeutsamer werdenden Bereich der Gesetzgebung. Deshalb überrascht es nicht, daß er sofort entschieden ablehnend auf Friedrichs Projekt reagierte, als er, offenbar im Laufe des Sommers 1231, erstmals ihn bestürzende Einzelheiten darüber erfuhr. Er ermahnte den Kaiser am 5. Juli 1231 dringend, das Unternehmen aufzugeben. Es drohe ihm nämlich Gottes Gnade und sein Seelenheil ebenso zu rauben wie sein Ansehen unter den Menschen, da ihn seine Konstitutionen notwendig zum Kirchenverfolger und zum Feind der öffentlichen Freiheit machten. Allein als ein Instrument tyrannischer Unterdrückung glaubte Gregor demnach die selbständige kaiserliche Gesetzgebung bewerten zu müssen.

---

[56] Richard von S. Germano, ad 1231, ed. Garufi 175 (ebd. zum Juli: erste amtliche Nachforschungen nach Verbrechen aufgrund der neuen Gesetze).
[57] Corpus Iuris Canonici, ed. E. Friedberg (1879) 2, Sp. 1 f.; siehe dazu sowie zu Raimund und der Kanonistik: Stürner, Konstitutionen 2, ders., Peccatum 167–170, 182 f.

Es scheint freilich, als habe ihn weniger ein grundsätzlicher Vorbehalt, die Überzeugung vom wesenhaften Unterschied zwischen päpstlicher und kaiserlicher Legislative zu seinem schroffen Urteil getrieben, als vielmehr die ganz konkrete, durch Gerüchte ständig genährte Sorge um die Entwicklung in Sizilien, vor allem die deutlich angesprochene und begreifliche Furcht, die Kirche werde das eben in den Friedensvereinbarungen Gewonnene sogleich wieder verlieren. Vermutlich gelang es Friedrich, ihn gerade auch in diesem Punkte zu beruhigen und dadurch zu jenem sonst etwas unverständlichen einlenkenden Schreiben zu veranlassen, das schon am 27. Juli 1231 an den Kaiser hinausging. Gregor bat darin um Verständnis für seinen ersten Zorn als der impulsiven Reaktion auf die niederschmetternden Schreckensmeldungen, die er aus Sizilien erhalten habe. Recht besehen sei diese Strenge letztlich nur ein Beweis seiner tiefen Liebe für den Kaiser und im übrigen ja nicht öffentlich, sondern in einem Privatschreiben formuliert worden.[58]

Die Mißstimmung des Papstes, so rasch sie offenkundig wieder verflog, hat doch den wertvollen Nebeneffekt, daß sie uns einen bescheidenen zusätzlichen Einblick in den Personenkreis öffnet, der mit der Zusammenstellung von Friedrichs Gesetzbuch befaßt war. Gleichfalls am 5. Juli 1231 nämlich erteilte Gregor dem Erzbischof Jakob von Capua einen scharfen Verweis, weil dieser, wie er gehört habe, sich mit seinem Fachwissen nur allzu bereitwillig dem unheilvollen und geradezu skandalösen kaiserlichen Unternehmen zur Verfügung stelle und jene Gesetze selbst diktiere, denen er eigentlich standhaft widerstehen sollte. Der Erzbischof von Capua, offenbar ein studierter Jurist, am Beginn seiner Karriere vielleicht Notar an der Palermitaner Kanzlei und von daher dem Kaiser früh vertraut, gehörte demnach von Anfang an zu jenen Sachverständigen, die in Friedrichs Auftrag an der Neufassung des sizilischen Rechts arbeiteten.[59]

Im August 1231 lag das kaiserliche Konstitutionenbuch zwar fertig vor, war aber, wie uns ein Urteil des Hofgerichts belehrt, noch nicht veröffentlicht und vom Kaiser zur Anwendung durch die Gerichte zugelassen. Der kurze Vermerk am Schluß des vollendeten Werkes bestätigt diesen Sachverhalt. Danach beschäftigte sich der Kaiser im August im Kreise seiner Berater ein letztes Mal mit der Materie, um das gesamte Corpus dann im September offiziell zu verkünden und damit in Kraft zu setzen. Maßgebend für dessen Geltung war trotz aller Beratungen, trotz der Beteiligung der verschiedensten Gremien und Personen allein der Wille des Kaisers, unter seinem Namen und als sein Werk ging es in die Öffentlichkeit hinaus. Dabei folgten der durch Friedrich selbst vorgenommenen Publikation

---

[58] MGH Epp. saec. XIII 1, 357 f., Nr. 443, ebd. 360, Nr. 447.
[59] Papstbrief: HB 3, 290; zu Jakob: Kamp, Kirche 1, 121–128.

in Melfi ähnliche Akte wohl leitender Beamter in den einzelnen Provinzen und Städten des Königreiches. Richard von San Germano berichtet unter dem Datum des Februar 1232 von dem entsprechenden Ereignis in seiner Heimatstadt.[60] Eine offizielle Bezeichnung gab der Kaiser seinem Gesetzbuch allem nach nicht. Er wollte seinen Untertanen offensichtlich in erster Linie die Tatsache einprägen, daß die neuen Gesetze ausschließlich durch seine kaiserliche Person ihre damit allerdings einzigartige Geltung und Autorität gewannen. Soweit wir sehen, erreichte er sein Ziel. Recht schnell nämlich verbreiteten sich für sein Opus die Benennungen *constitutiones imperiales* oder, fast noch häufiger, *constitutiones augustales*, also „kaiserliche Konstitutionen" oder „Konstitutionen des Augustus".[61]

Das 1231 erschienene, vermutlich damals bereits in drei Bücher eingeteilte Werk enthielt etwa 220 Gesetze. Schon hinsichtlich seines äußeren Umfangs übertraf es also sowohl Friedrichs eigene frühere Bemühungen wie diejenigen seiner normannischen Vorgänger ganz beträchtlich. Überhaupt war wohl im mittelalterlichen Europa noch nie zuvor der Versuch gewagt worden, das künftig in einem großen Königreich geltende Recht so weitgehend und zugleich detailliert durch eine zusammenhängende, einheitliche Kodifikation festzulegen.

Wie sonst als Herrscher des sizilischen Regnums bekannte sich Friedrich auch als Legislator zum Erbe seiner Vorfahren: 65 Gesetze seines Großvaters Rogers II. beziehungsweise Wilhelms II. nahm er in sein eigenes Konstitutionencorpus auf. Viel deutlicher fällt freilich die Hervorhebung seiner kaiserlichen Stellung und die Anknüpfung an das überragende gesetzgeberische Vorbild des Kaisers Justinian ins Auge. Nicht nur, daß der Staufer an den Beginn seiner Konstitutionen seinen Titel in einer Justinian nachgebildeten, besonders feierlichen und ausladenden Form setzte; vor allem inhaltlich ist sein Werk dem Corpus Justinians stark verpflichtet: Etwa die Hälfte der in ihm faßbaren Rechtsgedanken läßt sich ganz oder wenigstens teilweise auf das römische Recht zurückführen.[62]

Gleichfalls dem Beispiel Justinians folgte Friedrich schließlich, als er sein Gesetzbuch mit einem Vorwort einleitete, mit jenem berühmten und

---

[60] Heupel, Großhof 142f., Nr. XIII, vgl. RI V, Nr. 1889 (Urteil; Aug. 1231); Konst. III 94, ed. Stürner 453 (Schlußvermerk); Richard von S. Germano, ad 1232, ed. Garufi 177, vgl. ad 1231 (Aug.), 176.
[61] Richard von S. Germano, ad 1231–1232, ed. Garufi 175–177; vgl. zum Namensproblem Stürner, Konstitutionen 7f.
[62] Vgl. zur Struktur des Gesetzbuches und zu den Gesetzen Rogers und Wilhelms: Stürner, Konstitutionen 62–77, zu den Quellen außerdem: Dilcher, Gesetzgebung, zusammenfassend 760–768.

viel besprochenen Prooemium nämlich, in dem er seine Auffassung vom Herrscheramt und den sich daraus für ihn ergebenden Rechten und Pflichten so gründlich und tief wie kaum je an anderer Stelle beschrieb.[63] Der Text präsentiert knapp und prägnant, mit außerordentlicher Kenntnis und sicherem Gespür alle bis dahin in der gelehrten mittelalterlichen Diskussion vorgebrachten Gesichtspunkte und Argumente, um die Existenz der herrscherlichen Gewalt ebenso als das notwendige Ergebnis von Sündenfall und Erbsünde wie als Resultat des fürsorglichen göttlichen Handelns zu erweisen, und fügt sie zu einem Ganzen von eindrucksvoller und geradezu zwingender Geschlossenheit. Am Beginn steht ein auf das Wesentliche konzentrierter Schöpfungsbericht, der die hervorragende Herrscherstellung der Menschen in der vollkommenen Ordnung des Paradieses aufzeigt, aber auch verdeutlicht, daß ihre Unterwerfung unter die *lex Dei*, unter das Gebot des göttlichen Gesetzes, von Anfang an die Voraussetzung für ihre spezifische Existenz bildete. Der Sündenfall, ihr Gesetzesbruch, zerstörte diese Grundbedingung, und zwar, da sich das elterliche Laster auf die Kinder vererbte, für alle Menschen schlechthin: Sie begannen sich zu hassen, gerieten in endlosen Streit; ihr Heraustreten aus Gottes Ordnung mußte ihre Vernichtung im chaotischen Kampf aller gegen alle zur unausweichlichen Folge haben. Der den Menschen in dieser Situation allein bleibende, sie allein vor dem Untergang bewahrende, der für sie deshalb notwendige Ausweg bestand nach Friedrichs Worten darin, daß sie sich, wenngleich gegen ihr eigentliches Wollen, der Herrschaft von Fürsten unterstellten. Sie beschritten damit zugleich jenen Weg zurück in die bewahrende göttliche Ordnung, den ihr gnädig sorgender Schöpfer zu ihrer Rettung für sie vorgesehen hatte.

Dieser Sicht der Herrschaft als einer dem sündigen Menschen unentbehrlichen, ihm von Gott gegebenen Institution zur Durchsetzung der seine Existenz sichernden göttlichen Normen entspricht die Beschreibung der herrscherlichen Aufgaben, die sich im Prooemium unmittelbar anschließt. Der Fürst hat danach gegen das Böse, gegen die Verbrechen vorzugehen; als Richter, der jedem das Seine zuteilt, verwirklicht er Gottes Gerechtigkeit, vollzieht er dessen Willen. Der vollkommene, christliche Regent schützt überdies die Kirche vor ihren inneren und äußeren Feinden; seinen Untertanen aber ermöglicht er, dazu von Gott gesetzt und unmittelbar und ausschließlich ihm verantwortlich, nach Kräften ein Dasein in Gerechtigkeit und Frieden.

Friedrich sah sein Gesetzbuch als Erfüllung dieser Verpflichtung und bezeichnete es dementsprechend ausdrücklich als ein Gott aus Ehrfurcht vor Christus dargebrachtes Opfer, als die biblischer Aufforderung folgen-

---

[63] Edition: Stürner, Konstitutionen 145–148; Interpretation und Diskussion der älteren Forschung: Ders., Rerum necessitas 471–529, ders., Peccatum 180–183.

de verdoppelte Rückgabe der anvertrauten Talente. Angesichts der entscheidenden Bedeutung, die er dem Herrscher in Gottes Weltordnung zumaß, der eigenständigen Aufgabe und direkten Legitimierung durch Gott, die er für ihn beanspruchte, mußte ihm konsequenterweise freilich die unbedingte Unterordnung unter seinen Willen und sein Gesetz als erste Untertanenpflicht gelten.

Dem widerspricht durchaus nicht, daß der Kaiser zu Beginn einer seiner Konstitutionen die sogenannte *lex regia* rühmte, also den Umstand, daß die Römer einst das Recht zur Gesetzgebung und die Herrschaft dem Kaiser übertrugen. Er erkannte damit keineswegs den immanenten, natürlichen Ursprung der staatlichen Herrschaft an. Vielmehr bestätigten die Römer mit ihrer Aktion in seinen Augen lediglich die im Prooemium vorgetragene Einsicht, daß der Sündenfall alle Menschen schlechthin der Notwendigkeit der Herrschaft unterwerfe. Auch den Römern blieb nur dieser eine Weg der Rettung, und nach langem Nachdenken und ausführlicher Beratung schlugen sie ihn mit der *lex regia* in der Tat ein. Als das eigentlich Bemerkenswerte an ihrem Vorgehen erschien Friedrich denn auch bezeichnenderweise ihr Entschluß, mit Gesetzgebung wie Herrschaftsausübung eine einzige Person zu betrauen, also den Herrscher zum Vater und Sohn der Gerechtigkeit zu machen, zum Schöpfer und Vollstrecker des Rechts, wie er dies nach seiner eigenen Überzeugung zu sein hatte.[64]

Des Staufers Konstitutionenwerk gewann trotz seiner vielfachen Anlehnung an Überkommenes, an das römische Vorbild zumal, durch die Quellenauswahl, die es traf, und durch seine inhaltlichen Schwerpunkte doch sehr markante eigene Züge.[65] Es enthielt strafrechtliche Bestimmungen, etwa für Fälschungsdelikte, für Fälle von Ehebruch und Meineid, für Gotteslästerung oder Giftmischerei. Daneben behandelte es lehns- und standesrechtliche Fragen und machte den Kaufleuten und Handwerkern ziemlich detaillierte Vorschriften über die Produktion und den Verkauf ihrer Waren, um so die Verbraucher vor Übervorteilung und Täuschung zu bewahren. Andere Regelungen betrafen – wir werden später darauf zurückkommen[66] – die Ausbildung der Ärzte und Chirurgen in Salerno sowie die Arzneiherstellung durch die Apotheker oder sorgten im Vorgriff auf den modernen Umweltschutz sogar für die Reinhaltung von Luft und Gewässern.

---

[64] *Lex regia*: Konst. I 31, ed. Stürner 185, dazu Stürner, Rerum necessitas 524f.; vgl. ebd. 474f. mit Anm. 18 zur auffallend zurückhaltenden, stets die kaiserl. Bindung an *ratio, virtus* oder Gott mit berücksichtigenden Verwendung von Begriffen des römischen Rechts wie *princeps legibus solutus* oder *imperator lex animata* bei Friedrich.
[65] Vgl. die ausführliche Übersicht: Stürner, Konstitutionen 65f. mit den Verweisen auf die einschlägigen Gesetze.
[66] Siehe unten S. 377–385.

Der Kaiser als Gesetzgeber

Die größte Aufmerksamkeit widmete der um das Wohl seiner Untertanen bemühte Gesetzgeber indessen, ganz den Worten des Prooemiums gemäß, dem Gerichtswesen seines Reiches. Dessen sinnvolle Ordnung und die Unbestechlichkeit der dort Wirkenden sollten die Gewähr dafür bieten, daß jeder Bewohner des Regnums zu seinem Recht kam. Präzise Richtlinien legten die Zuständigkeiten und Aufgaben der grundsätzlich unverändert bleibenden Organe der Gerichtsbarkeit fest, also der an der Spitze der Provinzverwaltung stehenden Justitiare und Kämmerer mit ihrer Verantwortung für Straf- beziehungsweise Zivilprozesse, der ihnen beigegebenen Richter und Notare, der vor ihren Gerichten zugelassenen Anwälte sowie der Baiuli, der Vorsitzenden der städtischen Gerichte. Die kaiserlichen Gesetze begrenzten ihre Zahl, beschrieben die Bedingungen und Umstände ihrer Einstellung, wobei die Prüfung ihrer beruflichen Fähigkeiten eine wichtige Rolle spielte, und fixierten den Anteil am Streitwert, den sie als Entgelt für ihre Tätigkeit einziehen durften. Ihr Amtseid verpflichtete sie zu gerechtem, raschem und absolut unparteiischem Vorgehen; als Inbegriff der Gerechtigkeit und Maßstab für ihr eigenes Verhalten hatte ihnen stets der Leiter des Großhofgerichts, der mit besonderen Befugnissen ausgestatteten höchsten Appellationsinstanz, gegenwärtig zu sein. Spezielle Konstitutionen klärten außerdem die Appellationsmöglichkeiten, Prozeßfristen und Beweismittel, die Eigenheiten der straf- und zivilrechtlichen Verfahren oder suchten die Benachteiligung Schwächerer, der Frauen oder Minderjährigen beispielsweise, zu verhindern.

Wie leidenschaftlich und mit welch zuweilen ungewöhnlichen Mitteln Friedrich der Gerechtigkeit zur Geltung verhelfen wollte, das zeigt die von ihm wohl im wesentlichen neu geschaffene Einrichtung der sogenannten Defensa oder „Abwehr". Damit erlaubte er jedermann, im Falle einer akuten widerrechtlichen Bedrohung der eigenen Person, des eigenen Vermögens oder auch der Angehörigen den Namen des Kaisers anzurufen. Dieselbe Befugnis räumte er allen seinen Beamten ein, sobald sie unmittelbare Zeugen eines Rechtsbruches wurden. Wer sich von seiner Untat dadurch nicht abhalten ließ, den erwartete eine außerordentlich harte Bestrafung wie umgekehrt allerdings genauso denjenigen, der die Defensa leichtfertig und zu Unrecht erhoben hatte. Er hoffe, so erklärte der Staufer, daß es ihm auf diese Weise gelinge, die dauernde Herrschaft der Gerechtigkeit gleichsam in jedem Winkel seines Königreiches aufzurichten, obwohl er selbst als der von Gott gesetzte, einzig wahre Garant und Schützer des Rechts nicht, wie eigentlich nötig, überall zugleich persönlich präsent sein könne.[67]

---

[67] Defensa: Konst. I 16–19, ed. Stürner 165–172, zur Begründung bes. I 17, 168, vgl. die Literaturhinweise ebd. 165 (zu I 16).

Die kaiserliche Maßnahme schloß ausdrücklich die Juden und Sarazenen ein. Wie die christlichen Bewohner des Regnums durften sie sich der Defensa im Notfall bedienen. Hier wird eine besondere Schutzverpflichtung diesen beiden Gruppen gegenüber sichtbar, zu der sich der Herrscher durchaus auch sonst bekannte; andernfalls wären sie als kleine Minderheiten nach seiner Meinung hilflos den Feindseligkeiten der Christen ausgeliefert. Den Juden gestattete er eigens die den Christen verbotene Geldleihe gegen einen Zinssatz von höchstens zehn Prozent. Juden und Sarazenen mußten nach seinem Willen für die Verluste und Einbußen, die sie infolge eines nicht aufgedeckten Verbrechens erlitten hatten, ganz so wie Christen entschädigt werden, und für einen nicht aufklärbaren Mord hatte die Einwohnerschaft des Ortes, in dem er geschehen war, eine Kollektivstrafe zu bezahlen, gleichgültig, ob es sich bei dem Toten um einen Christen handelte oder aber um einen Juden oder Sarazenen – allerdings lag die Strafsumme im ersten Fall doppelt so hoch wie im zweiten.[68]

So genossen die im Regnum Sicilie lebenden Juden und Sarazenen zwar den herrscherlichen Schutz vor Unrecht, nicht aber uneingeschränkte Gleichberechtigung mit den Christen. Das konnte freilich kaum anders sein, sah sich Friedrich nach den Worten des Prooemiums doch als einen Regenten, den Gott auf ganz besondere, fast schon wunderbare Art mit der Verteidigung der Kirche und des christlichen Glaubens beauftragt hatte und den er eben darüber einst zur Rechenschaft ziehen würde. Dieser Selbsteinschätzung entsprach es im übrigen aufs beste, daß der Kaiser sein Gesetzbuch mit einer Reihe von Konstitutionen eröffnete, die in eindringlich-feierlicher Sprache Lehre und Handeln der Ketzer verdammten und, wie schon früher, die Schwere ihrer Schuld weit über die der Majestätsverbrecher stellten, mochte sich auch die Schärfe ihrer Bestrafung, also Verbrennung und Güterkonfiskation, nicht über das bei jenen übliche Maß hinaus steigern lassen. Alle Beamten des Königreiches waren gehalten, nach Ketzern wie nach sonstigen Missetätern zu fahnden und alle Verdächtigen der Geistlichkeit zur weiteren Prüfung zu übergeben.[69]

Wenn sich der Staufer an derart exponierter Stelle seines Gesetzescorpus als Verfolger der Häretiker profilierte, so tat er dies indessen wohl nicht nur aus grundsätzlicher Überzeugung. Er konnte außerdem ähnlich wie 1224 hoffen, damit den Papst ganz unmittelbar zu beeindrucken und

---

[68] Konst. I 18, ed. Stürner 170f. (Defensa); I 6.2, 156 (Geldleihe); I 27f., 181f. (Entschädigung; Mordstrafe); vgl. Houben, Möglichkeiten 195–197, Straus, Juden 48–52, sowie oben S. 13 mit Anm. 30.
[69] Konst. I 1–3, ed. Stürner 148–153, vgl. Selge, Ketzerpolitik 332–334, außerdem oben S. 100f. mit Anm. 35 (zu 1224) sowie Stürner, Rerum necessitas 427 Anm. 23 (auch zur Übersetzung des im übrigen von Anfang an zu Konst. I 1 gehörenden Passus 150, Z. 20–23).

noch stärker für sich einzunehmen. Gregor nämlich hatte seit Anfang 1231 seinen Kampf gegen die Ketzerei intensiviert und, Friedrichs Edikt von 1224 anwendend, in Rom Ketzer verbrennen lassen. Zugleich beklagte er bei Friedrich ihren zunehmenden Einfluß in Italien und selbst im sizilischen Regnum, insbesondere in Neapel und Aversa. Sein Adressat beeilte sich, schleunige Abhilfe, den machtvollen Einsatz des weltlichen Schwertes gegen die Feinde der Kirche zu versprechen, und beauftragte tatsächlich im Februar oder März Erzbischof Lando von Reggio und seinen Marschall Richard Filangieri mit der Fahndung nach Häretikern in Neapel. Einige wurden aufgespürt und gefangengesetzt, ihr weiteres Schicksal ist unbekannt. Die Ketzerkonstitutionen vom September aber bekundeten die fortdauernde kaiserliche Aktionsbereitschaft auf diesem Felde.[70]

Gemäß seiner bereits bisher stets befolgten, hier nun offen ausgesprochenen Maxime, wonach der Herrscher nur dann anderen ihr Recht verschaffen könne, wenn er seine eigenen Güter und Rechte innehabe und nutze, schärfte Friedrich seinen Untertanen mit Worten seines Großvaters Rogers II. die Unantastbarkeit seiner Stellung, die Unanfechtbarkeit seiner Entschlüsse und Maßnahmen ein.[71] An mehreren Stellen erwähnte er darüber hinaus ganz selbstverständlich das Majestätsverbrechen und seine Rechtsfolgen, eben Todesstrafe und Güterkonfiskation, ohne sich freilich genauer über den Gegenstand zu äußern. Offenbar sollten die einschlägigen Vorschriften Rogers und des römischen Rechts weiter gelten, und er sah deshalb in diesem Punkt keinen besonderen Regelungsbedarf.[72]

Ausführlicher kam er dagegen, wie schon in den Assisen von Capua und teilweise sogar mit deren Worten, auf den Domänenbesitz und die Lehnsgüter der Krone zu sprechen. Ohne seine Erlaubnis durfte kein Vasall sein

[70] HB 3, 268f. (Friedrich; 28. 2. 1231); Richard von S. Germano, ad 1231, ed. Garufi 173f. (vgl. zum Mai Landos Inquisition in San Germano).
[71] Konst. III 4.1, ed. Stürner 367, Z. 6–10, ähnlich Konst. III 11, 377, Z. 8f.; vgl. dazu oben Bd. 1, S. 198; Konst. I 4f., 153f. (Roger II.).
[72] Vgl. etwa Konst. I 1, ed. Stürner 150, Z. 23–25, II 22, 327, Z. 21–24 (Strafe); I 44, 203, Z. 6 (Prozeß vor Justitiar); II 9, 308, Z. 21–23 (Geltung des röm. Rechts); II 10, 310, Z. 5–15 (Untersuchungshaft); II 21, 326, Z. 5–12 (kein Vorrang des Verfahrens); II 32, 339, Z. 14–16, II 33, 343, Z. 11f., II 39, 347, Z. 7f. (alle Zeugen bzw. Zweikampf zugelassen). Dazu Schminck, Crimen 80–122, wo freilich manches zu korrigieren wäre; vor allem bleibt die unterschiedliche Entstehungszeit der Gesetze unberücksichtigt und damit auch die seit 1240 für Friedrich offenkundig veränderte Bedeutung des Majestätsverbrechens; zur Weitergeltung der in seinem Corpus nicht eigens behandelten Normen seiner normannischen Vorgänger und des römischen Rechts siehe unten S. 204f., im Corpus fehlende Bestimmungen erlauben keineswegs die Vermutung, absichtliche Unklarheit habe die Basis für richterliche bzw. kaiserliche Willkür abgeben sollen (so Schminck etwa 86, 92, 94f.).

Lehen entwerten, verändern oder veräußern; ungeschmälert sollten ihm das Krongut und die der Krone geschuldeten Dienste und Einkünfte zur Verfügung stehen. Bürgern und Bauern, die aus dem Domänengebiet weggezogen waren, befahl er, sich innerhalb bestimmter Fristen dorthin zurückzubegeben, andernfalls drohten ihnen empfindliche Strafen; immerhin richtete er die gleiche Aufforderung zur Rückkehr auch an die aus kirchlichem oder adligem Land Abgewanderten. Alle Privilegien, die nicht von seinen normannischen Vorgängern stammten oder die er nicht selbst nach dem Hoftag von Capua gewährt oder ausdrücklich bestätigt hatte, dazu nun noch die in der Zeit seiner Kreuzfahrt ausgefertigten Urkunden verloren ihre Geltung. Schließlich erneuerte er seine Capuaner Weisung, sämtliche unerlaubt errichteten Befestigungen zu zerstören, und untersagte auf Kronland allen Privatleuten den Bau neuer Kastelle und Türme.[73]

Mit der Kodifizierung von 1231 schloß Friedrich seine legislatorische Tätigkeit keineswegs ab, er setzte sie vielmehr bis in seine letzten Lebensjahre fort; dabei formte er in Melfi geschaffene Konstitutionen um und publizierte über 60 neue. Zunächst wenig intensiv betrieben, erreichte diese Novellengesetzgebung nach dem zweiten Bann vom März 1239 und der darauf vorgenommenen Neuorganisation des Königreiches Sizilien einen ersten Höhepunkt im April 1240 anläßlich eines Hoftages zu Foggia. Der erneute Umbau der Reichsverwaltung nach der Verschwörung vom Frühjahr 1246 führte dann zur zweiten großen Welle von Novellen auf dem Hoftag von Barletta im Oktober 1246.[74]

Inhaltlich spiegeln die Novellen natürlich in erster Linie die jeweiligen strukturellen Veränderungen der Administration des Regnums wider. Sie definieren die Aufgaben der neu geschaffenen Institutionen und suchen ihre Tätigkeit mit der des bereits vorhandenen Verwaltungsapparats zu verzahnen. Offenbar hielt der Kaiser jetzt auch seine Person und seine Umgebung für stärker gefährdet, die Vorsorge zu ihrem Schutz für wichtiger als bis dahin. Jedenfalls bestimmte er 1240, daß die Justitiare spezielle Inquisitionen gegen solche Personen, die wegen eines Majestätsverbrechens angezeigt worden waren, ohne weiteres mit aller Sorgfalt durchzuführen, also etwa die Motive des Anzeigenden festzustellen, alle wichtigen Umstände zu erfassen und die Zeugen zu verhören hätten. Er selbst behielt sich indessen die Entscheidung darüber vor, ob das Inquisitionsprotokoll dem Beschuldigten ausgehändigt werden sollte oder nicht; wurde es ihm aber verweigert, verminderten sich natürlich seine Verteidigungsmöglichkeiten ganz erheb-

[73] Konst. III 1, ed. Stürner 364, III 4.1–2, III 5.1–2, III 6f., 366–373; II 28f., 332–334, vgl. oben S. 189 mit Anm. 49; III 32f., 400f.; zum Hoftag von Capua siehe oben S. 10–12.

[74] Siehe zu Bestand, Etappen und Inhalt der Novellengesetzgebung die eingehende Analyse und die Belege bei Stürner, Konstitutionen 79–101.

lich. Andererseits ließ sich wohl nur so erreichen, daß abhängige Leute vor Aussagen gegen Mächtige nicht zurückschreckten.[75] Im übrigen suchte die kaiserliche Gesetzgebung nach wie vor die Bewohner des sizilischen Reiches vor Unrecht und Beamtenwillkür zu bewahren. Eine ganze Reihe von Konstitutionen zielte auf die zügige Durchführung der Prozesse. Den Witwen, Waisen und Armen erstattete die Krone ihre Prozeß- und Anwaltskosten, sie verzichtete ihnen gegenüber auf die gewöhnlich anfallenden Gebühren.[76] Für alle Richter und Beamte galt nun die Begrenzung ihrer Amtszeit auf ein Jahr als die Regel; danach hatten sie Rechenschaft über ihre Amtsführung abzulegen und sich etwaigen Beschwerden aus der Bevölkerung ihres Amtsbezirks zu stellen. Um die Objektivität der Rechtsverfahren zu gewährleisten, zahlte die Krone den damit befaßten Beamten anstelle des ihnen früher zufließenden Anteils am Streitwert ein festes Gehalt. Aus dem gleichen Grund verbot sie ihnen aber beispielsweise auch, von Bewohnern ihres Amtsbezirks Darlehen aufzunehmen oder Geschenke von mehr als einem bescheidenen Wert zu empfangen, eine Frau von dort zu heiraten oder Häuser und anderen Besitz dort zu erwerben. Unermüdlich mahnte sie der Gesetzgeber, jede Form der Abhängigkeit von potentiellen Streitparteien, jeden Verdacht der Bestechlichkeit, jede Art des Amtsmißbrauchs und der Bedrückung zu vermeiden. Er vergaß darüber freilich andere für das Gemeinwesen wichtige Berufe durchaus nicht. Den Rechtsanwälten gab er wohl im April 1240 eine ausführliche Honorarordnung, und die Ärzte erhielten damals Rahmenrichtlinien für ihre Ausbildung in Salerno sowie, zusammen mit den Apothekern, Vorschriften für die praktische Berufsausübung.[77]

Anspruch und Realität. Die Verwirklichung der kaiserlichen Gesetze

Er wolle sein sizilisches Regnum, gleichsam aus einem Acker einen erlesenen Park schaffend, ganz mit Gerechtigkeit und Frieden erfüllen und so zur *norma regnorum*, zum Maßstab und Vorbild der Königreiche machen,

---

[75] Konst. I 53.2, ed. Stürner 215, Z. 5–28, dazu Dilcher, Gesetzgebung 233–235, Schminck, Crimen 104–107; vgl. noch Konst. II 10, 310, Z. 6–9 (Definition), E 10, 469, Z. 30–470, Z. 2 (= I 38.2, 193, Z. 16–194, Z. 3), 470, Z. 40–471, Z. 6 (= I 43, 459, Z. 9–16) (Zuständigkeit, Appellation).
[76] Konst. I 33–35, ed. Stürner 187–189; vgl. I 40.1, 197f., I 76, 250, I 93.1, 272.
[77] Konst. I 95.1, ed. Stürner 277, Z. 14–24, I 95. 2–3, 278f.; I 62.2, 230, Z. 8–10, I 73.1, 244, Z. 13–17, I 74, 247, Z. 3–8 (Gehalt); I 90.1, 266f., vgl. I 51, 210 (Unabhängigkeit); I 42. 1, 201, I 54, 217, I 90.3, 268, I 93.2–94, 273f. (Bestechung, Amtsmißbrauch); I 85, 259 (Anwälte), III 46, 413f. (Ärzte, Apotheker).

versprach Friedrich in der berühmten Eingangspassage einer Novelle.[78] Sein Gesetzescorpus beweist gewiß die Ernsthaftigkeit seines Vorsatzes. Doch inwieweit prägten dessen Regeln die alltägliche Praxis, inwieweit setzten Friedrichs Beamte das dort gezeichnete Ideal in Wirklichkeit um, inwieweit wurden sie selbst dem dort für ihr Tun entwickelten hohen Anspruch gerecht?

Leider wissen wir über die konkreten Verhältnisse in den Provinzen des Regnum Sicilie und über die Arbeit der dortigen Verwaltung viel zu wenig, um diese Fragen einigermaßen befriedigend beantworten zu können. Wir dürfen aber wohl annehmen, daß die sizilischen Beamten, sei es aus angeborener Gewissenhaftigkeit oder aus Furcht vor Strafe, im großen und ganzen durchaus darum bemüht waren, sich an dem im Gesetz ausgedrückten Herrscherwillen zu orientieren. Ein gewisses Indiz dafür sind einzelne, uns zufällig von ihrer Seite erhaltene Schreiben, in denen sie in Zweifelsfällen eine authentische Gesetzesauslegung des Hofes erbaten, etwa bezüglich der unerlaubten Heirat eines Vasallen, der Durchsetzung von Revokationen oder des Gebrauchs der neuen Maße und Gewichte.[79] Wenn ein Bürger beim Kaiser mit Verweis auf dessen einschlägige Konstitution die Genehmigung zum Erwerb der Ritterwürde beantragte, oder ein gerade mündig gewordener Adliger auf der gleichen Rechtsbasis um die Beendigung der Vormundschaft nachsuchte sowie um die Erlaubnis, den Sicherheitseid seiner Vasallen einfordern zu dürfen, dann demonstriert dies trotz der Kärglichkeit der Belege gleichfalls, daß die herrscherlichen Gesetze eine gestaltende Rolle im Leben des sizilischen Staats spielten.[80]

Dafür sorgte im übrigen natürlich nicht zuletzt der Herrscher selbst, der in seinen Erlassen streng auf die Beachtung seiner Konstitutionen drang. So wies er beispielsweise den Justitiar der Provinz Abruzzen an, die Ernennung eines Richters, falls er tatsächlich im Widerspruch zu den gesetzlichen Vorschriften nicht aus dem Kronland stamme, sofort zu widerrufen und künftig die Befolgung der Gesetze unbedingt zu gewährleisten. Einen Nachfolger dieses Beamten erinnerte er an die gesetzlichen Regelungen über die Untersuchungshaft bei Denunziation; einen anderen Justitiar ermahnte er, endlich für die Umsetzung der Konstitutionen über die neuen Maße und Gewichte zu sorgen.[81]

---

[78] Konst. I 95, ed. Stürner 276, Z. 2–11.
[79] Acta Imperii 1, 659f., Nr. 858 (1240/41); ebd. 635, Nr. 818 (wohl Sommer 1239).
[80] Acta Imperii 1, 627, Nr. 805 (1234/35); ebd. 632, Nr. 814 (wohl Sommer 1239); vgl. noch ebd. 642, Nr. 831; 665, Nr. 872 (27. 11. 1241).
[81] Acta Imperii 1, 629, Nr. 809 (2. 1. 1238); ebd. 624, Nr. 802 (19. 11. 1246); Konst. E 8, ed. Stürner 467f., vgl. 98 Anm. 391 (vielleicht Mitte 1238) sowie Acta Imperii 1, 635, Nr. 818 (wohl Sommer 1238).

Anspruch und Realität

Diese Exempel werfen indessen nicht nur ein Licht auf den Einfluß und die Geltung des kaiserlichen Gesetzbuches im sizilischen Regnum. Viele von ihnen verdeutlichen zugleich eine gewisse Unsicherheit der Beamten bei seiner Anwendung und die Schwierigkeiten, die es damit bei der Bevölkerung gab. Trotz Strafandrohung wurden etwa, wie wir erfahren, die alten Maße und Gewichte sieben Jahre nach Einführung der neuen noch immer in Teilen des Königreiches benutzt – manch einschneidendere und kompliziertere Neuerung mag sich da noch weit mühsamer durchgesetzt haben. Das gilt unter anderem offenkundig für die Revokationsmaßnahmen Friedrichs und vor allem für die nun intensiv betriebene Rückführung der aus dem Kronland abgewanderten Menschen. Die Probleme, die dieses Vorhaben aufwarf, vermögen wir dank des besonderen kaiserlichen Engagements etwas genauer zu überblicken.

Bereits im April 1234 sah sich der Herrscher veranlaßt, dem Justitiar des Prinzipats (um Salerno) bei der Anwendung seiner einschlägigen Konstitution den Kirchen gegenüber eine vorsichtig abwartende Haltung aufzuerlegen. Wenig später, im Mai, bekannte er ohne Umschweife seinen Unmut über die ständigen, ermüdenden Klagen im Zusammenhang mit den Revokationen und verzichtete, um den Unannehmlichkeiten ein Ende zu machen, auf die Einbeziehung jener adligen und kirchlichen Güter, die der Krone ohnehin zum Dienst verpflichtet waren. Anfang 1235 brachte er das Projekt dann allem nach im ganzen Königreich wieder energisch voran, modifizierte seine Grundsätze gleichzeitig aber offenbar erneut. Ende April schließlich kehrte er mit einem neuen Gesetz zur uneingeschränkten Revokation zurück, bot nun allerdings eine Möglichkeit an, die Vermögenseinbußen der Betroffenen in Grenzen zu halten, und schloß überdies, unverständlich spät, auch eine Gesetzeslücke, die schon seit langem viel Anlaß zu Streit gegeben hatte: Er bestimmte, daß alle, die vor dem Tod König Wilhelms II. die Domäne verlassen hätten, mit ihren Nachkommen unbehelligt an ihrem jetzigen Wohnsitz bleiben dürften. Aus einem Mandat von 1238/39 erfahren wir, daß er diese Regelung in der Tat zugunsten eines Mannes anzuwenden befahl, der damals gegen seine Revokation klagte.[82]

---

[82] Mandat, 24. 4. 1234, ed. Savagnone, Mandati 269, Nr. 7 (zu Konst. III 6), Konst. E 3, ed. Stürner 460f. (26. 5. 1234); Richard von S. Germano, ad 1235, ed. Garufi 189f. (Februar: Inquisition); Acta Imperii 1, 627, Nr. 806 (8. 4. 1235; Hinweis auf Modifikation); Konst. III 11, ed. Stürner 377 (wohl 28. 4. 1235, Revokation, Entschädigung); Konst. E 4, 461 (28. 4. 1235; fester Termin), vgl. dazu schon das Mandat vom 27. 9. 1233, ed. Savagnone 370, Nr. 8; Mandat von 1238/39: Acta 1, 644, Nr. 835. Vgl. noch Acta 1, 625f., Nr. 803 (28. 11. 1246, Datierung: Sthamer, Studien [1920] 592f.); zum Ganzen: Niese, Urkunden 9, 258–260.

Anscheinend führte die wachsende Zahl von Gesetzesänderungen und Novellen bei den Beamten in den Provinzen nicht selten zu zusätzlicher Unklarheit. Nicht immer äußerte sich der Hof nämlich bei der Publikation solcher Neuregelungen ausdrücklich darüber, ob und wo sie in das kaiserliche Gesetzescorpus einzuordnen seien oder welche früheren Bestimmungen dadurch außer Kraft gesetzt würden. Deshalb sahen die Gesetzessammlungen, die die Justitiare oder Richter in der Praxis benutzten, bei jedem von ihnen etwas anders aus und boten zu einzelnen Rechtsfragen unter Umständen sowohl die ursprüngliche Vorschrift wie ihre Änderung. Manche Exemplare enthielten also beispielsweise völlig unterschiedliche Verfügungen über die Höhe der Gebühren, die Baiuli, Richter und Notare für die schriftlichen Urteilsausfertigungen verlangen durften – es steht zu befürchten, daß diese sich im Zweifel nicht nach dem aktuellen kaiserlichen Willen, sondern nach der für sie günstigsten Lösung richteten.[83]

Von derartigen Einzelproblemen einmal abgesehen, standen Friedrichs Beamte bei der Benutzung seines Konstitutionenbuches wie noch dessen heutige Leser vor einer grundsätzlichen Frage. Des Kaisers Vorwort mündet in der Feststellung, künftig hätten im Königreich Sizilien allein die in das folgende Corpus aufgenommenen Konstitutionen Geltung. Alle dort nicht erscheinenden Gesetze aber, so heißt es abschließend klipp und klar, sollten fortan weder vor Gericht noch außerhalb der Gerichtshöfe irgendeine Rechtskraft besitzen. Nun finden sich freilich im Corpus von Melfi oder unter seinen späteren Ergänzungen nur die wenigsten jener Statuten wieder, mit denen der Kaiser 1231 die Wirtschaftsordnung des Regnums reformierte, und keineswegs die wichtigsten. Ganz ähnlich beschäftigt sich jenes Corpus mit einem so zentralen Bereich wie dem des Zivilrechts eher am Rande.

Die Verfasser des Gesetzbuches waren sich der gewaltigen Lücken ihres Werkes durchaus bewußt und trafen Vorkehrungen, um sie zu schließen. Leider taten sie dies jedoch auf merkwürdig beiläufige und zufällige Weise, durchaus nicht so präzise, wie man es eigentlich erwarten würde: Sie wiesen die Richter mehrmals, aber nicht ohne kleine Differenzen, an, sie sollten bei der Urteilsfindung hilfsweise neben den kaiserlichen Konstitutionen die anerkannten Gewohnheiten und das gemeine Recht heranziehen. Weder über diese beiden zusätzlichen Rechtsquellen oder über ihr Verhältnis zueinander finden sich weitere Erläuterungen, noch darüber, welche Rolle den in Friedrichs Gesetzbuch nicht berücksichtigten Assisen seiner normannischen Vorgänger zugedacht war. Obwohl sie im strengen Wortsinne des Prooemiums ihre Geltung verloren hatten, zeigen verschie-

---

[83] Dazu ausführlich Stürner, Konstitutionen. Anspruch 272–274, mit weiteren Beispielen, vgl. ders., Konstitutionen 57f., 62, 81f., 116.

Anspruch und Realität 205

dene Einzelregelungen, daß der Gesetzgeber ganz selbstverständlich von ihrer weiteren Gültigkeit ausging, ihnen sogar höchste Autorität nach den kaiserlichen Konstitutionen und noch vor dem Gewohnheitsrecht und dem gemeinen, also dem römischen und langobardischen Recht zumaß, während in der Praxis allerdings für viele Fragen allein das römische Recht eine Lösung geboten haben dürfte.[84]

Dem Kaiser lag demnach in erster Linie daran, mit seinem Konstitutionenwerk seine alleinige Zuständigkeit und Verantwortung für die Gesetzgebung unmißverständlich und unübersehbar zu dokumentieren. Er begründete sie in seinem Prooemium; er praktizierte sie, indem er anschließend die ihm vordringlich erscheinenden Rechtsprobleme aufgriff und in seinem Sinne neu regelte, aber ebenso, indem er auch danach die Legislative als seine nie endende Aufgabe ansah und betrieb – überzeugt von der Notwendigkeit solchen Tuns angesichts der sündigen Menschen und ihrer immer neuen Verbrechen, aber nur wenig bekümmert um die Verwirrung, in die er damit zuweilen seine Beamten stürzte.

Hohe herrscherliche Ansprüche und Erwartungen hinsichtlich Recht und Gesetz, die oft unvermutet vielfältigen Schwierigkeiten ihrer Realisierung und die Widerstände der Betroffenen, Lücken und Ungereimtheiten in der Gesetzgebung, die zuweilen sehr rasch aufeinander folgenden Änderungen von Einzelvorschriften und die daraus resultierende Verunsicherung der Beamten – dies alles bedrohte demnach den praktischen Erfolg der legislatorischen Anstrengungen des Kaisers. Hemmend wirkten sich daneben die Machtstellung, die Standesideale und Sonderinteressen der sozialen Gruppen aus, mit denen zusammen er seine Rechtskonzeption verwirklichte. Die Justitiare etwa, seine engsten politischen Vertrauten in den Provinzen, die höchsten dortigen Repräsentanten der staatlichen Ordnung, Rechtsprechung und Strafgewalt, wählte er vorwiegend aus den führenden Adelsfamilien des Regnums. Er suchte diese maßgebende Schicht so in die von der Krone dominierte Verwaltung des Staates zu integrieren, zum Dienstadel umzuformen und zugleich aus ihrem Ansehen und ihrer Erfahrung Nutzen für das Gemeinwesen zu ziehen. Freilich geriet er dadurch selbst in eine gewisse Abhängigkeit, die ihn zum Verzicht auf manche seiner theoretischen Vorgaben zwang. Wie sehr häufig vor 1239/40 geschah es beispielsweise auch noch danach, nun allerdings im Widerspruch zu den damals erlassenen Novellen,[85] daß Justitiare mehrere Jahre auf demselben Posten blieben oder aus ihrem Amtsbezirk stammten.[86]

---

[84] Stürner, Konstitutionen. Anspruch 268–271, mit Belegen und Literaturhinweisen; vgl. zum Folgenden ebd. 275 und Konst. I 38.1, ed. Stürner 191 f.
[85] Konst. I 95.1, ed. Stürner 276 f.; I 51, 210.
[86] Richard von Montenigro, Justitiar der Terra di Lavoro 1239–1242: Richard von

Natürlich war für die Angehörigen der adligen Führungsschicht die Versuchung groß, die Möglichkeiten ihrer herausragenden Position, Macht und Einfluß ihrer hohen Ämter dazu einzusetzen, sich zusätzliche persönliche Vorteile zu verschaffen oder die Karriere von Verwandten zu fördern, und wir wundern uns nicht, wenn wir in den Quellen tatsächlich auf Fälle solch egoistischen Verhaltens stoßen.[87] Die Bereitschaft, ein Amt in eigennütziger Weise zu mißbrauchen und die Bevölkerung zu bedrücken, die Neigung zu allen Formen der Bestechlichkeit – dies scheinen im übrigen verbreitete Schwächen der Beamtenschaft des Regnums überhaupt gewesen zu sein. Warum sonst hätte Friedrich in seinen Novellen gerade diese Laster so oft gebrandmarkt und so leidenschaftlich bekämpft!

Unseren Verdacht erhärtet ein zeitgenössischer Kenner der sizilischen Verhältnisse, Terrisius von Atina nämlich, den wir bereits als Rhetoriklehrer an der Universität Neapel und als Verfasser stilistisch besonders ausgefeilter Schriftstücke des kaiserlichen Hofes kennen. Terrisius schuf wohl gegen 1241 ein Gedicht, das in seinem ersten Teil Friedrichs Ruhm, seine übermenschlichen Tugenden und staunenswerten Erfolge pries und ihn als von Gott gesetzten, geradezu als Abbild Gottes wirkenden Wahrer von Frieden und Gerechtigkeit feierte. Von ihm erhoffte sich der Verfasser Abhilfe für die dann im zweiten Abschnitt geschilderten, nach der vorausgehenden Lobeshymne kaum begreiflichen Mißstände im Gerichtswesen des Landes. Wir sehen die Rechtsuchenden furchterfüllt und wankenden Schrittes den Gerichtssaal betreten, sehen dort Justitiare und Kämmerer, die Leiter der Provinzgerichte also, mit ihren Notaren und Richtern sitzen, alle voller Begierde nach Goldmünzen und Geschenken und bereit, die Rechtsfälle der Höhe der Bestechungsgelder gemäß nach Belieben zu drehen und zu wenden. Schließlich hören wir den Wortschwall der Anwälte, die sich an ihrer leeren Rhetorik ergötzen, sich endlos um Bagatellen streiten und im Grunde natürlich wie alle anderen nur danach trachten,

S. Germano, ad 1239 (Sept.), ed. Garufi 203, ad 1242 (Febr.), 213, zur Herkunft (nordwestlich Cassinos) und Person: Kamp, Kirche 1, 1195 f. mit Anm. 84 und 87, vgl. oben S. 40 mit Anm. 85. Vgl. Richard von Fasanella, Justitiar des Prinzipats: Acta Imperii 1, 666, Nr. 873 (Dez. 1241), zur Heimat (im Cilento, südöstlich Ebolis): Kamp, Fasanella, Riccardo 202; Stephanus de Anglone, Justitiar in den Abruzzen 1240/41: Acta 1, 658, Nr. 857, 661, Nr. 863, 665, Nr. 873 (Dez. 1241), zur Herkunft (begütert bei Agnone, westlich Termolis): Kamp 535 mit Anm. 45. Vgl. Kamp, Verwaltungsreformen 138–141 (ohne Berücksichtigung der Novellen von 1239/40).

[87] Vgl. das Vorgehen des kaiserl. Kämmerers Richard gegen den Bischof von Squillace und seinen Einsatz für seinen Neffen Benvenutus: Kamp, Kirche 1, 988–991; das Bemühen Richards von Montenigro als Justitiar von Sizilien (1234) oder das seines Bruders Thomas als Justitiar des Prinzipats (1238), dem Bruder bzw. Sohn geistliche Ämter zu verschaffen: Kamp 1195.

ihre Klienten auszunehmen. Wie beim panegyrischen Lob des Kaisers wird die Freude am Spiel mit der Sprache den Dichter auch bei seiner Kritik des Rechtslebens ein gutes Stück von der Wirklichkeit weggelockt haben. Daß er konkreten Anlaß für seinen Unmut hatte, läßt sich aber kaum bezweifeln.[88]

Vergegenwärtigt man sich die mannigfaltigen Hindernisse, die ganz offensichtlich einer ungebrochenen Realisierung der kaiserlichen Ideale und Absichten entgegenstanden, dann wird man die Behauptung Gregors IX., niemand im sizilischen Regnum bewege Hand oder Fuß ohne herrscherlichen Befehl, schwerlich als eine angemessene Beschreibung der dortigen Alltagswirklichkeit gelten lassen können. In der angespannten Situation des Herbstes 1236 suchte der Papst mit seiner rhetorisch zugespitzten Formulierung vielmehr seine Sorge über die in seinen Augen verheerende Lage der sizilischen Kirche möglichst drastisch zum Ausdruck zu bringen und auf diese Weise zugleich um so wirkungsvoller die kaiserlichen Vorwürfe gegen die päpstliche Lombardenpolitik zu parieren.[89]

Andererseits machen die großen Probleme bei der Durchsetzung der Visionen und Vorhaben des Kaisers die Beharrlichkeit, die zuweilen ins Pedantische übersteigerte Besessenheit verständlich, mit der er für seine Prinzipien kämpfte: für die Verpflichtung aller Reichsbewohner auf die von ihm gesetzte und verkörperte Ordnung, für die Unbestechlichkeit und strenge Objektivität seiner Beamten, für den Schutz seiner eigenen Rechte, aber auch derjenigen seiner Untertanen gemäß seiner Überzeugung, beides gehöre untrennbar zusammen und das Wohl der Krone, die *commoditas curie*, wachse gerade dort, wo sich der Herrscher um den Nutzen, die *utilitas*, der Untertanen kümmere.[90] Zweifellos führte die erbitterte

---

[88] Gedichtedition: Schaller, Preisgedicht 97–101, zu Überlieferung, Autor und Interpretation ebd. 85–97, vgl. oben S. 55 mit Anm. 118. Nach Schaller beklagt Terrisius die Verhältnisse am Hofgericht (93); die Nennung der Justitiare und Kämmerer an erster Stelle (Vers 53 f.) verweist aber eindeutig auf die Verhältnisse der Provinzgerichte; bei den in Vers 69–76 Genannten handelt es sich allem nach um Anwälte: Diese werden in Vers 65–68 zunächst allgemein geschildert, und Cifridus streitet denn auch mit seinem Gegner (Vers 75 f.), was für einen Richter nicht paßt. Vers 50 lautet wohl doch mit der Neapolitaner Hs.: *Extuat* (= aestuat) *curia*, obwohl auch die Lesart: *Est tua curia* pauschal für die Gerichte im Regnum schlechthin stehen könnte.
[89] MGH Epp. saec. XIII 1, 602, Z. 21 f., Nr. 703 (23. 10. 1236), vgl. dazu unten S. 329 f.; der rhetorische Charakter überwiegt noch stärker bei der Wiederholung des Vorwurfs: ebd. 648, Z. 42 f., Nr. 750 (1. 7. 1239) und erst recht bei Innozenz' IV. Schilderung von Friedrichs *Pharaonica oppressio*, MGH Epp. 2, 434 f., Nr. 613 (7. 12. 1248); vgl. Kölzer, Magna curia 309 f., Reichert, Staat 32 f.
[90] Konst. I 95.2, ed. Stürner 278, Z. 15–17; *commoditas curie inde proveniat, unde nostrorum fidelium utilitas procuratur*, Konst. III 28, 395, Z. 15, vgl. das Vorherge-

Auseinandersetzung mit dem Papsttum und den lombardischen Städten in den vierziger Jahren dazu, daß Friedrich unter dem Einfluß der sich damals verbreitenden Atmosphäre des Mißtrauens und der Verdächtigungen, unter dem Eindruck der gegen ihn gerichteten Verschwörungen und Mordanschläge die Sicherung seiner eigenen Person und seiner herrscherlichen Stellung nun immer häufiger sehr einseitig in den Mittelpunkt rückte und mit unbarmherziger Härte zuschlug, wo sie ihm gefährdet schien. Wie seine Novellen aus jener Zeit oder etwa die uns aus jenem Jahrzehnt überlieferten Hofgerichtsurteile zeigen,[91] verlor er freilich die Anliegen und Nöte der sizilischen Bevölkerung auch jetzt keineswegs völlig aus den Augen.

Die Juristen des Königreiches begannen sich bereits zu Lebzeiten Friedrichs mit seinem Konstitutionenbuch auseinanderzusetzen und ihre Erkenntnisse in einzelnen Glossen und bald in großen Glossenapparaten, also das Werk durchgehend begleitenden und erschließenden Erläuterungen und Kommentaren niederzulegen. Besonders während der Zeit der ersten Anjou-Herrscher um 1300 entstand eine ganze Reihe derartiger umfassender Kompendien aus der Feder von Gelehrten, die meist an der Universität von Neapel, wo sie vielleicht schon studiert hatten, als Professoren lehrten und zugleich am Neapolitaner Hof als hohe Beamte und wichtige Berater der Könige wirkten. Anhand von Kurzfassungen des friderizianischen Gesetzescorpus, die in italienischer Sprache den Inhalt der einzelnen Normen knapp auf den Punkt brachten, pflegte man noch am Ausgang des 15. Jahrhunderts die Prinzen des aragonesisch-neapolitanischen Königshofes in die Materie einzuführen und auf ihr Herrscheramt vorzubereiten. Ebenso wie dieser Umstand dokumentieren die über Jahrhunderte nachweisbaren Bemühungen der Glossatoren oder die 1475 einsetzenden, seit dem 16. Jahrhundert auch in Lyon und Venedig, 1613 in Frankfurt erscheinenden zahlreichen Drucke die fortdauernde Autorität und Geltung des kaiserlichen Gesetzeswerkes, das, obgleich viele seiner Einzelbestimmungen natürlich längst überholt waren, in Neapel wie in Sizilien bis zum Beginn des 19. Jahrhunderts in Kraft blieb.[92]

hende; allenfalls mit diesem komplexen Verständnis wird man dem Begriff des *commodum curie* eine grundsätzliche Bedeutung für Friedrichs Regiment zubilligen können; vor allem um die Ermahnung zur selbständigen Entscheidung von Einzelfällen durch die Beamten vor Ort handelt es sich wohl Acta Imperii 1, 609, Nr. 770 (22. 2. 1231), und ebd. 714, Z. 36–41, Nr. 938 (wohl 1241), vgl. aber unmittelbar anschließend (714, Z. 44 f.) den Hinweis auf den Zusammenhang von *fidelium iura* und *iura* des Herrschers. Siehe dazu Kölzer, Verwaltungsreformen 315, ders., Magna Curia 309.

[91] Siehe den Überblick bei Heupel, Großhof 144–151, Nr. 20–30.

[92] Ausführliche Analyse der Glossenapparate: Stürner, Konstitutionen 43–58, vgl.

Trotz dieses ganz ungewöhnlichen Erfolges wurde des Staufers Kodifikation außerhalb des sizilischen Regnums überraschend selten zur Kenntnis genommen und in ihrer Bedeutung gewürdigt, relativ zurückhaltend auch direkt nachgeahmt. Die Könige Englands und Frankreichs gingen, an die Gegebenheiten und Traditionen ihrer Reiche gebunden, eigene legislatorische Wege. Sie bevorzugten nach wie vor die Einzelgesetzgebung, die sich allerdings seit der zweiten Hälfte des 13. Jahrhunderts erheblich verdichtete. Alfons X. von Kastilien-León (1252–1284) aber, der Sohn von Beatrix, einer Kusine Friedrichs, begann um 1255 immerhin ganz ähnlich wie zuvor sein staufischer Verwandter, das in seinem Reich geltende Recht weiterzuentwickeln und zu einer Einheit zusammenzufassen. Seine Bemühungen gipfelten in jenem 1265 abgeschlossenen, trotz mehrerer späterer Überarbeitungen jedoch wohl erst nach seinem Tod zur Geltung gelangten umfangreichen Rechtsbuch, für das sich seiner sieben Teile wegen der Name Siete Partidas einbürgerte. Die spezifischen Verhältnisse des kastilischen Königreiches und Alfons' persönliche Vorstellungen gaben seinen legislatorischen Werken ihr eigenes Profil. Dennoch findet sich dort manche grundsätzliche Übereinstimmung mit Friedrichs Gesetzescorpus, und eine ganze Reihe von Einzelregelungen dürften sogar unmittelbar auf das sizilische Vorbild zurückgehen, so die Bestimmungen über die Ausbildung der Ärzte und Apotheker, über die Schrift der Notare oder über die Aufgabe der Alkalden.

In Deutschland registrierte man schon zu Lebzeiten des Kaisers da und dort durchaus mit Hochachtung seinen Einsatz für das Recht im Königreich Sizilien und erhoffte sich von ihm ähnliche Aktivitäten im eigenen Land. Doch erst Kaiser Karl IV. (1346–1378) knüpfte dann in der Tat direkt an Friedrichs Arbeit an und zitierte streckenweise wörtlich dessen Prooemium und seine Ketzerkonstitutionen I 1 und I 2, und zwar in seinem kurz nach 1350 verfaßten, aber nie in Kraft getretenen Entwurf eines Landrechts für das Königreich Böhmen, der sogenannten Maiestas Carolina. Als wenig später, im Jahre 1357, der spanische Kardinal Aegidius Albornoz († 1367) für den eben zurückeroberten Kirchenstaat ein einheitliches Konstitutionenwerk schuf, konnte selbst er sich dem Einfluß des staufischen Gesetzbuches nicht entziehen: Er übernahm daraus neben anderem und mit wörtlichen Anklängen das Institut der Defensa.

So macht der Blick auf die Wirkungsgeschichte der friderizianischen Konstitutionen in Sizilien und auf die Resonanz, die sie in Europa fanden,

Reichert, Staat 44–49; ital. Kurzfassungen: Stürner 27–30, vgl. 30–32 sowie 122; Übersicht über die Drucke: ebd. 34–43. Zur Geltung (bis 1809 in Neapel, bis 1819 in Sizilien): A. Wolf, in: Handbuch der Quellen und Literatur der neueren europäischen Privatrechtsgeschichte 1 (München 1973) 699 Anm. 8.

ihren Rang wie ihre Eigenart noch einmal recht deutlich sichtbar. Das kaiserliche Gesetzescorpus markiert auf beeindruckendem Niveau den Beginn einer bald weit verbreiteten Tendenz der europäischen Herrscher zur Intensivierung und vereinheitlichenden Prägung der Gesetzgebung und nimmt zugleich, so scheint es, eine Sonderstellung ein der Entschlossenheit und Unbedingtheit wegen, mit der sein Schöpfer daranging, sein Reich mit Hilfe des Rechts nach seinen hohen Ansprüchen zu formen.[93]

Die Wirtschaftsreform und ihre Träger

Gleichzeitig mit dem Gesetzbuch von Melfi beriet und publizierte Friedrich während des Sommers 1231 eine Reihe neuer Statuten, mit denen er die wirtschaftlichen Verhältnisse im Regnum Sicilie weit gründlicher als mit den zehn Jahre zuvor erlassenen einschlägigen Vorschriften zu reformieren gedachte. Merkwürdigerweise nahm er gerade die für sein Reformkonzept charakteristischen Verfügungen nicht in sein Konstitutionencorpus auf,[94] sondern sandte sie wohl unmittelbar an die Verantwortlichen in den Provinzen. So verdanken wir ihre Kenntnis – wie die vieler anderer wichtiger Dokumente – fast ausschließlich den sogenannten Marseiller Exzerpten, also jenen Auszügen, die die Anjou-Verwaltung um 1300 wohl zur Erleichterung ihrer eigenen Arbeit aus dem damals noch erhaltenen

---

[93] Siehe dazu Stürner, Konstitutionen 59 mit Anm. 202; Kamp, Friedrich 19–22; Reichert, Staat 41–44; zu Alfons X.: Pérez Martín, Federico, bes. 142–146, vgl. 115–119; Wagner, Constituciones 70–79; vgl. Lalinde Abadía, Siete Partidas 1878, O'Callaghan, Learned King 31–37, 136–138; zu Karl IV.: Hergemöller, Maiestas Carolina XXI f., XXXV, XLI, XLVI, vgl. 294 (s. v. „Konstitutionen v. Melfi"). Zum Kirchenstaat: Erler, Aegidius Albornoz 54 f., 95 f., 107–109 (Defensa). Zur Reaktion der Spruchdichter Bruder Wernher (10, 10–12, ed. Müller, Lyrik 36) und Reinmar von Zweter (138, ed. Müller 5): Schmidt-Wiegand, Fortuna 201 f. Vgl. noch Collenuccio, Compendio IV, ed. Saviotti 146 f.

[94] Vgl. im Bestand von 1231: Konst. I 6.1–2, ed. Stürner 155 f. (Zinsmonopol für Juden), Konst. III 49–52, 417–421 (Pflichten der Kaufleute und Handwerker; neue Maße, Gewichte); erst 1246 wurden noch die Konst. I 86–89, 260–266, eingefügt. – Zu Friedrichs wirtschaftspolitischen Maßnahmen seit 1231 siehe die detaillierte Studie von Maschke, Wirtschaftspolitik 349–394, sowie die wichtigen Ergänzungen des positiven Gesamtbildes bei Del Treppo, Prospettive 316–338; ein eher negatives Urteil wegen Friedrichs starkem Fiskalismus und seiner mangelnden Förderung des sizil. Bürgertums fällt Powell, Monarchy 472–505, 519–524, vgl. ders., Economy 263–271, ähnlich Abulafia, Herrscher 222–231, vgl. ders., Southern Italy 1–23, Tramontana, Monarchia 250–265, außerdem Jones, Italian City-State 256–270, vgl. jedoch 270–287 (über die Rolle von Agrarwirtschaft und Landbesitz in Oberitalien).

Die Wirtschaftsreform und ihre Träger 211

umfangreichen Aktenmaterial des friderizianischen Hofes zusammenstellte.[95] Unter den kaiserlichen Maßnahmen bildete die Einrichtung von staatlichen Handelsmonopolen einen gewissen Schwerpunkt. Die Krone beanspruchte für sich das ausschließliche Verkaufsrecht für bestimmte Waren, so ganz sicher für Salz und Eisen, aber offenbar auch für Kupfer, Pech oder Stahl. Wo immer im Königreich diese Stoffe gewonnen wurden, sei es auf königlichem oder privatem Grund, mußten sie an den vom Herrscher dafür bestimmten Beamten verkauft und durften künftig auch nur bei ihm gekauft werden. Beides hatte zu den von der Krone festgelegten Preisen zu geschehen, der Verkaufsgewinn floß – darin lag der wesentliche Sinn der Neuregelung – in die Staatskasse. Die Einnahmen, zu denen der Fiskus auf diese Weise kam, wuchsen wohl zu einer ansehnlichen Summe an. Für Salz etwa, das die Bevölkerung durch nichts anderes ersetzen konnte, sah die kaiserliche Verordnung einen gegenüber dem Einkaufspreis je nach der Abnahmemenge um das Vier- bis Sechsfache gesteigerten Verkaufspreis vor.[96]

Ganz ähnlich sollte nach dem Willen des Kaisers künftig allein ein Konsortium von Juden aus Trani berechtigt sein, im sizilischen Regnum Rohseide zu vertreiben, und zwar wieder mit einer an ihn abzuführenden, allerdings relativ niedrigen Gewinnspanne von 33 Prozent. Vermutlich arbeiteten die derart für den Herrscher tätigen Traneser Juden daneben selbst als Seidenweber und zogen als solche aus ihrem Einsatz für die Krone ihren Konkurrenten gegenüber möglicherweise den doppelten Nutzen des direkten Zugriffs auf das benötigte Rohmaterial zu einem besonders günstigen Preis. Tief griff der Herrscher schließlich in die Organisation des sizilischen Färbereiwesens ein. Die Nutzung und die Erträge dieses überwiegend von Juden betriebenen Gewerbes, eines der bedeutendsten des Königreiches, waren von seinen Vorgängern meist an die Bischöfe des Landes verliehen worden. Nun nahm er den wichtigen Bereich in seine direkte Verfügung. Er wies die Justitiare oder Sonderbeauftragte an, alle be-

---

[95] Druck: Acta Imperii 1, 604–720, Nr. 757–950 (Sept. 1230–Mai 1248), zur Datierung der Stücke: Sthamer, Studien (1920) 591–596, vgl. Stürner, Konstitutionen 61f. mit Anm. 210 (weitere Literatur); vgl. die Informationen bei Richard von S. Germano, ad 1231, ed. Garufi 176, sowie die Hinweise in der Lectura des Andreas von Isernia († 1316; vgl. dazu Stürner 43 mit Anm. 135) zu Konst. I 7 (= HB 4, 199 Anm. 2), I 89 (= HB 4, 250), III 48, bzw. in seinen Ritus officii rationum, ed. Sthamer (1930) 83f. (= HB 4, 251f.).
[96] Salz, Eisen: Acta Imperii 1, 609f., Nr. 773 (11. 4. 1231), 614f., Nr. 786 (12. 6. 1231); vgl. Richard von S. Germano, ad 1231, ed. Garufi 176 (Kupfer), sowie Andreas von Isernia (siehe Anm. 95) HB 4, 199 Anm. 2 (Stahl, Pech).

stehenden Färbereien zu schließen, die Färber in neuen Werkstätten an wenigen, geeigneten Orten, vorzugsweise in den großen Städten des Regnums zusammenzuziehen und ihre Arbeit dort von angesehenen, vermögenden Juden nach den Richtlinien des Hofes leiten und beaufsichtigen zu lassen. An den Hof ging in Zukunft natürlich auch der Gewinn der Färbereibetriebe, von deren Konzentration und Monopolstellung sich der Herrscher gewiß noch eine weitere Einnahmesteigerung versprach.[97]

Daneben galt Friedrichs Aufmerksamkeit dem aus normannischer Zeit stammenden staatlichen Schlachtmonopol. Wohl um der Reinhaltung der Luft willen befahl er, die staatlichen Schlachthöfe an eigens dafür ausgewählte Plätze außerhalb der Städte zu verlegen. Nur dort war es künftig gegen detailliert aufgelistete und teilweise angehobene Gebühren gestattet, Vieh zu schlachten. Höhere Abgaben hatten die Bewohner des Königreiches nun auch sonst vielfach zu zahlen, für den Handel mit den verschiedensten Waren, für den Geldwechsel oder etwa für die Benutzung der öffentlichen Waagen und Maße. Von den Bauern forderte die Krone den zwölften Teil ihrer Ernte und verlangte zudem, daß sie ihn, sei es Getreide oder Gemüse, Flachs oder Hanf, auf eigene Kosten in den kaiserlichen Scheunen ablieferten; im übrigen aber konnten sie diese Produkte im Inland frei verkaufen.[98]

Den Aufbau der staatlichen Monopole ergänzten Maßnahmen zur wirkungsvollen Lenkung und Kontrolle des sizilischen Außenhandels. Der Kaiser sorgte zu diesem Zweck dafür, daß in allen Hafenstädten des Landes eine dem örtlichen Warenumschlag angemessene Zahl von *fundici*, also Lagerhäusern der Krone bereitstand. In Privathand geratene Warenmagazine ließ er, wie auf Ischia, einziehen, außerdem überall dort, wo es nötig schien, neue bauen, so beispielsweise vier in Messina, zwei in Syrakus. In diesen Lagerhäusern mußten die Kaufleute künftig alle Güter deponieren, die sie in das Regnum importieren oder aus ihm exportieren wollten. Dort fanden sie darüber hinaus auch eine Unterkunft, und dort kamen offenbar für gewöhnlich in der Tat die Handelsgeschäfte zwischen

---

[97] Siehe: Acta Imperii 1, 614, Nr. 785 (10. 6. 1231), vgl. dazu HB 5, 910f., 913f. (20./22. 4. 1240); Färberei: Acta 1, 621, Nr. 796 (Okt. 1231), vgl. zur Praxis: Richard von S. Germano (wie Anm. 96) sowie für Tarent: Girgensohn – Kamp, Urkunden. Tarent 149–157, 182–196, Nr. 4–9; zum Ganzen: Straus, Juden 33–44, 66–72, Milano, Storia 97–99; vgl. zur Monopolpolitik Maschke, Wirtschaftspolitik 385–387, Powell, Monarchy 484–486.

[98] Acta Imperii 1, 614, Nr. 784 (8. 6. 1231), ebd. 621f., Nr. 797 (Okt. 1231); Luftreinhaltung: Andreas von Isernia, HB 4, 252, vgl. Konst. III 48, ed. Stürner 416, siehe daneben HB 4, 199 Anm. 2. Ernteabgabe: Acta 1, 615, Nr. 787 (12. 6. 1231); vgl. die Abgabensenkung vom Okt. 1232, dazu unten S. 265 mit Anm. 4.

Die Wirtschaftsreform und ihre Träger 213

einheimischen und ausländischen Kaufleuten zustande. Natürlich erhoben staatliche Speicheraufseher Gebühren für die Warenlagerung wie die Wohnung. Desgleichen wurden an dieser Stelle die Zölle eingezogen, die Einheimische und Fremde gleich stark belasteten, muslimische Importeure allerdings wesentlich härter trafen als christliche. Ihre Höhe richtete sich bei der Einfuhr nach dem Wert der Waren; dagegen erleichterten niedrigere Spezialtarife die Ausfuhr bestimmter Lebensmittel wie Thunfisch, Kastanien oder Nüsse. Ausführliche Anweisungen und Tabellen unterrichteten die Zöllner über die entsprechenden Details und gaben, wie Rückfragen und die Erläuterungen des Hofes zeigen, wenigstens am Anfang reichlich Grund zur Unsicherheit.[99]

Merkwürdigerweise erfahren wir zunächst nichts über den Zollsatz für Getreide, das mit Abstand wichtigste Exportgut des Regnums. Anscheinend lag er in den dreißiger Jahren außerordentlich hoch, nämlich bei einem Drittel der ausgeführten Menge, und wurde vielfach in Naturalien angefordert. Erst im Herbst 1239 kam es zu einer beträchtlichen Senkung auf ein Fünftel für Getreide, das aus Apulien und Sizilien stammte, und sogar auf ein Siebtel für solches aus dem übrigen Königreich. Die abgestufte Belastung sollte offensichtlich die Produzenten aus den weniger begünstigten Anbaugebieten unterstützen und ihnen einen Anreiz zu weiteren Anstrengungen geben. Doch nicht nur auf diese Weise suchte die Krone damals die Ausfuhr zu fördern. Ebenfalls im Oktober 1239 brachte der Herrscher ein großes Hafenbauprogramm auf den Weg: Er befahl, in elf Städten seines sizilischen Reiches, unter anderem in Pozzuoli, Pescara, Trapani und Augusta, neue Hafenanlagen und Speichergebäude zu errichten. Dort sollte zusätzlich zu den bestehenden Einrichtungen zunächst für fünf Jahre, bei Bewährung auch länger, vor allem die Ausfuhr von Vieh und Getreide möglich sein. Eher der Koordinierung, Sicherung und Steigerung des Binnenhandels diente dagegen wohl die Messeordnung, die Friedrich bereits im Januar 1234 erließ. Sie sah vor, daß in sieben großen Städten Unteritaliens von Sulmona im Norden bis Reggio im Süden an aufeinanderfolgenden, über das ganze Jahr verteilten festen Terminen Jahrmärkte von unterschiedlicher Dauer stattfanden. Gut eine Woche lang bot der Markt in Lucera, der kürzeste, Gelegenheit zu Handelsgeschäften, fast drei Wochen der längste zu Bari. Während der Messezeit durften die Kaufleute ihre Waren nur in der Messestadt selbst, nirgends sonst in der betreffenden Provinz vertreiben.[100]

---

[99] Acta Imperii 1, 616f., Nr. 790, 619f., Nr. 792f., 795 (Aug.–Okt. 1231), vgl. ebd. 612, Nr. 781 (30. 5. 1231; Ischia); vgl. Maschke, Wirtschaftspolitik 376–378.
[100] Getreidezölle, Hafenneubau: HB 5, 418–424 (5. 10. 1239; z. T. = Acta Imperii 1, 647–649, Nr. 841), vgl. HB 5, 507, 632 (17. 11./25. 12. 1239), 741f., 934, 982f. (18. 2./

Norma regnorum

Bei der praktischen Realisierung der neuen Wirtschaftsstatuten von 1231 stieß Friedrich unter anderem auf die Schwierigkeit, daß manche Produktionsbereiche und Einkünfte, die er in seine Verfügungen einbezog, aufgrund königlicher Privilegien seit langem entweder wie die meisten Färbereien den Kirchen des Landes vollständig zustanden oder doch teilweise im Rahmen der Baiulation, also der vom Baiulus, dem Leiter der städtischen Verwaltung, für die Krone einzuziehenden Geldsumme, von der der Ortsbischof in der Regel zehn Prozent beanspruchen durfte. Aus einzelnen Städten wie insbesondere Tarent sind Dokumente, vorwiegend Inquisitionsprotokolle erhalten, die uns verraten, wie der Staufer das Problem löste: Blieben die bestehenden Verhältnisse von seinen neuen Maßnahmen unberührt, behielt auch die Kirche ihre gewohnten Einkünfte und Zehnten. Durfte die Krone jedoch als Folge einer betrieblichen Neuorganisation beziehungsweise aufgrund der Erhebung höherer oder zusätzlicher Gebühren ein Wachstum ihrer Einnahmen erwarten, dann überführte der Herrscher den betreffenden Bereich, die Färberei beispielsweise oder die Schlachthöfe, nicht selten in eine gesonderte Verwaltung. An die örtlichen Beamten ging in diesem Fall die Weisung, die bisherigen einschlägigen durchschnittlichen Jahreseinkünfte der Kirche durch gewissenhafte Befragung von Sachkennern festzustellen. Der so ermittelte Betrag, in Tarent zehn Goldunzen für die Färberei, zwei Goldunzen für den Schlachthofzehnten, floß als Fixum weiterhin der Kirche zu; diese verlor sonst aber jede Mitsprache und partizipierte vor allem nicht an einer etwaigen künftigen Einnahmesteigerung des Fiskus. Vielfach wählte die Krone dort, wo sich Einkünfte aus den alten und neuen Statuten addierten, allerdings einen einfacheren Weg: Sie führte wohl auf der Basis von Erfahrungswerten pauschal ein Drittel ihres Ertrags auf die neuen Statuten zurück, zwei Drittel auf die alten und überwies lediglich von diesen den Zehnten an die Kirche. Für völlig neu geschaffene Einnahmequellen aber erkannte Friedrich überhaupt kein kirchliches Zehntrecht mehr an. Er ließ die finanzielle Lage der sizilischen Kirche also unverändert, suchte jedoch wie bereits bei der rechtlichen und politischen Ordnung seines Königreiches nun auch auf dem Gebiet der Wirtschaft und der Finanzen die kirchliche Teilhabe und Einflußnahme für die Zukunft möglichst auszuschalten. Gewiß wurde er in diesem Vorhaben bestärkt, wenn nicht sogar dazu veranlaßt, durch seine jüngste Konfrontation mit der massiven päpstlichen Forderung nach vollkommener Freiheit für die sizilische Kirche, nach der Lösung aller ihrer Bindungen an den Herrscher.[101]

---

28. 4./6. 5. 1240), zum Aus- und Neubau von Werften: HB 5, 576f. (15. 12. 1239), HB 5, 686f. (23. 1. 1240); Messeordnung: Richard von S. Germano, ad 1234, ed. Garufi 187; vgl. Maschke, Wirtschaftspolitik 375–385.

[101] Eingehende Beschreibung der Vorgänge in Tarent und der dort erkennbaren

Die Wirtschaftsreform und ihre Träger 215

Der Blick auf die konkreten Verhältnisse etwa in Tarent zeigt deutlich, daß die tiefgreifende Wirtschaftsreform von 1231 zwangsläufig zur Einrichtung neuer Behörden und zur Einstellung zusätzlicher Beamter führte. Vor allem auf der städtischen Verwaltungsebene arbeiteten nun neben dem Baiulus eine ganze Reihe weiterer, meist von ihm unabhängiger Amtsträger – die Leiter der Speicherhäuser, die Hafenaufseher und Zöllner, dazu jene Männer, die vor Ort für die Durchsetzung der Handels- und Betriebsmonopole, also beispielsweise für die Neustrukturierung des Salzhandels, der Schlachthöfe oder der Färbereien zu sorgen hatten. In den Provinzen wiederholte sich der Vorgang; auch dort wirkten bald spezielle Oberbeamte, die den Salz- und Eisenhandel, das Zoll- und Speicherwesen, die Hafenverwaltung oder die Domänenbewirtschaftung im gesamten Provinzbezirk beaufsichtigten, selbständig neben den Kämmerern fungierten und teilweise deren traditionelle Befugnisse übernahmen. Schließlich betraute der Kaiser in den großen, mehrere Provinzen umfassenden Zentralregionen des sizilischen Königreiches eigens Sonderbeauftragte mit der Gesamtverantwortung für die Umsetzung seines neuen Wirtschafts- und Finanzkonzeptes. Der für sie vereinzelt faßbare, umständliche Amtstitel wies sie als Oberprokuratoren aus, zu deren Pflichten neben der bisher den Kämmerern anvertrauten Verwaltung des Krongutes einschließlich der revozierten Gebiete in erster Linie eben die Verwirklichung der neuen Statuten gehören sollte. In der Tat scheinen sie sich vorrangig und durchaus erfolgreich dieser Arbeit gewidmet zu haben.[102]

Zu der solcherart hervorgehobenen kleinen Gruppe von Finanz- und Wirtschaftsfachleuten gehörte allem nach der aus einer Salernitaner Ritterfamilie stammende Mattheus Marclafaba. Bereits als Kämmerer in Apulien und im Prinzipat erprobt, erhielt er 1233 das Amt des Sekreten für Ostsizilien und Kalabrien mit Sitz in Messina und war in dieser Position bis zu seinem Tod am 1. August 1239 zugleich für die Realisierung der kaiserlichen Wirtschaftsstatuten im sizilisch-kalabrischen Raum zuständig. Im gesamten Bereich Apuliens trug dafür der Logothet Andreas († 1237) die Verantwortung, jener im Kanzleidienst aufgestiegene Salernitaner, dem wir erstmals 1212 als Friedrichs Begleiter auf dem abenteuerlichen

---

kaiserlichen Prinzipien bei Girgensohn – Kamp, Urkunden. Tarent 147–157, die Dokumente, vielfach Inquisitionsprotokolle 182–203, Nr. 4–12 (Okt. 1231–Aug. 1247).
[102] Dazu grundlegend Kamp, Kämmerer 57–63, vgl. ders., Verwaltungsreformen 132–134, daneben Girgensohn – Kamp, Urkunden. Tarent 157–161. Ausführlicher Titel des neuen *magister procurator*: Niese, Materialien 405, Nr. 12 (11. 12. 1232; Ernennung des Angelus de Marra), vgl. HB 5, 957 (3. 5. 1240; Petrus Castaldus), HB 5, 713 f. (4. 2. 1240; Criscius Amalfitanus).

Zug nach Deutschland begegneten. Da er offenbar bereits bei der Beratung der Reformpläne in Melfi eine wichtige Rolle gespielt hatte, mochte er danach durchaus als der geeignete Mann für ihre Umsetzung in die Praxis erscheinen. Er trat denn auch in Tarent wie in Barletta oder Brindisi als energischer und kompetenter Sachwalter der neuen Wirtschaftsordnung auf. Den dritten aus diesem Kreis, Angelus de Marra, bestellte der Kaiser im Dezember 1232 förmlich zum Oberprokurator für das Prinzipat und die Terra di Lavoro mit der Grafschaft Molise, also für die gesamte nordwestliche Region des Königreiches. Angelus kam aus einer in Barletta ansässigen bürgerlichen Kaufmannsfamilie; er betätigte sich zunächst als Bankier, blieb dann bis 1239 in seinem hohen Prokuratorenamt und wurde 1240 schließlich zu einem der drei Leiter des neuen Rechnungshofes berufen.[103]

Wie die Statuten zur Wirtschafts- und Finanzreform fanden auch die im Zusammenhang mit ihnen geschaffenen Ämter in dem gleichzeitig in Melfi vollendeten Konstitutionencorpus von 1231 keine Berücksichtigung. Möglicherweise ließ der Gesetzgeber die Materie wie vieles andere aus grundsätzlichen Erwägungen unberücksichtigt. Vermutlich aber waren sich die Fachleute am Hofe ganz einfach des mit dem Reformprogramm verbundenen Wagnisses bewußt und rechneten zumindest in seiner Anfangsphase mit der Notwendigkeit der Improvisation und der relativ häufigen Modifizierung. Vor allem glaubten sie offensichtlich, es sei angesichts der zu erwartenden Anlaufschwierigkeiten ratsam, die Leitung ihres Projekts wenigstens fürs erste nicht den regulären Provinzbeamten, sondern ausgewählten und besonders qualifizierten, zudem ganz auf ihre neue Aufgabe konzentrierten Spezialisten anzuvertrauen. So schufen sie eine für Wirtschaftsfragen zuständige Beamtenhierarchie neben den im neuen Gesetzbuch vorgesehenen Institutionen und gerieten dabei zu den dortigen Regelungen sogar insofern in einen gewissen Widerspruch, als sie die Domänenverwaltung anders als jene nicht den Kämmerern, sondern den neuen Oberprokuratoren zuteilten, das traditionelle Kämmereramt also auf seine Befugnisse in der Zivilgerichtsbarkeit beschränkten. Freilich legten auch die kaiserlichen Konstitutionen das Hauptgewicht durchaus auf des Kämmerers Verantwortung für das Rechtswesen, während sie seine wirtschaftspolitischen Befugnisse eher nebenbei erwähnten. Aufs Ganze gesehen, hielten sich die Gegensätze zwischen den Vorgaben des Geset-

---

[103] Kamp, Kämmerer 60–62 (mit Belegen, vgl. 75–79, 85, 89), ders., Verwaltungsreformen 133f.; außerdem zu Andreas: Girgensohn – Kamp, Urkunden. Tarent 158–161 (vgl. Bd. 1, S. 142, sowie oben S. 3 mit Anm. 7, S. 36); zu Marclafaba: Heupel, Finanzverwaltung 484–486, vgl. Annales Siculi, ad 1233, 1237, ed. Pontieri 117f.; zu Angelus: Niese, Materialien 393, vgl. oben Anm. 102.

Die Wirtschaftsreform und ihre Träger 217

zescorpus und der durch die neuen Statuten legitimierten Praxis wohl doch in engen Grenzen; sie hemmten jedenfalls die Arbeit der Verwaltungsbehörden schwerlich über das ohnehin übliche Maß an Irritation und Unsicherheit hinaus.[104] Allerdings mußte dem Kaiser daran liegen, auch die Inhaber der neuen Ämter der Finanz- und Wirtschaftsverwaltung auf Dauer unzweideutig den strengen Normen zu unterwerfen, die er in den Konstitutionen von Melfi für das Verhalten seiner Beamten formuliert hatte. Er plante vielleicht zu diesem Zweck schon im Herbst 1239 eine Aufwertung des Kämmereramtes, begnügte sich dann aber damit, pauschal alle Amtsträger des Königreiches in eigens zu diesem Zweck promulgierten Gesetzen eindringlich an die unbedingt von ihnen verlangten Tugenden zu erinnern und ihnen ihre doppelte Pflicht zum korrekten, unbestechlichen Umgang mit der Bevölkerung wie zur Wahrung der Kronrechte erneut einzuschärfen.[105] Im übrigen ließ er die seit 1231 entstandene Finanzadministration unverändert, wohl in der Überzeugung, er könne vor allem in Kampanien und Apulien noch immer nicht auf die großräumige, Provinzen übergreifende Tätigkeit und die spezielle fachliche Kompetenz der Oberprokuratoren verzichten. Die Männer, die er in den nächsten Jahren in dieses Amt berief, gehörten denn auch, wie die große Mehrzahl ihrer Helfer und Unterbeamten schon bisher, der bürgerlichen Kaufmannsschicht an.

Erst 1246 rang sich der Kaiser tatsächlich zu einer grundlegenden Neuerung durch: Er berief künftig für jede Provinz – selbst für Ost- und Westsizilien – einen eigenen Oberkämmerer, dem er neben dem traditionellen gerichtlichen und wirtschaftlichen Tätigkeitsbereich nun auch die Zuständigkeit für die Anwendung der neuen Statuten zuwies. Er suchte den neuen Sektor der Wirtschafts- und Finanzverwaltung also in das überkommene Ämtersystem mit den ihm eigenen hohen Ansprüchen an seine Repräsentanten einzufügen und betraute dementsprechend bevorzugt Männer aus dem städtischen Richterstand mit der Oberkämmererposition. Die

---

[104] Kämmerer: Konst. I 60.1, ed. Stürner 223 f.; Zuständigkeit für die Domänen erwähnt im Amtseid: Konst. I 62.1, 228, Z. 11–17. Vgl. dazu Kamp, Kämmerer 59 („Wildwuchs"), 63 („irreguläre Verwaltungsstruktur"), und schon Colliva, Ricerche 276–300. Am zeitweise gänzlichen Wegfall der Kämmerer in den Amtsbezirken der Oberprokuratoren läßt die Tatsache etwas zweifeln, daß sich Kämmerer etwa für die Terra d'Otranto aufgrund der zufällig überlieferten Inquisitionsprotokolle durchaus nachweisen lassen, siehe Kamp 82 (= Girgensohn – Kamp, Urkunden. Tarent 193, 223, 225, 228; alle verfügen über die Baiulation; vgl. noch Kamp 77: Prinzipat, 79 f.: Apulien, Capitanata).
[105] Konst. I 90. 1–3, ed. Stürner 266–268, I 93.2, I 94, 273 f.; ein Oberkämmerer in jeder Provinz: I 95.1, 276 f., vgl. I 95.2, 278, zur Bedeutung und Geltung der Konst. I 95. 1–3: ebd. 85 f.

Regelung scheint sich indessen nicht bewährt zu haben. Schon seit Ende 1249 begegnen uns in Sizilien und bald darauf in Kampanien und Apulien erneut Oberkämmerer, die mehrere Provinzen verwalten und vor allem wieder auffallend häufig aus der Kaufmannschaft Ravellos und Barlettas stammen. Nach Friedrichs Tod gelang es einigen führenden unteritalienischen Kaufmannsfamilien rasch, die Finanzverwaltung des Königreiches vollends in ihre Hand zu bringen.[106] Friedrichs Wirtschafts- und Finanzpolitik führte demnach zur Annäherung der Schicht der Kaufleute an die Krone und am Ende zu ihrer festen Integration in die Finanzadministration. Die Krone profitierte vom Sachverstand der Händler und Bankiers und, soweit diese ihre Ämter von ihr in Pacht nahmen, von deren Finanzkraft. Freilich wußte der Staufer nur zu gut, daß ein ausgeprägtes kaufmännisches Gewinnstreben sich schlecht mit den Tugenden vertrug, die er von seinen Beamten erwartete.[107] Die lange durchgehaltene Trennung zwischen dem wirtschaftspolitisch tätigen Oberprokurator und dem praktisch allein für Zivilrechtsverfahren zuständigen Kämmerer war, so betrachtet, im Grunde folgerichtig und angemessen, sie milderte zunächst die mit dem beamteten Kaufmann verbundenen Gefahren. Seit 1250 aber stellte sich das Problem offen. Friedrichs Sohn Manfred fand schließlich immerhin eine Teillösung, als er sich entschloß, den künftig im ganzen Regnum den Titel eines Sekreten tragenden Oberkämmerern ihre zivilrechtlichen Kompetenzen zu nehmen und so die von seinem Vater über Jahre praktizierte Scheidung der Funktionen auf seine Weise wieder einzuführen.

Die Steigerung der staatlichen Einnahmen

Die Maßnahmen, die Friedrich mit seinen neuen Statuten von 1231 einleitete, verfolgten gewiß vor allem fiskalische Ziele – sie sollten seiner Kasse höhere Einnahmen bescheren und erfüllten diesen Zweck im ganzen wohl durchaus. Zudem erhob der Herrscher von seinen Untertanen seit 1235 regelmäßig am Jahresanfang die Generalkollekte, eine direk-

---

[106] Vgl., auch zum Folgenden, die grundlegende Analyse der Entwicklung mit Belegen bei Kamp, Kämmerer 63–69, 74–91, außerdem ders., Verwaltungsreformen 134–137, ders., Amalfitani 11 f., 25–37, ders., Ascesa 44–57; zu der Reform von 1246 zudem Konst. I 62.2, ed. Stürner 229 f., I 78, 251, I 86–I 89, 260–266, und dazu ebd. 96–99.

[107] Konst. I 62 .2, ed. Stürner 229, Z. 13–20 (Verbot des Kaufs der Baiulation bzw. jedes mit Rechtsprechung befaßten Amtes), vgl. HB 5, 491 f. (14. 11. 1239; Friedrichs Empörung über die Wahl eines Kaufmanns zum Richter, da Kaufleute „ihre Hände schnell nach Gewinn auszustrecken pflegen"), sowie HB 5, 587 (16. 12. 1239).

Die Steigerung der staatlichen Einnahmen

te Steuer.[108] Er legte dabei vorweg den Betrag fest, den er von jeder einzelnen Provinz erwartete, und die Justitiare hatten für die Einziehung dieser Summe zu sorgen, dabei mit den angesehenen und vermögenden Einwohnern in den Städten und Orten ihres Amtsbereiches zusammenzuarbeiten und darauf zu achten, daß die Reichen zuerst und am stärksten, die Armen dagegen überhaupt nicht belastet wurden. Häufig wandte sich der Kaiser aus Anlaß einer solchen Kollekte unmittelbar an die sizilische Bevölkerung, schilderte ihr ausführlich den Stand seiner Unternehmungen, in der Regel seines Kampfes gegen Papst und Lombardenstädte, stellte ihr seinen Friedenswillen sowie die unerträgliche Heimtücke seiner Feinde vor Augen, lobte ihre bisherigen Leistungen, ihre bewundernswerte Solidarität mit der Sache ihres Herrn, die im Grunde freilich ihre eigene sei, und bat schließlich um eine neuerliche Geldhilfe, voller Bedauern und Schmerz darüber, daß ihn die Bosheit seiner Gegner ein weiteres Mal zu einer so unangenehmen und belastenden Forderung zwinge.

Man darf sich fragen, ob derartige Schmeicheleien und Argumente seine sizilischen Leser oder Hörer sonderlich beeindruckten. Weit erfreuter werden sie es sicher vermerkt haben, wenn ihr Monarch die Steuersumme, meist etwa 100000 Goldunzen, bisweilen um ein Drittel und mehr herabsetzte mit der Begründung, er wolle seine Untertanen trotz seiner Geldnot nicht über das Angemessene und ihnen Mögliche hinaus beschweren. Ende der vierziger Jahre scheinen die Steuersätze trotzdem über die bis dahin übliche Höchstgrenze gestiegen zu sein.[109]

Davon abgesehen, griff der Kaiser wie bereits 1225 auch in späteren Jahren zum Mittel der Münzverrufung, um seiner Kasse etwas aufzuhelfen. Im Jahre 1236 befahl er wieder eine derartige Aktion, und zumindest 1239, 1242, 1248 sowie wohl auch 1249 mußten die Bewohner des sizilischen Königreichs dann noch einmal die umlaufenden Silberdenare, die ihre Geltung verloren, gegen neue eintauschen. Aber nicht nur der zeitliche Abstand zwischen den einzelnen Verrufungen verkürzte sich seit Ende der dreißiger Jahre, auch der Silbergehalt des neuen Geldes sank von Mal zu Mal stärker: Während die Denare von 1225 noch zu 16,6 Prozent aus Silber bestanden hatten, enthielten diejenigen von 1249 lediglich noch gut

---

[108] Jährliche Hinweise bei Richard von S. Germano, ed. Garufi 189, 191, 193, 196, 198, 204f., 207, 212f., 216.
[109] Ankündigung, Durchführungsbestimmungen: Acta Imperii 1, 630–632, Nr. 811f. (4. 1. 1238; Gesamtsumme 102000 Goldunzen); vgl. HB 5, 503 (17. 11. 1239); Acta 1, 651, Nr. 844 (25. 12. 1239; = HB 5, 624f.); HB 5, 724f. (6. 2. 1240); Acta 1, 657f., Nr. 856 (Jan. 1241); ebd. 665–667, Nr. 873 (Dez. 1241; Reduzierung, vgl. Richard von S. Germano, ad 1242, ed. Garufi 212f.); Acta 1, 330f., Nr. 374 (1243); ebd. 711f., Nr. 936 (April/Mai 1248; Gesamtsumme 130000 Goldunzen). Vgl. Maschke, Wirtschaftspolitik 354f., Powell, Monarchy 480–483.

3 Prozent des Edelmetalls. Der Kaiser berücksichtigte diese drastische Reduzierung des Feingehalts bei der Festlegung des Zwangsumtauschsatzes freilich allenfalls in höchst bescheidenem Maße. Dementsprechend betrug sein Gewinn je Münzverrufung wohl immerhin zwischen 5000 und 10000 Unzen.[110]

Ähnlich wie sonst in der sizilischen Finanzverwaltung traten seit den dreißiger Jahren offenbar auch als Verteiler der Neuprägungen im Lande vielfach Kaufleute oder Bankiers auf. Sie brachten das neue Geld in die Provinzen, sorgten dort, unterstützt von den Justitiaren, für den Umtausch und transportierten das Altgeld an die Prägestätten in Brindisi und Messina zurück. Dafür konnten sie einen Anteil am staatlichen Gewinn beanspruchen; sie mußten für diesen Gewinn der Krone andererseits jedoch bürgen und arbeiteten völlig auf eigenes Risiko. Die Leiter der Münzanstalten pflegten anscheinend gleichfalls nicht selten kaufmännischen Kreisen nahezustehen, denn Friedrich tadelte 1238, solch enge Beziehungen hätten zum Nachteil der Krone dazu geführt, daß Kaufleute den tatsächlichen Wert der neuen Münzen erfuhren. Das Problem des Kaufherrn im Staatsdienst zeigte sich also auch hier, und auch hier fand sich der Herrscher schließlich mit den Gegebenheiten ab: Die Verantwortung für die im April 1248 in Brindisi anlaufende Denarenprägung übertrug er Iacobus de Panda, einem Kaufmann aus Scala und Verwandten jenes Thomas de Panda, der 1232 im offiziellen Auftrag in San Germano wie in der ganzen Terra di Lavoro die ersten Augustalen ausgab. Ob man indessen in Händlerkreisen oder gar ganz allgemein in der Bevölkerung wirklich etwas vom Ausmaß der Denarentwertung als Folge der Münzverrufungen ahnte oder wußte und wie man gegebenenfalls darauf reagierte, das entzieht sich unserer Kenntnis. Eine dramatische Veränderung des Preis- und Lohngefüges hätte sich in den Quellen aber doch wohl niedergeschlagen.[111]

Erhebliche Finanzmittel flossen dem Hof aus dem Getreidehandel zu. Die Krone beanspruchte nicht nur den zwölften Teil der privaten Ernten, sie zog nicht nur die Abgaben auf exportierte Waren teilweise in Naturali-

---

[110] Münzverrufungen: Richard von S. Germano, ad 1236, ed. Garufi 191, ad 1239, 199f. (vgl. dazu Acta Imperii 1, 637, Nr. 822; 19. 7. 1238), ad 1242, 215; zu 1248: Acta 1, 707f., Nr. 930 (wohl April 1248); zu Feingehalt, Ausgabebedingungen und Gewinnspannen siehe das sog. Marseiller Formular Acta 1, 764f., Nr. 1002 (um 1285, vgl. dazu oben S. 31 mit Anm. 69), zur Interpretation: Travaini, Federico 348–352, 361 (auch zur Verrufung von 1249).

[111] Acta Imperii 1, 637, Nr. 822 (19. 7. 1238; Tadel des kaufmännischen Einflusses), ebd. 707, Nr. 980 (1248; Iacobus de Panda), zu Thomas de Panda: Richard von S. Germano, ad 1232, ed. Garufi 181f., vgl. dazu wie zur Praxis der Münzverrufungen Kamp, Ascesa 33–37, zu deren Folgen Travaini, Federico 352–356, zu den Augustalen unten S. 250–252.

Die Steigerung der staatlichen Einnahmen

en ein, sondern war vor allem selbst der größte Getreideproduzent des Königreiches. Was sie davon nicht unmittelbar für den eigenen Bedarf, für das Verwaltungspersonal, die Versorgung der Burgbesatzungen, des Heeres oder der Flotte brauchte, suchte sie zu verkaufen und insbesondere zu exportieren. Sie setzte dabei ganz beträchtliche Warenmengen um und erzielte sehr ansehnliche Gewinne.

Die Gewinnspanne ließ sich noch bedeutend steigern, wenn aufmerksame und kompetente Beamte unvermutet sich bietende Chancen auf den ausländischen Märkten erkannten und die Verwaltung sich rasch darauf einstellte. Das gelang beispielsweise Anfang 1240, als Angelus Frisarius, der aus Scala bei Amalfi gebürtige, wohl aus einer dortigen Kaufmannsfamilie stammende Leiter der ostsizilischen Hafenbehörde, auf den Nutzen hinwies, den die Krone aus der damals in Tunis herrschenden Lebensmittelknappheit ziehen könne. Sofort gab ihm daraufhin nämlich der Hof Anweisung, alle noch nicht startbereiten privaten Schiffe so lange am Auslaufen zu hindern, bis sämtliche verfügbaren Schiffe der kaiserlichen Flotte mit Getreide aus den staatlichen Vorräten beladen nach Nordafrika in See gestochen seien. Man hoffte, mit der Getreidelieferung angesichts der Notlage in Tunis das Doppelte des üblichen Preises zu erzielen, und veranschlagte den aus der Transaktion zu erwartenden Erlös auf 40000 Goldunzen, also fast die Hälfte der jährlichen Steuereinkünfte.[112]

Wie hier suchte die Krone auch sonst die Ausfuhr ihres Getreides in eigener Regie, auf eigenen Schiffen durchzuführen.[113] Aufs Ganze gesehen, beherrschten freilich die großen oberitalienischen Seestädte den Export aus dem Regnum, dominierten dort die Kaufleute aus dem stets kaiserlich gesinnten Pisa und daneben die Genuesen und Venezianer, deren Einfluß erst nach der Abkehr ihrer Heimatstädte von dem Staufer seit Ende 1238 merklich schwand. Friedrichs Statuten stellten die einheimischen Fernhändler hinsichtlich der Zollbelastung an den Grenzen des Königreiches zwar den Ausländern gleich. Zweifellos aber hatten es seine sizilischen Untertanen schwer, sich auf den internationalen Märkten gegen ihre erfahrenen Konkurrenten aus Oberitalien durchzusetzen, da diese die massive Unterstützung ihrer Heimatkommunen genossen und von weitverzweigten Beziehungen und vielfältigen Privilegien profitieren konnten.[114]

---

[112] HB 5, 782, 793 (29. 2. 1240), vgl. die Vorschläge des Angelus zur Gewinnsteigerung HB 5, 633 f. (25. 12. 1239), zur Person: Kamp, Ascesa 46; zur Bedeutung von Getreideanbau und -export: Maschke, Wirtschaftspolitik 360–372; Handelsvertrag mit dem Herrscher von Tunis: MGH Const. 2, 187–189, Nr. 153 (20. 4. 1231), vgl. Powell, Monarchy 496 f.
[113] Vgl. etwa noch HB 5, 525, 572, 587, 848, aber auch HB 5, 686 f.
[114] Siehe dazu Powell, Monarchy 490–502, der tadelt, daß Friedrich dies nicht än-

So mögen sich die Kaufleute des Königreiches vorwiegend auf den Binnenhandel konzentriert haben. Hinweise auf ihre Tätigkeit jenseits der Landesgrenzen fehlen jedoch keineswegs. Wir hören von Getreide exportierenden Geschäftsleuten aus Barletta, von Schiffseignern aus Brindisi, vom – zur Freude des Kaisers – stark wachsenden Interesse der Einheimischen am Exportgeschäft nach der Zollsenkung von 1239, vom Handel sizilischer Kaufleute mit Venedig und sogar von der ihnen insgeheim erteilten Sondergenehmigung, trotz der über die Lagunenstadt verhängten Handelssperre Getreide und Vieh dorthin zu liefern[115] – auf eigenes Wagnis, aber vermutlich mit der Aussicht auf hohen Gewinn. Jedenfalls müssen jene Händler- und Bankiersfamilien aus Amalfi, Ravello oder Scala, deren Mitglieder seit den dreißiger Jahren in die sizilische Wirtschafts- und Finanzverwaltung eintraten, um sie nach 1250 schließlich zu beherrschen, unter Friedrichs Regiment die Möglichkeit gehabt haben, zu ihrem für die Krone so attraktiven Wohlstand und Vermögen zu kommen, und dies gilt wie für sie gewiß für andere auch.

Siedlungsprojekte und neue Wege der Domänenbewirtschaftung

Sosehr die sizilische Wirtschaftspolitik Friedrichs vom Gedanken an den herrscherlichen Nutzen und vom Ziel der Einnahmesteigerung für den Fiskus bestimmt war, verfiel sie doch keineswegs einem blinden Fiskalismus. Eine ganze Reihe von Maßnahmen zeigt vielmehr, daß der Kaiser und seine Fachleute durchaus daran dachten, die Wirtschaft des Landes, deren Erträge sie mit viel Scharfsinn und Phantasie abschöpften, auch anzuregen und zu fördern. So trugen sie beispielsweise den Justitiaren auf, dafür zu sorgen, daß sich die Adligen ihrer Provinzen intensiv um die wirtschaftliche Leistungsfähigkeit und Entwicklung ihrer Lehnsgüter kümmerten, daß sich aber auch ganz allgemein alle Bauern ständig mit Fleiß, Ge-

---

derte; freilich war die Handelsbilanz des Regnums wohl aktiv und die Geschäftstätigkeit der einheimischen sizilischen Kaufleute größer, als Powell annimmt, vgl. Maschke, Wirtschaftspolitik 372–375, und das Folgende. – Friedrichs Beziehungen zu Genua und Venedig: Acta Imperii 1, 604, Nr. 757 f. (Sept. 1230/Febr. 1231), HB 4, 310–312 (März 1232; für Venedig); zum Bündnis Genuas und Venedigs mit dem Papst von 1238/39 siehe unten S. 464 mit Anm. 11 sowie S. 481 mit Anm. 47. Pisa: HB 3, 131–135 (April 1229).

[115] HB 5, 686 f. (23. 1. 1240), HB 5, 848 f. (16. 3. 1240; Kaufleute bzw. Schiffsbesitzer aus Barletta und Brindisi, HB 5, 507 (17. 11. 1239; Folgen der Zollsenkung), HB 4, 311 f. (März 1232), HB 5, 422 (5. 10. 1239), HB 5, 954 (3. 5. 1240; Handel mit Venedig); Handelssperre: HB 5, 576 (15. 12. 1239), HB 5, 648 (1. 1. 1240), HB 5, 678 (15. 1. 1240), HB 5, 994 (17. 5. 1240), vgl. Maschke, Wirtschaftspolitik 383 f.

Siedlungsprojekte und neue Wege der Domänenbewirtschaftung 223

wissenhaftigkeit und Sachkunde um die Mehrung ihrer Ernte mühten. Gerade die Geschickten und Tüchtigen unter ihnen sollten über genügend Land und Vieh verfügen oder es nötigenfalls erhalten, um erfolgreich wirtschaften zu können. Untätige Bauern und nachlässig bestellte Äcker aber, so belehrte der Herrscher seine Leser, schadeten dem ganzen Gemeinwesen, ihm selbst wie seinen Untertanen. Noch größere Gefahren drohten der agrarischen Produktion und damit dem Wohl des Regnums freilich von Naturkatastrophen. So verwundert es nicht, daß Friedrich die Bekämpfung einer Heuschreckenplage persönlich in die Hand nahm und alle Landbewohner bei Strafe verpflichtete, täglich vor Sonnenaufgang eine bestimmte Zahl junger Tiere einzusammeln und zur Verbrennung abzuliefern.[116]

Natürlich kamen die Einsichten des Hofes in ökonomische Grundzusammenhänge vorwiegend in jenen Bereichen zur Anwendung, die seinem Einfluß unmittelbar unterstanden und denen seine Initiativen deshalb vorwiegend galten. So verband die Krone ihre Monopolpolitik, die gewiß schon dank der Konzentration der Betriebe an geeigneten Orten zu einer besseren Auslastung führte, offenbar mit einer Art Investitionsprogramm für die betreffenden Einrichtungen und Anlagen. In Tarent jedenfalls befahl der Kaiser, das völlig heruntergekommene Färbereigebäude auf seine Kosten zu renovieren, ehe es seine neue, zentrale Funktion übernahm.[117] Das Domänengebiet suchte der Hof besser zu nutzen, indem er die Bauern durch günstige Pachtbedingungen zur Kultivierung von Sumpf- und Waldflächen oder zur effizienteren Bewirtschaftung von Weingärten motivierte. Für die Gegend um Palermo warb er Neusiedler, die Land erhielten, um Weingärten anzulegen, und insbesondere Juden, die etwas vom Anbau von Datteln, Henna oder Indigo verstanden, dazu Spezialisten für die Zuckerherstellung aus dem Königreich Jerusalem; sie sollten ihre Kunst an andere weitergeben und so auf der Insel dauerhaft heimisch machen. Aufwendige Vorhaben wie die Pflanzung von Dattelpalmen befahl der Kaiser durch eine Herabsetzung der Abgaben zu fördern. Zwang, etwa den Juden gegenüber, hatte die Provinzverwaltung zu vermeiden, damit weitere, offenbar hochwillkommene Einwanderer nicht abgeschreckt wurden.[118]

[116] Acta Imperii 1, 625, Nr. 803 (28. 11. 1246, zur Datierung: Sthamer, Studien 1920 [592f.]), ebd. 633, Nr. 816 (3. 7. 1238), HB 5, 423f. (5. 10. 1239, im Zusammenhang mit dem Hafenbau); vgl. Maschke, Wirtschaftspolitik 362–365. Heuschrecken: Richard von S. Germano, ad 1231, ed. Garufi 174 (vgl. ad 1230, 169).
[117] Mandat vom 3. 10. 1231, Girgensohn – Kamp, Urkunden. Tarent 182, Nr. 4; vgl. Acta Imperii 1, 635, Nr. 818 (1238; Bau eines *fundicus* in Sulmona).
[118] Konst. I 88.1, ed. Stürner 263f. (Kultivierung); Acta Imperii 1, 636, Nr. 820 (12. 7. 1238), vgl. HB 5, 666f. (11. 1. 1240) (Weingärten), vgl. HB 5, 432 (8. 10. 1239); HB 5,

Der Neuansiedlung von Menschen auf bislang brachliegendem oder nur wenig genutztem Grund galt in der Tat die besondere Aufmerksamkeit der Krone. Offenbar sah sie in deren aktiver Förderung ein außerordentlich wichtiges Instrument zur intensiveren und effektiveren Nutzung der Ressourcen des Landes und damit zur Steigerung seiner wirtschaftlichen Leistungsfähigkeit. Deshalb gab der Kaiser beispielsweise sofort seine Zustimmung, als ihn Lombarden unter Führung des Ritters Oddo de Camarana um neue Wohn- und Arbeitsmöglichkeiten auf Sizilien baten, weil sie dem Krieg in Oberitalien entfliehen wollten. Sie erhielten, nachdem sich ein erster, im Herbst 1237 zugeteilter Platz nicht bewährt hatte, etwas später das Gebiet der Krone um den Ort Corleone in Val di Mazara (südlich Palermos) zugewiesen, ein früher wohl von Sarazenen besiedeltes Territorium. Dort sollte Oddo jedem von ihnen wie auch weiteren lombardischen Zuzüglern Grund als erblichen Besitz zuteilen, dort sollten sie das Recht haben, im Domänenwald Holz für den Hausbau zu schlagen, und ihr Vieh weiden dürfen. Gut zehn Jahre später konnte Friedrich die inzwischen an Einwohnern reiche und blühende Kolonie in die unmittelbare Verwaltung der Krone zurückführen; den Sohn Oddos entschädigte er mit einem Lehnsgut im Osten der Insel. Um den so wertvollen Strom von Einwanderern aber noch zu verstärken, gewährte er bereits seit 1246 jedem, der mit seiner Familie auf Dauer ins Regnum zog, für zehn Jahre Steuerfreiheit.[119]

Ähnlich große und erfolgreiche Siedlungsprojekte wie das von Corleone setzte die Krone auch anderswo in Gang. Wir erfahren zum Beispiel fast zufällig, daß vermutlich im Jahr 1239 Neusiedler von einem kaiserlichen Beamten auf der Gemarkung von Trapani im Nordwesten der Insel Sizilien Land empfingen, künftig also die offenbar recht zusammengeschmolzene Einwohnerschaft des Ortes verstärkten. Mit dem wohl bewußt zur gleichen Zeit begonnenen Bau des dortigen Hafens erhöhten sich die Aussichten der zu neuem Leben erweckten Siedlung auf eine gedeihliche Entwicklung gewiß ganz erheblich.[120]

536, 572–574 (Nov.–Dez. 1239; Siedler in Palermo), vgl. oben S. 71 mit Anm. 149; außerdem HB 5, 628 (25. 12. 1239; Hilfe für die Landwirtschaft in Lucera).
[119] Corleone: HB 5, 128–131 (Nov. 1237, vgl. zur Datierung RI V, Nr. 2289); HB 6, 695–697 (20. 2. 1249; Verleihung von Burg und Casale Militello, südwestlich Catanias). Steuerfreiheit: Acta Imperii 1, 622f., Nr. 799 (Okt.–Nov. 1246, Datierung: Sthamer, wie oben Anm. 116), vgl. die vorsichtigere Haltung der Konst. III 23.2, ed. Stürner 388–390 (22. 7. 1233; Heirat zwischen Einheimischen und Fremden nur mit kaiserl. Genehmigung). Dazu Voltmer, Mobilität 456–463.
[120] HB 5, 668f. (11. 1. 1240), zum Hafenbau von 1239 siehe oben S. 213 mit Anm. 100; zur Gründung zweier kleiner Ortschaften bei Agrigento: HB 5, 505 (17. 11. 1239); weitere Umsiedlungen von Domänenbauern: Richard von S. Germano, ad 1234, ed. Garufi 189, dazu Niese, Urkunden 9, 264 (zur dort in Anm. 4 berührten

Vielfach zog der Kaiser für derartige Unternehmungen keine landsuchenden Ausländer heran, sondern sogenannte *revocati*, also jene einst aus der Domäne auf adliges oder kirchliches Gebiet abgewanderten Menschen, die er seit 1231, wie wir hörten, unter manchen Schwierigkeiten, aber desto energischer wieder auf den Boden und in den Dienst der Krone zurückrief. Er ließ ihnen sorgfältig ausgewählte Plätze auf Domänenland als künftige Heimat zuweisen, und oft genug handelte es sich dabei um längst verlassene Ortschaften. So zwang ein kaiserlicher Befehl im Februar 1235 die damals aus dem Territorium des Klosters Montecassino unter seine direkte Verfügung zurückgeführten Menschen, sich in der Gegend des antiken Cumae (westlich Neapels) anzusiedeln. Vier Jahre später forderte ein Mandat des Herrschers den Justitiar der Terra d'Otranto (Südapulien) dringend auf, die Neubesiedlung zweier fast gänzlich verödeter Dörfer der Krone endlich tatkräftig anzupacken und die auf die umliegenden Adelsgüter abgewanderten Bauern mit allen Mitteln dorthin zurückzubringen; viele von ihnen, so lesen wir, waren nämlich von der Kronverwaltung längst zur Rückkehr aufgerufen worden, der frühere Justitiar hatte die Aktion dann aber, weil ihn die benachbarten Barone bestachen, nicht weiterverfolgt.[121]

Im wesentlichen aus *revocati* setzte sich auch die erste Einwohnerschaft der von Friedrich gegründeten größeren Städte zusammen. Zwei unter ihnen, Monteleone (das römische wie heutige Vibo Valentia, südlich Cosenzas) und Heraclea (das griechische und moderne Gela, südöstlich Agrigents an der Südküste Siziliens), ließ er auf den Ruinen antiker Zentren errichten; zwei andere, Augusta (an der Ostküste Siziliens) und Altamura (südwestlich Baris), entstanden sogar als reine Neugründungen.[122] In allen diesen Fällen ging die Krone grundsätzlich gleich vor. Der mit der Leitung

Wiederbesiedlung von Ordona [wohl = Dordona], südlich Foggias, siehe Mertens, Ordona 197–205, Licinio, Castelli 151 f.).
[121] Cumae: Richard von S. Germano, ad 1235, ed. Garufi 189 f.; Terra d'Otranto: HB 5, 434 f. (9. 10. 1239), vgl. HB 5, 786 (29. 2. 1240); dazu Niese, Urkunden 9, 263–265. Zu den *revocati* siehe oben S. 203 mit Anm. 82.
[122] Vgl. die Aufzählung von Friedrichs Städtegründungen bei Nicolaus de Jamsilla, ed. Del Re 106, Z. 18–22. Die dort genannte Feste Flagella (zunächst Civitas nova) diente allein der Grenzsicherung bei Ceprano, vgl. zur Entstehung Richard von S. Germano, ad 1241 (Sept.), ed. Garufi 211 f., ad 1242, 215, Z. 12 f., ad 1243, 216, Z. 18, sowie HB 6, 51 f. (Friedrich; 1242); zu Dordona siehe oben Anm. 120. Zur Gründung von Monteleone (um 1235): Girgensohn – Kamp, Urkunden. Patti 75 mit Anm. 10, 78 mit Anm. 23; zu Friedrichs Städtegründungen allgemein: Dupré Theseider, Federico 29–40. – Zur Gründung von Aquila im Jahr 1254 durch Konrad IV. siehe Kamp, Kirche 1, 24 Anm. 63, vgl. zu HB 5, 1008–1012, schon RI V, Nr. 4627, und RI V 4, 281, BF. 4627.

des Projekts betraute hohe Beamte, meist der Justitiar oder der Sekret der betreffenden Provinz, legte in dem dafür ausersehenen Gelände zusammen mit Ortskundigen die genaue Ausdehnung des neuen städtischen Territoriums fest. Die umliegenden Städte verloren dort ihre bisherige Zuständigkeit, private Grundeigentümer, auch Adlige oder Kirchen, mußten, allerdings gegen eine Entschädigung, ihr Land abgeben. Darauf wurde das nun ganz zur Domäne gehörende Gebiet an die neuen Bürger verteilt. Sie konnten ihre Parzellen vererben, waren andererseits zur Zinszahlung, zum Hausbau und zur Bewirtschaftung, zur Anlage von Äckern und Weingärten verpflichtet.[123]

Die Umsiedler kamen zum Teil von weit her, die nach Heraclea gewiesenen etwa stammten offenbar nicht selten aus Kalabrien. Man kann sich denken, wie schwer ihnen die Verpflanzung in eine ungewohnte, zudem oft wohl eher ablehnend gesinnte Umgebung fiel, wie stark die Probleme der Existenzgründung sie belasteten. Überdies scheute sich die Krone nicht, besonders begüterten oder erfahrenen Männern eine gewisse Führungsrolle aufzubürden. Zu ihnen gehörte jener Petrus Ruffus, dem man zwischen 1233 und 1239 zumutete, im damals entstehenden Heraclea ein außerordentlich großes Areal zu übernehmen, um darauf Wohnungen zu bauen, Weingärten zu schaffen und auf jede Weise die Niederlassung künftiger Einwohner vorzubereiten. Die Aufgabe überforderte jedoch seine finanziellen Möglichkeiten, wohl weil seine Einkünfte fürs erste hinter den Erwartungen zurückblieben. Er drohte in den Bankrott zu geraten oder alles bereits Geleistete an die Krone zu verlieren. Da griff zu seinem Glück der Bischof von Patti ein, erstattete ihm die Kosten seiner bisherigen Investitionen und erhielt dafür sein Land.

Ganz augenscheinlich glaubte der Bischof an die Zukunft von Friedrichs Gründung und fand eine stärkere Präsenz und Festlegung in ihr durchaus sinnvoll und angebracht. Aber auch die Bewohner Heracleas selbst nutzten offenbar bald aktiv die Chancen, die ihnen ihre Heimatstadt inmitten eines fruchtbaren Umlandes bot. Nachdem der Hof bereits Monopolbetriebe wie die Färberei dorthin überführt hatte, baten sie 1239 um den Bau einer Hafenanlage. Der Wunsch schien vernünftig, die Ausgabe lohnend, und bald konnte man in der Tat von Heraclea aus nach Malta in See stechen. Ein ansehnliches Steueraufkommen zeugt von der andauernden Blüte der Stadt in späteren Jahrzehnten.[124]

---

[123] Niese, Urkunden 9, 261–263 (am Beispiel Altamuras); Girgensohn – Kamp, Urkunden. Patti 74–76 (zu Heraclea).
[124] Grundlegend: Girgensohn – Kamp, Urkunden. Patti 131–133, Nr. 6 (21. 5. 1249), der Vertrag des Petrus Ruffus mit dem Bischof von Patti, sowie ebd. 75–86 dessen Auswertung für die Frühgeschichte Heracleas (seit Ende des 13. Jh.s: Terra-

Siedlungsprojekte und neue Wege der Domänenbewirtschaftung 227

Ebenso befriedigend entwickelte sich die wohl im September 1231 gegründete Stadt Augusta, deren stolzer Name beide, ihren kaiserlichen Initiator wie ihre Bürger, zum Erfolg geradezu verpflichtete. Angesichts ihrer Lage war die Siedlung vermutlich von Anfang an als Hafenstadt geplant; sie zählte dann in der Tat zu jenen Orten, an denen die Krone 1239 die großen zusätzlichen Exporthäfen einrichtete. Gleichzeitig entstand in exponierter, strategisch wichtiger Lage, am Eingang zu der auf einer Halbinsel liegenden Stadt ein Kastell, ausgezeichnet durch die strenge Regelmäßigkeit seines Grundrisses wie seiner Bauformen; trotz ständiger Geldknappheit konnte es 1242 vollendet werden – auch dies vielleicht ein Zeichen des sorgenden kaiserlichen Engagements für Augusta.[125]

Altamura, dessen Geschichte wahrscheinlich im selben Jahr wie die Augustas begann, gedieh allem nach gleichfalls recht gut. Immerhin gab Friedrich bereits Ende 1242 Weisung, das Gebiet der Stadt auf Kosten ihrer Nachbargemeinden zu vergrößern, so daß sie weitere Bewohner aufnehmen könne. Wie zuvor schickte er auch jetzt *revocati* dorthin, die wie die ersten Siedler Landlose, Äcker und Weingärten, bekommen sollten und der Krone von ihren Erträgen jährlich einen Naturalzins abliefern mußten. Der Herrscher drängte die Beamten vor Ort, an ihrer Spitze den Justitiar der Provinz Terra di Bari, zu raschem Handeln, und diese richteten sich nach seinen Wünschen: Im Februar 1243 meldeten sie den erfolgreichen Abschluß der Stadterweiterung. Offenbar wandte Friedrich auf Altamura von Anfang an sein besonderes Augenmerk. Darauf deutet jedenfalls der einzigartige Umstand hin, daß er dort auf eigene Kosten eine der Maria geweihte Kirche erbauen ließ, die er für exemt erklärte, also jeder bischöflichen oder erzbischöflichen Jurisdiktion entzog und direkt der römischen Kirche unterordnete. Die Würde des Erzpriesters und leitenden Geistlichen zu Altamura verlieh er im September 1232 Richard von Brindisi, einem ihm vertrauten Kleriker, wobei er sich und seinen Nachfolgern die Wiederbesetzung dieses Amtes ausdrücklich vorbehielt. So schuf er in der neuen Stadt im Grunde eine Hofkirche und bekundete damit unübersehbar seine Verbundenheit mit ihrem Schicksal, gab zugleich allerdings dem eigentlich für Altamura zuständigen Bischof des benachbarten Gravina Anlaß zu nachhaltiger Verstimmung.[126]

---

nova, seit 1927: Gela); zu Hafenbau und Zinspflicht: HB 5, 633 f. (25. 12. 1239), HB 5, 931 f. (28. 4. 1240).
[125] Urkunde zur Gründung: Scheffer-Boichorst, Gründung Augustas 253–255 (Melfi, Sept. 1231), vgl. dazu ebd. 251–253, bes. 251 die Kastellinschrift mit dem Datum 1242, zum Kastellbau auch HB 5, 509–511 (17. 11. 1239), HB 5, 529 (24. 11. 1239); zum Hafenbau HB 5, 419 (5. 10. 1239), vgl. oben S. 213 mit Anm. 100. Vgl. Niese, Urkunden 9, 263, Girgensohn – Kamp, Urkunden. Patti 83–85.
[126] Niese, Urkunden 9, 256–262, ebd. 266–270 (= Cod. dipl. Barese 12, 4–7, Nr. 2)

Einzelne Dokumente erlauben uns einen gewissen Einblick in die Verwaltung und Bewirtschaftung des Domänenlandes. Zu ihnen zählt neben den Urkunden über Friedrichs Städtegründungen vor allem der *Quaternus de Excadenciis Capitinate*, ein 1249 von kaiserlichen Sonderbeauftragten angelegtes Verzeichnis all jener Güter in der Provinz Capitanata, die der Krone aufgrund von Revokationen, Konfiskationen, Gerichtsurteilen oder infolge fehlender Erben zugefallen waren. In unseren Zusammenhang gehören aber ebenso die Protokolle einer Inquisition über den Wert zweier sizilischer Dörfer; ein Notar führte sie, gleichfalls 1249, auf Wunsch der Provinzadministration durch, weil die beiden *Casali* zwischen der Krone und dem Bischof von Patti getauscht werden sollten.[127]

Zweifellos bietet dieses lückenhafte, aus verschiedenen Regionen stammende, für ganz unterschiedliche Zwecke gedachte Quellenmaterial keine Basis für eine zuverlässige Gesamtdarstellung mit präzisen quantifizierenden Aussagen. Seine Analyse zeigt aber doch, daß es auf dem Kronland immer noch, wenngleich nun offenbar relativ selten, die seit Jahrhunderten übliche Wirtschaftsform gab: Von einer mehr oder weniger reichlich mit Häusern, Ställen und Tieren, Küchen und Speichern, Kellern und Backöfen, vielleicht auch einer Mühle ausgestatteten dörflichen Zentrale aus bewirtschaftete der Leiter des Domänenbezirks mit seinen Helfern einen Teil des umliegenden Landes, oft nur Weingärten oder Olivenhaine sowie wenige Äcker, während der übrige Kronbesitz, wie unter Umständen auch die meisten Häuser des Dorfes, an Pachtbauern ausgegeben war, die vom Domänenprokurator lediglich kontrolliert wurden. Diese Bauern hatten für ihre Güter jährlich einen Geldzins, Getreide- und Weinabgaben von ihrer Ernte, dazu einen Hühner- und Eierzins oder einen Weidezins, etwa in Form des Zwanzigsten ihrer Herden abzuliefern, außerdem vor allem in der Saat- und Erntezeit an einer festgelegten Zahl von Tagen auf dem unmittelbar vom Domänenpersonal bestellten Grund Hand- und

---

die Dokumente über die Erweiterung (27. 12. 1242–12. 2. 1243), ein Hinweis auf die von Niese 258 vermutete anfängliche Krise findet sich dort nicht; zu dem in Altamura tätigen Philippus de Matera (Niese 260) siehe oben S. 36 mit Anm. 80. Marienkirche, Ernennung des Erzpriesters: Cod. dipl. Barese 12, 3 f., Nr. 1 (Sept. 1232; = HB 4, 389 f.), vgl. 7 f., Nr. 3, dazu: Kamp, Kirche 1, 789, Schaller, Hofkapelle 497–499; zum Kirchenbau: Kappel, S. Nicola 141–156, vgl. Kappel – Kemper, Marienkirche 482–506. Zur vermutlich staufischen Burgkapelle von Lagopesole: Kappel, Burgkapelle 64–71.

[127] Edition des Quaternus: De Troia, Foggia 87–431 (Faksimile der Hs., Text und ital. Übersetzung), zur Quelle vgl. ebd. 7–11, 47–51, zur Interpretation bes. Del Treppo, Prospettive 323–329; Inquisition über die beiden Dörfer: Girgensohn – Kamp, Urkunden. Patti 133–148, Nr. 7 f. (Juli 1249, Inquisitionsakten), vgl. ebd. 88–99 zur Interpretation.

Siedlungsprojekte und neue Wege der Domänenbewirtschaftung 229

Spanndienste zu leisten. Die Höhe ihrer Verpflichtungen schwankte von Region zu Region und hing zudem stark von ihrer persönlichen Rechtsstellung ab. Die in dem sizilischen Dorf Sinagra (südwestlich Pattis) lebenden Bauern beispielsweise hatten meist den sehr ungünstigen Status von schollengebundenen Hörigen oder *villani* und als solche besonders schwere Lasten zu tragen.[128]

Allem nach überwog auf dem Domänengebiet bei weitem eine andere, unkompliziertere und wohl wesentlich leichter zu handhabende Form der Verwaltung, diejenige nämlich, die wir bereits bei Friedrichs Neugründungen als die dort allenthalben übliche kennenlernten. Die Krone teilte ihr Land bis auf unbedeutende Reste ganz an die Bauern aus und forderte von ihnen als Pachtzins einen Anteil an ihrer Getreide-, Oliven- oder Weinernte. Dessen Größe schwankte, betrug im Durchschnitt indessen vermutlich ein Zehntel.[129] Man darf sicher annehmen, daß diese modernere Regelung nicht nur der Krone und ihren Prokuratoren Vorteile brachte, sondern auch von manchem revozierten Bauern, der bislang etwa zu persönlichen Diensten verpflichtet gewesen war, als Verbesserung empfunden wurde.

Daneben entwickelte die friderizianische Krongutsverwaltung ein völlig neuartiges System der direkten Bewirtschaftung, das sich auf die sogenannten Massarien als seine charakteristischen Organisationseinheiten stützte. In den zwanziger Jahren höchstens sehr vereinzelt nachweisbar, fanden sich diese Massarien auf dem Domänengebiet gegen Ende der dreißiger und in den vierziger Jahren zusehends häufiger. Allein in der Capitanata arbeiteten nach Auskunft des Quaternus und anderer Quellen um 1249 fünfzehn solcher Betriebe, und die Provinzen Apuliens bildeten um die Jahrhundertmitte vielleicht überhaupt einen Schwerpunkt ihrer Verbreitung. Ihr Verwaltungszentrum lag in einer Stadt oder in einem Dorf und bestand, ganz ähnlich wie im Falle der traditionellen, damals indessen, wie wir sahen, stark zurücktretenden Form der Grundherrschaft, aus einer Reihe von Gebäuden, Wohnhäusern, Scheunen, Ställen und dergleichen. Hier saß der *massarius*, der die Verantwortung trug für den Gang

---
[128] Siehe die ausführliche Analyse der Verhältnisse in Sinagra bei Girgensohn – Kamp, Urkunden. Patti 92–99, vgl. zur Capitanata nach dem Quaternus: Del Treppo, Prospettive 321–324.
[129] Del Treppo, Prospettive 324, vgl. die ähnlichen Verhältnisse in dem 1249 zur Krone kommenden Dorf S. Lucia del Mela (südlich Milazzos, Nordsizilien): Girgensohn – Kamp, Urkunden. Patti 95–99. Zu den Städtegründungen vgl. oben S. 226f., zum Ertragszins bes. HB 5, 633f. (Heraclea), Niese, Urkunden 9, 269f. (Altamura); zur Verpachtung von Domänengebiet vgl. HB 5, 869f. (31. 3. 1240; Anlage von Weingärten bei Syrakus).

der Arbeiten am Ort selbst wie auf den zu seiner Einrichtung gehörenden umliegenden Ländereien der Krone. Bei diesen handelte es sich vorwiegend um Weizen- oder Gerstenäcker, Wein- und Olivengärten, aber auch um Weiden. Die Massarien hielten Kühe, Rinder, Schafe, Schweine und Hühner, sie sollten Obst und Gemüse anbauen oder die Imkerei betreiben – der vielfältigen landwirtschaftlichen Aktivität kam offenbar eine große Bedeutung zu. Neu und besonders kennzeichnend aber war, daß die Massarien weder Pacht- noch Hörigendienste kannten, daß ihre Angestellten vielmehr vom *massarius* über die auf Dauer Beschäftigten, zum Beispiel die Hirten, bis hin zu den Saisonarbeitern, etwa den Erntehelfern, durchweg entlohnt wurden, und zwar in der Regel mit Nahrungsmitteln wie mit Geld. Außerdem fällt auf, welch hohes Maß an Rationalität der Herrscher vom Betrieb der Massarien erwartete. Er legte dessen Ablauf durch seine Mandate und Verordnungen bis in Einzelheiten hinein genau fest. So versprach er sich von ihnen einen im Vergleich mit gewöhnlichen Pachtbetrieben verdoppelten Ernteertrag. Vom *massarius* forderte er absolute Redlichkeit, sachkundige, gewissenhafte Betriebsführung, den effizienten Einsatz der Arbeitskräfte, sorgsamen Umgang mit den Erzeugnissen, sofortige Instandsetzung aller Schäden an Gebäuden und Geräten, rasche Abhilfe bei Seuchen und Krankheiten von Tieren und Pflanzen, kurz: das ständige Bemühen um die Verbesserung der Arbeitsabläufe und die Steigerung der Produktion.

Die einzelnen Massarien wirtschafteten nicht isoliert, sondern innerhalb eines gewissen Verbundes: Eine bestimmte Anzahl von benachbarten Betrieben unterstand einem eigenen Massarienprovisor. Diesem oblag es, sich auf der Basis von Jahr für Jahr zu aktualisierenden Inventaren und schriftlichen Unterlagen über die Entwicklung der ihm anvertrauten Betriebe genauestens auf dem laufenden zu halten. Er hatte ihre Leistungen untereinander zu vergleichen, die Verwirklichung der herrscherlichen Vorstellungen zu überwachen, Störungen und Fehler schnell zu erkennen und dauerhaft zu beseitigen, also unter anderem etwa auch darauf zu achten, daß sich die Landarbeiter seines Bezirks sinnvoll, das heißt: der jeweils anfallenden Arbeit entsprechend auf die verschiedenen Massarien verteilten. Bei schwerwiegenden Mängeln und Krisen mußte er die für alle Domänengebiete der Provinz schlechthin zuständigen Oberprokuratoren informieren und um ihr Eingreifen bitten.[130]

---

[130] Grundlegend: Del Treppo, Prospettive 319f., 325–329; zentrale Quellen: HB 4, 214–216 (Mandat für einen *provisor massariarum* in Apulien; um 1245), Acta Imperii 1, 754–758, Nr. 998 (Statut für die Massarien; wohl von Manfred, nach 1254), vgl. ebd. 687, Nr. 912, 688, Z. 39ff., Nr. 915, 715, Nr. 940, Konst. I 90.2, ed. Stürner 267f., I 86, 261, Z. 5–9, III 49, 419, Z. 11–15; HB 2, 943–950 (Del Treppo 319) ist eine Fäl-

Lohnzahlung und ausschließliche Marktorientierung, also höchstmögliche Effizienz der Produktion, unermüdliche Suche nach Wegen zur Ertragssteigerung, ständige Ergebniskontrolle und vor allem Rationalität als dominierendes Prinzip der Wirtschaftsorganisation: Fast glaubt man, am Hofe Friedrichs bereits Grundsätze der modernen Unternehmensführung anzutreffen. Natürlich bleibt einmal mehr offen, wie tief der herrscherliche Wille die Praxis zu prägen vermochte. Klar wird aber immerhin, daß Friedrich und seine Berater davon ausgingen, wirtschaftliche Verhältnisse beeinflussen, Produktionsprozesse gestalten und verbessern zu können, und daß sie dies auch tatsächlich versuchten. Es spricht gewiß nicht gegen ihren Ansatz, wenn König Alfons I. († 1458) zwei Jahrhunderte später ihr Massariensystem erneuerte.

Friedrichs wirtschaftspolitische Initiativen: Versuch einer Bilanz

Friedrich ging es mit seinen wirtschaftspolitischen Initiativen weniger um neue Schwerpunkte oder gar um eine prinzipielle Veränderung der bestehenden ökonomischen Strukturen – zu langwierig schien ihm wohl ein solches Vorhaben, zu zweifelhaft sein Erfolg. Statt dessen setzte er auf die altbewährte Stärke des sizilischen Regnums im Bereich der agrarischen Produktion. Er suchte die hier vorhandenen Kapazitäten noch entscheidend zu mehren, in Ergänzung dazu aber gleichzeitig die Ausfuhr der Landesprodukte zu erleichtern und wesentlich zu erhöhen. Dem zweiten Ziel diente der Ausbau der bestehenden Exporthäfen ebenso wie der Bau neuer im Jahre 1239 und die damit einhergehende drastische Senkung der Ausfuhrzölle. Gerade die Zollsenkung begründete der Staufer im übrigen ausdrücklich damit, daß sie seinen Untertanen Vorteile bringe, weil diese nun leichter mehr Waren verkaufen konnten, daß mit deren Wohlstand aber zugleich der seine wachse. Die Einsicht in den untrennbaren Zusammenhang zwischen dem Nutzen der Bevölkerung und dem seinen, die wir bereits aus dem Konstitutionenbuch kennen, verließ ihn also keineswegs, wenn es um ökonomische Fragen und Maßnahmen ging.[131]

schung, vgl. RI V 4, 192, BF. 1525. Massarien in der Capitanata: Quaternus, ed. De Troia, Foggia 447, Indice s. v. Massaria, außerdem ebd. 103, p. 7 (Troia), 325, p. 113 (Apricena), Sthamer, Verwaltung 100 (Kastellstatut Nr. 49a: Lucera), vgl. Del Treppo 320 Anm. 21 und 24 (Lucera, S. Nicola).
[131] HB 5, 507 (17. 12. 1239), HB 5, 632 (25. 12. 1239), vgl. ähnliche Bekenntnisse HB 5, 423f. (5. 10. 1239), HB 5, 475 (2. 11. 1239), HB 5, 954 (3. 5. 1240), Acta Imperii 1, 636, Nr. 820 (12. 7. 1238), dazu Maschke, Wirtschaftspolitik 390–392, mit weiteren Beispielen, zum Zusammenhang von Agrarförderung und Hafenbau ebd. 364f.,

Wie grundsätzlich bereits seit Anfang der zwanziger Jahre, so strebte der Kaiser auch jetzt, freilich entschlossener und wirksamer, nach der festen Anbindung seines südlichen Königreiches an den großen europäischen Wirtschaftsraum. Im Norden und Westen hoffte er für dessen, wie erwünscht, ständig wachsende Produktion von Agrargütern sicheren Absatz zu angemessenen Preisen zu finden.

Seine Kritiker bemängeln in der Regel vor allem, daß er am Export dahin nicht stärker die Kaufmannsschicht des Regnums selbst beteiligte, sondern die traditionelle Vorrangstellung der Oberitaliener auf diesem Felde fast unberührt ließ. Nun förderte allerdings auch die Handelstätigkeit der Ausländer durchaus den Reichtum des sizilischen Landes – dessen Handelsbilanz war vermutlich aktiv. Vor allem aber erscheint doch recht fraglich, ob sich – vom politischen Können und Wollen einmal abgesehen – die erfahrenen Pisaner, Genuesen oder Venezianer in absehbarer Zeit ohne Schaden für den Außenhandel des Königreiches überhaupt hätten ersetzen lassen. Umgekehrt dürften die einheimischen Kaufherren nicht gar so chancenlos gewesen sein. Zum mindesten nach 1239 herrschten doch wohl keine allzu ungünstigen Bedingungen für sie, und dafür, daß sie die Lage tatsächlich zu nutzen verstanden, gibt es, wie wir sahen, Anhaltspunkte.[132]

Der Krone flossen aus den 1231 von ihr eingeleiteten Wirtschaftsreformen ganz beträchtliche Einnahmen zu – aus ihren Handels- und Gewerbemonopolen wie aus der Neuordnung der landwirtschaftlichen Produktionsverhältnisse, vor allem aus der Umstrukturierung und Intensivierung der Domänennutzung, dazu aus dem gezielt geförderten, durch Hafen- und Speicherbau erleichterten Export von Agrargütern einschließlich der darauf erhobenen, streng eingezogenen Zölle. Da ihre Maßnahmen indessen zugleich das wirtschaftliche Leben im Regnum anregten, kamen sie insofern durchaus, wie der Kaiser behauptete, auch der Bevölkerung zugute, den Landarbeitern, Pächtern und Gutsbesitzern, den staatlichen Hafenarbeitern, Speicheraufsehern und Beamten, den kleinen Händlern, Wechslern oder Kaufleuten. Zu eben diesem Zweck lenkte der Herrscher einen Teil seiner Einkünfte denn auch unmittelbar in das Land zurück. Seine Verwaltung sorgte – in den uns bekannten Grenzen – für friedliche innere Verhältnisse, für die Sicherheit von Straßen und Märkten, für Rechtssicherheit und ein geordnetes Gerichtswesen sowie für den Unterhalt von Hochschulen in Neapel und Salerno; sie investierte in Städtegründungen

---

388–390, und bes. Del Treppo, Prospettive 329–331 (unter Einbeziehung des Massariensystems).

[132] Vgl. dazu oben S. 222 mit Anm. 115; zur Kritik die oben S. 210, Anm. 94 genannte Literatur.

Friedrichs wirtschaftspolitische Initiativen 233

oder Neusiedlungsprojekte, in den Bau von Ausfuhrhäfen oder in das erfolgreiche Experiment des Massariensystems.[133] Freilich konnte sich die Wirtschaft des sizilischen Königreiches – und dies scheint der gravierendste Mangel und Schwachpunkt der einschlägigen kaiserlichen Aktivitäten – allenfalls kurze Zeit ungestört in der ihr vorgezeichneten und angemessenen Weise entfalten. Spätestens seit Anfang der vierziger Jahre machten sich zunehmend stärker und schmerzlicher die Folgen des Krieges bemerkbar, den der Staufer in Oberitalien führte. Das Regnum hatte lange Jahre hindurch einen wesentlichen Anteil an dessen immensen Kosten aufzubringen. Die Erträge aus der Arbeit und dem Wirtschaften seiner Bewohner verschwanden also über mehr als ein Jahrzehnt hinweg in wohl ständig steigendem Maße in der Kriegskasse des Herrschers, um der Bezahlung seiner auswärtigen Kämpfe zu dienen – ein bedrückender Vorgang aus manchen Gründen, nicht zuletzt jedoch angesichts der vielen sinnvollen Investitionsmöglichkeiten, die sich im Lande selbst und durchaus in Fortführung der begonnenen Reformen geboten hätten.

Über die strukturellen Folgen dieser massiven Abschöpfungsmaßnahmen wissen wir nichts Sicheres. Davon, daß Friedrich ein zerrüttetes, zugrundegerichtetes Königreich hinterlassen hätte, wird man indes nicht reden können.[134] Immerhin gelang es knapp zwei Jahrzehnte nach seinem Tod Karl von Anjou trotz neuer innerer Wirren, die Steuerschraube eher noch weiter anzuziehen. Einen Kausalzusammenhang aber zwischen den von Friedrich geschaffenen Verhältnissen und den gegenwärtigen wirtschaftlichen und sozialen Problemen des italienischen Südens herzustellen, das verbietet eigentlich allein schon ein Blick auf die seit des Staufers Herrschaft vergangenen siebeneinhalb Jahrhunderte und die tiefgreifenden strukturellen Wandlungen, die sie dem Mezzogiorno brachten.

---

[133] Vgl. das Gesamturteil von Del Treppo, Prospettive 336–339, sowie Maschke, Wirtschaftspolitik 392–394.
[134] Vgl. das positive Bild vom Regnum und besonders von der Fruchtbarkeit Apuliens, das Heinrich von Isernia im Rückblick auf die fünfziger und sechziger Jahre zeichnet, Hampe, Beiträge. Letzte Staufer 116–121, Nr. 11 (etwa 1271); Heinrichs Vater verfügte nach 1250 trotz der Belastungen unter Friedrich offenbar noch über ein ansehnliches Vermögen, vgl. ebd. 76, 82–89, Nr. 2, dazu ebd. 19–24; zur Lage kaufmännischer Führungsschichten siehe oben S. 232 mit Anm. 132.

Die Kastellbauten, ihre Verwaltung und ihr Zweck

Der Einfall der päpstlichen Truppen in das Regnum während des Kaisers Kreuzfahrt hatte empfindliche Mängel im sizilischen Verteidigungssystem offenbart. Ganz folgerichtig gehörte dessen nachhaltige Verbesserung seit 1230 zu den wichtigsten Anliegen Friedrichs. Fürs erste verpflichtete er seine Untertanen in den Konstitutionen von Melfi erneut zum Abriß aller nach 1189 unerlaubt angelegten Befestigungen; er verbot ihnen dort überdies den eigenmächtigen Bau neuer Türme auf Domänengebiet, desgleichen die Errichtung irgendwelcher Gebäude, die die Verteidigung zu behindern drohten. Daneben setzte er seine Bemühungen fort, strategisch bedeutsame Kastelle unmittelbar in seine Hand zu bekommen, insbesondere feste Plätze an der Grenze zum Kirchenstaat, aber auch Burgen im Landesinneren, die wichtige Straßenverbindungen oder Pässe beherrschten. Er gewann sie durch die in seinem Gesetzbuch ausdrücklich angesprochene, nach wie vor praktizierte Revokation entfremdeten Krongutes oder etwa durch Kauf; wo diese Mittel versagten, scheint er in Einzelfällen, bei Objekten, die er für besonders wertvoll oder geradezu unverzichtbar hielt, sogar zu Zwang und Erpressung bereit gewesen zu sein.[135]

Zugleich intensivierte der Herrscher jetzt den Bau von Wehranlagen. Wenn er dabei einmal einer Stadt, wie im Jahre 1232 dem grenznahen San Germano, die Fertigstellung ihrer Mauern erlaubte, so muß das freilich eher als eine Ausnahme gelten. In aller Regel ging es ihm um die Instandsetzung und Erweiterung bestehender Burgen oder die Errichtung völlig neuer Kastelle. So befahl er 1233, die älteren Anlagen in Trani, Bari und Brindisi sowie in Neapel, dem bereits in den zwanziger Jahren seine Sorge gegolten hatte, zu sichern und zu verstärken. Soweit sich das damals Geschaffene trotz der mannigfachen späteren Veränderungen heute noch einigermaßen sicher erkennen läßt, wird daran gut deutlich, daß Friedrich gerade bei den großen Bauten an zentralen Punkten neben dem militärischen Aspekt die Qualität der architektonischen und künstlerischen Gestaltung sehr am Herzen lag. Auch die Kastelle sollten offenkundig durch die Ausgewogenheit ihrer Proportionen und die Schönheit ihres Schmucks vom Rang und der Würde ihres kaiserlichen Auftraggebers künden.

---

[135] Konst. III 4.1, ed. Stürner 367f. (Revokation), III 32f., 400f. (Abriß und Verbot von Burgen), vgl. dazu oben S. 200 mit Anm. 73; Kaufversuch sowie Plan der gewaltsamen Zerstörung eines Kastells im sensiblen Grenzgebiet um Antrodoco: HB 5, 558f. (15.12.1239), versuchte Erpressung der Übergabe fester Plätze: HB 5, 584 (15.12.1239), vgl. HB 5, 731 (6.12.1240; man erwartete den Kastellherrn wohl am Hofe); der Kauf scheiterte, der Fortgang der beiden anderen Fälle bleibt im Dunkeln, vgl. Sthamer, Verwaltung 8f.

Geräumige Säle, reich ornamentierte Portale und Fensteröffnungen machten beispielsweise das Kastell in Trani zu einem ihm angemessenen Aufenthaltsort, und in Bari gehören nicht nur die vier mächtigen Ecktürme in seine Zeit, sondern vor allem das Portal mit dem figurengeschmückten Bogen, dahinter die von Kreuzgratgewölben überspannte Eingangshalle und die in den Hof führende Laube, beide ausgezeichnet durch ihre prächtig skulpturierten Kapitelle und Konsolen.[136]

Ebenfalls im Jahre 1233 ordnete der Staufer die Befestigung der Sarazenenkolonie in Lucera an, und wohl Hand in Hand damit begannen auf der höchsten Erhebung am Westrand der Stadt die Arbeiten an dem oft bewunderten Palast. Den Auftrag zum Bau des nicht minder berühmten Brückenkastells von Capua erhielt ein Jahr später Nicolaus de Cicala, ein vornehmer Adliger aus einer um Capua reich begüterten Familie. Offensichtlich bedeutete gerade das Capuaner Projekt dem Kaiser besonders viel. Nach den Worten Richards von San Germano fertigte er nämlich eigenhändig eine Zeichnung der Feste oder wenigstens, so müssen wir Richards Notiz doch wohl verstehen, eine Art Skizze mit den ihm wichtigen Hauptmerkmalen des geplanten Bauwerks. Überdies sollte Nicolaus, ein bereits im Amt des Justitiars bewährter Mann, mittels spezieller Befugnisse für die rasche Vollendung des Vorhabens sorgen. Die Sache zog sich aber trotzdem ziemlich lange hin; erst im November 1239 standen die beiden mächtigen Türme, so daß man nun an die Lieferung von Marmor für den weiteren Ausbau denken konnte.[137]

Eben damals gingen auch die Arbeiten an den neuen Hafenkastellen in Syrakus und Augusta zügig voran – wir wissen bereits, daß sie in Augusta 1242 ihren Abschluß fanden. Zur gleichen Zeit, Ende 1239, suchte der für die staatlichen Bauten in Ostsizilien verantwortliche Beamte in Catania

---

[136] Richard von S. Germano, ad 1232, ed. Garufi 177, 181 (San Germano), ad 1233, 184 (Kastellinstandsetzung; zu Neapel auch ad 1234, 188), vgl. Licinio, Castelli 165–169, Willemsen, Bauten 148–150, ders., Bauten der Hohenstaufen 13–21, Haseloff, Architettura 411–424 (Bari).

[137] Richard von S. Germano, ad 1233, ed. Garufi 184 (Lucera), ad 1234, 188 (Capua), vgl. zu Capua HB 5, 513 (17. 11. 1239; *arcus turrium ... completi*, von Willemsen, Triumphtor 8, kaum zutreffend als „Vollendung ... der Eingangsfassade" verstanden), 673f. (13. 1. 1240), 880f. (3. 4. 1240); zu Nicolaus: Richard, ad 1224–1226, 117, 122, 138, ad 1229, 153, dazu Kamp, Kirche 1, 1050 Anm. 45. Zu Lucera: Haseloff, Architettura 103–105 (Palast und Stadt nicht getrennt, nach Nicolaus de Jamsilla, ed. Del Re 143–145), Knaak, Kastell von Lucera 80f. (Rundtürme und Haupttor wie Palast Bestandteile einer durch den Halsgraben von der Stadt getrennten staufischen Pfalzanlage), vgl. 83–85 Anm. 1 (umfassendes Literaturverzeichnis), Willemsen, Bauten 154–158, ders., Bauten der Hohenstaufen 25–38, Götze, Castel 60–66, außerdem oben S. 29 mit Anm. 65 und S. 72f.

nach einem geeigneten Platz für die dortige Burg. Kurz darauf gab ihm der Kaiser den Auftrag, das Material für deren Fundamente und den ersten Bauabschnitt bereitzustellen; im Frühjahr 1240 ließ er ihn zu sich nach Foggia kommen, um Einzelheiten über das noch in seinen Anfängen steckende Unternehmen von ihm zu hören und ihm, so dürfen wir gewiß vermuten, seine Wünsche mitzuteilen. Schwierigkeiten, die es in jenen Wochen bei der Finanzierung des neuen Kastells in Messina gab, suchte er auszuräumen, und ungeachtet seiner ständigen pekuniären Engpässe hatte er schon im Januar 1240 Weisung erteilt, unverzüglich alles Notwendige für den Bau des Castel del Monte zu beschaffen, der wohl faszinierendsten wie rätselhaftesten Schöpfung unter den aus seiner Regierungszeit erhaltenen Werken der Architektur.[138]

Nicht nur dem Ausbau des Kastellsystems galt Friedrichs Bemühen, sondern ergänzend dazu der Instandhaltung und angemessenen Verwaltung der Burgen. Die unmittelbare Verantwortung für die einzelne Burg trug zu seiner Zeit wie zuvor der Kastellan. Meist ritterlicher Herkunft, übte er die Befehlsgewalt über die *servientes* aus, über die Burgbesatzung also, die in Friedenszeiten für gewöhnlich wohl nicht allzu stark war, bei Kriegsgefahr jedoch erheblich anwachsen konnte. Ende 1239 etwa, nachdem sich Genua und Venedig zur Eroberung des Regnums mit dem Papst verbündet hatten, ließ der Kaiser die Zahl der Bewaffneten im Kastell Giffoni bei Salerno auf zwanzig und die im großen Kastell über Salerno selbst auf dreißig Mann erhöhen, diejenige im besonders exponierten Kastell von Montecassino zunächst auf vierzig und dann sogar auf hundert. Vielfach kam die Krone nur für einen Teil der Burgmannschaft auf, während Adlige der Umgebung im Rahmen ihrer Lehnsverpflichtungen den Rest stellen mußten.[139]

Wie schon in seinen Capuaner Assisen von 1220, untersagte der Herrscher auch in seinen Konstitutionen von Melfi den Kastellanen und ihren *servientes*, sich ohne Befehl in irgendwelche Angelegenheiten außerhalb des Burgbezirks einzumischen oder dort gar Waffen zu tragen; die Bedien-

[138] HB 5, 509f. (17. 11. 1239; auch über Arbeiten in Caltagirone, Milazzo und Lentini), HB 5, 528f. (24. 11. 1239; Catania, Augusta), HB 5, 862 (29. 3. 1240; Catania), zu Augusta vgl. oben S. 227 mit Anm. 125; HB 5, 877f. (3. 4. 1240; Messina); HB 5, 697 (29. 1. 1240, Castel del Monte; zur Interpretation, besonders des Begriffs *actractus* als „Materialbeschaffung": Leistikow, Mandat 205–213). Vgl. Sthamer, Verwaltung 9f. Zu Friedrichs Bauten siehe auch unten S. 352–361.
[139] Burgbesatzung: HB 5, 522 (18. 11. 1239); HB 5, 558, 561 (15. 12. 1239; Montecassino), vgl. HB 5, 411 (Anf. Okt. 1239: 100 Mann in Bari, 80 in Trani); zum Bündnis der Seestädte mit dem Papst vgl. unten S. 481 mit Anm. 47. Gemischte Besatzung: Acta Imperii 1, 691f., Nr. 918 (nach 1. 9. 1247), 707, Nr. 929 (15. 4. 1248), 709, Nr. 933 (3. 5. 1248). Dazu Sthamer, Verwaltung 57–59.

steten durften ihre Burg ohne Erlaubnis des Kastellans überhaupt nicht verlassen, mit dessen Genehmigung aber höchstens zu viert.[140] Um die praktische Durchsetzung dieser und ähnlicher Weisungen zu sichern, um darüber hinaus ganz allgemein vertrauenswürdige Informationen über die Zustände in den Kastellen zu erhalten und zu einer intensiveren Kontrolle der Kastellane zu gelangen, führte der Staufer eine regionale Zwischeninstanz ein, den *provisor castrorum*. Er griff damit wohl eine im Ansatz bereits zur Zeit seines Vaters in Sizilien faßbare Regelung auf. Wie die von Heinrich VI. berufenen und noch in den Assisen von Capua genannten *magistri castellani* sollten die um 1228 erstmals in den Quellen auftretenden, spätestens seit 1231 vermutlich in allen Provinzen des Königreiches meist jeweils zu zweit fungierenden Provisoren die Kastelle in ihrem Amtsbereich regelmäßig überprüfen. Sie hatten für jede Burg eine Inventarliste in dreifacher Ausfertigung anzulegen (ein Exemplar ging an den Hof), insbesondere jedoch dafür zu sorgen, daß sich die Anlagen in gutem baulichen Zustand befanden, ihre Besatzung ausreichte, mit genügend Waffen und Lebensmitteln versorgt war und ihren Sold bekam. Angesichts der wachsenden äußeren Bedrohung des Regnums nahm der Kaiser im Oktober 1239 auch hier insofern eine Änderung vor, als nun nur noch ein Provisor in jedem der fünf neuen, großen Provisionsbezirke des Regnums die Verantwortung trug. Dieser war verpflichtet, seinen Amtsbereich ständig zu bereisen und daneben zusätzliche, überraschende Kontrollen der Burgen durch verläßliche Einwohner benachbarter Ortschaften zu organisieren; unfähige Kastellane mußte er durch geeignetere ersetzen. Zugleich zog der Herrscher freilich etwas mehr als achtzig Kastelle, denen aufgrund ihrer Lage besondere strategische Bedeutung zufiel, direkt an sich; die Ernennung ihrer Kastellane stand fortan allein ihm selbst zu.[141]

Um die Instandhaltung der Kronkastelle auf Dauer zu gewährleisten, ließ Friedrich wohl bereits 1230/31, vielleicht zusammen mit den Recherchen zur Vorbereitung seines Gesetzbuches, feststellen, in welchem Umfang die einzelnen Gemeinden des Königreiches unter seinen normannischen Vorgängern zu Reparaturarbeiten an den königlichen Burgen ver-

---

[140] Verhaltensnormen: Konst. I 92.1, ed. Stürner 270f., I 15, 165, vgl. Assise 7 von Capua, Richard von S. Germano, ad 1220, ed. Garufi 89f.
[141] *Provisores castrorum*: Acta Imperii 1, 606f., Nr. 764 (1230/31; = Sthamer, Verwaltung 128, Nr. 1), vgl. Acta 1, 626, Nr. 804 (14. 12. 1231); HB 5, 411–414 (5. 10. 1239; = Sthamer 128–130, Nr. 2), mit Aufzählung der *castra exempta*, vgl. dazu die Ernennungen der Kastellane HB 5, 409–411 (Anf. Okt. 1239), vgl. zur örtlichen Kastellkontrolle Richard von S. Germano, ad 1240, ed. Garufi 204. Dazu Sthamer 24–26, 31–38, 42, vgl. Göbbels, Militärorganisation 492–495, Meier-Welcker, Militärwesen 17f., Fasoli, Castelli 32–34; zur Frühgeschichte des Amtes: Kamp, Deutsche Präsenz 151f., vgl. Sthamer 24 Anm. 1.

pflichtet gewesen waren. Die Ergebnisse dieser Nachforschungen dienten dann, in langen Listen zusammengefaßt, den Kastellprovisoren als Basis für ihre Tätigkeit. Höchstwahrscheinlich aus der Zeit zwischen 1241 und 1246 stammt die uns erhaltene, eben damals vermutlich aktualisierte Version des Dokuments. Sie berücksichtigt allerdings lediglich die nördlichen Provinzen des Regnums, während die Sizilien und Kalabrien betreffenden Aufzeichnungen verlorengingen. Von 225 Kronkastellen des erfaßten Raumes erfahren wir, welche Klöster, Kirchen oder Adligen, vor allem jedoch welche Gemeinden jeweils für die Ausbesserung von Schäden zu sorgen, zu diesem Zweck also ihre Hörigen bzw. Einwohner zu schicken oder Baumaterial zu liefern hatten. Überrascht stellen wir dabei fest, daß für die einzelnen Burgen nicht unbedingt immer die ihnen am nächsten liegenden Orte herangezogen wurden, daß die Arbeiter zuweilen vielmehr aus recht großer Entfernung zu ihrem Dienst anreisten. Unerwähnt bleiben in unserer Übersicht natürlich die weit zahlreicheren Burgen in adliger Hand, für deren Unterhalt die betreffenden Barone selbst einzustehen hatten, desgleichen indes auch all jene Kastelle, die die Krone zwar unmittelbar verwaltete, für deren Reparatur sie jedoch nicht auf die Hilfe anderer zurückgreifen konnte, die sie vielmehr ganz aus ihrer eigenen Kasse finanzieren mußte.[142]

Friedrich verfolgte mit seinen Kastellbauten gewiß das Ziel, seinen Untertanen wie den Besuchern des Landes einen tief prägenden Eindruck von seiner glanzvollen Stellung und Würde, von der Bedeutung und Machthöhe seines Königreiches zu geben. Vor allem den Bewohnern des Regnums sollten die mächtigen, wohlgegliederten Wehranlagen mit der Zier ihrer Portale und Fenster die unangreifbare Autorität und Überlegenheit ihres Herrschers ständig vor Augen führen. Dabei mochten manche unter ihnen tatsächlich einen gewissen Stolz auf dessen Leistungen empfinden und sich über ihre eigene Zeitgenossenschaft und bescheidene Teilhabe freuen; andere mochten doch wenigstens das Gefühl haben, in Sicherheit und verläßlicher Ordnung zu leben, nicht wenige vielleicht auch Furcht spüren vor des Staufers übermächtiger Gewalt. In jedem Fall wurden sie alle, wie der kaiserliche Bauherr wohl wünschte und erwartete, in ihrer Hochachtung, ja respektvollen Scheu vor seinem

---

[142] Text des sog. „Statuts über die Reparatur der Kastelle": Sthamer, Verwaltung 94–122 (= Acta Imperii 1, 768–780, Nr. 1005), Hinweise auf 1230/31: Sthamer 128, Nr. 1 (4), Richard von S. Germano, ad 1231 (Okt.), ed. Garufi 176. Vgl. Sthamer 42f., 83–93, Fasoli, Castelli 34–42 (mit exemplarischen Angaben zur Entfernung zwischen Burg und zuständigen Gemeinden), Licinio, Castelli 126–137. Einen gewissen Eindruck von der Vielzahl der Adelsburgen gibt die Liste der sizil. Barone, die Ende 1239 lombardische Gefangene aufzunehmen hatten, HB 5, 610–623.

Die Kastellbauten, ihre Verwaltung und ihr Zweck 239

erhabenem Rang bestärkt, wurde damit also die Basis seines Regiments wesentlich gefestigt.

Darüber hinaus kündeten die Kastelle zweifellos gleicherweise von dem Willen des Kaisers, sein Königreich vor äußeren Feinden zu schützen, wie von seiner Entschlossenheit, gegen jede Empörung im Inneren unnachsichtig vorzugehen. Aber dominierte bei ihm nicht der zweite Gesichtspunkt? Ging es ihm insbesondere mit den erweiterten und gänzlich neu erstellten Anlagen in den großen Städten nicht in erster Linie darum, dort jede selbständige Regung zu unterdrücken? Haben wir seine Wehrbauten demnach nicht doch vorrangig als Instrumente der ständigen Repression seiner Untertanen aufzufassen?[143]

Friedrich kann gewiß nicht als ein Freund städtischer Autonomie gelten. Die ohnehin nur recht bescheidenen Schritte in diese Richtung, die manche sizilischen Städte während der unruhigen Jahre seiner Kindheit und seiner Abwesenheit in Deutschland wagten, machte er 1220 in Capua rückgängig, und seine Konstitutionen von 1231 schärften den Gemeinden aufs neue das Verbot ein, eigene Podestà, Konsuln, Rektoren oder sonstige Bevollmächtigte insbesondere mit richterlicher Gewalt zu wählen. Sie hoben alle Privilegien auf, die einzelnen Städten eine Sondergerichtsbarkeit gewährten; lediglich die traditionellen strafrechtlichen Kompetenzen der *compalatii* in Neapel und der Stratigoten in Messina und Salerno blieben erhalten.[144] Die Aufgabe, Gerechtigkeit, Frieden und Sicherheit zu gewähren, oblag nach des Kaisers Überzeugung grundsätzlich allein ihm selbst und den von ihm dazu bestimmten Organen, und er nahm diese Verpflichtung durchaus ernst. Widerstand gegen die von ihm beanspruchte Dominanz schlug er indessen unnachsichtig nieder. Das mußten die aufständischen Städte der Capitanata ebenso spüren wie kurz darauf Messina, wie im übrigen jedoch etwa auch adlige Empörer.

Andererseits bot das zentralistische kaiserliche Regiment gerade dem städtischen Bürgertum eine ganze Reihe von Vorteilen und Chancen – man denke nur an die von ihm garantierte relative Ruhe und Verläßlich-

---

[143] So etwa Bocchi, Castelli 63–73, bes. 70f., 73, vgl. Licinio, Castelli 138f., 183, Fasoli, Organizzazione 181; zur Vielfalt der Kastellfunktionen siehe Cadei, Modelli 469–471, Radke, Palaces 179f. (die Annales Patavini, ad 1259, MGH SS 19, 177, sprechen allerdings von Ezzelino), Willemsen, Bauten 154, dazu unten S. 353. – Zum Eindruck auf Fremde vgl. Friedrichs Absicht vom April 1240, seine Paläste in der Capitanata einigen gefangenen Rittern aus Mailand vorzuführen: HB 5, 872 (1.4.1240), vgl. HB 5, 873–875.

[144] Konst. I 50, ed. Stürner 209; I 106, 295; I 72.2, 242; siehe dazu Martin, Città 188–194 (zu 193 vgl. Konst. I 95.3, 279, Z. 28f., wo das *curie nostre pretorium* als Sitz der städtischen Richter vorausgesetzt wird), ders., Organisation 79–81, Fasoli, Organizzazione 170–177. Zu Capua (1220) siehe oben S. 58 mit Anm. 125.

keit der Verhältnisse oder an die Erweiterung des Verwaltungsapparates. Es gab denn auch keine generelle und geschlossene Opposition der Städte des Regnums gegen Friedrich. Als beispielsweise Gaeta, die selbstbewußte Grenzstadt, nach langem Zögern im Frühjahr 1229, von großzügigen päpstlichen Versprechungen verlockt, schließlich vom Kaiser abfiel, hielt diesem ein Teil der Einwohnerschaft dennoch die Treue und verließ deswegen Heimat und Besitz. Im folgenden Sommer standen den Aufrührern in Foggia und Troia, über deren Beweggründe wir nichts wissen, das treue Andria und das seines Gehorsams wegen eigens privilegierte Apricena gegenüber. Während sich vier Jahre später Messina erhob, blieben die Bürger Palermos ruhig und erlangten vom Kaiser die förmliche Bestätigung ihrer alten Gewohnheiten; vor allem durften sie weiterhin vor kein Gericht außerhalb ihrer Stadt zitiert und von keinem kaiserlichen Beamten mit einer Inquisition behelligt werden. Doch selbst in Messina profitierten neben den in hohen Verwaltungsämtern tätigen Mitgliedern der führenden Familien viele andere, Reeder, Bankiers oder Handwerker, von den Gegebenheiten der friderizianischen Epoche, so daß ernsthafter Widerstand gegen das kaiserliche Regiment offenbar nur vom Kaufmannsstand ausging.[145]

Im übrigen sah der Staufer seinerseits durchaus, daß ihm die Unterstützung durch die städtischen Führungsschichten großen Nutzen bringen konnte, ja, daß sie in mancher Hinsicht fast unentbehrlich war, und er suchte sich der Kompetenz und des Einflusses dieser bürgerlichen Elite auf mannigfache Weise zu versichern. Ihre Angehörigen dienten ihm als studierte Richter, versierte Wirtschaftsfachleute oder finanzstarke Amtspächter. Er zog sie zur Einsammlung der jährlichen Kollekte wie zur Überwachung seiner Burgen heran und hörte ihren Rat bei der Planung der Wirtschaftsreformen im Juni 1231.[146] Als er im Dezember 1233 anordnete, künftig sollten in allen großen Regionen des Regnums zweimal jährlich auf feierlichen Versammlungen die Klagen der Anwesenden über Beamtenwillkür und Unrecht untersucht und danach ihm selbst zur Entscheidung vorgelegt werden, bestimmte er ausdrücklich, daß zu diesen Anlässen neben der hohen Geistlichkeit und den Baronen aus allen be-

---

[145] Gaeta: Richard von S. Germano, ad 1229, ed. Garufi 155f., vgl. Martin, Città 186, sowie oben S. 180f. mit Anm. 30; Andria: RI V, Nr. 1760a, Apricena: Privileg vom März 1230, ed. De Troia, Foggia 26 Anm. 23, zum Aufstand oben S. 178 mit Anm. 23; Palermo: HB 4, 454f. (12. 10. 1233), vgl. Fodale, Palermo, bes. 218–221; Messina: Pispisa, Messina 224f., 230–234, zum Aufstand von 1232 vgl. unten S. 263–266. Vgl. zu Neapel: Vitolo, Progettualità 413–416 (auch zur städt. Richterwahl auf der Basis der Konst. I 79, ed. Stürner 252f.).

[146] Acta Imperii 1, 615, Nr. 787 (Melfi, 12. 6. 1231: *de consilio ... multorum civium regni*).

deutenden Städten des jeweiligen Großbezirks vier, aus den kleineren Gemeinden zwei geachtete Repräsentanten von gutem Ruf und zuverlässiger Gesinnung zu erscheinen hätten. Er beabsichtigte demnach, die führenden Vertreter der Städte wie den Adel und den Klerus zum aktiven Einsatz für das Recht zu verpflichten und ihnen damit zugleich eine gewisse Verantwortung für die Ordnung des Königreiches zu übertragen. Freilich wissen wir nichts über die praktische Arbeit der damals ins Leben gerufenen Kontrollinstanz, und leider erfahren wir genausowenig, wer jene Tagungen besuchte, auf denen dann seit April 1240 die neuen Kapitäne und Oberjustitiare vermutlich auch Beschwerden gegen die Beamtenschaft anhörten und behandelten. Fest steht jedoch, daß der Kaiser, als er eben am 8. April 1240 Bewohner aus allen Gegenden des Regnums auf einem allgemeinen Reformhoftag in Foggia zusammenführen wollte, nicht nur die Justitiare anwies, Vertreter der Städte und Gemeinden ihrer Provinzen mitzubringen, sondern zudem an die Baiuli, Richter und Bürger der siebenundvierzig wichtigsten Städte persönlich ein Schreiben richtete mit der Aufforderung, zwei Botschafter zu der Versammlung zu schicken. Nicht an deren gewichtige Mitsprache dachte er allerdings; sie sollten vielmehr, wie er ganz offen ankündigte, seinen Willen hören und in ihrer Heimat verkünden.[147] Die Honoratioren der Städte zu überzeugen, sie für seine Pläne und Maßnahmen zu gewinnen, sich ihrer Mithilfe zu versichern, daran lag ihm also ganz ohne Zweifel.

Man wird demnach Friedrichs Kastelle durchaus als eine Art Mahnmale betrachten können, die seine Untertanen dauernd an ihre Pflicht zum Gehorsam ihrem Herrscher gegenüber erinnerten und zum Einsatz für seine Vorhaben anspornten. Schwerlich aber handelte es sich um fortwährend zum Losschlagen gerüstete Unterdrückungsinstrumente, ohne deren ständige Präsenz und Einsatzbereitschaft die kaiserliche Herrschaft bald zusammengebrochen wäre. Dagegen spricht neben dem eben Gesagten recht deutlich die Tatsache, daß den Burgbesatzungen ausdrücklich jedes bewaffnete Auftreten außerhalb der Wehranlagen und jede Einmischung in die städtischen Angelegenheiten streng verboten war. Dagegen spricht vor allem jedoch der Zustand, in dem sich die Kastelle bis 1239 offenkundig befanden. Erst im Herbst jenes Jahres befahl der Kaiser die Verstärkung der Burgmannschaften, etwa in Salerno auf dreißig, in Trani auf achtzig, in

---

[147] Dez. 1233: Konst. E 2, ed. Stürner 458–460, vgl. Richard von S. Germano, ad 1234, ed. Garufi 187f., dazu Stürner, Konstitutionen 83; außerdem unten S. 265 mit Anm. 5. April 1240, *Curie sollempnes* der Kapitäne und Oberjustitiare: Konst. I 43, ed. Stürner, bes. 455, Z. 22–25, 456, Z. 17–20. Hoftag in Foggia, 8. 4. 1240: HB 5, 794–798 (Brief an 47 genannte Städte: 796–798), vgl. Richard ad 1240, 205, dazu Stürner 87; vgl. Martin, Città 192, ders., Organisation 101 f., Fasoli, Organizzazione 177–180.

Bari auf hundert Mann. Vorher taten dort in der Regel also wesentlich kleinere Gruppen Dienst. Sie vermochten wohl allenfalls ihr Kastell zu verteidigen, kaum indes die benachbarten Städte Tag für Tag gewaltsam niederzuhalten und unter den herrscherlichen Willen zu zwingen. Dies gilt zumal dann, wenn ein Teil der Bewaffneten, wie nicht selten üblich, gar nicht von der Krone, sondern von Adligen gestellt wurde.[148] Außerdem war damals eine ganze Reihe von Kastellen erst im Bau, von dem in Catania beispielsweise existierten noch nicht einmal die Grundmauern. Die älteren Burgen hingegen boten bisweilen anscheinend ein ziemlich beklagenswertes Bild. Selbst so wichtige Anlagen wie die in Bari und Trani mußte der Staufer im Frühjahr 1240 eilends eindecken lassen, um in den dortigen Sälen und Zimmern das Zerstörungswerk des Regenwassers aufzuhalten, und die Türme des Kastells zu Otranto drohten gar ins Meer zu stürzen.[149]

Konzentrierte sich die kaiserliche Burgenbaupolitik bereits während der zwanziger und dreißiger Jahre mit einer gewissen Priorität auf den Schutz der Nordgrenze des Regnums und auf die Küstenstädte, also auf die Verteidigung des Landes gegen potentielle äußere Feinde, so trat dieser Gesichtspunkt völlig in den Vordergrund, als die beiden Flottenmächte Genua und Venedig sowie der Papst im Sommer und Herbst 1239 ein Bündnis schlossen mit dem Ziel, das sizilische Königreich zu erobern. Nun verschärfte sich die von der See her bislang fast allein durch Piraten drohende Gefahr ganz entscheidend. Schon im September 1240 tauchten venezianische Galeeren vor der apulischen Küste auf, ihre Besatzung bemächtigte sich einzelner Hafenstädte wie Termoli oder Vieste, um sie zu plündern und zu zerstören, sie kaperte Handelsschiffe oder schoß sie in Brand.[150] Dazu mußte Friedrich befürchten, daß die gegen ihn gerichtete Propaganda Gregors IX. im Regnum selbst rasch an Intensität zunehmen

---

[148] Siehe dazu oben S. 236f. mit Anm. 139 und 140; vgl. die Klagen über ungenügende Burgbesatzungen: HB 5, 443, 462 (13./22. 10. 1239); dazu Sthamer, Verwaltung 59, 79.

[149] Bari, Trani: HB 5, 895f. (13. 4. 1240), vgl. HB 5, 853f., 886 (18. 3./8. 4. 1240; Einsturzgefahr in Otranto und Policoro; Geldmangel), HB 5, 588f. (16. 12. 1239); Geldmangel beim Burgenbau: HB 5, 506, 510 (beide 17. 11. 1239), dagegen Geldzuweisungen: HB 5, 901, 919, 930 (alle April 1240). Zu den Baudaten der Kastelle siehe oben S. 235f.; vgl. zu Lagopesole: Acta Imperii 1, 684f., Nr. 905–907 (Aug.–Sept. 1242), 366f., Nr. 429, HB 6, 781 (Juli/Sept. 1250), Sthamer, Verwaltung 115 (Reparaturstatut Nr. 177), dazu Kappel, Burgkapelle 64, 67f., Licinio, Castelli 162f., Willemsen, Bauten 146–148.

[150] Zum Bündnis Venedig–Genua–Papst siehe unten S. 464 mit Anm. 11 und S. 481 mit Anm. 47. Piraten: HB 5, 687 (23. 1. 1240); Venezianer: Richard von S. Germano, ad 1240, ed. Garufi 207.

Entscheidungen und ihre Umsetzung   243

und nicht ohne Wirkung bleiben würde. Unter dem Eindruck dieser sehr konkreten doppelten Bedrohung wandte er fortan noch größere Aufmerksamkeit als zuvor auf die Kastelle seines Reiches und ihren Ausbau, auf die Verstärkung ihres Personals und ihrer Ausrüstung, auf ihre straffe, effiziente Verwaltung und Kontrolle. Endgültig dominierte jetzt ihr Charakter als zentrale Instrumente der Landesverteidigung. Die Eigenart der päpstlichen Kriegsführung ließ freilich erwarten, daß der Kaiser Verbündete seines Gegners auch im eigenen Land würde bekämpfen müssen.

Entscheidungen und ihre Umsetzung:
Die Bedeutung und Arbeitsweise der kaiserlichen Kanzlei

Schon in den 1220er Jahren hatte mit der Neustrukturierung der sizilischen Verwaltung und der Erweiterung ihrer Aufgaben der Umfang des Schriftverkehrs innerhalb der Administration deutlich zugenommen. Nun entstand mit den Reformen der dreißiger Jahre nicht nur eine ganze Reihe weiterer Behörden; in ihrem Gefolge erhöhte sich auch die Bedeutung der Schriftlichkeit noch einmal ganz erheblich, sie wurde zum geradezu selbstverständlichen Kennzeichen fast jeder Verwaltungstätigkeit von Belang. Die Inhaber der neuen wie der alten Ämter waren gehalten, über ihre Tätigkeit Rechenschaft abzugeben und dabei die ihnen zugegangenen Mandate und ihre eigenen Antwortschreiben, außerdem Quittungen und Belege über ihre Geldeinnahmen und -ausgaben vorzuweisen.[151] Sie mußten Anfragen des Hofes beantworten, Berichte abfassen, erbaten in schwierigen Situationen selbst Auskünfte oder Ratschläge und erhielten sie. Zudem hatten sie, wie beispielsweise die Massarien- und Kastellprovisoren, Inventare über die Ausstattung der ihnen anvertrauten Einrichtungen, über die dort vorhandenen Geräte, Waffen, Tiere und Lebensmittelvorräte, über die Ernteerträge oder den Zustand der der Krone gehörenden Gebäude zusammenzustellen und davon mehrere Abschriften fertigen zu lassen; ein Exemplar forderte der Hof in der Regel für sich. Er bewahrte es im Kronarchiv auf, wo sich auf diese Weise eine Fülle von Akten ansammelten. Dort fand sich etwa auch der sogenannte *Catalogus baronum*, ein in wesentlichen Teilen auf die normannische Zeit zurückgehendes Verzeichnis der an die Barone ausgegebenen Lehen und der damit verbundenen Leistungsverpflichtungen. Durch Inquisitionen, also gezielte Nachforschungen der Beamten, wurde es ebenso der aktuellen Entwicklung angepaßt[152] wie

---

[151] Vgl. dazu Acta Imperii 1, 693–695, Nr. 919 (= HB 6, 577–580), dazu Heupel, Großhof 119 f.

[152] Text: Jamison, Catalogus (die allein erhaltenen Listen für Apulien und Prinzi-

die zahlreichen anderen Übersichten, über die der Hof verfügte. Dazu gehörten Listen über den Bestand des Krongutes und die der Krone gebührenden Einkünfte, wie sie uns im *Quaternus de excadenciis* für die Capitanata noch vorliegen, aber natürlich auch Steuerverzeichnisse, Aufzeichnungen über die Verpachtung von Ämtern oder über die Bezahlung des Getreidezehnten, Namenslisten der Gewerbetreibenden, der Beamten, ihrer Untergebenen und ihrer Einnahmen. An allen Gerichten des Regnums, den städtischen, denen auf Provinzebene und schließlich am Großhofgericht arbeiteten Notare und Aktenschreiber. Sie hielten den Prozeßverlauf fest, protokollierten die umfangreichen Verhöre und Zeugenaussagen, fertigten die Ladungsbriefe, Erklärungen, Bestätigungen und Urteile der Gerichte schriftlich aus. Eine kaiserliche Konstitution verpflichtete die Justitiare, die Namen der wegen Säumnis Gebannten oder Geächteten sowie der vom Bann wieder Gelösten, aber auch der mit Infamie Bestraften unter Angabe der näheren Umstände des Urteils dem Hof zu melden. Dort sammelte der Großhofjustitiar diese Informationen in besonderen Listen. Ganz ähnlich wurden am Hof alle einlaufenden Anzeigen gegen Beamte oder Privatpersonen kopiert, ehe man sie an die zuständigen Justitiare zur Untersuchung sandte. Diese erfuhren ausdrücklich von der Existenz der Abschriften, konnten sich ihrer Aufgabe also schwer entziehen.[153]

Selbstverständlich verfaßte und schrieb die kaiserliche Kanzlei nach wie vor, wenngleich während der vierziger Jahre in geringerer Zahl als früher, die Urkunden des Herrschers, daneben seine Briefe und feierlichen Manifeste, vor allem jedoch die vielen Mandate, die Tag für Tag an die Beamtenschaft im Lande hinausgingen und ihr den Willen des Kaisers in tausend wichtigen oder auch weniger bedeutenden Angelegenheiten kundtaten. Überdies wurde der Wortlaut aller Kanzleiprodukte, bevor sie das herrscherliche Schreibbüro verließen, der Übersicht und Kontrolle wegen in Registerhefte eingetragen, wobei man die Mandate, also die den inter-

pat im 12. Jh.), der Abschnitt aus staufischer Zeit ebd. 276–286, Nr. 1373–1442; er entstand 1239/40 und nennt die Lehnsträger der Capitanata, vgl. Cuozzo, Commentario 372–375; zur häufigen Erwähnung der *feuda quaternata* in Friedrichs Konstitutionen: Stürner, Konstitutionen 502 (s. v. feudum), 517 (s. v. quaternatus, quaterniones).

[153] Zum Kronarchiv und dem dort gesammelten Material: Heupel, Großhof 116–128, zur Schriftlichkeit bei der Prozeßführung ebd. 103–109, vgl. zur Stellung der Gerichtsnotare Stürner, Konstitutionen 511 (s. v. notarius). Meldung der Gebannten: Konst. II 5, ed. Stürner 304f.; zu den Anzeigenlisten des Hofes vgl. etwa Acta Imperii 1, 624, Nr. 802 (19. 11. 1246); zum Quaternus de excadenciis siehe oben S. 228 mit Anm. 127. Über die Inquisitionen grundsätzlich Sthamer, Bruchstücke 19–31.

nen Geschäftsgang der Verwaltung betreffenden Schriftstücke, von den für Privatleute bestimmten Dokumenten getrennt in gesonderte Registerbände aufnahm. Auszüge aus diesem reichen und wertvollen Material, Textstücke aus den Jahren 1230 bis 1248, bewahren uns die um 1300 zusammengestellten sogenannten Marseiller Exzerpte. Vor allem aber besaß das Staatsarchiv in Neapel bis zum Jahre 1943 noch einen bescheidenen Rest des originalen friderizianischen Kurialregisters, einen Papiercodex mit den Abschriften jener Mandate, die die Kanzlei zwischen dem 3. Oktober 1239 und dem 6. Mai 1240 an die sizilischen Beamten hinausgeschickt hatte. Die Handschrift, wohl das Fragment des ursprünglich im gesamten XIII. Indiktionsjahr vom September 1239 bis zum August 1240 benützten Registerbandes, überliefert für die Zeit von gut sieben Monaten immerhin rund sechshundert kaiserliche Weisungen; viele von ihnen mußten zudem im selben Wortlaut an eine ganze Reihe von Amtsträgern, etwa an alle zehn oder elf Justitiare, gerichtet werden, was das Register gegebenenfalls lediglich kurz vermerkt.[154]

Zu welch beachtlichen Leistungen die Kanzlei nun imstande war, das macht der Blick auf den Ausstoß eines einzelnen Tages vielleicht noch deutlicher. Am 8. Januar 1240 beispielsweise produzierte sie nicht weniger als 58 umfangreiche Schriftstücke. Der Kaiser einigte sich eben damals mit einer ganzen Reihe vorwiegend römischer Bankiers über die Rückzahlung der bei ihnen aufgenommenen Darlehen von insgesamt annähernd 10000 Goldunzen zuzüglich ganz erheblicher Zinsen und informierte daraufhin eilends die Sekreten und andere Beamte Siziliens über die Höhe der Beträge, die sie den verschiedenen Gläubigergruppen auszuhändigen hatten, und die dabei zu beachtenden Modalitäten. Acht Kanzleibeamte teilten sich die Last dieser Schreibarbeit. Etwas verblüfft erfahren wir überdies, daß die kaiserlichen Notare – wie offenbar auch der Herrscher selbst und seine Räte – sogar an einem so hohen Feiertag wie dem Weihnachtsfest nicht zur Ruhe kamen: 52 Mandate entstanden am 25. Dezember 1239 in ihrer Schreibstube.[155] Dabei gilt es immer, die besondere Eigenart des Registerfragments zu berücksichtigen, das uns eben nur über die täglich von

---

[154] Edition: Carcani, Constitutiones 233–420; außerdem HB 5, 408–1001 (mit Änderung der ursprünglichen Ordnung und Ergänzung von Carcanis Text nach einem verschollenen Codex Phillipps); vgl. Hagemann, Nuova edizione 315–336, Heupel, Schriftuntersuchungen 1–9 (nach 10: acht Photos), ders., Großhof 4–6, Mazzoleni, Registrazione 12–20 (28–45: neun Photos); zur Vernichtung des Registerbandes zusammen mit weiteren Archivbeständen, unter anderem den Anjou-Registern, durch deutsche Truppen am 30. 9. 1943: Klinkhammer, Abteilung „Kunstschutz" 497–501. Zu den Marseiller Exzerpten siehe oben S. 210 f. mit Anm. 95.
[155] 8. 1. 1240: Carcani, Constitutiones 314–317 (= HB 5, 654–661); 25. 12. 1239: Carcani 301–310 (= HB 5, 606–634).

der Kanzlei ausgefertigten Weisungen für die Administration unterrichtet, nichts aber über die von ihr sonst noch bewältigten Aufgaben verrät, insbesondere nichts über die gleichzeitig zur Erledigung angefallenen Briefe oder Privilegien. Wertvolle Einsichten eröffnet das Fragment dagegen in den Personalbestand und die Arbeitsorganisation der Kanzlei. Es gibt nämlich für jedes Dokument zusätzlich zu seinem Ausstellungsort, Datum und Adressaten sowohl den sogenannten Relator an, also denjenigen, der den kaiserlichen Befehl zu seiner Abfassung überbrachte, wie den Notar, der es schließlich schrieb und seinen Wortlaut in der Regel auch in den Registerband eintrug, sofern nicht großer Arbeitsandrang eine andere Verteilung nahelegte. Grundsätzlich fiel den einzelnen Notaren allem nach die Gesamtverantwortung für bestimmte Angelegenheiten zu, und sie übernahmen die Herstellung aller damit zusammenhängenden Schriftstücke. Vierzehn verschiedene Schreiber lassen sich im Registerfragment identifizieren. Der fleißigste unter ihnen, Petrus von Capua, stammte wie noch immer ungefähr die Hälfte des Kanzleipersonals überhaupt, aus Kampanien, und wie etwa ein Viertel aller Kanzleimitglieder war er wohl Kleriker. Ganz sicher zum Klerikerstand gehörte der andere durch sein großes Pensum herausragende Notar Walter von Cosenza: Im September 1241 bestätigte Friedrich seine Wahl zum Bischof von Nicastro (südlich Cosenzas). Walter blieb zudem jedoch weiterhin als Notar und Sonderbeauftragter in kaiserlichem Dienst. Außer den Genannten begegnet uns im Register etwa Johannes von San Germano, der Bruder des Geschichtsschreibers Richard, ein Kampanier also auch er und wie Procopius de Matera einer der wenigen Notare aus den zwanziger Jahren, die neben den insgesamt mehr als 30 neuen, erst nach dem Kreuzzug nachweisbaren Kräften noch in der Kanzlei arbeiteten. Sehr häufig stoßen wir schließlich auf den Namen Wilhelms von Tocco, den wir als früheren Notar des Hofgerichts ebenfalls bereits kennen. Procopius, der erfahrene Fachmann, erhielt freilich bald eine andere wichtige Aufgabe: Im Mai 1240 berief ihn der Kaiser in den gerade geschaffenen Rechnungshof. Der zunächst offenkundig gleichfalls für diese Position bestimmte Wilhelm hingegen setzte seine Karriere fürs erste in der Kanzlei fort.[156]

[156] Zur Analyse des Registerfragments und zur Identifizierung der dort nachweisbaren Schreiber: Heupel, Schriftuntersuchungen 9–82, vgl. die Namensliste 82–90; Petrus von Capua: ebd. 12–18 (auch über einen gleichnamigen Sohn), vgl. Schaller, Kanzlei 1, 277f., Nr. 62f.; Walter von Cosenza: Kamp, Kirche 1, 977f., vgl. Schaller 1, 261f., Nr. 12, Heupel 18; Johannes von S. Germano: Heupel 19, Schaller 1, 271, Nr. 40; Procopius: Heupel 19, vgl. oben S. 35 mit Anm. 76; Wilhelm: Heupel 10–12, vgl. oben S. 42 mit Anm. 88; Berufung in den Rechnungshof: HB 5, 967f. (3. 5. 1240).

Gleichsam als eine Zwischeninstanz zwischen den Notaren und dem Kaiser, von Ferne fast modernen Ministern ähnlich, wirkten die Relatoren. Achtzehn von ihnen nennt das Registerfragment, vielfach durch ihre Vertrauensstellung beim Herrscher und ihre hohen Ämter auch sonst bekannte Männer. Die meisten von ihnen erscheinen als Verantwortliche für einen ganz bestimmten Geschäftsbereich, innerhalb dessen sie Entscheidungen trafen oder die Befehle des Kaisers entgegennahmen und dafür sorgten, daß die Kanzlei die zur Realisierung des Gewollten erforderlichen Mandate ausstellte. Wir stoßen beispielsweise auf einen Beamten, der vorwiegend die mit dem Großhofgericht zusammenhängenden Angelegenheiten bearbeitete, einen anderen, der für die kaiserlichen Gestüte oder Marställe zuständig war, und mit Fragen der Falknerei oder der Jagd befaßte sich hin und wieder Graf Thomas von Acerra.

Breiten Raum im Register beanspruchen jene Sachgebiete, die in die Zuständigkeit der kaiserlichen Kammer gehören, die also im weitesten Sinne die Hofhaltung und ihr Personal, dessen Tätigkeit und Bezahlung betreffen. Wir begegnen Spezialisten für einzelne Aktionsfelder wie die Ausstattung der Jagdhäuser, Tiergärten und Kastelle, für die Pflege der Pferde, Hunde, Vögel und Leoparden in den Tiergehegen des Herrschers, für seine Jagdgebiete und Forste. Neben ihnen treten Fachleute auf für die Küche des Kaisers, für die Versorgung der Hofgesellschaft mit Fleisch, Fisch und Wein, aber ebenso für Finanzierungsprobleme, für die Beschaffung von Darlehen bei oberitalienischen Kaufleuten und ihre Rückzahlung. Sie alle standen offenbar in einem gewissen Abhängigkeitsverhältnis zu Johannes Morus, seiner Herkunft und Karriere wegen zweifellos eine der bemerkenswertesten Persönlichkeiten in Friedrichs Umgebung überhaupt. Als Kind einer schwarzen Sklavin am Kaiserhof aufwachsend, hatte er nämlich durch seinen Fleiß, seine Anstelligkeit und seine außerordentliche Begabung früh die Aufmerksamkeit des Herrschers selbst auf sich gezogen und dessen besondere Förderung erfahren. Wohl um 1239, nach dem Tod des altbewährten Kämmerers Richard, erhob ihn der Kaiser schließlich sogar zum Vorsteher seiner Kammer. Johannes gewann in dieser Position gewiß erheblichen Einfluß am Hofe, ohne daß sich freilich seine Befugnisse und Aktivitäten ganz klar erkennen ließen. Zur Zeit Konrads IV. versah er jedenfalls offiziell das Amt des Kämmerers im Königreich Sizilien, und Papst Innozenz IV., zu dem er nach des Königs Tod überlief, bestätigte ihn im November 1254 in dieser Würde. Schon kurz darauf brachten ihn dann allerdings Sarazenen in Acerenza (nordöstlich Potenzas) aus Zorn über seinen Abfall um.[157]

---

[157] Vorstellung der Relatoren: Heupel, Großhof 11–21, vgl. zur Kammer ebd. 110–116, sowie oben S. 38f. Zu Johannes Morus außerdem: Nicolaus de Jamsilla,

Von den vorgestellten Relatoren mit ihrem ziemlich begrenzten Amtsbereich heben sich drei Beamte durch ihre umfassenden Befugnisse, ihre große Selbständigkeit und durch ihr Recht, den Provinzbeamten Auskünfte und Weisungen auf sehr verschiedenartigen Gebieten zu geben, deutlich ab. Über einen von ihnen, den Magister und Notar Richard von Traetto (heute Minturno, östlich Gaetas), wissen wir trotz seines im Registerfragment eindrücklich dokumentierten Ranges sonst eigentümlicherweise praktisch nichts. Um so besser kennen wir seine beiden Kollegen Petrus de Vinea und Thaddaeus von Sessa. Obgleich noch immer lediglich als Magister und Hofrichter betitelt, fällt ihnen die Bearbeitung der großen und zentralen Probleme zu, nehmen sie die Stellung der führenden politischen Berater des Herrschers ein. In den beiden Männern dürfen wir wohl spätestens seit dem Ausgang der dreißiger Jahre auch die tatsächlichen Leiter der Kanzlei sehen, obgleich Petrus erst seit 1243, wenn nicht seit 1247, den Titel eines Protonotars und Logotheten trug.[158]

Daß Petrus de Vinea und Thaddaeus von Sessa während der vierziger Jahre tatsächlich die maßgebende Rolle in der kaiserlichen Kanzlei spielten, bestätigt uns abschließend jene Kanzleiordnung, die Friedrich im Januar 1244 in Ergänzung heute verlorener älterer Bestimmungen abfassen ließ, um einzelne Unsicherheiten aus der Welt zu schaffen. Die Vorschrift regelt dementsprechend lediglich den Umgang der Kanzlei mit den einlaufenden Petitionen und Briefen. Zwei mit besonderen Vollmachten ausgestattete Notare hatten für ihre sachgemäße Behandlung zu sorgen. Die Verantwortung für die Briefe fiel dem uns wohl vertrauten Wilhelm von Tocco zu, die Zuständigkeit für die Bittschriften Johannes von Otranto. Johannes war durch seine Erziehung in seiner südapulischen Heimat mit der griechischen Sprache und Kultur aufs beste vertraut. Er vermochte sich gleich flüssig lateinisch wie griechisch auszudrücken und tat sich überdies als Verfasser griechischer Dichtungen vorwiegend religiösen und mythologischen Inhalts hervor. Ein Preisgedicht, das wohl Friedrichs Kreuzzugserfolg gerühmt und dem Autor unter Umständen den Weg zum Kanzleidienst geöffnet hatte, ging verloren. Erhalten blieb aus seiner Feder hingegen ein anderes Werk mit aktuellem Bezug: Während der Belagerung Parmas am Jahreswechsel 1247/1248 entstanden, schmäht es die rebellische Stadt aufs heftigste und kündigt ihr das furchtbare, aber unausweichliche Strafgericht des Staufers an.[159]

ed. Del Re 133, Z. 57–59, 134, Z. 24–60, 140, Z. 3–38, 155, Z. 44–156, Z. 13; MGH Epp. saec. XIII 3, 309–311, Nr. 341 f. (16./17. 11. 1254); vgl. Haseloff, Architettura 113 f.
[158] Heupel, Großhof 7–11, 49 f.; vgl. oben S. 42–44 mit Anm. 89 f.
[159] Druck der Kanzleiordnung: Acta Imperii 1, 733–739, Nr. 988, zentraler Text:

Entscheidungen und ihre Umsetzung

Nach dem Willen der kaiserlichen Kanzleiordnung sonderten Johannes und Wilhelm zunächst die gewöhnlichen Schriftstücke aus, das heißt diejenigen, die nach ihrem Urteil ohne des Kaisers Wissen beantwortet werden konnten. Sie übergaben sie dem Magister, kaiserlichen Hofkaplan und Kantor der Kirche von Reggio nell'Emilia Philippus de Sesso, der sie Petrus de Vinea und Thaddaeus von Sessa zur Entscheidung vortrug. Johannes und Wilhelm selbst reichten die übrigen Dokumente an den Kaiser und seinen Rat, also wohl einen Kreis von Relatoren, hohen Beamten und kaiserlichen Vertrauten weiter, solche über geheime oder persönliche Angelegenheiten aber an den Kaiser allein. Beide veranlaßten später auch die Reinschrift aller Antworten in der Kanzlei. Ehe diese gesiegelt wurden, überprüften die Großhofrichter Petrus und Thaddaeus, zu deren Kompetenzen im übrigen etwa auch die Gewährung von Urlaub für die Notare gehörte, noch einmal die sachliche Richtigkeit der abzusendenden Texte. Der Kaplan Philipp endlich erledigte ihre ordnungsgemäße Auslieferung. Am Hofe anwesende Petenten mußten ihm die fälligen Gebühren sofort bezahlen und schwören, keinen Beamten bestochen zu haben, ehe er ihnen die an sie gerichteten Schreiben aushändigte. Zur Bestätigung seiner Schlußkontrolle sollte er alle Urkunden mit seinem Namenszeichen versehen, und dieses Kontrollzeichen findet sich in der Tat seit Januar 1244 auf sämtlichen erhaltenen Originalen der Kanzlei; zum letzten Mal erscheint es im März 1247. Welches Gewicht der Kaiser der korrekten Beurteilung und Weiterleitung der am Hofe anlangenden Schriftstücke beimaß, zeigt im übrigen der Umstand, daß er im Oktober 1246 die Bearbeitung der Petitionen wie die Auswahl der ihm selbst zur Kenntnis zu bringenden Fälle ganz in die Hand des damals neu berufenen Großhofjustitiars Richard von Montenigro und eines beratenden Hofrichters legte.[160]

Angesichts der Masse des zu Leistenden prägte notwendigerweise Routine mehr und mehr die Alltagsarbeit der Kanzlei: Die gewöhnlichen Notare richteten sich bei der Abfassung der Dokumente in aller Regel nach Vorlagen und Formularbehelfen, um das ihnen abgeforderte Pensum zu bewältigen. Freilich wirkte im Umkreis Friedrichs daneben auch nach

---

736f., Nr. 988 II; zur Datierung: Stürner, Konstitutionen 91–93; ausführliche Interpretationen: Heupel, Großhof 55–79. Zu Johannes von Otranto: Wellas, Griechisches 37–56, 80–82; zu Wilhelm von Tocco siehe oben S. 246 mit Anm. 156.

[160] Zu Philipp: Schaller, Hofkapelle 520, Nr. 56, vgl. Kamp, Kirche 1, 1095 Anm. 139, zu seinem Kontrollzeichen: Stürner, Konstitutionen 92 mit Anm. 369. Neuordnung vom Okt. 1246: Konst. I 39.2, ed. Stürner 196f., vgl. dazu Heupel, Großhof 61–65, zu Richard siehe unten S. 263–266. – Zur Kanzlei nach 1230 vgl. noch: Schaller, Kanzlei 1, 237–249, Zinsmaier, Reichskanzlei 149–163, Kölzer, Kanzlei 540–543, 547–561, vgl. oben S. 34–37.

1230 eine kleine Gruppe ausgesuchter Stilisten, an ihrer Spitze ohne Zweifel Petrus de Vinea, die literarisch höchst anspruchsvolle Texte zu formulieren wußten. Sie gestalteten wichtige Briefe und Manifeste zu wahren Meisterwerken, führten die mittellateinische Kunstprosa, vor allem in den großen Majestätsarengen, in den vom Glanz und der Erhabenheit des Kaisertums feierlich kündenden Eingangspassagen einzelner besonders bedeutsamer Privilegien auf sonst kaum irgendwo wieder erreichte Höhen. Ihre prunkende, sich gleicherweise aus der Vulgata und der Liturgie, aus der spätantiken Prosa und dem römischen Recht bedienende Sprache verlieh Friedrichs überragender Herrscherstellung sakrale Weihe, und die Neigung einzelner unter ihnen zu seltenen, oft geradezu gekünstelten Wendungen, zum kompliziert-überladenen Satzbau, zum dunklen und pathetischen Ausdruck mochte zwar das Verständnis erschweren, sie vertiefte beim Leser aber die Vorstellung von der herrscherlichen Entrücktheit und Unangreifbarkeit wohl durchaus noch weiter. Vielleicht blickte mancher einfache Kanzleinotar mit etwas Neid auf die sprachliche Meisterschaft der Spitzenkräfte und den ihnen daraus erwachsenden Rang. In erster Linie indessen erfüllte sie alle offenbar der Stolz, dem höfischen Machtzentrum anzugehören und in der unmittelbaren Nähe des Herrschers zu arbeiten. Mit nichts Geringerem nämlich als mit der Ordnung der himmlischen Hierarchien verglichen die sizilischen Kanzleinotare kurz nach 1250, wohl zur Zeit Konrads IV., den Königshof und sich selbst dementsprechend mit jenen aktiven Engelswesen, die den von höheren Intelligentien mitgeteilten göttlichen Willen der geschaffenen Welt bekanntmachen. Wie die Räte glaubten sie deshalb, einen Anteil am Ruhm und an der Ehre des Herrschers für sich beanspruchen zu dürfen.[161]

Des Kaisers Augustalen

Untrennbar zu dem reformerischen Neubeginn von 1231 gehört als sein nach außen hin vielleicht am unmittelbarsten und eindrücklichsten sichtbares Zeichen, als unverkennbarer Ausdruck des dahinterstehenden herrscherlichen Selbstbewußtseins die Prägung der Augustalen, der ersten schweren Goldmünzen des Abendlandes und gleichwertigen Konkurrenten der bis dahin den Mittelmeerraum beherrschenden byzantinischen Hyperpyra und arabischen Dinare. Im Dezember 1231 befahl Friedrich ihre Herstellung in Brindisi wie in Messina, im Juni darauf begann ihre

---

[161] Brief der Notare an Nicolaus de Rocca, Edition: Schaller 1, 285 f., vgl. dazu ebd. 238 f.; zur Sprache der Kanzlei nach 1230: Schaller 2, 302–325, Beispiele für besonders gelungene Arengen: 313–315, vgl. zu Petrus de Vinea: 286 f.

Des Kaisers Augustalen

Verteilung an die Bevölkerung. Wenigstens betrieb damals Thomas de Pando, ein Bürger von Scala und Angehöriger einer dortigen Kaufmannsfamilie, in San Germano die Ausgabe des neuen Geldes. Die Bewohner der Stadt wie des ganzen Königreiches sollten die Augustalen künftig bei ihren Handelsgeschäften benutzen, so forderte der Kaiser in einem einführenden Schreiben, das Thomas bei sich trug. Wer dabei freilich den auf eine viertel Goldunze festgesetzten Wert der neuen Münze nicht anerkennen wollte, dem drohten schwere Strafen.[162]

Die Augustalen waren also durchaus für den praktischen Gebrauch im sizilischen Regnum wie anderswo gedacht, ihrem relativ hohen Wert entsprechend insbesondere für die Abwicklung größerer Handelsgeschäfte. Die beiden Münzstätten des Landes produzierten sie denn auch neben den wohl ebenfalls wieder an beiden Orten hergestellten, viel leichteren und schmuckloseren Goldtarenen bis zum Tode Friedrichs in offenbar sehr beträchtlicher Anzahl. Ihre Hauptverbreitungsgebiete bezeugen die beiden wichtigsten Schatzfunde mit Augustalen, diejenigen von Gela und Pisa mit ihren ungefähr gleichzeitig um 1280 versteckten Beständen, wahrscheinlich einigermaßen zutreffend, nämlich das sizilische Königreich selbst und Oberitalien. Zwei Augustalen fand man in Südwestdeutschland, andere im Gebiet der Kreuzfahrerstaaten; die kaiserlichen Goldmünzen gingen an die Grafen von Poitiers oder an den König von England, sie spielten noch 1265 auf der Messe von Troyes eine Rolle. Wenngleich die Zukunft dann den seit 1252 in Genua und Florenz geprägten Goldmünzen, dem Gulden und dem Genovino, oder dem Dukaten aus Venedig gehörte, so leitete doch Friedrichs Augustalenprägung diese neue Epoche der europäischen Münzgeschichte ein.[163]

Über ihre praktische Bedeutung hinaus sollten die Augustalen indessen ganz gewiß ebenso wie das Konstitutionencorpus von 1231 oder der Name der damals entstehenden Stadt Augusta an Friedrichs erhabene Würde, an das Außerordentliche seines Ranges, an seine Stellung als ebenbürtiger Nachfolger der herausragenden antiken Kaiser erinnern, sie gleichsam direkt vor Augen führen und demonstrieren. Diesem Ziel diente die hohe technische Perfektion bei der Fertigung der neuen Münze ebenso wie die

---

[162] Richard von S. Germano, ad 1231, ed. Garufi 176, ad 1232, 181f., vgl. zu Thomas de Pando: Kamp, Ascesa 33–37, und oben S. 220 mit Anm. 111.

[163] Zu Friedrichs Goldprägungen: Travaini, Federico 344–347. Grundlegend zu den Augustalen: Kowalski, Augustalen, bes. 81–87, 109 (Verbreitung, Wirkungsgeschichte), 99–101 (Funde), 103–105 (Prägezahlen; „mehrere hunderttausend", 104), vgl. 101–103 sowie 130–150 (Katalog von 441 bearbeiteten Augustalen); vgl. Zeit der Staufer 1, 671f., Nr. 855 (C. A. Willemsen), Kantorowicz, Friedrich. Ergänzungsband 255–263.

Schönheit ihrer künstlerischen Gestaltung und vor allem das für sie gewählte Bildprogramm. Der Augustalis, der aus 20,5karätigem Gold besteht, ungefähr 5,3 Gramm wiegt und einen Durchmesser von etwa zwei Zentimetern hat, trägt auf seiner Vorderseite das Brustbild des nach rechts blickenden, mit einem Lorbeerkranz geschmückten Kaisers, dessen Obergewand eine Ringfibel auf der Schulter zusammenhält, so daß die seinen Oberarm umlaufende perlenverzierte Spange sichtbar wird; die Umschrift lautet IMP (erator) ROM (anorum) CESAR AVG (ustus). Auf der Rückseite findet sich ein nach halblinks gewendeter, seine Schwingen weit öffnender Adler, der seinen Kopf mit dem ausgeprägten Schnabel nach rechts richtet, und dazu die Umschrift FRIDERICVS. Schwerlich strebten die Stempelschneider danach, auf ihrer Münze ein lebensnahes Abbild des gegenwärtigen Kaisers in Umlauf zu bringen; zu unterschiedlich im Detail fallen die Kaiserportraits der einzelnen Augustalenprägungen aus. Die Künstler nahmen vielmehr vermutlich ein Münzbild Kaiser Konstantins oder eines byzantinischen Kaisers zum Vorbild für ihre eigene Kaiserdarstellung. Ihrem hohen Auftraggeber, dessen Wille für sie ausschlaggebend war, kam es nämlich vor allem anderen darauf an, den idealen Herrscher des römischen Imperiums schlechthin zur Anschauung zu bringen, so wie er ihn sah und als der er selbst gesehen werden wollte. Auf diese Weise gedachte er, die Wiederkehr der alten imperialen Größe im Glanz seines eigenen Regiments und gleichermaßen wohl auch die daraus den Untertanen erwachsenden Vorteile allen Betrachtern und Benutzern seiner Münzen ständig neu ins Bewußtsein zu rufen.[164]

Wie seine Goldtari benutzte Friedrich wahrscheinlich seine Augustalen im großen Stile zur Finanzierung seiner Bemühungen um die Rückgewinnung der Reichsrechte in Oberitalien, also im wesentlichen zur Bezahlung der gegen die Lombardenstädte aufgebotenen Truppen. So erinnern die prächtigen Münzen heute in einem umfassenderen und differenzierteren Sinn, als er dies beabsichtigte, an Wesen und Eigenart seiner herrscherlichen Existenz: Sie künden von dem Optimismus, der ihn auszeichnete, und von den mit seinem Schaffen verbundenen glanzvollen Leistungen, aber sie lassen ebenso an die düsteren Seiten seines Wirkens denken.

---

[164] Dazu Kowalski, Augustalen 87–97 (Aussehen, Herstellung, Vorbilder; vgl. 88f. der Hinweis auf die Münzporträts Karls d. Gr. und Ludwigs d. Fr.), 117–122 (Frage der Porträtähnlichkeit), vgl. ders., Münzbildnisse 58–67, außerdem Willemsen, Bildnisse 25f., ders. in: Zeit der Staufer 1, 672.

Von den Vorteilen und Beschwernissen des friderizianischen Staatswesens für seine Bewohner

Unter dem Eindruck der enormen Ausweitung und Spezialisierung des zunehmend hierarchisch aufgegliederten Behördenapparates und dazu der stark wachsenden Bedeutung der Schriftlichkeit in der Verwaltung des sizilischen Königreiches zur Zeit Friedrichs bezeichnete man dessen Regierungsstil immer wieder als „despotische Bürokratie".[165] Mag diese Charakterisierung auch etwas zu einseitig ausfallen, so hatte das Auftreten der friderizianischen Beamtenschaft für die Bewohner des Regnums zweifellos manch bedrückende Aspekte. Wir wissen bereits um die finanzielle Belastung der Bevölkerung mit vielfältigen Abgaben und Gebühren sowie mit der alljährlichen Kollekte, wir wissen um die ständigen Nachforschungen kaiserlicher Beauftragter nach entfremdetem Krongut oder nach unerlaubt aus dem Domänengebiet abgewanderten Menschen, die, einmal aufgespürt, zudem oft in neue Siedlungszentren fern ihrer alten Heimat gebracht wurden. Auf kaiserliche Anordnung meldeten die Justitiare die Namen der in ihrer Provinz mit Ächtung oder Ehrlosigkeit Bestraften und die Prozeßumstände an den Hof, wo der Großhofjustitiar dieses Material sammelte. Der Herrscher verpflichtete seine Beamten zur regelmäßigen Fahndung nach Ketzern und sonstigen Übeltätern, und allgemeine Inquisitionen mit dem Ziel der Verbrechensbekämpfung fanden tatsächlich statt, wenngleich vielleicht nicht gar zu häufig: Richard von San Germano berichtet zu den Jahren 1231 und 1242 von derartigen Aktionen. Die erste galt der Suche nach Banden, Fälschern und Mördern, nach Fällen von Vergewaltigungen und von unerlaubtem Waffentragen, aber auch der Entdeckung von Würfelspielern, Trunkenbolden und Leuten mit auffällig verschwenderischer Lebensführung. Einige Monate später ließ der Großhofjustitiar Heinrich von Morra in San Germano jedem bei dieser Gelegenheit angezeigten Einwohner seine Akte mit den gegen ihn erhobenen Anschuldigungen und dem Namen des Denunzianten aushändigen, was verständlicherweise zu größtem Unfrieden in der Stadt führte. Heinrich handelte wohl einfach unüberlegt, jedenfalls scheint das Verfahren nirgends wiederholt worden zu sein.[166]

---

[165] Der Begriff „despotic bureaucracy" zuerst bei Van Cleve, Frederick 251, aufgenommen etwa von Kölzer, Kanzlei 537, ders., Verwaltungsreformen 315; die Rationalität und Modernität der Entwicklung unterstreicht dagegen Del Treppo, Prospettive 333 f.
[166] Inquisitionen: Konst. I 1, ed. Stürner 151, Z. 2–5, vgl. I 28, 182 f., sowie I 53.1, 213, Z. 14 (*quibus eas* [sc. *inquisitiones*] *hactenus committebant*). Richard von S. Germano, ad 1231, ed. Garufi 175, ad 1232, 177, ad 1242, 213; vgl. noch ebd. ad

Die Generalinquisition von 1242 zielte auf eine ganze Reihe von Verbrechen, sie sollte vor anderem aber alle diejenigen ausfindig machen, die während des Kreuzzuges vom Kaiser abgefallen waren. Damit spiegelt sie die seit 1239 merklich veränderte Situation im Imperium und im Regnum wider. In seiner Auseinandersetzung mit dem Papst und dessen Verbündeten stützte sich Friedrich ganz entscheidend auf das sizilische Königreich und seine Finanzkraft. Er war ohne Alternative darauf angewiesen, daß ihm diese Basis jederzeit uneingeschränkt und verläßlich zur Verfügung stand, während seine Gegner sie ihm konsequenterweise mit allen Mitteln zu entziehen, ihn als Herrscher Siziliens zu stürzen suchten. Wollte er sich halten, mußte er diesen Bestrebungen entschlossen entgegentreten und alle oppositionellen Regungen im Lande schon im Keim ersticken. Man versteht, daß er ohne Zögern dementsprechend verfuhr; ebenso deutlich wird aber auch, daß dies für das Leben seiner sizilischen Untertanen einige recht unerfreuliche Folgen hatte. Schon im Juni 1239 zwang er die einer propäpstlichen Einstellung verdächtigen sizilischen Adligen zum Heeresdienst in der Lombardei. Er belastete die sizilischen Kirchen und Klöster mit einer Sonderabgabe und unterwarf den Verkehr der sizilischen Geistlichkeit mit der päpstlichen Kurie strengsten Restriktionen und Kontrollen. Überdies durchsuchten Grenzposten künftig alle Reisenden nach antikaiserlichen Propagandaschriften, insbesondere nach einschlägigen päpstlichen Briefen; wer mit belastendem Material angetroffen wurde, verfiel der Todesstrafe. Desgleichen durften die Besatzungen der in sizilischen Häfen anlegenden Schiffe erst an Land gehen oder deren Ladung löschen, wenn nach gewissenhafter Überprüfung feststand, daß sich weder Rebellen noch gegen Kaiser und Reich aufhetzende Schriften an Bord befanden. Die Novellengesetzgebung jener Tage erinnerte die Justitiare unter anderem an ihre Pflicht, regelmäßig Generalinquisitionen durchzuführen, sie widmete sich ausführlich den dabei zu beachtenden Modalitäten und erleichterte das Vorgehen gegen der Majestätsverletzung verdächtige Personen.[167]

Ob und wie stark die Anzeigen von Straftaten und vor allem von Majestätsverbrechen seit 1239 zunahmen, läßt sich schwer beurteilen, da uns

---

1233, 186, ad 1235, 189f. (Suche nach *revocati*), ad 1233, 186 (Ketzerinquisition; zu Bischof Andreas von Caserta: Kamp, Kirche 1, 171–173), ad 1241, 212 (Prüfung der ärztl. Approbationen). Zu den Sonderakten am Hof siehe oben S. 244 mit Anm. 153.

[167] Beschlüsse vom Juni 1239: Richard von S. Germano, ad 1239, ed. Garufi 200f., Hafenkontrolle: HB 5, 903 (16. 4. 1240). Generalinquisitionen, Majestätsverbrechen: Konst. I 53. 1–2, ed. Stürner 213–215, vgl. dazu oben S. 199 mit Anm. 72, S. 200f. mit Anm. 75.

das Registerfragment von 1239/40 nur über die einschlägigen Vorgänge weniger Monate einigermaßen zuverlässig unterrichtet. Die dort dokumentierten Fälle zeigen immerhin, daß der Kaiser schwerlich eines besonderen Spitzelsystems bedurfte, um zu den erwünschten Informationen zu gelangen. Manches erfuhr er von Vertrauten, die am Hof verkehrten wie Graf Richard von Caserta, sogar schneller als der zuständige Justitiar.[168] Anderes meldeten die Untertanen im Land, vieles stellten die Justitiare bei ihren Nachforschungen fest. Ihre Aufmerksamkeit galt gezielt bestimmten verdächtigen Personengruppen, in erster Linie – wie bei der allgemeinen Inquisition von 1242 – denjenigen, die sich im Krisenjahr 1228/29 aus kaiserlicher Sicht als schwankend und unzuverlässig erwiesen hatten, aber ebenso beispielsweise den Einwohnern der Grafschaften Molise und Fondi, der alten Machtzentren des Thomas von Celano und Rogers von Aquila. Wer aus diesem Kreis jetzt durch unbedachtes Handeln auffiel, sich gar durch neue antikaiserliche Aktivitäten hervortat, der mußte mit Gefängnishaft, Verbannung, sogar der Todesstrafe rechnen und dazu mit der Konfiskation seiner Güter. So drohte das Exil jenem Priester Jakob, der angeblich die Entscheidungen des Herrschers dessen Exkommunikation wegen für wertlos erklärt hatte, oder dem Kanoniker Adenulf, den man beschuldigte, im Jahre 1228 Sulmona an die Päpstlichen ausgeliefert zu haben und jetzt den Kaiser in aufrührerischen Reden zu verunglimpfen. Unter argwöhnischer Beobachtung standen selbstverständlich die Herren Walter und Gentilis von Popleto, die Empörer aus den Kreuzzugstagen, und als einer von ihnen, offenbar wegen seines als provozierend empfundenen Betragens, verhaftet wurde und der andere, vielleicht sein Bruder, daraufhin vom Hofe floh, ging an den Justitiar der Abruzzen sofort die Anweisung, für die Ergreifung des Flüchtigen zu sorgen und die Burgen der beiden einzuziehen. Diejenigen, die es tatsächlich gewagt haben sollten, Rainald von Spoleto aufzusuchen und ihm obendrein Geschenke zu überreichen, befahl der Kaiser zur Abschreckung anderer aufzuhängen. Wir wissen freilich nicht, ob es soweit kam.[169]

[168] Vgl. HB 5, 683f. (20. 1. 1240); Winkelmann, Reorganisation 538, gilt dies als Beispiel für die beflissene Informationstätigkeit der „freiwilligen Diener unter der Bevölkerung", die im Mandat Genannten, Graf Richard (siehe oben S. 64f.) und Bischof Andreas (siehe oben Anm. 166) von Caserta, waren aber zuverlässige Anhänger des Kaisers, der Graf, als Valet bezeichnet, weilte damals zudem häufig am Hof, vgl. HB 5, 357.
[169] Molise, Fondi: HB 5, 642 (17. 12. 1239), vgl. HB 5, 731f. (6. 2. 1240), HB 5, 765f. (21. 2. 1240); Priester Jakob: HB 5, 740, Adenulf: HB 5, 737 (beide 8. 2. 1240), vgl. HB 5, 736 (8. 2. 1240; dazu Kamp, Kirche 1, 247), HB 5, 833 (13. 3. 1240); Herren von Popleto: HB 5, 554–556 (11./14. 12. 1239), vgl. oben S. 139f. mit Anm. 114; die Freunde Rainalds: HB 5, 442f. (13. 10. 1239), vgl. HB 5, 746 (10. 2. 1240). Vgl. zu den

Ganz gewiß muß man davon ausgehen, daß die Anzeigen Verdächtiger des öfteren nicht so sehr aus Sorge um Herrscher und Reich erfolgten, sondern aus recht fragwürdigen und eigennützigen Gründen, aus Neid und Mißgunst, um persönlichen Gegnern zu schaden oder sie aus dem Wege zu räumen. Die korrekte Abwicklung der Untersuchungsverfahren erhielt deshalb gerade in den Rechtsfällen besondere Bedeutung, denen eine Denunziation zugrunde lag. Das war dem kaiserlichen Gesetzgeber durchaus bewußt; er schärfte deshalb den Beamten in seiner einschlägigen Novelle ausführlich alles ein, was nach seiner Auffassung zu einer umsichtigen Inquisition gehörte, und verwies dabei speziell auf das Erfordernis, Klarheit über die Motive des Anzeigenden zu gewinnen. Soweit wir sehen, suchte der Hof in den uns bekannten Denunziationsfällen denn auch diese Vorgaben in die Praxis umzusetzen. In der Regel forderte er den zuständigen Justitiar in einem oft formelhaft gehaltenen Mandat auf, durch eine sorgfältige Untersuchung den Wahrheitsgehalt der jeweiligen Anschuldigungen festzustellen und das Ergebnis seiner Recherchen zu melden oder aber auf dieser Basis selbst eine gerechte Strafe auszusprechen; zuweilen fand sich der ergänzende Hinweis, in die Nachforschungen seien auch Angehörige oder Anhänger des Denunzierten einzubeziehen.[170]

Selten erfahren wir, ob man in der Provinz tatsächlich so gewissenhaft vorging, wie die Krone dies erwartete. Anfang Februar 1240 meldete Andreas de Cicala, damals Capitaneus für die Nordhälfte des Königreiches, er könne die ihm aufgetragenen Inquisitionen gar nicht durchführen, da ihm das nötige Geld fehle. Er erhielt die dringende Weisung, sich dieses Geld einstweilen, woher auch immer, zu beschaffen, bis der Hof ihm die erforderlichen Mittel zuteile. Andererseits hören wir wenige Tage später immerhin, daß sich gegen einige zunächst der Untreue gegenüber dem Kaiser verdächtige Bürger der Stadt Fondi bei genauerer Untersuchung keine ausreichenden Beweise fanden, so daß Friedrich befahl, die Sache nicht weiterzuverfolgen; der Justitiar sollte die betreffenden Personen allerdings im Auge behalten.[171]

Denunziationen nach 1239 die Übersicht bei Winkelmann, Reorganisation 536–538.
[170] Inquisitionsgrundsätze: Konst. I 53.2, ed. Stürner 215, Z. 21–28; formelhaftes Inquisitionsmandat: HB 5, 516 (18.11.1239; *per te inquiri et scire volumus veritatem …, diligentem et cautam facias inquisitionem*), vgl. HB 5, 757 (15. 2. 1240; *inquisitionem studeas facere diligentem … quos culpabiles et puniendos inveneris per eamdem, mediante iustitia punias*); vgl. oben S. 244 mit Anm. 153.
[171] Geldmangel: HB 5, 732 (6. 2. 1240); Bürger aus Fondi: HB 5, 765f. (21. 2. 1240). – In den von Winkelmann, Reorganisation 537f., genannten Beispielen für Verurteilungen durch die kaiserliche Regierung allein aufgrund von Anzeigen wird meist doch ausdrücklich eine Untersuchung vor einer etwaigen Bestrafung ver-

Sicher fiel es den Beschuldigten oft genug schwer, ihre Unschuld überzeugend darzulegen, zumal sich die uns bereits bekannte Neigung der Beamten zu Amtsmißbrauch und Bestechlichkeit wohl gerade bei Anzeigen wegen Majestätsverbrechen, wo es für die Betroffenen um Leben und Tod ging, besonders häufig bemerkbar machte, um ein unseliges Bündnis mit dem Denunziantentum zu schließen. Sosehr Friedrich zeitlebens grundsätzlich gegen dieses Übel kämpfte, so provozierte er seine Beamten, wenn er ihnen etwa im Jahre 1240 wiederholt Sonderzahlungen abnötigte, doch fast selbst dazu, sich an den Bewohnern ihres Amtsbereiches schadlos zu halten. So war es im Falle einer Denunziation vermutlich vielfach sinnvoll und geraten, von vornherein nicht auf die Eindeutigkeit des Sachverhalts zu vertrauen, sondern den Justitiar und seine Richter durch Geschenke zu gewinnen, wie uns dies Terrisius von Atina in seinem Gedicht schildert.[172]

Wenigstens von einem derartigen Fall berichtet uns der Angehörige einer unmittelbar betroffenen Familie persönlich: Heinrich von Isernia, der Sohn eines dem Grafen Thomas von Celano nach dessen Verbannung weiterhin treu gebliebenen Adligen, verfaßte im Herbst 1268 eine ausführliche Rechtfertigungsschrift, um hochgestellte Leser in seiner Heimat von der Unschuld seines Vaters zu überzeugen und das von seiner Mutter und von ihm selbst erlittene Unrecht zu schildern. Zu Beginn kam er dabei auch kurz auf die Zeit Friedrichs zu sprechen und erzählte, schon damals hätten schlechte Menschen seinen Vater aus reiner Böswilligkeit bei jedem der alljährlich wechselnden Justitiare aufs neue als ergebenen Gefolgsmann des exilierten Grafenhauses von Celano angezeigt. Offenbar in höchster Sorge über die unwägbaren und unter Umständen lebensgefährlichen Folgen einer derartigen Beschuldigung hielt es der Denunzierte daraufhin jedesmal für nötig, durch Bestechungsgelder die Niederschlagung der Anzeige zu erwirken, und jedesmal gingen die Beamten darauf ein.[173]

langt: HB 5, 555 (*si tibi* [sc. *iustitiario*] *constiterit ita esse*), HB 5, 737, 740, 790, 836 (*inquisita diligentius veritate*, oder ähnlich); HB 5, 644: das in der Lombardei offenbar laufende Verfahren (*penam debitam recepturum*) ist in dem Konfiskationsmandat nur angedeutet; HB 5, 734, Richard von S. Germano, ad 1240, ed. Garufi 205: Hintergrund und Modalitäten des kaiserl. Vorgehens bleiben unbekannt; zu den Herren von Popleto siehe oben S. 255.
[172] Sonderzahlungen: Richard von S. Germano, ad 1240, ed. Garufi 205, vgl. ebd. 206, HB 5, 896f. (13. 4. 1240); siehe Winkelmann, Reorganisation 532 mit Anm. 1. Zu Terrisius siehe oben S. 206f.
[173] Heinrichs Rechtfertigungsschreiben: Hampe, Beiträge. Letzte Staufer 69–97, Nr. 2 (12. 9.–29. 10. 1268), zur Zeit Friedrichs 72f., vgl. zur Einschätzung des Kaisers ebd. 121, Nr. 11 (etwa 1271); zu Leben und Werk Heinrichs ebd. 12–58, Schaller, Enrico 743–746.

Heinrich, das gilt es zu bedenken, zielte mit seiner Abhandlung auf einen positiven Effekt für seine Sache, er erinnerte sich zudem vermutlich gerade an die Jahrzehnte zurückliegenden Ereignisse seiner Kindheit unter Friedrich nicht mehr allzu genau. Sein Zorn richtet sich im übrigen vor allem gegen die übelwollenden Denunzianten, während er die Größe Friedrichs grundsätzlich sogar anerkennt. Die Zeit der wahrhaft schlimmen Drangsal erlebten seine Eltern und er denn auch erst unter Friedrichs Söhnen und Karl von Anjou. Desungeachtet bezeugt Heinrich, der spätere Kanzleinotar König Ottokars II. von Böhmen († 1278), die Nöte und Ängste, in denen nicht wenige Bewohner des sizilischen Königreiches bereits seit den vierziger Jahren leben mußten, im Kern ebenso glaubwürdig wie die Schwachpunkte der friderizianischen Verwaltung.

Es wäre indessen zweifellos nur die halbe Wahrheit, wollte man allein den Zwangscharakter des von Friedrich im Regnum Sicilie aufgebauten Behördensystems betonen, allein die Willkür herausstellen, mit der dessen Repräsentanten die Bewohner des Landes behandelten. Das oft geschmähte Denunziantentum beispielsweise hatte ja durchaus zwei Seiten. Wenn der Herrscher die Bewohner seines Königreiches dazu anhielt, Verbrechen, von denen sie erfuhren, den Behörden zu melden, wenn er ihnen die Möglichkeit einräumte, gegen ungerechte Beamte vorzugehen, also etwa am Ende ihrer Amtszeit oder auf Versammlungen an festen Terminen Beschwerden gegen sie vorzutragen, desgleichen Rechtsbrüche und Untaten gewöhnlicher Mitbürger zur Sprache zu bringen und anzuklagen, und wenn sie dies dann auch taten, so braucht man darin nicht schon an sich etwas Tadelnswertes zu sehen. Die Krone konnte als Folge solchen Engagements des einzelnen im Gegenteil durchaus erwarten, daß die Sicherheit, vor allem auch die Rechtssicherheit im Lande zunahm und damit zugleich das Interesse der Bevölkerung an der Geltung und Bedeutung des Rechts wuchs.[174]

Ganz ähnlich dienten die Inquisitionen grundsätzlich keineswegs allein der Jagd nach Reichsfeinden, sondern einer Vielzahl meist ganz unverdächtiger und sinnvoller Zwecke, der Bekämpfung und Aufklärung von gewöhnlichen Verbrechen etwa, dem Ausräumen von Zweifeln über Rechtsansprüche oder Besitzverhältnisse der Krone oder einer Privatperson mittels der Aussagen vereidigter, sachkundiger und erfahrener Zeugen oder der genauen Erfassung der Größe und des Wertes bestimmter Güter als verläßlicher Basis von Kauf- oder Tauschgeschäften. Die dominierende

---

[174] Vgl. etwa Konst. I 27, ed. Stürner 180f.; Konst. E 2, bes. 459, Z. 12–460, Z. 2, dazu Richard von S. Germano, ad 1234, ed. Garufi 187f.; Konst. I 95.2, 278, I 43, 456, Z. 17–20. Das „Unwesen der Denunciationen" geißelte schon Winkelmann, Reorganisation 536, vgl. noch Reichert, Staat 39.

Rolle der Schriftlichkeit und des Schriftverkehrs in der sizilischen Verwaltung schließlich gab dieser nicht nur eine Fülle von Informationen über verdächtige Personen und Entwicklungen an die Hand, sie wurde dadurch auch in den Stand versetzt, die Effizienz wirtschaftlicher Experimente wie der Einrichtung der Massarien oder die Verteidigungsbereitschaft der Burgen zu überprüfen, sich einen Überblick über die Steuerkraft und die Finanzverhältnisse des Königreiches zu verschaffen, ganz generell mit einigermaßen gesicherten Daten zu operieren und innerhalb der Behördenhierarchien wirksame Kontrollen durchzuführen. Vor allem aber trug die Protokollierung aller für den Verlauf der Prozeßverfahren wesentlichen Maßnahmen, Äußerungen und Beschlüsse ganz erheblich zur Einhaltung der Gesetzesnormen und damit zur Rechtssicherheit des einzelnen bei, weil sie die kritische Überprüfung der Gerichtsarbeit – etwa nach der Appellation an eine höhere Instanz – erleichterte, ja eigentlich überhaupt erst ermöglichte. Soweit uns die kärglichen Quellenüberreste einen gewissen Einblick wenigstens in die Tätigkeit des Großhofgerichts gestatten, zeigt sich, daß dessen Mitglieder sich offenkundig nach Kräften bemühten, die strengen Vorschriften des geltenden Rechts gewissenhaft anzuwenden.[175]

Ein großer, vielleicht der schwerste Mißstand des friderizianischen Staatswesens, bestand allem nach darin, daß sich seine Beamten immer wieder als korrupt erwiesen, daß sie ihre Befugnisse mißbrauchten, um sich persönliche Vorteile zu verschaffen und in ihre eigene Tasche zu wirtschaften. Friedrich suchte dem auf mannigfache Weise entgegenzusteuern: mit den im Gesetzbuch von 1231 formulierten Verhaltensnormen, mit seinen Novellen über das Klagerecht jedes einzelnen Untertanen gegen Beamtenwillkür oder über die Rechenschaftspflicht der Beamten nach Ablauf ihrer Amtszeit und mit deren strenger Überwachung durch Krone und Vorgesetzte.[176] Eine Generalinquisition, die der Kaiser im Februar 1240 zur Überprüfung der im Vorjahr tätigen Steuereinnehmer anordnete,[177] gab ihm dann möglicherweise den letzten Anstoß, kurz darauf die Kontrolle der Beamten schlechthin in dem besonders sensiblen Bereich ihres Umgangs mit Geld noch wirkungsvoller als bisher zu organisieren.

---

[175] Vgl. die umfangreichen Inquisitionsprotokolle bei Girgensohn – Kamp, Urkunden. Tarent 182–215, Nr. 4–13, dies., Urkunden. Patti 133–148, Nr. 7f., zur Schriftlichkeit oben S. 243f.; die Urteile des Großhofgerichts bei Heupel, Großhof 139–151.
[176] Konst. E 2, ed. Stürner 459, Z. 12–22; I 95.2, 278, I 38.2, 194, Z. 15–21, I 74, 247, Z. 17–27; I 43, 456, Z. 17–32.
[177] Richard von S. Germano, ad 1240, ed. Garufi 204f., vgl. die Kontrolle aller Justitiare im März 1242: Richard ad 1242, 214.

Er schuf dazu Anfang Mai 1240 eine ganz neue Behörde, einen Rechnungsprüfungshof, dem er die beachtliche Zahl von zwanzig Mitarbeitern einschließlich zweier Notare und einen festen Sitz im Kastell zu Melfi sowie in Räumen des dortigen Bischofs zuwies. Zu Leitern dieses Rechnungsprüfungsamtes mit dem Titel *racionales curie* berief er drei lang bewährte Mitarbeiter, nämlich die beiden führenden Träger der neuen Wirtschaftspolitik der dreißiger Jahre Angelus de Marra und Thomas von Brindisi, den Nachfolger des Logotheten Andreas als Oberprokurator in Apulien, sowie den erfahrenen Kanzleinotar Procopius de Matera. Ihre Aufgabe war gewaltig: Zusammen mit ihrem Mitarbeiterstab sollten sie die Amtsführung sämtlicher seit der Kaiserkrönung von 1220 im Regnum aktiven Beamten überprüfen, von ihnen insbesondere Rechenschaft über die Verwendung der ihnen anvertrauten Gelder fordern und dabei etwa ans Licht kommende Zahlungsrückstände unbedingt eintreiben.[178] Vor allem jedoch gehörte die Kontrolle der laufend aus dem Amt scheidenden Beamten zu ihren Pflichten. Diese mußten dabei die vom Hof an sie gesandten Mandate und Schreiben vollständig vorlegen und unter Eid dartun, daß sie die darin enthaltenen Weisungen korrekt ausgeführt hatten, mochte davon der Fiskus oder eine Privatperson berührt sein. Erwies sich, daß der Krone oder Privatleuten durch ihre Schuld Schaden entstanden war, so hatten sie ihn zu ersetzen. Allerdings ermahnte Friedrich seine Rationalen ausdrücklich, mit Augenmaß vorzugehen, also verdiente und treue Staatsdiener nicht etwa durch kleinliche oder gar ungerechte Auflagen zu verprellen.[179]

Um Kosten zu sparen und die langen Wege der aus dem ganzen Regnum Anreisenden zu verkürzen, änderte der Herrscher die Struktur der Rechnungskammer mehrmals. Schon recht bald teilte er sie offenbar in eine vermutlich auf Sizilien residierende Sektion für die Insel und Kala-

---

[178] HB 5, 968 f. (3. 5. 1240), HB 5, 1000 f. (11. 6. 1240), vgl. Konst. I 38.2, ed. Stürner 194, Z. 18, I 90.2, 268, Z. 3 f. (*racionales curie*), außerdem HB 5, 967 f. die ursprüngliche Planung getrennter Behörden für Sizilien und Kalabrien bzw. das übrige Festland (mit Wilhelm von Tocco als viertem Behördenchef); zu Angelus de Marra siehe oben S. 216, zu Procopius S. 246, zu Thomas von Brindisi: Acta Imperii 1, 633, Nr. 815 (24. 6. 1238), 670, Nr. 880, HB 5, 440–442 (10. 10. 1239), dazu Kamp, Kämmerer 62, 79. Vgl. Winkelmann, Reorganisation 531 mit Anm. 10, Kölzer, Magna curia 306, ders., Verwaltungsreformen 312, Del Treppo, Prospettive 332–334.

[179] Siehe bes. Acta Imperii 1, 693–695, Nr. 919 (1247/48; = HB 6, 577–580), dazu Heupel, Großhof 119 f., vgl. Acta 1, 671 f., Nr. 881 (1241/42; zum Teil = HB 4, 219–221), ebd. 677 f., Nr. 892 (März 1242), ebd. 748–753, Nr. 995 f. (wohl spätstaufische Verhältnisse wiedergebende Aufzeichnungen aus der Frühzeit Karls von Anjou, siehe Sthamer, Amtsbuch 102–104, vgl. ebd. 140–144: verbesserter Druck von Acta 1, Nr. 995).

brien und eine andere für das übrige Festland mit Sitz in Barletta. 1247/48 trieb er die Aufgliederung noch weiter und befahl, in der Nordhälfte des Königreiches – und ähnlich vielleicht in Kalabrien und auf Sizilien – drei Abteilungen der Behörde mit klar begrenzter regionaler Zuständigkeit einzurichten.[180] An der Institution des Rechnungshofes als solcher hielt er indessen ebenso fest wie später seine Nachfolger, und in einer ihrem Wesen nach durchaus verwandten Form kennen wir sie noch heute.

Friedrich verstand sich in Sizilien als Erbe der normannischen Könige und knüpfte konservativ an die von ihnen geschaffenen Strukturen, Einrichtungen und Gewohnheiten an. Er führte die Existenz der weltlichen Herrschaft zeitgemäß als eine unausweichliche Folge des Sündenfalles unmittelbar auf den gnädigen Willen Gottes zurück und sah seine eigene herausragende und gottesnahe Stellung durch ihm persönlich geltende Zeichen göttlichen Zuspruchs wie die Kaiserkrönung oder den Kreuzzugserfolg ständig aufs neue zusätzlich bestätigt und legitimiert. Er betrachtete es, darin gleichfalls Vorstellungen seiner Epoche verbunden, als seine herrscherliche Pflicht, als eine letztlich aber auch allein ihm zufallende und gebührende Aufgabe, seinen Untertanen mit der Gewähr einer gerechten Gesellschaftsordnung die unabdingbar nötige Lebensbasis zu verschaffen und damit unter ihnen die den Menschen ursprünglich von Gott zugedachte Lebensform wenigstens im Ansatz zu verwirklichen.

Erfüllt von diesen traditionellen Vorstellungen und an das Vorgefundene anknüpfend, schuf der Staufer im Verlauf der beiden Reformschübe anfangs der zwanziger und der dreißiger Jahre dann freilich eine ganze Fülle beeindruckender Veränderungen und substantieller Neuerungen. Erinnert sei nur noch einmal an die Wiederentdeckung der Gesetzgebung in großem Stil als ein wesentliches Mittel der Herrschaftsausübung, an das Großhofgericht mit seinen wissenschaftlich geschulten Richtern bürgerlicher Herkunft, an Friedrichs generelles Bemühen um ein effizientes, dem einzelnen rasch und zuverlässig zu seinem Recht verhelfendes Gerichtswesen und darüber hinaus um eine kompetente, unbestechliche, allein der Gerechtigkeit und dem Wohl von Herrscher und Untertanen verpflichtete Beamtenschaft überhaupt, an den Aufbau eines hierarchisch gegliederten Behördenapparates mit sachlich stark differenzierten, regional klar abgegrenzten Befugnissen der einzelnen Beamten, an die Schriftlichkeit als Grundprinzip der Verwaltung und Voraussetzung für rationales Handeln, sinnvolle Planung, wirksame Kontrolle und Übersicht, an das sachkundige staatliche Engagement in Wirtschaftsfragen, an die neuartigen Institutionen der Staatsuniversität in Neapel, des Rechnungshofes oder der Massarien und endlich an die hinter all dem immer deutlicher zutage tretende

---

[180] Acta Imperii 1, 700, Nr. 922 (1247/48; = HB 5, 216–218).

grundsätzliche Tendenz, als spezifisch staatlich erachtete Zuständigkeitsbereiche wie die Verantwortung für die Rechts- und Wirtschaftsordnung vom kirchlichen Einfluß möglichst weitgehend zu lösen. Diese Umgestaltung machte das sizilische Regnum zu einem Staatswesen, das sich durch ein sehr prägnantes eigenes Profil auszeichnete und mit manchem charakteristischen Zug die allgemeine europäische Entwicklung vorwegnahm. Friedrich trachtete danach, aus seinem sizilischen Erbe ein in seinen Augen vorbildliches, für andere Monarchen Maßstäbe setzendes Reich zu formen, und er wandte viel Energie und einen bewundernswerten Einfallsreichtum daran, diesem Ziel näherzukommen. Gerade die Experimentierfreude, mit der er für sichtbar werdende Mängel oder veränderte Situationen sofort neue Lösungen bereithielt, und die daraus resultierende Spontaneität und rasche Abfolge seiner Entschlüsse und Befehle gaben andererseits, so wie sie noch das moderne Urteil bisweilen erschweren, schon seinen Zeitgenossen, seinen Mitarbeitern und Untertanen manchen Anlaß zu Unbehagen, Unsicherheit und Verwirrung und behinderten so die Verwirklichung seiner hochfliegenden Pläne hin und wieder vielleicht noch zusätzlich zu den Schwierigkeiten, die ihr ohnedies aufgrund der gegebenen Verhältnisse entgegenstanden.

Ganz besonders hemmend wirkte sich auf die Realisierung von Friedrichs Staatskonzeption jedoch zweifellos der Umstand aus, daß das sizilische Königreich allenfalls wenige Jahre Zeit hatte, sich ungestört zu entwickeln. Bereits seit Ende der dreißiger Jahre prägte der Krieg des Kaisers gegen den Papst und dessen oberitalienische Verbündete die Lage im Regnum mit den bekannten Konsequenzen der zunehmenden finanziellen Belastung und des Abflusses der dort gewonnenen Gelder in die Lombardei, der Abschottung der Grenzen, der strengen Überwachung von Verdächtigen aller Art und der unerbittlichen Verfolgung und Bestrafung aller Feinde des Herrschers. In erster Linie dienten dessen Entscheidungen und Maßnahmen nun der Wahrung und Festigung der eigenen Stellung, während die Interessen seiner Untertanen vor diesem Ziel deutlich zurücktraten. Nach Friedrichs Überzeugung lag darin keine Inkonsequenz, bedeutete dies kein Abrücken von seinen ursprünglichen und eigentlichen Absichten, galt ihm doch die Stärke des Herrschers seit je als Voraussetzung und Garantie für die Wohlfahrt des Volkes. Die Bewohner seines sizilischen Reiches mußten die Dinge freilich vielfach anders sehen, wiewohl er sich seiner Verantwortung dafür, daß sie ihr Recht erhielten und in Frieden lebten, auch jetzt immer bewußt blieb.

8. VERSAGEN UND TRIUMPH.
FRIEDRICHS ZERWÜRFNIS MIT SEINEM SOHN HEINRICH UND DIE KONFRONTATION MIT DEM LOMBARDENBUND (1231–1238)

Der Aufstand in Messina

Entscheidendes Gewicht für den Staufer gewannen nach der Neuordnung seines sizilischen Königreiches durch die großen Reformen von 1231 unverkennbar die im Imperium zu lösenden Fragen. Die kontinuierliche und konzentrierte Beschäftigung mit diesem Problemkreis behinderte zunächst der leidige Umstand, daß in Ostsizilien eine Erhebung ausbrach, die schließlich die persönliche Anwesenheit des Herrschers angezeigt erscheinen ließ. Vom April 1233 bis zum Februar 1234 hielt sich Friedrich auf der Insel auf – er sollte sie danach nie mehr betreten.

Leider unterrichten uns die einschlägigen Quellen, obgleich durchweg aus dem Regnum stammend, über den Verlauf der Rebellion nur äußerst kärglich. An deren Anfang stand jedenfalls ein Aufruhr unter den Einwohnern Messinas im August 1232. Ein gewisser Martinus Ballonus, über den wir sonst nichts erfahren, führte die Empörer an; ihr Unwille richtete sich gegen den damaligen Justitiar Siziliens Richard von Montenigro. Offenbar griff die Bewegung auf Syrakus über und erfaßte schließlich auch Nicosia in Nordsizilien sowie einige kleinere Gemeinden in dessen weiterer Umgebung. Ihr Zentrum blieb jedoch allem nach Messina. Richard von Montenigro schätzte die Situation dort für so gefährlich ein, daß er aus der Stadt floh; er scheint im übrigen freilich wenig zur Bekämpfung des Aufstandes getan oder doch nichts gegen ihn erreicht zu haben.[1]

So sammelte Friedrich selbst schließlich am 1. Februar 1233 in Policoro (südwestlich Tarents) ein Heer seiner sizilischen Vasallen und setzte mit ihm auf die Insel über. Während Ballonus, von Furcht getrieben, nach

---

[1] Quellen: Richard von S. Germano, ad 1232 (Aug.), ed. Garufi 182, ad 1233 (Jan., April, Juni), 184f., ad 1234 (Febr.), 188; Breve chronicon, ed. Huillard-Bréholles 904f.; Annales Siculi, ad 1231–1232, ed. Pontieri 117. Dazu Winkelmann, Friedrich 2, 402f., 410–416, Bocchi, Castelli 66–70, Pispisa, Messina 224f.; zu Richard von Montenigro: Kamp, Kirche 1, 1195f., vgl. oben S. 40 mit Anm. 85, zur Rolle Erzbischof Landos: Kamp 1026f.; Catania war wohl nicht am Aufstand beteiligt: Saitta, Catania 242–244.

Malta zu entkommen suchte, gelangte der Kaiser, anscheinend ohne auf besonderen Widerstand zu treffen, in die Stadt Messina. Sollte er dort, wie einer unserer Gewährsleute erzählt, tatsächlich der versammelten Bürgerschaft zugesichert haben, er vergebe ihr alles an ihm begangene Unrecht, dann brach er kurz darauf schon sein Versprechen – wohl in der Überzeugung, Majestätsverbrechern sein Wort nicht halten zu müssen. Er befahl nämlich, Ballonus und seine Gesinnungsgenossen zu ergreifen, die Rädelsführer zu verbrennen oder aufzuhängen, ihre Mitläufer ins Gefängnis zu werfen oder aus der Stadt zu verbannen. Ebenso rasch wie in Messina wurde er dann in Syrakus und in der Gegend von Nicosia Herr der Lage, ebenso unnachsichtig wie dort bestrafte er hier die Anführer der Rebellen, soweit ihnen nicht die Flucht glückte. Einige kleinere Siedlungen ließ er völlig zerstören, ihre Bewohner in große Städte wie Palermo umsiedeln.[2]

Unklar bleiben die Motive der Aufständischen. Gerade ein halbes Jahr, bevor sie in Messina losschlugen, hatte der Justitiar dort die neuen kaiserlichen Konstitutionen veröffentlicht. So liegt es nahe, hier einen Zusammenhang zu sehen, also in diesen Gesetzen den Grund zur Unzufriedenheit zu suchen. Freilich wiederholte das 1231 den Städten gegenüber ausgesprochene Verbot, eigene Beamten und Richter zu wählen, nur die bereits 1220 in Capua ergangene einschlägige Verfügung. Desgleichen hatte Friedrich jene aus der Zeit seiner Eltern und aus seiner eigenen Kindheit stammenden Privilegien, die Messina Zollfreiheit für seinen Hafen und freien Handel im ganzen Regnum gewährten, nach dem Capuaner Hoftag offenkundig nicht erneuert; sie besaßen also den damals promulgierten Assisen gemäß ebenfalls schon seit 1220 keine Geltung mehr. Andererseits erkannten die Konstitutionen von Melfi gerade die strafrechtlichen Sonderbefugnisse des Stratigoten von Messina ausdrücklich an, wiewohl sie daneben zugleich die übergeordnete Zuständigkeit des Justitiars betonten. Richter wie überhaupt Angehörige der Behörden und der Verwaltung Messinas scheinen sich der Erhebung denn auch nicht angeschlossen und auf Dauer in der Tat wesentliche Vorteile durch Friedrichs Reformpolitik im Regnum erlangt zu haben.[3]

---

[2] Breve chronicon, ed. Huillard-Bréholles 905: Friedrichs Wortbruch, die Zerstörung von Centuripe und Troina (zwischen Catania und Nicosia) sowie von Montalbano (südlich Pattis); die Bewohner von Centuripe und Capizzi (nördlich Nicosias) gingen gegen den kaiserl. Willen nicht nach Palermo: HB 5, 596f. (16. 12. 1239), HB 5, 773 (27. 2. 1240).

[3] Konst. I 50, ed. Stürner 209 (Verbot der Beamtenwahl), I 72.2, 242, Z. 8–11 (Befugnisse der Stratigoten), I 106, 295 (Rechte des Justitiars), vgl. dazu oben S. 239 mit Anm. 144; Messinas Privilegien: Pispisa, Messina 223f. Zur Argumentation: Powell, Monarchy 503, vgl. 467f., Bocchi, Castelli 67, Tramontana, Monarchia 249f.

Hingegen bereiteten die neuen kaiserlichen Wirtschaftsstatuten mit ihren Gebührenerhöhungen für zahlreiche staatliche Leistungen oder mit der Anhebung der vom Fiskus beim Verkauf von Nahrungsmitteln und anderen Waren geforderten Abgaben vermutlich sowohl der Messineser Kaufmanns- und Händlerschicht wie weiten Kreisen der dortigen Bevölkerung erheblichen Ärger, und sie mochten überdies nicht nur in der großen Hafenstadt, sondern auch in kleinen Landstädten durchaus Anlaß geben, ernsthaft an eine Erhebung zu denken. Gerade diese Bestimmungen riefen nämlich offenkundig rasch ganz allgemein großen Unmut hervor. Sonst hätte Friedrich sich kaum dazu entschlossen, bereits für den Oktober 1232 eine Versammlung von Vertretern aller Städte und Gemeinden des Königreiches nach Foggia einzuberufen, auf der er eben die Senkung der Abgaben für wichtige Lebensmittel, für Stoffe oder Leder, ferner die Herabsetzung der Gebühren für die staatlichen Waage- und Meßdienste oder für die Benutzung der staatlichen Lagerhäuser und Schlachthöfe in der Regel auf den bis 1231 gültigen Stand verkündete.[4]

Merkwürdigerweise brach der sizilische Aufstand danach allerdings nicht zusammen, und ebenso seltsamerweise beschränkte er sich von Anfang an auf den Amtsbezirk des Justitiars Richard von Montenigro. So trifft am Ende wohl der Chronist Richard von San Germano das Rechte mit seiner Behauptung, die Person des Justitiars sei der Anlaß der Rebellion gewesen. Ihm hätten die Bürger vorgeworfen, er nehme ihnen ihre Freiheit. Vermutlich tat sich der Provinzchef durch eine besonders rigorose Durchsetzung der Reformen von 1231 oder sogar ganz generell durch eine rücksichtslose Amtsführung hervor und provozierte damit – zumal in einer durch die angekündigten Neuerungen ohnehin schon angespannten Atmosphäre – den gewaltsamen Widerstand der Bevölkerung. Friedrich könnte diese Erfahrung dazu veranlaßt haben, im Dezember 1233 jene Konstitution zu erlassen, die den Adligen, Klerikern und Städtevertretern der großen Regionen des Regnums das Recht verschaffte, auf regelmäßig stattfindenden Versammlungen ihre Klagen gegen die Provinzbeamten vorzubringen. Überdies legte er die Verantwortung für die Umsetzung der neuen Wirtschaftsstatuten in Ostsizilien noch 1233 in die Hände des Mattheus Marclafaba. Wie groß auch immer

---

[4] Richard von S. Germano, ad 1232, ed. Garufi 183; zur Haltung der Kaufleute Messinas: Pispisa, Messina 224f., 230f., 233f., vgl. Bocchi, Castelli 67–69 (daß Friedrichs Monopolpolitik gerade der Messineser Schiffsbau- und Textilindustrie besonders schadete und dies so schnell, daß schon wenige Monate nach Veröffentlichung der Statuten deswegen der Aufstand ausbrach, leuchtet nicht recht ein; zur hier wohl nicht ganz korrekten Interpretation der Beschlüsse vom Okt. 1232 siehe schon Winkelmann, Friedrich 2, 412f.).

aber die Schuld Richards von Montenigro an dem Aufruhr von 1232 letztlich gewesen sein mag – der Herrscher verzieh ihm später und machte ihn am Ende noch zum Großhofjustitiar.[5]

Kaiser, Papst und Lombardische Liga. Friedrichs Aufenthalt in Ravenna und in der Grafschaft Friaul

Als seine vordringliche Aufgabe im Imperium betrachtete Friedrich während der dreißiger und vierziger Jahre sicherlich die endgültige Durchsetzung der Reichsrechte gegenüber den Städten des Lombardenbundes. Daneben trat fürs erste die rasch dringlicher werdende Notwendigkeit, das Verhältnis zu seinem Sohn Heinrich in Deutschland zu klären. Hier wie dort suchte er in möglichst enger Abstimmung mit dem Papst vorzugehen, und dieser nahm seinerseits an der Entwicklung in Deutschland und vor allem in Oberitalien ohnehin größten Anteil. So standen des Kaisers Maßnahmen in der Lombardei, sein Vorgehen gegen Heinrich und seine Beziehungen zu Gregor IX. in einem fast untrennbaren Zusammenhang und starker wechselseitiger Abhängigkeit.

Der im Sommer 1230 zwischen Papst und Kaiser geschlossene Friede bewährte sich insofern, als beide Seiten es in der Folgezeit an Zeichen ihrer Kooperationsbereitschaft nicht fehlen ließen. Anfang 1231 beeilte sich Friedrich auf päpstliche Mahnungen hin, gegen die Ketzer im sizilischen Königreich vorzugehen. Gegen Ende des Jahres beorderte er augenscheinlich wieder auf päpstlichen Wunsch ein Truppenkontingent nach Viterbo, das dieser Stadt gegen die seit dem Frühjahr mehrfach von den römischen Nachbarn unternommenen Angriffe beistehen sollte; die Römer rächten sich mit einer kräftigen Besteuerung der Kirchen ihrer Heimatstadt am Papst, der im übrigen bereits im Juni nach Rieti ausgewichen war.[6] Von dort aus lobte er im August nicht nur Friedrichs neuerliche Rü-

---

[5] Richard (wie Anm. 4) 182 (*seditio orta est occasione Ryccardi*), vgl. Breve chronicon, ed. Huillard-Bréholles 904 (*pro nihilo et sine causa; stulti cives Messanenses* als Urheber im Cod. Neapel, Bibl. Naz. VIII C 9, fol. 106r; derselbe Autor kritisiert kurz darauf immerhin auch Friedrichs Wortbruch). Konst. E 2 (Dez. 1233), ed. Stürner 458–460, zur Entstehung ebd. 83 mit Anm. 336, vgl. Richard ad 1234, 187f. (die dort gleichfalls geschilderte neue Marktordnung Friedrichs betrifft nur das Festland, sie entstand also wohl nicht in Reaktion auf den sizil. Aufstand), vgl. oben S. 240f. mit Anm. 147. Zu Marclafaba siehe oben S. 215 mit Anm. 103, zu Richard von Montenigro oben S. 263 mit Anm. 1.

[6] Ketzerbekämpfung: siehe oben S. 199 mit Anm. 70; Viterbo-Hilfe, Papst in Rieti: Richard von S. Germano, ad 1231 (April–Juni, Nov.), ed. Garufi 174–176, vgl. Vita Gregorii IX., c. 15f., edd. Fabre – Duchesne 23f.

stungen für das Heilige Land, sondern gestand ihm nun auch den bis dahin beharrlich vorenthaltenen Titel eines Königs von Jerusalem zu.[7] Weder Friedrichs in päpstlichen Augen zunächst verdächtige gesetzgeberische Aktivität konnte das grundsätzliche päpstlich-kaiserliche Einvernehmen ernsthaft gefährden, noch umgekehrt des Kaisers Unmut darüber, daß die Kirche unter Mißachtung seiner oberlehnsherrlichen Rechte die Gebiete, die sie 1229 Graf Raimund VII. von Toulouse östlich der Rhône, also auf Reichsboden, mit französischer Hilfe entzogen hatte, nach wie vor in ihrer, genauer: in des französischen Königs Verwaltung behielt.[8] Die Lösung der im Friedensvertrag offen gelassenen, äußerst heiklen Gaetafrage endlich schoben beide Seiten auf.

Einigermaßen schwer wogen allerdings Gregors Sorgen hinsichtlich der Güter der Templer und Johanniter im Regnum Sicilie. Friedrich hatte in San Germano ihre Rückgabe gelobt und sie im August 1230 auch angeordnet, sich jedoch ausdrücklich die Wahrung seiner Rechte ausbedungen. Im Laufe der folgenden Monate beanspruchte er dann in der Tat einen offenbar beträchtlichen Teil des Ordensbesitzes von vornherein für sich oder zog ihn, obwohl zunächst zurückerstattet, erneut ein. Allem nach handelte es sich dabei entweder um Schenkungen, die die Orden nach normannischem Recht binnen eines Jahres eigentlich hätten wieder verkaufen müssen, oder aber um solche, die nach einer Vorschrift Wilhelms II. von Anfang an überhaupt keine Geltung besaßen, weil antikaiserliche Rebellen und Invasoren in irgendeiner Weise an ihnen beteiligt waren. Wieder und wieder mahnte der Papst die Rückgabe des gesamten Ordensgutes an. Doch der Staufer hielt an seinem Standpunkt fest. Noch im Herbst 1238 verwies er zur Verteidigung seines Vorgehens auf die eben beschriebenen Verfügungen aus normannischer Zeit, deren eine zudem schon seit 1231 auch in seinem eigenen Gesetzbuch stand, während er die andere wohl kurz darauf, im Juni 1239, als Novelle promulgierte und damit bekräftigte. Alle davon nicht betroffenen Objekte, so versicherte er, seien immer unbestritten in den Händen der beiden Ritterorden geblieben. Im übrigen zeigen einzelne Privilegien für diese Orden und Mandate zu ihren Gunsten, daß Friedrichs Verhältnis zu ihnen trotz des sizilischen Güterstreits keineswegs etwa von grundsätzlicher Feindschaft geprägt war, daß ihm

---

[7] MGH Epp. saec. XIII 1, 363f., Nr. 450 (12. 8. 1231); offenbar ging Gregor von der bislang bestimmenden Anschauung, Johann von Brienne könne sein Status als gesalbter König nach Kirchenrecht nicht genommen werden, erst ab, als Johanns Krönung zum Kaiser von Konstantinopel gesichert war, siehe Hiestand, Ierusalem 181–189.
[8] MGH Epp. saec. XIII 1, 341f., Nr. 423 (10. 12. 1230), vgl. RI V, Nr. 13025, 13045; zur Gesetzgebung siehe oben S. 192f.

vielmehr an der Zusammenarbeit mit ihnen, vor allem mit den ihm wohl näher stehenden Johannitern, durchaus lag.[9]

Mit höchster Aufmerksamkeit und größtem Mißtrauen verfolgte Gregor natürlich die oberitalienischen Pläne des Kaisers. Dieser wandte sich zunächst der schwer unter den ständigen Kämpfen zwischen Florenz und dem kaiserlichen Siena leidenden Toskana zu und ernannte dort gegen Ende 1230 zum Nachfolger Rainalds von Spoleto als Reichslegaten den Thüringer Adligen Gebhard von Arnstein, der ihn wohl auf dem Kreuzzug begleitet und spätestens hier offenbar sein Vertrauen gewonnen hatte. Auf Gebhards Lagebericht hin kündigte er den toskanischen Städten im März 1231 seine Absicht an, sich bald vorrangig um die Befriedung Reichsitaliens zu kümmern, und forderte sie auf, einstweilen von jedem Streit untereinander abzulassen und zur weiteren Vorbereitung des Friedenswerkes Boten an seinen Hof nach Apulien zu senden. Offenbar unterrichtete er kurz darauf, vielleicht nach jenem Treffen, den Papst von seinem Vorhaben im Norden und erbat dessen Unterstützung. Jedenfalls sagte Gregor im Mai nicht nur diese Hilfe zu; er ergriff die Gelegenheit auch gleich, um eindringlich ein streng rechtliches Vorgehen beim Kaiser anzumahnen und mit kaum verhüllten Drohungen vor den Folgen einer Politik der Gewaltanwendung zu warnen. Immerhin appellierte er damals auch an die oberitalienischen Städte, den kaiserlichen Vorschlägen aufgeschlossen zu begegnen und die Gefahren einer kategorischen Ablehnung zu bedenken.[10] Im Juli stand dann fest, daß ein großer Hoftag in Ravenna stattfinden werde, und im September, nach Abschluß der Reform- und Gesetzgebungsarbeiten in Melfi, nahm die Planung ganz konkrete Formen an: Der Kaiser rief die Städte und Großen Reichsitaliens wie König Heinrich und die Fürsten Deutschlands auf den 1. November nach Ravenna, wo er mit ihnen über Wege zum Frieden im Imperium und insbesondere in Italien beraten wollte.[11]

[9] Hampe, Aktenstücke 65, Nr. 6 (23. 7. 1230), Acta Imperii 1, 605, Nr. 759. Gütereinzug: Richard von S. Germano, ad 1231 (Juni), ed. Garufi 175; MGH Epp. saec. XIII 1, 344 f., Nr. 425, ebd. 346, Nr. 428, ebd. 348, Nr. 431, ebd. 354, Nr. 439, ebd. 356 f., Nr. 442, ebd. 364, Nr. 450. Gesetzliche Basis: Konst. II 27, ed. Stürner 331 f., III 29, 396 f., vgl. ebd. 84 mit Anm. 343, sowie HB 5, 252 f. (28. 10. 1238). Privilegien: HB 5, 324–326, HB 6, 116–118, HB 6, 781; HB 5, 728 Anm. 1 (dazu RI V, Nr. 2777), RI V, Nr. 13347; vgl. Cleve, Kaiser Friedrich 45–48, 51 f., 61 f., dessen Belege freilich nicht immer einschlägig scheinen.
[10] Lage in der Toskana: Annales Senenses, ad 1229–1230, MGH SS 19, 228; Gebhard: HB 3, 154 (Juli 1229, wohl Rückkehr vom Kreuzzug), MGH Const. 2, 185 f., Nr. 151 f. (9.–10. 3. 1231; Legat, Friedrich an die Toskanastädte); Reaktion Gregors: MGH Epp. saec. XIII 1, 355, Nr. 440 (18. 5. 1231), vgl. HB 3, 282 f.
[11] RI V, Nr. 1882 (21. 7. 1231); MGH Const. 2, 190 f., Nr. 155, vgl. Annales Ianuae,

Inzwischen war Friedrich dem Papst einen großen Schritt entgegengekommen, um seines Beistands für das Oberitalienunternehmen gewiß zu sein: Er gelobte ihm förmlich, er werde in seiner Auseinandersetzung mit den lombardischen Städten den päpstlichen Rat und Spruch anerkennen und seine friedlichen Absichten von vornherein glaubhaft deutlich machen. Gregor seinerseits versprach im Gegenzug offenbar, mit dem ganzen Gewicht seiner Autorität dahin zu wirken, daß der Lombardenbund sich nicht ins Unrecht setze und den kaiserlichen Hoftag nicht störe, sondern im Gegenteil das Friedenswerk fördere. Ob der Staufer ernstlich hoffte, dank des päpstlichen Zutuns werde ihm diesmal der Durchbruch gelingen, ob ihn etwa gar weitergehende, dann nicht erfüllte Zusicherungen des Papstes in dieser Hoffnung bestärkten, wie er später behauptete, oder ob er im Sommer 1231 nicht vielleicht bereits die Durchsetzung seines kaiserlichen Vorrangs gegenüber Heinrich als seine zunächst wichtigste Aufgabe ansah, das muß offenbleiben. Gregor jedenfalls warb in dringenden Schreiben an die Bischöfe Oberitaliens wie direkt an die Rektoren des Lombardenbundes tatsächlich intensiv für eine Politik der Besonnenheit und der Aussöhnung. Seine Briefe zeigen allerdings auch, wieviel ihm grundsätzlich am Weiterbestand des Bundes als eines verläßlichen Partners und Gegengewichts gegen den Kaiser lag und wie sehr er fürchtete, durch offene Rechtsbrüche und Gewalttaten der Lombarden zur einseitigen Parteinahme für den Kaiser gezwungen zu werden.[12]

Die Bundesstädte aber ließen sich weder durch Gregor noch durch den im August von Friedrich zu ihnen entsandten Hermann von Salza vom damals erneut eingeschlagenen Kurs der selbstbewußten Behauptung ihrer Position abbringen, obwohl Gruppenbildungen, Interessengegensätze und eine ganze Reihe gewaltsamer Auseinandersetzungen ihren Zusammenhalt bis dahin von Monat zu Monat mehr geschwächt hatten. Vor allem die erbitterten Kämpfe zwischen Ezzelino da Romano und Graf Richard von San Bonifacio um die Herrschaft in Verona sowie die Feldzüge Mailands, Piacenzas und Alessandrias gegen Asti und gegen den Markgrafen Bonifaz II. von Montferrat († 1253) spalteten Oberitalien bis weit in das Jahr 1231 hinein tief und drohten fast zur Auflösung des Lombardenbundes zu

ad 1231 (Sept.), MGH SS 18, 177 f., außerdem Petrus de Vinea II 16, ed. Iselius 1, 274.
[12] MGH Epp. saec. XIII 1, 365–369, Nr. 452, 454–458 (4.–27. 9. 1231); Mission Hermanns zum Papst: Richard von S. Germano, ad 1231 (Juni), ed. Garufi 174 f., vgl. Epp. 1, 363, Z. 14 f., Nr. 450, Mission in die Lombardei: Richard ad 1231 (Aug.), 176, vgl. Kluger, Hochmeister 165 f. Friedrichs Rückblick: MGH Const. 2, 292, Nr. 215 (4) (20. 4. 1239), vgl. Epp. 1, 648, Z. 1–5, Nr. 750 (1. 7. 1239), dazu Winkelmann, Friedrich 2, 503 f.

führen.¹³ Als dann freilich die ersten Nachrichten über den geplanten kaiserlichen Hoftag eintrafen, änderte sich die Situation schlagartig. Bereits Mitte Juli gelang es Vertretern des Bundes, die am Streit um Verona beteiligten Städte der nördlichen Poebene wieder für die Mitarbeit in ihrer Gemeinschaft zu gewinnen und den Konflikt selbst mit einem Kompromiß fürs erste zu schlichten. Ende Oktober, sechs Wochen nach dem endgültigen Sieg Mailands über Bonifaz von Montferrat, trafen sich dann die Rektoren und Podestà der Ligastädte in Bologna. Sie bekräftigten durch Eide ihren Willen zum Zusammenhalt und zum gemeinsamen Vorgehen und beschlossen voller Mißtrauen gegen die kaiserlichen Absichten wie gegen die päpstlichen Zusicherungen, ein Heer zu ihrem Schutz vor jedem Angriff aufzustellen. Überdies sperrten sie wie 1226 die Alpenpässe. Den Papst baten sie, er möge den Kaiser um des Friedens willen unter allen Umständen von einem bewaffneten Erscheinen bei ihnen abhalten – an ihrem festen Entschluß, sich zu wehren, konnte kein Zweifel mehr sein.¹⁴

So standen die Dinge, als Friedrich im November, wie versprochen mit kleinem Gefolge, in Ravenna eintraf. Zwar kamen dorthin nach und nach eine ganze Reihe oberitalienischer Bischöfe und – trotz der Sperre – nicht wenige deutsche Fürsten. Fern blieb jedoch sein Sohn Heinrich, und natürlich fehlten die Repräsentanten der Ligastädte. Der Herrscher sah sich deshalb genötigt, die Verhandlungen mit der Liga auf Weihnachten zu verschieben und für das Zusammentreffen mit dem deutschen König sogar einen neuen Hoftag im März nach Aquileia einzuberufen. Er selbst blieb bis dahin in Ravenna, regelte mit den anwesenden Großen deutsche und burgundische Angelegenheiten und feierte auf offenbar höchst eindrucksvolle Weise das Weihnachtsfest mit ihnen.¹⁵

---

¹³ Annales Veronenses, ad 1230–1231, MGH SS 19, 7, Annales Veronenses antiqui 66f., ed. Cipolla 60f., Rolandinus Patavinus III 1–5, MGH SS 19, 55–58, Annales Patavini, ad 1230, ebd. 153f.; Annales Placentini Codagnelli, ad 1230–1231, MGH SS rer. Germ. 23, 99–109, Annales Ianuae, ad 1230, MGH SS 18, 174f., siehe Winkelmann, Friedrich 2, 309–318.
¹⁴ Annales Veronenses, ad 1231, MGH SS 19, 7, Rolandinus Patavinus III 6, ebd. 58; Vereinbarungen vom 12.–15. 7. 1231: HB 3, 291–293; Annales Placentini Codagnelli, ad 1231, MGH SS rer. Germ. 23, 109f. Paßsperrung: HB 4, 875 (1236), Annales Ianuae, ad 1231, MGH SS 18, 178, Z. 22f., Annales S. Rudberti, ad 1231, MGH SS 9, 785. Vgl. Fasoli, Federico 52–55.
¹⁵ November in Ravenna: RI V 4, 48, Nr. 322, kleines Gefolge: MGH Epp. saec. XIII 1, 648, Z. 1–5, 34–36, Nr. 750; Anwesende: RI V, Nr. 1911–1946 (Zeugenlisten). Weihnachten: Richard von S. Germano, ad 1231, ed. Garufi 176, vgl. ad 1232, 177 (Thomas von Aquino als *capitaneus* und mit Heinrich von Morra Vertreter des abwesenden Kaisers im Regnum). Verlegung: Annales Ianuae, ad 1231, MGH SS 18, 178, Z. 24, Annales Placentini Codagnelli, ad 1231, MGH SS rer. Germ. 23, 110. Zur

Da die Liga noch immer weder Boten schickte, noch sonst ein Zeichen des Einlenkens gab, sprachen die zu Ravenna Versammelten schließlich am 14. Januar 1232 den Bann über deren Mitglieder aus und untersagten allen kaisertreuen Kommunen, Bürger irgendeiner Bundesstadt zu ihren Rektoren oder Podestà zu wählen. Dieses Verbot brachte die eben angereiste große Delegation aus Genua gleich in erhebliche Schwierigkeiten, hatten doch ihre Mitbürger erst vor kurzem einen Mailänder zum neuen Podestà bestimmt. Es kam zu einem heftigen Streit mit dem Kaiser, der den Genuesen ohnehin ihr selbstherrliches Auftreten im Heiligen Land verübelte, aber auch zu ernsten Spannungen unter den Einwohnern der Stadt selbst. Allerdings veranlaßte den Staufer die Niederlage seines Statthalters Richard Filangieri auf Zypern bereits im Sommer 1232 zu einer Kehrtwende: Er verzieh Genua, um die im Osten so einflußreiche Handelsmetropole nicht länger gegen sich zu haben.[16]

In Friedrichs Auseinandersetzung mit der Lombardischen Liga aber griff im Laufe des Februars endlich der päpstliche Schiedsrichter ein, indem er zwei Kardinäle nach Norditalien sandte, Jakob von Palestrina und Otto von S. Nicola in Carcere Tulliano. Der eine stammte aus der führenden Ligastadt Piacenza, der andere hatte 1229 als päpstlicher Legat in Deutschland für die Absetzung Friedrichs und seines Sohnes geworben – beide mochten deshalb in des Kaisers Augen nicht gerade sonderlich dafür prädestiniert erscheinen, seine Versöhnung mit den Lombarden aufrichtig und ohne Parteilichkeit zu fördern.[17] Dennoch entschloß er sich, seinen guten Willen der Kirche gegenüber ein weiteres Mal zu demonstrieren. Noch im Februar erneuerte er seine unmittelbar nach der Kaiserkrönung promulgierten Ketzergesetze in einer etwas erweiterten Form: Er fügte einen kurzen Passus an, der die vom Papst inzwischen in Rom durchgesetzte Praxis berücksichtigte. Nur wenige Tage später folgte ein an alle Fürsten und Untertanen des Imperiums gerichtetes, aber besonders auf Deutschland gemünztes Gesetz über Einzelheiten der Ketzerverfolgung und -bestrafung. Es verpflichtete die Obrigkeiten ausdrücklich zur Unterstützung der vom Papst eingesetzten Inquisitoren und sollte offenbar vor

---

damals von Friedrich möglicherweise veranlaßten Ausgrabung des Grabmals der Galla Placidia: Thomas von Pavia, MGH SS 22, 511f., vgl. Esch, Friedrich 203f.

[16] Bann, Konflikt mit Genua: Annales Ianuae, ad 1231–1232, MGH SS 18, 176f., 178–180, vgl. HB 4, 368, HB 4, 391f.

[17] Annales Placentini Codagnelli, ad 1231, MGH SS rer. Germ. 23, 110, Richard von S. Germano, ad 1232, ed. Garufi 177; zu den Kardinälen: Paravicini Bagliani, Cardinali 76–91 (Otto), 114–123 (Jakob), ihre äußerst positive Beurteilung durch die Liga: MGH Const. 2, 203, Z. 39–41, Nr. 165 (Bericht der Delegierten Brescias, Anf. März 1232).

allem die Dominikaner in Deutschland des Rückhalts durch die kaiserliche Autorität versichern.[18] Unterdessen begannen die päpstlichen Legaten ihre Vermittlertätigkeit: Sie beriefen die Vertreter der Bundesstädte zu Beratungen nach Bologna. Der geheime Bericht, den die Gesandten Brescias über den Verlauf dieser Gespräche dem Podestà ihrer Heimatstadt zukommen ließen, zeigt mit aller Deutlichkeit, daß die beiden Kardinäle rasch und ziemlich vollständig auf die Linie der Liga einschwenkten. Nach deren Auffassung hatte es von ihrer Seite keinerlei Verstöße gegen kaiserliche Rechte gegeben, weshalb ihre Gemeinschaft dem Kaiser gegenüber zwar zu Gesten der äußerlichen Ehrerbietung bereit war, jedoch keinerlei Verpflichtung zu Schadenersatz und Genugtuung etwa in Form von Sachleistungen oder persönlichen Diensten anerkannte. Im übrigen glaubten die Bundesstädte, man könne von ihnen nicht mehr verlangen als die Durchzugsgenehmigung für König Heinrich und die deutschen Fürsten in Begleitung von höchstens 100 unbewaffneten Rittern. Die Legaten sahen dies nicht anders; auch sie hielten keine weiteren Zugeständnisse der Lombarden für nötig und begaben sich am 7. März nach Ravenna, um die Meinung des Kaisers zu hören.[19]

Diesen hatte ihr wenig glückliches Vorgehen, der Vorrang, den sie offenkundig guten Kontakten zur Liga einräumten, natürlich sofort, und ohne daß er wohl Einzelheiten ihrer Verhandlungen kannte, in seinem Verdacht bestärkt, sie stünden im Grunde ihres Herzens auf der Seite seiner Gegner, er habe von ihrem Eingreifen deshalb nichts Gutes zu erwarten. Er zögerte denn auch nicht, seine Verärgerung unmißverständlich zum Ausdruck zu bringen. Am selben Tag, als die päpstlichen Abgesandten zu ihm nach Ravenna aufbrachen, verließ er, für viele überraschend, mit einem kleinen Gefolge jene Stadt. Damit war die Mission der Legaten fürs erste gescheitert. Betrübt und verwirrt empfahlen sie den gespannt auf ihre Rückkehr wartenden Vertretern der Bundesstädte die Heimreise.

Friedrich beabsichtigte, auf dem Seeweg nach Aquileia zu gelangen. Vielleicht hatte er von vornherein einen Zwischenhalt in Venedig eingeplant, vielleicht gab ihm erst das ungünstige Wetter den Gedanken ein – jedenfalls unterbrach er seine Fahrt zu einem vier- oder fünftägigen Besuch der Lagunenstadt. Der Doge Jacobo Tiepolo (1229–1249) bereitete

---

[18] MGH Const. 2, 194–197, Nr. 157f., dazu Selge, Ketzerpolitik 334f.; zur wohl bedeutsamen Rolle des Dominikaners Guala, Bischof von Brescia († 1244), bei der Entstehung der Gesetze: Winkelmann, Friedrich 2, 340f.

[19] Bericht nach Brescia: MGH Const. 2, 203, Nr. 165 (kurz nach 7. 3. 1232), vgl. Annales Placentini Codagnelli, ad 1231, MGH SS rer. Germ. 23, 110f. Fasoli, Federico 55–57.

ihm und den inzwischen zu ihm gestoßenen Fürsten einen feierlichen Empfang. Er besuchte den Markusdom und legte am Altar wertvolle Geschenke nieder. Schließlich stellte er den Venezianern ein umfangreiches Privileg aus, das ihnen manche wertvollen Vorteile im Handel mit dem Königreich Sizilien bescherte, ihnen dort vor allem günstige Sonderbedingungen auf den Binnenmärkten einräumte und spürbar abgesenkte Zolltarife beim Import und Export zubilligte. Gewiß hoffte Friedrich, mit Hilfe dieser Ausnahmeregelung, dieser Abweichung von der eben erst neu geschaffenen sizilischen Wirtschaftsordnung lasse sich der Schaden, der dem Außenhandel des Regnums nach dem Bruch mit Genua drohte, begrenzen und dank des wachsenden venezianischen Engagements rasch ausgleichen. Unter Umständen dachte er darüber hinaus an weitergehende Möglichkeiten der Kooperation. Venedigs Bedeutung für die ungehinderte Verbindung von Oberitalien nach Deutschland lag angesichts der Paßblockaden durch die Liga jedenfalls klar vor Augen.[20]

Wohl Mitte März traf der Kaiser in Aquileia ein. Dorthin kam sein Sohn Heinrich, dort und in den nicht allzu weit entfernt nördlich und westlich gelegenen Nachbarstädten Cividale, Udine und Pordenone blieb der staufische Hof bis Ende Mai.[21] Zur Liga oder zu den päpstlichen Legaten gab es zunächst anscheinend keine Kontakte, dafür aber offenbar zu Ezzelino da Romano. Ezzelino wünschte den Einfluß der Liga in Verona zu beseitigen, um dort selbst die uneingeschränkte Herrschaft zu gewinnen, und organisierte deshalb, vom Kaiser in seiner Absicht allem nach bestärkt, einen Aufstand der Einwohnerschaft. Am 14. April schlug er los. Er nahm den ligafreundlichen Podestà mit seinen Anhängern gefangen, holte die auf kaiserlichen Befehl herbeieilenden Truppen des Grafen von Tirol in die Stadt und schloß kurz darauf wohl ein Abkommen mit dem Staufer. Damit war zugleich natürlich die Brennerstraße wieder frei und die Stellung des Kaisers der Liga gegenüber gestärkt.[22]

Vermutlich führte dieser Umschwung dann bald zu einer erneuten Fühlungnahme zwischen den Streitparteien. Jedenfalls erhielt Hermann von Salza Anfang Mai eine sehr weitgehende kaiserliche Vollmacht für künftige Verhandlungen und traf schon kurz darauf, am 13. und 14. Mai, in

[20] Annales Placentini Codagnelli, ad 1231, MGH SS rer. Germ. 23, 111, vgl. Annales Placentini Gibellini, ad 1231, MGH SS 18, 470, Annales Patavini, ad 1232, MGH SS 19, 54, Annales S. Pantaleonis, ad 1232, MGH SS rer. Germ. 18, 263; Vertrag mit Venedig: HB 4, 310–312.
[21] Vgl. RI V, Nr. 1950–1988, mit den Zeugenlisten.
[22] Annales Veronenses, ad 1232, MGH SS 19, 8, vgl. Annales Placentini Gibellini, ad 1231, MGH SS 18, 470, Annales Patavini, ad 1232, MGH SS 19, 154; HB 4, 362 (Mai 1232; Alberico da Romano, Ezzelinos Bruder, am Kaiserhof), vgl. HB 4, 406f. (Dez. 1232; Friedrichs Dank).

Padua die Vertreter der Lombardischen Liga und die päpstlichen Legaten. Aus Anlaß dieser Zusammenkunft entstanden wohl jene aufschlußreichen Schriftstücke, die uns über die Reaktion verschiedener Bundesstädte auf die ihnen vorgelegten kaiserlichen Forderungen informieren. Wir sehen, daß Friedrich von seinen Widersachern damals einen neuen, über allen anderen Bindungen stehenden Treueid verlangte, ferner die Unterordnung unter seine Gerichtshoheit, Genugtuung für das ihm zugefügte Unrecht sowie die Rückgabe der Regalien und der seinen Anhängern geraubten Güter. Piacenza äußerte sich eher ablehnend dazu; Brescia hob zunächst auf die Geltung des Konstanzer Friedens von 1183 ab, trat dann aber der Stellungnahme einer größeren Städtegruppe unter Führung Mailands bei. Diese erklärte sich bereit zur Eidesleistung, sofern die Existenz ihrer Liga davon unberührt bleibe, und zur Unterordnung unter das kaiserliche Gericht, allerdings mit dem Vorbehalt, daß differenzierte Einzelfallregelungen getroffen würden; sie wollte in der Regalienfrage die Zustände zur Zeit Friedrichs I. und Heinrichs VI. zum Maßstab machen, wünschte über Entschädigungen der Kaiserlichen nur hinsichtlich der aktuellen Auseinandersetzung zu reden und bestritt rundweg jede Genugtuungsverpflichtung dem Kaiser gegenüber – im übrigen müsse vor weiteren Debatten geklärt werden, ob sich dieser dazu verstehe, die Privilegien und Rechte der Lombardenstädte uneingeschränkt zu respektieren.[23]

So konziliant einzelne Formulierungen auch klingen – der prinzipielle Gegensatz der Standpunkte ist doch unüberhörbar. Jede Seite erwartete, ehe sie an die Erörterung von Einzelproblemen heranzugehen gedachte, von der anderen eine aus ihrer eigenen Sicht unabdingbare Vorleistung, ein grundsätzliches Zugeständnis: Der Kaiser drang auf die unzweideutige Garantie und konkrete Sicherung seines herrscherlichen Vorrangs, die Liga pochte auf die Anerkennung ihrer Existenz und ihres bislang erworbenen Status sowie auf die Bestätigung der Rechte ihrer Mitglieder. Das eine aber schloß das andere in den Augen der Kontrahenten aus.

Die in Padua Versammelten kamen denn auch rasch überein, sich mit einem Minimalprogramm zu begnügen. Auf Wunsch der Städte sollten die Bemühungen der beiden Kardinäle auf die Lösung zweier höchst aktueller Fragen beschränkt bleiben. Sie sollten einmal zu klären suchen, welche Genugtuung dem Kaiser gebühre, weil die Städte durch ihre Paßsperrung den Hoftag von Ravenna verhindert hatten, und zum anderen, welche Sicherheiten die Liga beanspruchen könne, wenn der Kaiser künftig seinen Sohn oder deutsche Fürsten durch ihr Gebiet zu sich rufe. Die Legaten

---

[23] MGH Const. 2, 204f., Nr. 167 (10. 5. 1232; Vollmacht für Hermann); ebd. 199–203, Nr. 161–164 (Stellungnahmen der Städte). Dazu Fasoli, Federico 58f., Winkelmann, Friedrich 2, 377f.

selbst engten ihre Kompetenz überdies freiwillig noch weiter ein. Sie kündeten nämlich ihre Absicht an, die beiden Streitpunkte nur im Einvernehmen mit den Parteien zu schlichten. Für den Fall, daß sich dies als unmöglich erweise, gedachten sie auf ihre schiedsrichterlichen Befugnisse zu verzichten und die Sache dem Papst zur Entscheidung vorzulegen. In langen Schriftstücken brachten die Anwesenden umständlich ihre Zustimmung zu dem bescheidenen Ergebnis ihrer Konferenz zum Ausdruck; hohe Strafen drohten der Partei, die sich nicht an die Absprachen halten würde.[24]

Noch im Mai begaben sich die Legaten nach Verona und exkommunizierten wohl während dieses Aufenthaltes Ezzelino, den neuen Herrn der Stadt, und die Bürgerschaft. Damit verstimmten sie freilich den Kaiser aufs neue. Als sie deshalb zur Fortsetzung der Gespräche über die anstehenden Streitfragen nach Lodi luden, erschienen dort zwar Repräsentanten der Liga, der Beauftragte des Staufers aber, diesmal Gebhard von Arnstein, sandte lediglich einen Boten, der für sein Fernbleiben um Entschuldigung bat. Wohl nicht allzu unglücklich überwiesen die Kardinäle die ganze Angelegenheit daraufhin, wie geplant, dem Papst, und dieser ließ sich Zeit mit weiteren Schritten.[25]

König Heinrich als selbständiger Herrscher; des Kaisers Begegnung mit seinem Sohn

Führte Friedrichs halbjähriger Aufenthalt im Nordosten Italiens und zuletzt in unmittelbarer Nähe zu seinem deutschen Herrschaftsgebiet auch zu keinerlei Fortschritten in der Lombardenfrage, so gab er dem Herrscher dafür desto reichlicher Gelegenheit, sich mit den Problemen Deutschlands zu beschäftigen. Dort hatte sein Sohn Heinrich den Vorrang des zu seinem Prokurator bestellten bayrischen Herzogs Ludwig offenbar durchaus eine Zeitlang anerkannt. Gemeinsam zogen sie im Sommer 1227 gegen Otto von Lüneburg († 1252), der als Erbe seines damals verstorbenen Onkels Heinrich von Braunschweig den gesamten sächsischen Welfenbesitz in die Hand zu bekommen suchte, während der König und Herzog staufische und Wittelsbacher Ansprüche gegen ihn geltend machten. Bereits Ende August kehrten sie allerdings etwas überraschend unverrichteterdinge um – vielleicht sollte ihr Vorstoß tatsächlich in erster Linie den Gegnern

---

[24] MGH Const. 2, 204, Nr. 166, 205–209, Nr. 168 f. (13.–14. 5. 1232); Kluger, Hochmeister 167 f., Fasoli, Federico 58 f., Winkelmann, Friedrich 2, 370–373.
[25] Legaten in Verona: RI V, Nr. 13100 (25. 5. 1232), der Bann (und seine Lösung): HB 4, 446 f. (5. 8. 1233). Treffen in Lodi und päpstliche Reaktion: MGH Epp. saec. XIII 1, 380, Nr. 471, vgl. ebd. 379, Nr. 470 (beide 12. 7. 1232).

König Waldemars von Dänemark und des mit ihm verbündeten Welfen Otto Entlastung bringen, was nach deren Sieg bei Bornhöved am 22. Juli dann unnötig geworden wäre.[26]

Auf eine gewisse Selbständigkeit des staufischen Königs, ein bewußtes Anknüpfen an die väterliche Territorialpolitik im Elsaß weist immerhin der Erwerb der Burg Kaysersberg im Mai 1227. Rasch ausgebaut und durch die Anlage einer Stadt verstärkt, vermochte sie das umfangreiche Staufergut in jenem Raum wirksam gegen Angriffe des oberlothringischen Herzogs zu sichern. Zudem amtierte spätestens seit dem September 1227 wieder Wolfelin als Schultheiß von Hagenau und bewährte sich in der Folgezeit erneut – wie bis zu Beginn der zwanziger Jahre unter Friedrich – als geschickter, vor allem auch in Wirtschaftsfragen beschlagener Wahrer und Förderer der staufischen wie der Reichsinteressen im Elsaß und am Oberrhein.[27]

Wie fast zu erwarten, führte diese Neuorientierung der königlichen Politik bald zu wachsenden Spannungen mit Bischof Berthold von Straßburg. Dieser lag noch immer mit verschiedenen adligen Konkurrenten im Streit um das wertvolle Erbe des Dagsburger Grafenhauses. Eben im Herbst 1227 gelang es nun seinen Hauptgegnern, den Grafen von Pfirt (Ferrette, westlich Basels) im Sundgau, sich den König zu verpflichten, indem sie ihm einen Teil ihrer Ansprüche übertrugen. Heinrich mochte hoffen, seine Position im Elsaß so noch weiter zu stärken. Welches Wagnis er mit seinem Schritt einging, wurde indessen schnell deutlich. Der Bischof wandte sich nämlich an den Papst um Hilfe und erhielt sie umgehend: Im Januar bekräftigte Gregor die Straßburger Rechtsauffassung in vollem Umfang. Wenige Monate zuvor hatte er den Kaiser exkommuniziert, jetzt ergriff er die willkommene Gelegenheit, in Deutschland einen ersten Verbündeten gegen den Staufer zu gewinnen. Dem König aber drohte seine Wendung gegen Straßburg überdies Verwicklungen mit dem Papst einzutragen. Man versteht deshalb gut, daß er im Juni 1228 äußerst unmutig auf die Nachricht reagierte, das Heer des Straßburger Bischofs habe den Pfirter Grafen und ihren Verbündeten, darunter eine ganze Reihe königlicher Städte, eine empfindliche Niederlage beigebracht.[28]

[26] Albert von Stade, ad 1227–1228, MGH SS 16, 359f., Braunschweigische Reimchronik 7479–7555, MGH Dt. Chron. 2, 552f., dazu Thorau, König Heinrich 320–328; vgl. oben S. 119–121 mit Anm. 69 (weitere Quellenangaben), zu Herzog Ludwig S. 129.
[27] Kaysersberg: HB 3, 333f. (1. 5. 1227); Wiederauftreten Wolfelins: HB 3, 360f. (13. 11. 1227), vgl. dazu oben Bd. 1, S. 206–208.
[28] Heinrichs Verbindung mit den Pfirter Grafen: HB 3, 349f. (24. 9. 1227), vgl. RI V, Nr. 4089 (12. 11. 1227; Zeugenliste); Gregor IX.: RI V, Nr. 6720 (19. 1. 1228); Kampf mit Straßburg: Annales Marbacenses, ad 1228, MGH SS rer. Germ. 9, 91f.,

Seit dem Sommer 1228 mehrten sich dann zudem die Anzeichen für Unstimmigkeiten zwischen dem eigenständig schaltenden Herrscher und seinen fürstlichen Beratern. Herzog Ludwig von Bayern mißbilligte wohl den Konfrontationskurs gegenüber Bischof Berthold und suchte seiner Autorität desto eifersüchtiger in Alltagsfragen Geltung zu verschaffen. Vielleicht verärgerte Heinrich mit ersten, schon damals geäußerten Bemerkungen über Scheidungsabsichten auch seinen Schwiegervater Leopold von Österreich. Vor allem aber begann er seit August offenbar, Abt Konrad von St. Gallen sehr deutlich als seinen vertrautesten Ratgeber zu bevorzugen. Dies führte sofort zu scharfen Wortwechseln zwischen dem Abt und Herzog Ludwig, und Ludwig wie Leopold verließen schließlich im September den Hof – wohl kaum im Frieden mit dem König. Gleichzeitig intensivierte Berthold von Straßburg seine Kontakte mit dem Papst und erhielt als Streiter für die Freiheit der Kirche die Zusage des päpstlichen Schutzes.[29]

Zwischen Heinrich und dem bayrischen Herzog kam es dann zwar am Weihnachtsfest 1228 in der Pfalz Hagenau noch einmal zu einer Unterredung. Sie vertiefte jedoch den Bruch zwischen den beiden Männern nur noch weiter und machte ihre Feindschaft offensichtlich. Möglicherweise spielte am Ende Heinrichs Vorwurf eine entscheidende Rolle, Ludwig arbeite gegen den exkommunizierten, sich auf Kreuzfahrt befindenden Kaiser mit dem Papst zusammen. Manches spricht in der Tat dafür, daß der Herzog Gregor damals schon zu energischen Maßnahmen gegen den Staufer in Deutschland ermunterte.[30]

Im April 1229 traf jedenfalls, von Paris kommend, Kardinal Otto von S. Nicola in Carcere Tulliano in Valenciennes an der Westgrenze der Grafschaft Hennegau ein mit dem Ziel, als päpstlicher Legat Friedrichs Exkommunikation in Deutschland zu verkünden, aber wohl auch die Chancen auszuloten, die für eine völlige Verdrängung der Staufer und die Wahl

---

Chronicon Ebersheimense c. 40, MGH SS 23, 451f. Vgl. Thorau, König Heinrich 329–341, 350f., sowie oben S. 118 mit Anm. 66.

[29] Bloßstellung Heinrichs: HB 3, 379f. (19. 8. 1228), HB 3, 389f. (7. 9. 1228); Scheidungsabsicht, Abt Konrad und Herzog Ludwig: Conradus de Fabaria c. 35, ed. Meyer von Knonau 229f., c. 37, 238f., Konrad am Hof: HB 3, 379f., 386f. (31. 8. 1228); Straßburger Aktivität: Chronicon Ebersheimense c. 40, MGH SS 23, 452, dazu RI V, Nr. 6739–6741 (päpstliche Privilegien, 26.–28. 9. 1228); vgl. Thorau, König Heinrich 342–350.

[30] Annales Scheftlarienses, ad 1227–1229, MGH SS 17, 338f., vgl. Conradus de Fabaria c. 36f. (wie Anm. 33) 236–239, Notae S. Emmerammi, ad 1225, MGH SS 17, 575. Thorau, König Heinrich 351–353, Stürner, Staufer Heinrich 23, Flachenecker, Herzog Ludwig 844–846.

eines neuen Königs bestanden. Da Heinrich ihn an der Weiterreise hinderte, begab er sich im Sommer schließlich in den Schutz des Straßburger Bischofs, ohne daß seine Bemühungen um die deutschen Fürsten, die weltlichen wie die geistlichen, irgendeinen greifbaren Erfolg gehabt hätten – von Berthold von Straßburg und Herzog Ludwig, den bereits auf seiner Seite Stehenden, einmal abgesehen. Selbst der Welfe Otto, auf dessen Unterstützung der Legat allem nach besonders hoffte und dessen Thronkandidatur der englische König schon beim Papst betrieb, weigerte sich am Ende, gegen den Kaiser aufzutreten.[31] Soweit wir den zeitgenössischen Chronisten glauben dürfen, überwog in Deutschland weithin die Meinung Propst Burchards von Ursberg († 1231), es sei ein beklagenswertes und beschämendes Zeichen für den Niedergang der Kirche, daß der Papst, während sich der Kaiser im Osten erfolgreich für die Sache der Christenheit einsetze, den Kreuzzug behindere und dem fernen Herrscher obendrein Krone und Reich zu entziehen trachte. Spätestens mit der Befreiung des Heiligen Grabes mag für die meisten so wie für den Kreuzfahrer und Dichter Freidank die Bannung Friedrichs jeden Sinn und Grund verloren haben. Besonders klare Worte fand damals Walther von der Vogelweide: Voller Empörung forderte er den Kaiser auf, alle Geistlichen, die sich gegen ihn gewandt und damit dem Heiligen Land noch mehr geschadet hätten als selbst die Heiden, nach seiner Rückkehr aus der Kirche zu vertreiben.[32]

Heinrich nutzte die Stimmung der Öffentlichkeit. Er fiel im Sommer 1229 mit einem Heer in Bayern ein und zwang den Herzog zur Unterwerfung.[33] Zwei Jahre später wurde Ludwig auf der Kelheimer Donaubrücke umgebracht. Obwohl Männer aus der herzoglichen Umgebung den allen Anwesenden unbekannten Mörder offenbar sofort töteten, so daß seine Identität ein Geheimnis blieb, hieß es bald, er sei aus dem Osten gekom-

---

[31] Annales S. Pantaleonis, ad 1228, MGH SS rer. Germ. 18, 260f., Conradus de Fabaria c. 37f. (wie Anm. 33) 239–241, Chronicon Ebersheimense c. 41, MGH SS 23, 452, Alberich von Troisfontaines, ad 1230, MGH SS 23, 926, MGH Const. 2, 431, Nr. 322 (2) (2. 9. 1234; Heinrich); vgl. Paravicini Bagliani, Cardinali 83f., RI V, Nr. 10094a–10097, ebd. 11039–11042, 11049 (Aktion des engl. Königs).

[32] Burchard von Ursberg, ad 1228–1229, MGH SS rer. Germ. 16, 125f.; zu Freidank siehe oben S. 158 mit Anm. 145, vgl. Anm. 144; Walther, L 10, 9–24, ed. Schweikle 1, 216–218, zur Datierung und Interpretation ebd. 443–445, sowie 433f., vgl. L 76, 22–78, 23, L 13, 5–32, L 14, 38–16, 35, ed. Schweikle 2, 458–476, zur Datierung ebd. 780f., 784f., 788; vgl. das Preisgedicht des Geistlichen Marquard von Ried, MGH SS 9, 624f.; Gotifredi Continuatio, MGH SS 22, 347; weitere einschlägige Quellen siehe oben S. 139 mit Anm. 112.

[33] Annales Scheftlarienses, ad 1229, MGH SS 17, 339, vgl. MGH Const. 2, 431, Nr. 322 (3) (2. 9. 1234; Heinrich).

König Heinrich als selbständiger Herrscher   279

men und ein Mitglied der Assassinensekte gewesen. Manche äußerten sogar die Vermutung, der Kaiser selbst habe ihn zu seiner Untat angestiftet. Die Anschuldigung, sowenig sie wohl Glauben verdient, blieb endgültig an Friedrichs Person haften, nachdem Papst Innozenz IV. sie 1245 in seiner Absetzungsbulle kaum abgeschwächt wiederholte.[34]

Von Bayern wandte sich Heinrich sogleich gegen Straßburg, das Wolfelin von Hagenau am Hofe offenbar unablässig anschwärzte und dessen Bürger und Bischof gerade jetzt zusätzlich den Unmut des Königs dadurch erregten, daß sie gegen sein Verbot den päpstlichen Legaten Otto aufnahmen. Die königlichen Truppen schlossen die Stadt ein und verwüsteten ihre Umgebung. Obgleich in aussichtsreicher Position, entließ der Staufer dann jedoch etwas überraschend seine Armee. Im Jahr darauf vermittelte Abt Konrad von St. Gallen, der mehr und mehr in die Rolle von Heinrichs engstem Vertrauten hineinwuchs, einen Frieden mit der Stadt. Auf Rat und Drängen vieler geistlicher und weltlicher Reichsfürsten habe er sich seinerzeit zurückgezogen, so erklärte Heinrich später. Vielleicht wiesen ihn seine fürstlichen Mahner darauf hin, in welchem Widerspruch seine Blockade des päpstlichen Legaten zu den Friedensbemühungen seines unlängst aus dem Heiligen Land heimgekehrten Vaters stand. Gewiß ging es ihnen aber mindestens ebensosehr darum, nach Heinrichs Erfolgen gegen zwei Nachbarn und territorialpolitische Konkurrenten einen totalen Durchbruch der staufischen Sache im deutschen Süden zu verhindern. Jedenfalls mußte der junge Herrscher, als die Fürsten seinen ersten bedeutsameren selbständigen Aktionen entschlossen entgegentraten, sofort nachgeben.[35]

Während der folgenden Zeit, über das Jahr 1230 hinweg, hielt er sich denn auch allem Anschein nach eher passiv vor allem im Südwesten Deutschlands auf, billigte aber doch beispielsweise die Vereinigung der Bürgerschaft führender Städte des Bistums Lüttich. Es kam zu einer Versöhnung mit dem bayrischen Herzogshaus, aber sonst wohl zu wenig Kon-

---

[34] Wichtigste Quellen: Annales Scheftlarienses, ad 1231, MGH SS 17, 339 f., Sächsische Weltchronik c. 376, MGH Dt. Chron. 2, 248 f., Annales S. Rudberti, ad 1231, MGH SS 9, 784 f.; Annales Marbacenses, ad 1231, MGH SS rer. Germ. 9, 94, Alberich von Troisfontaines, ad 1231, MGH SS 23, 929; Conradus de Fabaria c. 39, ed. Meyer von Knonau 243, Albert von Stade, ad 1231, MGH SS 16, 361; Annales S. Pantaleonis, ad 1231, MGH SS rer. Germ. 18, 263; MGH Epp. saec. XIII 2, 92, Z. 36–38, Nr. 124 (17. 7. 1245; Innozenz IV.). Dazu Hellmuth, Assassinenlegende 144–155, Flachenecker, Herzog Ludwig 847 f., Winkelmann, Friedrich 2, 254 f.; zu den Assassinen vgl. oben S. 146, Anm. 125.
[35] Conradus de Fabaria c. 38 (wie Anm. 34) 240–242, MGH Const. 2, 431, Nr. 322 (3), vgl. Chronicon Ebersheimense c. 40 f., MGH SS 23, 452, Annales Marbacenses, ad 1228, MGH SS rer. Germ. 9, 92, ad 1230, 93.

takten mit den Reichsfürsten. Am Hofe sehen wir häufiger lediglich den Abt von St. Gallen, daneben zuweilen den Andechser Herzog Otto von Meranien und einige wenige Bischöfe. Eben damals wurde indessen die Stellung und Bedeutung der Fürsten im Reich eindrücklich sichtbar, trugen doch sechs von ihnen, Stauferanhänger aus dem Südosten Deutschlands allesamt, im Frühjahr und Sommer 1230 wesentlich zum Zustandekommen des Friedens zwischen Kaiser und Papst bei.[36]

Selbstbewußter und geschlossener denn je trat der Fürstenstand danach dem König entgegen. Er zwang ihn auf einem Hoftag zu Worms im Januar 1231 nicht nur, seine gerade erst den Städten an der Maas gemachten Zusagen zurückzunehmen, sondern ganz allgemein die dominierende Rolle der fürstlichen Stadtherren zu bekräftigen. Gegen deren Willen, so bestimmte der von Heinrich gebilligte Fürstenspruch, durften die Bürger untereinander keine Einungen oder Bündnisse schließen, durfte der König keine solchen Eidgenossenschaften genehmigen.[37]

Noch weiter ging jene große Versammlung, die sich von Ende April bis Anfang Mai desselben Jahres wieder in Worms mit dem Herrscher traf. An Friedrichs Vereinbarung mit den geistlichen Fürsten von 1220 anknüpfend, erreichten die Reichsfürsten nun generell die Bestätigung ihrer Stellung als *domini terrae*, als Landesherren, durch ein königliches Privileg. Der König verzichtete ausdrücklich darauf, ohne ihr Einverständnis in ihren Territorien Städte zu gründen und Burgen zu bauen, Märkte, Münzen oder neue Straßen anzulegen. Er sicherte ihnen dort die ungehinderte Ausübung der Gerichtsbarkeit und ihrer lehnsherrlichen Rechte zu. Vor allem aber verpflichtete er sich, der in ihren Augen offenkundig nach wie vor bedenklich expansiven Entwicklung der Städte auf königlichem Grund Zügel anzulegen. Er untersagte seinen Städten das Pfahlbürgertum, die Aneignung von Gütern oder die Aufnahme von Hörigen fremder Herren, die Ausdehnung der Gerichtsbarkeit und des Geleitrechtes auf benachbartes Gebiet sowie Amtshandlungen ihrer Schultheißen auf Kosten der Fürsten. Nur wenigen Bestimmungen kam allgemeine Geltung zu, so dem Verbot, jemanden zum Besuch eines Marktes zu zwingen oder bestehende Straßen umzuleiten, und der Weisung, durch neue Märkte keine bereits etablierten zu schädigen.

---

[36] Zum Itinerar: Vogtherr, König 410 f.; Lüttich: RI V, Nr. 4159 (30. 6. 1230), vgl. HB 3, 433, HB 3, 411–414 (der Bischof von Lüttich unterstützte den Legaten Otto: Aegidius Aureaevallensis III 101, MGH SS 25, 123–125, vgl. Winkelmann, Friedrich 2, 228–232); Bayern: RI V, Nr. 4158 f. (17./30. 6. 1230; = HB 3, 421); zu den Friedensverhandlungen von 1230 siehe oben S. 184 f.
[37] MGH Const. 2, 413 f., Nr. 299 (20./23.1.1231), vgl. HB 3, 444 f., sowie RI V, Nr. 4185; Winkelmann, Friedrich 2, 238–241.

Wie für das Fürstenprivileg von 1220 so gilt auch für das von 1231, daß es nur formell zugestand, was längst vielerorts praktiziert wurde, daß mit ihm also kein Hoheitsrecht völlig der Hand des König entglitt und daß sich die königliche Verwaltung nach seinem Erlaß ebensowenig wie vorher an die fürstlichen Forderungen bezüglich der königlichen Territorialpolitik hielt – Forderungen im übrigen, die vom strengen Rechtsstandpunkt her vielfach durchaus verständlich erscheinen. So war die praktische Bedeutung auch des Dokuments von 1231 wohl eher gering. Es führt jedoch erneut die starke Position vor Augen, die die Fürsten Deutschlands dem Königtum gegenüber tatsächlich innehatten. Anders als 1220 nahmen nun zudem geistliche und weltliche Reichsfürsten gemeinsam, als einheitlicher Stand, die Vertretung ihrer Interessen wahr, und – dies mag wichtig sein für die Beurteilung Heinrichs – anders als 1220 gewann der König für sein Entgegenkommen, für seine offizielle Anerkennung der zugunsten der Fürsten gelaufenen realen Entwicklung diesmal von deren Seite keinerlei Gegenleistung.[38]

Er hatte es freilich in gewissem Sinne auch schwerer als einst Friedrich, denn im Unterschied zu jenem mußte er zusätzlich mit dem Willen und der Autorität seines kaiserlichen Vaters rechnen, und dessen Unzufriedenheit mit der Lage in Deutschland und mit dem Regiment seines Sohnes wuchs damals zusehends. Natürlich blieb es dem fernen Kaiser nicht verborgen, daß Vertraute Heinrichs wie Abt Konrad von St. Gallen bisweilen offenbar große Mühe hatten, den jungen Herrscher von Torheiten, von unbedachten und verkehrten Maßnahmen abzuhalten. Gewiß verstimmte ihn etwa die Absicht Heinrichs, sich von Margarete, seiner auf väterlichen Wunsch geheirateten, freilich wesentlich älteren Frau zu trennen und mit Agnes von Böhmen eine neue Ehe einzugehen. Nur schwer, so hören wir, gelang es dem St. Gallener Abt, dem König sein Vorhaben auszureden. Ähnlich mißmutig mochte Friedrich die Nachricht von dem Konflikt aufnehmen, der ausbrach, weil Heinrich die ihm zugesagte Mitgift auch nach dem Tod seines Schwiegervaters Leopold von Österreich im Jahre 1230 noch nicht ganz erhalten hatte. Erneut verstand es Konrad von St. Gallen, die Wogen zu glätten. Diesmal bedurfte es dazu allerdings einer gefährlichen Reise, die er vermutlich im Herbst 1231 durch das feindselige Bayern

---

[38] Fürstenprivileg: MGH Const. 2, 418–420, Nr. 304 (1. 5. 1231; „Constitutio in favorem principum"); zur Interpretation Goez, Fürstenprivilegien 1358–1361, Klingelhöfer, Reichsgesetze 61–96, 149–162, 170–204, 216–221, Schrader, Deutung 428–441, 451–454, vgl. Kirn, Verdienste 204–212. Zu den übrigen Beschlüssen des Hoftages siehe RI V, Nr. 4189–4199, vgl. bes. MGH Const. 2, 415f., Nr. 301 (Münzwesen), ebd. 421, Nr. 306 (fürstl. Befestigungsrecht) und ebd. 420, Nr. 305, wo die Gesetzgebung der Fürsten an die Zustimmung ihrer Landstände gebunden wird.

zum neuen österreichischen Herzog Friedrich, Heinrichs Schwager, unternahm. Eine dauerhafte Lösung des Falles aber führte erst der Kaiser selbst herbei, indem er den zunächst widerstrebenden Babenberger im Mai 1232 zu sich nach Pordenone bat, dort großzügig beschenkte und bei dieser Gelegenheit den noch fehlenden Rest der Mitgift aus seiner eigenen Kasse an Heinrich auszahlte. Er wollte mit seiner großzügigen Geste vermutlich Heinrichs Scheidungsplänen endgültig den Boden entziehen. Vor allem jedoch ging es ihm natürlich darum, den künftigen Herrn der strategisch so bedeutsamen Länder im deutschen Südosten ebenso fest an sich zu binden wie einst dessen Vater.[39]

Abgesehen von solch einzelnen Krisen mißbilligte der Kaiser sicher ganz generell Heinrichs Umgang mit den deutschen Fürsten. Während er selbst damals mehr denn je auf die Zusammenarbeit mit ihnen setzte, entzog sich der König zunehmend ihrem Einfluß und Rat und geriet in wachsende Spannungen zu ihnen. Nach Friedrichs Einschätzung trug Heinrichs Regierungspraxis dem Königtum nur immer wieder neue Rückschläge ein, ohne ihm zum Ausgleich irgendwelche Vorteile zu bescheren; ihm, dem Kaiser, aber drohte sie wichtige Helfer seiner imperialen Politik zu verprellen.

Im Mai 1231 vermochte Heinrich immerhin einen beachtlichen territorialpolitischen Erfolg zu verbuchen: Er kaufte vom Habsburger Grafen Land und Leute von Uri für das Reich und sicherte sich damit den Zugang zu dem vermutlich seit etwa 1200 offenen Gotthardpaß.[40] Im übrigen zeigte seine Tätigkeit während jener Monate freilich kaum ein ausgeprägtes Profil. Weder läßt sich eine besondere Städtefreundlichkeit noch eine Annäherung an die Fürsten feststellen. Und das Verhältnis zu seinem Vater verschlechterte sich noch weiter, als dieser König und Fürsten Deutschlands für November nach Ravenna lud. Zweifellos erschwerten die Blockademaßnahmen der lombardischen Städte den Zuzug zum Kaiser, doch viele Fürsten stießen trotzdem zu ihm. Heinrich indessen blieb fern. Er suchte die Begegnung wohl tatsächlich zu vermeiden, wie eine Quelle behauptet, und machte offenbar gar keine Anstalten zum Aufbruch.[41]

[39] Conradus de Fabaria, c. 35, ed. Meyer von Knonau 230f., c. 40, 244–246; Pordenone: MGH Const. 2, 270, Nr. 201 (2–3) (1236; Friedrich); siehe Hausmann, Kaiser Friedrich 243–245.
[40] HB 3, 463 (26. 5. 1231), vgl. HB 5, 1072f. (Dez. 1240; Reichsfreiheit für Schwyz durch Friedrich), dazu RI V 4, 228, BF. 3155, 261, BF. 4201, Weller, Organisation 216f.
[41] Annales Scheftlarienses, ad 1232, MGH SS 17, 340; vgl. Heinrichs Itinerar RI V, Nr. 4216–4227, zum Hoftag von Ravenna oben S. 270–272.

So berieten und entschieden Kaiser und Reichsfürsten in Ravenna ohne ihn. Friedrich vergab Privilegien. Er belehnte die Askanier Johann I. († 1266) und Otto III. († 1267) mit ihrem väterlichen Erbe, der Markgrafschaft Brandenburg sowie Pommern, und stärkte dadurch seinen Einfluß im Norden und die Stellung des Reiches gegenüber Dänemark. Im Streit um die Vormacht in der Provence stellte er sich gegen Raimund VII. von Toulouse († 1249) und gegen die Stadt Marseille auf die Seite des Grafen Raimund Berengar V. († 1245), dessen Rechtsposition er bekräftigte. Vor allem aber bestätigte er, die Wormser Beschlüsse vom Januar 1231 aufgreifend und erweiternd, die umfassende Regierungsgewalt der Erzbischöfe und Bischöfe in den Städten ihres Machtbereiches. Er selbst, so erinnerte der Kaiser in seinem eigens dazu verkündeten Gesetz, habe ihnen diese Herrschaftsbefugnis anvertraut. Deshalb dürfe es ohne ihre Erlaubnis künftig keinerlei Organe der städtischen Selbstverwaltung, keine Ratsversammlungen, Rektoren oder auch nur Handwerkerzünfte geben; wo derartige Einrichtungen schon bestanden, verloren sie jede Berechtigung. Mit ausgewählt-feierlichen Worten pries die Einleitung seines Edikts den Glanz des Imperiums. Dort verdanke die kaiserliche Majestät ihren Ruhm den Fürsten, während die Fürsten ihre Würde umgekehrt von der Hoheit des Kaisertums empfingen; dort habe Gott die ganze Fülle der Herrschergewalt, die *potestatis plenitudo*, in die Hände des Kaisers gelegt, die Fürsten jedoch zur Teilhabe an der Herrschersorge, zur *pars sollicitudinis*, berufen. Wenigstens im Grundsatz suchte Friedrich demnach die Überlegenheit seines kaiserlichen Ranges zu behaupten. Wenn er sich dabei eben jener Begriffe bediente, mit denen die Päpste seit langem ihre Vollgewalt den Bischöfen gegenüber zu kennzeichnen pflegten, bekundete er auf diese Weise zugleich seine Überzeugung, das Imperium stehe nach Gottes Willen gleichwertig und unabhängig neben der Kirche.[42]

Vorwiegend deutschen Problemen widmete sich der Kaiser auch während seines anschließenden Aufenthalts in der Grafschaft Friaul vom März bis Mai 1232. Mit seinen Diplomen erfüllte er weiterhin die vielfältigen Wünsche der Fürsten nach Sicherung ihrer Ansprüche. Er besprach mit ihnen Rechtsfragen und Streitfälle und bemühte sich, nach ihrem Rat durch seinen Urteilsspruch dauerhaft Recht und Frieden zu schaffen. Auf fürstliche Bitten hin stellte er schließlich im Mai zu Cividale unter seinem

---

[42] HB 4, 270–272 (Brandenburg); MGH Const. 2, 198f., Nr. 159f. (Provence); bischöfl. Stadtherrschaft: MGH Const. 2, 191–194, Nr. 156, dazu Boshof, Reichsfürstenstand 55, 63f., zur päpstl. *plenitudo potestatis*: Leo I., Ep. 14,1, Migne, Patrologia latina 54, 671B (446), vgl. etwa Innozenz III., Sermo II, Migne 217, 658A, zu Worms (Jan. 1231) oben S. 280 mit Anm. 37; zu weiteren Beschlüssen von Ravenna (Bannung der Lombardenstädte, Ketzergesetze) siehe oben S. 271f. mit Anm. 16 und 18.

eigenen Namen noch einmal jenes große Privileg zugunsten der Fürsten aus, das genau ein Jahr zuvor bereits sein Sohn Heinrich hatte gewähren müssen. Für den Kaiser gab es wohl keine Alternative zu diesem Schritt, wollte er seine wichtigsten Partner in Deutschland nicht ernsthaft gegen sich aufbringen. Er unterzog den Urkundentext allerdings offenkundig einer gründlichen Prüfung und erreichte immerhin einige kleinere Verbesserungen zugunsten der Krone. So galt deren Verzicht auf neue Befestigungen nun nicht mehr generell, sondern allein für Bauten auf kirchlichem Grund, galt das Verbot der Bannmeile, also der Einbeziehung des Umlands in das städtische Recht, nur noch für die künftigen Gründungen des Herrschers. Möglicherweise versprachen ihm die Fürsten zudem als Gegenleistung militärische Hilfe in künftigen Auseinandersetzungen mit den Lombardenstädten.[43]

Zum meistbeachteten und folgenreichsten Ereignis der Apriltage zu Aquileia und Cividale wurde indessen Friedrichs Begegnung mit seinem Sohn. Da Heinrich nach wie vor an alles andere, nur nicht an eine Reise zu seinem Vater zu denken schien, hatte dieser, gewiß recht verärgert, Ende Februar eigens seinen Reichskanzler, Bischof Siegfried von Regensburg, nach Deutschland geschickt, um den König in kaiserlichem Namen zum Kommen zu bestimmen – kurz darauf eilte Werner IV. von Bolanden dem Kanzler wohl mit dem gleichen Auftrag nach. Beide trafen den jungen Herrscher Mitte März in Augsburg, und auf ihr Drängen entschloß dieser sich endlich, der väterlichen Weisung Folge zu leisten. Unter Berufung auf die ihm angeblich von seinem Vater übertragene volle Verfügungsgewalt in Deutschland bestätigte er zuvor freilich noch den Wormser Bürgern ihre Freiheiten und ihren Rat – entgegen seinen eigenen, eben vom Kaiser feierlich wiederholten Bestimmungen zur Wahrung der bischöflichen Stadtherrschaft.[44] Bereits in der ersten Aprilhälfte, noch bevor Verona in kaiserliche Hand fiel, stand er dann in Aquileia zum ersten Mal nach 12 Jahren wieder vor seinem Vater.[45]

[43] MGH Const. 2, 211–213, Nr. 171, vgl. Boshof, Reichsfürstenstand 61 f., zur fürstl. Militärhilfe: Annales Placentini Gibellini, ad 1231, MGH SS 18, 470; zu Friedrichs Aufenthalt in Friaul siehe oben S. 273 mit Anm. 21, zu Heinrichs Fürstenprivileg S. 280 f. mit Anm. 38.

[44] Zur Reise Siegfrieds und Werners: RI V, Nr. 1937 (Febr. 1232, Ravenna; zu Werner noch Nr. 1941, März 1232, Ravenna), Nr. 4229 (19. 3., Augsburg), Nr. 1954 (April 1232, Aquileia). Privileg für Worms: HB 4, 564 (17. 3. 1232), vgl. dazu Chronicon Wormatiense, ad 1231, ed. Boos, 171 f., außerdem oben S. 280 mit Anm. 37 und S. 283 mit Anm. 42.

[45] Annales S. Pantaleonis, ad 1232, MGH SS rer. Germ. 18, 263, Annales Scheftlarienses (wie Anm. 45), Annales Marbacenses, ad 1232, MGH SS rer. Germ. 9, 94, Annales S. Rudberti, ad 1232, MGH SS 9, 785; Annales Placentini Gibellini (wie

Leider erfahren wir nichts Näheres über den Verlauf des so lange hinausgeschobenen Treffens. Aber es dürfte kaum allzu herzlich dabei zugegangen sein. Zwar erkannte Friedrich jetzt wohl in der Tat formell das uneingeschränkte Königtum seines Sohnes an.[46] Doch damit stellte sich aufs neue in ganzer Schärfe das Problem, daß es zwei gleicherweise zur Regierung in Deutschland legitimierte Herrscher gab, und der Kaiser beeilte sich, diese Frage eindeutig in seinem Sinn zu klären. Er sicherte die absolute Dominanz seiner eigenen Stellung, indem er Heinrich in drastischer, für diesen geradezu demütigender Form zur strikten Unterordnung unter sein kaiserliches Gebot verpflichtete. Der König mußte schwören, sein Regiment nach festen, von seinem Vater schriftlich formulierten Grundsätzen zu richten. Wir kennen deren Wortlaut leider nicht. Eine zentrale Rolle spielte jedoch offensichtlich die Forderung nach unbedingtem Gehorsam gegenüber allen väterlichen Weisungen und nach ausschließlichem Einsatz zum Nutzen und Vorteil des Kaisers wie wohl auch der Reichsfürsten. Diese versprachen ihrerseits unter Eid, sobald Friedrich ihnen einen Eidbruch Heinrichs anzeige, würden sie ihre Treuebindung an den König für gelöst erachten und dem Kaiser gegen ihn Hilfe leisten. Für den Fall, daß Heinrich sein Gelöbnis nicht einhielt, stand demnach seine Absetzung im Grunde bereits fest. Der König sah sich genötigt, dieser Lösung zuzustimmen, ja sie sogar selbst bei den Fürsten zu betreiben. Anders hätte er seine Krone vermutlich nicht retten können.[47]

Die neue Regelung entschied unzweideutig über die Verteilung der Regierungsverantwortung zwischen Vater und Sohn und schuf insoweit immerhin die längst nötige Klarheit. Schwerlich nahm durch sie das Ansehen des deutschen Königtums an sich unmittelbaren Schaden, war es doch in der Person Friedrichs nach wie vor, durch das Kaisertum gewissermaßen überhöht, besonders eindrücklich präsent und wirksam. Ob der in aller Öffentlichkeit zurechtgewiesene und an den Willen des Vaters und der Großen gebundene Heinrich indessen nach einer solch schlimmen persönlichen Erfahrung die Herrschaft auf sich selbst gestellt überhaupt jemals noch angemessen und entschieden würde ausüben können, das scheint im Frühjahr 1232 niemanden bekümmert zu haben, auch nicht seinen Vater.

Anm. 43), Richard von S. Germano, ad 1232, ed. Garufi 180, HB 4, 326–328; zu Verona siehe oben S. 273 mit Anm. 22. Aufenthalt Heinrichs in Cividale: RI V, Nr. 4230–4232a.
[46] HB 4, 580 (3. 8. 1232; Heinrich), vgl. MGH Const. 2, 432, Nr. 322 (7).
[47] MGH Const. 2, 210, Nr. 170 (Eid der Fürsten; April 1232); zu Heinrichs Versprechen vgl. ebd. 237f., Nr. 193 (3–4) (29. 1. 1235; Friedrich), ebd. 427, Nr. 316 (10. 4. 1233; Heinrich), Acta Imperii selecti 265, Nr. 300 (3. 12. 1232; Friedrich), HB 4, 474f. (5. 7. 1234; Gregor).

Zwischen Einvernehmen und Zwist:
Die wechselvollen päpstlich-kaiserlichen Beziehungen

Als der Kaiser Ende Mai 1232 nach sechs Monaten in das Regnum Sicilie zurückkehrte, erwarteten ihn dort die Gesandten des Sultans al-Ašraf von Damaskus. Sie überreichten ihm wertvolle Geschenke, darunter offenbar eine Art von Planetarium, eine kostbar gearbeitete astronomische Uhr, die den Lauf von Sonne, Mond und Planeten im kleinen nachvollzog. Vielleicht handelte es sich um eben jenes Kunstwerk, das Friedrich einmal voller Stolz Abt Konrad von St. Gallen zeigte mit den Worten, es sei ihm nach seinem Sohn Konrad das Teuerste, was er auf Erden besitze. Jedenfalls behandelte er des Sultans Botschafter mit größter Zuvorkommenheit; auf einem festlichen Empfang zu ihren Ehren erschienen neben vielen hohen Geistlichen sogar Große aus Deutschland. Aller Welt sollte wohl deutlich werden, welches Gewicht dem Rang und Einfluß des Kaisers im Osten nach wie vor zukam, ungeachtet der Mißerfolge seines Vertreters Richard Filangieri im Heiligen Land. Freilich entstand bei dieser Gelegenheit möglicherweise auch das Gerücht, er habe seine guten Kontakte zu den Assassinen dazu benutzt, sie zum Mord am bayrischen Herzog anzustiften.[48]

Da der Staufer gerade hinsichtlich ihm besonders wichtiger Fragen wie der lombardischen noch immer stark vom Urteil und Vorgehen des Papstes abhing, konnten ihm dessen Sorgen keineswegs gleichgültig sein. Gregor aber beunruhigten, von den zahlreichen sonstigen Widerständen gegen seine Verwaltung im Kirchenstaat einmal abgesehen, zusehends mehr die Angriffe, die die Römer seit April 1232 erneut wie ein Jahr zuvor gegen Viterbo richteten. Der Kampf der beiden Städte drohte das ganze Umland, sogar unmittelbaren päpstlichen Besitz, zu beeinträchtigen und veranlaßte Gregor schließlich, den Kaiser um Hilfe zu ersuchen. Zugleich bot er Gespräche zur Lösung des Gaetaproblems an, die dann tatsächlich bald in Gang kamen, und begann, aktiv die kaiserlichen Friedensbemühungen im Heiligen Land zu fördern.[49]

---

[48] Richard von S. Germano, ad 1232, ed. Garufi 181; Annales S. Pantaleonis, ad 1232, MGH SS rer. Germ. 18, 263f. (zum Herzogsmord siehe oben S. 278f. mit Anm. 34), Conradus de Fabaria, c. 30f., ed. Meyer von Knonau 219–221 (zur schwierigen Datierung der dort beschriebenen Gesandtschaft des Abtes vgl. allerdings schon RI V, Nr. 4248).

[49] Richard von S. Germano, ad 1232, ed. Garufi 181f., vgl. 182 und 184 (zu Gaeta); Vita Gregorii IX., c. 16f., edd. Fabre – Duchesne 24, zu 1231 siehe oben S. 266 mit Anm. 6. Päpstl. Hilferuf: MGH Epp. saec. XIII 1, 381, Nr. 473 (24.7.1232), zum Hl. Land siehe oben S. 176f. mit Anm. 165.

Zwischen Einvernehmen und Zwist

Angesichts des Aufstandes in Messina zögerte Friedrich zwar, sizilische Truppen in das Patrimonium Petri zu entsenden. Statt dessen forderte er jedoch immerhin seinen Sohn Heinrich sowie Graf Raimund Berengar von Provence zur Hilfeleistung für den Papst auf. Zugleich intensivierte er seine Bemühungen um einen Frieden zwischen dem Grafen und seinen Gegnern, ohne den dieser kaum zu Aktionen in Italien imstande und bereit war. Im November befahl er schließlich sogar den Großen des Königreiches Burgund generell, ihm Hilfskontingente zur Verfügung zu stellen, wobei er sie eigens daran erinnerte, wie lange sie schon nicht mehr zum Dienst für das Imperium gerufen worden seien. Er nutzte die Gelegenheit also gezielt dazu, seinen Einfluß im Arelat wieder zu stärken. Überdies schien damals auch in die lombardische Frage endlich Bewegung zu kommen. Gesandte des Städtebundes und ebenso hochrangige wie sachkundige Vertreter des Kaisers, an ihrer Spitze Großhofjustitiar Heinrich von Morra und Petrus de Vinea, reisten an die päpstliche Kurie nach Anagni, um über Wege zu einer Vereinbarung zu beratschlagen.[50]

Ohnehin herrschte gegen Ende des Jahres 1232 reger Kontakt zwischen Kurie und Kaiserhof, und Gregor zeigte sich von dem, was ihm die Boten des Kaisers über dessen Absichten berichteten, hochbefriedigt. Wenngleich er wieder und wieder auf rasches kaiserliches Handeln zugunsten der Kirche drängte, so rühmte er doch auch in gewählten Worten die sich zwischen Sacerdotium und Imperium, zwischen Papst und Kaiser abzeichnende Gemeinsamkeit, ihr untrennbares, einheitliches Wirken für die Erneuerung des Glaubens und der kirchlichen Freiheit, für die Wiederherstellung der Rechte von Kirche und Reich. Begeistert, ja geradezu überschwenglich nahm Friedrich die päpstlichen Anregungen auf und schilderte in seinem Antwortschreiben, an Gedanken seines Konstitutionenprooemiums anknüpfend, seine eigene Sicht von der *Ecclesia*, der Gemeinschaft der Gläubigen, und ihrem Regiment. Die Christenheit bedrohten demnach zum einen geheime Widersacher, die Ketzer, zum anderen offene, die Rebellen wider Recht und Ordnung. Papsttum und Kaisertum waren gleicherweise unmittelbar von Gott als Gegenmittel gegen diese Gefahren geschaffen, sie bildeten ganz so, wie Gregor wünschte, eine unauflösliche Einheit und durften sich deshalb, wollten sie ihrem göttlichen Auftrag gerecht werden, weder bei ihrem Einsatz gegen Häretiker noch bei ihrem Vorgehen gegen Aufrührer und Rechtsbrecher voneinander trennen lassen.[51]

---

[50] Hilfe Heinrichs: MGH Const. 2, 425, Nr. 314 (26. 1. 1233); Raimund Berengars: HB 4, 386f. (19. 9. 1232), vgl. HB 4, 380f.; der Großen Burgunds: Const. 2, 216f., Nr. 175 (15. 11. 1232/9. 2. 1233); zum Aufstand in Messina siehe oben S. 262–266. Lombardenfrage: Richard von S. Germano, ad 1232 (Nov.–Dez.), ed. Garufi 184.
[51] MGH Epp. saec. XIII 1, 392f., Nr. 488 (27. 10. 1232), vgl. ebd. 390f., Nr. 486

Die grundsätzliche Übereinstimmung zwischen Papst und Kaiser schien größer denn je, selbst vom vereinten Wirken für die Rechte des Imperiums und für ihre Erneuerung hatte zuerst der Papst geredet. Dennoch blieben die unterschiedlichen Akzente auch jetzt unüberhörbar. Nach Gregors Meinung sollte die kaiserliche Hoheit in allem dem päpstlichen Rat folgen. Davon war bei Friedrich indessen nicht die Rede. Daß Gregor und Friedrich aber sowohl hinsichtlich des Wesens der Häresie wie bezüglich des Inhalts und Umfangs der Reichsrechte meist zu völlig unterschiedlichen Ansichten gelangten, sobald es um die konkrete Anwendung und Umsetzung der abstrakten Begriffe ging, das hatte beispielsweise des Kaisers Exkommunikation so deutlich gezeigt wie die Behandlung des Lombardenproblems durch den Papst, und daran änderte sich auch in der Zukunft wenig.

Ganz im Gegenteil: Die eben wieder angelaufenen Verhandlungen über den Konflikt des Kaisers mit den lombardischen Städten ließen die gegensätzlichen Vorstellungen und Argumente der Parteien rasch so unversöhnlich wie je aufeinanderprallen, und Gregor suchte sein Heil offensichtlich nach wie vor darin, die eigene Entscheidung hinauszuschieben, um die Beteiligten möglichst lange in einer gewissen Abhängigkeit von sich zu halten. Im Januar 1233 stellte er etwas überraschend fest, die Botschafter der Lombarden besäßen kein ausreichendes Mandat für ihre Mission. Er forderte sie deshalb auf, sich ein solches von ihren Heimatstädten zu beschaffen, und lud sie wie die Vertreter des Kaisers auf einen späteren Termin erneut zu sich. Offenkundig enttäuscht von der Effizienz der päpstlichen Vermittlungsbemühungen und von dem außerordentlich ermüdenden, wenig erfolgverheißenden Verlauf der Unterredungen beschloß Friedrich daraufhin, sich zunächst mit voller Aufmerksamkeit und ganzer Kraft der ihn unmittelbar bedrängenden Erhebung in Ostsizilien zuzuwenden und die damals zusammengezogenen Truppen seines Königreiches nicht zur Unterstützung Gregors nach Norden, sondern gegen das aufständische Messina zu führen. Von diesem Vorsatz ließ er sich nicht mehr abbringen, obwohl Gregor spürbar ungeduldig seine Hilfe anmahnte und ihn auf die Nachricht, er begebe sich nach Sizilien, noch einmal voller

(21. 10. 1232), ebd. 400f., Nr. 497 (7. 12. 1232). HB 4, 409–411 (3. 12. 1232; Friedrich), vgl. Konst., Prooemium, ed. Stürner 147; für Friedrich sind Häresie und Verbrechen infolge des Sündenfalls die Hauptgefährdungen der Christenheit (zur langen Tradition dieses Gedankens: Stürner, Peccatum, z. B. 85–102), ohne daß er hier freilich den Unterschied zwischen ihnen verwischen würde, wie Selge, Ketzerpolitik 335, annimmt; wie 1220 (MGH Const. 2, 108, Z 30f., Nr. 85) und 1231 (Konst. I 1, ed. Stürner 150, Z. 20–23), hebt er ihn noch 1238/39 (Const. 2, 281, Z. 41–282, Z. 3, Nr. 209; ebd. 283, Z. 24–26, Nr. 210) ausdrücklich hervor.

Schmerz und fast verzweifelt bat, wenn irgend möglich doch noch, wie zugesagt, persönlich zur Verteidigung seiner Mutter, der Kirche, herbeizueilen, sonst aber wenigstens ohne Verzug starke Hilfskontingente zu ihrem Schutze zu entsenden. Er stand freilich wohl bereits seit geraumer Zeit in Kontakt mit den Römern, suchte jedenfalls ihre Verhandlungen mit Viterbo zu fördern. So ergriff er nun hocherfreut die Gelegenheit, als der Senator und die Großen Roms eigens zu ihm nach Anagni kamen, um ihn zur Rückkehr einzuladen: Wenngleich nicht ohne Opfer, machte er seinen Frieden mit der Stadt und zog im März feierlich in Rom ein, von der Bevölkerung mit großen Ehren empfangen.[52]

Die Hoffnung auf ein inniges Einvernehmen wich bei Kaiser und Papst nach diesen Erfahrungen bald wieder mißtrauisch-distanzierter Nüchternheit. Kritisch beobachtete man an der römischen Kurie des Staufers Vorgehen in Messina, und als dieser im Sommer stolz von seinem strengen Einschreiten gegen die Ketzer im sizilischen Regnum berichtete und gewiß nicht ohne Hintergedanken einen ähnlich entschiedenen gemeinsamen päpstlich-kaiserlichen Kampf gegen die Häresie im ganzen Imperium vorschlug, verdächtigte ihn Gregor nicht nur, er habe in Ostsizilien unter dem Vorwand, es handle sich um Ketzer, in Wahrheit seine politischen Gegner verbrannt. Er tadelte zudem die harten kaiserlichen Maßnahmen gegen den dortigen Aufstand kaum verhüllt als grausam und ungerecht und warf Friedrich vor, seine Untertanen mit seiner Bedrückungspolitik geradezu in die Rebellion zu treiben, anstatt sie, wie es einem christlichen Regenten anstehe, durch Liebe zu gewinnen; fast schien es, als wolle er dem weltlichen Herrscher überhaupt jedes Recht auf Gewaltanwendung absprechen. Viel Freude wird sein Brief bei seinem Adressaten jedenfalls nicht ausgelöst haben.[53]

---

[52] Richard von S. Germano, ad 1233 (Jan.–April), ed. Garufi 184f.; Aufschub der Lombardenfrage: MGH Epp. saec. XIII 1, 404f., Nr. 505f. (26. 1. 1233); Gregors Hilferufe: Epp. 1, 407–409, Nr. 508 und 510 (3./10. 2. 1233); Kontakte mit Rom, Viterbo: Epp. 1, 390f., Nr. 486 (21. 10. 1232); vgl. Vita Gregorii IX., c. 18, edd. Fabre – Duchesne 24f., zum Friedensschluß daneben RI V, Nr. 6964, 6980, 13138, Epp. 1, 445, Nr. 551. Dazu Thumser, Rom 264–268.
[53] Friedrich: HB 4, 435f. (15. 6. 1233); Gregors Antwort: MGH Epp. saec. XIII 1, 444f., Nr. 550 (15. 7. 1233). Friedrich selbst spricht allein von der Ketzerverfolgung in seinem Königreich im gängigen Verständnis, und er betrieb sie damals so wohl tatsächlich überall im Regnum, vgl. Richard von S. Germano, ad 1233 (Juli), ed. Garufi 186 (auch zu anderen kirchenfreundlichen Maßnahmen, vgl. ebd. zum August); er vermischt damit nirgends seinen Kampf gegen die Aufständischen, weitet also den Häresiebegriff selbst nicht politisch aus, wie Selge, Ketzerpolitik 336f., feststellt. Anders als der Papst deuteten die zeitgenössischen Chronisten die in Ostsizilien verhängte Feuerstrafe denn auch als das, was sie vermutlich sein sollte, als be-

Trotz solcher Eintrübung der Atmosphäre scheuten beide Seiten indessen vor einem ernsthaften Bruch zurück. In der gewiß nicht gerade zentralen, aber doch mit vielen Emotionen belasteten Frage nach dem künftigen Schicksal Gaetas kam es eben jetzt sogar zu einer Übereinkunft. Die Verhandlungen darüber konzentrierten sich seit Anfang 1233 offenbar auf einen Vorschlag, den der Papst schon im Februar 1230 während der damaligen Verhandlungen formuliert hatte, nämlich Gaeta wie auch Sant'Agata Friedrichs Sohn Konrad zu übergeben. Diese Lösung war seinerzeit am päpstlichen Wunsch gescheitert, für Konrad bis zu seinem 25. Lebensjahr einen Tutor einzusetzen, der die fraglichen Städte im Namen und zum Nutzen der Kirche verwalten sollte. Nun gedachte Friedrich, Gaeta zwar, wie einst beabsichtigt, seinem Sohn zu verleihen, die der Krone dort geschuldeten Dienste jedoch für sich zu beanspruchen und die ganze Abmachung überdies unter den Vorbehalt des Widerrufs zu stellen. Eine entsprechende Urkunde fertigte er im März auch tatsächlich aus. Gegen deren Wortlaut protestierte Gregor freilich sofort aufs heftigste, denn das Dokument hätte dem Kaiser gestattet, Gaeta jederzeit direkt an sich zu ziehen. Der Papst drang auf die Streichung der Widerrufsformel, auf klare Amnestiezusicherungen für die Einwohner Gaetas und endlich auch darauf, Erzbischof Lando von Messina und Hermann von Salza bis zu Konrads 15. Geburtstag mit der Verwaltung der Stadt zu betrauen. Er setzte seinen Willen jedoch allenfalls zum Teil durch. Im Juni sandte er an die Konsuln und das Volk von Gaeta eine gekürzte Fassung des kaiserlichen Privilegs für Konrad, in der vor allem die Widerrufsformel gestrichen war, außerdem eine kaiserliche Amnestie- und Sicherheitserklärung für die Stadt. In seinem Begleitschreiben forderte er deren Bewohner auf, den beiliegenden, von ihm für sie ausgehandelten Friedensvereinbarungen zuzustimmen und ihm zugleich jene Urkunde zurückzugeben, mit der er sie 1229 seiner Herrschaft unterstellt hatte. Den Gaetanern blieb keine andere Wahl, als ihm zu gehorchen. Bereits im Juli leisteten sie dem Kaiser und seinem Sohn den Treueid, und der kaiserliche Justitiar nahm ihre Stadt nach der Abschaffung des Konsulats wieder in seine Verwaltung. Gregor erwähnte die Angelegenheit nicht mehr, allem nach mochte er seine Beziehungen zum Kaiser von ihr nicht länger stören lassen.[54]

---

sonders schimpfliche Strafe für Rebellen, vgl. dazu die oben S. 263 Anm. 1 genannten Quellen, dazu Annales S. Pantaleonis, ad 1233, MGH SS rer. Germ. 18, 264, deren Verfasser verwundert die allgemein zunehmende Gewalt des Feuers über Menschen registriert und dabei neben der Verbrennung von Ketzern und Rebellen etwa auch die wachsende Zahl von Stadtbränden anführt; zu Friedrichs Sicht vgl. oben S. 287 mit Anm. 51 sowie S. 101 mit Anm. 35.

[54] Hampe, Aktenstücke 35, Z. 18–36, Z. 4, Nr. 6 (4. 2. 1230); ebd. 89–99, Nr. 5–9

Im Mittelpunkt seiner Kontakte zu Friedrich stand 1233 noch immer das Lombardenproblem, darüber hinaus die Frage, wie Reichsitalien insgesamt befriedet werden könne. Die lange schon das Land belastenden und zerrüttenden Kämpfe in den Städten, zwischen den Städten oder zwischen Städten und mächtigen Adelsfamilien fingen eben jetzt an, bei der hauptsächlich betroffenen breiten Masse der Bevölkerung auf weit entschiedeneren Widerstand als früher zu stoßen. Nach dem offensichtlichen Versagen der geistlichen wie weltlichen Obrigkeit ergriffen die Einwohner der Städte selbst die Initiative, um Frieden zu schaffen und ihn dauerhaft zu sichern. Zuerst in den Zentren der Poebene, dann auch in anderen italienischen Ortschaften und sogar im Regnum versammelten sie sich, zogen in langen Prozessionen durch die Straßen und Plätze und stimmten voller Andacht und Ergriffenheit Gesänge zum Preis Gottes an. Besonders häufig und inbrünstig erklang, oft von den rauhen, aufrüttelnden Tönen eines Horns oder einer Tuba begleitet, das Halleluja, wovon die Bewegung ihren Namen erhielt. Unter dem Einfluß wortgewaltiger Prediger aus den Bettelorden, die bald an ihre Spitze traten, gelobten die engagierten Bürger Buße, Umkehr und den Einsatz für das Werk des Friedens. Von ihrer Zustimmung getragen, erlangten ihre dominikanischen und franziskanischen Führer zum Teil großen Einfluß auf das Stadtregiment und bedeutende Vollmachten. Sie nutzten ihre Stellung, um die Ketzer zu bekämpfen oder die Garantie der kirchlichen Freiheiten in den städtischen Statuten zu verankern, aber auch, um die innerstädtischen Parteien miteinander auszusöhnen, die sozialen Unterschiede abzubauen und verfeindete Städte zum Friedensschluß zu bewegen. Wenigstens zeitweilig blieb der Erfolg nicht aus: Im Hochsommer 1233 erfüllte den Norden Italiens eine ungewöhnliche Versöhnungsbereitschaft und Friedfertigkeit.[55]

(März–Juni 1233), Richard von S. Germano, ad 1233 (Juli), ed. Garufi 185, vgl. ad 1234, 188, ad 1235, 190. Baaken, Widerrufsvorbehalt 76–83, nimmt an, Friedrich habe nach dem März 1233 auf die päpstlichen Forderungen im Gaeta-Konflikt gar nicht mehr reagiert, und Gregor habe daraufhin, um die lästige Geschichte loszuwerden, Friedrichs Privileg für Konrad selbst gekürzt, um die Gaetaner mit dieser Verfälschung für den Frieden mit dem Kaiser zu gewinnen. Die äußere Form des Stücks wie überhaupt seine Überlieferung sprechen in der Tat für diese Vermutung. Andererseits sagt Baaken nichts über die Herkunft der beiden anderen vom Papst den Gaetanern übersandten Dokumente (Hampe 96 f., Nr. 8 III und IV). Sollte Gregor sie wirklich ganz selbst gefälscht, sich aber gescheut haben, am Privileg für Konrad Zusätze anzubringen? Im übrigen entsprechen die an Gaeta abgeschickten Texte doch, zumal sie nichts von einer besonderen Vormundschaftsverwaltung für Konrad sagen, weitgehend Friedrichs Wünschen.
[55] Salimbene, Cronica, MGH SS 32, 70–77, für das Regnum: Richard von S. Germano, ad 1233 (Juni), ed. Garufi 185, zum Friedensfest von Verona (28. 8. 1233)

Freilich verebbte die Friedensbegeisterung der Massen danach recht rasch, und die Aussichten auf einen Kompromiß der Bundesstädte mit dem Kaiser hatten sich unter ihrem Einfluß ohnehin nicht verbessert, sondern eher verschlechtert. Schon daß Bologna nach der Schlichtung seiner internen Streitigkeiten, nach dem Ausgleich zwischen Stadt und Bischof wieder aktiv in der Liga mitarbeitete, gab deren Mitgliedern neues Selbstvertrauen. Es wuchs noch weiter, als Ezzelino da Romano im Juli die Macht im wichtigen Verona für einige Monate an den bereits in Bologna erfolgreichen Dominikanerprediger Johannes von Vicenza abgeben mußte. Cremona dagegen suchte desto engeren Anschluß an den Kaiser und nahm von ihm sogar Graf Thomas von Acerra als Rektor an. Vor den Kardinälen, die seit Ende Mai im Lateran tagten, um den päpstlichen Schiedsspruch vorzubereiten, trugen die Bundesgesandten dann in der Tat die Maximalforderungen ihrer Gemeinschaft vor. Sie bestanden auf der Anerkennung der Liga und aller ihrer Privilegien sowie auf der Rücknahme aller ihr nachteiligen Maßnahmen durch den Kaiser, auf der Haltlosigkeit aller kaiserlichen Ansprüche auf Entschädigung oder Genugtuung und schließlich darauf, daß dem Kaiser, dem deutschen König und den Reichsfürsten künftig der Durchzug durch Bundesterritorium in Begleitung von höchstens 100 unbewaffneten Rittern und erst nach Genehmigung des vorher mitzuteilenden detaillierten Reiseplans durch die Liga gestattet sein solle.[56]

Gregor konnte sich auf diese Vorstellungen nicht einlassen, wollte er nicht die entschiedene Feindschaft des Kaisers, aber wohl auch der Reichsfürsten auf sich ziehen. Andererseits lag ihm nach wie vor an einem engen Vertrauensverhältnis zur Liga. So beschränkte er sich, ähnlich wie die Verhandlungspartner in Padua ein gutes Jahr zuvor, auf die Klärung von zweitrangigen Fragen und verschob die Behandlung der zentralen Punkte erneut. Am 5. Juni 1233 verpflichtete er Friedrich und seinen Sohn Heinrich, den Städten des Bundes volle Verzeihung dafür zu gewähren, daß sie den Hoftag zu Ravenna verhindert hatten. Von den Ligastädten aber verlangte sein Spruch, sie sollten der Kirche 500 Ritter auf zwei Jahre

---

siehe unten Anm. 56 (Verona); vgl. Thompson, Revival Preachers 29–218, Fumagalli, Margine 257–272, Barone, Halleluja-Bewegung 1879f., für Einzelheiten Winkelmann, Friedrich 2, 436–455, 460–481.

[56] Bologna: RI V, Nr. 13127f., 13135, vgl. 6957f.; Verona: Annales Veronenses, ad 1233, MGH SS 19, 8f., HB 4, 446f. (5. 8. 1233), HB 4, 907f. (20. 9. 1236; Friedrich), vgl. Rolandinus Patavinus III 7, MGH SS 19, 58f., Annales Patavini, ad 1233, ebd. 154; Cremona: Acta Imperii selecta 668f., Nr. 962, Annales Cremonenses, ad 1233, MGH SS 31, 16, Richard von S. Germano, ad 1233 (Sept.), ed. Garufi 186. Forderungen der Liga: MGH Const. 2, 217–219, Nr. 176 (24. 5. 1233).

zum Schutze des Heiligen Landes zur Verfügung stellen, außerdem mit den kaiserlichen Städten Frieden halten und auf alles verzichten, was die Aussöhnung zu verhindern drohte. Er schränkte diese Friedenspflicht sofort stark ein, als die Bundesgesandten heftig dagegen protestierten. Damit dämpfte er deren Unwillen allerdings kaum. Sie lehnten den päpstlichen Spruch ab, weil er einseitig zu ihren Lasten gehe und die kaiserlichen Städte gar nicht hätte einbeziehen dürfen.

Friedrich bat den Papst, ihm eine Frist zur Beratung der Sache mit dem eben am Hofe erwarteten Hermann von Salza einzuräumen. Gleichzeitig unterrichtete er indessen Kardinal Rainald von Ostia vertraulich von seiner tiefen Enttäuschung über das päpstliche Urteil, lasse es doch die vielfältigen Beleidigungen, Rechtsbrüche und Untaten gegen das Reich völlig ungesühnt und schade so zugleich auch dem Ruf der Kirche. Wie zu erwarten, übergab Rainald den kaiserlichen Brief an Gregor, der den Vorwurf der Ungerechtigkeit und Lieblosigkeit auf der Stelle vehement zurückwies. Die Gegensätze schienen sich nur weiter zu verschärfen. Überraschend schnell lenkte der Kaiser dann aber ein; am 14. August nahm er Gregors Schiedsspruch uneingeschränkt an. Möglicherweise hatte ihn der Ordensmeister Hermann inzwischen überzeugt, daß sich ein Streit darüber nicht lohne, da die grundsätzlichen Fragen nach wie vor offenblieben. Wenig später entschloß sich der Bund wohl aus ähnlichen Gründen zum gleichen Schritt.[57]

Erst im Frühjahr 1234, nach Friedrichs Rückkehr aus Sizilien, trat die Lombardenfrage erneut in den Vordergrund. Wie schon zweieinhalb Jahre zuvor gelobte der Staufer im April auf päpstliches Drängen noch einmal förmlich, die Entscheidung des Konflikts ohne jeden Vorbehalt in die Hände Gregors zu legen; fünf Monate später bekräftigte er diese Bereitschaft. Den Ligastädten ein entsprechendes Zugeständnis abzuringen, gelang Gregor indessen trotz mehrerer Versuche und der eindringlichen Versicherung seiner speziellen Zuneigung offenbar nicht.[58]

Noch weit größere Sorgen bereitete dem Papst jedoch ganz gewiß der dramatische Umschwung der Situation in Rom. Gleich den meisten Frie-

[57] MGH Const. 2, 219–225, Nr. 177–182 (5. 6.–14. 8. 1233), MGH Epp. saec. XIII 1, 445–447, Nr. 552 (12. 8. 1233), HB 4, 450 f.; vgl. Fasoli, Federico 59–61, zu Kardinal Rainald: Paravicini Bagliani, Cardinali 41–53, zur Rolle Hermanns: Kluger, Hochmeister 168 f.
[58] MGH Const. 2, 225–227, Nr. 183 f. (Apr., Sept. 1234), vgl. oben S. 269 mit Anm. 12; MGH Epp. saec. XIII 1, 472 f., Nr. 581 f. (4. 5. 1234), 476 f., Nr. 587 (3. 7. 1234), 488–490, Nr. 603 I (27. 10. 1234; 490 f., Nr. 603 II = MGH Const. 2, 227, Nr. 185: die den Lombarden zugeschickte, von ihnen aber wohl nicht unterzeichnete Einverständniserklärung).

densschlüssen aus der Zeit der Halleluja-Bewegung überdauerte nämlich auch seine Übereinkunft mit den Römern kaum ein Jahr. Ohne Rücksicht darauf begannen der Senator der Stadt und seine Räte im April oder Mai, im Gebiet des Patrimonium Petri Burgen der römischen Kirche ihrer Herrschaft zu unterstellen, Geiseln zu nehmen und päpstliche Rechte für sich zu beanspruchen. Bereits Ende Mai sah Gregor keine andere Wahl mehr, als die Stadt zu verlassen und nach Rieti auszuweichen. Seine neuerliche Notlage aber bot dem Kaiser eine hervorragende Gelegenheit, sich als zuverlässiger Helfer und Verteidiger der Kirche zu profilieren und so seinerseits die Unterstützung des Papstes zu gewinnen, ihn zumindest eindeutiger als bislang auf seine Seite zu ziehen.

Kurzentschlossen nutzte Friedrich die Gunst der Stunde. Er eilte Anfang Juni, wohl nicht gerufen, sondern aus eigener Initiative, in Begleitung seines Sohnes Konrad und, neben anderen, Hermanns von Salza an den päpstlichen Hof, wo man ihn nach Gebühr empfing. Beredt warb er erneut für die enge Union von Kirche und Imperium, beschwor er sein Gegenüber, an der Lauterkeit seiner Absichten, an seiner unbedingten Treue zur römischen Kirche und seinem Eifer für die päpstliche Sache nicht zu zweifeln. Schließlich bot er dem Papst sogar seinen Liebling Konrad als Geisel, als eine Art Unterpfand für die Ehrlichkeit seiner Worte und die Reinheit seines Wollens. Gewiß erwartete er nicht ernsthaft, Gregor werde eine solch ungewöhnliche Sicherheitsleistung akzeptieren. Sein Vorschlag zeigt dennoch, wie wichtig ihm die Begegnung war, wie sehr er an die Möglichkeit glaubte und darauf hoffte, den vor den Römern geflüchteten, von den Lombarden im Stich gelassenen Papst doch noch für sich und seine Sicht der Dinge gewinnen und ihn davon überzeugen zu können, daß er, der Kaiser, die einzig wahre und verläßliche Stütze der Kirche sei, daß ihm freilich auch das, was er etwa in Oberitalien forderte, nach Recht und göttlichem Willen zustehe.

Gregor reagierte allem nach mit freundlichem Wohlwollen. Er bewahrte jedoch sein Mißtrauen und dachte selbst jetzt nicht daran, die für ihn wirklich wesentlichen Positionen aufzugeben. Im übrigen suchte er offenbar des Kaisers Hilfsangebot als selbstverständliche Pflicht, seine eigene Dankesschuld infolgedessen als durchaus begrenzt darzustellen. Immerhin setzte er seine prokaiserlichen Interventionen im Heiligen Land fort. Außerdem rief er die Städte der Lombardenliga noch einmal energisch dazu auf, die vom Kaiser aus Deutschland gerufenen Ritter ungehindert nach Süden passieren zu lassen, zumal sie – was nun feststand – für die römische Kirche kämpfen sollten. Vor allem aber bemühte er sich sofort, auf König Heinrich im väterlichen Sinne Druck auszuüben. Vielleicht zielte auch sein Rat, Friedrich möge wieder heiraten und Isabella, die Schwester Heinrichs III. von England zur Frau wählen, unter anderem darauf ab, den

Spielraum des deutschen Königs durch die Bindung der Welfen und ihres norddeutschen Anhangs an den Kaiser einzuengen und ihn so von unvorsichtigen Schritten abzuhalten. In dem sich bald dramatisch zuspitzenden Konflikt zwischen Vater und Sohn stützte er dann jedenfalls uneingeschränkt das kaiserliche Vorgehen – für Friedrich vielleicht der greifbarste Erfolg der Begegnung zu Rieti, seiner letzten mit Gregor.[59]

Wie versprochen, führte der Staufer zusammen mit dem vom Papst abgeordneten Kardinal Rainer von Viterbo die deutschen Truppen gegen die Römer. Zunächst wohl von Montefiascone, später von Viterbo aus leitete er die Belagerung der Festung Rispampani (westlich Viterbos), die die Römer zäh verteidigten. Das Unternehmen zog sich hin, und Friedrich eilte im September ins Regnum zurück. Kurz danach errangen seine Ritter und die Milizen Viterbos dann doch noch einen Sieg über ihre unvorsichtig gewordenen Gegner; im April 1235 schlossen diese daraufhin neuerlich Frieden mit dem Papst. In Gregors Umgebung empfand man Friedrichs Engagement im Dienste der Kirche als ziemlich enttäuschend – nichts als die Jagd habe er damals im Kopf gehabt, tadelte Gregors Biograph. Der Kaiser selbst hielt es immerhin für angebracht, seinen verfrühten Abgang vom Kampfplatz beim Papst etwas gewunden mit Krankheit zu entschuldigen. Aus späteren Bemerkungen darf man indessen schließen, daß des Herrschers Einsatzbereitschaft für die Sache der Kirche in Wahrheit wohl angesichts der Vorfälle in der Lombardei und der päpstlichen Reaktion darauf dahinschwand. Als nämlich im Juli 1234 Mailand und Brescia unter Bruch ihres gerade ein Jahr zuvor dem Papst gegebenen Friedensversprechens in das Gebiet Cremonas einfielen, raffte sich Gregor offenbar weder zu einer Rüge auf, noch gab er dem Kaiser gar freie Hand, seinen bedrängten Verbündeten in Oberitalien oder auch in der Toskana aktiv Hilfe zu leisten.[60] Ins Zentrum der

---

[59] Päpstl. Flucht, Treffen in Rieti: Vita Gregorii IX., c. 19f., edd. Fabre – Duchesne 25; Richard von S. Germano, ad 1234 (Mai), ed. Garufi 188; Annales S. Pantaleonis, ad 1234, MGH SS rer. Germ. 18, 265f.; RI V, Nr. 2052, 2056f. (Anwesenheit Hermanns); MGH Epp. saec. XIII 1, 479, Nr. 591 (Exkommunikation der Römer), 476f., Nr. 587 (3. 7. 1234), vgl. 473–475, Nr. 583f. (20. 5. 1234) (Durchzug der deutschen Ritter); Friedrichs Sicht: Acta Imperii selecta 268, Nr. 303 (1. 7. 1234), HB 4, 875f. (wohl Mai 1236), MGH Const. 2, 293f., Nr. 215 (6–8) (20. 4. 1239). Gregor und das Hl. Land: Epp. 1, 480–483, Nr. 593–595 (7.–9. 8. 1234), vgl. oben S. 167f. mit Anm. 165; Gregor und Heinrich: HB 4, 473–476 (5. 7. 1234), sein Ehevorschlag: HB 4, 539f. (25. 4. 1235; Friedrich).

[60] Kampf gegen die Römer, Kritik am Kaiser: Vita Gregorii IX., c. 20f., edd. Fabre – Duchesne 25f., Richard von S. Germano, ad 1234, ed. Garufi 188f., Roger von Wendover, ad 1234, ed. Hewlett 3, 100f.; Friede mit Rom: MGH Epp. saec. XIII 1, 520–530, Nr. 636 (April–Mai 1235), vgl. 506, Nr. 618, 514f., Nr. 629, 517, Nr. 632,

kaiserlichen Sorgen geriet im Herbst 1234 im übrigen rasch die offene Auflehnung Heinrichs, des deutschen Königs.[61]

Wachsender Ärger über König Heinrich

Heinrich war im Mai 1232 gewiß tief aufgewühlt und in seinem Stolz verletzt von dem Treffen mit seinem Vater nach Deutschland zurückgekehrt. Gleich in Regensburg offenbarte sich seine Unsicherheit: Er stieß, vielleicht bei dem Versuch, die jüngsten antistädtischen Beschlüsse hier durchzusetzen, auf den massiven Widerstand der Bürger und verhängte, in seiner königlichen Würde schwer gekränkt, eine harte Strafe über die Stadt. Kurz darauf vergab er zwar den Missetätern, bestand jedoch auf der Zahlung der ihnen auferlegten Buße. Andere kirchenfreundliche Entscheidungen folgten. Daneben stehen freilich dem durchaus widersprechende Versuche, die Stadtbürgerschaft gegen ihren Bischof zu stützen, so in Metz und Worms. Allerdings hatten sich Kaiser und Fürsten bereits in Cividale mit einem schroffen Urteil speziell gegen das im März 1232 ausgestellte Privileg des Königs zugunsten der Wormser Bürger gewandt. Infolgedessen stieß Heinrich auch jetzt sofort auf den heftigen Widerstand des Bischofs von Worms. Er sah sich rasch genötigt einzulenken, den bürgerlichen Rat in dessen Stadt zu verbieten und die Neuordnung der dortigen Verhältnisse einem fürstlichen Schiedsgericht anzuvertrauen. Nach mancherlei Schwierigkeiten kam es Ende Februar 1233 zu einem Kompromiß, der zwar die Bildung eines Stadtrates gestattete und damit den führenden Wormser Familien ihren gewohnten Einfluß sicherte, der zugleich jedoch die dominierende Stellung des Bischofs im wesentlichen unangetastet ließ.[62]

HB 4, 535 f., 945, Richard ad 1235, 190. Friedrichs Entschuldigung: Acta Imperii 1, 296, Nr. 334, seine späteren Äußerungen: HB 4, 876, MGH Const. 2, 294, Nr. 215 (9); Angriff Mailands: Tolosanus c. 161, ed. Rossini 137, Annales Cremonenses, ad 1234, MGH SS 31, 16, Annales Bergomates, ad 1233, ebd. 333, Chronicon Parmense, ad 1234, ed. Bonazzi 10 f., Memoriae Mediolanenses, ad 1234, MGH SS 18, 402; Toskana: Annales Senenses, ad 1234, MGH SS 19, 229. Zu Kardinal Rainer: Maleczek, Papst 184–189, bes. 187, Westenholz, Rainer, bes. 42–47.

[61] Vgl. Richard von S. Germano, ad 1234 (Ende), ed. Garufi 189.

[62] Regensburg: HB 4, 571–573; kirchenfreundliche Maßnahmen: RI V, Nr. 4240, 4242 f., 4268, 4272, 4279–4281, vgl. 4238 f., 4241, 4244, 4251, 4256 f. Metz: HB 4, 595 f. (Ende 1232), Alberich von Troisfontaines, ad 1232, MGH SS 23, 930, vgl. ad 1230, 926, ad 1234, 935; Worms: HB 4, 579–582 (3.–4. 8. 1232), 954 f. (8. 8. 1232), Friede: HB 4, 602 f. (27. 2. 1233), vgl. oben S. 284 mit Anm. 44, HB 4, 335–337 (Mai 1232; Friedrich), RI V, Nr. 11118, Chronicon Wormatiense, ad 1231, ed. Boos 170–173, Annales Wormatienses, ebd. 145 f., vgl. Keilmann, Kampf 55–80.

Des Königs unklar-schwankendes Regiment weckte offenbar schnell wieder die alten väterlichen Vorurteile und Befürchtungen. Friedrich forderte den Trierer Erzbischof Dietrich auf, seinen Sohn persönlich an seinen in Cividale geschworenen Gehorsamseid zu erinnern, und der hohe Geistliche nutzte vermutlich einen Hoftag im Frühjahr 1233, um Heinrich ins Gewissen zu reden. Mochten ihm dabei besonders eindringliche Worte zu Gebote gestanden oder eher konkrete Drohungen die entscheidende Rolle gespielt haben – jedenfalls tat der König nach der Unterredung einen ungewöhnlichen Schritt, um seine feste Bereitschaft zu künftigem Wohlverhalten zu beweisen: Er bat nun auch noch den Papst, ihn im Falle seines Eidbruchs auf Verlangen des Kaisers ohne weiteres zu exkommunizieren.[63]

An Grund zu neuen Spannungen fehlte es danach freilich keineswegs. In Deutschland wuchs in jenen Jahren die Kritik an der Kirche und die Neigung zu ketzerischen Glaubensvorstellungen, wenngleich wohl nicht in so dramatischem Ausmaß wie in Oberitalien oder Südfrankreich. Dennoch intensivierte Papst Gregor IX. hier jetzt ebenfalls die Visitation des Weltklerus und der Klöster, die Kontrolle des Kirchenvolkes und insbesondere die Bekämpfung der Häretiker. Er betraute zu diesem Zweck im November 1231 erstmals Dominikaner eigens mit der Aufgabe der Ketzerinquisition. Bereits einen Monat zuvor aber erhielt Konrad von Marburg den gleichen Auftrag, und er sollte in den nächsten beiden Jahren vor allen anderen durch sein Wirken als Aufspürer und gnadenloser Richter der Ketzer vorwiegend am Mittelrhein zweifelhaften Ruhm erwerben.[64]

Konrad war ein Mann von asketischer Lebensführung, hoher Bildung, aber auch fanatischer Frömmigkeit. Bewährt als Kreuzzugsprediger, hatte er die besondere Gunst der Thüringer Landgrafen gewonnen, seit 1226 als Beichtvater bestimmenden Einfluß auf die junge Landgräfin Elisabeth ausgeübt und nach dem Tod des Landgrafen Ludwig, ihres Gemahls (11. 9. 1227), bis zu ihrem frühen eigenen Tod im November 1231 im päpstlichen Namen als der in geistlichen wie weltlichen Dingen allein verantwortliche Beschützer der frommen Witwe gewirkt. Nun widmete er sich mit Leidenschaft und bisher unerhörter Härte seinem neuen Tätigkeitsfeld und übte ein wahres Schreckensregiment aus. Selbst kirchentreue

---

[63] Acta Imperii selecta 264f., Nr. 300 (3. 12. 1232; Friedrich); Hoftag vom März 1233: RI V, Nr. 4269a, 4270; MGH Const. 2, 426f., Nr. 316 (10. 4. 1233; Heinrich).

[64] Text bei Kurze, Anfänge 190–193 (11. 10. 1231), vgl. zur Interpretation ebd. 149–156; Gregors Auftrag an Regensburger Dominikaner: Selge, Texte 45–47, Nr. 1 (22. 11. 1231), vgl. schon RI V 4, 82, Nr. 564 (1. 6. 1231; Heinrich [VII.]), vgl. Acta Imperii 1, 499–501, Nr. 624 (27. 11. 1231; Gregor an Dominikaner in Friesach), ebd. 502, Nr. 626 (30. 5. 1232), Acta Imperii selecta 665–667, Nr. 959 (25. 6. 1231; = Selge, Texte 41–45, Nr. 1–4; Gregor sendet seine Ketzerstatuten nach Deutschland); MGH Epp. saec. XIII 1, 394–396, Nr. 490 (29. 10. 1232). Dazu Kurze 156–164.

Zeitgenossen klagten, sein Eifer habe keine Entschuldigung und keine Ausnahme zugelassen, keinen Raum zur Verteidigung oder auch nur zur Überlegung gegeben. Verdächtige hätten nur die Wahl gehabt, sich schuldig zu bekennen und zu büßen oder das Verbrechen der Ketzerei abzustreiten und verbrannt zu werden. Vermutlich seien sogar Unschuldige verbrannt worden – offenkundig geschah dies in der Tat. Auch die Großen der Gesellschaft ließ Konrad nicht ungeschoren, selbst einen vornehmen Herrn wie den Grafen Heinrich von Sayn (nördlich Koblenz'), der am Hofe des Königs verkehrte, zitierte er vor sein Tribunal.[65]

So sah sich König Heinrich im Juli 1233 genötigt, auf einem Hoftag in Mainz zusammen mit Erzbischöfen und Bischöfen des Reiches über die Praxis der Ketzerverfolgung zu beratschlagen. Konrad von Marburg, der auf dieser Versammlung ebenfalls anwesend war, konnte sich dort offenbar gegen den Grafen von Sayn nicht durchsetzen, weil seine Zeugen ihre früheren Aussagen als erpreßt widerriefen. Mehr noch: Auf der Heimreise von dem für ihn unbefriedigenden Treffen wurde er ermordet, vermutlich von erbitterten, zum Äußersten entschlossenen Männern, die er ebenfalls angeklagt hatte. Ein zweiter, von zahlreichen geistlichen und weltlichen Fürsten besuchter Tag in Frankfurt im Februar 1234 ebnete dann nicht nur dem Grafen von Sayn den Weg zum endgültigen Freispruch. Vor allem einigten sich die Anwesenden auf ein umfangreiches Landfriedensgesetz, mit dessen Hilfe sie wieder Ruhe, Gerechtigkeit und eine geordnete Rechtsprechung im Reich herzustellen gedachten. Der richterlichen Gewalt trugen sie unter anderem auf, gegen die Ketzer einzuschreiten; sie geboten ihr aber auch ausdrücklich, dabei der Gerechtigkeit den Vorzug vor ungerechter Verfolgung zu geben.[66]

Wie Heinrich stand die Mehrheit der deutschen Geistlichkeit dem von Konrad praktizierten Verfahren mit seiner unbarmherzigen Härte, seinem fanatischen Übereifer und seinen gräßlichen Folgen durchaus kritisch gegenüber. Mehrfach, so schrieb der Mainzer Erzbischof Siegfried rückblickend nach Rom, habe er allein oder mit Kollegen den Marburger Magister zu mehr Mäßigung und Besonnenheit gemahnt, ohne damit freilich irgendeine Änderung zu erreichen. Papst Gregor jedoch spornte im Juni

[65] Dazu und zum Folgenden: Annales Erphordenses, ad 1232–1234, MGH SS rer. Germ. 42, 82–87, Annales S. Pantaleonis, ad 1232–1233, MGH SS rer. Germ. 18, 264 f., Gesta Treverorum IV 4–5, MGH SS 24, 400–402, Alberich von Troisfontaines, ad 1233, MGH SS 23, 931 f., Chronicon Wormatiense, ad 1231, ed. Boos 167–170, vgl. Annales Marbacenses, ad 1231, MGH SS rer. Germ. 9, 93 f., ad 1233, 95; Chronicon Ebersheimense, c. 42, MGH SS 23, 453. Zu Konrad: Werner, Elisabeth 46–61, Patschovsky, Ketzerverfolgung 641–693, Kurze, Anfänge 146–149, 164–185.
[66] MGH Const. 2, 428 f., Nr. 319 (bes. c. 2; 11. 2. 1234).

1233 nicht nur den Kaiser, seinen Sohn und die Bischöfe Deutschlands, sondern in einem besonderen Brief gerade auch Konrad zu vermehrten Anstrengungen im Kampf gegen die Häresie an. Mit um so tieferem Schmerz erfüllte ihn kurz darauf die Nachricht von seinem Tod. Er befahl der deutschen Geistlichkeit dringend, die Mörder dieses Herolds des Himmelskönigs und unübertroffenen Eiferers für die kirchliche Freiheit zu exkommunizieren und der verdienten Strafe zuzuführen, die Verfolgung der Ketzer aber desto energischer fortzusetzen. Zwar wurden ihm die Gefahren von Konrads Rigorosität dann wohl bald bewußt, trotzdem stellte er sich noch im Sommer 1235 recht eindeutig hinter dessen Handlungsweise. Einzelne deutsche Bischöfe teilten seine Auffassung, so Konrad von Hildesheim, mit dem König Heinrich in Frankfurt deswegen heftig zusammenstieß. Daß sich sein Sohn auf solche Art hervortat, fand beim Kaiser allerdings schwerlich viel Gefallen. Friedrich hatte ja im Februar und März 1232 mit seinen eigenen Ketzergesetzen und Weisungen die damals in Deutschland anlaufenden antihäretischen Maßnahmen des Papstes gezielt gefördert, weil er hoffte, eine entschiedene und verläßliche Ketzerpolitik vergrößere das Vertrauen Gregors in seine Absichten und erleichtere deshalb ein päpstliches Entgegenkommen etwa in der Lombardenfrage. Jedes deutsche Zögern auf dem Felde der Häresiebekämpfung mußte ihm aus dieser Perspektive als eine unangenehme Gefährdung seiner übergeordneten imperialen Interessen erscheinen.[67]

Andere Vorfälle trübten Friedrichs Verhältnis zu seinem Sohn indessen noch stärker. Im August 1233 wandte sich Heinrich mit einem großen Heer, begleitet erstaunlicherweise vom Straßburger Bischof, aber offensichtlich auch von Erzbischof Siegfried von Mainz und Bischof Hermann von Würzburg, gegen Otto, den neuen Herzog von Bayern; Otto mußte sich rasch unterwerfen, Gehorsam versprechen und seinen Sohn als Geisel stellen.[68] Die Gründe für dieses kriegerische Unternehmen sind völlig unklar. Möglicherweise spielte das Zerwürfnis Heinrichs mit Ottos Vater

[67] Brief Siegfrieds von Mainz: Alberich von Troisfontaines (wie Anm. 69) (April 1234); Gregor: MGH Epp. saec. XIII 1, 429f., Nr. 533, ebd. 432–435, Nr. 537 (Juni 1233), ebd. 451–456, Nr. 558, 560f. (Okt. 1233), ebd. 544–547, bes. 544, Nr. 647 (Juli 1235); siehe dazu Kurze, Anfänge 167–179. Zu Friedrichs Hilfe für Gregor siehe oben S. 271 f. mit Anm. 18.

[68] Annales Marbacenses, ad 1233, MGH SS rer. Germ. 9, 95 (Beteiligung des Straßburger Bischofs; vgl. RI V, Nr. 4290), Annales S. Pantaleonis, ad 1233, MGH SS rer. Germ. 18, 265, Annales S. Rudberti, ad 1233, MGH SS 9, 785, Sächsische Weltchronik, c. 377, MGH Dt. Chron. 2, 249, Annales Scheftlarienses, ad 1233–1234, MGH SS 17, 340; Annales Erphordenses, ad 1234, MGH SS rer. Germ. 42, 87 (Beteiligung des Erzbischofs von Mainz), RI V, Nr. 4292 (Beteiligung des Wormser Bischofs).

Ludwig und dessen antikaiserliche Haltung und Ermordung noch immer eine Rolle. Heinrich selbst behauptete später, Otto habe sich offen dem Kaiser widersetzt; er nennt freilich keine näheren Einzelheiten, und schwere Vergehen des Herzogs, die einen regelrechten Feldzug gegen ihn rechtfertigen würden, lassen sich nicht erkennen. Vielleicht plante der König tatsächlich, wie man vermutete, Bayern – und wohl ebenso die Rheinpfalz – dem unmittelbaren staufischen Herrschaftsbereich einzugliedern.[69] Er hätte dann mit militärischer Gewalt, ohne zureichenden Rechtsgrund und allein aus machtpolitischen Motiven die Vernichtung eines Reichsfürsten angestrebt. Weitere eindeutige Schritte in diese Richtung unterließ er freilich. Des Bayern Standesgenossen hätten ihm dabei wohl auch kaum allzu lange tatenlos zugesehen – am wenigsten seine unmittelbaren Helfer, der Mainzer und der Straßburger Bischof, die vermutlich in erster Linie die Hoffnung auf territoriale Gewinne in der Pfalz zu ihrem Auftritt an seiner Seite bewog.

Fürs erste schien Heinrich indessen der Erfolg recht zu geben. Auf dem schon erwähnten Frankfurter Hoftag vom Februar 1234 nahm er im Streit zwischen Graf Egino V. von Urach und Markgraf Hermann von Baden um Forstrechte und die Silbergruben im Breisgau für den damals auf seiner Seite stehenden Egino Partei. Er bestätigte nicht nur die auf einen Fürstenspruch gegründete Belehnung des Urachers mit den umkämpften Gütern und Rechten, wogegen wohl nichts sprach, sondern brachte Hermann zudem dahin, daß er ihm seinen Sohn als Geisel stellte; überdies zwang er ihn, die einst mit Friedrich vereinbarte Pfandsumme für Lauffen a. N. und andere Städte herabzusetzen.[70] Gleichfalls in Frankfurt entschied der König die Erbauseinandersetzung um Burg und Stadt Langenburg (nördlich Schwäb. Halls) gegen Gottfried von Hohenlohe zugunsten eines anderen, noch unmündigen Anwärters, dessen Namen er merkwürdigerweise nicht nennt – vielleicht handelte es sich um den Sohn seines Vertrauten, des Schenken Walter von Schüpf-Limpurg. Heinrich von Neuffen erhielt den Auftrag, gegen den des Landfriedensbruchs beschuldigten Gottfried

---

[69] So besonders Franzel, König Heinrich 126–128, ähnlich Borchardt, Aufstand 68, vgl. ebd. zu den Motiven Hermanns von Würzburg 60–75; Heinrichs eigene Aussage: MGH Const. 2, 431, Nr. 322 (4) (2. 9. 1234). In Friedrichs Augen bedrohte Heinrich wohl das für die kaiserl. Reichspolitik nötige grundsätzliche Einverständnis der Reichsfürsten; die 1233 ausgebliebene deutsche Truppenhilfe für den Papst, auf die Borchardt 68, 74–76 abhebt, spielte kaum eine Rolle – Gregor war ja bereits im März 1233 wieder in Rom; 1234 aber trugen deutsche Ritter, anders als Borchardt 79 angibt, wesentlich zum Erfolg gegen die Römer bei, vgl. oben S. 294 f.
[70] Streit Hermann – Egino: HB 4, 629 f., HB 4, 639 f. (1./15. 2. 1234); Geiselstellung: MGH Const. 2, 432, Nr. 322 (8) (2. 9. 1234), Pfandsumme: HB 4, 500 f. (Nov. 1234; Friedrich), vgl. oben Bd. 1, S. 198 f., Büttner, Egino 21–23.

Wachsender Ärger über König Heinrich

vorzugehen, und zerstörte in der Tat einige Burgen der Herren von Hohenlohe. Die Quellen unterrichten uns über den Fall leider nur mangelhaft, dennoch darf man auch hier bezweifeln, daß alle Schritte des Herrschers eindeutig durch das Recht gedeckt waren.[71] Wie das bayrische Herzogtum setzte zweifellos der Besitz der Badener und Hohenloher der staufischen Territorialpolitik Grenzen, die Heinrich mit seinen Aktionen unter Umständen zu beseitigen gedachte. Erneut stützte er sich dabei jedoch auf Bundesgenossen, die in der Vergangenheit als Hauptgegner der staufischen Expansion in Süddeutschland hervorgetreten waren und aus denen ihm im Erfolgsfall sofort wieder seine schärfsten Konkurrenten erwachsen mußten. Das gilt für Egino von Urach so gut wie für Bischof Hermann von Würzburg. Der kritisch beobachtende Kaiser hielt es deshalb wohl für höchst unwahrscheinlich, daß das Vorgehen seines Sohnes der staufischen Sache irgendeinen dauerhaften Nutzen bringen könnte. Um so schneller wurde er mit dessen negativen Folgen konfrontiert. Die davon Betroffenen wandten sich nämlich mit ihren Klagen in tiefer Empörung unmittelbar an ihn und fanden, wie Heinrich enttäuscht und erbittert registrierte, als bewährte Gefolgsleute seines Vaters sofort das kaiserliche Gehör. Friedrich machte die umstrittenen Maßnahmen seines Sohnes gegen Bayern und Baden wie gegen Hohenlohe rückgängig, verlangte von Heinrich in offenbar äußerst schroffen Mandaten den unverzüglichen Vollzug seiner Befehle und drohte ihm mit dem vollständigen Bruch bei der geringsten weiteren Verfehlung. Im Juli 1234 kündigte er überdies von Rieti aus in einem Brief an Erzbischof Dietrich von Trier sein persönliches Erscheinen in Deutschland für den Sommer 1235 an. Gleichzeitig veranlaßte er, daß der Papst den deutschen König ebenfalls ein letztes Mal, wiederum durch Erzbischof Dietrich von Trier, eindringlich auf seine christliche Pflicht zur Elternliebe sowie auf seine durch Eid bekräftigten Verpflichtungen gegenüber Kaiser und Reichsfürsten und auf die Folgen eines Eidbruchs hinwies; nach Gregors Willen sollte Dietrich den König im Fall eines solchen Bruchs, wie von Heinrich selbst erbeten, ohne weiteres öffentlich exkommunizieren.[72]

---

[71] MGH Const. 2, 431 f., Nr. 322 (5–7) (2. 9. 1234); dazu Borchardt, Aufstand 69–72, zu Gottfried: Wunder, Gottfried 24–34, bes. 27 f., zu Schenk Walter oben Bd. 1, S. 201.

[72] Friedrichs Reaktion, Heinrichs Enttäuschung: MGH Const. 2, 432, Nr. 322 (6–9) (2. 9. 1234); vgl. HB 4, 500 f. (Nov. 1234; Markgraf von Baden beim Kaiser), Gottfried von Hohenlohe in Rieti: Borchardt, Aufstand 71 mit Anm. 81, zu Konrad von Hohenlohe: Const. 2, 228, Nr. 186 (Sept. 1234); Acta Imperii selecta 267 f., Nr. 303 (1. 7. 1234; Friedrich an Dietrich), HB 4, 473–476 (5. 7. 1234; Gregor an Dietrich).

Heinrichs Empörung und Sturz

Heinrich rechtfertigte sein Verhalten zwar Anfang September noch in einer langen Schrift an Konrad von Hildesheim, bat den Bischof, ihm mit anderen Fürsten zusammen einen Weg zum Ausgleich mit seinem Vater und zum Frieden im Reich aufzuzeigen, und sandte außerdem sogar Erzbischof Siegfried von Mainz und Bischof Ekbert von Bamberg als seine Fürsprecher an den kaiserlichen Hof zu Foggia.[73] Er glaubte damals jedoch allem nach schon nicht mehr ernsthaft an die Möglichkeit einer Verständigung, denn kurz darauf tat er, besorgt über die näherrückende Deutschlandfahrt des Kaisers, die ersten Schritte zur offenen Empörung gegen ihn: Während eines Hoftages in Boppard (südlich Koblenz') warb er um Verbündete für sein Vorhaben. Unter den Fürsten gewann er indessen nur die Bischöfe von Würzburg, Augsburg, Speyer und Worms sowie Abt Konrad von Fulda; daneben sympathisierte vielleicht sein Schwager, Herzog Friedrich von Österreich, mit seiner Sache, und aus dem süddeutschen Adel traten Graf Egino von Urach-Freiburg, Heinrich von Neuffen und Anselm von Justingen an seine Seite. Die Städte im Elsaß und am Rhein nötigte er zur Stellung von Geiseln und zur Leistung eines Treueids, den nun gerade die Wormser Bürger standhaft verweigerten.[74]

Bündnisverhandlungen des deutschen Königs mit dem französischen scheiterten, aber die Unterredungen Anselms von Justingen mit dem Lombardenbund führten im Dezember zu einem Schutz- und Hilfsabkommen zwischen Heinrich und seinen Anhängern einerseits und Mailand sowie den mit ihm befreundeten Städten andererseits. Heinrich erhoffte sich von der Übereinkunft mit den entschiedensten und gefährlichsten Gegnern seines Vaters vermutlich, daß sie diesem den Zugang nach Deutschland verschließe. In den Augen des Kaisers aber mußte sie als unfaßliches und ungeheures Verbrechen erscheinen; sie bewies aus seiner Sicht ganz klar die hochverräterischen, auf das Verderben des Imperiums zielenden Absichten seines Sohnes. Spätestens jetzt, wenn nicht schon auf

---

[73] Rechtfertigung: MGH Const. 2, 431–433, Nr. 322 (2. 9. 1234); Siegfried und Ekbert in Foggia: HB 4, 502f., 507, Const. 2, 229, Nr. 187 (alle Nov. 1234).

[74] Dazu und zum Folgenden: Annales Marbacenses, ad 1234–1235, MGH SS rer. Germ. 9, 96f., Annales S. Pantaleonis, ad 1234–1235, MGH SS rer. Germ. 18, 266, Annales Erphordenses, ad 1234–1235, MGH SS rer. Germ. 42, 89f., Chronicon Ebersheimense, c. 43, MGH SS 23, 453, Gesta Treverorum IV 6, MGH SS 24, 403, Chronicon Wormatiense, ed. Boos 173–175, Annales Wormatienses, ad 1233–1235, ebd. 146–148, Gotifredi Continuatio ad 1235, MGH SS 22, 348, Breve chronicon, ed. Huillard-Bréholles 905; vgl. MGH Epp. saec. XIII 1, 516, Nr. 631 (13. 3. 1235), ebd. 558f., Nr. 659 (24. 9. 1235).

Heinrichs Empörung und Sturz 303

die Kunde von den zu Boppard getroffenen Abmachungen hin, dürfte überdies Erzbischof Eberhard von Salzburg die Exkommunikation Heinrichs ausgesprochen haben.[75] Die Kämpfe, die im November ausbrachen, konzentrierten sich zunächst auf den hohenlohischen Raum, wo Gottfried einer von Walter von Limpurg geführten und vom Bischof von Würzburg unterstützten Koalition gegenüberstand; zeitweise erschien hier sogar der König selbst. Kaum vom Kaiserhof zurückgekehrt, hatte sich dann Markgraf Hermann von Baden der Angriffe Heinrichs von Neuffen zu erwehren; er behauptete im ganzen seine Position, konnte allerdings die Zerstörung des Stifts Backnang nicht verhindern. Um das Rheintal vollständig zu sichern, rückte König Heinrich schließlich im April 1235 mit einem großen Heer gegen Worms. Er belagerte die ihm hartnäckig trotzende Stadt jedoch vergeblich und zog sich nach diesem Mißerfolg ohne weitere militärische Aktionen nach Oppenheim und Frankfurt zurück.[76]

Den Kaiser hielten die als Kläger oder Vermittler zu ihm eilenden Reichsfürsten über die Vorgänge in Deutschland ständig auf dem laufenden. Offenbar verstand er es, auch die Zweifelnden unter ihnen von seiner Sicht des Geschehens zu überzeugen, und sei es durch seine Privilegien.[77] Ende Januar legte er allen Fürsten des Reiches in einem ausführlichen Schreiben noch einmal die hauptsächlichen Verfehlungen seines Sohnes dar: Heinrich habe sich, pflichtvergessen sowohl gegenüber seinem Vater wie gegenüber den Fürsten, den Leuchten und Beschützern des Imperiums, gerade von den verläßlichsten und getreuesten Stützen der Herrschaft abgewandt und, verführt von falschen, ihm, dem Kaiser, feindlichen Ratgebern und unter Bruch seines öffentlich geleisteten Eides, die väterlichen Befehle mißachtet, die Fürsten aber vielfach und unerträglich bedrückt und beleidigt. Ein solch gefährliches Beispiel dürfe nicht Schule machen – Haupt und Glieder des Imperiums, der Herrscher und die Für-

[75] Bündnis mit Frankreich: Annales Marbacenses (wie Anm. 74) 96; mit den Lombarden: MGH Const. 2, 435–438, Nr. 325–328 (13. 11.–17. 12. 1234), vgl. Tolosanus, c. 156, ed. Rossini 135, Annales Placentini Gibellini, ad 1234, MGH SS 18, 470, Annales Patavini, ad 1232, MGH SS 19, 154, HB 4, 876 (wohl Mai 1236; Friedrich). Exkommunikation: MGH Epp. saec. XIII 1, 550, Nr. 651 (1. 8. 1235), vgl. ebd. 516, Nr. 630 (13. 3. 1235).
[76] Dazu Weller, Kriegsgeschichte 177–179, Borchardt, Aufstand 81–91, zu Worms: Keilmann, Kampf 80–86; vgl. RI V, Nr. 4360a–4364 (Nov. 1234; Heinrich in Würzburg); Chronicon Wormatiense 174, Annales Wormatienses 147f., Gotifredi Continuatio (alle wie Anm. 74).
[77] HB 4, 500f. (für Hermann von Baden); HB 4, 502f., 506f. (für Siegfried von Mainz); HB 4, 510–513, MGH Const. 2, 228f., Nr. 187 (für Heinrich von Eichstätt); HB 4, 516–518 (für Abt Heinrich von Tegernsee).

sten seien vielmehr aufgerufen, den Anfängen in aller Strenge zu wehren. An „unseren Vorgänger David" und dessen rebellischen Sohn Absalom erinnerte er im Frühjahr 1235 die Bürger von Worms, um sie in ihrem standhaften Ausharren bis zu seinem Kommen zu bestärken.[78] Mitte April 1235 brach Friedrich zu seiner Reise nach Deutschland auf – erst fünf Jahre später sollte er in das sizilische Regnum zurückkehren. Er nahm seinen Sohn Konrad mit, und zunächst begleitete ihn eine ganze Reihe sizilischer Großer aus Adel und Kirche. In Fano (zwischen Ancona und Rimini) regelte er zusammen mit ihnen letzte Einzelheiten der künftigen Verwaltung des Königreichs. Sogar noch einige Konstitutionen promulgierte er dort, und vor allem berief er jetzt den Großhofjustitiar Heinrich von Morra, Graf Thomas von Acerra sowie die Erzbischöfe von Palermo, Capua und Otranto zu Mitgliedern jenes fünfköpfigen Regentschaftsrates, dem er während seiner Abwesenheit seine Stellvertretung anvertraute. Über Rimini und Aquileia gelangte er dann nach Cividale, wo ihn die ersten deutschen Fürsten empfingen. Noch im Mai betrat er in Kärnten deutschen Boden.[79]

Zwar endete die Unterredung, zu der sich der Herrscher mit Friedrich von Österreich in der Steiermark traf, sehr unbefriedigend, ja ärgerlich, denn der Herzog forderte bei dieser Gelegenheit eine Geldhilfe für seinen Krieg gegen Böhmen und Ungarn und kündigte nach deren Verweigerung seinem Lehnsherrn den weiteren Dienst auf. Sonst aber strömten dem Kaiser, als er sich über Österreich, Bayern und Franken dem Rhein näherte, die Fürsten überall ohne Zögern zu. Die Überzeugung, daß Friedrich im Recht sei und unzweifelhaft als Sieger aus dem Zwist mit seinem Sohn hervorgehen werde, die klare päpstliche Stellungnahme zu seinen Gunsten, das Zutrauen in seine Fähigkeit und seinen Willen, im Reich wieder Frieden und stabile Verhältnisse zu schaffen, und keineswegs zuletzt natürlich die Hoffnung auf persönliche Vorteile – all diese Gesichtspunkte mochten bei ihrer Entscheidung eine Rolle spielen, am wenigsten aber vermutlich die Faszination des südlich-fremdartig prangenden kaiserlichen Aufzuges. Nur ein einziger Zeitgenosse fand denn auch des Staufers Elefanten und Dromedare, Leoparden und Sarazenen der Rede wert, und wenn er Wagen um Wagen beladen mit Gold und Silber, mit edlen Stoffen

---

[78] Fürstenbrief: MGH Const. 2, 236–238, Nr. 193 (29. 1. 1235); an Worms: HB 4, 527–530 (David: 528).
[79] Richard von S. Germano, ad 1235, ed. Garufi 190f.; zur Gesetzgebung in Fano: Stürner, Konstitutionen 84; zur Regentschaft: Winkelmann, Reorganisation 526, 552–554 (mit weiteren Belegen), zu Bischof Petrus von Ravello, der nach dem Tod Tankreds von Otranto zwischen 1235 und 1236 an dessen Stelle trat: Kamp, Kirche 1, 93–96, bes. 94f., vgl. Richard ad 1237, 193, zu Tankred: Kamp 717–719.

Heinrichs Empörung und Sturz

und kostbarem Gerät an unseren Augen vorüberfahren läßt, dann übertreibt er wohl tatsächlich.[80]

Heinrich, der zunächst anscheinend noch vorhatte, sich auf dem Trifels zu verteidigen, gab unter dem Eindruck des väterlichen Triumphes und offenbar auch auf Zureden Hermanns von Salza rasch ganz auf. Er schickte Boten nach Nürnberg, die seinen Vater in seinem Namen um Verzeihung bitten und seine Unterwerfung ankündigen sollten. Als der Kaiser mit den zahlreichen Fürsten seines Anhangs auf dem Weg an den Rhein dann am 2. Juli in der Pfalz Wimpfen haltmachte, suchte sein Sohn mit einem kleinen Rest von Getreuen hier vor ihn zu treten, um seine Gnade zu erflehen. Friedrich aber lehnte es ab, ihn zu empfangen, er ließ ihn vielmehr nach Worms mitführen. Erst dort, in jener Stadt also, die Heinrich einst gegen ihren Bischof gefördert, die er vor kurzem freilich ihrer Kaisertreue wegen noch bekämpft hatte, nahm sein Vater seine bedingungslose Unterwerfung an und begnadigte ihn. War ihm damit das Leben und womöglich auch die Freiheit zugesagt, so stand für Friedrich wie für die Reichsfürsten doch fest, daß er durch den Bruch seines Gehorsamsversprechens vom April 1232 die Fürsten der damaligen Übereinkunft gemäß ohne weiteres von ihren Treueiden entbunden, also seine Königswürde verloren hatte; die Wähler König Konrads beriefen sich im Februar 1237 auf eben diese Rechtslage.[81]

Heinrich indessen scheint sich mit ihr nicht abgefunden, er scheint sich geweigert zu haben, auf den Trifels mit den Reichsinsignien und damit auf die Königswürde tatsächlich zu verzichten. Wohl aufgrund dieses neuerlichen Aufbäumens gegen den kaiserlichen Willen befahl Friedrich, ihn gefangenzunehmen und zunächst Herzog Otto von Bayern zu übergeben. Zwar drohte von der schwäbischen Opposition um die Herren von Neuffen und Justingen und dem vorsichtig aus dem Hintergrund Hilfe gewährenden Grafen Egino von Urach bereits seit Ende Juni, seit ihrer Nie-

---

[80] Österreich: MGH Const. 2, 270, Nr. 201 (4) (Juni 1236); Friedrich über seinen Zug: HB 4, 945–947 (= Annales Placentini Gibellini, ad 1236, MGH SS 18, 471), vgl. die S. 302f., Anm. 74f. genannten Quellen. Südliches Gepränge: Gotifredi Continuatio ad 1235, MGH SS 22, 348, daneben nur noch Annales S. Pantaleonis, ad 1235, MGH SS 18, 266 (*cum multa turba et multis thesauris*); dagegen betont Richard (wie Anm. 83) 190 ausdrücklich, nur wenige aus dem Regnum hätten Friedrich nach Deutschland begleitet; vgl. die breite, oft wiederholte Darstellung bei Kantorowicz, Friedrich 370f.

[81] Zum Geschehen in Wimpfen und Worms siehe bes. Annales Erphordenses, Annales S. Pantaleonis, Gotifredi Continuatio, Annales Placentini Gibellini, alle wie Anm. 74 bzw. 75, vgl. die übrigen dort genannten Quellen, zur Begnadigung auch: MGH Epp. saec. XIII 1, 550, Nr. 651; Rechtslage: MGH Const. 2, 441, Z. 28–34, Nr. 329 (Febr. 1237).

derlage gegen die Truppen Bischof Heinrichs von Konstanz im Ermstal keine ernsthafte Gefahr mehr. Dennoch fürchtete der Kaiser offenbar ein Wiederaufflackern der Unruhen und ließ seinen Sohn Anfang 1236 in die Burg San Fele bei Melfi, 1240 nach Nicastro (südlich Cosenzas) bringen. Bei der Verlegung ins nahegelegene Kastell San Marco machte Heinrich im Februar 1242 bei Martirano seinem Leben wahrscheinlich selbst ein Ende. Auf Anordnung seines Vaters wurde er im Dom zu Cosenza beigesetzt.[82]

Schon Heinrichs Zeitgenossen äußerten sich recht gegensätzlich über den jungen König. Positives hören wir von einzelnen Dichtern, zu deren Kreisen er freilich auch engen Kontakt pflegte. Mancher unter seinen wichtigsten Erziehern und Beratern war wie Konrad von Winterstetten oder Heinrich von Neuffen zugleich ein großer Freund und eifriger Förderer der Dichtkunst. Sie zogen bedeutende Poeten an den königlichen Hof und verstanden es offenkundig, das Interesse Heinrichs für das dichterische Schaffen seiner Zeit zu wecken. Obwohl der König selbst keine Gedichte verfaßte, verkehrten deshalb doch Minnesänger von Rang wie Gottfried von Neuffen, Ulrich von Singenberg, Burkhard von Hohenfels, Ulrich von Winterstetten und vielleicht der Tannhäuser, aber ebenso führende Vertreter der höfischen Epik wie Rudolf von Ems oder Ulrich von Türheim wenigstens zeitweise in seiner nächsten Umgebung. Ohne Vorbehalte rühmten denn auch der Tannhäuser oder der unter Umständen gleichfalls dem Königshof verbundene bayrische Fortsetzer der deutschen Kaiserchronik Heinrichs erfolgreichen Einsatz für den Frieden im Reich, während Ulrich von Türheim seinen tiefen Schmerz über die Nachricht vom Tod des gefangenen Herrschers eingestand. Bruder Wernher pries voller Wohlwollen und Sympathie die Tugenden des jungen Staufers, und selbst Ulrich von Singenberg erkannte dessen gute Anlagen an. Er warnte freilich zugleich dringend vor schlechten Beratern und Unstetigkeit, und die bei ihm anklingende Skepsis schlug bei anderen nach Heinrichs Erhebung gegen den Vater in offene Enttäuschung um. Wernher sah darin geradezu einen auf Einflüsterung des Teufels hin vollzogenen zweiten Sündenfall. Noch schwerer wiegt vielleicht, daß ein so erfahrener Beobachter des politischen Geschehens wie Walther von der Vogelweide den

---

[82] Breve chronicon, ed. Huillard-Bréholles 905f., Richard von S. Germano, ad 1235–1236, ed. Garufi 191, ad 1240, 206, ad 1242, 213, vgl. RI V, Nr. 4383n; über die Friedrich stark beeindruckende Predigt eines Franziskaners an Heinrichs Grab über Gen. 22, 10 (Abrahams Opfer des Isaaks): Salimbene, Cronica ad 1233, MGH SS 32, 87f. Die Kämpfe gegen Friedrich und ihre Folgen: Weller, Kriegsgeschichte 179–184, ders., Städtegründungen 235f., vgl. Zimpel, Bischöfe 71–78, Borchardt, Aufstand 92f., 99–115.

Heinrichs Empörung und Sturz

König allem nach bereits früh als mangelhaft erzogen, schlecht vorbereitet und ungeeignet für sein hohes Amt charakterisierte und auch später die Verhältnisse am staufischen Königshof wiederholt tadelte und beklagte.[83] Wenn geistliche Autoren, die dazu womöglich Heinrichs Gegnern nahestanden, mit ihrer Geißelung der angeblich in seinem Kreis verbreiteten Ausschweifungen und Laster Walthers Kritik noch weit überboten, mag dies nicht viel besagen. Bedenklich stimmt indessen die Walthers Sicht bestätigende Sorge, die Abt Konrad von St. Gallen, gewiß ein wohlmeinender vertrauter Mitarbeiter, über gewisse ungünstige Anlagen und Neigungen des Königs äußerte.[84] Heinrichs Empörung scheint im übrigen nicht nur bei Bruder Wernher, sondern auch sonst ziemlich einhellig auf Unverständnis und Ablehnung gestoßen zu sein, eben weil es sich, wie immer wieder eigens betont wird, um eine Rebellion des Sohnes gegen den Vater handelte. Sogar Papst Gregor stellte das besonders Verwerfliche gerade dieses Vergehens heraus. Friedrich selbst verhielt sich nicht anders, als er Heinrichs Tod vor seinen Untertanen, der Geistlichkeit des Regnums und Margarete, der Witwe seines Sohnes, in tief bewegten, sicherlich aufrichtig empfundenen Worten beklagte. Auch er verwies zur Rechtfertigung seines strengen Verhaltens dem Verstorbenen gegenüber noch einmal auf die Größe von Heinrichs Schuld: Dessen Verbrechen gegen den eigenen Vater habe eine harte Strafe unabdingbar gemacht, mit ihr habe er die Voraussetzung für Sühne und Besserung schaffen und insofern ein Zeichen der Liebe geben wollen, zugleich jedoch ein warnendes Beispiel für alle ähnlichen Fälle in der Zukunft. Ganz unabhängig von irgendwelchen konkreten Regelungen des Rechts galt ihm wie den meisten zeitgenössischen Beobachtern Heinrichs Tat als der Bruch eines für das Zusammenleben der Menschen fundamentalen göttlichen und natürlichen Gebotes.[85]

[83] Zu den Dichtern am deutschen Stauferhof und ihrer Förderung: Schmidt-Wiegandt, Fortuna 195f., 199f., 202–205, Bumke, Mäzene 250–252, Thurnher, König Heinrich 522–541. Deutsche Kaiserchronik: Anhang I, v. 613–623, vgl. v. 749–762, ed. E. Schröder, MGH Dt. Chron. 1, 1 (1892) 405, 407f.; Ulrich von Türheim, Rennewart, ed. A. Hübner (1938) V. 25760–25763; Tannhäuser VI 6f., ed. Müller, Lyrik 47; Wernher 61, ed. Müller 37 (Lob), 1, ebd. 35 (Enttäuschung); Ulrich von Singenberg 32 I–V, ed. Müller 1f.; vgl. Hardegger I 9, ed. Müller 41; Reinmar von Zweter 138, 140, ebd. 5f.; Walther, L 101, 23–102, 28, ed. Schweikle 1, 224–228, dazu ebd. 447–454; vgl. Freidanks Bescheidenheit 72, 1–14, ed. Spiewok 62. Dazu Müller, Untersuchungen 56–60, 66, 90, 94, 103, 106.
[84] Negative Urteile: Chronicon Ebersheimense, c. 40, MGH SS 23, 451, vgl. c. 43, 453; Gesta Treverorum IV 3, MGH SS 24, 400, vgl. IV 6, 403; Conradus de Fabaria, c. 35, ed. Meyer von Knonau 230f.
[85] *Rebellio contra patrem*: Breve chronicon, ed. Huillard-Bréholles 905, Gesta Treverorum IV 6, MGH SS 24, 403, Tolosanus, c. 156, ed. Rossini 135, Gotifredi

Was bewegte Heinrich zu seinem verhängnisvollen Schritt? Wir wissen leider zu wenig über die Hintergründe und Motive seiner Maßnahmen, um darüber wie generell über sein Regiment ein zuverlässiges Urteil abgeben zu können.[86] Sein Bemühen um den weiteren Ausbau der unmittelbar staufisch-königlichen Territorien mit Hilfe eines sachkundigen Personals aus der Reichsministerialität und dem niederen Adel unterschied sich im großen und ganzen zweifellos kaum von den gleichgerichteten Anstrengungen seines Vaters. Mit einem gewissen Recht konnte er deshalb noch im Herbst 1234 des Glaubens sein, er habe im Sinne des Kaisers regiert. Freilich schätzte er, der das deutsche Königtum nur in dem relativ gefestigten Zustand der zwanziger Jahre kannte, dessen Möglichkeiten offenbar optimistischer ein, als sie nach den Erfahrungen seines Vaters und wohl auch in Wirklichkeit waren. Vor allem jedoch haftet seinem Agieren als Herrscher etwas Unstetes und Sprunghaftes an. Auf unvermitteltes, gewaltsames Losschlagen folgte plötzliches Nachgeben. So konnte sich etwa selbst das vielfach bevorzugte städtische Bürgertum doch nie vor ungünstigen königlichen Entscheidungen sicher fühlen. Zwar arbeitete Heinrich bis zum bitteren Ende durchaus mit einzelnen Reichsfürsten zusammen. Er paktierte indessen vorzüglich mit solchen Vertretern dieser Gruppe, die über kurz oder lang zu seinen territorialpolitischen Gegnern werden mußten, während er umgekehrt viele altbewährte Helfer der staufischen Sache in den fürstlichen Reihen mit seinen Vorstößen und Eingriffen zum Widerstand trieb. Damit aber gefährdete er zugleich an einem zentralen Punkt Friedrichs auf Kooperation mit dem Fürstenstand setzende und angewiesene imperiale Politik.

Continuatio ad 1235, MGH SS 22, 348, Chronicon Wormatiense, ed. Boos 173, Annales Wormatienses ad 1233, ebd. 146, Annales Marbacenses, ad 1235, MGH SS rer. Germ. 9, 97, Annales Erphordenses, ad 1234, MGH SS rer. Germ. 42, 89, Annales Scheftlarienses, ad 1234, MGH SS 17, 340, Sächsische Weltchronik, c. 379, MGH Dt. Chron. 2, 250. Gregor IX.: MGH Epp. saec. XIII 1, 515–517, Nr. 630 f., 558 f., Nr. 659. Friedrich: HB 6, 28 f. (= Richard von S. Germano, ad 1242, ed. Garufi 213 f. = Annales Placentini Gibellini, ad 1241, MGH SS 18, 485 f.), HB 6, 29–31, zu HB 6, 32 vgl. RI V, Nr. 3271, vgl. unten S. 315 mit Anm. 96.

[86] Vgl. über Heinrich: Kantorowicz, Friedrich 342 f. (skeptisch gegen das „Unbestimmte, Flatternde und Planlose" bei Heinrich), vgl. schon Winkelmann, Wahl König Heinrichs 43 („politisch und sittlich haltlos"); Franzel, König Heinrich, bes. 174 f. (Vorkämpfer des modernen deutschen Einheitsstaates); Schwarzmaier, Ende der Stauferzeit 120 f. (Hinweis auf „Mißverständnisse" aufgrund „fehlerhafter Nachrichtenübermittlung oder gar böswilliger Verleumdung"); Borchardt, Aufstand 115–117 („konkurrierende Klientelbildung zweier Herrscherhöfe"; ebd. 54 f. Anm. 6, 9, 11: weitere Literatur); Stürner, Staufer Heinrich 31–33 (ebd. 13 Anm. 1: weitere Literatur).

Allerdings machte es sich der Kaiser seinerseits gewiß zu einfach, wenn er von einem erwachsenen Herrscher, der ihn kaum kannte, völlig selbstverständlich die kindliche Unterwerfung unter ein gänzlich formales, von keinerlei persönlichen Beziehungen oder Bindungen getragenes Gehorsamsgebot gegenüber dem Vater erwartete. Um den Sinn für eine derartige Verpflichtung beim Sohn zu wecken und ihn zugleich für die eigene politische Konzeption zu gewinnen, hätte es der regelmäßigen väterlichen Zuwendung, des persönlichen Rates und Gespräches bedurft. Scheiterte der Sohn an seinen charakterlichen Schwächen und an mangelnder Einsicht in das dem deutschen Königtum Mögliche, so versagte der Vater bei der Aufgabe, dem Sohn diese Einsicht zu vermitteln.

Friedrich in Deutschland. Seine dritte Heirat und der Mainzer Hoftag

Die Bürger der Stadt Worms erlebten im Sommer 1235 nicht nur das beklemmende, traurig stimmende Strafgericht des Kaisers über seinen Sohn, sondern auch das glanzvolle Fest seiner neuerlichen Heirat: Am 15. Juli feierte Friedrich in Worms mit gebührendem Aufwand und Prunk seine Vermählung mit Isabella, der Schwester des englischen Königs. Das Heiratsprojekt, vom Papst in Rieti zur Dämpfung von Heinrichs Aufsässigkeit, aber wohl ebenso im Blick auf einen künftigen Kreuzzug unter kaiserlicher Führung angeregt, fand bei seinem Gesprächspartner gewiß vorwiegend unter dem Eindruck des ersten Gesichtspunkts Anklang, sosehr etwa ein Mann wie Hermann von Salza vom zweiten Aspekt fasziniert sein mochte.

Jedenfalls zog Gregor bald erste Erkundigungen am englischen Hofe ein. Friedrich erklärte im November 1234 sein Einverständnis mit dem bisherigen Stand der Angelegenheit und sandte Petrus de Vinea sowie einen vom Deutschordensmeister empfohlenen Geistlichen zu den entscheidenden Abschlußverhandlungen auf die Insel. Die Parteien einigten sich über Isabellas stattliche Mitgift von 30 000 Mark Silber, über die Termine, zu denen ihr Bruder die einzelnen Raten auszahlen würde, und über die Modalitäten ihrer Reise nach Deutschland, wohin sie standesgemäß der Kölner Erzbischof und der Herzog von Brabant begleiten sollten. Gleichzeitig bemühten sich Papst und Kaiser gemeinsam, König Ludwig IX. von Frankreich davon zu überzeugen, daß Friedrichs Ehe, auf päpstliches Anraten geschlossen, keinerlei Veränderungen oder gar Nachteile für ihn zur Folge haben werde. Ende Mai kam Isabella, wie vereinbart, nach Köln, wenige Wochen später empfing ihr künftiger Gatte sie in Worms.[87]

[87] Vereinbarungen mit Heinrich III.: MGH Const. 2, 230–236, Nr. 188–192 (15. 11.

Dem Kaiser waren Anfang der zwanziger Jahre, vermutlich in der Zeit zwischen dem Tod seiner ersten Frau Konstanze und seiner zweiten Heirat, mehrere Kinder aus außerehelichen Verbindungen geboren worden. Zu ihnen gehörte Friedrich von Antiochia († 1256), dessen Beiname wohl auf die sizilische Adelsfamilie seiner Mutter verweist, ferner Richard († 1249), den sein Vater um 1245 zum Grafen von Chieti machte, Salvaza, die an Pfingsten 1238 Ezzelino da Romano heiratete, aber allem nach schon vor 1244 starb, sowie vielleicht noch jene Margarethe, die uns 1247 erstmals als Frau des jungen Grafen Thomas von Acerra, des Enkels von Friedrichs lang bewährtem gleichnamigem Mitstreiter, begegnet.[88] Nach dem Tod Isabellas von Jerusalem unterhielt Friedrich dann eine offenbar sehr innige Liebesbeziehung zu der Adligen Bianca Lancia. Die schöne junge Frau stammte aus einer seit den zwanziger Jahren in Ostsizilien beheimateten, ursprünglich piemontesischen Markgrafenfamilie und scheint ihren hochgestellten Liebhaber tief beeindruckt zu haben. Manches spricht dafür, daß er sie kurz vor ihrem Tod noch heiratete und damit zugleich ihre gemeinsamen Kinder legitimierte, nämlich ihre Tochter Konstanze († 1307), die spätere Gemahlin des Kaisers Johannes Vatatzes von Nikaia, ihren 1232 geborenen, hochbegabten und beim Vater besonders angesehenen Sohn Manfred († 1266), den künftigen sizilischen König in der Nachfolge seines Halbbruders Konrad, und möglicherweise auch Violante († nach 1264), die die Gattin Graf Richards von Caserta werden sollte.[89]

1234–3. 5. 1235); vgl. die Briefe Heinrichs III.: RI V, Nr. 11156–11159 (25. 4.–3. 5. 1235), dazu Roger von Wendover, ad 1235, ed. Hewlett 3, 108–112, Matthaeus Parisiensis, Chronica maiora, ad 1235, ed. Luard 3, 318–325, zum päpstlichen Bemühen RI V, Nr. 7055 (5. 12. 1234); Briefe an Ludwig IX.: HB 4, 537 (16. 4. 1235; Gregor), HB 4, 539f. (25. 4. 1235; Friedrich); zur Hochzeit: Chronicon Wormatiense, ed. Boos 175, Annales S. Pantaleonis, ad 1235, MGH SS rer. Germ. 18, 266, Matthaeus Parisiensis, ad 1235, ed. Luard 3, 324 (vgl. dazu unten S. 411, Anm. 129); Auszahlung der Mitgift bis Juni 1237: RI V, Nr. 11189, 11209, 15067, 15069.

[88] Friedrich: Voltmer, Federico 663–668, Maschke, Geschlecht 129–132, vgl. Thomas von Pavia, MGH SS 22, 517, Bartholomaeus de Neocastro, ed. Paladino 2; Richard: Maschke 132; Salvaza: Maschke 133, vgl. Annales Veronenses, ad 1238, MGH SS 19, 10f.; Margarethe: Maschke 133f., Maccarrone, Studi 169f., vgl. Acta Imperii 1, 689, Nr. 916 (nach 1. 9. 1247).

[89] Thomas von Pavia, MGH SS 22, 517, Bartholomaeus de Neocastro, ed. Paladino 2, Nicolaus de Jamsilla, ed. Del Re 107f., Saba Malaspina I 1, edd. Koller – Nitschke 90–92, Salimbene, Cronica ad 1247, MGH SS 32, 205, Z. 25–27, ebd. ad 1250, 349, Z. 25–30, Annales Ianuae, ad 1250, MGH SS 18, 228, Matthaeus Parisiensis, Chronica maiora, ad 1256, ed. Luard 5, 571f., vgl. ebd. ad 1254, 473; zur Familie Lancia: Voltmer, Mobilität 460–462 (weitere Literatur), zu Manfred: Zielinski, Manfred 24–26, zu Konstanze: Kiesewetter, Heirat 239–250 (Heirat 1241 nach An-

Sechseinhalb Jahre währte danach des Kaisers dritte, 1235 im sommerlichen Worms geschlossene Ehe. Ende 1236 gebar ihm Isabella die Tochter Margarethe († 1270), auf deren Sohn, Markgraf Friedrich von Meißen (1257–1323), sich am Ende des 13. Jahrhunderts die letzten Hoffnungen der Stauferanhänger richteten. Im Februar 1238 kam Heinrich, zuweilen auch Carlotto oder Zarlotus genannt († Januar 1254), zur Welt, und Friedrich, damals wegen der außerordentlich günstigen Entwicklung in Oberitalien ohnehin in Hochstimmung, verkündete die Nachricht von seiner Geburt dem englischen Schwager Richard von Cornwall wie den italienischen Getreuen in geradezu überschwenglicher Freude als neuerliches Zeichen des göttlichen Beistands, als Unterpfand kommenden Glanzes für das Imperium und dauerhaften Friedens für seine Untertanen. 1247 sandte der Neunjährige selbst, der zu jener Zeit bereits den Königstitel trug und vielleicht zum Nachfolger im sizilischen Königreich bestimmt war, ein kurzes Schreiben von fast rührender Ernsthaftigkeit an seinen Onkel, den englischen König.[90]

Über das persönliche Verhältnis der Eheleute zueinander wissen wir auch in diesem Fall leider nichts. Wenn Heinrich III. Ende 1239 beklagte, daß seine Schwester noch nie öffentlich die Krone getragen habe, so besagt das wenig: Der König wagte nach Friedrichs zweiter Exkommunikation nicht, seinen Schwager, wie dieser forderte, gegen den Papst zu unterstützen, und suchte seine Haltung mit seinem kleinen Gegenangriff wohl, so gut es ging, zu rechtfertigen. Sonst spricht indessen alles dafür, daß sich Friedrich aufmerksam um die standesgemäße Versorgung und Ausstattung Isabellas kümmerte. Häufig hielt sie sich bei ihm in Oberitalien auf. Reiste

dreas Dandulus, Chronica, Muratori[2] 12,1 [1942] 298, vgl. Matthaeus Parisiensis, Chronica maiora, ad 1244, ed. Luard 4, 299, 357), siehe auch Dölger, Regesten 37 f., Nr. 1779–1781, sowie MGH Epp. saec. XIII 2, 92 f., Nr. 124 (17. 7. 1245), vgl. Maschke, Geschlecht 113–129; zu Violante bzw. Richard: Salimbene ad 1266, 472, Z. 17–19, Acta Imperii 1, 571, Z. 5–11, Nr. 725 (1246), vgl. Tescione, Caserta 2, 60–66. Ein Kaisersohn Gerhard wird 1255 als verstorben erwähnt: Epp. 3, 329, Nr. 363; vielleicht war die 1279 in Frankreich verstorbene Blanchefleur eine Tochter des Kaisers, vgl. Maschke 134.
[90] Margarethe: HB 4, 929 f., dazu Richard von S. Germano, ad 1237 (Febr.), ed. Garufi 193; Heinrich: HB 5, 166–170 (3. 3. 1238), vgl. Matthaeus Parisiensis, Chronica maiora ad 1238, ed. Luard 3, 474 f.; HB 6, 504 (1247; Heinrich), vgl. 502 f. (Friedrich; zur späten Taufe und zum Namen Heinrichs); vgl. Matthaeus Parisiensis ad 1252, ebd. 5, 274 f., 300 f.; Zarlotus: Annales Placentini Gibellini, ad 1247, MGH SS 18, 496, Z. 14, 16; Tod: Annales Siculi, ad 1252, ed. Pontieri 119, Z. 25 f., vgl. Z. 16–18, daneben Matthaeus Parisiensis ad 1254, ebd. 5, 448, RI V, Nr. 4625 f.; bei dem HB 5, 877 (3. 4. 1240) genannten Sohn F. handelt es sich sehr wahrscheinlich um Heinrich. Siehe Maschke, Geschlecht 101–107.

sie aber von dort in das Regnum oder wieder in den Norden zurück, begleiteten sie so hochrangige und angesehene Männer wie Erzbischof Berard von Palermo, und solange sie im Regnum weilte, in Andria beispielsweise, sorgten kaiserliche Mandate dafür, daß nichts zu ihrem Wohlergehen fehlte. Ihr Bruder, Richard von Cornwall, der im Sommer und Herbst 1241 viele Wochen am Kaiserhof verbrachte, zeigte sich denn auch von dem, was er dort sah, recht angetan. Erst 27jährig starb Isabella vermutlich bei der Geburt eines Kindes am 1. Dezember 1241 in Foggia; der Kaiser ließ sie wie seine zweite Frau in Andria zu Grabe legen.[91]

Trotz Friedrichs Ehe mit der englischen Königstochter blieben die traditionell guten staufisch-kapetingischen Beziehungen ungetrübt, während sich die kaiserlichen Kontakte zum englischen Herrscherhaus deutlich intensivierten. Insofern leistete die Heirat in der Tat, wie Gregor in Rieti gehofft haben mag, einen gewissen Beitrag zum Frieden unter den Herrschern Europas. Für Friedrich bot das wachsende Einvernehmen mit England zunächst freilich vor allem die gerade im Herbst 1234 durchaus erwünschte Gelegenheit, sich leichter dem norddeutschen Verwandten der Plantagenets und letzten Sproß des Welfenhauses Otto von Lüneburg und seinem Anhang anzunähern. Gelang ihm nämlich mit englischer Hilfe die endgültige Bereinigung des welfisch-staufischen Konflikts, so mußte dies nicht nur zu einer nachhaltigen Stabilisierung der Verhältnisse in Norddeutschland führen, sondern zugleich seinen Sohn Heinrich (VII.) von vornherein der möglichen Rückendeckung aus diesem Raum berauben.

Bereits im September 1234 verstand sich der Kaiser dazu, Otto seiner Gnade zu versichern und die zwischen ihnen strittigen Erbfragen einem fürstlichen Schiedsgericht zur Entscheidung zu überlassen. Ohne daß wir Einzelheiten darüber erfahren, kamen die Verhandlungen über die Angelegenheit während der nächsten Monate offenbar zügig voran, denn im August 1235 erlebte der Mainzer Hoftag die abschließende Regelung der einschlägigen Probleme. Mit einer einprägsamen Geste, vor dem Kaiser

---

[91] Heinrich III.: Matthaeus Parisiensis, Chronica maiora ad 1240, ed. Luard 4, 19 (vgl. Friedrichs Brief ebd. 16–19), siehe jedoch RI V, Nr. 11169; Richard am Kaiserhof: Matthaeus Parisiensis ad 1241, ebd. 4, 145–148, bes. 147, vgl. 166, sowie unten S. 347 f. mit Anm. 8. Aufenthalt Isabellas: Annales Veronenses, ad 1237, MGH SS 19, 10 (Verona); Rolandinus Patavinus, ad 1239, MGH SS 19, 71, Annales Patavini, ad 1239, ebd. 157 (Padua); Richard von S. Germano, ad 1238 (Sept.), ed. Garufi 197 (nach Andria), ad 1238 (Dez.), 198 (Lombardei; Berard), ad 1240 (Febr.), 205 (in das Regnum; Berard); Mandate: HB 5, 631 f., 698, 757 f. (Castel dell'Ovo, Neapel), 812, 815, 819, 877, 963, vgl. HB 5, 949 f.; Tod: Richard ad 1241 (Dez.), 212, Matthaeus Parisiensis ad 1241, ebd. 175, vgl. Friedrichs Brief ebd. 175 f. (= HB 6, 26 f.; 30. 1. 1242), HB 6, 15, Acta Imperii 1, 668, Nr. 875.

kniend, bezeugte Otto das Ende allen Hasses zwischen Welfen und Staufern und übergab seine Person und sein Eigengut, nämlich Lüneburg und sämtliche zugehörigen Länder, Burgen und Menschen seinem kaiserlichen Herrn, der darüber nach Gutdünken schalten sollte. Der aber vermachte Ottos Güter sowie zusätzlich die von ihm selbst beanspruchte Stadt Braunschweig dem Reich und belehnte anschließend mit Zustimmung der Reichsfürsten den zum Herzog erhobenen Welfen mit dem gesamten um Braunschweig und Lüneburg konzentrierten Herrschaftskomplex. Dies geschah in der gewohnten feierlichen Form: Der neue Herzog leistete Handgang und Treueid, der Kaiser wies ihn darauf in sein Lehen ein, indem er ihm als dessen Symbol und Zeichen die Lehnsfahne überreichte.[92]

Die geschilderte Lösung beseitigte einen Grund ständigen Streits und schuf im Norden des Reiches stabilere, klarere Verhältnisse. Sie gab der welfischen Dynastie eine feste, vom Herrscher vergebene und anerkannte Position und Verantwortung. In den nächsten Jahren konzentrierte sich Otto denn auch im wesentlichen auf die Sicherung seiner regionalen Stellung. Der Kaiser indessen empfahl sich mit der Erhöhung des Welfen nicht nur als ein Herrscher, der um des Friedens willen sogar auf eigene Ansprüche verzichtete. Er bekräftigte damit zugleich eindrucksvoll seine Vorstellung vom Wesen und von der inneren Ordnung des Reiches, das nach seinem Verständnis gleicherweise und gemeinsam von den Reichsfürsten und vom Herrscher repräsentiert wurde, das ohne die führende, aktive Mitarbeit der Fürsten nicht gedeihen konnte, für dessen Stärke und dauernde Behauptung freilich die Unterordnung der Glieder unter das Haupt, der zuverlässige Dienst und persönliche Einsatz der Fürsten für den Kaiser die unabdingbare Voraussetzung bildete. Der Akt von Mainz führte den Anwesenden gerade diesen Zusammenhang unmißverständlich vor Augen: Verzicht und Unterwerfung standen am Beginn von Ottos Aufstieg zu fürstlichem Rang, und seine lang bewährte Treue gegenüber Imperium und Kaiser hob Friedrich noch eigens hervor – in deutlicher Anspielung auf des Welfen Haltung im Jahr 1229, als er das ihm angebotene Gegenkönigtum ablehnte.[93]

Auf dem Mainzer Hoftag, der solcherart das welfische mit dem staufischen Haus versöhnte, trafen sich vom 15. August 1235 an über eine

---

[92] MGH Const. 2, 227 f., Nr. 186 (Sept. 1234); ebd. 263–265, Nr. 197 (Aug. 1235), vgl. 265 f., Nr. 198 f. (31. 10. 1235), Annales S. Pantaleonis, ad 1235, MGH SS rer. Germ. 18, 267, Sächsische Weltchronik, c. 379, MGH Dt. Chron. 2, 251, Annales Marbacenses, ad 1235, MGH SS 9, 97. Dazu Boshof, Reichsfürstenstand 64 f., Engels, Staufer 165 f.

[93] MGH Const. 2, 264, Z. 29–32, Nr. 197 (Aug. 1235), vgl. oben S. 278 mit Anm. 31.

Woche lang fast sämtliche Reichsfürsten und viele andere Personen von Stand und Gewicht. Nur selten strömten je vorher oder nachher die Mächtigen des Landes in ähnlich imponierender Zahl zusammen. Auf der Ebene vor der Stadt war eine prächtige Zeltstadt für sie aufgeschlagen, und man erzählte sich, der Sultan selbst habe die fremdartig-schönen Unterkünfte einst dem Kaiser geschenkt. Viele Chronisten registrieren das außergewöhnliche Ereignis, erwähnen vor allem das denkwürdige Abschlußfest, das die Anwesenden wohl in der Tat durchweg besonders faszinierte. Angetan mit den kaiserlichen Gewändern, geschmückt mit den Insignien seiner Würde, die Kaiserkrone auf dem Haupt, schritt Friedrich, von den Fürsten des Reiches begleitet, am Morgen in den Dom, um die Messe zu hören. Danach lud er die Großen mit ihrem Gefolge in das Lager vor der Stadt, wo er unter größtem Aufwand ein Festmahl für sie hatte vorbereiten lassen.[94] Kaum einer, der jenen Tag, sei es an prominenter Stelle oder als bescheidener Zuschauer und Zaungast, miterlebte, wird vom strahlenden Glanz des staufischen Kaisertums, von der großzügigen, souveränen Haltung und Lebensart seines Repräsentanten unberührt geblieben sein. Ohne Zweifel stand Friedrich damals und in den folgenden Wochen und Monaten auf einem Höhepunkt seiner Herrschaft und gewiß auf dem Gipfel seines Ansehens und Einflusses in Deutschland.

Als das sachlich bedeutsamste Ergebnis des Hoftages darf man wohl den Erlaß des Mainzer Landfriedens ansehen. Die *sacre constitutiones*, die heiligen Gesetze, die der Kaiser, wie er eingangs schrieb, mit Billigung der Fürsten erließ, um in Deutschland den Frieden zu festigen und die Gerechtigkeit zu stärken, zeigen sein Bestreben, sich nun auch hier im Rahmen der gegebenen Möglichkeiten als Gesetzgeber, als der für das Recht letztlich Verantwortliche zu profilieren. Damit kam er der in seinen Augen zentralen Herrscherpflicht nach, machte freilich zugleich seine überragende Autorität aufs neue in einem zentralen Bereich sichtbar. Es konnte seinen Absichten nur förderlich sein, daß der Text seiner Bestimmungen nicht nur lateinisch, sondern zum ersten Mal überhaupt sofort auch deutsch niedergeschrieben und verbreitet wurde.[95]

---

[94] Ausführliche Berichte: Annales S. Pantaleonis, Sächsische Weltchronik, Annales Marbacenses (alle wie Anm. 92), vgl. Annales Erphordenses, ad 1235, MGH SS rer. Germ. 42, 90, vgl. Cronica S. Petri Erfordensis, ad 1235, ebd. 232, Annales S. Rudberti, ad 1235, MGH SS 9, 786, Annales Scheftlarienses, ad 1235, MGH SS 17, 340, Annales Stadenses, ad 1235, MGH SS 16, 362, Alberich von Troisfontaines, ad 1235, MGH SS 23, 937; Teilnehmer: MGH Const. 2, 264f., Nr. 197, zum Ziel des Hoftages ebd. 264, Z. 7f. (*pro reformatione tocius terre status*).
[95] Text: MGH Const. 2, 241–247, Nr. 196 (lateinisch), ebd. 248–263 (deutsche Fassungen), vgl. Klinghöfer, Reichsgesetze 230f., zur Priorität der lat. Fassung und zu

Inhaltlich knüpften die Konstitutionen zum Teil an frühere Regelungen an, etwa an den im Februar 1234 in Frankfurt promulgierten Landfrieden oder an die Fürstenprivilegien von 1232. Der Kaiser bekräftigte die Freiheiten der Kirchen und wandte sich gegen den Mißbrauch der Vogteirechte; er wiederholte generell das Pfahlbürgerverbot, ergänzte es jedoch durch ein Verbot der Muntmannen, also der unter adligem Schutz stehenden Stadtbürger. Weiter untersagte er die Fehde und verwies an ihrer Stelle auf das ordentliche Gerichtsverfahren, gestattete allerdings Ausnahmen in klar definierten Sonderfällen. Breiten Raum widmete er den Vergehen von Söhnen gegen ihre Väter, ihrer Bestrafung und der Behandlung ihrer Helfer. Er tat dies wohl kaum, um seine eigene Strafaktion gegen Heinrich nachträglich zu rechtfertigen – zu sehr war er von deren Richtigkeit und Notwendigkeit überzeugt. Vielleicht handelte er im Blick auf die anstehenden Verfahren gegen Heinrichs Verbündete. Vor allem aber ging es ihm, dem persönlich Betroffenen, vermutlich – ganz so, wie er dies selbst auch sagt – darum, das Bewußtsein für die Ungeheuerlichkeit eines Verbrechens neu zu schärfen, das nach seiner festen Meinung die natürliche Gerechtigkeit und göttliches wie menschliches Recht verletzte.[96]

Hinsichtlich der Zölle und Münzen, des Geleitrechts und der Gerichtsbarkeit ließ Friedrich zwar die durch die Fürstenprivilegien von 1220 und 1232 anerkannten realen Verhältnisse unangetastet. Anders als in jenen früheren Dokumenten hob er nun freilich stark auf den Umstand ab, daß es sich dabei um Regalien, also ihrem Wesen nach königliche Herrschaftsrechte handelte, die er den Fürsten anvertraute, die sie unmittelbar aus seiner Hand empfingen, deren Verwaltung sich deshalb nach den von ihm bestimmten Leitlinien zu richten hatte und seiner herrscherlichen Kontrolle unterlag. Entsprechende Weisungen, etwa über die ihm besonders wichtige gerechte Amtsführung der Richter, formulierte er in der Tat. Wer sie mißachtete, dem drohte er mit schweren Strafen, im Wiederholungsfalle, bei Zolleinnehmern beispielsweise, sogar mit dem Entzug des Amtes. Ohne die den Fürsten nach seiner Vorstellung im Reich vorbehaltene Rolle anzutasten und einzuschränken, brachte er doch geschickt und mit Entschiedenheit die dem Königtum verbliebenen Kompetenzen und Vorrechte ins Spiel, verwies er auf seine übergeordnete Zuständigkeit und Verantwortung für Frieden und Recht und machte deutlich, daß er die daraus resultierenden Befugnisse zu nutzen gedachte.

In unmittelbar konkreter und für ihn besonders charakteristischer Weise verwirklichte Friedrich diesen Vorsatz am Schluß seiner kleinen

den Editionen RI V 4, 212, BF. 2100; zur Publikation des deutschen Texts: Annales S. Pantaleonis (wie Anm. 92).
[96] MGH Const. 2, 245, Z. 34–36, Nr. 196 (21); vgl. oben S. 307 mit Anm. 85.

Gesetzessammlung. Er verfügte, sicher nach sizilischem Vorbild, daß künftig auch in Deutschland in seiner Vertretung und zu seiner Entlastung ein *iusticiarius*, ein Hofjustitiar von freiem Stand, bewährter Gesinnung und bestem Ruf als ständiger Leiter des Hofgerichts wirken, Klagen aller Art annehmen und streng nach Recht, ohne jede Bestechlichkeit Urteile herbeiführen sollte. Seiner eigenen, kaiserlichen Zuständigkeit behielt er allerdings Verfahren gegen Reichsfürsten und andere besonders wichtige Entscheidungen vor, etwa die Verhängung und Aufhebung der Acht. Dem neuen Reichshofgericht gab er einen eigenen Notar bei, der die wesentlichen Daten und Fakten der Prozesse festzuhalten und überdies die vom Kaiser selbst gesprochenen Urteile aufzuzeichnen hatte. Von der in Sizilien üblichen Schriftlichkeit erhoffte sich der Staufer offenkundig auch in Deutschland mehr Durchsichtigkeit und größere Korrektheit im Rechtswesen. Mit der Niederschrift seiner eigenen Sentenzen aber gedachte er zu erreichen, daß sie als Muster für ähnliche Fälle herangezogen würden und sich so die Rechtssicherheit erhöhte.[97]

Bereits im September 1235 verhandelte der neue Hofjustitiar Albrecht von Roßwag (bei Vaihingen/Enz) eine vor ihn gebrachte Klage; im Februar darauf findet sich unter einem von ihm verkündeten Urteilsspruch erstmals das spezielle Hofgerichtssiegel. Die Wirren der vierziger Jahre und die Zeit nach 1250 boten Friedrichs gesetzgeberischer Initiative wenig günstige Bedingungen zur Bewährung. Rudolf von Habsburg aber griff sie auf. Er erneuerte den Mainzer Landfrieden, viele seiner Nachfolger taten es ihm nach, und fortan gab es auch wieder einen ständig amtierenden Hofrichter.[98]

Die Vorbereitung des Italienzuges

Die Autorität, die Friedrich im Sommer 1235 bei den deutschen Fürsten genoß, kommt vielleicht in deren Haltung zur Lombardenfrage am besten zum Ausdruck. Zwar ermahnte Gregor die nach Mainz aufbrechenden Großen noch im Juli eigens zum Frieden mit der Liga, weil nur so auf Hilfe für das Heilige Land zu hoffen sei. Trotzdem konnte der Kaiser Ende August an die Kurie berichten, die auf dem Hoftag Versammelten

---

[97] Vgl. zum Inhalt: Klingelhöfer, Reichsgesetze 103–125, 221 f., außerdem Angermeier, Landfriedenspolitik 170–186, Goez, Friedrich 27–29, Boshof, Reichsfürstenstand 65, Engels, Staufer 164 f.

[98] Albrecht von Roßwag: HB 4, 766 f. (Sept. 1235), MGH Const. 2, 628, Nr. 456 (8. 2. 1236), sein Nachfolger O. von Wiler: RI V 4, 54 f., Nr. 365 (13. 1. 1237). Erneuerungen des Mainzer Landfriedens: RI V, Nr. 2100 (3); siehe dazu Angermeier, Landfriedenspolitik 184–186, Battenberg, Reichshofgericht 622 f.

Die Vorbereitung des Italienzuges

hätten sich einhellig verpflichtet, im April des nächsten Jahres unter seiner Führung mit zwei großen Heeren nach Italien aufzubrechen, um die Rechte des Imperiums dort wiederherzustellen. Vom Ordensmeister Hermann gedrängt, gebe er dem Papst allerdings bis Weihnachten Gelegenheit, sein Schiedsrichteramt auszuüben, das anzuerkennen er sich verpflichtet habe; weiter hinhalten aber lasse er sich durch die leeren Versprechungen der Lombarden nicht. Petrus de Vinea erhielt den Auftrag, die kaiserlichen Interessen am päpstlichen Hof zu vertreten mit der Vollmacht, wenn nötig bis Anfang Februar zuzuwarten.[99]

Natürlich reagierte Gregor höchst besorgt auf diese Entwicklung. Er warnte Friedrich vor falschen Beratern und vor dem Abbruch seiner Friedenspolitik. Hermann von Salza forderte er auf, bei dem Herrscher im gleichen Sinne zu wirken, ihn insbesondere dahin zu bringen, daß er sich, wie versprochen, ohne Bedingungen dem päpstlichen Spruch unterwerfe. Bereits einen Tag später indessen äußerte er sich spürbar versöhnlicher: Durch Boten wolle er die Lombarden zur Kooperation und zur Entsendung von Bevollmächtigten bewegen, kündigte er dem Kaiser an und bat ihn, seinerseits zusätzlich noch Hermann von Salza an die Kurie zu schicken, von dessen Gegenwart bei den entscheidenden Verhandlungen er sich viel verspreche. So reiste Ende Oktober 1235 auch Hermann zusammen mit Gebhard von Arnstein zum Papst nach Viterbo.

Die Liga der Lombardenstädte blieb über all dem, wie zu erwarten, nicht tatenlos. Ihre Rektoren und Botschafter trafen sich vom 5. bis 7. November in Brescia, erneuerten ihren Bund und warben sofort eifrig um weitere Mitglieder. Hermann vermochte offenbar auf der Durchreise gerade noch den Übertritt Veronas in ihr Lager zu verhindern; bald darauf bemächtigte sich dann wieder Ezzelino da Romano der Stadt, die damit endgültig auf die Seite des Kaisers zurückkehrte. In Viterbo aber warteten der Papst und die kaiserlichen Gesandten vergeblich auf Vertreter der Liga. Erst Anfang Februar 1236, als Hermann von Salza Friedrichs Weisung gemäß bereits die Heimreise nach Deutschland begonnen hatte, fanden sie sich ein. Nun aber mochte Hermann gegen des Kaisers Befehl nicht mehr umkehren.[100]

Enttäuscht und aufgebracht wandte sich Gregor an den Staufer. Er deu-

---

[99] MGH Const. 2, 239, Nr. 194 (28. 7. 1235; Gregor), ebd. 239 f., Nr. 195 (24. 8. 1235; Friedrich), vgl. Friedrichs Bericht HB 4, 876 f. (wohl Mai 1236).
[100] MGH Epp. saec. XIII 1, 552 f., Nr. 655, 556–558, Nr. 657 f. (20.–23. 9. 1235), vgl. ebd. 559 f., Nr. 661 f. (26. 9. 1235); Liga: HB 4, 796–798 (5.–7. 11. 1235); Verona: Annales Veronenses, ad 1235–1236, MGH SS 19, 9 f., Rolandinus Patavinus III 9, ebd. 60 f., Annales Patavini, ad 1236, ebd. 154 f.; Epp. 576–578, Nr. 678 (21. 3. 1238), HB 4, 877 f. (wie Anm. 99). Dazu Kluger, Hochmeister 172 f., Fasoli, Federico 62–65.

tete Verständnis für das Verhalten der Lombarden an, verteidigte die Rolle der Kirche in Verona und verweilte vor allem bei den bekannten Klagen über die mißliche Situation der sizilischen Kirche und über ihre mannigfache Unterdrückung durch die weltliche Gewalt. Er lenkte die Aufmerksamkeit also auf einen Gegenstand, bei dem er sich unbedingt im Recht fühlte. Friedrich antwortete ausführlich und zuweilen mit leicht spöttischem Unterton. Gewiß, so räumte er ein, laufe in seiner Abwesenheit manches in Sizilien nicht nach Wunsch, da er das Geschehen dort ja nicht mit den Augen eines Luchses zu beobachten und mit fernhin vernehmbarer Donnerstimme direkt zu steuern vermöge. Zum Teil seien die päpstlichen Anschuldigungen indessen falsch, und auf anderem müsse er als seinem guten Recht bestehen. In erstaunlicher Offenheit beanspruchte er dabei insbesondere die Mitsprache bei den kirchlichen Wahlen als einen untrennbaren und unverzichtbaren Bestandteil seiner ererbten sizilischen Königswürde. Selbstverständlich ließ Gregor seinen Unmut auch Hermann von Salza spüren. Mit knappen Worten erinnerte er ihn an seine Gehorsamspflicht gegenüber der Kirche in der Hoffnung, ihn so zur Rückkehr an die Kurie zu bewegen. Gleichzeitig drängte er den Kaiser, die Friedensverhandlungen mit den Lombarden unter Beteiligung Hermanns doch noch zu ermöglichen. Er schilderte ihm den allenthalben wachsenden Friedenswillen, berichtete von der echten Bereitschaft der Lombarden, sich dem Spruch der Kirche zu fügen, und appellierte an den Herrscher, seine besondere Verantwortung für den Osten zu bedenken und nicht ausgerechnet jetzt, wo die Christenheit bald vereint dem Heiligen Land zu Hilfe komme, das große Versöhnungswerk zu zerstören.[101] Vehement suchte Gregor demnach ein militärisches Vorgehen Friedrichs in Oberitalien abzuwenden, und es drohte aus seiner Sicht in der Tat nur Nachteile zu bringen. Er selbst würde zumindest fürs erste seinen schiedsrichterlichen Einfluß auf die beiden Streitparteien verlieren, der Kaiser aber unter Umständen in eine dominierende Position gelangen. Überdies mußte der kriegerische Konflikt einen wirksamen Vorstoß zugunsten des Heiligen Landes auf absehbare Zeit verhindern.

So ernst Gregor gerade den letzten Gesichtspunkt nehmen mochte – in der Öffentlichkeit regte sich doch hie und da der Verdacht, er schiebe ihn nur in den Vordergrund, um in Wahrheit das durchaus gerechtfertigte kaiserliche Einschreiten gegen die Lombarden aufzuhalten, er decke im Grunde also deren Unrecht. Hermann von Salza scheint kritische Bemerkungen in diesem Sinne gemacht zu haben und rief damit die verwunderte

---

[101] MGH Epp. saec. XIII 1, 573–576, Nr. 676 (29. 2. 1236); HB 4, 829–832 (16. 4. 1236; Friedrich); Epp. 579, Nr. 681 (27. 3. 1236), 577f., Nr. 678 (21. 3. 1236), vgl. 580, Nr. 682 (1. 4. 1236).

Die Vorbereitung des Italienzuges 319

Entrüstung seines hohen Adressaten hervor. Freilich gewannen andere damals offenbar einen ähnlichen Eindruck von der päpstlichen Vorliebe: Der ungarische König Bela etwa forderte Gregor auf, nicht zuzulassen, daß die Lombarden, Kreuzzugsbegeisterung vortäuschend, mit kirchlicher Billigung kaiserliche Rechte usurpierten, und einen Brief fast gleichen Inhalts richtete Heinrich III. von England an ihn.[102]

Friedrich begrüßte die sich hier abzeichnende Solidarität der Monarchen zweifellos von ganzem Herzen, unter Umständen war sie sogar die Frucht seiner eigenen Bemühungen. Während er nämlich im Mai 1236 zur Sicherung des Zugangs in die Poebene 500 Ritter nach Verona schickte und die weltliche Verwaltung des Bistums Trient einem ergebenen Gefolgsmann anvertraute,[103] warb er zugleich um Verständnis für sein unmittelbar bevorstehendes Militärunternehmen. In einem umfangreichen Schreiben, das ähnlich wie an den französischen König vermutlich auch an andere Herrscher hinausging, legte er bis ins einzelne dar, wie die Lombarden sich beharrlich weigerten, die unbestreitbaren Rechte des Imperiums anzuerkennen, wie sie statt dessen mit List und Bosheit als wahrhafte Rebellen gegen ihn wühlten und darauf abzielten, ihm seine treuen Anhänger abspenstig zu machen. Trotz der ganz eindeutigen Rechtslage habe er sich in der Sache dem päpstlichen Schiedsgericht unterworfen und mit großer Geduld, doch leider vergeblich auf dessen Spruch gewartet. Nun aber müsse er endlich die ihm von Gott übertragene Pflicht erfüllen, die Aufrührer bestrafen und Gerechtigkeit schaffen. Denn nicht um einen Rachefeldzug gehe es ihm, wie der Papst andeute, sondern um die Wahrung der Reichsrechte und die Herstellung einer gerechten Friedensordnung in der Lombardei. Dafür sei er von Gott eingesetzt; der von ihm erstrebte Friede sei zugleich jedoch die unabdingbare Voraussetzung für das Gelingen eines künftigen Kreuzzuges, auf den er wie kein anderer hinarbeite. Im übrigen diene seine Aktion, genau betrachtet, dem Wohle aller Könige, da die Duldung der Rebellion im Imperium den Empörern in aller Welt

---

[102] Päpstliche Kreuzzugsbemühungen: MGH Epp. saec. XIII 1, 491–496, Nr. 605 f. (Nov. 1234), 514, Nr. 628 (2. 3. 1235), 541–544, Nr. 646 (28. 6. 1235), 561, Nr. 663 (28. 9. 1235), vgl. oben S. 167 f. mit Anm. 165. Kritik an Gregor: Epp. 1, 589, Nr. 692 (10. 6. 1236; Hermann), RI V, Nr. 11195 (5. 7. 1236; Bela), RI V, Nr. 11190 (30. 6. 1236; Heinrich III.), vgl. zu dieser Sicht noch Matthaeus Parisiensis, Chronica maiora, ad 1236, ed. Luard 3, 374 f., 376 f.

[103] Verona: Annales S. Pantaleonis, ad 1236, MGH SS rer. Germ. 18, 268, Annales Veronenses, ad 1236, MGH SS 19, 10, Annales Marbacenses, ad 1236, MGH SS rer. Germ. 9, 98; zur Datierung von RI V, Nr. 13192 (Frühjahr 1226) siehe oben S. 106, Anm. 42. Trient: Ficker, Forschungen 4, 381, Nr. 353 (5. 5. 1236), vgl. ebd. Nr. 354 (5. 5. 1236), HB 4, 900 (Aug. 1236); Übernahme der Regalien des Bistums Brixen wegen Alters des Bischofs: HB 4, 897–899 (Aug. 1237); dazu Goez, Friedrich 25 f.

ein gefährliches Beispiel geben würde.[104] Mit diesem abschließenden Hinweis brachte der Staufer wohl erstmals derart offen die Gemeinsamkeit der Herrscherinteressen den Untertanen wie auch dem Papsttum gegenüber zu seinen Gunsten ins Spiel. Geschickt suchte er zugleich der päpstlichen Kreuzzugsforderung ihre Brisanz zu nehmen, indem er sich ihr anschloß und sie zu einem Argument für seine eigene Politik machte. Beides verfehlte offensichtlich seine Wirkung auf die Adressaten nicht.

Ein ähnlich langer, in feierlichem Ton gehaltener Rundbrief lud ebenfalls noch im Mai die Fürsten des Imperiums, aber auch die Städte Reichsitaliens auf den 25. Juli zu einem Hoftag nach Piacenza. Drei Ziele verband der Kaiser mit der großen Versammlung, zu der er überdies die Gesandten der abendländischen Könige erwartete: die Ausrottung der Häresie, die Ablösung der Fehden und Streitigkeiten in Italien durch eine gerechte Friedensordnung, also durch die Wiederherstellung der Rechte von Kirche und Reich, und schließlich, derart vorbereitet und ermöglicht, den einhelligen Beschluß aller Anwesenden zur gemeinsamen Kreuzfahrt unter Einsatz der jetzt erst dafür wirklich zu Gebote stehenden gewaltigen Ressourcen. Das Programm entsprach grundsätzlich völlig den Ankündigungen an die Monarchen Europas und war gewiß ernst gemeint. Unzweifelhaft galt Friedrichs Hauptaugenmerk fürs erste indes ganz der Unterwerfung der aufrührerischen Lombardenstädte. Das Imperium hatte den Regierenden nach seinen Worten Vorbild zu sein – er, der Kaiser, müsse deshalb besonders eifrig für Frieden und Gerechtigkeit bei seinen Untertanen sorgen. Nun liege Italien keineswegs zufällig im Zentrum der von ihm beherrschten Länder, vielmehr verdanke er seine Reiche durchweg der großartigen, ja wunderbaren Lenkung und Fügung Gottes. Aus ihr erwachse ihm folglich die gleichsam von Gott selbst gestellte Aufgabe, am Ende auch das von seinem Machtbereich bereits umgebene Italien vollends zu unterwerfen, dem Imperium wieder einzuordnen und auf diese Weise hier gleichfalls Friede und Recht zu verwirklichen, um sich danach frei den Problemen des Heiligen Landes zuzuwenden.[105] Die Überzeugung, unmittelbar von Gott geführt und mit seiner hohen Würde und Stellung betraut zu sein, erfüllte den Staufer also wie je. Sie gab ihm optimistisches Zutrauen in seinen Erfolg, ließ ihn die von ihm geprägte Ordnung als einzig gerechte, gottgewollte und den Menschen angemessene erscheinen und spornte ihn andererseits dazu an, Gott die anvertrauten Talente

---

[104] HB 4, 873–880.
[105] MGH Const. 2, 266–269, Nr. 200; bei dem von Matthaeus Parisiensis, Chronica maiora, ad 1236, ed. Luard 3, 375 f., zitierten Brief Friedrichs an Gregor handelt es sich wohl doch um ein Produkt aus der Feder des Matthaeus selbst, vgl. RI V, Nr. 2159, RI V 4, 214, BF. 2159.

verdoppelt zurückzugeben, wie er auch bei dieser Gelegenheit formulierte, sich also unermüdlich und energisch für die Geltung des Rechts einzusetzen.

Deutsche Probleme. Der Fuldaer Judenmord und der Tag in Marburg

Nicht nur der Vorbereitung des Italienzuges galten die Monate seit dem Tag von Mainz, der Kaiser kümmerte sich daneben weiterhin um die Verhältnisse in Deutschland. Den Anhängern seines Sohnes Heinrich verzieh er in aller Regel. Er ließ sich seine Gnade jedoch meist teuer bezahlen, verlangte Geld und Güter sowie die Entschädigung seiner Gefolgsleute wie etwa Gottfrieds von Hohenlohe. Vor allem nutzte er die Gunst der Stunde, um den Einfluß des Bischofs von Würzburg, seit langem ein unliebsamer Konkurrent der staufischen Territorialpolitik, deutlich einzudämmen. Landolf von Worms hatte sich als sein Mitstreiter in Italien zu bewähren, und mit Bischof Berthold von Straßburg gelang ihm im März 1236 eine Übereinkunft, die den staufischen Interessen im Elsaß und am Oberrhein sehr entgegenkam.[106] Seine derart gestärkte Position im Süden des Reiches bot Friedrich manche Gelegenheit, den inneren Ausbau der unmittelbar staufischen Gebiete weiterzuführen und noch zu verbessern. So förderte er den Aufstieg der Stadt Reutlingen in der Nachbarschaft der nun zur Reichsburg gewordenen Feste Achalm und sorgte wohl ungefähr zur selben Zeit für die Gründung von Leutkirch (südwestlich Memmingens). Im übrigen setzte er seine territorialpolitischen Anstrengungen im deutschen Südwesten bis tief in die vierziger Jahre hinein erfolgreich fort. 1243 beispielsweise kaufte er für die beachtliche Summe von 3200 Mark Silber die Allgäu-Grafschaft um die Burg Eglofs (zwischen Isny und Wangen). Bereits im Jahr 1240 aber entschloß er sich zu seinem in diesem Zusammenhang vielleicht bedeutsamsten Eingriff: Er unterstellte das Tal Schwyz der direkten Hoheit des Reiches.[107]

Mit einem besonders schwierigen Problem sah sich Anfang 1236 das kaiserliche Hofgericht konfrontiert. Am eben vergangenen Weihnachtsfest waren beim Brand einer Mühle vor den Mauern Fuldas fünf Kinder umgekommen. Die Fuldaer Bevölkerung beschuldigte offenbar sofort die Juden

[106] Borchardt, Aufstand 99–115, Keilmann, Kampf 86–96; Straßburg: HB 4, 814–818, vgl. HB 4, 819–821, dazu oben Band 1, S. 214.
[107] Eglofs: HB 6, 86; Schwyz: HB 5, 1072f., vgl. oben S. 282 mit Anm. 40. Zum Ganzen Weller, Städtegründungen 236–250. – Vgl. zu Friedrichs Lösung des Streits um die Reichsfreiheit des Servatiusstifts in Maastricht (HB 4, 764f.; 9. 9. 1235 – HB 4, 859f.; 18. 5. 1236): Hübinger, Libertas, bes. S. 118–129.

der Stadt, sie hätten die Kinder ermordet, um ihr Blut, an dessen Heilwirkung sie glaubten, für sich zu gewinnen; sie hätten dann, um die Spuren ihrer Untat zu verwischen, das Haus des Müllers angezündet. In der Tat erpreßte man von zwei jüdischen Männern ein entsprechendes Geständnis, worauf über dreißig Juden zur Vergeltung des vermeintlichen Verbrechens erschlagen wurden. Die Leichen der Kinder aber brachte man in die Pfalz Hagenau vor den Kaiser. Er sollte, so erwartete die empörte Öffentlichkeit, die Juden seines Reiches für ihre ungeheuerlichen, den christlichen Glauben tief demütigenden Bräuche bestrafen.[108]

Friedrich war, wie er am Ende zu verstehen gab, aufgrund seiner eigenen Kenntnis des jüdischen Glaubens und Denkens von vornherein von der Haltlosigkeit der gegen die Juden erhobenen Vorwürfe überzeugt. Das Aufsehen, das der Fall erregte, die generelle Bedeutung, die ihm schnell zuwuchs, veranlaßten den Staufer jedoch zu einem peinlich korrekten, sorgsam auf Sachlichkeit und genaue Aufdeckung der Wahrheit bedachten Verfahren. Als die um ihn versammelten Fürsten zu keiner klaren und einhelligen Meinung in der Sache fanden, entschloß er sich deshalb, die benachbarten Könige um Entsendung getaufter Juden zu bitten. Von ihnen erhoffte er gleichermaßen kritisch distanzierte wie unbedingt verläßliche Aussagen. Die angeforderten Sachverständigen trafen wirklich an seinem Hof ein, und ihre gründliche Befragung ergab mit absoluter Gewißheit, daß der Genuß von Blut und gar von Menschenblut bei den Juden völlig unbekannt sei, ja geradezu als eine Befleckung angesehen werde. So sprach der Kaiser im Juli 1236 zu Augsburg die Juden Fuldas wie ganz Deutschlands dem Urteil der anwesenden Fürsten gemäß von allen vorgebrachten Anschuldigungen und Verdächtigungen frei und verbot streng deren Wiederholung. Zugleich dehnte er Barbarossas Privileg für die Wormser Juden auf die gesamte deutsche Judenschaft aus und nahm ihre sämtlichen Mitglieder als *servi camere nostre*, als seine Kammerknechte in seinen besonderen Schutz.[109]

Mit seiner Handhabung des Fuldaer Kindermordprozesses demonstrierte Friedrich, gerade auch angesichts der vielerorts durch das Ereignis ausgelösten judenfeindlichen Reaktionen, sehr eindrücklich, welches entscheidende Gewicht er der geduldigen, unparteiischen Wahrheitsfindung

---

[108] Hauptquellen: Annales Erphordenses, ad 1236, MGH SS rer. Germ. 42, 92, Annales Marbacenses, ad 1236, MGH SS rer. Germ. 9, 98; vgl. den phantasievoll ausgeschmückten, stark judenfeindlichen Bericht bei Richer Senoniensis IV 38, MGH SS 25, 324. Zum Ganzen ausführlich Battenberg, Herrschaft 30–38, vgl. Cohn, Kaiser Friedrich, bes. 14–19.
[109] Bericht und Urteil Friedrichs: MGH Const. 2, 274–276, Nr. 204, vgl. HB 4, 809f. (24. 2. 1236; Heinrich III. sendet getaufte Juden), zum Status der Juden in Imperium und Regnum auch HB 4, 912 (20. 9. 1236).

als der Basis gerechter Gerichtsurteile zumaß, wieviel ihm also an der zentralen Herrscherpflicht lag, seinen Untertanen Frieden und Recht zu schaffen. Dazu kommt der vielbeachtete Umstand, daß er hier erstmals die Auffassung vertrat, alle Juden Deutschlands unterstünden gleicherweise seiner Kammerknechtschaft, und daß er ihnen allen als Folge ihres gemeinsamen Rechtsstatus durchweg die gleichen Privilegien zuerkannte. Er verdeutlichte und präzisierte damit die bereits von seinem staufischen Großvater, freilich eher beiläufig in Verfügungen für einzelne jüdische Gruppen und Gemeinden geäußerte Ansicht, die Juden gehörten zur kaiserlichen Kammer. Klarer als jener bekannte sich der Enkel nun zu den umfassenden Pflichten der Judenschaft gegenüber, die ihm aus deren Abhängigkeitsverhältnis erwuchsen, unmißverständlich definierte er dieses Verhältnis andererseits als Knechtschaft. Vielleicht doch bewußt an die eben in Gregors IX. Dekretalen bekräftigte kirchliche Lehre von der ewigen jüdischen Knechtschaft anknüpfend, suchte er so seine unmittelbare, jede Zwischengewalt, auch den Zugriff der Kirche ausschließende Schutzherrschaft über alle deutschen Juden und deren direkte Bindung an ihn völlig zweifelsfrei zu sichern.

Aus der solcherart definierten Rechtsstellung der jüdischen Bevölkerung schlechthin leitete der Kaiser die folgerichtig nur ihm zukommende Berechtigung ab, über deren Finanzkraft zu verfügen, sie also mit speziellen Steuern zu belasten, und hier lag für ihn sicherlich ein wichtiger Grund zur Ausformung des Instituts der Kammerknechtschaft überhaupt. Es verpflichtete ihn indessen umgekehrt zum wirksamen Schutz aller Juden, die darauf künftig geradezu einen vor dem Hofgericht einklagbaren Anspruch besaßen. Der Prozeß von 1236 sollte zeigen, daß er diesen Zusammenhang anerkannte und seine Verantwortung ernst nahm. Gewiß unterstand damals manche jüdische Gemeinde trotz des kaiserlichen Einsatzes in Wirklichkeit bereits der fürstlichen Gewalt. Dennoch gehören die Jahrzehnte von Friedrichs Regiment ohne Zweifel zu denjenigen des Mittelalters, die den Juden relativ günstige Lebensbedingungen bescherten, und seine Kammerknechtschafts-Regelung erschien einer ganzen Reihe von Herrschern nachahmenswert.[110]

Als vorbildlicher christlicher Monarch bewährte sich Friedrich im Frühjahr eben des Jahres 1236 anläßlich der Erhebung der Gebeine Elisabeths von Thüringen vor den Augen der erwartungsvollen Öffentlichkeit. Die jung verwitwete Landgräfin hatte die letzten Jahre ihres kurzen Lebens, dem Ideal des Franz von Assisi nachstrebend, in dem mit ihrem Vermögen

---

[110] Zum Ganzen siehe bes. Patschovsky, Rechtsverhältnis 341–368, vgl. Battenberg, Herrschaft 36–38, ders., Kammerknechte 558–569; zur Lage der Juden in Deutschland: Haverkamp, Aufbruch 337–342.

errichteten Franziskushospital zu Marburg rückhaltlos und bis zur Selbstaufopferung der Sorge für Arme und Kranke gewidmet. Zu ihrem Grab strömten bald die Pilgerscharen. Ihr Hospital aber samt den zugehörigen Gütern und Rechten gedachten ihre Schwäger, die Landgrafen Heinrich Raspe († 1247) und Konrad († 1240), dem Deutschen Orden zu vermachen. Konrad reiste im Sommer 1234 eigens nach Rieti, um den Papst zu dieser Übertragung zu veranlassen; er erhielt gleichzeitig vom dort ebenfalls anwesenden Kaiser eine Schutzurkunde für das Hospital. Noch im selben Jahr trat er überdies in den Deutschen Orden ein, 1239 wurde er als Nachfolger Hermanns von Salza sogar an dessen Spitze berufen. Wenige Monate nach seinem Besuch an der Kurie, im Mai 1235, sprach Gregor IX. Elisabeth, gerade dreieinhalb Jahre nach ihrem Tode, heilig, und eben jetzt begannen in Marburg die Bauarbeiten an einer großen Kirche zu Ehren der neuen Heiligen. Unmittelbar neben der Hospitalkapelle mit dem Grab Elisabeths sollte sie als deren künftige Ruhestätte und als Grablege der Thüringer Landgrafen emporwachsen, eines der allerersten Gotteshäuser in Deutschland, das sich ganz an dem modernen Ideal der nordfranzösischen Gotik ausrichtete, gleicherweise Denkmal für die heilige Landgräfin, sichtbares Zeichen der Größe des landgräflichen Hauses und Ausdruck der in Stadt und Region neu gewonnenen Bedeutung des Deutschen Ordens.[111]

Zunächst aber veranlaßte der Papst die Erhebung der Reliquien der Heiligen aus ihrem Grab, damit die zahlreichen Pilger sie fortan in augenfällig-würdiger Form verehren konnten. Zu diesem feierlichen Geschehen zog am 1. Mai 1236 eine, wie wir von den Berichterstattern hören, wahrhaft unübersehbare Menschenmenge nach Marburg. Viele einflußreiche Persönlichkeiten des Reiches, hohe geistliche wie weltliche Würdenträger, waren ebenfalls anwesend, und selbst der Kaiser kam an jenem großen Tag in die Stadt. Er unterstrich die herausragende Bedeutung des Ereignisses noch zusätzlich, indem er sich selbst aktiv an der Zeremonie beteiligte. Barfuß und in ein einfaches graues Gewand gekleidet wie einst Elisabeth, begann er wohl, die erste Steinplatte entfernend, mit dem Öffnen des Grabes, während die Erzbischöfe von Mainz und Trier sowie der Bischof von Hildesheim danach den vollkommen freigelegten Bleisarg mit Elisabeths sterblichen Überresten aus dem Grab hoben und an den vorgesehenen Platz trugen. Dort schmückte der Kaiser das schon zuvor vom Körper abgetrennte Haupt Elisabeths mit einer kostbaren goldenen Krone aus

---

[111] Zu Elisabeth: Werner, Elisabeth 48–63, vgl. oben S. 297f. mit Anm. 65; Hospital, Landgrafen, Deutscher Orden: MGH Epp. saec. XIII 1, 475f., Nr. 586 (1. 7. 1234), HB 4, 477f. (Juli 1234; Friedrich), dazu Boockmann, Anfänge 138–145; zur Elisabethkirche: Sankt Elisabeth 494–497, Nr. 125 (D. Großmann).

seiner Schatzkammer. Außerdem spendete er noch eine prächtige Trinkschale, die künftig den Kopf der Heiligen bergen sollte. Das aus Krone und Becher des Kaisers später tatsächlich gefertigte Kopfreliquiar ist sehr wahrscheinlich noch erhalten und mit einem seit 1631 in Stockholm verwahrten Stück identisch.[112]

Ganz sicher verfolgte Friedrich mit seinem öffentlichen Auftreten und Handeln zu Marburg gewichtige politische Absichten. Er bejahte damit unmißverständlich das Wirken und die künftigen Pläne des Deutschen Ordens und seines Leiters Hermann von Salza, ebenso deutlich und uneingeschränkt aber auch die Initiative der Thüringer Landgrafen zu dessen Gunsten, die er schon seit dem Treffen von Rieti entschieden unterstützt und gefördert hatte. Zugleich suchte er den Orden wie die beiden Fürsten auf diese Weise umgekehrt noch enger und dauerhafter an sich zu binden. Die Annäherung an die neue Heilige des landgräflichen Hauses, die respektvolle Sympathie und fast demütige Hochachtung, die er ihr erwies, dienten darüber hinaus wohl dem Ziel, sein Verständnis und seine Wertschätzung für jene moderne, populäre Religiosität der Armut und der Hingabe an den Nächsten zu bekunden, die Elisabeth so beispielhaft gelebt hatte und von der die franziskanische Bewegung wesentlich geprägt war. Eine solche Geste mochte dem Staufer geeignet erscheinen, insbesondere das nach dem Abbruch der Schlichtungsgespräche und angesichts des bevorstehenden Lombardenfeldzugs erheblich gestörte Verhältnis zu Gregor IX. wieder etwas zu verbessern. Er mochte hoffen, den Papst so wenigstens nachdenklich zu stimmen, wenn nicht gar von seiner Rechtgläubigkeit, Aufgeschlossenheit und frommen Gesinnung zu überzeugen. Bestimmten den Kaiser derartige Gesichtspunkte, schließt dies freilich echte religiöse Ergriffenheit während des Aktes von Marburg, während der unmittelbaren Konfrontation mit dem Verhalten und Schicksal Elisabeths nicht aus, gerade wenn er sich ihr, wie er wenig später dem Generalminister der Franziskaner Elias von Cortona schrieb, durch Herkunft, Stand und verwandtschaftliche Beziehungen eng verbunden fühlte. Daß er sich damals eben an Elias, den zweiten Nachfolger des Franz von Assisi wandte, daß er eben vor ihm seine Gedanken zum verdienstvollen Wirken

---

[112] Hauptquellen: Caesarius von Heisterbach, Sermo c.4, ed. Huyskens 386f., Annales S. Pantaleonis, ad 1236, MGH SS rer. Germ. 18, 268; vgl. Annales Scheftlarienses, ad 1236, MGH SS 17, 340, Annales S. Rudberti, ad 1236, MGH SS 9, 786, Richer Senoniensis IV 33, MGH SS 25, 319f., Cronica S. Petri Erfordensis, ad 1236, MGH SS rer. Germ. 42, 232f., Annales Stadenses, ad 1236, MGH SS 16, 362, Sächsische Weltchronik, c. 381, MGH Dt. Chron. 2, 251, Alberich von Troisfontaines, ad 1236, MGH SS 23, 939; dazu Beumann, Friedrich 151–154, zum Reliquiar: Schramm, Herrschaftszeichen 16–41, vgl. Sankt Elisabeth 513–517, Nr. 142 (A. Andersson; Abb. ebd. nach S. 80), Sauerländer, Two Glances 192f.

Elisabeths ausbreitete und ihn und die Minderbrüder am Ende ersuchte, seiner in ihrem Gebet zu gedenken, das zeugt vor allen taktischen Erwägungen doch wohl in erster Linie von dem tiefen Eindruck, den die Begegnung mit der thüringischen Heiligen und die Auseinandersetzung mit ihrem Lebensentwurf bei ihm hervorrief. Im übrigen entspricht die Bitte um den Gebetsbeistand der Franziskaner kaum zufällig jener anderen, die er einst im Anschluß an seine Aachener Königskrönung an das Generalkapitel der Zisterzienser gerichtet hatte, ebenfalls in aufrichtigem, gläubigem Empfinden und ebenfalls nach der direkten Begegnung mit einem hochverehrten Heiligen und dem spektakulären öffentlichen Bekenntnis zu seinem Tun.[113]

Vergebliche diplomatische Aktionen und erste militärische Erfolge in Oberitalien

Seit Juni 1236 hielt sich Friedrich in Augsburg, dem Sammelplatz seines Italienheeres, auf. Dessen Abmarsch in die Lombardei verzögerte sich jedoch durch die Probleme, die Herzog Friedrich II. von Österreich und Steiermark bereitete. Der Babenberger, ein rücksichtsloser, kriegerischer, mit allen Mitteln auf die Erweiterung seines Einflusses bedachter Mann, war nicht nur dem Kaiser seit dem Zusammentreffen vom Vorjahr in äußerst unguter Erinnerung, er lag bereits vom Beginn seiner Regierung im Jahr 1230 an sowohl mit den Ständen seiner Länder wie mit seinen großen Nachbarn Ungarn, Böhmen und Bayern wegen seiner Willkürakte sowie Grenz-, Erbschafts- und allen möglichen anderen Fragen fast ununterbrochen im Streit. 1235 hatte er nach der so mißlich verlaufenen Unterredung mit dem Kaiser einen Krieg gegen den neuen ungarischen König Bela IV. vom Zaun gebrochen, allerdings schwere Mißerfolge erlitten und damit den Frieden im Reich gefährdet und den Staufer noch tiefer verärgert. Durch wirtschaftliche Schwierigkeiten in die Enge getrieben, sperrte er kurz darauf den Warenexport aus seinen Ländern, was vor allem jene Großen schädigte und empörte, die dort Güter besaßen wie der Erzbischof von Salzburg, der Patriarch von Aquileia oder die Bischöfe von Bamberg, Passau und Regensburg. Da er überdies mehrere kaiserliche Ladungen zu Hoftagen ignorierte, verlor der Herrscher schließlich die Geduld. Im Frühjahr 1236 stellte er in einem umfangreichen Dokument die

---

[113] Brief Friedrichs: Acta Imperii 1, 299, Nr. 338, vgl., auch zum Zusammenhang mit der Vita sanctae Elisabeth, ed. Henniges 250–268 („Zwettler Vita"), Beumann, Friedrich 154–162, sowie Sankt Elisabeth 511–513, Nr. 140 f., außerdem Schaller, Frömmigkeit 500, 512 f.; zu Elias: Berg, Elias, bes. 108–111, vgl. ders., Herrschaftsideologie 32, Barone, Federico 613.

Abb. 7: Fürstenprivileg Friedrichs II. vom Mai 1232 (Statutum in favorem principum). Ausfertigung für den Erzbischof von Mainz.

Abb. 8: Kopfreliquiar, vermutlich gefertigt aus dem Trinkgefäß und der Krone, die Friedrich II. anläßlich der Erhebung der Gebeine Elisabeths von Thüringen am 1. Mai 1236 der Heiligen schenkte.

herzoglichen Untaten aus seiner Sicht zusammen, wobei er stets sachlich im Ton blieb, doch neben viel Wahrem oder immerhin Glaubhaftem vermutlich auch einige Erfindungen oder wenigstens Übertreibungen mit einfließen ließ. Die Schrift ging an die Reichsfürsten und diente wohl im Sommer zu Augsburg als Basis für den Prozeß gegen den Babenberger. Der Herzog wurde seiner unbezweifelbaren Vergehen wegen geächtet und abgesetzt. Freilich verhinderte der Kaiser offenbar, daß diese Entscheidung bereits endgültige Rechtskraft erhielt. Er gelobte den mit der Durchsetzung des Urteils beauftragten Fürsten indessen, daß er sie unterstützen und mit dem Babenberger ohne ihren Willen und ihre Zustimmung keine Vereinbarung treffen werde. Der böhmische König und der bayrische Herzog, die Bischöfe von Passau und Bamberg stießen daraufhin mit anderen Fürsten aus verschiedenen Richtungen nach Österreich vor und errangen rasch greifbare Erfolge.[114]

Kaiser Friedrich selbst verfügte nun zwar über weniger Truppen, als er erhofft hatte. Doch schien dafür der österreichische Unruheherd beseitigt, die Lage in Deutschland gesichert. Ende Juli brach er mit seinem Heer nach Süden auf, wo schon das Gerücht ging, er habe den Feldzug gänzlich aufgeschoben. Länger als geplant, verweilte er in Verona, da sich Mantua damals eindeutig für die Liga erklärte und die Verbindung zum kaiserlichen Cremona bedrohte. Die anwesenden Reichsfürsten suchten brieflich Brescia wie wohl auch andere Bundesstädte von den friedlichen Absichten des Kaisers und den Vorteilen eines rechtzeitigen Austritts aus der Liga zu überzeugen. Sie bewirkten freilich ebenso wenig wie Hermann von Salza, der in kaiserlichem Auftrag zu Friedensverhandlungen nach Mantua reiste. Von den neuerlichen Vermittlungsbemühungen des bereits seit Juni auf Gregors Weisung in der Lombardei tätigen Legaten Jakob von Palestrina aber erwartete der Staufer nach den ärgerlichen Erfahrungen des Frühjahrs 1232 von vornherein nichts Gutes, und der Kardinal bestärkte ihn rasch in seinen Vorbehalten.[115]

[114] Annales S. Rudberti, ad 1233–1236, MGH SS 9, 785f., Hermanni Altahensis Annales, ad 1236, MGH SS 17, 392, Annales Scheftlarienses, ad 1235–1236, ebd. 340f., Annales S. Pantaleonis, ad 1235–1236, MGH SS rer. Germ. 18, 267, 269, Annales Erphordenses, ad 1235, MGH SS rer. Germ. 42, 89; Friedrichs Klageschrift und Abkommen gegen Herzog Friedrich: MGH Const. 2, 269–273, Nr. 201f., die Vorläufigkeit des Urteils: HB 5, 1007 (wohl Juni 1240). Dazu Hausmann, Kaiser Friedrich 246–252, Lechner, Babenberger 279–282.
[115] Gerücht: HB 4, 889f. (11. 7. 1236); Fürstenbrief: Hahn, Collectio 230–232, Nr. 19, die Verhandlungen Hermanns: Hahn 219f., Nr. 15 (wohl Okt. 1236; Friedrich an Gregor), vgl. Annales Veronenses, ad 1236, MGH SS 19, 10, Tolosanus c. 221, ed. Rossini 174f. Jakobs Legation: MGH Epp. saec. XIII 1, 588, Nr. 691 (10. 6. 1236), vgl. ebd. 589–591, Nr. 693; dazu Paravicini Bagliani, Cardinali 121, vgl. oben S. 271f.

Jakobs Heimatstadt Piacenza hatte nach langem inneren Streit zwischen dem von Cremona unterstützten Popolo und dem der Liga verbundenen Stadtadel Anfang 1236 zum Frieden gefunden. Kurz darauf, im März, trafen dort die Vertreter der kaiserlichen Kommunen mit dem eben von Viterbo nach Deutschland zurückeilenden Deutschordensmeister und mit Petrus de Vinea zusammen. Petrus nutzte die Stunde, um die Anwesenden in einer flammenden Rede zu energischen und umfassenden Vorbereitungen für das bevorstehende Erscheinen des Kaisers aufzurufen. Außerordentlich effektvoll stellte er Jesaias Wort von dem großen Licht, das dem in der Finsternis wandelnden Volk aufgegangen sei (Jes. 9,2), an den Beginn seiner Ansprache. Doch auch in deren weiterem Verlauf scheute er sich offenbar keineswegs, seinen kaiserlichen Herrn mit messianischem Glanz zu umkleiden. Piacenza schien danach fest auf des Staufers Seite zu stehen, zumal die Adelspartei, empört über den Gang der Dinge, die Stadt verließ. Dem im Juli dort eintreffenden Legaten Jakob gelang es dann allerdings erstaunlich rasch, die Machtverhältnisse vollkommen umzukehren. Er gewann einige einflußreiche Männer des Popolo für den Gedanken der Aussöhnung, ließ die amtierenden Rektoren absetzen und die Adligen zurückführen mit dem Resultat, daß Piacenza künftig wieder zu des Kaisers Gegnern zählte.[116]

Friedrich sah darin eine unerträgliche Agitation gegen seine gerechte Sache, verdächtigte Jakob außerdem, in Mantua gleichfalls gegen ihn gewühlt zu haben, und beklagte sich darüber wie ganz generell über die fehlende kirchliche Unterstützung bitter beim Papst. Um so ungehaltener und verwunderter registrierte er, daß die päpstliche Antwort sein Hilfsersuchen mit vollkommenem Schweigen überging, ihm statt dessen erneut, wie bereits am Anfang des Jahres, seine Vergehen gegen die sizilische Kirche vorhielt, jetzt in Form einer langen Liste mit allgemeinen wie sehr speziellen Anschuldigungen. Wieder sandte er eine ausführliche Rechtfertigung zu jedem einzelnen Punkt an die Kurie zurück, und wieder beharrte er insbesondere auf seinem Mitwirkungsrecht bei den Bischofserhebungen, das die Kirche doch seinen mit weit weniger Macht und Würde als er ausgezeichneten Vorgängern ohne weiteres gewährt habe.[117] So traten die Gegensätze zwischen Papst und Kaiser nur immer noch stärker hervor,

---

[116] Annales Placentini Gibellini, ad 1235–1236, MGH SS 18, 470–474, vgl. MGH Epp. saec. XIII 1, 578f., Nr. 679f. (24./27. 3. 1236), 582f., Nr. 685 (5. 4. 1236), Annales Placentini Codagnelli, ad 1234–1235, MGH SS rer. Germ. 23, 112–116.

[117] Friedrichs Vorwürfe: MGH Epp. saec. XIII 1, 600–602, Nr. 703 (vgl. ebd. 595f., Nr. 699), MGH Const. 2, 309, Nr. 224 (6) (16. 3. 1240); HB 4, 906–913 (20. 9. 1236); die päpstl. Klagen: Epp. 1, 596–598, Nr. 700, vgl. ebd. 592, Nr. 695, ebd. 594, Nr. 698. Siehe dazu Baaken, Ius 288–290.

und diejenigen zwischen den Lombarden und dem Kaiser blieben unüberbrückbar wie je.

Ein detaillierter kaiserlicher Bericht informierte Gregor im Oktober über weitere vergebliche Kontakte Hermanns von Salza sowie der Hofrichter Petrus de Vinea und Thaddaeus von Sessa mit der Liga. Diese habe seine Forderungen – Leistung des Treueids, Rückgabe der Regalien, Genugtuung für die ihm zugefügten Beleidigungen, Entscheidung der Zweifelsfälle durch das Urteil der deutschen und italienischen Fürsten – rundweg zurückgewiesen und die Einhaltung des Konstanzer Friedens verlangt. Dessen weitere Geltung aber könne er weder im Blick auf die Interessen des Reiches noch auf die der Kirche zugestehen. Er sei vielmehr fest entschlossen, seine gerechten Absichten durchzusetzen, und bitte dafür nach wie vor um den Beistand des Papstes. Friedrich strebte demnach, erfüllt von Unwillen und Ablehnung gegenüber dem Lombardenbund, eine vollkommene Neuordnung Oberitaliens an.

In der Tat ließ sich das Abkommen von 1183 mehr als 50 Jahre später kaum unverändert anwenden. Es hätte, wörtlich übernommen, dem Kaiser die Anerkennung der inzwischen von den Ligastädten hinzugewonnenen Positionen abverlangt, ohne aktuelle Probleme wie das einst selbstverständliche, jetzt von der Liga bestrittene kaiserliche Durchzugs- und Aufenthaltsrecht in der Lombardei klar genug zu regeln, und ob die Lombarden ernsthaft daran dachten, die ihnen daraus erwachsenden Verpflichtungen wieder zu erfüllen, das durfte man bezweifeln. Doch wenn der Kaiser offensichtlich hoffte, ihnen sogar noch darüber hinausgehende Zugeständnisse abzuringen, so sprachen alle bisherigen Erfahrungen eigentlich ganz gegen eine solch optimistische Einschätzung. Verständlich wird sie allein aus Friedrichs Glauben, daß er, wie er dem Papst schrieb, mit dem Recht des Reiches zugleich den Frieden und Gottes unverrückbaren Willen verwirkliche.[118]

Auch Papst Gregor sparte nicht mit Worten und ließ vor allem an Deutlichkeit nichts zu wünschen übrig, als er dem Kaiser am 23. Oktober noch einmal seinen Standpunkt darlegte. Das Vorgehen seines Legaten Jakob verteidigte er als letztlich genauso dem Reich wie der Kirche dienende Friedenspolitik; eine prokaiserliche Stellungnahme gegen die Lombarden lehnte er ab, da Friedrich selbst das päpstliche Schiedsrichteramt behindert habe. Scharf und mit tiefem Mißtrauen gegen Friedrichs in der Vergangenheit selten eingehaltene Versprechungen tadelte er erneut die Verhältnisse im sizilischen Königreich. Er berührte mißbilligend Friedrichs

---

[118] Friedrichs Brief: Hahn, Collectio 218–223, Nr. 15; Konstanzer Frieden: DF.I. 848, ed. H. Appelt, MGH DD 10,4 (Hannover 1990) 68–77; zu Hermann von Salza: Kluger, Hochmeister 174f.

Einsatz für den gebannten Grafen Raimund VII. von Toulouse und vor allem die massive Unterstützung, die er offenkundig Petrus Frangipane gewährte, einem römischen Adligen, dessen Aufstand damals die Position der führenden papstfreundlichen Familien in Rom zu schwächen drohte. Klarer als wohl je zuvor formulierte Gregor dann in der Schlußpartie des Briefes seine eng mit derjenigen Innozenz' III. verwandte Sicht von der rechten Ordnung der Christenheit. Dem Papst, so schärfte er seinem Leser ein, komme als dem allein Gott verantwortlichen Stellvertreter Petri auf Erden die höchste Verantwortung für das Wohl der Seelen wie für den Bereich des Dinglich-Körperlichen zu und damit die Kontrolle auch der Könige und der Fürsten. Er stehe sogar über dem Kaiser, was einst Konstantin als erster erkannt, der Apostolische Stuhl später mit der Übertragung der kaiserlichen Würde an Karl den Großen bekräftigt habe und was jede Kaiserkrönung bis zur Gegenwart neu sichtbar mache. So unterliege auch Friedrichs Tun selbstverständlich der päpstlichen Prüfung, und es wäre höchst gefährlich für ihn, sollte er an die Verkehrung dieser gottgewollten Rangfolge denken.[119] Beharrten beide Seiten auf den Ende 1236 bezogenen unvereinbaren Positionen, war der völlige Bruch zwischen ihnen auf Dauer unvermeidlich.

Friedrichs militärische Situation hatte sich während des diplomatischen Gefechts mit dem Papst wesentlich verbessert.[120] Mitte September gelang ihm nach einem Vorstoß in südwestlicher Richtung die Vereinigung mit den ihm entgegenmarschierenden Truppen der reichstreuen Städte um Cremona. Derart gestärkt, wandte er sich zunächst gegen Mantua, nahm einige wichtige befestigte Plätze in dessen Umgebung ein, belagerte die Stadt selbst freilich vergeblich und zog im Oktober nach Cremona. Sein

---

[119] MGH Epp. saec. XIII 1, 599–605, Nr. 703; Friedrich und Rom: Richard von S. Germano, ad 1236, ed. Garufi 192, Vita Gregorii IX., c. 24, edd. Fabre – Duchesne 27, dazu Thumser, Rom 284 f., ders., Friedrich 431 f.; Raimund von Toulouse: HB 4, 799 f. (Dez. 1235; Belehnung mit der Grafschaft Venaissin, östlich Avignons, und der Würde des Markgrafen von Provence durch Friedrich), vgl. HB 4, 800 f., und schon HB 4, 485–487 (Sept. 1234), dazu Annales S. Pantaleonis, ad 1235, MGH SS rer. Germ. 18, 267 f., HB 4, 912 (20. 9. 1236; Friedrich), Epp. 1, 584–586, Nr. 688 (28. 4. 1236; Gregor), ebd. 608 f., Nr. 706 (20. 5. 1237).

[120] Hauptquellen zum Folgenden: Annales S. Pantaleonis, ad 1236, MGH SS rer. Germ. 18, 269, Annales Placentini Gibellini, ad 1236, MGH SS 18, 474 f., Annales Veronenses, ad 1236, MGH SS 19, 10, Rolandinus Patavinus III 9–IV 1, MGH SS 19, 60–65, Annales Patavini, ad 1236–1237, ebd. 155 f.; vgl. Chronicon Parmense, ad 1236, ed. Bonazzi 11, Annales Ianuae, ad 1236, MGH SS 18, 185, Albertus Milioli, c. 238, MGH SS 31, 511, Annales Mantuani, ad 1236–1237, MGH SS 19, 21 f., Annales Bergomates, ad 1236, SS 18, 333, Richard von S. Germano, ad 1236, ed. Garufi 192.

bestimmtes Auftreten aber verfehlte seine Wirkung nicht: Mitte des Monats schwuren ihm die Einwohner der zwischen Mailand und Brescia gelegenen Stadt Bergamo die Treue. Ein herber Rückschlag drohte allerdings schon wenig später: Ezzelino da Romano sah sich südöstlich von Verona an der Etsch der Übermacht der Milizen Mantuas, Vicenzas und Paduas gegenüber und rief um Hilfe. Seine Niederlage hätte das kaiserliche Heer von Verona abgeschnitten, vermutlich sogar zum Verlust dieser Stadt geführt. Friedrich zögerte deshalb keinen Augenblick. In einem Eilmarsch, den bereits seine Zeitgenossen mit Bewunderung vermerkten, bewältigte er mit seinem Heer, am Abend des 30. Oktober in Cremona aufbrechend, in der Nacht und während des folgenden Tages die gegen 120 Kilometer lange Strecke nach San Bonifacio (östlich Veronas), wo er wohl während der Nacht zum 1. November anlangte und seinen Rittern eine kurze Rast gönnte. Auf die Nachricht, sein unvermutetes Erscheinen habe Ezzelinos Gegner in Schrecken versetzt und sogleich zur Flucht veranlaßt, entschloß er sich, den Überraschungseffekt noch weiter zu nutzen und, seinen Feinden zuvorkommend, nach dem noch einmal 30 Kilometer entfernten Vicenza weiterzueilen. Die Bürger jener Stadt, die allenfalls ihre eigene Mannschaft erwartet hatten, wehrten sich zu spät und mußten sich bereits an Allerheiligen ergeben. Ein kaiserlicher Kapitän leitete künftig die Geschicke ihres Gemeinwesens.

Der Schlag gegen Vicenza bescherte der kaiserlichen Partei eine ganze Reihe weiterer Erfolge. Noch im November unterwarfen sich Ferrara und der dort bestimmende Salinguerra, im Februar 1237 folgten Padua und Markgraf Azzo VII. von Este, im März beugte sich Treviso. Damit hörte der ganze Nordosten Oberitaliens, das Gebiet der alten Mark Verona, das man jetzt Mark Treviso zu nennen anfing, auf das Wort des Kaisers oder besser: auf die von ihm eingesetzten Vertreter, auf Gebhard von Arnstein, auf den eben zum Paduaner Podestà gewählten Grafen Simon von Chieti und vor allem auf Ezzelino da Romano, der schnell zur dominierenden Persönlichkeit der Region aufstieg. Friedrich selbst nämlich hatte sich Anfang Dezember von Treviso aus zurück nach Deutschland begeben.

Kampfpause: Der Aufenthalt in Wien; Werbung um Hilfe

Der Staufer unterbrach sein vielversprechendes Italienunternehmen wegen der Lage in Österreich. Dort war Herzog Friedrich von seinen fürstlichen Gegnern zwar rasch zum Rückzug aus weiten Teilen seines Landes gezwungen worden, er konnte jedoch Wiener Neustadt und einige andere Stützpunkte halten und sogar die Bischöfe von Passau und Freising für einige Wochen gefangennehmen. Trotzdem gelangte der Kaiser nun ohne Schwierigkeiten durch die Steiermark, wo die herzoglichen Ministerialen zu ihm übertraten, nach Wien und blieb bis in den April hinein in der Babenberger Residenzstadt. Er stellte eine große Zahl von Privilegien für die Klöster und Stifte Österreichs und der Steiermark aus, nahm den dortigen Besitz des Deutschen Ordens in seinen und des Reiches besonderen Schutz, gab Anweisungen an die Verwaltung, zumal an die Zollbeamten, und behandelte die beiden Herzogtümer so wie hier auch sonst ganz offen als an das Reich und damit unter seine unmittelbare Herrschaft zurückgefallene Kronlehen. Auf seine Sorge um das Recht in den neu gewonnenen Gebieten weist die in die Zeit seines direkten Einflusses gehörende erste Aufzeichnung des österreichischen Landrechts mit ihren Anklängen an den Mainzer Landfrieden von 1235 ebenso wie die Berufung von leitenden Richtern für die einzelnen Provinzen oder Großregionen der beiden Länder.[121]

Die Bürger Wiens befreite Friedrich im April noch eigens und ausdrücklich in einer speziellen Urkunde vom, wie er schrieb, ungerechten Joch des einstigen Herzogs und unterstellte sie unmittelbar dem römischen Imperium, das Gott selbst zum Wohle des Glaubens und zur Verbreitung von Frieden und Gerechtigkeit unter den Völkern begründet habe. Zugleich ergänzte er das schon gültige Wiener Stadtrecht. Jeder, der in die Stadt zog, konnte fortan nach Jahr und Tag deren freier Bürger werden. Für die Bürger Wiens aber wollte der Herrscher alljährlich mit ihrem Rat einen Richter bestellen, dessen Gericht an die städtischen Gesetze und Gewohnheiten gebunden war, der Steuern nicht erzwingen, sondern nur nach dem freiwilligen Beschluß der Bürger einziehen und von diesen nur sehr eingeschränkte Kriegsdienste fordern durfte. Daneben behielt sich Friedrich die Berufung eines für den Unterricht in der Stadt und für die Einstellung der Lehrer verantwortlichen Magisters vor – in Wien sollten Bildung und Wissenschaft demnach wie in Sizilien zum herrscherlichen Aufgabenbereich gehören. Ganz ähnlich wie den Wiener Bürgern bestätigte Friedrich damals auch den Ministerialen der Steiermark in einem besonderen Privileg ihre direkte Unterordnung unter das Reich; er bekräftigte ihr Recht, nach ihren bewährten Gewohnheiten zu leben, und versprach, ihnen, wenn sie dies einmal wünschten, wieder einen Herzog zu

---

[121] Annales S. Rudberti, ad 1236–1237, MGH SS 9, 786f., Annales Marbacenses, ad 1237, MGH SS rer. Germ. 9, 99; zum Aufenthalt in Wien: RI V, Nr. 2210–2243 (zu 2229: RI V 4, 217; zu 2238: Hausmann, Kaiser Friedrich 254); für den Deutschen Orden: HB 5, 26f., an Beamte, Zöllner: HB 5, 5, HB 5, 25f., HB 5, 47, Acta Imperii selecta 270, Nr. 305; *ducatibus Austrie et Styrie dominio nostro ... subactis*: HB 5, 17, vgl. HB 5, 14, HB 5, 42; *iudex provincialis*: HB 5, 25. Vgl. dazu und zum Folgenden Hausmann, Kaiser Friedrich 252–258, Lechner, Babenberger 281–284.

geben, freilich nicht mehr den Fürsten von Österreich. Diese Wendung deutet im übrigen wohl zumindest darauf, daß sich der Staufer über die endgültige Form seiner Beherrschung der Babenberger Lande noch nicht völlig im klaren war und zur Dämpfung des zu befürchtenden fürstlichen Widerstandes vielleicht eine abgemilderte Machtausübung wie etwa die Belehnung seiner unmündigen Enkel, der Söhne Heinrichs und Neffen Herzog Friedrichs, erwog.[122]

Als das beglückendste Ereignis während seines Aufenthaltes in Wien, das sichtbarste Zeichen seiner Geltung und Autorität im Reich mag Friedrich die Königswahl seines Sohnes Konrad gegolten haben. Nach der Absetzung Heinrichs waren die Reichsfürsten offenbar nicht bereit gewesen, seinem Wunsch zu folgen und sofort in Mainz Konrad zum Nachfolger seines gescheiterten Bruders zu bestimmen – eingeschüchtert durch die dringenden Warnungen des Papstes, wie der Kaiser später behauptete. Deshalb brachte er sein Anliegen auf einem gut besuchten Hoftag, zu dem in der zweiten Hälfte des Februar 1237 unter anderem auch König Wenzel I. von Böhmen (1230–1253) nach Wien kam, erneut zur Sprache, und nun sahen die Anwesenden keinen Grund mehr, ihm seine Bitte auszuschlagen. Die elf fürstlichen Wähler, darunter neben Wenzel beispielsweise Herzog Otto von Bayern und die Erzbischöfe von Mainz, Trier und Salzburg, gaben umständlich zu Protokoll, sie hätten einhellig für Konrad als römischen König und künftigen Kaiser gestimmt und dem gegenwärtigen Kaiser geschworen, seinen Sohn sofort nach seinem Tod als ihren kaiserlichen Herren anzuerkennen, ihm Treueide zu leisten und ihm mit Rat und Tat beim Erwerb der Kaiserkrone beizustehen. Sie hofften, mit ihrem Schritt rechtzeitig allem Schaden vorzubeugen, der dem katholischen Glauben wie dem Reiche leicht aus einem herrscherlosen Zustand erwachse, zugleich aber wollten sie damit die Leistungen Kaiser Friedrichs würdigen und ihn in seinen weiteren Anstrengungen bestärken.[123]

Ohne greifbare Gegenforderungen verstanden sich die Reichsfürsten damals also zu der in früheren Fällen heftig umstrittenen Königswahl des Sohnes zu Lebzeiten des Vaters. Offensichtlich waren sie stark beeindruckt vom glanzvollen, selbst in Oberitalien erfolgreichen kaiserlichen Regiment. Mancher unter ihnen mochte freilich auch glauben, so einen

---

[122] Wien: Ed. Csendes, Stadtrechtsprivilegien 127–132 (= HB 5, 55–59), zu Überlieferung, Inhalt und Bedeutung ebd. 110–126; Ministerialen: HB 5, 62–65.
[123] Wahlprotokoll: MGH Const. 2, 439–441, Nr. 329; zu Gregors Rolle in Mainz: Const. 2, 309, Nr. 224 (5) (16. 3. 1240), ebd. 372, Z. 12–18, Nr. 265 (Sept. 1245). Dazu und zum Folgenden: Annales Marbacenses, ad 1237, MGH SS rer. Germ. 9, 99, Annales S. Pantaleonis, ad 1237, MGH SS rer. Germ. 18, 270f., vgl. Gesta Treverorum IV 6, MGH SS 24, 403.

Weg gefunden zu haben, das bevorstehende lombardische Unternehmen des Herrschers zu fördern, zugleich jedoch von den daraus entstehenden Belastungen weitgehend verschont zu bleiben. Friedrich seinerseits durfte mit dem Erreichten zweifellos hoch zufrieden sein. Der fürstliche Beschluß festigte die königliche Zentralgewalt in Deutschland und schien die Stellung des staufischen Hauses an der Spitze des Imperiums für absehbare Zeit zu sichern.

Jetzt ging es darum, zusätzliche Hilfe für den Kampf gegen die Lombardenliga zu gewinnen. So ließ der Staufer Bischof Ekbert von Bamberg als Reichsprokurator, als seinen Stellvertreter mit allen Vollmachten in Österreich und der Steiermark zurück und eilte, vermutlich in erster Linie um Truppenwerbung bemüht, über Regensburg nach Speyer. Dort bestätigte ein Hoftag im Juni die Wiener Wahlentscheidung zugunsten Konrads. Zu dem großen Treffen, auf dem der Kaiser Ende Juni mit den Monarchen Europas, mit den Königen Englands und Frankreichs im besonderen, seinen Feldzug und die Lage des Imperiums wie überhaupt die sie gemeinsam berührenden Probleme zu besprechen gedachte, kam es allerdings nicht, wohl wegen des Mißtrauens zwischen den beiden westeuropäischen Herrschern. Immerhin profilierte sich Friedrich mit seinem Projekt erneut als Sachwalter der gemeinsamen monarchischen Interessen, und wenigstens sein Verhältnis zu Ludwig von Frankreich blieb offenbar recht freundschaftlich. Im August sammelte sich ein Heer in Augsburg, Anfang September 1237 verließ er Deutschland für immer. Wie 1220 blieb ein gerade neunjähriger Sohn als erwählter König zurück; Erzbischof Siegfried von Mainz sollte als Prokurator die Regierungsgeschäfte führen.[124]

Im Glanze des Sieges: Der Triumph von Cortenuova

Wohl um die 2000 Ritter begleiteten den Kaiser, als er über den Brenner und an Verona vorbei nach Süden zog. Im Raum westlich von Mantua stießen die von Gebhard von Arnstein gesammelten Einheiten aus der Toskana und dem sizilischen Regnum zu ihm, darunter eine den Beobachtern besonders ins Auge fallende große Zahl sarazenischer Bogenschüt-

---

[124] Hermanni Altahensis Annales, ad 1236, MGH 17, 392, Annales S. Rudberti, ad 1237, MGH SS 9, 786 f., Annales S. Pantaleonis (wie Anm. 123), vgl. Chronicon Wormatiense, ed. Boos 176 f.; zu Ekberts Stellung: RI V, Nr. 11207 (23. 5. 1237); Monarchentreffen: Matthaeus Parisiensis, Chronica maiora, ad 1237, ed. Luard 3, 393 f., Frankreich: Acta Imperii 2, 24 f., Nr. 26, vgl. HB 5, 1086 f.; Aufbruch: Acta 1, 301, Nr. 340; Erzbischof von Mainz: RI V, Nr. 11212 (4. 12. 1237), vgl. HB 5, 1176 (18. 3. 1238); zu HB 5, 60 f. (Vorliebe für das Elsaß) vgl. oben Bd. 1, S. 196.

Im Glanze des Sieges

zen, vielleicht tatsächlich um die 7000. Außerdem fanden sich nun auch die Verbände der kaiserfreundlichen Städte Oberitaliens unter Führung Cremonas ein. Die Anfangserfolge dieses großen Heeres veranlaßten bereits am 1. Oktober Mantua und seinen Podestà, Graf Richard von San Bonifacio, sich dem Staufer zu unterwerfen. Beide erlangten die kaiserliche Gnade. Feierlich verzieh Friedrich der Stadt ihren Abfall zu den Rebellen; er bestätigte ihre alten Privilegien und Rechte, ihren Besitz und ihre Einkünfte und gewährte ihr sogar die freie Wahl des Podestà, sofern sie sich nur nicht für einen ihm feindlich gesinnten Mann entschied.[125] Mit dem Gewinn Mantuas durfte der Herrscher der Ostlombardei zu einem guten Teil sicher sein, und er wandte sich nach Westen, also Brescia und Mailand, dem Zentrum der Liga zu. Die kriegerische Entscheidung des Konflikts stand offenbar dicht bevor, während die bis dahin weitergelaufenen Bemühungen um eine friedliche Lösung eben jetzt endgültig scheiterten.

Auch nach der dramatischen Verschlechterung der päpstlich-kaiserlichen Beziehungen im Herbst 1236 hatte Gregor nämlich seine Anstrengungen fortgesetzt, zwischen Kaiser und Liga zu vermitteln. Auf seinen dringenden Wunsch hin, aber äußerst widerstrebend, entsandte Friedrich im Februar 1237 den Ordensmeister Hermann von Salza zusammen mit Petrus de Vinea an die Kurie, und wohl aufgrund ihrer Gespräche begaben sich im darauffolgenden Mai zwei beim Kaiser hoch angesehene Kardinäle, der aus Capua gebürtige Thomas von S. Sabina und Rainald von Ostia als päpstliche Beauftragte in die Lombardei. Hermann selbst kehrte im Mai nach Deutschland zurück und stieß dort während des Sommers sowohl bei den Fürsten wie bei seinen Ordensbrüdern auf massiven Unwillen über die nutzlosen und zeitverschwenderischen Verhandlungen mit den Lombarden, auf herbe Kritik an seiner eigenen maßgebenden Rolle dabei und auf die dezidierte Meinung, die Zeit sei überreif für ein militärisches Eingreifen. Eilends schilderte er den beiden Kardinallegaten den Ernst der Lage und die nördlich der Alpen verbreitete kriegerische Stimmung. Eine gewisse Hoffnung auf Frieden bestehe nur, so legte er ihnen ans Herz, wenn es ihnen gelinge, die stolzen Lombarden noch vor der Ankunft des Kaisers zu einem für diesen annehmbaren Abkommen zu bewegen, denn der Herrscher werde sich mit seinem Heer kein zweites Mal wie im letzten Jahr

---

[125] Dazu und zum Folgenden: Annales Placentini Gibellini, ad 1237, MGH SS 18, 476f., Annales Veronenses, ad 1237, MGH SS 19, 10, Rolandinus Patavinus IV 3–4, ebd. 66f., Annales Patavini, ad 1237, ebd. 156, Richard von S. Germano, ad 1237, ed. Garufi 195f., Albertus Milioli, c. 239, MGH SS 31, 511f. – Mantua-Privileg: HB 5, 116–119, vgl. Annales Mantuani, ad 1237, MGH SS 19, 22. Zur Zusammensetzung des Heeres: Meier-Welcker, Militärwesen 20–23, bes. 22, zu den Sarazenen auch oben S. 72f. mit Anm. 150f.

durch listige Worte aufhalten lassen. Die Kardinäle konferierten auch intensiv mit Thaddaeus von Sessa und Petrus de Vinea, den Vertretern des Kaisers, sie trafen sich an verschiedenen Orten mit lombardischen Gesandten. Doch stets blieben ungelöste Fragen, die eine Einigung verhinderten. Wenn Petrus de Vinea damals resignierend über das endlose Ränkespiel der Kardinäle und Lombarden klagte, so mochten die übrigen Beteiligten bei entsprechend geänderter Schuldzuweisung ganz ähnlich empfinden. Nach dem Übertritt Mantuas bekundete Friedrich den Legaten Gregors dann freilich sein Desinteresse an weiteren Gesprächen offenbar so deutlich, daß sie ihre Mission abbrachen und nach Rom zurückkehrten.[126]

Dem Kaiser aber blieb der Erfolg weiterhin treu. Nach zweiwöchiger Belagerung ergab sich die überwiegend aus Brescia stammende Besatzung der wichtigen Feste Montichiari (östlich Brescias). Er zerstörte noch einige kleinere Burgen und bezog schließlich im Süden von Brescia am Fluß Oglio Stellung. Inzwischen waren Mailand, Piacenza, Vercelli und eine Reihe weiterer Ligastädte mit einem starken Heer herbeigeeilt, um Brescia zu verteidigen. Da sich Friedrich jedoch nach Westen in Richtung Mailand zu bewegen schien, verließ das Bundesheer die Stadt, was der Herrscher wohl erhofft hatte, und machte bei Manerbio halt, kaum zehn Kilometer nördlich des kaiserlichen Lagers. Allem nach traten die gegnerischen Parteien damals noch einmal in direkten Kontakt zueinander, wobei die Ligastädte anscheinend ihre Bereitschaft zu ziemlich weitgehenden Zugeständnissen erklärten, so zur Auflösung ihres Bundes, zum Verzicht auf die Abmachungen des Konstanzer Friedens, zur Rückgabe aller nicht durch kaiserliche Privilegien erlangten Rechte und zur Unterwerfung unter einen reichsfürstlichen Spruch in den verbleibenden Streitfragen. Wie oft zuvor verhinderte das übergroße gegenseitige Mißtrauen am Ende indessen die Einigung auf Sicherheitsgarantien und damit die Übereinkunft schlechthin.[127]

---

[126] HB 5, 33 f. (wohl Febr. 1237; Friedrich); Richard von S. Germano (wie Anm. 125) 193; MGH Epp. saec. XIII 1, 609–611, Nr. 707–709 (23./31. 5. 1237; Gregor); Brief Hermanns: Annales Placentini Gibellini (wie Anm. 125) 475 f. (= HB 5, 93–95), ebd. zur Aktivität der päpstl. Legaten, ihre Abreise: Richard 195, vgl. HB 5, 125 (18. 10. 1237); Petrus de Vinea: Huillard-Bréholles, Vie 306, Nr. 10, vgl. Vita Gregorii IX., c. 26, edd. Fabre – Duchesne 28.

[127] Siehe die in Anm. 125 genannten Quellen sowie Annales Ianuae, ad 1237, MGH SS 18, 186, Annales Bergomates, ad 1237, MGH SS 18, 333 f., Annales S. Pantaleonis, ad 1237, MGH SS rer. Germ. 18, 271 f.; Friedensverhandlungen: MGH Const. 2, 348, Nr. 252 (11) (Aug. 1244), vgl. HB 5, 143, sowie unten S. 458 f.; die von Fasoli, Federico 67, gegen Friedrichs Angaben ins Feld geführten Dokumente spiegeln aufgrund ihrer Herkunft (Bologna) und ihrer Entstehungszeit nicht die Stimmung im Mailänder Heer im November 1237 wider.

Im Glanze des Sieges

Friedrich ging es nun darum, die Lombarden aus ihrer Deckung hinter einem Sumpfgebiet hervorzulocken und möglichst rasch zur offenen Feldschlacht zu zwingen. Mit einer Kriegslist kam er tatsächlich ans Ziel. Demonstrativ rückte er über den Oglio nach Süden ab und entließ, sein Unternehmen fürs erste scheinbar aufgebend, einen Teil seines Heeres. Die übrigen Truppen, vermutlich besonders zuverlässige Kontingente, führte er eilends flußaufwärts nach Nordwesten in der Erwartung, den beruhigt nach Hause zurückkehrenden Feind beim Übergang über den Oglio zu stellen. Seine Rechnung ging auf: Am frühen Morgen des 27. November 1237 begann die Armee der Liga, den Fluß zu überschreiten, um in der kleinen Feste Cortenuova (südöstlich Bergamos) Quartier zu machen. Durch Feuerzeichen benachrichtigt, stürmten die kaiserlichen Einheiten herbei und verwickelten die überraschten Bundesgenossen in einen für die Liga äußerst verlustreichen Kampf. Zehntausend Männer sollen auf ihrer Seite gefallen oder in Gefangenschaft geraten sein. Der Rest verschanzte sich in Cortenuova, flüchtete jedoch schon in der folgenden Nacht weiter.[128]

Der Sieg des Kaisers war vollständig. Im Triumph führte er sein kostbarstes Beutestück, den *carroccio*, den Fahnenwagen Mailands, das Symbol für die Macht und Würde der Bundesmetropole, durch die Straßen Cremonas, Mailands alter Konkurrentin und Widersacherin. Gebunden standen darauf, um die Größe seines Erfolges wie die schmähliche Niederlage seiner Gegner ganz unmißverständlich zur Anschauung zu bringen, seine vornehmsten Gefangenen, unter ihnen Petrus Tiepolo, der Podestà Mailands und Sohn des venezianischen Dogen; der Mast mit dem Banner Mailands zeigte zu Boden. Ungeachtet solch eindrucksvoller Siegessymbolik erregte bei dem reichlich zusammenströmenden Publikum indessen das stärkste Interesse anscheinend der Elefant, der den Wagen zog. Auf seinem Rücken konnte man ein kleines, mit den kaiserlichen Fahnen geschmücktes Kastell aus Holz bestaunen, in dem Trompeter und Bewaffnete saßen, neben Christen auch Sarazenen. Natürlich meldeten ausführliche Schreiben das glanzvolle Vorkommnis sofort in freudiger

---

[128] Siehe die Anm. 125 und 127 genannten Quellen, außerdem die kaiserl. Berichte: HB 5, 132–136 (an Richard von Cornwall, den Erzbischof von York und den Herzog von Lothringen), HB 5, 142–145 (an den Papst und die Kardinäle), vgl. HB 5, 137–139 (vielleicht aus der Feder Petrus' de Vinea); daneben Annales Cremonenses, ad 1238, MGH SS 31, 17, Chronicon Parmense, ad 1237, ed. Bonazzi 11, Memoriae Mediolanenses, ad 1237, MGH SS 18, 402, Breve chronicon, ed. Huillard-Bréholles 906; Annales Marbacenses, ad 1237, MGH SS rer. Germ. 9, 99, Annales Erphordenses, ad 1237, MGH SS rer. Germ. 42, 92, Annales S. Rudberti, ad 1237, MGH SS 9, 787, Annales Scheftlarienses, ad 1237, MGH SS 17, 341, Sächsische Weltchronik, c. 382, MGH Dt. Chron. 2, 252. Vgl. Fasoli, Federico 65–67.

Bewegtheit den Mächtigen der christlichen Welt, dem Papst, den Königen und Fürsten.[129] Die um Friedensverhandlungen bemühten Mailänder räumten auf Friedrichs Forderung hin ohne Zögern die Stadt Lodi, so daß er dort Weihnachten feiern konnte. Anfang Januar 1238 unterwarfen sich Vercelli und Novara. Einen Monat später reiste der Herrscher nach Piemont und blieb eine Zeitlang in Turin und im südlichen Cuneo, ohne auf nennenswerten Widerstand zu stoßen. Er nutzte den Streit Albengas und Savonas mit Genua, um die beiden ligurischen Küstenstädte unmittelbar der Herrschaft des Imperiums zu unterstellen. Mit ihrem Schutz beauftragte er den Markgrafen Manfred Lancia, den er dann wenig später, im April, die Reform der oberitalienischen Verwaltung einleitend, zum Generalvikar des Reiches für das ganze Gebiet westlich von Pavia ernannte. Auf einem gleichfalls im April 1238 zu Turin abgehaltenen Hoftag erschien auch eine Reihe von Erzbischöfen und Bischöfen aus Burgund. Friedrich bestätigte ihre Privilegien, stellte Schutzurkunden aus, nahm Treueide entgegen und rief die Verpflichtungen der Großen des Arelat gegenüber dem Reich ins Gedächtnis; er suchte also, so gut es ging, die Bindung des burgundischen Königreiches an das Imperium zu festigen.[130]

Eben damals traf vermutlich in Rom jenes spektakuläre Geschenk ein, mit dem der Kaiser sein Ansehen und seinen Einfluß auch dort noch weiter zu erhöhen hoffte: Mailands *carroccio*, das Siegeszeichen von Cortenuova. Des Staufers Beziehungen zu den Römern hatten verständlicherweise darunter gelitten, daß er 1234 an der Seite des Papstes und Viterbos gegen sie kämpfte und seit 1236 den oberitalienischen Kommunen jene Freiheiten gewaltsam wieder zu nehmen schien, die sie, die Römer, dem Papst eben abzutrotzen suchten. Nicht wenige unter den führenden Adligen der Stadt begannen damals, Friedrich als den Hauptgegner der städtischen Autonomie zu fürchten und die Kooperation mit dem Papst als eine zwar keineswegs unproblematische, aber doch notwendige Alternative, sozusagen als das kleinere Übel zu betrachten. Dem Kaiser aber lag gerade

---

[129] Kaiserl. Schreiben: HB 5, 132–136, 142–145, vgl. 137–139 (vgl. Anm. 128); zum Triumphzug durch Cremona bes. HB 5, 139, vgl. die Anm. 125 genannten Quellen, zum Elefanten auch Annales Cremonenses, ad 1235, MGH SS 31, 17.

[130] Lodi, Vercelli, Novara: Annales Placentini Gibellini, ad 1237, MGH SS 18, 477f., Annales Bergomates, ad 1237, MGH SS 31, 334, vgl. Annales Ianuae, ad 1237, ebd. 186, Richard von S. Germano, ad 1237, ed. Garufi 196, Annales Marbacenses, ad 1237, MGH SS rer. Germ. 9, 99, dazu: HB 5, 157f. (Jan. 1238; für Vercelli). Piemont: Ann. Plac. Gib. 478f., vgl. RI V, Nr. 2315–2334 (für Burgund: Nr. 2327–2334, vgl. MGH Const. 2, 278f., Nr. 207; 10. 4. 1238), zu Savona und Albenga auch: Annales Ianuae, ad 1238, 187f.; Manfred Lancia als Generalvikar: RI V, Nr. 13251 (20. 4. 1238), dazu Ficker, Forschungen 2, 492–499.

Im Glanze des Sieges

jetzt, wo er wegen seines kriegerischen Vorgehens gegen die Lombardenliga in immer schwerere Konflikte mit Gregor geriet, besonders viel an einem verläßlichen Rückhalt und Anhang in Rom. Er setzte vermutlich darauf, daß innerrömischer Widerstand und gar Aufruhr den Papst erneut wie im Frühjahr 1234 zutiefst beunruhigen und schwächen mußte, daß eine solche Situation deshalb ganz folgerichtig seine eigenen, kaiserlichen Möglichkeiten merklich vergrößern würde, auf Gregor einzuwirken und Druck auf ihn auszuüben.[131]

Vom Beginn seines Lombardenzuges an bemühte sich Friedrich wohl vornehmlich aus diesem Grund um eine enge Verbindung und Abstimmung mit den Römern. Nicht nur, daß sie auf seinen Wunsch hin im Herbst 1236 wie erneut ein Jahr später ihre Legaten zu ihm nach Oberitalien schickten – das taten, gleicherweise aufgefordert, viele andere Städte der Lombardei und der Toskana ebenso. Des Staufers intensives Werben um die Gunst gerade Roms führte vor allem dazu und fand darin seinen sinnfälligen Ausdruck, daß er damals in relativ dichter Folge umfangreiche Schreiben, wahre sprachliche Meisterwerke seiner Kanzlei, an die Stadt richtete. Mit deren rhetorischem Schwung gedachte er seine römischen Leser fortzureißen und zu begeistern, zur Mitarbeit an seinem in glühendsten Farben geschilderten großen Vorhaben der Erneuerung des *Imperium Romanum* zu gewinnen. Er rief ihnen die frühere Macht ihrer Heimatstadt in Erinnerung und forderte sie auf, sich nicht mit dem Schatten der vergangenen Größe zu begnügen, sondern mit ihm zusammen für die Wiederherstellung des Römischen Reiches, für die Rückgewinnung seiner Geltung und der ihm gebührenden Stellung in der Lombardei zu kämpfen, die tragende Rolle, die er ihnen und ihrer Heimatstadt in dem neu erstarkenden Reich anbiete, aktiv und entschlossen zu übernehmen.[132]

Das kaiserliche Zureden verfehlte seine Wirkung in Rom keineswegs. Vor allem aufsteigende, um größeren Einfluß ringende Adelsfamilien, aber auch Teile des bürgerlichen Mittelstandes neigten der Seite des Kaisers zu. Als diese Kreise im Juli 1237 den eher papstfreundlichen Senator Johannes Conti stürzten und durch Johannes de Cencio ersetzten, mochte der Staufer daher durchaus seine Hände mit im Spiel gehabt haben. Zwar rief der Adlige Jakob Capocci im Oktober Gregor IX. nach Rom zurück,

---

[131] Siehe zur innerrömischen Entwicklung Thumser, Rom 269–294, ders. Friedrich 431–434.

[132] Römische Boten: Richard von S. Germano, ad 1236, ed. Garufi 192, ad 1237 (Nov.), 195; Friedrichs Rommanifeste: HB 4, 901–903 (wohl Aug. 1236), Acta Imperii 1, 300 f., Nr. 340 (Aug. 1237), HB 5, 162 f. (Jan. 1238, begleitet den Mailänder Fahnenwagen), HB 5, 761 f. (wohl April 1238, vgl. Kantorowicz, Friedrich. Ergänzungsband 283–289), dazu Thumser, Rom 283 f., 288 f., 290 f., 292–294.

zwar bereiteten Klerus und Volk dem Papst einen festlichen Empfang, als er nach dreieinhalb Jahren tatsächlich wieder die Stadt betrat.[133] Doch nicht weniger glanzvoll feierten die Einwohner kurz darauf, im Frühjahr 1238, dieses Mal vermutlich geführt von Johannes de Cencio, die Ankunft des ihnen vom Kaiser zugedachten außergewöhnlichen Präsentes, des Mailänder Fahnenwagens. Maultiere hatten ihn durchs Land gezogen, Fanfarenstöße und bunte Fahnen überall die Aufmerksamkeit auf ihn gelenkt. Nun geleitete ihn des Kaisers Anhängerschaft, hochgeehrt und in ihrem Selbstbewußtsein gestärkt durch die symbolträchtige Gabe, auf das Kapitol. Dort blieb er für jedermann sichtbar aufgestellt, ganz wie dies der kaiserliche Spender in seinem Begleitschreiben wünschte. Ein mächtiger, auf fünf Säulen ruhender Marmorarchitrav trug drei Distichen, die den Sinn des Monuments erläuterten: Es sollte künden vom Triumph des Kaisers über seine Feinde, von der Würde und dem Ruhm der Stadt Rom und des Kaisers Liebe zu ihr. Daß an der Einweihungszeremonie offenbar sogar einige Kardinäle teilnahmen, wird kaum des Papstes Billigung gefunden haben.[134]

Der Wiederaufstieg Roms zu seiner alten Größe und Würde, die Erhebung der Stadt zur Metropole des neu erstarkten römischen Imperiums: Für Friedrich lag die Verwirklichung dieser großen Ziele gewiß im Bereich dessen, was er bei glücklichem Verlauf seiner Unternehmungen in einer ferneren Zukunft für erwägenswert und denkbar hielt. Ebenso sicher jedoch gehörten sie nicht zu seinen zentralen und unverzichtbaren Anliegen, maß er zu der Zeit, als er sie den Römern pries, anderen Aufgaben eine ungleich höhere Priorität und Dringlichkeit bei. Damals ging es ihm zweifellos vor allem anderen darum, die Neuordnung Reichsitaliens, ins-

---

[133] Aufstand Johannes' de Cencio: Richard von S. Germano, ad 1237 (April, Mai, Juli), ed. Garufi 193 f., Beteiligung Friedrichs: Acta Imperii 2, 686 f., Nr. 1025 (wohl Thomas von Capua, Aug. 1237 = HB 6, 184–186; Acta 2, 686, Nr. 1024, gehört vielleicht doch eher nach 1236), vgl. dazu HB 6, 186 f. (= RI V, Nr. 2207; zur Datierung auf Herbst 1237: Kantorowicz, Friedrich. Ergänzungsband 182, 286 Anm. 11, Thumser, Rom 286 Anm. 209; mit bedenkenswerten Gründen für April 1244: Kloos, Brief 153 mit Anm. 6); Gregor nach Rom: Vita Gregorii IX., c. 27, edd. Fabre – Duchesne 28 f., vgl. Richard ad 1237 (Okt.), 195; dazu Thumser, Rom 285–288, ders., Friedrich 432 f.

[134] Annales Placentini Gibellini, ad 1237, MGH SS 18, 478, Richard von S. Germano, ad 1238 (April), ed. Garufi 196; vgl. Chronicon Parmense, ad 1237, ed. Bonazzi 11; Annales S. Pantaleonis, ad 1237, MGH SS rer. Germ. 18, 272, Sächsische Weltchronik, c. 382, MGH Dt. Chron. 2, 252. Abbildung und Beschreibung des Architravs mit der Inschrift: Federico e l'Italia 336 f. (S. Guarino; vgl. ebd. 57–61, M. Miglio), vgl. Thomas von Pavia, MGH SS 22, 513, Chronica pontificum et imperatorum Mantuana, MGH SS 24, 219, Salimbene, ad 1237, MGH SS 32, 95.

besondere der Lombardei, nach seinem Willen zu Ende zu führen. Enge Kontakte zu den herrschenden Kreisen Roms und gar deren Unterstützung konnten dabei nur nutzen; sie konnten sich aber als geradezu unentbehrlich erweisen, wenn es galt, den päpstlichen Handlungsspielraum einzuschränken. So meinte er es wohl ganz ernst, als er im Frühjahr 1238 die vornehmen Bürger Roms aufforderte, wieder wie in der Antike hohe Verwaltungsaufgaben an seinem Hof oder in den Provinzen des Reiches zu übernehmen. Wenn er dabei beispielhaft vorwiegend die Namen von Männern nannte, die eher dem Papst zuneigten, verrät dies deutlich sein taktisches Bestreben, den eigenen Einfluß auf Gregors Kosten zu erweitern.[135]

Geradezu überschwenglich feierte Friedrich den Sieg von Cortenuova. Er glaubte, nun auch in Oberitalien kurz vor dem endgültigen Durchbruch zu stehen, und die Ereignisse der unmittelbar folgenden Monate mußten ihn in dieser Überzeugung noch bestärken. In der Tat bescherten ihm die Jahre nach der schmerzlichen Konfrontation mit seinem Sohn Heinrich so glänzende Erfolge und so vollkommenes Gelingen wie kaum ein Lebensabschnitt zuvor und wie er dies danach nie wieder erleben sollte. Die Stunde seines militärischen und politischen Triumphes mag der rechte Zeitpunkt sein, in der Betrachtung des weiteren Gangs der Dinge fürs erste innezuhalten und den Herrscher noch von einer ganz anderen Seite vorzustellen, jene vielfältigen künstlerischen und wissenschaftlichen Leistungen zu schildern, die ihn und seinen Hof schon zu seinen Lebzeiten berühmt machten und die bis zur Gegenwart mit Recht Neugierde wecken und Bewunderung hervorrufen.

---

[135] HB 5, 761 f. (vgl. Anm. 132), dazu und grundsätzlich zur Bedeutung Roms für Friedrich: Thumser, Rom 292–294, ders. Friedrich 434, 436 f.; dessen ernsten Willen, Rom zur alten Größe zu führen, betont Kantorowicz, Friedrich 400–416, vgl. Schaller, Kaiseridee 69 f., Esch, Friedrich 211–213.

9. DER KAISER UND SEIN HOF.
FRIEDRICH UND SEIN GELEHRTENKREIS, SEINE KÜNSTLERISCHEN UND WISSENSCHAFTLICHEN INTERESSEN

Das Bild des Herrschers; Alltag und Festzeit am Kaiserhof

Der Wunsch zu wissen, wie Friedrich II. wirklich aussah, ist bis in unsere Gegenwart lebendig geblieben. Leider ging es dem Staufer jedoch eben dort, wo er die Veröffentlichung seines Bildnisses selbst in Auftrag gab, bei seinen Siegeln, aber ganz genauso bei den berühmten Augustalen mit höchster Wahrscheinlichkeit nicht um die porträtähnliche Darstellung seiner Person, so daß bei den einzelnen Prägungen etwa gar altersbedingte Änderungen hätten berücksichtigt werden müssen. Vielmehr wollte er gerade mit seinen Goldmünzen an die große imperiale Tradition der Spätantike erinnern und unmittelbar sinnfällig machen, daß er an sie anknüpfte, sie fortsetzte und zu einem neuen glanzvollen Höhepunkt führte. Der Betrachter sollte den vorbildlichen Kaiser schlechthin erblicken und begreifen, daß Friedrich ihn verkörpere. Entsprechend verhält es sich wohl mit der Herrscherstatue am Brückenkastell von Capua. Zwar thronte der Kaiser hier in eher vertrauter Weise, ähnlich wie auf seinen Siegelbildern mit der Zackenkrone geschmückt und vielleicht sogar Zepter und Reichsapfel in den Händen haltend, freilich wieder nicht als Individuum, sondern als Inbegriff des vorbildlichen, seinen Untertanen Schutz bietenden und Recht schaffenden Monarchen, als der sich der Staufer verstand und als der er hier erkannt zu werden wünschte. Im übrigen ging ausgerechnet der Kopf der Capuaner Statue verloren, und leider läßt sich nicht mit letzter Gewißheit sagen, ob die erhaltenen Skizzen und vor allem der Abguß vom Ende des 18. Jahrhunderts das Original wirklich getreu wiedergeben.[1]

Kaum besser befriedigen die bekannten Abbildungen Friedrichs auf dem ersten Blatt der Manfred-Handschrift des kaiserlichen Falkenbuches unsere Neugierde. Die beiden Miniaturen auf seiner Rückseite zeigen den thronenden Herrscher als solchen wieder in der an die Siegel erinnernden

---

[1] Vgl. die grundlegende Analyse bei Willemsen, Bildnisse 20–37, mit den Abb. 44–107, dazu Claussen, Erschaffung 195–205, Pace, Ritratto 5–10; zu den Augustalen siehe oben S. 251 f. mit Anm. 164, zum Brückenkastell von Capua unten S. 355–358.

Das Bild des Herrschers

üblichen Haltung und gewiß ohne individuelle Züge. Solche wären grundsätzlich indessen durchaus bei der Gestalt auf der Vorderseite zu erwarten: Man darf davon ausgehen, daß sie Friedrich als lehrenden Falkner darstellen soll, also in einer ungewöhnlichen, durch keinerlei Normen und Vorbilder geprägten Rolle. Allerdings litt ausgerechnet diese Seite stark unter der Benutzung. Zudem entstand das Bild wie die ganze Handschrift frühestens um 1260, und wir wissen gerade in seinem Fall nicht sicher, ob es sich genauso, ja ob es sich überhaupt bereits in Manfreds Vorlage fand und ob das etwa zugrundeliegende friderizianische Original seinerseits Porträtcharakter besaß.[2]

Die magere Bilanz ließ die Gelehrten nicht ruhen, sie spornte sie vielmehr an, immer wieder mit neuen Entdeckungen wirklichkeitsgetreuer Bilder oder Büsten Friedrichs hervorzutreten. Bei einzelnen Vorschlägen erscheint es wenigstens einigermaßen plausibel, daß mit der zur Diskussion gestellten Figur tatsächlich der Staufer Friedrich II. gemeint war. Das gilt etwa für den Herrscher auf dem großen Fresko im Wohntrakt des Klosters S. Zeno zu Verona, vor dessen Thron huldigend Personen in unterschiedlicher Tracht, vielleicht Repräsentanten verschiedener Völker, aufziehen. Da Friedrich mehrfach in S. Zeno Quartier nahm, liegt es nahe, das ganze Werk als eine Huldigung für ihn, als glanzvolle Bekräftigung seines überragenden Ranges zu deuten. Völlig offen muß freilich dennoch bleiben, ob der Künstler den Staufer lebenswahr wiedergab, ob er ihn überhaupt persönlich kannte. Recht ähnlich verhält es sich mit dem in unserem Zusammenhang des öfteren ins Feld geführten eindrucksvollen Herrscherbild der Exultet-Rolle von Salerno. Gesetzt, das Werk stamme aus den zwanziger Jahren des 13. Jahrhunderts, dann mochten den Künstler, als er es schuf, wohl die Vorstellungen leiten, die er mit dem Kaisertum Friedrichs verband, und ihren Kaiser glaubten vermutlich die zeitgenössischen Betrachter vor sich zu sehen, ohne daß deswegen an eine naturgetreue Nachbildung zu denken wäre.[3]

---

[2] Vgl. zum Falkenbuch Friedrichs unten S. 433–457, zu den Miniaturen des Manfred-Codex bes. S. 438–440 mit Anm. 201. – Zu den 1781 bei der Öffnung von Friedrichs Sarkophag im Dom zu Palermo gefertigten Zeichnungen siehe Willemsen, Bildnisse 24 mit Anm. 38f. und Abb. 84f.

[3] S.-Zeno-Fresko: Elbern, Fresko 1–19, mit Abb. und Diskussion der älteren Literatur; die Deutung des Ganzen als eines „antipäpstlichen Programms", das der päpstliche Hof „gewiß als arrogant, ja wohl sogar als ketzerisch" empfand (15–18), geht wohl doch etwas zu weit; vgl. Zuliani, Affreschi 113–115. – Exultet-Rolle: Pace, Miniatura 436 f. mit weiterer Literatur, vgl. Willemsen, Bildnisse 22. – Zu dem neu aufgefundenen, als Darstellung Friedrichs und seiner dritten Frau Isabella gedeuteten Fresko im Palazzo Finco in Bassano del Grappa (nördlich Paduas): Avagnina, Inedito affresco 105–111, vgl. jedoch das skeptische Urteil von Pace, Pittura

Bei den meisten als Bildnisse Friedrichs ausgegebenen Kunstwerken stehen wir indes noch auf viel schwankenderem Grund. In aller Regel ist uns weder ihr Auftraggeber oder ihr Schöpfer, noch ihr Zweck bekannt. Nicht wenige befinden sich heute zudem in einem reichlich fragmentarischen Zustand. Dementsprechend wirken die Zuschreibungen ausgesprochen subjektiv; sie hängen stark vom individuellen Friedrich-Bild des Urteilenden ab und suchen ihre Bekräftigung überdies nicht selten im Vergleich mit Objekten von ähnlich ungesicherter Provenienz und Funktion. Sehr deutlich führt der Blick auf die derart in die Debatte eingebrachten Werke allerdings das große Interesse vor Augen, das Friedrichs Zeit an der antiken Herrscherdarstellung nahm. Er selbst und seine höfische Umgebung, aber darüber hinaus möglicherweise auch weitere Kreise animierten Künstler offensichtlich dazu, sich mit den antiken Vorbildern für diesen Bereich auseinanderzusetzen, an sie anzuknüpfen und an ihnen wachsend eigene Lösungen von gleichem Rang zu entwickeln. Direkt oder indirekt initiiert durch die spezifische Herrschaftsauffassung Friedrichs und allein von ihr her zu verstehen, entstanden so Schöpfungen, vorwiegend Skulpturen, bei denen sich selbst die Fachleute zuweilen fragen, ob sie tatsächlich aus Friedrichs sizilischem Regnum oder nicht doch aus der Antike stammen.

Zu den bemerkenswertesten Beispielen aus dieser Reihe gehören, jeweils benannt nach ihrem früheren oder heutigen Aufbewahrungsort, die Köpfe von Berlin, Boston und Lanuvio (südlich der Albanerberge bei Rom). Mit ihrer fast knorrigen Eigenwilligkeit überrascht die Büste von Acerenza, und jene andere aus Barletta fasziniert durch ihre hoheitsvolle Haltung, ihren distanziert-überlegenen Ausdruck. In ihr glaubt man im übrigen den gotisch-modernen Einfluß bereits deutlich zu erkennen. Besonders bewegend aber prägt der damals für Apulien noch neue gotische Stil mit seiner Expressivität das Fragment eines Kopfes, den man unmittelbar beim Castel del Monte auffand. Die antikisierende Richtung, so sehen wir schon jetzt, beherrschte die Kunst in Friedrichs Umgebung also keineswegs vollständig. Ein Porträt des Herrschers aber suchen wir dort allem nach vergeblich.[4]

104–107, sowie ders., Ritratto 10 (auch zu S. Zeno und Exultet-Rolle). Zu den Kaiser-Kameen: Zeit der Staufer 1, 676–679, Nr. 860, 862f. (R. Kahsnitz; Abb. 634, 636f.), vgl. Federico e l'Italia 251–253, Nr. V 16f. (E. Bassani).

[4] Siehe Willemsen, Bildnisse 28–37 (mit Abb. 88–107), vgl. Zeit der Staufer 1, 668–671, Nr. 845–853 (Abb. 624–631), Pace, Ritratto 7–10 (dazu Federico e l'Italia 184f., Nr. I 1, 242–250, Nr. V 1–13), Claussen, Erschaffung 199–205, Esch, Friedrich 219–221; Buschhausen, Probleme 220–243. Zum Silberrelief des Onyx von Schaffhausen: Willemsen 24, vgl. Zeit der Staufer 1, 481f., Nr. 607 (Abb. 424); zum Bam-

Das Bild des Herrschers

Bedauerlicherweise helfen uns auch die schriftlichen Zeugnisse nicht sehr viel weiter. Wichtige Beschreibungen von Friedrichs Person kennen wir bereits: Die ausführlichsten stammen aus seiner Kindheit, und gegenüber der oft zitierten Schilderung aus arabischer Feder erscheint Skepsis angebracht. So bleiben die Äußerungen des Franziskaners Salimbene. Der gehörte zwar zu den schärfsten Kritikern des Staufers, behauptet jedoch, ihn anfangs hoch geschätzt zu haben. Es gab wohl in der Tat gewisse Beziehungen der Familie Salimbenes zum Kaiser, und jedenfalls sah der junge Bettelmönch den ungefähr fünfzigjährigen Herrscher 1244 oder 1245 mit eigenen Augen in Pisa. Er schildert ihn als einen Mann von mittlerer Größe, wohlproportionierter Gestalt und schönem Äußeren. Für besonders bemerkenswert hält er Friedrichs Geschick im Umgang mit Menschen und seine Fähigkeit, sich auf unterschiedliche Situationen einzustellen. Der Kaiser vermochte nach Salimbenes Bericht ausgesuchte Höflichkeit und Güte an den Tag zu legen, Heiterkeit und Lebensfreude zu verbreiten, Mut zu machen und Trost zu spenden; ebenso standen ihm freilich Schläue und Wendigkeit zu Gebote, konnte seine Stimmung in Bosheit und Zorn umschlagen. Ein Mensch von angenehmer Erscheinung, sympathisch und gewinnend in Form und Benehmen, aber letztlich unberechenbar und gefährlich – so zeichnet unser Autor den fünfzigjährigen Kaiser nach vierzig Jahren aus der Erinnerung, und natürlich gibt er uns gleichfalls mancherlei Anlaß zum Mißtrauen. Davon wird man indes immerhin ausgehen dürfen: Einen ersichtlichen Grund, Friedrich zu „schönen", etwa bei ihm vorhandene äußere Mängel und Schwächen zu verschweigen, hatte der Franziskaner nicht.[5]

Schwer nur läßt sich die Zahl derjenigen schätzen, die Friedrich, wenn er sein Herrscheramt ausübend durch seine Reiche zog, zu begleiten pflegten, die ihm in unterschiedlichster Stellung und auf vielfältige Weise Dienst leisteten und zu seinem Hof gehörten. Das liegt, von der Offenheit des Begriffes „Hof" einmal abgesehen, an dem ständigen Wechsel in des Kaisers Umgebung, aber ebenso am Fehlen exakter Informationen. Gegen

---

berger und Magdeburger Reiter: Sauerländer, Two Glances 192–194; zum Kanzelrelief von Bitonto siehe oben S. 176–178.

[5] Salimbene, Cronica ad 1250, MGH SS 32, 348 f., des Autors Vater und der Kaiser: ad 1229, 39; vgl. Collenuccio, Compendio IV, ed. Saviotti 146, der noch Friedrichs rötliche Haut und seine heitere Miene erwähnt. Die Dickleibigkeit fügt Ricobald von Ferrara († nach 1318), Historia 132, hinzu, er läßt sie Compendium XII 9, ed. Hankey 727, dann wieder weg, und sie paßt in der Tat weder zu Salimbenes Aussage noch zu Friedrichs bis zum Tode unverminderter Aktivität bei der Jagd und zu Pferde; zu den Kindheitsberichten siehe oben Bd. 1, S. 98 f., 108–110, zur arab. Schilderung oben S. 165, Anm. 159; vgl. Maschke, Geschlecht 72–76.

zweihundert oder mehr Personen mögen regelmäßig um ihn gewesen sein. Sie sorgten als Bedienstete für das leibliche Wohl, für angemessene Wohnung, Kleidung und Ernährung der kaiserlichen Familie und aller anderen Anwesenden; sie waren im Marstall, als Falkner oder sonstwie für die Betreuung der mitgeführten Tiere verantwortlich, als Musikanten, Tänzer und Tänzerinnen für die höfische Unterhaltung zuständig. Sie widmeten sich als enge Vertraute des Herrschers und als Relatoren den Regierungsgeschäften, agierten als Mitglieder der Kammer, der Kanzlei oder des Hofgerichts auf der höchsten Verwaltungs- und Gerichtsebene des Reiches oder erhielten als *valetti*, als Edelknappen des Kaisers, die ihnen, den Angehörigen vornehmer Adelsfamilien, zukommende höfisch-ritterliche Erziehung, vielfach gepaart mit jenem Verständnis und jener Hochachtung für die Person und die Ziele ihres kaiserlichen Herrn, die sie zur Übernahme von Führungspositionen in der Reichsverwaltung prädestinierten.

Daneben arbeiteten Literaten, Wissenschaftler oder Übersetzer an selbst gestellten oder vom Kaiser übertragenen Aufgaben, diskutierten unter sich und mit ihm ihre Streitfragen und wirkten zudem nicht selten neben eigens dafür bestellten Adligen als Lehrer der Kaisersöhne. Eine ganze Gruppe von Gelehrten habe ihn am väterlichen Hof in die Grundlagen und Grundprobleme der Theologie, Philosophie und Naturwissenschaft eingeführt, so berichtete Manfred später. Auch als Konrad nach 1237 allein in Deutschland blieb, fehlten die Magister nicht in seiner Umgebung, und Friedrich, klug geworden durch die Erfahrungen mit seinem Ältesten, dazu bisweilen aufgeschreckt durch Gerüchte über seines Sohnes schlechten Lebenswandel, ermahnte seinen fernen Liebling mehrfach, er möge daran denken, daß Wissen und Weisheit die Kardinaltugenden der Herrscher seien, und deshalb wie den väterlichen Ratschlägen so den Worten seiner Lehrer unbedingt gehorchen, ihre Anweisungen mit Fleiß und Eifer befolgen und selbst ihr Schelten und ihre strafenden Hiebe hinnehmen als Hilfen auf dem Weg zum wahren Herrschertum.[6]

Neben dem geschilderten Stammpersonal traf man am kaiserlichen Hof für gewöhnlich eine ansehnliche Zahl von Besuchern, die mehr oder weniger lange verweilten, Boten, die Briefe und Mandate brachten oder abholten, Provinzbeamte, die Bericht erstatteten, Rechenschaft gaben oder Wei-

---

[6] Zum Hof vgl. oben S. 38f. mit Anm. 83, zu seinen wichtigsten Institutionen S. 34–46 sowie S. 243–250, zu den *valetti* oben S. 5 mit Anm. 16; zur Erziehung von Adelstöchtern im Haushalt der Kaiserin siehe etwa HB 5, 949f. Zur Erziehung Manfreds: RI V, Nr. 4653, vgl. Nicolaus de Jamsilla, ed. Del Re 2, 107, Z. 44–46, Saba Malaspina I 1, ebd. 207, Z. 1–9, zu Konrad: Thomas von Pavia, MGH SS 22, 515, die väterlichen Briefe: HB 5, 274f., HB 6, 245f. mit Acta Imperii 2, 43, Nr. 40, dazu HB 6, 244f.; vgl. zu Heinrich: Annales Ianuae, ad 1250, MGH SS 18, 228 (Petrus Ruffus de Calabria als *custos*). Siehe Maschke, Geschlecht 98f., 115.

sungen empfingen, Adlige oder Prälaten aus dem Regnum, Vertreter oberitalienischer oder deutscher Städte, Reichsfürsten, die Äbte oder Abgesandten von Klöstern des Königreiches wie des Imperiums, hin und wieder geistliche und weltliche Große aus Burgund oder einen durchreisenden Gelehrten, außerdem Legaten des Papstes, Gesandte der europäischen Könige wie islamischer Machthaber und nicht zuletzt Angehörige der europäischen Herrscherhäuser selbst. Natürlich war das Gedränge der Menschen auf den Hoftagen, wenn sich die Repräsentanten des Reiches mit ihrem Gefolge und ihrer Dienerschaft einigermaßen vollständig einfanden, besonders imposant, aber zugleich wohl ziemlich unübersichtlich und verwirrend. Für solche Anlässe benötigte der Hof dann vermutlich jene großen Mengen an Lebensmitteln, die er, wie wir aus dem Registerfragment erfahren, von den Provinzverwaltungen des Regnums anzufordern pflegte. Hundert Fässer guten sizilischen Weines sollten im Frühjahr 1240 nach Foggia geliefert werden, wohin der Kaiser damals nach langer Abwesenheit zurückkehrte, um sogleich einen Hoftag abzuhalten. Die Tagung hatte gerade begonnen, als die dringende Weisung an den Sekreten von Messina hinausging, in aller Eile tausend zum Schlachten geeignete Kühe, fünftausend Hammel und sechstausend Stück Käse zu schicken. Kurz zuvor erhielt der *compalatius* von Neapel den Auftrag, zusätzlichen Wein und Fische zu beschaffen, und zweihundert Schinken waren vorsorglich bereits im Dezember für den Hof bestellt worden.[7]

Wichtige Hoftage, aber ebenso der Empfang vornehmer Gäste, eine Heirat im Kaiserhaus, hohe kirchliche Feiertage, ein politischer oder militärischer Erfolg – derart herausragende Ereignisse gaben Gelegenheit, mit all dem festlichen Glanz und Prunk aufzuwarten, den der kaiserliche Hof zu bieten vermochte und der der einzigartigen Stellung und Würde seines Herrn allein angemessen schien. Manch angesehener Besucher mag so aufwendig gefeiert worden sein wie Richard von Cornwall im Jahre 1241. Aus dessen Gefolge berichtete man begeistert nach England, auf des Kaisers Befehl sei der Graf bereits unterwegs in den verschiedenen Städten des Regnums von prächtig gekleideten Bürgern unter Paukenschall und Gesängen empfangen und von Rittern auf edlen Pferden durch blumengeschmückte Straßen geleitet worden, ehe ihn der Herrscher selbst in seinem Palast, wohl zu Foggia, in Anwesenheit seiner Höflinge herzlich umarmt und begrüßt habe, um nach ersten freundschaftlichen Gesprächen Bäder und allerlei medizinische Anwendungen für ihn bereiten zu lassen, damit er sich schnell von den Strapazen seiner Reise erhole. Danach aber habe ihm Friedrich Tage ungetrübter Freude und Kurzweil verschafft, ihn

---

[7] HB 5, 685 und 847 (21. 1./16. 3. 1240); HB 5, 884 (8. 4. 1240); HB 5, 861 f. (28. 3. 1240); HB 5, 598 (17. 12. 1239).

mit den Vorführungen von Gauklern und Spaßmachern erheitert und mit staunenswerten Neuheiten, mit einer Vielzahl ihm bislang unbekannter Spiele und Musikinstrumente ergötzt. Richards spezielle Bewunderung hätten indes jene beiden schönen Sarazenenmädchen hervorgerufen, die, jede mit bloßen Füßen auf zwei Kugeln stehend, auf dem glatten Boden des Palastes elegant und kunstvoll nach Gutdünken hin- und herglitten und dabei, Arme und Körper anmutig biegend, zum Klingen der Zimbeln und zum Rhythmus der Klanghölzer sangen.[8]

Wie später Manfred nutzte im übrigen gewiß schon sein Vater die höfischen Feste zur Auszeichnung verdienter Gefolgsleute und zur Vergabe von Würden und Ämtern, sorgte schon zu seiner Zeit der farbenfrohe Aufzug von Spielleuten und Chören für Abwechslung, belebten und bereicherten mannigfaltige Wettkämpfe das Unterhaltungsprogramm, schimmerten des Nachts Schloß und Park im zauberhaften Licht der Fackeln und Kerzen. Zu welch bizarren Einfällen das ständige kaiserliche Bemühen um neue Attraktionen zuweilen führen konnte, demonstrieren jene Mandate, die im Januar 1240 an die Sekreten von Messina und Palermo hinausgingen: Der eine erhielt den Auftrag, umgehend fünf silberne Trompeten bauen zu lassen, der andere die wiederholte und dringliche Weisung, geeignete schwarze Sklaven zwischen sechzehn und zwanzig Jahren im Trompetenspiel auszubilden; sowohl die Trompeten wie die Spieler sollten rasch an den Hof gesandt werden.[9]

Prägend für das öffentliche Erscheinungsbild des kaiserlichen Hofes war vor allem in Oberitalien schließlich noch eine ganz besondere Komponente: Nicht selten pflegten zahlreiche fremdartige Tiere mit dem Herrscher und seinem Gefolge zusammen in die Städte einzuziehen und die Neugierde der Bewohner zu wecken. Vom Auftritt des kaiserlichen Elefanten in Cremona und von seiner Wirkung hörten wir schon. Neben ihm konnte man bei Gelegenheit noch Dromedare und Kamele bestaunen, die die Gerätschaften und das Gepäck des kaiserlichen Haushalts trugen, dazu Löwen, Leoparden und Panther sowie die unterschiedlichsten Arten von Falken und viele andere, oft genug seltene Jagdvögel. Aufwendig gearbeitete Decken lagen über dem Rücken der Pferde. Wärter wenigstens zum Teil wohl sarazenischer Herkunft und in orientalisch anmutenden Gewändern begleiteten und bewachten die Tiere. Unübersehbar und unmißverständlich kündete das bunte, auffällige Gepränge von des Kaisers Einzigartigkeit und Sonderstellung.[10]

---

[8] Matthaeus Parisiensis, Cronica maiora, ad 1241, ed. Luard 4, 146f., vgl. oben S. 27f. mit Anm. 63 und S. 312 mit Anm. 91.

[9] Manfreds Fest: Saba Malaspina II 1, ed. Del Re 221; Trompetenbläser: HB 5, 676f. (14. 1. 1240), vgl. HB 5, 535f. (28. 11. 1239).

[10] Collenuccio, Compendio IV, ed. Saviotti 125 (Ravenna, 1232; wohl auf-

Daß Friedrich im Jahr 1233 befahl, seinen eigenen Geburtstag im ganzen sizilischen Königreich festlich zu begehen, überrascht wohl auf den ersten Blick. Sein Wunsch mag zumal deshalb befremden, weil der Tag ja unmittelbar auf das Weihnachtsfest, das Fest der Geburt Christi folgte, und der Kaiser sich vermutlich ganz bewußt gerade von dieser engen Nachbarschaft einen besonderen Eindruck bei seinen Untertanen versprach. Grundsätzlich stand er mit seinem Vorhaben indessen wie des öfteren sonst in der Tradition seiner antiken Vorgänger, durchaus auch der christlichen wie Justinian. Überdies scheinen andere abendländische Fürsten schon vor ihm spätestens seit dem 12. Jahrhundert die Wiederkehr ihres Geburtstages zum Anlaß für glanzvolle Feste genommen zu haben. Richard von San Germano berichtet von Friedrichs Weisung denn auch sachlich und ohne Verwunderung, und zumindest in seiner Heimatstadt prägte ohnehin die christliche Nächstenliebe den hohen Tag: Die Bürgerschaft lud 500 Arme zu einem Festmahl auf den Marktplatz.[11]

Zur persönlichen Bedienung der Mitglieder der kaiserlichen Familie und ihrer Gäste, als Gaukler und Musikanten, Tänzerinnen und Tänzer, aber ebenso etwa als Pfleger und Hüter der Tiere oder in ganz niedrigen Positionen hielten sich, wie wir sahen, nicht wenige unfreie Sarazenen, Männer und Frauen, Knaben und Mädchen, daneben offenkundig auch schwarze Sklaven ständig am Hofe Friedrichs II. auf. Eine wahrscheinlich sehr viel größere Zahl von ihnen wirkte in den Werkstätten, die seit der Normannenherrschaft zu den Königspalästen in Palermo und Messina gehörten, die es zu Friedrichs Zeit jedoch genauso in Melfi, Canosa und Lucera gab, also im Umkreis des neuen Reichszentrums in der Capitanata. Papst Innozenz IV. und mit ihm sein Kaplan und späterer Biograph, der Franziskaner Nicolaus von Calvi, schlossen aus diesen für eine abendländische Hofhaltung zweifellos ungewöhnlichen Verhältnissen, der Kaiser besitze einen regelrechten Harem, bei den zudem von Eunuchen bewachten Sarazenenmädchen an seinem Hof handle es sich

---

grund der verlorenen Friedrich-Biographie des Mainardinus von Imola: Scheffer-Boichorst, Testamente 282, vgl. 286f. zu Vittoria); Salimbene, Cronica ad 1235, MGH SS 32, 92f. (Parma, Cremona), vgl. ebd. ad 1237, 94 (Cremona), außerdem Annales Placentini Gibellini, ad 1235, MGH SS 18, 470, zu Cremona 1237 auch oben S. 337; Annales Veronenses antiqui, ad 1245, ed. Cipolla 73 (Nr. 96); zum Zug nach Deutschland von 1235 siehe oben S. 304f. mit Anm. 80, vgl. Annales Colmarienses, ad 1235, MGH SS 17, 189 (März 1236). Dazu Winkelmann, Reorganisation 524.
[11] Richard von S. Germano, ad 1233, ed. Garufi 186f.; vgl. Cod. 3, 12, 9 (11), 2, Chrétien de Troyes, Lancelot, v. 6234–6239, ed. M. Roques (Paris 1969) 190, Konrad von Würzburg, Der trojanische Krieg, v. 5006–5009, ed. A. von Keller (Stuttgart 1858) 60. Dazu K. Beitl, Geburtstag, LThK 4 (1995) 335, Dürig, Geburtstag 11–44.

in Wahrheit um seine Konkubinen. Als sich Thaddaeus von Sessa 1245 auf dem Konzil zu Lyon mit dieser Behauptung konfrontiert sah, parierte er sie mit dem schwer zu entkräftenden Einwand, daß sich der päpstliche Vorwurf unmöglich beweisen lasse. Er bestritt die Anschuldigung dann seinerseits sehr entschieden, und sie kehrt zwar in Nicolaus' Papstbiographie wieder, nicht aber in Innozenz' Dekret über Friedrichs Absetzung.[12]

Alles, was wir aus den freilich recht bescheiden fließenden Quellen, vorwiegend aus dem Registerfragment erfahren, spricht in der Tat dafür, daß Thaddaeus die Dinge zutreffend darstellte. Die sarazenischen Männer und Frauen am Hof wie in den Magazinen und Werkstätten der genannten Kastelle oder Paläste standen unter der Aufsicht christlicher Vorgesetzter, aber auch sarazenischer Fachleute oder sogar von Eunuchen und hatten feste Aufgaben zu verrichten. Am Hof überwogen, ohne daß wohl von einem Harem die Rede sein kann, die verschiedensten Dienstleistungen, während an den übrigen Plätzen vorwiegend handwerkliche Arbeit anfiel. Offenbar spielte die Waffenproduktion dort eine dominierende Rolle, die Herstellung von Bogen, Armbrüsten und Pfeilen, Sätteln, Schilden, Decken und Zaumzeug, von Rüstungen und Kriegsgerät aller Art. Dazu traten etwa noch die Teppichweberei oder die Kürschnerei und als Domäne der Frauen die Fertigung von Stoffen unterschiedlicher Qualität sowie ihre Verarbeitung bis hin zu auserlesenen und kostbaren Kleidungsstücken für den Bedarf der kaiserlichen Familie. Die meisten Produkte wurden zunächst vermutlich in Magazinen und Kammern gelagert und später auf Anforderung der Kronverwaltung ausgeliefert. Streng achtete der Herrscher darauf, daß niemand unter seinem Gesinde müßig sein Brot aß. Er wies deshalb beispielsweise den Sekreten von Messina an, die Mägde im dortigen Palast mit Spinnen oder sonst einer Tätigkeit zu beschäftigen, damit sie ihren Lebensunterhalt auch verdienten. Andererseits erhielten junge Leute unfreier Herkunft, die durch ihre besondere Begabung auf sich aufmerksam machten, zuweilen durchaus eine gehobene Ausbildung. So sollte der Sarazenenknabe Abdolla bei einem *magister Johachim* arabisch lesen und schreiben lernen, und ein vergleichbarer Unterricht stand am Beginn der uns bereits bekannten steilen Karriere von Johannes Morus. An der Kurie Innozenz' IV. argwöhnte man angesichts

---

[12] Matthaeus Parisiensis, Cronica maiora ad 1245, ed. Luard 4, 435f., vgl. ebd. ad 1238, Luard 3, 521, ad 1243, Luard 4, 268, sowie MGH Epp. saec. XIII 1, 92f., Nr. 124 (Absetzungsdekret; 92, Z. 26–28: Eunuchen als Wächter der Kaiserinnen, vgl. Matthaeus Parisiensis, ad 1235, Luard 3, 325). Nicolaus de Carbio, Vita c. 27 und 29, ed. Pagnotti 101f.; zu Nicolaus von Calvi dell'Umbria (westlich Rietis) siehe ebd. 33–48 (Pagnotti: Einleitung zur Edition), Paravicini Bagliani, Cardinali 69.

Das Bild des Herrschers 351

derlei Förderungsmaßnahmen allerdings, der Kaiser unterhalte mit seinen Zöglingen homosexuelle Beziehungen.[13] Auf der steten Wanderschaft durch seine Länder standen Friedrich und seinem Gefolge recht unterschiedliche Quartiere zur Verfügung. Während des Mainzer Hoftages von 1235 wohnte er in einer komfortabel ausgestatteten Zeltstadt, während der Kriegszüge in Oberitalien sicherlich oft in sehr viel einfacheren Zeltlagern, ausnahmsweise aber auch in einer eigens errichteten Stadt, der Stadt Victoria nämlich, die er im Oktober 1247 während der Belagerung Parmas mit Wall und Graben, Toren und einer Kirche erbauen ließ, die freilich schon im Februar darauf bei der Erstürmung durch die Parmaer völlig niederbrannte. Sonst kehrte der Herrscher etwa in einen Stadtpalast ein, den des Bischofs, des Podestà oder seinen eigenen; er nahm Unterkunft in einem Kloster, wie wir das von S. Zeno in Verona oder S. Iustina in Padua erfahren, oder bezog, in San Miniato beispielsweise, eine Burg des Reiches. Ganz entsprechend suchte er während seines letzten Deutschlandaufenthaltes neben den Bischofsstädten die kaiserlichen Pfalzen auf, am liebsten und längsten wie ehemals diejenige zu Hagenau.[14]

Am besten war für die Bedürfnisse des Herrschers und seines Hofes zweifellos im sizilischen Regnum gesorgt. Hier erwarteten ihn in Palermo und Messina die prächtigen, freilich verhältnismäßig selten genutzten normannischen Residenzen, hier boten ihm die zahlreichen Kastelle aus der Zeit seiner Vorfahren den nötigen Raum, zumal die großen Anlagen an wichtigen Plätzen wie Neapel, Bari, Trani oder Brindisi, die er im Laufe der Jahre mit erheblichem Aufwand instand gesetzt, ausgebaut und angemessen ausgestattet hatte. Vor allem jedoch besaß er hier an der von ihm selbst gewählten, den Erfordernissen seiner Herrschaft wie seinen persön-

---

[13] Zu dem der *camera nostra* zugezählten unfreien kaiserl. Gesinde und seiner Tätigkeit: HB 5, 440f., 522f. (je auch über Eunuchen), 486f., 547, 601f., 638, 764, 804, 868, 891, 905, 928; HB 5, 722f. (Mägde in Messina), HB 5, 603 (Abdolla), zu Johannes Morus siehe oben S. 247 mit Anm. 157; Nicolaus de Carbio, Vita c. 29, ed. Pagnotti 102f. (Homosexualität). Grundlegend zum Ganzen Haseloff, Architettura 108–118.

[14] Mainzer Hoftag: siehe oben S. 314; Victoria: Rolandinus Patavinus V 21f., MGH SS 19, 85f., Annales Patavini, ad 1247–1248, ebd. 160, Annales Placentini Gibellini, ad 1247–1248, MGH SS 18, 495–497, vgl. ebd. ad 1240, 484 (Winterlager um Faenza, vgl. Annales S. Pantaleonis, ad 1240, MGH SS rer. Germ. 18, 277), zu Victoria unten S. 573. Bischofspalast, S. Iustina: Rolandinus IV 9, 71, Z. 14–16, Ann. Patavini ad 1239, 156; S. Zeno: Annales Veronenses, ad 1236–1238, MGH SS 19, 10, Z. 12f., Z. 44f., 11, Z. 4f.; eigene Paläste: Ann. Plac. Gib. ad 1238 (Nov.), 480 (Parma), Ann. S. Pantal., ad 1241, 279 (Faenza, vgl. Richard von S. Germano, ad 1241, ed. Garufi 208), HB 5, 258 (Cremona); San Miniato: HB 5, 648.

lichen Neigungen gemäßen Stelle seines Königreiches, in Foggia, den nach seinen eigenen Wünschen und Vorstellungen glanzvoll aufgeführten und mit allen Bequemlichkeiten versehenen Palast und zentralen Regierungssitz. Die Landschaft, in der dieser lag, erhöhte seinen Reiz und seine Attraktivität noch erheblich, bot sie doch hervorragende Möglichkeiten zur Jagd. Zahlreiche Jagdschlösser, die meisten zu Friedrichs Zeit entstanden, nicht wenige mit weitläufigen Tiergehegen verbunden, luden denn auch zum Bleiben ein, Kastelle und das befestigte, gleichfalls von einem prächtigen Palast überragte Lucera sicherten weiträumig die gesamte Provinz.[15]

Der Kaiser als Bauherr

Friedrich baute viel und kümmerte sich, wie seine Mandate verraten, aufmerksam, teilweise bis hin zu Details um den Fortgang seiner Projekte. Entsprechend groß war sein Stolz auf das Geschaffene. Im April 1240 führte er ausgewählte Schlösser der Capitanata sogar einigen gefangenen Mailänder Rittern vor, allem nach in der Erwartung, die Eleganz und luxuriöse Pracht des Geschauten werde seine Gegner besser noch als jeder Sieg seinen überlegenen kaiserlichen Rang begreifen lassen. Angesichts solch lebhaften Engagements liegt die Vermutung nahe, daß der Staufer die architektonische Grundkonzeption wichtiger Bauten, so wie er dies offenbar im Fall des Brückentores von Capua tat, auch sonst stark beeinflußte. Jedenfalls dürfen wir wohl davon ausgehen, daß die charakteristischen Gemeinsamkeiten seiner Bauten seinem Wunsch und künstlerischen Geschmack entsprachen, also seine ästhetischen Ideale widerspiegeln.[16]

Zeichnen sich schon die von Friedrich erneuerten Kastelle seiner normannischen Vorgänger durch die Ebenmäßigkeit ihrer äußeren Form und den Reichtum ihres Skulpturenschmuckes aus, so dominieren diese Züge augenfällig bei den drei Wehranlagen, die er in den dreißiger und anfangs der vierziger Jahre an der sizilischen Ostküste gänzlich neu errichtete, ohne Bestehendes berücksichtigen zu müssen, nämlich bei den Kastellen von Syrakus, Augusta und Catania. Auf quadratischem Grundriß um einen Innenhof angeordnet, durchweg vermutlich zweigeschossig konzipiert, mit mächtigen runden oder quadratischen Ecktürmen und zumeist auch Mitteltürmen versehen, bestechen sie durch die geometrische Klarheit ihrer

---

[15] Zum Kastellausbau und zu Foggia siehe oben S. 27–29 sowie S. 234f., zur Jagd in der Capitanata auch unten S. 430f.
[16] Mailänder Gefangene: HB 5, 872–875 (1./3. 4. 1240); zu Friedrichs Sorge um Capuas Brückenkastell und andere Bauten siehe oben S. 235f.

Gesamtstruktur, durch die Balance und Ausgewogenheit der Baukörper und ihrer Glieder wie die Qualität der Ausführung. Am einfachsten geriet, wohl wegen des Geldmangels nach 1239, das Castel Ursino in Catania. Hier fanden überwiegend Bruchsteine Verwendung, aufwendiger gestaltete man lediglich die Fenster und Tore sowie die Säulen, Kapitelle und Kreuzrippengewölbe der Säle im Innern; der Festungscharakter überwiegt. Castel Maniace zu Syrakus hingegen war offenbar in erster Linie als glanzvolle kaiserliche Residenz gedacht. Die Außenmauern bestehen dort aus sorgfältig behauenen, glatten Quadern; Säulen aus unterschiedlichem Marmor mit fein gearbeiteten Kapitellen rahmen die Fenster und Türen und besonders reich das von Spitzbögen überspannte prächtige Eingangsportal. Im gesamten Untergeschoß aber dehnte sich eine riesige Halle, deren einstige, wohl wahrhaft grandiose Wirkung die spärlichen erhaltenen Reste heute freilich nur noch erahnen lassen. 24 quadratische, von Kreuzrippen überspannte Joche bildeten den festlichen Saal, 16 mächtige Säulen trugen seine Gewölbe. Lediglich ein kleiner zentraler Innenhof blieb vielleicht als Licht- und Luftspender offen. Wenn nötig, wärmten vier Kamine den Raum, außerdem sind Zugänge zu Bädern und Toiletten erkennbar. Für jede Art von Komfort war also gesorgt. Dazu bestätigen einzelne Skulpturenfragmente den außergewöhnlichen künstlerischen Rang des Bauwerkes. Ob es allerdings je vollendet wurde, ob die Treppen in den Türmen tatsächlich einmal in die Wohnräume des Obergeschosses führten, wie dies die Planung wahrscheinlich vorsah, das muß leider offenbleiben.

Grob durch spätere Umbauten und Eingriffe entstellt, steht heute das Kastell in Augusta vor uns. Immerhin scheint sicher, daß hier das quadratische Grundmuster gleichfalls eine reizvolle Ausschmückung erfuhr: An drei Seiten umzogen den Innenhof wohl einschiffige, kreuzgratüberwölbte und durch Arkaden zu ihm hin geöffnete Vorhallen, während ihn im Süden neuesten Ausgrabungen zufolge eine Schildmauer mit einem mächtigen Mittelturm abschloß, der als achteckiger Turm aus Buckelquadern zumindest begonnen, vielleicht so auch zur vollen Höhe aufgeführt wurde. Möglicherweise diente der Bau zum Teil als großer, gesicherter Warenspeicher für den nahen Hafen der Stadt.[17]

Friedrichs Kastelle lehnten sich gerade hinsichtlich der für sie charakteristischen Komposition aus klaren und einfachen geometrischen Grundmustern gewiß an mancherlei Vorbilder an. Normannische Bauten mögen eine Rolle gespielt haben, desgleichen aber etwa die Anregungen, die man

---

[17] Cadei, Castelli 196–213, ders., Modelli 465–475, Willemsen, Bauten 148–154, Götze, Castel 33–60, Krönig, Castel 97–99 (jeweils mit Abbildungen), Knaak, Kastell von Augusta 94–103.

in Süditalien seit dem 12. Jahrhundert reichlich aus den Kreuzfahrerstaaten gewinnen konnte. Letztlich ging das verfügbare und wirksame Anschauungsmaterial wohl vielfach auf das Grundmodell des römischen *Castrum* zurück, so daß auch dieses wenigstens indirekt seinen Einfluß auf die friderizianischen Bauten ausübte. Der Kaiser und seine Baumeister entschieden sich für ihr künstlerisches Ideal der geometrischen Harmonie indessen aus freien Stücken, und sie verwirklichten es mit Phantasie, ästhetischem Geschick und spielerischer Freude in immer neuen, ebenso eigenständigen wie überraschenden und überzeugenden Varianten. Das aber gelang ihnen ganz wesentlich deshalb, weil sie sich der neuen technischen und formalen Möglichkeiten ihrer Zeit ausgiebig und souverän bedienten. Die Kreuzrippengewölbe, aber auch die Zier der Kapitelle, der Skulpturenschmuck der Tore und Fenster bezeugen diese Offenheit, sie bezeugen wohl vor allem, wie intensiv der kaiserliche Bauherr mit Fachleuten aus dem Zisterzienserorden zusammenarbeitete und aus deren Kenntnis und Geschick Nutzen zog. Diese Kooperation verwundert angesichts der engen Verbundenheit des Staufers mit den Zisterziensern keineswegs. Sie wird zudem durch eine Notiz aus dem Zisterzienserkloster S. Maria de Ferraria (bei Teano, südöstlich Cassinos) zum Jahr 1224 ausdrücklich bestätigt, wonach Friedrich Konversen aus den Zisterzienserabteien seines Königreichs als Sachverständige in vielen Bereichen einsetzte, in der Landwirtschaft etwa oder bei der Waffenproduktion, aber eben auch, vermutlich als erfahrene und geschickte Spezialisten für besonders diffizile Arbeiten und neuartige Aufgaben, beim Bau seiner Kastelle und Jagdschlösser. Ganz dem entsprechend verteidigte der Herrscher selbst im September 1236 Papst Gregor gegenüber die Zisterzienserhilfe beim Schloßbau in der Tat als eine fast selbstverständliche Gegenleistung des Ordens für die mannigfache kaiserliche Förderung.[18]

Des Staufers Kastelle auf Sizilien lassen sich heute oft nur schwer beurteilen, weil er selbst sie gar nicht vollendete, die späteren Architekten aber die ursprünglichen Pläne einschneidend veränderten und meist stark vereinfachten. Von vielen seiner Bauten auf dem Festland freilich und gerade von bedeutenden findet sich nicht einmal mehr eine Spur, so von seinem geliebten, häufig aufgesuchten Jagdschloß Apricena (nördlich Foggias) oder, den bekannten Torbogen ausgenommen, von seinem großen, prächtigen Palast in Foggia. Unscheinbar genug nehmen sich auch die übriggebliebenen Reste des turmartigen kaiserlichen Palastes zu Lucera aus. Zeichnungen vom Ende des 18. Jahrhunderts zeigen zwar gleichfalls schon

---

[18] Ignoti cist. S. Mariae Chronica, ad 1224, ed. Gaudenzi 38, HB 4, 910 (20. 9. 1236; Friedrich); vgl. schon Haseloff, Architettura 18f., 32f., allgemein oben Anm. 17 sowie Willemsen, Bauten der Hohenstaufen 44–49, Krönig, Castel 99–103.

Ruinen, aber immerhin Mauerwerk, das noch bis zur vollen dreigeschossigen Höhe aufragt. Sie geben wenigstens einen gewissen Eindruck von dem ehemals mächtigen, um einen quadratischen Innenhof angelegten Gebäude, dessen Hoffront im obersten Stockwerk, die vier Ecken mit Spitzbögen überspannend, in ein Achteck überging und auf dessen erlesene künstlerische Gestaltung offenkundig ganz generell viel Phantasie und außerordentliche Sorgfalt verwandt worden war.[19]

Fast ebenso traurig steht es um das oft besprochene und viel gepriesene, in der mittelalterlichen Kunst bis dahin wohl beispiellose Brückenkastell von Capua, dessen Werden Friedrich allem nach mit besonderer Anteilnahme beeinflußte und verfolgte. Nur noch die beiden Turmstümpfe künden an Ort und Stelle zaghaft von seiner einstigen großartigen Wirkung, und vom Skulpturenschmuck der Fassade erhielten sich lediglich wenige Stücke: der schwer beschädigte Rumpf der Statue des thronenden Kaisers, ein doppelt lebensgroßer weiblicher Kopf und zwei männliche Büsten, die man seit dem ausgehenden 13. Jahrhundert als Richterbüsten zu bezeichnen pflegt. Als die Spanier im 16. Jahrhundert die Befestigung Capuas verstärkten und modernisierten und dabei Friedrichs Bau fast gänzlich niederrissen, retteten Capuas Bürger die Kaiserstatue und stellten sie, vielleicht zusammen mit den anderen Plastiken, neu auf. 1799 zerstörten französische Revolutionstruppen dann auch dieses kleine Denkmal; sie köpften den marmornen Kaiser, und seither blieb sein Haupt verloren. Später wurde überdies sein Rumpf zersägt. Die Teile gelangten jedoch glücklicherweise ins Museum, noch ehe es zu ihrer offenkundig geplanten praktischen Wiederverwendung kam.[20]

Gerade das Capuaner Kastell beeindruckte seine Betrachter indessen besonders tief, und dieser Wirkung verdanken wir zwei Skizzen der Anla-

[19] Zu Foggia siehe oben S. 27f. mit Anm. 63, zu Lucera S. 235 mit Anm. 137, dazu Friedrichs Befehl, zu Schiff in Neapel angekommene Steinstatuen rasch, aber vorsichtig auf dem Rücken von Trägern nach Lucera zu transportieren (HB 5, 912; 22. 4. 1240), oder zwei bronzene, wohl antike Brunnenfiguren von Grottaferrata gleichfalls dorthin zu bringen (Richard von S. Germano, ad 1242, ed. Garufi 216). Zu den Jagdschlössern siehe unten S. 430f. mit Anm. 178.

[20] Grundlegend: Willemsen, Triumphtor, zur Geschichte des Bauwerks 7–15, 33–35, nach 110 reiches Bildmaterial, vgl. ders., Bauten 155–160, außerdem Bologna, Cesaris imperio 159–189, Brenk, Antikenverständnis 93–103 (der Vergleich der Capua-Inschrift in Willemsens Übersetzung mit Friedrichs Konstitutionen nach Heinisch führt freilich zu gewissen Fehlschlüssen, 102f.), Meredith, Arch 109–124, Pace, Scultura 151–158, Sauerländer, Two Glances 194–202 (zur *Concordia* siehe unten Anm. 22), Claussen, Bitonto 85–112, ders., Scultura 94–97, D'Onofrio, Porta 230–240, Michalsky, De ponte 137–146, Esch, Friedrich 206–211; vgl. oben S. 235 mit Anm. 137.

ge aus den Jahren um 1500 sowie einige Beschreibungen. Die erste stammt bereits aus der Feder des Kaplans Andreas von Ungarn, der Karl von Anjou bei der Eroberung des sizilischen Regnums begleitete. Außerdem besitzen wir eine Zeichnung der Kaiserstatue und einen Abguß ihres Kopfes aus der Zeit unmittelbar vor ihrer Zerstörung; allerdings war die Skulptur schon früher beschädigt und ausgebessert, also vielleicht auch verändert worden.[21] Die verfügbaren Abbildungen, Beschreibungen und Überreste lassen uns leider bezüglich wichtiger Einzelheiten völlig im Stich, und manches andere präsentieren sie widersprüchlich oder unklar. Trotzdem können wir uns mit ihrer Hilfe wohl doch eine wenigstens in den Grundzügen verläßliche Vorstellung vom Aussehen des Bauwerkes verschaffen.

Zwischen zwei mächtigen Türmen schritt der Reisende demnach durch ein Portal, um dahinter über die römische Volturno-Brücke in die Stadt Capua zu gelangen. Die halbrunden, an der zur Durchfahrt hin gewandten Seite gerade aufgeführten Türme aus glatten, dunklen Tuffblöcken gründeten sich auf hohe, polygonale, sorgfältig mit hellen Travertinquadern verkleidete Basen. Den Übergang von der eckigen in die runde Form glättete und zierte eine Reihe von männlichen und weiblichen Büsten, die auf sanft ausschwingenden Sockeln standen. Reste von Säulen, Pilastern und Gewölbebögen sowie Fragmente von Kapitellen oder Nischen für Waschbecken verraten noch etwas von der Sorgfalt, die man der Ausgestaltung der Turmobergeschosse widmete, und von dem Aufwand, den man dabei betrieb.

Die Türme verband in voller Höhe von etwa fünfzehn Metern eine acht Meter breite Fassadenwand aus weißem Marmor. Klar gegliedert durch breite, stark vortretende Gesimse und Säulen, die auf prächtig ausgearbeiteten Konsolen ruhten, dazu reich geschmückt mit Skulpturen, sollte offenkundig vor allem sie die Aufmerksamkeit der Betrachter auf sich ziehen und ihre Bewunderung wecken. In drei Hauptzonen geteilt, ragte sie über dem bogenüberwölbten Eingangstor auf. Im zentralen Mittelgeschoß thronte, flankiert von zwei anderen Gestalten und sofort das Auge fesselnd, der Kaiser. Unter ihm, unmittelbar über dem Portal, hatte jene weibliche Büste ihren Platz, deren Kopf wir noch besitzen. Links und rechts unter ihr waren schließlich die beiden gleichfalls erhaltenen männlichen oder Richterbüsten angebracht, sie blickten also von den beiden Seiten des Portalbogens her auf die Eintretenden herab.

Nicht zufrieden mit dem allgemeinen Eindruck seiner kaiserlichen Macht und Hoheit, an die der Capuaner Bau auch ohne weitere Erläute-

---

[21] Dazu bes. Willemsen, Triumphtor 26–28, 33–39 (mit Abb. 30–40, 98–100, 104–108), ergänzend Claussen, Bitonto 86–97; Andreas von Ungarn, Descriptio c. 39, MGH SS 26, 571.

rungen zweifellos sofort jedermann erinnert und gemahnt hätte, wollte Friedrich dessen besonderen Sinn noch ganz unzweideutig kundtun. Eine Inschrift aus vier Versen, in drei Kreisen um die dem Torbogen und damit dem Beschauer nächsten Figuren angeordnet, sollte die erwünschte Aufklärung leisten. Bedauerlicherweise stimmen die Angaben unserer Quellen über die Verteilung dieser Verse auf die einzelnen Skulpturen und über ihren Wortlaut nicht völlig überein. Wir dürfen aber wohl davon ausgehen, daß die ersten beiden, metrisch ohnehin zum Distichon verbunden, der Frauengestalt zugehörten und sie verkünden ließen: „Auf des Caesars Befehl bin ich des Königreichs Wache; unglücklich werden durch mich alle, die schwankend ich weiß." Um die linke Männerbüste gemeißelt las man die Worte: „Furchtlos trete herein, wer lauter zu leben bemüht ist", um die rechte wohl: „Mißgunst und Neid sei verbannt oder fürchte des Kerkers Gewölbe".[22]

Ohne zusätzliche Information blieb diese Botschaft freilich noch immer recht allgemein: Im Namen des Kaisers versprachen seine Helfer, für den Schutz des Königreiches zu sorgen, und forderten dafür von dessen Bewohnern den unbeirrten Einsatz für Herrscher und Reich. Sie garantierten eine Ordnung, die allen Menschen von redlicher und anständiger Gesinnung Lebensraum und Entfaltungsmöglichkeiten gewährte, die Unzufriedenen und Unruhestifter hingegen ausschloß oder bestrafte. Möglicherweise fanden sich bei den einzelnen Gestalten indessen Beschriftungen, die sie klar identifizierten. Darauf könnte etwa die früh auftauchende, später wiederholte Behauptung hindeuten, bei den bärtigen Männern zu seiten des Portalbogens handle es sich um Richter.[23] Waren sie in der Tat als

---

[22] Zur Verteilung der Verse Willemsen, Triumphtor 36f.; ihr Text: Andreas von Ungarn, Descriptio c. 39, MGH SS 26, 571 (= Willemsen 77 Anm. 3, Übersetzung ebd. 5). F. Baethgen, DA 11 (1954/55) 624, monierte zu Recht, daß Willemsen in Vers 1 *custodia* lese, nicht wie Andreas *concordia*. Der Deutung der Frauengestalt als Iustitia wird durch den *concordia*-Begriff indes schwerlich „der Boden entzogen". Die Iustitia gewährte in Friedrichs Augen ebenso Einheit wie Sicherheit. Im übrigen haben, beginnend mit Jacobus de Cessolis (um 1300; ed. Vetter, Schachzabelbuch 669 f. unten = Claussen, Bitonto 116 Anm. 45) oder den vielleicht sogar noch älteren Gesta Romanorum (c. 54, ed. Oesterley 350; Kern um 1260–70, Anfügung der *moralizaciones* im 14. Jh.: Vidmanová, Jacobus 130–132) sowie Lucas de Penna, Commentaria (1354–1362), ed. Lyon 1583, 161ra, sonst alle Quellen *custodia* (vgl. Willemsen Abb. 104, ebd. 94 Anm. 152, dazu 81 Anm. 33). Andreas täuschte sich hier also wohl, wie vermutlich auch in Vers 4 mit *infidus* (so auch Lucas de Penna und Willemsen Abb. 104): Andere Quellen bieten *invidus*, das nach den sonst durchweg befolgten Regeln der Prosodie allein paßt, vgl. Jacobus, ed. Vetter 669 f.; Gesta c. 54, ed. Oesterley 350; Scipione Sannelli († 1571) nach Willemsen 97 Anm. 167 (dazu ebd. 80 Anm. 29).

solche gedacht und bezeichnet, dann mochte die Frauengestalt über ihnen durchaus als Symbol der Iustitia gegolten haben, der sich der Kaiser so leidenschaftlich verpflichtet und verbunden fühlte, die er durch Gesetzgebung und Regierungspraxis zu der das Regnum prägenden und erhaltenden Kraft zu machen suchte. Das Brückenkastell zu Capua hätte in diesem Fall nicht nur auf im Mittelalter künstlerisch neuartige Weise des Herrschers Erhabenheit und überragende Stellung bezeugt, seine Bereitschaft zum Schutz seiner Untertanen und seinen Anspruch auf deren Gehorsam und sittliches Wohlverhalten, sondern präziser noch, als bildliche Interpretation seiner Konstitutionen gewissermaßen, seinen tiefen Glauben, daß der wahre und höchste Sinn weltlicher Herrschaft in der Verwirklichung von Recht und Gerechtigkeit bestehe.

Die Neigung zum Antikisieren, die Verwendung moderner Techniken und Gestaltungsprinzipien – ein Zisterzienser ist als einer der Bauleiter belegt[24] –, schließlich der da und dort, etwa bei der Kaiserstatue, anklingende Einfluß der zeitgenössischen französischen oder oberrheinischen Plastik[25] – dies alles kennzeichnet nicht nur das Capuaner Brückentor, sondern auch das sicherlich berühmteste unter den einigermaßen unversehrt gebliebenen Bauwerken Friedrichs, das durch seine einzigartige Geschlossenheit und strenge Schönheit immer wieder aufs neue in seinen Bann ziehende Castel del Monte. Kurz vor 1250 mag es im großen und ganzen vollendet gewesen und von seinem kaiserlichen Bauherrn noch das eine oder andere Mal aufgesucht worden sein; Belege dafür gibt es allerdings nicht.[26]

Den ostsizilischen Kastellen gleich gewinnt Castel del Monte seine Harmonie aus der Konzentration auf ein klares und einfaches geometrisches Grundmuster. An die Stelle des Quadrats tritt in seinem Fall allerdings das kompliziertere Achteck, und sein ganzer Bau entwickelt sich aus dieser

---

[23] Erstmals bei Jacobus de Cessolis, ed. Vetter, Schachzabelbuch 667–670 unten, beziehungsweise in den Gesta Romanorum c. 54, ed. Oesterley 350 (zur Datierung siehe Anm. 22), aber auch bei Lucas de Penna, Commentaria, ed. Lyon 1583, 161ra (= Willemsen, Triumphtor 97 Anm. 166); vgl. Sannelli nach Willemsen 97 Anm. 167.

[24] Donnus Bisantius: HB 5, 673 (13. 1. 1240; Verwalter der Gelder für das Tor von Capua), als Mönch von S. Maria de Ferraria und Bauleiter in Capua in einem Dokument vom 20. 4. 1238: Haseloff, Architettura 38, vgl. Willemsen, Triumphtor 8f.

[25] Betont etwa bei Claussen, Bitonto 102–108.

[26] Zu Castel del Monte: Willemsen, Bauten 160–162, ders., Castel 63–97; Götze, Castel 84–174 (außerdem engl. Ausgabe 183–203); Leistikow, Castel 15–48; Krönig, Castel 91–96, 99–106; De Tommasi, Castel 313–317, Schirmer, Castel. Osservazioni 285–293; Sack, Castel del Monte 295–303; Schirmer – Sack, Castel 35–44; Esch, Friedrich 213–215, 221; Federico e l'Italia 214–217 (V. Ascani); vgl. oben S. 236 mit Anm. 138.

Form nun zudem mit einer bis dahin unerreichten Konsequenz. Das Achteck bildet seinen Grundriß, prägt ebenso seine äußere Struktur wie die Fassade des Innenhofes und kehrt wieder in der Gestalt der acht Türme, die an den Ecken seiner Außenwand aufragen. Etwa auf halber Höhe umläuft diese Wand ein Sims als zusätzliches, unauffällig-elegantes Gliederungselement, und die im Obergeschoß besonders prächtig gestalteten Spitzbogenfenster vollenden die Ausgewogenheit des Gesamtbildes. Die gleiche Wirkung erzielen im Innenhof die großen Portale des Erdgeschosses und die sich im Obergeschoß unter spitzen Blendbögen öffnenden, bogenüberspannten, säulengeschmückten Türen, die einst wohl auf kleine Balkons oder einen Laufgang führten. Einen starken Akzent setzt schließlich, antike und zeitgenössische Formen spielerisch-frei verbindend, das Hauptportal an der Ostfront der Anlage: Zwei Pilaster, die ein horizontales Gesims tragen, und darüber, etwas abgehoben, ein mächtiger Dreiecksgiebel rahmen den eigentlichen Eingang, zu dem man zwischen fein gearbeiteten Säulen und unter einem Spitzbogen hindurch gelangt.

Im Innern des Gebäudes finden sich auf jedem der beiden Geschosse acht trapezförmige Räume, deren durchweg ungefähr quadratischen Mittelteil Kreuzrippen überwölben. Soweit sich das angesichts der beträchtlichen Zerstörungen noch beurteilen läßt, bestechen auch hier der erlesene Geschmack der Planer, die hohe Qualität des benutzten Materials, die außerordentliche Sorgfalt bei der Ausführung der Bauarbeiten und der dabei offensichtlich betriebene Aufwand. In üppigerem Glanze noch als die Erdgeschoßräume strahlten allem nach die Gemächer des Obergeschosses, die dem Kaiser vorbehalten waren und zum Teil wohl auch – wie beispielsweise der sogenannte Thronsaal über dem Hauptportal – repräsentativen Zwecken dienten. Unterschiedliche, farblich aufeinander abgestimmte Gesteinsarten, vor allem verschiedene Marmorsorten fanden bei der Fertigung der Säulen, Bündelpfeiler und Gewölberippen, bei der Umrahmung der Fenster und Türen oder bei der Verkleidung der Wände Verwendung. Einzelne Spuren lassen auf Mosaikfußböden schließen. Neben einer Zisterne unter dem Innenhof speicherten Dachzisternen auf fünf Türmen das kostbare Regenwasser; sie spendeten Trinkwasser und versorgten außerdem vielleicht die in den Türmen untergebrachten Bäder und Toiletten, wenngleich sich direkte Zuleitungen bislang nicht nachweisen ließen. Dagegen stoßen wir auf die Reste von Kaminen sowie auf Öffnungen und Kanäle, die die Belüftung der Räume oder die akustische Verständigung zwischen ihnen und von Stockwerk zu Stockwerk ermöglichten.

Die höchste Bewunderung jedoch gilt mit Recht stets den wenigen erhaltenen Kapitellen und noch vor ihnen einzelnen Schlußsteinen der Gewölbe, einem Blumenmuster beispielsweise, das in vier Köpfe ausmündet, oder den ausdrucksstarken Masken zweier bärtiger Männer, deren wilde

Bewegtheit an Naturgottheiten erinnert. Sie werden an Schönheit und künstlerischem Rang allenfalls noch übertroffen von den Kopfkonsolen in einem der Türme, zumal von dem oft als Faun gedeuteten männlichen Gesicht, sowie von den sechs nackten Atlanten, die in einem anderen Turm die Rippen des Dachgewölbes tragen, kräftige Gestalten voller Natürlichkeit und lebhafter Individualität, unter ihrer schweren Last geduldig ausharrend die einen, lässig unberührt davon und mit fröhlicher Miene oder gar übermütiger Grimasse die anderen, jede von ihnen aber ein wahres Meisterwerk der Bauplastik. Anregungen aus dem Norden, aus Nordfrankreich, Burgund oder dem Elsaß scheinen hier aufgenommen, zugleich freilich umgeprägt zu einem eigenen, durch Naturnähe, freie Direktheit und außerordentliche Expressivität gekennzeichneten und den möglichen Vorbildern durchaus ebenbürtigen Stil.[27]

Des Staufers einzigartiger Bau reizte seit je dazu, von seiner außergewöhnlich klaren, harmonischen Form auf eine ihm innewohnende besondere Bedeutung zu schließen, die es zu entdecken gelte. Sehr phantastische Lösungen des Geheimnisses werden immer wieder angeboten, doch auch bedenkenswerte. Die Aachener Pfalzkapelle Karls des Großen, wo Friedrich 1215 zum deutschen König gekrönt wurde, und der dort aufgehängte, von seinem Großvater Barbarossa gestiftete achteckige Leuchter könnten ihm in der Tat die Grundidee zur Planung von Castel del Monte eingegeben haben, aber ebenso die achteckige Reichskrone, die er vermutlich bei seiner Kaiserkrönung trug. Sein auf der Bergeshöhe ragendes Werk hätte dann das himmlische Jerusalem abbilden, den Passanten das letzte Ziel der Christenheit in Erinnerung rufen sollen, oder aber die Macht des Imperiums, dessen kaum faßliche Autorität und Würde vor ihre Augen gestellt.[28]

Sogar diesen Vorschlägen gegenüber scheint indessen Zurückhaltung angebracht. Abgesehen davon, daß man ein Symbol des Imperiums und seiner Stärke eher eben im Imperium suchen würde, in der Lombardei etwa, wo der Herrscher so zäh für des Reiches Rechte kämpfte, abgesehen zudem von der nicht wirklich geklärten Frage, ob Castel del Monte von

---

[27] Siehe dazu Calò Mariani in: Haseloff, Architettura LIV–LVIII (Prefazione), dies., Castel 305–310; Pace, Scultura 158–162, Sauerländer, Two Glances 202–206; Claussen, Scultura 98–102.
[28] Götze, Castel 172–174 (Achtstern als symbolische Form für „die Universalität des kaiserl. Herrschaftsanspruchs", 174, vgl. die engl. Ausgabe 206–209); Krönig, Castel 103–105 (der Bau Symbol der „heiligen Stadt" und insoweit das himmlische Jerusalem ebenso wie die Ordnung des *sacrum imperium* zeichenhaft zur Anschauung bringend); Schaller, Staufer 601, ders., Frömmigkeit 508 (Abbild des himmlischen Jerusalem); kritisch Leistikow, Castel 24–32.

Abb. 9: Castel del Monte. Im Januar 1240 erging Friedrichs Befehl zum Baubeginn.

Abb. 10: Friedrich II. als thronender Kaiser und Lehrer der Vogeljagdkunst. Das Bild findet sich auf dem ersten Blatt der wohl um 1260 im Auftrag König Manfreds hergestellten Falkenbuch-Handschrift (Rom, Biblioteca Apostolica Vaticana, Palatinus lat. 1071, fol. 1v).

wichtigen Verkehrsadern aus überhaupt einigermaßen scharf wahrgenommen werden konnte – weder wies in seinem Falle wie bei Pfalzkapelle, Leuchter und Krone bereits der eindeutige Charakter des Objektes den um genaueres Verständnis bemühten Beschauer in eine ganz bestimmte Grundrichtung, noch hielt es der Erbauer offenbar für angebracht, so wie dort durch Bild oder Schrift irgendwelche erläuternden Hinweise zu geben. Anders als in Capua lag ihm an derartiger Festlegung und Aufklärung hier demnach nichts. Vielleicht genügte es ihm, daß der tiefere Sinn des Baus ihm selbst und seiner engsten Umgebung vertraut war; dann wird es uns schwerfallen, ihn je zweifelsfrei zu enträtseln. Möglicherweise war freilich an etwas Derartiges gar nicht gedacht, trieb den Herrscher nichts als seine Neigung zu äußerster architektonischer Klarheit, Einfachheit und Harmonie des Ganzen und zu erlesener Ausgestaltung der Details,[29] genoß er es, dieses seiner Würde gemäße Ideal endlich in kaum zu überbietender Vollkommenheit verwirklicht zu sehen. Jedenfalls dürfte Castel del Monte den Ansprüchen und Erwartungen, die Friedrich in seinem letzten Lebensjahrzehnt mit kaiserlicher Architektur verband, in höchstem Maße entsprochen haben. Es verschafft uns also einen völlig eigenen und unmittelbaren Zugang zur Person des Staufers – ganz zu schweigen von dem ästhetischen Vergnügen, das sein Anblick heute wie je bereitet.

Der Literatenkreis um Friedrich.
Troubadours, Minnesänger und die Sizilianische Dichterschule

Friedrich stand früh im Ruf besonderer Sprachbegabung. Nicht weniger als sechs Sprachen, die er beherrscht haben soll, zählte um 1280 ein ihm alles andere als freundlich gesinnter Geschichtsschreiber auf, und er dürfte mit seiner Behauptung der Wahrheit recht nahekommen. Zwar hielten

---

[29] Zu Friedrichs Sorge um die adäquate Ausstattung und Einrichtung seiner Paläste vgl. oben S. 355, Anm. 19 (zu Lucera). Diesem Zweck mochten auch Kostbarkeiten wie jene große Onyxschale dienen, die er 1239 zusammen mit Juwelen für den stattlichen Preis von 1230 Goldunzen erwarb (HB 5, 477–479). Zu seiner eifrig betriebenen Sammlung von Schätzen der Goldschmiedekunst, Juwelen oder kostbaren geschnittenen Steinen teilweise sicher antiker Herkunft siehe noch HB 5, 553 (7. 12. 1239), daneben HB 5, 530, 547, 940f., vgl. Winkelmann, Reorganisation 524f.; eine Zusammenstellung seiner Kronen gibt Schramm, Kaiser Friedrichs Herrschaftszeichen 134f. (vgl. 52–74; zum Thron 81–87, vgl. zu dessen Verpfändung im Juni 1251 RI V, Nr. 4604). Die Verpfändung von Teilen des kaiserl. Schatzes durch Konrad IV. im Jahr 1253 (987 Stücke) erbrachte den ungefähren Gegenwert von etwa zehn Genueser Adelspalästen, vgl. Zeit der Staufer 1, 675 f. (R. Kahsnitz), sowie Esch, Friedrich 204–206, 216–218.

sich die kaiserlichen Fähigkeiten im Arabischen und Griechischen vermutlich in eher bescheidenen Grenzen. Doch neben der apulisch-sizilischen Umgangssprache, dem *volgare*, das wohl als seine Muttersprache gelten darf, beherrschte der Staufer, wie sein Falkenbuch zeigt, durchaus flüssig das Latein; außerdem war ihm seit seinem ersten, langen Deutschlandaufenthalt gewiß das Mittelhochdeutsche geläufig, und Altfranzösisch wie auch Provenzalisch mag er immerhin verstanden haben.[30]

Obgleich er selbst zumindest für wissenschaftliche Texte wie das Falkenbuch einen schmucklosen, sachlichen Stil bevorzugte, besaß er offenkundig doch viel Gespür und Sinn für die reichen, vielfältigen Möglichkeiten des sprachlichen Ausdrucks. Mit seinem Einverständnis und Willen nämlich geschah es sicherlich, wenn die Führungskräfte seiner Kanzlei im Wettstreit mit den Spezialisten an der päpstlichen Kurie wahre stilistische Kunstwerke schufen, um die Wohltaten und Erfolge, den Ruhm und die Größe seines Kaisertums gebührend zu feiern. Der einzigartigen Höhe seiner Stellung schien eben ganz selbstverständlich allein eine Sprache von erlesenem Geschmack und fremdartig prunkendem Glanz angemessen. Deshalb konnte in seinem Dienst Petrus de Vinea als ein begnadeter Meister der Stilkunst, der freien Rede wie des geschriebenen Wortes Karriere machen und bis in eine Spitzenposition des Reichsregimentes aufsteigen. Es versteht sich, daß Petrus bemüht war, seinerseits sprachlich begabte junge Männer zu entdecken, auszubilden und zu fördern. In der Tat bewährte sich eine ganze Reihe seiner Schüler in der kaiserlichen Kanzlei, sein Neffe Johannes von Capua beispielsweise, der 1243 in Paris studiert hatte, und besonders der bedeutendste unter ihnen, Nicolaus de Rocca, der später wie etwa Terrisius von Atina zudem als Professor an der Universität Neapel wirkte.[31]

So bildete sich an Friedrichs Hof um Petrus und den mit ihm eng befreundeten Thaddaeus von Sessa ein Kreis literarisch geschulter und inter-

---

[30] Malispini, Storia c. 107, ed. Costero 106, vgl. Salimbene, Cronica ad 1250, MGH SS 32, 349, Z. 6, außerdem oben Bd. 1, S. 203 mit Anm. 23, zum Arabischen ebd. S. 112 Anm. 109, zum Griechischen von Falkenhausen, Friedrich 248, zum Altfranzösischen: HB 5, 722 (5. 2. 1240; besitzt den Roman Palamedes, vgl. Antonelli, Corte 323).

[31] Stil der Kanzlei, Petrus de Vinea, Thaddaeus von Sessa: siehe oben S. 42f. mit Anm. 89f., S. 248–250 mit Anm. 158 und 161; zu Johannes von Capua und Petrus' Schülerkreis: Schaller, Kanzlei 1, 243–246, vgl. ebd. 268, Nr. 32, sowie den Brief des Johannes: Huillard-Bréholles, Vie 334f., Nr. 34; zu Nicolaus und Terrisius auch oben S. 55 mit Anm. 118, S. 206f. mit Anm. 88. – Für Friedrichs Ruf als Freund der Dichtkunst spricht es, daß ihm der Richter Richard von Venosa um 1229 seine Dialog-Komödie in Distichen „De Paulino et Polla" widmete, ed. S. Pittaluga, Commedie latine del XII e XIII secolo, Bd. 5 (Genua 1986) 81–227.

essierter Männer, die sich in der Kanzlei und im Auftrag des Herrschers gewissermaßen beruflich mit Problemen der Schriftstellerei beschäftigten, die darüber hinaus jedoch durch die gemeinsame Freude an eleganter sprachlicher Gestaltung und die Neigung zur Dichtkunst verbunden waren. Die aus ihrer Feder erhaltenen Privatbriefe, vor allem die etwa fünfzig privaten Schreiben des Petrus selbst, geben uns einen gewissen Einblick in den regen Schriftverkehr und Gedankenaustausch, der unter ihnen herrschte und selbstverständlich auch hochgestellte geistliche Berater des Kaisers wie die Erzbischöfe Berard von Palermo oder Jakob von Capua einbezog. Um die unterschiedlichsten Themen ging es dort, vielfach um Alltagssorgen, um Krankheit und Genesung, die Mühen der täglichen Arbeit und die Wohltat eines Gespräches unter Freunden, um Klagen über mangelnde Förderung und Bitten um empfehlende Fürsprache, um Neuigkeiten vom Hof mit seinen Intrigen und Wechselfällen, doch auch um Trost für Trauernde, Glückwünsche, Ratschläge und die Erörterung allgemeiner Lebensfragen. Immer dominierte indes das Bemühen um höchstes stilistisches Niveau, um treffende Zitate, farbige Bilder und Reichtum des Klangs, um ausgesuchte Worte und Wendungen.[32]

Nach solch rhetorischem Glanz strebten die Autoren naheliegenderweise mit besonderem Eifer, wenn es darum ging, verehrte und einflußreiche Persönlichkeiten zu rühmen, der eigenen Dankbarkeit zu versichern und günstig zu stimmen. So pries ein Nicolaus, wohl Nicolaus de Rocca, Petrus de Vinea als einen dem Moses ebenbürtigen Gesetzgeber, als einen zweiten Joseph, der wie einst der Minister Pharaos die Schlüssel des Imperiums in seinen Händen halte, als einen neuen Petrus, der im Kampfe für die Gerechtigkeit seinen Herrn freilich niemals verraten würde und dessen Tugend und überragende Gelehrsamkeit nicht nur Capua und die Terra Laboris, sondern den ganzen Erdkreis durchstrahle.[33]

Natürlich mußte der auch sonst vorkommende Vergleich des engsten kaiserlichen Vertrauten mit dem Apostelfürsten den Gedanken an die Christusähnlichkeit des Herrschers nahelegen, und in der Tat galten die begeisterten Lobsprüche der Hofliteraten in allererster Linie dem Kaiser selbst, dessen Dienst sie zusammengeführt hatte und dem sie ihre Position und Geltung verdankten. Der Magister Salvus etwa, allem nach ein gläubi-

---

[32] Edition der Briefe des Petrus und seines Kreises: Huillard-Bréholles, Vie 289–434, Nr. 1–111, Briefwechsel mit Thaddaeus 341 f., Nr. 41 f., vgl. 109, mit Berard 353–357, Nr. 58–62, vgl. 118–122, mit Jakob 304–306, Nr. 10, 333, Nr. 32, 358–368, Nr. 64–72, vgl. 123–132; siehe auch Schaller, Kanzlei und Kultur 530–532.
[33] Huillard-Bréholles, Vie 289–291, Nr. 2 (zu einem ähnlichen Text siehe oben S. 176 mit Anm. 17), vgl. ebd. 289, Nr. 1, 430–434, Nr. 110 f., sowie des Nicolaus Briefe ebd. 368–394, Nr. 73–97, dazu 132–139.

ger Mann voller Gottvertrauen, charakterisierte Friedrich, den römischen *princeps*, auf dessen fortdauernde Gunst er hoffte, als den *cohoperator*, also den unmittelbaren Gehilfen Gottes, als dessen von göttlichem Geist und Willen gelenkten Stellvertreter auf Erden. Petrus de Vinea aber rühmte seinen Herrn in einer vielzitierten Laudatio als den von Ezechiel und Jeremias bezeichneten übermächtigen Fürsten, den Weltkaiser, Freund des Friedens, Begründer des Rechts und Schutzherrn der Nächstenliebe, als den Inbegriff des Guten und aller Tugenden, den Überwinder aller Gegensätze, sogar jener zwischen den Elementen, als den von Gottes gütiger Vorsehung der Welt gesandten Retter, den *sanctus Fridericus*. Petrus bediente sich dabei einer ausgefeilten, auf höchstes Niveau geführten Prosa, während er seine poetische Begabung für Versmaß und Reim an anderen Themen erprobte. So schrieb er etwa ein langes, meist je vier Vagantenzeilen durch Endreim zu einer Strophe verbindendes Gedicht, das die hohe Geistlichkeit kritisierte und insbesondere die Mitglieder der Bettelorden heftig angriff, weil ihr verderblicher Einfluß auf Gregor IX. den Frieden zwischen Papst und Kaiser zerstört habe.[34]

Es fehlte indes durchaus nicht an Herrscherhuldigungen in Gedichtform. Der Hymnus des Terrisius von Atina gehört dazu, der den Staufer als würdigen Regenten des Erdkreises vorstellt, als den Spender von Frieden und Gerechtigkeit, als einen Fürsten, dessen Begabung alles menschliche Maß, dessen Macht alle seine Gegner überragt; das Werk mündet dann allerdings etwas überraschend – wir hörten es – in der Bitte an den derart Gepriesenen, er möge für unbestechliche Gerichte in seinem Königreich sorgen. In griechischer Sprache sang, auch dies wissen wir bereits, der Kanzleinotar Johannes von Otranto das Lob seines kaiserlichen Herrn, und selbst dem Hofe ferner Stehende mehrten mit ihrer Kunst des Kaisers Ruhm. Auf lateinisch und in der deutlich und selbstbewußt ausgesprochenen Erwartung, als Gegenleistung Aufnahme und Unterstützung zu finden, tat dies der weitgereiste, an vielen europäischen Herrschaftszentren herumgekommene Poet Heinrich von Avranches († nach 1259), auf griechisch und wohl mit ähnlichen Absichten, vielleicht sogar mit Erfolg, Georg von Gallipoli, ein sizilischer Untertan Friedrichs. Immerhin im Dienste des kaiserlichen Generalvikars Friedrich von Antiochia stand schließlich der Richter Orfinus von Lodi, als er um 1245 seine Hexameter zur Verherrlichung des Kaisers und des staufischen Hauses dichtete.[35]

---

[34] Salvus: Huillard-Bréholles, Vie 428f., Nr. 109; Vinea: ebd. 425, Nr. 425, Nr. 107 (Preis Friedrichs; siehe dazu Dronke, Poesia 44–46), ebd. 402–417, Nr. 103 (Kirchenkritik). – Nicht hierher gehört wohl der Brief des Terrisius, Acta Imperii 1, 570f., Nr. 725, siehe unten S. 560, Anm. 177.

[35] Text des Terrisius: Schaller, Preisgedicht 98–101, vgl. oben S. 206f. mit Anm. 88;

Der Literatenkreis um Friedrich

Grundsätzlich dürfen wir bei den am Hof wirkenden Literaten neben einer ausgeprägten Freude am sprachlichen Gestalten ganz gewiß tiefe und aufrichtige Bewunderung für den Kaiser voraussetzen. Dennoch läßt sich im einzelnen schwer bestimmen, inwieweit ihre überschwenglich feiernden Worte und Verse echt empfunden und ernst gemeint waren, wieviel davon eher der künstlerischen Lust am Umgang mit der Sprache, am Erkunden und Ausschöpfen ihrer Möglichkeiten oder dem spielerischen Wettbewerb um neue Bilder und Vergleiche entsprang. Überstreng sollte man sie vielleicht doch nicht auf jede Nuance ihrer Texte festlegen, allzu schnell wohl auch nicht von diesen auf die Anschauungen des Staufers selbst schließen. Davon abgesehen weisen unsere Autoren mit ihrer Botschaft ohnehin kaum entscheidend über das in der Herrscherpanegyrik bisher Übliche hinaus. Die Feier des Herrschers als Weltkaiser, seine Annäherung an Gott oder Christus als deren irdischer *vicarius*, die Umkleidung seiner Person und Würde mit einer Aura der Heiligkeit, dies alles begegnet bereits in früheren Zeiten und nicht zuletzt in der Umgebung von Friedrichs normannischen und staufischen Vorgängern.[36]

Doch auch für die immer wieder als besonders kühn und ungewöhnlich herausgestellte Apostrophierung Friedrichs als Herr der Elemente finden sich Parallelen außerhalb seines Kreises. Der seinem Hofe sicherlich ferne, 1240 als Propst in Mattsee (nördlich Salzburgs) belegte Marquard von Ried (oder Padua) besang den Kaiser schon kurz nach 1229 unter dem Eindruck des glanzvoll zum Ziele geführten Kreuzzuges nicht nur als Verteidiger des Glaubens, Vorkämpfer für den Frieden und frommen Nachei-

zu Johannes von Otranto siehe oben S. 248 mit Anm. 159, zu Georg von Gallipoli: Wellas, Griechisches 82–96, 104–119, 129f., zum griechischen Einfluß an Friedrichs Hof und im Regnum vgl. von Falkenhausen, Friedrich 248–262; Gedichte Heinrichs von Avranches: Winkelmann, Drei Gedichte 484–492, vgl., auch zur Datierung, unten S. 401, Anm. 104; Orfinus, De Regimine, ed. Ceruti 34–45, vgl. seinen Kollegen Johannes von Viterbo, Liber c. 128, c. 139, ed. Salvemini 266, 277 (zur Datierung nach 1238: Kantorowicz, Friedrich. Ergänzungsband 86, zur rein theoretischen Bedeutung des Kaisers bei Johannes: Berges, Fürstenspiegel 102).

[36] Betonung dieser Züge: Kantorowicz, Friedrich. Ergänzungsband 204–209, 223 (*divus*), Belege für ihre Tradition ebd. 206, 209, vgl. ebd. 72 (päpstl. Bezeichnungen des Kaisers als Engel, bes. als Cherub, etwa MGH Epp. saec. XIII 1, 278, Z. 28f., vgl. 278f., Nr. 365, Gregor IX., 22. 7. 1227; ähnlich Frenz – Herde, Briefbuch 193, Z. 4–6, Nr. 51 = Acta Imperii 2, 709, Z. 35–37, Nr. 1037, Juni 1245); vgl. Schaller, Kaiseridee 71–73. Zu den Sakralisierungstendenzen im Umkreis Friedrich Barbarossas und Rogers II. Stürner, Rerum necessitas 476–479 mit Anm. 20 und bes. Anm. 23, Houben, Roger 120–122, 132–135; zum Weltkaiser: *Salve mundi domine*, Archipoeta IX 1, ed. Watenphul 68; *divus* für Barbarossa in seinen eigenen Urkunden: DF.I. 142, MGH DD 10,1 (1975) 239, Z. 31, DF.I. 565, ebd. 3 (1985) 35, Z. 2f.

ferer Gottes, sondern zugleich als den Lebensatem des Erdkreises, den von Gott überreich Begünstigten, dem auf göttliche Weisung die Elemente zu Diensten stehen, um sein Wirken fördernd zu begleiten. Wenig anders aber begrüßte Jahrzehnte zuvor der sogenannte Archipoeta in Friedrich Barbarossa den Herrn der Welt, unter dessen Friedensregiment sich mit den Menschen auch die Tiere und Pflanzen beugten, dessen Herrschergewalt also gleichfalls eine wahrhaft kosmische Dimension zukam.[37]

Die Propagierung derartiger Züge scheint im übrigen vorwiegend in die Schlußphase von Friedrichs Regierung zu gehören; die Überhöhung des Herrschers, die Betonung seiner gewöhnliches Menschenmaß weit überragenden Fähigkeiten und seiner Gottesnähe scheinen nun offener und selbstverständlicher, zugleich bisweilen phantasievoller und formal gewandter als bis dahin sonst im Abendland betrieben worden zu sein. Dieser Intensivierung bereiteten das oft genug durch eindrückliche Erfolge bestätigte starke Sendungsbewußtsein Friedrichs und sein außergewöhnliches Ansehen bei seinen Anhängern sicherlich den Boden. Sie hatte ihren Hauptgrund indessen wohl in der radikalen Zuspitzung der politischen Lage nach des Kaisers zweiter Exkommunikation im Frühjahr 1239 – sie war die Antwort auf die massiven Anschuldigungen seiner Feinde, das Gegenstück gewissermaßen zu der von päpstlicher Seite besorgten Dämonisierung seiner Person.

Zu den oft gerühmten Verdiensten des Literatenkreises an Friedrichs Hof gehört die Weiterentwicklung und Ausgestaltung der sizilisch-apulischen Volkssprache zur gehobenen Literatursprache. Die Beteiligten, die man für gewöhnlich als Mitglieder der sogenannten Sizilianischen Dichterschule bezeichnet, suchten das, was die regionalen Dialekte boten, zu nutzen, umzuprägen und zu veredeln. Sie schufen sich so ein Instrument, mit dem sie in anspruchsvoller, teilweise neuartiger dichterischer Form bedeutsame Erlebnisse und Begegnungen zu schildern, vielfältige Erfahrungen, differenzierte Stimmungen und Gefühle auszudrücken vermochten. Andere knüpften an ihre Leistung an, der erste, vielleicht der wichtigste

---

[37] Marquard von Ried: Preisgedicht, ed. W. Wattenbach, MGH SS 9, 624 f., bes. 625, Z. 4–14, zum Autor Winkelmann, Friedrich 2, 78, Worstbrock, Marquard 127 f.; Archipoeta IX 2, ed. Watenphul 68; vgl. HB 6, 145 f., bes. 146 (Friedrich; Mai 1242). Dazu Kantorowicz, Friedrich. Ergänzungsband 204 f., 207 f., Schaller, Kaiseridee 73–75, Dronke, Poesia 44–48, zu Georg von Gallipoli: Wellas, Griechisches 110–112.
– Aus einer besonderen Notlage verständlich werden die flehenden Hilferufe der zu Viterbo Eingeschlossenen an den kaiserl. Retter (HB 6, 125 f.; Sept. 1243) sowie diejenigen, die Petrus de Prece, der künftige Protonotar Konradins, 1248 während der Gefangenschaft zu Parma oder auch aus späterer Rückerinnerung niederschrieb (ed. Müller, Peter 112 f., Nr. 1, 116–118, Nr. 3 f., vgl. 131 f., Nr. 12, siehe dazu ebd. 104–109, 85 f., sowie Kloos, Brief 151–154).

Schritt auf dem Weg zur einheitlichen italienischen Schriftsprache war getan. Für das Unternehmen der Dichterschule gab es außerhalb Italiens bereits bedeutende und bewunderte Vorbilder. Den Poetenkreis um Friedrich beeinflußte vor allem die damals in ihrer Blüte stehende Dichtung der provenzalischen Troubadours.[38] Diese lebten nicht selten, aus ihrer Heimat zuweilen vom Albigenserkreuzzug vertrieben, an oberitalienischen Adelshöfen wie dem der Montferrat oder der Este. So war wohl mancher von ihnen im Herbst 1220, als der Staufer durch die Lombardei nach Rom zog, zusammen mit seinem fürstlichen Gönner dem künftigen Kaiser entgegengereist und hatte den Herrscher bei dieser Gelegenheit selbst kennengelernt, überdies vermutlich, wann immer sich die Möglichkeit dazu bot, mit Kostproben für sein Schaffen geworben. Eine solche persönliche Begegnung mag etwa Aimeric de Peguilhan, den Bürgersohn aus Toulouse, der sich mit seiner Dichtkunst in Spanien und Norditalien sein Brot verdiente, zu seinem Sirventes über Friedrich veranlaßt haben, seinem Loblied auf den jugendlich-gewandten, ebenso gelehrten wie mutigen und entschlossenen Monarchen, der, einem von Gott gesandten weisen Arzt aus Salerno gleich, für jedes Übel eine Medizin wisse, alles Leid zu heilen, alle Not zu beheben verstehe. Offenkundig unmittelbar nach der Kaiserkrönung und im Auftrag eines lombardischen Großen, vielleicht des Markgrafen Wilhelm von Montferrat, wandte sich der Troubadour Folquet aus Romans (nordöstlich von Valence) an den Staufer, mit dem, wie er eigens betonte, aus Liebe und Verehrung gegebenen Rat, ob seiner neuen Würde seine alten Freunde und ihre treuen Dienste nicht zu vergessen, die bewährten Männer vielmehr zu belohnen und gleichfalls zu erheben. Folquet richtete in den zwanziger Jahren dann noch des öfteren, nach 1226 sogar wieder von seiner Heimat aus, sein Dichterwort an den Kaiser, um ihn, den seiner großen Taten wegen hoch Gerühmten, erneut um Unterstützung für einen adligen Herrn zu bitten, vor allem jedoch um ihn zum entschlossenen Einsatz für den Kreuzzug aufzurufen.[39]

---

[38] Dazu Rossi, Troubadours 1052–1054 (mit Lit.); die auf Friedrich bezüglichen Passagen in der Troubadour-Dichtung sind zusammengestellt bei De Bartholomaeis, Osservazioni 98–122, vgl. Brucker, Personnage 41, und schon Schultz-Gora, Sirventes 33–38.

[39] Gedicht Aimerics (mit ital. Übersetzung und Kommentar): De Bartholomaeis, Poesie 1, 246–250 (dazu Brucker, Personnage 39; vgl. De Bartholomaeis 191 f., V: Kreuzzugsaufruf, um 1213); Folquet: De Bartholomaeis 2, 3–7, außerdem 41 f. (V), 45 (IVf.), 87 f. (V–VIII), 90 (II) sowie schon 1, 237 (IV; Herbst 1220); zu den Autoren ebd. LXXXII–LXXXIV, LXXXIX, zur Situation im Herbst 1220 ebd. XLIV–XLVII, vgl. ders., Osservazioni 98 f., 101, 104, 107 f., 123, sowie Alvar, Aimeric 241.

Die größten Erwartungen aber setzte wohl Guilhem Figueira auf Friedrich, ein aus Toulouse stammender Liedermacher einfacher Herkunft. Schon gegen 1215 hatte er den jungen Herrscher seiner Begabung und seiner vielversprechenden Anfänge wegen gelobt und ihn zugleich an seine Kreuzzugspflicht erinnert. Als er viele Jahre später, wohl Anfang 1229, seinen lange aufgestauten Haß auf die römische Kirche und den Papst in einem leidenschaftlichen Sirventes offen bekannte und ihre Geldgier, Machtbesessenheit und Kriegslust mit heftigen Worten geißelte, da führte er unter den traurigen Beweisen für die kirchliche Verworfenheit auch Gregors IX. Versuch an, Friedrich seiner Herrschaftsrechte zu berauben und ihm sein sizilisches Königreich überdies mit Waffengewalt wegzunehmen. Die Kirche, so prophezeite er damals voller Zuversicht, werde freilich ihrer verdienten Bestrafung durch den Kaiser nicht entgehen. Von dieser Hoffnung erfüllt, verließ er kurz darauf, nach dem Friedensschluß Graf Raimunds VII. mit der französischen Krone, seine Heimatstadt, um fortan in Italien sein Glück zu suchen. Ganz folgerichtig verteidigte er nun auch das kaiserliche Verhalten gegenüber der Lombardenliga als in jeder Hinsicht angemessen und gerechtfertigt und befürwortete schon vorweg die Anwendung von Gewalt, wenn die Verstocktheit der Städte dem Monarchen am Ende keine andere Wahl mehr lasse.

Erst im März 1239, während Friedrichs vom Dichter vielleicht am Ort miterlebten Aufenthalt in Padua, geriet Guilhems Glaube an des Staufers Erfolg in eine tiefe Krise; ernste Zweifel erfaßten ihn jetzt, ob der Kaiser tatsächlich entschlossen sei, den Kampf gegen seine Feinde mit der erforderlichen Energie zu Ende zu führen. Enttäuscht, verbittert und von Zorn erfüllt, warf er seinem Helden vor, träge und faul die Gunst der Stunde zu verspielen, aus Feigheit den entscheidenden Schlagabtausch zu meiden. Ganz offensichtlich fürchtete er, um die Hoffnung seines Lebens betrogen zu werden. Möglicherweise machte ihm Friedrichs weiteres Vorgehen dann bald wieder Mut und inspirierte ihn sogar zu einer neuen Hymne auf des Herrschers Wissen, auf seine Tugenden und Erfolge – allzu viel Vertrauen können wir der Datierung des fraglichen Gedichts auf das Frühjahr 1240 allerdings leider nicht schenken. Einigermaßen sicher scheint hingegen immerhin, daß Guilhem um die Mitte der vierziger Jahre, bescheiden geworden und versöhnlich gestimmt, nichts anderes mehr als Frieden zwischen Papst und Kaiser ersehnte, damit ihr Streit nicht länger die Befreiung des Heiligen Landes behindere. Im übrigen ergriffen zwar die meisten, aber natürlich durchaus nicht alle Provenzalen die Partei Friedrichs.[40]

[40] Gedichttexte: De Bartholomaeis, Poesie 1, 210f. (V und VII), 2, 98–106, bes. 101 (XIII), 102f. (XIX), 2, 118f. (dazu Brucker, Personnage 39f.), 2, 142–146 (= Schultz-Gora, Sirventes 20–32, zu Autor, Datum und Inhalt ebd. 2–19, vgl.

Uc de Saint Circ beispielsweise, der seit 1220 in der Mark Treviso lebte und dort zu einem gewissen Reichtum kam, warb Anfang 1241, während der Staufer Faenza belagerte, dringend um Hilfe für die bedrängte Stadt gegen den grausamen und gottlosen Herrscher, der weder an das Paradies noch an das ewige Leben glaube und deshalb jedes Recht auf Machtausübung verloren habe.[41]

Obwohl uns die Quellen über Friedrichs Beziehung zur mittelhochdeutschen Dichtung ganz im Dunkeln lassen, ist es eigentlich kaum denkbar, daß er während seines langen ersten Deutschlandaufenthaltes mit den einheimischen Poeten und ihrem Werk überhaupt nicht in Berührung gekommen sein sollte. Konrad von Winterstetten oder Heinrich von Neuffen, die dann seinen Sohn Heinrich erzogen und für die Dichtkunst gewannen, gehörten ja bereits zu seinen eigenen engen Vertrauten. Sie und andere Kenner in seiner Umgebung werden ihn doch wohl auf die ihnen so am Herzen liegende zeitgenössische Literatur in deutscher Sprache aufmerksam gemacht, ihm von ihrer Entwicklung und Eigenart berichtet, ihre wichtigsten Vertreter vorgestellt haben. Die großzügige Hilfe, die er damals Walther von der Vogelweide gewährte, bleibt zwar der einzige konkrete Hinweis auf einschlägige Interessen und Kontakte von seiner Seite; seine Geste stützt aber immerhin die Vermutung, daß es dergleichen tatsächlich gab. Walther beobachtete Friedrichs künftiges Regiment im übrigen aufmerksam, mit Wohlwollen und Zustimmung. Er ergriff insbesondere während des Kreuzzuges engagiert Partei für ihn, und in einem kleinen, freilich nicht leicht zu deutenden Gedicht, Walthers Dank für eine ihm vom Herrscher zugesandte *kerze*, darf man mit aller Vorsicht zumindest einen Anhaltspunkt dafür sehen, daß es zwischen dem Kaiser und dem Dichter während der zwanziger Jahre noch immer direkte Verbindungen gab.[42]

Ob Friedrich von dem Spruchdichter Freidank, einem Kreuzzugsteilnehmer, wie wir wissen, und eifrigen Künder der kaiserlichen Taten im Heiligen Land, je etwas erfuhr, sei dahingestellt. Im Falle Reinmars von

---

Brucker 35–38), 2, 147–152 (zur problematischen Datierung und zum denkbaren Aufenthalt Figueiras in Foggia im April 1240 ebd. 147 Anm., vgl. jedoch Schultz-Gora 36, Brucker 41); zum Autor De Bartholomaeis LV–LXI, XCIf., vgl. ders., Osservazioni 100, 108 f., 110–116, 118 f. (Kreuzzugslied um 1245, vgl. Schultz-Gora 18), Dronke, Poesia 53–55.

[41] Text: De Bartholomaeis, Poesie 2, 153–157, vgl. ebd. LIX, XCVIII, ders., Osservazioni 116 f., Brucker, Personnage 34 f., zum Autor auch Guida, Uc 1170f.

[42] Walther, L 84, 30–37, ed. Schweikle 1, 210, vgl. ebd. 437 f.; vgl. oben S. 306 mit Anm. 83 (Konrad von Winterstetten, Heinrich von Neuffen), S. 278 mit Anm. 32 (Walther und der Kreuzzug), Bd. 1, S. 157 (Friedrichs Hilfe).

Zweter dagegen können wir dies wohl annehmen. Reinmar prangerte seit Ende der zwanziger Jahre, an Walther anknüpfend, Mißstände in der Kirche an; er verwies auf die Unabhängigkeit der weltlichen von der geistlichen Gewalt und tadelte die päpstlichen Übergriffe. Vermutlich während Friedrichs zweitem Deutschlandaufenthalt rühmte er dann in einer panegyrischen Strophe überschwenglich, aber auch etwas schematisch die Tugenden des Staufers, seine Verläßlichkeit und seinen christlichen Glauben, seine Friedensliebe und Achtung des Rechts. Andere Gedichte priesen des Kaisers Übermacht und Allgegenwart, seine Sorge um das Gerichtswesen, seine Verdienste um die Verhältnisse im Reich – vielleicht trat er bei Gelegenheit tatsächlich selbst vor ihm auf. Später allerdings, vermutlich nach 1239, wandte er sich von Friedrich ab, bat Gott um Hilfe gegen ihn und forderte die Fürsten zur Neuwahl auf. Des Herrschers wohlwollende Aufmerksamkeit fanden schließlich möglicherweise Bruder Wernher und der Hardegger mit ihren stauferfreundlichen Arbeiten, Wernher beispielsweise mit seiner optimistischen Äußerung über die von Friedrich nach sizilischem Vorbild zu erwartende Reform der deutschen Rechtsordnung oder mit seiner Warnung vor fürstlichem Hinterhalt, Hardegger mit seiner Werbung für die Königswahl Konrads IV. und der entschiedenen nachträglichen Verteidigung seiner Position gegen seine Kritiker.[43]

So gab es offensichtlich eine ganze Reihe von Berührungspunkten zwischen Friedrich und den Repräsentanten der mittelhochdeutschen Dichtung und Anlaß genug für den Staufer, deren Werk auch über ihr Herrscherlob und ihre Herrscherkritik hinaus zur Kenntnis zu nehmen. Er könnte aus solcher Beschäftigung durchaus Anregungen für den Dichterkreis an seinem sizilischen Hof und dessen Bemühungen um das *volgare* gewonnen haben. Gelegenheit, die mittelhochdeutsche Poesie Interessierten aus dem Regnum eingehender vorzustellen, bot sich zudem immer wieder auf den Hoftagen in Oberitalien, besonders reichlich etwa während des langen kaiserlichen Aufenthaltes in Ravenna und im deutsch-italienischen Grenzgebiet am Jahreswechsel 1231/32. In der Tat weisen denn auch

---

[43] Zu Freidank siehe oben S. 139 mit Anm. 112, S. 157f. mit Anm. 144f., S. 278 mit Anm. 32. Reinmar 125–132, ed. Müller, Lyrik 2–4 (Kirchen-, Papstkritik); 136 (Preisgedicht), 137f., 140f. (Herrscherlob), ebd. 5f.; 143, 146f., 169, ebd. 7–9 (Kampf gegen Friedrich), siehe dazu Müller, Untersuchungen 59–76, zu Nr. 136 auch Schulze, Vorstellung 214–218, vgl. 209–211, Thurnher, König Heinrich 539f., sowie Schupp, Reinmar 670f. Wernher 10 und 35, ed. Müller, Lyrik 35f., 39f., vgl. 2 und 63, ebd. 37f. (Verteidigung von Friedrichs Kreuzzug); Hardegger I 9f., ed. Müller, Lyrik 41; dazu Müller, Untersuchungen 86–89, 91–93, 95f., 100, 103; zum Ganzen ebd. 344f., Bumke, Mäzene 249, Schmidt-Wiegandt, Fortuna 196f., 204, vgl. oben S. 209 mit Anm. 93, S. 306f. mit Anm. 83.

einige metrische Eigentümlichkeiten der Sizilianischen Dichterschule, manche von ihr bevorzugten Reimschemata oder eine spezielle Binnengliederung der einzelnen Zeilen anscheinend recht eindeutig auf das Muster der Minnesänger.[44]

Einen beachtlichen Einfluß auf die Poeten um Friedrich übte gewiß die altfranzösische Literatur aus. Die entscheidenden Impulse empfing die Gruppe jedoch zweifellos vom Schaffen der provenzalischen Troubadours. Sie übersetzte und bearbeitete deren Werke, gewann aus ihnen ihre Themen, ließ sich durch sie in ihrer Stoffwahl und in ihrem Wortschatz bestimmen; sie eignete sich nicht wenige ihrer formalen und strukturellen Besonderheiten an, übernahm von ihnen insbesondere die Kanzone. Trotzdem fand sie, angespornt von dem überlegenen und bewunderten Vorbild, zu einem eigenen Profil. Ihre größte und am nachhaltigsten in die Zukunft wirkende Leistung im Formalen bestand in der Erfindung des Sonetts, die, ohne daß es dafür Beweise gäbe, immer wieder dem kaiserlichen Kanzleinotar Jakob von Lentini (südlich Catanias) zugeschrieben wird. Der *magister Iacobus* begegnet uns erstmals im Dezember 1232 als *domini imperatoris notarius*; er stand noch 1240 im Dienst Friedrichs und kann in der Tat als der schaffensfreudigste unter den Dichtern am Hofe und wohl geradezu als der Initiator und führende Kopf in ihrer Gemeinschaft gelten – Dante jedenfalls hat ihn, den *notaro*, als solchen betrachtet (Purgatorio 24, 55–57).[45]

Zu den besonders gelungenen Gedichten Jakobs darf man vielleicht seine Kanzone „Dolce cominciamento" (Süßes Beginnen) zählen, ebenso sein Sonett „Lo viso" (Das Antlitz) oder sein Klagelied „S'io doglio" über die Ferne der Geliebten.[46] Diese Stücke weisen inhaltlich wie die Arbeiten

---

[44] Siehe Brunetti, Giacomino, mit dem Hinweis auf ein um 1234/35 in die Hs. Zürich, Zentralbibl., C 88 eingetragenes Gedichtfragment des Giacomino Pugliese als konkretem Anhalt für deutsch-italienische Kontakte (ebd. weitere Literatur; Giacominos Gedichte: Panvini, Rime 1, 179–195, Nr. 1–7); vgl. Antonelli, Corte 339–342, ders., Scuola 317, Dronke, Poesia 58–61 (zum denkbaren Einfluß der Gedichte Heinrichs VI. auf jene Friedrichs auch Schulze, Friedrich 376–385), Schweikle, Stauferhof 248f. mit Anm. 19.

[45] Jakob von Lentini: Kamp, Kirche 1, 1133 Anm. 163 (Dez. 1232), MGH Const. 2, 551, Nr. 420 (März 1233), HB 4, 438 (Juni 1233), HB 5, 880, 937f. (3./29. 4. 1240), vgl. Schaller, Kanzlei 1, 266f., Nr. 27, dazu RI V 4, 209f. (zu BF. 2020, 2029f.); Druck seiner Gedichte: Panvini, Rime 1, 1–57, 642, 644, Nr. 1bd, 648, Nr. 3c (vgl. Willemsen, Dichterkreis 116–123, 130f.). Dazu und zur Dichterschule allgemein: Antonelli, Corte 319–345, ders., Scuola 309–318, Bruni, Dichterschule 1946–1948, ders., Cultura 226–264, Baehr, Dichterschule 93–107.

[46] Texte: Panvini, Rime 1, 33–35, Nr. 12 (deutsche Übersetzung: Willemsen, Dichterkreis 116–119), 1, 50, Nr. 22 (Willemsen 122f.), 1, 32f., Nr. 11. Vgl. zu Jakobs

Jakobs fast durchweg jene Eigentümlichkeit auf, die die *volgare*-Dichtung aus Friedrichs Umkreis überhaupt charakterisiert, nämlich die Beschränkung und Konzentration auf das Thema der Liebe. Warum die Tradition der Sirventes und der Spruchdichtung dort so gut wie keine Resonanz fand, was die sizilianisch-apulischen Künstler an der Stellungnahme zur politischen Entwicklung, an der Formulierung allgemeiner Ratschläge, Lebensweisheiten oder Morallehren hinderte, läßt sich schwer sagen. Unter Umständen wollten sie diese gewichtigen Bereiche bewußt der gehobenen lateinischen Sprache vorbehalten. Ihrem zentralen Gegenstand aber wandten sie sich mit Begeisterung zu, mit viel Phantasie bei der formalen Gestaltung, mit Einfallsreichtum beim Aufspüren neuer inhaltlicher Aspekte und Facetten, beim Schildern der unterschiedlichen Stimmungen und Gefühle, die sie bei Liebenden beobachteten oder womöglich selbst als Liebende kannten. Etwas anders als die provenzalischen Autoren, an die sie anknüpften, berührten sie den konkreten gesellschaftlichen Rahmen des Geschehens eher selten. Ihr Augenmerk richtete sich vorzüglich auf das persönliche Erleben und Empfinden, sie konzentrierten sich auf die Darstellung allgemein menschlicher Erfahrungen. Nicht alle entgingen freilich der mit dieser Beschränkung verbundenen Gefahr, in einen allzu gelehrten und abstrakten oder gar gekünstelten Ton zu verfallen.

Wie Jakob kamen auch andere volkssprachliche Poeten aus der juristisch gebildeten bürgerlichen Oberschicht des Regnums. So erscheint etwa Guido delle Colonne, der aus Messina, also gleichfalls von der Insel Sizilien stammte und in seiner Heimatstadt als Richter wirkte, in den Handschriften als der Verfasser dreier *volgare*-Gedichte. Eine nicht geringe Rolle mochte dabei spielen, daß das Beispiel des Petrus de Vinea wahrscheinlich gerade die hohe sizilische Beamtenschaft bürgerlicher Herkunft besonders beeindruckte und zur Nachahmung reizte. Selbst dieser mächtige Mann und hochgewandte Beherrscher der lateinischen Prosa ließ es sich nämlich nicht nehmen, seine stilistische Meisterschaft auch an dem bei Hofe gepflegten *volgare* unter Beweis zu stellen: Wenigstens drei Liebeslieder gehen einigermaßen sicher auf ihn zurück, bei einer Reihe weiterer Zuschreibungen bleiben freilich Zweifel an seiner Autorschaft.[47]

Die Freude am dichterischen Schaffen in der sizilischen Volkssprache führte in Friedrichs Poetenkreis Liebhaber bürgerlichen Standes durchaus

---

Schaffen: Antonelli, Corte 330–336, ders., Scuola 314f., 318, Bruni, Cultura 232f., 238, 244–252, 256–261.

[47] Guido: Texte bei Panvini, Rime 1, 75–82, Nr. 1–3 (vgl. Willemsen, Dichterkreis 124–127); zum Autor: Bruni, Colonne 59f. Petrus: Texte bei Panvini 1, 127–130, Nr. 1–2, 1, 647, Nr. 3b, vgl. die unsicheren Stücke 1, 412–419, Nr. 6–8, 1, 426f., Nr. 13, 1, 446–448, Nr. 22 (vgl. Willemsen 104–115).

mit solchen von adliger Geburt zusammen, der Adel bildete unter den ungefähr zwanzig bis fünfundzwanzig Beteiligten sogar deutlich die Mehrheit. Erinnert sei hier nur an den kalabrischen Adligen Roger de Amicis, den der Kaiser im Mai 1240 in das hohe Amt des Kapitäns und Oberjustitiars für die südliche Hälfte des Regnums berief, oder an Rainald von Aquino, den Bruder des berühmten Theologen Thomas aus dem einflußreichen kampanischen Adelshaus, der am Hofe seines kaiserlichen Herrn bereits als Valet und Falkner gedient hatte. Rainalds Begabung zeigt sich wohl noch heute am schönsten in seinem originellen, tief berührenden Kreuzlied. Er gibt dort einer Frau das Wort, deren Geliebter ins Heilige Land aufbrach und für die nun über ihrem Trennungsschmerz all das, was ihr vordem groß und wichtig schien: Gott, das Kreuz, des Kaisers Friedenswerk, ihre eigene Liebe, wertlos wird, schlimmer noch: zum Grund für Leid und Verzweiflung. Vom künstlerischen Wert des die gewohnten Muster eigenwillig verkehrenden Gedichts einmal abgesehen, legt seine Thematik im übrigen die Vermutung nahe, die Arbeit der sizilianischen Dichter habe bereits während des Kaisers Kreuzfahrt, jedenfalls vor 1230 begonnen.[48]

Dauer und festen Halt gewann das Bemühen um die *volgare*-Dichtung am Kaiserhof natürlich durch den Umstand, daß sich der Herrscher selbst und unter seinen Söhnen vielleicht Friedrich von Antiochia, ganz gewiß jedoch Enzio für das Unternehmen engagierten und seinen Fortgang sogar mit eigenen Beiträgen förderten. Leider sind wir über Friedrichs persönlichen Anteil nicht so zuverlässig unterrichtet, wie wir dies wünschten. Einigermaßen sicher gehören ihm ein Sonett, das etwas farblos die Vorzüge der Weisheit vor dem Reichtum verkündet, und zwei Liebesgedichte, das eine ein eher konventionelles Loblied auf die geliebte Dame, das andere inhaltlich ansprechender und eigenwillig-reizvoll in seiner äußeren Form. Drei andere Stücke weist die handschriftliche Überlieferung, allerdings nicht durchweg völlig eindeutig, einem *Rex Federigo* zu, sie könnten demnach von Friedrich, doch ebensogut von seinem gleichnamigen Sohn stammen. Daß wir derart im Dunkeln tappen, müssen wir in diesem Fall besonders bedauern, da die fraglichen Texte, die Trennungsklagen „Oi lasso!" (Weh mir!), „Per la fera membranza" (Im heftigen Gedenken) und „Dolze meo trudo" (Mein süßer Geliebter), ein ungemein wirkungsvoller Wech-

---

[48] Roger: Panvini, Rime 1, 61–63, zum Autor siehe unten S. 495. Rainald als Valet: HB 5, 747f. (11. 2. 1240), Bruder von Thomas: Ptolomaeus von Lucca, Historia ecclesiastica XXII 20, ed. Muratori RIS 11 (Mailand 1727) 1151f., vgl. Kantorowicz, Friedrich. Ergänzungsband 279, Nr. 25; seine Gedichte: Panvini 1, 95–118, Nr. 1–11 (vgl. Willemsen, Dichterkreis 54–69), das Kreuzlied: 1, 105–109, Nr. 5 (Willemsen 62–65), dazu Antonelli, Corte 342–344, Bruni, Cultura 234f.

selgesang zweier getrennter Liebender, durchaus zu den wohlgelungenen und beeindruckenden Schöpfungen der Sizilianischen Dichterschule gehören.[49] Die Förderung der volkssprachlichen Dichter am sizilischen Hof durch den Kaiser selbst und sein offenes Bekenntnis zu ihren Bemühungen und Zielen durch seine aktive Teilhabe an der künstlerischen Produktion sicherten den damals entstandenen Werken Anerkennung und Einfluß weit über seine Zeit hinaus. Zwar verlagerte sich nach dem Tod Manfreds und Enzios (1272) der Schwerpunkt des dichterischen Schaffens in italienischer Sprache vom Süden in die Toskana. Die Späteren knüpften indes an die Leistung ihrer Vorgänger aus Friedrichs Umkreis an, und sie taten sich damit um so leichter, als sie deren Arbeiten vorwiegend aus Handschriften toskanischer Herkunft kennenlernten, die die ursprünglichen Texte bereits etwas der toskanischen Mundart angeglichen hatten. Dies gilt auch noch für Dante und erklärt zu einem Teil vielleicht seine hohe Meinung von der sizilianischen Dichtung. In einer berühmten Passage schildert er, wie es der überlegenen Bildung und Einsicht Kaiser Friedrichs und seinem ihm nacheifernden Sohn Manfred gelungen sei, die bedeutendsten Männer ihrer Epoche an ihren sizilischen Hof zu ziehen, so daß damals alle wichtigen intellektuellen Leistungen Italiens dort entstanden und darunter nicht zuletzt die ersten großen volkssprachlichen Dichtungen des Landes. Mit vollem Recht, so folgert er, müsse das *volgare* deshalb in alle Zukunft nach seinem Ursprung den Namen „sizilianisch" tragen. Zwar drang Dante mit diesem Vorschlag nicht durch, doch der Rang und Ruf der Sizilianischen Dichterschule als der Begründerin der italienischsprachigen Literatur stand nach seinem Urteil unverrückbar fest.[50]

---

[49] Friedrichs Gedichte: Panvini, Rime 1, 157–162, Nr. 1–3; Zuschreibungen an *Re/Rex Federigo*: ebd. 1, 423–426, Nr. 11 f., 1, 451 f., Nr. 24 (vgl. Willemsen, Dichterkreis 28–35, 50–53); positiv zur Autorschaft Friedrichs: Dronke, Poesia 59–61, vgl. Baehr, Dichterschule 104–106, ablehnend Schulze, Friedrich 381–384, der für Friedrich statt dessen die anonym tradierte Kanzone „Donna, lo fino amore" (Panvini 1, 497–499, Nr. 16, vgl. Willemsen 36–39) beansprucht, 376–381, 384. – Enzio: Panvini 1, 215–221, Nr. 1–2, unsicher 456 f., Nr. 30 (Willemsen 40–49), vgl. seine testamentarische Verfügung über seine Romanzenhefte, RI V, Nr. 14576 (6. 3. 1272).

[50] Dante, De vulgari eloquentia I 12, 2–4, ed. Mengaldo 98–102. – Zwischen 1231 und 1250, aber allem nach fern vom Hof entstand der stark durch das umgangssprachliche Sizilianisch geprägte und einem sonst unbekannten Dichter Cielo d'Alcamo zugeschriebene Contrasto, ein in 32 Strophen gefaßtes Zwiegespräch zwischen einem Spielmann und dem von ihm umworbenen Mädchen, Text: Panvini, Rime 1, 169–176; dazu Bruni, Cultura 264–267, Leissing-Giorgetti, Cielo 2083.

Die Rolle der Medizin und die Neuordnung der Ärzteausbildung in Salerno

Wissenschaftliche und besonders naturwissenschaftliche Fragen stießen bereits bei Friedrichs Großvater Roger II., dem großzügigen Förderer des arabischen Gelehrten al-Idrīsī, auf reges Interesse. Welche Rolle die Beschäftigung mit ihnen dann bei der Erziehung seines staufischen Enkels während der wirren Jahre bis zu dessen Regierungsübernahme spielte, wissen wir leider nicht.[51] Daß man bei dem jungen König aber früh eine gewisse Vorliebe für naturwissenschaftliche Themen voraussetzte, dafür scheint es immerhin einen Anhaltspunkt zu geben: Der Salernitaner Lehrer und Poet Petrus von Eboli nämlich, uns bereits als Verfasser eines Preisgedichts für Kaiser Heinrich VI. bekannt, widmete sein letztes Werk über die Bäder von Pozzuoli bei Neapel, deutet man seine Schlußzeilen recht, offenbar Friedrich II. Er rühmt den Staufer dort nicht nur als *sol mundi*, als Sonne des Erdkreises, sondern spricht auch davon, daß Friedrich bereits einen Sohn besitze, von dessen Taten er, Peter, dank der erwarteten herrscherlichen Belohnung einst zu künden hoffe. Peter schrieb also nach der Geburt Heinrichs, er könnte sein Buch demnach etwa Anfang 1212 während Friedrichs Aufenthalt in Gaeta überreicht haben. Vor allem aber glaubte er, der besonderen Aufgeschlossenheit dieses Herrschers gerade für seinen Gegenstand gewiß sein zu dürfen. Sein Bändchen schildert ausführlich die erquickende, Krankheiten vertreibende und die Gesundheit stärkende Wirkung der Heilquellen des damals wieder hochangesehenen Badeortes. In fünfunddreißig kurzen Gedichten preist der Autor die speziellen Qualitäten der einzelnen Quellen, Bilder begleiten seinen Text und führen die dort behandelten Badeanlagen, Anwendungen und Heilerfolge jeweils noch zusätzlich eindrucksvoll vor Augen.

Bekanntlich suchte der Kaiser im Herbst 1227 in der Tat in Pozzuoli Genesung von jener Krankheit, die ihn kurz zuvor zum Abbruch seiner Kreuzfahrt gezwungen hatte. Doch braucht seine Wahl natürlich nicht unbedingt mit der Werbeschrift des Petrus zusammenzuhängen, und wir wissen auch nicht, ob er sie während seines Erholungsaufenthaltes etwa zur Hand hatte und konsultierte. Andererseits fand der kleine Badeführer nicht nur im ganzen Spätmittelalter reiche Verbreitung, sondern stieß auf Beachtung und genoß Wertschätzung offenbar durchaus bereits am Stauferhof, für den er ursprünglich gedacht war. Die älteste und vielleicht schönste der von ihm erhaltenen Kopien nämlich stammt aus der Zeit König Man-

---

[51] Vgl. dazu oben Bd. 1, S. 27–29 (Roger II.) sowie S. 105–113 (die Erziehung Friedrichs).

freds, mehr noch: Sie gehört zu einer Gruppe von Codices, die teilweise wie sie selbst von einem Schreiber Johensis geschaffen und vermutlich unmittelbar für Manfred gefertigt wurden. Manche späteren Abschriften des Pozzuoli-Führers könnten im übrigen, da in ihnen eine an Friedrichs Brückentor von Capua erinnernde Sonderform des Dedikationsbildes auftaucht, unter Umständen sogar auf ein um 1240 am Hofe Friedrichs angelegtes Exemplar zurückgehen.[52]

In die Zeit vor Friedrichs krankheitsbedingtem Abbruch des Kreuzzuges gehört vermutlich jene Aufstellung ärztlicher Verhaltensregeln für Kreuzfahrer, die der Kantor Adam von Cremona, vielleicht ein Kanoniker an der Cremoneser Kathedrale, dem Kaiser übersandte, „dem höchst ruhmreichen und unbesiegbaren Triumphator", wie er ihn nennt. Seine vielseitigen Ratschläge basieren auf der damals vorherrschenden Qualitäten- und Säftelehre und betreffen vorwiegend praktische Probleme. Sie handeln vom Essen und Trinken, vom Marschieren und Lagern unter den besonderen Bedingungen des Kreuzzuges, empfehlen Mittel zur Bekämpfung von Schlangen, Wanzen oder Flöhen ebenso wie heilende Maßnahmen bei Erschöpfungszuständen, wunden Füßen oder Seekrankheit und schildern den Nutzen von Bädern, Aderlaß und körperlichen Übungen. Mag man in Friedrichs Umgebung daraus für das im Sommer 1228 endgültig beginnende Unternehmen auch nichts grundsätzlich Neues erfahren haben, so faßte der Traktat doch immerhin – und darin lag zweifellos sein Wert – das damals zu Gebote stehende einschlägige Wissen knapp und übersichtlich zusammen. Zugleich aber zeigt er, daß die Zeitgenossen des Kaisers auch außerhalb seines sizilischen Königreiches mit seinem Verständnis für den Bereich der Gesundheitsfürsorge und Hygiene rechneten, seinen offenen Sinn für medizinische Fragen kannten.[53]

---

[52] Zu Petrus' Schrift Nomina et virtutes balneorum seu De Balneis Puteolorum et Baiarum, ihrer Datierung und Verbreitung siehe Kauffmann, Baths, bes. 1–13, 25–32 (zur ältesten Hs. Rom, Biblioteca Angelica, Ms. 1474), 45–49 (zum Widmungsbild), Daneu Lattanzi, Petrus 9–25 (in einem Anhang Faksimile-Ausgabe der Hs. Bibl. Angelica 1474), vgl. oben Bd. 1, S. 1 Anm. 1 und S. 46f., sowie Mütherich, Handschriften 15–17, Zeit der Staufer 1, 656f. (F. Mütherich – H. M. Schaller); zur Gruppe um die sog. Manfred-Bibel (Vatic. lat. 36), zu der die Hs. Bibl. Angelica 1474 gehört, siehe auch Corrie, Conradin Bible 17–32; Skepsis gegenüber einer allzu engen Verbindung der Gruppe mit Manfred äußert Willemsen, Handschriften 646f., unter anderem, weil die diese Verbindung nahelegende Widmung des Johensis für den *Princeps Mainfride* am Ende des Apokalypse-Textes der Manfred-Bibel (fol. 494v) auf Rasur steht. Zu Friedrichs Aufenthalt in Pozzuoli siehe oben S. 132 mit Anm. 96.

[53] Edition von Adams Schrift De regimine iter agentium vel perigrinantium (nach dem Cod. Marburg, Universitätsbibl. Ms. 9b, erste Hälfte des 14. Jhs., fol.

Die Rolle der Medizin

Hörten wir bisher nur Zeugnisse Außenstehender, so scheint uns eine reich ausgestattete Handschrift medizinischen Inhalts in den Umkreis des Herrschers selbst zu führen und unmittelbaren Einblick in die dort lebendigen Interessen zu gewähren: Heute in Wien verwahrt, entstand sie offenbar an Friedrichs Hof. Sie bietet eine Sammlung antiker Texte über die Bedeutung bestimmter Tiere, vor allem aber von Pflanzen und Kräutern für die Heilkunde. Farbenprächtige, dabei sehr wirklichkeitsgetreue Illustrationen (wohl ebenfalls nach einer antiken Vorlage) zeigen die besprochenen Pflanzen oder Tiere, die unterschiedlichen Formen ihrer Verwendung in der ärztlichen Praxis sowie die davon zu erhoffenden positiven Effekte; aus dem Aufwand und der Sorgfalt zu schließen, mit denen der Auftraggeber diesen Codex fertigen ließ, muß ihm sein Inhalt sehr wichtig gewesen sein.[54]

Den sichersten und eindrücklichsten Beleg für die große Aufmerksamkeit, die der Kaiser der Medizin ganz allgemein entgegenbrachte, wie insbesondere für die Bedeutung, die er dem beruflichen Niveau der in seinem Königreich tätigen Mediziner und ihrer Ausbildung beimaß, liefert aber zweifellos seine diesbezügliche Gesetzgebung. Bereits sein Großvater Roger II. hatte in einer der zu Ariano 1140 veröffentlichten Assisen die Ausübung des Arztberufes von einem Examen vor königlichen Beamten abhängig gemacht, Zuwiderhandelnde mit Kerkerhaft und Güterkonfiskation bedroht und seine harte Vorschrift ausdrücklich mit der schweren Gefahr begründet, die schlecht ausgebildete Ärzte für seine Untertanen darstellten.

Der Enkel nahm diese Bestimmung 1231 wörtlich in sein Konstitutionencorpus von Melfi auf[55] und fügte ihr eine Reihe ergänzender Regelungen an, nicht ohne auch seinerseits zunächst vor den irreparablen Schäden zu warnen, die unfähige Ärzte anrichteten.

Um die notwendige berufliche Qualifikation der Ärzteschaft zu gewährleisten, schrieb er vor, künftig habe der am Hof von einem Vertreter des

---

107v–131): Hönger, Verhaltungsmaßregeln 1–96 (Widmung für Friedrich und Titelangabe im Prolog, ebd. 7), siehe dazu ebd. VII–XII sowie Zeit der Staufer 1, 651 (F. Mütherich – H. M. Schaller), vgl. Haskins, Studies 250, 257; den starken Einfluß von Avicennas Canon auf Adam, der ihn teilweise wörtlich zitiert, hebt McVaugh, Knowledge 12f., hervor, vgl. schon Powell, Influences 89.

[54] Österreichische Nationalbibliothek, Ms. 93; Faksimile-Ausgabe: Talbot-Unterkircher, Libri quattuor, mit Kommentarband (zu Herkunft und Datierung bes. 52f.), vgl. Mütherich, Handschriften 17, sowie dies. in: Zeit der Staufer 1, 651f.

[55] Konst. III 44, ed. Stürner 411f. mit weiteren Hinweisen und Literaturangaben; Text der Assise Rogers: Zecchino, Assise. Testo 58, Nr. 35 (überliefert im Cod. Vatic. lat. 8782).

Königs auszusprechenden Zulassung als Arzt in Salerno eine öffentliche Prüfung der wissenschaftlichen Kenntnisse des Kandidaten durch die dort wirkenden Medizinprofessoren voranzugehen; über deren Ergebnis sei von diesen Professoren sowie königlichen Beamten ein Zeugnis auszustellen. Ganz entsprechend sollte den angehenden Medizinprofessoren selbst die Lehrbefugnis ebenfalls erst nach einem gründlichen Examen vor Kollegen und Beamten erteilt werden, die Lehre der Medizin und Chirurgie im übrigen allein in Salerno erlaubt sein. Vom Beruf des Arztes unterschieden Friedrichs Gesetze bereits deutlich und richtungsweisend für die Zukunft denjenigen des Apothekers: Die Herstellung und der Verkauf von Heilmitteln unterlagen nach seinem Willen der Kontrolle vereidigter und zuvor in Salerno geprüfter Aufsichtsbeamter; außerdem mußte jeder Apotheker durch einen Eid eigens geloben, daß er alle Arzneien gemäß den anerkannten Regeln und zum Nutzen der Patienten zubereiten werde.[56]

Damit nicht genug: Unter den Novellen, die im April 1240 ergingen, widmete der Kaiser eine besonders umfangreiche noch einmal dem Apotheker- und vor allem dem Ärztestand.[57] Die Apotheker verpflichtete er dort erneut dazu, vor ihrer Zulassung die ordnungsgemäße Arzneifertigung eidlich zu versprechen; darüber hinaus band er sie nun an einen, wenngleich sehr pauschal formulierten Arzneimitteltarif. Überdies erklärte er, Apotheken in Zukunft nur noch in einer bestimmten Zahl von Städten erlauben zu wollen. Die dazu angekündigten präzisen Ausführungsbestimmungen finden sich allerdings nirgends, und so wissen wir nicht, ob der Gesetzgeber dieses Vorhaben tatsächlich verwirklichte.

Den Ärzten verbot Friedrich jetzt ausdrücklich die gleichzeitige Führung einer Apotheke, den geschäftlichen Zusammenschluß mit einem Apotheker oder auch nur dessen Anstellung, wohl um durch die klare organisatorische Trennung der beiden Tätigkeiten eine Möglichkeit zum Patientenbetrug auszuschalten. Ganz in diesem Sinne erweiterte er die von jedem Arzt zu beschwörende Eidesformel um die Zusage, alle Apotheker anzuzeigen, die schlechte Heilmittel produzierten. Genau schrieb er den Ärzten seines Königreiches weiterhin vor, wie oft sie tagsüber und bei

---

[56] Siehe dazu Konst. III 45, ed. Stürner 412f., sowie Konst. III 47, 414f. jeweils mit weiterer Literatur; vgl. dazu das bei Iselius, Petrus 2, 195f. (Ep. VI 24 = RI V4, 77, Nr. 526) abgedruckte Formular einer königlichen Approbationsurkunde. – Die auf die griechische Version gestützten Zweifel von Morpurgo, Filosofia 12, vgl. ders., Idea 166f., an der Originalität des Wortes *Salerni* in Konst. III 45 sind angesichts der einhelligen lateinischen Überlieferung (einschließlich Richards von San Germano) völlig unbegründet; vgl. zum eingeschränkten Wert der griechischen Fassung Stürner, Konstitutionen 77–79.

[57] Konst. III 46, ed. Stürner 413f.

Die Rolle der Medizin

Nacht ihre Kranken zu besuchen hätten, genau auch die von der Länge des Wegs zum Krankenlager abhängige Höhe ihres Honorars. Unter Eid mußten sie zusichern, arme Patienten sogar völlig unentgeltlich zu behandeln.

Schließlich legte der Kaiser in seiner Novelle die berühmte Ausbildungsordnung für die in Salerno studierenden Mediziner nieder. Sie forderte als Voraussetzung für das Medizinstudium bindend ein dreijähriges Studium der *scientia logicalis*, also der Logik. Damit wurde sie durchaus der aktuellen wissenschaftlichen Situation gerecht. Im Laufe des 12. Jahrhunderts war nämlich das der Logik gewidmete Werk des Aristoteles, von dem das Abendland bis dahin nur einzelne Schriften gekannt und im Anfängerunterricht verwendet hatte, vollständig in lateinischer Sprache zugänglich geworden, und die Beschäftigung mit ihm beherrschte seitdem weitgehend das Grundstudium der Schulen. Sie sollte – für alle Fächer gleichermaßen bedeutsam – in die Problematik wissenschaftlicher Erkenntnis einführen und mit den Regeln und Schwierigkeiten ihrer sprachlichen Formulierung vertraut machen.[58]

Für das Medizinstudium selbst sah der kaiserliche Lehrplan eine Dauer von fünf Jahren vor. Während dieser Zeit mußten die Magister ihre Studenten anhand der Bücher Galens und des Hippokrates in medizinischer Theorie wie Praxis unterrichten. Examen und Approbation schlossen sich an; die frisch zugelassenen Ärzte waren freilich gehalten, zunächst noch ein Jahr lang unter der Aufsicht eines erfahrenen Kollegen zu praktizieren. Zwar gehörte zur Medizinerausbildung, wie die Konstitution eigens betont, auch der Erwerb chirurgischer Kenntnisse. Dennoch ging Friedrichs Studienordnung – ähnlich wie beim Apotheker – von der eigenständigen Berufstätigkeit des Chirurgen aus und verlangte dafür eine spezielle, wenigstens einjährige fachliche Unterweisung in Salerno mit besonders ausführlicher Behandlung der Anatomie des menschlichen Körpers.

In engem Zusammenhang mit Friedrichs Medizinalordnung steht das von verwandten Grundanschauungen und Absichten geprägte, bereits 1231 publizierte Gesetz über die Wahrung der Luftreinheit, das man gera-

---

[58] Siehe dazu Beckmann, Logik 2071–2075, Dod, Aristoteles 46, 48, 50, 69–72, De Rijk, Origins 161–173, Van Steenberghen, Philosophie 77, 123–127 (bes. zur Lage an der Universität Paris), 158f., 162, Grabmann, Bearbeitungen, bes. 51–55, außerdem Siraisi, Medizinische Fakultät 332f., 336. Morpurgo, Idea 188, weist darauf hin, daß schon Dominicus Gundissalinus das Logikstudium als Voraussetzung für das Medizinstudium betrachte; Dominicus bezeichnet in seiner Divisio philosophiae, ed. Baur, Dominicus 87, 22–88, 21, freilich nicht die von ihm unmittelbar zuvor (Baur 69–83) unter Einbeziehung sämtlicher einschlägiger aristotelischer Schriften beschriebene *Logica*, sondern die sieben klassischen *Artes liberales* einschließlich der Musik als Grundlage der Medizin.

dezu als ein erstes Umweltschutzgesetz bezeichnen kann. Es verbietet, in der Nähe von Siedlungen Flachs oder Hanf in Gewässern einzuweichen oder Tierkadaver liegenzulassen, und bestimmt eine Mindesttiefe für Gräber, um so die Verpestung der Luft zu verhindern und ihren ursprünglichen, der Gesundheit förderlichen Zustand zu erhalten. Ausdrücklich beruft sich der Gesetzgeber zur Begründung seiner Maßnahmen auf die eigene Erfahrung – vielleicht ein Indiz für das unmittelbare kaiserliche Engagement gerade bei diesem Thema.[59]

Man hat behauptet, Friedrichs Regelungen hätten die Schule von Salerno der lähmenden Kontrolle durch die königliche Verwaltung unterworfen mit katastrophalen Folgen für ihre weitere Entwicklung: Schon bald nach 1231 habe sie, unfähig geworden zur Aufnahme neuen Wissens, zur Entfaltung neuer Initiativen, ihre führende Stellung an andere Zentren, allen voran Montpellier, verloren; im übrigen habe der Kaiser für sich selbst bezeichnenderweise Ärzte bevorzugt, die nicht in Salerno ausgebildet worden seien.[60] Nun kennen wir Friedrichs Ärzte – Michael Scotus wird man kaum im strengen Sinne unter sie rechnen dürfen – gewiß nur zum Teil, und die Quellen verraten uns in der Regel wenig mehr als ihre Namen, so im Falle des 1211 belegten Jakob, des in einer Handschrift als Verfasser einer Rezeptsammlung erwähnten Magister Bene[61] oder jenes *medicus imperatoris* Volmar, in dessen Haus zu Melfi der Kölner Magister Heinrich im August 1232 Michael Scotus' Übersetzung von Avicennas „De Animalibus" aus dem kaiserlichen Exemplar abschrieb.[62] Theodor von Antiochia indessen lehrte immerhin unter Umständen in Salerno, und der einzige, von dem wir daneben Genaueres wissen, Johannes von Procida, der in

---

[59] Konst. III 48, ed. Stürner 416 mit weiterer Literatur; zum Einfluß der Passage über die Luftreinheit in Avicennas Canon siehe bes. Powell, Influences 89–91. Vgl. außerdem Konst. III 72, ed. Stürner 437; sie untersagt das Verunreinigen von Gewässern mit Stoffen, die ein Fischsterben verursachen oder den daraus trinkenden Menschen und Tieren Schaden zufügen könnten.

[60] So Abulafia, Herrscher 257, vgl. Tramontana, Monarchia 314f., Iacovelli, Ordinamenti 231, Porsia, Indirizzi 108, und schon Haskins, Studies 250 („Salerno ... found itself tied down by royal statute").

[61] *Maestro Bene medico dellomperadore Federigo*, Bibl. Apost. Vaticana, Ross. XI. 7, Hinweis bei Haskins, Studies 257 Anm. 81; die Glaubwürdigkeit der Zuschreibung muß einstweilen offenbleiben. Zu Friedrichs Leibarzt Jakob siehe oben Bd. 1, S. 136.

[62] Diese Details vermerkte Heinrich von Köln selbst am Schluß seiner Abschrift; der entsprechende Kolophon kehrt in den von seinem Text stammenden Kopien wieder, sein Wortlaut bei Bund, Untersuchungen 2, zu den Hss. ebd. 2–5, zur kaum wahrscheinlichen Identität mit dem Dichter Heinrich von Avranches ebd. 6–19, vgl. D'Alverny, L'explicit 34–42.

Die Rolle der Medizin 381

Friedrichs letzten Tagen zu seiner nächsten Umgebung gehörte und sein Testament als *domini imperatoris medicus* mit unterschrieb, der dann im Dienste Manfreds und Konradins stand und schließlich nach der Sizilischen Vesper von 1282 in hohem Alter als Großkanzler der ersten aragonesischen Könige Siziliens wirkte – er stammte aus Salerno und erhielt seine Ausbildung gewiß in seiner Heimatstadt.[63]

Was die Schule von Salerno anbelangt, so haben wir gleichfalls einen viel zu geringen Einblick in ihr inneres Leben und das Schaffen ihrer Lehrer während des 13. Jahrhunderts, um etwa einen abrupten Niedergang in den dreißiger Jahren konstatieren zu können.[64] Wahr ist wohl, daß die Qualität wie Quantität ihrer wissenschaftlichen Veröffentlichungen bereits bald nach 1200 nachzulassen begann – möglicherweise die Folge der bürgerkriegsartigen Unruhen während Friedrichs Kindheit. Doch auch vorher, in der Zeit ihrer Hochblüte, beherrschte sie das Feld der Medizin keineswegs uneingeschränkt. Auf dem Gebiet der Chirurgie beispielsweise trat damals kein Salernitaner Magister besonders hervor; hier gebührte vielmehr dem um 1180 in Parma tätigen Wundarzt Roger Frugardi, später seinem bis gegen 1240 in Bologna lehrenden Schüler Roland und der Bologneser Chirurgenschule mit Abstand die Führung. Andererseits setzten sich die Salernitaner Magister schon seit der Jahrhundertwende wie noch um die Mitte des 13. Jahrhunderts intensiv mit dem Werk Rogers und Rolands auseinander.[65] Genausowenig fehlt es an Arbeiten der Schule aus

---

[63] Friedrichs Testament (Zeugenliste): MGH Const. 2, 388, Nr. 274, vgl. RI V, Nr. 4698; zu Johannes siehe Menniti Ippolito, Procida 236, vgl. Kristeller, School 170f.; zu Theodor von Antiochia siehe unten S. 422–429. – Über Ärzte aus Salerno in päpstlichem Dienst während der ersten Hälfte des 13. Jhs. siehe Paravicini Bagliani, Medicina 15, 21, 83.

[64] Zur Schule von Salerno siehe Vitolo – Keil, Salerno 1297–1300, Vitolo, Scuole 13–30, ders, Origine 19–52, Morpurgo, Filosofia 37–72, Kristeller, School, bes. 169–179, Baader, Schule 127–138, vgl. Siraisi, Medizinische Fakultät 325f., außerdem Morpurgo, Idea 150f., der den Niedergang Salernos schon mit den Wirren zur Zeit Heinrichs VI. und Tankreds von Lecce in Verbindung bringt und zugleich mit dem sog. Nicolaus de Jamsilla (ed. Del Re 2, 106, Z. 35–47) auf Friedrichs Bemühungen um die Wiederbelebung der Wissenschaften in Süditalien verweist. Zum unbefriedigenden Stand unserer Kenntnisse über die Entwicklung der Medizin ganz allgemein gerade in der ersten Hälfte des 13. Jhs. vgl. McVaugh, Knowledge 3.

[65] Chirurgie des Roger, ed. Sudhoff, Beiträge 2, 148–236, Additiones des Roland: De Renzi, Collectio 2, 425–493; Chirurgie des Roland, zusammen mit der Salernitaner „Vier-Meister-Glosse": De Renzi, Collectio 2, 497–724; siehe dazu Keil, Roger (1995) 942, ders., Roger (1992) 140–152, Lauer-Keil, Roland 957f., zur Salernitaner „Ersten Glosse" und der „Vier-Meister-Glosse" auch Keil, Rogerglosse 945, ders., Gestaltwandel 477–482, vgl. 487, 492f., Löchel, Zahnmedizin 12–30, Pazzini, Rugge-

dieser Zeit zu anderen medizinischen Sachbereichen; in der zweiten Jahrhunderthälfte entstand möglicherweise hier der Kern jener großen Sammlung, die unter dem Titel „Regimen sanitatis Salernitanum", also „Salernitaner Leitfaden zur Gesunderhaltung", bekannt und weit verbreitet war und in einprägsamer, für Laien leicht faßlicher Versform dem damaligen medizinischen Wissen entsprechende praktische Verhaltensregeln bot.[66]

Wie bei Friedrichs Gesetzgebung insgesamt läßt sich auch im Falle seiner gesundheitspolitischen Bestimmungen nur schwer sagen, wie strikt sie angewandt wurden, wie stark sie die Wirklichkeit also tatsächlich prägten. Nachdenklich mag es immerhin stimmen, wenn Marinus von Caramanico, der Richter am königlichen Großhof Karls von Anjou und erste bedeutende Kommentator des kaiserlichen Konstitutionencorpus, in seinen zwischen 1270 und 1280 niedergeschriebenen Glossen vermerkt, die kaiserlichen Prüfungsbestimmungen für Ärzte würden schlecht befolgt und die von Friedrich vorgeschriebenen Kontrolleure der Apotheker habe er nirgends gesehen. Ähnlich negativ äußerte sich knapp vierzig Jahre später Andreas von Isernia, der vertraute Ratgeber der Könige Karl II. und Robert von Neapel.[67]

Doch gesetzt, der Kaiser habe während seiner Regierungszeit seinen Gesetzen energischer und erfolgreicher als seine Nachfolger aus dem Hause Anjou praktische Geltung verschafft[68]: War das Netz seiner Verfü-

---

ro, 23–82; zu der Salernitaner Chirurgie des Johannes Jamatus (um 1250) Sudhoff, Beiträge 2, 391–394, sowie Keil, Roger (1992) 146, Text: Chirurgia Jamati. Die Chirurgie des Jamerius (?), hrsg. von J. L. Pagel (Berlin 1909).

[66] Text: De Renzi, Collectio 1, 445–516; 5, 1–104; vgl. zum Werk und zu seiner Textgestalt Schmitt, Theorie 11 f., sowie Sudhoff, Regimen, bes. 158–168; zu Nikolaus von Aversa aus Salerno (um 1250): Lutz, Zusammenhänge 255 f., zu Gilbertus Anglicus († um 1250): Lauer, Gilbertus 1450, Talbot, Medicine 72 f.; siehe außerdem, auch allgemein zur Schule von Salerno im 13. Jh., Kristeller, School 169–171, 191, 193, Morpurgo, Filosofia 176 f., Vitolo, Scuole 27, Davico, Cultura 71–79.

[67] Marinus, Glosse zu Konst. III 44 (sowie III 45 und III 47), ed. Riessinger 73ra (*quod male servatur; quod nunquam vidi fieri*); vgl. Andreas von Isernia, Lectura zu Konst. III 46 (*Hec constitutio bona est et utilis, si servaretur*), ähnlich zu III 47 und zu III 48, ed. 1521, 199vb, 200rb, 200va; zu Marinus siehe Stürner, Konstitutionen 50–55, 58, zu Andreas ebd. 43 f., 55–57.

[68] Von Friedrichs Sorge um die Realisierung seiner gesundheitspolitischen Ziele kündet etwa das Mandat vom 5. 5. 1240 (HB 5, 975), wo er die Kapitäne und Oberjustitiare eigens daran erinnert, daß auch Ärzte und Chirurgen persönlich am Hof ihre Zulassung einzuholen hätten. Freilich ist uns eine entsprechende Konstitution bezüglich der Chirurgen nicht erhalten. Ebensowenig kennen wir die gesetzliche Grundlage jenes Mandats vom 27. 2. 1240 (HB 5,773), in dem Friedrich dem Justitiar von Ostsizilien Prüfungsmodalitäten für angehende Chirurgen nennt – auch in

Die Rolle der Medizin

gungen wirklich so eng geknüpft, daß jede Eigeninitiative der Salernitaner Schule darunter ersticken mußte? Weder Marinus noch Andreas werfen ihm dies vor oder deuten eine solche Konsequenz auch nur an, und der Wortlaut der Konstitutionen selbst spricht keineswegs dafür. Ganz im Gegenteil: Meist recht allgemein formuliert, enthalten sie vielfach bloß formale Rahmenrichtlinien. So schreiben sie zwar Prüfungen für die werdenden Ärzte beziehungsweise Medizinprofessoren vor, überlassen die Festlegung der inhaltlichen Anforderungen und die Einzelheiten der Durchführung aber den Fachleuten zu Salerno. Wenn sie diesen außerdem geradezu ein medizinisches Ausbildungsmonopol im Königreich sichern, zeigt sich darin das kaiserliche Vertrauen in die zu Salerno geleistete Arbeit vielleicht noch klarer – zu schweigen von dem Gewinn an Ansehen und Einfluß, den die Regelung den derart Privilegierten ohne Zweifel brachte.

Gewiß machte Friedrich einige konkrete Angaben zum Studiengang, nannte er sogar Hippokrates und Galen als Pflichtlektüre. Doch andere Universitäten hatten damals mit weit schwerwiegenderen Eingriffen von außen fertig zu werden. Man denke nur an das Verbot, „die naturphilosophischen Schriften des Aristoteles oder die Kommentare dazu in Paris öffentlich oder insgeheim zu lesen", das 1210 eine Pariser Synode aussprach, das der päpstliche Legat und Kardinal Robertus de Corson fünf Jahre später, um die aristotelische Metaphysik erweitert, wiederholte und das Papst Gregor IX. 1231 erneut einschärfte – immerhin sollte nun eine Kommission, die freilich allem nach nie zusammentrat, die verpönten Bücher prüfen.[69]

Weder um solch einschneidende Beschränkungen der Lehrfreiheit handelt es sich im Falle Friedrichs, noch um die Festlegung verbindlicher und detaillierter Ausbildungsvorschriften, wie sie Robertus 1215 für Paris formulierte, sondern ganz offenkundig lediglich um einzelne, eher beispielhaft gemeinte Hinweise auf zentrale Punkte innerhalb des längst Eingespielten und Üblichen. Schriften von Hippokrates und Galen nämlich bilden in der Tat den Hauptbestand jener später „Articella" genannten Sammlung einführender medizinischer Traktate, von der die Lehre in Salerno (wie danach in Bologna oder Paris) bereits seit dem 12. Jahrhundert

---

der wohl wenig später entstandenen Konst. III 46 findet sich nichts Entsprechendes. Vgl. Stürner, Konstitutionen 89f.

[69] 1210: Denifle, Chartularium 1, 70, Nr. 11; 1215: ebd. 78f., Nr. 20, zu Robert vgl. Maleczek, Papst 175–179; 1231: ebd. 138, Nr. 79, sowie 143f., Nr. 87; vgl. dazu Leff, Artes 289f., Dod, Aristoteles 71, Van Steenberghen, Philosophie 82–89, 109f., 120f., 132–134, ders., Problème 86–89, De Vaux, Première entrée 218, außerdem Verger, Grundlagen 61f., Nardi, Hochschulträger 87f., 90f.

ausging und deren Texte die Salernitaner Magister eben deshalb eifrig kommentierten. Desgleichen besaß die Anatomie, die Friedrich als Pflichtfach der Chirurgen nennt, in Salerno eine lange Tradition; eine Reihe grundlegender einschlägiger Lehrbücher, zunächst vorwiegend Abhandlungen auf der Basis von Tiersektionen, bezeugt die wichtige Stellung des Faches im dortigen Schulbetrieb.[70] Relativ zurückhaltend mit präzisen Vorschriften, ohne auf kleinliche Gängelung zu verfallen oder gar Neuerungen zu verbieten, suchte Friedrich mit der Abfassung seiner Studienordnung demnach, beraten möglicherweise von Mitgliedern der Salernitaner Schule selbst, das in Salerno erprobte und bewährte Vorgehen von staatlicher Seite aus zu bestätigen und in seinem Kern dauerhaft zu sichern.[71]

Nur für einige wenige Einzelbestimmungen aus Friedrichs gesundheitspolitischem Gesetzgebungswerk lassen sich Vorläufer erkennen, als Ganzes ist es wenigstens im abendländischen Europa neu und ohne Vorbild.[72] Zum ersten Mal verstand hier also ein Herrscher die Gesundheitsfürsorge in einem sehr weiten Sinne als einen Bereich, für den er Verantwortung trug und zuständig war, als eine staatliche Aufgabe sozusagen. Gewiß hängt dieses Ausgreifen zusammen mit der dem Staufer grundsätzlich eigenen, fürstliche Rechte wie Pflichten gleich unbedingt herausstel-

[70] Zur Articella siehe Baader, Articella 1069f., Schipperges, Assimilation 33f., Kristeller, Bartholomaeus 58–71, 75–80, ders., Neue Quellen 192–207; daneben spielten die großen, gleichfalls von Constantinus Africanus übersetzten medizinischen Kompendien wie der in Theorica und Practica aufgeteilte Liber pantegni eine wichtige Rolle im Salernitaner Unterricht, vgl. dazu Schipperges 34–43, außerdem Kristeller, School 151–159, zu Constantinus auch oben Bd. 1, S. 28. Einen Überblick über die Anatomielehrbücher Salernos gibt Zahlten, Medizinische Vorstellungen 63–67; zur Rolle der Logik siehe oben S. 379 mit Anm. 58.

[71] *Ponit ... et multa utilia de legendis libris ypocratis et galieni necnon de cyurgicis*, so urteilt denn auch noch Andreas von Isernia, Lectura zu Konst. III 46, ed. 1521, 199vb; vgl. zur Beurteilung Kristeller, School 171–175, Siraisi, Medieval Medicine 17–19.

[72] Siehe die Quellenuntersuchungen zu den einschlägigen Konstitutionen bei Dilcher, Gesetzgebung 681–693, 726f., außerdem Powell, Influences 78–81, 84–92, ebd. 84–86 der Hinweis auf die zur Zeit von Rogers II. Gesetzgebung (Konst. III 44) offenbar in Byzanz übliche Prüfung für Ärzte vor dem Leiter der dortigen Ärzteschaft; vgl. Iacovelli, Ordinamenti 229–233. – Morpurgo, Filosofia 15, erinnert an die bereits gegen 1220 von der Pariser Universität mit dem Gemeinwohl begründete Sorge um die Medizinerausbildung. Der einschlägige Text läßt sich jedoch nur unzulänglich aus einem Dokument von 1322 erschließen (Denifle, Chartularium 2.1, 255f. mit Anm. 1, Nr. 811), in jedem Fall aber handelt es sich hier um eine Maßnahme der Ausbildungsstätte, nicht der herrscherlichen, also staatlichen Gewalt wie bei Friedrich.

lenden Sicht vom Regentenamt. Aber es erklärt sich natürlich ebenso aus Friedrichs besonderer Aufgeschlossenheit für die Bedeutung naturwissenschaftlicher und medizinischer Erkenntnisse; sie veranlaßte ihn, gerade seine hier gewonnenen Einblicke und Erfahrungen in politisches Handeln umzusetzen. Er wollte damit nach seinen eigenen Worten dem Wohle seiner Untertanen dienen, und voll des Lobes hoben noch die großen Kommentatoren der Anjou-Zeit den Nutzen seiner Medizinalgesetze für die Menschen hervor.[73] Bereits sie bedauerten indes – wir hörten es[74] – die mangelhafte praktische Umsetzung in ihrer Gegenwart. Es scheint in der Tat, als ob auch die Regierenden außerhalb des Königreiches Sizilien Maßnahmen, die den neuartigen gesetzgeberischen Aktivitäten des Stauferkaisers entsprachen, nur sehr zögernd in Angriff genommen hätten. Zunächst sorgten offenbar große Städte in ähnlicher Weise für Gesundheit und Hygiene in ihren Mauern.[75] Auf Dauer jedoch setzte sich Friedrichs Anschauung, daß es sich dabei um einen zentralen Bereich öffentlicher Zuständigkeit handle, der staatlicher Regelung bedürfe und unterstehe, allgemein durch, und sie blieb bis heute selbstverständlich.[76]

Kaiserliche Wißbegier:
Die Kontakte zu Leonardo von Pisa und die Sizilianischen Fragen

Hatte Friedrichs Neigung zur Medizin auch weitreichende politische Konsequenzen, so beschäftigte ihn neben und zum Teil durchaus vor ihr doch noch eine ganze Reihe anderer naturwissenschaftlicher Disziplinen. Spätestens um die Mitte der zwanziger Jahre muß er auf das Werk Leonardo Fibonaccis (um 1170–nach 1240) aufmerksam geworden sein. Dieser

---

[73] *Hec constitutio sicut precedentes prospicit sanitati hominum*, Marinus, Glosse zu Konst. III 48, ed. Riessinger 73va; zu Andreas von Isernia siehe oben Anm. 67 und 71, vgl. noch ders., Lectura zu Konst. III 49, ed. 1521, 201r: *Mirabilis prudentie fuit Fredericus Imperator (si bene cum sancta Ecclesia Romana fuisset), discretissime ordinavit vitam subditorum.* Ähnlich positiv die moderne Bewertung bei Hübner, Staat 640–642, Dilcher, Gesetzgebung 681–691.
[74] Siehe oben S. 382 mit Anm. 67.
[75] Hinweis auf Parallelen in den Mitte des 13. Jahrhunderts entstandenen Statuten von Bologna und Parma bei Iacovelli, Ordinamenti 232, auf solche in den Statuten Mailands (14. Jahrhundert) bei Powell, Influences 92, vgl. Thorndike, Sanitation 194, außerdem Hein – Sappert, Medizinalordnung 76–96 (zu Montpellier, Arles, Marseille), 102–105 (Venedig, Basel, Breslau).
[76] Vgl. Hübner, Staat 642f., Iacovelli, Ordinamenti 230, Powell, Influences 92, Morpurgo, Federico 212, ders., Idea 188, daneben Hein – Sappert, Medizinalordnung 101.

Kaufmann aus Pisa hatte während seiner ausgedehnten Reisen nach Nordafrika und Syrien die indisch-arabischen Ziffern sowie die damit möglichen Rechenoperationen kennengelernt, sein mathematisches Wissen ständig weiter vervollkommnet und seit Anfang des 13. Jahrhunderts begonnen, die neue Rechenkunst und ihre Möglichkeiten in eigenen Abhandlungen vorzustellen. Dabei bemühte er sich, anhand zahlreicher Beispiele und Übungsaufgaben aus dem praktischen Leben, etwa des Kaufmanns, die Vorteile der von ihm vertretenen Methode und ihre vielseitigen Anwendungsformen deutlich zu machen, um ihr so in seiner Heimat zum Durchbruch zu verhelfen. Weil er zudem die Ansätze seiner Vorbilder teilweise durchaus selbständig weiterführte, kann er wohl als der erste große abendländische Mathematiker gelten.[77]

In unserem Zusammenhang verdient nun die Tatsache besondere Aufmerksamkeit, daß Leonardo allem nach beste Beziehungen zum kaiserlichen Hof und zu Friedrich persönlich unterhielt. So bat ihn, wohl 1228, Michael Scotus, der bekannte wissenschaftliche Berater des Kaisers, um ein Exemplar seines 1202 erschienenen ersten großen Werkes, des „Liber abaci". Er nahm diesen Wunsch zum Anlaß, sein Buch sorgfältig zu prüfen und die verbesserte Neufassung eben dem von ihm als *summus philosophus* gerühmten Michael zuzueignen.[78]

Vermutlich schon vorher, vielleicht noch im Jahre 1226, widmete er eine kleinere Schrift, den „Liber quadratorum", sogar dem Kaiser selbst. Zur Begründung verwies er einleitend auf das große Interesse Friedrichs an den Feinheiten mathematischer Fragen, das den Herrscher, wie er aus dessen Umgebung höre, unter anderem etwa zur Lektüre seines „Liber abaci" verlocke. Vor allem aber erinnerte sich Leonardo offenkundig noch immer gerne an die Audienz, die ihm der Kaiser in seinem Palast zu Pisa gewährt hatte. Das muß während Friedrichs erstem dortigen Aufenthalt im Juli 1226 gewesen sein, als er nach dem Abbruch der Verhandlungen mit den lombardischen Städten von Borgo San Donnino nach San Miniato eilte.[79]

---

[77] Leonardo gibt einen kurzen Lebensabriß im Vorwort zur Neufassung seines Liber abaci, ed. Boncompagni, Scritti 1, 1; siehe zu Leben und Werk außerdem Neuenschwander, Leonardo 1893f., Picutti, Libro 199–206, Vogel, Fibonacci 604–613, Haskins, Studies 248f., 275, sowie die auf einem Vergleich mit der mittelalterlichen arabischen Mathematik basierende, recht zurückhaltende Beurteilung Leonardos durch Rashed, Fibonacci 145–160.

[78] Edition der Neufassung: Boncompagni, Scritti 1, 1–459, die Widmung ebd. 1.

[79] Edition des Liber quadratorum: Boncompagni, Scritti 2, 253–283, die Einleitung mit Widmung ebd. 253. Die Incipit-Zeile der einzigen lateinischen Hs. Mailand, Bibl. Ambros., E. 75 P. sup., aus dem 15. Jh., datiert auf fol. 19r (wohl fehlerhaft) „Anni. MCCXXV" (Abbildung bei Picutti, Libro 197); der Cod. Siena, Bibl.

Leonardos Schilderung des Ereignisses enthält einige wertvolle zusätzliche Informationen. Magister Dominicus, dem bereits Leonardos zweites Hauptwerk, die „Practica Geometriae" von 1220, gewidmet war, führte den Mathematiker beim Kaiser ein; er besaß also zu diesem wie zu Leonardo Kontakte, ohne daß wir sonst etwas Genaueres über ihn erfahren würden. In Gegenwart des Kaisers, so erzählt unser Autor weiter, habe ihn der bei Hofe anwesende Magister Johannes von Palermo dann in eine lange Diskussion über mathematische Probleme verwickelt und ihm dabei eine Reihe schwieriger Fragen vorgelegt. Sie gaben nicht nur den Anstoß zur Abfassung seines „Liber quadratorum". Die Lösung einiger besonders kniffliger Fälle arbeitete Leonardo zudem sorgfältig schriftlich aus, um sie dem Kaiser offenbar gesondert zuzusenden, zusammen mit Antworten auf weitere mathematische Quaestionen, die inzwischen von kaiserlicher Seite an ihn gelangt waren.[80]

Bemerkenswert erscheint an dem Vorgang zunächst, daß sich Friedrich angesichts der Mißerfolge und Widrigkeiten der damaligen politischen Lage trotz seines Unmutes und seiner Enttäuschung darüber die Neugier und Offenheit für die Welt der Wissenschaft bewahrte, daß er Geduld und Muße fand, den berühmten Mathematiker Pisas nicht nur kurz kennenzulernen, sondern ausführlich anzuhören, und auch später mit ihm Verbindung hielt. Zum andern erweisen Art und Niveau der in seiner Anwesenheit erörterten Fragen, soweit Leonardo sie uns mitteilt, den Johannes von Palermo, der sie allem nach in erster Linie formulierte, als einen Mann, der

degl'Intronati, L. IV. 21, von 1463, setzt auf fol. 475r vor die italienische Übersetzung des Liber dessen lateinische Einleitung ohne Datum, Druck: Arrighi, Codice 399 (Text der auf dem Rand notierten italienischen Übersetzung bei Picutti 283); der Cod. Florenz, Palat. 557, von 1464 bringt die italienische Übersetzung ohne Einleitung; vgl. Picutti 195 f. (198 Datierung der Audienz auf 1220, des Liber auf 1224–1225), Arrighi 369–377. – Friedrich war vor 1226 nie und danach erst wieder Ende Dezember 1239 in Pisa (vgl. RI V, Nr. 2645–2681). Er brach frühestens am 16. Juli 1226 in Borgo S. Donnino auf (zur Datierung von RI V, Nr. 1663 siehe RI V 4, 198), kam Ende Juli in S. Miniato an (RI V, Nr. 1668 f.) und brauchte für den Weg dahin (ca. 240 km) etwa acht Reisetage, es blieben ihm also zwei bis drei Tage Zeit in Pisa. Zum Aufenthalt dort vgl. Annales Placentini Codagnelli, ad 1225, De colloquio 61, MGH SS rer. Germ. 23, 83, Annales Placentini Gibellini, ad 1226, MGH SS 18, 469, Tolosanus, c. 191, ed. Rossini 156; vgl. zum Geschehen oben S. 108–111.

[80] Edition der Practica Geometriae: Boncompagni, Scritti 2, 1–224, die Widmung für den *amice Dominice et reverende magister* ebd. 1; zu den Fragen des Johannes siehe Liber quadratorum, ed. Boncompagni, Scritti 2, 253, 271; den Brief an Friedrich mit Leonardos Lösungen (sowie einer weiteren Audienzschilderung und den von einem kaiserlichen Knappen Robertinus übermittelten Fragen) überliefert die Schrift Flos, ed. Boncompagni, Scritti 2, 227–242, siehe bes. 227 f., 234, 236.

ein für seine Zeit außerordentliches mathematisches Wissen besaß und vor allem eine ungewöhnlich gute Kenntnis der einschlägigen arabischen Literatur. Ein neuerer Handschriftenfund bestätigt diese Sonderstellung aufs beste. Er brachte nämlich die lateinische Fassung einer kurzen arabischen Abhandlung über spezielle Probleme des Kegelschnitts ans Licht, deren Schlußvermerk die Übersetzung eindeutig als Arbeit des *magister Ihoannes Panormitanus* ausweist. Die kleine Schrift bezeugt also eindrücklich den erstaunlichen mathematischen Sachverstand unseres Johannes wie auch seine Vertrautheit mit der arabischen Sprache. Gerade seine Beschlagenheit im Arabischen legt es im übrigen sehr nahe, den gelehrten Gesprächspartner des Leonardo mit jenem *magister Johannes de Panormo, notarius et fidelis noster* gleichzusetzen, den Friedrich Anfang 1240 für eine Gesandtschaft nach Tunis vorsah und dessen Dienste er damals offenbar ganz allgemein hoch schätzte.[81]

Noch einen anderen engen wissenschaftlichen Berater Friedrichs schlossen die intensiven Kontakte zwischen Leonardo und dem kaiserlichen Hof ein: Theodor von Antiochia. Auch ihm sandte der Pisaner eine Epistel mit einschlägigem Inhalt, einer Reihe mathematischer Probleme samt Lösungen, in der Erwartung, der hochverehrte kaiserliche Hofphilosoph, der *imperialis aule summus phylosophus*, werde aus dem Traktat nach prüfender Durchsicht einigen Nutzen ziehen können. Wie seinen Brief an Friedrich nahm Leonardo auch dieses Schreiben dann in jene wohl ungefähr gleichzeitig mit dem „Liber quadratorum" zusammengestellte und dem Kardinal Rainer von Viterbo zugedachte Arbeit auf, der er den Titel „Flos" gab.[82]

---

[81] Edition von Johanns Übersetzung: Clagett, Archimedes 44–49 (Text des Kolophons ebd. 49), vgl. ebd. 55–61 (Version B), zu Johannes und seiner Kenntnis der arabischen Mathematik und Sprache ebd. 33 mit Anm. 1 und 2, sowie Freudenthal, Dossier 169–172, daneben Rashed, Fibonacci 155–157, Vogel, Fibonacci 610; die Belege für Johanns Beziehung zum Kaiser: HB 2, 185 (Mai 1221), HB 5, 726f. (6. 2. 1240), HB 5, 745 (10. 2. 1240), HB 5, 928 (27. 4. 1240); Identität des Notars mit dem Mathematiker nahm schon Schaller, Kanzlei 1, 270, Nr. 38, an, ähnlich Haskins, Studies 248, skeptisch Kantorowicz, Ergänzungsband 62, 150.

[82] Edition des Flos: Boncompagni, Scritti 2, 227–252, Widmung für Rainer ebd. 227, vgl. 242, 251; der Beginn des Briefes an Theodor (*reverende pater domine Theodore, imperialis aule sume phylosophe*) ebd. 247, zum Brief an Friedrich siehe oben Anm. 80, zur nicht einfachen Abgrenzung der im Flos enthaltenen älteren Stücke Picutti, Flos 295f., vgl. zu den Nahtstellen auch den Kommentar ebd. 341–387, zur einzigen Hs. (Mailand, Bibl. Ambros., E. 75 P. sup., vgl. oben Anm. 79) ebd. 293f. Die Schrift ist nicht datiert (vgl. die Abbildung von fol. 1r der Hs. bei Picutti 298); der Umstand, daß Leonardo in eine Rainer von Viterbo gewidmete Schrift ein umfangreiches Schreiben an den Kaiser einfügt, legt deren Entstehung vor Friedrichs Exkommunikation im Herbst 1227 nahe, will man nicht an die sicher weniger wahr-

Die eher zufälligen Informationen Leonardos eröffnen uns die willkommene Möglichkeit, einen kurzen Blick auf das wissenschaftliche Leben an Friedrichs Hof vorwiegend in den zwanziger Jahren zu werfen. Wir erkennen wenig genug, aber doch wenigstens einige geschulte, wissenschaftlichen Innovationen gegenüber aufgeschlossene Männer, die mit den Repräsentanten neuer Methoden und Strömungen in Verbindung standen und die allem nach fähig waren, sich aktiv mit ihnen auseinanderzusetzen. Dabei konnten sie der Unterstützung, des teilnehmenden Interesses Friedrichs sicher sein, und umgekehrt war sein Hof für einen berühmten Wissenschaftler wie Leonardo durchaus höchst anziehend. Der Umstand, daß wir wichtige Details am Rande, fast nebenbei erfahren, führt uns freilich auch erneut vor Augen, einen wie dürftigen Ausschnitt aus der Wirklichkeit uns die Quellen im ganzen wohl bewahren. Friedrichs Neugierde der Mathematik gegenüber bezeugen indes immerhin zusätzlich einige Quaestionen zu einschlägigen Problemen, die er an Gelehrte in Mossul oder Toledo hinausgehen ließ, und als Freund und Kenner der Geometrie wie der Mathematik beeindruckte er offenbar auch die Araber, die er während seines Kreuzzuges traf.[83]

Soweit wir die Fragen kennen, die Friedrich allem nach bei vielen Gelegenheiten den unterschiedlichsten Adressaten stellte, belegen sie die anhaltende Intensität seines Wissensdurstes ebenso eindrücklich wie seine Unbefangenheit und die erstaunlich weit über die bisher angesprochenen Bereiche hinausgehende Fülle seiner wissenschaftlichen Interessen. Natürlich richtete der Kaiser seine Fragen in erster Linie an die Fachleute seines Hofes – ein Michael Scotus übergebener Katalog wird uns noch begegnen. Doch zögerte er, wie wir gerade sahen, keineswegs, sich damit nötigenfalls etwa an Spezialisten ferner Länder zu wenden, von deren Ruhm er gehört hatte, oder auswärtige Machthaber um ihre Weiterleitung an sachkundige Wissenschaftler zu bitten. Dabei spielten nach dem Kreuzzug augenscheinlich seine Kontakte zu arabischen Herrschern und Gelehrten eine nicht geringe Rolle. Sieben schwierige Fragen, so erfahren wir beispielsweise, habe Friedrich zur Zeit des Sultans al-Kāmil († 1238) an

scheinliche Alternative, die letzte Phase enger kaiserlich-päpstlicher Zusammenarbeit um 1234 denken; zu Rainer von Viterbo siehe oben S. 295 mit Anm. 60, zu Theodor unten S. 422–429.

[83] Fragen zur Geometrie (nach Mossul und Toledo): Suter, Beiträge, bes. 3, 6, Sirat, Traducteurs 175, Steinschneider, Übersetzungen 3, ders., Euklid 106–108, vgl. unten S. 397 mit Anm. 95 sowie S. 422 mit Anm. 157; Fragen während des Kreuzzuges: Bericht des Ibn Wāṣil, ed. Gabrieli, Kreuzzüge 329, vgl. 327 (zum Autor siehe oben S. 146, Anm. 125), vgl. Ibn Naẓīf, at-Taʾrīḫ al-Manṣūrī, ed. Amari, Biblioteca. Appendice 56f. (zum Autor oben S. 67, Anm. 142).

muslimische Gelehrte geschickt – um ihre Fähigkeiten zu prüfen, wie der darüber berichtende arabische Traktat behauptet. Drei dieser Fragen notiert er dann sogar wörtlich. Sie behandeln durchweg optische Phänomene: Der Kaiser erkundigt sich nach der Ursache bestimmter Sehstörungen und nach dem Grund dafür, daß ein Stern bei seinem Aufgang größer aussieht als im Zenit, selbst wenn – etwa in der Wüste – keine Luftfeuchtigkeit im Spiel sein kann; außerdem will er noch wissen, warum Gegenstände wie ein Ruder oder eine Lanze, sobald man sie teilweise ins Wasser taucht, gekrümmt erscheinen.[84]

Ganz ähnlich verfuhr Friedrich wohl mit seinen berühmten „Sizilianischen Fragen", die schließlich Ibn Sabʿīn († 1269) beantwortete, ein angesehener, zugleich aber ungemein kritischer und selbstbewußter Philosoph, der damals, 1242, in Ceuta (Nordafrika) lebte.[85] Jedenfalls hören wir in dem kurzen Vorwort zu seinen Darlegungen, die kaiserlichen Fragen seien aus dem sizilischen Königreich in die wichtigsten Länder der islamischen Welt gelangt. Die von dort empfangenen Auskünfte hätten ihren Autor jedoch nicht befriedigt, bis er zuletzt eben auf Ibn Sabʿīn aufmerksam gemacht worden sei. Zu Schiff habe er daraufhin eigens einen Boten mit der Fragenliste und einer stattlichen Geldsumme abgesandt, und dieser Mann habe dank der Hilfe des Kalifen und seines Statthalters tatsächlich nach Ceuta gefunden, um dort endlich vollkommen zufriedenstellende Erläuterungen zu erhalten. Ausführlich gedenkt das Vorwort dann noch des Umstands, daß Ibn Sabʿīn zweimal die reiche kaiserliche Belohnung ablehnte, weil es ihm bei seinen Bemühungen nicht um persönlichen Gewinn, sondern darum gegangen sei, die Überlegenheit des Islam über das Christentum zu erweisen.

Diese einleitende Schilderung gibt uns die erwünschte Auskunft über das praktische Vorgehen Friedrichs; sie führt uns aufs neue und sehr anschaulich die Beharrlichkeit vor Augen, mit der der Staufer seine Bildung

[84] Text der Fragen (und ihre Beantwortung) im Optik-Traktat des ägyptischen Rechtsgelehrten Ibn Idrīsī al-Qarāfī († um 1285); siehe dazu Wiedemann, Fragen 483f., mit deutscher Übersetzung der einschlägigen Passagen.
[85] Die „Sizilianischen Fragen" und ihre Antworten sind überliefert in der Hs. Oxford, Bodleian Library, Hunt 534, fol. 298–346, aus dem 14. Jh., siehe zu ihr: Federico e l'Italia 319 (L. Minervini); Teilübersetzungen: Grignaschi, Ibnu Sab'in 18–71 (Antwort auf die zweite Frage, italienisch); Mehren, Correspondance 404–449 (Antwort auf die vierte Frage, französisch), ebd. 344–346 (Vorwort), 402f. (Ibn Sab'īns Schlußwort), vgl. 357–403 die erklärende Zusammenfassung aller Antworten Ibn Sab'īns; Amari, Biblioteca 2, 414–419 (Anfangspassage und Friedrichs Fragen, italienisch), ders., Questions 258–260, 265–269 (einzelne Zitate, französisch); Heinisch, Friedrich 195–203 (einzelne Zitate, deutsch); vgl. zu den Fragen außerdem Grabmann, Friedrich 65–73.

zu erweitern, neue Thesen, Forschungsansätze und Lösungen kennenzulernen suchte, die Großzügigkeit, mit der er außerordentliche wissenschaftliche Leistungen belohnen konnte. Gewisse Vorbehalte unserem Berichterstatter gegenüber scheinen freilich angebracht. Es handelt sich dabei offensichtlich um einen Schüler Ibn Sab'īns, der wohl auch den anschließenden Traktat seines Meisters zu dessen Ruhm in der vorliegenden Form publizierte. Er mag den kaiserlichen Aufwand also immerhin etwas übertrieben haben, um den Rang seines Lehrers dadurch in ein desto günstigeres Licht zu rücken – und wie zuverlässig er dessen Text selbst bewahrte, muß gleichfalls offenbleiben. Die zuweilen etwas locker-unpräzise Formulierung der kaiserlichen Fragen dürfte allerdings bereits mit den begrenzten Arabischkenntnissen ihres sizilischen Übersetzers zusammenhängen. Wenn Ibn Sab'īn zwar anfangs ihr hohes Niveau lobt, später dann aber reichlich Gelegenheit findet, das sprachliche Ungeschick seines kaiserlichen Auftraggebers, dessen begriffliche Unschärfe, ja seine mangelnde wissenschaftliche Erfahrung und Qualifikation überhaupt festzustellen und zu tadeln, so war dieser selbstsicher-belehrende Ton im übrigen allem nach generell charakteristisch für ihn: Er behandelte seine großen arabischen Vorläufer nicht anders. Dem Leser kommen dennoch Zweifel darüber, ob der derart abgekanzelte Kaiser wirklich so von des Gelehrten Arbeit beglückt war, wie das Vorwort behauptet. Wir wissen indes leider nichts über eine kaiserliche Reaktion auf Ibn Sab'īns Abhandlung, ja wir wissen nicht einmal, ob sie in der tradierten oder etwa in einer anderen, versöhnlicher formulierten Fassung überhaupt je an Friedrichs Hof gelangte.[86]

Trotz mancher Bedenken im einzelnen informiert uns Ibn Sab'īn über den Tenor der kaiserlichen Anfragen vermutlich korrekt. Die vier Hauptquaestionen, mit denen er sich beschäftigt und auf die es uns natürlich in erster Linie ankommt, stammen aus hier bislang noch nicht angesprochenen herrscherlichen Interessengebieten, aus den Bereichen der Wissenschaftstheorie und der Philosophie. Friedrich wollte erfahren, mit welchen schlüssigen Beweisen oder mit welchen sonstigen Argumenten Aristoteles seine Auffassung von der Ewigkeit der Welt begründet habe; er fragte nach dem Zweck der Theologie und nach den Wissenschaften, auf die sie

---

[86] Zur Publikation durch einen Schüler und zur Übersetzung von Friederichs Fragen: Grignaschi, Ibnu Sab'in 8 Anm. 2, 9 mit Anm. 3, Mehren, Correspondance 343f.; Lob und Tadel Ibn Sab'īns: Amari, Questions 260, 267–269, Mehren 392–394, 404–408, Grignaschi 29f., 90f. (vgl. Heinisch, Friedrich 196, 201f.); Ibn Sab'īns generelle Kritiksucht: Grignaschi 10 Anm. 7, 53 mit Anm. 127, vgl. Anawati, Philosophie 13 mit Anm. 21 (Avicenna als „ein Getäuschter, ein Ohrensausen bereitender, unbrauchbarer Sophist").

notwendig aufbaue, weiter nach Zahl und Funktion der Kategorien sowie am Ende nach den Beweisen für die Unsterblichkeit der Seele und speziell nach den gegensätzlichen Meinungen des Aristoteles und Alexanders von Aphrodisias zu diesem Punkt.[87] Mit Recht hat man immer wieder davor gewarnt, bereits aus der Tatsache, daß der Kaiser diese Fragen stellte, auf seine Weltanschauung zu schließen.[88] Er formulierte völlig offen, ohne irgendwo eine Vorliebe für bestimmte Lösungen anzudeuten, und er erhielt im übrigen auch nichts zur Antwort, was – gesetzt, es kam ihm vor Augen – eine besondere Skepsis etwa religiösen Weltdeutungen und sogar speziell christlichen Glaubenslehren gegenüber hätte hervorrufen oder bestärken können: Ibn Sab'īn schränkte die Geltung der aristotelischen Thesen zur Ewigkeit der Welt ein, distanzierte sich selbst von ihnen und suchte auf verschiedenen Wegen die Unsterblichkeit der Seele zu beweisen.

Dennoch verdienen Friedrichs Fragen selbstverständlich einfach deshalb unsere Aufmerksamkeit, weil sie uns über die Objekte seines philosophischen Interesses unterrichten und deren Verhältnis zur allgemeinen Diskussion seiner Zeit bestimmen lassen. Dabei fällt zunächst die bedeutsame Rolle auf, die Aristoteles im Text des Kaisers spielt. Mit zwei Fragen wünscht er ausdrücklich Auskunft über dessen Position, eine dritte – zu den Kategorien – bezieht sich ebenfalls unverkennbar auf das aristotelische Werk. Um das rechte Verständnis des Aristoteles ging es ihm demnach vor allem bei seiner Frageaktion. Verbindet ihn schon dieses Grundbedürfnis mit den zeitgenössischen Intellektuellen, so trifft er sich mit ihnen gleichermaßen bei seinen speziellen Anliegen.

Dies gilt etwa für seine Kategorienfrage: Die im 12. Jahrhundert neu einsetzende und seither intensiv betriebene Beschäftigung mit Problemen der Sprachlogik, der korrekten Formulierung wissenschaftlicher Aussagen, hatte ihren Ausgang von der Interpretation der nun vollständig verfügbaren logischen Schriften des Aristoteles genommen und wurde in steter Auseinandersetzung mit ihnen weitergeführt. Dementsprechend gehörte die aristotelische Kategorienlehre nicht nur selbstverständlich zum Stoff des universitären Grundstudiums; die Gelehrten der Scholastik, darunter bedeutende Denker wie Abaelard, Thomas von Aquino und noch Wilhelm

---

[87] Eine fünfte Frage forderte offenbar eine Erklärung für Mohammeds Ausspruch: „Das Herz des Gläubigen ruht zwischen den Fingern des Barmherzigen", die Antwort scheint nicht von Ibn Sab'īn selbst verfaßt, vgl. Mehren, Correspondance 401 f., Grignaschi, Ibnu Sab'in 8 Anm. 2, Amari, Questions 272.
[88] So etwa Grabmann, Friedrich 68 f., 74 f., vgl. Niese, Geschichte 500 mit Anm. 2. Zum Folgenden vgl. bes. den Inhaltsüberblick bei Mehren, Correspondance 357–403.

von Ockham, diskutierten den Gegenstand auch in den einschlägigen Aristoteleskommentaren oder in besonderen Kapiteln ihrer Werke – wie Friedrich um Klarheit über die Grundlagen und Bedingungen wissenschaftlicher Erkenntnis besorgt.[89] Auf Informationen über das Wesen und die Aufgaben der Einzelwissenschaften sowie über ihr Verhältnis zueinander zielte letztlich die Frage nach dem Zweck der Theologie, und Ibn Sab'īn bot darauf in der Tat neben anderem eine umfassende Wissenschaftslehre. Ähnliche systematische Darstellungen der Wissenschaften, ihres Zusammenhangs und ihrer Gesamtordnung gab es damals aber natürlich auch schon im Abendland, zumal wegen der Bedeutung derartiger Überlegungen für den sinnvollen Aufbau des Studiums. Besonderen Einfluß auf die zahlreichen im 13. Jahrhundert zu dem Thema erscheinenden Schriften gewann dabei neben den Anschauungen Hugos von St. Viktor († 1141) der Traktat „De divisione philosophiae" von Dominicus Gundissalinus († um 1190). Seinerseits arabischen und spätantiken Texten verpflichtet, lieferte er unter anderem auch Michael Scotus reichlich Anregung, als dieser an die Abfassung seiner eigenen „Divisio philosophie" ging. Unter Umständen weckte die Diskussion mit Michael dann Friedrichs Verständnis für die Relevanz des Problems und veranlaßte seine diesbezügliche Anfrage.[90]

---

[89] Siehe bes. Abaelard, Glossen zu den Kategorien, ed. Geyer 111–305, Thomas von Aquino, In octo libros Physicorum III 5, n. 322–324, ed. Maggiòlo 158–160, Guillelmi de Ockham, Summa Logicae I 40–62, ed. Boehner 111–193, ders., Expositio, ed. Gal 133–339; zur Bedeutung des Kategorien-Traktats „Liber sex principiorum": Minio-Paluello, Magister 123–151, Dod, Aristoteles 48; zur Stellung der Kategorienlehre im Universitätsunterricht siehe etwa die Statuten von 1255 für die Pariser Artistenfakultät: Denifle, Chartularium 1, 277–279, bes. 278, Nr. 246. Vgl. Schneider, Kategorien 1062–1064, Oeing-Hanhoff, Sein 166–177, Biard, Redéfinition 451–458, Grabmann, Bearbeitungen 7, 23 f., 46, 51; zur Bedeutung der Logik allgemein auch oben S. 379 mit Anm. 58. Friedrichs anhaltendes Interesse für dieses Fach spiegeln auch die Nachrichten arabischer Chronisten über seine Lektüre der aristotelischen Logik (Sibṭ Ibn al-Ǧauzī, ed. Gabrieli, Kreuzzüge 333) oder das ihm von einem gelehrten arabischen Gesandten gewidmete Buch über die Logik (Ibn Wāṣil, ebd. 335) grundsätzlich wohl zutreffend wider.

[90] Dominicus Gundissalinus, De divisione philosophiae, ed. Baur, Dominicus 3–144, zur Diskussion des Problems siehe ebd. 358–380, die bei Vinzenz von Beauvais, Speculum doctrinale I und XVI erhaltenen Fragmente der einschlägigen Schrift Michaels ebd. 398–400, zur Wirkung des Dominicus-Beitrags vgl. Haring, Thierry 271–286; Hugo von St. Viktor, Didascalicon II 1–30, III 1, ed. Buttimer 23–48, vgl. dazu Ehlers, Hugo 37–43, sowie unten S. 442 f. mit Anm. 205; zum Stand der Diskussion um 1250 vgl. noch Robert Kilwardby, De ortu scientiarum, ed. Judy, dazu Whitney, Paradise 118–123, 141 f.; ein Überblick über die Wissenschaftslehren

Bei der Beurteilung der Sizilianischen Quaestionen standen zuweilen die beiden bisher noch nicht behandelten Fragen nach der Ewigkeit der Welt und der Unsterblichkeit der Seele ganz im Mittelpunkt, schienen sie den Staufer doch zum mindesten in die Nähe des Averroismus zu rücken,[91] jener zuerst an der Pariser Artistenfakultät beobachteten Strömung also, zu deren charakteristischen Merkmalen man gewöhnlich eben die Überzeugung von der Ewigkeit der Welt und von der Einheit und Einzigkeit des Intellekts und damit die Leugnung der Unsterblichkeit der individuellen Seele zählt. Indessen gestattet der Wortlaut der kaiserlichen Quaestionen hier ebensowenig wie sonst irgendwelche Schlüsse auf eine beim Fragenden etwa schon vorhandene Meinung oder eine von ihm bevorzugte Antwort.

Darüber hinaus gilt es die Wirkungsgeschichte des Averroes aus Córdoba († 1192) zu bedenken: Erst seit den sechziger Jahren des 13. Jahrhunderts nämlich machten sich die Intellektuellen des lateinischen Europa in voller Schärfe die Tatsache bewußt, daß sein Werk christlichen Glaubensinhalten widersprechende Theorien wie die eben genannten enthielt. Erst jetzt entbrannte deshalb die Auseinandersetzung gerade auch um diese averroistischen Thesen mit ganzer Heftigkeit. Sie wurden entschieden bekämpft, von einigen jedoch auch verteidigt – allenfalls von nun an kann man demnach mit einem Averroismus im beschriebenen Sinn unter den Gelehrten des Abendlandes rechnen. Zuvor aber hatten sie die Aristoteleskommentare des arabischen Philosophen, die offenbar kurz vor 1230 unter ihnen bekannt zu werden begannen und bald auf wachsendes Interesse stießen, ziemlich einhellig mit größtem Respekt studiert und insbesondere in den Jahren zwischen 1240 und 1255 als die maßgebende Interpretation des Aristoteles gesehen.[92] Zu der Zeit, als Friedrich seine Fragen vermutlich formulierte, gab es im Abendland also noch keinen suspekten oder gar dezidiert antichristlichen Averroismus, das Werk des Arabers

des 12. und 13. Jhs. auch bei Van Steenberghen, Philosophie 58, 111–120, vgl. Sternagel, Artes 62–117.

[91] Siehe Kantorowicz, Friedrich 321 f., und schon Niese, Geschichte 500 f., vgl. noch Abulafia, Herrscher 253 f., Haskins, Studies 260.

[92] Zu Averroes und den ersten Zeugnissen seiner Wirkung im Abendland siehe jetzt Gauthier, Notes 321–367, vgl. ders., Traité 6–25, zur Summa de bono Philipps des Kanzlers daneben Wicki, Philippi Summa, bes. 63*–66* (Entstehung „vers 1225–1228"; die Averroes-Zitate ebd. 49.54–56, 67.79, 272.271–273). Angesichts der unsicheren Datierung der einschlägigen Traktate wird man wohl vorsichtig von einem (zunächst im übrigen eher langsamen) Bekanntwerden der Averroeskommentare seit 1228–1230 ausgehen können, vgl. Gauthier 367 sowie Dales, Medieval Discussions 43 Anm. 5, außerdem Van Steenberghen, Philosophie 101–106, vgl. ders., Probleme 81–86, sowie De Vaux, Première entrée 193–243.

genoß damals vielmehr allenthalben höchste Wertschätzung. Im übrigen muß zumindest offenbleiben, ob seine Schriften den kaiserlichen Fragensteller überhaupt in irgendeiner Weise beeinflußten – dieser nennt ihn jedenfalls im Gegensatz zu anderen, ihm offenbar wichtigen Personen bezeichnenderweise nicht namentlich.

Was aber könnte Friedrich dann gerade zu den beiden angesprochenen Fragen bewogen haben? Allem nach richtete sich sein persönliches Interesse damit erneut auf Schwerpunkte der aktuellen wissenschaftlichen Diskussion. Beide Themenbereiche spielten dort nämlich durchaus eine nicht unbedeutende Rolle: Angeregt durch die Erörterung der einschlägigen Positionen heidnischer Philosophen bei den Kirchenvätern und zusätzlich motiviert durch jetzt erst zugängliche Texte, widmeten sich bereits seit dem 12. Jahrhundert Gelehrte wieder den vom Kaiser vorgelegten Problemen. Für die Debatte um die Ewigkeit der Welt, in die damals etwa Wilhelm von Conches († 1154) oder Bernardus Silvestris († um 1160) eingegriffen hatten, wurde die Tatsache bedeutungsvoll, daß die Sentenzen des Petrus Lombardus († 1160) ausdrücklich auf den Widerspruch zur biblischen Wahrheit aufmerksam machten, der sich auftue, wenn Aristoteles irrtümlich lehre, die Welt bestehe immer und habe immer bestanden. Dieser Gegensatz forderte die Wissenschaftler seit den späten zwanziger Jahren des 13. Jahrhunderts verstärkt zur Auseinandersetzung mit dem Thema heraus, und in den dreißiger Jahren führte die wachsende Vertrautheit mit den naturphilosophischen Schriften des Aristoteles, daneben die nun mögliche Lektüre der Kommentare des Averroes sowie – offenbar noch wichtiger – der einschlägigen Äußerungen von Maimonides († 1204) zu einem ersten Höhepunkt des diesbezüglichen Meinungsaustausches. So bedeutende Männer wie Philipp, der Kanzler der Pariser Kirche († 1236), Alexander von Hales († 1245), Theologieprofessor der Pariser Universität, oder Robert Grosseteste († 1253), seit 1235 Bischof von Lincoln, melden sich zu Wort, um Aristoteles zurückzuweisen oder auch die Geltung seiner Aussagen einzuschränken und so mit christlichen Vorstellungen zu versöhnen.[93]

---

[93] Zum Ganzen grundlegend Dales, Medieval Discussions, siehe bes. 11–17 (Augustin, Boethius), 27–38 (12. Jh.; zu Petrus Lombardus, Libri Sententiarum 2, dist. 1, vgl. 37 f.), 50–108 (dreißiger Jahre und die weitere Entwicklung bis zur Zuspitzung der Kontroverse in den sechziger Jahren), vgl. zur Stellung von Aristoteles und Maimonides 39–49; wichtige, meist bisher unveröffentlichte Texte zum Thema edieren Dales – Argerami, Medieval Latin Texts, zum 13. Jh. siehe bes. 4–87; zur Diskussion im Sacroboscokommentar von Michael Scotus siehe Thorndike, Sphere 250 f., zur ähnlichen Äußerung Michaels zu Beginn seines Liber introductorius Thorndike, Michael 41, Haskins, Studies 285 mit Anm. 82, vgl. unten S. 413.

Die erneute Behandlung der Frage nach der Unsterblichkeit der individuellen Seele nahm ihren Anfang, als Gerhard von Cremona († 1187) in Toledo den diese Unsterblichkeit leugnenden Abschnitt aus dem Werk Alexanders von Aphrodisias († 211), des angesehenen Athener Aristoteleskommentators, lateinisch unter dem Titel „De intellectu et intellecto" herausbrachte. Die Anschauungen Alexanders, die im übrigen auch Averroes stark prägten, stießen sofort auf heftige Ablehnung: Gerhards Übersetzerkollege Dominicus Gundissalinus suchte sie in zwei Schriften zu widerlegen; er sammelte umgekehrt Beweise für die Unsterblichkeit der Seele und gewann mit seiner Position nachhaltigen Einfluß auf die Gelehrten des 13. Jahrhunderts, auf Albertus Magnus oder Thomas von Aquino, aber etwa auch schon auf Wilhelm von Auvergne († 1249). Dieser, seit 1228 Bischof von Paris und bis dahin Theologieprofessor an der dortigen Universität, wandte sich zwischen 1231 und 1236, also kurz bevor Friedrich seine Fragen absandte, an Dominicus' Gedanken anknüpfend, vehement gegen die Seelenlehre Alexanders. Da Friedrich Alexanders Namen ebenfalls ausdrücklich nennt, liegt die Vermutung nahe, sein Verlangen nach weiteren Auskünften hänge unmittelbar mit der damals geführten Auseinandersetzung um dessen Thesen zusammen.[94]

Der Inhalt von Friedrichs Sizilianischen Quaestionen erlaubt keine Schlüsse auf seine Überzeugungen, und ihr knapper, unsicher überlieferter Wortlaut sagt nichts über das Niveau der am Kaiserhof geführten einschlägigen wissenschaftlichen Gespräche. Dennoch bleiben diese wie alle anderen Fragen des Staufers wertvolle Belege für die rege Teilnahme und Aufgeschlossenheit, mit der er und seine Umgebung die aktuelle wissenschaftliche Entwicklung verfolgten. Daß Friedrich dabei im Streben nach möglichst umfassender Information seine besonderen Möglichkeiten und Kontakte in der arabischen Welt nutzte und sich häufig gerade dorthin wandte, sollte nach einem Jahrhundert intensiver abendländischer Be-

---

[94] De intellectu et intellecto, ed. Théry, Autour 74–83 (zu den Hss. 69–74, zu Inhalt und Wirkung 27–67, 105–116), vgl. (auch zur unsicheren Autorschaft Gerhards) Catalogus translationum et commentariorum 1 (Washington 1960) 111f. (F. E. Cranz); Wilhelm von Auvergne, De Anima, bes. V 3–6, Opera omnia 2, Suppl. 114–121; Dominicus Gundissalinus, De immortalitate animae, ed. Bülow, Dominicus 1–38, vgl. ebd. 39–61 die gleichnamige, stark aus Dominicus geschöpfte Schrift Wilhelms von Auvergne, zum Abhängigkeitsverhältnis ebd. 84–107; Dominicus Gundissalinus, De anima, ed. Muckle, Dominicus, bes. 61–63; außerdem etwa noch die Summa de bono Philipps des Kanzlers, ed. Wicki 263–277. Zum Ganzen vgl. Grabmann, Friedrich 71–73, Gauthier, Notes 349f. (zur Position Philipps des Kanzlers), 360–366 (zu Wilhelm von Auvergne, De anima, mit der Datierung „um 1240").

mühungen um die Übersetzung und Interpretation arabischer wissenschaftlicher Literatur eigentlich nicht weiter verwundern.

Der Einfluß jüdischer Gelehrter

Vielleicht noch vor arabischen gewannen jüdische Gelehrte Bedeutung für Friedrich. Der Fachmann etwa, an den er sich in seinem Wissensdurst nach Toledo wandte, war der spanische Jude Jehuda ben Solomon Cohen. Obwohl damals, um 1233, gerade achtzehnjährig, stand Jehuda bereits in brieflichem Kontakt mit einem führenden wissenschaftlichen Berater des Kaisers, der seinen Herrscher wohl auf ihn aufmerksam machte. Der Meinungsaustausch intensivierte sich offenbar, und als der bedeutende Philosoph und Enzyklopädist dann in den vierziger Jahren nach Italien reiste, um unter anderem die Toskana und die Lombardei zu besuchen, hielt er sich eine Zeitlang auch am kaiserlichen Hof auf. Dort hatte er nicht nur Gelegenheit, einen Elefanten zu beobachten, wie er zum Jahr 1245 eigens notiert; wir erfahren aus seiner Erzählung darüber hinaus, daß er die wichtigsten Mitarbeiter des Herrschers und die Verhältnisse in dessen nächster Umgebung recht genau kennenlernte und Einblick in dessen kluges Vorgehen gewann.[95]

Weit engere Beziehungen entwickelten sich zwischen Friedrich und einem anderen jüdischen Gelehrten, dem vor allem als Übersetzer hervorgetretenen Jakob ben Anatoli.[96] Dieser, ein Schwiegersohn des Samuel ibn Tibbon aus der um 1150 von Spanien nach Südfrankreich geflohenen und durch Generationen aktiven Übersetzerfamilie der Tibboniden, übertrug etwa den Almagest, das grundlegende astronomische Handbuch des Ptolemaeus († um 160), und andere Schriften verwandten Inhalts aus dem Arabischen ins Hebräische. Möglicherweise lenkte er damit die Neugierde des an der Astronomie brennend interessierten Staufers auf sich. Jedenfalls treffen wir ihn zu Beginn der 1230er Jahre in Neapel. Er beschäftigte sich

---

[95] Siehe Sirat, Filosofia 322–333, 570f., dies., Philosophie 254–256, dies., Traducteurs 175f. (mit französischer Übersetzung der einschlägigen Quellenstellen), daneben Steinschneider, Übersetzungen 1–4 (mit Nachweis der Hss. von Jehudas Enzyklopädie, der Quelle für die biographischen Angaben), vgl. ebd. 507. Als Jehudas Briefpartner kommen aufgrund ihrer Arabischkenntnisse und ihrer wissenschaftlichen Interessen Johannes von Palermo (vgl. oben S. 387f.), Michael Scotus (vgl. unten S. 402) oder Theodor von Antiochia (vgl. unten S. 424) in Frage; zur kaiserlichen Anfrage in Toledo vgl. oben S. 389 mit Anm. 83.
[96] Siehe Sirat, Traducteurs 169–175, vgl. 181–191, dies., Filosofia 289–291, 568, Zinberg, History 2, 173–180, Sermoncta, Glossario 33–35, vgl. Steinschneider, Übersetzungen 57–61.

nun freilich offenbar vorwiegend mit der Übersetzung der Aristoteleskommentare des Averroes, jener Werke also, die die Gelehrten des Abendlandes, wie wir schon wissen,[97] wenig später fasziniert als vorbildliche Auslegungen des Aristoteles begrüßten, um erst allmählich ihre problematischen Seiten zu entdecken. Jakob ben Anatoli widmete sich in erster Linie den Kommentaren des Averroes zur aristotelischen Logik: 1232 vollendete er in Neapel die hebräische Fassung einer Gruppe einschlägiger Schriften, wie er am Schluß seiner Arbeit selbst mitteilt. Dabei gedenkt er ausdrücklich des Kaisers: Er wünscht ihm Gottes Segen, rühmt ihn als Liebhaber der Wissenschaften und berichtet, Friedrich selbst habe sein anscheinend bereits in Südfrankreich begonnenes Unternehmen großzügig gefördert und wünsche seine Vollendung.[98]

Seine Worte bestätigen nicht nur das uns vertraute Bild vom aktiv den Wissenschaften zugetanen Herrscher; wir erfahren insbesondere, daß die für das Abendland so bedeutsamen wie folgenreichen Bemühungen um das Werk des Averroes in Friedrichs Umgebung und tatkräftig von ihm selbst gefördert einen gewichtigen Anstoß erfuhren. Deren Initiatoren leitete, lange bevor die glaubensgefährdenden Züge der averroistischen Deutungen ins Zentrum der Diskussion gerieten, sicher ganz allgemein die Erwartung, von dem gelehrten Muslim neue, wesentliche Aufschlüsse für das rechte Verständnis des Aristoteles, des Philosophen schlechthin, zu erhalten. Warum Friedrich zu diesem Zweck allerdings gerade eine Übersetzung ins Hebräische vorantrieb und unterstützte, wissen wir nicht. Am naheliegendsten erscheint immerhin die Vermutung, man habe die arabischen Texte an Friedrichs Hof ebenso wie im Übersetzungszentrum von Toledo der begrenzten Sprachkenntnisse der Beteiligten wegen nicht direkt ins Lateinische übertragen, sondern mit Hilfe von anderssprachigen Zwischenstufen. Der Text Jakobs ben Anatoli sollte also wohl einer geplanten lateinischen Version als Basis dienen; möglicherweise arbeitete ihr Verfasser damit Michael Scotus zu, dem die Toledaner Methoden ja bestens vertraut waren und der seinerseits, wie wir gleich sehen werden, wohl in der Tat die ersten uns bekannten Averroeskommentare in lateinischer Sprache herausbrachte.[99]

---

[97] Zu Averroes und seiner Wirkung im 13. Jh. vgl. oben S. 394 mit Anm. 92.

[98] Vgl. die Übersetzung von Teilen der Passage bei Sirat, Traducteurs 170, Davidson, Averrois Commentarium medium X f., HB 4, 382 Anm. 2.

[99] Zu Michael Scotus siehe unten S. 403 f., zu seiner Alpetragiusübersetzung mit Hilfe des Abuteus und zu seinen Hebräischkenntnissen bes. S. 400 mit Anm. 101. Die uns erhaltenen lateinischen Fassungen der von Jakob ben Anatoli ins Hebräische übersetzten Logik-Kommentare des Averroes stammen freilich nicht von Michael, sondern von Wilhelm von Luna, der wohl im 13. Jh. in Neapel arbeitete,

Jakob ben Anatoli beschränkte sich im übrigen durchaus nicht auf das Übersetzen der Schriften anderer, er trat auch als selbständiger Autor hervor. Seine Predigtsammlung mit dem Titel „Ansporn der Schüler" (Malmad ha-talmidim) gewinnt in unserem Zusammenhang besonderen Reiz. Aus ihr spricht zum einen die offenkundige Vorliebe ihres Verfassers für die Anschauungen des 1204 in Kairo gestorbenen einflußreichen jüdischen Religionsphilosophen Maimonides. Eher beiläufig verrät sie uns jedoch vor allem, daß Jakob nicht selten mit Michael Scotus über die rechte Deutung einzelner Bibelverse diskutierte. Während er dabei zuweilen auf die Interpretation von Maimonides verwies, führte Michael hin und wieder Aristoteles, einmal sogar Averroes ins Feld. In aller Breite hielt Jakob die Thesen seines Gesprächspartners fest, meldete nur in einem Fall vorsichtige Zweifel an und erfüllte seinerseits ausführlich die Bitte Michaels um Erklärung einiger hebräischer Begriffe.

Die Schilderung Jakobs bezeugt eine erstaunliche Unbefangenheit und Verständnisbereitschaft bei dem jüdischen wie dem christlichen Wissenschaftler, ein Klima der gegenseitigen Achtung, das offenbar die Umgebung Friedrichs generell in besonderer Weise kennzeichnete und dessen eigene Haltung widerspiegelt. Jedenfalls erzählt Jakob, daß sich der Kaiser selbst in der Tat manchmal an den Disputen mit Michael Scotus beteiligte und sogar eigenständige Erklärungen bestimmter Bibelstellen vortrug. Dabei änderte seine Gegenwart allem nach nichts an der gewohnten freimütigen Atmosphäre des wissenschaftlichen Meinungsaustausches: Ohne Scheu widersprachen die beiden Gelehrten vielmehr nach Jakobs Worten nötigenfalls auch dem Herrscher, und dies nicht zuletzt dann, wenn es um ganz grundsätzliche Fragen wie etwa um das Wesen der Urmaterie, der *prima materia*, ging. Im übrigen ließ sich Friedrich Jakob zufolge bei seinen Überlegungen, sei es in Zustimmung oder Kritik, des öfteren von den Positionen des Maimonides anregen. Er kannte und schätzte diesen Philosophen demnach ebenfalls, und so erscheint es durchaus denkbar, daß er vielleicht tatsächlich dessen Hauptwerk ins Lateinische übertragen ließ, den „Führer der Verwirrten", der versucht, die aristotelische Philosophie mit den Lehren der jüdischen Religion zu versöhnen.[100]

über den jedoch nichts weiter bekannt ist, insbesondere nichts über irgendeine Verbindung mit Jakob ben Anatoli, vgl. Davidson, Averrois Commentarium medium Xf., XVII (zu den Hss. der lateinischen Übersetzungen), Dod, Aristoteles 60.
[100] Jakobs Bericht über die Äußerungen des Kaisers bei Sirat, Traducteurs 172–174, seine Wiedergabe der exegetischen Bemerkungen des Michael Scotus ebd. 171, 181–190 (je in französischer Übersetzung), vgl. ebd. 177, daneben dies., Filosofia alla corte 186–197, sowie Sermoneta, Federico 187–193, ders., Glossario 35 Anm. 24; zur lateinischen Übersetzung des „Führers der Verwirrten" siehe Sermo-

Michael Scotus und seine Übersetzungen des Aristoteles, Avicenna und Averroes

Den bekanntesten, aber wohl auch fähigsten und einflußreichsten wissenschaftlichen Mitarbeiter des Kaisers haben wir zweifellos in dem nun schon mehrmals genannten Michael Scotus vor uns. Schottischer Herkunft und geistlichen Standes, hatte dieser Gelehrte nach dem Studium wichtige Jahre in Toledo verbracht, wo sich hochqualifizierte Spezialisten bereits seit Jahrzehnten mit der Übersetzung wissenschaftlicher Texte aus dem Arabischen ins Lateinische beschäftigten, von Anfang an tatkräftig gefördert durch die Erzbischöfe der Stadt. Mit dem dortigen Erzbischof Rodrigo besuchte Michael denn auch im Herbst 1215 das Vierte Laterankonzil – für uns das früheste sicher datierbare Ereignis aus seinem Leben. Wenig später, im August 1217, vollendete er, unterstützt von einem jüdischen Helfer, seine erste große Arbeit: Er legte das Hauptwerk des arabischen Astronomen Alpetragius (al-Biṭrūǧī, 2. Hälfte des 12.Jahrhunderts) in lateinischer Sprache vor, ein Buch, dessen von Ptolemaeus abrückende und wieder stärker an Aristoteles orientierte Konzeption des Planetensystems in Europa viel Beachtung finden sollte.[101] Fast noch mehr Aufmerksamkeit erregte Michaels andere wichtige Übersetzungsleistung aus seiner Toledaner Zeit, die älteste lateinische Fassung der Tierkunde des Aristoteles, die er auf der Basis der nicht ganz vollständigen, in 19 Bücher eingeteilten

neta, Glossario 37–42, bes. 37 Anm. 25, sowie Freudenthal, Dossier 167–172, Kluxen, Literargeschichtliches, bes. 23–33, vgl. außerdem Haskins, Studies 282, Burnett, Michael 118, zu Maimonides allgemein Sirat, Filosofia 204–260, 557–563. – Ein vielleicht von Jakob ben Anatoli stammendes Gedicht ediert Colafemmina, Poeta 182–189, vgl. 180f.

[101] De motibus celorum, ed. Carmody, Al-Biṭrūjī 71–150, siehe ebd. 150, c. 53, den Schlußvermerk: *Translatus a magistro Michaele Scoto Tholeti in 18° die veneris augusti ... cum Abuteo levite anno incarnationis Ihesu Christi 1217*; Abuteus fertigte vermutlich eine hebräische Textfassung als Arbeitsinstrument; zu Michaels Übersetzung siehe Samsó, Due astronomie 214–216, zu seinen Hebräischkenntnissen vgl. den Brief Gregors IX. vom 28. 4. 1227 (Denifle, Chartularium 1, 110, Nr.54), dazu die Nachricht über seine Zusammenarbeit mit dem Juden Andreas (zu diesem auch Haskins, Alchemy 158f.) bei Roger Bacon, Compendium c. 8, in: ders., Opera quaedam, ed. Brewer 472, Rogers scharfe und spöttische Kritik der meisten, gerade auch der angesehenen Übersetzer seiner Zeit siehe ebd. c. 7, 447–464, c. 8, 471f., ähnlich Opus tertium 25, ed. Brewer 91, oder Opus minus, ed. Brewer 326–328. Zu Leben und Werk Michaels siehe Burnett, Michael, bes. 102–107, Palmer, Scotus 966–971, Gauthier, Notes 332–334, Manselli, Corte 66–78, Minio-Paluello, Michael 361–365, Thorndike, Michael, zur Übersetzertätigkeit bes. 22–31, Haskins, Studies 272–298, vgl. 245f., 258–261, 266f., zum Datum 1215: Edwards, Redactions 329 Anm. 1.

arabischen Version herstellte. Kaiser Friedrich benutzte diese Übertragung in seinem Falkenbuch ebenso wie kurz darauf Albertus Magnus in seiner Zoologie und viele Gelehrte nach ihnen.[102] Spätestens 1220 verließ Michael Toledo, denn aus einer Notiz, die er im Oktober dieses Jahres offenbar dem Text seiner Aristotelesübersetzung in seinem Handexemplar zufügte, geht hervor, daß er sich damals in Bologna aufhielt.[103] Zeitpunkt wie Ort verdienen deshalb besondere Beachtung, weil eben in jenen Wochen auch Friedrich auf dem Weg zur Kaiserkrönung in unmittelbarer Nähe haltmachte, Anfang Oktober bei Bologna selbst und danach bis zum Ende des Monats nur wenig weiter östlich im Raum von Faenza und Forlì. Obwohl die Quellen darüber vollkommen schweigen, wäre es also durchaus denkbar, daß Michael bei dieser Gelegenheit seinem künftigen Diensthernn zum ersten Mal persönlich begegnete, mochte er ähnlich wie einst Petrus von Eboli im Wissen um die gelehrten Neigungen des Herrschers von sich aus eine entsprechende Bitte an ihn gerichtet haben oder von Friedrich als ein angesehener Übersetzer und Kenner der griechisch-arabischen Philosophie an den Hof gerufen worden sein. Vielleicht trat er sogar bereits jetzt in Friedrichs Dienst, um darin bis zu seinem Tod um 1235 zu bleiben. Immerhin gewann der Staufer während desselben Romzuges einen Mann wie den erfahrenen Rechtsexperten Roffred von Benevent als seinen Helfer bei der Neuordnung des Justizwesens im Königreich Sizilien.[104] Natürlich gibt es für die Annahme, er habe ungefähr gleichzeitig Michael Scotus ebenfalls fest an sich gebunden, keinerlei echte Belege. Andererseits spricht gegen sie, recht besehen, genauso wenig – auch nicht das wiederholte Eintreten der Päpste zugunsten Michaels in den kommenden Jahren.

[102] Sie enthält die aristotelischen Schriften Historia animalium, De partibus animalium und De generatione animalium, jedoch nicht De progressu animalium und De motu animalium; eine kritische Edition fehlt. Siehe dazu Haskins, Studies 277f., Thorndike, Michael 24, 30f., zur Benutzung durch Friedrich auch Willemsen, Über die Kunst. Kommentar 10f., 95 (zu S. 1, Z. 29/30), zu Albert vgl. die Einleitung Stadlers zu Albertus Magnus, De animalibus 1, XII, vgl. noch Schipperges, Assimilation 76f.
[103] Der Text der Notiz bei Gauthier, Notes 332, nach zwei Hss. der De-animalibus-Übersetzung, vgl. Haskins, Studies 274 mit Anm. 10, 277, Thorndike, Michael 29.
[104] Für 1220 (irrtümlich September) als Datum der Begegnung Michaels mit Friedrich und des Beginns ihrer Zusammenarbeit Manselli, Corte 67–70, zustimmend Gauthier, Notes 333; die Möglichkeit wird zugestanden auch bei Thorndike, Michael 32f., immerhin angedeutet bei Haskins, Studies 274; zu Friedrichs damaligem Aufenthalt bei Bologna siehe oben 1, S. 247. – Als verstorben erscheint Michael in einem vermutlich zwischen Juni 1235 und Juli 1236 entstandenen Gedicht Heinrichs von Avranches, der den Kaiser wohl im Sommer 1234 am päpstlichen

Verhältnismäßig häufig nämlich begegnet uns der Name unseres Gelehrten zwischen 1224 und 1227 in päpstlichen Briefen, zum ersten Mal am 16. Januar 1224. Damals wandte sich Honorius III. an den Erzbischof von Canterbury mit dem Wunsch, er möge Michael seiner außergewöhnlichen wissenschaftlichen Fähigkeiten und Leistungen wegen eine solchen Verdiensten angemessene Pfründe verschaffen. Offenbar fand er rasch wenigstens teilweise Gehör, denn bereits zwei Monate später gestattete er Michael, ausnahmsweise zwei mit Seelsorgepflichten verbundene Pfründen gleichzeitig innezuhaben. Als Grund für diese besondere apostolische Gunst und Bevorzugung nannte er dabei wieder die herausragende wissenschaftliche Bedeutung des Privilegierten, und ihrer gedachte er, sich fast wörtlich wiederholend, auch künftig, sooft er auf Michael zu sprechen kam. Schon am 31. Mai ging sein nächster Brief an ihn hinaus. Michael war, so erfahren wir hier, inzwischen zum Erzbischof von Cashel in Südirland gewählt worden und erlangte nun die päpstliche Erlaubnis, im neuen Amt seine bisherigen Pfründen zusätzlich weiterhin zu behalten. Dennoch lehnte er, wohl im Juni, die ehrenvolle Berufung nach Irland ab. Er begründete seinen Verzicht damit, daß er die Sprache jenes Landes nicht verstehe, wie uns erneut ein Brief des Honorius informiert. Die Absage scheint sein Ansehen in Rom nicht merklich geschmälert zu haben, denn im Mai 1225 gestand ihm Honorius den Besitz von insgesamt vier Pfründen zu, je zwei in England und in Schottland, mit der einzigen Auflage, daß er dort für geeignete Vertreter sorgen müsse. Nach kaum zwei Jahren, Ende April 1227, taucht Michaels Name noch einmal in einem Papstschreiben auf: Gregor IX. setzte sich jetzt, auf seine gleichgerichteten früheren Bemühungen verweisend, erneut beim Erzbischof von Canterbury für ihn ein, auch er voll des Lobes für seine umfassende Gelehrsamkeit, insbesondere seine das Hebräische wie das Arabische einschließenden Sprachkenntnisse.[105]

Hof kennenlernte; Text: Winkelmann, Drei Gedichte, bes. 485 f. (v. 55–93, vgl. unten S. 410, Anm. 126), zur Datierung 483 f., vgl. Bund, Untersuchungen 8–12, ders., Geschichte 60 f., 76, dessen Frühdatierung (Sommer 1234) nicht einleuchtet: Friedrich kämpfte nicht gegen die Latier, sondern gegen die Römer; Heinrich setzt denn wohl auch die *Latii* und die *Ytali* gleich, wenn er verkündet, Friedrich besiege sie mit deutschen Truppen, stelle sie dann aber, seinem Imperium unterworfen, seinen übrigen Feinden entgegen (486, v. 86–91, vgl. 485, v. 25–27); auch bei den von der kaiserlichen Gesetzgebung betroffenen *Lacii cives* (Winkelmann 492, v. 72) kann es sich schwerlich um Bürger des Kirchenstaates handeln; schließlich meint *Lacio ... vulgo* (489, v. 79) gleichfalls die Italiener schlechthin. Zu Heinrich siehe noch Townsend – Rigg, Medieval Anthologies 352–362, 386–390, Russell, Master Henry 34–55. – Zu Roffred von Benevent siehe oben S. 40 f.

[105] Briefe Honorius' III.: Pressuti, Regesta Nr. 4682 (16. 1. 1224, Druck: Denifle,

Die Nachrichten, so knapp sie sein mögen, verraten uns doch sehr eindrucksvoll, welch hervorragenden Ruf als Gelehrter Michael Scotus in den zwanziger Jahren des 13. Jahrhunderts bei führenden Kreisen der Kirche bis hin zu den Päpsten selbst genoß. Angesichts des damals grundsätzlich bestehenden päpstlich-kaiserlichen Einvernehmens konnte die hier zutage tretende päpstliche Gunst und Förderung einem hervorragenden Wissenschaftler geistlichen Standes durchaus auch dann zukommen, wenn er dem Kaiser diente, und die Zufriedenheit Michaels mit seiner Stellung am Kaiserhof, mit ihren Möglichkeiten und Anregungen mochte ihn neben anderem zur Ablehnung der Erzbischofswürde im fernen Irland bewogen haben.[106] Recht zwanglos läßt sich im übrigen zwar das unvermittelte Verschwinden von Michaels Name aus der päpstlichen Korrespondenz nach dem Frühjahr 1227 damit erklären, daß die Exkommunikation des Kaisers im September dieses Jahres notwendig auch die Beziehungen des Papstes zu dem engen kaiserlichen Mitarbeiter trübte; nur schwer denkbar erscheint dagegen ein Übertritt des von der Kirche bis dahin so sehr geschätzten und umsorgten Gelehrten aus dem päpstlichen Dienst in denjenigen Friedrichs ausgerechnet in dem Augenblick, als dieser dem kirchlichen Bann verfiel.[107]

Soweit Michaels Werke nach seiner Toledaner Zeit entstanden, weisen sie vielfach eine deutliche Beziehung zu Friedrich auf. Für seine dritte wichtige Übersetzungsarbeit, die lateinische Fassung von Averroes' großem Kommentar zur von ihm gleichfalls erneut ins Lateinische übertragenen aristotelischen Schrift „De celo et mundo", gilt dies freilich noch nicht ohne weiteres: Sie ist Stephan von Provins († nach 1251) gewidmet, einem Geistlichen, der seit 1231 als Theologieprofessor in Paris wirkte, außerdem zum Mitglied jener oben erwähnten, im selben Jahr eingesetzten päpstlichen Kommission zur Prüfung der aristotelischen Schriften bestimmt war. Wir wissen nicht, ob Michael ihn vielleicht bereits während gemeinsamer Pariser Studienjahre kennenlernte oder erst später, etwa 1215

Chartularium 1, 105, Nr. 48), Nr. 4871 (18. 3. 1224; Druck: Manselli, Corte 79, Nr. I), Nr. 5025 (31. 5. 1224; Druck: Manselli 79, Nr. II), Nr. 5052 (20. 6. 1224, Druck: Vetera Monumenta Hibernorum et Scotorum Historiam Illustrantia, ed. A. Theiner [Rom 1864] 23, Nr. 56), Nr. 5470 (9. 5. 1225; Druck: Manselli 79 f., Nr. III); Gregor IX.: Auvray, Registres 1, 32, Nr. 61 (28. 4. 1227; Druck: Denifle, Chartularium 1, 110, Nr. 54, vgl. oben Anm. 101); vgl. noch den Brief des Honorius III. an König Heinrich III. von England, ed. Haskins, Formularies 281.
[106] Vgl. Manselli, Corte 68 Anm. 15.
[107] Zu den Indizien für Michaels Teilnahme an Friedrichs Kreuzzug siehe Thorndike, Michael 35, vgl. Williams, Early Circulation 143 mit Anm. 1; über denkbare Kontakte Michaels zur päpstlichen Kurie siehe Paravicini Bagliani, Medicina 58–62.

in Rom oder bei einem Zwischenhalt in Paris auf dem Weg von Toledo nach Oberitalien. Jedenfalls rät er ihm in dem an ihn gerichteten Vorwort, im Falle von Schwierigkeiten bei der Lektüre des neuen Buches den ihm wohlvertrauten, von ihm, Michael, schon früher (nämlich 1217) lateinisch vorgelegten Alpetragius zu Rate zu ziehen. Michael fertigte seine „De celo"-Übersetzung also sicher nach 1217 – möglicherweise noch in Toledo. Denkbar erscheint freilich durchaus auch eine Abfassung an Friedrichs Hof im Laufe der zwanziger Jahre.[108] Welche anderen Averroeskommentare Michael übersetzte, bleibt leider unsicher. Am ehesten kommt zweifellos noch der Kommentar zu „De anima" einschließlich des aristotelischen Textes selbst in Frage, denn die Handschriften tradieren ihn häufig zusammen mit der „De celo"-Übertragung aus der Feder Michaels. Einzelne Manuskripte schreiben diesem darüber hinaus die lateinischen Versionen der Averroeskommentare zur aristotelischen Physik und zu „De sensu et sensato" zu. Sie könnten ihre Existenz ebenso der Zusammenarbeit Michaels mit dem seit Beginn der dreißiger Jahre in Neapel wirkenden jüdischen Übersetzer Jakob ben Anatoli verdanken wie weitere Averroesübertragungen, deren Autoren ungenannt blieben, oder etwa die üblicherweise benutzte lateinische Fassung von Maimonides' „Führer der Verwirrten". Grundsätzlich aber dürfen wir trotz aller Ungewißheit im einzelnen wohl davon ausgehen, daß Michael Scotus der lateinisch sprechenden Welt als erster Texte des Averroes zugänglich machte und daß er einen guten Teil dieser Übersetzungsarbeit am kaiserlichen Hof bewältigte.[109]

Auf festem Boden stehen wir diesbezüglich im Fall von Avicennas († 1037) „Abbreviatio de animalibus", einer Zusammenfassung der aristotelischen Tierkunde durch den arabischen Gelehrten. Die Widmung Mi-

---

[108] Text der Widmung: De Vaux, Première entrée 196 (Anm. 2: Hss.-Angaben), vgl. dort 196–198, 202f., 210–212, außerdem Haskins, Studies 278, Thorndike, Michael 23f., Van Steenberghen, Problème 84, 86–88 (87f. die sicheren beziehungsweise wahrscheinlichen Lebensdaten Stephans von Provins; zur Kommission von 1231 siehe oben S. 383); zur Übersetzung des aristotelischen Traktats De celo durch Michael beziehungsweise Gerhard von Cremona: Aristoteles latinus 53f., 104f.

[109] Über die handschriftliche Zuschreibung der genannten Texte an Michael und die unter Umständen sonst von ihm stammenden Übersetzungen insbesondere der aristotelischen Metaphysik mit dem Kommentar Averroes' siehe Thorndike, Michael 25–29, Haskins, Studies 278, 280–282, vgl. Burnett, Master Theodore 241–245, Gauthier, Notes 332–334, Dod, Aristoteles 48f., 51f., 58f., Manselli, Corte 70, Van Steenberghen, Philosophie 104, 106f., ders., Problème 86, Grignaschi, Indagine 258f., Minio-Paluello, Texte 270–272, Crawford, Averrois De Anima XI, Aristoteles latinus 104–107, 110, zur Maimonidesübersetzung oben S. 399 mit Anm. 100.

chaels für den Kaiser am Anfang der lateinischen Übersetzung, die Worte aus den Sprüchen Salomons (1,9) aufnimmt und Friedrich als *dominus mundi* anredet, erlaubt keinen Zweifel über Verfasser, Adressaten und höfische Entstehung des Werkes, und da der Kölner Magister Heinrich, wie wir oben sahen, dessen Text im August 1232 in Melfi abschrieb, ist auch klar, daß Michael seine Arbeit bereits vorher vollendete. Offenbar übergab er sie seinem Herrscher in einer besonderen handschriftlichen Form: Er stellte ihr in seinem Widmungscodex zur Ergänzung seine Toledaner Übertragung der 19 Tierbücher des Aristoteles voran. Höchstwahrscheinlich liegt uns dieser Codex sogar noch im Original in einer heute von der Vatikanischen Bibliothek verwahrten Handschrift vor. Sie bringt auf ihren ersten 108 Blättern die aristotelische Tierkunde, danach bis Folio 184 deren Kurzfassung aus Avicennas Feder, beide Abhandlungen in Michaels lateinischer Version und gleichlautend eingeleitet durch seine Widmungszeilen an den Kaiser. In dem sorgfältig geschriebenen, mit roten Rubriken sowie mit rot und blau verzierten Initialen geschmückten Exemplar fehlt der an Heinrichs Abschreibetätigkeit erinnernde Vermerk; dafür lesen wir nur hier ganz am Schluß die aus je einem lateinischen, arabischen, slawischen, deutschen und nochmals einem arabischen Wort gefügte Huldigungszeile: *Felix elmelic dober Friderich salemelich*, „Glücklicher Herrscher, erhabener Friedrich, Friede sei mit Dir" – gewiß ein gewichtiges Indiz für den Rang des Bandes als Michaels Widmungsexemplar für den Kaiser. Es handelt sich damit im übrigen zugleich um die einzige erhaltene Handschrift, von der wir mit großer Sicherheit sagen können, daß sie einst zu Friedrichs Bibliothek gehörte.[110]

Man vertrat immer wieder die Meinung, Friedrich habe eine Reihe der an seinem Hof abgefaßten und in seiner Bibliothek stehenden Übersetzungen, darunter vor allem die Michaels, den Professoren der Universität Bologna zum Gebrauch in der Lehre übersandt und dadurch einen wichtigen Beitrag zur Verbreitung der Werke des Aristoteles und seines Kommentators Averroes im Abendland geleistet. Diese Vermutung stützt sich auf einen Brief, den die wohl zwischen 1270 und 1290 an der päpstlichen Kurie zusammengestellte kleine sechsteilige Redaktion der sogenannten Briefsammlung des Petrus de Vinea allerdings ohne Absender-, Empfänger- und Datumsangabe überliefert und lediglich in der einleitenden Rubrik als ein Schreiben an die Magister und Scholaren Bolognas ankündigt.[111]

---

[110] Zur angesprochenen Hs.: Biblioteca Apostolica Vaticana, Chigi E VIII 251, siehe Mütherich, Handschriften 12f., Willemsen, Über die Kunst. Kommentar 11 mit Anm. 61 (dort auch Text der Widmungen Michaels), D'Alverny, L'explicit 33f.; zur Abschrift durch den Kölner Heinrich siehe oben S. 380 mit Anm. 62.
[111] Druck: Iselius, Petrus III 67, Bd. 1, 492–494, erneut HB 4, 383–385; zur soge-

Dessen Autor selbst schildert zunächst die ihn seit frühester Jugend erfüllende, auch nach der Herrschaftsübernahme in ihm lebendig gebliebene Liebe zur Wissenschaft und erzählt dann, wie er eines Tages beim Durchsehen seiner reichen Bibliotheksschätze auf den Gedanken gekommen sei, bislang nur in ihrem originalen Wortlaut zugängliche Werke des Aristoteles und anderer Philosophen aus dem Griechischen oder Arabischen ins Lateinische übersetzen zu lassen. Da nun der Wert und Nutzen des Wissens mit dem Grad seiner Bekanntheit nur immer noch zunehme, wolle er einige der derart neu erschlossenen Bände seinen gelehrten Adressaten zur weiteren Beschäftigung wie zur Benutzung im Unterricht übermitteln.

Bei dem solchermaßen der Gelehrsamkeit zugetanen Bücherspender handelt es sich indessen kaum um Friedrich.[112] Unser Dokument wird nämlich mit fast identischem Wortlaut auch außerhalb der Petrus-de-Vinea-Sammlung tradiert, hier aber ausdrücklich als Brief König Manfreds an die Lehrer der Physik zu Paris, also an Mitglieder der dortigen Artistenfakultät bezeichnet,[113] und eine Reihe seiner Formulierungen spricht denn auch in der Tat recht eindeutig für Manfred.[114] Der Verfasser redet zu Beginn von seiner königlichen Stellung, kurz darauf von der Sorge für sein Königreich – er beherrschte demnach also nur ein einziges *regnum*. Offenbar veranlaßte er direkte Übersetzungen nicht nur arabischer, sondern gleichermaßen griechischer Texte ins Lateinische, wie wir sie erst wieder von Bartholomaeus von Messina am Hof Manfreds ken-

nannten Briefsammlung des Petrus de Vinea, ihrer Entstehung und ihren verschiedenen Redaktionen siehe Schaller, Einführung VIII–XIV, ders., Briefsammlung 464–476, ders., Entstehung, bes. 231–250, 257–259.

[112] Die Zuweisung des Briefes an Friedrich II. wohl erstmals bei Huillard-Bréholles, HB 4, 383; ihm folgen, ebenfalls ohne nähere Begründung, etwa Kantorowicz, Friedrich 31 (vorsichtiger: Ergänzungsband 151 f.), Van Cleve, Frederick 302 f., und noch Orofino, Rapporto 129; zur Position von De Vaux, Van Steenberghen und Mansell siehe unten Anm. 114.

[113] Kritische Edition des Briefs auf der Basis des Cod. Paris, Bibl. Nat., lat. 8567, fol. 104v, unter Berücksichtigung der Petrus-de-Vinea-Überlieferung bei Gauthier, Notes 323 f., vgl. schon Denifle, Chartularium 1, 435 f., Nr. 394; zur Hs. Paris. lat. 8567 siehe Schaller, Entstehung 257 mit Anm. 85, 258 mit Anm. 87, 398.

[114] Zuschreibung an Manfred (zu 1263) bereits RI V, Nr. 4750, ebenso bei Haskins, Studies 261 Anm. 111, 284; ausführliche Begründung dafür bei Gauthier, Notes 322–330. Mansell, Corte 72, sowie Van Steenberghen, Problème 88 f., übernehmen die Sicht von De Vaux, Première entrée 203–210 (Friedrich ließ den Brief 1231 durch Michael Scotus in Bologna übergeben, Manfred schickte ihn 1263 fast unverändert nach Paris; zum kaum wahrscheinlichen Aufenthalt von Michael Scotus in Bologna im Oktober 1231 siehe unten S. 409).

nen. Schließlich rühmt er die gelehrten Empfänger seines Briefes als Jünger der Philosophie, er charakterisiert sie als Interpreten philosophischer Werke und schenkt ihnen, deutet man seine Worte recht, vorwiegend Bücher aus dem Bereich der Logik und der Naturwissenschaften – das alles paßt weit besser auf Professoren der Pariser Artistenfakultät als pauschal für die Lehrenden und Lernenden der Universität zu Bologna insgesamt.[115]

Sandte Friedrich die an seinem Hof und mit seiner Förderung der lateinischen Welt gewonnenen Werke der griechischen und arabischen Philosophie auch nicht – wie dann Papst Gregor IX. im Jahr 1234 seine Dekretalensammlung – unmittelbar an die Professoren in Bologna, so erregten sie dennoch Aufmerksamkeit und taten ihre Wirkung. Das zeigt eindrucksvoll des Kölner Magisters Heinrich Abschreibearbeit in Melfi im Sommer 1232. Die Neugierde anderer Gelehrter wurde gewiß rasch in ähnlicher Weise durch persönliche Kontakte geweckt, wie sie von seiten Michaels etwa zu Stephan von Provins, dem ohne Zweifel höchst interessierten Pariser Theologieprofessor, längst bestanden. Roger Bacon bestätigt den Sachverhalt mit seiner bekannten Äußerung, Michael Scotus habe seit 1230 Teile der Naturphilosophie und Metaphysik des Aristoteles einschließlich der maßgebenden Kommentare unter den Lateinern bekannt gemacht und dadurch das stete Wachsen des aristotelischen Einflusses bei ihnen in Gang gebracht. Trotz der Unschärfen, die seinem aus 35jähriger Distanz gesprochenen Urteil anhaften, belegt es grundsätzlich doch wohl zutreffend den Einfluß, den die Übersetzungen Michaels und seiner Kollegen an Friedrichs Hof zu ihrer Zeit ausübten.[116]

---

[115] Möglicherweise rührt die Existenz zweier Brieffassungen immerhin daher, daß Manfred einen etwas veränderten Text des Pariser Schreibens später tatsächlich auch nach Bologna sandte (so H. M. Schaller, Brief vom 17. 3. 1996).
[116] Roger Bacon, Opus maius II 13, ed. Bridges 3, 66 (= 1,55); vgl. dazu Thorndike, Michael 27 f., 37 f., De Vaux, Première entrée 213–217, Haskins, Studies 283 f.; zur raschen handschriftlichen Verbreitung der De-animalibus-Abschrift Heinrichs von Köln (vgl. oben S. 25) siehe Bund, Untersuchungen 2–5, D'Alverny, L'explicit 34–42. Für die Nachwelt war Averroes so eng mit Friedrichs Hof verbunden, daß das Gerücht entstehen konnte, seine Söhne hätten dort gelebt; noch Aegidius Romanus († 1316) verweist darauf, Quodlibet II q. 20 (Aegidii Columne Romani Quodlibeta, ed. P. D. de Connink [Löwen 1646] 102), vgl. De Vaux, Première entrée 202 mit Anm. 1.

Michael als Hofastrologe und selbständiger Autor

Michael Scotus widmete sich im übrigen keineswegs nur der Übertragung fremder Arbeiten ins Lateinische, sondern trat auch als selbständiger Autor hervor. Von seiner wohl in Toledo beendeten, uns leider nur fragmentarisch erhaltenen Abhandlung über Wesen und Zusammenhang der Wissenschaften hörten wir bereits: Offenbar stark vom Einfluß der „Divisio philosophiae" des Dominicus Gundissalinus geprägt, weckte sie unter Umständen das Interesse des Kaisers für den Fragenkomplex.[117] Mit einiger Wahrscheinlichkeit verfaßte unser gelehrter Autor daneben einen in den Handschriften als „Questiones Nicolai peripatetici" bezeichneten kurzen Traktat, der Beobachtungen über das Verhalten verschiedener Stoffe, vor allem Erfahrungen aus dem Bereich der Alchemie beziehungsweise der Metallurgie, dazu Beschreibungen von Naturphänomenen in lockerer Folge aneinanderreiht,[118] sowie einen zweiten Text ähnlichen Inhalts, in dem es neben anderem erneut um die Metalle und insbesondere um die Möglichkeit geht, sie ineinander zu verwandeln, also beispielsweise aus Kupfer Gold zu machen.[119] Gleichfalls als Werk Michaels darf außerdem vermutlich ein Kommentar zu des Johannes de Sacrobosco eben erschienener, rasch zum astronomischen Standardlehrbuch der Universitäten aufrückender Schrift „De spera" gelten.[120] Die sogenannte „Theorica planetarum" hingegen, die offenbar Sacroboscos allzu knappe Planetenlehre ergänzen sollte und in der Tat bald ebenfalls weithin im akademischen Unterricht Benutzung fand, übernahm er zwar vollständig in sein Hauptwerk, er vermerkte dabei jedoch ausdrücklich, sie stamme nicht von ihm. Dennoch bleibt bemerkenswert, wie schnell die beiden damals modernsten Abhandlungen aus dem Bereich der Astronomie zu seiner Kenntnis gelangten und ihn zur Auseinandersetzung veranlaßten. Sein Interesse für den Gegenstand war offenkundig ungebrochen, und er stieß am staufischen Hof damit gewiß auf positive Resonanz.[121]

[117] Siehe dazu oben S. 393 mit Anm. 90.

[118] Ausführliche Schilderung seines Inhalts nach der Hs. Paris, Bibl. Nat., lat. 7156, fol. 42v–48v, bei Thorndike, Michael 127–131 (die Angabe weiterer Hss. ebd. 131), vgl. ebd. 8f., sowie Haskins, Studies 279, Gauthier, Notes 365f.

[119] Dazu bes. Thomson, Texts 523–559 (Edition 532–557, über die Zusammenarbeit mit einem jüdischen *magister Iacobus*, wohl Jakob ben Anatoli, 544, vgl. dazu oben S. 398f.), außerdem Halleux, Alchimia 155–161, Thorndike, Michael 112–114, vgl. Haskins, Alchemy 150–159.

[120] Druck: Thorndike, Sphere 247–342, vgl. dazu ebd. 21–23 sowie ders., Michael 8, 34, Haskins, Studies 282f.; zu Sacrobosco: Thorndike, Sphere 1–21 (Druck von dessen De spera ebd. 76–117), sowie Krafft, Johannes 598f.

[121] Siehe Edwards, Redactions 339f. mit weiterer Literatur und Hss.-Angaben

Genauso wenig wie die „Theorica planetarum" flossen aus Michaels Feder wohl jene prophetischen Verse, die sich in zahlreichen Handschriften und Geschichtswerken, unter anderem etwa in der Chronik des Salimbene de Adam, finden und unter dem Titel „Weissagungen des Kommenden, verkündet von dem Magister Michael Scotus" knapp, aber eindrücklich das künftige Schicksal der wichtigsten Städte Oberitaliens schildern.[122] Eine Handschrift fügt sogar die Information hinzu, Michael habe seine Prophezeiungen 1231 in Bologna formuliert, und zwar für den Podestà und die führenden Männer der Stadt, die ihn gebeten hätten, mit Hilfe seiner astrologischen Kenntnisse die Erfolgsaussichten des gegen Kaiser Friedrich geschlossenen lombardischen Städtebundes zu offenbaren. In der Tat kamen die Führer der Lombardenliga Ende Oktober 1231 in Bologna zusammen. Schwer glaubhaft erscheint indessen schon allein angesichts der politischen Situation, daß Michael – gar als Überbringer kaiserlicher Geschenke für die Universität – beim entscheidenden Treffen der Staufergegner anwesend war und ihnen auch noch als Astrologe zu Diensten stand.[123] Zudem meldet eine ähnliche Notiz in einem zweiten Codex im Widerspruch zum ersten, Michael habe die fraglichen Verse Friedrich selbst vor dessen Abreise aus Deutschland vorgetragen.[124] Vor allem jedoch machen diese Verse derart genaue Aussagen zum Geschehen in Oberitalien zwischen 1236 und 1241, daß sich der Schluß geradezu auf-

zur Theorica planetarum sowie dem Zitat zur Autorschaft aus dem Liber introductorius in der Hs. München, Bayer. Staatsbibl., clm 10268, fol. 74ra (der Theorica-Text dort fol. 74ra–77va); vgl. Thorndike, Michael 36f. sowie 132–138 (Edition der Theorica planetarum), außerdem Poulle, Astronomia 123–125.

[122] Text der Futura presagia Lombardie, Tuscie, Romagnole et aliarum partium per magistrum Michaelem Scotum declarata bei Salimbene, Cronica, ad 1250, MGH SS 32, 361 f., sowie Holder-Egger, Prophetien II, 358–366, zur handschriftlichen Verbreitung siehe ebd. 349–358, zu Inhalt und Entstehung ebd. 366–377.

[123] Hs.: Brüssel, Bibliothèque Royale des Ducs de Bourgogne, n. 11956–66, fol. 98v, erster Hinweis und Text der Notiz bei Holder-Egger, Prophetien II, 366, vgl. Thorndike, Michael 38 Anm. 1, zum Bundestreffen vom Oktober 1231 siehe oben S. 270 mit Anm. 14; die Verknüpfung beider Nachrichten, der Oktober 1231 zugleich als Datum der Übermittlung einer kaiserlichen Büchergabe an die Bologneser Universität: De Vaux, Première entrée 203–210, zustimmend Van Steenberghen, Problème 88, doch vgl. oben S. 406 f. mit Anm. 114.

[124] *Prophetia ... recitata frederico imperatori rome per michaelem Scotum astrologum ipsius antequam veniret de alemania ad lombardiam*, Cod. Paris, Bibl. Nat., Nouv. acq. lat. 1401, fol. 124v (die Verse selbst fol. 125rv), Hinweis bei Haskins, Studies 276 Anm. 24, vgl. Thorndike, Michael 39 mit der Erläuterung „which was early in 1236"; tatsächlich brach Friedrich sowohl Ende Juli 1236 wie im September 1237 von Deutschland nach Italien auf, RI V, Nr. 2186a, 2279–2280a.

drängt, ihr Kern sei erst kurz nach 1241 niedergeschrieben und noch später durch einzelne zusätzliche Angaben ergänzt worden.[125] Die Zuschreibung der vermeintlichen Prophetie an Michael Scotus aber führt eindrücklich vor Augen, welch hervorragenden Ruf als Astrologe er weit über seinen Tod hinaus behielt. Schon Heinrich von Avranches, der ihn noch an Friedrichs Hof kennengelernt und offenbar bei einschlägiger Tätigkeit erlebt hatte, rühmt ihn denn auch als einen „Erforscher der Gestirne, einen Künder und Wahrsager",[126] und er selbst berichtet in der Tat, daß er auf kaiserliche Bitten hin aus der Sternenkonstellation etwa die Aussichten eines Angriffs gegen rebellische Städte abgeschätzt, seinem hohen Herrn aber auch von sich aus zuweilen aufgrund seiner astrologischen Kenntnisse Rat erteilt habe. So habe er ihn beispielsweise vor dem Aderlaß bei einer bestimmten Mondstellung gewarnt, weil sie Hände und Arme des Barbiers ungünstig beeinflusse; als der Kaiser, um in der Sache Klarheit zu gewinnen, zur fraglichen Zeit dennoch seinen Barbier zu sich rief, sei diesem prompt sein kleines Wundmesser so unglücklich aus der Hand geglitten, daß eine ziemlich schmerzhafte und langwierige Verletzung am kaiserlichen Fuß entstand.[127]

Michaels Hinweise belegen die damals weit verbreitete Überzeugung, daß die Gestirne einen bestimmenden Einfluß auf die aus den Elementen aufgebaute, materielle Welt, auf Pflanzen, Tiere und selbst den menschlichen Körper ausübten. Zwar unterlag die menschliche Seele nach gängiger Meinung nicht gleicherweise notwendig ihrem Zwang, sondern blieb

---

[125] So schon Holder-Egger, Prophetien II, zusammenfassend bes. 376f., ihm folgend Haskins, Studies 276, Manselli, Corte 71 Anm. 25; etwas zurückhaltender Thorndike, Michael 38f., der sogar überlegt (ebd. 35f.), ob Michael vor einem eventuellen Aufenthalt in Bologna nicht in Paris lehrte, dafür aber keine Belege bieten kann – in der bei ihm herangezogenen Passage aus dem Liber introductorius (Wortlaut bei Haskins 291 mit Anm. 118) spricht Michael lediglich allgemein von seiner Lehrtätigkeit, und die Erwähnung von Paris am Schluß des Sacroboscokommentars, Thorndike, Sphere 341 f., erklärt sich ohne weiteres aus dem Stichwort *Dionisius Areopagita*, unter dem sie erfolgt.

[126] *Quedam de te presagia, cesar,/A Michele Scoto me percepisse recordor,/Qui fuit astrorum scrutator, qui fuit augur,/Qui fuit ariolus, et qui fuit alter Apollo*, ed. Winkelmann, Drei Gedichte 485f., v. 55–58, vgl. die folgende, Friedrich und das Imperium betreffende Weissagung Michaels, v. 59–84; zu Heinrich und zur Datierung der Verse siehe oben S. 401, Anm. 104, vgl. S. 364 mit Anm. 35.

[127] Vorgehen gegen Rebellen: Liber introductorius, Cod. Paris, Nouv. acq. lat. 1401, fol. 99v–100r, vgl. Thorndike, Michael 104f., Haskins, Studies 275 mit Anm. 22; Warnung vor Aderlaß: Liber introductorius, Cod. München, clm 10268, fol. 114v, Text bei Haskins 289 Anm. 108, vgl. ebd. Anm. 107; zum Liber introductorius siehe unten S. 411–416, zu den genannten Hss. Anm. 133.

ihnen gegenüber grundsätzlich frei; in der Praxis jedoch erwies sich der menschliche Wille – wie im Falle von Friedrichs Barbier – meist ebenfalls als schwach genug, sich der von ihnen ausgehenden Gewalt zu beugen. Verständlich angesichts solcher Vorstellungen, daß die Astrologie, auf astronomischem Basiswissen aufbauend und im 12. Jahrhundert durch Übersetzungen spezieller arabischer Arbeiten wesentlich bereichert, im 13. Jahrhundert wie dann im ganzen Spätmittelalter unter den Gebildeten des christlichen Europa, an weltlichen wie durchaus auch an geistlichen Höfen, höchstes Ansehen und sorglichste Pflege genoß.[128]

Friedrich machte in diesem Punkt, trotz der verhaltenen Skepsis, die in der Aderlaß-Erzählung durchscheint, offensichtlich keineswegs eine Ausnahme, ganz im Gegenteil: Michael Scotus verdankte die Vertrauensstellung, die er beim Kaiser innehatte, die Geltung, die ihm an dessen Hof zukam, auf Dauer wohl ganz wesentlich seiner Beschlagenheit als Astrologe. Darauf lassen nicht nur seine eben angeführten speziellen Hinweise schließen,[129] darauf deutet gewiß nicht minder eindrücklich jenes Werk als Ganzes, aus dem sie durchweg stammen, Michaels umfangreiche Hauptschrift nämlich, der er selbst den Namen „Liber introductorius" gab. Er bezeichnete sie nach seinen eigenen Worten so, weil sie, auf Wunsch Friedrichs II. verfaßt, Anfänger der Wissenschaft in die Astronomie einführen sollte. Tatsächlich aber widmet sie sich über weite Passagen hin eher spezifisch astrologischen Fragen. Ganz folgerichtig verspricht Michael dem, der sie gründlich durcharbeite und ihren Stoff beherrsche, er dürfe mit Fug den Titel „Neuer Astrologe" für sich beanspruchen. Michael selbst erscheint in den Handschriften des Werkes im übrigen bezeichnenderweise wiederholt als der Astrologe Friedrichs schlechthin, als *astrologus Frederici imperatoris*.[130]

[128] Vgl. Caroti, Astrologia 57–73, North, Astrologie 1137–1145 (mit weiterführender Literatur), außerdem Haskins, Studies 257–259.

[129] Was man Friedrichs Glauben an die Astrologie zutraute, bezeugt die Erzählung des Matthaeus Parisiensis, Chronica maiora ad 1235, ed. Luard 3, 324, wonach der Kaiser in der Hochzeitsnacht den ehelichen Verkehr mit Isabella von England bis zu der von seinen Astrologen empfohlenen Stunde hinausschob. Die Geschichte mag einen wahren Kern haben; die von Matthaeus zur Bekräftigung beigefügte Behauptung, damals sei tatsächlich ein Sohn, Heinrich, gezeugt worden, ist freilich falsch. Auch die Hinweise auf Anregungen für Friedrichs Vorgehen im Liber physiognomie des Michael Scotus (Jacquart, Physiognomonie 35–37) überzeugen nicht recht.

[130] *Volumus librum tocius artis* (sc. *astronomie*) *collectum pro noviciis scolaribus incipere ordinate, qui merito dici potest introductorius*, Schluß des Vorworts zum Liber introductorius, Cod. München, clm 10268, fol. 19v, Text bei Burnett, Michael 101 Anm. 4 (S. 102), Edwards, Redactions 330 Anm. 7, vgl. Cod. Paris, Nouv. acq. lat.

Nach dem klaren Willen seines Autors besteht der „Liber introductorius", wahrscheinlich seit 1228 oder 1229 in Arbeit,[131] aus drei bis in unsere Tage des öfteren als selbständige Abhandlungen laufenden Teilen, aus dem weit ausgreifenden, in vier Abschnitte gegliederten „Liber quatuor distinctionum", dem ihn ergänzenden, wesentlich kürzeren „Liber particularis" und schließlich dem „Liber physiognomie".[132] Die angemessene Charakterisierung und Bewertung dieses großen Kompendiums bereitet indessen leider noch immer erhebliche Schwierigkeiten, denn das neben Friedrichs Falkenbuch allem nach bedeutendste und eigenständigste Produkt der naturwissenschaftlichen Bemühungen am Kaiserhofe liegt bis heute, von frühen Ausgaben seines dritten Teils abgesehen, nicht gedruckt vor, und der sehr unübersichtliche, auch gegenwärtig noch manches Rätsel aufgebende Zustand seiner handschriftlichen Überlieferung, der zweifellos verständliche Grund für das Fehlen einer Edition, verwirrt den Blick auf Michaels Werk, vor allem auf dessen ersten Teil, zuweilen beträchtlich. Offenbar vermochte bereits Michael selbst seine Arbeit nicht abzuschließen, sondern hinterließ einen hie und da unvollständigen, an vielen Stellen vorläufigen Text, der von Anfang an Wiederholungen, Widersprüche und verschiedene Versionen derselben Gedankengänge bot. Zudem kürzten Michael oder eher unbekannte spätere Bearbeiter viele Partien unter gleichzeitiger Abänderung ihrer Reihenfolge, und die Codices spiegeln diesen Sachverhalt in seiner ganzen Buntheit wider. Wenn wir deshalb über die Meinung des Verfassers auch nicht selten im unklaren

1401, fol. 128v (Ende des ersten Werksteiles); dort auch der Hinweis auf die Entstehung *ad preces domini nostri Frederici Rome imperatoris* (Text bei Haskins, Studies 287 Anm. 95), ebenso im Vorwort des zweiten Teils (Liber particularis) zusammen mit der Bemerkung, wer diese beiden Teile *plene noverit ac sciverit operari, nomen novi astrologie obtinebit,* Cod. Oxford, Bodleian Library, Canon. Misc. 555, fol. 1r–v (Text: Haskins 291), vgl. den Beginn des Liber physiognomie, fol. 59r. Michael als *astrologus Frederici imperatoris*: Cod. München, clm 10268, fol. 1r, 146v, Oxford, Bodl. Canon. Misc. 555, fol. 1r, fol. 88v; vgl.: *me Michaelem Scotum sibi fidelem inter ceteros astrologos domestice advocavit* (sc. *imperator*), Liber particularis, Cod. Bodl. Canon. Misc. 555, fol. 44v.

[131] Anhalt für diese Datierung: Franz von Assisi (am 16. 7. 1228 heiliggesprochen) wird im Vorwort als *beatus Franciscus* bezeichnet (München, clm 10268, fol. 9v, siehe Haskins, Studies 280 mit Anm. 50); eine Passage im ersten Werksteil spricht wohl auf Michaels Teilnahme an Friedrichs Kreuzzug an (clm 10268, fol. 46r, siehe Thorndike, Michael 35, vgl. oben S. 403, Anm. 107).

[132] Vgl. dazu bes. Burnett, Michael 101 mit Anm. 4, dort (S. 102) das Zitat der entsprechenden Passagen aus Michaels Vorwort zum Gesamtwerk (München, clm 10268, fol. 19v); der Titel Liber introductorius bezeichnet in der Forschung fälschlicherweise meist nur den ersten Teil des Gesamtwerkes.

bleiben, so vermögen wir uns andererseits von den Grundzügen seines Lehrbuches mit aller Vorsicht doch ein einigermaßen zuverlässiges Bild zu verschaffen.[133] Schon auf den ersten Blättern seines Gesamtwerkes zeigt sich Michaels Streben nach umfassender Unterweisung.[134] Er setzt ein mit dem Preis Gottes und einem an der Genesis orientierten, ganz auf Gottes Wirken abhebenden, die These von der Ewigkeit der Welt zurückweisenden Schöpfungsbericht und kommt dann auf die Engel, die Dämonen und ihre Ordnung sowie auf das Wesen der Trinität zu sprechen. Später erfahren wir, daß Gott im Zentrum des Universums die kugelförmige Erde befestigte, um die er die sieben Planetensphären, den Sternenhimmel und endlich das Empyreum anordnete, die äußerste Sphäre des Kosmos, wo er selbst über den Engeln residiere, sofern man ihm überhaupt einen festen Ort zuweisen könne.

Die Erde teilt Michael nach zwei unterschiedlichen, doch traditionellen, letztlich auf die Antike zurückgehenden Modellen einmal in sieben verschiedene Klimazonen ein, unmittelbar darauf dann in fünf, nämlich eine heiße Zone entlang des Äquators, in der er – hierin offenbar ein Neuerer –

[133] Ausführliche Analyse der handschriftlichen Überlieferung des ersten Teils bei Edwards, Redactions 329–339 (Beschreibung der Hss. 331f. mit Anm. 12), vgl. Burnett, Michael 111f., Bauer, Liber 6–11 (bes. zu den Bildzyklen), außerdem, auch zur Überlieferung der beiden anderen Teile, Thorndike, Michael 5f., 122f., Haskins, Studies 287 mit Anm. 294–295, 290 Anm. 117. Nach den überzeugenden Argumenten von Edwards tradiert der Cod. München, Bayer. Staatsbibl., clm 10268, fol. 1–146 (Mitte 14. Jh.), Michaels Liber quatuor distinctionum am besten, wenngleich ohne die vierte *distinctio*, während die Codd. Paris, Bibl. Nat., Nouv. acq. lat. 1401, fol. 11–128 (wohl um 1279), und Escorial, Real Bibl., f. III. 8, fol. 1–126 (14. Jh.), nicht identische gekürzte Fassungen des vollständigen ersten Teils bieten; demgegenüber leuchtet der Vorschlag von Burnett 112–114, den Text des clm 10268 wie jenen des Liber particularis als spätere Bearbeitungen durch den Astrologen Bartholomaeus von Parma (Ende 13. Jh.) zu betrachten, nicht ein, zumal auch Burnetts eigene Belege doch eher für eine Zitierung aus dem bereits vorliegenden Werk Michaels durch Bartholomaeus sprechen; eben diese Vorgehensweise des Bartholomaeus stellt im übrigen Reichert, Geographie 443 Anm. 43 (S. 444), bezüglich der geographischen Abschnitte des Liber introductorius fest. Anschließend an dessen ersten Teil bringt die Hs. Paris, Nouv. acq. lat. 1401, fol. 129–162 den Liber particularis, der sich seinerseits, nun gefolgt vom Liber physiognomie, etwa noch im Cod. Oxford, Bodleian Library, Canon. Misc. 555 (14. Jh.), fol. 1–59 (L. phys. fol. 59–88), beziehungsweise im Cod. Mailand, Bibl. Ambros., L. 92, sup. (13. Jh.), fol. 1–89 (L. phys. fol. 89–135), findet.
[134] Die ausführlichste Inhaltsübersicht mit Zitaten aus den zentralen Codd. Thorndike, Michael 40–121, vgl. Haskins, Studies 285–298, ebenfalls mit Belegen aus den Hss.

das irdische Paradies vermutet, daneben zwei kalte, unwirtliche Gebiete unter den beiden Polen und schließlich im Süden wie im Norden zwischen dem heißen und dem kalten Bereich jeweils eine gemäßigte Zone. Bei der nördlichen handelt es sich um die bekannte bewohnte Welt mit den Kontinenten Asien, Afrika und Europa; ob ihr südliches Gegenstück ebenfalls von Menschen besiedelt war, ließ sich nach Michaels Meinung hingegen nicht sagen, aber er hielt es doch für einigermaßen wahrscheinlich.[135]

Mit ähnlich vielfältigen Themen befaßt sich unser gelehrter Schriftsteller auch weiterhin. Er fragt nach dem Antrieb der Planeten, über den man freilich wenig wisse, und nach dem Abstand ihrer Sphären, informiert über die Gezeiten, die Grundsätze der Zeitrechnung und die Besonderheiten des Kalenders, über Wetterphänomene wie Wind, Hagel oder Schnee, über Tiere und Pflanzen, Vulkane und Metalle. Manches andere, so eine Studie über die Seele, fand sich möglicherweise in der vierten Distinktion des ersten Werkteils, deren Inhalt wir indes, wenn überhaupt, lediglich in recht gestraffter, fragmentarischer Form kennen.[136] Bei alledem spielt die Zahlensymbolik eine große Rolle, die Zahl Sieben etwa als Zahl der Sakramente und der Gaben des Heiligen Geistes wie auch der Planeten, der Wochentage und Metalle, und etwas irritiert stößt man immer wieder auf Michaels Dämonenglauben, auf seine Überzeugung, in der Natur wohnten die verschiedensten Geister und Zauberwesen, deren Dienste die Menschen durch magische Praktiken gewinnen könnten. Michael erweist sich durchaus als Kenner einschlägiger Bücher und Experimente, warnt zugleich jedoch dringend vor den zerstörerischen Gefahren solcher Geisterbeschwörungen.[137]

Im großen Vorwort zum „Liber introductorius" ist bereits von jenen Gebieten die Rede, die dann zumindest im „Liber quatuor distinctionum" den breitesten Raum einnehmen, von der Astronomie und Astrologie. Während beide für Michael eng zusammengehören, da die Astronomie die Grundlagen für die Astrologie liefert, grenzt er diese ihrerseits als eine zentrale Wissenschaft, die in Gottes Gunst stehe und mit vielen seiner Geheimnisse vertraut mache, streng von der verpönten Magie ab. Er schildert vorweg ihre lange, bis auf Noah zurückreichende Geschichte, um danach

---

[135] Siehe dazu Reichert, Geographie 451–454, 457–459 (die kritische Edition der einschlägigen Textstellen 482–488), sowie Gautier Dalché, Savoirs géographiques, bes. 75–81.
[136] Vgl. die Abschnitte De anima (beziehungsweise De noticia virtutum corporis et anime hominis) in den Codd. Escorial, f. III. 8, fol. 36v–47r, beziehungsweise Paris, Nouv. acq. lat. 1401, fol. 108r–109v, dazu Thorndike, Michael 85f., zu den Hss. oben S. 413, Anm. 133.
[137] Siehe Pingree, Magic 39–56, Thorndike, Michael 116–121, vgl. Morpurgo, Philosophia naturalis 244 mit Anm. 32.

in den einzelnen Distinktionen astronomisches Basiswissen auszubreiten, die wichtigsten astrologischen Instrumente und Techniken zu erläutern sowie die Planeten und Sternbilder, ihre Eigenarten und speziellen Wirkungen zu beschreiben, gewiß von Anfang an anhand von Bilderzyklen, wie sie etwa die Münchener Handschrift des Werkes tradiert. Einen ausführlichen Einblick sozusagen in den Berufsalltag des Astrologen und damit zugleich eine gute Vorstellung von der gesellschaftlichen Bedeutung seiner Tätigkeit vermittelt vor allem die dritte Distinktion. Sie führt nämlich beispielhaft eine Fülle von Fragen an, die einem Astrologen nach Michaels Erfahrung vorgelegt zu werden pflegen, und gibt detaillierte praktische Anweisungen für ihre Beantwortung, mag die Ratsuchenden die Sorge um die aus ihrer Ehe zu erwartenden Nachkommen oder um die passende Berufswahl ihrer Kinder umtreiben, mögen sie Auskunft über Fortgang und Ende eines Prozesses, über die Richtigkeit einer Zeugenaussage, den Verbleib gestohlenen Gutes, das künftige politische Verhalten einer Stadt oder den günstigen Zeitpunkt für eine wichtige Unternehmung wie den Neubau eines Schiffes erbitten.

Als offenbar erfahrener Pädagoge lockert Michael Scotus seinen Stoff mit belehrenden Fabeln oder Anekdoten auf und streut hin und wieder durchaus auch persönliche Erlebnisse beispielsweise aus seinem Umgang mit dem Kaiser ein. Zu den bekanntesten derartigen Erzählungen gehört gewiß jene, nach der Friedrich unseren Autor eines Tages während einer Jagd aufforderte, die Entfernung zwischen einem Dorfkirchturm und dem Sternenhimmel exakt zu bestimmen, was dieser auf der Stelle ohne Schwierigkeiten tat. Insgeheim ließ der Kaiser daraufhin den Turm geringfügig kürzen und bat Michael beim nächsten Ausritt in dieselbe Gegend, Unsicherheit hinsichtlich der ersten Messung vortäuschend, um ihre Wiederholung. Als der Gelehrte seinem Wunsch nachkam, bemerkte er die kleine Veränderung – wie nicht anders zu erwarten – sofort, worauf ihn sein kaiserlicher Herr voller Bewunderung in die Arme schloß. Die Zweifel, die Michael gegenüber astronomischen Berechnungen wie der hier geschilderten an anderem Ort äußert, und die Tatsache, daß ein Mann wie Salimbene seine Geschichte ganz ähnlich nachschreibt, sprechen freilich nicht gerade für deren Glaubwürdigkeit; Friedrichs kritischen Sinn, Michaels hohes Ansehen als Wissenschaftler und beider Verhältnis zueinander dürfte sie aber immerhin grundsätzlich zutreffend bezeugen.[138]

---

[138] Text der Erzählung aus der Hs. München, clm 10268, fol. 31, bei Haskins, Studies 290 Anm. 110, vgl. Thorndike, Michael 19, 45 f.; Salimbene, Cronica, MGH SS 32, 353. – Zur Beratertätigkeit Michaels für Friedrich siehe auch oben S. 410 mit Anm. 127; zu dem im Liber quatuor distinctionum enthaltenen Fixsternkatalog vgl. Ackermann, Empirie 289–302.

Der „Liber particularis" kommt auf einzelne, im ersten Teil des „Liber introductorius" besprochene Gegenstände noch einmal und nun meist ausführlicher zurück, insbesondere auf Probleme der Zeitrechnung, auf die Gestirne und Gezeiten. Er informiert ferner über die Qualitäten der Luft und die Bedingungen ihres Wandels, über den Regenbogen und die Kometen, um sich am Ende, nicht ohne abermalige Wiederholungen, den von Friedrich eigens für Michael formulierten Fragen zuzuwenden.[139] Verglichen mit diesem Mittelstück von Michael Scotus' Lehrbuch und vor allem mit dem „Liber quatuor distinctionum" wirkt der das Gesamtwerk abrundende „Liber physiognomie" dann geradezu einheitlich: In seinem Zentrum steht der Mensch. Die Schrift handelt zunächst von der Entstehung des Menschen, also von Geschlechtsverkehr, Schwangerschaft und Geburt. Danach geht es um Gesundheit, Krankheit und die Vermittlung medizinischer Grundkenntnisse, um den Einfluß der Elementenqualitäten, der Säfte und Gestirne auf die menschlichen Lebensvorgänge, um Träume und ihre Deutung. Erst das letzte Drittel des Buches konzentriert sich auf den im Titel angekündigten Bereich der Physiognomik. Der Leser wird nun tatsächlich darüber belehrt, wie sich am Äußeren eines Menschen, das systematisch von Kopf bis Fuß besprochen wird, dessen Charakter und Verhalten ablesen lasse. Eine faltenlose, glatte Stirn deute auf Streitsucht, Falschheit und intellektuelle Schlichtheit, so meint unser Autor zum Beispiel zu wissen. Er rät zusammenfassend klugerweise aber doch zu einem vorsichtigen Gesamturteil, das alle über eine Person überhaupt bekannten Umstände einbeziehe.[140]

Des Kaisers Wissenshorizont und der Rang von Michaels Werk

Innerhalb der recht unübersichtlichen, fast erdrückenden Stoffmassen des „Liber introductorius" zieht das berühmte Kapitel mit Friedrichs Fragen am Schluß des zweiten Teiles seit seiner Veröffentlichung die größte

---

[139] Ausführliche Zitate (in englischer Übersetzung) aus den Abschnitten über die Luft und den Regenbogen bei Thorndike, Michael 64–69; zu Friedrichs Fragen siehe unten S. 416–419.

[140] Zum Liber physiognomie, zu seinen Quellen und seiner Originalität siehe Jacquart, Physiognomonie 19–37, außerdem Querfeld, Michael, bes. 14 f. (Editionen), 20–23 (Quellen, vgl. dazu auch 40, 42, 47 f.), 51–60 (Edition der in den Drucken fehlenden Abschnitte De notitia prognosticationis urinae beziehungsweise De notitia pulsus); die Benutzung der physiognomischen Partien der seit den 1220er Jahren vollständig in Latein zugänglichen Schrift Secretum secretorum (zu ihr siehe unten S. 426 mit Anm. 169) durch Michael macht wahrscheinlich Williams, Early Circulation 131–136; ein Inhaltsüberblick bei Thorndike, Michael 86–91.

Aufmerksamkeit auf sich,[141] scheint es doch einen besonders weiten und unverstellten Blick auf die wissenschaftlichen Neigungen des Kaisers selbst, ja auf seine Vorstellungen von Gott und Welt schlechthin zu gewähren. In der Tat will der prominente Fragesteller nämlich nicht nur wissen, was die Erde inmitten des kosmischen Raumes festhalte, wie viele Himmel existierten, wer diese lenke und was man über ihre Größe und Entfernung voneinander sagen könne. Er erkundigt sich auch nach dem Sitz und Residenzort Gottes und nach dem Tun der Engel und Heiligen in seiner Umgebung, also gewissermaßen nach dem Alltag des göttlichen Hofstaates, und wünscht Auskunft über die Namen der in den Weiten des Weltraumes wohnenden Geister, über die genaue Lage von Hölle, Fegefeuer und Paradies sowie über die Möglichkeit der Seelen Verstorbener, aus dem Jenseits ins Diesseits zurückzuwirken. Im übrigen richtet sich die herrscherliche Neugierde dann freilich doch vorwiegend auf irdische Naturphänomene, auf die Größe und Beschaffenheit des Körpers der Erde, weiterhin – auffallend ausführlich und indem Friedrich eine Reihe persönlicher Beobachtungen und Vermutungen beisteuert – auf die unterschiedlichen Eigenschaften des Wassers, die Herkunft von Süß- und Salzwasser, die Rätsel des irdischen Wasserkreislaufes und die Ursachen der heißen oder warmen, bitteren oder übelriechenden Quellen und Gewässer. Schließlich stehen noch die Winde und – unter Berufung auf sizilische Beispiele – verschiedene Erscheinungsformen des Vulkanismus auf der Fragenliste.

Michael Scotus geben die Quaestionen seines Herrn zunächst Gelegenheit, den Nutzen gelehrten Wissens im allgemeinen und die überragende, eigentlich Unsterblichkeit als Lohn verdienende Gelehrsamkeit Friedrichs im besonderen zu rühmen. Er behandelt danach keineswegs alle von jenem angesprochenen Probleme, und manches davon hatte er ja auch – vielleicht eben in Kenntnis des kaiserlichen Wunschkatalogs[142] und mit Rücksicht darauf – bereits an früheren Stellen seines Werkes berührt. Indessen reizen ihn einzelne Themen durchaus zu erneuter Diskussion, und anderes bringt er ungefragt selbst zur Sprache. Noch einmal äußert er sich zum vermutlichen Aufenthaltsort Gottes und der Engel, dem mit dem Paradies identischen höchsten Himmel, zur schwer bestimmbaren Lage des

---

[141] Edition der Fragen: Haskins, Studies 292–294 (nach den Hss. Oxford, Bodl. Canon. Misc. 555, fol. 44v–45r, Mailand, Ambros. L. 92. sup., fol. 69r, Rom, Bibl. Vatic., Ross. 421, fol. 37r–38r, mit Zusätzen aus dem Cod. Paris, Nouv. acq. lat. 1401, fol. 156v–157r, vgl. oben S. 413, Anm. 133), zu Michaels Antworten siehe ebd. 294–298 (ebenfalls mit Textzitaten); Nachdruck der Fragen mit deutscher Übersetzung: Hampe, Kaiser Friedrich 54–60.
[142] Einen Vorverweis im Liber quatuor distinctionum auf die später folgende Behandlung der Fragen Friedrichs notiert Thorndike, Michael 52.

irdischen Paradieses und des Purgatoriums sowie zur Hölle. Diese charakterisiert er jetzt ausführlicher, aber anhand seit langem gängiger Vorstellungen als einen von Felsen umschlossenen, dunklen, einem Backofen gleichen Platz genau im Zentrum der Erde, aus dem durch verschiedene Öffnungen, beispielsweise in Sizilien und Indien, Feuer und Schwefelgestank, aber auch die Klagen der Verdammten zur Erdoberfläche dringen.[143] Etwas abschweifend schildert er eine Reihe von Besonderheiten der Natur, den Magneten etwa oder die Metalle und Verfahren zu ihrer Umwandlung, um anschließend wieder zu Friedrichs speziellen Interessen zurückzulenken und vom Erdball zu reden, den Wasser durchströme und fast ganz bedecke und um den die Sphären der Luft und des Feuers, der Planeten und Sterne angeordnet seien wie die Schalen einer Zwiebel. Die unterschiedlichen Eigenschaften des Wassers führt er auf den ungleichen Einfluß der Sonne beziehungsweise die verschiedenen in der Erde auf das Wasser einwirkenden Stoffe und Qualitäten zurück. So kommt es nach seinen Worten etwa zum Austreten heißer Quellen, aber auch zum Ausbruch von Vulkanen oder zu Flammen- und Raucherscheinungen, Gesteins- und Aschenregen, wenn Wind oder Wasser in die Adern und Höhlungen des Erdinnern gelangt, dort auf Schwefel und heißes Gestein trifft und sich dabei stark erhitzt.[144]

Friedrich formulierte seine Fragen an Michael, ohne daß sie genau datierbar wären,[145] natürlich geraume Zeit vor seinen Sizilianischen Quaestionen an Ibn Sab'īn. Dennoch wird man ihnen wohl kaum gerecht, wenn man sie als Produkt der „Frühzeit seiner gelehrten und spekulativen Beschäftigungen" mit allen Zeichen einer „verhältnismäßigen Unberührtheit von literarisch-philosophischen Studien" charakterisiert und ihnen die späteren Quaestionen als ein Zeugnis fortgeschrittener philosophischer Erkenntnis und zunehmender Skepsis auch gegenüber der Theologie entgegenhält.[146] Zum einen erlauben jene Quaestionen schwerlich derartige Rückschlüsse auf des Kaisers Weltanschauung, zum anderen aber belegen die Äußerungen Leonardo Fibonaccis doch sehr verläßlich das intensive,

[143] Siehe dazu bes. Reichert, Geographie 455, vgl. 457 Anm. 96, und Thorndike, Michael 48f.
[144] Ausführliches Zitat bei Haskins, Studies 296f., vgl. Reichert, Geographie 454 Anm. 83.
[145] Die Datierung auf den Badeaufenthalt Friedrichs in Pozzuoli „im Oktober und November 1227" durch Hampe, Kaiser Friedrich 61–63, gibt den recht knappen Passagen in Friedrichs Fragenkatalog, die vielleicht, aber keineswegs zwingend auf Pozzuoli deuten, wohl allzuviel Gewicht; doch lag der Katalog Michael möglicherweise bereits in einer frühen Phase seiner Arbeit am Liber introductorius vor, siehe dazu oben S. 417 mit Anm. 142.
[146] So Hampe, Kaiser Friedrich 63 und 65.

sogar in äußerst krisenhaften Zeiten wache wissenschaftliche Interesse Friedrichs und die Präsenz hochgebildeter Männer an seinem Hof schon für die Mitte der zwanziger Jahre. Michael Scotus, der seine Antworten mit einem Preislied auf die Gelehrsamkeit seines Herrn einleitet, berichtet denn auch, bevor er dessen Fragen zitiert, Leonardo bestätigend, von dem lang andauernden kaiserlichen Streben nach Wissen, und Friedrich selbst bekräftigt diese Aussage aufs beste, wenn er das besondere Profil seiner Fragen von seinen vielfältigen bisherigen Erkenntnisbemühungen abhebt. Im übrigen sei daran erinnert, daß einzelne Arbeiten und manche Bemerkungen Michaels bereits Probleme aufgreifen, die später in den Sizilianischen Quaestionen wiederauftauchen, daß Friedrich also möglicherweise bereits in seinen Diskussionen mit Michael auf sie gelenkt wurde.[147]

So geben uns Friedrichs Fragen und die Antworten Michaels wie dessen gesamtes Werk willkommene und durchaus beeindruckende Auskunft über den Wissenshorizont des Kaisers und seiner Hofgesellschaft; sie weisen zugleich auf die Überzeugungen, Neigungen und Ziele, die den Kaiser mit seinem gelehrten Berater verbanden und dessen Ansehen am Hofe verständlich machten. Beide trieb wie viele Intellektuelle Europas seit dem 12. Jahrhundert eine fast grenzenlose Wißbegierde den sichtbaren Dingen gegenüber, das Bestreben, den Bau der Welt und die Vorgänge in der Natur möglichst vollständig zu erfassen, zutreffend zu beschreiben und einleuchtend, von klaren Grundprinzipien her zu erklären. Dabei setzten offenbar beide ganz selbstverständlich voraus, daß Gott das Weltganze geschaffen habe und die Menschen nach dem Tode richten werde und daß man immerhin versuchen könne, auch die Stätte seines Wirkens oder die Orte jenseitiger Belohnung und Strafe innerhalb dieses Kosmos mit wissenschaftlichen Methoden zu lokalisieren.

Viel mehr läßt sich wenigstens aus den Fragen des Kaisers nicht herauslesen. Doch welches Zeugnis stellt das Schaffen seines geschätzten Mitarbeiters Michael Scotus dem Niveau der an seinem Hofe betriebenen Wissenschaften aus? Ohne Zweifel bleibt es – trotz aller Unsicherheit über den Umfang seiner Leistung im einzelnen – ein Hauptverdienst Michaels, durch seine auch im sizilischen Königreich weitergeführte Tätigkeit als Übersetzer dem Abendland neben wichtigen anderen Schriften wohl als erster das Werk des Averroes zugänglich gemacht und damit die wissenschaftliche Entwicklung des 13. Jahrhunderts entscheidend gefördert zu

---

[147] Vgl. zur Ablehnung der These von der Ewigkeit der Welt oben S. 413, zur Divisio philosophiae oben S. 408, zum Zusammenhang mit den Sizilianischen Quaestionen und zu deren Beurteilung oben S. 393–395 mit Anm. 90 und 93, zu Leonardo Fibonacci oben S. 386 f.; die Äußerungen Michaels und Friedrichs zitiert Haskins, Studies 292 und 294.

haben. In seinem großen „Liber introductorius" benutzte er freilich gerade diese Arbeiten offenbar nicht.[148] Man hat darin ein Indiz für den ganz allgemein eher konservativen Charakter von Michaels Enzyklopädie gesehen und behauptet, der Gelehrte weiche dort im Grunde hinter die wissenschaftlichen Errungenschaften des 12. Jahrhunderts und insbesondere diejenigen der Salernitaner Schule zurück. Er gebe nämlich deren Glauben an die umfassende Geltung und Wirksamkeit immanenter Gesetze in der Natur und an die darauf beruhende Möglichkeit, die Natur zu deuten und zu verstehen, auf zugunsten einer Weltsicht, die wieder stärker traditionelle kirchlich-religiöse Anschauungen bevorzuge, die Bedeutung von Gottes Handeln in der Natur hervorhebe, kurz: Naturerkenntnis und Philosophie wieder der Herrschaft der Theologie unterwerfe.[149]

Manches spricht in der Tat für ein solches Urteil. Wir sahen, welchen Rang Michael den Dämonen und der Zauberei einzuräumen bereit war, mit welcher Liebe er die Geheimnisse der Zahlensymbolik aufspürte, welches Gewicht religiöse Themen und insbesondere die Schilderung der göttlichen Schöpfermacht bei ihm gewannen. Wenn er beispielsweise auf Friedrichs Fragen nach der Kraft, die den Erdball im Zentrum des Kosmos sicher fixiere, die überragende Stärke des alle Dinge nach seinem Willen fügenden Schöpfers als Ursache nennt, so hätten ihm Abaelard oder Thierry von Chartres gewiß mit dem Hinweis auf die natürliche Schwere der Erde widersprochen.[150]

Freilich entwickelten Michaels Vorgänger in Chartres, Paris oder Salerno keineswegs ein einheitliches oder durchgehend rational geprägtes Naturkonzept. Auch ihnen galt Gott selbstverständlich als der aus dem Nichts schaffende Baumeister des Kosmos, auch unter ihnen findet sich gelegentlich die Bereitschaft, Grundzüge der kosmischen Ordnung dem unmittelbaren, sogar gegen die Elementenqualitäten gerichteten göttlichen Befehl zuzuschreiben.[151] Umgekehrt wandte Michael seinerseits durchaus die bei ihnen zentrale Lehre von den vier Elementen und ihren Qualitäten an, um Naturphänomene von einer rational einsichtigen Basis her zu erklären, und Passagen wie die Abschnitte über Harnschau und Puls am Ende des

---

[148] Siehe Burnett, Michael 119f. mit dem Hinweis (119 Anm. 5) auf die einmalige Erwähnung Averroes' und Avicennas im Vorwort; vgl. Morpurgo, Idea 152–154.
[149] So bes. Morpurgo, Idea 149–157, 166–168, 180–183, vgl. dazu Stürner, Kaiser Friedrich. Sein Gelehrtenkreis 318–321.
[150] Michaels Erklärung zitiert bei Reichert, Geographie 454 Anm. 83, vgl. etwas später Michaels Bemerkung, der barmherzige Wille Gottes habe die rasche Zerstörung der Erde durch die Unterbringung des Schwefels und feurigen Gesteins im Erdinnern verhindert, Zitat: Haskins, Studies 297; zu Abaelard und Thierry siehe Stürner, Natur 28f., 33f. mit Belegen.

Mittelteils seines „Liber physiognomie" entsprechen methodisch und inhaltlich durchaus dem von der Salernitaner Schule Gebotenen.[152] Im übrigen verraten die astrologischen Partien seines Werkes ja eigentlich ebenfalls ein großes Vertrauen in die Berechenbarkeit der das Weltganze bestimmenden Kräfte und Abläufe. Gerade hier scheint er zudem als erster das einschlägige arabische Schrifttum im vollen Umfang berücksichtigt zu haben – ein erneutes Zeichen seiner bereits im Sacroboscokommentar zutage getretenen Vertrautheit mit der modernen Entwicklung auf astronomisch-astrologischem Gebiet.[153] Als ein der Erfahrung und dem Experiment zugetaner Mann mit zum Teil neuen Vorschlägen und Ideen erweist sich Michael jedoch auch an manchen Stellen seiner Enzyklopädie sonst.[154]

Wenn Michael die bald hochaktuell werdenden Texte des Averroes zwar übersetzte und offenbar am Hof diskutierte, aber noch nicht in sein Lehrbuch einarbeitete, so sei sowohl daran erinnert, daß er erklärtermaßen eine Einführung für Anfänger schreiben wollte, wie daran, daß die Beschäftigung der Intellektuellen mit Averroes während seiner letzten Lebensjahre eben erst einsetzte. Seine zögernde, zunächst mündliche Annäherung entspricht also wohl ganz dem Stand der Dinge, ebenso wie möglicherweise die Anlage seiner großen Abhandlung überhaupt. Sieht man in ihr nämlich den Versuch, vielleicht angeregt durch das Studium des Maimonides ein zuverlässiges Gesamtbild des greifbaren Wissens mit astronomisch-astrologischem Schwerpunkt zu bieten, zugleich jedoch die

---

[151] *Hanc redegit Creator ordinem, conferendo terrae locum inferiorem, igni superiorem*, Wilhelm von Conches, De philosophia mundi I 21, PL 172, 54A, vgl. dazu Stürner, Natur 37f., außerdem 25 (zu Abaelard), 33 (zu Thierry von Chartres), 43, 47 (zu Bernardus Silvestris), 48 (zu Urso von Salerno).

[152] Vgl. dazu etwa Michaels Bemerkungen über den Vulkanismus (oben S. 418 mit Anm. 144) oder über die Luftqualität (oben S. 416 mit Anm. 139), aber auch seine grundsätzlichen Äußerungen über die Elemente und ihre Verbindungen und die Bedeutung der *ratio*, zitiert bei Morpurgo, Philosophia naturalis 243–246 mit Anm. 28–31, 35, 37–38; zu Michaels Behandlung von Harn und Puls und zu Parallelen zur Schule von Salerno siehe oben S. 416, Anm. 140, vgl. außerdem Morpurgo, Filosofia 15f., ders., Idea 168.

[153] Vgl. zu den astrologischen Quellen Burnett, Michael 117, 121–126; über das antike und arabische Traditionen selbständig zu einem für die Zukunft maßgebenden Neuen vereinende Bildprogramm Michaels, wie es sich aus dem Cod. München, clm 10268 erschließen läßt, siehe Orofino, Rapporto 135–140, Bauer, Liber, zusammenfassend 104–107, daneben Zeit der Staufer 1, 653f. (F. Mütherich – H. M. Schaller), Mütherich, Handschriften 19–21; zum Sacroboscokommentar (sowie zur Theorica planetarum) siehe oben S. 408.

[154] Vgl. dazu Reichert, Geographie 459, 480 (zu kosmographischen Fragen), Thorndike, Michael 60f. (über die Zonen der Luft), 66 (über die Behandlung des Regenbogens), Haskins, Studies 288f., 298 (über den Vulkanismus).

souveräne Herrschaft Gottes über die geschaffene Welt, ihre Kräfte und Gewalten und deren Abhängigkeit von ihm herauszustellen, so weist Michaels Absicht nicht in die Vergangenheit, sondern eher voraus etwa auf Petrus Hispanus oder auf die Arbeiten von Albertus Magnus und auf die großen Summen des Thomas von Aquino, die sein Anliegen dann freilich auf ungleich überzeugendere, systematisch klare, methodisch durchdachte Weise verwirklichten.[155] Zwischen dem optimistischen Wissenschaftsglauben des 12. Jahrhunderts und den Gott und Welt umgreifenden Entwürfen der Hochscholastik böte Michaels Werk mit seinen Unsicherheiten, Abschweifungen und Wiederholungen, seinem tastenden Suchen nach einem neuartigen Ganzen, so betrachtet, die typischen Züge einer Übergangszeit. Daß Michaels Anschauungen im übrigen die wissenschaftliche Meinungsbildung am Hofe offenbar keineswegs immer prägten, lehrt recht deutlich das Vorwort der Konstitutionen von Melfi aus dem Jahre 1231, das der eigenständig handelnden Natur anders als er eine deutlich dominierende Rolle beim Schöpfungsprozeß einräumt.[156]

Theodor von Antiochia

Nach Michaels Tod rückte am Hof offenbar Theodor von Antiochia stärker in den Vordergrund und genoß wenigstens zeitweise fast ein ähnlich hohes Ansehen wie jener. Als Christ in Antiochia, der Hauptstadt des gleichnamigen Kreuzfahrerstaates (im äußersten Süden der heutigen Türkei, an der Grenze zu Syrien) aufgewachsen und wissenschaftlich ausgebildet, hatte Theodor seine Kenntnisse in Mossul bei eben jenem hochberühmten und vielfältig tätigen Kamāladdīn Ibn Yūnus († 1242) vervollkommnet, den später – vielleicht auf seine Empfehlung – auch Friedrich konsultierte, und außerdem noch ein Medizinstudium in Bagdad absolviert.[157] Nach offenbar recht kurzem Aufenthalt am kleinarmenischen Hof

---

[155] Michaels Äußerungen über Averroes und Aristoteles während der Diskussion mit Jakob ben Anatoli zitiert Sirat, Traducteurs 182 (siehe oben S. 399 mit Anm. 100); bei gleicher Gelegenheit vertrat Michael die Ansicht, es sei das Ziel aller Wissenschaften, die Existenz Gottes zu beweisen, alles Geschaffene sei in sich hierarchisch geordnet und auf Gott hin ausgerichtet und die Sphären bewegten sich aus Liebe zu Gott und um sich ihm anzugleichen, vgl. Sirat 183, 185, 187, zu den entsprechenden Grundkonzeptionen der Hochscholastik Stürner, Natur 77–100, zu Petrus Hispanus außerdem unten S. 427 mit Anm. 170; siehe dazu auch Morpurgo, Philosophia naturalis 246 (243: Michael als Vorläufer Vinzenz' von Beauvais), ders., Liber introductorius 156–161.
[156] Siehe Stürner, Rerum necessitas, bes. 485–489.
[157] Ausführliche Diskussion der Quellenzeugnisse zu Theodors Leben und Werk

führten seine Kontakte mit einem Gesandten Friedrichs dann dazu, daß er wahrscheinlich um 1225 oder 1226 in den Dienst des Kaisers trat. Jedenfalls begegnet er uns in zwei wohl nicht lange nach 1226 verfaßten Schriften Leonardo Fibonaccis bereits als kaiserlicher Hofphilosoph, Fragesteller und Adressat eines Briefes über mathematische Probleme.[158] Von Theodors künftigem Leben und Wirken in der Umgebung des Kaisers wissen wir freilich nicht allzuviel. Wir hören von Disputationen über philosophische Fragen während der Belagerung Brescias im Herbst 1238, wobei der Dominikanertheologe Roland von Cremona († um 1259) schließlich den Sieg über ihn davongetragen habe, und von seinem wegen des schlechten Wetters nicht nach Wunsch geglückten Versuch, im Mai 1239 in Padua wie einst Michael Scotus aus der Sternkonstellation den günstigsten Zeitpunkt für eine kaiserliche Militäraktion zu bestimmen.[159] Dem Zufall der Überlieferung verdanken wir darüber hinaus noch einige Schriftstücke aus der kaiserlichen Kanzlei mit weiteren, genau datierbaren Nachrichten über ihn: So schildert der Kaiser dem Salinguerra von Ferrara in einem Beileidsbrief vom 4. Oktober 1237 den überraschenden Tod von dessen Neffen und erwähnt dabei die leider vergeblichen Bemühungen des auf seinen Befehl herbeigeeilten Magisters Theodor, seines Arztes.[160] Aufgrund dieser Stellung als kaiserlicher Arzt und als Fachmann auf dem Gebiet der Medizin erhielt Theodor, wenngleich nun als „unser Philosoph

bei Burnett, Master Theodore 225–254, ebd. 255–285 der Text der einschlägigen Quellenpassagen, derjenige der wichtigen Kurzbiographie aus dem Geschichtswerk des syrischen Bischofs Barhebraeus (1226–1286) 264f. (arabisch) beziehungsweise 228f. (englische Übersetzung), eine deutsche Übersetzung gibt Suter, Beiträge 7f., vgl. zu Theodor Kedar, Theodor 630f., Kedar – Kohlberg, Career 164–174, sowie Haskins, Studies 246–248; zu Friedrichs Fragen nach Mossul siehe oben S. 389 mit Anm. 83.
[158] Theodor als Fragesteller in Leonardos Liber quadratorum, ed. Boncompagni 2, 279 (*Questio mihi proposita a magistro Theodoro domini imperatoris phylosopho*), der Brief an Theodor in Leonardos Flos, siehe dazu wie zur Datierung der Schriften oben S. 386 mit Anm. 79 und S. 388 mit Anm. 82; bei Theodors von Barhebraeus (Burnett, Master Theodore 228; Suter, Beiträge 8) genannten armenischen Dienstherrn Konstantin handelt es sich allem nach um den Regenten Konstantin von Lampron, dessen Sohn Hethum I. 1226 zur Königsherrschaft gelangte, vgl. Burnett 232f., Mayer, Geschichte 223, Boase, Cilician Kingdom 22–28, 113f.
[159] Stephanus de Salaniaco – Bernardus Guidonis, De quatuor in quibus deus Praedicatorum ordinem insignivit III 2, 4, ed. T. Kaeppeli (Monumenta Ord. Fratr. Praedic. Historica Vol. 22, Rom 1949) 32f. (Brescia, 1238); Rolandinus Patavinus IV 12, MGH SS 19, 73 (*consilium magistri Theodori, sui astrologi*; Padua 1239).
[160] *Cumque ... ad mandatum nostrum magister Theodorus physicus noster et medicus properasset, invenit ... repente mortuum*, ed. Schaller, Unbekannte Briefe 352, vgl. ebd. 332f.

und Getreuer" angeredet, gewiß auch im Februar 1240 die Aufforderung, für Friedrich und den Hof Heilsäfte zuzubereiten, wofür ihm sein hoher Auftraggeber alles Nötige zur Verfügung zu stellen versprach. Besondere Beliebtheit unter seinen Arzneien genoß offenbar ein vorwiegend aus Zucker gefertigtes Mittel: Friedrich verlangte eigens danach, und Theodor selbst sandte es gelegentlich dem gerade von einer Krankheit genesenden Petrus de Vinea, um sich, wie er dazu schrieb, dessen Wohlwollen zu bewahren; dies gelang ihm: Mit seinem eigenen Brief blieb auch die herzliche Antwort des Beschenkten erhalten.[161]

Nicht nur als Philosoph, Astrologe und Arzt, auch als Übersetzer wirkte der des Arabischen ebenso wie des Lateinischen und Griechischen mächtige Hofgelehrte. Im Februar 1240 formulierte er auf Weisung des Kaisers beispielsweise den arabischen Text des Empfehlungsschreibens, das die in jenen Tagen nach Tunis abreisende Gesandtschaft dem dortigen Herrscher überreichen sollte.[162] Wohl um die gleiche Zeit widmete sich Theodor ebenfalls auf kaiserlichen Wunsch einer anderen, weit umfangreicheren und eng mit Friedrichs wissenschaftlichen Interessen zusammenhängenden Aufgabe: der Übertragung des sogenannten Moamin aus dem Arabischen ins Lateinische. Es handelte sich dabei um einen Traktat über Beizvögel und Hunde, ihre Aufzucht, Ernährung und Abrichtung, ihre Krankheiten und die Mittel zu ihrer Heilung – vermutlich die geschickte Zusammenfassung einschlägiger älterer Abhandlungen aus der Feder eines arabischen Fachmanns aus dem 9. Jahrhundert.[163]

In seinem Vorwort behauptet Theodor zunächst, es sei das naturgegebene Merkmal jedes Geschöpfes überhaupt, die seiner Art mögliche Vollkommenheit einem Ziel gleich erreichen zu wollen und dabei Freude zu empfinden. Dementsprechend richteten sich – so fährt er dann unter Hin-

---

[161] HB 5, 750f. (*magistro Theodoro philosopho et fideli nostro*; 12. 2. 1240), vgl. HB 5, 751 Anm. 1; Brief an Petrus de Vinea und dessen Antwort (beides undatiert): Huillard-Bréholles, Vie 347f., Nr. 51f., vgl. ebd. 113f. – Zur Stellung des Philosophen an islamischen Höfen siehe Burnett, Master Theodore 248–253; Theodor erscheint freilich schon vor Friedrichs Kreuzzug als *imperatoris phylosophus*, siehe oben S. 388, Anm. 82 und S. 423, Anm. 158.

[162] HB 5, 745 (10. 2. 1240), vgl. 5, 727, zu dem der Gesandtschaft angehörenden Johann von Palermo siehe oben S. 387f.; kennzeichnend für das damalige Ansehen Theodors ist wohl auch der kaiserliche Befehl vom 15. 12. 1239, dem *filosophus fidelis noster* für seine Rückkehr ins Königreich eine Jacht bereitzuhalten, HB 5, 556.

[163] Siehe Fried, Correptus 102–107, Glessgen, Falkenheilkunde 31–51, Van den Abeele, Inspirations 370–377, ders., Fauconnerie 28f. (mit Angabe der Hss. der lateinischen Version), Tjerneld, Moamin 1–28; Edition zweier lateinischer Fassungen: Glessgen 272–395.

weis auf Schriften des Aristoteles, unter anderem die Nikomachische Ethik fort – auch die menschlichen Handlungen auf jeweils ganz bestimmte Ziele und bereiteten für gewöhnlich Freude. Als Beweis führt er verschiedene Beispiele an, besonders ausführlich das des Philosophen, um schließlich zu seinem speziellen Gegenstand überzuleiten. Den Königen nämlich vermöge allein eine einzige Betätigung das ihrem Stand angemessene Ergötzen zu spenden: die Jagd, und zwar vor allem deren edelste Form, die Jagd mit Vögeln. Diesen Sachverhalt habe sein Herr, der Kaiser Friedrich, im Unterschied zu den Herrschern vor und neben ihm klar erkannt und, um seine Amtskollegen aus ihrer Unwissenheit zu wecken und auf den rechten Weg zu bringen, ihm, seinem Diener Theodor, die Übersetzung des vorliegenden Buches befohlen; nach seiner Absicht sollte so der darin gesammelte Schatz von Erfahrungen bewahrt und zugleich zur Basis für neue Erkenntnisse werden.[164] Einzelne Codices vermerken zu Beginn des Textes, Friedrich habe ihn während der Belagerung der Stadt Faenza, also zwischen Ende August 1240 und April 1241, „korrigiert", das heißt vermutlich: auf sachliche Stimmigkeit hin kritisch durchgesehen und überarbeitet,[165] und Daniel Deloc aus Cremona, der den lateinischen Moamin für Enzio, den seit 1249 in bolognesischer Gefangenschaft lebenden Sohn Friedrichs, ins Italo-Französische übertrug, bestätigt einleitend diese Information.[166] Sie verrät, welch intensive Aufmerksamkeit der Kaiser dem Werk in der Tat schenkte, und gibt außerdem den entscheidenden Anhalt zur Datierung von Theodors Arbeit an ihm.

Offenbar fügte Theodor neben der wahrscheinlich von Michael Scotus stammenden Übersetzung des Physikkommentars von Averroes eine la-

---

[164] Text des längeren, von Theodor in der Ich-Form redenden und von ihm selbst geschriebenen Vorworts bei Burnett, Master Theodore 277–281 (englische Übersetzung 281–284), vgl. zum Inhalt ebd. 239–247.

[165] Die entsprechende Incipit-Notiz zitiert bei Burnett, Master Theodore 274 Anm. 29; Text des kürzeren, zu einer korrigierten Moamin-Fassung gehörenden und wohl von Friedrich stammenden Vorworts ebd. 274–276 (sowie bei Tjerneld, Moamin 19f.), vgl. dazu Burnett 238f., zum Begriff *corripere* sowie zu Friedrichs Redaktionsarbeit Fried, Correptus 101, 104–119, vgl. unten S. 435f., zum kürzeren Vorwort S. 437, Anm. 194, zur Belagerung von Faenza S. 497f.

[166] Siehe Daniels Vorbemerkung zu seiner italo-französischen Fassung, ed. Tjerneld, Moamin 87, vgl. seinen Prolog ebd. 95f. (*le empereres meemes lo emenda puis et correis ... qi plus en savoit qe homs mortex*). – Nach Van den Abeele, Inspirations 378f., vgl. ders., Fauconnerie 29, stammt auch die lateinische Version des kurzen Tractatus avium, des sogenannten Ghatrif, die Daniel gleichfalls ins Italo-Französische übersetzte (ed. Tjerneld 255–299) und die bereits vor 1248 am Kaiserhof vorlag, von Theodor von Antiochia; dafür gibt es jedoch keinen sicheren Anhalt, vgl. dazu Fried, Correptus 105 Anm. 39.

teinische Fassung des zugehörenden Vorworts bei, vielleicht weil Michaels Version dieser Textpassage damals nicht greifbar war,[167] und wenigstens in einem Fall trat er auch als selbständiger Autor hervor: Erneut auf Friedrichs Veranlassung, nun freilich bestimmt von dessen Sorge um sachkundigen ärztlichen Rat, stellte er eine Reihe von Gesundheitsregeln für seinen kaiserlichen Herrn zusammen,[168] obgleich dieser, wie Theodor gleich in den ersten Zeilen seines kleinen Leitfadens bemerkt, inzwischen schon das einschlägige Schreiben des Aristoteles an Alexander in Händen halte.

Damit verrät er uns fast am Rande ein für den Wissensstand am sizilischen Hof aufschlußreiches Detail. Sein Hinweis zielt nämlich allem nach nicht auf den bereits seit etwa 1135 lateinisch vorliegenden diätetischen Alexanderbrief, sondern auf jenes weit umfangreichere Kompendium, aus dem dieser Brief stammte. Es lief unter dem Namen „Secretum secretorum", also „Geheimnis der Geheimnisse" um, und sein Prolog gab es in der Tat als eine von Aristoteles für Alexander in Briefform verfaßte, geheime Fürstenlehre aus. In Wahrheit jedoch handelte es sich um eine im 10. Jahrhundert in Syrien entstandene Sammlung älterer, teilweise pseudoaristotelischer Texte unterschiedlichsten Inhalts. Als Ganzes erst kurz vor 1230 wohl in Antiochia ins Lateinische übersetzt, fand das Werk danach, als ein Produkt des Aristoteles betrachtet, bald weite Verbreitung im Abendland. Augenscheinlich gehörten Friedrich und mit ihm Michael Scotus, der die neue lateinische Version in seinem „Liber introductorius" heranzog, zu ihren allerersten Lesern und Nutznießern.[169] Theodor seinerseits profitierte indessen kaum oder überhaupt nicht von ihm, sondern wohl eher von seinem eigenen theoretischen Wissen und seinen zusätzlichen praktischen Erfahrungen, als er dann doch der herrscherlichen Aufforderung nachkam und sich knapp und leicht faßlich, allenfalls hie und da zur Erklärung auf die Effekte der vier Hauptqualitäten verweisend, über das Essen und Trinken, den rechten Umgang mit dem Wein zumal, über Schlaf, Verdauung und Geschlechtsverkehr äußerte, wobei er nach dem

---

[167] Siehe Grignaschi, Indagine 258 (mit Verweis auf die Hs. Erfurt, Amplon. F. 352), vgl. Thorndike, Michael 25.

[168] Textedition: Burnett, Master Theodore 266–270 (englische Übersetzung 270–274), sowie Sudhoff, Diätetischer Brief 4–7.

[169] Zum Secretum secretorum und seiner Verbreitung siehe Keil – Briesemeister – Bitterling, Secretum secretorum 1662–1664, Keil, Secretum secretorum 993–1013 (mit Editionsangaben), Schmitt, Theorie 100–114, Haskins, Studies 137–140; zu seiner Benutzung durch Michael Scotus siehe Williams, Early Circulations 131–136 (vgl. oben S. 416, Anm. 140), zu seiner Erwähnung in Theodors Gesundheitslehre ebd. 137f., 140–144, vgl., auch zum Inhalt dieser Lehre, Burnett, Master Theodore 236–238, Schmitt 12, Sudhoff, Diätetischer Brief 7f.

Leitsatz: *Medium amat natura* („die Natur liebt die Mitte"), grundsätzlich überall das natürliche Maßhalten empfahl.

Theodors Stellung und Ansehen als kaiserlicher Arzt führte möglicherweise dazu, daß er wenigstens zeitweise seine medizinischen Kenntnisse auch als Universitätslehrer weitergab. Der Portugiese Petrus Hispanus jedenfalls, der berühmte Arzt und spätere Papst Johannes XXI. (1276–77), der nach einem Theologiestudium in Paris zunächst wohl in Nordspanien Logik lehrte und sein rasch zu Ruhm kommendes einschlägiges Handbuch, die „Summulae logicales" schrieb, um dann zwischen 1246 und 1250 als Professor der Medizin in Siena zu wirken, ohne daß wir wüßten, wo er dieses Fach studierte – Petrus Hispanus also nennt zu Beginn seiner vermutlich in Siena entstandenen Schrift über Augenkrankheiten Theodor, den Arzt des Kaisers, seinen Lehrer. Mit der gebotenen Vorsicht dürfen wir daraus doch wohl schließen, daß er dessen Unterricht in Salerno genoß, zumal er, wie seine medizinischen Abhandlungen verraten, auch die Werke der renommierten älteren Vertreter der Salernitaner Schule recht gut kannte und außerdem offenbar sogar zum Kaiser selbst gute Kontakte besaß. Damit aber gewinnen wir trotz aller natürlich bleibenden Unsicherheit zugleich einen konkreten Anhaltspunkt für Theodors Salernitaner Lehrtätigkeit.[170]

Recht wenig fangen wir einstweilen noch mit zwei weiteren Erwähnungen unseres Gelehrten in zeitgenössischen Dokumenten an. In dem einen

---

[170] Zu Petrus Hispanus: Morpurgo, Idea 109–146, zur Biographie und Verbindung mit Salerno bes. 111–123, Van Steenberghen, Philosophie 138–140, Nardi, Comune 71–76, De Rijk, Peter of Spain XXIV–LXI, vgl. ders., On the Life 138–153, Grabmann, Friedrich 59–64; Petrus als *artis medicine professor* und Schüler Theodors (*magister meus theodorus, medicus imperatoris*): De egritudinibus oculorum, ed. Berger 2 und 4. Als *liber ... Magistri Petri Yspani ... medici Salerni* kündet überdies der Cod. Mainz, Stadtarchiv, I 530, fol. 142v, Petrus' Schrift De regimine sanitatis an, siehe Da Rocha Pereira, Obras 497. Zwar wurde dieses Werk im Cod. London, Brit. Libr., Harleianus 5218, fol. 1r, wohl erst nachträglich durch den Incipit-Vermerk und eine neue Anfangspassage als Brief an Kaiser Friedrich eingekleidet, vgl. Da Rocha Pereira 436–438, 447 (Edition des Werkes 447–491), 496–498, erster Hinweis bei Thorndike, History 2, 485 mit Anm. 5, vgl. 501 (die gleiche Eingangsversion auch im Cod. Trier, Stadtbibliothek 1005/1951, fol. 46ra); des Verfassers gute Beziehungen zum Kaiserhof spiegelt der geänderte Beginn aber allem nach zutreffend wider, wußte Petrus doch beispielsweise um eine von Friedrich veranlaßte, der Öffentlichkeit aber noch vorenthaltene Übersetzung von des Pseudo-Dionysios Buch De anima, siehe Alonso, Pedro Hispano. Exposição 317 und dazu ebd. LVIf., sowie Da Rocha Pereira 437. Auf den Wunsch eines Schülers aus Salerno führt Petrus nach dem Wortlaut einiger Hss. die Entstehung seiner Augenheilkunde zurück, ed. Berger 2, vgl. zu einer anderen, vielleicht auf Gherardo de Sabioneta weisenden Lesart ebd. 83f., Grabmann, Friedrich 59f.

Fall handelt es sich um den „Liber novem iudicum", eine Kollektion von neun astrologischen Texten, die bereits im 12. Jahrhundert aus dem Arabischen ins Lateinische übersetzt und zu einem Ganzen vereint vorlagen. An Friedrichs Hof war dieses „Buch der neun Richter" sehr wahrscheinlich greifbar, denn Michael Scotus erwähnt es, ohne es allerdings zu benutzen. Eine der Handschriften, die das Werk tradieren, behauptet nun abschließend, es sei als Geschenk des Sultans von Babylon – gemeint ist wohl der ägyptische Sultan al-Kāmil oder sein Nachfolger – zu Friedrich gelangt, und zwar eben zu der Zeit, als der Kalif von Bagdad dem Kaiser den Magister Theodor gesandt habe. Allem nach wird man keiner der beiden Herkunftsangaben Glauben schenken können; etwas vom Ruf Theodors als eines Mannes, der sich das Wissen der Araber an Ort und Stelle aneignete und mit ihren Machthabern in Kontakt stand, mögen sie dennoch widerspiegeln.[171]

Mit einem ähnlichen Problem konfrontiert uns ein fingierter Brief, den angeblich der im Abendland hoch angesehene „Priester und Philosoph" al-Kindī († um 873) aus Bagdad „seinem geliebtesten Freund Theodor, dem Philosophen des unbesiegbaren Kaisers" sandte. Dem Stoff des damals äußerst populären Alexanderromans verpflichtet, erzählt der unbekannte Verfasser dort, wie Alexander mit Gottes Hilfe die durch ihr Aussehen und ihre Bräuche gleicherweise unheimlichen Völker und Könige der Tataren, darunter die besonders mächtigen Gog und Magog, einst hinter dem Kaukasus einschloß; jüngst freilich, so schwenkt er am Ende dann auf die Gegenwart über, habe es Gott der Prophezeiung der Apokalypse gemäß um der menschlichen Sünden willen zugelassen, daß die gräßlichen und grausamen Tataren aus ihrem Gefängnis wieder ausgebrochen und schon dabei seien, in drei Heeressäulen vorrückend die Welt zu unterwerfen. Zweifellos gehört das Schriftstück in die Jahre um 1240, als sich die Bedrohung der gesamten Christenheit durch die Mongolen immer deutlicher abzeichnete: Der Autor suchte den Blick seiner Leser auf diese Bedrohung hinzulenken. Ob er indes aus der Umgebung des Kaisers stammte, ob seine Arbeit etwa gar gezielt die kaiserlichen Bemühungen um ein gemeinsames Vorgehen der europäischen Herrscher gegen die neue Gefahr im Osten unterstützen sollte, das muß zum mindesten fraglich bleiben, und die umfassende Gesellschaftskritik, in die das Schreiben mündet, spricht mit ihrer pauschalen Verurteilung der gottlosen und habgierigen Könige vielleicht doch eher gegen eine solche Annahme. Gewiß aber hoff-

---

[171] Vgl. dazu, durchweg mit Zitat des den Theodor nennenden Explicit der Hs. London, Brit. Libr., Royal 12. G. VIII, fol. 78r: Burnett, Michael 119, ders., Apocryphal letter 155f., Zeit der Staufer 1, 655, Nr. 820 (F. Mütherich, H. M. Schaller), Haskins, Studies 246, 288.

te derjenige, der seine Warnung als eine Epistel al-Kindīs an Theodor einkleidete, ihr damit besondere Glaubwürdigkeit und Beachtung zu verschaffen; er setzte offensichtlich auf das allgemeine Ansehen, das Theodor als ein bestens informierter Kenner des Orients genoß.[172] Theodors Verdienste blieben im übrigen nicht unbelohnt: Im November 1250 gab der Kaiser die Lehen, die der Hofphilosoph besessen hatte, neu aus.[173] Wir erfahren bei der Gelegenheit zugleich, daß Theodor damals bereits verstorben war, ohne allerdings hier oder anderswo Näheres über den genauen Zeitpunkt seines Todes zu hören. Möglicherweise machte er seinem Leben selbst ein Ende, verzweifelt über den für ihn unlösbaren Konflikt zwischen seinem im Alter wachsenden Verlangen, in seine Heimat Antiochia zurückzukehren, und der Verpflichtung, die er seinem kaiserlichen Gönner gegenüber empfand.[174]

Jagdleidenschaft

Ein besonders eindrückliches Zeugnis für den hohen Stellenwert von Bildung und Wissenschaft am Hofe Friedrichs sah man mit Recht seit je darin, daß der Herrscher selbst als Autor eines umfangreichen Werkes von wissenschaftlichem Rang hervortrat, des berühmten Falkenbuches nämlich, dessen wohl vom Verfasser stammender genauer Titel lautet: „Liber de arte venandi cum avibus", also: Das Buch über die Kunst, mit Vögeln zu jagen.[175] Die Jagd erfreute sich während des ganzen Mittelalters außerordentlicher Beliebtheit. Man betrieb sie in vielerlei Form, und gerade die Könige und Adligen widmeten sich ihr mit besonderer Hingabe und Aus-

---

[172] Text des Briefes: Burnett, Apocryphal letter 163–165, zu Entstehung, Quellen und Überlieferung ebd. 151–163 (die These vom Brief als „propaganda exercise written by a partisan of Frederick II" ebd. 156), vgl. zur Quellenlage Burnett – Gautier Dalché, Attitudes, bes. 153–158; ein erster Hinweis auf den Brief bei Sudhoff, Diätetischer Brief 8 f.
[173] Text der Urkunde: Schneider, Neue Dokumente 51 f., Nr. 25, vgl. ebd. 6, sowie RI V 4, 73, Nr. 497, und Sthamer, Bruchstücke 59 f.; zu Theodors Besitz in Messina vgl. Burnett – Gautier Dalché, Attitudes 158 Anm. 25.
[174] Vgl. den Bericht des Barhebraeus, ed. Burnett, Master Theodore 229, Suter, Beiträge 8; dessen Erzählung von Theodors geheimer Flucht, der Ablenkung seines Schiffes durch einen Sturm ausgerechnet in jene Stadt, in sich Friedrich gerade aufhielt, und von seinem Selbstmord aus Scham erscheint, wenigstens in den Details, doch märchenhaft ausgeschmückt.
[175] Nennung von Autor und Titel: Friedrich II., De arte venandi 1, 2 f.; vgl. zur Textüberlieferung unten S. 437 f. mit Anm. 195 und 198; deutsche Übersetzung: Willemsen-Odenthal, Kaiser Friedrich II. Über die Kunst mit Vögeln zu jagen.

dauer. Auf vergnügliche, fast spielerische Art und zugleich doch sehr wirkungsvoll ließ sich bei solcher Gelegenheit zur Anschauung bringen, was ihnen an ihrer vornehmen, herrscherlichen Stellung und Lebensweise wichtig war und zu ihrer Begründung wesentlich schien, Reichtum und überlegene Führungsgewalt etwa, aber ebenso Mut und rasche Übersicht, körperliche Kraft und Gewandtheit. Begreiflich angesichts einer derartigen Verlockung, daß die herbe Kritik, die Kleriker des öfteren an den geistlosen und blutigen Jagdvergnügungen der weltlichen Großen übten, wenig oder gar nichts fruchtete.[176]

Wie sehr Friedrich die Jagd als ein Mittel der Zerstreuung und Erholung schätzte, wird schnell deutlich, wenn man etwa seine im Registerfragment von 1239/40 erhaltenen Mandate durchliest. So fand er in jenen Monaten intensiver politischer Aktivität noch Zeit, von Oberitalien aus Anweisung zur Bekämpfung der Wölfe und Füchse zu geben, die im königlichen Jagdrevier von Milazzo (westlich Messinas) überhandnähmen und den übrigen Wildbestand gefährdeten. Ein kurz danach hinausgehendes Mandat sicherte dem mit seinen Jägern in der Capitanata und um Melfi beschäftigten Jagdmeister namens Siwinus die angemessene Bezahlung und Ausrüstung, ein anderes drang darauf, die zur Jagd und Entspannung geeigneten Wälder in der Umgebung von Bari unter den Schutz des Forstbannes zu stellen. Mit Schärfe sollte nach den Worten einer weiteren Anordnung gegen jene Einwohner der Stadt Eboli vorgegangen werden, die es gewagt hatten, im nahegelegenen Königsforst verbotenerweise zu jagen.[177]

Natürlich galt des Kaisers sorgende Aufmerksamkeit wiederholt auch den *domus*, seinen Jagdschlössern, den Stätten tröstlicher Muße, wie er sie zuweilen nannte; er kümmerte sich um ihre Ausstattung, ihren Unterhalt und ihre Instandsetzung. In der Capitanata und um den Monte Vulture bei Melfi, seinen vor anderen geliebten Jagdbezirken, standen sie ihm besonders zahlreich zur Verfügung. Es handelte sich um Einrichtungen von durchaus unterschiedlichem, zuweilen wohl eher bescheidenem Zuschnitt, vereinzelt allerdings um recht beachtliche Anlagen, zu denen ein stattliches Herrenhaus sowie eine ganze Reihe von Nebengebäuden, Stallungen, Scheunen, Ölpressen und Keltern gehörten, wie im Falle von Sala bei San Severo (nördlich Foggias), anderswo ein Tiergehege, ein Falkenhof oder

---

[176] Zur Bedeutung und Entwicklung der mittelalterlichen Jagd siehe Fried, Kaiser Friedrich 115–120 (mit weiterer Literatur), Van den Abeele, Fauconnerie 158–171, zur kirchlichen Kritik Buc, Ambiguité 112–122.

[177] HB 5, 450 (Wolf- und Fuchsbekämpfung, vgl. 479, 746); HB 5, 453 (*Magister Siwinus venator*); HB 5, 484 (Forstbann in der Terra di Bari); HB 5, 670 (Jagd bei Eboli, vgl. 491, 942); zum Registerfragment von 1239/40 siehe oben S. 245.

Jagdleidenschaft

ein Gestüt. Nur wenige sind erhalten geblieben, Castel Lagopesole etwa oder Palazzo San Gervasio (südlich beziehungsweise östlich Melfis) und von Gravina in Puglia immerhin Teile der Außenwände, kein einziges jedoch in der Capitanata.[178] Friedrichs Zeitgenossen registrierten selbstverständlich das starke kaiserliche Interesse für alles, was mit der Jagd zusammenhing. Ganz folgerichtig blieb auch er von geistlichem Tadel für seine Schwäche nicht verschont. Er habe, so schrieb der anonyme Biograph Papst Gregors IX. spöttisch, seine herrscherliche Stellung in ein Jagdamt, sein Zepter in einen Jagdspieß umgewandelt; er schmücke sich nicht mit Waffentaten und Gesetzen, sondern umgebe sich mit Hunden und Vogelgezwitscher; die Bestrafung seiner Feinde schiebe er auf, um seine Triumphadler statt dessen zum Vogelfang anzustacheln, kurz: aus dem Kaiser sei ein Jäger geworden.[179]

Die Sonderform der Beizjagd, also der Jagd mit Raubvögeln wie Falken, Habichten oder Sperbern, kam offenbar nach einer längeren Periode des Desinteresses erst seit dem 12. Jahrhundert wieder in Mode. Sie gewann nun jedoch trotz des enormen Aufwandes an Zeit und Geld, den allein schon die Aufzucht und das Abrichten der Jagdvögel erforderte, schnell viele Freunde und Liebhaber. Zu den leidenschaftlichsten unter ihnen gehörte zweifellos Friedrich. „Wir haben die Jagd mit Vögeln immer geliebt und ausgeübt", bekennt er selbst zu Beginn seines Falkenbuches,[180] und das eben bereits herangezogene Registerfragment liefert auch dafür eine Fülle eindrücklicher Belege.

Wiederholt befiehlt er dort nämlich die Übersendung von Hunden und Leoparden, von Habichten, Sperbern und vor allem von Falken aus dem

---

[178] HB 5, 627, 697, 961 (Ausstattung und Reparatur der *domus*; der Begriff *domus solatiorum nostrorum* z. B. HB 5, 853); zu Sala: Sthamer, Bruchstücke 84 f., vgl. ders., Verwaltung 99–104, 114–117. Siehe allgemein Haseloff, Architettura 14–24, 51–55, außerdem Leistikow, Castra 21 f., ders., Residenz 4–8 (mit Karten), ders., Burgen 418 (Karte), 420 f., 428 f., Calò Mariani, Arte 133 (Karte der *domus* in Apulien und der Basilicata) – 142, Willemsen, Bauten 144–148, ders., Bauten der Hohenstaufen 39–41, zu Lagopesole auch oben S. 242, Anm. 149.

[179] Vita Gregorii IX. c. 20, edd. Fabre – Duchesne 26; *distans ... in solito suo venacionis solacio* sah der Kaiser seine Stadt Victoria brennen nach Rolandinus Patavinus V 22, MGH SS 19, 86, im Zusammenhang mit dem Fall Victorias im Februar 1248 erwähnen auch andere Autoren Friedrichs Jagdlust, vgl. noch Annales S. Pantaleonis, ad 1248, MGH SS rer Germ. 18, 295 (*Fridericus ... solebat de castris frequenter procedere ad venandum*), Malispini, Storia c. 133, ed. Costero 128, sowie die übrigen bei Willemsen, Über die Kunst. Kommentar 50 f., Anm. 7, zusammengestellten Belege, außerdem Van den Abeele, Inspirations 389 f.

[180] *Venationes avium ... nos semper dileximus et exercuimus*, Friedrich II., De arte venandi 1,1, Z. 28 f.

sizilischen Königreich nach Oberitalien. Zuweilen enthalten seine diesbezüglichen Weisungen genaue Angaben darüber, unter welchen Umständen die Tiere an ihn selbst oder etwa an seinen Sohn Enzio gelangen sollen. Fast regelmäßig jedoch ermahnt er die Verantwortlichen eigens dazu, auf die sorgfältige Auswahl einer sachkundigen Begleitmannschaft zu achten und ihr alles Nötige, insbesondere die Transport- und Reisekosten zur Verfügung zu stellen. Mehrere ausführliche Mandate regeln beispielsweise Details der Reise einer neunzehnköpfigen Spezialistengruppe, die Falken aus Malta an den Kaiserhof zu bringen hat; sie nennen den zuständigen Beamten die jedem Teilnehmer auszuzahlenden Geldbeträge und verpflichten sie, für die rasche Überfahrt geeignete Schiffe bereitzuhalten.[181] An anderer Stelle geht es Friedrich um das Einfangen von jungen Sperbern oder Falken, erkundigt er sich nach der Mauser seiner Habichte oder nach Zahl und Ergehen seiner Falken, vorzüglich der in Malta gefangenen, sorgt er sich um die Beschaffung einer ausreichenden Zahl von Kranichen für die Falkenaufzucht in den Jagdschlössern der Capitanata.[182]

Nicht selten verraten uns die kaiserlichen Schriftstücke auch die Namen der mit den jeweiligen Missionen betrauten Männer. Valets finden sich darunter, Söhne aus vornehmem Hause also wie Cataldus Mustattius, aus dessen Messineser Ritterfamilie außerdem noch ein Jakob und ein Stefan als Falkner auftreten, oder wie Rainald Trogisius, Richard Filangieri und Roger von Morra, der Sohn des Großhofjustitiars Heinrich.[183] Der Falkner Enzius, für den Roger während einer Krankheit das Abrichten von Falken übernehmen soll, übte offenbar, zusätzlich als Magister angeredet, die herausgehobene Funktion eines Falknermeisters aus. Entsprechend besorgt reagiert sein kaiserlicher Herr denn auch auf die Nachricht von seiner Erkrankung: Er rät zur Schonung und wünscht rasche Genesung. In ähnlich leitender Position, an der Spitze der nach Malta beorderten Falkner, begegnet uns Lombardellus von Imola, und mit einer vergleichbaren Aufgabe betraut war wenigstens einmal auch der öfters als kaiserlicher Falkner angeschriebene, in Kalabrien reich begüterte Adlige Carnelevarius von Pavia.[184] Erstaunt wie andere vor uns registrieren wir am Ende, daß der

[181] HB 5, 969–971; siehe außerdem HB 5, 527, 529–532, 629, 635, 674f., 703.
[182] Siehe dazu HB 5, 527, 532, 643f., 672f., 743, 744, 752, 791f., 834, 836f., 858, 948.
[183] Cataldus: HB 5, 529, 531 (Jakob: 970, Stefan: 643f.), zur Familie Mustacci: Kamp, Kirche 1, 1086f., Kantorowicz, Friedrich. Ergänzungsband 276 (zu Fridericus Muscatus), vgl. 275, 277, 281. Rainald: HB 5, 527, 791, 800, vgl. Kantorowicz 140. Richard: HB 5, 747f., vgl. Kamp 585–588, Kantorowicz 280f. Roger: HB 5, 698, 701, 703, vgl. Kantorowicz 281, zur Herkunft auch: Kamp, Morra 845.
[184] Enzius: HB 5, 527, 698, 703f., vgl. Kantorowicz, Friedrich. Ergänzungsband 140, Fried, Kaiser Friedrich 125 mit Anm. 57, außerdem unten S. 437f.; Lombardellus: HB 5, 747f., 754; Carnelevarius: HB 5, 623, 635, 672f., 754, 834, vgl. Kantorowicz 140.

Kaiser gelegentlich sogar einen der angeforderten Sakerfalken mit dessen Namen Saxo zu bezeichnen weiß – ein vielleicht überraschendes, aber ebenfalls durchaus bemerkenswertes Indiz für sein Interesse an allem, was die Beizjagd betraf.[185]

Die Arbeit am Falkenbuch

Die Abfassung des Falkenbuches, in dem sich Friedrichs Jagdbesessenheit so glücklich und fruchtbar mit seinen wissenschaftlichen Neigungen verbinden sollte, erforderte nach des Autors eigenem Bekunden ungefähr dreißig Jahre der Vorbereitung – die ersten Überlegungen und Planungen dazu gehören demnach unter Umständen noch in die Zeit seines Deutschlandaufenthaltes vor 1220. Wann immer möglich, beschäftigte er sich seither, nachdenkend und praktische Erfahrungen sammelnd, mit dem Projekt. Von weit her und unter großen Kosten zog er Experten an seinen Hof, um von ihrem Wissen zu profitieren. Zu ihnen zählten etwa jene sachkundigen Ägypter, die ihm demonstrierten, daß die Sonne Apuliens tatsächlich Straußeneier auszubrüten vermöge. Ähnlich teuer dürfte das Unternehmen gewesen sein, zu dem er umgekehrt seine Boten in weit entfernte nördliche Regionen sandte, damit sie von dort vermodernde Schiffsplanken herbeibrächten. Selbst angesehene Gelehrte vertraten damals nämlich die Ansicht, die Ringelgans bilde sich im hohen Norden aus einem Wurm, der seinerseits eben aus faulendem Schiffsholz hervorgehe. Der Kaiser indessen war skeptisch und erhoffte sich von der genauen Beobachtung der herangeschafften Probehölzer Klarheit in der Sache. Daß aus den Brettern nichts Vogelähnliches Gestalt gewinnen wollte, bestätigte ihn dann in seinem Mißtrauen; die irrige These sei, so vermutete er, einfach deshalb aufgekommen, weil die Ringelgänse an fernen, unbekannten Orten nisteten und ausschlüpften. Falkner aus England fragte er nach den Gründen für gewisse in ihrer Heimat übliche Abrichtmethoden; sie wußten darauf teilweise freilich nur die Gewohnheit ins Feld zu führen – für Friedrich Anlaß genug zu ausführlicher selbständiger Untersuchung des Gegenstandes. Ebenso gründlich und kritisch befaßte er sich mit speziellen Techniken, die ihm aus Spanien oder Arabien bekannt wurden.[186]

---

[185] HB 5, 635; der Begriff *falcones sacri*, Sakerfalken, irrtümlich übersetzt mit „heilige Falken" bei Enzensberger, Struttura 67, und danach bei Voltmer, Mobilität 463.
[186] Siehe die allgemeinen Bemerkungen Friedrich II., De arte venandi 1, 1, Z. 4–24, sowie 1, 236, Z. 13–17; daneben ebd. 1, 58, Z. 1–9 (Straußeneier); 1, 55, Z. 3–17 (Ringelgans; zur Position der zeitgenössischen Wissenschaft: Willemsen, Über die Kunst. Kommentar 115f.); 2, 24, Z. 4–25, Z. 21 (englische Methoden); 2, 4, Z. 10–32 (spanische und arabische Techniken).

Natürlich nutzte der Kaiser die Monate des Kreuzzuges besonders intensiv und ausgiebig zu Diskussionen mit den Fachleuten des Orients. Wohl bei einer solchen Gelegenheit hörte er beispielsweise vom Brauch der Armenier, Falken zur Vorbereitung auf den Kranichvorlaß auf Hasen abzutragen, und fand durch ihn seine eigene Überzeugung von den Vorzügen dieser Praxis aufs beste gerechtfertigt. Vor allem aber sandten ihm in jenen Tagen die islamischen Herrscher ihre kundigsten Falkner mit allen Arten von Vögeln. Begierig ließ er sich in die unter ihnen verbreiteten Verfahren einweihen und die Anwendung der ihnen vertrauten Hilfsmittel und Geräte erklären. Stieß er auf einleuchtende Neuerungen, zögerte er nicht, sie zu übernehmen. Dabei beeindruckte ihn am nachhaltigsten offenbar das sogenannte *capellum*, eine kleine Lederhaube, die die Araber ihren Falken über den Kopf zu stülpen pflegten, damit sie beunruhigende Vorgänge nicht sehen konnten. Der Kaiser erfaßte sofort den großen Nutzen dieses Instruments bei der Abrichtung wie beim Transport der Jagdvögel und rühmte sich noch in seinem Falkenbuch damit, es in Europa eingeführt, ja sogar eine wichtige Verbesserung dafür ersonnen zu haben, das Anbringen kleiner Luftlöcher nämlich, durch die die Überhitzung der Vögel unter der Kappe und die daraus resultierenden Erkältungskrankheiten vermieden würden.[187]

Friedrich widmete sich nicht nur mit Eifer der praktischen Seite seines Vorhabens, er prüfte vielmehr auch die zum Thema bereits vorhandenen Texte und suchte sich bislang noch nicht verfügbare einschlägige Schriften zu beschaffen. Das wenige, was in dem ersten umfangreicheren abendländischen Werk über unseren Gegenstand, in dem um 1130 konzipierten Dialog Adelards von Bath an ähnliche Passagen im kaiserlichen Falkenbuch erinnert, gehört allerdings zum falknerischen Allgemeinwissen und taugt deshalb kaum als Beleg für eine direkte Kenntnis Friedrichs. Nicht anders steht es um die äußerst spärlichen Berührungspunkte seines Werkes mit der Fachliteratur, die sonst noch zu seiner Zeit in lateinischer Sprache vorlag. Meist relativ kurz gehalten und vorwiegend mit den häufigsten Krankheiten der Jagdvögel und ihrer Heilung befaßt, hatten alle diese Traktate im übrigen weder äußerlich noch inhaltlich viel mit seiner eigenen, tiefschürfenden Gestaltung des Stoffes gemeinsam. Gerade deshalb aber dürfte seine einleitende, schroff ablehnende Bemerkung über die „lügenhaften und ungenügend zusammengestellten Bücher gewisser Autoren" eben auf sie gemünzt sein.[188]

[187] Friedrich II., De arte venandi 2, 41, Z. 15–28 (armenischer Brauch); ebd. 1, 236, Z. 7–237, Z. 22 (zu den Kreuzzugskontakten und zum *capellum*, vgl. den Kontext 235, Z. 4–256, Z. 10).
[188] Das Zitat: Friedrich II., De arte venandi 1, 1, Z. 7f.; Überblick über die mittel-

Darüber hinaus läßt sich heute immerhin von zwei damals greifbaren Abhandlungen, die beide wohl aus dem Umkreis Rogers II. beziehungsweise seines Sohnes Wilhelms I. stammen, mit großer Sicherheit sagen, daß sie dem Enkel Rogers tatsächlich unter die Augen kamen, von dem sogenannten „Dancus Rex" aus der Feder eines Anonymus und von der kleinen Arbeit des Guillelmus Falconarius.[189] Beide Texte begegnen nämlich in einer ganzen Reihe von Handschriften zusammen mit zwei weiteren, ohne Zweifel auf Friedrich weisenden jagdkundlichen Schriften. Deren eine, der sogenannte Moamin, wurde, wie wir bereits wissen, auf Friedrichs Geheiß aus dem Arabischen übersetzt und von ihm selbst durchgearbeitet, während die andere, die unter dem Titel „De arte bersandi" zum ersten Mal im Mittelalter überhaupt von der Jagd auf Rotwild handelt, in ihrem Vorwort als ihren Verfasser einen deutschen Ritter Guicennas nennt, einen nach ihren Worten unter den Fürsten Deutschlands wie vor allem am Hofe Kaiser Friedrichs berühmten und hochgeschätzten Jäger.[190]

Der betreffende Überlieferungsstrang verbindet die vier Werke in gleichbleibender, offenbar bewußt gestalteter Weise: Auf die ersten drei, den Beizvögeln gewidmeten Teile des Moamin folgen zunächst die thematisch verwandten Traktate des sogenannten „Dancus Rex" und des Guillelmus Falconarius, danach erst die beiden letzten Abschnitte des Moamin über die Jagdhunde; wieder inhaltlich auf das Vorhergehende abgestimmt, schließt die „Ars bersandi" des Guicennas die Sammlung ab. Zudem zeichnet sich der Wortlaut der hier vereinten Jagdbücher im Vergleich mit ihrer sonstigen Überlieferung durch charakteristische Eigentümlichkeiten aus, er wurde also bei der Aufnahme in unsere Kollektion verändert. Spuren derartiger Umformungen finden sich im „Dancus Rex" wie im Guillelmus Falconarius. Eine besonders intensive und weitreichende Neugestaltung aber erfuhr der Moamin: Die genaue Handschriftenanalyse brachte

---

alterlichen Beiztraktate, ihre Handschriften und Editionen: Van den Abeele, Fauconnerie 20–41, vgl. ders., Inspirations 365f., 370, 377f. (zu Friedrichs Kenntnis der älteren Literatur), außerdem Willemsen, Über die Kunst. Kommentar 239–247, Glessgen, Falkenheilkunde 15–25.

[189] Edition: Tilander, Dancus Rex 48–117 (Dancus Rex), 134–175 (Guillelmus Falconarius), vgl. die Einleitungen 5–47 beziehungsweise 118–134 sowie oben Anm. 188.

[190] Edition: Lindner, De arte bersandi 23–37, vgl. die Einleitung 11–21, zum Autor bes. 18 mit Anm. 11, zu seiner möglichen Identität mit Konrad von Lützelhard aufgrund der 1230 belegten Namensform Guizenardus (Hampe, Acta 52f., Nr. 18) bereits Haskins, Literature 130f., vgl. Fried, Kaiser Friedrich 121, zu Konrad: Schubring, Brief, bes. 408–415, 420–426. Zum sog. Moamin siehe oben S. 424, zum am Hof gleichfalls verfügbaren lateinischen Text des sog. Ghatrif S. 425, Anm. 166.

in seinem Fall gleich mehrere Überarbeitungsstufen ans Licht mit drastischen Eingriffen in den Text durch Streichungen, Umgruppierungen, Ergänzungen oder die Einführung scholastischer Fachwörter. Da nun von Friedrich ausdrücklich bezeugt ist, er habe den Moamin bearbeitet, liegt es nahe, diese Korrekturen zu einem guten Teil eben auf ihn zurückzuführen, ja man ist versucht, in ihm geradezu den Kompilator und Redaktor des gesamten Jagdleitfadens zu sehen.[191] Was zunächst als ein etwas gewagter Schluß anmutet, entpuppt sich bei näherer Betrachtung als das wohl tatsächlich Zutreffende. Den entscheidenden Aufschluß gibt jener seit langem bekannte Brief, den der Mailänder Guilielmus Bottatius um die Jahreswende 1264/65 an Karl von Anjou, den Grafen der Provence, sandte. Er bot dem künftigen Herrscher des Königreiches Sizilien darin einen *liber de avibus et canibus* an, „ein Buch über Vögel und Hunde des Herrn Friedrich seligen Angedenkens, des ruhmreichen Kaisers der Römer", das dem Staufer überaus teuer gewesen, bei der Zerstörung seiner Lagerstadt Victoria vor Parma – also im Februar 1248 – jedoch in die Hände seiner Gegner gefallen und endlich an ihn, Bottatius, gelangt sei. Prächtig ausgestattet und am Rand fortlaufend mit erläuternden Bildern geschmückt, unterrichte das Werk über die Beizvögel und Hunde, ihre Aufzucht und Abrichtung, ihre Krankheiten und deren Heilung. Die Forschung schloß aus des Mailänders Worten recht einhellig, er beschreibe Friedrichs persönliches Prachtexemplar seines Falkenbuches, und bedauerte, daß der einzigartige Codex offenbar bald darauf verschwand. Erst ein jüngst vorgenommener erneuter Vergleich förderte nicht geringe Widersprüche zwischen der freilich nur knappen Inhaltsangabe des Bottatius-Briefes und der kaiserlichen Arbeit zutage, die beispielsweise kaum etwas über die Krankheiten der Vögel bietet und in der vor allem nichts auf eine noch beabsichtigte selbständige Behandlung der Jagdhunde deutet. Wesentlich genauer hingegen, so ergab sich weiter, entspricht Bottatius' Charakterisierung dem eben vorgestellten, aus vier kürzeren Traktaten kompilierten Jagdhandbuch.[192] In ihm fassen wir demnach sehr wahrscheinlich eine vom Kaiser selbst stammende Sammlung ihm wichtiger, fast durchweg am sizilischen Königshof, zu einem guten Teil sogar in Friedrichs Umgebung verfaßter oder auf seine Anweisung übersetzter Fachtexte,[193] die er nach seinen

---

[191] Siehe zum geschilderten Sachverhalt wie zum Folgenden die überzeugenden Resultate der Studien von Fried, Kaiser Friedrich, bes. 128–139, sowie ders., Correptus 93–123.

[192] Edition des Bottatius-Briefes: Willemsen, Über die Kunst. Kommentar 230f., vgl. dazu ebd. 4–6, außerdem schon Haskins, Studies 308–310; zum Bezug auf die Vier-Traktate-Sammlung: Fried, Correptus 93–100, ders., Kaiser Friedrich 128–138.

[193] Zu der vielleicht auch von Friedrich angeregten, dessen Rat jedenfalls nach

eigenen Grundsätzen neu ordnete, mitunter energisch umformulierte und, derart redigierte, abschließend mit großem Aufwand in eine Prunkhandschrift eintragen ließ.[194] Wir haben gewissermaßen eine Vorstudie zum kaiserlichen Falkenbuch vor uns.

Diese überraschende Erkenntnis führt uns noch schärfer und eindringlicher als zuvor die Gründlichkeit vor Augen, mit der Friedrich die Verwirklichung seiner literarischen Pläne betrieb, die Umsicht, mit der er die gültige Gestaltung des Beizjagd-Themas vorbereitete. Darüber hinaus jedoch ergeben sich zwei wichtige zusätzliche Konsequenzen für seine Arbeit am Falkenbuch. Er begann mit dessen eigentlicher Niederschrift offenkundig in der Tat so spät, wie er eingangs behauptet, nämlich nach der für 1240/41 bezeugten Beschäftigung mit dem Moamin und der wohl etwa gleichzeitigen Zusammenstellung der Jagdtraktate-Sammlung, also erst im Laufe der vierziger Jahre. Vor allem aber fehlt ohne den Bottatius-Beleg jeder Hinweis darauf, daß er sein Unternehmen je vollendete, und die handschriftliche Überlieferung erweckt denn auch deutlich den Eindruck, er habe es bei seinem Tod unfertig zurücklassen müssen.

In den Handschriften begegnen uns zwei verschiedene Fassungen des kaiserlichen Werkes. Die erste, deren ältester greifbarer Repräsentant wohl noch im 13. Jahrhundert in Bologna entstand, bietet einen weit umfangreicheren Text als die zweite und unterteilt ihn in sechs Bücher.[195] Zu Beginn führt der Verfasser seinen nach langem Zögern gefaßten Entschluß zur schriftlichen Formulierung auf die Bitte eines direkt angeredeten *vir clarissimus M. E.* zurück, über dessen Identität die Forschung bis heute rätselt – möglicherweise verbirgt sich der oben vorgestellte Falkner-

---

des Autors eigenem Bekenntnis vielfach verpflichteten, wenngleich erst kurz nach 1250 beendeten Pferdeheilkunde des Jordanus Ruffus, eines Neffen des kaiserlichen Marschalls Petrus Ruffus, siehe Gaulin, Giordano Ruffo 185–198, vgl. Zahlten, Hippiatria 20–52 (über die inhaltlichen Beziehungen zu Friedrich bes. 27–50, zu dessen Säftelehre und Finalitätsvorstellung siehe jedoch unten S. 477, Anm. 216 beziehungsweise S. 451–454); das erstaunlich originelle Buch kann als das erste veterinärmedizinische Werk des Mittelalters gelten und fand, als vorbildlich anerkannt, außerordentlich weite Verbreitung (Edition von H. Molin, Jordani Ruffi Calabriensis Hippiatria, Padua 1818, über den großen Einfluß Friedrichs ebd. 116).

[194] Zu den Spuren des ursprünglichen Bildschmuckes in der Überlieferung der Kollektion siehe Fried, Kaiser Friedrich 135 f., zu dem wohl am Beginn der Kollektion stehenden kurzen Moamin-Vorwort ebd. 137 f., vgl. ders., Correptus 100.

[195] Ausführliche Beschreibung der Falkenbuch-Handschriften und ihrer Gruppierung: Willemsen, Über die Kunst. Kommentar 69–87, 91–93, vgl. 6–8; Fried, Kaiser Friedrich 125–128; zum Cod. Bologna, Bibl. Univ., Ms. lat. 419 (717): Willemsen 69 f., Fried 127.

meister Enzius hinter der Abkürzung, schwerlich der öfters vorgeschlagene, aber bereits 1235 gestorbene Michael Scotus.[196] Die Arbeit selbst gedieh, so sehr sie mit ihrer bemerkenswerten Stoffülle imponiert, augenscheinlich nicht – oder doch nicht so, wie zunächst geplant – bis zum Abschluß, denn manches, was der Autor ankündigt, sucht man in ihr vergebens, so neben Unbedeutenderem etwa einen Abschnitt über die Krankheiten der Vögel.[197]

Wichtiger als das Auffüllen derartiger Lücken war dem Kaiser offenbar die Verbesserung des schon Niedergeschriebenen. Wie er dabei vorging, verrät die zweite Textversion. Alle Handschriften, die sie tradieren, gehen zurück auf das älteste bekannte Falkenbuchmanuskript überhaupt, auf den berühmten Codex Palatinus, den König Manfred selbst nach seinen genauen Weisungen anlegen ließ. Reich mit kostbaren Bildern ausgestattet, enthält er zwar nur die beiden ersten Bücher des Gesamtwerkes, diese jedoch in einer überarbeiteten und ergänzten Form und daneben einzelne, durch Vermerke wie *Rex* oder *Rex Manfredus* ausdrücklich bezeichnete Zusätze des Kaisersohnes.[198]

In einem dieser Kommentare nun – er betrifft die Anfangspartie des zweiten Buches – erzählt Manfred nach einem Hinweis auf seine Bemühungen um den fehlerfreien Wortlaut und das rechte Verständnis des Falkenbuches aufschlußreiche Einzelheiten über die Textbasis, auf die er sich beim Redigieren des Codex Palatinus stützte. Er besaß demnach ein Arbeitsexemplar seines Vaters, das wenigstens die beiden ersten Bücher des „Liber de arte venandi cum avibus" umfaßte – ob mehr, wissen wir nicht. Die Umgestaltung des ersten Buches hatte der Kaiser dort offenbar weitgehend abgeschlossen. Er gedachte an seinem Beginn jetzt nicht mehr des geheimnisvollen *M. E.*, sondern der aufmunternden Bitte seines „allerliebsten Sohnes Manfred". Außerdem kündigte er beispielsweise an, er wolle, die Reihenfolge der ursprünglichen, also der Sechs-Bücher-Fassung umkehrend, zunächst die nicht raubenden Vögel behandeln, später erst auf sein eigentliches Thema, die Raubvögel zu sprechen kommen, und nahm die einschlägigen Passagen, wenngleich nicht ganz konsequent, in

---

[196] Der Hinweis auf Magister Enzius bei Fried, Kaiser Friedrich 125 f., vgl. über ihn oben S. 432 mit Anm. 184; der Bezug auf Michael Scotus bei Willemsen, Über die Kunst. Kommentar 9–12 (53 Anm. 57, die nicht ganz klare Beschreibung der zwischen den Lesarten *M.E.* und *M.S.* schwankenden Hss., vgl. 95), danach Walz, Falkenbuch 164.
[197] Vgl. die Belege bei Willemsen, Über die Kunst. Kommentar 7 f.
[198] Zum Cod. Rom, Bibl. Vatic., Palat. lat. 1071: Willemsen, Über die Kunst. Kommentar 77 f., Faksimile-Ausgabe mit Kommentar: Ders., Fredericus II, De arte venandi; vgl. Fried, Kaiser Friedrich 126 f., Walz, Falkenbuch 165–168, zur Illustration: Orofino, Rapporto 131–133, Mütherich, Handschriften 13–15.

der Tat heraus, um sie in einem neuen, sehr umfangreichen und offenbar für den Anfang des zweiten Buches vorgesehenen Abschnitt über die Raubvögel mit zu verwenden.[199] Konnte Manfred dem derart korrigierten Wortlaut des Buches I wohl ohne größere Schwierigkeiten folgen, so bereitete ihm der Zustand des zweiten Buches im väterlichen Handcodex Kopfzerbrechen – daher die Äußerung über sein editorisches Vorgehen. Er stieß hier nämlich nicht nur mindestens einmal auf eine Randnotiz, die eine Ergänzung an der betreffenden Stelle für nötig erklärte. Vor allem entdeckte er, daß in diesem Codex zwischen dem Vorwort und dem in der Sechs-Bücher-Fassung unmittelbar anschließenden Text mehrere Blätter leer gelassen waren, also ein zusätzliches Kapitel eingetragen werden sollte. Glücklicherweise verfügte Manfred, wie sich herausstellt, über weiteres, nach seinen Worten in Heften und auf Notizblättern gesammeltes Material seines Vaters von ganz unterschiedlichem Gepräge. Neben kürzeren Anmerkungen fanden sich darunter offenkundig auch völlig neu formulierte, zusammenhängende Textstücke wie die eben erwähnte Abhandlung über die Raubvögel. Da diese ihrer Eingangszeile nach recht eindeutig in die Lücke nach dem Prooemium des zweiten Buches gehört, ordnete sie der König stillschweigend dort ein. Aus sachlichen Gründen schien ihm am gleichen Platz jedoch auch noch ein anderes Stück aus den kaiserlichen Unterlagen, das Kapitel „Über das Gefieder der Falken" unentbehrlich, und so fügte er es, vorweg seine Motive schildernd, dem ersten an.[200]

Friedrich feilte in seinen letzten Lebensjahren also unermüdlich an einer ihn befriedigenden Endfassung seines Falkenbuches. Er rang um eine klare, einleuchtende Struktur der Stoffmassen, strich oder ergänzte, wo er es für angebracht hielt, und sorgte sehr wahrscheinlich wie bereits

[199] Text sämtlicher Zusätze Manfreds im Cod. Palat. 1071: Willemsen, Über die Kunst. Kommentar 219–229, der hier angesprochene ebd. 222f., Nr. VI; zu seiner Interpretation siehe bes. Fried, Kaiser Friedrich 140–143, vgl. Willemsen 91–93, Edition des Raubvogelabschnitts (mit Bezeichnung der mit der Sechs-Bücher-Fassung gemeinsamen Stellen) ebd. 201–218, zur Autorschaft Friedrichs siehe Fried 140f. (Anm. 121 der überzeugende Hinweis auf die eigens Manfred zugewiesene Ergänzung, ed. Willemsen 221f., Nr. V). Nachweis der Änderungen im Cod. Palat. 1071 gegenüber der Sechs-Bücher-Fassung grundsätzlich bei Willemsen 95–160 (vgl. z.B. 100 zu Friedrich II., De arte venandi 1, 10, Z. 12–22; 103 zu 1, 16, Z. 12.25f.; 106 zu 1, 22, Z. 5/6.15–25.26–29, zu 1, 23, Z. 3; 109 zu 1, 30, Z. 1–4; 110 zu 1, 31, Z. 1–32).
[200] Edition: Friedrich II., De arte venandi 1, 126, Z. 1–135, Z. 16, zum Raubvogelabschnitt siehe oben Anm. 199; über Friedrichs Randnotiz im zweiten Buch: Willemsen, Über die Kunst. Kommentar 224, Nr. IX, der von Manfred danach eingefügte Text (Willemsen 224–229) mag von ihm selbst, könnte aber auch aus dem Material seines Vaters stammen.

bei seiner Redaktion der vier Jagdtraktate für die Verdeutlichung des Textes durch ein begleitendes Bildprogramm. Der Manfred-Codex zeigt uns, wie weit die Abschlußarbeiten wenigstens an den ersten beiden Büchern schon gediehen waren, aber auch, welche Unsicherheiten, etwa bezüglich des Anfangs von Buch II, noch bestanden. Wie sein Text so spiegeln wohl auch seine mit Recht viel gepriesenen, ob ihrer Naturnähe und Genauigkeit der Beobachtung einzigartigen Bilder die von Friedrich schließlich erreichte Perfektion und zugleich das Bruchstückhafte seines Werkes wider.[201]

Beizjagd als Wissenschaft: Aufbau und Ziel des kaiserlichen Werkes

Friedrichs Gesamtkonzeption und Vorgehensweise läßt sich aus der Sechs-Bücher-Fassung des Falkenbuches trotz der ihr anhaftenden Vorläufigkeit gut erkennen. In einem Prolog rechtfertigt er sein ehrgeiziges Unternehmen mit den außerordentlichen Anforderungen und Schwierigkeiten der Beizjagd und ihrem daraus resultierenden singulären Rang. Einem wohldurchdachten Programm folgend, bietet er danach zunächst allgemeine und grundlegende Informationen, um sich anschließend ausführlich den zahlreichen Einzelproblemen seines Themas zuzuwenden. Das erste Buch, eine Vogelkunde auf für ihre Zeit höchstem Niveau, verschafft dem Leser einen Überblick über die verschiedenen Vogelarten, die Land- und Wasservögel mit ihren Mischformen sowie die nichtraubenden und die Raubvögel; es informiert über ihre Nahrung und Nahrungssuche, über den jährlichen Vogelzug, seinen Verlauf und seine Gründe, über Fortpflanzung und Nestbau, das Ausbrüten und die Aufzucht der Jungvögel. Ziemlich genau die zweite Buchhälfte beansprucht die Schilderung der Glieder und inneren Organe der Vögel, ihres Baus und ihrer Funktion, wobei die Nahrungsaufnahme und die Verdauung im Mittelpunkt des kaiserlichen Interesses stehen, ganz besonders aber alle jene Körperteile, die der Bewegung, dem Fliegen oder der Verteidigung der Tiere dienen, also ihre Knochen, Gelenke, Federn, Flügel, Zehen oder Krallen.[202]
Den Anfang des bereits spezieller ausgerichteten zweiten Buches soll-

[201] Zur Bildausstattung des Manfred-Codex und ihrer Herkunft siehe Fried, Kaiser Friedrich 145, 150–154 (die Herrscherbilder auf fol. 1 durchweg als Darstellungen Friedrichs 152f.), vgl. oben S. 436f. mit Anm. 194.
[202] Eine ausführliche Inhaltsübersicht siehe bei Willemsen, Über die Kunst. Kommentar 14–45, zum Niveau der Ornithologie des Buches I ebd. 20–26, vgl. Van den Abeele, Fauconnerie 262, zur dortigen Anatomie ebd. 176f., 264, sowie schon Zahlten, Medizinische Vorstellungen 72–94.

Beizjagd als Wissenschaft

ten wohl, wie wir wissen, die neu konzipierten Kapitel über die Raubvögel sowie über die Falkenarten und ihr Aussehen bilden.[203] Die Rede kommt dann auf die unterschiedlichen Methoden des Falkenfangs und sehr eingehend auf den ebenso wichtigen wie schwierigen Prozeß der Zähmung des gefangenen Falken. Da dieser den Menschen von Natur aus flieht, bedarf es zu seiner Gewöhnung an ihn subtiler Kenntnisse und ganz bestimmter körperlicher und charakterlicher Eigenschaften beim Falkner, daneben einer Reihe von praktischen Voraussetzungen, Geräten und Hilfsmitteln, vor allem jedoch der geduldigen und behutsamen, nur in kleinsten Schritten möglichen Anwendung jener Methoden, die sich bei der Anpassung des Tieres an seine neue Umgebung bewährt haben. Friedrich beschreibt sie sorgfältig, immer darauf bedacht, den rechten Zeitpunkt und den Sinn ihres Einsatzes, ihre Vorteile wie ihre Nachteile und Gefahren völlig klarzumachen, kurz: den Falkner mit seinem Rat für jede nur denkbare Situation zu wappnen.

Mit der gleichen Gewissenhaftigkeit, Präzision und geradezu scholastischen Strenge schreitet die Darstellung auch weiterhin voran, jetzt endlich vollkommen auf die Beizjagd, genauer: die Jagd mit Falken konzentriert. Buch III lehrt das Abrichten eines gezähmten Falken zum Beizvogel. Es behandelt zum einen die Instrumente und Techniken, die gewährleisten sollen, daß der Falke nach dem Schlagen der Beute unbedingt zum Falkner zurückkehrt. Zum anderen erfahren wir Einzelheiten über das Abtragen des Falken auf den Hasen- beziehungsweise auf den vorwiegend üblichen Kranichvorlaß, das heißt: auf einen für diesen Zweck gefesselten und meist noch zusätzlich behinderten Kranich. Wir lernen also die mühevollen Trainingsverfahren kennen, die entwickelt wurden, um den Falken in allmählicher Steigerung der Realitätsnähe auf den Ernstfall, die Jagd, vorzubereiten. Ausgewählte Formen der Jagd mit Falken sind der Gegenstand der letzten drei Bücher. Die damals offenbar attraktivste und angesehenste, aber auch teuerste mit Gerfalken auf Kraniche geht voran, diejenige mit Sakerfalken auf Reiher folgt, und den Schluß macht die in vieler Hinsicht andersartige, deshalb eine spezielle Vorbereitung und Tak-

---

[203] Zum Vergleich der Vogel- und Falkenkunde Friedrichs mit den entsprechenden Partien bei Albertus Magnus, De animalibus XXIII, ed. Stadler 1430–1514 (über die Falken: XXIII 40, 1453–1493): Fried, Kaiser Friedrich 156 mit Anm. 198, Willemsem, Über die Kunst. Kommentar 25–27, und bes. Lindner, Von Falken 1, 10–43; danach schrieb Albert seinen Falkentraktat zwischen 1220 und 1240 (begonnen vielleicht während seines Studiums in Padua in den zwanziger Jahren) und zitiert darin zum Teil wörtlich die damals bekannten Traktate, etwa den auch Friedrich beschäftigenden Dancus Rex; er hatte wohl Kontakt mit Falknern aus Friedrichs Umgebung, kannte jedoch dessen Falkenbuch ebensowenig wie jener seine Abhandlung.

tik erfordernde Bruchbeize mit Wanderfalken, die vorwiegend der Wildente galt. Klar und sachkundig, mit einem zuweilen fast etwas pedantisch anmutenden Hang zur Vollständigkeit, aber auch mit unverminderter, stets spürbarer persönlicher Anteilnahme schildert der Autor die für jede von ihnen charakteristischen Bedingungen, Mühen und Risiken wie die ihnen eigentümlichen mannigfachen Möglichkeiten, Reize und Schönheiten.

Friedrichs beharrliches Ringen um Logik des Aufbaus, inhaltliche Zuverlässigkeit und Vollständigkeit der Stoffbewältigung wird leicht verständlich, bedenkt man den von ihm selbst formulierten hohen Anspruch an sein literarisches Unternehmen. Die „Kunst mit Vögeln zu jagen" galt ihm, wie er bereits in seinem Vorwort betonte und später wiederholte, als die schwierigste und eben deshalb edelste Form der Jagd überhaupt. Raubvögel pflegen sich ihrer Natur gemäß voller Furcht vom Menschen fernzuhalten. Sie zu fangen und zum willigen Helfer des Falkners bei der Jagd heranzuziehen, bedeutete nach Friedrichs Auffassung deshalb, ihre natürliche Eigenart wenigstens zum Teil umzuformen. Dazu taugten freilich nicht Zwang und Gewalt, dazu war vielmehr allein der menschliche Verstand befähigt. Allein er vermochte die Natur der Vögel beziehungsweise das Wirken der Natur in ihnen zu untersuchen und zutreffend darzulegen, um dann verändernd darauf einzuwirken. Eine derartige Leistung aber mußte ganz zweifellos dem Bereich der Naturwissenschaft, der *scientia naturalis*, zugerechnet werden. Dementsprechend betrachtete Friedrich sein Buch als eine wissenschaftliche Abhandlung über einen bislang kaum adäquat behandelten, weil äußerst komplizierten Gegenstand. Dessen besondere Struktur erforderte die angemessene Berücksichtigung von Theorie und Praxis bei der Darstellung, also die intellektuelle Bewältigung und Durchdringung des Stoffes wie die Umsetzung des Erkannten in konkrete Handlungsanweisungen, jeweils unter Einbeziehung der allgemeinen und speziellen Aspekte.[204]

Beizjagd als Wissenschaft: Die Vorstellung lag Friedrichs Zeit grundsätzlich bei weitem nicht so fern wie wohl uns. Damals genoß noch immer die einst von Hugo von St. Viktor († 1141) entwickelte Wissenschaftskonzeption hohes, allgemeines Ansehen. Diese nun wies einen der vier großen Teilbereiche der Philosophie den sieben *scientiae mechanicae* zu, den nach dem Vorbild der *artes liberales* gegliederten technisch-handwerklichen Fächern, unter die sie neben der Medizin oder dem Ackerbau in der Tat die *venatio*, die Jagd, zählte. Hugo erkannte mit ihrer aller Zuordnung zur Philosophie ausdrücklich an, daß ihre Ausübung eine Art rationaler, theo-

---

[204] Friedrich II., De arte venandi 1, 2, Z. 12–26; 1, 3, Z. 5–14; 1, 4, Z. 5–6, Z. 15; 1, 124, Z. 1–11; 1, 165, Z. 27–166, Z. 26.

retischer Grundlegung und Vorbesinnung verlange, daß sie also ein gewisses Verständnis für die Natur eröffneten. Indessen brach auch bei ihm daneben die sonst übliche Geringschätzung der mechanischen Disziplinen durch: Sie richteten sich anders als die übrigen Zweige der Wissenschaft trotz ihres unbestreitbaren Nutzens eben doch lediglich auf die äußeren, materiellen Bedürfnisse, auf das vorläufige irdische Dasein des Menschen und wurden passenderweise vom Volk, von den niederen Schichten der Gesellschaft betrieben.[205]

Angesichts einer derart ambivalenten Haltung war es für die künftige Stellung der betroffenen Fächer innerhalb der Wissenschaften bedeutungsvoll, daß Dominicus Gundissalinus in der zweiten Hälfte des 12. Jahrhunderts ihren Bezug zur Mathematik und Physik unter dem Einfluß arabischer Quellen stärker hervorhob und daß sich Michael Scotus ihm darin offenbar anschloß. Michael unterschied nämlich in seiner allerdings nur in kärglichen Resten überlieferten Wissenschaftslehre die drei der Theorie zuzurechnenden würdigen Teile der Philosophie, also Naturwissenschaft, Mathematik und Theologie, von den ebenfalls in drei Gruppen gebündelten Fächern der philosophischen Praxis, um dann jede dieser Gruppen in engen Zusammenhang mit einem der Theoriebereiche zu bringen, sie geradezu als dessen praktische Ergänzung zu deuten. Ob ein praktisches Fach als ehrbar oder gemein zu gelten hatte, hing freilich auch für Michael noch immer vom sozialen Stand derjenigen ab, die sich mit ihm gewöhnlich beschäftigten. Konkrete Fächer nannte er nur exemplarisch, unter ihnen nicht eigens die Jagd; sie mochte in seinen Augen wie die Medizin oder die Landwirtschaft zu den der Naturwissenschaft verbundenen Tätigkeitsfeldern gehören.[206]

Wir dürfen davon ausgehen, daß Friedrich alle diese Positionen kannte und mit Michael Scotus diskutierte. Wie sehr er sich noch in den vierziger Jahren, also während der Arbeit am Falkenbuch, für den Problemkreis interessierte, verrät seine diesbezügliche Sizilianische Frage. Darüber hinaus aber griff er die in der zeitgenössischen Debatte spürbare Tendenz zur Aufwertung der praktischen, der sogenannten mechanischen Wissenschaf-

---

[205] Hugo, Didascalicon I 4, ed. Buttimer 11, I 8f., 16f., II 1, 23–25 (vgl. III 1, 48), II 20–27, 38–44 (Ackerbau, Medizin, Jagd: II 24–26, 41–44), VI 14, 130, 132; vgl. Sternagel, Artes mechanicae 67–77, 93f., zu Hugos Nachwirkung ebd. 85–102, siehe auch Whitney, Paradise, zusammenfassend 123–127.
[206] Dominicus Gundissalinus, De divisione philosophiae, ed. Baur, Dominicus 122–124 (De ingeniis); die bei Vinzenz von Beauvais tradierten Reste der Wissenschaftslehre von Michael Scotus ebd. 398–400, siehe bes. 398 f.; vgl. Sternagel, Artes mechanicae 79f., 82–84, zu Michael auch oben S. 393, zum Bezug auf Friedrich zudem Fried, Kaiser Friedrich 147f.

ten entschlossen auf und führte sie für die ihm vor allem am Herzen liegende Spezialdisziplin der Beizjagd konsequent weiter. Selbstverständlich bedurfte es zu deren wissenschaftlicher Behandlung eines theoretisch wie eines praktisch orientierten Zugangs. Wesentliches Merkmal der der Theorie gewidmeten Überlegungen sollte es nun jedoch nicht mehr bloß sein, daß sie sich in gewissem Umfang an den Methoden und Ergebnissen der Naturwissenschaft ausrichteten, sie gehörten für Friedrich vielmehr als ein Teil unmittelbar zu ihr. Erst die gründliche wissenschaftliche Analyse der Natur verschaffte dem Falkner jene tiefen Einsichten, ohne die er sein praktisches Ziel nicht zu erreichen vermochte.

Was der Staufer für die Beizjagd beanspruchte, hielt wenig später, um 1250, der gelehrte Dominikaner Robert Kilwardby († 1279) für das Kennzeichen der traditionellen mechanisch-technischen Fächer überhaupt, einschließlich der von ihm sehr umfassend verstandenen *venatio*: Er unterstrich ihren doppelten, einerseits spekulativ-wissenschaftlichen, andererseits praktisch-operativen Charakter und leitete daraus die enge Verwandtschaft und Verbindung zwischen den spekulativen und den praktischen Wissenschaften ab. Ganz folgerichtig beurteilte er auch die auf diesseitige Wohlfahrt und materielle Besserung gerichteten Absichten der praktischen Disziplinen, noch für Thomas von Aquino ein Hauptmerkmal ihrer Minderwertigkeit, eher positiv.[207] Wesentlich weiter darin ging dann freilich Roger Bacon († um 1292), der dem Bestreben der angewandten Wissenschaften, die Geheimnisse der Natur zum Vorteil der Menschen zu nutzen, höchste Bewunderung zollte und in ihm alle wissenschaftlichen Möglichkeiten besonders glücklich vereint sah. Als fernes Ergebnis derartiger Bemühungen prophezeite er mit großer Sicherheit die Erfindung von motorgetriebenen Wagen und Schiffen, von Flugmaschinen oder Lastenaufzügen und beschrieb damit erstaunlich hellsichtig die künftigen Leistungen des damals gerade erst am Anfang seiner Entwicklung stehenden Ingenieurberufes.[208]

Zwar brachte die Beizjagd nach Friedrichs Worten greifbaren materiellen Gewinn in der Regel lediglich dem eher niedriger gestellten Hilfspersonal, während sie den königlichen Falkner von seinen Regierungsge-

---

[207] Robert Kilwardby, De ortu scientiarum c. 37, 358–361, ed. Judy 127f.; c. 41, 379–381, ebd. 133f., c. 42, 393–395, ebd. 138f., c. 43, 401f., ebd. 139f., Definition der *venatio*: c. 39, 368, ebd. 130, vgl. c. 40, 377f., ebd. 133; siehe dazu Whitney, Paradise 118–123, zu Thomas von Aquino ebd. 140 und ausführlich (auch zu Albertus Magnus) Sternagel, Artes mechanicae 103–111, bes. 109–111.

[208] Roger Bacon, Opus maius 6, 12, exemplum 3, ed. Bridges 215–218, 221, ders., Opus minus, in: Ders., Opera quaedam, ed. Brewer 321, 323f., ders., Opus tertium 13, ed. Brewer 43–47, ders., De secretis operibus 4–6, ed. Brewer 532–538, 543; siehe dazu Whitney, Paradise 125f., 142–145.

Beizjagd als Wissenschaft

schäften ablenkte und ihm in erster Linie Zerstreuung und Freude schenkte. Dennoch kommt Friedrich der Sicht Roger Bacons vom Verhältnis der Wissenschaft zur Natur insofern sehr nahe, als in seinen Augen ein wesentlicher Nutzen der Beizjagd für alle Beteiligten in der dabei praktizierten Fähigkeit lag, aufgrund fundierter wissenschaftlicher Kenntnisse die Natur der Vögel, ihr ursprüngliches Verhalten, dergestalt zu verändern, daß sie nun größere Vögel als gewöhnlich auf vielfältige und neuartige Weise fingen. Den Falkner, der dies allein mit Hilfe seines *ingenium* erreichte, der seine Beizvögel so – wie Friedrich formulierte – seiner Gewalt unterordnete, ihre Eigenart menschlichen Zwecken dienstbar machte, ihnen seinen Willen aufzwang und darin nach immer höherer Vollkommenheit strebte – ihn trennte grundsätzlich wenig von dem bei Roger Bacon gerühmten Ingenieur.[209]

Der hohe Rang der Beizjagd ergab sich für Friedrich aus der wissenschaftlichen Vorgehensweise, ohne die sich die ihr eigenen, besonderen Schwierigkeiten nicht meistern ließen. Eher am Rande und mit einer gewissen Zurückhaltung brachte er daneben den Umstand ins Spiel, daß sie vorwiegend von Adligen betrieben werde, was zusätzlich für ihre hervorragende Würde spreche. Er bediente sich damit der seit langem und etwa auch bei Michael Scotus üblichen Methode, Ansehen und Bedeutung einer Tätigkeit und insbesondere einer Wissenschaft nach dem sozialen Stand derer zu beurteilen, die sie betreiben. Hatte dieses Verfahren bisher in der Regel die Geringschätzung der praktischen Disziplinen begründet oder doch gerechtfertigt, so lieferte es dem Kaiser nun ein weiteres Argument für die entschiedene Aufwertung seiner geliebten, traditionell jedoch den niederen, handwerklich-mechanischen Fächern zugerechneten Jagdkunst.[210]

Man schloß aus Friedrichs Bemerkung über die adlige Bevorzugung der Jagd und aus seinen Äußerungen über die besondere Würde der Beize vor

---

[209] *Per hanc artem docentur* (sc. *aves rapaces*) *facere ad opus hominum, quod operabantur per se et ad opus suum*, Friedrich II., De arte venandi 1, 5, Z. 33 f., vgl. 1, 5, Z. 20–23 (auch zum *ingenium*, vgl. dazu 1, 162, Z. 14–17), 1, 124, Z. 13–17, zur *utilitas* außerdem 1, 3, Z. 2–9 und 1, 5, Z. 27–31; zum falknerischen *perfectio*-Streben: 1, 162, Z. 7–13; 1, 163, Z. 17–20; 1, 165, Z. 6–10.21–25; Jagd und bes. Beizjagd als die Königen gemäßen *delectationes* auch im wohl von Friedrich stammenden kurzen Moamin-Vorwort, ed. Burnett, Master Theodore 275 f., vgl. dazu oben S. 425, Anm. 165, zum längeren Vorwort Theodors über *perfectio* und *delectatio* als Ziele menschlichen Handelns oben S. 424 f. mit Anm. 164.

[210] Friedrich II., De arte venandi 1, 6, Z. 15–19; zur Beurteilung einer Disziplin nach dem Stand der dort Beschäftigten siehe für Hugo v. St. Viktor oder Michael Scotus oben S. 442 f., außerdem Sternagel, Artes mechanicae, bes. 54, 57–59, 93–95, 109–111, 115–117.

anderen Jagdarten, der Staufer halte die Veränderung der Natur eines Lebewesens, wie sie dem Falkner gelinge, für das der menschlichen Würde schlechthin gemäße Tun und wolle diese Würde allein dem Adel zugestehen, was seine Gesetzgebung besonders klar zeige. Ganz entsprechend deute er dort die spezifische Adelsaufgabe der Herrschaft gleichfalls als das Bemühen um Veränderung von Lebewesen, um die Verwandlung der sündigen in gerechte Untertanen nämlich.[211]

Nun mag für Friedrich wie für andere Fürsten durchaus eine gewisse inhaltliche Beziehung zwischen Jagd- und Herrscheramt bestanden haben. Er äußerte sich jedoch nicht dazu, stellte einen solchen Zusammenhang nirgends ausdrücklich her; konkrete Aussagen über seine diesbezüglichen Vorstellungen sind deshalb kaum möglich. Darüber hinaus gilt es festzuhalten, daß es ihm in seinem Falkenbuch schwerlich um die Würde des Menschen ging – der Begriff taucht dort auch gar nicht auf.[212] Im herrscherlichen Gesetzgeber und Richter aber sah Friedrich weniger einen dem Falkner vergleichbaren Verwandler des menschlichen Erbübels, des *vitium transgressionis*, in Tugendhaftigkeit. Er schildert ihn vielmehr als denjenigen, der mit seinen Gesetzen und Strafurteilen das Verbrechen zügelt, der den Guten fördert, den Bösen dagegen zermalmt, der also durchaus Zwangsmittel anwendet. Dauerhafter Erfolg scheint ihm indes nicht beschieden: Nach Friedrichs Erfahrung erfindet die Bosheit der Menschen ständig neue Laster und Mißbräuche und zwingt so den Herrscher um ihrer Eindämmung willen zu immer neuen gesetzgeberischen Reaktionen.[213] Was schließlich die besondere Würde des Adels anlangt, so verpflichtete der Staufer in seinem sizilischen Gesetzbuch die Adligen in der Tat mit Hinweis darauf sehr eindringlich zu einer moralisch einwandfreien Lebensführung; er tat dies im gleichen Atemzug nicht weniger ernsthaft jedoch auch den Richtern, Anwälten und Notaren gegenüber und erwartete das nämliche tadellose Verhalten im übrigen grundsätzlich von allen Untertanen. Ansonsten begründete er mit dem hervorragenden Rang des Adels lediglich gewisse Vorteile vor Gericht. Die Zuständigkeit und Verantwortung des Gesetzgebers hingegen behielt er allein sich selbst vor, und das der Gerechtigkeit besonders ver-

---

[211] Siehe Nitschke, Friedrich 5–10, 14–17, 23–29.
[212] Dies betonte schon Willemsem, Über die Kunst. Kommentar 15.
[213] Siehe dazu Konst., Prooemium, ed. Stürner 146, Z. 14–18 (zum Erbübel), 147, Z. 2–5 (*principes ... per quos posset licentia scelerum coherceri*), Konst. I 38.1, 191, Z. 23–192, Z. 5 (*ad eradicanda vitia plantandasque virtutes ... nova cotidie reperire consilia, per que virtuosi ditentur premiis et vitiosi continuis penarum malleis conterantur*), Konst. I 95.1, 276, Z. 2–11, vgl. Stürner, Rerum necessitas 519–524, ders., Konstitutionen. Anspruch 275.

pflichtete Richteramt, zuvörderst das zentrale des Hofrichters, vertraute er in aller Regel ebenfalls gerade nicht Adligen an, sondern wissenschaftlich ausgebildeten Juristen.[214]

Friedrichs Vorgehensweise und Naturauffassung

Die Methoden, mit denen Friedrich den ehrgeizigen Anspruch auf Wissenschaftlichkeit für sein Fach einzulösen, also dem Wirken der Natur auf die Spur zu kommen hoffte, entsprachen durchaus dem damaligen Stand der Entwicklung. Schon sein methodischer Leitgedanke, seine vielzitierte Absicht, „das was ist, so zu zeigen, wie es ist", und dabei selbst Autoritäten wie Aristoteles gegenüber letztlich allein der eigenen Erfahrung mit den Objekten zu trauen, glich grundsätzlich stark jenen Zielvorstellungen und Vorgehensweisen, die sich seit dem 12. Jahrhundert bei den führenden Naturphilosophen beziehungsweise Naturwissenschaftlern des Abendlandes etwa in Paris oder in Salerno nachweisen lassen.[215] Wie sie ging er davon aus, daß in den Körpern der geschaffenen Natur selbst die Kräfte wohnten und wirkten, die deren spezifisches Verhalten veranlaßten, daß deshalb die exakte Beobachtung jener Körper und ihres Verhaltens diese immanenten Ursachen und die Regeln ihre Wirksamkeit offenlegen werde, daß schließlich eben dies: solche nachvollziehbaren, generell gültigen Regeln aufzustellen, eine *ars*, eine Wissenschaft ausmache.

Der kaiserliche Autor kannte allem nach gerade die an der Salernitaner Schule benutzten oder von dortigen Magistern verfaßten Schriften recht gut und zog sie für seine eigene Arbeit heran; er zitierte beispielsweise Constantinus Africanus und ließ sich hie und da von Urso von Salerno anregen.[216] Auf seinem speziellen Forschungsgebiet aber gelangte er mit

[214] Zum Lebenswandel von Adel, Richtern, Untertanen: Konst. III 90, ed. Stürner 450, Z. 3–15, vgl. die ähnliche Regelung für Adlige, Richter und Notare in Konst. III 60, 430, Z. 24–431, Z. 6; prozessuale Adelsvorteile: I 47, 206, Z. 8–207, Z. 4, Konst. II 32, 338, Z. 16–339, Z. 14, vgl. III 43, 410, Z. 25–411, Z. 6; der Kaiser als Gesetzgeber: Konst., Prooemium, 147, Z. 12–148, Z. 12, Konst. III 94, 452, Z. 16–453, Z. 2, siehe dazu Stürner, Konstitutionen 8; zur Besetzung des Hofrichter- und Richteramtes siehe oben S. 40–47.
[215] Friedrichs Leitgedanke: De arte venandi 1, 2, Z. 19–21, vgl. 1, 1, Z. 14–32, zu Aristoteles außerdem die bei Willemsen, Über die Kunst. Kommentar 360, angegebenen Stellen; zu Chartres, Paris und Salerno siehe Bd. 1, S. 27 f.
[216] Dazu (auch zum *Accessus ad auctores* in Salerno und im Umkreis Friedrichs) zusammenfassend Stürner, Kaiser Friedrich. Sein Gelehrtenkreis 318 f., 323 f., vgl. Zahlen, Medizinische Vorstellungen 70–72 (*Accessus ad auctores*), 74–94, ders., Abhängigkeit 189–194, 209 f., zu der ebd. 204–208 vertretenen Ansicht, Friedrich

einer ganzen Reihe neuer Einsichten und Entdeckungen deutlich über seine naturwissenschaftlichen Vorgänger hinaus. So präzisierten seine zum Teil wahrscheinlich durch Sezieren gewonnenen Erkenntnisse das damalige Wissen über die Anatomie des Vogelkörpers; sie gaben genaueren Aufschluß über das Aussehen des Rückenmarks wie über die Struktur des Magens bei den Vögeln, brachten Gewißheit über das Fehlen des Kehlkopfdeckels wie über Zahl und Lage der Nieren.[217] Friedrichs waches, einfühlendes Verständnis für die verschiedenartigen Verhaltensweisen der Tiere und ihre Ursachen zeigt sich aufs beste in seiner geradezu humorvollen Schilderung jener Wildente, die Krankheit und Schwäche vortäuschte, um ihn von ihren Jungen wegzulocken; seine außergewöhnliche Beobachtungsgabe bezeugen am eindrucksvollsten vielleicht seine Ausführungen zum Vogelzug, den er wohl überhaupt als erster gründlich und im wesentlichen zutreffend behandelte.[218]

Der gelehrte Stauferkaiser begnügte sich indessen nicht mit dem sorgfältigen, intensiv um Erhellung und Klärung bemühten Hinsehen auf die Natur. In seinem Streben nach wirklich zuverlässigen Resultaten führte er daneben auch eine Anzahl von Versuchen durch, von geplanten und kontrollierten Eingriffen in die Natur also, die zum mindesten als eine Vorstufe des wissenschaftlichen Experiments im modernen Sinne gelten dürfen. Erinnert sei an seine bereits erwähnten Anstrengungen, Straußeneier von der Sonne Apuliens ausbrüten zu lassen oder das Geheimnis um die Entstehung der Ringelgans zu lüften. In wiederholten Tests vergewisserte er sich außerdem beispielsweise darüber, daß Geier das Aas allein mit dem Auge, nicht mit dem Geruchssinn wahrnehmen. Dazu ließ er Geiern eigens die Augenlider zusammennähen; legte man ihnen dann Fleisch vor, beachteten sie dieses nach seinen Feststellungen niemals, obwohl ihr Geruchssinn nicht behindert war. Ebenfalls mit Hilfe einer bewußt und gezielt gestalteten Versuchsanordnung überprüfte er, ob Geier unter allen Umständen nur Aas verzehrten: Er warf völlig ausgehungerten Vögeln lebende Küken vor und konstatierte, daß sie dieses Angebot trotz ihres Hungers in der Tat stets ablehnten. Solcherart experimentierend, schlug Friedrich zweifellos einen verheißungsvollen, zu seiner Zeit aber noch

---

übernehme die in Salerno verbreitete Säftelehre nicht, siehe die überzeugenden Einwände von Fried, Kaiser Friedrich 142 Anm. 130.

[217] Siehe die Übersicht bei Van den Abeele, Fauconnerie 176 f., vgl. 262, 264, ders., Inspirations 366 f., 377–381, 388 f., ders., De arte, bes. 404–408, Zahlten, Medizinische Vorstellungen, zusammenfassend 93 f., Willemsen, Über die Kunst. Kommentar 24 (zur Vogelniere).

[218] De arte venandi 1, 61, Z. 18–30 (Wildente); 1, 32, Z. 5–48, Z. 18 (Vogelzug); dazu Willemsen, Über die Kunst. Kommentar 21, 24 f.

recht ungewöhnlichen, allenfalls von wenigen Männern wie Robert Grosseteste oder kurz darauf von Roger Bacon zögernd beschrittenen Weg des wissenschaftlichen Forschens ein.[219] Des Kaisers Stolz auf seine tiefdringende, in mancher Hinsicht neuartige Vorgehensweise klingt bereits im Vorwort seines Werkes an, wenn er sich dort als einen „von Forschungsdrang erfüllten Mann und Liebhaber der Wahrheit" vorstellt.[220] Die Intensität und der Scharfsinn, mit denen er den Naturgeheimnissen nachspürte, fielen indessen auch fernerstehenden Beobachtern als etwas Charakteristisches an ihm auf, und noch der Franziskaner Salimbene aus Parma schilderte in der Absicht, seinen Lesern die kaiserliche Verworfenheit anhand einiger besonders drastischer Ungeheuerlichkeiten und Freveltaten zu demonstrieren, vor anderem die Experimente, die der Staufer nach seiner Überzeugung durchgeführt hatte. So habe er etwa Säuglinge ohne jeden menschlichen Zuspruch aufwachsen lassen, um herauszufinden, in welcher Sprache sie, allein auf sich gestellt, zu reden anfingen; sie seien freilich gestorben, ohne irgendeine Äußerung zu tun. Elend umgekommen sei schließlich auch der Taucher Nikolaus, den Friedrich in seiner Wißbegierde immer wieder aufs neue in die Meerestiefe vor Messina hinabgeschickt habe, oder jener Mann, den er bis zu seinem Tod in ein Faß sperrte, um zu beweisen, daß mit dem Körper auch die Seele vergehe.[221]

Fasziniert hat man diese Geschichten bis zum heutigen Tage vielfach für wahr gehalten und nacherzählt. Dennoch erscheint äußerste Skepsis ihnen gegenüber angebracht: Allzu übertrieben und einseitig künden sie, durch-

---

[219] De arte venandi 1, 24, Z. 22–28 (Versuche mit Geiern), vgl. oben S. 433 (Straußeneier, Ringelgans), außerdem Willemsen, Über die Kunst. Kommentar 18–20. Zum Experiment bei Grosseteste siehe Crombie, Robert 14, 81–134, ders., Augustine 2, 11–23, und die eher skeptische Bilanz von McEvoy, Philosophy 206–211, zu Roger Bacon sein Opus maius 6 (De scientia experimentali), bes. c. 1 f., 7 f., 12, ed. Bridges 2, 167–169, 172–174, 185–192, 201, Opus tertium 13, in: Opera quaedam, ed. Brewer 43–47, vgl. Hackett, Scientia 103–119 (408), Whitney, Paradise 126 f., 142.

[220] Friedrich als *vir inquisitor et sapientie amator*: De arte venandi 1, 2, Z. 28, vgl. 1, 2, Z. 25 f., 1, 3, Z. 13 f. (*inquisitivus*); für die Authentizität der Passage: Fried, Kaiser Friedrich 153 Anm. 183, gegen die Zweifel von Willemsen, Über die Kunst. Kommentar 95, die auch in der handschriftlichen Überlieferung keine Stütze haben.

[221] Salimbene, Cronica, MGH SS 32, 350–353; vgl. Nicolaus de Jamsilla, ed. Del Re 106, Z. 48 f. (*ingens sui perspicacitas*), Saba Malaspina, I 2, edd. Koller – Nitschke 95, Z. 1 f. (*subtili indagatione naturalia vestigabat*, vgl. den Kontext), Ricobaldi Compendium XII 5, ed. Hankey 722; dazu Willemsen, Über die Kunst. Kommentar 18 mit Anm. 123.

weg Berichte über Experimente an Menschen mit bewußt in Kauf genommenem tödlichem Ausgang, von der kalten, unfaßlichen Grausamkeit des Kaisers, allzu offensichtlich dienen sie damit der Absicht ihres Autors, ein abschreckendes Bild dieses Herrschers zu zeichnen, allzu wenig entspricht ihr Inhalt dem, was wir im Falkenbuch von Friedrich selbst über sein Vorgehen erfahren. Zudem begegnen wenigstens zwei der fraglichen Erzählungen, nämlich die vom Taucher und jene von der Suche nach der Ursprache, bereits bei älteren Schriftstellern, die sie natürlich mit ganz anderen Machthabern in Zusammenhang bringen.[222] Wird man demnach Salimbenes Behauptungen im einzelnen kaum für bare Münze nehmen können, so verraten sie uns doch immerhin, wie hervorstechend und kennzeichnend dem weitgereisten Mönch gerade die kaiserliche Freude am Experimentieren erschien, aber ebenso, wie befremdend und unheimlich eine solche Arbeitsweise zu seiner Zeit offenbar noch wirkte, wie verdächtig sie machte.

Ungeachtet der durchaus modernen Elemente in Friedrichs Werk wollte man dessen entschieden konservativen Grundzug zuweilen darin erkennen, daß der Staufer an den im 12. Jahrhundert entwickelten Naturvorstellungen und Deutungsmustern starr festgehalten, die neue Tendenz seiner Zeit hingegen weder verstanden noch gar aufgenommen habe, jene in den Werken der Hochscholastik gipfelnde Neigung nämlich, die Vielfalt des Seienden als von Gott stammende und auf ihn hin geordnete, auf ihn als ihr letztes Ziel zustrebende Hierarchie unterschiedlicher Vollkommenheiten zu begreifen; ganz entsprechend habe er auch die Bewegung einzelner Glieder und Organe nicht im aristotelischen Sinne als zweckbestimmtes Handeln erklärt, sondern mechanistisch als Folge ihrer je besonderen Gestalt.[223]

Nun entwickelte sich die hier angesprochene, geschlossene Sicht von Natur und kosmischer Ordnung erst während Friedrichs letzter Lebensphase, um sich nach seinem Tod dann weithin durchzusetzen. Zumindest einzelne unter den Gelehrten an seinem Hof hatten aber offenbar durchaus ein beachtliches Gespür für das Kommende. Zu ihnen gehörte gewiß Michael Scotus, in dessen Enzyklopädie wir bereits erste Spuren der neuen Erfahrungen und Anschauungen entdecken zu können glaubten, und von dem sein Gesprächspartner Jakob ben Anatoli ausdrücklich berichtet, er habe die Überzeugung ausgesprochen, alles Geschaffene sei, in

---

[222] Der Taucher Nikolaus schon bei Gervasius von Tilbury († nach 1220), Otia II 12, MGH SS 27, 376 (mit Bezug auf Roger II., vgl. Houben, Roger 111); die Suche nach der Ursprache bei Herodot, Historiae II 2, ed. H. Rosén (Leipzig 1987) 138–140 (Bezug auf Psammetichos von Ägypten).
[223] Nitschke, Friedrich 16–22, 34–36, vgl. Zahlten, Hippiatria 43–47, 52.

sich hierarchisch geordnet, auf Gott hin ausgerichtet. Friedrich kannte wohl derartige Vorstellungen; sie dürften beispielsweise in den regen Diskussionen eine Rolle gespielt haben, die er selbst hin und wieder mit Michael und Jakob führte. Immerhin erörterte man dort unter anderem anhand der einschlägigen Aussagen von Maimonides die Frage, ob die ganze geschaffene Welt, der Bereich der Himmelssphären wie die Erde, aus einer einheitlichen Urmaterie hervorgegangen sei, was der Kaiser bejahte.[224]

Trotzdem bietet Friedrichs Falkenbuch zweifellos keinen Anhalt dafür, daß sein Autor das Welt- und Naturbild der Hochscholastik übernommen, ja daß er sich ihm auch nur wie Michael Scotus angenähert hätte. Seine fundamentale Abhängigkeit vom Naturverständnis des 12. Jahrhunderts hingegen schien dort ganz eindeutig faßbar, wo er sich zu dem Problem äußert, ob die Glieder eines Lebewesens ihre besondere Form ihrer Tätigkeit wegen hätten oder ob sich umgekehrt ihre Tätigkeit notwendig aus ihrer Form ergebe. Bereits Manfred hielt diese Passage allem nach für wichtig, denn er legte dieselbe Quaestion seinerseits Petrus de Hibernia vor, jenem Gelehrten also, der noch zu Lebzeiten Friedrichs, um 1240, Thomas von Aquino an der Universität zu Neapel in Naturphilosophie unterrichtet hatte, und Petrus ergriff die Gelegenheit, um die nun, wohl gegen 1260, dominierende Anschauung von der stufenweise auf Gott ausgerichteten Ordnung des Kosmos vorzutragen und ganz folgerichtig die Abhängigkeit der Gliederform von dem durch ihre Tätigkeit zu realisierenden Zweck zu behaupten.[225]

Friedrich selbst hatte sich entschieden gegen diese Meinung gewandt: Ein Späteres, die Tätigkeit, könne nicht Ursache eines Früheren, der Glieder, sein. Zudem würde die entgegengesetzte Ansicht bedeuten, daß die Natur ungerechterweise einen Teil der Lebewesen, etwa Raubvögel, mit dem Ziel schaffe, andere Lebewesen zu vernichten.[226] Das klingt in der Tat so, als wolle der Kaiser das Verhalten der Geschöpfe streng deterministisch allein aus ihrer physischen Beschaffenheit erklären.

Freilich sollte man den recht knappen Bemerkungen vielleicht doch nicht, verführt durch Manfred, allzu entscheidenden Rang einräumen, zumal der Autor die Dinge mit seinen anschließenden Erläuterungen selbst schon in ein etwas anderes Licht rückt – unter Umständen sogar ein

[224] Siehe dazu oben S. 399 mit Anm. 100 sowie S. 421 f. mit Anm. 155.
[225] Friedrichs Äußerung: De arte venandi 1, 64, Z. 10–65, Z. 3; Edition des Petrus-Textes: Baeumker, Petrus 41–49, zu Petrus ebd. 3–13, zum erörterten Problem bes. 13–28, dazu bes. Nitschke, Friedrich 17–19, Willemsen, Über die Kunst. Kommentar 21–23; vgl. oben S. 56.
[226] De arte venandi 1, 64, Z. 10–18, 23–30.

Grund für die Quaestion seines verunsicherten Sohnes. Friedrich bezeichnet es dort nämlich als das wesentliche Merkmal der Natur, daß sie für jede einzelne Gattung und jedes Individuum gleichermaßen sorgt, also doch in einer gewissen Voraussicht auf ein Späteres deren künftige Bewahrung zu gewährleisten trachtet und in diesem Bestreben aus geeigneter Materie die ihnen angemessenen Glieder formt. Angemessen und für die Geschöpfe passend sind ihre Glieder konsequenterweise, weil sie damit eben die für ihre dauerhafte Existenz notwendigen Tätigkeiten auszuüben vermögen, die *operationes sibi necessarias ad salvationem suam*. Den so bestimmten Aktionsrahmen zu erfüllen, das heißt: die durch die Form der Glieder gegebenen Möglichkeiten im praktischen Vollzug zu realisieren, danach streben denn auch, wie Friedrich sagt, alle Lebewesen.[227] So verhalten sich strenggenommen Natur wie Individuen zielorientiert: Die Individuen suchen die Fähigkeiten, mit denen sie die Natur ausstattete, zu nutzen und damit das ihnen Angemessene und Nützliche zu tun, und die fürsorgliche Natur ermöglichte ihnen solches Handeln um ihrer Erhaltung willen.

Friedrich scheint es hier demnach – vielleicht bereits in Reaktion auf am Hof diskutierte neue Konzeptionen – vor allem um die Feststellung zu gehen, daß natürliche Prozesse und Verhaltensweisen ihre Ursache nicht außerhalb der Agierenden oder gar in deren Verhältnis zu übergeordneten, vollkommeneren Geschöpfen hätten, sondern in diesen Handelnden selbst, daß sie als deren Streben nach Verwirklichung und Sicherung der ihnen von der Natur zugedachten und ermöglichten Lebensform aufzufassen seien.

Diese durchaus finalistische und insofern aristotelische Sicht der Natur im ganzen wie der Einzelnatur der individuellen Geschöpfe ist im Falkenbuch gewiß nicht durchgehend und konsequent angewandt. Wie manch andere Wissenschaftler seiner Zeit, insbesondere Mediziner, begnügt sich Friedrich vielmehr immer wieder mit deterministisch wirkenden bloßen Beschreibungen oder Erklärungen auf der Basis der im 12. Jahrhundert entwickelten Elementen- und Qualitätenlehre. Darin braucht jedoch kein Widerspruch zur finalistischen Interpretation zu liegen,[228] und wir begegnen dieser Deutung denn auch als einer ergänzenden und übergreifenden

---

[227] De arte venandi 1, 64, Z. 30–65, Z. 3, das Zitat 64, Z. 8; zur ähnlichen Argumentation bei Petrus de Hibernia (ed. Baeumker, Petrus 47, Z. 16–20) vgl. Stürner, Kaiser Friedrich. Sein Gelehrtenkreis 326 Anm. 52.

[228] Zumal die Entscheidung, welches der beiden Erklärungsmuster Friedrich anwendet, oft genug schwerfällt, weil sie von der bisweilen kaum zu klärenden Frage abhängt, ob ein *ut* konsekutiv oder final zu verstehen sei, vgl. dazu Willemsen, Über die Kunst. Kommentar 23 mit Anm. 160, zu Nitschke, Friedrich 21.

Verständnisweise in der Tat an vielen Stellen des kaiserlichen Werkes. So ordnet dessen Autor die einzelnen Glieder eines Lebewesens durchaus bestimmten Zwecken zu. Sie erhielten ihre besondere Form, damit dieses Lebewesen dadurch vor Schaden bewahrt wird oder einen konkreten Nutzen erlangt, allgemeiner gesprochen: damit es die ihm angemessene Lebensweise verwirklichen, seine Natur bewahren kann. Manche Vögel etwa haben nur zwei Zehen, damit sie beim Gehen nicht behindert werden; Wasservögel besitzen Häute zwischen den Zehen, damit sie beim Schwimmen besser vorankommen; Vögel können ihre Zehen abbiegen, damit sie besseren Halt auf Ästen finden – eine Notwendigkeit vor allem beim Schlafen.[229] Jedes Lebewesen – Friedrich sagt zuweilen auch: seine Natur – sucht in seinem Verhalten die ihm solcherart gegebenen Handlungsmöglichkeiten auszuschöpfen; es strebt nach dem ihm Gemäßen, flieht das Fremde und Schädliche, liebt die ihm zuträgliche Umgebung, wählt die für seinen Nachwuchs günstigste Nestform.[230] Dabei scheint es sich für Friedrich tatsächlich um so etwas wie einen bewußten Akt zu handeln, er redet hier und da geradezu vom Wissen der Lebewesen um ihre Eigenart.[231]

Zur Zielgerichtetheit natürlicher Abläufe bekennt sich Friedrich bezeichnenderweise am klarsten, wo er auf die Fortpflanzung zu sprechen kommt, den am unmittelbarsten die Existenz der Lebewesen sichernden Vorgang also. Er sieht in ihm sogar eine ganze Folge von Zielen verwirklicht: Die Vögel etwa finden sich zusammen mit dem Ziel der Paarung,

[229] Vgl. dazu: De arte venandi 1, 85, Z. 4–6 (*intrinsecum* [sc. *digitum*] *non habet, ne noceat ei in gressu suo*); 1, 85, Z. 9–13 (*quod ideo fuerit, ut ... se ipsas impellerent in antea melius in natando*), vgl. 1, 13, Z. 24–27 und den Zusatz Manfreds, ed. Willemsen, Über die Kunst. Kommentar 219f., dessen fast wörtlich an Friedrich erinnernde Bemerkung über die Schwimmvögel: *natura dedit eis tybias curtas, ut melius ... se impellerent natando* (219, Z. 4–6), von Zahlten, Abhängigkeit 201 f., als Beleg für Manfreds im Gegensatz zu seinem Vater „teleologisches Denken" gewertet wird; 1, 85, Z. 22–86, Z. 5 (*ideo plures fuerunt iuncture necessarie in digitis pedum ... Et ut fortius et firmius retinerent tenenda, fuerunt plures iuncture*), vgl. 1, 87, Z. 4–6, wo der zweckbestimmte Bau der Vogelzehe (*digitus habuit officium concludendi brancationem ... pro eo habuit plures iuncturas, ut ...*) als Zeugnis des *mirabilis ordo complementi nature* steht; siehe außerdem 1, 38, Z. 5–7 (*Hoc ... faciunt, ne inopportunitas temporis ... eas impediat*), 1, 87, Z. 15–17 (*articuli ... ad predictam utilitatem sunt dispositi per naturam*), 1, 94, Z. 1–4 (*plumagium necessarium est avibus ad melius esse*).
[230] Vgl. De arte venandi 1, 7, Z. 27–31; 1, 8, Z. 24–27 (*recedunt ab aquis ... propter cibum, que propter hoc, quod natura earum hoc appetit, ad aquas redeunt*); 1, 9, Z. 1–4.10–14.19; 1, 51, Z. 13–22; 1, 52, Z. 4–7; 1, 52, Z. 31–33; 1, 112, Z. 19–21; 2, 190, Z. 23–27; 2, 229, Z. 23–25; 2, 230, Z. 27–31; 2, 240, Z. 1–3.
[231] *Nidos faciunt, quales sciunt magis esse convenibiles sibi, ovis et pullis*, De arte venandi 1, 51, Z. 15f., vgl. 1, 53, Z. 22–29; 2, 204, Z. 13–17; 2, 236, Z. 7–9.

diese hat ihrerseits das Eierlegen zum Ziel, das schließlich zum Ausschlüpfen junger Vögel führt. Die Natur im übergreifenden und allgemeinen Sinne, die den Erhalt der Arten als ihr eigentliches Ziel erstrebt und deshalb auch als *natura provida* erscheint, sorgt für die unendliche Wiederholung des derart wesentlich und unmittelbar ihrer Absicht dienenden Paarungsprozesses, indem sie ihn mit Freude für die Beteiligten verbindet, so daß das natürliche Verlangen danach alle geschlechtlich differenzierten Lebewesen erfüllt.[232]

Die Vorstellung von der *natura provida*, die das Wohl der Geschöpfe so gut wie irgend möglich[233] zu gewährleisten trachtet, war Friedrichs Zeitgenossen nicht fremd. Sie begegnet uns wieder bei Robert Grosseteste, der in seinem zwischen 1228 und 1232 geschriebenen Kommentar zur aristotelischen Physik ganz ähnlich behauptet, die Natur ziele auf das Beste ihrer Geschöpfe, die natürliche Bewegung von Körpern etwa lasse sich dementsprechend erklären aus dem Bemühen der Natur um deren Wohl, um ihre vollkommene Ausbildung und deren Bewahrung.[234] Mindestens ebenso stark an Friedrich erinnert Petrus Hispanus, wenn er von der *natura summa et provida* beziehungsweise von der *providentia* der Natur spricht, die jedes Geschöpf mit jenen Bestandteilen und Tätigkeiten ausstatte, deren es zur möglichst perfekten Verwirklichung der ihm angemessenen Lebensform bedürfe, und wenn er alle natürlichen Vorgänge auf das Ziel der Existenzerhaltung gerichtet sieht.[235]

---

[232] *Combinatio avium tempore reditus est ad coitum tamquam ad finem, coitus vero ad ponendum ova tamquam ad finem*, De arte venandi 1, 50, Z. 25–51, Z. 6; *Omne vivens, in quo est mas et femina, naturaliter appetat generare sibi similem, quatenus salvetur species*, 1, 43, Z. 23–25. *Natura provida*: 1, 7, Z. 26 f., vgl. die Wendung: *natura providit*, z. B. 1, 64, Z. 31; 1, 96, Z. 9 f. (*providit utiliter*); 1, 118, Z. 22. – Vgl. die ähnliche Naturkonzeption Theodors von Antiochia im Vorwort zu seiner Moaminübersetzung, ed. Burnett, Master Theodore 277 f.

[233] Vgl. die durch Steigerungsformen wie insbes. *melius* eine solche Optimierungstendenz anzeigenden Zitate oben S. 453, Anm. 229 (etwa: *ad melius esse*) und Anm. 231.

[234] *Natura tendit ad salutem subiecti sui*, Robert Grosseteste, Commentarius IV, ed. Dales 83, vgl. 83 f., dazu Stürner, Natur 68 f., dort (69 mit Anm. 159) auch Belege für Grossetestes Deutung der Bewegung von Lebewesen als Streben nach *conveniens* beziehungsweise Flucht vor dem *nocivum*.

[235] *Natura summa et provida ... diversa membra ... multiformiter edidit*, De egritudinibus oculorum, ed. Berger 1 f.; *Nature ... ordinaria providentia ... cuilibet viventi donavit propriam complexionem et proprias dispositiones, ... ut in ipsis ad vitam perfectiorem in suo statu ordinetur*, De longitudine III 4, ed. Alonso, Pedro Hispano. Obras 3, 477, Z. 22–26; *Omnia propter hoc operantur, ut suam salvent existentiam, secundum quod ordo competit naturalis*, Scientia III 5, ed. Alonso, Obras 1, 157, vgl. die Zitate aus den Notule Petrus' zur Articella bei Morpugo, Idea 122 f.

Im Unterschied zu diesen Gelehrten begriff Friedrich indessen die Wirksamkeit der fürsorglichen Natur offensichtlich nicht als eine Kraft, die von Gott stammte, die die unterschiedlich vollkommenen Stufen des Schöpfungsbaues durch ihren Drang nach Vervollkommnung in hierarchischer Ordnung aufeinander bezog und sich letztlich auf die göttliche Vollkommenheit richtete. Damit aber weist sein Ansatz in einem zentralen Punkt voraus auf Kommendes, auf Gedanken des Theologen und Philosophen Johannes Duns Scotus († 1308) und insbesondere auf die Naturkonzeption Wilhelms von Ockham († wohl 1348).

Auch Ockham nämlich verstand natürliche Prozesse nicht mehr auf solch unmittelbare Weise wie seine hochscholastischen Vorgänger von der Existenz und vom Einfluß Gottes her, sondern wesentlich als das den Geschöpfen innewohnende, natürliche Streben, ihre Eigenart oder Natur vollständig zu entfalten und zu wahren. Das gilt zunächst für tote Körper. Das Zusammenwirken einer spezifischen Form und Materie bestimmt nach seiner Überzeugung ihre besondere Natur und legt damit den Rahmen für ihr Verhalten fest; folgerichtig erklärt sich dieses Verhalten eben aus ihrer Natur, es bedarf dazu keiner weiteren Größe außerhalb ihrer. Ihr Handeln vollzieht sich überdies unbewußt und mit Notwendigkeit, so daß man nach Ockham, strenggenommen, nicht einmal sagen dürfte, es richte sich auf ein Ziel, wo es allein dem Zwang ihrer Natur folgt. Anders Tiere und Menschen: Sie wählen zweifellos Ziele aus, und die Liebe zu ihnen, die Begierde, das Erstrebte zu gewinnen, treibt sie zu ihrem Tun. Aber auch in diesem Fall lehnt Ockham es ab, sie deshalb in Abhängigkeit von jenen Zielen als Größen oder Kräften außerhalb ihrer zu sehen und von dort her ihr Handeln zu erklären. Die Tatsache, daß Menschen sich Ziele vornähmen, die gar nicht real bestünden, zeige nämlich eindeutig, daß auch die Bewegungen und Handlungen der Lebewesen allein durch deren eigenen Willen verursacht würden. Nichts außer ihnen selbst, nichts außer ihrer eigenen Natur lenke sie demnach und veranlasse sie zum Tätigwerden.[236] Die Bedeutung dieses Ansatzes für die weitere Entwicklung der Naturwissenschaft ist unbestritten.

Siehe außerdem Robert Kilwardby, De ortu scientiarum c. 37, 360, ed. Judy 128 (*Nec sine causa providit natura ... aliis et non homini*), oder Wilhelm von Auvergne, De universo, Opera omnia 1, 761, Sp. 1B (*in viventibus huiusmodi providentia evidentissima est, videlicet qua declinant noxia*), vgl. ebd. 775, Sp. 1C, 797, Sp. 1A, 1032, Sp. 1H, 1058, Sp. 2 EF, De anima I 1, ebd. 2, Suppl. 66, Z. 1–7.

[236] *Sunt* (sc. *inanimata*) *mere agentia ex necessitate naturae nihil proprie intendentia ... Et sic naturalia pure inanimata ... non habent causam finalem nec finem*, Guillelmi de Ockham Summula II 6, ed. Brown 228f., vgl. den Kontext sowie ebd. I 17, 199f.; I 18, 204; III 33, 342f.; *Non potest probari quod deus sit causa finalis agentis naturalis sine cognitione, quia tale agens uniformiter agit ad producendum effectum*

Gewiß verband Friedrich vieles noch mit dem 12. Jahrhundert, vorweg mit den Großen der Salernitaner Schule, und vielleicht veranlaßte ihn eben diese Prägung etwa dazu, die seinerzeit weithin anerkannte finalistische Methode des Aristoteles nicht zur Begründung kosmischer Ordnungszusammenhänge heranzuziehen, sondern zurückhaltend lediglich zur Erklärung des individuellen Verhaltens der Geschöpfe. Andererseits nahm er gerade mit seiner Konzentration auf das konkret vor Augen Stehende, auf die Beobachtung der einzelnen Lebewesen und ihrer typischen Verhaltensformen, sowie mit seiner Neigung, dieses Verhalten immanent, aus deren eigener Natur zu begründen und zu verstehen, ganz offenkundig einen charakteristischen und bedeutsamen Grundzug des künftigen naturwissenschaftlichen Denkens schon vorweg. Entsprechend modern wirken seine wiederholten Anstrengungen, die durch Erfahrung, durch scharfes geduldiges Beobachten gewonnenen Resultate mit Hilfe planvoll gestalteter Versuche an und mit der Natur zu ergänzen und zu vertiefen. Gleichermaßen in die Zukunft weist schließlich bereits das Grundanliegen seines Werkes, sein Bestreben, die praktische Jagdkunst theoretisch zu begründen, aus einem ursprünglich mechanisch-handwerklichen Fach also eine Wissenschaft zu machen mit dem Ziel, einem Ingenieur ähnelnd die Kräfte und Gesetze der Natur dem Willen des Menschen zu unterwerfen, sie zu seinem Nutzen einzusetzen.

Friedrichs Zeitgenossen scheinen von seiner wissenschaftlichen Leistung indessen kaum Notiz genommen zu haben. Nur ein einziger unter ihnen, der Autor der Chronik des sogenannten Nicolaus de Jamsilla, allem nach ein Mann aus der engsten Umgebung König Manfreds, rühmt den großen Scharfsinn und den außerordentlichen naturwissenschaftlichen Rang des kaiserlichen Falkenbuches. Sonst aber hört man nichts über den Traktat, und seine handschriftliche Verbreitung hält sich gleichfalls in Grenzen.[237] Offenbar verhinderten eben die hochgesteckten, vielfach weit vorausweisenden Absichten, die der Verfasser mit seiner Arbeit verfolgte, deren Aufnahme durch die am Thema interessierten Kreise. Möglicherweise schreckte dort auch ihr großer Umfang ab, der das Kopieren zu

suum sive deus intendatur sive non, Guillelmi de Ockham Quod libeta IV 2, ed. Wey 303, vgl. 306 sowie ebd. II 2, 115; IV 1, 298, 300; *Voluntas humana in se ipsa causat suas volitiones et affectiones*, Summula II 13, 246, vgl. den Kontext sowie ebd. II 4, 221, 223–225; II 6, 227 f.; Quodlibeta IV 1, 299; ebd. IV 2, 308. Vgl. dazu Stürner, Natur 112–117, zu Duns Scotus ebd., bes. 105–111, zu Ockham jetzt außerdem Beckmann, Wilhelm, bes. 98–114.

[237] Nicolaus de Jamsilla, ed. Del Re 106, Z. 48–52. Zum Ausbleiben einer größeren Resonanz auf das Falkenbuch und zu den Gründen dafür siehe Van den Abeele, Inspirations 384–389, 391, Willemsen, Über die Kunst. Kommentar 46–49.

einer teuren, zeitraubenden Angelegenheit machte, oder ihre gelehrte, nüchterne Diktion, ihr für manchen Leser unter Umständen eher verwirrender Detailreichtum. Beachtung fanden im Spätmittelalter jedenfalls vorwiegend knappe Beiztraktate, die rasch über das Wesentliche informierten, also der reinen Praxis verpflichtet und überdies zunehmend in den Volkssprachen geschrieben waren. In besonderer Gunst standen dabei Abhandlungen über die Krankheiten der Vögel und Sammlungen mit Rezepten zu ihrer Heilung – gerade darüber aber fand sich in Friedrichs ja noch keineswegs abgeschlossenem Text bekanntlich nichts. Was Erfolg und Wirkung anlangt, hatte der Kaiser seine neuartigen Vorstellungen und Methoden also wohl an einem ungeeigneten Gegenstand demonstriert.

10. KAMPF OHNE ENTSCHEIDUNG.
DIE ENDPHASE DES KAISERLICHEN KONFLIKTS MIT DEM PAPSTTUM UND DESSEN OBERITALIENISCHEN VERBÜNDETEN (1238–1250)

Friedrichs Scheitern vor Brescia und sein Griff nach Sardinien

Die eindrucksvollen Erfolge, die Friedrich bis ins Frühjahr 1238 hinein in Oberitalien zufielen, berechtigten gewiß zum Optimismus, aber der Kaiser und seine Umgebung überschätzten deren Tragweite vielleicht doch. Nachdenklich hätte vor allem die Tatsache stimmen können, daß die Friedensverhandlungen mit Mailand schon Ende 1237 gescheitert waren. Leider gehen die zeitgenössischen Geschichtsschreiber darauf entweder gar nicht ein, oder sie berichten, meist recht lange nach den Ereignissen und offenbar ohne genaue Detailkenntnis, lediglich, Friedrich habe die Bitten der Mailänder Gesandten um Verzeihung und ihre Angebote knapp mit der Forderung beantwortet, die Bürger sollten sich und ihre Stadt, ihre Güter und Rechte ohne jede Bedingung, auf Gedeih und Verderb seinem kaiserlichen Willen unterwerfen. Dieses Ansinnen hätten die Mailänder jedoch entschieden abgelehnt und die Kontakte abgebrochen. Voller Verständnis für ihre Haltung und erfüllt von Abscheu über den kaiserlichen Starrsinn wandte sich der englische Chronist Matthaeus Parisiensis, als er das Geschehen kommentierte, erstmals deutlich gegen den Staufer: Heftig tadelte er die hier zutage tretende unerbittliche Tyrannei des Herrschers.[1]

Der so schwer Beschuldigte liefert uns allerdings eine ausführliche eigene Darstellung der Vorgänge. Als direkt Beteiligter und Betroffener steht er natürlich im Verdacht der Parteilichkeit. Andererseits stammt seine Schilderung aus der ihm höchst wichtigen Schlußphase der Unterhandlungen mit Papst Innozenz IV. im Juni 1244, als er seine Wiederversöhnung mit der Kirche durch eine einvernehmliche Lösung der Lombardenfrage doch noch zu erreichen hoffte. Er wünschte damals, seine Formulierungen

---

[1] Thomas von Pavia, MGH SS 22, 513, Z. 11–29 (geschrieben um 1280; mit der falschen Einordnung von Friedrichs Zug gegen Mailand), Annales Patavini, ad 1238, MGH SS 19, 156 (um 1290); Matthaeus Parisiensis, Chronica maiora, ad 1238, ed. Luard 3, 496, dazu (auch zu den Ungenauigkeiten) Schnith, England 97f., Annales Placentini Gibellini, ad 1237, MGH SS 18, 478 (verfaßt um 1290).

als zentrale Elemente eines künftigen päpstlichen Schiedsspruchs im Streit zwischen ihm und den Lombardenstädten berücksichtigt zu sehen, und es läßt sich eigentlich kaum vorstellen, daß er in dieser Situation mit unzutreffenden, von den Lombarden sofort zu widerlegenden, einem Ausgleich also schon deshalb schädlichen Angaben operierte.[2]

Nach des Kaisers Worten boten ihm die Mailänder und ihre Bundesgenossen im Anschluß an die Schlacht von Cortenuova erneut das an, was sie bereits unmittelbar davor zugestanden hatten, nämlich insbesondere die Niederlegung ihrer Fahnen zu seinen Füßen und damit die äußere Unterwerfung, die Auflösung ihres Bundes, den Verzicht auf den Konstanzer Frieden sowie die Stellung oder Bezahlung von 400 bis 500 Rittern während zweier Jahre als Sühne für ihre Beleidigungen von Kaiser und Reich. Darüber hinaus erklärten sie sich nun zum Verzicht auf zwei Grafschaften und grundsätzlich auch zur Übergabe von Geiseln bereit, die Mailänder außerdem sogar zur Aufnahme eines vom Kaiser entsandten Kapitäns als des Inhabers der kaiserlichen Herrschaftsrechte in ihrer Stadt und dem zugehörigen Bezirk. Umgekehrt wünschten die Lombarden nach wie vor, daß der Herrscher ihr rebellisches Verhalten vollkommen verzieh, den unversehrten Bestand ihrer Städte mit Mauern und Toren garantierte und endlich die Gerichtsbarkeit und alle sonstigen Rechte, Besitztümer, Kastelle und Dörfer unverändert in ihrer Verfügungsgewalt beließ, sofern sie dafür Privilegien seiner Vorgänger vorwiesen; wo sie dies nicht konnten, wollten sie sich dem Urteil der Reichsfürsten beugen.

Friedrich war wohl tatsächlich bereit, diese Vorschläge durchweg zu akzeptieren. Ernstliche Uneinigkeit bestand seinem Bericht zufolge nur in einem einzigen, freilich außerordentlich bedeutsamen Punkt: in der Frage der Rechtsprechung, der noch immer wichtigsten Form der Herrschaftsausübung. Der Kaiser beanspruchte sie auch in Reichsitalien als eine Selbstverständlichkeit oder, um ihn direkt zu zitieren, „wie jeder beliebige König in seinem Land". Mochte er sich vielleicht immerhin dazu verstehen, diesbezügliche Privilegien seiner Vorgänger für einzelne Lombardenstädte zu respektieren, so zielte seine Forderung grundsätzlich dennoch ohne Zweifel in einem ganz entscheidenden Bereich auf die Durchsetzung der Reichsgewalt und der kaiserlichen Hoheit den Städten gegenüber. Zwar kann allem nach schwerlich die Rede davon sein, er habe von den Lombarden bedingungslose Unterwerfung erwartet, so daß sie die Zerstörung ihrer Städte und Gefahr für Leib und Leben hätten befürchten müssen. Mit Gewißheit drohte ihnen indessen der Verlust eines erheblichen Teils ihrer Selbstverwaltung und der längst gewohnten politischen

---

[2] MGH Const. 2, 347–349, Nr. 252 (10–12) (Aug. 1244; zu den Verhandlungen im Juni siehe auch RI V, Nr. 3430a, vgl. Heupel, Großhof 147, Nr. 26 = HB 6, 250).

Freiheitsrechte und als Ersatz die Eingliederung in ein dem sizilischen Muster gleichendes Staatswesen. Dazu aber waren sie unter keinen Umständen bereit, der Gegensatz an dieser Stelle erwies sich als unüberbrückbar. Ebenso wie für die Haltung der Liga lassen sich für Friedrichs Unnachgiebigkeit durchaus plausible Gründe finden: sein seit 1212 tief eingewurzelter Haß auf Mailand etwa oder das sicher nicht unberechtigte Mißtrauen gegen die Lombardenstädte insgesamt, vor allem jedoch die feste, wieder und wieder durch seine Erfolge bekräftigte Überzeugung, daß er im Regnum wie im Imperium unmittelbar von Gott zur Durchsetzung von Recht und Friede berufen und dafür gerade auch in Oberitalien verantwortlich sei, zumal angesichts der in seinen Augen offenkundigen Unfähigkeit der Lombarden. Diese Verpflichtung einzulösen und das ihm zugefallene Herrscheramt endlich überall ungeschmälert auszuüben, dazu schien ihm in der Stunde nach Cortenuova die lang ersehnte, vielleicht einmalige, jedenfalls unbedingt zu nutzende Gelegenheit gekommen. So hielten beide Seiten unbeugsam an ihren gegensätzlichen Prinzipien und Idealen, an einander widerstreitenden Vorstellungen von der angemessenen und gerechten Ordnung der Gesellschaft fest, und der Kampf zwischen ihnen tobte bald erbitterter denn je.

Es wäre sicher müßig zu fragen, wen die größere Schuld für diese unselige Entwicklung traf. Daß es Friedrich jedoch nicht gelang, daß er sich vielleicht zu wenig darum bemühte, den Konstanzer Frieden seines Großvaters in einer zeitgemäßen, den veränderten Umständen entsprechenden Form zu erneuern, also die lombardischen Bundesstädte mit ihrer gewaltigen Wirtschaftskraft, ihrem kaufmännischen Unternehmergeist und Bürgersinn, ihrer Freiheitsliebe und Weltgewandtheit für das Imperium zu gewinnen, von den Vorteilen einer vom Kaiser garantierten umfassenden und wirksamen Rechts- und Friedensordnung zu überzeugen, sie an ihr zu beteiligen und in sie zu integrieren – das sollte sich als verhängnisvoll für alle Beteiligten erweisen. Des Kaisers städtische Gegner vermochten sich gegen ihn zwar einigermaßen zu halten, sie verloren danach freilich über kurz oder lang meist dennoch ihre innere Freiheit und oft genug ihre äußere Unabhängigkeit. Das Imperium aber hörte nach den Auseinandersetzungen der vierziger Jahre endgültig auf, eine wesentliche oder gar die bestimmende Rolle im politischen Leben Oberitaliens zu spielen. Friedrich selbst schließlich verzehrte seine Energie, seine Fähigkeiten und Ressourcen in einem langwierigen und zumal nach dem offenen Eintreten der Päpste für die Liga vergeblichen Ringen und setzte dabei das in Deutschland wie insbesondere im sizilischen Regnum Erreichte wieder aufs Spiel. Eindrücklich führen die Vorgänge jener Jahre die innere Gebundenheit des kaiserlichen Handelns vor Augen, die Grenze, die die Prägung durch Weltsicht,

Wertvorstellungen und Erfahrungen auch dem Wirken eines überragend Begabten und scheinbar souverän Gestaltenden zog. Nach Mailands Entschluß zum Widerstand schwand bei anderen Städten die anfängliche Unsicherheit über das weitere Vorgehen offenbar gleichfalls schnell. Piacenza stellte sich auf die Seite der Lombardenmetropole, ebenso Brescia, und Bologna, das mit Faenza eng zusammenarbeitete, bestärkte die Bundesgenossen nicht nur mehrfach in ihrer Bereitschaft, für die lombardische Freiheit das Äußerste zu wagen, sondern versprach überdies Hilfe für den Ernstfall.[3]

Dieser schien in der Tat unmittelbar bevorzustehen. Entschlossen sammelte Friedrich nämlich die ihm irgend verfügbare militärische Macht fast vollständig um sich zum entscheidenden Schlag gegen den noch rebellierenden Kern der Liga. Er bot den sizilischen Adel auf und erhielt Zuzug aus dem Königreich Burgund, vorwiegend von den Bischöfen des Landes, aber ebenso beispielsweise von den Grafen Raimund Berengar von der Provence und Raimund von Toulouse. In erster Linie geistliche Fürsten stießen auch aus Deutschland mit ihren Truppenkontingenten zu ihm. Immerhin kam Konrad, der erwählte deutsche König, mit ihnen; während des großen Hoftages zu Verona im Juni 1238, also knapp ein Jahr nach der Trennung, sah der Zehnjährige so seinen kaiserlichen Vater wieder. Dazu führten die Brüder Gottfried und Heinrich von Hohenlohe sowie Konrad von Winterstetten jene deutschen Ritter heran, die sie auf kaiserlichen Befehl vom Ertrag einer den Reichsstädten abverlangten Sondersteuer angeworben hatten. Natürlich verstärkten die reichstreuen Städte der Lombardei und der Toskana das Heer des Herrschers noch weiter, und die in Verona gefeierte Hochzeit der Kaisertochter Salvaza mit Ezzelino da Romano bot überdies die Gewähr, daß sich dieser wichtige Mann dauerhaft an die staufische Sache band.[4]

Doch damit nicht zufrieden, wandte sich Friedrich außerdem offenkundig ganz ähnlich wie bereits zwei Jahre zuvor an verschiedene Könige Europas. So erinnerte er etwa Bela von Ungarn an die gemeinsamen Aufgaben und Interessen der Herrscher, an das schlechte und für sie alle be-

---

[3] Bologna: Acta Imperii 1, 520–523, Nr. 648–650, 652f.; Annales Placentini Gibellini (wie Anm. 1), vgl. Thomas von Pavia, MGH SS 18, 513, Z. 30–32.

[4] Richard von S. Germano, ad 1238, ed. Garufi 196; Annales Marbacenses, ad 1238, MGH SS rer. Germ. 9, 100, vgl. Annales S. Pantaleonis, ad 1238, MGH SS rer. Germ. 18, 273; Acta Imperii 1, 310, Nr. 348 (Friedrich; Mai 1238), vgl. zu den Brüdern Hohenlohe: Wunder, Gottfried 24–34, 39–43; Annales Placentini Gibellini, ad 1238, MGH SS 18, 479, Annales Veronenses, ad 1238, MGH SS 19, 10f., Albertus Milioli, c. 240, MGH SS 31, 513; Alberich von Troisfontaines, ad 1238, MGH SS 23, 943, Matthaeus Parisiensis, Chronica maiora, ad 1238, ed. Luard 3, 485f., 491f.; MGH Const. 2, 278–280, Nr. 207f.

drohliche Beispiel, das ein Sieg der lombardischen Rebellen den Aufrührern gegen die monarchische Gewalt anderswo geben würde, und bat ihn um seine militärische Unterstützung bei der unmittelbar bevorstehenden endgültigen Niederwerfung der Ligastädte. Die Autorität der Monarchen schlechthin war nach seiner Überzeugung in der Person des Kaisers als ihres vornehmsten Vertreters in dramatischer Weise gefährdet, deshalb bedurfte die kaiserliche Majestät der besonders energischen Verteidigung durch alle anderen Herrscher. Umgekehrt freilich verpflichtete den Kaiser eben sein herausragender Rang als Repräsentant der Herrschenden dazu, seinen königlichen Standesgenossen Beistand zu leisten, sobald sie selbst in Bedrängnis gerieten – in der Tat bekannte er sich dem ungarischen König gegenüber ausdrücklich zu dieser Konsequenz.[5]

Der solcherart von Friedrich propagierte Gedanke der monarchischen Solidarität machte bei den Angesprochenen auch jetzt durchaus einen gewissen Eindruck. Friedrichs Schwager, König Heinrich von England, sandte ihm 100 wohlausgerüstete Ritter. Daneben kam anscheinend Hilfe von den Königen Frankreichs und Spaniens sowie vom griechischen Kaiser Johannes Vatatzes, vielleicht sogar vom Sultan Ägyptens.[6] Am 11. Juli 1238 brach das große Heer auf, um fürs erste Brescia einzunehmen und damit die Trennung und Isolierung der beiden Zentren Mailand und Bologna vollständig zu machen. Es gelang, einzelne Kastelle in Brescias Umgebung zu erobern und die gegen Cremona ziehende Ritterschaft Piacenzas zu schlagen. Doch die seit Anfang August eingeschlossene Stadt Brescia hielt sich standhaft. Ihre Bürger setzten wie der Kaiser modernste Geräte und Wurfmaschinen ein, beantworteten die härter werdende Kampfweise ihres Gegners mit der gleichen Entschlossenheit, überwanden die sich zeitweise unter ihnen verbreitende Neigung zum Einlenken und zwangen den Kaiser schließlich zur Aufgabe. Am 7. Oktober zog er nach Cremona ab. Dort entließ er sein Heer bis auf die deutschen Kontingente. König Konrad allerdings, sein Sohn, kehrte nun nach Deutschland zurück. Er selbst eilte nach Parma weiter, um die schwankend gewordene Kommune mit allen Mitteln auf seiner Seite zu halten.[7]

Mit dem Scheitern vor Brescias Mauern endete jäh Friedrichs Siegeslauf. Daß es trotz seiner überlegenen militärischen Mittel soweit kam,

---

[5] MGH Const. 2, 277f., Nr. 206 (1. 5. 1238), vgl. HB 5, 207f. (an den englischen König), dazu Vehse, Propaganda 65f., sowie oben S. 319f.

[6] Matthaeus Parisiensis, Annales Placentini Gibellini (beide wie Anm. 4); vgl. Thorau, Krieg 627, allgemein zum kaiserl. Heeresaufgebot ebd. 601–628 und schon Meier-Welcker, Militärwesen 20–23, bes. 22f., Göbbels, Militärorganisation 486–490.

[7] Annales Placentini Gibellini 479f., Richard von S. Germano 197f., Annales Marbacenses, Albertus Milioli (alle wie Anm. 4).

dazu in einer Gesamtsituation, die eigentlich nichts anderes als seinen raschen endgültigen Durchbruch erwarten ließ, mußte ihn und seine Anhänger enttäuschen, die ihm ferner Stehenden und Zögernden zu äußerster Zurückhaltung bei künftigen kaiserlichen Hilfsgesuchen bewegen, seinen Feinden aber neue Zuversicht und Widerstandskraft geben.[8] Vor allem bestärkte die Lombarden die Erfahrung von Brescia in dem Vorsatz, fortan eine offene Feldschlacht unter allen Umständen zu meiden und das Heil weiterhin allein hinter den starken Befestigungswerken ihrer Städte zu suchen. Noch mehrfach sollte sich der Kaiser während des nächsten Jahrzehnts in der Tat zu ähnlich kostspieligen und zermürbenden Belagerungsunternehmungen wie demjenigen zu Brescia gezwungen sehen und meist ebenso erfolglos bleiben. Das zähe und langwierige, verlustbringende und wenig aussichtsreiche Ringen mit einem auf seine Weise ebenbürtigen Gegner hatte begonnen.

Im Augenblick freilich schien die Entwicklung keineswegs allzu ungünstig. Ezzelino da Romano, Friedrichs neuem Schwiegersohn und wichtigem Vertrauensmann im Nordosten Oberitaliens, war es bereits im Juli 1238 gelungen, den im geheimen vorbereiteten Zugriff Azzos von Este auf die Stadt Padua zu verhindern und den Markgrafen nach Este abzudrängen. Ende Januar 1239 begab sich der Kaiser selbst in Begleitung seiner Gemahlin Isabella nach Padua, festlich empfangen und glänzend bewirtet von der dortigen Bürgerschaft. Er blieb bis weit ins Frühjahr hinein, suchte die Region enger an sich zu binden und traf unter anderem Azzo von Este zu einem vertraulichen Gespräch, fand daneben aber durchaus noch Zeit zu standesgemäßen Vergnügungen, zu Jagdausflügen, ausgiebigen Erkundungsritten und allerlei Kurzweil.[9] Als einen Erfolg und Anlaß zu Freude und Zuversicht betrachtete er in jenen Tagen gewiß die im Herbst 1238 geschlossene Ehe seines Sohnes Enzio mit Adelasia von Sardinien. Adelasia verschaffte ihrem Gatten als Erbin der Judikate oder Kleinkönigreiche Torres und Gallura nämlich immerhin die direkte Herrschergewalt in zwei der vier selbständigen Fürstentümer, die sich auf Sardinien entwickelt hatten. Enzio gewann durch seine Heirat also die Möglichkeit, künftig eine dominierende Rolle auf der Insel zu spielen, und trug denn auch von nun an den Königstitel.[10]

---

[8] Vgl. Matthaeus Parisiensis, Chronica maiora, ad 1238, ed. Luard 3, 492; Annales Patavini, ad 1239, MGH SS 19, 156.

[9] Rolandinus Patavinus IV 5–9, MGH SS 19, 67–71 (zu den dort zitierten angeblichen Briefen Ezzelinos und des Kaisers: RI V, Nr. 13270 bzw. 2410), vgl. Annales Patavini, ad 1238/39, ebd. 156, Annales Veronenses, ad 1238, ebd. 11, Annales Placentini Gibellini, ad 1238, MGH SS 18, 480.

[10] Annales Placentini Gibellini (wie Anm. 9), Richard von S. Germano, ad 1238,

Allerdings mußte gerade diese Machtverschiebung sowohl in Genua wie vor allem beim Papst heftigen Unwillen hervorrufen. Die Seestadt, seit 1232 in deutlicher Distanz zu Friedrich, hatte sich nach dessen machtvollem Auftreten in Piemont um bessere Beziehungen zu ihm bemüht, ihm im Sommer 1238 sogar einen Treueid geleistet. Als der Herrscher außerdem jedoch das *hominium* von ihr verlangte, also jenen Akt der Unterordnung, der schon durch seine äußere Form die Abhängigkeit des Vasallen von seinem Herrn besonders klar zum Ausdruck zu bringen pflegte, da weigerten sich die Genuesen und beendeten ihre kaum begonnenen Annäherungsversuche an den Staufer. Dieser reagierte prompt auf ihre Absage: Er befahl, sie künftig als Eidbrüchige und Rebellen zu behandeln. Das sich abzeichnende Engagement Enzios auf Sardinien, dem so eminent wichtigen Handelsstützpunkt im Tyrrhenischen Meer, drohte aus Sicht der in Genua damals tonangebenden Kreise nun wohl überdies, die Stellung der auf jener Insel aktiven kaiserfreundlichen Genueser Familien, etwa der Doria, zu stärken und die kaisertreuen Pisaner zu begünstigen. Um Rückhalt in dem sich zuspitzenden Konflikt besorgt, folgte die Genueser Bürgerschaft deshalb ohne Zögern dem dringenden Wunsch Gregors IX., sie möge Bündnisverhandlungen mit Venedig einleiten und zu diesem Zweck bevollmächtigte Vertreter zu ihm nach Rom schicken. Schon am 30. November 1238 schlossen die Delegationen der beiden Städte im Lateran ein Schutzabkommen, das die Vertragspartner für neun Jahre auf dem Meer wie auf dem Land und ausdrücklich auch im Königreich Sizilien zu wechselseitiger Hilfe gegen jedermann verpflichtete, das ihnen ferner verbot, ohne päpstliche Zustimmung Vereinbarungen mit dem Kaiser zu treffen, und Streitfragen zwischen ihnen dem päpstlichen Schiedsspruch unterwarf. Gregor seinerseits verhieß den neuen Bundesgenossen umgehend seine besondere Protektion.[11]

Friedrichs Mißerfolg vor Brescia und sein fast gleichzeitiger Griff nach Sardinien spornten den Papst demnach zu höchster Aktivität und energischen Gegenmaßnahmen gegen die weitere Entfaltung der kaiserlichen Gewalt an. Vermutlich erschien ihm des Staufers Vorgehen auf Sardinien als ein besonders krasser Beweis seiner grenzenlosen und ungezügelten Machtgelüste. In der Tat hatte Friedrich einst ja neben vielem anderem gerade die Eigentumsrechte der römischen Kirche auf dieser Insel ganz un-

---

ed. Garufi 198, vgl. MGH Epp. saec. XIII 1, 624f., 629, Nr. 726, 729 (30. 4./31. 5. 1238; Gregor IX. an Adelasia); Enzio als *rex Gallure et Thurris*: MGH Const. 2, 298, Nr. 215 (20. 4. 1239). Siehe dazu Pini, Enzo 1f., Ronzani, Pisa 71–77.

[11] Annales Ianuae, ad 1238, MGH SS 18, 188f., dazu HB 5, 205–207, HB 5, 237f.; Vertrag der Städte: Acta Imperii 2, 689f., Nr. 1028, vgl. MGH Epp. saec. XIII 1, 633, Nr. 735 (5. 12. 1238).

zweideutig anerkannt. Zudem glaubte Gregor eben im Frühjahr 1238, mit der Realisierung seiner Ansprüche bezüglich Sardiniens endlich ein gutes Stück vorankommen zu können: Mehrfach forderte er damals nämlich die seit kurzem verwitwete Adelasia auf, keinen anderen als den von ihm vorgeschlagenen Mann zu ehelichen.[12] Friedrichs erfolgreiches Werben für den eigenen Sohn gab also in mehr als einer Hinsicht Anlaß zu päpstlicher Empörung.

An Belastungen des päpstlich-kaiserlichen Verhältnisses fehlte es freilich schon bis dahin keineswegs. Die kaiserfreundliche Partei in Rom hatte nicht nur Anfang 1238 die Aufstellung des Mailänder Fahnenwagens durchgesetzt, sondern zum Leidwesen der päpstlichen Kurie auch über das ganze Jahr hin ihre starke Position in der Stadt behauptet und im Sommer sogar einen gewaltsamen Aufstand gegen Gregor gewagt – wieder einmal unterstützt von kaiserlichem Geld, wie man in Gregors Umgebung zu wissen meinte.[13] Erhebliche Verstimmung rief dort auch die Gefangennahme des aus der römischen Adelsfamilie Andreotta stammenden Petrus Sarracenus durch den Kaiser hervor. Petrus unterhielt seit langen Jahren beste Kontakte zum päpstlichen Hof wie zu Mitgliedern der englischen Kirche und zum englischen Königshaus. Nun begründete Friedrich seine Verhaftung mit dem Vorwurf, er habe bei Heinrich von England mit gezielten Verleumdungen Haß gegen ihn, den Kaiser und Heinrichs Schwager, gesät; auf eine offizielle Mission etwa in päpstlichem oder englischem Auftrag deute hingegen keines der bei ihm gefundenen Dokumente. Gregor aber bestand auf der sofortigen, bedingungslosen Freilassung des Petrus.[14] Außerdem ärgerte er sich über Friedrichs mangelnde Bereitschaft, jene Kreuzfahrer durch seine Lande passieren zu lassen, die dem schwer bedrängten lateinischen Kaiserreich von Konstantinopel Hilfe gegen den griechischen Kaiser Johannes Vatatzes von Nikaia bringen sollten, oder über des Herrschers Weigerung, dem ihm seit seiner Vermittlerrolle in der Lombardei zutiefst suspekten Kardinal Jakob von Palestrina sicheres Geleit für seine Mission gegen die Ketzer in der Provence zu gewähren. Im übrigen mißbilligte der Papst natürlich scharf die gewaltsame, jeden kirchlichen Rat verschmähende kaiserliche Lombardenpolitik.[15]

---

[12] Die Papstbriefe an Adelasia siehe oben Anm. 10; zu Friedrichs Sardinien-Zusage siehe oben Bd. 1, S. 160; zur päpstl. Empörung: Matthaeus Parisiensis, Chronica maiora, ad 1239, ed. Luard 3, 527, 532 f.

[13] Vita Gregorii IX., c. 28, edd. Fabre – Duchesne 28, dazu Thumser, Rom 294–297.

[14] MGH Epp. saec. XIII 1, 629 f., Nr. 730 (3. 6. 1238), Acta Imperii 1, 312, Nr. 351 (Juli 1238), vgl. Matthaeus Parisiensis (wie Anm. 12) 526 f.; dazu Thumser, Rom 26 f., Kamp, Kirche 1, 597.

[15] Hilfe für Konstantinopel: MGH Epp. saec. XIII 1, 622–624, Nr. 724 f. (12./17. 5.

Die zweite Exkommunikation des Kaisers

Friedrich bemühte sich trotz der wachsenden Spannungen durchaus, Gregor von seinen guten Absichten zu überzeugen oder doch versöhnlicher zu stimmen. Diesem Ziel hoffte er gewiß mit seiner noch immer intensiv betriebenen Ketzergesetzgebung näherzukommen. Im Mai 1238 verkündete er für das ganze Imperium ein aus seinen einschlägigen Bestimmungen vom Februar und März 1232 sowie aus den ersten drei Konstitutionen seines sizilischen Gesetzbuches geschnürtes Gesetzesbündel gegen die Häretiker; einen Monat später erließ er die gleichen Gesetze zusätzlich eigens für das Königreich Arelat, und am 22. Februar 1239 promulgierte er sie in Padua zum dritten Mal – ein letzter Versuch, den endgültigen Bruch mit Rom zu verhindern.[16] Daneben ging im August 1238 eine Gesandtschaft, der unter anderem Berard von Palermo und Thaddaeus von Sessa angehörten, an den päpstlichen Hof nach Anagni, um den Frieden zwischen Kirche und Reich zu fördern. Erzbischof Lando von Messina begleitete sie in Gregors Auftrag zum Kaiser zurück.

Recht überrascht reagierte dieser dann, als ihm vier Bischöfe Ende Oktober auf Befehl des Papstes eine lange Liste von Klagepunkten und Ermahnungen vorlegten. Es ging darin vorwiegend um die Mißstände in der sizilischen Kirche und um die mangelhafte Verwirklichung der im Frieden von 1230 festgelegten Verpflichtungen. Zur Sprache kamen aber etwa auch die Fälle des Petrus Sarracenus und des Kardinals Jakob, die kaiserlichen Umtriebe in der Stadt Rom und endlich die den Kreuzzug behindernden Kämpfe in der Lombardei. Friedrich antwortete ausführlich. Er wies auf einzelne im Regnum schon veranlaßte Verbesserungen hin und auf seine Bereitschaft, anderes bald zu korrigieren. Vielfach berichtigte er die päpstlichen Behauptungen allerdings durch den nach seiner Überzeugung wahren Sachverhalt, und in den zentralen Fragen beharrte er auf seinem Standpunkt. Er verteidigte vor allem seinen Anspruch auf Mitwirkung bei den sizilischen Bischofswahlen und sein Vorgehen gegen die Lombarden. Gut möglich deshalb, daß Gregor, wie ein Chronist meldet, die kaiserliche Stellungnahme voller Zorn als nutzloses und lügenhaftes Geschwätz abtat. Eine neuerliche Delegation, die Friedrich im November an die römische Kurie schickte, erzielte denn auch, zumal unmittelbar nach der Sardinienaffäre, keinerlei greifbare Ergebnisse.[17]

1238), vgl. Matthaeus Parisiensis, Chronica maiora, ad 1237, 1238, ed. Luard 3, 469f., 517; Jakob: Acta Imperii 1, 310f., Nr. 349, HB 5, 269–271 (beide wohl Juni 1238, vgl. dazu HB 5, 270, Anm. 1); Lombarden: Acta 1, 312, Nr. 351 (Juli 1238).

[16] MGH Const. 2, 280–285, Nr. 209–211, vgl. Thomas von Padua, MGH SS 22, 513; siehe dazu Stürner, Konstitutionen 60f., Selge, Ketzerpolitik 339–341.

[17] Gesandtschaften: Richard von S. Germano, ad 1238, ed. Garufi 197f.; päpstl.

Die zweite Exkommunikation des Kaisers

Sehr wahrscheinlich war Gregor damals bereits zum entscheidenden Schritt gegen Friedrich entschlossen. Er erhoffte sich wohl von der Tätigkeit seines im päpstlichen Dienst bewährten Verwandten Gregor von Montelongo († 1269), der seit August 1238 als sein Beauftragter und seit 1239 dann als päpstlicher Legat in der Lombardei wirkte,[18] die rasche Zusammenführung und effiziente Organisation der papstfreundlichen Kräfte jener Region – mit Recht, wie sich bald herausstellte. Vor allem aber wird ihn der erfolgreiche Fortgang der genuesisch-venezianischen Verhandlungen in der Auffassung bestärkt haben, die Stunde sei gekommen, den unvermeidlichen offenen Kampf mit dem Kaiser zu wagen.

Friedrich blieb die Entwicklung in Rom schon dank der Präsenz seiner Gesandten kaum lange verborgen. In der Tat zielte seine ungefähr im Februar 1239, also gleichzeitig mit der letztmaligen Einschärfung seiner Ketzergesetze veröffentlichte Konstitution über die strenge Bestrafung aller Majestätsverbrecher und Rebellen und über das strikte Verbot jeder Form der Zusammenarbeit mit ihnen recht deutlich darauf ab, sich der eigenen Anhängerschaft angesichts der drohenden Verschärfung der Lage unbedingt zu versichern. Ganz unverblümt sprach er dann am 10. März in seinem Brief an das Kardinalskollegium von dem ungerechten Schlag, den der Papst gegen ihn, den Kaiser, zugunsten der rebellischen Lombarden plane. Ob er ernstlich erwartete, jenes Schreiben könne noch etwas an dem päpstlichen Vorhaben ändern, ob er glaubte, sein Appell an die Mitverantwortung der als Apostelnachfolger neben den Papst gestellten Kardinäle, sein Hinweis auf ihre Verpflichtung, dem willkürlichen Treiben Gregors um des Wohles der Kirche willen zu widerstehen, und schließlich seine Warnung vor der kaiserlichen Rache könnten den Gang der Dinge an der Kurie noch beeinflussen, das sei dahingestellt. Immerhin durfte er auf das Gehör und sogar das Wohlwollen einiger seiner Adressaten und wenigstens auf eine gewisse päpstliche Verunsicherung rechnen.[19]

Anklagen: HB 5, 249–258 (28. 10. 1238) = Matthaeus Parisiensis, Chronica maiora, ad 1239, ed. Luard 3, 551–562, ebd. 562 die päpstl. Reaktion; vgl. zur Rolle Landos von Messina: Kamp, Kirche 1, 1027 f.

[18] RI V, Nr. 7211 (6. 8. 1238), vgl. MGH Const. 2, 296, Z. 1–3, Nr. 215 (20. 4. 1239), ebd. 310, Z. 3–6, Nr. 224 (16. 3. 1240), Annales Patavini, ad 1239, MGH SS 19, 156; Schmidinger, Gregor 1675 f. (mit Lit., ergänzend Kamp, Kirche 1, 104 Anm. 65, 353 Anm. 141).

[19] MGH Const. 2, 286–289, Nr. 213 (Febr. 1239); HB 5, 282–284 (10. 3. 1239 = Matthaeus Parisiensis, Chronica maiora, ad 1239, ed. Luard 3, 548–550), zitiert von Gregor: MGH Epp. saec. XIII 1, 639, Nr. 741 (7. 4. 1239), vgl. Vita Gregorii IX., c. 30, edd. Fabre – Duchesne 29, dazu Vehse, Propaganda 69–71, Graefe, Publizistik 11–13. Kaiserfreundliche Kardinäle: Vgl. zu Thomas von Capua: Acta Imperii 1, 313, Nr. 353, sowie Maleczek, Papst 203; zu Johannes Colonna: Matthaeus Parisien-

Gregor IX. ließ sich freilich nicht mehr von der für unausweichlich erachteten Bannsentenz abhalten. Am Palmsonntag, dem 20. März 1239, exkommunizierte er den Kaiser zum zweiten Mal nach 1227; vier Tage später, am Gründonnerstag, wiederholte er seinen Spruch. Bis zu dessen Aufhebung hatten alle dem Herrscher geleisteten Treueide als gelöst und nicht existent zu gelten. Bei der Begründung seines Urteils lehnte sich Gregor stark an seine Klagepunkte vom Oktober 1238 an. Er verwies auf des Kaisers Einmischungen in Rom, seine Gewaltmaßnahmen gegen einzelne Personen wie Kardinal Jakob von Palestrina oder Petrus Sarracenus, auf seine Behinderung des Kreuzzugs und der Militärhilfe für das Kaiserreich zu Konstantinopel, dazu auf die Okkupation Sardiniens. Im Vordergrund aber stand der Vorwurf, er bedrohe massiv die kirchliche Freiheit im Königreich Sizilien, bedrücke die dortige Geistlichkeit und ihre Anhänger und blockiere die Bischofswahlen in zwanzig eigens aufgeführten Diözesen.[20]

Der Papst informierte die Bischöfe des Abendlandes und die Orden sofort eingehend von seiner folgenreichen Entscheidung und befahl ihnen, diese nicht nur rasch allgemein bekanntzumachen, sondern sie den Gläubigen zudem künftig regelmäßig am Sonntag neu ins Gedächtnis zu rufen. Weiter teilte er seinen Adressaten nun mit, daß jeder Ort, an dem sich der Kaiser aufhalte, dem Interdikt verfalle und daß er ihnen streng untersage, mit dem Gebannten in irgendeinen Kontakt zu treten oder ihn gar zu unterstützen.[21]

Ganz ähnlich wie 1227 erscheinen die Argumente, mit denen Gregor seinen Entschluß zu rechtfertigen suchte, dessen ungeheurer Tragweite nicht wirklich angemessen. Gewichtiges steht gleichrangig neben Unbedeutendem. Manche päpstliche Behauptung hatte der Kaiser bereits überzeugend widerlegt, in anderen Fällen handelte es sich um komplizierte Streitfragen, die aufgrund der objektiven Sachlage tatsächlich nur schwer zu durchschauen und zu lösen waren. Selbst für die Vakanz der Bischofs-

sis, ad 1237, ed. Luard 3, 444–446, Maleczek 161, Thumser, Rom 68, 306; zu Otto von S. Nicola in Carcere Tulliano: Paravicini Bagliani, Cardinali 86–89; zu Rainald von Ostia: ebd. 51.

[20] Text des Bannspruchs: Matthaeus Parisiensis (wie Anm. 19) 533–536, vgl. Albert von Stade, ad 1239, MGH SS 16, 363, sowie das lange Sündenregister der Vita Gregorii IX., c. 30–38, edd. Fabre – Duchesne 29–32; zum Datum: MGH Const. 2, 296, Z. 22–24, Nr. 215 (20. 4. 1239; Friedrich), vgl. Richard von S. Germano, ad 1239, ed. Garufi 199, Rolandinus Patavinus IV 4, MGH SS 19, 71, Annales Patavini, ad 1239, ebd. 156, Annales S. Pantaleonis, ad 1239, MGH SS rer. Germ. 18, 273.
[21] MGH Epp. saec. XIII 1, 637–641, Nr. 741f. (7. 4. 1239), vgl. ebd. 643f., Nr. 747 (22. 5. 1239), außerdem Matthaeus Parisiensis (wie Anm. 19) 569–573, Annales Placentini Gibellini, ad 1238, MGH SS 18, 480f.

sitze traf den Kaiser, soweit wir überhaupt etwas darüber wissen, offenbar bei weitem nicht an allen genannten Orten die Schuld. Einen gewissen Anhalt für seinen hemmenden Einfluß gibt es allenfalls bei den eng miteinander zusammenhängenden Wiederbesetzungen in Reggio di Calabria und Squillace.[22] Grundsätzlich hatte Friedrich 1230 den förmlichen Verzicht auf seine Mitwirkungsrechte bei den sizilischen Bischofswahlen, zu dem ihn sein damaliger Gehorsamseid eigentlich verpflichtete, wohl nie geleistet, ohne daß er dafür indes von der Kurie je gemaßregelt worden wäre. Gregor rückte nun weder dieses zumindest anfechtbare kaiserliche Verhalten in einem für die Kirche zentralen Problembereich noch Friedrichs Eidbruch hinsichtlich Sardiniens in den Mittelpunkt seiner Anklage. Vielleicht versprach er sich davon allein zu wenig Wirkung in der Öffentlichkeit. Sehr wahrscheinlich aber bestimmte ihn jetzt wieder völlig die schon 1227 gewonnene und nur zeitweise zurückgedrängte Überzeugung, in Friedrich den Widersacher und Zerstörer der Kirche schlechthin vor sich zu haben. In der Tat mußte Gregors 1236 formulierte und 1240 bekräftigte Anschauung vom gottgewollten Richteramt des Papstes über die Fürsten der Welt und von seiner durch die Konstantinische Schenkung begründeten speziellen Obergewalt über den Kaiser schnell dazu führen, daß er in jeder Handlung Friedrichs, die die Kirche störte und ihr Nachteile brachte, ohne Unterschied einen sicheren Beweis für des Staufers generelle Kirchenfeindschaft und tiefe Verworfenheit sah und so in seiner vorgefaßten Meinung ständig aufs neue bestärkt wurde.[23] Wer diese Meinung allerdings nicht teilte, der mochte die päpstlichen Vorwürfe und Beschuldigungen im einzelnen vielfach als übertrieben oder gar unglaubwürdig, die daraus gezogenen Folgerungen als ungerecht empfinden. Um solche Zweifler zu gewinnen, brachte Gregor seinerseits deshalb bald immer weitere und ungeheuerlichere Verdächtigungen und Anklagen vor und drohte darüber, ganz wie nach 1227, mehr und mehr die realen Gegebenheiten aus den Augen zu verlieren.

Gewiß galt Gregor auch die Weigerung Friedrichs, seine Lombardenpolitik fernerhin dem päpstlichen Schiedsgericht zu unterwerfen, als kla-

---

[22] Siehe dazu Kamp, Kirche 1, 931 und 989; um Streitigkeiten innerhalb des Kapitels oder des Kapitels mit dem Papst scheint es sich in Policastro, ebd. 473, Monopoli, ebd. 499, Trivento, ebd. 304, Frigento, ebd. 260, gehandelt zu haben, um einen Sonderfall, die Verbannung des schon 1229 verdächtigen Bischofs, in Alife, ebd. 219 f.; vgl. Kamp, Episkopat 94.
[23] Zu Gregors Sicht: MGH Epp. saec. XIII 1, 602 f., 604 f., Nr. 703 (23. 10. 1236), vgl. oben S. 329, HB 5, 777 (Ende Febr. 1240). Zu Friedrichs Verhalten von 1230 in der Bischofswahlfrage siehe oben S. 187 f.

res Zeichen seiner Bosheit – noch im Oktober 1238 hatte er ihn deswegen ausdrücklich getadelt. Wenn er darüber anläßlich der Exkommunikation kein Wort mehr verlor, so geschah das doch wohl, weil er in der Tat, wie ihm der Kaiser vorwarf, bereit gewesen war, um die Lombarden zu gewinnen, Reichsrechte zu mißachten, und vor allem weil er wußte, er werde in Zukunft stärker denn je zur gleichen Vorgehensweise genötigt sein. Der Durchbruch Friedrichs in der Lombardei hätte in des Papstes Augen das sichere Ende jeder kirchlichen Freiheit und Unabhängigkeit bedeutet. Friedrichs Bann sollte diese Katastrophe verhindern; er sollte alle antikaiserlichen Kräfte hinter der Kirche vereinen und unter ihnen mit an erster Stelle die lombardischen Städte, sosehr sie die Ketzerei deckten oder die Rechte des Imperiums mißachteten. Um seines einzigartigen Zieles willen hielt Gregor auch derart gewagte Mittel für nötig und erlaubt; man versteht indessen, daß er nicht eigens öffentlich auf dieses Thema zurückkam. Zweifellos aber bot er dem Kaiser damit einen gefährlichen Angriffspunkt.

Dennoch vereinfacht man Gregors Position wohl allzu sehr, wenn man ihm mit Friedrich vorwirft, er habe die kaiserliche Kirchenpolitik in Sizilien angegriffen, in Wahrheit aber auf das kaiserliche Vorgehen in der Lombardei gezielt, wie man im übrigen auch umgekehrt die sizilische Kirchenfrage kaum isoliert als „das eigentliche Motiv für den Ausschluß Friedrichs" sehen darf.[24] Des Staufers selbstbewußte Herrschaftsauffassung, sein Anspruch auf die uneingeschränkte, nur vor Gott zu verantwortende Zuständigkeit für die Wahrung von Frieden und Recht in der staatlichen Gemeinschaft und die konsequente Umsetzung seines Ansatzes in der politischen Praxis, kurz: seine Konzeption und Vorgehensweise im ganzen vertrugen sich nur schwer mit Gregors Vorstellung von der rechten Ordnung der Christenheit. Erfolge des Kaisers im Norden wie im Süden des Kirchenstaates mußten deshalb gleicherweise Mißtrauen und Furcht bei Gregor wecken.

Der Kampf der Propaganda.
Die eschatologische Dimension des Streits und seine Wirkung

Friedrich hatte sich am Palmsonntag auf dem Herrscherthron sitzend in heiterer Stimmung der zum Feste zusammenströmenden Bevölkerung Paduas gezeigt, durch Petrus de Vinea das innige Einvernehmen zwischen

---

[24] So Baaken, Ius 291–294 (das Zitat 294); zur Gegenpostion siehe etwa Schaller, Kaiser Friedrich 63, Kantorowicz, Friedrich 430, und schon Graefe, Publizistik 10, 14, vgl. Thumser, Rom 297 f. („zentrales Argument" Gregors ist Friedrichs Engagement in Rom).

ihm und der Stadt feiern lassen und am Ostersonntag gekrönt die Messe besucht. Als sich bald darauf dann das Gerücht von seiner Bannung unter den Paduanern verbreitete, lud er deren Vertreter in den städtischen Palast, wo ihnen wiederum Petrus de Vinea in seiner Anwesenheit die kaiserliche Güte, Redlichkeit und Gerechtigkeitsliebe ins Gedächtnis rief und um so schärfer die Ungerechtigkeit und kopflose Übereilung des päpstlichen Spruches geißelte.[25]

Gleichzeitig aber spornte der Herrscher seine Kanzlei zu äußerster Aktivität an, um die Großen des Abendlandes, die Öffentlichkeit ganz Europas von dem unfaßlichen Schritt des Papstes aus seiner Sicht zu informieren und für seinen Standpunkt zu gewinnen. Zuerst wandte er sich erneut an den Kreis der Kardinäle, beteuerte ihnen seinen oft bewiesenen Gehorsam der Kirche gegenüber und beklagte die Willkür des Papstes, gegen die seine Botschafter vor ihrer, der Kardinäle, verehrungswürdigen Versammlung an Gott selbst, einen künftigen Papst, ein allgemeines Konzil oder die Fürsten und Gläubigen des Erdkreises appellieren würden. Wenige Wochen später erinnerte er dasselbe Gremium in einem weiteren Schreiben daran, daß Gott einst Sonne und Mond mit unterschiedlichen Aufgaben unabhängig nebeneinander am Himmel befestigte und in gleicher Weise das Sacerdotium und das Imperium zur Zügelung und Lenkung der Menschen bestimmte. Gregor indes habe diese göttliche Ordnung, von Paulus sich wieder in Saulus wandelnd, zerstört, indem er dem Imperium seine Ehre und seine Rechte raubte und ihn, den Kaiser, mit falschen Behauptungen zum Ketzer stempelte. Deshalb sei es nun an den Kardinälen, den Grundpfeilern der Kirche und Säulen der Rechtschaffenheit, dem Papst entgegenzutreten, um seine Raserei, wenn nicht zu beenden, so wenigstens zu dämpfen und künftiges Unheil zu verhindern. Andernfalls nämlich werde sich das Imperium durchaus zu wehren wissen.[26]

Dem Senator und den Bürgern Roms, „des Hauptes und Ursprungs unseres Imperiums", trug Friedrich seine bittere Enttäuschung darüber vor, daß es ausgerechnet in ihrer so hoch in seiner Gunst stehenden, so sehr zur Dankbarkeit gegen ihn verpflichteten Stadt dem Papst möglich gewesen sei, ungehindert seinen blasphemischen Bannspruch zu verkünden. Um so mehr, so schloß er mahnend, seien die Römer nun dazu verpflichtet, ihrer Verbundenheit mit dem Imperium zu gedenken und das

---

[25] Rolandinus Patavinus IV 9f., MGH SS 19, 71f.
[26] MGH Const. 2, 289f., Nr. 214 (wohl Ende März 1239 noch ohne völlige Gewißheit über die Bannung geschrieben), Acta Imperii 1, 314f., Nr. 355 (wohl Juli 1239), zum Inhalt: Vehse, Propaganda 70f., vgl. 85 Anm. 11 zur Identität von RI V, Nr. 2428 und 2432; vergebliche Reise zweier sizilischer Bischöfe *ad cardinales* in kaiserl. Auftrag: Richard von S. Germano, ad 1239 (Juni), ed. Garufi 201.

gemeinsam mit dem Kaiser erlittene Unrecht zusammen mit ihm zu rächen.[27] Am selben Tag wie dieses Schreiben, am 20. April 1239, ging an die Fürsten der Christenheit ein umfangreicher Rundbrief hinaus, der seine Leser in pathetisch-gehobener Sprache, mit reichen Anklängen an das Alte Testament auf das abscheuliche Ärgernis, die himmelschreiende Untat einstimmte, über die zu berichten er sich anschickte und über die er die Völker des Erdkreises im Angesicht Gottes zu richten aufforderte. Ausführlich schildert das Dokument dann Etappe für Etappe die Geschichte der päpstlich-kaiserlichen Beziehungen seit der Erhebung Gregors auf den Stuhl Petri, streng faktenbezogen und dadurch den Eindruck der Objektivität vermittelnd, im ganzen wohl auch tatsächlich ohne grobe Entstellungen, parteiisch freilich durch die Auswahl des Vorgebrachten. Das derart gefertigte Bild zeigt den Kaiser stets um Hilfe für die ehrfürchtig von ihm verehrte Kirche bemüht, den Papst dagegen als einen Mann, der Friedrich nur mit Haß, Undankbarkeit und Ungerechtigkeit begegnet, der ihm überall und selbst noch während seines Kreuzzuges jedes erdenkliche Hindernis in den Weg legt, der, um ihm zu schaden, vor keinem Betrug zurückschreckt und zu diesem Zweck sogar mit den Lombarden, Reichsfeinden und Ketzern also, gemeinsame Sache macht, spätestens dadurch indes als ein Unwürdiger jeden Anspruch auf sein hohes Amt verliert. Eindringlich appellierte Friedrich am Ende einmal mehr an die monarchische Solidarität: Das päpstliche Bündnis mit den Rebellen ziele im Grunde gegen jede weltliche Gewalt; sich selbst verteidigten die Herrscher also, wenn sie sich um ihren vornehmsten Repräsentanten, den Kaiser, scharten, um es zu bekämpfen. Im übrigen bitte er die Kardinäle inständig um die Einberufung eines allgemeinen Konzils, auf dem er die Richtigkeit seiner Darstellung vor den Prälaten, den Gesandten der Könige und den anwesenden Gläubigen klar erweisen werde.[28]

Friedrichs Aufruf an die Fürsten zum gemeinsamen Handeln hatte im Vorjahr greifbare Erfolge gezeigt. Gregor mußte deshalb damit rechnen, daß er auch diesmal seine Wirkung nicht verfehlen würde. Wenn der Kaiser jetzt zudem den hohen Rang der Kardinäle herausstellte und ihre Würde gegen die des Papstes ausspielte, wenn er daneben an die Bedeutung des Generalkonzils für die Kirche erinnerte, ohne diese Versammlung indessen wie einst seine Vorgänger selbst einberufen zu wollen, so de-

[27] HB 5, 307f. (20. 4. 1239), vgl. Thumser, Rom 298f.
[28] MGH Const. 2, 290–299, Nr. 215 (20. 4. 1239), vgl. das Rundschreiben ähnlichen Inhalts ebd. 308–312, Nr. 224 (16. 3. 1240), außerdem HB 5, 464–469 (29. 10. 1239; Friedrich an König Heinrich III. bzw. die Barone Englands); dazu Graefe, Publizistik 17–29, 47–50, Vehse, Propaganda 72–75, 80f.

monstrierte er damit der Öffentlichkeit eindrücklich seine Sorge um die Kirche und ihr Wohl und brachte überdies Vorstellungen zu deren Neuordnung in die Debatte, die lange Zeit aktuell bleiben sollten, die vor allem aber Gregor kaum angenehm sein konnten.[29] Des Papstes Erwiderung, von Kardinal Rainer von Viterbo formuliert und allen Prälaten zugeleitet, ließ denn auch nicht lange auf sich warten. „Es steigt aus dem Meer ein Tier, voll mit den Namen der Lästerung", so begann sie mit Worten aus dem biblischen Buch der Offenbarung (13,1f., 5f.) und schlug damit einen neuen, wahrhaft apokalyptischen Ton an. Der Kaiser erschien hier als längst prophezeite, übermenschlich-dämonische Gegengewalt gegen Christus. Dessen Kirche vom Erdboden zu vertilgen, war sein höchstes Ziel; um dahin zu gelangen, scheute er weder die Lüge noch Scheußlichkeiten oder Verbrechen jeder Art. Zum Beweis für seine Behauptung schilderte Gregor dann sein Verhältnis zu Friedrich aus seiner Warte. Er stellte seiner eigenen Güte in scharfem Kontrast die unerträglichen Bosheiten und Missetaten seines Widersachers gegenüber, belegte ihn mit biblischen Schreckensnamen wie Drache, Skorpion oder Hammer der Welt, um ihn am Ende noch einmal deutlich in die Nähe des Antichrist zu rücken und als schlimmsten Ketzer zu brandmarken, weil er Christus, Moses und Mohammed als die drei Betrüger des Erdkreises bezeichnet und die Binde- und Lösegewalt des Papstes ebenso wie die jungfräuliche Geburt Christi bestritten habe.[30]

Gregor, oder vielmehr Rainer von Viterbo in seinem Namen, führte damit Vorstellungen und Erwartungen in die Argumentation der Streitparteien ein, die eine lange Tradition hatten und damals vielerorts lebendig waren. Danach stand das Weltende, obgleich kein Mensch seinen ge-

---

[29] Zur Appellation vom Papst an das allgemeine Konzil siehe Becker, Appellation 38–43, vgl. 5–14, 21–37, außerdem (auch zu der oft vor allem erwarteten aufschiebenden Wirkung) Schmidt, Nutzen 173–176, und Roberg, Konzilsversuch 286–292.
[30] *Ascendit de mari bestia blasphemie plena nominibus*, MGH Epp. saec. XIII 1, 646–654 (versandt zwischen 27. 5. und 1. 7. 1239, vgl. Matthaeus Parisiensis, Chronica maiora, ad 1239, ed. Luard 3, 607, und RI V, Nr. 14850); zur Autorschaft Rainers: Herde, Pamphlet 497 mit Anm. 122, Maleczek, Papst 187, vgl. 185f., zum Inhalt: Schaller, Endzeit-Erwartung 38f., Graefe, Publizistik 29–40. Vgl. Graefe 38f. zu dem bereits um 1200 an der Universität Paris belegten Satz von den drei Betrügern, zu seinen in 10. Jh. zurückreichenden islamischen Wurzeln Massignon, Légende 74–78; seine Zuschreibung an Friedrich nahmen die Vita Gregorii IX., c. 39, edd. Fabre – Duchesne 33, und Alberich von Troisfontaines, ad 1239, MGH SS 23, 944, auf, während Matthaeus Parisiensis, Chronica maiora, ad 1239, ed. Luard 3, 609, auf den Widerspruch zum päpstl. Vorwurf hinwies, Friedrich liebe den Islam mehr als das Christentum, vgl. unten S. 476, Anm. 34.

nauen Zeitpunkt kannte, in nicht allzu ferner Zukunft bevor. Sein Nahen kündigte sich durch Krieg und Katastrophen aller Art an und nicht zuletzt im unheilvollen Wirken der Vorläufer des Antichrist. Zwar vermochte der große Endkaiser dennoch seine segensreiche Friedens- und Bekehrungsmission zu erfüllen. Er legte seine Krone dann aber in Jerusalem nieder, und nun fiel die Herrschaft über kurz oder lang dem Antichrist zu, dem teuflischen Erzfeind der Christenheit, der mit Trug und Hinterlist auf ihre Vernichtung ausging – erst Christus selbst würde ihn besiegen.

Zu diesen in mannigfachen Varianten und Ausschmückungen verbreiteten eschatologischen Hoffnungen und Befürchtungen trat im 13. Jahrhundert ergänzend vor allem die Lehre Abt Joachims von Fiore. Ihr zufolge entsprachen den drei Personen der göttlichen Trinität drei Hauptepochen der Geschichte: An diejenige des Vaters und die eben zu Ende gehende des Sohnes würde sich das vom Mönchtum geprägte, glückselige Zeitalter des Hl. Geistes anschließen, dessen Beginn sich für das Jahr 1260 vorausberechnen ließ. Vorher drohten freilich Kämpfe, Verfolgungen und gar die Ankunft und Herrschaft eines ersten Antichrist.

Joachims Schüler entwickelten die Konzeption ihres Meisters mit mancherlei Vereinfachungen und Verfälschungen weiter, und rasch stieß sie auch unter den Franziskanern auf großes Interesse. Man bezog sie dort sogar direkt auf den eigenen Orden, sah in ihr einen prophetischen Hinweis auf die den Minderbrüdern nach 1260 zufallende Führungsrolle in der Christenheit. Vor allem aber benutzten franziskanische wie joachitische Gruppen Joachims Spekulationen und das reichlich verfügbare, allen Gesellschaftsschichten vertraute eschatologische Ideengut bald zunehmend häufiger, um damit in Bibelkommentaren oder Weissagungen, die zudem nicht selten unter Joachims Namen umliefen, das Geschehen der Gegenwart ganz allgemein in ihrem Sinne zu erklären und zu beurteilen. In der öffentlichen Auseinandersetzung zwischen Papst und Kaiser bediente sich das Manifest Rainers von Viterbo, des Förderers der Franziskaner, zum ersten Mal massiv dieser Ideen als eines wesentlichen Instrumentes zur Verteidigung der eigenen Position. Ihr Einsatz sollte den Meinungskampf zwischen den beiden Gewalten fortan bestimmend prägen.[31]

---

[31] Zum Ganzen jetzt Möhring, Weltkaiser 28–104, 144–208, vgl. zusammenfassend Schaller, Endzeit-Erwartung 26–30, 36f., zur Endkaiser- und Antichrist-Tradition (von Pseudo-Methodius und den Prophezeiungen der Tiburtinischen Sibylle über Adso von Montier-en-Der zum Ludus de Antichristo) daneben Klopprogge, Ursprung 39–69, Schein, Kreuzzüge 124–126, Konrad, De ortu, und schon Sackur, Sibyllinische Texte, Holder-Egger, Italienische Prophetien 1, 143–148; zur Wirkung Joachims von Fiore Reeves, Influence 45–58, 299–314, vgl. oben Band 1, S. 44f. mit Anm. 7 (Lit.).

Natürlich konnte derjenige, der zu seiner Rechtfertigung solch weithin bekannte Vorstellungen heranzog, damit rechnen, allenthalben auf aufmerksames Gehör und Verständnis zu stoßen und durchaus auch Glauben zu finden, zumal die Härte und Erbitterung des päpstlich-kaiserlichen Kampfes tatsächlich schnell überall Furcht und Schrecken verbreitete[32] und an die Endzeit denken ließ. Andererseits wuchs freilich mit der übersteigerten Stilisierung dieses Konflikts zum eschatologischen Aufeinanderprallen zweier überzeitlicher Gewalten, zum Endkampf der Streiter Gottes gegen ihre satanische Gegenmacht die Gefahr, daß die Kontrahenten blind für die konkreten Verhältnisse, unfähig zur nüchternen Einschätzung ihres Widersachers wurden, ganz gleich, ob sie nun von Anfang an ernsthaft an die Wahrheit ihrer Verlautbarungen glaubten oder erst allmählich in den Sog der eigenen Propaganda gerieten. Immerhin mochten sich Papst und Kaiser eine gewisse innere Distanz zu den in ihrem Namen veröffentlichten Erklärungen bewahren, so schwer sich im einzelnen entscheiden läßt, inwieweit dies wirklich der Fall war.[33] Doch selbst dann konnten sie sich vor der eben durch die eigene Publizistik in höchste Erregung versetzten Öffentlichkeit kaum noch ein offenes Einlenken erlauben, ohne einen gefährlichen Verlust an Glaubwürdigkeit und Rückhalt bei ihrer emotionalisierten Anhängerschaft zu riskieren. So drohte der von Gregor IX. und Rainer im Mai 1239 eingeschlagene Kurs ein echtes Gespräch zwischen den Streitenden unmöglich zu machen, jede Aussicht auf Verständigung zu verbauen.

Die kaiserliche Seite paßte sich nämlich sofort dem neuen päpstlichen Argumentationsstil an. In einem an die Kardinäle adressierten, aber wohl an eine breite Leserschaft gerichteten Schreiben suchte sie gewissermaßen des Gegners Waffen gegen diesen selbst zu wenden. Nicht nur, daß sie Gregor als Pharisäer und Irrlehrer beschimpfte: Das aus dem Meer kommende, Zwietracht bringende rote Pferd der Apokalypse war er, der den Erdkreis verführende Drache, ja der Fürst der Finsternis und Antichrist selbst. Als solcher hatte er sich entlarvt, als er den Kaiser zum Feind der christlichen Religion stempelte. Geradezu demonstrativ legte

---

[32] Vom *timor et horror fidelium* berichtet beispielsweise Matthaeus Parisiensis, Chronica maiora, ad 1239, ed. Luard 3, 608 f., vgl. Schnith, England 100 f.
[33] Vgl. zu dem methodischen Problem grundsätzlich Herde, Literary Activities 233–235. – Schwer bestimmen lassen sich wohl auch Gewicht und Tragweite der beiden bekannten, aus Extremsituationen (erster Bann, Giftmordanschlag) stammenden Bemerkungen Friedrichs über das möglicherweise bald zu erwartende Weltende, MGH Const. 2, 148, Nr. 116 (6. 12. 1227) und HB 6, 705 f. (Febr. 1249), vgl. HB 4, 446 (Gregor IX.; 5. 8. 1233), dazu Schaller, Endzeit-Erwartung 30 f.; in beiden Fällen scheint seine Äußerung keine besonderen Verhaltensänderungen nach sich gezogen zu haben.

dieser ein ausführliches Bekenntnis seines orthodoxen Glaubens ab, um mit der Behauptung zu enden, den Papst treibe zu seinem Haß gegen ihn der Neid auf die *imperialis felicitas*, auf das glückliche Gelingen der kaiserlichen Sache und vor allem anderen sein tiefer Ärger über die unnachsichtige Verfolgung der lombardischen Rebellen durch ihren kaiserlichen Herrn.[34] An diesen Schlußgedanken knüpfte ein Jahr später ein der Form nach für Gregor, in Wahrheit jedoch ganz offensichtlich ebenfalls zur sofortigen Veröffentlichung bestimmter Brief an, der insofern zum Aufhorchen Anlaß gibt, als er dem Papst, den er in deutlicher Überzeichnung ob seiner Machtbesessenheit, Habgier und unstillbaren Genußsucht anprangert, scharf kontrastierend sein Vorbild Christus und dessen Friedfertigkeit, Nächstenliebe und Armut gegenüberstellt; die später ins Zentrum von Friedrichs Angriffen rückende Reformforderung nach einer armen Kirche wird hier also, auf die Person Gregors konzentriert, erstmals faßbar. Der Text mündet dann in einer geheimnisvoll-eschatologischen Drohung: Nehme der Papst den schuldlosen und dennoch um Verzeihung bittenden Kaiser nicht wieder in den Schoß der Kirche auf, so werde dessen übermächtiger Löwe, der bislang noch zu schlafen scheine, mit seinem schrecklichen Brüllen die fetten Stiere von den Grenzen des Erdkreises um sich versammeln, die Stolzen stürzen und die Kirche mit seiner Gerechtigkeit leiten. Der brüllende Löwe und die fetten Stiere begegnen auch sonst in der damals verfügbaren und neu entstehenden Vatizinien-Literatur, auch dort zum Teil mit klarem Bezug auf Friedrich.[35] Ganz von eschatologischem Gedankengut geprägt, wiederholte Gregors Antwort die bekannten Anklagen der Bedrückung Siziliens und der Behinderung des Kreuzzuges, der Sarazenenfreundschaft und der Ketzerei; all dies, so das päpstliche Urteil, erweise den schon zuvor mehrfach als Vorläufer des Antichrist bezeichneten Kaiser als den aus höllischer Materie empfangenen Basilisken, ja als den Antichrist selbst.[36]

Die intensive Öffentlichkeitsarbeit der kaiserlichen Kanzlei bewirkte immerhin, daß die Monarchen des Abendlandes im Streit zwischen Kaiser

---

[34] HB 5, 348–351 (wohl Juli 1239; die Zurückweisung des Satzes von den drei Betrügern ebd. 349), vgl. dazu und zum Folgenden: Möhring, Weltkaiser, 209–216, Segl, Feindbilder 44–48, 63–71, Schaller, Endzeit-Erwartung 39f., Vehse, Propaganda 75–78, Graefe, Publizistik 43–47, 51–62.

[35] HB 5, 309–312; zum Charakter des Schreibens und zu seiner Datierung auf Juni 1240: Schaller, Antwort 197–203, zu seinem Inhalt und seiner eschatologischen Schlußwendung: ebd. 204–207, vgl. Anm. 34.

[36] Edition: Schaller, Antwort 215–223, zum Inhalt ebd. 207–210, 213–215. Der Kaiser als *precursor* bzw. *prenuntius Antechristi*: RI V, Nr. 7284 (29. 1. 1240), HB 5, 779 (Ende Febr. 1240).

und Papst vorerst neutrale Zurückhaltung wahrten. König Ferdinand III. von Kastilien († 1252) versicherte den Apostolischen Stuhl zwar seines Gehorsams und bekundete sein Verständnis für Roms Haltung gegen Friedrich; er bat danach aber mit Hinweis auf das Beispiel Christi doch um Barmherzigkeit für den von ihm hochgeschätzten Vetter seiner ersten Gemahlin Beatrix († 1235) und bot sogar seine Vermittlung an. In gleichem Sinne bemühte sich, vom kaiserlichen Schwager gedrängt, offenbar auch Heinrich III. von England. Beiden war freilich kein Erfolg vergönnt.[37] Ebensowenig gelang es jedoch der römischen Kurie, den französischen Königshof für den Gedanken einer Nachfolge Roberts von Artois († 1250), des Bruders König Ludwigs IX., im Imperium oder wenigstens im Regnum Sicilie zu gewinnen, und ähnliche Pläne, die päpstliche Kreise mit dem Sohn des Dänenkönigs oder einzelnen deutschen Fürsten haben mochten, zerschlugen sich gleichfalls.[38]

In Deutschland zog Herzog Friedrich von Österreich den größten unmittelbaren Nutzen aus den Schwierigkeiten des Kaisers. Er hatte seine Lage schon bald nach dessen Abzug über die Alpen ohnehin deutlich zu bessern verstanden und im März 1238 sogar einen Ausgleich mit seinen Hauptgegnern, König Wenzel von Böhmen und Herzog Otto von Bayern, erreicht. Das Abkommen verlangte ihm zwar territoriale Opfer ab, erleichterte zugleich aber sehr die Rückeroberung seiner Herzogtümer. Damit kam er dann in den Monaten nach der zweiten Bannung des Staufers besonders zügig voran: Ende des Jahres 1239 war er wieder Herr Wiens. Zum Zeichen seiner zurückgewonnenen landesfürstlichen Rechte über die Stadt schnitt er die Goldbulle von jener Urkunde, die der Kaiser gut zweieinhalb Jahre zuvor für Wien ausgestellt hatte. Bereits während der Belagerung Wiens nahm der Herzog indessen Kontakte mit seinem kaiserlichen Herrn auf. Ihm lag an der Anerkennung und rechtlichen Sicherung seiner alten Position und Würde durch das Reichsoberhaupt, jenem an einem Verbündeten im deutschen Südosten. So erlangte der Babenberger wohl im Dezember 1239 ohne eine förmliche Urkunde in der

---

[37] Ferdinand: MGH Epp. saec. XIII 1, 659–661, Nr. 760 (4. 12. 1239), vgl. dazu ebd. 661f., Nr. 761f. (4./5. 12. 1239), sowie HB 5, 991 (April 1240, vgl. Richard von S. Germano, ad 1240, ed. Garufi 205) über die Ankunft von Ferdinands Sohn Friedrich am Kaiserhof; Friedrich blieb dort bis zum Juli 1245, floh dann nach Mailand, HB 6, 340–342. Heinrich III.: Matthaeus Parisiensis, Chronica maiora, ad 1240, ed. Luard 4, 4f., dazu Schnith, England 85f.
[38] Matthaeus Parisiensis, Chronica maiora, ad 1239, ed. Luard 3, 624–627, Annales S. Pantaleonis, ad 1239, MGH SS rer. Germ. 18, 273f., Alberich von Troisfontaines, ad 1241, MGH SS 23, 949 (über französische Vermittlungsversuche ebd. ad 1239, 944), vgl. unten S. 478f. mit Anm. 41f.

Tat die Verzeihung des Kaisers und seine volle Rehabilitation – zum Ärger, ja zur größten Entrüstung des Papstes.[39] Eben damals begann Albert Behaim eine Rolle auf der politischen Bühne zu spielen, jener Sproß einer Niederaltaicher Ministerialenfamilie und Passauer Domherr († 1260), der sich rasch als besonders leidenschaftlicher Verfechter der päpstlichen Sache vorwiegend im bayrischen Raum hervortun sollte. Bereits 1238 im päpstlichen Auftrag an der Vermittlung zwischen dem Babenberger und seinen Feinden beteiligt, suchte er seit Herbst 1239 als Vertrauensmann Gregors IX. energisch, den Widerstand gegen Kaiser Friedrich zu schüren. Dabei schöpfte er seine päpstlichen Vollmachten reichlich aus und scheute sich nicht, Fürsten, Bischöfe und selbst Erzbischöfe zu exkommunizieren, wenn sie nicht so papsttreu agierten, wie er es erwartete. Trotzdem oder vielleicht gerade deswegen bewirkte er wenig und befand sich seit Mitte 1241 fast ständig auf der Flucht vor seinen Gegnern.[40]

Unter den deutschen Fürsten zeigten sich Wenzel von Böhmen und Otto von Bayern am ehesten geneigt, nach Gregors Wunsch die Wahl eines Gegenkönigs zu betreiben. Konrad von Hochstaden († 1261), der im Frühjahr 1238 als Nachfolger Heinrichs von Müllenark gewählte, zu jener Zeit eines früheren Streites wegen jedoch exkommunizierte neue Erzbischof von Köln, erreichte während eines in aller Heimlichkeit arrangierten Besuchs bei Gregor IX. im April 1239 die päpstliche Bestätigung seiner hohen Würde sowie höchst notwendige finanzielle Zusagen und mußte als Gegenleistung ganz offensichtlich das Abrücken von seiner bisherigen stauferfreundlichen Position geloben. Er hielt sich mit radikalen Bekundungen seines Frontwechsels zunächst freilich noch zurück, wurde zudem schnell in heftige Kämpfe mit seinen territorialpolitischen Konkurrenten verwickelt. Noch während er in Rom für seine Sache focht, wandten sich einige seiner Amtskollegen, die damals wie etwa Erzbischof Eberhard von Salzburg gerade am Kaiserhof zu Padua weilten, ihrerseits mit einem Brief an den Papst. Darin schilderten sie des Kaisers von vielen geteilte Meinung, er sei nur gebannt worden, weil er die Rechte des Reiches gegen

---

[39] HB 5, 1006–1008 (Friedrich, etwa Juni 1240), vgl. HB 6, 524f. (April 1247), HB 5, 442 (10. 10. 1239; Kontakte Kaiser – Herzog); dazu Hausmann, Kaiser Friedrich 258–264, Lechner, Babenberger 284–287. Gregors Reaktion: HB 5, 526 (23. 11. 1239).

[40] Päpstl. Auftrag: HB 5, 526f., Hermanni Altahensis Annales, MGH SS 17, 390f. (23./24. 11. 1239; zur Datierung: RI V, Nr. 7278); zur Tätigkeit vgl. etwa RI V, Nr. 11247–11249, 11268–11270, 11273–11277, Frenz – Herde, Briefbuch 239, Nr. 63, zum Widerstand gegen ihn RI V, Nr. 11280f., 11284. Zum Leben Alberts: Frenz – Herde 1–26 (mit Literatur und Belegen), vgl. bes. 15–19.

Mailand und seine rebellischen Genossen verteidige, und kritisierten die in der Tat offen gegen das Reich gerichteten Machenschaften des päpstlichen Legaten Gregor von Montelongo. Als gleichermaßen dem Imperium wie der Kirche verpflichtete Männer sprachen sie eindringlich von ihrer Sorge vor einem ernsthaften Bruch zwischen diesen beiden Gewalten; sie drängten Gregor, er möge es angesichts der unbezweifelbaren kaiserlichen Bußfertigkeit nicht zum Äußersten kommen lassen, und versprachen ihre Hilfe bei dem dringend erhofften Friedenswerk.[41]

Ihre Meinung überwog offenkundig auch auf jenem Hoftag, zu dem sich die Reichsfürsten, vom Kaiser geladen und in Anwesenheit seiner Gesandten sowie König Konrads, am 1. Juni 1239 in Eger trafen. Die Anwesenden beschlossen, sich als Vermittler um die Aussöhnung von Kaiser und Papst zu bemühen; die bayrisch-böhmischen Versuche, eine Neuwahl zu organisieren, erwiesen sich damit als chancenlos. Schnell zeigte sich jedoch auch, wie sehr nun auf kaiserlicher wie auf päpstlicher Seite engagierte, zutiefst vom Sinn ihres Tuns überzeugte Verständigungspolitiker vom Range eines Hermann von Salza oder Thomas von Capua fehlten, Persönlichkeiten vor allem, die wie jene hohes Ansehen gleichermaßen an der römischen Kurie wie am Kaiserhof genossen, deren Wort an beiden Machtzentren Gehör fand und Gewicht besaß. Der Ordensmeister war nämlich nach längerer Krankheit trotz eines Kuraufenthaltes in Salerno am 20. März 1239 gestorben, eben als Gregor zum zweiten Mal den Bann über den Kaiser verkündete; der Kardinal verschied im darauffolgenden August. Nach dem Willen der deutschen Fürsten sollte Hermanns Nachfolger an der Spitze des Deutschen Ordens, Konrad von Thüringen, der Bruder des Landgrafen Heinrich, die Verhandlungen mit dem Papst in ihrem Namen führen. Viele von ihnen unterstützten seine Mission, indem sie, zuweilen wie Erzbischof Konrad von Köln unter auffallender Betonung ihrer Kirchentreue, Gregor IX. nochmals eindringlich auf die verheerenden Folgen des Streites zwischen Kaiser und Papst für den Kreuzzug, das Heilige Land und die ganze Christenheit hinwiesen, ihn ferner an Friedrichs Bereitschaft zum Einlenken erinnerten und ihn am Ende baten, Konrad mit Wohlwollen anzuhören. Dieser brach freilich erst recht spät,

---

[41] Siehe den Bericht Albert Behaims: HB 5, 344 f.; zu Konrad von Hochstaden: Annales S. Pantaleonis, ad 1238–1239, MGH SS rer. Germ. 18, 273–276, päpstl. Finanzhilfe: MGH Epp. saec. XIII 1, 644 f., Nr. 748 (28. 5. 1239), vgl. Werner, Prälatenschulden 511–516, 538–560, Prößler, Erzstift Köln 23–25, Thorau, Territorialpolitik 524–534 (bes. zur Bedeutung des Lütticher Schismas für Köln), Engels, Stauferzeit 259–266, Wisplinghoff, Konrad 7–23; Schreiben der Fürsten: Acta Imperii selecta 671 f., Nr. 965 (zur kaum zu bezweifelnden Authentizität: Kantorowicz, Friedrich. Ergänzungsband 212).

im Sommer 1240, nach Rom auf. Ohne etwas erreicht zu haben, starb er dort bereits am 24. Juli 1240.[42]

Kriegsvorbereitungen. Friedrichs Einzug in den Kirchenstaat

Die Lage hatte sich inzwischen allerdings so zugespitzt, daß jede Friedensvermittlung auf kaum zu meisternde Schwierigkeiten stoßen mußte. Unmittelbar nach der zweiten Exkommunikation war es in Oberitalien zu einer gefährlichen Abfallbewegung vom Kaiser gekommen.[43] Zunächst bemächtigte sich im Mai 1239 Alberico da Romano († 1259), der Bruder Ezzelinos, der schon seit geraumer Zeit mit dem päpstlichen Legaten Gregor von Montelongo in Verbindung stand,[44] dazu von Venedig Geldhilfe erhielt, der Stadt Treviso und vertrieb daraus die Anhänger des Staufers. Kurz darauf, im Juni, floh Markgraf Azzo von Este aus dem kaiserlichen Lager und trat zu den Gegnern Friedrichs über. Fast gleichzeitig sagte sich das bis dahin als überaus zuverlässig geltende Ravenna ebenfalls von diesem los – nicht zuletzt dank der intensiven Werbung des aus Genua gebürtigen Kardinals Sinibaldo Fieschi, des künftigen Papstes Innozenz IV.[45] Auch hier mußten die kaiserlich Gesinnten weichen; Venedig und Bologna übernahmen den Schutz der Stadt. Schließlich bekannte sich spätestens seit September Graf Raimund Berengar von Provence eindeutig zur Sache des Papstes; wie Azzo von Este verfiel er der Acht. Im Nordosten

---

[42] Hoftag, Konrads Mission: Annales Erphordenses, ad 1238, vgl. ad 1239, MGH SS rer. Germ. 42, 96, ad 1240, 98; Albert Behaim (wie Anm. 41); vgl. Albert von Stade, ad 1239–1240, MGH SS 16, 365, 367, Matthaeus Parisiensis, Chronica maiora, ad 1239, ed. Luard 3, 621; fürstl. Empfehlungsbriefe: MGH Const. 2, 313–317, Nr. 225–232 (2.4.–11. 5. 1240); zur Lage in Deutschland im Sommer 1240, bes. über die Anzeichen für einen Übertritt des böhmischen Königs und des bayrischen Herzogs zum Kaiser: Albert Behaim, HB 5, 1023–1027, 1031–1035 (5. 9. 1240). Zu Konrad von Thüringen: Boockmann, Anfänge 141–144; zu Krankheit und Tod Hermanns von Salza: Richard von S. Germano, ad 1238, ed. Garufi 197, Kluger, Hochmeister 1 mit Anm. 2; Tod Thomas' von Capua: Richard, ad 1239, 202.

[43] Zum Folgenden: Annales Placentini Gibellini, ad 1239, MGH SS 18, 481, Rolandinus Patavinus IV 11–15, MGH SS 19, 72–75, Annales Patavini, ad 1239, ebd. 157, Richard von S. Germano, ad 1239, ed. Garufi 201.

[44] Acta Imperii 2, 692, Nr. 1031 (20. 7. 1240), vgl. HB 5, 317f. (7. 6. 1239; Gregor IX. an Alberico).

[45] MGH Const. 2, 311, Nr. 224 (14) (16. 3. 1240; Friedrich), Annales S. Pantaleonis, ad 1239, MGH SS rer. Germ. 18, 274, zu Sinibaldo: Paravicini Bagliani, Cardinali 61–67; vgl. MGH Epp. saec. XIII 1, 655f., Nr. 752 (15./26. 7. 1239; Gregor IX. nach Ravenna), HB 5, 372f. (Friedrich an Ravenna). Dazu Vasina, Ravenna 416–424.

Italiens wurde Ezzelino zum herausragenden Vertreter der kaiserlichen Interessen, im Süden des Königreiches Burgund wenigstens fürs erste Raimund VII. von Toulouse.[46] Ein anderer Erfolg der päpstlichen Diplomatie bedrohte die kaiserliche Position indessen noch ungleich direkter. Im Juni 1239 brachte Gregor IX. nämlich eine Übereinkunft mit Mailand und Piacenza zustande, nach der sich diese Städte und er selbst verpflichteten, mit dem Kaiser nur gemeinsam Frieden zu schließen. Genua, das sich an dem Bund wohl ebenfalls beteiligte und damals ohnehin außerordentlich enge Kontakte zum Papst unterhielt, ging noch weiter. Es fand sich Ende Juli bereit, den Pakt vom November des Vorjahres auszugestalten und, Venedigs Einverständnis vorausgesetzt, mit der Lagunenstadt zusammen eine Flotte sowie ein Ritterheer zur Eroberung des Königreichs Sizilien auszurüsten, dem Papst überdies Schiffsraum zum Transport seiner Truppen in das Regnum zur Verfügung zu stellen. Der Papst wollte sich an den Kriegskosten beteiligen, vor allem aber dafür Sorge tragen, daß die beiden Städte im Falle des Sieges ihren alten Einfluß und Besitz sowie ihre früheren Rechte im sizilischen Reich wiedererlangten. Am 23. September beschworen auch die Vertreter Venedigs den Vertrag; wie die Genuesen Syrakus, so sollte Venedig künftig Barletta und das benachbarte Salpi als Lehen besitzen.[47] Entschlossener noch als 1228/29 ging Gregor nun also daran, die existentielle Gefahr, die von Friedrich in seinen Augen für die Kirche ausging, mit allen Mitteln zu bekämpfen, mit Hilfe des Kirchenrechts und der Diplomatie wie mit militärischer Gewalt. Seine feste Verabredung mit den lombardischen Bundesstädten und vor allem sein Offensivbündnis mit den beiden führenden Seemächten Italiens schienen ihm alle Aussicht zu eröffnen, diesmal des Staufers sizilisches Herrschaftszentrum tatsächlich erobern, das Fundament seiner Macht vernichten zu können.

Sein kaiserlicher Widersacher zögerte freilich keinen Augenblick, den sich rasch bis zur förmlichen Kriegsvorbereitung steigernden päpstlichen Initiativen so energisch und wirkungsvoll zu begegnen, wie es die ganz außerordentliche Situation nach seiner Überzeugung erforderte. Angesichts des für ihn geradezu ungeheuerlichen Umstandes, daß der Papst

---

[46] Raimund Berengar: MGH Const. 2, 305 f., Nr. 222, HB 5, 402–407 (alle wohl Sept. 1239), Reichsacht und Privilegierung Raimunds VII.: HB 5, 542 f. (Dez. 1239), vgl. MGH Epp. saec. XIII. 1, 664, Nr. 764 (10. 1. 1240; Gregor IX.). Acht Azzos: HB 5, 319–323 (13. 6. 1239).

[47] Annales Placentini Gibellini, ad 1239, MGH SS 18, 481, Annales Ianuae, ad 1239, ebd. 189; Vereinbarungen mit Venedig: MGH Epp. saec. XIII 1, 733–739, Nr. 833–838 (23./24. 9. 1239), zu Genua: RI V, Nr. 13293 (26. 7. 1239), Nr. 7266 (26. 9. 1239), Nr. 13301 (11. 10. 1239); zum November-Abkommen siehe oben S. 464 mit Anm. 11.

sich anschickte, in offener Kooperation mit Reichsrebellen die von Gott gesetzte und legitimierte kaiserliche Herrscherstellung an ihrer Basis anzugreifen, hielt er sich seinerseits für berechtigt, zu ungewöhnlichen, ja radikalen Gegenmaßnahmen zu greifen. Zunächst sorgte er für den äußeren Schutz und die innere Sicherung des unmittelbar bedrohten sizilischen Königreiches. Strategisch wichtige grenznahe Plätze ließ er sofort mit Truppen besetzen und befestigen. Selbst in das ehrwürdige Kloster Montecassino, das beim päpstlichen Einfall im Frühjahr 1229 eine so unrühmliche Rolle gespielt hatte, zogen jetzt Soldaten ein; am Ende durften nur noch acht Mönche bleiben. Doch auch sonst sorgte Friedrich allenthalben im Regnum für die Vermehrung der Burgenbesatzungen, für ihren effizienteren Einsatz und ihre bessere Kontrolle, für die Reparatur und den Neubau von Kastellen. Im Juni 1239 erging an die Beamten des Königreiches der uns bereits bekannte Befehl, alle Bettelmönche, die aus lombardischen Ligastädten stammten, aus dem Königreich zu vertreiben, das Verhalten der anderen aber aufmerksam zu beobachten, Adlige mit propäpstlichen Neigungen zum kaiserlichen Heer nach Oberitalien zu schicken und von den Kirchen eine Sondersteuer einzuziehen, von der allerdings beispielsweise Montecassino seiner eben geschilderten Belastung wegen befreit wurde. An der Kurie weilende sizilische Geistliche mußten in ihre Heimat zurückkehren, ohne spezielle Genehmigung des Großhofjustitiars durfte Siziliens Klerus künftig nicht mehr an den päpstlichen Hof reisen. Streng bestraft sollte schließlich jeder werden, bei dem die Grenzwächter antikaiserliche Hetzartikel und Propagandaschriften des Papstes fanden. Überdies verbannte der Herrscher die Bischöfe von vier grenznahen Diözesen aus dem Regnum, wohl weil sie allesamt schon 1229 mit der päpstlichen Seite kooperiert hatten.

Unverkennbar prägten die bevorstehende Ausweitung des Krieges und die stete Furcht vor seinem direkten Übergreifen auf das Regnum Sicilie nun dessen inneres Leben. Der Freiheitsraum seiner Bewohner wurde kleiner, die Angst vor staatlicher Überwachung und privatem Denunziantentum nahm zu; Bestechung und Bestechlichkeit spielten in diesem Klima wohl eine noch größere Rolle als ohnehin, und die finanziellen Belastungen wuchsen. Manche Entscheidung indessen, die dem Herrscher in jener zugespitzten Lage nötig schien, sein Entschluß zum Ausbau der Exporthäfen etwa oder die drastische Senkung der Ausfuhrzölle, öffnete – daran sei doch gleichfalls noch einmal erinnert – wenigstens bestimmten Gruppen durchaus auch neuartige Entfaltungsmöglichkeiten.[48]

[48] Richard von S. Germano, ad 1239, ed. Garufi 199–201; zu den vier Bischöfen vgl. Kamp, Kirche 1, 148 (Aquino), 164f. (Carinola), 193 (Teano), 197 (Venafro); vgl. zu den Maßnahmen von 1239 oben S. 235–237 mit Anm. 138–141, S. 241–243

Schneller und empfindlicher als die langfristig angelegten sizilischen Vorkehrungen trafen Friedrichs Aktionen in anderen Teilen Italiens seine Gegner. Das gilt gewiß nur bedingt für die Feldzüge, die er im Juli und August gegen Bologna und dann von September bis Anfang November gegen Mailand führte. Da er die Städte nicht zur offenen Feldschlacht zu zwingen vermochte, verwüstete er ihr Umland schwer und nahm einige Burgen und befestigte Orte ein, um sie zu zerstören. Eine tiefgreifende Veränderung der Gesamtsituation zu seinen Gunsten bewirkte er so freilich nicht, und selbst die neue Brücke über den Po bei Piacenza, eine wichtige Verbindung der Stadt mit Mailand, bekam er nicht in seine Hand. Immerhin aber erfochten Modena und Parma im September unter Führung des Grafen Simon von Chieti, seit Juli kaiserlicher Generalvikar für die Region östlich Pavias, einen Sieg über Bologna, und Como, in erbitterten Streit mit Mailand geraten, wandte sich dem Kaiser zu und erbat von ihm einen Podestà.[49]

Als außerordentlich einschneidend und unmittelbar bedrohend mußten Gregor IX. jedoch die Vorgänge im Kirchenstaat erscheinen. Nicht nur, daß Einwohner Roms während einer kirchlichen Prozession im August 1239 den Kaiser als Erlöser feierten und sein Kommen forderten, nicht nur, daß der Herrscher bei den führenden Familien der Stadt, seinen bevorzugten Kreditgebern, immer größeren Einfluß gewann und im Herbst sogar seinen Kanzleinotar Johannes von San Germano nach Rom schickte, damit dieser dort mit kaiserlichem Geld finanzierte Bauprojekte kontrolliere.[50] Besonders schlimme und bedrückende Konsequenzen hatte aus päpstlicher Sicht die wohl Ende August gefallene Entscheidung des Kaisers, das Herzogtum Spoleto und die Mark Ancona wieder für das Imperium einzuziehen.

Friedrich hielt seinen Verzicht auf diese alten Reichsgebiete offenbar von Anfang an für ungültig, weil durch eine Notlage erzwungen, und versuchte, wie wir wissen, mehrmals vergeblich, sie zurückzugewinnen. Nun

---

mit Anm. 148–150, S. 254f. mit Anm. 167–169, S. 231–233 mit Anm. 131–133, zur Handelssperre nach Venedig und Genua und ihren Ausnahmen S. 222 mit Anm. 115.

[49] Annales Placentini Gibellini, ad 1239, MGH SS 18, 481f., vgl. Albert Milioli, c. 241, MGH SS 31, 513, Chronicon Parmense, ad 1239, ed. Bonazzi 11f., Richard von S. Germano (wie Anm. 48) 201–203, Annales S. Pantaleonis, ad 1239, MGH SS rer. Germ. 18, 276; dazu die kaiserl. Berichte: HB 5, 351f., 366f., 386–390, 469f., Schaller, Unbekannte Briefe 354, Nr. 3, zu Como: HB 5, 362f., 384f., 536f.; Simon von Chieti als Generalvikar: HB 5, 357 (Juli 1239).

[50] Vita Gregorii IX., c. 42, edd. Fabre – Duchesne 34; Johannes von S. Germano: HB 5, 450f., vgl. 452f., 454f. (15.–19. 10. 1239), zur Person siehe oben S. 246, zu den römischen Krediten S. 245; vgl. Thumser, Rom 299–301.

glaubte er, angesichts des vollständigen Bruchs mit dem Papst und des von Gregor gegen ihn vorbereiteten Krieges sei die Zeit endgültig reif dafür, ohne weitere Rücksichten die ihm gebührenden Herrschaftsrechte in Mittelitalien durchzusetzen, zumal der Zugriff auf die fraglichen Territorien eine ganze Reihe sofort spürbarer Vorteile versprach. Die so geschaffene direkte Landverbindung zwischen dem Regnum und Oberitalien würde die militärischen Operationen gegen die Lombarden wie überhaupt den Zugang nach Norditalien und dessen Verwaltung wesentlich erleichtern, sie würde umgekehrt die Stellung Bolognas und insbesondere die des eben abgefallenen Ravenna erheblich schwächen. Darüber hinaus bot die neue Basis die Möglichkeit, den Druck auf Gregor bedeutend zu verstärken und ihn so womöglich von seinen Angriffsplänen auf das Regnum abzulenken; dies sollte dann auch in der Tat gelingen.

In einem ausführlichen Rundschreiben unterrichtete der Staufer die Bewohner der Mark und des Herzogtums von seiner Absicht, ihre Heimat ganz so wie früher dem Imperium einzugliedern und sie selbst zu Untertanen des Reiches zu machen. An seine Argumentation von 1228 anknüpfend und wie damals eine Regelung des römischen Rechts nutzend, begründete er seinen Schritt erneut damit, daß der Undank des Papstes, dem er seinerzeit die mittelitalienischen Provinzen geschenkt habe, ihn, den Schenkenden, zur Rücknahme seiner Gabe berechtige. Als klaren Beweis für die päpstliche Undankbarkeit führte er die gegen ihn gerichteten Kriegsvorbereitungen Gregors an, für die jener sogar die Hilfe der ihm geschenkten Regionen anfordere. Auch wo Friedrich später auf das Thema zurückkam, blieb er grundsätzlich bei dieser Darstellung. Er verwies auf Gregors Ungerechtigkeit und Undankbarkeit, die sich in seinem unbesonnenen, da auf Verlangen der Mailänder Rebellen verhängten Bann ebenso deutlich offenbare wie in seiner Kooperation mit den Gegnern des Reiches und schließlich in seiner Entschlossenheit zum Angriffskrieg. Darauf mit gleichen Mitteln zu antworten, gestatte im übrigen auch das Kriegsrecht.[51]

Der Kaisersohn Enzio, seit dem 25. Juli 1239 Reichslegat für ganz Italien und zunächst mit der Fortsetzung der Militäroperationen in der Romagna beauftragt, erhielt den Befehl, in die revozierten Gebiete einzu-

---

[51] MGH Const. 2, 302f., Nr. 218 (zur Begründung bes. 303, Z. 4–21), vgl. HB 5, 709 (2. 2. 1240; an Erzbischof Lando von Messina, der sich als Anhänger einer strikten Friedenspolitik nach Anagni zurückgezogen hatte, freilich mit Friedrich in Kontakt blieb, vgl. Kamp, Kirche 1, 930; zu Friedrichs kaum zwingend nachweisbarer unmittelbarer Autorschaft: RI V 4, 226, BF. 2758), außerdem Const. 2, 311f., Nr. 224 (16) (16. 3. 1240), ebd. 333, Z. 9–13, Nr. 244 (Jan. 1244), ebd. 342, Z. 1–5, Nr. 252 (Aug. 1244); zur Argumentation von 1228 siehe oben S. 141 mit Anm. 118, vgl. schon Ficker, Forschungen 2, 441–443.

marschieren. Kaiserliche Briefe kündigten sein Erscheinen der dortigen Bevölkerung an und ermahnten sie, vor ihm, der mit allen nötigen Vollmachten versehen sei, den Treueid für Kaiser und Reich abzulegen. Im September begann er mit der Eroberung der Mark Ancona.[52] Zwei Monate darauf entschloß sich Friedrich, das Unternehmen persönlich voranzutreiben, und zog über die Abruzzen nach Süden. In Pisas Kathedrale feierte er zum Ärger der päpstlich Gesinnten das Weihnachtsfest trotz Bann und Interdikt mit einem Gottesdienst;[53] Ende Januar 1240 nahm er die Stadt Città di Castello (östlich Arezzos) wieder an sich, die Gregor seit 1228 besetzt hielt, ohne auf die kaiserlichen Rückgabeforderungen zu reagieren. Kurz danach marschierte des Kaisers Heer dann in das Herzogtum Spoleto ein. Gubbio öffnete ihm ebenso seine Tore wie Nocera oder Foligno. Nur Perugia und Assisi, Todi und Spoleto leisteten ihm in der Region noch Widerstand.[54]

Möglicherweise ließ sich der Herrscher beim Einzug in die Städte des Herzogtums tatsächlich, wie sein Gegner, Kardinal Rainer von Viterbo, später behauptete, ein Kreuz vorantragen. Das geschah wohl sonst bei besonders herausragenden Anlässen ebenfalls, und Rainer tadelte denn auch weniger die Sache selbst als den Umstand, daß hier „der Feind des Kreuzes", „der Vorläufer des Antichrist" mit dem Kreuz Mißbrauch trieb.[55] Im

[52] Reichslegat: MGH Const. 2, 301 f., Nr. 217 (die wohl kurz vorher ausgesprochene Ernennung nur für die Romagna und Entsendung dahin: ebd. 299–301, Nr. 216, vgl. HB 5, 367, 369, 379 f.); Ankündigung seines Kommens: ebd. 303–305, Nr. 218–221 (alle wohl Aug. 1239), vgl. HB 5, 395 f., Einmarsch in die Mark: Richard von S. Germano, ad 1239 (Sept.), ed. Garufi 203. Siehe dazu, bes. zur Lage des zeitweilig fast ganz isolierten, stets papsttreuen Ancona: Leonhard, Ancona 137–152, vgl. Hagemann, Jesi 171–186.
[53] Vita Gregorii IX., c. 43, edd. Fabre – Duchesne 34; daß Friedrich die Kanzel bestieg und vor allem Volk predigte (Kantorowicz, Friedrich 466, vgl. Schaller, Kaiseridee 71, ders., Brief 419), läßt sich aus der knappen Bemerkung *sua retexens eloquia* kaum herauslesen; die Behauptung findet sich auch sonst nirgends, vgl. etwa HB 5, 777 (Gregor IX.; Ende Febr. 1240). Die häufigen päpstl. Klagen über Friedrichs Gottesdienstbesuche als Gebannter gesammelt bei Graefe, Publizistik 106 mit Anm. 49.
[54] Vita Gregorii IX., c. 44 (wie Anm. 53) 34 f., vgl. Richard von S. Germano, ad 1240, ed. Garufi 205, Annales Placentini Gibellini, ad 1239, MGH SS 18, 483, HB 5, 762 f. (Friedrich; Febr. 1240). Zu Città di Castello: Schneider, Toskanische Studien 122–130, 134 f.
[55] Acta Imperii 1, 569, Nr. 723 (wohl Anfang Juni 1245), zur Datierung und Autorschaft (ein enger Mitarbeiter Rainers auf dessen Veranlassung) siehe Graefe, Publizistik 124–128, 169–172; zur Stelle Kantorowicz, Friedrich. Ergänzungsband 289–292, vgl. zur Tradition des Vortragekreuzes auch Schaller, Kaiseridee 71 mit Anm. 58, siehe bes. MGH Epp. saec. XIII 1, 279, Z. 14–16, Nr. 365 (22. 7. 1227; Gre-

übrigen würde ein feierlich-erhabener Auftritt im Zeichen des Kreuzes ganz zu dem Bild passen, das der Kaiser bereits im Sommer des Vorjahres wenigstens in einem der damals für die Mark und das Herzogtum bestimmten Briefe von sich und seinem Rang zeichnete, in dem berühmten Brief an seinen Geburtsort Jesi nämlich. Seit je sei die Stätte seines Ursprungs und Ausgangs seinem Herzen besonders nah und teuer gewesen, so gestand er dort, um Jesi dann mit den Worten des Evangelisten Matthäus (2,6) geradezu als sein Bethlehem zu preisen, als die keineswegs geringste unter den fürstlichen Städten seines Volkes, sei doch aus ihr der römische Kaiser hervorgegangen, der diese schützen und von fremder Gewalt befreien werde. Mit einem Aufruf an Jesis Bewohner, sich im Vertrauen auf des Kaisers Macht und Hilfe gegen das Joch der Fremdherrschaft zu erheben, leitete das Dokument dann, Enzios Kommen ankündigend, in eher nüchtern-geschäftsmäßige Bahnen über.[56]

Friedrichs Absicht, seine Christus-Nähe, ja Christus-Ähnlichkeit den Bewohnern Jesis so unmißverständlich und einprägsam wie nur denkbar vor Augen zu führen, bestimmt das Schreiben ganz unverkennbar. Es bleibt damit durchaus im Einklang mit der verbreiteten mittelalterlichen Sicht von der Herrschaft als einer unmittelbar von Gott stammenden Institution und vom Herrscher als Gottes oder Christi Stellvertreter. Friedrich hatte diese Sicht immer vertreten und zudem früh die Überzeugung gewonnen, er selbst verdanke seine herrscherliche Stellung in besonders eindrücklicher Weise dem direkten göttlichen Wirken, Gottes ständigem, geradezu wunderbarem Eingreifen. Daß er die transzendente Basis seines Herrschertums nun intensiver noch als früher betonte, daß er sie schärfer, auffallender und kühner hervorhob und sich zu ihrer Propagierung mitunter neuer, ungewöhnlicher Formen bediente, dies müssen wir wohl genauso wie die eben jetzt verstärkt zu beobachtende verwandte Neigung seiner Mitarbeiter und Anhänger als eine Reaktion auf die dramatische Zuspit-

---

gor an Friedrich: *Crux, ubi est lignum Domini, et lancea, ubi clavus eius consistit, ante te in processionibus solemnibus deportantur*).

[56] MGH Const. 2, 304, Nr. 219; zur Interpretation siehe bes. Schaller, Brief 417–422 (421 f. der zusätzliche Hinweis auf den zur Zeit Friedrichs auch sonst, und zwar einschließlich der Anspielung auf das Bethlehem-Lob des Matthäus, greifbaren Kult des Geburtsortes, der die antike Tradition neu belebte und bereits den Humanismus ankündigte), vgl. ders., Kaiseridee 72. Vergleichbare Passagen fehlen in den gleichzeitigen Schreiben Const. 2, 302–305, Nr. 218, 220f. (*liberatio*, 305, Z. 1, meint doch wohl schlicht „Befreiung" [vgl. z. B. die *liberatio* Jakobs von Palestrina, HB 6, 92, 94], *conversio*, 305, Z. 19 „Umkehr, Sinneswandel", wiewohl hier am ehesten ein religiöser Beiklang beabsichtigt gewesen sein könnte; doch siehe dazu Kantorowicz, Friedrich 466f.); sie fehlen auch in HB 5, 662f. (an Foligno, 1249; vgl. zur Datierung RI V, Nr. 3796).

zung der politischen Lage ansehen. Seine erneute Exkommunikation, seine Stilisierung zur apokalyptischen Bestie und der gegen ihn mit den Mitteln eines Kreuzzuges vorbereitete Krieg veranlaßten den Herrscher und seine Umgebung, die Heiligkeit der kaiserlichen Person und Würde desto offensiver, phantasievoller und effektiver zu begründen – gewiß im echten Glauben an den Kern ihrer Botschaft, aber wohl vor allem in dem Bewußtsein, gerade in den bisher päpstlichen Gebieten lasse sich die Öffentlichkeit nur so dauerhaft für die eigene Sache gewinnen.[57]

Während seines Aufenthaltes in Foligno beschäftigte sich Friedrich mit der Befriedung und Neuordnung des Spoletiner Herzogtums. Zugleich aber gelangte er damals offenbar zu der Meinung, die Zeit sei reif für einen direkten Vorstoß gegen Rom. Jedenfalls bat er noch im Januar 1240 brieflich um die Unterstützung Viterbos, einer Stadt im ursprünglichen und eigentlichen Patrimonium Petri also. Er erinnerte deren Bürger an die alten Bande zwischen ihnen und ihm, an die militärische Hilfe, die er ihnen wenige Jahre zuvor gewährt hatte, ohne Mühen und Kosten zu scheuen. Deshalb, so bekannte er, schwanke er keinen Augenblick in dem Glauben, daß er von ihnen mit offenen Armen aufgenommen werde, wenn er bald nahe. An dieser entscheidenden Stelle nun, bei der Ankündigung seines Kommens, schlug er, äußerst wirkungsvoll, einen merklich veränderten, gehobeneren Ton an. Sein Schreiben wandelte sich zum pathetischen Aufruf, zum dringenden Appell, dem Herrscher einen feierlichen, freudigen Empfang zu bereiten. Wie im Jesi-Brief rückte er dabei, die Suggestionskraft seiner Rede noch weiter steigernd, seine Person erneut in die engste Nähe zu Christus, indem er zum Teil jene Worte wiederholte, mit denen der Täufer Johannes bei Matthäus (3,3) das Kommen des Messias anzeigt. „Bereitet den Weg des Herrn", rief er den Viterbesen zu, „macht seine Pfade gerade, öffnet die Riegel eurer Tore, damit euer Kaiser komme, schrecklich den Rebellen, euch freilich milde gestimmt."[58]

Ganz augenscheinlich hatte Friedrich mit seinen Argumenten wie mit ihrer rhetorischen Präsentation das Rechte getroffen: Viterbo und die anderen Städte im nördlichen Kirchenstaat, durch die er marschierte, öffneten ihm ihre Tore, und schon glaubte er, von den Einwohnern Roms geru-

---

[57] Vgl. zur Herrscherpanegyrik in Friedrichs Umgebung oben S. 363–366; zur päpstl. Kriegsvorbereitung siehe noch: Annales Ianuae, ad 1240, MGH SS 18, 192 (Kreuzzugspredigt), HB 5, 1013 (wohl Dez. 1239, vgl. RI V, Nr. 7281; Geldeinzug), vgl. Matthaeus Parisiensis, Chronica maiora, ad 1239, ed. Luard 3, 573f., 627, ad 1240, ebd. 4, 4, 9f., MGH Const. 2, 311, Nr. 224 (15) (16. 3. 1240; Friedrich).

[58] HB 5, 663–665, dazu Kantorowicz, Friedrich 466; vgl. den recht nüchternen Bericht HB 5, 762f. Die Städtevertreter des Herzogtums Spoleto bei Friedrich in Foligno: Schneider, Toskanische Studien 129–132 sowie 139f., C.

fen, werde er bald sogar glanzvoll in die Stadt des Papstes selbst einziehen, um seine Verleumder in Furcht zu versetzen und zu später Reue zu bestimmen. Nicht an die Erhebung Roms zur Hauptstadt des Imperiums dachte er demnach im Zusammenhang mit der erwarteten Eroberung in erster Linie; er hoffte zunächst vielmehr vor allem, Gregor so doch noch zur Rücknahme des Bannes und aller übrigen antikaiserlichen Maßnahmen und zur Unterstützung seiner eigenen politischen Ziele zwingen zu können. Vier Wochen lang blieb er von Mitte Februar an in der Gegend, bereit zum Einmarsch in Rom. Dort forderte die versammelte Menge am 22. Februar in der Tat laut und energisch die Präsenz und Herrschaft des Kaisers in der Stadt, und Gregors Lage schien fast aussichtslos. Doch mit einer spektakulären, geschickt auf die Mentalität der römischen Bevölkerung abgestimmten Aktion und gewiß gestützt auf die Hilfe des propäpstlichen Adels rettete er die Situation. In Begleitung der Kardinäle und hoher Geistlicher führte er die Reliquien des Kreuzes und der Apostel Petrus und Paulus durch Roms Straßen zur Peterskirche. Auf deren Stufen nahm er vor aller Augen seine Krone vom Haupt, legte sie auf die Reliquien und flehte die Heiligen leidenschaftlich an, die Stadt zu verteidigen, da die Römer dies nicht tun wollten. Schnell schlug daraufhin die Stimmung um, die Mehrheit stellte sich hinter Gregor, und dem Kaiser schien es nach einigem Zuwarten geraten, vorerst auf eine Belagerung und gewaltsame Erstürmung Roms zu verzichten. Er sicherte den Norden des Patrimoniums, stationierte vor allem ein starkes Truppenkontingent unter Führung Graf Simons von Chieti in dem wichtigen Zentrum Viterbo und verließ dann, enttäuscht über das Geschehen, den Schauplatz. Mitte März 1240, fünf Jahre nach seinem Aufbruch gegen Heinrich, seinen rebellierenden Sohn, kehrte er in das sizilische Regnum zurück.[59]

Die neue Verwaltungsstruktur Reichsitaliens
und die Reformen im Regnum

Innerhalb von nicht viel mehr als zwei Jahren hatte Friedrich die Verhältnisse im italienischen Teil des Imperiums, obwohl fern vom endgültigen Durchbruch, doch tief verändert. Abgesehen von der Stärkung und

---

[59] Vita Gregorii IX., c. 45f., edd. Fabre – Duchesne 35, Annales Placentini Gibellini, ad 1239, MGH SS 18, 483, Richard von S. Germano, ad 1240, ed. Garufi 205, Annales de Dunstaplia, ad 1240, ed. Luard 153f.; Friedrichs Berichte: HB 5, 762f. (Ende Febr. 1240), MGH Const. 2, 311f., Nr. 224 (16f.) (16.3.1240). Dazu Thumser, Rom 301–305.

Bündelung der prokaiserlichen Kräfte und von seiner trotz aller Rückschläge dominierenden militärischen Präsenz, abgesehen auch vom Einzug großer Teile des Kirchenstaates, hatte er vor allem die Administration dieses wichtigen Gebietes einer radikalen, fast revolutionären Umgestaltung unterworfen. Sie begann bereits im April 1238 mit der Einsetzung Markgraf Manfred Lancias als Generalvikar in der Region von Pavia aufwärts, das sollte heißen: westlich Pavias. Im Laufe des Jahres 1239 folgten entsprechende Ernennungen für die Mark Treviso und für das Gebiet von Pavia abwärts, also östlich der Stadt, im Januar 1240 für die Toskana, und spätestens 1242 amtierten Generalvikare auch in der Romagna, in der Mark Ancona und im Herzogtum Spoleto sowie im nördlichen Patrimonium um Viterbo.[60] Ähnlich dem sizilischen Königreich behandelte der Herrscher Reichsitalien demnach nun als eine Einheit, zu der für ihn ganz selbstverständlich auch die gerade zurückeroberten päpstlichen Gebiete gehörten. Aus den großen Regionen des Landes machte er eine Art von Provinzen, deren Leitung er eben den Generalvikaren oder Generalkapitänen anvertraute. Sie stammten meist, wie die Grafen Simon von Chieti, Richard von Caserta und Walter von Manoppello (südwestlich Chietis), wie die Brüder Pandulf und Richard von Fasanella oder wie Jakob von Morra, der Sohn des Großhofjustitiars, Richard Filangieri, der Neffe des gleichnamigen Marschalls, und Marinus de Ebulo aus dem hohen Adel des Regnum Sicilie; sogar die Kaisersöhne Enzio und Friedrich von Antiochia gehörten zeitweilig zu ihnen. Männer wie Graf Thomas II. von Savoyen oder der bayrische Markgraf Berthold von Vohburg-Hohenburg stellten unter diesem Gesichtspunkt also eher Ausnahmen in ihrem Kreise dar.[61]

Die Generalvikare wurden ausschließlich vom Kaiser ernannt, versetzt oder abberufen und aus seiner Kasse bezahlt. Als seine vollberechtigten Vertreter sollten sie in ihrem Amtsbereich ganz so handeln wie er selbst, wenn er anwesend wäre. Sie sollten also für Frieden sorgen und insbesondere mit gleichem Eifer die Rechte des Reiches wie die jedes einzelnen Untertanen zu wahren suchen. Dafür erhielten sie die unbeschränkte Befugnis zur Verfolgung und Aburteilung von Verbrechern und Übeltätern wie zur Durchführung zivilrechtlicher Verfahren. Ihr Gericht fungierte

---

[60] Vgl., auch zu den Generalvikariaten Burgund, Lunigiana und Narni, die Übersichten und Belege bei Ohlig, Studien 4, 49, 59, 61, 69, 79f., 95, 103, 115f., außerdem Kantorowicz, Friedrich. Ergänzungsband 159f., Schneider, Reichsvikariate 1–17, Ficker, Forschungen 2, 500–519, zur Ernennung Manfred Lancias auch oben S. 338 mit Anm. 130, zu der Simons von Chieti (von Pavia abwärts) S. 483 mit Anm. 49.

[61] Vgl. Ohlig, Studien 51–56 (Simon von Chieti, Richard von Caserta), 98–100 (Walter von Manoppello), 106f. (Morra); Kamp, Fasanella 196–203, ders., Kirche 1, 588 (Filangieri), 315f. (de Ebulo), ders., Deutsche Präsenz 177–179 (Hohenburg).

überdies als Berufungsinstanz für die Prozesse vor den örtlichen Gerichten, während man gegen ihre Entscheidungen an den Kaiser appellieren konnte.[62] Mit Hilfe eines vielköpfigen Stabes von Mitarbeitern bewältigten die Generalvikare ihre mannigfachen Aufgaben. Richter und Notare standen ihnen zur Seite, dazu niedrigere Justizbeamte und Finanzfachleute verschiedenen Ranges. Die Unterbezirke der Generalvikariate entsprachen zum Teil den Diözesen oder Grafschaften; anderswo dehnten sie sich um Zentren unmittelbaren Reichsbesitzes oder sie fielen mit den Siedlungsräumen von Flußtälern zusammen. Vikare oder Kapitäne trugen dort, gleichfalls unterstützt von einer Schar untergeordneter Bediensteter, die Verantwortung für die Verwaltung und das Rechtswesen. Auch ihre Berufung lag grundsätzlich beim Kaiser, der damit indessen wohl vielfach die Generalvikare beauftragte. Dabei kamen offenbar überwiegend Bewohner des sizilischen Regnums vielfach adliger Herkunft zum Zuge.[63]

An der Spitze der Städte schließlich begegnen uns wie früher Rektoren oder Podestà, in ihrer Stellung und ihren Amtspflichten den Vikaren vergleichbar und von diesen in der Regel unabhängig. Freilich legte Friedrich jetzt gerade auf den bestimmenden Einfluß bei ihrer Ernennung außerordentlich großen Wert, und zwar durchaus auch in den ihm traditionell ergebenen Zentren. Selten nur delegierte er die Aufgabe an die Generalvikare. Trotzdem variierten die Formen seiner Mitsprache offensichtlich den jeweiligen Kräfteverhältnissen und Abhängigkeiten entsprechend. Gewiß mußten viele der Gemeinden seine Vorschläge einfach akzeptieren. Andererseits erhielten manche Kommunen wie Mantua oder Siena das Recht, selbst einen Kandidaten zu nominieren, der allerdings erst nach Billigung durch den Kaiser seine Stelle antreten durfte. Später forderte Friedrich von Siena eine Liste mit den Namen von vier Personen, aus denen er den ihm genehmen Beamten auswählte.

[62] Siehe dazu die Ernennungsurkunden MGH Const. 2, 306f., Nr. 223 (Jan. 1240), ebd. 372–374, Nr. 266 (Febr. 1246; beide für die Toskana), ebd. 381f., Nr. 273 (Juni 1249; für die Lombardei vom Lambro aufwärts), Petrus de Vinea, Ep. 5, 1, ed. Iselius, Petrus 2, 39–42 (von Pavia abwärts); dazu Ficker, Forschungen 2, 519–523, zur Herkunft des Exordiums des Ernennungsformulars und seiner Verwandtschaft mit dem Konstitutionen-Prooemium Stürner, Rerum necessitas 517–520, 523 Anm. 133.

[63] Personallisten (auch der Podestà) mit Belegen bei Ohlig, Studien, bes. 4–35 (Toskana; besonders ertragreich dank des von Schneider, Toskanische Studien, siehe die Übersicht V–IX, und Davidsohn, Forschungen, gesammelten Materials; vgl. Schneider, Bistum 264–282, Ronzani, Pisa, bes. 77–84, Cammarosano, Toscana, bes. 375–380), 61–66 (Mark Treviso; vgl. Varanini, Marca 55–64), 69–87 (Pavia abwärts bzw. aufwärts), 94–98 (Romagna), 103–106 (Spoleto), 115–119 (Mark Ancona); dazu grundlegend Ficker, Forschungen 2, 523–529.

Lediglich bei etwas mehr als 20 Prozent der zwischen 1237 und 1250 im kaiserlich beherrschten Reichsitalien faßbaren Podestà handelte es sich denn auch um Männer aus dem sizilischen Regnum. Die Mehrheit kam aus Parma, Pavia, Cremona, Reggio Emilia oder anderen oberitalienischen Städten und aus jenen Familien, die bereits seit langem die durch Verwaltungserfahrung und juristische Kenntnisse ausgezeichnete Elite der städtischen Rektoren zu stellen pflegten. Die Podestà empfingen ihr Gehalt von den Städten; sie hatten deren Gewohnheiten zu respektieren und vertraten deren Interessen. Im Zweifel mußten sie sich jedoch nach den Weisungen des Kaisers richten, und dieser legte auch die meist recht beachtliche Höhe ihres Salärs fest. Er verpflichtete sie sich dadurch noch besonders und bürdete seinen Städten so zugleich einen zusätzlichen Anteil an den Kosten seines Regiments auf, beanspruchte er die Dienste der Podestà doch nicht selten für sich selbst.[64]

Bereits seit dem 25. Juli 1239 verwaltete Enzio das neugeschaffene Amt eines Generallegaten für Reichsitalien. Seine Vollmachten definierte Friedrich wörtlich wie diejenigen der Generalvikare, von denen ihn also allein der geographisch umfassendere Zuständigkeitsbereich unterschied. Wie jene häufig in Personalunion zugleich als Podestà in einer großen Stadt ihres Bezirks amtierten, so verwaltete er des öfteren ein Generalvikariat und konzentrierte sich dann darauf. Im übrigen vertrat er den abwesenden Kaiser gewissermaßen mit höherer Autorität als die Generalvikare. Er gab ihnen, wenngleich selten, Weisungen, behandelte Appellationen gegen ihre Urteile und fällte Eilentscheidungen in kaiserlichem Namen, wo dies nötig wurde. Doch haftete allen seinen Maßnahmen insofern etwas Vorläufiges an, als der Kaiser sie durchweg und ohne weiteres abändern oder rückgängig machen konnte. Für gewöhnlich richtete er seine Anordnungen ohnehin direkt an die Generalvikare.[65]

Ohne Bedenken suchte Friedrich nun also auch die von so ganz anderen Anschauungen und Verhältnissen geprägten Regionen der Lombardei und der Toskana nach den Grundsätzen seiner Herrschaftsvorstellung umzuformen, wie er dies als seine kaiserliche Aufgabe betrachtete. Eine klar gegliederte, das italienische Reichsgebiet wenigstens theoretisch vollständig und gleicherweise erfassende, vom Kaiser ausgehende und in ihm gipfelnde Verwaltung sollte wie im Königreich Sizilien Frieden stiften und Gerechtigkeit schaffen und dieses Ziel hier wie dort ver-

---

[64] Vgl. die Podestà-Listen (mit Angaben zur Herkunft der Podestà) bei Ohlig, Studien (wie Anm. 63); dazu Guyotjeannin, Podestà 115–128, und schon Ficker, Forschungen 2, 529–537.

[65] MGH Const. 2, 301 f., Nr. 217 (25. 7. 1239); vgl. Ficker, Forschungen 2, 177–179, 520–523.

wirklichen, indem sie die herrscherlichen Rechte ebenso wie die der Untertanen sicherte. In des Staufers Augen erwiesen gerade die endlosen, verheerenden Kämpfe zwischen den Adelsparteien, Städten und innerstädtischen Gruppierungen Oberitaliens überdeutlich, daß die monarchische Herrschaft eine Notwendigkeit unter den Menschen war, weil deren ungezügelter Freiheitsdrang ohne sie Untat an Untat reihte, jedes Recht vernichtete und letztlich allen Beteiligten Schaden zufügte.[66] Vermutlich sahen die von den mißlichen Umständen Betroffenen nicht selten die Dinge ganz ähnlich und versprachen sich tatsächlich Besserung vom kaiserlichen Eingreifen.

Andererseits durfte man von vornherein kaum erwarten, daß dem Staufer das, was in den Tagen des Triumphes nach Cortenuova nicht gelang, die Aufrichtung eines kaiserlichen Friedensregiments in ganz Reichsitalien nämlich, unter den viel schwierigeren Bedingungen der vierziger Jahre hätte glücken können. Er vermochte die dahingehenden Hoffnungen denn auch nur sehr bedingt zu erfüllen. Nach wie vor leisteten ihm wichtige Regionen mit führenden Städten wie Mailand oder Piacenza, Bologna, Genua oder Ancona erbitterten Widerstand und blieben völlig außerhalb seines Machtbereiches und Verwaltungssystems. Wo er seinen direkten Einfluß aber geltend machte, gab es gleichfalls Kommunen oder innerstädtische Gruppierungen genug, die seinen Weisungen nur äußerst ungern, nicht selten unter Zwang folgten. Sie nutzten jede Gelegenheit, sich seinem Zugriff zu entziehen, und wurden dazu überdies ermutigt, ja gedrängt von seinen Gegnern, von der antikaiserlichen Städtekoalition und dem Papsttum. So nötigte der von zwei Seiten gegen ihn organisierte Kampf, nötigte die Situation des im Lande selbst geführten Krieges Friedrich wieder und wieder, zur Sicherung der Bündnistreue oder unverzichtbarer finanzieller und militärischer Hilfsleistungen einzelner Partner Rücksichten auf deren Sonderinteressen zu nehmen und Ausnahmen von der allgemeinen Ordnung zu dulden, einseitig zu Gunsten einer ihm freundlich gesinnten Partei gegen deren Feinde vorzugehen, Rechtsbrüche

---

[66] Vgl. Friedrichs oft zitierte Urteile über die Freiheit der Lombardenstädte: HB 4, 873 (*libertatis cuiusdam vage luxuria; libertatis invidiose propago*; wohl Mai 1236), HB 5, 562f. (15. 12. 1239; über nach Benevent ausgewanderte, angesichts der dortigen Not rückkehrwillige Untertanen), HB 6, 685 (an Johannes Vatatzes, wohl um 1246, vgl. RI V, Nr. 3600; anders Dölger, Regesten 43, Nr. 1800, Herbst 1249, sowie Wellas, Griechisches 24f., 134–137, gegen dessen Datierung, 1238, aber die Abfassung des Briefes *circa partes Ausonie*, also in Unteritalien spricht); vgl. dazu schon Grundmann, Freiheit 40f. – Zu Friedrichs Zielen vgl. noch seine Konstitution über die Amtsführung der Vikare und Podestà, ed. Hessel, Konstitution 724–727 (Nov. 1242; an Enzio).

zuzulassen, hohe Geldzahlungen einzufordern und sogar grobe Gewalt anzuwenden – nicht zu reden von der auch im Norden lebendigen Neigung vieler seiner Beamten zur Erpressung und Bestechlichkeit. Stärker noch als im sizilschen Königreich verdunkelte wohl in Reichsitalien die vom Krieg geprägte Wirklichkeit den idealen Glanz der hehren und eigentlich begrüßenswerten herrscherlichen Vorsätze. Ob Friedrichs Regiment dem italienischen Teil des Imperiums unter günstigeren Rahmenbedingungen tatsächlich friedlichere und gerechtere Verhältnisse als bis dahin üblich beschert hätte, läßt sich nicht sagen, ebensowenig, wohin am Ende die wachsende Ähnlichkeit der administrativen Strukturen in ganz Italien geführt hätte. Zu denken sollte indessen doch geben, daß in Ober- und Mittelitalien nach dem Tode des Kaisers allenfalls noch partiell und übergangsweise die alte, offenkundig in mancherlei Hinsicht überlebte Zeit der Städtefreiheit zurückkehrte, daß die Zukunft vielmehr den großen Signorien gehörte, die, wenngleich höchstens von regionaler Ausdehnung, hinsichtlich ihrer inneren Strukturen durchaus an die kaiserliche Konzeption erinnern.[67]

Das Königreich Sizilien war schon unmittelbar nach der zweiten Exkommunikation wieder stärker in Friedrichs Blickfeld getreten. Mit seinen Verordnungen vom Juni 1239 organisierte er dessen Verteidigung. Drei Monate später tauschte er dort alle Justitiare und Kastellane aus und verlangte Rechenschaftsberichte der führenden Beamten. Ungefähr gleichzeitig promulgierte er ein großes Reformgesetz, das die Amtspflichten von Richtern und Notaren genauer als bislang regelte, die Amtszeit der Justitiare, Kämmerer, Baiuli und Richter auf ein Jahr festsetzte und eine anschließende Untersuchung ihrer Amtsführung vorschrieb.[68]

Damals konnte der Herrscher überdies deutlich absehen, daß er sich auch in Zukunft häufig für längere Zeit in Reichsitalien, also außerhalb des Regnums würde aufhalten müssen. Diesem Umstand trug er nun Rechnung, indem er die Umstrukturierung der sizilischen Regierung in die Wege leitete. Vermutlich im September 1239 löste er das 1235 berufene Regentschaftskollegium auf, dessen Mitglieder er ohnehin vielfach mit auswärtigen Missionen betraut hatte. An seine Stelle traten zwei Kapitäne; der eine war offensichtlich für das Festland ohne Kalabrien, der andere für Sizilien und Kalabrien verantwortlich. Der Großhofjustitiar und seine

---

[67] Zu Friedrichs Regierungspraxis in Reichsitalien vgl. neben den Studien Schneiders (wie Anm. 63) Zorzi, Giustizia, bes. 96–103; zur Entwicklung des Landes nach 1250: Jones, Italian City-State 521–650, vgl. Goez, Grundzüge 191–216.

[68] Konst. I 95.1–3, ed. Stürner 275–280, vgl. dazu ebd. 85f.; außerdem Richard von S. Germano, ad 1239, ed. Garufi 203, HB 5, 444–446; zu den Juni-Verordnungen siehe oben S. 482 mit Anm. 48.

Richter hingegen blieben bereits seit August 1239 ständig am kaiserlichen Hof in Reichsitalien.[69] Die hier in ihren Grundzügen erkennbare Neuordnung bekam ihre feste Form auf dem feierlichen Hoftag, zu dem der Kaiser unmittelbar nach seiner Ankunft im Regnum die Großen des Reiches auf den Palmsonntag, den 8. April 1240, nach Foggia rief. Die damals publizierten Novellen definierten die Aufgaben der beiden Kapitäne und Oberjustitiare, die künftig an der Spitze der nördlichen beziehungsweise der südlichen Hälfte des Königreichs als Zwischeninstanz zwischen der Provinzverwaltung und dem Kaiser amtierten. Zugleich grenzten sie deren Befugnisse von denen des Großhofjustitiars und der vier Richter des Hofgerichts ab, die nunmehr den Herrscher regelmäßig begleiteten. Auch unter den veränderten, schwierigeren Bedingungen der Gegenwart, so begründete der Gesetzgeber seine Maßnahmen, solle sein Hof der Ursprung der Gerechtigkeit für das ganze sizilische Reich bleiben; zugleich aber sollten seine Untertanen, wenn er ihnen fern sein müsse, ihr Recht ungeschmälert ohne Umstände und Mehrkosten im Lande selbst erlangen können.

In die Zuständigkeit des Hofgerichts fiel fortan die Aburteilung von Majestätsverbrechen, wozu indes auch niedrige Gerichte befugt waren, außerdem die Entscheidung von Prozessen über die großen, am Hof eigens verzeichneten Lehen, die Behandlung von Appellationen an den Kaiser gegen Urteile untergeordneter Instanzen sowie die Bearbeitung von Klagen einfacher Leute, die vor dem eigentlich zuständigen Gericht Repressalien ihres übermächtigen Prozeßgegners fürchteten. Der Herrscher regelte das Vorgehen der Hofrichter in speziellen Fällen und mahnte generell die strenge Einhaltung des Instanzenweges an. Das mit ihm reisende Gericht entschied in der Praxis des folgenden Jahrzehnts neben Klagen aus dem Regnum unter Beiziehung einzelner nichtsizilischer Richter mehr und mehr auch Streitsachen aus Reichsitalien; es wuchs also in die Rolle des obersten Gerichtshofes für ganz Italien hinein.

Die neuen Kapitäne und Oberjustitiare verpflichtete Friedrich, regelmäßig die Provinzen ihrer Reichshälfte zu bereisen und dort vor allem für die Bestrafung der Verbrechen und die ordnungsgemäße Amtsführung der Justitiare zu sorgen. Appellationen gegen deren Entscheidungen hatten sie aus Kostengründen in der Regel ebenfalls zu erledigen, nur ausnahmsweise konnte damit direkt das Hofgericht befaßt werden. Schließlich waren die Kapitäne gehalten, das gesamte Verwaltungspersonal ihrer Provinzen, insbesondere die Burgenbesatzungen und die Domänenadministration, zu

---

[69] Richard von S. Germano, ad 1239, ed. Garufi 202 (Aug., Heinrich von Morra), 203 (Okt., Andreas de Cicala); HB 5, 422 (5. 10. 1239), HB 5, 588 (16. 12. 1239), HB 5, 691 (24. 1. 1240); vgl. Stürner, Konstitutionen 87.

überwachen, strenge Maßnahmen gegen Bestechlichkeit zu ergreifen und in allem die Befolgung der Konstitutionen von Melfi zu gewährleisten.[70] Seit Anfang Mai 1240 wirkte dann in der Tat Andreas de Cicala als Kapitän und Oberjustitiar in der nördlichen Reichshälfte, Roger de Amicis in der südlichen. Beide Männer gehörten dem Hochadel an. Andreas stammte aus einer in der Gegend von Nola (östlich Neapels) begüterten Familie und verfügte wie sein Vater Paulus vor allem über sizilische Lehnsgüter, Rogers Besitz lag in Nordostkalabrien. 1242 ging Roger als Gesandter nach Ägypten, und Andreas versah nun bis zum Frühjahr 1246 zeitweise offenbar wenigstens die Funktion des Kapitäns, des für das Militärwesen Verantwortlichen, im ganzen Königreich.[71]

Wie wir bereits früher sahen, erließ Friedrich zu Foggia neben den Bestimmungen zur Reform der Reichsverwaltung noch eine beachtliche Zahl weiterer Gesetze. Sie widmeten sich nun ausführlicher als bisher der Verfolgung von Majestätsverbrechen, doch ebenso dem Kampf gegen Beamtenwillkür oder dem Rechtsschutz für die Armen. Sie suchten die Prozesse zu verkürzen und die Gerichtsverfahren klarer zu ordnen, gaben den Anwälten eine Honorarordnung, den Ärzten Richtlinien für ihre Ausbildung und Berufspraxis. Eben jetzt rief der Herrscher schließlich auch den uns gleichfalls schon bekannten Rechnungshof ins Leben.[72]

Im großen und ganzen hatte sich die Ordnung des Königreichs, wie sie seit 1231 bestand, zweifellos recht gut bewährt. Friedrich sah denn auch angesichts der drängenden Probleme im Norden keinen Grund zu längerem Verweilen. Schon im Mai 1240 erschien er mit einem im Regnum rekrutierten Heer in Capua, ließ von dort die Umgebung des päpstlichen Benevent verwüsten und rückte dann über San Germano an die Grenze zum Kirchenstaat vor, ganz offensichtlich in der Absicht, nun auch noch dessen südlichen Teil zu erobern. Er gedenke, so schrieb er in der Tat an

---

[70] Hoftag: HB 5, 794 f. (1. 3. 1240), Richard von S. Germano, ad 1240, ed. Garufi 205; zur Gesetzgebung: Stürner, Konstitutionen 87–91, 94, vgl. die Übersicht ebd. 100 f.; Neuordnung der Administration: Konst. E 10, ed. Stürner 468–472; zur Entwicklung des Hofgerichts seit 1240: Heupel, Großhof, bes. 145–151, Nr. 21–30.
[71] Berufung: HB 5, 951 (3. 5. 1240); zu Andreas: Kamp, Cicala 290–293, ders., Kirche 1, 1050–1052 mit Anm. 49, zu seinem Vater Paulus siehe auch oben Bd. 1, S. 119 f., zu Roger: Göbbels, De Amicis 240–243, Kantorowicz, Friedrich. Ergänzungsband 299 f., ägyptische Gesandtschaft: Annales Siculi, ad 1240–1241, ed. Pontieri 118 (XV. bzw. I. indict.); zur Funktion von Andreas zwischen 1242 und 1246 vgl. seine unterschiedlichen Amtsbezeichnungen: Stürner, Konstitutionen 88 mit Anm. 352, Kamp 1051 f. Anm. 49 (1052).
[72] Siehe dazu Stürner (wie Anm. 70), außerdem oben S. 200 f. mit Anm. 75–77 (vgl. S. 199, Anm. 72) sowie S. 217 mit Anm. 105; zum Rechnungshof S. 260 f. mit Anm. 178–180.

seinen Sohn Konrad, den feindseligen Hochmut des Papstes derart zu zähmen, daß dieser nie mehr wage, Kaiser und Reich mit Worten zu beleidigen oder gar mit Waffen anzugreifen.[73]

Der Fall Faenzas und die Gefangennahme der Konzilsbesucher

Unterdessen bemühten sich freilich verschiedene Seiten um Frieden. So nahm eben damals endlich die lange geplante Initiative der deutschen Fürsten konkrete Formen an. Vor allem aber gab es bereits seit dem Frühjahr direkte Kontakte der römischen Kurie mit dem Kaiser. Sie hatten offenbar die Billigung Gregors IX., obwohl er ihre Existenz Verbündeten gegenüber bestritt. Entscheidend für seine Zustimmung mochte gewesen sein, daß es um seine Sache auch in Rom selbst keineswegs allzu günstig stand und gleichzeitig unter den Kardinälen die Forderung nach einer versöhnlicheren Politik dem Kaiser gegenüber zunehmend Anklang fand. Vermutlich führten die Kardinäle Rainald von Ostia und Johannes Colonna die Vermittlungsgespräche, in denen man wohl vereinbarte, zunächst einen Waffenstillstand zwischen Papst und Kaiser abzuschließen, während dem dann hochrangige europäische Fürsten den endgültigen Frieden zustande bringen sollten. Schon zeigte sich Friedrich überzeugt, daß dies in absehbarer Zeit gelinge. Doch Gregor wünschte, daß in den Waffenstillstand auch die lombardischen Ligastädte einbezogen würden, wie er dies seinen Verbündeten versprochen hatte. Durch Bischof Guala von Brescia schlug er dem Staufer schließlich vor, den Frieden zwischen ihnen von einer Versammlung weltlicher und geistlicher Großer aushandeln zu lassen, deren Sicherheit freilich einen die Lombarden einschließenden Waffenstillstand zwingend erfordere. Jene Rebellen zu berücksichtigen, dazu sah nun aber Friedrich keinerlei Anlaß: Nicht wegen seines Kampfes gegen die Lombarden sei er gebannt, rief er seinen fürstlichen Lesern ins Gedächtnis. Das Ansinnen des Papstes mache allerdings mit der wünschenswerten Deutlichkeit klar, was jener immer bestreite, daß es ihm nämlich bei seinem Vorgehen gegen ihn, den Kaiser, in Wahrheit um die Rettung der Lombarden, um die Unterstützung von Rebellen und Majestätsverbrechern zu tun sei. Der schwache Punkt in Gregors Strategie war damit gewiß zutreffend beim Namen genannt.[74]

---

[73] Richard von S. Germano, ad 1240, ed. Garufi 206, Vita Gregorii IX., c. 47, edd. Fabre – Duchesne 35 f.; HB 5, 1003 f. (an Konrad IV.; wohl Juni 1240).
[74] Äußerungen Friedrichs: HB 5, 1004 f., 1007 f. (wohl beide Juni 1240), HB 5, 1014 f. (18. 7. 1240), MGH Const. 2, 318 f., Nr. 233 (2 f.) (13. 9. 1240); Äußerungen Gregors: MGH Epp. saec. XIII 1, 671, Z. 39–41, Nr. 772 (23. 4. 1240), RI V, Nr. 7298

Die päpstlich-kaiserlichen Annäherungsversuche scheiterten an der Lombardenfrage. Friedrich, der sich von einem Frieden mit der Kirche den raschen Durchbruch in Oberitalien erhofft hatte, marschierte nun jedoch nicht in das kaum geschützte Patrimonium ein – aus Ehrfurcht vor Gott und den Aposteln Petrus und Paulus, wie er schrieb, aber sicher auch um den Papst zu beschämen und den ihm zuneigenden Kardinälen, seinen Verhandlungspartnern, Argumentationshilfe zu leisten.[75] Zudem ließen freilich die Verhältnisse in der Lombardei seine Präsenz dringend geboten erscheinen: Zwar gehörte Alessandria seit Anfang Mai zu seinem Lager. Andererseits hatte kurz darauf, Anfang Juni, eine Koalition der Venezianer, Bolognesen, Ravennaten, Azzos von Este und der Mailänder, unterstützt wohl sogar von Truppen aus Mantua und zum besonderen kaiserlichen Ärger angeführt vom päpstlichen Legaten Gregor von Montelongo, nach viermonatiger Belagerung Ferrara eingenommen. Danach schien die wichtige Romagna fürs erste so gut wie verloren.

So zog der Staufer durch die Mark Ancona nach Norden, um dort das Blatt zu wenden. Tatsächlich gelang ihm im August nach sechs Tagen die Rückgewinnung Ravennas, wo eben Paolo Traversari, das Haupt der antikaiserlichen Partei, gestorben war. Anschließend gedachte er Bologna zu bezwingen. Zuvor jedoch wandte er sich, um den Rücken frei zu haben, gegen dessen Bundesgenossin Faenza. Ende August begann er mit Faenzas Belagerung und der üblichen Zerstörung des Umlands. Doch die Stadt wehrte sich tapfer und zäh. Sie bot dem großen, alles erdenkliche Kriegsgerät einsetzenden kaiserlichen Heer weit härteren Widerstand als erwartet, in ihrem Kampfwillen bestärkt durch massive Hilfe aus Bologna und Venedig. Venezianische Schiffe machten überdies in einer Art Entlastungsaktion die Küste Apuliens unsicher. Friedrich erhielt also genügend Zeit, den eben von Theodor von Antiochia übersetzten Beizvogel-Traktat des sogenannten Moamin durchzuarbeiten. Unbedingt entschlossen, diesmal auf keinen Fall zurückzuweichen, sah er sich sogar gezwungen, feste Winterquartiere zu errichten und rund um Faenza geradezu eine neue Stadt mit Gräben, Palisaden und Befestigungen anzulegen. Erst im April 1241, nach fast acht Monaten, ergaben sich Faenzas Bürger. Zu schwer waren die Mauern inzwischen zerstört, zu groß war der Mangel an Le-

---

(9. 6. 1240), Acta Imperii 1, 530, Nr. 664 (20. 6. 1240, an Graf Raimund Berengar von Provence; bestreitet Verhandlungen); vgl. Matthaeus Parisiensis, Chronica maiora, ed. Luard 4, 30, 58f., Annales de Dunstaplia, ad 1240, ed. Luard 154. Dazu Roberg, Konzilsversuch 292, zur Situation in Rom: Thumser, Rom 305f.; zur Friedensinitiative der Reichsfürsten siehe oben S. 479f., zu Gregors Bündnis mit den Lombarden S. 481.

[75] HB 5, 1015f., Acta Imperii 1, 657, Z. 17–22, Nr. 856 (Jan. 1241).

bensmitteln, war die Spannung zwischen der vermögenden Führungsschicht und der darbenden Masse geworden. Der Kaiser behandelte die Verlierer offenbar erstaunlich milde und nachsichtig. Ganz ähnlich verfuhr er im übrigen wohl in Benevent, das sizilische Verbände in jenen Tagen ebenfalls für ihn eroberten; allerdings ließ er dort die Mauern und Türme schleifen, die Waffen der Bewohner einziehen.[76]

Nur wenige Wochen nach seinem Sieg in der Romagna schien Friedrich ein weit wertvollerer Triumph zuzufallen, schien er dem Papst doch noch, wie vor gut einem Jahr vergeblich erhofft, seinen Willen aufzwingen zu können. Gregor hatte während der Friedenskontakte des Sommers 1240 den kaiserlichen Konzilsplan zu seinen Gunsten zu nutzen versucht und hielt auch danach an dieser Absicht fest: Am 9. August 1240 lud er die Erzbischöfe sowie eine Reihe von Bischöfen und Äbten der lateinischen Kirche zu Ostern (31. 3.) 1241 nach Rom, weil er angesichts der bekannten bedeutsamen Ereignisse und schwerwiegenden Angelegenheiten ihres Zuspruchs und kundigen Rates dringend bedürfe. An die Könige und ausgewählte Fürsten Europas richtete er mit gleicher Begründung die Bitte um die Abordnung geeigneter Gesandter. Als ob er sich seines weiteren Vorgehens noch nicht recht sicher sei, vermied der Papst eine präzise Aussage über Stellung und Aufgabe der geplanten Versammlung und dementsprechend auch das Wort „Konzil". Die zur Mitwirkung Aufgeforderten repräsentierten das Abendland, vom völligen Übergehen des Regnum Sicilie einmal abgesehen, zwar durchaus im geographischen Sinne. Ohne daß die für ihre Auswahl maßgebenden Grundsätze klar erkennbar wären, fällt freilich auf, daß sich die dezidierten Gegner des Kaisers wie die lombardischen Ligastädte, Graf Raimund Berengar von Provence, Azzo von Este oder der Doge von Venedig ziemlich vollständig unter ihnen finden, dagegen kaum ausgesprochene Stauferanhänger. Die wenigen, die als solche gelten können, bezeichnet die Einladungsliste zudem ausdrücklich als *excommunicati*, als Gebannte, und wir wissen nicht, welche Konsequenz dieser Vermerk für ihre Behandlung haben sollte.[77]

[76] Annales Placentini Gibellini, ad 1239–1241, MGH SS 18, 483f., Annales Ianuae, ad 1240–1241, ebd. 192f., Annales Patavini, ad 1240–1241, MGH SS 19, 157f., Rolandinus Patavinus V 1 und 5, ebd. 75f., 78, Annales Veronenses, ad 1240, ebd. 11f., Richard von S. Germano, ad 1240, 1241, ed. Garufi 205–208, Annales S. Pantaleonis, ad 1240, 1241, MGH SS rer. Germ. 18, 277, 279; vgl. Acta Imperii 1, 316f., Nr. 357 (Juli 1240; Friedrich an Alessandria); HB 5, 1016 (18. 7. 1240; über Ferrara), HB 5, 1029f. (Aug. 1240; über Ravenna, Faenza), HB 5, 1050–1052 (Herbst 1240), Acta 1, 657, Nr. 856 (Jan. 1241), HB 5, 1113–1115 (Anf. Mai 1241; alle über Faenza), Acta 1, 318f., Nr. 360 (Febr. 1241; für Benevent, vgl. RI V, Nr. 3184). Vgl. Vasina, Ravenna 421–424.

[77] MGH Epp. saec. XIII 1, 679–683, Nr. 781 (9. 8. 1240), vgl. ebd. 683f., Nr. 782

Der Schritt des Papstes, der den kaiserlichen Gegner mit seinen eigenen Waffen zu schlagen suchte, aber zugleich wohl doch echte Sorge verrät, brachte Friedrich, den bisherigen Vorkämpfer des Konzilsgedankens, zweifellos in eine etwas heikle Situation. Der Herrscher beeilte sich denn auch, einzelnen Kardinälen sowie vor allem den Königen Europas und den Reichsfürsten klarzumachen, worin der Unterschied zwischen seinen eigenen Absichten und denen Gregors liege, wie rücksichtslos jener das Konzil mißbrauchen wolle. Während er selbst ein von den Kardinälen zu berufendes und über den Parteien stehendes, ein wahrhaft repräsentativ und gerecht urteilendes Gremium angestrebt habe, rufe nun der Gegner des Imperiums und sein tödlichster persönlicher Feind ein Konzil der Reichsfeinde und Rebellen zusammen, ohne sein Wissen und ohne die Kompetenzen und Ziele der Versammlung auch nur einigermaßen präzise zu definieren. Friede zwischen Papst und Kaiser sei von einem derartig einseitigen und parteiischen Organ jedenfalls nicht zu erwarten, sondern eine Verschärfung des Zwiespalts. Da sich Gregor nämlich seit langem und überdeutlich noch während der jüngsten Friedenskontakte in allererster Linie als Führer der ketzerischen Mailänder und lombardischen Aufrührer hervorgetan und alles Erdenkliche zu ihrem Vorteil und zum Schaden des Reiches betrieben habe, werde er das geplante Konzil ganz gewiß nur zu einem weiteren Unrechtsurteil gegen Kaiser und Reich zugunsten von deren Widersachern nutzen. In Fragen, die seine herrscherliche Stellung berührten, unterwerfe er, der Kaiser, sich jedoch weder einem offenkundig voreingenommenen Gericht noch überhaupt einer Synode, nicht zuletzt weil dies dem Rang und Ansehen der weltlichen Gewalt überhaupt abträglich wäre. Er werde die päpstliche Veranstaltung vielmehr mit allen Mitteln zu verhindern suchen, gewähre den durch seine Reiche dahin Reisenden keinerlei Sicherheit und bitte, dies den Prälaten und sonst Betroffenen mitzuteilen. Kurz darauf befahl er seinen Untertanen überdies unter Strafandrohung, alle Personen, die sie auf dem Weg zum römischen Konzil zu Wasser oder zu Land anträfen, aufzuhalten und gefangenzusetzen, die bei ihnen gefundenen Wertsachen aber als Eigentum an sich zu nehmen.[78]

Der kaiserliche Gegenzug war ebenso folgerichtig wie geschickt. Friedrich handelte folgerichtig, indem er erneut mit aller Schärfe die gegen das Imperium gerichtete enge Verbindung, ja Interessengemeinschaft zwischen Gregor und den Lombardenstädten geißelte und als das eigentliche

---

(10. 8. 1240); dazu wie zum Folgenden Roberg, Konzilsversuch 296–308, daneben Becker, Appellation 43f., Vehse, Propaganda 85–90, Graefe, Publizistik 62–88.

[78] HB 5, 1028f. (Sept. 1240; an Rainald von Ostia), MGH Const. 2, 317–321, Nr. 233 (13. 9. 1240; an Könige und Reichsfürsten), HB 5, 1075–1077, Const. 2, 321f., Nr. 234 (beide wohl Ende Sept. 1240).

Friedenshindernis brandmarkte, weil sie es Gregor unmöglich mache, sich unvoreingenommen auf die allein zwischen Papst und Kaiser zu klärenden und durchaus lösbaren Probleme zu konzentrieren, auf die bei der Exkommunikation genannten Anklagepunkte nämlich. Der Staufer traf damit recht geschickt die ohne Zweifel angreifbare Stelle der päpstlichen Argumentation. Desgleichen mochte er seine Leser mit seiner Kritik an der Unbestimmtheit des päpstlichen Ladungsbriefes beeindrucken, zumal auch andere dessen vage Formulierung tadelten und als Anzeichen dafür betrachteten, daß es Gregor in Wahrheit um die konziliare Rückendeckung für die geplante Absetzung des Kaisers gehe.[79] Schließlich dürfte Friedrichs wiederholter Hinweis auf die gemeinsamen herrscherlichen Belange, für die er kämpfe, seine monarchischen Kollegen immerhin nachdenklich gestimmt haben. Andererseits barg seine harsche Reaktion auf die päpstliche Initiative natürlich erhebliche Gefahr. Er behinderte das Zusammentreten eines vom Papst berufenen Konzils, bedrohte dessen Besucher mit Gewalt und riskierte damit, auch in den Augen neutraler und sogar wohlmeinender Zeitgenossen künftig als tyrannischer Kirchenfeind zu erscheinen.

Gregor erfuhr schnell von den kaiserlichen Zwangsmaßnahmen und lud daraufhin Mitte Oktober zum zweiten Mal nach Rom. Er mahnte seine Adressaten, sich von dem ungeheuerlichen Verhalten Friedrichs keinesfalls einschüchtern zu lassen, versprach, alles Nötige dagegen zu tun, blieb aber hinsichtlich seiner mit dem Treffen verknüpften Absichten weiterhin vage. Immerhin betonte er im Schreiben an die weltlichen Großen das Recht des Apostolischen Stuhles, Konzilien einzuberufen, und nannte dann wenigstens dort die geplante Zusammenkunft mehrfach ein *concilium*. Gleichzeitig suchte er in der Tat den Konzilsteilnehmern eine möglichst sichere Anreise zu gewährleisten. Nach langen, umständlichen Verhandlungen verpflichtete sich die Seestadt Genua, die dafür nötigen Schiffe zu stellen, während die Kurie ihrerseits die Transportkosten übernahm; die erhebliche Summe gedachte sie offenbar aus den Hilfsgeldern der französischen Kirche aufzubringen.[80]

[79] Siehe das vielleicht von einem französischen Geistlichen stammende Schreiben HB 5, 1077–1085, bes. 1082–84 (Ende 1240); zum Autor Graefe, Publizistik 82–84 (Übersetzung 68–82, bes. 77–81), doch vgl. Schaller, Rundschreiben 370f. Außerdem Annales S. Pantaleonis, ad 1241, MGH SS rer. Germ. 18, 279.
[80] MGH Epp. saec. XIII 1, 688–692, Nr. 785 (15. 10. 1240); Verhandlungen mit Genua: ebd. 684–688, Nr. 784 (13. 10. 1240), Vertrag: ebd. 697–699, Nr. 791 (6. 12. 1240), dazu vgl. ebd. 700–702, Nr. 792f. (9. 12. 1240); zur Bezahlung vgl. ebd. 639, Z. 28, Nr. 787 (5. 11. 1240); die englischen Gelder, an die Roberg, Konzilsversuch 305, denkt, sollten zur bereits fälligen Rückzahlung älterer Darlehen benutzt werden; deren Zwischenfinanzierung regelt Epp. 692–695, Nr. 787.

Mit der gleichen Entschlossenheit wie der Papst ging der Kaiser ans Werk. Durch seine Anhänger in Genua gewiß sofort von dem dort geschlossenen Abkommen unterrichtet, verstärkte er die sizilische Kriegsflotte und ernannte nach dem Tode Nicolaus Spinolas im Februar 1241 wieder einen Genuesen, Ansaldus de Mari, zum Admiral. Wohl Ende März 1241 liefen die kaiserlichen Schiffe, insgesamt 25, wie der Papst nach Genua meldete, in Richtung Pisa aus; spätestens dort wird Ansaldus ihre Führung übernommen haben. Inzwischen trafen in Nizza, wie festgelegt, die zum Konzilsbesuch entschlossenen Prälaten Frankreichs und Spaniens ein und mit ihnen die aus Frankreich beziehungsweise aus England heimkehrenden Kardinallegaten Jakob von Palestrina und Otto von S. Nicola in Carcere Tulliano. Die genuesische Flotte holte sie ab, legte dann aber noch einmal für längere Zeit in Genua an, um oberitalienische Konzilsbesucher zu erwarten, aber möglicherweise zusätzlich aufgehalten durch beunruhigende Nachrichten über das Nahen des feindlichen Flottenverbandes und durch die von kaiserlichen Kräften zu Lande gegen Genua vorgetragenen Angriffe sowie die erheblichen Spannungen, die diese Attacken in der Stadt auslösten. Ende April, fast vier Wochen nach dem eigentlich vorgesehenen Beginn ihrer Versammlung, stachen die Konzilsbesucher endlich in See. Schon am 3. Mai freilich wurden sie bei der Insel Montecristo (südlich Elbas) von der vereinigten sizilischen und pisanischen Flotte überrascht und angegriffen. Es kam zu einer heftigen Seeschlacht, an deren Ende sich wohl nur zwei der 27 Genueser Schiffe retten konnten. Der Erzbischof von Besançon ertrank. Die meisten der Prälaten und Gesandten aber, wohl um die hundert, darunter die beiden Kardinäle, drei Erzbischöfe und die Äbte von Cluny und Cîteaux, gerieten, übel behandelt und ihres Eigentums weitgehend beraubt, in Gefangenschaft. Sie wurden zunächst in Pisa und San Miniato, dann in Kastellen des sizilischen Königreichs festgehalten.[81]

Erstaunlich ruhig reagierte Gregor auf die ersten Nachrichten von dem Unheil, die ihm die dem dramatischen Geschehen unversehrt Entflohenen aus Genua zusandten, und auf die reichlich beschönigende Darstel-

---

[81] HB 5, 1124f., 1127 (Berichte Friedrichs); Richard von S. Germano, ad 1241, ed. Garufi 208f., vgl. 210 (Juli), Annales Ianuae, ad 1241, MGH SS 18, 194–196, Annales Placentini Gibellini, ad 1241, ebd. 484, Breve chronicon, ed. Huillard-Bréholles 906f., Annales Senenses, ad 1241, MGH SS 19, 229f., Annales S. Pantaleonis, ad 1241, MGH SS rer. Germ. 18, 279; vgl. noch HB 5, 1121f. Dazu Roberg, Konzilsversuch 308–314; zu Nicolaus Spinola: Cohn, Geschichte 106–109, zu Ansaldus de Mari: Ders., Geschichte Konrads IV. 55–66 (Ernennung: Acta Imperii 1, 661, Nr. 861f., wohl Mitte März), vgl. zur Struktur und Bedeutung der sizil. Flotte Meier-Welcker, Militärwesen 26–31.

lung des Genueser Podestà. Fast sachlich informierte er die ihm verbündeten Städte Ober- und Mittelitaliens von dem Vorgefallenen, versäumte es dabei durchaus nicht, die Verlogenheit und Unaufrichtigkeit des wütenden Kirchenverfolgers Friedrich beim Namen zu nennen, ermahnte seine Leser dann aber vor allem, auf den in früheren Nöten der Kirche stets gewährten rettenden Beistand Gottes zu vertrauen und die Sache des Glaubens auch künftig unverzagt zu verteidigen. An die eingekerkerten Geistlichen wandte er sich erst relativ spät, Mitte Juni. Er suchte sie zu trösten und in ihrer Hoffnung auf die Gnade und Güte Christi zu bestärken. Den Kaiser erwähnte er dabei überhaupt nicht, vermutlich weil kaiserliche Wachen die Post kontrollierten. Vielleicht wollte er überdies die damals offenbar laufenden Bemühungen um die Freigabe der Gefangenen und um einen Frieden zwischen ihm und dem Staufer nicht stören. Außer vagen Andeutungen erfahren wir über diese Kontakte freilich nichts; sicher ist nur, daß sie erfolglos blieben.[82]

Ihr Scheitern verwundert nicht, bedenkt man die Schärfe und Erbitterung, mit der Papst und Kaiser ihren Kampf führten, die geradezu existentielle Bedeutung, die sie ihm inzwischen beimaßen. Angesichts der fundamentalen Bedrohung, der das Abendland eben damals durch die Mongolen ausgesetzt war, wirkt die starre Konzentration der beiden Universalmächte auf ihre eigenen Schwierigkeiten bei fast gänzlicher Vernachlässigung ihrer sonst so eifrig beanspruchten Beschützerrolle für die Christenheit jedoch recht befremdend.

Die Mongolengefahr, die Verhärtung der Fronten und Gregors Tod

Schon zu Beginn des Jahrhunderts hatte der mongolische Stammesführer Dschingis Khan († 1227) die Völker der Mongolei, neben anderen die Tataren, unter seiner Herrschaft zusammengeschlossen, dazu in großen Eroberungszügen Nordchina, das islamische Innerasien und Nordpersien unterworfen, sogar einen Angriff bis ans Schwarze Meer vortragen lassen. Seine Söhne und Enkel setzten seine Expansionspolitik fort. Wie er verdankten sie ihre Erfolge ihren schnell und überlegen operierenden Reiter-

---

[82] MGH Epp. saec. XIII 1, 713–716, Nr. 812 f. (10. 5. 1241; Berichte aus Genua). Gregors Reaktion: ebd. 716 f., Nr. 815 (18. 5. 1241), ebd. 720 f., Nr. 820 (14. 6. 1241); Hinweise auf Friedenskontakte: ebd. 723 f., Nr. 823 (19. 6. 1241), ebd. 726, Nr. 826 (1. 7. 1241), HB 5, 1147 f., Collenuccio, Compendio IV, ed. Saviotti 132, zu den Bemühungen Richards von Cornwall Matthaeus Parisiensis, Chronica maiora, ad 1241, ed. Luard 4, 144, 147 f., vgl. oben S. 312 mit Anm. 91. Dazu Roberg, Konzilsversuch 314–317.

armeen, den Verbänden ihrer Bundesgenossen und zwangsrekrutierten Truppen unterworfener Völker, nicht zuletzt aber der furcht- und schreckenverbreitenden Rücksichtslosigkeit, mit der sie alle Widerstände brachen. Von den Besiegten forderten sie unbedingte Botmäßigkeit, Dienstleistungen und Tribute; jede Auflehnung gegen ihr Militärregime bestraften sie erbarmungslos und mit äußerster Härte. Andererseits garantierte ihre Herrschaft in gewissen Grenzen den Frieden und die Geltung des Rechts.

Nachdem den Mongolen die endgültige Sicherung des chinesischen Nordens geglückt war, wandte sich ihre Angriffslust seit 1237 erneut dem Westen zu. Der von Batu, einem Enkel Dschingis Khans, geleitete Feldzug zwang binnen dreier Jahre fast alle russischen Fürstentümer zur Unterwerfung. Unaufhaltsam stieß das mongolische Heer daraufhin weiter vor. Es drang nach Polen ein und teilte sich dort. Während ein Verband am 9. April 1241 bei Liegnitz (westlich Breslaus) die vom Piastenherzog Heinrich II. von Schlesien eilends aufgebotenen Ritter der Region besiegte, schlug der andere nur zwei Tage später den ungarischen König Bela und seine Vasallen am Sajó in Nordungarn. Wieder vereint verfolgten die Mongolen den fliehenden Herrscher, gelangten dabei bis zur Adriaküste und verließen Ungarn erst, als Anfang 1242 die Nachricht vom Tode des Großkhans Ögödei († 11. 12. 1241) eintraf. Zum Glück für Europa zielte ihr in den nächsten Jahrzehnten unvermindert anhaltender Expansionsdrang nun auf andere Weltgegenden, auf das Zweistromland und Syrien, auf Südchina und Hinterindien.[83]

Die lateinische Christenheit erhielt um 1220/1221 während des Kreuzzuges nach Damietta erste dunkle Kunde vom Vorrücken der Mongolen. Als diese dann Rußland und Ungarn heimsuchten, brachten Händler, Reisende und um Hilfe bittende Gesandte aus den bedrohten Ländern genauere Nachrichten über sie. Den von Anfang an meist für sie üblichen Namen Tartaren leitete man zuweilen von ihrer Heimat an einem Fluß Tar oder Tartar ab. Die Bezeichnung setzte sich aber wohl in erster Linie deshalb durch, weil die fremden Eroberer nach allem, was man nun hörte, wahrhaft dem Tartarus, der Unterwelt zu entstammen, geradezu ein Volk des Satans zu sein schienen, Krieger von monströser Gestalt, riesiger Kraft und gröbsten Umgangsformen, die sich einer unverständlichen Sprache bedienten, überlegen bewaffnet auf unglaublich schnellen Pferden vorwärtspreschten, grausam alle Gegner niederwarfen und niemals die Flucht

---

[83] Siehe Göckenjan, Mongolen 756–760, Weiers, Mongolen, bes. 183–191 (H.-R. Kämpfe: Dschingis Khan), 192–216 (Nachfolger Dschingis Khans), Schmilewski, Wahlstatt (bes. die Beiträge von U. Schmilewski, H. Göckenjan, F. Schmieder, R. v. Donat), je mit weiterer Literatur.

ergriffen. Viele vermochten sich das überraschende Erscheinen, die kaum faßbaren Erfolge dieser wilden Scharen nur als ein Zeichen dafür zu erklären, daß der Anbruch der letzten Tage, den kundige Männer gerade damals so oft und sicher prophezeiten, nun tatsächlich bevorstehe. Sie erkannten in den Tataren die Ismaeliter, deren Kommen man für die Endzeit erwartete und befürchtete, oder die Völker Gog und Magog, die Gott bisher in seiner Gnade hinter den Bergen des Nordens eingeschlossen, jetzt aber losgelassen hatte zur Strafe für die Sünden der Christen, als Mahnung zur Buße, ja als Vorboten und Diener des Antichrist.[84]

Erst recht spät offenbar, in den ersten Wochen des Jahres 1241, wurde den Fürsten in Deutschlands Osten die unmittelbare Bedrohung ihrer Länder und deren bestürzendes Ausmaß bewußt, und sie suchten fieberhaft Hilfe zu organisieren. Die ersten Berichte über die verheerenden Niederlagen der christlichen Ritter veranlaßten sie dann, ihre Bemühungen noch weiter zu intensivieren, mußten sie doch mit einer raschen Fortsetzung der mongolischen Westoffensive rechnen. Natürlich erwarteten sie insbesondere von König Konrad Beistand. Bela von Ungarn aber, der am härtesten Geschlagene, wandte sich direkt an Kaiser und Papst.[85]

Friedrich nahm denn auch in einem Rundschreiben, das an die Herrscher Europas, an die Römer und sogar an die Getreuen in Schwaben ging, ausführlich Stellung zur aktuellen Situation. Er bekannte sich angesichts der tödlichen Bedrohung der Christenheit zu seiner Verantwortung, gab zu, die Größe und Dringlichkeit der Gefahr unterschätzt zu haben, stellte dann freilich sein Vorgehen gegen seinen rebellischen Sohn wie gegen die lombardischen Aufrührer als Teil eines Kampfes für den Frieden dar, der letztlich zum Ziel habe, die ganze Stärke seiner Reiche vereint gegen die äußeren Feinde richten zu können; gegen diese sei er im übrigen bereits während seines Kreuzzuges im Einsatz gewesen. Gerade seine damaligen schlechten Erfahrungen mit dem Papst hinderten ihn nun jedoch, ohne vorherigen Ausgleich mit dem Apostolischen Stuhl gegen die Tataren zu ziehen. Er habe sich deshalb gleich nach Empfang des ungarischen Gesandten auf den Weg nach Rom gemacht und sei sicher, daß der Papst das Wohl des christlichen Glaubens nicht aufs Spiel setzen, sondern zu-

---

[84] Siehe dazu etwa Gesta Treverorum IV 7, MGH SS 24, 403 f., Matthaeus Parisiensis, Chronica maiora, ad 1238, ed. Luard 3, 488 f., ad 1240, ebd. 4, 76–78; zu dem aus jener Zeit stammenden Brief an Theodor von Antiochia oben S. 428 f. mit Anm. 172; vgl. bes. Klopprogge, Ursprung 153–186.
[85] Bela: Vetera monumenta historica Hungariam sacram illustrantia, ed. A. Theiner, 1, 182, Nr. 335 (18. 5. 1241); vgl. Annales S. Pantaleonis, MGH SS rer. Germ. 18, 280 f., sowie die RI V, Nr. 4436a–4438a, Nr. 11309 f., 11314 f., 11318, 11324–11329, 11334–11341, 11344, 11349–11357, gesammelten Dokumente.

sammen mit ihm und allen Fürsten die Sache Gottes fördern werde. Im gleichen Sinne antwortete er in einem speziellen Brief König Bela, auch ihm gegenüber voller Hoffnung, daß der Papst in einer Stunde höchster Gefahr für alle Christen die Hindernisse wegräume, die er dem kaiserlichen Handeln noch in den Weg lege – sei dies geschehen, werde er, Friedrich, sofort seine ganze Macht zur Vernichtung der Tataren einsetzen.

Einen besonders langen Bericht erhielt schließlich der englische König Heinrich III. Leidenschaftlich rief der Kaiser seinen Schwager zur Eintracht der christlichen Fürsten, zum gemeinsamen Kampf gegen das von den Tataren drohende Unheil auf, eindringlich erinnerte er ihn an seine oft bewiesene Demut dem Papst gegenüber und an dessen ständiges Bestreben, ihn an der Durchsetzung von Recht und Frieden in seinen Reichen zu hindern. Überdies aber gab er, vermutlich unter Verwertung der eben aus Ungarn eingetroffenen Informationen, eine Darstellung der Tataren, ihrer Herkunft, Lebensweise und Bewaffnung, die sich spürbar um das klare Erfassen des Neuartigen, um das Sammeln möglichst vieler gesicherter Nachrichten und Fakten bemühte. Genau schilderte er etwa die kleine, gedrungene, kräftige Gestalt der Krieger, ihre breiten, finsteren Gesichter oder die mit eingenähten Eisenplättchen für den Kampf verstärkten Tierhäute, die sie trügen. Nicht von den Greueln der Endzeit, vom Hereinbrechen der entfesselten Scharen Gogs und Magogs war hier die Rede; dem Schreibenden lag vielmehr an einer nüchternen Bestandsaufnahme als der Voraussetzung für sinnvolles eigenes Reagieren. Es scheint ganz, als präge auch diese Passagen die so deutlich im Falkenbuch hervortretende Neigung Friedrichs, die Dinge in ihrer konkreten Eigenart zu sehen und aus ihr begreifen zu wollen.[86]

Freilich bezeichnete Papst Gregor in seinen beiden Antworten an Bela die Tataren gleichfalls sachlich und ohne alle apokalyptischen Anklänge als besonders grausame und blutrünstige Eroberer; auf irgendwelche Einzelheiten ging er dabei indessen nicht ein. Er mahnte, auf Gottes barmherzige Hilfe zu vertrauen, versprach, selbst nach Vermögen mit Rat und Tat Beistand zu leisten, und befahl in der Tat den Zisterziensern und Bettelmönchen in Deutschland, gegen die schon Böhmen und Deutschland bedrohenden Aggressoren mit Eifer das Kreuz zu predigen. Genau wie

---

[86] MGH Const. 2, 322.–325, Nr. 235 (20. 6. 1241); vgl. Richard von S. Germano, ad 1241, ed. Garufi 209f., Annales S. Pantaleonis (wie Anm. 85), HB 5, 1143–1146 (an Bela); an Heinrich III.: Matthaeus Parisiensis, Chronica maiora, ad 1241, ed. Luard 4, 112–119, zu den Ergänzungen des Matthaeus (bes. der Schluß einschließlich des Datums, doch auch die anschließende Passage über den Brief an König Ludwig) siehe Hilpert, Kaiserbriefe 130f., 153–155, vgl. Vehse, Propaganda 93 Anm. 8, 231f. mit Anm. 169, zum Inhalt: Reichert, Geographie 475–479, Klopprogge, Ursprung 187–192.

Friedrich konnte er sich am Ende eine Bemerkung darüber nicht versagen, wie sehr der interne Streit im Christenvolk dessen Verteidigung gegen den äußeren Feind schwäche. Verständlicherweise sah er die Schuldfrage anders als sein Widersacher: Der Kaiser brauche sich nur erfüllt vom Geist echter Demut und Bußfertigkeit den Geboten der Mutter Kirche zu beugen, so schloß er, dann könne Ungarn die ungehinderte Unterstützung der Christenheit zuteil werden.[87]

Die Tatarenabwehr spielte also bei den päpstlich-kaiserlichen Annäherungsversuchen des Frühsommers 1241 durchaus eine Rolle. Jede Seite suchte mit dem Hinweis auf dieses drängende Problem die andere zu Zugeständnissen zu bewegen, doch trotz der zugespitzten Lage war keine ernstlich dazu bereit. Nicht einmal die schwere äußere Gefahr vermochte die Kontrahenten damals mehr über die tiefen sie trennenden Gegensätze hinweg zusammenzuführen. Daß der Kaiser nicht nur die Bezwingung Faenzas und den Sieg, den Pavia einen Monat später über die Mailänder und den päpstlichen Legaten Gregor von Montelongo erfocht, selbstbewußt in aller Öffentlichkeit feierte und als unmittelbare Folge von Gottes gerechtem Urteil deutete, sondern sich im gleichen Atemzug unverhohlen auch der Vernichtung der Genueser Flotte und der Gefangennahme der auf seinen Schaden sinnenden Prälaten rühmte, daß er auch diesen Erfolg der göttlichen Leitung und Hilfe zuschrieb – das mußte dem über jene Vorgänge ohnehin schon tief empörten und erbitterten Papst noch zusätzlichen Zorn und Ärger bereiten. Bald zeigte sich überdies, daß Friedrich keineswegs gewillt war, die festgehaltenen Geistlichen bedingungslos wieder freizugeben: Selbst die entsprechende Bitte König Ludwigs IX. für die französischen Gefangenen schlug er ab mit dem Argument, diese Prälaten hätten sich wie alle anderen als Handlanger Gregors IX. betätigt und sich bereitgefunden, dessen von Grund auf ungerechte, durch Gottes wunderbares Eingreifen nun zunichte gemachte antikaiserliche Aggressionspolitik mitzutragen, also mit jenem zusammen Babylon gegen die Macht Davids aufzurüsten. Deshalb bleibe ihm nur die Wahl, sie als seine Feinde zu behandeln.[88]

Des Kaisers Verhalten bestärkte Gregor vollends in seiner längst gewonnenen Überzeugung. Noch einmal wandte er sich Ende Juli 1241 an

---

[87] MGH Epp. saec. XIII 1, 721f., Nr. 821 (16. 6. 1241), ebd. 725f., Nr. 826 (1. 7. 1241); Kreuzzugspredigt: ebd. 722f., Nr. 822 (19. 6. 1241).

[88] HB 5, 1123–1125 (18. 5. 1241; an Heinrich von England); HB 5, 1126–1128; zum Sieg Pavias vgl. Annales Placentini Gibellini, ad 1241, MGH SS 18, 485. Brief Ludwigs: HB 6, 18–20, Friedrichs Antwort: HB 6, 2f. (beide wohl Juni 1241), die Begriffspaare *turris David – turris Babylonis, oriens – aquilo* stehen wohl in erster Linie symbolisch für die gute, gottgewollte bzw. die widergöttlich-böse Sache: Kloos, Brief 166–168, vgl. Schaller, Rundschreiben 373f.

die inzwischen in sizilische Kerker überführten Kleriker; er spendete ihnen Trost, appellierte an ihre Standhaftigkeit und Glaubensstärke, versprach Hilfe. Das Land aber, in das sie verbannt waren, nannte er ein neues Ägypten, seinen Herrn einen Pharao und Tyrannen. Ein Rundbrief, den er kurz danach wohl einer ganzen Reihe von Erzbischöfen zur Verlesung vor der Geistlichkeit übersandte, ging noch weiter. Auch dort schilderte der Papst voller Abscheu die Untaten seines Widersachers und besonders breit den Überfall auf die Prälaten und ihre unfaßliche Verschleppung in die pharaonischen Verliese Siziliens. Gleich zu Beginn jedoch stellte er dieses gräßliche Geschehen nun erneut in den Zusammenhang der Apokalypse des Johannes. Er führte Friedrich ein als den schuppenbedeckten, giftspeienden Statthalter jenes alten Drachens, in dessen Gestalt nach Johannes' Offenbarung der Satan selbst seinen wütenden Krieg gegen die Himmelsmächte ausfocht. Seinem Herrn nacheifernd, peitschte auch der gegenwärtige Drache mit der Kraft seines Schwanzes den Himmel, riß die zwölf Sterne, die Apostel, herab, drohte das mit der Sonne der Gerechtigkeit umhüllte Weib, die Kirche, zu verschlingen, um schließlich das wehrlose Volk Gottes zu quälen und zu verfolgen. In des Staufers Schreckensregiment schienen sich demnach unverkennbar die Peinigungen der Endzeit anzukündigen.[89]

Gerade der kaiserliche Überfall auf die Konzilsbesucher fand offenbar mancherorts sonst eine ähnliche eschatologische Erklärung. Papsttreue Geistliche mit einer Vorliebe für Zukunftsschau und joachitische Spekulation, vielfach wohl Franziskaner oder Dominikaner, gedachten des Ereignisses, wenn sie Friedrichs Leben und Taten mit Hilfe von Weissagungen zu deuten und in den Zusammenhang der endzeitlichen Abläufe einzuordnen versuchten. Daß zu seiner Zeit das Meer sich rot färben werde, ließen sie den Merlin oder die Sibylle prophezeien, und in einer aus ihrem Kreis stammenden und wohl kurz nach des Kaisers Tod unter Joachims eigenem Namen veröffentlichten Schrift kündigte dieser gleichfalls bereits Friedrichs Schlag gegen die Prälaten an. Die Gesinnungsgenossen des Kaisers machten sich dagegen dessen optimistische Sicht der Dinge zu eigen. Gewiß einer von ihnen verfaßte jene zehn gereimten Hexameter, die den Seesieg von Montecristo überschwenglich feierten als Ende des simonistischen Papsttums und Beginn einer Friedenszeit unter dem Zepter des *puer Apulie*, des Knaben aus Apulien. In der gleichen Hochstimmung könnten damals überdies die weitverbreiteten Verse entstanden sein, die Friedrich die Prognose in den Mund legen, er werde bald zum Hammer

---

[89] MGH Epp. saec. XIII 1, 726, Nr. 827 (31. 7. 1241); Brief an die Erzbischöfe ed. Schaller, Rundschreiben 381–385, zum Inhalt siehe ebd. 376–379, vgl. Roberg, Konzilsversuch 315–317.

des Erdkreises werden, während das lange schon wankende Rom zusammenstürze. Ein päpstlich Gesinnter dichtete daraufhin vielleicht Gregors Entgegnung, daß nämlich nur Gott die Zukunft kenne, des Petrus Schiff aber nie untergehe. Die Erwartungen der beiden Lager im Sommer 1241 gibt das kleine Streitgespräch jedenfalls recht zutreffend wieder.[90]

Wie die Reaktion König Ludwigs von Frankreich zeigt, weckte Friedrichs Gewaltanwendung gegen die Konzilsteilnehmer das Mißtrauen vieler, die ihm bis dahin mit Respekt und Wohlwollen begegnet waren oder doch Neutralität gewahrt hatten. Sie verschärfte aber vor allem die Feindschaft mit der römischen Kurie und verbaute fast jede Aussicht, mit dem Papsttum noch zu einem Ausgleich zu kommen. Gerade darauf indessen vertraute der Herrscher nach seinen Siegen zu Land und auf der See mehr denn je in der Überzeugung, jedermann und sogar Gregor müsse nun endlich einsehen, daß Gott selbst die kaiserliche Sache begünstige. Durch sein glanzvolles persönliches Auftreten in Rom und die Demonstration seiner überlegenen Gewalt gedachte er den Papst vollends zur reumütigen Erkenntnis seiner Irrtümer, zur Übernahme des kaiserlichen Standpunktes zu bewegen, also das zu erreichen, was im Frühjahr 1240 mißlungen war. Die Voraussetzungen dafür schienen gerade jetzt besonders günstig, weil einer der Kardinäle, Johannes Colonna, bereits seit Januar 1241 offen auf der kaiserlichen Seite stand und zusammen mit seinem Neffen, dem Senator Oddone Colonna, alles tat, um seine Position auch militärisch zu sichern.[91]

So verließ Friedrich im Juli die Lombardei und eilte durch den Kirchenstaat, an dem trotzenden Assisi vorbei sowie durch die zur Unterwerfung bereiten Städte Spoleto und Terni nach Tivoli. In dessen unmittelbarer Nachbarschaft, in Palestrina nämlich, erwartete ihn Johannes Colonna, der zuvor wichtige Stützpunkte der Römer im Umland in seine Hand gebracht hatte. Von dieser Basis, später von Grottaferrata im Süden Roms aus suchte der Kaiser den Papst und seine römischen Getreuen, an ihrer Spitze der neue Senator Matteo Rosso Orsini, zur vollständigen Kapitulation zu zwingen, indem er die Kastelle, Türme und Paläste römischer Adliger, Kirchen und Klöster einnahm und dem Erdboden gleichmachte, ihr Land verwüstete und verlassene Siedlungen anzündete. Ehe es jedoch zu

---

[90] Siehe die Texte bei Holder-Egger, Prophetien I 177, III 162 (Merlin), ebd. III 180 (Liber de oneribus prophetarum), ebd. II 364f. (Preisgedicht, vgl. die Übersetzung bei Graefe, Publizistik 87), ebd. III 106–109, II 335–349, 714f. (Verse des Kaisers und des Papstes), sowie Matthaeus Parisiensis, Chronica maiora, ad 1241, ed. Luard 4, 130 (Sibylle); vgl. dazu Schaller, Rundschreiben 374–376, außerdem Hilpert, Kaiserbriefe 122–125 (zur vielleicht früheren Entstehung der Streitverse).

[91] Richard von S. Germano, ad 1241, ed. Garufi 207, dazu Thumser, Rom 306f.; zu Friedrichs Absichten: HB 5, 1127f. (wohl Ende Mai 1241).

einer Entscheidung kam, starb am 22. August 1241 Papst Gregor IX. In seinem Vertrauen auf die baldige Überwindung der aktuellen Nöte und den guten Ausgang seines Kampfes für die Sache Gottes und der Kirche mag ihn in seinen letzten Tagen noch das kraftvolle und erfolgreiche Vorgehen des Senators Matteo Rossi gegen die Kaiserlichen in Rom bestärkt haben.

Friedrich zog sich, sobald er vom Ende seines Gegners erfuhr, aus Roms Umgebung zurück in das sizilische Regnum. Den Tod des Stadtherrn zu nutzen, um Rom zu besetzen, wieder zum wirklichen Zentrum des Imperiums, zum Sitz der kaiserlichen Regierung zu machen und die künftigen Päpste in Abhängigkeit von ihr zu halten, daran dachte er offenkundig nicht. Wohl kaum, weil er den Widerstand der Stadt, die Unwägbarkeiten einer langen Belagerung gefürchtet hätte: Diese Risiken wurden ja mit Gregors Tod nicht größer. Friedrichs Verhalten zeigt vielmehr deutlich, daß er mit seinem Vorrücken gegen Rom vor allem anderen die Beendigung seines Streites mit dem Papst erreichen wollte in der festen Hoffnung, daß jener, durch die unmittelbare Anschauung belehrt, hinter der machtvollen Erscheinung des Kaisers endlich die lenkende und schützende Gegenwart Gottes wahrnehmen werde. Nun aber hing alles von Gregors Nachfolger und seiner Haltung ab. Noch von Grottaferrata aus bekannte Friedrich den Königen der Christenheit, wie dringend er wünsche, mit einem neuen Papst, der sich anders als sein Vorgänger durch Friedensliebe und Gerechtigkeitssinn auszeichne, rasch zur Versöhnung und Eintracht zu gelangen, um dann die vereinte Christenheit gegen die Tataren zu führen.[92]

Die Zeit ohne Papst und die Wahl Innozenz' IV.

Schon kurze Zeit nach Gregors Tod traten zehn Kardinäle im Septizonium, einem antiken Bau am römischen Palatinhügel, zur Neuwahl zusammen. Sollte Friedrich ihren beiden gefangenen Amtskollegen tatsächlich, wie ein Chronist berichtet, die Teilnahme unter der Bedingung angeboten haben, daß sie nach der Wahl in ihre Kerker zurückkehrten, dann hätten sie dieses Ansinnen abgelehnt – sie waren offenkundig nicht unter den Wählern. Diese aber spalteten sich in eine auf Verständigung bedachte und eine kleinere, eher antikaiserliche Gruppe mit der Folge, daß kein Kandidat die seit 1179 geforderte Zweidrittelmehrheit der Stimmen er-

---

[92] Richard (wie Anm. 91) 209–211; Friedrichs Rundbrief: HB 5, 1165–1167 (Ende Aug. 1241); Todesdatum Gregors: Nicolaus de Carbio, c. 5, ed. Pagnotti 78, Annales Senenses, ad 1241, MGH SS 19, 230. Zum Ganzen Thumser, Rom 307–310, zur Familie Orsini auch 140–157.

hielt. Ein Schisma drohte, und von ihm fürchtete der Senator Matteo Rosso Orsini vermutlich Parteibildungen unter Roms führenden Familien und in der Bevölkerung der Stadt, die deren Stärke und Unabhängigkeit, für die er vor allem eintrat, gefährden mußten. So ließ er die Kardinäle kurzerhand mit roher Gewalt wieder in ihr altertümlich-unbequemes Wahllokal zurückbringen, und brutal, geradezu barbarisch ging man dort auch weiterhin mit ihnen um. Streng bewacht und hilflos den primitiven Scherzen und Bosheiten ihrer Aufseher ausgeliefert, hatten sie, in sommerlicher Hitze auf engstem Raum zusammengepfercht, den neuen Papst zu bestimmen, unter schlimmsten hygienischen Verhältnissen und ohne daß ihnen der Senator ärztlichen Beistand gewährte, selbst dann nicht, als einer von ihnen starb. Nach Wochen äußerster Pein einigten sie sich schließlich am 25. Oktober auf Kardinal Goffredo Castiglioni, einen Mailänder, der sich als Papst Cölestin IV. nannte. Gesundheitlich schwer gezeichnet von den eben durchlittenen Qualen starb er jedoch schon am 10. November. Aus Furcht vor neuen Repressalien Matteo Orsinis flohen daraufhin die meisten Kardinäle aus der Stadt, zum Teil nach Anagni. Es sollte mehr als eineinhalb Jahre dauern, ehe sich ihr Kollegium erneut zur Papstwahl traf.[93] Friedrich hielt sich nach dem Tod Gregors IX., von zwei kurzen Unterbrechungen abgesehen, gut zwei Jahre lang ausschließlich im Königreich Sizilien auf. Vorwiegend mit tagespolitischen Fragen beschäftigt, achtete er darauf, daß sich die Arbeit der Verwaltung an seinen Vorstellungen ausrichtete. Er beantwortete Anfragen der Justitiare, Kämmerer oder *rationales*, kümmerte sich um die Entscheidung schwieriger Rechtsfälle und suchte Mißstände abzustellen; wie je spielte dabei die Neigung der Beamten zu Bestechlichkeit und Rechtsbeugung eine besondere Rolle. Natürlich verlor der Staufer darüber die Sicherung seiner eigenen Ansprüche und Rechte, die Wahrung seiner herrscherlichen Stellung nicht aus den Augen. In erster Linie daran wird er gedacht haben, als er beispielsweise im Februar 1242 die Zerstörung der Türme Baris befahl. Der Verteidigung des gesamten Regnums hingegen sollte der seit September 1241 intensiv vorangetriebene Bau der Feste Flagella an der Grenze zum Kirchenstaat (gegenüber Ceprano) dienen, dem Schutz der langen Küste des Reiches die erneute, noch einmal beträchtliche Vergrößerung der Flotte.[94]

---

[93] Nicolaus de Carbio, c. 5, ed. Pagnotti 79, Matthaeus Parisiensis, Chronica maiora, ad 1241, ed. Luard 4, 164f., 168, 170, 172, Hampe, Ungedruckter Bericht, 26–31, dazu ebd. 3–25, Cronica S. Petri Erfordensis, ad 1241, MGH SS rer. Germ. 42, 236, Albert von Stade, ad 1241, MGH SS 16, 367f., Annales Placentini Gibellini, ad 1241, MGH SS 18, 485, Richard von S. Germano, ad 1241, ed. Garufi 211f. Dazu unter Einbeziehung der älteren Literatur und mit einleuchtender Quellenanalyse Thumser, Rom 311–315.

[94] Vgl. dazu die vielfach aus den Marseiller Exzerpten (dazu oben S. 210f. mit

Unter Führung ihres Admirals Ansaldus de Mari operierte die sizilische Kriegsflotte in den nächsten Jahren in der Tat durchaus erfolgreich im Tyrrhenischen und Ligurischen Meer. Sie stützte sich auf die Häfen der verbündeten Städte Savona (westlich Genuas) und Pisa, arbeitete eng und wirkungsvoll mit der starken Pisaner Flotte zusammen und übte so erheblichen Druck auf Genua aus. Sehr beweglich taktierend und eine offene Seeschlacht vermeidend, störte sie Genuas Handelsverkehr in die Provence und nach Nordafrika. Immer wieder blockierte sie zudem kleinere Häfen an der Ligurischen Küste, mitunter sogar den Genuas selbst, um von der See her die Stadt unter Beschuß zu nehmen. Unterstützten kaiserliche Verbände von der Landseite aus solche Manöver, konnte die Lage für die Angegriffenen durchaus bedenklich werden. In ernstliche Gefahr kam Genua selbst freilich nie.[95]

In Reichsitalien setzten die tonangebenden Repräsentanten des Kaisers, Enzio, Markgraf Manfred Lancia, Ezzelino da Romano oder der mehr und mehr in den Vordergrund rückende lombardische Adlige Uberto Pallavicini († 1269) während der Abwesenheit ihres Herrn ihre Bemühungen fort, die Zentren des antikaiserlichen Widerstands zu schwächen und auszuschalten. Sie griffen in Abstimmung mit der Flotte genuesisches Gebiet an, verwüsteten das Umland Brescias, Piacenzas, Trevisos oder Mailands, zerstörten dort Burgen und verbrannten Dörfer, gewannen auch den einen oder anderen Platz, ohne indessen irgendwo einen echten Durchbruch zu erzielen. Es scheint fast, als habe ihr großer Gegenspieler, der päpstliche Legat Gregor von Montelongo, über eine effizientere Methode des Vorgehens verfügt als sie, so gut auch ihm alles Militärische vertraut war. Seiner Beredsamkeit, seiner Verheißung jenseitigen Heils wie diesseitiger Vorteile vermochte jedenfalls mancher Große und manche Stadt auch in papstlosen Zeiten nicht zu widerstehen. Aus Furcht vor Gottes Zorn und im Vertrauen auf seine Gnade erwähle er den besseren Teil und kehre demütig zur heiligen Mutter Kirche zurück, so kommentierte etwa Markgraf Bonifaz von Montferrat seinen Frontwechsel vom Januar 1243. Von anderer Seite erfahren wir freilich, daß eine ansehnliche Geldsumme, die ihm Mailand und Piacenza versprachen, seine Konversion wohl erheblich

---

Anm. 95) stammenden Dokumente RI V, Nr. 3229–3385 (zur Datierung der Nr. 3272–3278, 3318–3322, 3325 f. auf März 1243: Kamp, Kirche 1, 128 Anm. 153); außerdem Richard von S. Germano, ad 1241–1242, ed. Garufi 211 f. (Flagella), 213 (Verbrechensbekämpfung; Bari; Flottenbau), 214 (Kontrolle der Justitiare). Zu Flagella siehe oben S. 225, Anm. 122, zum Flottenbau Cohn, Geschichte 60 f.

[95] Hauptquelle: Annales Ianuae, ad 1241–1248, MGH SS 18, 198–224; ausführliche Darstellung bei Cohn, Geschichte 61–82, vgl. Meier-Welcker, Militärwesen 29–31.

erleichterte. Ganz unverblümt, allein um irdischen Nutzen besorgt, forderte und erhielt die Stadt Vercelli für ihren gleichzeitig ins Werk gesetzten Abfall vom Kaiser sämtliche bisher bischöflichen Hoheitsrechte in der Diözese, vor allem die Gerichtsbarkeit, außerdem Zusagen für einen etwaigen Friedensschluß der Kirche mit dem Kaiser.[96] Dieser mochte sich immerhin damit trösten, daß es auch Bewegung in der umgekehrten Richtung gab: Bereits während des Frühjahrs 1242 hatten sich Fermo und Ascoli im Süden der Mark Ancona seiner Autorität unterworfen, ein Jahr später folgte Fano im Norden der Mark ihrem Schritt.[97]

Persönlich engagierte sich Friedrich zwischen 1241 und 1243 nur zweimal außerhalb des Regnums, in beiden Fällen, um seine Position im Patrimonium Petri gegen die Römer zu verteidigen. Roms Senator Matteo Rosso nutzte die Vakanz auf dem päpstlichen Stuhl nämlich energisch, um das alte Ziel des römischen Adels endlich zu verwirklichen, die direkte Herrschaft der Stadt über ihr Umland aufzurichten. Dabei plante er umsichtig und weiträumig. Er suchte seinem Unternehmen durch ein Bündnis mit dem relativ fernen Perugia, mit Narni sowie Alatri (nördlich Frosinones) Rückhalt vor allem gegen den Kaiser zu verschaffen. Derart gedeckt, stieß ein römisches Heer im Frühjahr 1242 gegen das noch immer von kaiserlichen Truppen besetzte Tivoli vor und verwüstete dessen Umland. Friedrich protestierte empört und drohte, die Feigheit seiner Gegner verspottend, mit Vergeltung. Doch dabei blieb es nicht: Er sperrte den Handelsverkehr des Regnums mit Rom, verstärkte seine Truppen im Patrimonium und erschien schließlich im Juli tatsächlich selbst, um nun seinerseits den Römern Furcht einzujagen und Schaden zuzufügen, so gut er konnte, also unmittelbar vor ihrer Stadt Kastelle in Schutt und Asche zu legen und Felder anzuzünden. Im Mai 1243 wiederholte sich der Vorgang. Beide Seiten, die Römer wie der Kaiser, behaupteten, für die Ehre und Freiheit der römischen Kirche zu streiten. In Wahrheit dachten Matteo Rosso und seine Anhänger gewiß in erster Linie an die Ausdehnung des römischen Einflusses auf Kosten eben der führerlosen Kirche, während es Friedrich darum ging, wenigstens das der Kirche bereits Weggenommene zu halten. Daß der Kaiser und der Senator zudem unterschiedliche Ziele bei der an-

---

[96] Vgl. dazu bes. Annales Placentini Gibellini, ad 1241–1243, MGH SS 18, 485–487, sowie Acta Imperii 1, 537–544, Nr. 678–689; zu Bonifaz: Acta 1, 543f., Nr. 688 (Anf. 1243), dazu Ann. Plac. Gib. 486; zu Vercelli: RI V, Nr. 13445f., 13447f., 13451, 13453f.

[97] Fermo: Acta Imperii 1, 322–325, Nr. 365–367 (Aug. 1242), vgl. RI V, Nr. 13411 (24. 4. 1242); Fano: HB 6, 83–85 (April 1243); Ascoli: Richard von S. Germano, ad 1242 (Mai, Juni), ed. Garufi 215; vgl. zu Camerino (nordwestlich Ascolis): HB 6, 64f. (Aug. 1242).

Die Zeit ohne Papst und die Wahl Innozenz' IV.

stehenden Papstwahl verfolgten, verschärfte die Gegensätze der Parteien zweifellos noch weiter.[98]

Wie wenig sich mit dem Tod Gregors, seines entschiedensten Kontrahenten, seine Schwierigkeiten verringert hatten, das mußte Friedrich rasch auch anderswo feststellen. Nicht nur in Italien legitimierten seine Gegner ihren Widerstand nach wie vor als Kampf gegen einen Glaubensfeind zur Verteidigung der Kirche. Auch die deutschen Fürsten bedienten sich dieses Arguments, um ihren Übertritt vom staufischen in das kirchliche Lager zu begründen, und die Zahl derer, die diesen Schritt taten, nahm gerade seit dem Herbst 1241 gefährlich zu. Besonders bestürzend für den fernen Herrscher war dabei gewiß, daß an der Spitze der damaligen Abfallbewegung die beiden vornehmsten Prälaten des Reiches standen, Erzbischof Konrad von Köln, der freilich wohl bereits die päpstliche Anerkennung im Amt dem Versprechen besonderer Papsttreue verdankte, und neben ihm Siegfried von Mainz, bis dahin Prokurator für Deutschland und den deutschen König. Am 10. September 1241 gelobten sie einander durch Eid, im Streit zwischen Kaiser und Papst künftig gemeinsam vorzugehen, und zwar, wie sich schnell zeigte, gegen den Kaiser. Sie machten die ihm zur Last gelegten Verbrechen bekannt, veröffentlichten die über ihn verhängte Exkommunikation und verwiesen auf ihre Pflicht, der verlassenen Kirche als ihre getreuen Söhne beizuspringen.[99]

Gewiß brachte der Zwang zur Zusammenarbeit mit einem gebannten Herrscher gerade die geistlichen Reichsfürsten in eine recht mißliche Situation. Daß das Gewissen die beiden Erzbischöfe indes erst nach zweieinhalb Jahren zu entschiedenen Konsequenzen rief und sie ihren offenen Kampf gegen den Zerstörer der Kirche erst begannen, als es gar keinen mahnenden Papst mehr gab, das legt doch den Verdacht nahe, bei ihrem Entschluß hätten noch andere als die offiziell genannten Beweggründe eine Rolle gespielt und nicht zuletzt wohl die Auffassung, es sei künftig vorteilhafter, die eigenen territorialpolitischen Ziele auf Kosten des staufischen Reichsregiments zu verfolgen und nicht mehr an dessen Seite. Immerhin spricht vieles dafür, daß der Erzbischof von Köln damals über König Konrads Eingreifen in seine Händel mit seinen Nachbarn, insbeson-

---

[98] Richard von S. Germano, ad 1242 (Mai–Juli), ed. Garufi 215, ad 1243 (April–Mai), ebd. 216; Roms Bündnis: Ficker, Forschungen 4, 396, Nr. 377 (12. 3. 1242), vgl. Acta Imperii 1, 541, Nr. 685 (14. 6. 1242; Matteo Rosso an Alatri); Friedrichs Reaktion: HB 6, 145f. (Mai 1242), Acta 1, 369, Nr. 433, HB 6, 87f. (Mai 1243), HB 6, 95f. (wohl Juni 1243). Siehe dazu Thumser, Rom 315–317.

[99] RI V, Nr. 11367 (10. 9. 1241), vgl. Annales S. Pantaleonis, ad 1241, MGH SS rer. Germ. 18, 282, Gesta Treverorum IV 7, MGH SS 24, 404, Annales S. Rudberti, ad 1242, MGH SS 9, 788; zu Friedrichs Reaktion: HB 5, 1134f., HB 6, 3–5.

dere mit dem Grafen Wilhelm IV. von Jülich († 1278), wenig glücklich war und deshalb ohne Zögern zur offenen Opposition gegen die Stauferherrschaft überging, als er in Siegfried von Mainz endlich einen gewichtigen Partner fand. Siegfried aber scheint Zweifel an der königlichen Hilfsbereitschaft in seinem jetzt wieder neu aufflackernden Streit mit dem rheinischen Pfalzgrafen und bayrischen Herzog Otto bekommen zu haben; er mag zudem über das mangelnde königliche Verständnis für sein starkes Interesse an dem wertvollen Reichsland der Wetterau um Friedberg (nördlich Frankfurts) enttäuscht gewesen sein.[100] Im Herbst 1241 zogen beide Reichsfürsten mit ihren Heeren zunächst jedenfalls sengend und brennend durch die Wetterau. Während Konrad von Köln sich dann einer Koalition zwischen der kaiserlichen Stadt Aachen und dem Jülicher Grafen gegenübersah, sogar für fast ein Jahr in die Gefangenschaft des Grafen geriet, ehe er sich freikaufen konnte, führte Siegfried von Mainz einen erbitterten Kleinkrieg um den Ausbau seiner Stellung am Mittelrhein, hart bekämpft vor allem von der Wormser Bürgerschaft, die von der Mainzer Dominanz eine erhebliche Behinderung ihres Handelsverkehrs auf dem Rhein fürchtete.[101]

Der Kaiser konnte im Augenblick kaum mehr tun, als seine Anhänger durch Privilegien und stärkenden Zuspruch an sich zu binden. Wie die Dinge lagen, drohte nun auch in Deutschland eine Spaltung der Gesellschaft nach dem Beispiel Reichsitaliens. Sie ließ sich nur vermeiden oder doch überwinden, wenn es dem Herrscher gelang, rasch vom Kirchenbann loszukommen und so seine Gegner des Hauptarguments für ihren Widerstand zu berauben. Die Wiederaufnahme in die Kirche hatte er deshalb Gregor bis zuletzt abzutrotzen gehofft, und er erwartete sie dringend von dessen Nachfolger. Die Papstwahl zu verzögern, entsprach demnach keinesfalls seinem Interesse. Sie auf eine ihm genehme Persönlichkeit zu lenken, darauf kam vielmehr alles an. Auch jetzt blieb Friedrich freilich seiner dualistischen Überzeugung treu, wonach Gott die Lenkung der Christenheit zwei gleichberechtigten, voneinander unabhängigen Gewalten anver-

---

[100] Köln: Annales S. Pantaleonis, ad 1240, MGH SS rer. Germ. 18, 277 f. (277: König Konrads Eingreifen), zu Erzbischof Konrad siehe oben S. 478 mit Anm. 41, zu seiner Territorialpolitik bes. Prößler, Erzstift Köln 23–54; Mainz: RI V, Nr. 11364–11366 (Ursache des Streits mit Otto: HB 4, 326–328, April 1232, Verleihung der Reichsabtei Lorsch an Siegfried von Mainz), Acta Imperii 1, 533, Nr. 668 (1241; Streit mit dem Burggrafen von Friedberg). Siehe dazu und zum Folgenden Demandt, Endkampf 106–131.

[101] Annales S. Pantaleonis, ad 1241–1243, MGH SS rer. Germ. 18, 282–285; Gesta Treverorum IV 7–V 1, MGH SS 24, 404–406; Annales S. Rudberti, ad 1241–1242, MGH SS 9, 787 f.; Annales Wormatienses, ad 1242–1243, ed. Boos 149 f., Chronicon Wormatiense, ed. Boos 178, vgl. dazu Keilmann, Kampf 97–106.

traut hatte, und dachte folgerichtig nicht daran, wie etwa sein Großvater Barbarossa die Erhebung eines kaiserfreundlichen Papstes durch eine dazu bereite Minderheit unter den Kardinälen ins Werk zu setzen. Es galt also, in seinem Sinn auf das Kardinalskollegium als Ganzes einzuwirken. Damit hatte es allerdings seine Schwierigkeiten, denn dieses Gremium war unter sich zutiefst zerstritten. Eine kleinere Gruppe von Kardinälen hielt sich, wohl Matteo Rosso verbunden, in Rom auf. Des Senators Hauptgegner aber, Johannes Colonna, lag in einem römischen Kerker, und seine nach Anagni geflüchteten Amtsbrüder weigerten sich, zur Wahl nach Rom zu kommen, weil sie ein ähnliches Schicksal fürchteten. So fehlte es unter den Kardinälen also schon am Einvernehmen über den Ort der Wahl. Natürlich nutzte Matteo Rosso seine Möglichkeiten nach Kräften, um Druck auf sie auszuüben und die Entwicklung seinen Interessen gemäß zu steuern. Im übrigen beklagten die Kardinäle, daß auch der Kaiser eine wirklich ordnungsgemäße Wahl behindere, da er noch immer zwei ihrer Kollegen gefangenhalte. Eben hier indes suchte Friedrich den Hebel anzusetzen und als Gegenleistung für deren Freilassung bestimmte Absprachen über den Wahlausgang zu erreichen.

Während die Öffentlichkeit zur Eile drängte, schoben die Parteien einander die Schuld an der Wahlverzögerung zu. Sie verhandelten jedoch auch miteinander. Im August 1242 verstand sich der Kaiser dazu, zusammen mit anderen gefangenen Prälaten Kardinal Otto von S. Nicola aus der Haft zu entlassen. Er glaubte, ihn für seine Sicht der Dinge gewonnen zu haben, und konnte künftig in der Tat auf Ottos Verständnis bauen. Als dann im Frühjahr darauf Johannes Colonna gleichfalls freikam, stand allein noch die Entscheidung über das weitere Schicksal Kardinal Jakobs von Palestrina aus. Anders als Otto verharrte Jakob fester denn je bei seiner erbitterten, auf tiefen Haß gegründeten Feindschaft gegen den Staufer und machte daraus diesem selbst gegenüber offenbar durchaus kein Geheimnis. Dennoch gab Friedrich im Mai 1243 schließlich auch ihm die Freiheit zurück – sehr schweren Herzens, wie er nachher, wortreich seine Großmut herausstreichend, bekannte. Zugleich zog er aus Roms Umland ab, um den in der Stadt verweilenden Kardinälen die Reise nach Anagni zu ermöglichen. Daß dort die Wahl stattfinden werde, hatte man ihm nämlich von seiten der Kardinäle zugestanden, auch wohl versprochen, sich, wie er forderte, für die Abberufung des in seinen Augen inzwischen gänzlich untragbaren Legaten Gregor von Montelongo aus der Lombardei einzusetzen. Vor allem aber sagten ihm die in Rom wie die zu Anagni Versammelten zu, eine ihm und dem Reich freundlich gesinnte Person zum Papst zu wählen. Er selbst deutete vielleicht im Gegenzug an, er überlege sich, nach der Wahl an die Räumung des Patrimoniums zu gehen. Allzu genau fixiert wurden diese Zusagen freilich anscheinend allesamt nicht; so blieb Gregor auf seinem lombardischen Posten und das kaiserliche Heer im Patrimonium.[102]

Die Papstwahl aber fand tatsächlich am 25. Juni 1243 in Anagni statt und fiel einstimmig auf Sinibaldo Fieschi, den künftigen Innozenz IV. († 1254). Aus einer der führenden Adelsfamilien Genuas stammend, hatte Innozenz in Bologna Rechtswissenschaft studiert und gelehrt, ehe er an der römischen Kurie Karriere machte. 1227 erhob Gregor IX. den damals wohl kaum Vierzigjährigen zum Kardinal, und dieser entfaltete in seinem neuen Amt eine rege Aktivität. Er entschied zahllose Rechtsfälle, verwaltete lange Jahre als Rektor die Mark Ancona und war überdies zeitweise Legat in Oberitalien. Als Papst bewies er rasch, daß er zu den führenden Juristen seiner Zeit gehörte. Mit einer Fülle von Dekretalen suchte er in der Rolle des Gesetzgebers die Reform der Kirche voranzutreiben. Außerdem verfaßte er einen umfangreichen und bald maßgebend werdenden Kommentar zur Dekretalensammlung seines Vorgängers. Interessanterweise bezog er in seine wissenschaftliche Erklärungsarbeit auch die von ihm selbst stammenden Verfügungen mit ein; wir erhalten also einen wertvollen Einblick in die Beweggründe, die ihn bei seinem Vorgehen bestimmten.[103]

Gewiß wirkten in Innozenz' Umgebung noch immer einflußreiche Männer, Kardinal Rainer von Viterbo an ihrer Spitze, die wie Gregor IX. zum leidenschaftlichen Vortrag ihrer Meinung neigten, die sich nicht scheuten, insbesondere wenn es um das Verhalten des Kaisers ging, ihre Abscheu oder ihren Haß ausführlich und temperamentvoll zu verkünden und dabei zur Verdeutlichung des Gemeinten reichlich Begriffe, Bilder und Vergleiche aus der Apokalypse oder aus der pseudo-joachitischen eschatologischen und prophetischen Literatur heranzuziehen. Der Papst selbst und

---

[102] Streit unter den Kardinälen: Hampe, Ungedruckter Bericht 26f., 30f., vgl. Matthaeus Parisiensis, Chronica maiora, ad 1242, ed. Luard 4, 194, 239–241, 249, Albert von Stade, ad 1242–1243, MGH SS 24, 368, sowie HB 6, 68–70 (zur fraglichen Echtheit RI V, Nr. 7378d, 11401; aber wohl doch Ausdruck einer verbreiteten Stimmung). Gesandtschaften, Freilassung der Kardinäle: HB 6, 61–63; Richard von S. Germano, ad 1242 (Febr., April, Aug.: Otto von S. Nicola), ed. Garufi 213–216, ad 1243 (Mai: Jakob von Palestrina), ebd. 216, vgl. Annales Placentini Gibellini, ad 1243, MGH SS 18, 486; Johannes Colonna: Matthaeus Parisiensis, ad 1243, ed. Luard 4, 250. Friedrichs Stellungnahmen: MGH Const. 2, 326–328, Nr. 236–238, HB 6, 39f. (3. 5. 1242), HB 6, 90–97; Gregor von Montelongo: Const. 2, 330, Nr. 241 (1) (26. 8. 1243; Innozenz), Rückgabe des Patrimoniums: Acta Imperii 1, 546, Z. 38–41, Nr. 693. Zum Ganzen: Sütterlin, Politik 52–66, Thumser, Rom 318f.

[103] Zu Innozenz IV.: Melloni, Innocenzo, bes. 23–98, 135–174, 240–244, Paravicini Bagliani, Cardinali 61–67. Seine Wahl: Nicolaus de Carbio, c. 6, ed. Pagnotti 79f., vgl. Richard von S. Germano, ad 1243, ed. Garufi 217.

sein engster Beraterkreis indessen bedienten sich einer vergleichsweise nüchternen, durch das juristische Denken geprägten Sprache. Sie bevorzugten die sachlich-kühle, aber desto wirkungsvollere Aufreihung kanonistischer Argumente.

In der Sache jedoch unterschied sich, vor allem was das Verhältnis von Sacerdotium und Imperium betraf, die Überzeugung des neuen Papstes nicht von der des alten. Christus, so betonte Innozenz IV., war von Anfang an der eigentliche und wahre Herr aller Menschen und konnte als solcher über sie alle uneingeschränkt urteilen, also auch Kaiser und Könige richten und sogar absetzen. Dieses Vermögen gab er weiter an Petrus als seinen Stellvertreter und an dessen Nachfolger. Die weltliche Gewalt behielt nach Gottes Willen zwar eine eigenständige Berechtigung. Sie unterlag jedoch der übergeordneten, die ganze Menschheit umgreifenden Vollgewalt des Papstes als des *vicarius Christi*, der sich überall dort einzuschalten hatte, wo jene versagte und daher Gottes Ordnung angetastet oder zerstört wurde. Nach Innozenz' Meinung, der damit die Ergebnisse der zeitgenössischen kanonistischen Diskussion übernahm, berechtigte den Papst seine umfassende Befugnis trotz der grundsätzlichen Trennung der beiden Gewalten dazu, den christlichen Herrscher bei bestimmten, von der Kanonistik klar definierten schweren Verfehlungen gegen die *iustitia*, etwa bei Friedensstörung, Eidbruch oder bei hartnäckigem Verharren in der Häresie, vor sein Gericht zu ziehen und zu bestrafen.[104]

Der Ausgang der Papstwahl entsprach ganz offenbar den Erwartungen des Kaisers. Er befahl, zur Feier des Ereignisses im ganzen sizilischen Königreich Dankgottesdienste abzuhalten, und teilte Innozenz IV., den er bei dieser Gelegenheit einen alten Freund nannte, umgehend mit, wie sehr er sich über seine Erhebung freue. Auch in anderen Briefen aus jenen Tagen sprach er von dem Wohlwollen, das der neue Papst ihm bislang erwiesen habe, ohne daß wir hörten oder sonst wüßten, auf welche konkreten Erfahrungen er sich dabei bezog.[105]

---

[104] Stürner, Peccatum 169–176, Kempf, Absetzung 345–355, Melloni, Innocenzo 142–166, jeweils mit Belegen und Literaturhinweisen.

[105] MGH Const. 2, 328f., Nr.239 (26. 6. 1243), HB 6, 99 (28. 6. 1243), vgl. Richard von S. Germano (wie Anm. 103). – Kantorowicz, Friedrich 530, ders., Ergänzungsband 225, verweist zur Erklärung von Friedrichs positiver Meinung auf Innozenz' Verwandtschaftsbeziehungen zu kaiserfreundlichen Familien Parmas, vgl. dazu Salimbene, Cronica, ad 1247, MGH SS 32, 195, und Melloni, Innocenzo 25 mit Anm. 12; der bedeutendste Verwandte Bernardus Rolandi Rubei scheint freilich bereits im Sept. 1238 vor Brescia als äußerst unzuverlässiger kaiserl. Sachwalter agiert zu haben, Annales Placentini Gibellini, ad 1238, MGH SS 18, 480. Innozenz selbst gehörte Ende Aug. 1241 offenbar zu der kleineren, eher kaiserfeindlichen Kardinalsgruppe, Matthaeus Parisiensis, Chronica maiora, ad 1241, ed. Luard 4, 164f.

Mühseliges Ringen um Frieden. Die päpstliche Flucht nach Lyon

Jedenfalls blickte Friedrich optimistisch in die Zukunft und erwartete seine rasche Aussöhnung mit der Kirche. In der Tat begannen unverzüglich Gesandtschaften zwischen Kaiserhof und päpstlicher Kurie hin- und herzureisen und Vorschläge oder Stellungnahmen zum großen Friedenswerk auszutauschen. Von Anfang an zeigte sich allerdings, daß das Vorhaben nach der dramatischen Konfrontation der zurückliegenden Jahre auf größere Hindernisse denn je zuvor stoßen werde. Überdies fehlten erfahrene Vermittler, die gleicherweise das Vertrauen beider Seiten genossen. So lehnte es etwa Innozenz zunächst rundweg ab, die hochrangigen, aber exkommunizierten Boten des Kaisers zu empfangen, und verstand sich erst nach reichlichem Zögern dazu, in die Absolution Berards von Palermo einzuwilligen, damit dieser seinem kaiserlichen Verhandlungsauftrag überhaupt nachkommen konnte; dessen Anerkennung als Erzbischof sollte damit jedoch keineswegs verbunden sein. Inhaltlich hielt sich die Diskussion zunächst eher bei Präliminarien auf, ohne die grundsätzlichen Probleme allzu intensiv zu berühren. Der Papst beklagte die noch immer fortdauernde Gefangenschaft einiger Prälaten, der Kaiser die unverminderte Aktivität Gregors von Montelongo in Oberitalien oder die Ernennung des Mainzer Erzbischofs zum päpstlichen Legaten. Die päpstliche Forderung nach Rückgabe der besetzten Teile des Kirchenstaates beantwortete Friedrich dann allerdings mit einem detaillierten Gegenvorschlag, der auf eine großzügige finanzielle Entschädigung und Unterstützung der Kirche, ständige Militärhilfe für sie und ein Kreuzzugsversprechen hinauslief. Innozenz lehnte dieses Angebot jedoch entschieden ab. Ganz offen machte er im übrigen schon jetzt wiederholt deutlich, daß es ohne die Einbeziehung seiner lombardischen Verbündeten, ohne des Kaisers Verzicht auf ein gewaltsames Vorgehen gegen sie keinen Frieden geben werde, und ähnlich wie einst Gregor beauftragte er seinen Legaten, die Lombarden von diesem Vorsatz zu unterrichten und sie in ihrer Kirchentreue zu bestärken. Andererseits hatte Friedrich dem Papst bereits in seinem Gratulationsbrief angekündigt, er beabsichtige nichts zu tun, was das Recht und die Ehre des Reiches schmälere. So schroff wie nur irgend denkbar, standen sich also die Gegensätze zumindest in diesem Punkt von vornherein gegenüber.[106]

Die mühseligen Verhandlungen gerieten vollends ins Stocken, als am kaiserlichen Hof die Nachricht eintraf, Kardinal Rainer von Viterbo habe

---

[106] Päpstl. Stellung: MGH Const. 2, 329–332, Nr. 240–243 (Aug.-23. 9. 1243); Friedrichs Bericht: ebd. 341 f., Nr. 252 (1–2) (Aug. 1244); vgl. Nicolaus de Carbio, c. 7, ed. Pagnotti 81 f., Richard von S. Germano, ad 1243, ed. Garufi 217. Dazu und zum Folgenden Rodenberg, Friedensverhandlungen 168–204.

seine Heimatstadt für die päpstliche Seite zurückgewonnen. In der Tat war es Rainer, seit Jahren einer der erbittertsten Gegner des Staufers an der päpstlichen Kurie, gelungen, die antikaiserliche Partei in Viterbo zur gewaltsamen Erhebung zu bewegen. Die Aufständischen brachten die Stadt in ihre Hand, schlossen die kaiserliche Besatzung unter Führung Graf Simons von Chieti im Stadtkastell ein und bereiteten dem Kardinal am 9. September 1243 einen feierlichen Empfang. Offen bleibt, ob es Rainer eher um ein Signal zur Befreiung des ganzen Patrimoniums von dem verhaßten Staufer ging oder um die Blockierung der Friedensverhandlungen mit ihm – wahrscheinlich um beides. Innozenz stand seinen Plänen wegen der mit ihnen verbundenen Kriegsgefahr zunächst jedenfalls distanziert gegenüber. Nach dem glücklichen Ausgang des Handstreiches erklärte er sich aber doch bereit, seine Kosten zu übernehmen, und spornte die Römer, die damals wohl schon ein Abkommen mit Viterbo verband, sogar zur aktiven Hilfe für ihren neuen Partner an.[107]

Zornerfüllt eilte der Kaiser nämlich, sehnlichst erwartet von seinen schwer bedrängten Getreuen, im Oktober mit einem Heer nach Norden, um Viterbo seinen Gegnern wieder zu entreißen. Doch nach wochenlanger vergeblicher Belagerung der Stadt glückte deren Einwohnern am 10. November ein überraschender Ausfall. Sie steckten das Lager des Kaisers, seine Wurfmaschinen, Rammböcke, Waffen und Geräte in Brand und fügten ihm eine bittere Niederlage zu. So ging er auf den Wunsch Kardinal Ottos von S. Nicola ein, der wohl im päpstlichen Auftrag in dem Streit um Viterbo zu vermitteln suchte: Er gab sein Unternehmen auf, nachdem ihm Otto fest zugesagt hatte, seine Anhänger und insbesondere die noch immer im Kastell eingeschlossenen Ritter unter Simon von Chieti dürften Viterbo unbehelligt verlassen, und überdies werde sein Entgegenkommen den Frieden mit der Kirche fördern. Anders als versprochen, konnten Simon und seine Ritter dann jedoch nur mit knapper Not ihr nacktes Leben aus der Stadt retten, während Friedrichs dortige Gefolgsleute eingekerkert und ihrer Güter beraubt wurden. Zutiefst empört informierte der Staufer ihm wichtige Herrscher von dem eklatanten Bruch der Abmachungen; vergeblich, wie er später beklagte, bat er Papst und Kardinäle, sich für die Abstellung des Unrechts einzusetzen. Ein mahnendes Schreiben richtete Innozenz allerdings immerhin an Viterbos Bürger.[108]

---

[107] Croniche di Viterbo, ad 1243, ed. Egidi 299–310, Acta Imperii 1, 546f., Nr. 693 (Bericht aus Rainers Umkreis; zur Hilfe Roms ebd. 549, 553), vgl. Matthaeus Parisiensis, Chronica maiora, ad 1243, ed. Luard 4, 266f.; Innozenz IV.: MGH Epp. saec. XIII 2, 24f., Nr. 30 (7. 10. 1243), ebd. 26f., Nr. 32 (11. 10. 1243), Acta 1, 553 Anm. (22. 10. 1243); Bericht des Kaisers: Acta 1, 330f., Nr. 374. Dazu Winkelmann, Kampf um Viterbo 277–305, Thumser, Rom 319–321, vgl. Maleczek, Papst 187.

[108] Croniche di Viterbo, ad 1243, ed. Egidi 307–309, Acta Imperii 1, 547–553,

Obwohl die Ereignisse in Viterbo das Verhältnis des Kaisers zur römischen Kurie außerordentlich belasteten, nahmen beide Seiten ihre Bemühungen um eine Übereinkunft wohl spätestens Anfang Dezember wieder auf. Graf Raimund von Toulouse war es, der dieses Mal die ersten Kontakte knüpfte. Er handelte offenbar auf Veranlassung des französischen Königs Ludwig. Wenigstens ließ ihn Innozenz damals auf dessen Bitte hin vom Bann lösen, denn auch der neue Vermittler bedurfte zunächst einmal der Absolution. Er ging im übrigen anscheinend mit Geschick zu Werke. Friedrich äußerte sich bald optimistisch und rief vertrauenswürdige Berater sogar aus Deutschland zu sich; Innozenz sorgte dafür, daß Vertreter der Lombardenstädte zur Lagebesprechung nach Rom reisten.[109]

Im März 1244 traten die Verhandlungen in ihr entscheidendes Stadium. Der Kaiser leitete sie nun von Acquapendente (westlich Orvietos) aus. Petrus de Vinea und Thaddaeus von Sessa eilten mit seinen Vorschlägen an die Kurie, während als päpstlicher Botschafter Kardinal Otto von S. Nicola wieder eine maßgebende Rolle spielte. Leider unterrichtet uns über den Inhalt der Gespräche nur ein ausführlicher Bericht des Kaisers. Für die Öffentlichkeit bestimmt, scheint er jedoch einigermaßen zuverlässig, wenigstens soweit sich dies anhand des auch anderweitig überlieferten Textes der Friedensbedingungen nachprüfen läßt. Wir erfahren, daß die Lombardenfrage erhebliche Schwierigkeiten bereitete, weil Innozenz zunächst wie einst Gregor zum umfassend bevollmächtigten, also auch zur Festlegung der kaiserlichen Herrschaftsrechte befugten Schiedsrichter in dem Streit bestellt zu werden wünschte. Dies aber lehnte die kaiserliche Seite mit dem Hinweis ab, im Unterschied zu damals sei das kaiserlich-päpstliche Verhältnis gegenwärtig durch die Exkommunikation schwer gestört. Desgleichen stieß des Papstes Forderung nach bedingungsloser Freilassung aller lombardischen Gefangenen auf Ablehnung, und als er gar in Zweifel zog, ob zur Aburteilung ihrer Vergehen überhaupt das kaiserliche Gericht

---

Nr. 693 (vgl. Anm. 107); Nicolaus de Carbio, c. 8, ed. Pagnotti 83 f., Richard von S. Germano, ad 1243, ed. Garufi 217; Sicht Friedrichs: HB 6, 142–144, MGH Const. 2, 342 f., Nr. 252 (3) (Aug. 1244), vgl. den Brief an Otto: HB 6, 141 f., Hilferufe an ihn: HB 6, 125–130; Mahnung Innozenz': Acta 1, 553 Anm.

[109] Richard von S. Germano, ad 1243, ed. Garufi 218 f.; MGH Epp. saec. XIII 2, 31 f., Nr. 40 (2. 12. 1243; zum römischen Exil des Bareser Erzbischofs: Kamp, Kirche 1, 591 mit Anm. 185), ebd. 35 f., Nr. 45 (1. 1. 1244), vgl. RI V, Nr. 7430 (12. 12. 1243), Nr. 7436 (3. 1. 1244; Einbeziehung Bolognas); Äußerungen Friedrichs: HB 6, 146 f. (an Heinrich III.), HB 6, 197–199 (wohl an Balduin von Konstantinopel), Acta Imperii 1, 331, Nr. 375 (Geleit für Bernhard von Kärnten), MGH Const. 2, 333, Nr. 244 (Jan. 1244). – Zur im Januar 1244 zu Grosseto verfaßten Kanzleiordnung siehe oben S. 248 mit Anm. 159, außerdem Stürner, Konstitutionen 91–95, vgl. 101.

zuständig sei, erntete er empörten Widerspruch bei seinen Gesprächspartnern. Dennoch einigten sich die Parteien schließlich auf die zuweilen etwas umständlich-unklare Niederschrift jener Zusagen und Regelungen, deren förmliche Anerkennung durch den Kaiser die Voraussetzung für seine Wiederaufnahme in die Kirche sein sollte. Danach hatte sich Friedrich zu verpflichten, die besetzten kirchlichen Gebiete herauszugeben, alle nach seiner Exkommunikation Gefangengenommenen freizulassen, den danach Verbannten die ungehinderte Heimkehr zu erlauben, den auf seinen Befehl Geschädigten und insbesondere den gefangengesetzten Prälaten ihren Schaden zu ersetzen, wegen der Mißachtung seiner Bannung und wegen seines ungehörigen Übergriffs gegen die Prälaten nach dem Ermessen des Papstes Zahlungen und Militärhilfe zu leisten, Krankenhäuser und Kirchen zu gründen, Almosen zu geben und zu fasten. Allen nach seiner Exkommunikation auf die Seite der Kirche Übergetretenen hatte er Frieden und Verzeihung zu gewähren, desgleichen den schon vorher gegen ihn Rebellierenden, also vor allem den Lombardenstädten; das Urteil über deren bis zum Zeitpunkt seiner Bannung gegen ihn verübten Untaten aber würde dem Papst und den Kardinälen zustehen. Schließlich sollte sich der Kaiser hinsichtlich der Vergehen gegen Kirche und Geistlichkeit, um derentwillen er exkommuniziert worden war, dem Spruch des Papstes und der Kirche beugen, wobei ihm allerdings die Wahrung seiner Rechte, seine ungeschmälerte Herrschaft im Imperium wie im Regnum ausdrücklich zugesichert blieb.[110]

Am 31. März 1244, dem Gründonnerstag, beschworen Graf Raimund von Toulouse, Petrus de Vinea und Thaddaeus von Sessa im Namen des Kaisers die Einhaltung dieser Abmachungen in Anwesenheit des Kaisers Balduin von Konstantinopel, der Kardinäle, vieler Geistlicher und einer großen Menschenmenge, darunter viele, die das bevorstehende Osterfest von weither nach Rom geführt hatte. Voller Freude berichtete der Kaiser seinem Sohn Konrad, nach diesem Eid habe ihn der Papst in einer Predigt vor allem Volk als demütigen Sohn der Kirche und rechtgläubigen Fürsten wieder in die Kirche aufgenommen. Er hoffe, sich in Kürze persönlich den Segen des Papstes zu holen, und gedenke, mit ihm bei dieser Gelegenheit über die Sicherung des Friedens zu beratschlagen. Danach wolle er sogleich Konrad und die Reichsfürsten in Verona treffen. Einstweilen aber möge der König die frohe Kunde überall verbreiten.[111]

---

[110] MGH Const. 2, 334, Nr. 245 (12.3.1244), Nicolaus de Carbio, c. 9f., ed. Pagnotti 84; Friedensbedingungen: Const. 2, 334–337, Nr. 246, vgl. Matthaeus Parisiensis, Chronica maiora, ad 1244, ed. Luard 4, 331–336; Bericht Friedrichs: Const. 2, 343–346, Nr. 252 (4; 6–7) (Aug. 1244).

[111] MGH Const. 2, 337f., Nr. 247f. (28.3.1244), ebd. 338–340, Nr. 249 (Friedrich an Konrad), vgl. ebd. 340, Nr. 250 (30.4.1244; Innozenz).

Die Hochstimmung wich freilich sehr schnell bitterer Enttäuschung. Nach der kaiserlichen Darstellung – auf die wir weiterhin vorwiegend angewiesen sind, der die sonstigen Informationen indes nicht widersprechen – suchte Friedrich bei den anschließenden Verhandlungen über das praktische Vorgehen bis zur Absolution rasch die konkreten Gründe für seine Exkommunikation und die entsprechenden kirchlichen Genugtuungsforderungen zu erfahren. Den Papst jedoch veranlaßten die Klagen und inständigen Bitten der mit dem Gang der Dinge äußerst unzufriedenen lombardischen Gesandten, für sich erneut die volle schiedsrichterliche Gewalt zur Lösung aller zwischen den Lombarden und dem Kaiser strittigen Fragen zu verlangen. Als er damit auch jetzt nicht durchkam, bestand er darauf, Friedrich müsse vor allen anderen Schritten das kirchliche Territorium herausgeben, ohne daß wir wüßten, ob es über den Zeitpunkt der Räumung etwa bereits detaillierte Vereinbarungen gab. Jedenfalls verweigerte der Herrscher den Abzug, solange nicht in irgendeiner Form Klarheit über die präzisen Bedingungen für seine Absolution und über ihren Zeitpunkt geschaffen sei. Angesichts des teilweise eher vorläufig-allgemeinen Charakters des am Gründonnerstag beeideten Textes fürchtete er nämlich, sonst später mit immer neuen Vorwürfen und Forderungen konfrontiert und hingehalten zu werden. Innozenz indes betrachtete wohl eben die kaiserliche Ablehnung seiner Räumungsforderung als einen Verstoß gegen den gerade erst abgelegten Gehorsamsschwur, wenngleich er dies weder jetzt noch später ausdrücklich sagte. Von Friedrichs Eidbruch als solchem aber berichtete er bereits am 30. April dem Thüringer Landgrafen, und bereits damals hielt er die laufenden Friedensbemühungen vermutlich für gescheitert. Ende Mai ernannte er zwölf neue Kardinäle, gewiß nicht zuletzt, um sich für die zu erwartenden Schwierigkeiten den Rückhalt ihres Kollegiums zu sichern.[112]

Die Gespräche mit dem Kaiser stockten zunächst, gingen dann jedoch weiter. Auf Friedrichs Anregung kam man sich wenigstens geographisch sogar näher: Anfang Juni begab er sich nach Terni, Innozenz bezog gleichzeitig in dem Städtchen Civita Castellana im Norden Roms Quartier. Dazwischen, in Narni, traf der im Verhandeln erfahrene, jüngst zum Bischof von Porto aufgestiegene Kardinal Otto die kaiserlichen Boten. Der Staufer hoffte, durch zusätzliches Entgegenkommen in der Lombardenfrage

---

[112] MGH Const. 2, 345–347, Nr. 252 (5; 8) (Aug. 1244); MGH Epp. saec. XIII 2, 340, Nr. 250 (30. 4. 1244; Innozenz), vgl. ebd. 509, Nr. 400 (3) (17. 7. 1245); Frenz – Herde, Briefbuch 200, Z. 16–201, Z. 7, Nr. 51 (Anf. Juni 1245; Anklageschrift aus dem Umkreis Rainers von Viterbo); Nicolaus de Carbio, c. 10, 12, ed. Pagnotti 84f. (auch Kardinalsernennung); Annales Ianuae, ad 1244, MGH SS 18, 212f.; Matthaeus Parisiensis, Chronica maiora, ad 1244, ed. Luard 4, 337, 353f.

doch noch die Versöhnung mit der Kirche zu erlangen. Deshalb bot er dem Papst jetzt die bisher verweigerte Schiedsrichterrolle in diesem Konflikt an, wobei Innozenz' Kompetenzen allerdings klar begrenzt und umschrieben, die Rechte des Reiches grundsätzlich vorbehalten und zuvor alle mit der Absolution irgend verbundenen Probleme vollständig und eindeutig gelöst sein sollten. Für den Fall, daß Innozenz selbst tatsächlich in der Campagna oder auch in Rieti substantielle Verhandlungen über die Absolution führen werde, stellte er zudem die unverzügliche Rückgabe eines Teils des kirchlichen Territoriums in Aussicht. Auch der Graf von Toulouse und sogar Kaiser Balduin von Konstantinopel schalteten sich nun als Überbringer von Botschaften und Vorschlägen in das Friedenswerk ein, da überraschte den Kaiser wie viele andere und vermutlich sogar nicht wenige aus dem päpstlichen Lager die Nachricht, der Papst habe sich am 29. Juni zu Schiff nach Genua begeben.

Innozenz war wohl schon Anfang Juni bei seiner Ankunft in Civita Castellana entschlossen, die in seinen Augen aussichtslosen Unterredungen mit dem Kaiser nur noch zum Schein weiterzuführen, um seinen Fluchtplan geheimzuhalten. Spätestens jetzt nämlich sandte er nach Genua und bat seine Verwandten und den Podestà, ihn von einigen Galeeren in Civitavecchia (nordwestlich Roms) abholen zu lassen. Ohne Zögern erfüllten sie seinen Wunsch. Bei Nacht und verkleidet eilte er in die Hafenstadt und bestieg mit den Kardinälen zusammen die herbeigesegelten Schiffe; nur vier Kardinäle blieben als seine Stellvertreter im Patrimonium zurück, darunter Rainer von Viterbo. Stürme störten die Fahrt nach Genua, doch ging sie unbehelligt von der nichts ahnenden kaiserlichen Flotte vonstatten. Am 7. Juli 1244 traf Innozenz in seiner Vaterstadt ein, jubelnd empfangen von Honoratioren und Volk, aber erschöpft von den überstandenen Wirren und Strapazen. Bis zum Oktober verweilte er dort, erholte sich langsam von seiner Krankheit und empfing die Botschafter der papsttreuen Lombardenstädte und Adlige wie Bonifaz von Montferrat. Dann reiste er weiter und gelangte am 2. Dezember nach Lyon.[113]

Ganz offensichtlich suchte der Papst vor allem während der Junitage seine Zuflucht bei Unaufrichtigkeit und Verstellung. Sein Verhalten in jenen Monaten läßt sich freilich ganz generell nicht leicht erklären. Nach den zurückliegenden Erfahrungen mit dem Kaiser war er gewiß von abgrundtiefem Mißtrauen gegen ihn erfüllt, aber dennoch gewillt, die Mög-

---

[113] MGH Const. 2, 347–351, Nr. 252 (9–19) (Aug. 1244); HB 6, 201 (8.7.1244; Innozenz); Nicolaus de Carbio, c. 12–15, ed. Pagnotti 85–90, Annales Ianuae, ad 1244, MGH SS 18, 213; Matthaeus Parisiensis, Chronica maiora, ad 1244, ed. Luard 4, 354–356; Annales Patavini, ad 1244, MGH SS 19, 158. Zum Ganzen: Melloni, Innocenzo 74–80, Sütterlin, Politik 76–83, RI V, Nr. 3423 a, 3424 a, 3432, 3432 a.

lichkeiten eines Zusammenwirkens mit ihm zu erkunden. Seine Vorstellung vom päpstlichen Amt glaubte er dabei allerdings von vornherein nur realisieren zu können, wenn er sich als Gegengewicht gegen die sonst erdrückende weltliche Übermacht des Kaisers den Rückhalt der Lombarden sicherte oder als vorläufige Basis für ein unabhängiges Wirken wenigstens die freie Verfügung über das ungeschmälerte Patrimonium Petri wiedergewann. So nahm er Friedrichs Beharren auf den traditionell beanspruchten königlichen Rechten gegenüber der sizilischen Kirche ohne erkennbaren Protest hin und konzentrierte sein Augenmerk offenbar ganz darauf, des Kaisers Haltung in den beiden ihm wesentlichen Punkten zu erfahren. Als dieser bei beiden jedes Entgegenkommen ohne vorherige Gewißheit über seine Absolution ablehnte, sah Innozenz darin den untrüglichen Beweis für die Richtigkeit all seiner mit Friedrichs Auftreten verbundenen Befürchtungen; zugleich bestätigte sich für ihn die Einsicht, daß das Papsttum nur gegen den Kaiser seine territoriale Unabhängigkeit zu erlangen und die Bundesgenossenschaft der Lombarden zu erhalten vermöge, nicht im Einvernehmen oder gar in Freundschaft mit ihm. So entzog er sich der Einschnürung durch ihn und der beklagten Isolierung von seinen Getreuen durch die Flucht, um ohne Gefahr, in Sicherheit und Freiheit das zu tun, was er nun für seines Amtes hielt. Lyon an der Westgrenze des Imperiums, in der unmittelbaren Nähe zum Herrschaftsgebiet König Ludwigs von Frankreich, schien der rechte Ort für sein Vorhaben.[114]

Innozenz' Verschwinden überraschte und enttäuschte den völlig unvorbereiteten Kaiser zutiefst. In gewohnter Zuversicht hatte er fest mit dem baldigen glücklichen Abschluß der Friedensgespräche gerechnet und geglaubt, den Papst durch seine Nachgiebigkeit in vielen Einzelbereichen, durch seine Opfer- und Spendenbereitschaft von seiner Demut und Kirchentreue überzeugt und überdies seine Stellung im Regnum Sicilie, etwa bei den dortigen Bischofswahlen, im wesentlichen gewahrt zu haben. Innozenz' Schweigen gerade zu diesem Problemkreis mußte ihn in seiner Sicht durchaus bestärken. In der Lombardenfrage aber fühlte er sich unbezweifelbar im Recht, und für die Rückgabe des Patrimoniums, an die er grundsätzlich gewiß ernsthaft dachte, wollte er Klarheit hinsichtlich seiner Absolution gewinnen, genauso voller Mißtrauen wie sein Gegenspieler. Das übergroße Mißtrauen auf beiden Seiten verhinderte eine Annäherung gerade in der Schlüsselfrage des besetzten Kirchengebiets auch in den folgenden Monaten. Es hatte, hier wie dort seit langem durch immer neue Enttäuschungen genährt, derart übermächtig freilich nur werden können,

---

[114] Zu Innozenz' Motiven vgl. noch HB 6, 201 f. (wohl Juli 1244, an Brescia), Acta Imperii 1, 559 f., Nr. 705 (22. 6. 1244, an Mantua), RI V, Nr. 7477 (20. 6. 1244, an Viterbo).

weil Kaiser und Papst ein letztlich unvereinbarer, zwischen territorialen Nachbarn aber besonders konfliktträchtiger Gegensatz in den fundamentalen Fragen der Gesellschaftsordnung trennte.

Zunächst tat Friedrich alles, um die Öffentlichkeit vom Geschehen aus seiner Sicht zu unterrichten, seine bußfertige Gesinnung, seinen guten Willen, seine echte Bereitschaft zum Einlenken und Nachgeben der unglaublichen, ganz und gar unannehmbaren Parteilichkeit und Verweigerungshaltung des Papstes gegenüberzustellen. Er beriet sich mit seinen oberitalienischen Getreuen, ließ einen überaus detaillierten Bericht über die gescheiterten Verhandlungen anfertigen und sandte ihn sowie daneben auch besondere Schreiben an die Könige und Großen Europas. Manche Herrscher wie etwa Heinrich von England gaben seinen Boten sogar Gelegenheit, seine Darlegungen vor ihrer Ratsversammlung zu verlesen und zu erläutern, auch Briefe des Kaisers Balduin und des Grafen von Toulouse vorzulegen, die die kaiserliche Friedensliebe bezeugten. Heinrich gegenüber erklärte sich der Kaiser zudem bereit, den ganzen Streit dessen und des französischen Königs Urteil zu unterwerfen; allen Helfern des Papstes aber drohte er mit unerbittlicher Vergeltung. Ende des Jahres 1244 schließlich machte er einen letzten Versuch, mit den Kardinälen in Lyon in Kontakt zu kommen, um sie von seiner fortdauernden Friedenssehnsucht zu überzeugen, ihren Rat und ihre Vermittlung zu erbitten. Ob er eine Antwort erhielt, wissen wir nicht.[115]

Letzte Vermittlungsversuche; militärische und publizistische Aktionen

Ein die ganze Christenheit berührendes Ereignis gab dann noch einmal Grund, auf einen Ausgleich zwischen Kaiser und Papst zu hoffen: Im Sommer 1244 fiel Jerusalem in die Hand des ägyptischen Sultans. Friedrich erfuhr durch Boten des Patriarchen Albert von Antiochia († 1247) wohl recht rasch von dem Unglück. Er teilte die schlechte Nachricht umgehend den Fürsten Europas mit und deutete am Ende seines Briefes die Erwartung an, die dramatische Entwicklung im Osten werde den Weg zu einem Frieden im Westen ebnen, der seine und des Reiches Rechte wahre. Zunächst freilich verdüsterte sich die Situation in Palästina weiter: Eine vernichtende Niederlage der Christen am 17. Oktober bei Gaza besiegelte den Verlust Jerusalems. Auch davon gab der Kaiser sofort vertrauten Fürsten wie etwa

---

[115] MGH Const. 2, 341–351, Nr. 252 (großer Bericht), ebd. 352f., Nr. 253 (Begleitschreiben; beide Aug. 1244), ebd. 340f., Nr. 251 (7. 7. 1244; Beratungen in Pisa), ebd. 353f., Nr. 254 (an die Kardinäle); Matthaeus Parisiensis, Chronica maiora, ad 1244, ed. Luard 4, 371f. (Brief an den engl. König).

seinem Schwager Richard von Cornwall ausführlich Bericht, um erneut auf seine oft schon bekundete Bereitschaft zu einem machtvollen Hilfszug für das Heilige Land hinzuweisen, wenn ihm nur zuvor im Regnum wie im Imperium die Rechte seiner Vorfahren in Frieden sicher seien.[116]

Aus Sorge um die dringend nötige gemeinsame Hilfe des Abendlandes ergriff dann Anfang 1245 einer der Repräsentanten des Heiligen Landes selbst, eben Albert von Antiochia, die entscheidende Friedensinitiative. Er reiste eigens aus Syrien nach Europa, um mit Kaiser und Papst persönlich zu sprechen. Der von Friedrich wegen seiner Vermittlertätigkeit im Königreich Jerusalem seit den dreißiger Jahren hochgeschätzte Mann besuchte zunächst den Kaiserhof und überzeugte sich dort von des Herrschers Friedenssehnsucht, von seiner Bereitschaft, über die im Vorjahr beschworene Formel hinaus sogar noch weitere Zugeständnisse zu machen. Darauf begab sich der Patriarch an die päpstliche Kurie nach Lyon, wo er mit seinen Informationen aus dem gegnerischen Lager offenbar auf eine Art von zurückhaltender Aufgeschlossenheit stieß. Innozenz zeigte sich erfreut über das Vernommene, bat Albert jedoch, nach seiner Rückkehr zum Kaiser über dessen konkrete Absichten und Schritte Bericht zu geben. Sicherheitshalber benannte er gleichzeitig immerhin Bevollmächtigte zur Übernahme des etwa vom Kaiser zurückerstatteten kirchlichen Territoriums. Davon freilich konnte Albert, der seit März 1245 wieder an Friedrichs Hof in Foggia weilte, nichts melden – hingegen von des Staufers Angebot, dem Papst und anderen die Schiedsrichterrolle in der Lombardenfrage zu überlassen. Dies sollte allerdings unter gewissen Bedingungen geschehen, zu denen nun auch die päpstliche Verzeihung für alle geistlichen wie nichtgeistlichen Anhänger des Kaisers und vor allem für die Reichsfürsten an seiner Seite gehörte. Friedrichs Ansinnen rief bei Innozenz indessen nur Verwunderung und Ablehnung hervor: Er habe, so ließ er den Patriarchen am 30. April wissen, den gleichen pauschalen Begnadigungswunsch bereits früher immer zurückgewiesen, weshalb sich der Punkt auch nicht in den Vereinbarungen vom Frühjahr 1244 finde. Um des Friedens willen müsse der Herrscher das von ihm Beschworene verwirklichen, insbesondere aber das Land der Kirche herausgeben und alle kirchentreuen Gefangenen freilassen – gemeint waren nun offenbar, anders als 1244 festgelegt, genauso die vor dem Bann wie die danach in Haft Geratenen. Geschehe beides nicht, ehe das von ihm, Innozenz, einberufene Konzil zusammentrete, werde er dort strikt nach dem Recht verfahren.[117]

---

[116] HB 6, 236–240 (wohl Herbst 1244), Matthaeus Parisiensis, Chronica maiora, ad 1244, ed. Luard 4, 300–305 (26. 2. 1245).

[117] MGH Const. 2, 356, Nr. 258 (30. 4. 1245; Innozenz an Albert); Albert am Kaiserhof: HB 6, 263, 265 (März 1245).

Leider läßt sich der weitere Verlauf der Kontakte nicht mehr mit der wünschenswerten Präzision klären. Sicher geht aus zwei Briefen des Patriarchen Albert lediglich hervor, daß der Kaiser in der zweiten Aprilhälfte 1245 wegen eines damals im Zusammenhang mit der Lombardenfrage neu aufgetauchten Problems Heinrich von Hohenlohe, den 1244 erhobenen, ihm seit langem bestens vertrauten neuen Hochmeister des Deutschen Ordens, zum Papst nach Lyon sandte. Möglicherweise hatte Albert, schon ehe er die negative päpstliche Antwort erhielt, selbst Bedenken wegen Friedrichs umfassender Gnadenforderung bekommen und deswegen direkte Gespräche an der Kurie empfohlen, vielleicht war bei seinen Unterredungen mit dem Kaiser auch eine andere Schwierigkeit ans Licht gekommen, die der Ordensmeister nun klären sollte. Jedenfalls glaubte Albert zwar, die fragliche Angelegenheit sei lösbar und werde den Friedensprozeß nicht ernsthaft stören; er wagte aber trotzdem nicht, sie selbst zu entscheiden. Gut denkbar wäre es deshalb, daß Heinrich von Hohenlohe, um etwaige Widerstände der Kurie gleich am Ort aus dem Weg zu räumen, ein besonders großzügiges Angebot überbrachte. Es könnte ungefähr den Versprechungen geglichen haben, die Rainer von Viterbo dem Kaiser in jenen Tagen zutraute, zumal Thaddaeus von Sessa ganz Ähnliches kurz darauf wohl tatsächlich den Konzilsteilnehmern im Namen Friedrichs vortrug. Dieser mochte also bereits im April unter Umständen zugestanden haben, daß er künftig wegen jeder gegen die Kirche gerichteten Handlung, wegen jeder Verachtung der Sakramente oder wegen des Bruchs irgendeines seiner Versprechen sonst sofort und ohne weiteres Urteil wieder der Exkommunikation verfalle, daß er das Kirchenland zurückgeben, alle Gefangenen entlassen, den von ihm verursachten Schaden wiedergutmachen und danach für drei Jahre auf Kreuzfahrt gehen werde, außerdem Könige und Fürsten als Bürgen für seine Zusagen stelle. Natürlich sollte Innozenz dafür vorweg seine Absolution aussprechen.[118]

---

[118] Briefe Alberts: MGH Const. 2, 354–356, Nr. 255, 257 (an Rainer von Viterbo; wohl Ende April bzw. Anfang Mai 1245), kaiserl. Begleitbrief für Heinrich von Hohenlohe: ebd. 354f., Nr. 256, zu Heinrich vgl. Wunder, Gottfried 39–43. Rainer von Viterbo über mögliche kaiserl. Zusagen: Acta Imperii 2, 716, Z. 6–15, Nr. 1037 (= Frenz – Herde, Briefbuch 210, Z. 25–211, Z. 11, Nr. 51; kurz vor Mitte Juli 1245); daß Friedrich, wie Rainer angibt, bei künftigen Verstößen gegen die Kirche *ipso facto* auch den Verlust von Regnum und Imperium (und dies sogar *denuo*) zugestanden hätte, ist ganz unwahrscheinlich; Rainers Bemerkung als Hinweis auf des Hochmeisters Verhandlungsangebot, das ein Umschwenken, ein Nachgeben Innozenz' veranlaßt habe: RI V, Nr. 3466a, danach Folz, Kaiser Friedrich 30–35, Sütterlin, Politik 87–92, Kantorowicz, Friedrich 541 f., Schaller, Kaiser Friedrich 72. Zum Vorschlag des Thaddaeus von Sessa siehe unten S. 533.

Was immer der Ordensmeister Heinrich in Wirklichkeit vorbrachte, einen entscheidenden Meinungsumschwung erreichte er bei seinem päpstlichen Gegenüber nicht. Knapp und bündig beauftragte Innozenz den Patriarchen Albert am 6. Mai 1245, dem Herrscher mitzuteilen, daß er ihn vom Bann löse, sobald er für die Vergehen, die seine Exkommunikation begründeten, soweit sie offenkundig seien, Genugtuung geleistet, soweit darüber aber Zweifel bestünden, ausreichende Sicherheit gestellt habe. Gewiß hatte Friedrich selbst unmittelbar nach dem Schwur vom 31. März 1244 eben dieses weitere Verfahren vorgeschlagen, verständlicherweise aber auch verlangt, daß Innozenz sich bindend darauf festlege, was er als offenkundige, was als zweifelhafte Tatbestände ansehe. Dazu jedoch war jener weder damals noch jetzt bereit.[119] Erwartete Friedrich den ersten Zug vom Papst, ehe er mit seinen Leistungen nachfolgen wollte, so glaubte der Papst, vor seinem eigenen entscheidenden Schritt auf konkrete Zeichen der Einsicht beim Kaiser bestehen zu müssen, und er meinte damit wohl wie bisher in erster Linie den Rückzug aus dem Patrimonium Petri und die vollständige Freilassung aller, auch der lombardischen Gefangenen. So blieb die Situation zwar formell offen, war eine Verständigung nach wie vor nicht grundsätzlich ausgeschlossen. Das bei Kaiser wie Papst unverändert dominierende Mißtrauen ließ indes jeden vom anderen eben jene Form des Entgegenkommens fordern, zu der dieser auf gar keinen Fall bereit war. So sprach nichts mehr für einen Ausgleich, deutete alles auf den völligen Bruch.

Papst Innozenz IV. hatte schon am 27. Dezember 1244 in einer Predigt ein allgemeines Konzil für den 24. Juni 1245 angekündigt und bei dieser Gelegenheit, also nur mündlich, den Kaiser dahin zitiert, damit er sich persönlich oder durch Boten verantworte und sein Urteil höre. Das Zerwürfnis mit ihm bezeichnete der Papst dann auch in den Einladungsschreiben, die bald darauf an die Prälaten und Fürsten des Abendlandes hinausgingen, als ein Hauptthema der geplanten Kirchenversammlung. Daneben sollte über den schlimmen Zustand des Heiligen Landes und des Kaiserreiches von Konstantinopel sowie über Abwehrmaßnahmen gegen die Tataren beratschlagt werden.[120]

Spätestens seit seiner Flucht aus dem Patrimonium stand für Innozenz wohl grundsätzlich fest, daß es seine päpstliche Pflicht sei, Friedrich als

---

[119] MGH Const. 2, 357, Nr. 259 (6. 5. 1245), zur Deutung als Nachgeben Innozenz' vgl. die in Anm. 118 genannte Literatur; zur Diskussion nach dem 31. 3. 1244 siehe oben S. 522.

[120] Konzilsplan: Nicolaus de Carbio, c. 18, ed. Pagnotti 93; Einladungen: MGH Epp. saec. XIII 2, 56–58, Nr. 78 (3. 1. 1245), Matthaeus Parisiensis, Chronica maiora, ad 1245, ed. Luard 4, 410–412.

Kaiser und sizilischen König abzusetzen. Auf dem Konzil gedachte er mit dem Rückhalt der gesamten Kirche das Notwendige in aller Form zu tun. Friedrichs im Kern unnachgiebige Haltung während der von Patriarch Albert initiierten Verhandlungen bestärkte ihn in diesem Vorhaben am Ende vermutlich ebenso wie eine Reihe anderer Faktoren. Zu ihnen mochte der Umstand gehören, daß der Staufer in jenen Monaten mit einem gewissen Erfolg versuchte, seinen Einfluß auf die deutschen Reichsfürsten zu stärken. Eine besonders wichtige Rolle spielte dabei seine Absicht, in vierter Ehe die Babenbergerin Gertrude zu heiraten, die Nichte Herzog Friedrichs von Österreich und dessen Erbin im Falle seines kinderlosen Todes. Während die Kurie seit langem schon die früher vereinbarte und ihren Interessen weit besser entsprechende Vermählung Gertrudes mit Vladislav förderte, dem ältesten Sohn des ihr eng verbundenen Königs Wenzel von Böhmen also, brachte Patriarch Berthold von Aquileia bei seinem Besuch am Hofe zu Foggia im März 1245 offensichtlich das kaiserlich-babenbergische Heiratsprojekt gut voran. Kaiser und Herzog vereinbarten ein persönliches Treffen, und schließlich lud Friedrich den Babenberger und ausdrücklich auch dessen Nichte, die er nun bereits als seine künftige Frau bezeichnete, zu einem für den Juni 1245 nach Verona einberufenen Fürstentag. Dort sollte allem nach nicht nur das Einvernehmen über die bevorstehende kaiserliche Eheschließung bekräftigt, sondern auch die Rangerhöhung der Herzogtümer Österreich und Steiermark zu einem Königreich sowie die Erhebung ihres Herzogs zum König gefeiert werden.[121]

Mindestens ebenso großen päpstlichen Unmut riefen gewiß die Militäroperationen hervor, die Friedrich für das Jahr 1245 ins Auge faßte. Früh kündigte der Herrscher seinen Getreuen nämlich einen für den zeitigen Sommer geplanten Vergeltungsschlag gegen die lombardischen Rebellen an. Etwa Mitte April brach er nach Norden auf und gelangte zunächst nach Terni. Von dort ließ er zwei Wochen lang bis zum 6. Mai Viterbo belagern und dessen Umgebung verwüsten. Anscheinend machte er damals seinem Haß auf die verräterische und vertragsbrüchige Stadt, die noch immer seine Anhänger gefangenhielt, in starken Worten Luft. Ihren völligen Untergang soll er gelobt, ja, wie sein Feind Rainer von Viterbo zu wis-

---

[121] Päpstl. Ehepläne: HB 5, 526 (23. 11. 1239; Gregor IX.), MGH Epp. saec. XIII 2, 52, Nr. 71 (8. 12. 1244; Innozenz IV.); Berthold von Aquileia: Acta Imperii 1, 569, Z. 36–42, Nr. 723, Acta 2, 712, Z. 44–713, Z. 3, Nr. 1037 (= Frenz – Herde, Briefbuch 202, Z. 2–8, Nr. 51; beide kurz vor Mitte Juni 1245; Umkreis Rainers von Viterbo); Friedrich: HB 6, 274f. (wohl Mai 1245); siehe dazu Hausmann, Kaiser Friedrich 265–276, Lechner, Babenberger 293f. Zu anderen kaiserl. Eheplänen jener Zeit: HB 6, 249 (vgl. HB 6, 262–266; Margarethe – Albrecht von Meißen, siehe oben S. 311), vgl. RI V, Nr. 3463a (Konrad – Elisabeth von Bayern).

sen vorgab, sogar ausgerufen haben, selbst wenn er schon mit einem Fuß im Paradies stünde, würde er umkehren, bekäme er Gelegenheit, sich an Viterbo zu rächen. Offenbar bestand nach seinen Informationen im April 1245 die Aussicht, daß sich die kaiserfreundliche Opposition in der Stadt erheben werde; er wußte aber natürlich, daß sein Vorgehen den Friedensprozeß störte, und zog, als Viterbo standhaft blieb, recht schnell über Pisa weiter in die Lombardei.[122]

Dort sammelte der Kaisersohn Enzio im Juni das vom Vater aufgebotene Heer um sich, Truppen aus Deutschland, dem sizilischen Regnum und den kaisertreuen Städten Reichsitaliens, und begann, das Umland von Piacenza zu verwüsten. Friedrich selbst traf unterdessen in Verona mit Konrad, dem deutschen König, und mit Reichsfürsten vor allem des deutschen Südens und Südostens zusammen, dazu mit Anhängern aus Italien, an ihrer Spitze natürlich Veronas Stadtherr Ezzelino. Sogar Kaiser Balduin von Konstantinopel erschien, wenngleich gewiß nur für kurze Zeit. Besonders wichtig dürfte dem Staufer die Begegnung mit Herzog Friedrich von Österreich gewesen sein. Der fand sich mit einiger Verspätung tatsächlich ebenfalls ein, doch er kam ohne seine Nichte. Vielleicht unter dem Einfluß kirchlicher Ermahnungen lehnte die damals kaum Zwanzigjährige die Heirat mit dem Kaiser wohl ab, solange ihr künftiger Gemahl exkommuniziert war. So schob man das Eheprojekt wie die Königserhebung auf. Der Kaiser bestätigte dem österreichischen Herzog zwar das bedeutsame Privileg seines Großvaters Barbarossa aus dem Jahr 1156. Die schon bis ins Detail vorbereitete Urkunde über die Schaffung eines Königreichs Österreich-Steiermark aber blieb unbesiegelt und sollte nie Rechtskraft erlangen.[123]

Der Vorfall erinnert uns daran, daß papsttreue Kreise Friedrichs Handeln aufmerksam beobachteten und nicht zögerten, Gegenmaßnahmen zu ergreifen. An ihrer Spitze agierte der im Patrimonium Petri gebliebene Kardinal Rainer von Viterbo. Seit langem einer der unversöhnlichsten Feinde des Herrschers und nun von dessen Vorstoß gegen Viterbo aufs neue unmittelbar betroffen, tat er alles, um Papst und Kardinalkollegen,

---

[122] Lombardenzug: RI V, Nr. 3468 f. Terni, Viterbo: MGH Const. 2, 354, Z. 17 f., Nr. 255, ebd. 356, Z. 1–3, Nr. 257 (Patriarch Albert), Acta Imperii 1, 566 f., Nr. 720 (nach 8. 5. 1245; Kardinal Rainer an Viterbo), vgl. RI V, Nr. 3470 (Friedrich; vielleicht über Viterbo); Acta 2, 713, Z. 3–20, Nr. 1037 (= Frenz – Herde, Briefbuch 202, Z. 8–203, Z. 10, Nr. 51, vgl. Anm. 121).

[123] Annales Placentini Gibellini, ad 1245, MGH SS 18, 489, Annales Ianuae, ad 1245, ebd. 216 f., Rolandinus Patavinus V 13, MGH SS 19, 82, Annales Patavini, ad 1245, ebd. 159, Matthaeus Parisiensis, Chronica maiora, ad 1245, ed. Luard 4, 474 f., vgl. 440. Österreich: MGH Const. 2, 357–360, Nr. 260 f., siehe dazu Hausmann, Kaiser Friedrich 276–285.

Prälaten und Öffentlichkeit über die alten wie neuen Verbrechen des ihm zutiefst verhaßten Mannes ins Bild zu setzen und jeden Gedanken an eine Aussöhnung mit ihm als absurd erscheinen zu lassen. Obwohl ihn der Patriarch von Antiochia dringend bat, er möge doch nicht durch unbedachte Schritte die Friedensgespräche gefährden, steuerte er seinen Kurs unbeeindruckt weiter. Er suchte nicht nur seine Gefolgsleute in Viterbo in ihrem Haß auf den Kaiser zu bestärken und zum energischen Vorgehen gegen jene Mitbürger aufzustacheln, die er der Kollaboration verdächtigte. Vor allem lag ihm daran, mit umfangreichen, vermutlich von einem Geistlichen seiner engsten Umgebung formulierten Rundschreiben wichtige Persönlichkeiten, insbesondere Konzilsteilnehmer, in seinem Sinne zu beeinflussen und für seine negative Sicht des Kaisers zu gewinnen. Deswegen trug er in diesen Schriften alles zusammen, was er an Vorwürfen und Anschuldigungen gegen den Staufer finden konnte, und scheute selbst vor den übelsten Verdächtigungen nicht zurück.[124]

An Friedrichs krassem Undank für die Wohltaten, die er von Kirche und Papst in seiner Kindheit und Jugend empfing, erinnerte er ebenso wie an seinen mehrfachen Eidbruch, seine beschworenen, aber nicht eingehaltenen Versprechen, einen Kreuzzug zu unternehmen oder Land und Güter der Kirche zu schützen und nicht etwa anzugreifen. Eine ähnlich ausführliche Berücksichtigung fand Friedrichs tyrannisches Vorgehen gegen die Geistlichen im sizilischen Königreich, von denen er einige aufgehängt, andere verbrannt oder gar ertränkt habe, während er mit den kostbaren Gewändern und Geräten der Kirchen seine Soldaten bezahlte. Natürlich kam die Rede auf die Ansiedlung der Sarazenen in Lucera, auf deren blutige Ausschreitungen gegen Christen, ihre Schändung von christlichen Frauen, ihr Wüten gegen Klöster und Kirchen, auf die kaiserlichen Gewalttaten gegen die zu Gregors Konzil segelnden Prälaten, des Herrschers Umsturzversuche in Rom, seine ketzerischen Glaubensvorstellungen, etwa seine Leugnung der Unsterblichkeit der Seele, des jüngsten Gerichts oder der päpstlichen Binde- und Lösegewalt, auf seine engen Kontakte zu den Sultanen, den Feinden der Christen. Wohl eben im

---

[124] Rainer an Viterbo: Acta Imperii 1, 566 f., Nr. 720 (nach 8. 5. 1245), vgl. ebd. 567 f., Nr. 721 f.; Bitte des Patriarchen: MGH Const. 2, 355, Z. 36–356, Z. 1, Nr. 257. Rundschreiben: Frenz – Herde, Briefbuch 215–226, Nr. 54 (*Aspidis ova*; etwa April 1245), vgl. Graefe, Publizistik 110–114 (Übersetzung), 114–119 (Inhalt, Verfasser, Datierung); Acta Imperii 2, 709–717, Nr. 1037 (= Frenz – Herde 191–212, Nr. 51; *Iuxta vaticinium*; kurz vor Mitte Juni 1245), vgl. Graefe 128–155 (Übersetzung), 155–170 (Inhalt); Begleitschreiben zu *Iuxta vaticinium*: Acta 1, 568–570, Nr. 723 (*Confusa*), vgl. Graefe 119–124 (Übersetzung), 124–128 (Inhalt, Zweck), ebd. 170–179 (Zusammengehörigkeit der ganzen Gruppe, Verfasser, Ziele), daneben Westenholz, Rainer 108–131, Hampe, Flugschriften 298–313.

Blick auf die Babenbergerin Gertrude fiel schließlich auch ein Wort über des Staufers Privatleben: Nicht genug damit, daß er seinen ältesten Sohn durch seine Kälte und Falschheit in den Selbstmord trieb, habe er überdies seine drei Gattinnen allesamt wie Gefangene eingeschlossen, von Kindern und Freunden ferngehalten, in seiner Eifersucht mit Zornesworten und Schlägen traktiert und, wie man höre, am Ende vergiften lassen. Die Frau, die sich, von eitler Ruhmsucht verführt, etwa mit dem Gedanken trage, ihn zu heiraten, müsse also schon jetzt vor einem Leben in Schrecken und Trauer gewarnt werden.[125]

Rainers Flugschriften mögen viele Zeitgenossen deswegen besonders beeindruckt haben, weil sie, an ähnliche Tendenzen in Gregors IX. letzten Enzykliken anknüpfend, aber fast noch ausgiebiger als jene Texte das gegenwärtige Geschehen, die Taten des Tyrannen, Kirchenverfolgers und Ketzers Friedrich in einen eschatologischen Zusammenhang stellten, von der biblischen Apokalypse her erklärten. Luzifer gleich wolle der Staufer sich über alle Gestirne am Himmel der Kirche erheben und selbst den Papst überragen, so konnte man da lesen. Wie der große Drache der Offenbarung, das Abbild des Satans, nach seiner Niederlage gegen den Erzengel Michael mit seinem Schwanz eine Reihe von Sternen vom Firmament herabriß, suche er, von der Kirche bei seiner Falschheit ertappt, mit seinem üblen Gefolge die Guten zu verführen, Gottes Tempel und die Sakramente zu entweihen, alle Welt durch Lüge und leeren weltlichen Glanz zu täuschen; wie das von Daniel geschaute Untier zermalme er jeden, der ihm entgegentrete. Der apokalyptische Reiter auf dem roten Pferd erscheine in ihm, der den Frieden von der Erde nehme und die Menschen zum Kampf gegeneinander reize, der Reiter auf dem fahlen Pferd, der Tod und Verderben bringe, der Engel des Verderbens, der die Gefäße des Untergangs bei sich trage. Deutlich erweise ihn das an Babylon erinnernde, zauberhaft-bunte und oberflächlich-prunkende Leben an seinem Hofe und vor allem sein drohender Versuch, von Verona aus, also unverkennbar vom mitternächtlichen Norden her, das Konzil zu stören, als Genossen des Teufels, als den Vorläufer des Antichrist. Der Kirche bleibe angesichts dieser ungeheuerlichen, geradezu an die Endzeit gemahnenden Bedrohung einzig, sich der geforderten Entscheidung mutig zu stellen, den Erzfeind und Repräsentanten Babylons ohne Barmherzigkeit zu stürzen und seine Nachkommenschaft zu vernichten.[126]

Innozenz IV. zog solch suggestiver Bilderrede gewiß die sachliche, kühle

---

[125] Frenz – Herde, Briefbuch 225, Z. 4–226, Z. 3, Nr. 54 (vgl. Anm. 124).
[126] Vgl. etwa Frenz – Herde, Briefbuch, 193, Z. 21–195, Z. 6, 197, Z. 17–198, Z. 1, 199, Z. 4–8, 204, Z. 5–205, Z. 14, 209, Z. 1–210, Z. 10; siehe dazu Schaller, Endzeit-Erwartung 41 f., zu Gregors IX. letzten Manifesten oben S. 473–476, 506 f.

Diktion des Juristen vor.[127] Ebenso sicher deckten sich Rainers zentrale Aussagen inhaltlich indessen mit seiner eigenen Grundposition, und wenn des Kardinals Propagandaarbeit die Konzilsteilnehmer tatsächlich in ihren Vorbehalten oder ihrer Feindschaft gegen den Kaiser bestärkte, was wir heute kaum mehr beurteilen können, dann entsprach dies zweifellos durchaus den päpstlichen Wünschen.

Das Konzil von Lyon. Die Absetzung des Kaisers

Ende Juni 1245 fanden sich die von Innozenz zum Konzil Geladenen in Lyon ein, allerdings nicht in so großer Zahl, wie er vielleicht erwartet hatte: Ungefähr 150 Bischöfe, vorwiegend aus Spanien, Frankreich und England kamen schließlich zusammen, dazu Äbte und andere Geistliche – dreißig Jahre zuvor waren zu dem großen Laterankonzil Innozenz' III. über 400 Bischöfe angereist sowie mehr als 800 Vertreter der Klöster, Stifte und Domkapitel. Es gab eine Fülle von Gesprächen im kleinen Kreis, von Sitzungen verschiedener Ausschüsse, Gruppen oder Gremien, wie beispielsweise des Kardinalskollegiums; dreimal, am 28. Juni, am 5. und am 17. Juli, tagte die Vollversammlung aller Teilnehmer in der Kathedrale der Stadt, dazu traf man sich zu einer vorbereitenden Besprechung am 26. Juni.

Bereits diese erste Gelegenheit nutzte der Vertreter des Kaisers auf dem Konzil, sein lang bewährter, enger Mitarbeiter und vertrauter Berater Thaddaeus von Sessa, um ein letztes, weitgehendes Friedensangebot seines Herrn zu unterbreiten. Als Gegenleistung für die Absolution und als Genugtuung versprach dieser, das der römischen Kirche Geraubte zurückzugeben, Schadensersatz für alles Unrecht zu leisten, sich energisch für die Rückkehr des griechischen Kaiserreichs in die römische Kirche sowie für die Bekämpfung der Tataren und aller anderen Feinde der Kirche einzusetzen und vor allem auf eigene Kosten und persönlich im Heiligen Land für dessen Schutz und glanzvollen Wiederaufstieg zu wirken. Den englischen und französischen König wollte er als Bürgen für seine redliche Gesinnung und die Ehrlichkeit seiner Absichten beibringen. Doch Innozenz reagierte mit ungläubigem Mißtrauen und mit Ablehnung. Zuviel schon habe Friedrich versprochen und nicht gehalten, so soll er ausgerufen haben. Es werde ihm nicht gelingen, durch neue Ankündigungen jetzt noch das Urteil des Konzils abzuwenden. Den Frieden bringe ihm vielmehr allein die Einlösung des im letzten Jahr Beschworenen. Mit den bei-

---

[127] Vgl. dazu, auch zu den Veränderungen in der Papstkanzlei gegenüber Gregor IX., Herde, Pamphlet 493–499.

den Bürgen endlich laufe die Kirche nur Gefahr, sich im Konfliktfall statt des einen gleich drei mächtige Fürsten als Gegner einzuhandeln.[128]

Wie im Grunde seit dem Frühjahr 1244 hoffte der Kaiser also unverändert, den Papst durch immer neue und großzügigere Angebote künftigen Wohlverhaltens zur Rücknahme der Exkommunikation zu bewegen, während dieser damit bis zur konkreten Einlösung der kaiserlichen Zusagen abzuwarten gedachte. Wie je hielten es beide Seiten für zu riskant, selbst den ersten Schritt zu tun. Die schroffe Abweisung aller seiner Vorschläge durch Innozenz machte Thaddaeus von Sessa nun jedoch den ganzen Ernst der Lage deutlich, die feste Entschlossenheit des Papstes nämlich, ohne weiteres Zögern auf dem Konzil das Absetzungsurteil gegen Friedrich zu verkünden. Er glaubte, den Herrscher unverzüglich von dem unangenehmen Stand der Dinge informieren zu müssen, und entsandte dazu seinen Begleiter Walter von Ocre (südöstlich L'Aquilas) nach Verona. Walter, von adliger Herkunft, kaiserlicher Hofkaplan und Kanzleinotar, gehörte seit dem Ausgang der dreißiger Jahre zu den führenden Diplomaten in Friedrichs Dienst. Wichtige Missionen hatten ihn nach Deutschland und an den französischen Hof geführt, vor allem jedoch reiste er im Auftrag des Herrschers des öfteren und zuweilen für längere Zeit nach England, konnte also fast als eine Art kaiserlicher Botschafter beim englischen König gelten. Nun gewährte ihm der Papst eine Frist von 20 Tagen, innerhalb der er in kaiserlicher Begleitung oder doch mit kaiserlichen Weisungen nach Lyon zurückkehren sollte.[129]

Zwei Tage darauf eröffnete Innozenz feierlich und offiziell die Kirchenversammlung und verkündete die zentralen Beratungsthemen: die innere Reform der Kirche, die unglückliche Lage des Heiligen Landes, die Abspaltung der Griechen und die Tatarengefahr, also eben jene Probleme, zu denen der Kaiser, insoweit offenbar recht wohl informiert, seine Hilfe bereits angeboten hatte. Im übrigen stand dessen feindseliges Verhalten gegen die Kirche natürlich gleichfalls auf der Tagesordnung, und die Dis-

---

[128] Matthaeus Parisiensis, Chronica maiora, ad 1245, ed. Luard 4, 431–433 (26. 6. 1245), vgl. zum Gesamtverlauf des Konzils ebd. 430–473, dazu die wohl aus der päpstl. Kanzlei stammende Relatio (Brevis nota): MGH Const. 2, 513–516, Nr. 401, außerdem Nicolaus de Carbio, c. 19f., ed. Pagnotti 93–96, Annales S. Pantaleonis, ad 1245, MGH SS rer. Germ. 18, 287, Annales Placentini Gibellini, ad 1245, MGH SS 18, 489–491. Siehe dazu Baaken, Ius 297–340, vgl. Wolter, Lyon 70–119, Melloni, Innocenzo 88–98, Folz, Kaiser Friedrich 40–116; zur Überlieferung: Hilpert, Kaiserbriefe 191–200; zum Vierten Laterankonzil oben Bd. 1, S. 181–184.

[129] Matthaeus Parisiensis, ad 1246 (wie Anm. 128) 542 (= MGH Const. 2, 364, Nr. 262; 31. 7. 1245); zu Walter: Kamp, Kirche 1, 128–132 (mit Belegen und Literatur), vgl. Schaller, Kanzlei 1, 262, Nr. 13, Hilpert, Kaiserbriefe 139–152, Wolf, Anfänge 147–153.

Das Konzil von Lyon. Die Absetzung des Kaisers

kussion darüber, wie mit ihm zu verfahren sei, geriet rasch in den Mittelpunkt der Konzilsarbeit.[130]

Ausführlich nahm der Papst gleich auf der ersten Hauptsitzung zu dieser Frage Stellung. Friedrich, so suchte er klarzumachen, kämpfe nicht, wie er behaupte, gegen einzelne Päpste, sondern gegen die Kirche schlechthin. Folgerichtig habe er seine Angriffe auch während der Vakanz auf dem päpstlichen Stuhl fortgesetzt. Zum Beweis des vielfachen kaiserlichen Eidbruchs ließ er dann Urkunden verlesen, die offenbar insbesondere Friedrichs Stellung als Lehnsmann der römischen Kirche für das sizilische Königreich und seine Schenkungs- und Garantieerklärungen für das Patrimonium Petri ins Gedächtnis der Hörer rufen sollten. Thaddaeus konterte geschickt und allem nach gut auf die päpstlichen Angriffe vorbereitet mit Dokumenten über nicht eingehaltene kirchliche Versprechungen. Es kam zu einer Diskussion zwischen ihm und Innozenz darüber, ob es sich jeweils um absolute oder aber an Bedingungen geknüpfte Zusagen gehandelt habe, und des Thaddaeus Argumentation scheint vor allem bei der englischen Geistlichkeit auf wohlwollende Zustimmung gestoßen zu sein. Die Engländer setzten sich auch sonst am ehesten für die kaiserliche Sache ein, baten etwa um Schonung für Friedrichs mit dem englischen Königshaus verwandte Nachkommen und tadelten im übrigen heftig die hohe finanzielle Belastung Englands durch die Kurie und die dort von ihr betriebene Personalpolitik. Leidenschaftlich traten hingegen die Prälaten Spaniens für die päpstliche Sache ein.

Auf der zweiten Vollversammlung meldete sich der einzige Ankläger des Kaisers aus dem sizilischen Königreich zu Wort, der Bischof Petrus von Carinola (westlich Capuas), den der Herrscher 1239 wegen Hochverrats verbannt hatte.[131] Nun schilderte er die Verfolgung der sizilischen Kirche durch Friedrich, dem es mit seinen Zwangsmaßnahmen offen um die Wiedereinführung der urkirchlichen Armut gehe. Wie vielleicht bereits Innozenz selbst, brachte Petrus die Rede daneben vermutlich auch auf Friedrichs häretische Glaubensvorstellungen, auf seine verdächtig engen Kontakte zu sarazenischen Herrschern und auf seinen unmoralischen Lebenswandel, insbesondere seinen Verkehr mit den Sarazenenmädchen seines Harems. Thaddaeus wies des Bischofs Anschuldigungen entschieden als die unwahren, vom Haß eingegebenen Erfindungen eines erbitterten Gegners des Kaisers zurück; er suchte, so gut es ging, die ebenfalls erneut diskutierte Gefangennahme der zu Gregor reisenden Prälaten mit den

---

[130] Siehe dazu und zum Folgenden die Berichte über die drei Hauptsitzungen: Matthaeus Parisiensis (wie Anm. 128) 434–445, 456, MGH Const. 2, 513–516, Nr. 401, vgl., auch zur Literatur, oben Anm. 128.
[131] Kamp, Kirche 1, 164f.

Notwendigkeiten des Kampfes gegen die Reichsfeinde zu entschuldigen und erreichte schließlich, daß Innozenz dem Staufer die Möglichkeit einräumte, bis zum 17. Juli seine Rechtgläubigkeit selbst vor dem Konzil darzulegen.

Inzwischen besprach der Papst die vorgesehene Absetzung des Kaisers noch einmal ausführlich, in erster Linie unter juristischen Gesichtspunkten, mit den Kardinälen. Er erlangte endgültig ihre Zustimmung[132] und sorgte daraufhin wohl für die Formulierung der Absetzungsbulle. Außerdem ließ er jetzt 91 Urkunden, die vorwiegend Kaiser und Könige zugunsten der römischen Kirche ausgestellt hatten, darunter allein 35 Privilegien Friedrichs II., doppelt abschreiben und beide Serien mit seiner Bleibulle und den Wachssiegeln von 40 hochrangigen Konzilsbesuchern beglaubigen. Seine aufwendige Aktion sollte die Hauptbeweise für Friedrichs Rechtsbrüche sichern und in einer Art Dossier zur bequemen praktischen Benutzung zusammenstellen. Darüber hinaus hatte die Dokumentensammlung der sogenannten Lyoner Transsumpte jedoch offenbar ganz grundsätzlich den Zweck, die inzwischen erlangte Machtposition der römischen Kirche und vor allem ihre lehnsrechtlich begründete Oberherrschaft über eine ansehnliche Zahl von europäischen Königen zu belegen.[133]

Ohne weiter auf Friedrich oder seine wenig später tatsächlich eintreffenden Boten zu warten, auf Walter von Ocre nämlich sowie eine aus dem Freisinger Bischof, dem Deutschordensmeister Heinrich und Petrus de Vinea bestehende Gesandtschaft,[134] trafen sich die Konzilsteilnehmer am 17. Juli 1245, wie angekündigt, zu ihrer Schlußversammlung. Innozenz verkündete die Konstitutionen des Konzils zu den behandelten Programmpunkten[135] und befahl die Verlesung der Lyoner Transsumpte, deren den Originalen entsprechende Rechtskraft er betonte. Noch einmal ergriff danach Thaddaeus von Sessa das Wort. Er bezweifelte die Authentizität zahlreicher Privilegien, sah nun aber klar, daß des Kaisers Absetzung unmittelbar bevorstehe. So faßte er schon vorweg die Gründe für die Ungültigkeit einer derartigen Entscheidung knapp zusammen: die fehlende ordnungsgemäße Ladung des Kaisers, die inhaltliche Unbestimmtheit der gegen ihn vorgebrachten Klage, die Parteilichkeit des Papstes als Feind des Kaisers, seine Doppelrolle als Kläger und Richter sowie die völlig unzureichende

---

[132] Matthaeus Parisiensis (wie Anm. 128) 480 (= HB 6, 347; Anf. Sept. 1245, Innozenz an das Generalkapitel der Zisterzienser).

[133] Dazu Baaken, Ius 309–315.

[134] Matthaeus Parisiensis, ad 1246 (wie Anm. 128) 541f. MGH Const. 2, 364, Nr. 262 (31. 7. 1245; Friedrich), vgl. oben Anm. 129.

[135] Text: Conciliorum decreta 283–301 (zur Überlieferung ebd. 274–276), vgl. Matthaeus Parisiensis (wie Anm. 128) 456–472.

Würdigung der vorgebrachten und durchweg ebenso schwachen wie angreifbaren Beschuldigungen vor dem Urteilsspruch. Von Rechts wegen dürfe es deshalb zu einem solchen Spruch des Papstes gegen den Kaiser gar nicht kommen. Dennoch appelliere er im Namen seines Herrn bereits jetzt dagegen an den künftigen Papst und ein allgemeines Konzil der Könige, Fürsten und Prälaten.[136]

Was der Kaiser seit 1239 wiederholt angeregt und angedroht hatte, war damit geschehen. Er bestand nicht nur auf der Nichtigkeit des Prozesses und der Ungültigkeit des päpstlichen Urteils wegen schwerer Verfahrensfehler, sondern legte dagegen zugleich vorsorglich Berufung bei einem allgemeinen Konzil ein – offenkundig war er der erste überhaupt, der zu diesem Rechtsmittel griff. Damit zielte er auf eine Ordnung der Kirche, die sich sehr deutlich von jener streng hierarchischen Verfassung unterschied, die die kirchliche Wirklichkeit damals prägte, die die zeitgenössische Kanonistik immer subtiler begründete und die Innozenz IV. leidenschaftlich verteidigte. Die versammelten Führer des Laienstandes wie der Geistlichkeit, Könige und Fürsten wie Prälaten repräsentierten nach Friedrichs Vorstellung allein wahrhaft die gesamte Christenheit, ihr Votum wog deshalb mehr als selbst die Stimme des Papstes. Ganz fremd erschien des Kaisers Gedanke schon zu seiner Zeit nicht; dennoch sollte es noch lange dauern, ehe man daranging, ihn in der Praxis zu erproben.

Innozenz wies des Thaddaeus Einwände jedenfalls sofort mit der knappen Bemerkung zurück, man habe ja ein allgemeines Konzil vor sich, und verkündete dann des Kaisers Absetzung. Nach der Verlesung der Depositionsbulle schloß er die Zusammenkunft. Freilich hatte er der Kirchenversammlung als solcher offenkundig weder auf sein Vorgehen gegen den Kaiser generell noch etwa auf die Formulierung der Absetzungsurkunde irgendeinen nennenswerten Einfluß zugestanden. Ausdrücklich nicht mit Billigung, sondern nur in Gegenwart des Konzils fällte er seine Entscheidung, und noch als er später sein Absetzungsdekret kommentierte, betonte er eigens, das Konzil sei bloß der größeren Feierlichkeit wegen präsent gewesen, die Verurteilung des Kaisers aber vollziehe allein der Papst kraft seiner apostolischen Vollgewalt.[137]

---

[136] Text: MGH Const. 2, 508, Nr. 399, siehe dazu Becker, Appellation 44–47, vgl. zu ähnlichen Appellationen ebd. 47–53, zur Stellung der Kanonistik ebd. 237–282 (zu 47 bzw. 280: Innozenz bot in seiner Depositionsbulle nicht die Prüfung seines Urteils durch ein Konzil an, sondern zitierte sein Schlichtungsangebot vom Aug. 1243, Const. 2, 329, Nr. 240, c. 3).
[137] Text der Absetzungsbulle: MGH Const. 2, 508–512, Nr. 400 (508, Z. 27: *sacro presente concilio*), vgl. Matthaeus Parisiensis, Chronica maiora, ad 1245, ed. Luard 4, 445–455, Conciliorum decreta 278–283. Zur Konzilsbeteiligung und Innozenz'

Wie im Grundsätzlichen so hielt sich Innozenz auch bei den einzelnen Schritten seiner Beweisführung streng an die Normen, die die Kanonistik in jenen Jahren für den vorliegenden Fall herausgearbeitet hatte. Er stellte vier dort als Gründe für die Absetzung eines Herrschers anerkannte schwere Verbrechen heraus, nämlich Eidbruch, Verletzung des Friedens mit der Kirche, Sakrileg sowie den dringenden Verdacht der Häresie, und suchte dann darzulegen, daß Friedrich ihrer schuldig geworden sei. Zum Beweis zitierte er dessen feierliche Versprechen aus seinen Privilegien oder aus den Akten des Friedensschlusses von 1230 und erinnerte dann an kaiserliche Untaten wie die Gefangennahme der Kardinäle und Prälaten, die Besetzung des Kirchenstaates, die vielfältige Bedrückung der sizilischen Kirche oder die Behinderung freier Bischofswahlen im Regnum. Als Sakrileg wertete er insbesondere die brutale Behandlung der zu Gregors Konzil reisenden Geistlichen, als Zeichen des kaiserlichen Ketzertums die völlige Ignorierung der Exkommunikation, die enge Freundschaft und Zusammenarbeit mit Sarazenenfürsten und die Liebe zu deren religiösen Bräuchen, das Eunuchenwesen am Stauferhof, die Ermordung des bayrischen Herzogs und die Ehe der Kaisertochter Konstanze mit Kaiser Johannes Vatatzes von Nikaia. Am Schluß forderte er die zuständigen Reichsfürsten auf, für den als Kaiser wie König Abgesetzten einen Nachfolger im Imperium zu wählen, während er sich die Verfügung über das sizilische Königreich als Lehnsherr vorbehielt.

Hatte Gregor VII. einst den deutschen König und künftigen Imperator förmlich abgesetzt, so entzog Innozenz IV. nun erstmals einem Gekrönten und dazu seit 25 Jahren herrschenden Kaiser seine Ämter und Würden. Er verteidigte damit nach seiner Überzeugung die von Gott gewollte Ordnung der Christenheit und wandte dabei strikt die jener Ordnung gemäßen, zu ihrer Sicherung entwickelten Grundsätze des aktuellen kanonischen Rechts an. Zur Sprache kamen folgerichtig nur jene Gesichtspunkte, die innerhalb dieses rechtlichen Rahmens Gewicht besaßen und verwertbar waren, während die politisch-strategischen Beweggründe, die die kirchliche Haltung mindestens ebensostark mitbestimmten, hier selbstverständlich völlig unberücksichtigt blieben.

Rechtsgrundlage: Kempf, Absetzung 345–355 (päpstl. Glosse zur Bulle ebd. 346 Anm. 1 und 3, 348 Anm. 7), zur teilweise erzwungenen Besiegelung der Bulle durch eine Reihe von Konzilsteilnehmern: Matthaeus Parisiensis 479, vgl. dazu und zu ihrem Inhalt: Baaken, Ius 307–309, 317–335 (die Betonung des Lehnsrechts, 334f., leuchtet nicht recht ein: Auch nach dem Lateranense IV, c. 3, Conciliorum decreta 234, konnten die Lehen eines Ketzers neu ausgegeben werden, vgl. Kempf 354f.; zudem entsprach die Alleinentscheidung Innozenz' kaum dem lehnsrechtl. Verfahren).

Allerdings beruhten auch die Beweise, die Innozenz vorbrachte, wohl in der Tat, wie Thaddaeus monierte, nicht selten auf einer recht einseitigen Interpretation der Texte und Umstände, verrät anderes, am deutlichsten vielleicht der gegen Friedrich erhobene Vorwurf des Unglaubens, wie sehr sich der Papst, anstatt allein auf gesichertes Wissen zu bauen, von einer vorgefaßten Meinung über seinen Kontrahenten leiten ließ.[138] Vor allem aber dachte und urteilte Innozenz von einer extrem hierokratischen Weltanschauung aus, die damals zwar in intellektuellen und besonders in juristisch interessierten kirchlichen Kreisen hohes Ansehen genoß, die aber innerhalb wie vor allem außerhalb des Klerus auch auf erhebliche Zweifel und energische Gegnerschaft stieß. Der bei Friedrich II. sehr deutliche, bei den Herrschern nach ihm eher noch wachsende, dazu nun von nationalem Selbstbewußtsein bestärkte Drang nach Unabhängigkeit des spezifisch staatlichen Wirkungsbereichs von kirchlicher Einflußnahme mußte früher oder später unweigerlich zu dieser Gegnerschaft führen. Wie schon im Falle Friedrichs blieb der Kirche dann nur übrig, ihren Willen mit den Mitteln des Rechts und danach mit militärischer Gewalt durchzusetzen. Sie beschritt damit einen Weg, der schwerlich ihrem eigentlichen Auftrag entsprach und wohl fast zwangsläufig auf den Anschlag von Anagni im September 1303 zulief.[139]

Friedrichs Reaktion.
Sein Ruf nach der armen Kirche und sein Verhältnis zu den Bettelorden

Innozenz' entschiedenes Handeln überraschte, verstimmte und verschreckte bereits auf der Schlußsitzung zu Lyon viele Anwesende, die bis zuletzt vor der Absetzung des Kaisers gewarnt oder doch nicht ernsthaft an sie geglaubt hatten. Um so rascher suchte der Papst die Großen des Abendlandes von seinem Schritt zu informieren und sie zugleich wohl vor jeder weiteren Anerkennung Friedrichs als Herrscher, vor jeder Zusammenarbeit mit ihm zu warnen, da dies ohne weiteres ihre eigene Exkommunikation nach sich ziehe. Dennoch veränderte sich nach dem Sommer 1245 weder Friedrichs Stellung in seinem sizilischen Königreich und der dortigen Kirche gegenüber noch sein Verhältnis zu den großen westlichen Königreichen. Ludwig IX. von Frankreich erkannte ihn weiterhin als Kaiser an, und der diplomatische Verkehr mit dem englischen Königshaus blieb, fürs erste wenigstens, so rege wie zuvor.[140]

---

[138] Zur offenbar wenig korrekten Benutzung (MGH Const. 2, 512, Z. 2–5, Nr. 400) eines noch an Gregor IX. gerichteten Briefes des Sultans aṣ-Ṣāliḥ (Text: MGH Epp. saec. XIII 2, 86–88, Nr. 123) siehe Möhring, Brief 549–557.

[139] Vgl. Kempf, Absetzung 355–360.

[140] Reaktionen der Konzilsbesucher: MGH Const. 2, 516, Z. 25f., Nr. 401, Mat-

Andererseits lieferte die Absetzung des Kaisers seinen Gegnern natürlich neue Argumente für ihre Haltung; sie drohte zudem bislang unsicher Zweifelnde ins päpstliche Lager zu ziehen und den Abfall von Opportunisten zu legitimieren. Von grundsätzlichen Gesichtspunkten ganz abgesehen, nötigten also schon die unmittelbar zu befürchtenden praktischen Folgen des päpstlichen Schrittes die kaiserliche Seite zu einer raschen und entschlossenen Reaktion. Friedrich war Anfang Juli 1245 auf die schlechten Nachrichten Walters von Ocre hin nach Turin gereist.[141] Dort erfuhr er gegen Ende des Monats von dem dramatischen Geschehen zu Lyon, und noch von dort aus begann er, die Öffentlichkeit des Abendlandes, die Herrscher ebenso wie die geistlichen und weltlichen Großen ihm wichtiger Königreiche ausführlich darüber zu unterrichten, was er vom Prozeß und Urteil des Papstes hielt.[142]

Eingehend legte er die schwerwiegenden formalen Mängel des in Lyon praktizierten Verfahrens dar. Innozenz habe sich bei seinem Vorgehen an keiner der üblichen Prozeßarten orientiert, weder einen Ankläger vorgeführt noch Anzeigen vorgelegt, überdies nur wenige Zeugen präsentiert, die zudem eigentlich alle hätten abgelehnt werden müssen, weil sie entweder als seine, des Beklagten, Feinde befangen oder gänzlich unzureichend über die behandelten Tatbestände informiert waren. Schließlich sei der Angeklagte, eben er selbst, weil nicht ordnungsgemäß geladen, gar nicht zugegen gewesen. So erweise sich der Spruch des Papstes um der gravierenden Verfahrensfehler willen, auf die er sich gründe, als nichtig, seiner vom Haß eingegebenen Schärfe und Einseitigkeit wegen aber als zutiefst ungerecht – selbst wenn man die Zuständigkeit des päpstlichen Richters für den vorliegenden Fall an sich anerkenne. Dies aber, so betonte der

---

thaeus Parisiensis (wie Anm. 137) 445, 456, Annales Placentini Gibellini, ad 1245, MGH SS 18, 489 f., Annales S. Pantaleonis, ad 1245, MGH SS rer. Germ. 18, 287. Versendung der Depositionsbulle mit Begleitschreiben: Baaken, Ius 336–338, vgl. ders., Verhandlungen 574 mit Anm. 170. Zur Herrschertreue insbes. des hohen sizil. Klerus: Kamp, Episkopat 102–104, 111–114, vgl. ders., Kirchenpolitik 954 f., sowie Baaken 341 f. Ludwig IX.: HB 6, 501 f. (an Friedrich; wohl Anfang 1247); Beziehungen zu England: HB 6, 502–504, 645 f. (Friedrich bzw. sein Sohn Heinrich an Heinrich III.; 1247/1248), zu den Gesandtschaften im Jahr 1246: Hilpert, Kaiserbriefe 150–152, zur negativen Einschätzung Innozenz' in England und bes. bei Matthaeus Parisiensis: Schnith, England 149–154.

[141] Rolandinus Patavinus V 14, MGH SS 19, 82, Annales Patavini, ad 1245, ebd. 159, Annales Ianuae, ad 1245, MGH SS 18, 217.

[142] Text der kaiserl. Rundschreiben: MGH Const. 2, 360–366, Nr. 262, zur Überlieferung und zu anderen Drucken: Hilpert, Kaiserbriefe 78–83 (vgl. Frenz – Herde, Briefbuch 94–99, Nr. 30), zur Interpretation: Baaken, Verhandlungen 533–543, vgl. Graefe, Publizistik 180–185, Vehse, Propaganda 111–113.

Kaiser zu Beginn wie am Ende seiner Argumentation unmißverständlich, tue er keineswegs. Ohne jeden Zweifel bekenne er den katholischen Glauben, wie ihn die römische Kirche lehre, beuge er sich der von Gott verliehenen Binde- und Lösegewalt und umfassenden Vollmacht des Nachfolgers Petri in geistlichen Dingen. Daß jener aber das Kaisertum nach Belieben geben und entziehen, daß er Könige und Fürsten zur Strafe ihrer Reiche berauben könne, das lese man weder in göttlichen noch menschlichen Satzungen, und es wäre in der Tat geradezu lächerlich, den römischen Kaiser, der nicht an die Gesetze gebunden sei, dem Gesetz zu unterwerfen, also den mit einer zeitlichen Strafe zu belegen, der sich allein dem Gericht Gottes zu stellen habe. Was hier an ihm versucht werde, so warnte der Autor am Ende seine Herrscherkollegen, sei im übrigen nur der Beginn einer Entwicklung, die auch sie erfassen werde: Sei die Kaisermacht erst gebrochen, wende sich die Kirche ungehindert gegen die Könige. Ihre eigenen Interessen verteidigten diese in Wahrheit also, wenn sie nun ihm, dem Kaiser, zu Hilfe eilten.

Erneut und eindringlich appellierte Friedrich an die Solidarität der Monarchen. Schärfer denn je bekannte er sich zu seiner der päpstlichen diametral entgegengesetzten Überzeugung, daß Kaiser und Papst gleicherweise unmittelbar von Gott gesetzt, je mit besonderen Aufgaben und Vollmachten betraut und in dem ihnen zugewiesenen Verantwortungsbereich unabhängig seien, daß sie für ihn nur Gott Rechenschaft schuldeten. Ein päpstliches Richten und Verfügen über weltliche Herrscherämter war in des Kaisers Weltordnung undenkbar. Daß ein mit dem Recht so eng verbundener Monarch wie Friedrich und die hochqualifizierten Juristen in seiner Umgebung, Thaddaeus von Sessa gewiß an ihrer Spitze, trotzdem ihren ganzen Scharfsinn und Ehrgeiz daransetzten, dem Papst in seinem angemaßten Richteramt überdies noch erhebliche fachliche Fehler und Ungereimtheiten nachzuweisen, versteht sich recht gut. Weniger Beckmesserei als ehrliche Empörung über das geschehene Unrecht dürfte sie dazu veranlaßt haben. In erster Linie aber kam es natürlich darauf an, damit jene Adressaten zu beeindrucken, nachdenklich zu stimmen und vielleicht sogar zu gewinnen, die die schroffe grundsätzliche Ablehnung des päpstlichen Spruches durch den Staufer womöglich nicht teilten, doch Gerechtigkeit und sorgsamen Umgang mit dem Recht gerade vom Papst durchaus erwarteten. Innozenz suchte dem Generalkapitel der Zisterzienser gegenüber denn auch, wenngleich sachlich kaum überzeugend, die auf seinen Wunsch hin unmittelbar vor Friedrichs Verurteilung durchgeführte gründliche Erörterung und Prüfung des Falles durch die Kardinäle als eine Art Prozeß darzustellen.[143]

---

[143] HB 6, 347 (vgl. oben S. 536 mit Anm. 132).

Friedrich dagegen argumentierte bald noch grundsätzlicher. In einem wohl Ende 1245 veröffentlichten Rundschreiben beklagte er vor den Königen der Christenheit, daß die verweltlichte, durch die Almosen der Gläubigen über Jahrhunderte hinweg reich und mächtig gewordene Kirche nun die ihr gesetzte Grenze völlig vergesse, ihre eigentliche, religiöse Aufgabe gänzlich vernachlässige, statt dessen Kaiser und Könige bedrücke und es jüngst sogar gewagt habe, ihn selbst, dazu ohne jedes rechtsgültige Verfahren, abzusetzen. Bald werde der Mißbrauch der priesterlichen Gewalt in ähnlicher Weise andere Monarchen treffen. Deshalb sei es an der Zeit, gegen die heuchlerische Heiligkeit der päpstlichen Kurie aufzutreten, der finanziellen Ausbeutung der christlichen Reiche, die sie betreibe, ein Ende zu machen, zumal sie die Mittel, die sie den Untertanen abpresse, zum Schaden der Fürsten verwende. Er, der Kaiser, jedenfalls wolle mit Gottes Beistand dahin wirken, daß die Kleriker und allen voran die führenden Männer der Geistlichkeit in Nachahmung der Demut Christi zu der apostolischen Lebensform der Urkirche zurückkehrten. Während die Priester damals Wunder taten, Kranke heilten, Einfluß nicht mit Waffengewalt, sondern durch ihre Heiligkeit gewannen, seien sie jetzt weltlichen Genüssen hingegeben und mit der Jagd nach Geld beschäftigt. Ihnen ihre Reichtümer zu nehmen, darauf zu bestehen, daß sie sich wieder in Bescheidenheit dem Dienste Gottes widmeten, dies könne man demnach geradezu als ein Werk der Liebe bezeichnen; ihm dabei zu helfen, dazu rufe er alle seine fürstlichen Leser auf.[144]

Nicht mehr nur um die Angriffe auf die Person eines einzelnen ungerechten Papstes oder um die Aufwertung des allgemeinen Konzils gegenüber der päpstlichen Autorität ging es hier, sondern um die tiefgreifende Reform der ganzen Kirche, ihren totalen Verzicht auf weltliche Macht und Einflußnahme, ihre kompromißlose Beschränkung und Konzentration auf die als ihr eigentliches Amt angesehene Seelsorge. Eine arme, ganz ihrer geistigen Aufgabe hingegebene Kirche fügte sich gewiß außerordentlich gut in Friedrichs dualistische Konzeption der Gesellschaftsordnung, die die Sorge um die Durchsetzung von Frieden und Gerechtigkeit unter den Menschen allein der herrscherlichen Gewalt zuwies. Dennoch gehörte die Wiederherstellung urkirchlicher Verhältnisse ähnlich wie etwa die Ketzerverfolgung oder die Aufwertung Roms ganz offenkundig nicht zu den zen-

---

[144] Text: Frenz – Herde, Briefbuch 99–101, Nr. 31 (Ende 1245/Anf. 1246), mit Angabe weiterer Drucke (vgl. Acta Imperii 2, 49–51, Nr. 46, HB 6, 391–393), zur Überlieferung auch Hilpert, Kaiserbriefe 78–80, 83–87; vgl. Graefe, Publizistik 194–200 (Übersetzung und Interpretation), Vehse, Propaganda 114f., Kantorowicz, Friedrich 561–566, Ergänzungsband 231 (mit Aufzählung anderer Schreiben zur Kirchenreform: HB 6, 479f., 707, 712f., 773f., Acta Imperii 2, 52–54, Nr. 48f.).

tralen Anliegen des Staufers. Als wesentlich betrachtete er vielmehr die Wahrung seiner herrscherlichen Unabhängigkeit vor kirchlicher Kontrolle. Daß er gerade jetzt mit seinen radikalen Reformforderungen hervortrat, war also zweifellos vor allem die Folge des päpstlichen Absetzungsbeschlusses und seiner maßlosen Erbitterung darüber. Er verfolgte damit das praktische Ziel, dem Ansehen von Papst und Kurie zu schaden, ihren Rückhalt in der Öffentlichkeit zu schwächen und wohl auch seinen verstärkten Zugriff auf kirchliche Einkünfte zu rechtfertigen. Insofern hatte der Franziskaner Salimbene nicht ganz unrecht, wenn er später behauptete, nicht religiöser Eifer habe Friedrich zu seiner Armutsforderung an die Kirche getrieben, sondern Habsucht und Machtbegierde.[145]

Andererseits war dem Kaiser die Vorstellung einer armen Kirche bis dahin natürlich nicht fremd und unbekannt geblieben. Sie besaß damals ja durchaus Aktualität, konnte sich auf das Vorbild des Franz von Assisi und seiner Genossen berufen und hatte mit den Bettelorden gewissermaßen in der Kirche selbst ihre Fürsprecher. Zwar standen Friedrich andere religiöse Gemeinschaften, allen voran der Deutsche Orden und die Zisterzienser, gewiß näher als die Franziskaner und Dominikaner. Auch zu ihnen unterhielt er jedoch, von der Zeit seiner ersten Exkommunikation abgesehen, bis zum zweiten Bann im ganzen recht freundliche Beziehungen. Im Imperium wie im Regnum entstanden damals, vereinzelt direkt von ihm gefördert, rasch und in großer Zahl ihre Konvente. Er unterstützte mit seiner Verordnung vom März 1232 den Einsatz der Dominikaner bei der Ketzerverfolgung in Deutschland, und mit seinem Besuch in Marburg am 1. Mai 1236 würdigte er in Elisabeth gewiß auch das der Armut und Nächstenliebe gewidmete Leben des Franz von Assisi. Nicht zufällig bat er unmittelbar darauf den Generalmeister des Franziskanerordens Elias von Cortona (südlich Arezzos) darum, in das Gebet der Minderbrüder aufgenommen zu werden. Wenn Elias dann im Frühjahr 1238 im päpstlichen Auftrag als Vermittler am Kaiserhof erschien, darf man daraus überdies gewiß auf ein beachtliches persönliches Ansehen des Ordensmannes beim Kaiser schließen.[146]

Elias, ein enger Vertrauter von Franziskus, 1221 zu dessen Vikar bestimmt und Erbauer seiner imposanten Grabeskirche in Assisi, stand seit

---

[145] Salimbene, Cronica, ad 1248, MGH SS 32, 341; vgl. zum damals befohlenen Einzug eines Drittels der kirchl. Einkünfte im Regnum und in Reichsitalien: MGH Const. 2, 367–369, Nr. 263 (bes. 2), HB 6, 360f.

[146] Salimbene, Cronica, ad 1238, MGH SS 32, 96, vgl. ebd. 99, 157; zum März 1232 siehe oben S. 271f., zu Marburg S. 323–326. Zu Elias siehe Berg, Elias 102–126, über Friedrichs Verhältnis zu den Bettelorden: Fonseca, Federico 163–181, Barone, Propaganda 278–289, dies., Federico 607–626, Berg, Papst Innocenz 461–481, ders., Herrschaftsideologie 26–51, 185–209.

1232 an der Spitze der franziskanischen Gemeinschaft. Er sorgte in dieser Position für eine verbesserte wissenschaftliche, vor allem theologische Ausbildung der Ordensbrüder, um sie adäquat auf die Tätigkeit in der Mission und Ketzerbekämpfung oder als Kreuzzugsprediger vorzubereiten, legte aber dem Willen des Ordensgründers gemäß auf die Gleichberechtigung von Laien und Klerikern Wert und lenkte die Gemeinschaft im übrigen äußerst zentralistisch; er ließ die Ordensprovinzen streng kontrollieren und griff ohne Scheu massiv in ihre Angelegenheiten ein. Das schuf bald große Verärgerung vor allem bei der gebildeten Führungsschicht des Ordens. Als wiederholte Proteste bei Elias keine Änderung brachten, wandten sich die Unzufriedenen mit ihren Klagen schließlich an Papst Gregor IX. Der zögerte zunächst, setzte Elias dann aber im Mai 1239, also wenige Wochen nach der erneuten Exkommunikation des Kaisers, ab. Es ging ihm wohl darum, die Entwicklung der Minoriten zu einer Gemeinschaft gut ausgebildeter Kleriker weiter voranzubringen und deren geschlossenen Einsatz im päpstlichen Dienst sowohl gegen die Ketzer wie in dem nun voraussehbaren Konflikt mit dem Kaiser zu sichern. Elias jedoch entschloß sich zum offenen Übertritt auf die Seite des Staufers. Er nahm an der Belagerung Faenzas teil, und als er später nach Zypern reiste, rühmte Friedrich in einem Empfehlungsschreiben an den König der Insel seinen wertvollen Rat und Beistand in heiklen Situationen. Erst kurz vor seinem Tod im April 1253 erwirkte Elias seine Versöhnung mit Orden und Kirche.[147]

Während Gregor den Elias tief enttäuscht exkommunizierte und zunächst eine Spaltung der Franziskaner fürchten mußte, beschuldigte Friedrich den Papst, er habe jenen Mann, den einst Franziskus selbst zu seinem Nachfolger bestellte, wegen seiner Gerechtigkeitsliebe und seines unparteiischen Einsatzes für den Frieden im Imperium abgesetzt und damit letztlich aus Haß gegen ihn, den Kaiser, die Gebote Christi wie die Anordnungen des Heiligen verachtet; Parteienbildung und Wirrnis unter den Brüdern seien die Folge. Der Herrscher suchte den Schutz, den er Elias gewährte, in der Öffentlichkeit also als Einsatz für die Sache des Franz von Assisi vorzustellen und natürlich zugleich die Minoriten zu beeindrucken und für sich zu gewinnen. Dies gelang freilich allenfalls in höchst bescheidenem Maße, zumal er ja gleichzeitig daranging, aus Furcht vor propäpstlichen Aktionen der Bettelorden ihren Spielraum drastisch einzuschränken, indem er etwa alle aus der Lombardei stammenden Mendikanten aus dem Regnum auswies und einige Monate später nicht mehr als zwei Brüder in jedem Konvent dulden wollte.[148]

---

[147] Salimbene (wie Anm. 146) 159f., Richard von S. Germano, ad 1239, ed. Garufi 204; HB 6, 147f. (Friedrich an Heinrich von Zypern; wohl 1243).

[148] HB 5, 577 (Gregor IX. über Elias; Febr. 1240); HB 5, 346–348 (Friedrich; etwa

Er mag in der Praxis vielleicht weniger rigide verfahren sein – für gewöhnlich stellten sich die Franziskaner und meist auch die Dominikaner trotzdem sowohl in Italien wie nach 1245 in Deutschland als entschlossene Helfer der päpstlichen Seite zur Verfügung. Sie wirkten, gestützt auf das weitreichende und dichte Netz ihrer Niederlassungen, als Boten und Informanten, als Überbringer geheimer Briefe und Nachrichten, päpstlicher Enzykliken und Mandate. Sie warben für den Kreuzzug gegen den Kaiser, beschafften und transportierten das Geld zur Bezahlung der antikaiserlichen Heere, sprachen den Kämpfenden Mut zu und gewannen mit ihren Predigten und ausführlichen Erläuterungen des päpstlichen Vorgehens die Bevölkerung, nicht zuletzt in den entscheidend wichtigen Städten Oberitaliens. Diejenigen unter den Minoriten, die joachitischem Weltverständnis und Schrifttum zuneigten, werden – gewiß nicht ohne Erfolg – die Kämpfe der Gegenwart als Zeichen für den endzeitlichen Zustand der Christenheit oder für deren qualvollen, an Anfechtungen reichen Übergang in das neue Zeitalter des Heiligen Geistes gedeutet haben und das Verhalten Friedrichs als das eines Vorläufers des Antichrist oder des bösen Drachen und Satans selbst.[149] Dazu erhöhten päpstliche Sondervollmachten zur Erteilung von Ablässen und Absolution oder zur Abhaltung von Gottesdiensten an den dem Interdikt unterworfenen Orten das Ansehen und die Einflußmöglichkeiten der Bettelmönche noch weiter. Friedrich zögerte seinerseits vor allem in der letzten Phase äußerster Zuspitzung nach 1245 nicht, Mendikanten, die gegen ihn arbeiteten, die etwa im sizilischen Regnum, seiner Machtbasis, päpstliche Befehle zur Veröffentlichung und Durchsetzung der gegen ihn verhängten Exkommunikation und des Interdikts verbreiteten, erbarmungslos zu verfolgen und zu bestrafen, sie sogar foltern und auf dem Scheiterhaufen verbrennen zu lassen.[150]

Sosehr die Bettelorden, für den Staufer bereits 1241 die bösen Engel des Papstes, in ihrer antikaiserlichen Grundhaltung übereinstimmten, suchten die Dominikaner offenbar doch stärker als die Franziskaner, wo es ging, gewisse Grenzen ihres Engagements zu wahren. Friedrich gab denn auch bald jede Hoffnung auf, bei den Minoriten noch irgend etwas bewirken zu können. Dagegen wandte er sich 1241 und noch einmal viel-

---

Ende 1239), vgl. Matthaeus Parisiensis, Chronica maiora, ad 1239, ed. Luard 3, 628. – Richard von S. Germano, ad 1239, ed. Garufi 200, ad 1240, ebd. 207, vgl. oben S. 482, zur gemäßigteren Praxis: Barone, Federico 615–617.

[149] Zum Stellenwert eschatologisch-apokalyptischer Motive in der franziskanischen Predigt Berg, Herrschaftsideologie 36f., 185f., vgl. 196f., 203–205, Schaller, Endzeit-Erwartung 42f., Barone, Propaganda 288f.

[150] HB 6, 699–703, vgl. HB 6, 711 (alle wohl Anf. 1249); siehe dazu Salimbene, Cronica, ad 1248, MGH SS 32, 138, ad 1249, ebd. 330f.

leicht 1246 an das Generalkapitel des Predigerordens, um seine christliche Gesinnung und seinen Versöhnungswillen zu bekunden, um die Brüder außerdem jedoch, besonders dringend im zweiten Schreiben, dazu aufzurufen, daß sie ihrem eigentlichen Gelöbnis und Auftrag treu blieben, den Menschen auch fernerhin unabhängig von weltlichen Bindungen und Interessen das Heil predigten und sich nicht, wie das jetzt leider viele unter ihnen täten, in weltliche Geschäfte und Dienste verstricken ließen in der Meinung, es sei Gott wohlgefällig, wenn sie den ganzen Erdkreis gegen Kaiser und Reich aufhetzten.[151]

Solche Mahnungen verhallten in den Bettelorden durchaus nicht völlig ungehört. Die Spiritualen unter den Franziskanern warnten ihre Ordensbrüder bald ähnlich besorgt vor der Aufgabe ihrer ursprünglichen Lebensformen und Grundsätze. Bereits in den vierziger Jahren griff indessen der schwäbische Dominikaner Arnold vehement den Machthunger von Papst und Klerus an, die das Evangelium und Christi Lehre verrieten. Die nötige Erneuerung der Kirche erwartete er von seiner eigenen, freilich vorher zur Reinheit ihrer Anfänge zurückgeführten Predigergemeinschaft, die im Zusammenwirken mit dem gläubigen Kaiser Friedrich II. berufen sei, in schweren Kämpfen die Mißstände auszutilgen, den Antichrist Innozenz IV. zu beseitigen und das letzte Zeitalter, das Reich der wahrhaft Frommen, des Friedens und der Gerechtigkeit heraufzuführen.[152]

Die weithin ablehnende, ja feindselige Haltung der Bettelorden veranlaßte Friedrich also seit Ausgang der dreißiger Jahre des öfteren, tadelnd auf den Gegensatz zwischen ihrem evangelischen Ansatz und der konkreten Wirklichkeit hinzuweisen. Deshalb lag es für ihn über rein praktische und taktische Erwägungen hinaus auch grundsätzlich durchaus nahe, 1245 diese Kritik endgültig auf die ganze Kirche auszudehnen, bewies seine Absetzung durch Innozenz in seinen Augen doch in der Tat überdeutlich, daß Papst und Geistlichkeit die ihnen gesetzten Grenzen grob mißachteten und die ihnen von Gott zugewiesene Aufgabe schwer vernachlässigten.

Der kaiserliche Vorstoß barg für die Kirche durchaus eine ernstzunehmende Gefahr, da er den weitverbreiteten Unmut über die kirchlichen

---

[151] *Angeli mali*: Acta Imperii 1, 657, Z. 25 f., Nr. 856 (Jan. 1241); Friedrich an die Dominikaner: HB 5, 1098–1100 (27. 2. 1241), HB 6, 479f. (wohl 1246), vgl. zu deren Haltung: Barone, Propaganda 281f., 286f., dies., Federico 618, Baaken, Verhandlungen 560–570, Berg, Herrschaftsideologie 43f., zum regional unterschiedlichen Engagement der Mendikanten ders., Papst Innocenz 476–480.

[152] Text: Fratris Arnoldi ord. praed. de correctione ecclesiae epistola et anonymi de Innocentio IV. P. M. Antichristo libellus, ed. E. Winkelmann (Berlin 1865), Übersetzung: Graefe, Publizistik 240–254 sowie 258–261, zu Autor und Inhalt ebd. 254–257, 261–263, außerdem Schaller, Endzeit-Erwartung 43f., Struve, Utopie 73–75.

Ansprüche auf Gehorsam in weltlichen Dingen und nicht zuletzt über das öffentliche Auftreten der Bettelorden noch zu schüren drohte. Aus Deutschland hören wir, daß im Jahre 1248 eine oppositionelle Gruppe in Schwäbisch Hall den Papst, die Geistlichkeit und die Mendikanten öffentlich als falsche Prediger und Ketzer bezeichnete, die ein verkehrtes, unapostolisches Leben führten, als Verführer und Betrüger der Gläubigen, gegen die man nur vom Kaiser und seinem Sohn Konrad Hilfe erhoffen könne. Die Empörung der Engländer über ihre finanziellen Belastungen durch den Papst wuchs ohnehin seit langem ständig. Als ein geharnischter Protest des englischen Klerus auf dem Konzil zu Lyon kaum Erleichterung brachte, die Lasten sich danach vielmehr eher noch steigerten, appellierte die Geistlichkeit Englands gegen die unerträgliche Finanzpolitik des Papstes zwanzig Jahre nach Friedrich sogar ebenfalls an ein allgemeines Konzil.[153]

An den Adel Frankreichs hatte sich der Kaiser bereits im September 1245 in einem speziellen Schreiben gewandt, um ihm die kirchlichen Übergriffe und Einmischungen in weltliche Angelegenheiten ins Gedächtnis zu rufen und ihn daran zu erinnern, daß der Nachfolger Petri in seiner Überheblichkeit nicht nur Kaiser und Könige absetze, sondern sich auch in die Streitigkeiten der Barone untereinander oder der Lehnsherren mit ihren Vasallen einmische und dabei willkürlich Urteile fälle, von Treueiden löse sowie Schiedsgerichte oder Abmachungen erzwinge. Wenig später fand dann die kaiserliche Schrift zur Kirchenreform gerade unter den französischen Adligen besonderen Anklang: Im November 1246 schloß sich eine ansehnliche Zahl von ihnen zusammen, um die Adelsrechte gegen den Klerus zu verteidigen, insbesondere die kirchliche Gerichtsbarkeit auf ihre wahre, geistliche Zuständigkeit zu beschränken und grundsätzlich die Geistlichkeit zu einem Leben der Kontemplation und zu den Verhältnissen der Urkirche zurückzuführen. Diese Zielsetzung läßt sofort vermuten, Friedrichs Rundbrief habe die Bewegung beeinflußt, und in der Tat enthält deren Manifest sogar wörtliche Parallelen zu dem kaiserlichen Dokument. Ihr Auftreten veranlaßte Innozenz, eilends den König und die Geistlichkeit Frankreichs zum Einschreiten aufzufordern, und nach einigen Zugeständnissen löste sich der Adelsbund auf. Heinrich III. von England aber nahm die Anregung auf; er grenzte die kirchliche Gerichtsbarkeit in seinem Reich so ein, wie es die französischen Adligen gefordert hatten.[154]

---

[153] Hall: Albert von Stade, ad 1248, MGH SS 16, 371 f., siehe dazu Graefe, Publizistik 237–239, 262–268 (263–266: Übersetzung des antiklerikalen Aufrufes Acta Imperii 2, 52 f., Nr. 48). England: Schnith, England 83–91, anhand der Schilderungen von Matthaeus Parisiensis; vgl. Becker, Appellation 47–53.

[154] MGH Const. 2, 370, Nr. 264 (1) (22. 9. 1245); Adelsbund: Matthaeus Parisien-

Innozenz' Aktivierung von Kirche und Öffentlichkeit. Die Wahl des Gegenkönigs Heinrich Raspe

Die Stellung König Ludwigs IX. von Frankreich gewann seit 1245 für Kaiser wie Papst besondere Bedeutung. Friedrich wollte sich in ihm einen altbewährten Verbündeten bewahren, Innozenz den nach dem Kaiser mächtigsten und angesehensten Monarchen des Kontinents auf seine Seite ziehen. Ludwig selbst aber plante seit 1244 intensiv eine Kreuzfahrt und sah im Frieden zwischen Kaiser und Papst eine unerläßliche Voraussetzung für den Erfolg seines Projekts.[155]

Der Staufer begnügte sich in seinem Bemühen um das Wohlwollen des französischen Königs nicht mit der bloßen Übersendung seiner ausführlichen Stellungnahme zum Lyoner Absetzungsverfahren. Er schickte wohl Anfang September 1245 zudem eigens zwei seiner engsten Mitarbeiter, Petrus de Vinea und Walter von Ocre, nach Frankreich und bat Ludwig, sich von ihnen vor dem versammelten Adel seines Landes den kaiserlichen Standpunkt erläutern, das ihm, Friedrich, vom Papst zugefügte und ähnlich allen Fürsten drohende Unrecht anhand eindeutiger Dokumente nachweisen zu lassen. Seine umfassend bevollmächtigten Boten sollten den König überdies ersuchen, er möge zwischen Kaiser und Papst vermitteln. Sobald Innozenz auf Ludwigs Zureden hin seine Absetzungssentenz zurücknehme, sei er, der Kaiser, bereit, seinen Streit mit dem Papst, soweit er dessen Befugnis berühre, dem Urteil Ludwigs und des französischen Adels zu unterwerfen und dann, nach der Befriedung des Imperiums, mit dem König zusammen alle Kraft der Rückeroberung Jerusalems zuzuwenden. Am 22. September 1245 informierte Friedrich in einem großen Rundschreiben die französische Öffentlichkeit ausführlich über diese Schritte und Wünsche.[156]

Offenbar machten des Kaisers Initiativen und Argumente Eindruck auf Ludwig IX. Jedenfalls ersuchte er Innozenz sehr dringend um eine Unterredung, und in der Tat trafen sich König und Papst während der letzten Novemberwoche im Kloster Cluny knapp hundert Kilometer nördlich von Lyon. Mit der Wahl dieses zwar in Frankreich, aber nahe der Grenze zum Imperium gelegenen Ortes suchte Ludwig von vornherein den Verdacht

---

sis, Chronica maiora, ad 1247, ed. Luard 4, 590–594, 614 (Gesetz Heinrichs III.), vgl. HB 6, 467–469 (und dort Anm. 1), Briefe Innozenz': Hampe, Briefe 514–517 (Dez. 1246), MGH Epp. saec. XIII 2, 201–204, Nr. 269 f. (4. 1. 1247); siehe dazu Graefe, Publizistik 229–236, vgl. Vehse, Propaganda 197–199.

[155] Zur Haltung Ludwigs siehe Le Goff, Saint Louis, bes. 163–168.

[156] MGH Const. 2, 369–371, Nr. 264 (22. 9. 1245), vgl. dazu Graefe, Publizistik 185–190 (mit Übersetzung), Baaken, Verhandlungen 534 f.

einer Parteinahme zu vermeiden. In den entscheidenden Gesprächen, an denen neben Innozenz und ihm nur seine Mutter Blanca von Kastilien teilnahm, gelang es ihm freilich nicht, seinen Gesprächspartner zum Einlenken zu bewegen und den Frieden zwischen Kirche und Kaiser zu fördern. Eher scheint es, als habe er sich umgekehrt im Laufe der Verhandlungen seinerseits der päpstlichen Position angenähert. Das Zeugnis der anwesenden Kardinäle oder die Lektüre der vom Papst mitgebrachten Lyoner Transsumpte könnten ihn dazu veranlaßt haben. Wichtiger war vermutlich jedoch das Angebot des Papstes, die Ehe Karls von Anjou, des Bruders des Königs, mit Beatrix, der jüngsten Tochter und Erbin des im August verstorbenen Grafen der Provence Raimund Berengar zu ermöglichen, indem er Karl von dem Ehehindernis der zu nahen Verwandtschaft mit Beatrix dispensierte und zugleich Karls Konkurrenten, den Sohn König Jakobs von Aragón und den Grafen Raimund von Toulouse, durch die Verweigerung der ihnen gleichfalls nötigen Ehedispense ausschaltete. Am 31. Januar 1246 heirateten denn auch Karl und Beatrix in Aix, und der Graf von Anjou gewann jene Machtstellung am Mittelmeer, von der aus er zwanzig Jahre später das Regnum Sicilie erobern sollte.[157]

Durch die Abmachungen von Cluny verlor der Kaiser, der sich im übrigen für seinen Sohn Konrad gleichfalls um die Hand von Beatrix bemüht hatte, nicht nur endgültig jeden Einfluß im Süden des Königreiches Arelat. Vor allem bestand nun kaum noch Aussicht, daß sich König Ludwig für die kaiserliche Sache erklären oder beim Papst energisch für sie eintreten werde, wie sehr ihm – schon um seines Kreuzzuges willen – weiterhin an ungestörten, sogar freundschaftlichen Beziehungen zu Friedrich und an dessen Versöhnung mit der Kirche lag.[158] Innozenz aber hatte die Gefahr der Isolierung gebannt und im französischen Königshaus sogar einen gewissen Rückhalt gewonnen.

Vermutlich erhielt der Papst in Cluny freie Hand, nunmehr auch im Königreich Frankreich die Absetzung des Kaisers publik zu machen, und intensivierte daraufhin seine diesbezüglichen Anstrengungen. Er wies die Konvente des Dominikanerordens an, überall die Bevölkerung, Geistlich-

---

[157] Matthaeus Parisiensis, Chronica maiora, ad 1245, ed. Luard 4, 484f., ad 1246, ebd. 522–524; dazu, bes. auch zur Ehe Karls von Anjou: Baaken, Verhandlungen 543–559, vgl. Melloni, Innocenzo 94f., Herde, Karl 25–33.

[158] Gescheiterte Friedensbemühungen vom Herbst 1246: MGH Epp. saec. XIII 2, 192, Nr. 257 (5. 11. 1246; Innozenz an Ludwig), HB 6, 472–474 (wohl Ende 1246; Friedrichs Dank an Ludwig, *carissimo fratri suo*); vgl. HB 6, 465f. (Nov. 1246; Friedrich befiehlt Kreuzzugshilfe für Ludwig, *dilectus amicus noster*), vgl. HB 6, 466f., sowie HB 6, 501f. (Anf. 1247; Dank Ludwigs an Friedrich, *excellentissimo et karissimo amico suo*). Werbung um Beatrix: Annales Ianuae, ad 1245, MGH SS 18, 218f., vgl. Acta Imperii 2, 51 f., Nr. 47.

keit wie Laien, zusammenzurufen, um sie in Predigten über den Inhalt seiner Depositionsbulle zu unterrichten und ihr sein Vorgehen zu erläutern. Dabei bezog er von Anfang an Frankreich ein: Das früheste derartige Schreiben, das wir kennen, sandte er am 15. Dezember an die Dominikaner zu Paris. Im übrigen trug er Sorge, daß die Repräsentanten der Geistlichkeit die Aufklärungsarbeit der Predigerbrüder förderten.[159]

In ähnlich aufklärerischer Absicht meldeten sich etwa zur gleichen Zeit erneut Kardinal Rainer von Viterbo und sein publizistischer Helferkreis zu Wort. Wohl aus ihrer Mitte stammt nämlich ein unter dem Namen Innozenz' IV. verbreitetes, um den Jahreswechsel 1245/46 verfaßtes wortreiches Manifest, das Friedrichs Einwände gegen seine Absetzung widerlegen will.[160] Es schildert zu diesem Zweck eindringlich die umfassende Macht und Würde des Papstes als Nachfolger Petri, Haupt aller Gläubigen und Stellvertreter Gottes auf Erden, dem Christus, der wahre Priester und König, seine doppelte, priesterliche wie königliche Gewalt und mit ihr die Führerstellung unter den Menschen verlieh. Nach seiner Weisung haben deshalb auch die weltlichen Fürsten, die Beschützer des Guten und Kämpfer gegen das Böse, zu handeln, seiner Kontrolle unterstehen auch sie. Sie verlieren ganz folgerichtig bei hartnäckiger Verachtung der kirchlichen Ermahnungen und tiefer Verstrickung in das Laster ihr Herrscheramt, scheiden sie doch aufgrund solcher Verstocktheit aus der Gemeinschaft der Gläubigen aus. Außerhalb der Kirche aber gibt es keine Herrschaft, hat Gott keine weltliche Gewalt eingesetzt; vielmehr führt alles, was dort geschieht, zur Hölle.

Fast schärfer noch als Innozenz selbst betont dieser Rundbrief also gegenüber Friedrichs dualistischer Weltsicht die überragende päpstliche Autorität auf Erden und die Abhängigkeit aller weltlichen Gewalt von ihr. Es versteht sich, daß von dieser Warte aus Friedrichs Zweifel an der Korrektheit des päpstlichen Verfahrens nur als Bestätigung seiner Verworfenheit und Kirchenfeindschaft, als neuerlicher Beweis für seine Verachtung der gottgewollten päpstlichen Vollmacht gelten konnten, zumal seine Verbrechen ohnehin so offen zutage lagen, daß es der Feststellung durch einen Richterspruch eigentlich gar nicht mehr bedurft hätte. Hinter der kaiserlichen Forderung nach Armut der Kleriker endlich versteckte sich in den Augen unserer Autoren nur schlecht verhüllt seine tyrannische Absicht, die Kirche, die er schützen sollte, zu berauben und zu unterdrücken.

---

[159] Mandat vom 15. 12. 1245: Baaken, Verhandlungen 578f., vgl. ebd. 560–566.
[160] Edition: Herde, Pamphlet 508–538 (*Eger cui lenia*; vgl. Frenz – Herde, Briefbuch 102–110, Nr. 32), zu Überlieferung, Inhalt und Verfasser der Schrift ebd. 468–508, vgl. Stürner, Peccatum 172f., Graefe, Publizistik 201–221 (mit Übersetzung).

Die gleiche Auffassung hinsichtlich des kaiserlichen Reformprogramms vertrat in jenen Wochen im übrigen eine Enzyklika des Papstes, die die Könige und Fürsten des Abendlandes zum gemeinsamen bewaffneten Kampf gegen den Tyrannen Friedrich aufrief. Ihrer leidenschaftlichen Diktion und ihren eschatologischen Anklängen nach könnte sie indessen ebenfalls ein Produkt aus Rainers Umfeld sein: Als brüllenden Löwen, der rasend vor Wut ständig nach Beute sucht, stellt sie uns den Kaiser vor, als den Pharao, den Sohn des Verrats, den Vorläufer und das Ebenbild des Antichrist.[161]

Natürlich begnügte sich Innozenz nicht mit der Unterrichtung und Belehrung der Öffentlichkeit durch Rundbriefe und Flugschriften, durch Predigten der Mendikanten oder der Geistlichkeit sonst. Er tat alles, um die Machtverhältnisse ganz unmittelbar in seinem Sinne zu verändern, den Kreis der Papsttreuen zu fördern und zu mehren, die Anhänger des Kaisers aber zu schwächen, zu verunsichern und zu bekämpfen. Ganz besondere Aufmerksamkeit widmete er in diesem Zusammenhang dem Ziel, den Episkopat Italiens und noch vorher, seiner reichsfürstlichen Stellung wegen, denjenigen Deutschlands auf seine Seite zu bringen. Er suchte kaisertreue Bischöfe zum Übertritt zu veranlassen oder zur Resignation zu zwingen und übte entscheidenden Einfluß auf die Neuwahlen aus. Eine wichtige Mittlerfunktion fiel dabei seinen Legaten zu, in Deutschland dem bald nach dem Lyoner Konzil entsandten, am 5. Juli 1246 förmlich mit dem vollen Legatenamt betrauten Philipp Fontana, dem erwählten Bischof von Ferrara, seit März 1247 dessen Nachfolger Kardinal Petrus aus der römischen Adelsfamilie der Capocci, seit Anfang 1249 dem Mainzer und bald darauf dem Kölner Erzbischof, in Oberitalien dem zögernd-vorsichtigen Kardinal Ottaviano Ubaldini sowie dem wesentlich energischeren, uns bestens bekannten Gregor von Montelongo an seiner Seite.[162]

Die Domkapitel durften nur mit Zustimmung und unter der Kontrolle dieser Legaten Bischöfe wählen, jede eigenmächtige Handlung war ungültig. Vielfach gab Innozenz den Legaten Anweisung, für die Erhebung bestimmter, ihm wichtiger oder etwa mit wichtigen Persönlichkeiten verwandter Kandidaten zu sorgen. Nicht selten griff er direkt ein und ernannte einen Bischof, ohne das Kapitel überhaupt zu hören, so mit Erfolg im

---

[161] HB 6, 396–399 (*Agni sponsa*), vgl. Herde, Pamphlet 495 Anm. 110, 497 Anm. 122, Graefe, Publizistik 222 f.
[162] Philipp von Ferrara: MGH Epp. saec. XIII 2, 99 f., Nr. 132 (27. 8. 1245), ebd. 152–154, Nr. 201 f. (4./5. 7. 1246; Legat), vgl. RI V, Nr. 10171c–10186a; Petrus Capocci: Thumser, Rom 54–57, Paravicini Bagliani, Cardinali 300–306, vgl. RI V, Nr. 10191a–10225; Ottaviano Ubaldini: Paravicini Bagliani 279–289; dazu Ganzer, Papsttum 138–140.

Juni 1246 in Aosta oder im Oktober 1247 in Augsburg, wo allerdings erst der kaisertreue Siboto zum Verzicht gedrängt werden mußte. Anderswo, Anfang 1247 beispielsweise in Salzburg, Ende des Jahres in Worms, kam das Kapitel dem Papst beziehungsweise seinem Legaten trotz des Verbotes zuvor, und der von ihm Gewählte stand dem von außen Benannten gegenüber. Während in Salzburg der frühe Tod des päpstlichen Kandidaten doch noch zur Anerkennung der Kapitelsentscheidung führte, endete in Worms ein jahrelanger Streit 1252 mit deren Zurückweisung. In keinem Fall aber erfuhr die staufische Sache eine Stärkung. Das gilt genauso für Passau: Dort setzte der päpstliche Legat den stauferfreundlichen Bischof Rüdiger, der sich standhaft weigerte zurückzutreten, schließlich im Februar 1250 ab, um eigenständig einen Nachfolger zu bestellen.[163]

Die Berücksichtigung bewährter Männer bei der Besetzung wichtiger Ämter, etwa der Kanonikate, die Erlaubnis zur Pfründenhäufung, Schuldenerlaß und Gewährung von Geldhilfen oder erhöhten Anteilen an den kirchlichen Einkünften oder aber die Verhängung von Kirchenstrafen, der Entzug von Ämtern und Einnahmen, der Widerruf von Rechten und Privilegien – das waren die Mittel, mit denen Innozenz die Kirche Deutschlands und Oberitaliens bis zum Ausgang der vierziger Jahre weitgehend gewann.[164] Sie ließen sich, in entsprechend modifizierter Form und im ganzen gewiß etwas weniger wirkungsvoll, auch gegen weltliche Große anwenden, und Innozenz zögerte durchaus nicht damit. Welche Bedeutung die Bewilligung oder Verweigerung von Ehedispensen für den Aufstieg von Adelsdynastien haben konnte und wie virtuos der Papst mit diesem Instrument umzugehen verstand, sahen wir bereits am Beispiel der Provence. Auf ähnliche Weise verpflichtete er sich einflußreiche Fürsten durch die Vergabe wertvoller Kirchenlehen, die Lösung vom Bann oder von hinderlichen Eiden, die Zusage von Finanzmitteln und die Förderung der geistlichen Karrieren ihrer Söhne oder Berater. Desgleichen spielte

---

[163] Siehe dazu Ganzer, Papsttum 45f., 138–140, 168–170, 173–177, 182–193; vgl. die Legatenvollmachten: MGH Epp. saec. XIII 2, 180f., Nr. 241 (9. 9. 1246; für Philipp), ebd. 226–230, Nr. 303 (bes. c. XX) (15. 3. 1247; für Petrus), ebd. 474f., Nr. 663 (Febr./März 1249; für Mainz), ebd. 511f., Nr. 688 (20. 4. 1249; für Köln), ebd. 239, Nr. 317 (13. 4. 1247; für Ottaviano), ebd. 361f., Nr. 514 (13. 3. 1248; für Gregor). Zu Aosta: Ganzer 190; zu Augsburg, Salzburg, Worms, Passau: ebd. 182–185, zu Worms vgl. Keilmann, Kampf 124–132, zu Passau: Frenz – Herde, Briefbuch 241–248, Nr. 66–68, ebd. 359–361, Nr. 84, vgl. ebd. 19–24 zur Rolle Albert Behaims.

[164] Vgl. z.B.: MGH Epp. saec. XIII 2, 197, Nr. 265; ebd. 109, Nr. 143, 110–112, Nr. 146–148, 116f., Nr. 154; ebd. 313, Nr. 431, 327, Nr. 455; vgl. Werner, Prälatenschulden 555–560 (zu Konrad von Köln), Zimpel, Bischöfe 83–89 (zu Bischof Heinrich von Konstanz), Keilmann, Kampf 112–116, 122–124 (zu Bischof Landolf von Worms).

umgekehrt die Bedrohung durch Kirchenstrafen wie das im Alltagsleben so störende Interdikt oder die Gefahr, alle die Vorteile und Privilegien wieder zu verlieren, die man unter der Voraussetzung der Papsttreue erlangt hatte, in aller Regel auch bei den politischen Entscheidungen der Laien durchaus eine Rolle.[165]

Mit dem gewachsenen päpstlichen Einfluß in Deutschland und insbesondere auf den deutschen Episkopat hängt zusammen, daß nun gelang, was zu Zeiten Gregors IX. nicht glücken wollte: die Wahl eines Gegenkönigs. Bereits an Ostern 1245 hatten die Bischöfe von Mainz und Köln während eines Aufenthaltes in Lyon Innozenz zur Absetzung des Kaisers gedrängt und für diesen Fall die unverzügliche Erhebung eines Nachfolgers versprochen. Die päpstliche Depositionsbulle schloß dann folgerichtig mit der Aufforderung an die Reichsfürsten, zur Königswahl zu schreiten, und der kurz darauf vom Papst nach Deutschland entsandte Philipp von Ferrara sollte sich zunächst offensichtlich vor allem dieser Angelegenheit widmen. Er erlangte spätestens im März 1246 tatsächlich die Einwilligung des Thüringer Landgrafen Heinrich Raspe in die Thronkandidatur. Heinrich, aus stauferfreundlichem Hause, zwischen 1235 und 1237 fast ständiger Begleiter des Kaisers und von diesem Ende 1241 nach dem Abfall des Mainzer Erzbischofs sogar zum Prokurator für König Konrad und das Deutsche Reich bestellt, war Anfang 1244 auf die päpstliche Seite übergetreten – belohnt mit einer Ehedispens und vielleicht schon damals als künftiger König im Gespräch.[166] Nun tat Innozenz alles, um die Reichsfürsten durch Ermahnungen und wohl auch Zahlungen vollends für seine Wahl zu gewinnen. Zugleich gebot er den Bettelorden in Deutschland, die Bevölkerung auf den neuen Herrscher einzustimmen und zu seiner Anerkennung zu verpflichten. Dennoch fanden sich außer Siegfried von Mainz und Konrad von Köln wohl nur die Bischöfe von Würzburg und Speyer, dazu vielleicht der Trierer Erzbischof und die Bischöfe von Straßburg und Metz, aber keine weltlichen Reichsfürsten ein, um Heinrich am 22. Mai

---

[165] Vgl. z.B.: MGH Epp. saec. XIII 2, 99f., Nr.132, 123f., Nr.163, 210, Nr.280 (Ehedispense); ebd. 98f., Nr.131, 218f., Nr.291, 350f., Nr.496 (Eidlösung); ebd. 102f., Nr.135, 234, Nr.308, 236f., Nr.311, 280f., Nr.381, 372, Nr.531 (Vergabe bzw. Entzug von Kirchenlehen und Gütern); ebd. 136f., Nr.180, 189, Nr.253, 313, Nr.432, 319f., Nr.443 (Hilfe, Privilegien, Geldzahlungen für Abfall vom Kaiser); ebd. 308, Nr.424, 378–384, Nr.541–545 (Kirchenstrafen für Friedrichs Helfer, bes. Ezzelino).

[166] Chronicon Wormatiense, ed. Boos 180 (Ostern 1245, Lyon), MGH Const. 2, 512, Z. 41f., Nr.400 (17. 7. 1245); Philipp: Annales S. Pantaleonis, ad 1245, MGH SS rer. Germ. 18, 287f., Nicolaus de Carbio, c. 21, ed. Pagnotti 96. Heinrich Raspe: HB 6, 831f. (1. 5. 1242; Prokurator), MGH Epp. saec. XIII 2, 41–43, Nr.55–58 (12./13. 4. 1244; Ehedispense, Privilegien), vgl. Matthaeus Parisiensis, Chronica maiora, ad 1243, ed. Luard 4, 268, ad 1244, ebd. 356f., außerdem RI V, Nr.4860b–4865b.

1246 in Veitshöchheim vor den Toren Würzburgs zu ihrem König zu wählen.[167]

In der Absicht, die antistaufischen Kräfte noch weiter zu stärken, effektiver zusammenzufassen und gewiß auch den neuen deutschen Herrscher zu unterstützen, befahl Innozenz unmittelbar nach Heinrichs Wahl, im Juni 1246, gegen den einstigen Kaiser Friedrich, den Tyrannen und Verfolger der Kirche, der sich ohne Unterlaß wider Gott erhoben und die ganze Christenheit gepeinigt habe, überall in Deutschland das Kreuz zu predigen. Jeder, der aktiv am bewaffneten Kampf gegen den Staufer teilnahm oder den Kreuzzug gegen ihn nach seinem Vermögen mit einer Geldspende unterstützte, sollte die bisher für die Fahrt ins Heilige Land üblichen Privilegien und Ablässe erhalten. Zeitweilig ging der Papst sogar so weit, die Werbung für den Kreuzzug nach Palästina, den König Ludwig von Frankreich eben damals vorbereitete, in Deutschland auszusetzen, um die Machtmittel des Landes so konzentriert wie irgend möglich gegen Friedrich, den Hauptfeind der Kirche, zu richten. Immerhin suchte er, vielleicht aus Sorge vor einer Verstimmung Ludwigs, wenigstens zu verhindern, daß seine einschränkende Weisung öffentlich bekannt wurde. Andererseits bezog er seit Herbst 1246 auch Italien und dann sogar Polen und Dänemark in seine antikaiserliche Kreuzzugsinitiative ein. Sein Entschluß, eine militärische Entscheidung des Streites mit dem Kaiser herbeizuführen, stand unumstößlich fest.[168] Daß er etwaige Verschwörer gegen den verhaßten Tyrannen als Mitstreiter für die Sache Gottes betrachten und sie ermutigen und unterstützen würde, war angesichts der nun eingetretenen äußersten Zuspitzung der Gegensätze und erbittertsten Konfrontation der beiden Lager eigentlich nur folgerichtig und kaum anders zu erwarten.

---

[167] Päpstl. Anweisungen: MGH Epp. saec. XIII 2, 120–123, Nr. 159–162 (21./22. 4. 1246). Wahl: Ellenhardi chronicon, MGH SS 17, 121, Gesta Treverorum V 4, MGH SS 24, 410, Albert von Stade, ad 1245–1246, MGH SS 16, 369f., Sächsische Weltchronik, c. 392, MGH Dt. Chron. 2, 256, Annales S. Pantaleonis, ad 1246, MGH SS rer. Germ. 18, 289, vgl. RI V, Nr. 4867 (23. 5. 1246, Zeugen; dazu RI V 4, 287), sowie HB 6, 515f. (etwa April 1247; Friedrich über die Wahl).

[168] MGH Epp. saec. XIII 2, 150f., Nr. 199 (27. 6. 1246; an Siegfried von Mainz), ebd. 153f., Nr. 202 (4. 7. 1246; an Philipp von Ferrara), ebd. 161f., Nr. 214 (5. 7. 1246; an Kardinal Odo von Tusculum, Legat in Frankreich); vgl. die Maßnahmen und Befehle zur Unterstützung König Heinrichs: ebd. 152f., Nr. 201, 158–161, Nr. 206–213 (4./5. 7. 1246). Ausdehnung der Kreuzzugswerbung: ebd. 184f., Nr. 247 (11. 10. 1246; Rom und Umgebung), ebd. 234f., Nr. 309 (18. 3. 1247; Deutschland, Dänemark, Polen), ebd. 237, Nr. 313 (9. 4. 1247; Oberitalien); vgl. für die Anfänge Wilhelms von Holland: ebd. 326, Nr. 453, 327f., Nr. 456, 330f., Nr. 462 (17./19. 11. 1247), 373f., Nr. 534, 389f., Nr. 551 (8. 4./5. 5. 1248). Dazu Maier, Preaching 64–67, 72–74, Baaken, Verhandlungen 571–573.

Die Adelsverschwörung von 1246.
Erneute Reformen im Regnum und die wachsende Bedeutung der Kaisersöhne

Friedrich wirkt in den Monaten nach dem Lyoner Konzil merkwürdig passiv, fast etwas überrascht und benommen von dem dort gegen ihn geführten Schlag und unschlüssig darüber, wie ihm und den nachfolgenden päpstlichen Initiativen zu begegnen sei. Gewiß veröffentlichte er die großen Rundschreiben, in denen er seine Absetzung energisch zurückwies, die Solidarität der Monarchen anmahnte und die grundlegende Reform der Kirche forderte. Doch fehlte seinen praktischen Maßnahmen zunächst eine klare politische Grundkonzeption, von der sie sich abgeleitet, ein einheitliches Ziel, auf das sie sich ausgerichtet hätten. Er schien voll und ganz damit beschäftigt, die Sorgen des Tages zu meistern, auf immer neue Widrigkeiten zu reagieren. Solche Widrigkeiten gab es damals allerdings reichlich, und Verrat, Verschwörungen, selbst Anschläge auf sein Leben gehörten nun beinahe wie zur Zeit seiner frühesten Jugend wieder dazu.

Bereits im August 1245, als der Kaiser von Turin nach Parma eilte, um sich die schwankend gewordene Stadt zu sichern, fielen ihm in dem fünfzehn Kilometer westlich Parmas gelegenen Kloster Fontevivo Papiere in die Hand, die Pläne zu seiner und seines Sohnes Enzio Ermordung enthüllten. Bei seiner Ankunft in Parma selbst flüchteten dann die auf einen Machtwechsel hinarbeitenden Führer der dortigen papsttreuen Opposition, an ihrer Spitze Innozenz' Schwager Bernardus Rolandi Rubei, nach Piacenza, so daß es naheliegt, sie mit dem eben aufgedeckten Komplott gegen die beiden Staufer in Verbindung zu bringen. Kein Verdacht traf hingegen den kaiserlichen Podestà, den aus dem Regnum stammenden Adligen Tebaldus Franciscus, und auch der Stadt glaubte Friedrich offenbar weiter vertrauen zu können, nachdem er ihre bisherige Zuverlässigkeit in seinem Dienst mit neuen Privilegien belohnt hatte. Er besprach seine nächsten Schritte, darunter die drastische Steigerung der den Kirchen aufgebürdeten finanziellen Lasten, mit den Vertretern der zu ihm stehenden Lombardenstädte, schlug eine Erhebung im nahen Reggio nell'Emilia nieder und zog dann, vorwiegend mit oberitalienischen Truppen, in das Gebiet von Mailand. Vermutlich hoffte er, die Mailänder und ihre Verbündeten im Zusammenwirken mit Enzio einschließen und wie acht Jahre zuvor bei Cortenuova zum offenen Schlagabtausch zwingen zu können. Als das nicht gelang, entließ er sein Heer. Im Dezember erschien er in Grosseto im Südwesten der Toskana, wo er über lange Wochen hin blieb, weder von der Lombardei noch vom Regnum allzu fern, wie er zur Erklärung schrieb.[169]

---

[169] Annales Placentini Gibellini, ad 1245, MGH SS 18, 491 f., vgl. Annales Ianuae,

Wohl damals bestellte Friedrich eine Kommission hochrangiger Geistlicher, darunter sein Vertrauter, Erzbischof Berard von Palermo, aber überraschenderweise auch zwei bedeutende Dominikaner, Roland von Cremona und Nikolaus Palea, die die Aufgabe erhielten, seine feste Verwurzelung im orthodoxen christlichen Glauben einer Prüfung zu unterziehen. Die über ihre Befragung ausgestellte Urkunde überbrachten sie auf kaiserlichen Wunsch persönlich dem Papst, um vor ihm die Rechtgläubigkeit des Kaisers in dessen Namen zu beschwören und seine Bereitschaft zu verkünden, selbst einen entsprechenden Eid an einem geeigneten Ort vor Innozenz zu leisten. Ganz den kirchenrechtlichen Vorschriften gemäß wollte sich der Herrscher demnach von dem zu Lyon ausgesprochenen Verdacht der Häresie reinigen – gewiß ein letzter Versuch, doch noch zu einer friedlichen Verständigung zu kommen. Zugleich zeigt das Verhalten des Staufers aber zweifellos auch, wie tief ihn gerade der Vorwurf der Häresie empörte, für wie ungerecht und ungeheuerlich er gerade ihn hielt. Innozenz geriet in eine nicht ganz einfache Lage, da er sich dem Ansinnen des Kaisers eigentlich kaum entziehen konnte. Er behalf sich mit Formalien: Die Examinatoren hätten ohne Auftrag am falschen Ort gehandelt, sie seien zudem von ihrem Prüfling abhängig, ja seiner Tyrannei untertan. Die von ihnen vorgelegten Dokumente müsse man im übrigen schon deswegen ablehnen, weil Friedrich dort widerrechtlich den Kaiser- und Königstitel führe. Aufgrund dieser schweren Mängel und Versäumnisse habe das ganze Verfahren als nichtig zu gelten, so teilte er der Öffentlichkeit mit, nicht ohne noch einmal die offensichtlichsten Indizien für Friedrichs Ketzertum zu nennen: seine Mißachtung der Exkommunikation durch Gregor IX. und seine engen Verbindungen zu den Sarazenen und ihrem ägyptischen Sultan. Dem Kaiser blieb nur, die Fürsten der Christenheit aus seiner Sicht über das neue Beispiel päpstlicher Hartherzigkeit und Willkür zu informieren und ihnen einmal mehr das schlimme Schicksal vor Augen zu stellen, das ihnen drohe, wenn es nicht gemeinsam gelinge, die Päpste auf ihre geistliche Aufgabe zu beschränken.[170]

Noch während seines Aufenthaltes in Grosseto hätte er indessen beinahe selbst seine Machtstellung wie sein Leben verloren: Im März 1246 warnte ihn dort nämlich ein Bote Graf Richards von Caserta vor einer

---

ad 1245, ebd. 217, 219, Chronicon Parmense, ad 1245, ed. Bonazzi 13; Privilegien für Parma: HB 6, 352–356 (Sept. 1245), HB 6, 377f. (Dez. 1245); zur Belastung der Kirchen siehe oben S. 543 mit Anm. 145; Reggio: Albertus Milioli, c. 249, MGH SS 31, 517f.; vgl. HB 6, 364f. (Bericht Friedrichs), HB 6, 374 (zu Grosseto).

[170] Berichte Innozenz': MGH Epp. saec. XIII 2, 141–143, Nr. 187 (23. 5. 1246), ebd. 379f., Nr. 541 (18. 4. 1248); Friedrich: HB 6, 429. Vgl. dazu Baaken, Verhandlungen 567–570.

Die Adelsverschwörung von 1246

weitverzweigten Verschwörergruppe, deren hochrangige, einflußreiche Mitglieder unmittelbar vor dem Losschlagen stünden. Die Meldung bestätigte sich sofort, da kurz nach ihrem Eintreffen zwei am Kaiserhof weilende herausragende Repräsentanten der kaiserlichen Verwaltung in Oberitalien, Pandulf von Fasanella und Jakob von Morra, in aller Eile nach Rom flüchteten, ganz offenbar, weil sie von der Entdeckung ihrer Umsturzpläne erfahren hatten. Bald zeigte sich, daß es Bernardus Rolandi Rubei, dem Schwager Innozenz' IV., einem Mann mit langer politischer Erfahrung und großer Autorität bei den päpstlich Gesinnten Parmas wie ganz Oberitaliens, im Vorjahr tatsächlich gelungen war, den kaiserlichen Podestà in Parma Tebaldus Franciscus zum Abfall von seinem Herrn zu bewegen, wohl mit dem Versprechen, er, Bernardus, werde beim Papst für ihn und seine Mitverschwörer zur Belohnung einflußreiche Positionen im sizilischen Königreich erwirken, wenn nur erst Friedrich und Enzio tot seien – von Tebalds künftiger Königswürde soll dabei sogar die Rede gewesen sein. Jedenfalls gewann Tebald Angehörige seiner eigenen Familie sowie einige andere, zum Teil prominente Beamte der italienischen Reichsverwaltung für sein Komplott, Pandulf und Jakob vor allem, aber etwa auch Pandulfs Brüder, wobei gewiß der Umstand eine Rolle spielte, daß die Familien Franciscus und Fasanella eng verschwägert waren. Außerdem beteiligte sich Friedrichs Vertreter im Königreich, der Kapitän und Oberjustitiar für die Nordhälfte des Regnums Andreas de Cicala an dem verräterischen Unternehmen, unter Umständen auch Roger de Amicis, der wenigstens zeitweise als Kollege von Andreas in der Südhälfte des Reiches gewirkt hatte. Zu ihnen stießen weniger bekannte Adlige, die meist wie die Fasanella, Franciscus oder Morra aus dem Prinzipat, vereinzelt aus Kalabrien stammten.[171]

Sie alle mögen sich von einem Erfolg ihres Komplottes ähnlich wie Tebald persönliche Vorteile, wertvollen Besitz, höhere Ämter oder gesteigerten politischen Einfluß versprochen haben. Verwandtschaftliche Bande bestärkten offenbar nicht wenige in ihrem Entschluß zum Mitmachen. Schließlich sah der eine oder andere vermutlich jetzt die lang ersehnte Gelegenheit gekommen, sich am Kaiser für eine frühere Zurückweisung oder

---

[171] Hauptquellen: Annales Placentini Gibellini, ad 1245, vgl. ad 1246, MGH SS 18, 492f., Annales Ianuae, ad 1246, ebd. 220, vgl. Annales S. Pantaleonis, ad 1246, MGH SS rer. Germ. 18, 288, Collenuccio, Compendio IV, ed. Saviotti 135–137 (dazu Scheffer-Boichorst, Testamente, bes. 280f.); Berichte Friedrichs: HB 6, 403–411, Acta Imperii 2, 54f., Nr. 50 (wohl alle April 1246), HB 6, 438–440 (21. 7. 1246). Zu Bernardus Rubei siehe Kantorowicz, Friedrich. Ergänzungsband 292–298, über die Mitglieder der Verschwörung und ihre Verwandtschaftsbeziehungen ebd. 298–302; vgl. zum Ganzen Krauth, Verschwörung 3–50 (Verlauf, Beteiligte, Motive).

Kränkung zu rächen; dieses Motiv könnte beispielsweise Pandulf von Fasanella bestimmt haben, der eben erst als Generalvikar der Toskana durch den Kaisersohn Friedrich von Antiochia ersetzt worden war, oder die Verschwörer aus dem Hause San Severino, dem der Kaiser bereits 1223 die Grafschaft Avellino entzogen hatte.[172] Wenigstens unterschwellig dürfte im übrigen für die meisten der alte und grundsätzliche adlige Vorbehalt gegen eine starke königliche Zentralgewalt mit von Bedeutung gewesen sein.

Ganz erhebliches Gewicht hatte neben all dem sicherlich die eindeutig positive Haltung, die die Kirche dem Aufstand gegenüber von Beginn an einnahm, denn völlig leere Versprechungen machte Bernardus Rubei zu Parma keineswegs. Der wohl Anfang März 1246 geschriebene Brief eines im Patrimonium gebliebenen Kardinals an Innozenz zeigt vielmehr mit aller Deutlichkeit, daß der Papst von der gegen Friedrich geplanten Aktion nicht nur wußte, sondern daß er sie auch gezielt unterstützte, daß der Kardinal von ihm angewiesen war, die Befreiung des Königreiches nach Kräften zu fördern und den Einfall der Römer ins Regnum zu organisieren. Ganz dem entsprechend kündigte dieser einen gesonderten Bericht zweier Amtsbrüder über die Haltung der Römer in der sizilischen Angelegenheit und über die Kosten ihres eventuellen Einsatzes an. So könnte Friedrichs Behauptung durchaus zutreffen, die Rebellen hätten von den sie begleitenden Franziskanermönchen das Kreuz empfangen und nach ihrer Gefangennahme unter Berufung auf päpstliche Schreiben behauptet, sie besorgten mit ihrem Vorgehen die Sache der römischen Kirche und verwirklichten den Willen des Papstes. Ein Stück Wahrheit steckt möglicherweise selbst in des Kaisers Beschuldigung, der von ihm stets geförderte, 1242 zum Bischof von Bamberg gewählte ehemalige Kanzleinotar Heinrich, der im Herbst 1245 während eines Besuches in Lyon zum Papst abfiel, habe bereits damals nach seiner Rückkehr von der Kurie auf dem Weg zu Heinrich Raspe überall öffentlich die baldige Ermordung des Kaisers durch seine engsten Vertrauten angekündigt und aus Lyon offenkundig den Auftrag mitgebracht, den Landgrafen mit dieser Botschaft vollends zur Thronkandidatur zu bewegen.[173]

---

[172] Vgl. MGH Const. 2, 372–374, Nr. 266 (Febr. 1246; Friedrich Generalvikar in der Toskana und dem nördl. Patrimonium), vgl. HB 6, 587f. (Friedrich Podestà in Florenz), zu Pandulfs Amtsführung vgl. Kantorowicz (wie Anm. 171) 236; zu den Grafen von San Severino siehe oben S. 64.

[173] Siehe bes. Hampe, Papst Innozenz 4–18 (Text des Briefes an Innozenz 4–6; dessen Autorschaft, Datierung, Inhalt 6–11; Innozenz und die Verschwörung 11–18, vgl. dazu schon Krauth, Verschwörung 51–84). Friedrichs Behauptungen: HB 6, 405 (April 1246), vgl. HB 6, 515f. (wohl Frühjahr 1247), sowie RI V, Nr. 7646, zu Heinrich von Bamberg: Kamp, Kirche 1, bes. 1220, vgl. oben S. 35.

Die Adelsverschwörung von 1246

Die sizilischen Aufrührer unter Führung von Tebaldus Franciscus beabsichtigten, sofort nach der Ermordung des Kaisers durch ihre am Hof anwesenden Genossen das Königreich in ihre Hand zu bringen. Als der erste Schlag mißlang, zogen sie sich auf feste Plätze in ihrer Heimatregion zurück. Sie besetzten die Stadt Altavilla sowie die Burgen Sala und Capaccio im Südosten Salernos (östlich Paestums) und hofften wohl auf eine Erhebung im Lande selbst, vor allem jedoch auf die Hilfe der Kirche. Innozenz sorgte denn auch nicht nur für die offene Aufnahme der nach Rom geflüchteten Verschwörer, die er zu ihrer Rettung aus der Hand des Pharao beglückwünschte und durch die Ankündigung seines energischen Einsatzes für die Befreiung des Regnums tröstete. Mit einer wahren Flut von Schreiben suchte er Ende April 1246 darüber hinaus die Bevölkerung im sizilischen Regnum wie in den okkupierten Gebieten des Patrimoniums zur Erhebung gegen den abgesetzten Kaiser aufzustacheln, Roms Senator, Adel und Volk, die Bewohner des Umlandes und die Lombarden zur Unterstützung der sizilischen Befreiungsbewegung anzutreiben und den Aufständischen um Tebaldus Mut einzuflößen. Die Kardinäle Stephan von S. Maria in Trastevere und Rainer von Viterbo sollten, zu Legaten im Patrimonium einschließlich Spoletos und Anconas sowie im Regnum ernannt, die Maßnahmen zur Vernichtung der kaiserlichen Gewalt bündeln und leiten und insbesondere im sizilischen Königreich ein Heer aufstellen.[174]

In der äußersten Bedrohung fand freilich auch Friedrich zu der gewohnten Entschlossenheit und Konzentration des Handelns zurück, und manches entwickelte sich ohne sein Zutun günstig für ihn. So endete ein von Rainer von Viterbo auf Rat Jakobs von Morra mit Truppen aus Perugia und Assisi gegen Foligno vorgetragener Angriff Ende März bei Spello mit einem vollständigen Sieg des kaiserlichen Heeres unter dem Generalvikar Marinus de Ebulo und mit empfindlichen Verlusten auf der päpstlichen Seite. An den Einmarsch in das Regnum dachte dort nun offenkundig niemand mehr. Wenig später rückte Enzio in Parma ein, um diese ständig gefährdete Stadt, den Ausgangspunkt der Rebellion, mit drastischen Zwangsmaßnahmen gegen die der Papsttreue Verdächtigen dauerhaft zu sichern.[175] Im Königreich Sizilien aber blieb die Massenerhebung aus, nachdem sich schnell herausstellte, daß der Kaiser noch lebte. Denn dieser eilte, sobald er die Lage übersah, ins Regnum zurück, um sich dieses Fundament seiner Macht, seinen Augapfel, wie er sagte, unversehrt zu bewahren. Die dortige

---

[174] MGH Epp. saec. XIII 2, 124–135, Nr. 164–178; zu Kardinal Stephan siehe oben S. 10 mit Anm. 23, vgl. Thumser, Rom 86–88.
[175] Gefecht bei Spello: HB 6, 406 (Friedrich; 15./25. 4. 1246); Parma: Annales Placentini Gibellini, ad 1245, MGH SS 18, 493, vgl. HB 6, 460f. (wohl Aug. 1246).

Verwaltung stand auf seiner Seite, die von den Aufrührern gehaltenen Zentren wurden eingeschlossen und fielen im Laufe des April in seine Hand. Nur noch auf der Burg Capaccio leisteten Tebaldus Franciscus und andere Führer der Revolte weiter erbitterten Widerstand – erst am 17. Juli 1246 mußten auch sie aufgeben.

Grausam bestrafte der Kaiser die Empörer. Die Frauen unter ihnen ließ er offenbar verbrennen oder auf Lebenszeit in den Kerker werfen, die Männer blenden und verstümmeln und dann, in Ledersäcke genäht, im Meer ertränken. Tebaldus aber und fünf andere Verschwörer sollten durch die Lande geführt werden, damit ihre gräßliche Entstellung jedermann abschreckend deutlich mache, wie weit sie sich mit ihrer Untat von der Menschennatur entfernt hatten; eine päpstliche Bulle auf Tebalds Stirn deutete überdies an, wer nach herrscherlicher Meinung als eigentlicher Anstifter zu betrachten sei.[176] Ausführliche Berichte, zum Teil aus der Feder von herausragenden Stilisten wie Walter von Ocre und Terrisius von Atina, informierten die Getreuen und Verbündeten des Staufers, die Könige und Fürsten Europas von dem ungeheuerlichen Vorfall und seinem glücklichen Ende. Deutlich wird aus ihnen Friedrichs tiefe Bestürzung über das Geschehene, seine maßlose Enttäuschung darüber, daß Männer, die er von Jugend auf wie seine Söhne behandelt, die er gefördert, mit umfassenden Befugnissen und höchsten Würden betraut hatte, sich dazu bereit finden konnten, ihn zu verraten, ja sogar zu ermorden. Dem Aufstand seines Sohnes Heinrich vergleichbar galt ihm ihr Verbrechen geradezu als versuchter Vatermord, als Bruch aller göttlichen und menschlichen Satzungen, als Vernichtung aller natürlichen Bindungen unter den Menschen. In Gestalt der vier Elemente nahm somit ganz folgerichtig gleichsam die Natur selbst, gegen die sie sich im Grunde gewandt hatten, ihre Bestrafung vor. Seine wunderbare Errettung vor dem heimtückischen Anschlag und das rasche Scheitern des rebellischen Unternehmens aber deutete der Kaiser als neuerliche Zeichen für Gottes unverändert gewährten Beistand, als Ermutigung, die anstehenden großen Aufgaben entschlossen und mit Zuversicht anzupacken.[177]

[176] Strafen: HB 6, 438f. (Friedrich; 21. 7. 1246); HB 6, 457, Acta Imperii 1, 571, Nr. 725 (vgl. Anm. 177), zu Tebaldus siehe auch HB 6, 441; vgl. Annales Placentini Gibellini, ad 1246, MGH SS 18, 493, Breve chronicon, ed. Huillard-Bréholles 908, Annales Siculi, ad 1244, ed. Pontieri 118.

[177] Vgl. neben den oben S. 557, Anm. 171 genannten kaiserl. Berichten: HB 6, 441–443, HB 6, 457–459 (= Matthaeus Parisiensis, Chronica maiora, ad 1246, ed. Luard 4, 575–577; Walter von Ocre), Acta Imperii 1, 570f., Nr. 725 (Terrisius); siehe bes. HB 6, 438–440, sowie Acta 1, 570f. (wie Friedrich geht es Terrisius um die Rache der Natur an den die Gesetze der Natur mißachtenden Rebellen, nicht um die Darstellung des Kaisers als Herrn der vier Elemente, wie Kantorowicz, Fried-

Die Adelsverschwörung von 1246

Ähnlich bemerkenswert wie ihm selbst erschien des Herrschers heiles Entrinnen aus höchster Gefahr vermutlich auch vielen anderen, wenngleich gewiß nicht alle seine Interpretation des Geschehens billigten. Daß man damals selbst unter den Minoriten, gestützt auf eine pseudo-joachitische Jeremias-Auslegung, glaubte, Friedrich werde 70 Jahre lang leben und könne nicht durch Menschenhand enden, sondern werde nach Gottes Willen eines natürlichen Todes sterben, erzählt uns Salimbene, einer der Ihren. Er schildert dann ein Streitgespräch um die Vertrauenswürdigkeit dieser Weissagung, in welchem deren franziskanischer Verteidiger nicht nur zu bedenken gab, wie glücklich der Staufer während des Überfalls auf seine Lagerstadt Victoria im Februar 1248 vor allem Schaden bewahrt blieb, sondern überdies eben die Tatsache ins Feld führte, daß die Großen seines Reiches mehrmals vergeblich versucht hätten, ihn umzubringen.[178]

Wenige Wochen nach dem Fall von Capaccio brach die letzte große Erhebung der Sarazenen Siziliens zusammen.[179] Damit war der Kaiser endgültig frei, aus der Defensive herauszutreten und wieder aktiv gestaltend auf den künftigen Gang der Dinge Einfluß zu nehmen. Er begann im Regnum selbst. Hier bestand Handlungsbedarf schon wegen der Haltung seiner beiden ranghöchsten Vertreter im Lande während der Adelsrevolte, die ja einer von ihnen, der ohnehin offenbar dominierende Andreas de Cicala, ganz sicher unterstützt hatte, der andere, Roger de Amicis, möglicherweise ebenfalls. Zudem gab es seit dem Tod Heinrichs von Morra im Herbst 1242 keinen Großhofjustitiar mehr. Friedrich traf die erforderlichen Entscheidungen sehr wahrscheinlich auf einem Hoftag zu Barletta im Oktober 1246. Er verzichtete jetzt völlig auf die 1240 geschaffene Zwischeninstanz der beiden Kapitäne und Oberjustitiare, kehrte zur alten Ordnung zurück und berief den uns aus den Tagen des Aufstands in Messina bekannten Richard von Montenigro zum neuen Leiter des Großhofgerichts; in einer Urkunde vom November trägt Richard zum ersten Mal seinen hohen Titel. Gleichzeitig kam es zu einer Reihe von Änderungen im Geschäftsgang des Großhofes. Novellen und umgestaltete Konstitutionen beschrieben insbesondere die gewandelten Befugnisse des Großhofjustitiars, der wie die vier ihm regelmäßig beigegebenen Großhofrichter weiter-

---

rich. Ergänzungsband 205, behauptet [vgl. jedoch ebd. 238], ähnlich Schaller, Kaiseridee 74f.). Vgl. auch den kaiserl. Protestbrief an die Römer HB 6, 478f.

[178] Salimbene, Cronica, ad 1248, MGH SS 32, 239–243, bes. 240, Z. 14–17, 241, Z. 27–242, Z. 11. – Zum Giftanschlag eines kaiserl. Leibarztes, den dieser nach Friedrichs öffentlicher Behauptung auf päpstl. Aufforderung hin wagte, bei dem er dank Gottes Eingreifen freilich rechtzeitig ertappt wurde, siehe HB 6, 705–707 (wohl Febr. 1249).

[179] Siehe oben S. 70f. mit Anm. 148.

hin ständig den Herrscher begleiten sollte. Sie wiesen ihm nun etwa die Bearbeitung der Petitionen zu und grenzten seine sonstigen Kompetenzen schärfer von denen der Hofrichter ab. Außerdem regelten sie die Urteilsfristen oder das Verfahren bei Anzeigen, die den Herrscher und seinen Hof betrafen; sie gingen auf das Problem der persönlichen Konsultation des Kaisers ein und setzten fest, was in Fällen der Rechtsverweigerung durch die Provinzgerichte zu geschehen habe.

Nicht nur der Organisation des Hofes und des Hofgerichts widmete sich der Gesetzgeber indessen, sondern auch der Provinzverwaltung des Regnums. Fortan sollte an der Spitze jeder einzelnen Provinz, sogar auf Sizilien, neben dem Justitiar ein Oberkämmerer stehen, dem in seinem Amtsbereich zusätzlich zu den bisher üblichen Funktionen die umfassende Verantwortung für die Wirtschaftspolitik, vor allem für die Umsetzung der Wirtschaftsgesetze von 1231 zufiel. Er erhielt das dafür nötige Personal, seine Befugnisse wurden neu definiert und von denen der ihm untergebenen Beamten, etwa der Prokuratoren und Baiuli, abgehoben.[180]

Das Königreich Sizilien blieb nach den Reformen vom Herbst 1246 die zuverlässige Basis für die politischen und militärischen Aktivitäten des Kaisers im Imperium, zugleich sein sicheres Refugium in Stunden der Krise, das Land, in dem er, der zermürbenden Kämpfe in Oberitalien müde, Entspannung suchte und neue Energie zu sammeln hoffte, um das mühsame Ringen dort fortzusetzen. Daran änderten alle Maßnahmen Papst Innozenz' IV. zu Lebzeiten Friedrichs nichts, weder seine legislatorischen Planungen für die Stunde der Befreiung Siziliens von dem Drachen, Pharao und Vorboten des Antichrist noch die auf kriegerische Erfolge im Regnum zielenden Unternehmungen seines Legaten Petrus Capocci.[181]

Zu Beginn des Jahres 1247 hielt Friedrich die Lage im Süden für stabil genug, um sich gefahrlos erneut nach Norden wenden zu können. Nach einem Hoftag Ende März in Cremona gedachte er sich nach Deutschland zu begeben und dort im Juni die Anhänger der staufischen Sache um sich zu versammeln.[182] Wohl Anfang März ordnete er in Terni seine Vertretung

---

[180] Zur Gesetzgebung von Barletta ausführlich Stürner, Konstitutionen 95–99, vgl. 88f. sowie 101, kaiserl. Erwähnung des Hoftages: Acta Imperii 1, 624, Nr. 803 (28. 11. 1246); zu Andreas und Roger siehe auch oben S. 495 mit Anm. 71, zu Heinrich von Morra und Richard von Montenigro S. 39f. mit Anm. 85, zu Richard daneben S. 263–266, zur Stellung der Oberkämmerer seit 1246 S. 217f. mit Anm. 106.
[181] Gesetze: MGH Epp. saec. XIII 2, 434–437, Nr. 613 (7. 12. 1248) (die Statuta 436, Z. 20–437, Z. 22; zuvor über Friedrichs Verbrechen); vgl. Baaken, Ius 341–351, daneben Kamp, Episkopat 102–104, 111–114, Ganzer, Papsttum 141f., 194. Zur Tätigkeit Petrus Capoccis siehe unten S. 584 mit Anm. 218f., vgl. über ihn oben S. 551 mit Anm. 162.
[182] Acta Imperii 1, 344, Nr. 395, HB 6, 458 (beide etwa Sept. 1246), HB 6, 491f.,

Die Adelsverschwörung von 1246

im sizilischen Regnum auf neuartige, an die deutsche Regelung erinnernde Weise: Heinrich, sein gerade neunjähriger Sohn aus der Ehe mit Isabella von England, sollte dem Lande während seiner Abwesenheit vorstehen. Heinrich war damals offenbar sogar zum Nachfolger in Sizilien ausersehen, jedenfalls begann er jetzt den Königstitel zu tragen. Eine Reihe von Beratern standen ihm zur Seite, und im Herbst bestellte Friedrich überdies den bewährten Grafen Walter von Manoppello für sechs Monate zum Generalkapitän für die Verteidigung des Königreichs. Auch er erhielt einen Stab von kundigen Helfern, darunter zwei Schwiegersöhne des Kaisers, Richard von Caserta und der junge Thomas von Aquino.[183]

Wie hier bezog der Herrscher in jenen Monaten auch sonst seine Verwandten und insbesondere seine Söhne und Enkel stärker als zuvor in sein Regiment mit ein. Er verlieh ihnen hohe Ämter, stellte ihnen Truppen zur Verfügung und vertraute ihnen wichtige und schwierige Herrscheraufgaben an. So wirkte Richard, Graf von Chieti, wohl seit dem Herbst 1247 als Generalvikar in der Mark Ancona und im Herzogtum Spoleto. Friedrich von Antiochia erhielt die Grafschaft Albe, und der Kaiserenkel Friedrich, der Sohn des verstorbenen deutschen Königs Heinrich, führte eine Abteilung von Rittern nach Alessandria. Schließlich begleitete offenbar Manfred seinen Vater nach Norden.[184]

Die wachsende politische Bedeutung, die der Kaiser den Mitgliedern seiner Familie zuwies, seine immer deutlicher hervortretende Neigung, sich auf seine Söhne und Schwiegersöhne zu stützen, fiel auch zeitgenössischen Beobachtern auf.[185] Sie war wohl in doppelter Hinsicht eine Reaktion auf die beklemmende Erfahrung der Adelsrevolte. Friedrich suchte für den Fall seines überraschenden Todes, etwa durch einen neuerlichen Anschlag, planmäßiger als bisher Vorsorge zu treffen, um die Kontinuität der staufischen Herrschaft, den Bestand des von ihm Geschaffenen zu sichern, und er glaubte dabei am klügsten zu verfahren, wenn er möglichst

---

MGH Const. 2, 374 f., Nr. 267 (beide Anf. 1247), HB 6, 517 f., 526 (beide April 1247), Acta 1, 693, Nr. 919 (Okt. 1247).

[183] Heinrich: HB 6, 502–504 (beide wohl März 1247), vgl. Annales Siculi, ad 1250, ad 1252, ed. Pontieri 119 (Königstitel); zu Terni: Ficker, Forschungen 4, 418 f., Nr. 404 (März 1247), vgl. Croniche di Viterbo, ad 1247, ed. Egidi 319 f. Walter von Manoppello: Acta Imperii 1, 689, Nr. 916 (wohl Okt. 1247).

[184] Richard: RI V, Nr. 3651 (Ende 1247), ed. Mazzoleni, Registrazione 53–55 (vgl. Sthamer, Studien 1920, 609 f.); Friedrich von Antiochia: HB 6, 557 f. (Juli 1247), Friedrich, Sohn Heinrichs: Annales Placentini Gibellini, ad 1247, MGH SS 18, 495, Z. 52, Manfred: ebd. 496, Z. 20.

[185] Annales Placentini Gibellini, ad 1247, MGH SS 18, 496, Collenuccio, Compendio IV, ed. Saviotti 137 f.; vgl. Kantorowicz (wie Anm. 184) 302–307.

viele zentrale Herrschaftspositionen an Verwandte vergab. Von einer derartigen Verteilung der Verantwortung und vor allem der militärischen Aufgaben an die zahlreichen Angehörigen der Herrscherfamilie mochte er außerdem erwarten, daß sich dank ihrer die meist unvermutet an ganz unterschiedlichen Orten ausbrechenden kriegerischen Konflikte besonders flexibel und effektiv bekämpfen ließen. Älter werdend, erhoffte er sich überdies vermutlich eine gewisse persönliche Entlastung von den Mühen und Strapazen der Feldzüge, von den Anstrengungen der politischen Tagesarbeit.

Die Entwicklung in Deutschland.
Der Plan des Zuges nach Lyon und die vergebliche Belagerung Parmas

In Italien standen die Dinge im Frühjahr 1247 recht günstig für die kaiserliche Sache. Damals gewann die stauferfreundliche Partei Viterbos mehr und mehr die Oberhand und setzte am Ende den neuerlichen Übertritt der Stadt auf Friedrichs Seite durch. Venedig hatte sich ihm bereits im Sommer 1245, eben zur Zeit seiner Absetzung, angenähert und offenbar im Sommer darauf Frieden mit ihm geschlossen, so daß er von daher nun keine Feindseligkeiten mehr befürchten mußte. Ebenfalls schon seit dem Juli 1245 gehörte Markgraf Bonifaz von Montferrat wieder zu seinen Verbündeten und arbeitete in der westlichen Lombardei eng mit König Enzio zusammen. Um des eigenen Vorteils willen jederzeit ohne Zögern zum Parteiwechsel bereit, paktierte er freilich Anfang 1248 erneut mit Friedrichs Gegnern, um am Ende dieses Jahres zu ihm zurückzukehren.[186]

Wohl im März 1247 erhielt der Herrscher in der Toskana die Nachricht vom Tode Heinrich Raspes († 16. 2. 1247). Heinrich war dank erheblicher päpstlicher Zahlungen sowie des Einsatzes päpstlicher Kreuzzugsprediger, dazu unterstützt vor allem von den Erzbischöfen aus Mainz, Köln und Trier, schnell zu einer ernstzunehmenden Bedrohung für das staufische Königtum in Deutschland geworden. Bereits wenige Wochen nach seiner Wahl, am 5. August 1246, besiegte er auf dem Weg zu einem Hoftag in

---

[186] Viterbo: Acta Imperii 1, 341, Nr. 390 (Jan. 1247, vgl. RI V, Nr. 3603), MGH Const. 2, 374f., Nr. 267, HB 6, 565f. (Aug. 1247), vgl. Croniche di Viterbo, ad 1247, ed. Egidi 317–321, Winkelmann, Kampf um Viterbo 303–305; Venedig: RI V, Nr. 3500a (Aug. 1245), Petrus, Ep. 5, 62, ed. Iselius 2, 93, Ep. 3, 34, ed. Iselius 1, 439f., HB 6, 458 (wohl Sept. 1246). Montferrat: HB 6, 330f. (Juli 1245), vgl. Annales Ianuae, ad 1245, MGH SS 18, 217, sowie HB 6, 916 (27. 1. 1247; RI V, Nr. 13597), Acta 2, 722, Nr. 1039 (Febr. 1247), außerdem HB 6, 584f. (Febr. 1248), Annales Placentini Gibellini, ad 1248, MGH SS 18, 497, HB 6, 673f. (Dez. 1248), vgl. zum ähnlichen Verhalten anderer hoher Adliger Annales Ianuae, ad 1246, 220, Z. 42–45.

Die Entwicklung in Deutschland

Frankfurt unmittelbar westlich der Stadt das Heer des ihm entgegeneilenden Königs Konrad. Dessen Niederlage ist wohl ganz entscheidend darauf zurückzuführen, daß ihn während der Schlacht unvermutet führende schwäbische Adlige, an ihrer Spitze die Grafen Ulrich von Württemberg und Hartmann von Grüningen (bei Riedlingen a. d. Donau), im Stich ließen, verführt offenbar von päpstlichem Geld und der Aussicht auf die Macht im Herzogtum Schwaben. Ihre Haltung ermöglichte es Heinrich, im Dezember über Nürnberg tief in das staufische Kernland vorzustoßen, während Konrad, der am 1. September 1246 Elisabeth, die Tochter des bayrischen Herzogs Otto, geheiratet hatte, in Bayern und bei den süddeutschen Städten Rückhalt fand. Die Belagerung Ulms im Januar 1247 endete denn auch mit einem Mißerfolg für den Gegenkönig aus Thüringen. Der Widerstand der Einwohner wie vermutlich die strenge Winterkälte und eine Krankheit zwangen ihn zum eiligen Rückzug in seine Heimat, wo er bereits einen Monat später auf der Wartburg starb.[187] Angesichts dieser empfindlichen Schwächung der päpstlichen Partei schien Friedrich seine Gegenwart in Deutschland fürs erste wohl nicht mehr ganz so dringend wie bisher, und er begann an die Änderung seiner Pläne zu denken. Zwar versprach er noch im April beispielsweise den vom Straßburger Bischof schwer bedrängten Städten des Elsaß seine baldige Hilfe, doch Anfang Mai stand die Verschiebung seines Deutschlandzuges endgültig fest[188] – es sollte nie mehr zur Verwirklichung des Vorhabens kommen. Statt dessen suchte der Kaiser nun von Oberitalien aus die deutschen Verhältnisse stärker zu beeinflussen und insbesondere die Entwicklung in Österreich und in der Steiermark in seinem Sinne zu lenken.

Der Herr dieser wichtigen Länder, der letzte Babenberger Friedrich, war im Juni 1246 im Kampf gegen Ungarn umgekommen. Da der kinderlose Herzog keine Verfügung über seine Nachfolge getroffen hatte, galten seine Lehen für Kaiser Friedrich, durchaus in Einklang mit dem im Juni 1245 von ihm erneuerten *Privilegium minus* seines Großvaters Barbaros-

---

[187] HB 6, 451f. (Heinrich; wohl Aug. 1246); Annales S. Pantaleonis, ad 1246–1247, MGH SS rer. Germ. 18, 288–290, Annales Erphordenses, ad 1246–1247, MGH SS rer. Germ. 42, 100f., Cronica minor Erphordensis, ad 1247, ebd. 662, Albert von Stade, ad 1246, MGH SS 16, 369f., Annales S. Rudberti, ad 1246–1247, MGH SS 9, 789, Annales Scheftlarienses, ad 1246–1247, MGH SS 17, 342, Ellenhardi Chronicon, ebd. 121, Gesta Treverorum V 4, MGH SS 24, 410f.; vgl. Nicolaus de Carbio, c. 21, ed. Pagnotti 97; HB 6, 458f. (Graf von Württemberg; dazu RI V, Nr. 5372); Frenz – Herde, Briefbuch 126–130, Nr. 39 (13. 8. 1246; Gegner Heinrich Raspes im Klerus), ebd. 237f., Nr. 62 (Aug. 1246; Dossier über den schwäbischen Adel); MGH Const. 2, 629–631, Nr. 458 (6. 9. 1246–2. 1. 1247; päpstl. Zahlungen).

[188] HB 6, 526 (Elsaß); Ficker, Forschungen 4, 419, Nr. 405 (8. 5. 1247), MGH Const. 2, 375f., Nr. 268 (Mai 1247) (Zug nach Turin, Lyon).

sa, sofort als an das Reich heimgefallen;[189] der Staufer beabsichtigte zunächst aber wohl, konkrete Entscheidungen über ihre Zukunft erst in Deutschland zu treffen. Freilich drängten auch die Nachbarn, vorneweg Böhmen und Ungarn, in die wertvollen Territorien. Zudem machten Margarete, die Schwester des Babenbergers und verwitwete Schwiegertochter des Kaisers, und ihre Nichte, die im Sommer 1245 als vierte Gemahlin des Staufers ausersehene Gertrude, Erbansprüche auf das Herzogtum Österreich geltend, beide unter äußerst fragwürdiger Berufung eben auf das Privileg von 1156. Papst Innozenz unterstützte zunächst bald die eine, bald die andere von ihnen, begünstigte dann aber deutlich Gertrude mit dem festen Willen, auf alle Fälle einen kaiserlichen Erfolg zu verhindern. Die ausschlaggebenden sozialen Gruppen im Land schließlich spalteten sich und standen teils auf der Seite Margaretes, teils auf derjenigen Gertrudes.

Reichlich spät angesichts dieser unübersichtlichen Lage griff der Kaiser ein. Auf Bitten der Wiener Bürger, die deswegen offenbar eigens eine Delegation zu ihm entsandten, erneuerte er im April 1247 sein zehn Jahre zuvor für sie und ihre Stadt ausgestelltes Privileg. Wichtiger noch: Wohl ungefähr gleichzeitig berief er den im Nordschwarzwald begüterten Grafen Otto von Eberstein zu seinem Stellvertreter in Österreich und Steiermark mit dem an die oberitalienischen Generalkapitäne erinnernden Titel eines Kapitäns und Prokurators. Im Mai nahm Otto seine Arbeit auf, von der sich Friedrich vermutlich in der Tat eine engere Verbindung der ehemaligen Babenberger Lande mit Reichsitalien versprach. Während sein Statthalter in Krain und in der Steiermark Anerkennung fand, gelang ihm dies in Österreich gegen Gertrude und ihre Anhänger nur teilweise; seine Schwierigkeiten wuchsen noch, als die Babenbergerin Mitte 1248 Markgraf Hermann von Baden heiratete. Unterstützt von Adligen aus Österreich und der Steiermark, legte er dem Kaiser deshalb nahe, Margaretes Sohn, den Kaiserenkel Friedrich mit den beiden Herzogtümern zu belehnen, und trat zurück, als er mit seinem Wunsch nicht durchdrang. Der Herrscher aber ernannte für die Steiermark und Krain Graf Meinhard III. von Görz zu seinem Nachfolger, für Österreich den bayrischen Herzog Otto. Meinhard, wie seine Kollegen in Reichsitalien und fast mit den gleichen Worten wie sie zum Generalkapitän bestellt, setzte sich in seinem Amtsbereich ohne erkennbare Widerstände durch. So erhielt er Anfang 1250 zusätzlich die Verantwortung für Österreich, vermochte dort freilich nach Herzog Ottos äußerst nachlässi-

---

[189] Brief vom Sept. 1246, ed. Schaller, Unbekannte Briefe 355, zum Privilegium minus (1156) vgl. oben S. 530. Zum Folgenden siehe Hausmann, Kaiser Friedrich 285–302, Lechner, Babenberger 299–304.

gem Regiment kaum mehr etwas gegen die rasch zunehmenden inneren Wirren auszurichten.[190]

Acht Monate nach Heinrich Raspes Tod führte das vereinte Bemühen des neuen päpstlichen Legaten in Deutschland Petrus Capocci und der Erzbischöfe von Mainz und Köln am 3. Oktober 1247 zur Königswahl Graf Wilhelms von Holland († 28. 1. 1256) im nördlich von Köln gelegenen Worringen. Der damals knapp zwanzigjährige neue Gegenkönig sah sich seiner recht bescheidenen eigenen Möglichkeiten wegen von vornherein auf die tatkräftige Hilfe seiner Wähler angewiesen, auf die Förderung der drei rheinischen Erzbischöfe und des Erzbischofs von Bremen nämlich sowie diejenige seines Onkels, Herzog Heinrichs von Brabant, des einzigen Laienfürsten unter ihnen, der allerdings schon im Februar 1248 starb. Dazu profitierte er von den Erfolgen der kirchlichen Kreuzzugspredigt in seinem Einflußgebiet, insbesondere unter den Friesen, und schließlich flossen die päpstlichen Gelder für ihn eher noch üppiger als für seinen Vorgänger. Dennoch mußte er Aachen fast ein halbes Jahr belagern, ehe sich die Bürgerschaft Ende Oktober 1248 ergab und seine Krönung am rechten Ort durch den zuständigen Kölner Erzbischof ermöglichte. Noch länger, ein volles Jahr, hielt Kaiserswerth (nördlich Düsseldorfs), das stark befestigte Zentrum der staufischen Reichsgutverwaltung am Niederrhein, seinem Ansturm stand – erst im Dezember 1248 unterwarf sich die Besatzung der Burg. Damit stand Wilhelm endlich der Rhein, die wichtigste Verkehrsverbindung in den Süden, ungehindert offen. Ganz folgerichtig ging es ihm in den nächsten Jahren vordringlich darum, gestützt auf seine Kölner und Mainzer Verbündeten, die Schwerpunkte des staufischen Einflusses im Rhein-Main-Gebiet in seine Hand zu bekommen und so seinen Gegner Konrad entscheidend zu treffen.[191]

---

[190] Wien: Ed. Csendes, Stadtrechtsprivilegien 132–134 (= HB 6, 524 f.), vgl. oben S. 332 mit Anm. 122. Otto von Eberstein: HB 6, 573 (Krems; 23. 10. 1247), vgl. RI V, Nr. 11517, 11525, 11531, 15078, 11542 ab, 5556 a (dazu Annales S. Rudberti, ad 1248–1249, MGH SS 9, 790); Meinhard: MGH Const. 2, 377 f., Nr. 270 (Sommer 1248; Ernennung), vgl. RI V, Nr. 11588 (20. 1. 1250; Kapitän auch in Österreich); Otto: RI V, Nr. 11555 (12. 12. 1248). Zur Haltung Innozenz' IV.: MGH Epp. saec. XIII 2, 242 f., Nr. 322 (13./15. 4. 1247), 340–345, Nr. 480, 483, 486–488 (Jan. 1248), ebd. 464, Nr. 649 (31. 1. 1249). Zur Lage vgl. Hermanni: Altahensis Annales, MGH SS 17, 393.

[191] Hauptquellen: Annales S. Pantaleonis, ad 1247–1248, MGH SS rer. Germ. 18, 290–293, Gesta Treverorum V 4, MGH SS 24, 411, Albert von Stade, ad 1247, 1249, MGH SS 16, 371 f., Ellenhardi Chronicon, MGH SS 17, 121, Annales S. Rudberti, ad 1247–1248, MGH SS 9, 789, Annales Erphordenses, ad 1248, MGH SS rer. Germ. 42, 102, Sächsische Weltchronik, c. 397 f., MGH Dt. Chron. 2, 257 f., Nicolaus de Carbio, c. 22, ed. Pagnotti 97, vgl. RI V, Nr. 4885 e.

Kampf ohne Entscheidung

Der Kaisersohn geriet am Ende der vierziger Jahre zweifellos in zunehmende Bedrängnis. Die geistlichen Reichsfürsten gehörten weithin zum gegnerischen Lager, die weltlichen hielten sich vielfach abseits, und selbst wichtige Adlige Schwabens waren abgefallen. Andererseits brauchte er weder die ehemals babenbergischen Länder noch Böhmen zu fürchten, bot sein Schwiegervater, der bayrische Herzog und Pfalzgraf Otto zuverlässigen Rückhalt und wertvolle Hilfe. Vor allem jedoch blieben die Reichsministerialen ganz überwiegend auf seiner Seite, desgleichen die Bürger der staufischen Städte und der meisten Bischofsstädte am Rhein, wohl in der Überzeugung, daß der Kampf für den Stauferkönig zugleich ein Kampf für ihre eigenen Freiheitsrechte sei. Dank ihres energischen Einsatzes, vor allem dank der beachtlichen militärischen Anstrengungen und der großen finanziellen Opferbereitschaft der Wormser Bürgerschaft konnte Konrad die für seine Herrschaft und Geltung unverzichtbaren staufischen Stellungen am Mittelrhein und am Main bis zum Tode seines Vaters im großen und ganzen verteidigen. Zwar ging Ingelheim (westlich Mainz') verloren. Dagegen scheiterten mehrere intensive Versuche Wilhelms, mit Truppenhilfe der rheinischen Erzbischöfe Boppard (südlich Koblenz'), den bedeutenden und exponierten staufischen Vorposten am Rhein einzunehmen. Ebenso vergeblich berannte er im Juli 1249 Frankfurt, im Juli 1250 Oppenheim (südlich Mainz') und im September darauf die alte Stauferpfalz Gelnhausen (östlich Frankfurts). Im Gegenzug verwüstete Konrads Heer im Sommer 1250 die Dörfer zwischen Mainz und dem südlicheren Alzey, soweit sie sich von der drohenden Brandschatzung nicht loskaufen konnten. Der Stauferkönig suchte damit den Erzbischof und seine Verbündeten zu schwächen, fügte den schwersten Schaden freilich deren unbeteiligten bäuerlichen Untertanen zu. Im Spätherbst vereinbarten die rheinischen Bischöfe mit ihm dann wohl eine förmliche Waffenruhe.[192]

---

[192] Annales S. Pantaleonis, ad 1248–1249, MGH SS rer. Germ. 18, 294, 296–298, vgl. Annales Erphordenses, ad 1249, MGH SS rer. Germ. 42, 105 f.; Annales Wormatienses, ad 1250, ed. Boos 152 f. (vgl. ad 1246, 1249, ebd. 151 f.); Gelnhausen: MGH Epp. saec. XIII 3, 251 f., Nr. 281 (Wilhelm; 2. 10. 1250), vgl. ebd. 36, Nr. 49 (Innozenz; 5. 2. 1251); Waffenstillstand: Annales S. Rudberti, ad 1250, MGH SS 9, 791. Vorgehen gegen Straßburg: Richer Senoniensis IV 11, MGH SS 25, 304 f. (zur Datierung: RI V, Nr. 4527 ab). Siehe dazu Demandt, Endkampf 145–157, vgl. 136–144, Goez, Friedrich 30–35; zu Worms: Keilmann, Kampf 116–122, 138–143, zu Konstanz: Zimpel, Bischöfe 136–139, 338 f., zu Regensburg: Annales S. Rudberti 791, Hermanni Altahensis Annales, ad 1251, MGH SS 17, 395, Epp. saec. XIII 2, 392 f., Nr. 554 (13. 5. 1248); elsäss. Städte: HB 6, 800 f. (Nov. 1250); vgl. Ellenhardi Chronicon (wie Anm. 191).

Ende 1250 stand dem für Wilhelm eintretenden Nordwesten Deutschlands also noch immer der mehrheitlich staufisch gesinnte Süden und Südosten gegenüber. Beide Seiten drückte die enorme finanzielle Belastung des Krieges wohl gleichermaßen. Im ganzen Land nahmen seinetwegen die Rechtsunsicherheit und die Neigung zur Gewalt zu. Überall wuchs die Unruhe der Bevölkerung über die politischen Zustände, wuchs die Unsicherheit über die angemessene Haltung im päpstlich-kaiserlichen Streit, die Sorge um die Folgen von Interdikt und Exkommunikation.[193] Zwar konnte der Ausgang des Konflikts nach wie vor als offen gelten. Doch arbeitete die Zeit wohl eher für die Sache der Kirche, die die mächtigen geistlichen Fürsten zu ihren führenden Streitern zählte und anders als ihre Gegner neben beachtlichen irdischen Vorteilen auch die Befreiung von Gewissensqualen, den Ablaß der Sündenstrafen und das ewige Seelenheil zu gewähren vermochte. Jedenfalls war an einen Durchbruch der staufischen Partei schwerlich zu denken, solange ihr Kaiser vom Papst gebannt und abgesetzt blieb.

Friedrich sah dies wohl recht deutlich. Gewiß suchte er die Autorität seines tapfer in Deutschland ausharrenden Sohnes zu stärken durch Gesten wie die Übergabe des Trifels, der dortigen Reichskleinodien und einiger benachbarter Burgen in Konrads direkte Verfügung.[194] Gewiß drückte er diesem brieflich seine Freude über die Erfolge gegen Wilhelm von Holland aus, machte er ihm Mut zu neuen energischen Unternehmungen gegen den gemeinsamen Feind, bemühte er sich darum, das Vertrauen der gemeinsamen städtischen Bundesgenossen durch Lob, Informationen und Privilegien zu wahren und zu vergrößern.[195] Zweifellos profitierte Konrad überdies ganz erheblich vom hartnäckigen kaiserlichen Ringen um die Babenberger Lande, weil es der Koalition von Staufern und Wittelsbachern Schutz und Absicherung im Osten verschaffte.

Dennoch konzentrierte sich der Kaiser klar auf den Süden. Er glaubte offenbar, in Reichsitalien aufgrund der tiefen Gegensätze, die dort seit alters die Gesellschaft spalteten, trotz Bannung und Absetzung auch künftig immer ausreichende Unterstützung zu finden und auf diese Basis gestützt den Papst am Ende doch noch zum Einlenken zwingen zu können; danach aber bestand in der Tat die Aussicht, daß sich auch in Deutschland das

---

[193] Vgl. Annales Scheftlarienses, ad 1246, MGH SS 17, 342; Chronicon Wormatiense, ed. Boos 179, 181f.
[194] HB 6, 878f. (Trifels, 17. 9. 1246 = B. Bischoff, Mittelalterl. Schatzverzeichnisse 1 [München 1967] 99f., Nr. 95; Inventar der Reichskleinodien), HB 6, 879f. (Speyer, wohl Sept. 1246), vgl. RI V 4, 277, BF. 4515f.
[195] HB 6, 794f. (wohl Sept. 1250); HB 6, 393–395 (beide wohl Sept. 1245; an Worms bzw. Speyer), HB 6, 366f. (Nov. 1245; an Regensburg).

Blatt wieder wenden ließ. Die Entscheidung, diesen Weg zu gehen, die Prioritäten derart festzulegen, fiel im Frühjahr 1247. Gewiß nicht zufällig sandte Friedrich eben zu der Zeit, als er vom Tod des Gegenkönigs Heinrich erfuhr, den mehr und mehr in den Vordergrund tretenden Walter von Ocre an den Hof Graf Amadeus' IV. von Savoyen († 1253) mit dem Auftrag, über eine Ehe seines Sohnes Manfred mit der Grafentochter Beatrix zu verhandeln. Am 21. April erlangte Walter von Amadeus in Chambéry die Zustimmung zur Heirat des Paares; es feierte seine Hochzeit dann freilich erst Ende 1248, später als verabredet. Auf dem Hoftag, der Anfang Mai 1247 die lombardischen Anhänger des Kaisers in Cremona vereinte, billigte der Herrscher Walters Abmachungen, die ihm gewisse Zugeständnisse an den Savoyer Grafen abforderten, dazu die künftige Belehnung Manfreds mit dem Land westlich Pavias sowie mit dem Königreich Arelat nach des Amadeus Rat vorsahen, andererseits jedoch die Lehnsbindung und Hilfsverpflichtung des Grafen gegenüber Kaiser und Reich bekräftigten.[196]

Sehr wahrscheinlich sollte Walter auf seiner Reise nach Savoyen nicht nur Manfreds Ehe in die Wege leiten, sondern in engem Zusammenhang damit außerdem die Haltung des dortigen Herrscherhauses und benachbarter Fürsten zu einem etwaigen Zug des Kaisers nach Lyon erkunden. Seine diesbezüglichen Sondierungsgespräche ergaben offenbar, daß sowohl Amadeus wie der Graf von Vienne und andere Große der Region bereit waren, dem Kaiser und seinem Heer beim Durchmarsch durch ihre Lande alles Notwendige zur Verfügung zu stellen. Amadeus bewährte sich gerade in jenen Tagen überdies als ein wertvoller Verbündeter Friedrichs, indem er den für die Lombardei bestimmten päpstlichen Truppen die Alpenpässe sperrte. Als dann auch die zu Cremona Versammelten den kaiserlichen Lyon-Plänen zustimmten, beschloß der Staufer endgültig, sich zunächst nach Westen zu wenden, um, wie er später schrieb, ohne Mittler und Umwege persönlich vor seinen päpstlichen Widersacher zu treten, machtvoll in aller Öffentlichkeit seine gerechte Sache darzulegen und so jenen Streit aus der Welt zu schaffen, der ihn und seine Untertanen schon allzu lange mit Mühen, Sorgen und Kosten belaste. Sofort ging an seine Getreuen, vorzüglich wohl an die Mächtigen des deutschen und burgundischen Königreiches, aber beispielsweise auch an sympathisierende französische Adlige die Aufforderung, sich Anfang Juni mit angemessener ritterlicher Begleitung in Chambéry einzufinden; von dort wolle er mit ihnen nach Lyon ziehen, sich in der Stadt des Konzils von den gegen Gott und

---

[196] RI V 4, 68, Nr. 462 (März 1247; Pisa; Vollmacht für Walter); HB 6, 527 f. (21. 4. 1247; Ehevereinbarung); Ficker, Forschungen 4, 419, Nr. 405 (8. 5. 1247; Friedrichs Zustimmung). Heirat: Annales Placentini Gibellini, ad 1248, MGH SS 18, 498.

alle Gerechtigkeit erhobenen Vorwürfen des Papstes reinigen und dann nach Deutschland weitereilen.[197]

Offen muß bleiben, wie sich Friedrich sein Unternehmen im einzelnen vorstellte, ob er vorwiegend auf die Kraft seiner Argumente, auf die Wirkung seines persönlichen Auftretens vertraute oder eher auf den Eindruck setzte, den sein machtvolles Gefolge hervorrufen würde, ob er etwa erwog, wenn nötig, Zwang und Gewalt anzuwenden. Klar zutage tritt indessen, daß der gewohnte Optimismus noch immer so lebendig in ihm war wie in früheren Tagen, daß ihn die Überzeugung, das Recht und somit Gott auf seiner Seite zu haben, so tief erfüllte wie je. Freilich war es wohl auch nicht vollkommen illusorisch, von seinem Erscheinen am Papstsitz eine Wende zu erwarten. Kirchliche Beobachter an der päpstlichen Kurie registrierten damals durchaus mit Sorge die Unzufriedenheit des französischen Klerus, die vom Kaiser geschürte Kirchenfeindlichkeit des französischen Adels, die sich mehrenden Zeichen für eine Kompromißbereitschaft der Lombarden, den wieder zunehmenden Einfluß des Stauferkönigs in Deutschland, und da und dort fürchtete man schon, der Papst werde seine Stellung nicht mehr lange halten können. Innozenz selbst schätzte die Lage grundsätzlich gleichfalls als äußerst ernst ein; er rechnete offen mit einem bewaffneten Angriff des Weltverwirrers und Kirchenverfolgers Friedrich, gab deswegen seine Sache jedoch keineswegs auf, sondern betrachtete es im Gegenteil als seine Pflicht, die ihm anvertraute Kirche, die Garantin des Heils, gerade jetzt zu schützen. Hilfe suchte er vor allem in Frankreich zu organisieren, und tatsächlich versprachen der französische König und die Mitglieder der königlichen Familie, ihm im Ernstfall mit einem starken Heer unverzüglich beizustehen. Möglicherweise setzte er seine Hoffnung zudem auf seine oberitalienischen Anhänger.[198]

Mitte Mai 1247 verließ Friedrich in Begleitung einer stattlichen Zahl von Rittern Cremona. Einen Monat später traf er in Turin den Grafen von Savoyen und die Großen Piemonts und war schon im Begriff, über die Alpen nach Savoyen vorzurücken, als die Nachricht eintraf, Parma sei in die Hand der päpstlichen Partei gefallen. Sofort brach er sein Unterneh-

---

[197] Friedrichs Bericht: HB 6, 555f. (wohl Ende Juni 1247), seine Ladung: MGH Const. 2, 375, Nr. 268 (Mai 1247), zu Zeitpunkt und Ort: HB 6, 536 (Innozenz; 30. 5. 1247), über Friedrichs Einfluß auf den französischen Adel siehe oben S. 547; vgl. Annales Placentini Gibellini, ad 1246–1247, MGH SS rer. Germ. 18, 493f. (zur Heirat der Kaisertochter Katharina in Cremona siehe oben S. 92 mit Anm. 14), Nicolaus de Carbio, c. 23, ed. Pagnotti 98.

[198] Lagebericht des Erzbischofs Bonifaz von Canterbury: Matthaeus Parisiensis, Additamenta, ed. Luard 6, 131–133 (Mai 1247). Innozenz' Maßnahmen: HB 6, 536f. (30. 5. 1247), MGH Epp. saec. XIII 2, 287–291, Nr. 394–398 (17. 6. 1247), Acta Imperii 2, 722f., Nr. 1040 (2. 7. 1247).

men ab und wandte sich gegen die abtrünnige Stadt. Am 2. Juli begann er mit ihrer Belagerung.[199]

Man mag sich fragen, ob er damit gut beraten war, wird freilich kaum eine völlig befriedigende Antwort erhalten. Da die Stadt nur unzureichende Befestigungsanlagen besaß, hoffte er, sie rasch zu bezwingen. Andererseits mußte er befürchten, wenn er nicht gegen sie einschritt, bald auch die Kontrolle über den Cisa-Paß, die wichtige Straßenverbindung mit der Toskana, zu verlieren und dem Übergreifen der Abfallbewegung auf die Nachbarstädte Vorschub zu leisten. Ein derartiger Macht- und Autoritätsverlust in der Lombardei aber hätte seine Erfolgsaussichten in Lyon ganz entscheidend geschmälert. Im übrigen ging es um jene Stadt, von der die große Adelsverschwörung des Vorjahres ihren Ausgang genommen, um jene kirchenfreundliche, papstnahe Parmaer Gruppe, die diese Revolte eingefädelt hatte. Daß sie ihn nun zum zweiten Mal schwer bedrohte und empfindlich behinderte, schon dies mußte ihn zutiefst erbittern und zu einem schleunigen, heftigen Gegenschlag reizen.

Den aus Parma im Laufe der Zeit vor der kaiserlichen Verwaltung geflüchteten Anhängern Innozenz' IV. war es am 16. Juni 1247 gelungen, die Miliz ihrer Heimatstadt in einen Kampf zu verwickeln und die Verwirrung nach dem Tod des kaiserlichen Podestà zu nutzen, um sich der Kommune zu bemächtigen. Sofort strömten die Parteigänger des Papstes von allen Seiten zu ihrer Unterstützung herbei, Graf Richard von San Bonifacio und Markgraf Azzo von Este mit den Truppen der ihnen ergebenen Städte, dazu der päpstliche Legat Gregor von Montelongo, der nicht nur die Ritter Mailands und Piacenzas heranführte, sondern auch Bernardus Rolandi Rubei, den Schwager Innozenz' IV. und Anstifter der sizilischen Rebellen, mitbrachte. In aller Eile machte man sich an den Bau von Gräben, Mauern und Palisaden.

Enzio, von der schlechten Nachricht in der Gegend von Brescia überrascht, sammelte Cremonas, Pavias und Bergamos Ritterschaft um sich und zog vor Parma. Während Friedrich selbst mit seinem Heer dann im Westen der Stadt in Stellung ging und im Osten Reggio und Modena Parmas Kontakte mit Bologna blockierten, sicherte der Kaisersohn, unterstützt von Uberto Pallavicini, zunächst durch einen Vorstoß bis Pontremoli die Paßstraße in den Süden und konzentrierte sich danach zusammen mit

---

[199] Zug nach Lyon, Abfall und Belagerung Parmas: Annales Placentini Gibellini, ad 1247, MGH SS 18, 494–497, Chronicon Parmense, ad 1246–1248, ed. Bonazzi 13–18, Albertus Miliolus, c. 251, MGH SS 31, 518f.; vgl. Annales Ianuae, ad 1247, ebd. 221f., Annales S. Pantaleonis, ad 1247, MGH SS rer. Germ. 18, 290, Nicolaus de Carbio, c. 25f., ed. Pagnotti 99f., Salimbene, Cronica, ad 1247, MGH SS 32, 188–197, 203f. Berichte Friedrichs: HB 6, 554–558, Friedrich von Antiochia: HB 6, 558f.

Ezzelino da Romano darauf, Parma von jedem Nachschub aus Mantua im Norden abzuschneiden, insbesondere die Poübergänge zwischen den beiden Städten in die eigene Gewalt zu bekommen. Es gelang ihnen, die wichtige Siedlung Brescello am Po zu erobern, zu befestigen und dort ein großes, unter dem Befehl Kardinal Ottaviano Ubaldinis stehendes päpstliches Entsatzheer aufzuhalten. Doch obwohl die Lebensmittel in Parma bald empfindlich knapp wurden, der Hunger zum Alltag gehörte und die Todesfälle erschreckend zunahmen, obwohl Friedrich sich weigerte, Gefangene auszutauschen, um dadurch den Druck auf die Eingeschlossenen noch zu erhöhen, obwohl er vor deren Augen sogar einige ihrer Mitbürger enthaupten ließ, blieb die Einwohnerschaft standhaft.[200]

So sah sich der Herrscher genötigt, Vorsorge für die Fortsetzung der Belagerung im Winter zu treffen: Er errichtete südwestlich von Parma die berühmte Lagerstadt Victoria. Durch Wälle, Gräben und alle sonst erdenklichen Einrichtungen gesichert, von Kanälen durchzogen, mit acht Toren, dazu Plätzen, Läden, einer Münzstätte und sogar einer eigenen, S. Victor geweihten Kirche versehen, beeindruckte sie die Zeitgenossen allein schon durch ihre gewaltige Ausdehnung. Kaum ein Chronist versäumte es denn auch, die Gründung des Kaisers wenigstens zu erwähnen, und keiner, der sie sah oder von ihr hörte, wird die Absicht ihres Erbauers verkannt haben, durch sie seine Autorität, seine majestätische Überlegenheit und vorweg seine unbedingte Siegeszuversicht zur Darstellung zu bringen.[201]

Einen Rückschlag für die Sache des Kaisers bedeutete zweifellos der Verlust der Schiffsbrücke bei Brescello Ende Oktober, denn dank des nun offenen Zugangs von Norden verbesserte sich die Versorgungslage Parmas. Im Dezember entließen dann beide Seiten einen großen Teil ihrer Truppen, und es wurde ruhiger um die belagerte Stadt. Von anderen Orten Italiens jedoch meldeten die kaiserlichen Heerführer durchaus Erfreuliches. Bei Osimo (südlich Anconas) besiegte der Generalvikar der Mark Robert von Castiglione damals ein päpstliches Heer. Zu seinen zahlreichen Gefangenen gehörte auch der Anführer der Gegner, der päpstliche

---

[200] Vgl. außer den in Anm. 199 genannten Quellen HB 6, 569–571, HB 6, 590f. (alle wohl Sept. 1247; Friedrich), vgl. HB 6, 589, außerdem Schaller, Unbekannte Briefe 356–360, Nr. 5–7.

[201] Vgl. neben den in Anm. 199 genannten Quellen noch: Rolandinus Patavinus V 21f., MGH SS 19, 85f., Annales Patavini, ad 1247–1248, ebd. 160, Annales Veronenses, ad 1247, ebd. 13, Annales Veronenses Antiqui, c. 101, ed. Cipolla 76, Annales Cremonenses, ad 1247–1248, MGH SS 31, 18, Breve chronicon, ed. Huillard-Bréholles 908, Thomas von Pavia, MGH SS 22, 514f., Collenuccio, Compendio IV, ed. Saviotti 138–141 (vgl. dazu Scheffer-Boichorst, Testamente 281–283, sowie RI V, Nr. 3651, wie oben S. 563, Anm. 184).

Rektor der Mark Bischof Marcellinus von Arezzo, den Friedrich im März darauf hinrichten ließ. Geschickt die öffentliche Wirkung berechnend, publizierte Rainer von Viterbo eilends einen ausführlichen, mit ergreifenden Einzelheiten aufwartenden Bericht über das schreckliche Martyrium, das der Streiter Gottes Marcellinus von den Sarazenen des Kaisers, des Sohnes des Teufels, zu erdulden hatte, sowie über die demütige Ergebung, Standhaftigkeit und tiefe Frömmigkeit, mit der er seine Qualen ertrug, und des Kardinals Schilderung, die in einen erregten, haßerfüllten Aufruf zum Kampf gegen den wütenden Drachen und brüllenden Löwen Friedrich mündete, machte großen Eindruck sogar in Deutschland und England. Gleichfalls noch im Dezember schlug Richard von Chieti, der Kaisersohn und Generalvikar im Herzogtum Spoleto, bei Terni den päpstlichen Befehlshaber Hugo Novellus. In Turin gelang es den Kaiserlichen, offenbar tatkräftig unterstützt von Friedrichs gleichnamigem Enkel, die Machtübernahme durch Markgraf Bonifaz von Montferrat zu verhindern. Ebenso scheiterte der Anschlag eines kaiserfeindlichen Hauptmanns auf Pontremoli, und im Januar 1248 glückte Friedrich von Antiochia die Vertreibung der rebellierenden Papstpartei aus Florenz. Kurz darauf fügte schließlich Enzio den Mantuanern erheblichen Schaden zu; er erbeutete einen großen Teil ihrer Schiffe und begann mit dem Bau einer neuen Pobrücke, die Parma rasch vollends von der Außenwelt abschließen mußte.[202]

Offenbar ließen es der Kaiser und die Seinen, verleitet durch die günstige Entwicklung und ihre übergroße Siegessicherheit, in jenen Tagen etwas an der nötigen Wachsamkeit fehlen. Damit aber unterschätzten sie die verzweifelte Entschlossenheit der zu Parma Eingeschlossenen und die Energie des päpstlichen Legaten Gregor von Montelongo an deren Spitze. So kam es am 18. Februar 1248 recht unvermutet zu einer verheerenden Niederlage der kaiserlichen Seite.

Friedrich hatte sich in aller Frühe zur Jagd an den Fluß Taro begeben, und ein großer Teil seiner Truppen arbeitete im Norden an der neuen Brücke über den Po. Da ließ sich obendrein der in Victoria gebliebene Markgraf Manfred Lancia dazu verlocken, einer Reiterabteilung nachzujagen, die gerade aus Parma nach Süden aufbrach und mit ihrem Ausritt vermutlich nichts anderes bezweckte, als eben dies: die Besatzung von Vic-

---

[202] Annales S. Pantaleonis, ad 1247, MGH SS rer. Germ. 18, 291 f.; Collenuccio, Compendio IV, ed. Saviotti 139; Annales Placentini Gibellini (wie Anm. 199) 495, Z. 47–496, Z. 10, 20 f., 24–27; Friedrichs Bericht: HB 6, 584–586 (wohl Febr. 1248), vgl. HB 6, 922 f. (wohl Dez. 1247); zu Robert von Castiglione: Ohlig, Studien 119 f.; zu Marcellinus: HB 6, 603–608 (Rainers Bericht), vgl. Matthaeus Parisiensis, Chronica maiora, ad 1249, ed. Luard 5, 60–67, Annales Erphordenses, ad 1248, MGH SS rer. Germ. 42, 104, dazu Westenholz, Rainer 141–143, 154–157.

toria zur Verfolgung zu provozieren. Jedenfalls erkannte Gregor von Montelongo sofort, welche Gelegenheit sich ihm dadurch bot. Er rief alle Bewaffneten, die in Parma zur Verfügung standen, Ritter wie einfache Fußsoldaten zusammen und stürzte mit ihnen hinaus in die nur unzulänglich geschützte kaiserliche Lagerstadt, die tatsächlich bald in seine Hand fiel – Thaddaeus von Sessa kam bei ihrer Verteidigung mit zahlreichen Kampfgefährten ums Leben. Die Sieger aber erbeuteten des Kaisers Schatz, dessen kostbare Stücke, Kunstgegenstände, Juwelen und Kleinodien aller Art sie in den nächsten Tagen hastig und weit unter Wert zu Geld machten. Sie gewannen seine Kriegskasse, sein Siegel und eine prächtige Krone, dazu neben vielen anderen bedeutenden Objekten seine reich bebilderte Handschrift mit Jagdtraktaten und außerdem den Fahnenwagen Cremonas. Dann legten sie Feuer, und während die ganz aus Holz errichtete Lagersiedlung rasch völlig niederbrannte, zogen sie mit über 1500 Gefangenen siegestrunken zurück in ihre befreite Heimatstadt. Friedrich und die kaiserlichen Soldaten eilten zwar, als sie Victoria in Flammen stehen sahen, von allen Seiten zur Rettung herbei, erkannten freilich schnell, daß sie nichts mehr ausrichten konnten, und flüchteten nach Cremona.

Rein militärisch hielt sich die Bedeutung des Geschehens zweifellos in Grenzen. Nur das den Winter über beim Kaiser stationierte, wohl relativ kleine Kontingent war betroffen. Vor allem aber verstand es Enzio, seine für Parmas Versorgung so bedrohliche Brückenstellung im Norden der Stadt zu sichern. Friedrich selbst rückte bereits Ende Februar gleichfalls bis zum Po vor und erleichterte dadurch seinem Sohn den Sieg über die auf dem Fluß operierenden Schiffe Mantuas und Ferraras. Seit März kämpfte er dann die Verbindung zum Cisa-Paß wieder frei, und im Mai und Juni verwüstete er die Weingärten und Äcker Parmas. Bei einem der zahlreichen Gefechte mit den Rittern der rebellischen Kommune kam Bernardus Rolandi Rubei ums Leben, gewiß der beim Kaiser am meisten verhaßte Bürger der Stadt. Friedrich nahm seinen Untergang denn auch mit unverhohlener Freude zur Kenntnis.[203]

Die kaum unterbrochene militärische Aktivität des Herrschers darf indessen nicht darüber hinwegtäuschen, daß der Fall Victorias seine Auto-

---

[203] Vgl. zum Fall von Victoria und zu Friedrichs anschließenden Aktionen die in Anm. 199 und 201 genannten Quellen, bes.: Annales Placentini Gibellini, ad 1247–1248, 496f., Chronicon Parmense, ad 1248–1249, 18f., Annales Ianuae, ad 1248, 224f., Annales S. Pantaleonis, ad 1248, 295, Salimbene 203f., Thomas von Pavia 514f.; Friedrichs Berichte: Acta Imperii 1, 345–347, Nr.397f. (18./26. 2. 1248), HB 6, 594–597 (18. bzw. Ende Febr. 1248), Schaller, Unbekannte Briefe 360f., Nr. 8 (kurz nach 19. 2. 1248), HB 6, 609f. (wohl Ende März 1248), vgl. HB 6, 633f. (wohl April 1248), Acta 1, 707, Nr. 931 (20. 4. 1248), ebd. 710, Nr. 935 (18. 5. 1248).

rität empfindlich traf, sein Prestige erheblich schwächte. Er selbst hatte die Feste ganz bewußt zum Symbol seiner kaiserlichen Würde, seiner überlegenen Gewalt und seines Siegeswillens gemacht und der Öffentlichkeit als solches vorgestellt. Ihr jäher und schimpflicher Fall, die totale Zerstörung seiner Siegesstadt durch die Bewohner eines fast schon ausgehungerten Gemeinwesens mußte das Vertrauen in sein Durchsetzungsvermögen, in seine Führungskraft und in seine Fähigkeit, Schutz zu garantieren, kurz: in den Sieg seiner Sache bei seinen Verbündeten und vor allem bei den ohnehin Schwankenden gefährlich erschüttern. Daß sich seine Gegner an seiner Schmach ergötzten, daß sie nach ihrer überraschenden Erlösung aus seiner scheinbar tödlichen Umklammerung frischen Mut faßten und fortan mit neuem Optimismus und einem starken Bewußtsein der Überlegenheit ans Werk gingen, versteht sich ohnehin.

Parmas Bürger brachten die vom Kaiser erbeuteten Reliquien und seine Krone der Jungfrau Maria als Dank für ihre Hilfe dar und bewahrten die Kostbarkeiten in der Sakristei des Domes auf. Salimbene, der aus Parma stammende franziskanische Geschichtsschreiber, hielt die Krone dort in Händen und staunte über ihre unpraktische Größe, ihr Gewicht und ihren reichen Schmuck. Den *carroccio* Cremonas aber stellten die Parmaer als Denkmal ihres Triumphes öffentlich im Baptisterium zur Schau.[204] Dazu feierte ein anonymer Poet, wohl ein Kleriker aus ihrer Stadt, in langen Gedichten ihren Ruhm und Heldenmut, die Treue ihrer Verbündeten, ihre im Dienste Christi gemeinsam vollbrachten glanzvollen Waffentaten und verspottete die Ohnmacht ihres hochmütigen, ketzerischen und kirchenfeindlichen Widersachers, der, von Gott selbst verurteilt und bestraft, in seiner Verwirrung am Ende sogar vor Parmas Frauen geflohen sei.[205]

Manche Chronisten, und nicht nur solche, die Friedrich negativ beurteilten, hielten die Zerstörung Victorias für einen Schlag, von dem er sich nie mehr wirklich zu erholen vermochte, für den Anfang seines Endes gewissermaßen.[206] Das wird so wohl nicht ganz zutreffen. In eine Krise geriet die kaiserliche Stellung in Italien während des Jahres 1248 freilich durchaus. Zwar besiegte Richard von Chieti offenbar im April bei Civitanova

---

[204] Salimbene (wie Anm. 199) 203f., vgl. Chronicon Parmense (wie Anm. 199) 18, Z. 32–36.

[205] Text: Frenz – Herde, Briefbuch 388–407, Nr. 97–99, vgl. 407, Nr. 100, zum Autor ebd. 405 Anm. 72 (= MGH SS 18, 792–799, ed. Ph. Jaffé; vgl. das Vorwort 790f.). Zu den griechischen Anti-Parma-Gedichten Johannes' von Otranto und Georgs von Gallipoli siehe oben S. 248 mit Anm. 159 sowie S. 364 mit Anm. 35.

[206] Vgl. Rolandinus Patavinus V 22, MGH SS 19, 86, Z. 6f., Annales Ianuae, ad 1248, MGH SS 18, 225, Z. 8f., Thomas von Pavia, MGH SS 22, 515, Z. 3–5, aber auch Breve Chronicon, ed. Huillard-Bréholles 908.

Marche (südlich Anconas) ein weiteres Mal den päpstlichen Heereskapitän Hugo Novellus und seine Begleiter, die Verschwörer Pandulf von Fasanella und Jakob von Morra. Doch bereits zu Beginn des nächsten Monats mußte Enzio nach Reggio nell'Emilia eilen, um dort einen drohenden Umschwung gewaltsam im Keime zu ersticken. Nicht mehr verhindern ließ sich dagegen, daß ungefähr zur gleichen Zeit Ravenna auf die päpstliche Seite übertrat und in den Wochen darauf die meisten bedeutenden Kommunen der Romagna diesem Schritt folgten. Mindestens genauso gefährlich für den Kaiser waren die Erfolge, die jetzt Kardinal Rainer von Viterbo im Herzogtum Spoleto und vor allem in der Mark Ancona errang. Im übrigen dürfte des Herrschers damals anscheinend besonders mißliche finanzielle Situation ebenfalls mit dem Unglück von Victoria zusammenhängen.[207]

Erfolge und schmerzliche Enttäuschungen.
Der Verrat des Petrus de Vinea, die Gefangenschaft Enzios und der Aufstieg Uberto Pallavicinis

Das Aufgebot, das Friedrich im Juni 1248 vor Parma zur Verfügung stand, genügte immerhin, um die Truppen aus Mailand und Piacenza, die ihn zur Entlastung Parmas von Westen her angreifen wollten, zum schleunigen Rückzug zu veranlassen, sobald er sich gegen sie wandte. Er verfolgte sie dann jedoch nicht, vertraute die weitere Bewachung Parmas vielmehr seinem Sohn Enzio an und zog über Cremona in die obere Poebene. Zu dieser Neuorientierung mochte ihn die offenbar günstige Aussicht bestimmt haben, er könne die für den ungehinderten Zugang nach Piemont wertvolle Kommune Vercelli zurückgewinnen. Vielleicht auch weckte der französische König in ihm neben aller Skepsis zugleich doch gewisse Hoffnungen, als er mitteilte, er wolle unmittelbar vor seiner Ausfahrt zum Kreuzzug bei Innozenz noch einmal die Möglichkeiten eines Friedens zwischen Kirche und Imperium ausloten. Jedenfalls sandte Friedrich die gewünschten Legaten nach Lyon, wo Ludwig IX. wohl im Juli haltmachte, stattete sie mit weitreichenden Vollmachten aus, sofern nur die Ehre seiner Reiche ungeschmälert bleibe, und war in Piemont dem Papstsitz

---

[207] Civitanova: Collenuccio, Compendio IV, ed. Saviotti 141 (Friedrich am 20. 4. in Borgo S. Donnino: Acta Imperii 1, 708, Nr. 931; zu Civitanova: RI V, Nr. 13668, 13676). Reggio: HB 6, 375 f., vgl. HB 6, 374 f,. dazu RI V, Nr. 3700 beziehungsweise 13665, sowie Annales Placentini Gibellini, ad 1247, MGH SS 18, 497, Z. 29 f. Ravenna, Spoleto, Ancona: Annales Placentini Gibellini, ad 1248, 497, vgl. Salimbene, Cronica, ad 1248, MGH SS 32, 319 f., vgl. Westenholz, Rainer 142–153. Geldnot: HB 6, 634–636 (beide wohl Juni 1248), vgl. Kamp, Kirche 1, 1095 f.

nah genug, um dort nötigenfalls rasch selbst zu erscheinen. Dieser Gedanke aber erwies sich nur zu bald als völlig unangebracht: Innozenz lehnte kategorisch jede Vereinbarung ab, die seinen Verbündeten keine ausreichenden Sicherheiten garantiere oder fernerhin eine Kaiser- oder Königswürde für Friedrich und seine Nachkommen vorsehe; der Staufer sei durch Gottes eigenes Urteil verworfen, menschliche Barmherzigkeit vermöge dieses Verdikt nicht mehr zu ändern. Enttäuscht begann Ludwig Ende August seine Fahrt nach Osten – ohne den geringsten Erfolg kehrten die kaiserlichen Boten zu ihrem Herrn nach Ostpiemont zurück.[208]

Der beschäftigte sich dort inzwischen, meist von Casale (am Po, östlich Turins) aus operierend, mit der Zerstörung oder Besetzung einzelner Burgen und Dörfer des abtrünnigen Markgrafen Bonifaz von Montferrat. Im Oktober kam es dann endlich zu der lange erwarteten Übergabe Vercellis. Sofort eilte Friedrich in die Stadt, und wenig später fanden sich Graf Amadeus von Savoyen, sein Bruder Thomas sowie eine Reihe anderer Großer aus dem weiteren Umland ebenfalls in ihr ein. Sie knüpften Kontakte zu Markgraf Bonifaz, der sich schließlich zur Unterwerfung unter den Kaiser und zur Rückkehr in dessen Lager bewegen ließ. Im Dezember nahm ihn Friedrich wieder in Gnaden auf.

Im übrigen gingen die letzten Wochen des Jahres 1248 zu Vercelli hin mit Beratungen über die dauerhafte Ordnung der Region. Die versammelten Adligen erwirkten von ihrem kaiserlichen Lehnsherrn die Bestätigung ihrer Privilegien und ihres Besitzes. Bewährte oder sonst wichtige Männer unter ihnen erlangten auch wohl zusätzliche Gunsterweise. Der Delphinus oder Dauphin genannte Graf von Vienne etwa empfing ein Geldlehen von 300 Goldunzen jährlich, Bonifaz von Montferrat eine Burg des Bischofs von Vercelli. Daneben belohnte und stärkte der Herrscher in seinem Dienst erprobte Städte; er verlieh Lucca das Bergland der Garfagnana im Norden der Kommune, Pisa die unverzichtbare Lunigiana, die von Süden zum Cisa-Paß hinführende Landschaft. Zu seinem Stellvertreter aber, zum Generalvikar und Sachwalter der Reichsinteressen im Land westlich von Pavia ernannte er Graf Thomas von Savoyen, dem sein Bruder Amadeus bereits früher die Verwaltung des savoyischen Besitzes in Piemont anver-

---

[208] Angriff Mailands: HB 6, 632f. (Friedrich; Ende Juni 1248). Ludwigs Friedensgespräche: HB 6, 645 (wohl Aug. 1248), HB 6, 711 (Febr. 1249; beide Friedrich), vgl. HB 6, 641 und 644, sowie MGH Epp. saec. XIII 2, 415f., Nr. 585 (30. 8. 1248; alle Innozenz), dazu Matthaeus Parisiensis, Chronica maiora, ad 1248, ed. Luard 5, 22f., Annales Ianuae, ad 1248, MGH SS 18, 225, Z. 46–50, vgl. Salimbene, Cronica, ad 1247, MGH SS 32, 211, Z. 26–212, Z. 4; zur Lage: Annales Placentini Gibellini, ad 1248 (wie Anm. 207) 497f.

Erfolge und schmerzliche Enttäuschungen

traut hatte. Nun belehnte ihn der Kaiser außerdem, wenngleich unter gewissen Vorbehalten, durch ein ganzes Bündel von Privilegien mit den bedeutsamsten Gütern, Zöllen und Rechten des Reiches in jenem Gebiet, darunter die Städte Turin und Ivrea. Er machte also nicht nur gegen seine bisherige Gewohnheit den mächtigsten Adligen des Amtsbezirks zum Generalvikar, sondern steigerte dessen Rang und Einfluß dort sogar noch ganz erheblich. Gewiß hoffte er, auf diese Weise in ihm eine besonders feste Stütze seiner Politik gewonnen und damit für die Wahrung der Reichsinteressen im Westen Oberitaliens gut vorgesorgt zu haben. Wenigstens zu seinen Lebzeiten bewährte sich seine Regelung in der Tat. Wohl um den Jahreswechsel 1248/49 feierte man überdies die lange schon vereinbarte Vermählung Manfreds mit Beatrix, Thomas' Nichte und Tochter des Amadeus, und bezeugte so festlich in aller Öffentlichkeit das enge Einvernehmen des staufischen Herrscherhauses mit den Grafen von Savoyen.[209]

In Cremona scharte Friedrich während des folgenden Februars die Vertreter der ihm ergebenen Städte der Lombardei um sich. Er informierte sie über seine Absichten, suchte sie auf seinen Kurs festzulegen, nahm ihre diesbezüglichen Versprechen und Eide entgegen und glaubte ihrer Treue für die Zukunft sicher sein zu dürfen. Von der Ehe, die Enzio damals mit einer Nichte Ezzelinos da Romano schloß, erwartete er, daß sie, insofern grundsätzlich Manfreds Heirat vergleichbar, den lombardischen Nordosten dominierenden Machthaber auch weiterhin zuverlässig an seiner Seite halte. Im übrigen agierte Enzio erfolgreich im Raum um Parma und Reggio; der zunehmende Nahrungsmangel in Parma ließ den Kaiser sogar erneut an die baldige Übergabe der Stadt denken. Jedenfalls schien sein Generallegat die Lage in der Lombardei im großen und ganzen zu beherrschen. So brach er im März in die Toskana auf und sprach guten Muts bereits davon, sobald die Dinge dort gleich befriedigend geordnet seien wie in Oberitalien, wolle er nach Deutschland reisen.[210]

---

[209] Montferrat: HB 6, 642f. (Sept. 1248; Bekämpfung), HB 6, 673f. (Dez. 1248; Begnadigung, Belehnung). Zum Aufenthalt in Vercelli siehe RI V, Nr. 3726–3751, bes.: HB 6, 665f., vgl. 666f. (Graf von Vienne), HB 6, 671f. (Lucca), Acta Imperii 1, 358f., Nr. 415 (Pisa; dazu HB 6, 672f.); Thomas von Savoyen: MGH Const. 2, 379f., Nr. 272 (Generalvikar; vgl. die Erneuerung ebd. 381f., Nr. 273, Juni 1249; dazu ebd. 379, Nr. 271, 8. 11. 1248: die Vollmacht an Thomas und Amadeus für Verhandlungen mit dem Papst, die freilich keine Bedeutung erlangten), HB 6, 658–661, 674f., Acta 1, 352–355, Nr. 406–410, 357f., Nr. 413f., ebd. 356f., Nr. 412 (Übergabebedingungen), vgl. RI V, Nr. 13529 (18. 2. 1245). Zum Ganzen: Annales Placentini Gibellini, ad 1248, MGH SS 18, 497, Z. 41–498, Z. 8, zur Heirat Manfreds vgl. oben S. 570 mit Anm. 196.

[210] Cremona: HB 6, 698f. (Jan. 1249), HB 6, 703f. (wohl Febr. 1249), vgl. HB 6, 705, Annales Placentini Gibellini (wie Anm. 209) 498.

Ein schwerer Schatten fiel freilich auf jene zuversichtlich-gelösten Tage. Eine neue herbe Enttäuschung trübte schwerer wohl als alle ähnlichen Erfahrungen zuvor die kaiserliche Stimmung: Noch in Cremona hatte er vermutlich im Februar 1249 Petrus de Vinea, seinen altbewährten Mitarbeiter und vertrauten Berater, wegen Hochverrats verhaften und in Fesseln unter Bewachung nach Borgo San Donnino vorausschicken lassen, da die aufgebrachten Bewohner Cremonas den Übeltäter zu lynchen drohten. Er führte den Gefangenen dann mit sich in die Toskana, und dort, in San Miniato, beging der auf kaiserlichen Befehl bereits Geblendete Ende April wahrscheinlich Selbstmord – zu genau wußte er, welch gräßliche Strafen der Kaiser in seinem Zorn zu ersinnen imstande war.

Weder über nähere Einzelheiten des Geschehens noch gar über die genauen Gründe für den Sturz von Petrus unterrichten uns die Quellen. Zwar erregte der tiefe Fall des einst fast allmächtigen kaiserlichen Ministers vielerorts Aufsehen und Neugierde, zwar inspirierte er die Geschichtsschreiber dazu, den rätselhaften Vorgang phantasievoll auszuschmücken. Doch im Kern wiederholten die Chronisten lediglich den pauschalen Vorwurf des Verrats; erst Dante fügte dem insofern etwas Neues hinzu, als Petrus bei ihm seine Unschuld beteuert und die gegen ihn erhobene falsche Anklage dem Neid der Höflinge zuschreibt. Wir werden uns also mit Friedrichs eigener, leider nur gleichnishaft andeutender Aussage begnügen müssen, wonach er seinen Logotheten offenkundig in der Tat des Verrats und dazu der Bestechlichkeit für schuldig ansah. Daß Petrus seinen gewaltigen Reichtum keineswegs bloß mit legalen Mitteln aufhäufte, dafür gibt es einzelne Hinweise. Daß aber sein Verrat unter Umständen in geheimen Kontakten zu päpstlichen Kreisen bestand, kann man allenfalls vermuten. Natürlich fand sich für einen Mann seines Formats und seiner Erfahrung, wenn überhaupt, so nicht von heute auf morgen vollwertiger Ersatz. Zumindest an der Spitze der Kanzlei nahm indessen anscheinend sehr schnell Walter von Ocre seinen Platz ein.[211]

Der Toskana-Aufenthalt des Kaisers im Frühjahr 1249 diente vorwiegend dazu, den Kampf des dortigen Generalvikars, seines Sohnes Fried-

---

[211] Hauptquellen: Annales Placentini Gibellini (wie Anm. 209) 498, Z. 8–11, 15 f.; HB 6, 700 f. (Friedrich; wohl Febr. 1249); vgl. HB 6, 743 (26. 6. 1249; Friedrich für Walter von Ocre), außerdem Matthaeus Parisiensis, Cronica maiora, ad 1249, ed. Luard 5, 68 f. (Vermischung mit dem etwa gleichzeitigen Anschlag des kaiserl. Leibarztes, vgl. oben S. 561, Anm. 178), Salimbene, Cronica, ad 1247, MGH SS 32, 199, Z. 31–200, Z. 17 (Petrus konspiriert auf dem Konzil zu Lyon mit dem Papst), Collenuccio, Compendio IV, ed. Saviotti 141–143, Dante, Inferno XIII 46–108; Petrus als *proditor* in den Gesetzen Konrads IV. (Febr. 1252): Stürner, Konstitutionen 4 mit Anm. 12. Ausführliche Analyse der Quellen: Schaller, Della Vigna 779–781. Walter von Ocre: Kamp, Kirche 1, 132.

rich von Antiochia, gegen einzelne Widerstandszentren zu unterstützen. Nach umständlicher Belagerung fiel am 25. April die Burg Capraia (westlich Florenz'), in der sich Papstanhänger aus Florenz verschanzt hatten. Ungefähr zur gleichen Zeit kam San Miniato, die wohl ebenfalls in gegnerische Hand geratene alte Reichsfeste über dem Südufer des Arno, wieder in kaiserlichen Besitz; unmittelbar darauf erlebte sie das traurige Ende des Petrus de Vinea. Schon im März hielt Friedrich dann auch die Reichsgewalt in der Toskana für ausreichend gefestigt, und er stach von Pisa aus in See. Nicht nach Deutschland allerdings ging die Reise, sondern ins Königreich Sizilien, das er bis zu seinem Tod nicht mehr verlassen sollte.[212]

Manches spricht dafür, daß der Staufer damals, des zermürbenden Kleinkriegs um Städte und Burgen, des zuweilen gewiß enttäuschenden Ringens um die Gefolgschaft einzelner Personen und Gruppen etwas müde, das aufreibende militärische und politische Alltagsgeschäft wenigstens für eine gewisse Zeit seinen Söhnen und Generalvikaren zu überlassen gedachte, um im Regnum Sicilie Kraft zu schöpfen, aber wohl auch eben diesem Königreich eine Belastungspause zu gönnen, ehe er erholt, mit neuen Projekten, gefüllten Kassen und einem starken Heer wieder persönlich in das Geschehen eingreifen wollte.[213]

Ein unglücklicher Zwischenfall drohte freilich schon bald die kaiserliche Stellung in Reichsitalien empfindlich zu schwächen und damit die Zukunftspläne des Herrschers, von dessen menschlicher Betroffenheit einmal ganz abgesehen, stark zu gefährden. Am 26. Mai 1249 nämlich geriet Enzio, sein Generallegat und sowohl aktivster wie fähigster Heerführer in Oberitalien, in Bologneser Gefangenschaft. Enzio versuchte in jenen Wochen energisch, die Stadt Parma vollends in die Knie zu zwingen und zugleich Bolognas gefährliche Angriffe gegen Reggio und Modena abzuwehren. Im Zuge dieser Bemühungen kam es an besagtem Maitage im Raum zwischen Modena und Bologna zu einem Gefecht, in dessen Verlauf seine Gegner die Oberhand gewannen. Sie brachten ihn selbst mit vielen seiner Mitkämpfer in ihre Gewalt und führten ihn nach Bologna. Vergeblich forderte sein Vater sogleich dringend und drohend seine Freilassung; umsonst kündigte er an, der Schlag werde ihn keinesfalls schwankend machen, vielmehr zu nur noch schärferer Verfolgung der Rebellen anspornen. Ungerührt vom herrscherlichen Zorn behielten die Bologneser den

---

[212] Annales Placentini Gibellini (wie Anm. 209) 498, Z. 14–21, Annales Senenses, ad 1249, MGH SS 19, 230 (Fall Capraias), vgl. Malispini, Storia c. 134, ed. Costero 128f., Collenuccio, Compendio IV, ed. Saviotti 142f. (Fall San Miniatos, anekdotenhaft ausgeschmückt).
[213] Vgl. dazu Petrus, Ep. 2, 25, ed. Iselius 1, 286f., HB 5, 992 (beide wohl Dez. 1249, vgl. RI V, Nr. 3794f.), HB 6, 498f., 500 (wohl Aug. 1249).

Kaisersohn bis zu seinem Tod im Jahre 1272 im Palast ihrer Kommune in Haft.[214]

Viele Geschichtsschreiber notierten das Schicksal Enzios. Sein Fehlen auf den Kampfplätzen und in den Krisenzonen der Lombardei aber trug der kaiserlichen Seite schnell spürbare Mißerfolge ein. Die Situation des umklammerten Parma verbesserte sich. Im Juli schloß Como mit Mailand Frieden. Gleichzeitig ging Pontremoli verloren. Allein die Burgbesatzung verteidigte sich noch, und Friedrich rief die Verantwortlichen in der Toskana fast verzweifelt zu äußersten Anstrengungen auf, damit die Paßstraße, die ihm einzig verbliebene Verbindung zwischen der Toskana und Oberitalien, sein Schlüssel und Eingang zur Lombardei, wie er sagte, seinen Getreuen weiterhin offenstehe. Doch im November fiel auch Pontremolis Kastell. Mitte Dezember endlich resignierte das hart bedrängte Modena und verbündete sich mit Bologna.

Die tiefen Gegensätze, die die lombardische Gesellschaft prägten und dem Kaiser so große Schwierigkeiten bereiteten, verhinderten indessen auch den ungetrübten Erfolg seiner Gegner. Ezzelino brachte während des Septembers und Oktobers die Stadt sowie, nach mühseliger Belagerung, die Burg Este in seine Hand, dazu eine ganze Reihe wichtiger anderer Plätze seines alten Gegners Azzo, und im selben Frühherbst geriet Ravenna wieder unter kaiserliche Herrschaft.[215]

Für die Zukunft bedeutsamer war jedoch zweifellos der Umstand, daß Uberto Pallavicini allmählich in die Rolle Enzios als der dominierende kaiserliche General in der Lombardei hineinwuchs. Friedrich hatte ihm als Belohnung, Vertrauensbeweis und Verpflichtung zugleich bereits im Mai 1249, unmittelbar vor seiner Abreise ins Regnum, eine große Zahl von Kastellen und Dörfern vorwiegend im Raum um Borgo San Donnino zwischen dem Po im Norden und dem Taro im Süden zu erblichem Besitz verliehen, einen ansehnlichen Herrschaftsbereich also in der heiklen Zone zwischen Piacenza und Parma, am Eingang zum unverzichtbaren Cisa-

---

[214] Annales Placentini Gibellini, ad 1249, MGH SS 18, 498f., HB 6, 737–740 (Friedrich an Bologna und Modena; Bolognas Antwort); vgl. RI V, Nr. 13713f., Annales Ianuae, ad 1249, MGH SS 18, 227, Albertus Milioli, c. 253, MGH SS 31, 520f., Annales Cremonenses, ad 1249, ebd. 18, Annales Patavini, ad 1249, MGH SS 19, 161, Annales Veronenses, ad 1249, ebd. 13, Annales Mantuani, ad 1250, ebd. 22, Thomas von Pavia, MGH SS 22, 515, Chronicon Parmense, ad 1249, ed. Bonazzi 19.

[215] Vgl. unter den in Anm. 214 genannten Quellen bes. die Annales Placentini Gibellini, daneben RI V, Nr. 13722 (19. 7. 1249; Como); HB 6, 497–500 (Pontremoli; alle wohl Aug. 1249; *unica clavis et ianua*: 498, 499; vgl. RI V, Nr. 13725f., 13728); RI V, Nr. 3793a (15. 12. 1249; Modena); Rolandinus Patavinus VI 6, MGH SS 19, 89f. (Ezzelino; vgl. bes. Annales Veronenses, ebd. 13f.); RI V, Nr. 3791a (3. 10. 1249; vgl. Nr. 13738, 13743; Ravenna).

Paß. Dazu bekleidete Uberto seit dem 30. August 1249 in Enzios Nachfolge das Amt des Podestà in Cremona, dem Zentrum der kaiserlichen Partei Oberitaliens, wo er bis Ende 1266 die beherrschende Gestalt blieb.[216]

Eben seit den Tagen seines Amtsantrittes machte allerdings auch in Cremona eine papstfreundliche Gruppe durch ihre Aktionen auf sich aufmerksam. So mußte er im April 1250 zunächst seine eigene Anhängerschaft in einem Bund fest organisieren, die Führer seiner Gegner nach Lodi verbannen und ihren Hauptstützpunkt außerhalb der Stadt erstürmen, ehe er an weiterreichende Unternehmungen denken konnte. Gelegenheit dazu bot sich bald. Die Versorgungslage Parmas nämlich verschlechterte sich während des Sommers 1250 zusehends. Zwar lieferten Mailand, Piacenza und Bologna Getreide. Doch gerade dies führte zu allerlei Unstimmigkeiten zwischen den Verbündeten. Insbesondere unter den Einwohnern Piacenzas, die selbst gleichfalls Mangel litten, verbreitete sich der Eindruck, ihr aus Parma stammender Podestà bevorzuge seine Heimatstadt. Es kam deswegen zu großer Unruhe und schließlich Ende Juli zur Wahl des kaiserlich gesinnten Ubertus de Iniquitate zum Podestà und Rektor des Popolo. Dieser setzte sich im Verlauf der nächsten Monate mehr und mehr durch; die Kommune schied als aktive Streiterin für die päpstliche Sache aus.

Bereits die ersten Anzeichen für ihre innere Zerrissenheit nutzte Uberto Pallavicini zu einem erneuten Vorstoß gegen Parma. Am 18. August 1250 tauchte er mit den Truppen Cremonas und seiner Verbündeten vor der Stadt auf. Die Parmaer, selbstbewußt seit dem Sieg von Victoria, zogen ihm mit ihrem Fahnenwagen entgegen, ergriffen jedoch panikartig die Flucht, als ihr Gegner ihnen den Rückweg durch das Stadttor abzuschneiden drohte. Unter der Last der Fliehenden brach die Brücke über den Stadtgraben zusammen, viele verloren dabei ihr Leben, ein Großteil der Miliz geriet in Gefangenschaft. Stolz führten die Cremoneser überdies den *carroccio* ihrer Feinde mit sich; die Schmach von Victoria war gerächt. Den Fall Parmas vermochte der Kardinallegat Ottaviano zwar mit Hilfe von herbeieilenden Bologneser Rittern mit knapper Not zu verhindern. Dennoch blieb den Bürgern der Stadt der Tag noch lange in schlimmer Erinnerung, und die zunehmend spürbaren wirtschaftlichen Schwierigkeiten mögen damals in der Tat, wie der englische Chronist Matthaeus Parisiensis behauptet, Bologna, Parma und andere Gemeinden veranlaßt haben, mit dem Kaiser wegen der Eröffnung von Friedensverhandlungen in Verbindung zu treten. Allzu weit gediehen diese Kontakte sicher nicht mehr. Sei-

---

[216] HB 6, 728–731 (Friedrich; Mai 1249); Cremona: Annales Cremonenses, ad 1250, MGH SS 31, 18, vgl. 20, Z. 8–11 (genaue Daten), vgl. Annales Placentini Gibellini, ad 1249–1250, MGH SS 18, 499, Z. 1 f., 20.

nen siegreichen Feldherrn Uberto Pallavicini indessen belohnte Friedrich noch kurz vor seinem Tod mit einem neuen, wertvollen Privileg.[217]

Ähnlich günstig wie in der Lombardei entwickelten sich die Dinge aus kaiserlicher Sicht in Mittelitalien. Dort hatte Innozenz seine bisherigen Vertreter, sogar den zuletzt durchaus erfolgreich agierenden Kardinal Rainer von Viterbo, ihrer Verantwortung entbunden und im April 1249 den in Deutschland bewährten Petrus Capocci nicht nur zum päpstlichen Rektor im Patrimonium Petri, im Herzogtum Spoleto und in der Mark Ancona ernannt, sondern vor allem zu seinem umfassend bevollmächtigten Legaten in diesen Gebieten sowie im Königreich Sizilien bestimmt. Seine Aufgabe sollte es sein, die kirchlichen Kräfte dort zu erfassen, zu stärken und neu zu organisieren, aus ihnen ein schlagkräftiges Heer aufzubauen und damit das sizilische Regnum vor dem vollständigen Ruin zu retten, dessen Bewohner der rasenden Wut des gottlosen Friedrich zu entreißen, aus ihrer schweren Bedrückung und Sklaverei zu befreien.[218]

Im Spätsommer 1249 begann Petrus in dem neuen Amtsbereich zu wirken. Er konzentrierte seine Arbeit zunächst auf die Mark Ancona. Vermutlich schon im folgenden Januar oder Februar erlitt sein Heer allerdings eine erste empfindliche Schlappe, wobei sich die kurz zuvor, im November 1249, in den Gehorsam der Kirche zurückgekehrte Stadt Civitanova bereits wieder auf der kaiserlichen Seite besonders mutig hervortat. Noch schmerzlicher fiel offenbar die Niederlage aus, die ihm am 20. August 1250, also zwei Tage nach Pallavicinis Sieg vor Parma, die Armee des kaiserlichen Generalvikars der Mark Walter von Manoppello bei Cingoli (südwestlich Anconas) beibrachte. Wenngleich sich daraufhin die Gemeinden der Mark und des Herzogtums wohl nicht, wie der Kaiser optimistisch verkündete, allesamt ergaben, so unterwarf sich doch eine ganze Reihe von ihnen nun erneut seiner Herrschaft.[219]

---

[217] Ausführlicher Bericht: Annales Placentini Gibellini, ad 1250, MGH SS 18, 499–502, vgl. 504f., sowie ad 1249, 498, Z. 50–499, Z. 2; Albertus Milioli, c. 254, MGH SS 31, 521, vgl. c. 256, 522; Annales Cremonenses, ad 1250, ebd. 18, Chronicon Parmense, ad 1250, ed. Bonazzi 19; Annales Patavini, ad 1250, vgl. ad 1251, MGH SS 19, 161; Salimbene, Cronica, ad 1250, MGH SS 32, 334f.; Matthaeus Parisiensis, Chronica maiora, ad 1250, ed. Luard 5, 99, 145f., vgl. ad 1251, ebd. 200. Vgl. RI V, Nr. 8239 (Innozenz), HB 6, 798–800 (Okt. 1250; Friedrich für Uberto).

[218] MGH Epp. saec. XIII 2, 486–505, Nr. 681, I–XXXI (7.–27. 4. 1249).

[219] Erster Beleg der Legatentätigkeit: RI V, Nr. 13730 (16. 9. 1249); erste Niederlage: HB 6, 933f., zur Datierung aufgrund eines besseren Textzeugen: Schaller, Unbekannte Briefe 340f., Nr. 69, vgl. HB 6, 755f. (Friedrich an Konrad IV.; wohl gleichzeitig), Acta Imperii 1, 365, Nr. 426 (Febr. 1250), zu Civitanova: HB 6, 753f. (Petrus; 24. 11. 1249). Cingoli: HB 6, 792f., vgl. die Unterwerfung Fermos: Acta 1, 366f., Nr. 429 (Sept. 1250), dazu HB 6, 790f., HB 6, 782f. (Friedrich; Anerkennung der

Das hoffnungsvolle letzte Jahr. Der Tod des Kaisers

Friedrich beurteilte seine Aussichten vom Beginn des Jahres 1250 an, bestärkt durch Petrus Capoccis Rückschläge, ausgesprochen optimistisch und hatte offenbar fest vor, sich im Sommer an der Spitze einer schlagkräftigen Armee selbst wieder in die Kämpfe Oberitaliens einzuschalten, um die Rebellen dort endgültig niederzuwerfen. Mehrfach kündigte er sein Erscheinen als sichere Tatsache an und forderte seine Verbündeten zu angemessener Unterstützung auf.[220] Seine Zuversicht war zweifellos insofern berechtigt, als sich damals neben seinen eigenen auch die Schwierigkeiten seiner Gegner deutlicher als bisher zu zeigen begannen, die wirtschaftlichen und finanziellen Sorgen vieler lombardischer Kommunen, ihre daraus erwachsenden inneren Spannungen, die zunehmende Mühe, sie alle im antikaiserlichen Bündnis zusammenzuhalten.

Dann aber traf im Laufe des Mai in Europa die Nachricht ein, daß der französische König Ludwig IX. auf seiner Kreuzfahrt im Nildelta südlich von Damietta gescheitert und in sarazenische Gefangenschaft geraten sei. Zwar kam er bereits vier Wochen später gegen ein Lösegeld frei und segelte nach Akkon, doch sein Kreuzzug hatte ein jähes, unrühmliches Ende gefunden, sein Heer blieb bis 1252 in Ägypten gefangen. Friedrich beschloß auf die traurige Kunde hin, seine Truppen allein in die Lombardei vorauszusenden, selbst aber das Regnum einstweilen nicht zu verlassen. Vermutlich plante er in der Tat, wie er schrieb, in seinem sizilischen Reich rasch Hilfe für Ludwig zu organisieren, um so erneut und besonders spektakulär seine unveränderte Einsatz- und Opferbereitschaft für die Sache der Kreuzfahrt und des Heiligen Landes unter Beweis zu stellen. Außerdem aber und vor allem schien sich ihm jetzt unvermutet doch noch die Möglichkeit zu eröffnen, die Könige und Fürsten des Abendlandes zum Abrücken vom Papst und zu der von ihm seit langem propagierten Solidarität, zum gemeinsamen Kampf für die ihnen gebührende Unabhängigkeit von päpstlicher Bevormundung zu bewegen. Nicht nur er selbst nämlich

---

Verdienste Walters); Osimo und Sant'Elpidio (nördl. Fermos): Acta 1, 364, Nr. 425, ebd. 367f., Nr. 430 (Okt. 1250); zu Fabriano (südwestl. Anconas): RI V, Nr. 3830, vgl. 13774; zur Reaktion Innozenz': RI V, Nr. 8258, 8265. Zu den vier nur auf griechisch überlieferten Briefen Friedrichs aus dem Jahr 1250 (RI V, Nr. 3811, 3820, 3823, 3826 = HB 6, 760f., 772–775, 790–794) siehe Wellas, Griechisches 19–23, der die griechische Fassung für die authentische hält, sowie Falkenhausen, Friedrich 252f., die daran wohl mit Recht zweifelt, vgl. Tinnefeld, Byzanz 124 mit Anm. 81.

[220] HB 6, 505 (dazu RI V, Nr. 3816), HB 6, 934f. (zur Datierung siehe Anm. 219), Acta Imperii 1, 365f., Nr. 427 (dazu Schaller, Unbekannte Briefe 339, Nr. 65), ebd. Nr. 428, HB 6, 760f. (vgl. Anm. 219), 761f.

sah im ständigen päpstlichen Widerstand gegen das kaiserliche Ringen um die Reichsrechte eine der Hauptursachen für die schlimme Lage im Heiligen Land sowie für Ludwigs Scheitern; vielmehr teilten andere nun zunehmend seine Sicht der Dinge, für die er überdies in Rundschreiben wortreich warb. Sogar im Osten setzte man, wie ein Templer berichtete, nach Ludwigs Unglück alle Hoffnung auf den Kaiser und machte Innozenz heftige Vorwürfe, weil er das Angebot des Herrschers, er wolle als Preis für seine Versöhnung mit der Kirche das Heilige Land befreien, mehrfach hartnäckig abgelehnt habe.[221]

Ludwig seinerseits bat den Papst unter Umständen schon im Sommer 1249 von Zypern aus vergeblich, Friedrich die Absolution zu gewähren, da dieser mit seiner großzügigen Unterstützung des französischen Kreuzzugsunternehmens der christlichen Sache schlechthin einen unschätzbaren Dienst erweise. Im August 1250 soll Ludwig dann nach der Darstellung des englischen Chronisten Matthaeus Parisiensis seine beiden Brüder angewiesen haben, auf ihrer Heimfahrt den Papst dringend zum Friedensschluß mit dem Staufer aufzufordern, der allein die Lage in Syrien noch zum Guten wenden könne. Auftragsgemäß hätten die Heimkehrenden Innozenz besucht und ihm gedroht, er könne nicht länger in Lyon verweilen, wenn er dem königlichen Wunsch nicht folge. Daraufhin sei der Papst recht besorgt an den englischen König Heinrich mit dem Anliegen herangetreten, er möge ihm den Aufenthalt in Bordeaux gestatten. Heinrich habe die Entscheidung jedoch aufgeschoben aus Furcht, mit ihr entweder den Papst oder aber den Kaiser und den französischen König zu verprellen.[222]

Wieviel Wahres die Erzählung des Matthaeus enthält, läßt sich leider kaum bestimmen. Man wird ihr indessen doch wohl entnehmen dürfen, daß es um die päpstlich-französischen Beziehungen in der zweiten Hälfte des Jahres 1250 nicht zum besten stand, Innozenz also erneut wie im Herbst 1245 in eine gewisse politische Isolation zu geraten drohte. Der Kaiser könnte also durchaus allein dieser Entwicklung wegen die ganze Zeit über in Süditalien geblieben sein. Vielleicht aber genügten ihm fürs

---

[221] Ludwigs Kreuzzug: Mayer, Geschichte 229–234; Friedrichs Reaktion: HB 6, 769–771 (Mai 1250; an Ferdinand III. von Kastilien), vgl. zu seiner positiven Haltung gegenüber Ludwig und dessen Zug: HB 6, 710–713 (Febr. 1249), HB 6, 745 f. (Juni 1249), HB 6, 746–750 (Aug./Sept. 1249), sowie Albert von Stade, ad 1249, MGH SS 16, 372, Z. 33, dazu Vehse, Propaganda 122–125, Graefe, Publizistik 227–229. Templerbrief: Matthaeus Parisiensis, Chronica maiora, Additamenta, ed. Luard 6, 191–197, bes. 197 (wohl April 1250), vgl. zur öffentl. Meinung ebd. ad 1250, ed. Luard 5, 99 f., zum kaiserl. Angebot oben S. 533 bzw. S. 169 mit Anm. 167.

[222] Matthaeus Parisiensis, Chronica maiora, ad 1249, ed. Luard 5, 70; ebd. ad 1250, 174 f., 188 f., vgl. Schnith, England 115 f.

erste auch einfach die inzwischen erstrittenen Siege seiner örtlichen Befehlshaber, und er beabsichtigte, im nächsten Jahr auf ihren Erfolgen aufbauend um so eindrucksvollere Leistungen zu vollbringen. Im übrigen ließe sich natürlich an eine Krankheit denken, die ihn beschwerte und an das Regnum band. Er selbst deutete allerdings nichts Derartiges an, betonte vielmehr ganz im Gegenteil noch Ende 1249 seine gute Gesundheit, und die spärlichen Hinweise einzelner Chronisten sind zu vage für eine zuverlässige Aussage.[223] Immerhin fällt auf, daß Friedrich in seinem letzten Lebensjahr offenbar die Ruhe suchte und selbst innerhalb des Regnums wenig reiste. Vom Oktober 1249 bis zum Mai 1250 hielt er sich allem nach in Foggia auf, während des folgenden Sommers im kühleren Lagopesole, seit Oktober dann wieder in Foggia.[224]

Im Dezember 1250 sah sich die Hofgesellschaft, möglicherweise während eines Jagdausfluges in die nördliche Capitanata, gezwungen, einer offenbar überraschend auftretenden, schweren Krankheit des Herrschers wegen in Castelfiorentino haltzumachen, genauer: im kaiserlichen Kastell oder Palast der kleinen Bischofsstadt Fiorentino zwölf Kilometer nördlich von Lucera. Heute erinnert auf dem einsamen Hügel, über den sich Fiorentino einst ausbreitete, nur noch die kärgliche Ruine eines Turmes an die untergegangene Siedlung. Dazu förderten jüngste Ausgrabungen unter anderem weitere Reste der Stadtbefestigung und der Kathedrale zutage sowie die Grundmauern des offenkundig verhältnismäßig bescheidenen Palastes im Westen der Stadt, in dem Friedrich seine letzten Tage verbrachte und starb.[225]

Über die Krankheit, an der er litt, unterrichten uns die Quellen völlig ungenügend. Sie sprechen von einem Fieber oder von schwerem Durchfall, und Nicolaus von Calvi, der Biograph Innozenz' IV., ganz sicher kein Augenzeuge, stilisiert das Geschehen ohne große Scheu zum Exempel für das gräßliche Ende eines Gottlosen, der, wie von bösen Dämonen besessen, „mit den Zähnen knirschend und mit schäumendem Mund, sich selbst in Stücke reißend und brüllend" unter beklagenswerten Umständen sein Leben aushaucht. Von Fieber und Durchfall schloß die Forschung meist auf eine Ruhrerkrankung, doch will die winterliche Jahreszeit nicht recht dazu passen, und man mag deshalb eher Typhus, Paraty-

---

[223] Friedrich: Petrus, Ep. 2, 25, ed. Iselius 1, 286f., ebd. 3, 3, Iselius 1, 382f. (= HB 5, 992) (beide wohl Dez. 1249). Krankheit: Breve Chronicon, ed. Huillard-Bréholles 908; Matthaeus Parisiensis, Chronica maiora, ad 1249, ed. Luard 5, 78.
[224] Vgl. RI V, Nr. 3792–3834; jüngste erhaltene Urkunde: Höflinger – Spiegel, Stauferurkunden 110f., Nr. 16: Foggia, Dez. 1250.
[225] Siehe Haseloff, Architettura 365–371, Bericht über die Ausgrabungen mit Abbildungen: Calò Mariani, Prefazione, ebd. IX–XXII.

phus oder etwa eine Blutvergiftung als Todesursache vermuten. Sicherheit wird sich freilich ohne neue Erkenntnisse oder Informationen nicht gewinnen lassen.[226]

Der am Krankenlager anwesende kaiserliche Leibarzt Johannes von Procida wußte jedenfalls keine Hilfe mehr für seinen Herrn. So traf der Herrscher mit den um ihn versammelten Getreuen und Beratern, an ihrer Spitze Berard von Palermo, sein bewährter Weggenosse seit der Jugendzeit, Vorsorge für die Zukunft und faßte sein Testament ab.[227] Darin machte er seinen Sohn Konrad zu seinem Erben im Reich wie im sizilischen Regnum. Im Falle seines kinderlosen Todes hatte ihm Heinrich, diesem Manfred zu folgen, der zudem für die Zeit der Abwesenheit Konrads zum Verwalter des Königreiches mit umfassender königlicher Vollmacht bestellt wurde und überdies das Fürstentum Tarent sowie den sogenannten Honor Montis Sancti Angeli, das Herrschaftsgebiet um Monte Sant'Angelo (nordöstlich Manfredonias) erhielt, beides als Lehen aus Konrads Hand. Dem Kaisersohn Heinrich fiel nach Wahl Konrads entweder das Königreich Jerusalem oder das Arelat zu, dem Kaiserenkel Friedrich, dem Sohn Heinrichs (VII.), die Herzogtümer Österreich und Steiermark, auch sie als von Konrad zu vergebende Lehen. Weiter verfügte der Kaiser, daß den Templern die ihnen rechtmäßig gehörenden Güter, den Kirchen ihre Rechte zurückzugeben, die Gefangenen, mit Ausnahme allerdings der Hochverräter, zu entlassen und seine Schulden an die Gläubiger zurückzubezahlen seien. Alle Einwohner des Regnums sollten nach seinem Willen künftig wieder unbehelligt von Kollekten so frei leben wie einst unter König Wilhelm II., die Reichsverräter aber weiterhin verbannt bleiben und so streng wie je verfolgt werden. Um seines Seelenheiles willen spendete Friedrich hunderttausend Goldunzen für die Sache des Heiligen Landes, und schließlich gab er Weisung, der römischen Kirche ihr Recht und

---

[226] Nicolaus de Carbio, c. 29, ed. Pagnotti 102 (*laborans gravibus dissenteriis*), Collenuccio, Compendio IV, ed. Saviotti 144 (*infermato gravemente di febre*), Chronicon Parmense, ad 1250, ed. Bonazzi 19 (*de quodam fluxu ventris*; daneben allerdings der Verdacht, Manfred habe seinen Vater vergiftet; vgl. Cronica minor Erphordensis, ad 1252, MGH SS rer. Germ. 42, 662f.), Thomas von Pavia, MGH SS 22, 515, Z. 4f. (*morbo lupe omnia in eius corpore depascentis*); vgl. Martin von Troppau, Chronicon, ebd. 472, Z. 1–4 (von Manfred mit dem Kopfkissen erstickt, ebenso Malispini, Storia c. 139, ed. Costero 134, und danach andere); vgl. Herde, Katastrophe 154–157 (Bakterienruhr), skeptischer ders., Mortalis pestilentia 7.

[227] Text: MGH Const. 2, 382–389, Nr. 274 (vgl. 388 die Namen der anwesenden Zeugen), zum Ausstellungsdatum (17.12.1250): RI V, Nr. 3835, zum Inhalt: Baaken, Ius 351–358. Zum Charakter eines zweiten, des sog. „Privattestaments", wohl einer Stilübung, vgl. die RI V 4, 73f., Nr. 498, genannte Literatur, bes. Kantorowicz, Rechtsgrundlagen 115–126.

ihren Besitz wieder zu übergeben, sofern diese dem Reich das Seine rückerstatte und Ehre und Recht des Imperiums gewahrt seien.

Des Kaisers Testament zeigt die feste Absicht, seine Herrschaftsstellung in vollem Umfang seinen Nachkommen zu sichern, insbesondere jedoch die zentralen Bereiche des Imperiums und das sizilische Regnum auch künftig von einer einzigen Person aus dem staufischen Hause regieren zu lassen. Es beweist im übrigen gewiß ebenso die Aufrichtigkeit seiner Sorge um das Königreich Jerusalem wie den Ernst seiner Bemühungen um einen Ausgleich mit dem Papsttum; noch immer dachte er indessen nicht daran, für dieses Ziel Reichsrechte zu opfern. Wie im Testament von 1228 und schon in den Capuaner Assisen von 1220 standen Friedrich die Verhältnisse unter König Wilhelm II. selbst jetzt noch als das anzustrebende Ideal vor Augen, und man darf aus seinen diesbezüglichen Anordnungen vielleicht doch das Unbehagen heraushören, das ihm die durch Krieg und individuelle Fehler verursachten Mißstände in seinen Reichen bis zum Schluß bereiteten. Andererseits überforderte er seine Erben zweifellos mit der Verpflichtung, das zu leisten, was ihm selbst nie gelang, nämlich dem Regnum die vorbildliche Ordnung der Freiheit und Gerechtigkeit zu schenken und zugleich die Position des Reiches gegenüber der Kirche und den feindlichen Lombarden zu behaupten.

Friedrich legte seinen letzten Willen unter sorgfältiger Beachtung der einschlägigen Formen und Vorschriften des römischen Privatrechts nieder. Er suchte seine Erben auf diese Weise zweifellos so stark an seine Vorstellungen zu binden wie irgend möglich. Aber er wußte aus eigener Erfahrung nur zu gut auch um die Schwierigkeiten, die deren Realisierung entgegenstanden, und glaubte kaum, daß sich daran durch eine bloße testamentarische Verfügung, und sei es von seiten des Kaisers, Entscheidendes ändern ließe. Vielmehr gedachte er seinen Söhnen mit seinem Testament wohl eine Handlungsanweisung zu geben, ein Programm festzulegen, an dem sich ihr politisches Tun auszurichten hatte, obwohl dessen Durchsetzung nicht in allen Punkten gleicherweise ausschließlich von ihnen abhing. Das gilt insbesondere von seiner Nachfolgeregelung. Bereits in seinem Testament von 1228 hatte er Konrad nach Heinrich als Erben im Imperium vorgesehen, ohne damit das Wahlrecht der Reichsfürsten beseitigen zu wollen. Ganz im Gegenteil: Auf sein Drängen hin wählten diese Fürsten 1237 Konrad zum König, und der Kaiser betonte noch im September 1245, daß sein Sohn nach Reichsrecht und Gesetz, eben durch die Wahl der Fürsten nämlich, an die Spitze des Imperiums gelangt sei – schwerlich sollte seine Verfügung vom Dezember 1250 die altgewohnten Verfassungsgrundsätze aufheben. Konrad trug denn auch zeitlebens den korrekten Titel *Romanorum in regem electus*.[228]

---

[228] Vgl. etwa sein Testament MGH Const. 2, 453, Z. 6–8 (die Königreiche Sizilien

Friedrich aber bekannte auf dem Sterbebett seine Sünden und empfing von Erzbischof Berard die Absolution. Wohl in das einfache Gewand der Zisterzienser gekleidet, verschied der letzte Stauferkaiser danach am 13. Dezember 1250, wenige Tage vor seinem 56. Geburtstag.[229]

Manfred, der Statthalter des neuen Königs Konrad, sandte die traurige Botschaft umgehend an die Bürger der Stadt Palermo, wo Friedrich dem Wortlaut seines Testaments entsprechend beigesetzt werden sollte. Wohl etwas später erst benachrichtigte er auch seinen Bruder in Deutschland. Er forderte ihn auf, rasch ins Königreich zu kommen, da ihr Vater ihm die Ehre und Bürde der Herrschaft vermacht habe und jedermann erwarte, daß in ihm der Vater gewissermaßen weiterregiere, der väterliche Eifer für Gerechtigkeit und Frieden weiterwirke.[230] Bekanntlich zögerte Konrad nicht, dem Ruf aus dem Süden zu folgen.

Inzwischen begann die Überführung des kaiserlichen Leichnams nach Sizilien. Langsam bewegte sich der Trauerzug durch das Land. Am 13. Januar gelangte er nach Messina. Weiter westlich, zu Patti, hielt er inne, und der Tote ruhte einige Tage lang aufgebahrt in der Kathedrale. Philipp, der Bischof der Stadt und ein enger Vertrauter des Herrschers, bekundete so eindrücklich seine fortdauernde Verbundenheit mit dem Verstorbenen. Unter großer Anteilnahme der Einwohnerschaft nahm dann schließlich Erzbischof Berard am 25. Februar 1251 in der Kathedrale zu Palermo mit dem angemessenen feierlich-aufwendigen Zeremoniell die Beisetzung des Kaisers vor. Friedrich fand seine letzte Ruhe in jenem Porphyrsarkophag seines Großvaters Roger, den er schon 1215 für sich bestimmt hatte, und

---

und Jerusalem beanspruchte Konrad nach Erbrecht, vgl. RI V, Nr. 4534); Friedrichs Haltung: Const. 2, 369, Z. 6–18, Nr. 263 (Sept. 1245), vgl. zur Wahl von 1237 oben S. 333, zum Testament von 1228 S. 142 f., siehe dazu Baaken, Ius, bes. 354–358, vgl. 367–369 (wenn Konrad vom Papst die Bewilligung seiner Nachfolge im Imperium forderte, so verlangte er damit keineswegs „die Bestätigung des Erbrechtes des staufischen Hauses am Imperium", S. 368), sowie Kloos, Brief 161–165, Kantorowicz, Rechtsgrundlagen 132 f.

[229] Zum von vielen Chronisten bezeugten Todestag, S. Lucia, siehe RI V, Nr. 3835 a; vgl. außerdem Matthaeus Parisiensis, Chronica maiora, ad 1250, ed. Luard 5, 190, 216 mit Anm. 1, Albert von Stade, ad 1250, MGH SS 16, 373, Collenuccio, Compendio IV, ed. Saviotti 144 f., dazu HB 6, 811 (Manfred an Konrad), HB 6, 892 f. (Konrad; 20. 3. 1251), RI V, Nr. 13796 (Petrus Capocci; Febr. 1251).

[230] RI V, Nr. 4633 (15. 12. 1250, an Palermo); HB 6, 811 f. (an Konrad). Über die anfängliche Geheimhaltung der Todesnachricht: Matthaeus Parisiensis (wie Anm. 229), Salimbene, Cronica, ad 1250, MGH SS 32, 347, Z. 14–16; wenigstens in gefährdeten Regionen wie der seit Dezember aufrührerischen Toskana mag sie versucht worden sein, um Zeit zu gewinnen, vgl. Schneider, Geheimhaltung 255–267, Ficker, Forschungen 2, 518 f.

Abb. 11: Kaiserliches Kastell in Prato (nordwestlich von Florenz). Der Bau wurde nach dem Februar 1246 unter Friedrich von Antiochia, dem Sohn des Kaisers und Generalvikar der Toskana, fertiggestellt.

Abb. 12: Porphyrsarkophag Friedrichs II. in der Kathedrale von Palermo. 1145 im Auftrag König Rogers II. als seine künftige Grablege gefertigt und in Cefalù aufgestellt, 1215 von Friedrich II. nach Palermo überführt und zu seiner letzten Ruhestätte bestimmt.

Der Tod des Kaisers

seinem Wunsche gemäß an der Seite seiner Eltern.[231] Bis heute blieben die bedeutenden und kostbaren porphyrnen Grabmäler so beisammen, wie es dem kaiserlichen Willen einst entsprach.

Die Öffentlichkeit reagierte erwartungsgemäß sehr unterschiedlich auf den Tod jenes Mannes, der seit Jahrzehnten die europäische Entwicklung mitgestaltet, ja in vieler Hinsicht entscheidend geprägt hatte, über den die Meinungen indes so schroff auseinandergingen wie selten sonst über einen Menschen. Der Trauer unter den Söhnen, Vertrauten und Anhängern des Kaisers entsprach auf der gegnerischen Seite die unverhüllte Freude des Papstes, der in einen geradezu hymnischen Jubel ausbrach, als er die Bewohner des Regnums – und wohl noch mehr sich selbst – zur Befreiung aus der Nacht der Traurigkeit, aus der Bedrückung durch den Verfolger beglückwünschte. Bald entfaltete er eine hektische Aktivität, um die unerwartete Gunst der Stunde zu nutzen.[232] Bei den joachitisch gesinnten Gruppen aber rief das allen Vorhersagen widersprechende frühe Hinscheiden des vermeintlichen Antichrist zunächst eher Überraschung und Unsicherheit hervor. Sie stellten sich dann aber rasch auf die veränderten Verhältnisse ein, indem sie ihr Bild von dem Staufer als Diener des Satans und Peiniger der Gläubigen weiter ausgestalteten und profilierten und zugleich zeitgemäß ergänzten: Friedrichs Nachkommen erschienen in ihren Weissagungen nun als nicht minder grausame Fortsetzer und Vollender der väterlichen Greueltaten, als seine im üblen Sinne würdigen Nachfolger.[233]

Im Kreis um Manfred hingegen setzte sich, abgeleitet nicht zuletzt aus Grundsätzen des römischen Rechts, die Überzeugung durch, daß der Kaiser, wie er dies selbst in seinem Testament angedeutet hatte, in seinen Söh-

---

[231] Vgl. Annales Siculi, ad 1250, ed. Pontieri 119, Acta Imperii 1, 578, Nr. 732 (Bericht aus Palermo), Datum: HB 6, 813; vgl. Collenuccio, Compendio IV, ed. Saviotti 145 (fälschlich Monreale als Bestattungsort, wie schon Malispini, Storia c. 139, ed. Costero 134); dazu Kamp, Kirche 1, 1096 (Patti), 1135 (Palermo), zu den Sarkophagen Deér, Grab Friedrichs, bes. 370–378, vgl. oben Bd. 1, S. 193.

[232] MGH Epp. saec. XIII 3, 24f., Nr. 32 (25. 1. 1251), vgl. ebd. 25–31, Nr. 33–41 (25.–27. 1. 1251), dazu RI V, Nr. 13783 (Gregor von Montelongo; Jan. 1251), Nr. 13796 (Petrus Capocci; März 1251).

[233] Siehe etwa Holder-Egger, Prophetien I 166–170 (Vaticinium Sibyllae Erithreae), III 172f., 178–182 (Liber de oneribus prophetarum), ebd. 109–111 (südital. Prophetie), außerdem Salimbene, Cronica, ad 1250, MGH SS 32, 174, Z. 4–14; vgl. dazu Lerner, Refrigerio 152–159, Schaller, Endzeit-Erwartung 46–49, Reeves, Influence 306–313, Töpfer, Reich 131–137. – Zur durchaus ambivalenten, überdies auch auf Innozenz III. angewandten Bewertung Friedrichs als *stupor mundi et immutator mirabilis* bei Matthaeus Parisiensis, Chronica maiora, ad 1250, ed. Luard 5, 190: Hilpert, Prophetien 175f., 186–188, vgl. Schnith, England 163–165.

nen und Erben fortlebe, in ihnen gewissermaßen präsent bleibe. Diese Anschauung gab Trost und Grund zur Zuversicht. Vor allem mochte man hoffen, durch ihre Propagierung werde die Autorität und das glanzvollüberragende Ansehen des Verstorbenen seinen Nachkommen am unmittelbarsten und sichersten zugute kommen, sie vermöge also deren Stellung zusätzlich zu legitimieren, ihr Prestige, insbesondere das des Haupterben Konrad, zu mehren und damit der wünschenswerten Stärkung der staufischen Sache zu dienen. Bereits Manfred gebrauchte denn auch seinem Bruder Konrad gegenüber, um dessen Verhältnis zu dem toten Kaiser zu charakterisieren, das Bild von der einen Sonne, die im Vater untergegangen sei, nun aber in ihm, Konrad, wieder aufgehe und leuchte, Gerechtigkeit und Frieden ausstrahlend wie je. Das Bild wie die Vorstellung kehren wieder in einem Flugblatt, das angeblich die Bewohner Tivolis Anfang 1251 abfaßten und das jedenfalls aus der Feder eines kaisertreuen Autors stammt. Wohl nicht viel später schrieb der kaiserliche Notar Petrus de Prece einen Brief zum Tode Friedrichs, in dem er den Herrscher als den „Adler aus dem Osten" bezeichnete, der in seinen Jungen weiterlebe, ja von ihnen noch übertroffen werde; in einen anderen Vergleich gekleidet, präsentiert uns also auch Petrus die Zeitdeutung der staufischen Partei.[234]

Petrus kannte offenbar die sich damals rasch verbreitende Weissagung der erythräischen Sibylle und griff, ins Positive gewendet, deren Kunde auf, daß der Kaiser lebe und nicht lebe, solange nur eines seiner Kinder lebe. Wie ihn beeindruckte die knappe und geheimnisvolle sibyllinische Wendung *vivit, non vivit* auch viele Zeitgenossen. Häufig zitierten sie die einprägsame Formel, und bald nahm man sie mißverstehend und vereinfachend als einen Hinweis darauf, daß der Kaiser nur scheinbar tot sei, im Verborgenen, etwa im Ätna, jedoch weiterlebe und einst wiederkommen werde. Vor allem das einfache Volk sollte noch lange Zeit seine Sehnsucht nach Frieden und mehr Gerechtigkeit mit der Hoffnung auf die Rückkehr Friedrichs verbinden.[235]

---

[234] HB 6, 811 f. (Manfred-Brief); Hampe, Verknüpfung 17–19 (Tivoli-Flugschrift, zum Inhalt ebd. 4–17); Kloos, Brief 169 f. (Prece-Brief, zum Inhalt ebd. 152–158); vgl. Kantorowicz, Rechtsgrundlagen 128–131.

[235] Sibylle: Holder-Egger, Prophetien I 168, zitiert z. B. bei Salimbene, Cronica, MGH SS 32, 174, 243, 347, 537; zur Ätnasage: Schneider, Kaiser Friedrich, bes. 152–155. Siehe zum Ganzen bes. Kantorowicz, Rechtsgrundlagen 127–150, vgl. Schaller, Endzeit-Erwartung 44f., außerdem Möhring, Weltkaiser 220–268, Struve, Utopie 65–87, Schreiner, Staufer 249–255, Töpfer, Reich 160–180. Eine umfassende Darstellung des Friedrich-Bildes in der mittelalterl. Geschichtsschreibung bietet jetzt Sommerlechner, Stupor mundi?; vgl. die bis ins 20. Jh. geführten Übersichten von Engels, Staufer 192–202, und Hampe, Kaiser Friedrich II. in der Auffassung der Nachwelt.

EPILOG

Weder des Kaisers testamentarische Vorsorge zur Wahrung der staufischen Macht noch die Berufung seiner Söhne auf die ererbte väterliche Autorität hielten den Zerfall des Stauferreiches auf. In Deutschland dominierten künftig stärker noch als bisher die Reichsfürsten, und in Reichsitalien verlor die kaiserliche Zentralgewalt endgültig ihren Einfluß. Das Feld gehörte dort freilich nicht der städtischen Freiheit, sondern regionalen Machthabern vom Schlage eines Uberto Pallavicini oder Ezzelino da Romano. Sie mochten von ferne an Friedrichs Generalvikare erinnern, doch fehlte nun als wesentliches Element die verbindende und kontrollierende herrscherliche Oberinstanz. Selbst das sizilische Regnum, Friedrichs Stolz und festgefügte Basis, wo 1268 mit der Hinrichtung seines Enkels Konradin die Geschichte des staufischen Hauses zu Ende ging, zerfiel bald in zwei Königreiche, die sich erbittert bekämpften – zum Schaden für ihre innere Ordnung.

Natürlich hätte die Verwirklichung der friderizianischen Herrschaftskonzeption Mitteleuropa eine andere Entwicklung beschert. Zu bedenken gilt es indessen, daß auch des Staufers Reiche weit von einheitlichen Strukturen entfernt waren. Das liegt etwa im Falle der Königreiche Arelat und Jerusalem einfach an den sachlichen, technischen Grenzen, die es dem Herrscher nicht erlaubten, seinen Einfluß in allen Regionen seines riesigen Imperiums gleich dauerhaft und intensiv zur Geltung zu bringen. Doch auch in der Kernzone seines Wirkens zeigte Friedrich viel Verständnis für unterschiedliche soziale und politische Ordnungen, etwa in Deutschland und im sizilischen Regnum, und er richtete seine eigenen Maßnahmen mit erstaunlicher Anpassungsfähigkeit nach diesen Gegebenheiten. Vielleicht können wir bei unseren aktuellen Bemühungen um die Einigung Europas gerade hier noch etwas von ihm lernen.

Bezeichnenderweise blieb ihm der Durchbruch bis zum Schluß dort versagt, wo er jene Offenheit und Beweglichkeit vermissen ließ und die Verhältnisse gegen allen Widerstand gewaltsam seinem zentralistischen Willen gemäß formen wollte – in Reichsitalien. Hier verband sich mit der vermögenden, selbstbewußten Führungsschicht der Städte freilich das Papsttum, und der Streit wurde so im Grunde zu einer Auseinandersetzung um zwei gegensätzliche, angesichts der geographischen Nachbarschaft ihrer Repräsentanten ohnehin nur schwer nebeneinander denkbare gesellschaftliche Ordnungsmodelle. Daß es zu dieser unversöhnlichen

Konfrontation kam, lag sicher an mancherlei Unvorsichtigkeiten des Kaisers, die sich zwar aus seinem Optimismus und seinem Rechtsverständnis erklären, aber spätestens seit den Erfahrungen der ersten Exkommunikation als politische Schritte nicht mehr recht begreifen lassen. Wohl noch vordem führte zu der dramatischen Zuspitzung des Konflikts allerdings die Neigung Gregors IX. und Innozenz' IV., ihren kaiserlichen Gegner in einer verhängnisvollen Blindheit für die realen Dimensionen seiner Absichten und Handlungen zum dämonischen Erzfeind der Kirche, zum apokalyptischen Ungeheuer zu stilisieren, gegen den jedes Mittel erlaubt war.

Der Ausgang des päpstlich-kaiserlichen Kampfes hing wie oft in der Geschichte weniger von der inhaltlichen Überlegenheit der einen oder anderen Konzeption als von der Finanzkraft und Waffenstärke der Kontrahenten ab. Darin scheinen sich beide Seiten ungefähr ebenbürtig gewesen zu sein. Ganz dem entsprechend machten Geldsorgen gleichfalls nicht nur Friedrich, sondern gerade in seinem Todesjahr auch seinen Feinden erheblich zu schaffen. So fiel die Entscheidung am Ende durch einen Zufall, den Tod des Kaisers.

Viele Wesenszüge Friedrichs verraten seine Verwurzelung in seiner Zeit, seine Prägung durch traditionelle, spezifisch mittelalterliche Anschauungen und Grundsätze. Dazu gehören seine christliche Religiosität und seine Vorstellung von einer in Gottes Willen begründeten dualistischen Gesellschaftsordnung. Konservative Gesinnung und Denkungsart zeigt sich auch in der Selbstverständlichkeit, mit der er seine eigenen herrscherlichen Befugnisse aus denen seiner Vorfahren ableitete und mit den ihren identifizierte, mit der er sich auf die von jenen geschaffenen Verhältnisse als Normen für sein Tun berief. Trotz solcher bewußten Abhängigkeiten weist der im sizilischen Königreich besonders eindrucksvoll ausgestaltete Staatsentwurf des Staufers mit seinen charakteristischen Merkmalen klar in die Zukunft: mit der Betonung der staatlichen Verantwortung für das äußere Wohl und das Recht der Untertanen, mit der Ablehnung jeder kirchlichen Beeinflussung und Kontrolle dieses spezifischen Tätigkeitsfeldes und mit dem Aufbau einer hierarchisch auf den Hof zugeordneten, in hohem Grade der Schriftlichkeit verpflichteten Verwaltung, von deren Beamtenschaft außerordentliche fachliche wie moralische Qualitäten erwartet wurden. Als vorbildlich bis heute aber darf gewiß Friedrichs geradezu leidenschaftlich vertretene und in Realität umgesetzte Grundüberzeugung gelten, daß Herrschaft auszuüben vor allem bedeute, Recht und Gerechtigkeit zu schaffen und so den Frieden zu sichern.

Seit je übte Friedrich dadurch besondere Faszination aus, daß sich seine Tätigkeit nicht im Staatsmännisch-Politischen erschöpfte, daß er darüber hinaus vielmehr, hochbegabt und erfüllt von einer wenigstens bei mittelalterlichen Regenten kaum sonst zu beobachtenden Vielfalt der Interessen, an den wichtigsten künstlerischen und wissenschaftlichen Entwicklungen seiner Zeit regen Anteil nahm. Wissensdurstig knüpfte er Kontakte zu ihren führenden Vertretern, zog sie, wenn möglich, an seinen Hof, um sie zu fördern, mit ihnen zu disputieren, aus ihren Kenntnissen zu lernen und Nutzen zu ziehen, auch wohl um ihre Fähigkeiten als Schriftsteller oder Architekten phantasievoll in den Dienst der Herrschaftslegitimierung und der Propaganda zu stellen. Nicht genug damit, betätigte er sich auf manchen Feldern sogar selbst schöpferisch, vielleicht als Planer einzelner ihm vor anderen am Herzen liegender Bauwerke, gewiß als Dichter und am originellsten als Naturwissenschaftler. Auch als solcher zeichnete er sich im übrigen durch seinen sicheren Blick für die wesentlichen Leistungen der Vergangenheit wie durch sein Gespür für das Neue und Weiterführende aus.

Friedrichs reiche Begabung und seine vielfältig ausgreifende Aktivität führen dazu, daß uns bei der Betrachtung seines Lebens zugleich die Gesellschaft seiner Zeit mit ihren wesentlichen Eigenheiten in ihrer ganzen Fülle und Buntheit vor Augen tritt, und das macht den besonderen Reiz des Umgangs mit seiner Biographie aus. Freilich gehört es zu dieser Vielfalt auch, daß sich in das Verhalten des Herrschers zuweilen ein unruhiger, sprunghafter Zug mischte, daß er ungeduldig Projekte änderte, Beschlüsse umwarf, mit neuen Ideen hervortrat, ehe die alten verwirklicht waren. So gesellte sich bereits bei seinen Zeitgenossen zur leidenschaftlichen Bewunderung oder entschiedenen Ablehnung Unsicherheit und Verwirrung, der Eindruck des Widersprüchlichen und Rätselhaften. Ganz ähnlich geht es uns noch heute nicht selten mit dem großen Staufer – ein Anlaß mehr, sich weiter mit ihm zu beschäftigen.

QUELLEN- UND LITERATURVERZEICHNIS

Vgl. das seines Umfangs und seiner Zuverlässigkeit wegen unentbehrliche bibliographische Standardwerk zur Zeit Friedrichs II.: Willemsen, C. A.: Bibliographie zur Geschichte Kaiser Friedrichs II. und der letzten Staufer, MGH Hilfsmittel 8 (München 1986).

Abaelard, Die Glossen zu den Kategorien, ed. B. Geyer, Peter Abaelards philosophische Schriften. I. Die Logica „Ingredientibus". Teil 2, BGPhMA 21,2 (Münster i. W. 1921).

Abulafia, D.: Henry Count of Malta and his Mediterranean Activities: 1203–1230, in: Luttrell, Malta 104–125.

–: Herrscher zwischen den Kulturen. Friedrich II. von Hohenstaufen (Berlin 1991); Erstdruck: Frederick II. A Medieval Emperor (London 1988).

–: The End of Muslim Sicily, in: J. M. Powell (Hrsg.), Muslims under latin rule, 1100–1300 (Princeton, N. J. 1990) 103–133; Nachdruck: Ders., Commerce and Conquest in the Mediterranean, 1100–1500 (Aldershot, Hampsh. 1993) Nr. III.

–: Southern Italy, Sicily and Sardinia in the Medieval Mediterranean Economy, in: Ders., Commerce and Conquest in the Mediterranean, 1100–1500 (Aldershot, Hampsh. 1993) Nr. I.

Ackermann, S.: Empirie oder Theorie? Der Fixsternkatalog des Michael Scotus, in: Federico II e le nuove culture 287–302.

Acta Imperii inedita seculi XIII et XIV. Urkunden und Briefe zur Geschichte des Kaiserreichs und des Königreichs Sizilien, 2 Bde., ed. E. Winkelmann (Innsbruck 1880–1885).

Acta Imperii selecta. Urkunden deutscher Könige und Kaiser mit einem Anhang von Reichssachen, edd. F. Böhmer – J. Ficker (Innsbruck 1870).

Aegidius Aureaevallensis (von Orval), Gesta episcoporum Leodiensium, ed. J. Heller, MGH SS 25 (Hannover 1880) 1–129.

Alberich von Troisfontaines, Chronica, ed. P. Scheffer-Boichorst, MGH SS 23 (Hannover 1874) 631–950.

Albert von Stade, Annales, ed. J. M. Lappenberg, MGH SS 16 (Hannover 1859) 271–379.

Albertus Magnus, De animalibus libri XXVI, ed. H. Stadler, 2 Bde., BGPhMA 15–16 (Münster 1916–1920).

Albertus Milioli, Liber de temporibus et aetatibus et Chronica imperatorum, ed. O. Holder-Egger, MGH SS 31 (Hannover 1903) 336–668.

Alonso, M. (Hrsg.): Pedro Hispano, Obras filosóficas 1 (= Scientia libri De anima) und 3 (403–490: Libri De longitudine et brevitate vitae cum Expositione Petri Hispani) (Madrid 1941–1952).

Alonso, M. (Hrsg.): Pedro Hispano, Exposição sobre os livros do beato Dionisio Areopagita (Expositio librorum Beati Dionysii) (Lissabon 1957).

Alvar, C.: Aimeric de Peguilhan, Lexikon des Mittelalters 1 (1980) 241.

Amari, M.: Questions philosophiques adressées aux savants musulmans par l'empereur Frédéric II, Journal asiatique 5. ser. 1 (1853) 240–274.

–: Storia dei Musulmani di Sicilia, 3 Bde. (1854–1872); 2. ed. di C. A. Nallino (Catania 1933–1939).

–: Biblioteca arabo-sicula. Versione italiana, 2 Bde. (Turin–Rom 1880–1881), Appendice (Turin 1889).

Anawati, G. C.: La philosophie d'Averroes dans l'histoire de la philosophie arabe, in: L'Averroismo in Italia (Accademia Nazionale dei Lincei. Atti dei convegni Lincei 40, Rom 1979) 9–19.

Andreas von Isernia, Lectura super Constitutionibus Regni, in: Constitutionum opus Regni Sicilie cum Glosis, ed. C. de Perrinis (Neapel 1521).

Andreas von Ungarn, Descriptio victoriae a Karolo Provinciae comite reportatae, ed. G. Waitz, MGH SS 26 (Hannover 1882) 559–580.

Angermann, N.: Livland, Lexikon des Mittelalters 5 (1991) 2045–2048.

Angermeier, H.: Landfriedenspolitik und Landfriedensgesetzgebung unter den Staufern, in: Fleckenstein, Probleme 167–186.

Annales Bergomates, ed. O. Holder-Egger, MGH SS 31 (Hannover 1903) 325–335.

Annales Colmarienses minores, ed. Ph. Jaffé, MGH SS 17 (Hannover 1861) 189–193.

Annales Cremonenses, ed. O. Holder-Egger, MGH SS 31 (Hannover 1903) 1–21.

Annales Erphordenses fratrum Praedicatorum, ed. O. Holder-Egger, MGH SS rer. Germ. 42 (Hannover – Leipzig 1899) 72–116.

Annales Ianuae, ed. G. H. Pertz, MGH SS 18 (Hannover 1863) 1–356.

Annales Mantuani, ed. G. H.Pertz, MGH SS 19 (Hannover 1866) 19–31.

Annales Marbacenses, ed. H. Bloch, MGH SS rer. Germ. 9 (Hannover – Leipzig 1907).

Annales Mediolanenses Breves, ed. Ph. Jaffé, MGH SS 18 (Hannover 1863) 389–391.

Annales Placentini Gibellini, ed. G. H. Pertz, MGH SS 18 (Hannover 1863) 457–581.

Annales Placentini Johannis Codagnelli, ed. O. Holder-Egger, MGH SS rer. Germ. 23 (Hannover – Leipzig 1901).

Annales Prioratus de Dunstaplia, ed. H. R. Luard, Rerum Britannicarum Medii Aevi Scriptores 36,3 (London 1866) 1–420.

Annales S. Iustinae Patavini, ed. Ph. Jaffé, MGH SS 19 (Hannover 1866) 148–193.

Annales S. Pantaleonis, ed. G. Waitz, MGH SS rer. Germ. 18 (Hannover 1880) 197–299.

Annales S. Rudberti Salisburgensis, ed. W. Wattenbach, MGH SS 9 (Hannover 1851) 758–810.

Annales Scheftlarienses maiores, ed. Ph. Jaffé, MGH SS 17 (Hannover 1861) 335–343.

Annales Senenses, ed. J. F. Böhmer, MGH SS 19 (Hannover 1866) 225–235.

Annales Siculi, ed. E. Pontieri, Muratori^2 5,1 (Bologna 1925–1928) 109–120.

Annales Veronenses (Parisius von Cerea), ed. G. H. Pertz, MGH SS 19 (Hannover 1866) 1–18.
Annales Veronenses Antiqui, ed. C. Cipolla, Bollettino dell'Istituto Storico Italiano 29 (1908) 7–81.
Annales Wormatienses, ed. H. Boos, Monumenta Wormatiensia. Annalen und Chroniken (Berlin 1893) 145–162.
Antonelli, R.: La scuola poetica alla corte di Federico II, in: Toubert – Paravicini Bagliani, Federico e le scienze 309–323.
–: La corte „italiana" di Federico II e la letteratura europea, in: Federico II e le nuove culture 319–345.
Argerami, O.: siehe unter Dales, R. C.
Archipoeta: Die Gedichte des Archipoeta, edd. H. Watenphul – H. Krefeld (Heidelberg 1958).
Aristoteles latinus. Codices descr. G. Lacombe. Supplementis indicibusque instr. L. Minio-Paluello, 2 Bde. (Paris 1939 – Cambridge 1955).
Arnaldi, G.: Fondazione e rifondazioni dello studio di Napoli in età sveva, in: Università e società nei secoli XII–XVI (Centro italiano di studi di storia e d'arte Pistoia. Nono convegno internazionale 1979; Pistoia 1982) 81–105.
Arrighi, G.: Il codice L. IV. 21 della Biblioteca degl'Intronati di Siena e la „Bottega dell'abaco a Santa Trinità" in Firenze, Physis 7 (1965) 369–400.
Auvray, L. (Hrsg.): Les Registres du Grégoire IX, 4 Bde. (Bibliothèque des Écoles Françaises d'Athènes et de Rome. 2e série; Paris 1896–1955).
Avagnina, M. E.: Un inedito affresco di soggetto cortese a Bassano del Grappa: Federico II e la corte dei Da Romano, in: Calò Mariani, Federico 105–111.
Baader, G: Die Schule von Salerno, Medizinhistorisches Journal 13 (1978) 124–145.
–: Articella, Lexikon des Mittelalters 1 (1980) 1069f.
Baaken, G.: Salvo mandato et ordinatione nostra. Zur Rechtsgeschichte des Privilegiums in spätstaufischer Zeit, Zs. für Württembergische Landesgeschichte 40 (1981) 11–33.
–: Ius imperii ad regnum. Königreich Sizilien, Imperium Romanum und Römisches Papsttum vom Tode Kaiser Heinrichs VI. bis zu den Verzichterklärungen Rudolfs von Habsburg (Köln – Weimar – Wien 1993).
–: Die Erhebung Heinrichs, Herzogs von Schwaben, zum Rex Romanorum (1220/1222), in: Aus südwestdeutscher Geschichte. FS für H.-M. Maurer (Stuttgart 1994) 105–120.
–: Die Verhandlungen von Cluny (1245) und der Kampf Innocenz' IV. gegen Friedrich II., DA 50 (1994) 531–579.
–: Widerrufsvorbehalt und Urkundenfälschung. Beiträge zur Diplomatik und Rechtsgeschichte der Privilegien Kaiser Friedrichs II., Archiv für Diplomatik 43 (1997) 47–83.
Baehr, R.: Die Sizilianische Dichterschule und Friedrich II., in: Fleckenstein, Probleme 93–107.
Baeumker, C.: Petrus de Hibernia, der Jugendlehrer des Thomas von Aquino und seine Disputation vor König Manfred, SB München 1920, 8. Abh.
Barone, G.: Federico II di Svevia e gli ordini mendicanti, Mélanges de l'École française de Rome 90 (1978) 607–626.

Barone, G.: Halleluja-Bewegung, Lexikon des Mittelalters 4 (1989) 1879f.
–: La propaganda antiimperiale nell'Italia federiciana: l'azione degli Ordini Mendicanti, in: Toubert – Paravicini Bagliani, Federico e le città 278–289.
Baroni, M. F.: Gli atti del comune di Milano nel secolo XIII, Bd. 1: 1217–1250 (Mailand 1976).
Bartholomaeus de Neocastro, Historia Sicula, ed. G. Paladino, Muratori² 13,3 (Città di Castello 1921–22).
Battenberg, F.: Des Kaisers Kammerknechte. Gedanken zur rechtlich-sozialen Situation der Juden in Spätmittelalter und früher Neuzeit, HZ 245 (1987) 545–599.
–: Herrschaft und Verfahren. Politische Prozesse im mittelalterlichen Römisch-Deutschen Reich (Darmstadt 1995).
–: Reichshofgericht, Lexikon des Mittelalters 7 (1995) 622f.
Bauer, U.: Der Liber introductorius des Michael Scotus in der Abschrift clm 10268 der Bayerischen Staatsbibliothek München. Ein illustrierter astronomisch-astrologischer Codex aus Padua, 14. Jahrhundert (München 1983).
Baur, L.: Dominicus Gundissalinus, De divisione philosophiae. Herausgegeben und philosophiegeschichtlich untersucht von L. B., BGPhMA 4, 2–3 (Münster 1903).
Becker, H.-J.: Die Appellation vom Papst an ein allgemeines Konzil. Historische Entwicklung und kanonistische Diskussion im späten Mittelalter und in der frühen Neuzeit (Köln 1988).
Beckmann, J. P.: Logik, Lexikon des Mittelalters 5 (1991) 2071–2077.
Bellomo, M.: Intorno a Roffredo Beneventano: Professore a Roma?, in: Ders. (Hrsg.), Scuole diritto e società nel Mezzogiorno medievale d'Italia 1 (Catania 1985) 135–181.
–: Federico II, lo „Studium" a Napoli e il diritto comune nel „Regnum", Rivista internazionale di diritto comune 2 (1991) 135–151.
Benninghoven, F.: Schwertbrüderorden, Lexikon des Mittelalters 7 (1995) 1645f.
Berg, D.: Elias von Cortona. Studien zu Leben und Werk des zweiten Generalministers im Franziskanerorden, Wissenschaft und Weisheit 41 (1978) 102–126.
–: Staufische Herrschaftsideologie und Mendikantenspiritualität. Studien zum Verhältnis Kaiser Friedrichs II. zu den Bettelorden, Wissenschaft und Weisheit 51 (1988) 26–51, 185–209.
–: Papst Innocenz IV. und die Bettelorden in ihren Beziehungen zu Kaiser Friedrich II., in: Vita Religiosa im Mittelalter. FS für K. Elm zum 70. Geburtstag (Berlin 1999) 461–481.
Berger, A. M.: Die Ophthalmologie (liber de oculo) des Petrus Hispanus. Zum ersten Male herausgegeben, ins Deutsche übersetzt und erläutert von A. M. B. (München 1899).
Berges, W.: Die Fürstenspiegel des hohen und späten Mittelalters (MGH Schriften 2; Leipzig 1938).
Beumann, H.: Friedrich II. und die heilige Elisabeth. Zum Besuch des Kaisers in Marburg am 1. Mai 1236, in: Sankt Elisabeth 151–166.
Biard, J.: La redéfinition ockhamiste de la signification, Miscellanea Mediaevalia 13/1 (Berlin – New York 1981) 451–458.
Boase, T. S. R. (Hrsg.): The Cilician Kingdom of Armenia (Edinburgh – London 1978).

Bocchi, F.: Castelli urbani e città nel regno di Sicilia all'epoca di Federico II, in: Federico II e l'arte 1, 53–74 (Nachdruck: Atti delle quinte Giornate Federiciane, Oria 1980 [Bari 1983] 73–97).

Böhm, L.: Johann von Brienne, König von Jerusalem, Kaiser von Konstantinopel (Heidelberg 1938).

Bologna, F.: „Cesaris imperio regni custodia fio". La porta di Capua e la „interpretatio imperialis" del classicismo, in: Nel segno di Federico II. Unità politica e pluralità culturale del Mezzogiorno (Neapel 1989) 159–189.

Boncompagni, B.: Scritti di Leonardo Pisano, 2 Bde. (Rom 1857–1862).

Boockmann, H.: Das „Reichsfreiheitsprivileg" von 1226 in der Geschichte Lübecks, in: Lübeck 1226. Reichsfreiheit und frühe Stadt, hrsg. von O. Ahlers u.a. (Lübeck 1976) 97–113.

–: Der Deutsche Orden. Zwölf Kapitel aus seiner Geschichte (München 1981).

–: Die Anfänge des Deutschen Ordens in Marburg und die frühe Ordensgeschichte, in: Sankt Elisabeth 137–150.

Borchardt, K.: Der sogenannte Aufstand Heinrichs (VII.) in Franken 1234/35, in: Ders. – E. Bünz (Hrsg.), Forschungen zur bayerischen und fränkischen Geschichte. P. Herde zum 65. Geburtstag (Würzburg 1998) 53–119.

Boshof, E.: Reichsfürstenstand und Reichsreform in der Politik Friedrichs II., Blätter für deutsche Landesgeschichte 122 (1986) 41–66.

Braunschweigische Reimchronik, ed. L. Weiland, MGH Deutsche Chroniken 2 (Hannover 1877) 430–574.

Brenk, B.: Antikenverständnis und weltliches Rechtsdenken im Skulpturenprogramm Friedrichs II. in Capua, in: Musagetes. FS für W. Prinz, hrsg. von R. G. Kecks (Berlin 1991) 93–103.

Breve chronicon de rebus Siculis, ed. J.-L.-A. Huillard-Bréholles, HB 1,2 (Paris 1852) 887–908.

Brucker, C.: Le personnage de Frédéric II dans la poésie lyrique d'oc du XIIIe siècle, in: Studia Occitanica in memoriam P. Remy, Bd. 1 (Kalamazoo, Mich. 1986) 31–44.

Brühl, C.: L'itinerario italiano dell'imperatore: 1220–1250, in: Toubert – Paravicini Bagliani, Federico e le città 34–47.

Brunetti, G.: Giacomino Pugliese, Dizionario Biografico degli Italiani 54 (2000; im Druck).

Bruni, F.: Colonne, Guido delle, Lexikon des Mittelalters 3 (1986) 59f.

–: La cultura alla corte di Federico II e la lirica siciliana, in: G. Bárberi Squarotti (Hrsg.), Storia della civiltà letteraria italiana, Bd. 1 (Turin 1990) 211–273.

–: Sizilianische Dichterschule, Lexikon des Mittelalters 7 (1995) 1946–1948.

Bülow, G.: Des Dominicus Gundissalinus Schrift Von der Unsterblichkeit der Seele. Herausgegeben und philosophiegeschichtlich untersucht von G. B., BGPhMA 2,3 (1897).

Bumke, J.: Mäzene im Mittelalter. Die Gönner und Auftraggeber der höfischen Literatur in Deutschland 1150–1350 (München 1979).

Bund, K.: Untersuchungen zu Magister Heinrich von Köln, dem Abschreiber der Abbreviatio de animalibus des Avicenna (1232), und zur Frage seiner Identifizierung mit dem Dichter Magister Heinrich von Avranches, Jahrbuch des Kölnischen Geschichtsvereins 53 (1982) 1–19.

Bund, K.: Mittelrheinische Geschichte des 13. Jahrhunderts im Spiegel der Dichtung. Untersuchungen zum Geschichtsfragment Nr. 116 und zur Vita des mittelalterlichen Dichters Magister Heinrich von Avranches, Archiv für Frankfurts Geschichte und Kunst 59 (1985) 9–78.

Burchard von Ursberg, Chronik, edd. O. Holder-Egger und B. von Simson, MGH SS rer. Germ. 16 (Hannover – Leipzig 1916).

Burnett, C.: An apocryphal letter from the arabic philosopher Al-Kindî to Theodore, Frederick II's astrologer, concerning Gog and Magog, the enclosed nations, and the scourge of the Mongols, Viator 15 (1984) 151–167.

–: Michael Scot and the Transmission of Scientific Culture from Toledo to Bologna via the Court of Frederick II of Hohenstaufen, in: Le scienze alla corte di Federico II. Micrologus 2 (1994) 101–126.

–: Master Theodore, Frederick II's Philosopher, in: Federico II e le nuove culture 224–285.

Burnett, C. – Gautier Dalché, P.: Attitudes towards the Mongols in medieval literature: The XXII Kings of Gog and Magog from the court of Frederick II to Jean de Mandeville, Viator 22 (1991) 153–167.

Buschhausen, H.: Probleme der Bildniskunst am Hof Kaiser Friedrichs II., in: Stauferzeit. Geschichte, Literatur, Kunst, hrsg. von R. Krohn u. a. (Stuttgart 1978) 220–243.

Büttner, H.: Egino von Urach – Freiburg, der Erbe der Zähringer, Ahnherr des Hauses Fürstenberg (Donaueschingen 1939).

Cadei, A.: I castelli, i palazzi, le città nuove, in: Federico e l'Italia 195–227.

–: Modelli e variazioni federiciane nello schema del castrum, in: Esch – Kamp, Friedrich 465–485.

Caesarius von Heisterbach, De vita et actibus Domni Engilberti Coloniensis archiepiscopi et martiris, ed. F. Zschaeck, in: A. Hilka, Die Wundergeschichten des C. v. H., Bd. 3 (Bonn 1937) 223–328; ders., Sermo de translatione Beate Elyzabeth, ed. A. Huyskens, ebd. 381–390.

Calò Mariani, M. S.: L'arte al servizio dello Stato, in: Toubert – Paravicini Bagliani, Federico e il mondo 123–145.

–: Castel del Monte. La veste ornamentale, in: Dies., Federico 305–310.

Calò Mariani, M. S. – Cassano, R. (Hrsg.): Federico II. Immagine e potere (Venedig 1995).

Camera, M.: Memorie storico-diplomatiche dell'antica città e ducato di Amalfi, 2 Bde. (Salerno 1876–1881).

Cammarosano, P.: La Toscana nella politica imperiale di Federico II, in: Esch – Kamp, Friedrich 363–380.

Caravale, M.: Le istituzioni del regno di Sicilia tra l'età normanna e l'età sveva, Clio. Rivista trimestrale di studi storici 23 (1987) 373–422.

Carcani, C. (Hrsg.): Constitutiones regum regni Siciliae (Neapel 1786; Faksimile-Nachdruck mit einer Einleitung von A. Romano, Messina 1992).

Carmody, F. J. (Hrsg.): Al-Bitrûjî De motibus celorum. Critical Edition of the Latin Translation of Michael Scotus, ed. F. J. C. (Berkeley – Los Angeles 1952).

Caroti, S.: L'astrologia nell'età di Federico II, in: Le scienze alla corte di Federico II. Micrologus 2 (1994) 57–73.

Chatelain, E.: siehe unter Denifle, H.
Chronicon Ebersheimense, ed. L. Weiland, MGH SS 23 (Hannover 1874) 427–453.
Chronicon Montis Sereni, ed. E. Ehrenfeuchter, MGH SS 23 (Hannover 1874) 130–226.
Chronicon Parmense, ed. G. Bonazzi, Muratori[2] 9,9 (Città di Castello 1902–1904).
Chronicon S. Martini Turonense (Auszüge), ed. O. Holder-Egger, MGH SS 26 (Hannover 1882) 458–476.
Chronicon Suessanum, ed. A. A. Pelliccia, Raccolta di varie croniche, diarj ed altri opuscoli appartenenti alla storia del Regno di Napoli 1 (Neapel 1780) 49–78.
Chronicon Wormatiense, ed. H. Boos, Monumenta Wormatiensia. Annalen und Chroniken (Berlin 1893) 165–199.
Chronique d'Ernoul et de Bernard le Trésorier, ed. L. de Mas Latrie (Paris 1871).
Clagett, M.: Archimedes in the Middle Ages 4: A Supplement on the Medieval Latin Traditions of Conic Sections (1150–1566), Part 1: Texts and Analysis (Philadelphia 1980).
Classen, P.: Die ältesten Universitätsreformen und Universitätsgründungen des Mittelalters, in: ders.: Studium und Gesellschaft im Mittelalter, MGH Schriften 29 (Stuttgart 1983) 170–196 (Erstdruck: 1968).
Claussen, P. C.: Bitonto und Capua. Unterschiedliche Paradigmen in der Darstellung Friedrichs II., in: Staufisches Apulien. Schriften zur staufischen Geschichte und Kunst 13 (Göppingen 1993) 77–124.
–: Scultura figurativa federiciana, in: Federico e l'Italia 93–102.
–: Die Erschaffung und Zerstörung des Bildes Friedrichs II. durch die Kunstgeschichte. Was bleibt?, in: Kunst im Reich Kaiser Friedrichs 1, 195–209 (Erstdruck: Creazione e distruzione dell'immagine di Federico II nella storia dell'arte. Che cosa rimane?, in: Calò Mariani, Federico 69–81).
Cleve, H.: Kaiser Friedrich II. und die Ritterorden, DA 49 (1993) 39–73.
Codice diplomatico Barese. Bd. 1: Le pergamene del duomo di Bari (952–1264), edd. G. B. Nitto de Rossi – F. Nitti di Vito (Bari 1897) – Bd. 6: Le pergamene di S. Nicola di Bari. Periodo svevo (1195–1266), ed. F. Nitti di Vito (Bari 1906) – Bd. 10: Pergamene di Barletta del R. Archivio di Napoli (1075–1309), ed. R. Filangieri di Candida (Bari 1927) – Bd. 12: Le carte di Altamura (1232–1502), ed. A. Giannuzzi (Bari 1935).
Cohn, W.: Kaiser Friedrich II. und die deutschen Juden, in: Ders., Juden und Staufer in Unteritalien und Sizilien (Aalen 1978) 9–26 (Erstdruck 1919).
–: Die Geschichte der sizilischen Flotte unter der Regierung Konrads IV. und Manfreds (1250–1266) (Berlin 1920); Nachdruck in: Ders., Die Geschichte der sizilischen Flotte 1060–1266 (Aalen 1978).
–: Die Geschichte der sizilischen Flotte unter der Regierung Friedrichs II. (1197–1250) (Breslau 1926); Nachdruck in: Ders., Die Geschichte der sizilischen Flotte 1060–1266 (Aalen 1978).
Colafemmina, C.: Un poeta ebreo a Otranto nel XIII secolo: Anatoli, Archivio storico pugliese 30 (1977) 177–190; Nachdruck in: Atti delle quarte Giornate Federiciane. Oria 1977 (Bari 1980) 127–140.
Collenuccio, Pandolfo: Compendio de le istorie del regno di Napoli, ed. A. Saviotti, Scrittori d'Italia 115 (Bari 1929).

Colliva, P.. Strutture feudali e tendenze romanizzanti in Federico II. La fondazione dello studio di Napoli (1224), Atti delle quarte Giornate Federiciane. Oria 1977 (Bari 1980) 143–161.

–: Ricerche sul principio di legalità nell'amministrazione del regno di Sicilia al tempo di Federico II (Seminario giuridico dell'Università di Bologna 39; Mailand 1964).

Conciliorum oecumenicorum decreta, ed. I. Alberigo u. a. (Bologna ³1973).

Conradus de Fabaria, Continuatio Casuum S. Galli, ed. G. Meyer von Knonau, Mitteilungen zur vaterländischen Geschichte 17 (St. Gallen 1879) 133–252.

Constitutiones et acta publica imperatorum et regum (1198–1272), ed. L. Weiland (MGH Const. 2; Hannover 1896).

Corrie, R. W.: The Conradin Bible and the Problem of Court Ateliers in Southern Italy in the Thirteenth Century, in: Tronzo, Intellectual Life 17–39.

Crawford, F. S.: Averrois Cordubensis Commentarium magnum in Aristotelis De Anima libros rec. F. S. C. (Corpus Commentariorum Averrois in Aristotelem. Versionum Latinarum Volumen 6,1; Cambridge, Mass. 1953).

Crombie, A. C.: Augustine to Galileo, 2 Bde. (Oxford 1952; ²1961).

–: Robert Grosseteste and the Origins of Experimental Science 1100–1700 (Oxford 1953; Nachdruck 1962).

Cronica Minor Minoritae Erphordensis, ed. O. Holder-Egger, MHG SS rer. Germ, 42 (Hannover – Leipzig 1899) 486–671.

Cronica Reinhardsbrunnensis, ed. O. Holder-Egger, MGH SS 30,1 (Hannover 1896) 490–656.

Cronica S. Petri Erfordensis moderna, ed. O. Holder-Egger, MGH SS rer. Germ. 42 (Hannover – Leipzig 1899) 117–364.

Croniche di Viterbo, scritte da Frate Francesco d'Andrea, ed. P. Egidi, Archivio della R. Società Romana di Storia Patria 24 (1901) 197–252, 299–371.

Crusius, I.: Bischof Konrad II. von Hildesheim: Wahl und Herkunft, in: Institutionen, Kultur und Gesellschaft im Mittelalter. FS für J. Fleckenstein (Sigmaringen 1984) 431–468.

Csendes, P.. Die Stadtrechtsprivilegien Kaiser Friedrichs II. für Wien, DA 43 (1987) 110–134.

Cuozzo, E.: Catalogus Baronum. Commentario (Fonti per la storia d'Italia 101**; Rom 1984).

Cuvillier, J.-P.: Milites in servitio: la sujétion de la haute noblesse à la bureaucratie dans le royaume de Sicile sous Frédéric II Hohenstaufen, in: Institutionen, Kultur und Gesellschaft im Mittelalter. FS für J. Fleckenstein (Sigmaringen 1984) 639–664.

D'Alverny, M.-Th.: L'explicit du „De animalibus" d'Avicenne traduit par Michel Scot, Bibliothèque de l'École des Chartres 115 (1957) 32–42.

D'Amelio, G.: Carlo di Tocco, Dizionario Biografico degli Italiani 20 (1977) 304–310.

D'Onofrio, M.: La Porta di Capua, in: Federico e l'Italia 230–240.

Da Rocha Pereira, M. H. (Hrsg.): Obras médicas de Pedro Hispano (Coimbra 1973).

Dales, R. C.: Medieval Discussions of the Eternity of the World (Leiden – New York – Kopenhagen – Köln 1990).

Dales, R. C. – Argerami, O.: Medieval Latin Texts on the Eternity of the World (Leiden – New York – Kopenhagen – Köln 1991).
Daneu Lattanzi, A.: Petrus de Ebulo. Nomina et virtutes balneorum seu De Balneis Puteolorum et Baiarum. Codice Angelico 1474 (Rom 1962).
Dante Alighieri, De vulgari eloquentia, ed. P. V. Mengaldo, in: Ders., Opere minori, Bd. 2 (Mailand – Neapel 1979) 3–237.
Davico, R.: Cultura araba ed ebraica nella scuola medica salernitana del medioevo, in: I. Gallo (Hrsg.), Salerno e la sua scuola medica (Fuorni-Salerno 1994) 53–87.
Davidsohn, R.: Forschungen zur Geschichte von Florenz, 4 Bde. (Berlin 1896–1908).
Davidson, H. A.: Averrois Cordubensis Commentarium medium in Porphyrii Isagogen et Aristotelis Categorias. Textum hebraicum rec. H. A. D. (Cambridge, Mass. – Berkley – Los Angeles 1969).
De Bartholomaeis, V.: Osservazioni sulle poesie provenzali relative a Federico II, Memorie della R. Accademia delle scienze dell'Istituto di Bologna. Classe di scienze morali: Scienze storico-filologiche, Serie 1, 6 (1911–12) 97–124.
– (Hrsg.): Poesie provenzali storiche relative all'Italia, 2 Bde. (Rom 1931).
De Renzi, S.: Collectio Salernitana, 5 Bde. (Neapel 1852–1859).
De Rijk, L. M.: On the life of Peter of Spain, The Author of the „Tractatus", called afterwards „Summule logicales", Vivarium 8 (1970) 123–154.
–: Peter of Spain (Petrus Hispanus Portugalensis), Tractatus, called afterwards „Summulae logicales". First critical edition by L. M. De R. (Assen 1972).
–: The origins of the theory of the properties of terms, in: The Cambridge History of Later Medieval Philosophy. From the Rediscovery of Aristotle to the Disintegration of Scholasticism, 1100–1600 (Cambridge 1982) 161–173.
De Tommasi, G.: Castel del Monte: I Restauri e l'immagine, in: Calò Mariani, Federico 313- 317.
De Troia, G.: Foggia e la Capitanata nel Quaternus excadenciarum di Federico II di Svevia (Fasano – Bari 1994).
De Vaux, R.: La première entrée d'Averroes chez les Latins, Revue des sciences philosophiques et théologiques 22 (1933) 193–245.
Deér, J.: Der Kaiserornat Friedrichs II. (Bern 1952).
–: Das Grab Friedrichs II., in: Fleckenstein, Probleme 361–383.
Del Treppo, M.: Prospettive mediterranee della politica economica di Federico II, in: Esch – Kamp, Friedrich 316–338.
Demandt, K. E.: Der Endkampf des staufischen Kaiserhauses im Rhein-Maingebiet, Hessisches Jahrbuch für Landesgeschichte 7 (1957) 102–164.
Denifle, H. – Chatelain, E. (Hrsg.): Chartularium Universitatis Parisiensis, 4 Bde. (Paris 1889–1899).
Dilcher, H.: Die sizilische Gesetzgebung Kaiser Friedrichs II. Quellen der Constitutionen von Melfi und ihrer Novellen (Köln – Wien 1975).
Dod, B. G.: Aristoteles Latinus, in: The Cambridge History of Later Medieval Philosophy. From the Rediscovery of Aristotle to the Disintegration of Scholasticism, 1100–1600 (Cambridge 1982) 45–79.
Dölger, F.: Regesten der Kaiserurkunden des oströmischen Reiches, Bd. 3: 1204–1282, bearb. von P. Wirth (München 1977).

Dronke, P.: La poesia, in: Toubert – Paravicini Bagliani, Federico e le scienze 43–66.
Dupré Theseider, E.: Federico II, ideatore di castelli e città, Archivio storico pugliese 26 (1973) 25–40.
Dürig, W.: Geburtstag und Namenstag. Eine liturgiegeschichtliche Studie (München 1954).
Edbury, P. W.: The Kingdom of Cyprus and the Crusades, 1191–1374 (Cambridge 1991).
–: The Lyon Eracles and the Old French Continuations of William of Tyre, in: Montjoie. Studies in Crusade History in Honour of H. E. Mayer, ed. B. Z. Kedar u. a. (Aldershot, Hampsh. 1997) 139–153.
Edwards, G. M.: The Two Redactions of Michael Scot's „Liber introductorius", Traditio 41 (1985) 329–340.
Egidi, P.: La colonia saracena di Lucera e la sua distruzione, Archivio storico per le province Napoletane 36 (1911) 597–694; 37 (1912) 71–89, 664–696; 38 (1913) 115–144, 681–707; 39 (1914) 132–171, 697–766.
Ehlers, J.: Hugo von St. Viktor. Studien zum Geschichtsdenken und zur Geschichtsschreibung des 12. Jahrhunderts (Wiesbaden 1973).
Elbern, V. H.: Das Fresko Kaiser Friedrichs II. an der Torre di S. Zeno zu Verona, Archiv für Diplomatik 41 (1995) 1–20.
Ellenhardi Argentinensis Annales et chronica, ed. P. Jaffé, MGH SS 17 (Hannover 1861) 91–141.
Engels, O.: Die Stauferzeit, in: F. Petri – G. Droege (Hrsg.), Rheinische Geschichte, Bd. 1,3 (Düsseldorf 1983) 199–296.
–: Die Staufer (Stuttgart – Berlin – Köln ⁷1998).
Enzensberger, H.: Il documento regio come strumento del potere, in: Potere, società e popolo nell'età dei due Guglielmi (Università degli studi di Bari, Centro di studi normanno-svevi. Atti 4, Bari 1981) 103–138.
–: La struttura del potere nel Regno: corte, uffici, cancelleria, in: Potere, società e popolo nell'età sveva (1210–1266) (Università degli studi di Bari, Centro di studi normanno-svevi. Atti 6, Bari 1985) 49–69.
Epistolae saeculi XIII e regestis pontificum Romanorum selectae, ed. C. Rodenberg (MGH Epp. saec. XIII 1–3; Berlin 1883–1894).
Erler, A.: Aegidius Albornoz als Gesetzgeber des Kirchenstaates (Berlin 1970).
Esch, A.: Friedrich und die Antike, in: Esch – Kamp, Friedrich 201–234.
Esch, A. – Kamp, N. (Hrsg.): Friedrich II. Tagung des Deutschen Historischen Instituts in Rom im Gedenkjahr 1994 (Bibliothek des DHI in Rom 85; Tübingen 1996).
Estoire d'Eracles, Recueil des Historiens des Croisades, Historiens occidentaux (RHCOc) 2 (Paris 1859) 1–481.
Falkenhausen, V. von: Friedrich II. und die Griechen im Königreich Sizilien, in: Esch – Kamp, Friedrich 235–262.
Fasoli, G.: Federico II e la Lega lombarda. Linee di ricerca, Annali dell'Istituto storico italo-germanico in Trento 2 (1976) 39–74.
–: Castelli e strade nel „Regnum Siciliae". L'itinerario di Federico II, in: Federico II e l'arte 1, 27–52.
–: Organizzazione delle città ed economia urbana, in: Potere, società e popolo

nell'età sveva (1210–1266) (Università degli studi di Bari, Centro di studi normanno-svevi. Atti 6, Bari 1985) 167–189.

Federico II e l'arte del Duecento italiano, hrsg. von A. M. Romanini, 2 Bde. (Galatina 1980).

Federico II e le nuove culture (Centro italiano di studi sull'alto medioevo; Spoleto 1995).

Federico II e l'Italia. Percorsi, Luoghi, Segni e Strumenti. Catalogo della mostra, Roma 1995–96 (Rom 1995).

Feld, H.: Franziskus von Assisi und seine Bewegung (Darmstadt 1994).

Ferretti, G.: Roffredo Epifanio da Benevento, Studi medievali 3 (1908–1911) 230–287.

Ficker, J.: Forschungen zur Reichs- und Rechtsgeschichte Italiens, 4 Bde. (Innsbruck 1868–1874; Nachdruck: Aalen 1961).

Flachenecker, H.: Herzog Ludwig der Kelheimer als Prokurator König Heinrichs (VII.), Zeitschrift für bayerische Landesgeschichte 59 (1996) 835–848.

Fleckenstein, J. (Hrsg.): Probleme um Friedrich II., Vorträge und Forschungen 16 (Sigmaringen 1974).

Fodale, S.: Palermo „sedes Regni" e città di Federico II, in: Toubert – Paravicini Bagliani, Federico e le città 212–221.

Folz, A.: Kaiser Friedrich II. und Papst Innocenz IV. Ihr Kampf in den Jahren 1244 und 1245 (Straßburg 1905).

Fonseca, C. D.: Federico II e gli Ordini Mendicanti, in: Esch – Kamp, Friedrich 163–181.

Franzel, E.: König Heinrich VII. von Hohenstaufen. Studien zur Geschichte des „Staates" in Deutschland (Quellen und Forschungen aus dem Gebiet der Geschichte 7; Prag 1929).

Freidanks Bescheidenheit, ed. W. Spiewok (Greifswalder Beiträge zum Mittelalter. Serie 1, Band 15; Greifswald 1996).

Frenz, T. – Herde, P. (Hrsg.): Das Brief- und Memorialbuch des Albert Behaim, MGH Briefe des späteren Mittelalters 1 (München 2000).

Freudenthal, G.: Pour le dossier de la traduction latine médiévale du „Guide des égarés", Revue des Études juives 147 (1988) 167–172.

Fried, J.: ... correptus est per ipsum imperatorem. Das zweite Falkenbuch Friedrichs II., in: Mittelalterliche Texte. Überlieferung – Befunde – Deutungen, hrsg. von R. Schieffer, MGH Schriften 42 (Hannover 1996) 93–124.

–: Kaiser Friedrich II. als Jäger oder Ein zweites Falkenbuch Kaiser Friedrichs II.?, Nachrichten der Akademie der Wissenschaften in Göttingen. Philol.-hist. Kl., Jahrgang 1996, Nr. 4, 115–156.

Friedrich II., De arte venandi: Friderici Romanorum Imperatoris Secundi De arte venandi cum avibus, ed. C. A. Willemsen, 2 Bde. (Leipzig 1942).

Fumagalli, V.: In margine all'„Alleluia" del 1233, BISI 80 (1968) 257–272.

Gabrieli, F.: Friedrich II. und die Kultur des Islam, in: Wolf, Stupor mundi 76–94; Erstdruck: Federico II e la cultura musulmana, Rivista storica italiana 64 (1950) 5–18.

–: Die Kreuzzüge aus arabischer Sicht (Zürich – München 1973).

–: La colonia saracena di Lucera e la sua fine, Archivio storico pugliese 30 (1977)

169–175; Nachdruck: Atti delle quarte Giornate Federiciane. Oria 1977 (Bari 1980) 73–79.

Ganzer, K.: Papsttum und Bistumsbesetzungen in der Zeit von Gregor IX. bis Bonifaz VIII. Ein Beitrag zur Geschichte der päpstlichen Reservationen (Köln – Graz 1968).

Gaulin, J.-L.: Giordano Ruffo et l'art vétérinaire, in: Le scienze alla corte di Federico II. Micrologus 2 (1994) 185–198.

Gauthier, R. A.: Le Traité „De anima et de potenciis eius" d'un maître ès arts (vers 1225), Revue des sciences philosophiqes et théologiques 66 (1982) 3–55.

–: Notes sur les débuts (1225–1240) du premier „Averroisme", Revue des sciences philosophiques et théologiques 66 (1982) 321–374.

Gautier Dalché, P.: Les savoirs géographiques en Méditerranée chrétienne (XIIIe s.), in: Le scienze alla corte di Federico II. Micrologus 2 (1994) 75–99.

–: siehe auch unter Burnett, C.

Gervasius von Tilbury, Otia imperialia ad Ottonem IV. imperatorem, ed. R. Pauli, MGH SS 27 (Hannover 1885) 359–394.

Gesta Romanorum, ed. H. Oesterley (Berlin 1872).

Gesta Treverorum continuata, ed. G. Waitz, MGH SS 24 (Hannover 1879) 368–488.

Girgensohn, D. – Kamp, N.: Urkunden und Inquisitionen der Stauferzeit aus Tarent, QFIAB 41 (1961) 137–234.

–: Urkunden und Inquisitionen des 12. und 13. Jahrhunderts aus Patti, QFIAB 45 (1965) 1–240.

Glessgen, M.-D.: Die Falkenheilkunde des „Moamin" im Spiegel ihrer volgarizzamenti, 2 Bde. (Beihefte zur Zeitschrift für romanische Philologie 269–270; Tübingen 1996).

Göbbels, J.: De Amicis, Ruggero, Dizionario Biografico degli Italiani 33 (1987) 240–243.

–: Die Militärorganisation im staufischen Königreich Sizilien, in: Esch – Kamp, Friedrich 486–500.

–: Der Krieg Karls I. von Anjou gegen die Sarazenen von Lucera in den Jahren 1268 und 1269, in: Forschungen zur Reichs-, Papst- und Landesgeschichte, P. Herde zum 65. Geburtstag dargebracht, Bd. 1 (Stuttgart 1998) 361–402.

Göckenjan, H.: Mongolen, Lexikon des Mittelalters 6 (1993) 756–760.

Goez, W.: Fürstenprivilegien Friedrichs II., Handwörterbuch zur deutschen Rechtsgeschichte 1 (1971) 1358–1361.

–: Grundzüge der Geschichte Italiens in Mittelalter und Renaissance (Darmstadt 1975).

–: Friedrich II. und Deutschland, in: K. Friedland u. a. (Hrsg.), Politik, Wirtschaft und Kunst des staufischen Lübecks (Lübeck 1976) 5–38.

–: Imperator advocatus Romanae ecclesiae, in: Aus Kirche und Reich. Studien zu Theologie, Politik und Recht im Mittelalter. FS für F. Kempf (Sigmaringen 1983) 315–328.

Gotifredi Viterbiensis Continuatio Funiacensis et Eberbacensis, ed. G. Waitz, MGH SS 22 (Hannover 1872) 342–349.

Gottschalk, H. L.: Al-Malik al-Kâmil von Egypten und seine Zeit (Wiesbaden 1958).

Götze, H.: Castel del Monte. Gestalt und Symbol der Architektur Friedrichs II. (München ³1991); engl. Ausgabe: Castel del Monte. Geometric Marvel of the Middle Ages (München – New York 1998).

Grabmann, M.: Kaiser Friedrich II. und sein Verhältnis zur aristotelischen und arabischen Philosophie, in: Ders., Mittelalterliches Geistesleben. Abhandlungen zur Geschichte der Scholastik und Mystik 2 (München 1936) 103–137; Nachdruck: Wolf, Stupor mundi 33–75.

–: Bearbeitungen und Auslegungen der aristotelischen Logik aus der Zeit von Peter Abaelard bis Petrus Hispanus, Abhandlungen der Preußischen Akademie der Wissenschaften, 1937. Philos.-hist. Kl. Nr. 5 (Berlin 1937).

Graefe, F.: Die Publizistik in der letzten Epoche Kaiser Friedrichs II. Ein Beitrag zur Geschichte der Jahre 1239–1250 (Heidelberg 1909).

Grignaschi, M.: Ibnu Sab'in, Trattato sulle domande siciliane. Domanda II. Traduzione e commento, Archivio storico siciliano 3. ser. 7 (1956) 7–91.

–: Indagine sui passi del „Commento" suscettibili di avere promosso la formazione di un Averroismo politico, in: L'Averroismo in Italia (Accademia Nazionale dei Lincei. Atti dei convegni Lincei 40, Rom 1979) 237–278.

Grundmann, H.: Freiheit als religiöses, politisches und persönliches Postulat im Mittelalter, HZ 183 (1957) 23–53.

Guida, S.: Uc de Saint Circ, Lexikon des Mittelalters 8 (1997) 1170f.

Guillelmi de Ockham Expositio in Librum praedicamentorum Aristotelis, ed. G. Gal, Guillelmi de Ockham Opera Philosophica 2 (St. Bonaventure, N.Y. 1978).

Guillelmi de Ockham Quodlibeta septem, ed. J. C. Wey, Guillelmi de Ockham Opera Theologica 9 (St. Bonaventure, N.Y. 1980).

Guillelmi de Ockham Summa Logicae, edd. P. Boehner – G. Gal – S. Brown, Guillelmi de Ockham Opera Philosophica 1 (St. Bonaventure, N.Y. 1974).

Guillelmi de Ockham Summula philosophiae naturalis, ed. S. Brown, in: Guillelmi de Ockham Opera Philosophica 6 (St. Bonaventure, N.Y. 1984) 135–394.

Guyotjeannin, O.: I podestà imperiali nell'Italia centro-settentrionale (1237–1250), in: Toubert – Paravicini Bagliani, Federico e le città 115–128.

Hackett, J.: Scientia experimentalis: From Robert Grosseteste to Roger Bacon, in: J. McEvoy (Hrsg.), Robert Grosseteste: New Perspectives on His Thought and Scholarship (Turnhout 1995) 89–119.

Hagemann, W.: La nuova edizione del registro di Federico II, in: Atti del Convegno Internazionale di Studi Federiciani (Palermo 1952) 315–336.

–: Jesi im Zeitalter Friedrichs II., QFIAB 36 (1956) 138–187.

–: Herzog Rainald von Spoleto und die Marken in den Jahren 1228/1229, in: Adel und Kirche. G. Tellenbach zum 65. Geburtstag dargebracht (Freiburg – Basel – Wien 1968) 436–457.

Hahn, S. F. (Hrsg.): Collectio monumentorum veterum et recentium ineditorum, Bd. 1 (Braunschweig 1724).

Halleux, R.: L'alchimia, in: Toubert – Paravicini Bagliani, Federico e le scienze 152–161.

Hampe, K.: Briefe zur Geschichte des 13. Jahrhunderts aus einer Durhamer Handschrift, NA 24 (1899) 503–532.

Hampe, K.: Über die Flugschriften zum Lyoner Konzil von 1245, Historische Vierteljahrschrift 11 (1908) 297–313.
–: Beiträge zur Geschichte der letzten Staufer. Ungedruckte Briefe aus der Sammlung des Magisters Heinrich von Isernia (Leipzig 1910).
–: Ein ungedruckter Bericht über das Konklave von 1241 im römischen Septizonium, SB Heidelberg 1913, 1. Abh.
–: Eine frühe Verknüpfung der Weissagung vom Endkaiser mit Friedrich II. und Konrad IV., SB Heidelberg 1917, 6. Abh.
–: Papst Innozenz IV. und die sizilische Verschwörung von 1246, SB Heidelberg 1923, 8. Abh.
–: Zur Gründungsgeschichte der Universität Neapel, SB Heidelberg 1923, 10. Abh.
–: Kaiser Friedrich II. in der Auffassung der Nachwelt (Stuttgart 1925).
– (Hrsg.): Die Aktenstücke zum Frieden von S. Germano 1230. Acta pacis ad S. Germanum anno MCCXXX initae, MGH Epistolae selectae 4 (1926).
–: Kaiser Friedrich II. als Fragensteller, in: Kultur- und Universalgeschichte. W. Goetz zu seinem 60. Geburtstag dargebracht (Leipzig – Berlin 1927) 53–66.
Haring, N. M.: Thierry of Chartres and Dominicus Gundissalinus, Medieval Studies 26 (1964) 271–286.
Haseloff, A.: Architettura sveva nell'Italia meridionale, con prefazione di M. S. Calò Mariani (Bari 1992); deutsche Erstausgabe: Die Bauten der Hohenstaufen in Unteritalien, Bd. 1 (Leipzig 1920) (in beiden Ausgaben übereinstimmende Seitenzählung).
Haskins, C. H.: Studies in the History of Mediaeval Science (Cambridge, Mass. 1924).
–: Two Roman Formularies in Philadelphia, Studi e testi 40 (1924) 275–286.
–: Latin Literature under Frederick II, in: Ders., Studies in Mediaeval Culture (Oxford 1929) 124–147.
–: The „Alchemy" Ascribed to Michael Scot, in: Ders., Studies in Mediaeval Culture (Oxford 1929) 148–159.
Hausmann, F.: Kaiser Friedrich II. und Österreich, in: Fleckenstein, Probleme 225–308.
Haverkamp, A.: Aufbruch und Gestaltung. Deutschland 1056–1273 (München ²1993).
Hein, W.-H. – Sappert, K.: Die Medizinalordnung Friedrichs II. Eine pharmaziehistorische Studie (Eutin 1957).
Heinisch, K. J.: Kaiser Friedrich II. in Briefen und Berichten seiner Zeit. Herausgeben und übersetzt von K. J. H. (Darmstadt 1977).
Hellmuth, L.: Die Assassinenlegende in der österreichischen Geschichtsdichtung des Mittelalters (Wien 1988).
Hennes, J. H. (Hrsg.): Urkundenbuch des Deutschen Ordens. Codex diplomaticus Ordinis S. Mariae Theutonicorum, 2 Bde. (Mainz 1845–1861).
Herde, P.: Ein Pamphlet der päpstlichen Kurie gegen Kaiser Friedrich II. von 1245/46 („Eger cui lenia"), DA 23 (1967) 468–538.
–: Karl I. von Anjou (Stuttgart 1979).
–: Die Katastrophe vor Rom im August 1167, SB der Wissenschaftlichen Gesell-

schaft an der Johann Wolfgang Goethe-Universität Frankfurt a.M., Bd. 27, Nr. 4 (Stuttgart 1991).

–: Literary Activities of the Imperial and Papal Chanceries during the Struggle between Frederick II and the Pope, in: Tronzo, Intellectual Life 227–239; ital.: Federico II e il Papato. La lotta delle cancellerie, in: Federico II e le nuove culture 69–87.

–: Mortalis Pestilentia. Über die gesundheitlichen Risiken von Romaufenthalten im Mittelalter und später (Ms. 1999, demnächst im Druck).

–: siehe auch unter Frenz, T.

Hergemöller, B.-U. (Hrsg.): Maiestas Carolina. Der Kodifikationsentwurf Karls IV. für das Königreich Böhmen von 1355 (München 1995).

Hermanni Altahensis Annales, ed. Ph. Jaffé, MGH SS 17 (Hannover 1861) 381–407.

Hessel, A.: Eine bisher unbekannte Konstitution Friedrichs II. vom November 1242, NA 31 (1906) 721–727.

Heupel, W.: Schriftuntersuchungen zur Registerführung in der Kanzlei Kaiser Friedrichs II., QFIAB 46 (1966) 1–90 (abgeschlossen 1940).

–: Von der staufischen Finanzverwaltung in Kalabrien, HJb 60 (1940) 478–506.

–: Der sizilische Großhof unter Kaiser Friedrich II. Eine verwaltungsgeschichtliche Studie (MGH Schriften 4; Stuttgart 1940).

Hiestand, R.: Friedrich II. und der Kreuzzug, in: Esch – Kamp, Friedrich 128–149.

–: Ierusalem et Sicilie rex – Zur Titulatur Friedrichs II., DA 52 (1996) 181–189.

Hilpert, H.-E.: Kaiser- und Papstbriefe in den Chronica maiora des Matthaeus Paris (Stuttgart 1981).

–: Zu den Prophetien im Geschichtswerk des Matthaeus Paris, DA 41 (1985) 175–191.

History of the Patriarchs of the Egyptian Church, Bd. IV 1: Cyrill III, Ibn Laklak (1216–1243), translated and annotated by A. Khater – O. H. E. Khs-Burmester (Kairo 1974).

Höflinger, K. – Spiegel, J.: Ungedruckte Stauferurkunden für S. Giovanni in Fiore, DA 49 (1993) 75–111.

–: Ungedruckte Urkunden Kaiser Friedrichs II. für das Florenserkloster Fonte Laurato, Archiv für Diplomatik 40 (1994) 105–122.

Holder-Egger, O.: Italienische Prophetien des 13. Jahrhunderts I, NA 15 (1890) 141–178; II, NA 30 (1905) 321–386, 714f.; III, NA 33 (1908) 95–187.

Holstein, H.: siehe unter Wolter, H.

Holtzmann, W.: Unbekannte Stauferurkunden und Reichssachen, QFIAB 18 (1926) 171–190.

–: Papst-, Kaiser- und Normannenurkunden aus Unteritalien, 1: QFIAB 35 (1955) 46–85; 2: QFIAB 36 (1956) 1–85; 3: QFIAB 42/43 (1963) 56–103.

–: Aus der Geschichte von Nardò in der normannischen und staufischen Zeit, Nachrichten der Akademie der Wissenschaften in Göttingen. Phil.-hist. Kl. (Göttingen 1961) 35–82.

Hönger, F.: Ärztliche Verhaltungsmaßregeln auf dem Heerzug ins Heilige Land für Kaiser Friedrich II., geschrieben von Adam von Cremona (ca. 1227) (Borna – Leipzig 1913).

Houben, H.: Enrico di Malta, Dizionario Biografico degli Italiani 142 (1993) 746–750.
–: Möglichkeiten und Grenzen religiöser Toleranz im normannisch-staufischen Königreich Sizilien, DA 50 (1994) 159–198.
–: Neue Quellen zur Geschichte der Juden und Sarazenen im Königreich Sizilien (1275–1280), QFIAB 74 (1994) 335–359.
–: Roger II. von Sizilien. Herrscher zwischen Orient und Okzident (Darmstadt 1997).
Hübinger, P. E.: Libertas imperii – Libertas ecclesiae im Widerstreit. Ein bewegtes Kapitel aus der Geschichte von Maastricht, Lüttich und Aachen in den Tagen Kaiser Friedrichs II. und König Heinrichs (VII.), Zeitschrift des Aachener Geschichtsvereins 84/85 (1977/78) 71–129.
Hübner, H.: Staat und Untertan in der Gesetzgebung Kaiser Friedrichs II. von Hohenstaufen, in: Einigkeit und Recht und Freiheit. FS für K. Carstens zum 70. Geburtstag, Bd. 2 (Köln – Berlin – Bonn – München 1984) 627–643.
Hucker, B. U.: Kaiser Otto IV., MGH Schriften 34 (Hannover 1990).
Hugo von St. Viktor: Hugonis de Sancto Victore Didascalicon de studio legendi, ed. C. H. Buttimer (Washington, D.C. 1939).
Huillard-Bréholles, J.-L.-A. (Hrsg.): Historia diplomatica Friderici secundi sive Constitutiones, privilegia, mandata, instrumenta quae supersunt istius imperatoris et filiorum eius. Accedunt epistolae paparum et documenta varia. 6 Bde. (in 11 Teilen) sowie ein Bd.: Préface et introduction (Paris 1852–1861; Nachdruck: Turin 1963).
–: Vie et correspondance de Pierre de la Vigne, ministre de l'empereur Frédéric II (Paris 1865; Nachdruck: Aalen 1966).
Iacovelli, G.: Ordinamenti sanitari nelle costituzioni di Federico II, in: Atti delle seste Giornate Federiciane. Oria 1983 (Bari 1986) 227–237.
Ignoti monachi cisterciensis S. Mariae de Ferraria Chronica, ed. A. Gaudenzi, Società Napoletana di storia patria. Monumenti storici. Ser. I: Cronache 3 (Neapel 1888) 1–46.
Iselius, J. R. (Hrsg.): Petrus de Vinea. Friderici Imperatoris epistulae, 2 Bde. mit einer Einführung von H. M. Schaller (Hildesheim 1991, Nachdruck der Ausgabe Basel 1740).
Jacquart, D.: La physiognomonie à l'époque de Frédéric II: Le traité de Michel Scot, in: Le scienze alla corte di Federico II. Micrologus 2 (1994) 19–37.
Jamison, E.: The Administration of the County of Molise in the Twelfth and Thirteenth Centuries, 1: EHR 44 (1929) 529–559; 2: EHR 45 (1930) 1–34.
–: I Conti di Molise e di Marsia nei secoli XII e XIII, in: Convegno storico abruzzese-molisano 1931. Atti e memorie 1 (Casalbordino 1933) 73–178.
– (Hrsg.): Catalogus Baronum (Fonti per la storia d'Italia 101; Rom 1972).
Johannes von Salisbury, Policraticus sive de nugis curialium et vestigiis philosophorum, ed. C. C. I. Webb, 2 Bde. (London – Oxford 1909).
Johannes von Viterbo, Liber de regimine civitatum, ed. C. Salvemini, Bibliotheca iuridica Medii Aevi, ed. A. Gaudentius, Bd. 3 (Bologna 1901) 215–280.
Jones, Ph.: The Italian City-State. From Commune to Signoria (Oxford 1997).
Kamp, N.: Kirchenpolitik und Sozialstruktur im staufischen Königreich Sizilien, in:

FS für H. Heimpel. Veröffentlichungen des Max-Planck-Instituts für Geschichte 36,2 (Göttingen 1972) 948–958.

–: Kirche und Monarchie im staufischen Königreich Sizilien. I: Prosopographische Grundlegung. Bistümer und Bischöfe des Königreiches 1194–1266. Teil 1–4 (München 1973–1982).

–: Vom Kämmerer zum Sekreten. Wirtschaftsreformen und Finanzverwaltung im staufischen Königreich Sizilien, in: Fleckenstein, Probleme 43–92.

–: Cicala, Andrea di, Dizionario Biografico degli Italiani 25 (1981) 290–293.

–: Die sizilischen Verwaltungsreformen Kaiser Friedrichs II. als Problem der Sozialgeschichte, QFIAB 62 (1982) 119–142.

–: Costanza d'Aragona, Dizionario Biografico degli Italiani 30 (1984) 356–359.

–: Der Episkopat und die Monarchie im staufischen Königreich Sizilien, QFIAB 64 (1984) 84–115.

–: Morra, Heinrich v., Lexikon des Mittelalters 6 (1993) 845.

–: Fasanella (Matteo, Pandolfo, Riccardo, Tommaso), Dizionario Biografico degli Italiani 45 (1995) 194–204.

–: Gli Amalfitani al servizio della monarchia nel periodo svevo del Regno di Sicilia, in: Documenti e realtà nel mezzogiorno italiano, in: Atti 6 del Centro di cultura e storia amalfitana (1995) 9–37.

–: Roffredus de Epiphanio, Lexikon des Mittelalters 7 (1995) 936.

–: Die deutsche Präsenz im Königreich Sizilien (1194–1266), in: Die Staufer im Süden. Sizilien und das Reich, hrsg. von T. Kölzer (Sigmaringen 1996) 141–185.

–: Friedrich II. im europäischen Zeithorizont, in: Esch – Kamp, Friedrich 1–22.

–: Ascesa, funzione e fortuna dei funzionari scalesi nel Regno meridionale del sec. XIII, in: Scala nel medioevo. Atti del convegno di studi 1995, Comune di Scala. Centro di cultura e storia amalfitana (1998) 33–59.

–: siehe auch unter Girgensohn, D., sowie Esch, A.

Kantorowicz, E.: Kaiser Friedrich der Zweite (Berlin 1927). Ergänzungsband (Berlin 1931) (Nachdruck: Düsseldorf – München 1963).

–: Zu den Rechtsgrundlagen der Kaisersage, DA 13 (1957) 115–150.

Kappel, K.: Die Burgkapelle von Lagopesole, in: Kunst im Reich Kaiser Friedrichs 1, 64–75.

–: S. Nicola in Bari und seine architektonische Nachfolge (Worms 1996).

Kappel, K. – Kemper, D.: Die Marienkirche Friedrichs II. in Altamura (Apulien). Probleme der Baugeschichte, Zeitschrift für Kunstgeschichte 1 (1992) 482–502.

Kauffmann, C. H.: The Baths of Pozzuoli. A Study of the Medieval Illumination of Peter of Eboli's Poem (Oxford 1959).

Kedar, B. Z.: Theodor von Antiochia, Lexikon des Mittelalters 8 (1996) 630f.

Kedar, B. Z. – Kohlberg, E.: The Intercultural Career of Theodore of Antioch, Mediterranean Historical Review 10 (1995) 164–176.

Kehr, K. A.: Die Urkunden der normannisch-sicilischen Könige. Eine diplomatische Untersuchung (Innsbruck 1902).

Kehr, P.: Otia diplomatica, Nachrichten von der Gesellschaft der Wissenschaften zu Göttingen, Philol.-hist. Kl. (1903) 255–299.

–: Das Briefbuch des Thomas von Gaeta, Iustitiars Friedrichs II., QFIAB 8 (1905) 1–76.

Keil, G.: Gestaltwandel und Zersetzung. Roger-Urtext und Roger-Glosse vom 12. bis ins 16. Jahrhundert, in: A. Buck – O. Herding (Hrsg.), Der Kommentar in der Renaissance (Bonn – Boppard 1975) 209–244; Nachdruck: G. Baader – G. Keil (Hrsg.), Medizin im mittelalterlichen Abendland (Darmstadt 1982) 476–493.

–: Roger Frugardi, Die deutsche Literatur des Mittelalters. Verfasserlexikon 8 (1992) 140–152.

–: Secretum secretorum, Die deutsche Literatur des Mittelalters. Verfasserlexikon 8 (1992) 993–1013.

–: Roger Frugardi, Lexikon des Mittelalters 7 (1995) 942.

–: Rogerglosse, Lexikon des Mittelalters 7 (1995) 945.

–: siehe auch unter Vitolo, G., sowie Lauer, H. H.

Keil, G. – Briesemeister, D. – Bitterling, K.: Secretum secretorum, Lexikon des Mittelalters 7 (1995) 1662–1664.

Keilmann, B.: Der Kampf um die Stadtherrschaft in Worms während des 13. Jahrhunderts (Darmstadt – Marburg 1985).

Kemper, D.: siehe unter Kappel, K.

Kempf, F.: Die Absetzung Friedrichs II. im Lichte der Kanonistik, in: Fleckenstein, Probleme 345–360.

Kiesewetter, A: Die Heirat zwischen Konstanze-Anna von Hohenstaufen und Kaiser Johannes III. Batatzes von Nikaia (Ende 1240 oder Anfang 1241) und der Angriff des Johannes Batatzes auf Konstantinopel im Mai oder Juni 1241, Römische Historische Mitteilungen 41 (1999) 239–250.

Kirn, P.: Die Verdienste der staufischen Kaiser um das deutsche Reich, HZ 164 (1941) 261–284; Nachdruck: G. Wolf (Hrsg.), Stupor mundi. Zur Geschichte Friedrichs II. von Hohenstaufen (Darmstadt 1966) 194–221.

Klingelhöfer, E.: Die Reichsgesetze von 1220, 1231/32 und 1235. Ihr Werden und ihre Wirkung im deutschen Staat Friedrichs II. (Weimar 1955); Teil-Nachdruck mit Nachtrag 1979: Wolf, Stupor mundi 161–202.

Klinkhammer, L.: Die Abteilung „Kunstschutz" der deutschen Militärverwaltung in Italien 1943–1945, QFIAB 72 (1992) 483–549.

Kloos, R. M.: Nikolaus von Bari, eine neue Quelle zur Entwicklung der Kaiseridee unter Friedrich II., in: Wolf, Stupor mundi 130–160 (Übersetzung der Lobrede des Nikolaus 543–551); Erstdruck: DA 11 (1954) 166–190.

–: Ein Brief des Petrus de Prece zum Tode Friedrichs II., DA 13 (1957) 151–170.

Klopprogge, A.: Ursprung und Ausprägung des abendländischen Mongolenbildes im 13. Jahrhundert. Ein Versuch zur Ideengeschichte des Mittelalters (Wiesbaden 1993).

Kluger, H.: Hochmeister Hermann von Salza und Kaiser Friedrich II. Ein Beitrag zur Frühgeschichte des Deutschen Ordens (Marburg 1987).

Kluxen, W.: Literargeschichtliches zum lateinischen Moses Maimonides, Recherches de théologie ancienne et médiévale 21 (1954) 23–50.

Knaak, A.: Das „Kastell" von Lucera, in: Kunst im Reich Kaiser Friedrichs 1, 76–93.

–: Das Kastell von Augusta. Neue baugeschichtliche Erkenntnisse, in: Kunst im Reich Kaiser Friedrichs 2, 94–114.

Koch, W.: Neugefundene Urkunden Kaiser Friedrichs II., Zeitschrift für bayerische Landesgeschichte 60 (1997) 465–477.

Kohlberg, E.: siehe unter Kedar, B. Z.
Kölzer, T.: Urkunden und Kanzlei der Kaiserin Konstanze, Königin von Sizilien (1195–1198) (Köln – Wien 1983).
–: Die sizilische Kanzlei von Kaiserin Konstanze bis König Manfred (1195–1266), DA 40 (1984) 532–561.
–: Diepold von Schweinspeunt, Lexikon des Mittelalters 3 (1986) 1008f.
–: Magna imperialis curia. Die Zentralverwaltung im Königreich Sizilien unter Friedrich II., HJb 114 (1994) 287–311.
–: Die Verwaltungsreformen Friedrichs II., in: Esch – Kamp, Friedrich 299–315.
–: siehe auch unter Schroth-Köhler, Ch.
Konrad, R.: De ortu et tempore Antichristi. Antichristvorstellung und Geschichtsbild des Abtes Adso von Montier-en-Der (Kallmünz/Opf. 1964).
Kowalski, H.: Die Augustalen Kaiser Friedrichs II., Schweizerische Numismatische Rundschau 55 (1976) 77–150.
–: Zu den Münzbildnissen Friedrichs II. von Hohenstaufen, Schriftenreihe der Numismatischen Gesellschaft 25 (1985) 55–68.
Krafft, F.: Johannes de Sacrobosco, Lexikon des Mittelalters 5 (1991) 598f.
Kraus, A.: siehe unter Spindler, M.
Krause, H.: Dauer und Vergänglichkeit im mittelalterlichen Recht, ZRG Germ. Abt. 75 (1958) 206–251.
Krauth, K.: Die Verschwörung von 1246 gegen Friedrich II. und die damaligen Zustände im sizilischen Königreich (Diss. masch.; Heidelberg 1922).
Kristeller, P. O.: The School of Salerno. Its Development and its Contribution to the History of Learning, Bulletin of the History of Medicine 17 (1945) 138–194; Nachdruck: Ders., Studies in Renaissance Thought and Letters (Rom 1956) 495–551; ital. Übers.: Ders., Studi 11–96.
–: Neue Quellen zur Salernitaner Medizin des 12. Jahrhunderts, in: G. Baader – G. Keil (Hrsg.), Medizin im mittelalterlichen Abendland (Darmstadt 1982) 191–208 (Erstdruck: Nuove fonti per la medicina salernitana del secolo XII, Rassegna storica salernitana 18 [1957] 61–75).
–: Bartholomaeus, Musandinus and Maurus of Salerno and other early commentators of the „Articella", with a tentative list of texts and manuscripts, Italia medioevale e umanistica 9 (1976) 57–87; ital. Übers. mit Ergänzungen: Ders., Studi 97–151.
–: Studi sulla Scuola medica salernitana (Istituto Italiano per gli Studi Filosofici. Collana 1, Neapel 1986).
Krönig, W.: Sizilien (Kunstdenkmäler in Italien; Darmstadt 1986).
–: Castel del Monte. Der Bau Friedrichs II., in: Tronzo, Intellectual Life 91–107.
Kunst im Reich Kaiser Friedrichs II. von Hohenstaufen, Bd. 1, hrsg. von K. Kappel, D. Kemper, A. Knaak (München – Berlin 1996); Bd. 2, hrsg. von A. Knaak (München – Berlin 1997)
Kurze, D.: Anfänge der Inquisition in Deutschland, in: P. Segl (Hrsg.), Die Anfänge der Inquisition im Mittelalter (Köln – Weimar – Wien 1993) 131–193.
Kuttner, S.: Canonisti nel Mezzogiorno: Alcuni profili e riflessioni, in: Bellomo, M. (Hrsg.), Scuole diritto e società nel Mezzogiorno d'Italia 2 (Catania 1987) 9–23.
Lalinde Abadía, J.: Siete Partidas, Lexikon des Mittelalters 7 (1995) 1878f.

Lange, H.: Römisches Recht im Mittelalter, Bd. 1. Die Glossatoren (München 1997).

Lauer, H. H.: Gilbertus Anglicus, Lexikon des Mittelalters 4 (1989) 1450.

Lauer, H. H. – Keil, G.: Roland von Parma, Lexikon des Mittelalters 7 (1995) 957f.

Laufs, M.: Politik und Recht bei Innozenz III. (Köln – Wien 1980).

Le Goff, J.: Saint Louis (Paris 1996).

Lechner, K.: Die Babenberger. Markgrafen und Herzoge von Österreich, 976–1246 (Darmstadt 1985; Erstdruck 1976).

Leff, G.: Die Artes liberales, in: Rüegg, Geschichte der Universität 279–302.

Leissing-Giorgetti, S.: Cielo d'Alcamo, Lexikon des Mittelalters 2 (1983) 2083.

Leistikow, D.: Burgen und Schlösser in der Capitanata im 13. Jahrhundert. Ein Überblick, Bonner Jahrbücher 171 (1971) 416–441.

–: Die Residenz Kaiser Friedrichs II. in Foggia, Burgen und Schlösser 18 (1977) 1–12.

–: Castel del Monte. Baudenkmal zwischen Spekulation und Forschung, in: Staufisches Apulien. Schriften zur staufischen Geschichte und Kunst 13 (Göppingen 1993) 15–56.

–: Zum Mandat Kaiser Friedrichs II. von 1240 für Castel del Monte, DA 50 (1994) 205–213.

–: Castra et domus. Burgen und Schlösser Friedrichs II. im Königreich Sizilien, in: Kunst im Reich Kaiser Friedrichs 1, 21–34.

–: Bemerkungen zum Residenzpalast Friedrichs II. in Foggia, in: Kunst im Reich Kaiser Friedrichs 2, 66–80.

Leonhard, J.-F.: Die Seestadt Ancona im Spätmittelalter. Politik und Handel (Tübingen 1983).

Lerner, R. E.: Refrigerio dei Santi. Gioacchino da Fiore e l'escatologia medievale (Rom 1995).

Levi, G. (Hrsg.): Registri dei cardinali Ugolino d'Ostia e Ottaviano degli Ubaldini, Fonti per la storia d'Italia 8 (Rom 1890).

Licinio, R.: Castelli medievali. Puglia e Basilicata: Dai Normanni a Federico II e Carlo I d'Angiò (Bari 1994).

Lindner, K.: Von Falken, Hunden und Pferden. Deutsche Albertus-Magnus-Übersetzungen aus der ersten Hälfte des 15. Jahrhunderts, 2 Bde. (Berlin 1962).

– (Hrsg.): De arte bersandi. Ein Traktat des 13. Jahrhunderts über die Jagd auf Rotwild. Eingeleitet, herausgegeben und übersetzt von K. L. (Berlin ²1966).

Löchel, W.: Die Zahnmedizin Rogers und der Rogerglossen (Würzburger medizinhistorische Forschungen 4; Hannover 1975).

Longnon, J.: The Frankish States in Greece, 1204–1311, in: Setton, History 2, 235–274.

Lothmann, J.: Erzbischof Engelbert I. von Köln (1216–1225). Graf von Berg, Erzbischof und Herzog, Reichsverweser (Köln 1993).

Lucas de Penna, Summi utriusque iuris apices ac in tres Codicis Iustiniani Imper. posteriores libros ... commentaria (Lyon 1583).

Luttrell, A. T. (Hrsg.): Medieval Malta. Studies on Malta before the Knights (London 1975).

–: Approaches to medieval Malta, in: Ders., Malta 1–70.

–: Giliberto Abbate's Report on Malta: Circa 1241, Proceedings of History Week 1993 (ed. K. Sciberras, Malta Historial Society; Malta 1997) 1–29.
Lutz, A.: Chronologische Zusammenhänge der alphabetisch angeordneten mittelalterlichen Antidotarien, in: Aktuelle Probleme aus der Geschichte der Medizin, hrsg. von R. Blaser – H. Buess (Basel – New York 1966) 253–258.
Maccarrone, M.: Studi su Innocenzo III (Padua 1972).
Magdeburger Schöppenchronik, ed. C. Hegel, Die Chroniken der deutschen Städte 7 (Leipzig 1869).
Maier, Ch. T.: Preaching the Crusades. Mendicant friars and the cross in the thirteenth century (Cambridge 1994).
Maisonneuve, H.: Études sur les origines de l'inquisition (Paris ²1960).
Maleczek, W.: Papst und Kardinalskolleg von 1191 bis 1216. Die Kardinäle unter Coelestin III. und Innocenz III. (Wien 1984).
Malispini, Ricordano: Storia fiorentina, ed. F. Costero (Mailand 1927).
Manselli, R.: Federico II ed Alatrino, diplomatico pontificio del secolo XIII, Studi Romani 6 (1958) 649–658.
–: La corte di Federico II e Michele Scoto, in: L'Averroismo in Italia (Accademia Nazionale dei Lincei. Atti dei convegni Lincei 40, Rom 1979) 63–80.
Marinus von Caramanico: Glossa ordinaria (zu Friedrichs Konstitutionen für das Königreich Sizilien), in: S. Riessinger (Hrsg.), Constitutiones Regni Siciliae (Neapel 1475). Faksimiledruck mit einer Einleitung von H. Dilcher (Glashütten/ Taunus 1973).
Martin, J.-M.: L'organisation administrative et militaire du territoire, in: Potere, società e popolo nell'età sveva (1210–1266) (Università degli studi di Bari, Centro di studi normanno-svevi. Atti 6, Bari 1985) 71–121.
–: La colonie sarrasine de Lucera et son environnement. Quelques réflexions, in: Mediterraneo Medievale. Scritti in onore di F. Giunta 2 (Soveria Mannelli, CZ 1989) 795–811.
–: Le città demaniali, in: Toubert – Paravicini Bagliani, Federico e le città 179–195.
–: L'administration du Royaume entre Normands et Souabes, in: Die Staufer im Süden. Sizilien und das Reich, hrsg. von T. Kölzer (Sigmaringen 1996) 113–140.
Martino, F.: Federico II: Il legislatore e gli interpreti (Mailand 1988).
Maschke, E.: Das Geschlecht der Staufer (München 1943; Neudruck: Aalen 1977).
–: Die Wirtschaftspolitik Kaiser Friedrichs II. im Königreich Sizilien, Vierteljahrschrift für Sozial- und Wirtschaftsgeschichte 53 (1966) 289–328; Nachdruck: Wolf, Stupor mundi 349–394.
Massignon, L.: La légende „De tribus impostoribus" et ses origines islamiques, Revue de l'histoire des religions 82 (1920) 74–78.
Matscha, M.: Heinrich I. von Müllenark, Erzbischof von Köln (1225–1238) (Siegburg 1992).
Matthaeus Parisiensis, Chronica maiora, ed. H. R. Luard, Rerum Britannicarum Medii Aevi Scriptores 57,1–7 (London 1872–1883).
Maurici, F.: L'emirato sulle montagne. Note per una storia della resistenza musulmana in Sicilia nell'età di Federico II (Palermo 1987).
Mauri Mori, G.: Real Casa Santa dell'Annunziata. Pergamene dell'Annunziata, 1194–1400 (Neapel 1967).

Mayer, H. E.: Das Pontifikale von Tyrus und die Krönung der lateinischen Könige von Jerusalem, Dumbarton Oaks Papers 21 (1967) 141–232.

–: Geschichte der Kreuzzüge (Stuttgart ⁸1995).

Mazzarese Fardella, E.: I feudi comitali di Sicilia dai Normanni agli Aragonesi (Mailand 1974).

Mazzoleni, J.: La registrazione dei documenti delle cancellerie meridionali dall'epoca sveva all'epoca viceregnale, Bd. 1 (Neapel 1971).

McEvoy, J.: The Philosophy of Robert Grosseteste (Oxford 1982).

McVaugh, M.: Medical Knowledge at the Time of Frederick II, in: Le scienze alla corte di Federico II. Micrologus 2 (1994) 3–17.

Mehren, A. F.: Correspondance du philosophe soufi Ibn Sab'in Abdoul-Haqq avec l'empereur Frédéric de Hohenstaufen, Journal asiatique, 7. série, 14 (1879) 341–454.

Meier-Welcker, H.: Das Militärwesen Kaiser Friedrichs II., Militärgeschichtliche Mitteilungen 17 (1975) 9–48.

Melani, S.: Lotta politica nell'Oltremare franco all'epoca di Federico II, in: Federico II e le nuove culture 89–111.

Melloni, A.: Innocenzo IV. La concezione e l'esperienza della cristianità come regimen unius personae (Genua 1990).

Memoriae Mediolanenses, ed. Ph. Jaffé, MGH SS 18 (Hannover 1863) 399–402.

Menniti Ippolito, A.: Procida, Giovanni da, Lexikon des Mittelalters 7 (1995) 236.

Mercati, A.: Le pergamene di Melfi all'archivio segreto Vaticano, in: Miscellanea G. Mercati 5, Studi e testi 125 (1946) 263–323.

Meredith, J.: The Arch at Capua: The Strategic Use of Spolia and References to the Antique, in: Tronzo, Intellectual Life 109–126.

Mertens, J.: Il „Castellum" di Ordona, in: Calò Mariani, Federico 197–205.

Meyers, E. M.: Iuris interpretes saec. XIII (Septingentesimo Anno Studii Neapolitani) (Neapel 1924); Nachdruck der Introduzione (XVII–XXXIX) in: Ders. (Meijers), Études d'histoire du droit 3 (Leiden 1959) 149–166.

Michalsky, T.: „De ponte Capuano, de turribus eius, et de ymagine Frederici". Überlegungen zu Repräsentation und Inszenierung von Herrschaft, in: Kunst im Reich Kaiser Friedrichs 1, 137–151.

Milano, A.: Storia degli ebrei in Italia (Turin 1963).

Minio-Paluello, L.: Le texte du „De Anima" d'Aristote: La tradition latine avant 1500, in: Ders., Opuscula. The Latin Aristotle (Amsterdam 1972) 250–276 (Erstdruck: Löwen 1955).

–: „Magister Sex Principiorum", Studi medievali, Ser. 3, 6.2 (1965) 123–151; Nachdruck: Ders., Opuscula. The Latin Aristotle (Amsterdam 1972) 536–564.

–: Michael Scot, Dictionary of Scientific Biography 11 (1974) 361–365.

Möhring, H.: Zu einem Brief des Sultans as-Sâlih Aiyûb an den Papst: Beweisstück Innocenz' IV. gegen Friedrich II., DA 41 (1985) 549–557.

–: Der Weltkaiser der Endzeit. Entstehung, Wandel und Wirkung einer tausendjährigen Weissagung (Stuttgart 2000).

Monti, G. M.: Per la storia dell'Università di Napoli (Neapel 1924).

Morgan, M. R.: The Chronicle of Ernoul and the Continuations of William of Tyre (Oxford 1973).

Morpurgo, P.: Il „Liber introductorius" di Michele Scoto: Prime indicazioni interpretative, Atti della Accademia nazionale dei Lincei, Serie VIII, 34 (1979) 149–161.
–: Filosofia della natura nella Schola Salernitana del secolo XII (Bologna 1990).
–: L'idea di natura nell'Italia normannosveva (Bologna 1993).
–: Federico II e la scuola di Salerno: Filosofia della natura e politica scolastica della corte sveva, in: Le scienze alla corte di Federico II. Micrologus 2 (1994) 199–214 (eine gestraffte Version von Morpurgo, Idea 147–189).
–: Philosophia naturalis at the Court of Frederick II: From the Theological Method to the ratio secundum physicam in Michael Scot's De Anima, in: Tronzo, Intellectual Life 241–248.
Muckle, J. T.: Dominicus Gundissalinus, De anima: The Treatise De anima of Dominicus Gundissalinus edited by J. T. M. with an introduction by E. Gilson, Mediaeval Studies 2 (1940) 23–103.
Müller, E.: Peter von Prezza, ein Publizist der Zeit des Interregnums (Heidelberg 1913).
Müller, U. (Hrsg.): Politische Lyrik des deutschen Mittelalters. Texte I (Göppingen 1972).
–: Untersuchungen zur politischen Lyrik des deutschen Mittelalters (Göppingen 1974).
Mütherich, F.: Handschriften im Umkreis Friedrichs II., in: Fleckenstein, Probleme 9–21.
Nardi, P.: Comune, impero e papato alle origini dell'insegnamento universitario in Siena (1240–1275), Bulletino senese di storia patria 90 (1983) 50–94.
–: Die Hochschulträger, in: Rüegg, Geschichte der Universität 83–108.
Neininger, F.: Konrad von Urach († 1227). Zähringer, Zisterzienser, Kardinallegat (Paderborn 1994).
Neu-Kock, R.: Das Kanzelrelief in der Kathedrale von Bitonto, Archiv für Kulturgeschichte 60 (1978) 253–267.
Neuenschwander, E.: Leonardo Fibonacci, Lexikon des Mittelalters 5 (1991) 1893f.
Nicol, D. M.: Tocco, Lexikon des Mittelalters 8 (1997) 821.
Nicolaus de Carbio, Vita Innocentii IV., ed. F. Pagnotti, Archivio della R. Società Romana di Storia Patria 21 (1898) 7–120.
Nicolaus de Jamsilla, Historia de rebus gestis Frederici II. imperatoris eiusque filiorum Conradi et Manfredi, Apuliae et Siciliae regum, ed. G. Del Re, Cronisti e scrittori sincroni napoletani editi ed inediti 2 (Neapel 1868, Nachdruck 1975) 101–200.
Niese, H.: Normannische und staufische Urkunden aus Apulien, QFIAB 9 (1906) 221–270; 10 (1907) 57–100.
–: Die Gesetzgebung der normannischen Dynastie im Regnum Siciliae (Halle/ Saale 1910).
–: Das Bistum Catania und die sizilischen Hohenstaufen, Nachrichten der K. Gesellschaft der Wissenschaften zu Göttingen, Philol.-hist. Kl. 1912, 42–71.
–: Materialien zur Geschichte Kaiser Friedrichs II., Nachrichten der K. Gesellschaft der Wissenschaften zu Göttingen, Philol.-hist. Kl. 1912, 384–413.
–: Zur Geschichte des geistigen Lebens am Hofe Kaiser Friedrichs II., HZ 108 = 3. Folge 12 (1912) 473–540 (Nachdruck: Darmstadt 1967).

Nitschke, A.: Friedrich II., ein Ritter des hohen Mittelalters, HZ 194 (1962) 1–36.
North, J. D.: Astrologie, Lexikon des Mittelalters 1 (1980) 1137–1145.
Notae S. Emmerammi, ed. Ph. Jaffé, MGH SS 17 (Hannover 1861) 572–576.
Notae S. Georgii Mediolanenses, ed. Ph. Jaffé, MGH SS 18 (Hannover 1863) 386–389.
O'Callaghan, J. F.: The Learned King. The Reign of Alfonso X of Castile (Philadelphia 1993).
Odenthal, D.: siehe unter Willemsen, C. A.
Oeing-Hanhoff, L.: Sein und Sprache in der Philosophie des Mittelalters, Miscellanea mediaevalia 13/1 (Berlin – New York 1981) 165–178.
Ohlig, M.: Studien zum Beamtentum Friedrichs II. in Reichsitalien von 1237–1250 unter besonderer Berücksichtigung der süditalienischen Beamten (Kleinheubach a. M. 1936).
Orfinus von Lodi, De regimine et sapientia potestatis, ed. A. Ceruti, Miscellanea di storia italiana 7 (Turin 1869) 27–94.
Orofino, G.: Il rapporto con l'antico e l'osservazione della natura nell'illustrazione scientifica di età sveva in Italia meridionale, in: Tronzo, Intellectual Life 129–149.
Pace, V.: Apulien. Basilicata. Kalabrien (Kunstdenkmäker in Italien) (Darmstadt 1994).
–: Scultura „federiciana" in Italia meridionale e scultura dell'Italia meridionale di età federiciana, in: Tronzo, Intellectual Life 151–177.
–: Il „ritratto" e i „ritratti" di Federico II, in: Federico e l'Italia 5–10.
–: Miniatura di testi sacri nell'Italia meridionale al tempo di Federico II, in: Calò Mariani, Federico 435–439.
–: Pittura e miniatura sveva da Federico II a Corradino: Storia e mito, in: Federico e l'Italia 103–110.
Palmer, V. F.: Scotus, Michael, Die deutsche Literatur des Mittelalters. Verfasserlexikon 8 (1992) 966–971.
Panvini, B.: Le rime della Scuola siciliana, 2 Bde. (Florenz 1962–1964).
Paravicini Bagliani, A.: Cardinali di curia e „Familiae" cardinalizie dal 1227 al 1254, 2 Bde. (Italia Sacra 18–19; Padua 1972).
–: La storiografia pontificia del secolo XIII. Prospettive di ricerca, Römische Historische Mitteilungen 18 (1976) 45–54.
–: Medicina e scienze della natura alla corte dei papi nel Duecento (Spoleto 1991).
–: siehe auch unter Toubert, P.
Partner, P.: The Lands of St. Peter. The Papal State in the Middle Ages and the Early Renaissance (Berkeley – Los Angeles 1972).
Patschovsky, A.: Zur Ketzerverfolgung Konrads von Marburg, DA 37 (1981) 641–693.
–: Das Rechtsverhältnis der Juden zum deutschen König (9.–14. Jahrhundert), ZRG Germ. Abt. 110 (1993) 331–371.
Pazzini, A.: Ruggero di Giovanni Frugardo, maestro di chirurgia a Parma e l'opera sua (Collana di Pagine di Storia della Medicina 13; Rom 1966).
Pérez Martín, A.: Federico II (1194–1250) y Alfonso X el Sabio (1221–1284), in: Federico II e le nuove culture 113–151.
Pergamene di Capua (Le), ed. J. Mazzoleni, Bd. 2,2 (Neapel 1960).

Petersohn, J.: „Echte" und „falsche" Insignien im deutschen Krönungsbrauch des Mittelalters? Kritik eines Forschungsstereotyps, SB der Wissenschaftlichen Gesellschaft an der Johann Wolfgang Goethe-Universität Frankfurt a. M., Bd. 30, Nr. 3 (Stuttgart 1993).

Philipp von Novara: Filippo da Novara, Guerra di Federico II in oriente (1223–1242), Introduzione, testo critico, traduzione e note, ed. S. Melani (Neapel 1994).

Picutti, E.: Il Libro dei quadrati di Leonardo Pisano e i problemi di analisi indeterminata nel codice palatino 557 della Biblioteca Nazionale di Firenze, Physis 21 (1979) 195–339.

–: Il „Flos" di Leonardo Pisano dal codice E.75 P. sup. della Biblioteca Ambrosiana di Milano. Traduzione e commento, Physis 25 (1983) 293–387.

Pingree, D.: Learned Magic in the Time of Frederic II, in: Le scienze alla corte di Federico II. Micrologus 2 (1994) 39–56.

Pini, A. I.: Enzo di Svevia, Dizionario Biografico degli Italiani 43 (1993) 1–8.

Pispisa, E.: Messina, in: Toubert – Paravicini Bagliani, Federico e le città 222–234.

Pitz, E.: Papstreskript und Kaiserreskript im Mittelalter (Tübingen 1971).

Pontieri, E.: Lucera svevo-angioina. Riflessioni intorno a un momento della sua storia, Atti della Accademia Pontaniana, N. S. 17 (1968) 5–26.

Porsia, F.: Indirizzi della tecnica e della scienza in età Federiciana, Archivio storico pugliese 31 (1978) 95–111; Nachdruck: Atti delle quarte Giornate Federiciane. Oria 1977 (Bari 1980) 271–287.

Poulle, E.: L'astronomia, in: Toubert – Paravicini Bagliani, Federico e le scienze 122–137.

Powell, J. M.: Medieval monarchy and trade: The economic policy of Frederick II in the kingdom of Sicily, Studi medievali, 3. Serie 3 (1962) 420–524.

–: Greco-arabic influences on the public health legislation in the constitutions of Melfi, Archivio storico pugliese 31 (1978) 77–93; Nachdruck: Atti delle quarte Giornate Federiciane. Oria 1977 (Bari 1980) 55–71.

–: Anatomy of a Crusade. 1213–1221 (Philadelphia, Penn. 1986).

–: Economy and Society in the Kingdom of Sicily under Frederick II: Recent Perspectives, in: Tronzo, Intellectual Life 263–271.

Pressuti, P. (Hrsg.): Regesta Honorii Papae III. 2 Bde. (Rom 1888–1895; Nachdruck: Hildesheim 1978).

Prößler, R.: Das Erzstift Köln in der Zeit des Erzbischofs Konrad von Hochstaden. Organisatorische und wirtschaftliche Grundlagen in den Jahren 1238–1261 (Köln 1997).

Prümmer, D. (Hrsg.): Fontes vitae S. Thomae Aquinatis (Toulouse 1911) (Wilhelm von Tocco, Vita S. Thomae Aquinatis: 57–160; Petrus Calo, Vita S. Thomae Aquinatis: 17–55).

Pryor, J. H.: The Crusade of Emperor Frederick II, 1220–29: The Implications of the Maritime Evidence, The American Neptune 52 (1992) 113–132.

Quaternus de excadenciis Capitinate, ed. G. de Troia, Foggia 87–431 (Faksimile, Text, italienische Übersetzung).

Querfeld, A. H.: Michael Scotus und seine Schrift De secretis naturae (Borna – Leipzig 1919).

Radke, G. M.: The Palaces of Frederick II, in: Tronzo, Intellectual Life 179–186.

Rashed, R.: Fibonacci et les mathématiques arabes, in: Le scienze alla corte di Federico II. Micrologus 2 (1994) 145–160.
Reeves, M.: The Influence of Prophecy in the Later Middle Ages. A History in Joachimism (Oxford 1969).
Regesta Imperii V 1–3, Die Regesten des Kaiserreiches unter Philipp, Otto IV, Friedrich II, Heinrich (VII), Conrad IV, Heinrich Raspe, Wilhelm und Richard 1198–1272. Nach der Neubearbeitung und dem Nachlasse J. F. Böhmers neu herausgegeben und ergänzt von J. Ficker und E. Winkelmann, 3 Bde. (Innsbruck 1881–1901; Nachdruck: Hildesheim 1971).
Regesta Imperii V 4, Nachträge und Ergänzungen, bearbeitet von P. Zinsmaier (Köln – Wien 1983).
Reichert, F.: Der sizilische Staat Friedrichs in Wahrnehmung und Urteil der Zeitgenossen, HZ 253 (1991) 21–50.
–: Geographie und Weltbild am Hofe Friedrichs II., DA 51 (1995) 433–491.
Reineri Annales, ed. G. H. Pertz, MGH SS 16 (Hannover 1859) 651–680.
Richard von San Germano: Ryccardi de Sancto Germano Notarii Chronica, ed. C. A. Garufi, Muratori[2] 7,2 (Bologna 1936–1938).
Richer, Gesta Senoniensis ecclesiae, ed. G. Waitz, MGH SS 25 (Hannover 1880) 249–345.
Ricobaldi Ferrariensis Compendium Romanae Historiae, ed. A. T. Hankey, 2 Bde. (Rom 1984).
Ricobaldi Ferrariensis Historia Imperatorum Romano-Germanicorum a Carolo Magno usque ad Annum MCCXCVIII producta, Muratori 9 (Mailand 1726) 107–192.
Rigg, A. G.: siehe unter Townsend, D.
Roberg, B.: Der Konzilsversuch von 1241, Annuarium Historiae Conciliorum 24 (1992; erschienen 1995) 286–319.
Robert Grosseteste, Commentarius in VIII libros Physicorum Aristotelis, ed. R. C. Dales (Boulder, Col. 1963).
Robert Kilwardby, De ortu scientiarum, ed. A. G. Judy (Toronto 1976).
Rodenberg, C.: Die Friedensverhandlungen zwischen Friedrich II. und Innocenz IV. 1243–1244, in: Festgabe für G. Meyer von Knonau (Zürich 1913) 165–204.
Roger Bacon, Opera quaedam hactenus inedita, ed. J. S. Brewer (London 1859); darin: Opus tertium 3–310, Opus minus 311–389, Compendium studii philosophiae 391–519, De secretis operibus artis et naturae 523–551.
Roger Bacon, Opus maius, ed. J. H. Bridges, 3 Bde. (Oxford 1897–1900).
Roger von Wendover, Liber qui dicitur Flores Historiarum, ed. H. G. Hewlett, Rerum Britannicarum Medii Aevi Scriptores 84,1–3 (London 1886–1889).
Rolandinus Patavinus, Chronica, ed. Ph. Jaffé, MGH SS 19 (Hannover 1866) 32–147.
Ronzani, M.: Pisa e la Toscana, in: Toubert – Paravicini Bagliani, Federico e le città 65–84.
Rösch, E. S. und G.: Kaiser Friedrich II. und sein Königreich Sizilien (Sigmaringen 1995).
Rösch, G.: Die Herrschaftszeichen Kaiser Friedrichs II., in: Die Reichskleinodien. Schriften zur staufischen Geschichte und Kunst 16 (Göppingen 1997) 30–57.

Rossi, L.: Troubadours, Lexikon des Mittelalters 8 (1997) 1052–1054.

Rüegg, W. (Hrsg.): Geschichte der Universität in Europa. 1: Mittelalter (München 1993).

Russel, J. C.: Master Henry of Avranches as an International Poet, Speculum 3 (1928) 34–63.

Saba Malaspina: Die Chronik des S. M., edd. W. Koller – A. Nitschke, MGH SS 35 (Hannover 1999).

Sächsische Weltchronik, ed. L. Weiland, MGH Deutsche Chroniken 2 (Hannover 1877) 1–384.

Sack, D.: Castel del Monte e l'oriente, in: Calò Mariani, Federico 295–303.

–: siehe auch unter Schirmer, W.

Sackur, E.: Sibyllinische Texte und Forschungen. Pseudomethodius, Adso und die Tiburtinische Sibylle (Halle a.d.S.1898).

Saitta, B.: Catania, in: Toubert – Paravicini Bagliani, Federico e le città 235–245.

Salimbene de Adam, Cronica, ed. O. Holder-Egger, MGH SS 32 (Hannover 1905–1913).

Samsó, J.: Le due astronomie dell'Occidente musulmano (1215–1250), in: Toubert – Paravicini Bagliani, Federico e le scienze 204–221.

Sankt Elisabeth. Fürstin, Dienerin, Heilige; Aufsätze, Dokumentation, Katalog (Sigmaringen 1981).

Santini, G.: Giuristi collaboratori di Federico II. Piano di lavoro per una ricerca d'„équipe", Atti delle terze giornate federiciane. Oria 1974 (Bari 1977) 59–89; Nachdruck: Trombetti Budriesi, A. L. (Hrsg.): Il „Liber Augustalis" di Federico II di Svevia nella storiografia (Bologna 1987) 325–351.

–: Giuristi settentrionali allo studio di Napoli in età Federiciana. Uberto di Bonaccorso e Martino da Fano, Atti delle seste Giornate Federiciane. Oria 1983 (Bari 1986) 57–71.

Sappert, K.: siehe unter Hein, W.-H.

Sauerländer, W.: Two Glances from the North: The Presence and Absence of Frederick II in the Art of the Empire; The Court Art of Frederick II and the opus francigenum, in: Tronzo, Intellectual Life 189–209.

Savagnone, F. G.: Mandati inediti di Federico II, Annali del Seminario giuridico dell'Università di Palermo 6 (1917–20) 305–370.

Schaller, H. M.: Die Antwort Gregors IX. auf Petrus de Vinea I,1 „Collegerunt pontifices", in: Ders., Stauferzeit 197–223; Erstdruck: DA 11 (1954) 140–165.

–: Die staufische Hofkapelle im Königreich Sizilien, in: Ders., Stauferzeit 479–523; Erstdruck: DA 11 (1954/55) 462–505.

–: Zur Entstehung der sogenannten Briefsammlung des Petrus de Vinea, in: Ders., Stauferzeit 225–270; Erstdruck: DA 12 (1956) 114–159.

–: Die Kanzlei Kaiser Friedrichs II. Ihr Personal und ihr Sprachstil. Teil 1, Archiv für Diplomatik 3 (1957) 207–286; Teil 2, ebd. 4 (1958) 264–327.

–: Das Relief an der Kanzel der Kathedrale von Bitonto. Ein Denkmal der Kaiseridee Friedrichs II., in: Ders., Stauferzeit 1–23; Erstdruck: Archivio Storico Pugliese 13 (1960) 40–60, deutsch: Wolf, Stupor mundi 299–324.

–: Unbekannte Briefe Kaiser Friedrichs II. aus Vat. lat. 14204, in: Ders., Stauferzeit 329–368; Erstdruck: DA 19 (1963) 397–433.

Schaller, H. M.: Kaiser Friedrich II. Verwandler der Welt (Göttingen 1964; ²1971).
–: Das letzte Rundschreiben Gregors IX. gegen Friedrich II., in: Ders., Stauferzeit 369–385; Erstdruck: FS P. E. Schramm (1964) 309–321.
–: Studien zur Briefsammlung des Kardinals Thomas von Capua, DA 21 (1965) 371–518.
–: Endzeit-Erwartung und Antichrist-Vorstellungen in der Politik des 13. Jahrhunderts, in: Ders., Stauferzeit 25–52; Erstdruck: FS H. Heimpel, Bd. 2 (1972) 924–947.
–: Die Kaiseridee Friedrichs II., in: Ders., Stauferzeit 53–83; Erstdruck: Fleckenstein, Probleme 109–134.
–: Der Brief Kaiser Friedrichs II. an Jesi, in: Ders., Stauferzeit 417–422; Erstdruck: Atti del Convegno di studi su Federico II. Jesi 1966 (1976) 139–146.
–: Zum „Preisgedicht" des Terrisius von Atina auf Kaiser Friedrich II., in: Ders., Stauferzeit 85–101; Erstdruck: Geschichtsschreibung und geistiges Leben im Mittelalter. FS H. Löwe zum 65. Geburtstag (1978) 503–518.
–: Die Briefsammlung des Petrus de Vinea, in: Ders., Stauferzeit 463–478; Erstdruck: L'epistolario di Pier delle Vigne, in: Politica e cultura nell'Italia di Federico II, hrsg. von S. Gensini (Pisa 1986) 95–111.
–: Della Vigna, Pietro, Dizionario Biografico degli Italiani 37 (1989) 776–784.
–: Kanzlei und Kultur zur Zeit Friedrichs II. und Manfreds, in: Ders., Stauferzeit 525–533; Erstdruck: Commission internationale de diplomatique. Comunicazioni presentate nelle giornate di studio, Stoccarda, 29.–30. 8. 1985 – XVI Congresso Internazionale di Scienze Storiche (1990) 119–127.
–: Einführung, siehe: Iselius, Petrus.
–: Stauferzeit. Ausgewählte Aufsätze (MGH Schriften 38; Hannover 1993).
–: Die Staufer und Apulien, in: Ders., Stauferzeit 583–602; Erstdruck: Staufisches Apulien. Schriften zur staufischen Geschichte und Kunst 13 (Göppingen 1993) 125–142.
–: Enrico da Isernia, Dizionario Biografico degli Italiani 42 (1993) 743–746.
–: Die Frömmigkeit Kaiser Friedrichs II., DA 51 (1995) 493–513.
Scheffer-Boichorst, P.: Die Gründung Augustas und die Wiederherstellung Regalbutos, in: Ders., Zur Geschichte des XII. und XIII. Jahrhunderts. Diplomatische Forschungen (Berlin 1897) 250–256.
–: Staufische Urkunden zur Geschichte italienischer Städte und städtischer Familien, in: Ders., Zur Geschichte des XII. und XIII. Jahrhunderts. Diplomatische Forschungen (Berlin 1897) 371–407.
–: Über Testamente Friedrichs II., in: Ders., Zur Geschichte des XII. und XIII. Jahrhunderts. Diplomatische Forschungen (Berlin 1897) 268–289.
–: Urkunden und Forschungen zu den Regesten der staufischen Periode, 1: NA 24 (1899) 123–229; 2: NA 27 (1901) 71–124.
–: Das Gesetz Kaiser Friedrichs II. „De resignandis privilegiis", SB Berlin 1900, 132–162; Nachdruck: Ders., Gesammelte Schriften 2 (Berlin 1905) 248–273.
Schein, S.: Die Kreuzzüge als volkstümlich-messianische Bewegung, DA 47 (1991) 119–138.
Schenkluhn, W.: San Francesco in Assisi: Ecclesia specialis. Die Vision Papst Gregors IX. von einer Erneuerung der Kirche (Darmstadt 1991).

Schipperges, H.: Die Assimilation der arabischen Medizin durch das lateinische Mittelalter (Sudhoffs Archiv. Beiheft 3, Wiesbaden 1964).

Schirmer, W.: Castel del Monte: Osservazioni sull'edificio, in: Calò Mariani, Federico 285–293.

Schirmer, W. – Sack, D.: Castel del Monte, in: Kunst im Reich Kaiser Friedrichs 1, 35–44.

Schmidinger, H.: Gregor von Montelongo, Lexikon des Mittelalters 4 (1989) 1675f.

Schmidt, T.: Vom Nutzen nutzloser Appellationen an ein allgemeines Konzil, DA 46 (1990) 173–176.

Schmidt-Wiegand, R.: Fortuna Caesarea. Friedrich II. und Heinrich (VII.) im Urteil zeitgenössischer Spruchdichter, in: Stauferzeit. Geschichte, Literatur, Kunst, hrsg. von R. Krohn u. a. (Stuttgart 1978) 195–205.

Schmilewski, U. (Hrsg.): Wahlstatt 1241. Beiträge zur Mongolenschlacht bei Liegnitz und zu ihren Nachwirkungen (Würzburg 1991).

Schminck, C. U.: Crimen laesae maiestatis. Das politische Strafrecht Siziliens nach den Assisen von Ariano (1140) und den Konstitutionen von Melfi (1231) (Aalen 1970).

Schmitt, W.: Theorie der Gesundheit und „Regimen Sanitatis" im Mittelalter (Habil.-schrift masch.; Heidelberg 1973).

Schneider, F.: Bistum und Geldwirtschaft. Zur Geschichte Volterras im Mittelalter, QFIAB 8 (1905) 77–112, QFIAB 9 (1906) 271–315; Nachdruck: Ders., Ausgewählte Aufsätze zur Geschichte und Diplomatik des Mittelalters (Aalen 1974) 229–308.

–: Die Geheimhaltung des Todes Kaiser Friedrichs II., QFIAB 13 (1910) 255–272; Nachdruck: Ders., Ausgewählte Aufsätze zur Geschichte und Diplomatik des Mittelalters (Aalen 1974) 459–476.

–: Toskanische Studien. Urkunden zur Reichsgeschichte von 1000 bis 1268 (Rom 1910–1931; Nachdruck: Aalen 1974).

–: Über selbständige Reichsvikariate unter Friedrich II., QFIAB 15 (1913) 1–17.

–: Neue Dokumente vornehmlich aus Süditalien, QFIAB 16,1 (1914) 1–54; Nachdruck: Ders., Ausgewählte Aufsätze zur Geschichte und Diplomatik des Mittelalters (Aalen 1974) 567–620.

–: Kaiser Friedrich II. und seine Bedeutung für das Elsaß, Elsaß-Lothringisches Jahrbuch 9 (1930) 128–155; Nachdruck: Ders., Ausgewählte Aufsätze zur Geschichte und Diplomatik des Mittelalters (Aalen 1974) 431–458.

Schneider, J. H. J.: Kategorien, Lexikon des Mittelalters 5 (1990) 1062–1064.

Schneider, N.: Petrus de Hibernia, Lexikon des Mittelalters 6 (1993) 1975f.

Schnith, K.: England in einer sich wandelnden Welt (1189–1259). Studien zu Roger Wendover und Matthäus Paris (Stuttgart 1974).

Schrader, E.: Zur Deutung der Fürstenprivilegien von 1220 und 1231/32, in: G. Wolf (Hrsg.), Stupor mundi. Zur Geschichte Friedrichs II. von Hohenstaufen (Darmstadt 1966) 420–454.

Schramm, P. E.: Herrschaftszeichen und Staatssymbolik, Schriften der MGH 13, 1–3 (Stuttgart 1954–1956).

–: Kaiser Friedrichs II. Herrschaftszeichen, Abhandlungen Göttingen 3, Nr. 36 (Göttingen 1955).

Schreiner, K.: Die Staufer in Sage, Legende und Prophetie, in: Zeit der Staufer 3, 249–262.

Schroth-Köhler, Ch. – Kölzer, T. – Zielinski, H.: Zwei staufische Diplome für Malta aus den Jahren 1198 und 1212, DA 33 (1977) 501–521.

Schubring, K.: Die Herzoge von Urslingen. Studien zu ihrer Besitz-, Sozial- und Familiengeschichte mit Regesten (Stuttgart 1974).

–: Der Brief Konrads von Lützelhardt an seine Mutter. Erläuterung und kritische Edition, DA 51 (1995) 405–431.

Schultz-Gora, O.: Ein Sirventes von Guilhem Figueira gegen Friedrich II. (Halle a. d. S. 1902).

Schulze, J.: Hat Friedrich II. die Lieder seines Vaters Heinrich VI. gekannt?, Germanisch-Romanische Monatsschrift 68, N.F. 37 (1987) 376–386.

Schulze, U.: Zur Vorstellung von Kaiser und Reich in staufischer Spruchdichtung bei Walther von der Vogelweide und Reinmar von Zweter, in: Stauferzeit. Geschichte, Literatur, Kunst, hrsg. von R. Krohn u. a. (Stuttgart 1978) 206–219.

Schupp, V.: Reinmar von Zweter, Lexikon des Mittelalters 7 (1995) 670f.

Schwarzmaier, H.: Das Ende der Stauferzeit in Schwaben: Friedrich II. und Heinrich (VII.), in: Bausteine zur geschichtlichen Landeskunde von Baden-Württemberg (Stuttgart 1979) 113–127.

Schweikle, G.. Der Stauferhof und die mhd. Lyrik, im besonderen zur Reinmar-Walther-Fehde und zu Hartmanns 'herre', in: Stauferzeit. Geschichte, Literatur, Kunst, hrsg. von R. Krohn u. a. (Stuttgart 1978) 245–259.

Segl, P.: Die Feindbilder in der politischen Propaganda Friedrichs II. und seiner Gegner, in: Feindbilder. Die Darstellung des Gegners in der politischen Publizistik des Mittelalters und der Neuzeit, ed. F. Bosbach (Köln 1992) 41–71.

Selge, K.-V. (Hrsg.): Texte zur Inquisition (Texte zur Kirchen- und Theologiegeschichte 4, 1967).

–: Die Ketzerpolitik Friedrichs II., in: Fleckenstein, Probleme 309–343.

Sermoneta, G.: Un glossario filosofico ebraico-italiano del XIII secolo (Rom 1969).

–: Federico II e il pensiero ebraico nell'Italia del suo tempo, in: Federico II e l'arte del Duecento italiano, ed. A. M. Romanini, Bd. 2 (Galatina 1980) 183–197.

Setton, K. H. (Hrsg.): A History of the Crusades, Bd. 2 (Madison, Wisc. – London ²1969).

Siberry, E.: Criticism of Crusading 1095–1274 (Oxford 1985).

Simeoni, L.: Note sulla formazione della seconda Lega Lombarda, in: Ders.: Studi su Verona nel Medioevo 4 (= Studi storici Veronesi 13; Verona 1962) 281–353 (Erstdruck 1932).

Siraisi, N.: Medieval and Early Renaissance Medicine. An Introduction to Knowledge and Practice (Chicago – London 1990).

–: Die medizinische Fakultät, in: Rüegg, Geschichte der Universität 321–342.

Sirat, C.: La filosofia ebraica medievale secondo i testi editi e inediti (Brescia 1990; franz.: Paris 1983).

–: Les traducteurs juifs à la cour des rois de Sicile et de Naples, in: Traduction et traducteurs au Moyen Âge. Actes du colloque international du CNRS; Paris, 26.–28. 5. 1986 (Paris 1989) 169–191.

–: La philosophie et la science selon les philosophes juifs du Moyen-Âge, in: Knowledge and the Sciences in Medieval Philosophy 1 (Helsinki 1990) 250–261.
–: La filosofia ebraica alla corte di Federico II, in: Toubert – Paravicini Bagliani, Federico e le scienze 185–197.
Sommerlechner, A.: Stupor mundi? Kaiser Friedrich II. und die mittelalterliche Geschichtsschreibung (Wien 1999).
Spiegel, J.: siehe unter Höflinger, K.
Spindler, M. – Kraus, A. (Hrsg.): Handbuch der bayerischen Geschichte 2: Das Alte Bayern. Der Territorial-Staat vom Ausgang des 12. Jahrhunderts bis zum Ausgang des 18. Jahrhunderts (München ²1988).
Steinschneider, M.: Euklid bei den Arabern, Zeitschrift für Mathematik und Physik 31,2 (1886) 81–110.
–: Die hebräischen Übersetzungen des Mittelalters und die Juden als Dolmetscher (Berlin 1893; Nachdruck: Graz 1956).
Stelzer, W.: Zum Scholarenprivileg Friedrich Barbarossas (Authentica „Habita"), DA 34 (1978) 123–165.
Sternagel, P.: Die Artes mechanicae im Mittelalter. Begriffs- und Bedeutungsgeschichte bis zum Ende des 13. Jahrhunderts (Kallmünz/Opf. 1966).
Sthamer, E.: Die Verwaltung der Kastelle im Königreich Sizilien unter Kaiser Friedrich II. und Karl I. von Anjou (Die Bauten der Hohenstaufen in Unteritalien, Ergänzungsband 1; Leipzig 1914; Nachdruck: Tübingen 1997).
–: Dokumente zur Geschichte der Kastellbauten Kaiser Friedrichs II. und Karls von Anjou. I Capitanata; II Apulien und Basilicata (Die Bauten der Hohenstaufen in Unteritalien, Ergänzungsbände 2–3; Leipzig 1912–1926; Nachdruck: Tübingen 1997).
–: Studien über die sizilischen Register Friedrichs II., SB Berlin (1920) 584–610; (1925) 168–178; (1930) 78–96.
–: Die Hauptstraßen des Königreichs Sizilien im 13. Jahrhundert, in: Studi di storia Napoletana in onore di M. Schipa (Neapel 1926) 97–112.
–: Bruchstücke mittelalterlicher Enqueten aus Unteritalien. Ein Beitrag zur Geschichte der Hohenstaufen (Abhandlungen Berlin 1933, Nr. 2).
–: Das Amtsbuch des sizilischen Rechnungshofes. Aus dem Nachlaß hrsg. von W. E. Heupel (Burg bei Magdeburg 1942).
Straus, R.: Die Juden im Königreich Sizilien unter Normannen und Staufern (Heidelberg 1910).
Struve, T.: Utopie und gesellschaftliche Wirklichkeit. Zur Bedeutung des Friedenskaisers im späten Mittelalter, HZ 225 (1977) 65–95.
Stürner, W.: Natur und Gesellschaft im Denken des Hoch- und Spätmittelalters. Naturwissenschaftliche Kraftvorstellungen und die Motivierung politischen Handelns in Texten des 12. bis 14. Jahrhunderts (Stuttgart 1975).
–: Rerum necessitas und divina provisio. Zur Interpretation des Prooemiums der Konstitutionen von Melfi (1231), DA 39 (1983) 467–554.
–: Peccatum und potestas. Der Sündenfall und die Entstehung der herrscherlichen Gewalt im mittelalterlichen Staatsdenken (Sigmaringen 1987).
–: Friedrich II. Teil 1: Die Königsherrschaft in Sizilien und Deutschland 1194–1220 (Darmstadt 1992).

Stürner, W.: Der Staufer Heinrich (VII.) (1211–1242). Lebensstationen eines gescheiterten Königs, ZWLG 52 (1993) 13–33.
–: Die Konstitutionen Friedrichs II. für das Königreich Sizilien, hrsg. von W. S., MGH Const. 2. Supplementum (Hannover 1996).
–: Die Konstitutionen Friedrichs II. für sein Königreich Sizilien – Anspruch und Textgestalt, in: Esch – Kamp, Friedrich 263–275.
–: Kaiser Friedrich II., sein Gelehrtenkreis und die Schule von Salerno, in: Forschungen zur Reichs-, Papst- und Landesgeschichte, P. Herde zum 65. Geburtstag dargebracht, Bd. 1 (Stuttgart 1998) 313–329.
Sudhoff, K.: Ein diätetischer Brief an Kaiser Friedrich II. von seinem Hofphilosophen Magister Theodorus, Archiv für Geschichte der Medizin 9 (1916) 1–9.
–: Beiträge zur Geschichte der Chirurgie im Mittelalter. 2. Teil (Leipzig 1918) (darin: Die Chirurgie des Roger Frugardi von Salern, 148–236; Johannis Jamati Chirurgia, quae dicitur thesaurus secretorum, 391–394).
–: Zum Regimen Sanitatis Salernitanum, Sudhoffs Archiv für Geschichte der Medizin 12 (1920) 149–180.
Suter, H.: Beiträge zu den Beziehungen Kaiser Friedrichs II. zu zeitgenössischen Gelehrten des Ostens und Westens, insbesondere zu dem arabischen Enzyklopädisten Kemâl ed-din ibn Jûnis, in: Ders., Beiträge zur Geschichte der Mathematik bei den Griechen und Arabern (Abhandlungen zur Geschichte der Naturwissenschaften und der Medizin 4; Erlangen 1922) 1–8.
Sütterlin, B.: Die Politik Kaiser Friedrichs II. und die römischen Kardinäle in den Jahren 1239–1250 (Heidelberg 1929).
Talbot, C. H.: Medicine in Medieval England (London 1967).
Talbot, C. H. – Unterkircher, F. (Hrsg.): Libri quattuor Medicinae. Codex Vindobonensis 93 der Österreichischen Nationalbibliothek (Medicina Antiqua, Facsimile et Commentarium. Codices selecti 27, Graz 1971–1972).
Tescione, G.: Caserta medievale e i suoi conti e signori, Archivio storico di Terra di Lavoro 1 (1956) 177–233; 2 (1959) 53–101; 3 (1960–1964) 95–141.
Theiner, A.: Codex diplomaticus dominii temporalis S. Sedis 1–3 (Rom 1861–1862).
Théry, G.: Autour du décret de 1210, II: Alexandre d'Aphrodise (Le Saulchoir 1926).
Thomas von Aquino, In octo libros Physicorum Aristotelis expositio, ed. M. Maggiòlo (Turin – Rom 1965).
Thomas von Pavia (Tuscus), Gesta imperatorum et pontificum, ed. E. Ehrenfeuchter, MGH SS 22 (Hannover 1872) 483–528.
Thompson, A.: Revival Preachers and Politics in Thirteenth-Century Italy. The Great Devotion of 1233 (Oxford 1992).
Thomson, S. H.: The Texts of Michael Scot's Ars Alchemie, Osiris 5 (1938) 523–559.
Thorau, P.: Territorialpolitik und fürstlicher Ehrgeiz am Niederrhein zur Zeit Kaiser Friedrichs II. und König Konrads IV.: Das Lütticher Schisma von 1238, in: Ex ipsis rerum documentis. Beiträge zur Mediävistik. FS H. Zimmermann zum 65. Geburtstag, hrsg. v. K. Herbers u. a. (Sigmaringen 1991) 523–536.
–: Rezension von Baaken, Ius imperii, ZRG Germ. Abt. 113 (1996) 491–495.
–: König Heinrich (VII.), das Reich und die Territorien. Untersuchungen zur Phase

der Minderjährigkeit und der „Regentschaften" Erzbischof Engelberts I. von Köln und Herzog Ludwigs I. von Bayern (1211) 1220–1228 (Berlin 1998).

–: Der Krieg und das Geld. Ritter und Söldner in den Heeren Kaiser Friedrichs II., HZ 268 (1999) 599–634.

Thorndike, L.: A history of magic and experimental science during the first thirteen centuries of our era, Bd. 2 (New York – London 1923).

–: Sanitation, Baths and Street-Cleaning in the Middle Ages and Renaissance, Speculum 3 (1928) 192–203.

–: The Sphere of Sacrobosco and Its Commentators (Chicago 1949).

–: Michael Scot (London – Edinburgh 1965).

Thumser, M.: Rom und der römische Adel in der späten Stauferzeit (Tübingen 1995).

–: Friedrich II. und der römische Adel, in: Esch – Kamp, Friedrich 425–438.

Thurnher, E.: König Heinrich (VII.) und die deutsche Dichtung, DA 33 (1977) 522–542.

Tilander, G. (Hrsg.): Dancus Rex. Guillelmus Falconarius. Gerardus Falconarius. Les plus anciens traités de fauconnerie de l'occident publiés d'après tous les manuscrits connus par G. T. (Lund 1963).

Tinnefeld, F.: Byzanz und die Herrscher des Hauses Hohenstaufen (1138–1259), Archiv für Diplomatik 41 (1995) 105–128.

Tjerneld, H.: Moamin et Ghatrif. Traités de fauconnerie et des chiens de chasse. Édition princeps de la version franco-italienne (Stockholm – Paris 1945).

Tolosanus: Magistri Tolosani Chronicon Faventinum, ed. G. Rossini, Muratori² 28,1 (Bologna 1936–1939).

Töpfer, B.: Das kommende Reich des Friedens (Berlin 1964).

Torraca, F.: Maestro Terrisio di Atina, Archivio storico per le Province Napoletane 36 (1911) 231–253.

–: Le origini – L'età sveva, in: Ders. u. a., Storia della Università di Napoli (Neapel 1924).

–: Torrell, J.-P.: Initiation à Saint Thomas d'Aquin. Sa personne et son œuvre (Fribourg/Suisse 1993).

Toubert, P. – Paravicini Bagliani, A. (Hrsg.): Federico II e il mondo mediterraneo (Palermo 1994).

– (Hrsg.): Federico II e le città italiane (Palermo 1994).

– (Hrsg.): Federico II e le scienze (Palermo 1994).

Townsend, D. – Rigg, A. G.: Medieval Latin Poetic Anthologies (V): Matthew Paris' Anthology of Henry of Avranches (Cambridge, University Library Ms. Dd. 11.78), Mediaeval Studies 49 (1987) 352–390.

Tramontana, S.: La monarchia normanna e sveva (Turin 1986).

Travaini, L.: Federico II mutator monetae: continuità e innovazione nella politica monetaria (1220–1250), in: Esch – Kamp, Friedrich 339–362.

Tronzo, W. (Hrsg.): Intellectual Life at the Court of Frederick II of Hohenstaufen (Washington 1994).

Ughelli, F.: Italia sacra (2. Aufl., ed. N. Coleti), 10 Bde. (Venedig 1717–1722; Nachdruck 1970).

Unterkircher, F.: siehe unter Talbot, C. H.

Vallerani, M.: Le leghe cittadine: alleanze militari e relazioni politiche, in: Toubert – Paravicini Bagliani, Federico e le città 389–402.
Van Cleve, Th. C.: The Fifth Crusade, in: Setton, History 2, 377–428.
–: The Crusade of Frederick II, in: Setton, History 2, 429–462.
–: The Emperor Frederick II of Hohenstaufen. Immutator Mundi (Oxford 1972).
Van den Abeele, B.: Il „De arte venandi cum avibus" e i trattati latini di falconeria, in: Toubert – Paravicini Bagliani, Federico e le scienze 395–409.
–: La Fauconnerie au Moyen Age. Connaissance, affaitage et médicine des oiseaux de chasse d'après les traités latins (o. O. [Paris] 1994).
–: Inspirations orientales et destinées occidentales du De arte venandi cum avibus de Frédéric II, in: Federico II e le nuove culture 363–391.
Van Steenberghen, F.: Le problème de l'entrée d'Averroès en Occident, in: L'Averroismo in Italia (Accademia Nazionale dei Lincei. Atti dei convegni Lincei 40, Rom 1979) 81–89.
–: La philosophie au XIIIe siècle (2. Aufl.; Louvain – Paris 1991).
Varanini, G. M.: La Marca Trevigiana, in: Toubert – Paravicini Bagliani, Federico e le città 48–64.
Vasina, A.: Ravenna e la Romagna nella politica di Federico II, in: Esch – Kamp, Friedrich 404–424.
Vehse, O.: Die amtliche Propaganda in der Staatskunst Kaiser Friedrichs II. (München 1929).
Vendola, D.: Documenti tratti dai Registri Vaticani (da Innocenzo III a Nicola IV). Documenti Vaticani relativi alla Puglia 1 (Trani 1940).
Verger, J.: Grundlagen, in: Rüegg, Geschichte der Universität 49–80.
–: La politica universitaria di Federico II nel contesto europeo, in: Toubert – Paravicini Bagliani, Federico e le città 129–143.
Vetter, F. (Hrsg.): Das Schachzabelbuch Kunrats von Ammenhausen, nebst den Schachbüchern des Jakob von Cessole und des Jakob Mennel (Frauenfeld 1892).
Vidmanová, A.: Jacobus de Cessolis in sozialgeschichtlicher Hinsicht, in: Das Schachbuch des J. de C. Codex Palatinus latinus 961. Kommentarband (Zürich 1988) 101–139.
Vita Gregorii IX., in: Le Liber censuum de l'Église Romaine, edd. P. Fabre – L. Duchesne, Bd. 2 (Paris 1905) 18–36.
Vita sanctae Elisabeth, landgraviae Thuringiae auctore anonymo, ed. D. Henniges, Archivum Franciscanum Historicum 2 (1909) 240–268.
Vitolo, G.: Dalle scuole salernitane di medicina alla scuola medica salernitana, in: Studi di storia meridionale in memoria di Pietro Laveglia (Salerno 1994) 13–30.
–: Origine e sviluppi istituzionali della scuola medica salernitana, in: I. Gallo (Hrsg.), Salerno e la sua scuola medica (Fuorni – Salerno 1994) 17–52.
–: Progettualità e territorio nel regno svevo di Sicilia: Il ruolo di Napoli, Studi storici. Rivista trimestrale dell'Istituto Gramsci 37,2 (1996) 405–424.
Vitolo, G. – Keil, G.: Salerno. Die Medizinische Schule, Lexikon des Mittelalters 7 (1995) 1297–1300.
Vogel, K.: Fibonacci, Leonardo, Dictionary of Scientific Biography 4 (New York 1971) 604–613.

Vogtherr, T.: Der bedrängte König. Beobachtungen zum Itinerar Heinrichs (VII.), DA 47 (1991) 395–440.

Voltmer, E.: Formen und Möglichkeiten städtischer Bündnispolitik in Oberitalien nach dem Konstanzer Frieden: Der sogenannte Zweite Lombardenbund, Vorträge und Forschungen 33 (1987) 97–116.

–: Federico d'Antiochia, Dizionario Biografico degli Italiani 45 (1995) 663–668.

–: Mobilität von Personengruppen und der Raum der italienischen Geschichte: Das Beispiel der Süditaliener in Reichsitalien und der „Lombarden" im Regno (12.–13. Jahrhundert), in: Esch – Kamp, Friedrich II. 439–464.

Wagner, W.: Las Constituciones del emperador Federico II para el Reino de Sicilia y la legislación de Alfonso el Sabio, in: España y Europa, un pasado jurídico común. Actas del I Simposio Internacional del Instituto de Derecho Común (Murcia 1986) 63–79.

Waley, D.: The Papal State in the Thirteenth Century (London 1961).

Walter, I.: Benedetto da Isernia, Dizionario Biografico degli Italiani 8 (1966) 432f.

Walther von der Vogelweide, Bd. 1: Spruchlyrik, Bd. 2: Liedlyrik, ed. G. Schweikle (Stuttgart 1994–1998).

Walz, D.: Das Falkenbuch Friedrichs II., in: Le scienze alla corte di Federico II. Micrologus 2 (1994) 161–184.

Weiers, M. (Hrsg.): Die Mongolen. Beiträge zu ihrer Geschichte und Kultur (Darmstadt 1986).

Weimar, P.: Tocco, Karolus de, Lexikon des Mittelalters 8 (1997) 821f.

Wellas, M. B.: Griechisches aus dem Umkreis Kaiser Friedrichs II. (Münchener Beiträge zur Mediävistik und Renaissance-Forschung 33; München 1983).

–: Das westliche Kaiserreich und das lateinische Königreich Thessalonike (Athen 1987).

Weller, K.: Zur Kriegsgeschichte der Empörung des Königs Heinrich gegen Kaiser Friedrich II., Württembergische Vierteljahrshefte für Landesgeschichte N.F. 4 (1895) 176–184.

–: Zur Organisation des Reichsguts in der späteren Stauferzeit, in: Forschungen und Versuche zur Geschichte des Mittelalters und der Neuzeit. FS D. Schäfer (Jena 1915) 211–221.

–: Staufische Städtegründungen in Schwaben, Württembergische Vierteljahrshefte für Landesgeschichte 36 (1930) 145–268.

Werner, M.: Die heilige Elisabeth und Konrad von Marburg, in: Sankt Elisabeth 45–69.

–: Prälatenschulden und hohe Politik im 13. Jahrhundert. Die Verschuldung der Kölner Erzbischöfe bei italienischen Bankiers und ihre politischen Implikationen, in: Köln. Stadt und Bistum in Kirche und Reich des Mittelalters. FS für O. Engels (Köln 1993) 511–570.

Wessel, K.: Insignien, Reallexikon zur Byzantinischen Kunst 3 (1978) 369–498.

Westenholz, E. v.: Kardinal Rainer von Viterbo (Heidelberg 1912).

Whitney, E.: Paradise Restored. The Mechanical Arts from Antiquity through the Thirteenth Century (Philadelphia 1990).

Wicki, N.: Philippi Cancellarii Parisiensis Summa de bono, ad fidem codicum primum edita studio et cura N.W. (Bern 1985).

Wiedemann, W.: Fragen aus dem Gebiet der Naturwissenschaften, gestellt von Friedrich II., dem Hohenstaufen, Archiv für Kulturgeschichte 11 (1914) 483–485.

Wilhelm von Auvergne: Guillelmi Alverni Opera omnia, 2 Bde. (Paris 1674; Nachdruck 1963).

Willemsen, C. A.: Kaiser Friedrichs II. Triumphtor zu Capua. Ein Denkmal hohenstaufischer Kunst in Süditalien (Wiesbaden 1953).

–: Die Bauten der Hohenstaufen in Süditalien. Neue Grabungs- und Forschungsergebnisse (Köln – Opladen 1968).

– (Hrsg.): Fredericus II, De arte venandi cum avibus. Ms. Pal. Lat. 1071, Biblioteca Apostolica Vaticana. Faksimile mit Kommentarband (Codices selecti 16, Graz 1969).

–: Kaiser Friedrich II., Über die Kunst mit Vögeln zu jagen. Kommentar zur lateinischen und deutschen Ausgabe von C. A. W. (Frankfurt 1970).

–: Handschriften aus dem Umkreis Friedrichs II., in: Zeit der Staufer 1, 645–647.

–: Die Bauten Kaiser Friedrichs II. in Süditalien, in: Zeit der Staufer 3, 143–163.

–: Die Bildnisse der Staufer (Schriften zur staufischen Geschichte und Kunst 4; Göppingen 1977).

–: Kaiser Friedrich II. und sein Dichterkreis. Staufisch-Sizilische Lyrik in freier Nachdichtung (Wiesbaden 1977).

–: Castel del Monte. Das vollendetste Baudenkmal Kaiser Friedrichs des Zweiten (Frankfurt a. M. ²1982).

Willemsen, C. A. – Odenthal, D.: Kaiser Friedrich II. Über die Kunst mit Vögeln zu jagen. Unter Mitarbeit von D. O. übertragen und hrsg. von C. A. W., 2 Bde. (Frankfurt 1964).

Williams, S. J.: The Early Circulation of the Pseudo-Aristotelian „Secret of Secrets" in the West: The Papal and Imperial Courts, in: Le scienze alla corte di Federico II. Micrologus 2 (1994) 127–144.

Winkelmann, E.: Die Wahl König Heinrichs (VII.), seine Regierungsrechte und sein Sturz, Forschungen zur Deutschen Geschichte 1 (1862) 11–43.

–: Die Reorganisation des sicilischen Königreichs 1240, Forschungen zur Deutschen Geschichte 12 (1872) 521–566.

–: Drei Gedichte Heinrichs von Avranches an Kaiser Friedrich II., Forschungen zur Deutschen Geschichte 18 (1878) 482–492.

–: Bischof Harduin von Cefalù und sein Prozess. Eine Episode aus dem Leben Kaiser Friedrichs II., MIÖG Ergänzungsband 1 (1885) 298–358.

–: Kaiser Friedrichs II. Kampf um Viterbo, in: Historische Aufsätze dem Andenken an G. Waitz gewidmet (Hannover 1886) 277–305.

–: Zum Leben König Enzios, Forschungen zur Deutschen Geschichte 26 (1886) 308–313.

–: Kaiser Friedrich II. (Jahrbücher der deutschen Geschichte), 2 Bde. (Leipzig 1889–1897; Nachdruck: Darmstadt 1963).

Wisplinghoff, E.: Engelbert I. von Berg, Erzbischof von Köln (etwa 1182–1225), Rheinische Lebensbilder 1 (Düsseldorf 1961) 30–48.

–: Konrad von Hochstaden, Erzbischof von Köln (1205–1261), Rheinische Lebensbilder 2 (Düsseldorf 1966) 7–24.

Wolf, G. (Hrsg.): Stupor mundi. Zur Geschichte Friedrichs II. von Hohenstaufen (Wege der Forschung 101; Darmstadt ²1982).

–: Anfänge ständigen Gesandtschaftswesens schon zur Zeit Kaiser Friedrichs II.?, Archiv für Diplomatik 41 (1995) 147–153.

Wolff, R. L.: The Latin Empire of Constantinople, 1204–1261, in: Setton, History 2, 187–233.

Wolter, H. – Holstein, H.: Lyon I/Lyon II (Geschichte der ökumenischen Konzilien 7; Mainz 1972); Erstausgabe: Lyon I et Lyon II (Paris 1966).

Wolter, H.: Engelbert I. von Berg, Lexikon des Mittelalters 3 (1986) 1917f.

Worstbrock, F. J.: Marquard von Ried, Deutsche Literatur des Mittelalters. Verfasserlexikon 6 (Berlin – New York ²1987) 127f.

Wunder, G.: Gottfried, Konrad und Heinrich von Hohenlohe, Gebrüder, Edelherren in Franken und Diener des Kaisers (1. Hälfte 13. Jahrhundert), in: Ders., Lebensläufe. Bauer, Bürger, Edelmann, Bd. 2 (Sigmaringen 1988) 23–44 (Erstdruck 1969).

Zahlten, J.: Medizinische Vorstellungen im Falkenbuch Kaiser Friedrichs II., Sudhoffs Archiv 54 (1970) 49–103.

–: Zur Abhängigkeit der naturwissenschaftlichen Vorstellungen Kaiser Friedrichs II. von der Medizinschule zu Salerno, Sudhoffs Archiv 54 (1970) 173–210.

–: Die „Hippiatria" des Jordanus Ruffus. Ein Beitrag zur Naturwissenschaft am Hof Kaiser Friedrichs II., Archiv für Kulturgeschichte 53 (1971) 20–52.

Zecchino, O.: Le Assise di Ariano. Testo critico, traduzione e note a cura di O. Z. (Cava dei Tirreni 1984).

Zeit der Staufer, Die: Geschichte – Kunst – Kultur. Katalog der Ausstellung Stuttgart 1977, 5 Bde. (Stuttgart 1977–1979).

Zielinski, H.: Manfred, NDB 16 (1990) 24–26.

–: siehe auch unter Schroth-Köhler, Ch.

Zimpel, D.: Die Bischöfe von Konstanz im 13. Jahrhundert (1206–1274) (Frankfurt a. M. 1990).

Zinberg, I.: A History of Jewish Literature, Translated and Edited by B. Martin, Bd. 2 (Cleveland – London 1972).

Zinsmaier, P.: Die Reichskanzlei unter Friedrich II., Vorträge und Forschungen 16 (1974) 135–166.

–: Beiträge zur Diplomatik der Urkunden Friedrichs II., DA 41 (1985) 101–174.

Zorzi, A.: La giustizia imperiale nell'Italia comunale, in: Toubert – Paravicini Bagliani, Federico e le città 85–103.

Zuliani, F.: Gli affreschi del palazzo abbaziale di San Zeno a Verona, in: Calò Mariani, Federico 113–115.

ABKÜRZUNGSVERZEICHNIS

Im allgemeinen werden die im Lexikon des Mittelalters 1 (1980) XVII ff. angeführten Abkürzungen benutzt. Auf die folgenden Abkürzungen sei eigens hingewiesen:

Abhandlungen	Abhandlungen der Akademie der Wissenschaften. Philosophisch-historische Klasse
BGPhMA	Beiträge zur Geschichte der Philosophie und Theologie des Mittelalters (Münster 1891 ff.)
BISI	Bollettino dell'Istituto storico italiano per il medio evo (Rom 1886 ff.)
Ep(p)	Epistula(e)
FS	Festschrift
HB	Huillard-Bréholles, J.-L.-A. (Hrsg.), Historia diplomatica Friderici secundi, 6 Bde. (in 11 Teilen, dazu ein Bd. Préface et introduction) (Paris 1852–1861; Nachdruck Turin 1963)
Konst.	Stürner, W., Die Konstitutionen Friedrichs II. für das Königreich Sizilien, MGH Const. 2. Supplementum (Hannover 1996)
Muratori²	Rerum Italicarum scriptores, ed. L. A. Muratori, Nuova edizione (Città di Castello 1900 ff.)
PL	Patrologiae cursus completus, Series latina, ed. J.-P. Migne, 221 Bde. (Paris 1844 ff.)
RI	Regesta Imperii
SB	Sitzungsberichte der Akademie der Wissenschaften. Philosophisch-historische Klasse
Vorträge und Forschungen	Vorträge und Forschungen, hrsg. vom Konstanzer Arbeitskreis für mittelalterliche Geschichte 1 ff. (Sigmaringen 1955 ff.)
ZWLG	Zeitschrift für Württembergische Landesgeschichte

Deutschland zur Zeit Friedrichs II.

Italien zur Zeit Friedrichs II.

Maßstab: 1:10,4 Mio.

0   100   200   300 km

Graphische Gestaltung: B. Major, Ettlingen

REGISTER
(zusammengestellt unter Mitarbeit von Klaus Sankowitsch)

Das Register erfaßt sämtliche topographischen Begriffe, Familien-, Personen- und Ortsnamen. Der Häufigkeit der Belege wegen fehlen allerdings „Friedrich II.", „Deutschland", „Italien" (bzw. „Süditalien", „Unteritalien" usw.), „Sizilien" und „Staufer". Auf Belege, die sich nur in den Anmerkungen finden, verweist ein A nach der Seitenzahl.
Abkürzungen: Bf. = Bischof, Bm. = Bistum, Ebf. = Erzbischof, Ebm. = Erzbistum, Fsm. = Fürstentum, Gem. = Gemahlin, Gf. = Graf, Gft. = Grafschaft, Hg. = Herzog, Hzm. = Herzogtum, Kd. = Kardinal, Kg. = König, kgl. = königlich, Kgn. = Königin, Kgr. = Königreich, Ks. = Kaiser, ksl. = kaiserlich, Ksn. = Kaiserin, Ksr. = Kaiserreich, Lgf. = Landgraf, Lgfn. = Landgräfin, Mgf. = Markgraf, Mgft. = Markgrafschaft, mhd. = mittelhochdeutsch, P. = Papst, Patr. = Patriarch, Pfgf. = Pfalzgraf, Pfgft. = Pfalzgrafschaft, Pod. = Podestà, Prof. = Professor, s. = siehe

Aachen 35. 116. 128. 136. 177A. 326. 360. 514. 567
Abaelard 392. 420
Abdolla, Sarazenenknabe am ksl. Hof 350
Abruzzen 140. 170. 173. 202. 206A. 255. 485
Abuteus, Übersetzer 398A. 400A
Acerenza 247. 344
Acerno (östlich Salernos) 81A
Acerra, Gft. 23
Achalm, Burg östlich Reutlingens 321
Acquapendente (westlich Orvietos) 520
Adam von Cremona 376
Adelard von Bath 434
Adelasia von Sardinien 92. 463. 465
Adelheid, Geliebte Friedrichs II. 92
Adenulf, Kanoniker 255
al-'Ādil, Sultan 156
Adolf IV., Gf. von Schauenburg 121 f.
Adria 28. 104. 503
Adso von Montier-en-Der 474A
Aegidius Romanus 407A
Afrika 66. 68f. 71. 221. 386. 511

Agnes von Böhmen, Tochter Wenzels I. 281
Agrigent 67. 69. 71. 224A
Ägypten 29. 66. 85–87. 89. 144f. 151. 433. 462. 495. 507. 525. 556. 585
Aimeric de Peguilhan, Dichter 367
Aix-en-Provence 549
Aiyūbiden 146. 150. 164A
Akkon 34. 90. 96f. 143. 147. 149. 153f. 163. 165–168. 585
Alamannus de Costa, Gf. von Syrakus 31
Alatri (nördlich Frosinones) 512
Alatrin, päpstl. Kaplan 106A. 110
Albe, Gft. 61. 64. 563
Albenga (südwestlich Savonas) 338
Alberico da Romano 273A. 480
Albert, Patr. von Antiochia 525–529. 530A. 531
Albert, Bf. von Brescia 108A
Albert, Bf. von Livland 123f.
Albert, Bf. von Trient 99A
Albert Behaim, Passauer Domherr 478. 479A. 480A. 552A

Albertus Magnus 396. 401. 422. 441A.
444A
Albigenser 112A. 367
Albornoz, Aegidius, Kd. 209
Albrecht, Ebf. von Magdeburg 98–100.
111
Albrecht, Hg. von Sachsen 121
Albrecht, Mgf. von Meißen 529A
Albrecht von Roßwag, ksl. Hofjustitiar
316
Aldobrandin von Este, Mgf. 1
Aldoin, Bf. von Cefalù 3. 6. 78f.
Alessandria 99. 105. 139A. 269. 497. 563
Alexander der Große 426. 428
Alexander von Aphrodisias 392. 396
Alexander von Hales 395
Alfons I., Kg. von Aragón und Sizilien
sowie Neapel 231
Alfons X., der Weise, Kg. von Kastilien
und León 51. 209
Alfons von Poitou, Gf. von Toulouse
251. 586
Alice von Zypern, Mutter Heinrichs I.
von Zypern 168
Alife 469A
Allgäu, Gft. 321
Alpen 6. 117. 270. 335. 477. 570f.
Alpetragius (al-Biṭrūǧī) 398A. 400. 404
Altamura 225. 226A. 227. 229A
Altavilla (südöstlich Salernos) 559
de Altavilla, kalabr. Adelsfamilie 38
Alzey 568
Amadeus IV., Gf. von Savoyen 570f.
578f.
Amalfi 3. 9. 24. 31. 222
Anagni 130. 185. 187f. 287. 289. 466.
484A. 510. 515f. 539
Ancona,
1. Stadt 492
2. Mark 8. 75. 77. 83. 90. 103f. 122.
140. 152. 171. 173. 185. 483–486.
489. 497. 512. 516. 559. 563. 573.
577. 584
Andechs, bayrische Adelsfamilie 184.
280
Andreas II., Kg. von Ungarn 75. 127

Andreas, Logothet 3. 36. 215. 260
Andreas, Übersetzer 400A
Andreas, Ebf. von Bari 4A
Andreas Bonellus, Rechtsprof. in Neapel 54
Andreas von Capua, Großhofrichter 45
Andreas, Bf. von Caserta 254A. 255A
Andreas de Cicala, Kapitän und Oberjustitiar 256. 494A. 495. 557. 561
Andreas von Isernia, Rechtsprof. in
Neapel 211A. 382f. 385A
Andreas Lupinus, Gf. von Conversano
5A
Andreas von Ungarn, Kaplan 356
Andria 142. 174A. 240. 312
Angelus Frisarius, Leiter der ostsizil.
Hafenbehörde 221
Angelus de Marra, Leiter des sizil.
Rechnungsprüfungshofes 215A. 216.
260
de Anglone, Adelsfamilie der Abruzzen
46A
Anjou, franz. Herrscherhaus 42. 53. 208.
210. 382. 385
Ansaldus de Mari, ksl. Admiral 501. 511
Anselm von Justingen 29f. 85. 302. 305
Antiochia,
1. Stadt 426. 429
2. Fsm. 145. 148
Antrodoco (östlich Rietis) 189. 234A
Aosta 552
Apricena (nördlich Foggias) 180A.
231A. 240. 354
Apulien 1. 4. 6. 23f. 26. 28. 38. 41. 60. 73.
90. 131. 173f. 177. 213. 215. 217f. 229.
230A. 233A. 242. 243A. 260. 268. 344.
372. 431A. 433. 448. 497. 507
Aquila (heute: L'Aquila) 139. 173A.
225A
Aquileia 270. 272f. 284. 304
Aquino,
1. unterital. Adelsfamilie 23
2. Stadt 172. 180
Archipoeta 366
Arelat, Kgr. 75. 91. 287. 338. 466. 549.
570. 588. 593

Arezzo 40
Aristoteles 56. 379. 383. 391–396.
397–401. 403–407. 422A. 425 f. 447.
450. 452A. 454. 456
Arles 385A
Armenien, s. Kleinarmenien
Arnaldus Catalanus, Philosophieprof. in
Neapel 55
Arnold II., Ebf. von Trier 553. 564. 567 f.
Arnold, schwäb. Dominikaner 546
Ascoli (Ascoli Piceno) 512
Asien 502
al-Ašraf, Sultan 86. 145 f. 150–152. 154.
164. 286
Assassinen 146A. 279. 286
Assisi 170. 485. 508. 543. 559
Asti 269
Ätna 592
Augsburg 5 f. 129. 284. 322. 326 f. 334.
552
Augusta 213. 225. 227. 235. 251. 352 f.
Avellino, Gft. 64. 558
Averroes 56. 394–396. 398–400.
403–405. 407A. 419. 421. 425
Aversa 27. 44. 80 f. 199
Avicenna 377. 380. 391A. 400. 404 f.
420A
Avignon 111A
Azzo VII. von Este, Mgf. 99. 331. 463.
480. 497 f. 572. 582

Babenberger 326 f. 332. 477 f. 529
Babenberger Lande 282. 333. 566. 568 f.
Babylon 428. 506. 532
Backnang 303
Baden, Mgft. 301
Bagdad 422. 428
Balduin von Konstantinopel, Ks. 520A.
521. 523. 525. 530
Balian, Herr von Sidon 150. 154. 166 f.
Baltikum 123. 125
Bamberg 35. 118A. 344A
Bardowick 121
Barhebraeus, syr. Bf. 423A
Bari 1. 4A. 23. 37A. 41. 55. 174A. 176.
213. 234 f. 236A. 242. 351. 430. 510

Barletta 142. 174. 178. 200. 216. 218. 222.
261. 344. 481. 561
Bartholomaeus de Flicto, Kämmerer 38
Bartholomaeus von Messina, Übersetzer am Hofe Manfreds 406
Bartholomaeus von Parma, Astrologe
413A
Bartholomaeus Pignatellus, Ebf. von
Cosenza, dann Messina 55
Bartholomeus, Baumeister 27
Basel 385A
Basilicata 431A
Bassano del Grappa 343A
Batu, Enkel Dschingis Khans 503
Bayern, Hzm. 278 f. 281. 300 f. 304. 326.
478 f. 565
Beatrix von Savoyen, Gem. Kg. Manfreds 570. 579
Beatrix von Schwaben, Gem. Ferdinands III. von Kastilien und León
209. 477
Beatrix von Provence, Tochter Raimund Berengars V. 549
Beirut 147 f.
Bela IV., Kg. von Ungarn 319. 326. 461 f.
503–505
Benaveth, s. Ibn 'Abbād
Bene, ksl. Arzt 380
Bene Florentinus, Rhetorikprof. in Bologna 55
Benedictus de Anglona, Valet Friedrichs II. 6A
Benedikt von Isernia, Großhofrichter
44. 51A. 53 f. 191
Benevent 17. 24. 41. 53. 172. 492A. 495.
498
Benvenutus, Neffe des Kämmerers
Richard 206A
Berard, Ebf. von Messina 6
Berard, Ebf. von Palermo 1. 3. 6. 42. 78.
146. 159. 304. 312. 363. 466. 518. 556.
588. 590
Berardus Gentilis, Gf. von Nardò 4A
Berengaria (Berenguela), Schwester
Ferdinands III. von Kastilien und
León 94

Bergamo 331. 572
Berlin 344
Bernardus Rolandi Rubei, Schwager Innozenz' IV. 517A. 555. 557f. 572. 575
Bernardus Silvestris 395. 421A
Bernhard, Hg. von Kärnten 184f. 520A
Berthold von Andechs-Meran, Patr. von Aquileia 184f. 326. 529
Berthold von Teck, Bf. von Straßburg 118. 276–279. 299f. 321
Berthold von Urslingen 76f. 111A. 142. 170A. 171. 189
Berthold von Vohburg-Hohenburg, Mgf. 489
Bethlehem 153. 155. 486
Bianca Lancia, Geliebte Friedrichs II. 310
Bitonto 176f. 345A
al-Biṭrūǧī, s. Alpetragius
Blanca von Kastilien, Mutter Ludwigs IX. von Frankreich 549
Blanchefleur, vielleicht Tochter Friedrichs II. 311A
Bohemund IV., Fürst von Antiochia, Gf. von Tripolis 148
Böhmen, Kgr. 128. 209. 304. 326. 479. 505. 566. 568
Bojano 37. 62
Bologna 7. 35. 40. 42. 44. 47–51. 54f. 92. 99. 105. 106A. 107. 111A. 113. 172. 178. 270. 272. 292. 336A. 381. 383. 385A. 401. 405. 406A. 407. 409. 425. 437. 461f. 480. 483f. 492. 497. 516. 520A. 572. 581–583
Bondeno (südlich Mantuas) 100
Bonifaz, Ebf. von Canterbury 571A
Bonifaz II. von Montferrat, Mgf. 269f. 511. 523. 564. 574. 578
Boppard 302f. 568
Bordeaux 586
Borgo San Donnino (heute: Fidenza) 110. 122. 386. 577A. 580. 582
Bornhöved 121. 276
Boston 344

Brandenburg, Mgft. 283
Braunschweig 313
Braunschweig-Lüneburg, Hzm. 313
Breisgau 300
Bremen 123
Brennerstraße 106. 273. 334
Brescello, Siedlung am Po 573
Brescia 100. 102. 105. 108. 271A. 272. 274. 295. 317. 327. 331. 336. 423. 458. 461–464. 511. 517A. 524A. 572
Breslau 385A
Brindisi 18. 23. 31f. 55. 82. 90. 96. 131. 143. 166. 174. 181. 216. 220. 222. 234. 250. 351
Brixen 106. 319A
Bruder Wernher, mhd. Dichter 210A. 306f. 370
Burchard von Ursberg 278
Burgund, Kgr. 75. 178. 270. 287. 338. 347. 360. 461. 481. 489A. 570
Burkhard von Hohenfels, mhd. Dichter 306
Byzanz 101A. 250. 252. 384A

Caesarea 144. 154. 163
Caiazzo, unterital. Feste 172. 174. 178
Calatabiano 65A
Caltagirone 236A
Cambrai 119A
Camerino (nordwestlich Ascoli Picenos) 512A
Campagna 523
Campobasso 9
Canosa di Puglia 174A. 349
Capaccio (südöstlich Salernos) 559–561
Capitanata 27. 29. 68. 72f. 178f. 217A. 228f. 231A. 239. 244. 349. 352. 430–432. 587
Capizzi (nordöstlich Nicosias, Nordsizilien) 264A
Capraia (westlich Florenz') 581
Capua 9f. 12. 15. 17–21. 28. 30. 34. 42. 82. 172–174. 178. 180. 200. 235. 239. 264. 342. 352. 355f. 358. 361. 363. 376. 495
Carlotto, Sohn Friedrichs II., s. Heinrich (Carlotto)

Carnelevarius von Pavia, Falkner 432
Casale (östlich Turins) 578
Casamari 20
Casanova, Kloster 15A. 17A
Caserta 64f.
Cashel, Ebm. in Irland 402
Castelfiorentino, s. Fiorentino
Castel Lagopesole 228A. 242A. 431. 587
Castel del Monte 236. 344. 358. 360f.
Catania 35. 46A. 69. 78. 91. 235. 242. 263A. 352f.
Ceccano (südlich Frosinones) 63
Cefalù 3. 67A. 78f. 178A
Celano,
 1. Grafenhaus 9. 62A. 257
 2. Gft. 61. 64
 3. Stadt 62A. 63f. 70A
Centuripe (westlich Catanias) 264A
Ceprano 172. 185. 225A
Cesarius, Ebf. von Salerno 191
Ceuta 390
Chambéry 570
Chartres 420. 447A
Chiavenna 35
Chieti, Gft. 310
China 502f.
Chorherren vom Heiligen Grab 155
Christian, Bf. von Preußen 125
Cielo d'Alcamo, Dichter 374A
Cingoli (südwestlich Anconas) 584
Cisa-Paß 572. 575. 578. 582f.
Cîteaux 501
Città di Castello (östlich Arezzos) 485
Cividale 273. 284. 296f. 304
Civita Castellana (nördlich Roms) 522f.
Civitanova Marche 140. 576f. 584
Civitavecchia 523
Civitas nova, s. Flagella
Cluny 501. 548f.
Cölestin IV., P., vorher: Goffredo Castiglioni (Gottfried von Castiglione), Kd. 139A. 510
Como 483. 582
Constantinus Africanus 384A. 447
Conversano 5A
Conza 82

Corleone, sizil. Stadt 224
Cortenuova 334. 337f. 341. 459f. 492. 555
Cosenza 7. 35. 55. 89. 90A
Cremona 98. 100–103. 105. 106A. 110A. 112. 115. 172. 292. 295. 327f. 330f. 335. 337. 338A. 348. 351A. 376. 462. 491. 562. 570–572. 575–577. 579f. 583
Criscius Amalfitanus, Oberprokurator 215A
Cueno 338
Cumae (westlich Neapels) 225

Dagsburger, Grafenhaus 276
Damaskus 143. 152f. 164. 286
Damietta 29. 58. 60. 85–88. 154. 172. 503. 585
Dänemark, Kgr. 120–123. 125f. 283. 554
Daniel Deloc, Übersetzer 425
Dante Alighieri 371. 374. 580
David 161f. 174f. 177f. 304. 506
Demetrius von Montferrat, Kg. von Thessalonike 145A
Deutscher Orden 1. 5. 17A. 116. 124f. 149. 160. 166. 181f. 324f. 332. 479. 527. 543
Diepold, Gf. von Acerra 3f. 23. 65
Dietrich II., Ebf. von Trier 297. 301. 324. 333
Djerba 68
Dominicus, Magister am sizil. Hof 387
Dominicus Gundissalinus 379A. 393. 396. 408. 443
Dominikaner 57. 272. 291f. 297. 423. 444. 507. 543. 545f. 549f. 556
Dominikus von Osma 133
Donnus Bisantius, Zisterzienser 358A
Dordona (Ordona) 225A
Doria, genues. Familie 464
Dschingis Khan 502f.
Düna, Fluß in Lettland 123
Durandus von Brindisi, Großhofrichter 45

Eberhard II., Ebf. von Salzburg 184f. 303. 326. 333. 478

Eberhard von Lautern, Reichslegat 76
Eberhard von Waldburg 116. 121A. 129
Eboli 17. 430
Eger 479
Egino V., Gf. von Urach(-Freiburg) 118. 300–302. 305
Eglofs (westlich Isnys) 321
Eider 120f.
Ekbert von Andechs, Bf. von Bamberg 118. 302. 326f. 334
Elbe 119f. 122
Elias von Cortona, Generalminister der Franziskaner 325. 543f.
Elisabeth von Bayern, Gem. Konrads IV. 529A. 565
Elisabeth, Lgfn. von Thüringen 297. 323–326. 543
Elsaß 118. 276. 302. 321. 334A. 360. 565. 568A
Engelbert, Ebf. von Köln 116–118. 120f. 126–129
England 93. 126–128. 131. 154. 157. 171A. 209. 309. 312. 347. 402. 433. 465. 472A. 500A. 501. 533–535. 539. 547. 574
Enzio (Entius), Sohn Friedrichs II., Kg. von Sardinien 92. 373f. 432. 463–465. 484. 486. 489. 491. 492A. 511. 530. 555. 557. 559. 564. 572. 574f. 577. 579. 581–583
Enzius, Falknermeister 432. 438
Epiros, Fsm. 180
Erasmus von Montecassino, Theologieprof. 57
Erms 306
Este,
 1. Stadt und Burg 582
 2. oberital. Adelsfamilie 367
Estland 123. 125
Etsch 106f. 110. 129. 331
Europa 14. 28. 33. 56. 87. 93f. 127. 136. 194. 209f. 232. 312. 320. 334. 347. 384. 394. 400. 411. 419. 428. 434. 461. 471. 496. 498f. 503f. 525. 526. 560. 585. 593

Ezzelino III. da Romano 99. 106. 239A. 269. 273. 275. 292. 310. 317. 331. 461. 463. 480f. 511. 530. 553A. 573. 579. 582. 593

Fabriano (südwestlich Anconas) 585A
Faenza 99. 105–107. 351A. 369. 401. 425. 461. 496f. 506. 544
Fahraddīn, Emir 145. 151. 173A. 174A
Famagusta 148
Fano 304. 512
Ferdinand III., Kg. von Kastilien und León 94. 462. 477. 586A
Ferentino 91. 93. 96. 117
Fermo 512. 584
Ferrara 99. 331. 423. 497. 575
Fidenza, s. Borgo San Donnino
Finocchio, Baronie bei Benevent 46A
Fiorentino (Castelfiorentino) 587
Fiorenzuola (südöstlich Piacenzas) 110
Flagella (zunächst Civitas nova), unterital. Grenzfestung 225A. 510
Florenser, Mönchsorden 8
Florenz 99. 251. 268. 558A. 574. 581
Florius, Kämmerer 38
Foggia 23. 26–29. 33. 44. 72f. 136. 146. 178. 180A. 184. 200. 236. 240f. 265. 302. 312. 347. 351. 354. 369A. 494f. 526. 529. 587
Foligno 171. 485. 486A. 487. 559
Folquet von Romans, Dichter 367
Fondi,
 1. Gft. 1. 64f. 255
 2. Stadt 172. 256
Fonte Laurato, Kloster südwestlich Cosenzas 8. 15A. 20
Fontevivo, Kloster westlich Parmas 555
Forlì 8A. 401
Franken 116. 129. 304
Frankfurt 127A. 208. 298–300. 303. 315. 565. 568
Frankreich 93. 101. 126f. 178. 209. 267. 297. 303A. 311A. 324. 355. 358. 360. 368. 397f. 477. 500f. 506. 533f. 547–550. 554A. 570f. 586

Franz von Assisi 133. 170. 323. 325.
412A. 543f.
Franziskaner 133. 149. 170. 172. 291.
306A. 325f. 345. 349. 449. 474. 507.
543–546. 558. 561. 576
Freidank, mhd. Dichter 158. 278. 369
Friaul, Gft. 266. 283
Friedberg, Burggft. und Stadt 514
Friedrich I. Barbarossa, Ks. 49. 102. 122.
176. 178A. 322f. 360. 365A. 366. 460.
515. 530. 565f.
Friedrich, Sohn Heinrichs (VII.) 563.
566. 574. 588
Friedrich II., Hg. von Österreich und
Steiermark 282. 302. 304. 326f.
331–333. 477. 529f. 565f.
Friedrich von Antiochia, Sohn Friedrichs II. 64. 310. 364. 373. 489. 558.
563. 572A. 574. 580f.
Friedrich von Kastilien, Sohn Ferdinands III. von Kastilien und León
477A
Friedrich von Meißen, Mgf. 311
Friedrich von Pettorano, Sohn Friedrichs II. 92
Friesach (nördlich Klagenfurts) 297A
Friesen 567
Frigento (südöstlich Benevents) 469A
Fulda 321f.

Gaeta 27. 173. 180. 182. 184f. 240. 267.
286. 290. 375
Galen 379. 383
Galla Placidia, weström. Ksn. 271A
Gallura, sard. Kleinkgr. 463
Garfagnana, Landschaft nördlich
Luccas 578
Gaza 146. 151. 525
Gebhard, Bf. von Passau 131
Gebhard von Arnstein, Reichslegat
268. 275. 317. 331. 334
Gela, s. Heraclea
Gelnhausen 568
Gentilis, Herr von Popleto, s. auch Popleto 255
Genua 30f. 78. 99. 139A. 221. 232. 236.

242. 251. 271. 273. 338. 361A. 464.
467. 480f. 483A. 492. 500–502. 506.
511. 523
Geoffroy, Ebf. von Besançon 501
Georg von Gallipoli, Dichter 364.
366A. 576A
Gerhard, vielleicht Sohn Friedrichs II.
311A
Gerhard II., Ebf. von Bremen 121. 567
Gerhard von Cremona 396. 404A
Gerhard, Gf. von Diez 116
Gerhard IV., Gf. von Geldern 118
Gerhard von Parma, päpstl. Legat 31A
Gerhardo de Sabbioneta 427A
Gerold, Patr. von Jerusalem 94. 108.
132. 149. 152A. 153A. 154–159.
163–166. 168
Gertrude von Österreich, Nichte Friedrichs II. von Österreich und Steiermark 529f. 532. 566
Gervasius von Tilbury, Geschichtsschreiber 450A
Giacomino Pugliese, sizil. Dichter 371A
Giffoni, Kastell bei Salerno 236
Gilbertus Anglicus, Arzt 382A
Goffredo Castiglioni (Gottfried von
Castiglione), s. Cölestin IV., P.
Gog und Magog 428. 504f.
Gottfried von Aquila, Gf. von Fondi 65
Gottfried von Hohenlohe 300. 301A.
303. 321. 461
Gottfried von Neuffen, mhd. Dichter
306
Gottfried von Trani, Kd. 54
Gotthardpaß 282
Gozo, Insel nordwestlich Maltas 70
Gravina in Puglia,
1. Bm. 227
2. Stadt 431
Gregor VII., P. 538
Gregor IX., P., vorher: Hugo(linus) von
Ostia, Kd. 44. 52. 54f. 74. 75A. 85. 98.
114. 126A. 130. 132–143. 149f. 151A.
154. 156. 157A. 158–160. 162. 164.
165A. 166–168. 170–174. 176. 178.
181–190. 192f. 198f. 207. 236. 242.

266–271. 275–278. 280. 286–290.
292–295. 297–299. 300A. 301. 307.
309. 311f. 316–319. 320A. 322–325.
327–330. 333A. 335f. 337A. 338–341.
354. 364. 368. 383. 402f. 407. 431.
464–473. 475–485. 488. 496–502.
504–506. 508–510. 513f. 516. 518. 520.
529A. 531f. 533A. 535. 538. 544. 553.
556. 594
Gregor von Montelongo, päpstl. Legat
467. 479f. 497. 506. 511. 515f. 518. 551.
552A. 572. 574f. 591A
Griechenland, griechisches Kaiserreich
147. 533f.
Grosseto 54A. 99. 520A. 555f.
Grottaferrata 355A. 508f.
Guala, Bf. von Brescia 272A. 496
Guastalla (südlich Mantuas) 100
Gubbio 485
Guicenna, dt. Ritter 435
Guido von Caravate, Kanzleinotar, päpstl. Subdiakon 35
Guido delle Colonne, Dichter 372
Guigo Delphinus, Gf. von Vienne 570. 578
Guilelmus Porcus, ksl. Admiral 4A. 29
Guilhelm Figueira, Dichter 139A. 368
Guilielmus Bottatius, Mailänder Bürger 436f.
Guillelmus Falconarius 435
Gunzelin von Wolfenbüttel, Reichslegat 76–78. 90. 121A

Habsburger 282
Hagenau 2A. 6. 21. 276f. 322. 351
Hamburg 121
Hardegger, mhd. Dichter 370
Hartmann, Gf. von Grüningen 565
Heilbronn 118
Heiliges Land 63f. 85. 90f. 95–97. 112.
131f. 135. 143. 149. 152. 156f. 160.
166f. 169. 174f. 180. 189. 267. 271.
278f. 286. 293f. 316. 318. 320. 368f.
373. 479. 526. 528. 533f. 554. 585f. 588
Heinrich VI., Ks. 3. 9. 11f. 15f. 18. 176.
237. 274. 371. 375. 381A

Heinrich (VII.), deutscher Kg. 1f.
106–109. 115f. 118. 121. 122A. 123f.
126–129. 143. 160. 162A. 177f. 263.
266. 268–270. 272–282. 284f. 287. 292.
294–309. 312. 315. 321. 333. 341. 369.
488. 504. 560. 563. 588f.
Heinrich (Carlotto, Zarlotus), Sohn
Friedrichs II., Kg. 311. 411A. 540A.
563. 588
Heinrich, Sohn Friedrichs II., s. Enzio
Heinrich III., Kg. von England 93. 126f.
160f. 251. 278. 294. 309. 311. 319.
322A. 334. 403A. 462. 465. 472A. 477.
505. 506A. 520A. 525. 533f. 540A.
547. 586
Heinrich I., Kg. von Zypern 145. 147f.
166. 168. 544
Heinrich, Magister aus Köln 380. 405.
407
Heinrich von Avranches, Dichter 364.
380A. 401A. 410
Heinrich von Bilversheim, Kanzleinotar, Bf. von Bamberg 35. 36A. 558
Heinrich II., Hg. von Brabant 309. 567
Heinrich von Braunschweig, rhein. Pfgf.
275
Heinrich, Bf. von Brixen 319A
Heinrich I., Bf. von Eichstätt 129. 303A
Heinrich von Hohenlohe, Hochmeister
des Deutschen Ordens 125A. 461.
527f. 536
Heinrich von Isernia, Schriftsteller,
Kanzleinotar in Prag 233A. 257f.
Heinrich II. von Leiningen, Bf. von
Speyer 553
Heinrich IV., Hg. von Limburg 128.
131f. 144
Heinrich, Ebf. von Mailand 108A
Heinrich, Gf. von Malta, ksl. Admiral
29f. 61. 65A. 68. 85–87. 96. 149. 153.
166
Heinrich von Morra, Großhofjustitiar
40. 44. 63. 66A. 130. 172. 190. 253. 270.
287. 304. 432. 494A. 561
Heinrich I. von Müllenark, Ebf. von
Köln 128. 309. 478

Register 647

Heinrich von Neuffen 116. 300. 302 f. 305 f. 369
Heinrich Raspe, Lgf. von Thüringen, dt. Gegenkg. 324. 479. 522. 548. 553 f. 558. 564 f. 567. 570
Heinrich, Gf. von Sayn 298
Heinrich II., Hg. von Schlesien 503
Heinrich, Gf. von Schwerin 119–122
Heinrich III. von Stahleck, Bf. von Straßburg 553. 565
Heinrich von Tanne, Bf. von Konstanz 306. 552 A
Heinrich von Tegernsee, Abt 303 A
Heinrich von Tocco, Großhofrichter 42. 191
Heinrich, Bf. von Worms 296. 299 A
Hennegau, Gft. 277
Heraclea (später: Terranova, heute: Gela) 225 f. 229 A. 251
Hermann V., Mgf. von Baden 300. 301 A. 303
Hermann VI., Mgf. von Baden 566
Hermann, Bf. von Dorpat 123 f.
Hermann I. von Lobdenburg, Bf. von Würzburg 129. 299. 300 A. 301–303. 321. 553
Hermann von Salza, Hochmeister des Deutschen Ordens 63. 77. 91. 93 A. 94. 97. 108. 110. 112. 118. 120. 121 A. 124 f. 131 f. 136 A. 143. 145. 149. 153 f. 156. 158–160. 168. 181. 183 f. 186. 188. 269. 273. 290. 293 f. 305. 309. 317 f. 324 f. 327. 329. 335. 479
Hethum I., Kg. von Klein-Armenien 423 A
Hippokrates 379. 383
Hohenlohe,
1. Landschaft 303
2. schwäb. Adelshaus 301. 461 A
Holstein 122
Homodei, Notar aus Ravello 9
Honor Montis Sancti Angeli, s. Monte Sant'Angelo
Honorius III., P. 5. 8. 14 f. 21 f. 24. 35. 36 A. 58 f. 61 A. 62–64. 75–91. 93–95. 97. 100–104. 107–109. 111–115. 117. 119–122. 127 f. 130. 133. 145 A. 402
Hubertus de Bonocurso, Rechtsprof. in Neapel 54
Hugo Novellus, päpstl. Heerführer 574. 577
Hugo von St. Viktor 393. 442. 445 A
Hugo(linus) von Ostia, s. Gregor IX., P.

Iacobus de Panda, Kaufmann aus Scala 220
Ibelin, Adelsfamilie des Kgr.s Jerusalem 147. 167 A. 168
Ibn ʿAbbād (Benaveth), sizil. Sarazenenführer 67 f.
Ibn Idrīsī al-Qarāfī, arab. Gelehrter 390 A
Ibn Sabʿīn, arab. Philosoph 390–393. 418
Ibn Wāṣil, arab. Geschichtsschreiber 163 f.
al-Idrīsī, arab. Gelehrter 375
Imola 99
Indien 418. 503
Ingelheim 568
Innozenz III., P. 1 f. 4 A. 10 A. 36 A. 83. 101. 133. 141. 156. 192. 283 A. 330. 591 A
Innozenz IV., P., vorher: Sinibaldo Fieschi, Kd. 71. 169. 207 A. 247. 279. 349 f. 458. 480. 509. 516–528. 530. 532–541. 543. 546–559. 562. 566. 568 A. 569. 571 f. 577 f. 579 A. 580 A. 584–587. 590 A. 591. 594
Innsbruck 8
Ionische Inseln 180
Irland 402 f.
Isabella II. von Brienne, Kgn. von Jerusalem, Gem. Friedrichs II. 91. 93. 96 f. 142. 178 A. 310
Isabella von England, Gem. Friedrichs II. 127. 294. 309. 311 f. 343 A. 411 A. 463. 563
Isernia 9
Ischia 212
Ismaeliter 504
Ivrea 579

Jacobo Tiepolo, venez. Doge 272. 337. 498
Jacobus von Catania, Kanzleinotar 34
Jaffa 147. 151. 153f. 157. 160. 162A. 163
Jakob I., Kg. von Aragón 549
Jakob, Arzt Friedrichs II. 380
Jakob, Priester 255
Jakob ben Anatoli, jüd. Gelehrter 397–399. 404. 408A. 422A. 450f.
Jakob Capocci, röm. Adliger 339
Jakob von Carretto, Mgf. 92
Jakob von Lentini, Kanzleinotar 371f.
Jakob von Lothringen, Bf. von Metz 553
Jakob von Morra, ksl. Generalvikar 489. 557. 559. 577
Jakob von Palestrina, Kd. 271. 327–329. 465f. 468. 486A. 501. 515
Jakob von Patti, Ebf. von Capua 82. 96. 159. 191. 193. 304. 363
Jakob von San Severino, Gf. von Avellino 3f. 64
Jakob, Gf. von Tricarico 64
Jakob von Vitry, Kd., vorher Bf. von Akkon 183
Jato, sizil. Festung 67f. 70. 91
Jehuda ben Soloman Cohen, jüd. Gelehrter 397
Jerusalem,
1. Kgr. 91. 93A. 96–98. 142. 145f. 150. 153. 155. 158f. 166–169. 175. 177. 223. 267. 526. 588f. 593
2. Stadt 88. 146. 150f. 153–157. 160–169. 174f. 177. 360. 474. 525. 548
Jesi 486f.
Joachim, Abt von S. Giovanni in Fiore 19A. 474. 507
Joachiten 474. 507. 516. 545. 561. 591
Johachim, Magister 350
Johann von Brienne, Kg. von Jerusalem, Ks. von Konstantinopel 86. 90f. 93f. 97f. 104. 106. 171. 173f. 179f. 267A
Johann I., Mgf. von Brandenburg 283
Johann von Ibelin 147f. 167f.

Johannes III. Vatatzes, Ks. 180. 310. 462. 465. 492A. 538
Johannes von Abbeville, Kd. 185
Johannes von Capua, Kanzleinotar, Neffe des Petrus de Vinea 362
Johannes, Abt von Casamari, wohl Bf. von Bojano 20. 36f.
Johannes de Cencio, röm. Senator 339f.
Johannes Colonna, Kd. 467A. 496. 508. 515
Johannes Conti, röm. Senator 339
Johannes Duns Scotus, Franziskaner, Theologe 455
Johannes Faseolus, Rechtsprof. in Neapel 53
Johannes Jamatus, Arzt 382A
Johannes de Lauro, Kanzleinotar 34–36
Johannes von Martirano, Großhofrichter 45
Johannes Morus, Kammervorsteher 247. 350
Johannes von Otranto, Kanzleinotar 248f. 364. 576A
Johannes von Palermo, Magister am sizil. Hof. 387f. 397A. 424A
Johannes von Procida, ksl. Arzt 380. 588
Johannes de Romania, Sekret 38
Johannes de Sacrobosco 408. 421
Johannes von Salisbury 59
Johannes von San Germano, Kanzleinotar 246. 483
Johannes de Traiecto, Kanzleinotar 36A
Johannes von Vicenza, Dominikanerprediger 292
Johannes von Viterbo 365A
Johanniter 1. 12A. 94. 137. 144. 149. 154f. 157. 159. 163. 165A. 180. 185f. 267f.
Johensis, Schreiber 376
Jordanus Ruffus 437A
Juden 13f. 68. 71. 198. 210A. 211f. 223. 321–323. 397. 399f. 404. 408A
Justinian, Ks. 194. 349

Kairo 87. 146. 399
Kaiserswerth 567

Kalabrien 7. 18. 24f. 32. 35. 37–39. 42.
  45. 180A. 215. 226. 238. 260f. 432. 493
Kamāladdīn Ibn Yūnus, arab. Gelehrter
  422
al-Kāmil, Sultan 68. 85–88. 145–147.
  149–155. 157. 163f. 168. 389. 428
Kampanien 28. 34f. 217f. 246
Kapetinger 128. 312
Karl I., der Große, Ks. 252A. 330. 360
Karl IV., Ks. 51. 209
Karl I. von Anjou, Gf. von Provence,
  Kg. von Sizilien 26. 45. 54f. 64. 74.
  233. 258. 260A. 356. 382. 436. 549. 586
Karl II., Kg. von Sizilien (Neapel) 45.
  74. 382
Kärnten 304
Karolus von Tocco, Rechtsgelehrter 42
Karthago 179
Kastilien, Kgr. 209
Katharina, Tochter Friedrichs II. 92.
  571A
Kaukasus 428
Kaysersberg (Elsaß) 276
Kelheim 278
Kephallenias, Ionische Insel 180
al-Kindī, arab. Philosoph 428f.
Kirchenstaat, s. Patrimonium Petri
Kleinarmenien, Fsm. 145. 422. 434
Köln 118. 126. 128. 309. 479A. 514A.
  552A
Konrad IV., deutscher Kg. 40. 44A. 45.
  48A. 50. 55f. 142f. 158. 168f. 175–177.
  225A. 247. 250. 290. 294. 304f. 310.
  333f. 346. 361A. 370. 461f. 479. 496.
  504. 513. 521. 529A. 530. 547. 549.
  553. 565. 567–569. 580A. 584A. 588–
  590. 592
Konrad von Fulda, Abt 302
Konrad II., Bf. von Hildesheim 108f.
  111. 120. 299. 302. 324
Konrad von Hochstaden, Ebf. von Köln
  478f. 513f. 551. 552A. 553. 564. 567f.
Konrad von Hohenlohe 301A
Konrad von Lützelhard 171. 435A
Konrad von Marburg 297–299
Konrad, Hg. von Masowien 124f.

Konrad, Bf. von Metz und Speyer,
  Kanzler 116
Konrad von Porto, Kd. 94. 108. 110. 118.
  121A. 127
Konrad von St. Gallen, Abt 277.
  279–281. 286. 307
Konrad IV. von Tanne, Bf. von Speyer
  302
Konrad, Lgf. von Thüringen, Hochmeister des Deutschen Ordens 324. 479
Konrad von Toelz und Hohenburg, Bf.
  von Freising 331. 536
Konrad von Urslingen, Hg. von Spoleto
  76. 141
Konrad von Winterstetten 116. 129. 306.
  369. 461
Konradin, Kg. von Jerusalem und Sizilien 74. 168. 366A. 381. 593
Konstantin, Ks. 252. 330
Konstantin von Lampron, armenischer
  Regent 423A
Konstantinopel, Ksr. 179f. 267A. 465.
  468. 528
Konstanz,
  1. Stadt 568A
  2. Friede von Konstanz 102f. 105.
    107A. 111. 274. 329. 336. 459f.
Konstanze, Ksn., Gem. Heinrichs VI.
  11f. 16A. 18
Konstanze, Ksn., Gem. Friedrichs II. 1f.
  39. 75. 91f. 310
Konstanze, Tochter Friedrichs II. 310.
  538
Krain, Mark 566
Kreta 147
Kulmer Land 124

Lagopesole, s. Castel Lagopesole
Lambro, oberital. Fluß 490A
Lando, Ebf. von Reggio di Calabria,
  dann Messina 97A. 112. 135. 181. 183.
  191. 199. 263A. 290. 466. 484A
Landolf von Hoheneck, Bf. von Worms
  302. 321. 552A
Landulf von Aquino 23. 172
Landulf, Abt von Montecassino 172

Landus, Bf. von Aquino 482A
Langenburg, Burg und Stadt in Hohenlohe 300
Lanuvio (südlich Roms) 344
Lauffen a. N. 300
Lentini 70. 236A
Leo Mancinus, Großhofrichter 25. 41
Leonardo (Fibonacci) von Pisa 385–389. 418f. 423
Leopold VI., Hg. von Österreich 127–129. 184f. 277. 281
Lesina 60
Leutkirch 321
Liegnitz 503
Ligurien 133. 338. 511
Limassol 147
Limburg, Hzm. 118
Livland 123. 125
Lodi 103. 275. 338. 583
Lombardei, Lombardische Liga 43. 51f. 63. 71. 72A. 75. 85. 99–115. 117. 122. 130. 133. 136. 138f. 148. 170. 172. 177f. 182f. 185. 188. 207f. 219. 224. 238A. 252. 254. 257A. 262f. 266. 269–275. 282. 283A. 284. 286–288. 291–295. 299. 302. 312A. 316–320. 325–329. 334–337. 339. 341. 360. 367f. 386. 397. 409. 458–463. 465–467. 469f. 472. 476. 481f. 484. 490A. 491. 492A. 496–499. 504. 508. 515f. 518. 520–524. 526–528. 529f. 544. 555. 559. 564. 570–572. 579. 582. 584f. 588
Lombardellus von Imola, Falkner 432
Lorsch, Kloster 514A
Lübeck 121–124
Lucca 99. 578
Lucera 29. 68. 71–75. 156. 171. 213. 224A. 231A. 235. 349. 352. 354. 361A. 531. 587
Ludovicus, Kämmerer 38
Ludwig I., der Fromme, Ks. 252A
Ludwig VIII., Kg. von Frankreich 93. 111A. 126–128
Ludwig IX., der Heilige, Kg. von Frankreich 128A. 160. 168. 267. 302. 309. 319. 334. 462. 477. 505A. 506. 508.

520. 524f. 533. 539. 547–549. 554. 571. 577f. 585f.
Ludwig I., Hg. von Bayern 29. 85–87. 127. 275. 277f. 286. 300. 538
Ludwig, Lgf. von Thüringen 126A. 131f. 297
Lukas, Ebf. von Cosenza 7. 89
Lüneburg 313
Lunigiana, Landschaft am Cisa-Paß 489A. 578
Lupold, Bf. von Worms 1
Lüttich 279. 479A
Lydda, Dorf bei Jaffa 153
Lyon 208. 350. 518. 523–527. 533f. 539f. 547f. 551. 553. 555f. 558. 564. 565A. 570. 572. 577. 580A. 586

Maas 280
Maastricht 321A
Machiavelli 66A
Magdeburg 99. 345A
Magog, s. Gog
Mailand 100. 102. 105. 108. 136. 137A. 139. 172. 178. 239A. 269–271. 274. 295. 302. 331. 335–338. 339A. 340. 352. 385A. 458–462. 465. 477. 479. 481. 483f. 492. 497. 499. 506. 511. 555. 572. 577. 582f.
Maimonides 395. 399. 404. 421. 451
Main 567f.
Mainardinus, Bf. von Imola 349A
Mainz, Stadt und Ebm. 298. 309. 312–314. 316. 321. 333. 351. 514. 552A. 568
Maio Orsini, Gf. 180
Malgerius de Altavilla, kalabr. Adliger 5A
Malta 65A. 68. 70. 226. 264. 432
Manerbio (südlich Brescias) 336
Manfred, Sohn Friedrichs II., Kg. von Sizilien 45. 48A. 50. 55–57. 74. 218. 230A. 310. 342f. 346. 348. 374–376. 381. 406. 438–440. 451f. 453A. 456. 563. 570. 579. 588. 590–592
Manfred Lancia, Mgf., ksl. Generalvikar 338. 489. 511. 574

Mansura 86–88
Mantua 100. 105 f. 108. 178. 327 f. 330 f. 334–336. 490. 497. 524 A. 573–575
Marburg 321. 324 f. 543
Marcellinus, Bf. von Arezzo, päpstl. Rektor 574
Margarete, Gem. Heinrichs (VII.) 127 f. 281. 307. 566
Margarethe, Tochter Friedrichs II. und Isabellas von England 311. 529 A
Margarethe, außerehel. Tochter Friedrichs II. 310
Marinus, Ebf. von Bari 135. 144 A. 149. 181. 191. 520
Marinus von Caramanico, Jurist 382 f.
Marinus de Ebulo, ksl. Generalvikar 489. 559
Markward von Annweiler 12
Marquard von Ried (von Padua), Propst von Mattsee 278 A. 365
Marseille 283. 385 A
Marsico, Gft. (südlich Potenzas) 65 A
Martin von Fano, Rechtsprof. in Neapel 54
Martinus, Magister 56
Martinus Ballonus, Messineser Aufstandsführer 263 f.
Martirano 306
de Matera, unterital. Adelsfamilie 35
Matheus von Pisa, Rechtsprof. in Neapel 53 f.
Matheus de Romania, Sekret 5 A. 7. 38
Mathildische Güter 75. 140
Matteo Rosso Orsini, röm. Senator 508–510. 512. 515
Matthaeus Gentilis, Gf. von Lesina 4. 60 f.
Matthäus II., Hg. von Lothringen 276. 337 A
Matthaeus Parisiensis 458. 583. 586
Matthaeus, Abt von S. Giovanni in Fiore 18
Mattheus Marclafaba, Sekret 189 A. 215. 265
Meinhard III., Gf. von Görz, ksl. Generalkapitän 566

Melfi 29. 44. 191. 194. 200. 216. 260. 268. 349. 380. 405. 407. 430
Merlin 507
Mesopotamien 145
Messina 2 A. 7. 12 f. 16. 22 A. 23. 31. 37 f. 55. 70. 101. 212. 215. 220. 236. 239 f. 250. 263–265. 287–289. 347–351. 429 A. 449. 561. 590
Metz 296
Michael Scotus 380. 386. 389. 393. 395 A. 397 A. 398–405. 406 A. 407–423. 425 f. 428. 438. 443. 445. 450 f.
Milazzo 236 A. 430
Militello (südwestlich Catanias) 224 A
Mirabectus (Myrabettus), s. Ibn ʿAbbād
Modena 49. 107. 172. 178. 483. 572. 581 f.
Mohammed 153. 170. 392 A. 473
Molise, Gft. 46 A. 61–63. 187. 216. 255
Mongolei, Mongolen, s. auch Tataren 428. 502–504
Monopoli 469 A
Monreale, Ebm. 66. 69. 71. 591
Montalbano (südlich Pattis) 264 A
Montecassino 2. 9. 15. 22 A. 144. 172. 179–182. 225. 236. 482
Montecristo 501. 507
Montefiascone 295
Monteleone (heute: Vibo Valentia) 225
Monte Sant'Angelo (nordöstlich Manfredonias) 588
Montevergine, Kloster 6. 19 f.
Monte Vulture (südlich Melfis) 430
Montferrat, oberital. Adelsfamilie 45. 367
Montfort, Burg bei Akkon 143. 154 f.
Montichiari (östlich Brescias) 336
Montpellier 380. 385 A
Mossul 389. 422
al-Muʿaẓẓam, Sultan 86. 145 f.
Muslime, s. auch Sarazenen 66. 68–73. 75. 138 A. 153. 155–157. 163–165. 398
Mustattius (Mustacius, Mustacci), Messineser Adelsfamilie 432

Nablus 150. 157. 163
Nardò 26
Narni 489A. 512. 522
an-Nāṣir, Sultan 146. 152. 154f. 163–165
Nazareth 153
Neapel 9. 27f. 35. 41. 44f. 47–57. 169. 178. 191. 199. 206. 208. 232. 234. 239. 245. 261. 347. 351. 355A. 362. 397f. 404. 451
Nicastro 246. 306
Nicolaus de Carbio (von Calvi dell'Umbria), Biograph Innozenz' IV. 349f. 587
Nicolaus de Cicala, Justitiar 235
Nicolaus de Jamsilla 57. 456
Nicolaus de Rocca, Kanzleinotar, Rhetorikprof. in Neapel 50A. 55. 250A. 362f.
Nicolaus Rufulus, Rechtsprof. in Neapel 53
Nicolaus Spinola, ksl. Admiral 501
Nicolaus von Tusculum, Kd. 89
Nicosia (Nordsizilien) 263f.
Nikaia, Ksr. 180
Nikolaus, Dichter 174–177
Nikolaus, päpstl. Kämmerer 134A
Nikolaus von Aversa, Arzt 382A
Nikolaus Palea, Dominikaner 556
Nikolaus, Ebf. von Salerno 46A
Nikolaus, Ebf. von Tarent 5. 78. 137. 181. 185
Nikosia (Zypern) 147f.
Nil 86f. 89. 144. 153. 585
Nizza 501
Nocera (östlich Perugias) 485
Nola (östlich Neapels) 36A
Norcia (westlich Ascoli Picenos) 171
Nordalbingien 119A. 122
Nordhausen 120
Novara 338
Nürnberg 6. 121. 128. 305. 565

O. von Wiler, ksl. Hofjustitiar 316
Odo von Montbéliard, Baron im Kgr. Jerusalem 167
Odo von Tusculum, Kd. 554A

Oddo de Camarana, Ritter 224
Oddone Colonna, röm. Senator 508
Oglio, oberital. Fluß 336f.
Ögödei, mongol. Großkhan 503
Oppenheim 303. 568
Ordona, s. Dordona
Orfinus von Lodi, Richter 364
Ortenau 118
Osimo 573. 585A
Österreich, Hzm. 304. 327. 331f. 334. 477. 529f. 565f. 588
Ostia 133
Ostsee 125f.
Otranto 131f. 135. 242
Ottaviano Ubaldini, Kd. 551. 552A. 573. 583
Otto IV., Ks. 23. 61. 65. 76. 83. 136
Otto II., Hg. von Bayern 299f. 305. 326. 333. 477f. 480A. 514. 565f. 568
Otto III., Mgf. von Brandenburg 283
Otto I., das Kind, Hg. von Braunschweig-Lüneburg 275f. 278. 312f.
Otto von Eberstein, Gf., ksl. Kapitän und Prokurator 566
Otto, Hg. von Meranien 184f. 280
Otto von S. Nicola in Carcere Tulliano, dann von Porto, Kd. 271. 277. 279. 280A. 468A. 501. 515. 519f. 522
Otto, Bf. von Utrecht 118
Otto, Bf. von Würzburg 116. 120
Ottokar I., Kg. von Böhmen 127
Ottokar II., Kg. von Böhmen 258
Oxford 49

Padua 105f. 178. 274. 292. 312A. 331. 351. 368. 423. 441A. 463. 466. 470f. 478
Paganus Balduinus, Münzmeister 32
Palästina 144. 146. 150. 166. 525. 554
Palazzo San Gervasio (östlich Melfis) 431
Palermo 1. 5. 17. 22. 28. 30. 37. 68–70. 88f. 91. 94. 177A. 193. 223. 240. 264. 343A. 348f. 351. 590
Palestrina 508
Pandulf von Fasanella, ksl. Generalvikar 47A. 489. 557f. 577

Pantelleria, Insel südwestlich Siziliens 70A
Paolo Traversari, Pod. von Ravenna 497
Paris 49f. 133. 277. 362. 379A. 383. 384A. 393A. 394–396. 403f. 406f. 410A. 420. 427. 447. 473A. 550
Parisius, Hofkaplan, gewählter Ebf. von Palermo 1A
Parma 107. 248. 349A. 351. 366A. 381. 385A. 436. 462. 483. 491. 517A. 555. 557–559. 564. 571–577. 579. 581–584
Passau 478. 552
Patrimonium Petri (Kirchenstaat) 75f. 81. 91. 139f. 170–173. 179–181. 209. 234. 286f. 294. 402A. 470. 480. 483. 487–489. 495. 497. 508. 510. 512. 515f. 518f. 523f. 528. 530. 535. 538. 558f. 584
Patti, Bm. 226. 228. 590
Paulus de Amicis, sizil. Adliger 495
Paulus de Cicala, Gf. 4A
Paulus de Logotheta, Baiulus 180A
Pavia 107. 338. 483. 489. 491. 506. 570. 572. 578
Pelagius von Albano, Kd. 85–88. 90. 95. 172–174. 179–182
Peregrin von Caserta, Großhofrichter 25
Peregrinus, Ebf. von Brindisi 6
Persien 502
Perugia 63. 140. 182A. 485. 512. 559
Pescara 104. 213
Peter II., Kg. von Aragón 101
Peter, Gf. von Celano 61
Petrus Capocci, Kd. 551. 552A. 562. 567. 584f. 590A. 591A
Petrus von Capua, Kanzleinotar 47A. 246
Petrus, Bf. von Carinola 482A. 535
Petrus von Caserta, Hofgerichtsnotar 42A
Petrus Castaldus, Oberprokurator 215A
Petrus von Eboli, Dichter 375. 401
Petrus Frangipane, röm. Adliger 330

Petrus de Hibernia, Prof. in Neapel 44A. 56. 451. 452A. 454
Petrus Hispanus, Arzt, später Johannes XXI., P. 422. 427
Petrus de Logotheta, Kämmerer 38
Petrus Lombardus 395
Petrus Paparonus, Ebf. von Brindisi 54f. 191
Petrus de Prece, Protonotar 366A. 592
Petrus, Bf. von Ravello 191. 304A
Petrus Ruffus, ksl. Marschall 346A. 437A
Petrus Ruffus, Bürger von Heraclea 226
Petrus von San Germano, Großhofrichter 25f. 34. 41
Petrus Sarracenus, röm. Adliger 465f. 468
Petrus Tiepolo, Pod. Mailands 337
Petrus (Perrone) von Venafro, Notar, Bf. von Nola 36A
Petrus de Vinea 42f. 45. 47. 55. 176. 184. 191. 248–250. 287. 309. 317. 328f. 335f. 337A. 362–364. 372. 405f. 424. 470f. 520f. 536. 548. 577. 580f.
Pettorano, Kastell südlich Sulmonas 92
Pfalz, rhein. Pfgft. 300
Pfirt (heute: Ferrette), Grafenhaus 276
Philipp II., Kg. von Frankreich 126
Philipp, Kanzler der Pariser Kirche 394A. 395f.
Philipp von Brindisi, Magister 47A
Philipp Fontana, Bf. von Ferrara, päpstl. Legat 551. 552A. 553. 554A
Philipp von Ibelin 147
Philipp von Novara, Geschichtsschreiber 147
Philipp, Bf. von Patti 590
Philipp, Bf. von Troia 8
Philippus de Matera, Kanzleinotar 5A. 35A. 36. 228A
Philippus de Sesso, ksl. Hofkaplan 249
Philippus de Vallone, Oberkämmerer 2A. 24f. 38
Piacenza 100. 103A. 106. 178. 269. 271. 274. 320. 328. 336. 461f. 481. 483. 492. 511. 530. 555. 572. 577. 582f.

Piemont 338. 464. 571. 577f.
Pisa 30. 99. 221. 232. 251. 345. 386f. 464. 485. 501. 511. 525A. 530. 578. 581
Pistoia 40
Plantagenet, engl. Herrscherhaus 312
Po, Poebene 100. 270. 291. 319. 483. 573–575. 577. 582
Poitiers 251
Polen 503. 554
Policastro 469A
Policoro (südwestlich Tarents) 242A. 263
Pommern 283
Pontremoli 572. 574. 582
Popleto, sizil. Adelshaus 139. 170. 255. 257A
Pordenone 273. 282
Pozzuoli 132. 213. 375f. 418A
Preußen 116. 125
Prinzipat (Provinz um Salerno) 24. 203. 206A. 215f. 217A. 243A
Procopius de Matera, Kanzleinotar, Leiter des sizil. Rechnungsprüfungshofes 35f. 246. 260
Provence 283. 330A. 465. 511. 552
Prußen 124
Psammetichos von Ägypten, Kg. 450A
Pseudo-Dionysios 427A
Pseudo-Methodius 474A
Ptolemaeus 397. 400

Radulf, Patr. von Jerusalem 91. 93A
Raimund Berengar V., Gf. von Provence und Forcalquier 283. 287. 461. 480. 497A. 498. 549
Raimund von Peñafort, Kanonist 192
Raimund VII., Gf. von Toulouse, Mgf. von Provence 169. 267. 283. 330. 368. 461. 481. 520f. 523. 525. 549
Rainald von Aquino, Valet, Falkner 373
Rainald Gentilis, Ebf. von Capua 3. 62A
Rainald von Ostia, Kd. 293. 335f. 468A. 496. 499A
Rainald Trogisius, unterital. Adliger 432

Rainald von Urslingen, Hg. von Spoleto 77A. 99A. 135A. 140–143. 152. 170f. 173f. 189. 255. 268
Rainer, Gf. von Manente 4A
Rainer von Viterbo, Kd. 76. 295. 388. 473–475. 485. 516. 518f. 522A. 523. 527. 529f. 532f. 550f. 559. 574. 577. 584
Rao d'Accia, Ritter 17
Ramla, Dorf bei Jaffa 153
Ravello 218. 222
Ravenna 105–107. 136. 266. 268. 270–272. 274. 282f. 292. 370. 480. 484. 497. 577. 582
Regensburg 296. 297A. 334. 568A. 569A
Reggio di Calabria 213. 469
Reggio nell'Emilia 249. 491. 555. 572. 577. 579. 581
Reinmar von Zweter, mhd. Dichter 210A. 369f.
Reutlingen 321
Rhein 126. 129. 276. 302–305. 321. 358. 514. 567f.
Rhodos 147
Rhône 267
Riccardus de Anglone, unterital. Adliger 46A
Richard I. Löwenherz, Kg. von England 156
Richard, Kämmerer 7A. 36. 37A. 38f. 191. 206A. 247
Richard von Aiello, Gf. 65A
Richard von Brindisi, Erzpriester 227
Richard, Gf. von Caserta 65. 71. 255. 310. 556. 563
Richard, Gf. von Celano und Albe 61f.
Richard, Gf. von Chieti, Sohn Friedrichs II. 310. 489. 563. 574. 576
Richard Conti, Gf. von Sora 10
Richard, Gf. von Cornwall, Bruder Kg. Heinrichs III. 311f. 337A. 347f. 502A. 526
Richard von Fasanella, ksl. Generalvikar 206A. 489

Register

Richard Filangieri, sizil. Marschall 144. 146. 148. 166–169. 191. 199. 271. 286. 432
Richard Filangieri, Neffe des Marschalls 489
Richard von Montenigro, Großhofjustitiar 40. 205A. 206A. 249. 263. 265f. 561
Richard von San Bonifacio, Gf. 106. 269. 335. 572
Richard von San Germano, Geschichtsschreiber 3f. 25. 27. 32. 88. 99. 143. 179. 192. 194. 235. 246. 253. 265. 349
Richard von Traetto, Notar 248
Richard, Bf. von Venafro 482A
Richard von Venosa, Richter, Schriftsteller 362A
Richer, Bf. von Melfi, Großhofjustitiar 5A. 6. 39. 41. 97. 191
Rieti 95. 266. 294f. 301. 309. 312. 324f. 523
Riga 123
Rimini 104. 124. 304
Rispampani, Feste westlich Viterbos 295
Robert von Anjou, Kg. von Sizilien (Neapel) 382
Robert von Artois, Bruder Ludwigs IX. von Frankreich 477
Robert von Castiglione, ksl. Generalvikar 573f.
Robert von Grosseteste, Bf. von Lincoln 395. 449. 454
Robert Kilwardby, Dominikaner, Theologe 444
Robert von Palermo, Großhofrichter 45f.
Robert, Gf. von Tricarico 64
Robertinus, ksl. Knappe 387
Robertus de Corson, Kd. 383
Roccamandolfi, Feste westlich Bojanos 62
Rodrigo, Ebf. von Toledo 400
Roffred von Benevent, Rechtsgelehrter 40–42. 52f. 112A. 136. 401
Roffrid von San Germano, Großhofrichter 26. 41. 42. 191
Roffrid, Bf. von Teano 482A
Roger II., Kg. von Sizilien 12A. 16A. 69A. 73. 190. 194. 199. 365A. 375. 377. 384A. 435. 450A. 590
Roger de Amicis, Kapitän und Oberjustitiar 373. 495. 557. 561
Roger von Aquila, Gf. von Fondi 1f. 9. 64f. 137. 171f. 181. 185A. 255
Roger Bacon 400A. 407. 444f. 449
Roger, Gf. von Celano 9. 62–64
Roger Frugardi, Wundarzt 381
Roger de Galluccio, Justitiar 64A
Roger von Morra, Sohn Heinrichs von Morra 432
Roger von Pescolanciano, Hofkaplan 25
Roland, Arzt, Schüler des Roger Frugardi 381
Roland von Cremona, Dominikaner, Theologe 423. 556
Rom 8f. 40. 51. 53. 60–63. 65. 75–77. 79. 95. 130. 134–136. 140. 168. 177A. 180. 183f. 196. 199. 245. 266. 271. 286. 289. 293–295. 300A. 330. 336. 338–341. 367. 401. 404. 464–468. 470A. 471. 478. 480. 483. 487f. 496. 498. 500. 504. 508–510. 512. 515. 519–521. 531. 542. 554A. 557–559
Romagna 99. 104. 484. 489. 497f. 577
Rüdiger von Radeck, Bf. von Passau 326f. 331. 552
Rudolf von Habsburg, Kg. 316
Rudolf von Ems, mhd. Dichter 306
Rudolf, Bf. von Verdun 129
Rußland 503

Sachsen 122A. 275
Saductus, Richter 54
Sajó, Fluß in Ungarn 503
Sala, Jagdschloß nördlich Foggias 430
Sala (Sala Consilina, südöstlich Salernos) 559
Salamanca 49
Salerno 23. 49. 56f. 80. 82. 196. 201. 232. 236. 239. 241. 343. 367. 375. 378–384. 420f. 427. 447. 456. 479

aṣ-Ṣāliḥ, Sultan 539A
Salimbene de Adam, Franziskaner, Geschichtsschreiber 295. 345. 409. 415. 449f. 543. 561. 576
Salinguerra Torelli 99. 331
Salomon 175. 178A
Salpi (bei Barletta) 481
Salvaza, Tochter Friedrichs II. 310. 461
Salvus, Magister 54f. 363
Salzburg, Ebm. 552
Samuel ibn Tibbon, jüd. Übersetzer 397
San Bonifacio 331
San Fele, Kastell bei Melfi 306
San Germano (heute: Cassino) 26f. 43. 95. 98. 117. 172. 185. 199A. 220. 234. 251. 253. 267. 495
San Gimignano 44
San Giovanni in Fiore 7f. 18
San Lorenzo, Jagdschloß bei Foggia 29
San Marco, Kastell bei Cosenza 306
San Miniato 351. 386. 501. 580f.
San Severino, unterital. Grafenhaus 558
San Severo 178f. 184
Sant'Agata (de'Goti) (westlich Benevents) 181A. 182. 184f. 290
Sant'Elpidio (nördlich Fermos) 585A
S. Lucia del Mela, nordsizil. Dorf 229
S. Maria di Arabona, Kloster 20
S. Maria de Ferraria, Kloster 354. 358A
S. Maria del Monte Drogo, Kloster 17A
Sarazenen, s. auch Muslime 13. 58. 63f. 65A. 66–74. 78. 91. 101. 152A. 155–157. 163. 171. 176. 198. 224. 235. 247. 334. 337. 348–350. 476. 531. 535. 538. 556. 561. 574. 585
Sardinien 92. 458. 463–466. 468f.
Savona 338. 511
Savoyen, Gft. 570f. 578
Scala 38. 222
Schottland 402
Schwaben, Hzm. 116. 129. 305. 504. 565. 568
Schwäbisch Hall 547
Schwarzes Meer 502
Schwertbrüderorden 123f.
Schwyz 282A. 321

Sessa Aurunca 9. 10A. 43. 173
Siboto von Seefeld, Bf. von Augsburg 302. 552
Sibṭ Ibn al-Ǧauzī, arab. Geschichtsschreiber 164f.
Sibylle (Erythräische, Tiburtinische) 474A. 507. 592
Sidon 143. 154. 168
Siegfried III., Bf. von Augsburg 131
Siegfried II. von Eppstein, Ebf. von Mainz 129
Siegfried III. von Eppstein, Ebf. von Mainz 298–300. 302. 303A. 324. 333f. 513f. 518. 551. 553. 554A. 564. 567f.
Siegfried, Bf. von Regensburg, Kanzler 184f. 189A. 284. 326
Siena 99. 268. 427. 490
Simon de Calvellis, Großhofjustitiar 4A
Simon, Gf. von Chieti, ksl. Generalvikar 6. 8A. 66A. 331. 483. 488f. 519
Simon von Tocco, Großhofrichter 42. 191
Simon, Ebf. von Tyrus 112
Sinagra, sizil. Dorf 229
Sindolfus, Kämmerer 38
Sinibaldo Fieschi, s. Innozenz IV., P.
Siwinus, Jagdmeister 430
Sora 1. 10. 174. 179
Sorrent 9. 26A
Spanien 66. 94. 355. 367. 397. 427. 433. 501. 533. 535
Spello 559
Speyer 334. 569A
Spoleto,
  1. Stadt 485. 508
  2. Hzm. 75–77. 83. 90. 103f. 122. 141. 185. 483–487. 489. 559. 563. 574. 577. 584
Squillace 36A. 206A. 469
Steiermark, Hzm. 304. 332. 334. 477. 529f. 565f. 588
Stephan Langton, Ebf. von Canterbury 402
Stephan I., Abt von Montecassino 2. 8f.
Stephan von Provins, Theologieprof. in Paris 403. 407

Stephan von S. Adriano, danach von
  S. Maria in Trastevere, Kd. 10. 559
Stephanus de Anglone, Justitiar
  206A
Stephanus de Partenico, Großhofjusti-
  tiar 4A
Stilo (Südostkalabrien) 25
Stockholm 325
Straßburg 276. 279. 568A
Sulmona 173f. 213. 223. 255
Sundgau 276
Syrakus 31. 69f. 212. 229A. 235. 263f.
  352f. 481
Syrien 131. 141A. 144f. 147f. 154. 167.
  386. 426. 503. 526. 586

Tankred von Lecce, Kg. von Sizilien 65.
  381A
Tankred, Ebf. von Otranto 6. 304
Tannhäuser, mhd. Dichter 306
Tarent,
  1. Stadt 78. 212A. 214–216. 223
  2. Fsm. 23. 29. 217A. 588
Taro, oberital. Fluß 574. 582
Tataren (Tartaren), s. auch Mongolen
  428. 502–506. 509. 528. 533f.
Teano 9
Tebaldus Franciscus, ksl. Pod. in Parma
  555. 557. 559f.
Templer 12A. 137. 144. 149. 154f. 157.
  163. 165A. 166. 180. 185f. 267. 586.
  588
Termoli 242
Terni 508. 522. 529. 562. 574
Terra di Bari 227. 430A
Terra di Lavoro, Terra Laboris (Provinz
  um Capua) 3f. 23–25. 43. 64. 172. 174.
  205A. 216. 220. 363
Terra d'Otranto 217A. 225
Terranova, s. Heraclea
Terrisius von Atina, Rhetorikprof. in
  Neapel 46A. 55. 206. 257. 362f. 560
Testona 139A
Thaddaeus von Sessa 42f. 46. 56A. 248f.
  329. 336. 350. 362. 466. 520f. 527.
  533–537. 539. 541. 575

Theodinus von Pescolanciano, Justitiar
  24A
Theodor von Antiochia 380. 388. 397A.
  422–429. 445A. 454A. 497. 504A
Theodoros Angelos, Fürst von Epiros,
  Ks. von Thessalonike 145A. 180
Thessalonike, Ksr. 86A. 145A. 180
Thierry von Chartres 420
Thomas von Aquino (1), Gf. von Acerra, Kapitän und Oberjustitiar 8A.
  23f. 39. 63. 66A. 131. 146. 148. 150f.
  154. 169. 173A. 174. 191. 247. 270.
  292. 304
Thomas von Aquino (2), Gf. von Acer-
  ra, Enkel von (1) 310. 563
Thomas von Aquino, Dominikaner 23.
  56. 373. 392. 396. 422. 444. 451
Thomas von Brindisi, Leiter des Rech-
  nungsprüfungshofes 260
Thomas von Capua, Kd. 61f. 83.
  181–185. 335f. 467A. 479
Thomas, Gf. von Caserta 64f.
Thomas von Celano, Gf. von Molise
  und Albe 9. 24. 61–66. 137. 171. 173.
  181f. 186f. 255. 257
Thomas von Gaeta, Großhofjustitiar 59
Thomas de Matera, Kanzleinotar 35A
Thomas von Montenigro, Justitiar 206A
Thomas de Panda, Kaufmann aus Scala
  220. 251
Thomas II., Gf. von Savoyen 99. 110A.
  111. 139. 489. 578f.
Thüringer Landgrafen 297. 324f.
Tirol, Grafenhaus 273
Tivoli 95. 508. 512. 592
Todi 485
Toledo 389. 396–398. 400f. 403–405. 408
Toron, Baronie im Kgr. Jerusalem 153
Torres, sard. Kleinkgr. 463
Tortona 99
Toskana 76. 99. 111. 133. 268. 295. 334.
  339. 374. 397. 461. 489. 491. 555. 558.
  564. 572. 579–582. 590A
Toul 127
Toulouse 169
Trani 211. 234f. 236A. 241f. 351

Trapani 213. 224
Treviso,
　1. Stadt 105. 331. 480. 511
　2. Mark 99. 331. 369. 489
Tricarico (östlich Potenzas) 64
Trient,
　1. Bm. 319
　2. Stadt 106
Trifels 305. 569
Tripolis 148
Trivento (nördlich Campobassos) 469A
Troia, 3A. 131. 178. 180A. 231A. 240
Troina (Nordsizilien) 264A
Troyes 251
Tunis 221. 388. 424
Turin 338. 540. 555. 565A. 571. 574. 579
Tyrrhenisches Meer 464. 511
Tyrus 96. 167f.

Uberto Pallavicini, lombard. Adliger 511. 572. 577. 582–584. 593
Ubertus de Iniquitate, Pod. Piacenzas 583
Uc de Saint Circ, Dichter 369
Udine 273
Ulm 106. 127A. 565
Ulrich von Singenberg, mhd. Dichter 306
Ulrich von Türheim, mhd. Dichter 306
Ulrich von Winterstetten, mhd. Dichter 306
Ulrich I., Gf. von Württemberg 565
Ungarn, Kgr. 124f. 304. 326. 503–506. 565f.
Uri 282
Urso, Bf. von Agrigent 66f. 71
Urso von Salerno, Medizinprof. 421A. 447

Val di Crati 37
Val di Mazara 66. 224
Val di Noto 66. 69
Valenciennes 277
Veitshöchheim (nordwestlich Würzburgs) 554
Venaissin, Gft. 330A

Venedig 30. 33. 61. 140. 174. 208. 221f. 232. 236. 242. 251. 272f. 385A. 464. 467. 480f. 483A. 497. 564
Vercelli 54A. 99. 105. 336. 338. 512. 577f.
Verdun 129
Veroli 81. 90. 98. 117. 186A
Verona 90. 99. 105f. 117. 136. 178. 269f. 273. 275. 284. 291A. 292. 317–319. 327. 331. 334. 343. 351. 461. 521. 529f. 532. 534
Viareggio 32A
Vicenza 99. 105. 331
Victoria, Lagerstadt Friedrichs II. 349A, 351. 431A. 436. 561. 573–577. 583
Vienne, Gft., s. Guigo Delphinus, Gf.
Vieste 242
Vigevano (südwestlich Mailands) 139A
Vinzenz von Beauvais 422A
Violante, Tochter Friedrichs II. 65. 310
Viterbo 76f. 140. 168. 266. 286. 289. 295. 317. 328. 338. 366A. 487–489. 519f. 524A. 529–531. 564
Vladislav, Mgf. von Mähren 529
Volmar, Arzt Friedrichs II. 380
Volturno 356

Waldemar II., Kg. von Dänemark 95. 116. 119–124. 276
Walter, Bf. von Carlisle 127A
Walter von Cosenza, Bf. von Nicastro, Kanzleinotar 246
Walter von Manoppello, Gf. 66A. 489. 563. 565. 584
Walter von Ocre, Kanzleinotar 534. 536. 540. 548. 560. 570. 580
Walter von Pagliara, Bf. von Catania, sizil. Kanzler 3. 36. 60f. 78. 85. 181. 185A
Walter, Bf. von Penne 6
Walter, Herr von Popleto, s. auch Popleto 255
Walter von Schüpf-Limpurg 300. 303
Walter, Ebf. von York 337A
Walther von der Vogelweide 278. 306f. 369f.

Wartburg 565
Welfen 76. 83. 275. 295. 312f.
Wenzel I., Kg. von Böhmen 327. 333. 477f. 480A. 529
Werner III. von Bolanden 116
Werner IV. von Bolanden 284
Werner von Egisheim 166
Wetterau 514
Wien 331–334. 377. 477. 566
Wiener Neustadt 331
Wilhelm I., Kg. von Sizilien 83. 435
Wilhelm II., Kg. von Sizilien 11f. 15f. 21. 37. 81. 89. 143. 190. 194. 203. 267. 588f.
Wilhelm von Holland, dt. Gegenkg. 554A. 567–569
Wilhelm von Auvergne, Bf. von Paris 396
Wilhelm von Conches 395
Wilhelm IV., Gf. von Jülich 514
Wilhelm von Luna, Übersetzer 398A
Wilhelm, Bf. von Modena 100. 126A
Wilhelm von Montferrat, Mgf. 75. 86f. 367
Wilhelm von Ockham 392f. 455
Wilhelm von Sora, ksl. Kommandant 179A
Wilhelm von Tocco, Dominikaner, Biograph Thomas' von Aquino 56
Wilhelm von Tocco, Kanzleinotar 42. 246. 248f. 260A
Wilhelm de Vinea, Großhofrichter 45
Wimpfen, Pfalz 118. 305
Wittelsbacher 275. 279. 569
Wolfelin von Hagenau, Schultheiß 276. 279
Wolfenbüttel 76
Worms,
1. Stadt 131. 280. 283f. 296. 302–305. 309. 311. 322. 514. 568. 569A
2. Bm. 552
Worringen 567
Würzburg 118. 129. 303A

Zähringer 118
Zisterzienser 326. 354. 358. 505. 536A. 541. 543. 590
Zypern 144f. 147f. 150A. 166f. 271. 544. 586

ABBILDUNGSVERZEICHNIS

Abb. 1 und 2 (nach S. 28):
Torbogen und Inschrift von Friedrichs Palast in Foggia. Foto: W. Stürner.
Ruine des kaiserlichen Palastes in Lucera. Foto: Anton H. Konrad Verlag.
Abb. 3 und 4 (nach S. 118):
Königssiegel Heinrichs (VII.). Hauptstaatsarchiv Stuttgart, H 51 U 47.
Grabeskirche in Jerusalem. Foto: Corel/Schalom Net.
Abb. 5 und 6 (nach S. 178):
Relief an der Kanzel von Bitonto. Foto: WBG.
Catania, Castel Ursino. Foto: W. Stürner.
Abb. 7 und 8 (nach S. 326):
Fürstenprivileg vom Mai 1232. Staatsarchiv Würzburg.
Kopfreliquiar der Elisabeth von Thüringen. Antikvarisk-topografiska arkivet, the National Heritage Board, Stockholm.
Abb. 9 und 10 (nach S. 360):
Castel del Monte. Foto: W. Stürner.
Friedrich II. als thronender Kaiser im Cod. Vatic. Palat. lat. 1071. Foto: AKG.
Abb. 11 und 12 (nach S. 590):
Kaiserliches Kastell in Prato. Foto: W. Stürner.
Sarkophag Friedrichs II. in der Kathedrale von Palermo. Foto Marburg.

Tafel II: Nachkommen Friedrichs

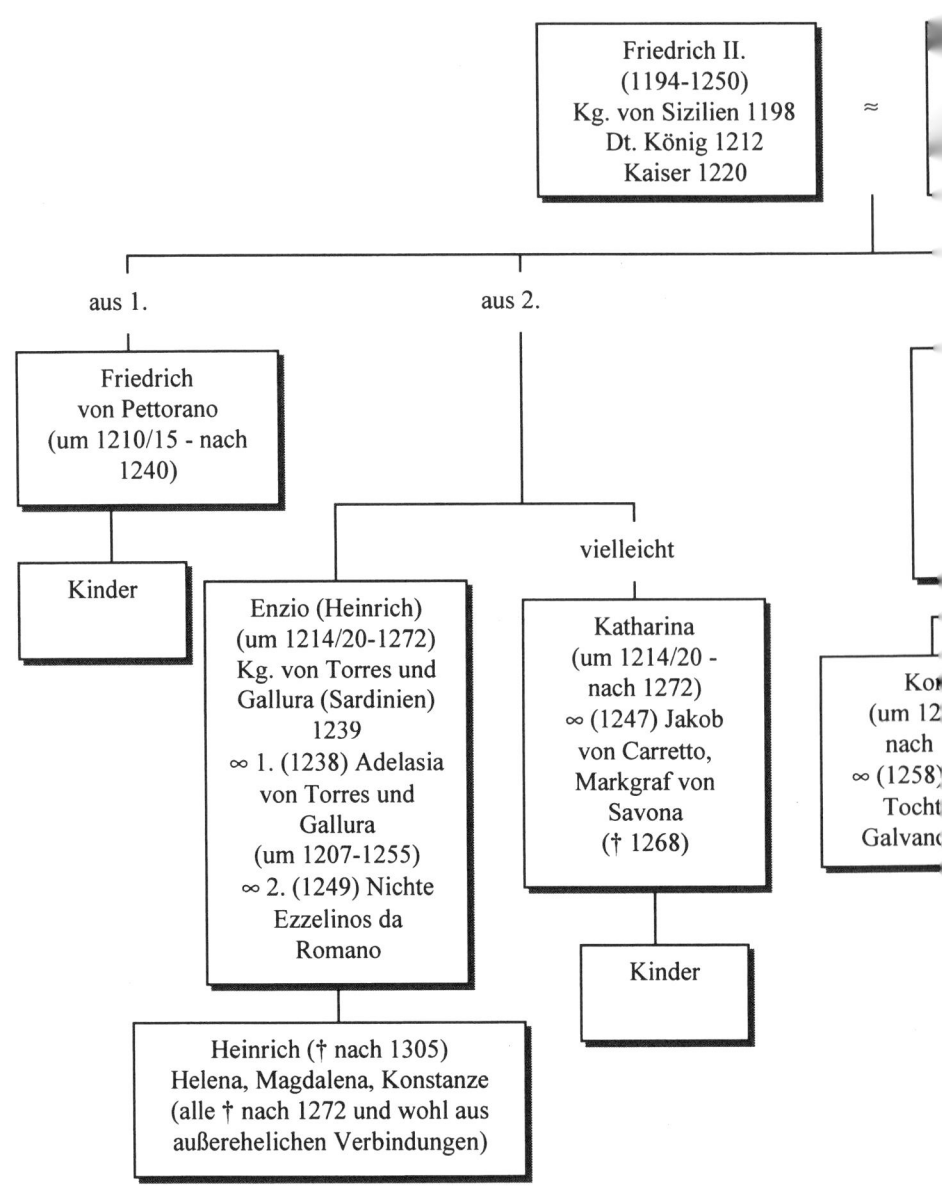